SÆCULUM XII.

PETRI CANTORIS

VERBUM ABBREVIATUM.

E TENEBRIS PRIMUS ERUIT

R. P. D. GEORGIUS GALOPINUS

MONASTERII S. GISLENI ORDINIS S. BENEDICTI, PROVINCIÆ HANNONIÆ, RELIGIOSUS ET
BIBLIOTHECARIUS

ACCEDUNT

MAURICII DE SULLIACO PARISIENSIS, GARNERII LINGONENSIS, GERALDI CA-
DURCENSIS, ODONIS TULLENSIS, EPISCOPORUM, ALEXANDRI GEMMETICENSIS
ABBATIS, GAUFRIDI SUBPRIORIS CANONICORUM REGULARIUM, MATTHÆI
VINDOCINENSIS,

SCRIPTA QUÆ SUPERSUNT.

ACCURANTE J.-P. MIGNE,
BIBLIOTHECÆ CLERI UNIVERSÆ
SIVE
CURSUUM COMPLETORUM IN SINGULOS SCIENTIÆ ECCLESIASTICÆ RAMOS EDITORE.

TOMUS UNICUS.

VENIT 7 FRANCIS GALLICIS.

EXCUDEBATUR ET VENIT APUD J.-P. MIGNE EDITOREM
IN VIA DICTA D'AMBOISE, PROPE PORTAM LUTETIÆ PARISIORUM VULGO D'ENFER NOMINATAM
SEU PETIT-MONTROUGE.

1855

ELENCHUS

AUCTORUM ET OPERUM QUI IN HOC TOMO CCV CONTINENTUR.

PETRUS CANTOR.

	Col.	
Verbum abbreviatum.		21
Epistola Willelmi Remensis archiepiscopi ad Petrum Cantorem.		555

GARNERIUS LINGONENSIS EPISCOPUS.

Sermones.   559

GAUFRIDUS SUBPRIOR CANONICORUM REGULARIUM.

Epistolæ.   827

MAURICIUS DE SULLIACO PARISIENSIS EPISCOPUS.

Epistolæ.   897
Diplomata.   897

ODO TULLENSIS EPISCOPUS.

Statuta synodalia.   914

ALEXANDER GEMMETICENSIS ABBAS.

Epistola de Filio hominis.   917

GERALDUS CADURCENSIS EPISCOPUS.

Epistola ad Fridericum imperatorem.   923

MATTHÆUS VINDOCINENSIS.

Paraphrasis metrica in librum Tobiæ.   927
Carmina varia.   980

PATROLOGIÆ
CURSUS COMPLETUS

SIVE

BIBLIOTHECA UNIVERSALIS, INTEGRA, UNIFORMIS, COMMODA, OECONOMICA,

OMNIUM SS. PATRUM, DOCTORUM SCRIPTORUMQUE ECCLESIASTICORUM

QUI

AB ÆVO APOSTOLICO AD INNOCENTII III TEMPORA

FLORUERUNT;

RECUSIO CHRONOLOGICA

OMNIUM QUÆ EXSTITERE MONUMENTORUM CATHOLICÆ TRADITIONIS PER DUODECIM PRIORA
ECCLESIÆ SÆCULA,

JUXTA EDITIONES ACCURATISSIMAS, INTER SE CUMQUE NONNULLIS CODICIBUS MANUSCRIPTIS COLLATAS,
PERQUAM DILIGENTER CASTIGATA;
DISSERTATIONIBUS, COMMENTARIIS LECTIONIBUSQUE VARIANTIBUS CONTINENTER ILLUSTRATA;
OMNIBUS OPERIBUS POST AMPLISSIMAS EDITIONES QUÆ TRIBUS NOVISSIMIS SÆCULIS DEBENTUR ABSOLUTAS
DETECTIS, AUCTA;
INDICIBUS PARTICULARIBUS ANALYTICIS, SINGULOS SIVE TOMOS, SIVE AUCTORES ALICUJUS MOMENTI
SUBSEQUENTIBUS, DONATA;
CAPITULIS INTRA IPSUM TEXTUM RITE DISPOSITIS, NECNON ET TITULIS SINGULARUM PAGINARUM MARGINEM SUP
DISTINGUENTIBUS SUBJECTAMQUE MATERIAM SIGNIFICANTIBUS, ADORNATA;
OPERIBUS CUM DUBIIS TUM APOCRYPHIS, ALIQUA VERO AUCTORITATE IN ORDINE AD TRADITIONEM
ECCLESIASTICAM POLLENTIBUS, AMPLIFICATA;
DUOBUS INDICIBUS GENERALIBUS LOCUPLETATA : ALTERO SCILICET RERUM, QUO CONSULTO, QUIDQUI
UNUSQUISQUE PATRUM IN QUODLIBET THEMA SCRIPSERIT UNO INTUITU CONSPICIATUR; ALTERO
SCRIPTURÆ SACRÆ, EX QUO LECTORI COMPERIRE SIT OBVIUM QUINAM PATRES
ET IN QUIBUS OPERUM SUORUM LOCIS SINGULOS SINGULORUM LIBRORUM
SCRIPTURÆ TEXTUS COMMENTATI SINT.
EDITIO ACCURATISSIMA, CÆTERISQUE OMNIBUS FACILE ANTEPONENDA, SI PERPENDANTUR : CHARACTERUM NITIDITAS,
CHARTÆ QUALITAS, INTEGRITAS TEXTUS, PERFECTIO CORRECTIONIS, OPERUM RECUSORUM TUM VARIETAS
TUM NUMERUS, FORMA VOLUMINUM PERQUAM COMMODA SIBIQUE IN TOTO OPERIS DECURSU CONSTANTER
SIMILIS, PRETII EXIGUITAS, PRÆSERTIMQUE ISTA COLLECTIO, UNA, METHODICA ET CHRONOLOGICA
SEXCENTORUM FRAGMENTORUM OPUSCULORUMQUE HACTENUS HIC ILLIC SPARSORUM,
PRIMUM AUTEM IN NOSTRA BIBLIOTHECA, EX OPERIBUS AD OMNES ÆTATES,
LOCOS, LINGUAS FORMASQUE PERTINENTIBUS, COADUNATORUM.

SERIES SECUNDA,

IN QUA PRODEUNT PATRES, DOCTORES SCRIPTORESQUE ECCLESIÆ LATINÆ
A GREGORIO MAGNO AD INNOCENTIUM III.

ACCURANTE J.-P. MIGNE,

BIBLIOTHECÆ CLERI UNIVERSÆ,

SIVE

CURSUUM COMPLETORUM IN SINGULOS SCIENTIÆ ECCLESIASTICÆ RAMOS EDITORE.

PATROLOGIA BINA EDITIONE TYPIS MANDATA EST, ALIA NEMPE LATINA, ALIA GRÆCO-LATINA. — VENEUNT
MILLE ET TRECENTIS FRANCIS SEXAGINTA ET DUCENTA VOLUMINA EDITIONIS LATINÆ; OCTINGENTIS
ET MILLE TRECENTA GRÆCO-LATINÆ. — MERE LATINA UNIVERSOS AUCTORES TUM OCCIDENTALES,
TUM ORIENTALES EQUIDEM AMPLECTITUR; HI AUTEM, IN EA, SOLA VERSIONE LATINA DONANTUR.

PATROLOGIÆ TOMUS CCV.

PETRUS CANTOR. MAURICIUS DE SULLIACO PARIS., GARNERIUS LINGON., GERALDUS
CADURC., ODO TULL., EPISCOPI. ALEXANDER GEMMETICENSIS ABBAS. GAUFRIDUS SUB-
PRIOR CAN. REGUL. MATTHÆUS VINDOCINENSIS.

EXCUDEBATUR ET VENIT APUD J.-P. MIGNE EDITOREM,
IN VIA DICTA D'AMBOISE, PROPE PORTAM LUTETIÆ PARISIORUM VULGO D'ENFER NOMINATAM,
SEU PETIT-MONTROUGE.

1855

ANNO DOMINI MCXCVII

PETRUS CANTOR

NOTITIA

(*Gallia Christiana*, nov. edit., t. VII, col. 78.)

Post decessum Mauritii episcopi, si Radulfo abbati Coggeshalensis monasterii in Chronico Anglicano fides (*Ampliss. collect.* tom. IV, pag. 846), ab universo clero et populo, rege annuente, episcopus electus est Petrus, cantor Ecclesiæ Parisiensis, qui pontificatus honorem, ne ab altiori gradu gravior fieret casus, recusavit. Is autem omnium fere scriptorum illius ætatis litteris commendatus, natus est Parisiis, vel Remis ex Radulfo. Ad litteras ephebus mentem appulit, quas factus supra ætatem doctus in Academia Parisiensi cum magna laude palam professus est; sed quod eximium ejus animi ornamentum fuit, antiquorum vindex morum, severiorisque disciplinæ diligentissimus fuit exactor, quibus cum virtutibus præfulgeret, facile Parisiensis Ecclesiæ præcentoris honorificentissimum hac in Ecclesia munus consecutus est. Ad Tornacensem cathedram aliquando evocatus humiliter vocationem declinavit (*Gall. Christ.* tom. III, col. 214). Denique post recusatum quoque Parisiensem episcopatum, auctore Radulfo, cum a Willelmo Remensi archiepiscopo cleroque et civibus rogatus, ut decaniam illius Ecclesiæ susciperet, Parisios ut hanc a capitulo licentiam impetraret proficisceretur, ad Longum-Pontem ordinis Cisterciensis monasterium appulit, ubi gravi infirmitate decumbens, habitum sanctæ religionis suscepit, vitamque beato fine complevit, cujus corpus e loco in quo sepultum fuerat, ad structuram ædificiorum motum, suavissimum exhalavit odorem. Legitur ejus epitaphium in claustro monasterii Longi-Pontis, in quo mors ejus ad XIV Kalend. Junii, anno 1180, consignatur ; sed recentius est epitaphium. Melius itaque Guillelmus Nangius, Vincentius Bellovacensis, Albericus et monachus S. Mariani auctor horumce temporum ad annum 1197 de Petri obitu loquuntur, seu etiam Radulfus ipsius mortem anno 1198 assignat, utpote cujus adhuc mentio est in charta Odonis anno 1197. In Necrologio Parisiensi de eo legitur : *VII Kal. Octobris obiit Petrus præcentor et diaconus, qui dedit nobis quadraginta libras ad emendos reditus.* Varia composuit opera, quæ in diversis bibliothecis adhuc mss. asservantur. Sola ejus Summa, quæ dicitur *Verbum abbreviatum*, Montibus impressa fuit anno 1639. Quibusdam nævis aspersam ejus doctrinam fuisse volunt. Narrat Cæsarius Petrum ejusque discipulos hunc in errorem impegisse, ut crederent panem in eucharistia consecratum non esse, nisi etiam vini accederet consecratio, et vice versa.

NOTITIA HISTORICO LITTERARIA.

(OUDIN, *Script. eccl.* II, 1661)

Petrus Beatæ Mariæ Parisiensis canonicus et cantor, theologicæ scholæ per annos plures rector, magnam sibi doctrinæ famam per hæc tempora in Galliis comparavit, cui *Cantoris* cognomen vulgo adhæsit in mss. codicibus, ex ea dignitate quam primaria hac in Ecclesia habuit. Illius porro verum cognomen nescimus, sed tantum fuisse natione Gallum, patria Parisiensem, cujus meminit Ægidius Parisiensis in suo *Carolino* his verbis :

*Et quem intepuisse dolemus,
Petrum in divinis, verbotenus alta sequentem*

Fallitur enim Gabriel Naudæus in additione ad Historiam Ludovici XI dicens hic intelligendum esse Petrum Abælardum. Ægidius quippe commemorat solummodo professores Parisinos, ut amovendum opprobrium, quod vulgo jactitabant alii, raros esse professores ex Parisiensi urbe oriundos, alicujus nominis. Abælardus autem Nannetensis erat, et natione Armoricus. Nostrum autem Petrum Cantorem neutiquam hic substituisset Ægidius mendacii facile convincendus, nisi vere ortu Parisiensis fuisset. Inquit autem illic *Petrum in divinis intepuisse* Ægidius, forsitan quod theologiæ altercatrici totum se donans, minus vel nullatenus prædicationi divini verbi incumberet. Joannes autem Trithemius in opere suo *De scriptoribus ecclesiasticis* hunc ait fuisse virum in divinis Scripturis eruditissimum, et in sæculari philosophia nobiliter doctum, theologicæque scholæ Parisiensi multis annis gloriose præfuisse, et discipulos multos egregie erudivisse. Cum ita in Galliis floreret, anno 1191 Tornacensis ecclesiæ episcopus electus est, cujus electione in controversiam vocata, Stephanus, Sanctæ Genovefæ Parisiensis abbas, Guillelmum Remensem archiepiscopum, tunc supremum regni administrum, per litteras oravit ut electo favoret. Verba describam illius, quibus eximia Petri Cantoris merita commendantur; sic itaque epistola 173 : « Domino Remensi pro Petro cantore Parisiensi in Tornacensem episcopum electo. Commune refugium patens omnibus mansuetudo vestra, sic extendatur ad singulos, ut colligat universos. Veniunt ab Oriente et Occidente, et recumbunt in sinum vestrum. Nec facile semel admissus emittitur, nisi contigerit ab eo committi, quod non mereatur remitti. Hæc sunt quæ mihi pluribusque aliis fiduciam præstant, ut pro devoto filio vestro magistro Petro cantore Parisiensi pandatur nobis aditus supplicandi. Ne vobis procuret indignationem, qui sibi non advocat dignitatem ; ne cui meritum sufficit proprium, factum officiat alienum. Vir est, cujus per omnes Ecclesias famæ suavis diffunditur opinio, qui gemina scientia efficacissime clarens, et doctrinam monitis ornat, et moribus disciplinam. Origeni parem in aliquo, sic eum docere credimus, ut vivere; sic vivere, ut docere. Tales in candelabro vestro lucernas, tales in diademate capitis Aaron lapides, tales in sancta Remensi Ecclesia suffraganeos esse decet ut vicinæ provinciæ sancta æmulatione moveantur ad promotionem consimilium : et sollicitudo vobis commissa, facilius et frequentius juvetur per religionem et prudentiam ipsorum. Si quid minus ordinate in electione ipsius a Tornacensibus clericis factum est, nec absentis ignorantiam tangere, nec innocentiam justi lædere debet, cum facillime si vobis placet, possit emendari, si quid perperam factum est, commissa vobis a Deo et potestate corrigendi errores, et scientia corrigendi. Ut enim salva gratia vestra sine præjudicio sequar, concurrunt in electione illa quatuor quæ a Leone primo dicta sunt : Vota civium, testimonia populorum, honoratorum arbitrium, electio clericorum. His accedit integritas personæ, hilaritas famæ, necessitas simul et utilitas Ecclesiæ viduatæ. Sed et hoc frequenter et solemniter dicitur, quia dominus rex, quem Deus servet ac nobis restituat, personam istam nominatim expressit, nominatim pro ea rogavit, nominatim Ecclesiæ Tornacensi præesse voluit et intendit. Si aliter actum fuerit, verendum est et forte verum, ne indignationem et iram, et immissiones per angelos malos concipiat, et adversus eos qui promotionem tantæ personæ impedierint, regalem et juvenilem iracundiam accendat. In his omnibus, Pater sancte, providete honori vestro, consulite sano opinionis vestræ testimonio, deserte regio mandato, et correcto prius sicut decuit errore eligentium, confirmata electione, paterno sinu suscipite electum et dilectum vestrum. »

Omnium scriptorum qui Petri Cantoris meminerunt, elogia transcendit Jacobus de Vitriaco in Historia occidentali, qui eum apprime noscere potuit, et eo adhuc vivente et docente Parisiis studebat. Tali Petrum Cantorem ornat elogio : Velut, inquit, lilium inter spinas, et rosa inter urticas, quasi angelus Pergami ubi sedes est Satanæ, quasi thus redolens in diebus æstatis, quasi vas auri solidum ornatum omni lapide pretioso, quasi oliva pullulans et cypressus in altitudinem se extollens, quasi cœlestis tuba et Domini citharista, erat tunc temporis magister Petrus, venerabilis cantor Parisiensis, vir potens opere et sermone, aurum suum et argentum similiter conflans, et verbis suis stateram faciens, morum honestate pondus et gravitatem conferens suæ doctrinæ. Cœpit enim facere et docere, velut lucerna ardens et lucens, et civitas supra montem posita, et candelabrum aureum in domo Domini : de cujus fonte limpidissimo beatissimus vir Fulco perpotabat. Plura possent colligi in laudem Petri Cantoris ex variis ætatis ejusdem scriptoribus, quæ compendii causa omittuntur, ut ad scripta tam edita quam mss. veniamus.

Scripsit itaque Summam quæ dicitur Verbum abbreviatum, eo quod ab his verbis incipiat : Verbum abbreviatum faciet Dominus super terram, etc. (Rom. IX, 28), solam ex omnibus Petri Cantoris operibus impressam Montibus Hannoniæ, anno 1639, in 4°, apud Franciscum Vandreum, cum notis Georgii Galopini, monachi Sancti Gisleni, ordinis divi Benedicti. Quæ exstat etiam ms. in bibliotheca Sanctæ Genovefæ Parisiensis, et Cantabrigiæ in collegio Sancti Benedicti, cod. 223, et in cœnobio Longipontis ordinis Cisterciensis, in diœcesi Suessionensi. Summa dicta Verbum abbreviatum, Bunderio teste in Catalogo mss. Belgicorum, vocatur in multis mss. codicibus Summa de sugillatione vitiorum et commendatione virtutum. Hoc autem in genere animadvertendum est nihil esse frequentius in bibliothecis quam ut unum idemque opus Petri Cantoris variis ac parum conformibus gaudeat titulis, unde incauti facillime opinentur tot hujus scriptoris esse diversa opera quot diversos titulos in manuscriptis invenerint. Porro ut certa operum distinctio agnoscatur, ex initiis seu primis operum periodis judicandum est, neutiquam ex variis inscriptionibus, ut statim dicemus. Istud autem Verbum abbreviatum est maxime obvium in mss. bibliothecis, ac scio me illud vidisse ter in bibliotheca Sancti Victoris ad Muros Parisienses, litteris MM. 13, PP. 6, QQ. 17. Sed in bibliotheca Colbertina, codicibus 1345, 1414, 2069, 3609, 4448, in regia cod. 4827, et alibi.

Idem scripsit Summam quæ dicitur Abel, eo quod procedens per ordinem alphabeticum, a nomine Abel incipiat, quam vidi mss. in cœnobio Longipontis citato, et in bibliotheca Branensi ordinis Præmonstratensis, quod utrumque in episcopatu Suessionensi est et ms. Cantabrigiæ in collegio domus Sancti Petri, cod. 97. Hoc idem opus sæpe in mss. codicibus bibliothecarum inscribitur simpliciter : Distinctiones Cantoris Parisiensis. Abel dicitur principium Ecclesiæ, etc. Vel etiam, Distinctiones secundum ordinem alphabeti, M. Petri Cantoris Parisiensis. Habetur manuscriptum ita inscriptum in multis Angliæ bibliothecis, et in Belgio bibliothecis Dunensi et Alnensi, quæ ambæ ordinis Cisterciensis sunt. Inscribitur tamen frequenter, Summa quæ dicitur Abel, ut distinguatur ab aliis summis alio modo incipientibus, quas idem Petrus Cantor composuit. Eædem hæ Distinctiones cantoris Parisiensis mss. Cantabrigiæ in collegio Sancti Benedicti, cod. 219 et cod. 371, et in collegio domus Sancti Petri, codd. 72 et 78; Oxonii in bibliotheca collegii Mertonensis, cod. 164; in bibliotheca Conchensi, ordinis divi Benedicti, in Normannia, littera T. 2.

Idem scripsit Magnam Summam de sacramentis, quæ incipit : Quæritur de legalibus quæ data sunt in signum perfectorum, et jugum superborum, et pedagogum infirmorum, etc., partim desumptam ex sanctis Patribus, quam vidi ms. in cœnobiis Longipontis diœcesis Suessionensis, Vallis claræ Laudunensis, et Claravallis Lingonensis, omnibus ejusdem ordinis Cisterciensis. Istud opus De sacramentis, aliquando inscribitur Summa de sacramentis et animæ consiliis; imo nonnunquam mendose sub nomine Petri Remensis, ut in ms. Victorino littera GG. 13, fol. 149, Summa magistri Petri Remensis, de sacramentis et animæ consiliis. Initium : Quæritur de sacramentis legalibus, quæ data sunt in signum perfectorum, et jugum superborum, et pedagogum infirmorum, etc. Et hoc ipsum opus cui ex ms. codice lucem promittebat Philippus Labbeus. In bibliotheca Dunensi inscribitur Liber sententiarum. Quæritur de sacramentis legalibus, etc. At certum illam Summam pertinere ad Petrum Cantorem Parisiensem, non Remensem, cum Petrus Cantor Remensis cognomento de Riga, ultra artem poeticam in scribendo processerit. Carolus Vischius in Bibliotheca scriptorum ordinis Cisterciensis, pag. 263, attribuit dicto Petro Cantori Parisiensi De sacramentis libros tres, mss., inquit, apud Villarium et Alnam, ambas abbatias celeberrimas ordinis Cisterciensis in Belgio, quorum initium : Circuibat populus, etc., de quibus dicendum ego nihil habeo, cum non viderim. Vix tamen mihi persuadere possum semel atque iterum Petrum Cantorem de eodem argumento scripsisse. Habentur in celeberrima bibliotheca Parisiensi Colbertina codices duo manuscripti, numeris 2208 et 1419, sub titulo *Consiliarium magistri Petri Cantoris*, vel *Summa de sacramentis et animæ, consiliis*; sed ex ipsa operis quantacunque lectione, ubi auctor in nonnullis capitibus citat et confutat Petrum ipsum Cantorem, constat illam ad Petrum Cantorem non spectare, comperique postea Summam illam certissime pertinere ad Robertum de Chorseone, doctissimum theologum, ipso Petro de quo loquimur aliquanto posteriorem. Hoc idem opus falso sub nomine Petri Cantoris habetur ms. in bibliotheca Longipontis ordinis Cisterciensis littera D. 6, *cum Pœnitentialibus Bartholomæi Oxoniensis et Roberti de Flamesburia*. Denique in bibliotheca Vallis Lucensis ejusdem ordinis, pulpito 16, littera Z. Vix igitur opus aliquod Petri Cantoris manuscriptum in bibliothecis quod non habeat plures titulo set inscriptiones.

Idem *De contrarietatibus theologiæ* opusculum, quod incipit : *Videmus nunc per speculum et in ænigmate*, etc., ms. in bibliotheca Navarrica Parisiensi codice in 4, et Cantabrigiæ in collegio Sancti Benedicti cod. 371, sed anonymum et inscriptum: *Tractatus de contrarietate Scripturæ*. Idem in ms. codice Villaris ordinis Cisterciensis in Brabantia inscriptum : *De contrarietatibus theologicis*, eo quod sub operis initium de apparentibus sacræ Scripturæ contrarietatibus loquatur, unde scribæ toti operi nomen indiderunt, pro more scribarum veterum, nomina libris ex argumento primis capitibus contento, imponentium. Idem in multis aliis bibliothecis inscriptum : *Grammatica theologorum : Videmus nunc per speculum et in ænigmate*, etc., ut in bibliothecis Afflighemii et Ninovæ abbatiarum in Flandria. De hoc opere ita loquitur Henricus Gandavensis in libro suo *De scriptoribus ecclesiasticis*, cap. 15 : *Scripsit et alium librum quem vocavit Grammaticam theologorum, ad sacræ Scripturæ intellectum, in multis locis satis utilem*. Idem opus inscriptum *Magistri Petri Cantoris Remensis, De tropis loquendi* ms. in celebri bibliotheca Sancti Victoris ad muros Parisienses, littera GG. 13, fol. 270 : *Videmus per speculum et in ænigmate*, etc., post Summam ipsius Cantoris *De sacramentis et animæ consiliis*, ibidem fol. 149, de qua supra egimus. Idem opus in eadem bibliotheca, littera B. 6, fol. 162, inscriptum : *Tractatus M. Petri Cantoris De tropis loquendi*, litteris rubris cujus initium : *Videmus nunc per speculum et in ænigmate*, etc. In eodem autem codice, ejusdem *Opusculum De monacho proprietario*, fol. 189, quod incipit, *Judas quia fur erat et loculos habens, ea quæ in communibus loculis ponebantur, asportabat*, etc. Denique idem opus etiam *De contrarietatum solutionibus* inscribitur, aliquando *De tropis theologicis*, aliquando *Tropi et phrases sacræ Scripturæ*, ut quot manuscripti codices, tot fere tituli et variæ inscriptiones legantur in bibliothecis.

Vidimus etiam Parisiis in manibus Jacobi Hommey Augustiniani eremitæ, *Allegorias Petri Cantoris in Scripturas, seu sacros libros Veteris et Novi Testamenti*, mutuatas ab ipso ex bibliotheca Parisiensi Navarrica, quarum hoc est initium : *In principio creavit Deus cœlum et terram*, etc., quæ etiam mss. Cantabrigiæ in bibliotheca aulæ Pembrochianæ cod. 76 cum sermonibus Petri Comestoris, cui perperam attribuæ sunt. Sæpius enim Opera Petri Cantoris et Petri Comestoris in mss. codd. confusa sunt, ratione solius primæ litteræ scilicet initialis scriptæ: quæ cum in mss. legatur melioris notæ, alii recentiores pro libitu vel conjectura addiderunt, nunc Petri Cantoris, nunc Petri Comestoris inscriptionem. Exstant *Petri Cantoris Commentarii in Genesim, Exodum, Leviticum, Numeros et Deuteronomium* mss. in bibliotheca Aureæ Vallis ordinis ejusdem Cisterciensis, codicibus 9 et 10, quos tenuimus. Ejusdem *Commentarii in libros Numerorum, Deuteronomii, Josue, Judicum, Ruth*, Oxonii mss. in bibliotheca Balliolana, cod. 22. Item *in Psalmos* ibidem cod. 30. *Petri Cantoris Commentarius in Psalterium*, ms. in bibliotheca Sancti Michaelis in periculo maris, littera E. 28. Incipit: *Flebat Joannes quia nemo erat qui aperiret librum*, etc., et in psalmum primum in ipt : *Erdras reportator bibliothecæ in Babyl nica captivitate*, etc. Vidi ego idem opus ms. in clarissima bibliotheca Sancti Victoris Parisiensis Canonicorum Regularium, littera D. 2, inscriptum : *Notulæ Petri Remensis super Psalterium*, quomodo pleraque *Petri Cantoris Parisiensis* sub nomine *Petri Remensis*, supra jam diximus, in bibliothecis reperiuntur. Ejusdem *Glossa in Evangelia*, ms. Oxonii in bibliotheca collegii Me tonensi, cod. 144, itemque in bibliotheca Cluniacensi, *Petrus Cantor in quatuor Evangelia*, littera G. 2. Ejusdem *Glossa in Novum Testamentum*, ms. Cantabrigiæ in aula Pembrochiana, cod. 179, sed paulo latius hujus scriptoris speciales in Scripturam sacram labores explicemus.

Sixtus Senensis ordinis Fratrum Prædicatorum in *Bibliotheca sancta* testatur se vidisse sequentia in bibliotheca Fratrum Prædicatorum Lugdunensium :

In Psalterium librum unum, cujus initium : *Flebat Joannes, et non erat qui librum aperiret*, etc.

In Proverbia lib. 1, cujus initium : *Parabolæ Salomonis secundum Hebraicam veritatem*, etc.

In Ecclesiasten lib. 1 : *Beatus vir cujus auxilium abs te*, etc.

In Sapientiam lib. 1 : *Summi Regis palatium*, etc.

In Ezechielem lib. 2 : *Et factum est in tertio anno*, etc.

In Actus apostolorum lib. 1 : *Lique facta est terra*, etc.

In Epistolas canonicas lib. 1 : *Os meum loquetur sapientiam*, etc.

In Apocalypsim lib. 1 : *Hæc sola inter libros Novi Testamenti vocatur prophetia*, etc.

Joannes Bunderius in Indice librorum manuscriptorum Belgii, recensens Opera hujus Petri, quem vocat *Petrum Remensem*, *Cantorem Parisiensem*, quomodo etiam in Chronico Longipontano vocatur : quæcunque in diversis cœnobiis reperit, alia plura hoc tenore profert, præter ea quæ jam supra recensuimus ac distinximus.

Annotationes et brevia Commentaria in totum Vetus et Novum Testamentum, apud Dominicanos Valencenses.

Commentaria in Genesim quæ taliter incipiunt : *Principium verborum primum æternitatis operum*, etc.

Super Exodum : *Fecit Moyses primum operimentum*, etc.

Super Leviticum Ezechiel : *Parietem perfodit*, etc.

Super Psalterium : *Flebat Joannes, et non erat qui librum aperiret*, etc., apud Clarum Mariscum, Baudelum, et in S. Martino Lovanii.

Super Epistolas Pauli : *Ab increpatione tua fugient*, etc. In Claro Marisco, apud Sanctum Martinum Lovanii, apud Minores Brugis et Valencenis.

Hæc Joannes Bunderius loco citato.

Infulas episcopales declinasse virum probum, et monachum induisse in monasterio Longipontis ordinis Cisterciensis, ubi sanctitatem vitæ sancto fine complevit, Necrologium Ecclesiæ Tornacensis testatur. Obiit x Kalendas Octobris, anno 1197, ut ejusdem abbatiæ, in qua obiit, Necrologium commemorat.

DE PETRO CANTORE

ELOGIA.

(*Verb. abbrev.* edit. Georgii Galop. 4°.)

—

Jacobus a Vitriaco S. Rom. Ecc. cardinalis Historiæ suæ Occident. cap. 8.

Paucos Dominus sibi reliquerat viros honestos et timoratos, qui in via peccatorum non steterunt, et in cathedra pestilentiæ non sederunt. Quorum unus, veint lilium inter spinas, etc. *Vide supra in Notitia hist. litt.*

Thomas Cantipratanus libro II Apum, cap. 1, num. 9.

De hoc bono viro (*Joanne canonico regulari in Cantiprato*) mihi sui concanonici referebant quod cum esset Parisiis et auditor beati et magni viri, magistri Petri Cantoris Parisiensis, quibusdam dubitationibus et tentationibus fluctuabat, etc.

Idem libro 1, cap. 19, num. 8.

Quod mortale et damnabile est, dum tamen unum competens sit, beneficia plura retinere. Hoc idem magister Petrus Cantor S. Mariæ Parisiensis, et dixit et scripsit. (*Verbi abb.* c. 31 et 32.)

Idem, lib. II, cap. 30 (al. c. 29), secundum exemplar ms. Sancti Sepulcri Camerac. in notis Georgii Colvenerii S. T. doctoris et cancellarii Duacensis, etc.

Beatæ memoriæ magister Petrus, quondam Cantor Parisiensis, cuidam mihi noto narravit, etc.

Vincentius Bellovacensis in Speculo historiali, lib. XXIX vet. editionis, cap. 59.

Eodem anno (1197) Petrus Cantor Parisiensis tam vita quam doctrina conspicuus obiit : amator pietatis atque justitiæ, apud cœnobium Longi-Pontis in magna devotione sanctaque confessione migravit a corpore.

S. Antoninus in Chron. parte II, tit. 17, cap. 9, 55, 29 (eadem habet quæ Vinc. Bellovacensis).

Cæsarius Heisterbachensis ord. Cisterc. lib. II Historiarum memorabilium, cap. 34.

Temporibus Philippi regis Francorum, qui hodie regnat, erat in civitate Parisiensi usurarius quidam ditissimus, Theobaldus nomine. Hic cum haberet possessiones plurimas, infinitasque pecunias ex usuris congregatas, divinitus compunctus, ad magistrum Mauritium ejusdem civitatis episcopum venit, ejusque consilio se commisit. Ille vero, cum in ædificatione ecclesiæ B. Mariæ nimis ferveret, consuluit ei quatenus pecunias ad structuram inchoati operis contraderet. Qui hujusmodi consilio aliquantulum sibi suspecto, adit magistrum Petrum Cantorem, verba episcopi ei insinuans. Cui ille respondit : « Non dedit tibi bonum consilium hac vice : sed vade, et fac clamari per plateas sub voce præconis, quia paratus sis restituere omnibus a quibus aliquid injuste sortem cepisti. » Factumque est ita. Deinde rediens ad magistrum, ait : « Omnibus ad me venientibus, teste conscientia, omnia restitui ablata, et adhuc supersunt plurima. » Tunc ille : « Modo, inquit, poteris eleemosynam dare secura. » Retulit mihi dominus Daniel abbas Sconaviæ, quod ad consilium ejusdem Cantoris, per plateas civitatis nudus in suis femoralibus incessit, servo cum virga se impellente, ac dicente : « Ecce iste est ille, quem pro suis pecuniis principatus honorabat, qui filios nobilium obsides tenebat, » etc.

Idem lib. VIII, *cap.* 69.

Quidam dixerunt (sanctum Thomam Cantuar.) damnatum ut regni proditorem ; alii martyrem, uti Ecclesiæ defensorem. Eadem quæstio Parisiis inter magistros ventilata est. Nam magister Rogerus juravit illum dignum fuisse morte, etsi non tali, beati viri constantiam judicans contumaciam. E contra magister Petrus Cantor juravit esse martyrem Deo dignum, utpote pro libertate Ecclesiæ trucidatum. Quorum quæstionem Christus solvit, cum multis et magnis illum signis glorificavit.

Idem lib. XII, *cap.* 48.

Magister Petrus Cantor Parisiensis verbo, vita, et exemplo plures ædificaverat. Hic in Pontenella domo ordinis nostri factus est novitius, et infra annum probationis defunctus est, et in capitulo sepultus. Cumque postea necessitate ædificiorum corpus ejus esset transferendum, aperto sepulcro, tam magnus et tam suavissimus ex illo odor effervuit, ut nares omnium illius fragrantia reficerentur. Odor ille signum erat eximiæ ejus doctrinæ, cujus mercedem receperat in cœlo. Quantum vero gratiæ, quantumve gloriæ, doctores, sive prædicatores, post hanc vitam mereantur, subsequens sermo declarat.

Chronicon Marchianense in Paralipomenis Synopseos Franco-Merovingicæ anno 1194, fol. 987, sic habet :

Petrus Cantor Parisiensis, eximius doctor, qui scripsit *Verbum breviatum*, in magna devotione et confessione sancta migrat a corpore in monasterio, quod dicitur Longus-Pons non longe a Suessione.

Henricus de Gandavo in libro De illustrib. Ecclesiæ script., cap. 15.

Petrus Cantor Parisiensis, et ipse etiam theologicæ scholæ rector, scripsit librum qui a sui principio *Verbum abbreviatum* nominatur magna utilitate plenum. Scripsit etiam alium librum, quem vocavi Grammaticam theologorum, ad intellectum S. Scripturæ, in multis locis satis utilem.

Joannes Trithemius libro De script. ecclesiasticis circa annum 1200.

Petrus Cantor Parisiensis, et postea, ut fertur, episcopus, vir in divinis Scripturis eruditissimus, et in sæculari philosophia nobiliter doctus, theologicæ scholæ Parisiis multis annis gloriose præfuit, et discipulos multos egregios erudivit. Scripsit etiam quædam præclara opuscula, de quibus pauca ad manus nostras memini pervenisse. Volumen prænotatum :

Verbum abbreviatum liber. *Verbum abbreviatum.*
Distinctionum aliud... lib. 1... *Abel dicitur principium.*
Grammatica theologorum... lib. 1.
Sermones varios... lib. 1.
De quibusdam miraculis... lib. 1.
De sacramentis quoque... lib. 3. *Circuibat populus.*
Claruit temporibus Henrici VI, anno Domini 1200.

Sixtus Senensis libro IV Bibliothecæ sanctæ.

Petrus Cantor Parisiensis, et postea ejusdem urbis episcopus, inter alia præclara opera a se edita, scripsit scholasticam Glossam in universa sacro-

sancta Biblia, ex qua ipse in bibliotheca Lugdunensi ord. Prædicatorum vidi infra scriptos libros :
In Psalterium... *Flebat Joannes quia non erat qui aperiret.*
In Proverbia... *Parabolæ Salomonis secundum Hebraicam veritatem.*
In Ecclesiasten... *Beatus vir, cujus auxilium abs te*, etc.
In Sapientiam... *Summi Regis palatium.*
In Ezechielem... *Et factum est in trigesimo anno*, etc.
In Act. apost. . . *Liquefacta est terra*, etc.
In canonicas epist. . . *Os meum loquetur sapientiam*, etc.
In Apocal. . . *Hæc sola inter libros Novi Testam. Prophetia vocatur.*

His ex Sixto Senensi repetitis addit Antonius Possevinus Soc. Jesu in Apparatu sacro, t. II, littera P.

Scripsisse item atque adeo in Germania exstitisse nostro tempore in XII prophetas aliqui testantur, sed et scripsit tres libros de sacramentis. Alium quem prænotavit *Verbum abbrev.* et *Grammaticam theologorum*, alium de miraculis quibusdam, sermones plures. At qui ejusdem Petri Cantoris exstat ms. opus morale sive de casibus consc. tum Lovanii tum Burdigalæ in collegiis nostris. Quod opus Martinus Delrius noster in vetustissimo Sylvæ Majoris monasterio, in tractu Burdigalensi inter alios, qui sub impluvio computruerant, obtinuit. Sic ille. Quod dicit in Germania extitisse ejusdem commentarium in XII prophetas, id credo eum habere ex epitome bibliothecæ Gesnerianæ in qua sic legitur: «*Petri Cantoris expositio super XII prophetas.*» Item : «*Discursus secundum ordinem alphabeti de omni materia theologica.* M. Dresserus, id est *Matthæus Dresserus.* »

Præter ea quæ habet Sixtus Sen. et Possevinus, hujus Petrus Crespetius, citat sermon. 2 de B. Virgine qui habetur sub finem *Verbi abb*, ad illud Isaiæ 40. Ecce gentes quasi stilla situlæ, etc., in triumpho B. Mariæ die 2.

Idem die 25 citat ejusdem sermonem 1 de Annuntiatione.

Georgius Cassander in fine Ordinis Romani de officio missæ hæc habet:

Ante pauca quoque sæcula, in Galliis multum visitatæ fuerunt missæ, vulgo dictæ bifaciatæ, trifaciatæ, quadrifaciatæ, videlicet cum plures missæ diversi argumenti usque ad offertorium sæpius iteratæ tandem uno canone concludebantur : adversus quas studiose scribit Petrus Cantor in Verbo abbreviato. Eas omnino obsoletas existimo, etc.

In Catalogo mss. librorum bibliothecæ Camberonensis a Bosquiero Minorita, piæ memoriæ, edito, hæc habentur: « *Expositiones Magistri Petri Cantoris in unum ex quatuor. Item liber mag. P. Cantoris qui dicitur Verbum abbreviatum. Item expositio in Job.* »

Insuper videtur Petrus Cantor scripsisse in Matthæum ex Ludolfo Saxone in vita Christi, parte 1, cap. 17, 38 et 42. Quibus locis citatur, et in postrema editione subnotatur in margine : « *In Matt.* »

Idem Ludolfus ibidem, cap. 68, sic de eo loquitur : « Hoc idem (scilicet mortale et damnabile esse) Petrus Cantor Parisiensis et dixit et scripsit. »

Georgius Colvenerius S. T. doctor et professor, atque cancellarius Duacensis, in notis ad cap. 19. lib. I, Boni universalis, seu Apum, Thomæ Cantipratani, ad illa verba: « Hoc idem magister Petrus, cantor S. Mariæ Parisiensis, et dixit, et scripsit, » sic inquit : « Hæc est lectio ms. B. et tertii impressi, quibus accedunt alia duo mss. quæ habent : « Magister Petrus S. memoriæ Cantor Parisiensis. » Sed in Ms. P. super lineas, dictioni Petrus adjectus est, Comestor : forte ex antiquioribus impressis, quæ ambo legunt, sed perperam : « Hoc idem magister Petrus Comestor S. Mariæ Cantor Parisiensis dixit et scripsit. » Certe qui addunt Comestor, duos diversos auctores conflant in unum. Neque enim apparet Petrum Comestorem, qui, teste Trithemio, presbyter fuit Ecclesiæ Trecensis, cantorem fuisse Ecclesiæ S. Mariæ Parisiensis.

Est etiam, eodem Trithemio auctore, Petrus Cantor posterior Comestore annis fere quadraginta. Floruit enim Comestor anno 1160, Cantor obiit, teste Vincentio in Speculo et Antonino in Chronicis, anno 1197.

« Eadem, inquit ille, lectionis varietas est lib. II, cap. 1, p. 9, ubi duo impressa addunt nomen Comestoris. Verum non recte id fieri, et ex eo probatur, quia Cantipratanus vix videtur potuisse videre discipulum Petri Comestoris; et quod omnia mss. cum tertio imp. ibidem nullum habeant hujus lectionis vestigium. »

Capite vero 30, part. XII, sine ulla diversitate legunt omnia : Petrus Cantor Parisiensis.

Joannes Cognatus lib. IV Hist. Tornacensis, cap. 1, ex libro Obituario ejusdem Ecclesiæ.

Decimo Kalendas Octobris obiit egregius doctor Petrus Cantor Parisiensis, qui in episcopum Ecclesiæ hujus aliquando electus, vacationem humiliter declinavit : et postquam auditoriis suæ scientiæ et morum norma non modico tempore exstitit, assumpto Cisterciensi habitu, in monasterio Longi-Pontis sanctitatem vitæ beato fine complevit.

Thomas James in catalogo suo mss. librorum qui adhuc in Anglia reservantur, excuso Londini anno 1600.

Petrus Cantor scripsit super librum Num., Deuteron., Josue, Judicum et Ruth. Exemplar 1, Oxoniæ in biblioth. Ball. vol, 22. In Psalmos exempl. unum ibidem vol. 30. Verbum abbreviatum exempl. 1, Cant. in biblioth. Ben. vol. 223. Glossam in Evang. exemplo 1, Oxoniæ in biblioth. Col. Mes. vol. 144. Distinctiones exempl. 1. Cant. in biblioth. Ben. vol. 219.

NOMINA AUCTORUM

Quorum opera usus est Auctor in hoc libro *Verbum abbreviatum* dicto.

A

Alanus poeta.
Albericus Remensis.
Agellius, seu Aulus Gellius.
Alexander III papa.
Ambrosius.
Anselmus.
Appendix conc. Lateran. III.
Aquila Scripturæ interpres.
Arator poeta.
Aristippus.
Aristoteles.
Athanasius.
Augustinus.
Ausonius poeta.

B

Basilius.
Beda.
Benedictus in Regula.
Bernardus.
Biblia sacra et secundum LXX et Vulgatæ editionis
Boetius.

C

Carthusiensium instituta.
Cassiodorus.
Cato.
Cicero.
Cisterciensium constitutiones.
Claudianus.
Collationes Patrum.
Concilium Lateran. sub Alexandro III.
Concilium Remense sub Eugenio III.
Concilium Turonense.
Constitutiones Gregorii VII papæ.

D

Damasus papa.
Demosthenes.
Diogenes.
Dionysius Areopagita.

E

Epicurus.
Eugenius papa III.
Eusebius Cæsariensis.

F

Fulco Remensis.

G

Gallus poeta.
Gelasius papa.
Gesta philosophorum per Laertium.
Gilbertus episcop. Pictaviensis.
Glossa interlinealis.
Glossa ordinaria.
Gratianus.
Gregorius Magnus.
Gregorius Septimus.

H

Hieronymus.
Hilarius.
Hildebertus Cenomanensis episcopus.

Historia tripartita.
Horatius.

I

Innocentius II.
Isidorus.
Ivo Carnotensis.

J

Josephus Antiq. Judaic.
Jus canonicum et civile.
Juvenalis.

L

Legenda sanctorum.
Leo I papa.
Lucanus.

M

Macrobius.
Magister de Sentent. seu Petrus Lombardus.
Martialis.
Milo Tervannensis.

O

Origenes.
Ovidius.

P

Petrus Dialecticus, seu Magister Abælardus.
Plato.
Porphyrius.
Porretanus, seu Gilbertus Pictaviensis.
Propertius.
Prosper De vita contemplativa.
Prudentius.
Pulanus.

Q

Quintilianus.
Quintus Curtius.

R

Rabanus.
Remigius.
Robertus de Cameraco.

S

Samson Rem. archiep.
Sallustius.
Seneca uterque.
Sidonius IX.
Statius poeta.
Strabus Suetonius.
Symmachus.

T

Telesphorus papa.
Terentius.
Thomas Cantuar.
Theophylactus.

V

Valerius Maximus.
Virgilius.
Vitæ sanctorum, ut: Vita S. Fursæi, Vita S. Launomari, Vita seu Legenda sancti Sebastiani.

VENERABILIS PETRI

CANTORIS ECCLESIÆ BEATÆ MARIÆ PARISIENSIS AC S. THEOLOGIÆ DOCTORIS ET PROFESSORIS,

VERBUM ABBREVIATUM,

OPUS MORALE

Omnibus theologis, pastoribus, confessariis, concionatoribus, jurisconsultis et cujuscunque conditionis hominibus utilissimum.

E tenebris nunc primum erutum et notis illustratum studio et opera R. P. D. GEORGII GALOPINI, *monasterii S. Gisleni, ordinis S. Benedicti, provinciæ Hannoniæ, religiosi et bibliothecarii.*

(Montibus, ex typographia Francisci Waudræi, sub Bibliis, 1639 4°.)

VERBO DEO, VERBO INCARNATO, VERBO ABBREVIATO

DOMINO NOSTRO JESU CHRISTO

Omne studium meum illustrationi hujus *Verbi abbreviati*, a venerabili Petro Cantore conscripti, impensum, tibi, Jesu bone, offero ac consecro : mei, et omnium qui hoc opus fructuose legerint, æternum, precor, miserere.

LECTORI CHRISTIANO S.

Verbum abbreviatum, diu multumque desideratum, Lector Christiane, tandem in lucem prodit, at non nisi multis prius insumptis sudoribus. Cum enim plerumque chirographa, et squalore obsita, et ab edaci vetustate corrupta videamus, haud dubium quin lectorem diligentem, et, ut sic loquar, indefessum requirant, qui priusquam ea prelo committat, iterum iterumque examinet num verba et sententiæ, amanuensium incuria et scribendi præcipitatione, depravata sunt. Ideoque, quantum fieri potest, non unico exemplari, sed altero et altero utendum est, ut unius mendum aliud emendet, unius mutilum aliud suppleat, sicque lectio sanior et intellectu facilior emergat. Hic me id fecisse oportuit. Ubi ex uno ad me misso exemplari cœpissem apographum formare, tantam in eo vidi characterum trituram, tamque obscuras et inusitatas verborum abbreviationes, ut statim judicarim pluribus mihi opus esse, si lectionem genuinam vellem colligere.

Tria itaque mihi in hunc finem comparavi chirographa e tribus Belgii nostri monasteriis virtute et doctrina florentissimis, nimirum Vedastino, Marchianensi et Camberonensi. Quartum apud nos sæpius quæsivi, sed reperire non potui, eo quod avolasset. Altero præterea codice Camberonensi usus sum quo, inter opera Anselmi Cantuariensis, aliquot *Verbi nostri abbreviati* capitula continebantur. Hujus codicis, dum in notis mentionem feci, fragmentum Camberonense nuncupavi : cætera vero exemplaria, nempe Vedastinum, littera V, Marchianense M, Camberonense C, brevitatis causa signavi.

Horum trium margines et oræ notis nonnullis onerati sunt, non tamen a Venerabili Petro auctore, sed a studiosis illustrationis ergo superadditis. Id aperte colligitur ex Vedastino margine citato in notis ad c. 97. Ibi enim legitur : *Totum ergo membrum hoc distinctionis abolendum est, nec credendum Petrum Cantorem Parisiensem vitium hoc, et cætera quæ inveniuntur in hoc libro, posuisse, sed scholastici illum transcribentes, et notulas suas ad libitum addentes, totum corruperunt.*

Marchianense cum Camberonensi, quoad textum et notas collaterales, utcunque conveniebat; at a capite 66 usque ad 80 et a Vedastino et a Camberonensi fere continua lectionis varietate recedebat

Quapropter verbotenus describendum censui, et descriptum in calce operis, hoc est post omnes notas, reponi.

Illa vero, de qua dixi, varietas, non modo in verbis consistebat, verum etiam in exemplis, quæ, quo plura et amphora sunt, eo, præ aliis, ad propositi argumenti pleniorem intellectum et probationem magis conducunt. Hæc autem partim auctoris sunt, partim alicujus scholiastæ, qui, capite 80 verba Petri Cantoris citans (*in fine post omnes notas*), ipsum Magistrum nuncupat, quod auctorem de seipso dixisse minime putandum est.

Vedastinum eleganti stylo scriptum est, sed dolendum multis in textu superabundare, multis quoque carere. Abundat, dum ea quæ marginis sunt, videlicet notas, in textu recipit. Deficit, nec raro, dum partes veri textus omittit. Id mecum visus est interdum advertisse quidam ejusdem monasterii, ut reor, religiosus, qui hos defectus notans plumbeo stylo, in lateralibus oris scripsit : *Deficit hic.*

Nunc, quod ad notas attinet, scias velim, Lector, me fideliter eas subnotasse quæ utrius exemplaris erant; at ubi res exposcebat (quod non raro contingit) pro ingenii et judicii copia, meas interdum adjecisse, quibus obscura vocabula explicarem, sententiarum citationes depravatas restituerem ac illustrarem ; ea tamen brevitate hæc perstrinxi, qua potui, ne pro *Verbo abbreviato*, *Verbum prolongatum* redderem. Si quid autem in illis à me minus recte dictum est, opto illam B. Augustini sententiam mihi aptari (*De Trinit.* l. I, cap. 3. et 2) : *Nec pigebit me, sicubi hæsito, quærere : nec pudebit, sicubi erro, discere. Proinde quisquis hæc legit, ubi pariter certus est, pergat mecum ; ubi pariter hæsitat, mecum quærat ; ubi errorem suum cognoscit, redeat ad me ; ubi meum, revocet me. Ita ingrediamur simul charitatis viam,* etc.

Hoc, tu, Lector, utere *Verbo abbreviato*, et polliceor uberem referes fructum. Lectio enim salutaris et fructuosa est ad peccati cujuscunque fugam et cautelam, ad mores informandos, capescendas virtutes, ad amorem Dei, mundique contemptum instillandum animo ; et, ut verbis cujusdam sapientis concludam (*in textu Marchianensi, cap. 80, post omnes notas*) : *Verbum abbreviatum planum est ad fidem et morum scientiam habendam.* Vale in Domino, et si quis stimulus virtutis ex hac lectione animo tuo altius solito insederit, pro nostri suscepti laboris mercede, me tuis apud Deum precibus juva.

PETRI CANTORIS
VERBUM ABBREVIATUM.

1. CAPUT PRIMUM.

Contra superfluitatem et prolixitatem glossarum et inutilium quæstionum.

« Verbum abbreviatum fecit Dominus super terram (*Rom.* IX). » Si enim Verbum de sinu Patris ad nos missum, imo si Filius Dei incircumscriptibilis, «quem totus non capit orbis,» brevitate uteri virginalis voluit circumscribi, quanto magis Verbum sacræ paginæ (quod nobis tribuit, et quod nobis in arrham et pignus suæ dilectionis reliquit) voluit abbreviari : in quo vias et semitas ejus deprehenderemus, in quo cursus nostri viam breviter et succincte ad æternam beatitudinem legeremus expressam? Superfluitas verborum, imo et infinitas est in aliis scripturis respecto sacræ Scripturæ, quam respuit illa. Hanc prolixitatem et superfluitatem verborum philosophus vituperans, et resecandam ostendens, ait (Seneca, epist. 2) : *Distrahit nos librorum multitudo. Itaque, cum legere non possis quantum habueris, sat's est habere quantum legas.*

A Sed modo, inquis, hunc librum evolvere volo, modo illum. Fastidientis stomachi est multa degustare : quæ, ubi varia sunt et diversa, inquinant, non alunt. Probatos itaque semper lege libros ; et si quando ad alios divertere libuerit, ad priores redi, aliqua tibi comparans in auxilium adversus omnia vitia et omnem pestem ; et cum multa percurreris, unum excerpe quod illo die decoquas. Hoc quoque ipse facio. Ex pluribus quæ legi aliquid apprehendo et excerpo. Item (epist. 48, 16, 45) : *Etsi multum superesset ætatis, parce dispensandum esset ut sufficeret necessariis. Magna enim dementia est superfluitati intendere in tanta temporis egestate. Non est opus verbis, sed rebus. Hæc est scientia rerum, quæ magis informat animum, vitam disponit, actiones regit, agenda et omittenda demonstrat, sed et ad amplustre, et per ancipitia fluctuantium dirigit cursum. Nemo securus sine ea.*

2 (Epist. 19.) Itaque cum breve sit tempus, cum punctum et etiam minus puncto sit, quo vivimus, cum retroacta tempora mors jam teneat, Domino

per horam saltem serviamus, brevitatemque imitantes, colligamus utiliora capitula, sumpta tam ex corpore sacræ Scripturæ, tum ex bene dictis aliarum scripturarum.

Quidquid enim ubicunque bene dictum est, meum est, inquit Theologus (epist. 16), ad vitiorum singulorum redargutionem, et ad virtutum et morum commendationem, et operum nostrorum directionem, negotiorumque in Ecclesia emergentium decisionem.

In tribus igitur consistit exercitium sacræ Scripturæ : circa lectionem, disputationem et prædicationem. Cuilibet istorum mater oblivionis et noverca memoriæ est nimia prolixitas. Lectio autem est quasi fundamentum, et substratorium sequentium ; quia per eam cæteræ utilitates comparantur. Disputatio quasi paries est in hoc exercitio et ædificio ; quia nihil plene intelligitur, fideliterve prædicatur, nisi prius dente disputationis frangatur. Prædicatio vero, cui subserviunt priora, quasi tectum est tegens fideles ab æstu, et a turbine vitiorum. Post lectionem igitur sacræ Scripturæ, et dubitabilium, per disputationem, inquisitionem, et non prius, prædicandum est ; ut sic cortina cortinam trahat, et cætera.

CAPUT II.
De brevitate lectionis.

Gregorius brevitatem lectionis commendans, ab eaque prolixitatem et superfluam expositionem resecans, ait (hom. 15, *in Luc.* VIII) : Lectio ista (scilicet : «Exiit qui seminat seminare semen suum,» et cætera) non indiget expositione, sed admonitione. Admonitoria igitur, quia per se patent, seorsum in loco privato legantur ; expositoria vero et difficilia in scholis audiantur. Ad hoc, inquit Hieronymus (*in c.* 1 *Isaiæ*), terenda sunt magistrorum limina. Item idem (*in c.* XVI *Ezech.*) : Cum Dominus ante offensam idolatriæ illi populo tantum Decalogum commisisset sufficientem ad salutem, post illam multiplices contulit cæremonias, quibus, meritis eorum exigentibus, onerati sunt et afflicti. Eorum exemplo nos vereri debemus, quod, cum Dominus tantummodo textum Evangelii Matthæi Ecclesiæ primitivæ commisisset omnia necessaria saluti continentem, meritis nostris exigentibus, puta vanis exercitationibus, et inquisitionibus superfluis, et peccatis aliis, glossarum multitudine, lectionum superfluitate et prolixitate onerati sumus, in quibus est tantum «labor et afflictio spiritus (*Eccle.* I);» puta in glossis illis, quæ non intra, sed circa textum loquuntur. Item Isaias : «Quare appenditis argentum vestrum, non in panibus (*Isa.* LV),» id est in ipsa refectione, **3** scilicet spiritualium eloquiorum saturantium et necessariorum : «et laborem vestrum,» scilicet studium, «non in saturitate,» sed in foliis verborum, et in multitudine, quæ aurem prætervolant, et animum non satiant. Item idem : «Ubi est litteratus, ubi est verba legis ponderans (*Isa.* XXXIII),» scilicet Scriba et Pharisæus legem superflua expositione onerans? Item : Hieronymus textum per textum exponit, aliam glossam supervacaneam judicans ; ideoque nobis difficilior est ad intelligendum. Item : Sicut Hieronymus et Origenes asteriscos et obelos illuminandis, et confodiendis, et delendis præposuerunt ; ita et nunc magis videtur esse opus, ut hæc præponeremus ad explanationem difficilium, et jugulationem deletionemque prolixitatis, et superfluitatis glossarum. Item : Sicut in templo era infusoria, in candelabro exstinctoria et emunctoria (*Exod.* xxv), sic in sacra Scriptura infusores fuerunt, ut, qui eam exposuerunt, Hieronymus et Gregorius ; exstinctores, qui hæreses exstinxerunt, scilicet validi mallei hæreticorum, Augustinus et Hilarius ; emunctores, qui superflua exstirpaverunt, ut Hieronymus et Origenes ; quorum exemplo et nos aliqua de superfluis emungamus et resecemus a lectione ejus.

Item : Pudorem maximum nobis incutere deberet, quod Hieronymus sola bibliotheca adjutus, vocatus a Damaso papa et consultus, ad omnes consultationes et questiones Ecclesiæ sufficienter responderit. Item : Idem in anni unius spatio, totam bibliothecam historice, allegorice, tropologice et anagogice Paulæ et Eustochio exposuit. Item Augustinus (lib. III *contra Maximum*, c. 14, et *in Psal.* LVII) : Noli credere meis verbis, nisi id quod dixero, per Vetus vel Novum Testamentum probavero. Item ait Apostolus : «Si quis loquitur, quasi sermones Dei (*I Petr.* IV).» Glossa : Non contra voluntatem Dei, juxta auctoritatem sacri eloquii, et ad utilitatem proximi. Item : Armati tantum extrinsecus, et non intrinsecus, inermes sumus contra Judæum, hæreticumtum in opponendo, tum in respondendo. Item : Sacra Scriptura est navis nostra, qua transire debemus «hoc mare magnum et spatiosum (*Psal.* CIII),» et cætera, quæ non est oneranda saburra, et superfluis expositionibus, sed sufficientibus et necessariis tantum. Item (SEVER. SULP., dial. I, c. 12) : Sæpe utilia et necessaria prætermittenda sunt, ne multitudine utilium prægravemur. Item in Legenda sancti Martini : Cui pauca non sufficiunt, nec plura proderunt. Item Salomon : «In paucis sint actus tui (*Eccli.* XI).» Ergo si in rebus paucitas, potius in verbis esse debet.

Item : Hoc est pretiosum gummi, quod ex oculis Domini liquitur, cui nihil superfluum, nihil adulterinum, nil contrarium admiscendum est. Item : Os putei Abrahæ, a quo Isaac amovit lapidem, iterum cum Philistæis obstruimus (*Gen.* XXVI). Item : Cum modica farinula et simila tantum, præceptum est filiis Israel ut migrarent de Ægypto (*Exod.* XII). Item :

. . . . Gemmis auroque teguntur
Omnia : pars minima est ipsa puella sui.
(OVID. *De remedio amoris*, l. I.)

4 Gregorius : Sicut otiosi vel vitiosi lectoris est manifeste dicta exponere, ita prudentis est obscura dicta paucis declarare. Item : «Hoc est lignum quod plantatum est» (et cætera, usque *faciet*, id est facere docebit) «cujus folium non defluet (*Psal.* I),» quia est verbum vitæ, sed « folia decident, » quibus fructum arboris obumbramus, ne appareat. Si poma hujus arboris, nisi quantum sufficit, colligere prohibemur, multo magis folia inutilia. Item : Sicut textus est umbra vitæ æternæ, ita glossa, quæ ei applicatur, sit, et esse debet verbum vitæ æternæ. Item : In Deuteronomio, cap. xvi : « Non plantabis nemus, vel omnem arborem juxta altare Domini Dei tui. » Hæc est arbor non frondosa, hæc est vitis non pampinosa, sed fructifera, quæ plures habet fructus quam folia, et folia quidem habet quibus teguntur promissa et comminationes. Item : Solutus est liber septem signaculis signatus per Christum clavem David, pro quibus, ut solverentur, flevit Joannes (*Apoc.* v). Ne cogamus eum iterum flere, per superfluas expositiones et inutiles glossas, obscura, et tædiosa, et onerosa reddendo ad legendum. Item : Tenebrosa aqua nubium facta est potabilis, quod patet per eunuchum (*Act.* viii), qui Philippo monstrante ei locum Isaiæ de passione Domini scriptum : « Sicut ovis ad occisionem ducetur (*Isa.* liii), » et cætera, statim intellexit. Item : « Petræ scissæ sunt, et monumenta aperta sunt (*Matth.* xxvii) » in passione Domini ; quia scripta prophetarum dura ad intelligendum, aperta et manifesta facta sunt per impletionem, quæ multitudine glossarum obscura reddimus. Item : Resarcire videmur velum templi quod scissum est, et cæremonias revocare : cum tamen Christus sit finis promissorum, qui consummat omnia. Item : Videmur similes esse palpantibus ad ostium Loth, et non intrantibus (*Gen.* xix) ; similes Ægyptiis palpantibus in meridie (*Exod.* x), unde in libro Sapientiæ capite ultimo (*Sap.* xix). Item : Videmur velare faciem Moysi (*Exod.* x), scilicet sacram Scripturam, ut nobis, sicut Judæis, cornutus appareat (*Exod.* xxiv), cum Deus eam detexerit et revelaverit. Item : Videmur velare faciem Christi et dicere : « Prophetiza nobis, Christe, quis est qui te percussit (*Matth.* xxvi), » vel intelligit. Item Levitici xxvi : « Vetustissima veterum, » ut modum legendi antiquorum, « comedetis, » in usu, id est imitabimini ; « et vetera, » id est modum legendi modernorum, qui tamen jam senuerunt, et ideo veteres « novis, » id est vetustissimis veterum innovatis, et tunc in usum « supervenientibus, projicietis. » Item Isaias (cap. i) : « Caupones tui admiscent aquam vino. » Non admiscemus aquam et fæcem vino, amurcam oleo, paleam grano. Item : Maxime deberet movere nos, ad brevitatem assequendam, damnum in scribendo tot et tanta volumina, propter sumptus nimios ; damnum in legendo, propter minorem profectum, et dilationem ad cætera utiliora ; puta damnum in emendando, propter jacturam temporis, et tædium et laborem corporis ; damnum in ferendo, propter ponderositatem librorum et impedimentum. Item : Consumimur in legendo superflua, ut situs locorum, numeros annorum et temporum, genealogias, dispositiones mechanicas in ædificiis, ut in dispositione tabernaculi, templi etiam imaginarii. Non ideo data est nobis sacra Scriptura, ut in ea vana et superflua quæreremus, sed fidem et doctrinam morum, et consilia et responsiones ad infinita negotia in Ecclesia emergentia.

CAPUT III.
De brevitate et commoditate quæstionum.

Post hæc de brevitate quæstionum, vel disputationis agendum est, et quæ, cujusmodi tractari debeant, ostendendum. Ad hoc Epistola ad Ephesios cap. iv : « Omnis sermo malus ex ore vestro non procedat : sed si quis bonus est, ad ædificationem fidei, ut det gloriam audientibus. » Item I ad Timotheum cap. i : « Rogavi te, ut denuntiares quibusdam fratribus, ne aliter docerent, neque intenderent fabulis et genealogiis interminatis ; quæ quæstiones præstant ruinam magis quam ædificationem Dei, quæ est in fide. » Item in eadem, cap. vi : « Si quis aliter docet, et non acquiescit sanis sermonibus Domini nostri Jesu Christi, et ei quæ secundum pietatem est doctrinæ : superbus est, et nihil sciens, sed languens circa quæstiones et pugnas verborum, ex quibus oriuntur invidiæ, contentiones, blasphemiæ, » etc. Item in eadem, cap. iv : « Ineptas et aniles fabulas devita. Potius exerce te ad pietatem, » quæ est in fide et bonis moribus. Item in eadem, cap. vi : « Profanas vocum novitates, et oppositiones falsi nominis scientiæ, devita ; quam quidam promittentes circa fidem exciderunt. » Vera scientia est, quæ tantum consistit in doctrina fidei et morum. Item II Epist. ad Timotheum, cap. i : « Formam habe sanorum verborum, quæ a me audisti, in fide et dilectione in Christo Jesu. » In eadem, cap. ii : « Noli verbis contendere. Nihil enim utile est, nisi ad subversionem audientium. » Item in eadem, cap. ii : « Exhibe te inconfusibilem, recte tractantem verbum veritatis : profana autem et vaniloquia devita. Multum enim proficiunt ad impietatem, in quibus nullus est fructus. » Item in eadem, cap. ii : « Stultas et sine disciplina quæstiones devita, sciens quod generant lites : servum autem Domini non oportet litigare. » Et nota differentiam inter stultas quæstiones et temerarias. Illæ enim vanæ sunt et inutiles, illæ periculosæ et animum subvertentes, erroremque suum cito generant. Item cap. iii : « Tu vero permane in his quæ didicisti, et credita sunt tibi, sciens a quo didiceris, et quia ab infantia sacras litteras nosti, quæ te possunt instruere ad salutem per fidem, quæ est in Christo Jesu. Omnis enim scriptura divinitus inspirata, utilis est ad docendum, ad arguendum, ad corrigendum, ad erudiendum in justitia, ut perfectus sit homo, ad omne opus bonum instructus. » Item in psalmo lviii : « Os meum loquetur sapientiam ; » Glossa De fide et cœlestibus : « et meditatio cordis mei prudentiam ; » Glossa : De bonis moribus. Item in psal. lxvii : « Veruntamen confringet Dominus, » humiliando vel puniendo, « capita inimicorum suorum, » id est superbiam, « et verticem capilli, » id est versutias inanium quæstionum. Sunt enim qui tales calumniarum et quæstionum minutias quærunt, ut et ipsos capillos scrutari videantur. Item Levitici cap. I : « Offerens turturem vel columbam projiciet vesiculam, » id est omnem tumorem (tumor infusa repellit : ob hoc sit altare tuum concavum) « et plumas, » id est superfluas et inutiles projice quæstiones.

Item in eodem, cap. XXVI : « Si mandata mea custodieritis, dabo vobis pluviam temporibus suis : si non, dabo vobis desuper cœlum ferreum » (id est scripturam, quæ non pluet vobis doctrinam), « et terram æneam, » id est divinam Scripturam vobis infructuosam. « Consumetur incassum labor vester. » Glossa : Quem divinis Scripturis impenditis, quia prave intelligitis et superfluis vacatis. Item Deuteronomii cap. XXVIII : « Det Deus imbrem, » id est doctrinam, quæ non excitet germina virtutum, sed æternum pronuntiet interitum ; « et descendat de cœlo super te cinis, » id est doctrina urens, subtilis, et confusa ; « donec conteraris. » Glossa : æterna pœna. Simile autem confuso est, quod in cinerem et pulverem redigitur. Nihil subtilius arista, nihil adeo obest utilitati, sicut nimia subtilitas. Pulverem ne moveas et dispergas, ne eo moto involvatur et obscuretur, imo excæcetur oculus mentis tuæ. Item Seneca (ep. 20) : Aliud est propositum declamantibus et assensum coronæ captantibus. Aliud his qui otiosorum aures disputatione varia aut volubili detinent. Facere docet cœlestis philosophia, non garrire, non linguose loqui. In rebus enim est, non in verbis. Non est populare artificium, licet nunc vitio nostro, gloriæ et quæstui et litigio data. Ne acquiescas in gyris mæandrinis et anfractibus verborum et cavillarum ædibus labyrinthi ; sed fuge (ep. 16). Item : Quid mihi verba distorques et syllabas digeris? Scilicet non potero a fugiendis petenda secernere, nisi quæstiones vaferrimas construxero, et conclusione falsa a vero nascens mendacium astruxero. Pudeat quod in re tam seria senes ludimus. O pueriles ineptiæ! In hoc barbam demisimus? Hoc est quod tristes docemus et pallidi? Cœlestis philosophia aliquid promittit, scilicet, ut me Deo aliquid parere faciat. Non est locus jocandi : ad miseros advocatus es. Opem te laturum naufragis, captis, ægris, egentibus, intentæ securi præstantibus caput pollicitus es (ep. 48). Adversus vitia est nobis pugna, adversus pestes erebi, adversus monstrum hujus maris. Quid ergo adversus mortem tu tam minuta jacula jacularis? Subula leonem excipis? Acuta sunt ista quæ dicis. Nil acutius arista : sed ipsa subtilitas quædam inutilia et inefficacia reddit (ep. 82). Valet ad hoc exemplum de Polemone, qui quidem, cum esset vitæ perditissimæ, sertis roseis redimitus, unguentis delibutus, nebulonum et lenonum turba constipatus, scholas Xenocratis intravit. Proinde omnes discipuli indignati 7 sunt vehementer : solus magister, illius miseriæ compatiens, digressus est a cursu propositæ disputationis, et disputare cœpit de frugalitate et bonis moribus, virtutes singulas commendans, eisque vitia opposita redarguens et vituperans. Tandem Polemon valde commotus suram de sura deposuit, omniaque insignia luxuriæ et lenocinii, focalia, et reticula et coronulas, et hujusmodi rejecit : sicque una et acutissima disputatione gravissimus philosophus evasit, qui leno turpissimus intravit (VALER. MAXIM., l. VI, c. 11). Item Seneca : Quid mihi verba captiosa componis? Cur interroganti vincula, disputationis scilicet, nectis? Magnis telis magna portenta, id est vitia, feriuntur (ep. 82). Item : Pudet descendere in aciem pro diis et hominibus susceptam, subula armatum. Pro diis, id est fide ; pro hominibus, id est bonis moribus : contra vitia susceptam, armatum subula, id est levi et frivola ratione, vel disputatione (ibid.). Item : Multa invenissemus necessaria, nisi quæsissemus superflua. Multum nobis temporis verborum cavillatio eripuit, captiosæ etiam disputationes, quæ acumen irritum exercent. Nectimus nodos, et ambiguam verborum significationem, quasi nobis vacet, quasi jam vivere, quasi jam mori sciamus (ep. 45). Et infra : Cavendum est magis, ne res nos, non verba decipiant. Quid mihi vocum dissimilitudines diffinit quis, quibus nemo nisi dum disputat, captus est? Res fallunt: discerne. Item : Ille cui probas habet cornua, non tam stultus est, ut frontem suam tentet et tangat. Sic ista sine noxa decipiunt, quomodo præstigiatorum acetabula, et calculi Pygmæorum quibus ipsa fallacia delectat. Sed non vaco adversus istas ineptias. Ingens negotium in manibus meis est. Nunc mortifera mecum sunt, mors me sequitur, vita fugit; adversus hæc me doce (ep. 52). Item : Nil turpius cœlesti philosophia captante clamores. Sid aliquid inter clamorem theatri et scholæ. Disputationes præparatæ et effusæ auribus populi, plus habent strepitus, minus utilitatis. Nemo consilium clare dat. Submissa verba facilius intrant et hærent : nec multis opus est, sed efficacibus (ep. 38).

Non ergo clamandum in disputationibus theologiæ ; non disputandum de frivolis, sed, ut ait Seneca (ep. 49), de justitia, de pietate, de frugalitate de utraque pudicitia, scilicet mentis et corporis, mihi disputa. Tragicus etiam ait : Veritatis simplex est oratio, ideo illam implicari non oportet. 'Nec enim quidquam minus convenit quam subdola ista calliditas animi, magna conantibus (EURIPIDES in Phœnissis).

Deponamus igitur hujus declamationis acutæ concinnationes, quæstiunculas inutiles, ne diutius cum Judæis videamur montem Seir multiplici et vano circuitu circuire (Deut. II) ; et tam diu in Ramesse pervagando ad terram promissionis, id est ad veritatem theologiæ, nequeuntes pervenire (Exod. XII ; Num. XXXIII). Ad majorem igitur natus, rebus studeas, non verbis ; ut quidquid legeris, quidquid disputaveris, quidquid prædicaveris, ad mores in te, et in aliis, exemplo tui, **8** informandos referas. Puta, in te marcentia excita, tumida doma, fluida coerce, soluta constringe, cupiditates tuas vexa et exstirpa, ignorantiam tuam illumina (SENEC., ep 89). Pro disputationis utilitate, et contra ejusdem inutilitatem monemur exemplo antiquorum. Patriarchæ enim opere et exemplo contra idololatriam pugnaverunt. Prophetæ verbo et exemplo filios Israel contra inobedientiam corripuerunt. Apostoli verbo et exemplo, et etiam morte contra infidelitatem prædicaverunt. Doctores vero Ecclesiæ contra hæreses in defensionem Evangelii et fidei disputaverunt. Nos vero steriles in Ecclesia, nullumque fructum ferentes in eo, in superfluis et vanis quæstionibus languentes deficimus.

CAPUT IV.
De temeritate quæstionum, et temerariis disputationibus.

« Simul insipiens et stultus peribunt (*Psal.* XLVIII). » De stultis disputationibus dictum est ; quæ licet sint inutiles, quia tamen videntur habere aliquid subtilitatis, alliciunt et decipiunt. Licet autem stulti pereant, magis tamen insipientes, qui de cœlestibus supra vires et supra ea quæ sufficiunt ad salutem, inquirunt; qui vespis et pugionibus Dominum Jesum exagitare videntur. Apostolus contra tales invehitur, dicens : « Non plus sapere quam oportet, sed, » etc. (*Rom.* XII.) Item Jeremiæ cap. XV : « Væ mihi, mater mea ; quare me genuisti virum rixæ, » vel judicii? Alia littera : « Virum discordiæ, » vel qui judicer « in universa terra? Non feneravi, nec feneravit mihi quisquam, et omnes maledicunt mihi : » contradicendo mihi et ego eis. Ita et nos verbis maledicimus, et contradicimus invicem, fere in nullo consentientes. Item Job cap. XIX : « Nempe etsi ignoravi, mecum erit, » de non necessariis, « ignorantia mea : » ita et scientia, non contra ut scientia, quæ evanescere facit et superbire. Item Ecclesiasticus cap. XVI : « Non exoraverunt pro peccatis suis antiqui gigantes, » quibus comparantur et assimilantur curiosi. Et ibidem : « Qui minoratur, » id est qui distribuitur per multa « corde, cogitat inania. » Item psalmo LXIII : « Scrutati sunt iniquitates, » etc.; et Lucas cap. II : « Ecce hic positus est in ruinam, et in resurrectionem multorum in Israel, et in signum cui contradicetur. » Eo enim nato, statim contradictum est ei ab Herode de regno (*Matth.* II); passo, a Scribis et Pharisæis de inscriptionis titulo (*Joan.* XIX); et modo de humanitate ejus contradicitur, et de aliis sacramentis, cum diversi diversa et adversa super his sentiunt. Item psalmo L : « Incerta et occulta sapientiæ tuæ manifestasti mihi. » Incerta sunt, quæ patent aliquibus indiciis, de quibus tamen plura ignoramus quam scimus. Occulta sunt, quæ omnino latent, de quibus nulla habemus indicia, et hæc et illa Dominus **9** David revelarat. Sed nunquid præsumimus David suparare, vel ei æquales esse meritis, ut similiter nobis Dominus ista revelet? Tales dedignantur dicere : « Mirabilis facta est scientia tua, et non potero ad eam (*Psal.* CXXXVII), » imo potius possunt. Item : Nec hoc dicere dignatur : « Defecerunt oculi mei in eloquium tuum (*Psal.* CXVIII), » Hieronymus (epist. 104, 8) : Non sum tam ineptus, ut credam me posse carpere ad plenum fructus illius arboris, cujus radices fixæ sunt in cœlo. Item : Tales « mammas sic stringunt, quod pro lacte sanguinem eliciunt (*Prov.* XXX), » vel fundunt. Item : Aquas « unius moris » quibus « ambulare debemus in domo cum consensu, » faciunt « aquas contradictionis (*Psal.* LXVII), » quibus contradicunt, et sibi invicem, et ipsi Domino, ipsisque aquis. Jeremias cap. XXXIII : « Contritum est, inquit, cor meum in medio mei, contremuerunt ossa mea; factus sum quasi vir ebrius, et quasi homo madidus vino a facie Domini, a facie sanctorum verborum ejus ; » et ideo : « Quia adulteris repleta est terra, quia a facie maledictionis luxit terra (*ibid.*). » Si ergo « a facie Domini » primaria, quæ est divina essentia, ad eam intelligendam et cognoscendam « factus sum quasi vir ebrius, » etc., ita et « a facie ejus » secundaria, scilicet « verborum ejus, » quæ est de illa, et quam docet agnoscere. Item : Considerate et discrete præceptum est Hebræis, ne aliqui infra triginta annos constituti, legerent principium Geneseos, et finem Ezechielis, et Cantica canticorum : ergo per classes et ad mensuram, et a fideli, et a prudente dispensatore dispensanda esset esca sacræ Scripturæ. Item : « Domine Dominus noster, quam admirabile est nomen tuum in universa terra : quoniam elevata est magnificentia tua super cœlos (*Psal.* VIII), » sacræ Scripturæ: et ait « non possumus ad eam (*Psal.* CXXXVIII): » et ita nomen ejus inexplicabile et admirabile ; similiter magnitudo ejus, cujus non est finis. Item : Tegenda est arca ad reverentiam, licet detecta sit quoad cæremonias (*Levit.* XVI). Item : Fumus aromatum temperabat visum sacerdotis, ne ingrediens templum nuda videret « Sancta sanctorum (*ibid.*) : » ita et nunc temperare debemus visum nostrum. Angelus Tobiæ cap. XII : « Benedicite Deum cœli, etc. Etenim sacramentum regis abscondere bonum est : opera autem ejus revelare et confiteri honorificum est; » Glossa : Mysteria Domini tegenda sunt, opera vero prædicanda. Unde super illum locum Psalmi : « Mirabilis facta est scientia tua ex me (*Psal.* CXXXVIII), » etc. Glossa, etiam textus alibi : « Mirabilia opera tua, et anima mea cognoscet nimis (*ibid.*); » ergo opera Domini inquiras de ipsis, et de pœnitentia, dandisque consiliis in Ecclesia tractes. Item : « Os non comminuetis ex eo (*Exod.* XII ; *Joan.* XIX) ; » et : « Ossa regis Idumæi ne redigatis in cinerem (*Amos* II, 1). » Claudatur puteus, ne bos vel asinus cadat in eum (*Exod.* XXI). Item : Juxta eloquium tuum da mihi intellectum, (*Psal.* CXVIII). » M. Non infra, non contra, non supra : non audeo etiam dicere, quod cum eloquio, sed juxta, ne tibi de pari contendere videar. Ideoque : « Adhæsi testimoniis tuis, Domine (*Psal.* cxviii) : » Non supra, sicut illi, qui assimilantur Simoni Mago, qui volavit, sed non « supra pennas ventorum (*Psal.* xvii), » quod solus Christus, « Qui posuit tenebras latibulum suum, » quoadusque « videamus eum » in futuro ? « facie ad faciem (*I Cor.* xiii). » Item : Supra volantes, « Posuerunt in cœlum os suum, et lingua eorum transivit in terra (*Psal.* lxxii), » id est de cœlestibus humano more tractant et **10** disputant, qui « statuunt oculos suos declinare in terram (*Psal.* xvi), » quibus necesse esset cum Martino potius cœlum respicere, quam « in cœlum os ponere. Convertit Dominus flumina » talium « in sanguinem, » id est in carnalem sensum et expositionem : « et imbres eorum ne biberent (*Psal.* lxxvii). » Item : Horrendum est de cœlestibus, et summo bono omnium auctore, pulverem et quisquilias et sarmenta vilia colligere. Unde philosophus (*Epist. ad Eustoch. de custodia virgin.*) : Qui in maximis et rebus dubiis timidus erit, nauci non est. Et Hieronymus : Stultum est sollicitari de eo quod sine periculo nescitur. Item : « Sentite de Domino in bonitate, et in simplicitate cordis quærite illum (*Sap.* i). »—« Qui enim ambulat simpliciter, ambulat confidenter (*Prov.* x). » Non dico simplicitate simulata et hæretica, vel simplicitate stultitiæ cognata, sed simplicitate existente sine plica erroris, et sine plica curiositatis, et temeræ inquisitionis. Item : Et « Quasi modo geniti infantes, rationabiles » tamen, « lac concupiscentes » doctrinæ (*I Petr.* ii) : quasi scilicet sufficientia et minora quæ capere potestis. Stolida ergo monemur non inquirere, multo magis et curiosa, imo prohibemur. « Nolite extollere in altum cornu vestrum : nolite loqui adversus Deum iniquitatem (*Psal.* lxxiv) : » vel per hæresim blasphemando, vel in moribus male docendo ; vel per superbiam et curiosam disputationem nimis investigando ; vel præcepta Domini generalia, particularia, et localia, et temporalia esse asserendo : arcumque sacræ Scripturæ carnali expositione levigando. « Nolite loqui sublimia » et temeraria « gloriantes : sed recedant vetera de ore vestro (*I Reg.* ii) ; » scilicet superfluæ et temerariæ inquisitiones, et prava dogmata philosophorum. Item : « Dixit Manue ad angelum qui ei apparuit : Quod est tibi nomen? Respondit angelus : Cur quæris nomen meum, quod est mirabile (*Judic.* xiii), » et inexplicabile? M. Si ergo de nomine Deitatis prohibemur quærere, multo magis de re nominis curiose et superbe. Omne nomen Dei est ineffabile. Sufficiat ergo quod ipse « admirabilis, fortis, potens (*Isa.* ix), » etc., quod scilicet hæc sunt nomina ejus. Item Hieronymus : Non minori scelere dicitur Deus non esse quod est, quam negatur esse quod est. Moyses posuit terminos circa montem, ne bestia, quæ tangeret, lapidaretur (*Exod.* xix) : sic et Christus, et Patres nostri « terminum posuerunt in monte » et circa montem sacræ Scripturæ, « quem non debemus transgredi (*Psal.* ciii ; *Hebr.* xii) » per inutilem, et temerariam, et superfluam inquisitionem. Tangentes enim montem bestialiter, lapidabantur. Item Parabolarum cap. xxv : « Fili, invenisti mel, » scilicet doctrinæ : « Comede quod sufficit tibi, ne forte satiatus evomas illud (*Prov.* xxv) : » Glossa : Scilicet ultra vires quærendo, perdas intellecta. Item : Tantum summitatem virgæ cum Jonatha, melle intinge, et exhilarabuntur oculi tui ut illius (*I Reg.* xiv) : et bene prosequeris hostes tuos, ut ille : quia « Declaratio sermonum tuorum, Domine, illuminat (*Psal.* cxviii). » Non obtenebrat, non involvit, ut curiosa inquisitio. Item Ecclesiastici capite tertio : « Fili, altiora te ne quæsieris, et fortiora te ne scrutatus fueris : sed quæ præcepit Deus, cogita illa semper, et in pluribus operibus ejus non eris curiosus. Non enim tibi necessarium est, ea quæ abscondita sunt, videre oculis tuis : » multo magis in perscrutanda majestate illius. Item ibidem : « In supervacuis rebus **11** noli scrutari multipliciter, et in pluribus operibus ejus non eris curiosus. Plurima enim super sensum hominum ostensa sunt tibi . multos enim supplantavit suspicio eorum (*Eccli.* v). » Item Ecclesiastes, c. vii : « Quid necesse est homini majora se quærere, cum ignoret quid conducat sibi in vita sua ? » Item ibidem : « Dixi : Sapiens efficiar, et ipsa longius recessit a me. Multo magis quam erat : et alia profunditas, Quis inveniet eam ? » Item ibidem, cap. viii. « Quis talis, ut sapiens est, et quis novit solutionem verbi divini? » Item ibidem : « Intellexi quod omnium operum Domini nullam possit homo invenire rationem eorum quæ sunt sub sole, et quanto plus laboraverit ad quærendum, tanto minus inveniet. » Item : « Fili pauci sint sermones tui (*Eccli.* v), » de Deo, de quo etiam varia periculose dicuntur. Item Ecclesiastico : « Qui quærit legem, replebitur ab ea, et qui » curiose et « insidiose agit, scandalizabitur ab ea (*Eccli.* xxxi) : » et non inveniet eam. Item Aristoteles : Nunquam decet nos esse verecundiores, et magis sobrios, quam cum de diis loquimur. M. Multo magis cum de uno et vero Deo loquimur.

CAPUT V.
De modo disputandi, qui est ut sine contentione disputetur.

Sequitur de modo disputandi, qui exigit ut sine lite et contentione fiat. Unde Isaias : « Aquæ Siloe fluunt cum silentio (*Isa.* viii), » non cum litigio, non cum impetu, et tragico hiatu. Item in Deuteronomio in cantico Moysi : « fluat ut ros eloquium meum (*Deut.* xxxii) : » stillando, et sine strepitu et effusione nimia. Item libro II Regum, cap. xxii : « Posuit tenebras latibulum suum, in circuitu suo cribrans aquas, » sacræ scilicet Scripturæ, « de nubibus cœlorum. » Cribrando ergo eas, et non cum impetu fundendo, tractandum est de illis, ut descendant de nubibus sacræ Scripturæ. Item II ad Tim. ii : « Non oportet servum Dei litigare, » ut obstrepat studio altercandi, erroremque suum tragico defendat hiatu ; « sed mansuetum esse ad omnes, cum modestia corripientem, et disputantem. Item : « Non in contentione (*Rom.* xiii). » Glossa : Altercatio enim non decet sanctos, sed collatio. In contentione enim minor invidet majori, et se illi præferre contendit. Item II ad Timotheum ii : « Noli verbis contendere, nihil enim utile est, nisi ad subversionem audientium. » Glossa : Contentio nihil potest nisi subvertere, dum verbosus par, vel superior videtur Catholico humiliter loquente ; in qua non potest non fieri, quin excitet aliquid quod contra conscientiam dicatur.

Pronuntiatio ordinata debet esse ut vita : ordinatum autem non est, quod præcipitatur et properat. Celeritas etiam dicendi nec in sua potestate est nec satis philosophiæ amica est, quæ verba debet ponere, non projicere, et **12** procedere pedetentim (Senec., ep. 40). Item philosophus : Ad summam totius summæ, tardiloquum, rariloquum, submissa voce loquentem te esse jubeo. Caput enim movere, brachia intorquere, digitos extendere, pedes supplodere, totumque corpus concutere, quid aliud est nisi quædam similitudo insaniæ, et te similem pugili ostendere? (*Ibid.*) Item Isaias : « Cum desieris digitum extendere, et loqui id quod non prodest, tunc placebis animæ meæ (*Isa.* lviii). » Item : Sicut turpe est interrogantem histrioni in disputatione assimilari, si gesticulando proposuerit : ita et solventem nimis esse præproperum turpe est et periculosum, maxime in quæstionibus solvendis, ubi vertitur periculum animarum (*Hebr.* x). Unde in Ecclesiastico (cap. xxxii) : « Fili, sine consilio nihil facias, et post factum non pœnitebis. » Item : « Qui interrogationem, solvendo scilicet, « manifestat, parabit verbum (*Eccli.* xxxii). » Glossa : Orando, meditando, bene operando : « Et sic deprecatus, exaudietur, et conservabit disciplinam, et tunc respondebit : « præcordia fatui quasi rota carri, » etc. Item in eodem, cap. xxxii : « Vir consilii non disperdet intelligentiam : alienus et superbus non pertimescet timorem, etiam postquam fecit cum eo sine consilio, et suis insectationibus arguetur.» Item cap. xxxvii : « Fili, in omnibus cor boni consilii statue tecum : non est enim tibi aliud plus illo. » Item cap. xxxvii : Ante omnia opera verbum verax præcedat te, et ante omnem actum consilium stabile. Item : « Labia imprudentium stulta et inconsiderata narrabunt, verba autem prudentium statera ponderabuntur. In ore fatuorum cor illorum, et in corde sapientum os illorum (*Eccli.* xxi). » Item, exemplo sanctorum primitivæ Ecclesiæ, necnon et justorum eos præcedentium, etiam et aliorum seniorum prædictos sequentium, qui nihil solvebant, ad nulla respondebant, nisi deliberatione et consilio præhabito et præcedente. Item a simili : Cum enim in quæstione mota super aliqua terrula vel recula alia terrena, coram judice; si tanta adhibeatur solemnitas judicii, tum in testium approbatione, tum in advocatorum productione, in induciarum protelatione et exspectatione, in accusatorum puritate, demum in sententiæ latione, multo magis in his ubi agitur de cœlestibus, de sacramentis Ecclesiæ, de his etiam (scilicet consilis dandis, vel non dandis) in quibus vertitur periculum animarum. Exemplo quoque Aristotelis, ad nullam, etiam facilem, quæstionem sibi propositam, respondentis, nisi datis induciis. Unde, et cum ei proponeretur quæstio difficilis, Theophrastus, juvenili calore adhuc imbutus, quæstionem illam se soluturum promisit. In cujus solutione cum deficeret et multum erubesceret, ait ei Aristoteles : « Opus est tibi fræno. » Alii vero discipulo, scilicet Eudemo (qui cum nimis morose, et non nisi cum induciis diutinis sibi proposita solvebat), ait Aristoteles : Tibi opus est calcaribus. Venam tamen ingenii habebat divitem.

13 CAPUT VI.

De prædicatione quam debet præcedere sanctitas vitæ.

Sequitur de tecto exercitii sacræ Scripturæ, hoc est de prædicatione, cujus, ut duorum præcedentium (supra, cap. 1), fundamentum est sanctitas vitæ et conversationis bonæ, per quam venitur ad illa. Unde in Psalmo : « Mihi adhærere Deo, per fidem et bonam vitam, et operationem fidei, bonum est (*Psal.* lxxii) ; » deinde : « Ponere in Domino Deo spem meam, ut sic annuntiem omnes laudationes, » vel prædicationes, « tuas in portis filiæ Sion (*Psal.* ix). » Est enim multiplex prædicatio, scilicet : eruditionis, correctionis, exhortationis, excitationis, consolationis, et sustentationis beneficii. Et quia tribus prædictis subservit vox quasi eis necessaria et eorum præambula, sciendum est multiplicem esse vocem. Est enim vox fletus. Unde : « Exaudivit Dominus vocem fletus mei (*Psal.* v) ; » et est vox confessionis ; deinde vox exsultationis serenatæ conscientiæ, quam sequitur vox prædicationis. Unde in Psalmo : « In voce exsultationis et confessionis sonus epulantis (*Psal.* xli). » Et in alio : « Confitebimur tibi Deus », peccata, et pro amovendis malis : « Confitebimur tibi, » laudes, et pro conferendis bonis : Et, tunc, bene viventes et operantes, « invocabimus nomen tuum, » ut aliis bene et utilia prædicemus. Unde sequitur : « Narrabimus mirabilia tua (*Psal.* lxxiv), » opera creationis et recreationis ad excitandum populum. Hic ordo etiam attenditur in ordine medendi. Prius enim amovenda sunt nociva et cætera. Item Dominus ad idem loquens prædicatoribus ait : « Vos, » conditi sapientia, « estis sal terræ, » vita; « vos estis lux mundi, » doctrina (*Matth.* v). Vita enim bona, scientiam, non dico verborum, sed rerum, præcedit. Unde per vitam, et non aliter, pervenies ad scientiam, scilicet operum. Hæc est scientia rerum : qui autem diligit, illa non caret. Item Salomon : « Fili, concupiscens sapientiam, serva mandata ejus, et Dominus dabit tibi illam (*Eccli.* x). » Item : « A mandatis tuis intellexi (*Psal.* cxviii) ; » scilicet, impletione eorum per opera, intellectum habui in doctrina. Et dicit Glossa super illum locum : Per custodiam mandatorum pervenitur ad secreta mysteriorum. Item : « Intellectus bonus omnibus facientibus eum (*Psal.* cx), » primo; item : « Bonitatem et disciplinam, et scientiam doce me (*Psal.* cxviii). » Primo disciplinam, postea scientiam. Item : « Beati immaculati in via, qui ambulant in lege Domini : Beati qui scrutantur testimonia ejus (*ibid*). » Quasi : Primo habeas fundamentum vitæ (scilicet innocentiam « ambulans in lege Domini : » bene operando), tandem scrutare ejus testimonia, ut majorem tibi compares scientiam. Item Apostolus : « Attende tibi, et doctrinæ (*I Tim.* iv). » Et idem, in regula apostolica, præmittit ea quæ ad vitam mundam sunt, ut : « Oportet episcopum esse sobrium, castum (*Tit.* i); » et hujusmodi; ultimo id quod ad doctrinam, inquiens : In doctore, bona vita præcedat doctrinam et prædicationem (GREG., homil. 2 *in Evang.*). **14** Restat enim, ut ejus prædicatio contemnatur, cujus vita despicitur. Item . Exemplo Domini, « qui cœpit facere et docere (*Act.* i).» Item : Sacerdos legalis primo induebatur superhumerali, deinde rationali. Onera enim propria et proximorum ferenda sunt, et opera legis implenda ; primo scilicet, antequam accedas ad ratiocinationem et doctrinam, quasi prius habeas vitam mundam. Item : In figura horum « Armus separationis, et pectusculum elevationis (*Exod.* xxix, xxxix) » contingebat sacerdotibus. Prius enim laborandum et operandum est, ut separeris a malo antequam eleveris ad scientiam et contemplationem mentis. Item : In tunica sacerdotis erant, « mala punica (per quæ fervor charitatis, quæ præcedit, denotatur) et tintinnabula (*Exod.* xxxix), » per quæ sonoritas doctrinæ et prædicationis, quæ sequitur. Obmutescit enim facundia, ubi ægra subest conscientia. Item ex virtutibus : « In virtute multa, Dominus verbum dabit evangelizantibus virtute multa (*Psal.* lxvii). » Ad utrumque enim referendum est quod dicitur, « in virtute multa ». Item : In sacra Scriptura res potius quam verba loquuntur, « Res age, tutus eris (OVID. *De rem amoris.* » In ea potius res persuadent quam verba. Quod conjicitur exemplo Bernardi prædicantis monialibus, et in principio sermonis obmutescentis propter peccata illarum (Vid. ejus *Vitam*, l. iii, c. 3). Quibus pœnitentibus et confitentibus, pluit eis imbrem de cœlo sacræ Scripturæ. Item : Exemplo ejusdem prædicantis laicis teutonicis, et commoventis eos ad fletum, quem tamen non intelligebant. Cujus sermonem retexuit post eum quidam monachus optimus interpres, quo loquente nihil moti sunt. Qui enim non ardet non accendit. Sæpe enim Deus claudit ora prophetarum propter peccata populi. Item philosophus : Magnificentior est sermo in tenui panno et grabato cum pallida facie factus (SENEC., epist. 20). Nos autem tumentibus et rubentibus buccis prædicamus verbum Dei, et idcirco contemnitur. Item : Legitur in vitis Patrum (lib. v, libello, iii, n. 18) : Eremitæ quidam cum sæcularibus quibusdam accesserunt ad Felicem abbatem, petentes ab eo sermonem fieri; qui nihil respondit illis. Illi iterum pulsaverunt, et iterum obticuit. Tertio pulsaverunt, et respondit : Quia non est sermo hodie. Sermo enim non est, nisi ei respondeant vita loquentis, et meritum audientis. Ad minus enim exigit vitæ sanctitatem loquentis, ut scilicet præcedat quasi fundamentum. Item : Tractantes (legendo vel disputando, vel prædicando) verbum Dei sine fundamento sanctitatis et vitæ, similes sunt Sodomitis pulsantibus ad os ium Loth, et intrare volentibus ut turpia agerent, sed percussi aorasia ostium invenire non valuerunt (*Gen.* xix). Sic et quærentes gloriam, quæstum, et hujusmodi in sacra Scriptura, ex ea populare artificium faciendo, cæcati curiositate et peccatis aliis, non permittuntur intrare. Item : Si Mariæ Magdalenæ ferventi in dilectione prohibitum est a Domino ne tangeret pedes ejus, quia nondum ascenderat ad Patrem in corde suo (*Joan.* xx), quanto magis prohiberi deberemus a tactu horum pedum, scilicet sacræ Scripturæ, qui minus diligimus, quorum etiam vita criminibus deturpata Domino fetet! Item Job (cap viii) : « Spes hypocritæ peribit, **15** et non placebit ei vecordia sua. » Gregorius super hunc locum ait de Origene : Quia hic est qui facit quod loquitur, et quod loquitur facit. Hypocrita enim est qui aliud loquitur, aliud facit. Hypocritæ quidem proferunt verbum, sed non accendunt auditores ad supernum desiderium.

CAPUT VII.
De commendatione sacri eloquii.

Verbum quod de frigido pectore erumpit non inflammat, quia, qui non ardet non accendit. Item : « Ignitum eloquium tuum vehementer (*Psal.* vi); » igne scilicet charitatis conditum, et ex charitate prolatum, ut ignis ignem loquatur. Item : Ad hoc in missione Spiritus sancti, idem super capita apostolorum in igneis linguis apparuit (*Act.* xxv), ut igniti ferventiore dilectione, ignita eloquia et omnibus linguis proferrent. Item : « Ignem veni mittere in terram, et quid volo nisi ut ardeat ? »(*Luc.* xii). Item : Basilio magno prædicante videbatur audientibus quod lingua ignea egrederetur ab ore ejus ; ex igne enim charitatis loquebatur. Item : Prædicante Sebastiano, Zoe uxor Nicostrati ad illum ait : « Video ante te angelum Domini tenentem tibi librum apertum, de quo procedit universa tua prædicatio. » Item Apostolus : « Os meum patet ad vos, o Corinthii, quia dilatatum est » charitate « cor meum (*II Cor.* vi). » Aliter non patet in prædicatione, sed ea habita ait Dominus : « Dilata os tuum, et ego adimplebo illud (*Psal.* lxxx). » Item David : « Dilatatum est cor meum, et exsultavit lingua mea, » etc. (*Psal.* xv.) Item Ezechieli, ait Dominus : « Fili hominis, comede volumen istud (*Ezech.* iii),» in quo erat scriptum Lamentatio, Carmen et Væ. *Carmen* justificatorum , *Lamentatio* impœnitentium, *Væ* damnatorum sive reproborum. De præmio enim patriæ, pœnitentia et pœna gehennæ debet esse tantum prædicatio. « Et comedi illud : et factum est in ore meo quasi mel dulce (*Ezech.* III). » Dulciter et suavissime verbum Dei ore prædicat, qui eum in corde suavissime diligit; inutiliter autem et acerbe eum prædicat lingua cui obviat et contradicit conscientia. Item : « Peccatori dixit Deus: Quare tu enarras justitias meas? » (*Psal.* XLIX.) Cum tu opere non impleas, quare sermone communi aliquid de majestate mea, ad populum, scilicet profers ? « Et quare assumis testamentum meum (*ibid.*), » id est, cum sis indevotus præsumis illud « per os tuum (*ibid.*) » (privata enim lectio non prohibetur) pollutum aliis prædicare ? Quasi, nec sancta verba os tuum præsumat docere. Et dicit Cassiodorus super hunc locum : Prohibet Deus ne lingua præsumat prædicare publice cui obviat conscientia prava ; non tamen interdicitur laus conversis ad pœnitentiam ; sed vide ne cantes bene et vivas male. Item Apostolus : « Castigo corpus meum et in servitutem redigo, ne forte, cum aliis prædicaverim, ipse reprobus efficiar (*I Cor.* IX). » Non ait : Ne cum aliis legerim, private scilicet. Non igitur immisceant se scelerati divinis sermonibus. Item : Ad hoc in Veteri Testamento erat labium æneum in introitu tabernaculi, ubi sacerdotes lavabant manus ingressuri tabernaculum et egressuri (*Exod.* XXX). Unde : « Mundamini qui fertis vasa Domini (*Isa.* LII). » Item : In eodem labio erant specula, in quibus ingressuri et egressuri tabernaculum, viderent si quid maculæ in se esset ad purgandum. M. Ad hoc solummodo.

Nota quod est prædicatio quæstuosa (B. GREGOR. hom. 12 *in Evang.*), alia vana et superba gloriam quærens, alia curiosa et stulta, alia subdola et hæretica, alia contumeliosa et scandalis plena, cum is scilicet prædicat, cujus vita despicitur, et istæ duæ nequaquam tolerantur. Alia officiosa, ut cum quis de officio prædicat ; alia charitativa, ut cum quis, privatus scilicet, ex charitate et non de officio prædicat. Peccator autem occultus, et non prælatus, bene prædicare potest; prælatus autem peccator, etiam occultus criminaliter peccabit, si prædicaverit : quod probat Hieronymus (epist. 1 *ad Heliodorum*) his verbis talem alloquens sic : Non omnes episcopi sunt episcopi. Qui enim in officio male vivis, utquid locum et terram alterius occupas ? Cave ne prædicatio et debita populo oratio, ei pro peccato tuo subtrahas, et tu cum plebe æternaliter puniaris. Qui enim suis premitur, aliena non diluit. « Talis enim commune opus impedit, et ideo mortaliter peccat (*Matth.* XV). » Sed nec de officio debet prædicare impœnitens et existens in proposito peccandi, quia contra officium venit, et illud exsequendo mortaliter peccat : quanto magis cujus vita est scandalis plena ? Item : Nisi fueris imitator Samsonis, non extrahes favum de ore leonis (*Judic.* XIV). Item, Jeremiæ (cap. 1) inquit Deus : « Priusquam te formarem in utero, novi te, et antequam exires de vulva sanctificavi te, et prophetam in gentibus dedi te. Et dixit Jeremias : A, a, a, Domine Deus, ecce nescio loqui, quia puer ego sum ; » id est. A. b. c. darius, in vita scilicet, in scientia, in facundia. Item II ad Timotheum II : « Tu ergo, fili, quæ a me audisti, et per multos testes, hæc commenda fidelibus hominibus; qui idonei erunt et alios docere. » Idonei, vita, scientia, facundia. Hoc enim tertio opus est (facundia scilicet) ut duobus primis ; alioquin quantum quis prodest exemplo, tantum nocet silentio. Item in eadem : « Sollicite autem cura teipsum probabilem exhibere ; » primo « operarium inconfusibilem, » et post, « recte tractantem verbum veritatis (*II Tim.* II). » Item Dominus in Evangelio : « Quis putas est fidelis servus et prudens, quem constituit Dominus super familiam suam, ut det illi in tempore tritici mensuram? » (*Luc.* XII.) Inde sciens quæ , quibus, qualia et quando sunt apponenda. Item philosophus (SEN., epist. 24) : Nihil adeo nos philosophos infestat, quam quod nobis objicitur, nos verba, non opera tractare, vocamurque a moventibus facetias : *Animalia glebæ* [f. *gloriæ*]. Item : Sanctus Gedeon pugnaturus contra Madianitas, fractis lagunculis et accensis luminibus sive lucernis, insonuit tubis, et territi sunt Madianitæ et confecti (*Judic.* VII). Item : Præceptum est a Domino Isaiæ (cap. XXXII) et Jeremiæ (cap. 1), quod non nisi prius succincti lumbos et renes prædicarent. Item : Filii Israel obsidentes Jericho (*Josue* VI), septies eam circuierunt, et in septimo circuitu tubis insonuerunt, et corruerunt muri Jericho. Jericho *defectus* interpretatur. Prædicaturus itaque primo omnes defectus suos cum mundo, qui in defectu est, circumeat, et in septimo circuitu, id est cum plene et perfecte, in perfecta circuitione scilicet, corruent vitia mundialium hominum quibus prædicabit. Item : « Circuivi et immolavi in tabernaculo ejus hostiam vociferationis, » etc. (*Psal.* XXVI.)

CAPUT VIII.
De curiosa prædicatione, et contra eam.

Philosopus (SENEC. epist. 71 et 108) : O tu lector, disputator, similiter et prædicator, qui bonum et honestatem vitæ quæris, ne exspectes magnificas voces ab istis circulatoribus et venatoribus verborum, qui flosculis et coloribus adulterantibus verbum Dei, furtivisque translationibus et similitudinibus, improbisque orationibus potius delectabilibus, et pruritum auribus generantibus, quam utilibus utuntur. Talis prædicator, nonne me magis juvare poterit, quam nauseabundus navis gubernator, qui vix stare potest attonitus et vomitans non se, nec alios regere valens ? Non minori cura debet regi vita humana in hoc mundo, quam navis in mari.

Sed, inquies, hæc sequi et attendenda esse dicit Aristoteles, Socrates, Plato, Philo, et alii. Ne cures de dictis eorum in talibus, sed potius, ut bene vivas, fac quæ loqueris. Item : Exemplo abbatis Willelmi Clarevallensis, qui sermonem noluit texere, sed potius de negotiis et gerendis in monasterio tractare, inquiens hujusmodi sermonem tantum pruritum aurium generare, licet multum rogatus et in pluribus capitulis, ut prædicaret. Item : Qui hæc præcipit : « Nolite solliciti esse de crastino (*Matth.* vi); » similiter et hoc : « Nolite cogitare qualiter, vel quid loquamini (*Luc.* xii; *Matth.* x). » Qui ergo cogitat qualiter vel quid loquatur, obviat et evacuat præceptum Domini, quia furiose studens, pluteum cædit, et sermo hujus demorsos sapit ungues. Cujus si vita prædicaret, et lingua sine labore et sermone præmeditato. Tali enim « dabitur in illa hora quid loquatur (*ibid.*). » In Actibus apostolorum (cap. xvii) Lucas, redarguens curiosos prædicatores et auditores, ait : « Athenienses omnes advenæ et hospites ad nihil aliud vacabant, nisi aut dicere, aut audire aliquid novi; » non ut crederent vel facerent illud, sed ut admirarentur. Item Apostolus : « Non veni ad vos in sapientia verbi, non in doctis humanæ sapientiæ verbis (*I Cor.* ii, 13), » sed in simplicitate sermonis, « ne evacuetur crux Christi (*I Cor.* i, 17); » ut cum veritas pateat, non requiratur ornatus verborum, ut verbis potius fiat fides, quam veritate passionis, quæ, ut gesta est, et ita simplici sermone narranda est, ne quod credimus attribuatur humanæ sapientiæ potius verbis quam veritati et gratiæ, et ita « evacuetur crux Christi. » Veritas autem angulos non quærit, quia sibi sufficit. Non ita est de cœlesti philosophia ut de humana, quæ meretrix improba sibi non sufficit, nisi coloribus adulterinis et stibio Jezabel coloretur et depingatur (*IV Reg.* ix), scilicet flosculis et phaleris verborum, ut potius appareat quam existat sapientia. Item Hieronymus (tom. I, *epist. ad Gallum*) : « Amicus amicum non debet inescare, sed apponere potius quod prosit, quam quod delectet. » Item philosophus (SENEC. epist. 115): Jubeo te non esse anxium circa compositionem et curam sermonis; a tali enim non exspecies solidum et integrum verbum. Cujuscunque enim videris orationem curatam, concinnam, politam, et circumtonsam et similiter cadentem; scito quod is animus pusillis deditus est et fractus. Animus vero magnus remissius quidem loquitur, utens scilicet proprijs verbis, sed sincerius et securius. Vides hos juvenes capite complutos, barba nitidos, et de capsula totos? Hi offendentes in syllaba, sæpe cadunt a tota oratione, ut aliena moventes risum cum cornicula ablatis ei pennis mutuatis a singulis avibus. Tales verbum Domini solidum perdunt, in arca habentes panem firmatum non in corde; panem perditum faciunt et conficiunt variis modis, ut non proprium saporem, sed alienum et adulterinum sapiat.

Item, Hieronymus, ostendens qualiter debeat fidelis et prudens prædicator prædicare, ait in epistola ad Julianum consolatoria super morte filiarum ejus; « Itaque non scribentis diligentia, sed dictantis temeritate longum ad te silentium rumpo, offerens tibi nudam officii voluntatem et temporalem; et pro temporalibus et in temporalibus afferens consolationem, » Extemporalis est epistola absque ordine sensuum, sine lenocinio et compositione verborum, ut per totum, in illa, nil de oratore invenias vel reperias, sed in procinctu effusam putes, et abire cupienti ingestum viaticum. Loquitur divina Scriptura viva voce simplicia et utilia : « Musica in luctu intempestiva narratio (*Eccli.* xxii). » Unde nos leporem artis rhetoricæ contemnentes, et puerilis atque plausibilis eloquii venustatem, ad sanctarum Scripturarum gravitatem confugimus, ubi vulnerum vera medicina est, ubi dolorum certa remedia; in quibus recipit unicum filium mater in feretro, ubi turbæ dicitur circumstanti : « Non est mortua puella, sed dormit (*Luc.* viii); » ubi triduanus mortuus et fetens ad vocem inclamantis Domini, ligatus adhuc institis egreditur et erumpit (*Joan.* xi). M. Talis ergo debet esse prædicatio, quia talis est Scriptura, ut prædicti mortui in peccatis ad ipsam et per ipsam suscitentur, et ut ipsa virtutes operetur, et curet infirmos potius quam delectet curiosos. Item idem : Prædicator sapiens testimonio sapientis omnes suas et omnium auditorum imposturas et circumstantias debet attendere, ne in uno sermone decurrat, sed multiplici etiam, ut pro advertentibus mutet et formet sermonem, subtrahat et addat, si necesse fuerit, secundum competentiam singulorum. Utens enim unico et firmato sermone ad omnia vitia curanda similis est medico danti unam pillulam ad omnem morbum. Similis est etiam oratori scienti unicum genus causæ et quædam communia ad perorandum, quibus utitur in omni causa et in omni negotio. Item : Similis est iste patrisfamilias **19** domus hospiti suo apponenti frigidos et fastidios et putridos cibos, quibus non nutritur, cui recentia debent apponi. Item : Hujusmodi prædicatoribus qui bene inchoant, quia a bono principio, et male mediant et terminant sermonem, sua et ornata sequentes verba a principio remota. Talibus potest objici illud poeticum:

.... *Amphora cœpit*
Institui, currente rota cur urceus exit?
(HORAT. *De arte poet.*)

Et iterum :

........., *Fortasse cupressum*
Scis simulare.
(ID. *ibid.*)

Et item :

Purpureus late qui splendeat unus et alter
Assuitur pannus.
(ID. *ibid.*)

Et item :

......,.... *At illi dextra jacebat*
Bellua.
(JUVEN. sat. iv.)

Incipiunt enim isti prædicatores sic : « In principio erat Verbum (*Joan.* i). » Deinde dicunt : Verbo quot accidunt? Et lectos et campos prædicant et allegorizant. Item : Athenienses Apostolo loquenti seria ajunt : « Frater, si qua habes verba exhortationis, dicas nobis (*Act.* xiii). » Qui etiam contexens sermonem in Epheso (*Act.* xviii), in recessu suo, paucis verbis locutus est. Sic et Athenis, in quibus tamen omnia necessaria animæ Christianæ reperiuntur, tum prælatorum ad prælationem et regimen, tum subjectorum ad humilitatem consequendam. Item Hieronymus in supradicta epistola : Vivit Dominus, vivit sermo ejus, vivida sunt verba ejus, quibus restituetur tibi filius, eo attestante qui ait : « Qui credit in me, etiamsi mortuus fuerit, vivet (*Joan.* xi).» An contristaris et ignoras de dormientibus, « sicut et cæteri qui spem non habent? » (*I Thess.* iv.) Absit! Quia, « si credis quod Jesus mortuus est et resurrexit, ita credimus, » etc. (*Ibid.*) Ad hanc et per hanc vocem, *mortem,* quam pro morte et dolore filii contraxeras a corde tuo expellam, nunc revivisças et consolationem recipias. Item : « Vivus est sermo Dei et efficax, et penetrabilior omni gladio ancipiti, pertingens et penetrans usque ad divisionem animæ et spiritus, compagum quoque ac medullarum, nec non et cordis cogitationum discretor (*Hebr.* iv).»

CAPUT IX.
De humilitate prædicationis.

Philosophus (Senec. ep. 114) : Talis debet esse oratio sapientis, qualis et vita ejus, non polita, non fucata, non plausibilis movens homines ad risum, et ad hujusmodi, sed tantum sensus sine ornatibus verborum explicans simplici sermone. **20** Item (Idem, ep. 75) : Cur cor tuum in verbo curato et non vero capit oblectamentum? Cur auris pruritum? Urendus es, secandus es. Urendus es in corde, secandus in aure, ut talia a te seces et auferas, ne talia volutet cor tuum et auscultet auris tua. Periculosa enim sunt, etsi delectabilia. Item idem : Ars de cœlestibus pure traditur, aliæ vero artes ad ingenii exercitium sunt; hæc autem in negotium animarum. Non quærit ægrotus eloquentem medicum et formosum, compositum; sed prudentem, curare scientem, benevolum et compositum in sermone humili, et habitu mediocri, et statura brevi, ne in magna præsumat. Sic et navis non formosum gubernatorem, sed regere scientem quærit. Item, Hieronymus ad humilitatem sacræ Scripturæ invitans, ait : Hic est ille rusticanus vomer, quo occidit Samgar sexcentos Philisthæos (*Judic.* iii); et tu tot vitia et dæmones, si rusticano et humili sermone prædices, occides. Hoc enim gladio interficiuntur potius quam gladio Ciceronis Hæc est mandibula asini super quam sedit Dominus, qua Samson interfecit mille Philisthæos (*Judic.* xv). Hoc est receptorium lactis, a quo David limpidissimos quinque lapides elicuit, quibus percussit et prostravit Goliam (*I Reg.* xvii). Claros dico lapides et naturales, non fucatos, non subornatos. Subornatus enim sermo suspectus est, sicut et judex subornatus, vel testis vel advocatus. Et nos ergo declinantes ampullosa verba, et potius officiosa quam utilia, ut pauperes et exsules, humilia sectemur, poeta nos ad hoc invitante, qui ait :

Telephus et Peleus cum pauper et exsul uterque,
Projicit ampullas et sesquipedalia verba.
(Horat. *De arte poet.*)

Item : Non assimilemur ei, qui se tragico defendit hiatu.
Item :

Quid feret hic dignum tanto promissor hiatu?
Ut ridentibus arrident, ita flentibus adsunt
Humani vultus, Si vis me flere, dolendum est
Primum ipsi tibi, tunc tua me infortunia lædent,
(Id. *ibid.*)

et movebunt. Item : Ne desperes, quia :

Sunt verba et voces quibus hunc lenire dolorem
Possis, et in parte tantum deponere morbum.

Sic inquit philosophus amico desolato. Etiam tu prædicator dicas :

Sunt verba et voces quibus hunc lenire dolorem
Possis, et ex toto tantum deponere morbum.
(Id. epist. 1, lib. i.)

Item : Hæc sunt verba infantilia designata per salivas defluentes per barbam David (*I Reg.* xxi), et ideo virilia, quia : « Quod stultum est Dei, sapientius est hominibus (*I Cor.* i).» Item Gregorius : De frabrica sermo veritatis non exit, sed de natura. Et Hieronymus : Qui ad inscrutabilia et secreta Dei non penetrat, et quod patet, et quod non patet, in eloquio divini sermonis humili et recte viventi patent.

21 Hucusque exercitii lectionis, disputationis, et prædicationis semina et fundamenta jecimus, quibus cuncta quæ viderit ad eamdem materiam pertinentia diligens lector poterit adjicere. Hoc unum tamen moneo, ut utilia tantum et sufficientia apponat. Alioquin, sicut Salomon testatur : « Faciendorum librorum non erit numerus (*Eccle.* xii).» Et Joannes in Apocalypsi (cap. xxii) : « Ad hoc, inquit, nihil adjicies.» Et in Legenda beati Martini legitur, quod cui ad informationem vitæ pauca sanctorum exempla non sufficiunt, multa non proderunt.

CAPUT X.
De suggillatione superbiæ.

Omnia prædicta ad duo faciunt, scilicet, ut sciamus « declinare a malo, et facere bonum (*Psal.* xxxvi).» Et, quia non potest vitari malum nisi cognitum prius, a suggillatione superbiæ (quæ attestante beato Augustino (*Expos. 2 in Psal.* xviii), est causa et principium omnium malorum et peccatorum) inchoandum est. Hac quicunque caret, mundus est, quia hoc peccatum est ultimum redeuntibus ad Deum, quod recedentibus primum fuit. De qua Hieronymus ait : Superbia ratione cœlestis, cœlestes appetit mentes, et ad proprios revolans ortus, apponit gloriam et puritatem hominum irrumpere, quæ de gloria et puritate angelorum erupit; ut quos invenit participes naturæ, faciat consortes ruinæ. Constructo enim spirituali ædificio justi, et rite omnibus perfectis, innascitur ei et subrepit sæpe superbia, pro excellentia operum et virtutum quas habet. Unde efficitur talis, ut jam cum Pharisæo loquatur attollente oculos in cœlum, et dicente : « Non sum sicut cæteri hominum, jejuno bis in Sabbato,

(*Luc.* xviii), etc., » cum Publicanus et humilis erontra statuerit declinare oculos in terram percutiens pectus suum, et dicens : « Deus, propitius esto mihi peccatori (*ibid.*). » Item Hieronymus (*Epist. ad Antonium de modestia*, tom. I) : Hæc est quæ angelum de sublimi ordine et gloria angelorum dejecit in aerem caliginosum deputatum ei in carcerem usque in diem judicii. Hæc est quæ primum hominem de paradiso cœlesti dejecit in mundum, « et in locum miseriæ, et in lutum fæcis (*Psal.* xxxix). » Hæc est quæ populo Judaico elato, quia « non fecit taliter omni nationi (*Psal.* cxlvii), » populum gentium prius non reputatum stillam situlæ (*Isa.* xl), » prætulit, sicque « caput versum est in eandem, et cauda in caput (*Deut.* xxviii). » Item David : « Prævaricantes reputavi omnes peccatores terræ (*Psal.* cxviii). » Sunt enim peccatores cœli, et peccatores terræ. Peccatores vero cœli, sunt sicut ille qui dixit : « Ponam in cœlo solium meum, et ero similis Altissimo (*Isa.* xiv) ; » et sicut ille qui dixit : « Peccavi in cœlum et coram te (*Luc.* xv) ; » et hi, de quibus dicitur : « Posuerunt in cœlum os suum (*Psal.* lxxii); » et quicunque cœli incolæ relinquunt cœlum : quales sunt, qui gratiam, quam infundente Spiritu sancto acceperant, minuunt.

Peccatores autem terræ dicuntur, qui terrenis involvuntur delictis, ut libido, **22** gastrimargia, et hujusmodi. Item David : « Dominus justus concidet cervices peccatorum (*Psal.* cxxviii), » id est cervicosos et superbos peccatores conteret. Non ait : Pedem vagum ad mala, non manum noxiam, non oculum lascivum, vel quæcunque membra, quibus itur ad malum, sed cervicem ; quia nihil adeo Deo displicet sicut cervix erecta post peccatum. Item idem : « Si mei non fuerint dominati, tunc immaculatus ero, et emundabor a delicto maximo (*Psal.* xviii) ; » id est superbia. Nihil enim gravius est quam « apostatare a Deo (*Eccle.* x), » quod facit superbia. Item idem : « Non veniat mihi pes superbiæ, et manus peccatoris non moveat me (*Psal.* xxxv).» *Pes superbiæ*, id est superba affectio ; et ita *manus peccatoris*, cujusque scilicet suggerentis mihi ut peccem, *non me movere poterit*. Rectus ordo. Radix enim peccati superbia, per quam ad alia peccata proceditur. Hoc est quod dicitur in alio psalmo: « Ab occultis meis munda me, et ab alienis parce servo tuo ; si mei non fuerint dominati, tunc immaculatus ero (*Psal.* xviii). » Item Hieronymus : Superbia sputo comparatur. Non enim sufficit superbis quod Deum offendunt, nisi et in faciem ejus conspuant. Eriguntur enim et impingunt se in ipsum, quia cum aliis vitiis recedunt a Deo. Unde : « Maledicti qui fornicantur abs te (*Psal.* lxxii); » isti incurrunt et ingrassantur in eum. Item : Superbia incœpit ab injuria Dei, ideoque Deus hoc vitium super omnia vitia detestans, ait : Mihi reservetur hic hostis meus, cum eo mihi est congressio. Unde dicitur : « Superbis Deus resistit (*I Pet.* v), » etc. »

. . . . *Frangit Deus omne superbum.*
(Prudent. *Psychom.* 4.)

Non dicitur libidinosis, gastrimargis resistere, quæ tamen vitia abominatur, sed non adeo, ut superbiam. Item idem : Superbia cornuta depingitur. Duo enim habet cornua : unum contra dilectionem Dei, alterum contra dilectionem proximi. Contra cornua, humilitatis, scilicet dilectionis Dei et dilectionis proximi. Unde præcipue hoc vitium Deum impugnat. De his cornibus ait David : « Exaltabuntur cornua justi, et omnia cornua peccatorum confringam (*Psal.* lxxiv). » Item Hieronymus (*Epist. ad Abigaüm*, t. I) : Nihil est quod ab ineunte ætate horruerim, sicut monstrum superbiæ, sicut cervicem erectam, sicut oculos sublimes, sicut supercilium grave, sicut contumeliosam humilitatem. Item David : « Domine Deus meus, si feci istud (*Psal.* vii) ; » quasi peccatum superbiæ ignominiosum, quod nominare etiam horrendum est, cum Domino maxime adversetur. Item Ecclesiasticus (cap. x) : « Odibilis est coram Deo et hominibus superbia, et exsecrabilis omnis iniquitas gentium. » Item : « Arrogans et superbus odibilis est in civitate. » Super omnia vitia detestatur superbiam sacra Scriptura. Unde et Psalmista fere in omni psalmo conqueritur de illa, ut ibi : « Multiplicata est super me iniquitas superborum (*Psal.* cxviii). » Et ibi : « Superbi inique agebant usquequaque, » vel, « usque valde (*ibid.*), » quia alios peccantes peccando excedunt. Vel, « usquequaque, » usque ad peccati consummationem. Omnis enim peccati consummatio est superbia. Unde non restat gravius et ulterius peccare quam per superbiam. Item : « Coagulatum est sicut lac cor eorum (*ibid.*), » id est superborum. Sicut enim lac coagulo et fermento constringitur **23** et indurescit, sic et fermento superbiæ lac superborum constringitur, ne dilectio eorum extendatur usque ad proximum et inimicum, ad quem deberet extendi, ergo nec ad Deum. Item Gregorius (lib. viii, *Moral.* c. 50 et lib. xxxiv, cap. 18) : Sicut humilitas omnia vitia enervat, omnes quoque virtutes colligit et roborat, sic et superbia omnes virtutes destruit et dissipat, omniaque vitia coacervat et consolidat. Item : In porta religionis Christianæ sub attestatione profitetur catechizandus quod *abrenuntiat diabolo*, ut principi et auctori omnium malorum, et *omnibus operibus ejus, et præcipue pompis ejus*, quæ difficilius caventur, et nonnisi cum maxima cautela. Opera enim ejus, quæ consistunt in illicitis, manifestius patent, et ideo facilius caventur. Pompæ vero in licitis, et in usu licitorum, quæ accedente superbia fiunt illicita; ut in superfluitate et apparatu vestium pretioso, in sellis deauratis, et in calcaribus, et frenis, ubi magis relucet et nitet aurum, quam in altaribus. Sed nonne in usu temporalium distincta est meta, certusque modus et limites, quos non licet excedere sine peccato? Nonne natura hæc distinxit? Nonne et sancti, ut Apostolus : « Habentes vestimenta et alimenta his contenti sunt? » (*I. Tim.* vi.) Nunquid aliquis sic se pascendo et vestiendo, sicut hodie fit, in primitiva Ecclesia peccaret mortaliter? Nunquid non corriperetur super hujusmodi? et si tunc fuerit peccatum mortale, quomodo desiit esse peccatum?

Sed objicies : Quia vivendum est cuilibet pro modulo suæ personæ, et secundum mores bonos, et consuetudines illorum, inter quos vivitur, ita ut his occasione movendæ concupiscentiæ non studeant, nec in se, nec aliis; sed quousque protendetur hæc consuetudo? Nunquid non poterit usque ad superfluitatem porrigi? Sed quis sciolus est consuetudinis illius honestæ licitæ, et limitatæ, de qua dicitur et intelligenda est auctoritas, cum singulis diebus consuetudinibus pristinis aliquid adjiciatur, tum scilicet consuetudini vestiendi se, tum aliis? Item : Quantum sit monstrum superbiæ ostendit ortus ejus. Oritur enim quandoque a dono fortunæ, et hoc multiplici : ut a divitiis, quia « Abundantia panis, et superbia vitæ causa fuit peccati Sodomorum. » Item : « Adipem suum concluserunt, os eorum locutum est superbiam (*Ezech.* xvi). » Item : Vide quid faciat otium et cibus alienus : « In labore hominum non sunt, » etc. (*Psal.* xvi.) « Prodit quasi ex adipe iniquitas eorum (*Psal.* lxxii). »

Ab habitu etiam exteriori et interiori procedit quandoque superbia, ut est vestitus, victus, equorum, familiæ, et hujusmodi. Unde Sebastianus: Nunquam hic Christianus fuit, quia saporum lautitiam dilexit. Ita et philosophus (Seneca, ep. 87) vectus in vehiculo confracto; ita debilibus asinis et macris trahentibus illud, solo motu vitam testantibus, mulioneque discalceato et fere nudo, illis, quos obviam habuit, quærentibus, si ejus esset vehiculum, respondit : Non, sed alienum sibi commodatum. Rediens autem ad humilitatem et cor suum, ait : Quid feci modicitatem meam negans, quasi superbe et male excusans? **24** Qui enim sordido erubescit, nonnunquam pretioso gloriabitur. Quandoque a dono naturæ oritur superbia, ut scientiæ, ingenii, memoriæ, industriæ, vocis delectabilis, rationis et hujusmodi. Unde Benedictus (B. Gregor. In ii *Dialog. lib.*) Romæ timens monstrum superbiæ cum ingenio et scientia superare se videret coætaneos suos adolescentes, « recessit a studio prudenter nescius, et sapienter indoctus. » Apostolus etiam ait : « Scientia inflat, charitas ædificat (*I Cor.* viii).» Et Augustinus Hieronymo scribens : Malo ut cesset scientia ista, quæ inflat, quam pereat quæ ædificat, scilicet charitas. A generis etiam nobilitate oritur superbia. Sed tolle Annibalem tuum, precor; miserum enim est aliorum incumbere famæ. Quis fructus generis, si coram lepidis male vivitur?

Nobilitas animi sola est atque unica virtus.
Die mihi, Teucrorum proles, animalia muta,
..Quis generosa putet nisi fortia? Sed tu
Nil nisi Cecropides truncoque simillimus Hermæ.

A pulchritudine etiam oritur superbia. Unde:

Fastus inest pulchris, sequiturque superbia formam.
(Juven., sat. 8)

Quandoque a dono gratiæ oritur. Unde Hieronymus (S. Hieron. t. II, epist. 93 : Sub cinere et cilicio, sub jejunio in tunica et manica folliculata, sæpe latet magna superbia ; quia :

Cum bene pugnaris, cum cuncta subacta putaris,
Quæ plus infestat, vincenda superbia restat.

(Ovid. lib. ii *Fastorum.*)
Item : « Multiplicata est super me iniquitas superborum (*Psal.* cxviii). » Quibus non profuit quod humana natura, post delictum primi hominis, humiliata est et quod passa, et quod multipliciter afflicta (Christus scilicet in ea), ergo superbis nec mors Christi, nec crux, nec lancea, nec clavi, nec hujusmodi prosunt, cum humilitati obvient, imo destruere nitantur, velintque eam non esse, et ita Christum nec Deum, nec hominem esse. Item : Quia a bonis et donis fortunæ, ut a divitiis, oritur superbia, præcipit Apostolus, in I ad Tim. cap. vi : « Divitibus hujus sæculi non sublime sapere, nec sperare in incerto divitiarum, » quæ modo adveniunt, modo recedunt. Item, a potentatibus et dignitatibus, vel habitis, vel concupitis, ut in illis quis superbiat, oritur superbia. Unde beata Virgo : « Deposuit potentes de sede, » id est superbos; « et exaltavit humiles (*Luc.* 1). » — « Potentes potenter tormenta patientur (*Sap.* vi). » — « Retribuet enim Dominus abundanter facientibus superbiam (*Psal.* xxx). »
Item : Non expavit Apostolus divitias (pro se, sed pro aliis, qui ait : « Scio abundare, et penuriam pati [*Phil.* iv]), » sed morbum earum, id est superbiam vel cupiditatem, quæ duo vitia semper adjuncta sunt, sicut testatur Beda super Ecclesiasticum. Item, sic erat Sapientia : « Divitias et paupertates, Domine, ne dederis mihi, » paupertatem, « ne » aliena « furer » ex inopia; divitias, « ne dicam, Quis Dominus est? » (*Prov.* xxx.) Item Hieronymus : « Suavis Dominus universis (*Psal.* cxliv), » tamen monstrum et stercus superbiæ sordibus et aliis malis, sed venialibus, curat et expellit. Hæc « Stercora sunt boum lapidantia (*Eccli.* xxii), » cæteris vitiis non ita vilia apponuntur emplastra. Unde Deuter. **25** cap. vii : « Devorabis septem populos et consumes, » qui sunt in terra ad quam ibis, sed « paulatim et per partes, quia non poteris eos delere simul, ne forte multiplicentur contra te bestiæ terræ. Vide ne de bestiis oriantur ursi et leones, et devorent te. Sunt enim vitia quædam nobis tributaria, quibus majora caventur; de quibus dici potest

.... Aliquisque malo fuit usus in illo.
Sic et Paulus curatus est a superbia malo scilicet tributario. Unde : « Ne magnitudo revelationum extollat me, datus est mihi stimulus carnis meæ angelus Satanæ, » etc. (*II Cor.* xii.) Si subtilius etiam consideres, animadvertes vitium superbiæ sordidissimum sordidissimo, et mortale mortali emplastro sæpe curari. Unde : « Multiplicatæ sunt infirmitates eorum, postea acceleraverunt, » etc.

(*Psal.* xv.) Item : « Satanas Satanam expellit, etc. » (*Matth.* xii.) Item : « Venies in Babylonem, et ibi curaberis (*Mich.* iv). » Item : « Priusquam humiliarer ego deliqui (*Psal.* cxviii). »

Sæpe etiam hoc monstrum quadam bona simulatione et contemptu curatur. Unde Gregorius de quodam eremita rogato a quodam cive, cui opuscula sua vendebat, ut domum ejus intraret filioque ejus ægrotanti manus imponeret. Qui cum accederet ad civitatem, videns cives et pompam venire sibi obvios; horripilationes et quædam præambula, et præludia superbiæ in se sensit pro honore sibi exhibito ; qui et ne superbia oriretur, exspoliavit se, et projecit in flumen : quem cives, quasi furiosum contempserunt. Ille vero relictis semicinctiis suis, nudus, in cellulam suam rediit. Sic se magister Lanfrancus (l. 1, *in Eutrop.*) curavit a superbia, breviando scilicet producendas, et producendo corripiendas syllabas. Qui tamen ita subtiliter et acute postea in Turonensi concilio contra Berengarianam hæresim disputavit. De talibus dici potest :

Est ubi contemptus nimius juvat.
Stultitiam simulare loco prudentia summa est.
(CATO *in Distichis.*)

Item, Hieronymus : « Superbia est mons positus inter nos et solem, qui non permittit nos videre solem justitiæ. » Item : « Hæc est sartago posita inter nos et Jerusalem, ne ipsam videamus (*Ezech.* iv). » Hæc est nubes interposita de qua dicitur : « Opposuisti nubem ne transeat oratio (*Thren.* iii). » Item : « Domine, non est exaltatum cor meum (*Psal.* cxxx). » Est enim superbia cordis, oris, totius corporis et operis. Superbia sibi omnia membra corporis vindicat, sibique servire cogit, et tunc primo sibi ipsi consonat et concordat. De superbia cordis quæ intoxicat et pullulare facit, ut radix, alias species superbiæ, ait David : « Domine, non est exaltatum cor meum. » Os autem hominis duplex est, scilicet os faciei, et vultus.

Os homini sublime dedit.
(OVID. 1 *Metamorphoseos.*)

Et frons domicilium est, et signum verecundiæ humilitatis, vel impudentis elationis. De hoc ore ait poeta :

Quas gerit ore minas, quanto premit omnia fastu?
(STATIUS *Thæbaidos* 1.)

In hoc ore multiplex superbia : ut superbia elatæ naris. Unde Isaias : « Attende tibi ab homine, qui spiritum habet in naribus (*Isa.* ii). » Superbia etiam oculorum. Unde : « Oculos sublimes (*Prov.* vi), » et Propheta : « Neque elati sunt oculi mei (*Psal.* cxxx). » Et Job vel Sapientia : « Extollentiam oculorum meorum ne dederis mihi (*Eccli.* xxiii). » Et cervix etiam erecta. Unde : « Dominus concidet cervices peccatorum (*Psal.* cxxviii). » Unde etiam Cassiodorus senator loquens de adolescente Juliano Apostata : « Non est sperandum de eo cui in juventute sunt hæc : Cervix inflexibilis, oculi vagi et discurrentes, nares minaces et injurias spirantes, humeri jactantes, schemata ridentia. » Est etiam os linguæ superbæ. Unde : « Disperdat Dominus universa labia dolosa, et linguam magniloquam (*Psal.* xi). » Item : « Posuerunt in cœlum os suum et lingua eorum transivit in terra (*Psal.* lxxii) » Lingua etiam superba quandoque vindicat sibi omnia membra, quasi ea cogat loqui et sibi servire. Unde :

Cum pes, cumque manus, cum cætera membra loquantur,
Inferius guttur qua ratione tacet?

Est etiam superbia totius corporis (solis pudendis exceptis in quibus verecundamur, unde etiam ampliori honore ea tegimus). Quidam enim staturam pedibus adjuvant, et suram super suram ponunt, ventrose incedunt, mole corporis et gastrimargia eos non cogente ad hoc. Quidam vero pectorose quasi arcuati :

Et multum referunt de Mecœnate supino.
(JUVENALIS, sat. I.)

Quidam manibus in omnem partem se extendunt. Unde :

Ventilat æstivum digitis sudantibus aurum.
(ID. *ibid.*)

Quidam erecto et extento collo, et quasi affixo palo incedunt. Unde Isaias : « Elevatæ sunt filiæ Israel, et ambulaverunt collo extento (*Isa.* iii). » De superbia operis, ait David : « Non habitabit in medio domus meæ, qui facit superbiam (*Psal.* c.) » Item : « Retribuet Dominus abundanter facientibus superbiam (*Psal.* xxx). » Item : « Non ambulavi in magnis neque in mirabilibus super me, » etc. (*Psal.* cxxx.) Singula vitia, singula membra possident, in quibus domicilia habent ; sed hoc vitium in omni fere membro dominatur. Propter has plures species superbiæ, ait Propheta pluraliter : « Leva manus tuas in superbias eorum, qui maligna loquuntur super me (*Psal.* lxxiii). » Hoc etiam vitium adeo pestiferum est et dominans quod dominium et regnum alterius vitii sibi vindicat. Unde philosophus (SENEC. ep. 60) : Video, inquit, unicam silvam pluribus elephantis sufficere, tauros torosos, et unico agro contentos esse. Quid est igitur quod homo, minor his, pascitur terra, cœlo et mari? num propter famis quantitatem, qua cætera animalia vincat, vel ob ingluviem exsaturandam? Minime. Non enim usus ventris est in pretio, sed ambitio. Item in IV Reg. « Verumtamen excelsa non abstulit. » Item : « Superbis Deus resistit (*I Petr.* v). » « Frangit Deus omne superbum (PRUD. *in Psychom.* iv). » De talibus enim cito ulciscitur, alios exspectat magis ad pœnitentiam. Item, hoc vitium redarguens Apostolus ait : « Non incompositos (*Rom.* i) ; » nec in incessu, nec in habitu exteriori scilicet, vel interiori : quia incompositio corporis signum est interioris incompositionis. Item, Ecclesiast. xxxv. Item Job. xv : « Tetendit enim manum suam contra Deum, » etc. Item, et sicut gigantes steterunt contra me superbi. Item : « Hi sunt gigantes ædificantes turrim Babel contra Dominum, ut ascendant in cœlum (*Gen.* 1). » Item : « Isti cum diabolo dicunt : Ascendam in cœlum, etc. » (*Isa.* xiv.) Item, Job xviii : « Devoret pulchritudinem et brachia ejus primogenita mors, » id est superbia, quæ inter vitia prius in cœlestibus nata, primam creaturam Dei, id est angelum occidit. Item, Cassiodorus (in *Psal.* xviii) : Non est tertia origo peccati præter occultum, quo cecidit diabolus, et alienum, quo homo seducitur est, et consuetudo fecit suum. Unde dictum est in Psalmo : « Et emundabor a delicto maximo (*Psal.* xviii); » id est a delicto superbiæ, quod vere est maximum. Non enim est majus peccatum quam « apostatare a Deo, » quod est vitium superbiæ hominis et angeli. « Superbia vero est initium » et causa « omnis peccati (*Eccli.* x), » id est omnis generis peccati, qua, qui caret, ille vero est immunis ab omni peccato. Unde dicitur in eodem psalmo : « Et erunt ut complaceant eloquia oris mei, » etc. (*Psal.* xviii.) Eloquia enim oris mei erunt talia, « ut complaceant in conspectu tuo semper (*ibid.*), » non hominum. Si autem non mundus a superbia fuero, eloquia mea non complacebunt in conspectu tuo. Si vero mundus fuero, non solum eloquia, sed, et « meditatio cordis mei (*ibid.*) » erit talis, non ut placeat hominibus, sed tibi, qui intus vides, et conscientiam hominum inspicis.

CAPUT XI.
Contra invidiam.

Invidiæ mater est superbia : et utinam bene suffocata matre et contrita, suffocaretur et contereretur filia ! Per superbiam cecidit primus angelus, de angelo factus Satan, quam retinuit in effectum, et forte in affectum, invidiam autem etiam in effectum, et in affectum. Hujus invidia mors intravit in mundum (*Sap.* ii). Quia enim diabolus invidit in homine quod perdiderat, nisus est ut suggestione sua a bono illo caderet et homo, inquiens in serpente : « Quacunque die comederitis, eritis sicut dii (*Gen.* iii). » Quam magnum autem sit hoc vitium, patet per radicem ejus, scilicet superbiam, et per effectum ; parit enim fraternum odium ; quod scilicet odium quantum sit, et quam grave, patet ex auctoritatibus sanctorum, qui dicunt propter illud omnia peccata sunt reddita, etiam dimissa redire et repeti usque ad novissimum quadrantem ; quod maxime est irremediabile, quando habet invidiam radicem. Nascitur enim quandoque ex contumelia, vel injuria. Ex contumelia dupliciter ; ex contumelia verbi scilicet occulti, ut detractorii ; vel verbi manifesti et contumeliosi. Ex injuria dupliciter ; ex injuria damni, vel ex injuria illata corpori ; et tunc hoc vitium, scilicet fraternum odium, remediabile est, quia causam habet **28** impulsivam. Item : Si pro qualitate meritorum boni inserentur ordinibus angelorum ; ergo pro qualitate meritorum mali inserentur ordinibus dæmonum ; ut sicut illi dæmones in æternum invidebunt, sic et ipsi mali in æternum invidi permaneant. Sic ergo, cum invidia regnatura sit post mortem, non est verum quod dicitur a poeta :

Pascitur in vivis livor, post fata quiescit.
(Ovid. *Elegia* 15, l. 1.)

Ignoro tamen si homines post mortem invidebunt. Item : Tanta est invidiæ malitia, quod etiam ipsa Spiritum sanctum persequitur. Quid enim in bono proximi aliud persequor quam donum Spiritus sancti ? Itaque ipsum datorem in dono persequor, et exstinguere conor. Item : Diminuere vel incrustare bonum proximi quid aliud est quam illud Beelzebub principi dæmoniorum ascribere ? Et ita Dominum datorem boni esse nolumus, cum illud in proximo pervertimus, quasi diabolo illud ascribentes. Item : Sicut invidia aggressa est primum Adam (*Gen.* iii), per quam « intravit mors in mundum (*Rom.* v), » ita et aggressa est secundum Adam. Per invidiam enim crucifixus est Christus a Scribis et Pharisæis. Hæc est « fera bestia quæ devoravit Joseph (*Gen.* xxxvii), » (eo quod a patre cunctis fratribus plus amaretur), et illum actualem, et Joseph spiritualem, Christum scilicet. Hic est cetus, qui absorbuit Jonam (*Jon.* ii). In duobus autem consistit invidia, scilicet in gaudio et dolore. Unde poeta :

Insultare malis, rebusque ægrescere lætis.
(Statius ii *Thebaidos.*)

Ibi autem a poeta non notatur nisi una causa, ubi alter poeta ait :

Invidus alterius rebus macrescit opimis.
(Horat., l. 1, ep. 2.)

Et alia ubi ait :

Semper abest risus nisi quem fecere dolores.
(Ovid. ii, *Metamor.*)

Utraque in hoc : O dulces visure polos, sed iterum intrature tenebras. Item Job (cap. v) : « Stultum interficit superbia, parvulum invidia. » Item Salomon in Parabolis (*Prov.* xiv) : Munditia vel « Vita cordis est sanitas carnium : putredo ossium invidia. » Item Isaias (cap. xxxiii) : « Concipietis ignem ardoris, et parietis stipulam et spiritus vester consumet, et devorabit vos. » Unde poeta :

Justius invidia nihil est,

quæ proximum suum protinus consumit auctorem. Item : Sicut signa sua habet superbia, ut non lateat (ut oculos sublimes) alia etiam in aliis membris, ita et invidia signa sua habet. Hæc est enim :

Perpetua anxietas, nec mensæ tempore cessat,
Faucibus ut morbo siccis, et pallentibus, interque
　　　　　　　　　　　　　　　　　　　　　　　[*molares*
Difficili crescente cibo......
Deprendas animi tormenta latentis in ægro
Corpore : deprendas et gaudia, sumit utrumque
Inde habitum facies.
(Juvenal., satyr. 14 et 15.)

Hæc etiam :

29 *Inter finitimos vetus atque antiqua simultas,*
Immortale odium, et nunquam sanabile vulnus.
(Id. *ibid.*)

Item : Hæc, nata a superbia, mater est proditionis, homicidii et fratricidii. Hac enim exagitatus Cain, fra'ri ait in dolo : « Eamus in campum. » Ubi « cum respiceret Deus ad Abel et ad munera ejus, ad Cain autem non respexit, nec ad munera ejus, » Cain magis invidens fratri, eumoccidit, signum.que invidiæ suæ et sceleris accepit a Domino, timorem scilicet mentis, et tremorem capitis. Qui timens ne ob scelus suum interficeretur a Domino, dixit ei Dominus : « Non morieris modo, sed tremulus et vagus eris super terram (*Gen.* iv). » In pœnam peccati. Item : Hac exagitatus Joab Amasam sica interfecit (*II Reg.* xx), nec non et Abner, invidens et timens (eo quod familiares essent David) quod principatus militiæ ei auferretur a David, ut eorum alteruter ei succederet (*II Reg.* iii). Item : Hic est spiritus malus, quo permissus Saul exagitari a Domino invidens David, eo quod prospere ei succederet; eo quod etiam audisset mulierculas in laudem David decantare; « Saul percussit mille, et David decem millia, » coram propsallente et citharizante David al lyram, in pristinum statum mentis perductus est. Sed iterum spiritus malus, permissus a Domino eum exagitare cœpit contra David (*I Reg.* xviii et xix), quia, etsi ad tempus cesset venenum invidiæ, vix exstingui potest, quin iterum pullulet.

Item : Invidia filia, et mater superbia in unum conspiravere ad ruinam totius mundi. Sicut enim illa a bonis, prosperis et melioribus oritur, ita et hæc a bonis naturalibus, et a bonis proximi, et alterius et melioribus. Unde :

Aurum, et opes, et rura frequens donabit amicus,
Qui velit ingenio cedere, rarus erit.

(Mart. viii, *epigram.* 15.)

Item : Hæc est mater detractionis. Vel enim abrogat in toto bona hominis, vel derogat in parte eis incrustando si ex toto delere non potest; et si non alicui nocuisset, exstincta fuisset. Item in Parabolis Salomon detestans invidiam, ait : « Ne comedas cum homine invido, nec desideres cibos ejus, » id est morsus, detractiones, corrisiones ejus : « Quoniam in similitudinem arioli et conjectoris æstimat quod ignorat. Comede et bibe, dicet tibi, et mens ejus non est tecum. Cibos, quos comederas, evomes, » per pœnitentiam, « et perdes pulchros sermones tuos (*Prov.* xxiii), » quibus, ut corrigeretur, eum corripuisti et monuisti. Item : Eo amplius detestabilis est invidia, quod oritur a bonis naturæ, sicut et fortunæ, contradicit enim invidia scientiæ, si quis eam naturali ingenio et exercitio sibi comparaverit; quia :

Qui velit ingenio cedere, rarus erit, etc.

Unde Hieronymus in Prologo Isaiæ (In l. xi, *Comment. in Isaiam ad Eustochium*) : Non ignoro nos quoque patere morsibus plurimorum, qui stimulante invidia, quod consequi non valent, despiciunt, et contemnunt, et incrustant; sed legant prius et postea despiciant, ne videantur, non ex judicio, sed ex odii præsumptione, ignorata damnare. **30** Item : Si oritur invidia a bonis gratiæ, contemptus est (quia

contemnuntur boni ab invidis dicentibus, quia boni sunt, sed imperiti et illiterati.) Vel est sancta imitatio : disce sanctam superbiam, similiter sanctam invidiam. Unde :

. . . . *Et tantis æmulus actis.*

Et Josue æmulus Moysi fuit. Coram quo, cum diceretur quod quidam (nescio qui sint) prophetant hie, ait Moyses : « Utinam omnes prophetarent sicut et nos (*Num.* xi)! » Item Apostolus : « Quod si invicem mordetis et comeditis, videte ne ab invicem consumamini (*Gal.* v). » Item : Per invidiam veritas Hebraica secundum interpretationem Hieronymi, nobis sublata est, quæ interpretationi ejus invidit.

CAPUT XII.
Contra detractionem.

Sicut invidia filia est superbiæ, ita et invidiæ filia et « dens pessimus (*Prov.* xxv) » est detractio; quam post superbiam et invidiam redarguens Apostolus in Epistola ad Romanos cap. i, ait : « Propterea tradidit eos Deus in passiones ignominiæ repletos omni iniquitate, contentione, superbos, elatos, susurrones, detractores, Deo odibiles. » Quod diligenter notandum est. Cum enim omnes malos Deus odio habeat, de istis tamen dicitur, « Deo odibiles, » quasi in hoc, eis eorum epitheton attribuens. Item Epistola ad Gal. v : « Quod si invicem mordetis et comeditis, videte ne ab invicem consumamini ; » scissa scilicet unitate fidei, quod fit per invidiam et detractionem. Item in Psal. c : « Non adhæsit mihi cor pravum, » id est detrahens, « superbo oculo et insatiabili corde. » Item Parabolarum cap. iv : « Remove a te os pravum, et detrahentia labia sint procul a te. » Item cap. xxiv : « Cogitatio stulti peccatum est, et abominatio hominum, detractor. » Item Levitici xix : « Non maledices surdo, » id est absenti non detrahes. Stultus enim est, sed magis excusabilis, qui præsenti contumeliam infert; proditor autem et dolosus magisque accusabilis, qui absentem lædit et rodit. Item Ecclesiastes x : « Si mordeat serpens in silentio, nihil eo minus habet qui occulte detrahit. » Ergo detractor serpens est serpentinum habens morsum, et linguam venenosam. Item Salomon : « Qui detrahit proximo, » Deo et homini « se obligat (*Prov.* xiii). » Vel in posterum se Deo obligat, ut per contritionem cordis ei satisfaciat, et ita remittatur ei peccatum ; sed et homini, ut corporaliter ei satisfaciat, si damnum corporale ei intulit ; quia « non dimittitur peccatum nisi restituatur ablatum. » Sed, si spirituale vulnus ei inflixerit, puta odium per detractionem, vel ut amorem illicitum appetat per ejus suggestionem, et hujusmodi : nunquid corporaliter ei satisfaciet, ut scilicet corporaliter eum visitare teneatur ubicunque fuerit, et spirituale vulnus quod ei intulit, auferre, dicendo humiliter : Remitte mihi, quia per detractionem vel alio modo, sic læsi te, vel ne amore hujus inardescas, quia, eum tibi persuadens, **31** decepi te ? Videtur quidem ex Evangelio sic esse satis faciendum taliter læsis. Ait enim Dominus : « Si offers munus tuum ad altare, et habet aliquid frater tuus adversum te ; dimitte ibi munus tuum, et vade prius reconciliari fratri tuo, et sic veniens offeres munus tuum (*Matth.* v). » Veniens, non tantum passibus fidei interioribus et devotionis, sed corporeis, ut innuit exclusiva dictio.

Nunquid si læsi famam alicujus apud prælatum, quo minus detur ei præbenda, alias autem danda teneor ei confiteri, quia sic eum læsi, et præbendam ei detrahendo, abstuli? Detrahere enim est de aliquo, de plenitudine alicujus aliquid tollere. Nunquid teneor ei præbendam conferre talem, qualem abstuli detractione? Quæstio est. Item in Psalmo : « Et dedit ærugini fructus eorum (*Psal.* LXXVII). » Ærugo vitium est quod in fructibus aura noxia latenter operatur. Hæc est invidia, quæ bona alteris æruginat, adurit, consumit. Hæc est locusta. Locusta enim ore lædens, et fructus comedens et arbores, est malitia, quæ testimonium boni, detractione corrodit. Hæc est etiam cynomyia, id est musca canina quæ acute pungit. Item : Ad hujus pestis suggilationem exemplum Augustini mitissimi et modesti sufficere deberet. Qui cum plura epigrammata super mensam suam posset inscripsisse (puta contra edacitatem et loquacitatem, quæ sæpe adsunt mensis; hæc scilicet : « Ne graventur corda vestra in crapula et ebrietate (*Luc.* XXIV).» Et illud : Sic sumenda sunt alimenta quasi medicamenta. Et illud : « Memento quod recepisti bona in vita tua, et Lazarus similiter mala (*Luc.* XV). » Et illud · Hæc domus non est mea, sed Christi pauperum) maxime hoc elegit apponere epigramma suum et metricum, quod detractionem removeret a mensa sua inquiens :

Si quis amat dictis absentum rodere vitam,
Hanc mensam indignam noverit esse sibi.

Item Jacobus in epistola Canonica, cap. IV. « Nolite detrahere alterutrum, fratres. Qui detrahit fratri, aut judicat fratrem suum, detrahit legi et judicat legem ; si autem judicat legem, non est legis factor, sed judex. Unus est enim legislator et judex qui potest perdere et liberare. Tu autem quis es, qui judicas proximum tuum? » Detrahit legi, et judicat legem omnis detractor, quia quod lege prohibetur, scilicet non detrahere, operatur. Vel legi detrahit, et eam judicat, qui officio suo eam privat, ut qui peccatum occultum publice arguit, vel cum livore vel libidine vindictæ et sine præmonitione, vel aliquid de contingentibus omittit. Ait enim Dominus : « Si peccaverit in te frater tuus increpa illum, et si pœnitentiam egerit, dimitte illi (*Luc.* XVII). » Item Parabolarum XXIV : « Ne insidieris, et quæras impietatem in domo justi, » id est ne quæras occasionem per quam deroges, et detrahas homini justo. Item Salomon in eodem detractorem detestans, vocat gladium, et jaculum et sagittam acutam, omnem loquentem contra proximum (*Prov.* XXV), scilicet falsum testimonium quod facit detractor.

Sed : Nunquid minus detrahit loquendo verum de aliquo? R. Quia, etsi **32** verum detractor de eo dicat, tamen quoad eum mendacium est et falsum, quia contra mentem dicit illud. Manifesta ergo detractio est ex certa veritate, vel virtute, et falsitate, etiamsi dente mordaci et lingua malivola dicatur verum de aliquo, ut scilicet eum inducat in odium et contemptum, vel ut in aliquo minuat famam, vel quodcunque bonum ejus. Si autem compatiens, et condolens, et in detestationem vitii, non ut ducas in odium de quo verum locutus fueris publicum ejus peccatum coram ipsis, qui noverunt, revelans secretum « inter te et ipsum solum (*Matth.* XVIII), » vel illis qui æque noverint ut tu, ut sic saltem illis condolentibus et corripientibus corrigatur, non eris detractor. Voluntas enim et propositum distinguit maleficium. Item in Psalmo : « Filii hominum dentes eorum arma et sagittæ, » etc. (*Psal.* LVI.) Dentes, id est corrisiones detractorum, arma sunt et sagittæ, etc. Item : « Sepulcrum patens est guttur eorum (*Psal.* XIII) ; » quia fœtida sunt verba adulatorum et corrumpentia. « Linguis suis dolose agebant, venenum aspidum et insanabile sub labiis eorum. Quorum os maledictione et amaritudine plenum est (*I Cor.* XI). » Item Verbum cujusdam sapientis : Vide et considera conformitatem omnium membrorum corporalium, quomodo compatiantur omnia uni commembro læso, quomodo supportent illud et foveant, nolintque maculam ejus vel vitium detegi, sicut nec proprium ; quanto magis hæc conformitas observanda esset a membris spiritualibus, fidelibus scilicet, qui sunt membra corporis Christi, cujus ipse est caput, ut scilicet invicem sese supportarent, condolerent, nec unum membrum turpitudinem commembri sui infirmi detegeret, sed potius tegeret, exemplo Apostoli ad Corinthios, dicentis : « Et quæ putamus ignobiliora membra corporis, his abundantiorem honorem circumdamus (*I Cor.* XII). » Exemplo etiam matris, filium infirmiorem et juniorem amplius foventis, eique blandientis : Exemplo etiam patrisfamilias filium prodigum ad mensam propriam revocantis (*Luc.* XV). Item (sicut conjicitur ex illo versu psalmi XIV : « Nec fecit proximo suo malum, et opprobrium non accepit adversus proximos suos), » tria genera sunt detractorum. Quidam enim invenit et concipit detractionem, habens materiam detrahendi et occasionem, vel, non habens, mendaciter fingit aliquid in proximum, quod crudelius est. Unde poeta :

Quælibet in quemvis opprobria fingere sævus.
(HORAT. lib. I, ep. 15.)

Quidam audit et refert ; tertius tamen refert detractionem. Primus materiam invenit, secundus eam auget et multiplicat, tertius auctoritatem detrahendi præstat, itaque eam corroborat. Si enim deesset auditor, deesset et detractor. Unde Psalmista : « Et opprobrium non accepit adversus proximos suos (*Psal.* XIV) ; » non invenit, non finxit. « Non accepit, » id est non acceptum habuit, ut opprobrium et detractionem referret, « non accepit » etiam ut audiret. Unde Salomon in Parabolis : « Time Deum, fili mi, et cum detractoribus non commiscearis (*Prov.* xxiv), » participium habendo, vel referendo, vel audiendo : « Quoniam repente consurget perditio eorum, et ruinam utriusque quis novit? » (*Ibid.*) Detrahentis scilicet, et ei faventis, hoc est audientis. **33** Ergo ne participium habeas cum detractoribus, « sepi aures spinis (*Eccli.* xxviii), » ne detractionem audiant, os etiam aperi ad objurgandum detrahentem.

Unde Salomon : « Ventus aquilo dissipat pluvias, et facies tristis linguam detrahentem (*Prov.* xxv). » Item Hieronymus (*in epistola ad Nepotianum*) : Fili, cave ne habeas linguam detrahentem, et aures prurientes. Nulla est enim excusatio, quam prætendis, scilicet, quod non potes hominibus violentiam inferre, ora eorum obstruere, aures sepire. Nulli enim invito loqueris. Non in petra figitur sagitta, sed resiliens sæpe mittitur in dirigentem. Sicut ergo lumbos tuos castos, ita os, oculos, aures castissime serva. Item ps. xliii : « Posuisti nos opprobrium vicinis nostris, subsannationem et derisum, » (vel « contemptum, » alia littera) « his qui in circuitu nostro sunt. » item, In homilia 24, super Canticum, Bernardus : In detractoribus, inquit, impletum est quod legitur in Evangelio : « In illa die facti sunt amici Herodes et Pilatus (*Luc.* xxiii). » Tales enim seorsum ambulant, pariter sedent, sibi concordant et conveniunt; ut susurria et detractiones proferant, ut in hoc sese discorditer concordes, et concorditer discordes inveniantur. Hæc autem, scilicet pestis detractionis, acrius charitatem impugnat et lædit, quam cætera vitia. Detractor enim in se charitatem exstinguit, vel perimit, si eam prius habuit; si non, se vacuum ab ea ostendit. In auditore etiam, quantum in se est, charitatem exstinguit, et proximum etiam in odium et contemptum, non tantum præsentium, sed et absentium, et ad quoscunque volat illud, venenosum et irrevocabile verbum, trahit. Duo autem sunt genera detractorum, manifestum scilicet et occultum. Primum sine fronte, sine ore verecundo, et irreverenter quidquid venenosi virus in buccam venerit, dente mordaci, et lingua maledica emittit. Secundum vero simulatæ fuco verecundiæ et quodam colore detractionem adumbrat et palliat, eam proferens verbis quibusdam flebilibus et plangentibus voce remissa, et vultu demisso, oculis in terra defixis, dicens sic : Per me istud non innotesceret de eo, nisi alii illud propalassent : in omnibus eum laudo, verum in hoc non laudo, in quo doleo : melius enim egisse poterat et hujusmodi. Et hoc genus crudelius est priore, quia hujusmodi detractio eo ipso persuasibilior est, quod procedere videtur ex affectu compassionis, et ita crudelior manifesta detractione, quæ totum virus suum sine palliatione effudit. Triplex autem legitur pœna detractorum. Pœna ecclesiastici judicii Dei, de qua legitur in distin. 46, capitulo *Clericus.* Pœna etiam occulti judicii Dei, quam oculata fide quotidie videmus et legimus; privationem scilicet officii linguæ; et hoc in hæreticis, in blasphemis, in venalibus in lingua, in lingua vaniloqua etiam gloriosis (qui « ossuum ponunt in cœlum [*Psal.* lxxii] ») in incredulis (unde et Zacharias perdidit ad horam « promptæ modulos loquelæ [*Luc.* 1] ») in detractoribus et susurronibus Deo odibilibus. Pœna etiam futuri et manifesti judicii. Unde Salomon in Parabolis : « Non commiscearis cum detractoribus, quoniam repente consurget perditio eorum, et ruinam utriusque quis novit? » (*Prov.* xxiv.) **34** Item in Ecclesiastico : « Audisti verbum adversus proximum tuum? commoriatur in te, fidens quoniam non te dirumpet (*Eccli.* xix). »

CAPUT XIII.
De humilitate.

Sicut diximus, superbiæ filia est invidia, neptis est detractio; et sicut per superbiam primo « mors intravit in mundum (*Rom.* v), » ita, per humilitatem Christi, vita primo intravit in mundum. « Per aliam enim viam reversi sunt magi in regionem suam (*Matth.* ii). » Sicut enim per superbiam primo recedimus a Deo, ita per humilitatem primo accedimus ad ipsum. Et cum Dominus Jesus Christus in omnibus virtutibus polleat et commendetur, maxime in humilitate commendatur, adeo quod de ea præcipue, præ cæteris virtutibus, scholas cœlestes rexerit [*f.* erexerit], inquiens : « Discite a me quia mitis sum et humilis corde (*Matth.* xi). » Item Augustinus hanc commendans ait : Hæc est aqua quæ non legitur in libris alienigenarum, philosophorum scilicet. Rhinocerotes enim indignabundi ex sola indignatione seipsos occidebant. Item Hieronymus ad Antonium monachum nolentem ei rescribere : Dominus noster humilitatis magister disceptantibus de dignitate discipulis, statuit parvulum in medio eorum dicens : « Nisi quis humiliaverit se sicut parvulus iste, non potest intrare in regnum cœlorum (*Matth.* xviii). »

Quod ne tantum « docere et » non « facere » videretur (*Act.* 1), implevit exemplo, quod docuit verbo, dum piscatorum pedes lavit (*Joan.* xiii), dum traditorem in osculo excipit, dum loquitur cum Samaritana, dum cum Maria peccatrice, ad pedes sedente, de cœlorum disputat regno (*Luc.* xxii), dum ab inferis insurgens primum mulierculæ eidem apparuit (*Joan.* xx). Satanas autem ex archangelico fastigio, sua autem ob causam, nisi ob contrariam humilitati superbiam ruit. Judaicus etiam populus primo prælatus stillæ situlæ (*Isa.* xl), per hanc « primas sibi cathedras et salutationes in foro vindicans (*Matth.* xxiii), » gentili populo succedente, deletus est. Et ita versa est cauda in caput (*Deut.* xxviii), et e contrario. Contra sophistas quoque sæculi et sapientes mundi, Petrus et Jacobus piscatores mittuntur, cujus rei causa Scriptura ait : « Deus superbis resistit, humilibus dat gratiam

(*I Petr.* v). » Vide, frater, quale et quantum malum superbia sit, scilicet quod adversarium habet Deum: ob quod in Evangelio et Pharisæus arrogans spernitur, et humilis Publicanus auditur (*Luc.* xviii). Decem jam, ni fallor, epistolas plenas tam officii quam precum tibi misi, cum tu e contra obsurdescas, nec nutum facere dignaris, et Domino loquente cum servis, frater cum fratre non loqueris. Quod si raro, ideo tunc, inquam, nimis contumeliose. Crede mihi nisi styli verecundia prohiberet, tanta læsus ingererem, ut inciperes mihi rescribere vel iratus. Sed, quoniam et irasci hominis est, et injuriam non facere Christiani, ad antiquum morem revertens, rursum precor, **35** ut et diligentem te diligas, et conservo sermonem impertias conservus.

Item Dominus aliud dogma de humilitate proponens, ait : « Super quem requiescet Spiritus meus, nisi super humilem, et quietum, et trementem sermones meos? » (*Isa.* lxvi.) Ac si dicat : Sola humilitas facit mihi domum quietam et trementem sermones meos. Item psalmo xv : « Notas mihi fecisti vias vitæ, » id est humilitatis. Etsi enim cæteræ virtutes sint viæ vitæ, tamen nomen generale omnium, humilitati attribuitur et appropriatur, quæ est cæmentum omnium aliarum virtutum, sicut superbiæ generale nomen vitiorum attribuitur, ut ibi : «Emundabor a delicto maximo (*Psal.* xviii).» Generaliterque demonstratur ibi : « Domine Deus meus, si feci istud (*Psal.* vii), » id est opus superbiæ, quæ est fons et origo aliorum vitiorum. Item beata Virgo imitatrix filii sui, in cantico suo præ cæteris omnibus virtutibus, quis habuit, humilitatem præponit, inquiens : « Respexit Dominus humilitatem ancillæ suæ; ecce enim ex hoc beatam me dicent omnes generationes. Deposuit potentes de sede, et exaltavit humiles (*Luc.* i). » Item David in psalmo cxxx : « Domine, non est exaltatum cor meum, neque elati sunt oculi mei ; neque ambulavi in magnis, neque in mirabilibus super me. » In hac præcipue virtute commendatur David. Item : Legimus quemdam eremitam in visione vidisse in aere mundum, plenum laqueis, et quæsisse sic ab angelo sibi familiari : Quis evadet omnes laqueos istos ? Cui respondit angelus : Sola prudens humilitas. Est enim incauta humilitas, quæ est cognata stultitiæ. Item : Notandum quod tres sunt gradus acquirendæ et conservandæ humilitatis. Primus est pensare, quid non habeas ; secundus, quod nil a te habeas ; tertius, cogitare te posse amittere quod habes. In primo invenis te imperfectum, tam in naturalibus bonis, tum in gratuitis. In secundo, te nihil proprium habere « Quid enim habes, o homo, quod non accepisti? » (*I Cor.* iv.) « Et de plenitudine ejus nos accepimus omnes (*Joan.* i). » In tertio : Timeas ruinam et lapsum, scilicet, ne auferatur a te quod videbaris habere. Item : Dominus in principio sermonis sui commendans humilitatem, quasi præcipuam ad fidei Christianæ religionem, apud Matthæum, ait : « Beati pauperes spiritu, » id est humiles, «quoniam ipsorum est regnum cœlorum (*Matth.* v). » Item, David intuens humilitatis utilitatem, eam commendans ob hoc, ait in psalmo xvii : « Quoniam populum humilem salvum facies, et oculos superborum humiliabis. » Item : « Ego dixi in excessu mentis meæ : Projectus sum a facie oculorum tuorum, » quia humiliatus factus sum nimis et abjectus, bona abjectione ; « ideo exaudisti vocem orationis meæ. » Item in eodem : « Quoniam respexisti humilitatem meam, salvasti de necessitatibus animam meam (*Psal.* xxx). » Item in psalmo ci : « Respexit in orationem humilium. » Item in psalmo xxiv : « Vide humilitatem meam et laborem meum, et dimitte universa delicta mea. » Præcedit enim humilitas laborem pœnitentiæ ad hoc, ut dimittantur peccata. Item in Evangelio : « Qui se exaltat, » humiliabitur, (*Luc.* xiv) ;» quod est : « Qui se exaltat » exaltatione superbæ, « humiliabitur depressione pœnæ, et, « qui se humiliat » virtute, « exaltabitur, » in præsenti et in futuro. In præsenti, augmento virtutum et bonorum **36** operum, in futuro, gloriæ collatione.

Item Samuel ad Saul I Regum xv : « Nonne, cum esses parvulus in oculis, caput et rex in Israel factus es? Nunc autem quia factus es magnus in oculis tuis, et abjecisti sermones Domini, » servando Agag regem Amalec et quæque pinguia de grege, « abjecit te Dominus, ne sis rex super Israel ; » sed succedet tibi æmulus tuus. Et Gregorius super hunc locum, ait (lib. xviii *Moral.* cap. 20 et l. xxvi c. 19, l. xxxiv cap. 17) : Cum parvus esses in oculis tuis, mihi magnus fuisti; cum te magnum conspicis, a me parvulus existimaris. E contra David cum regni sui potentiam coram arca Domini saltando despiceret, dixit : « Ludam coram Domino et vilior fiam, et ero humilis in oculis meis (*II Reg.* vi).

Item II Reg. vi : Michol uxor ejus irridens eum saltantem, et tripudiantem, et se rotantem, brachiaque intorquentem, et psallentem coram arca, ait : « Quam gloriosus fuit hodie et heri rex Israel, discooperiens se ante ancillas servorum suorum, et nudatus est quasi [*texius Scripturæ* : quasi nudetur] videretur unus ex scurris. Cui David : Ludam ante Dominum meum, qui elegit me. Ludam, et vilior fiam plusquam sum factus, et ero humilis in oculis meis, et cum ancillis, de quibus locuta es, gloriosior apparebo. » Super hunc locum inquit, Gregorius (lib. xxvii, *Moral*, c. 27) : Libet intueri quanta virtutum munera David perceperat, et in his omnibus quam fortem se humilitate servabat. Quem enim non extolleret ora leonis frangere, ursorum brachia dissipare, audire ab omnibus hoc : « Saul percussit mille, et David decem millia (*I Reg.* xviii) ; » despectis prioribus fratribus, « de post fœtantes eligi (*Psal.* lxxvii), » reprobato rege, ad regni gubernacula inungi, timendum cunctis, David uno lapide Goliam stravisse, a rege proposita, exstinctis allophylis numerosa præputia reportasse, promissum tandem regnum percepisse, universum Israel sine contradictione possedisse? (*I Reg.* xvii.) Et tamen, cum arcam Dei in Jerusalem revocat, quasi oblitus prælatum se omnibus, admistus populis ante arcam saltat, et quasi in tripudio per saltum se rotat : prælatusque cunctis, sese sub Domino minimis exæquando, et abjecta exhibendo contemnit (*II Reg.* vi). Non potestas regni ad memoriam reducitur, non subjectorum oculis, saltando vilescere metuit, non se honore prælatum cæteris ante ejus arcam, qui honorem dederat, recognoscit. Coram Deo egit debilia, et extrema vilia, ut illa ex humilitate solidaret, quæ coram hominibus gesserat fortia. Plus stupeo David saltantem, quam pugnantem. Pugnando hostem subdidit, saltando coram Domino semetipsum vicit, quem Michol ex tumore regii generis insana humilitatem despexit.

37 CAPUT XIV.
De duobus generibus humilitatis malæ.

Notandum duo esse genera humilitatis malæ, quæ a se removet David. Quidam enim in sublimitate constituti confitentur se esse cinerem et favillam, sed vilitatem ab hominibus non sustinent. Alii in sublimitate constituti, et favillam et cinerem se esse fatentur, et viles se esse ab hominibus sustinent, sed intus ob hoc intumescunt. Ideo contra hos duos tumores superbæ humilitatis ait David : « Ludam et vilior fiam in conspectu Domini in oculis meis (*II Reg.* vi); » scilicet, et ut vilem me esse ab hominibus sustineam, et propter hanc vilitatem, intus etiam, id est in oculis cordis, non intumescam. Item notandum quod quadruplex est humilitas. Est enim humilitas naturæ, et humilitas gratiæ, et humilitas culpæ, et humilitas poenæ. Primæ duæ conjunctæ sunt et affines, sibique consimiles, sed tamen una earum meritoria est. De humilitate naturæ dicitur : « Nisi quis humiliaverit se sicut parvulus iste, non intrabit in regnum coelorum (*Matth.* xviii).» De humilitate gratiæ dicitur : « Sinite parvulos venire ad me, talium est enim regnum cœlorum (*Matth.* xix) ; » qui scilicet hoc habent per gratiam quod illi per naturam. Et iterum : « Confitebor tibi, Pater cœli et terræ, qui abscondisti hæc a sapientibus, et prudentibus sæculi, et revelasti ea parvulis (*Matth.* xi).» De humilitate culpæ (est enim duplex humilitas culpæ) procedentis ex simulatione, dicitur : « Attendite a falsis prophetis, qui veniunt ad vos in vestimentis ovium, intrinsecus autem sunt lupi rapaces (*Matth.* vii).» De humilitate vero culpæ provenientis ex servili timore, dicit poeta :

Asperius nihil est humili cum surgit in altum :
Cuncta ferit, dum cuncta timet, desævit in omnes.
(CLAUDIAN. lib. ii, *in Eutr.*)

De humilitate pœnæ dicitur : « Qui se exaltat, humiliabitur (*Luc.* xiv),» confusione scilicet et abjectione, et pœna gehennali. Et iterum Parabolarum, xxix : « Superbum sequitur humilitas,» pœna scilicet gehennæ, et confusio, et abjectio : « Humilem spiritu suscipiet gloria (*Prov.* xxix).» Item : Libet intueri quot et quantis exemplis humilitatis

sacra Scriptura respersa sit, ut ex illis pauca, quasi seminarium, colligamus. Vides itaque Jacob matri suæ obtemperantem, et cum ea domi manentem a Domino electum : Esau vero venantem et grandia appetentem reprobatum (*Gen.* xxv).» Saul parvulum de post asinas in regem assumptum, et eumdem factum improbum, superbum, postea dejectum (*I Reg.* xvi). Vides David parvulum, postpositis fratribus majoribus, « de post fœtantes (*Psal.* lxxvii) » electum. Dominus etiam piscatorem de post retia in apostolum elegit (*Matth.* iv). « Infirma mundi elegit, ut confundat quæque fortia (*I Cor.* i).» Piscatores elegit, non philosophos. Cum Romæ quemdam 38 nobilem quidam vellent eligere in apostolicum, quidam dixit : « Fabri filio (*Matth.* xiii),» piscatori Petro successorem quærimus, non Augusto :

Nam regit hic animas, corpora Cæsar habet.

Ob hoc etiam præceptum est in lege altare holocausti fieri concavum (quia tumor infusa repellit) et quadrangulum, propter quadraturam quatuor cardinalium virtutum (*Exod.* xxvii). Dominus etiam cum esset in una et eadem majestate Deus cum Patre, « inclinavit coelos et descendit (*Psal.* xvii), » formam servi accepit (*Philip.* ii), pauperem fabrum patrem putativum elegit, de utero virginis pauperculæ et quæstuariæ, et in diversorio natus, pannis involutus, in modico præsepio collocatus : pastoribus (pernoctantibus super gregem suum et humilibus primo manifestatus, quasi jam tunc dicens : Abscondo hæc secreta nativitatis meæ sapientibus, et revelo ea parvulis (*Matth.* xi). In templo etiam cum hostia pauperum oblatus, parvo lacte, per quem nec ales esurit (*Luc.* ii), lactatus est et alitus, qui humilia, et humilibus verbis prædicavit, in vili patibulo passus, in sepulcro alieno positus (*Matth.* xxvii).

Tu ergo quicunque es, exemplo Domini, « quanto major es, humilia te in omnibus (*Eccli.* iii),» non tantum in verbis, sed etiam in operibus, et in omni membro tuo : in gestu, in habitu ; ut ubicunque superbia potest habere domicilium, opponas humilitatis responsorium, dicens cum Propheta : « Asperges me, Domine, hyssopo (*Psal.* l), » etc.

Ob hoc etiam monemur in psalmo tanquam pueri laudare Dominum ; ibi scilicet : « Laudate, pueri, Dominum (*Psal.* cxii),» id est humiles. Sola enim « humilia respicit Deus (*Psal.* cxxxvii),» et ab illis solis digne laudatur, quia, « Non est speciosa laus in ore peccatoris (*Eccli.* xv) et superbi, quia,» « Dominus alta a longe cognoscit (*Psal.* cxxxvii) » Ad informandum etiam humilitatem, Deus a pueris Hebræorum, non a Scribis et Pharisæis, rex appellari et laudari voluit (*Matth.* xxi). Quibus ei obviam procedentibus, super asinam, scilicet animal humile et mansuetum, sedit, ut omnia humilitatem resonarent : laudatores, quia, « ex ore infantium et lactentium perfecisti laudem tuam (*Psal.* viii) » laudatus, quia in se, et in jumento, cui insedit, humiliavit se (*Matth.* xxi). Ob hoc etiam a pueris, saltem ætate, in Ecclesia decantatur : Benedicamus Domino, ut ostendantur omnia opera nostra in humilitate compleri, eaque debere condiri, alioquin infructuosa et insipida ea reputari. Item : Jacobus in epistola canonica, iv : « Humiliamini in conspectu Dei, et ipse exaltabit vos. » Et Apostolus ait : « Non alta sapientes, sed humilibus consentientes (*Rom.* xii). » Item idem : « Noli altum sapere, sed » magis «time (*Rom.* n), » id est humiliare. Ubi enim superbia, ibi ruina, ubi vero humilitas, ibi modestia. Superbiam sequitur ruina et dejectio : humilitatem, gloria et exaltatio. « Melius est humiliari cum humilibus, quam dividere spolia cum superbis (*Prov.* xvi). » Item : « Melius est modicum justo super divitias peccatorum multas (*Psal.* xxxvi). » Item Gregorius : Qui humilitatem non habet, hypocrita est (si de humilitate virtute, non politica, quod quidem verum est, hoc intelligitur); ergo omnis peccator non habens charitatem hypocrita est. Quod videtur maxime ob 39 hoc, cum quilibet appetat videri quod non est, et celari in se quod est. Talem « ponet Deus partem cum hypocritis, » qui in plerisque locis sacræ Scripturæ, maxime in Evangelio, suggillantur. De quibus etiam Job ait : « Hoc scio, quod laus impiorum brevis est, et gaudium hypocritæ ad instar puncti. Si ascenderit usque ad cœlum superbia ejus, et caput ejus nubes tetigerit, quasi sterquilinium in fine perdetur (*Job* xx). » Hic hypocrita sterquilinio comparatur, qui est paries dealbatus, de quo dicitur : « Piger lapidabitur stercoribus suis (*Eccli.* xxii). » Tales enim cum *stercoribus suis*, id est temporalibus, privantur, torquentur, et angustiantur pro amissis illis ; sicque quæ fuerunt illis oblectamenta, vertuntur eis in tormenta. Item : Hieronymus super Epistolam ad Galatas (ad cap. v, 26) castigans superbam humilitatem scholarium, ait : Quid est aliud Dei opus, quam Scripturas legere, in Ecclesia prædicare, sacerdotium cupere, ante altare Domini ministrare ? Sed et hæc, nisi quis « omni diligentia custodierit cor suum (*Prov.* iv), » de cupiditate laudis oriuntur. Videas plerosque (quod etiam Tullius ait) libros suos de contemnenda gloria inscribere, et propter gloriam nominis sui titulos prænotare, et quasi de humilitate loquentes et inscribentes superbiunt, materiamque et sermonem humilitatis in gloriam convertunt. Interpretamur Scripturas, sæpe vertimus stylum, quæ digna sunt lectione scribimus, et nisi Christi causa fiant, sed memoriæ in posteros, et famæ in populos, totus labor irritus fiet, « et erimus quasi tympanum sonans et cymbalum concrepans (*I Cor.* xiii). » Videas plerosque de Scripturis inter se contendere, et athleticum scomma Dei facere sermonem, invicem provocant, et si victi fuerint, invident. Inanis quippe gloriæ cupidi sunt. Item ad Philippenses ii. « Si qua ergo consolatio in Christo, si quod solatium charitatis, si qua societas spiritus, » etc. Item II Corinth., iv : « Habemus thesaurum istum in vasis fictilibus, ut sublimitas sit virtutis Dei, et non ex nobis : » quia vas fictile es, et corruptibile, saccus stercorum et cibus verminum. Humiliare, quia thesaurum habes in hoc vase, animam scilicet, lumine vultus tui Dei insignitam. O homo ! agnosce dignitatem tuam in qua « conditus es ad imaginem Dei (*Gen.* i), » sicque disce sanctam superbiam. Quam gloriosus enim ardor martyrii inerat Thebææ legioni ! Item : Ecclesiasticus humilitatem abjectionis et pusillanimitatis redarguens, ait cap. xiii : « Attende, ne seductus in stultitia humilieris. Noli esse humilis in sapientia tua, ne humiliatus in stultitiam seducaris. » Item de eadem Apostolus ad Titum ii : « Nemo te contemnat, sed argue cum omni imperio. » Super quem locum ait Hieronymus : Nihil est quod adeo destruat et corrumpat Ecclesiam, sicut quod dicitur laicos esse meliores clericis. Item : Ecclesiasticus humilitatem simulationis et fictionis corripiens cap. xix, ait : « Est qui nequiter humiliat se, et interiora ejus sunt plena dolo. » Timeas ergo quod dicitur in psalmo xciii : « Deus ultionum Dominus, Deus ultionum libere egit. Exaltare, qui judicas terram, redde retributionem superbis. Usquequo peccatores, Domine, usquequo peccatores gloriabuntur, effabuntur et loquentur iniquitatem, loquentur omnes qui 40 operantur injustitiam? » Timeas et videas illud quod dicitur in psalmo lxxxviii : « Tu humiliasti, sicut vulneratum superbum, in brachio virtutis tuæ dispersisti inimicos tuos. » Amplectere quod dicitur in alio psalmo : « Pauper sum ego, et in laboribus a juventute mea : exaltatus autem humiliatus sum et conturbatus (*Psal.* lxxxvii) : » ideo, « Exaudisti vocem orationis meæ, dum clamarem ad te (*Psal.* xxx). » Item : Attendas et illud Hieronymi dicentis : Qui virtutes sine humilitate congregat et coacervat, itidem facit ac si pulvisculum in supercilium montis portet, ad levis auræ flatum dispergendum. Item : Dominus, collectis discipulis sermonem faciens in monte, in eoque sedens septenam scalam Jacob contexens, humilitatem, quasi fundamentum sanctitatis, in primo gradu locavit, aperiensque os suum dixit : « Beati pauperes spiritu (*Matth.* v). » Paupertas spiritus est humilitas.

CAPUT XV.
De mansuetudine.

Contra pessimum ternarium, superbiæ scilicet, invidiæ, detractionis disputavimus, antidotum humilitatis opponentes, circa quod bonum est immorari : « Bonum est enim nos hic esse (*Matth.* xvii), » id est in ea ; et de collactanea ipsius, virtute scilicet mansuetudine, aliquota sunt colligenda : quia non est mitis qui non est humilis, et e converso. Unde humilitati, quasi virtutem collactaneam, conterminam, et vicinam, adjungit Dominus in scala Jacob mansuetudinem statim post, dicens : « Beati mites, quoniam ipsi possidebunt terram (*Matth.*

v),» scilicet viventium. Et alibi : « Discite a me quia mitis sum et humilis corde (*Matth.* xi).» Hæc commendatur ab origine vocabuli. Dicitur enim mansuetus, quasi manusuetus, homo scilicet associabilis, tractabilis et benignus in adversis, et contra injurias etiam proprias. Item, ab exemplo Christi, qui mitissimus apparuit : « Suavis Dominus et mitis, » etc. (*Psal.* xxxv.) Item : Hæc commendatur in Moyse (*Num.* xii), qui mitissimus hominum fuit, intellige præter Christum. Item exemplo Andreæ apostoli, qui mitissimus sanctorum fuisse legitur. Item auctoritate Scripturæ : « Mansueti hæreditabunt terram, et delectabuntur in multitudine pacis (*Psal.* xxxvi).— Suscipiens mansuetos Dominus, humilians autem peccatores usque ad terram (*Psal.* cxlvi).» Et : « Diriget mansuetos in judicio, docebit mites vias suas (*Psal.* xxiv).» Item auctoritate poetæ :

Non cadit in mores feritas inamabilis istos,
Nec minus a studiis dissidet ista suis.
(Ovid. 1, *De Ponto*.)

Maxime ergo dissidere debet a studiis Christiani, si ita a studiis gentilis :

Adde quod ingenuas didicisse fideliter artes
Emollit mores, nec sinit esse feros.
(Id. ii, *De Ponto*.)

Item Jacobus in Epist. cap. i : « Suscipite in mansuetudine insitum verbum, quod **41** potest salvare animas vestras.» Item I Paral. cap. xviii : « Porro filii David erant primi ad manum regis.»

CAPUT XVI.
De paupertate.

Regimen cœlestis doctrinæ, « quod potest salvare animas vestras (*Jac.* i),» de humilitate et mansuetudine fuisse dicitur : « Discite a me, quia mitis sum et humilis corde (*Matth.* xi) ; » adjungit tertium, non virtutem, sed augmentum virtutum in scala Jacob, scilicet paupertatem, de qua verbo et exemplo rexit scholas, præcipue quia nutrix est custodia virtutum, dicens : « Beati pauperes, quia vestrum est regnum Dei (*Luc.* vi).» Paupertatem autem loquor visibilem, qua, sicut et spirituali, respersa est tota sacra Scriptura, quam maxime redolent fere singuli psalmi : quam Dominus, non tantum verbo, sed exemplo, ut imitaretur et peteretur ad virtutum custodiam, commendavit, sibique eum, et domui suæ commendavit, vel dedicavit, dicens in Evangelio : « Vulpes foveas habent et volucres cœli nidos ; Filius autem hominis non habet ubi caput suum reclinet (*Matth.* viii),» nisi vile præsepiolum pauperculæ et quæstuariæ virginis uterum, crucis patibulum, sepulcrum, sed et hoc alienum. Inde est etiam quod Dominus mansuetos et pauperes piscatores elegit, in quibus fundaret Ecclesiam suam (*Matth.* iv). Inde est etiam quod turbis volentibus eum rapere in regem, aufugit (*Joan.* vi). Inde est etiam quod ter rogatus noluit intrare domum reguli, ne divitias honorare videretur, cum ad domum descenderit centurionis (*Joan.* iv) ; quia potius honoranda sit paupertas et amanda. Inde est etiam quod

ait cuidam adolescenti diviti : « Si vis perfectus esse, vade et vende omnia quæ possides, et da pauperibus, et sequere me (*Matth.* viii) ; » quod non possunt divites implere, ut testatur Hieronymus (epist. 150, *ad Hebidiam*). Hi enim holocaustum offerre non possunt, intellige de facili. Unde alibi Dominus : « Facilius est camelum intrare per foramen acus, quam divitem in regnum cœlorum (*Matth.* xix).» Utrum tamen verbum possibilitatis, cum negativa particula possibilitatem neget, vel facilitatem quæstio est. Hoc autem constat, ait Hieronymus (*loc. cit.*), tutius esse divitias nec habere, nec amare, quia vix haberi possunt, et non amari. Item : Ad detestationem divitiarum, eædem divitiæ nomine cujusdam dæmonis censentur ; unde : « Facite vobis amicos de mammona iniquitatis (*Luc.* xvi) » Mammon autem vel mammona, quod est nomen dæmonis, divitiæ interpretantur, vel quia vitiose acquiruntur, vel pessime distribuuntur, vel distribuendæ non distribuuntur, vel distribuentem superbire faciunt. Item Hieronymus (*ubi supra*). Ad commendandam paupertatem, et ejusque electionem, libet intueri illos versus Lucani :

O vitæ tuta facultas
Exigui parvique lares, o munera nondum
42 Intellecta deum, quibus hoc contingere muris
Aut templis potuit, nullo trepidante tumultu
Cæsarea pulsante manu.
.... Prædam civilibus armis
Scit non esse casas.
De bello Phars., v.)

Item in eodem :

.... Fecunda virorum
Paupertas fugitur, totoque accersitur orbe
Quo gens quæque perit.
(*Ibid.*; lib. 1.).

Divitiæ autem effeminatos nutriunt et molles, non viros. Item Hieronymus : secundum Quintilianum, oratores ad pruritum et delectationem aurium nonnunquam versibus poetarum vel poematum utuntur. Hoc autem non decet Christianum, cui tamen de ethnicis scripturis (spoliatis Ægyptiis, Hebræisque ditatis) licet inducere, resectis unguibus, et tonsis crinibus puellæ, ut veritas commendandæ virtutis, vel vitii suffocandi, amplius commendetur et confirmetur testimonio adversariorum.

Juvenalis (sat. x) :

Cantabit vacuus coram latrone viator.

Claudianus (lib. i *in Ruffinum*) :

Vivitur exiguo melius, fortuna beatos
Omnibus esse dedit, si quis cognoverit uti.

Cato :

Paupertatis onus patienter ferre memento.

Non est onus nisi in patientibus. Item : Seneca ad commendationem paupertatis, imo ad commendationem amissionis divitiarum, ait (ep. 42) : Hoc itaque in his quæ affectamus, ad quæ magno labore contendimus, inspicere debemus, aut nihil in iis commodi esse, aut plus incommodi. Quædam supervacanea sunt, quædam tanti non sunt. Sed hæc non providemus, et gratuita nobis videntur quæ carissime constant. Ex eo licet stupor noster appareat, quod ea sola putamus emi, pro quibus pecuniam solvimus; ea gratuita vocamus, pro quibus nos ipsos impendimus, quæ emere nollemus, si domus nobis nostra esset pro illis danda, si amœnum aliquod fructuosumque prædium, ad ea paratissimi sumus pervenire cum sollicitudine, cum periculo, cum jactura pudoris, libertatis et temporis. Adeo nihil est cuique se vilius. Idem itaque in omnibus consiliis rebusque faciamus, quod solemus facere quoties ad institorem alicujus mercis accesserimus. Videamus hoc quod concupiscimus quanti deferatur pretii. Sæpe maximi pretii est, pro quo nullum datur. Multa tibi possum ostendere, quæ acquisita acceptaque libertate nobis extorserunt. Nostri essemus, si ista nostra non essent. Quid stultius quam per aliorum pericula **43** in suum ruere; non cogitare quam onerosa sint quæ petimus, etiamsi superflua non essent?

Item, uxor Tobiæ: « Nunquam esset pecunia ista, pro qua misimus te peregrinari, fili, lumen nostrorum, baculum senectutis nostræ. Sufficiebat enim nobis paupertas nostra, ut divitias computaremus hoc, quod videbamus filium nostrum (*Tob.* v). » Item Hieronymus super illum locum : « Parasti in dulcedine tua pauperi, Deus (*Psal.* LXVII), » ait quod hujus versus explanatio nunquam melius elucesci quam in illo apologo Flacci Horatii dicentis :

Cervus equum pugna melior communibus herbis
Pellebat, donec minor in certamine longo,
Imploravit opes hominis, frenumque recepit.
Sed postquam victor violens discessit ab hos e,
Non equitem dorso, non frenum depulit ore.
Sic qui pauperiem veritus, potiore metallis
Libertate caret, dominum vehit improbus, a qua
Serviet æternum, qui parvo nesciet uti.
(HORAT., l. I, ep. 10.)

Item juxta verbum Sapientis : Sæpius, sincerius et verius ridet pauper, quam dives quiescit et dormit. Unde Juvenalis, sat. 1 :

.... *Et nos*
Consilium dedimus Syllæ, privatus ut altum
Dormiret.

Item Hieronymus (ep. *ad Exsuperantium hortatoria*): Ob hoc ampliori voto amplectenda est paupertas, quod ii qui omnia reliquerunt pro Christo, et nudi nudum sequuntur, excellentiore quadam dignitate venient cum illo judices. Unde : « Vos, qui reliquistis omnia et secuti estis me, sedebitis super sedes duodecim, judicantes duodecim tribus Israel (*Matth.* XIX). » Item : Exemplo apostolorum qui naves, et retia, et etiam voluntatem habendi reliquerunt pro Christi nomine (*Matth.* IV). Item : Per contrarium ejus scilicet copiam, elucet et veritas et utilitas ipsius. Peccatum Sodomorum fuit « abundantia panis, et superbia » vitæ (*Ezech.* XVI), quæ ex abundantia temporalium bonorum processit; quia

Luxuriant animi rebus plerumque secundis.
(OVID., *De arte amand.*, lib. II.)

Item poeta :
Præstabat castas humilis fortuna Latinas.
(JUVENALIS, sat. 6.)

Item Gregorius : Quos morum et divitiarum infirmitas vulnerat, paupertatis medica curat. Item Hieronymus : Ob hoc amanda est paupertas, quod a quibus ameris ostendit. Item idem : Hoc unum deest omnia habenti, quod non est qui ei verum dicat, vel in corripiendo, vel in consulendo, vel pœnitentiam injungendo. Sed et propter divites sumus hujus præcepti prævaricatores : « Si peccaverit in te frater tuus, increpa illum ; et si pœnitentiam egerit, dimitte illi (*Luc.* XVII); » quos bene confiteri, vel « dignos fructus pœnitentiæ facere (*Matth.* III), » difficile est. **44** Item : Exemplo Xerxis regis Persarum cum innumerabili exercitu in expeditionem contra Lacedæmones proficiscentis, ranæ et palpones de penetralibus domus ejus eum per adulationes excæcaverunt, dicentes nec ipsum aërem sufficere capacitati grandinis telorum, et similia in hunc modum. Tandem vocatus Domaratus exsul et pauper, etiam Lacedæmonius, ait regi : « Mentiuntur tibi, qui te victorem promittunt ob multitudinem exercitus. Sed non ita eveniet. Ipsa enim moles exercitus tui opprimet te, et a teipso vinceris; » et ita contigit. Item : Quod ii « qui reliquerunt omnia sedebunt judices (*Matth.* XIX), » ideo est, quia paupertas voluntaria sæpius nutrix est, et signum majoris charitatis : licet tamen inter divitias esse pauperem. Item : Ad significandum divitias esse contemnendas, « adolescens relicta sindone aufugit nudus (*Marc.* XIV). » Item : Ad idem figurandum, Joseph pallium reliquit meretrici Ægyptiacæ (*Gen.* XXXIX). Nisi enim multa etiam de necessariis relinquamus voluptati meretricum, ipsa involvet nos et obruet. Unde Apostolus : « Omnis qui in agone contendit, ab omnibus se abstinet (*I Cor.* IX), » etiam a licitis. Item Jeremias : « Nabuzardan, » rex Cocorum, « vinitores » pauperes « et agricolas reliquit » in terra propria, divites vero et potentes rapuit et transtulit in exsilium (*Jer.* LII; *IV Reg.* XXV). Item David : « Parcet pauperi et inopi, et animas pauperum salvas faciet (*Psal.* LXXI). » Item in Evangelio pauperem nomine Deus vocavit : « Erat autem mendicus nomine Lazarus; » nomen divitis tanquam indigni et ignominiosi non ponit, dicens : « Erat quidam dives, etc. » (*Luc.* XVI). Item sanctus Bernardus quærens a quodam abbate religioso quomodo ei et conventui esset, respondit : « Bene, quia adhuc relicti sumus pauperes. » Item : « Exaudivit pauperes Dominus, et electos suos non despexit (*Psal.* LXVIII). » Item Hieronymus : In hoc multum laudanda est paupertas, quia « vinctos ejus exaudit » et solvit. Sunt autem compedes naturæ, compedes fortunæ; paupertas scilicet, et illi adhærentia. Sunt et compedes culpæ, et compedes gratiæ et perfectionis. De quibus Augustinus : Has nimis onerat, qui supra necessaria accumulat. Item philosophus : Memini Attalum cum magna admiratione omnium hæc dixisse : « Diu, inquit, mihi imposuere divitiæ. Stupebam ubi aliquid ex illis alio atque alio loco fulserat. Existimabam similia esse quæ latebant, his quæ ostenderentur, sed in quodam apparatu vidi totas Urbis opes cælatas, et in argento et in auro, et in his quæ pretium auri et argenti vincunt, scilicet exquisitos colores, lapides, et vestes, ultra, non tantum nostrum, sed ultra finem hostium adversus. Hinc puerorum perspicuos cultu atque forma greges; hinc feminarum et alia, quæ res suas recognoscens summi imperii fortuna protulerat. Quid hoc est, inquam, aliud quam irritare cupiditates hominum per se incitatas? Quid sibi vult ista pecuniæ pompa? Ad discendam avaritiam convenimus. At, me hercle, minus cupiditatis isthinc effero quam attuleram. Contempsi divitias, non quia sunt supervacuæ, sed quia ab effectu pusillæ sunt. Vidistine quam intra paucas horas ille divitiarum ordo lente dispositus transierit? hoc totam vitam nostram **45** occupabit, quod totam diem occupare non potuit? » Accessit quoque illud dictum ejus, quod « tam supervacuæ mihi visæ sunt habentibus, quam fuerint spectantibus (SENEC., ep. 110). » Hoc itaque ipse mihi dico, quoties tale aliquid perstrinxerit oculos meos, quoties occurrit domus splendida, culta cohors servorum, lectica formosis imposita colonibus. Quid miraris? Quid stupes? pompa est. Ostenduntur istæ res, non possidentur; et dum placent transeunt. Ad veras potius te converte divitias, disce parvo esse contentus. Sed et illam vocem, magnus atque animosus, exclama : « Habeamus aquam, habeamus polentam. » Turpe est beatam vitam in auro et argento reponere; æque turpe in aqua et polenta. Quid ergo faciam, si ista non fuerint? Quæris quod sit remedium inopiæ? famem fames finit. Alioquin quid interest, magna sint an exigua, quæ servire te cogant? Quid refert quantulumcunque sit, quod sibi negare possit fortuna? Hæc ipsa etiam aqua et polenta in alienum cadit arbitrium. Liber est autem, non in quem parum licet fortunæ, sed in quem nihil. Ita est, si nihil horum desideres. Natura dixit omnibus : hæc si voles frequenter cogitare, id agis, ut sis felix, non ut videaris, et ut tibi videaris, et non aliis. Item ad idem poeta :

. . . . Tolle querelas.
Pauper enim non est cui rerum suppetit usus.
Si ventri bene, si lateri pedibusque tuis, nil
Divitiæ poterunt regales addere majus.
(HORAT., l. I, ep. 12.)

Item : Dives qui necessariis non est contentus, lupus est, qui plures oviculas strangulat, cum vix unam vorare et comedere queat. Item Seneca (epist. 4 in fine) : Hoc ex alienis hortulis sumptum est : magnæ sunt divitiæ, lege naturæ composita paupertas. Lex autem illa naturæ, scis quos nobis terminos ponat vel statuat? Non esurire, non sitire, non algere. Ut famem sitimque repellas, non est necesse superbis assidere liminibus, nec supercilium grave, et contumeliosam etiam humanitatem pati; nec est necesse maria tentare, nec sequi castra. Pacabile est quod natura desiderat, et est appositum. Sed nunc ad supervacua sudatur. Illa sunt quæ togam conterunt, quæ nos senescere sub tentorio cogunt, quæ in aliena littora impingunt. Ad manum est quod sat est. Item idem (epist. 21) : Honesta, inquit, res est læta paupertas. Illa vero non est paupertas si læta est, quia cui bene cum paupertate convenit, dives est. Non qui parum habet, sed qui plus cupit pauper est. Quid enim refert quantum illi in arca, quantum in horreis jaceat, quantum pascat vel feneret, si alieno imminet; si non acquisita, sed acquirenda computet? Quis sit divitiarum modus, quæris? Primus : habere quod necesse est. Secundus : quod sat est, vel quod satis est, possidere. Is satietatem habet, qui quantulumcunque medicum, scilicet necessitatem, etiam necessitate, possidet. Natura enim contenta est necessitate, **46** etiam cum temperata et modica fame et siti ; his autem quæ supersunt, supra famem et sitim satiatur.

CAPUT XVII.
Contra quæritantes et detinentes superflua.

Sed huic objicit Augustinus, inquiens « : Non tantum si superflua, sed etiam si necessaria pauperibus non erogemus, raptores sumus. » Item Hieronymus « : Aliena rapere convincitur, qui ultra necessaria sibi retinere probatur. » Quasi diceret : Necessitatem retinere potes, dum de hac pro tempore, et loco, et inopia postulantis eroges. Augustinus etiam satietatem concedit divitibus dicens « : Divites utantur superfluis, dum ex eis pauperibus necessaria erogent. » Contra vero bonum paupertatis videtur Salomon dicere, cum oravit, dicens : « Divitias et paupertatem ne dederis mihi (*Prov.* xxx). » Respondetur quia paupertatem non abhorruit, sed occasionem ejus, scilicet ne occasione ejus furtum perpetraret. Sed nec divitias expavit, sed morbum earum, scilicet superbiam. Sed, si paupertatem patienter ferre non potes, eligas mediocritatem juxta poetam, qui ait:

*Auream quisquis mediocritatem
Diligit tutus, caret obsoleti
Sordibus tecti, caret invidenda
Sobrius aula.*
(HORAT., lib. II, od. 10.)

CAPUT XVIII.
De mediocritate.

David auream mediocritatem commendans, ait : « Melius est modicum justo super divitias peccatorum multas (*Psal.* xxxvi); » quia, ut ait Augustinus, qui dives est, multis indiget; et ubi sunt multæ divitiæ, et ibi multorum indigentia; divitiasque, quas divites injuste congesserint, adsunt qui in puncto horæ eas devorent. Item de hac mediocritate ait Sapiens quidam : « Melior est buccella panis cum gaudio (*Prov.* xviii), » quam divitiæ, et affluentiæ, et epulæ regum et principum. Item hanc commendans Seneca, ait (ep. 95, 98, 104) : Cives Romani simul cœnaturi in honorem

Jovis in loco publico, cum alii vasa aurea, alii gemmea, alii argentea, et tapetia, vestesque sericas artificiosissime contextas afferrent, et in publicum sternerent, libet inter hos intueri concordam et similitudinem alterius Catonis domi forisque egregia facta ; Tuberonis, qui ligneos lectulos, cum alii argenteos, **47** in publicum stravit, hædinasque prostragulis et tapetiis pelles, et ante ipsius Jovis cellam apposita convivis vasa fictilia. Quid aliud præter paupertatem in Capitolio posset consecrare? Ut nullum factum ejus habeam, quo illum Catonibus inseram, hoc parum credimus? Censura fuit potius illa collatio cœnæ, non cœna ; quasi potius fuit schola et doctrina ad appetendum mediocritatem, quam cœna ad explendum et saturandum ventrem. O quam ignorant homines cupidi gloriæ, quid illa sit, aut quemadmodum appetenda ! Illo die populus Romanus multorum supellectilem spectavit, unius tantum miratus est. Omnium aliorum aurum argentumque fractum est, et millies conflatum et adhuc conflandum, per manus sordidas transiturum, contrectatum, et contrectandum, at omnibus sæculis Tuberonis fictilia durabunt. Item idem amplius determinans et circumcidens mediocritatem, etiam quam Augustinus (in cujus determinatione aliquid furti videtur latere, cum ait : Pro modulo personæ tuæ, et facultate, pro consuetudine Ecclesiæ, et patriæ in qua tibi vivendum est) ait : Illud te admoneo ne eorum more, qui non proficere, sed conspici cupiunt, facias aliqua, quæ in habitu tuo, aut genere vitæ notabilia sunt. Asperum cultum, et intonsum caput, et negligentiorem barbam, et indictum argento odium, et cubile humi positum, et quidquid aliud ambitionem perversa sequitur via, evita. Satis ipsum nomen philosophiæ etiam cœlestis, etiamsi modeste tractetur, invidiosum est. Quid si nos hominum consuetudini cœperimus excerpere? Intus omnia dissimilia sint ; frons populo nostra conveniat. Non splendeat toga, nec sordeat quidem. Non habeamus argentum in quo solidi auri cælatura descenderit, sed non putemus frugalitatis indicium auro argentoque caruisse. Id agamus, ut meliorem vitam sequamur quam vulgus, non ut contrariam. Alioquin quos emendari volumus, fugamus a nobis, et avertimus. Illud quoque efficimus, ut nihil imitari velint nostri dum timent ne imitanda sint omnia. Hoc primum philosophia dimittit, sensum communiorem, humanitatem contumeliosam secundum mores hominum minus honestati congruos, et congregationem pecuniæ, scilicet, a qua professione dissimilitudo nos separabit. Nempe propositum nostrum est secundum naturam vivere. Contra naturam est torquere corpus nostrum, et faciles odisse munditias, et squalorem appetere, et cibis non tantum vilibus uti, sed concretis et horridis. Quemadmodum autem desiderare delicatas res luxuriæ est, ita usitatas, et non magno parabiles fugere, dementiæ. Frugalitatem exigit philosophia, non pœnam. Potest autem esse non incompta

frugalitas. Hic modus mihi placet ; scilicet, temperetur vita inter bonos mores et publicos, suscipiant omnes vitam nostram, sed non agnoscant. Quid ergo? Eadem faciemus quæ cæteri? Nihil inter nos et illos intererit? Plurimum quidem. Dissimiles nos esse vulgo sciat, qui nos inspexerit propius, qui domum nostram intraverit, nos potius miretur quam supellectilem **48** nostram. Magnus quidem est ille, qui fictilibus sic utitur quemadmodum argento : nec ille minor est, qui sic argento utitur, quemadmodum fictilibus. Infirmi animi est pati non posse divitias. Nunquid igitur appetendæ sunt? Non : sed nec contemnendæ juxta verbum Attali magni philosophi, qui divitias non contempsit, sed aliis habendas permisit (SEN., ep. 110).

CAPUT XIX.
Contra vermem et malum divitiarum.

Sicut spiritualis paupertatis, hoc est humilitatis, nutrix est et fomentum ista sensibilis paupertas, ita oppositum ejus, scilicet divitiæ, nutriunt et pariunt cupiditatem, Apostolo attestante, qui ait in Epist. I, ad Tim. VI, loquens contra laborantes in acquisitione divitiarum : « Est autem quæstus magnus pietas cum sufficientia, » scilicet, ut habeat homo, quantum necesse est vitæ sustenandæ, et quantum congruit personæ suæ, ut eis conveniat, cum quibus honeste vivendum est. Et addit (*ibid.*) : « Nihil enim intulimus in hunc mundum, haud dubium quia nec auferre quid possumus. Habentes alimenta, » simplicia, non delectamenta, non gulæ irritamenta, « et vestes, quibus tegamur, » non ornemur et luxuriemur, « his contenti simus. Nam qui volunt divites fieri ; » non ait « sunt, » sed « volunt divites fieri ; » ultra scilicet propositum, et fines, et terminos positos a natura, « incidunt in tentationes multas et laqueum diaboli, et in desideria multa inutilia et nociva, quæ mergunt homines in interitum et perditionem. »

CAPUT XX.
Contra cupiditatem et avaritiam.

« Radix omnium malorum est cupiditas (*I Tim.* VI), » quæ est plus habendi quidlibet quam satis est ; quod Græce dicitur πλεονεξία. Hac enim cecidit diabolus, qui non pecuniam, sed propriam potestatem amavit, et primi homines qui voluerunt esse sicut dii. Ergo cupiditas, secundum hoc, continere videtur quasdam species vitiorum, scilicet superbiam, elationem, gastrimargiam et quasdam alias. Ad quam quæstionem, et argumentum ad ipsam facit, quod supponit Augustinus (lib. III, *De lib. arbitr.* cap. 17, et *in Ps.* CXVIII.). « Quidam libri habent, « Radix omnium malorum est avaritia, » quæ specialiter intelligitur amor pecuniæ. Unde in Græco dicitur φιλαργυρία ; sed hic species ponitur pro genere. Avaritia enim est species cupiditatis : Gregorius (*homil.* XVI *in Evang.*) e contra, inter hæc non distinguit, dicens : « Tribus modis tentavit diabolus primum hominem. »

Primo gula, in persuasione cibi, cum dixit : « In quacunque die comederitis (*Gen.* III). » Secundo, inani gloria, in promissione deitatis, cum ait : « Eritis sicut dii (*ibid.*). » Tertio, **49** avaritia, in promissione scientiæ, cum dixit : « Scientes bonum et malum. » Gula est immoderata cibi aviditas.

Vana gloria, amor propriæ excellentiæ. Avaritia immoderata est habendi cupiditas, quæ non tantum est pecuniæ, sed et altitudinis et scientiæ, cum supra modum sublimitas ambitur, imo etiam quæcunque res, cum supra quam satis est, appetitur, secundum Augustinum. Item ad idem philosophus (SENEC. ep. 16) : Et quemadmodum aliarum rerum, ita et intemperantia litterarum laboramus. Non enim discimus vitæ, sed scholæ. Item philosophus : Non est quod mireris animum meum ; adhuc de alieno liberalis sum. Quare autem alienum dixi ? Quidquid bene dictum est ab ullo, meum est, sicut id quod ab Epicuro dictum est : « Si ad naturam vivas, nunquam eris pauper ; si ad opinionem, nunquam eris dives. Exiguum natura desiderat, immensum opinio. » Congeratur in te, quidquid locupletes multi possederunt : ultra privatum pecuniæ modum fortuna te provehat, auro tegat, purpura vestiat, et ad hoc modus deliciarum opumque perducat ut terram marmoribus abscondas, non tantum habere tibi liceat, sed calcare divitias. Accedant statuæ et picturæ et quidquid ars ultra luxuriæ elaboravit, et ab his majora cupere disces. Naturalia desideria finita sunt : ex falsa enim opinione nascentia, ubi desinant, non habent, nullus enim terminus falso est : via eunti aliquid extremum est : error immensus est. Retrahe ergo te a vanis, et cum vis scire quod petis, utrum naturalem habeat aut cæcam cupiditatem, considera si non possit alicubi consistere. Si longe progresso semper aliquid longius restat, scito id naturale non esse, quia,

Crescit amor nummi, quantum ipsa pecunia crescit.
(JUVEN. sat. XIV, 15.)

Si divitias non haberemus, avari et cupidi non essemus. Item Salomon Parabolarum cap. XXX : « Sanguisugæ duæ filiæ sunt » diaboli incessanter « clamantes : Affer, affer. » Libido incessanter, et incessantius cupiditas. Illi enim ætate vel medicamento occurritur aliquo, isti nullo. Item cupiditas comparatur hydropisi, quia

Quo plus sunt potæ, plus sitiuntur aquæ.
(OVID. *Fast.*)

Item : Et fabulæ Narcissi comparatur, quia

*Dum*e *sitim sedare cupit, sitis altera crevit.*
(Idem, III *Metam.* fab. 6.)

Item : Juxta verbum cujusdam sapientis : Nos senes, cum ad omnia alia rectius cæteris sapiamus, ad solam avaritiam desipimus et deficimus : et quo minus restat viæ, tanto amplius viatici quæritur.

50 CAPUT XXI.
De avaritia.

Avaritiam speciem cupiditatis, licet Gregorius inter speciem et genus non distinguat (*Hom. in Ev.*), sugillat et detestatur Ecclesiasticus c. X : « Avaro autem nihil est scelestius. » Et quia pro avaritia et pecunia cupide congregata sæpe super! it avarus, addit : « Quid superbis, terra et cinis ? » Deinde proponit de avaritia : « Nihil est enim iniquius quam amare pecunias. Hic enim et animam suam, non tantum linguam, venalem habet, quia in vita sua projecit intima sua, » seipsum eviscerans (sicut aranea quæ texit inutiles telas) sollicitudine acquirendi et conservandi pecuniam. Unde David : Et.« tabescere fecisti » invidia [*f.* avaritia, *aut* sollicitudine], « sicut araneam animam ejus (*Psal.* XXXVIII), » quia

Impiger extremos currit mercator ad Indos.
(HORAT. l. I, ep. 1.)

Item Hieronymus (*epist. ad Paulin.* ex c. XVII *Prov.* juxta LXX post vers. 6) in fine galeati principii : « Credenti totus mundus divitiarum est ; infidelis autem etiam obolo indiget, » et-magis eo quod non habet quam eo quod habet. Item epitheton est avaritiæ, avarum vel facere superbum, urbanum, et aliquantulum lautiorem, vel eo nihil esse sordidius. Unde Juvenalis : « usque ad talum sordidus. » Hoc epitheton jugulare sufficiat illud Horatii : (lib. I *Sat.*) :

Tantalus a labris sitiens fugientia captat
Flumina. Quid rides ? Mutato nomine, de te
Fabula narratur, congestis undique saxis
Indormis inhians, et tanquam parcere sacris
Cogeris, aut pictis tanquam gaudere tabellis.

Item : Ad hoc facit verbum cujusdam pauperis clerici et honesti, dicentis : Divitias illius divitis centucuplatas, etiam millecuplatas proj'cerem, antequam tantam sollicitudinem acquirendi conservandique, et adspiciendi eas haberem. Sine sollicitudine enim eas habeo et conspicio. Ingredior enim monasterium, cujus aurum et argentum in vasis templi adspicio, pasco oculos : quod mihi conservatur sine sollicitudine appositionis custodum, ut iterum cum libuerit, eo viso pascam oculos. Hieronymus (*epist. ad Nepotianum de vita clericorum*) : Clericus dives debet esse in conscientia, pauper in pecunia : est enim in partem vel sortem Domini assumptus, imo pars Domini. Nos enim sumus de quibus ait : « Funes ceciderunt mihi in præclaris (*Psal.* XV) : » qui oculos ante et retro habere debemus, nobis scilicet et aliis providentes. Item Sebastianus in Legenda sua : Si objicis cur Deus dedit divitias, si eas habere non possimus nec debemus ? Ad opus, inquit, liberalitatis tibi collatæ sunt. Si vis fœnerare et eas multiplicare, potius fœnerare eas fratri Christo. Pone eas in manus pauperis Christi. « Centuplum accipies et vitam **51** æternam possidebis (*Matth.* XIX). » Nonne tibi gratiosus esset, qui tibi transituro ad nundinas per locum periculosum, latrunculis obsitum, pecuniam tuam ad locum tutiorem deferret, ut salvam illam reciperes ? Ita quidem. Pone igitur eam in manus pauperum, « a quibus in cœlestes thesauros deportetur, ubi fures non furantur, nec effodiunt (*ibid.*). »

Quas dederis solas semper habebis opes.
                MARTIAL., lib. v, epigram. 43.)
Item Ecclesiasticus, avaritiæ vitium suggillans, ait cap. xiv : « Viro cupido et tenaci, sine ratione est substantia. » Per fas enim et nefas acquiritur, et ita sine ratione.
Si poteris recte, si non, quocunque odo rem.
                (HORAT. l. 1. ep. 1.)
Idem consequenter : « Et homini livido ad quid atrum? » Videtur ergo quod omnis avarus invidus. Invidet enim alienis divitiis, ut habeat eas. « Qui acervat ex animo suo injuste, aliis congregat, et in bonis illius alius luxuriabitur. Qui sibi est nequam, cui alii bonus erit? Et non, » ideo « jucundabitur in bonis suis. » Et David : « Thesaurizat, et ignorat cui congregabit ea (*Psal.* xxxviii, xlviii). »Et : « Relinquent alienis divitias suas (*Eccli.* xiv). Qui sibi invidet, nihil est eo nequius, et hæc redditio est malitiæ ipsius, et si bene fecerit, ignoranter, et non volens facit, et in novissimo malitiam suam manifestat. Insatiabilis est oculus cupidi in partem iniquitatis ; non satiabitur donec consumat » justitiam, « animam suam arefaciens. Oculus malus ad mala, et non satiabitur pane indigens; in tristitia » avarus « erit super mensam suam (*Eccli.* xiv). » Item, juxta quemdam sapientem : « Nihil gravius imprecari potest cuivis quam avaritia, qua in præsenti vexante cor ejus, dira tormenta patitur et in futuro æterna supplicia sic promereretur. » Item Apostolus ad Ephesios v : « Scitote quod omnis fornicator, aut immundus, aut avarus (quod est idolorum servitus) non habet hæreditatem in Christi regno, et Dei. » Sicut enim idololatra latriam et servitutem, quæ Deo debetur, exhibet idolo ; ita avarus, serviens potius pecuniæ quam Deo, cultum Deo debitum exhibet pecuniæ et nummo. Item Apostolus ad Coloss. iii : « Mortificate membra vestra, quæ sunt super terram, » fugientes « fornicationem, libidinem, concupiscentiam malam, et avaritiam, quæ est simulacrorum servitus. » Augustinus etiam avaritiam idololatriæ recte comparat, quia non dispar malitia, et uno plene opere completur. Utraque enim nititur auferre Deo quod suum est. Hæc scilicet gloriam deitatis, ne solus habeat eam, et illa res Dei, ut sola habeat quæ Dominus omnibus fecit. Item Hieronymus ad Heliodorum monachum : « Æstimato male pondere peccatorum, levius peccare videtur alicui avarus, quam idololatra: sed non mediocriter errat. Non enim gravius peccat, qui duo grana thuris projicit super altare Mercurii, quam qui avare, cupide, et inutiliter pecuniam congregat et coacervat. » Item Dominus in Evangelio : « Nemo potest duobus dominis servire, Deo et mammonæ (*Matth.* vi, 24), » id est avaritiæ, quæ nomine deliciarum vel divitiarum, quæ eam pariunt et fovent, imo potius nomine dæmonis, qui præest divitiis male acquisitis, nuncupatur. Item diabolus ad Dominum de avaritia tentans eum ait : « Hæc omnia tibi dabo, si procidens adoraveris me (*Matth.* iv, 9). » Ergo qui di-

vitias et gloriam mundi appetit, cadit et adorat diabolum. Avaritia enim respectu aliorum vitiorum majorem operatur casum, quæ Deo servitutem et adorationem sibi debitam aufert. Item Apostolus I ad Cor. v : « Si quis frater nominatur inter vos fornicator, aut avarus, aut idolis serviens, aut maledicus, aut ebriosus, aut rapax, cum hujusmodi non licet cibum sumere. » Ergo vitandi sunt avari, maxime fœneratores a communione sacramentorum Ecclesiæ separandi, nisi resipiscant et ablata restituant. Apud sanctum Dionysium quidam talis mortuus in sterquilinium projectus est. Tandem procurante avaritia cujusdam monasterii in sepultura Ecclesiæ est sepultus. Et reclamantibus honestis viris, ne in exemplo traheretur, projectum est cadaver ejus effossum in sterquilinium. Objectio de militibus detinentibus decimas. Item Dominus in Evangelio : « Cavete vobis ab omni avaritia. Non enim in abundantia, cujusquam vita ejus est, ex his quæ possidet (*Luc.* xii). » Possessio enim ejus gratiæ et gloriæ est amissio. Item Parabolarum cap. xv : « Conturbat domum suam qui sectatur avaritiam : qui autem odit munera, vivet. Qui vero libenter accipiunt munera, ignis devorabit tabernacula eorum. » Item xxviii : « Qui odit avaritiam, longi fient dies ejus. Vir autem qui festinat ditari, et aliis invidet, ignorat quod egestas superveniet ei. » Item Ecclesiaste v : « Avarus non implebitur pecunia, et qui amat divitias, fructus non capiet ex eis. Ubi multæ divitiæ, et multi qui comedunt eas. Et quid prodest possessori, nisi quod cernit eas? » Item in codem c. 6 : « Vir cui dedit Deus divitias, et substantiam, et honorem, et nihil deest animæ suæ ex omnibus quæ desiderat; nec tribuit ei potestatem Deus, ut comedat ex eo, sed homo extraneus vorabit illud ; hoc vanitas et miseria magna est. » Item. Horatius (lib. i, ep. 16) :

Quo melior servo, vel liberior sit avarus
Non video. Nam qui cupiet metuet quoque: porro
Qui metuens vivit liber mihi non erit unquam.
Quia :

Perdidit arma, locum virtutis deseruit, qui
Semper in augenda festinat, et obruitur re.

Item Hieronymus (in comment. in cap. xxx *Proverb.*) : « Avaritia est sicut infernus, et os vulvæ meretricis. Insatiabilis enim est ; et quo magis rapit et devorat, eo amplius rapere sitit, quæ perdat. » Unde poeta :

. . . . . *Opibus donatur avaris*
Quidquid in orbe perit.

Item idem :

Semper avarus etiam dives eget.

Dives vero est, qui pauper est cum Christo. Item idem ; Cum duæ sunt filiæ sanguisugæ, scilicet libido et avaritia ; pejor filia et detestabilior est avaritia. Illi enim succurritur beneficio ætatis, progressu temporis, huic vero nullo medetur quis antidoto ; sed quanto minus restat viæ, tanto magis crescit in acquirendo. Unde Claudianus :

Quid nervos secuisse juvat? Vis nulla cruentam
Castrat avaritiam, parvis exercita furtis,
. . . . . . Sed pejus in aurum
Æstuat; hoc uno fruitur succisa libido.
(Lib. 1 in Eutropium.)

Item : Dominus in judicio super omnia monstra, solum monstrum avaritiæ detestabitur; utpote causam damnationis nostræ; ejusque contrarium, scilicet misericordem largitatem vel liberalitatem super omnia opera nostra, quasi causam salutis nostræ approbabit, cum dicet : « Esurivi et non dedistis mihi manducare, sitivi et non dedistis mihi bibere *(Matth. xxv),* » et ita de cæteris. Et quæ est causa quare non dederitis ? Avaritia. Quæ, quare dederitis? Liberalitas. Facilius est tamen dare (quia hoc est se exonerare) quam opera cæterarum virtutum implere. Unde et modicum est pœnitenti injungere, de substantia sua pauperibus erogare, nisi avaritia laboraverit, ut sic curetur ab ea. Item Hieronymus : « Eo detestabilior est avaritia quod ipsa vitium contrarium sibi nutrit et fovet: prodigalitatem enim semper fere comitatur avaritia. » Unde poeta Claudianus :

. . . . . . Quodcunque profunda
Traxit avaritia, luxu pejore refundit.
(De bello Gildonico.)

Quomodo ergo sunt contraria

Item Genesis xxxi Rachel fugiens cum Jacob a facie patris sui Laban furata est idola ejus, quæ abscondit subter stramenta cameli et sedit super. Quæ Laban quærenti ea, et non invenienti in tentorio ejus, ait : « Ne irascatur dominus meus, quod coram te nequeo assurgere, quia juxta consuetudinem feminarum nunc accidit mihi. » Jacob autem postea comperiens deos alienos esse in domo sua, scilicet idola Laban, licet aurea et argentea cum inauribus et ornamentis et phylacteriis suis infodit sub terebintho. Per Jacob Christus et perfecte pœnitens intelligitur, qui omnem cupiditatem mundanam, antiquam, et philosophiam ejus, id est omnes occasiones et circumstantias avaritiæ infodit sub cruce Christi; nudus nudum sequens Crucifixum, cujus paupertas maxime in cruce apparuit. Pendens enim in ea tantum cinctorium, velamen scilicet pudendorum, habuit. Quis cum Christo dicere potest: « Venit enim princeps hujus mundi et in me non habet quidquam? *(Joan.* xiv.) » et cum Apostolo : « Mundus mihi crucifixus est, et ego mundo? *(Gal.* vi.) » Per Rachel, quæ interpretatur ovis, molliter pœnitens et imperfecte significatur. Cui juxta consuetudinem feminarum accidit, cum immunditiam avaritiæ secutus, quasi muliebria patitur. De hac tamen pœnitendo abscondit idola, hoc est avaritiam, et subter stramenta cameli, scilicet sub fimo, et sub stratorio cameli, hoc est humilitate pœnitentiæ, omnem tumorem, et sublimitatem, et avaritiam, quæ est ex divitiis, tegens; ita quod sedit super fimum in quo abscondita erant idola, quia Deum præponit omnibus, et si juxta se

divitias habeat : cui tamen res **54** suæ servivit ; non ille rebus, qui de se ait:
Et mihi res, non me rebus supponere conor.
(HORAT. lib. 1, ep. 1.)

Item ad idem valet exemplum Joseph, qui non tantum pallium, sed et lasciviam ejus reliquit meretrici Ægyptiacæ. Hoc est non tantum cupiditatem, sed et omnem occasionem ejus et circumstantiam relinquere debemus mundanæ voluptati. Item ad idem valet exemplum « adolescentis, qui, relicta sindone, nudus profugit ab eis *(Marc.* xiv),» scilicet Judæis. Item ad hoc valet exemplum de vitulo conflatili, quem Moyses præcepit redigi in minutissimum pulverem. Non enim tantum ipsam avaritiam, et substantiam peccati debemus condemnare, per pœnitentiam abolere, sed etiam omnes circumstantias ejus, et occasiones minutissimas penitus absumere, et fimo immundissimorum stercorum condemnare cum Apostolo, qui ait : « Omnia hæc reputavi ut stercora, ut Christum lucrifacerem. » *(Philip.* iii, 12, q. 2, *Gloria).* Item Hieronymus *(Ex epist. ad Paulinum de institut. monschi)* : Crates Thebanus, homo quondam ditissimus, proficiscens ad philosophandum Athenas, magnum auri pondus secum detulit. Qui in via secum deliberans, et considerans se non posse simul virtutes et divitias possidere, cum ad dediscendam avaritiam iret, divitiasque fomentum et nutrimentum esse avaritiæ conspiceret, projecit a se aurum, inquiens : O divitiæ, abite, procul sitis a nobis. Nunc vero sarcinati auro et argento Christum pauperem sequimur, et sub prætextu eleemosynæ pristinis opibus incubantes, quomodo possumus aliena fideliter distribuere, qui nostra timide reservamus? Item ad idem valet exemplum Cynici et philosophi illius, scilicet Diogenis, in dolio degentis, qui vacuus spei et timoris expers, locupletem transegit paupertatem.

Ad quem Aristippus quidam aulicus, cum mundaret et lavaret olera sua, accedens ait : Tu cum sapiens et philosophus sis, si regibus servire voluisses, olera tua non lavares. Cui respondens, ait : Si paupertate mediocri scires uti, non oporteret te regibus mendicando adulatione mentiri. Unde Horatius (lib. 1, ep. 17) :

Si pranderet olus patienter, regibus uti
Nollet Aristippus: si sciret regibus uti,
Fastidiret olus, qui me notat.

CAPUT XXII.
Contra acceptores munerum.

Non tantum exemplis ethnicorum detestamur et jugulamus avaritiam, et omnem acceptionem munerum, sed et exemplis plurimis sacræ Scripturæ. Primo exemplo Abrahæ, cui revertenti a cæde quatuor regum, cum Loth et substantiam ejus reduceret, rex Sodomorum dixit : « Da mihi animas, cætera tolle tibi. Qui respondit ei: Levo manum meam ad Dominum Deum **55** excelsum, possessorem cœli et terræ, quod a filo subtegminis usque ad corrigiam caligæ non accipiam ex omnibus, quæ tua sunt, ne dicas: Ego ditavi Abraham; exceptis his quæ comederunt juvenes, et partibus virorum, qui mecum venerunt. Isti enim accipient partes suas (*Gen.* xiv). » Item Genesis xxiii, Abraham, mortua uxore Sara, dixit ad filios Heth : « Advena sum et peregrinus apud vos, date mihi jus sepulcri vobiscum, ut sepeliam mortuum meum. Responderuntque filii Heth : Princeps Dei es apud nos : in electis sepulchris nostris sepeli mortuum tuum. Surrexit Abraham. » gratias egit, « et adoravit eos, et dixit : Si placeat vobis, ut sepeliam mortuum meum, intercedite apud Ephron filium Seor, ut pro pecunia digna det mihi speluncam duplicem quam habet in extrema parte agri sui, in possessionem sepulcri. Respondit Ephron cunctis audientibus : Nequaquam ita fiet ; sed gratis trado tibi agrum et speluncam quæ in eo est. Respondit Abraham : » Non gratis accipiam, sed » dabo pecuniam pro agro. Suscipe eam, et sic sepeliam mortuum meum in eo. Et appendit pecuniam Abraham, quam Ephron postulavit, | scilicet quadringentos siclos argenti probatæ monetæ et publicæ. » Item Genesis xxxiii, exemplo Esau, qui Jacob fratre suo offerente ei munera in bobus, asinis, servis et ancillis, ait : « Quænam sunt istæ turmæ quas obviam habui? Respondit Jacob : Ut invenirem gratiam coram domino meo. Et ille : Habeo, inquit, plurima, frater mi, sint tua tibi. Dixitque Jacob : Noli ita, obsecro ; sed, si inveni gratiam in oculis tuis, accipe munusculum de manibus meis : sic enim vidi faciem tuam, quasi viderem vultum Dei : sis mihi propitius ; et suscipe benedictionem quam attuli tibi. Vix fratre compellente suscepit. » Ista tamen susceptio, licet coacta, in eo, et in similibus ejus, signum est divinæ reprobationis. Quidam enim sunt qui volunt cogi accipere, et tamen accipiunt : « Grata est vis ista sibi, cogique meretur. » Item Exodi capitibus xxxiv et xxxv. Pro construendo enim tabernaculo omnes viri et mulieres mente devota obtulerunt donaria, ut fierent opera quæ jusserat Dominus per manum Moysi, cunctique filii Israel voluntaria Domino dedicaverunt : « Cum autem artifices instarent operi, dixerunt Moysi : Plus offert populus quam necessarium est. Jussit ergo Moyses præconis voce cantari : Nec vir, nec mulier quidquam ultra offerat in opere sanctuarii, sicque cessatum est a muneribus offerendis, eo quod oblata sufficerent, et superabundarent. » Item Numeri cap. xvi, increpante Moyse Dathan et Abiron murmurantes contra Aaron, responderunt ei dicentes : « Nunquid parum est tibi quod deduxisti nos de terra, lacte et melle manante, ut occideres nos in deserto, nisi et dominatus fueris nostri? An et oculos nostros vis eruere? Iratusque Moyses valde ait ad Dominum : Ne aspicias, Domine, sacrificia eorum : tu scis quod nec asellum quidem unquam acceperim ab eis, nec afflixerim quemquam eorum. » Item Numeri cap. xxii : « Seniores Moab et majores natu habentes pretium divinationis in manibus, missi a Balac, dixerunt ad Balaam : Sic dixit Balac, filius Sephor, rex Moabitarum : Ne cuncteris venire ad me paratum honorare te, et quidquid volueris dare tibi. Veni et maledic populo isti. Respondit Balaam : Si dederit mihi Balac plenam domum argenti vel auri non potero immutare verbum Dei mei, ut vel minus vel plus loquar. » Item : Balac præbens et offerens ei munera, ait (*Num.* xxiii, xxiv) : « Maledic Jacob, detestare Israel. Qui respondit : Quomodo maledicam cui non maledixit Deus? Qua ratione detester quem Dominus non detestatur? Nunquid aliud loqui possum quam quod jussit mihi Deus? Qui benedixerit Jacob, erit et ipse benedictus, et qui maledixerit , in majedictionem deputabitur. Verumtamen pergens ad populum meum, dabo tibi consilium, quid populus tuus huic populo faciat. » Quod et implevit, sicut Joannes in Apocalypsi (· ii) testatur dicens : Balaam , accepto pretio divinationis, licet coactus : « docebat Balac mittere scandalum filiis Israel, » scilicet « edere » de sacrificiis idolorum « et fornicari. » Item I Reg. xii: « Dixit Samuel ad universum Israel. Audivi vocem vestram juxta omnia, quæ locuti estis ad me; et constitui super vos regem, qui graditur ante vos , et nunc senui conversatus coram vobis ab adolescentia mea usque in diem hanc. Ecce præsto sum. Loquimini de me coram Domino et coram Christo ejus, » scilicet Saule. « Utrum bovem cujusquam tulerim, an asinum. Si quempiam calumniatus sum, si oppressi aliquem, si de manu cujusquam munus accepi, et contemnam illud hodie vobisque restituam. » Item exemplo David II Reg. ultimo : « Nequaquam fiet ut vis, sed emam pretio a te aream, ubi ædificetur Domino templum et non offeram Domino meo holocausta gratuita. » Item exemplo Addo prophetæ III Reg. xiii : « Locutus est rex ad virum Dei : Veni mecum domum ut prandeas, et dabo tibi munera. Respondit vir Dei regi : Si dederis mihi mediam partem domus tuæ, non veniam tecum, nec comedam panem, neque bibam aquam in loco isto. » Item II Esdræ quinto : « Ego et fratres mei, et pueri mei commodavimus plurimis pecuniam et frumentum ; non repetamus in commune istud, æs alienum concedamus quod debetur nobis, » etc. Item Actuum apostolorum cap. xx : « Vos scitis a prima die qua ingressus sum in Asiam, qualiter vobiscum per omne tempus fuerim conversatus, serviens Domino in humilitate et lacrymis. » Et texens sermonem moralissimum, ultimo annectit de officio prælatorum, docens eos cavere avaritiam exemplo sui, cum ait : « Argentum, et aurum, aut vestem non concupivi. Ipsi scitis quoniam ad ea quæ opus mihi erant, et his qui mecum sunt, ministraverunt manus meæ. » Item epistola Judæ (c. v, 8, 9) : « Væ illis qui in via Cain abierunt, et errore Balaam mercede effusi sunt, et in contradictione Core perierunt. » Item II ad Corinth. xi : « Gratis evangelizavi vobis, et cum essem apud vos et egerem, nulli onerosus fui, sed in omnibus sine onere me vobis servavi, et servabo.

Est veritas Christi in me, quoniam hæc gloriatio non accipiendi non infringetur in me, in regionibus Achaiæ, quod facio et faciam, ut amputem occasionem » prædicandi eis, qui propter quæstum prædicant. Item Ezechielis cap. xxii : « Munera, usuram et superabundantiam accepisti, et avare proximos tuos calumniabaris, meique oblita es, ait Dominus. Ecce, complosi manus meas super avaritiam tuam quam fecisti. » Item Apostolus in Actuum apostolorum xx : « Omnia ostendi vobis, quoniam sic laborantes oportet suscipere infirmos, et meminisse verbi Domini Jesu (quod ipse dixit, » et frequenter in ore habuit). « Beatius est, » inquit, « magis dare quam accipere. » Item : exemplo beati Thomæ, qui cancellarium suum instituens, sacramento jurisjurandi eum astrinxerat, ne unquam aliquid, usque ad canipulum, in administratione cancellariæ acciperet. Item Ecclesiastici xx : « Exenia et dona excæcant oculos judicum, et quasi mutus in ore avertit correptiones eorum. » Corrupti munere, obmutescunt cessando a correptione. Item Isaias (cap. xxxiii) : « Quis ambulat in justitiis et loquitur veritatem, qui projicit avaritiam ex calumnia, et excutit manus suas ab omni munere? Iste in excelsis habitabit. » Nota verbum excussionis. Per laxationem manuum de facili labuntur in terram magna munera, sed minima nisi per excussionem, sed adhærent manibus, ut pulvis. Item Strabus super Exodum : Cupiditas est ramunculus projectus in os canis, qui facit eum obmutescere. Item : Cupidus est similis illi fatuo pastori Virgiliano, de quo :

..... *Lupi Mœrim videre priores* (VIRGIL. ecloga 9). De quibus dicitur, quod si prius viderint homines, faciunt eos obmutescere. Item Job xv : « In fine ignis devorabit tabernacula eorum, qui libenter accipiunt munera. » Item IV Reg. v, Naaman Syrus curatus a lepra per Elisæum, ait ei : « Obsecro, domine mi, ut accipias benedictionem a servo tuo. At ille respondit : Vivit Dominus ante quem sto, quia non accipiam. » A quo cum accepisset munera Giezi, absente domino suo Elisæo, dixit ei Elisæus in reditu : « Nunc igitur accepisti argentum et vestes, ut emas oliveta, vineas, oves et boves, et servos et ancillas ; sed etiam lepra Naaman adhærebit tibi, et semini tuo usque in sempiternum (*IV Reg.* v). » Item Demosthenes rogatus ut pro libertate reipublicæ tuenda aperiret os suum, involvit caput lana simulans se ægrotare, et ait : Non possum, synanchen etenim, frater, patior. Et respondit ei : Non synanchen, inquam, sed argyranchen. Item : « Munera excæcant oculos sapientum (*Deut.* xvi), » et vim auctoritatis inclinant. Item, exemplo Cyriaci diaconi Marcelli papæ, qui potestatem habens imperandi dæmonibus, curavit filiam Diocletiani Augusti arreptam a dæmonio ; de qua egressus insilivit in filiam Saporis regis Persarum. Qui audito quod Cyriacus curasset filiam Diocletiani, misit legionem magnam cum muneribus ad Diocletianum, ut ad preces ejus Cyriacus veniret, et sanaret filiam suam. Requisitus Cyriacus exaudivit cum : et cum ei præpararentur currus et equi, super quos veniret, ait : Non decet Christianum ita pompose incedere, sed præcedite, et ego sequor. Qui cum curasset filiam Saporis, ipsumque et domum ejus totam baptizasset, obtulit ei rex munera. Qui respondens, ait : Non accipiam, inquit, hæc munera, absit enim ut gratia Christi sit, vel æstimetur venalis. Item Hieronymus : Sicut nec matrona casta est, quæ munera accipit maxime ab amatore et sponso suo (quæ signa sunt levitatis ejus, et futuri incæstus), ita nec judex a confratre munuscula accipiens, quæ signa sunt corruptionis ejus, et judicii ab eo faciendi. Item Jeremiæ cap. vi: « A minore quippe usque ad majorem, omnes avaritiæ student ; et a propheta usque ad sacerdotem cuncti faciunt dolum, et curabant contritionem filiæ populi mei cum ignominia, dicentes : Pax, pax, et non erat pax. » Item Exodi xxiii : « Nec accipias munera, quæ excæcant etiam prudentes, et subvertunt verba justorum. » Item : Quintilianus de quodam oratore Atheniis erudito, et facto diserto impensis cujusdam divitis, qui postea pro republica rogatus loqui, stetit in causa contra patronum suum, contra divitem illum ; in qua obtinuit dives. Unde et oratorem illum in jus vocavit, accusans eum super ingratitudine. Qui cum accusaretur, ait diviti illi : Domine mi, tu scis, quia nihil crudele in te intorsi, nihil causa odii, sed pro libertate reipublicæ, et honestate personæ meæ, imo etiam et tuæ, steti. Nunc vero hoc video, quia nihil est periculosius acceptis muneribus, si ad omnem nos obligant servitutem. Item : Hieronymus scribens cuidam diviti matronæ sciensque per hoc canes suos detrahendo dicere illum familiaritatem principum affectare, respondit eis : Absit ut ista quæram! Cui enim satis est vile olusculum, et panis cribrarius, talia non quæritat. Quia fidele testimonium est (contemptus munerum et opum) quod non habet causas mentiendi, adulandi, mendicandi, familiaritatem potentum acquirendi.

CAPUT XXIII.
Contra acceptores munerum pro justitia facta, vel facienda, acceleranda, vel omittenda.

Acceptio munerum multiplex est. Prima simplex est, et licitorum munerum pro nulla causa injusta acceptorum, periculosa tamen, quia ea vendimus libertatem nostram, de qua supra disputavimus in fine capituli de avaritia (cap. 21). Secunda est pro justitia facta, quod Gieziticum, vel facienda, quod Simoniacum : omissa vel omittenda, accelerata vel acceleranda, quod iniquum, pro injustitia etiam facienda, quod est diabolicum. Tertia est de rapina occulta vel manifesta : Puta, rapina violenta, usura, furto, exactionibus, extortionibus pecuniæ, talliis citra stipendium præscriptum acceptis, et hujusmodi. Quarta est pro spiritualibus, ut ordinibus, sacramentis, beneficiis ecclesiasticis, officiis, et illis annexis conferendis vel collatis, vel non dandis (cum aliquis digno proposuerit dare beneficium ecclesiasticum) etiam (quod magis crudelitas est) contumelia, etiam illata Spiritui sancto, et impedimentum quo minus currat gratia ejus. Quinta est cum quis accipit per dolos, curiositates, et artem mimicam et histrionicam, vel cum abundet nec egeat. Unde Hieronymus (*Ad Paulinum*) : O monache, si eges et accipis, das potius quam accipis ; **59** si accipias, et non eges, rapis. Sexta est de illicite acquisitis munera accipere, etsi in pias causas expendantur ; puta, ut ex illis construantur grangiæ et officinæ monasteriorum et hujusmodi.

Contra secundum titulum hæc colliguntur. Acceptores munerum pro justitia facta, facienda, acceleranda et omittenda, vel pro injustitia facienda, si sunt pastores et prælati Ecclesiæ, similes sunt Nabal stulto, qui tondens oves, non respexit David, nec est misertus super contritione Joseph. Hi non sunt pastores ovium, sed tonsores, excoriatores, depilatores, lupi et emunctores pecuniarum, lac et lanam in ovibus quærentes, lucro inhiantes potius quam saluti animarum intendentes. Legitur enim in primo libro Regum cap. xxv, quod « cum David audisset in deserto, quod tonderet Nabal oves, vel gregem suum, misit decem juvenes ad eum dicentes : Quodcunque invenerit manus tua, da servis tuis, et filio tuo David. Qui respondit, dicens : Quis est David ? Et quis est filius Isai ? Hodie increverunt servi » super terram « qui fugiunt dominos suos. » Hoc audiens David, iratus est valde, jubetque servos suos accingi gladio , quasi vindicaturus in eum. Quod audiens Abigail uxor ejus prudens et sapiens, nescio viro cum panibus et vino et arietibus coctis occurrit David, et descendens de asino, procidit ad pedes ejus et ait : « In me sit, domine mi, hæc iniquitas, rogo ut suscipias benedictionem hanc, quam attulit ancilla tua tibi domino meo : malitia non inveniatur in te. Non veniat hoc tibi in singultum cordis et scrupulum, quod effuderis sanguinem viri mei, cum constituerit te Dominus ducem super Israel. » Suscepit ergo David quæ obtulit, et ait : « Vade pacifice in domum tuam. » Dominus tamen post decem dies ulciscens David, percussit Nabal tonsorem, et mortuus est (*ibid.*). Item: Tales similes sunt Laban (*Genes.* xxix), qui circumvenit Jacob sibi servientem, decemque vicibus mutavit mercedem ejus, qui filias vendidit, et reputavit quasi alienas, comeditque pretium earum. Ob quam causam, cum ierat tondendas oves, Rachel furata est idola patris sui, quæ inter omnia chariora habebat, et fugit (*Genes.* xxxi). Item : Maximi tonsores ovium usque ad carnes, imo tonsores usque ad sanguinem, quod si nequiverint, depilatores sunt usque ad pellem, id est, in minoribus donis : exterius visi pulchri, sed in operibus et interius lupi rapaces. Hi similes sunt Absalon (*II Reg.* xiv), (qui quanto magis tondebat capillos, tanto amplius surgebant; qui agrum Joab, ad se venire recusantis, habentem messem hordei , jussit comburi), qui quod per se facere erubescunt, per officiales subtonsores suos, lenones et bajulos tonsuræ scrutatoresque et indagatores rapinæ suæ adimplent. Quibus consultius esset mulierculas venales lenocinio circumducere, quam rapinæ et participio peccati majorum studere, cum tamen de raptis nihil possint restituere. Item : Similes sunt tales Judæ (*Gen.* xxxviii), qui, uxore mortua, ascendit ad tonsores ovium suarum. Quo ascendente ad tondendas oves, Thamar nurus ejus, mutato habitu viduitatis, in bivio itineris sedit. Quam videns Judas, suspicatus est esse meretricem, **60** cum qua, loco meretricis, datis ei muneribus, coiit. Item psalmo xiii : « Nonne cognoscent, » in futuro, « omnes qui operantur iniquitatem, » multiplicem? Et qui sunt illi, et ob quam causam « operantur iniquitatem? » li scilicet « qui, » et quia « devorant plebem meam, » quotidiana rapina et multiplici, « sicut escam panis, » id est, qui ministerio suo utuntur propter capienda munera ab hominibus, non ad salutem hominum, vel ad gloriam Dei. Panis enim quotidianus cibus est et suavis : similiter et ipsi delectantur cum quotidiana rapina, ut simplices Christianos absorbeant. Qui, ut tales sint, inde provenit, quia « Dominum non invocaverunt, » sed temporalia. Item psalmo xxv : « Dextera eorum repleta est muneribus, » cum pro justitia, pretium pecuniæ, laudis, timoris, injustæ misericordiæ quæritur. Item psalmo cxliii : « Quorum os locutum est vanitatem, et dextera eorum, dextera iniquitatis, » quæ potius sinistra dicenda est quam dextera, quia pro his quæ sunt dexteræ temporalia quærunt, mutantque dexteram in sinistram, existentes non ambidextri cum Aod, sed ambisinistri; ideoque nec regem Eglon pinguissimum confodere possunt (*Judic.* iii). Item tales, hoc mandatum præ avaritia nequeunt implere : « Nesciat sinistra quid faciat dextra (*Matth.* vi), » cum ea, quæ sunt dexteræ, pro sinistra et temporalibus faciunt. Item nec hoc : « Læva ejus sub capite meo, et dextera illius amplexabitur me (*Cant.* ii) : » sed, « Læva manus ejus sub capite meo, » et læva ejus amplexabitur me, qui non habent, nisi lævam, pro læva tantum operantes. Item : Tales in judicio cum hœdis fetidis collocabuntur a sinistris, non cum agnis a dextris (*Matth.* xxv) suaviter redolentibus, qui hic nonnisi sinistram quæsierunt. Item Zachariæ v : « Et dixit angelus ad me : Vide quid est hoc quod egreditur. Et dixi : Quidnam est ? Et ait : Hæc est amphora egrediens. Et dixi : Hic est oculus omnium in terra, et ecce talentum plumbi portabatur, et ecce mulier sedens in medio amphoræ. Et dixit : Hæc est impietas. Et projecit eam in medio amphoræ, et misi massam plumbeam in os ejus. » Hieronymus (Comment. in Zachariam et Nah.) : Olim sedit iniquitas super talentum plumbi, modo vero super talentum auri. Nunc impletum est poetæ illud :

Aurea nunc vere sunt sæcula, plurimus auro
Venit honos.

Auro perficitur, quidquid captatur inique,
Nemoque prætenso munere vana rogat.
(PROPERT. l. III, elegia 11.)

Item Arator (*In Acta apost.* l. 1) :
. . . . *Hæc tecum mente sagaci*
Volve, quid esse putes, rutili quod massa metalli
Ponitur ante pedes, sacris non tradita dextris,
Contemni [ed. *destitui*] *debere probant quod tan-*
[*gere vitant,*
Calcandumque docent, quod subdant gressibus aurum,
De quo terrenæ veniunt ad pectora curæ,
Consimili jactatur humo, quo sistat, avare,
61 *Mens tua, dis-e loco quod tu custodis anhelus,*
Quod statione premis, quod cernere sæpius ardes,
Ejus in amplexus per somnia cuncta recurris,
Horrescunt tractare pii, nec tunc quoque gestant
Cum bona facta parant, quantum speculantur in illo
Stare nefas, et dona gerens contemnitur aurum.

Item Claudianus (l. 1 *in Eutropium*) :

. . . . . *Propriæ solatia sorti*
Communis vult esse notas, et venditus ipse
Vendere cuncta cupit, cum tantum sæpe duorum
Diversum suspendit onus, cum pondere judex
Vergit et in geminas nutat provincia lances.

Unde Hieronymus : Judex non debet esse sicut statera, quæ modico oboli pondere inclinatur in aliam partem, et ita injusta est; sic et judex, qui respicit munus vel personam, vel aliquid præter judicium Domini, propter quod inclinatus in aliam partem, minus juste examinat. Unde Salomon : « Pondus et statera judicia Domini sunt (*Prov.* XVI). » Qui autem propter munus vel aliud hujusmodi declinat justum judicium, seu in circumstantiis ejus et appendiciis, seu in substantia sententiæ, « pondus et pondus habet in domo (*Deut.* XXV). » Unde Salomon : « Abominatio est apud Deum, pondus et pondus ; statera dolosa abominabilis est Domino. Pondus æquum voluntas ejus (*Prov.* XX). » Item Deuteronomii, cap. XXV : « Non habebis in sacculo diversa pondera, majus et minus non erit in domo tua. Abominatur enim Dominus eum qui facit hæc. » Item : « Beatus qui excutit manus suas ab omni munere (*Isai.* XXXIII). » Augustinus dicit : Pecuniæ, laudis, timoris, gratiæ privatæ, injustæ misericordiæ. Unde Dominus in Levitico (cap. 19) : « Ne consideres personam pauperis, » Augustinus addit : In judicio; quia, qui parcit saccello pauperis, misertus ejus in causa injusta, percutit cor ejus. Item, Exodi cap. XXII : « Non declinabis in judicium pauperis. » Sed hodie non oportet hoc præcipi : Contemnuntur enim modo pauperes in judicio, imo etiam a fratribus. Unde Salomon : « Fratres hominis pauperis oderunt eum (*Prov.* XIX). » Item Jeremiæ, (cap. XLVIII) : « Maledictus omnis qui facit opus Dei fraudulenter. » Gregorius pro corporalis rei præmio, vel pro laudis verbo, vel pro humani judicii gratia. Item Hieronymus : Sicut vinum abundantius sumptum, etiam subtile, hebetat ingenium ; ita et munusculum judicis judicium, ne possit cernere verum. Item : Sicut matrona quæ accepit munusculum aliunde missum, corruptionis suæ est signum, sic a judice qui accipit, munusculum scilicet, non nisi corruptum emanabit judicium. Item

A Exodi cap. XVIII : « Jethro Moysi : Quid est hoc quod facis in plebe? Cur solus sedes, » ad judicandum, « et omnis populus præstolatur de mane usque ad vesperam? Non bonam rem, inquit, facis : stulto labore consumeris tu et populus tuus tecum ; ultra vires tuas est negotium, non poteris solus sustinere. Sed audi verba mea atque consilia et Dominus erit tecum, » scilicet, si a te **62** removeris multitudinem negotiorum, ne prægraveris. Potissimum est, si tales elegeris judices, viros nobiles, potentes qui timeantur. Qui si humiles fuerint, in hoc justitiæ et Ecclesiæ melius providetur, si autem superbi et mali, oleum additur camino.

« Sapientes et timentes Deum in quibus sit veritas, et qui oderint avaritiam. Constitue ex eis tri-
B bunos, centuriones et decanos qui judicent populum omni tempore (*Exod.* XVIII) » Præcipiasque eis, dicens : « Audite illos, et quod justum est judicate, sive civis sit ille, sive peregrinus. Nulla erit distantia personarum, ita parvum audietis sicut magnum, nec accipietis personam cujusquam, quia judicium Dei est. Quod si difficilius vobis visum fuerit aliquid, in causa scilicet, referte ad me (*Deut.* 1). » sicque dimittetis populum in pace. Item Deuteronomii cap. XVI : « Judices et magistros constitues » immobiles « in omnibus portis tuis, quas Deus dederit tibi per singulas tribus tuas, ut judicent populum justo judicio, nec in alteram partem declinent. Nec accipias personam vel munera, quia
C munera excæcant oculos sapientum, et mutant verba justorum » coram hominibus. « Juste, quod justum est, exsequeris, ut vivas in æternum. » Item in Sallustio Cæsar: O vos omnes homines, qui justum judicium judicare debetis, necesse est vos ab amore privato, vel odio, timore, vel cupiditate, vel gratia singulari esse destitutos, alioquin rectum judicium de facili declinabitis. Item Tullius *De Officiis* (lib. III, ante med.) : Maxime perturbantur officia in amicitiis, quibus et non tribuere quod recte possit, et tribuere quod non sit æquum, contra officium est. Sed hujusmodi generis totius (scilicet quæ sunt tribuenda) breve et non difficile præceptum est. Quæ enim videntur utilia, honores, divitiæ, voluptates, et hujusmodi hæc amicitiæ, nunquam an-
D teponenda sunt. At neque contra rempublicam, neque contra jusjurandum, justitiam ac fidem, amici causa, vir bonus aliquid faciet, nec si judex quidem erit de ipso amico. Deponit enim personam amici cum personam induit judicis. Tantum dabit amicitiæ, ut veram amici causam esse malit, et ut exorandæ litis tempus, quoad per legem liceat, accommodet, nihilque prorsus ei tribuat, nisi quod salva fide impleri potest. In danda sententia solum Deum in mente habeat, non amicum. Nam, si omnia facienda sunt quæ amici velint, non amicitiæ tales, sed conjurationes dicendæ sunt. Ergo is sit judex et talis, qui « dicat patri, » et cuivis homini : « Nescio vos (*Deut.* XXXIII). » Item Amos, (cap. V) : « Quærite

Dominum et vivetis, ne forte comburatur ut ignis domus Joseph. Vos qui convertitis in absynthium judicium vestrum, et justitiam in terra, » et pro terra, terrenis scilicet « relinquitis. Facientem, » Deum scilicet, « Arcturum et Orionem : qui subridet vastitatem super robustum, » scilicet, fortem et magnum deprimentem populum et depopulantem, « vel depopulationem super potentem affert. » Unde : « Potentes potenter tormenta patientur (*Sap.* vi). » « Odio habuerunt in porta corripientem, et loquentem perfecte abominati sunt. Idcirco, pro eo quod diripiebatis pauperem, et praedam electam tollebatis ab eo, domos quadro lapide aedificabitis, et non habitabitis in eis. Vineas amantissimas plantabitis, et non bibetis vinum earum ; quia cognovi multa scelera vestra, et fortia peccata vestra, hostes justi, » et injusti judicii, « accipientes munus. Ideo prudens in tempore illo tacebit, quia tempus est malum (*Amos* v), » quando quis non recipit correptionem, pro quo prudens tacet, « ne sanctum det canibus (*Matth.* vii). Quaerite bonum et non malum, et Dominus erit vobiscum : Odite malum et diligite bonum et constituite in porta judicium, si forte misereatur Dominus reliquiis Joseph (*Amos* v). » Item Amos : « Vidi Dominum stantem super altare, et dixit: Percute cardinem et commoveantur superliminaria. Avaritia enim in capite omnium, et novissimum eorum in gladio interficiam. Non erit fuga eis ; fugiet et non salvabitur ex eis, qui fugerit. Si descenderint usque ad infernum, inde manus mea educet eos ; et si ascenderint usque in coelum, inde detraham eos. » Item idem cap. ii : « Haec dicit Dominus : Super tribus sceleribus Israel, et super quatuor non convertam eum pro eo quod vendiderit argento justum, et pauperem, pro calceamentis quae conterunt super pulverem terrae capita pauperum, et viam humilium declinant, et super vestimentis pignoratis accubuerunt, et vinum damnatorum biberunt. » Item idem cap. iii : « Nunquid rugiet leo in saltu nisi habuerit praedam? Nunquid dabit catulus leonis vocem de cubili suo nisi aliquid apprehenderit? Nunquid cadet avis in laqueum terrae absque aucupe? Nunquid auferetur laqueus de terra, antequam ceperit? » Item idem cap. iv : « Audite verbum hoc, vaccae pingues, quae estis in monte Samariae, quae calumniam fecistis egenis, et confringitis pauperes, quae dicitis officialibus vestris : Afferte, afferte et bibemus. Juravit Dominus, quia vos, et reliquiae vestrae in ollis ferventibus projiciemini in Armon. » Item idem cap. vi : « Vae qui opulenti estis in Sion, et confiditis in monte Samariae ; optimates capita populorum. Transite in Chalane : descendite in Geth, et videte, si latior terminus eorum termino vestro est. » Quasi diceret : Non tot facinorosa apud idololatras videbitis, quot apud vos «ingredientes pompatice domum Israel. » Verbum terribile. « Qui separati estis in diem malum, qui appropinquatis solio iniquitatis, qui dormitis in lectis eburneis, et la-

scivitis in stratis vestris, comedentes agnum de grege, et vitulos de medio armenti ; qui canitis ad vocem psalterii : sicut David putaverunt se habere vasa cantici, bibentes in phialis vinum, et optimo unguento delibuti, et nihil compatiebantur super contritionem Joseph (*Amos* vi). » Haec dicit Dominus: « Quin in capite transmigrantium migrabitis (*Joel.* iii). » Item Joel cap. ii° : « Disceptabo cum eis in judicio, qui posuerunt puerum in prostibulo, et puellam vendiderunt pro vino, ut biberent, » demolientes scilicet et corrumpentes pro munere animas effeminatas, teneras et puerilles, quas vendunt in servitutem diaboli. Item Oseae (cap. iv):«Non est veritas in terra, non misericordia, non scientia, sed maledictum, mendacium, furtum et homicidium inundaverunt, oblita legis Domini Dei sui; et ego obliviscar eorum, et filiorum eorum : Gloriam eorum in ignominiam commutabo. Peccata populi mei comederent, » non dico comedentes tantum oblata pro peccatis, vel ea absorbentes et destruentes per orationem, doctrinam et confessionem (quod bonum esset), sed justificantes impium pro muneribus, et pium condemnantes. Item idem (cap. v) : « Audite hoc, sacerdotes, et attendite, domus Israel, et domus regis auscultate, quia vobiscum judicium est, quoniam laqueus facti estis speculationi et rete expansum super Thabor, » ad capiendas aves, « et utinam aviculas tantum. Item Amos (cap. vi) : « Vae vobis, qui convertitis in amaritudinem judicium et fructum justitiae in absynthium ; qui laetamini in nihilo. » Nihilum est acceptio personarum, timor, remissa misericordia, corruptio per munus, saccellum paupertatis, et hujusmodi. « Qui dicitis : Nunquid non in fortitudine nostra assumpsimus nobis cornua (*Michae* vi), » praelationis et dominationis? « Sed nemo sibi assumit honorem, » etc. (*Hebr.* v.) Item Oseae (cap. iv) : « Si fornicaris tu, Israel, non delinques saltem Juda ; et nolite ingredi in Galgala, » scilicet volutaborum vitiorum, « et ne ascenderitis in Bethaven (*ibid.*), » scilicet in montem superbiae, «post Ephraim. » Quoniam, «calumniam patiens Ephraim, fractus judicio, coepit abire post sordes. » Item Malachiae (cap. i) : « O sacerdotes, qui despicitis nomen meum, qui offertis super altare meum panem pollutum, et dicitis : Mensa Domini despecta est : Si offeratis caecum vel claudum, nonne malum illud est? Offer illud duci, si placuerit ei. » Et infra : « Quis est in vobis, qui claudat ostia, et incendat altare meum gratuito ? Non est mihi voluntas in his, ideo nec munus suscipiam de manu vestra. Nomen meum polluistis, mensam meam contaminastis, dicentes : Ecce de labore ; et intulistis de rapinis claudum et languidum, et intulistis munus (*ibid.*), » sed ego exsufflavi illud et contempsi. Item idem cap. ii : « O sacerdotes, si non apponatis cor, ut detis gloriam nomini meo, mittam in vos egestatem, et maledicam benedictionibus vestris ; projiciam vobis brachia » et armum dextrum, « et dispergam super vultum vestrum stercus solemnitatum vestrarum. Pactum meum fuit cum Levi, et illud servavit, » et ita primitiva Ecclesia, præceptum et Evangelium Domini, et cætera quæ sequuntur induci possunt ad commendationem Ecclesiæ primitivæ, et blasphemiam modernæ. « Et operiebatis » ita « altare Domini lacrymis et fletu; non accipiam placabile quid de manu vestra (*ibid*.). » Item Michææ (cap. II): « Væ qui cogitatis inutile, et operamini malum in cubilibus vestris; in luce matutina faciunt illud, quoniam contra Deum est manus eorum. Concupierunt agros, et violenter tulerunt, et domos rapuerunt, et calumniabantur virum et domum ejus, virum et hæreditatem ejus. » Item idem : « Nonne verba mea bona sunt cum eo qui recte graditur? e contrario, populus meus in adversarium consurrexit, et desuper tunicam, pauperum pallium sustulistis, eos qui transibant simpliciter convertistis in bellum. Mulieres populi mei ejecistis de domo deliciarum suarum, a parvulis earum tulistis laudem meam in perpetuum. » Item (cap. III) : « Audite, principes Jacob, et duces domus Israel. Nunquid non vestrum est scire judicium, qui odio habetis bonum et diligitis malum, qui violenter tollitis pelles eorum desuper eos, et carnem eorum desuper ossibus eorum, qui comedunt diem populi mei, et pellem eorum desuper excoriaverunt, et ossa eorum confregerunt, et conciderunt sicut in lebete, quasi carnem in medio ollæ, nequiter agentes in adinventionibus **65** suis. » Item idem : « Hæc dicit Dominus : Super prophetas qui seducunt populum meum, qui mordent dentibus suis, et prædicant pacem; et si quis non dederit in ore eorum quidpiam, sanctificant super eum prælium, quibus erit nox pro visione, et tenebræ pro divinatione, quia non est responsum Dei in illis (*Mich*. III). » Item idem : « Audite hoc, principes domus Jacob, et judices domus Israel, qui abominamini judicium, et omnia recta pervertitis : Quia ædificatis Sion in sanguinibus, et Jerusalem in iniquitate. Principes ejus in muneribus judicabant, et sacerdotes ejus in mercede docebant, et prophetæ ejus in pecunia divinabant, et super Dominum requiescebant, dicentes : Nunquid non Dominus in medio nostrum? Non venient super nos mala (*ibid*.). » Item cap. VI : « Audite, tribus : Et quis approbabit illud? » Quasi : Quis erit auctor horum verborum? supple Deus. « Adhuc ignis in domo impii, et thesauri iniquitatis et mensura minor iræ plena. Nunquid justificabo stateram impiam; et saccelli pondera dolosa, in quibus divites ejus repleti sunt iniquitate, et habitantes in ea loquebantur mendacium et lingua eorum fraudulenta in ore eorum? » Item c. VII : « Periit sanctus de terra, et rectus cum hominibus non est. Omnes in sanguine insidiantur, vir fratrem suum venatur ad mortem. Malum manuum suarum dicunt bonum; princeps postulat, et judex in reddendo est, et magnus locutus est desiderium animæ suæ. » Item Epistola ad Hebræos, cap. X; Amos cap. VIII, Malachias cap. II; Epistola ad Laodicenses, cap. I.

CAPUT XXIV.

Contra clericos superfluis utentes et se excusantes per hoc, quod psallant in ecclesia.

De corruptione et avaritia judicum hucusque. Hinc prosequamur, verum utinam persequamur prælatorum fuscinulas, ostia, et mille alia fraudis commenta; quibus loculos pauperum exhauriunt, facti piscatores pecuniarum, non animarum. De fuscinulis his et tridentibus, legitur I Reg., cap. II, de filiis Heli qui fuscinulas et uncinos mittebant in lebetes, caldaria, et cacabum; et omne quod levabat fuscinula, tollebat sacerdos sibi; cujus puer dicebat immolanti : « Da mihi carnem, ut coquam sacerdoti. Cui immolans ait, Incendatur primum juxta morem hodie adeps, et deinde tolle tibi quantumcunque desiderat anima tua. Qui respondens aiebat ei, Nequaquam, nunc enim dabis, alioquin tollam vi. » In quo percutiuntur prælati qui, stipendiis suis non contenti, per fuscinulas et officiales suos, retia sua in capturam pecuniarum laxant, mittentes rete in altum (*Luc*. V), id est in profundum pecuniæ, dicentes fuscinulis : « Exinanite, exinanite usque ad fundamentum loculorum (*Psal*. CXXXVI). » Horum autem officialium tria sunt genera. Confessor, cui episcopus vices suas in spiritualibus, **66** in audiendis confessionibus et curandis animabus committit. Quæstor palatii sui, decanus, archipresbyter, et hujusmodi, qui incrementis et profectibus causarum et negotiorum episcopi per fas et nefas invigilant. Præpositus ruralis primus, licet Deo dignior, episcopo tamen est vilior. Cum isto ei est rarus sermo, rara consultatio super reddenda ratione villicationis suæ, super regimine animarum, in quo patet quantum amabat eas, et Redemptorem et summum pastorem earum. Cum tortore autem et præposito frequens ei est sermo, ratiocinatio et consultatio. In quo patet quantum dilexerit pecuniam. Sed et, quod detestabilius est, primum mittit ad officii sui exsecutionem, sine magna fidelitatis ejus examinatione præhabita, sine sacramento jurisjurandi de fidelitate ei servanda in regimine animarum interposito. Secundum autem et tertium discutit usque ad unguem : si bene noverint bursas pauperum emungere, et cum asportato lucro ad dominos suos redire, quibus tutelam pecuniæ sine juramento interposito non committit, ut discant ei esse fideles in studio et lucro, pecuniæ, rapinæ, et, quod mirabilius est et exsecrabilius, illis quæsturam, torturam, et exactionem, et prælaturam vendit, ad pretium certum committit. Qui ne damnum et detrimentum propriæ pecuniæ incurrant, per omne nefas exactionum, calumniarum, rapinarum, « laxant retia sua in capturam (*Luc*. V) pecuniarum, prædones effecti potius quam officiales. Horum autem duorum, scilicet questoris et præpositi, violentior est quæstor. Præpositus enim sæpius pœna certa et definita reum punit : quæstor vero, incerta et voluntaria, pro modica culpa maximam pœnam infligens. Cujus judicium et laquei solo auditu timentur : quippe immisericors apparet in omnibus viis suis. Et quia licet nobis undecunque proficere et doceri, tales sugillamus hoc exemplo. Quidam clericus, cum ad aleam omnia quæ habuit, præter quinque solidos, amisisset, cœpit se devotare, Deumque blasphemare, et promittere hos quinque solidos homini, qui eum doceret, quomodo magis Deum offenderet. Aderat qui hoc doceret, sub testimonio omnium ejus doctrinam confirmante et approbante, dicens : Si Deum super omnem peccatorem volueris offendere, fias officialis, vel quæstor palatii episcopi. Item : Ministri et officiales prælatorum ostiola sunt abscondita, sub mensa Belis, subterranea per quæ furtim ingrediebantur sacerdotes ejus, ut asportarent et devorarent posita a rege super mensam : « Quos occidit rex Cyrus eorum fraudem comperiens, tradiditque Bel in potestatem Danielis, qui statim subvertit eum, et templum ejus (*Dan.* xiv). » Ista ostiola abscondita, jam versa sunt in januas et fores patentes. Cum enim tunc bona pauperum et divitum clanculo subriperentur, nunc publice, et coram omnibus rapiuntur per commenta infinita, fraudes et novitates eorum extorquendi pecuniam inventas, locoque juris et consuetudinis jam habitas. Propter hæc ostiola, officiales, scilicet prælatorum et ministros principum, ait Dominus per Joannem Baptistam **67** militibus et ministris principum : « Neminem concusseritis (*Luc.* iii). » Augustinus (serm. 19, *De verbis Domini*) : Crimen concussionis est, cum per metum aut violentiam ab officialibus exigitur et extorquetur pecunia a subditis. Hujus criminis pœna, secundum jus statuta est in quadruplum, quæ utinam hodie in duplum statueretur. Item Hieronymus : Ob hoc militibus et ministris statuta sunt certa stipendia, ne dum sumptus quæritur, prædo grasseur. Item : Propter hoc ait Dominus apostolis et ministris Ecclesiæ : « Elegi vos, ut eatis, » sine mora, et non « ut edatis, sed fructum afferatis (*Joan.* xv), » non rapinam, non lucrum temporale, sed pacatissimum. Unde sequitur : « Et fructus vester maneat (*ibid.*). » Sed nonne « dignus est operarius mercede sua ? » (*Luc.* x.) Ita quidem; sed eo tantum quem definit Dominus : « Edentes et bibentes quæ apud illos sunt (*ibid.*), » non quæ apud illos non sunt. Non ut in deliciis et ferculis exquisitis, cum singulis per singulos dies per vicarium suum sumant. Item : Cum anathemata Veteris Testamenti exsecrarentur, et ab omnibus usibus separarentur, ut anathema Jerichontinum de quo legitur in Josue vi capite; anathemata Novi Testamenti hodie consecrantur et laxantur in capturam pecuniæ; sed et hodie excommunicatur ut pecunia extorqueatur. Quod Dominus detestans, ait ad Josue propter Achan : Pollutus est populus anathemate. « Tulerunt enim de anathemate, et furati sunt atque mentiti, et absconderunt inter vasa sua (*Josue* vii). » Unde « nec poterit Israel stare ante hostes suos, sed fugiet eos, donec deleatur ex te, qui contaminatus est hoc scelere (*ibid.*). » Inventus est autem Achan reus pro paucolis quibusdam rebus asportatis : « Ad vocem Josue lapidatus est ab omni populo, cunctaque quæ illius erant cum anathemate consumpta sunt (*ibid.*). » Item et quod exsecrabilius est, hodie excommunicatus non absolvitur, nisi prius præstito sacramento, quod ad judicium prælati stabit satisfacturus de contumacia et transgressione. Qui absolutus statim condemnatur in pœnam pecuniariam ad usus proprios; cum pactio pecuniæ, sive in absolutione, sive ante, vel pro absolutione facta, pariat Simoniam. Absolutio enim est spirituale pertinens ad potestatem clavium. Si autem ei adjudicaret, ut anathema suum pauperibus erogaret, hoc quidem tolerabile et bonum esset. Si objiciant non esse Simoniam, quia sic punire excommunicatos a sæculari potestate eis datum est; hoc quidem verum est quoad pœnæ illationem, non autem quoad absolutionem. Illa enim a Deo est. Sed nec infertur pœna a principe tali, nisi separato ab Ecclesia per annum et diem. Quare ergo et ipsi hoc spatium anticipant; imo etiam suspensionem modicam in pœnam pecuniariam convertunt? Item : Cum præsidi provinciæ secundum leges inhibeatur, præter procurationem necessariam, a comprovincialibus, exenia et munuscula, quæ usque ad quantitatem muneris excrescunt, accipere; quanto magis hoc inhibendum esset ministris Ecclesiæ? sed et aliquis præfectus communiæ alicui finita administratione ejus, nonne cogitur ad restitutionem illius, quod male in administratione accepit secundum leges sæculares? Quanto magis in administratione ecclesiastica hoc est observandum, **68** quæ hodie venalis proponitur, et in rapinam commutatur? Item : Cum in crimine injuriarum. transactio partium et indulgentia a parte adversa concessa, apud forensem judicem, et litem sopiant, et omnem pecuniam tollant ; quomodo immitius agitur apud ecclesiasticum; sed et solus metus archidiaconi hodie exsufflat ab Ecclesia transactionem, nisi præuncta manu, et etiam indulgentiam et remissionem injuriarum, ad quam tenemur ex præcepto Domini dicentis : « Dimitte, et dimittetur vobis (*Luc.* vi). » Item : Ut exsecrabile exemplum de hujusmodi ostiolis ponamus. Quidam pro causa pecuniaria subire debuit judicium aquæ. Aqua benedicta, eoque spoliato, ligato et sedente super tabulam cuppæ, ut demitteretur in aquam, cum remitteret ei adversarius omnem injuriam et querelam, adfuit quæstor palatii postulans ab eo (nec commoto [*f.* commonito], nec confesso) novem libras et dimidiam ad jus principis pertinentes. Quas dare renuens, diu litigatum est inter eos de summa pecuniæ majore solvenda vel minore. Advertens autem se non libere abire posse, ait : Pecuniam tibi nec modicam dabo, sed judicium experiar, et justus inventus, dabo pauperibus quinquaginta solidos in pastum. Qui subiit itaque judicium, et mundus inventus est.

A quo, cum a sacerdote quinque solidi pro benedictione aquæ exigerentur, irrisus est ab omnibus, simulque quæstor palatii. Item Hieronymus: Adeo invasit pestis avaritiæ Ecclesiam, quod timendum est ne de ea possit dici : « A planta pedis usque ad verticem (*Isa.* 1) » capitis, hoc est a minimo usque ad maximum, a cupiditate, « non est in ea sanitas. » Item : Quod supra scelus sacerdotum Baal est (*III Reg.* xviii), hodie etiam a minoribus sacerdotibus juratur prælato, quod omnes causas, ex quibus potest extorqueri pecunia, referent ad ipsum, et quod nullam subticebunt, etiam cum possent per se pacem de facili inter partes componere. Sicque citati aliqui (infra cap. 52), si supersederint citationi, ut contumaces excommunicantur, si adfuerint se purgaturi, incurrunt perjurium. Sed estne tale juramentum sacerdotum licitum et discretum? Videtur, cum hoc Ecclesia pro majori parte sustineat, et cum administratio eorum pendeat de superiore prælato, et ita hujusmodi causæ ad illum potius videntur spectare. Papa tamen Alexander in decretali quadam scripsit tale juramentum esse indiscretum et illicitum. Item : Ad hæc ostiola occasionaliter pertinent canones quidam prohibentes aliquos in secundo vel in tertio genere affinitatis conjungi, conjunctos tamen non separari concedunt. Quibus abutentes, quasi fuscinulis et tridente in capturam pecuniæ, prohibito nostro, quos volumus conjungimus, et quando volumus eos separamus. Quod si in metis et terminis positis a Domino subsisteremus, non sic contra sacramentum matrimonii ad voluntatem nostram dispensaremus. Item : Ad hoc facit illud decretum biceps, ex utraque parte secans, quod est hujusmodi : Ne quis ducat uxorem sui compatris, vel commatris suæ, nec prohibeo, nec concedo. Item : Hæc ostiola sunt merguli, quos beatus Martinus circa finem vitæ suæ videns in flumine assiduis capturis piscium **69** intendentes, et inhiantes ait : Forma, inquit, hæc dæmonum est. Quibus præcepit, ut avolarent a flumine. Item : Hi sunt « muscæ perdentes suavitatem orationis (*Eccle.* x) » et pacis ecclesiasticæ, quas utinam Abraham abegisset flabello a sacrificiis (*Genes.* xv); sed nunc creverunt usque ad corvos, et allecti cadaveribus non redeunt ad arcam(*Genes.* viii). Item : Hi sunt accipitres et quæcunque aves rapaces, quarum omnium caro prohibetur in lege (*Lev.* xi). Accipiter enim dicitur ab accipiendo, id est rapiendo. Sic enim verbum accipitur ibi : « Non accipies in pignus aliam molam, nec vestimentum viduæ (*Deut.* xxiv), » id est non rapies. Et in Apostolo « Sustinetis, si quis devorat, si quis accipit (*II Cor.* xi), » id est rapit. Item : Adeo viri ecclesiastici hodie student avaritiæ, quod non est Domini de illis dicere : « Funes ceciderunt mihi in præclaris (*Psal.* xv), » sed in rapinis, fuscinulis et funibus peccatorum; qui pejores sunt furibus. Fures enim rapiunt et durantur sibi; isti vero, non sibi, sed lenones sunt et bajuli alienæ pecuniæ et aliis abigentes feras et pecora in retia aliorum. Item : Hi sunt canes immundi, de quibus David ait in psal. lviii : « Ipsi disperguntur ad manducandum, » et devorandum : « si vero non fuerint saturati et murmurabunt, » accusabunt, extorquebunt et rapient. Item : Quam detestabile est, quod sputa, flagella, lanceam, et clavos, et crucem Christi convertimus, conflamus in fornace avaritiæ, in laqueos et retia pecuniæ! Item : « Si seminaverimus vobis spiritualia, magnum est si carnalia vestra metamus? » (*I Cor.* ix) quasi hæc seminatio illam messionem exigit sibi debitam. Quod si non seminaveris et acceperis debitum, etiam illud jam non accipis, sed rapis, et in sacrilegium debitum convertis. Si enim non seminaveris, quomodo accipies ? « In ratione dati et accepti (*Phil.* iv) » consistit pax Ecclesiæ. Das spiritualia, et accipis temporalia. Ab hoc debito etiam Apostolus, cum posset accepisse, abstinuit, propter pseudo repellendos, propter curiosos amovendos, propter avaritiam subditorum, ne ab avaris et incorrectis, vel incorrigibilibus aliquid acciperet, et ne impunitatem peccandi, si acciperet, sibi emptam putarent.

Sed quare hodie nonnisi ab incorreptis et malis accipitur, a bonis nil nisi per calumniam? Item : « Dignus est operarius mercede sua (*Luc.* x), » quod si « non operatur nec laborat, nec etiam manducet (*II Thess.* iii); » si vero operatur « dignus est cibo suo (*Matth.* x). » id est sibi debito et necessario, non superfluo et lautitia et multitudine ferculorum. Suo etiam, id est suæ personæ et familiæ sibi necessariæ pro modulo personæ et administrationis sibi debita, non sequelæ garcionum, in quibus imminet calamitas et destructio, tum pauperis cœnobii, tum pauperis sacerdotis. Item : Ad hoc valet exemplum, quod apostoli, cum prædicarent, videntes aliquos spiritualia et correptionem nolle accipere, « excutiebant pulverem de pedibus suis, in testimonium illis (*Marc.* vi). »Quasi dicerent : Excussimus manus nostras, et pulverem pedum e manibus vestris, quasi nec etiam modicum aliquid et comparabile pulviculo, a vobis incorrigibilibus accipiemus. Item : « Non alligabis, » vel infrenabis, « os bovi trituranti (*I Cor.* ix), » prædicatori scilicet, terram Ecclesiæ vomere prædicationis excolenti, legem Dei ruminanti, in area **70** Ecclesiæ, separatione palearum a granis, triturantis; quia tali debetur pabulum. Sed utinam Deus infrenaret ora prædicatorum modernorum, non dico ut non comederent, sed ut non raperent et devorarent. Item prædicatoro Evangelium, cum supponitur Evangelio pulvinar, quasi diceret : « Læva ejus sub capite meo, etc. (*Cant.* ii), » prædicanti hæc omnia adjicientur. Quare ergo pulvinar supponitur Evangelio ? quare hæc accipis, imo rapis, cum non annunties ? Item : Officiales prælatorum non solum sunt sanguisugæ illorum, qui intumescunt ut detumescant, sed et colatoria illis lac rapinæ colantes, sibique sordes peccati retinentes. Item : Ad hoc valet illud exemplum prælati, qui per ora omnium subministrorum suorum confessus est. Singulis enim singulas calumnias, rapinas, et alia peccata confitentibus, inquit : Omnium istorum reus sum. Ergo tales longa et multa manu peccant.

An nescis longas regibus esse manus?
(Ovid. xvi *Heroidum*.)

Reges dico Ecclesiæ prælatos. Unde : « Et nunc, reges, intelligite (*Psal.* ii). » Item psalmo LXI : « Nolite sperare in iniquitate, et rapinas nolite concupiscere ; divitiæ si affluant, nolite cor apponere. » Item Augustinus : Idem accidit in mure, et in latrone, et in raptore. Prædaris? et præda efficieris. Tenes? et teneberis. Rapis? et rapieris in muscipula. Sicut mus ad escam concupiscit rapinam, qui eam a raptoribus accipit. Item Job cap. xxxi : « Si adversum me terra mea clamat, » etc.

CAPUT XXV.
Contra Simoniam existentem circa exercitium ecclesiasticorum officiorum, seu quorumlibet spiritualium, quæ ne pro temporalibus fiant, prohibetur.

Justitia et administratio reipublicæ non tantum in diffinitione causarum consistit, verum etiam in celebratione et collatione sacramentorum et exercitio ecclesiasticorum officiorum, seu quorumlibet spiritualium. Quæ ne pro temporalibus fiant, prohibet sacra Scriptura, avaritiam sic illicite accipientium, justitiamque et Deum, cum Juda, vendentium, in pluribus locis suggillans. Primo in Evangelio sic : « Spiritus est Deus, et eos qui adorant eum in spiritu et veritate (*Joan.* IV), » id est pro spiritualibus et veris bonis oportet adorare, ut adoratio spiritualium omnium exsecutionem complectatur. Non ait : Pro temporalibus, sed pro æternis. Alioquin, nisi, « oculus tuus fuerit simplex, totum corpus tuum tenebrosum erit (*Luc.* XI). » Item Tullius in *Officiis* (lib. II post medium) : Nullum vitium tetrius est avaritia in principibus et rempublicam gubernantibus. Habere enim quæstui rempublicam, non modo turpe est, sed sceleratum, nefarium, et sacrilegum. Itaque quod Apollo Pythius oraculum edidit, Spartam, nulla re alia, **71** nisi avaritia, esse perituram ; id videtur non solum Lacedæmoniis, sed etiam omnibus opulentis populis prædixisse. Nulla enim re facilius conciliare benevolentiam multitudinis possunt ii qui reipublicæ præsunt, quam abstinentia et continentia.

Qui vero populares esse volunt, et administrationem reipublicæ attentant, ut quæstui et gloriæ studeant, fundamenta reipublicæ labefactant. Item idem : Ex eodem utero naturæ nati sunt continentia, et abstinentia, et caro. (Cato) : Quanto magis ex eodem utero gratiæ et evangelicæ doctrinæ nasci deberent continentia et abstinentia, et populus Christianus? Item Apostolus : « Quæ sursum sunt quærite, non quæ super terram (*Coloss.* III), » nec pro terrenis. Item Dominus : « Primum » et potissime, « quærite regnum Dei, et hæc omnia adjicientur vobis (*Matth.* VI). » Non ait : Quærite hæc, et quærite illa, sed hoc præcipue, « et illa adjicientur vobis. » Item : « Læva ejus sub capite meo, » non super, « et dextera illius amplexabitur me (*Cant.* II). » Dextera est beatitudo æterna, et omnia quæ viam et iter præparant ad ipsam, quasi, læva pro dextera fiat, non dextera pro læva. Unde : « Nesciat sinistra tua quid faciat dextera tua (*Matth.* VI). » Inde est etiam quod differentia constituitur inter Vetus et Novum Testamentum, quia hoc æterna ; illud, temporalia promisit. Hujus etiam lectio in fine, in signum hujus rei, acuitur, illius vero lectio deprimitur. Item : « Ob hoc sandalia apostolorum et episcoporum, inferius soleas habent, superius aperturas : quasi dicatur : Prædicatio, et quodcunque spirituale ei annexum, nunquam tangat et respiciat terrenum emolumentum, nec abscondatur sub terra in vase mundani timoris, sed solum cœlestia consideret liberè, et sine spe cujuscunque terreni commodi. Item : Ob hoc thuribulum in fundo soliditatem habet, in superiori vero parte foramina et aperturas, scilicet, ut fumus orationis ascendat, non descendat respiciens aliquod terrenum commodum. Quod si respexerit, invertuntur sandalia et thuribulum. Et nota quod triplici ex causa fiunt spiritualia. Causa propter quam, quæ debet esse solus Deus, et causa sine qua non possent fieri, et causa sine qua non fierent. Si spirituale fit ob temporale tantum, et non propter Deum, istud exsecrabile est et diabolicum. Si vero causa Dei, et causa terreni emolumenti, sine qua non fierent, cum possint, jam causa sine qua vertitur in causam propter quam. « Pallium enim meum breve est, etc. (*Isai.* XXVIII.) » — « Et stratum meum angustum est, etc. (*Ibid.*) » — « Non potestis Deo servire et mammonæ (*Matth.* VI). » — « Quousque claudicatis in duas partes? (III *Reg.* XVIII.) » Non potestis « ingredi terram duabus viis (*Eccli.* II). » Tertiam vero causam necessitas humanæ fragilitatis excusat. « Dignus est enim operarius cibo suo (*Matth.* X). » Item Apostolus Epistola II ad Corinth. IV : « Non adulterantes verbum Dei. » Augustinus : Pro quæstu, ut pseudo vel vana gloria prædicantes, « sed ex simplicitate et ex Deo, » causa Dei tantum, « et coram Deo loquimur (II *Cor.* II) » et operamur, ut in verbo, quodlibet opus bonum et spirituale intelligatur. Item : Duo fines sunt, inter quos debet concludi omne opus, timor pœnæ (Nec omnino finis indebitus, quia a peccato excusat et elongat ; nec omnino debitus, **72** quia non immerito consummat) et amor Dei, scilicet oculus dexter. Sinister ad supplicium, oculus dexter ad diligendum Deum. Ubi est ergo tertius ad diligendum nummum, cujus causa operaris? Item, hi sunt fines, duæ molæ, de quibus Dominus in Deuteronomio cap. XXIV : « Non accipies loco pignoris » alterutram molam, scilicet molam timoris, sed maxime molam amoris Dei a quocunque opere tuo non auferas. Cum ergo prima non sit meritoria sine secunda, imo sine ea quodammodo esse prohibetur, multo magis prohibita est tertia mola concupiscentiæ, vel quarta variæ gloriæ ab omni opere, ut nec tertia alterutri duarum admisceatur. Quemadmodum enim mens divisa non impetrat; ita nec opus sic divisum, in quo non est divisio sub Deo, nec propter Deum, sed contra Deum; ita ut jam non sit divisio et participatio, sed toticipatio illius operis a diabolo. Sed cum opus dexteræ operatum causa vel amore pecuniæ acquirendæ, vel novæ recipiendæ, pariat Simoniam : nunquid etsi causa et timore habitæ jam perdendæ, vel recipiendæ fiat, erit Simoniacum? Constat quod minus malum. Item : legitur (*Exod.* II) quod Amram vir de domo Levi genuit filium Moysen de uxore sua, et videns eum elegantem abscondit tribus mensibus. Et tu ergo absconde opera tua a cupiditate et vana gloria, ne rapiantur ab Ægyptiis et submergantur, et ne, facta muliebria admistione sinistræ, reserventur ad opus diaboli. Item : « Intra cubiculum tuum, et clauso ostio, » a cupiditate et vana gloria, « ora, » bene operando, « Patrem tuum (*Matth.* VI). » Item : Cum duplex legatur invitatorium, Psalmus et classicum, tertium in Ecclesia efficacius cæteris invenitur donarium. Item : Dominus præcipit pascha celebrari « in azymis sinceritatis et veritatis (*I Cor.* V). » Augustinus : Sine omni corruptione vitiorum, in veritate bonorum operum, quæ sunt dextræ. Cui si admisceatur sinistra, jam in fermento veteri celebratur pascha. Pascha celebrat sacerdos, quoties ad altare accedit, ut Agnum paschalem immolet. Item : « Ideo dilexi mandata tua super aurum et topazion (*Psal.* CXVIII). » Augustinus (in hunc psal., vers 1) : Non propter aurum et topazion, vel aliquod temporale, ut Judæus alliciendus temporalibus : quo minor est Chrisistianus, si spiritualia egerit pro temporalibus, qui super ea, non propter ea tenetur diligere mandata Dei. Cujus vita debet esse crux et martyrium, ut illud hic attendat : « Plorabitis et flebitis vos (*Joan.* XVI), » non consolationem terrenam, ut exspectet in futuro sibi conferendam beatitudinem æternam. Item Augustinus (*Enchiridii* c. 66 et l. II *De peccat. merit. et remiss.* c. 34) : Ideo noluit Dominus per baptismum amoveri pœnam sicut et culpam, ne delicate in Deum crederetur, potius, scilicet, intuitu amotionis pœnæ, quam amore fidei et justitiæ.

CAPUT XXVI.
Contra quæritantes temporale commodum in spiritualibus.

A simili dico temporalia non esse ponenda allectoria in spiritualibus ut vel fiant, vel promptius et citius fiant, ne amore pecuniæ potius quam zelo justitiæ, curratur ad ea; et ad vocem jucundam promittentem temporalia, melius quam loquentem, secundum horum opinionem, sanguinem Christi (*Jerem.* XII, XXIV). Item Psalmo CXXXIV : « Confitemini Domino quoniam bonus » : Augustinus : Hæc est primaria causa confessionis. « Quoniam in sæculum misericordia ejus, » hæc est secundaria. Mercenarius enim est, qui Deum ob aliud quam propter seipsum laudat. Item : « Confitebitur tibi cum benefeceris ei (*Psal.* XLVIII). » Gregorius : Apud Deum despecta est hostia confessionis, quam facit prosperitas temporalis... Hieronymus : Sic confitens ore, cordis manducat iniquitatem, quam in suppliciis inferni digeret. Item Dominus in Evangelio : « Quæritis me, non propter me, sed quia saturavi vos panibus (*Joan.* VI). » Item : « Reges gentium dominantur eorum, et qui potestatem habent super vos benefici vocantur (*Luc.* XXII), » propter beneficia ab eis sibi collata. « Vos autem non sic. Hoc enim faciunt et ethnici et publicani (*Matth.* V). » Item : Ad hoc detestandum valet exemplum clericorum in alea ludentium, ad vesperas confugientium inordinate et indecenter, cum audirent nummos vespertinos vesperis decantandis adfore, et prius in ecclesia eos distribuendos esse. Item : Exemplum prælati petentis in ecclesia a choro festum S. Stephani duplex fieri in sericis et canticis ecclesiasticis, sed non impetrantis, nisi cum pastum et refectionem annuam clericis promitteret, insuper nummos matutinales illius noctis duplicandos; ut sic celebrarent potius festum nummi duplicati, quam festum S. Stephani. Item : Exemplum ploratorum et ploratricum Longobardorum, in exsequiis mortuorum ad flendum et plangendum solo pretio conductorum. Quibus sunt similes quidam in ecclesia psallentes et pro pretio cantantes, quorum quivis :

O nummi, nummi, vobis hunc præstat honorem.
(JUVEN., sat. 5.)

Fratres, imo quibus pecunia disciplina est, nummus decanus, et etiam deus. Qui idololatræ sunt, nummum potius adorantes quam Deum : non alias Deo cantaturi nisi propter nummum. Item Apostolus I Epist. ad Thess. cap. V : « Omnia probate, quod bonum est tenete : ab omni specie mala abstinete vos : » Augustinus : Non tantum illicitorum in se, sed etiam, si quæ illorum, quæ licet fieri et non fieri, minus intelligentibus mala videntur, ab his quoque abstinete vos « providentes bona, non tantum coram Deo, sed etiam coram hominibus (*Rom.* XII). » Turpis autem species est et mala, quia scandalizat proximum per sinistram, alliciens quempiam per dexteram. Si objicis quod bona species est ideo, quod plures et frequentes sic psallunt et canant, Deoque serviunt in ecclesia, audi Augustinum hoc improbantem, ut ait : Melius est penitus spiritualia omitti, quam impure et non sincere fieri, tractari, vel tangi. In ecclesiasticis officiis agendis, Dominus non frequentiam multorum probat, sed devotionem animorum. Item : Pulsante ultima campana horæ nummariæ in quadam ecclesia, repaguloque posito in portula chori paranda, cucurrerunt clerici tanquam ad solemnitatem, et tanquam vetulæ ad unctum : quidam se incurvantes, quidam super repagulum saltantes, ut intrarent : quidam autem per majorem portam intrantes inordinate, cum per eam non liceret ingredi nisi personis Ecclesiæ. Ob hanc etiam turpitudinem vilis quæstus, dictum est a quodam laico, et supplicatum cuidam clerico, ne propter dedecus horæ illi interesset. Sed quid ageret? Si chorum intraret, cupiditate tangi notaretur a laicis; si non, superbia a clericis. Item : Quidam præbendarius in duabus ecclesiis vicinis, nocturnis horis adfuit in una, diurnis in alia, et ita Oliverio currente, et sibi utrinque respondente, festinanter ditabatur. Item : Quidam constitutus certus pensionarius super hujuscemodi mercimonium distribuendum, cum videret multitudinem clericorum horis interesse, murmuravit et doluit, clericosque increpare cœpit, eo quod assidui interessent horis et multi. Item : Quid vilius quam duas horas in ecclesia quadam (quia ad illas decantandas non est constituta certa pecunia) a laicis dici horas Domini, cæteras denarii, imo diaboli? imo, ad has horas decantandas, et horas etiam beatæ Virginis non adsunt clerici, sed præsentes in aliis, ab his fugiunt, ut nullum opus sibi vindicet in Ecclesia Spiritus sanctus, cum nihil gratis in ea fiat, sed omne sibi vindicet nummus. Et in summa : Sicut ante hoc miserum mercimonium constitutum, decus et laudabile fuit chorum intrare, ecclesiastica officia celebrare, in his assiduum esse : ita nunc dedecus et illaudabile, cum in istorum assiduitate reputemur esse cupidi magis quam devoti : et ita nunc :

Nobilis Ecclesiæ quondam venerabile nomen,
Prostat, et in quæstu pro meretrice sedet.

CAPUT XXVII.

Contra Simoniam existentem in substantiis sacramentorum, præcipue eucharistiæ.

Si venalitas, lepraque Giezi et simonia Simonis adeo turpis est et damnabilis in appendiciis sacramentorum, ut supra innotuit, quanto magis et in ipsis substantiis sacramentorum, præcipue in eucharistia? Totus enim 75 Christus ibi sumitur, fons et origo omnium gratiarum, cum aliis sacramentis gratiæ distribuantur.

Pro nulla turpitudine et enormitate peccati Dominus legitur ita iratus esse et inarsisse, sicut pro venalitate columbæ, maxime eucharistiæ. Ob hanc enim pestem purgandam, et ejiciendam de Ecclesia, legitur Dominus ardore Spiritus concitatus, ad horam innatam sibi et ineffabilem mansuetudinem et patientiam (quam tamen exuere non potuit, « quia multum misericors est [*Joel*. II], » etc.) quasi deponens, « cum flagello facto de funiculis, vendentes et ementes oves et columbas in templo, ejecisse de eo, et mensas nummulariorum evertisse (*Joan*. II ; *Matth*. XXI). » Altaria Dei sic vocat propter avaritiam sacerdotum. Item : Zelo domus Dei accensus, de quo legitur : « Zelus domus tuæ comedit me (*Psal*. LXVIII), » dicit eis : « Domus mea, domus orationis vocabitur, vos autem fecistis illam speluncam latronum (*Matth*. XXI). » In spelunca et rapitur, et dividitur præda rapta. Latro autem est, qui pro spiritualibus Ecclesiæ sectatur lucra temporalia, qui et non dantes, nihilque offerentes prosequitur corporaliter, tentans quomodo ab eis munera accipiat et rapiat. Dantesque necat spiritualiter, qui dum læsionem et rapinam bonorum proximi cogitat, quasi latro sedet in spelunca. Item Augustinus (tract. 10 *in Joann*.): Domus negotiationis faciunt Ecclesiam, « omnes qui quærunt in ea, quæ sua sunt, et non quæ Jesu Christi (*Phil*. II). » De qua etiam Augustinus ait : Nemo in oratorio aliquid agat, nisi id ad quod factum est, unde et nomen habet. Item : Hoc eodem zelo domus Domini accensus Petrus, ut imitaretur magistrum in punitione rabiei et hæresis Simoniacæ, ait Simoni Mago æstimanti gratiam Spiritus sancti esse venalem : « Pecunia tua tecum sit in perditionem (*Act*. VIII). » Optavive dixit hoc, raptus in sublime Dei judicium, prævidens in eo pestem Ecclesiæ futuram. Eodem zelo percussit Ananiam et Saphiram, iat ut efferrentur mortui coram eo, dicens adhuc viventibus : « Quomodo ausi estis mentiri Spiritui sancto ? » Item : Notabiliter notandum est quod Dominus adhuc adolescens, nec habens potestatem publicæ administrationis, sed satis abjectus et vilis inter eos, « Vendentes et ementes ejecit (*Joan*. II), » etc. In hoc dans omnibus formam et exemplum accusandi, increpandi, et ejiciendi quoad possumus quamcunque speciem et pestem Simoniæ, maxime venalitatem eucharistiæ. Item : Bis legitur ejecisse vendentes et ementes in templo, dans nobis formam et exemplum quod non semel, sed semper quotiescunque columbam vendere videmus, corripere et arguere debemus vendentem et ementem, ut hæc pestis ejiciatur de Ecclesia (*Joan*. II, et *Matth*. XXI). Item : Si Dominus ita figuram venalitatis columbæ corporaliter punivit, quanto magis ipsam veritatem et lepram Simoniæ puniet incomparabiliter magis ? Item : « Si tunc cum flagello facto de funiculis (*Joan*. II) » punita est venalitas columbæ, quanto magis nunc puniri deberet, non tantum cum flagello, sed etiam cum clavis, gladiis, et etiam cæteris armis, totisque viribus impugnari? Item : Quanta sit enormitas hujus sceleris, patet ex eo quod cum Dominus aliis criminibus homines irretitos exspectaret ad pœnitentiam, ut Judam proditorem, 76 nos instruens, ut sine ordine judiciario peccata proximorum alia non accusemus, non propalemus, sed tegamus et sustineamus, ut ipse proditionem Judæ : hoc solum flagitium non potuit sustinere, quin illud statim et corporaliter puniret, cum cætera verbo corripuerit et puniverit. Item : In hoc quod vendentes columbas ejecit et mensas nummulariorum evertit, quos ibi avaritia sacerdotum posuerat, ut mutuo darent non habentibus hostias, ut eas sic paratiores invenirent.

Ostendit etiam omnes occasiones Simoniæ, omnemque facilitatem accipiendi, etiam vilia minuscula pro spiritualibus, in Ecclesia eradicandam esse et exstirpandam. Item : Quid periculosius quam quasi cæci ipsum Deum pati, turpius vendi quam a Juda venditus fuerit, in aliis sacramentis venalitatem aperte cernentes, in hoc vero non? Ut cum quidam missam in die integre duplificant et duplicent, alii vero præ pudore et timore non audentes duas integrare, unam duplificant, trifaciant, et multifaciant, id est, multarum facierum celebrent. Item : Quid turpius quam, si ad primam faciem et primum introitum non offertur, aliam assumere faciem, imo tertiam et quartam, ut offeratur ? Hi similes sunt cantantibus fabulas et gesta. Qui videntes cantilenam de Landrico non placere auditoribus, statim incipiunt de Narciso cantare, quod si nec placuerit, cantant de alio. Quæ autem sit causa quare cætera officia ecclesiastica in sua simplicitate, puritate et institutione maneant, et non duplicentur, et istud solum contra institutionem suam duplicetur, constat quod oblatio, quæ ad hoc offertur et non de illa. Item : Ut adhuc insistamus radici, id est, cupiditati Simoniacæ exstirpandæ, « Sic benedicam te in vita mea, scilicet in nomine tuo, » non nummi, non cupiditatis, « levabo manus meas (*Psal.* LXII) ; » quas in honore et gloria Domini levat, qui bonis insistens, non suam, vel mundi, sed Domini gloriam quærit. Quasi diceret : A me incipio, « quia me cum vitiis et concupiscentiis crucifigo (*Gal.* v), » crucifixum prædico, crucifixum adoro, et, quod plus est, crucifixum sincere conficio, sumo, aliis manducandum distribuo. Quomodo ergo manus mundo crucifixas, te, Christe, conficientes, levabo ad alium quam ad te pretium mundi ? Quomodo ad quæstum, maxime ad peccatum ? Item Simon Magus, qui Christianus esse, et miracula facere voluit propter quæstum, repulsam passus est a Simone Petro : Ob quam ulciscendam quasi dixit ei : Tu repellis me, et ego triumphabo de te, imo de toto corpore Ecclesiæ (*Act.* VIII). In ipsis etiam altaribus « ponam solium, cubile, et thronum (*Isa.* XIV), » et dominium meum ; ut etiam præsentibus angelis, et quasi coadunatis in uno angulo altaris conficere corpus Domini, ego in alio cum ministro altaris, imo cum meo potius, illud pro pretio conficiam. Cupiditas dominatur in hoc sacramento, quod tamen impretiabile est. Item : Si ego ab altari repellor, non ideo minus sed magis Simoniaca cupiditas filia mea, filia summi sacerdotis irrumpet in Sancta sanctorum, omnia in altaribus proponens venalia. Et quod nefarium est, ex oblatis illis eriguntur **77** altaria, ornantur sancta, et construuntur monasteria religiosorum, sic abutentium hoc apostolico præcepto : « Nihil interrogantes propter conscientiam (*I Cor.* x), » cum Apostolus loqueretur ad illos tantum, qui cum idololatris quandoque manducabant, ut illis prædicarent. Item : Turpius Christum vendimus, quam Judas, eo quod deteriores sumus (*Matth.* XXVI). Ille enim quem purum hominem credebat, cum familia etiam ejus indigeret, vendidit : nos vero quem scimus verum Deum et hominem vendimus. Ille pro triginta argenteis, nos pro denario et pretio vilissimo. Item : Ille pœnitens licet non vere, retulit et rejecit « triginta argenteos : » In Ecclesia autem inter nos non est, qui turpiter acquisita rejiciat. Item : Triginta argentei « cum pretium sanguinis essent, non sunt missi in corbonam (*Matth.* XXVII), » nunc ex turpius oblatis et acquisitis eriguntur altaria, construuntur ecclesiæ et hujusmodi. Item : Cum omnia cætera vitia trepident et exsulent a locis sacratis Simonia ipsa altaria invasit.

CAPUT XXVIII.
Contra venalitatem et pluralitatem missarum.

Ad eradicandam venalitatem et pluralitatem missarum quam peperit venalitas altarium, et cupiditas ministrorum : Si Christus tantum semel immolatus est pro nobis ; et semel tantum ab unico ejus vicario in die repræsentetur immolatus (*Hebr.* IX). Item : Si Christus, semel oblatus, sufficiens fuit hostia et redemptio generis humani, sufficit unico sacerdoti semel passum, semel in die repræsentare immolatum. « Quod amplius est, a malo est (*Matth.* v). » Item : Bis in die conficientes, « rursum sunt crucifigentes in sibimetipsis Filium Dei, et ostentui habentes (*Hebr.* VI). » Item Augustinus : Eucharistiæ quotidie communionem sumere, nec laudo, nec vitupero ; verumtamen hoc uniuscujusque conscientiæ relinquo, ut si nullius sibi conscius fuerit, si spiritus contribulati, si cordis contriti (lib. *De eccles. dogmatibus*, c. 53). Si ergo Augustinus unicam sumptionem in die vix concedit, sic humiliato, et corde contrito, et devoto : nunquid interrogatus concessisset alicui bis in die conficere ? Absit ! sed totis viribus talem repulisset, et forte anathemate percussisset. Item : Sumere eucharistiam est omnium Christianorum, conficere paucorum ; ergo majus est conficere, quam sumere ; sed detestabile est et inordinatum nimis in die iterare, ut scilicet amplius corpus Domini in die detur alicui quam semel ; ergo inordinatum et periculosum est, id quod majus est in die iterare, bis scilicet conficere, præsertim cum necessitas non cogit. Item : Sicut in Exodo, præceptum est filiis Israel, ut per singula capita tantum colligeretur unum gomor de manna quotidie, præterquam in die sexto : « Tunc enim colligerent cibos duplices, id est duo gomor per singulos homines (*Exod.* XVI), » ut sufficeret gomor, in parasceve collectum, **78** in Sabbato, in quo non licebat eis colligere, vel aliquid operari. Qui vero amplius quam gomor, et ultra quod sufficiebat ad vescendum, collegerat, computruit et vermescebat collectum : ita timendum est ne sacramentum altaris bis in die ab unico confectum putrescat, non dico in sacramento, sed in conscientia conficientis propter peccata et scelera sua, illud sic duplicantis. In natali autem Domini propter solemnitatem et quasi Sabbatum, tum propter mysterium, concessum est rurali sacerdoti ter conficere. Major autem prælatus in quadam ecclesia illa die semel conficit, in quadam bis; sed nunc multiplicando missas quotidie celebramus natale Domini. Item : Si prædicatio assidua non fructificat, sed vilescit, quanto magis et hoc sacramentum iteratum in die vilescit, et vertitur in tædium devotionisque detrimentum? Item : In illo tempore erat sermo Domini pretiosus quia rarus, ita et confectio eucharistiæ quia rara : sed nunc vilis, quia toties iterata. Item : Si in figura unicus Agnus immolatus in unica domo, unica vice in pascha Domino offerebatur, immolabatur, totus comedebatur, et festinanter (*Exod.* xii); tu peccator, quomodo audes irreverenter et assidue ipsam veritatem figuræ duplicare, triplicare, multiplicare sub nota et specie venalitatis, « cum de hoc altari non habeant edere, qui tabernaculo, » corporis, « deserviunt? (*Hebr.* xiii.) » Item : Si legalis sacerdos semel in anno cum sanguine intrabat in Sancta sanctorum, semel quotidie cum incenso in sancta (*Exod.* xxx; *Hebr.* ix) : quomodo, tu, peccator, sacerdos evangelicus, quotidie, et, quod abominabile est, bis in die intrare audes in sanctissima sanctorum, omnium sanctorum sancta et cœlestia pignora, sic irreverenter et minus timorate, quia assidue, et forsan sine sanguine et incenso? « Cum sanguine, » id est, cum fide passionis et dolore cordis, ab eo, quasi quodam sanguine per oculos emanante, « et cum lactucis agrestibus (*Exod.* xii), » cum incenso orationis acceditur ad hæc sancta. Hunc enim calicem lacrymæ faciunt dulciorem. Item : Si sanctus ordo Chartusiensium in holocaustum, hic etiam oblatorum Deo, a labe mundi per abstinentiam et macerationem carnis purgatorum, « et jam volantium super pennas ventorum (*Psal.* xvii), » non nisi in festis et profestis, spirituali officio intitulatis, audet conficere, quomodo, tu peccator sacerdos, intrepidus audes tam sancta irreverenter (quia bis in die) tractare? Item : Quidam justus advertens et considerans quod Dominus in sexta feria positus fuit in monumento novo, et sindone munda (*Matth.* xxvii), nec mutavit sepulcrum, sed quievit in illo per Sabbatum totum in Dominica et tertia die surrexit, proposuit, quod tantum in tertio die conficeret, uno die, quasi requiei, interposito, in quo mundaret sindonem suam, id est, conscientiam, lacrymis et pœnitentia; ut fortius et devotius resurgeret in tertia die ad corporis Domini confectionem. Item : Si in jejunio semel tantum in die acceditur ad mensam corporalem, quanto magis ad mensam spiritualem ? Si tunc unica esca, spiritualis nunc spiritualiter multiplicatur per quædam extrinseca condimenta 79 introitus, usque ad nauseam, usque ad ebrietatem. Item : Quidam male interpretantur illum locum Dominicæ orationis : « Panem nostrum quotidianum da nobis hodie (*Luc.* xi) : » non ait bis « hodie. » Item : Hebræus loco « quotidianum, » habet « sogolla, » quod interpretatur ἐπιούσιον, habetque duplicem interpretationem. Unde Matthæus interpretatus est sic : « Panem nostrum supersubstantialem (*Matth.* v); » Lucas, « quotidianum; » Marcus. « peculiarem, » quem non « supersubstantialem, et peculiarem, et quotidianum faciunt, » sed vilem quantum in se est, et venalem, biduanum, et triduanum.

CAPUT XXIX.
Contra missas multarum facierum
Omnis falsitas angulos quærit, etc. :
Dum vitant stulti vitium, in contraria currunt.
(Horat. lib. 1, sat. 20.)

Sic dum quidam vitant pluralitatem missarum, refugium cupiditati suæ et velamen quæritantes, non in vitium tantum, sed in monstrum incidunt, monstruose missas bifacientes, trifacientes. Et, cum apud Apostolum legatur Ecclesia constare ex personis multarum facierum, nusquam legitur missa duarum, vel trium facierum (*II Cor.* i). Item : Apud poetas legimus Janum bicipitem, hydram septicipitem, Briareum centimanum, Geryonem bicorporem, alium tricorporem, nusquam legimus missam bicipitem, bifaciatam, multifaciatam. Monstruosius enim omni monstro est missas bifaciare, trifaciare, et hujusmodi. Item : Tales obviant mysterio missæ quia :

Exprimit officium, suspiria, gloria, laudes,
Kyrie eleison ter triplicata, preces.

Sed nunc in missa septies vel pluries triplicatur, mysteriumque et ordo missæ confunditur. Item : Missa bifaciata utri introituum applicabitur, et ab utro illorum denominabitur ? Si a secundo, qui est pro fidelibus, ergo in ea non debet dari osculum pacis, vel si detur, obviabitur generali institutioni, et consuetudini Ecclesiæ. Si a primo, qui est in memoriam missionis Spiritus sancti, ergo sic celebrans non celebrat missam pro fidelibus, sicque non absolvitur ab anniversario, vel tricenali celebrando ; et si hoc confiteatur, dicens : Quia sub uno canone duas missas celebrat ; sed cujusmodi ? Num missam catechumenorum tantum ? videtur ; quia nondum hostia esse missa repræsentatur. Sic ergo potius dicendum esset, sub duobus canonibus unam missam, quia hostiæ missæ unam repræsentationem, celebrari, quam duas missas sub uno canone. Item : Tales obviant institutioni synodi vel concilii, provinciali tamen, sed auctoritate legati Romanæ sedis celebratæ, in qua præceptum fuit, quod nullus, nisi in maxima necessitate, bis in die conficeret, ut si corpus præsens adforet, vel 80 conjugata purificanda, vel alius casus necessitatis emergeret. Omnino autem inhibitum fuit, ne, aliqua necessitate urgente, ita bifaciarentur missæ, sed deposita casula post hostiam missam, introitus missæ catechumenorum inchoaretur, unus et alius pro libito sacerdotis. Item : Obviatur mysterio missæ ab Ecclesia utiliter approbato. Sacerdos enim stans primo in missa ad dextrum cornu altaris, significat adventum Christi ad populum Judaicum dextrum et sibi peculiarem. Primo reditus ejus, a dextro cornu ad sinistrum, adventum Christi ad gentes idololatras in quarum collectione adhuc immoratur. Reditus ejus a sinistro cornu ad dextrum significat collectionem reliquiarum ad fidem, quæ erit tempore Eliæ et Henoch, quam anticipat et maturat, imo factam esse figurat, sic rediens frequenter a cornu ad cornu, tamen nondum significat vel repræsentat hostiam esse missam. Item : Per missam passio Domini, « qui de sinu Patris (*Joan.* i), » quasi, de dextro cornu altaris, « venit in mundum sinistrum et malignum (*I Joan.* v).» Qui « cum ejus hora veniret, ut de hoc mundo » per passionem « transiret ad Patrem (*Joan.* xiii),» missus est hostia pro nobis in cœlum, « ascendensque Christus in altum captivam duxit captivitatem (*Ephes.* iv).» Hanc figuram missæ præcipuam tales destruunt, vel falsam et inanem esse ostendunt, cum a cornu ad cornu redeant, ad sinistram a dextra, et ad dextram a sinistra nondum missa celebrata. Item : Visitationes vel insertiones missarum, non auctoritas Ecclesiæ, sed cupiditas instituit. Cujus rei est argumentum, quod missæ favorabiliores inseruntur, non aliæ, ut missa de beato Lino, vel de Sebastiano, et hujusmodi. Item : Cum cætera officia ecclesiastica non inserantur, cur officium missæ inseritur pro cupiditate? multiplicatio enim orationum non est insertio officiorum, quas in quibuslibet horis, non ideo insitis, licet multiplicari. Item : Missa sic inserta, similis est idolo Nabuchodonosor, de quo apud Danielem prima visione (*Dan.* ii). Cujus caput erat ex auro, pectus et brachia de argento, venter et femora ex ære, quædam pars pedum ferrea, quædam fictilis. Item : A bonis sumenda sunt exempla. Scimus quia Ecclesiæ conventuales non habent hanc consuetudinem inserendi missas. Item : Exemplo de obventione primæ missæ debita quibusdam monachis, secundæ sacerdotibus; ergo talem sacerdotem conficere bis in die compulit cupiditas monachorum? Item : Exemplum de matrona purificanda, quæ ad secundum offertorium missæ pro fidelibus obtulit instinctu sacerdotis, non ad primum, cum tamen sederet monachus in insidiis exspectans oblationes primi introitus, sicque delusus recessit. Item : Exemplum militum paulatim ad singulos introitus offerre resistentium; quorum unus sacerdoti sic missam inserenti, ait : Et si sic usque ad vesperam singulas missas inchoaveris, non desistam ab oblatione, donec sanctam eucharistiam confeceris. Item : Exemplum de sacerdote, qui nondum casula indutus, cœpit introitus multiplicare, ne populus congregatus recederet. Item : Sic injuriatur animabus. Fraudantur enim debito promisso, **81** cum habeat auctoritas, quia, quanto sæpius et specialius pro eis offertur sacramentum altaris, tanto amplius refrigerium percipiunt. Item : Cum constet Ecclesiæ, quod speciales orationes invenit super generales, ergo si tricennale unius vel anniversarium, tricennali alterius adnumeretur et aggregetur, injuriabitur alteri, imo utrique, cum non tantum generali oratione, sed et speciali utriusque anima ex promisso exspectet juvari ? Item : Nunquid

missa sic inserta liberaretur a purgatorio anima justi de Aquis-granis, rogantis ut pro ea ajusto missa celebraretur, sieque liberationem consequeretur ? Item : Exemplum magistri Fulconis decani Remensis, nolentis, ut anniversarium patris anniversario episcopi aggregaretur. Item : Exemplum matronæ recusantis oblatas missas a sacerdote in quadragesima decantandas pro fidelibus, quas, licet sibi in pœnitentiam injunctas, noluit tamen eas a sacerdote quadragesimali servitio obligato decantari.

Sed quid faciet sacerdos rogatus ab illo et ab illo tricennalia facere, si non suffecerit ad specialia tricennalia peragenda? Dicat rogantibus : Ergo memor chararum vestrorum in tot missis. Non dicat : Pro iis faciam tricennale, nisi speciale intenderit. Peragens enim generalia non est absolutus a specialibus, quæ supplicans sibi intellexit promitti. Item · Si licita est hujusmodi insertio missarum et pluralitas, tenetur sacerdos cuilibet roganti missas quotaslibet, casi illi decantandas concedere, cum petitum, per hujusmodi insitionem, de facili possit implere. Item : Missa sicca, quæ est sine gratia et humore confectionis eucharistiæ, non celebratur pro fidelibus. Si ergo duo introitus præmittuntur hostiæ, alter erit missa sicca et ita æque juvabit post missam; sicut et præmissa hostiæ. Quare igitur præmittitur hostiæ in missa inserta? Propter cupiditatem et in fraudem animarum ? Item : Præter duplicitatem et insertionem missarum, invenit cupiditas novitatem missarum, sicut unicam missam de omnibus apostolis decantandam. Item · Missam Epiphaniæ, vel alterius solemnitatis omni die, etiam die Paschæ decantandam (cum

Singula quæque locum teneant sortita decenter.)

Ut tempore paschali missæ et laudes ad aliud pertinentes decantentur, ita in aliis temporibus, ut varietas officiorum devotionem augeat ministrorum et identitatis tollat fastidium. Devotionem autem talium, ut etiam die Paschæ, si de angelis celebretur, non vitupero, nisi propter scandalum. Item : Quidam etiam vivi anniversaria pro se faciunt celebrari quibus obviant suffragia et orationes pro defunctis instituta. Item (quod flens dico) : Hoc tantum sacramentum quidam in artem magicam verterunt, celebrando missas super imagines cereas ad imprecandum alicui, etiam alicui imprecantes, missam fidelium decies vel pluries decantant, ut ante decimum diem vel post in brevi moriatur, et cum mortuis sepeliatur. Item : Jam quidam missam pro strage interfectorum , quasi novorum martyrum « in circuitu Jerusalem (*Psal.* lxxviii) » prostratorum, **82** invenient, putantes eam esse efficax allectorium ad oblationes propter favorem occisorum. Ad hunc morbum multiplicem ab Ecclesia expellendum, unicum hoc credo esse remedium, videlicet, si esset paucitas ecclesiarum, paucitas in eisdem altarium, paucitas et delectus ordinandorum, delectus etiam ordinatorum et admittendorum; insuper delectus maxime præpositorum minorum sacerdotum :

et summum remedium a Gregorio VIII deliberatum esset amotio oblationum, præterquam ter in anno, die, scilicet Natalis, Paschæ, Pentecostes, et in die solemnitatis patroni Ecclesiæ, et præsente cadavere defuncti, et in die anniversarii cujuscunque. Vide in toto Israel non fuisse templum nisi unicum, unicum tabernaculum, unicum etiam in atrio templi sub divo altare oblatorium (*III Reg.* vi). In sanctis quidem erat altare incensi, sed in illo non offerebatur nisi modicum incensum (*Exod.* xxvii). Hanc pluralitatem altarium detestans Osee, ait (cap. viii) : « Quia multiplicavit » populus meus « altaria ad peccandum, factæ sunt aræ ei in delictum. Offerunt hostias, Dominus non suscipiet eas. » Exemplo ergo unici templi, in singulis civitatibus unica deberet esse ecclesia, vel, si populosa esset civitas, paucæ, ita tamen quod sub una majori ecclesia. Pluralitas enim capellarum peperit ministeria illegitima, et plura alia monstra et extraordinaria.

CAPUT XXX.
Contra conficientes, vel sumentes corpus Christi indigne.

Quia supradicta pluralitas, multiplicatio, et novitas missarum, procedit ex cupiditate et indevotione conficientium, restat dicendum de indigne conficientibus, et sumentibus corpus Christi. Contra igitur indignam confectionem, necnon et indignam sumptionem scribens Apostolus in Epistola prima ad Corinth. ii, ait : « Probet autem seipsum homo, et sic de pane illo edat, et de calice bibat. Qui enim manducat et bibit indigne, » etc. Augustinus : Sine devotione, vel aliter quam a Domino, vel ab Ecclesia mysterium hoc traditum est, celebrando, vel in voluntate peccandi manendo (Aug. *De Eccles. dogm.* c. 53). « Judicium sibi manducat et bibit, non dijudicans corpus Domini, » hoc est debita veneratione, a cibis aliis non discernens, ex consuetudine conficiendi vel sumendi corpus Christi. Item : Gregorius de quolibet indigne conficiente vel sumente corpus Christi, sicut et de Juda dicit Dominus : « Verumtamen ecce manus tradentis me mecum est in mensa (*Luc.* xxii). » Exemplo enim Judæ « filium hominis tradit, » qui illud inviolabile Dominici corporis sacramentum violare præsumit. Non secundum ritum Ecclesiæ conficiendo, vel sumendo indigne, talis est proditor.

83 Vendit qui, ejus timore et amore neglecto, caduca amare convincitur et criminosa. Item Augustinus : Magis peccant qui tradunt Christum peccatoribus membris, quam qui illum tradidit crucifixoribus Judæis. Item idem super psalmum lxviii : « Et dederunt in escam meam fel, et in siti mea potaverunt me aceto : » quibus sunt similes indigne conficientes et sumentes. Gravius enim peccant Christum contemnentes in cœlis regnantem, quam qui illum crucifixerunt in terris ambulantem. Illi enim jam veritate posita in merito, et manifesto inexcusabiles sunt. « Si non venissem, et locutus eis non fuissem, peccatum infidelitatis non habe-

rent, nunc autem, » etc. (*Joan.* xv). Hi vero per ignorantiam Dominum crucifixerunt : Unde et pro eis oravit : « Pater, ignosce illis, nesciunt enim quid faciunt (*Luc.* xxiii). » Item : Si a pueritia in eremo Joannes conversatus, in utero matris sanctificatus (*Luc.* i)., etiam a Domino invitatus, non ausus est illum tremendum angelis et reverendum verticem Domini tangere (*Marc.* i) : quomodo tu peccator et pollutus, non dico verticem, sed totum Christum Deum et hominem, non tantum tangere, sed in ergastulo corporis polluti, quasi includere et incarcerare præsumis? Vel si iste timuit Christum baptizare, a quo debuit baptizari, quomodo peccatrix anima, a quo tota debes inhabitari, illum totum in vili hospitiolo corporis tui non vereris includere? Item : Si Mariæ in tanto fervore Dominum diligenti, eique tam devote vivo et mortuo obsequenti dictum est : « Noli me tangere, nondum enim ascendi ad Patrem meum (*Joan.* xx), » in corde tuo. Si, inquam, non est ei permissum tangere « scabellum pedum ejus (*Psal.* cix) » exteriorum, quia non credidit eum æqualem esse Patri, quod « a summo cœlo egressio ejus (*Psal.* xviii) : » quomodo tibi peccatori licitum esse credis et permissum, totum Deum, non tantum tangere, sed in toto corpore tuo immundo ponere? Time ne non tantum dicatur tibi : « Noli me tangere, » sed etiam : « Amice, quomodo huc, » scilicet ad cœleste convivium, « introisti, non habens vestem nuptialem (*Matth.* xxii), » hoc est charitatem? Item : II Reg. vi : Si Oza, quia manum extendit ad arcam figuralem, ne declinaret bobus recalcitrantibus, a Domino ad mortem percussus est, quanto magis percuti debeat a Domino, qui indigne veram arcam, scilicet corpus Domini, conficit vel sumit? Ille tamen ex debito officio, quia de Levi, scilicet genere erat et sacerdos, accessit ad sublevandam arcam, sed indigne. Tradunt enim Hebræi, quia nocte præcedenti concubuerat cum uxore. Quanto magis autem punientur accedentes ad corpus Christi, masculorum, concubinarum vel meretricum concubitores? Item, II Paral. xxvi : Ozias qui præsumpsit offerre incensum Domino contra officium sacerdotum, a Domino lepra percussus est; quanto magis lepra, imo morte æterna, percutietur a Domino, qui indigne hostiam cœlestem Domino præsumpserit immolare? Item : Ex institutione primitivæ Ecclesiæ lecto Evangelio dicebatur catechumenis: Exite, exite. Si ergo membris Christi, habentibus scilicet charitatem, non licuit interesse confectioni corporis Domini, maxime timendum est **84** membris diaboli, et non habentibus charitatem tantum sacramentum conficere vel sumere. Indubitanter autem dico ministros altaris sic conficientes, vel sumentes, mortaliter peccare, vel etiam circa hoc in altari ministrantes. Scriptum est : « Mundamini qui fertis vasa Domini (*Isa.* lii). » Utrum vero peccent mortaliter, qui sunt in suburbio et choro ecclesiæ, qui tamen cum ministris altaris per devotionem et consensum debent corpus Christi conficere, et spiritualiter, etsi non sacramentaliter, sumere, non diffinio. Multum tamen eis timendum est, cum adhuc sint membra diaboli, quod intersunt confectioni corporis Domini, cum catechumenis, etiam sanctificatis, non liceret interesse. Item : « Constituite diem solemnem in condensis usque ad cornu altaris (*Psal.* cxvii). » Nota firmitatem et stabilitatem animi in bono. « Diem » virtutum, ut dicatis : « Hæc est dies quam fecit Dominus (*Psal.* lxxv). »—« Et solemnem, » ut « reliquiæ cogitationis diem festum agerent Domino, » id est, in serenitate conscientiæ, et hoc « in condensis, » omnium articulorum fidei, virtutum, bonorum operum, lacrymarum, quæ hunc potum faciunt dulciorem, abstinentiarum pœnitentialium, qui accedere cupitis « usque ad cornu altaris (*Psal.* cxvii), » id est ad corpus Christi conficiendum, vel sumendum. Item Exodi cap. xii. Si Dominus præcipit agnum paschalem et figuralem comedi « assum igni, et cum lactucis agrestibus, » et hoc « succinctis renes, tenentibus baculos in manibus; » quanto magis præcipit ne ad esum veri Agni paschalis quis accedat, nisi cum amaritudine cordis, pœnitentiæ, decoctus etiam in clibano Spiritus sancti, castus, sibi nihil conscius, fortis, totus virtutibus indutus, ut nec in pedibus sit discalceatus (unde : « Calceati pedes in præparationem Evangelii pacis [*Eph.* vi]», » sed in fide, virtutibus, affectibus, operibus bonis solidus. Item : Ad terrorem incutiendum accedentibus ad eucharistiam valet exemplum illius sanctæ peccatricis Ægyptiacæ, quæ in deserto pœnitentiam agens, semel in hoc sacramento per quadraginta annos visitata est a Domino, per Zozymam abbatem eremitarum illius deserti (Vita est in Sur. tom. II). Cui primo confessa est; secundo accedens ad eam, ut ei daret eucharistiam, in adventu Dominici corporis tota est effusa in lacrymas. Licet enim singulis diebus lacrymata fuerit, tunc amplius et fere usque ad effusionem oculorum.

. . . . *Unde*
Hic, ea, patratis venit ad calicem pietatis.
Se totam mactat lacrymis, caliciqne coaptat.

(Hildebertus Cenoman. episc.)

Item : De indigne accedentibus ad hoc altare, conqueritur Dominus dicens : « Et dederunt in escam meam fel (*Psal.* lxviii), » amaritudinem peccati sui, « et in siti mea, » qua seo sitivi ut biberem, eosque mihi, ut incorporarem, « potaverunt me aceto, » acredine pravitatis suæ. Sed intuendum quod Dominus, « cum gustasset acetum noluit bibere (*Matth.* xvii), » ita nec tales sibi incorporat, etsi sacramentaliter eucharistiam sumant, qui de Ecclesia sunt nomine, sed non numine. **85** Item Augustinus : Qui non prius cum Christo crucifixus fuerit carni, mundo et concupiscentiis (*Gal.* v) ejus antequam accedat ad corpus Christi conficiendum, vel percipiendum, quantum in se est, rursus crucifigit Christum, illisque adnumerandus est, de quibus ait Apostolus : « Rur-sum in se crucifigentes Dominum, et ostentui, » et in derisum « habentes (*Hebr.* vi). » Item : Marcus abscidit sibi pollicem, ut reprobus esset sacerdotio, timens ne raperetur in sacerdotem : adeo enim reverebatur corpus Christi conficere, quod sæpius tamen sacramentaliter sumpserat.

Nunc autem ordinandi non auferunt sibi naturalia, sed licita et illicita afferunt, ut ordinentur, et potius causa quæstus quam devotionis et obsequii divini. Item in Vitas Patrum : Quidam senior inter eremitas, cum ab illis eligeretur in sacerdotem, et vi quadam ordinatus ab episcopo Ægypti, ait : Ego, licet sacerdos sim, non conficiam in vita mea, indignum se reputans conficere corpus Christi, etsi illud, non conficiens, ab alio sumeret. Nunc autem quidam nimis frequenter quasi epulum quotidianum corpus Christi conficiunt propter cupiditatem, quidam nimis raro propter acediam. Item in Psalmo : « Emitte lucem tuam et veritatem tuam, ipsa me deduxerunt et adduxerunt in tabernacula tua » prius; et ita, « introibo ad altare Dei, » corpus Christi conficiendo vel sumendo, « ad Deum qui lætificat juventutem meam (*Psal.* xlii), » id est, lætam juventam, scilicet gratiæ, mihi tribuit in re, juventam etiam gloriæ in spe. Juventus etiam naturæ attendenda est in ordinando, nisi gravitas morum, et vitæ sanctæ suppleverit ætatem. Conficiens autem et assistens altari, dum conficit velut in paradiso est, posteriorum omnium oblitus. Item : « Lavabo inter innocentes manus meas, » et sic innocens et mundus, exemplo et imitatione eorum quasi angelus, « circumdabo altare tuum, Domine (*Psal.* xxv), » ut conficiam corpus tuum. Item : Cum iret Josue in agro Jerichontino quidpiam meditans, « vidit angelum cum evaginato gladio, » cui ait : Quis es? « Noster es, an adversariorum? » Qui respondens ait : « Princeps sum exercitus cœli. Tolle calcamenta de pedibus tuis : Locus enim in quo stas terra sancta est (*Jos.* v). » Cogites ergo qui accedis ad altare confecturus et sumpturus eucharistiam, quia « locus in quo stas, terra sancta est; locus terribilis, domus Dei, et porta cœli (*Gen.* xxviii). » Timeas « angelos ascendentes et descendentes ibi per scalam » gladio evaginato, ne demetant posteriora tua (*III Reg.* xxi) : timeas ne « securis ad radicem arboris jam posita sit (*Matth.* iii), ex eo quod indigne accedis. Timeas chorum angelorum assistentium contra te ferentium testimonium injuriamque suam, et iram Domini vindicare paratorum, si indigne accesseris; vel sacrificium laudis et orationum tuarum ante conspectum Dei in sublime deferentium, si digne obtuleris. Unde :

Tempore quo supplex assistit presbyter aris,
Mactaturque Patri Filius ipse manens.

86 *Æthra patent, cœlestis adest chorus, ima supernis*
Junguntur, fiunt actor et actus idem.

(Hildebertus Cenoman., *De myster. missæ.*)

Simile legitur in Exodo esse dictum Moysi : « Cum enim minasset Moyses oves Jethro ad interiora deserti, et venisset ad montem Dei Oreb [Horeb], apparuit ei Dominus in flamma ignis de medio rubi, et videbat quod rubus arderet, et non combureretur (*Exod.* III) : » Cui eunti ad cernendum visionem illam magnam, ait Dominus : « Non appropies, inquit, huc, sed solve calceamentum de pedibus tuis, locus enim in quo stas, terra sancta est (*Exod.* XII). Si ergo Moysi prohibitum est accedere ad rubum ardentem et figuralem, quanto magis et tibi ad verum corpus Christi, nisi prius abjeceris omnia mortua et carnalia opera a te, et affectibus tuis? Item : Cum Dominus prohibuerit ne advena, peregrinus vel immundus comederet de agno paschali, quanto magis ne peccator, nondum civis et domesticus Dei factus de vero Agno, maculatus de immaculato? Item David : « Quis ascendet in montem Domini, aut quis stabit in loco sancto ejus? Innocens manibus et mundo corde, » etc. (*Psal.* XXIII.) Item : Si nondum rigasti lacrymis pœnitentiæ et fovisti pedes Christi cum Magdalena (*Luc.* VII) ; si nondum sedisti « manducare panem doloris (*Psal.* CXXVI) ; si nondum te humiliasti ad osculandum pedes Domini; si nondum surrexisti ad fortia opera, quasi ad osculum manuum Domini ; quomodo præsumis accedere ad osculum capitis ejus, imo ad confectionem, sumptionem, et osculum totius Christi? « Per numeros veniunt ista, gradusque suos, sicut et ordines. In quo sacramento, aliquo gradu omisso, amplius peccatur quam in omissione gradus ordinis ad ordinem. Item Salomon : « Sedisti ad mensam divitis, scito quia talia te oportet apponere, qualia tibi apposita sunt (*Prov.* XXIII juxta LXX). » Innumera apposuit Dominus fercula et dona, quæ tamen omnia sub his tribus comprehenduntur. Apposuit se ipsum pro nobis pretium in cruce : Viaticum in altari ; Futurus præmium in cœlo. Primum ei apponimus, « si carnem nostram crucifixerimus cum vitiis et concupiscentiis suis; si crucifixi fuerimus mundo, et mundus nobis (*Gal.* V, VI); si abnegaverimus nosmetipsos, et quotidie tulerimus crucem Christi et secuti fuerimus eum (*Luc.* IX); si stigmata Domini Jesu portaverimus in corpore nostro (*Gal.* VI) » cum Apostolo ; si carnem nostram pro Christo maceraverimus, si mori pro eo datum fuerit desuper; si compassi fuerimus proximo; si vixerimus secundum Evangelium, secundum ferculum ei apponimus; si ipsum caput nostrum, non in se, sed in membris ejus paverimus pauperi erogando quamcunque eleemosynam, sive corporalem, sive spiritualem. « Quod enim uni ex minimis ejus feceritis, hoc illi (*Matth.* XXV). Tertium non possumus ei apponere, « quia bonorum nostrorum non eget (*Psal.* XV), » sed ipse hoc apponet nobis in futuro : verumtamen hæreditas ejus sumus, pro qua hæreditate sanctificavit se ipsum, de qua Pater ad Filium : « Postula a me, et dabo tibi gentes hæreditatem tuam (*Psal.* II). » Qui autem aliter ad mensam Christi accedunt, nisi duobus prædictis ferculis appositis, « fiet mensa eorum coram ipsis, in laqueum, et in retributionem, et in scandalum (*Psal.* LXVIII). Judicium sibi manducant et bibunt (*I Cor.* XI), bonoque odore moriuntur. Item Epistola 87 ad Hebræos : « Habemus altare, de quo non habent edere, qui tabernaculo « corporis » deserviunt (*Hebr.* III), » ut qui non macerant et « crucifigunt carnem suam cum vitiis et concupiscentiis (*Gal.* V); qui manus non aperiunt inopi, » etc. (*Prov.* XXXI.) Item : Qui, et quam digne et timorate accedere debeant ad eucharistiam conficiendam, vel sumendam, Apostolus in I ad Cor. XI declarat, dicens : « Convenientibus vobis in unum, jam non est (id est, non convenit) Dominicam cœnam manducare, » nisi probatis primum et præparatis, ut ibidem infra ostenditur. Item : Si cum oramus, « etiam præceptis salutaribus moniti, vix audemus dicere : Pater noster (*Matth.* VI), » nisi filii ejus simus per adoptionem, et nisi petitiones omnes, quæ sequuntur impleverimus ; quanto difficilius audemus ipsum totum conficere et sumere, quia hic major devotio et puritas conscientiæ exigitur? Unde et hæc oratio præmittitur sumptioni eucharistiæ sanctæ. Item : Vide ne supra unum gomor, scilicet sobrietatis, hoc cœleste manna colligas et sumas, ne vermescere faciat conscientiam tuam peccatis (*Exod.* XVI). Vide ut « in sindone munda, et nova (*Matth.* XXVII), » et pura conscientia involvas corpus Dominicum. Vide « ut illud reponas in sepulcro, in quo nondum quisquam positus fuerit (*Joan.* XIX) : » vel si diabolus ibi collocatus fuit, non nisi, eo dejecto, sepelias Dominum in mundo sepulcro tuo. Vide « ne ponas vinum novum in utres veteres (*Matth.* IX) » peccatis. Vide ut super novum plaustrum portes arcam Domini cœlestem (*I Reg.* VI). Cui, si adjunxeris vaccas, tales adjungas, te scilicet et alios, qui non noverunt retro flectere colla post vitulos (*I Reg.* VII), id est affectus, videlicet post desideria carnalia, sed directo itinere procedentes, licet mugientes, arcam Domini deferant in terram promissionis, in domum Aminadab cœlestem. Item Psal. CXVII : « Constituit diem solemnem in condensis usque ad cornu altaris. »

CAPUT XXXI.

Contra Geryones belluas bicorpores, bicipites in pluribus ecclesiis.

Pluralitati et bifacialitati et trifacialitati missarum non absimilis, non absona est pluralitas personatuum, dignitatum, officiorum circa eamdem personam, sive in unica Ecclesia, sive in diversis. Sunt enim quidam, qui velut Geryones, Briarei, bicorpores, tricorpores, belluæ multorum capitum monstruosæ, contendunt Deo trino in personis, et uni in substantia, assimilari. Horum enim quilibet, cum sit unus in substantia et in persona, tamen appetit plures esse personæ in personatibus et dignitatibus Ecclesiæ. Hoc genus hominum monstruosorum, et cupiditatis monstrum, redarguit Dominus in lege et in Numeris cap. IV, distinguens et dividens officia ministrorum tabernaculi, alii officio deputans Meraritas, alii Caaithas, alii Gersonitas, alii Levitas et Aaronitas. Quod si in Synagoga et in figura nulla potuit **88** fieri officiorum permutatio, nulla ordinis, vel vicissitudinis obumbratio, quanto magis in Ecclesia, ubi est veritas, hæc permutatio et indistinctio officiorum, personatuum, dignitatum esset prohibenda et ab ea eliminanda, quam adeo deturpavit et confudit, ut ignoretur quomodo, vel sub quo titulo hujusmodi belluis sit scribendum. Item : Si distincta essent officia, dignitates et personatus, « vere terribilis esset locus (*Gen.* xxvIII) Ecclesia, et ut castrorum acies ordinata (*Cant.* vI), adversus quam non prævalerent portæ inferi (*Matth.* xvI). » Si autem in acie et bello materiali non conceditur quod idem sit primipilus, et armiger, et constabularius, et princeps militiæ senescallus, quod idem sit custos dextri cornu bellici et sinistri, idem aquilonaris et australis, quanto magis in Ecclesia et bello spirituali, ubi pugnandum est, non contra hostes visibiles tantum, sed invisibiles, scilicet dæmones et vitia, non debent permisceri officia? Ob hanc indivisionem personatuum et officiorum de facili triumphatur Ecclesia a diabolo, mundo, et vitiis, ut jam dicat : « Si consistant adversum me castra, non timebit cor meum (*Psal.* xxv), » propter membra mea confusa, indistincta et inordinata. Item Augustinus : « Si suspectus habeatur secundum leges sæculares, qui duas tutelas, vel plures, sibi peteret, unde et ab omni repellebatur : quanto magis, qui in Ecclesia plura officia appetit et usurpat, repelli et suspectus haberi deberet, ne dum duorum officiorum, utrumque attentat, neutrum bene peragat. Item : Jethro, etiam gentilis, legitur in Exodo, et in Deuteronomio dixisse Moysi inter causam et causam a mane usque ad vesperam dijudicanti, ab omnibus ita habito, quod se ipsum non habuit. « Stulto, inquit, labore consumeris (*Deut.* I); » partire onus tuum in plures, etc. Ubi ait Augustinus : « Videtur quidem mihi animum pluribus actionibus humanis nimis intentum Deo quodammodo vacuari, quo tanto fit plenior, quanto in superna et æterna liberius extenditur, quanto magis ergo Deo vacuatur, qui pluribus officiis est intentus? Quia

Pluribus intentus minor est ad singula sensus.

Ob hoc ait Salomon : Fili, ne in multis sint actus tui (*Eccli.* xI).

Imponit finem sapiens et rebus honestis.
(JUVEN., sat. vI.)

Moyses ergo ad consilium Jethro alios constituit decanos, alios quinquagenarios, alios centuriones, millenarios alios, pentecontarcos, alios chiliarchos et omnes impermistos (*Exod.* xvIII). Quare ergo in Ecclesia idem decani et archidiaconi, idem duo archidiaconi, et hujusmodi? Solæ autem majores causæ ad Moysen referebantur, de minimis autem non judicabat, nisi suspectum haberet decanum, vel alium officialem, qui haberet de his ex officio suo judicare. Sicque videtur non esse appellandum pro minimis causis. Nunc autem in minimis causis facta appellatio etiam injusta tenet. Sed, inquiunt, non laboramus, non onerati sumus sicut Moyses, etsi pluribus dignitatibus et officiis addicti. Ea enim per vicarios, per mercenarios, per concubinarios exsequimur. **89** Unde non oportet ea distribui, in illis enim quiescimus.

Quibus concludendum esset : Ergo, quia non laboratis, nec manducetis (*II Thess.* III). Quorum unitalium ait quidam populus episcopo : Ne constituas super nos sacerdotem concubinarium, ut tu vageris et circumferaris per patriam deditus otio. Item : Si Jethro, consulendo, ait Moysi : « Partire onus tuum in plures, » etc. (*Exod.* xvIII.) Hodie dicitur in Ecclesia : Congrega onera, et plura officia in unum, et Dominus recedet a te. Item in Numeris : Accesserunt principes familiarum Galaad de tribu filiorum Joseph ad Moysen, dicentes : « Dominus præcepit tibi ut terram divideres filiis Israel, et ut filiabus Salphaad fratris nostri dares possessionem debitam patri, quas alterius tribus homines ducere prohibuit in uxores, ne confundatur sortium distributio, et aliorum possessio ad alios transeat. » Quibus Moyses : « Nubant, inquit, tantum suæ tribus hominibus, ne commisceatur possessio earum de tribu in tribum ; quæ ita maneant, ut a Domino separatæ sunt (*Num.* xxvII, xxxvI). » Quanto magis autem filii Ecclesiæ deberent dicere Prælato : Da Ecclesiæ nostræ virum de tribu sua, et Ecclesia nostra, ne minister unius transferatur ad ministerium alterius ; ut decanus in una ad archidiaconatum in alia, et deinceps : sicque confundatur distributio officiorum et personatuum, et qui utilis erat uni Ecclesiæ, utrique fiat inutilis. Item : Vide quod Christus non habuit ubi caput reclinaret (*Luc.* IX) : Et tu diversa reclinatoria, personatus scilicet, in quibus caput reclines, in quibus quiescas requiris ? Hæc reclinatoria potius tibi sunt ad pœnam æternam, quam ad quietem. Item in Psalmo (*Psal.* LXVII) : « Rex virtutum dilecti, dilecti. » Dilecti dico, hoc est « ad dividendum spolia : speciei domus, » id est ad faciendam speciosam domum. Unde : « Domine, dilexi decorem domus tuæ (*Psal.* xxv). » Hanc etiam divisionem spoliorum speciei domus, docet Apostolus in Epistola ad Ephesios cap. IV : « Et ipse Dominus dedit quidem quosdam apostolos esse, quosdam autem prophetas, alios vero evangelistas, alios autem pastores et doctores, » etc. Item Lucas in Evangelio cap. II : « Cum fortis armatus custodit atrium suum, in pace sunt omnia quæ possidet. Si autem fortior illo superveniens vicerit eum, universa arma ejus auferet, in quibus confidebat, et spolia ejus distribuet. » Spolia ista, sunt animæ fideles, dignitates ecclesiasticæ, et officia. Item Isaias : « Lætabuntur coram te, sicut qui lætantur in messe, sicut exsultant victores capta præda, quando dividunt spolia (*Isa.* IX). » Item de Paulo legitur : « Benjamin lupus rapax mane colligens prædam, et vespere dividens spolia (*Genes.* XLIX). » Ipse enim quosdam ordinavit et secundum distinctos gradus hominum diversa eis officia assignavit in Ecclesia, ut Timotheo, Tito et aliis. Hanc jucundam varietatem et speciosam domum Domini attendens David, ait : « Astitit regina a dextris tuis in vestitu deaurato circumdata varietate, et ita in fimbriis aureis circumamicta varietatibus (*Psal.* XLIV). » Sed hujus varietatem commendabilem facit varietas cantuum, lectionum, responsoriorum, antiphonarum, ornatuum. Maxime jucundam et speciosam efficit varietas consonantium personatuum et officiorum, ad quorum varietatem debet constitui varietas ministrorum. **90** Quibus observatis in Ecclesia, recte vere dici poterit de ea. « Pulchra es et decora, filia Jerusalem, ut castrorum acies ordinata (*Cant.* VI). Item in Epistola Jacobi cap. III : « Nolite plures fieri magistri, fratres mei : » dicit interlinealis, id est plurium Ecclesiarum ministri. « scientes quoniam majus judicium sumitis. » Promiscuis enim actibus officia ecclesiarum perturbantur. Item (in appendice concil. Lateran. III, sub Alex. III) : Si prohibitum est ne una ecclesia, una præbenda, unus episcopatus in plures dividatur; a simili per contrarium, non plures uni personæ assignentur, nisi forte propter penuriam ministrorum, et multitudinem causarum : et hoc propter turpes et ignominiosas, quæ inde proveniunt, enormitates : imo una unius sit, non plures unius. Si pater tuus fuerit contentus una uxore, quare non contentus es una Ecclesia? Attende quid Apostolus dicat : « Qui altario servit, de altario et vivat (*I Cor.* IX).» Non ait : Qui altaribus servit, de altaribus vivat; nec dicit : Qui altaribus servit, de altario vivat; nec ait : Qui non servit altario vel altaribus, de altario vel altaribus vivat. Ait enim : « Qui non laborat, non manducet (*II Thess.* III) ; » sic ergo ubi non laborat, vel quando non laborat, nec manducet. Si quis objiciat quod in pluribus servit ecclesiis, respondeo, quoniam uno et eodem tempore pluribus Ecclesiis non potest servire, et ita pro rata temporis, saltem a singulis ecclesiis, in quibus servit, et prout servit, beneficium recipiat. Consulat unusquisque conscientiam suam, intellecta forma verborum dantis et accipientis beneficium ecclesiasticum, qualiter debeat se habere in ecclesia. Traditur enim ei liber, et dicitur : Do tibi hanc ecclesiam, vel præbendam, ad honorem Dei et obsequium hujus ecclesiæ. Quasi diceret : Assiduus sis ecclesiæ hujus officio. In quibusdam autem Ecclesiis expressius hæc forma suppletur. Do tibi hanc ecclesiam, vel præbendam ad honorem Dei, et servitium hujus ecclesiæ, ut residens sis et mansionarius in hac ecclesia. Item : Tales male videntur interpretari : « Apprehendent septem mulieres virum unum (*Isa.* IV). » Videant ne incurrant illud jucundum figmentum adolescentis, qui cum diu moratus fuisset cum patribus conscriptis in Capitolio, et ab eo quæreret mater quid diffinitum esset : nolens Patrum revelare consilium, novam adinveniens stropham, respondit matri suæ, audisse, quod de cætero plures uxores erunt unius viri. Quo audito, mater, convocatis matronis ad ostium Capitolii, clamavit : Non duæ uni, sed una duobus (Macrobius, l. I *Sat.*). Sed non duæ uni, sed duo uni : imo hodie plures quam duo, ut in ecclesia S. Mederici, et multis aliis. Item notandum, quod sæcularibus jurisdictionibus non potest unus miles duobus dominis duas legiones facere nisi salva prioris legione, et sic alterius jurisdictio diminuitur : quanto minus potest aliquis se dividere, ut in pluribus ecclesiis Deo serviat, cum se totum et semper debeat exhibere, ut in singulis serviat ? Quidam etiam improperavit alii, quod plurium populorum tutelas susceperit, quam ipse habuit in sua parochia personas : Audivi, inquit, quod, cum quidam decanus vehementer argueret subditum suum super marrantiis **91** quas faciebat singulis horis, diurnis et nocturnis : ille contra respondit : Quid me arguitis, qui in tot ecclesiis, in quibus habetis dignitates, et a quibus redditus et obventiones quotidie recipitis, tot defectus et marranti asabsentia vestri facitis ? Sic decanus ille obmutuit, nec eum, vel alium, super tali defectu et marrantia postea ausus est reprehendere, majorem in seipso causam redargutionis præsentiens. Audivi etiam, quod cum duo essent canonici duarum ecclesiarum, et unes esset decanus in una, et alter in alia, quæsitum est uter pater esset spiritualis alterius, uter esset obedientiarius alterius. Responsum est quod quandiu sunt in aliqua illarum ecclesiarum, ille qui est decanus in ecclesia in qua sunt, est pater spiritualis alterius, et alter obedientiarius ejus.

Qui si non fuerint in una ecclesiarum illarum, sed forte in alia, vel aliis, uter esset pater, uter filius spiritualis? Contra naturam et monstruosa est talis paternitas et talis filiatio. Infamis etiam haberetur talis medicus, qui curam centum vel triginta ægrotorum in eadem villa, ne dum in diversis villis susciperet, multo magis ille, qui curas tot animarum, non in una villa, sed in diversis, non in una regione, sed in diversis susceipit, infamiæ nota debet percelli. Item Joannes in Evangelio suo : « Bonus Pastor dat animam suam pro ovibus suis; mercenarius, et qui non est pastor, cujus non sunt oves propriæ, videt lupum venientem, et dimittit oves, et fugit, » etc. (*Joan.* X.) Si videt lupum venientem, ergo præsens est. Item : Si fugit, ergo præsens est. Sæpe etiam non fugit, sed abducit oves et reducit ad caulas, prædicat quandoque; ergo mercenarius minus peccat, quam ille cujus est ecclesia, cum semper sit absens. Sed quo nomine censebitur ipse qui semper est absens? Non est pastor, quia non pascit oves; non mercenarius, quia mercenarius semper est præsens, iste vero non. Novo itaque monstro cupiditas monstruosa novum fingat vocabulum. Ad hoc monstrum sugillandum, sufficit quod diversitatem donorum gratiæ Spiritus sancti distribuit Dominus in spirituali corpore, quod docet Apostolus in Epistola I ad Corinthios, cap. xii : « Divisiones gratiarum sunt, idem autem Dominus, » etc. Et statim subjungit : « Alii quidem per Spiritum datur sermo scientiæ, et alii sermo sapientiæ, » etc. Non omnia contulit uni, ut singula membra sibi invicem subserviant. Similiter diversa officia assignat singulis membris Apostolus in humano corpore. Ita in eodem : « Si totum corpus est oculus, ubi auditus? Si totum auditus, ubi odoratus? » etc. Et statim subdit : « Non potest dicere oculus manui : Opera tua non indigeo; aut iterum caput pedibus : Non estis mihi necessarii. » Sic quoque in domo patris familias diversa sunt officia humanæ necessitatis. Alium enim constituit subulcum, alium bubulcum, alium aurigam, alium veredarium, et cætera, juxta propriam facultatem, ne aliquod incurrat damnum rerum suarum : quanto magis distinctio officiorum, dignitatum, in spirituali corpore (id est in Ecclesia) est facienda, ut charitas omnia conjungat, et diffusius dilatetur? Unde ille egregius versificator :

92 *Excubias capitis oculos, modulaminis aures,
Ductoresque pedes, vivificasque manus.*

CAPUT XXXII.
Contra bigamos et lamechitas in pluribus ecclesiis.

Pudeat quod quidam episcopi mutuantur ab aliis episcopis oculos. Et cum sint quatuor episcopi, qui non habent nisi duos oculos, sic non solum cæci vel lusci, sed etiam monstruose oculis orbi sunt facti, cum debeant esse animalia plena oculis ante et retro, ut legitur in Ezechiele (c. i). Quisque etenim deberet esse Argus, ut spiritualiter videret, et videre faceret. Quia juxta poetam:

Centum luminibus cinctum caput Argus habebat.
(Ovid., 1 *Metam.*, fab. 10.)

Tales pejores sunt Julio Cæsare. Cujus cum singula vitia enumerasset Lucanus, in fine dixit de eodem :
Omnia Cæsar erat.
(Lib. iii *belli Phars.*)

Quasi omnes dignitates Romæ sibi usurpavit. Erat enim consul, quæstor, etc., et hoc in eadem civitate. Pejor ergo ille, qui in diversis omnes vult habere honores. Bellua multorum capitum, similis illi monstro, de quo disceptant theologi, quod ab umbilico inferius videtur uniforme, supra vero multiforme. Et sic mentiuntur qui dicunt quod sola Gallia caret monstris. Nota quod nihil magis deturpat corpus vel caput quam oculi absentes, nullæ partes corpori magis sunt necessariæ. Dubium etiam est, an iste qui est persona multarum facierum, debeat habere similiter sigillum plurium, vel diversa sigilla. An, qualiter scribat, vel qualiter ei scribendum, an cum dignitatis nomine : an omnia dignitatis nomina sint apponenda, an unum : an nomen proprium, ita quod non nomina dignitatum, in quo forsan offenderetur. Si dicatur quod nomen majoris dignitatis est præponendum tantum : quid si plures habuit pares dignitates? Si dicatur quod appropriari ei debet nomen dignitatis illius Ecclesiæ, quam potius frequentat : Sed quid si nunc huc, nunc illuc discurrat?

Quo teneam nodo mutantem Protea vultum ?
(Horat., lib. i, epist. 1.)

Quæratur ab eo quis vocetur, vel quo nomine velit sibi scribi, ipse etiam ignorabit. Quidam, cum tali belluæ multorum capitum scriberet, et nomina dignitatum et præbendarum omnium in salutatione præmisisset, audivit a quodam : Adhuc addendum est istud : Servus et rusticus de Sançero. Hanc etiam personam multarum facierum oportebit habere multiplicem habitum, multos breviarios propter diversos usus ecclesiarum, quibus præest. Sed quid ei agendum, cum excommunicati sint in hac ecclesia, omnes habentes tales vel tales pannos? Quid si excommunicatus est omnis, qui in ecclesia illa habet nisi vestes quas alia reprobat? Iste etiam est idolam Horatii multiforme, cujus exemplar in rebus naturalibus non potest inveniri. Unde :

*Humano capiti cervicem pictor equinam,
Jungere si velit, et varias inducere plumas.*
(Horat., *De arte poet.*)

Idem alibi :

*. . . . . .Movent cornicula risum
Furtivis nudata coloribus.*
(Lib. i, ep. 3.)

Furtum etenim est, vel rapina, quod tot bona pauperum sibi tollicipat et usurpat. Contra tales loquitur Dominus in Evangelio Lucæ : « In quamcunque civitatem intraveritis, eligite quis in ea sit dignus, et in domo illius manete, et nolite transire de domo ad domum (Luc. x). » Si ergo hospes unius noctis, ita eligendus est dignus , et si non transeundum est « de domo ad domum ; » quanto magis qui mansionarius et minister debet esse perpetuus in una et eadem ecclesia ?

CAPUT XXXIII.
De sancta unicitate.

Hanc etiam monstruosam pluralitatem dignitatum et hujusmodi in eadem vel diversis ecclesiis circa eamdem personam, redarguit triplex et sancta unicitas, ne talis cum David dicere possit : « Respice in me et miserere mei, quia unicus et pauper sum ego (*Psal.* xxiv). » Si ergo, a simili, opponas divitias ; respondebo : Quia licet inter divitias esse pauperem. Non expavit Apostolus divitias, sed mores earum. Prima unicitas est fidei, sacramentorum et morum, qua caret distractus per hæreses et schismata : « Una enim fides, unum baptisma, unus Dominus, » etc. (*Ephes.* iv.) « Unam petii a Domino, » etc. (*Psal.* xxvi.) « Una est columba mea (*Cant.* ii). » In uno cubito est consummata arca. Secunda unicitas est actuum. Unde Salomon : « Fili, ne in multis sint actus tui (*Eccli.* xi). »

Imponit finem sapiens, et rebus honestis.
Et alibi :

Pluribus intentus minor est ad singula sensus.
(JUVEN. sat. VI.)

« Partire onus tuum in plures, » etc. A simili : Ergo et ab hac elicitur tertia unicitas, dignitatum scilicet, officiorum, reddituum. Si enim negatur consequens, et antecedens. Si negatur et prohibetur pluralitas actuum, ergo et pluralitas dignitatum, et hujusmodi. Plures enim dignitates vel redditus habere, est antecedens ad plures actus in illis exercere. « Qui enim non laborat, nec manducet (*II Thess.* III). » Sed et apud sæcularem judicem officium duarum tutelarum petens, suspectus habetur, ne dum utrumque attentat, neutrum bene peragat. Si ergo prohibitum est : « Ne in multis sint actus tui, » fortius prohibetur antecedens, scilicet « ne in pluribus » ecclesiis, redditibus, dignitatibus « sint actus tui. » Vide ne ab omnibus, ne a pluribus ecclesiis, redditibus, et hujusmodi ita habeatis, quod teipsum non habeas.

CAPUT XXXIV.
De unicitate mala.

Est et quarta unicitas, scilicet mala, qua quis singularitatem appetit inter alios, statuens sibi justitiam, « reputans se aliquid esse, cum nihil sit (*Gal.* VI) supra modum, vel quod non habet sibi arrogans, singularis, ferus, unicornis, superbus. De quo dicitur : « Væ soli, quia si ceciderit, » per superbiam cadens, « non habet sublevantem se (*Eccli.* IV). » Item : Omnia omnesque quæstiones, quæ de duplici matrimonio uxorum Jacob, et de subintroductis ei ancillis induci possunt, et de iis (*Genes.* XXIX), et contra tales : Jacob tamen excusatur, eo quod duas duxerit ad procurandam sobolem ad cultum Dei, ad multiplicandum populum cultus fidei. Viderint ipsi, si plures ecclesias, dignitates susceperint, ob fecunditatem et utilitatem Ecclesiæ spiritualem, potius quam obventionem et fructum temporalem. Si hæc susceperint ad multiplicandum populum in cultu Dei, ad multiplicandum filios et fructum bonorum operum in ea. Non videtur quidem verisimile, eo quod Rachel, Ecclesia aliqua scilicet, fecundior in obventionibus et temporalibus fructibus, præponatur Liæ, fecundiori tamen in fructu spirituali. Hæc enim contemnitur, illa præeligitur. Sed et Rachel Liæ ait : « Da mihi partem de mandragoris filii tui Ruben. Quæ respondit : Parumne tibi videtur quod præripueris maritum meum mihi, nisi etiam mandragoras filii mei tuleris? Ait Rachel : Dormiat tecum et quiescat hac nocte, pro mandragoris filii tui (*Genes.* XXX). » Nunc autem attitulati duabus ecclesiis, cum una et in una earum, nec una nocte « pro pluribus mandragoris et obventionibus ejus, quas præcipiunt, dormire, quiescere, legere, et cantare curant. Sed et fecundior esset Ecclesia, si singulis ecclesiis singuli ministri assignarentur. Si objicias paucitatem clericorum et ministrorum ; at hodie pluribus et indoctis, plures committuntur ecclesiæ, et doctis viris et prudentibus pluribus nulla, cum nec una uni talium deberet committi, et plures viro prudenti pro inopia bonorum, possent tradi. Sed nec uni medico plures infirmi, nec uni tutori plures tutelæ committuntur cum difficultate et periculo, multo minus plures ecclesiæ uni deberent committi, ubi vertitur periculum animarum : ibi corporum et possessionum. Item : In tales cadit maledictio Dei, de qua legitur in Deuteronomio cap. XXVIII : « Uxorem accipias, et alius dormiat, » quiescat, cantet et ministret in ecclesia. Quod sequitur, illis non convenit, sed contrarium est eis : « Plantes vineam, et non vindemies eam, seras agrum et non metas fructus ejus (*Deut.* XXVIII). » Isti autem e contrario non plantant, non pastinant, non paxillant vineam, nec lætamen apponunt, et tamen vindemiant eam, et de vino ejus bibunt : non serunt agrum, et colligunt fructus ejus, ut ei assimilentur, de quo Dominus in Evangelio ait : « Austerus homo es, metis ubi non seminasti, et colligis ubi non sparsisti (*Matth.* XXV). » Item : Si offensa generatur in ecclesia, pro marrantia et absentia alicujus per diem, qui legere vel cantare debet in ea ; quanto major si absens quis fuerit per annum, imo per decennium, vel majus spatium ab ecclesia, in qua ministrare debet? Sed maxima offensa et marrantia, est, quod unus bis legit, vel cantat in una nocte in aliqua ecclesia ; quanto major esse deberet, quod unus duabus deputaretur ecclesiis, cum in eis una die vel nocte legere, cantare, et ministrare non possit? Sed in quadam nobili ecclesia, quod turpius est, quinque vel plures dignitates sunt ditissimæ in obventionibus et redditibus, pro quibus perceptis in ea, nec per vicarium, nec per alium servitur. Non dico, non cantatur, non legitur tantum, sed nec etiam consiliis ejus assistitur. Quippe nulla personarum quinque, semel in anno præsens in ea invenitur. Item : Tales detestabiliores sunt Lamech, qui primus bigamiam introduxit (*Gen.* IV). Isti enim, non tantum bigami, sed et trigami, et tetragami, pentagami inveniuntur, et deinceps. Sed et talis quam ecclesiarum suarum relinquit hæredem omnium congregatorum in una earum, difficile erit distribuere, et relinquere singulis quæ sua sunt ecclesiis. Item Isaias cap. V : « Væ qui conjungitis domum ad domum, » ecclesiam ecclesiæ copulando, « et agrum agro usque ad terminum loci » majoris scilicet : « Nunquid habitabitis vos soli in medio terræ? » Quasi diceret : Nunquid vos soli sapientes estis, vel soli canere novistis in ecclesia propter quod plures usurpatis?

CAPUT XXXV.
Contra exteriorem Simoniam, scilicet in officiis, et dignitatibus, et redditibus Ecclesiæ.

Pestem et lepram Simoniæ, quæ vertitur circa sacramenta interiora, etiam « usque ad cornu, » et sacramentum « altaris (*Psal.* XVII) » supra suggillavimus : speciem autem ejus, quæ consistit circa exteriora : puta officia ecclesiastica, ecclesias, dignitates, redditus, personatus, et quæcunque annexa spiritualibus, sic suggillat Dominus in Evangelio Joannis c. x : « Qui non intrat per ostium, » Christum; humilis scilicet, ne erectus offendat in humilem januam, scilicet Christum, alioquin casurus erit ex alto. « Et qui non intrat » (vocatus etiam a Deo canonica **96** electione, alioquin audituros: Amice, « quomodo huc venisti, non habens vestem nuptialem?) in ovile ovium (*Matth.* xxii), » id est, in catholicam Ecclesiam, et in consortium fidelium, quodcunque videlicet collegium sanctorum : « sed ascendit aliunde, » quoquo modo præter Christum, vel non bene de eo sentiendo, ut hæreticus, vel « quæ sua in Ecclesia non quæ Jesu Christi sunt quærendo (*Philip*. ii), » ut pseudo, et mercenarius, vel Simoniacus, et :

Venditus ipse
Vendere cuncta cupit.

(Vix enim bono medio exercentur, bonove fine concluduntur, quæ malo sunt inchoata principio) « ille fur est (*Joan.* x), » quia quod alienum est, suum dicit, id est oves Dei suas dicit, si regimen animarum ei commissum est; si non : quod nor suum est, ut patrimonium crucifixi, et bona pauperum, sicut raptor absconditus, sibi usurpat, « hic est et latro (*ibid.*), » quia furatus est, scilicet oves Dei. Si regimen animarum habet, occidit seipsum, etiamsi non, et se occidit, et bona pauperum violenter rapit et detinet. « Qui autem intrat per ostium (*Joan.* x), » id est Christum, sincere, « non sua, sed quæ Jesu Christi quærendo (*Philipp.* ii), pastor est ovium. Huic ostiarius, » id est sacra Scriptura, quæ ducit ad Christum, et ab beatitudinem ejus æternam: vel Spiritus sanctus, « qui docet omnem veritatem (*Joan.* xiv), aperit » ampliorem viam ad beatitudinem, abscondita scripturarum, quæstionum, confessionum et consiliorum. « Qui enim sequitur me, non ambulat in tenebris (*Joan.* viii). » ignorantiæ vel peccati : « Et oves, » id est, prædestinati ad vitam, subjecti ejus, humiliter et devote audiunt, obediendo voci ejus, quia Christum prædicat, et quærit non aliud. Et hic « proprias oves vocat (*Joan.* x), » provocat, et exaltat in Ecclesiæ officiis et dignitatibus, nominatim ex suo nomine, ex nomine scilicet meriti, prædestinationis, vel gratiæ spiritualis (*Philipp.* iv). » De cujusmodi nominibus dicitur : « Gaudete, quia nomina vestra scripta sunt in libro vitæ (*Num.* iv). » Item : Vocavit Moyses unumquemque, scilicet ex nomine suo, non ex nomine vulgi, non ex nomine pecuniæ numeratæ, non carnalis affectus, non cujuscunque conditionis privatæ, ut generis, et hujusmodi. « Omnis enim quicunque fecerit voluntatem Patris mei, qui in cœlis est, » sive Græcus, sive Scytha, vel quicunque barbarus, « hic aptus est regno Dei (*Matth.* vii). » Et poeta :

Lectos ex omnibus oris
Evehis, et mores non quæ cunabula quæris.

(CLAUDIANUS, lib. ii, *De laudibus Stilliconis.*)
Hic « oves educit (*Joan.* x) » et emittit verbo et exemplo, « de Ægypto (*Exod.* xiii), » de peccato: « Et ante eas vadit » perfectionis consilio, et vitæ merito et exemplo. « Et oves illum sequuntur (*Joan.* x) » usque in regnum Dei, obediendo et perseverando usque in finem, quia sciunt vocem ejus « quocunque ierit (*Apoc.* xiv). Alienum autem, » (in quo non scilicet non est vox Christi, sed lucri temporalis, etiamsi bonus alias videatur)« non sequuntur, sed fugiunt ab eo, quia non noverunt vocem alienorum (*ibid.*). » Sicut autem Christus est « ostium » intrandi in Ecclesiam et militantem, et triumphantem, ita et « via. Ego sum via » in exemplo, « veritas » in promisso, et « vita » in præmio (*Joan.* xiv), et pons **97** nobis pontem faciens, et viam intrandi in Ecclesiam præsentem et futuram, Unde Epistola ad Hebr. ix : « Christus assistens pontifex futurorum bonorum, per amplius et manifestius tabernaculum non manu factum, » id est « non hujus creationis, » etc. Est autem quadruplex pons, via, vel modus intrandi in Ecclesiam, in cœtum sanctorum per Christum. Primus fuit incendium æmulorum Aaron, floritio, et fructificatio virgæ ipsius, quibus ostendebatur vocari a Domino. De cujus vocatione legitur in Numeris, cap. xvii et xviii, et Epistola ad Hebr. v : « Nec quisquam sibi sumit honorem, sed qui vocatus fuerit a Deo tanquam Aaron. » Non dico miraculos a vocatione, sed signis operum, scientiæ et virtutum, quibus Deo placere ostendatur. Secundus pons fuit vox de cœlo lapsa, qua clarificatus est Filius a Patre : « Hic est Filius meus dilectus in quo mihi complacui (*Matth.* iii). » Et per Prophetam: « Tu es sacerdos in æternum (*Psal.* cix). »

Hac vocatione vocatus est Nicolaus, Tertius pons fuit jactus sortium, quo « Matthias accepit locum ministerii et apostolatus, de quo prævaricatus est Judas, ut abiret, in locum suum (*Act.* i). » Et notabiliter notandum quod apostoli de discipulis Christi duos tantum elegerunt in apostolatus officio, quos magis idoneos esse cognoverunt, nec de his alterum apostolum nominare præsumpserunt, sed gratiæ divinæ hoc reliquerunt. Sed et Simon Petrus, si septem diaconos in dispensatores rerum pauperum (*Act.* vi), privato amore, et carnis affectu, elegisset, ut apostoli liberius vacarent orationi, procul dubio discipuli sic electos, quippe sibi inutiles, repulissent. Nunc autem ablatæ sunt sortes de medio propter vicinitates sortilegii, quibus successit canonica electio, quæ nisi pura et sincera, et sancta fuerit, præter Christum erit et sacrilega. Sed cum modo non credatur sortibus, et cæco judicio ad eligendum aliquem in archidiaconum, et hujusmodi officia modica in Ecclesia ne indignus eligatur, quomodo eis creditur ad homicidium perpetrandum per peregrina et cæca judicia?

CAPUT XXXVI.

De impedientibus sinceritatem canonicæ electionis.

Sinceritatem et puritatem canonicæ electionis impediunt e: destruunt, lepra Giezi (*IV Reg.* v), cupiditas Simonis (*Act.* viii), violentia oritarum et majorum (*Num.* xvi), aliæque plures causæ, de quibus prosequemur, quarum aliquas tangit Hieronymus in epistola sua, causa scilicet octava, quæst. i, ita inquiens: Moyses amicus Dei, « cui facie ad faciem locutus est Dominus (*Exod.* xxxiii), potuit utique successores principatus filios suos facere, et posteris propriam relinquere dignitatem, sed extraneus de alia tribu eligitur Josue ut sciremus principatum in populos, non sanguini deferendum esse, sed vitæ merito (*Num.* xxvii). At nunc cernimus plurimos hanc rem beneficium facere, scilicet, ut non quærant illos in Ecclesia columnas erigere, quos plus cognoverunt Ecclesiæ prodesse, sed quos, vel ipsi amant privato amore, vel quorum obsequiis sunt deliniti, vel pro quibus majorum quispiam rogaverit, et, ut deteriora taceam, qui ut clerici fierent muneribus impetraverunt.

Addendum etiam quod nusquam legitur Dominus sic infremuisse, incaluisse pro aliquo crimine, sicut pro monstro Simoniam. Contra hoc enim monstrum pugnaturus, ut illud de Ecclesia ejiceret, « flagello facto de funiculis (*Joan.* ii), » armatus, nativamque mansuetudinem, quasi ad horam, secundum humanitatem, exuens, « vendentes columbas in templo ejecit, et mensas nummulariorum subvertit (*Joan.* x). » Quasi diceret : Per me intrandum est in domum meam, « Ego » enim « sum ostium (*ibid.*), » non per vos acceditis ad Ecclesiam, vel spiritualia, vel annexa spiritualibus. Sic enim « domum meam, domum orationis, speluncam latronum, et domum negotiationis facitis (*Matth.* xxi). » Si ergo ita incanduit et infremuit Dominus contra figuram, quanto magis contra veritatem et monstrum Simoniæ, quod ut hodie cum monstris, quæ peperit, ejiceretur de Ecclesia, opus esset, non tantum funiculis, sed gladiis, contis et fulminibus de cœlo cadentibus? Canonicam autem electionem prædictorum trium modorum eligendi, imitatricem quippe eis succedentem exprimens in Evangelio Dominus, ait : « Venite post me, » etc. (*Luc.* ix.) « Præcepta » sine quibus non est salus, « implendo, carnem vestram cum vitiis et concupiscentiis crucifigendo (*Gal.* v). » Quia, « Si quis vult venire post me, » necesse est « ut abneget semetipsum, et tollat crucem suam, et sequatur me (*Luc.* xvi).» De crucifixis ergo eligendus est prælatus Ecclesiæ. Et quia prædicta communia omnibus non sufficiunt eligendis, subdit: « Faciam vos, » per auctoritatem, et donorum, et virtutum infusionem, ut qui præest dignitate, præsit morum honestate, et scientia polleat. Et sic, prædictis impletis et collatis, « faciam vos fieri » per ministerium, et canonicam electionem eligentium, « piscatores hominum (*Matth.* iv), » animarum, non pecuniarum. Aliter electi, vel spiritualè beneficium adepti, similes sunt sacerdotibus Jeroboam, qui de novissimis et extremis populi fecit sacerdotes idolorum : « Quicunque enim volebat, implebat manum suam, et fiebat sacerdos excelso-

rum. Propter hanc causam peccavit domus Jeroboam, et eversa est, et deleta de superficie terræ (*III Reg.* xiii). » Sed nunquid hoc fuit Simoniacum? Constat quod vendere sacerdotium legale, Simonia fuit. Si sacerdotium idolorum, quæstio est. Nisi forte ob hoc dicamus ibi inesse siniam, quod etiam « sacerdotes excelsorum, » propter sacerdotii dignitatem, necesse habebant de officio prædicare, et morum honestatem habere, sicut et veri sacerdotes.

Item Dominus in Luca, cap. xii : « Quis putas est fidelis servus, » seu « dispensator et prudens? (*Luc.* xii) fidelis, » quæ ad salutem sunt necessaria implens : Unde Apostolus : « Hæc commenda fidelibus hominibus, qui idonei erunt et alios docere (*II Tim.* ii). Idonei » vita, et scientia et facundia.

« Et prudens, » ne det « Sanctum canibus (*Matth.* vii) : Quem constituit Deus, » auctoritate sua et ministerio eligentium, canonica scilicet electione. Alioquin non mittitur a Domino, de quo, et consimilibus dicitur : « Quotquot venerunt, » scilicet non missi a Deo, « fures sunt et latrones (*Joan.* x). Sequitur : « Super familiam suam, » ut sicut præest dignitate, ita præsit morum honestate. « Ut det illis, » non ut accipiat ab eis lac et lanam, oleum et amurcam, constituitur super eos; sed potius, « ut det illum tritici, » divini verbi « mensuram, » secundum capacitatem auditorum, et hoc « in tempore. Omnia enim tempus habent. Est tempus tacendi, et tempus loquendi (*Eccle.* iii). » Prædicatio vero si assidua fuerit, vilescit. Aliter autem constituti super familiam Domini, similes sunt sacerdotibus Belis (*Dan.* xiv), qui fracto vero ostio « Christo, » quantum in se est, per furtiva ostiola (ut sordida munera, pecuniam numeratam, carnis affectum et hujusmodi) intrant ad altare, in Sancta sanctorum, comedentes, et devorantes, et asportantes oblata principum et populorum.

Talibus etiam objici potest quod dicitur in Deuteronomio, cap. xx : « Quis est homo qui ædificavit domum novam, et non dedicavit eam? Vadat et revertatur in domum suam, ne forte moriatur in bello, et alius dedicet eam. Quis est qui plantavit vineam, et necdum fecit eam esse communem, de qua vesci omnibus liceat ? Vadat et revertatur in domum suam, ne forte moriatur in bello, et alius fungatur officio ejus. Vel quis est homo qui despondit uxorem, et non accepit eam ? Vadat et revertatur in domum suam, ne forte moriatur in bello, et alius accipiat eam. » Isti autem ecclesias et ecclesiastica beneficia suscipiunt, et non dedicant eas aliquo opere, aliquo servitio, et ita moriuntur in bello. Sæpe etiam in se plantant bonam conversationem et doctrinam, sed necdum fecerunt eam communem aliis exemplo, et verbo prædicationis, et ideo revertantur in domum, et ecclesiam suam, si hæc non egerunt, antequam ad aliam eligantur. Nunc autem eliguntur qui pædagogis indigent; et cum deberent alios docere, indigent potius ab illis doceri : « Quasi modo geniti infantes, » qui despondent sibi ecclesias, et alii cognoscunt eas, et ministrando, et prædicando in illis. Item : Quanta etiam debeat esse puritas et sinceritas canonicæ electionis, patet ex verbis et figuris Veritatis ipsius. Vide quam pure et sincere electus sit Josue, quam pure et sincere alii judices (*I Reg.* x) : Saul, etiam reprobus, in regem, sed datus in ira Dei populo, etiam quia rogatus ab eo (*II Reg.* v). Vide David sanctissimum, sincerissime de post fetantes electum (*Psal.* LXXVII), » et cornu olei in regem inunctum. Vide Gedeon gastrimargos bovino more bibentes, et voluptuosos abjicere ; paucos vero et sobrios (qui in virtute procederent ad bellum contra Amalecitas, et lingentes terram) eligere (*Judic.* VII). Vide in Numeris viros a viginti annis et supra in virtute contra Madianitas pugnaturos fuisse electos (*Num.* I) : quanto magis prælati viriles ætate, animo et morum gravitate, qui in virtute procederent ad bellum contra hostes invisibiles, in Ecclesia essent eligendi? Item ex verbo eligendi. Eligere enim est de inter bona, meliora legere. Aliter eligens potius **100** negligit, vel deligit, et dejicit quam eligat. Ut autem Simonia apertius suggillari doceatur, qualemcunque assignationem, qua radices ejus notificari valent, supponamus talem. Simonia est quotiescunque ab homine fit aliquid quo non gratis vel minus gratis detur spirituale beneficium. « Fit » dico, non « est. » Consanguinitas enim a natura, a Deo est, non fit ab homine. Cum autem naturæ datur spirituale beneficium, non gratiæ, « caro et sanguis hoc revelat (*Matth.* XVI) » sic danti, non spiritus : nec est hæc Simonia, sed peccatum alterius generis et mortale. Utrum autem, qui sic accipit spirituale beneficium, præpositus magis digno, in ecclesia, teneatur illud resignare, non diffinio. Maxima enim strages oriretur in ecclesia, hoc dicto. Fit dico aliquid indebitum, puta munus, vel obsequium sordidum præstitum, vel præstandum. Debitum obsequium excluditur, ut, cum quis vocatus in partem sollicitudinis ad sumptus episcopi militat Ecclesiæ, ut sic constet episcopo de dignitate, scientia, virtutibus et bonis moribus ejus, quibus prædito confert ecclesiasticum beneficium, nec ideo minus gratis. Per adverbium autem excluditur ejus exspectatio muneris, vel obsequii, vel beneficii spiritualis conferendi vel collati, sive intervenerit pactio, sive non. « Deus enim videt in corde (*I Reg.* XVI) ; » pactio autem et causa sine qua non posset officium sacerdotale exerceri in ecclesia, non excluditur. Paciscitur enim episcopus vel sacerdos cum patrono de necessariis naturæ inveniendis ministris altaris ante dedicationem ecclesiæ. Complectitur autem hæc descriptio pestem Simoniacam et lepram Gieziticam, non autem Coriticam violentiam, quæ frangit ostium ecclesiæ. Pejor est duabus primis pestibus. Mallem esse fur quam latro, Simoniacus quam Corita per preces et extorsiones principum.

CAPUT XXXVII.
De quatuor generibus spiritualium.

Sunt autem quatuor genera spiritualium. 1° Sunt enim spiritualia per quæ habetur vel habere præsumitur Spiritus sanctus, ut virtutes et miracula. 2° Sunt etiam spiritualia, per quæ confertur, vel collata augetur Spiritus sancti gratia in aliquo, ut ecclesiastica sacramenta (*vide notas*) præter matrimonium, ordines, officia etiam ecclesiastica. 3° Spiritualia sunt annexa spiritualibus, puta adjuncta personis ecclesiasticis vel ecclesiis, ut dignitates, decimæ, primitiæ agri, redditus ecclesiæ. 4° Spiritualia dicuntur vasa, et vestes ecclesiæ consecrata. Prima impetrabilia sunt, et de jure, et de facto. Secunda, de jure, licet non de facto. Venduntur enim, sed Simoniam pariunt. Tertia, impetrabilia sunt de jure, nisi in casibus, de quibus alias dicetur. Quarta, si conflari possunt, conflata omnibus vendi possunt ; sin autem tantum personis **101** ecclesiasticis, non viris laicis. Prohibemur enim in consecratione distinctione quinta, Deo semel dicata, etiam ligna et lapides ecclesiæ consecrata in communes usus redigere.

Quod temporalia pro spiritualibus offerri possunt, videtur ex Numeris cap. XXXI in fine : Accedentes filii Israel ad Moysen dixerunt : « Ob hanc causam offerimus in donariis Domini, singuli quod in præda auri potuimus invenire periscrelides, armillas, annulos, dextralia, murenulas, ut depreceris pro nobis Dominum. » Ergo pro tricenariis, anniversariis, et hujusmodi, licet exigere, et dare pecuniam ? Non est ita. Hujusmodi solutio sumitur ex hoc quod sequitur : « Susceperunt Moyses et Eleazar sacerdos omne aurum oblatum, et susceptum intulerunt in tabernaculum testimonii, in monumentum filiorum Israel coram Domino. » Ex quo patet quia potest pecunia dari ecclesiæ in memoriale et excitamentum ejus, in signum devotionis petentis suffragia Ecclesiæ, et in exemplum aliorum ; nec datur pro spiritualibus. Ita enim et Petrus in cœlo orat pro aliquo, videns illum devotione et opere vicinari Deo, sicut Ecclesia, pro signo devotionis et operis sic petentis orationes, et suffragia ejus. Ergo ea ratione licet mihi dare Ecclesiæ, ut in ea intituler, præbendas et redditus accipiam ? Non est ita. Alia enim ratio hinc inde reformat pactum. Suffragia enim et orationes Ecclesiæ necessaria sunt ad salutem ; citra autem ecclesiasticos redditus est salus ; æque autem aggregandus est suffragiis Ecclesiæ, qui minus vel nihil dat, sicut et qui plus dederit, cum devote et ex affectu ea petierit, alioquin turpis quæstus et venalitas videbitur in ea. Secundo, datur pecunia ecclesiæ in necessitatem, et sustentamentum naturæ ministrorum et inventionem luminarium ecclesiæ, et hujusmodi, sine quibus officium divinum in ea rite non celebrabitur. Tertio, quandoque datur in ecclesia pecunia (quæ tunc expendenda est in pias causas, alioquin cupiditas eam exigit non justitia), non pro spiritualibus et abselutione conferenda, sed pro pœna peccati in supplicium. In primo casu excluditur omnis pactio et conditio. In secundo admittitur pactio, ut scilicet sacerdos paciscatur cum patrono de necessariis vitæ inveniendis. Sic etiam sacerdos carens beneficio ecclesiastico, pacisci potest cum alio, ut ministret in ecclesia ejus, dum moram fecerit in scholis super necessariorum inventione sufficientium tali officio exsequendo; ut scilicet habeat non tantum unde vivat, sed unde pauperes pascat, ut quod prædicat ore, confirmet opere. Similiter in tertio casu admittitur pactio, quæ tamen cum sit [forte fit] sive in secundo casu, sive in tertio, sic fieri debet, ne propter eam infirmi scandalizentur. Turpis pactio, inhonesta et cupida semper excluditur. Cum autem officia ecclesiastica sint de genere spiritualium, sicut sacerdos vendens officium suum, puta locando se, et operas suas, et opera sua, et instrumenta ecclesiæ, etiam benedictione nuptiali committit, Simoniam. Sic qui dignitatem pauperem, personæ suæ insufficientem, pro emolumento temporali illi adnectendo, in ecclesia suscipit, alias **102** non submissurus collum jugo, oneri et officio dignitatis illius exsequendo, nisi propter augmentum reddituum extrinsece additum, vel addendum, notam et indicam, non tantum venalitatis officii, sed personæ suæ ad hoc exsequendum. Turpius autem est se ipsum vendere, onam aliquod extrinsecum. Item ad idem, causa 1, q. 2 : « Quam pio mentis affectu, » etc. Utrum autem sic habitam dignitatem, vel ecclesiasticum beneficium teneatur resignare, quæstio est. Sicut autem pactio vocalis in spiritualibus indicia est venalitatis et effectiva Simoniæ coram hominibus, ita et pactio mentalis coram Deo et angelis, qui nonnisi mentaliter loquuntur. Sic ergo consistit Simonia in exspectatione muneris accipiendi, et in conceptione ejusdem dandi, et in spe utriusque partis, dantis scilicet ecclesiasticum beneficium, et sperantis retributionem, et accipientis, vel in spe accepturi beneficium ecclesiasticum. Dare autem, est quandoque ita et accipere. Utrum autem sic adeptus beneficium ecclesiasticum teneatur illud resignare, quæritur. Sed cum exspectatio et conceptio munerum pariant Simoniam, quæ erit differentia inter Simoniam et lepram Giezilicam in hoc casu ? Simonia quidem committitur in voluntate, tum concipientis dare, tum exspectationis accipere; lepra vero Giezitica in opere tantum, scilicet cum datur, vel cum accipitur, Item : Si exspectatio tantum intervenerit dum accipiens ecclesiasticum beneficium, a tali sciverit per conjecturas eum exspectare retributionem, licet non conceperit ille dare, turpis est ingressus ejus in illud beneficium, quia non gratis est sibi collatum. Sed nunquid tenetur illud resignare? Si autem nesciverit quod munus exspectet, si indiguerit prælatus, poterit et debet ei dare, et subvenire. Sed nunquid particula, vel frustulum reddituum ecclesiasticorum collatum a sacerdote alicui, si ille illud vendiderit, Simoniacus erit? Non; cum talis pecunia æque competat laico, sicut et clerico. Etsi enim pecunia ecclesiæ a sacerdote detur alicui, quandiu viveret habet quasi in annuam pensionem, ille tamen non idcirco alligatur divino, vel ecclesiastico officio exsequendo.

CAPUT XXXVIII.
Quot modis committitur Simonia?

Committitur autem Simonia fractura ostii, quod est Christus, tripliciter : Munere a manu, a lingua, ab obsequio. Quæ distinctio ex *Moralibus* Gregorii (lib. IX, cap. 17) super illum locum Jeremiæ (cap. XLVIII) haberi potest : « Maledictus omnis qui facit opus Dei fraudulenter, » scilicet, pro rei corporalis præmio, vel pro laudis verbo, vel humani judicii gratia. Est enim nummus vanæ gloriæ, est nummus elationis, est nummus cupiditatis, est nummus sordidæ obsecutionis. Sed de hoc ultimo quæritur, si sine expressa pactione pariat Simoniam? Ita quidem. **103** Sed nunquid impensa obsequii honesti? Videtur quidem velle hoc philosophus, dicens (SENEC., epist. 42) : Hoc itaque in his quæ affectamus, ad quæ labore magno contendimus inspicere debemus, aut nihil in illis commodi esse, aut plus incommodi.

Quædam supervacua sunt, quædam tanti non sunt. Sed hæc non providemus, et gratuita nobis videntur, quæ charissime constant. Ex eo licet stupor noster appareat, quod ea sola putamus emi, pro quibus pecuniam solvimus; ea gratuita vocamus pro quibus nos ipsos impendimus, quæ emere nolemus, si domus nobis nostra pro illis esset danda, si amœnum fructuosumque prædium. Ad ea paratissimi sumus pervenire cum sollicitudine, cum periculo, cum jactura pudoris, libertatis et temporis. Adeo nihil est cuique se vilius. Idem itaque in omnibus consiliis rebusque faciamus, quod solemus quoties ad institorem alicujus mercis accessimus. Videamus hoc quod concupiscimus, quanti deferatur. Sæpe maximum est pretium, pro quo nullum datur. Multa tibi possum ostendere, quæ acquisita acceptaque libertatem nobis extorserunt. Nostri essemus, si ista nostra non essent. At videtur loqui de labore consequente collatum beneficium, non antecedente. Item : Nummus cupiditatis cum expressa pactione, et sine expressa pactione, cum prava spe exspectationis et conceptionis dantis et, accipientis parit Simoniam. Usuram ergo et nummus obsecutionis citra pactionem? Ita quidem, si impensa obsequii sordida fuerit. Si honesta, puta, si dans beneficium ecclesiasticum in accipiente respicit gratiam, scientiam, probitatem, Christum scilicet potius quam temporalem utilitatem sibi præstitam per obsequium impensum, non erit Simonia; sed nec ipse hoc intuitu, ut temporale præmium recipiat, ei obsequatur. Item : Quæritur, si pactio mentalis, cum spe utriusque partis dantis et accipientis scilicet, indebita saltem apud Deum, faciat in fraudem Simoniæ, pariatque ingressum vitiosum in spirituale beneficium; verbi causa :

Si patruus senex nepoti suo probo, etiam honesto, dederit ecclesiam suam, alias non daturus nisi sub spe percipiendi obventiones et fructus illius ecclesiæ quandiu vixerit, nec ille alias accepturus spiritualem, nisi dederit fructus illi annexos, danti (et si sic habens ecclesiasticum beneficium) teneatur illud resignare. Constat tamen quod juramento interposito, vel interponendo super concessionem perceptionis fructuum, et ita vocali pactione mediante ingressus talis sit vitiosus. Sed nunquid electio alicujus, si juraverit, vel se juraturum promiserit, quod consuetudines illius ecclesiæ servabit, et hujusmodi? « Beatus autem qui fuerit pavidus in talibus (*Prov.* xxviii). » Item : Quid si aliquis administrationem dignitatis ecclesiasticæ alicui contulerit, alias non collaturus, nec ille accepturus, nisi redditus illius ei concesserit usque ad tres annos ad maritandum sororem accipientis beneficium illud, ut et sic accipiatur spirituale, et detur temporale? Item : Quid de resignante ecclesiam vel præbendam, ut eam conferat nepoti suo, quem prælatus cogit jurare, quod patruum non offendet, **104** sed ei necessaria vitæ ex obventionibus ministrabit; quod multi approbant, cumque ingratum reputant, qui patruo aporiato necessaria ministrare renuit ; quasi ea spe et eo intuitu ille hoc beneficium recepisset, et alius eodem intuitu ei contulisset? Item : Si prælatus non alias daturus nepotibus suis minoribus beneficia ecclesiastica, nisi si ad hoc idem ei parumper cogat caro, nisi obventiones et fructus percipiat? In his omnibus casibus quæritur si vitiosus fuerit ingressus, et Simoniacus ? Item : Qui unum duorum spiritualis scilicet beneficii, et ei annexi vendit, neutrum invenditum derelinquit, et qui unum emit, neutrum inemptum relinquit ; ergo qui unum dederit et reliquum, et qui unum acceperit et reliquum. Sed prælatus aliquis alicui confert dignitatem ecclesiasticam, alias non collaturus, nisi fructus ejus impignoraverit ad emendum, vel redimendum agros, vel redditus ecclesiæ, vel in fabricam, vel sumptus ejus concesserit ad tempus ; ergo alterum recipit, et non reliquum, quia non statim. Eadem est objectio de annalibus, biennalibus, triennalibus, et hujusmodi, quæ omnia videntur facere in fraudem Simoniæ. Illic distinguunt quidam dicentes sequestrationem rerum ecclesiasticarum factam communi auctoritate Ecclesiæ, et ob utilitatem ejus, licitam esse; provenientem autem ex propria utilitate, et cupiditate episcopi Simoniacam. Item : Hac eadem regula : « Qui unum vendit, » etc., convincitur alios perciperе Simoniace, et ad minus injuste fructus præbendæ alicujus per annum, et aliud spirituale, cui annexi sunt fructus, sive in illo anno servierit in ecclesia canonicus institutus, sive non. Si non servierit, ergo percipientes fructus sic, subtrahent ecclesiæ illi perannum, et servitorem, et servitium ? Si servierit, ergo subtrahunt annexum spirituali, et « alligant os bovi trituranti (*I Cor.* ix), » sicque serviens altari, non vivit de altari, et seminans spiritualia, non metit carnalia ? Credo autem quod sic coram justo judice ventilaretur hæc causa; tali, saltem portionem redditnum, unde vivere posset, assignaret. Injustum enim est integritatem spiritualium aliquem habere ut cantandi in choro, intrandi capitulum, ministrandi ad altare, et non integritatem annexorum eis. Talia enim nec, etiam in pias causas, licet expendere. De communi autem portione ecclesiæ, posset quidem eleemosyna hujusmodi annua monasteriis, vel aliis locis religiosis assignari ; de portione autem spirituali, et singulari alicujus de ecclesia, non posset.

Cum autem pactio mentalis ex parte utriusque proveniens, faciat vitiosum ingressum, magis facit vitiosum ex parte dantis ecclesiasticum beneficium. In manu enim ejus et voluntate est dare illud vel non. Ille est ostium per quod intratur bene vel male, videat ne corrumpatur, quo minus gratis dotur. Si autem accipiens habuit voluntatem dandi munus per se vel per alium, dum non dederit, eique prælatus contulerit beneficium ecclesiasticum sincere et sine spe aliqua muneris, accipiet illud pœnitentiam agens super prava voluntate sua, nec erit vitiosus ejus ingressus, cum sinceritas ostii maneat. **105** Gratis enim accepit, et ille gratis dedit. Et si enim pravam et Simoniacam, quo ad Deum, habuit voluntatem, pœnitendo de illa, cum eam ad effectum non perduxerit, nihil Simoniace acquirit vel possidet.

Quemadmodum si in voluntate haberem quod emerem a te filiam tuam mihi in uxorem; tu autem gratis eam mihi dares, gratis et sine emptione eam haberem uxorem. Item : Si furtum ecclesiæ esset occultum judicio ejus secreto, judicio videlicet confessionis, simpliciter furtum est, sicque ablatum a confessore præcipitur restitui; ergo Simonia occulta mentalis, scilicet judicio ecclesiæ interiori, non exteriori, Simonia est; et adeptum sic beneficium, furtive scilicet et occulte resignandum. Confessor enim judex interior judicare debet restituendum, cum Simonia, quo ad Deum , commissa sit ; judex vero causarum et exteriorum non judicabit hoc esse Simoniam, nisi reus publice hoc confessus fuerit, vel super hoc convictus. Item : Sit, quod aliquis accedens ad ecclesiam vel monasterium, dicat : Offero me et mea huic ecclesiæ, vel monasterio ad serviendum in eo perpetuo, si sine distinctione recipitur, sanus erit ingressus ejus. Si autem plura quam oblata ab eo exigantur, vel si distinguatur inter sua et illum, ut sua scilicet sint causa cur recipiatur, vitiosus erit ingressus. Si autem inter sua et illum distinguatur, ut scilicet ille sit causa, cur sua cum ipso recipiantur, sanus et licitus erit ingressus. Si autem monasterium eguerit, ita quod offerentem se illi, sine pecunia recipere non possit vel sustentare, spiritualem fraternitatem ei concedat, non corporalem; vel in exceptionem paupertatis suæ, et sustentationem vitæ illius exigere potest ab eo, ut eum recipiat, et temporales redditus, quibus tantum sustentetur dum vixerit. Quod si perpetuos exegerit, jam manifesta cupiditas vitiosum facit ingressum. Ex his autem liquet non debere construi, vel fundari aliquod monasterium, sine certo numero agrorum, pecorum et personarum. Cum enim ista augmentum susceperint, nonnisi difficile laqueos et cupiditates Simoniæ vitare poterit. Quid si familiaribus episcopi mihi non benevolis dedero, ne famam meam apud eum lædant, sed sileant, nec juvent ut mihi conferatur beneficium ecclesiasticum? Signum taciturnitatis cum habeant consulere episcopo vitiosum facit ingressum. Quid si non sint familiares episcopi, et tamen eis dedero, ne famam meam incrustent? Non propter hoc erit vitiosus ingressus. Sed nunquid si dedero ostiario episcopi, ut ingrediar in capellam ejus, ubi ordiner? Non, cum ordo jam mihi debeatur examinatione, meique susceptione in matricula quæ præcessit, etiamsi non præcesserit examinatio, vel susceptio, et tamen hujus causa spe ordinandi si ingressus fuero, quia dignus sum ordinari, non erit vitiosus ingressus, si propter hoc ei dedero, quia nulla penes eum est cura de ordinibus. Extendit autem Simonia ramos suos ab altaribus in quibus radicata sedet, et nidificat usque ad fores et introitum ordinum conferendorum. Assistit enim capellanus ordinatoris, **106** ut, ordine collato, statim rapiat forcipes, et manutergium de manibus ejus, cur accipiat consuetudinem allegans; conquerens etiam quod non a singulis ordinatis singula manutergia accipiat; et sæpe quod mutuo accepit vidua, rapit manus ejus sacrilega. Archigallus etiam causa præsentandi ordinandum in subdiaconum tres solidos, in diaconum quinque vel quatuor, in sacerdotem septem in pastum exigit. Sicut autem emere vel vendere principale est Simonia, ita et accessorium, et omnia ei adjuncta ex officio ecclesiastico debita ei, cui confertur principale. Ergo vendere sigillum canipulum, justitiam, ceram, et hujusmodi, nisi paupertas excuset, Simonia est. Unde Gregorius (homil. 39) super Lucam (cap. XIX) ibi : « Et ingressus in templum cœpit ejicere vendentes et ementes in illo. » Multi, dum pro religionis habitu, sacrorum ordinum locum percipiunt, religionis officium in mercimonium terrenæ negotiationis convertunt. « In templo columbam vendit (*Joan.* II), » qui hoc quod quibusdam jure competit ad præmium largitur. « Justitiam vendit, » qui hanc pro præmii acceptione servat. « Emit in templo, » qui cum hoc, quod proximo jure debet, negat, dato patronis præmio ut injustam causam foveant, emit peccatum. Quibus dicitur : « Fecistis domum meam speluncam latronum (*Matth.* XXI; *Luc.* XIX). » Per malitiam enim et cupiditatem occidunt ubi vivificare deberent. Item : Quæritur, si emere fraternitatem istam vulgarem a qua quis expellitur non soluto promisso, Simonia sit? Videtur quidem cum spiritualibus annexa sit, ut missarum solemniis, et suffragiis, et orationibus fidelium; hoc tamen non diffi-

nimus. Item : Si abbatem emere mitram, emancipationes, et hujusmodi, ne episcopo subjiciatur, Simoniacum sit. Videtur quidem, quia ista annexa sunt spiritualibus, quod quidem est. Cuilibet autem etiam in spiritualibus licet redimere jus suum. Unde projice pecuniam, ut emas tibi paradisum. Item : Quæritur si Simonia est dare procurationem, vel redditus collegio, ut celebret festum sancti alicujus in duplicibus, quod prius nonnisi simpliciter celebrabat, vel etiam pro decantando hymno novo, insueto, et hujusmodi. Nec hic omnimoda puritas est. Beatus Thomas Cantuariensis, ut Simoniam a domo sua penitus amoveret, instituens magistrum Arnulphum cancellarium, cum juramento astrinxit, quod nec cum pactione, nec sine pactione, usque ad canipulum pro officio cancellariæ administrando acciperet.

CAPUT XXXIX.
De pœna Simoniacorum.

Sequitur de pœna Simoniacorum. Giezi pro immanitate criminis percussus est lepra (*IV Reg.* v). Simon damnatus in gehenna. In præsenti damnationis ejus data est sententia. « Pecunia tua tecum sit in perditionem (*Act.* VIII). » Quidam etiam pro libertate Ecclesiæ redimenda vendens principibus jura, et beneficia ecclesiastica, **107** consueta privatus est prædicandi gratia. Alius dum conferret ordines, dicens : « In nomine Patris et Filii, » defecit in tertio signo. Obmutuit enim cum debuit invocare « Spiritum sanctum. » Quasi diceret ei : « Gratis accepistis, gratis date (*Matth.* X). » Accessorium etiam sicut et principale. Unde Cyriacus diaconus oblatis ei muneribus, ut veniret curare filiam Saporis regis, ait : Absit mihi Christi gratiam per me esse venalem! Præcedite, inquit nuntiis, non ascendam equum, sicut nec Christus, sed pedes sequar vos. Quædam etiam mulier religiosa fere penitus nihil manducans, et in exstasim, et visionem angelicam sæpe rapta, dum sub obtentu ædificandæ capellæ, et agrorum emendorum ad opus monasterii illius, dona ab offerentibus susciperet, gratiam pristinam, et spiritum propheticum, et allocutionem amisit angelorum. Et alii aliis modis plurimis a Deo graviter puniti sunt.

CAPUT XL.
De commutatione spiritualium.

Sequitur de commutatione spiritualium, quæ emptionis et venditionis contractui vicinatur. Unde et notam Simoniæ facere videtur. Commutatio etiam mercium in quibusdam provinciis, ubi copia monetæ non est, locum tenet contractus emptionis et venditionis, ut pro merce merx, pro animali animal accipiatur. Sic et commutatio in spiritualibus, emptioni et venditioni non multum videtur absimilis, et quod faciat Simoniam. Hac ratione, commercio, pactio commutationis (propter quam resignatur beneficium ecclesiasticum, propter quam etiam, et per quam aperitur ingressus in aliud) Simoniam facit, inter episcopum dantem, conscium tamen hujus commutationis, et inter resignantem benefi- cium, quod episcopus proprio nepoti confert. Ergo et inter resignantes, etiam citra conscientiam dantis episcopi, in quo casu (scilicet episcopo inscio pactionis hujus commutationis) beneficium illud non Simoniace dabit nepoti suo, ille tamen Simoniace illud acquiret. Item : Per hujusmodi commutationem, præcipue decimarum redemptarum a manu laicali, et reddituum ex loculis provenientium, quodcunque ecclesiasticum beneficium haberi potest, et ita omnes præbendæ ecclesiæ alicujus per commutationem talium, non Simoniace comparari possunt, quod tamen falsum est. Item : Deuteronomii cap. xxii, « Si quis habuerit uxorem, et quæsierit occasionem dimittendi eam, postquam seniores civitatis hoc cognoverint, » secundum legem eum punient, et ob utilitatem illam ei in uxorem, « ita ut non possit eam dimittere omni tempore vitæ suæ. » A simili ergo : Si iste legitime sortitus est ecclesiam, et quærit occasionem ut eam dimittat, quia alia pinguior est et uberior, secundum pœnam constitutam in canonibus puniri deberet, et in ea manere omni tempore vitæ suæ.

108 Nota tamen quod commutatio et personarum et beneficiorum, auctoritate Ecclesiæ facta, et ob utilitatem ejus, admittitur : quæ vero fit propter temporale commodum, ubi attenditur scilicet magis propria utilitas quam Ecclesiæ, nævum habere videtur. Nolo tamen « os meum in cœlum ponere (*Psal.* LXXII), » ut asseram hoc esse Simoniacam, cum summus pontifex Alexander II hujusmodi commutationem fieri ex dispensatione concesserit, nescio sive in scripto, sive sine scripto. Item Dominus : « Gratis accepistis, gratis date (*Matth.* x). » Et item idem alibi : « Si invitatus fueris ad cœnam, recumbas in novissimo loco, expectans quousque dicatur tibi : Amice, ascende superius (*Luc.* xiv). » Et Apostolus. « Nemo sibi sumat honorem, » etc. (*Hebr.* v.) Ex his tribus colligitur, « quod gratia, nisi datur gratis, non est gratia (*Rom.* xi). » Sed eritne medium inter : « A Deo vocari, et sumere sibi honorem? » (*Hebr.* v.) Absit ! Non enim a Deo vocaris, nisi per eum ascendas, nisi gratis accipias, scilicet ut nihil tuum interpretans, tibi sumis honorem. « Aliunde intrans quam per ostium (*Joan.* x), » aliunde ascendens, ab alio quam a Deo vocaris. Sed quid si fractura ostii tantum sit in voluntate, et non in opere? Pœniteas de voluntate et beneficium acceptum, licet cum voluntate mala, retineas, gratis tamen datum. Non minus enim accipiam codicem tuum, si gratis illum mihi dederis, licet proposueris illum emere. Constat ergo ex his quod pactio super augenda pensione (maxime habita inter claustrales, cum curam animarum non habeant, et vicarium perpetuum institutum, vel instituendum) Simoniam facit; si inter clericum sæcularem et vicarium perpetuum quæstio est. Tutius enim esset quod assignatæ et certæ pensiones essent utriusque. Pactio autem inter talem et vicarium temporalem non facit Simoniam, quia necessitate excusatur.

CAPUT XLI.
De Coritis.

Sequitur de Coritis. Cujusmodi sunt qui per preces et violentiam sæcularium principum, sive ecclesiasticorum in Ecclesiam introduntur : et hoc, vel quia damnum rerum temporalium timetur, vel damnum corporis, vel serviliter timentur principes. Sic autem intrusi majus peccatum habent, quam Simoniaci. Sicut enim latro pejor est fure, quia hic occidi, ille fustigari præcipitur, sic et Corita Simoniaco; quia hic in pace, scilicet data pecunia, intrat ecclesiam; Corita vero per violentiam, frangendo ostium. Si ergo, ubi non delinquimus pares sumus, si jubetur nobis non dominari in clero, sed dicitur nobis : « Et dominamini piscibus maris et bestiis terræ (*Gen.* i), » id est bestialiter viventibus tantum, non illis qui recte vivunt, qui non commiserunt aliquid super quo corripi debent; cum etiam major dominus feuda minoris domini non possit dare, vel ei præcipere ut det, nec major prælatus minori, ut det ecclesiasticum beneficium. Sed nec dare, cum illius sit illud dare, nisi in casu, scilicet **109** in pœna male dantis ecclesiasticum beneficium, tunc ei præcipere posset, ita ut meliori daretur. Aliter præcipientes et hujusmodi emancipationes et exceptiones ab obedientia minoris prælati procurantes, sanctitatem vel sinceritatem ostii, non videntur servare, sed particularia schismata inducere, ex quibus conflabitur illud universale schisma, et separatio a Romana Ecclesia. De qua Apostolus : « Nisi venerit discessio primum, et revelatus fuerit homo peccati, filius perditionis, qui adversatur et extollitur super omne quod dicitur Deus, aut quod colitur, ita ut in templo Dei sedeat, ostendens se tanquam sit Deus (*II Thess.* ii). » Hoc autem dico potius timendo et dubitando, quam asserendo, « ne ponam os meum in cœlum (*Psal.* LXXII), » maxime cum omnes res Ecclesiæ sint in potestate majoris prælati, tunc tamen cum minor prælatus delinquit.

CAPUT XLII.
De pœna Coritarum.

Sequitur de pœna Coritarum. Core, igne de cœlo misso combustus est in signum æterni ignis temporale secuturi (*Num.* xvi), eo quod violenter sibi usurpavit officium sacerdotale. Ozias etiam, quia indebite tetigit thuribulum tanquam si sacerdos esset, lepra percussus est (*II Paral.* xxvi) : ita et Oza arcam (*II Reg.* vi), et Maria soror Aaron ob solam detractionem (*Num.* xii).

CAPUT XLIII.
De sanguinitis, qui ædificant Sion in sanguinibus.

Sicut autem lepra Giezi (*IV Reg.* v), sinceritatem ostii per quod intratur in Ecclesiam, et spirituale beneficium corrumpit, sic carnis caro et sanguis. Cum enim datur et sanguini, non gratiæ datur, sed naturæ. « Gratia enim, nisi gratis detur, non est gratia (*Rom.* xi). » Sicut ergo impedimentum est lepra Giezi, quo minus datur gratis ecclesiasticum beneficium, ita et hic caro et sanguis videtur impedimento esse. Hæc autem potius objiciendo et opinando induco quam asserendo. Sic dantibus objici potest quod similes sint Judæ, qui loculos habuit duplices, Domini scilicet, in quibus erant res pauperum, et proprios in quibus mittebat quæ asportabat uxori et liberis. Qui si propter furtum, quasi unius diei commisit sacrilegium, cujus merito meruit suspendi laqueo (*Joan.* xii), quanto magis furtum et sacrilegium committit, qui patrimonium crucifixi, pauperibus erogandum, non dico ad horam, dat carni et sanguini, sed officium dispensandi res pauperum, dum vixerit, nepoti committit; quem etiam inde **110** sumptus facturum esse novit, non in usus pauperum, sed in ambitionem, vanitatem, et sæculi luxus, sicque fraudaturum, et spoliaturum pauperes, imo Christum rebus, et bonis suis? Item : Cum de intrantibus in Ecclesiam per ostium dicatur : « Qui non ex sanguinibus, neque ex voluntate carnis, sed ex Deo nati sunt (*Joan.* i): » de intrantibus per carnem et sanguinem dici potest : Qui ex sanguinibus, et ex voluntate carnis, non ex Deo, nati sunt, in ordinum et beneficiorum ecclesiasticorum perceptione. Plures autem sunt nativitates nostræ. Sicut enim nascimur in baptismo Deo, ita et in sacramentorum aliorum perceptione. Tales nequeunt dicere : « In manibus tuis sortes meæ (*Psal.* xxx). » Non enim consideratur voluntas et beneplacitum Dominicum, sors et hæreditas Christi eis confertur. Item : A talibus non jacitur sors super tunicam Domini inconsutilem, ut sortiantur cujus sit; sed scindunt eam, nec sortem requirunt (*Joan.* xix). Non enim jacitur sors cum relinquitur hæreditas certa successori, et ii sanguine, et quasi jure hæreditario, non sorte Domini succedunt in patrimonium crucifixi. Item : Ii quasi crucifigentes Dominum membris ejus pauca vel nulla erogando, utinam dividerent vestimenta sua, mittentes sortem super eis quis quid tolleret. De talibus ait Michæas : Væ illis « qui ædificant Sion, » scilicet Ecclesiam, « in sanguinibus (*Mich.* iii), » in peccatis : in carnalibus etiam affectibus dantes carni et sanguini, potius ad destructionem Ecclesiæ, quam ad ædificationem. Hi sunt velut upupæ, quæ nidificant in stercoribus suis. Sic danti ecclesiasticum beneficium potest objici : Quia « caro et sanguis revelat ei » sic dare, non « Pater meus qui in cœlis est (*Matth.* xvi). » Item : « Qui non odit patrem et matrem propter me, » id est, non postposuerit carnales affectus, quod non illi in dando spirituale naturæ, et ideo « non sunt digni Deo (*Luc.* xiv). » Item Dominus : « Qui sunt pater, et mater mea, et fratres mei? Et extendens manum in discipulos, ait : Hi sunt mater, et soror, et fratres mei (*Matth.* x). Omnis enim qui facit voluntatem Patris mei, ipse est, et frater, et soror, » etc. (*Matth.* xii.) Quasi diceret : Vir spiritualis carnales nescit. Ac si diceret patri et matri : « Nescio

vos (*Matth.* xxv), » insinuans nobis se esse imitandum maxime in spiritualibus conferendis. Ob hoc etiam Petrum et de alia tribu genitum Joanni præfecit (*Joan.* xxi). Item Hieronymus : Moyses amicus Dei, etc., supra in hoc eodem titulo fere in principio. Item : Si unus ex septem diaconibus, in septimana vicis suæ non distribuisset pauperibus, « prout unicuique opus erat, » quorum « erant omnia communia (*Act.* iv), » sed reservaret ea vel partem illorum, quo minus pascerentur pauperes, uxori et liberis : Quis adeo mentis expers est, ut non credat illum statim esse percussum a Petro, eodem fulmine et terrore, quo Ananias et Saphira, eadem etiam maledictione, qua Simon Magus percussus est? (*Act.* v.) Nepotem ergo tuum in columnam Ecclesiæ non erigas, tamen ecclesiasticum beneficium, unde sustentetur, ei assignare potes. Sed quid si æque honestus est, et dignus, ut extraneus? Sed et hoc periculosum est, nisi probitas ejus exigat, et excludat omnem infamiam, scandalum et malum exemplum, quod de facili non sit. **111** Non enim exemplum a bene gestis nostris sumitur, sed a cortice, specie et superficie illorum, non a veritate. Si enim dedi nepoti meo propter gratiam, alii meo utentur exemplo, ut dent suis propter naturam magis, quam propter gratiam, dicentes : Nonne meis, sicut et ille suis dabo? ego gratiæ, ille det naturæ. Ex præmissis patet, quantum recesserimus a cunabulis primitivæ Ecclesiæ in conferendo administrationem, et dispensationem rerum pauperum, consuetudinem potius quam antiquos sanctos sequentes, quasi præscriptione nos tuentes. Sed sic adeptus ecclesiasticum beneficium, poteritne secure mori in eo, scilicet sine resignatione ejus? Non est meum hoc definire, ne « in cœlis ponam os meum. »

CAPUT XLIV.
Contra eos qui exuunt se a jurisdictione suorum prælatorum.

Coritis similes sunt ii, qui quasi per quamdam violentiam eximunt, et subtrahunt se a jurisdictione et obedientia minoris prælati, auctoritate majoris (*Psal.* lxxii). Quibus quasi schismaticis obviare videtur illud Apostoli in prima Epistola ad Corinthios cap. xii, de unitate, et mutua et debita officii exhibitione membrorum humani corporis sibi invicem subministrantium. Cum enim plura membra sint in humano corpore sibi necessaria et subservientia, ne pereat corpus, quod fieret si omnia membra essent unum membrum, « non potest dicere oculus manui : Opera tua non indigeo; aut caput pedibus : Non estis mihi necessarii, » nec excellentius membrum inferiori potest præcipere, ne sit aliis necessarium, ne serviat et obediat mediis : ergo multo magis in membris Ecclesiæ spiritualibus debet hæc unitas observari, ne fiat exemptio et subtractio officii, vel obedientiæ alicujus membri a jurisdictione, et servitute, et regimine minoris auctoritate et in utilitate majoris. Item : Sanctus Bernardus in libello authentico et utili, qui inscribitur *De consideratione* (lib. III, in fin.) : Si Saraphim præcipere vellet thronis et dominationibus ne essent inferiores cherubim, nec illi ordini, ut superiori, subjecti, sed quasi prima fronte sibi responderent : Nunquid hoc sustineret ille monachus, qui eos sic ordinavit, scilicet, ut unus ordo alio esset inferior? Absit! sed gravius, sicut credo, vindicaret in illum, quam vindicatum sit in Luciferum, dominationem et exemptionem a jurisdictione Domini appetentem (*Isa.* XIV). Qui cum primus esset « in deliciis paradisi (*Ezech.* XXVIII), » ob hoc dejectus manet novissimus in suppliciis inferni. Item : Refertur et legitur idem Bernardus in zelum hujus enormitatis et exemptionis ab Ecclesia eradicandæ multum affectasse sedere in sede papatus per triennium propter tria maxime : scilicet propter revocandos episcopos ad metropolitanum suum ut ei **112** subjicerentur et obedirent, et abbates exemptos ad episcopum suum, ut sub ejus jurisdictione militarent. Secundum erat, ne aliquis in Ecclesia duas haberet dignitates. Tertium, ne monachus in cella, vel alibi extra conventum degeret. Item : Moyses consilio Jethro constituit decanos, centuriones, quinquagenarios, millenarios super populum (*Exod.* XVIII) : omnia autem hæc in figura Ecclesiæ facta sunt. Nunquid Moyses si turbasset officia et jurisdictiones singulorum, non peccasset ? Sed nec etiam, ut ab uno appellaretur ad alium, pati voluit, ne fraudarentur vel privarentur officiis sibi injunctis, nisi cum aliquid quæstionis natum fuerit, tunc quidem illud præcepit referri ad se vel ad Hur, vel ad Aaron. Ergo multo magis debet in Ecclesia hæc exemptio a jurisdictione prælati ordinarii vitari, ne turbatio et scissio officiorum per hujusmodi exemptiones pariant schismata, et unitatis ecclesiasticæ scissiones. Item ad Rom. XIII : « Omnis anima potestatibus sublimioribus subdita sit. » Non ait potestati, sed « potestatibus ordinatis a Deo » in Ecclesia, quibus « qui resistit, ordinationi Dei resistit. » Item ad Hebr. XIII : « Obedite præpositis vestris, et subjacete eis, » minoribus vel majoribus. Quomodo igitur major prælatus aliquem emancipat a jurisdictione, et potestate minoris, ne ejus sit obedientiarius? Item : Si hujusmodi exemptio et emancipatio non licet sæculari potestati, multo magis nec ecclesiasticæ, cum spiritualia majorem debeant habere æquanimitatem, quam sæcularia. Verbi causa : Non potest major princeps emancipare aliquem a jurisdictione, potestate, feudo et hominio minoris domini, nisi cum causæ cognitione, ut si crimen dignum vel suspendio vel exsilio commiserit. Sed nec Ecclesia persona est ut personaliter puniatur, et si prælatus ejus deliquerit, etiamsi ipsa tota, non debet peccatum prælati, vel etiam præsentis Ecclesiæ redundare in damnum Ecclesiæ futuræ vel prælatorum ejus futurorum, cum et ipsi boni possint esse. Ergo nec licita est hujusmodi emancipatio in spiritualibus, etiamsi prælatus deliquerit. Ergo cum ille obligetur hominio sæculari domino et minori, a quo non potest absolvi per majorem nisi cognita causa, et iste obligatur obedientia minori prælato super eum ordinato, etsi major eum absolverit favore personæ, vel hujusmodi alia de causa. Item : Non potest major prælatus privare Ecclesiam in æternum officio, sacramentorum collatione, ut dicat : Nolo ut hoc, vel hoc sacramentum alicui conferas in æternum : ergo nec jurisdictione, collatione ordinis, et maxime nobili membro ipsius Ecclesiæ.

Item : Cum excommunicatus juste a minore ligatur, ita ut non possit absolvi a majore, non quoad Deum, nec quoad Ecclesiam, nisi cum causæ cognitione, et digna satisfactione, et consensu minoris prælati, qui eum ligavit ; ergo juste subditus alicui Ecclesiæ ordinatione, non potest emancipari et eximi a jurisdictione et potestate minoris, auctoritate majoris, nisi cum consensu minoris, et etiam Ecclesiæ ejus, et certa ex causa, ut ob utilitatem utriusque. **113** Item Sapientiæ, cap. I : « Diligite justitiam, qui judicatis terram, » id est, terrenitatem, in qua præpositis estis judices et majores super delinquentes, subditos et inferiores.

Quod enim cœleste et sanctum est, nec habetis, nec potestis judicare, in quo pares estis minoribus justis ; quia ubi non delinquimus pares sumus ; ergo nec major habet aliquid ordinare in diœcesi minoris, vel aliquem emancipare a jurisdictione ejus, nisi per desidiam, vel alio modo gravi deliquerit. Sed nec etiam tunc delictum personæ redundat in damnum Ecclesiæ. Hanc etiam paritatem minoris ad majorem, nisi ubi deliquerit, minor ostendit nomen fraternitatis. Scribit enim major minori sicut confratri. Item (*II Cor.* XIII) : « Non possumus nos majores aliquid adversus veritatem, sed pro veritate. » Sed veritas habet Ecclesiam hanc illi fuisse vel esse subjectam, ergo contra hanc veritatem nihil potest major prælatus. Item Judicum VIII : Privatum Ephod quod fecit Gedeon de inauribus et præda filiorum Israel, quam tulerant de Ismaelitis et Ammonitis, versum est Gedeoni et toti familiæ ejus in ruinam. Hoc Ephod privatum, est annulus privatus, mitra privata, mitra abbatialis, et hujusmodi spectantia ad privatas exemptiones. Item Josue cap. XXII : Dominus præcepit filiis Israel ut unicum altare sibi erigerent in terra promissionis ; Rubenitæ vero erexerunt aliud ultra Jordanem. Unde offensus Israel, direxit aciem contra fratres suos Rubenitas, dicens eis per sacerdotes nuntios : Cur erexistis altare sacrilegum contra altare Domini ? Ob hoc pugnabimus contra vos, et altare sacrilegum dejiciemus. Qui responderunt : Altare memoriale Domini eregimus, non ut super illud immolaremus Domino, sed in testimonium quod Dominus sit nobiscum, et ut ibi invocaremus nomen ejus, quia tædiosum est nobis ire toties in Silo, in Galgalis, ubi est illud altare modicum immolatitium compositum a Moyse, ad quod tamen accedebant cum immolare volebant. Nunc autem, non tantum unicum altare erigitur contra majus altare et episcopatu, sed tria vel quinque, ut pereat justitia, pereat et obedientia. Item: Cum quælibet provincia suum habeat metropolitanum, quælibet diœcesis suum episcopum, absurdum et enorme videtur Ecclesiam vel abbatem esse in episcopatu illius, et de episcopatu illius, et non sub episcopo illius diœcesis, non ei subjectus, licet sit de episcopatu, et in episcopatu ipsius. Item secundum ordinem et naturam rerum, non potest genus generalissimum imperare speciei specialissimæ, quod non subjiciatur generi subalterno. Item de significatione mystica mitræ abbatialis quæritur : Si enim cornua mitræ in capite abbatis significant Vetus et Novum Testamentum, ergo « si quid natum fuerit quæstionis (*Exod.* xxiv), » ad illum, ut ad episcopum est referendum? Sic etiam dux gregis videtur esse qui ventilet inimicos cornibus Veteris et Novi Testamenti; si nihil significant; ergo mitra abbatis inanis est, et superflua, et puerilis, sicut mitra pueri in recitatione miraculi facta ex schedula? Si annulus ejus eamdem significationem habet, quam et annulus episcopi, ergo sponsus et paranymphus est Ecclesiæ? De lingulis etiam mitræ, et sandaliis ejus, quæritur quam habeant significationem, necnon et de benedictione ejus, qua benedicitur in abbatem, qualis sit, et si repeti potest.

De hac ait magister Gilbertus episcopus Pictaviensis, quia simplex est, sicut benedictio super cibum facta; non enim confertur cum impositione manus, unde et repeti potest; vel semel benedictus et depositus abbas, sine iteratione benedictionis exerceat officium abbatis. Sed quomodo manus imponit aliis, usque ad diaconatum? Fere videtur a se ordinatos mittere in vineam Domini (*Matth.* xx), sicut et episcopus. Quomodo etiam habet potestatem super convocanda et celebranda synodo sacerdotum vel capitulo, sicut asserebat sanctus Bernardus, et alii viri religiosi? Verendum est ne hæ exemptiones, et divisiones particulares, universalem faciant divisionem a Romano regno spirituali, quæ facta est jam ex parte a Romano regno materiali, de qua Apostolus : « Nisi venerit discessio primum, et revelatus fuerit homo peccati, filius perditionis, qui adversatur et extollitur super omne quod dicitur Deus, » etc. (*II Thess.* ii.) Hujusmodi abbates exemptos Magister Gilbertus schismaticos esse dicebat. Sed dicetur mihi : « Os tuum ponis in cœlum (*Psal.* lxxii). » Respondeo : Non. Hoc autem non asserendo, sed opponendo induco. Non enim licet mihi dicere domino papæ, Cur ita facis ? Sacrilegium enim est opera ejus redarguere et vituperare. Verumtamen horum solutionem, vel qua ratione eis obvietur, non video. Scio autem quia auctoritate canonis veteris vel novi non sit hujusmodi divisio, et exemptio in Ecclesia, sed speciali auctoritate sedis apostolicæ, quam non patitur Dominus errare. Forte enim instinctu et familiari consilio Spiritus sancti legeque privata ducta hoc facit, sicut Samson se cum hostibus occidit (*Judic.* xvi), sed sic sublati sunt consules et proconsules de medio, ut pauca vel nulla imperent, et omnia Cæsar sit, qui omnia sicut omnibus imperet.

CAPUT XLV.
Contra adulatores.

Attestante Gregorio (lib. xii *Moral.* c. 25), sicut nummus muneris et pecuniæ effectus est simoniæ, ita et nummus obsecutionis vel exsecutionis sordidæ, puta adulationis. Munus enim gratis collatum est, sed nec donum gratiæ est, quod confertur tam culpæ quam pecuniæ, vel naturæ. Pestem itaque adulationis Propheta sugillans, ait psal. cviii : « Et induit maledictionem sicut vestimentum, et intravit sicut aqua in interiora ejus, et sicut oleum in ossibus ejus. » Adulatio, inquit Augustinus, et oleum, et maledictio est, quia et delectat, et tormenta parat. Et psal. cxl : « Corripiet me justus in misericordia et increpabit me, oleum autem peccatoris non impinguet caput meum. » Augustinus : Oleum autem est falsa laus adulatoris, et simulata dilectio, quæ mentes a rigore veritatis emollit. Hi sunt venditores olei, qui verba cadentia tollunt. Seneca (epist. 20) : O quando erit illa dies, quando nemo mentietur in honorem tui ? Ob hoc autem amanda est paupertas quæ non invenit adulationem, quam fovent divitiæ. Unde David psal. civ : « Edidit terra eorum ranas in penetralibus regum ipsorum. » Ranæ sunt adulatores garruli et loquaces; quorum garritum et adulationem exsecrans poeta, ait :

Turba salutantum latas tibi perstrepit ædes,
Illic avium cantus labantis murmura rivi.

(Claudianus lib. i, *in Ruffinum.*)

Hi sunt sciniphes. Unde sequitur : « Dixit et venit cœnomyia et sciniphes, » quæ occulte pungunt, et tamen magis nocent quam cœnomyia; similiter et adulatio magis quam detractio : Unde Ps. lxix : « Avertantur statim et erubescant qui dicunt mihi : Euge, euge : » Augustinus : Duo sunt genera persecutorum, scilicet vituperantium et adulantium : sed plus persequitur lingua adulatoris, quam manus interfectoris. Utrumque, id est vituperatio sive detractio et laus, ignis est, quo vir, sicut aurum, probatur in fornace, qui vituperio vel laude tentatur. Exit integer qui neutro rapitur. Et Psal. xxxix : « Ferant confestim confusionem suam, qui dicunt mihi : Euge, euge : » Qui adulatorie de bono meo mihi applaudunt. Item in Threnis primo Aleph, He : « Facti sunt hostes ejus in capite, » quia adulatores, principes et capita Ecclesiæ excæcant, et :

Cui caput est ægrum, cætera membra dolent.

Error enim principis trahitur in exemplum. Item : Quod magis noceat mel et levitas adulationis, quam amaritudo detractionis, constat, quia nullus adeo severus est et rigidus et securus, qui hac peste quandoque non capiatur, in qua delectari videtur, cum statim eam a se non repellat. Ad hoc argumentari etiam poteris ex Ps. cxix : « Domine, libera animam meam a labiis iniquis : » quæ detrahunt, et prohibenda deterrent, « et a lingua dolosa, » quæ laudando plus premit et nocet, palliato fine consilii, quo, cades cum adscendere cœperis. Unde et Propheta contra eam quærens remedium subdit, vel Dominus ei dicit : « Quid detur tibi, aut quid apponatur tibi ad linguam dolosam, » adulatoriam? « Sagittæ potentis acutæ cum carbonibus desolatoriis. » Hoc est remedium. Item Ps. xxxiii : « Prohibe linguam tuam a malo, » detractionis, « et labia tua ne loquantur dolum, » adulationis; quo dolo cecidit primus homo, cujus radix in posteritate ejus manet, eo quod adulanti diabolo consenserit, cum ait ei sub palliato fine consilii : « Quacunque die comederitis ex eo, eritis sicut dii (*Gen.* III). » Hoc dolo extollitur diabolica superbia in homine, ut præsumendo de se, dicat : « Ascendam in cœlum, ponamque sedem meam ad aquilonem, et ero similis Altissimo (*Isa.* xiv). » Unde

Et tua servatum consume in sæcula rhombum.
(JUVENALIS Sat. IV).

Poeta :
Iste capi voluit; quid apertius? Et tamen illi
Surgebant cristæ, nihil est quod credere de se
Non possit, cum laudatur dis æqua potestas.
Hi sunt Comœdi, de quibus idem ait :

Natio comœda est. Rides? Majore cachinno
Concutitur; flet, si lacrymas conspexit amici,
Nec dolet, igniculum brumæ si tempore poscas,
Accipit Endromiden, si dixeris, Œstuo, sudat.
Non sumus ergo pares, melior qui semper, et omni
Nocte dieque potest alienum sumere vultum
A facie jactare manum, laudare paratus,
Si bene ructavit dominus.
(Idem Sat. III).

Sed et alios adulari docentes, dicunt :
Etsi nullus erit pulvis, tamen excute nullum.
(OVIDIUS).

Et philosophus (SENECA, l. VI. *De benefic.* c. 30) ait : Ob hoc unum timendæ sunt divitiæ, quia eas comitatur adulatio, nec invenit dives, qui ei verum dicat. Ob hoc maxime amanda est paupertas, quia a quo ameris ostendit (Idem, epist. 20). Quippe non habet adulationem comitem sibi parcentem fortunam hominis, et non personam amantem. (Idem, l. VI *De benefic.* c. 31) : Sed nec in tanto Xerxis exercitu inventus est, qui ei verum diceret, præter unum. Alii enim maria non sufficere classi ejus capiendæ intendebant; alii non aera telorum grandini, et hujusmodi. Solus Demaratus philosophus accessit, qui veritatem ei dixit, in hunc modum : Victus eris et a te ipso, nec senties. Quippe ista tua moles opprimet te. Infinita enim vix regi possunt. Hi sunt Sirenes usque in exitium dulces (*Psal.* LVII). De quibus Hieronymus : Ad patriam tendentes, debemus mortiferos Sirenarum cantus surda aure transire, « obturando aures sicut aspis, » eas pice liniendo cum Ulysse et sociis ejus. Hi sunt scenicæ meretriculæ, quas humana philosophia a se, in Boetio,

(*De consolat.* l. I, prosa 1) abegit, multo magis cœlestis. De his ait Salomon : « Mel et lac sub lingua meretricis (*Prov.* v), in ore autem sanctorum gladius et mors. Et Boetius (*De cons. Phil.*) : Nulla pestis efficacior ad nocendum, quam familiaris inimicus. Tales enim sunt et omnes amici, et omnes inimici. « Inimici enim hominis domestici (*Matth.* x), » adulatores « ejus. » De quibus Dominus : « Populus hic labiis me honorat, cor autem eorum longe est a me (*Matth.* xv). » Et David : « Dilexerunt eum in ore suo, et lingua sua mentiti sunt ei (*Psal.* LXXVII). » Et iterum : « Quoniam laudatur peccator in desideriis animæ suæ, » adulatore, « et iniquus benedicitur, » etc. (*Psal.* IX, v. 24.) Et iterum : « Insurrexerunt in me testes iniqui (*Psal.* XXVI), » adulatores, pejores calumniatoribus, detractoribus et maledicis : « Et mentita est iniquitas sibi. » Item Poeta Juvenalis de cæco adulatore, qui alios excæcavit :

Nemo magis Rhombum stupuit. Nam plurima dixit
In lævum; conversus at illi dextra jacebat
Bellua.
(Satyra IV.)

Unde Hieronymus : Omnis adulator mente cæcus est, qui pro quæstu terreno, favore, et gloria, suam et alterius animam interficit. Hi sunt similes Joab, qui tenens mentum Amasæ, quasi simulans amicitias in osculo pacis, gladio mirabiliter fabrefacto et occulto percussit eum in inguine, et effudit interiora ejus (*II Reg.* xx). Adulatio enim venenum et gladius est occultus : Multum enim lædit, et non timetur. Item Jerem. xxxviii : « O Sedecia! seduxerunt et prævaluerunt adversus te viri » prophetæ « pacifici tui, » adulatores, « dicentes : Fiat pax in diebus nostris. Demerserunt in cœno et lubrico pedes tuos, et recesserunt a te. » Quia :

Cum fueris felix, multos numerabis amicos,
Tempora cum fuerint nubila, solus eris.
(OVID. lib. I *Trist.*, elegia 8.)

Item in Proverbiis (cap. I) : « Fili mi, si te lactaverint peccatores, » hoc est, adulatores, « ne acquiescas eis. » Item : Sicut Joab dolo occidit Amasam, ita et Abner filium Ner, quasi deosculaturus eum (*II Reg.* xx). Hunc (quasi secretius eum allocuturus) vocatum seorsum ab exercitu David, interfecit invidens ei, eo quod constituisset David principem militiæ super exercitum suum. Cui similis est adulator. Omnis enim adulator proditor est, et Judas et Joab (*II Reg.* III) : In osculo proditor, adulator in verbo. « Meliora enim sunt » sæva « vulnera amici, quam » adulatoris « oscula (*Matth.* xxvi). » Item : Quod detestabilis sit adulatio, patet ex eo quod ipsa est fomes et nutrix superbiæ, quæ est maximum peccatum (*Prov.* xxvii). Unde David : « Et emundabor a delicto maximo (*Psal.* L). Item : Ex eo quod fomes est, et nutrix ignorantiæ, quæ est periculosissimum peccatum. Morbus enim qui non detegitur, non sanatur. Item : Adeo irrupit et processit pestis adulationis, quod etiam verba et artem dictandi corrumpit, tropos, solecismos, et quosdam metaplasmos contra regulas conjungendi dictiones et naturam loquendi introducens : utens plurali pro singulari, et cum Deo loquamur singulariter, homini loquimur pluraliter. Mentimur enim dominis adeo, ut eis adulando, auctoritates sacræ Scripturæ inscribendo corrumpamus. Eo etiam usque invaluit pestis hæc, quod corrumpit argumentum efficacissimum, quo probatur Trinitas personarum : « Faciamus » scilicet « hominem ad imaginem et similitudinem nostram (*Gen.* I, 26). » Cum ait, « faciamus, » pluralitatem personarum requirit, cum « imaginem, » unitatem essentiæ. Nunc autem ponimus hoc verbum « faciamus » in plurali numero, et similiter alia verba, ubi nulla est pluralitas, vel distinctio personarum ; sed nec conceptio, nisi conceptionem adulationis, vel plurium dignitatum, vel excellentiæ, velis eam nominare. Sicque hic metaplasmus pessimus inolevit, ut jam probari non po sit pluralitas personarum, cum dicitur « faciamus, » cum una persona, et ad unam naturam utamur plurali, sicut plures, et ad plures indifferenter. Hinc etiam in concilio Carthaginensi quarto dist. 56, legitur : Clericus qui adulationibus, vel proditioni vacare deprehenditur, ab officio degradetur. Et Hieronymus in Epistola quæ sic incipit : « Audi, filia, et vide, » etc. (*Psal.* XLIV), ait : Ne declines aurem tuam in verba malitiæ (Epist. ad Eustochium *De custodia virginitatis*). Sæpe enim indecens aliquid loquens tentat mentis arbitrium, si libenter audias hoc, scilicet quod virgo et hujusmodi d'eeris, si ad verbum ridiculum casu quandoque labaris. Quidquid dixeris laudant, quidquid denegaveris negant, tacitam vocant, et sanctam, et in qua nullus dolus est : Ecce vere ancilla Dei, dicentes, ecce tota simplicitas, non ut illa horrida, turpis, rustica, terribilis ; et quæ ideo forsan maritum non habuit, quia invenire non potuit. Naturali ducimur malo cum adulatoribus nostris libenter favemus, et quanquam nos respondeamus indignos in iis in quibus nos laudant, et calidus rubor ora nostra perfundat, audito mendacio in laude nostra, attamen ad laudem suam intrinsecus lætatur anima. Item Ecclesiastici cap. XIII : « Diviti decepto, multi sunt recuperatores : locutus est superba, et justificaverunt illum. Humilis deceptus est, » vel cecidit, « insuper et arguitur : locutus est sensate, et non est datus ei locus. Dives locutus est, et omnes tacuerunt, et verbum illius usque ad nubes perducunt. Pauper locutus est, et dicunt, Quis est hic ? et si offenderit, subvertent illum. » Item Ps. LIV : « Molliti sunt sermones ejus super oleum, et ipsi sunt jacula. » Cassiodorus : Adulatores ab ira vultus Domini in futuro dividentur, quando in ultima ventilatione paleas a granis separabit. Et cur ? quia « mollierunt » adulatione « sermones suos super oleum, » ut sicut oleo nihil levius, tamen adulationis mollities dicitur superare : ita in contrario intelligatur tanto sceleri par inveniri non posse. Item Deuteronomii XIV : « Non coques hædum in lacte matris suæ. » Et Exodi XXIII, item II Reg. XX, Cantico amoris cap. I : « O, pulchra, si ignoras te, » hoc est quia ignoras te, in mendacio, adulatione delectata, « egredere » a consortio meo, « et abi post vestigia gregum tuorum, et pasce hœdos tuos. » Item Isaias III : « Popule meus, qui te beatum, etc.

CAPUT XLVI.

De acceptoribus munerum illicite acquisitorum.

Dictum est (cap. 21 et 22) de principalibus et primariis acceptoribus munerum illicitorum, et etiam licitorum, quibus libertas vendi videtur, restat dicendum de secundariis, iis scilicet, qui a primis aliquid accipiunt. Ut autem proponenda melius pateant, distinguendum est inter illicite acquisita. Quædam enim illicite acquiruntur, et injuste detinentur, quæ nec etiam in pias causas expendi possunt. In quibus enim aliquod non habemus jus dominii, in alios transferre nequimus. Quæ enim tenemur restituere, quomodo aliis conferemus ? Non dimittitur peccatum, nisi restituatur ablatum ; nec agitur pœnitentia dum ista detinentur, sed fingitur (Aug. ep. 54, *ad Macedon.* et habetur 14, q. 6 : *Si res aliena*). Talia sunt per simoniam, furtum, usuram, rapinam acquisita. De quibus prima causa, quæstione 1 « Non est putanda. » Et causa 14, quæstione 5, capitul. 1, 2, 3, 4. Quædam autem injuste acquiruntur, et non injuste detinentur purgato vitio, scilicet cum pœnitet quis super eo quod male acquisivit. Cum ergo res vitiosa non sit, quia Domino voluntario et sciente acquiritur, purgato malo modo acquirendi, sicque cessante causa, cessabit effectus, quo minus scilicet expendatur in pias causas. Ubi enim turpitudo est ex utraque parte, dantis scilicet et accipientis, potior est pars possidentis, quia nec danti competit repetitio, nec accipienti restitutio. Sed etiam secundum humanas leges : si quis paciscitur cum meretrice, vel advocato et hujusmodi, dare ei decem solidos, a judice civili cogitur ad solvere. Quæ ergo acquisita sunt ab histrione, mimo, meretrice, advocato, medico et milite, conditione ludi vel militiæ secundum artem ; et sine fraude sequente, expendi possunt in pias causas. Sed si acceperit quis decem, ut aliquem interficiat gladio, vel ei venenum propinet, licet mihi de sic accepto munere accipere ? Videtur per illam regulam : In pari turpitudine potior est pars possidentis, maxime purgato vitio. Sed et sic videtur posse accipi a simoniaco. Non est ita ; sed nec similiter in homicidio, vel propinatione veneni, et hujusmodi atrocissimis sceleribus. Nemini autem licere accipere a secundariis acceptoribus munerum illicitorum, quorum restitutio præcipitur, sic constabit. Primo exemplo Stephani abbatis secundi in ordine Cisterciensi. Qui cum fratres sustentationem una die non haberent, cum uno converso perrexit ad villam vicinam, in qua illis divisim mendicantibus, cibumque fratribus quæritantibus, quidam placentas converso, quidam caseos, quidam cadum vini dabant. Quæ abbas ab eo accipiens, et super asinum, cui insidebat, imponens, cum essent in reditu, inter psallendum et orandum diligenter quæsivit a converso a quibus eleemosynam accepisset, qui multos enumerans, dixit se a sacerdote illius villæ eleemosynam accepisse. Quod audiens abbas, pastoribus et pauperibus sibi factis obviis, statim ea omnia distribuit. Cui conversus : Absit! mi abbas, ut hanc rem facias. Fratres enim domi moriuntur fame. Cui abbas : Sacerdos ille Simoniacus est, nec debemus quidquam accipere a talibus exemplo Tobiæ, qui in extrema etiam paupertate audiens vocem hœdi balantis, quem uxor ejus domum attulerat, ut inde ei pulmentarium faceret, dixit : « Vide ne furtivus sit, sed redde eum dominis, filii enim sanctorum sumus, nec licet nobis aliquid de furto edere, vel contingere *(Tob.* ii). » Nunc autem moderni religiosi passim a quovis munera oblata recipiunt, abutentes illa auctoritate apostolica : « Nihil interrogantes propter conscientiam *(I Cor.* x). » Ut autem melius suggilletur hæc species avaritiæ, inspicienda est radix ejus, quæ in acquisitione rei primo vitiose acquisitæ vel detentæ consistit. Cujusmodi primarios acceptores Dominus in Luca per Joannem Baptistam redarguens, ait publicanis venientibus ad eum, ut baptizarentur ab eo. Qui dixerunt ad illum : « Magister, quid faciemus, ne excidamur et in ignem mittamur? Nihil amplius quam quod constitutum est vobis, faciatis *(Luc.* iii). » Ambrosius et Beda aliam legunt translationem, scilicet hanc : « Nihil ultra præscriptum exigatis, » sive pecuniæ, sive angariæ, vel per angariam. **120** Sed quomodo ultra præscriptum vel constitutum? An præscriptum constitutum legis divinæ vel humanæ intelligis? Si divinæ, ut ibi, « Ut faciant judicium conscriptum *(Psal.* cxlix), omnes possessores domorum, et villarum, et agrorum transgressores constitues. Si humanæ, quæ fit auctoritate principis cum assensu populi, metam et terminum in hujusmodi jure non invenies sed avaritiam nostram et pravas consuetudines, laqueosque et retia avaritiæ in jus convertes. Quod etiam hodie factum est. Interrogabant autem et milites, dicentes : « Quid faciemus et nos? » Et ait illis : « Neminem concutiatis (qui hoc potestis, quod non turba), neque calumniam faciatis, et contenti estote stipendiis vestris *(Luc.* iii), » constitutis militiæ. Ne prædam per calumniam vel exactionem quæratis, « sed estote contenti stipendiis vestris. » Turbis autem dixit : « Qui habet duas tunicas, det unam non habenti *(ibid.)*. » Quasi diceret : Nullum officium, sexus, conditio, vel ætas ab agenda misericordia excluditur. Omnibus enim hoc præcipitur. Hæc ergo erit tibi forma et regula discernendi a quibus liceat accipere, vel non. Nihil ab aliquo accipias quod supra præscriptum eum accepisse cognoveris Sed nec ab aliquo etiam a manu centesima transactum, dum vitiosum fuerit et restituendum; quod verbo Tobiæ probari videtur, ubi ait : « Vide ne furtivus

A sit, sed redde eum dominis *(Tob.* ii). » Non ait : Vide ne eum furata fueris, sed « ne furtivus, » furto scilicet per te, vel quemcunque alium primo sublatus. « Filii enim sanctorum sumus, nec licet nobis aliquid de furto edere, comedere, vel contingere *(ibid.)*. » Exemplo etiam beati Fursei, qui tunicam funebrem acceperat a quodam. Sed nunquid non accipiam stipendia a Domino meo, vel solutionem debiti de pecunia mista, vitiosa scilicet et non vitiosa mistim? Videtur quod non, exemplo beati Launomari, unde supra in primo titulo de avaritia. Item Hieronymus : Nihil accipiendum ab iis quos scimus de lacrymis pauperum vivere, ne dicatur tibi : « Si videbas furem, currebas cum eo *(Psal.* xlix). » Et illud Isaiæ : « Væ genti peccatrici, populo gravi iniquitate, semini nequam, filiis sceleratis ; dereliquerunt Dominum, blasphemaverunt Sanctum Israel, abalienati sunt retrorsum *(Isa.* i). » Excludit itaque Hieronymus cum ait : « Quos, » non « quæ » scimus esse de lacrymis pauperum, sed « quos, » etc. Immensum vitiosum datorem, qui nisi in modica oblatione excluditur; quandoque etiam ab eucharistia et privata communione inter alios non repellitur, nisi institerit. Si vero nec pecuniam magnam esset oblaturus, excluderetur, sicut et infamis et nominabilis, per quem, si quid acceptum fuerit, scandalum oriretur. Item : Exemplo magistri Petri Abailardi, qui a comite Theobaldo aliqua sociis distribuenda, nisi ex redditibus meris sumpta essent, noluit accipere; sed dixit se illa alias provenientia daturum canibus, bestiis, et avibus cœli. Item Ecclesiastici cap. xxxiv : « Immolantis ex iniquo lucro oblatio est maculata, et non sunt beneplacitæ Deo subsannationes injustorum, » Id est oblationes pro quibus eos subsannat Dominus, quia, « dona iniquorum non probat Altissimus, nec respicit in oblationes iniquorum. **121** Quia qui offert sacrificium ex substantia pauperum, quasi qui victimat filium in conspectu patris sui. » Glossa : Quam detestabile est sacrificium, quod orbati dolori patris comparatur!

Item Hieronymus (epist. ad Nepotianum *De vita cleric.* cap. 11): Qui a raptoribus simoniacis, fœneratoribus, munera accipiunt, similes sunt iis qui minores pisces devoratos a magnis devorant et comedunt. Sicut enim sic devorati nulli usui sunt apti, ita nec oblatio talium ulli usui, ullive religioni apta est. Item : Tales similes sunt Achan et sociis ejus, qui contra præceptum Domini furati sunt regulam auream de anathemate Jerichontino *(Josue* vii). Quod enim injuste acquisitum est, non est offerendum, sed anathematizandum, id est suspendendum, et ab usu humano removendum, quia restituendum. Usus enim bonus non justificat malæ acquisita. Hieronymus (q. 5. *Neque enim*) : Diligenter discutiendum est et cavendum, ne quis aliquid tulerit de aliquo anathemate, ne propter illud multi perdantur. Item : Tales sub prætextu religionis vel paupertatis a talibus munera accipientes, similes sunt Gedeoni, qui accepit a populo inaures, et quæcunque aurea de præda Madianitarum, ut inde faceret Ephod et Theraphim, « et factum est hoc Gedeoni et omni domui ejus in ruinam (*Judic.* VIII). » Item : Similes sunt illi Sauli, quem « projecit Dominus a facie sua, ne esset rex in Israel (*I Reg.* XV), » eo quod contra præceptum ejus reservasset Agag regem pinguissimum, et quæque potiora de præda Amalecitarum, ut immolaret ea Domino. Item Isaias (cap. I) : « Quo mihi multitudinem victimarum vestrarum, dicit Dominus? Plenus sum. Holocausta vestra nolui. » Hieronymus (*in c.* I *Isaiæ*) hunc locum duobus modis exponens, ait : Potest et hoc de illis accipi, qui rapinam vel avaritiam in altaribus offerunt, vel pauperibus tribuunt. Item : « Honora Dominum de tota substantia tua (*Prov.* III), » id est licite acquisita. Tua enim non est illicite acquisita, quia restituenda. Sed nec licite aequisita tua est, cum tibi alias non sit salvum, quod pro ablatis restituas. Id enim tantum in bonis alicujus computatur, quod deducto ære alieno, residuum est ei. Est ergo regula, quia nunquam illicite acquisitum est accipiendum ab aliquo, nisi causa prædicationis, qua convertatur, vel nisi in extrema necessitate ; sed nec licite acquisitum, nisi salvum et residuum sit ei, unde ablata restituat, vel debita persolvat. Contra hanc enim regulam accepta, credo, ab eo qui accipit, esse restituenda. Si autem objiciant auctoritatem Apostoli, scilicet : « Nihil interrogantes propter conscientiam (*I Cor.* X), » dicimus, quia de idolothytis intelligenda est. Sed et hi similes sunt sedentibus et manducantibus in idolo, quia, cum scandalo fratrum, rapinas et hujusmodi illicite acquisita ab offerentibus accipiunt, cum potius essent restituenda. Item : Agentes et consentientes pariter peccant, parique pœna puniendi sunt consentientes, qui a talibus incorreptis accipiunt. Item ad Ephes. IV : « Qui furabatur, jam non furetur; magis autem laboret operando manibus suis, quod bonum est, ut habeat unde tribuat necessitatem patienti. »

CAPUT XLVII.
Contra eos qui dant non indigentibus.

Quod non licet accipere illicite acquisita sub prætextu religionis vel paupertatis, disputatum est. Nunc autem quod non indigenti accipere etiam licite acquisita, vel tali dare non liceat, ostendetur. Quæ duo, quoniam adjuncta sunt, primo monstrabimus non esse dandum non indigentibus. Unde Prosper in libro *De contemplativa vita* (lib. II, c. 10): Pastor Ecclesiæ istis, quibus sua sufficit, non debet aliquid erogare, quandoquidem dare habentibus, nihil aliud est quam perdere. Item Hieronymus (epist. ad Pammachium *Sanato vulneri*) : Sacrilegium est res pauperum dare non pauperibus. Et item (*epist. ad Nepotianum* in fine) : Pauperibus dandum est, non ructantibus, non phasianas aves lentis vaporibus coquentibus, non gnathonibus, non permenonibus, non in otio, et cibo alieno viventibus. Cibus alienus est, qui non est proprii laboris. Item Propheta de Christo : « Dispersit, dedit pauperibus, justitia ejus manet in sæculum sæculi (*Psal.* CXI). » Et beata Virgo in cantico suo ait : « Esurientes implevit bonis, et divites dimisit inanes (*Luc.* I). » Item exemplo Elisæi, qui vasa vacua implevit, quousque stetit oleum, quousque sufficienter scilicet viduæ exhibuisset misericordiam (*IV Reg.* IV). Nunc autem vasa repleta implenus, non ut oleum stet, sed ut effluat et emanet, conferentes eis misericordiam qui non indigent, sed abundant in temporalibus, quod est addere ligna silvis et aquas mari. Item Dominus in Luca cap. XIV : « Cum facis prandium aut cœnam, noli vocare amicos tuos, neque fratres tuos, neque cognatos, neque vicinos divites, ne forte et ipsi te reinvitent, et fiat tibi retributio. Sed cum facis convivium, voca pauperes, debiles, claudos, cæcos, et beatus eris, quia non habent retribuere » tibi. Item in eodem cap. XIV : « Exi cito in plateas, et vicos civitatis, et pauperes, debiles, cæcos et claudos introduc huc, et compelle intrare. » Divites ad nuptias Domini intrare volunt, sed non per angustam portam. Quidam enim se excusat, dicens : « Villam emi, et necesse habeo exire et videre illam; rogo te, habe me excusatum, » etc. « Uxorem duxi, » etc. Item Joannes in canonica epistola tertia : « Charissime, fideliter facis quidquid operaris in fratres, et hoc » maxime « in peregrinos » et pauperes, a quibus nullam exspectes remunerationem, « qui testimonium reddent charitati tuæ in conspectu Ecclesiæ. » Item exemplo monachi ditissimi cœnobii consulentis cuidam volenti claustrum suum intrare cum multa pecunia, quod intraret claustrum pauperis monasterii, ut haberent pauperes Christi, ibi degentes, quibus pascerentur. Ob quod consilium datum correptus a fratribus, veniam accepit a Deo. Nemo est hodie qui offerenti munera dicat : Da indigenti, non mihi. Non enim indigeo, quia sufficiunt mihi mea. Item Isaias c. I :

123 « Subvenite oppresso, » eum sustentando cibo, ab oppressione sua eripiendo. « Judicate pupillo, defendite viduam, et venite, et arguite me, dicit Dominus. » Nunc autem divitibus dant munera, sequuntur retributiones, vel vicissitudines in remunerando et ulciscendo, « pupillo » et egeno « non judicant, » sed divisi. « Causa viduæ » vel miserabilis personæ « non ingreditur ad eos (*Ibid.*), » ut causam ejus foveant, juvent patrocinio, et illi quod justum est, adjudicent vel indigentem pascant. Item David : « Edent pauperes et saturabuntur (*Psal.* XXI). » Et alibi : « Viduam ejus benedicens benedicam, pauperes ejus saturabo panibus (*Psal.* CXXXI), » non ructantes. Item Apostolus I Tim. V : « Viduas (quæ vere viduæ sunt, » id est sicut a viris, ita et a curis et auxilio mundi exutæ et desolatæ) « honora, » necessaria præbendo, et solatiis fovendo. « Si qua autem vidua filios aut nepotes habet, discat primum domum suam regere. » Quasi, si alicui utilis est, vel si habet unde sustentetur, sive de propriis, sive de bonis parentum, non pascatur rebus Ecclesiæ. « Si autem vere vidua est et desolata, » tunc rebus Ecclesiæ alatur, ita quod monasterium non intret, nisi ætas ejus ad hoc competat sexaginta annorum. « Si quis autem fidelis habet viduas » aliquas sibi consanguinitate pertinentes, vel juniores, « subministret illis, ne gravetur Ecclesia, ut iis quæ vere viduæ sunt, sufficiat. » Ecce quod Apostolus gratis, et sine omnimoda recompensatione temporalium admittit viduas in consortium Ecclesiæ, « quæ vere viduæ sunt, » et ætatis competentis, aliis veris viduis, citra ætatem, non concedit ingressum, sed præcipit eis de bonis Ecclesiæ alimoniam exhiberi. Item psalmo cii : « Faciens misericordias Dominus, et judicium omnibus injuriam patientibus. » Interlinealis: Misericordia ergo in omnes est facienda. Unde alibi : « Omni petenti te tribue, et omni petenti da (*Luc.* vi). » Et item : « Si esurierit inimicus tuus, ciba illum (*Prov.* xxv). » Sed objicit sibi Augustinus (lib. iii *De doctrina Christ.* cap. 16) illud Ecclesiastici c. xii : « Da bono, et ne receperis peccatorem ; bene fac humili, et non dederis impio. » Sed in hoc verborum conflictu, duo, imo tria attendes : naturam et gratiam, quæ naturam vitiatam reparat et vitium. Da naturæ, quia homo, si indiget scilicet. Naturam autem quandoque carnalitatem et sanguinem vocamus ; et consanguineis dabis de proprio, de patrimonio tuo, non Christi sanguine acquisito, cujus dispensatio credita est viris ecclesiasticis, ut illud pauperibus distribuant. Ob hoc enim præcepit Dominus in lege, ut talis eligeretur sacerdos et Levita, qui dicerent patri et matri : Non novi vos (*Deut.* xxxiii). Sed nunquid consanguineo meo bono et probo, non dabo de patrimonio crucifixi? Non, ut erigas eum columnam in Ecclesia, propter perniciem exempli. Non enim consideratur quod bono dederis, sed quod consanguineo, ut trahant in exemplum. Gratiæ da et præcipue de patrimonio crucifixi. Gratis enim confertur. Unde et potius gratiæ, quam soli gratiæ debet conferri, non naturæ, id est carnalitati. Unde *in Vitis Patrum* (lib. v, libello 10, num. 101) : Mi abba, dabone eleemosynam parenti, filio vel consanguineo? Respondit abbas: Non. Cur, mi abba? Quia modicum sanguinis te trahit.

124 Vitio nunquam dederis, quia paria sunt, et dare peccatoribus, et immolare dæmonibus. Sic enim diligendi sunt peccatores, ut non diligantur, vel foveantur eorum errores. Item : Si dispensatores rerum multitudinis, cujus « erat cor unum et anima una (*Act.* iv), » lautius quibusdam, quia consanguineis, distribuissent, credo quod eodem fulmine percussi essent a Petro, quo Ananias et Saphira (*Act.* v). Item : Si, secundum philosophos (SENECA, *De benef.* l. iv, c. 10), in sæcularibus beneficiis conferendis, videndum est quid des, et cui, quare, et qualiter, multo magis in ecclesiasticis beneficiis, et obventionibus eorum. Quid ? In quo intelligas, et quantum, attendendum est quia dandum et secundum illud, quod « unicuique opus est (*Act.* ii). »

Quod non considerans Alexander, reprehensibilis fuit. Cum enim ad eum accederet miles senex et stipendiarius, et emeritus, rogans stipendia militiæ suæ, eo quod diu cum eo militasset, et gloriam triumphi sæpius ejus auxilio ab hostibus obtinuisset, ait illi (lib. ii, c. 16) : Do tibi civitatem illam. Qui respondit : Non sum dignus tanto munere. Cui Alexander : Non quid te accipere conveniat, sed potius quod me dare deceat, attendo. Seneca (in libris *De beneficiis*) : O animal tumidissimum, animal gloriæ, qui te totum commetiri debueras personæ et modicitati accipientis, ut te munusque tuum pro competentia illius temperasses. Item (*ibid.*) : Quidam accedens ad alium petiit munus modicum ab eo. Qui respondit : Majori dignus es, nec me tam modicum dare decet. Qui cum petiisset majus, respondit : Non tantum meruisti, ideo nec tantum tibi dabo. O animal avarum, qui et minus et majus munus captiose subtrahis (*ibid.*, c. 17). Cui etiam des, considerandum, juxta illud poetæ :

Videto cui des.

Et iterum : Desudet eleemosyna in manu tua, etc. (*Eccli.* xxix.) Et iterum : Non magis turpe est turpibus dare, quam ob turpia dare. Malum est indignis de patrimonio Christi dare, periculosum est, de illis dispensatores rerum pauperum constituere. Per hos enim, cum non possint amoveri, diu defraudatur Christus, per illos ad tempus. Quare, etiam considerandum. Hæc est enim Christiana consideratio in omni munere conferendo, quo animo scilicet det, simplici scilicet, ut tantum propter Deum, qui non quantum, sed ex quo animo detur, attendit. Des ergo, quia propheta, quia bonus, quia etiam homo, et indiget, nunquam quia peccator et histrio. Qualiter, sine murmuratione, sine jactantia, sine exprobratione. « Fluat ut ros » munus et « eloquium tuum (*Deut.* xxxii). » Cito etiam, quia non tulit hoc gratis qui cum rogaret, accepit. Et iterum : Bis dat, qui cito dat. Item : « Non est bonum sumere panem filiorum, et mittere canibus (*Matth.* xv) » ad manducandum. Item : Auctum ne augeas, et divitem ne dites. Formam autem in collocandis, vel dandis beneficiis ecclesiasticis, præscripsit nobis Hieronymus in illa epistola : « Moyses amicus Dei, etc. » Forma vero distribuendi obventiones spiritualium, utpote panem et vinum quotidianum, erit exemplum illius beatæ communionis, in qua de his quæ ponebantur ante pedes apostolorum, « dabatur prout unicuique opus erat (*Act.* ii), » et nos de his **125** eisdem dando, sive propinquo, sive extraneo, vel cuicunque, necessitatem respiciamus, ut nihil supra conferamus. Sed præponamne hic propinquum extraneo? Non, si uterque æque indiget propter perniciem exempli : Sicut nec septem diaconi ad hoc consanguineos suos aliis præposuissent. Si objicis, quia modo aliud tempus est : quidem est : Sed nos tamen sicut illi, eorum quæ projiciuntur ante pedes apostolorum (*Act.* vi) dispensatores sumus, non domini. Necessitati ergo des, non sanguini. Sed quid de iis qui de temporalibus et sæcularibus spiritualium parentes ditant, etiam conditionem eorum mutant? quod sic mortaliter peccent, asserere non præsumo. Verum tutius esset eis sequi formam et exemplum Joseph in talibus. Qui dominus factus Ægypti, cum Pharao exaltare vellet fratres ejus et ditare, inquiunt ei ex consilio Joseph : Absit! domine, ut sic extollamur. Viri enim pastores sumus, et sufficiunt nobis agri pascuales ad alenda pecora. Qui dedit eis terram Gessen pascuosam, separatam etiam ab Ægyptiis, quæ etiam aliqua plagarum Ægypti non est percussa (*Gen.* XLVI, XLVII; *Exod.* VIII, IX). Ad hoc etiam placet nobis exemplum magistri Anselmi. Cujus nepotes cum vellet Stephanus Senescalchus Franciæ promovere, et milites facere, nobilibusque puellis in matrimonium copulare, ait : Absit! domine, ut hanc rem facias. Potius maneant in eadem conditione et vocatione, in qua vocavit eos Dominus, ne extollantur in superbiam. De pauperibus et rusticanis viris nati sunt. Tales ergo rogo permaneant. Mallem enim me nunquam sacram Scripturam legisse, quam eos, sic promotos, humilitatem reliquisse. Item (Archiep. Cantuar.): Quædam sunt in se licita nec vitiosa, licite etiam acquisita, tamen male servata; ut ad lautitiam utentium, non necessitatem. Vel etiam indebite distributa, ut consanguineis, cum sint res pauperum, constituunt dispensatores eorum exactores sacrilegos, et raptores. Unde Hieronymus super illum locum Isaiæ cap. III : « Populum meum exactores sui spoliaverunt : » ait, Exactores, non doctores, Scribæ scilicet et Pharisæi, exigentes primitias suas, et decimas, qui docere debuerant, et non docent ; quasi diceret : Quia « metunt carnalia, » vel exigunt a subditis, et « non seminant eis ; » e contra « spiritualia (*I Cor.* IX), » exactores sunt. « In ratione enim dati et accepti (*Philip.* IV) » consistit pax Ecclesiæ : alioquin non est pax. Et item super illum locum : « Vos enim depasti estis vineam meam, » violenter exigendo decimas, et hujusmodi, et ita « rapina pauperis est in domo vestra (*Isa.* III) : » Pauperis sensu vel spiritu, qui solvere non poterat, nec defendere quin dare deberet. Ergo si a subdito paupere et obligato ære alieno, qui non habet unde debitum solvat, exigis insuper decimas, et hujusmodi : raptor es, « et in domo tua est rapina pauperis. » Item idem super illum locum : « Quare atteritis populum meum, et facies pauperum commolitis (*ibid.*)? » ait : Nostri quoque principes, cum pauperes delinquentes publice arguant et confundant, divitibus pejora peccantibus, nec mutuum faciunt, « in quorum domibus est rapina pauperum, » dum Ecclesiæ opes sibi thesaurizant, et in deliciis abutuntur, quæ ad sustentationem et necessitatem pauperum dantur, **126** et ad superfluos usus sibi reservant, vel pro- pinquis distribuunt et [aliorum pauperum scilicet inopiam, suas vel suorum divitias faciunt. Propterea ait et Apostolus ; « Si seminavimus vobis spiritualia, magnum est, si carnalia vestra metamus (*I Cor.* IX).» Quasi diceret : Si non seminas, non metas. Et item : « Facite vobis amicos de mammona iniquitatis, ut cum defeceritis, recipiant vos in æterna tabernacula (*Luc.* XVI).» Item Hieronymus (In *ep. ad Nepotianum* in fine) : Maximum periculum est, de patrimonio crucifixi pauperibus non dare.

CAPUT XLVIII.
De accipientibus munera, cum non indigeant.

Contra accipientes, cum non indigeant, sic scribit Hieronymus (1, 4, 2 *Clericos autem*, et 16, q. 1) ad Damasum papam : Clerici qui ex bonis et opibus parentum sustentari possunt, si quod pauperum est, accipiunt, sacrilegium profecto committunt, et per abusionem talium, « Judicium sibi manducant et bibunt (*I Cor.* XI).» Item Prosper in libro De vita contemplativa (cap. *Quoniam* in fine) ; Habentes unde sustententur, non sine grandi peccato suo, unde pauper victurus erat, accipiunt. Item idem (lib. II, c. 10) : De clericis quidem dicit Spiritus sanctus : « Peccata populi comedunt (*Ose.* IV), » sed sicut nihil proprium habentes, non peccata, sed alimenta quibus indigere videntur, accipiunt : ita possessores non alimenta, quibus abundant, sed aliena peccata suscipiunt. Item Hieronymus in quadam epistola ; O monache, si indiges et accipis, potius das, quam accipis : si non indiges et accipis, rapis, quia distribuenda pauperibus tibi usurpas. Item idem : Multi mentientes faciunt quod non veris pauperibus creditur, dum sub obtentu paupertatis vel religionis munera accipiunt. Sed notandum quod triplex est genus hominum sub obtentu paupertatis munera accipientium. Quidam enim sunt, qui tempore famis, cum habeant unde sustentari possunt, habita abscondunt ; clamitant per plateas sub specie pauperum, qui deprehensi esse tales puniuntur, quia abscondita eis auferuntur.

Sed quæro cur hæc diligentia non adhibetur in clericis, ut, deprehensi supra necessitatem accipere, similiter punirentur? Major hinc videtur esse ratio et causa punitionis. Item : Sunt alii omni tempore calamitosi et inimici trivialiter se inflantes, tremulosi, et varias figuras ægrotantium induentes, vultum sicut Protea mutantes. Horum quidam sunt absconditi, quia nolunt ab hominibus deprehendi. Alii sunt qui acceptis muneribus statim exhibent se tales quales fuerunt, pristinum et nativum sumentes vultum, deridentes etiam sibi dantes, et ii excusabiliores sunt, et minus mali absconditis, in eo quod turpitudinem suam et trutanniam detegunt.

127 Tertium genus hominum est pseudoprædicatorum, et hoc duplex. Quidam enim sunt mercenarii quæritantes munera per mendacia, per falsas reliquias, sigilla et litteras; per falsa etiam miracula alii fingunt se esse Nicolaos, vel quoscunque sanctos a Deo missos, ut deludant homines, et eis sic sua furentur. Tales omnes duo mala faciunt in Ecclesia, quod scilicet res pauperum furtim surripiunt, sæpe etiam a pauperibus, et quod veris pauperibus non creditur.

De his quæritur utrum sic accepta teneantur restituere. Primi deprehensi puniuntur : quod si deprehensi non fuerint, laudo quod restituant, vel pauperibus distribuant. Idem consulo, et absconditis mimis, et quasi joculatoribus : Defraudant enim pauperes veros. Hoc idem dico de iis quæ mendaciis sunt acquisita.

Nunquid igitur ecclesia constructa mendaciis destruetur? Non; quia lapides, et hujusmodi minoris sunt pretii, nec possunt fieri communia, Deo semel dicata. De cappis et aliis, quæ pretiabilia sunt sic acquisitis, laudo quod vendantur, et restituantur accepta, si memoriæ occurrunt, quæ, et a quibus accepta fuerint. Quod autem ita sit faciendum, videtur ex hac regula (Reg. 66, in sexto) : Ubi turpitudo est ex utraque parte, potior pars est possidentis, quia non competit tibi repetitio, si histrioni, vel meretrici dederis, cum sciens et prudens dederis, quia turpius agis dando, quam illi accipiendo. A simili : U. i turpitudo est tantum ex altera parte, potior est pars reliquæ partis. Si ignorans dedi sic mendicanti, recipiens eum in nomine prophetæ, ergo turpitudo versatur tantum ex parte, ergo sic acceptum tenetur restituere. Hic enim turpitudo est tantum ex parte accipientis. Item : Nemini debet dolus suus, vel mendacium, vel fraus patrocinari ; ergo sic accepta tenetur restituere, saltem in manus episcopi, ut consilio ejus erogentur pauperibus.

CAPUT XLIX.
Contra dantes histrionibus.

His addendum est de histrionibus, meretricibus, mimis, joculatoribus, magicis, aleatoribus, tyrocinatoribus. De corripiendis histrionibus et curiosis rogat Apostolus ita prima ad Thessalon. cap. v : «Rogamus, fratres, corripite inquietos,» id est curiosos, a quo, qui cessat ne perdat, quod illi dare solebant, mercenarius est. Item II ad Thessal. III, de excommunicandis et vitandis eisdem in communione : «Confidimus autem de vobis, fratres, in Domino, quoniam ea quæ præcipimus vobis,» de curiosis et magicis vitandis, « et facitis, et facietis,» quod si quis noluerit obedire vobis, excommunicetur. Et ad ultimum canonem latæ, vel ad minus dandæ sententiæ contra eos scribit, dicens eadem epistola cap. III : « Denuntiamus autem vobis, fratres,» de curiosis « in nomine Domini nostri Jesu Christi,» per Jesum Christum Filium Dei præcipimus, cui honor est, si morbida ovis, excluditur « ut subtrahatis vos,» non communicetis eis. «Subtrahatis » scilicet « ab omni fratre ambulante inordinate,» contra id quod exigit ordo naturæ, vel gratiæ, « et non secundum traditionem quam acceperunt a nobis. Ipsi enim scitis quemadmodum oporteat vos imitari nos » scilicet, « quoniam non inquieti, » ut qui aliena negotia curant, vagantes hac illac, « fuimus inter vos, neque gratis,» sine labore scilicet, « panem manducavimus » sumptum « ab aliquo, sed in labore et fatigatione nocte et die operantes, ne quem vestrum gravaremus. Non quasi non habuerimus potestatem,» accipiendi a vobis necessaria vitæ, ut a subditis, « sed ut nosmetipsos formam daremus vobis ad imitandum nos.» Contra curiosos non laborantes, Augustinus (lib. *De opere Monachorum* cap. 2) : Vult servos Christi, Apostolus, corporalia opera operari, sed non compellantur egestate ab aliquo necessaria petere. Nec est contra illud Dominicum præceptum : « Nolite solliciti esse quid manducetis, » etc. (*Matth.* VI). Patet enim ex continentibus hoc ideo dictum esse, ne propter hoc evangelizarent, non ut ista, quantum necessitati sat est, non procurent; quasi : Operabar apud vos, ad exemplum vestrum, sic enim faciendum docebam. « Nam et cum essemus apud vos hæc denuntiabamus vobis, quoniam si quis non vult operari » corporaliter, et propriis manibus, « nec manducet (*II Thess.* III). Ideo autem hoc præcipio : « Audivimus enim quosdam inter vos ambulare inquiete,» scilicet, « nihil operantes, sed curiose agentes,» de alienis laboribus in otio victitantes. « Iis autem qui ejusmodi sunt denuntiamus et obsecramus in Domino Jesu Christo, ut cum silentio [*Glossa :* non rumorosi, non ridiculosi, non murmuriosi, non cantilenosi] « operantes, panem suum,» proprii laboris, manducent (*ibid.*). » Et ne hac occasione cessarent ministrare pauperibus, addidit : « Vos autem, fratres, nolite deficere, benefacientes » pauperibus. «Quod si quis non obedierit nostro verbo,» huic scilicet quo præcipimus, ut operetur, etc., « hunc per epistolam » vestram mihi significate, ut ego eum excommunicem, vel per «epistolam» meam, hanc scilicet, « notate [*Glossa :* corripite, vel notatum sententia denuntiate]. Et ne commisceamini cum illo » in convictu, « ut confundatur,» erubescat abjectus, « et tamen nolite quasi inimicum existimare, sed corripite ut fratrem,» ex dilectione scilicet. Nota quia quinque ex causis abstinuit Apostolus, ne quid a subditis acciperet, scilicet, ne aliquem illorum gravaret, unde supra; tum propter avaritiam eorum, tum propter pseudo repellendos, tum propter impunitatem peccandi, ne dando sibi prædicationem emptam sperarent, tum propter curiosos amovendos ab otio : ut sic, exemplo ejus, cibum labore manuum suarum quæritarent. Item I Thessal. IV : « Rogamus autem vos, fratres, ut abundetis magis et operam detis, ut quieti sitis [*Glossa :* a curiositate], et ut vestrum negotium agatis,» dimissis alienis, scilicet « ut operemini manibus vestris, sicut præcipimus vobis,» ne otio torpeatis, ex quo maxime curiositas venit, « et nullius aliquid desideretis. » Item Ecclesiastici cap. xii : « Si bene feceris, scito cui feceris, et erit tibi gratia multa. Da bono, et ne receperis peccatorem. Bene fac humili, et ne dederis impio, prohibe panes illi dari. » Item Tobiæ cap. iv : « Panem tuum et vinum tuum super sepulturam justi constitue, » ut sepeliatur justus, « et noli ex eo manducare et bibere cum peccatoribus et histrionibus, » id est pro eo quod peccatores sunt noli communicare eis, sicut ii qui nutriunt histriones et desides, cum esuriant Christi pauperes. Item Seneca, epistola 29 : « Ante, inquit, circumspiciendum est cum quibus edas et bibas, quam quid edas et bibas. Nam sine amico visceratio leonis ac lupi vita est. Hoc autem non continget tibi, nisi secesseris; alioquin habebis convivas, quos ex turba salutantium nomenclator digesserit. Errat autem qui amicum in atrio quærit, in convivio probat. Nullum habet majus malum occupatus homo, et bonis suis obsessus, quam quod amicos sibi putat, quibus ipse non est ; quod beneficia sua efficacia judicat ad conciliandos amicos, cum quidam, quo plus debent, magis oderint. Leve æs alienum debitorem facit ; grave, inimicum. Quid ergo? Beneficia non parant amicitias? parant si acceptures lcuit eligere. Si collata, non sparsa sunt. Itaque dum sanæ mentis es, hoc consilio sapientium utere, ut magis ad rem existimes pertinere quis, quam quid acceperit. Item Hieronymus : Paria sunt histrionibus dare, et dæmonibus immolare, si quia histriones sunt dederis, non quia homines. Item versificator quidam :

Ante Jovis statuam crepuit satur histrio pœnam;
Juppiter instituit vivere de proprio.

Item ex propria ratiocinatione. Nullum genus hominum est, in quo non inveniatur aliquis utilis usus contra necessitates humanas (de quo non possit dici : « Aliquisque malo fuit usus in illo ») præter hoc genus hominum, quod est monstrum, nulla virtute redemptum a vitiis, necessitatis humanæ nulli usui aptum.

Si dicas quod aptum est ad laudem alicui comparandam, absit hoc ; quia non minus turpe est laudari a turpibus, quam ob turpia laudari. Item : Hoc genus hominum indixit naturæ bellum et mundo, cui nihil satis est, quod omnia devorat, sibi et aliis inimicum, et ideo maxime repellendum. Item Hieronymus non solum tales, verum fautores eorum promoveri prohibet, inquiens : Heri in foro, hodie in choro; heri fautor histrionum, hodie consecrator virginum. Imo hodie, et omni die vitæ, simul fautor histrionum et consecrator virginum. Item : Illi narratione sua quasi propriis jaculis confodiuntur. Ait enim quidam ex eis : Jactantur illum divitem singulis annis sibi servire in tanta summa nummorum, quasi pro redditibus, sibi debitorum, illum alium, et tertium in tanta; deinde omnibus, maxime clericis divitibus, imprecatus est, eo quod pessimis moribus ejus favissent, sumptus eis superfluos exhibendo, rhythmos, fabulas, et gestus ejus laudando sic, et non corripiendo eum, sed a pœnitentia arcendo. Item alius receptus in domo pauperis, rogavit eum, ut necessaria cœnæ ei emeret et præpararet, qui necessariam, non superfluam comparavit. Videns hoc victitans de constante nihil satur histrio, scilicet de alieno, ait : Nescis quos in hospitium receperis. Lautiores et superfluos cibos quærimus, supra id quod sat est nobis, et familiæ tuæ, compara nobis. Qui respondit : In hoc cognovi quod ganeo et leccator es. Et expulit eum, super humeros ejus carnes emptas jactans. Qui recedens benedixit ei, dicens, se nonnisi unum hospitem virum invenisse, exemplum cujus, si alii imitati essent, jam pridem ab arte ludibriosa recessisset, et pœnituisset. Item alius accipiens a potente quindecim libras, miles vero ab eodem sexaginta solidos vilissimæ monetæ, probato tamen primo, quod miles, et quod captivatus esset, inquit : Mihi ludibrioso, et sine contradictione, et probatione dedisti tantam summam, viro autem ingenuo ejusdem conditionis, cujus et tu, strenuiori te et utiliori forte Reipublicæ si in apice regiminis esset constitutus, dedisti tam modicam summam cum indigeat, nec sine probatione ? indignatusque dedit militi quindecim libras quas acceperat. Item natura apum, quæ explodit burdones, monstrat tales a domibus esse arcendos. Unde Virgilius :

Ignavum fucos pecus a præsepibus arcent.
(L. iv *Georg.* 167.)

CAPUT L.
Contra feneratores.

Post prædictas species cupiditatis pessimum genus ejus, hoc est usuram, in præsenti titulo sugillabimus. Unde David : « Ex usuris et iniquitate redemisti animas eorum (*Psal.* lxxi). » Talentum naturæ, et talentum gratiæ præcipit Dominus multiplicare, dando illud ad usuram (*Matth.* xxv), et ideo, ut centuplum accipiamus, et vitam æternam possideamus (*Matth.* xix). Unde Augustinus (*In psal.* xxxvi, concione 3, ad ver. 26) : Miser homo, cur feneraris homini? Fenerare Deo et centuplum accipies, et vitam æternam possidebis. Ne sis servus nequam abscondens talentum Domini tui, sicut advocatus linguam, vel scientiam suam vendens, quod pejus est, quam abscondere. Si enim servus increpatur a Domino sicut nequam, qui abscondit talentum Domini sui (*Matth.* xxv), multo majori increpatione dignus est, et nequior, quia male erogat vendendo illud. Talentum vero fortunæ vel pecuniæ, sicut et talentum culpæ, prohibet Dominus dari ad usuram, necnon et talentum pœnæ. Augustinus (*in psal.* liv ad ver. 12) : Usura enim est cum plus exigitur in pœna, quam commissum sit in culpa. Ex usuris autem pœnæ et culpæ « redimet Dominus animas eorum (*Psal.* lxxi), » qui redemerint animas suas per abstinentiam ab usuris pecuniæ, et pœnæ supra quantitatem culpæ illatæ : a quibus qui non abstinuerint, diabolo assimilantur. Sicut enim diabolus homini mutuo dat peccatum, ut ab eo aliud recipiat, quia « sanguis sanguinem tetigit (*Ose.* iv), » et peccatum quod statim non diluitur per pœnitentiam, **131** suo pondere ad aliud trahit; sic homo fenerator talentum pecuniæ dat ad usuram (*Psal.* xiv), ut aliud recipiat.

Et sicut diabolus talentum peccati non vult sibi reddi (quia quanto diutius detinetur, tanto amplius multiplicatur), sic nec fenerator talentum pecuniæ creditum proximo, qui etiam dando ad usuram pejor est exactore diabolo, quia diabolus auctor omnis malitiæ talentum suum, non alienum, mutuum dat; fenerator vero dando mutuum talentum pecuniæ, non suum, sed Dei, et quo proximus gratis esset juvandus, et ob hoc sibi collatum nequiter dat ad usuram, qui etiam tempus vendit, ut propter dilationem temporis majorem, plus lucri recipiat. De quo etiam David : « Mutuabitur peccator, » a Deo, talentum naturæ, gratiæ; talentum culpæ a diabolo, « et non solvet. Justus autem miseretur et retribuet (*Psal.* xxxvi); » quia « jucundus homo qui miseretur, et commodat (*Psal.* cxi), » gratis disponit, etc. «Egenus» autem a feneratore « mutuabitur, » talentum pecuniæ, « et non solvet, » quia non habet unde, nec creditor vult, ut solvat, putans quod amplius recipiet. Et cum pejus non possit imprecari alicui, quam ut incidat in manus diaboli, Propheta majorem existimans imprecationem, qua imprecatur alicui, ut incidat in manus et laqueos feneratoris, ait : « Scrutetur fenerator omnem substantiam ejus, et diripiant alieni labores ejus (*Psal.* cviii). » Unde Isaias (cap. v) : « Alieni comedent labores eorum. » Alienus est, qui gratis non dat mutuum proximo. Cum itaque summe accrescit aliquid ex dilatione temporis, vel cum pœnæ adjicitur supra culpam, usura committitur, quæ serpenti et cancro comparatur, quia serpit, et paulatim crescit, ut totum corpus occupet. Unde poeta :

Hinc usura vorax avidumque in tempore fenus.
(LUCANUS, lib. 1.)

Comparatur etiam igni sacro, hoc est exsecrabili et inexstinguibili, necnon et morbo qui dicitur : « Noli me tangere. » Habet autem usura multa umbracula, et palliola quibus tegatur, et quasi excusetur. Inter quæ hoc maximum est, quod creditur alicui vile pro caro; puta pannus fucatus, vel aliud mercimonium, vile pro cara specie. Sic autem vendens, reique venditæ et creditæ pretium augens ex dilatione temporis, plus peccat eo, qui mutuat ad usuram caram speciem pro cara. Ille enim rem vilem pro cara sub pallio et specie mercaturæ, non dico vendidit, sicut asserit, sed ad usuram dedit, ut cum augmento recipiat. Item : Fenerator plus peccat quam fur, qui tantum de nocte, vel clam hominem suis bonis spoliat, vel latro, qui de die et manifeste. Hic enim continuat maleficium et artem rapiendi bona proximorum; illi vero non. Item : Morbus iste, processu temporis, cancrosus et pestifer invaluit. Antiquitus enim in tota civitate vix unus fenerator inveniebatur, et ille quidem occultus, nec fenerabatur nisi pauperibus, nec tunc nisi clam, et data fide quod non publicarent. De quo si forte oriebatur prava suspicio, dicebatur domus illius domus diaboli, vinea, puteus, ager diaboli, et deinceps osculum pacis non dabatur ei in missa. Ignis a vicinis in domo ejus non sumebatur, sed nec **132** cum eo aliquis aliquod participium habebat. Pueri etiam ad ejus occursum expavescebant, et alteruter eum digito monstrabat. Adeo enim detestabile tum temporis fuit vitium usuræ. Nunc autem fæce temporum nostrorum :

Fiunt jam ista palam, cupiunt et in acta referri.
(JUVEN., sat. ii.)

Proh dolor ! Homines tam detestabiles, nunc fiunt cubicularii principum, et prælatorum ; quorum filios, pecunia fenebri interveniente, in principes et prælatos Ecclesiæ promoverunt, « ut sedeant cum principibus, et cathedram, et solium gloriæ teneant (*I Reg.* ii). » Hi sunt etiam loculi et sanguisugæ principum, quia cum omnia suxerint, evomunt in fiscum, ut possit dicere princeps ad sanguisugam talem :

Macra cavum repetes arctum, quem macra subisti.
(HORAT., lib. i, ep. 7.)

Isti etiam nomen Judæorum adepti sunt. Principes enim eos tuentes, non permittunt eos super aliquo crimine accusari, dicentes : Isti nostri Judæi sunt, imo pejores Judæis sunt, quia Judæus, ex præscripto legis : « Non fenerabitur fratri (*Deut.* xxiii), » sed tantum alieno ex promissione ; iste autem et proximo et alieno contra præceptum Domini feneratur. Tales etiam in detestationem criminis, si clerici fuerint, non potest clericale privilegium adversus principes tueri. Confiscantur enim omnia bona eorum cum decedunt, ut in eis nullam potestatem habeat episcopus, vel ipsi, etiamsi testari voluerint ex eis. Exemplum autem de monachis cadaver feneratoris ad sepulturam deferentibus, milite quodam domino feneratoris ei obvio, patet supra in titulo : « De accipientibus munera illicite acquisita (Vide notas in cap. 46). » Tales maledictionem hanc incurrunt : « Væ qui deprædaris, quia et ipse deprædaberis (*Isa.* xxxiii). » Sed et maxime pudeat prælatos nostri temporis, qui dato decreto ab Alexandro III in Lateranensi concilio (iii, anno 1180), de hac peste penitus per sententiam anathematis eradicanda, adhuc tamen pestiferos illos palpant et in suis vitiis fovent. Unde, cum a quibusdam præsentibus in concilio quæreretur, qui et quales sententia data percellerentur; responsum est a quodam prælato quod notorii tantum. Et cum processum esset in quæstionem qui essent notorii, dictum est : Qui publice faterentur se esse usurarios, vel aliquo signo noto hoc indicant, ut scilicet qui capistrum venale in summitate virgæ fenerandam pecuniam circumferant. Sicque est exsufflatum decretum illud. Item : In hos intorqueri potest per contrarium sensum, quod dictum est Adæ a Domino : « In labore et sudore vesceris pane tuo (*Gen.* xxxi). » Tali vero dicitur : In labore et sudore vultus alieni vesceris pane alieno. Et Isaias : «Regionem vestram coram vobis alieni devorant (*Isa.* 1). » Et Jeremiæ cap. xvii : « Clamat perdix, fovit, quod non peperit; fecit divitias, et non in judicio, in medio dierum suorum derelinquet eas, et in novissimo suo erit insipiens. » Perdix avis est immunda, per quam sicut hæreticus, ita fenerator accipi potest, qui congregat divitias alienas. Et non in judicio, quia injuste, et si non juste, tamen quocunque modo rem (HORAT., l. 1, ep.), sed in novissimis suis reperietur insipiens. Hæc est enim prima pœna, quæ manet tales. Vix **133** hæreditas talium transit in tertium hæredem, sicut plurima exempla docuerunt. Et quia

Non habet eventus sordida præda bonos,
(OVIDIUS, elegia 1.)

et quæ male parta sunt, male dilabuntur.

Secunda pœna eorum est, quod vix poterunt ablata restituere. Adeo enim hoc peccatum super omnia alia vitiosum est et tenax, vel si habent unde restituere possint, donatores malunt esse quam ablatorum restitutores.

Tertia pœna erit eis in gehenna : quod aurum bulliens super ipsos entes cum Nerone effundetur abundanter, et ex omni parte.

Quarta pœna (Vide infra c. 52), quod pater, qui male feneratus est pro filio, et filius, qui in rapinam ejus eo mortuo introiit, sibi in dialogo improperabunt, imprecabuntur, se invicem lacerabunt, et uterque in alterum involabit. Crudele etiam est et periculosum a feneratore fenebrem pecuniam accipere, vel quamcunque aliam, dum cum talem esse cognoverimus exemplo beati Tobiæ, qui ait (cap. VIII) : « Filii sanctorum sumus, et non possumus ita conjungi, sicut gentes quæ ignorant Deum. » Et auctoritate B. Hieronymi dicentis : Cavendum est nobis maxime, ne ab illis accipiamus munera, quos novimus vivere de lacrymis pauperum, ne dicatur nobis : « Si videbas furem, currebas cum eo (*Psal.* XLXI). » Exemplo etiam B. Fursei (t. 1 Surii, die 16 Jan.) macula lepræ, vel morpheæ percussi, eo quod a feneratore acceperat tunicam, quem tamen talem esse ignorabat, sicut in legenda ejus legitur.

CAPUT LI.
Contra advocatos.

Supradicto generi hominum, scilicet feneratorum, simile est aliud genus hominum in cupiditate, hoc est advocatorum. Sicut enim multiplex talentum « mutuatur peccator, et non solvet (*Psal.* XXXVI), » sic advocatus gratis talentum naturæ, talentum scientiæ et gratiæ a Deo accipit, et nullum gratis solvit, sed linguam venalem facit, licet sit modicum membrum in udo situm, et de facili labile. Quod tamen officium suum vendere possit advocatus testatur Augustinus, dicens (epist. 54 *ad Macedonium*): Non debet judex ideo vendere justum judicium, aut testis verum testimonium, quia advocatus vendit justum patrocinium, et jurisperitus verum consilium. Si judex es, vide ut habeas unde vivas. Vendere enim judicium, etiamsi indigeas, cum judicium adjunctum sit officio judicis et justitiæ, Simoniacum est. Si patronus es, et salarium habes ab ecclesia, ecclesiæ stipendiis milites; vel si non eges, non licet tibi vendere patrocinium, quod gratis tunc est conferendum.

Si eges, « dignus est operarius mercede sua (*Luc.* x), » moderata tamen, non superflua. Prosequor ergo vitium quod circa officium advocationis exercetur, non ipsum officium, non artem quia :

134 *Et mala sunt vicina bonis errore sub ipso,*
Pro vitio virtus crimina sæpe tulit.
(OVID., lib. 1 *De remedio amor.*)
Non res in vitium, sed malefacta cadunt.
(Gallus poeta, elegia 1.)

Hoc genus hominum non solum pro cupiditate sui, verum etiam pro vilitate officii sui antiquitas redarguit. Sicut enim pugiles, cursores, præcones et hujusmodi alii officiales viles erant et abjecti, ita et advocati; nec flebat aliquis advocatus, nisi in paupertatis suæ remedium, ut officio cibum quæritaret. Hodie autem hoc genus hominum maxime reprehendendum est, de cupiditate et negligentia sui. Omissis enim artibus liberalibus, cœlestibusque disciplinis, omnes codicem legunt, et forum in quærunt ut foris et in exterioribus appareant, sicque gloriam et lucrum mendicent. Hos Apostolus de vilitate officii redarguens, in prima Epistola ad Corinthios cap. vi, ait : « Sæcularia igitur judicia si habueritis, contemptibiles, » et viles, « qui sunt in ecclesia, illos constituite ad judicandum; » prudentiores vero et subtilis venæ ingenii, prædicationi, lectioni, contemplationi et orationi vacent. Item ad hæc poeta :

Si fortuna volet fiet [Excusa, fies] *de rhetore consul.*
Si volet hæc eadem, fiet (ibid.) *de consule rhetor.*
(JUVENALIS, sat. VII.)

Vilis, pauper et abjectus. Item : Vidi morbum incurabilem, ad quem curandum non inveniebatur medicus, quia de salute ægrotantis desperabatur; sed nunquam vidi causam adeo perditam vel injustam, pro qua tuenda non inveniretur advocatus.

Item : In Tripartita historia legitur (lib. x, c. 3.), quod Joannes Chrysostomus vocatus fuit ab amicis suis ad officium advocationis, forte propter lucrum, et quia ad officium idoneus fuit, id est natura, facundia, scientia, quod officium, ceu pestem et injustum, vitæque contrarium, statim respuebat. Item Sidonius : Hi sunt qui timent etiam qui timentur; hi sunt, qui soliti sunt inferre calumnias, asserre minas, auferre substantias. Hi sunt, qui causas morantur admissi, impediunt prætermissi, fastidiunt admoniti, obliviscuntur potati, dedignantur locupletati. Hi sunt qui emunt lites, vendunt intercessiones judicandas dictant, dictata convellunt, attrahunt litigatores, pertrahunt audiendos, trahunt add;ctos, retrahunt transigentes, retractant transactiones. Hi sunt qui invident reverentiam clericis, originem nobilibus, concessum prioribus, congressum æqualibus, cinctis jura, discinctis privilegia, scholas instituendis, honorarium instituentibus, honorem institutis. Hi sunt in exactionibus harpyiæ, in collationibus statuæ, in quæstionibus bestiæ; ad intelligendum sapei, ad judicandum lignei, ad succendendum flammei, ad ignoscendum ferrei, ad fallendum vulpes, ad irascendum tigres, ad sæviendum tauri, ad consumendum minotauri. Quorum si nares afflaverit uspiam rubiginosi aura marsupii, quod si dolosi species refulgeat mummi, mox videbis et oculos Argi, et Sphingum ungues, et Briarii manus, et perjuria Laomedontis, et **135** Ulyssis argutias, et Sinonis fallacias, et fidem Polymnestoris, et pietatem Pygmalionis, et Achitophel consilia (*II Reg.* xvii), et Absalonis oscula (*II Reg.* xv).

CAPUT LII.
Legibus divinis, in casibus suis, potius esse judicandum quam humanis.

Parabolarum cap. xxiii : «Veritatem eme, et noli vendere sapientiam, et doctrinam, et intelligentiam; » sed « gratis date, quia gratis accepistis (*Matth.* x; *Rom.* iii). » Ne dicatis sicut superba fides : Si justificationem habeo ex fide, quomodo gratis?

Item : Sicut legitur in tragœdia quadam Senecæ : Visum est cuidam quod videret Neronem apud inferos balneantem, ministrosque circa eum aurum fervens infundere, dicentemque, cum videret chorum advocatorum ad se venientem : Huc, inquit, venale genus hominum. O advocati amici mei accedite, ut mecum in hoc vase balneetis : adhuc enim superest locus in eo, quem vobis reservavi. Item : Ex eo quod turpe et ignominiosum est alicui exprobrari ejus linguam esse venalem, vel quodcunque membrum. Meretricum enim est venalitati membra sua exponere, membra habere venalia. Item : Ex verbo sapientis tractantis causas, sed impediti videre verum propter turbam advocatorum garrientium. Bene, inquit, principibus sic qui cerebellos amoverunt ab ecclesia, qui si eam a coterellis advocatis mundassent, opus melius et utilius peregissent. Item : Hi in novissimis suis maxime inveniuntur insipientes, turpique morte decedentes. Quidam enim quia linguam venalem habuerunt, muti et elingues mortem antecesserunt. Cuidam etiam morienti visa est lingua celerius aura moveri, quasi diceret : Graviter et de facili, sicut arundo vento agitatur, peccavi in lingua. Cuidam visum est inferius labium moveri citius labio crocodili. Quidam etiam cum offerretur eucharistia in extremis, ait : Judicetur prius utrum rectum sit quod accipiam. Cui astantes : Nos quidem et rectum et justum judicamus. Quibus ille : Non est, inquam, rectum judicium. Non enim, cum non sitis mihi pares, habetis me juste judicare. Item : Advocatus, vel advocat intuitu Dei, vel gratia amici, vel causa lucri, sed qui intuitu Dei hodie rarus invenitur; ob quam causam, si advocaret, licite et meritorie hoc posset facere. Unde Dominus : « Causa viduæ intret ad te (*Deut.* x; *Isa.* i), » judicem; audienda vel terminanda : « Ad te, » advocatum defendenda. Job etiam fuit advocatus pauperum in causis. Unde : « Fui pes claudo, oculus cæco. Pater eram pauperum, et causam, quam nesciebam, diligenter investigabam. Conterebam molas iniqui, et de dentibus illius auferebam prædam (*Job* xxix). » Similis ei qui ait : « Eripiens inopem et egenum de manu fortiorum ejus, » etc. (*Psal.* xxxiv.)

136 Hodie cum paucæ, vel nullæ miserabiles personæ veniant in quæstionem litigii, sed divites quæstionem super prædiis et inutilibus agitantes, cum etiam advocare in causa intuitu Dei periculosum sit? quippe gloria et ambitio fori sæpe excæcant nos. Adeo timemus cadere a causa etiam injusta, ne videamur inscii, penitus desistendum esset a patrocinio causarum, cum honestioribus et utilioribus studiis vacare possimus, nisi causa viduæ, vel alicujus miserabilis personæ (quam Dominus præcipit tueri) intraret ad te judicem, vel advocatum. Gratia autem amici advocare, periculosius est.

Licet enim gratiam amici tibi sic compares, unde forte ad tempus tibi concilias; ex parte autem adversarii, cum multos sollicites, plurimum odii et perpetui colligis. Si dixeris Tueor causam amici, ut cum et adversarium moneam ad pacem. Sed quid erit, si causam ejus injustam cognoveris? Tunc monebo ad pacem. Per transactionem ergo mones eum, ut paciscatur de alieno, ut alienum recipiat, et ita ut rapiat, et cum aliena jactura dicetur; tuque si conductitius fueris, salarium et stipendium tuum accipies ex rapina, cum de sic extorto et acquisito aliquid sumpseris. Sed et vir quidam justus et prudens, et comperiens causam amici sui, injustam quam prius foverat, reliquit, transferens se ad partem adversarii tuendam, non tamen sicut proditor. Si autem causa lucri advocas, si indiges, in exceptionem et remedium paupertatis tuæ licet tibi, dum tamen secundum proportionem justi pretii recipias, ne plus media parte justi pretii, nec pro modico labore, plurimum stipendii exigas. Si vero non indiges et accipis, mortaliter peccas; quia justitia est, quæ unicuique gratis tribuit quod suum est.

Si consilium huic debitum vendideris ei, præsertim cum non occuperis honestiori vel utiliori studio, ergo jus suum, rem sibi debitam vendis. Sic igitur furtum vel rapinam committis, cum non gratis conferas, quod gratis tribuere debueras; sicut legitur Parabolarum cap. xxiii : « Veritatem eme, et noli vendere sapientiam, et doctrinam, et intelligentiam. » Ille autem non peccat, quia redimit quod suum est.

CAPUT LIII.
Quod soliditatis nihil habet positiva justitia.

Ad periculum hujus officii accedit, quod advocati

potius positivæ justitiæ hominum (quæ nihil habet soliditatis) innituntur quam divinæ, cum David, in persona cujuslibet fidelis, per Spiritum sanctum dixerit : « Juravi et statui custodire judicia justitiæ tuæ (*Psal.* cxviii). » Et item : « A judiciis tuis non declinavi (*ibid.*). » Item Dominus Moysi Deuteron. cap. xvi : « Judices et magistros constitues per singulas tribus, ut judicent populum justo judicio, » legis scilicet divinæ, non Justinianæ. Item Dominus in Exodo cap. xx, et Levitico cap. xviii, dedit leges Moysi per quas sufficienter judicaret inter proximum et proximum in casibus suis. Non ergo ab eis recedendum in casibus maxime spiritualibus earum, cum non sint de cæremonialibus, sed ad litteram observanda, sicut manifeste probatur ex glossa super illum locum Numeri cap. xxvii : « Dalis eis possessionem inter cognatos patris sui, et ei in hæreditatem succedant. » Origenes (*initio. hom.* 22, *in Num.*) : Hæc secundum historiam, palam est omnibus, quod vigoris habeant, qui sciunt leges istas, non solum apud filios Israel custodiri, sed apud omnes homines, qui tamen legibus vivunt. Unde apparet, quod libertas filiarum Salphaad, non solum eis hæreditatem contulit, sed perpetua vivendi jura sæculo dedit. Vides quanta sit historiæ utilitas. Quis igitur potest leges istas dissolvere, quibus universus mundus utitur?

Item in Numeris cap. xviii : « Ecce dedi tibi custodiam primitiarum mearum, omnia quæ sanctificantur a filiis Israel tradidi tibi, et filiis tuis pro officio sacerdotali, legitima sempiterna. » Horum, quæ ad litteram in his observanda sint, et quæ non, auctoritate Scripturarum proferemus. (Orig., hom. 11, *in Num.*) : Scriptum est enim : « Lex Domini immaculata, » irreprehensibilis, « convertens animas, testimonium Domini fidele, sapientiam præstans parvulis (*Psal.* xviii) ; » non est, « Præceptum Domini lucidum illuminans oculos : Timor castus Domini sanctus permanet in sæculum sæculi : Justitiæ Domini rectæ lætificantes corda : Judicia Domini vera, justificata in semetipsa. » Nisi essent hæc singula diversa, non proprias differentias Scriptura unicuique dedisset. Aliud ergo est lex, aliud præceptum, aliud testimonium, aliud justificatio, aliud judicium. Unde alibi : « Hæc » est lex, « et mandata, et justificationes, » et præcepta, et testimonia, « et judicia, quæ præcepit Dominus Moysi (*Num.* xxxvi). » Omnia autem quæ sub legis titulo scribuntur, ut : Hæc est lex paschæ, lex circumcisionis, lex lepræ, et deinceps, « umbra sunt futurorum (*Hebr.* x), » nec ad litteram servanda. « Christus autem nos redemit de maledicto legis (*Gal.* iii), » non de maledicto mandati, vel testimonii, vel judicii, volens nos, non legi, sed umbratilibus judiciis et mandatis ejus esse subditos. Item Levit. c. xxiii : « Postquam autem messueritis segetem, etc. » Glossa : Quæ pietate plena sunt ad litteram custodiri præcipiuntur. Item cap. xviii : « Custodite leges meas, etc. » Glossa : Non sufficit partem legis custodire. Necesse enim habemus omnia præcepta observare et judicia; non solum autem Judæis, sed omnibus gentibus hæc observanda sunt, si Deo militare volunt.

Quod autem nihil solidum habeat positiva justitia, liquet ex eo, quod Dominus certas leges de matrimonio dederit et inviolabiles, duodecim tantum personas excludens a matrimonio (*Levit.* xx) : quibus addimus in exceptionem quintum, sextum et septimum gradum (*Vide* 35, q. 3, *Contradicim.*). In eis tamen ad libitum nostrum conjungentes quosdam et conjunctos separantes; sed in sexto gradu legitime sunt conjuncti, ergo non sunt separandi nisi causa fornicationis. Si vero matrimonium non est inter eos, et scienter toleramus aliquos sic conjungi, auctores sumus fornicationis eorum, cum eos possumus separare. Item (*Supra* cap. 23) : Iis addimus secundum et tertium genus affinitatis, quibus plures laquei et doli dantur pluribus ad conjungendum, vel separandum captiose, quos voluerint. Item (30, q. 3. *Illud etiam*) : Ad hoc valet illud decretum captiosum, hoc scilicet : Quod aliquis ducat filiam compatris sui, nec laudo, nec vitupero, nec prohibeo, nec præcipio, sed si eam duxerit conjunctos non separabo. Item : Quia periculosum est generalitati, et diffinitionibus judiciorum astringi. Frequens enim est aliquid extra regulam et generalitatem inveniri. Item : Patet decreta esse mobilia ex eo quod in corde domini papæ sint, ut scilicet ea interpretetur ad libitum suum. Quod si secundum ea judicaverit, juste judicabit; si contra ea, similiter juste judicasse dicetur. In ejus enim potestate est condendi, interpretandi, et abrogandi canones. Item : Asseritur Alexandrum (III) papam dixisse se (si paribus rationibus et æquis probabilitatibus moveretur) paratum esse judicare pro negativa, quoties judicatum est ab eo pro affirmativa. Ergo positiva justitia tota pendet de voluntate judicis, dum tamen pie et rationabiliter judicaverit. Ob quam causam, quia adeo mobilis est positiva justitia, et in singulis casibus alia et alia ratio reformat pactum, quod in ea plene instrui non poteris. Ex indignatione magister Ivo Carnotensis librum decretorum ad pedes suos projecit, quasi vilem et inutilem. Item Agellius : Leges urbium sunt telæ aranearum, quæ fortiora animalia transmittunt, minus fortia et debiliora retinent.

Dat veniam corvis, vexat censura columbas.
(Juven., sat. ii.)

Item ex verbo sapientis : Positiva justitia maxime mobilis est, ideo quod ex quibusdam probabilitatibus et similitudinibus remotis in ea allegatur. Sed prudens judex nunquam nisi in expresso canone, vel lege, vel manifesta ratione judicat. Sed nec expressus canon, vel lex coram summo judice sæculari vel ecclesiastico aliquid habet vigoris, quia ex eorum pendet institutione et voluntate. Ergo secundum Isaiam (*Isa.* viii) recurrendum est ad testimonium et legem divinam, ut ex ea alleges : et ex exemplis sanctorum, vel ex æquitate manifesta, vel viva ratione, quibus nullius unquam auctoritas potest refragari. Item (dist. 4, c. *Statuimus*) : Ex solemnitatibus ordinis judiciarii (puta induciarum, producendorum testium, citationum et hujusmodi) quæ mutantur et variantur prout viderit judex expedire, quas etiam jam ex media parte Bononienses refectas abjecerunt, statuentes, ut quælibet civilis causa a consulibus, juramento ad hoc astrictis, infra spatium viginti dierum terminetur. Item (Conc. Later. III, sub Alex. III, tit. 1, c. 3) : Canoni derogatur canone contrario, tacito consensu Romanæ Ecclesiæ, et usu utentium in contrarium. Qui si sufficit ad abrogandum canonem quemcunque (ut canon est Thelesphori de inchoando jejunio a septuagesima; canon est Lateranensis concilii (tit. 1, c. 13 et 14, et in appendice, parte xxx), de non promittendo alicui ecclesiastico beneficio non vacante; canon est etiam utilissimus, de non conferendis pluribus dignitatibus, vel Ecclesiis **139** alicui intitulatis; canon est etiam de domo episcopi (dist. 41, *Episcopus*) construenda humili juxta Ecclesiam, in qua pascat se et pauperes, et cæteros hujusmodi, maxime illos in quibus non est dispensatum, sed tolerat Ecclesia Romana eis obviari, usu utentium in contrarium, tacito consensu, quia nec corripit, nec improbat, nec dispensat, sicut dispensaret de bigamo ordinando, qui sine licentia ejus non posset promoveri), ergo canones et jura humana nil habent vigoris, nihil firmitatis, sed abroganda et delenda pro voluntate utentium in contrarium. Quod si non sufficit (quod videtur, quia clericus inscius canonum de incuria et negligentia, arguendus est; scientiam vero habens illorum, et eos non observans, de inobedientia), ergo usus utentium in contrarium, et sine dispensatione, quoscunque utentes contra quemcunque canonem, in quo non est dispensatum, nec contrario capitulo ei derogatum, transgressores constituit et inobedientes.

CAPUT LIV.
Contra ambitiosos.

Succisis dictis speciebus cupiditatis, nunc maximo et præcipuo ejus ramo succidendo, hoc est ambitioni, securim apponamus. De qua suggillanda Ecclesiasticus cap. VII ait : « Noli quærere ab homine ducatum, neque a rege cathedram honoris, et penes regem noli velle videri sapiens. Noli quærere fieri judex, nisi valeas virtute tibi data et sapientia, irrumpere iniquitates populi; ne forte extimescas faciem potentis, et ponas scandalum in agilitate tua, et officio. « Non pecces in multitudine civitatis, nec te immittas in populum; nec alliges » et colligas « tibi duplicia peccata, ita quod nec in uno eris immunis. Primum quod in populo non invenitur aliquod peccatum unum a quo sis immunis, sed portabis iniquitates omnium, qui cum deberes esse hircus emissarius ad ferenda singulorum peccata extra civitatem, singulorum singula fers in civitatem, aliquo (de contingentibus officium tuum, per incuriam, vel ignorantiam) omisso, quia pro singulis iniquitatibus subditorum punieris (*Levit.* XVI). Unde Apostolus I Timoth. v : « Nemini cito manum imponas, neque communicaveris peccatis alienis. » Glossa : Omnibus, quæcunque faciet postea ordinatus a te citra diligentem, discretam et diutinam examinationem. Suggillatur etiam vitium ambitionis in capite libri : « Beatus vir qui non abiit in consilio impiorum, et in via peccatorum non stetit, et in cathedra pestilentiæ non sedit (*Psal.* 1) : » nec appetiit sive sæcularem, sive ecclesiasticam dignitatem et temporalem, vel doctrinam in cathedra, quæ sicut pestilentia et morbus serpens omnes et totum gregem invasit, per quam, et se et alios irrident, et fallunt. Unde Hebraica veritas habet : « Beatus qui non sedit in cathedra derisorum, » quibus erit væ. Quoniam enim et se et alios derident, **140** « non per ostium (*Joan.* x) » intrantes in sanctuarium Dei, « sed aliunde, » deridebuntur. « Væ qui deprædaris, quoniam deprædaberis (*Isa.* XXXIII). » Item episcopus Cenomanensis :

Plurima cum soleant hominum corrumpere mores,
  Fortius evertunt femina, census, honos.
                                            (HILDEBERTUS.)

Luxuria scilicet, seu carnalis delectatio, amor pecuniæ, « vel auri sacra fames (VIRG. III *Æneidos*), » et ambitio honoris. Sed hæc quanto superet cæteras pestes, ampliusque veneno malitiæ suæ noceat, idem episcopus scribit :

Infelix, quem res, nec femina vincere possunt,
  Subjugat ambitio.
                                            (HILDEBERTUS.)

Item I Joannis II : « Omne quod est in mundo, vel est concupiscentia carnis, vel concupiscentia oculorum, vel superbia vitæ, » cujus filia est « concupiscentia oculorum, » id est ambitio, quam cum matre redarguens Propheta, ait : « Non sic impii non sic, sed tanquam pulvis quem projicit ventus a facie terræ (*Psal.* 1). » Item philosophus Seneca (epist. 73) : Hoc maximum malum vel vitium habet ambitio, quod non respicit vel Deum, vel se, vel alios, sed per fas et nefas, et « per mille pericula mortis (VIRG. II *Æneidos*), » tum animæ, tum corporis aspirat et laborat, ut acquiratur dignitas quæ appetitur. Item I Corinth. cap. III : « Charitas non est ambitiosa, » id est non vult alii præponi : « Non quærit quæ sua sunt, » Glossa : sed quæ alterius. Et ita aliquando vult præponi, non propter se et delectationem temporalem, sed propter communem omnium utilitatem. Item (POSSIDIONUS in *Vita S. Aug.* c. 4) : Augustinus fugiebat ab omni civitate quæ non habebat episcopum, ne in episcopum caperetur. Item idem : In nullo, inquit, sentio Deum ita iratum mihi, quam quum indignus essem poni ad remum, positus sum ad amplustre regiminis Ecclesiæ, scilicet apicem. Item poeta Ovidius, III Tristium (elegia 4) :

Crede mihi, bene qui latuit bene vixit, et infra
  Fortunam debet quisque manere suam.
Vive tibi, quantunque potest prælustria vita.

Quia quanto gradus altior, tanto casus gravior est.
Est ubi contemptus nimius juvat.
                                    (CLAUDIAN. I in *Eutrop.*)

Item : Mortuo Sixto papa, diu vacavit papatus, nec inventus est qui onus illud subiret, quando non habuit divitias et pompam sæcularem adjunctam. His autem adjunctis tempore Silvestri, illico ambitio nascebatur, lateque pervagabatur amor dominandi, cum is « qui præest, et in sollicitudine (*Rom.* xii), » potius subsit, potius sit servus quam dominus. Unde Dominus Luc. xxii : « Facta est autem contentio inter eos, quis eorum videretur esse major. Dixit autem eis : «Reges gentium dominantur eorum, vos autem non sic. Sed qui major est in vobis, fiat sicut minor, et qui præcessor » dignitatis gradu, «sicut minister. » Nam « quis major est » secundum judicium sæculi scilicet, « qui recumbit, an qui ministrat? Nonne qui recumbit ? Ego autem in medio vestrum sum sicut qui ministrat. » Qui ergo præest potius subesse debet, nisi quoad quamdam dignitatem, obedientiam scilicet et reverentiam **141** ei exhibendam. Item Gregorius in Pastorali (part. 1, cap. 9) : Pollens virtutibus, invitus et coactus accedat ad regimen animarum, non pollens virtutibus non accedat. Sed an pollens modo, qui scilicet modo potest pollere si pœnituerit, sed, infirmitas et fragilitas modica obsistit, in omnibus aliis pollens scientiam et famam et hujusmodi habet; an qui pollebat prius, sed quid pollere potest, sed modica fragilitas resistit, ita quod non cum serenitate conscientiæ accederet. Quid faciet? Nunquid honorem contra conscientiam invitus, et coactus accipiet, vel oblatum ex toto spernet pro conscientia mala tolerabitque se sententia anathematis percuti, eo quod curam proximorum neglexerit? Item Gregorius : Considerare et perpendere debet quisque quantitatem virium suarum, et pro viribus suis suscipere curam animarum, ne, dum gloriatur, in loco gloriæ sit aliis causa ruinæ. Unde nec velit esse judex aliorum, qui mordetur conscientia facinorum suorum. Idem confirmat poeta dicens :

Sumite materiam vestris qui scribitis æquam
Viribus, et versate diu quid ferre recusent,
Quid valeant humeri.
(HORAT. *de Arte poet.* initio.)

Quæ autem considerare debet aspirans ad dignitatem ecclesiasticam, Augustinus super illum locum Apostoli describit : « Hæc commenda fidelibus hominibus qui idonei sunt hæc docere *(II Tim.* ii), » vita, scientia, facundia. Item poeta :

Nec quemquam jam ferre potest Cæsarve priorem
Pompeiusque parem.
. . . . *Jurisque secundi*
Ambitus impatiens.
(LUCAN. l. 1 *de bello Pharsalico.*)

Ambitione destructa est respublica, interfectus senatus. Hæc maxime cavenda est in ecclesiasticis, et ne præruptè ad honorem ecclesiasticum ascendatur. Unde Dominus apostolis : « Accipite Spiritum sanctum, quorum remiseritis peccata, remissa sunt; et quorum detinueritis, detenta sunt *(Joan.* xx). » Quasi diceret : Quomodo sacramenta Spiritus sancti aliis ministrabitis, nisi ipsum prius receperitis ? Vel : Quomodo dona ejus aliis conferetis nisi ea habueritis ? Item : Multi promoti, in extremis cum lacrymis pœnituerunt de susceptis honoribus, quia, cum maximo periculo acquiruntur, cum majori possidentur et reguntur, dicentes se malle vixisse omnibus diebus vitæ suæ simpliciter sine apice dignitatis. Item : Galfridus Peronensis prior Clarevallensis, electus in Tornacensem episcopum, cum a papa Eugenio, et abbate suo sancto Bernardo cogeretur onus episcopatus subire, prostratus in modum crucis ad pedes abbatis, et clericorum eum eligentium, ait : Monachus fugitivus, si me ejicitis, esse potero, episcopus vero nunquam ero. Cui laboranti in extremis assidens quidam monachus, ejus amicissimus, factus custos ægrotanti, ait : Chare mi frater, quia nunc corpore separabimur, oro te, ut in pace et salva voluntate Dei, si esse poterit, statum tuum post mortem mihi reveles. Cui oranti post mortem **142** ejus in oraculo secreto coram altari, apparuit ei in visione anima Galfridi dicens : Ecce, inquit, adsum Galfridus frater tuus, Cui ille : Mi chare, quomodo est tibi ? Qui ait : Bene. Sed revelatum est mihi a sancta Trinitate, quod si promotus fuissem in episcopum, procul dubio fuissem de numero reproborum.

CAPUT LV.
Contra promotionem indignorum.

Malum ambitionis sequitur stultorum, imperitorum, inutilium, et ut uno verbo dicam, indignorum promotio. Contra quam scribens Hieronymus ait : Non præcedit armentum degener taurus, sed qui magnitudine et toris alios superat. Elephantorum gregem elephas ducit excellentissimus. Adeo autem humana natura desipuit, quod vertens tergum suum ad solem justitiæ, « declinans judicium, statuens declinare oculos suos in terram *(Psal.* cxviii), » non observat pro salute æterna animarum in eligendo ducem et rectorem earum, quod fit in brutis pro salute corporali natura duce. Item Salomon : « Sicut qui mittit lapidem in acervum Mercurii, sic qui dat honorem insipienti *(Prov.* xxvi). » Item : Debet Ecclesia esse «sicut castrorum acies ordinata *(Cant.* vi); » ut fortissimi scilicet ejus, et discretiores ponantur in fronte, et in extremitate cunei, imbelles in medio. Alioquin nec terribilis erit, nec ordinata, sed portæ inferi prævalebunt adversus eam *(Matth.* xvi). Item Levitici cap. xxi : « Homo de semine Aaron, qui habuit maculam, non offerat panes, vel hostias Deo suo, nec accedat ad ministerium ejus; si cæcus fuerit, vel claudus, si parvo vel grandi vel torto naso, si fracto pede, vel manu, si gibbus, vel lippus, » etc. Si ergo in levita ordinando ad ministerium in lege sine dispensatione prohibebatur et cavebatur macula corporalis, quanto magis et macula spiritualis prohibita est a Domino in ministerio evangelico ? Item : Hieronymus (lib. *Apol. adversus Ruffinum*, c. 4) introducens versus Horatii in derisionem promotorum indignorum ait :

Ludere qui nescit campestribus abstinet armis.
(HORAT., *De arte poet.*)
. . . . *Abrotonum ægro*
Non audet, nisi qui didicit, dare. Quod medico-
[*rum est,*
Promittunt medici, tractant fabrilia fabri.
Scribimus indocti, doctique poemata passim.
(HORAT., l. II, ep. 1 *ad Aug.*)

Sic et modo currimus docti, indoctique ad regimen animarum, dicentes:

Occupet extremum scabies; mihi turpe relinqui
[*est,*
Et, quod non didici, sane nescire fateri.
(HORAT., *De arte poet.*)

Item Hieronymus ad Pammachium monachum. Hodie clarus honor vilescit in turba, et apud bonos viros fit indigna dignitas, quam multi mali possident.

143 Hujus autem indignæ promotionis indignorum quatuor sunt causæ: amor carnis, stemma generis, favor adulationis aures principum demulcentis, avaritia, quæ est causa prædictarum causarum, quia « radix omnium malorum (*I Tim.* VI). » Pone enim amoveri ab Ecclesia regalia regum, et principum beneficia magna illi collata, non invenietur qui accedat ad ejus labores et opera. Quare? quia omnes qui in dignitate ecclesiastica sunt, honorem non onus, delicias non opus, lac et lanam, non curam animarum quærunt. Item idem Hieronymus: Joseph nonnisi probata sapientia ejus, factus est dominus Ægypti (*Gen.* XLI). Ps. CIV: « Eloquium Domini inflammavit eum, » et ideo « misit rex, » Pharao, « et solvit, princeps populorum et dimisit eum. » Constituit eum dominum domus suæ, et principem omnis possessionis suæ. » Et ad quid? Non ad necessitates regias præparandas, non ad movendum arma, non ad vivendum et equitandum in pompatico apparatu vel habitu, non ad otiandum, et deliciandum, sed « ut erudiret principes ejus sicut semetipsum, et senes ejus prudentiam doceret, » nedum juvenes. Quantam ergo maturitatem et prudentiam oportet esse in rectore? Si ergo Joseph, non nisi probata sapientia ejus præficitur regimini Ægypti temporali, quanto magis non nisi probatæ sapientiæ et vitæ, dominio et spirituali regimini Ecclesiæ? Item: Non nisi post trinam confessionem dilectionis Domini, Petro commissus est principatus apostolatus. Quasi diceret ei Dominus, et in ipso aliis præficiendis Ecclesiæ regimini: « Quia diligis me plus his. » Diligis me scilicet plus quam tuos, diligis etiam me plus quam tua: diligis etiam me plus quam te: « Pasce oves meas, pasce agnos meos, pasce hædos meos (*Joan.* XXI): » ideo « Dabo tibi claves regni cœlorum (*Matth.* XVI), » id est, constituam te principem populi. Item: Philisthæi Dagon (quod pretiosum habebant) posuerunt juxta arcam Domini (*I Reg.* V): promoventes autem indignos, et e contrario similes, imo pejores Philisthæis, ponunt arcam Domini juxta Dagon, Ecclesiam committentes idolo surdo, et muto, et debili, cum committenda esset arca his, qui eam portare essent idonei, regere et revelare eam per sacramentorum Ecclesiæ dignam administrationem. Unde caveant sibi ne mures extales eorum corrodant similique pœna Philisthæorum percutiantur promoventes indignos, sicque promoti timeant ne corruant sicut Dagon capite truncato, et abscissis summitatibus manuum et pedum ipsorum, ut omnino sint inutiles. Item: Timendum est hodie ne accidat, quod tempore judicum accidit. Si enim tunc procuraverunt Philisthæi ne esset faber ferrarius in Israel, qui fabricare sciret lanceam vel gladium usque ad aculeum bovis (*I Reg.* XIII), qui etiam nunc deest, quia non est qui excitet vel stimulet proximum, sed et [*f.* sibilus stimulus] (non tantum lancea et gladius doctrinæ) deest hodie bobus Ecclesiæ, et quæ, si aliqui habuerint, timent eis uti, facti « muti canes non audentes latrare (*Isa.* LVI) » vel mutire coram principibus, ne sarcinas inutiles amittant.

Sed objicies: Sunt equidem in Ecclesia multi ferrarii, scilicet personæ privatæ, **144** ut pote scholares, et magistri scholarum. Sed quorsum hæc objicio? Tales modo tanquam viles et inutiles non eliguntur in fabros Ecclesiæ, et ideo vel modicum, vel nullum habent locum in ea, ut ei prodesse possint. Item Ecclesiastes (cap. X): « Est malum quod vidi sub sole, quasi per errorem egrediens a facie principis: positum stultum in dignitate sublimi, et sapientes sedere deorsum. » Item: Quomodo dici potest de prælatis Ecclesiæ: « Ubi est videns? ubi est domus Domini videntis? » (*I Reg.* IX.) Timendum est ne peccatis nostris exigentibus privemur videntibus, sicut Judæi prophetis. Item: Si Baltassar (quia abusus est vasis figuralibus apportatis a templo Domini a Nabuchodonosor patre suo ponens ea in templo idoli sui, in eis etiam ipse temulentus, et optimates et concubinæ ejus diebus convivii bibentes vinum) punitus est in destructione civitatis suæ, et amissione regni (*Dan.* V): quanto magis punientur qui vivis vasis Domini abutuntur, committentes animas sanctas regendas, ecclesiasticaque sacramenta administranda indignis? Item Matthæi, cap. XXIV: « Cum videritis abominationem desolationis » (idolum scilicet surdum et mutum, quod est causa et signum destructionis Jerusalem, et sanctæ Ecclesiæ, maxime ejus, qui præsidet,) « stantem in loco sancto » (Marcus [XIII]: In templo Dei, « ubi non debet), » tunc: « Væ prægnantibus et nutrientibus. Erit enim tunc tribulatio magna, qualis non fuit ab initio mundi (*Matth.* XXIV), » procedens ex ambitione dignitatum et honorum quæ inchoata est tempore legis; quando Judæi a principibus Romanis ambierunt summum sacerdotium. Sed nec in illa fæce temporum, tempore scilicet perversæ medietatis, « sederunt » passim, non quilibet « super cathedram Moysi, » sed tantum « Scribæ, » doctores legis « et Pharisæi, » divisi ab aliis, signum religionis saltem exterius habentes, maturi ætate. Unde Dominus: « Super cathedram Moysi sederunt Scribæ et Pharisæi: Omnia quæ dicunt facite, quæ autem faciunt, facere nolite (*Matth.* xxiii). » Nunc autem in cathedra Moysi sedent juvenes et fatui, ut quæ dicunt faciatis, nec quæ faciunt velitis facere.

Si peritus, licet ambitiosus, vel alias malus, promovetur, spes tamen de ipso habetur, quia, « quis scit si convertatur (*Joel.* ii)? » et pœniteat, fiatque bonus hodie, qui heri malus, sed de fatuo et inscio promoto, nulla spes est. Raro enim Dominus de insipiente et inscio suscitat et facit sapientem, sicut de peccatore pœnitentem. Item Levit., cap. iv : « Si peccaverit » Synagoga « per ignorantiam, » vel populus, vel princeps, vel privata persona, » hæc et hæc faciet, « et rogante pro eis sacerdote propitius erit ei Dominus. » Hinc, inquit Augustinus, patet differentia inter peccatum sacerdotis et peccatum populi, quia scilicet sacerdos non dicitur peccare per ignorantiam. Non enim licet ei ignorare mandata Domini, quia non legitur quis orare pro sacerdote, quia, sicut ait Salomon : « Si percussus fuerit incantator a serpente; quis medebitur ei? » (*Eccli.* xii.) Item Dominus pro Petro et successoribus ejus, inquit: « Duc in altum rete (*Luc.* v), » id est in profundum disputationis sacræ Scripturæ intellectum et inquisitionem, si 145 dubii casus emerserint, ut sic videas quid agendum sit, quid non. Item : Idem apostolis : « Colligite fragmenta ne pereant (*Joan.* vi), » id est minutias fragmentorum, id est subtilium sententiarum et secreta mysteria, quæ rudes capere nequeunt, et etiam quæ subterfugiunt manus prandentium, hoc est intellectum et inquisitionem disputantium, investigate et memoriter tenete, sicut cophini et perfecti pleni edulio verbi Dei, ut pro tempore et loco ea pauperibus, etiam insciis, erogetis. Item : Dominus distinguens ministros Ecclesiæ in « apostolos, evangelistas, etc., pastores et doctores (*Ephes.* iv) » conjungit. Ob hoc etiam Apostolus describens « pastorem » Ecclesiæ, in fine descriptionis ejus (quasi vitalem et substantialem differentiam) ponit « doctorem, » qui sciat scilicet contradicenti sanæ fidei resistere, et paratus sit « omni poscenti reddere rationem, de fide et spe (*I Petr.* iii), » et bonis moribus Ecclesiæ.

Item : Hieronymus de Helvidio (epist. *De perpetua virginitate B. Mariæ*), qui unicum et horrendum monstrum in Gallia, solus in universo mundo sacerdos laicus fuit, qui tamen quoad ordinationem dictionum congrue, quoad intellectum vero impie scripsit quædam de beata Virgine Maria : Item : Si ex præcepto Domini, hospes unius noctis cum tanta diligentia est eligendus, ne fama prædicationis maculetur infamia hospitis, quanto diligentius eligendus est sacerdos, non hospes, sed rector Ecclesiæ futurus, per plura tempora? Qui cum tanta maturitate et sollicitudine est ordinandus, cum quanta est deponendus?

CAPUT LVI.
De officio prælatorum.

Ad indignam autem promotionem indignorum, imo verius intrusionem repellendam et confutandam, intueri libet officium prælatorum (quo nomine ruralis sacerdos etiam comprehendatur). Quod attentare cum timeant viriles et perfecti, desinant ad id exsequendum intrudi, vel etiam canonice eligi, indigni præsumptuosi. De hoc ait Moyses, Numer. cap. xxvii : « Provideat Dominus Deus spirituum omnis carnis, virum qui sit super multitudinem hanc, et possit exire, et intrare ante eos. » Exire, ut pastor, pro ipsis contra hostes visibiles et invisibiles; intrare, tabernaculum et ecclesiam, ut pro eis oret. « Et ducere illos, » ad bellum « contra spiritales nequitias (*Eph.* vi), » verbo et exemplo, sicut dux eorum; « et introducere eos, » tandem in Jerusalem supernam : « ne sit populus Domini, sicut oves sine pastore. » Item, ibidem : « Tolle Josue filium Nun, virum in quo est Spiritus Dei, et pone manum tuam super eum, qui det præcepta vitæ filiis Israel; quo consulente Dominum, ad verbum ejus egredietur ad bellum, et ingredietur tabernaculum, ipse primo, et omnes filii ejus cum eo, et cætera multitudo. » Item Genesis cap. xlvi : « Dixit Joseph fratribus suis : Cum vocaverit vos Pharao et dixerit : 146 Quod est opus vestrum? respondebitis : Viri pastores sumus ab infantia. Ad peregrinandum in terram tuam venimus (*Gen.* xlvii). » Ecce quia ubique virilitas præcedit gradum prælationis. Maxima enim pars religionis animo constat; animositas enim valde necessaria est prælato, qui si timet, actum est de eo. Horatius :

Si fractus illabatur orbis,
Impavidum ferient ruinæ.

(Lib. iii. *Ode* 3.)

Item : Jeremias, licet sanctificatus ex utero, et Domino etiam jubente, officium et onus pastorale veritus est subire (« Terribilis est enim locus iste [*Gen.* xxiii] »), dicens : « A,a,a, Domine Deus; ecce nescio loqui, quia puer ego sum (*Jer.* i), » et elementarius vita. Cujus autem vita despicitur, restat ut prædicatio contemnatur. Elementarius etiam scientia; oportet autem prælatum esse doctorem. Elementarius etiam facundia, ineloquens autem quantum prodest exemplo, tantum nocet silentio. Nam latratu canis, baculoque pastoris luporum rabies arcenda est : « Et dixit Dominus ad me : Noli dicere quia puer ego sum, quoniam ad omnia quæ mittam te ibis, et universa quæcunque mandavero tibi loqueris. Ne timeas a facie eorum, quia ego tecum sum. Ecce dedi verba mea in ore tuo, ecce constitui te super gentes et regna, ut evellas, » arguendo vitia, « et destruas, » auctoritatibus improbando; « et disperdas, » iis, et mundo abrenuntiari faciendo, « et ædifices, » prædicando, consolando, fovendo, « et plantes (*ibid.*), » confessiones audiendo, satisfactionem injungendo.

Item psal. cii : « Benedicite Domino, omnes angeli ejus, » ministri et prælati Ecclesiæ « potentes virtute, facientes, » non tantum prædicantes, « verbum illius. » Ad quid? « ad audiendam vocem sermonum ejus. » Hoc est, ut vita bona vestra, præcepta illius audibilia faciatis. De facili enim auditur prædicator, qui facit et vivit ita ut prædicat; qui aliter vivit et aliter prædicat facit ut verbum Dei non audiatur, vel ei credatur. Jerem. c. 1 : « Tu ergo accinge lumbos tuos, et surge, et loquere ad eos omnia quæ præcipio tibi. Ne formides a facie eorum, nec enim timere te faciam vultum eorum, » sed sicut Ezechieli cap. iii : « Dedi tibi frontem » æneam, « duriorem frontibus eorum, ut adamantem et silicem : » faciemque « dedi tibi valentiorem faciebus eorum. » Et Jeremias (cap. 1) : « Ego quippe dedi te hodie in civitatem munitam, et in columnam ferream, et in murum æreum super omnem terram Juda. » Notabiliter notandum quod Job, Elias, Jeremias, Joannes, nonnisi accinctis lumbis, quidam tunicis pelliceis, quidam corrigiis, quidam asperitate vitæ et maceratione carnis missi sunt ad prædicandum. Hoc idem præceptum dedit Dominus apostolis, dicens : « Sint lumbi vestri præcincti, » et post, « lucernæ ardentes (Luc. xii). » Ituro enim ab bellum, primo est infrenandum jumentum corporis, crucifixione illius « cum vitiis et concupiscentiis (Galat. v), » abstinentia et continentia, ne homo ruat in præcipitium, et ut composito gradu vehat tantum insessorem, id est Spiritum sanctum. Ad quod rigida et austera vita decet prædicatorem, non mollis et enervis. Prælatus autem civitas est munita virtutibus, columna **147** sustentans Ecclesiam; murus, eam tuendo, ad quem, sicut ad civitatem refugii, confugiendum subditis, quia : « Gloriosa dicta sunt de te, civitas Dei (Psal. lxxxvi). » Hæc est civitas, scilicet prælatus, quæ non expugnatur.

Item : Accedens ad officium pastorale attendat, quod inter judices nullus judicare voluit populum, nisi prius suscitato spiritu ejus a Domino ad hoc exsequendum. Unde suscitavit Dominus spiritum Othonielis (Judic. 1), spiritum etiam Deboræ prophetissæ, antequam judicaret populum (Judic. iv). Spiritum etiam Gedeonis, qui nisi dato sibi signo velleris compluti et areæ aridæ, deinde econtrario, areæ complutæ et velleris siccati voluit judicare populum (Judic. vi). Nec tu ad hoc officium accedas, nisi prius datis tibi, non dico signis miraculorum, sed signis virtutum et bonorum operum. Item, Exodi iii, ait Dominus Moysi : « Veni, mittam te ad Pharaonem, ut educas populum meum de Ægypto. » Cui Moyses : « Quis ego sum, » scilicet insufficiens, « et nihil, « ut vadam ad Pharaonem, et educam filios Israel de Ægypto? » Cui Dominus : « Signum habebis quod misero te, » scilicet mutationem virgæ in colubrum, et vice versa colubri in virgam : signum etiam manus in sinum et factæ leprosæ, extractæ et mundatæ : signum etiam mutationis aquæ in sanguinem. Cui Moyses : « Obsecro, Domine, non sum cloquens ab heri et nudiustertius, et ex quo locutus es ad servum tuum impeditioris et tardioris linguæ sum. » Obsecro, inquit, « Domine, mitte quem missurus es (Exod. iv), » scilicet digniorem et eloquen-

tiorem me, Aaron. Augustinus (lib. ii, q. in Exod.): Secundum Hebræos gracilem et tenuem vocem habuit Moyses, et necesse erat, clamosa voce uti, quia propter regium fastum prope accedere non permittebatur; et est summa, quia nec tardus lingua erat, nec se ineloquentem profitebatur, cui Dominus « dedit verba sua in os ejus. » Erat autem, quantum ad Ægyptios, sonoræ vocis et eloquentiæ incomparabilis, sed se reputabat ad hoc officium insufficientem. Qui autem credit se esse sufficientem, insufficiens est; et qui putat et credit se esse insufficientem, sufficiens est, et benepatiens, et humilis, ut annuntiet : « Quod enim sapientius et fortius est hominibus, » stultum est Deo; « et quod stultum est Deo, sapientius et fortius quolibet homine (I Cor. 1). » Item : II Tim. ii : « Sollicite autem cura teipsum probabilem exhibere Deo operarium, » id est merito vitæ te talem apud Deum exhibeas, ut tibi populus obediat. « Inconfusibilem, » ut dictis opera consonent; nec erubescas, vel timeas evangelizare. Idem in prima ad eumdem : « Attende tibi » primo, « et doctrinæ » post. Quo nomine officium totum prælati intellige. Et in Act. apost. cap. xx : « Attendite vobis et universo gregi, in quo posuit vos Spiritus sanctus episcopos, regere Ecclesiam Dei. Recte tractantes veritatis verbum, » recte docentes proximum, verbo, et exemplo scilicet, et pro competentia singulorum, ut ita baculus pastoralis convertatur in se, « et os turturis retorqueatur usque ad ascellas (Levit. 1). » Unde Dominus in Evangelio (Luc. xii) : « Quis putas est fidelis servus et prudens, quem constituit Dominus super familiam suam, » et nihil privati amoris, scilicet timoris, vel lucri « super familiam suam, ut illis in tempore » **148** (quia prædicatio, si assidua sit, vilescit) « tritici det mensuram, » secundum capacitatem auditorum vel singulorum. « Beatus ille servus, » etc

Augustinus (In expositione inchoata Epist. ad Rom. ante medium) : Quid sibi vult quod Apostolus in salutatione prælati tria ponit, scilicet « Misericordiam, » id est peccatorum remissionem, « et pacem, » id est tranquillitatem mentis, et quasi quamdam prælibationem pacis æternæ; « et gratiam. » In salutatione autem (ut in utraque Epist. ad Tim.) personarum privatarum, duo prima tantum; ideo, inquam, quia præter illa, gratia ad robur et fortitudinem prælato est necessaria. Cui sicut Josue successori Moysis ter dicitur : « Confortare et esto robustus (Josue 1). » Item : Cum Ecclesia traditur indigno, potest Heli cum filiis Israel conqueri et dicere : « Heu! translata est gloria Domini de Israel, quia capta est arca Domini. Philisthiim enim asportaverunt eam a lapide adjutorii in Azotum (I Reg. iv), » id est ignis patris mei, in ignem concupiscentiæ, « et intulerunt eam in templum Dagon» (I Reg. v), piscis tristitiæ, in Ecclesia negotia et lucra sæcularia quæritantes. Tunc Jacob defleat Joseph venditum et vinctum in carcerem Putiphari eunucho, (Gen. xxxix), cum Ecclesia et sacramenta ecclesiastica cunuchis mollibus, sterilibus et indoctis dispensanda committuntur. Hoc idem deflet Jeremias in Threnis, dicens (cap. x): « Egressus est a filia Sion omnis decor ejus. Facti sunt omnes principes velut arietes non invenientes pascua, et abierunt absque fortitudine, » pastoris scilicet, « ante faciem subsequentis, » diaboli fugantis eos. Unde, quia « facti sunt hostes ejus in capite, parvuli ejus ducti sunt in captivitatem ante faciem tribulantis. » Percusso pastore, dispergensur oves gregis (*Matth.* xxvi). Item idem: « Manum suam misit hostis ad omnia desiderabilia ejus, quia' vidit gentes, » id est gentiliter viventes, « ingressas sanctuarium suum, » id est promotos in Ecclesia, « de quibus præceperat Deus ne intrarent in Ecclesiam tuam. » In qua, « quoniam erectus est inimicus, deposita est vehementer, non habens consolationem vel consolatorem (*Thren.* 1), » adeo ut jam cum Propheta pro indignorum promotione dicat lugendo: « Deus, venerunt gentes in hæreditatem tuam, polluerunt templum sanctum tuum, posuerunt Jerusalem, » sanctam Ecclesiam, « in pomorum custodiam (*Psal.* LXXVIII). » Imo, ut minor sit cura hodie de adhibendis custodibus animarum regendarum, quam de adhibendis custodibus pomorum vilium (de quibus hoc hodie porcis comedendum relinquitur) non eorum de quibus in Canticis (cap. VII): « Omnia poma nova et vetera reservavi tibi, dilecte mi, » ut minor sit sollicitudo de clavibus Petri, quam de clavibus cellarii. Item ad Rom. I: « Desidero videre vos, ut aliquid vobis impertiar gratiæ spiritualis. » Prælati enim potius interest dare subditis quam accipere ab eis, in quibus tamen, si bene militaverit, pro se auream, pro illis custoditis aureolam accipiet. De qua gratia subdit: « Veniam ad vos, » scilicet ad confirmandos vos in fide, id est simul consolari in vobis per eam quæ invicem est fidem vestram atque meam. Item in eadem, c. 1: « Proposui venire ad vos, ut aliquem fructum habeam in vobis, sicut et in cæteris gentibus, » potius dando vobis quam accipiendo. Quod confirmans Dominus in Evangelio, ait: « Non vos me elegistis, sed ego elegi vos, ut eatis, et fructum afferatis, et fructus vester maneat (*Joan.* xv). » Quasi **149** diceret: Fructum quærite vobis, in subditis, æternum et permanentem, non temporalem, qui non permanet. Item in eadem: « Græcis ac barbaris debitor sum sapientibus et insipientibus; ita, quod in me promptum est et vobis, qui Romæ estis, evangelizare. » Apostolus promptus fuit evangelizare, antequam ad hoc officium accederet. Non accessit ad hoc ut postea promptus fieret ad illud, sicut ii qui applicandi sunt doctrinæ, cum deberent docere.

Item IV Reg. XI: « Pepigit igitur Joiada pontifex fœdus inter Dominum et regem, inter Deum et populum; inter regem et populum, ut esset populus Domini, » obediens Deo et regi. Prælatus enim mediator est inter Deum et prædictos, qui pacisci habet, et componere pacem inter Dominum et subditos. Sed quis sit mediator ejus, si conversus fuerit in lupum et mercenarium, non legitur, sed sine custode, sub prætextu officii frivolis quibusdam rationibus se tuens, desævit in subditos, qui tamen successit in locum et ministerium Eliæ. Cui cum igneo curru insistente quatuor rotis raperetur in cœlum, ait Eliseus: « Pater mi, pater mi, currus Israel et auriga ejus (*IV Reg.* II). Geminatio dictionis notat paternum affectum, et officium paternum exhibendum filiis. Debet enim prælatus initi et subvehi quatuor rotis, id est, quatuor cardinalibus virtutibus. Oportet enim prælatum esse justum, fortem, temperatum, prudentem, qui est currus Dei et Ecclesiæ, non Pharaonis.

Habet enim eam regere, portare et sustentare exemplo sanctæ conversationis, verbo prædicationis, beneficio temporalis consolationis, suffragio obsequii et devotæ orationis; qui, ut auriga Ecclesiæ, sibilum, et cantum, et alia lenimenta habere debet, quibus demulceat et consoletur eam. Unicum etiam aculeum in manu, ut boves (id est caro) cum recalcitrant, stimulet et flagellet; ut composito gradu vehat sessorem suum, id est spiritum suum, quod et in baculo pontificali notatur. Nunc autem bubulci nostri plures habent stimulos et causas pungendi, et nullum lenimen. Unde quidam:

Pastor, oves cura, sicut docet ista figura,
Attrahe per primum, medio rege, punge per imum.
Attrahe, sustenta, stimula, vaga, morbida, lenta.

Item Ezechiel cap. III: « Fili hominis, speculatorem dedi te domui Israel, » etc.; et cap. XIII: « Fili hominis, vaticinare ad prophetas, » etc.; et cap. XXII: « Fili hominis, versa est mihi domus Israel in scoriam, » etc.; et cap. XLIV: « Et populum meum docebunt, quid sit inter sanctum et pollutum; et inter mundum et immundum ostendent eis; » et ibid.: « Fili hominis, pone cor tuum, et vide oculis tuis, et auribus tuis audi omnia, quæ ego loquor ad te, » etc.

150 CAPUT LVII.
Contra negligentiam prælatorum.

Apostolus scribens contra negligentiam prælatorum I Tim. IV ait: « Attende, » pastor, « lectioni, » et post, « exhortationi » jam volentium « et doctrinæ » nescientium: et « noli negligere gratiam » officii tui, « quæ in te est, quæ data est tibi per prophetiam, » id est sanctorum canonicam electionem, in qua ex præteritis videntur dicere qualis futurus sis. Et in eadem Epist. cap. I: « Et hoc præceptum, » de informanda et regenda Ecclesia Christi, vigilanter, sollicite et strenue, « tibi commendo, fili, o Timothee, secundum præcedentes te prophetias, » id est, secundum quod te novi habere ante hanc scientiam sacrarum litterarum, quæ dicuntur prophetiæ, vel secundum quod Spiritus sanctus ostendit mihi de te per inspirationem vel gratiam exponendi eas, quam novi te habere, quoniam ab infantia sacras litteras nosti, et secundum etiam præcedentem vitam tuam, quæ debuit esse quasi prophetia, qualis futurus esses, si postmodum promotus esses : « ut milites, » actu, « in illis bonam militiam, habens fidem, » sanam doctrinam, « et bonam conscientiam. » Item I Machab. c. v : « Si Judas Machabæus, » potestas sæcularis, « erat congregans extremos exercitus, hortatusque populum per totam viam, donec venirent in terram Juda, et ascenderent in montem Sion cum gaudio et lætitia, et offerrent holocausta, eo quod nemo ex eis cecidisset, donec reverteretur in pace in Jerusalem; » quanto magis prælatus ecclesiasticus debet ex officio congregare debiles et infirmos de Ecclesia, et hortari per totam viam hujus vitæ, vigilanterque et strenue eos custodire et regere, quousque ascendant in montem Domini cœlestem Jerusalem, laudentque sponsum in sæcula sæculorum in pace, eo quod nemo ex eis cecidisset, cum cecidissent a latere ejus per custodiam pastoris tuto itinere minantis eos per desertum in terram Juda? IV Reg. xxii et xxiii : Si Josias rex Juda adhuc puer, auditis verbis legis Domini, perlecto coram eo Deuteronomio, perterritum habuit cor, « scindens vestimenta sua, » humiliatus sedens et flens coram Domino, eo quod præcepta ejus non observasset, « percussit fœdus coram Domino, ut ambularet post eum » in omnibus præceptis ejus, in toto corde et in tota anima, « suscitaretque verba fœderis et legis lectæ » coram eo, præcipiens etiam omnia immunda vasa ejici a templo, seminifluos et immundos a civitate, altaria et lucos destrui, ritumque legis in omnibus observari : quanto sollicitius et vigilantius spiritualis prælatus (ad cujus pertinet officium) in prædicta Ecclesia Dei curare debet, et non negligere, vel quasi surda aure transire, ad tonitrua et verba Domini non evigilans? Item Jeremias comminans prælatis propter socordiam, torporem et negligentiam ipsorum cap. L, ait : « Grex perditus factus est populus meus : pastores eorum seduxerunt eos, feceruntque vagari in montibus » **151** superbiæ, « de monte in collem, » de peccato in peccatum, « transierunt. Obliti sunt cubilis sui, » a quo tria hominem expellunt, fumus, stillicidium et litigiosa uxor. « Omnes qui invenerunt, comederunt eos, et hostes eorum dixerunt : Non peccavimus, pro eo quod peccaverunt Domino decori justitiæ. » Item : Dominus totam Galilæam circuibat prædicans, et curans languores populorum, docens in hoc officium prælati, in quo exercendo debet esse vigilans, utilis, sollicitus, impiger et strenuus (*Matth.* iv). Item Isaias, cap. lii : « Ablatus est populus meus gratis, » per incuriam pastorum : « Dominatores ejus inique agunt, dicit Dominus, et jugiter tota die nomen meum blasphematur. »

Unde Ezech. cap. xxxvi : « Propter vos jugiter nomen meum blasphematur inter gentes, » quia populus hodie, non sicut, imo plusquam sacerdos, et sacerdos minus, non sicut populus. Contra cujusmodi sacerdotes Apostolus scribens I ad Tim. cap. iv, ait : « Nemo contemnat adolescentiam tuam, sed exemplum esto fidelium in verbo, » et prædicatione, « et conversatione, » ut videntes tuam, etiam a licitis pluribus, continentiam, ipsi sancti comparatione tui indignos se esse judicent. Nihil enim est, quo magis lædatur Ecclesia, quam quod laicos videt esse meliores clericis. Item Isaias, c. xxviii : « Audite verbum Domini, viri illusores, qui dominamini super populum meum. Dixistis enim » (opere, si non verbo) : « Percussimus fœdus cum morte, » (unde Salomon : « Sponsiones fecerunt usque ad mortem [*Sap.* 1], ») « et cum inferno fecimus pactum. Flagellum inundans cum transierit non veniet super » eos, vel «nos.» Isaias hoc de iis dicit : « Quia posuimus mendacium spem nostram, et mendacio protecti sumus : sed væ vobis, qui præ ebrietate, » indiscretione et negligentia « erravistis. Sacerdos et propheta nescierunt, præ ebrietate absorpti sunt a vino, » luxuria et jucunditate, et delectatione temporalium. « Erraverunt in ebrietate, » indiscretione et superfluitate, aliosque errare fecerunt. « Nescierunt videntem, ignoraverunt judicium. Omnes enim mensæ repletæ sunt vomitu sordibusque, ita ut non esset ultra locus. » Usque enim ad os repleta est Ecclesia in prælatis stercoribus temporalium, desidia, avaritia, adeo ut laicis locum in his non relinquant, sed eos superent. Propterea : « Væ vobis desertoribus populi mei, qui fecistis consilium, et non ex me, et ordiremini telam, et non per Spiritum meum; qui additis peccatum super peccatum, qui ambulatis,» pompatice,» ut descendatis in Ægyptum, et os meum non interrogastis, sperantes auxilium in fortitudine Pharaonis, habentes fiduciam in umbra Ægypti (*Isa.* xxx) : » Divitiis et pompa sæculari. Unde Amos, cap. vi : « Væ qui opulenti estis in Sion, optimates capita populorum, ingredientes pompatice domum Israel. » Propter quod emittam famem in terram, non famem panis, neque sitim aquæ, sed audiendi verbum Dei. » Quia parvuli petierunt panem, et non erat qui frangeret eis (*Thren.* iv). » Imo adest qui panem spiritualem verbo et exemplo, corporalem etiam rapina auferat. Unde et ps. civ : « Et vocavit famem super terram, et omne firmamentum panis contrivit. Misit ante eos virum, in servum venundatus est Joseph. Humiliaverunt in compedibus pedes ejus, ferrum pertransiit animam ejus, donec veniret verbum ejus. » Ecce, quæ **152** prælatus pati debet pro populo, ut ei veniat, et antequam ei veniat, verbum quod prædicet eis. « Eloquium Domini inflammavit eum (*Psal.* civ), » quia qui non ardet, non incendit : « Ignitum eloquium (*Psal.* cxviii) » non capit frigidum pectus. Spiritus sanctus in igneis linguis descendit super apostolos antequam prædicarent (*Act.* ii). Basilio etiam prædicante, visa est lingua ignea egredi de ore ejus ; et Sebastiano prædicante angelus videbatur ei tenere librum, de quo universa ejus prædicatio procedebat. Post hoc autem : « Misit rex, et solvit eum princeps populorum, et dimisit eum. Constituit eum dominum donus suæ, et principem omnis possessionis suæ, ut erudiret principes ejus sicut semetipsum, et senes ejus prudentiam doceret, etc. Post quem : « Misit Moysen servum suum, Aaron quem elegit ipsum (*Psal.* CIV). » Nemo assumit sibi honorem, sed qui vocatus est a Deo tanquam Aaron (*Hebr.* v). Qui enim gladium acceperit, gladio peribit (*Matth.* XXVI). « Posuit in eis verba signorum suorum et prodigiorum in terra Cham (*Psal.* CIV). »

Nota in his omnibus ordinem, gradus et officium prælati, qui ut Joseph in Ægypto pascere debet populum Dei (*Gen.* XLI), et ut Moyses ab Ægypto educere (*Exod.* XII). Item Lucas in sermone Apostoli habito ad episcopos et sacerdotes in Asia convocatos Miletum (qui scribitur in Actis apostolorum cap. XX) breviter comprehendente curam omnem, et pastorale officium habendum circa subditos, ait Apostolus, « Ne mora fieret sibi in Asia. Festinabat, si possibile esset, ut diem Pentecostes faceret Jerosolymis. » Ergo prælatus in majoribus solemnitatibus non debet abesse ecclesiæ suæ. « A Mileto autem mittens Ephesum, vocavit majores natu, » senes, « Ecclesiæ. Qui cum venissent, et simul essent, dixit eis : Vos scitis a prima die qua ingressus sum in Asiam, qualiter per omne tempus vobiscum fuerim, serviens Domino in omni humilitate, et lacrymis, et tentationibus quæ acciderunt mihi » ex Judæis : « quomodo nihil subtraxerim utilium, quominus annuntiarem vobis» incognita salutis, «et docerem vos publice, » in Ecclesia, « et per domos testificans Judæis et gentibus pœnitentiam et fidem,» et alios mores « in Dominum Jesum Christum. Et nunc alligatus a Spiritu vado in Jerusalem, quæ in ea ventura sunt mihi ignorans, nisi quod Spiritus sanctus per omnes civitates protestatur mihi, dicens : Quoniam vincula et tribulationes me manent. Sed nihil horum vereor, nec facio animam» vel vitam meam «pretiosiorem quam me:» Multo minus sua, qui nulla habuit, » dummodo consummem cursum meum et ministerium quod accepi a Domino Jesu, testificari Evangelium gratiæ Dei. » De quo ministerio Apostolus II ad Tim. c. IV ait : « Tu vero vigila, et in omnibus labora, » tam perversos quam bonos recte docendo, « opus fac evangelistæ, » confirma opere, quod prædicas ore, « ministerium tuum, imple » sic : « sobrius esto,» discretus in omni opere tuo, carens omni superfluitate, etiam licita abjiciendo. «Omnis enim qui in agone contendit, ab omnibus se abstinet (*I Cor.* IX).» Sequitur : « Et nunc scio quia amplius non videbitis faciem meam vos omnes, per quos transivi, prædicans regnum Dei. Quapropter contestor vos hodierna die, quia mundus sum a sanguine omnium vestrum. Non **153** enim subterfugi, » id est dimisi, « quo minus annuntiarem vobis omne consilium Dei .» Aliquem sermonem doctrinæ necessarium ad salutem. Ergo si quo minus annuntiasset eis reus esset animarum ipsorum. Si enim frater fratris, proximus proximi, tenetur esse cu-

stos (alioquin vox sanguinis fratris clamabit ad Dominum de terra [*Gen.* IV]), multo magis et prælatus custos animarum esse tenetur, pro quibus spopondit, quod oves infirmas, etiam super humeros portans introducet in ovile cœleste, omnia præponens, imo proprium corpus exponens morti propter illas.

De eodem Jerem. cap. XLVIII : « Maledictus qui prohibet gladium suum a sanguine, » a peccati maclatione. Gregorius (part. III *Curæ pastoral.* Admonit. 26) : Potest hæc maledictio et omnibus convenire, quanto magis prælatis? Gladium a sanguine prohibere, est prædicationis verbum, a carnalis vitæ interfectione retinere. Item III Reg. cap. XX : « Hæc dicit Dominus : Quia dimisisti virum dignum morte de manu tua, erit anima tua pro anima illius, et populus tuus pro populo illius. » Sequitur: « Attendite vobis et universo gregi, in quo vos Spiritus sanctus posuit episcopos regere Ecclesiam Dei, quam acquisivit sanguine suo. Ego scio quoniam intrabunt post discessionem meam lupi rapaces in vos, non parcentes gregi. Et ex vobis ipsis exsurgent viri loquentes perversa, ut abducant discipulos post se. Propter quod vigilate, memoriter retinentes, quoniam per triennium nocte et die non cessavi cum lacrymis monens unumquemque vestrum. Et nunc commendo vos Deo, et verbo gratiæ ejus (*Act.* XX), » Verbo incarnato, qui vobis prædicavit, vel verbo quod ipse, et ego per eum vobis prædicavi, ut sit custos vestri. Unde, II Petri cap. 1 : « Habemus propheticum sermonem firmiorem, cui bene facitis attendentes, quasi lucernæ lucenti in caliginoso loco, donec dies elucescat, et Lucifer oriatur in cordibus vestris. Argentum et aurum, aut vestem nullius concupivi (*Act.* XX). » Glossa. In hoc agnoscuntur et dignoscuntur lupi, quod hujusmodi concupiscunt et exigunt, quod non veri prælati. « Vos ipsi scitis, quoniam ad ea quæ mihi opus erant, et iis qui mecum sunt, ministraverunt manus istæ » Exemplum operandi, signum est episcopis, quo discernuntur a lupis. « Omnia ostendi vobis, quoniam sic laborantes oportet suscipere infirmos ac meminisse verbi Domini Jesu (quoniam ipse dixit) : Beatius est magis dare, quam accipere. Et cum hæc dixisset, genibus positis oravit cum omnibus illis. » commendans illos Deo. « Magnus autem fletus factus est omnium, et procumbentes supra collum Pauli osculabantur eum, dolentes maxime in verbo quod dixerat, quoniam amplius faciem ejus non essent visuri, et reducebant eum ad navem (*Act.* XX). » Bonus princeps et rector est, in cujus discessu subditi dolent et flent, maxime non visuri eum amplius.

154 CAPUT LVIII.
De spirituali patientia prælatorum.

Præcipua virtus et ornamentum prælati est patientia, quam commendans Apostolus sicut valde necessariam prælatis in II Epist. ad Cor. c. XII., ait : « Et si nihil sum inter vos, signa tamen apostolatus mei facta sunt super vos in omni patientia. » Nota, «Omni.» Item Dominus : « Ecce ego mitto vos sicut oves in medio luporum, estote ergo prudentes sicut serpentes, et simplices sicut columbæ. » Et iterum: « Qui percusserit te in una maxilla, præbe ei et aliam ; et qui abstulerit tibi tunicam, præbe ei et pallium (*Matth.* x); » et ablato equo, cum eremita dicas : Quin etiam et scuticam tene. Item IV Reg. II, Eliseus ad Eliam : « Pater mi, currus Israel et auriga ejus, » id est sustentator et rector. Super hoc Greg. lib. *Moral.* xx et in hom. 21, lib. II (in dial. ver. 12, lib. xx, c. 28), super Ezech. ait : Amica potestati pene semper est impatientia, eique male subjectæ imperat, quia quod ipsa sentit, potestas facile exsequitur. Sed sancti prælati plus se interius patientiæ jugo subjiciunt, quam foris hominibus præsunt. Et ideo plus aliquorum seditiosorum tumultus tolerant, [quo se de eis ulcisci amplius possunt, et ne unquam ad illicita transeant, plerumque etiam nolunt pro se exsequi quod licet, subjectorumque strepitus sufferunt, per amorem increpant, quos per mansuetudinem portant, etiam docere non cessant; scientes scriptum esse : « Doctrina viri per patientiam dignoscitur (*Prov.* XIX).

Si itaque doctrina in patientia est, tanto quisque doctus ostenditur, quanto amplius patiens fuerit. Hinc est quod bonus discipulus, magistrum in aere tolli videns, clamat : « Pater mi, pater mi, currus Israel, et auriga ejus (*IV Reg.* II.) Quid est quod currus et auriga dicitur, nisi quod auriga agitat, currus portat? Doctor ergo qui mores populi per patientiam sustinet, et sacri eloquii verbis docet, et «currus» dicitur et «auriga.» «Currus,» quia mala tolerando portat ; «auriga,» quia exhortando agitat et excitat. « Currus,» quia mala sustinet ; «auriga» quia populum bonis admonitionibus exercet.

CAPUT LIX.
De sollicitudine et humilitate prælatorum.

De sollicitudine et humilitate pastorali, quarum nutrix est paupertas, quæ contempta multum obest, observata vero maxime prodest. Unde Dominus præcipiens apostolos et eorum successores exoneratos esse a curis sæculi, et divitiis temporalibus, ait : « Nolite possidere aurum vel argentum, neque **155** pecuniam in vasis vestris (*Matth.* x). » Prædicatori enim, qui ad contemptum divitiarum hortari debet, amputatio prope necessaria est, ne portans opera sæculi, et onus sæcularium negotiorum minus vacet officio suo. Tanta enim fiducia debet illi esse in Deo, ut præsentis vitæ sumptus, etsi non prævideat, tamen sibi non defuturos certissime sciat. Quare autem hæc eis præcipiat, subdit (quia omnia necessaria eis debentur, ab iis quibus prædicant) : « Dignus est operarius cibo suo (*ibid*.) » Nota, «suo. Et cujusmodi suo? Audi Lucam hoc determinantem. « Edentes et bibentes, quæ apud illos sunt (*Luc.* x).» Et ne lautiora et pretiosiora, quam « quæ apud illos sunt,» quærantur, subinfert : « Quæ apponentur vobis.» Si ergo cibum quæris, necesse est ut modicitatem apostolicæ prædicationis amplectaris, ut observes principium mandati, scilicet : « Ne possideas aurum vel argentum (*Matth.* x).» Si tibi, ut successori apostolorum, expetis a subditis, quibus operaris, cibum erogari, quomodo finis mandati observabitur (imo multis etiam canonibus observatur vel confirmatur) sine principio ejusdem? Incivile est partem legis aperire, et observandam esse asserere, partem vero abscondere, vel de ea, quasi non observanda, disputare. Vel qua auctoritate derogabitur primæ parti præcepti? si dixeris consuetudine et usu utentium in contrarium, localia, et temporalia, et personalia esse asserens præcepta ecclesiastica, nihil soliditatis habebit Evangelium, cui obviat Dominus, dicens : « Quod uni dico, omnibus dico (*Marc.* XIII).» Si dixeris quia hoc non possideas, sed ad usus pauperum reserves, ita et laicus. Nihil amplius ergo tibi in hoc præcipit, quam laico. Item Dominus : « Quam difficile, qui pecuniam habent, intrabunt in regnum cœlorum (*Luc.* XVIII): Facilius est camelum intrare per foramen acus, quam divitem intrare in regnum cœlorum (*Matth.* XIX).» Mirantibus autem et obstupescentibus discipulis in verbis ejus, dixit ei Simon Petrus : « Ecce nos reliquimus omnia ; » etiam voluntatem habendi. In numero enim divitum computatur, qui divitias concupiscit, etsi eas non habeat. Sequitur : « Et secuti sumus te. Quid ergo erit nobis ?» Respondit : « In regeneratione, cum sederit Filius hominis in sede majestatis suæ, sedebitis et vos super sedes duodecim judicantes duodecim tribus Israel (*ibid.*).» Pro quo præmio Joannes, relicta sindone, profugit ab eis; Joseph, relicto pallio (*Gen.* XXXIX); Matthæus etiam relicto telonio, et ratiociniis vectigalium relictis etiam cum periculo, secutus est Dominum. Ille etiam vir evangelicus volens sepelire patrem, præcipitur a Domino relinquere sepulturam patris sui, et sequi eum (*Matth.* VIII). Ergo multo magis prælato præcipitur relinquere strepitus belli, et onus, et curam temporalium. Sed quomodo prælati (successores apostolorum) hujus temporis dicunt : « Ecce nos reliquimus omnia, et secuti sumus te,» cum temporalibus abundent etiam supra laicos, cum « omnia ea inquirant, quæ gentes (*Matth.* VI,» cum thesaurizent sic contra præceptum Domini multiplicantes aurum et argentum, eques et phaleras, et pompam sæculi quod etiam regibus Israel prohibitum erat, ne reducerentur in Ægyptum? (*Deut.* XVII). Si dixerint quia « omnia reliquerint,» eo quod patrimonium et propria **156** non habeant, sed tantum dispensationem rerum pauperum sibi creditam, sic reliquerunt omnia imperatores multi et reges, ut illi qui ex electione succedunt in regnum, non ex hæreditate. Si dixerint : « Ecce nos reliquimus omnia,» quia Deo omnia postponimus; similiter ad hoc tenentur et conjugati. Vel quomodo prædicabunt subditis dispergere, et erogare bona sua pauperibus, qui dispersa non cessant congregare et reponere? Tutius esset, nec habere unde aliis erogarent. Vel si non reliquerunt omnia, quomodo cum Domino judices venient? Item in Evangelio Joannis : « Reliquit mulier Samaritana hydriam suam, et abiit in civitatem, annuntians omnia, quæ dixit illi Jesus (*Joan.* IV).» Discant hinc evangelizaturi, prius hydriam, id est cupiditatem relinquere, et onus et curam sæculi deponere, antequam curent evangelizare. Item in Evangelio Luc. cap. XXII : « Facta est contentio inter discipulos, quis eorum videretur esse major.» Quibus Dominus : « Reges gentium dominantur eorum, et qui potestatem,» largiendi, « habent super eos, benefici vocantur. Vos autem non sic.» Quia etiam eorum, quæ distribuitis, non auctores, non domini, sed dispensatores estis. Si ergo prælatus ecclesiasticum alicui confert beneficium, et digno et gratis, potius accipit, quam dat : si autem indigno vel non indigenti, furatur res pauperum, defraudat, et ille eas rapit. Quomodo igitur prælati eos quos promoverunt sibi obligatos esse putant ad obsequendum in omnibus, et se eis fuisse beneficos turpiter improperant? Si digne dant, id est assignant beneficium ecclesiasticum, potius accipiunt quam aliquid dent. Vel, quomodo principes sæculares amplius dominantur, quam Ecclesiarum prælati? Si dixeris, quia dominabiles sunt, et non dominantur : Nunquid, et servos, et ancillas, et feuda, et onera, et nomina dignitatum non habent in actu, sicut et divites sæculi? Nonne militant Cæsari, sicut et Deo? Imo magis quam Deo. Sed et de his hodie verius dicitur per infandam subtractionem negativæ particulæ : « Reges gentium, vos autem plus quam sic,» quia et in sæcularibus et in spiritualibus, accincti sunt gladio materiali, sicut spirituali.

CAPUT LX.
De statu clericorum et inferiorum ordinum.

Post gradum sacerdotalem pauca perstringenda sunt de dignitate diaconorum et gradu. Ad quos (quales esse debeant ostendens Apostolus) transit a gradu episcoporum, nomine episcoporum reliquos sacerdotes dans intelligi. Scribens itaque de diaconibus in I Epist. ad Timoth. cap. III, ait : «Diaconos» semper oportet esse continentia corporis et mentis « pudicos,» ut episcopos, « non bilingues, non multo vino deditos,» non ebriosos, « non turpe lucrum sectantes,» non 157 ementes, ut carius vendant : « habentes mysterium fidei in conscientia pura,» sane credentes, et opera fidei habentes. De quibus repeti possunt, quæ prædicta sunt de episcopis, cum eis eadem conveniant. «Et hi : » non ait simpliciter «Illi,» sed : «Et hi,» scilicet diacones, sicut et episcopi, «probentur primum» antequam ordinentur : et ordinati in vita, scientia et facundia, « et sic » probati, et ordinati « ministrent, nullum crimen habentes.» Unde Ambrosius (libro I *Officiorum*, c. 50) :

Sanctum et honestum præcipit Apostolus eligi in sacerdotem et levitam. Et Hieronymus (ep. 128, *ad Fabiolam*, quæ incipit : *Usque hodie*) : Non nisi perfectus scientia et moribus in sacerdotem et levitam est eligendus. Et Dominus Moysi (*Num.* III) : Demum is eligatur sacerdos et levita, qui dicat patri : Non novi vos. Levitæ enim vigiles et excubiæ sunt templi, et portitores vasorum ejus. Itaque « Mundamini, qui fertis vasa Domini (*Isa.* LII).» Item Apostolus I ad Tim. cap. V ; « Manus nemini,» etsi sapiens et religiosus videatur, «cito,» sine præjudicio, et examinatione prævia,« imposueris.» Prima autem manus impositio debetur, diaconibus ordinandis. De novo enim institutum est subdiaconatum esse sacrum ordinem. Cur autem nemini cito imponenda sit manus, subdit, « Neque communicaveris peccatis alienis ; » consensu, omnibus quæcunque faciet nisi semel et iterum probaveris. Cum tanta enim maturitate est ordinandus cum quanta est deponendus, imo majori. Quia ;

Turpius ejicitur quam non admittitur hospes.

(OVID. l. V. *Trist.* elegia 6.)

Quomodo igitur citra examinationem ordinantur claustrales, etiam clerici alterius diœcesis per dimissorias, et etiam pueri habentes titulos contra præcepta apostolica, quæ, quia evangelica sunt, non recipiunt dispensationem, sed et pueri cum præbendantur in ecclesiis? Ob hoc videtur quod eorum institutio nulla sit, vel conditionalis sit, et tota pendeat de futuro, ut scilicet, cum pervenerint ad annos discretionis, probentur, si idonei fuerint ordinari amplius, et ita ministrent : sin vero cedant, et alii in loco eorum substituantur. Item Laurentius ad Sixtum (ex *Vita* apud Sur. t. IV, et Ambr. l. I *Offic.* c. 41) : Quo progrederis sine filio, Pater; quo sacerdos sancte, sine diacono properas? Paratus enim debet esse diaconus progredi cum sacerdote ad sacrificium altaris, ad martyrium, ad evangelizandum. Experire certe utrum idoneum ministrum elegeris, cui commisisti Dominici corporis et sanguinis consecrationem; non ad conficiendum, sed ad assistendum. Qui, sicut secretarius altaris, particeps est confectionis eucharistiæ cum sacerdote; non quia sumat vel conficiat, nec quod hoc sine eo non possit fieri, sed quia celebrius, et in majori reverentia conficitur corpus Domini, cum præsentia, ministerio et testimonio illius. Quod observari debet, maxime in majoribus ecclesiis, etiam in ruralibus, quæ sufficiunt duobus ministris temporalia ministrare. Quod autem officium sit diaconi prædicare ex auctoritate, non elicies, nisi forsan exemplo beati Vincentii (qui loco episcopi sui prædicavit. Cui beatus Valerius : « Jam tibi, fili charissime, divini verbi, etc. »); et ex ordinatione etiam. Committitur enim ei Evangelium, quasi diceretur 158 ei : Tu autem vade, et annuntia regnum Dei (*Luc.* IX). Illud etiam Apostoli ad hoc posset retorqueri : « Hoc commenda fidelibus hominibus, qui idonei sunt (*II Tim.* II) » vita, scientia, facundia, hæc docere. E contra illi septem primitivi diacones institutі sunt ad erogandum et distribuendum cibos pauperibus, ut apostoli liberius vacarent contemplationi, orationi, et prædicationi. Sed nonne Stephanus prædicavit? nonne Philippus? (*Act.* vi.) Ita quidem æque, ut apostoli, ita et alii maxime dispersi sunt. De statu clericorum sufficienter scribit Hieronymus ad Nepotianum (ep. 12).

CAPUT LXI.
Contra prælatos pueros, vel novitios.

Ad reverentiam sacerdotalem maxime necessaria est ætas, et quasi de substantia gradus sacerdotalis. Unde Cenomanensis episcopus electo cuidam scribit : Est ætas, quam rigor canonicus, quia in consecratis metuit, a consecrandis excludit. Hæc si ita se habent, infinitus labor tibi incumbit, nec facile bonos exitus invenient, quæ malo inchoata sunt principio. In summis enim sacerdotibus ætas integra postulatur; unde nec periculum religio metuat, nec reverentiam dignitas sacerdotalis amittat. Inde est quod Ezechieli in trigesimo anno cœli aperiuntur, et videt visiones Dei, et prophetat; prius ætas prophetæ describitur, ut quibus annis prædicatio committi debeat ostendatur (*Ezech.* i). Christus quoque Joannem supra Petrum dilexit : Petro tamen, non Joanni licet virgini et forte litterariori, concessa est potestas ligandi atque solvendi (*Joan.* xxi). Qui enim per Isaiam (cap. lvii) dixit : « Auferte offendicula de via populi mei : » coram discipulis offendiculum ponere noluit, nec majoribus anteponere juvenem, quamvis eum prærogativa castitatis sibi præ cæteris fecerit familiarem. Detulit igitur ætati, non meritis, nec prætulit conjugatum virgini, sed provectiorem juniori. Denique Luca docente didicimus, quod beata Virgo Christum invenerit in templo sedentem in medio doctorum, audientem illos, et interrogantem (*Luc.* ii).

Donec igitur annorum defuit integritas, doctor omnium, fines discipuli non excessit. Ubi vero pleni dies accesserunt, factus est magister pro debito, qui fuerat discipulus pro exemplo. His omnibus expressa Ecclesiæ forma, quam sequatur, certusque limes apponitur ætatis, infra quem fieri non licet episcopum : facto, cedit ad judicium.

Sed objicitur de Salomone, qui duodennis inunctus est in regem (*I Par.* xxix) : sed de Jeremia (*Jer.* i), Daniele (*Dan.* xiii), Timotheo (*II Tim.* iv), qui pueri et citra ætatem virilem facti sunt prophetæ et doctores Ecclesiæ, nulla est objectio. Ob hoc enim et Salomon **159** forte in regno bonos non habuit exitus. De aliis dicimus quod privilegia paucorum non faciunt legem communem, unde nec trahi deberet in consequentiam, vel si trahere hoc volueris in consequentiam, trahantur, et eligantur similes prædictis. Item Isa. cap. ii, iii: « Quiescite ab homine, cujus spiritus est in naribus, quia excelsus reputatus est ipse. » Si surrexerit, percutere terram pro peccato Ecclesiæ. « Ecce enim dominator Dominus exercituum auferet a Jerusalem et a Juda validum et fortem, omne robur panis spiritualis et robur aquæ, » doctrinæ, « et fortem, et virum bellatorem, et judicem, et prophetam, et senem; principem, honorabilem vultu, consiliarium, sapientem et prudentem eloquii mystici. Et dabo pueros principes eorum, et effeminati » (id est, lascivi, fluxi et imbecilles), « dominabuntur eis : et corruet [*Vulg.* irruet] populus, vir ad virum, et unusquisque ad proximum suum. Tumultuabitur enim puer contra senem, » id est, sine ratione disceptabit, « et ignobilis contra nobilem. Apprehendet vir fratrem suum, domesticum patris sui, et dicet : Vestimentum tibi est, » id est, omnia necessaria, « princeps esto noster, ruina hæc, » scilicet generis nostri, « sub manu tua est, » id est sub tua defensione fiat quasi, si vis ascendere, poteris genus nostrum relevare. « Respondebit, » non sufficiens ad onus, sese excusans : Qui mihi non sufficio, quomodo aliis sufficiam ? « Non sum medicus, et in domo mea non est panis, neque vestimentum; nolite me constituere principem populi. »

Ita excusat se Jeremias c. 1; Moyses Exodi c. iv. Ideo Apostolus præcepit eligi, « non neophytum, ne electus extollatur in superbiam (*I Tim.* iii). » Unde Ecclesiastes c. ii : « Aufer iram et malitiam de corde. Adolescentia enim et voluptas vana sunt. » Et quid aliud adolescentibus committere regimen animarum, nisi Joseph, id est Christum, vendere et tradere eunuchis sterilibus, mollibus et effeminatis ? (*Gen.* xxvii.) Arcam etiam Domini relinquere Philisthæis idololatris, ut locetur juxta Dagon? (*III Reg.* v.) Sed et vasa Domini tradere concubinis, et pueris Baltassar, ut in illis bibant? (*Dan.* v.) Ob quam rem interfectus est rex, et destructa est Babylon. Roboam, derelicto consilio senum, acquievit juvenibus, ideo amisit regnum (*III Reg.* xii). Unde Ecclesiastes, c. x : « Væ tibi, terra, cujus rex puer est, et cujus princeps mane comedit. » Item in I libro Regum, dicit Dominus ad Heli : « Loquens locutus sum, ut domus tua et domus patris tui ministret mihi in æternum. Nunc autem dicit Dominus : Absit hoc a me ! sed quicunque glorificaverit me, glorificabo eum; qui autem contemnunt me, erunt ignobiles. Ecce dies venient, et præcidam brachium tuum, et brachium domus patris tui, ut non sit senex in domo tua. Hoc autem erit tibi signum : Duo filii tui in una die morientur ambo, et suscitabo mihi sacerdotem fidelem, qui juxta cor meum et animam meam faciat (*I Reg.* ii). » Item Isaias (cap. xxii) : « Ingredere, ait Dominus, ad eum qui habitat in tabernaculo, ad Sobnam præpositum templi, et dices ad eum : Quid tu hic ? aut quasi quis hic ? Quia excidisti tibi hic sepulcrum » (æstimabat enim se usque in loco perseveraturum). « Ecce Dominus, inquit, asportari te faciet, sicut asportatur gallus gallinaceus. » Gallus est, qui bene præest templo, alios excitans a somno. **160** Iste quasi gallinaceus muliebria sectatus, voluptatum magis amator, quam Dei. « Et quasi amictum sublevabit te : quasi pilam mittet te in terram latam et spatiosam. » — « Lata est via et porta, quæ ducit ad mortem (*Matth.* vii). » Item Hieronymus in cap. iii Isa. : Effeminatos et adolescentes, Septuaginta vocant illusores, quales scilicet illuserunt concubinæ levitæ in Gabaa (*Judic.* xix), scilicet effeminati, deliciosi, fracti in feminam. Magistri quoque populorum illusores sunt, qui « devorant plebem Dei sicut escam panis (*Psal.* xiii), » nescientes Scripturas, vel eas perverse interpretantes. Sequitur in Isaia (cap. iii). « Et ignobilis genere vel vita, tumultuabitur contra nobilem. Apprehendet enim vir fratrem suum et domesticum patris. » Alii alios non eligent communiter, sed apprehendent ex carnali affectione charos suos intrudentes, et dicent : « Vestimentum tibi est, ideo princeps noster esto. Ruina autem hæc sub manu tua. » Item Hieronymus (*ubi supra*) : Non statim judicio multitudinis nos eligentis acquiescamus, sed electi ad principatum mensuram virium nostrarum noverimus, quia, « Deus superbis resistit, humilibus dat gratiam (*I Petr.* v). » Multi esurientes et nudi, cum non spirituales cibos, nec Christi tunicam (id est virtutes) habeant, aliis vestimenta promittunt, et alimoniam, et ulcerosi medicos se jactant, nec timentes quod dicitur in Ecclesiastico (cap. vii) : « Ne quæras judex fieri, ne forte non possis auferre iniquitatem populi. » Sed cum episcopatus onus erat et labor ; Respondebat electus. « Non sum medicus, » qui sufficiam mederi miseriis vestris, « et in domo mea non est panis, neque vestimentum ; nolite me constituere principem populi. » Simili legitur i quæstion. i. Sed horum exempla electi moderni non imitantur.

Item. « Juvenes et virgines, senes cum junioribus laudent nomen Domini (*Psal.* cxlviii). » Omnium commune est, laudare corde, ore et opere. Laudare vero in cathedra et in regimine, tantum senum est. Unde : « Exaltent eum in ecclesia plebis, et in cathedra seniorum laudent eum (*Psal.* cvi). » Qui autem « in cathedra » seniorum laudaverit, carens senectute ætatis, præsumptuose innuit se habere senectutem morum, et gravitatis. Quasi diceret : Ego sum alter Daniel, alter Timotheus : talis, cui debeat propter vitam et merita spirituale jus concedi, et generale jus canonum confringi. Item Dominus ad Heli : « Quia remissus fuisti in correctione filiorum, præcidam brachium tuum et brachium domus patris tui, ut non sit senex in domo tua omnibus diebus tuis. Verumtamen non auferam virum penitus ab altari meo, et videbis æmulum tuum, « id est juvenem, » in templo in universis prosperis Israel (*I Reg.* ii). » Item I ad Tim. c. v : Si Apostolus præcipit « adolescentiores viduas » (quia in eis fervet sanguis, et cito luxuriantur pastæ cibo alieno) « vitari, » ne admittantur ad alimoniam Ecclesiæ, ut de rebus Ecclesiæ pascantur, quanto magis juvenes et adolescentes prohibet non admitti in regimen Ecclesiæ, ut pascant alios, præsertim cum proniores sint luxuriari in rebus Ecclesiæ, eo quod divitibus omnia licent, omnia possunt ? Item : Minor annorum viginti quinque lege humana excusabat se, ne tutelam alterius susciperet ; hodie eadem lege, talis ad tutelam non tantum non admittitur, sed arcetur, ne (quibus opus est tutore et defensore) fiant administratores et custodes rerum alienarum ; ne turpiter objiciatur illud comicum talem instituentibus : Cui opus est patrono, mihi parant defensorem ; et cui opus pædagogo, mihi instituunt doctorem. Et quid indecentius et indiscretius, quam aliquem citra maturam ætatem admitti in rectorem et custodem animarum, cum Apostolus nonnisi sexagenariam admittat in administrationem rerum temporalium et custodiam virginum ? (*I Tim.* v.) Quomodo, qui opus habet fractione panis, panem franget ? (Hier. in fine *epist. ad Oceanum* quæ incipit : *Nunquam, fili Oceane*) : Quomodo lactantes et indigentes lacte, fiunt lactantes, aliis lac præbentes ? Quomodo fiunt magistri, qui non noverunt esse discipuli ? Quam turpiter objicitur Ecclesiæ, quæ talem admittit, qui heri in theatro, hodie in choro ; heri in circo, hodie in altari ; heri fautor histrionum, hodie consecrator virginum.

Timeant tales factum Marci, qui sibi abscidit pollicem, ut reprobus esset sacerdotio. Item : Præcipit Dominus in lege (*Deut.* xx) ne minor viginti annorum, ne pusillanimus, ne uxorius, ne qui ædificaverat domum, et nondum eam dedicaverat, nec qui vineam plantaverat, et nondum ex ea biberat, procederet ad bellum corporale. Quanto magis hæc cavenda et inhibenda essent procedentibus ad bellum spirituale, pugnaturis « contra spirituales nequitias in cœlestibus (*Ephes.* vi). » Lubricum enim minoris ætatis reverentiam frangit, et destruit ordinis sacerdotalis.

Item : Moyses et Aaron nonnisi octoginta annorum missi sunt a Domino loqui ad Pharaonem (*Exod.* vii). Item : Si ætas personarum attenditur in repræsentatione miraculorum quasi jocosa, tamen movente hominum affectus ; si in comœdiis, et si in tragœdiis, cur non in seriis et in exhibitione veritatis, in veris scilicet Ecclesiæ pastoribus eligendis ? Item Isaias (cap. i) : « Quiescite agere perverse, discite bene facere. » Hieronymus : Ad hoc, inquit, terenda sunt magistrorum limina. Qui vero magistrorum limina non frequentavit, et officium prædicationis assumit, quodammodo dicit : « Non ab homine, sed a Spiritu sancto » cum Paulo « edoctus sum Evangelium (*Galat.* i) ; » credite ergo mihi, quia sum alter Paulus. Item : Si apud Hebræos prohibita est lectio principii Geneseos, finis Ezechielis, et Cantica amoris, minoribus triginta annorum, quanto magis apud Ecclesiam viva lectio totius sacræ Scripturæ, quæ videlicet potius consistit in opere quam sermone, minoribus ætate esset inhibenda ? « Barbato crede magistro. » Hæc etiam intorqueri possunt in ambitionem magistrorum colligentem turbam, senes, milites ægerilignos, ad theatrum et spectaculum suum, qui adhuc pueri, senes docere præsumunt. Item 1 Reg. cap. 1: Samuel nonnisi ablactatus adductus est a matre, ut appareret in conspectu Domini, manens et serviens jugiter in templo. Unde Glossa : Non vult Anna ducere puerum ad domum Dei antequam ablactetur, quia Ecclesia nullum ad sacerdotium provehit, dum « lactis » infantiæ particeps est « non solidi cibi, » scilicet intelligentiæ spiritualis. Quasi diceret: Nonnisi ablactatum a lacte pueritiæ, a lacte adolescentiæ, et a lacte tenerioris doctrinæ. Item Job, c. xxxii de Eliu.

CAPUT LXII.
Contra malam taciturnitatem maxime prælatorum.

Officium prælatorum maxime roborat, sicut de substantia ejus, latratus eorum, quo arceantur lupi a grege, ne sint « canes muti, non valentes latrare, (*Isa.* LVI), non opponentes se murum pro domo Israel (*Ezech.* XIII). » Contra quorum pessimam taciturnitatem clamans Isaias, cap. LXII, ait : « Propter Sion, » id est reges et principes, « non tacebo; propter Jerusalem, » levitas et sacerdotes, « non quiescam, donec egrediatur, ut splendor justus ejus. » Et iterum : « Super muros tuos, Jerusalem, constitui custodes, tota die » prosperitatis, « et nocte » adversitatis, perpetuo « non tacebunt. Qui reminiscimini Domini, ne taceatis, et ne detis silentium ei » Domino, « donec stabiliat et donec ponat Jerusalem, » id est Ecclesiam, « laudem in terra, » qualem et quantam in sacra Scriptura (nondum enim stabilita videtur Ecclesia, quia fere nusquam invenitur, sed talis est vel esse debet, qualis, non videtur, sed qualis sentitur) depingi video, non sentio in opere. Et iterum, cap. XL : « Vox Domini dicentis : Clama, ne cesses. Super montem excelsum ascende tu, qui evangelizas Sion; exalta in fortitudine vocem tuam, qui evangelizas Jerusalem; exalta, noli timere. » Et iterum : « Quam pulchri super montes pedes annuntiantis et prædicantis pacem, annuntiantis bona, prædicantis salutem! » Item idem, cap. VI : « Væ mihi, quia tacui ! Væ mihi, quia vir pollutus labiis ego sum, et in medio populi polluta labia habentis ego habito! » Pollutus non mendaciis, non scurrilibus, non contumeliis, sed taciturnitate. In cujus peccati pœnam : « Volavit ad me unus de seraphim, et in manu ejus ignitus calculus, quem forcipe tulerat de altari, et tetigit os meum, » et combussit mihi labium, « et dixit : Ecce tetigi hoc labia tua, et auferetur iniquitas tua, et peccatum tuum » ex taciturnitate « mundabitur. » Item Jeremias alphabeto secundo Iod (cap. II) : Heu, heu, « sederunt in terra, » principes, in terrenitate ad vineam colendam, ad regalia et stercora defendenda et possidenda, « et conticuerunt senes filiæ Sion, consperserunt cinere capita sua, accincti sunt ciliciis, abjecerunt in terram capita virgines Jerusalem, quia defecit parvulus lactens in plateis. » Item apostolorum Actus, cap. xx: « Contestor vos hodie, A quia mundus sum a sanguine omnium. Non enim subterfugi, quo minus annuntiarem omne consilium Dei vobis. » Item psal. xxxix : « Annuntiavi et locutus sum, et multiplicati sunt super numerum. Annuntiavi justitiam tuam in Ecclesia magna, ecce labia mea non prohibebo, Domine, tu scisti. Justitiam tuam non abscondi in corde meo ; veritatem tuam; et salutare tuum dixi. Non abscondi misericordiam tuam et veritatem tuam a consilio multo. » Item : « Pone, Domine, custodiam ori meo, et ostium, » non claustrum, « circumstantiæ labiis meis (*Psal.* CXL). » Item Proverb., cap. I : « Sapientia foris prædicat, in plateis dat vocem suam, et in capite turbarum, » id est in prælatis, « clamitat; in foribus portarum urbis profert verba sua, » dicens : « Usquequo parvuli, » sensu, « diligitis infantiam, et stulti ea, quæ sunt noxia cupient, et imprudentes odibunt sapientiam ? » Item Jerem., cap. XXVI : « Sta in atrio domus Domini, et loqueris ad universas civitates Juda universos sermones, quos ego mandavi tibi, ut loquaris ad eos. Noli subtrahere verbum, si forte audiant, et pœniteant, et convertantur a via sua mala. » Et cap. III : « Vade et clama sermones istos. Revertere, adversatrix Israel, dicit Dominus, et non avertam faciem meam a vobis, nec irascar tibi in perpetuum. Scito iniquitatem tuam, quia prævaricata es, et convertimini filii revertentes ad me, quia ego vir vester, et assumam vos. » Apost. item Act., cap. xx : « Vos scitis a prima die qua ingressum habui ad vos, quomodo nihil utilium subtraxerim vobis, quo minus annuntiarem vobis, et docerem vos publice, et per domos, testificans Judæis et gentibus in Deum pœnitentiam, et fidem in Dominum Jesum Christum. »

Item : Joannes etiam in carcere, nec habens spem de correctione Herodis vel Herodiadis, invehens potius in crimen, quam in hominem, in exemplum posteris (ne minus detestarentur crimen adulterii vel incestus, si tacuisset) clamavit sæpe : « Non licet tibi habere uxorem fratris (*Marc.* VI), » qui si cessasset, ei caput amputatum non esset. Clamavit malens periclitari apud regem, quam immemor esse divini præcepti, « qui missus fuit in virtute Eliæ (*Luc.* I), » contra Herodem et Herodiadem, sicut Elias contra Achab et Jezabel (*III Reg.* XVIII). Item legitur in ecclesiastica Historia, quod exsulante Athanasio papa pro fide catholica, a principibus faventibus Ario et Arianis, sit quidam eremita intra se et sibi (lib. x) : « Væ mihi, quia taceo (*Isa.* VI). — Ut quid panem otiosum comedo ? » (*Prov.* XXX.) Cur non magis exsulo cum Athanasio justo, vago et sancto ? Cur non contra principes pro illo proclamo ? Et egrediens eremum et speluncam suam, injungens sibi hoc in pœnitentiam, clamavit per civitates, castra et vicos et plateas : Justus catholicus et sanctus est Athanasius ; veritatem docet, quam constanter assero et affirmo. Item David : « Credidi propter quod locutus sum (*Psal.* CXV). » Et Dominus in

Evangelio : « Qui me confessus fuerit coram hominibus, confitebor et ego eum coram Patre meo (*Matth.* x). » Et Apostolus : « Corde creditur ad justitiam, ore autem confessio fit ad salutem (*Rom.* x), » tempore et loco. Unde in Socratico decreto : Non minor est impietas tacere veritatem tempore et loco, quam dicere falsitatem. Qui autem eam tacuerit, similis est cataro, « qui loquitur veritatem in corde suo (*Psal.* xiv), » dicens : « Jura, perjura, secretum pandere noli, » cum necesse et utile sit proximo ea revelari et non abscondi. Item Jeremias clamat : « Fugite de medio Babylonis, et salvet unusquisque animam suam. Nolite tacere super iniquitatem ejus, quoniam tempus ultionis est Domino (*Jer.* li). » Cum autem complesset loquens omnia, quæ præceperat ei Dominus, apprehenderunt eum sacerdotes, dicentes : Morte moriatur homo iste, quia prophetavit contra civitatem. Et ait Jeremias ad omnes principes, et ad populum : Misit me Dominus dicens : Bonas facite vias vestras et studia vestra, et audite vocem Domini Dei vestri, et pœnitebit eum mali quod locutus est adversum vos. **164** Ecce ego in manibus vestris : facite mihi quod bonum et rectum est in oculis vestris. Verumtamen scitote et cognoscite quod si occideritis me, sanguinem innocentem tradetis contra vosmetipsos, et contra civitatem istam, et habitatores ejus. In veritate enim misit me Dominus ad vos, ut loquerer in auribus vestris omnia verba hæc (*Jer.* xxvi). » Item Gregorius super illum locum : « Erat Jesus ejiciens dæmonium, et illud erat mutum (*Luc.* xi) » ab effectu : Præsident enim quidam dæmones quibusdam, ut faciant eos obmutescere quando opus esset loqui. Unde et dæmonia muta dici possunt. Quidam similiter dæmones præsunt garrulitati, facientes garrulos de quibus philosophus : Quid refert an superius, an inferius intonent ? Quidam etiam silentes cum toto mundo fabulantur.

Et Susanna (*Dan.* xiii) tacens clamavit, et Anna, et Moyses (*I Reg.* i).

Tacetur autem male in quatuor. Ad confitendum peccata et laudes : « Quia a mortuo, velut ab eo qui non est, perit confessio (*Eccli.* xvii). Non me demergat tempestas aquæ, neque absorbeat me profundum (*Psal.* lxviii). Confitemini alterutrum peccata vestra (*Jac.* v) : In hymnis confitemini illi. (*Psal.* xcix).

Tacetur etiam male ad increpandum proximum, si videris iniquitatem proximi, et eum non argueris : « Sanguinem ejus de manu tua requiram (*Ezech.* iii). Si peccaverit in te frater tuus, corripe eum (*Matth.* xviii), etc. » Augustinus (ep. 19, c. 4.) : Correptio fratris præcipitur a pari in parem, a minori in majorem, a majore in minorem, cuilibet in quemlibet.

Tacetur etiam male ad prædicandum. Unde Dominus : « Quod in aure auditis, prædicate super tecta (*Matth.* x). » Et Apostolus : « Insta et prædica, opportune, importune (*II Tim.* iv). »

Tacetur etiam male ad consulendum proximo, cum indiget. Unde Job : « Oculus fui cæco, et pes claudo (*Job* xxix). » Item : « Alter alterius onera portate (*Galat.* vi). »

Sed tacerturne male ad advocandum ? Ita, in causa viduæ, pupilli et orphani. Unde propheta : « Causa viduæ intret ad te. Pupillo non judicant, et causa viduæ non ingreditur ad illos. Quærite judicium, subvenite oppresso, judicate pupillo, defendite viduam (*Isa.* i). » Male autem advocatur ex cupiditate. Tunc melius taceretur. Ad disputandum, ad litigandum bene tacetur. Sed objicitur : Nihil ad plenum intelligitur, nisi dente disputationis frangatur ? Sed disputationem vocat collationem, qualis decet sanctos.

Sunt autem quinque causæ pessimæ taciturnitatis : Timor humanus vel mundanus, quo Petrus pressus negavit (*Matth.* xxvi). « Nolite timere eos qui occidunt corpus (*Matth.* x). » Episcopus si timuerit, actum est de eo.

B. CYPRIANUS. Secunda causa est cupiditas, quæ comitatur timorem. Nihil enim timet, nisi qui concupiscit. Cupiditas est ranunculus, qui projectus in os canis facit cum obmutescere. Hic projectus in os Demosthenis, qui erat viva vox juris, eum mutum fecit cum orare et advocare debuit cum Romanis pro republica, cum Atheniensibus contra Philippum regem Macedonum patrem **165** Alexandri. Unde et quidam senatorum illi, cum sileret a bonis, improperans, ait : Demosthenes non squinancem, sed arginancem patitur. Hic ranunculus projectus in ora judicis, in ora etiam magistrorum a pueris, facit remitti pœnas, et terrores, et minas propter hunc, quia munera excæcant oculos, et vim auctoritatis inclinant. Paulus abstinuit etiam a subditis, ne ab eis sumptus et necessaria acciperet, manibus victum quæritans (*I Cor.* ix).

Tertia causa est pigritia vel negligentia. « Circuibat Jesus civitates, prædicans, et curans omnes languores in eis (*Matth.* ix). Ideo prælatus impiger et strenuus esse debet.

Quarta causa est simplicitas, et quædam quasi naturalis verecundia, qua Jeremias se excusans ait (cap. i) : « A, a, a, Domine Deus : Abecedarius sum et nescio loqui. »

Sed nullus prælatorum hodie hoc dicit, quasi in eis prudentia suppleat ætatem, quod falsum est ; sed potius favor humanus, vel generis nobilitas. Hoc autem vitium est in prædicatore et oratore. Unde Quintilianus (Libro *Institutionum oratoriarum*) : Verecundia amica virtutis, in oratore vitium est, licet pro tempore amabile.

Quinta causa est et pessima, ignorantia. Unde Hieronymus (in *ep. contra Helvidium*) : Prædicationis nescius, quam dabit vocem præco mutus ? O pastor idolum surdum et mutum, idolum desolationis Ecclesiæ, stans in loco sancto Sion, quod non valens loqui, quasi per dæmones et porcellos conductos, dat populis responsa. Quod comparabile

Gallicano monstro Helvidio ; qui in Gallia, quæ caruit monstris, solus inventus sacerdos est et laicus, non quia litteras multas non sciret, sed tropos loquendi ignoravit. Unde ignorans diversas acceptiones hujus nominis, « primogenitus, » circa beatam Virginem erravit. Est ergo vox pœnitentiæ. Unde : « Discedite a me, omnes qui operamini iniquitatem, quoniam exaudivit Dominus vocem fletus mei (*Psal.* vi). »

...*Et lacrymæ pondera vocis habent.*
(Ovid., *De Ponto*, eleg. 1.)

Est et vox confessionis : « In voce exsultationis et confessionis sonus epulantis (*Psal.* xli). » Has sequitur vox orationis : « Intende voci orationis meæ, rex meus, et Deus meus (*Psal.* v). » Post, laudis et gratiæ et serenatæ conscientiæ : « Vox exsultationis et salutis in tabernaculis justorum (*Psal.* cxvii). » In his omnibus periculose tacetur. Post hanc sequitur recto ordine, « Vox prædicationis, » quæ est vox salutis, ne dicatur prædicanti adhuc involuto peccati satisfactione : « Peccatori dixit Deus : Quare tu enarras justitias meas, et assumis testamentum meum per os tuum (*Psal.* xlix)? » etc. Unde B. Bernardus ad Brunonem Coloniensem electum : Etsi litteratus sis et canonice electus, quia tamen, ut asseris, non flevisti, pœnitentiam non peregisti, et ita neophytus es in vita, etsi non in fide. Quod suscipias tantum onus, nec laudo, nec penitus improbo propter necessitatem et fragilitatem temporis instantis ; verum si susceperis, orabo pro te. Item : « Existimabam ut cognoscerem hoc, labor est ante me donec intrem in sanctuarium Domini, et intelligam in novissimis eorum (*Psal.* lxxii). » Et : « De mandatis tuis intellexi (*Psal.* cxviii). »

166 Prima voce : Sedes cum Maria ad pedes Domini (*Luc.* x).

Secunda : Surgis ad osculum manuum.

Tertia : Ad osculum capitis.

Quarta : Ad totum Christum inungendum. Cujus quinque sunt species : « Correctionis. » Hæc scholarium in malis moribus, et modis vivendi sacræ Scripturæ contrariis. « Eruditionis, » prælatorum, et sanctorum « exhortationis, excitationis et consolationis. » Vocem vocationis ad fidem habuerunt apostoli et apostolici viri in Ecclesia primitiva. De his vocibus David ait : « Mihi autem adhærere Deo bonum est, ponere in Domino Deo spem meam, ut annuntiem omnes prædicationes tuas in portis filiæ Sion (*Psal.* lxxii). » Sunt enim plures modi prædicandi, quos diximus, in quibus male tacetur, maxime a prælato. Si quis autem modus alius a prædictis superadditur, a malo curiositatis, ostentationis et delectationis est. Unde Apostolus : « Omnis sermo malus non procedat de ore vestro, et si quis bonus, nonnisi ad eruditionem (*Ephes.* iv). » Et David : « Os meum loquetur sapientiam, » de fide, « et meditatio cordis mei prudentiam (*Psal.* xlviii), » de bonis moribus.

CAPUT LXIII.
De bona taciturnitate.

Sugillato vitio malæ taciturnitatis, commendemus bonam taciturnitatem. Aperiat os prælatus ad Deum laudandum, adorandum, confitendum, consulendum, consolandum, prædicandum, docendum. Est enim « tempus tacendi, et tempus loquendi (*Eccle.* iii). » Unde : « In corde meo abscondi eloquia tua, ut non peccem tibi (*Psal.* cxviii). » Augustinus : Fundamentum religionis est bona taciturnitas. Scio enim te præcepisse Sanctum Dei non esse dandum canibus, nec margaritas spargendas esse ante porcos (*Matth.* vii), ne secreta Dei indignis ostendantur, ne Babyloniis thesauri domus Dei revelentur (*Jer.* xxvi), quæ tamen quis divulgat, ut ei, cui loquitur, placeat per adulationem, vel propter cupiditatem, vel propter vanam gloriam, vel curiosam loquacitatem. Assumenda est itaque disciplina silentii, ut prius taceat quis quam loquatur, juxta illud : « Sit omnis homo velox ad audiendum, tardus ad loquendum (*Jac.* i). » Sunt autem bonæ taciturnitatis quatuor causæ, penes auditores scilicet, quia canes sunt detractores, obstinati et infideles, vel quia porci sunt fastiditi verbo Dei, et immundi.

Malus detractionis prolator, pejor relator, pessimus auditor. Unde Ezechielis, cap. iii : « Fili hominis, linguam tuam adhærere faciam palato tuo, et eris mutus, nec quasi vir objurgans, quia domus exasperans est. Tertia causa est assiduitas. Prædicatio enim, si assidua est, vilescit.

Imponit finem sapiens et rebus honestis.
(Juven., sat. vi, 444.)

Quarta causa, incapacitas auditorum. Unde Apostolus : « Non potui vobis quasi **167** spiritualibus loqui ; lac vobis potum dedi, non escam (*I Cor.* iii). » Similiter duæ causæ attenduntur circa prædicatorem peccati scilicet conscientia, unde : « Peccatori dixit Deus : Quare tu enarras justitias meas, et assumis testamentum meum per os tuum? tu vero odisti disciplinam (*Psal.* xlix). » Et muta facundia, cui ægra subest conscientia. « Medice, cura teipsum (*Luc.* iv). » Rebus loquaris prius quam verbis, et incapacitate divini eloquii, vel verecundia bona. Unde : « A, a, a, Domine Deus, ecce nescio loqui (*Jer.* i). » Si ergo utile et necesse fuerit loqui ; vide quæ, quot, quanta, qualia, quando loquaris, cui vel quibus, ubi et qualiter. Vide etiam, si tibi opus fuerit uti communi prædicatione, vel privata, quæ fit ad privatam personam, et in loco secreto. Ubi quandoque cessandum est a correctione. Unde Apostolus : « Hæreticum hominem post trinam admonitionem devita (*Tit.* iii), » ita et incorrigibilem hominem et incorrigibilem principem. Unde Hieronymus in prologo super Esdram (*epistola ad Domnionem et Rogatianum*) : Frustra quidem niti, et nil aliud, nisi fatigando vel corripiendo odium incurrere, extremæ dementiæ est. Unde etiam Paulus, ne provocaret iram Cæsaris, ita caute, et sub involucro prædixit destructionem Romani imperii, quod non prædixit; ita edidit, quod non edidit : « Ut qui nunc tenet, teneat, donec de medio fiat (*II Thess.* ii).» Ita etiam Jeremias cap. xxv, caute et prudenter prædixit, et comminatus est destructionem Babylonis, ut ait Hieronymus, ne regem Babylonis provocaret in iram hoc nomen « Sesach » posuit pro hoc nomine « Babylon, » quæ destruenda erat. De quo etiam idem Hieronymus ait (*in commentar. illius loci*) : Principibus et pseudoprophetis, et sacerdotibus accusantibus, et crimen mortis in eum intendentibus loquitur ad populum, quem illi concitaverant adversus illum, prudenter, humiliter et constanter. Prudenter, provocans eos ad pœnitentiam, ut Dominus mutet sententiam suam de destructione civitatis. Humiliter, dicens : « Servus vester etiam in manibus vestris sum. » Constanter, dicens : « In veritate misit me Dominus ad vos, et hæc evenient, nisi pœnitentiam egeritis (*Jer.* xxvi).» In communi autem prædicatione nequaquam tacendum est. Unde Jeremias cap. xxvi : « Sta in atrio domus Domini, et loqueris ad omnes civitates Juda, » etc. Sed nec in privata, si malum exemplum timetur. Unde nec Joannes etiam in carcere tacuit (*Marc.* vi).

CAPUT LXIV.
De vitio linguæ.

Malæ autem loquacitatis, vel garrulitatis, quatuor sunt causæ : adulatio , jactantia, cupiditas, incauta loquacitas. Loquacitas itaque contraria est bonæ taciturnitati, contra quam clamat Propheta dicens : « Pone, Domine, custodiam ori meo, et ostium circumstantiæ labiis meis. Non declines cor meum in verba malitiæ (*Psal.* cxl), » cujusmodi sunt et otiosa. Unde abbas Serapion in Vitas Patrum : Non est membrum in corpore meo, quod ita timeam sicut linguam. « Si quis putat se esse religiosum, non refrenans linguam suam, » a malo, « sed seducens cor suum, hujus vana est religio (*Jac.* i). » Item idem : Diu flevi, multos labores sustinui, et diu in eremo vixi, nunquam tamen ad mensuram humilitatis et taciturnitatis, quam habuit filius meus Zacharias, potui pervenire. Item abbas pastor : Nunquam præsente sene emisi verbum, sed quod dicebat laudabam. Item idem cuidam quærenti : Quomodo quietus habitabo in loco in quo habito? Respondit : Inter quos vivis, vive sicut advena, non dominus, et nunquam potestatem habeat verbum tuum coram te. Item idem : Si vis amari et quietus vivere, multum tace. « In multiloquio enim non deerit peccatum (*Prov.* x). » Ideo et poeta (Cato) proclamat :

> Virtutem primam esse puta compescere linguam.
> Nam nunquam tacuisse nocet, nocet esse locutum.
> Rara fides ideo est, quia multi multa loquuntur.

Et Ecclesiasticus ait (cap. ix) : « Abominabilis et odibilis est in civitate homo linguosus, et qui sæpe labitur in lingua. » Lantfrancus ne pro sua littera-tura superbiret, semper tacuit, quousque perventum est usque ad periculum fidei.

Quidam etiam Patrum ne peccaret in lingua, fere semper quasi frenum, calculum in ore detulit. Item : Sicut tutius est peccare in remissione misericordiæ, quam in rigore justitiæ, sic et in taciturnitate magis quam in loquacitate. Item : « Quis est homo qui vult vitam, et diligit dies videre bonos? Prohibe linguam tuam a malo, et labia tua ne loquantur dolum (*Psal.* xxxiii). » Quia : « Vir linguosus, » qui præter necessitatem etiam vera loquitur, « non dirigetur in terra (*Psal.* cxxxix). » Nam, sicut ex frequenti juratione sæpe labimur in perjurium ; ita et ex frequenti verbo otioso in verbum malum. « In multiloquio enim non deerit peccatum » ; qui autem moderatur labia sua prudentissimus est (*Prov.* x). » Nam : « Stultus cæditur labiis suis (*ibid.*). Labor labiorum ipsorum operiet eos (*Psal.* cxxxix).» Qui verum dicit non laborat. « Amicus autem sponsi, cum gaudio stat, et audit vocem sponsi (*Joan.* iii). » Augustinus (*In Psal.* l, ad illud : *Auditui meo dabis*) : Sit ergo tibi in necessitate docere, loqui et prædicare ; in voluntate autem audire, tacere et discere. Tutius auditur verum quam dicatur. Qui enim exterius tumet, glorians prorumpere in vocem, dicetur ei : « Ligate ei manus et pedes, et mittite eum in tenebras exteriores (*Matth.* xxii). » In justo igitur, cor loquitur, os meditatur, manus vel opus intelligit. Unde : « Os justi meditabitur justitiam, et lingua ejus loquetur judicium (*Psal.* xxxvi). » Ne sic « velut æs sonans et cymbalum tinniens (*I Cor.* xiii), » ut voces ejus habeant fundamentum, non de summitate labiorum procedant. De cujusmodi dicitur : « Et in intellectibus manuum suarum deduxit eos (*Psal.* lxxvii). » Operare enim et intelliges. Ut autem distinguatur inter utentes malo, vel bono verbo, vide quod duplices et dolosi, « In corde et corde loquuntur (*Psal.* xi) ; » garruli, in ore et ore ; detractores et contumeliosi, in dente et dente ; contemplativi in corde tantum ; activi, in corde et ore ad proximum. Ut autem vitium linguæ vitetur, nota quod tripliciter utitur quis verbo malo scilicet. Vel contra se per arrogantem jactantiam : « Fili, ne te laudent labia detractoris (*Prov.* iv). » Vel contra proximum et hoc tripliciter ; vel verbo malitiæ et contumeliæ manifestæ ; vel verbo detractionis occultæ ; vel verbo adulationis fictæ. Contra Dominum, verbo infidelitatis, verbo blasphemiæ, verbo pravitatis hæreticæ, verbo inquisitionis stultæ, verbo curiositatis vagæ. « De omni otioso verbo reddituri sunt homines rationem in die judicii (*Matth.* xii). » Otiosum verbum est, quidquid dicitur præter utilitatem dicentis, vel audientis : « Terribilis est in civitate sua vir linguosus, et temerarius in verbo suo odibilis erit (*Eccli.* ix). — Qui vult vitam, diligit et videre dies bonos, prohibeat linguam suam a malo (*Psal.* xxxiii), etc. » Non dicit, a verbo otioso, sed malo ; quia lingua in udo est, et facile labitur in otiosum, avaritiam, « superbiam, viam pravam, et os bilingue detestor (*Prov.* viii). Sapiens corde præcepta suscipiet (*Prov.* x), » propter imperitos loqui aliquando necesse est. Qui semper desiderat docere, semper vult imperitos habere. Veritas non quærit, an cor, os, manus concordent : « Intellectus bonus omnibus facientibus eam (*Psal.* cx). A mandatis tuis intellexi (*Psal.* cxviii). » In Ecclesiastico, cap. xxviii. « Susurro, » etc. Fere totum contra vitium linguæ, et finis Epist. Jacobi, c. iii : « Nolite plures magistri fieri, » etc.

CAPUT LXV.
Qualis esse debeat prædicatio pro modo auditorum, et contra malam loquacitatem prædicantium.

Ut officium prælati prosequamur, pleniusque ejus incautam loquacitatem persequamur, credimus adjungendum esse præmissis, « De temperantia et modestia prædicationis : » quæ quidem temperanda est secundum qualitatem et quantitatem dicendorum, secundum qualitatem etiam et capacitatem auditorum. Unde David : « Dies diei eructat verbum ; » id est spirituale spirituali, ut major majori : « Verbum, » quod est « in principio apud Deum (*Joan.* i),» quod semel locutus est Deus : « Et nox nocti indicat scientiam (*Psal.* xviii), » infirmus, imperfectus, imperfecto aperte demonstrat minorem scientiam. Augustinus : Ut historialia de Christo. Non enim omnia omnibus, sed discrete spiritualia spiritualibus, sapientiam sapientibus.

Carnalibus vero minora, ut historialia, debet prædicator annuntiare. Item : « Ascendunt montes (*Psal.* ciii),» apostolici viri : « In principio erat Verbum (*Joan.* i); »—« descenderunt campi, » minores minoribus, « Verbum caro factum est. » Item Apostolus I ad Cor., cap. ii : « Non veni ad vos per sublimitatem sermonis vel sapientiæ. Non enim judicavi me scire aliquid inter vos, nisi Christum Jesum et hunc crucifixum. Sapientiam autem loquimur inter perfectos et spirituales, in quibus charitas omnia credit in doctrina Spiritus, spiritualibus spiritualia comparantes. Idem, cap. iii : « Vobis autem non potui loqui quasi **170** spiritualibus, sed quasi carnalibus tanquam parvulis in Christo lac vobis potum dedi non escam. Si quis videtur esse sapiens inter vos in hoc sæculo, stultus fiat, ut sit sapiens. » Item, cap. ix : Infirmus infirmis factus sum, ut infirmos lucrifacerem. Et quid plura? Omnibus omnia factus sum, ut omnes salvos facerem. » Unde ad Rom., cap. i : « Debitor sum sapientibus et insipientibus. I ad Cor., cap. ix : « Omnium me servum feci. » Idem, II ad Cor. v: « Sive enim mente excedimus » (contemplando ea quæ non licet homini loqui, et sapientiam quam loquimur inter perfectos) Deo » est. «Sive sobrii, » vel temperantes, « sumus » (inter incapaces, « nihil scire vos vidi, nisi Jesum Christum et hunc crucifixum,») « hoc « vobis, » id est ad utilitatem vestram est. « Charitas enim urget nos (*II Cor.* v),» ut minus capacibus condescendamus. Ob hoc etiam figu-

random, « salivæ, » id est salivaria et infantilia verba, « defluxerunt per barbam David (*I Reg.* xxi). » Prælatus enim infantilia verba minoribus, et virilia verba majoribus habere debet. Item significatum est in Jacob vidente angelos ascendentes et descendentes per scalam (*Gen.* xxviii). Summitas ejus cœlum tangebat, pedes terram. Idem etiam Dominus præfiguravit, cum ait : « Amodo videbitis angelos ascendentes et descendentes super Filium hominis (*Joan.* i). » Unde etiam Augustinus super illum locum, « In principio erat Verbum, » etc., ait : Prælatus debet esse sicut gallina, quæ crocitat, raucescit et macrescit super pullos suos, alis eos tegendo et fovendo. Debet etiam esse sicut orator, ut Tullius, Hortensius, ut in concione, et in capitolio robusto eloquio, et tubaliter intonet. Cum vero ventum est domum inter parvulos, incipiat balbutire, et verba frangere, puerilia verba habens, ut illis conformatus intelligatur. Item Dominus : « Quis putas fidelis est servus, quem constituit Dominus super familiam suam, ut det illis in tempore tritici mensuram (*Matth.* xxiv)? » quæ in numerositate, et qualitate, et quantitate dicendorum attenditur. Super hunc locum ait Gregorius *in Pastorali* (part. iii adm. 36, cap. 5 et 6): Rarus est fidelis servus; rarior prudens, qui non adulterina opinione aliquid divinis eloquiis admisceat; rarissimi, qui noverunt familiæ suæ dispensare tritici mensuram secundum capacitatem auditorum, et qualitatem dicendorum. Qui non dispensatores, sed exstirpatores sunt divini eloquii, qui abscondenda irreverenter revelant, secreta cœlestia passim omnibus profundunt; qui inebriant vino eos, quibus opus est lacte, quærentes potius suum ostentare ingenium quam proximis prodesse. Item idem (*Exod.* xxv) : In templo Domini erant acetabula, phialæ, et cyathi. (lib. xx *Moral.*, cap 2); sic in Ecclesia mordax interpretatio, larga prædicatio, et minor, et suavis. Non enim omnibus omnia indifferenter proponere debemus, sed quasi ad quamdam prægustationem majora majoribus, et minora minoribus offerre. Prædicator iste et medicus, publicus est servus, jumentum (super quod Samaritanus imposuit vulneratum (*Luc.* x), de quo etiam dicitur : « Producat terra herbam jumentis (*Psal.* ciii),» a juvando dictis) cophinus et vas stercorarium ; stabulum est Ecclesia. Cujus officium describens Jeremias, cap. i, ait : « Constitui te super gentes , ut evellas et destruas , disperdas, **171** dissipes, ædifices et plantes. » Quatuor verba ponit pertinentia ad ejiciendum peccata (quod fit per vitiorum increpationem, per judicii comminationem , per confessionis auditionem et satisfactionis impositionem); duo tantum ponit ad inserendum virtutes, quod fit per prædicationem et exemplum. Sunt ergo prælati cophini, quibus extra portari debent peccata, non inferri, ut colligant quisquilias, paleas et stercora ad conficiendum lateres Pharaoni, quos lavantes et conficientes amplius coinquinantur. Habeat autem confessor vinum et oleum Samaritani : vinum ut per increpationem mordacem confitens a timore Domini concipiat et pariat Spiritum salutis; oleum, per consolationem, ut non absorbeatur a tristitia, sed « tristitia ejus vertatur in gaudium (*Joan.* XVI). » Exhibeat se confitenti mitem, suavem et dulcem, et quasi in amplexibus suis eum foventem, dicens ei : Soli Deo confiteris, cujus ego sum vicarius, ut nec verbo, nutu, vel signo ei revelata possim detegere. Qui mihi confiteris, tibi obligor in paternitate spirituali, ut peccata tua, sicut et filii supportem, pro illis doleam, et tecum pro illis satisfaciam. Confide ergo, et age pœnitentiam, quod si consilium meum egeris, promittoque me super hoc fidejussorem, dabo, quod ex toto liberaberis.

Nunquam autem confitentem supportet in cupiditate sua, in detentione rei alienæ; sed si obtulerit secreto oblationem, rejiciat; nunquam personam confitentis accipiat, vel ei aduletur : sed juste judicet, ut sanet. De his cophinis dicitur : « Manus ejus in cophino servierunt (*Psal.* LXXX). » Hi sunt cophini, quos jussit Dominus impleri fragmentis, quæ superaverant comedentibus, quæ subterfugiunt manus prandentium (*Joan.* VI). In confessione autem tria præcipua maxime necessaria debet confessor injungere pœnitenti, ut pro posse vitet occasionem peccati, ut fugiat dilationem confitendi, si recidivum passus fuerit, et ut negligentiam pro peccatis satisfaciendi non incurrat; ut occasionem peccati fugiat, quia sola loca nocent, et occasio quandoque dat materiam peccandi; ut dilationem confitendi expellat, quia dilatio est magna ruina. Unde postquam commissum est peccatum, statim currendum est ad confessorem. Unde Augustinus : Cur dubium exspectat cras, hodierna salus? Ubi negligentia satisfactionis incurritur, quia « maledictus qui facit opus Dei negligenter (*Jer.* LXVIII). » Nec hoc est prætermittendum quod quidam, nescio quo animo, dixit Alexandro tertio : Domine, bonus papa es. Quidquid facis papale est. Et respondit Alexander in vulgari suo dicens : Si scirem, « Bien jujar, et bien predicar, et penitense donar, je seroie boene pape. » Et ita his tribus expressit totum officium prælati.

172 CAPUT LXVI.
De officio prælati tripartito, et contra acceptionem personarum.

Tripartitum officium prælati, scilicet judicare, pœnitentiam dare, prædicare, maxime impedit acceptio personæ. Quam redarguens Apostolus ad Rom. II, ait : « Gratia et pax omni operanti bonum » in Deum, « Judæo primum et Græco. Non est enim personarum acceptio apud Deum. » Augustinus : Non enim propter merita patrum, Judæos male operantes recipit, nec propter peccata parentum gentes conversas respuit.

Ut autem liqueat quid sit acceptio personæ, videndum quid sit honorificentia, quam præcipit Deus, ut contrarii unius suo contrario comparetur doctrina et notitia. Est autem honorificentia, reverentia exhibenda alicui ex causa debita; puta propter religionem et honestatem vitæ, ætatem. (Unde : « coram cano capite [*Levit.* XIX], etc.) scientiam, dignitatem, prælationem, principatum, præposituram, officium necessarium Ecclesiæ generis nobilitatem, ut quia filius regis, obligationem honestam. Abusus autem hujus reverentiæ est acceptio personarum. Ista non est apud Deum. Notandum itaque quod circa hujusmodi honorificentiam quædam sunt causæ. Prima causa debita est et honesta, quia subhonestæ, et quasi appendices honestati. Sed quis habens unam istarum præponendus sit alii habenti aliam earumdem, quæstio est. Acceptio vero personæ, est quædam fatua reverentia exhibita alicui ex causa non debita et illicita; puta propter timorem, cupiditatem, divitias, vel quamcunque turpitudinem, ut quia concubina, et hujusmodi. Quandoque autem non exhibetur alicui reverentia ex causa debita cum esset exhibenda, et hoc est abjectio personæ.

Sunt autem quædam mediæ, personæ acceptionis causæ, quia nec prorsus debitæ nec omnino illicitæ, ut carnalis affectus. Quædam autem in discreta benevolentia, qua ditiorem præpono pauperi, in colligendo eum, et hujusmodi. Ad hujus vitii objurgationem recole exemplum de magistro Garnerio grammatico; exemplum de M. Petro Abælardo; exemplum etiam de prælato infulato colligente feneratorem ditissimum; exemplum etiam lenonis irridentis quosdam potentes, et detegentis nates contra illos, quia assurgerent et venerarentur burgensem [*id est* civem] quemdam divitem. Item Jacobus, cap. II. « Nolite, inquit, fratres mei, in personarum acceptione habere fidem Domini nostri Jesu Christi gloriæ. Etenim si introierit in conspectu vestrum vir annulum aureum habens in veste candida et pauper in sordido habitu, et intendentes in eum, qui est indutus veste præclara dixeritis ei : Sede hic bene; pauperi autem dicatis : Tu sta illic, aut sede super scabellum pedum meorum, nonne judicatis apud vosmetipsos, et facti estis judices iniquarum cogitationum? Nonne Deus elegit pauperes in hoc mundo, 173 hæredes regni? Vos autem pauperem inhonorastis. Peccatum operamini transgredientes legem Domini. » Augustinus (*super hunc locum*) : Si hanc distantiam sedendi ad honores ecclesiasticos referimus, non est putandum leve peccatum esse « in personarum acceptione habere fidem Domini gloriæ (*Jac.* II). » Quis enim ferat eligi divitem ad sedem honoris Ecclesiæ, contempto paupere instructiore et scientiore? (Glossa ex Beda, qui sua desumpsit ex Augustin. ln *Jac.* II). Si autem de quotidianis consessibus loquitur, quis hic non peccat? Non tamen hic peccat, nisi cum apud semetipsum intus ita judicat, ut divus paupere tanto sit melior quanto est ditior, quod significare videtur eum præponendo. Sed in quotidianis consessibus, credimus esse acceptionem personæ; præsertim cum exhibetur alicui honor ex certa deliberatione, non per ignorantiam, non per obreptionem, sed per conscientiam, et tantum propter divitias, non ob aliquam causam debitam, quæ in eo sit; cui imo potius divitiis ejus, potest dici :

O nummi, nummi, vobis hunc præstat honorem,
Vos estis fratres.

(JUVEN., sat. v, 136.)

Item alia ratione : Si secundum Augustinum, quis apud se judicat quod dives tanto sit melior quanto ditior, et ideo honorandus. Hoc potius est error et ignorantia, quam acceptio personæ. Item : Hunc præponendo alii propter divitias, videris dicere quia melior est illo. Item : Quod hoc generaliter de quotidianis, ut de ecclesiasticis consessibus, imo potius de quotidianis, debeat intelligi, videtur. Tempore enim sancti Jacobi non erant dignitates et honores in Ecclesia distributi, ut modo. Item, Deuteron., cap. 1 : Deus per Moysen : « Quod justum est judicate, sive civis sit, sive peregrinus. Nulla erit distantia personarum; ita parvum audietis, ut magnum; nec accipietis personam cujusquam, quia Dei judicium est. » Sed nec in consessu quotidiano accipienda est, nisi pro causa debita, sicut nec in judicio. Item, Job xxxii : « Non accipiam personam viri, et Deum homini non æquabo. » Et in Ecclesiastico dicitur (cap. xxxv) : « Non accipiet Dominus personam in pauperem, et deprecationem læsi exaudiet. » Item in Epist. Judæ canonica dicitur : « Hi sunt murmuratores et garruli, ambulantes secundum desideria sua, loquentes superbiam; et mirantes personas hominum quæstus causa. » Ergo in aliis attenditur acceptio personæ, sicut et in judicii perversione.

Item per exempla. Phinees zelo Dei armatus Madianitidem, licet filiam principis, coeuntem cum Hebræo nobili de tribu Simeon, transfixit (*Num.* xxv). Moyses etiam pro vitulo conflato dixit : « Qui vir Dei est, jungatur mihi, accingatur mecum gladio, et transeat unusquisque per medium castrorum, interficiens gladio omnes qui adoraverunt vitulum, ita ut nec parcat oculus ejus patri, filio, fratri vel amico (*Exod.* xxxii). » Hoc peracto « ait » eis Moyses « : Hodie, » inquam, « consecrastis manus vestras Deo. » Item Dominus Moysi : « Suspende omnes principes in patibulo, et nemini parcas, ut ita avertatur furor meus a populo (*Num.* xxv). » Quod etiam factum est. Boamundus etiam constitutus judex in expeditione quando primo liberata est terra promissionis ab hæresi Mahometica, eo quod comes Sancti Ægidii spoliaverat **174** mercatores quosdam transeuntes, nec ad citationem ejus trinam vellet restituere ablata, ait ei : « Qui vir Dei est, accingatur mecum gladio. » Et veniens coram comite, ait exserto gladio : « Vel ablata restitues, vel huic gladio cervicem subjicies amputandam. Tibi enim, sicut nec ignobili de plebe parcam. » Cui ait comes : « Recte judicasti. » Et restituit ablata. Item (SEVERUS SULPITIUS, in *Vita ipsius*, cap. 23) : Beatus Martinus poculum porrexit sacerdoti pauperi sedenti a latere ejus, non principi sedenti ex alia parte. Item, I Reg., cap. xiv : Jonathas contra decretum patris et populi intinxit summitatem virgæ in favum mellis et comedit ; statimque illuminati sunt oculi ejus et exhilarati. « Cui, » per sortem deprehenso et capto, « ait Saul : Hæc faciat mihi Deus, et hæc addat, quia morte morieris, Jonatha. Cui populus : Ergone Jonathas morietur, qui fecit hanc salutem magnam in Israel? Hoc nefas est. Vivit Dominus, si ceciderit capillus de capite ejus in terram, quia cum Deo operatus est hodie. Liberavitque populus, et excussit de manibus patris Jonatham ne moreretur. » Ecce quantum vitaverit Saul acceptionem personæ, ut nec etiam filio, sicut nec alii prævaricanti, parceret. Item, Exodi cap. xxxii super illud verbum : « Si quis est Domini, jungatur mihi : ponat vir gladium super femur suum, et transeat per medium castrorum, » ait Gregorius (part. ni *Pastor*., admon. 26). Per medium castrorum transire, est tanta æquitate intra Ecclesiam vivere, scilicet judicare, arguere et prædicare, ut qui delinquentium culpas redarguit, in nullius resideat favore; sed occidat vir fratrem suum, amicum et proximum. Quos interficit, qui, cum punienda invenit, increpationis gladio ferit; nec eis, quos per dilectionem carnis diligit, parcit. Si ergo ille vir Dei tantum dicitur, qui ad ferienda vitia zelo divini amoris excitatur, profecto se esse Dei negat, qui quantum sufficit, vitam carnalium increpare recusat.

Item (Glossa in hunc locum) : Aman, cui rex Assuerus præcipit honorem et reverentiam exhiberi a populo, transiens quadam die lætus et alacer coram Mardochæo sedente ante fores palatii, Mardochæus ei nec assurrexit, nec motus est de loco sessionis suæ (*Esther* v). Item Joannis, cap. iv : « Quidam regulus rogavit Dominum ut descenderet, et sanaret filium ejus. » Ad filium reguli non vadit Dominus, etiam rogatus, ne divitias honorare videatur.

CAPUT LXVII.

De mediocritate in omnibus tenenda.

Sæpe dum quis vitat acceptor fieri personarum, « fit canis rabidus, torvusque Procrustes, » et abjector earum, incurrens ingratitudinem, vitansque cujusdam urbanæ societatis sobrietatem, effectus ebrius potius quam sobrius, quia :

Dum vitant stulti vitia in contraria currunt. **175**
Est inter Tanaim quiddam, socerumque Viselli.
. . . . *Medio tutissimus ibis.*
Virtus est medium vitiorum utrinque redactum.
Est modus in rebus, sunt certi denique fines
Citra quos ultraque nequit consistere rectum.

(HORAT. *Sat.*, l. i, sat. ii, 24 ; OVID. ii *Met.*, 136, HORAT. i *Epist.*, ep. xviii, 9 ; *Sat.* l. i, sat. i, 106, 107.)

Summum jus, summa injustitia est (CICERO, i *Offic*). « Noli nimium esse justus, quia est justus, qui perit in justitia sua (*Eccle.* vii). » *Medium tenuere beati.* Ideo : « Noli declinare ad dexteram, nec ad sinistram (*Deut.* xvii). » Tutius est enim in remissione peccare, quam in rigore. Severi enim et nimis rigidi, similes sunt Scribis et Pharisæis, qui humeris aliorum « imponunt onera importabilia, digito autem suo ea movere nolebant (*Matth.* xxiii). » Patere legem quam tuleris. Lucæ, cap. v : « Nemo mittit vinum novum in utres veteres, sed vinum novum in utres novos, ne vinum effundatur, et utres pereant : Et nemo vestimentum novum assuit veteri, vel veterem pannum novo, ne scissura major fiat. »

« Qui nimis mammas stringunt, sanguinem pro lacte fundunt : et qui nimis emungit, elicit sanguinem (*Prov.* xxx). » In omni ergo opere bono servandus est modus et modestia. Culpa enim est totam persequi culpam, et gloriosum est principi citra meritum punire. Interrogatus legatus cujusdam principis prudentis a principe prudenti (qui legatum invenit illitteratum, reputans eum fatuum) quid haberetur in regno illius principis pro maxima sapientia et prudentia. Respondit, inducias refutandi datas refutans : Mensura, modus in omni opere maxime principis; sicque, quem prius æstimabat fatuum, reputavit prudentissimum, ejus verbum memoriter recolens in omni opere suo; quia : « Honor regis judicium diligit (*Psal.* xcviii). »

Etiam in risu modus servandus est. Unde Ecclesiastici, cap. xxi : « Fatuus in risu exaltat vocem suam; vir autem sapiens vix tacite ridebit. » Et Parabolarum, cap. xv : « Cor » sanctorum « gaudens exhilarat faciem ; os vero stultorum pascitur imperitia. » Sanctus Bernardus de S. Malachia archiepiscopo (*in serm. de festo ipsius*): Vultum ejus non fuscavit mæror, nec levigavit risus. [De abbate Igniacensi, ait (*in serm. in obitu Humberti monachi*): In ore ejus risus nunquam apparuit, qui assistentium gratia quandoque faciem serenavit ; sed, si bene recolitis, risum integrum non admisit. Et Dominus ter flevisse legitur, sed nunquam risisse, qui ait : « Væ vobis, qui hic ridetis, quoniam lugebitis (*Luc.* vi). »

Sectemur ergo mentis hilaritatem, sic ut non comitetur lascivia : « Jucundemur secundum faciem sanctorum, habentes faciem euntium (*Judith.* xvi) » in Jerusalem. Sed nunquid potuit Deus bene risisse? Videtur quidem quod habita causa interiore lætitia bona, quod eam exterius in opere ridendi monstrare possit, maxime cum omnes defectus nostros præterquam culpæ assumpserit; etiam cum risibile, vel risibilitas proprium sit hominis a natura datum. Quomodo ergo eo uti non potuit? Forte potuit, sed non legitur eo usus fuisse. Item quæritur : Si homo **176** dicitur risibilis, vel a proprietate et a natura animæ, vel a proprietate aliqua corporis, vel a composito ex utroque; etsi hoc primum risibile qualitas sit, an actio, vel passio? Risus autem moderatus, si continuus fuerit, suspectus tibi habeatur. Potius enim hujusmodi risus proditionis est quam exsultationis. De sic ridente dicitur : « Maledictus homo absconditus in civitate (*Jer.* xxxviii), » paratus semper *blando fraudem contexere risu*. De quo etiam Isaias (cap. xxix) : « Væ qui profundi estis corde, ut a Domino et proximo abscondatis consilium; » et Ecclesiastici xiii : « Ne credas verbis illius, qui subridens interrogabit te de absconditis tuis, cujus animus immitis non parcet de malitia. »

CAPUT LXVIII.
De mala singularitate.

Huic meditationi bonorum morum et operum, vivendique modis obviat mala singularitas ; ideo eam exstirpemus, ut bonæ singularitatis amputato contrario, virtus, id est bona singularitas elucescat. Singularitas, ut habet B. Bernardi auctoritas, parit notam et admirationem, et ex superbia oriuntur adinventiones novæ. Item Hieronymus (*Epist. ad Eustoch. De custod. virginit.* c. 2, post Senecam) : Nec affectatæ sordes, nec acquisitæ deliciæ, vel in cibo, vel in veste conveniunt Christiano. Item Augustinus : Quisquis rebus prætereuntibus restrictius utitur quam sese habent mores eorum cum quibus vivitur, aut intemperans, aut suspiciosus est ; quisquis vero eis sic utitur, ut metas consuetudinis bonorum, inter quos conversatur, excedat, aut aliquid significet, aut flagitiosus est. In omnibus enim talibus non usus rerum, sed libido cupiditatis in culpa est. Item idem : Non interest quid cibi vel vestis, quantum, vel quale sumas, salva tamen honestate vitæ, et dummodo his (cum quibus est vivendum in generibus alimentorum vel vestium pro modo personæ tuæ, et valetudinis tuæ) necessitate congruas, ut dicere possis cum Apostolo : « Scio abundare (*Philip.* iv), » etc. Sic enim : « Justificata est sapientia a filiis suis (*Matth.* xi). » Non est ergo a communi vita, ut ait Hieronymus, recedendum, ne « singularis ferus (*Psal.* lxxix) » factus, si egressus fueris in publicum, semines murmur in populo, et spectantibus parias admirationem, mercarisque « diceri : Hic est. » Item : « Væ soli, » singulari videlicet, adinventiones, et novos usus, et modos vivendi ex superbia, vel superstitiosa præsumptione invenienti, « quia, si ceciderit, non habet sublevantem (*Eccle.* iv). » Item : Exemplo Apostoli, qui « omnia omnibus factus est, ut omnes Christo lucrifaceret (*I Cor.* ix); » abstinens a licitis, circumcidens Timotheum (*Act.* xvi), offerens in Cenchris (*Act.* xviii), abstinens etiam a quadam perfectione, ut perfectior esset. Item : Exemplo « mediatoris Dei et hominum Christi Jesu (*I Tim.* ii), » præter culpam, defectus nostros assumens, et in conversatione et modo vivendi discipulos infirmos supportantis, jugumque leve et portabile, regulamque vivendi verbo **177** et exemplo eis tradentis. Item Seneca epistola ad Lucilium quinta. Illud autem te admoneo, ne eorum more, qui non proficere, sed conspici cupiunt, facias aliqua, quæ in habitu tuo, aut genere vitæ notabilia sint. Asperum cultum, et intonsum caput, et negligentiorem barbam, et indictum argento odium, et cubile humi positum, et quidquid aliud ambitionem perversa via sequitur, evita. Satis nomen ipsum philosophiæ, etiamsi modeste tractetur, invidiosum est. Quid si nos hominum consuetudini cœperimus excerpere? Intus omnia dissimilia sint, frons nostra populo conveniat. Non splendeat toga, nec sordeat quidem. Non habeamus argentum in quo solidi auri cælatura descenderit; sed non putemus frugalitatis indicium auro argentoque caruisse. Id agamus, ut meliorem vitam sequamur quam vulgus, non ut contrariam. Alioquin quos emendari volumus fugamus a nobis, et avertimus. Illud quoque efficimus, ut nihil imitari velint nostri, dum timent, ne imitanda sint omnia. Hoc primum philosophia promittit, scilicet sensum communem, humanitatem, socialitatem et congregationem, a qua professione dissimilitudo nos separabit. Videamus ne ista, per quæ admirationem parare volumus, ridicula et odiosa sint. Nempe propositum nostrum est secundum naturam vivere. Hoc contra naturam est, torquere corpus suum, et facies odisse munditias, et squalorem appetere, et cibis non tantum vilibus uti, sed tetris et horridis. Quemadmodum desiderare res delicatas luxuriæ est, ita usitatas, et non magno artificio parabiles fugere, dementiæ est. Frugalitatem exigit philosophia, non pœnam.

Potest autem esse non incompta frugalitas. Hic mihi modus placet. Temperetur vita inter bonos mores et publicos. Suspiciant omnes vitam nostram, sed non agnoscant. Quid ergo? Eadem faciemus, quæ cæteri? Nihil inter nos et illos intererit? Plurimum. Dissimiles esse nos vulgo, sciat qui propius inspexerit; qui domum nostram intraverit, nos potius miretur quam supellectilem nostram. Magnus ille est, qui fictilibus sic utitur, quemadmodum argento; nec ille minor est, qui sic argento utitur, quemadmodum fictilibus. Infirmi autem animi est, non posse pati divitias.

Item S. Bernardus sedens in capitulo Pontiniacensi pro tribunali, cum quæstio ei proponeretur a fratribus de singularitate cujusdam monachi, ait ei : « Crederesne verbo Domini, vel verbo angelico non contrario verbis Domini? » Et ille : « Crederem quidem. » Tunc abbas : « Et ego dico tibi in verbo Domini, licet peccator, ut singularitatem tuam deponas, quamvis in ea videaris quosdam sanctos imitari, magisque mereberis communi modo vivendi fratrum. » Qui statim acquiescens abbati, exuit singularitatem omnem, vixitque sicut ovicula communiter in grege. Summopere ergo cavenda est singularitas in congregatione. Ibi enim peccatur magis, quam in privato loco, maxime illa quæ scandalum parit infirmis.

178 CAPUT. LXIX.
De bona singularitate.

Bona singularitas, quæ familiarius dicitur bona solitudo, commendatur in pluribus sacræ Scripturæ locis. Unde Sara filia Raguelis, cap. III Tobiæ : « Tu scis, domine, quod nunquam cum ludentibus me miscui, neque cum his, qui in levitate ambulant participem me præbui. » Et Jeremias (*Thren.* III) :

« Sedebam solitarius et tacebam. » Et philosophus (Senec. epist. 7) : Fuge turbam. Nondum enim illi tuto commiseris. Ego quidem confiteor imbecillitatem meam, scilicet nunquam mores quos extuli in turbam, refero. Semper aliquid ex eo quod composui, turbatur; aliquid ex iis quæ fugavi, redit. Quod ægris evenit, quos longa imbecillitas usque adeo affecit, ut nunquam sine offensa proferantur, hoc accidit nobis, quorum animi ex longo morbo reficiuntur; quia inimica est multorum conversatio. Nemo non aliquod nobis vitium, aut commendat, aut imprimit, aut nescientibus attinit. Utique quo major est populus, cui commiscemur, hoc periculi plus est. Nihil enim tam damnosum bonis moribus, quam in aliquo spectaculo residere. Tunc enim per voluptatem facilius crimina subrepunt. Quid me existimas dicere? Avarior redeo, ambitiosior, luxuriosior? imo vero crudelior et inhumanior, quia inter homines fui. Subducendus itaque est populo tener animus, et parum tenax recti, facile transitur ad plures. Socrati, et Catoni, et Lælio excutere mentem suam dissimilis multitudo potuisset. Adeo nemo nostrum est, qui cum maxime concinnamus ingenium, ferre impetum vitiorum tam magno comitatu venientium potest. Unum exemplum luxuriæ, vel avaritiæ, multum mali facit. Convictor delicatus paulatim enervat et emollit. Vicinus dives cupiditatem irritat; malignus comes, quamvis candido et simplici animo, rubiginem suam affricuit. Quid tu accidere his moribus credis in quos publice factus est impetus? Necesse est, aut imiteris, aut oderis. Utrumque autem evitandum est, ne vel similis malis fias, si te eis conformes, quia multi sunt; neve inimicus multis, si eos oderis, quia dissimiles sunt. Recede in teipsum, quantum potes; cum his conversare, qui te meliorem facturi sunt. Illos admitte, quos tu meliores facere potes. Mutuo ista fiunt, et homines dum docent, discunt.

Item Hieronymus : Rarus in publico, honestus in domo. Quoties enim inter homines fui, minus homo redii. Est autem triplex solitudo : Loci, quæ fortium est; pectoris, quæ cujuslibet esse debet; et solitudo operis, quæ cavenda est in omnibus, præsertim cum parit scandalum. Item Jerem. cap. xv : « Non sedi cum consilio ludentium, et gloriatus sum a facie manus tuæ; solus sedebam quoniam amaritudine replesti me. »

179 CAPUT LXX.
De bona societate habenda, et mala fugienda.

Bona solitudo maxime pendet ex bonorum societate. Unde Cato : (lib. I) Ambula cum bonis, quia a convictu mores formantur. Et Apostolus dicit : « Corrumpunt bonos mores colloquia mala (*I Cor.* xv). » Qui tangit picem coinquinabitur ab ea (*Eccli.* xiii). Et psalm. c. « Perambulabam in innocentia cordis mei, in medio domus meæ. » Et quomodo ? « Non apponebam ante oculos meos rem injustam, facientes prævaricationes odivi. Non adhæsit mihi cor pravum, declinantem a me malignum, non cognoscebam, detrahentem secreto proximo suo hunc persequebar. Superbo oculo et insatiabili corde, cum hoc non edebam.» Qualis ergo tibi familia? audi : « Oculi mei ad fideles terræ ut sedeant mecum, » in judicio, in convivio : « Ambulans in via immaculata, hic mihi ministrabat, » in altari, in mensa, in domo, in qualibet administratione mea et præfectione. « Non habitabit in medio domus meæ, qui facit superbiam ; qui loquitur iniqua, non direxit in conspectu oculorum meorum. » Et psal. xxv : « Non sedi cum concilio vanitatis, et cum iniqua gerentibus non introibo. Odivi ecclesiam malignantium et cum impiis non sedebo. Lavabo inter innocentes manus meas, et circumdabo altare tuum, Domine. » Ecclesiasticus, cap. ix : « Viri justi sint tibi convivæ. » Et Philosophus (SENECA, ep. 19) : Ante, inquit, circumspiciendum est, cum quibus edas et bibas, quam quid edas et bibas. Et Augustinus : Decet, inquit, prælatum tales habere cubicularios quos timeat, ne, si malos, eorum videatur approbare vitam, quorum habet conversationem. Unde Apostolus : « Domui suæ bene præpositum (I Tim. III),» non ut opes augeat, sed ut filios, domum et familiam in omni castitate et sobrietate sibi subditos habeat. Sed dicet aliquis quasi se excusando, habens tamen familiam malam : Mihi quidem natura est cum bonis, sed vita cum malis. Sed eo ipso malus est, quod malos in domo fovet, et vita et natura ejus cum malis. Qualis enim judex, vel rector populi, tales et ministri ejus, et econtra : Et qualis sit dominus domus, familia ejus probat, et monstrat. Unde Ecclesiasticus, cap. XIII : « Omne animal diligit simile sibi, sic et omnis homo diligit similem. Omnis caro ad similem sibi conjungetur, et omnis homo simili sui sociabitur. Si communicabit lupus agno aliquando, sic peccator justo. Quæ communicatio sancti hominis ad canem ? » Et cum Dominus hospitem unius noctis præcipiat eligi, tum propter infamiam, tum propter corruptionem et perniciem exempli ; quanto magis et ille eligendus est, cum quo tibi diu vivendum est? Maxime itaque cavenda est malorum conversatio. Vix enim in sicco stamus, nedum in lubrico curramus. Abraham (Genes XVII) etiam, audito mandato Domini, omnes vernaculos et mares domus suæ statim circumcidit. **180** Nota, quia non effeminatos habuit in domo, sed mares, quos etiam circumcidit. Et tu exemplo Abrahæ familiam domus tuæ in omnibus habeas circumcisam. Quem etiam commendans Origenes (homil. 4 in Genesim), de eo ait : Vide diligentiam Abrahæ angelos ad convivium invitantis. Abraham, inquam, senex cursitat, Sara uxor ejus accelerat, puer festinat. In domo sapientis, nullus piger est. Item juxta verbum beati Thomæ Cantuariensis, quo utebatur ex poeta :

Principis est virtus maxima, nosse suos.

(MARTIAL. l. VIII, epigr. 15.)

Et Cato de Pompeio ait :

Casta domus, luxuque carens, corruptaque nunquam Fortuna Deum.

Et Parabolarum cap. XIII : « Qui cum sapientibus graditur, sapiens erit; amicus stultorum similis eis efficitur. » Et illud. Ignis in sinu, serpens in gremio, mus in pera, perniciosi sunt vicini. In Psalmis quamplurimis arguitur societas malorum, commendatur societas bonorum. « Beatus enim vir qui non abiit in concilio impiorum, etc. (*Psal.* 1.) — Domine, quis habitabit in tabernaculo tuo, aut quis requiescet in monte sancto tuo? Qui ingreditur sine macula et operatur justitiam, » etc. (*Psal.* XIV). « Confitebor tibi in ecclesia magna, in populo gravi laudabo te (*Psal.* XXXIV),» — « timentes autem Dominum glorificat (*Psal.* XIV). » — « Congregate illi sanctos ejus qui ordinant testamentum ejus (*Psal.* XLIX).» Alioquin pro congregatione et societate malorum dicetur tibi : « Si videbas furem currebas cum eo, etc. (ibid.).» Et in domo tua implebitur hoc, scilicet : « Vidi iniquitatem, et contradictionem in civitate. Die ac nocte circumdabit eam. Super muros ejus iniquitas, et labor in medio ejus et injustitia (*Psal.* LIV).» Pro quo etiam Propheta imprecatur talibus, dicens : « Veniat mors super illos, et descendant in infernum viventes. Quoniam nequitiæ in habitaculis eorum, in medio eorum. Non enim est illis commutatio, et non timuerunt Deum, etc. (*ibid.*). » Et Augustinus : In hoc quilibet fidelis imitari Deum debet, ne malos secum socios habeat, nisi causa et spe correctionis, scilicet quos si incorrigibiles viderit, eos saltem in privata communione post multam admonitionem devitet, et a se, si potest, expellat. Sed dicet aliquis : Boni quidem multi sunt in se, sed latera mala habent. Absit ! Morum enim similitudo, juxta verbum cujusdam sapientis, societatem parit, et cognata studia facile connectuntur. Et illud : Principesque bonos habentes mala latera Scriptura Scyllæ et Harpyiis comparat. Describitur Scylla humanam quidem habere faciem, sed cincta caninis capitibus ; Harpyiæ virgineam faciem, sed ungues rapacissimos. Et ii, ut plures superficietenus humani homines, et mansueti videntur, sed stipati lateribus et ministris pravis, odoratu prædæ Scyllæ, rapacitate vero unguium, Harpyis similes. Ob hoc ergo constat, quod res divitum et potentum in loco periculoso posita est. Quia, ranæ, in penetralibus regum (*Psal.* CIV),» viri scelerati et socii furum maxime in domibus potentum inveniuntur, qui peccatores fiunt propter divites **181** illos decipientes, a quibus decipiuntur, cum nec repelluntur, qui « laqueos paraverunt pedibus » potentium, et « foderunt ante faciem » ipsorum « foveam, et inciderunt in eam (*Psal.* LVI).» Hæc via illorum scandalum ipsis, et tamen postea « in ore suo complacebunt (*Psal.* XLVIII). » Et Josephus ait : Ob hoc maxime status potentum meticulosus et periculosus est, quod eos moles rerum mediocriter malos esse non sinit, qui non simplici et proprio ore, sed alieno et multiplici, quia longa manu peccaverunt, habent peccata sua confiteri; nequeuntes, ut pauper, dicere : « Domine, tibi soli, » et in me solo, « peccavi (*Psal*. L), » sed tibi et multis proximis in me, et multis satellitibus meis. Omnem igitur malorum societatem, omne impedimentum, quo minus in via Dei procedas, fugias. Unde Dominus : « Qui non oderit patrem et matrem non potest meus esse discipulus (*Luc*. xiv). » — «Et si oculus tuus scandalizat te, projice eum a te, etc. (*Marc*. ix). » Et Hieronymus (ep. ad Heliodorum *De laude vitæ solitariæ*). Per calcatum perge patrem, per calcatam perge matrem, ubera etiam quæ suxisti. « Patri et matri dic : Nescio vos (*Deut*. xxxiii) » Juxta etiam consilium Domini, cum Abraham « exi de terra, et de cognatione tua (*Gen*. xii); » antequam subvertaris dicas cum Propheta. « Ecce elongavi fugiens, et mansi in solitudine. » Item psalm. cv. « Et commisti sunt inter gentes, et didicerunt opera eorum, » etc. Et psalm. xlii. « Judica me, Deus, et discerne causam meam a gente non sancta, ab homine iniquo et doloso erue me. » Item : (*I Reg* xiv.) « Nam quemcunque viderat, Saul virum fortem, et aptum ad prælium, etc. » Et (*I Reg*. xix.) « Nuntiatum est Saul a dicentibus, » etc.

Item : « Confitebor tibi, Domine, in toto corde meo, in concilio justorum et congregatione (*Psal*. cx), » eorum, non injustorum.

CAPUT LXXI.
De suggestione carnalis affectus.

Sicut mala societas, ita et carnalis affectus bonam impedit solitudinem, ob quam suggillandam et amovendam ab utilioribus operibus, Dominus prædicationi vacans, nuntio fratrum et matris quærentium eum foris, ait : « Qui sunt fratres, mater et soror; et extendens manum in discipulos dixit, etc. (*Matth*. xii). »

Item disputans in synagoga relictus a patre et matre, eisdem eum quærentibus ait : « Nesciebatis, quia in his quæ Patris mei sunt oportet me esse? » (*Luc*. ii.) Docens opera ex carnali affectu procedentia, sicut minus utilia, esse postponenda spiritualibus et utilioribus.

Item, matri in nuptiis, vino deficiente, ait: « Quid mihi et tibi, mulier ?(*Joan*. ii) » quasi, nihil ex te habeo in spiritualibus operibus. Idem : « Qui non oderit patrem et matrem (*Luc*. xiv), » id est qui spirituales affectus non præposuerit carnalibus. Idem : « Cum facis prandium, noli vocare divites, sed pauperes, debiles et claudos (*ibid*.) », in quibus non habeas carnis affectum, sed divini amoris incendium. Hieronymus : Ob amorem Christi omittenda est sepultura patris, pro cujus amore nullus relinquendus est inhumatus. Et Moyses, non de tribu sua, sed de alia tribu elegit Josue in rectorem populi (*Num*. xi, xiii). Idem : Sacerdos et levita nunquam exeant de Sanctis, sed habeat sacerdos caput velatum cidari (*Levit*. xvi), « qui dicat patri et matri : Nescio vos (*Deut*. xxxiii). » Sacerdotibus etiam in veteri lege (*Num*. xix) prohibitum erat interesse funeribus mortuorum, etiam parentum; ut in hoc instrueremur carnales affectus esse postponendos, maxime cum simus et debeamus esse sacerdotes « secundum ordinem Melchisedech (*Psal*. cix). » De cujus patre et matre Scriptura subticet in figuram sacerdotum Evangelii, ut in spiritualibus « dicant patri et matri : Nescio vos (*Deut*. xxxiii). » Alienum enim est patrimonium illis commissum, Christi scilicet et pauperum, non illorum, vel parentum eorum. Joseph etiam (ad cujus nutum omnia fiebant in Ægypto) vix passus est, ut suis daretur terra Gessen (*Gen*. xlvii); quos etiam noluit sublimari, sed in officio consueto et pastorali permanere. Ne tamen caninos habeamus mores, odiendo parentes, ita docet eos Gregorius (hom. 37 *in Evangel*.) moderari debere. Arca Domini capta a Philistæis super plaustrum novum imposita est, vaccis fetis trahentibus et ducentibus illam in Bethsamis, non reflectentibus quidem colla in via, sed mugientibus post vitulos (*I Reg*. vi). Debemus enim carnalem affectum habere in mente, non in opere, præsertim in spiritualibus. Qui enim post vitulos, carnali affectu ducti, colla reflectunt, similes sunt uxori Lot, quæ respexit et mutata est in statuam salis (*Gen*. xix). Similes sunt mittenti manum ad aratrum, et respicienti retro (*Luc*. ix). Similes sunt etiam Hebræis respicientibus in Ægyptum ad ollas carnium, et pepones, et alia Pharaonis (*Num*. xi). Videant hi, ne pœna simili pœnæ Judæ puniantur, qui ea, quæ mittebantur in loculos Domini et pauperum, asportabat, dans ea uxori et liberis, carnali affectu ductus, ob quam meruit tradere et crucifigere Dominum, sibique suspendium et æternum supplicium (*Matth*. xxvii). Levit. xxi : « Sacerdos summus ad omnem mortuum non ingreditur omnino, super patre suo et matre non contaminabitur, nec egredietur de sanctis. » Hieronymus super hunc locum ait (*Epist. ad Fabiolam De vestitu sacerdotum*): Quamvis sit potens et dives, et multitudinem offerat victimarum; si mortuus est, non tangitur a pontifice, nec videtur; si autem reviviscit, et ad vocem Salvatoris de sepulcro egreditur (*Joan*. xi), et fasciis peccatorum solutus incedit, intrat ad eum pontifex, cum eo manet et prandet. Multa nos facere cogit affectus carnalis; et dum corporum propinquitates respicimus, corporis et animæ Creatorem offendimus. « Qui autem amat patrem et matrem super me, non est me dignus (*Matth*., x). »

Multi monachorum, dum parentibus miserentur, animas perdunt. Illum attendamus Patrem, qui nunquam moritur, aut qui pro nobis moritur, qui Deo vivens mortuus est, ut nos mortuos vivificaret (*Rom*. vi). Si quid habuimus de Ægypto, quod princeps mundi suum possit agnoscere, tenenti meretrici Ægyptiæ cum pallio relinquamus (*Gen*. xxxix). Sindone opertus adolescens vinctum Dominum sequebatur (*Marc*. xiv); incurrisset in laqueos, nisi expeditus et nudus persequentium impetus declinasset. Reddamus parentibus quæ parentum sunt, si tamen Deo vivunt (*I Tim.* v).

Sed hoc de summo pontifice, minoribus aliquid indulgetur. Ad teneritudinem carnis etiam eradicandam dictum est Abrahæ : « Exi de terra et de cognatione tua (*Gen.* xII.) » Exi, mente, hoc quo ad necessitatem præcepti ; exi, corpore, hoc quo ad cautelam consilii. Dum enim inter propinquos tenemur corpore, sæpe tenemur et mente. Ob hoc Benedictus, Ægidius et quamplures sancti natale solum reliquerunt, et sancta agmina pallidorum eremum ingressi sunt. In libro etiam Numerorum (cap. 25) præcipitur Levitis occidere omnes propinquos suos initiatos. Beelphegor, sicut et initiatos vitulo. Ministrum enim altaris et viventem de patrimonio Crucifixi, nihil carnale, nullus affectus carnalis tangere debet, quominus testamentum sibi creditum, secundum voluntatem testatoris beneplacentem et perfectam, dispenset. Item Judicum ix. Contra consilium Joathæ (proponentis Sichimitis parabolas de olivis, ficubus, et vite, et rhamno) contribules et fratres Abimelec ipsum Abimelec, eligunt in regem sibique præfecerunt, propinquitate carnis ducti. Qui promotus, sicut ignis de rhamno egressus, urbem Sichem combussit, et septuaginta fratres, multosque de Sichimitis qui illum promoverant, interfecit. Item Dominus Matthæi cap. xvii : « Ut non scandalizemus » exigentes tributum : « O Petre, vade ad mare, et mitte hamum, et eum piscem, qui prius ascendet tolle, et aperto ore ejus, invenies staterem. Illum sumens da eis pro me et pro te, » etsi sim filius regni. Ubi ait Augustinus : Miro modo in hoc instruimur et ædificamur, dum Dominus tantæ paupertatis fuit, ut unde daret tributa non haberet. Judas quidem habebat communia in loculis, sed Dominus res pauperum in suos commutare usus, vel convertere nefas duxit ; id ipsum dans exemplum nobis, maxime iis qui de patrimonio ejus vivunt. Si ergo Dominus in suos usus necessarios duxit nefas res pauperum convertere, quanto magis illas in superfluis expendere? Ex hoc etiam concludo debita illicita, licet juramento confirmata, de patrimonio Crucifixi non esse solvenda, sed potius, ut in turpi causa, rescindatur juramentum. Item : Bruta fetus suos imbecilles et adhuc parvos nutriunt, omnique cura fovent et amplexantur, factos autem grandiusculos et adultos, eos sibi relinquunt. Nos autem, etsi homines, non tantum in pupillari, sed in omni ætate, nec tantum fetus nostros, sed a latere descendentes fovemus, imo illos superfluis oneramus supra necessitatem, conferentes eis plurima, et juxta verbum Alexandri [III] papæ : « Deus abstulit nobis filios, et diabolus dedit nobis nepotes. » Item Hieronymus ad Heliodorum monachum (epist. *De laude vitæ solitariæ*) : Audi edictum Regis tui : « Qui non est mecum, adversum me est ; et qui non colligit mecum, spargit (*Luc.* xi). » Recordare tirocinii tui diem, quo Christo in baptismate consepultus, in sacramenti verba jurasti, pro nomine ejus parciturum non esse patri, nec matri. Licet parvulus ex collo pendeat nepos, licet sparso crine et scissis vestibus ubera, quibus te nutrierat, mater ostendat ; **184** licet in limine pater jaceat, per calcatum perge patrem, siccis oculis ad vexillum crucis avola. Solum pietatis genus est, in hac re esse crudelem. Veniet, veniet dies postea, quo victor revertaris in patriam, quo Hierosolymam cœlestem vir fortis coronatus incedas. Nescio cur dicas nunc compede præpediri. Non est nobis ferreum pectus, nec dura præcordia. Non ex silice natos Hyrcanæ nutriere tigrides : et nos per ista transivimus. Nunc tibi blandis vidua soror hæret lacertis ; nunc illi cum quibus adolevisti vernulæ aiunt : Cui nos servituros relinquis? Et gerula quondam, jam anus, et nutritius secundus post naturalem pietatem Pater, clamitat : Morituros exspecta pauliper et sepeli Forsitan et mater laxis uberum pellibus, arata rugis fronte antiquum referens mammæ lallare congeminet. Dicant si volunt et grammatici :

In te omnis domus inclinata recumbit.

VIRGIL.

Facile rumpit hæc vincula amor Christi, et timor gehennæ. At contra Scriptura præcipit obsequendum parentibus (*Exod.* xx) ; sed quicunque eos supra Christum amat, perdit animam suam. Gladium tenet hostis ut me perimat, et ego de matris lacrymis cogitabo? Propter patrem militiam Christi deseram? cui sepulturam Christi causa non debeo, quam etiam omnibus ejus causa debeo? Domino passuro timide consulens Petrus scandalum fuit (*Matth.* xvi). Paulus retinentibus se fratribus ne Hierosolymam pergeret, respondit : « Quid facitis plorantes, et conturbantes cor meum? Ego enim non solum ligari, sed mori in Jerusalem paratus sum pro nomine Domini Jesu Christi (*Act.* xxi). » Aries iste pietatis, quo fides quatitur, Evangelii retundendus est mucrone : « Mater mea, » inquit, « et fratres mei hi sunt quicunque faciunt voluntatem Patris mei, qui in cœlis est (*Matth.* xii). » Si credunt in Christum, faveant mihi pro nomine ejus pugnaturo ; si non credunt, mortui sepeliant mortuos suos (*Matth.* viii).

Moyses etiam ad consilium Jethro (*Exod.* xviii), non cognatos elegit judices et rectores, sed viros gnaros, sapientissimos et prudentissimos odientes omnem avaritiam. In illa etiam sancta communione non est dictum dispensatoribus, ut meliora et lautiora darent propinquis, sed, « unicuique prout opus erat (*Act.* ii). » Item : Si res testamenti alicujus privati propter suspicionem parentelæ non committitur alicui parentoso, quanto magis nec testamentum Christi talibus debet committi?

Item exemplo Templariorum deberent prælati instrui, ne haberent amicos suos sibi collaterales. Ipsi enim Templarii nunquam habent consanguineum sibi servientem, ne communia bona fratrum ei distribuant. Ad hoc etiam valet exemplum episcopi consanguineos et nepotes suos tantum in ecclesiam suam vocantis, ut ex eis prælatus ei successurus quasi jure hæreditario eligeretur et institueretur; quod et factum est, cum controversia tamen magna et sumptibus non modicis et gravamine æris alieni. Cum autem electus successor veterani ægrotaret, aiunt ei sui sub dialogo : Unde pecunia ista solvetur, quam, ut promovereris, expendimus? Interfecisti nos per quem sperabamus **185** nos vivere et exaltari. Quibus ille : « Væ vobis, quia me occidistis, quando me in apicem promovistis. » Item IV Reg. iv : « Mitte in omnia vasa hæc, » etc. Et Habacuc ii; Væ qui ædificant Sion in Sam. Item David (*Psal.* xliv) :« Audi, filia, et vide, et inclina aurem tuam; et obliviscere populum tuum, et domum patris tui. »

CAPUT LXXII.
Commendatio solitudinis loci.

Post solitudinem pectoris, et solitudinem operis, sequitur solitudo loci, quæ nutrix est, et sæpe mater solitudinis. Duo quippe sunt genera vitæ solitariæ, cœnobitarum et anachoretarum. Prima securior, propter infirmitatis nostræ imperfectionem. Secunda excelsior vel excellentior, propter charitatis perfectionem. Ad quam (sicut ad altiorem secundum Regulam beati Benedicti) transitur a prima, cum transiens plene roboratus, et « indutus est virtute ex alto (*Luc.* xxiv). » Horum solitudinem loci commendans David, ait : « Factus sum sicut passer solitarius in tecto (*Psal.* ci). » Et Salomon : « Regem locustæ non habent (*Prov.* xxx). » Et Hieronymus a scholis liberalium artium, convolans ad eremum, sic scribit cuidam conscholari suo, eum ad eremum et mundi contemptum invitans (*Epist. ad Heliod. De laude vitæ solitariæ*). O desertum Christi floribus vernans! O solitudo, in qua nascuntur illi lapides, de quibus in Apocalypsi civitas magni regis exstruitur? O eremus familiarius Deo gaudens, quid agis, frater, in sæculo, qui major es mundo? Quandiu tectorum umbræ te premunt? Quandiu fumosarum urbium carcer includit? Crede mihi, in eremo nescio quid plus lucis aspicio. Libet, sarcina carnis abjecta, ad purum ætheris volare fulgorem. Paupertatem times? Sed beatos pauperes Christus appellat (*Matth.* v). Labore terreris? Nemo athleta sine sudoribus coronatur. De cibo cogitas? Sed fides famem non timet. Supra nudam metuis humum excsa jejunii membra collidere? Sed jacet Dominus tecum. Squalidi capitis horret inculta cæsaries? Sed caput tuum Christus est. Infinita eremi vastitas terret? Sed tu paradisum mente deambula. Quotiescunque illuc cogitatione transcenderis, toties in eremo non eris. Scabra sine balneis attrahitur cutis? Sed qui in Christo semel lotus est, non habet necesse iterum lavari. Et breviter ad cuncta audias Apostolum respondentem : « Non sunt condignæ, inquit, passiones hujus temporis ad futuram gloriam quæ revelabitur in nobis (*Rom.* viii). » Delicatus es miles, charissime, si hic vis gaudere in sæculo, et postea regnare cum Christo.

Item ad Ruffinum (*Epist. De laude Bonosi*, incipit : *Plus Deum timere*) : Indicabimus tibi quiddam, ut si nescis, discas; si autem cognovisti, pariter gaudeas. Bonosus tuus, imo meus, et ut verius dicam, quia Christi, noster : « scalam Jacob (*Genes.* xxviii) » jam scandit, portat crucem (*Matth.* xvi), non post tergum respicit (*Luc.* ix); « seminat in lacrymis, ut in gaudio metat](*Psal.* cxxv); » et sacramento Moysi **186** serpentem in eremo suspendit (*Num.* xxi). Cedant huic veritati tam Græco quam Romano stylo, mendaciis ficta miracula. Ecce puer honestis sæculi nobiscum artibus institutus, cui opes affatim, dignitas apprime inter æquales erat, contempta matre, sororibus et charissimo sibi germano, insulam pelago circumsonante naufragam, cui asperæ cautes et nuda saxa, et solitudo terrori est, quasi quidam novus paradisi colonus insedit. Nullus ibi agricolarum, nullus ibi monachorum (ne parvulus quidem, quem nosti, Onesimus, quo velut fratre in osculo fruebatur) in tanta vastitate adhæret lateri comes. Solus ibi, imo, Christo comitante, non solus, vidit gloriam Dei, quam etiam apostoli, nisi in deserto, viderant. Non quidem conspicit turritas urbes, sed in novæ civitatis censu factus est tributarius, ejusque civis dedit nomen suum. Horrent sacco membra deformi? sed sic melius « obviam Christo rapietur in nubibus (*I Thess.* iv), » Nullo Euriporum austro perfruitur? Sed de latere Domini aquam vitæ bibit. Nullo terra gramine viret, nullus vernans campus densatur umbraculis. Abruptæ rupes, quasi quemdam horroris carcerem claudunt. Ille securus, intrepidus, et totus de apostolo armatus (*Ephes.* vi); nunc Deum audit, dum divina relegit; nunc Deo loquitur, aut Deum rogat. Et fortasse ad exemplum Joannis, qui in deserto Apocalypsin vidit, aliquid Dei videt, dum in insula moratur.

Idem (*Epist. ad Marcellam*, incipit : *Ambrosius*) : Intremus, inquit, solitudinem, quasi quædam secreta ruris, ibi cibarios panes, et olus manibus nostris irrigatum, lac deliciæ rusticanæ, viles quidem, sed innocentes cibos præbent. Ita viventes, non ab oratione somnus, nec saturitas a lectione revocabit. Si æstus est, secretum arboris umbram præbebit. Si autumnus, ipsa aeris temperies, et strata subter folia, locum quietis ostendit. Vere ager floribus depingitur, et inter querulas aves psalmi dulcius cantabuntur. Si frigus fuerit et brumales nives, ligna non emam, calidus vigilabo, vel dormiam certe, quod sciam utilius, non algebo. Habeat sibi Roma suos tumultus, arena sæviat, circus insaniat, theatra luxurient, rumoribus vacet, salutationibus gaudeat : « Nobis adhærere Deo bonum est, et ponere in Domino Deo spem nostram (*Psal.* lxxii) » ut cum paupertatem istam cœlorum regna mutaverint, erumpamus in vocem : « Quid enim mihi est in cœlo, et a te quid volui super terram? (*Psal.* LXXII.) »

Item Maximinus episcopus : Sic et anachoretarum singulare propositum, vel certamen martyrio non privatur, sicut nec hac solemnitate, qui per singula eremi loca in speluncis et exiguis cellarum tuguriis modico contenti pabulo demorabantur. Alii bestiis sociati, alii avibus subministrati, ciborum spernentes delicias, luxus sæculi calcantes, laudem temporalem non amantes, visum hominum fugientes, angelorum assueti loquelis, plurimis virtutum effulsere signis « circuierunt in melotis, in pellibus caprinis, egentes, angustiati, afflicti, quibus dignus non erat mundus : In solitudinibus errantes, in montibus et speluncis, et in cavernis terræ (*Hebr.* XI), » etc. Item Hieronymus (*Epist. ad Eustoch. De custod. virginitatis*) : O quoties in eremo constitutus, 187 scilicet in horrido monachorum habitaculo, putavi me Romanis interesse deliciis, « sedebam solus, quia amaritudine repletus eram (*Jer.* XV.) » Horrebant sacco membra, deformis et squalida cutis, sicut Æthiopicæ carnis, obduxerat ; quotidie lacrymæ, quotidie gemitus ; et si quando repugnantem somnus imminens oppressisset, nuda humo vix ossa hærentia collidebam. Sic ob gehennæ metum tali me carcere ipse damnaveram, et socius factus scorpionum et ferarum, sæpe choris intereram puellarum. Pallebant ora jejuniis, et mens desideriis æstuabat. Ad Jesu pedes jacebam, rigabam lacrymis, crine tergebam, et repugnantem carnem vigiliis et jejuniis cibo crudo utens et aqua frigida, cum in cocto aliquid sit luxuriæ, mihi subjugabam.

(SENECA, ep. 7). Si igitur imperfectus es, fuge turbam, quia non tuto illi committeris ; si perfectus es, pro necessitate fratrum redire potes ad turbam. Unde Stilpon : (Idem, ep. 9, 10) : Sic est scilicet quod omnis stultitia laborat fastidio sui. Non muto sententiam. Fuge multitudinem, fuge paucitatem, fuge etiam unum. Non habeo cum quo te communicatum velim ; et vide quo judicium meum abeat ; audeo te tibi credere. Hujus Stilponis discipulus Crates, eum vidisset adolescentulum secreto ambulantem, interrogavit : Quid illic solus faceret ? « Mecum, inquit, loquor. » Cui Crates : « Cave, inquit, rogo, et diligenter attende, ne cum homine malo loquaris. » Lugentem timentemque, iratum et furibundum, custodire solemus, ne solitudine male utatur. Nemo est ex imprudentibus, qui relinqui sibi debeat. Tunc enim mala consilia agitant, tunc aut aliis, aut ipsis futura pericula struunt, tunc cupiditates improbas ordinant, tunc quidquid, aut pudore aut metu animus celabat, exponit ; tunc audaciam acuit, libidinem irritat, iracundiam instigat. Denique, quod unum solitudo habet commodum, scilicet nihil ulli committere, non judicem timere, perit stulto. Ipse enim se prodit. Vide ergo quid de te sperem, imo quid spondeam mihi. Spes enim in-

certi boni nomen est ; non invenio tamen cum quo te malim esse quam tecum.

Item Seneca (epist. 11) : Aliquis vir bonus eligendus est, ac semper ante oculos habendus, ut sic tanquam illo spectante vivamus, et omnia, tanquam illo vidente, faciamus. Nec immerito. Magna pars quippe peccatorum tollitur, si peccatori testis assistit. Aliquem habeat animus quem vereatur, cujus auctoritate etiam secretum suum secretius faciat. O felicem illum, qui non aspectus tantum sed etiam cogitatus emendat! O felicem, qui sic aliquem vereri potest, ut ad memoriam quoque se componat atque ordinet ! Qui sic aliquem vereri potest, cito erit verendus. Elige itaque Catonem (O Christiane Paulum). Si hic tibi nimis rigidus videtur in religione, elige remissioris animi et vitæ virum sanctum alium, cujus vita, mores et oratio placeant. Illum semper tibi ostende vel custodem, vel exemplum. Opus est, inquam, aliquo, vel ad quem mores nostri pravi erigantur. Nisi enim ad regulam, prava 188 nec corriges, vel torta non diriges.

Sunt autem tria genera monachorum, et ducentium vitam solitariam. Primum est eremitarum, anachoretarum, vel reclusorum. Hanc vitam dedicavit Dominus, quando tentandum a Satana, spiritus expulit in desertum, eratque cum bestiis : « Et accesserunt angeli et ministrabant ei (*Matth.* IV); » socio struthionum, serpentum, et ferarum. Hanc sanctificavit et Joannes Baptista, de quo (*In hymno Pauli diaconi*) :

Antra deserti teneris sub annis,
Civium turmas fugiens petisti,
Ne levi saltem maculare vitam
Famine posses.

In deserto pœnituit Ægyptiaca ; in desertum fugit Elias a facie Jezabel (*III Reg.* XIX); in deserto latuit Jeremias, inquiens : « Sedebam solitarius et tacebam (*Thren.* III). » Idem : « Surgite, fugite, salvate animas vestras, et eritis in deserto sicut humiles myricæ (*Jer.* XLVIII). » Item c. XLIX. « Surgite, ascendite, fugite, abite vehementer in voraginibus » (id est in cavernis et speluncis) « sedete, qui habitatis Asor, dicit Dominus. » Martinus adhuc duodennis mox eremum concupivit, satisque fecisset voto, nisi ætatis infirmitas obstitisset. Qui, factus reclusus, duorum mortuorum exstitit suscitator magnificus, pluriumque miraculorum effector, quam episcopus effectus. Qui tamen in episcopatu degens, cellam privatam habuit, in qua sæpius orabat, et solitarie vivebat, loquens cum Deo et angelis, nisi cum necessitas subditorum et ecclesiæ eum exire cogebat. Simili vero modo victitabat B. Germanus Antisiodorensis episcopus. Remigius Remensis de cellula, in qua se recluserat, raptus est in episcopum. Secundum genus monachorum est, ubi tres vel quatuor, vel pauco plures in communi, et de communi vivunt, ut Carthusienses. Et hic ordo originem habuit a Joanne Baptista, qui cum discipulis in deserto mansit. Alii dicunt, quia ortum habuit a filiis

Jonadab; alii, quia a Rechabitis, qui sic vivebant. *(De his Jerem.* xxxv : « Erat autem Jonadab filius Rechab.») Tertium genus est cœnobitarum. Quod genus vivendi securius est propter personas multarum facierum, infirmorum scilicet et fortiorum. De quo David : « Ecce quam bonum et quam jucundum habitare fratres in unum (*Psal.* cxxxii). »

Primum genus perfectum est; secundum temperantius extremis, et appetibilius. Excludit enim per societatem adjunctam, periculum primi, quod est in singularitate : « Væ soli, quia, si ceciderit, non habet sublevantem se (*Eccl.* iv). » Paucitas enim secura est; quia ventres bene instructi et pauci, modico contenti sunt. Excludit et periculum tertii, in numero personarum et certo agrorum, in pondere et mensura operum omnium distincta. In omnibus circumcisi paucitate et paupertate, excludit litigium, quia « non oportet servum Dei litigare (*II Tim.* ii). » Excludit et invidiam, et rapinam potentum et divitum. Non enim invidetur nihil habentibus; non eis lites suscitantur calumniosæ :

Cantabat vacuus coram latrone viator.
(Juven. sat. x, 22.)

Excludit et peccatum quod vix evitatur in cœnobio, scilicet, cum unus **189** permittitur discurrere et evagari in necessitates domus, in quibus sæpe offendit et offenditur; cujus peccatum redundat in singulos.

CAPUT LXXIII.
Peccatum unius sæpe redundat in universitatem.

Achan peccante pollutus est populus anathemate (*Josue* vii). Gaditis et Rubenitis, et dimidiæ tribui Manasse ædificantibus altare in terra Chanaan, dictum est : Quia contra præceptum Dei erexistis altare magnum et sacrilegum, cras ira Dei desæviet in populum (*Josue* xxii). Plebecula etiam Judaica non eripiente Christum « inopem et egenum de manu fortiorum ejus (*Psal.* xxxiv), » mortis Dominicæ rea facta est. Et Moyses ait : « Non sequeris turbam ad faciendum malum, nec in judicio acquiesces sententiæ plurimorum, ne a vero devies (*Exod.* xxiii). » Et Apostolus : « Expurgate vetus fermentum, » et ejicite, « quia modicum fermentum totam massam corrumpit (*I Cor.* v). » Non minus peccas, quia cum multis, sed magis peccas, nec minus ardebis quia cum pluribus. Unde et illud generale proverbium sane intelligendum est : « Quod peccatur a multis inultum est, » quod est ab homine, sed non a Deo. Et item : Qui non corripit, cum possit arguere et impedire, consentit. Qui autem per multitudinem, vel prælatum excusari a peccato credunt, similes sunt Pilato lavanti aqua manus suas, et dicenti : « Mundus sum a sanguine hujus, vos videritis (*Matth.* xxvii); » non Danieli, qui ait : «Sanguinem innocentem condemnastis; viri Juda, redite ad judicium (*Dan.* xiii). Qui etiam assimilantur primis parentibus, culpam in Deum refundentibus, quam et isti in multitudinem et abbatem, quia « mulier, »vel serpens, « dedit mihi et comedi (*Gen.*

iii). » Abbas hoc præcipit, vel conventus hoc facit; unde nec contradico,

Etsi mille sumant, deperit inde nihil.
Ovid.

Unde quidam intrans claustrum, cum occurreret ei peccatum in multitudine, quod vitaverat in singularitate (scilicet pluritas ecclesiarum, institutio in ecclesiis mercenariorum, signum tantum, non curam regendi animas, habentium; messis ubi non seminavit; perceptio fructuum et usus, ubi non laboravit [*Luc.* xix]; loci melioris prælati occupatio, cibi animarum defraudatio, officii ecclesiæ, et perso æ, vel ministri ejus subtractio) timuit sibi, credens hoc non minus peccatum esse per multitudinem, licet quidem ex hoc non habeant cauteriatas conscientias, cujusmodi haberent, si in singularitate constituti hoc facerent. Qui etiam pro universi ate se immunes a peccato esse æstimant, cum universitas, vel prælatus ecclesiæ sinit, vel auctoritatem et consensum præbet, indebita fieri, vel exigi ab Ecclesia, qualia sunt talliarum exactio, decimarum exsecrabilium solutio, et hujusmodi. Item Gregorius super II librum Regum, c. xxiv : « Quia David numeravit populum, immisit Deus pestilentiam in Israel, et mortui **190** sunt septuaginta millia virorum, » ait : Contingit pro malo gregis, ut sæpe vere boni delinquat vita pastoris, et secundum meritum plebium disponantur corda rectorum. David cum peccato populum numeravit, et populus pœnam suscepit. Item in eodem libro, cap. xxi : « Facta est quoque fames in diebus David, etc. » Item Josephus (lib. v *Antiq. Judaic.*, c. 15, 16) super primum Reg. cap. ii : « Heli autem senex, et audivit, etc., » ait : Heli pro iniquitate filiorum damnatus est, quia eos minus severa animadversione plectebat, et quidem coercuit et corripuit, sed levitate patris, non severitate et auctoritate pontificis. Discant ergo sacerdotes quia propter scelera populi punientur, et subditorum culpa illis imputabitur. Item primo Reg. cap. xxviii : « Idcirco quod pateris fecit tibi Dominus. » Item Num. c. xxxii : « Filii autem Ruben, ibi : « Qui si nolueritis sequi eum, » etc.

CAPUT LXXIV.
De constituendo se reo exemplo sancti viri pro modica occasione peccati.

«Ne sequaris turbam ad faciendum malum (*Exod.* xxiii). » Vir enim sanctus et timens Deum pro quantulacunque occasione præstita, se reum peccati constituit, quod tamen manu vel verbo expresse non implevit. Unde David, interfectis sacerdotibus domini octoginta quinque, et viris Nobe a Saule, eo quod Achimelec sacerdos summus panes propositionis, et gladium Goliæ dederit sibi famelico et fugitivo, ait : « Reus ego sum omnium istarum animarum (*I Reg.* xxii). » Idem II Reg. xxiii, cum statio et castra Philisthinorum essent in Bethlehem, sitibundus ait : « O, si quis mihi daret potum aquæ de cisterna, quæ est in Bethlehem juxta portam! irruperunt ergo tres fortes castra Philisthinorum, et hauserunt de aqua illa, et attulerunt ad David; at ille noluit bibere, sed libavit eam Domino, dicens : Num sanguinem istorum hominum, qui profecti sunt, et animarum periculum bibam? » Gregorius (lib. ix *Registri*, ep. 39, et Glossa ord. ad c. 23 *II Reg.*) : Qui alienam uxorem concupiscere non timuit, post flagellum eruditus, quia aquam concupiit, expavit, reprehendens se super periculo militum. Et Apostolus in Act. apost. cap. xx, ait: « Quapropter contestor vos hodie, quia mundus sum a sanguine omnium » vestrum. « Non enim subterfugi, quo minus annuntiarem omne consilium Dei vobis. » Si ergo aliquid de contingentibus omisisset, se reum animarum omnium illorum constituisset.

Dominus per Moysen in Deuter. cap. xix, a t : « Separabis tibi tres civitates in terra promissionis, et tres ultra Jordanem in medio terræ, ut sint æqualis spatii inter se; ad quas diligenter sternes vias, ut e vicino, et sine difficultate, et impedimento viæ, qui propter homicidium profugus est, habeat quo possit evadere et confugere. Has civitates refugii sic divides, et præparabis, ne sis reus sanguinis alicujus, scilicet, qui ad aliquam harum non potuit confugere propter longitudinem, vel impedimentum viæ. » **191** Ergo, o prælate, nisi omnem amoveris difficultatem, nisi omnem adhibueris facilitatem, nisi omnem Ecclesiæ servaveris munitionem, ut confugiens ad eam liberetur, reus eris sanguinis illius si effusus fuerit. Item cap. xxii : « Cum ædificaveris domum novam, facies, » ruticulas et apodiationes, « murum tecti, » etsi planum sit, « per circuitum, ne effundatur sanguis in domo tua, et sis reus labente alio et in præceps ruente. » Illud etiam fabulosum, damnabilem esse modicam occasionem mali, ostendit, ubi dicitur :

. . . . *Ego te miseranda peremi*
Qui in loca plena metu jussi te nocte venire.
OVID. IV *Metam.* fab. 4.

Sic et advocatus, vel alius quilibet (qui, maxime pro injusta causa, aliquem mittit Romam) dicere potest : Ego te miserande peremi, qui in loca plena metu, per Alpes, per Apenninum, et mille pericula mortis, jussi te, etc. Item Job cap. ix : « Verebar omnia opera mea. Etsi enim lotus fuero, quasi aquis nivis, et fulserint velut mundissimæ manus meæ, tamen sordibus intinges me, et abominabuntur me vestimenta mea. » Quasi : Etsi opera mea in se bona videantur, vereor tamen ne indiscrete facta, vel eo ordine, vel modo, vel tempore, quo non habent fieri, immunda sint; quia commutatio ordinis meritorum mutat formam, ita etiam in observantia aliarum circumstantiarum; et, ut ait Gregorius (*ep. ad Aug. Anglor. episc.* c. 10) : Bona nostra non sunt pura bona; sed mala, neque sunt pura mala, « et justitiæ vestræ, quasi pannus menstruatæ (*Isa.* LXIV), » in conspectu Domini; et bonarum mentium est, culpam agnoscere, ubi culpa

non est. Non solum autem levis occasio peccandi constituit peccatorem, sed et levis occasio delinquendi, levis occasio omissionis, etc. Unde in Numeris cap. xxxii : Filiis Ruben et Gad petentibus sibi dari terram ultra Jordanem ad alenda pecora, et domos uxoribus et parvulis suis conferendas, respondit : « Nunquid fratres vestri transibunt Jordanem, ibuntque ad pugnam, et vos hic sedebitis? Si nolueritis sequi eos, derelinquet Dominus populum in solitudine, et vos eritis causa necis omnium. » Item Exodi xxi : « Si bos cornupeta fuerit ab heri et nudiustertius, et contestati sunt dominum » vicini ejus, « nec recluserit eum, occideritque virum, aut mulierem, bos lapidibus obruetur, et dominum illius occident. » Timeant ergo qui dentatas et feroces nutriunt bestias, maxime prælati Ecclesiæ, quibus leviori bellua censu constat, quam venter pauperis et inopis. Excusantes autem se ab occasione peccati præstita, nisi manu peccaverint, se reos non putantes, similes sunt primis parentibus; similes Judæis dicentibus (Judæ hoc dicenti : « Peccavi tradens sanguinem justum) quid ad nos? Tu videris (*Matth.* xxvii). » Per discipulum traditus est, a præside judicatus, a Romanis militibus crucifixus. Qui omnia fecerunt sic ut nihil facere viderentur, et hoc hodie quærimus, scilicet non ut peccemus, sed ne peccare videamur. Ii autem similes sunt Pharisæis dicentibus in Actis apost. prædicantibus Christum : Nunquid « et sanguinem istius vultis in caput nostrum refundere ? » (*Act.* v) sed adhuc sanguis ejus est super eos, et super filios eorum. **192** Hanc occasionem levem quidam timens, cum longa manu peccasset, per ora omnium officialium suorum, sicut et per os proprium, confessus est peccata sua. Ob hanc etiam Robertus Ambianensis episcopus, qui dixerat judicibus sæcularibus de suspendendo : « Facite opus quod habetis facere, » omnibus diebus vitæ suæ doluit.

Sanctus etiam Maurilius Andegavensis episcopus vocatus ad baptizandum puerum (qui obiit antequam ad eum forte accedere potuisset) se ab officio suspendit, et fugit in Angliam, clavibus ecclesiæ projectis in mare, Deo vovens se amplius officium sacerdotis non fore exsecuturum, antequam per signa viderit quod ei remissum fuerit peccatum, quo se ligatum putabat ex facili occasione. Cui, facto hortulano in Anglia, claves inventæ in ventre piscis empti, oblatæ sunt; qui tamen non statim, sed peracta pœnitentia rediit, reversusque puerum resuscitavit et baptizavit.

CAPUT LXXV.

Contra suspiciosos, et ex conjecturis in temeraria judicia prorumpentes.

Justus non solum perpetrandi mali a se amputat levem occasionem, sed et radicem temerarii judicii, hoc est suspicionem. Unde, ut faciat quod per eloquia Dei doceatur, orans ait : « Amputa opprobrium meum quod suspicatus sum (*Psal.*cxviii). » Augusimus (*in cama. psal.* concione 12), id est fac, ne de bonis, vel malis aliorum, malam vel falsam habeam opinionem, quæ est « opprobrium meum ; » quia sæpe aliter quam res sit esse puto, et ita culpam, quam in aliis suspicor, meam esse ostendo. Cujus enim oculus de facili [videt vanitatem, os loquitur, manusve operatur, quod in se agitur, hoc de alio suspicatur, ut etiam propter quod bona facit, propter hoc credat et alterum facere, bona aliorum pura, ex animo suo solo æstimans superficialia suisque similia. Item Augustinus super eumdem locum. Sciendum quod quia occulta hominum non videntur, datus est suspicionibus locus, quas Dominus in Evangelio (*Matth.* vi), cum de fine operum præcepisset, ne scilicet justitiam suam facerent, vel propter laudes hominum, vel propter pecuniam, vel etiam victum vel vestitum, quia poteramus eam suspicari propter hoc factam, prohibuit dicens : « Nolite judicare » alios, ex suspicionibus, « et non judicabimini (*Luc.* vi), » non condemnabimini, nec ab aliis suspicione judicabimini, Judicia enim nostra de occultis temeraria sunt ; de quibus suum tantum est judicare, cujus judicia vera et occulta. Judicium autem rerum manifestarum cuilibet conceditur ; judicium vero personarum soli judici, et nonnisi convictarum in judicio, vel confessarum.

Ad hæc sic objicitur : Dubia in meliorem partem interpretanda sunt. Iniquum enim et diabolicum est in aliam partem declinare, et magis pronum esse ad mala quam ad bona. Unde Apostolus ad Rom. xiv : « Infirmum, » caute « in fide assumite, non in disceptationibus, » et suspicionibus, « cogitationum. » Glossa : De operibus enim ejus, quæ bono et malo animo fieri possunt, cum ignoretur quo animo fiant, judicare prohibemur. Quod si erraverit, et scienter etiam malo animo fieri ab eo, patienter feras, errorem oratione, vel quovis alio modo cures. Unde ad Galatas, cap. vi. « Fratres, si præoccupatus fuerit homo aliquo delicto, vos, qui spirituales estis, instruite, » vel perficite, « hujusmodi hominem, » cui non desunt universa, sed aliqua ; non utique proterve exagitando, vel peccantem irridendo, vel bona, quæ habet, per temerarium et suspiciosum judicium incrustando, vel superbe tanquam insanabilem detestando, « sed in spiritu lenitatis, » de bonis, quæ habet, gratias Deo agendo, de malis veniam et salutem a Christo promittendo, « considerans teipsum ne et tu tenteris. » Augustinus (lib. ii *De baptismo contra Donatist.* c. 5) : Si aliter de re sapias quam se habet, humana tentatio est. Nimis autem amare propriam sententiam, et in judicium temerarium prorumpere, et melioribus usque ad præscindendæ communionis, et condendi schismatis sacrilegium invidere, diabolica præsumptio est. In nullo autem aliter sapere, quam res se habet, angelica perfectio est : quandiu igitur non habemus perfectionem angeli, non habeamus præsumptionem diaboli, potius « alter alterius onera

portemus (*Gal.* vi), » dimittentes debita in invicem, malis proximorum compatientes, ne, si non compatiaris, tua fiant. « Si quis autem existimat se aliquid esse (*ibid*), » arrogantiæ vanitate, stulta suspicione, et spiritualium comparatione, « cum nihil sit (*ibid*), » fingens se habere quod non habet, alio temerarie judicans non habere quæ habent, « ipse se seducit. Opus autem suum probet (*ibid*), » potius et judicet « unusquisque in se ipso, et non in altero (*ibid*), » id est, non ex malorum, vel minus perfectorum suam metiens laudem, sic se vane commendans, et alios stulte judicans. Item Epist. i ad Corinthios cap. iv: « Nolite ante tempus judicare, quoadusque veniat Dominus et illuminabit abscondita tenebrarum, » id est nota faciat peccata damnatorum, « et manifestabit consilia cordium, et tunc erit laus unicuique a Deo. » Augustinus (Tract. 90 *in Joan.*) : Perniciose erratur in rebus, ut qui malum putat bonum, et bonum malum, qui virtutes non approbat et vitia non detestatur. Profecto si aliqua suspicione erratur in hominibus, venialis est et humana tentatio, de quibus sæpe nostra credulitas fallitur. Nec mirum, quia et de eisdem nonnunquam historia, et multo magis fama mentitur. Quod si de his tentemur, judicia saltem, et definitivas sententias contineamus.

Idem ad Romanos xiv : « Tu quis es, qui judicas servum alienum ? suo Domino stat, aut cadit. Non ergo amplius nos invicem judicemus, sed hoc judicate magis, ne ponatis offendiculum fratri vel scandalum. » Augustinus *De civitate* : Quod ad nos non pertinet, nobis non usurpemus. Non reprehendamus ea quæ, quo animo fiant, nescimus ; vel si etiam aperta sint mala, de sanitate non desperemus. Qui enim hodie malus, cras bonus. In his ergo duobus temerarium judicium est, quod ex vitio superbiæ vel invidiæ illorum est, qui magis amant vituperare quam emendare. Quibus dicitur : « Nolite judicare, ut non judicemini (*Matth.* vii). » Item II Corinth. i : « Gloria nostra hæc est testimonium conscientiæ nostræ. » Augustinus : Non consideres gloriam istam ex aliquorum comparatione, quia non ait Apostolus : « Gloria nostra est testimonium, » alienæ vel malitiæ, vel minoris gratiæ, sed ait : « Testimonium conscientiæ nostræ ; » quæ, quoniam est occulta, non est ipsa quoque alieno subjecta judicio, et ideo nullus præsumat contra eam, vel proferre, vel cogitare sententiam dicens : Quis servat castitatem, vel illud, vel quodlibet aliud mandatum ? Si enim putat quod nemo, ipse sit nemo.

Item : hujusmodi suspiciosi et temerarii judices de occultis cordium judicantes (cum solus « Deus sciat cogitationes hominum, quoniam vanæ sunt [*Psal.* xciii] ; » solus scrutetur renes et corda [*Psal.* vii], solus judicabit, et non secundum auditum aurium, neque secundum visum oculorum arguet [*Isa.* xi]) divinum officium sibi præsumunt et usurpant, volentes parificari Deo, cum de eo, qui ait : « Ascendam in cœlum, et ero similis Altissimo. (*Isa.*

xiv). » Quasi diceret : Profundum est cor hominis, inscrutabile : et quis novit illud? Nos consiliarii, scrutatores cordium. Et item : « judicia Dei abyssus multa (*Psal*. xxxv).» Quis novit illa ? Nos consiliarii Dei. Ii etiam usurpant sibi spiritum propheticum Elisæi, dicentes cum eo ad Giezi puerum illius : « Nonne cor nostrum in præsenti erat, quando accepisti argentum et vestes a Naaman tibi occurrente? » (*IV Reg*. v.) Similes sunt etiam Judæis clamantibus et incrustantibus opera Domini : « In Beelzebub principe demoniorum ejicis dæmonia (*Luc*. xi). » Quod dicunt, qui opus dexteræ invertunt, dicentes id fieri causa sinistræ, puta laudis, favoris humani, vel quæstus et hujusmodi.

Hoc est « Spiritum Dei exstinguere (*I Thes*. v), » et in Spiritum sanctum peccare; opus scilicet, quod benignitati ejus deberet attribui, diabolo ascribere (*Matth*. xii). Solus Dominus vero potuit uti hoc nomine, hypocrita. Quis enim novit de alio, quod sit aurum vel aureus interius, vel deauratus, hypocrisique bracteatus, nisi Dominus? Tales etiam quasi quadam perplexitate vexant justos revelantes et manifestantes illis secreta domus suæ, et modum vivendi ad exemplum. Qui si viderint signa arctioris vitæ in modo ejus, ut lectum de cineribus, stratum et saccum, et hujusmodi, statim clamitant eos esse hypocritas; si autem hæc eis celaverint et loculos suos clauserint, dicunt : Quia in occulto vorator carnium, potator vini fuerit et in plumis jaceat Sardanapali. Hi :

Postpositis propriis aliena negotia curant.
                           HORAT.

habentes os patulum, ablata ostii circumstantia, et linguas prurientes. Contra quos ait Dominus : « Qui sine peccato est vestrum, primus in illam lapidem mittat (*Joan*. viii).» Quasi diceret : Cum non cogaris, cur judicas fratrem tuum? Et philosophus (SENECA) : In dubiis non cito diffinias, sed suspensam diu teneas sententiam, quæ sicut cum morositate et discretione est excoquenda et concipienda, ita et cum gravitate multa est proferenda. Et Hieronymus (in l. *De quatuor Virtut*. qui est Martini episcopi Dumiensis) : Si videris unctum Domini demulcentem caput mulieris, ne statim inde malum suspiceris, sed dicas, quia **195** causa benedicendi hoc fecit. Item Jacobi cap. iv : « Qui detrahit fratri, vel judicat fratrem suum, detrahit legi, et judicat legem. Si autem judicat legem, non est factor legis, sed judex. Tu autem quis es, qui judicas proximum? » Item, Ecclesiasticus, cap. xi : « Priusquam interroges, ne vituperes quemquam, et cum interrogaveris, corripe juste.» Item : « Amputa opprobrium meum quod suspicatus sum, quia judicia tua jucunda (*Psal*. cxviii).»

CAPUT LXXVI.
Contra rumorosos.

Qnia suspiciosi consueverunt esse rumorosi, hujusmodi homines objurgat Apostolus in II ad Thessal. iii : « His qui ejusmodi sunt, denuntiamus, et obsecramus in Domino, » id est Christo, « ut cum silentio, » id est sine querela et rumusculis « operantes, panem suum manducent. » Et Cato ait (in *Distychis*, lib. i) :

Rumores fuge, ne incipias novus auctor haberi ;
Rara fides ideo est, quia multi multa loquuntur.

Et Horat (lib. i, ep. 18) :

Percunctatorem fugito, nam garrulus hic est.

Et Quintus Curtius ait : Præterea rumor otiosi militis est vitium.

Fama malum, quo non aliud velocius ullum,
Mobilitate viget, viresque acquirit eundo,
                     (VIRGIL., IV *Æneidos*, 138.)

Et qui audiens et proferens illoto et turpi utitur sermone ejus vita est inhonestior. Tales bibulas habent aures, linguasque prurientes, et sermonibus cognatis mores similes, rumorosi, rumusculosi et nugigeruli, qui, quod nesciunt, proferunt, cum viri sententia debeat esse certa animi et indubitata responsio. Dubius testis non remanet impunitus, nec ergo dubius assertor alicujus rei. Magis periculosum est præcipitare sententiam, per quam læditur fama alicujus et incrustatur, quam illam per quam minuitur, vel deperit recula ipsius. Socrates præcepit dari inducias ad solvendum quascunque quæstiones. Et Ecclesiasticus, cap. xxxii. « Fili, sine consilio » (hoc est lima discretionis) « nil facias, » nil dicas; « et post factum non pœnitebis. » Præcipitem enim dictionem et actionem sæpe sequitur pœnitentia. Et Salomon : « Fili, ante omnia habeas consilium stabile (*Eccli*. xxxvii), » ut nil sine judicio, id est præjudicio, hoc est discretione et deliberatione præcedente, facias et loquaris. Item Ecclesiastici xxxiii : « Qui interrogationem manifestat, parabit verbum, » « disponit sermones suos in judicio (*Psal*. cxi), » « et sic deprecabitur Dominum, exaudietur, et conservabit disciplinam, et tunc respondebit (*Eccli*. xxxiii), » Item Ecclesiastici xxix : « Confirma verbum et fideliter age cum illo, et in omni tempore invenies quod tibi necessarium est. » Et Salomon in Parab., cap. iv : « Palpebræ tuæ præcedant gressus tuos, » id est opera tua, ut nihil sine providentia loquaris, vel agas.

196 Ne his assimileris de quibus dicitur : « Cor stultorum in ore eorum (*Eccli*. xxi). » Et item : « Cor stultorum dissimile erit. (*Prov*. xv). » Et item : « Narratio fatui quasi sarcina in via, labia imprudentum stulta narrabunt, et insensati verba inenarrabilia; verba inenarrabilia; verba autem prudentum statera ponderabuntur (*Eccli*. xxi). » Summa ergo summarum hæc erit, scilicet tardiloquum te esse jubeo. Et philosophus (SENEC., ep. 40 in fin.) : Qui in dubiis timidus erit, nauci non erit. Et poeta (STATIUS, l. xi *Thebaidos*) :

Da spatium tenuemque moram, male cuncta ministrat Impetus.
. . . . . . Hic miseris furor est instare periclo.
Nec librare metu, et tuta odisse.

Imperator Augustus in omnibus agendis morosus fuit, nil sine judicio egit. Unde et dicebat Suetonius : Satis celeriter fit, quidquid fit satis bene.

CAPUT LXXVII.
Contra inconstantes.

Hoc vitium rumorosorum comitatur inconstantia. Sæpe enim esse consueverunt inconstantes, et, ita nugigeruli. Inconstantes autem redarguens Ecclesiasticus, c. xxxiii, ait : « Præcordia fatui, quasi rota carri, et quasi axis versatilis cogitatus illius. »

Conveniet nulli, qui secum dissidet ipse.
(Cato, in *Dist.*, lib. 1.)

Primum argumentum mentis bene compositæ est posse morari et secum consistere. Et Apostolus I ad Corinth., ultimo capite : « Vigilate, state in fide, viriliter agite, » quia mulierum est inconstantia. Varium et mutabile semper femina (Senec., ep. 2). « Constantes estote, et videbitis auxilium Domini super vos (*II Paral.* xx). » Alioquin nequaquam, sed inconstantes effecti, maledictionem et pœnam filiorum Judæ incurretis. Unde Ps. cviii : « Nutantes, » inconstantes et dubii, « transferantur filii ejus et mendicent, et ejiciantur de habitationibus suis, scrutetur fenerator substantiam ejus, » etc. Tales enim cum suspiciosis incurrunt maledictionem Cain, habentes tremulum caput et tremulum cor et inconstans, et tremulam linguam, « vagi et profugi cum Cain super terram (*Gen.* iv). » Omnis stultitia laborat fastidio sui inconstantes sibi, ipsis vertuntur in tædium, quia « stultus ut luna mutatur (*Eccli.* xxvii). » Horum opera non habent caudam vel caput, « laudant diversa sequentes. Et Isa. iii : « Mulieres dominatæ sunt populi mei. » Et Parabol., cap. iv : « Dirige semitam pedibus tuis, et omnes viæ tuæ stabilientur. Firmamentum est Dominus timentibus eum (*Psal.* xxiv). » Et Petro dictum est : « Confirma fratres tuos (*Luc.* xxii). » Inconstantes enim arundini omni vento agitatæ comparantur (*Matth.* xi). Et David ait : « Lætetur cor quærentium Dominum, et confirmamini (*Psal.* civ), » etc. Item : « Perfice gressus meos in semitis tuis, ut non moveantur vestigia mea (*Psal.* xvi). » Et item « Confirma hoc, Deus, quod operatus es in nobis (*Psal.* lxv). » « Dominus autem firmavit faciem suam, ut iret in Jerusalem (*Luc.* ix). » In cujus ore « non fuit est et non. » A quo vitio Apostolus II Corinth. i se excusans, ait : « Nunquid levitate usus sum, ut sit apud me, est et non? » Idem : « Stabiles estote et immobiles, abundantes in opere Domini semper (*II Cor.* xv). » Inconstantem Salomon apostatæ æquiparat Parabol. vi, dicens : « Homo apostata » et levis, « vir inutilis graditur ore perverso, annuit oculis, terit pede, » etc. Glossa : Exteriorum mobilitate indicat, quod nulla radice interius subsistat; quia mobilitas vel inconstantia mentis membra præbet inquieta. Item : « In circuitu impii ambulant (*Psal.* xi). » Item : « Omnem escam abominata est anima eorum (*Psal.* cvi), » etc.

CAPUT LXXVIII.
Contra peregrina judicia ferri candentis, et aquæ frigidæ, vel bullientis.

Sicut dubia, ita peregrina judicia, imo diabolica tentamenta, quibus Dominus tentatur, ab eodem sunt prohibita. Unde Deut. xviii : « Cave ne inveniatur in te, qui ariolos sciscitetur, observet somnia vel auguria, nec maleficus, nec incantator, nec pythones consulat, nec divinos, et quærat a mortuis veritatem. » Ergo si tibi prohibitum est per gladium, vel prælium, divinorum officiorum [*f.* judiciorum] quærere veritatem et per ignem, vel aquam, vel aerem, nec officio incantatoris, vel incarminatoris probes alicujus innocentiam. Eadem etiam auctoritate canonica, et apostolica, qua illa et ista prohibita sunt. Item cap. eodem : « Propheta qui voluerit loqui, quæ ego non præcepi, interficietur. Sed quomodo intelligam per illum non esse locutum Dominum? Hoc habebis signum, si quod propheta ille prædixerit, et non evenerit, hoc Dominus locutus non est, sed per tumorem animi sui propheta confinxit, et ideo non timebis eum. » Sed peregrina judicia et incarminationes, vel exsecrationes aquæ, vel ferri candentis, sæpe fallunt, nec effectum consequuntur. Istis enim sæpe damnatur innocens. Ergo si non evenerit quod pollicetur miraculator iste, nec tale judicium locutus est Deus.

Si autem evenerit, et Deus hujusmodi judicium non præcepit in lege loqui vel Evangelio, ergo interfici debet, contra Deum sic loquens et incantans. Item, Deuteron., cap. xvii : « In ore duorum aut trium testium peribit qui interficietur. » Glossa : « Nonnisi secundum verbum, quod locutus sum, » attestationes scilicet legis et Evangelii, judex judicabit eum. Et Apostolus ad Hebræos vi, ait : « Omnis controversiæ finis est juramentum. » Et epistola III ad Corinth. 1 : « Non quia dominamur fidei vestræ, sed adjutores sumus gaudii vestri. » Cum igitur non possit cogi quis credere, quomodo minus credens comburitur, cum homo ejusmodi fidei non possit dominari? Et David : « Non egredieris, Deus, in virtutibus nostris (*Psal.* xliii), » sicut olim in miraculis antiquorum patrum. Item Dominus Matthæo (cap. iv) : « Dic ut lapides isti panes fiant. » Qui respondens dixit : « Scriptum est : Non in solo pane vivit homo, sed in omni verbo quod procedit de ore Dei : » Non utitur potestate, sed Scripturarum auctoritate, docens nos magis doctrina pugnare quam miraculis. In eodem : « Non tentabis Dominum Deum tuum (*ibid.*). » Glossa : Suggerebat diabolus ut aliquo signo exploraret quantum apud Deum posset. Sed nemo debet tentare Deum, quando habet ex humana ratione quid faciat. Unde quamvis omnia possit, ait suis : « Si vos persecuti fuerint in una civitate, fugite in aliam (*Matth.* x). » Et ipse idem fugit, qui et potuit aliter de templo descendere quam per jactantiam se præcipitare (*Joan.* vi). Postquam autem deficit humana ratio, commendet se homo Deo, non tentando, sed devote confitendo. Reis ergo ad probationem aquam zelotypiæ (*Num.* v) et maledictionis (eo quod de ea Scriptura memoret) dare consulerem, nunquam autem corpus Domini propter nimiam ταπείνωσιν, id est humiliationem tanti sacramenti. Ego etiam licet sacerdos et jussus ab universali Ecclesia, peregrinum judicium non exercerem. Item : Quædam approbata quondam a Domino, et ad tempus indulta, ut jactum sortium in multitudine de Saul (*I Reg.* x), vel in paucitate et duobus, de Matthia et Barnaba (*Act.* i), hodie non recipit Ecclesia; propter, tum viciniam sortilegiorum, et quia *mala sunt vicina bonis* (HORATIUS), tum propter incertitudinem sortium (26, q. 5, c. *Sortes*), quibus servatis et jactis, maxime in multitudine, malus et indignus præponeretur digno in regimine ejus. Maluit ergo Ecclesia electionem prælati committi humanæ rationi et discretioni quam sortium incertitudini. Hinc concludo, quod si propter dictas causas non recipit judicium sortium peregrinum et incertum, etiam in casu, ubi non timetur effusio sanguinis ; multo minus propter easdem causas, et in casu ubi est effusio sanguinis, recipere debet peregrina judicia, ad probandum innocentiam, vel malitiam alicujus. Restat ergo ea esse tollenda de medio Ecclesiæ, sicut et jactum sortium, præsertim cum nec auctoritate ejus sint instituta vel recepta, sed furtive et cupide subintroducta. Item : Hodie non creditur veritati sortium in eo quod majus est, ut in eligendo prælato ecclesiæ, ex cujus electione maxime pendet salus ejus si bonus, vel imminet periculum animæ si malus eligitur. Igitur nec in eo, quod minus est, debet credi veritati peregrini judicii; vel si creditur, in eo quod minus est, et in eo quod majus et utilius est, multo magis standum veritati hujus judicii. Item : Privilegia paucorum non sunt trahenda ad consequentiam, et in legem communem. Legimus Moysen transiisse mare Rubrum sicco vestigio (*Exod.* xiv); Danielem de lacu leonum illæsum extractum (*Dan.* vi); tres pueros de camino ignis liberatos (*Dan.* iii); Brixium in sui purgationem in byrrho suo prunas detulisse ardentes (GREG. Turon. ii lib. *Hist. Franc.*, c. 1, et *Vita ejusdem*, t. VI Surii); Achaz ad vocem Isaiæ signum a Domino petiisse (*Isa.* vii), nunc autem a fide prædicata et suscepta, sicut nonnulla proclamat auctoritas, non tempus est faciendi miracula, sed fidei et mandatorum potius implendi et imitandi opera. Vel si vis ut fiant miracula, trade nobis similem alicui prædictorum, **199** et per eum fiant, et pro re nimis utili Ecclesiæ. Item : In judicio aquæ elementum exercet naturam, et judicium suum, et manifestationem, et probationem innocentiæ alicujus, cujus elementi natura est, corpus ponderosum intra se recipere, nisi, quasi in pilam, vel in naviculam corpus humanum convertatur et contrahatur, sicque in hoc judicio gratia juvatur natura. Econtra in judicio ferri candentis in probationem innocentiæ alicujus aufertur elemento natura sua et officium, quod est teneram carnem comburere. Similiter econtrario in his judicatur circa manifestationem reatus, vel malitiæ alicujus. Unde concludo, in utroque elementorum horum debere observari naturam ejus, et officium in manifestatione innocentiæ alicujus, ubi miraculose utrumque sua natura privari in manifestatione alicujus reatus, vel propter contrarietatem judicii utrumque, scilicet judicium aquæ, et judicium ignis, esse refellendum et repellendum.

Item : Si miracula promissa a Domino in Evangelio justis, quandoque fallunt, nec sunt in necessitate, ut semper effectum suum consequantur (*Marc.* xvi); ut scilicet curentur ægri per manuum impositionem, et hujusmodi, sicut testantur sancti, quomodo hæc miracula peregrini judicii semper in necessitate sunt, ut fiant vel effectum suum consequantur? si fallunt, ergo spernenda sunt. Quod autem furtim sint miracula hujusmodi peregrina judicia, ex eo probátur quod elementis natura sua per incantationem aufertur. Sed et miracula facere concessum est etiam malis a Deo, et pro malis. Unde : « Nonne in nomine tuo dæmonia ejicimus ? (*Matth.* vii) » etc. Ego tamen etsi per me, vel pro me miracula non fiant, non ideo credam me esse minus fidelem et innocentem. Modo enim Ecclesia magis innititur bonis operibus quam miraculis. Item Dominus : « Quæcunque petieritis Patrem in nomine meo (*Joan.* xiv), » pie scilicet et perseveranter; et ea quæ sunt ad salutem, id est, « sine quibus non est salus, et pro vobis fient. » Vobis, non dico his pro quibus, vel contra quos petitur. Quomodo igitur sacerdos magus et incantator præsumit se exaudiri pro omnibus, pro quibus, vel contra quos invocat? Item: Petrus in *Dialogo* (lib. i, c. 2) quærens a Gregorio, quomodo caligæ impositione super mortuum resuscitatus sit, scilicet, vel propter meritum invocantis, vel meritum matris pro filio rogantis, vel meritum suscitandi, vel sanctorum ad quos preces diriguntur. Cui Gregorius : Modo pro hac causa, modo pro illa, modo omnibus his concurrentibus fiunt miracula ; sed pro quo istorum fiunt hæc ab hujusmodi sacerdote? Item : Nec exorcismi inventi a Salomone, sed nec exorcismi inventi ab Ecclesia, ad effugandos dæmones, curandos energumenos, morbos sanandos, de necessitate semper sunt efficaces talium, sed sæpe fallunt. Quomodo ergo exorcismi, imo maledictiones aquæ vel ignis, de quorum origine et auctoritate penitus ignoratur, in necessitate sunt, ut semper suos consequantur effectus? Nunquid est hoc ex vi exorcismorum, vel auctoritatis eorum, vel ex vi ordinis? Ita dico, si alicui ordini sunt addicti, sed **200** auctor ignoratur. Restat igitur, ut ex vi eis collata hoc habeant. Sed a quo? Sic ergo, ex vi ordinis. Nunquid ergo hoc aliquis potest semper, quia sacerdos est, vel quia exorcista? Item Psal. lviii : « Intende animæ meæ, et libera eam, propter inimicos meos » confundendos, vel convertendos mea liberatione « eripe me. » Sed mirum videtur quod in hoc petitionis suæ causam constituit, ac si non esset liberandus, si neutrum eorum contingeret. Sed attendendum quod duæ sunt liberationes : una occulta, quæ fit propter ipsos sanctos, qualiter liberati sunt Machabæi septem igne consumpti cum matre ipsa eosdem hortante, ut eligerent potius mori pro legibus Dei, quam vivere contra eas (*II Machab.* vii). Est et alia aperta, quæ fit propter inimicos puniendos, vel convertendos ; qualiter tres pueri de igne, etiam corpore liberati sunt ; propter quod ipse Nabuchodonosor conversus Deum ipsorum, quem contempserat, prædicavit (*Dan.* iii). Si igitur petis apertam alicujus liberationis, nec propter conversionem fratrum, vel fidei assertionem, Deumque tentando, provocas ad eam, et ad miracula facienda; tempora et statum gratiæ conaris reducere ad tempora et statum veteris instrumenti, cum Dominus tempore gratiæ sanctis suis occulta tantum promiserit, daturus illis manifesta tempore suo, non sicut antiquis, qui tanquam mammotrecti alliciendi erant miraculis et temporalibus ad amorem cœlestium. Dominus etiam justis sub Novo Testamento per Isaiam xliii ait : « Ne memineritis priorum, et antiqua ne intueamini. Ecce ego facio nova, et nunc orientur, utique cognoscetis ea. » Item in psalmo cvii : « In Deo faciemus virtutem, » non in gladio, non in miraculis, sed in Deo, scilicet in fide ejus et bonis operibus vincendo diabolum. Item : Forma baptismalis a Christo inventa, non semper consequitur effectum suum, impediente macula etiam unius criminalis. Quomodo igitur forma exsecrabilis incarminationis ferri, nescio a quo inventa, ex necessitate semper habebit efficaciam? Item : Si ecclesia infidelium promitteret Ecclesiæ fidelium se suscepturam fidem Christi, si eam veram esse probaverit et examinaverit judicio ferri candentis, nunquid Ecclesia catholica propter tot lucrandos subiret in unica persona hujusmodi judicium ? Absit eam fidem Christi incerto committere judicio, ne astutia et malignitate diaboli, et ex permissione Dei periclitaretur. Ob quam causam nec passi sunt Judæi rotulum suum deferre circa civitatem Remensem tempore siccitatis, denegata pluvia Ecclesiæ ad preces et ad processiones ejusdem. Item : Peregrina judicia approbantes, celebrantes, vel subeuntes, videntur se parificare Joanni, « qui in ferventis olei dolium missus, illæsus, « et mente et corpore, « exivit. » Similes etiam videri volunt beato Marcello Parisiensi. Qui, cum super manus ejus faber massam ferri ignitam poneret, et eo prunas in thuribulo poni rogante, ait : De calore ignis calet, et novem pondera habet. Manus autem tui peccatoris, nunquam fiat statera ponderis ferri candentis. Item, ut exemplis utamur: In Remensi concilio (anno 1148), præsidente papa **201** Eugenio, quidam Manichæus convictus, et confessus hæresim suam de communi decreto concilii incarceratus est, non interfectus, non membro mutilatus, sed ne alios corrumperet, et si forte pœniteret in carcere Samsonis ejusdem civitatis archiepiscopi positus, aqua et tenui diæta altus est donec obiret.

Qui etiam archiepiscopus judicium ignis in diœcesi sua exerceri omnino prohibuit; judicium vero aquæ sustinuit quoquo modo, non concedens tamen alicui sacerdoti suo benedictionem aquæ celebrare, nisi prius præstita cautione sacerdoti benedicturo aquam a principibus de non mutilando membro, et de sanguine non effundendo. Sed et infideles olim Christiano non convicto vel confesso, dabant inducias triginta dierum, ut secum deliberaret, an idolis sacrificare vellet. A convicto autem aut confesso, et nomen Christi negante, nihil amplius, quam ut sacrificaret idolis, exigebatur. Non enim, si sic sentiret in corde, probabatur. Quomodo igitur Ecclesia corda hominum judicio peregrino examinare præsumit ? Vel quomodo induciæ legitimæ Catharis deliberandi non dantur, sed statim comburuntur ? Imo etiam quædam matronæ honestæ nolentes consentire libidini sacerdotum « de semine Chanaan (*Dan.* iii) » genitorum ab eis, in libro mortis scriptæ sunt et accusatæ ut Catharæ, et damnatæ etiam a quodam petente et stulto zelatore fidei Christianæ, loculis divitum Catharorum emunctis et abire permissorum. Unicus, quia pauper et pallidus fidem Christi fideliter in omnibus confitens, et in spem prætendens, combustus est, eo quod episcopis congregatis diceret, quod nequaquam judicium ferri candentis subiret, nisi ei prius per eos constaret, quod sine peccato mortali, et tentatione Domini hoc fieri posset. Qui audientes hoc verbum una omnes eum reliquerunt, dicentes regi, non licet sibi interesse judicio sanguinis. Item Hebr., cap. xi : « Sancti per fidem vicerunt regna : » Respondet Augustinus : Quandoque occulta victoria est liberatione, quandoque manifesta. « Operati sunt justitiam,» hoc semper. « Adepti sunt repromissiones in Christo. » Hæc præcedentia semper per fidem, si justus es, adipiscere. Non enim in necessitate fidei est, ut semper adipiscaris sequentia in miraculorum superficie, « ut obturaverunt ora leonum, » etc. Sanctitatem ergo similem sanctitati istorum præsumit se habere, imo majorem, qui ex necessitate, et ita quod non fallant, miracula operari attentat. Item : non esse innitendum falsitati et incertitudini peregrini judicii multa exempla probant, ut illud de æditno Aurelianensi suspenso pro reliquiis ecclesiæ sancti Samsonis furtim sublati.

Quæ alius, postea deprehensus, confessus est se sustulisse. Et illud de recluso Compendiensi, qui pro consimili furto nimis audax, quia nihil conscius, tulit ferrum candens et combustus est. Et illud de reclusa familiari Catharis. Unde et viluit nomen ejus in populo, adeo ut nec esset qui eam fame morientem pasceret. Quæ ad consilium cujusdam decani religiosi confessa **202** ei prius, quod omnino immunis esset a pravitate hæretica Catharorum, in purgationem sui tulit ferrum, et bis combusta est. Et illud de peregrino Anglico, cui sine comite suo redeunti de partibus Jerosolymitanis, socio ejus divertente ad S Jacobum, impositum est (a parentibus socii ejus per calumniam), quod cum in via occidisset. Unde et judicium aquæ subiens, periit; revertente socio ejus in Angliam in brevi post suspensionem ejus. In dubiis ergo tenenda est sententia, potissime in causa sanguinis, ubi non conjecturaliter vel probabiliter tantum est procedendum, sed limpidissimis et luce clarioribus rationibus judicandum, ne aliter judicans reus sit mortis condemnati. Sed nec convicti ab hujusmodi judicio tradendi essent morti, quia hoc judicium quodammodo est ecclesiasticum, quia non exercetur sine præsentia sacerdotis, per quod, cum traditur morti, a sacerdote traditur; quia illud ab eo fit, cujus auctoritate fit. Sed et B. Thomas Cantuariensis. Clericum degradatum noluit pro eodem crimine alias puniri, quia « non punit Deus bis in idipsum (*Nahum* 1 juxta LXX, et citatur 13, q. 2, c. *Quæsitum est*). » Quod ante Cathari convicti vel confessi non sint occidendi, nisi crediderit manualiter Ecclesia, quod sibi possint resistere, videtur. Ait enim Apostolus : « Hæreticum hominem post trinam admonitionem, devita (*Tit.* III). » Non ait, occide. Item David : « Increpa feras arundinis, et dissipa, ne sit congregatio taurorum in vaccis populorum (*Psal.* LXVII). » Recludendi ergo sunt, non occidendi. Unde super illum locum II Reg. xvi : « Ingredere ad concubinas patris tuis, » etc. ait Isidorus : Per concubinas David ab Absalon corruptas, hæreticos et apostatas accepimus. Ad has David ultra non ingreditur, nec hi similiter regimini Ecclesiæ præponuntur. His tamen jubet David in custodia positis alimenta ministrari, a consortio autem bonorum alienari debent. Non autem pastum talibus renuit, sed præbere jubet, ut convertantur beneficiorum occasione. Unde III Reg. II : « Hodie te non interficiam, quia portasti arcam Domini, » etc. Apostolo etiam, eo quod omnia contemneret, et frequentes tribulationes sustineret, impositum est a pseudo quod non sane crederet, nec vir Dei esset. Unde II, ad Corinth. c. iv , « Ergo mors in nobis operatur, eo quod non creditis sicut asseritis, « vita autem operatur in vobis, » eo quod creditis. Succedunt enim vobis bona ad nutum, nobis autem semper mala et mors imminent. David autem ait : Quia : « Memoriam fecit mirabilium suorum misericors et miserator Dominus (*Psal.* cx). » Non ergo expectes, ut semper pro te ista faciat, quæ aliquando fecit, ut memoriam eorum haberes. Item : Apostolus, I ad Corinth., cap. xii, ostendit diversitatem personarum secundum officia in Ecclesia, et divisionem gratiarum in ea; quia : « Alii datur per spiritum sermo sapientiæ; alii sermo scientiæ secundum eumdem Spiritum ; alteri fides in eodem Spiritu; alii gratia sanitatum in uno Spiritu; alii operatio virtutum, » miraculorum, etc. Si igitur omnibus confertur operatio virtutum, maxime in peregrino judicio, quomodo « divisiones gratiarum sunt ? » Vel : Quomodo alii a sacerdotibus ad exsecrandum aquam non admittuntur ? Si solis sacerdotibus et omnibus confertur hæc potestas, quomodo tot fiunt divisiones gratiarum ? Vel cum sint omnia unum membrum, ubi corpus ? Item : Hoc confertur eis ex dono Spiritus sancti tantum, vel ex vi ordinis. Si ex dono Spiritus sancti, igitur aliquis potest carere hoc dono propter maculam aliquam. Et quia « divisiones gratiarum sunt, » quomodo igitur omnes præsumunt hanc potestatem exercere ? Quod hoc ex vi ordinis fiat tantum, videtur ex eo quod hujusmodi judicium contra institutionem et prohibitionem ecclesiasticam exercetur. Item : Calumnia in hoc judicio manet impunita.

Unde et passim, et temerarie prosilitur in accusationem cujusque : ergo hoc judicium inæquale et injustum est, cum secundum legem, calumniantes in vindictam similitudo exposcat supplicii. Item Isaias, cap. XLIV : « Ergo Deus faciens omnia extendens cœlos solus, stabiliens terram, et nullus mecum. Irrita faciens signa divinorum, et arioles in furorem vertens; convertens sapientes retrorsum, et scientiam eorum stultam faciens. » Item : Præbere alicui opportunitatem, vel occasionem fornicandi, cum possis impedire, peccatum mortale est. Ergo et præbere opportunitatem, vel occasionem effundendi sanguinem alicujus cum possis impedire, vel non consentire, magis mortale est, cum et hoc, illo sit peccatum majus. Sic et sacerdos incarminans elementum et reus subiens tale judicium, mortaliter peccant. Sed dices : Nunquam multitudo est in causa, ideoque non posse resisti. Sed nunquid multitudo posset facere simplicem fornicationem non esse peccatum mortale, vel magis tolerabile, si omnes fornicarentur? Absit! Juxta illud : « Multitudo non parit peccanti patrocinium, » Ergo nec in hoc majori. Ego igitur reus, juramento me purgarem, nec ultra procederem. Sacerdos similiter, non benedicerem aquam vel ferrum, nec reliquias et sancta præberem, ut super ea jurarent commissurus monomachiam, ne per auctoritatem et occasionem essem reus sanguinis effusionis. Item : Veritas hujus judicii, vel consistit in officio sacerdotis tantum, vel in voluntate rei judicium subire volentis, vel in utroque; sed non in officio sacerdotis tantum, quia pro hoc solo non fieret; nec in voluntate rei, quia invitus subit. Vel si voluntarius : An ideo erit hoc judicium justum? Si hoc : Ergo injustum erit in eo quod invitus subierit ? Vel si coactus, et si per violentiam in cupam immittitur, eritne standum judicio aquæ? Quid igitur, si non habes ex humana ratione quid facias? dicas : « In manus tuas, Domine, commendo spiritum meum (*Psal.* xxx). » Terra vero corporis mei, ut videris expedire, vel detur in manus impii, vel, si placeat, liberetur. Item : Patet hujusmodi judicium injustum esse, ex dolo et cautela, quæ in eo exercetur, ut in ligando corpus humanum in naviculam, vesiculam vel pilam in demittendo, in spiritum retinendo, quo retento corpus supernatat. Sic ergo incertitudini et cautelæ demittentis, vel timoris immissi ob quem spiritum retinet, committetur sanguis humanus effundendus, « pro quo sanguinem suum effudit Dominus Jesus Christus (*Matth.* xxvi).» Item : Pugil **204** commissurus monomachiam, vel confidit in virtute et robore suo magis, vel in exercitio artis, vel in omnimoda innocentia sua, vel in miraculo Dei faciendo. Si in virtute sua vel in artis peritia, ergo inæquale est judicium. Si in omnimoda innocentia, præsumptio est, et anticipatio divini judicii, in quo solo « manifestabuntur abscondita cordis nostri (*I Cor.* iv). » Si in miraculo, diabolica tentatio est, cum dictum sit: « Non tentabis Dominum Deum tuum (*Matth.* iv), » dum habes quid agas secundum humanam rationem. Item : Patet hujusmodi judicium esse injustum, ex eo quod diversi diversa de ipso sentiant. Quidam immissum in aquam, si fundum non tetigerit, damnant; alii illum justificant et salvant, si aqua totum eum receperit, et concluserit, et operuerit cum capillis ; alii (etsi soli capilli enatent, cum sint excrementa corporis, non de substantia ejus) talem justum pronuntiant. Item : Ferrum si a tribus deferatur, minus ignitum et calidum est delatum ab ultimo. Unde et manus tertii inventa est non combusta, cum a tribus deferretur, manusque aliorum combustæ essent. Item : Callosa est manus, vel non. Exemplum de eo, qui præparans unum de filiis suis ad judicium aquæ, sex supernatantibus, septimum aquæ imposuit, qui statim fundum petiit. Iste, inquit, mihi necessarius est, et post per illum evicit.

CAPUT LXXIX.
Contra traditionum onerositatem et multitudinem.

Præter supradictas traditiones et adinventiones diabolicas de peregrinis judiciis omnino illicitas, sunt quædam traditiones licitæ et utiles. Sæpe tamen, et in casu divinis præceptis evangelicis et apostolicis, sicut videtur, obicem et contrarietatem præbentes. Sunt et aliæ licitæ, nullumque offendiculum mandatis divinis parientes, et tamen præ multitudine sua gravant constituentes, et inobedientes illis transgressores, nisi in parcitate et in paucitate, et nonnisi pro manifestissima causa et utili instituendæ essent. Obicem videntur præbere divinis præceptis. Hæ evacuant evangelicam libertatem corripiendi fratrem, scilicet silentium, tranquillitas et religio claustri, nisi in venialibus et minus atrocibus criminibus, et ita in atrocioribus dormit et exspirat forte apud claustrales hoc mandatum : « Si peccaverit in te *frater* tuus, corripe eum (*Matth.* xviii), » etc., secundum formam ecclesiasticam et ordinem judiciarium. Item : Traditio de non recedendo a contemplativa ad activam, nisi pro utilitate Ecclesiæ, his obviat mandatis : Dominus suis dedit potestatem cujusque operis (*Matth.* x). Et item : « Si dextera tua scandalizat te, abjice eam, et projice abs te (*Matth.* v), » id est si contemplativa offendiculum et tædium tibi peperit, redi ad activam. Non **205** dico ad quamlibet, sed ad eam, quæ et contemplativa est respectu activæ inferioris.

Est enim contemplativa excellens, qua quis mente inhæret contemplationi Trinitatis et cœlestium spirituum. Est et contemplativa indignior, ut lectio, scriptitatio, et hujusmodi, quæ et contemplativæ partes sunt respectu activæ inferioris, quæ et conjugatis est in remedium. Est etiam activa prælati dignior in meritum. Ad medium ergo redeat fastiditas in excellentiore contemplativa. Item : Traditio de proprietate fugienda, et de non erogando pauperibus, de non subveniendo tribulatis, nisi per eum, cui dispensatio credita est, obviare videtur his præceptis : « Esto consentiens adversario tuo (*Matth.* v), » Evangelio scilicet, quod est tibi abbas et adversarius in via, quod clamat : « Frange esurienti panem (*Isa.* lviii), » etc. Et item : « Omni petenti te tribue (*Luc.* vi). » Et item : « Si esurierit inimicus tuus, ciba illum (*Rom.* xii), » etc. Item : « Religio munda et immaculata hæc est : Visitare pupillos et viduas in tribulatione eorum, et immaculatum se custodire ab hoc sæculo (*Jac.* i). » Item : « Qui habet duas tunicas, det unam non habenti, et escas similiter (*Luc.* iii). » Martinus supererogavit, qui pallium pauperi dimidiavit. Item : « Qui viderit fratrem suum necessitatem habentem, et clauserit viscera sua ab eo, quomodo charitas Dei est in eo? » (*I Joan.* iii). Ait enim : « Quod uni ex minimis meis fecistis, mihi fecistis (*Matth.* xxv). » Credo Martinum in necessitate, quæ legem non habet, si superstes esset, potius velle obtemperare abbati evangelico, ut majori adversario, quam abbati militanti in claustro.

Sic et monachus quidam religiosus, Deo potius quam hominibus obtemperans, abbatis hospitis cappam furatus est, dans eam pauperi nudo ; fratrem etiam compeditum in nocte Dominicæ Nativitatis solvit et permisit abire, quia nocte illa « melliflui facti sunt cœli (*Luc.* ii), » et pax, et libertas reddita est hominibus. Item : traditio de jacendo in cuculla crucis formam habente, eo quod dixerit B. Benedictus (in *Regula*, c. 22) : Monachi semper vestiti et præcincti jaceant, ut promptiores et magis parati sint occurrere Domino, contradicere videtur huic mandato : « Rationabile sit obsequium vestrum (*Rom.* xii). » Et item : Exemplum Petri in carcere dormientis (*Act.* xix). Sed cum paratiores essent si calceati jacerent (cum majori enim mora calceantur quam vestiuntur), cur et hoc eis ob eamdem causam non est præceptum? Sed nunquid monacho jacere nudum licet? Nec clericum decet, cujus caro nuda nunquam debet apparere. Utrum autem monachus submersus (eo quod in fluctibus et periculo tunica noluerit exui, magis innitens traditioni quam præcepto Dei, scilicet : « Non tentabis Dominum Deum tuum (*Matth.* iv). » Habens quid faceret de humana ratione) debeat damnari vel Christiana sepultura sepeliri, non est meum judicare. Forte enim se tunica non exuit per internam inspirationem, potius quam ob zelum sanctæ traditionis, vel secundum scientiam communem. Item : traditio de non cooperiendo capite toto in monasterio, supradicto mandato obviat : « Rationabile sit obsequium vestrum (*Rom.* xii). » Quidam autem conversus, cum ei veniret in dubium, utrum magis parendum esset humanis traditionibus, an divinis, elegit præponere, **206** in necessitate, opera pietatis mandatis hominis ; et, forte Spiritus sanctus, qui eum fecerat dubitare, quid esset agendum in dubio, revelavit, ne postponens opera misericordiæ reprehensibilis videretur cum Pharisæis, quibus ait Deus : « Vos autem dicitis, si dixerit homo Patri vel matri corban (quod est donum) quodcunque ex me, tibi profuerit. Et ultra non dimittitis eum quidquam facere patri vel matri : rescindentes verbum Dei per traditionem vestram (*Marc.* vii). » In impletione igitur mandatorum Dei potius debemus exerceri cum David, qui ait : « Et in adinventionibus tuis exercebor (*Psal.* lxxvi). » Nunc tamen multitudine novarum traditionum revocare videmur jugum « et onus importabile, quod neque nos, neque patres nostri potuerunt portare (*Act.* xv), » quæ sæpe dant materiam et occasionem delinquendi. Vide Apostolum non nisi paucas traditiones honestas et mysticas instituisse, ut de velando capite mulieris « in oratione propter angelos (*I Cor.* xi), » et hujusmodi. Antonius etiam eremita quibusdam religiosis quærentibus ab eo regulam et formam religiose vivendi, tradidit eis codicem Evangelii. In Lateranensi etiam concilio sedentibus Patribus ad condenda nova decreta ait Joannes Carnotensis (1-2) : Absit, inquit, nova condi, vel plurima veterum reintingi et innovari ! Multitudine etiam inventorum prægravamur, cum dicat auctoritas, quia etiam de utilibus aliqua postponenda sunt, ne multitudine utilium gravemur. Imo ideo potius præcipiendum et laborandum esset, ut Evangelium observaretur, cui nunc pauci obediunt. Timeamus ne dicat nobis Dominus : Bene irritum facitis præceptum Dei, ut traditionem vestram servetis. Tales in vanum colunt me, dicit Dominus (*Marc.* vii). Vide etiam quot transgressores constituat decretum Gregorii ultimi (Greg. VII) de jejunando in quarta feria et sexta usque ad quinque annos in consolationem et visitationem Ecclesiæ Jerosolymitanæ ; de jejunando etiam adventum Domini, quod quidam interpretantur esse exhortationem, alii consilium, alii dicunt ei esse derogatum more utentium in contrarium. Vide etiam quod transgressores constituunt decreta Lateranensis concilii (tit. 1, cap. 8), ut illud de revocandis decimis a manibus laicorum sub interminatione anathematis ; et illud de beneficio ecclesiastico non promittendo antequam vacaret, in quibus hodie dispensatur nulla habita memoria præcedentium canonum (35, q. 3, *Porro duorum*). Vide [ms. vidi] etiam quomodo illud sanctissimum sacramentum Ecclesiæ, scilicet matrimonium, per traditiones de tertio genere affinitatis, et quasdam alias modo irritum et ratum, modo firmum fiat garrulitate advocatorum, reticulis traditionum innitentium, quibus loculos proprios impleant, et alios emungant, adeo ut sacramentum matrimonii in derisum laicis vertatur. Vide etiam quot transgressores constituant, si observandæ fuerint traditiones omnes traditæ de solemnitatibus ordinis judiciarii, quem protrahentes advocati, dum moliuntur, dum comuntur, annus est. Apostolus tamen asserit, quia : Omnis controversiæ finis est juramentum (*Hebr.* vi) ; » et Moyses : « In ore duorum aut trium testium stat omne verbum (*Deut.* xvii). » Et comes Theobaldus stans pede in uno **207** multas lites dirimebat.

Ut autem planior et certior doctrina super licitis vel illicitis traditionibus habeatur, distinguendum est, quoniam quædam traditiones recta fronte contrariæ sunt mandatis divinis, ut traditio de Corban, huic : « Honora patrem et matrem (*Marc.* vii). » Quædam eis obicem et impedimentum, quo minus impleantur, faciunt ; ut illa traditio canonicæ regularis de non confitendo capellano suo in quibusdam criminibus a conversis suis, sed priori, sic instituta ob avaritiam. Sicut etiam illa traditio Grandimontensium, de non confitendo furtum, vel lapsum carnis, et quædam alia crimina, nisi priori Grandimontensi, peccante usque ad eum per cellulas suas a Barbato misso, qui ne peccatum suum sic omnibus manifestaretur, illud sæpe et sacerdoti et omnibus aliis ostendit. Quædam etiam traditæ citra ea, in quibus non periclitatur veritas, ut de observando silentio, et hujusmodi, pariunt scrupulositatem in conscientiis plurimorum, si scilicet non observare constituant transgressorem et minus obedientem, vel non, cum citra illas possit esse salus. Quædam etiam præ multitudine, generant, eas implere volentibus, fastidium et acediam, cum scriptum sit, quia « Maledictus omnis qui facit opus Dei negligenter (*Jerem.* xlviii). » Et Hieronymus : Melius est unum psalmum cum hilaritate mentis decantare, quam centum in tristitia et acedia, quia hilariter psallentem et orantem diligit Deus, non ex tristitia, vel necessitate. Absit igitur ex præcepto multiplicare Matutinas, psalmos vel preces, nisi adfuerit devotio ! Item, quædam schisma et divisionem quamdam unitatis constituunt, ut traditiones traditæ super diversis modis cantandi, psallendi, et legendi in diversis monasteriis, et clericorum ecclesiis, cum unitas in omnibus, quantum possumus, servanda sit, quæ est vinculum pacis ecclesiasticæ. Item : Quædam traditiones impletæ, ut de cantandis vocalibus horis, nimiam pariunt securitatem, quasi eas implens, minime vel minus teneatur ad realium impletionem, quæ sunt septem opera misericordiæ, cum scriptum sit, quia : « Hæc oportuit facere, et illa non omittere (*Matth.* xxiii ; *Luc.* xi). » Quod si hæc, vel illa necesse est omittere, potius hæc omittantur.

(1-2) Sub Alexandro III, conc. III œcumenicum.

Pro illis enim omissis exprobrabitur nobis in judicio, et « maledictus omnis, qui non impleverit omnia scripta in libro hoc (*Gal.* III; *Apoc.* I), » evangelico. Sed in « decachordo psalterio (*Psal.* XCI), » in cantico Psalmi et psalmo Cantici, præcipimur laudare Dominum, non semper in cantico Cantici, vel psalmo Psalmi. Alternanda enim sunt hæc et pro necessitate fratrum, et pro fastidio tollendo. « Psallas » igitur « spiritu, psallas et mente (*I Cor.* XIV), » non« colans culicem, glutiens camelum (*Matth.* XXIII); » non relinquas Spiritum litteræ vivificantem propter traditionem, determinationem vel remotam alicujus expositionem, sed cum Nicolao ei de prope adhæreas, qui ante oculos mentis semper habebat hoc evangelicum: « Nisi quis renuntiaverit omnibus quæ possidet, non, » etc. (*Luc.* XIV.) Præterea notandum quasdam traditiones et consuetudines periculosas esse super sacramentis præstandis a canonizandis, et instituendis **208** in ecclesiis. Verbi causa, in quadam ecclesia juratur a canonizando, quod pro posse suo, et secundum gradum et ordinem suum in ecclesia exsequetur justitiam et vindictam pro damnis et injuriis sibi et ecclesiæ, vel hominibus ejus illatis, quod sacramentum præceps est, sicut summus pontifex super hoc consultus testatus est. Quis enim etiam de obsequendo pro posse suo Deo, sine præcipitio juraret? Est tamen quoddam pro posse necessitatis, ad quod tenemur. Unde frustra manus ad Deum erigit, qui eas pro posse ad pauperes non extendit. Item, in alia juratur de certa summa non relaxanda in ablatis ecclesiæ vel hominum illius, ut de centum libris, centum solidos tantum esse remittendos spoliatori, de centum solidis, quinque solidi, quod sacramentum continet iniquitatem. Privat enim jurantem a libertate et pietate evangelica: « Dimittite et dimittetur vobis (*Luc.* VI); » et a consilio Apostoli implendo, scilicet: « Non oportet servum Dei litigare (*II Tim.* II). » Quare, etc., si licitum est juretur (*I Cor.* VI), tamen astringere se juramento, periculosum est pro casibus emergendis; ut pro portione mihi debita, nunquam me sic obligarem. Item, in alia juratur de hominibus ecclesiæ, incendiarium, furem, homicidam, convictum vel confessum extorrem fieri, exhæredari vel etiam exterminari a finibus illius Ecclesiæ, suspectum debere purgari judicio ignis vel aquæ; et hoc sacramentum diabolicam continet præsumptionem, sicut in Decretali testatus est papa Alexander (forte Alex. III). Item, in alia ecclesia juratur de ingenuitate, et servo non recipiendo in ea; et hoc propter servos et familiam principis amovendos, pro quibus susceptis, remissius ageretur contra principem maleficum; sed hæc ecclesia modo servos illius principis recipit, et alienos ejusdem conditionis magis probos, jurat se non receptura. Ecce quam difficile aboletur viscosa et inveterata consuetudo. Item, in alia ecclesia juratur de non suscipiendo pignore, nisi aureo vel argenteo, pro rebus vel damnis ecclesiæ illatis, et hoc vanum est, vel frivolum, vel cupidum : quod etiam abominatus est summus pontifex. Item, in alia, juratur ne quis admittat dipensationem, vel relaxationem, vel augmentum foraneitatis suæ etiam cum præcepto domini papæ, et voluntate capituli, volentium augere pensionem ejus, et ita abjurat in se fieri opera pietatis in ecclesia illa. Et ut finem traditionibus, imo increpationibus earum imponamus, fere communis est traditio in ecclesia, multisque periculosa, quod cum instituitur et investitur sacerdos de cura animarum, juratur ab eo se observaturum omnia jura et præcepta majorum prælatorum, et quod nec supprimet vel celabit, si viderit aliquos sibi subditos delinquentes, litigantes, rixantes, seque propulsantes in cæmeterio, vel die festo, et hujusmodi (ex quibus potius possit bursa emungi, quam anima salvari); sed referet ea ad notitiam majorum prælatorum: quod juramentum pluribus scrupulum peperit. Videtur enim licitum ex eo, quod sic jurans curam animarum, quam habet, non habet nisi a superiore prælato pendentem. **209** Ergo et judicio ejus et traditionibus statutis ab eo de ipsis regendis, videtur esse standum et acquiescendum; sic minori, econtra, sic jurans hoc mandatum Domini præterit: « Si peccavit in te frater tuus, vade et corripe eum inter te et ipsum solum; si te audierit, lucratus eris fratrem tuum (*Matth.* XVIII). » Hic autem statim cogitur dicere ecclesiæ. Item, sic referens lites et delicta ad quæstores palatii, emunctores et depilatores, seminator erit discordiæ, perdetque animas subditorum, eorum odium incurrens. Item, Moyses instituens decanos, centuriones, et quinquagenarios (*Exod.* XVIII; *Deut.* I), non eos astrinxit juramento, sed eis simpliciter præcepit, ut majores quæstiones, et quas solvere non sufficerent, referrent ad ipsum. Item, secundum leges nullus tenetur accusare. Item, alia ratione videtur hoc sacramentum illicitum, eo quod scilicet plane obviet huic mandato Domini: « Si recordatus fueris quia frater tuus aliquid habet adversum te (*Matth.* V), » et mandato Apostoli, qui ait: « Pacem habetote inter vos (*I Thess.* V). « Quæ pax hodie turbatur et rumpitur cupiditate prælatorum non patientium aliquos, prius inimicantes, sibi reconciliari gratis, nisi prius scilicet lacrymentur rei pro bursa sua emuncta quam pro delicto. Quod patet per exemplum puerorum, quorum unus, ludendo, alium sagitta vulneravit usque ad mortem. Quorum Patres (cum unus eorum, scilicet, Pater interfectoris dives esset) non permissi sunt sibi reconciliari gratis. Juramentum autem licitum videretur, quod minor juraret se exsecuturum vices majoris pro posse suo, et quod nec celabit jura ejus pro proprio lucro captando in minoribus, et quod enormia delicta, ad quæ curanda exigitur major medicus, referet ad majorem. Apostolus etiam omnes traditiones præter necessarias saluti, evacuare videtur in II ad Cor. cap. VIII: « Non quasi imperans dico fieri a vobis gratiam et communicationem ministerii in sanctos, ne forte inobediendo transgrediamini; sed per aliorum sollicitudinem, et vestræ charitatis ingenium comprobans. » Item, Dominus mittens discipulos prædicare ait illis : « Infirmos curate, etc. Gratis accepistis, gratis date. Nihil tuleritis vobiscum ; edentes et bibentes, quæ apud illos sunt ; et cum digno in civitate manete (*Matth.* x). » Nonne huic doctrinæ videntur contraire institutiones datæ de recipiendis legatis cum tot vel tot equis, cum tanta familia, de exactione pastus plurium ferculorum? Eorum etiam, quæ non « sunt in domo » maxime cum ibi non prædicent nec operentur ; Apostolus Corinthiis etiam prædicans, et nihil ab eis accipiens, dicit, se spoliasse alias ecclesias, quæ ei interim sumptus oblatos ministravere. Nota quod spoliatorem appellat etiam sumptus modicos, et sine quibus non poterat vivere. Apostolus ergo in necessariis « exspoliavit ecclesias (*II Cor.* xi), » isti in superfluis eas excoriant.

210 CAPUT LXXX.
Contra mollientes arcum sacræ Scripturæ.

Sicut per novarum traditionum adinventionem mandata Dei omittuntur, sic et per mollientes et laxantes rigorem sacræ Scripturæ. Dominus enim « tetendit arcum suum et paravit illum, et in eo paravit vasa mortis (*Psal.* vii). » Levigantes autem et remittentes hunc arcum, quid aliud satagunt, nisi ut lex divina de sua pendeat interpretatione, voluntate, moribus et consuetudine, cum potius hæc omnia de illa pendere deberent? Unde Dominus majori præcipit, ut sit « consentiens adversario suo (*Matth.* v), » non innitatur, vel sequatur voluntatem suam, sed adversarium. Contra hujusmodi homines solatium stultitiæ suæ quærentes, ait Augustinus (*in psal.* cxviii, 165, concione 31) super illum locum : « Pax multa diligentibus legem tuam, et non est illis scandalum ; » nec ipsi scandalizant, nec scandalizantur, vel ipsa lex non est illis scandalum, quia qui legem diligit, si quid in ea intelligit, honorat, et quod absurde sonare putaverit, judicat magnum et se nescire. Legem ergo sequitur potius quam cujuscunque magni viri exemplum, ne videns eum scandalo offendi, scandalizetur et ipse, quod non evenit sequenti legem. In casibus, et humanis negotiis sequenda sunt exempla prudentum ; in via vero fidei, vitæ et morum imitanda, et attendenda est potius regula et forma vivendi et credendi sufficienter præscripta a Domino ; qui « verba ejus spiritus et vita sunt (*Joan.* vi) ; sermo ejus vivus est et efficax (*Hebr.* iv) ; præceptum ejus lucidum illuminans oculos (*Psal.* xviii) ; fidelia omnia mandata ejus (*Psal.* cx), » nullo mendacio, vel prava expositione variata : « Confirmata in sæculum sæculi (*ibid.*), non incassum missa, ut verba humana, quæ ad libitum nostrum mutari, vel interpretari possunt. « Qui autem timet Dominum, in mandatis ejus volet nimis (*Psal.* cxi) ; « ut magis eis innitatur quam voluntati suæ ; non judicans ea difficilia impleri, sicut Mahometus, qui arcum Domini relaxavit. Cui similes

videntur, qui juxta mores et voluntatem suam, illum levigantes exponunt. « Justus autem, et ex fide vivens (*Hebr.* x), » ait : « Adhæsi de prope testimoniis tuis, Domine (*Psal.* cxviii), » non interponens superfluam, vel pravam expositionem et voluntariam, quasi repagulum inter me et illa, quo minus per ea « currerem viam mandatorum tuorum (*ibid.*), » quo minus ipsa mihi lucerent. Nam : « Lucerna pedibus meis verbum tuum, et lumen semitis meis (*ibid.*). » Et Hieronymus ait : Nullius unquam auctoritate, vel exemplo perterritus, alicui perversitati, vel Scripturæ sacræ pravæ expositioni consensi. Et philosophus (Seneca) : Summa malorum est, quod ad exempla malorum vivimus. Quid igitur? Semper prius legem consideres antequam exemplum cujuscunque sequaris, ne offendas. « In multis enim offendimus omnes (*Jac.* iii), » etiam prælati, quorum vita deberet esse lectio **211** subditorum, et interpretatio sacræ Scripturæ (Greg., *Moral.*, l. xxx). Et Deus in psalmo xxi : « Factum est cor meum, » secretum Scripturæ, in qua est voluntas mea, « sicut cera liquescens in medio ventris mei, » id est, mollibus et effeminatis liquescit et evanescit.

Quia juxta voluntatem suam vivere cupientes, eam prava et molli expositione adnihilant, et evanescere faciunt, cum « velum templi scissum sit (*Marc.* xv), » ut etiam infirmis Sancta appareant, si dilexerint, si oculos in cœlum levaverint, non « statuentes declinare oculos suos in terram (*Psal.* xvi) ; et Isaiæ i : « Caupones tui miscent aquam vino. » Hieronymus : Qui præcepta sacræ Scripturæ, quibus debet auditores corrigere, ad eorum voluntatem emollit, suo sensu immisto, vinum corrumpit. Unde idem : « Vinum suum, » id est pura et sincera veritas in sacra Scriptura contenta, « mistum est aqua, » prava expositione corrumpente et molliente rigorem sacræ Scripturæ insipiditate sua. « Argentum, » eloquii tui, « versum est in scoriam ; mutatus est color ejus optimus (*Thren.* iv) » propter vos pictores et argentarios, qui cum lucidi et argentei esse deberent, versi sunt in luteos et sordidos et fictos, voluntatem suam in mero sacræ Scripturæ sequentes, non Dei. Martinus videns ovem tonsam : Hæc, inquit, implevit præceptum evangelicum : « Qui habet duas tunicas, det unam non habenti (*Luc.* iii). » Cui supererogans dimidiavit et chlamydem. Quomodo autem « consentit adversario suo, » id est sacræ Scripturæ, quæ adversatur carni et sensualitati hominis, docens eum « viam mandatorum Dei (*Matth.* v), » et in illis ambulare, qui « mandata ipsa, confirmata in sæculum sæculi (*Psal* cx), » dicit esse temporalia, localia, personalia ; præcepta et consilia addens et subtrahens, interpretans et exponens ad voluntatem et libitum suum. Tales, inquam, graviter peccant, quia « os Domini non, » sane et sincere, « interrogant (*Jos.* ix). » Qui ob hoc solum quod mandata Dei nolunt implere opere, laborant nimis in expositione eorum. Hæreticum autem est dicere, ea terribilius dici quam verius, quia verius dicta sunt, quam terribilius. Sanctis quippe majoris curæ est integritas et veritas sensuum, quam integritas et compositio verborum. Econtra philosopho, maxime autem nobis objici potest, cum dicamus omnia esse in luce, et aperta in doctrina Christi, cur sic a Spiritu vivificante, et littera evangelica plana recesserimus, exponendo et allegorizando magis quam Judæi a littera occidente? (II Cor. III.) In sexto libro ecclesiasticæ Historiæ cap. 3 (Eusebii Cæsariensis), legitur de Origene quia perfectam doctrinam et consummatam habuit vitam, adeo ut de eo posset vere dici : Hic est, qui sicut vivit loquitur, et ut loquitur vivit. Et quale est verbum ejus, talis est vita; et qualis vita, tale verbum; qui voces et mandata Salvatoris ad litteram et sincere, sicut tradita sunt, asserit esse observanda, præcipue illa duo mandata : « Qui habet duas tunicas, det unam non habenti (Luc. III). » Et : « Nihil solliciti sitis de crastino (Matth. VI). » Hujus etiam discipulus Basilides, sicut ibi legitur, cum traheretur in causam, et ab eo expeteretur juramentum, ait (cap. 5, juxta dist. Rufini) : Christianus sum. Absit ut jurem! Christiano enim non licet omnino jurare, nisi pro his quæ ad salutem pertinent; ut cum pigri sunt auditores et infirmi, minusque volunt acquiescere his quæ dicuntur spectantibus ad salutem. Sic et Paulus juravit, non pro re vili et terrena. Etiam sic enervantes arcum Domini, cogunt eum quasi mendacem esse, cum dixerit : « Intrate per angustam portam, quia arcta via est, quæ ducit ad vitam (Matth. VII). » Hanc igitur portam non invenimus, vel si invenimus eam, superflua expositione potius quam amore adeo dilatavimus, quod jam angustias non habeat, ut sic intremus per latam portam, non per angustam. Maximum autem hujuscemodi hominibus, imo omnibus nobis, debet incutere timorem verbum Domini apud Matthæum, cap. V : « Nolite, inquit, putare quod veni solvere, » id est non implere, « legem, aut prophetas. Non veni solvere, sed adimplere, » et quoad veritatem prædictorum de me, a lege et a prophetis, et quoad significationem figurarum et cæremonialium, et quoad impletionem mandatorum. Nec dico implere tantum, sed « adimplere » perfecte, scilicet implere in me, et in membris : « Amen quippe dico vobis : donec transeat cœlum et terra (ibid.), antequam, de hac mutabili forma, mutentur in immutabilitatem, « iota unum » minimum mandatum, ut de non irascendo fratri, de non dicendo ei, « raca, » vel « fatue, » de subveniendo ei, etiam in asino ejus sublevando ; de non vestiendo mollibus, de non dominando proximis, et hujusmodi. « Aut unus apex ; » minimulum mandatum, sive minima alicujus præcepti particula, « non præteribit a lege, donec omnia fiant ; » non remanebit, quin impleantur in me capite, vel in corpore; in exhibitione veritatis figurarum, in spirituali impletione mandatorum, et in perfectione moralium, ut imperfecta perficiantur. « Qui ergo solverit, scilicet, non impleverit « unum ex mandatis istis minimis, et docuerit sic homines, » scilicet solvere exemplo, vel verbo, et expositione arcum Domini remittente et molliente, « minimus vocabitur in regno cœlorum (ibid.), despectissimus et stultus, imo nullus est in Ecclesia sanctorum. Pro nullo reputatur, in Ecclesia triumphanti, vel militanti. « Qui autem fecerit et docuerit, » scilicet implere legem, maxime in mandatis minimis, « hic magnus, » imo maximus « vocabitur in regno cœlorum, » licet in præsenti abjectus et vilis. Parvus ergo est, qui solvit et hoc docet solvere; minimus qui solvit et hoc docet; magnus qui non solvit, et si hoc non docuerit; maximus, non solvit, et docet non solvere. Timens igitur Deum omnia præcepta usque ad apicem implet, etiam consilia, si in necessitate voti fuerint, sciens se redditurum rationem de solutione eorum usque ad verbum otiosum. Quod si de verbo otioso redditturi sumus rationem, quanto magis de otioso et superfluo vestitu, de otiosa doctrina, et hujusmodi? Addit etiam Dominus : « Dico autem vobis, quod nisi abundaverit justitia vestra plusquam Scribarum et Pharisæorum » (non dico de putativa eorum justitia, vel etiam figurata, sed morali et spirituali eos justificante, ut etiam addita in Evangelio, ad perfectionem impleatis); « non intrabitis in regnum cœlorum (Matth. V). » Verbi gratia : « Audistis quia dictum est antiquis : Non occides; qui autem occiderit, reus erit judicio. Ego autem dico vobis, » plus imponendo, scilicet non irasci; quia omnis qui irascitur fratri suo, reus erit judicio (ibid.). » Si ergo irasceris peccato ejus, vel ipsi per primos motus, caveas ne judicium amplius irascendo, quam decet, incurras. Addit etiam quod « qui dixerit fratri suo, raca, » interjectionem, indignationem mentis exprimentem adversus eum protulerit, et nutu, vel signo, vel verbulo læserit et moverit, « reus erit concilio. » Quanto magis qui majora præcepta enervando docet solvere? « Qui autem dixerit fratri, fatue, » Glossa : Usque ad convicia, opprobria, verba contumeliosa, specialia et alia determinata processerit usque ad furorem mentis, non tantum signum, « reus erit gehennæ, » quasi jam judicatus est. Item in Joanne, cap. V : « Si litteris Moysi non creditis, quomodo verbis meis credetis? » Quasi diceret : Si quæ legis sunt non impletis spiritualiter, quomodo ea, quæ evangelica sunt præcepta, implebitis? Unde Augustinus super illum locum : Ex hoc colligitur quod qui legis præcepta, quæ exteriora sunt, implere negligit, evangelica, quæ perfectiora sunt et subtiliora, multo minus implere valebit. Item : « Os meum loquetur sapientiam, » de fide, « et meditatio cordis mei prudentiam (Psal. XLVIII), » de bonis moribus.

Duo enim sunt necessaria ad salutem : Via fidei et lux morum. Si ergo parum deviantem a fide vocamus hæreticum, et increpamus, dicentes eum non esse in via, sed extra; quare et similiter recedentem in modico a luce moralium præceptorum non arguimus, objicientes ei, quod jam non sit in luce, sed tenebris; non sobrius, sed ebrius, sobrietatem vitæ excedens? Cum etiam fides ex quibusdam cellulis, parvis locis, scilicet sacræ Scripturæ, et sub obscuris sit elicita, in quarum cellularum expositione deviaretur de facili, si aliter addendo, vel minuendo, vel remittendo, quam nobis statutum est et expositum a sanctis exponerentur et interpretarentur, cur in luce morum similiter necessaria saluti nobisque tradita, in luce et manifestatione verborum, licet nobis sine errore notabili afferre nostram expositionem, qualitercunque eam remittentem et obscurantem, tenoreque suo privantem? Verbi causa : « Ego et Pater unum sumus (*Joan.* x). » Augustinus (tr. 6, *in Joannem*) : Vide ex cujusmodi favo mel fidei sit expressum, et quibus motibus doctrina. In hoc quod ait : « Ego et Pater unum sumus, » confunditur Sabellius : in hoc quod unum, Arius, ut ita vitemus et Scyllam Sabellii, et Charybdim Arii. Si autem juxta hujusmodi loci expositionem, exponeres illum locum : « Rogo, Pater, ut sint unum, sicut et nos unum sumus (*Joan.* xvii), » unitate scilicet, cum illi unione jam hæresim damnatam incurreres : quod ne fiat, a strata et antiqua expositione non recedas. Item : Ex hac cellula verborum : « Hoc est corpus meum (*Matth.* xxvi), » elicitur fides de corpore Christi habita, si hoc, ut Manichæus exponens, scilicet « hoc est corpus meum, » id est quædam repræsentatio corporis mei, et non aliud; vel in hunc modum aliter exponendo, quam teneat fides catholica, statim deviares. Ita videtur esse in mandatis morum, quæ quidem facilia sunt, et nulla expositione indigent, si implerentur in opere, quæ etiam impleri debere, quasi de articulis fidei dicitur. Fides enim est, quia fit quod dicitur. **214** Et Augustinus super illum locum : « Credidi, propter quod locutus sum (*Psal* cxv), » ait (ep. 19, c. 2, et lib. *De mendacio*) : Fidelis servus est, qui quod accepit, impendit et lucratur, qui scilicet loquitur et operatur veritatem, quam credit, ut iste, qui ait : « Credidi propter quod locutus sum. » Qui non tantum credidit cætera quæ fides exigit articulo fidei, sed et simul cum illis credidit, quod præmium deberet exspectare vel sperare, loquendo, operando, et quam pœnam, tacendo, vel mandata omittendo. Item (cap. 20 in *Psal.* cxv) : Vide quanto delectu et sollicitudine populus ille impleverit figuralia, ut Daniel abstinens a cibis gentilium (*Dan.* i), Machabæi a suilla usque ad effusionem sanguinis (*II Machab.* vii). Quanto igitur majori cura spiritualia sunt implenda, si tantum habuit Judæus delectum et sollicitudinem in littera occidente implenda? Quanto majorem oportet te habere in Spiritu vivificante? Si ergo audis Judæo porcinam prohiberi, intellige et tibi gastrimargiam, omnemque immunditiam et ebrietatem inhiberi. Si illi accipitrem, milvum, et hujusmodi rapacia animalia, intellige et tibi rapinam omnem esse ademptam (*Deut.* xiv). Rapina enim est quæcunque injusta detentio rei alienæ. Unde Tobias (cap. ii) illum locum exponens : « Filii sanctorum sumus; non licet nobis edere, vel tangere de furto. » Quomodo igitur tallias et exactiones facimus? Vel si fœnemus præbere alicui occasionem, vel opportunitatem fornicandi, cur non magis horrescimus non tantum occasionem rapiendi, imo ministerium nostrum præbere alicui? Non sunt a nobis facienda minora mala, ne alii faciant majora. Item Apostolus II Cor. x : « In facie, » dum præsens sum, « videor vobis humilis, » non aspere corripiendo : « Absens autem confido in vobis, » ut dicitis, confidenter et aspere vos per epistolas redarguens, quasi spe quæstus allectus, vel timore coactus, effeminem et molliam arcum Domini præsens, sed non est ita. Sicut enim absens, ita et præsens corripio. Item : Contra hos eunuchos et effeminatos, eunuchizantes quod virile et robustum est in arcu Domini, invehit Isaias, cap. iii, dicens : « Auferam a vobis virum fortem et prudentem mystici eloquii, et dabo vobis pueros principes, et effeminati dominabuntur vobis. » Qui, utinam sacræ Scripturæ non dominarentur, sed permitterent eam libere currere, in gravitate et maturitate sua.

Item propheta : « Væ illis qui afferunt stateras dolosas (*Mich.* iv). » Item Salomon Parabolarum cap. xx : « Statera et statera, pondus et pondus, utrumque est abominatio apud Deum. » Stateram injustam habent pessimi ponderatores et existimatores peccatorum. Quod sunt tales ex eo accidit, quod ignorent sacram Scripturam, vel ejus rigorem leniunt, habentes stateram et stateram, cum quibusdam crimina exaggerent et aggravent, aliis levigent et demulceant. Stateram dolosam habent maxime adulatores aulici, qui sicut,

Romulidæ saturi divina poemata narrant.
(PERSIUS, sat. 1.)

Et principes et majores infatuant, dicentes eos non teneri ad omnia præcepta Domini, sed posse dispensari cum eis propter generis sui nobilitatem, dignitatem, famam popularem, ne decrescat, et hujusmodi. Et **215** ut hujusmodi homines magis ridiculos per exempla ostendam, audi verbum cujusdam gerentis personam multarum facierum. Putabam, inquit, quod cum periculose in infirmitate laborarem, quod tantus prælatus et litteratus, audiens confessionem meam, mihi injungeret renuntiare omnibus dignitatibus meis, præterquam uni, « cum meterem, ubi non seminavi, et colligerem, ubi non sparsi, » nec ministravi. Ipse vero hoc sub silentio præteriens, pro delictis tantum juventutis meæ, et quibusdam minoribus criminibus me corripuit, et satisfactionem, si liberarer, esse agendam injunxit.

Alius etiam [ms. vero], non virgo, asserebat se malle centies peccasse in Spiritum sanctum, dum tamen pœnuisset, quam semel incidisse in lubricum carnis. Alius se malle habere quatuor concubinas, quam quatuor archidiaconatus. Alius econtrario. Item alius, non virgo, se malle centies a lubrico carnis abstinuisse ex vana gloria, et sic centies peccasse mortaliter, quam semel incidisse in illud, sicque :

Dum vitant stulti vitia, in contraria currunt,
(HORATIUS.)

Licet virginitas maxime commendabilis sit, similiter et continentia. Virgines enim angelicæ conversationi vicinantur, sicque ex mollitie hujus arcus, et ignorantia, provenit indistinctio boni ad majus bonum, mali ad majus, quod non est mediocriter errare. Licet autem peccata non sint leviganda, nihilominus tamen pœnitentiæ arbitrariæ sunt. Sic autem ea levigantes, sæpe crimina minora, quia scilicet visibilia, ut lubricum carnis, et hujusmodi, præferunt majoribus, quia invisibilia et ideo periculosiora. Alii econtrario rectius intuentes pro hac indiscretione criminum et mollitie. Quidam de laico raptore et semiclerico fecit archidiaconum, dicens quod factus archidiaconus non raperet, sed juste viveret ; tamen quod vispillo facit, fecerat et medicus. Et hic quod vispillo et raptor fecit, facit archidiaconus, de vispillone factus major vispillo. Item contra hujusmodi pessimos interpretes ait Isaias, cap. v : « Væ qui dicitis malum bonum, et bonum malum, » per scientiam et ignorantiam crassam, quæ æquipollet errori, « ponentes tenebras lucem, et lucem tenebras, ponentes amarum in dulce, et dulce in amarum. » Hieronymus super hunc locum : Omnis veritas dulcis est in se, et bonis, etsi non malis ; quibus, « veritas odium parit (TERENT. in *Andria*), qui bono odore moriuntur, falsitas autem amara. Cavendum igitur nobis est summopere, ne pro veritate sequamur mendacium, pro luce tenebras, pro dulci amarum. « Videntur » enim « quædam viæ rectæ et » justissimæ, « novissima tamen earum ducunt in infernum (*Prov.* xvi). Est enim justus qui perit in justitia sua. Noli nimis esse justus (*Eccle.* vii). » Ut ergo hoc maledictum non incurramus, « nec ad dextram, nec ad sinistram declinemus (*Deut.* v). » Aquila autem significantius transtulit : « Væ illis qui dicunt malo, bonus es ; vel bono, malus es (HIERONYMUS).»

Scienter intellige. Ignorantia enim habita circa personam vel factum, excusat, non autem circa jus. Jus enim divinum debet esse in plano et in luce scientiæ. Quid igitur vel quomodo judicandum de subtilibus retibus Simoniæ, morosæ etiam delectationis? Nunquid erit væ « illi, qui » in his « dicit bonum malum (*Isa.* v), » ubi difficile discernitur inter bonum et malum? Hieronymus : Difficile cavemus maledictum, eo quod de facili malis adulemur propter eorum potentiam, et bonos contemnamus propter eorum inopiam.

Item : Procedendum ex hac auctoritate : « Væ illis, qui dicunt bonum malum, » etc. Similiter væ illis, qui dicunt, per scientiam vel crassam ignorantiam, majus bonum minus bonum, minore bono ; vel minus bonum majus bonum, majore bono, utiliora postponentes minus utilibus, cum dicat Hieronymus : Quia non modicus error est præponere minus bonum majori bono, et digniori vel utiliori. Mutatio enim ordinis meritorum irritat formam et mutat. Similiter : « Væ illis, » qui dicunt majus malum minus malum minori malo, vel minus malum majus malum, non dico simpliciter, sed comparatione et respectu majoris mali. Sæpe enim peccata aggravamus, ut homo ea magis caveat, vel si ea perpetraverit, magis in se puniat. Item psalmus cxviii, sub littera Job : « Da mihi intellectum, ut discam mandata tua. » Glossa : Quam alte sint intelligenda mandata. Item Apocalypsis ultimo : « Si quis apposuerit ad hæc, » traditiones inutiles vel pravas, et molles expositiones addendo, » apponet Deus super eum plagas scriptas in libro hoc. Et si quis diminuerit » subtrahendo, vel rigorem arcus hujus levigando, « auferet Deus partem ejus de libro vitæ (*Apoc.* xxii). » Item Deut., c. xxxi ; et c. iv et xii ; Act. apost, c. iii ; item Ezech., c. xxxiii ; Parab., c. xxx ; Epist. ad Gal. i : « Si Angelus aliud, » etc. Ecclesiastes, c. xii.

CAPUT LXXXI.
Contra pigros.

Enervantibus arcum sacræ Scripturæ, peccatorumque pessimis ponderatoribus, adjuncta est et collactanea pigritia, ob quam nec lectitant, nec perscrutantur sacram Scripturam. Pigritia maximum est peccatum. Quod accusans Salomon in Proverbiis, cap. vi, ait : « Usquequo, piger, dormis? Quando consurges ex somno tuo? » Cap. i : « Manus in manu non est innocens. » Idem, cap. xii : « Qui operatur terram suam, saturabitur panibus » multiplicibus : « qui autem sectatur otium, stultissimus est. » Item, cap. xii : Manus remissa, tributis peccati « serviet. » Item, cap. xiii : « Piger vult et non vult » operari, et hujusmodi, quia inconstans est in omnibus viis suis. Item, cap. xv : « Iter pigrorum, quasi sepes spinarum, » quia claudunt et sepiunt eum, et pungunt ne bene operetur. Idem, cap. xviii : « Pigrum dejicit timor » a bono opere : « animæ autem effeminatorum esurient. Qui mollis et dissolutus est in omni opere suo, similis est opera sua dissipanti. » Unde in sequenti capitulo : « Pigredo immittit soporem, et anima dissoluta esuriet » voluptates. Item, cap. xx : « Piger propter frigus arare noluit, » id est Deo servire, mendicabit ergo æstate, » scilicet in die judicii, et « non dabitur ei » requies. Item, cap. xxi : « Desideria occidunt pigrum : Noluerunt enim quidpiam manus ejus operari. » Unde : « Omnis otiosus » vivit in desideriis animæ suæ (*Prov.* xiii, 4, juxta LXX). Unde et poeta :

Quæritur Ægysthus quare sit factus adulter,
In promptu causa est, desidiosus erat.
(OVID., i *De remed.*)

Et item :

Otia si tollas, periere cupidinis arcus.

Omnis scilicet cupiditatis.

Cedit amor rebus; res age, tutus eris.
(Ovid., 1 *De remed.*)

Item : Salomon, Parab. c. xxiv : « Exerce agrum tuum ne dicatur tibi : Per agrum hominis pigri, vel temulenti, « transivi, et per vineam viri stulti, et ecce totum repleverant urticæ et spinæ. » Idem, cap. xxvi : « Sicut ostium vertitur in cardine suo, ita piger in lecto suo. Abscondit piger manus sub ascellas suas, et laborat si ad os suum eas converterit : » In Ecclesiaste, cap. iv : « Stultus » et piger « complicat manus suas, et comedit carnes suas, » invidens : hoc hyperbolice dictum est, quasi tanta inopia sæpe premitur piger, quod si fieri posset, comederet carnes suas. Vel pigritia ejus causa est cur comedantur et devorentur igne æterno carnes ejus, quæ ei fomentum et materiam præbebunt. Item Ecclesiasticus, cap. xxii. « In lapide luteo lapidabitur piger, et omnes loquentur super aspernationem illius. De stercore boum lapidandus est piger, » id est dura increpatione peccati sui : « et omnis qui tetigerit eum, excutiet manus. » Item idem : « Servo malevolo tortura et compedes debentur ; mitte ergo illum in operationes, ne vacet. Multam enim malitiam docuit otiositas. Laxa manus illi, et quærit libertatem ; » ideo « constitue eum in assiduo opere, cujus collum curvent jugum et lorum. Sic enim condecet illum. » Filius autem quæcunque potest ex amore operabitur. Item comicus : Vide quid faciat otium, et cibus alienus. Hieronymus (in *cap.* xvi *Ezech.*) : Abundantia panis, superbia vitæ, et otiositas origo fuit peccati Sodomorum. Item. Dominus in Evangelio corripiens otiosos, ait : « Quid hic statis tota die otiosi ? Ite et vos in vineam meam (*Matth.* xx.) » Circa quam fodiendam, stercorandam, putandam, pastinandam, cum major debeat esse cura spiritus quam corporis, amplior sollicitudo adhibenda est, maxime cum providentia Christiana semper vigilet, ut homo semper « sobrie, pie et juste vivat (*Tit.* ii). » Item : Dominus in judicio omissa exprobravit non commissa, pro quibus certum est transgressores esse damnandos, dicens : « Esurivi, et non dedistis mihi manducare (*Matth.* xxvi). » Et nomine esuriei omnem defectum, quem tu ipse, vel proximus patitur, in quo Christus est, intellige : nomine cibi erogandi, omne talentum tibi commissum, quo juvare potes proximum. Nec sufficit, si aliquando esurienti dederis manducare, quia et hoc sæpe malus facit ; nisi scilicet, quantum potes, et quantum debes, et quoties dederis. Excessus nimius, in non erogando, te constituet delinquentem, non autem modicus. Sed quomodo possunt hæc discerni ? Item Dominus in Evangelio, non tantum facientem mala, sed et servum torpentem a bono damnat, dicens : « Omnis arbor, quæ non fecerit fructum bonum, excidetur, et in ignem mittetur (*Matth.* iii). » Servorum itaque est dormire, pigritari, et torpere ; filiorum vero est

A diligere, vigilare. Vigilantibus enim prodita sunt jura : pastoribus vigilantibus supra gregem suum, « annuntiatum est gaudium magnum quod est omni populo, quia natus est Salvator (*Luc.* ii). » Itemque : « Exsurge qui dormis, et illuminabit te Christus (*Ephes.* v). » Et sponsa ait in Cantico : « Ego dormio, et cor meum vigilat (*Cant.* v). » Sic caro nostra dormiat, ut mens in Christo vigilet. Et Petrus in 1 epist. (cap. v) ait in fine : « Sobrii estote et vigilate, quia adversarius vester diabolus, tanquam leo rugiens, circuit quærens quem devoret. Dominus » etiam « promisit coronam vigilantibus. » Qui etiam apud Lucam (cap. xii) distinguens tres vigilias, ait : « Et si venerit in secunda vigilia, et si in tertia vigilia venerit, et ita invenerit, beati sunt servi illi. » Ter etiam dicit in illo evangelista : « Vigilate, vigilate, vigilate, » tres vigilias significans. Sed cur vigiliam primam subticet, curioso relinquo solvendum. Tres autem vigilias ponit contra triplicem torporem. Prima scilicet, quæ est in his quæ sunt ad Deum ; secunda in his quæ ad te ipsum ; tertia in his quæ ad proximum. Vigila ergo in his quæ sunt ad Deum, vigila in his quæ ad te ipsum, vigila in his quæ ad proximum. Vel tres vigilias distinguit propter triplicem hostem, scilicet diabolum, mundum, et corpus proprium. Fremit mundus, premit corpus, et insidiatur diabolus. Apud Marcum (cap. xv) vero quatuor vigiliæ distinguuntur, ubi ait : « Nescitis qua hora Dominus venturus sit, sero, an media nocte, an galli cantu, an mane, » quæ a philosopho sic censentur : conticinium, intempestum, gallicantus, ante lucanum. Quatuor autem distinguuntur propter quatuor cardinales virtutes : ut vigiles sic ut prudenter et discrete eligas in necessariis, electa fortiter conserves, in adversis temperanter, in prosperis juste vigiliam tuam custodias ne somnus culpæ obrepat. Est autem quadruplex somnus : naturæ, ad necessitatem ; qui si superfluus fuerit, malus est. Unde :

Plus, vigila semper, nec somno deditus esto :
Nam diuturna quies vitiis alimenta ministrat
(Cat., lib. i, in *Distichis*.)

Culpæ : « Qui dormiunt, nocte dormiunt (*I Thess.* v) ; » gratiæ : « Ego dormio et cor meum vigilat (*Cant.* v) ; » gloriæ : « Et cum hoc dixisset, obdormivit in Domino (*Act.* vii). » Primus, est in mundo, et ad mundum, quoad necessitatem ; secundus, in mundo et ad culpam ; tertius, in mundo, sed a mundo et a culpa alienus ; quartus, et a mundo, et a culpa, et omni pœna. Unde : « In pace in idipsum dormiam et requiescam (*Psal.* iv). » Somnus etiam culpæ triplex. Primo dormiunt quidam in culpa, non resurgentes ; secundo dormitant, modo de peccato pœnitentes, modo in illud relabentes ; tertio obdormiunt finaliter in peccato suo decedentes. Contra quem somnum Propheta orans, ait : « Illumina oculos meos, ne unquam obdormiam in morte (*Psal.* xii). » Qui etiam comminans pigris psalmo lxxii adnectit :

« In labore hominum non sunt, et cum illis non flagellabuntur; ideo tenuit eos superbia, operti sunt iniquitate et impietate sua. Prodiit quasi ex adipe iniquitas eorum, transierunt in affectum cordis, cogitaverunt et locuti sunt nequitiam, etc. » Illi etiam obnituntur sacræ Scripturæ, et Domino homini pro peccato comminanti in Genesi : « In dolore et ærumna », inquit **219** Evæ, « paries filios. » Adæ : « In labore et sudore vultus tui, » non alieni, « vesceris pane tuo. » Raptores enim sunt, qui ea conditione metunt a subditis carnalia, ut seminent eis spiritualia, nec seminant (*I Cor.* ix). »

Imo pejores feneratoribus; puta nullam utilitatem eis, a quibus metunt, conferentes, sed nocumentum præbentes, si pro eis oraverint. Quia cum is displicet, qui ad intercedendum mittitur, irati animus ad deteriora provocatur. Quomodo in dolore et ærumna filios spirituales parturiunt, qui in otio et pompa sæculari degunt et deliciis mundi affluunt? Vel quomodo « in sudore vultus sui vescuntur pane suo (beatus Greg. *in Pastor.*), » qui torpent in otio, et hominibus, et pedibus mundi utuntur velut jumento, quorum et ipsi deberent esse jumenta et servi? Arsenius, primo comes Palatinus, postea eremita maximus (videatur ejus Vita apud Surium t. IV), quærentibus ab eo, in quo confideret, respondit : In eo quod homines fugi, aliquandiu tacui, flevi; potissimum in eo gaudeo, quod manibus laboravi. Et quidam sapiens cuidam ait : Quem, inquam, æstimas sapientem? Cui ille : illum, demonstrans litteratum, legisperitum et divitem. Non, inquit, sed iste sapiens est, demonstrans agricolam. Vidua etiam moriens sepeliri recusabat in camisia sibi data, dicens : Sepeliar quidem in camisia manibus meis elaborata, non alienis. Item Isaias, cap. LVI. « Speculatores ejus cæci sunt, etc. » Propter hoc ergo operare, quia : « Labores manuum tuarum, quia manducabis, beatus es, et bene tibi erit (*Psal.* cxxvii). » Si autem non laboraveris, et benedictione hac privaberis. « Uxor tua sicut vitis abundans in lateribus domus tuæ (*ibid.*). » Et cum in omni fere genere humano, pigritia redargui possit et inveniri, maxime in clero reperitur, quia magna otia clericorum sunt. Non est quid agatur apud eos, cum tamen dicat Apostolus : « Illis denuntia, ut panem suum, » scilicet proprii laboris, « manducent (*II Thess.* iii). » Et Salomon in Ecclesiaste ait (cap. vi) : « Omnis labor hominis in ore ejus. » Sic et illud exponitur : « In labore et sudore vultus tui vesceris pane tuo (*Gen.* iii); » per panem, omne necessarium corpori intelligitur. A parte, totum scilicet corpus intellige. Labor enim hominis consistit, non tantum in acquirendo cibum, sed in vestiendo, in ædificium, in quo habitet, præparando. Est autem labor multiplex : naturæ, gratiæ et culpæ. Labor naturæ duplex, corporalis scilicet et spiritualis : spiritualis in cogitatione, corporalis multiplex. Nec prohibet Dominus laborem naturæ, qui est scilicet ad necessitatem, ubi ait : « Nolite solliciti esse de crastino (*Matth.*

vi), » secundum sollicitudinem vitiosam, non necessariam providentiam. Labor gratiæ est ad gratiam, et propter gratiam. Qui duplex est, corporalis scilicet et spiritualis; et uterque triplex. Est enim labor pœnitentialis, ut « Laboravi in gemitu meo; lavabo per singulas noctes lectum meum, lacrymis meis stratum meum rigabo (*Psal.* vi). » Et labor macerationis propriæ carnis : « Castigo corpus meum, et in servitutem redigo (*I Cor.* ix). » Duas autem habet manus pœnitentia : laborem scilicet pœnitentialem, ad delenda præterita peccata; castigationem carnis ad vitanda futura. Pro his laboribus dicitur nobis : « Quia Deus bonorum nostrorum non eget (*Psal.* xv); » horum enim debitores sumus, ut salutem amissam **220** recuperemus. Tertius labor gratiæ consistit circa provisionem proximi, ut eum instruas in via Domini, omne talentum tibi commissum pro loco et tempore ei eroges, cum Paulo qui ait : « Plus omnibus laboravi (*I Cor.* xv). Nam instantia mea quotidiana est sollicitudo omnium ecclesiarum. Quis enim infirmatur, et ego non infirmor? » (*II Cor.* xi.) Et iterum : « Exercitatio corporalis ad modicum utilis est; pietas autem ad omnia se habet, vel pietas promissionem habet vitæ, quæ nunc est, et futuræ (*I Tim.* iv). » Et hic labor duplicem laborem gratiæ præmissum habet sequi, non præcedere, sed nec quodammodo comitari, ne prius sit homo carnalis quam concha, id est alii refluens, quam sibi retinens. Pro hoc labore dicitur : « Quia Deus bonorum nostrorum » quodammodo « eget. » Labor culpæ est, qui est ad culpam; et multiplex juxta diversitatem vitiorum. Vide quantum quis laboret propter inanem gloriam, alius propter luxuriam, alius propter gulam, et ita de cæteris, « ut tota die sit super muros Babylonis iniquitas, et labor in medio ejus et injustitia (*Psal.* liv). » Quoddam etiam laborare, ut invidere, non tantum ad culpam est, sed et ipsum culpa est. Verumtamen laborem naturæ, boni, ut sæpe, convertunt in laborem gratiæ; sæpe autem, ut in agricolis, indifferens est; mali vero, et illum convertunt in laborem culpæ. Verbi gratia : Ut laborem cibi acquirendi et necessarii tum gula, tum vana gloria mutavit in culpam, ita et laborem vestium, laborem ædificiorum, in laborem culpæ convertimus.

CAPUT LXXXII.

Contra superfluitatem et curiositatem vestium, ciborum et ædificiorum

Et quomodo? Prius de labore cibi videamus. Ait Apostolus : « Habentes alimenta, » non oblectamenta; « et vestes, » non ornamenta, « his contenti simus (*I Tim.* vi). » Et « qui altario servit, de altario vivat (*I Cor.* ix), » non lasciviat. Et alia auctoritas habet : « His qui enuntiant Evangelium, necesse est de Evangelio vivere (*ibid.*), » id est sustentari. Et Dominus : « Qui habet duas tunicas, det unam non habenti (*Luc.* iii). » Quomodo autem contra hæc necessitas cibi conversa sit modo in gu-

Iam, modo in vanam gloriam, modo in aliam quamcunque culpam, vide, tum ex superfluitate ferculorum, tum ex sumptuositate eorum, tum ex lautitia, tum ex varietate, pluralitate et decore ministrorum, tum etiam ex varietate et multitudine instrumentorum, quibus cibi citius et lautius praeparentur. Sed quomodo sic laborantes arguat philosophus (SENEC. ep. 60), audi : Unica quidem silva pluribus elephantis sufficit, taurus paucorum jugerum pascua quaerit; homo vero terris et mari pascitur, et his variis modis. Quid igitur? An natura nobis ventrem insatiabilem dedit, ut cum nobis modica corpora dedisset, edacitatem vastissimorum animalium superemus? Minime. Non enim fames ventris magno nobis constat, sed ambitio. Vide **221** primos parentes simplici victu, non sumptuoso, non vario, non superfluo, non corrupto artificio usos fuisse. Unde Boetius (metro v, l. II *De consol. philos.*, 6) :

Felix nimium prior aetas,
Contenta fidelibus arvis,
Nec inerti perdita luxu;
Facili quae sera solebat
Jejunia solvere glande.
Non Bacchica munera norat
Liquido confundere melle,
Nec lucida vellera Serum
Tyrio miscere veneno.
Somnos dabat herba salubris,
Potum quoque lubricus amnis,
Umbras altissima pinus.

Sic ergo : « In labore et sudore vesceris pane tuo (*Gen.* III), » id est cibo tuo, ita et labore et sudore vultus tui, vestieris veste tua, tegeris culmine tuo.

CAPUT LXXXIII.

De superfluitate vestium et pretiositate.

Verum quantum recesserit gloria et luxuria vestra ab usu vestiendi primorum, tum in materia, tum in colore, forma et compositione vestium, animadvertite. Porro primis parentibus ad tegendam erubescibilem nuditatem et turpitudinem, Dominus tunicas pelliceas fecit (*Gen.* III), sed quomodo paratas, nescio. Ecce rudis et simplex materia vestis, a qua ventum est ad corium animantium, ad lanam ovium, ad linum agrorum et haec quidem a natura sunt et ideo tolerabilia. Sed nec hic subsistere voluimus, sed processimus usque ad plumas avium, ad stercora vermium, etiam usque ad aurifrigium, nendo filum ex auro. A simplici etiam et naturali colore ventum est ad colorem pullum, sed religioni congruum; rubeum, subrubeum, croceum, violaceum, mistum et confusum, ut sub colore vestium perstringamus oculos nos intuentium, eosque in admirationem rapiamus, cum natura singulis rebus et maxime floribus, innatum adeo pulchrum colorem dederit, quali nec poterat « operiri Salomon in omni gloria sua (*Matth.* VI). » Sed objicis, vestes varii coloris, et pelles rubricatas et hyacinthinas fuisse in tabernaculo (*Exod.* XXV); respondetur, Quia :

Signa recesserunt; significata manent.

Hieronymus etiam hanc objectionem solvens, ait : Olim quidem ista probabantur, quando sanguis pecudum remissio fuit peccatorum. Nunc autem pauper Dominus, paupertatem et simplicitatem **222** in ecclesia sua dedicavit. Ergo dicite, Pontifices, in templis quid facit aurum? Quid sericum? Melius ista exponuntur ad usuram, quam pauper ad imbrem. Quod si haec judaizando revocas in templum, revoca cruorem immolatitium. Sed utinam modo nostra redirent in mores tempora priscos, ad exemplum sanctorum Patrtidorum, qui recolentes simplicitatem vestis priorum parentum; alii mattulis tegebant erubescibilem turpitudinem, alii corticibus, alii sacco, alii cilicio. Aegyptiaca (Maria Aegyptica cujus Vita exstat in Surio, t. II), supererogavit, quae nuda in nemore latuit, fugiens hominum aspectus, qui nudae erubescentiam inducerent. Porro quidam nimis grammatici hunc locum; « In sudore vultus tui, etc. (*Gen.* III), prave et perverse exponunt sic : « In labore et sudore vultus tui, » ut sit transitio inter hoc nomen vultus, et hoc pronomen tui, tui scilicet coloni, jumenti, servi. Et utrum [f. caeterum]. « In labore et sudore » horum, non in curiositate, non in sumptuositate, superfluitate et varietate redarguitur Tubalcain, a Hieron. super Genesim, eo quod diversis ictibus malleorum invenieret vanam et variam consonantiam musicorum : quanto magis inventor superfluorum magis nocivorum? Unde Boetius (lib. II *De consolat. philos.*, metro v) :

Heu, quis primus ille fuit,
Auri qui pondera tecti,
Gemmasque latere volenteis,
Pretiosa pericula fodit?

Et Hieronymus : Periculose, inquit, exercetur illius artis officium, quod luxuria adinvenit ad abusum. Peccatur enim in compositione vestium maxime. Cum enim natura hominem a bruto, insigni et honesto charactere distinxerit, quod natura homini negavit, scilicet caudam, ipse per artificium illud in veste caudata sibi usurpat habens, et mentem caudatam. Quia :

Deprendas animi tormenta latentis in aegro
Corpore.   (JUVEN., sat. 9.)

Hujusmodi homines redarguit Apostolus (*Rom.* I), ut « incompositos. » Alii in veste sua habent syrmata et longas revolutiones vestium sese, post se, in longa veste trahentes, qui mendacio staturam adjuvant; cum hos poeta gentilis redarguat, dicens :

Este procul vittae tenues insigne pudoris,
Quaeque tegit medios, instita longa pedes
(OVID. l. I, *De arte.*)

Maxime autem vestis syrmatica et longa non decet Christianum, quae post se pulverem trahit, vel suscitat, ad excaecandum oculos sequentium, similes Dariis et Byrrhiis. Unde Milo Terwanensis episcopus in sermone suo : Non decet, inquit, matronas christianas, vestes habere subtalares et post se trahentes, quibus verrant sordes pavimenti et viarum. Scitote, inquit, dominae dilectae, quod si hujusmodi vestis vobis esset necessaria, natura vobis in remedium ejus aliquid dedisset, quo terram tegere possitis. Sed modo cum vestis **223** excedat quantitatem corporis, cur non et calceus, ut calceos homo post se traheret? At econtrario, in quantum possumus calceos strictos, pedique hærentes habemus :

Nec vagus in laxa pes tibi pelle natet.
(Ovid.)

Quidam etiam, cum non possint inferius caudari in veste, faciunt consui caudas animantium, ne prorsus sint expertes caudarum. Alii stellati, imo stellionati, vestibus utuntur perforatis.

CAPUT LXXXIV.
Contra varios artifices istarum vanitatum.

Ad has vanitates et superfluitates fingendas, curiositas Christiana varios habet artifices, quibus forte caret idololatria. Incredibile enim est Scipiones, Catones, Lælios, si tales opifices vidissent, eos statim non repulisse. Videndum ergo, qui opifices necessarii essent Ecclesiæ et qui non; qui tolerandi in ea et qui non. Necessarii sunt agricolæ, sicut pes mundi. Vinitores autem propter infirmitatem nostram, licet Noe (*Gen.* ix) primam vineam plantasset, et primo vino, « in quo est luxuria (*Ephes.* v), » inebriatus sit; postea et Lot (*Gen.* xix) committens incestum merito ebrietatis. Similiter pelliparii sutores, tannarii, carpentarii simplices ; non dædalini, non sumptuosi fabri, textores simpliciter in materia operantes; tinctores etiam, dum non nimis excedant in sumptibus et propter mysterium, quod geritur in Ecclesia forte ; pictores, historias, non vana, depingentes ; artifices etiam instrumentorum musicorum, ut eis tristitia et tædium amoveatur, devotio non lascivia excitetur. A lascivis enim hæc periculose audiuntur. Aurifabri vero maxime qui sellas et calcaria deaurant, vel cætera, sine quibus posset esse Christiana religio; incisores, perforatores vestium, compositores dentorum, maxime plumbatorum, alearum, non dico schaccorum, quia his ad recreandum, quis ludere potest. Ili, inquam, non necessarii sunt, quibus nisi prius arti suæ abrenuntiassent, pœnitentiam non injungerem. Joculatori cuidam papa Alexander (Alex. III), nec concessit vivere de officio suo, nec ei penitus interdixit. Et cum judici necessarius sit gladius, licet gladios fabrefieri.

Nunquid ideo et sicas et pila duplicatam loricam perforantia? Ita. Sicut enim primo prudentia hominis bene contra malitiam hostium simplices gladios invenit, ita et industria ejus contra crebrescentem et duplicatam malitiam gladios ancipites, et alia arma excogitare et componere potest. Sed quid erit de artifice toxici? Tolerari potest, dum cautionem præstiterit Ecclesiæ se non esse nociturum per toxicum. Sed hæc in consuetudinem deducta, reprehendi et vituperari vilipenditur, cum Ecclesia eis primo emergent bus, deberet restitisse, et tales opifices amovisse, ne pullularent. Superfluitatem **224** vero vestium et aliarum rerum redarguens Apostolus in I Epist. ad Cor. c ix, ait : « Nescitis quod hi qui in stadio currunt, omnes quidem currunt, sed unus accipit bravium? sic currite, » scilicet absque offendiculo et onere, « ut comprehendatis. Omnis enim, qui in agone contendit, ab omnibus, » quæ præmium agonis possunt impedire, etiam a licitis, « abstinet. » Nos autem, si numerositate et superfluitate vestium, quemadmodum et aliarum rerum, onerati et impediti, eas, non tantum portamus, sed et trahimus post nos, facti, non tantum portitores earum, sed et veredarii, quadrigarii et summarii; cum tam excellens præmium nos maneat, si comprehenderimus ; et evanescat, si in cursu hoc periculoso defecerimus. In quo, ut ad metam attingamus, procincti debemus esse, ituri in hoc stadio per prudentiam, qua eligamus quid faciendum, quid credendum, quomodo in viis Dei ambulandum et in quo statu, qui necessarius est ad bene vivendum. Debemus etiam esse succincti, cursuri per temperantiam contra fluentes sinus cupiditatis :

Male cuncta ministrat
Impetus.
(Statius, l. ii *Thebaidos*.)
Ne quid nimis.
(Terentius.)

Præcincti, ministraturi per justitiam quæ unicuique reddit quod suum est. Tibi, si habeas lumbos præcinctos ad currendum, ut composito gradu vehas Spiritum sanctum proximo, ut ei facias, quod tibi vis fieri (*Tob.* iv). Etiam accincti esse debemus pugnaturi per fortitudinem contra triplicem hostem, quia : « Militia est vita hominis super terram (*Job* vii). » In procinctu ergo et in expedito debet esse iter nostrum, quod juvari debet curru, cursu, saltu. Quia non tantum viatores esse debemus, sed cursores Hebræi, transitores Dothain vel Idithun (*Gen.* xxxvii), et transilientes, sicut cervus, qui saltu cursum adjuvat et quæque hiantia et obstantia transilit. Nunc autem econtrario. Strictam viam superfluitate vestium et rerum aliarum obstruimus, ne « viam mandatorum » inveniamus, vel inventam eam, « curramus (*Psal.* cxviii). »

CAPUT LXXXV.
Contra mollitiem vestium.

Propter quem obicem a viis nostris amovendum, Dominus in luxu et superfluitate vestis duo reprehendit in Evangelio, scilicet mollitiem et superbiam, dicens : « Quid existis in desertum videre? Arundinem vento agitatam? Prophetam? Etiam dico vobis, plusquam prophetam. » Sed « quid existis videre ? Hominem mollibus vestitum? Ecce qui mollibus vestiuntur, in domibus regum sunt (*Matth.* xi). » Mollitiem igitur vestium vitium constat esse, sicut ait Gregorius (hom. 6 *in Evang.*), cum illud adjungat Dominus vitio inconstantiæ, cui adjuncta est superbia. Cum enim corpus de natura, hac mollitie non egeat, quid in veste molli quæritur, nisi spiritualis nequitia, scilicet superbia et delectatio ad superbiam, non ad necessitatem? In usu ciborum unica manu percutit nos diabolus, scilicet per mollitiem; in usu vestium duabus et per mollitiem et per superbiam. Verumtamen **225** omni cibo, pro tempore et loco, omni religioso vesci concessum est, si necessitas exegerit; pro nulla autem necessitate, vel aliquando concessum est religiosis, nisi splendidis vel superfluis vestibus. Nunc autem in domibus episcoporum et clericorum sunt qui mollibus vestiuntur. Si dicant, quia et ipsi reges sunt, sic quidem et apostoli, qui omnia hæc « reputaverunt, ut stercora, ut Christum lucrifacerent (*Philipp.* III). » Mollitiei autem et superbiæ vestium potest addi tertium reprehensibile in eis, scilicet sumptuositas. Unde Bernardus :

Chrismus ascendit, et vestitura potentis.
Martrix et spolio non leviore bever.
Et bursæ prædo Sabelus.

His pellibus, et aliis animantium, nobis barbas artificiales, ut larvati incedamus, comparamus, abrasis naturalibus, propter mollitiem, effeminationem, et luxuriam, cum meretricius nitor, habitus histrionicus vel regius apparatus, non deceat humilitatem, non congruat Christiano. Et philosophus ait : Placet quidem mihi, quod hanc ambitiosam supellectilem inexorabili odio persequeris.

CAPUT LXXXVI.
Contra superfluitatem ædificiorum.

Sicut in vestium et cibariorum superfluitate et curiositate, labor naturæ in culpam vertitur, et res in vitium cadit, si caret arte : sic et in superfluitate, curiositate et sumptuositate ædificiorum. Intuere enim quantum recessum sit a simplicitate antiquorum in construendis domibus. Legitur enim quod Abraham prima credendi via in casulis tantum habitavit, non habens etiam passum pedis super terram. Qui tentoria sua fixit inter Bethel et Hai, sicut peregrinus viator et non mansor, non civis, qui in culmine tecti sui, hoc est in casula tecta culmo recepit angelos hospites (*Gen.* XII). Similiter Lot et Noe in tentoriis habitabant (*Gen.* XVIII). Quidam etiam antiquorum, in cavernis petrarum, alii in corticibus et concavitatibus arborum, a quibus visi egredi, a quibusdam orti esse ab his fabulose putabantur. Eliseus, non proprium, sed alienum habuit hospitiolum, quia a vidua quadam sibi commodatum, in quo habebat cœnaculum, et in illo mensulam, lectulum et candelabrum (*IV Reg.* IV). Hoc etiam non commutabat divertens ad aliud hospitium, jam memor et custos illius præcepti evangelici : « In quamcunque civitatem introieritis, quærite quis in ea dignus sit, et apud illum manete, nec inde exeatis (*Matth.* X). » Item : Cum

Terra malos homines nunc educet, atque pusillos,
(Juven., sat. 15.)

Et non tantum statura, sed et diuturnitate vitæ nobis abbreviatæ superfluitate multiplici, et pro peccatis nostris, cum **226** etiam fines sæculorum, et consummatio in nos devenerint, quanta dementia, quantusque excessus est, nos ita esse sollicitos circa molem, et curiositatem, et sumptuositatem domorum ædificandarum; sic, quasi nunquam periturarum, et maxime cum antiqui, quibus diuturnior vita concessa est, qui etiam in principio mundi fuerunt nimis remoti a fine ejus, talia non curaverunt, credentes, quia « movebuntur » in fine mundi « fundamenta terræ (*Psal.* LXXXI), » usque ad penitima ejus, quantum scilicet descenderunt opera peccatorum; purgabitur et aer quantum ascenderunt opera eorum. Unde quidam Remensis clericus : Si crederent, inquit, ædificatores isti mundum esse finem habiturum, non tam alta moles usque in cœlum erigeretur, non fundamenta usque ad tantam abyssum jacerentur. In quo assimilantur gigantibus turrim Babel ædificantibus, contra Dominum enitentibus. Unde etiam timeant, ne cum ipsis « dispergantur a facie terræ (*Gen.* XI), » id est Ecclesiæ, et deinde « confundantur » in gehennæ igne. Sed etiam propter hanc superfluitatem et sumptuositatem domorum, murorum, minor est hodie pietas et erogatio in pauperes. Minus enim sufficimus alimoniæ eorum, et hujusmodi sumptibus superfluis. Item Isaiæ, cap. LXVI : « Cœlum sedes mea, terra autem scabellum pedum meorum. Quæ est ista domus quam ædificabitis mihi ? Et quis est iste locus quietis meæ. » Item Hieronymus (ep. 11 *ad Ageruchiam*) : Scio, inquit, populos esse, scilicet Megarenses, qui sic ædificant velut semper victuri; sic autem comedunt et bibunt, velut cras morituri, dicentes : « Comedamus et bibamus, cras enim moriemur (*Isa.* XXII). » Item : Paulus primus eremita in crypta, sive in hypogeo et subterraneo habitabat, pastus ab angelo quotidie dimidio pane. De cujus sanctitate audiens Antonius pater eremitarum et archimandrita, eum visitavit pulsans ad ostium ejus, ille vero feram vel lupum putabat esse. Tandem per divinam inspirationem revelatum est ei quod Antonius esset, cujus nomen prius ignorabat, et ait : Bene veniat dominus meus Antonius; et osculati sunt ad invicem. Quibus simul comesturis, angelus integrum panem attulit. Quo arrepto e regione, scilicet per frusta et partes oppositas, ut sic ambo frangerent; postea de eo comederunt, præhabita sancta contentione de divisione ejus et benedictione, qua uterque reliquum voluit sicut majorem præponere. Paulus autem plurimas quæstiones proposuit Antonio, inter quas et hanc inseruit quærens, an adhuc cessaret idololatria, obstinatio Judæorum, et an Christiana religio, ritus gentium in ædificiis sumptuosis imitaretur, dicens : Surguntne adhuc turres, et propugnacula, et palatia, et tam alta et sumptuosa ædificia Romæ ? Qui ait : Ita. Ille vero flens amplius hanc superfluitatem deplanxit, conquestus homines tantæ vanitati deditos, cum Christianorum deberet esse ad invicem cohortatio dicentium : « Non habemus hic certam mansionem, sed futuram inquirimus (*Hebr.* XIII). » Item : Imperator quidam cuidam eremitæ : Cur, inquit, sic coangustatum et commensuratum est hospitiolum tuum corpusculo tuo, ut illud nec in iota uno superet nec excedat? Cui ille : Sufficit **227** hoc homini morituro, ut semper memor sit saniei busti sui, ut ex eamdem necessitate se credat jam quasi esse mortuum, qua scit se esse moriturum; sic præveni sepulcrum meum, et quasi me præsepelivi; et adjunxit: Melius et tutius prosilitur in cœlum de tugurio quam de palatio. Item Dominus in Evangelio: « Vulpes foveas habent, et volucres cœli nidos, Filius autem hominis non habet ubi caput suum reclinet.(*Matth*. vιι).» Ecce quia modicitas et humilitas Christi docet nos debere esse contentos humilibus habitaculis, qui « non habuit ubi caput reclinaret (*Luc*. ιx),» nec ergo ubi deambularet, ubi gloriam suam et se dilataret. Et nos ergo ne simus vulpibus dolosis et fetidis similes, ne diabolo viciniores et inferis, ne signum absorptionis nostræ cum Dathan et Abiron ostendamus (*Num*. xvι); nequaquam ædificemus in visceribus terræ usque ad ponitima ejus, sed nec in aere, deputato dæmonibus in carcerem usque ad judicium; nec illis, per superbiam ædificantes, vicini et « socii simus » dæmonum « et struthionum (*Job* xxx),» sed super terram terrestres, scientes quia de terra transituri sumus, futuri cœlestes et secundum corpus, et secundum animam; et maxime ob hoc quod scriptum est : « Cœlum cœli Domino, terram autem dedit filiis hominum (*Psal*. cxιιι). »

Item : Prælatus prælato : Quid sibi vult ista altitudo domorum vestrarum? Quid turres? Quid propugnacula in eis? Non magis in his contra diabolum munitus eris, sed vicinior. Item: Hanc libidinem ædificandi detestantur palatia principum constructa ex lacrymis et rapinis pauperum. Monastica autem vel ecclesiastica ædificia erecta ex fenoribus et usuris avarorum, mendaciis deceptionum et deceptionibus mendaciorum, prædicatorum, mercenariorum, quæ ex male partis constructa sæpe dilabuntur, quia :

Non habet eventus sordida præda bonos.
(Ovιd., eleg. 1.)

Item : Exemplum sancti Bernardi flentis eo quod videret tuguriola pastorum tecta culmo, similia casulis pristinis Cisterciensium tunc habitare incipientium in palatiis stellatis et muratis. Sed et pro hoc morbo ædificandi sæpe ipsi religiosi, sicut et alii, instrumento suæ offensionis puniuntur. Constructio enim pulchrarum et amplarum domorum, invitatio est superborum hospitum. Etiam grangiæ eorum pro munimine sui sæpe incastellantur; quas etiam ne amittant, sæpe veritatem celant, et justitiam Dei omittunt, non audentes mutire contra principes, eo quod libertatem suam, de qua dicitur:

Cantabit vacuus coram latrone viator,
(Juvεn., sat. 10.)

amiserunt, pro divitiis grangiarum et agrorum suorum, permittentes sibi ædificari dormitoria et refectoria, a raptoribus et feneratoribus, in signum et memoriale æternum avaritiæ ipsorum. Sed nec id fieri pati deberent ex pecunia propria virorum bonorum, sed adhortari eos ut potius ista converterent in alimoniam pauperum, et redemptionem captivorum. Item : Etiam in ecclesiis construendis peccatur. Cum enim capita earum humiliora ess deberent corporibus ipsarum pro mysterio (quia « caput nostrum, Christus (*Ephes*. ιv), » scilicet humilior est Ecclesia sua), altiora nunc eriguntur. Hanc etiam triplicem superfluitatem **228** gentilis philosophus reprehendens, ait :

Huic epulæ vicisse famem summique penates
Submovisse hiemem tecto, pretiosaque vestis,
Hirtam membra super, Romani more Quiritis,
Induxisse togam. (Lυcanυs, l. ιι.)

Item Psalmista : « Et relinquent alienis divitias suas, et sepulcra eorum, domus illorum in æternum (*Psal* xlvιιι),» hoc est diu videlicet, usque ad resurrectionem. Cum ergo diutius sit tibi habitandum cum vermibus in sepulcro, quam cum hominibus in terrena domo, si alterum magis ordinandum, erigendum et sumptuose construendum relinquo; illud quidem magis videtur, in quo tibi diutius est morandum, de quo constat, quia vitium est illud superflue construi et ornari. Unde poeta :

Cœlo tegitur qui non habet urnam.
(Lυcan., lib. vιι.)
Facilis jactura sepulcri.
(Vιrgιl., Æneid. ιι, 646.)
Sepelit natura relictos.
(Mœcenas, lib. xv.)

Et Gregorius (*Moral*. c. 37) : Sumptuosa et ornata sepulcra mortuis sunt potius in augmentum supplicii quam in remedium. Est autem hominis primum sepulcrum, corpus proprium. Unde : « Dormientes in sepulcris (*Psal*. lxxxvιι).» Secundum : Terrenum habitaculum super terram vel in terra. Tertium erit ignis purgatorius. Quartum paradisus vel infernus. Ne sis autem magis sollicitus circa structuram et ornatum terrenæ domus quam corporis proprii, quod modico tegitur in quo etiam resurges, « cum hoc mortale induerit immortalitatem (*I Cor*. xv).» Non assimileris arte Dædalo in ædificanda domo, non gigantibus altitudine (*Gen*. xι), non Salomoni sumptuositate (*III Reg*. vι). Sed cur non Salomoni sapienti? Quia non modo sicut olim talia approbantur, quando scilicet sanguis pecudum erat redemptio peccatorum. Item psalmo lxxιιι : « Respice in testamentum tuum, quia repleti sunt, qui obscurati sunt terræ domibus iniquitatum,» et rapinis, mendaciis, et furtis, erogandisque pauperibus constructis. Item Hieronymus de exitu sanctæ Paulæ (epist. *ad Eustochium, De obitu Paulæ*) : Nolebat, inquit, in his lapidibus pecuniam effundere, qui cum terra et sæculo transituri sunt, sed in vivis lapidibus, qui volvuntur super terram. De quibus in Apocalypsi, ex quibus magni regis exstruitur civitas. Item idem epist. 30 (cap. 21) : Qua voce tibi exponam Salvatoris speluncam, et illud præsepe, in quo infantulus vagiit? Silentio magis quam infimo sermone honoranda sunt. Verumtamen ubi circa hæc sunt latæ porticus? Ubi aurata laquearia? Ubi domus miserorum pœnis, et damnatorum labore vestitæ? Ubi ad instar palatii privatorum exstructæ basilicæ ut vile corpusculum hominis pretiosius inambulet, et quasi mundo quidquam possit esse ornatius, tecta sua magis velit aspicere quam cœlum? Bethlehem (*Matth.* II), in parvo foramine terræ natus est Conditor cœlorum. Hic visus a pastoribus, hic demonstratus a stella, hic a magis adoratus (*Luc.* II). Item Jeremias, cap. XXII : « Væ qui ædificat domum suam **229** in injustitia, et cœnacula sua non in judicio. Amicum suum opprimet frustra, et mercedem ejus non reddet ei. Qui dicit : Ædificabo mihi domum latam et cœnacula spatiosa, qui aperit sibi fenestras, et facit laquearia cedrina pingitque synopide. Cujus oculi et cor ad avaritiam et ad calumniam et ad consummationem mali operis. » Item philosophus, locutus de dilatantibus fundos et agros, adjungit: Nunc vobis loquor, quorum æque spatiose luxuria, quam illorum avaritia diffunditur. Vobis dico hoc : Quousque nullus erit lacus, cui non villarum vestrarum fastigia immineant? Nullum flumen, cujus non ripas ædificia nostra prætexant? Ubicunque scatebunt aquarum calentium venæ, ibi nova diversoria luxuriæ excitabuntur. Ubicunque in aliquem sinum littus curvabitur, vos protinus fundamenta jacitis, non contenti solo, nisi quod manu feceritis. Cum multa ædificaveritis, cum ingentia, tamen et singula corpora estis et parvula. Quid prosunt multa cubilia? in uno jacetis. Non est vestrum ubicunque non estis. Item poeta :

Nullus in orbe locus Baiis prælucet amænis.
Si dixit dives lacus et mare sentit amorem
Festinantis heri, cui si vitiosa libido
Fecerit hospitium, cras ferramenta Theanum
Tolletis fabri.
(HORATIUS, lib. I, epist. 1.)

Item Juvenalis (sat. 14) :

Ædificator erat Centronius; imminuit rem.
Fregit opes, nec parva tamen mensura relictæ
Partis erat, totam hanc turbavit filius amens
Dum meliore novas attollit marmore villas.

Item Hieronymus (epist. ad Heliodorum *De laude vitæ solitariæ*) : Decet, inquit, pœnitentem et maxime claustralem morari, non dico in domibus amplis, sed in domiciliis, id est in ciliciis sive parietinis, quæ domus non sunt, sed similitudinem et vestigium domorum habentia, ut coangustatus seipsum recolligat, nec ad illicita extendat, memor uteri virginalis, in quo clausus et coangustatus fuit Dominus, tandem in præsepiolo positus, in patibulo, deinde in sepulcro. Unde David : « Similis factus sum pelicano solitudinis, factus sicut nycticorax in domicilio (*Psal.* CI), » sive in parietinis. Item Isaias, cap. V; Levit. XXVI; Habacuc, II; Item Isaias, XXVI, et Daniel, cap. VIII.

230 CAPUT LXXXVII.

Contra prodigos, qui male acquirunt, et pejus expendunt.

Plurimi, sicut in ædificando, et expensis superfluis sunt prodigi, vigilantissimi, et ebrii : sic et in piis causis et necessitatibus quotidianis subministrandis avarissimi, lethargici, et somnolenti, et pigri. De cujusmodi poeta ait :

Servorum ventres medio castigat iniquo,
Ipse quoque esuriens, neque enim omnia sustinet un-
[*quam,*
Mucida cærulei panis consumere frusta.
(JUVEN., sat. 14.)

Qui de lana caprina et pro nihilo, litigando objurgat servos ·
Nec paupertatem levet attollatve propinquum.
(CATO., 13.)

Vitium autem prodigalitatis sugillat Dominus in Luca, inducens parabolam de filio prodigo, qui vivendo luxuriose consumpsit bona patris, quibus consumptis in regione longinqua pavit porcos, pastus et ipse de siliquis porcorum. Reprehenditur autem in eo prodigalitas temporalis pecuniæ, quam consumpsit pro temporali concupiscentia sua, sicut Esau vendens primogenita sua, et benedictionem patris pro lenticula rufa (*Gen.* XXV). Sicut etiam aliquis fidelis dans pretium inæstimabile, scilicet Christi, et thesaurum mirabilem absconditum « in vasis fictilibus (*II Cor.* IV), » scilicet animam. factam « ad imaginem Dei (*Gen.* I), » pro fumo, somno et umbra. Reprehenditur etiam in eo prodigalitas naturæ, et prodigalitas gratiæ. Descendit enim ab Jerusalem in Jericho, et incidit in latrones, qui corruperunt in eo naturalia, spoliando eum gratuitis (*Luc.* X). Hujusmodi etiam homines designati sunt per hæmorroissam, quæ expendendo fere omnia bona sua in medicos, non poterat curari antequam veniret ad verum medicum (*Matth.* IX). Fiunt autem prodigi ex causis pluribus. Quidam ob libidinem ædificandi, et alias superfluitates et ebrietates. Alii ob libidinem coeundi, « et bona tota feruntur ad Cyanem, » quæ lacrymula una absorbet luxuriosum, fastidiens apud eum cibos delicatos, cum domi nigrum et mucidum panem, cum hesterno jure liguriat. Et Juvenalis :

Quæ bona donavit præsepibus, et caret omni
Majorum censu.

Alii ob gulam. Unde Horatius (lib. I, ep. 15) :

Ut rebus maternis atque paternis
Fortiter assumptis Urbanus cæpit haberi,
Scurra vagus, non qui certum præsepe teneret,
Impransus, non qui civem dignosceret hoste.
Quælibet in quemvis opprobria fingere sævus,
231 *Pernicies et tempestas barathrumque macelli.*

Alii ob ambitionem dignitatis vel famæ :

Tanto major famæ sitis est quam
Virtutis. Quis enim virtutem amplectitur ipsam
Præmia si tollas ? patriam tamen obruit olim
Gloria paucorum, et laudis titulique cupido.

Exitus ergo quis est famæ?
Ut pueris placeas et declamatio fias.

Alii ob excusationem miseriæ et peccati sui histrionibus et indignis etiam dantes, ut dicatur de eis : Nihil negant quod exigatur ab eis, sed nihil dant nisi exigatur. Ergo nihil dant viro bono et honesto. De quibus etiam dicitur : Mirum est ubi, et a quibus accipiant quæ expendunt, cum verius diceretur : Mirum est ubi, et in qua expendant, quæ accipiunt, et a tot rapiunt. Male enim accipiunt et pejus expendunt, quæ melius ea servarent, ut essent solvenda his a quibus rapuerunt.

Alii ob negligentiam vel inscientiam, qui profusores suorum fiunt, petitores alienorum. Generaliter enim prodigalitatem comitantur cupiditas, avaritia et rapina. Unde poeta :

*Quæcunque profunda
Traxit avaritia, luxu pejore refundit.*
(CLAUDIANUS, *De bello Gildonico*.)

CAPUT LXXXVIII.
De sancta prodigalitate.

Est tamen quædam sancta prodigalitas, qua quis animam dat pro Christo. Unde : Animæque magnæ prodigum Paulum. Tu ergo, non sicut prodigus des et cupias quodcunque necesse est pro viribus tuis, nihil autem supra vires. Unde Tobias (cap. iv) : Modicum habens, modicum tribue.

Metiri se quemque suo modulo, ac pede verum est.
(HORAT. lib. i, ep. 7.)

*Buccæ
Noscenda est mensura suæ, spectandaque rebus
In summis, minimisque; etiam cum piscis emetur,
Nec cupias mullum cum sit tibi gobio tantum
In loculis.*
(JUVEN., sat. 11.)

Ne fias cum his colatorium lactis tibi retinens tantum sordes peccatorum, ut pecunia ad alios devolvatur. Ne rapias, ut multos ventres pascas, cum unicum habeas ventrem, et secundum naturam modico contentum.

232 CAPUT LXXXIX.
Contra se immergentes in temporalibus avide.

Prodigos etiam, sive in ædificiis, sive in veste, sive in cibariis vel quibuscunque superfluis expensis, et in curiosa, vana et non necessaria doctrina, maxime sese immergentes in temporalibus redarguens Propheta, ait : « In circuitu impii ambulant ; secundum altitudinem tuam multiplicasti filios hominum (*Psal.* xi),» non dæmonum. Et iterum eis imprecans, addit : « Deus meus, pone illos ut rotam, et sicut stipulam ante faciem venti (*Psal.* LXXXII) ; » ut sint leves et inconstantes, sicut arundo agitata omni vento doctrinæ. Hi similes sunt filiis Israel offendentibus Deum, et ob hoc consumpserunt quadraginta dies « in itinere trium dierum, circa montem Seir (*Exod.* III),» nec intraverunt terram promissionis, sed filii eorum (*Deut.* II). Sic et isti œstro temporalium agitati, non quiescunt, sed vertiginosi et epileptici, « cum implis in circuitu ambulant (*Psal.* xi),» a vanitate in vanitatem, non attendentes quod « una tantum a Domino petenda (*Psal.* xxvi)» sit et requirenda, quod « non sit qui faciat bonum,» quousque veniatur « ad unum (*Psal.* xiii),» quod viam eunti aliquid sit extremum, error autem immensus. Ii etiam similes sunt diabolo, « qui circuit quærens quem devoret (*I Petr.* ii).» Hi sunt lunatici et lymphatici oblati ad curandum Domino (*Matth.* xvii), qui modo cadunt in aquam luxuriæ, modo in ignem iræ, cupiditatis, et alia flagitia, iterque suum non dirigentes ad Deum. In orbe circulari moventur, de vanitate in vanitatem, solliciti circa superflua et non necessaria, non contenti finibus naturæ vel gratiæ, et ideo non perveniunt ad octavam beatitudinis. De his sic loquitur Salomon Parabolarum, cap. xx (juxta LXX) : « Ventilator impiorum rex sapiens, immittit eis rotam malorum,» qui « semper sunt discentes, et nunquam ad perfectionem scientiæ pervenientes (*II Tim.* III) ; » semper laborantes et inaniter operantes, et nunquam quiescentes, quia : « Per semitam vitæ non ambulant, sed vagi gressus eorum, et investigabiles (*Prov.* v).» Item Isaias, cap. xix : « Immiscuit Dominus,» id est permisit, « in medio Ægypti spiritum vertiginis, et errare fecerunt Ægyptum in omni opere suo, sicut errat ebrius et vomens. Et non erit Ægypto opus, quod faciat caput et caudam incurvantem et refrenantem.» Item idem, cap. LVII : « Impii autem quasi mare fervens, quod quiescere non potest,» etc. Item David (*Psal.* LXXVII) : « Et percussit eos in posteriora, opprobrium sempiternum dedit illis,» ut Philisthæis (*I Reg.* v). Dum enim « amplexantur stercora pro croceis (*Thren.* iv) : » et arcam, id est fidem et Ecclesiam Christi postponunt temporalibus, umbratiliter tantum servientes, et diligentes mures ebullientes de terra, id est curæ et sollicitudines temporalium, corrodunt extales eorum ; quia viscera et bona interiora eorum vel corrumpunt, vel consumunt. Hi autem testamentum Dei habent, non ut juxta illud vivant, sed ut illo curiose vanitates **233** suas prætexant. Quod statuentes juxta Dagon (illud tantum umbratiliter, et pro temporalibus, sicut et æternis observantes) corruunt cum Dagon (*I Reg.* v), cum idolis et variis vanitatibus suis, amputatis sibi capitibus. « Verbum autem Domini manet in æternum (*Psal.* xxxii).» Hos turpes Moyses turpibus comparat, qui temporalia ista, velut stercora in auro vituli conflatilis redacto in pulverem (*Exod.* xxxii), datoque illud sitientibus et adorantibus in potum, immundissimo fimo stercorum, et fumo urinæ, condemnavit.

Quasi diceret eis : Stercora sitistis, stercora bibetis ; aurum sitistis, aurum bibetis. Hi etiam similes sunt « uxori Lot egressæ de Sodomis (*Gen.* xix),» et de flagranti cupiditate terrenorum ; deinde « respicienti retro,» per mundanam cupiditatem, « et versa est in statuam salis.» Assimilantur etiam « mittenti manum ad aratrum, sed respicientes retro, non sunt apti regno Dei (*Luc.* ix).» Hi similes sunt comprehendentibus Dominum et nequeuntibus majestatem ejus sustinere, corruunt retro in facies suas, qui impregnati et impinguati stercoribus temporalium, nolunt ea egerere in usus necessarios, quibus terra fecundetur, sicut nec Judæi in Sabbato, nisi cooperiant ; « sed putruerunt velut jumenta in stercore suo (*Joel.* i). Dispericrunt in Endor,» id est in fonte propaginis : « facti sunt ut stercus terræ (*Psal.* LXXXII),» qui sicut upupæ nidificant in stercoribus suis, et ideo « stercoribus boum lapidandi (*Eccli.* XXII),» in quibus stercora temporalium generant stercora peccatorum, stercoribus pœnitentialium satisfactionum amovendorum. Item David : « Et tabescere fecisti sicut araneam animam ejus,» etc. (*Psal.* XXXVIII.) Aviditas temporalium homines facit araneas. Aranea vermis est putridus et venenosus, qui devorat muscas, ut texat inutiles telas, quas texendo sese eviscerat. Sic et quidam araneæ sunt, « devorando, ut escam panis (*Psal.* XIII),» substantiolam pauperum, qui sunt pes mundi, et tantum muscæ, vel feneratorum, vel potentium ; qui etiam sunt muscæ principalium et majorum aranearum : Illi garcionum suorum, vel hostium, vel adulatorum aulicorum, ut puniantur instrumento suæ offensionis, quia :

Lex non æquior ulla est
Quam necis artifices arte perire sua.
(OVID. lib. I, *De arte*.)

« Væ qui prædaris, quia deprædaberis (*Isa.* XXXIII) : » Væ qui emungis, quia emungeris, et sæpe supra quod ab aliis emunxisti.

Hi sunt equi Pharaonis, qui cum sessore suo submerguntur in mari (*Exod.* XIV). Talibus dicit diabolus et mundus, « incurvare ut transeamus (*Isa.* LI).» Hiis effectum est, ut rarus sit hodie, qui non mendicet, nisi feneratur, vel qui certis stipendiis et redditibus sustentetur. Tales similes sunt Amalec, hoc est, lingentibus terram, qui non tantum terrena lingunt et comedunt, sed, sicut bos, ablingunt radicitus, substantiolas pauperum devorantes et rapientes ; ob quam rem probati a Gedeone (*Judic.* VII) excluduntur a consortio suo, ne sint in prælio cum ipso pugnaturo contra Madianitas et dæmones.

234 CAPUT XC.

De his qui puniuntur instrumento suæ offensionis.

Frequens est casus malos puniri instrumento suæ offensionis, ut in quo injuste proximum suum puniunt, puniantur ; in quo etiam Deum offendunt, offendantur. Unde Psalmus : « Lacum aperuit et effodit eum, et incidit in foveam quam fecit; convertetur dolor ejus in caput ejus, et in verticem ipsius iniquitas ejus descendet (*Psal.* VII).» Unde Augustinus (*in hunc locum Psalmi*) : Fraudator prior et pejus læditur damno innocentiæ, quam proximus pecuniæ. Item psalm. IX : « In laqueo isto, quem absconderunt, comprehensus est pes eorum; cognoscetur Dominus judicia faciens ; in operibus manuum suarum comprehensus est peccator.» Unde Augustinus : Unicuique sua iniquitas est pœna et patibulum. Item psalmus LVI : « Foderunt ante faciem meam foveam, et inciderunt in eam.» Et item : « Veniat illi laqueus quem ignorat, et captio apprehendat eum, et in laqueum cadat in id ipsum (*Psal.* XXXIV).» Et item : « Gladius eorum intret in corda ipsorum, et arcus eorum confringatur (*Psal.* XXXVI).» Unde Augustinus : Qui vult nocere proximo, similis est ei, qui attentat alium percutere gladio, quo prius se ipsum transverberat. Item Parab. c. XXVI : « Qui fodit foveam, incidet in eam, et qui volvit lapidem revertetur ad eum.» Unde Eccli. c. XXVII : « Qui in altum mittit lapidem, super caput ejus cadet, et plaga dolosa, dolosi dividet vulnera ; et qui fodit foveam, incidet in eam ; et qui statuet lapidem proximo, offendet in eo ; et qui laqueum ponit alii, peribit in illo ; facienti nequissimum consilium, super ipsum devolvetur, et non agnoscet unde adveniet illi.» Item juxta verbum Sapientis : Omnis fraus in se conversa colliditur. Item Dominus : « Quæ seminavit homo, hæc et metet (*Gal.* VI) ; et juxta quam mensuram mensi fueritis, remetietur vobis (*Luc* VI).» Item cap. XIII Lucæ : « Viri ædificantes turrim in Siloe, ab eadem oppressi sunt.» Et Augustinus (*S. Severianus in serm. de Innocentibus*) : Ne rapias bona proximi tui, quia capitur esca, et perditur anima. Item per exempla. Golias gladio, quo putavit David interficere, interfectus est (*I Reg.* XVII). Aman in patibulo, quod paraverat Mardochæo suspensus est ; cui in plenitudinem potestatis, et divitiarum possessionem Mardochæus successit (*Esther* VII). Saul gladio, quo pepercit Amalecitis contra præceptum Domini, interfectus est, docens regem Ægypti pro irrigatione terræ, quæ siccitate aruerat, peregrinum immolare pro peregrino, primo immolatus est (*I Reg.* XXXI). Quidam etiam aulicus novum genus tormenti, quo torquerentur rei, docens regem Siciliæ, primo inventi sui pœnas sustinuit (Perillus). Unde :

Rex Phalaris tauro violenti membra Perilli
Torruit, infelix imbuit auctor opus.
Justus uterque fuit, neque enim lex æquior ulla est
Quam necis artifices, arte perire sua.
(OVID. *De arte*, lib. I.)

235 Item juxta philosophum (SEN. ep. 83) : Omnes voluptates hominis in singula ejus tormenta convertuntur. Ebrietas hominem facit stupidum, insanum ; gastrimargia, libidinosum, pigrum. Et quid plura? Singula fercula, singulos peperere morbos. Unde hodie nullo genere morborum ægrotamus, quia nullo genere vivendi recte vivimus. Tot enim nunc numerabis cibos, quot cocos. Sic circumeuntes similes sunt ei, qui ait : « Circuivi terram et perambulavi eam (*Job* I). » Sunt « sicut volucres cœli et pisces maris, qui perambulant semitas maris (*Psal.* VIII). » Huic circuitui malo, contrarius est circuitus justus, de quo dicitur : « Circuivi et immolavi in tabernaculo ejus (*Psal.* XXVI). » Ille est rectus ordo, ut non nisi post multiplicem circuitum bonum, quis immolet hostiam, vel immolatam sumat. Circumire igitur debemus omnia creata, quia omnia clamant : « Deus nos fecit, ut in illis laudetur. » Unde et ad laudem ejus, fere in synaxi Matutinali, id est in fine Matutinorum et Psalmo

Illo « Benedicite, » etc. invitantur. Circuire etiam debemus beneficia creationis nostræ, quia « ad imaginem et similitudinem Dei creati sumus (Gen. I). » Beneficia etiam recreationis, beneficia sacramentorum ecclesiasticorum, mandata necessitatis : « Quia tunc non confundar, cùm perspexero in omnibus mandatis tuis (Psal. cxviii). » Consilia etiam persecutionis : hoc verbum etiam Apostoli, quasi triplicem funiculum : « Sobrie, juste, et pie (Tit. II). » Exempla sanctorum, præmia æternæ remunerationis, supplicia æternæ damnationis. Singula etiam genera peccatorum et singula generum ; singulorum etiam peccatorum circumstantias illa aggravantes ; omnia etiam tempora et status vitæ nostræ. Unde : « Recogitabo omnes annos meos, in amaritudine animæ meæ (Isa. xxxviii). »

CAPUT XCI.
De multiplici facie hominis.

Hujusmodi circuitus maxime beneficiorum creationis et recreationis nostræ, nos invitant ad dilectionem Dei.

Sicut enim testatur Leo papa (serm. 2, *De resurrectione*) : Magnus fuisset homo, si permansisset in eo, in quo fecit eum Dominus ; major est si permanet in eo, in quo refecit eum. Fecit enim eum ad imaginem in facie naturæ et similitudinem suam in facie gratiæ. Est autem multiplex facies hominis : scilicet facies naturæ exterioris, qua etiam quodammodo homo assimilatur Deo. Unde :

Pronaque cum spectent animalia cætera terram,
Os homini sublime dedit, cœlumque videre
Jussit, et erectos ad sidera tollere vultus.

(Ovid, I *Metamorphos.*)

Unde et B. Martinus oculis ac manibus semper in cœlum intentus, etc. (3). Paulus primus eremita (4) ab Antonio inventus est erectus, et quasi orans mortuus. Vincentius in tormento, semper erectis luminibus aspiciebat in cœlum. Hanc 236 faciem et erectionem naturæ, maxime deturpat fornicatio. « Qui enim fornicatur, in corpus suum peccat (I Cor. VI) ; » quia illud commaculat ; quia animam, ancillam corporis facit, ut non liceat ei in opere illo aliud cogitare et aliud sentire. Ita absorbetur, ut facies hominis quasi in faciem quadrupedum convertatur. Unde et libidinosus, sui vel porco comparatur, vel « qui fornicatur in corpus suum peccat, » quia contra venustatem et erectionem corporis sui, incurvans illud ad lutum. Facie etiam naturæ interioris homo assimilatur Deo, ut dilectione naturali, mansuetudine, benignitate, socialitate, et hujusmodi. Est etiam facies gratiæ, qua præcipue quis Deo assimilatur habens faciem Christi euntis in Jerusalem. Hæc consistit in virtutibus, quæ omnes sunt una facies in radice charitatis, et plures in exhibitione et habilitate quadam operum. Eminuit enim Job in patientia, David in humilitate, Moyses in mansuetudine, Joseph in castitate, quoad opera exteriora. Unde et Ecclesia constat ex personis multarum facierum « circumdata varietate (Psal. XLIV). » Hi dicere possunt : « Signatum est super nos lumen vultus tui, Domine, dedisti lætitiam in corde meo (Psal. IV). » Consistit etiam hæc facies in operibus et impletione mandatorum ejus. Cujus hæc sunt signa : « Qui est ex Deo, verba Dei audit (Joan. VIII) ; si quis diligit me, mandata mea custodit (Joan. XIV), » quia : Probatio dilectionis exhibitio est operis. « A fructibus enim eorum cognoscetis eos (Greg. hom. 30, *in Evang. Matth.* VII). » Et Apostolus ait : « Qui autem sunt Christi carnem suam crucifixerunt cum vitiis et concupiscentiis (Gal. V). » Consistit etiam hæc facies in consiliis, quæ adimplent viri compediti et claustrales ; sed clerici habitu milites, sermone histriones, opere et gestu meretrices, occupatione curarum temporalium sæculares, in qua harum facierum Deum sequuntur, vel in quo habitu resurgent, qui in nullo vivunt ? Tonsuram quidem servant, sed ob gloriam, vel venalitatem, et alii quidem aliis latiorem, qui sæpe hanc libertatem clericalem sumunt et servant in munitionem et conservationem temporalium. Contra quos Apostolus loquens, ait : « Tantum ne dederitis libertatem vestram in occasionem carnis (*ibid.*). »

Est et multiplex facies culpæ ; verumtamen « Imaginem ipsorum Deus ad nihilum rediget (Psal. LXXII). » Est et facies gloriæ quæ dabitur nobis, quando « Hoc mortale induerit immortalitatem, et hoc corruptibile induerit incorruptionem (I Cor. XV), quando renovabitur ut aquilæ juventus tua (Psal. CII). » Sed facies culpæ, faciem naturæ corrumpit, faciem gratiæ perimit, faciem vero gloriæ subtrahit.

CAPUT XCII.
De commendatione fidei.

Faciem gratiæ et virtutum inchoat fides. Unde Prudentius :

Prima petit campum dubia sub sorte duelli
Pugnatura fides.

237 Sicut enim aliquis strenuus miles inter cæteros, primos facit insultus in hostes consertos, sic fides, prima cupit expugnare castrum vitiorum. Ipsa enim propter tria præcipue, primatum et ducatum habet inter cæteras virtutes, tum quia mater est naturæ et genituræ omnium aliarum. « Abraham enim genuit Isaac, Isaac Jacob (*Matth.* I), » id est fides spem, et spes charitatem. Etsi omnes simul confundantur et habeantur in habitu motus ; motus tamen fidei, motus aliarum præcedit.

Quia enim credo, spero, diligo, patior pro Christo, compatior proximo, et hujusmodi. Charitas etiam dicitur mater virtutum, sed nutrituræ et informationis. Prima igitur mater earum et origo est fides ; secunda mater et velut nutrix est charitas. Tum etiam principatum habet, quia quadam pia cæcitate

---

(3) In ejus Vita per Sever. Sulpitium.
(4) S. Hieron. in Vita ejusdem Pauli. S. Aug. de eodem in sermone.

et temeritate fides audax et improba penetrat, quæ non attingit intellectus. Credit enim Deum trinum et unum, penetrat cœlos, credit Dominum Jesum sub nubilo panis sumi et manducari; quæ non intelligit, sed credit tantum, exuens hic omnem humanam rationem, quæ est ex causis. Fides enim non habet meritum, cui humana ratio præbet experimentum (GREG. hom. 26, *in Evangelia*). In quibusdam tamen et credit, et aliquatenus intelligit; in omnibus articulis requirens potius fidelia et sana verba, quam curialia et placentia, vel philosophica. Unde et Augustinus : Malo, inquit, esse inurbanus quam incredulus; malo potius esse agrestis Catholicus cum Hieronymo, quam curialis hæreticus cum Sabellio. Hæc nullum habet substramentum, nullam naturam, a qua habeat originem, præterquam a sola gratia. Ex solo enim Deo est; cæteræ virtutes quodammodo a natura habent originem. Præcedit enim dilectio naturalis dilectionem gratuitam, et ita de cæteris; sicque habent substratorium quod non fides, et ideo prima est inter eas; tum etiam, quia citra alias virtutes, miracula etiam rudis operatur. Unde : « Nonne in nomine tuo curavimus infirmos, et ejecimus dæmonia ? » (*Matth.* VII.) Et in Dialogo Gregorius (lib. III, c. 7) : « Inveni vas vacuum, » G. aliis virtutibus, « sed bene signatum, » quia charactere tenuis fidei. Et in Apostolo, prima ad Cor. cap. XIII : « Etsi habuero omnem fidem, ita ut montes transferam, charitatem autem non habeam, nihil sum. » Hæc enim sæpe mali operantur. Propter hanc primatum et dignitatem fidei Apostolus, ut sapiens architectus locans eam in fundamento spiritualis ædificii, ad commendationem ejus ait prima ad Corinth. cap. III : « Fundamentum nemo potest aliud ponere præter id quod positum est, quod est Christus Jesus, » id est fides de Christo Jesu. Item ad Rom. cap. III : « Justitia autem Dei est per fidem Jesu Christi, in omnes et super omnes, qui credunt in eum. » Et cap. III : « Credidit Abraham Deo, et reputatum est ei ad justitiam. » Item ad Ephes. VI : « State succincti lumbos vestros in veritate, induti loricam justitiæ, » in omnibus agendis « sumentes scutum fidei, in quo possitis omnia tela nequissimi ignea exstinguere. » Unde etiam capiti serpentis fides comparatur, quæ caput suum abscondit et protegit, reliquo corpore exposito vulneribus. Capite enim illæso non mortificatur : sic nec aliquis fidem servans. Etsi enim in aliis ceciderit, **238** fide tamen firmiter servata reviviscet. Unde Dominus : « Estote prudentes sicut serpentes (*Matth.* X). » Et Apostolus Epistola ad Colossenses : « Nunc autem reconciliavit vos Christus in corpore carnis ejus per mortem : exhibete vos sanctos et immaculatos, et irreprehensibiles coram Deo, si tamen permaneatis in fide fundati firmi, et stabiles, et immobiles a spe Evangelii (*Coloss.* I). » Item Habacuc II : « Justus meus ex fide vivet. » Et Petrus I Epist. c. v : « Diabolus tanquam leo rugiens circuit, quærens quem devoret, cui resistite fortes in fide. » Item Joannis I, cap. V : « Omne quod natum est ex Deo vincit mundum, et hæc est victoria, quæ vincit mundum, fides nostra. » Item Apostolus : « Sine fide impossibile est placere Deo (*Hebr.* XI). » Et Luc. in Act. apost. (cap. XV) : « Fide purificans corda eorum. » Et Dominus in Evangelio : « Omnia possibilia sunt credenti (*Marc.* IX). » Idem : « Si habueritis tantam fidem, ut granum sinapis, dicetis moro transplantare, et transplantabitur; dicetis monti transferre in mare, et transferetur (*Matth.* XVII). » Idem duobus cæcis ait Christus : « Secundum fidem vestram fiat vobis, et statim aperti sunt oculi eorum (*Matth.* IX). » Et centurioni ait : « Vade, et sicut credidisti, fiat tibi. Et sanatus est puer ejus in illa hora (*Matth.* VIII). » Augustinus (serm. 74 *De tempore*) : Quanta est fides propria, si tanta est aliena, adeo ut salutem corporis et primam gratiam alii mereatur ? Et Elizabeth beatæ Virgini, ait : « Beata quæ credidisti, quoniam perficientur in te, omnia quæ dicta sunt tibi a Domino (*Luc.* I). » Fides enim peperit Salvatorem. Quia Zacharias non credidit angelo, « perdidit promptæ modulos loquelæ, etc. » Item Apostolus ad Hebræos cap. XI : « Fides est substantia rerum sperandarum, argumentum non apparentium. » Ipsa enim est hypostasis et basis omnium virtutum, omnium bonorum; omnia etiam contenta in hoc capitulo fidem commendant. Exemplum Eremitæ, qui adeo in prædicatione commendaverat abstinentiam, quod ad biduana jejunia et triduana homines invitavit, et ob hoc fratres reficientes, eum non invitaverunt. Quibus ille : Quare vobiscum non refectus sum ? cum jejunasset usque ad vesperam. Cui illi : Ne aliud faceres, et aliud prædicares. Quibus ille : Ut stultus et indiscretus prædicavi. Cui illi : Tempora igitur verbum, ut tu et alii illud ferre possitis. Quidam uni ait : Similis es venienti de inferno. Cui ille : Et tu eunti in infernum, quod pejus est.

CAPUT XCIII.
De defectu fidei.

Nullius virtutis hodie tantus est defectus, quantus fidei. Unde et psalmo IX : « Propter quid irritavit impius Deum ? Dixit enim in corde suo, non requiret Deus, » ut puniat. Et in eodem : « Dixit enim in corde suo, oblitus est Deus : avertit faciem suam ne videat in finem. » Cui econtra respondet Dominus : « Existimas inique, quod ero tui similis (*Psal.* XLIX), » putando mihi placere mala, quem non credis ultorem, dum speras, tibique promittis impunitatem ? Non est ita. Quia **239** in futuro « arguam te, » qui hucusque tacui, te exspectans ad pœnitentiam, et arguendo « statuam te contra faciem tuam, » id est ostendam te tibi in libro conscientiæ, et displicebis mihi et tibi, quia modo non vis displicere tibi, ut placeas mihi. Item Hieron. in Orig. : Si putares tibi imminere damnum rerum temporalium, vel corporis supplicium coram judice, quanta sollicitudine et vigilantia circueires advocatos, placares judicem, captando ejus benevolentiam obsequiis et muneribus, reddendo cum tibi propitium in causa temporali ? nunc autem in causa animæ agenda torpes, « redditurus rationem etiam de verbo otioso (*Matth.* xii), » ante oculos judicis cuncta cernentis. Quare hoc ? Audi. Quia hoc times et credis, judicium vero summi judicis non times, nec credis. Vel si laborares ægritudine corporis, quanta cura advocares medicos? Nunc autem cum laboras morbo animæ, cur non tanta sollicitudine curris ad confessorem, ad medicos animæ? Cur fidem adhibes dictis medici, et non dictis Christi ? Audi. Quia mendaci sedulo et inutili credis, Christo autem veraci et utili non credis; qui tibi minatur, si ei non obedieris non tantum amissionem gloriæ, sed flammam gehennæ. Et ille :

Ha! quam sollicito quisque labore
Occursat medico carnis amore,
Dum morbus animæ nulla querela,
Egressam sequitur tarda medela.

(HILDEBERT. Cenoman. *In incendio*.)

Et Hieronymus (*Ep. ad Heliodorum De laude vitæ solitariæ*) : Fides famem non timet : « Primum quærite regnum Dei, et hæc omnia adjicientur vobis (*Matth.* vi). » Et Habacuc c. ii : « Ecce qui incredulus est, non erit recta anima ejus in semetipso (*Prov.* xx). » Et Isaias cap. xxi: « Qui incredulus est, infideliter agit. » Et Salomon : « Viri misericordes multi inveniuntur, sed virum fidelem quis inveniet? » Et Ecclesiasticus cap. ii : « Væ dissolutis corde, qui non credunt Deo, et ideo non protegentur ab eo. Qui timent Dominum non erunt incredibiles verbo illius. » Item Jacobus cap. ii : « Quid proderit, fratres mei, si fidem quis dicat se habere, et opera non habet? » etc. Nec tantum defectus fidei timendus, sed et modicitas ejus. Unde Dominus Petro: « Modicæ fidei, quare dubitasti ? » (*Matth.* xiv.) Et Apostolus dicentibus : « Cur nos non possumus eum ejicere, ait : Propter incredulitatem vestram. Amen dico vobis, si habueritis fidem, sicut granum sinapis, dicetis huic monti transi, et transibit, et nihil impossibile erit vobis (*Matth.* xvii). » Item (AUG. *De mendacio*, cap. 20): Fides est, quia fit quod dicitur, ergo ubi non fit quod dicitur, non est fides. Sed quare? « Quia non proponit Deum ante conspectum suum (*Psal.* liii); « Non est timor Dei ante oculos ejus (*Psal.* xiii). » Similes enim Antichristo, cum eo dicunt in corde suo : « Oblitus est Deus ; avertit faciem suam ne videat in finem (*Psal.* ix). Similes autem Epicuro, cum eo dicunt :

Ne curare Deum quanquam mortalia credas.

Similes etiam sunt Judæis incredulis verbis Domini, et dicentibus in Isaia c. xxii. « Comedamus et bibamus ; cras enim moriemur. » Quibus Deus : « Quia congregastis aquas piscinæ inferioris, et domos Jerusalem numerastis et destruxistis ad muniendum murum, nec suspexistis ad eum, qui fecit aquam piscinæ, et operatorem ejus de longe non vidistis, si dimittetur hæc iniquitas vobis, moriemini, dicit Dominus » Item c. xxix. « Væ qui profundi estis corde, ut a Domino abscondatis consilium, quorum sunt in tenebris opera, et dicunt : « Quis videt nos, et quis novit nos ? etc. » Item cap. xxiv : « Secretum meum, » de gloria æterna et inæstimabili præmio, « mihi est, » semper ante oculos. « Secretum meum, » de igne gehennæ et pœna interminabili, « mihi est, » quod non aliis nisi paucis. Unde : « Væ mihi, » quia alii hoc secretum fidei non habent, « sed prævaricantes prævaricati sunt, et prævaricatione transgressorum prævaricati sunt. » Item psal. xciii : « Et dixerunt : Non videbit Dominus, nec intelliget Deus Jacob. » Quos redarguens Spiritus sanctus per Prophetam, statim subdit : « Intelligite insipientes in populo, et stulti aliquando sapite. Qui plantavit aurem non audiet, etc. » Item psal. xxiii : « Quis ascendet in montem Domini, aut quis stabit in loco sancto ejus? Innocens manibus, et mundo corde, qui non accepit in vano animam suam, » non credendo justis esse præparatam gloriam inæstimabilem, impiis pœnam interminabilem. Item, naturale est filiis Adæ quærere commoda appetendo et vitare incommoda ; adeo ut pro certiori et majori commodo appetendo, pro certiori et majori incommodo vitando, sint prudentiores et sollicitiores ; sed nihil est certius fide, nec magis commodum gloria æterna, vel majus incommodum supplicio æterno. Ergo, qui pro minori commodo, ut pro temporali consequendo, vel incommodo temporali vitando, est prudentior et vigilantior, ei aliquid est certius fide; ei factum est, quod nihil sit certius fide, cum pro certiori et majori, secundum opinionem suam, magis sit strenuus et attentus. Ili similes sunt dæmonibus, quorum nulla est fides ; et si fides, mortua, habentes fidem in comprehensione, ut dæmones, qui credunt et contremiscunt, non autem in devotione ; et ideo fides eorum mortua, non est fides, sed simulatio, somnium, nutritura, et consuetudo. Tales « pro nihilo habuerunt terram desiderabilem (*Psal.* cv). » Item, discipuli ad Dominum de modicitate fidei : « Adauge in nobis fidem (*Luc.* xvii). Item Apostolus : « Qui confitentur se nosse Deum verbis, factis autem negant (*Tit.* 1), » blasphemant, et « veritas Dei in eis non est (*I Joan.* viii). » Plus enim peccant, qui negant opere, quam qui corde vel ore, sicut magis peccatur opere, quam cogitatione, vel locutione. « Nosse autem, vel scire te, sensus est consummatus (*Sap.* xv, et vi). » Quanto magis autem Deum nosse sensus est consummatus, tanto magis et Deum negare insipientia est consummata ; sicut : « Dixit insipiens in corde suo, » ore et opere, « non est Deus ; » et ideo hujusmodi, « corrupti sunt, et abominabiles facti sunt in studiis suis, etc. Dominus autem prospexit super filios hominum de cœlo, ut videat si est intelligens aut requirens Deum. Contritio et infelicitas in viis eorum, et ideo, quia, « viam pacis non cognoverunt (*Psal.* lii, xiii). » Item I Joannis cap. ii : « Qui dicit se nosse Deum, et mandata ejus non custodit, mendax est. » Item tertia Epistola : « Qui bene facit, ex Deo est; qui autem male facit, non videt Deum. » Item Dominus in Evangelio Joannis cap. v : « Quomodo potestis vos credere, qui gloriam ab invicem accepistis; et gloriam, quæ a solo Deo est non quæritis? » Augustinus : Quia superbia eos excæcat, et ambitio laudis, quæ appetit de se æstimari, quod in se non habet, et super alios se efferre. Humilitas, hæc sola odit, solius Dei quærit gloriam, quæ ei soli placere appetit. Item in eodem : « Qui credit in me, opera quæ ego facio, et ipse faciet; « opera, scilicet misericordiæ.

Unde in canonica Epistola : « Qui credit in Deum, debet sicut ille ambulavit, ambulare (*I Joan.* II); » qui ait : « Discite a me, quia mitis sum et humilis corde, » etc. « et majora horum faciet (*Matth.* xi), » miracula, cum necesse fuerit, et Dominus viderit expedire. Idem in Luca, cap VIII : « Quod autem supra petram, hi sunt qui, cum audierint, cum gaudio suscipiunt verbum, et hi radices non habent charitatis; quia ad tempus credunt, et in tempore tentationis recedunt, » a fide. In eodem cap. : Facta tempestate in mari et dormiente Domino, « accedentes discipuli suscitaverunt eum dicentes : Præceptor, perimus. Quibus ille : Ubi est fides vestra ? » Et Jacobi primo : « Si quis indiget sapientia, postulet in fide nihil hæsitans. Qui autem hæsitat, similis est fluctui maris, qui a vento movetur et circumfertur. Nec hic accipiet aliquid a Domino. » Talis enim cum philosopho dicit :

Primus in orbe deos fecit timor.

(PETR. in *fragm.* et STAT. TH. III, 361.)

Et item :

Virtus mihi numen et ensis.

(IDEM.)

Item ad Romanos, cap. IV : « In promissione etiam Dei non hæsitavit diffidentia, etc. » In eadem, cap. XVI : « Tu fidem habes penes te ipsum, habe et coram Deo, » etc. Est autem fides magna in tribus. In comprehensione litteraturæ et subtili, quæ sæpe ædificat, et sæpe inflat; in certitudine, quia nihil certius fide; et in devotione, quæ est condimentum charitatis. Fides enim certa et devota, est in omni qui timet Deum.

CAPUT XCIV.
De spe.

Posito spiritualis ædificii fundamento, scilicet fide, sequitur de erectione ejus, hoc est de spe. Erigitur enim per spem, perficitur et consummatur per charitatem, et cæteras virtutes. Et congrue. Spes enim, sicut et aliæ virtutes, filia est fidei. Quod enim credimus speramus; et quia speramus diligimus, et quantum, et quemadmodum, diligendo meremur. Unde David : « Fiat misericordia tua, Domine, super nos, quemadmodum speravimus in te (*Psal.* XXXII). » Et Apostolus spem cum fide et charitate commendans, ait ad Romanos, cap. V: « Justificati igitur ex fide, pacem habeamus ad Deum Patrem per Dominum nostrum Jesum Christum, per quem et accessum habemus per fidem in gratiam istam, in qua stamus et gloriamur in spe gloriæ filiorum Dei; nec solum gloriamur » de spe gloriæ, « sed de tribulationibus, scientes quod tribulatio patientiam operatur, patientia probationem, probatio vero spem; spes autem non confundit, quoniam charitas Dei diffusa est in cordibus nostris; » sed magis corroborat et confirmat, sicut anchora fidei. Est autem spes certitudo quædam procedens ex gratia et meritis cujuscunque. Igitur in malis non est spes virtus, qui tamen non sunt filii diffidentiæ vel desperationis, quia de nullo desperandum est in via, sed nec multum de talibus sperandum. Nec sunt filii spei, sed medium quemdam statum tenent, dum a piis lacrymis non recedunt, entes in proposito non peccandi. Unde David : « Sacrificate sacrificium justitiæ (*Psal.* IV) » triplex « sobrie » scilicet et « juste et pie vivendo exspectantes beatam spem, et adventum gloriæ magni Dei (*Tit.* II), » etc., et ita « sperate in Domino, » alioquin præsumitis. Et iterum : « Spera in Domino et fac bonitatem (*Psal.* XXXVI). » Ex spe autem et fide oriuntur, vel idem sunt cum spe, quædam sancta exspectatio in adversis, et fiducia in agendis quæ sunt consolationes non modicæ in omni tribulatione. Unde David : « Exspectans exspectavi Dominum (*Psal.* XXXIX), » pro duplici stola consequenda. Isaias (cap. XXVIII) : « Exspecta, reexspecta. » Et iterum David : « Exspectabam eum, qui salvum me fecit a pusillanimitate spiritus et tempestate (*Psal.* LIV) ; » qnia :

Spes facit ut mediis naufragus exstet aquis.

Et David : « Et nunc quæ est exspectatio mea ? nonne Dominus ? » (*Psal.* XXXVIII) etc. Et iterum : « Quare tristis es, anima mea, et quare conturbas me? Spera in Domino, quoniam adhuc confitebor illi (*Psal.* XLI), » etc. Et item : « Fiducialiter agam in eo et non timebo (*Psal.* XI). » — « Bonum est cum silentio præstolari salutare Dei (*Thren.* III). » Et Apostolus ad Romanos, cap. VIII : « Exspectatio creaturæ, revelationem filiorum Dei exspectat, quia et ipsa liberabitur a servitute corruptionis, in libertatem gloriæ filiorum Dei. Scimus enim quod omnis creatura ingemiscit, et parturit usque adhuc. Non solum autem illa » adhuc infidelis, « sed et nos ipsi » apostoli « primitias Spiritus habentes, et ipsi intra nos gemimus adoptionem filiorum Dei, exspectantes redemptionem corporis nostri. Spe enim salvi facti sumus; spes autem, rei quæ videtur, non est spes. Nam quod videt quis, quid sperat? Si autem quod non videmus speramus, per patientiam, » adversarii scilicet, « exspectamus, » quam speramus. Et item alibi : « Filioli mei, vita æterna spe jam in vobis est (*I Joan.* III). » Item Job, c. XIX : « Scio quod Redemptor meus vivit, et in novissimo die de terra surrecturus sum, et rursum circumdabor pelle mea, et in carne mea videbo Deum Salvatorem meum, quem visurus sum ego ipse, et oculi mei circumspecturi sunt et non alius; reposita est hæc spes mea in sinu meo. » Et Apostolus : « Scio enim cui credidi, et certus sum quia potens est depositum meum servare in illum diem (*II Tim.* 1). » Defectus autem spei similis est defectui fidei. Qui enim non credit, non sperat, et econtrario.

CAPUT XCV.
De charitate.

Parvulus si nascitur, et non alitur, deficit et moritur. Sic fides et spes, nec non et cæteræ virtutes, nisi charitate nutriantur et consummentur, deficiunt. Unde Apostolus commendationem et signa charitatis ponens in 243 I ad Corinthios, cap. xii, ait : « Adhuc excellentiorem viam vobis demonstro, » id est charitatem, quæ est majus donum omnibus, in via, donis. Quia « si linguis hominum loquar et angelorum, charitatem autem non habeam, factus sum velut æs sonans aut cymbalum tinniens. Et si habuerim prophetiam, et noverim omnia mysteria, et omnem scientiam; et si habuero omnem fidem, ita ut montes transferam, charitatem autem non habeam, nihil sum. Et si distribuero in cibos pauperum omnes facultates meas et si tradidero corpus meum, ita ut ardeat, charitatem autem non habeam, nihil mihi prodest (*I Cor.* xiii). » Cujus, quam multus et magnus sit usus, ostendit adnectens : « Charitas patiens est, » in injuriis, « benigna est, » larga egenis ; « Charitas non æmulatur, » non invidet, sed bonum alterius ut suum diligit « non inflatur, » de sua felicitate ; « non agit perperam, » neque enim eam mala conscientia pungit ; « non est ambitiosa » non vult aliis præponi ; « non quærit quæ sua sunt, » sed potius quæ alterius et quæ Christi, nec ablata repetit; « non irritatur, » non provocatur ad iram ; «non cogitat malum, » ut malum retribuat deliberando; « non gaudet super iniquitate » alterius, « congaudet autem veritati » et justitiæ. « Omnia suffert, » in actu pro veritate ; « omnia credit » de promissis probato spiritu ; « omnia sperat, » quæ veritas promisit; « omnia sustinet, » promissa in adversis patienter exspectat; « charitas nunquam excidit, » quia quæ hic est ad bene merendum, in futuro erit præmium nostrum, cætera vero nobis data non erunt. Unde sequitur : « Nunc autem manent fides, spes, charitas tria hæc; major autem horum est charitas, » quia « nunquam excidit, nunquam evacuabitur, » ut illa. Hæc est enim de qua Propheta ait : « Omnis consummationis, scilicet et operis consummati, virtutum, et sacramentorum nostræ redemptionis, « vidi finem (*Psal.* cxviii), « et consummationem, scilicet charitatem. Per charitatem enim Christus in cruce pendens ait : « Consummatum est (*Joan.* xix), » scilicet charitas quam habuit erga nos, omnia dicta de eo implevit usque ad mortis passionem. « Majorem autem charitatem nemo habet quam ut animam suam ponat quis pro amicis suis (*Joan.* xv). » Consummatissima fuit dilectio Patris qua « dilexit nos ante mundi constitutionem (*Ephes.* 1), » qua « nec pepercit Fil'o

suo, sed pro nobis omnibus tradidit illum (*Rom.* viii). » Et Apostolus prima ad Timotheum, cap. 1, ait : « Finis autem præcepti est charitas de corde puro et conscientia bona, et fide non ficta. » Unde Augustinus (serm. 39, *De tempore*) : Cui non vacat divinorum sermonum involucra revolvere, aut eorum secreta omnia penetrare; teneat charitatem, in qua cuncta lex pendet et prophetæ. Habe charitatem, et fac quidquid vis, omnia implesti. Et iterum (*Item in tract. De laude charitat.*, tom. IX) : Hæc est fons, cui non communicat alienus, finaliter et perseveranter reprobus. Hæc si desit, frustra habentur cætera ; quæ si adsit, habentur omnia. Hanc qui tenet in moribus, scientiam habet , et eorum quæ patent, et eorum quæ non patent in Scripturis. Hæc est « latum mandatum nimis (*Psal.* cxviii), » quæ extenditur usque ad inimicos. Charitas nunquam est solitaria, sed modo est in cœlo, modo in proximo; nunquam est otiosa, sed in commune bona totius humani generis pædagoga, nihil humanum a se putans alienum. Lata ut 244 Oceanus, quæ sine errore omnia præcepta comprehendit, et sine labore custodit.

Et Jeremias in (*Thren.* 1), Aleph sub littera Mem ait : « De excelso misit ignem in ossibus meis, et erudivit me. » Item (cap. 20) : « Ignis flammigerens in ossibus meis. » Et sponsus in Cantico, sponsæ ait, cap. iv : « Vulnerasti cor meum soror mea, sponsa mea, vulnerasti cor meum, » non tantum tetigisti, sed usque ad penitima cordis mei penetrasti. « In uno oculorum tuorum, » scilicet in una et præcipua virtutum, hoc est in charitate. Aliis enim virtutibus me tangis, hac sola cor meum vulneras. Et item : « Filiæ Jerusalem nuntiate dilecto, quia amore langueo (*ibid.*). » Item Octonario xiii, sub littera Mem, quæ interpretatur *viscera*, vel *ex ipsis*, vel *ex intimis*, vel *ignis ex intimis*. Charitas enim non ex summitate labiorum, non ex simulatione diligit, sed quasi ex visceribus, et ex ipsis intimis, et penitimis cordis. Pluraliter etiam dicitur viscera, quia charitas non uni operi est addicta. Dedit enim Deus diligentibus potestatem cujusque operis. Charitas princeps est omnium virtutum. Sed Adam in primo statu præditus omnibus donis naturalibus, quomodo charitatem non habuit meritoriam? Innocens adhuc simplex dilectionem naturalem habuit, sed non saporem, et flammam charitatis, quam non novit quis nisi per experientiam. Si igitur Adam tantus charitatem non habuit, nec præsumas dicere, quod eam habeas, nisi a fructu operum illam habere cognoscaris. Item : « Deus charitas est, et qui manet in charitate in Deo manet, et Deus in eo (*I Joan.* iv). » Magna est charitas, magna est promissio ejus. Charitas magna est, quia ipsa est Deus, « et magnitudinis ejus non est finis (*Psal.* cxliv). » Ipse est « quem totus non capit orbis. » Ineffabilis igitur et incircumscriptibilis est charitas. Et cum nominibus paucarum virtutum nominetur Deus, nullius nomine ita vere et proprie censetur, sicut nomine charitatis. « Deus enim amicum perdimus vivum quam mortuum. Sunt et charitas est. » Quod autem dicitur : « tu es patientia mea (*Job* xvii), » tropice dictum est, ut testatur Augustinus (lib. xv *De Trinitate*, c. 17), id est tu es ipse, a quo est mihi patientia. Non dicitur Deus sobrietas mea, vel castitas mea, et hujusmodi, sicut fortitudo, etc. Et licet Deus dicatur charitas, hoc nomen tamen appropriatur et specificatur vocaliter (etsi realiter toti Trinitati conveniat) circa Spiritum sanctum, qui est amor Patris et Filii, et signum, et probatio intimi amoris Patris ad Filium, sicut proles parentum. Spiratur enim ab utroque. Unde et opera Trinitatis de redemptione nostra attribuuntur et appropriantur Spiritui sancto. « Christus enim conceptus est de Spiritu sancto, » et hujusmodi. Hinc emersit quorumdam opinio non approbanda, qui dicunt charitatem nihil aliud esse quam Deum, a quo solo est motus, quo eum diligimus. Sed, nisi esset charitas creata, male diceretur : « Fides, spes, charitas, tria hæc : major autem eorum est charitas (*I Cor.* xiii), » a qua surgit motus, qui etiam a Deo est, quo ipsum diligimus. Magna est promissio charitatis, quia, « qui manet in charitate, in Deo manet, » per gratiam; mansurus tandem per gloriam. « Et Deus in eo, » qui ait : « Si quis diligit me, sermones meos servabit, et Pater meus diliget eum (*I Joan.* iv), » etc. Et item : « Notum feci eis nomen tuum, et notum faciam ut dilectio, qua dilexisti me, in ipsis sit, et ego in ipsis (*ibid.*). » Summopere igitur mundandum est, et omni custodia custodiendum cor nostrum, ut triclinium et hospitium totius Trinitatis.

CAPUT XCVI.

De luctu bono et malo.

Charitatis filiæ sunt fere omnes virtutes, dona et bona opera. Primo autem prosequendum est de filiabus ejus, septem scilicet beatitudinibus, et octava quæ redit ad caput, et purgat, et probat alias. Has enim virtutes, sive dona ducentia ad beatitudinem, Dominus commendans in sermone habito in monte ait : « Beati pauperes spiritu, quoniam vestrum est regnum cœlorum (*Matth.* v). » Verum, quia supra disseruimus de paupertate, tum interiore, tum exteriore, nec non et de mansuetudine, sequitur de tertia beatitudine : « Beati qui lugent, quoniam ipsi consolabuntur (*ibid.*). » Luctus non veri nominis est virtus, sed magis rivulus quidam de fonte pietatis et misericordiæ procedens. Sunt autem multiplices lacrymæ, ut lacrymæ desperationis, unde : « Nolumus vos ignorare de dormientibus, qui spem non habent (*I Thess.* iv), » etc. Et philosophus (Seneca, epist. 63) : Lacrymandum est amisso amico, non plorandum; hoc enim muliebre est. Et ob hoc non plorandum, quia ratio id statim deberet efficere, potius quam tædium et oblivio temporis diuturnitate; et : Nihil citius arescit lacryma. Et item : « Noli plorare mortuum tuum (*Jer.* xxii), quia quiescit; plus etiam amicum perdimus vivum quam mortuum. Sunt et lacrymæ cupiditatis. Unde :

Ploratur lacrymis amissa pecunia veris.

Et tam hæ, quam illæ lacrymæ detestabiles sunt, et prohibitæ. Sunt etiam lacrymæ naturalis et humanæ affectionis; et hæ tolerabiles sunt, dum non nimis excedunt. Non possumus enim non dolere, non lacrymari mortuo amico. Christus enim « lacrymatus est (*Joan.* xi), » mortuo Lazaro, sed hæ lacrymæ potius charitatis erant. Unde : « Ecce quomodo amabat eum (*II Reg.* x). » David etiam deflevit Saul hostem, et Absalon filium (*II Reg.* xviii). Sunt et lacrymæ pietatis et compassionis, et multiplices secundum diversas causas earum. Sunt etiam lacrymæ corporis et cordis pro peccatis propriis pœnitentiales. » Primo enim : « Miserere animæ tuæ placens Deo (*Eccli.* xxx,) » et a te ipso incipe. « Qui enim sibi nequam est, cui bonus erit ? » (*Eccli.* xiv.) De his lacrymis dicitur : « Lavabo per singulas noctes lectum meum, lacrymis meis stratum meum rigabo (*Psal.* vi). » Sunt etiam lacrymæ pro peccatis alienis. Unde : « Quis infirmatur, et ego non infirmor ? Quis scandalizatur, et ego non uror ? » (*II Cor.* xi.) Peccata proximorum frix, etc. in tentationibus et profluvio lacrymarum fuit Apostolus pro peccatis proximorum. Sunt etiam lacrymæ pro irriguo inferiori, et pro irriguo superiori, sive pro hoc misero incolatu et desiderio patriæ. Unde : « Heu me, quia incolatus meus prolongatus est! » (*Psal.* cxix.) etc. Et item : « Quis me liberabit de corpore mortis hujus ? » (*Rom.* vii.) Et item : « Fuerunt mihi lacrymæ meæ panes die ac nocte, » etc. De his lacrymis dicitur : « Qui seminant in lacrymis, in exsultatione metent, euntes ibant et flebant mittentes semina sua. Venientes autem venient cum exsultatione portantes manipulos suos (*Psal.* cxxv), » meritorum scilicet et præmiorum. Et item : « Beati qui lugent, quoniam ipsi consolabuntur (*Matth.* v). »

Arsenius (*Vita apud Sur.*, die 19 Jul.) decurio et nobilis ad eremum confugit, ubi adeo pro his quatuor causis flevit, quod tersorium semper secum detulit, quo lacrymas tergeret. Diogenes etiam, sed naturali compassione pro stultitia hominum, assidue flevit. Sed mirandum, unde ille suffecerit humor. Axa inquit patri suo Caleph : « Terram arentem dedisti mihi, nunc da mihi superius irriguum, et irriguum inferius (*Josue* xv).

CAPUT XCVII.

De bona esurie et siti.

(B. Greg., hom. 30 *in Evang.*) Beati qui esuriunt et sitiunt justitiam, quoniam ipsi saturabuntur (*Matth.* v). » Multiplex est esuries sive sitis. Gratiæ scilicet, vel justitiæ : ad Deum, ad te, et ad proximum, ut desideres, « pie, sobrie, et juste vivere (*Tit.* ii). » Hanc sitim commendans Isaias, cap. lv, ait : « Omnes sitientes venite ad aquas; et qui non habetis argentum properate, emite, et comedite, etc.

Et David psalmo XLI : « Quemadmodum desiderat cervus ad fontes aquarum, ita desiderat anima mea ad te Deus : Sitivit anima mea ad Deum, fortem, vivum, etc. »

Et psalmo LXIII : « Sitivit in te anima mea, quam multipliciter tibi caro mea. » Quia multipliciter hanc sitim ministerio corporis ostendit, ut per frequentes genuflexiones, per frequentes et assiduas orationes, per frequentia jejunia, vigilias et eleemosynas. Probatio enim dilectionis, exhibitio est operis. Est etiam sitis gloriæ nobis ineffabilis. Unde : « In quem desiderant angeli prospicere (*I Petr.* 1).» Et item (B. GREG, lib. XVIII *Moral.*., cap. 28) : Fruuntur nec fastidiunt, quo frui magis sitiunt non in angustia appetentes quod non habeant, sed continuationem refectionis et jucunditatis jam habitæ desiderantes. De qua refectione dicitur : « Satiabor cum apparuerit gloria tua(*Psal.*XVI).»—«Beati qui esuriunt et sitiunt justitiam, quoniam ipsi saturabuntur (*Matth.* v).»—« Quærite ergo regnum Dei, et justitiam ejus (*Matth.* VI). » Non enim sufficit unum sitire sine reliquo. Unde Augustinus (Lib. I, *De serm. Domini in monte*, ser. 92, *De tempore et de utilitate jejunii*, c. 1) : Si mihi virtutem concesseris, ut nihil supra quæram, jam ipsam virtutem rejiciam. Habeas ergo sitim justitiæ, habeas et sitim gloriæ ; illam ut meritum, et quæ impetrat ; istam ut præmium, quæ remunerat et coronat. Propter hanc multiplicem sitim Daniel dictus est : « Vir desideriorum (*Dan.* IX), » justitiæ scilicet, et gloriæ. Non enim unum desiderium tantum sufficit. Hæc sitis, est sanctum desiderium justorum de quo in psalmo dicitur : « Desiderium pauperum exaudivit Dominus ut semper maneat (*Psal.* XVII), desiderium vero peccatorum peribit (*Psal.* CXII). » Est autem desiderium sive sitis culpæ multiplex, juxta diversas voluptates, verum circa **247** duas maxime restringitur, scilicet avaritiam et libidinem. Hæ sunt duæ sanguisugæ, quæ incessanter clamant : « Affer, affer (*Prov.* XXX).» De siti avari et hydropici legitur :

Tantalus a labris sitiens fugientia captat
Flumina.
(HORAT., lib. I, sat. 1.)

Et :

Quo plus sunt potæ, plus sitiuntur aquæ.
(OVID., I *Fast.*)

Et :

Dumque sitim sedare cupit, sitis altera crevit.
(OVID., *Metam.* III, fab. 6.)

Et :

Congestis undique saxis
Indormis inhians.
(HORAT., lib. I, *Ser.*, sat. 1.)

(QUINT., lib. VII.) Avaritia enim semper pandit alios hiatus, et plus eget eo, quod non habet, quam eo, quod habet. Sitis vero libidinis amplius crescit et provocatur, quo magis libido exercetur. Est etiam sitis naturæ, quæ sensibilis occulata fide patet. Est etiam sitis, sive desiderium, quod non est naturæ, nec culpæ, nec gratiæ, sed vanitatis

Est enim frivolum et stultum, ut desiderium rerum temporalium et gaudii. Unde : « Desiderium cordis eorum audivit auris tua (*Psal.* x).»—«Sed ne timueris, cum dives factus fuerit homo, et cum multiplicata fuerit gloria domus ejus, quoniam, cum interierit non sumet omnia, neque descendet cum eo gloria ejus (*Psal.* XLVIII).» Arcentur etiam quandoque, et impediuntur quidam a desiderio sanctorum ; torpore et inviscata consuetudine. Unde : « Esurientes et sitientes, anima eorum in ipsis defecit (*Psal.* CVI). » Et hoc est desiderium torpentium, sed inutile. Est etiam desiderium inchoantium, sed non omnino assurgentium, et hoc bonum est. Unde : « Parvuli petierunt panem et non erat qui frangeret eis (*Thren.* IV). » Est et desiderium perfectorum, et pervenientium. Unde : « Beati qui esuriunt et sitiunt justitiam, quoniam ipsi saturabuntur (*Matth.* v). » Hæc est quædam refocillatio et prælibatio gloriæ per justitiam, in patria erit plenitudo in bonis gloriæ ipsius, et satietas per coronæ collationem.

CAPUT XCVIII.
De misericordia generali.

(GREG., hom. 30 *in Evang.*) « Beati misericordes, quoniam misericordiam consequentur (*Matth.* v). » Specialis filia, et potissimum signum charitatis et expressius, est misericordia ; adeo ut de ea præ cæteris virtutibus dici possit. Probatio dilectionis, exhibitio est operis. Hæc maxime commendabilis est, tum in capite Christo, tum in membris ejus, cujus vestigia imitari habent in operibus misericordiæ. In Christo commendatur, « quia miserationes ejus super omnia opera ejus (*Psal.* CXLIV); quia misericordia Domini **248** plena est terra (*Psal.* XXXII).» Qui, etsi justus sit, tamen : « Misericordia ejus superexaltat judicium (*Jac.* II); » quia « multus est ad ignoscendum (*Isa.* LV), cujus proprium est misereri semper et parcere, qui non vult mortem peccatoris, sed ut magis convertatur et vivat (*Ezech.* XVIII). » Propter quem, ut viveret in æternum cum ipso misericorditer, « cum in forma Dei esset, se exinanivit formam servi accipiens (*Philipp.* II), » in qua et verbo, et exemplo ad misericordiæ opera præcipue nos invitavit, cujus omnis actio nostra est lectio. « Qui videns civitatem, » misericordia motus, « flevit super illam, dicens : Quia, si cognovisses, et tu (*Luc.* XIX). » Hæc commendatur in membris Christi, quia sine hac nec eum imitantur. Si ergo imitatores Christi, necesse est, « ut multus sis ad ignoscendum ; ut misericordia in omni opere tuo superexaltetur (*Jac.* II) » et enatet, et præponatur omni severitati et rigori, ut totum te exinanias, et exhaurias in operibus misericordiæ. Primo a teipso incipiens ; secundo eam in proximo perficiens, et omnia opera ad Deum referens. Hæc iterum commendatur a Domino, quia opera misericordiæ præ operibus cæterarum virtutum pollicetur se in judicio fore remuneraturum : « Esurivi, et dedistis mihi manducare ; sitivi, et dedistis mihi bibere (*Matth.* xxv), » etc. Opera vero immisericordiæ, ut ita dicam, commissa vel patrata, comminatur se præ cæteris delictis condemnaturum et punilurum : « Esurivi, et non dedistis mihi manducare, » etc. Item Dominus in Luca, cap. III : « Venerunt publicani ad Joannem, dicentes : Quid faciemus, ut non excidamur, et in ignem æternum mittamur? At ille. Nihil amplius quam quod constitutum est faciatis, nihil ultra præscriptum exigatis. Interrogabant cum et milites, dicentes · Quid faciemus et nos ? Et ait illis : Neminem concutiatis, neque calumniam faciatis, et contenti estote stipendiis vestris. » Beda (in cap. III Lucæ) : Joannes unumquemque in suo gradu et officio, ab agenda injuria coercet, ut dum primo ab alienorum se temperant appetitu, tandem ad propria, cum proximis communicanda pertingerent. Justo igitur moderamine eos præmonet, ne ab eis calumniando prædam requirant, quibus militando prodesse debuerant, docens ideo stipendia constituta militiæ, ne dum sumptus quæritur, prædo grassetur. « Et interrogabant turbæ, dicentes : Quid ergo faciemus? Quibus ille : Qui habet duas tunicas, det unam non habenti, et qui escas habet similiter faciat. » Beda : De duabus tunicis et escis dividendis datur præceptum. Ad dignum enim pœnitentiæ fructum pertinet, ut non exteriora et minus necessaria, sed etiam ipsa valde necessaria cum proximis dividamus, ut escam qua vivimus, et tunicam qua vestimur. Ecce quantum valent opera misericordiæ, quæ ad dignos fructus pœnitentiæ præ cæteris præcipiuntur. Unde : « Date eleemosynam, et omnia munda sunt vobis (*Luc.* xi). » Item Ambrosius super eumdem locum : Nullum officium, nullum genus, nulla ætas, ab agenda misericordia excluditur. Omnes enim in communi monentur a Joanne, ut conferant non habenti. Misericordia enim plenitudo virtutum est. Hæc enim tanta est, ut sæpe ex improbitate quadam sancta et confidentia in Deo, et vinculo dilectionis divinæ (cujus ipsa est signum et via) nitatur contraire obedientiæ, et **249** aliis virtutibus. Unde conversus Carthusiensis, cum quadraginta libris proficiscens ad nundinas, ut eas expenderet in necessitates cellæ suæ, comitem habuit in via militem veteranum, debilem, et pauperem. Cui ille : Quo vadis? At ille respondit : Gravatus ære alieno, vado petitum inducias a quodam creditore. Cui ille ait : Ibo tecum.

Respondit gravatus ære alieno : Bene habeas. Qui ingressi domum debitoris, cum peteret inducias, denegavit eas creditor, adjungens quod et filium ejus vinctum in carcere poneret; et nisi in ea die universum debitum ei redderet, quod ei, in die constituta, tota hæreditas ejus appropriaretur. Pro quo cum intercederet conversus, plurima convicia et contumelias illi intulit. Ad quem conversus : Hodie « liberabitur justus iste de carcere mortis hujus (*Rom.* vii); » et projiciens ante eum quadraginta libras redemit filium militis a carcere, ipsumque a debito liberavit. Qui rediens narravit fratribus omnia quæ gesta erant. At illi maxime in hoc facto commendabant. Item, Nolanus episcopus, ut testatur Gregorius in Dialogo (lib. III, c. 1), exhaustus in operibus misericordiæ, se in servitutem vendidit, licet addictus curæ pastorali, pro captivo quodam redimendo, et Dominus, qui miseretur omnibus miserentibus aliis, eum in plenitudinem dignitatis officii episcopalis restituit. Item, Joannes Alexandrinus quasi litem et condictum habuit cum Domino, ut quidquid ille daret, hic pauperibus totum erogaret, dicens : Ita, Domine, dando, ego erogando; videbimus vero quis vincat. Item, episcopus Tarentinus, solemniter pœnitentem et ligatum a summo pontifice, exoneravit quadam tunica plumbea. Qui interrogatus, qua auctoritate hoc faceret; respondit : Auctoritate hac et illius, qui ait : « Beati misericordes, quoniam ipsi misericordiam consequentur (*Matth.* v). » Idem adeo se totum effudit in operibus misericordiæ, ut abundantibus subriperet clanculo, quæ potuit in purpura vel argento, ut ea erogaret pauperibus. Qui cum, quasi de furto, super hoc argueretur, respondit : Lex justo non est posita; omnia etiam debent esse communia ; nec sic alienum subtraho, sed isti, quod suum est sibique debetur, reddo. Sed nec legitur (Terent., *Adelph.* v, 3) vir quivis misericors diem extremum conclusisse, nisi bono fine. Et Dominus per prophetam ait : « Misericordiam volo, et non sacrificium (*Ose.* vi); qui erexit cornu salutis nostræ, ad faciendam misericordiam cum patribus nostris; ad dandam scientiam salutis plebi ejus in remissionem peccatorum eorum; per viscera misericordiæ Dei nostri, in quibus visitavit nos Oriens ex alto, » etc. (*Luc.* i.) Item Jacobus cap. II: « Judicium sine misericordia erit illi, qui non facit misericordiam; » sine misericordia, dico, liberante, non parcente. Semper enim parcit Dominus, quia misericors, sed non semper liberat omnino a pœna, quia justus, vel sine misericordia, scilicet, pro sine misericordia. Si ergo imitator es Christi, semper teneris parcere injuriam tibi inferenti. Non modica enim culpa est, totam persequi culpam.

250 CAPUT XCIX.
De misericordia ignoscente.

Sunt autem duæ species misericordiæ. Una consistit in ignoscendo, reliqua in subveniendo proximo. Prima egregia est, et major secunda. Major enim est, qui vincit iram, quam qui capit civitatem; et majus est injuriam tacendo fugere, quam respondendo superare. Et item : « Cum iratus fueris, misericordiæ recordaberis (*Habac.* III). » De prima ait Dominus : « Dimittite et dimittetur vobis (*Luc.* vi).» Et in Dominica oratione petimus : « Dimitte nobis debita nostra, sicut et nos dimittimus debitoribus nostris (*Matth.* vi). » Nota conditionem : Dimittimus omne debitum ex corde, scilicet, omnem rancorem, injuriam et contumeliam, rem etiam, si non sunt solvendo. Unde Apostolus prima ad Corinthios, cap. vi : « Quare non magis fraudem patimini, Quare non magis injuriam accipitis? » Et Dominus in Evangelio : « Si percusserit te in una maxilla, præbe et aliam. Et, qui vult tecum in judicio contendere, et tunicam tuam tollere, rejice ei et pallium (*Matth.* v). » Et item : « Esto consentiens adversario tuo cito, dum es in via cum eo, ne forte tradat te adversarius judici, et judex ministro, et in carcerem mittaris. Amen dico tibi, non exies inde, donec reddas novissimum quadrantem (*ibid.*). » Et item : « Quicunque angariaverit te mille passus, vade cum illo et alia duo (*ibid.*). » Et item : « Audistis, quia dictum est antiquis : Diliges proximum tuum et odio habebis inimicum tuum. Ego autem dico vobis : Diligite inimicos vestros, benefacite his qui oderunt vos, et orate pro persequentibus, et calumniantibus vos ; ut sitis filii Patris vestri, qui in cœlis est. Qui solem suum oriri facit super bonos et malos, et pluit super justos et injustos (*ibid.*). » Item Dominus in Matthæo cap. xviii : « Serve nequam, omne debitum dimisi tibi, quoniam rogasti me, nonne oportuit et te misereri conservi tui, sicut et ego tui misertus sum? Et iratus Dominus ejus tradidit eum tortoribus, quoadusque redderet universum debitum. Sic et Pater meus cœlestis faciet vobis, si non remiseritis unusquisque fratri suo de cordibus vestris. » Adeo enim punit Dominus immisericordiam, quod pro ea redire permittat omnia peccata, novissimum etiam quadrantem, id est originale peccatum prius dimissum, puniat hominem, scilicet immisericordem, pro illo. Item ad Romanos, cap. xii : « Benedicite persequentes vos ; benedicite et nolite maledicere ; nulli malum pro malo reddentes. Mihi vindictam, et ego retribuam, dicit Dominus. Noli vinci a malo, sed vince in bono malum. » Item, exemplo Christi, qui oravit pro crucifixoribus suis (*Luc.* xxiii). Exemplo etiam Stephani, qui pro persecutoribus suis exoravit (*Act.* vii). Sed etiam exemplo cujusdam, qui necem filii remisit interfectori provoluto ad pedes ejus in terram in modum crucis, cum eum consecutus esset cum armis et armatis viris. Et enim supplicans ait : Domine mi, subsiste parum et retrahe gladium, ut duo tantummodo verba dicam. Me quidem justa mors manet, sed parumper eam differ, ut confitear, vel si misericordius mecum vis agere, ne veniat tibi in singultum mors mea. Pro eo qui te misericorditer in cruce redemit, oro ut remittas eam mihi, ut habeas quod ei exprobres et opponas in judicio, si tecum districte velit agere ; egoque, quandiu vixero, pro anima filii tui a pœnis liberanda, peregrinabor. Qui statim eum liberum abire permisit et socios ne ei malum facerent, coercuit. De secunda vero specie misericordiæ ait Dominus in Evangelio : « Venite, benedicti Patris mei, percipite regnum, quod vobis paratum est ab origine mundi. Esurivi enim, et dedistis mihi manducare, sitivi et dedistis mihi bibere, » etc. (*Matth.* xxv.) Et item : « Qui petit a te, da ei ; et volenti mutuari a te, ne

avertaris (*Matth.* v). » Et Apostolus ad Romanos (cap. xii) : « Si esurierit inimicus tuus ciba illum ; si sitit, potum da illi : hoc autem faciens carbones ignis congeres super caput ejus. » Item Jacobus cap. 1 : « Religio munda et immaculata apud Deum et Patrem, hæc est : Visitare pupillos et viduas in tribulatione eorum, et immaculatum se custodire ab hoc sæculo. » Item ad Ephesios, cap. iv : « Omnis amaritudo et ira, et indignatio, et clamor, et blasphemia tollatur a vobis, cum omni malitia. Estote invicem benigni, compatientes, misericordes ; donantes invicem, sicut et Deus donavit vobis in Christo. » Item primo Canticorum : « Meliora sunt ubera tua vino, fragrantia unguentis optimis. » Distinguuntur autem tria unguenta ab uberibus sponsæ profluentia. Unguentum contritionis, unguentum devotionis, unguentum misericordiæ vel pietatis. Primum dulce et jucundum, licet in mortariolo conscientiæ ex amarissimis speciebus contritum et confectum. Unde dicitur : « Recogitabo omnes annos meos in amaritudine animæ meæ (*Isa.* xxxviii). » Item : « Cor contritum et humiliatum, Deus, non despicies (*Psal.* l). » Secundum dulcius, quia mitigatum, quando peracta pœnitentia, a rigatione pedum Domini lacrymis facta, surgit pœnitens cum Maria in serenitate conscientiæ ad osculum capitis Deitatis (*Luc.* vii), gratias agens super peccato sibi dimisso, dicens etiam cum Apostolo : « Nihil mihi conscius sum, sed non in hoc justificatus sum (*I Cor.* iv). » Et item : « Gloria nostra hæc est, testimonium conscientiæ nostræ (*II Cor.* i). » De hoc dicitur : « Sacrificium laudis honorificavit me (*Psal.* xlix). » Tertium est optimum et consummatum, quo ungitur totus Jesus Christus, et speciale est prælatorum, sicut illius, qui ait : « Instantia mea quotidiana, sollicitudo est omnium Ecclesiarum (*II Cor.* xi). » Et item : « Quis infirmatur, et ego non infirmor? Quis scandalizatur et ego non uror ? » (*Ibid.*) Et item : « Quotidie morior, fratres, propter gloriam vestram (*I Cor.* xv). » Primum et secundum ad te ipsum, tertium est ad te et ad proximum.

Exemplum etiam ignoscendi proximo commissa egregiissimum est, sanctus Joseph (*Gen.* l) (et multi alii) qui sibi reconciliavit fratres, ita ut pia jocosa quædam ludificatio, pietatis eis exhibitæ esset exaggeratio.

CAPUT C.
De clementia judicis, vel de misericordia relaxante.

Præter hanc communem speciem misericordiæ, est quædam species clementiæ specialis judicis et potentis, quæ minus elucet in privata persona, maxime autem in judice, qui sibi et aliis habet parcere, ut de pœna debita semper aliquid remittat. Crudele enim est habere commercium cum belluis, pœnis delectari, nihilque de pœna relaxare. De hac clementia judicis qualis esse debeat ostendens poeta, ait sic :

Est piger ad pœnam princeps, ad præmia velox,
Quique dolet quoties cogitur esse ferox.

Non cadit in mores feritas inamabilis istos :
Nec minus a studiis dissidet illa tuis.
Adde, quod ingenuas didicisse fideliter artes
Emollit mores, nec sinit esse feros.
(Ovid., *De ponto* I eleg.)

Item, episcopus Cenomanensis (Hildebertus, ep. 25) comitissam reprimens : dum in potestate servas clementiam, illa tibi virum conciliat, hæc populum; inde nomen acquiris, hinc favorem. Mitis principatus regnum servat incolume. Hujus virtutis locus est apud potentes, qui in justitia, vel electionis beneficio cæteris principantur. Apud populum vero non ita, cui nulla est potestas puniendi. Deus autem ex alto crudelitatem detestatur, adornat clementiam; quarum alteram feris, alteram vero hominibus natura docuit assignandam. Ea sanxit oportere homines mansuescere clementia, feras timeri crudelitate. Igitur crudelem esse, cum feris est habere commercium, et hominem diffiteri. Rationi quippe nullum penitus est cum crudelitate consortium. Illa enim cum Deo et cum sapientibus Domini pepigit mansionem; hæc, et ad immansueta, et sanguine gaudentia demigravit. Quæ igitur societas hominis ad crudelitatem, cujus lares ratio tam superne despicit, tam longe relinquit, tam constanter abjurat, tam penitus ignorat ? Sicut autem clementia humanitati nihil est affinius; ita nihil gloriosius in principe, cujus arbitrio severas potestates emolliat, mitiores animos advocet, reis parcat. Clementiæ est semper aliquid ultrici sententiæ vel pœnæ detrahere. Quisquis nihil reatus impunitum relinquit, delinquit; culpa est totam persequi culpam. Immisericordem se profitetur, cui quidquid licet libet. Gloriosa autem virtus est in principe citra punire quam liceat. Virtus est ad vindictam necessitate trahi, non voluntate venire. Magnum quid, et divinum sapit offensus, clemens. Bonus princeps neminem sine pœna punit, neminem sine dolore proscribit. Bonus princeps **253** ita crimen insequitur, ut, quem punit, hominem reminiscatur. Bonus princeps sibi dominatur, populo servit, nullius sanguinem contemnit. Inimici est, sed ejus qui amicus fieri potest; nocentis est, sed hominis, cujuscunque sit, sanguis; quia non potuit dare, crimen putat auferre. Ideo, quoties funditur, confunditur. Sufficiunt animo docili et amanti disciplinam, ex quibus diligentiores facile percipient, quantum vel crudelitas obsit vel prosit clementia potestati.

De hac etiam Seneca ad Neronem (lib. II, c. 3 et 4). Quid plura ? Singulæ syllabæ sacræ Scripturæ resonant et redolent misericordiam. Sola ea habes, quæ misericorditer proximo impenderis. Augustinus : Sola autem misericordia comes est defunctorum. « Opera enim illorum sequuntur illos (*Apoc.* XIV). » Opera, scilicet misericordiæ, sive ignoscentis, sive pœnam relaxantis, sive fratrem corripientis, sive eum corporaliter sustentantis et foventis, sive pro eo intercedentis :

Quas dederi solas semper habebis opes.
(Martialis lib. V, epigr. 43.)

CAPUT CI.
De misericordia corripiente.

Sequitur de misericordia corripiente, quæ major est omni manuali et corporali. Hanc Dominus præcipiens exhiberi proximis, ait : « Si peccaverit in te frater tuus, vade et corripe eum, » etc. (*Matth.* XVIII.) Omnia prosequere secundum præceptum Domini, quod omnibus præcipitur custodiendum, et in omnes, et in omni crimine, præter quam in propria injuria et in causa sanguinis; et hoc totum ob misericordiæ custodiam. Item epist. ad Romanos cap. I in fine : « Qui cum justitiam Dei cognovissent, non intellexerunt, quia qui talia agunt digni sunt morte; non solum qui ea faciunt, sed etiam qui consentiunt facientibus. » Et II ad Cor. cap. II : « Si quis autem contristaverit me, non me contristavit, sed ex parte, ut non onerem omnes vos. Sufficit illi, qui ejusmodi est, objurgatio hæc quæ fit a pluribus; ita ut econtrario magis donetis et consolemini, ne forte abundantiori tristitia absorbeatur, qui ejusmodi est. » Et in eadem, cap. VI : « Propter quod exite de medio eorum, et separamini ab eis, dicit Dominus, et immundum ne tetigeritis, et ego recipiam vos. » Item I Corinth. cap. V : « Expurgate vetus fermentum, ut sitis nova conspersio, sicut estis azymi. » Item ad Galatas cap. VI : « Fratres, si præoccupatus fuerit aliquis homo in aliquo delicto, vos, qui spirituales estis, hujusmodi instruite in spiritu lenitatis, considerans te ipsum, ne et tu tenteris. » Et item ad Ephesios cap. IV : « Propter quod deponentes mendacium, loquimini veritatem unusquisque cum proximo suo, quoniam sumus invicem membra. » Item Act. cap. XX : « Contestor vos hodierna die, quia mundus sum a sanguine omnium. Non enim subterfugi, quo minus annuntiarem omne consilium Dei vobis. » Item Job cap. XXIX : « Conterebam molas leonum, **254** et de dentibus illius auferebam prædam. » Item Parabol. cap. XXIV : « Erue eos qui ducuntur ad mortem; et qui traduntur ad interitum, liberare ne cesses. » Et Jerem. cap. XLVIII : « Maledictus qui prohibet gladium suum a sanguine. » Et Genes. cap. IV : « Ubi est Abel frater tuus ? Qui respondit : Nescio. Nunquid custos fratris mei sum ego ? » Et Deuter. c. XXII : « Non videbis bovem fratris tui, vel ovem errantem, et præteribis; sed reduces fratri tuo. » Item, de asino proximi sublevando. Item Ezechielis c. III. Item ad Ephesios cap. V : « Magis autem redarguite. Quæ enim in occulto fiunt ab ipsis, turpe est et dicere. » Item Eccli. c. XIX, et c. XX et XXI. Et item, incomparabiliter plus teneor diligere animam proximi, quam corpus proprium. Item, quod probatio compassionis, exhibitio est correptionis, sicut dilectionis, exhibitio est operis. Item, quia sanctior est copula vel cura animarum, quam corporum. Item, veri imitator sis Samaritani, qui vulneratis misertus est, nec cum præteriit, sicut sacerdos vel levita, sed curam ejus egit (*Luc.* X). Item, exemplo Domini, qui, relictis nonaginta novem ovibus in deserto, ivit quærere ovem centesimam, quæ perierat (*Luc.* XV).

Item, pasce, non tantum corporali, sed etiam spirituali cibo, fame verbi Dei morientes, etc. Item Ephesiorum cap. v : « Estote imitatores Dei sicut filii charissimi, et ambulate in dilectione, sicut et Christus dilexit nos, ut scilicet pro fratribus nostris animas nostras ponamus. » Nam et in hoc maxime charitatem ejus cognoscimus. Si ergo quilibet pro loco et pro tempore tenetur « pro proximo animam ponere (*Joan.* xv), » quod quidem verum est, multo magis debet eum corripere, quem viderit delinquere. Item IV Reg. cap. xv de Ozia. Item, omnia quæ contra pessimam taciturnitatem inducta sunt, hic induci possunt, ut ea, quæ maxime obviant huic præcepto Dominico de corripiendo fratre.

CAPUT CII.
De misericordia intercedente pro inimicis.

Sequitur de misericordia intercedente etiam pro inimicis (*Luc.* xxiii), cujus, præter dominum et protomartyrem Stephanum (*Act.* viii), egregium est exemplum Samuel intercedens pro Saule, qui voluit eum occidere. Ob quam causam meruit Samuel, « quod omnes a Dan usque Bersabee cognoverunt, quia Samuel esset fidelis propheta Domini (*I Reg.* iii). » Hujus etiam mirabile exemplum exstitit Moyses, qui orans pro populo exasperante, eumque graviter molestante, tenuit Dominum furentem, dicens: « Aut dimitte eis, aut dele me de libro vitæ (*Exod.* xxxii). » Item psalmus cv : « Et dixit Dominus, ut disperderet eos, si non Moyses, electus ejus, stetisset in confractione in conspectu ejus, ut averteret iram ejus, ne disperderet eos. » Noluit enim Moyses solus sine eis terram promissionis intrare. Unde a sanctis comparatur matri, quæ invitata ad solemnes epulas, puero exposito, puta clamoso, sordido et tædioso, sine eo non vult intrare, eligens magis cum filio foris jejunare.

CAPUT CIII.
De visibili et corporali et manuali misericordia, sive subveniente.

Sequitur de visibili et corporali et manuali misericordia. Hujus excellentissimum exemplum fuit Job, qui cap. xxix et xxxi, ait : « Auris audiens beatificabat me, et oculus videns testimonium reddebat mihi, eo quod liberassem pauperem vociferantem, et pupillum cui non erat adjutor. Benedictio perituri super me veniebat, et cor viduæ consolatus sum, justitia indutus sum, et vestivi me, sicut vestimento et diademate, judicio meo. Fui oculus cæco, et pes claudo, pater eram pauperum ; conterebam molas iniqui et de dentibus illius auferebam prædam. Mœrentium eram consolator. Si, quod volebant, negavi pauperibus, si oculos viduæ exspectare feci ; si comedi buccellam meam solus, et non comedit pupillus ex ea, quia ab infantia mea crevit mecum miseratio, et de utero matris meæ egressa est mecum. Si despexi prætereuntem, eo quod non haberet indumentum, et absque operimento pauperem ; si non benedixerunt mihi latera ejus, et de velleribus ovium mearum calefactus est ; si foris, et extra taborna-

(5) Consule Vitam apud Sur., die 10 Aug.

culum meum mansit peregrinus ; si ostium meum viatori non patuit. » Aposiopesis est, quasi, si hæc, et hæc non feci omnium misertus, nec misereatur mei Deus. Item psal. xxxiv : « Domine, quis similis tui, eripiens inopem de manu fortiorum ejus', egenum et pauperem a diripientibus eum ? » Misericordia sæpe adeo flagrat, ut, per pium et sanctum impetum, cæteris virtutibus et maxime obedientiæ (de qua legitur : « Quia melior est obedientia quam victimæ, et peccatum ariolandi est, nolle obedire (*I Reg.* xv) » non parcat, ut patet exemplo cujusdam conversi, qui prohibitus ab abbate, data occasione et opportunitate temporis, indigentibus erogavit. Item Ecclesiastici cap. xxix : « Propter mandatum assume pauperem, et propter inopiam ejus ne dimittas eum vacuum. » Item Ecclesiastici eodem capite : « Qui facit misericordiam feneratur proximo suo, et qui prævalet manu mandata servat.»

CAPUT CIV.
De eleemosyna.

Misericordiæ autem filia est eleemosyna. Circa quam videndum est, quis sit ejus effectus, quid dandum, et quomodo, et quo ordine, quantum, qualiter et de quo, quibus, quot, et qualibus. De effectu ejus ait Spiritus sanctus in Ecclesiastico cap. xxix. « Absconde eleemosynam in sinu pauperis, et ipsa orabit pro te ad Dominum, ut liberaris ab omni malo. » Est enim eleemosyna una alarum orationis, et jejunium altera. Et item : « Sicut aqua exstinguit ignem, ita eleemosyna exstinguit peccatum (*Eccli.* iii). » Et item : « Eleemosyna viri, quasi sacculus cum ipso et gratiam hominis, quasi pupillam » contra hostes, « conservabit (*Eccli.* xvii). » Et Dominus in Luca cap. xi : « Verumtamen, quod superest, date eleemosynam ; et ecce omnia munda sunt vobis. » Et item : Facite vobis amicos de mammona iniquitatis, ut cum defeceritis recipiant vos in æterna tabernacula (*Luc.* xvi). » Et David psalmo cxi : « Dispersit, dedit pauperibus, justitia ejus manet in sæculum sæculi. ». Et Laurentius (5) : Nam facultates Ecclesiæ, quas requiris in cœlestes thesauros manus pauperum deportarunt. Quod hic datur pauperi et egeno, a Christo recipitur in cœlo. Unde et ipse ait : « Quod uni ex minimis meis fecistis, mihi fecistis (*Matth.* xxv). » Et item : « Qui vos recipit, me recipit (*Matth.* x). » Et item, Martinus adhuc cathecumenus, hac me veste contexit (6).

Quid autem sit dandum, et quo ordine ostenditur in Luca cap. vi, ubi ait Dominus : « Omni petenti te tribue ; » rem, quam petit, si potes ; si non potes, da calicem aquæ calidæ ; quam si non habes, da calicem aquæ frigidæ. Quod si nec frigidam, si malus est, da ei correptionem, si bonus, orationem. Nunquam enim deest justo, quid det, qui in Domino omnium omnia possidet.

Quantum vero dandum sit Dominus per organum Joannis in Luca cap. iii ostendens, ait : « Qui habet duas tunicas, det unam non habenti, et qui habet escas similiter faciat. » De duabus tunicis et escis

(6) Vita apud Sur., die 11 Novemb.

similiter dividendis congrue et signanter datur præ- ceptum (*Matth.* x) ; quia si una dividatur, nemo ea vestitur. In dimidia enim tunica, et nudus remanet qui accipit et qui dedit. Necessaria ergo retine tibi et familiæ tuæ, quæ vero supersunt pauperibus distribue, etiam ex necessitate, pro loco et pro tempore, alioquin raptor eris. Hanc etiam mediationem bonorum distribuendorum pauperibus Apostolus in secunda epistola ad Corinthios (cap. viii) ostendit, dicens : « Non dico vobis, ut gratia vestra et voluntas dandi eleemosynam aliis sit remissio, vobis autem tribulatio ; sed ut ex æqualitate, vestra abundantia illorum inopiam suppleat; ut illorum abundantia, in spiritualibus, vestræ sit supplementum inopiæ, ut fiat æqualitas ; » de qua scriptum est in Exodo (cap. xvi) de manna. « Qui multum habuit non abundavit, et qui modicum habuit, **257** non minoravit, » sed sufficienter habuit. In ratione enim dati et accepti consistit pax Jerusalem, ut abundantes in temporalibus ea distribuant pauperibus se magis abundantius in spiritualibus, ut sic communicantes temporalia et spiritualia æqualiter, qui multum habet in temporalibus non abundet, quia super necessaria nil sibi retinet, sed æqualiter pauperibus distribuit : et « qui modicum habet » in temporalibus, non « minoravit » in eisdem, quia sufficienter ea ab alio recipit.

Sicut de spiritualibus. Hanc æqualitatem bonorum supererogando excessit Martinus (*vide* ejus Vitam loco supra indicato), cum chlamydis suæ medietatem pauperibus dedit. Quem factum deformem pro truncato habitu, alii cœperunt deridere, alii altius gemere, eo quod nihil simile unquam eis contigisset. Sed et unicam tunicam totam, quam in ovicula commendavit, pauperi dedit, cui archidiaconus aliam, et stragulatam pro quinque denariis emit. Bene autem et pie legenda tam beati Martini quam beati Nicolai (S. Nicolai Vita est apud Sur., die 6 Decemb.) ab operibus misericordiæ, in quibus, sicut viri misericordiæ excellebant, contexitur in initio sui; ut in hoc ostendatur exstitisse fundamentum totius religionis ipsorum. Uterque enim super afflictos pia gestabat viscera. Unde et Nicolaus tres virgines, ne pro inedia lupanari macularentur infamia, nuptui dedit. Erat enim in ejus animo pietas eximia, et oppressis impendebat multa beneficia. Nolanus episcopus superaddidit (Lib. iii *Dialog.* beati Greg., cap. 1), qui non tantum sua, sed seipsum vendidit in servitutem pro liberando filio viduæ a carcere, et captivitate. Nos vero, nec hanc æqualitatem Apostoli distribuendarum rerum pauperibus, nec dimidiationem, vel totalitatem Martini sequi et probare volumus, per opera scilicet, nec per verba, imo disputando contradicimus, intendentes nos omnia posse possidere, et nulla superflue. Sed « Dominus non irridetur (*Galat.* vi), » qui omnia creavit ad usum omnium, non unius tantum.

Sequitur quibus et quot, et qualibus et qualiter dandum sit. Quibus ergo? Omnibus si potes, sed « maxime domesticis fidei (*ibid.*), » et inter hos magis indigentibus, et inter hos magis justis : « Quia oculi Domini super justos (*Psal.* xxxiii). Dispersit dedit pauperibus (*Psal.* cxi), » non ructantibus. Cæteras vero auctoritates ad hoc, supra invenies in titulo, qui scribitur (supra c. 47) : « Contra eos qui dant non indigentibus. » Ecce quibus, quot, qualibus, et qualiter dandum.

Circa vero qualitatem et cautelam dandæ eleemosynæ, hæc attendenda sunt. Distributio, ne uni omnia dentur. « Dispersit dedit pauperibus (*Psal.* cxi). Volo isti, sicut et tibi benefacere. » Necessitas, ut necessaria dentur, non superflua; non lauta cibaria, nisi in necessitate ægritudinis. Hilaritas sine coactione. Unde II Cor., cap. ix : « Unusquisque prout destinavit in corde suo, non ex tristitia, aut ex necessitate. Hilarem enim datorem diligit Deus. » Coacta enim servitia Deo non placent, sed voluntaria. Unde : « Voluntarie sacrificabo tibi (*Psal.* lii). » Qui dat ob verecundiam, vel improbitatem interpellantis vitandam, et rem et meritum perdit.

258 Solo enim intuitu Dei, non alicujus rei extrinsecæ, ut pretium et hujusmodi, danda est eleemosyna.

Pietas autem dantis condit eleemosynam, non quantitas dati. Item Exodi, cap. xxxv : « Omnis voluntarius et prompto animo, offerat primitias Domino. » Item : Filii Israel mente devota, voluntaria, donaria obtulerunt Domino in fabricam tabernaculi. Cum autem artifices instarent operi, dixerunt Moysi : « Plus offert populus quam necesse sit (*Exod.* xxxvi). » Qui jussit præconis voce ne quidquam ultra offerrent in opere sanctuarii. Item I Esdræ primo; idem, cap. ii et vii. Hoc exactoribus objiciendum et consulibus, magistris, didascalis facientibus ad opus, cum eleemosyna, secundum preces et verecundiam exhortata, non sit approbanda, quia non est sincera.

Apostolus ad Philippenses (cap. iv) : « Nulla Ecclesia mihi communicavit in ratione dati et accepti, nisi vos soli. Qui et Thessalonicam semel et bis in usum mihi misistis. Et quia non quæro datum, sed requiro fructum abundantem in ratione vestra, » id est bonam et rectam voluntatem, qua interior homo fecundatur. Unde Dominus in Evangelio, non dicit singulariter : « Qui recipit justum, » sed addit : « In nomine justi. Recipere justum, datum est ; in nomine justi, fructus (*Matth.* x). » Heliam pavisse legitur corvus et vidua (*III Reg.* xvi). Sed corvus, qui non in nomine justi, pavit « dato ; » vidua, quæ in nomine justi, pavit « fructu. Hunc igitur fructum magis quam datum requiro (*Phil.* iv). » Qui enim dant, et non debita causa, et non debito fine; vel inviti, vel justum postponentes, similes sunt corvo; ministri sunt, non habent fructum eleemosynæ, sed ministerium tantum.

CAPUT CV.
De quo sit danda eleemosyna.

Sequitur, de quo sit danda eleemosyna. De tuo scilicet, non de alieno. Unde : « Honora Dominum de tua substantia (*Prov.* iii),» non de aliena. Et Deuteronomii, cap. xiii : « Non adhærebit quidquam de anathemate, » quocunque, scilicet, quod separari debet a te, vel quod justum est ut separes a te, « in manu tua, ut misereatur tui Dominus.» Item, cap. vii : « Non concupisces argentum et aurum, de quibus facta sunt ; nec assumes ex eis tibi quidquam, ne offendas, propterea, quia abominatio est Domini Dei tui.» Item (cap. xii) : « Agnus sine macula, » corporis, non velleris, præcipiebatur offerri Domino. Reliquas auctoritates et concordantias ad hoc, suprá in titulo. « De acceptione munerum illicite acquisitorum. » Item : Exemplo Martini presbyteri cardinalis pauperis, quia munera spernentis, cui, sicut et cæteris cardinalibus, cum dominus cancellarius misisset Romanæ curiæ eulogiam et benedictionem, scilicet viginti libras in Natali Domini ad solemnizandum, respuit eas, quia de rapina et Simoniace acquisitæ erant. Qui etiam cum sibi commodatus esset equus, deficiente proprio a quodam episcopo, cum legatione fungeretur, noluit juvare prædictum episcopum in sua causa, nisi reddito sibi equo, et cognita causa ejus prius justa. Item exemplo Stephani abbatis Cisterciensis secundi, qui datos panes et caseos a sacerdote converso suo, distribuit eos pauperibus et pueris, judicans monachos suos non debere eis, tanquam furtivis et raptis vesci, cum « dextera » sacerdotum plurimorum et archidiaconorum « repleta sit » hodie et tunc etiam, « muneribus (*Psal.* xxv).» Et « Dextera eorum dextera iniquitatis (*Psal.* cxliii);» qui in dextera, et pro his, quæ sunt dextræ, rapiunt et accipiunt, entes pejores laicis feneratoribus, qui in sinistra, et pro his, quæ sunt sinistræ rapiunt.

CAPUT CVI.
De ordine dandæ eleemosynæ.

Notandus est etiam quidam ordo in datione eleemosynæ. Sed ut altius ordiamur, distinguendæ sunt species eleemosynæ. Prima igitur est Dei, consistens in creatione et recreatione nostra, in consolatione nobis exhibita per beneficia, in instructione per præcepta, in emendatione nostra per flagella, deinde in collatione præmiorum in gloria. Secunda species est Christi hominis, qui in cruce seipsum obtulit Deo Patri hostiam vivam pro nobis adhuc inimicis suis. « Majorem charitatem nemo habet, ut animam suam ponat quis pro amicis suis (*Joan.* xv).» Seipsum etiam quotidie cum insigniis militiæ suæ repræsentat Patri, pro nobis orans et interpellans, ut advocatus et frater noster in cœlis. Tertia est hominis ad seipsum, « miserere animæ tuæ, primo placens (*Eccli* xxx) » Deo. Quarta est hominis ad proximum, et multiplex. In correptione fratris, ut corrigat; in dimissione propriæ injuriæ, in oratione pro ipso, in compassione, in consilii sancti datione, in cujuslibet talenti commissi, sive corporalis, sive spiritualis erogatione. Sed exhibitio corporalis, eleemosynæ nomen generale, ex usu quidem proprium sibi vindicavit. In hac autem specie, scilicet corporali eleemosyna, quidam ordo attenditur.

Prima enim, et sincera, et pura eleemosyna est, de labore proprio. Unde. « In labore et sudore vultus tui,» non alieni, « vesceris pane tuo (*Gen.* iii),» et aliis ad vescendum dabis. Et item. « Labores manuum tuarum, quia manducabis, et bene tibi erit (*Psal.* cxxvii). » Exemplo etiam Apostoli, qui cibum manibus quæritabat. Qui etiam ait ad Ephesios, cap. iv. « Qui furabatur, jam non furetur, magis autem laboret, operando manibus suis quod bonum est, ut habeat unde tribuat necessitatem patienti.» Exemplo etiam viduæ recusantis sepeliri in camisia alia quam in illa, quam nevit et texuit. Secundus gradus eleemosynæ corporalis, est de patrimonio proprio de quo potest fieri eleemosyna · et si non adeo pura, ut prima, quam tamen colis sudore alieno, et homine uteris pro jumento. Tertius gradus est de patrimonio crucifixi, cujus dispensatores, et quasi testamentarii sumus, non Domini. Unde et minus proprie dicitur eleemosyna. In omnibus tamen his par charitas, par præmium commendat, vel comparat et commetitur. In hoc autem ultimo, nisi dispensatio justa fiat, fures erimus et raptores. Et sæpe contingit res pauperum dari abundantibus et nepotibus sacerdotum, nec abundant sed aporiati sunt, quia

Non habet eventus sordida præda bonos (7).
    (Ovid., lib. i *Amoris eleg.*, 10.)

Et *male parta male dilabuntur*.

CAPUT CVII.
De cautela dandæ eleemosynæ.

Addendum prædictis, quod etiam ad cautelam dandæ eleemosynæ pertinet, scilicet, ut propria voluntate et prompta, libero arbitrio et propria manu, si potes, eleemosynam distribuas, exemplo Christi et sanctorum multorum ministrantium in medio subditorum ; exemplo etiam comitis Theobaldi, bonæ memoriæ, qui subtelares cum uncto, propria manu dedit pauperibus, hac de causa, ut et in eo lacrymæ compunctionis, et major devotio et humilitas crescerent, et ut pauperes affectuosius pro eo orarent, comparata sibi magis eorum gratia per humilitatis suæ obsequium.

Dum vivis, etiam pro te eroges, dum tempus est seminandi ; quia mortuus rarum invenit amicum. Nihil enim citius frigescit in corde, quam amicitia mortui post mortem. Præparemus igitur nos ad ingressum regni, quia nonnisi præparati ingredimur. « Præoccupemus faciem » judicis « in confessione, et in psalmis; » hoc est in bonis operibus et laudibus, « jubilemus ei (*Psal.* xciv), » antequam veniat;

---

(7) Id Festus Pompeius et Nevio citat.

reminiscentes quia unumquodque quatuor animalium eorum facie sua ambulabat (*Ezech.* 1), docentium, imitatores Evangelii sic ambulare; exemplo etiam Apostoli, qui in anteriora se extendebat (*Phil.* iii); et exemplo etiam animæ simplicissimæ, dicentis; quia eleemosyna vivi, est sicut lucerna lata coram homine; illuminat eum, ostendens ei quo vadat. Eleemosyna vero mortui, est tanquam lucerna lata post tergum hominis non illuminans ei, quo minus cadat in præcipitium.

Est autem hæc differentia, et inter opera pietatis sub lege facta, et opera pietatis facta sub Evangelio. Lex namque ait: « Frange panem esurienti, » etc. (*Isa.* lviii.) Unde apud quosdam hic mos laudabilis inolevit, ut de singulis panibus aliquid frangatur pauperibus.

Tobias etiam ait (cap. iv): Modicum habes, modicum dabis. Deus vero in Evangelio perfectiorem pietatem præcipiens, ait: « Vade, et vende omnia quæ habes, et da pauperibus (*Matth.* xix), » non tantum indigenti, sed et rapienti. « Unde, si quis abstulerit tibi tunicam, da ei et pallium (*Matth.* v). » Unde eremita inquisitus quis illum spoliasset, fere nudus **261** in semicinctiis suis ambulans, ait: Codex est iste prædo cœlestis, docens omnia dare pauperibus. Cui ille: Quomodo omnia dedisti, qui illum adhuc habes? Et statim dedit. Item Apostolus II ad Cor. cap. viii : « Notam vobis facio gratiam Dei, quæ est in ecclesiis, Macedoniæ scilicet: quod altissima eorum paupertas abundavit in divitias simplicitatis eorum, quia secundum veritatem testimonium illis reddo, quod supra virtutem primo voluntarii fuerint, cum multa exhortatione obsecrantes nos gratiam et communionem ministerii, quod sit in sanctos.»

CAPUT CVIII.
De commendatione eleemosynæ.

Sed quæ est causa tantæ commendationis eleemosynæ in sacra Scriptura? Audi Apostolum I ad Timoth., cap. iv : « Quia exercitatio corporalis ad modicum est; pietas autem ad omnia utilis est, habens promissionem vitæ quæ nunc est, et futuræ.» Non maceratio carnis, habitus incultus, crebræ vigiliæ, jejunia assidua et arcta, austeritas vitæ, et horror in facie te exhibent verum philosophum et Christianum; sed hæc sunt signa eleemosynæ : si visceribus pietatis affluas, si nihil concupiscas, si nihil pertimescas, sciens, quia « quæstus magnus pietas cum sufficientia (*I Tim.* vi).» Ad manum autem est quod sat est. Habet autem pietas promissionem vitæ quæ nunc est, et futuræ. Unde : «Primum quærite regnum Dei, et hæc omnia adjicientur vobis (*Matth.* vi).» Et item : « Non vidi justum derelictum, nec semen ejus quærens panem (*Psal.* xxxvi).» Et item : « Centuplum accipient in hoc sæculo (*Matth.* xxi),» id est « centies tantum, » id est multiplicationem omnium quæ in mundo sunt divitiarum. Hæ enim nulli desunt, qui eas non amaverit. Habet etiam promissionem vitæ gratiæ. Unde : « In custodiendis illis retributio multa (*Psal.* xviii, » quia serenitas conscientiæ et augmentum virtutum. « Gloria enim nostra hæc est testimonium conscientiæ nostræ (*II Cor.* i). » Habet etiam « promissionem vitæ » gloriæ, id est vitæ gloriosæ, quæ in futuro erit, sicut et præsentis; quia « vitam æternam possidebit (*Matth.* xix),» qui in præsenti opera misericordiæ habuit. Et item : «Læva ejus sub capite meo, et dextera illius amplexabitur me (*Cant.* ii).» Et item : « Qui mihi ministrat me sequatur, et ubi ego sum, illic et minister meus erit (*Joan.* ii).» Et item : « Esurivi, et dedistis mihi manducare (*Matth.* xxv). Venite ergo, benedicti Patris mei, ut edatis et bibatis in regno ejus (*Luc.* xxii). Et transiens ministrabit illis (*Luc.* xii).»

262 CAPUT CIX.
De munditia cordis.

« Beati mundo corde, quoniam ipsi Deum videbunt (*Matth.* v).» Munditia cordis, ceu virtus generalis, omnes virtutes, omnia bona opera, et cogitationes complectitur. Quæcunque enim fidei et aliis virtutibus attribuuntur, in munditia cordis concluduntur, ut a qua ortum habent. Hæc cuilibet fideli necessaria est, sine qua non est salus. Unde Salomon : « Omni custodia custodi cor tuum (*Prov* iv)» mundum; quod quidem difficilius est, quam corpus mundum custodire; quia corrupta mente corrumpitur corpus, et non econtrario, ut in fatuis virginibus (*Matth.* xxv). Magis igitur est necessaria munditia mentis quam corporis. « Et quis gloriatur se mundum habere cor? (*Prov.* xx.) Etiam in angelis aliquid » immunditiæ, vel « pravitatis » in conspectu Domini « inventum est (*Job* iv). » Et in Ezechiele, cap. iii, ait Dominus : « Qui audit » corpore, « audiat » mente, « et qui quiescit » in corpore, « quiescat » in mente. Gregorius (hom. 12, *in Ezech.*) : Qui enim sabbatizat in corpore, et non in mente, ei potest adaptari quod dicitur a Jeremia : « Viderunt eam hostes, et deriserunt Sabbata ejus (*Thren.* i).» Exterius enim « hypocrita et sepulcrum dealbatum (*Matth.* xxiii),» interius autem herniosus, et plenus spurcitiis. Summopere igitur et omni vigilantia custodiendum est cor. «Non enim quod intrat in os hominis coinquinat hominem, sed quod de corde exit (*Matth.* xxiii),» ut furta, adulteria, homicidia, et omnia mala, similiter et omnia bona. Unde : « Si oculus tuus fuerit simplex, totum corpus tuum lucidum erit (*Luc.* xi),» sed nonnisi prius corde mundato per fidem. Unde Petrus ; « Fide mundans corda eorum (*Act.* v).» Munditiam igitur cordis fides inchoat, spes et charitas eam consummant. Et ait David : « Cor mundum crea in me Deus.» Primo enim in eo creatum per vulnerationem naturalium, et spoliationem gratuitorum, quasi desierat esse. Unde, quia sine corde est, qui cor habet immundum, orans ait : « Cor mundum crea in me Deus, et spiritum rectum, » quo cogitationes ad te, et secundum beneplacitum tuum dirigam, « innova in visceribus meis (*Psal.* l.).» Et Apostolus ait:

« Renovamini spiritu mentis vestræ (*Ephes.* iv). » Munditia autem cordis maxime est necessaria scholaribus accedentibus ad sacræ paginæ lectionem. Unde Augustinus : In tam excellenti luce oculus rationis non figitur, nisi per munditiam fidei prius purgetur. « Animalis enim homo non percipit ea quæ Dei sunt (*I Cor.* ii). » Ob hoc donum Spiritus sancti, quod est intellectus, huic beatitudini, scilicet munditiæ cordis, adaptatur, ut ostendatur ista debere conjungi, et se comitari ; quia « a mandatis tuis intellexi (*Psal.* cxviii). » Sed de hoc ramusculo munditiæ in principio prædicationis nostræ diffusius disputavimus. Hæc etiam virtus potissime necessaria est sacerdoti. Unde Moyses : « Mundamini, qui fertis vasa Domini (*Isa.* lii). » Sicut enim Abrahæ sacrificanti immundis volucribus descendentibus super sacrificia necessarium fuit flabellum (*Gen.* xv), quo eas abegit, sic et sacerdoti ventilabrum fidei et munditiæ cordis, maxime eum sacrificio altaris assistit; quando importunius insurgunt et infestant « muscæ morientes, perdere volentes suavitatem unguenti (*Eccle.* x, 1), » ut hoc flabello eas abigat, fidelemque ancillam custodiæ ostii deputet, ne latrunculi interficiant Isboseth (*II Reg.* iv). Sicque et « ostio clauso intrabit cubiculum suum orans ad Patrem (*Matth.* vi). »

CAPUT CX.
De pace.

« Beati pacifici, quoniam filii Dei vocabuntur (*Matth.* v). » Pax sicut consummatio omnium virtutum, merito in catalogo beatitudinum septima et ultima ponitur, cui sacra Scriptura majora videtur attribuere, quam cæteris virtutibus ; quod per majorem expressionem præmii ejus, quam aliarum virtutum ostenditur ; quia « pacifici, filii Dei vocabuntur » cæteri « possidebunt regnum (*ibid.*) ; » sed filii in universum jus patris succedunt jure hæreditario. Est autem triplex pax : Temporis, pectoris, æternitatis. De prima ad præsens nihil, quæ tamen pluribus obest sæpe, quia propter eam resolvuntur ; multis etiam prodest, ut infirmis. Secunda virtus est et meritum, tertia secundæ est præmium. Ut autem ostendat Dominus quam necessaria sit saluti nostræ hæc virtus, et quantum appetenda a Christiana religione, ait discipulis, et nobis in eis : « Pacem relinquo vobis, pacem meam do vobis (*Joan.* xiv). » Quasi diceret : « Pacem relinquo vobis, » id est quasdam reliquias pacis, quia imperfectam, non permansuram pacem. Unde nec addit : « Meam pacem, » sed pectoris, in præsenti « relinquo vobis, » post quam, « pacem meam, » consummatam scilicet, et permansuram do, id est in futuro dabo vobis, « pacem, » scilicet æternitatis, quia non dabit Deus pacem, nisi super pacem. Ideo etiam per Prophetam ait in persona justi : « In pace » semiplena « dormiam, » dehinc in pace perfecta, quæ est « in idipsum » invariabilis et perfecta, « requiescam (*Psal.* iv), » perfecte quiescam. Pax enim pectoris in præsenti imperfecta est, quia sæpe turbatur. Fremit enim mundus, premit corpus, insidiatur diabolus.

Ob hoc etiam ait verus Pacificus : « In mundo pressuras, in me autem pacem habebitis (*Joan.* xvi). » Et Dominus etiam, ut pacem mentibus fidelium firmiter insereret post resurrectionem, discipulis « januis clausis (*Joan.* xx), » eam ceu summam virtutum annuntiavit, dicens : « Pax vobis (*ibid.*). » Ideo etiam vicarius ejus spiritualis, scilicet episcopus, convertens se ad populum in missa, eam illi annuntiat. Ideo etiam nato Domino idem fecit pastoribus, et simplicibus annuntiari per angelum, primum et præcipuum gaudium, nuntium pacis dicentem : « Gloria in excelsis Deo, et in terra pax hominibus bonæ voluntatis (*Luc.* ii). » Ideo etiam in præcipuo sacramento Ecclesiæ, scilicet in sacramento altaris, confecta Eucharista sacerdos cum Ecclesia dicit : « Agnus Dei, qui tollis peccata mundi, miserere (*Joan.* i.) » —« miserere, » et, ut perfecte misereatur, uno verbo concludens omnes miserationes ejus, et summam, et effectum omnium virtutum, annectit : « Dona nobis pacem (*ibid.*). » De qua Apostolus loquens ait : « Ipse est pax nostra qui fecit utraque unum (*Ephes.* ii), ima summis, et terrena cœlestibus reconcilians, pacem inter Deum et hominem reformans. Omnes enim eramus inimici Dei, eique inimicabamur, qui tamen semper dilexit nos. Inter hominem et hominem, Judæum scilicet et Gentilem, mediator pacis fuit (*I Tim.* ii). Hominis etiam ad se ipsum, qui a se dissidebat non existens in uno, in unitate fidei et morum, cujus « arca » non « erat consummata in uno cubito (*Gen.* vi). » Hominis etiam ad angelum, cujus ruina per peccatum hominis dilata est reparari (*Isa.* xiv); qui etiam angeli non ita obsequebantur hominibus ante adventum Christi, sicut post ; quasi offensi illis, eo quod Dominum suum offenderint. Solus diabolus non est reconciliatus, sed exclusus est ab hac pace, quia primus discordiam inter Creatorem et creaturam seminavit, in quo apparent etiam filii et imitatores ejus, qui pacem non habent cum proximo, et ita nec cum Deo, nec cum se ipsis. Econtra filii et imitatores Christi sunt omnes pacifici. Ob hoc Apostolus ad Romanos cap. v, ait : « Justificati igitur ex fide pacem habeamus ad Deum et ad proximum, per Dominum nostrum Jesum Christum. »

Hæc est virtus, quæ sola excellit in consortio et collegio sanctorum, faciens pacificos, amabiles, sociabiles et tractabiles ; adeo ut propter eam magis quam propter cæteras virtutes, qui pacificus est, omnibus præficiatur et præponatur. Propter hanc nimis sibi utilem sponsa in Canticis orans, ait : « Osculetur me osculo oris sui (*Cant.* i). » Os osculans est Verbum assumens, os osculatum humana natura assumpta, ex quibus est electrum effectivum pacis inter Deum et hominem, homo Christus Jesus, Deus et homo. Ecce quanta pax debet esse hominis cum Deo, cui unitus est per naturam hominis cum proximo; propter quam, naturam humanam, in unitate summæ pacis sibi univit. Propter hanc etiam ait Deus per Prophetam : « Inquire pacem et persequere eam (*Psal.* xxxiii), » ne a te elongetur. Et quomodo persequatur ostendens Augustinus, ait : Projice pecuniam, ut emas tibi pacem, et cor tranquillum. Et Dominus : « Si abstulerit tibi tunicam, da ei et pallium (*Matth.* v). » Et : « Esto consentiens adversario tuo in via (*ibid.*). » Et Apostolus, « Redimentes tempus » et pacem pectoris, « quoniam dies mali sunt (*Ephes.* v), » propter malitiam, quæ in eis exercetur. Et item : « Quare non magis injuriam accipitis? Quare non magis fraudem patimini? Sed vos injuriam facitis et fraudatis; et hoc fratribus (*I Cor.* vi). » Item Propheta invitans nos ad pacem, ait : « Qui posuit fines tuos pacem, et adipe frumenti (*Psal.* cxlvii). » Jerusalem cœlestis, in cujus finibus non erit nisi pax, et « domus unius moris (*Psal.* lxvii); » in finibus vero gehennæ, dolor et discordia. Unde pro hac quasi sufficienti ad salutem, idem Propheta orans adjungit : « Rogate quæ ad pacem sunt Jerusalem, et abundantia diligentibus te. Fiat pax in virtute tua, et abundantia in turribus tuis. Propter fratres meos, et proximos meos loquebar pacem 265 de te, propter domum Domini Dei nostri, quæsivi bona tibi (*Psal.* cxxi). » Item : « Da pacem sustinentibus te, ut prophetæ tui fideles inveniantur (*Eccli.* xxxvi). » Item Apostolus ad Philippenses cap. iv. « Et pax Dei, quæ exsuperat omnem sensum, custodiat corda vestra et intelligentias vestras. » Idem etiam ostendens quam necessaria sit pax saluti, omnibus, quibus scribit, sub hac forma scribit : « Gratia sit vobis, et pax a Domino Jesu Christo (*Rom.* i), » id est tranquillitas mentis, sine qua non videtur Deus, quia : « in hac pace factus est locus ejus (*Psal.* lxxv); » unde « nec requiescet, nisi super pacificum et quietum (*Isa.* lxvi). » Item David : « Custodi innocentiam et vide æquitatem, quoniam sunt reliquiæ homini pacifico (*Psal.* xxxvi). « Non ait, innocenti et justo, quod posset dixisse; sed « pacifico, » ostendens conclusionem et summam aliarum virtutum esse in pace, sicut in domina, ad quam aliæ sunt appendiciæ et tendentes, sicut assecla et pedissequæ. Unde, non ipsis, sed dominæ reliquias præmiorum de quibus dicit : « Reliquiæ cogitationum diem festum agent tibi (*Psal.* lxxv), » attribuit.

CAPUT CXI.
A quibus pacem habere debeamus.

Dictum est cum quibus debemus habere pacem scilicet cum Deo, cum proximo, etc. Nunc dicendum a quibus, scilicet, a carne propria, ut dometur Dalila (*Judic.* xvi), exemplo Apostoli, qui ait : « Castigo corpus meum et in servitutem redigo (*I Cor.* ix). » Et Dominus : « Sint lumbi vestri præcincti, et lucernæ ardentes (*Luc.* xii). » A diabolo, ut « spirituales nequitias (*Ephes.* vi), » vitemus in quantum possumus. A mundo, ne « secularibus, negotiis (*II Tim.* ii), » et mundanis actibus nimis dediti simus. Unde Jethro ad Moysen in Exodo cap. xviii : « Stulto, inquit, labore consumeris. Partire igitur onus tuum in plures, et Dominus erit tecum, etc. » Super hunc locum ait Augustinus (lit. 2 : *Q. super Exodum*, q. 68) : « Manifestum est animum nimis humanis actionibus intentum Domino vacuari, quo fit tanto plenior, quanto in superna et ad æterna liberius extenditur. Et Salomon ait : « Fili, ne in multis sint actus tui (*Eccli.* xi), » etiam honestis, quia

Imponit finem sapiens et rebus honestis.
(Juven, *Sat.* vi.)

Vide, ne ab omnibus ita habearis, quod te ipsum non habeas. Vide, ne ita prosis proximo, quod te ipsum despicias : « Qui sibi nequam est, cui erit bonus? » (*Eccli.* xiv.) — « Quid prodest homini, si universum mundum lucretur, animæ vero suæ detrimentum patiatur? (*Matth.* xvi.)

Pluribus intentus minor est ad singula sensus.

Sicut nimis comedere, ita nimis operari pro terrenis vitium est. Astringas ergo, et redigas te ad unitatem in quantum potes, quia « non est qui faciat bonum, non est usque ad unum (*Psal.* xiii). » — « In uno cubito consummata est arca (*Gen.* vi). » — « Unam petii a Domino hanc requiram (*Psal.* xxvi). » — « Unum est tibi necessarium (*Luc.* x). » — « Unus tantum sanabatur in piscina (*Joan.* v). » Hoc modo pacem habebis a mundo cum Apostolo, qui ait? « Mihi mundus crucifixus est, et ego mundo (*Galat.* vi). » Et non tantum a mundo, sed etiam ab omni hoste, si præcepta Dei dilexeris et custodieris. 266 Unde : « Pax multa diligentibus legem tuam, et non est illis scandalum (*Psal.* cxviii); » quia non scandalum patiuntur nec faciunt, qui secundum legem Dei vivunt, exponentes eam, non secundum consuetudinem hominum, sed secundum sinceritatem, et sine nubilo allegoriæ, simpliciter et nude, ut ab ore Salvatoris emanavit. De cujusmodi interpretibus dicitur : « Adhæsit lingua mea faucibus meis (*Psal.* xxi). » Item ad Hebræos cap. xii : «Pacem sequimini cum omnibus, et sanctimoniam, sine qua nemo videbit Deum. »

CAPUT CXII.
De effectu pacis.

Sequitur de effectu pacis. Ipsa est, quæ sola ædificat domum Domino. Unde David, « quia vir sanguinum erat, prohibitus est ædificare domum Domino (*I Par.* xxii). » Salomon vero (*III Reg.* v), etsi flagitiosus, tamen quia sine bello fuit in pace pacificus, jussus est ædificare domum Domino. Ecce quam abominabile bellum Domino cum domesticis fidei. Si igitur a prædictis pacem habes pacificus es et ædificas templum Domino; sin autem bellicosus et contra Dominum destruens templum ejus. Sed et multum virtutis et auctoritatis supra cæteras virtutes contulit Dominicus sermo paci, directus ad discipulos : « In quamcunque, inquit, domum intraveritis, dicite : Pax huic domui

(*Luc.* ix).» Non ait charitas, vel fides, mansuetudo, et hujusmodi, sit huic domui, sed « pax »; quasi concludens omnes alias virtutes in fasciculo pacis. Item David : « Dominus diluvium inhabitare facit, et sedebit Dominus rex in æternum; » quia contra hoc diluvium « Dominus virtutem dabit; benedicet » postea « populo suo in pace (*Psal.* xxviii). » Et sanctus Zacharias plenus Spiritu sancto prophetavit, et dixit : « Et tu, puer, propheta Altissimi vocaberis, etc., » quia hæc et hæc facies « ad dirigendos pedes nostros in viam pacis (*Luc.* i), » quasi in hoc opere pacis omnia opera ejus concludens.

CAPUT CXIII.
De duplici pace.

Est autem pax Dei, et pax mundi : prima duplex, quia pectoris. Unde : « Pacem relinquo vobis (*Joan.* xiv). » Et pax æternitatis; unde Apostolus : « Pax Dei, quæ exsuperat omnem sensum (*Phil.* iv). » Secunda similiter duplex est. Est enim pax mundi ficta. Sed hæc proditorum et adulatorum est, de qua dicitur : « Homo pacis meæ, qui edebat panes meos, magnificavit super me supplantationem (*Psal.* xl). » Et Jeremias c. xxxviii : « O Sedecia ! viri pacifici tui seduxerunt te, et prævaluerunt adversum te, demerserunt in cœno et lubrico pedes tuos. » Et item : « Pax, pax, » a Tyrannis, hæreticis, « et non erat **267** pax (*Jer.* vi) » a falsis fratribus. Et item : « Non veni pacem mittere in terram, » quia hoc peccatum mortale est, « sed gladium (*Matth.* x), » quia in ore sanctorum gladius et mors, in ore autem meretricis mel et lac (*Prov.* v). Et est pax mundi, scilicet prosperitas in præsenti sine perturbatione. Unde : « Mei autem pene moti sunt pedes, pene effusi sunt gressus mei, quia zelavi super iniquos, pacem peccatorum videns (*Psal.* lxxii). »

Hæc quidem a Deo est, sed sæpe per occasionem nocet, quia parit contemptum, resolutionem et ignaviam. Unde : « In pace, ecce amaritudo mea amarissima (*Isa.* xxxviii). » Et poeta :

Nunc patimur longæ pacis mala, sævior armis
Luxuria incubuit, victumque ulciscitur orbem.

Quia :

Luxuriant animi rebus plerumque secundis.
(Ovid., l. ii *De arte amandi.*)

Et cætera :

Quæritur Ægisthus quare sit factus adulter :
In promptu causa est, desidiosus erat.
(Ib., l. i *De Remed.*)

Pro hac pace etiam habenda sæpe perit libertas et conculcantur virtutes; unde nec pax est, ubi perit virtus. Unde Jacobi, c. iii : « Quæ desursum est sapientia, primum quidem, » per quam nec alia virtus perit, « pudica est; deinde pacifica, modesta, » suadibilis « bonis consentiens, plena misericordia et fructibus bonis, non judicans, sine simulatione. Fructus autem justitiæ in pace seminatur, facientibus pacem. » Et poeta ait :

. . . *Superi, procul hanc avertite pacem.*
Libertas cum pace perit.
(Lucan. l. iii *Belli Pharsal, et loquitur de Julio Cæsar.*)

Et Cato videns quia, « omnia Cæsar erat, » et statum reipublicæ perire, ait : Si audetis, o superi, sustinere rempublicam et libertatem Romanorum deperire, sustinebo quidem et ego, verum pro ea quidquid potero experiar, honestius judicans libertatem trahendam esse in servitutem, quam ituram. E contra rex Ezechias mollissimum verbum, pessimum protulit cap. xxxix apud Isaiam, non præcavens libertati posterorum periturae : « Fiat, inquit, tantum, pax et veritas in diebus meis (*IV Reg.* xx). »

CAPUT CXIV.
De patientia.

« Beati qui persecutionem patiuntur propter justitiam, quoniam merces eorum copiosa est in cœlo (*Matth.* v). » Septem tantum sunt beatitudines perfectæ consummantes scalam Jacob (*Gen.* xxviii), de quibus jam diximus; verum præter has restat patientia, quæ octava redit ad caput circumeundo, purificando, probando et manifestando omnes virtutes. Sicut enim aurum in fornace, ita et hac omnis virtus probatur. Ut autem ad hanc recurramus quoties ea opus est, memores esse **268** debemus Dei patientiæ, quam commendans propheta, ut in ea eum imitaremur, ait psalmo cxliv : « Miserator et misericors Dominus, patiens, longanimis, et multum misericors. » Et Apostolus ad Romanos, cap. ii : « O homo, qui talia agis, an divitias bonitatis Dei, et patientiæ, et longanimitatis contemnis ? Ignoras quoniam benignitas et patientia Dei te ad pœnitentiam adducit ? Secundum autem duritiam tuam, et impœnitens cor, thesaurizas tibi iram in die iræ, et revelationis justi judicii Dei; qui reddet unicuique juxta opera sua. Iis quidem, qui secundum patientiam boni operis perstiterunt, gloriam, et honorem, et incorruptionem, quærentibus vitam æternam. » Et Isaiæ cap. xliii : « O Jacob, formavi te mihi in populum, in laudem; non me invocasti, Jacob, nec laborasti in me, Israel. Sed servire me fecisti peccatis tuis, præbuisti mihi laborem de iniquitatibus tuis. Ego sum, ego sum qui deleo iniquitates tuas propter me, et peccatorum tuorum non recordabor. » Item cap. xlvi : « Audite me, domus Jacob et domus Israel, qui portamini a meo utero, qui gestamini a mea vulva. Usque ad senectam ego ipse, et usque ad canos ego portabo; ego feci, et ego feram; ego portabo et ego salvabo. » Ecce quanta patientia Dei in his omnibus verbis redolet. Unde et ipse per Isaiam ait : « Vinea mea, quid ultra tibi debui facere, et non feci ? » (*Isa.* v.) Judicium est mihi tecum, quia in omni patientia mea et bonitate mea, oblita es mei.

Et ut vicinius contemplemur capitis et Salvatoris nostri patientiam, animadvertamus, quia propter nos, et ut ipsius mereamur patientiæ habere documentum et exemplum, factus est patiens usque ad flagella, verbera, sputa, opprobria, et mortem tolerandam. (*Collecta Ecclesiæ, Dominicæ palmarum.*) Unde Isaias c. L: « Ego non contradixi, retrorsum non abii. Corpus meum dedi percutientibus, et genas meas vellentibus, faciem meam non averti ab increpantibus et conspuentibus in me. Ideo posui faciem meam ut petram durissimam, et scio quoniam non confundar. » Et cap. LIII: « Non est ei species neque decor, » etc. Hæc omnia patienter sustinuit Dominus, ut et nos patientiam doceret. Cujus effectum nobis commendans, et quam sit necessaria Christiano ostendens, ait : « In patientia vestra possidebitis animas vestras (*Luc.* XXI). » In aliis virtutibus animas habemus, in hac eas firmius retinemus. Et Parabolarum cap. XVI : « Melior est, inquit, patiens viro forti, et qui dominatur animo suo, expugnatore urbium. »

Animum rege, qui nisi paret, imperat.
(HORAT.)

Apostolus autem « excellentiorem viam, » scilicet « charitatem, » ostendens in fronte diffinitionis (*I Cor.* XII) ejus, præ cæteris differentiis patientiam quasi substantialem et consummaturam differentiam et proprietatem ejus posuit, dicens : « Charitas patiens est, etc. (*I Cor.* XIII). » Idem etiam II ad Corinthios, c. XII, ait : « Etsi nihil sim apud vos, signa tamen apostolatus mei facta sunt super vos ; » non dico in multitudine clientelæ, equorum, exactionum, et pompa sæculi, « sed in omni patientia, in signis, prodigiis et miraculis, et virtutibus. » Sic signum expressius apostolatus sui, et quo semper erat ei opus, ut magis necessarium præposuit. Item in eadem cap. VI : « In omnibus exhibeamus nos sicut Dei ministros, in multa patientia, in tribulationibus, in necessitatibus, in vigiliis, jejuniis, etc. » Et hic patientiam præposuit. Et Dominus in Luca faciens sermonem de semine seminato, ait cap. VIII : « Quod autem in terram bonam cecidit, hi sunt qui in corde bono et optimo audientes verbum retinent, et fructum afferunt in patientia. » Et poeta :

Maxima virtutum patientia, pugnat inermis,
Armatosque solet vincere sæpe viros.
(PRUDENT.)

Et item :

Serpens sitis ardor arenæ
Dulcia virtuti gaudet patientia duris,
Dulcius est quoties magno sibi constat honestum.
(LUCAN., *De Catone*, l. X.)

Item Jacobus, cap. V : « Exemplum accipite, fratres, exitus mali » pœnalis, « longanimitatis, laboris et patientiæ, prophetas, qui locuti sunt in nomine Domini. Ecce beatificamus eos qui sustinuerunt. Sufferentiam Job audistis et finem Christi vidistis. » Non ait, finem Job, quod posset, ne cumulatam prosperitatem post adversa in præsenti cum Job exspectaremus. De fine igitur Christi, unde : « Domini Domini, exitus mortis (*Psal.* LXVII), » addidit : qui usque ad mortem, a nativitate, adversa et persecutiones sustinuit. Id ipsum etiam de fine consummationis intelligitur. Christus enim per finem mortis, ad finem consummationis pervenit. Unde : « O stulti et tardi corde ad credendum ! nonne oportebat Christum pati et ita intrare in gloriam suam ? » (*Luc.* XXIV.) Et te, si vis intrare in gloriam, per patientiam et passionem, oportet ingredi in eam. « Christus enim passus est pro nobis, vobis relinquens exemplum, ut sequamini vestigia ejus, etc. (*I Petr.* II). » Et Hieronymus ait (ep. ad Eustoch., *De custodia virginitatis*) : Non nisi per patientiam impletur quod Scriptura dicit : « Regnum cœlorum vim patitur, et violenti rapiunt illud (*Matth.* XI). » Et item : Quis sanctorum sine patientia coronatus est ? A cunabulis Ecclesiæ non defuit in ea iniquitas premens, et justitia patiens. Et alia Scriptura dicit (GREG., lib. I, *Dial.*, c. 5) : Quanti meriti apud Deum quisque existat, illata contumelia probat. Item Hieron. ad Eustoch. (*in epitaphio Paulæ matris Eustoc.*) : Ut tibi compares patientiam, egredere paulisper de hoc carcere, id est corpore mortali, et depinge tibi ante oculos mercedem æternæ retributionis, quam « nec oculus vidit, nec auris audivit, nec in cor hominis ascendit (*I Cor.* II) ; » et durior eris saxo et adamante, nisi patientiam habueris, omnes pœnas « nil reputans, ut Christum lucrifacias (*Phil.* III) ; » quia : « Non sunt condignæ passiones hujus temporis ad futuram gloriam, quæ revelabitur in nobis (*Rom.* VIII) ; hoc tamen momentaneum passionis, maximum pondus gloriæ operatur in nobis (*II Cor.* IV). » Unde Apostolus ad Romanos, cap. III : « Gloriamur autem in tribulationibus ; scientes quoniam tribulatio patientiam operatur, patientia probationem, probatio vero spem, » etc. Et cap. VIII : « Si autem quod non videmus speramus, per patientiam » adversorum illud « exspectamus. » Idem : « Patientes estote ad omnes, maxime autem ad domesticos fidei (*Galat.* VI). » Item Psalmista David : « Pro torcularibus (*Psal.* VIII), » id est ecclesiis, quæ in præsenti sunt in torcularibus et pressuris, sicut uva, ut tandem defæcatæ per torcularia et purgatæ reponantur, sicut vinum optimum, in cellario Domini, et ne Dominus objiciat : « Torcular calcavi solus, et de gentibus non est vir mecum (*Isa.* LXIII). » Item : « Non est occultatum os meum a te, quod fecisti in occulto, et substantia mea in inferioribus terræ (*Psal.* CXXXVIII). » Item : « Custodit Dominus omnia ossa eorum, unum ex his non conteretur (*Psal.* XXXIII). » Hæc virtus præ cæteris arreptitium curavit, arreptitio triumphavit. Eremita cum venisset ad civitatem, ut venderet opuscula sua, præbente ei aliam maxillam percutiendam cum unam præbuisset, a quo dæmon exiens, hujusmodi vocem emisit : In sola patientia victus sum, hac sola amisi vas, quod firmiter possedi, et hæc est examen virtutum, et boni viri, quod non alia virtus.

Qui enim ad injuriam illatam, vel contumeliam modicam, vel magnam, incandet, intumescit et crepat, hujus virtutis expers est; similis scorpioni, qui calcatus aculeos suos vomit, arcuatoque vulnere pungit; non calcatus, minime venenosus est, vel timendus transeuntibus. Eos enim libere abire permittit.

Item psalm. xxxvii : « Ego autem tanquam surdus non audiebam, et sicut mutus non aperiens os suum; et factus sum sicut homo non audiens, et non habens in ore suo redargutiones. » Verba sunt Salvatoris, similiter cujuslibet pœnitentis, ut sciat se non esse pœnitentem, nisi qui se sentit patientem triplici funiculo patientiæ, ut scilicet habeat patientiam contra contumeliam oris, contra damnum rei familiaris, contra etiam injuriam proprii corporis. Non enim sufficit quod contra unum istorum habeas patientiam, nisi et habeas contra quodlibet, sicut et Christus, « qui cum malediceretur, non maledicebat (I Petr. ii). » Cum vestibus spoliaretur, cum plagis cæderetur, cum crucifigeretur (Matth. xxvii), « factus est sicut agnus, qui coram tondente se obmutuit, et non aperuit os suum (Isa. liii). » De hac patientia dicitur : « Patientia pauperum non peribit in finem (Psal. ix). » Nescitur enim quis esse Christianus, antequam hoc triplici funiculo patientiæ accingatur, et probetur. Unde Satan ad Dominum ait, Job, cap. ii : « Pellem pro pelle, et cuncta quæ habet homo, dabit pro anima sua; sed mitte manum tuam et tange os ejus et carnem, et tunc videbis quod in faciem benedicat tibi. » Sed etsi Job nec sic probatus esset per injuriam corporis, paratus tamen esset animo eam patienter ferre. Nunquam et ipse dicendus est habuisse patientiam contra injuriam corporis, quam non sustinuit; sed etsi ante actum decessisset, nunquid tanquam impatiens judicaretur? Multi animo patientes sunt, qui deficiunt tamen in ipso actu injuriarum, videnturque prius caruisse patientia. Unde :

Qui cecidit, stabili non erat ipse gradu.
(Boet., *De cons.*, lib. i, metr. 1.)

« Et domus ista quæ cecidit, non erat fundata supra firmam petram (Luc. vi). » Sanctus etiam Bernardus dicebat, quod si immineret gladius capiti suo, crederet se deficere in martyrio; animum tamen patiendi habuit. Nunquid autem tales impatientes judicabuntur? Absit! Sæpe enim patientia lacessita injuriis perit; et sæpe, non habita prius, inter pressuras datur, et crescit : « Occulta enim sunt judicia Dei (Rom. ii). » Patiens igitur est, qui « semetipsum abnegat, et quotidie tollit crucem suam, et sequitur **271** Christum (Luc. ix). » Crux quatuor modis tollitur. Hanc tulit Christus primo super humeros, quasi vestem, ad locum passionis;

A secundo Simon Cyrenæus in angaria (Matth. xxvii), forte pro acceleranda passione Domini. Tertio, duo latrones pro peccatis suis; sed unus eorum pœnam culpæ commutavit in patientiam meritoriam vitæ. Circa quem quinque notanda sunt. Primum quod se ipsum accusavit, dicens : « Nos quidem digna factis recipimus (Luc. xxiii). »—« Sapiens in principio sermonis est accusator sui (Prov. xviii). » Secundum, quod corripuit proximum, qui justum blasphemavit. Tertium, quod justum commendavit, dicens : « Hic autem quid mali fecit? » (Luc. xxiii.) Quartum, quod veniam imploravit : « Memento mei, dum veneris in regnum tuum (ibid.). » Quintum, quod exauditus est in remissione peccatorum sibi facta et de beatitudine in proximo conferenda : « Hodie, » inquit, « mecum eris in paradiso (ibid.). » Hic autem typum gerit cujuslibet pœnitentis, qui in prædictis debet illum imitari. Quarto vicinius sibi tulit Dominus crucem, quia carni suæ confixam, et clavis consutam pro justitia consummanda. Unde : « Et factus est principatus super humerum ejus (Isa. ix). » Duo extremi modi boni, quia pro justitia. Primus est pœnitentium, per compassionem proximi, per carnis macerationem, per adversorum patientiam, ut dicat pœnitens : « Stigmata Domini Jesu Christi in corpore meo porto (Gal. vi). » Quotidie enim tollo crucem meam et sequor Christum. Hunc modum, ut habeat Ecclesia orat, dicens { Collecta Eccles. feria vi infra hebdom. Passionis) : Præsta, Domine, ut voluntaria castigatione peccata cohibentes, temporalibus pœnis maceremur potius, quam æternis suppliciis deputemur. Hic ure, hic seca. Primus igitur est imperfectorum; eorum scilicet, qui sunt atomus testimoniorum Christi. Extremus est perfectorum, scilicet martyrum, qui sunt « acervus testimonii (Gen. xxxi). » Duo medii modi portandi mali sunt, nisi quis pœnam culpæ convertat in testimonium patientiæ. In angaria autem portatur crux triplici de causa. Vel pro servili timore, ut servus; vel pro verecundia, ut multi claustrales, qui verentur egredi claustrum propter verba hominum; pro laude etiam humana, ut hypocrita.

Sicut igitur diximus, contra triplicem persecutionem triplex est objicienda patientia. Qui enim verba convicii non sustinet, quomodo damna rei familiaris sustinebit? Qui nec damna, quomodo mortem et tormenta? Ad patientiam verborum etiam philosophus (Seneca, libro *De constantia*) adhortatur, dicens : Æquo animo sustinenda sunt imperitorum convitia, et ad honesta vadenti, contemptus eorum contemnendus est, « ubi contemptus juvat. » Et item : Quid refert an garciones (*Vide* notas) isti superius an inferius intonent? sicut in posteriori parte, sic fetent et in ore. Ideoque et verba eorum, ut stercora contemnenda per patientiam. Nec cures si a talibus contemnaris, quia spernere mundum, spernere nullum, spernere sese, spernere se sperni, quatuor hæc bona sunt, sed ultimum majus. De secunda et tertia patientia ait Apostolus ad Hebræos cap. x : « Spectaculum opprobriis et tribulationibus facti, rapinam bonorum vestrorum suscepistis cum gaudio, cognoscentes **272** vos habere meliorem, et manentem substantiam. Nolite itaque amittere confidentiam vestram, quæ magnam habet remunerationem. Patientia enim vobis necessaria est, ut voluntatem Dei facientes, reportetis promissionem. » Et cap. xii, subjungit : « Tantam igitur habentes nos impositam nubem testium, deponentes omne pondus, et circumstans nos peccatum, per patientiam curramus ad propositum nobis certamen, aspicientes in auctorem fidei et consummatorem Jesum, qui proposito sibi gaudio sustinuit crucem, confusione contempta. Recogitate ergo eum, qui talem sustinuit a peccatoribus adversus semetipsum contradictionem, ut non fatigemini, animis vestris deficientes. Nondum enim usque ad sanguinem restitistis adversus peccatum repugnantes. » Nondum cum Christo dicere potestis : « Calicem salutaris accipiam (*Psal.* cxv), » cum tamen sola sit digna retributio, ubi sanguis sanguine recompensatur.

Tria autem juvant patientiam gratiæ, scilicet patientia naturalis, quæ est ex strenuitate quadam naturali, consuetudo et promissio præmiorum. Patientia naturali, patientem laborum invenit Alexander exercitum suum (legendus Quintus Curtius, et alii qui gesta Alexandri Magni conscripserunt), cum eum probaret, ducensillum sub torrida zona per diætam sine potu, usque ad fluvium quemdam. De hac etiam ait quidam justus : Homo est animal patientissimum laborum, quod plus ferre potest quam putet ; sed facilium tædium nobis omnia fecit difficilia ; quæ quia non sint difficilia, ea timemus, sed quia ea timemus, ideo sunt difficilia. Consuetudo etiam maxime juvat. Unde : Quod male fers, assuesce, et leviter feres. Et Tullius in Officiis ait : Eligenda est unicuique ratio vitæ, hanc consuetudo faciet dulciorem et magis tolerabilem. Sed nosipsos deliciis enervavimus et resolutos fecimus, ut nec etiam Christianos labores et agones tolerare possimus. Maxime autem nobis objici potest, quod patientia gratuita, et pro tanto præmio, non possimus ferre ea quæ perpessi sunt ethnici patientia naturali, et sæpe pro causa inhonesta. Unde philosophus (SENECA, ep. 24) : Exsilium Metellus fortiter tulit, Rutilius etiam libenter. Alter ut rediret Reipublicæ præstitit, alter reditum suum Sullæ negavit, cui nihil tunc negabatur. In carcere Socrates disputavit ; et exire (cum essent qui promitterent fugam) noluit ; remansitque ut duarum gravissimarum rerum hominibus metum demeret, mortis et carceris. Mutius ignibus manum apposuit [*m.* imposuit]. Acerbum est uri ; quanto acerbius, si id te faciente patiaris ? Vides hominem non eruditum, nec ullis præceptis contra mortem aut dolorem subornatum, militari tantum robore instructum, pœnas a se irriti conatus exigentem, qui nec ante removit nudis ossibus fluentem manum, quam illi ignis ab hoste subductus est. Facere aliquid in illis castris felicius potuit, nihil fortius. Vide quanto acrior sit ad occupanda pericula virtus, quam crudelitas ad irroganda. Facilius Porsena Mutio ignovit quod voluerat occidere, quam sibi Mutius, quod non occiderit.

Simile verbum invenitur in Legenda B. Vincentii, qui ait : Plus ingenio me posse pati dum torqueor, quam possis inferre ipse qui torques. **273** (SENECA, ep. 4) : Difficile est, inquit, animum perducere ad contemptum animæ : quod absit maxime pro honestate ! Nonne vides quam ex frivolis causis contemnatur ? Alius ante fores amicæ laqueo se suspendit ; alius se præcipitavit e tecto, ne dominum stomachantem diutius audiret ; alius ne reduceretur a fuga, ferrum adegit in viscera.

Et notandum quod est patientia naturæ, et patientia gratiæ, ut diximus, et patientia culpæ, quæ potius remissio dicitur. Hæc est asinina patientia, ferre scilicet non sustinenda, cui opponitur sancta et bona impatientia : de qua Jeremias inflatus, ait, cap. xx : « Et factus est sermo Domini in corde meo, quasi ignis æstuans, claususque in ossibus meis, et defeci, ferre non sustinens contumelias et terrorem multorum. » De hac dicit Isaias, cap. lxiii : « Et ipsa indignatio auxiliata est mihi. » Hac Phinees percussit pugione coeuntes (*Num.* xxv) ; hac Moyses armatus interfecit idololatras « a porta in portam pergens (*Exod.* xxxii), » ne totus populus periret ; hac Samuel interfecit Amalec, reservatum a Saule contra præceptum Domini (*I Reg.* xv). Hoc zelo Petrus morte percussit Ananiam et Sapphiram (*Act.* v) ; Simoni etiam Mago maledixit : « Pecunia tua tecum sit in perditionem (*Act.* viii). Hac Dominus ejecit vendentes et ementes de templo (*Matth.* xxi). Legitur enim : « Zelus domus tuæ comedit me, etc. (*Psal.* lxviii). » De hoc legitur : « Defectio tenuit me, pro peccatoribus derelinquentibus legem tuam (*Psal.* cxviii). » Et : « Tabescere me fecit zelus meus (*ibid.*). » Et item : « Quis infirmatur, et ego non uror ? » etc. (*II Cor.* xi.) Et item : « Parati revincere omnem inobedientiam et contradictionem (*II Cor.* x). » Et in Ezechiele (cap. xi) : « Spiritus Domini irruit in me. » Et in Ecclesiastico, cap. ii : « Omne quod tibi applicitum fecerit, » etc. Item ibidem : « Væ his qui perdiderunt sustinentiam, » etc. Et Ecclesiaste, cap. vii : « Ne sis velox ad irascendum ; » et : « Melior est patiens arrogante. » Parabolarum, cap. xiv : « Qui patiens est, multa gubernatur prudentia. » Ibidem, cap. xvi : « Melior est patiens viro forti, et qui dominatur animo suo expugnatore urbium. » Et : « Melius est humiliari cum mitibus, quam dividere spolia cum superbis. » Item Parabolarum, cap. xix : « Doctrina viri per patientiam noscitur. » Ibidem : « Qui impatiens est, sustinebit damnum. » Jacobi, cap. i : « Beatus vir qui suffert tentationem, » etc. Idem, cap. v : « Ecce beatificamus eos qui sustinuerunt, » etc. II Regum, cap. xv : « David nudis pedibus fugit a facie Absa-

Iom. » Item cap. xvi, in quo « Semei maledicit David, et David non patitur se vindicari. »

CAPUT CXV.
De quatuor virtutibus cardinalibus [principalibus].

Sicut septenarius septem beatitudinum (*Matth.* v) est numerus, et quindenarius quindecim graduum; sic quaternarius perfectus et solidus quatuor cardinalium virtutum est numerus, scilicet *prudentiæ, fortitudinis, temperantiæ*, **274** et *justitiæ*. Est autem prudentia prudens et dispositissima electio, qua transitoriis æterna, vitiis virtutes, exsilio patriam, servituti libertatem præferimus. De qua electione Augustinus ad Macedonium ait (epist. 52): Virtus, inquit, nihil aliud est quam diligere id quod diligendum est. Id autem eligere, quod eligendum est, prudentia est; nullis inde averti molestiis, fortitudo est; nullis illicebris inde averti, temperantia est, nulla superbia inde averti; justitia est. Porro his paucis ostensa est vitæ perfectio Christianæ. Hæc ea quadriga est, quam non habentes hic manentem civitatem futuram inquirunt (*Hebr.* xiii).

Beatus quidem currus, quo Thesbites Elias evectus in cœlum, mortem distulit, sed non evasit (*IV Reg.* ii). Hic est autem multo beatior, quam quisquis ascenderit, « mortem non gustabit in æternum (*Joan.* viii). » Illum quoque figuralem ignem nisi prius hunc ascenderet propheta, non inveniret.

CAPUT CXVI.
De prudentia.

Hujus salutaris vehiculi prima rota et pes, est prudentia, qua diligenda a non diligendis, et a noxiis utilia, separamus. Scire autem distinguere inter prudentiam, discretionem et scientiam, inter septem dona Spiritus sancti, inter opera virtutum, virtutes et radices earum difficillimum est. Omnes enim pariter mellificant mel cœleste; prudentia autem omni virtuti et bono operi se admiscet; omnem circuit, moderatur, modificat, consummat et perficit. Hanc commendans Dominus, ait : « Estote prudentes sicut serpentes, et simplices sicut columbæ (*Matth.* x). Fidelis servus et prudens quem constituit Dominus super familiam suam (*Luc.* xii). Prudentes virgines acceperunt oleum in vasis suis cum lampadibus (*Matth.* xxv); » fatuæ non, quia imprudentes. Et Dominus in Levitico, cap. ii, ait : « Quidquid obtuleris sale condies : in omni oblatione offeres salem. Honor regis judicium diligit (*Psal.* xcviii). » Et Petrus prima Epistola, cap. iv, ait : « Estote itaque prudentes, et vigilate in orationibus. » Et Ecclesiasticus, cap. xx : « Homo prudens placebit magnatibus. » Et Apostolus : « Rationabile sit obsequium vestrum (*Rom.* xii), » ne quid nimis vel parum. Unde Ecclesiaste, cap. vii : « Noli esse justus multum; quia est justus, qui perit in justitia sua. » Et Parabolarum, cap. xviii : « Cor prudens possidebit sapientiam. » Et cap. xvi : « Qui sapiens corde est, appellabitur prudens? » Et cap. ix : « Scientia sanctorum est prudentia. » In concilio etiam sanctorum Pallidorum, cum Macharius in

A symbolo virtutum paritoriam suam apposuisset sobrietatem, alius jejunium et abstinentiam, alius vigilias crebras, et hujusmodi Antonius, princeps eremitarum, discretionem, qua omnes aliæ condirentur apposuit.

275 CAPUT CXVII.
De fortitudine.

Scimus autem plerosque virtutem professos, et qui per prudentiam eligendum elegerant, adversitatum defecisse incursu : verbi gratia, filii Israel prudenter elegerunt exire de Ægypto, quia juxta consilium Domini, ejusque præceptis obedire prudenter proposuerunt, sed in deserto sitis molestias impatienter sustinuerunt (*Exod.* xvi). Qui etiam inter hostium incursus, inter injurias itineris ollas carnium desideraverunt, ad pepones et allia Ægypti reverentes (*Num.* xi), cum posteriorum deberent oblivisci, et in anteriora se extendere (*Philip.* iii). Sic plerosque claustrales frangit adversitas, et sicut scriptum invenies, nisi ad nutum cuncta suppetant, minimis quibusque prosternuntur. Quos dum paupertas urit, dum contemptus excruciat, dum sublimes et splendidos aspiciunt, quos, aut electione fecerunt hæredes, aut lege, ad fastiditas revolant divitias, ademptam sibi gloriam conquæruntur, suis invident : et quod magnum susceptæ religionis est dispendium, dum ad modica suspirant, quæ reliquerunt, quanta pro relictis exspectant, non attendunt. Tales profecto bona, quæ diligenda sunt, inutiliter eligunt, dum prædictis exterriti procellis, ad non diligenda mentem reducunt.

Adhibenda est igitur prudentiæ fortitudo, ut ad tenendum, quod prudenter eligimus, insurgentibus molestiis fortissime reluctemur. Hac virtute Paulus stimulo carnis et angelo Satanæ resistebat. Hac in carceribus, hac in omnibus angustiis, quas ad Corinthios enumerat, armabatur, cum dicebat : « Quando enim infirmor, tunc fortior sum (*II Cor.* xii), » et potens. Quæ igitur erit differentia inter patientiam et fortitudinem? Patientia consistit in tolerando adversa, fortitudo in resistendo et agendo contra mala. Hac virtute David in adversis innocentiam servavit, eadem persequenti se Sauli pepercit (*I Reg.* xxiv); eadem, audita morte filii sui quem genuit de Bethsabee, consolatus est, et comedit (*II Reg.* xii). Ad hanc quoque necesse est nos confugere, cum diversis teneamur. Adversis enim usque ad victoriam difficile resistitur, nisi prudentiæ fortitudo copuletur. Hanc Deus commendans, ait : « Estote fortes in bello. Cum fortis armatus custodit atrium suum, in pace sunt omnia quæ possidet (*Luc.* xi). » Sed « mulierem fortem quis inveniet? Procul et de ultimis finibus pretium ejus (*Prov.* xxxi). — Fortis autem ut mors dilectio (*Cant.* viii). » Et I Petri, cap. v : « Adversarius vester diabolus circuit, quærens quem devoret : cui resistite fortes in fide. » Et Parabolarum, cap. x : « Substantia divitis, urbs roboris ejus; et quasi murus validus circumdans eum. » Et cap. xii : « Manus fortium dominabitur quæ autem remissa est, tributis serviet. » Et c. x : « Manus fortium parat divitias. » Et Eccli., c. xxx : « Melior est pauper sanus, et fortis viribus, quam dives imbecillis et flagellatus malitia. »

276 CAPUT CXVIII.
De temperantia.

His invicem conjunctis temperantia necessario supponitur, virtutem servatura in prosperis, quæ ex fortitudine servata est in adversis. Virtuti nihil æque noxium est, quam voluptatis admistio in concessis. Negligenter cavetur hostis, cujus ingressus pacificus exspectatur. Sic plerumque bonum corruit propositum, cum mens minus illecebris adversatur, et refugit, cum prosperitate resolvitur, cum impensam reverentiam diligit, cum insolitis insolescit. Hoc luxu et lapsu intemperantiæ recessit a Deo dilectus Dei, de quo dicitur : « Incrassatus est dilectus et recessit, et recalcitravit impinguatus, dilatatus, dereliquit Deum factorem suum, et recessit a Deo salutari suo (*Deut.* xxxii). » Temperantia etiam Dominus, ad instruendum nos, declinavit turbas volentes eum rapere, et statuere eum sibi in regem, recusans oblatæ dignitatis fastigia (*Joan.* vi). Ne qua igitur oblectamenta fructum tibi religionis extorqueant, temperantiæ fines, tum in illecebris, tum in prosperitate (puta fama, facundia genere, dignitate, opibus, et hujusmodi), tum in virtute et bonis operibus excedere formida. Temperantia siquidem plerumque infra licitum et bonum quiescit, ultra nunquam progreditur : ea si desit, cæteræ virtutes, vel decidunt a summo, vel ad summum non ascendunt, sed sæpe sunt in vitio. Sine hac enim usus cujuslibet virtutis impetus est, non ratio :

. . . . *Male cuncta ministrat*
Impetus.
(STATIUS, l. II *Thebaidos*.)

Temperantia metitur vires, et a medio non recedit. Unde et nunc remissa intendit, nunc ardua moderatur ; sic ipsa virtutes perennat, perficit, et ad præmium usque perducit. Per hanc

Imponit finem sapiens et rebus honestis,
(JUVEN. sat. vi.)

finem scilicet castigationis. Hæc est enim frenum et fascia matronalis, qua constringuntur et reprimuntur ubera lacte nimis abundantia. Hæc in præfato curru tertium sibi locum defendit, præparata adversus luxus, omne superfluum, et latrociniis occursura voluptatum.

Hac tibi paulatim succidenda est deliciarum consuetudo, rejicienda obsequiorum sedulitas festivi cultus et odores peregrini penitus dediscendi. Qui dum tibi apud alios, vel ab aliis apud te male placerent, integritatem vulnerat animorum. Usus ægre dediscitur, ab eo autem præcipue difficillimum est revelli, qui multo nos tenuit tempore, multa placuit voluptate, ex quo gravior hostis nos exspectat. Hostem appello, frequentatas a cunis delicias, gratiam mariti, sobolis, obsequiorum diligentiam, et quamcunque felicitatem temporalem, quæ temperantia castigantur et coercentur, cum incipit **277** homo propter prædicta extolli, sed hoc officium est justitiæ, scilicet cohibere superbiam. Distat tamen inter officium justitiæ, et officium temperantiæ, ob quam etiam homo sæpe superbit, quam superbiam refrenat justitia. Illecebris igitur per temperantiam similiter licitis, ne in his modum excedamus, inutiliter aliquid agendo resistimus. Hæc a quibusdam dicitur sobrietas, ab Apostolo dicitur modestia : « Modestia vestra nota sit omnibus hominibus (*Phil.* iv). » A quodam sapiente modus, sicut fortitudo a philosopho magnanimitas.

CAPUT CXIX.
De justitia.

Actum forte putas, et plenam jactas victoriam, si nulla molesta, nulla læta propositum tibi religionis extorserint. Sed male te decipis, et inanem somnias valetudinem, si nondum superbiæ tumores, justitiæ, id est humilitatis (quæ unicuique reddit quod suum est) de se non præsumens, nihil habere proprium, nihil perfectum, et quod habet amittere posse recogitans, cataplasmate supersederunt. Superbia totum virtutis corpus inficitur, vitale columen emarcescit, formosa quæque deformantur (Vide supra c. X). Superbia natione cœlestis, sublimes appetit mentes, et velut ad proprios ortus revolans in gloriam et puritatem hominum irrumpit, quæ a gloria et puritate prorupit angelorum. Ea prius in cœlis, dehinc in terris triumphans ; sicut angelis tota innata est, ut ab eis non recederet, sic homines infecit, ut a Deo separaret ; et quæ dejecit angelum et hominem, Deum tentare adjicit, ut quem videbat similis consortem naturæ, consortem faceret et ruinæ. Prima hæc et ultima pernicies ante omnia vitia superavit, et post omnia superatur. Nam postquam fidelis anima de abysso vitiorum emergens, salutare virtutum culmen ascendit, velut ex insidiis prosilit et occursat elatio, totum domus Domini ædificium concussura ad ruinam, quod surrexerat ad consummationem. Quid enim perniciosius justo, quam quod justus videri desiderat, et quod ad salutationes in foro hilarescit et exsultat, quod adulatorio favore demulcetur, quod pene diffitens hominem, æqualem se superis metitur et mentitur ; qui dum male gloriatur et præsumit quod non est, in confusionem prosternitur et amittit quod est ; tantoque fit a Deo per parietem superbiæ remotior, quanto sibi videbatur per virtutum celsitudinem propinquior. Unde : « Cadent a latere tuo mille, et decem millia a dextris tuis (*Psal.* xc). » Vides igitur quanta morum dilapidatio sit superbia, et quam necessaria in bene gestis humilitas. Sine humilitate per prudentiam eligere quod diligendum est, erronea discretio est ; adversa per fortitudinem superare, jactans victoria ; illecebris per temperantiam resistere, temulenta sobrietas. Unde iis necesse est quartam rotam conjugari, **278** quam velut omnium completionem clausulamque virtutum Augustinus (epist. lii) justitiam nominavit, qua currus Domini, quo ascenditur in cœlum, perficitur, quo perdita ovis ad gregem refertur, quo granum in horreum Domini ducitur vel infertur. Hæc sunt flumina paradisi quatuor (*Gen.* II), quibus terra cordium nostrorum debriata et rigata, « fructum affert in patientia (*Luc.* VIII). » Hi sunt quatuor anguli domus Job (*Job* I), in quam ventus irruens septem convivantes filios oppressit. Sic et domus conscientiæ et bonæ voluntatis, fulta quatuor virtutibus, inundante tentatione et irruente in eam, sæpe domum evertit, enecans et suffocans septem dona Spiritus sancti, quæ in ea nutriebantur. In nullo igitur præsumas, sed et fundata domo tua supra firmam petram (*Matth.* VII), pavidus clama cum Petro : « Domine, salvum me fac (*Matth.* XIV). » Et contra omnem tentationem huic funiculo triplici adhæreas, scilicet ut nihil de te præsumas, sed « jacta cogitatum tuum in Dominum (*Psal.* LIV). » Nihil de Deo diffidas, sed confirma cor tuum in salutari tuo (*Psal.* XII); nihil in te, sed in Deo, glorieris et exsultes. « Qui gloriatur, in Domino glorietur (*I Cor.* I). Absit mihi gloriari, nisi in cruce Domini nostri Jesu Christi! » (*Galat.* VI.) De hoc funiculo flagellum memineris faciendum, quo ejiciatur de templo (*Matth.* XXI) pectoris tui sæcularium strepitus, et turba voluptatum, per quod deliciarum prurigo diffugiat, mollities contemnatur, varietas ferculorum despiciatur, gemmarum fulgor et operosa vasa conculcentur, fastus decidat generis et potestatis; reges palatio, cilicium lino, favori contemptus, obsequiis injuriæ præferantur. Talibus oblectatus studiis erit tibi fructus laboris Deus, in quo omnia bona consequeris, qui pascet et satiabit te in æterna gloria sua.

CAPUT CXX.
De veritate.

Diximus supra de facie naturæ, de facie etiam gratiæ, ad quam pertinet Veritas, quam necesse est habere eum, qui Christum auctorem veritatis imitari voluerit. Hæc commendatur in Christo capite, qui de se ait : « Ego sum via, veritas et vita (*Joan.* XIV). » Via in exemplo, veritas in promisso, vita in præmio; vel via conversationis sanctæ, veritas cœlestis et spiritualis doctrinæ, vita beatitudinis æternæ. De eo etiam dicitur : Quia « Veritas de terra orta est, et justitia de cœlo prospexit (*Psal.* LXXXIV). » Et : « Misericordia et veritas obviaverunt sibi (*ibid.*). Propter veritatem præcedentem et mansuetudinem et justitiam (*Psal.* XLIV). Principium verborum tuorum veritas,» etc. (*Psal.* CXVIII). « Sermo tuus veritas est (*Joan.* XVII).» Verax est Pater, verax est Filius, verax est Spiritus sanctus. « Omnia mandata tua veritas (*Psal.* CXVIII) ; » et : « Veritas tua in circuitu tuo (*Psal.* LXXXVIII). » Qui autem mendax est, filius est diaboli auctoris mendacii; sed, o Christe, « perdes omnes qui loquuntur mendacium (*Psal.* V). » Hieronymus (*in comment. ejusdem psal.*) : Novam rem audio, scilicet quod Dominus omnia perdet, omnes qui loquuntur mendacium, **279** odio habens scelerosos, qui ait : « Iniquos odio habui (*Psal.* CXVIII). » Pro veritatis defectu conquerens David, ait : « Salvum me fac, Domine, quoniam defecit sanctus, quoniam diminutæ sunt veritates a filiis hominum , » etc. (*Psal.* XI). Item : « Omnis homo mendax (*Psal.* CXV). » Ad hanc virtutem invitans Ecclesiasticus, ait cap. XXXVII. « Anima viri sancti enuntiat aliquando vera quam septem circumspectores sedentes in excelso ad speculandum. In omnibus deprecare altissimum, ut dirigat in veritate viam tuam. » Item : « Ante omnia opera verbum verax præcedat te, et consilium stabile (*ibid.*). » Unde de S. Sebastiano (Vide *Vitam* apud Sur. die 20 Januarii) : In sermone verax, in consilio prudens, in commissis fidelis, in omni honestate morum præclarus. Item Ecclesiastici, cap. XXV : « Tres species odivit anima mea : pauperem superbum, divitem mendacem, et senem fatuum et insensatum. Beatus qui invenit amicum suum verum.» Item in eodem cap. XLI : « Erubescite a patre et matre de fornicatione ; et a præsidente, et a potente de mendacio ; a principe et a judice de delicto, » etc. Maxime enim dedecet potentem mendacium. In eodem, cap. XIII : « Omnis homo diligit similem sibi, sicut omne animal simile sibi ; » mendax mendacem, verax veracem. Item cap. XV : « Homines autem stulti et mendaces non apprehendent sapientiam, nec erunt memores illius ; viri autem veraces invenientur in illa, et successum habebunt usque ad inspectionem Dei. » Item Parabolarum cap. XVI : « Favus mellis verba composita ; » veritas autem angulos non quærit ; simplicia decent bonitatem. Item, cap. XXIX : « Princeps qui libenter audit verba mendacii, omnes ministros habet impios » et mendaces ; quia qualis rector civitatis, talis et minister. Item : Post juramentum maxime, major est veritas quam religio. Item juxta verbum sapientis : Mendacium sicut gula vitium est viscosum et hærens. Cæteris enim vitiis sæpe maturior ætas finem imponit, mendacio vero nequaquam, sicut nec gulæ. Quotidie enim comedimus, quotidie loquimur, et ita facilius quis in hæc vitia labitur et difficilius ea dediscit

Est autem duplex veritas, dicti scilicet, quæ est in compositione prædicati ad subjectum, ut sic in re sicut dicitur, et hæc est philosophi (ARIST. lib. *De interpretat.*, c. 5) : Et est veritas dicentis, quæ est in proposito dicentis, sive falsum dixerit, sive verum. Sapiens enim pro utilioribus mutat sæpe consilium, ut Apostolus : et hæc est theologi. Secundum hanc dicitur : Verba sacerdotis, aut vera sunt aut sacrilega; vera, veracitate potius quam veritate quæ est prædicati ad subjectum. Sæpe autem aliquis est verus, et non verax, et ideo mendax. Si utrumque potest esse, bene ; si non, semper esto verax. Item II ad Corinthios cap. I : « Cum voluissem » venire ad vos et non veni, « nunquid levitate usus sum? » Absit ! Sapientis enim est mutare consilium, etiam quod rationabiliter proposuit, pro utiliori et honestiori. Non est in me « est, et comedet prædam, et vesperi dividet spolia. » Diversos non, » quia « fidelis est Deus, » cujus ego imitator (*I Cor.* xi), « et non est in illo, est et non»; qui et signavit nos » veritate, quasi hoc charactere suo nos distinguens ab aliis. Item philosophus : Veritas liberum distinguit, et discernit a servo. Servorum enim mentiri est, non filiorum. Sed nonne omnis homo mendax est ? ita tamen a menda. Quia « si dixerimus quod **280** peccatum non habemus, nos ipsos seducimus, et veritas in nobis non est (*I Joan.* i). » Omnis etiam homo in se mendax est, sed in Deo verax.

Est autem triplex veritas considerata circa rem incomplexam. Est enim veritas incommutabilitas divinæ essentiæ, « apud quam non est transmutatio, neque vicissitudinis obumbratio (*Jac.* i); » et est veritas vel naturæ, ita quod non gratiæ, ut pudicitia, et hujusmodi virtutes.

Virtus philosophi, vera est in veritate naturæ, non gratiæ. Sacramenta etiam hæreticorum collata in forma Ecclesiæ vera sunt sacramentali veritate, non effectiva ; sed sacrilegum, ab effectu, panem comedunt, et hujusmodi. Est et veritas gratiæ condita charitates. Et hæc duplex veritas, si potest, ad primam semper referri debet. Cum igitur veritas potissimum signum sit Christianæ religionis, summopere cavendum est et attendendum, ne vel in nobis, vel in aliis exstinguatur. « Spiritum nolite exstinguere (*I Thess.* v). » Quia etiam Socratico decreto non minus peccatum est tacere veritatem, quam loqui falsitatem, sed sæpe majus pro loco et tempore, ut in correptione proximi, in testimonio ferendo; quod non advertunt advocati prohibentes clientes suos in narratione sua simplicem et nudam veritatem pronuntiare, eam in parte subticere docentes, partem colorantes. Item, III Epist. Joan. ; item, prima, cap. iii; item Eccli., cap. xxiv et xxvii.

CAPUT CXXI.

De sancta et bona violentia.

Veritati adjungenda est sancta violentia, qua nos, et proximos, sicut veritatem loquendo, a faucibus iniqui hostis eripimus, mundum et carnem, in eo qui vicit mundum (*Joan.* xvi), vincimus. Hanc ut valde necessariam omni fideli, tum propter se, tum propter proximum commendans Dominus in Evangelio, ait : « Regnum cœlorum vim patitur, et violenti rapiunt illud (*Matth.* xi). » Hieronymus (In idem caput secundum sensum et tota ep. 24, falso ei ascripta) : Quæ major violentia, quam quod caro vult esse quod spiritus; homo Deus, et caro fragilis in loco, a quo decidit angelica natura et cœlestis? Idem : Esto igitur prædo regni cœlorum, non pauperum animarum, non pecuniarum et muscarum. Item Dominus : « Cum fortis armatus custodit atrium suum in pace sunt ea quæ possidet (*Luc.* xi). » Item Genesis, cap. xlix : « Benjamin lupus rapax mane

comedet prædam, et vesperi dividet spolia. » Diversos ministros in Ecclesia, in diversis gradibus et officiis instituendo. Item (*Psal.* lxvii) : « Rex virtutum, dilecti, dilecti et speciei domus dividere spolia. » Item Numeri, cap. xxiii : « Ecce populus » hic « ut leæna, quasi leo erigetur. Non accubabit, donec » catulus leonis « devoret prædam, et occisorum sanguinem bibat, » incorporando eos Christo et Ecclesiæ cum Petro, cui dictum est : « Macta in mandatis et manduca (*Act.* x) : » mandata trajiciendo in corpus Ecclesiæ. Occide **281** et vivifica, vel donec sanguinem occisorum bibat, id est peccata interfectorum a diabolo destruat. Quod enim bibitur, consumitur, et a statu suo priore recedit. In hoc etiam verbo, nota quanta debet esse sitis et aviditas deprædandi diabolum et eripiendi te, et proximum a faucibus ejus, maxime si prælatus es, si litteratus et instructus. Sed et quilibet hanc sitim habere debet. In hoc autem nomine, « leæna, » feminini generis, nota maternum affectum ; in hoc nomine, « leo, » verbera patris. Catulus leonis ex rugitu patris excitatur. Sed et Dominus modo prosperis nos demulcet, modo adversis, et rugitu, et tonitruo comminationum gehennæ nos deterret, et excitat a torpore, cujus singula verba sunt super singula tonitrua.

Item Isaias, cap. ix : « Quia omnis violenta prædatio cum tumultu, et vestimentum mistum sanguine, erit in combustionem, et cibus ignis. » Sancta autem violentia filia est fortitudinis, unde et aptius ei haberet subjungi, ut qua vincimus mundum, scilicet occupationes sæculi, prospera et adversa ; diabolum etiam, scilicet « spirituales nequitias (*Ephes.* vi), » invidiam, etc., carnem quoque, scilicet illecebras carnis, « crucifigentes eam cum vitiis et concupiscentiis suis (*Galat.* v). Et stigmata Domini Jesu portantes in corporibus nostris (*Galat.* vi), » violentiam violentiæ opponentes. Unde in Psal. cxxxvi : « Filia Babylonis misera, » sed « beatus » pœnitens, « qui retribuet tibi retributionem, » et vicissitudinem, « tuam, quam retribuisti nobis! » contraria contrariis curans, risum fletu, gulam abstinentia, et sic deinceps retribuens carni dura contra suavia, quæ appetit.

« Beatus enim qui tenebit et allidet, » ne silvescant et grandescant, « parvulos suos, » primarios motus « ad petram » Christum (*I Cor.* x) ; ne vulpes parvæ demoliantur vineam Domini Sabaoth (*Cant.* ii). Et confringes capita draconis in aquis (*Psal.* lxxiii), et conteres caput serpentis insidiantis calcaneo tuo (*Gen.* iii), ut sit « castigatio tua in matutinis (*Psal.* lxxii), » quia :

> . . . . . *Sero medicina paratur*
> *Dum mala per longas invaluere moras.*
> (Ovid., l. 1. *De remedio amoris.*)

(Greg. l. ii *Dial.* c. 2.) Hac sancta violentia usus est beatus Benedictus projiciens se in urticas, ut dolorem dolore compesceret et superaret. Hac usus est martyr ille qui sibi abscidit linguam, ut sanguinolentam projiceret in os meretricis, et sic libidinem vinceret. De hac multa alia poteris colligere sanctorum exempla.

(HIER. in *Vita Pauli eremitæ.*) Hæc etiam sancta violentia extenditur usque ad ipsum Deum, ut cum eo homo, sed pie, audeat congredi. Unde et Jacob luctamen cum angelo iniisse memoratur, sed Jacob vicit, unde et hoc nomen « Israel » ei datum est (*Gen.* XXXII). Et angelus succubuit, quasi ne timeas Esau fratrem tuum, qui Deum vincis in certamine. Nos autem in his quæ de Deo mente comprehendimus, quodam modo superamus; in his vero quæ comprehendere non possumus, indubitanter subjacemus. Ut ergo verbis B. Gregorii utar (lib. II *in Ezech.*, hom. 14) : Jacob luctatur, et vincitur angelus, quando intellectu intimo apprehenditur Deus; luctatur et succumbit, quia lumen incircumscriptum, dum comprehendere nititur, deficit. Et **282** notandum quod Jacob licet in lucta superante, tamen nervum femoris ejus angelus tangit et arescit, quia, dum mens in contemplatione divinas apprehendit delicias ex earum desiderio carnis affectus emarcescit. Gustato enim spiritu, omnis caro desipit; arefacto autem uno nervo, pes unus incolumis manet, alter languet, quia mortificata in nobis carnis concupiscentia convalescit pes dexter, quo ad Deum dirigimur, infirmatur sinister, quo a Deo declinamus. In quo etiam notandum puto quod percussus in femore Jacob sano pedi firmius innititur, infirmus autem nec totus adhæret terræ, nec a terra totus elevatur, quia Jacob eo parum sustentatur, quia parum a terra tangitur, et parum suspenditur. Languescente enim in nobis rerum dilectione, vel delectatione sæcularium, parti earum innitimur pro natura, suspendimur a reliquis pro corona. In illa necessitatis est quod appetimus, in his consilii quod vitamus. « Vanitati enim creatura subjecta est non volens, sed propter eum, qui subjecit eam in spe » (*Rom.* VIII). » Et : « Omnis qui in agone contendit, ab omnibus se abstinet (*II Cor.* IX). » In futuro autem exsiccatis nostræ mortalitatis illecebris, totus homo erectus, divino amori incumbet et adhærebit, sed nullus, nisi qui prius hic claudicaverit bona claudicatione, ibi sic erigetur.

Est autem triplex claudicatio mortalis culpæ. Sic claudicat qui recipit unum testamentum sine reliquo, ut Ebionitæ novum sine veteri, vel qui Deum colit pro temporalibus et æternis. Unde : « Quousque claudicatis in duas partes? Si Deus est Baal, adoretis eum, » etc. (*III Reg.* XVIII.) Non potestis duobus dominis servire (*Luc.* XVI). Non potestis intrare terram duabus viis (*Eccli.* II). Pallium breve est, utrumque operire non potest (*Isa.* XXVIII). Propter hujusmodi claudicationem vitandam, ait Apostolus : « Erigite genua dissoluta et manus vestras remissas » ad Deum, « ne quis claudicans erret, magis autem sanetur (*Hebr.* XII). » Est et claudicatio infirmitatis humanæ et licita. Hac claudicant conjugati, qui non utroque pede, « ut virgines sequuntur Agnum (*Apoc.* XIV) : » quia non illa excellentissima integritate corporis, quam habent virgines, etsi integritate mentis. Est et claudicatio virtutis et gratiæ, qua « claudicavit Jacob (*Gen.* XXXII), » et illi qui temporalibus utuntur solum pro natura, et a reliquis se suspendunt pro corona.

CAPUT CXXII.
De obedientia.

Multiplex est « facies euntis in Jerusalem (*Luc.* IX), » et una, sicut et una constat Ecclesia ex personis multarum facierum, multiplex in pluralitate effectuum et operum virtutum, una autem in radice earum. Habita enim una, habentur et omnes. Non enim in cithara spirituali, sicut nec in materiali, una chorda concorditer sine aliis resonat. Inter has facies excellens est obedientia, sine qua non itur in Jerusalem. Est autem obedientia justæ rei obtemperatio, **283** vel obedientia est animi deliberantis, honeste, justæ jussionis effectus, vel exsceptio jussionis « Dei » per sacram Scripturam : « hominis, » per prælationem et dignitatem, « impositi super capita nostra (*Psal.* LXV). » Hujus virtutis exemplum et imitationem habemus in Christo capite, de cujus obedientia Apostolus scribens I ad Corinthios, cap. XV, ait : « Sicut portavimus imaginem terreni » hominis, Adæ, « portemus et imaginem, et stigmata « cœlestis » per obedientiam. De qua ad Philippenses, cap. II, ait idem Apostolus : « Hoc sentite in vobis, quod et in Christo Jesu, qui cum in forma Dei esset, non rapinam arbitratus est esse se æqualem Deo, sed semetipsum exinanivit formam servi accipiens, in similitudinem hominum factus, et habitu inventus ut homo. » Nota humilitatem, quæ est mater obedientiæ ipsam concipiens et generans. Unde sequitur : « Humiliavit semetipsum factus obediens usque ad mortem, mortem autem crucis. » Nota patientiam, quæ nutrix est obedientiæ ipsam fovens, bajulans et supportans. Et cum convenientius dici videretur : « Id sentite in vobis quod et in Christo Jesu, » non tantum relative sed demonstrative hoc dixit ut esset demonstratio ad oculum, quia Christus « inter homines visus est, et cum hominibus conversatus est (*Baruch* III), » et etiam ad intellectum propter rei absentiam.

Item : Cum multa sint, quæ possumus « sentire in Christo Jesu, » sicut in eo, « in quo sunt omnes thesauri sapientiæ et scientiæ absconditi (*Coloss.* II), » singulariter tamen ait, « hoc » non « hæc, » singularitatem hanc referens ad modicitatem nostram. Quasi diceret : Si non potestis habere tantam humilitatem, obedientiam, patientiam, quantam Christus habuit, saltem « Hoc sentite in vobis » ,quod et illo, scilicet, ut hoc modicum humilitatis, obedientiæ et patientiæ habeatis, sicque illum timeatis, illique obediatis. Unde Ecclesiasticus (cap. VII) : « Qui Deum timet, nihil negligit, » nihil contemnit, sed Deo in omnibus obedit. Item, I Reg., cap. XV ; Samuel ad Saulem : « Nunquid vult Dominus holocausta et victimas, et non potius, ut obediatur voci Domini? Melior est, inquit, obedientia quam victimæ, et auscultare magis quam offerre adipem arietum. Quoniam quasi peccatum ariolandi est repugnare, et quasi scelus idololatriæ nolle acquiescere. » Est autem triplex obedientia, necessaria, abundans et perniciosa. Necessaria, in his quæ ad salutem, ut in præceptione divinorum mandatorum, et in injunctione pœnitentiæ salutaris. Utrum autem in præceptione alicujus ad utilitatem publicam spectantis, puta itineris arripiendi Romam pro Ecclesia, suscipiendi ordinis, et hujusmodi teneamur obedire majori, cum dicat Gregorius (*in Pastorali* part. 1, c. 6 et 7): Pollens virtutibus, nonnisi coactus promoveatur vel ordinetur; non pollens, nec coactus. Et David : « Voluntarie sacrificabo tibi (*Psal.* LIII). » Et sponsa in Canticis : « Lavi pedes meos, quomodo inquinabo eos?» (*Cant.* v.) Nec affirmo nec nego. Verumtamen si in hujusmodi contigerit tibi aliquid præcipi, satage, et elabora liberari ab obnoxietate præcepti implendi, ne scrupulus tibi generetur in conscientia. Abundans est, cum obedimus in his quæ non tenetur major præcipere. Raro autem aliquid præcipere debemus, ne transgressores multos constituamus. Utrum autem in temporalibus dandis teneamur obedire majori, quæstio est, cum dicat Dominus : « Quæ dicunt, » pertinentia ad cathedram, « facite (*Matth.* XXIII). » Tutius tamen est in his obedire, sicut et ecclesiasticum beneficium relinquere, quam cum scrupulo conscientiæ possidere. Maxime ad hoc quod S. Hugo abbas Cluniacensis a constructione monasterii imperfecti in Hispaniis, recessit propter obedientiam exhibitam fratribus eum revocantibus. Propter quam semper habitam ante oculos, plurima bona intermisit, omnibus præferens bonum obedientiæ. Idem fecit et monoculus ille abbas Clarevallensis [*al.* Cisterciensis], et alii plures sancti servantes obedientiam, etiam in his quæ vicinabantur peccato. Perniciosa consistit, et in manifesto malis, et obviantibus præceptis divinis vel in his quæ non sunt mala, ex his tamen de facili sequitur ruina. Unde nec in his obediendum, quemadmodum nec ea, quæ faciunt ad veritatem, eam juvando et fovendo, licet non sint veritas, relinquenda sunt pro scandalo, sicut nec plana veritas : « Qui enim minima spernit, paulatim decidet (*Eccli.* XIX). »

Sed quæritur si in præceptione implendorum consiliorum teneamur obedire majori ? Non. Nec ipse hoc potest præcipere alicui (nisi obligato voto vel sacramento) hoc implere ; in quo casu tenetur præcipere ei, ut votum impleat. Item quæritur, si ministerium meum, ego episcopus, decanus et hujusmodi, tenear exhibere domino papæ præcipienti, ut indignus aliquis ordinetur a me, præbendetur, et hujusmodi ? Item : Utrum clerici teneantur esse magis obnoxii et obedientes suis prælatis, an conversi, et monachi suis abbatibus? Dico quod monachi et conversi magis suis abbatibus, propter majorem eorum perfectionem, quæ magis eos obligat obedientiæ, et in pluribus, quam nos obedientiæ prælatorum. Item : Gregorius respondet *Moralium* lib. XXXV, cap. 10 : Sciendum nusquam per obedientiam fieri malum, aliquando autem debet per obedientiam bonum, quod agitur, intermitti. Item, Deut., cap. XIII; item, Ecclesiastæ, cap. IV : « Custodi pedem tuum ingrediens domum Dei, et appropinqua ut audias. Multo enim melior est obedientia, quam stultorum victimæ, qui nesciunt quid faciunt mali. » Item Beda super Ecclesiastem, cap. IX : « Quodcunque boni potest manus tua facere, instanter operare. » Obedientia enim est sine mora. Item, Act., c. IX : « Ecce ego, Domine. » Obedientia moram nescit. Item B. Petrus I Epist., cap. I.

CAPUT CXXIII.
De magnanimitate.

Ad hanc faciem pertinet etiam magnanimitas, quæ est in resistendo adversariis Ecclesiæ fortitudo in tolerando patienter diversa. Hæc maxime prælatorum est, qui magnanimi dicunt : « Non possumus non eloqui, quæ audivimus et scimus (*Act.* IV). » De his igitur : « Spiritualis homo omnia dijudicat, et a nemine judicatur (*I Cor.* II); » quia « ubi spiritus Domini, ibi libertas (*II Cor.* III). » Hos magnificat Deus in conspectu regum. His dicitur a Domino in Josue (cap. I) : « Confortare, et esto robustus valde, ut custodias et facias omnem legem, quam præcepit tibi Moyses servus meus ; nec declines ab ea ad dextram vel ad sinistram. » Notabiliter etiam notandum, quod cum dicitur ei « confortare, » etc., ut magnanimitatem habeat in animo, in verbo, in opere. Hanc commendans philosophus, ait (*apud Sen.* lib. *De* IV *virtutibus*, c. 2) : Cogita nihil esse laudabile præter animum, cui magno nihil est magnum. Item Hieronymus super Ezechiele m(tom. V) : Magna fides, grandis prophetarum audacia, quia magnus est Daniel, qui ad presbyterum, jungentem adulterio homicidium, ausus est dicere : « Semen Chanaan et non Juda, » cum adhuc puer esset (cap. XIII). Et Isaias qui clamat (cap. I) : « Audite verbum Domini, principes Sodomorum, percipite auribus legem Dei nostri, populus Gomorrhæ. » Magnus quoque Ezechiel qui totam urbem Jerusalem ignobilitatis arguit, dicens (cap. XVI) : « Radix tua, et generatio tua de terra Chanaan : pater tuus Amorrhæus et mater tua Cethæa. » Quam etiam meretrici et adulteræ comparat. Hanc etiam grammatici quidam interpretati sunt in B. Thoma (*scil.* Cantuariensi) fuisse tempestatem. Hanc autem virtutem circumstant et perimunt pusillanimitas et tempestas. A quibus liberari orans Propheta, ait : « Libera me a pusillanimitate spiritus et tempestate (*Psal.* LIV). » Pusillanimitas mercenariorum est, qui sunt « canes muti, non valentes latrare (*Isa.* LVI), » qui se non opponunt murum pro domo Dei, qui non stant ex adverso in die prælii (*Ezech.* XIII) ; sicut filii Ephrem intendentes et mittentes arcum, sed conversi sunt in die belli

Psal. LXXVII), quia non quærunt nisi lac et lanam (*Prov.* XXXI), quæ nolunt amittere; « quorum non sunt oves propriæ, et ideo fugiunt videntes lupum venientem, » etc. (*Joan.* x.) Pusillanimitas ergo consistit in non resistendo, in non arguendo cum necesse est. Tempestas vero fatuorum est, quæ et impetuositas animi dici potest, et consistit in redarguendo, nulla observata circumstantia temporis, personæ, qualitatis dicendorum et hujusmodi. Magnanimitas mater est fortitudinis, quæ patientiæ, quæ nutrix est et probatio omnium virtutum. Hæc, attestante B. Hieronymo (In fine epitaphii Paulæ matris ad Eustochium totam hist. Athanasius describit), peperit rosas martyrum, et victoriosas coronas confessorum. Hac sancti resistere hæreticis, contradixere tyrannis. Hac Athanasius in persecutione hæreticorum et principum non defecit. Hac eremita egrediens e cellula Athanasium sanctum, innocentem et justum publice proclamavit. Hac Romanus ad martyrium cucurrit clamans : Christianus ego sum. Hac Antonius macilentum longumque collum extendit, gladioque submittere voluit. Hac Urbanus bis factus est confessor. Hac ille pædagogus satrapæ Juliani quærenti quid ageret pannosus ejus Galilæus, an scilicet dormiret, sterteret, vigilaret, vel comederet, respondit : Loculum parat, foveamque fodit tuo apostatæ Juliano, in qua sepeliatur in inferno. Hac Nicolaus tres pueros morti addictos eripuit eorumque innocentiam probavit. Hac Ambrosius Theodosium ab ecclesia abjecit, et excommunicavit, eo quod plurimos 286 justos involverat ejus edictum cum impiis, Thessalonicæ. Hac Phinees percussit coeuntes (*Num.* XXV) « et cessavit quassatio (*Psal.* CV). » Propter hanc ait Cyprianus : Episcopus si timet, actum est de eo. Hanc exercitium, labor et perpessio adversitatum juvant, confovent, roborant. Hæc enim ingenuos animos et magnos faciunt otium et quies, pusillos et remissos. Oculus enim degens sub umbra, cito caligat sub sole. Unde Dionysius non est veritus expetere feritatem incredulæ gentis, quia virtutem suam præteritarum poenarum recordatio roborabat. Et philosophus ait (Senec. epist. 13) (Ruffin. *Hist. eccl.* lib. x, c. 15, 16, 17 ; Euseb. lib. VIII, *Hist. eccl.*, [c. 12) : Multum tibi animi esse scio. Nam etiam antequam instrueres te præceptis salutaribus, et dura vincentibus, satis adversus fortunam placebas tibi, multo magis postquam cum illa manum conseruisti, viresque expertus es tuas, quæ nunquam dare certam fiduciam sui possunt, nisi cum multæ difficultates hinc et illinc apparuerint, aliquando vero et propius accesserint. Sic verus ille magnus animus, et in alienum non venturus arbitrium, probatur. Hæc ejus obrussa est, quasi instrumentum probatorium. Non potest athleta magnos spiritus ad certamen afferre, qui nunquam sugillatus est. Ille qui sanguinem suum vidit, cujus dentes crepuerunt sub pugno ; ille qui supplantatus adversarium toto tulit corpore, nec projecit animum projectus ; qui quoties cecidit, contumacior resurrexit, cum magna spe descendit ad pugnam. Multum enim adjicit sibi virtus probata, duraque experta et injuriis lacessita.

CAPUT CXXIV.
De oratione.

Inter opera virtutum maximum est orare ; et potissimum signum « faciei euntis in Jerusalem (*Luc.* IX), » est frequentem et assiduum esse in oratione ; vagæ vero mentis et instabilis in ea non posse diutius immorari. Ut autem testatur Augustinus (Aug., in *Psal.* LXXXV) hoc idem probans ex intimis sacræ Scripturæ locis, duo sunt opera excellentissima et specialia viri religiose viventis et maxime in claustro viventis, scilicet : orare et legere. Quorum utrumque bonum est si potest fieri ; si non, melius et utilius est orare. Qui orat loquitur cum Deo de salute ; qui legit, Deus cum eo loquitur. Dominus autem commendans in Evangelio orationem, ait : « Hoc genus dæmonii non potest exire, nisi in oratione et jejunio (*Marc.* IX) ; » hoc est in abstinentia a malo, et devotione orationis quæ nutritura est animi in bono. Et licet dicatur esse oratio, omne opus bonum, secundum illud non desinit orare, qui non cessat bene agere ; hic tamen specificatur et refringitur nomen, ut dicatur oratio pius animi affectus, vel motus ad Deum, qui ne pigritetur, quandoque prorumpit in vocem. Quam etiam commendans David ait : « Pro eo ut me diligerent, detrahebant mihi, ego autem orabam (*Psal.* CVIII) ; » quasi in omni tribulatione 287 mea confugi ad orationem. Et item Psalmus XXXIV : « Surgentes testes iniqui, quæ ignorabam interrogabant me. Retribuebant mihi mala pro bonis, sterilitatem animæ meæ. Ego autem cum mihi molesti essent, induebar cilicio, humiliabam in jejunio animam meam, et oratio mea in sinu meo convertetur. » Qua armatus quis, potens est resistere omni tentationi et adversitati. Hac armatus Martinus omnem pestem et omne nocivum fugabat. Ad hanc ut ad solita arma confugit, cum domus, cum etiam lectus ejus mollior et suavior solito accenderetur. Qua novissime, cum non pateret ei exitus, ad terram genibus provolutus ignem exstinxit. Hic in orationis opere, adeo se totum exhibuit, quod oculis ac manibus semper in coelum intentus, etiam moriens, spiritum ab oratione invictum non relaxabat. Paulus primus eremita (vide Vitam ejus quam S. Hieronymus scripsit) mortuus orabat, quia signum orantis ore ac manibus ad coelum erectis habuit, cum inveniretur sanctum cadaver ejus appodiatum, et innixum arbori a sancto Antonio, de quo ait : Patet quam assidue, quantumque oraret Deum vivus, qui eum non desinit orare mortuus.

CAPUT CXXV.
De effectu orationis.

Quantus autem sit orationis effectus, vide et perpende in secretioribus Dei, quæ sola oratione nobis manifestantur et aperiuntur. Oratione enim facta in coenaculo, cum esset Petrus in Joppen, vidit discum appensum quatuor initiis, de cœlo, plenum reptilibus, dictumque est ei : « Macta et manduca (*Act.* x). » Oratione Cornelius ductus est ad Petrum cum apparuit ei angelus, dicens : « Corneli, exauditæ sunt orationes tuæ, et eleemosynæ tuæ acceptæ sunt ante Deum. Mitte et accersi Simonem, etc. (*ibid.*)» Item Ecclesiasticus cap. xxxv : « Oratio humiliantis se nubes penetrabit, et donec appropinquet non consolabitur, et non discedet, donec aspiciat Altissimus. » Item idem cap. xviii : « Non impediaris orare semper. » Unde Apostolus : «Sine intermissione orate (*I Thess.* v).» Item Lucæ cap. iii :« Jesu baptizato et orante, apertum est cœlum ; » orante etiam Martino. Cœlum sacræ Scripturæ apertum est Hilario disputanti de Trinitate et confutanti hæreticos. Item Lucæ cap. ix : « Assumpsit Jesus Petrum, et Jacobum, et Joannem, et ascendit in montem ut oraret, et facta est, dum oraret, facies ejus altera, et vestitus ejus albus et refulgens.» Idem, cap. xi : « Amice, commoda mihi tres panes, quoniam amicus meus de via ad me venit, et non habeo quod ponam ante illum. Et ille deintus respondens, dicat : Noli mihi molestus esse, jam ostium clausum est, et pueri mei mecum sunt in cubili. Et ille, si perseveraverit pulsans : dico vobis, et si non dabit illi, » tamen statim « surgens eo quod amicus ejus sit ; propter improbitatem tamen ejus surget, et dabit illi quotquot habet necessarios. Et ego dico vobis, petite et dabitur vobis, **288** quærite et invenietis, pulsate et aperietur vobis. Omnis enim qui petit accipit, et qui quærit invenit, et pulsanti aperietur. » Ambrosius (in c. xi *Lucæ*) : Nemo timeat ne excitet dormientem, quem scit semper orare vigilantem. Et Beda ait (lib. iv *in Lucam*, c. xxvii) : Si amicus homo surgit, et dat, non amicitia, sed tædio compulsus, quanto magis dat Deus, qui sine tædio largissime donat quod petitur ? Item Dominus discipulis in Luc. c. xviii : « Dico quoniam oportet semper orare, et non deficere. » Et proposuit eis parabolam de judice iniquo, et vidua improba petente improbe vel importune ab eo vindicari de adversario suo, quam et exaudivit. Unde Dominus subjungit : « Audite quid judex iniquitatis dicit » et facit : « Deus autem non faciet vindictam electorum suorum clamantium ad se die ac nocte, et patientiam habebit in illis. Dico autem vobis quia cito faciet vindictam illorum » electorum. Per hunc judicem iniquum (etsi personam Dei nullatenus gerat) potest conjici, quantum Deus justus et bonus curet deprecantes se, cum nec homo injustus, eos qui illum assiduis precibus quærunt, vel propter tædium devitandum, potest contemnere. Item, Apostolus semper erat memor subditorum, etiam in cunctis orationibus pro eis orans (*Philip.* 1). Idem, oratione subditorum se credebat esse reddendum illis absentibus (*Philem.* 22). Idem (*Ephes.* vi) etiam petit oratione minorum juvari in apertione oris, ad annuntiandum populo verbum Dei. Item Hieronymus Paulæ : In principio, inquit, cujuslibe operis, præmitte Dominicam Orationem et signum crucis in fronte. Item Augustinus super illum locum Actuum apostolorum cap. xi : « Eram, inquit Petrus, in Joppe orans. » in qua hora et opere Deus non sineret me falli. Ergo nec alium orantem devote. Oratione igitur melius solvuntur et aperiuntur dubia, quam inquisitione alia. Item cap. xii : « Petrus servabatur in carcere, oratio autem fiebat sine intermissione ab Ecclesia ad Deum pro eo. » Patet quantus sit effectus orationis, qui educit Petrum de carcere; Danielem de lacu leonum (*Dan.* vi), Cornelium de infidelitate (*Act.* x), quamplures de morte (*Jac.* v). Hæc cœlos claudit et aperit. Item c. ix : Anania, surgens vade in vicum qui vocatur Rectus, et quære in domo Judæ Paulum nomine, Tarsensem, ecce enim orat, etc. Dominus etiam nulli operi ita frequenter et jugiter instabat, sicut orationi, adeo ut sæpe pernoctaret in oratione (*Luc.* vi). Qui etiam instante passione « factus in agonia, prolixius orabat (*Luc.* xxii). » Et discipulis ait : « Vigilate et orate, » quasi vigilanter orate, « ne intretis in tentationem. Spiritus enim promptus est, caro autem infirma (*Matth.* xxvi). » Et in Marco (cap. xiv) ait : « Videte » per spem, « vigilate » per fidem, « et orate » per charitatem. Et tu ergo exemplo, exhortatione, et præcepto Domini admonitus pro nullo alio opere impediaris orare ; nec ita ab aliis operibus habearis, quod orationem non habeas. Item Jacobi cap. i : « Si quis vestrum indiget sapientia, postulet a Deo, qui dat omnibus affluenter, et non improperat, et dabitur ei; postulet autem in fide, nihil hæsitans. » Item cap. v : « Orate pro invicem, ut salvemini. Multum enim valet deprecatio justi » apud Deum « assidua. Oratione enim oravit Elias, ut non plueret super terram ; et non pluit **289** annos tres, et menses sex. Et rursum oravit, et cœlum dedit pluviam, et terra dedit fructum suum. » « Item Petrus I epist. c. iii : « In fine autem omnes unanimes » in oratione estote. Item cap. iv : « Estote itaque prudentes et vigilate in orationibus, » etc. Item David : « Benedictus Dominus, qui non amovit orationem meam, et misericordiam suam a me (*Psal.* lxv)! » quæ non prius amovebitur, nisi prius amota oratione.

Item IV Reg. cap. iv : « Cumque orasset Eliseus, aperuit Dominus oculos pueri, » etc. Item super Num. c. xxvii : Orantibus quandoque successores per Deum revelantur, ut Moysi dictum est : « Assume ad temetipsum Jesum filium Nave; » et B. Martino de B. Brictio.

CAPUT CXXVI.
De impedientibus orationem.

Gratiam autem et assiduitatem orandi impediunt ignavia et accidia. Unde Hieronymus (in c. v *Ep. ad Ephes*) : Malo, inquit, unum psalmum cum hilaritate mentis decantare, quam totum Psalterium cum torpore, fastidio et accidia. (GREG. *in Dialog.* l. ii, c. 4.) Benedictus autem videns quemdam monachum suum ab assiduitate orandi deficere, oravit ut causa propter quam impediebatur, ei monstraretur. Orante itaque beato Benedicto, vidit diabolum in specie nigri pueri per caputium retrahere monachum orare volentem. Propter igitur orationis fastidium periculosæ sunt traditiones datæ de multitudine horarum et psalmorum decantandorum. Ait enim Jeremias cap. XLVIII : « Maledictus omnis qui facit opus Dei desidiose, » qui indevote orat, judicium sibi postulat. Item : « Muscæ, » id est vanæ et phantasticæ cogitationes, « morientes, » cum alii vel aliæ succedunt continue, « perdunt suavitatem unguenti (*Eccle.* x). » Evagrius eremita testatus est, quia difficile est sine impedimento orare, et difficilius sine impedimento psallere. Ergo ad auferenda impedimenta orationis, abigas aves et importunitatem muscarum exemplo Abrahæ (*Genes.* xv) a sacrificiis Domini « cum flagello facto de funiculis (*Joan.* II) » virtutum. Excute et tunde mulctrale pectoris tui, ut exeant muscæ : « Intra cubiculum tuum, et clauso ostio, ora Patrem tuum (*Matth.* vi). » Pone ancillam ostiariam ad ostium domus tuæ, prudentem, non similem illi, quæ permisit occidi Isboseth. (*II Reg.* iv) « Averte etiam oculos tuos ne videant vanitatem (*Psal.* cxviii), » quia non debemus intueri, quod non licet concupisci.

Ut vidi, ut perii, ut me malus abstulit error !
(VIRG. *Egl.* VIII.)

Mors intravit per fenestram (*Jer.* ix); Eva vidit pomum pulchrum visu, etc. (*Gen.* III). « Oculus meus deprædatus est animam meam (*Thren.* III). » Propterea esto similis Job (cap. xxxi), qui ait : « Pepigi fœdus cum oculis meis, » et tu cum omnibus membris fœdus ineas, « crucifixus cum vitiis et concupiscentiis (*Gal.* v), » et contumeliis. Nec ores nisi in cruce positus, exemplo Domini, qui in cruce confixus oravit ad Patrem. Esto imitator Jacobi sanctificati **290** ex utero, qui ex assiduitate et frequentia orandi, habuit genua callosa, contraxit in eis duritiam camelorum. Bartholomæus centies in die et centies in nocte flexit genua ad Deum. « Omne genus dæmonii maxime in oratione et jejunio ejicitur (*Matth.* xvii). » Si molestaverit te libido, vel aliud vitium, certum numerum genuflexionum cum litania tibi constitue, et evades omnem tentationem.

Item, notandum quod sæpe id quod petitur, quia non est ad salutem, impedit orationis effectum; sæpe ii, pro quibus petimus, quia indigni sunt. Unde super Lucam, c. xi, et Jerem. c. vii : « Tu ergo noli orare pro populo hoc, nec assumas pro eis laudem et orationem. » Idem cap. xi et xiv; item Judith cap. iv. Beda super illum locum, Apostolo petenti « stimulum carnis » amoveri dictum est ei a Domino : « Paule, sufficit tibi gratia mea (*I Cor.* xii). » Item psal. cviii, super illum versum : « Et oratio ejus fiat in peccatum. » Gregor. (hom. xxvii *in Evang.*). In domo enim Jesu, Jesum non quæritis, si in æternitatis templo importune pro temporalibus oratis.

CAPUT CXXVII.
De vitando juramento.

Non habet « faciem euntis in Jerusalem (*Luc.* ix) » assuefactus jurare. Sicut enim « in multiloquio non deerit peccatum (*Prov.* x), » sic nec in multijurio perjurium. Quod autem omnino sit nobis prohibitum jurare videtur ex verbis Domini in Matth. cap. v : « Audistis quia dictum est antiquis (*Exod.* xx) : Non pejerabis; reddes autem Domino juramenta tua, » per illum, non per idola, non per creaturas jurando : « Ego autem dico vobis non jurare omnino, » etc. Item Jacobus cap. v : « Ante omnia, fratres mei, nolite jurare, neque per cœlum, neque per terram, » etc. Item, exemplo discipuli (Is fuit Basilides, de quo Eusebius *Hist. eccl.* l. vi, c. 4; Ruffin., cap. 5) Origenis implicati ratiociniis curiæ. A quo cum exigeretur juramentum de fidelitate villicationis, respondit : Mutatus sum in virum alium; Christianus sum, nec licet mihi omnino jurare : quod si modo licet, quære quid additum sit perfectioni legis. Si dixeris quod Evangelium falsum jurare prohibeat, et hoc idem lex prohibet ibi : « Non mentieris, non falsum testimonium dices. » Si prohibet jurare, non nisi ex necessitate, et ita frequentiam jurandi; et hoc idem lex ibi : « Non assumes nomen Dei tui in vanum; » imo econtra ad imperfectionem nostram, sub Evangelio multo pluries, et frequentius, et in minoribus causis juratur quam sub lege. Si propter utilitatem audientis jurandum est, eo quod habeat auctoritas, cum pigri sint homines credere, licet juramento astruere, id quod utiliter persuadetur; sed de utilitate rei cujusmodi ? Non temporalis, sed fidei et spiritualis. In hoc casu licet jurare exemplo Apostoli (*I Cor.* xv), non autem pro re temporali et caduca. Ita dico, si aliquid additum est perfectioni evangelicæ. Quod autem inducit Apostolus : « Omnis controversiæ **291** finem esse juramentum (*Hebr.* vi), » non sub persona sua, sed aliorum, hoc ponit. Dominus etiam ait : « Sit sermo vester : Est, est; Non, non; quod amplius est, a malo est (*Matth.* v), » jurare facientis, non jurantis. Ergo a malo est canonis, qui cogit jurare, quia et testimonium ferre; nec est testis nisi juratus, ergo a malo cujuscunque prælati jurare cogentis, et ita cogi videmur transgredi præceptum Domini.

Item, si omnes alias perfectiones evangelicas ex voto possum suscipere et implere; quare et non similiter hoc consilium perfectionis ? Vel, cur hoc observantem statim proclamamus Catharum ? Juramentum autem quoddam fit ex obreptione, quoddam ex deliberatione. Primum dicunt esse verbum jocosum, cum tamen videatur esse crimen. Simplex enim verbum per se prolatum, jocosum est : ergo juramentum ei additum, facit illud esse plus quam jocosum. Item, juramentum tres habet comites : veritatem, judicium et justitiam; sed hoc, hos non habet comites, ergo perjurium est. Sed et in curiis quorumdam principum inhibitum est sub pretio quinque solidorum in pœnam constituto, ne quis juret per membra Domini. Quidam tamen, quasi charactere et juramento proprio, et exsecrabili ab aliis distinguuntur. Clericus etiam ludens cum Judæo ex condicto pro pecunia, ne eam raperet Judæus, abstinuit a juramento; dicens ei : Abstinendo a juramento, quasi coactus, majores blasphemias locutus sum de Deo in corde quam in ore, si jurare me permisisses. A quo Judæus, tanquam a blasphemo statim recessit. Item Ecclesiasticus sugillans assuefactionem jurandi, ait cap. XXIII : « Jurationi non assuescat os tuum : Multi enim casus » et ruinæ « in illa. Nominatio vero Dei non sit assidua in ore tuo, et nominibus sanctorum non admiscearis, quoniam non eris immunis ab eis. Sicut enim servus interrogatus assidue a livore non minuitur, sic omnis jurans et nominans, » nomen Dei, « in toto a peccato non purgabitur. Vir multum jurans implebitur iniquitate, et non discedet a domo illius plaga; et si frustraverit fratrem, delictum illius super ipsum erit, et si dissimulaverit, delinquet dupliciter; et si in vacuum juraverit, non justificabitur.» In eodem, cap. XXVII : « Loquela multum jurans horripilationem capiti statuet, et irreverentia ipsius obturatio aurium. » Item Sapientiæ cap. XIV : « Injuste jurantes contemnunt justitiam. Non enim jurantium est virtus, sed peccantium pœna perambulat semper injustorum prævaricationem. »

CAPUT CXXVIII.
De bona simplicitate.

Sancta simplicitas « facies est » quædam « euntis in Jerusalem (*Luc.* IX). » Est autem simplicitas virtutis, simplicitas fatuitatis, simplicitas simulationis et hypocrisis. De prima ait Dominus : « Estote prudentes sicut serpentes, et simplices sicut columbæ (*Matth.* x). » **292** Hanc simplicitatem comitatur prudentia; unde super illum locum Apostoli I Timoth. cap. III : « Oportet episcopum irreprehensibilem esse, » etc., ait Hieronymus : Prudentem contra eos, qui sub nomine piæ simplicitatis exercent stultitiam sacerdotis. Sed de hac quæritur, an sit eadem cum illa quæ prædicatur in hac : « Si oculus tuus fuerit simplex (*Matth.* VI), » sine plica scilicet erroris, et plica pravæ dilectionis. Si hoc; igitur omnis simplex omnium virtutum pollet operibus, quia prudens, et discretus in omnibus agendis et omittendis, quanto simplicior, tanto discretior. Econtra videtur quod quanto simplicior, tanto a discretione remotior et fatuitati vicinior. Unde patet quam magnæ simplicitatis exstitit Valerius episcopus, qui semen verbi divini, posuit in ore Vincentii (in *Vita S. Vincentii*, quæ exstat apud Surium die 22 Januar.). Alia itaque videtur hujusmodi simplicitas columbina a prædicta, et alia ab ea de qua legitur : « Erat vir nomine Job, simplex et rectus, » et discretus in omnibus viis Domini, « et timens Deum (*Job* I), » ut hic dicatur simplicitas quædam modestia mentis, quæ in vultu etiam refulget, minorque in rebus discretio; ibi dicatur simplicitas pro prudentia et omnimoda discretione in omnibus. Bona tamen notitia mali, nec potest, nec debet deesse.

Simplicitas autem maxime decet theologum, quia sacra Scriptura amica est simplicitati. Aperta et simplicia decent bonitatem. « Estote parvuli malitia, non sensu (*I Cor.* XIV); — quasi modo geniti infantes lac concupiscite, rationabiles tamen (*I Petr.* II). » Qui « ambulat simpliciter, ambulat confidenter (*Prov.* x). » Et Sapientiæ cap. I : « Sentite de Domino in bonitate, et in simplicitate cordis quærite illum; » non scrupulosi circa quæstiones, sed magis circa peccata, et eorum circumstantias solliciti. Et Parab. c. II : « Dominus proteget gradientes simpliciter. » Et in eodem : « Qui recti sunt, habitabunt in terra, et simplices permanebunt in ea. » Item c. II : « Simplicitas justorum diriget eos.» Item Ambrosius (lib. *De Incarnationis Dominicæ sacramento*] c. 9). Major est omnibus ambitiosis mendaciis eloquentia, et flosculis philosophorum astutia, et versutiis hæreticorum simplex fides veritatis.

De simplicitate fatuitatis dicitur : Nimia simplicitas cognata est fatuitati. Item, Augustinus super illum locum : « Oportet episcopum esse prudentem (*I Tim.* III); » ne ita sit simplex quod stultus.

De simplicitate simulationis dicitur : « Attendite a falsis prophetis (*Matth.* VII), » etc. Et item :

Demissos animo et tacitos vitare memento.
(CATO, l. IV, *Dist.*)

Et item de bona simplicitate II ad Corinthios cap. IX : « Qui autem administrat semen seminanti, et panem ad manducandum præstabit, et multiplicabit semen vestrum, et augebit incrementa frugum justitiæ vestræ, ut in omnibus locupletati, abundetis in omnem simplicitatem, quæ operatur per nos gratiarum actionem Deo. »

298 CAPUT CXXIX.
De hospitalitate sectanda.

Hospitalitas « facies est euntis in Jerusalem (*Luc.* IX); puta una filiarum misericordiæ, et inter virtutes gratia eximia, quam non habentibus dicet Dominus in judicio : « Hospes eram, et non collegistis me (*Matth.* XXV).» Quam etiam commendans Apostolus ait ad Hebræos, cap. XIII : « Hospitalitatem nolite oblivisci. Per hanc enim placuerunt, quidam » Deo « angelis hospitio receptis, » ut Lot, nesciens eos esse angelos (*Gen.* XIX). Et Abraham : « Tres vidit et unum adoravit. » Unde Genesis cap. XVIII : « Sedenti Abrahæ in convalle Mambre, in ostio tabernaculi sui, in ipso fervore diei, apparuit ei Dominus. Cumque elevasset oculos, apparuerunt ei tres viri; quos videns cucurrit in occursum, et adoravit in terra, et dixit : Domine, si inveni gratiam in oculis tuis, ne transeas servum tuum, sed afferam pauxillum aquæ, et laventur pedes vestri, et requiescite sub arbore, ponamque buccellam panis, et confortetur cor vestrum, posteà transibitis. « Item cap. xix : « Venerunt duo angeli Sodomam vespere, sedente Lot in foribus civitatis; qui, cum vidisset eos, surrexit et ivit obviam eis, et adoravit pronus in terram, et dixit : Obsecro, domini, declinate in domum pueri vestri, et manete ibi; lavate pedes vestros et mane proficiscemini. Qui dixerunt : Minime; sed in platea manebimus. Qui compulit eos oppido, ut diverterent ad eum ; ingressique domum illius, fecit eis convivium. » Item Apostolus ad Romanos cap. xii : « Hospitalitatem sectantes. » Nota frequentiam per verbum. Item Petrus I epist. cap. iv : « Estote hospitales invicem sine murmuratione; unusquisque sicut accepit gratiam, illam in alterutrum administrantes, sicut boni dispensatores multiformis gratiæ Dei. » Non enim uni operi addicti esse debemus. Item epist. III Joannis : « Charissime, fideliter facis quidquid operaris in fratres, et hoc in peregrinos.» Item : Apostolus enumerans quasi substantiales differentias episcopi, ponit hanc : « Oportet episcopum esse hospitalem (*Tit.* ii).» Sed hæc gratia longe ab episcopis et clericis recessit ; a laicis etiam, ut jam non nisi cum pretio hospitentur. Item , merito hospitalitatis aperti sunt oculi duorum discipulorum euntium in Emaus, qui prius tenebantur aorisia, « et cognoverunt Dominum in fractione panis. Qui cum finxisset se longius ire , coegerunt illum, dicentes : Mane nobiscum, Domine, quoniam advesperascit, et inclinata est jam dies. Et intravit cum illis (*Luc.* xxiv).» Beda (in c. xxiv *Lucæ*) cum quibus Veritas gradiebatur; et ad hospitium vocant , imo cogunt. Quo exemplo colligitur, quia peregrini ad hospitium non solum sunt vocandi, sed etiam trahendi. Item, sicut in homilia super hunc locum legitur (sanct. Greg. hom. 39 *in Evag.* de Martyrio Mon.). Quidam paterfamilias leprosum recepit hospitem , quem in lecto suo posuit, audivitque a Domino, se Dominum in leproso recepisse. Item Josue cap. vi : « Ingredimini domum mulieris meretricis, et producite eam, et omnia quæ illius sunt, sicut illi juramento firmastis, **294** etc. Item III Regum xvii : « Surge, vade in Sareptam Sidoniorum , etc.» Item IV Regum iv : « Facta est autem quædam dies et transibat Eliseus per Sunam, » etc. Item Judicum cap. iv.

CAPUT CXXX.
De vestiendis nudis.

Sequitur in operibus misericordiæ , de facie nuditatis proximi tegendæ. Unde Dominus : « Nudus eram, et cooperuistis me (*Matth.* xxv),» non tantum hospitio, sed et vestimento, ne illam prohibitionem meam incurreretis : « Cum videris nudum operi eum , et carnem tuam ne despexeris (*Isa.* lviii), » non operiendo. Hanc gratiam habens Job, ait (cap. xxxi) : « Si despexi prætereuntem, eo quod non haberet indumentum, et absque operimento pauperem; si non benedixerint mihi latera ejus , et de velleribus ovium mearum calefactus est. » Item Dominus : « Qui habet duas tunicas, det unam non habenti, et qui habet escas, similiter faciat (*Luc.* iii).» Martinus supererogando pallium cum paupere dimidiavit , imo, quod plus est, unicam tunicam, et totam pauperi dedit (Utrumque fecit, ut est in Vita ejus per Sulpitium Severum). Item Actuum apostolorum cap. ix : « Adveniente Petro, circumsteterunt illum multæ viduæ flentes, » etc.

CAPUT CXXXI.
De visitatione infirmorum et incarceratorum.

Sequitur : «Infirmus eram, » vel « in carcere, et visitastis me (*Matth.* xxv).» Non tantum visitatione impendendæ necessitatis, et adhibendæ consolationis, sed etiam visitatione liberationis, quæ excellentior est prima. De qua Dominus per David ait : « Domine, quis similis tui, eripiens inopem, et egenum de manu fortiorum ejus (*Psal.* xxxiv)? » Hac gratia pollens Job, ait c. xxix : « Pater eram pauperum. Conterebam enim molas iniqui, et de dentibus illius auferebam prædam. » Et David : « Pupillo et orphano, » id est cuilibet miserabili personæ, « tu eris adjutor (*Psal.* ix). » Hac digniori specie visitationis (Vide cap. CXXIII), Nicolaus tres pueros morti addictos liberavit; Daniel (cap. xiii), Susannam, pluresque sancti alios innocentes incarceratos.

295 CAPUT CXXXII.
De sepeliendis mortuis.

Septimum opus misericordiæ legitur apud Tobiam (cap. ii); qui tota die jejunus et famelicus, cum sederet ad mensam in vespera, et audiret quemdam contribulem suum insepultum, surrexit cito, et sub discrimine capitis sui, sepelivit cadaver ejus, totus huic operi deditus. Hac gratia Antonius (non habens ferramentum, famulantibus et coadjuvantibus sibi duobus leonibus) sepelivit Paulum (S. Hier. in *Vita Pauli primi eremitæ*) inhumatum et appodiatum ad arborem, in modum orantis inveniens. Hac Zozimas unico leone obsequente sepelivit cadaver illius sanctæ pœnitentis Mariæ, scilicet Ægyptiacæ. Unde versificator ille :

Ad tumulum vehitur, famulante fera sepelitur
(Hilder. Cœnoman. episc.)

Hoc opus misericordiæ plurimi sanctorum injunxere sibi pro pœnitentia. « Melius est enim ire ad domum luctus, quam ad domum convivii (*Eccle.* vii).» Sed hæc gratia non tantum sepeliendi, sed et comitandi funera mortuorum usque ad locum sepulcri, hodie fere penitus refrixit, adeo, quod nullus vult memorari novissima sua, ut in æternum non peccet (*Eccli.* vii.).

Sed cum terra ad terram revertatur (*Gen.* iii), videtur non esse curandum de sepultura mortuorum, quod absit ! Hoc enim opere multi Deo placuerunt. Et potius nos juvamus sepeliendo mortuos, quam ipsos, ut non sit sumptuosa sepultura. Ea enim, ut testantur sancti potius est ad aggravanda peccata defuncti, quam in remedia. Melius enim est ut vendantur et dentur pauperibus, quia :

Cœlo tegitur qui non habet urnam.
(LUCAN. l. VII sub finem.)

Facilis jactura sepulcri. (VIRGIL.)
Sepelit natura relictos. (MOECENAS.)

Item II Regum in fine fere.

CAPUT CXXXIII.
De jejunio.

Jejunium potissima pars est « faciei euntis in Jerusalem (*Luc.* IX). » Jejunio generali abstinetur ab omni peccato mortali; jejunio speciali, de quo hic, a cibo et potu. Hoc consecravit Dominus « jejunans in deserto quadraginta diebus et quadraginta noctibus (*Matth.* IV). » Quod præfiguratur per jejunium Moysi (*Exod.* XXIV), et jejunium Eliæ (*III Reg.* XIX). De hoc ait Propheta in persona Domini : « Humiliabam in jejunio animam meam (*Psal.* XXXIV). » Et Dominus in Evangelio : « Hoc genus dæmonii non potest ejici, nisi in oratione **296** et jejunio (*Marc.* XII). » Et Apostolus : « Exhibeamus nos sicut Dei ministros, in multa patientia, in jejuniis, in charitate non ficta (*I Cor.* VI). » Et Dominus in Matth. c. VI : « Cum autem jejunatis, nolite fieri sicut hypocritæ tristes. Exterminant enim facies suas, ut appareant hominibus jejunantes. Tu autem, cum jejunas, unge caput tuum, et faciem tuam lava, ne videaris hominibus jejunans, sed Patri tuo, » etc. Est autem jejunium avari detestabile, et est jejunium medici indifferens, et est jejunium hypocritæ, et superbi execrabile, de quo supra. Hoc jejunio jejunavit Pharisæus, qui ait : « Jejuno bis in Sabbato, » etc. (*Luc.* XVIII.) Est jejunium Christiani, in maceratione carnis, siccum et sobrium. Quod quasi describens Hieronymus (in ep. ad Eustochium *De custodia virginitatis*), ait : Biduanis et triduanis præfertur jejuniis venter semper esuriens et sobrius. Joel autem ad hoc jejunium utile nos invitans, ait, cap. II : « Convertimini ad me in toto corde vestro, in jejunio, et fletu et planctu; et scindite corda vestra, et non vestimenta vestra. » Et Isaias, cap. LVIII : « Quare jejunavimus et non aspexisti, humiliavimus animas nostras, et nescisti? » Respondit : « Ecce in die jejunii vestri invenitur voluntas vestra, et omnes debitores vestros repetitis. Ecce ad lites et contentiones jejunatis, et percutitis pugno impie. Nolite jejunare sicut usque ad hanc diem, ut audiatur in excelso clamor vester. Nunquid tale est jejunium quod elegi, per diem affligere hominem, animam suam? Nunquid contorquere quasi circulum caput suum, et saccum, et cinerem sternere? Nonne hoc est magis jejunium, quod elegi? dissolve colligationes impietatis, solve fasciculos deprimentes, dimitte eos qui confracti sunt liberos, et omne onus disrumpe, » etc.

Item Ecclesiasticus, cap. XXXIV : « Qui baptizatur a mortuo, et iterum tangit eum, quid prodest lavatio illius? Sic homo qui jejunat in peccatis suis, et iterum eadem faciens, quid proficit humiliando se? Orationem illius quis exaudiet? » Item Zacharias, cap. VII : « Cum jejunaretis et plangeretis in quinto et septimo per hos septuaginta annos. Nunquid jejunium jejunastis mihi? » etc. Item Jonæ, cap. III : « Et crediderunt Ninivitæ in Dominum, et prædicaverunt jejunium, et vestiti sunt saccis a majore usque ad minorem, » etc.

Hæc fuit via sanctorum pallidorum et exsanguium tendentium ad patriam. Ut enim testatur Hieronymus (in *Vita sancti Pauli*), Paulus primus eremita semper jejunavit, quousque de cœlis sibi panis mitteretur. Qui duplicatus est, cum ad eum veniret Antonius. Cui ille : Eia, frater, comedamus, duplicata est nobis annona. Et, quod incredibile nobis videtur, sanctus Hilarion (Idem in *Vita S. Hilarionis*) quinque caricis in die per quindecim annos contentus fuit. Sed tunc senex et imbecillis frusto panis hordeacei refectus est. Sancta Ægyptiaca quadraginta annis vixit de duobus panibus, et radicibus. Hieronymus (in ep. *ad Marcellam*, quæ incipit : *Ambrosius*) contentus fuit vili olusculo, pane cribrario et aqua. Sed hoc arctissimum jejunium pro ignavia et corruptione nostra attingere non possumus. Sit ergo nobis jejunium arctum de pane et aqua, ita etiam, ut rationabile sit obsequium nostrum (*Rom.* XII). Nolumus enim exspoliari, sed supervestiri. Tria enim debentur asino : pabulum, ut sustentetur; virga, ne recalcitret; onus, ut utilis sit domino. De primo dicitur : « Nemo carnem suam **297** odio habuit (*Ephes.* V). » A Deo enim creata est, non a diabolo, ut dicit Manichæus. Et Apostolus : « Carnis curam feceritis, » ita tamen quod « non in desideriis (*Rom.* XIII). » De secundo ait idem Apostolus : « Castigo corpus meum, et in servitutem redigo, etc. » (*I Cor.* IX.) De tertio idem : « Alter alterius onera portate (*Gal.* VI). » In primo invenitur naturæ sustentatio, in secundo gratiæ et legis inchoatio, in tertio legis impletio et consummatio. In primo natura, in secundo disciplina, in tertio charitas ad proximum. Sed sobrietas Mahumeticorum hodie superat sobrietatem Christianorum. Unde eorum principes Saladinus, audiens Christianos usos esse tribus ferculis, vel quatuor, ait, tales non esse terra dignos.

CAPUT CXXXIV.
De suggillatione gastrimargiæ.

Sobrietatem omnino perimit gastrimargia. Propter quam pestem, ut avertatur a populo Dei orans Propheta, ait : « In camo et freno, » minore et majore constrictione et refrenatione, « maxillas eorum constringe, » parcius dando eis victualia; « qui, » in abundantia, propter gulam, « non approximant ad te (*Psal.* XXXI), » sed elongantur. Unde et Apostolus ad Romanos cap. XII : « Obsecro vos, fratres, per misericordiam Dei, ut exhibeatis corpora vestra hostiam viventem, sanctam, Deo placentem, rationabile obsequium vestrum, et nolite conformari huic sæculo nequam, sed reformamini in novitate sensus vestri. » Et alibi : « Nescitis, quia corpora vestra templum sunt Spiritus sancti? Tollens autem membrum Dei, faciam membrum meretricis? (*I Cor.* vi.) » Vicina enim sunt venter et genitalia. Et item : « Qui Christi sunt, carnem suam crucifixerunt cum vitiis et concupiscentiis, stigmata Domini Jesu portantes in corpore suo (*Gal.* v, vi),» per abstinentiam, et arma pœnitentium. Sed « et mortis responsum acceperunt (*II Cor.* i.), »jugiter mortis memoriam habentes, vel mortificationem carnis sibi contra vitia respondentem, juxta illud : « Propter te mortificamur tota die, estimati sumus sicut oves occisionis (*Psal.* xliii). » Unde David psalmo xxxii : « Confitemini Domino in cithara, in psalterio decem chordarum psallite illi ; » hoc est in carnis mortificatione a qua incipiendum.

Primo itaque domandum est jumentum et infrenandum, ut composito gradu vehat Spiritum sanctum. Unde Gregorius : Ure igne tribulationis pœnitentiæ, primo renes nostros, Dalilam comprimendo, debine ure cor nostrum igne Spiritus sancti et tui amoris. Ob hoc etiam Dominus discipulis ait : « Sint lumbi vestri præcincti » primo, « et » post « lucernæ ardentes in manibus vestris (*Luc.* xii). » Non nisi lumbis præcinctis Joannes, Jeremias, et alii prædicaverunt. « Nabuzardan » enim princeps coquorum, id est venter ferculorum, primo « destruxit muros Jerusalem (*Jerem.* lii), » et omnia munimenta animæ Christianæ religionis.

Primo igitur infrenes equum, ne sit tibi « fallax ad salutem (*Psal.* xxxii), » ne « equum, » et « ascensorem 298 Dominus projiciat in mare (*Exod.* xv). » Qui autem servum delicate paverit, inveniet eum contumacem (*Prov.* xxix). » Potius doma corpus tuum, ut habeas servum obedientem cum illo, qui ait : « Castigo corpus meum, et in servitutem redigo, ne aliis prædicans ipse reprobus inveniar (*I Cor.* ix). » Et cum Propheta orante sic : « Confige timore tuo carnes meas, etc. (*Psal.* xviii).» Unde Hieronymus super Marcum (in *Comment. in c.* i) : Andreas, id est virilis est, qui viriliter facit vim perditioni mortis suæ, id est corpori, quod sæpe per fomitem est causa mortis, nisi refrenetur. Vim facit dico, adeo ut : « responsum mortis in se habeat (*II Cor.* i), » et « animam semper in manibus suis portet (*Psal.* cxviii). » Item Exodi cap. xxxii : « Sedit populus manducare et bibere, et surrexerunt ludere, » hoc est idololatrare, quia : « fecerunt vitulum in Oreb et adoraverunt sculptile (*Psal.* cv). » Vide ergo quid faciat otium, et cibus alienus, et superfluus : peperit idololatriam, omnem otiositatem, et omnem superbiam, et omnem superstitionem. Unde Dominus : « Cavete ne graventur corda vestra crapula et ebrietate (*Luc.* xxi) ; » ne sitis his similes : « Quorum Deus venter est (*Phil.* iii) ; » et illis :

Sunt quibus in solo vivendi causa palato est, qui vivunt ut comedant, nec comedunt ut vivant.

CAPUT CXXXV.
Contra gulam et ebrietatem.

Gulam et ebrietatem conjungimus ; quia, sicut gula, ita et ebrietas ventrem distendit, carnem accendit, libidinem fovet et nutrit. Unde Lot, quem non vicit Sodoma, vicerunt vina, ut committeret incestum cum filia (*Gen.* xix). Noe, etiam rectori arcæ et præfecto generationibus suis, ebrietas nudavit femora (*Gen.* ix). Habet autem gula quatuor satellites : Quid, quantum, quale, quando. Quid consistit et attenditur in genere edulii ; quantum, in quantitate ; quale, in condimento cibi, vel salsamenti vel etiam utilitate ; quando in temporis maturitate et frequentia. Unde : « Væ terræ cujus rex puer est, et principes mane comedunt (*Eccle.* x). »

*Exsul ab octava Marius bibit, et fruitur diis
Iratis*

(Juven. sat. 1.)

His satellitibus ad majorem irritationem gulæ additur pretium, quia magis illa juvant, quæ pluris emuntur. Sed :

*Nec cupias mullum cum sit tibi gobio tantum
In loculis.*

(Idem, sat. 11.)

Unde Poeta :

*Venere protervi
Lascivique senes, quibus est insignis edendi
Gloria, corruptasque dapes variasse decorum.
Qui ventrem invitant pretio, traduntque palato*
299 *Sidereas Junonis aves, et si qua loquendi
Guara coloratis viridis defertur ab Indis.*

Et cum nullo prædictorum irritetur paterfamilias, sæpe tamen mensæ ejus adest quintus satelles, ortum habens ex superbia et vitiis ejus, scilicet ambitio. Unde philosophus (Senec. ep. 60) : Tauri paucorum jugerum pascuis aluntur, unica silva pluribus elephantis sufficit, homo vero pascitur terra et mari. Cur hoc? Nunquid (licet natura modica dederit nobis corpora vel corpuscula) quia vastorum animalium edacitatem superemus? Minime. Non enim fames ventris nobis magno constat, sed ambitio.

Item philosophus (idem, epist. 89) : Ad vos transeo, quorum profunda et insatiabilis est gula.

*Pernicies, et tempestas barathrumque macelli,
Quidquid quæsierat ventri donarat avaro.*

(Horat. ep. 15, lib. i.)

Hinc maria scrutatur, hinc terram ; alia hamis, alia laqueis, alia retium variis generibus, cum magno labore prosequitur. Nullis animalibus, nisi ex fastidio, pax est. Quantulum est quod ex istis epulis, quæ per tot comparatis manus, fesso voluptatibus ore libatis? quantulum ex ista fera periculose capta dominus crudus ac nauseans gustat? quantulum ex tot conchyliis tam longe advectis per istum stomachum inexplebilem labitur? Dico vos infelices esse, quod non intelligitis, majorem vos famem habere quam ventrem.

Item Hieronymus (*Ad Furiam De viduitate ser-*

vanda) : Quidam impinguati et dilatati de patrimonio Crucifixi, dapibus et vino ventrem confundunt et distendunt, ventris officio dissuetum, conversum in saccum; marcidos cibos et putridos ingerunt et egerunt, stomachumque æstuantem potione sedant, et relevant, ut Saul aquas bibens singulis noctibus inebrietatus, vide in lib. I Regum, cap. xxvi. Quibus, quia nec frugalitas, nec castitas inest, sed patiuntur damna, servorum murmura et dissensiones eorum, qui non ex quanto, sed quantum consumant et devorent attendunt. Quod si Apostolus, o filia, « castigat corpus suum, et in servitutem redigit, ne aliis prædicans ipse reprobus efficeretur (*I Cor.* ix); » quomodo tu juvencula adhuc in fervore juventutis posita, dapibus et vino plena, de castitate eris secura? Quod si Vesuvius ardens, si Olympus ignivomus, si Æthna vaporibus plena caloribus ardet; quanto magis juveniles medullæ vino et dapibus plenæ et inflammatæ? Unde poeta :

Vina parant animos faciuntque caloribus aptos.
Cura fugit multo diluiturque mero.
Tunc veniunt risus, tunc pauper cornua sumit,
Tunc dolor et curæ, rugaque frontis abit :
Cum Venus in vinis, ignis in igne fuit.
(Ovid. lib. 1 *De Arte amandi.*)

Item Deuteronomii, cap. xxxii : « Incrassatus est dilectus, et recalcitravit: incrassatus, impinguatus, dilatatus dereliquit Deum factorem suum, et recessit a Deo salutari suo, et oblitus est Domini Creatoris sui. » Item in eodem (cap. viii) : « Cum comederis et saturatus fueris, cave diligenter ne obliviscaris Domini. » Item Jeremias cap. v : « Saturavi eos, et mœchati sunt, in domo meretricis luxuriabantur. Equi amatores in feminas, et emissarii facti sunt : unusquisque ad uxorem proximi sui hinnichat. » Item Osee cap. xiii : « Juxta pascua sua adimpleti sunt, et saturati, et elevaverunt cor suum, et obliti sunt mei » « vaccæ pingues Samariæ (*Amos* iv). »

Primo igitur premit corpus, hinc fremit mundus, deinde insidiatur diabolus. Ejiciunt etiam hominem de domo hæc tria. Primo, litigiosa uxor (*Prov.* xxi; xix), id est carnis tentatio ; hinc fumus, peccatum ignorantiæ ; deinde stillicidium, aliena et quæcunque suggestio extrinseca. Primo autem tentat hominem « concupiscentia carnis, hinc concupiscentia oculorum (*I Joan.* ii), » tandem « superbia vitæ (*ibid.*). » Item Hieronymus ad Furiam : Magnæ et sollicitæ virtutis est superare quod nata sis in carne, vivere in carne et non secundum carnem, sed supra carnem tecum pugnare quotidie, animamque tuam mundam et impollutam quasi centum oculis Argi custodire (Ovid. *in Metam.*), inclusumque hostem superare. Etiam poeta mores informans, ait :

Sine Cerere et Baccho friget Venus.
(Terent. *in Eunucho.*)

Et abundantia panis causa fuit peccati Sodomorum (*Ezech.* xvi).

Patet ergo ex sanctorum auctoritatibus abstinentiam et sobrietatem collactaneas et nutrices esse continentiæ, gulam vero luxuriæ. Venter enim mero æstuans de facili labitur in libidinem. Cave tibi, ne prosternaris in convivio inter epulas cum filiabus Job (*Job* i). Gregorius (lib. ii *Moral.* cap. 9) : In majoris fratris convivio filios Job Satan obruit, non quod illi ventri vacabant, sed tamen quia inter convivia intentio mentis bona minus fervet et minus providet. Samson inter epulas Philisthæos prostravit (*Judic.* xvi). Nabuchodonosor abutens epulis, et vasis Domini audivit hanc vocem terribilem : *Mane, techel, phares* (*Dan.* v), quam secuta est destructio domus ejus. Holopherne ebrietate nimia sopito, Judith abscidit caput (*Judith* xxiii). Ebrietas hominem sui, et Dei immemorem facit, infinita monstra parit, consilia detegit, non compatitur super contritione. Unde Saul aquas bibens singulis noctibus inebriatus, ut primo Regum, cap. xxvi. Quia quid non ebrietas designat?

Inguinis et capitis quæ sit distantia nescit.
(Juven. sat. 6.)

Diabolus gula primos parentes tentavit : « Quacunque die comederitis, eritis sicut dii (*Gen.* iii). » Deinde Dominum Jesum : « Dic ut lapides isti panes fiant (*Matth.* iv). » Gula, concupiscentia carnis et libido, sunt vitia adjuncta. Summopere igitur cavenda est gula propter adjuncta, maxime propter libidinem, quia vitium insitum nobis et naturale videtur esse. Unde Hieronymus (8) : Avaritia calcatur a philosophis, et cum marsupio deponitur. Maledicam linguam, indictum silentium emendat, cultus corporis et habitus vestium unius horæ spatio commutantur; omnia alia peccata foris sunt, et quod foris est facile abjicitur. Sola libido insita a Deo ob liberorum creationem si fines suos egressa fuerit, redundat in vitium, et quadam lege naturæ in coitum gestit erumpere.

Item Josue, cap. xi : « Equos eorum subnervavit, » etc. Gastrimargi sunt similes Esau, qui « vendidit primogenita sua propter lenticulam rufam, et amisit benedictionem paternam (*Gen.* xxv). »

CAPUT CXXXVI.
De simplici fornicatione.

Ex gulositate nascuntur fornicatio simplex, adulterium, incestus, et ignominiosa libido, vel turpitudo Sodomorum. Simplex fornicatio est coitus illicitus soluti cum soluta, vel econtrario. Quod crimen maxime detestandum, quia ut ait Apostolus : « Fornicatores et adulteros judicabit Deus (*Heb.* xiii.) Neque fornicatores neque adulteri intrabunt in regnum Dei (*Eph.* v).» Hoc vitio, homo dignitatem suam et imaginem Dei amittit, adeo ut totus absorbeatur, terraque efficiatur et de rationali mutetur in reptile et jumentum. De hujusmodi Joel ait : « Putruerunt ut jumenta in stercore suo (*Joel.* i).» « Qui enim fornicatur in corpus suum

---

(8) Habetur in Regula titulo de abstinentia philosophorum desumptum, ex ep. ad Furiam.

peccat (*I Cor.* vi).» Appetitus fornicationis anxietas est, satietas pœnitentia. Unde qui abscidit sibi linguam ne fornicaretur, ait. Absit ut tanti emam, unde pœniteam. Hanc sicut in opere, ita et in voluntate Dominus eam prohibet: « Qui viderit mulierem ad concupiscendam eam, jam mœchatus est in corde suo (*Matth.* v).» Unde Daniel propheta (cap. x) vidit virum succinctum lumbos zona aurea. « Joannes vidit virum succinctum mamillas lamina aurea (*Apoc.* i), » quasi, « ure renes meos et cor meum (*Psal.* xxv).» Ob hoc maxime fugienda est fornicatio, quia viscosa est, et quod, cum cæteris vitiis possumus luctari, de ea autem dicitur: « Fugite fornicationem (*I Cor.* vi).»

CAPUT CXXXVII.
De adulterio.

Adulterium quoddam est simplex, scilicet soluti cum conjugata vel econtrario; quoddam duplex et majus, scilicet conjugati, cum conjugata, vel econverso. Adulterium homicidio videtur esse par crimen. Unde Dominus adulteram, in lege, sine remedio præcepit lapidari (*Deut.* xvii, xxv). Juxta enim quantitatem peccatorum lex statuit quantitatem pœnarum. Unde maxime timendum est, ne Ecclesia erret, cum hæc instituta a Domino non observet. Item Augustinus (9): Adulteri secundum locum tenent apud inferos, primum incestuosi, et negantes Deum. Adulterium tamen credo majus esse crimen **302** quam incestum commissum in quarto genere consanguinitatis

Delicias viduæ tantum aspernatur adulter.

Item Salomon: « Adulterorum filii non prosperabuntur (*Sap.* iii).» Item Parabolarum cap. vii. « Veni, inebriemur, et fruamur cupitis amplexibus, » etc. Item; in Legenda S. Marcelli (10) legitur quod mulier quædam, quia nobilis, sprevit virum, et adhæsit carni alteri, mortua tandem est. Solemniter et cum pompa ad tumulum deducta, honorifice sepulta, et ipso die a serpente ignivomo est effossa, qui vasculo, scilicet membro, quod viro abstulit, incubuit et corrosit; sicque ei diabolus abstulit sepulcrum et humanitatis obsequium, indigne ferens quod corpus ejus in terra quiesceret, eo quod vas viri, quod sibi « in sanctificationem observasse (*I Thes.* iv) » debuit, abstulisset.

CAPUT CXXXVIII.
De vitio sodomitico.

Vitium Sodomorum fuit «abundantia panis et superbia vitæ, et superfluitas vini (*Ezech.* xvi).» Hoc vitium redarguens Dominus, Genes. cap. xix, ait: « Homines autem Sodomitæ pessimi erant, et peccatores coram Domino nimis.» Item cap. xviii: « Clamor Sodomorum, et Gomorrheorum multiplicatus est, et peccatum eorum aggravatum est nimis. Descendam et videbo', utrum clamorem, qui venit ad me, opere impleverant. » Glossa. Novitas tantæ et inauditæ turpitudinis, quasi admirationem et dubitationem parit in audiente. Unde Dominus quasi admirans, et dubitans super tanto scelere, introducitur sic loquens: « Descendam et videbo utrum,» etc. Incredibile enim mihi videtur homines tantum flagitium perpetrasse. Gregorius (lib. xix *Mor.* c. 14). Peccatum est in voce, quando est in actione cum tenui nota.

In clamore est, quando est in libertate cum manifesta sceleris patratione. De tantum duobus ergo peccatis tanquam maximis et paribus, homicidio scilicet et vitio sodomitico, legitur clamor ascendisse ad Dominum de terra. Legitur Dominus conqueri, ideo scilicet, quod « masculum et feminam creavit ad multiplicandos homines (*Gen.* i); » homicidæ autem et sodomitæ hos destruunt et perimunt ut hostes, et præcipui adversarii Dei et generis humani, quasi: Tu homines creasti, ut multiplicarentur; nos vero dabimus operam, ut opus tuum minuatur et destruatur. Item, cum Dominus pœnam pro aliis peccatis infligendam differat, pro hoc patientiam et bonitatem sibi innatam videtur exuisse, non exspectans sodomitas ad pœnitentiam, sed eos magis puniens temporaliter igne cœlitus misso (*Gen.* xix), consummaturus tandem pœnam illorum per ignem gehennæ. Item, Dominus virum plasmavit de limo terræ in agro Damasceno, formaturus mulierem de costa ejus in paradiso. Unde ne crederet quis eos fore androgynos præoccupans formationem mulieris, ait: « Masculum **303** et feminam creavit eos (*Gen.* i), » quasi: Non erit consortium viri ad virum, vel mulieris ad mulierem, sed tantum viri ad mulierem, et econtrario. Unde Ecclesia homini androgyno, id est habenti instrumentum utriusque sexus, aptum scilicet ad agendum et patiendum, instrumento, quo magis calescit, quove magis est infirmius, permittit uti.

Si magis calescit, ut vir, permittunt eum ducere; si vero magis mollescat, et mulier permittunt ei nubere. Si autem in illo instrumento defecerit, nunquam concederetur ei usus reliqui instrumenti, sed perpetuo continebit, propter vestigia alternitatis vitii sodomitici, quod a Deo detestatur. Item ad Romanos, cap. 1: « Propter quod tradidit illos Deus in desideria cordis eorum, in immundiatiam, ut contumeliis afficiant corpora sua in semetipsis, in passiones ignominiæ. Nam feminæ eorum immutaverunt naturalem usum, in eum usum, qui est contra naturam. Similiter et masculi, relicto naturali usu feminæ, exarserunt in desideriis suis, invicem masculi in masculos turpitudinem operantes, traditi in reprobum sensum, ut faciant ea quæ non conveniunt.» Item epist. Judæ (vers. 7): « Sodoma, et Gomorrha et finitimæ civitates, quia exfornicatæ sunt, et abierunt post carnem alteram, » masculi cum masculis

---

(9) Videantur serm. 244, 245, et 247
(10) Parisiensis episcop. ordine IX, per Fortunatum, apud Surium die 1 Novembris.

turpitudinem agentes, mulieres cum mulieribus. Viri enim et uxoris est una caro : « factæ sunt exemplum ignis æterni pœnam sustinentes (*Gen.* II), » in præsenti. Item Levit. cap. XVIII : « Non commisceberis cum masculo coitu femineo, quia abominatio, » et ignominia et ineffabile est. Coitum etiam masculi cum masculo pari pœna punit, ut coitum hominis cum bruto, scilicet morte. Unde Levit. cap. XX : « Qui dormierit cum masculo coitu femineo, uterque operatus est nefas, morte moriantur. » Sed nunc quomodo abierunt hæc in desuetudinem, ut quæ graviter punit Dominus, intacta relinquat Ecclesia ; et quæ leviter punit, ipsa gravissime puniat? Timendum ne hoc ex avaritia procedat, illud vero ex refrigerio charitatis omittat. Hi destructores hominis similes sunt Onan, qui effudit semen in terram, et nolens suscitare semen fratri, percussus est a Domino (*Gen.* XXXVIII). Hi, ut Isaias ait (cap. I), sunt quasi Sodoma, et Gomorrha, id est muti a laude Dei et asperi enormitate peccatorum. Item I epist. ad Tim. I. Item ad Coloss. III : « Mortificate ergo membra vestra quæ sunt super terram, » etc. Item Josue, cap. VI : « Maledictus vir, qui suscitaverit et ædificaverit Jericho, in primogenito suo fundamenta illius jaciat, et in novissimo liberorum ponat portas ejus. » Multo magis maledictus est suscitans peccatum Sodomorum, perdens sic primogenitum et novissimum filiorum, fidem scilicet cum humilitate, etiam pro enormitate. Et in detestationem hujus criminis Deus offensus est terræ illi, convertens Pentapolim in mare Mortuum, ut non vivat piscis in eo, nec enatet navis in qua fuerit homo. In qua terra sunt arbores ferentes poma, quæ ad tactum evanescunt, emittentia pulverem et favillam (*Sap.* X). Etiam pro solo respectu ad Sodomam, uxor Loth conversa est in terram et statuam salis (*Gen.* XIX), quasi diceret Dominus : Nolo ut hujus criminis aliqua sit memoria, aliquis respectus, aliquod **304** vestigium pro enormitate illius. Hujusmodi homines spastici enervati sunt feminæ reservatæ a Pharaone ad delicias suas, qui se masculos convertunt in feminas, abutentes coitu feminino. Hi sunt imitatores Sardanapali, qui vir corruptior fuit omni muliere. Jeremias etiam in fine Threnorum, super omnem planctum et dolorem urbis ruinæ et captivitatis, adjicit planctum et gemitum super vitio sodomitico habitum, dicens: « Adolescentibus impudice abusi sunt, et pueri in ligno corruerunt (*Thren.* VI). » Hi non tantum muti, sed etiam cæci efficiuntur percussi aorasia palpantes ad ostium Loth in meridie (*Gen.* XIX), ut videntes non videant. Item Isaias, cap. LXVI : « Qui sanctificabantur, et mundos se putabant in hortis post januam vel post ostium intrinsectus, etc. » Item Joel III : « Posuerunt puerum, » etc. Item : Ubi vir nubit in feminam, armentur leges, exserantur jura.

CAPUT CXXXIX.
De ingratitudine.

Dominus ingratitudinem ceu pessimam faciem (11) Loca vide in Notis.

culpæ, redarguens, ait in Matthæo, cap. XVIII : « Serve nequam, omne debitum dimisi tibi, quoniam rogasti me : Nonne oportuit et te misereri conservi tui, sicut et ego tui misertus sum? Et iratus dominus ejus, tradidit eum tortoribus, quousque redderet universum debitum, etiamusque ad ultimum quadrantem. » Hieronymus, Augustinus et Ambrosius (11) : Tanta est pestis ingratitudinis, quod si non dimiserimus ex corde, quod in nos delinquitur, et hoc omne quod per pœnitentiam [M. misericordiam] dimissum erat, a nobis exigitur et revocatur ; etiam secundum leges manumissus et liber pro ingratitudine revocabatur in servitutem. Athenienses (VALER. MAX. lib. v, cap. 3) etiam nequissima habuerunt ingenia, et tamen æquissima jura, quia ingratos, ut alios criminosos punientia. Gratissimi tenemur esse Deo, quia creavit nos, et maxime quia recreavit, quia : « Quid retribuam Domino pro omnibus quæ retribuit mihi ? Calicem salutaris accipiam (*Psal.* CXV). » Sola digna retributio est mortem morte recompensari : « sed nondum restitimus usque ad sanguinem (*Hebr.* XII). » Si igitur de condigno, tam gratus teneris esse Deo, ut mortem morte recompenses ; quam ingratus es ei, si peccando, eum ad iram provocas! « Nabal vir stultus (*I Reg.* XXV) » pro ingratitudine interfectus est a Domino. David enim egenti et algenti cum commilitonibus suis exsulibus in solitudine, arcentique sæpe lupos ab ovibus ejus, negavit benedictionem ens in tonsura ovium, insuper et ei convitia et contumelias intulit, dicens : « Quis est David, et quis est filius Isai ? Hodie increverunt servi super terram, qui fugerunt dominos suos (*ibid.*). » Quam gratus autem fuerit David benevolis suis patet ex II Reg. (cap. XVI). Qui etiam Semei sibi exprobranti, maledicenti et improperanti remisit omnem injuriam et cum Siba et Miphiboseth divisit hæreditatem paternam ; qui etiam filium Berzellai jam senis, qui eum benigne susceperat in **305** adversitate cum urgeretur inopia, sublimavit (*II Reg.* XIX). Ezechias, quia Domino gratias non egit super incredibili victoria habita de Sennacherib, ægrotavit usque ad mortem ; qui pœnitens sanatus est a Domino (*IV Reg.* XX). Cum tandem gratias agens, prorupit in hoc Canticum, dicens : « Ego dixi : In dimidio dierum meorum vadam ad portas inferi, » etc. (*Isai.* XXXVIII.)

Item Dominus in Evangelio Lucæ, cap. XVII, de decem leprosis mundatis, ait : « Nonne decem mundati sunt, et novem ubi sunt? Non est inventus qui rediret, et daret gloriam Deo, » ei agendo gratias super collata sanitate, « nisi hic alienigena. » Domestici autem et cognati solent esse maxime ingrati. Item in Deuteronomio Dominus volens nos esse gratos, etiam inimicis pro modico beneficio, ait cap. XXIII : « Non abominaberis Idumæum, quia frater tuus est ; nec Ægyptium, quia advena fuisti in terra ejus et pavit te. Qui nati fuerint ex eis in tertia generatione, intrabunt Ecclesiam Dei. » Item,

II Regum, cap. ix, ait David ad Miphiboseth : « Ne timeas quia faciens faciam in te misericordiam propter Jonathan patrem tuum, et restituam tibi omnes agros Saul patris tui, et tu comedes panes in mensa mea semper. » Item Valerius Maximus (lib. v, c. 3): Popilius Lænas a Cicerone, pro eo perorante in causa capitalis criminis, liberatus est : quem postea a senatu et Antonio proscriptum persecutus est, caputque amputavit (quod pro capite ejus peroraverat) ferens illud ad senatum, quasi optima spolia. Infelix, sceleratissimus et ingratissimus omnium hominum, qui a patre proprio homicidium inchoans, patrem patriæ occidit. Invalidæ autem ad hoc monstrum sugillandum sunt litteræ. Tam miserabilem enim Ciceronis casum non est qui digne fleat, quia jam alter Cicero non exstat. Popilius neminem odit, nisi quis plurimum debet. Periculosum est ergo multa beneficia in aliquem conferre, quia cum turpe est non reddere, vult non esse, cui reddat. Item Seneca (epist. 19) : Leve æs amicum facit, grave inimicum.

CAPUT CXL.
Epilogus facierum culpæ.

Cum multiplex sit facies culpæ euntis in gehennam, generaliter quot vitia induimus, tot facies, vultus, et imagines brutorum animalium nobis superinducimus. Unde Dominus in Isaia, cap. L :« Veni, et non erat vir : vocavi, et non erat qui audiret. » Et in eodem : « Torcular calcavi solus, et de gentibus non erat vir mecum (*Isai.* LXIII) ; » quia « singulariter sum donec transeam (*Psal.* CXL).» Hieronymus (ep. 18, *ad Marcellam*, incip. *Ambrosius*) : Vir nec homo est, qui per crudelitatem imaginem leonis sumit. Unde Apostolus : «Dominus eripuit me de ore leonis (*II Tim.* IV).» Et : « Ite, dicite vulpi illi (*Luc.* XIII); » Herodi, propter dolositatem. Libidinosis dicitur : « Equi insanientes in feminas (*Jer.* v). » Voluptuosis et immundis : «Nolite spargere margaritas ante porcos (*Matth.* VII). » Detractoribus et maledicis : « Nolite Sanctum Dei dare canibus (*ibid*). » Superbis : « Volucres cœli, qui ponunt os suum in cœlum (*Psal.* LXXII). » Curiosis et avaris : «Pices maris, qui perambulant semitas maris (*Psal.* VIII). » Rapacibus : « Scio quoniam intrabunt in vos post discessionem meam lupi rapaces, non parcentes gregi (*Act.* XX).» Malignis et venenosis:« Genimina viperarum (*Luc.* III). » Et generaliter quocunque vel quibuscunque vitiis irretitis dicitur : « Nolite fieri sicut equus et mulus, quibus non est intellectus (*Psal.* XXXI); » quia, « Dominus de cœlo prospexit super filios hominum (*Psal.* XIII), » etc. Et : « Homo, cum in honore esset non intellexit (*Psal.* LVIII). » Et item : « Putruerunt jumenta in stercore suo (*Joel.* I).» Et Isaias : « Onus jumentorum austri, vel visio quadrupedum in deserto (*Isa.* XXX).» Cum autem tot animalium vultus induamus, diabolus autem tribus animalibus, sicut vasis et organis suis usus est, serpente, porco et homine, quos legitur intrasse. Porcus autem multam habet convenientiam cum homine in corpore, sicut ex anatomia et divisione ejus patet : insuper et in spiritu, spiritu hominis rationalis quasi suffocato, et in spiritum bruti per immunditiam converso. Unde et filius prodigus pavit porcos in regione longinqua, pastus de siliquis porcorum (*Luc.* XV). Propter hoc Dominus etiam super omne edulium, sub figura tamen, prohibuit carnem suillam (*Levit.* I).

Notabiliter etiam notandum quod nullum animal ita recessit a Deo et a statu naturali, sicut homo transiens ad alteram carnem, vel naturali utens coitu sine certo et statuto tempore, superfluus in veste, cibo, et aliis necessariis. De hac imagine multiplici dicitur in psalmo : « Verumtamen imaginem eorum ad nihilum rediges (*Psal.* LXXII).» Hieronymus etiam hanc multiplicem faciem culpæ, quasi sub epilogo comprehendens, ait in epist. 18 (*ad Marcellam*). Nunc ira personam leonis nobis inducit ; nunc cura superflua, in annos plurimos duratura præcogitat, nec recordamur Evangelii dicentis : « Stulte, hac nocte auferent animam tuam a te : quæ autem parasti, cujus erunt ? » (*Luc.* XII.) Vestes non ad usus tantum, sed ad delicias conquiruntur, ubicunque compendium est, velocior pes, citus sermo, auris attentior. Si damnum (ut sæpe fieri solet in re familiari) fuerit nuntiatum, vultus mœrore deprimitur : lætamur ad nummum, amisso obolo contristamur. Unde, cum in uno homine animalium tam diversa sit facies, Propheta Dominum deprecatur sic, dicens : « Domine, in civitate tua imaginem eorum dissipa (*Psal.* LXXII). » Cum enim ad imaginem et similitudinem Dei conditi simus, ex vitio nostro personas nobis plurimas superinducimus. Et quomodo in theatralibus scenis, unus atque idem histrio, nunc Herculem robustum ostendit, nunc mollis in Venerem frangitur, nunc tremulus in Cybelem, ita nos (qui, si de mundo non essemus, odiremur a mundo), tot habemus personarum similitudines quot peccata.

CAPUT CXLI.
De pœnitentia.

Ad sugillanda vitia commendandasque virtutes pleraque in seminarium prædicationis, de hortulis sacræ Scripturæ collegimus, et excerpsimus : plura et majora de auctoritatibus ejusdem ad prædicta, industriæ lectoris diligentis relinquentes, vel in calce disputationis nostræ de pœnitentia adjungentes (supra, cap. 9), quæ destructiva est vitiorum et constructiva, et inchoativa virtutum : puta, ut quæ est secunda tabula post naufragium, et contra omnia peccata et venena diaboli remedium et antidotum (HIER. ep. 8, quæ est ad Demetriadem *de Virginitate servanda*, c. 5). Ab hac, utpote saluberrima, Joannes Baptista Præcursor Domini, « Vox clamantis in deserto, » prædicationem suam inchoavit, dicens Matthæi cap. III : « Pœnitentiam agite, appropinquavit enim regnum cœlorum, » quasi : In proximo aperiatur janua, quia Christus venit. Et item (*ibid*): « Progenies viperarum, quis demonstravit vobis fugere a ventura ira? facite dignos fructus pœnitentiæ. » Salvator etiam, postquam jejunaverat in deserto, et tentatus fuerat a diabolo, cœpit prædicare et dicere apud Matthæum, cap. IV : « Pœnitentiam agite, appropinquavit enim regnum cœlorum. » Petrus etiam Judæis crucifixoribus Domini venientibus ad eum, et quærentibus, quomodo salvi fierent, ait : « Pœnitentiam agite, et baptizetur unusquisque vestrum (*Act.* II). »

Ad pœnitentiæ sufficientiam, perfectionem et integritatem, quatuor sunt necessaria, scilicet gratiæ infusio, cordis contritio, oris confessio, operis digna satisfactio. Tria sine primo insufficientia sunt. Inutiliter enim conterimur, confitemur, satisfacimus, et labore pœnæ affligimur, sine infusione gratiæ, sine fide operante per dilectionem. Credas igitur, speres, et diligas, ut utiliter conteraris, confitearis, opereris. Hunc quaternarium ostendit et docet Propheta quatuor verbulis psalmi illius pœnitentialis (*Psal.* L) : « Miserere mei, Deus, » per gratiæ infusionem ; « Dele iniquitatem meam, », per cordis contritionem ; « Amplius lava me, » per peccati confessionem, « amplius » quam petere sciam, vel sufficiam. Vel « amplius, » ut nullum vestigium peccati in me remaneat, quo de facili recidivum patimur in peccatum. Vel «amplius,» quoad augmentum gratiæ, non ad causam, vel quoad ordinem pœnitentialis satisfactionis. Unde dicitur : « Munda me, » per operis satisfactionem.

Hic etiam quaternarius insinuatur in Cantico amoris in hoc verbo, « Revertere, » quater repetito: « Revertere, revertere Sunamitis, revertere, revertere, ut intueamur te (*Cant.* XXI). » Post condignam enim pœnitentiæ satisfactionem etsi prius tunc maxime, o Sponsa, « Rex concupiscit decorem tuum (*Psal.* XLIV), »quia tunc «tota pulchra es amica mea (*Cant.* IV),» etc. In psalmo etiam hic idem quaternarius exprimitur, ubi dicitur : « Psallite Deo nostro, psallite ; psallite Regi nostro, psallite sapienter (*Psal.* XLVI). » Quod adverbium ultimo positum, sicut et verbum, quater cum eo repetendum est; quasi : « Psallite » per gratiæ infusionem, et ita « sapienter, » sicque conterimini « sapienter, » post confitemini « sapienter, » deinde satisfacite de commissis « sapienter. » Et notandum quod quadruplex est lavacrum hominis a peccato. Primum est baptismi ab originali peccato, in pueris; secundum, fidei etiam ab actuali in adultis : « Fide mundans corda eorum (*Act.* XV). » Tertium effusionis sanguinis per martyrium, quod paucorum est ; unde: « Qui laverunt stolas suas in sanguine Agni (*Apoc.* XXII). » Quartum, post pactum baptismi fractum, pœnitentiæ quotiescunque iteratæ, quæ omnium est. Unde Isaias : « Lavamini, mundi estote, auferte malum cogitationum vestrarum (*Isai.* I). » Debent autem fructus pœnitentiæ digni esse, quod erit, si pœna injuncta responderit culpæ. Unde Gregorius : « Facite dignos fructus pœnitentiæ (hom. 20 *in Evang.*). » Non enim pœnitentiæ vel fructus boni operis est ei qui nihil vel parum peccavit, sicut ei qui malum vel plus peccavit.

CAPUT CXLII.
Quanta debeat esse contritio.

Quanta autem debeat esse contritio et amaritudo cordis pro peccato ostendit Augustinus super cap. XI primæ Epistolæ ad Corinthios : « Quod si nosmetipsos dijudicaremus » tribunal nostræ mentis ascendentes, ratione pro judice præsidente, et cogitatione accusante, et conscientia testificante, timore tanquam carnifice nos torquente, ut quidam, quasi per lacrymas animæ, dolor et sanguis proflueret pœnitentiæ severitate, « non utique judicaremur, » id est, damnaremur a Domino. Dum autem hic judicamur, temporalibus pœnis a Domino corripimur, ut non cum hoc mundo damnemur. Advocatum autem in hoc judicio pœnitentiæ, vel in futuro, legimus solum Deum in Cantico Ezechiæ. Isaiæ cap. XXXVIII, quasi diceret pœnitens : « Domine, vim patior, » pressus consuetudine peccandi, timens ne timor, carnifex et lictor, me inducat in desperationem : quod ne fiat « Responde pro me, » fragilitatem meam juvando, peccata ignoscendo ; quia, « quid dicam, aut quid respondebo tibi cum ipse fecerim?» Hoc quidem dicam : « Recogitabo omnes annos meos in amaritudine animæ meæ, » et pœnitentiæ meæ. Item Joannes Baptista, Matthæi cap. III : « Qui post me venturus est, ipse baptizabit vos in Spiritu sancto, » suavitate baptismi, et fracto pacto ejus. « Baptizabit vos in igne, » id est in pœna pœnitentiali, et interiore, et exteriore, excruciante vos ad modum ignis. Item psal. XLVII : « Ibi, » hoc est in pœnitentia, « dolores, ut parturientis, » quia non nisi « in spiritu vehementi conteret naves Tharsis. Parturientis, » id est, parere conantis, cujus dolor non statim finitur. Non ait, parientis, quæ cum parit, a dolore eripitur. Quantus autem fructus dolorem parturientis, sequatur, adverte ut pœniteas. « Mulier enim, cum parit, tristitiam habet ; cum autem peperit filium, jam non meminit pressuræ propter gaudium, quia natus est homo in mundum (*Joan.* I), » hoc est in cœlum. Item : « Euntes ibant et flebant mittentes semina sua, venientes autem venient cum exsultatione portantes manipulos suos (*Psal.* CXXV). « Et item :« Beati qui lugent, quoniam ipsi consolabuntur (*Matth.* V). » Et item : « A timore tuo, Domine, concepimus et peperimus spiritum salutis (*Isai.* XXVI), « et pœnitentiæ.

Item Glossa : Quanta debeat esse contritio cordis pro peccato, animadverte in quatuor, quæ gessit Dominus in suscitatione Lazari : « Turbavit semetipsum, infremuit spiritu, lacrymatus est, et clamavit : Lazare, veni foras (*Joan.* XI). » Si hæc egit Dominus pro quatriduano suscitando, quanto magis tibi lacrymandum, clamandum, qui lapide consuetudinis premeris, qui non tantum per quatuor dies, imo per multorum annorum curricula, fetidus computruisti in stercore tuo? Ergo, ut de abysso vitiorum susciteris, turba teipsum per dolorem, infreme per gehennæ horrorem, lacrymare per pietatem, « Miserere animæ tuæ placens Deo (*Eccli.* xxx) : » clama per confessionem, orationem et sanctam operationem, dicendo animæ tuæ : « O Lazare, » vel tibi Lazaro, « veni foras, » de abysso vitiorum.

Item, ut in te excitetur contritio, audi Hieronymum ad Heliodorum (*De laude vitæ solitariæ*) : Quid facis frater, in sæculo, qui major es mundo? Ecce tuba canit : « Surgite mortui ; » quia jam judex « crapulatus a vino (*Psal.* LXXVII), » judicaturus orbem in nubibus cœli, ad judicium procedit. Jam « gladius bis acutus, » quæque obstantia demetens, ex ore ejus exit. Surge; quousque pigritaris? circumda tibi vallum, cinge te fossa, præpara te ad judicium Salvatoris, quia « qua hora non putas, Filius hominis veniet (*Luc.* xii; *Apoc.* i; *Matth.* xxiv). » Ut etiam conteraris, dicas cum Propheta : « Circumdederunt me gemitus mortis, dolores inferi circumdederunt me (*Psal.* xvii). » Nec immerito. « Quis enim durare poterit cum ardoribus sempiternis (*Isai.* xxxiii). » Ergo : « Domine, ne in furore tuo, » id est igne gehennæ, « arguas me ; neque in ira tua, » et igne purgatorio, « corripias me (*Psal.* xxxvii); » sed « miserere mei. » Hic ure, hic seca, ut veraciter cum Propheta dicere queam : « Conturbata sunt omnia ossa mea, et anima mea turbata est valde. Turbatus est a furore oculus meus. » Unde : « Rugiebam a gemitu cordis mei (*ibid.*). » Item Jerem. (cap. iv) : « Ventrem meum doleo, » pro spiritualibus nequitiis : « Ventrem meum doleo, » pro carnalibus desideriis; « Sensus mei turbati sunt in me. Non tacebo, quoniam vocem tubæ audivit anima mea, clamorem prælii; contritio super contritionem vocata est, et vastata est omnis terra. » Idem, cap. vi, « Luctum unigeniti fac tibi planctum amarum, quia repente veniet diabolus vastator super nos, » nisi nobis præcaverimus. Idem, cap. vii. « Tonde capillum tuum, et projice, et sume indirectum (scilicet pro spiritualibus et æternis bonis) planctum quia projecit Dominus et reliquit generationem vestram in ira furoris sui. » Idem, cap. viii, ix : « Dolor meus super dolorem, in me cor meum mærens, super contritione filiæ populi mei, contritus sum et contristatus, stupor obtinuit me. Quis igitur dabit capiti meo aquam, et oculis meis fontem lacrymarum, et plorabo die ac nocte interfectos filiæ populi mei. » Item **310** Job cap. vi, vii : « Utinam appenderentur peccata mea, quibus iram merui, et calamitas quam patior in statera. Quasi arena maris hæc gravior appareret. Unde et verba mea dolore sunt plena, quia sagittæ Domini in me sunt, quarum indignatio ebibit spiritum meum, et terrores Domini militant contra me. Unde et noctes laboriosas enumeravi mihi. Si dormiero, dico : » Quando consurgam ? « Et rursum exspectabo vesperam, et replebor doloribus usque ad tenebras. » Item : « Lavabo per singulas noctes, » hoc est, per singula peccata, « lectum, » conscientiæ meæ. « Lacrymis meis, » interioribus vel exterioribus, « stratum meum, » cum Arsenio, « rigabo : » quia, « peccatum meum contra, » vel coram, « me est semper (*Psal.* l). » Item titulo psalmi ci : « Oratio pauperis cum anxiaretur in conspectu Domini. » Item Eremita pro lapsu in lubricum carnis, ait : « Doleo usque ad mortem, et nisi scandalum timerem, nomenque monachorum vilipendi facerem, omnibus publice peccatum hoc confiterer (12). » Item Deut. c. iv: « Cum quæsieris Deum invenies eum, si tamen toto corde quæsieris, et tota tribulatione animæ tuæ. »

CAPUT CXLIII.
De confessione oris.

Post confessionem cordis, sequitur de confessione oris. Est enim triplex confessio : « cordis, » ut ait David : « Dixi confitebor, et tu remisisti (*Psal.* xxxi), » oris, et operis. Confessio autem oris, alia est ad fidem, alia ad pœnitentiam. Item confessio ad fidem triplex est : cordis, de credendis, « Corde creditur ad justitiam ; » oris, « Ore confessio fit ad salutem. » Et, « Qui me confessus fuerit coram hominibus, confitebor et ego eum coram Patre meo (*Luc.* xii). » Hæc sunt « cymbala bene sonantia (*Psal.* cl), » quorum neutrum sine reliquo resonat in casu et necessitate. Unde et hujusmodi confessio dicitur, quasi *simul fassio*, et magis proprie professio. Professio autem est singulare studium, vel officium, in quo quis merito suo et aliorum judicio excellit. Est etiam confessio operis ad fidem : quia, « Probatio dilectionis exhibitio est operis. Majorem charitatem nemo habet ut animam suam ponat quis pro amicis suis (B. Greg. hom. 30 *in Evang. Joan.* xv). » Ab hac sola antiquitus confessores denominabantur aliqui. Non enim confessor antiquitus et in primitiva Ecclesia dicebatur aliquis, nisi martyr, vel tractus et paratus ad experimentum gladii et martyrii. Unde Urbanus solitus quiescere inter sepulcra martyrum, bis factus est confessor, ductus ad experimentum gladii pro confessione nominis Christi, sed parcitum est ei. Nunc autem dilatatum est hoc nomen confessor usque ad confessionem pœnitentiæ, ut dicatur confessor quilibet vere pœnitens. Est autem confessio ad pœnitentiam triplex : Cordis, quæ Deo fit; oris, quæ vicario Christi imperantis : « Ite, ostendite vos sacerdotibus (*Luc.* xvii); » et operis. Confessio autem oris ad pœnitentiam triplici ex causa indicta et introducta est in Ecclesiam : ut superbo **311** prius et cervicoso incutiatur, humilitas, et verecundia, et erubescentia.

Graviter enim sumitur edulium, quod necessario sequi habet antidotum per increpationem et correptionem confessoris, ne recidivum patiatur peccator; tum etiam, quia ipsa oris confessio, maxima est pars satisfactionis. (Unde, sicut auctoritas habet : Quanto pluribus sacerdotibus confiteberis sub spe veniæ, tanto celeriorem consequeris abso-

12) Vita est apud Surium, die 19 Julii.

lutionem culpæ) tum etiam propter peccati, et lepræ cognitionem. Sæpe enim quis ante confessionem criminale peccatum putabat veniale, et crimen majus, minus; de quo errore curatur a confessore per doctrinam. Unde in figura hujusmodi cognitionis et distinctionis leprarum, Moyses suspectos de lepra recludebat per septem dies, et item per alios septem, nisi prius, vel mundus, vel vere leprosus appareret (*Levit.* xiii). Post decimum quartum vero diem eum inventum sanum, communioni hominum associavit, leprosum extra castra ejecit. Si Moyses tantam curam et diligentiam adhibuit figuræ, sæpe et iterum inspiciendo macula infectum, si leprosus esset, quanto major adhibenda esset veritati a sacerdotibus Evangelii? Utinam et tanta! Ad oris etiam confessionem, nec non et cordis exprimendam, tundimus pectora, a simili mulieris tundentis ollam et excutientis muscas, sæpeque et iterum inspicientis, si aliqua in fundo remanserit; ita et cor (quod est receptaculum malarum cogitationum, in quo omnia peccata concipiuntur, præter ignorantiam) excutiendum est, tundendum et perscrutandum, ut nec vestigium peccati in eo remaneat

Quomodo etiam ore sit confitendum, Psalmista aperit, ubi ait : « Confitebor Domino nimis in ore meo (*Psal.* cviii). » Et item : « Confitebor Domino secundum justitiam ejus (*Psal.* vii). » « Secundum » scilicet quod ipse est justus, imo « secundum » quod ipse est justitia; non tantum « secundum » quod ipse est purus, sed « secundum » quod ipsa est puritas. Excoria te, scilicet, ut nulla circumstantia peccati lateat, nulla palliatione coloretur peccatum, sed sicut factum est manifestetur confessori.

De confessione operis ita dicetur. Hæc autem triplex confessio dicetur in hac summula verborum : « In exitu Israel de Ægypto, domus Jacob de populo barbaro (*Psal.* cxiii); » per cordis confessionem. « Facta est Judæa sanctificatio ejus, » per oris confessionem; deinde, « Israel potestas ejus, » per confessionem operis. Peracta enim pœnitentia homo potestatem suam ex magna parte consecutus est. Tunc enim primo potens est sui. Prima enim confessio inchoat, secunda provehit, tertia consummat. Hæc etiam triplex confessio notatur in illo breviloquio : « Notus in Judæa Deus, in Israel magnum nomen ejus : et factus est in pace locus ejus (*Psal.* lxxv). » Prima sedemus cum Maria ad osculum pedum Domini, quæ lacrymis rigavit pedes ejus, et capillis tersit, et unxit unguento (*Luc.* vii): Et tu unguento compassionis, et operibus misericordiæ ungas pedes ejus in terra, capillisque tergas, id est superflua abjiciendo pauperibus eroges, si vere pœnitere desideras. Secunda, surgimus cum ea ad osculum manuum. Tertia, stamus ad osculum capitis. Item David : « Præcinite Domino, et in confessione ejus (*Psal.* cxlvi) » primo : post, « psallite nomini ejus, quoniam suave (*Psal.* cxxxiv). » Et rursum : « Introite portas ejus, » id est sanctæ Ecclesiæ, « in confessione atria ejus » primo; deinde, « in hymnis confitemini illi (*Psal.* xcix). » Quoniam, sicut « torques in naribus suis (*Prov.* xi); » ita « laus Dei in ore peccatoris (*Eccli.* xv). » Item Judicum : « Quis præcedet nos ad prælium (*Judic.* 1), » contra mundum, contra diabolum, contra corpus proprium? « Judas, » id est confessio : qui exemplum dedit primo intrandi mare rubrum, desertum, patiendi adversa, ut intraret terram promissionis, quam primo intravit. Hæc est enim confessio quæ pœnitentem monet quæque adversa patienter tolerare, ut mereatur ingredi terram viventium, regiumque nomen sortiri, et inter reges ascribi : « Vos genus electum, regale sacerdotium (*I Petr.* ii). Juda, te laudabunt fratres tui (*Gen.* xlix). »

CAPUT CXLIV.
De confessore.

Ut autem confiteamur, necessarius est nobis confessor, qui circa pœnitentes. ita debet gerere officium patris et matris, ut pungat et ungat. Verbera patris, et ubera matris habeat, oleumque et vinum Samaritani, quo curet vulnera sauciati (*Luc.* x), non ob aliud institutus in Ecclesia, nisi, ut medicus, curet ægrotos; qui ad se accedenti, ut confiteatur, dicat : Fili, non mihi sed Deo scito te confiteri; me tamen in testem tuæ confessionis vocans, peccata tua facis mea, quæ, et tecum portare, meque pro eis satisfacere, et, ut jam tecta, et velut propria celare promitto.

Sit ergo confessor prudens et discretus, mitis, suavis, dulcis et benignus, misericors et affabilis. Quandoque etiam, ut pater, mordacem habeat increpationem, ut ille, qui nolenti restituere ablata, quam ob rem nec ei satisfactionem injunxit. Qui cum super altare Domini obtulit, ait sacerdos : Absit me capi esca tua posita in muscipula; eumque sequens, cum sputo projecit post eum nummum, inquiens : « Pecunia tua tecum sit in perditionem (*Act.* viii). » Qui, sicut Cain vagus et profugus (*Gen.* iv), sic irreverenter et profugus recedit a facie Domini. Qui confusus et compunctus in crastino rediit ad eum cum affluentia lacrymarum, promittens se satisfacturum de peccato ad judicium ejus. Nec superbiant confessores, quasi prælati. Sunt enim cophini Ecclesiæ stercorarii, non dico stercora, vel sua, vel aliorum in se portantes (sicut jumenta putrescentia in stercoribus suis [*Joel.* 1], et upupa, quæ nidificat in stercoribus suis), sed cophini, sua et aliorum peccata « extra castra » Ecclesiæ « portantes (*Hebr.* xiii), » quasi exportantes, non portantes; digni sic repleri fragmentis, quæ superabundaverunt his (*Joan.* vi), qui comederint cum Domino, ne pereant. De talibus etiam ait David : « Divertit ab oneribus dorsum ejus, manus ejus in cophino servierunt (*Psal.* lxxx). » Hujus judicia multa sunt et magna, et difficilia, quia circa periculum et salutem animæ, vineæ Domini Sabaoth, vertuntur, qui ne minus discrete judicet, non habeat nimiam multitudinem confitentium. Sibi autem confessos sæpe visitet, et secreto alloquatur, inquirens de statu eorum, et si egerint pœnitentiam sine recidivo. Sapiens autem confessor tria semper et sufficientia ad pœnitentiam, maxime sapienti confitenti injungit, scilicet, ut pro posse suo caveat et vitet omnem occasionem peccati, et maxime in his, quæ de facili animum ad consensum trahunt. Secundum, ut fugiat dilationem confitendi. Tertium, negligentiam satisfaciendi. Frequenter etiam confitendum est exemplo illius sanctissimi abbatis de Longo-Ponte cui dictum est, ob exactissimam et frequentissimam confessionem quam faciebat: Quid sibi vult, mi abba, quod ita frequenter confitemini? Cui ille: Adeo videtur mihi singulis diebus me prius non fuisse confessum, et quia aliquid de oblitis revoco, purius etiam et sincerius in aliquo confiteor, et sæpe in majori humilitate quam prius.

Quantus autem sit effectus confessionis, patet, quia per eam « tecta sunt peccata (*Psal.* xxxi) » in judicio, etiam in præsenti miraculose, s'cut legitur de dæmoniaco exprobranti cuidam peccata sua; qui erubescens statim cucurrit ad confessionem, itemque redeunti dæmoniacus ait: Scio quid egeris: Peccata tua quidem sub lingua mea habeo, sed ea publicare non valeo. Quidam etiam in mari, cum periclitaretur navis, coram omnibus publice confessi sunt; liberati autem a tempestate, nullam peccati confessi memoriam habuere.

Item, quanta et qualis debeat esse confessio, Job cap. vii ostendens, ait: « Non parcam ori meo, loquar in tribulatione spiritus mei, confabulabor cum amaritudine animæ meæ. » Ut autem vera sit confessio, necesse est, ut sit humilis, simplex, pura et fidelis. « Sunt qui glorientur cum malefecerint et exsultant in rebus pessimis (*Prov.* ii), » qui peccata sua etiam « prædicant, velut Sodoma (*Isa.* iii), » qui religiose vestiti et religionem professi, sæpe impudentissime jactant mala sua præterita; quæ verbi gratia aliquando vel fortiter gladiatorio vel argute litteratorio gessere conflictu, seu aliud quid secundum mundi vanitatem favorabile, secundum vero animæ salutem nocivum, perniciosum et damnosum. Sæcularis adhuc animi indicium est hoc, et humilis habitus, qui gestatur a talibus, non sanctæ novitatis est meritum, sed priscæ vetustatis operculum. Veterem hominem non exuunt, sed novo se palliant; commissa non diluunt, sed se ipsos non humiliter confitendo illudunt. « Deus autem non irridetur (*Gal.* vi). » Pudet autem reminisci quorumdam tantam proterviam, ut non pudeat eos cum exsultatione lugenda jactare, quod et post susceptum sanctum habitum callide quempiam supplantaverint et circumvenerint in negotio fratrem, aut quod talionem pro convitio vel maledicto, id est « malum pro malo, aut maledictum pro maledicto » audacter « reddiderint (*I Petr.* iii). »

Alii etiam usque ad omnem circumstantiam peccatum suum confitentur, **314** ut inde magis humiles confessori appareant. Hæc autem confessio noxia et vana ex eo est quod non humiles sumus, tales tamen videri appetimus; appetere autem de humilitate laudem, humilitatis non est virtus, sed subversio. Verus humilis, vilis vult reputari, non humilis prædicari. Gaudet contemptu sui, hoc solo sane superbit quod laudes contemnit. Quid perversius, quidve indignius, ut humilitatis custos confessio, superbiæ militet, et inde velis videri melior, unde videris deterior? Mirabile jactantiæ genus, ut non possis putari sanctus, si non appareas sceleratus. At talis confessio speciem habens humilitatis, non virtutem; non solum veniam non meretur, sed et provocat iram

Oportet etiam confessionem esse simplicem. Unde David : « Ne declines cor meum in verba malitiæ, ad excusandas excusationes in peccatis (*Psal.* cxl). » Ne refundas culpam in alium, nisi participem sceleris, et tunc etiam te potius accuses quam illum : de illo doleas, non excuses te per consuetudinem, per nobilitatem generis, per naturam, per societatem, constellationem vel fatum. Hoc est enim refundere culpam in Creatorem, ejusque bonitati detrahere, eamque attenuare et diminuere.

Sit etiam fidelis confessio, ut confitearis sub spe veniæ, de indulgentia penitus non diffidens, sed confidens, ne tuo te ore, non tam justifices, quam condemnes. Judas traditor Domini et Cain fratricida deterius confessi sunt et diffisi sunt. Alter inquit : « Peccavi tradens sanguinem justum (*Matth.* xxvii). »

Alter ait : « Major est iniquitas mea, quam ut veniam merear (*Gen.* iv). » Tota utriusque confessio infidelis fuit. Tu vero habeas funiculum hunc triplicem confessionis, qui « cito non rumpitur (*Eccle.* iv), » ut « itinere trium dierum vadas et sacrifices Domino Deo tuo in solitudine (*Exod.* v).»

CAPUT CXLV.
De satisfactione pro peccato, et perseverantia, et qualitate ejus.

In conterendo, confitendo et satisfaciendo, necessaria est frequentia et perseverantia. Unde Augustinus (lib. *De vera et falsa pœnit.* qui falso ei ascribitur, c. 8): Pœnitentia est quædam dolentis vindicta, puniens in se semper quod dolet admisisse.

Et item (Id. *ibid.*, c. 19) : Continue dolendum est de peccato, quod declarat ipsa dictionis virtus. Pœnitentia enim est pœnam tenere, ut semper punit, in se ulciscendo, quod commisit peccando. Ille pœnam tenet, qui semper vindicat, quod commisisse dolet. Pœnitentia igitur est vindicta semper puniens in se quod commisisse dolet.

Quid restat nobis nisi dolere in vita? Ubi enim dolor finitur, deficit et pœnitentia. **315** Si vero pœnitentia finitur, quid relinquitur de venia? Tam ▬▬▬ At et speret de gratia, quandiu sustentatur a pœnitentia. Dicit Dominus : « Vade, jam amplius noli peccare *(Joan.* viii). » Non dixit : Non pecces, sed nec peccandi voluntas in te oriatur. Quod quomodo servabitur nisi dolor in pœnitentia continue custodiatur? Hinc semper doleat, et de dolore gaudeat; et non sit satis, quod doleat, sed ex fide doleat et non semper se doluisse doleat.

Item in psalmo : « Ego autem in flagella paratus sum, et dolor meus in conspectu meo semper, etc. *(Psal.* xxxvii). » Si non quotidie confitemur, saltem in fasciculo peccata collecta semel in die ad memoriam in amaritudine cordis revocemus. In hoc triplici funiculo necessaria est quædam sancta violentia, quam sibi inferat pœnitens ne recidivet. Unde : « Regnum cœlorum vim patitur, et violenti rapiunt illud *(Matth.* xi). » Sed mollis animi et effeminati est indicium non posse aspera pœnitentiæ subire propter salutem animæ. Si autem :

Ut corpus redimas ferrum patieris et ignes.
(Ovid. *De remedio amoris*, lib. 1.)

ut te ipsum et animam serves, nonne expergisceris? contra multo magis debes expergisci, quia

Hoc opus, hic labor est. (Virgil.)

De hac sancta violentia sibi inferenda legitur in psalmo ix : « Periit memoria eorum cum sonitu. » Augustinus : Non venit ad summam pacem mentis, nisi qui magno strepitu, et totis viribus collectis pugnaverit cum vitiis. Hinc sanctus Hieronymus ait : Solve funiculum consuetudinis et inviscati peccati, quo ligatus es. Si non potes solvere, rumpe; quod si nec rumpere, incide. Et item : Ejice quæ lacerant cor tuum, quæ si aliter non possunt avelli, etiam ipsum cor cum eis avellendum est. Hinc ille martyr (13), quem non vicerunt tormenta, cum eum cœpisset mollire femina, linguam propriam momordit, et sanguinolentam in os meretricis exspuit, ut voluptatem dolore temperaret. Hinc S. Benedictus (Greg., lib. ii *Dialog.* cap. 2) projecit se in vepres et spinas sentiens primos motus libidinis, ut calores ejus, dolore corporis, compesceret. Hinc Eremita se in fluvium projecit. Alius per gestus et modum edendi se stultum simulavit (14), ut veram insaniam superbiæ per falsas insanias effugeret. Sic, et David. Item psalm. lxxvi : « Renuit consolari anima mea, memor fui Dei et delectatus sum, et exsurrexi, et defecit spiritus meus : Anticipaverunt vigilias oculi mei, turbatus sum et non sum locutus. » Ecce quanta et quam continua angustia pœnitentis, de qua etiam sequitur : « Et meditatus sum nocte cum corde meo, et exercitabar. » Ecce frequentia laboris pœnitentialis. « Et scopebam spiritum meum, » scopa pœnitentiæ mundabam vel scabebam, scobes et sordes ejiciendo, per pœnitentiam purgabam, vel fodiebam spiritum meum fossorio pœnitentiæ, quod figitur in altum, et ejiciantur nociva, quia et ingenuum qui volet serere agrum, liberet eum prius fruticibus.

Ubi autem peccata sunt inolita et inviscata, opus est fossorio, igne et ferro vel ventilabro, præcipue quantum ad vanam gloriam. Area ergo animæ prius trituranda est flagellis, post purganda scopa, deinde mundanda fossorio, deinde, ne palea, vel aliquod peccati vestigium remaneat, depuranda est **316** ventilabro ante adventum judicis, « cujus ventilabrum in manu ejus (*Matth.* iii). » His quasi quatuor virgis, ex quibus est flagellum pœnitentiæ, Jeremias quatuor verba reddit : « Ecce constitui te super regna, ut evellas,» prima virga, « destruas » secunda, « disperdas » tertia, « dissipes » quarta, et ita « ædifices et plantes *(Jerem.* 1). » Duo posuit tantum verba ad salutem restituendam, plantandam et confirmandam, quatuor ad ipsam acquirendam, quia hoc difficilius. Oportet etiam pœnitentiam esse fructuosam. Unde : « Genimina viperarum, quis docuit vos fugere a ventura ira? Facite fructus dignos pœnitentiæ *(Luc.* iii), » ut scilicet qualitati et quantitati culpæ respondeat qualitas et quantitas pœnæ. Item ad Romanos cap. vi : « Sicut exhibuistis membra vestra servire immunditiæ et iniquitati ad iniquitatem, ita nunc exhibete membra vestra servire justitiæ in sanctificationem. » Augustinus (*De verbis apostolis* serm. 17, c. 5, 6) : Tantum non dico spatio temporis, sed supplemento puræ confessionis et fructuosæ satisfactionis, plus tamen debetur justitiæ quam peccato, « sed humanum dico propter infirmitatem carnis vestræ (*Rom.* vi). » Item Augustinus : Plus debet amari nunc justitia misericordiæ, quam tunc iniquitas, quæ amata est, ut pro justitia toleret et dolores, et contemnat omnia, etiam mortem. Si autem plus amari non potest nunc justitia, quam tunc amata est iniquitas, saltem tantum ametur nunc, quantum iniquitas tunc.

Ambrosius (ad illud c. vi ad Rom. : *Sicut enim exhibuistis membra vestra*): Humane dixit *sicut*, et non magis, quod debuisset dicere, sed non dixit, ne tunc fides quasi aspera et importabilis fugeretur. Ut ergo fructuosam agas pœnitentiam, arripe labores ejus, ut cum Propheta contritus et afflictus dicas : « Domine, vide humilitatem meam, in conterendo et confitendo, et laborem meum, » in satisfaciendo, « et dimitte universa delicta mea (*Psal.* xxiv). » Et item : « propter verba labiorum tuorum ego custodivi vias duras (*Psal.* xvi). » « Confice etiam tibi (ut « omni tempore vestimenta tua sint candida [*Eccli.* ix] ») lixivium, quo abluantur ex aqua lacrymarum pœnitentiæ et igne Spiritus sancti excitante in te fumum bonorum operum et lacrymas, et cinere mortificatione carnis, quia cinis et cilicium arma sunt pœnitentiæ. Maxime enim in cibo et veste consistit labor pœnitentiæ et abstinentiæ. Unde locustæ et cilicium sunt Joannis Baptistæ (*Matth.* iii) : saccus, et panis cribrarius Hieronymi, tunica et vepres Benedicti, sudarium et lacrymæ Arsenii, matula et quinque caricæ Eulalii, nuditas, radices et herbæ peccatricis Ægyptiacæ, columna et vermes Simeonis. David etiam, cum sibi annuntiatum esset peccatum

---

(13) De quo Hier. in Vita S. Pauli pr~~imi eremitæ~~.
(14) S. Simeon Salus, de quo Rom. ~~Mart.~~ Julii.

suum, descendit de solio, sedens in cinere et cilicio, non judicans, vel aliquod opus regium exercens donec audiret a Domino per Nathan : « Transtulit a te Dominus peccatum tuum (*II Reg.* xvi). » Postea tamen a filio suo propter reliquias peccati non dico culpæ, sed pœnæ, punitus est, et persecutionem passus, etiam a quodam (scil. Semei), sibi improperante (*II Reg.* xvi). Timeas ergo tibi, et ad consilium Hieronymi (In ep. ad Rusticum. *Quod ignota*) dormias in sacco, ut præteritas delicias austeritate vitæ compenses. Ninivitæ ad prædicationem Jonæ (cap. iii) sederunt in cinere et cilicio, a maximo usque ad minimum. Sed nec differas pœnitentiam. **317** Sicut enim testatur Augustinus (l. *De vera et falsa pœnit.* et serm. 57 et 58 *De tempore*, et tr. 55 *in Joan.*), Expectans pœnitere usque ad diem mortis, raro vere pœnitet. Tunc enim potius peccata eum dimittunt, quam ipse peccata. Exemplo etiam latronis, pœnitentia si est vera, non est sera. Age ergo pœnitentiam, dum vivis, condignam et fructuosam, quod erit, si totius illecebrosæ voluptatis blandimenta contempseris. si te vehementius per pœnitentiam excruciaveris, si uberius fleveris, si largius pauperes sustentaveris, si charitate ardentius flagraveris, si « pie, sobrie et juste », vixeris. Tunc quidam præsumas de venia, quia « multus est Dominus ad ignoscendum (*Tit.* ii), » et quia Creatorem offendisti ingratus ei peccando, dicas : « Quid retribuam Domino pro omnibus quæ retribuit mihi? » (*Psal.* cxv.) Imo, primo reconciliare ei, et te ipsum ablatum restitue, post, reconciliatione et restitutione facta, dicas : « Quid retribuam Domino pro omnibus quæ retribuit mihi? Calicem salutaris accipiam, et nomen Domini invocabo (*ibid.*). » Sola enim digna recompensatio est ab eo etiam qui nihil peccavit, cum sanguis sanguine recompensatur, cui debemus omne, quod « vivimus, movemur et sumus (*Act.* xvii). » — « Necdum tamen usque ad sanguinem restitimus (*Heb.* xii), » sed nec modicam egimus pœnitentiam, quæ, quanta ut sit vera debeat esse, Ambrosius (lib. ii *De unica pœnit.* cap. 10) ostendens ait : Plures inveni servasse baptismalem innocentiam, quam veram egisse pœnitentiam.

CAPUT CXLVI.
De cautela pœnitentiæ

Quam ut agas maxima cautela adhibenda est, scilicet, ut circumcisus et purgatus per confessionem de peccato, secundum Josue (cap. v) præceptum, maneas in eodem loco castrorum, donec perfecte saneris; quod fiet, si panem doloris et pœnitentiæ, cum silentio, extra strepitum turbæ, manducaveris, subtrahendo te a spectaculis, consortiis, personis et omni occasione peccandi. Unde Hieronymus : Professis pœnitentiam, periculosa est præteritarum voluptatum recordatio. Caro enim tenerrime ad præteritas illecebras aspirat, spiritumque eductum de Sodomis, respicere in Ægyptum ad allia et pepones Pharaonis redire, hortando compellit (*Num.* xi). Quod ne fiat, abscondas cum Ra-chele idola Laban sub fimo, peccata sub stercoribus pœnitentiæ (*Gen.* xxxi). Et non tantum peccata, sed etiam cum Jacob omnia phylacteria idolorum fractorum sub therebinto confodias (*Gen.* xxxv) ; hoc est omnem circumstantiam et occasionem peccati, per memoriam crucis Dominicæ, te ipsum mactando sepelias ; nec occasiuncula aliqua recidivum patiaris. Propter hoc etiam abscondas et sepelias Ægyptium sub sabulo cum Moyse. Vitulum etiam conflatilem in minutissimum pulverem redigas (*Exod.* ii), ne memoria ejus refricetur. Nihil etiam de anathemate Jericho (*Jos.* vii), sicut infelix Achan tollas, sed totum concremes, concineres, **318** et tunc securus dicas : « Remisisti, Domine, peccata plebis tuæ, » sic pœnitentis : « operuisti omnia peccata eorum, et projecisti post tergum omnia peccata mea (*Psal.* lxxxiv). »

Hæc autem cautela pœnitentiæ comitem habet fortitudinem adjunctam, de qua supra (cap. 117). Unde etiam dicitur : « Qui educit vinctos in fortitudine (*Psal.* lxvii), » tum educentis, tum educti vel educendi ; quam, ut tibi inferas, animadverte factum Aod, qui infixit sicam in ventrem Eglon regis pinguissimi tam valide, ut capulus ferrum sequeretur (*Judic.* iii). Nec eduxit gladium, sed ita, ut percusserat, reliquit in corpore, statimque per secreta naturæ alvi illius stercora proruperunt. Hoc autem fecit clausis diligentissime ostiis cœnaculi et obfirmatis sera. Infigas ergo pœnitentiæ ferro adipem peccatorum, et perseveranter, usque scilicet ad capulum et finem pœnitentiæ, toto scilicet tempore vitæ ; nec desistas, quousque sordes et circumstantiæ peccatorum proruperint ; et hoc facias clausis ostiis mentis, et omnium semitarum et operum tuorum, ne per occasionem peccati relabaris. Hoc etiam facias exemplo cujusdam, qui (quasi quodam gladio) voto intrandi claustrum, cum primo in infirmitatem carnis solitam laberetur, se confodit, sic abstinens a consueto et inviscato peccato. Et te « gladio Domini devorante (*Jer.* xii) » carnes confodies, si secundum Evangelium vixeris, quod tibi erit crux et martyrium.

Item de cautela pœnitentiæ, Gen. cap. xix : « Noli respicere post tergum tuum, nec stes in omni circa regione, » quacunque scilicet circumstantia, vel occasione peccati, « sed in monte salvum te fac. » Item, de quantitate et acerbitate pœnitentiæ, quæ æquipollere debet igni purgatorio ; aut enim Deus punit, aut homo. Si Deus, in igne purgatorio, cujus levissima pœna gravior et acerbior est, quam omnium martyrum exquisitissima tormenta. Si homo, temporali pœna, quæ æquipollere debet purgatorio pro posse hominis ; quod fiet, si ignem tribulationis et acerbitatis pœnitentiæ pro viribus suis accenderit, alioquin insufficienter se punire, nec vere pœnitere videbitur. Ergo rari vere pœnitent.

Item, quanta debet esse pœnitentia, patet ex eo, quod major et acerbior cruciatus, etiam in pari charitate, celeriorem confert absolutionem in purgatorio; ergo et in pœnitentia, quæ ei æquipollere debet. Ergo minus pœnitet, qui minus cruciatur, licet parem habeat charitatem. Qui vero magis cruciatur celerius liberatur a pœna peccati, et ita in hoc casu, scilicet pœnitentiæ, Deus delectatur in cruciatibus hominum, qui tamen majori cruciatu non merentur majus præmium, sed celeriorem liberationem. « Fodias ergo circa arborem tuam et mittas stercora, » et sordes pœnitentiæ, ne « securi apposita jam ad radicem, excidatur (*Luc.* XIII).»

Contra mollitiem et delicias carnis præteritas, dormias in sacco; somnos nimios vigiliis multis cures; gastrimargiam jejunio releves, ebrietatem siti arefacias, sieque contrariis contraria cures, et dicas: « Sicut incensa igni, » amore **319** male accendente; « et suffossa, » timore male humiliante, « ab increpatione vultus tui peribunt (*Psal.* LXXIX).» Sic econtrario; « Incensa igni, » non tantum charitatis, sed tribulationis pœnitentialis bene accendentis, « et suffossa » timore divino bene humiliante, « a misericordia tua » salvabuntur et « exsultabunt (*Psal.* XXX).» Sicut enim ferrum igne et malleo purgatur, sic induratum et inolitum peccatum tribulatione et flagellis. De sic autem purgato et pœnitenti, ait David : « Respondit ei, » id est Domino, « in via virtutis suæ (*Psal.* CI),» pro posse suo pœnam temporalem æquiparans igni purgatorio, et ideo, quia in corde suo habebat jugiter memoriam mortis, et paucitatem dierum et brevitatem vitæ, quæ, ut in corde jugiter figatur, orans subdit : « Paucitatem dierum meorum nuntia mihi (*ibid.*), » id est fac ut semper brevitatem vitæ meæ habeam in mente.

CAPUT CXLVII.
De brevitate temporis vitæ humanæ semper habenda in corde.

De hujus autem brevitate vitæ semper habenda in memoria, ut pœniteas, ait David psalmo XXXVIII : « Notum fac mihi, Domine, finem meum, » scilicet, ut illum semper habeam in corde; « et numerum dierum meorum, quis est, ut sciam quid desit mihi. Ecce mensurabiles posuisti dies meos, et substantia mea tanquam nihilum ante te,» respectu æternitatis tuæ. « Verumtamen universa vanitas omnis homo vivens, verumtamen in imagine pertransit homo; et nunc quæ est exspectatio mea? Nonne Dominus? et substantia mea, » non caduca, sed permanens in sæculum, « apud te est (*Psal.* XXXVIII).»

Item philosophus : Omnis dies, omnis hora quam nihil sumus ostendit, et aliquo argumento recenti admonet fragilitatis nostræ oblitos, tamen æterna meditantes, respicere cogit ad mortem. Quam stultum est, ætatem disponere, nec crastinum quidem diem cum nec crastini sis dominus. O quanta dementia spes longas inchoantium, dicentiumque : Emam, ædificabo, credam, exigam, honores geram, tum demum lassam et plenam senectutem in otium referam. Omnia mihi crede felicibus dubia sunt; nihil sibi quisquam debet de futuro promittere; id

quoque, quod tenetur, per manus exit; et ipsam, quam premimus, horam casus incidit. Ergo, sic semper forinemus animum tanquam ad extremum ventum sit. Item Hieronymus : Quid est vita præsens? punctus. Et jucunditas temporalis? somnus, umbra, spuma, fumus. Philosophus : Brevis et non vera voluptas. Somnus : quia, « Dormierunt somnum suum, et nihil invenerunt omnes viri divitiarum in manibus suis (*Psal.* LXXV). » Spuma, quia igniculo triduanæ febris dispergitur et dissolvitur. Vita humana tabidior est aranea; unde et : « Tabescere fecisti sicut araneam animam meam (*Psal.* XXXVIII). » Umbra, quia, « Dies ejus sicut umbra præteriit (*Psal.* CXLIII). » Et poeta :

320 *Nos levis umbra sumus, nos actus turbine*
       [fumus;
Nos agri fenum, primum caro, postea cœnum.

Fumus, quia « vapor ad modicum parens, » sicut ait Jacobus (cap. IV). Et David : « Recordatus est, quia pulvis sumus, homo sicut fenum, dies ejus tanquam flos agri, sic efflorebit (*Psal.* CII). » Et item : « Tanquam fenum velociter arescent, et, quemadmodum olera herbarum cito decident (*Psal.* XXXVI) ; » quia, « sicut mane transeat, vespere decidat, induret et arescat (*Psal.* LXXXIX). » Item poeta Ovidius (*De remed. amor.*) :

Singula de nobis anni prædantur euntes,
   Qui non est hodie, cras minus aptus erit.

Item, ex Apologico licet instrui. Duo in amicitia confœderati contraxerant, quod prior ex illis ditatus et promotus, reliquum statim sublimaret. Promotus est unus eorum. Statim accessit alter ad eum, petens ut ditaretur et exaltaretur. Qui, dum pararetur cœna, spatiatum euntes, alter alterius arte magica oculos perstrinxit, adeo ut jam videretur sibi, quod in metropolitanum et patriarcham eligeretur, et traheretur cum pompa multa, et musicis instrumentis inthronizaretur. Postea socius ejus illi aperuit oculos, subtrahendo artem magicam, invitavitque eum ad cœnam lautam jam paratam. Cui ait : Quare me a tanto gaudio subtraxisti? Si verum exstitisset gaudium, nec omnibus divitiis Crœsi compararem illud. Cui alter : Sed et illud, magis quam verum, debes eligere. Illud enim licet imaginarium, verius est gaudio et felicitate præsenti. Utrumque enim caducum et transitorium. Illud, sicut hoc, nulla amaritudine respersum est : nullum peccatum, nec non tantum subrepit. Magis ergo eligi debet quam hoc. Sicque utrique persuasus est contemptus mundi, adeo ut statim ad eremum vel claustrum convolarent. Item : Pro lauta cœna unius noctis nullum dispendium famæ, nullum dedecus, nullum periculum vel injuriam corporis patereris ; sed tota cœna præsentis vitæ, respectu futuræ nulla est ; et cœna unius noctis aliquid est respectu cœnæ præsentis vitæ. Ergo, ne amittas futuram, pro viribus vitare debes omnia per quæ amittitur. Sollicite ergo per pœnitentiam et contemptum mundi studeas conservare thesaurum tantum latentem « in vasis fictilibus *(II Cor.* iv), » quem ad tantam beatitudinem et cœnam creavit Dominus. Item Osee *(Cap.* xiii) : « Idcirco erunt homines quasi nubes matutina et sicut ros matutinus pertransiens ; sicut pulvis turbine raptus ex area, et sicut fumus ex fumario. » Item Isa. c. xxix : « Et erit quasi pulvis tenuis multitudo ventilantium te, et sicut favilla pertransiens, et sicut somnium visionis nocturnæ. » Unde David : « Vidi impium superexaltatum ; transivi, et ecce non erat; quæsivi, et non est inventus locus ejus *(Psal.* xxxvi) ; » sed, etsi singula millenia temporis singulis arenis maris compares et continues, adhuc tempus finem consequetur, quia certus est numerus arenarum.

Constat itaque omne tempus quod excogitari potest punctum horæ et brevissimum esse respectu æternitatis. Quomodo igitur in tanta temporis **321** brevitate animam, quasi sub jactu aleæ ponis, non agens pœnitentiam? Sed nec audemus, nec possumus causam nostram induciare, sine proprio arbitrio judicis. Quomodo autem reddituri causam et rationem de omnibus operibus nostris æterno judici differimus, et procrastinamus pœnitere, et bene agere, maxime cum comminetur nobis, quia, « sicut fur in nocte veniet *(I Thes.* v) ; » cum exhortando dicat : « Ambulate dum dies est ne vos tenebræ comprehendant? *(Joan.* xii.) »

Item Hieronymus *(In cap.* xxv *Ezech.*) : Mundus et omnis flos ejus, et delectatio, quasi « lenticula rufa est *(Gen.* xxv). » Respice ergo, fili. Noli vendere jus et dignitatem primogenituræ, benedictionemque paternam pro lenticula rufa. Item Gregorius (lib. xiv, *Mor.* cap. iv) : Transitoria et brevis est voluptas fornicationis, sed perpetua est pœna fornicatoris. His omnibus incuti potest nobis timor, quo amplius festinemus agere pœnitentiam.

Item, David deplangens brevitatem vitæ humanæ psalmo lxxii, ait : « Quomodo facti sunt in desolationem, subito defecerunt, perierunt propter iniquitatem suam. Velut somnium surgentium, Domine, in civitate tua imaginem ipsorum ad nihilum rediges. » Ob hoc dives quidam ut voluptates suas amaricaret, quasi eis frenum imponendo, dum pranderet habuit famulum qui ei diceret : « Morieris, morieris. » Optima enim philosophiæ diffinitio est, assidua mortis meditatio. Et philosophus (Seneca ep. 24 et 54), ait : Quem mihi dabis qui aliquod pretium tempori ponat, qui diem æstimet, qui intelligat se quotidie mori ? In hoc enim fallimur, quod mortem non prospicimus. Magna enim pars ejus jam præteriit. Quidquid ætatis retro est, mors tenet.

Omnes ergo horas complectere ; sic fiet, ut minus ex crastino pendeas, si hodierno manum injeceris. Quomodo ergo miser omni hora domui tuæ non disponis? Quomodo infelix jugiter mortem oculis tuis non anteponis? Cogita jam esse mortuum, quem de necessitate scis esse moriturum. Sed et pueritia tua jam in te periit, mortua est in te ado-

lescentia, recessit juventus, jam senectus te cruciat. Senium imminet, ut exstinguat et sepeliat. Scito quod clepsydra non tantum ultimum stillicidium exhaurit, sed et omne quod ante effluxerat, sic nec mortem ultima tantum vitæ hora claudit, sed perficit et consummat. Etenim hunc ipsum diem, qua vivimus, cum morte dividimus. Item Hieronymus : In hoc maxime deprehenditur fatuitas nostra, quod cum damnum temporalium rerum statim sentiamus ; damnum et defectum corporis et membrorum non sentimus, ut putrefactionem, commotionem et casum dentium.

Vigiles sumus in damno annonæ sentiendo, lethargici et stupidi in periculo animæ considerando et vitando, imparati, nec solliciti, venientes ad nundinas regis cœlestis; accedere timentes ; ad temporales nundinas non nisi præparati et sollicite præmuniti necessariis, quibus caduca mercemur. Servi ergo pigri et pessimi mercatores, cum felici commercio pro terrenis cœlestia **322** commutare debeamus : quomodo patrifamilias dicemus : « Domine, duo, vel quinque talenta tradidisti mihi, ecce alia duo, vel quinque, superlucratus sum, » non dantes « pecuniam Domini ad usuram *(Matth.* xxv), » antequam reddituri simus de ea rationem ? Item, cum conductus sis in vineam Domini excolendam sanguine Agni immaculati, quomodo in undecima hora stas otiosus? Saltem et in novissima hora operare, sciens, quia primam, tertiam et sextam otiosus et sine fructu transieris *(Matth.* xx). In qua hora te esse credis? Cur modicum exspectas? Jam tibi forte præsens est hora novissima, ut jam veniat Dominus et pulset ad ostium tuum, dicens : Aperi, aperi. Pro brevitate igitur vitæ humanæ pœnitens jugiter timendo cum Ezechia dicat : «Ego dixi : In dimidio dierum meorum vadam ad portas inferi. Quæsivi residuum annorum meorum : dixi, non videbo Dominum Deum in terra viventium. Non aspiciam hominem ultra, et habitatorem quietis. Generatio mea ablata est, et convoluta est a me, quasi tabernaculum pastorum. Præcisa est velut a texente vita mea, dum adhuc ordirer succidit me, de mane usque ad vesperam finies me. Sperabam usque ad mane, quasi leo, sic contrivit ossa mea. De mane usque ad vesperam finies me, sicut pullus hirundinis sic clamabo, meditabor ut columba, etc. *(Isa.* xxxviii). » Dicat etiam, quia : « Viri sanguinum non dimidiabunt dies suos *(Psal.* liv). » Inchoatio tamen veræ pœnitentiæ, quasi dimidiatio dierum est, quia : « Melior est dies una in atriis tuis, » et pœnitentis, « super millia *(Psal.* lxxxiii),» existentis in peccato. Quidam tamen ad litteram hic inchoant dies suos, quidam dimidiant Deo, quidam terminant, quidam perficiunt et consummant. Item Job cap. vii : « Militia est vita hominis super terram. » Item cap. xiv : « Homo natus de muliere, brevi vivens tempore, repletur multis miseriis. » Idem cap. xx : « Hoc scio quod laus impiorum brevis sit, et gaudium hypocritæ ad instar puncti, qui quasi sterquilinium in fine perdetur. » Et infra : « Sublimati et confortati sunt divitiis, et lusibus, quorum parvuli tenent tympanum et citharam, et gaudent ad sonitum organi. In bonis ducunt dies suos, et in puncto horæ descendunt ad novissima inferni. »

CAPUT CXLVIII.
De acceleranda pœnitentia.

« Faciem habet euntis in Jerusalem (*Luc.* ix), » qui jugiter habet in corde brevitatem humanæ vitæ, memor illius verbi Dominici : « Orate ne fiat fuga vestra hieme, vel Sabbato (*Matth.* xxiv), » hoc est tempore senectutis frigescentis, vel sero, vel tempore quietis, quando quiescendum est, post judicium scilicet, sed magis : « dum lucem habetis credite in lucem ; ut filii lucis sitis (*Joan.* xii). » — « Pœnitemini (*Act.* iii), » et satisfacite pro peccato tempore seminandi, dum « vitales carpitis auras. » — « Euntes ibant et flebant mittentes semina sua (*Psal.* cxxv). » — « Tempore enim suo metetis (*Gal.* vi). »

Verum : « Qui parce seminat, parce et metet, et qui seminat in benedictionibus » et laboribus pœnitentialibus , « de benedictionibus et metet (*II Cor.* ix) » vitam æternam. Acceleranda est igitur pœnitentia, et toto tempore vitæ agenda, præsertim exemplo Noe, qui centum annis fabricavit arcam (*Gen.* vi), in qua se a morte temporali, et ad horam salvaret. Quanto magis arcam, id est animam tuam, pro qua mortuus est Christus, toto tempore vitæ debes præparare, et cum majori sollicitudine intus in corde (ad te, et Deum) et extra in opere (ad te, et proximum) bitumine charitatis indissolubili linire debes propter æternam mortem vitandam? Sed nec cessandum est a linitione ejus propter opprobria, et contumelias vicinorum et parentum, quemadmodum nec Noe cessavit a fabricatione arcæ. « Sicut enim exhibuistis membra vestra, et quanto tempore, servire immundiliæ et iniquitati, ad iniquitatem (*Rom.* vi) ; » sic et tanto, etc.

CAPUT CXLIX.
De septem causis accelerandæ pœnitentiæ.

Sunt autem septem causæ, propter quas præcipue acceleranda est pœnitentia. Prima est consuetudo peccandi, a qua quis difficile avelli potest, cujus usus dediscitur ægre ; quia consuetudo maximum vinculum importat, quasi altera natura : Et (HORAT., lib. I, epist. 2.) :

Quo semel est imbuta recens servabit odorem
Testa diu.

Nullusque est remedio locus, ubi quæ fuere vitia mores sunt. Facile est autem ad consueta reverti, et difficile avelli potest a consuetudine, cujus usus multo detinuit tempore, et magna placuit voluptate (HORAT., lib. II, serm. 5) :

Ut canis a corio non exterrebitur uncto.

Sic nec assuetus peccare a peccato. Qui enim premitur lapide consuetudinis peccati, quatriduanus fetet

cum Lazaro, « sedetque in tenebris et umbra mortis (*Joan.* xi), vinctus in mendicitate et ferro (*Psal.* cvi), » id est ferrea, dura et vix dissolubili consuetudine. Hieronymus : Vix potuit (populus Israel) in deserto oblivisci lautioris mensæ, et Ægyptiacæ, peponum, voluptatum scilicet, et mille turpitudinum perpetratarum. Viscosa enim est inolita consuetudo, et prava. Unde Jerem., cap. xiii : « Si mutare potest Æthiops pellem suam, aut pardus varietates suas, et vos poteritis benefacere cum didiceritis malum, » studio et consuetudine. Idem, cap. xviii : « Dicit Dominus : Nullus est qui agat pœnitentiam super peccato suo, dicens : Quid feci? Sed omnes conversi sunt ad cursum suum, quasi equus in impetu vadens ad prælium. » Idem, cap. ix : « Docuerunt linguam suam loqui mendacium, ut inique agerent laboraverunt. » Item Basilius Magnus (lib. *Regul. disput.* resp. 6) : Sicut non potest homo dediscere maternam linguam, sic nec vix longam peccati consuetudinem. « Beatus ergo qui portaverit jugum » Domini « ab adolescentia sua, et levaverit se supra se (*Thren.* iii), » quia *ars fit, ubi*, id est postquam, *a teneris crimen didiscitur annis.* (OVID., ep. 4 *Her.*)

Secunda causa est ruina de peccato in peccatum. Peccatum enim quod statim non diluitur per pœnitentiam, suo pondere ad aliud trahit (BASIL., in c. I Isaiæ.) . « Sanguis sanguinem tetigit (*Osee* iv), ut impleant peccata sua semper (*I Thess.* ii). Nondum impleta sunt peccata Amorrhæorum (*Gen.* xv). » Væ illis qui trahunt longam restem peccatorum. Hic est « funiculus cum quo ligati projicientur in tenebras exteriores (*Matth.* xxii). » Putruerunt et corruptæ sunt cicatrices meæ a facie insipientiæ meæ. Miser factus sum, et curvatus sum usque ad finem (*Psal.* xxxvii), » etc. « Et peccator cum venerit in profundum malorum, contemnit (*Prov.* xviii). » Manens in mortali, « thesaurizat sibi iram in die iræ justi judicii Dei, secundum cor suum impœnitens (*Rom.* ii). » « Abyssus » etenim « abyssum invocat (*Psal.* xli).» Timeas ergo manere in peccato propter sequelam ejus. Talibus enim imprecans Propheta, ait : « Fiat via illorum tenebræ et lubricum, et angelus Domini persequens eos (*Psal.* xxxiv). » Et : « Obscurentur oculi eorum ne videant, et dorsum eorum semper incurva, » etc. (*Psal.* lxviii). « Propter hoc tradidit eos Deus in reprobum sensum, in passiones ignominiæ, ut faciant ea, quæ non conveniunt (*Rom.* i). » Item ad Hebræos, cap. xii : « Videte ne quid desit gratiæ Dei, » etc. Noli ergo mutuare talentum ab exactore diabolo, quia cum multo fenore reddes illud. « Scrutabitur enim fenerator omnem substantiam tuam, et diripient alieni labores tuos (*Psal.* cviii). »

Tertia causa et periculum est mors subitanea, intempesta, et incerta. Licet enim nil certius sit morte, tamen nil incertius hora mortis, qua ne « præoccupatus fueris (*Sap.* iv), » pœnitentia eam prævenire debes. Unde Dominus in Evangelio : «Videte, vigilate, et orate (*Marc.* xiv) : Nescitis enim qua hora Dominus venturus est. Beatus ille servus quem, cum venerit Dominus, invenerit vigilantem. Si sciret paterfamilias, qua hora fur veniret, vigilaret utique, et non sineret perfodi domum suam (*Matth.* xxiv). Et vos estote parati, quia, qua hora non putatis, Filius hominis veniet (*Luc.* xii). » Item: « Stulte, hac nocte repetent (*ibid.*), » etc. « Justus, si morte præoccupatus fuerit, in refrigerio erit (*Sap.* iv), » injustus vero, si morte præoccupatus fuerit, in æterno supplicio erit. « Mors peccatorum pessima (*Psal.* xxxiii); virum injustum mala capient in interitu (*Psal.* cxxxix). Non mortui laudabunt te, Domine (*Psal.* cxiii). Vivens, vivens ipse confitebitur tibi (*Isa.* xxxviii). » In inferno nulla est redemptio, nulla est confessio ; quia : « In inferno quis confitebitur tibi ? » (*Psal.* vi.) Hieronymus : Collige ergo in sexta ætate gomor unum cœlestis mannæ, quod tibi sufficiat in septima quiescentium. Quia : « Amodo jam dicit Spiritus ut requiescant a laboribus suis (*Apoc.* xiv). » Dicas etiam cum Propheta : « Si dedero somnum oculis meis, et palpebris meis dormitationem, » etc. (*Psal.* cxxxi). Sicque dormi tanquam non amplius evigilaturus : sic vigila, quasi non amplius dormiturus :

Omnem crede diem tibi diluxisse supremum.
(HORAT., lib. i, ep. 4.)

« Nescis quid pariat ventura dies (*Prov.* xxvii) » : nimius est thesaurus quem tanto periculo subjicimus. Insidiæ enim nobis sunt undique, et a multiplici hoste.

Quartum periculum est : quod, etsi tibi diu ægrotanti detur spatium deliberandi et pœnitendi, tamen absorptus a morbo, præ acumine ejus, totus morbo servis et intendis, non pœnitentiæ; adeoque omnis in hoc es, quod prius exigis et vocas medicum corporalem quam spiritualem; plus gaudes, de adventu medici quam confessoris. Unde HILDEBERTUS Cen., in incendio) :

Ha ! quam sollicito quisque labore,
Occursat medico carnis amore.
De morbis animæ nulla querela,
Egressam sequitur tarda medela.

Hieronymus : Age ergo pœnitentiam dum sanus es, dum peccare potes, ut ex amore, et non timore, videaris pœnitere, et peccata relinquere, non ipsa te. Si ægrotas, quomodo scis quod vere pœniteas ? Hieronymus : Vix aliud potes cogitare quam sentias. Illuc enim tota mentis rapitur intentio, ubi est vis doloris. Delicata autem res est pœnitentia, et quieti animi, et tranquilli : non vult aliis occupari et impediri. Nec mirum. Quippe negotiola nostra, ut bene peragantur, temporis diuturnitatem et opportunitatem exigunt, amotis obstaculis et aliis curis. Et cum omnem vitam debuerimus Deo, quomodo tantum una hora victuri totum solvemus ? Non erit inanis actio judicis contra nos, nec eam potest inopia debitoris excludere, cum toto tempore vitæ fuerit solvendo.

Quintum periculum est, existente vera pœnitentia licet sera, quod non præcavimus ignem purgatorium, quem præcavisse debueramus, qui gravior est exquisitissimis martyrum tormentis, scientes quod, aut Deus punit, aut homo, et quod « horrendum sit incidere in manus Dei viventis (*Heb.* x). » Ergo : « Erubescant et conturbentur vehementer omnes inimici mei, convertantur et erubescant valde velociter (*Psal.* vi). »

Sextum est difficultas vere pœnitendi. Unde Ambrosius (lib. ii *De uni. pœnit.* c. 10) : Plures inveni baptismalem innocentiam servasse, quam veram pœnitentiam egisse. Facilius est sanitatem habitam conservare, quam amissam restituere. Hoc enim non nisi per amaras potiones, ignem, flammam et ferrum perficitur.

Septimum est amaritudo et erubescentia confitendi peccatum excoriate cum omnibus circumstantiis suis coram sacerdote. Unde Apostolus: « Et nunc quem fructum habuistis, in quibus nunc erubescitis ? » (*Rom.* vi.) Sic, sic per amarum poculum confectionis pervenitur ad gaudium salutis (GREG. hom. 27 *in Evang.*). Sed ubi est, qui sibi perizomata non faciat cum Adam (*Gen.* iii), excusans peccatum suum, vel in substantia ejus, vel in alia circumstantia quam erubescit confiteri? Ubi est? « Et laudabimus eum (*Eccli.* xxxi). » Propter hæc et multa alia abstinendum esset a peccato pro viribus nostris.

CAPUT CL.
De pœna æterna.

Præter prædicta ad accelerandam pœnitentiam, necessaria est pœnæ æternæ, simul et beatitudinis æternæ vel vitæ, jugis meditatio. Inter has molas semper debet moli anima Christiana ut fiat panis suavissimus Domino. Pœnam æternam Propheta ante oculos ponens, statumque futuri judicii, ad incutiendum nobis horrorem et timorem, ut acceleremus pœnitentiam , breviter describens, ait : « Pones eos, Domine, ut clibanum ignis (*Psal.* xx),» ut non habeant quo exeant vel ubi quiescant, vel respirent super singulis peccatis suis, mordente et urente eos igne et verme conscientiæ, sicut in clibano, « in tempore vultus, » hoc est vultuositatis et iræ tuæ, quando « potens sicut crapulatus a vino (*Psal.* LXXVII),» veniens ad judicium, clangente tuba per angelum : « Surgite mortui, surgite, qui dormitis in sepulcris.»

Hinc : « Dominus in ira sua conturbabit eos (*Psal.* xx),» disceptans cum eis. «Esurivi, et non dedistis mihi manducare (*Matth.* xxv); » de quocunque pane et talento vobis commisso ad erogandum. Sitivi et non dedistis mihi bibere (*ibid.*), » et ita de cæteris operibus misericordiæ, addito septimo, scilicet sepultura mortuorum, opere sancti Tobiæ. Et item : « Serve nequam et piger abscondens talentum domini tui, sciebas quia homo austerus sum, meto ubi non semino, et congrego ubi non sparsi : Nonne oportuit te committere pecuniam meam nummulariis, et ego veniens recepissem utique quod meum est cum usura?» Ultimo hac voce, velut gladio transfigentur : « Non novi vos; » et hac : « Ite, maledicti, in ignem æternum. » Et hac : « Mittite eos in tenebras exteriores, illic erit fletus et stridor dentium (*ibid*.). » Tunc devorabit eos ignis (*Psal.* xx) » gehennæ æternus, excitans in eis fumum et lacrymas æternas. Quibus « erit stridor dentium, » [propter gelu æterni supplicii, quia « transibunt ab aquis nivium, ad calorem nimium (*Job* xxiv); » sicque in triplici inferno punientur.

Primo, audito « verbo aspero (*Psal.* xc), Surgite mortui, » cum excitabuntur, et evigilabunt a somno mortis, statim torquente et damnante eos conscientia.

Secundo, audito verbo asperiori in exprobratione peccatorum, et « talenti » non erogati, sed « absconditi (*Matth.* xxv). »

Tertio, audito verbo asperrimo : quando ruent et descendent in abyssum inferni : « Ite, maledicti, in ignem æternum (*ibid*.). » Hanc miseriam damnandarum alibi exprimens Propheta, ait : « Tunc loquetur ad eos in ira sua, et in furore suo conturbabit eos (*Psal.* II). » Item Isaias ultimo capitulo : « Egredientur, » electi, non delectatione poenæ illorum, sed de manifesta visione, « et videbunt cadavera virorum, qui prævaricati sunt in me. Vermis eorum non morietur, et ignis eorum non exstinguetur; et erunt usque ad satietatem visionis omni carni : » quia « Lætabitur justus cum viderit vindictam (*Psal.* LVII). » **327** Item Joannes Baptista, Matth. cap. III : « Progenies viperarum, quis docuit vos fugere a ventura ira? Facite fructus dignos pœnitentiæ. Et ne velitis dicere intra vos : Patrem habemus Abraham, » de cornu altaris sumus : templum Domini et sacra Scriptura inter nos : « Dico enim vobis, quoniam potens est Deus de lapidibus istis suscitare filios Abrahæ. Jam securis ad radicem arboris posita est. Omnis arbor, quæ non fecerit fructum bonum excidetur, et in ignem mittetur. » « Sedebit vetustus dierum cum senatoribus terræ (*Prov.* xxxi), » « cujus ventilabrum in manu sua, et permundabit aream suam, et congregabit triticum suum in horreum suum; paleas autem, et zizania comburet igni inexstinguibili (*Matth.* III; *Luc.* III). » Item Habacuc, cap. III : « In fremitu conculcabis terram, in furore obstupefacies gentes ; » quia quis mensus est, « vel quis potest iram tuam dinumerare? » (*Psal.* LXXXIX.) Vel : « quis potest durare cum ardoribus sempiternis?» (*Isa.* xxxIII.) Quis novit potestatem iræ tuæ? (*Psal.* LXXXIX.) Pro hoc furore et ira amovendis orans Propheta, ait : « Domine, ne in furore tuo, » æterni supplicii, « arguas me, » puniendo; « neque in ira tua, » ignis purgatorii, « corripias me (*Psal.* VI), » quod minus etiam est purgando. Sed hic ure, hic seca.

Item Sophonias, cap. I : « Vox clamoris » a prima « porta, » hoc est, a visu conscientiæ jam damnantis eos, « et ululatus » a secunda, hoc est, a porta auditus, audientibus illis hanc vocem terribilem : « Ite, maledicti (*Matth.* xxv). » Et post : « Contritio magna a collibus (*Soph.* I). » Quia enim non habuerunt visum et auditum, « fenestras » ad peccandum, strictius et minus peccantes, sed « portas, » dilatando hos sensus ad peccandum ; non habebunt [*scilicet* sensus] illos « fenestras » in pœna, ut angustas et modicas patiantur pœnas, sed « portas, » ut late et ample torqueantur. Item : «Ignis» gehennæ « succensus est in furore meo, et ardebit usque ad inferni novissima (*Deut.* xxxII). » Item : « Pluet super peccatores laqueos (*Psal.* x). » ignis in præsenti peccata, quibus velut funibus ligati, « mittentur in tenebras exteriores (*Matth.* xxv). » Et « ignis » gehennæ « et sulphur, » id est fetor peccatorum, et pœnarum infernalium erit « pars calicis » id est, pœnæ « eorum (*Psal.* x) ; » quia in his partialiter punientur, quorum quantitas et qualitas non possunt explicari nisi partialiter, vel punientur partialiter, quia minus quam meruerunt.

Item Parabolarum, cap. xix : « Parata sunt derisoribus, » id est contemnentibus divina mandata, « judicia » damnationis, et « mallei percutientes stultorum corporibus ; » quia, ut ferrum candens, ita et in incude malleis verberabuntur et percutientur. Nunquid ergo deficient in pœna? Absit! quia « sicut oves in inferno positi sunt, » quibus, lana attonsa, alia succrescit. « Mors depascet eos (*Psal.* XLVIII). » Crescent enim ad pœnas, sicut summitas virgæ, vel herbæ ab ove depasta nihilominus crescit. Item ad Hebræos, cap. x : « Terribilis autem quædam exspectatio judicii, et ignis gehennæ æmulatio, quæ consumptura est adversarios Dei. » Item Job, cap. x : « Quare de vulva eduxisti me? Qui utinam consumptus essem, ne oculus me videret. Fuissem quasi non essem, de utero translatus ad tumulum. Nunquid non paucitas dierum meorum finietur brevi ? Dimitte ergo me, ut plangam paululum dolorem meum, antequam vadam, et non revertar ad terram tenebrosam, et opertam mortis caligine, **328** terram, miseriæ et tenebrarum, ubi umbra mortis, et nullus ordo, sed sempiternus horror inhabitat. »

Item : Si reum regiæ majestatis, quamvis humanis legibus plecti capite sancitum est, quis finis erit contemnentium divinam omnipotentiam ? «Tangit montes et fumigant (*Psal.* CIII) ; » et tam timendam majestatem audet irritare vilis pulviculus, uno levi flatu dispergendus, minimeque reconciliandus vel recolligendus? Ille, ille timendus est, « Qui postquam occiderit corpus, potestatem habet mittere in gehennam (*Luc.* xII). » Paveo gehennam, paveo judicis vultum ipsis quoque tremendum angelicis potestatibus. Contremisco « ab ira potentis (*Jer.* IV), a facie furoris ejus (*Jer.* xxx), a fragore ruentis mundi, a conflagratione elementorum (*II Petr.* III), a tempestate valida (*Psal.* x), a voce archangeli (*I Thess.* IV), et verbo aspero (*Psal.* xc). »

Contremisco a dentibus bestiæ infernalis, a ventre inferni, « a rugientibus præparatis ad escam (*Eccli.* li). » Horreo vermem rodentem et ignem torrentem, fumum, et ardorem et torporem, « sulphur, et spiritum procellarum (*Psal.* x). » Horreo « tenebras exteriores (*Matth.* xxv). — Quis dabit capiti meo aquam, et oculis meis fontem lacrymarum (*Jer.* ix)? » ut præveniam fletibus fletum et stridorem dentium, et manuum pedumque dura vincula, et pondus catenarum prementium, stringentium, urentium, nec consumentium. Heu! me, mater mea, ut quid me genuisti (*Jer.* xv), filium doloris, filium amaritudinis, et indignationis, et plorationis æternæ? « Cur exceptus in genibus, cur lactatus uberibus (*Job.* iii), natus « in combustionem et cibum ignis? (*Isa.* ix.) » Qui sic afficitur, sensum procul dubio recuperavit, timidusque et verecundus currit ad confessionem, qua omnium peccatorum maculæ delentur.

Sed dices: Non possum ita jejunare, flere, silere, continere, et hujusmodi. Cui respondetur: Debes tamen velis nolis, et de necessitate in inferno ab his abstinebis. Hæc ergo præveni, ut manduces panem in regno Dei. Item: Ex picturis, in quibus animadvertere potes peccatis similibus deberi consimiles pœnas, hominesque in membris puniri in quibus peccaverunt: alium in genitalibus uri, alium in lingua, alium in palato; alii oculos erui, alii pedes truncari, et vinciri, et hujusmodi. Patrem etiam in filios involare, eisque exprobrare se causa eorum peccatorem et feneratorem exstitisse, et ideo in eos insurgere, vultusque eorum dentibus et unguibus lacerare. Et econtrario filios insurgere in patrem, eique sub dialogo exprobrare illum materiam dedisse sibi rapinæ, et detentionis rei alienæ.

Item Beda (*In Hist. gentis Anglorum*, lib. v, cap. 13) de quodam patrefamilias religiosam vitam cum domo sua in Britannia minore ducente: Qui infirmitate corporis tactus, demum primo noctis tempore defunctus est, sed diluculo reviviscens, ac repente residens, omnes, qui corpori flentes assederant timore percussos in fugam convertit præter uxorem, quæ eum plus cæteris dilexit. Quam pavidam consolans, ait: Noli timere, quia jam vere surrexi a morte, qua tenebar inter homines, item vivere permissus, ita tamen, non ut ante, sed multum dissimiliter vivam. Is statim oratorium petens, et ab oratione deinde rediens in domum, omnem substantiam in tres divisit portiones, e quibus unam conjugi, alteram filiis tradidit, tertiam sibi reservans statim pauperibus distribuit. Nec multo post sæculi curis absolutus, ad monasterium juxta flumen situm pervenit, acceptaque tonsura locum secretæ mansionis, quam ei præviderat abbas, intravit. Ibique usque ad diem mortis in tanta mentis et corporis contritione duravit, ut multa illum, quæ alios laterent, vel horrenda, vel desideranda vidisse, etiamsi lingua sileret, vita loqueretur. Narrabat autem sic quod viderat:

Lucidus, inquiens, aspectu, et clarus erat indumento, qui me ducebat. Cum autem tacite incederemus, devenimus ad vallem latam, longam et profundam, habentem in una parte ignes ferventissimos, et stridulos; in altera omne genus frigoris nivium, grandinis et pruinarum. Tunc cœpi cogitare quod infernus esset. Cui cogitationi meæ dux meus respondens: Non est, inquit, hic locus inferni, ut tu putas, sed locus purgatorius, in quo animæ purgandæ, fatigatæ igne, prosiliunt in medium infesti frigoris, et vice versa. Cum autem paululum me in interiora duceret, vidi ante me loca tenebrosa, et quasi tenebras palpabiles. Ubi, quasi de quibusdam puteis, vidi globos favillarum cum fumo ascendere, et fetore ebulliente, et emisso: item globos illos relabi in profundum vicissim. Cumque pavidus paulisper ibi consisterem, incertus quid agerem, vel quo me verterem, audio post tergum sonitum immanissimi fletus et ejulatus, simul et cachinnum crepitantem, quasi vulgi indocti captis hostibus insultantis. Consideroque turbam malignorum spirituum cachinnis insultantium, animasque tres ad infernum trahentium: e quibus, ut dignoscere potui, quidam erat attonsus ut clericus, quidam laicus, et quædam femina. Sicque cum eis descenderunt in puteos. Interea spiritus quidam ascenderunt de abysso flammivoma, habentes oculos flammantes, de ore et naribus ignem putridum efflantes, qui forcipibus igneis nitebantur me comprehendere, sed non prævaluerunt. Apparuit enim mihi dux meus cum fulgore, quasi stellæ micantis, semperque crescentis inter tenebras. Eductusque in lucem apertam, vidi ante nos murum permaximum, altum et longum sine termino, non habentem januam, vel fenestram, vel ascensum: in cujus summitate, nescio quo ordine, statim fuimus.

Et ecce ibi campus latissimus plenus fragrantia vernantium flosculorum, et splendore lucis inenarrabilis, in quo erant innumera hominum albatorum conventicula, sedesque plurimæ, et lætantium agmina. Tunc cœpi cogitare quod regnum cœlorum esset, de quo sæpe audieram. Cui cogitationi meæ respondens dux meus: Non est hoc, inquit, regnum cœlorum, ut autumas, sed regio spirituum sanctorum; nondum tamen tantæ perfectionis, ut in regnum cœlorum statim mereantur introduci. Puteus autem flammivomus, quem vidisti, os ipsum est gehennæ; in quem qui semel ceciderit, nunquam inde exibit. Tu autem quia nunc ad homines reverteris, studeas magis in simplicitate et rectitudine vivere, ut inter hæc, quæ cernis agmina læta in æternum vivas. Delectatus autem suavitate et loci decore, consortioque sanctorum, multum detestatus sum reverti ad corpus, nec tamen ductorem aliquid rogare audebam. Sed inter hæc, nescio quo ordine, repente me inter homines vivere cerno.

Narrabat autem visiones suas non curiosis et indoctis, sed religiosis, etiam regi Wilfrido [forte Alfrido] viro religioso, victitans usque ad diem mortis in pane cribrario, tenuique diæta, intrans flumen quotidie, sæpe etiam congelatum ob carnis castigationem, in quo preces et orationes fudit Domino. Cui cum objiceretur quare tot se miseriis et frigoribus affligeret, respondit : Ut caveam majora quæ vidi. Sicque exemplo sanctæ conversationis suæ multos provocavit ad pœnitentiam. Item Hieronymus ad Heliodorum : Veniet, veniet dies illa, in qua « corruptibile hoc induet incorruptionem, et mortale hoc immortalitatem (*I Cor.* xv); — beatus servus, quem Dominus invenerit vigilantem (*Luc.* xii).» Tunc ad vocem tubæ pavebit terra cum populis, tu gaudebis. Judicaturo Domino, lugubre mundus immugiet, tribus ad tribum pectora ferient, potentissimi quondam reges nudo latere palpitabunt. Exhibebitur cum prole sua vere tunc ignitus Jupiter, adducetur et cum suis stultus Plato discipulis; Aristotelis argumenta non proderunt. Tunc rusticanus et pauper exsultabis, ridebis, et dices : Ecce crucifixus Deus meus. Ecce judex, qui obvolutus pannis in præsepio vagiit. Hic est ille operarii, et quæstuariæ filius; hic, qui matris gestatus sinu, hominem Deus fugit in Ægyptum; hic vestitus coccino, sentibus coronatus. Hic magus, dæmonium habens, et Samarites appellatus a blasphemis. Cerne manus, Judæe, quas fixeras; cerne latus, Romane, quod foderas. Videte corpus, an idem sit quod dicebatis clam nocte sustulisse discipulos. Ut hæc tibi, frater, dicerem, tua me compulit dilectio, et ut te gaudiis his interesse contingat, laborem, qui nunc durus est, aggredere.

CAPUT CLI.
De gaudio, et præmio beatitudinis æternæ.

Hieronymus in fine epistolæ ad Eustochium describens gaudia et præmia beatitudinis æternæ, ait (*De virginit. servanda*) : Egredere paulisper, quæso, de carcere, et præsentis laboris ante oculos tuos pinge mercedem, quam « nec oculus vidit, nec auris audivit, nec in cor hominis ascendit (*I Cor.* ii).» Qualis erit illa dies, cum tibi Maria mater Domini choris occurret comitata virgineis, cum post Rubrum mare, submerso cum suo exercitu Pharaone, tympanum tenens, præcinet responsuris : « Cantemus Domino, gloriose enim honorificatus est : equum et ascensorem **331** projecit in mare! » (*Exod.* xv:) Tunc Thecla in tuos læta volabit amplexus; tunc et ipse Sponsus occurret, dicens : « Surge, veni, proxima mea, sponsa mea, columba mea (*Cant.* ii); » quia, « ecce hiems transiit, imber abiit, et recessit (*ibid.*) » sibi. Tunc et angeli mirabuntur, et dicent : « Quæ est ista prospiciens, quasi diluculo, pulchra ut luna, electa ut sol? Videbunt te filiæ, et reginæ laudabunt, et concubinæ prædicabunt (*Cant.* vi).» Hinc et alius castitatis chorus incurret. Sara cum nuptis veniet, filia Phanuelis

Anna cum viduis. Erunt in diversis gregibus carnis et spiritus, matres tuæ. Lætabitur illa quod genuit, exsultabit illa quod docuit. Tunc vere Dominus super asinam ascendet, et cœlestem ingredietur Jerusalem (*Matth.* xxi), tunc parvuli (de quibus in Isaia Salvator effatur : « Ecce ego, et pueri mei, quos mihi dedit Deus (*Isa.* viii), » palmas victoriæ sublevantes, consono ore cantabunt : « Hosanna in excelsis ! Benedictus qui venit in nomine Domini ! Hosanna in excelsis. » (*Matth.* xxi.)

Tunc « centum quadraginta quatuor millia in conspectu throni et seniorum tenebunt citharas, et cantabunt canticum novum. Et nemo poterit dicere canticum illud (*Apoc.* xiv), » nisi numerus diffinitus. « Hi sunt, qui cum mulieribus non sunt coinquinati : virgines enim permanserunt. Ili sunt, qui sequuntur Agnum quocunque vadit (*ibid.*). » Quotiescunque te vana sæculi ambitio delectaverit, quoties in mundo videris aliquid gloriosum, ad paradisum mente transcende : Hic esse incipe quod futura es, et audies a Sponso tuo : « Pone me sicut » umbraculum « in corde tuo, sicut signaculum in brachio tuo (*Cant.* viii), » et opere pariter, et mente munita, clamabis et dices : « Aquæ multæ non poterunt extinguere charitatem, et flumina non cooperient eam (*ibid.*).» Item Hieronymus in fine epistolæ ad Demetriadem [t. II incipit : « Si summo ingenio, » sed non est Hieron] : Considera, quæso, magnitudinem præmii tui, si tamen considerari potest quidquid immensum est. Post abscessum animæ, post interitum carnis, post favillas et cinerem, in meliorem statum virgo reparanda es. Mandatum corpus terræ, in cœlum elevandum est; mortale tuum immortalitatis honore mutandum est. Post hæc, angelorum donanda es consortio, regnum acceptura cœlorum, et in perpetuum mansura cum Christo.

Quid igitur retribues Domino pro omnibus quæ retribuit tibi? (*Psal.* cxv.) Quid remuneratore tanto dignum facies, aut quem laborem putabis durum, cujus tanta sunt præmia? Unde Apostolus : « Nullæ sunt condignæ passiones hujus temporis ad futuram gloriam, quæ revelabitur in nobis (*Rom.* viii).» Et item : « Hoc momentaneum passionis, æternum gloriæ pondus operatur in nobis (*II Cor.* iv).» Tu ergo, cui adventus Christi dierum noctiumque meditatio est, cui pro conscientiæ puritate, Domini est optanda præsentia; quæ consummationem sæculi, quasi certum præmii tui tempus exspectas, exsultationem de illo die capies, non timorem. Tunc enim tu sanctorum mista choris et sanctis comitata, virginibus, in amplexus Sponsi obviam subvolabis, et dices : « Inveni quem quæsivit anima mea (*Cant.* iii).» Nec ullius temporis jam separationem timebis, quæ semel immortalitatis gloria et incorruptionis splendore donata es, cum Christo semper regnatura, Apostolo dicente : **332** Quoniam et « ipse Dominus in jussu, et in voce archangeli, et in tuba Dei descendet de cœlo, et mortui, qui in Christo sunt, resurgent primi : deinde nos qui vivimus, qui residui sumus, rapiemur cum illis in nubibus obviam Christo in aera, et sic semper cum Domino erimus (*I Thess.* iv) — : hæredes quidem Dei, cohæredes autem Christi (*Rom.* viii). » Hæc sit igitur tua cura semper, hoc studium; hæc jugiter in corde virginis volvantur; in his totius diei versetur labor, in his etiam somnus noctis reponatur; in hæc anima rursus evigilet. Nullus labor durus, nullum tempus longum videri debet, quo gloria æternitatis acquiritur.

CAPUT CLII.
De jucunditate æterna.

Consistit jucunditas æterna in duobus : In cognitione Dei, et gaudio sanctorum in patria. De cognitione legimus in Evangelio : « Hæc est autem vita æterna, ut cognoscant te verum Deum, et quem misisti Jesum Christum (*Joan.* xvii). » Quid majus, quam videre Deum facie ad faciem, eumque cognoscere, sicut et cogniti sumus? (*I Cor.* xiii.) De gaudio legimus : « Quia gaudebit cor vestrum, et gaudium vestrum nemo tollet a vobis (*Joan.* xvi). »

Hoc gaudium de visione et societate Dei magnum valde, admirans Propheta, exclamando ait : « Quid enim mihi est in cœlo, et a te quid volui super terram? » (*Psal.* lxxii.) Totus mundus « lenticula rufa » est (*Gen.* xxv), habita comparatione ad magnitudinem gloriæ tuæ, cujus participes erimus. Tunc implebitur quod alibi ait : « Sicut audivimus, sic vidimus in civitate Domini virtutum, in civitate Dei nostri, in monte sancto ejus. Deus fundavit eam in æternum (*Psal.* xlvii). » Et alibi :« Exsultabunt sancti in gloria, lætabuntur in cubilibus suis (*Psal.* cxlix), hoc est, in conscientiis, vel mansionibus suis. Hoc gaudium prægustans Psalmista, in alio loco ait : « Hæc recordatus sum, et effudi in me spiritum meum; quoniam transibo in locum tabernaculi admirabilis usque ad domum Dei. In voce exsultationis et confessionis sonus epulantis (*Psal.* xli). » Ubi introducti ad nuptias sponsi et sponsæ, Agno vescemur immaculato, cum sponsus transiens ministrabit singulis nobis. Quarum nuptiarum et thalami ingressum prævidens Propheta, ait :« Lætatus sum in his quæ dicta sunt mihi : In domum Domini ibimus (*Psal.* cxxi). » Ubi, « sicut lætantium omnium habitatio est in te(*Psal.* lxxxvi).» Tunc implebitur quod legitur in Canticis : « Columba mea in foraminibus petræ, in cavernis maceriæ (*Cant.* ii).» Supplebit enim et restituet Ecclesia cavernam et ruinam angelorum. Nunc dicitur : « Plorabitis et flebitis vos (*Joan.* xvii). Et : « Euntes ibant et flebant (*Psal.* cxxv). » Tunc autem dicetur : « Tristitia vestra convertetur in gaudium, et gaudebit cor vestrum (*Joan.* xvii). — Venientes autem venient cum exsultatione portantes manipulos suos (*Psal.* cxxv). »

Et quia ad hujus gaudii, quod, « nec oculus vidit, nec auris audivit (*I Cor.* ii), » explicationem insufficientes et invalidi sumus, a longe spectuantes sanctam matrem **333** nostram Jerusalem cœlestem, ut mammotrecti : et balbutientes cum sancto Isaia dicamus : « Secretum meum, » de pœna æterna, quia rarus est qui eam credat vel quia inexplicabilis est, « mihi (*Isa.* xxiv). » Et quemadmodum orator depingens dolorem parentum filii patrisfamilias mortui, cum ventum esset ad dolorem patris exprimendum pro filio, defecit non habens plures, vel majores dolentium affectus prædictis depingere, quod potuit fecit, depingens patrem panno involutum habentem caput, ut hoc esset signum immensi et inexplicabilis doloris : sic verbis nostris de gaudio patriæ finem imponimus, insinuantes per hoc illud esse immensum et inexplicabile.

CAPUT CLIII.
De proprietate monachorum.

Judas « ur et loculos habens (*Joan.* xii) » asportabat res pauperum; qui merito furti et sacrilegii, proditor Christi, suique homicida effectus est. Sic Ananias et Sapphira (qui tamen non leguntur ita expresse renuntiasse omnibus, ut monachi) : qui cum illis, nisi totum quod voverunt reddant, mentiuntur Spiritui sancto, incurrentes maledictum Petri (*Act.* v). Qui cum nec de crepida possint dicecere, mea : quomodo de bursa, litteris, voce sonora, pecunia et hujusmodi? Hoc possunt, qui non unicam habent, scilicet animam suam. Unde et monachus dicitur custos unius , scilicet animæ suæ. Sic et Saul, quia contra præceptum Domini reservavit Agag regem pinguem, et pinguiora, nec interfecit Amalee, perdidit regnum (*I Reg.* xv). Sic et monachi, quibus omnia mundana, sunt anathemata, et quoad possessionem , et quoad communem vitam, nisi occiderint in se carnem, et mundum, et omnia quæ ejus sunt, quibus abrenuntiaverunt, amittent cœleste regnum.

Item : Hi cum Achan (quia furantur de anathemate Jerichontino, id est mundiali aliquo ab eis suspenso , ne utantur) interficiuntur a vero Josue (*Jos.* vii). Ili, non dico similes, sed deteriores sunt sacerdotibus Belis habentibus falsa ostiola (*Dan.* xiv), religionem suam convertentes in laqueos et retia pecuniæ. Ii etiam similes sunt Ophni et Phinees, filiis Heli, qui etiam pro frustis carnium occisi sunt (*I Reg.* ii). Pro quorum peccato, et pater punitus est , et arca Dei capta (*I Reg.* iv). Vide quantum est peccatum talium. Vix invenies, quod pro peccatis aliquibus punita fuerit multitudo, nisi pro peccato sacrilego hujusmodi.

Peccante Achan pollutus est populus anathemate (*Josue* vii). Et item : Erexisti altare sacrilegum, et cras ira Dei desæviet in populum, hoc est Ephod Gedeonis (*Judic.* viii).

Item, alii fures furantur ex macie, isti ex adipe cum tota Ecclesia ministret eis necessaria. Isti etiam similes sunt Monedulæ, quæ abscondit quod sibi datur, **334** cum non sit ei necessarium. Hujusmodi monachos cum pecunia districte præcepit Benedictus sepeliri extra ecclesiam. Item Hieron. (*De virg. servanda*, c. 14) in epist. ad Eustoch. de eremita, qui inventus est in morte habens centum solidos, qui judicio aliorum cremitarum ligati sunt ad collum ejus, et sepulti cum eo et in hæc verba: « Pecunia tua tecum sit in perditione (*Act.* viii). » Sic et de monacho Gregorii (*in Vita S. Greg.*), qui inventus est unum aureum habens, factum est. Item in Matth. (cap. xxiv): « Tunc hi qui in Judæa sunt, fugient ad montes, » id est qui sunt in confessione fidei: « Et qui in tecto est, » id est qui excedit carnem animo; « non descendat tollere quid de domo, » id est qui omnia reliquerunt et culmen virtutum altius descenderunt, non redeant ad aliquos « animatus » pristinæ conversationis. Monachus « qui est super tectum » et habet propria, « non descendat aliquid tollere de domo sua, » vel alicujus privati quod esset tolerabilius, sed de domo aliena Christi et pauperum. Et cum sacrilegus sit, etiam laicus, qui tollit rem sacram, et in professione benedictam, tollit de sacro, et contumeliam facit Spiritui sancto expellens ipsum de domo tua, qui membra Christi membra facit pecuniæ, et templum Dei speluncam latronis (*Matth.* xxi), et loculum nummi:

O nummi, nummi, [quis] *vobis hunc præstat honorem ?*
(Juven. sat. v.)

Vos estis dii. O pecunia mihi es [*al*. est] disciplina !

Item II Mach. xii : « Vir fortissimus Judas, collatione facta, duodecim millia drachmas argenti misit Jerosolymam, » etc. Quid tibi de monacho, qui in cuculla, vel etiam in arca habet aureos sicut idola? Inde habent pitantias proprias in refectorio (*Reg. S. Ben.* c. 54). Sed quomodo, cum nec, sine speciali licentia, litteras habere possint? Tutius esset eis, quod nihil acciperent, nisi per manum præpositi. Sed de interfectis sub Juda (*II Mach.* viii), quid mirum, si aliqua sibi retinuerunt, unde viverent, cum profugi et quotidie in bello, et fame, et morte affecti essent? Nos autem in pace et sine necessitate quærimus superflua.

Item, si Tobias exsul inter gentes (qualibus ex permittit fenerari), et [qui] propria habere poterat, dixit de agno, quem attulit ei uxor sua : « Vide ne furtivus sit (*Tob.* ii) : » quid de monacho dicendum ? Vide ne fur sit, ne sacrilegus sit. Ubi est abbas Tobiæ etiam cæco similis, qui audiat pecuniam sub cuculla non balantem, sed trementem, et dicat : Vide ne furtiva sit pecunia ? Item, quidam religiosi simulant sub obtentu fratrum vel amicorum, quorum, ut aiunt, sunt depositarii, et quasi procuratores, et negotiatoribus tradunt, cum nonnisi ecclesiastica ministeria liceat eis exercere. Item, si Nadab et Abiu

igne consumpti sunt, quia alienum ignem Deo obtulerunt (*Levit.* x), quid de monacho, qui alienam rem diabolo offert, dum sibi furtive approbat [*f*. appropriat] et pejor alio raptore non sacrilego, qui privato aufert (iste enim pluribus, scilicet toti conventui, et omni pauperi res suas aufert) et ideo magis peccat : « Nec dimittitur peccatum, nisi restituatur ablatum (*Reg.* 4 *jur. in* 6, ex Aug.) » Item, prior quidam fratri cuidam volenti facere bibliothecam, prohibuit, dicens : Non fiet hoc, ne sit idolum tuum in quo **335** aliquam proprietatem vindicares et invideres, si alius acciperet. Modo sustinentur monachi manifeste habentes proprietatem, et etiam rapientes et communicantes, cum præpositis comitis, lucra. Item, omnibus quodammodo proprietas prohibita est. Unde : « Charitas non quærit quæ sua sunt, sed quæ Jesu Christi (*I Cor.* xiii); » et maxime charitas talium, qui de communi habent omnia necessaria et sine labore, « habentes promissionem vitæ (*I Tim.* iv), » quæ nunc est, et futuræ ; qui omnia habent contemnendo; unde : « Centuplum accipient, et vitam æternam possidebunt (*Matth.* xix). — Credenti enim nihil deest ; avarus etiam obolo indiget (*Prov.* xvii, sec. LXX). » Item, eremitam de oblatis colligentem pecuniam invasit lupus, vel sacer ignis, etc.

Monacha etiam in extremis laborans, cum pauculos nummos, quos habebat in arca, extrahi fecisset et reddi, non potuit animam exhalare, quousque obolus, qui in fundo arcæ latenter remanserat, ejectus esset. Quo ejecto, in pace migravit ad Dominum.

Item Hieronymus : Sicut non inveni meliores quam in claustro bene conversantes; ita nec deteriores quam in claustro male viventes, quia vel sunt ficus bonæ, bene valde ; vel ficus malæ, male valde. » Unde psal. xxx : « Super omnes inimicos meos factus sum opprobrium vicinis meis valde, et timor notis meis. » Item, tanta in Martino adhuc catechumeno frugalitas fuit, ut potius videretur monachus quam miles.

Item (in ep. ad *Helioaorum monachum*) : Proprietas monachi non est anathema Jericho, sed Jerusalem. Etiam singularitas in his, quæ ad religionem sunt, sine conscientia abbatis, prohibetur ut sacrilega, quia, ut ait sanctus Benedictus : Quod fit absque conscientia abbatis, vanitati deputabitur, non mercedi. Fortius quod est cupidum. Item Hieronymus : Errat qui dicit idololatram ponentem duo grana, etc.

Nota etiam quod quædam sunt, in quibus etiam sæculares nullam habent proprietatem, nec meum nec tuum debet dici. Unde :

Nec proprium solem natura, nec aera fecit,
Nec tenues undas.

Item, in consilio dæmonum magis probatus est, qui

monachum subvertit et decipit : Unde, hinc patet quantus sit ordo monachorum. Item Lucas IX) : « Nemo mittens manum ad aratrum, » etc. Glossa Ambrosii super hunc locum : Si discipulus A Dominum secutus, argu!tar, etc. Item, cellæ solebant dici *obedientiæ*, quia nonnisi coacti per obedientiam ad eas claustrales accedebant. Modo autem sunt vinditiæ et emptitiæ.

336-337 IN VERBUM ABBREVIATUM NOTÆ

AUCTORE R. P. D. GEORGIO GALOPINO

MONASTERII SANCTI GISLENI IN HANNONIA RELIGIOSO.

Verbum abbreviatum.] *Orditur auctor ab hoc loco Apostoli ad Rom.* IX, *secundum litteram sumpto, quem in sequentibus ad mysticum sensum tropologicum, seu moralem transfert; ita ut* Verbum abbreviatum, sit excessuum et vitiorum resecatio, ac subinde virtutum introductio. *Et hoc est ex mente B. Augustini.* Is enim uno loco ait : Verbum consummans et breviens faciet *Dominus super terram*; id est, ut compendio fidei per gratiam salvos faciat credentes, non per innumerabiles observationes, quibus illa multitudo filiorum Israel serviliter onerata premebatur. *To. IV, Lib.* I, *quæst.* 2 *ad Simplicianum.*

Altero : Hoc est Verbum quod breviavit Deus super terram, *inquit, observatio duorum præceptorum charitatis. Nam in his tota lex pendet et prophetæ. To.* II, *epist.* 205 *ad Bonifacium paulo post initium.*

Incircumscriptilis.] *Ut Deus.*

Voluit circumscribi.] Verbum jam caro factum. *Joan* I.

Quod nobis tribuit.] *Hoc, amanuensis incuria, videtur omissum in M.* Quomodo, *inquit B. Hieron.* arrhabo, qui nobis tribuitur etc. *In cap.* I *ad Ephesios.*

In arrham et pignus.] *Nequaquam in arcam, ut M. Hic audio B. Augustinum de Christo sponso dicentem* : Ad hoc arrham dei sponsus, ut in arrha sua ipse ametur. Ergo ama, etc., *to.* IX, *tract.* 2 *in Epist. Joannis post medium. In quo arrha* **338** *et pignus differant edocet B. Hieron. loco supra citato.*

Deprehenderemus.] C. comprehenderemus.

Breviter et succincte.] *Patent hæc. Litterea* M. Breviter et securius.

Infinitas est.] Nil melius. Etenim infinitas (*ut Arist.* I, *De cœlo) tripliciter attenditur* : Quoad magnitudinem, numerum et durationem. Hic ad numerum. *Ergo perperam M. et C. legunt* : Infirmitas est.

Distrahit nos.] *Ex Seneca ad Lucilium epist* 2 *in medio. V. et M. distinguit. Non damno, pro dividit et separat. At Senecæ textus biblioth. nostræ in membrana cum Justo Lipsio :* distringit.

Librorum multitudo.] C. *Legerat* Verborum multitudo, *sed correxit.*

Satis est habere.] *Seneca, epist.* 2; *idem* I *De tranq., cap.* IX. Quo mihi innumerabiles libros et bibliothecas, quarum Dominus vix tota vita sua indices perlegit? Onerat discentem turba, non instruit. *Et infra* : Paretur itaque librorum quantum satis sit, nil in apparatum, etc.

Inquinant, non alunt.] *Ita censet Æschylus* :

Ὁ χρήσιμ' εἰδὼς οὐχ ὁ πολλ' εἰδὼς, σοφός.

Qui fructuosa, non qui multa scit, sapit.

Illo die decoquas.] *V.* Noster textus *Senecæ m. s.* concoquas. *Equidem bene, ut hæreat in re cibi, ait Lipsius.*

Aliquid apprehendo.] *Probe Laert. in Arist. Ut non ii qui plurimum comedunt et exercentur, melius valent iis qui modice ; ita, non qui plurima, sed qui utilissima legerint docti censendi et studiosi.*

Super esset ætatis.] *Sana Senecæ lectio epist.* 48, C. multum esset ætatis.

Temporis egestate.] *V.* Temporis ærumna, *sed vitiose Senecam vide.*

Scientia rerum.] *Stoici retinebant dogma, esse vitia ignorantias illarum rerum, quarum scientiæ virtutes sint. Lipsium vide in Manuduct, dissert.* I.

Sed et ad amplustre C. Sed ad amplustre. *V. sed et aplustre.* Utrumque verbum placet. *Festus* : Aplustria, *inquit*, navium ornamenta, quæ, quia erant amplius quam essent necessaria usui, etiam amplustria dicebantur. *Juvenalis* :

Amplustre et summo tristis captivus in arcu.

Dirigit cursum.] *V.* cursus. C. gressum. *Virgil. De certam. Navali, lib.* V.

Huc dirige cursum
Littus ama.

Cum puncto et minus.] *Mendose V.* Cum puncto, etc.

Ubicunque benedictum est.] *Genuina lectio, mea sententia. Ex quibuslibet enim, etsi profanis auctoribus, licet excerpere quod utile est et bonum, Apostolus Arato poeta usus est. Act.* XVII, 28, *Menandro, I Cor.* XV, 33 ; *Epimenide, Tit.* I, 12.

Præterea id edocent licite fieri B. Augustinus, *Stephanus Cantuariensis, et infiniti similes, ita tamen, ut resectis unguibus, inquit B. Hieronymus epist.* 146, *ad Damasum, to.* III, *et ad Romanum oratorem quæ incipit* : Sebesium nostrum. *B. Aug.* **339** *lib.* II *De doct. Christ. cap.* 4 *initio. Stephanus Cant. capite ultimo De Virt. et vitiis.*

Meum est, inquit theologus, etc.] *Aptum nempe mihi ac proficuum. V. autem legit* : Necessarium est, *inquit theologus* : Utique placet, si alibi *Senecam audierim. Nam epist.* 45. Quod bonum est, utique necessarium est. *Præfero tamen dictum epist.* 46. Quidquid bene dictum est ab ullo, meum est.

In Ecclesia.] *Supple* Militante. *M. omittit ly* Ecclesia.

Nimia prolixitas.] *Ordo præposterus in V.* Cuilibet istorum est inimica prolixitas mater oblivionis et noverca memoriæ. *M. autem* : Cuilibet istorum inimica et noverca est prolixitas, mater oblivionis et memoriæ. (*Forte add.*, et hostis memoriæ.) Ergone *mater memoriæ? Nequaquam.* Sicut enim stomachus nimia ciborum copia gravatus, non sane digerit ; ita memoria prolixitate onerata, non nutritur, sed confunditur.

Et ædificio.] *Recte V. Duo mendose,* ædificatio, ob antipathiam casus.

Cui subserviunt priora.] *Nempe lectio et disputatio. V. pro priora, habet prima.*

Et dubitabilium.] *M. et C. sic:* Post lectionem igitur, et disputationem sacræ Scripturæ dubitabilia inquirantur, et non prius prædicandum.

Cortina cortinam.] *Ordinate et vicissim, seu, ut fidelis infidelem trahat, ut habet Glossa in cap.* Cum venisset, *extra de sacra unctione* (Decretal. Gregor. l. b. 1, tom. XV).

CAPUT. II.

Item idem.] *Hieronymus in cap.* xvi *Ezechielis ad illud :* Vestivi te discoloribus (*pro quo LXX habent:* Indui te variis) *addit :* Legis cæremoniis, quarum occupata studio idola derelinqueres.

Item Isaias.] *V. addit :* Cap. clxiii. *C. et M. in margine;* clxiv. *Magna suppetuti numeri varietas. In Bibliis nostris ms. in maximo folio, tantum numeravi Isaiæ capitula* clviii, *versus autem* (quos in calce vidi supputatos) 1580. *Divisio autem capitum, quæ nunc est in Bibliis nostris, facta est ab annis* 400, *ad quam facæ sunt Bibliorum concordantiæ ab Hugone cardinali et Conrado Alberstadio monacho, suffragantibus quingentis diversorum cœnobiorum monachis, ut habet Sixtus Senensis in Bibliotheca Sancta. l.* iii, *Methodo* 3. *Sed redeamus. Hic locus Isaiæ incipit :* Quare appendistis, V. vero : Quare non appendimus. M. Quare non appendiis.

Argentum vestrum.] *V. consequenter :* Argentum nostrum.

Non in panibus.] *M. et V. quia negationem initio præposuerunt, jam demunt.*

Scriba et Pharisæus.] *Belle, estque glossa interlinealis in cap.* xxxiii *Isaiæ vers.* 18 , *V. male omittit* Scriba.

Asteriscos et obelos.] *Origenes, et post eum B. Hieronymus his usi sunt. De Origene testatur idem B. Hier. Apologia adversus Ruffinum lib.* ii, *cap.* 8. *De B. Hieronymo scribit S. Augustinus epist.* 88 *ad eumdem. Quid autem asterisci quid obeli sint, quæris? Audi B. Hieronymum to.* II, *epist.* 89 *ad B. August. cap.* 6. Ubicunque virgulæ, *inquit*, id est, obeli sunt, etc. Ubi asterisci, id est stellulæ prælucentes, etc.

Illuminandis et confodiendis.] *Illuminantur genuinæ et sanæ lectiones: confodiuntur superfluæ, aut quæ non sunt receptæ* ὀβελός *Græce, sagitta Latine.*

Præposuerunt.] *Non proposuerunt, ut C. quia infra dicitur*. Ut hæc præponeremus.

A Damaso papa.] *Hujus epistola cum quæstionibus ad B. Hieron. et vice versâ, est* 124, *altera* 125.

Totam bibliothecam.] *Insignis monachi labor. Scribantur libri, inquit ille ad Rusticum*, ut et manus operetur cibum, et mens lectione saturetur. *Item ibidem* : Ama scientiam Scripturarum, et carnis vitia non amabis.

Historice, allego.] *Paucis excipe*.

Littera gesta docet, quid credas allegoria :
Moralis quid agas, quo tendas anagogia.

Cupis plura ? Consule B. Augustin. libro De utilitate credendi contra Manichæos cap. 3.

Item August. Noli.] *M. in margine, ait :* forte Gregorius. *Is in Pastorali non absimilia legit*. Qui ad veræ prædicationis verba se præparat, necesse est ut causarum origines e Sacris paginis sumat, ut omne quod loquitur, ad divinæ auctoritatis fundamentum revocet, atque in eo ædificium suæ locutionis firmet. *B. Hieronymus ad Nepotianum epistola, quæ incipit :* Petis a me ; sermo presbyteri, inquit, lectione Scripturarum conditur. *Locus est B. Augustini* 3, *contra Maxim. cap.* 14 *et in psal.* lvii. *Nec*

absimilia habentur lib. De unita Ecclesiæ cap. 3, 6, 10 *et* 16.

Verbis meis.] *M. et V.* Litteris meis.

Et Vetus Testamentum.] *M.* Et veterem characterem. *V.* Vel veterem canonem. *Idem aliquando legi in Eusebio Eccles. hist. lib.* vi, *cap.* 18 *post Origenem* : Non est ignorandum, inquit, viginti et duos esse libros in canone Veteris Testamenti.

Item ait Apostolus.] *Inter theologos puro Apostoli nomine, B. Paulus intelligitur. Hic autem, hocce tantum loco, sanctum Petrum intellige. I. Epist. cap.* 4.

Saburra.] *Inani et inutili sarcina. Saburra naves onerantur, ut stabiliores sint contra procellam. Unde Virg.* 4 *Georg.*

Ut cymbæ instabiles fluctu jactante saburram
Tollunt.

In Legenda S. Martini.] Per Severum Sulp. conscripta. Dial. 1, *cap.* 12.

Potius in verbis.] *O quam belle B. Benedictus cap.* vii *Regulæ* : Pauca et rationabilia verba loquatur monachus. *B. Gregorius Moral.* xxx, *cap.* 7. *Recte scit dicere, qui novit ordinate tacere. Et Seneca epist.* 75 : Non delectent verba nostra, sed prosint.

Ex oculis Domini liquitur.] *Hoc sensu, non bene liquatur, ut V.*

A quo Isaac amovit.] *Duo perperam legunt Jacob. Nam de Isaac hoc legitur Gen.* xxvi. Rursum (Isaac) fodit alios puteos, quos foderant servi patris sui Abraham, et quos illo mortuo olim obstruxerant Philisthiim. *M. bene tacuit Jacob, sed adhuc melius, si Isaac adjecisset sicut ex textu Scripturæ correximus.*

Sicut otiosi.] *Hoc otiosi, abest in M.*

Usque faciet.] *Usque ad illa verba, quæ in eodem psalmo sequuntur :* Et omnia quæcunque faciet.

Quia est verbum vitæ.] *V. et C.* Quod est verbum vitæ. *Malui conjunctionem causalem.* In Scriptura, ait *Glossa moral.* per folia significantur aliquando verba, quæ in Christo fuerunt, non defluentia, sed stabilia. *Unde Matth.* xxiv. Verba autem mea non transibunt.

Sed folia decident.] *C.* occident.

Textus est umbra.] *Si legero verba pro umbra, ut C. et V. Quis sensus? Glossa interl. super illud psal.* xvii : Tenebrosa aqua, *ait :* Obscura doctrina est in prophetis et omnibus prædicatoribus.

Verbum æternæ vitæ.] *Recte. Vetus, umbra; Novum Testamentum, veritas.*

Deut. c. xix. Tria cap. lxxv. *Miror tantum numerum capitum Deuteron. cum in Bibliis nostris ms. solummodo novemdecim viderim, versus autem* 2600.

Arbor non frondosa.] *De qua III Reg.* xiv, *vers.* 23. *C. legit* fructuosa, *sed vitiose; nam feret contradictio cum sequentibus.*

Non pampinosa.] *Ut eloquentiæ torcularia, non verborum pampinis, sed sensuum, quasi uvarum expressionibus, redundarent. B. Hier. ad Rusticum, quæ incipit :* Nihil Christiano. *cap.* 2.

Solutus est liber.] *Non improbo M. et V.* Solutis septem signaculis libri per Christum clavem David, pro quibus, ut solverentur flevit Joannes. Ne cogamus, *etc. Fere similia habet B. Hieron. Epist. ad Paulinum, quæ incipit :* Frater Ambr. *ante medium.*

Pro quibus ut.] *Ex M. et V. adjeci :* Pro quibus, quod ad signacula refertur. *C.* pro quo.

Aqua nubium.]*Ex ps.* xvii. *Per hæc, auctor intelligit prophetarum dicta, quæ ex eo obscura sunt, atque ita interprete indigeant.*

Cum tamen Christus.] *M.* Cum tantum Christus.

Lib. Sap. cap. ultimo.] *Hodie* 19, *olim* 45, *vel, ut alius codex*, 41.

Vel intelligit.] *V. id omittit.*

Levit. cap. xxvi.] *C. in margine cap.* LXXXVII. *Hæc, usque* Caupones *desunt in* V.

Vetustissima veterum.] *Nota discrimen.* C. Vetustissima veterum, ut magister Anselmus, et Gilbertus, comedetis (deest in usu) id est imitabinini; et vetera, id est modum legendi modernorum, qui, etc. *M. in margine, nomina* Anselmi, Albrici Rem. Roberti, Pulani *et* G'leberti *videtur velle revocari, superpositis* **342** *tribus punctis, ad illud* : Modum legendi modernoru n. *Nomen vero* Simonis, *quod etiam in margine habetur, rejicit ad illa* : Modum legendi antiquorum.

Imitabimini.] *Non immutabimini, ut C.*

Caupones tui.] *Versio septuaginta Interpretum ca*>. I *Isaiæ:* Caupones tui miscent vinum aqua.

Amurcam.] *Fæcem olei.*

Ad cætera utiliora.] *V.* ad cætera opera. *Sed dixero* : Ad cætera utiliora opera.

Et impedimentum.] *Id ex solo V. Nec abs re est, eo quod hi libri magnum capiant locum vixque unius fortissimi viri viribus admotis, ad alium transferri valent.*

Ut situs locorum.] *Hæc ad geographiam.*

Numeros annorum.] *A! chronologiam.*

Genealogias.] *Interminatas, de quibus Apostolus I Tim.* i, 4.

Responsiones.] *C. rationes.*

CAPUT III.

Ephesios cap. IV.] *Tria* 19.

Præstant ruinam.] Ruinam omittunt *V. et M.*

In eodem vi capite.] *Tria* VIII.

Verumtamen.] *C. versutum : Si bene; profecto talem disperdet Deus, quia* Vir versutus odiosus est. *Prov.* XVII. *Sed plane repugnat textui psalmi.*

Sunt enim qui tales.] *Glossa Cassiodori.*

Sit altare concavum.] *Jussum est Exod.* XXVII. *Videatur* Glossa.

Cœlum ferreum.] *Auctor hic imitatur LXX, Interpretes, alioquin versio S. Hieronymi,* Sicut ferrum.

In eodem cap. XXVI.] *Tria* 87.

Id est divinam Scripturam.] *C. divinam non legit. Glossa in hunc locum per terram æneam, non Scripturam, sed terram siccam et infructuosam intelligit, qui est sensus litteralis.*

Imbrem, id est Doct.] *Ita B. Hieron. in cap.* LV *Isaiæ.*

Germina virtutum] *Non* genimina *ut C.*

Nihil subtilius.] *Hoc Senecam redolet epist.* 82. *Ibi enim* : Nihil est acutius arista, etc.

Obest utilitati.] *M. et C.* subtilitati.

Non garrire.] *Seneca* non dicere.

Non linguose loqui.] *Omittit V.*

Non est populare.] *Seneca epist.* 16. *V. vero* : Non in populare.

In gyris Mæandrinis.] *Idem Seneca epist.* 104, *al.* 103, *ante medium. C.* In Vigiliis Mæandrinis.

Et cavillarum ædibus.] *Ex solo V. adjeci.*

343 Quid mihi verba.] *Seneca epist.* 48. Tu mihi verba, etc.

Vaferrimus.] *Sic duo exemp. cum Seneca. V. male,* ferrugineas.

Senes ludimus.] *Fateor me ex Seneca in textu reposuisse* Senes : *alioquin C. Scrie. M. et V.* Series. *Ex notariorum abusu.*

Advocatus es.] *Ex Seneca epist.* 48. *C.* Vocatus es. *V.* Advocandus.

Intentæ securi.] *Novellus super* intentæ, *in C. scripsit; sublatæ.*

Pestes Erebi.] *Cacodæmones.*

Adversus mortem mutam.] *Restitui Senecæ verba ex epist.* 82, *alias* 83, *in fine. Nam C.* Tantam mortem minuta. *V. et M.* Totam mortem minuta.

Tam minuta jacula.] *C. Diminutive :* Jacilla.

De Palemone.] *C.* De Polemone, *vel* Philemone. *Historiam videto apud Val. Max. lib.* VI, *cap.* 11, *et* A *S. Hieron. in cap.* 1 *Oseæ*; *S. Aug. ep.* 130.

Vitæ perditissimæ.] *M.* vitæ probatissimæ. *Ironice, bene. Nam ille luxuriæ maxime deditus erat.*

Insignia luxuriæ.] *Recenset ea Isaias c.* III, 19.

Verba captiosa.] *Ita et Seneca epist.* 82. *C.* Verba captionis.

Contra vitia susceptam.] Aciem *nempe. Non penitus rejicio. C.* Contra vitia suscepta armatur subula levi, etc. *M. in margine :* contra vitia suscipiunt armaturam subula, id est levi, etc.

Cavillatio eripuit.] *Non* concavillatio, *ut C. Cavillationes argutiæ sunt et dicteria.*

Verborum significationem.] *A Seneca deflectit V. scribens :* Verborum designationem.

Quasi nobis vacet.] *Seneca epist.* 45. Tantum nobis vacat? jam vivere, jam mori scimus? *His damnatur C.* Quasi verbis vacet.

Et infra.] *Epist.* 45 *ante medium.*

Vocum dissimilitudines.] *Seneca :* Vocum similitudines distinguis.

Ut frontem suam tentet.] *Id fecit Diogenes Cynicus, ait Lipsius in* Senecam.

Sic ista sine noxa.] *M. male :* Sic ista sine noxia.

Præstig. acetabula.] *Nequaquam* acceptacula, *ut C. Hunc ludum, etiam hodie non infrequentem, describit Lipsius in Sen. epist.* 45.

Pigmæorum.] *Hoc non habetur in Seneca. Si quæris Pigmæos, invenies apud B. Hieronymum in cap.* XXVII *Ezechielis, et S. Aug, l.* XVI *De civit. Postremo audias facetosum Juvenalem, sat.* 13 :

B Ad subitas Thracum volucres nubemque sonoram,
Pigmæus parvis currit bellator in armis.
Mox impar hosti, raptusque per aera, curvis
Unguibus a sæva fertur grue. Si videas hoc
Gentibus in nostris, risu quatieris; et illic
Quanquam eadem assidue spectentur prælia, ridet
Nemo, ubi tota cohors pede non est altior uno.

C **344** *Hæc ex ms. nostro Juvenali desumpsi. In impressis versus quintus sic legebat :* Risu quatiere, sed illic.

Fallacia delectat.] *Sic Seneca. Ergo non,* Fabula delectat, *ut C.*

Non vaco adversus istas.] *M. et C.* Non vaco ad istas. *Potest tolerari, pro non ex professo agito.*

Consilium clare dat.] *C.* consilium clare dant.

Non ergo clamandum.] *Audite, theologi; quidni et vos, philosophi? Audite virum* (heu! *non Christianum) Senecam epist.* 52. Quid turpius philosophia captante clamores? *Item idem epist.* 75. Etiamsi disputarem, inquit, nec supploderem pedem, nec manum jactarem, nec attollerem vocem, etc.

De utraque pudicitia.] *M.* de utraque prudentia.

Calliditas animi.] *Varietas hic est. C.* calliditas animi conatibus. *M. et V.* calliditas animi, magna conantibus. *Prætuli Senecam, etsi talis sit tolerabilis :* Calliditas, animis magna conantibus.

D • Declamationis acutæ.] *V.* Deliratrionis; *M. paulo melius :* deliberationis.

Et vano.] Seu et inani, *ut V. et M.*

Studeas non verbis.] *Id edocet Seneca epist.* 45 *et* 115.

In te et in aliis.] *Ita M. at C.* Ad mores vitæ in alios exemplo tui reformandos referas. *V. autem :* Ad mores in te et in alios exemplo tui formandos, sed récenti manu præfixum est in, *ut legatur* informandos. *Annon luculente Seneca epist.* 52? Eos, inquit, qui vita docent eligamus, etc. *B. Aug.* Multi quidem, ait, multis prosunt dicendo quæ non faciunt, sed longe pluribus prodessent faciendo quæ dicunt. *Lib.* IV *De doct. Christ. c.* 27, *et plura videbuntur, c.* 29.

Puta in te.] *C. vitiose :* Puta vitæ, *prout liquet ex Seneca epist.* 89, *paulo ante finem.*

Teas vexa.] *C.* necte, *pro* vexa.

Idololatriam.] *Tria, sicut in omnibus mss. vidi,* idololatriam.

Superfluis et vanis.] *C. omisso*, in, supe:fluis tantum aliud abest.

CAPUT IV.

Vespis et pugion.] *Margines M. et C. hæc habent :* Dominus dilacerata facie cuidam religioso (*M. addit abbati*) *apparuit. Legitur Dominus apparuisse leprosus martyrio monacho*, *hom.* 40, *B. Gregorii in Evangelia.*

Jeremiæ cap. xv.] *Tria* LXI.

Alia littera.] *Non* alia littera, *sed Glossa ipsa est interlin. quæ sic :* Vel qui judicor. *C. appropinquat :* Vel qui judicem.

Job cap. XIX.] *Tria tum in textu cum margine legunt,* cap. XIV : *Nec mirum.* 'Liber enim Jobi, olim tantum dividebatur in XXXVI capita, hodie vero in XLII.

Ecclesiasticus cap. XVI.] *Tria* XLIV.

345 Assimilantur] *Non* assimulantur, *ut C.*

Libro Eccli., c. XVI.] *C. et V.* Libro Sap., cap. XLV. *M. Paulo quidem melius, sed adhuc indefinite :* Libro Salomonis, XLV.

Minoratur.] *C.* immoratur.

Id est, dist. per multa.] *Hæc desumpsi ex textu V. et marg. C.*

Modo de humanitate.] *An fuerit verus homo. M. mendose :* de humilitate.

Ut similiter.] *C.* nisi similiter.

Vel fundunt.] *Hoc caret C.*

Unius moris.] Unanimes unum sentientes, *inquit B. Aug. in hunc locum.*

Jerem, c. XXIII.] *Tria* LXXXV.

Vir ebrius.] *Margines duo :* Id est, non intelligens.

Madidus vino.] Digere unum quo mades. *I Reg. t. C.* madidus in vino, *Jere.* hoc loco : Madidus a vino.

Et ideo quia.] *M.* omittebat Et ideo, *sed aliena manu resarcitum est inter lineas.*

Si ergo a facie.] *M. ante* Si ergo, *præmittit M. quod est, Magister, ut colligo ex sequentibus.*

Et discrete.] *Fallitur C. et* discite.

Infra triginta annos.] *Hujus, testis est B. Hieron. Præfatione in Ezech. ad Eustochium. C. et M.* Infra viginti annos. *Vitiose.*

Et ita non possumus.] *M. et V.* Et non possumus, *omisso* ita.

Os non comminuetis.] *Ad hæc margines C. et M.* Non b:c ex hoc esse medullam extrahemus, quantumlibet elaboraverimus ad hoc.

M. non infra.] *Per M. Magistrum intellige. Sic enim infra per M.* Magister Anselmus, Magister Sententt. etc.

Supra volantes.] *V. et C. Sic* volantes.

Cum Martino.] *Hic :* Oculis ac manibus in cœlum semper intentus, invictum ab oratione spiritum non relaxabat. *Ex Vita ejusdem per Severum Sulp., to.* VI. *Surii.*

Item : Horrendum.] *M. super* Horrendum *legit M. Forte Magister.*

Philosophus : Qui.] *Hæc in Seneca (qui nomine philosophi intelligitur) nondum vidi, at bene in Plauto Mostell. actu* V, *scena* I, *initio.*

Nauci non est.] *M. in latere,* id est, insipiens et inutilis.

Quod sine periculo.] *C.* Quod non sine periculo scitur. *Ex B. Hier, epist. ad Eustoch. De custodia virginitatis.*

* Qui ambulat simpliciter.] *Hoc est*, non duabus viis, *ut Eccli.* II.

Stultitiæ cognata.] Prudentia absque simplicitate malitia est et simplicitas absque ratione stultitia nominatur. *B. Hier. in cap.* VII *Osee. At B. August. in illud I. Tim.* III Oportet episcopum esse prudentem, *ait,* ne ita sit simplex quod stultus.

346 Existente sine plica.] *V. et M.* Ente sine plica. Ens pro existens, *familiare est auctori in hoc opere.*

Curiositatis et.] *V.* curiosæ et famosæ inquisitionis. *M.* curiosæ et famæ inquisitionis.

Geniti infantes.] *M.* omittebat *in textu* infantes, *at in marg. recuperat :* Parvuli scilicet.

Rationabiles.] *Hæc est communis lectio, sed in editione Romana per Sixtum V et Clementem VIII, correcta, ut jam legatur* rationabile, *quod cohæret cum dictione* lac : *Et sic habent Græca, Syriaca, Biblia regia, Beda et 4. ms. Lovaniensium.*

Maledocendo.] *Non* maledicendo, *ut C.*

Vel per superbam.] *Emendavi ex V. Nam. C.* Vel superbam et curiosam. *M.* vel per superbiam.

Et inexplicabile.] *Seu* ineffabile. *ut V. Ideo autem* inexplicabile, quia, *ut habet paraphrasis Chaldaica,* arcanum est.

M. Si ergo.] *In margine M.* Magister Anselmus.

Hieronymus : Non.] *Audi M. in ora laterali.* Quid igitur de relationibus, quæ assumuntur esse personæ, quod non?

Sic et Christus.] *Discerne. V.* Sic et Christus Patres posuit terminos in monte et circa montem S. Scripturæ, quos non debemus transgredi, etc. *M. autem,* Terminos posuerunt in montem, *Cætera ut in textu.*

Et superfluam.] *Id omittit V.*

Parab. c. XXV.] *C.* XLIII, *M.* XLVIII.

Ultra vires quærendo.] *Seu* inquirendo, *ut C. In V. hæc absunt, quæ et Glossæ interl. et ipsius B. Hier. sunt.*

Melle intinge.] *Male a Bibliis sacris deflectit C.* Melle inunge.

Et exhilarab. oculi.] Exhilarabuntur oculi mei, *inquit C.* et bene persequeris hostes (*inter lineas,* ut ille) tuos, quia declaratio sermonum tuorum illuminat me, etc.

Ut curiosa inquisitio.] *C.* Non involvit curiosa inquisitione.

Non eris curiosus.] *C.* Ne fueris curiosus, *ut est in Bibliis.*

Ecclesiastes.] *C. in latere* c. XIV. *Nostra* ms. c. XV.

Quæ sunt sub sole.] *Absit ut hic audiam V?* Quæ sunt, inquit, supra solem, Super omnia *: Quæ fiunt sub* sole, *uti Eccle.* VIII.

Et qui curiose.] *Sic M. et V. at C.* Et qui incuriose : *Super* et, *video M. quod est* Magister, *ut in margine exponitur.*

Cum de diis loquimur.] *Ex Aristotele, Seneca* I. VII. *Natur., q. c.* 30, *initio.*

M. Multo magis.] *Iterum M pro* magistro, *inter lineas M. et C. in textu.*

347 CAPUT V.

Eloquium meum.] *C. et M.* tuum *pro* meum.

II. Reg., c. XXII.] *V. et C.* XCIV. *M.* XCIII.

II. Tim. II.] *V. II. Tim.* IV.

Ut obstrepat.] *In M. et C. additur Glossa. Forte auctoris nostri, aut alterius antiquioris eo, cujus etiam post eos meminit Nicolaus de Lira in hunc locum.*

Defendat hiatu.] Clamose *et capitose se defendere. Redolent hæc poetam Horatium de Arte poetica.*

II Tim. II] *Tria II Tim.* III.

Contentio nihil potest.] Glossa Augustini, *aiunt* margines duo. *Ipsa interlinealis est hodie.*

Pronuntiatio ordinata.] *Verba Senecæ etsi nonnihil levigata epist.* 40. *A verbo* pronuntiatio, *usque ad :* Item : Philosophus, *deficiunt V. et M.*

Ad summam.] *Ex Seneca in fine epist.* 40, *quam legisse juvat. C. ad* summam totius philosophiæ. *At Seneca :* Summa summarum est.

Caput enim movere.] *Id abhorret Seneca ep.* 75.

Item Isaias.] *V. addit c.* LXXIII, *C. in marg.* LXIII.

Item : Sicut turpe.] *V. hoc præfert:* Item Parab., ca. XVI. Sicut turpe, etc. *Ne quidem in tota S. Scriptura hæc putem posse inveniri.*

Turpe est et peric.] *Et turpius multo, aliquem ad palinodiæ cantum cogi, super prolatis vel evolatis, præ nimia præcipitatione, sermonibus.*

Qui interrogationem.] *C. et M. in latere subaudiunt :* Respondens scilicet.

Solvendo scilicet.] *V. solum in textu, duo alibi.* Parabit verbum.] *M.* Parabit illum.

Et sic deprecatus.] *C.* et si sic deprecatur et exaudietur.

In eodem, c. xxxii.] *Tria,* LXXXIV.

Non disperdet.] *M.* non disperget. *V,* non perdet.

Item, c. XXXVIII.] *V.* xcviii. *M. et C.* xcvii. *Hoc :* Fili in omnibus, *abest in M. incipitque.* Corboni, etc. Tibi aliud plus.] Tibi, *in solo ; V. est Eccli.* XXXVII. Aliud pluris illo.

Cap. xxxvii. Ante.] *Tria,* xcix.

Consilium stabile.] *C.* consilium statue. *Post stabile, margines C. et M. hæc volunt legi :* Item, Job cap. xxvi (*hodie* xxxiii). Verumtamen miraculum non te terreat, etc.

Item : Labia.] *V.* c. lx. *Locum notavi in margine textus.*

Nisi deliberatione.] *C. etiam sapit :* Nisi cum deliberatione.

Cum enim in quæstione.] *C.* cum quæstio movetur super, etc.

Terrula vel recula.] *Prius a terra, posterius a re diminutuim est.*

348 Si tanta.] *In solo C.* vidi, Si.

Demum in sententiæ.] *Seu deinde, ut M. et C.*

Etiam facilem.] *Ly* etiam, *vim habet. Ergo perperam omittunt C. et M.*

Nisi datis induciis.] *Mos inolevit (traditione) nunquam respounderi ad propositas a magistro quæstiones, vel ad solutiones ab argumentante exactas, cum in theologicis tum philosophicis, ni prius data respondenti mora in repetendo et meditando.* Non enim præcipitandum est: *ait Seneca, epist.* 40.

In cujus solutione.] *Hæc absunt a C. quorum loco habet :* Victus cum defieceret.

Ait ei Aristoteles.] *Apud auctores probatos magna hujus historiæ varietas invenitur. Volaterranus Antropologiæ l.* xx, *post Suidam, sic inquit :* Theopompus Chius, et Ephorus historici, discipuli Isocratis, alter freno, alter calcaribus indigebat. *Laertius non Theopompo, neve Aristoteli, sed Platoni in schola discipulos docenti hæc attribuit, e quorum numero erant Aristoteles et Xenocrates. Itaque Plato Aristoteli præcipitanti :* Opus est tibi freno; *Xenocrati autem moroso nimium :* Calcari.

Interea scio Theophrastum (*de quo hic Auctor noster*) Aristotelis discipulum fuisse et scho'æ successorem, teste Seneca Natural. quæst. l. vi, *ca.* 13, *et Volaterrano loco citato, Eudemum autem nondum legi ejus discipulum.*

Eudemo.] *V.* Eudemio. *M.* Eudonio. *Forte Eudoxo Aristotelis condiscipulo sub Platone, cujus meminit libertus Fromondus* (quondam in Falcone nostro Lovanii philosophiæ professor et me præsente tum S. T. laureum adeptus, hodie ut audio, doctor et librorum ibidem censor) *in notis ad Senecam Natur. q. l.* vii, c. 3. *Vel forte Eudemus, seu ut Plutarchus, Eodemus orator. Vide eum tom. l. De viris illust. in Philopœmene.*

Qui cum nimis morose.] *M.* Qui nimis morose. *C.* Eudemio morose et non nisi, etc. *Hoc :* Qui cum nimis, *ibidem deest.*

Venam tamen ingenii.] *Illi venam divitem habent, qui ab artis suæ fonte (sive Aristotele et Platone philosophiæ, sive Homero poeseos) ampliorem scientiam imbiberunt, vel uno nomine, qui sunt ingeniosi.*

CAPUT VI.

Omnes laudationes.] *C.* omnes auditiones.

Scilicet eruditionis.] *Doctorum, correctionis malorum, ut resipiscant; exhortationis bonorum, ut in melius proficiant, inquit B. Benedictus in Regula, excitationis pigrorum, consolationis pusillanimorum, sustentationis, aut (ut C.) consustentationis deficientium.*

Tribus prædictis.] *Nempe, lectioni, disputationi et prædicationi de quibus cap.* 1.

349 Serenatæ conscientiæ.] *Unde* Salomon, *Prov.* xv. Secura mens quasi juge convivium. *Talis.*

Integer vitæ scelerisque purus.
(HORAT., lib. i. *Ode* 22.)

Non male C. Vox exsultationis serenitas conscientiæ.

Et pro amovendis.] *Quidam puncto posito sub et, illud voluit in V. expungere, similiter in sequent. Et pro conferendis, cum tamen non sit superfluum. Ita scilicet :* Confitebimur tibi, Deus, peccata, *commissa ut indulgeas, et pro amovendis malis, hoc sensu, et ne nos inducas in tentationem, sed, etc.*

Opera creationis.] *C.*Creatoris, *nec addit,* recreationis.

Nociva.] *Peccantes humores, ut loquuntur medici.*

Dominus ad idem loquens.] *M.* Dominus addit loquens.

Vita enim bona.] *Glossa Moral. seu ordin. in cap.* v *Matth., vers.* 13 *et* 14, *quæ sic habet :* Prius sal quam lux, quia prius vita quam doctrina. Vita ducit ad scientiam veritatis. Qui Deum timet scientia non caret. Scientia rerum. *Senecam audi :* Quid ergo bonum est? Rerum scientia. Quid malum? rerum imperitia. *Et infra :* Huc et illud accedat ut perfecta virtus sit æqualitas ac tenor vitæ, per omnia consonans sibi : quod non potest esse, nisi rerum scientia contingat, et ars per quam divina et humana noscantur. *Sic ille, epist.* 51, *in medio.*

Qui autem diligit.] *Ex V. collegi hæc : alioquin C.* Hæc est enim scientia rerum, quam qui ante diligit illa non caret. *M. vero* Hæc est enim scientia, qui ante diligit illa non caret. Omnia suo sensu tolerabilia. *Postremo addam ex Glossa in c.* v *Matthæi :* Vos estis sal terræ : Qui Deum timet, scientia non caret.

Item Salomon : fili, *C.* Fili, concupisce. *V.* Fili concupisti sapientiam? serva, etc. *quomodo legit Aug. l.* xxii *contra Faustum, cap.* 53. *Locus est Eccli. c.* 1. *Cujus libri auctor est Jesus filius Sirach. Sed a Patribus nomine Salomonis citari solet, quia multas continet sententias Salomonis.*

Et dicit Glossa.] *Hic deficiunt M. et V. usque :* Intellectus bonus. *Sic autem habet Glossa, quæ est B.* Augustini. Quia nisi per obedientiam mandatorum non pervenitur ad sapientiam occultorum. Nec damnes, lector, me loco ministeriorum restituisse mysteriorum. *Ex præfata enim Glossa, ita innotescit.*

Facient. Eum primo.] *V. male omittit* primo.

Primo disciplinam.] *His quoque duobus verbis, et sequentibus duobus caret V.*

Testimonia ejus.] *M. post ejus addit inter lineas* postea. *Quasi diceret : Primo ;* Beati immaculati in via, qui ambulant in lege Domini *; postea :* Beati qui scrutantur testimonia ejus, *quæ ad scientiam pertinent. Plura videantur apud B. Amb. in ps.* CXVIII, *vers.* 2.

Attende tibi et doct.] *Clarius exponit M. in margine, hoc modo :* Attende tibi, primo; et doctrinæ postea. *Hoc est :* Attende tibi, *qualiter vivas ; et doctrinæ, qualiter doceas.* Cœpit enim Jesus facere et docere post. *Act.* 1.

In doctore vita.] *Apostolus, enumeratis iis, quæ ad episcopi et doctoris rectam* **350** *vivendi normam conducunt, ultimo monet :* Ut potens sit exhortari in doctrina sana, etc. *M. et V. sic habent :* Ultimo id quod ad doctrinam, inquiens doctorem quasi vita bona præcedat, etc. *Diserte B. Greg. Hom.* 11 *in Ezech.* Ille loqui veraciter novit, qui prius bene facere didicit.

V. et M. Vita vilipenditur.

Superhumerali] *De indumentis sacerdotum legalium fuse tractat.* B. Greg. l. 1, ep. 24 ; *ex qua apparet nostrum auctorem sua desumpsisse.*

Denotatur.] *V.* intelligitur.

Et tintinnabula.] *C.* Et cui tintinnabula.

Obmutescit enim.] Ubi, *inquit B. Greg.* conscientiam mordet reatus criminis, linguam ligat timor confusionis. *Rursus, idem* vII *Moral :* Ille bene loquendi facundiam percipit, qui sinum cordis per recte vivendi studia extendit ; nec loquentem conscientia præpedit, cum vita linguam antecedit.

Item ex virtutibus.] *V. et M. sic legunt :* Evangelizantibus virtute multa dabit Dominus verbum in virtute multa. Ad utrumque autem, etc. *Verborum transpositio est. Per illud,* In virtute multa, *intellige sanctitatem vitæ, et opera meritoria, ut suggerunt margines C. et M.*

Non accendit.] *O quam belle B. Leo, serm. De S. Laurentio martyre :* Sit eloquentia facilis ad exhortandum, sit ratio efficax ad persuadendum ; validiora tamen sunt exempla quam verba, et plus est opere docere quam voce.

Sæpe enim Deus *V. deficit, usque :* Item philosophus.

M. Nos autem.] *Per M. Magister intelligitur.*

Verbum Dei.] *V.* verbum fidei.

Aorasia.] *Tria* aurisia, *sed incorrecte. Sic enim Geneseos, cap.* XIX. ἐπάταξεν ἐν ἀορασία, ἀπὸ μικροῦ ἕως μεγάλου.

Ostium invenire.] *V. et M. sic :* Sed percussi aurisia intrare non potuerunt.

Qui minus diligimus.] *C.* Quo minus, etc.

Vecordia.] *Nequaquam* verecundia, *ut C.*

De Origene.] *Vidi hæc de Origene apud Eusebium eccl. Hist. l.* VI, c. 3; *sed nondum apud B. Gregorium.*

CAPUT VII.

Sola V. et M. caput novum inchoant, et hoc cum aliquo discrimine. M. enim hunc præfert titulum : De hypocritis; *incipitque caput :* Hypocritæ proferunt quidem verbum, etc. *V. ut in textu.*

Basilio magno præd.] *Apud Surium to.* 1. Interea illo legente sacros codices, vidit sanctus Ephrem, linguam igneam loquentem per os ejus.

Os meum patet.] Tria sic habent ; *at II Cor.* vI : Os nostrum, *etc.*

Charitate cor meum.] *Iterum II Cor.* vI, cor nostrum. *Tria,* meum. *Hoc verbum* **351** charitate, *omiserat M. cum C. sed manu recenti reposuit inter lineas.*

Aliter non patet.] *Super* aliter, *vidi M. in M. quod est* magister.

Dilatatum est.[*Ita tria. In ps.* xv : Lætatum est. Lamentatio.] *Seu,* Lamentum, *ut duo.*

Carmen justificatorum.] *In M. et V. varietas est. Sic enim :* Carmen, Lamentum, et Væ, impœnitentium ex proposito et reproborum. *Sanius censui quod in textu reposui, id mihi suggerente B. Hieronymo, epist. ad Rusticum, quæ incipit :* Nihil Christiano, *ante medium : et B. Greg. hom. in Ezechielem.*

Pœnitentia.] *Perperam hoc omiserat C. Nam magnus ille præco, Vox clamantis : ait :* Pœnitentiam agite, etc. *Matth.* III.

Dulciter et suavissime.] Plus proficit, *inquit B. Gregorius,* ad prædicandum sancti amoris conscientia, quam sermonis exercitata scientia.

Cum tu opere.] *Ex Cassiodoro. V. his omissis, ait :* Quare tu enarras justitias meas sermone communi de majestate loquendo, et assumis, etc.

Prædicare publice.] *V. utrumque verbum omittit, et eorum loco,* laudare. *M. similiter, sed in margine subnotavit quæ in textu sunt.*

Legerim private] *Restitui* private *ex marg. M. et C.*

A **Tabernaculum.**] *C. hic et paulo ante, pro* tabernaculum *habet* templum.

Tabernaculum viderent.] *Recte ut patet ex Glossa tum ordinaria cum morali in c.* XXXVIII, *Exod. v.* 8. *M. et V.* Et egressuri tabernaculum, mundabant et abstergebant lacrymas, si quas in se esse viderint.

M. Ad hoc.] *Forte Magister Petrus Cantor auctor noster V. non legit M. sicque :* Ad hæc nota, quia est prædic., etc. Ad hoc solummodo, *hoc est, non ad curiositatem, aut speciei vultus complacentiam, vel industriosam illius compositionem, quibus ad libidinem provocet circumstantes.*

Gloriam quærens.] *Ex solo V. addidi.*

Privatus scilicet.] *V.* Privatus de charitate et non, etc.

Hieronymus.] *Epist.* 1 *ad Heliodorum De laude vitæ solitariæ, citantur verba ejusdem* II, *q.* 7 : Non omnes.

Talis enim commune.] *Restitui ex marginibus M. et C. monitus tamen textu V. C. enim horum loco legebat :* Et si cæcus cæcum ducat, ambo in foveam cadunt. *Matth.* xv.

Ex sequendo mort. peccat.] *Quomodo peccat mortaliter, cum prædicare non sit secundum se actus alicujus sacramenti ? Fateor interim prædicationem a Christo institutam hoc facto inhonorari, et quasi vilipendi, quia non tantum verbo, sed et exemplo prædicandum est.*

Favum de ore leonis.] *Glossa moralis hic, per favum* melliflua *m doctrinam B. Pauli intelligit. Sed M. et C. in marginibus per* favum, *doctrinam ; per os leonis, Scripturam interpretantur.*

Abcdarius in vita.] *Fusius explicant M. et V.* Abcdarius vita *(hoc est ætate)* Abcdarius scientia, Abcdarius facundia, *seu eloquentia, Glossa est interlinealis in II Tim. c.* II, *v.* 2.

352 **Probabilem exhibere.**] *C.* probabilem scilicet exhibe, primo, etc. *V. omittit* primo, *consequenter post.*

Inde sciens *C.* unicum habet inde.

A moventibus facetias.] *Duo margines variant textus ordinem. C.* a moventibus (*in marg.* histrionibus) facetias (*in marg.* Cheres) animalia glebæ. *M. pro* cheres, *habet in marg.* chieres.

Fractis lagunculis.] *Glossam hic inter lineas M. talem vidi :* Fractis lagunculis, id est primo domita cervice : *et ad* lucernas accensas, *superaddit :* operibus. *Hæc obscura sunt, sed illustrat. B. Gregorius, hom.* 13 *in Evang.* Lucernas quippe ardentes in manibus tenemus, cum per bona opera proximis nostris lucis exempla monstramus.

Muri Jericho.] *Exponit M. in ora laterali :* Mundus et omnis concupiscentia ejus.

Prædic. itaque primo.] *V.* populo pro primo. *Equidem sensus bonus est, sed a proposito alienus.*

CAPUT VIII.

C. Præcedens caput continuat.

Disputator.] *Hoc vitiose omiserat C. ut patet ex cap.* 1.

Magnificas voces.] *Sic Seneca epist.* 108. *C.* magicas voces, *sed forte per abbreviationem.*

Circulatoribus.] Joculatoribus, *ait C. in margine.*

Verbum Dei.] *Solum* C. Dei.

Qui vix stare.] *C.* Qui attonitus, etc., *interposita* non *habet.*

Regere valens.] *Valet C.*

Sed inquies.] *Duo* inquiens *præter V.*

Philo et alii.] *Alios enumerat Seneca in fine epist.* 108. *V. pro* Philo, *legit* philosophi et alii.

Fac quod loqueris.]*Multis locis id inculcat Seneca. Sic autem epist.* 20. Maximum hoc est officium sapientiæ et indicium, ut verbis opera concordent, etc. *Plura vide epist.* 24 *et* 75, *initio. Tullius :* Caput artis est docere quod facis.

Pluteum cædit.] Hic furioso potius assimilatur quam viro bono. *Ita M. in margine.*

Nisi ant dicere.] *Act.* xvii. *Ergo male C.* Nisi addiscere et audire.

Non ut crederent.] *Glossa interlinealis in hunc locum.*

Fiat fides.] *Hæc lectio mihi visa est sincera, ut ex Glossa didici, etiamsi C.* Fiant fideles, *dixerit.*

Veritas autem angulos.] *Verba B. Hieron. epist. ad Rusticum monachum, quæ incipit:* Nihil Christiano; *sub finem.*

353 Et stibio Jezabel.] *Visus est amanuensis ignorasse hunc locum Scripturæ. Nam C.* studio Jezabel. *M. cum V. propinquius collimavit:* Tibio Jezabel.

Inescare.] Sic Terentius *Adelph.* actu ii, scena ii : Abi, inquit, nescis inescare homines, *hoc est, allicere. Ergo non audienda duo scilicet M. et C.* Inviscare.

Pusillis deditus.] *Non* pusillus, *ut C. Seneca eadem epist.* Non est ornamentum virile, concinnitas.

Capite complutos.] *Tria sic, pro, onustos promissa cæsarie. Interea Seneca aliter:* Nosti complures juvenes barba et coma nitidos, etc. *Ad sensum textus nostri cecinit Tibullus, l.* iii. *elegia* iv.

Intonsi crines longa cervice fluebant.

Capsula totos.] *Id est, ornatos vestibus recenter eductis ex arcula suave olenti.*

A tota oratione.] *C. a tota cortice.*

Cum cornicula.] *De qua Horatius, l.* i, ep. 5.

...... Moveat cornicula risum.

Furtivis nudata coloribus.

Filiarum ejus.] *Tria filiorum, sed vitiose, ut ex epistola B. Hieronymi innotescit.*

Officii voluntatem.] *V.* Officii vocem.

Extemporalis est epist.] *Hic non declinavi a textu B. Hieronymi, quanquam tria velint* temporalis, *quæ inter se toto cœlo differunt.*

De oratore.] *Non* de oratione, *ut V.*

Et abire cupienti] *Iterum deflectunt tria a sano textu B. Hieronymi. C.* Habere cupienti. *M.* Habere concipienti. *V.* Habere cupienti, quod ego ingero ingressum, *pro* ingestum, *etc.*

Ingestum viaticum.] *Quasi, aiunt margines,* ego ingero vianti viaticum, non prurienti oblectamentum.

Viva voce.] *C.* adimit viva.

M. Talis ergo.] *Per M. magistrum intellige, ut supra dixi.*

Adventantibus.] *C. legerat* audientibus, *sed sese in marg. correxit.*

Quibus non nutritur.] *C.* Quibus non utuntur.

Hieronymus in supradicta.] *Non legi in supradicta, quæ consolatoria est ad Julianum super filiarum morte : Neque ea quæ adduntur illi epistolæ in editione anni* 1508. *Videantur scholia Erasmi.*

Restit. tibi filius] *Si ex præfata epist. hæc desumpta sunt, profecto non* filius, *sed* filia *legendum est.*

Expellam nunc.] *V.* A corde tuo repellas, ut revivisces et consolationem recipias. *M. in ora inferiori hujus paginæ ea habet, quæ alio referenda, ut patebit. Hæc sunt autem :* Alexander papa, cum a quodam commendaretur, ait : Bonus essem papa si scirem pœnitentiam **354** dare, judicare, prædicare; et si prius fontem, scilicet charitatem, haberem, ex quibus (*forte, ex quo*) ista procedunt.

CAPUT IX.

Ne quidem hic caput dividit *C.*

Talis debet esse oratio.] *Seneca, epist.* 114, *initio, post Solonem et Platonem. Lipsius hoc loco in notis videatur.*

Non polita.] *C.* non polluta.

Sed tantum sensus.] *M.* tantos sensus. *C.* totos sensus.

Simplici sermone.] *Consule epist.* 40 *Senecæ.*

Item : Cur cor.] *Hæc quoque Senecam redolent epist.* 75.

Ne talia volutet.] *V.* ne talia os volutet, vel auris auscultet.

Cor tuum.] *Hujus non meminit M.*

Periculosa enim.] Quidni,cum *V. et M.* Perniciosa enim, etc. ?

Item idem.] *Senecæ epist.* 75.

Et formosum.] *Deest in V.*

Compositum.] *Cur* incompositum *V. et M. ?*

Et compositum in sermone.] *Attende varietatem. V. primo sic :* Et compositum in sermone, humilem habitu, mediocrem in statura brevi, ne, etc. *C.* Et compositum in sermone et habitu humili, statura, mediocri, ne, etc. *M.* in margine *hæc legit :* Sicut nec navis formosum gubernatorem, sed regere scientem.

Samgar sexcentos.] *Restitui ex Judic.* iii. *Tria :* Quingentos Philisthæos *eadem, cum olim impressis, non* Samgar *sed* Sangar *habent.*

Occides.] *ex V.* solo adjeci.

Quam gladio Ciceronis.] *Hoc est :* Citius sermone simplici vitia destrues, virtutesque plantabis, quam Ciceronis eloquentia.

Vel testis.] *Id non vidi in V.*

Humilia sectemur.] *Seu* Humiles, *ut V.*

Sesquipedalia.] *Ex Horatio de Arte poet. Hoc est, verba affectata et longiuscule protracta.*

Defendit hiatu.] *etiam hæc Horatium redolent de Arte poetica.*

Philosophus amico.] *Versus sunt Horatii, l.* 1, ep, 1 ; *sed nonnihil immutati. Sic enim ille pro versu* 2.

..... et magnam morbi deponere partem.

Per barbam David.] *Glossa hoc loco addit :* Quomodo enim in salivis infirmitas, sic virtus ostenditur in barba. *In* 1 *Reg.* xxi, 13.

Item Gregorius.] *M. sententiam hanc omisit, nomine quoque suppresso Gregorii.*

Et quod patet.] *M.* Et quod patet in eloquio divini sermonis, *reliqua absunt.*

355 Prædicationis.] *Male deerat in C.*

Non sufficiunt.] *V.* suppetunt.

CAPUT X.

Et quia non potest.] *C.* Sed quod non.

Nisi cognitum prius.] *Solum C. omittit* nisi, *et* solum *recipit* prius.

A sugillatione.] *Tria a jugulatione superbiæ, at margo C. corrigit,* sugillatione.

Omnium malorum.] *V. et M.* omnis mali et peccati. *Scio id haberi Eccli.* x, *sed cum auctor utatur hic S. Augustino, ejus quoque servavi in verba psal.* xviii, 10. *VIII.*

Recedentibus primum.] *Ita B. August. in psal.* xviii, 14.

Ut quos invenit.] *V. et M.* Et quos invenit.

Justi et rite.] *M. et C.* Juste et rite.

Non fecit taliter.] *Hæc omittit V.*

Prius non reputatum.] *Iterumque omisit* prius.

Cœli incolæ.] *Ex Glossa B. Amb. sicut ex M. et V.* colligo : Cœli incola relinquit.

Ut libido Gastrim.] *Hucusque Glossa B. Amb. in psal.* cxviii : *Tria cum omnibus, mss. legunt* castrimargia.

Id est cervicosos.] *Glossa ordin. quæ et B. Aug.*

Cervix erecta.] Sicut in malis cervix superbiam, ita in bonis libertatis erectionem signat, *B. Greg., Moral.* xiii, *cap.* 6.

Id est superbia.] *B. Aug. in psal* xviii.

Superba affectio.] *Idem in psal.* xxxv. *Ergo non bene V.* Superbiæ affectio.

Impingunt se in.] *M.* omittit se. *Similiter C. sed pro* impingunt *habet* compingunt.

Fornicantur abs te.] Id est, qui fornicantur recedunt abs te. *Ita C. in margine.*

Ingrassantur.] *C.* cursantur.

Frangit Deus omne superbum.] *Hemistichium*

Prudentii Psychomachia iv, *quam juvabit legisse.* Sæpe enim Dominus, *ait idem margo,* fulminat superbos, quasi per se puniens sine ministerio angelorum vel hominum.

Vitia abominatur.] *Supple Deus. C.* Vitia abominantur a Deo.

Item idem : Superbia.| *F. B. Hieronymus, ut infra ex notis colligo.*

Item Hieronymus.] *Epist. ad Abigaum to.* l. *M.*
Item idem : *Ergo immediate supra etiam B. Hieronymus.*

Contumel. humilitatem.] *M. et C.* humanitatem, *vi.iose.*

Adversetur.] *Subnotant duo margines :* Superbus Deum et proximum odit.

Eccli., cap. x.] *C. et M.* xxxiii.

Et exsecrabilis.] [*M. male audit :* Inexsecrabilis,

Unde non rest.at.] Est superbia, inquiunt *V. et M.* ut non restet gravius et ulterius peccare, scilicet quam per superbiam.

356 Ergo nec ad Deum.] *V.* Usque ad proximum et inimicum, ergo nec ad Deum, ad quem deberet extendi.

Item Greg.] *Moral.* viii, *c.* 30. *Distinctius tamen. l.* xxxiv, *c.* 18. *Ibi enim :* Ira patientiam, gastrimargia abstinentiam, libido continentiam expugnat; at superbia, quam radicem vitiorum diximus, nequaquam unius virtutis exstinctione contenta, contra cuncta animæ membra se erigit, etc.

In porta religionis.] *In baptismo.*

Renuntiat diabolo.] *M.* abrenuntiabit. *Hæc videntur desumpta ex epist. B. Hier. ad Demetriadem, quæ incipit :* Inter omnes materias. *Ad illud diabolo, ait M. in marg.* Ut principio et auctori malorum.

Pompis ejus.] Pompæ diaboli mendacia sunt, et temporalia quibus utimur, *Margines duo.*

Manifestius patent.] *Sic puto legendum.* Alias manifestis.

Et apparatu vestium.] *V. et M. appetitu vestium. Sed audiamus hic Senecam De tranq., cap.* 9. Assuescamus a nobis removere pompam, et usu rerum ornamenta metiri, etc.

Et limites quos.] *Horatium redolent :*

Est modus in rebus, sunt certi denique fines,
Quos ultra citraque nequit consistere rectum.

Variant exemplaria. C. certusque modus, quos et limites non licet excedere. *M.* certusque modus, quos et limites, etc.

Ut Apostolus.] *C.* Ut apostoli.

Sicut hodie fit.] *Unicum C. id legit. Si tua ætate, etiam hac nostra, Petre Cantor, luxus vestium maxime reprehensibilis est. Tanta enim in eorum pretiositate et varietate curiositas est, ut non modo ignobilem a nobili, sed neque aut vix saltem ab adolescentula adolescentem distinguere valeamus. Ordo perversus est.*

Ignobiles et plebeii ornatu corporis exquisito, nobilitatem generis induisse videntur, econtra nobiles simplici indumento, honesto tenue, contenti sunt. Cur ita? dicam. Eis virtus et morum probitas inest. Nam, ut Juvenalis, sat. 8 :

Nobilitas animi sola est atque unica virtus.
Vel : Summa apud Deum est nobilitas, clarum esse virtutibus. *Sic B. Hieron. ad Celantiam matronam. Boetius quoque videto De consol. philos., lib.* iii, *prosa et metro* 6.

Desiit esse peccatum?] *Non tamen mortale, nisi in quibusdam casibus, videlicet ad concitandam libidinosam concupiscentiam, vel alium finem mortalem; sic docet S. Thomas* 2-2, *q.* 169, *art.* 2, *ad* 2 *et* 3 ; *Cajetanus in summula verbo ornatus et in sanctum Thomam loco cit.; Graffiis, p.* 1, *l.* ii, *c.* 77 ; *Lessius, l.* iv, *De justitia. c.* 4, *dub.* 14, *et sexcenti similes.*

Ita ut his.] *Nempe, consuetudinibus et modis vivendi, vestiendive. C. nec male :* Ita **357** ut hi, *A ut scilicet,* non studeant occasione, etc.

De qua dicitur *V.* De qua intelligenda est auctoritas. *M.* de qua et cujusmodi intelligenda est auctoritas. *Sumitur auctoritas ex illo loco Apost. I Tim.* ii, *vers.* 9. Similiter et mulieres in habitu ornato. *Item ibidem :* Ornantes se. *Sed qui tale producunt argumentum, quæso, attendant solutionem B. Aug. tom., X. De verbis apost. serm.* 18, *in fine. Et lib.* iii. *De doct. Christ., cap.* 10. *Item, distinct.* 41 : Quisquis.

Consuetudini vestiendi se.] *V. potest tolerari :* Tum scilicet consuetudine se vestiendi, *hac aut illa innovata et introducta.*

Ortus ejus.] *Seu origo, ut V.* Ortus superbiæ multiplex est. *Quandoque enim oritur a dono fortunæ, ab habitu interiori, et divitiis exterioris; a dono naturæ; a generis nobilitate; a pulchritudine; a dono gratiæ ; a potestatibus cupitis; a dignitatibus habitis. Ita margines.*

Abundantia panis.] *Vel juxta* LXX *Interp.* deliciarum luxuriæque opulentia. *Ezech.* xvi.

Iniquitas eorum.] *Variant hic exemplaria. C.* Iniquitas eorum, et cum habitu etiam exteriori, etc. *(forte legendum* interiori). Ab habitu etiam exteriori procedit quandoque superbia, et est vestitus, etc. *M.* Ab habitu exteriori et exteriorum ; *non improba hoc sensu.* Ab habitu exteriori, *in se nempe, ut in vestitu corporis.* Et exteriorum, *ad se pertinentium, v. g. in equis, mulis et reliqua supellectili.*

Ita et philosophus.] *Seneca, ep.* 87.

Solo motu.] *V.* Solo motui. *Non sapit.*

Ad humilitatem et cor.] *C.* ad cor suum, *reliqua excludit.*

Modicitatem meam.] *V. omittit* meam negans.

Excusans.] *Ly abest a C.*

Sordido erubescit.] *Subaudi* vehiculo. *Vide Senecam, epist.* 87.

Nonnunquam.] *V.* nunquam.

Unde Benedictus Romæ.] *C.* Unde Benedictus ratione. *Nil audio.*

Timens monstrum.] *V.* Vitans monstrum.

A generis etiam nobil.] *Contra B. Hieron.* Nulli te unquam de generis nobilitate præponas, *epist. ad Celantiam.*

In publicis conventibus vidi ego humiliores veros nobiles, quam falsos. Hos dico falsos, qui se inter nobiles genere, volunt dici nobiles, cum tamen appensi in statera genealogiæ, aut paternæ extractionis, inveniantur minus habentes. Diserte de vera nobilitate Boetius De consol. philosoph., lib. iii, *prosa et metro* 6.

Tolle Hannibalem.] *Ex Juvenali, sat.* 6.

Incumbere famæ.] *Ex eadem, sat.* 8.

Nobilitas animi.] *Ex eadem sat.*

358 Simillimus Hermæ.] id est Mercurii, *ait C. in textu, M. in marg.*

Fastus inest.] *Ovid. Fast. l.* ii.

Sub cinere et cilicio.] Multo deformior est illa superbia, quæ sub quibusdam humilitatis signis *latet; et infra :* Quid prodest tenuari abstinentia corpus, si animus intumescat superbia? *Ita B. Hieronymus, vel (ut quidam volunt) Paulinus ad Celantiam.*

Subacta putaris.] *C.* peracta putaris. *In ora marginali addit :* Sic peccavit Zozimas. *Ejus vita habetur apud Sur., to.* 11.

Quæ plus infestat.] *V.* quæ magis.

Quibus non profuit.] *V.* In quibus non, etc. *Vide expos. B. August. in psal.* cxviii, *vers.* 69.

Cum humilitati obvient.] Cum humilitati, *addit M. inter lineas :* Christo scilicet in ea.

A potentat. et dignit.] *Quæ modo adveniunt, modo recedunt. Ab his odiosam oriri superbiam comperies, si attente Boetium legeris initio prosæ* 6, *lib.* iii. *De cons. philos. Sed cum potentes quandoque degradari contingat, ideoque modico conicrntos esse magis deceat, libet Senecæ versus recitare :*

Felix alius magnusque volet,

Me nulla vocet turba potentem.
Stringat tenuis littora puppis,
Nec magna meos aura phaselos
Jubeat medium scindere pontum.
(HERC. ÆTEUS.)
Adjuncta sunt.] *Præter Vener. Bedam testatur etiam B. Bernardus. serm.* 37, *ad sororem.*
Et stercus sup.] *V. omittit* et stercus.
Boüm lapidantia.] *Hujus sententiæ non meminit C. Deut. c.* VII.] *Tria* XXXV.
Septem populos.] Id est capitalia crimina septem. *Ita marginas duo. Si plura cupias videto Glossam de Lyra in hunc locum.*
Emplastro sæpe curia.] *Ut avaritiam deprehensa Simonia, superbiam libidine propalata. Aliquando, Dei permissu, redit aliquis in luxuriam, ut fiat alienus a superbia. Id edocet B. Aug. De civit l.* XIV, *B. Thomas* 2-2, *q.* 162, *a* 6 *ad* 3.
Ibi curaberis.] ibi, *omittit V. Videntur hæc dicta per antiphrasim ex illo Jere.* 51. *Curavimus Babylonem, et non est sanata. vers.* 9.
Unde Gregorius.] *V. Unde legitur in Vitas Patrum de quodam :*
Videns cives.] *C.* vidit cives.
Horripiliones.] *Horripilo, quasi horridiore pilo frutico: Hi sunt horripiliones, qui eo magis intumescunt, quo plus honorantur. Nomen horripilationis legitur in Ecclesiastici* XXVII. *vers.* 15.
359 Superbia oriretur.] *C.* oreretur, *Male, nisi forte ureretur, quia post, refrigerii causa, in flumen ruit.*
Quasi furiosum.] *V. et M.* quasi fatuum. *De hoc eremita leguntur hæc in marg. C. Ego sum Deus, et non immutor, civitatem non ingredior, ita nec eremita voluit.*
Semicinctiis. *Quæ medium hominem cingunt.*
Lantfrancus.] *Hic fuit archiepiscopus Cantuariensis, vir sanctus et doctus. In concilio Romano sub Nicolao II pontifice, anno* 1059, *disputavit cum Berengario hæresiarcha, eumque ita convicit, ut Berengarius librum suum Vulcano dederit devorandum. Eo autem ad vomitum redeunte, præfatus Lantfrancus scripsit de veritate corporis et sanguinis Domini in Eucharistia, to.* II *Conc. p.* 3; *Bellarm., De Script. Eccl. ad annum supra notatum ; Baron., t. XI, anno* 1088, *liber ejusdem De sacramento altaris exstat to. VI Bibliothecæ Patrum,* 2 *editionis.*
Subtiliter.] *Non* sublimiter, *ut C. et M.*
In Turonensi conc.] *Jussu Victoris papa II per legationem missam contra Berengariam habito. Illius meminit Lantfrancus in libro suo contra eumdem; Baron., to. XI ad annum* 1055.
Nimius juvat.] *Non* minus, *ut C.* quia vitiose, *et contra originalem textum Claudiani.*
Opposuisti nubem.] *V.* opposita est nubes, *sed contra textum Scripturæ sacræ.*
Superbia cordis.] *C.* est enim superbia cordis, oris, cordis, totius corporis et operis. *Cur bis repetit cordis ? Superbias multiplices audi : Superbia cordis, oris, oculorum, frontis, manuum, pedum. Ita marg.*
Et frons domicilium.] *C. non male explicat :* et super os domicilium est frons *scilicet.*
Signum verecundæ.] *Hoc modo distinguit M.* Et signum verecundiæ, humilitatis, vel impudentis elationis.
Et Job vel Sap.] *C.* simpliciter : Et sapientia, *per quam accipe Ecclesiasticum c.* XXIII; *Job fere eadem habet, c.* VII *et* XXXI.
Extollentiam.] Excellentiam *M. et C. vitiose.*
Nares minaces.] *V. et M.* Nares minas et injurias spirantes.
Humeri jactantes.] Vel jactabiles, *inquiunt M. et V.*
Schemata ridentia.] *V. pro explicatione et nota addit :* Verba formata et gestus homines moventia ad risum (*M. addit in margin.*) sunt forte.
Membra loquantur.] *C.* membra moventur.
Qua ratione tacet.] *M. et V.* cum ratione tacet.

A Gastrimargia.] *Tria cum omnibus fere manuscriptis ut dixi supra ad c.* 10, *legunt* castrimargia, *sed vitiose.*
Quasi arcuati.] *ventris superficie ante convexa, retro concava ; quibus quandoque* **360** *etiam accedit incessus testudineus cum gravitate corporis adeo affectata, ut si præconem tuba sonantem talibus præmiseris , statim compositam præfecturam incedere putes.*
Affixo palo.] *V.* affixo talo, *non sapit. Describit hæc Prudentius poeta Psychomachia* 4.
Dominum et regnum.] *V. et M.* Domicilium et regnum.
Alterius vitii.] *Nempe* Gastrimargiæ, *ut subnotant C. et M.*
Num propter.] *Cur tria non ? Videatur Seneca l. c.*
Qua cætera animalia.] *V. Quæ cætera,* etc. *non placet.*
Ingluviem exsaturandam ?] *V.* ingl. exstinguen-
B dam ? *Hoc est, complendam ?*
Frangit Deus omne.] *Hemistichium Prudentii Psychom.* 4.
Nec in incessu.] *Glossa interlinealis est.*
Incompositio corporis.] *Recte. Male ergo M. et V.* incompositio mentis.
Job. XVIII.] *Tria, Job.* XIV. *Olim minor capitum numerus erat quam hodie, ut supra notavi.*
Primogenita mors.] *V.* primocreata mors. *Potest tolerari.*
Quæ inter vitia prius.] *V.* quæ inter vitia prima (*hic deficit*) primam creaturam.
Item Cassiodorus.] *Hic lacuna est in M. usque ad finem capitis.*
Meditatio cordis.] *C.* cogitatio.
Qui intus]. *C.* qui justus vides.

CAPUT XI.
Suffocata matre.] *Ex B. Aug. De Verbis Domini super Matthæum.*
C Quam retinuit.] *Hæc, usque :* Hujus invidia, *omittit V.*
In effectum et forte.] *C.* in affectum et in effectum invidiam *scilicet. Hic subnotabo ea, quæ ex quodam codice ms. monasterii Camberonensis collegi, in quo, inter opera Stephani Cantuariensis, habentur aliquot capitula de Verbo abbreviato Petri Cantoris.* Invidia primum peccatum fuit post superbiam, et per eam de angelo factus est Satan; eam autem amisit in effectu, nescio utrum in affectu ; invidiam autem retinet in effectu et affectu. Invidet enim nobis quod amisit : unde primos parentes nostros, eis invidendo, decepit; et nescio, utrum damnati et reprobi purificentur dæmonibus in invidia, ut post mortem invideant bonis, et ita sit falsum quod dicitur .
Pascitur in vivis livor, post fata quiescit.
(OVID. lib. 1, Eleg. 15.)
Nisus est ut.] *Consule B. Aug. to. VIII, in psal.* LVIII, *Conc.* II, *in medio. Item in psal.* CXXXIX, *initio.*
D Fraternum odium.] *C.* parit enim semper odium. *De his S. Tho.* 2-2, *q.* 34, *a* 6, *in corp.*
Qui dicunt.] *V.* quæ dicunt, *etiam bene, facta relatione ad auctoritates.*
Sunt reddita etiam.] *Ex solo C. tria hæc verba collegi.*
Quod maxime.] *V. et M.* quod etiam tunc.
361 Et tunc hoc vitium.] *M.* et circa hoc vitium , *scilicet* odium fraternum.
Causam habet imp.] *M.* curam habet impulsivam , etc.
Regnatura sit post.] *Quod non aliud peccatum, ait margo M. et C.*
Aliud persequor.] *V.* aliud persequitur, *sic quoque in immediate sequentibus.*
Ipsum datorem.] *V.* ipsum Spiritum sanctum.
Exstinguere conor.] Dicendo (*aiunt margines duo*) propter hypocrisim facit , et hujusmodi.
In gaudio et dolore.] In gaudio , *quia male acci-*

dit proximo. In dolore, *quia prospere.*
Insultare malis.] *Statius poeta* 2 *Thebaidos.*
Macrescit | *C. et M.* Marcescit. *Vide Horat.* 1, *ep.* 2. *In invidum hoc epigramma jactat Waudræus nostras, in æde S. Germani Montibus canonicus.*

Invide, quis credat ? rebus macrescis opimis,
Atque saginatas fit macer inter oves.
Invidia tantum possis cum vivere, restat,
Illa qua tu vis vivere, parte mori.
(Lib. 1, *epigr*.)

Semper abest risus.] *Ovidius* 11 *Metamorp. sic:*
Risus abest, nisi quem visi fecere dolores.

O dulces visure.] *Invidus pro prosperis inimici dolet. Sequitur:* Intrature tenebras, *lætatur pro adversis.*

Interficit superbia.] *Codex biblicus:* Interficit iracundia.

Munditia vel vita.] *C.* Vel vita, *omittit.*

Sanitas carnium.] Carnalium concupiscentiarum, *ait margo C.*

Putredo ossium.] *Hæc explicant duo margines:* Virtutum omnium, quas facit, putrescere. *Talis est etiam Glossa Lirani.*

Ignem ardoris.] Invidiæ, *inquit Glossa interlinealis.*

Parietis stipulam.] *Vanitatem, seu opera inania. Glossa eadem.*

Justius invidia.] Sic *B. Hier. in c. v ad Galatas:* Pulchre, *ait,* quidam de Neotericis Græcum versum transferens, elegiaco metro de invidia lusit, dicens:

Justius invidia nihil est, quæ protinus ipsum
Auctorem rodit, excruciatque animum:
Sed subdamus quæ in margine M. vidimus: Quasi per illum. Unde :
Infelix primus imbuit auctor opus.

Perpetua anxietas.] *Hic versus et sequentes sunt Juvenalis sat.* 14 *et* 13.

Sumit utrumque.] *Idem sat.* 9.

Et tremorem capitis.] *V.* Et tremorem corporis. *Dicunt quidam Deum tale dedisse cornu in nare Cain, et oculos ita scintillantes, ut visu, terribilior appareret quam unicornis. Lib.* III, *hom.* 6, *c.* 2.

Viduæ Sareptanæ, quam superioribus annis in lucem emisimus.

Hic est spiritus.] *Etiam tolero V.* Hæc est (*scilicet invidia*) spi., *etc.*

362 Eo quod etiam audisset.] *V.* vidisset.

Coram propsallente.] *V. et M.* coram quo (*scilicet Saule*) psallente. *Sapit utique.*

Ad lyram.] Cur *V. et M.* ad litteram ?

Invidia filia.] *C.* Invidia filius.

A bonis prosperis.] *C.* a bonis propriis hominis oritur, ita hæc a bonis proximi et alterius et melioribus.

Si ex toto.] *C.* Sed ex toto delere non potest.

Si non alicui.] *V. et M.* Si non aliqua nocuisset.

Ne comedas.] *Cibos spirituales vel materiales, ait fragmentum Camberonense, de quo dixi supra in notis ad hoc caput.*

Et perdes pulchros.] *Item idem.* Quasi diceret: Nullo modo invidum placare poteris.

Quod oritur a bonis.] *M.* quæ oritur, *vitiose.*

In Prologo Isaiæ.] *Ego magis specificabo locum. In prologo B. Hieronymi in librum* XI *Commentariorum in Isaiam ad Eustochium.*

Despiciunt et.] *Quibus quadrat hic versus ex marg. C. et M. collecius:*
Carmina quæ nescit, dicit spernenda caletes.
M. vro carmina legit omnia. C. pro caletes, habet zelotes.

Item, si oritur.] *M.* Sortitur invidia. *Abusus est.*

Sancta imitatio.] *C.* Sancta invitatio. *V.* Sancta superbia. *Quidni sancta æmulatio ?* Æmulor enim vos Dei æmulatione, *inquit Apost.* II Cor. XI. *Dixi sancta, alioquin perversam adverso æmulationem Prov.* XXIV : Ne æmuleris viros malos. *Bifariam*

A *accipi æmulationem, pro laude et vitio docet Cicero in Rhetor.*

Prophetant hic.] *Illi erant Medad et Eldad. Num.* XI, 26 *et* 27.

Quæ interpretationi.] *C.* qui interpretationi.

CAPUT XII.

In titulo fallitur. C. contra traditionem, *pro* detractionem.

Dens pessimus.] *Aliter M.* Et Deo pessima est detractio. *Hoc est Deo odibilis est ipsa detractio. Cassiodorus in ps.* III *sic ait:* Dentes dicit sunt a demendo. Et ideo pulchre nimis linguæ detrahentium dentes vocantur; quia sicut illi ciborum partes demunt, ita et isti opiniones hominum adhibita detractione corrodunt.

Romanos cap. 1.] *Tria* v.

Contentione.] *De hac abunde dictum est supra cap.* v.

B Quasi in hoc eis] *Deficit V. usque,* item epistola.

Ad Galatas v.] *Tria* II.

Invicem mordetis.] Derogando in parte, *inquiunt margines duo.*

363 Consumamini.] Abrogando in toto. *Iidem marg. C. et M.*

Scissa scilicet.] *M.* consumamini scilicet unitate fidei. *C.* consumamini schisma scilicet unitate fidei. *Hoc forte volunt quod habet Glossa.* ord. *in hunc locum. Nempe:* Consumamini: Per schisma Christianæ religionis.

In ps. c.] *V et M.* in ps. XCIX. *Male.*

Id est detrahens.] *V. et M. sic habent:* Non adhæsit mihi cor pravum, etc. Detrahentem proximo suo, etc. Superbo oculo, etc. Omnia ex eod. ps.

Superbo oculo.] Pro invidia, *aiunt margines C. et M. Sed clarius Fragmentum Camberon.* Superbo oculo, superbia. Insatiabili corde, invidia. Detrahentem, etc. detractio.

Parab. c. IV.] *Tria* XIV *Biblia nostra olim c.* XII.

Item c. XXIV.] *Tria* XLV. *Præfata Biblia* XLIV.

Cogitatio stulti.] *M.* cogitatio stulta. *Super hæc inter lineas, id legi:* et tota vita ejus.

Id est, absenti non.] *Hoc Levit.* XIX. Non maledices surdo, *Exponit eodem modo et sensu B. Gregorius Pastoral. p.* 3. *Admonit.* 36.

Qui detrahit proximo.] *Addit. C.* Deo et proximo et huic homini.

V. et M. non repetunt: Et proximo, *quia satis patet, eo se illi obstringi quo detrahit.*

Sed et homini.] *Ly* sed *solam C. habet. Interim posset abesse, etiam non mutato sensu.*

Dicendo humiliter.] *M.* dicendo humiliatus. *V.* Humiliatus dicens.

Veniens, non tantum.] *Utinam pro* veniens *legeretur,* Vade prius, *etc. Abunde enim, tum ex Glossa ordinaria, cum ex illa Lirani, colligitur sic legi oportere. Ibi bifariam exponitur* Vade. *Primo ped-*

D *bus corporis;* 2 mentis. *Mentis dico, ubi habet propositum satisfaciendi loco et tempore competenti. Prius enim injuriæ satisfaciendum, subinde Deo immortali sacrificandum, ipsumque sic, placato antea fratre, placandum scias.*

Detrahere enim est.] *Audi varietatem. C.* detrahere enim, est de aliquo, et de plenitudine alicujus aliquid tollere. *M.* detrahere enim, est de aliquo plenitudinem alicujus aliquid tollere. *Sed M. sic non sapit. Fragm. Camberon. ita definit:* Detractio, est de aliquo tractio.

Quæstio est.] *Hæc verba poterant subaudiri ex interrogatione facta, at cum V. haberet in textu, nequaquam a textu excludere potuimus. Interea, multorum doctrina monitus, dicerem ego talem detractorem debere, et præbendam restituere, et famam apud prælatum laceratam resarcire. Ipsi autem prælati faventes delatoribus, facile credentes accusatoribus, ac detractoribus arrectam aurem commodantes, a peccato minime excusantur. Nam B. Augustin.*

tom. VIII *in psalm.* CVIII, *vers.* 4, *inquit* : Si hilari vultu detractorem audieris, das illi fomitem detrahendi, **364** etc. *Plura vide* 6 *q.* 1. Ex merito et 14 *q.* 3. Non solum.

Sumenda sunt alimenta.] *Hæc legi aliquando apud eumdem B. Aug. l.* 10 *Confess. c.* 31.

Indignam noverit.] *M.* Indignam judicet esse sibi. *Habetur hoc epigramma to.* X, *Serm.* 26 *ad Fratres in eremo.*

Epist. canonica c. 4.] *Tria c.* 9. Apud antiquos auctores, non canonica, sed Catholica vocatur. *Origenes apud Eusebium Eccles. hist. l.* VI, *c.* 19. *Dionysius Alex. ibid. l.* VII, *c.* 10. *B. Hier. de Script. Eccles. in Jacobo. Ideo autem* Catholica dicta est, *cum epistolis B. Petri et aliorum, quia non ad unam aliquam civitatem, ut Epistola ad Romanos, non ad unam privatam personam, ut ejusdem ad Timotheum; sed generatim ad fideles dispersos missa sit, ut ex cap.* 1, *patet. Dicitur quoque canonica eo quod canones et præcepta instituendæ vitæ Christianæ contineat, seu quia, æque ut Paulinæ, ad canonem librorum pertineat.*

Qui peccatum occultum.] *M.* nil. determinat, eoque male legit : Qui peccatorem publice, etc. *Publice peccantes, publice pro exemplo corrigendi sunt. Sic. Ven. Beda in c.* VIII *Lucæ* : Publica noxa, publico eget remedio. (tollatur.)

Parab. XXIV.] *exemp.* XLVI.

Sed nunquid minus.] *C. allucinatur :* Sed nunquid falsum testimonium minus detrahit dicendo verum dæmonium de aliquid.

Vel virtute.] *Solum C.*

Verba adulatorum.] Nequaquam, Verba detractorum, *ut C. Patet enim ex Glossa interl. quæ et B. August. est.*

Cujusdam Sapientis.] *Glossam vide.*

Uni commembro læso.] *V.* compat. omnia uno membro læso.

Observanda.] *C.* conservanda.

Ignobiliora membra.] *Fragm. Camberon.* Inhonesta membra.

Exemplo etiam matris.] *Hic, usque,* exemplo etiam Patrisfamilias, etc., *deficit V.*

Juniorem.] *C.* minorem. *Sapit utique, si ætatis minoritatem intelligas, non molis tantum. Sic legit fragm. Camberon.* Debiliorem filium majori diligentia fovet.

Filium prodigum.] *Post exemplum filii prodigi, recte subdit Fragm. Camberon.* Quia, qui hodie est malus, cras bonus erit : et ideo nulli est detrahendum.

Quidam enim invenit.] *Tria conveniunt, at Fragm. Camb. clarius effert sic :* Quidam enim invenit detractionem sive aliqua materia vel cum aliqua, quia nemo est cujus pes non lubricet aliquando, de quo potest dici illud poeticum :

Quælibet in quemvis opprobria fingere sævus.

Quidam audit, ut referat, et de illo dici potest :

Quælibet in quemvis opprobria dicere sævus.

Margines C et M. Rarus enim est cujus pes quandoque non labatur. (*addit*) *C.* ut lubricet.

365 Fingere sævus.] *Horatii versus* I, *epist.* 15, *C.* dicere sævus.

Dissipat pluvias.] Adulationis et detractionis, *inquiunt margines præfati.*

Facies tristis.] Scilicet increpans, *ait M. inter lineas.* Vel indicans se tanquam fetorem putridum horrere detractionem idque naribus contractis, aut rugata fronte, aut supercilio adducto.

Ad Nepotianum.] *To. I De vita clericorum circa finem. Incipit epistola :* Petis a me. *Nec absimilia leguntur in epist. ad Rusticum eodem tomo, quæ incipit :* Nihil Christiano, *post medium.*

Non in petra.] *Mallem ipse* in petram, *ab impetu; idque ex Hieronymiano textu. Ait enim :* Sagitta in lapidem nunquam figitur. *V. hic variat sic :* Nulli enim invito loqueris, ut in petra figatur sagitta, sed resiliens, etc.

Contemptum alia littera.] *Tria hic non audiunt. Non enim alia littera, sed Glossa, quæ est Cassiodori in hunc locum. Nam ille ibi derisum a contemptu distinguit.* Contemptus, inquit, est abjecta vilitas.

Exstinguit vel perimit.] *Ly,* Vel perimit, *omittit C. M. autem :* exstinguit vel punit. *Non placet. B. Bernardus eadem homilia :* Necat funditus et exstinguit. *Illam legisse plurimum proderit.*

Duo autem sunt genera.] *Fuse ediserit idem ibidem.*

Dicens sic : Per me.] *Fere eadem B. Hieronymus ad Rusticum epistola.* Nihil Christiano. Sed dices, inquit, ipse non detraho; aliis loquentibus, quid facere possum? Ad excusandas excusationes in peccatis ista prætendimus, etc.

Capitulo clericus.] *Ita ibi :* Cl. ricus maledicus ad postulandam veniam cogatur, et si noluerit deponatur, et non nisi cum maxima satisfactione revocetur ad officium suum.

Oculata fide.] *Manifesta et aperta. M. et C. male,* occulta fide.

Quotidie videmus.] Patet, *inquit Fragm. Camberon.* quia multi detractores et causidici officio linguæ privati sunt.

In venalibus in lingua.] *Per* venales in lingua *intellige illos advocatos, causidicos, et similes ejusdem praxis, qui in duplicatis aut triplicatis responsionibus, tum in testes, cum in adversam partem convitia jactant, calumnias nequaquam ad propositum facientes, ex malignitate et vindicta animi interserunt: Proh pudor! Consiliarios in tales detractores et facto, et verbo, et scripto notos et deprehensos, non animadvertere, non via facti in eos sententiam ferre, aut amotione ab officio per annum, aut inhabilitate continua ad illud obeundum feriendo, damnando. V. et M.* In venalibus in lingua magniloqua. *C.* in venalibus in lingua et vaniloqua. *Audi hic Lucanum l.* X *Pharsalici belli :*

Nulla fides pietasque viris, qui castra se-
[quuntur,
Venalesque manus, ibi [*al.* ubi] fas, ubi
[maxima merces.

Pœna etiam futuri.] *Vide* 6, *q.* 1. *Deteriores. De Pænit, dist.* 1. Homicidium vero.

366 CAPUT XIII.

Vita primo.] *C.* Vita post intravit. *Illo sensu, de quo hic, non potest tolerari.*

Primo accedimus.] Iterumque *C. Post* accedimus. *Ly* post *per talem abbreviationem scribitur, qua fere induxer legere prius, sicque non damnarem lectionem hanc neve priorem.*

Adeo quod de ea.] *Apparet auctorem hæc desumpsisse ex B. Aug. t.* X, *serm.* 2, *in Vigia Pentecostes, C.* illud adverbium adeo, in duo verba a Deo distinguit, *sed male.*

Humiliaverit se.] Per naturam. *Aiunt margines C. et M.*

Sicut parvulus iste.] Per gratiam. *Idem.*

Mulierculæ eidem.] *Primum mulierculis apparuit, inquit B. Hier. C. omisso* mulierculæ, *solum legit* eidem. *V. et M. econtra.*

Ex textu infertur Mariam Magdalenam (cui Salvator resurgens primo apparuit) esse eamdem cum Maria peccatrice. Contrariæ opinionis est Guillelmus Estius Orationum theologicarum 14, *et in notis in hunc locum.*

Primo prælatus stillæ.] *V. omittit* primo. *Ad illud* stillæ, *aiunt margines post B. Hieronymum,* id est gentili populo, vili et idololatræ.

Primas sibi cathedras.] *Non* pe sinas, *ut C. Vide epist. B. Hieron, ad Antonium monachum.*

Quam precum.] *Iterum male idem :*quam pretii.

Nec nutum facere.] *V.* nec mutum facere. *M.* nutumque te facere cogas, et Domino, etc. *C.* Mutum te facere cogas. *Restitui* nutum *ex B. Hieron.*

Nisi styli verecundia.] *Margines C. et M.* Verbum

prolatum avolat, scriptum permanet. Unde et stylo scribendi maxima debetur reverentia, ne quid nisi honestum et utile scribatur. *V. hæc habet in textu post illa verba.* Rescribere vel iratus. Sed judicavi recentiores illa subnotasse (*ut annuit V. in notis ad c.* 97), *ideoque a textu expungi.*

Vidisse in aere mundum.] C. Vidisse aerem plenum, etc. Sed *M.* Vidisse mundum (*supra autem addit*, lege aerem) plenum laqueis, etc. *Dicta sunt hæc de S. Antonio, ut legitur in Vita ejusdem per S. Athanasium conscripta.*

Incauta humilitas.] *Fragm. Camber. legit hæc :* Quia nimia humilitas cognata est stultitiæ. *Recte :* Nam humilitas absque ratione stultitia creditur.

Cognata stultitiæ.] *M.* cognata justitiæ. *Insipide.* Et conservandæ.] *V.* et observandæ.

Timeas ruinam.] *Juxta illud I Cor.* x : Qui stat, videat ne cadat.

Item ps. cı.] *C. et M. deficiunt una linea, usque :* Item idem.

Exaltatione superbiæ.] *M.* elatione superbiæ. Gloriæ collatione.] *Seu ut C.* collatione præmiorum.

367 Primo Reg. c. xv.] *V. et M. determinant caput* xxvi.

II Reg. cap. vi.] *Tria* Lxv.

Hodie et heri.] *Solum C. habet.* Et heri, nec est in textu Scripturæ.

De post fetantes.] *Hæc non vidi in textu B. Gregorii, neque in V.*

Minimis exæquando.] *C.* Minimus exsequendo. *V.* Minus exsequendo. *M.* Minimis exsequendo. *In textu observavi textum B. Gregorii.*

Debilia et extrema.] *B. Gregorius :* Egit vilia et extrema, ut illa, etc. *C.* egit debilia et extrema valde. *His significatur Davidis profunda humilitas et dignatio.*

Humiliatum despexit.] *Hucusque B. Gregorius.*

CAPUT XIV.

Cinerem et favillam.] *Hoc est, ut inquiunt margines M. et C.* Se esse viles. *Videatur hic B. Gregorius Moral.* xxvii, *cap.* 27.

Se esse fatentur.] *Fallitur C.* Se esse non fatentur. In oculis cordis.] *V.* in oculis meis.

Est enim duplex humilitas culpæ.] *Fateor me hæc verba quatuor in contextum reposuisse, quæ solæ margines C. et M. legebant.*

Ex servili timore.] *Ait Fragm. Camberon. :* Et humilitati cognata est humilitas servilis timoris ; quia quidam solo timore se humiliant, cum non audeant desævire in alios, quod tamen appetunt.

Dicit poeta.] *Claudianus* ii *in Eutropium.*

Humiliabitur, confusione.] *Ps.* cxvııı. Confundantur superbi, etc. *C.* pro confusione *male legit* confessione.

Parab. c. xxix.] *Tria* Liv in fine.

Esau vero venantem.] *Gen.* xxv. *V. et M.* Venatorem.

De post asinas.] *C.* asinos. *Scriptura sacra habet* asinos.

In Apostolum.] *Seu ut V. et C.* in discipulum. Infirma mundi.] *Hoc est humilia. Unde M. et V.* intima mundi.

Quæque confundat.] *V.* quæque confringeret.

Cum Romæ.] *Hæc*, usque Fabri filio, restitui in textu, *ex marg. C. et fragm. Camberonensi tantum.*

Successorem.] *V.* Successores.

Propter quadraturam.] *De his virtutibus, cornibus quatuor altaris, dicitur Sap.* iii. Sobrietatem et prudentiam docet et justitiam et virtutem, quibus utilius nihil est in vita hominis. *Plura cupis? percurre Glossam in c.* xxvii *Exod. ver.* 1.

Quæstuariæ.] *Uti Prov.* xxxi. Quæsivit lanam et linum, etc. *Absit ergo, ut Deiparam dicas quæstionariam ut C. Puto interim notarii errore hoc subrepsisse. Nam infra c.* xvi. habet quæstuariam. Sic eam

vocat *B. Hier. in fine epist. ad Heliodorum :* Quanto amore.

368 Pernoctantibus.] *Addit margo C.* Unde pastoribus apparent visiones, et simplicitate parvulorum, effectum habent incantationes, gladii et hujusmodi.

Secreta nativitatis.] *V.* Secreta sacramenta nativitatis. *Ademi sacramenta, eo quod superfluum judicarim. Nam hic idem est quod secretum et mysterium. Ut Tobiæ* xii. Sacramentum regis abscondere, bonum est.

Parvo lacte.] *Ex hymno Nativitatis Domini.*

Humilia et hum.] *C.* Quia humilia humilibus prædicavit.

In sepulcro alieno.] *Quod erat Josephi ab Arymathia. Matth.* xxvii.

Humilitatis responsorium.] *Hoc est scutum et antidotum.*

Hyssopo.] *Fragm. Camberon.* Hyssopo, id est humilitate per totum corpus.

Monemur in psalmo.] *V.* Ob hoc etiam monentur pueri in psalmis laudare : Laudate pueri, *M.* moventur pro monentur. *Non sapit.*

Animal humile.].*B. Joan. Chrysost. in cap.* xxi, *Matth.* Est enim animal hoc immundum, et cæteris pene jumentis irrationabile, et stultum, et infirmum, et ignobile, et oneriferum magis.

Opera nostra.] *C.* tempora nostra.

Epist. Canonica cap. iv.] *Tria cap.* viii. *Cur canonica, diximus in notis ad c.* xii.

Sed magis time.] *C.* omittit magis, *vitiose.*

Superbia ibi ruina.] *Sic comminatur Jeremias cap.* L. Cadet superbus et corruet, et non erit qui suscitet eum. *Fragm. Camberon.* Ubi superbia ibi contumelia.

Humiliari cum humil.] *Versio S. Hieronymi :* Humiliari cum mitibus : *at LXX Interpr.* Melior mansuetus corde cum humilitate. *Chaldaicæ paraphrasis translatio sic :* Melior est humilis spiritu et mansuetus, etc. *Ni tria convenissent in lectione, observassem S. Hieronymi versionem. Postremo Fragm. Camber.* legebat : Melius est humiliari cum divitibus, *sed male.*

Item Gregorius.] *Hæc duo verba omittit C. Multis autem locis de hypocritis tractat ille, præsertim* 18. *Moral. cap.* vii *et* xv, *c.* 2. 3. 4.

Qui humilitatem non.] *Contradicit M. hoc modo :* Qui humilitatem non habet, hypocrita non est. *Posset tolerari hoc sensu :* Qui humilitatem non habet, hoc est, qui non novit exterius simulare humilitatem ; non potest dici simulator virtutis, aut hypocrita.

Job ait.] *Tria tum in textu cum in margine, cap.* xv. *Olim erant pauciora capita numero, in Jobo, quam hodie.*

Si ascenderit in cœlum.] *Subdunt margines duo :* Tu ille es. *ex psal.* cxxxvııı.

Sacerdotium cupere.] *C.* capere.

De cupid. laudis.] *Subnotant margines C. et M.* ex *Philip.* iii. Omnia ista reputavi, ut stercora, ut Christum lucrifacerem.

Et quasi de.] *Hæc sunt ab auctore superaddita textui B. Hier. usque, interpretantur.*

369 In gloriam convertunt.] *Margines præfatæ :* Gloriam redarguentes. *Quam bene Seneca, ep.* 115 *in fin.* Qui virtutem suam publicant, vult, non virtuti laborat, sed gloriæ. *Itaque qui libellos suo studio et industria faciunt publicos, Dei honorem et proximi utilitatem spectent, non auræ popularis favorem. Dicant cum Domino :* Gloriam meam non quæro (*Isa.* viii), etc. *Si supersint obtrectatores appellas ipsorum despicientes et deprimentes, humiliter et benigne respondeant :* Dexteram tuam sic notam fac, et eruditos corde in sapientia (*Psal.* Lxxxix).

Et famæ in populos.] *Margines duo :* Fama ad proximum utilis est. *Ita est. Nam :* Fama bona impinguat ossa (*Prov.* xv).

Cymbalum concrepans.] *Verba sunt B. Hier.; I Cor.* xiii, tinniens.

Athleticum scomma.] *Sic restitui, alioquin Tria ; Athalanticum scamma* Ἀθλητική *accipitur pro arte certandi. Unde* ἀθλητής, *athleta, luctator* σκῶμμα *vero est cavillum, calumnia,* σόφισμα *captendula. Tales cavillantur et jaciant convitia fucata et adumbrata lenociniis. Et in margine C. ad hæc lego :* Ad cachinnum, Dei sermone, invicem provocant.

Gloriæ cupidi.] *An non juste et vere idem margo clamat :*

Unde superbit homo, cujus conceptio culpa,
Nasci pœna, labor vita necesse mori ?

Philip. II] *Tria,* III.
II Cor IV.] *Tria,* XI.
Ut sublimitas] *C.* Ut subtilitas sublimitas sit.
Et corruptibile.] *C. conjungit cum immediate sequenti :* Et corruptibilis saccus stercorum.

Agnosce dignitatem.] *Luculenter C. in laterali ora :* Magnus et felix fuisset homo, si permansisset in eo quod creatus est ; sed major et felicior, si in eo permansisset, quo creatus est. *Iterumque subdit :* et, o Christiane, in quo restauratus es.

Quam gloriosus enim.] *C.* quam gloriosa enim arbor martyrii, inerat, etc. *De Mauritio et Thebæis agit Sigebertus Gemblac. De viris illust.* c. 159 ; *Marbodus episc. Redonensis passionem Thebæorum metrice conscripsit. Videatur præterea Sur. tom.* V.

Redarguens ait. c. XIII.] *Tria,* XL.
Ad Titum II.] *Tria,* IV.
Ait Hieronymus.] *Sic restitui, prout citatur* VIII, q. 1.
Qualis enim.] *Tria :* Ait Augustinus.
Corripiens c. XIX] *Tria,* LIV.
Illud Gregorii.] *In explanatione 7 psalmi pœnit. ad illud :* Non est sanitas in carne mea. *Tria :* Illud Hieronymi

Septenam scalam.] *C.* Septena oracula, *hoc est beatitudines.*

Humilitatem quasi fundamentum.] *Hæc invenies in Glossa ad illud Matth.* V : Beati pauperes spiritu.

370 CAPUT XV.

Circa quod bonum est.] *V.* circa quam, *scilicet* humilitatem, *tolero.*

Conterminam et vicinam.] *V.* continuam, *vel* contiguam, et vicinam.

Mansuetus.] *V.* manui assuetus.

Injurias etiam proprias.] *Post hæc legendum est exemplum quod ex solo margine C. collegi. Tale est :* Unde quærenti de quodam religioso, qui multas habebat gratias, quare non promoveretur ; responsum est a monachis. Quia in gratiis non est gratiosus. Non enim est mansuetus, non est satis tractabilis.

Exemplo Andreæ.] *De quo sic in Ecclesia canitur :* Vir iste in populo suo mitissimus apparuit, etc.

Mites vias suas.] *Subdit V.* Et psal. LXXV, 5, 9 (*hodie* 10). Cum exsurgeret Deus in judicium, ut salvos faceret omnes mansuetos terræ. Et Apostolus : Argue cum mansuetudine. *Et paulo post :* Psalmista (cap. XLIV) : Propter veritatem et mansuetudinem, etc. Quoniam supervenit mansuetudo et corripiemur (*Psal.* LXXXIX). Poeta etiam hanc approbat : Non cadit, etc. Perficio .

Non cadit in mores feritas inamabilis istos,
Nec minus a studiis dissidet ista suis.
(Ovid., I *De Ponto.*)

Verba apostoli : Argue, etc., *colligantur ex 1 Cor.* IV, *vel 1 Tim.* VI. *C. super hæc, etiam addit in laterali margine :* Et exaltavit mansuetos in salutem (*Psal.* CXLIX).

A studiis gentilis.] *V.* Siga natura dissidet gentilis.
I Paral., cap. XVIII] *M.* Item Paral. LXVI, in fine.
V. In Paral., lib. II, cap. XVI, in fine.

CAPUT XVI

Regimen cœlestis.] *Hoc capite multum dissentit ab aliis V. sicque primum orditur :* Regimini cœlestis doctrinæ suæ in scala Jacob post humilitatem et mansuetudinem adjunxit Dominus tertium, non vir-tutem sed conservantiam et augmentum virtutum, paupertatem. De quo verbo et exemplo regit scholas, quia, etc. *M. sic inchoat caput :* Regimini cœlestis doctrinæ suæ de humilitate, etc.

Quod potest salvare.] *Hanc sententiam omisit M.* Fuisse dicitur.] *Hæc in solo C. leguntur.*

Beati pauperes.] *Secundum Lucam non additur,* Spiritu.

Sed exemplo.] *V.* Sed etiam commendavit exemplo, ut ad appetitum ejus invitaret populum, sibique eam etc.

Pauperculæ et quæstuariæ.] *Ly* pauperculæ, *ex V. adjeci. B. Hieronymus in fine epist. ad Heliodorum :* Quanto amore : Virginem Deiparam vocat quæstuariam.

Præsepiolum.] *Non* præsepilium *ut M.*

371 Cuidam adolescenti.] *Sana lectio est. C. et M.* Cuidam possidenti divitias.

Utrum tamen.] Utrum autem *V.*

Verbum possibilitatis.] *C.* Verbis possibilitatis.

Cum negativa.] *C.* Cum non negativa particula.

Vel facilitatem.] *V. et M.* Vel facultatem.

Vel quia vitiose.] *Hæc, usque,* Item Hier., *solum V. habet in textu ; duo autem in margine. Ubi legendum videtur ita pro tertium, tametsi B. Hieronymus nonnisi primam rationem adducat cur divitiæ vocentur* mammona iniquitatis.

Superbire faciunt.] *Post hæc subdunt margines C. et M.* Non expavit Apostolus dicens scilicet mors ex.

Exigui parvique lares.] *Lucanus impressus :*
Pauperis angustique lares.

O munera.] *V. et M.* O numina.

Intellecta Deum.] *C.* intellecta Deo.

Hoc contingere muris.] *Impressa :*
... hoc contingere templis
Aut muris potuit.

Prædam civibus.] *Hoc hemistichium cum sequenti ex eodem Lucano desumptum est, et superiora immediate præcedit hoc modo :*
Securus belli prædam civilibus armis
Scit non esse casas. O vitæ tuta facultas, etc.

Item in eodem.] *Lucano nempe, non tamen quinto sed primo libro De bello Pharsalico.*

Non viros.] *Hoc omisit V. Subjicio versus Juvenalis, sat.* VI, *in ora laterali C. stylo tenuissimo expressos :*
Prima peregrinos obscena pecunia mores
Intulit, et turpi fregerunt sæcula luxu.

Item Hieronymus secundum.] *Percurre epist.* 146 *ad Damasum :* Beatitudinis tuæ, et alteram au Demetriadem.

Versibus poetarum.] *M.* Versibus poematum tantum. *V.* Poetarum *tantum. In notis ad c.* 1 *plura de hac re comperies.*

Spoliatis Ægyptiis Hebræisque ditatis.] *Hæc verba forte erant a textu expungenda tanquam notæ additæ, eo quod solum C. legat in margine, et V. in contextu, judicet lector ex iis quæ habentur in notis ad c.* 97 *desumpta sunt autem hæc, ex benedictione cerei paschalis.*

Crinibus puellæ.] *Allusio est ad mulierem in numero captivorum visam, de qua Deut.* XXI.

Juven. Cantabit.] *Sat.* X. Illic, *usque :* Item Hieronymus, deficiunt *M. et C.*

Claudianus.] *In Ruffinum lib.* I. *Primus versus variat cum impressis Claudiani. Sic enim :*

372
... Natura beatis
Omnibus esse dedit, *etc.*

Cato : Paupert] *Quidni ejusdem versum præcedentem recensuit ? Facit ad propositum, ergo repetendus :*
Infantem nudum cum te natura creavit,
Paupertatis, *etc.*

Item Seneca ad commend.] Senecam *restitui, ex epistola* 42, *quam quoque margo C. citabat. In textu* tria *legebant* Hieronymus *pro* Seneca.

Hoc itaque.] V. Hoc utique.

Ad quæ magno labore] V. ac magno labore. *Intermittit alia.*

Magno labore.] Scilicet divitias et redditus, *aiunt duæ marginales oræ.*

Inspicere debemus.] Cum nobis offeruntur. *Ita eædem cum V.*

Non providemus.] *Genuina Senecæ lectio, epist. 42. V. tamen cum M. Non pervidemus.*

Gratuita vocamus.] V. Gratuita putamus.

Quanti deferatur.] V. differatur. *Quod sequitur, pretii omittit.*

Sæpe maximi pretii.] *M. et C. hic observavi: quanquam V. cum impresso Seneca legat* : Sæpe maximum pretium est.

Lipsius enim lectionem textus nostri auctoris, asserit a quibusdam fuisse receptam.

Quid stultius.] *Hæc, usque,* Item : Uxor Tobiæ duo legunt in margine laterali; V. vero in textu hoc modo : Hieronymus. Quid stultius, *etc.*

Item Hieronymus.] In breviario suo super psalmos, *inquiunt duo margines cum V. Verum in commentario, qui ejus nomine existit, non habentur.*

Juxta verbum Sap.] *Similia vidi Eccle.* v *et Job* xx.

Sæpius sincerius.] V. Sæpius securius. *Placet utique.*

Ut altum dormiret.] *Margines duo cum* V. *secure.* Hoc est : et profundo somno dormiret et non laborioso.

Hic monendus es, lector, V. multum a duobus aliis exemplaribus differre, non tantum ordine verborum transposito, sed et copia. Quare consulto duxi verbotenus describere ab hoc loco : Item Hieronymus : Ob hoc ampliori, etc., *usque ad Senecæ verba*: Memini Attalum, *etc., sed prius notanda est varietas* C. *et* M. *usque ad prædicta Senecæ verba.*

Nudi nudum.] *Vide B. Hieronym. in fine epistol. ad Rusticum* : Nihil Christiano.

Abundantia panis.] *Margines* C. *et* M. Per panem quælibet necessaria bona accipiuntur. *B. Hier. in c.* xvi *Euseb.* Abundantiam panis, *inquit,* verterunt lxx deliciarum et luxuriæ opulentiam. Recte per panem deliciæ intelliguntur; nam ad omne obsonium semper aptus est panis et proficuus.

373 Item Hieronymus.] *Post Senecam, epist.* 20 *in medio.*

Item idem. Hoc unum.] Tom. IV *in c.* xxxiv *Ezech. initio; et iterum post Senecam* vi, *De Beneficiis, c.* 30.

Vel in consulendo] M. Vel ei consulendo.

Fructus pœnitentiæ.] M. omittit ly pœnitentiæ, *sed male.*

Exemplo Xerxis.] *De hoc Seneca* vi *De benef., c.* 31.

Demaratus.] *Non Demoratus, ut* M. *Hujus meminit B. Hier Apol. adversus Ruffinum, c.* 2.

A teipso vinceris.] M. *in margine subdit* : Viso exercitu, præ timore fugient hostes et hujusmodi. *Item: idem* : Victus eris antequam sentias. *Hanc et sequentes notas marginales V. legit in textu, ut infra videbis.*

Et obruet. C. Involvet nos et obvolvet.

Item Jeremias. Nabuzardan rex coquorum.] *Iste Nabuzardan erat princeps militiæ sive exercitus Nabuchodonosoris regis Babyloniorum. Jerem.* lii *et* iv *Reg.* xxv *de eo ibidem dicitur* : Muros Jerusalem in circuitu destruxit omnis exercitus Chaldæorum, qui erat cum principe militum. *Idem repetitur Jeremiæ* lii *vers.* 14. *Quibus locis apud* lxx *interpretes semper vocatur princeps coquorum, ut quater vel quinquies dicto c.* 25, *l.* iv *Reg. Et Jeremiæ* lii *sic habent Septuaginta* : Nabuzardan princeps coquorum, qui stabant ante faciem regis Babylonis, *etc.*, omnem murum Jerusalem destruxit virtus Chaldæorum, quæ cum principe coquorum. *Quem locum citans B. Gregorius pulchre mystico sensu explanat*

A *parte* iii *Curæ pastor., admon* 29, *his verbis* : « Quia gulæ deditos luxuria sequitur, propheta testatur, qui dum aperta narrat, occulta denuntiat, dicens : Princeps coquorum destruxit muros Jerusalem: Princeps namque coquorum venter est cui magna cura obsequium a coquis impenditur, ut ipse delectabilier cibis impleatur. Muri autem Jerusalem virtutes sunt animæ, ad desiderium supernæ pacis elevatæ. Coquorum igitur princeps muros Jerusalem dejicit, quia dum venter ingluvie extenditur, virtutes animæ per luxuriam destruuntur. » *Sic ille.*

Hieronymus : In hoc.] *Videatur Glossa in hunc locum Psalmi.*

Electos suos.] *Tria sic habent. Psal.* lxviii. Vinctos suos, *etc.*

Compedes naturæ.] Quibus etiam, *aiunt margines* C. *et* M., vinciuntur divites velint nolint, ut sitis, esuries et hujusmodi. *Plura videto apud B. Aug. in psal* lxviii *post medium, tom.* viii.

Compedes gratiæ.] C. *in latere.* Sed hæ duplices. Quædam præcepti. Unde : Fili, injice pedem tuum in compedes ejus (*Eccli.* vi). Vinctos his compedibus exaudit Dominus (*Psal.* lxviii).

Has nimis onerat.] M. Has nimis honorat.

Item philosophus. Memini.] *Seneca epist.* 110, *sub finem. Nunc describam ex* V. (*ut supra dixi*) *ab illo loco, quo destiti subnotare. Hic est ex Juvenali.* Altum dormiret. *Post hæc verba sequitur in* V. :

374 Ad hoc valet, quod Dominus voluntarios pauperes secum sessuros in judicio, dicit : Vos qui reliquistis omnia, et secuti estis me, sedebitis (*Matth.* xix), etc. Ibi enim erunt oppressuri suos oppressores, et eos cum Domino judicabunt. Dominus enim pauperatem in domo sua dedicavit. Non negandum tamen, quin divites, id est inter divitias pauperes sint.

Ad idem facit quod piscatores, relictis retibus et navi et voluntate omnia possidendi, nudi nudum secuti sunt crucifixum (*Matth.* iv). Ad hoc facit, quod adolescens relicta sindone nudus aufugit (*Marc.* xiv). Hoc est quod Joseph Ægyptiacæ meretrici (*Genes.* xxxix), id est luxuriæ mundanæ pallium, quo ab ea trahebatur, evadens reliquit. Hoc est quod Apostolus dicit in I Epist. ad Cor., c. ix. [*al. cap.* x.] Sic currite, ut comprehendatis. Omnis enim qui in agone contendit, ab omnibus se abstinet, offendiculis et sarcinulis. Per suum contrarium commendanda est paupertas. Vitium enim Sodomorum adinvenit abundantia panis (*Ezech.* xxvi), id est quarumlibet copia divitiarum et superbiæ vitæ. Inde etiam subsecuta est otiositas, cui ipsa natura displicet et vertitur in fastidium. Unde illud : Vide quid faciat otium et cibus alienus. *Juvenalis* (*Sat.* vi):

Prætabat castas humili fortuna Latinas.

Gregorius paupertatem commendat dicens : Sæpe quos morum infirmitas vulnerat, paupertatis medicina curat. B. Bernardus quæsivit a quodam abbate sibi subdito, qualiter se haberet domus sua. Qui respondit : Adhuc peroptime est nobis, qui adhuc pauperes sumus. Hieronymus (Post Sen., ep. 20, lib. vii) : Ob hoc amanda est paupertas, quia a quo ameris, ostendit. Hoc unum deest omnia habenti, quod non est qui verum dicat ei, omnes adulantur ei, etiam confessores, aulici, secretarii. Dives etiam a nemine diligitur. Unde Lucanus :

Felix se nescit amari.

(Sen. vi *De benef. c.* 51) : Quomodo credet se diligi, qui nullum diligit? Quod autem habenti desit qui verum dicat, patet per Xerxem. Qui cum tot et tanta fecisset, cum per mare siccis pedibus ivisset, cum per terram navigio cucurrisset, infinitum congregavit exercitum contra Lacedæmones et Athenienses, habens triginta millia equitum, et infinitorum peditum multitudinem. Cum autem quæreret utrum sufficerent ad confutandum hostes, ab omnibus una voce responsum est, aerem non suf

ficere ad capiendum telorum multitudinem. Et
etiam, audito nomine regis, omnes converti in fugam acclamabant. Sed Demaratus alienigena et exsul, aliis omnibus adulando mentientibus, solus dicit ei verum. Prius, inquit, victus eris quam sentias. Moles enim ista dissona est et non apta bello, sed de facili in casum ruitura, et sese oppressura præ multitudine. Et ita contingit.

Ad idem pertinet quod Nabuchodonosor per principem Nabuzardan pauperes agricolas dimisit et vinitores in terram promissionis, et Nabuzardan eis Godoliam præfecit, divites secum in captivitate traxit et potentes (*Jer.* LII). David **375** paupertatem commendans, ait : Exaudivit pauperes Dominus, et vinctos suos non despexit (*Psal.* LXVIII). Hieronymus: In hoc multum commendanda est paupertas quod vinctos ejus exaudivit Dominus et solvit. Sunt autem compedes naturæ ut sitis, esuries et hujusmodi. Sunt et compedes fortunæ, paupertas scilicet, et illi adhærentia. Sunt et compedes gratiæ, sed hæ duplices. Quædam enim sunt præcepti. Unde : Fili, injice pedem tuum in compedes (*Eccli.* VI). Quædam gratiæ perfectioris et consilii, ut in claustralibus. Unde dicuntur viri compediti. Compedes autem naturæ hodie nimis aggravantur. De quibus ait Augustinus : Has nimis onerat, qui supra necessarias accumulat. Vinctos his compedibus exaudit Dominus. Sunt etiam compedes culpæ. Unde : Funes peccatorum circumplexi sunt me (*Psal.* CXIII). Item philosophus (SEN., *ep.* CX) : Memini Attalum, etc.

Subsequuntur notæ aliquantisper intermissæ.

Imposuere divitiæ.] *M. inter lineas*, vult : decepere.

Sed in quodam apparatu.] De gradu alto, forte ubi erat, *inquiunt margines M. et C. Ad illud apparatu, subnotat C. in ora laterali*; forte ludi. *Ludus hic, ut apparet, fuit Circensis. Ejus enim pompam et ordinem describit Seneca. De quo fuse Tertullianus, libro De spectac. c. 7. Varietas lectionis talis est. C. legebat* : Si quodam apparatu. *M* autem : Sed quodam appar. *Ego ex Seneca restitui locum.*

Urbis opes cælatas.] Urbis *scilicet* Romanæ. Cælatas *cum diphthongo juxta Senecæ textum scripsi. M. indicat debere abesse. Nam inter lineas*, cælatas *exponit hoc verbo* absconditas. *V. pro* cælatas, *habet* collatas.

In his quæ pretium.] Ut manubiæ et quæcunque pretiosa spolia. *Ita margines M. et C.*

Et alia quæ.] *V.* et aliæ.

Incitatus.] *V.* vitiatus.

Isthinc effero.] *Non* offero, *ut V.*

Ab effectu.] *Nec in Seneca, nec in V. id vidi.*

Lente.] *C. inter lineas*, Leniter. *Seneca* lentus. *Audi margines C. et M.* Merces lente cum exponuntur venum, ad ordinem locantur, ut magis reluceant ex se mutuo; collectarum autem insimul, transit decor et pulchritudo earum, ita et divitiarum.

Hoc totam vitam.] Hoc totum vitam. *V non placet.*

Occupabit. *Ita Seneca.* Tria, occupavit, *etiam excluso interrog. signo, in fine sententiæ.*

Caloribus.] *M. et V.* coloribus. *Male.*

Habeamus aquam.] *Verba Epicuri.*

Remedium inopiæ ?] *M. et C. præponunt signum interrogationis ipsi verbo* inopiæ. *Sic enim.* Quæris quod sit remedium? Inopiæ famem, etc.

Tolle querelas.] *Hemistichium hoc, cum sequentibus versibus, Horatii est l. 1, ep. 12. Ex* **376** *ora inferiori M. Hæc ex Seneca subnoto.* Et quid interest, quis dixerit? Omnibus dixit. Qui eget divitiis, timet pro illis. Nemo autem sollicito bono fruitur. Adjicere illis aliquid studet, dum de incremento cogitat; oblitus est usus, rationes accipit, forum conterit, Kalendarium versat, fit ex Domino procurator, *ep.* 14, *in fine. Ad hæc vide notas Lipsii.*

Et alienis hortulis.] *Nempe Epicuri.*

Humanitatem pati.] *Non* humilitatem, *ut V.*

Togam conterunt.] Iterum *V a sensu deflectit.* Totam vitam conterunt.

Item idem.] *Ante hæc Senecæ verba*, *M et C. legebant* : Cui cum paupertate bene convenit, dives est. *Sed cum paulo eadem repeterentur, judicavi absona, monitus lectione V, quæ hic placuit. Videatur Seneca, ep.* 2.

Quod necesse est.] Quod natura exigit, et ut vivere possis. *Lipsius.*

Quod sat est.] *V. subdit*, scilicet satietatem. *Lipsius.* Quod humanitas requirit, et ut commode vivere possis. Item : Cui quod satis est, satis non est; nil ei satis erit.

Is satietatem habet.] *Consule Senecam, epist.* 60 *et* 119.

Contenta est necessit.] *M.* Contenta est obolo. Econtra, Infidelis etiam obolo indiget. *Beatus Hieronymus, epist. ad Paulinum, quæ incipit* : Frater Ambrosius.

CAPUT XVII.

Augustinus.] *Tom.* X, *t.* L *hom.* 13 *in medio.*

Item Hieronymus.] *Tom.* IX, *in regula monachorum, titulo* De paupertate. *Vide præterea tom.* III, *ep. ad Hebidiam, quæst.* I *sub finem. B.* Gregorius *simile habet Moral.* XV, *c.* 12. *Postremo referam verba B. Fulgentii super illud Matthæi* : Omnis arbor. Quid recipiet qui aliena tulit, si semper ardebit qui sua non dedit ?

Augustinus.] *Tom.* X, *hom.* 8, *t.* L *hom. Item Serm.* 205 *De Tempore.*

Contra vero.] *Hoc, usque* Divitias *abest in M.*

Sed occasionem.] *V. clarius* : Sed occasionem ejus, furtum scilicet. *Sequitur* : Occasione namque paupertatis incipit qu's furari.

Sed morbum.] *V.* Imo tantum morbum carum. *Restrictius est.*

CAPUT XVIII.

Titulum. De mediocritate *ex V. solo desumpsi, et novo capite distinxi.*

Ait Augustinus.] *Tom.* VIII, *in Psal.* XXIX, *expotit.* 2 *in fine.*

Seneca ait.] *Epist.* 95, 98 *et* 104, *post Val. Max., l.* VII, *c.* 5, *et post Cicero de Murœna.*

Convivis.] *Ita Seneca, ep.* 95, *in fine. Tria interim*, conviviis.

377 Quid aliud præter.] *Solum V. addit* præter. *Hæc sententia a Seneca deflectit. Vide eum.*

Ut nullum factum.] *Supple, præter hoc, ut* suggerere *videntur margines C. et M.* Ut inter deos computaretur, contra per hoc habita est et consecrata inter deas. *V. pro*, Ut nullum factum, *legit, et si* nullum factum.

Unius tantum.] *Margines* : Scilicet Tuberonis.

Aliorum aurum.] *Seneca ep.* 95: Illorum aurum.

Argentumque.] *V.* Argentum quia fractum est.

Et contrectandum.] *Hoc omittit C.*

Item idem.] *In V. abest* idem, *sed infra* Seneca *nominatur.*

Quam Augustinus.] *C.* quam Augustinus ait, in cujus, etc.

Pro modulo personæ.] *C. aliter, sic* : Videtur latere, tum autem pro modulo personæ.

Vivendum est.] *V.* In qua tibi vivendum est, sed Seneca magis determinate ait : Illud, etc. *Hic citat Senecam ex nomine, quem duo tacite et cum suppositione, sic* : Item idem.

Illud te admoneo.] *Verba Senecæ ep.* 5, *in quæ scholia Justi Lipsii vidisse juvat.*

Ambitione perversa.] *Maxime variat C.* Et quidquid aliud ambitione perversa, via sequitur curta.

Hominum consuetudini.] *C.* consuetudinem. *V.* Consuetudine. *Ad hæc margines C. et M.* Non prorsus quidem debemus nos conformare huic sæculo, nec prorsus in modo vivendi ab hominibus dissidere (*Rom.* xii).

Humanitatem.] *Non humilitatem, ut V.*

Concretis et horridis.] *C. et M. Certis et horridis. Seneca : Tetris et horridis.*

Delicatas res.] *C. absolute, delicias.*

Non magno parabiles.] Rationabile sit obsequium vestrum, *aiunt margines C. et M. Ex c.* xii. *ad Rom.*

Non incompta.] *C. Non incomposita.*

Vitam nostram.] *C. et M. vestram.*

Sed non agnoscant.] *Tria sic eaque expono.* Suscipiant omnes vitam nostram, *hoc est actiones, ad extra, bonas et exemplares.* Sed non agnoscant, *id est per scrutationem interiorum, quo scilicet animo fiant, sed omnia in bonam partem interpretentur. Seneca affirmative :* Sed et agnoscant, *seu (ut membrana nostra Senecæ) :* Sed agnoscant.

Attali magni.] *Seneca ep.* 110 *sub finem. Nequaquam vice Attali, legas Demetrii, ut V.*

Habendas permisit.] *Duo sic finiunt caput. V. vero addit in textu margines C. et M. scilicet :* Divitiæ si affluant, nolite cor apponere. *Ps.* lxi.

378 CAPUT XIX.

Sicut spiritualis.] *Duo ita inchoant caput; at V. repetit ea, quæ in calce cap.* 14 *habentur. Hæc sunt :* Dominus collectis discipulis, usque, sicut spiritualis,

1 ad Tim. c. vi.] *Duo c.* 8, V. 10.

Non ait sunt.] *Placet etiam V. hic :* Non qui sunt, sed qui volunt.

Divites fieri.] Voluntate, *ait margo M.*

In interitum.] *Hæc exponunt tenuissimi characteres interlineales M. hoc modo :* In interitum, temporalem; et perditionem, æternam.

CAPUT XX.

Ex V. *in summario capitis adjeci ly :* Et avaritiam.

Quæ est plus habendi.] *Verba B. Aug. tom.* I, *t.* iii *De lib. arbitr. c.* 17.

Quidlibet.] *Nempe, ut margines C. et M.* pecuniam, honorem, sublimitatem, scientiam, escam, vestem, et hujusmodi. *Plura B. Aug. in Psal.* cxviii, *Concio.* 11.

Ergo cupiditas.] *M.* Ergo peccatum hoc, scilicet cupiditas. *Contra hanc cupiditatem B. Hieron. epist. exhortatoria ad Pammachium et Oceanum, quæ incipit :* Qui Æthiopem invitat.

Secundum hoc.] *Omittit V.*

Quæ specialiter.] *Non spiritualiter, ut M.*

Amor pecuniæ.] *Id sonat Syriaca interpretatio* I Tim vi, 10. *Audi interim margines C. et M.* Pecuniam voco quælibet temporalia citra dignitates, honores et hujusmodi.

Cupiditatis Gregorius.] *V. inter cupiditatis et* Gregorius, *hæc interponit :* Pecuniam voco, etc., *ut in proxime præcedenti nota ex marginibus collegi sed post hujusmodi, addit,* ii : Libro Sentent. (dist. 42 sub finem). *Verum, ut dicam quod sentio, male in contextum hunc marginem reponit V. eo quod ille, sicut et alii quamplurimi, a Scholasticis expositionis gratia ad latus ipsius textus additi sint, ut colligitur ex notis ad cap.* 97, *ad illa verba :* Non gratiæ, sed vanitatis.

Inter hæc.] *Nempe* cupiditatem et avaritiam, *de quibus Horat. l.* i, *ep.* 1 :

Fervet avaritia miseraque cupidine pectus.

Non distinguit.] *Magna hic oppositio, V. et C. sic :* Inter hæc videtur distinguere dicens, etc. *sed perperam. Nam initio capitis sequentis evidenter patet contrarium his verbis :* Avaritiam speciem cupiditatis, licet Gregorius inter speciem et genus non distingnat, etc. *Hic autem tria exemplaria convenient. Interea ut facilius hæc capias, consule B. Aug. Psal.* cxviii, *conc.* 11.

379 Die comederitis.] *Post hæc verba, V. addit in textu quod duo in margine, scilicet :* Sed quomodo,

A cum pruritum in gustu non haberent ante peccatum? Tantum forte in escæ oblatione, *M.* oblivione, *pro* oblatione.

Sed et altitudinis.] *C.* Sed et altitudine scientiæ, *non placet, quia declinat a B. Greg. hom.* 16 *in Erang.*

Imo et quæcunque res.] *Hoc desumptum est ex B. Aug. t.* I, *t.* iii *De libero arb. c.* 17. *Unde infra citatur idem in fine periodi, sic :* Secundum Augustinum. *V. maxime hic discordat. Primum, pro* secundum *legit* Sed Augustinus, *finitaque et puncto distincta præcedenti periodo, subsequentem inchoat hoc modo :* Sed Augustinus hanc dubitationem contrarietatis solvit, Glossa super Ecclesiasticum cap. x (*alias* xxxv), cujus finis est : Caveamus cupiditatem et superbiam quæ sunt unum malum, a quo omnia mala oriuntur. *C. hæc quoque habet in margine :* Hanc dubitationem et contrarietatem solvit Augustinus, Glossa, etc. *ut supra. Glossa est in c.* x *Eccli, ver.*
B 15, *quæ etiam redolet doctrinam B. Aug. t.* IX, *tr.* 8 *in epist.* I Joan. *c.* iv.

Item philosophus.] *V. paulo fusius sic :* Ad jugulandam cupiditatem sufficere debet quod ait philosophus. *Epist.* 16.

Congeratur in te.] *Genuina lectio, quæ et Senecæ. At V.* Omnes divitiæ Crœsi congregentur in te. *Laudo, quia nota est, quam M. legit in margine.*

Ut terram marmoribus.] *Ita Seneca. Tria interim :* Et terram, etc.

Ars ultra luxuriæ.] *Ly* ultra *pro* excessu *est. Verum Seneca non* ultra, *sed* ulla luxuriæ, *legit.*

Via eunti.] *M. ex Seneca. Duo* viam eunti. *Ex ep.* 16.

Cæcam cupiditatem.] *Hic attende Lipsii notas.* Parab. *c.* xxx.] *M. et C. cap.* lvi. *V. omittit.* Parabolas *scito esse* Proverbia Salom.

Sanguisugæ.] *Quæ non plene, sed potius imprægnato ventre vix contentæ sunt. Horat. ultimo versu De arte poet.*

Non missura cutem nisi plena cruoris hirudo.

Dumque sitim sedare.] *Idem Metam.* 3. *Fab.* 6. O insatiabilis cupiditas, *cujus desiderium vadit in infinitum, ut ait Aristot.* 1 *Politic. Unde aperte Seneca,* Hercul. Oet :

Cupit hic gazis implere famem,
Nec tamen omnis plaga gemmiferi
Sufflt Istri, nec tota sitim
Lydia vincit, nec quæ zephyro
Subdita tellus, stupet aurato
Flumine clarum radiare Tagum :
Nec si totus serviat Hebrus,
Ruraque dives cingat Hydaspes,
380 Intraque suos currere fines
Spectet toto flumine Gangem.

CAPUT XXI.

V. *Novum hic inchoat caput, præfigitque titulum* De avaritia, *duobus caput præcedens continuantibus.*

Avaritiam speciem.] *Vide B. Aug. t.* VIII *in Ps.* cxviii, *conc.* 11.

Eccli. cap. x.] *C. c.* xxxiv. *Duo* nihil.

Venalem habet.] *Hæc C. et M. notant ad latus :* Diabolo in causa justa si eget, et in causa injusta etiamsi egeat.

Invidia.] *Omittit V.*

Impiger extremos.] *Horat. l.* i, *ep.* 1. *Tale in Perum jaculatur epigramma Wadræus de quo in notis ad c.* 41 :

Cui dat opes, dat opus fortuna, fatentur habentes.
Quærit opus per opus, quisquis opes per opes.
Ne per opes, vel opes, vel opus, Pere, quærito, nullus]

Quæritur a sana mente labore labor.

Item Hieronymus.] *Vide eum in ep. ad Paulinum, quæ incipit :* Frater Ambrosius, *paulo ante finem.*

Quam eo quod habet.] *Idem post Quintil. l.* 7.

Nihil esse sordidius.] *Juvabit, reor, hic Horatium producere*, 1, *Sat.* 1 :

At bona pars hominum deceptа cupidine falso
Nil satis est, inquit ; quia tanti quantum habeas, iis.]
**Quid facias illi ? Jubeas miserum esse libenter
Quatenus id facit, ut quidam memoratur Athenis]
Sordidus ac dives, populi contemnere voces
Sic solitus :|Populus sibilat, at mihi plaudo
Ipse domi simul ac nummos complector in arca.**
Unde Juvenalis.] *In Juvenali non vidi : Usque ad talum sordidus, forte : Usque ad talum candidus Centuculatas.*] *M. et C. centuplatas.*
Eas habeo et conspicio.] *V.* Meas habeo, *etc.*
Quod mihi conservatur.] *Solum V. Nam duo : Unde sine sollicitudine.*
Appositionis custo.] *M.* appositus cust.
Eo viso pascam.] *M.* Ex viso pascam.
Tibi collatae sunt.] *Non collocatae, ut V.*
Si vis fenerare.] *Respicitur ad Illud Prov.* XIX :
Feneratur Domino qui miseretur pauperis.
Quas dederis sola.] *Solum V.*
Ait c. 14.] *M. et C.* 41. *Verba praecedentia, sci-*
381 *licet* : Avaritiae vitium sugillans, *V. unicum habet.*
Viro cupido et tenaci.] *Magna hic varietas lectionis. C. et M. ita conveniunt* : Viro cupido et tenaci sine ratione per fas et nefas, si poteris recte (*versus Hor.* 1, *epist.* 1), si non quocunque modo rem. Est ergo substantia : Homini livido ad qui.l aurum?
Et non ideo.] *Ideo abest in V. et M.*
David : Thesaurizat.] *Hoc. usque*, Divitias suas, *in textu omittit. C. cum M. Illud autem* : Et relinquent, *etc. in latere est.*
Quid sibi invidet.] *Usque,* malitiæ ipsius, *inclusive, non legit V. et horum loco hæc habet* : Ecclesiasticus infra [*cap.* XIV] : Etsi bene fecerit, *etc.* **Ad hæc verba subnotandus est margo C. et M. Præ**
avaritia non ferens ad usus necessarios res suas expendere. *Glossa est ad illud Eccli.* XIV : Qui sibi invidet, *etc.*
Arefaciens.] Semper sitibundus *inquiunt notæ C. et M.*
Item : Juxta quemdam.] *Quoniam laboriosum est hic ad invicem conferre omnes sententias et verba praepostere composita, subnotabo verbotenus dissonantiam V. Itaque primo hoc omittit* : Item : Juxta quemdam, *et immediate post illa verba* animam suam arefaciens, *sic habet* : Hoc autem potest. M. orare inimicus ut diu vivat, vivensque anxius appetitu ampliori et livore se ipsum excruciet et torqueat. Hoc idem vitium detestatur Apostolus in epist. ad Rom. cap. 1 [*al.* v]. Repletos omni iniquitate, malitia, fornicatione, avaritia, etc., de quibus dicit in fine ejusdem : Quoniam qui talia agunt digni sunt morte; non solum qui ea faciunt, sed etiam qui consentiunt facientibus. Glossa : Consentire est, tacere cum possis arguere, vel errorem fovere. Ad Galatas: v [*al.* x.]
Manifesta sunt autem opera carnis, quae sunt fornicatio, immunditia, luxuria, idolorum servitus, etc., qui talia agunt, regnum Dei non consequentur. Idolorum servitutem vocat ubique avaritiam.
Ad Ephesios v [*al.* 21] : Fornicatio autem, aut omnis immunditia aut avaritia, nec nominetur in vobis. Et in eadem infra [*cap.* v] : Omnis fornicator, aut immundus, aut avarus (quod est idolorum servitus) non habet hæreditatem in regno Christi et Dei. Ad Coloss. III [*al.* VIII] : Mortificate ergo membra vestra quae sunt super terram, fornicationem, immunditiam, libidinem, concupiscentiam malam et avaritiam, quæ est simulacrorum servitus. Hieronymus ad Heliodorum [*al.* Rusticum] monachum : Errat, qui judicat illum idololatram, qui timore, vel coactione, vel alia causa forsan idolo thurificat et non potius illum qui divitiis incumbit, qui do-

minum nummum pro Deo adorat, qui creaturæ honorem exhibet pro Creatore. Unde :

O nummi, nummi, vobis hunc praestat honorem.
(JUVEN. *sat*, 5.)

Et alibi :

Et genus et mores regina pecunia donat.
(HORAT. 1, ep. 6.)

382 **Unde habes** :
Ne me quaerit, sed, oportet habere.
Item Dominus in Evangelio, etc., *hic concordat cum aliis.*
Augustinus etiam.] *Percurre lib.* IV *De bapt. contra Donatistas cap.* 4, *et exposit. Ps.* XCVI.
Hieron. ad Heliodorum] *Restitui locum. Tria enim ad Rusticum. ep. ad Heliod., sic incipit* : Quanto amore. *V. in textu redolet quidem doctrinam B. Hieronymi hac epistola, magis tamen Commentario in c.* v, *ad Ephesios.*
Pariunt et fovent.] *Ergo nequaquam* perimunt, *ut C.*
Divitiis male acquisitis.] *V.* Divitiis mundanis. *Hæc habes in ep. B. Hieron. ad Eustoch. de Cust. Virg. c.* 14.
I Cor. v.] *C.* cap. XXXV. M. 25.
Si quis frater nominatur.] Per sententiam, vel notam infamiae, aiunt margines *C. et M. Sequitur ibi* : Sepulturae, corporis Christi et hujusmodi, *nempe,* non licet fieri participes, *quod tacite innuunt.*
Ergo vitandi.] *V. haec omittit et eorum vice id habet* : Et per simile, non talibus impoenitentibus in exitu vitae communem sepulturam communicare, sicut contigit de quodam usurario apud S. Dionysium (*Hoc exemplum in textu non habent C. et M. at bene ad latus, unde reor a scholasticis pro nota additum, interea cum V. illud variet, sic repeto*) apud quem laborantem in extremis, cum venisset sacerdos cum Eucharistia, invenit eum impotem, ita innuentem ei, quod a familiari daemone constringebatur per fauces, nec permittebatur restituere rapta, vel dividere turpiter congregata, vel confiteri peccata, vel suscipere Eucharistiam ; et sic miser de hac vita miseras raptus est ad miseriam interminabilem ; sed a quibusdam monachis clanculo sepultus est. Quo comperto, extractum est fetens cadaver de tumulo et ad cautelam et terrorem aliorum publice retractum in sterquilinium. Quod videtur forsitan fieri de omnibus in fine impoenitentibus, ut de militibus qui decimas fatentur se publice retinere. Quomodo ergo dabitur eis Eucharistia, vel communis in morte sepultura ? In eadem : « Nolite errare, neque fornicarii, neque idolis servientes, neque adulteri, neque ebriosi, neque maledici, neque rapaces regnum Dei possidebunt (*I Cor.* v). » In Evangelio Lucae (*Can.* XII) : « Cavete ab omni avaritia, etc. »
Ex his quae possidet.] Ex his, *restitui. Nam tria omittebant.*
Possessio enim ejus.] *V. hoc modo* : est aliqua possessio, gratiae et gloriae est amissio. *M. et C. ad latus sic notant* : Ex possessione non est vita, sed saepe amissio ejus. *Post illud* est amissio, *addit V.* Illi autem (qui sic thesaurizat et non est dives in Deum) dicitur a Domino : « Stulte, hac nocte repetam animam tuam a te, quae autem parasti, cujus erunt? » (*Luc.* XII.) In Parabolis : « Conturbat domum, etc. (*Prov.* xv). »
Vir autem qui festinat.] *Praecedentia habentur in V. sed ordine praepostero ; sequentia* **383** *autem, usque,* Item Hieronymus, *absunt.*
Ecclesiastae v.] *C. et M.* 12.
Avarus non implebitur.] *C. et M.* habent in latere *ex Claudiano poeta l.* 1 *in Ruffinum* :

. . . Nimiumque elatus, avaro.

Pascitur intuitu.
Vel liberior sit] *Horatius impressus* :

. . . Quo liberior sit avarus.

Non video.] *Hæc verba mentale tantum carmen præcedens sequuntur, quia aliud interponitur.*
Item Hieronymus.] *Consule Comment. in c.* xxx, *Prov.*

Insatiabilis enim est.] *Margo C. et M. post Claud, 1 in Ruffinum :*
Semper inops quicunque cupit; contentus honesto
Fabricius parvo, spernebat munera regum.
Subdo ex Horatio, ii *Serm. Sat.* 3.
. . . Quid avarus?
Stultus et insanus. Quid si quis non sit avarus?
Continuo sanus.
Quidni et Cornelium Gallum non minus diserte avarum describentem in medium produxero? Audi ipsum Eleg. 1 :
Quid mihi divitiæ, quarum si demeris usum,
Quamvis largus opum, semper egenus ero.
Imo etiam pœna est partis incumbere rebus,
Quas cum possideas, est violare nefas.
Non aliter sitiens vicinas Tantalus undas
Captat, et appositis abstinet ora cibis.
Efficior custos rerum magis ipse mearum,
Conservans aliis quæ periere mihi.
Et paulo post :
Quærere quæ nequeo, semper retinere laboro,
Et retineus semper, nil tenuisse puto.
Item idem] *Horat. L.* 1, *ep.* 2. *Et ibid.* 1 *ait :*
Fervet avaritia, miseraque cupidine pectus.
Item idem : Cum.] *Hic B. Hieronymum scias citari Comm. in c.* xxx. *Prov. et lib.* 1 *adv. Jovinianum c.* 15.

Quid nervos.] *V.* Quid nummos secuisse. *Hic versus extra ordinem est. Vide Claudianum.*

Largitatem.] *Abest a textu V.*

Comitatur avaritia.] *Affirmat Seneca* iv *De Beneficiis cap.* 27 : Ne prodigum quidem avaritia liberamus. *Et B. Hier. in Reg. Monach. titulo De paupertate ait :* 384 Et postquam hoc fuerint consecuti (nempe divitias) vides tradere se luxuriæ, et voluptatibus; et omni iniquitati, ut quod avaritia congregat, luxuria consumat.

Poeta Claudianus.] *De bello Gildonico.*

Quomodo ergo sunt contraria.] *M. in marg. pro contraria habet communia.*

Item Genesis xxxi.] *V. aliter :* item, ad detestationem avaritiæ valet, ut ait Hieronymus, historia illa quæ est in Genesi de Jacob : quomodo aufugit a facie Laban cum uxoribus, et liberis, et rebus multis. Inter quas fuerat furata Rachel idola patris aurea et argentea. Quæ cum pater, eos persequens, quæreret, Rachel in fimo et sub stramento camelorum abscondit, et fingens se pati menstrua, desuper sedit, et sic patri quærenti deos suos, non assurgens, eum delusit. Postea Jacob et Laban confœderatis, Jacob ex præceptis Domini, jussit alienos deos abjici, et idola Laban, scilicet aurea, cum omnibus phylacteriis abscondit sub terebintho (*Gen.* xxxv). Per Laban mundus, per idola avaritia ; per Rachel, quæ interpretatur *ovis*, molliter pœnitens, quæ sub fimo abscondit idola, id est avaritiam, sed non omnino relinquit, sed supersedit, juxta illud Horatii (lib. 1, ep. 1) :
Et mihi res non me rebus subjungere conor.

Jacob luctator, qui sub terebintho odorifera cum phylacteriis et appendiciis, id est sub ligno crucis Dominicæ, avaritiam et ejus appendicia abscondit, juxta Apostolum : « Omnia reputavi ut stercora, ut Christum lucrifacerem, et Crucifixum nudum nudus sequerer (*Philip.* iii).»

Hoc idem Agatha, Agnes, quæ munera ab amatoribus oblata pro crucifixo respuebant. Hoc idem vitium detestatus est Dominus in Evangelio : « Venit princeps mundi hujus, et in me non habet quidquam, quia nihil mundanum, nihil inter nos caducum appetiit (*Joan.* xiv).» Item : Joseph vitium

avaritiæ detestatus est ; qui, cum per pallium ab Ægyptiaca meretrice, id est mundana concupiscentia traheretur, donec rumperet laciniam, vel scinderet, exspectare noluit; sed pallio cum laciniis relicto citius aufugit, juxta Apostolum : « Omnis qui in agone contendit, ab omnibus se abstinet (*1Cor.*ix).» Item, adolescens qui relicta sindone nudus aufugit. Item Hieronymus : Ad sugillandam avaritiam sufficere debet historia, quæ est in Exodo (*cap.* xxxii) de vitulo conflatili et aureo, quem Moyses combussit et contrivit, pulveremque in aquam dispersit, et filiis Israel ad bibendum dedit, ut sic fine [*f.* fimo]. » vilissimi stercoris idololatriam detestarentur, per quam avaritia designatur. Item, movere nos debet exemplum ethnici, quod ponit Hieronymus c. 12, q. 2 : Gloria episcopi [*al.* Christi] est pauperibus omnibus providere. De Socrate (14*) qui cum Athenas tenderet ad philosophandum, et dediscendum [*al.* discendum] vitium avaritiæ magnum pondus auri projecit putans se non simul posse possidere divitias et virtutes. Ad idem facit Diogenes, qui iam spe vacuus quam timoris expers, tutam, dolio contentus, transegit paupertatem. Cui, cum vidisset 385 lavantem olera, fertur dixisse Aristippus aulicus cujusdam principis : Si mihi credidisses, modo olera non lavares, sed in aula summi principis maneres. Cui ille : Si mihi credidisses, in aula principis adulator et palpo non esses. Hic etiam cum vidisset quemdam bibentem cum manu ad fontem, dixit : Nesciebam naturam dedisse mihi scyphum. Et mox parvulum scyphum, cum quo bibere solebat, ad lapidem confregit. *Hæc ex Vedastino codice m. s.*

Rachel fugiens.] *Historiam hanc exponit B. Gregorius, lib.* xxx. *Moral., cap.* 16. *Si B. Hieronymus alicubi explicaverit non vidi, neveni in C. Cæsarius, Hist. suæ l.* iv, *c.* 57. *hæc transfert ad religiosorum avaritiam.*

Cum immunditiam.] *Duplex G. deprehendi in C. Reor esse Gregorius : Cum immunditiam,* etc. *In præcedenti nota citari locum.*

Suppenere conor.] *V. atque M.* Subjungere conor : *at Horatius, cujus versus est,* submitteres. *Lib.* 1, *ep.* 1, *initio.*

Laciniam.] *Nequaquam* Lasciviam, *ut M. et C.*

Mundanæ voluptati.] *C.* Voluntati.

Fimo immundissimorum. | *M. et V. fine pro* fimo.
Item Hieronymus.] *Post Laertium, epist. ad Paulinum De institut. monachi, quæ incipit :* Bonus homo. *Eadem refert, l.* ii *adversus Jovin an , c.* 7, *et ep. ad Julianum :* Filius meus. *Præterea vide* 12, *q.* 2 : Gloria episcopi.

Sarcinati auro.] *Textus B. Hieronymi :* Suffarcinati auro.

Diogenis in dolio.] *De hoc idem tom.* II, *adv Jovinianum l.* 1, *c.* 9. *Margines C. et M. hæc subnotant :* Non speravit favorem alicujus, nullum mundane timuit.

Cum mundaret et lav.] *M.* Cum commendaret et laudaret olera sua. *Non sonant secundum scripta Valerii Max., l.* iv, *c.* 3 *in fine.*

Non lavares.] *M. consequenter legit :* Non laudares.

Qui ne notat.] *C. in ora inferiori sic habet :* Qui me vocat, es Diogenes. *At in margine laterali ad caput sequens, revocat hoc modo :* Qui me notat, id est Diogenes.

CAPUT XXII.

Non tantum exemplis.] *Hoc caput aliter inchoat V., in medio deficit in locis sacræ Scripturæ, sed abundat exemplis quorum unum C. et M. in marginibus suis resarciunt. Describam modo ex V. quoadusque cum aliis concordet, postmodum notas C. et M. hic intermissas repetam.*

Itaque V. pro titulo legit : Contra acceptionem munerum. *Incipit :* Positis ethnicorum exemplis,

---

(114*) De Crate Thebano, non Socrate, ut habet S. Hier. ep. ad Paulinum, *De instit. monachi.*

qui avaritiam detestantur, ponenda sunt majorum veteris et novi Testamenti exempla eamdem supplendentium. Genesi, cap. xiv : **376** Rex Sodomorum cum offerret munera Abrahæ redeunti de victoria habita de hostibus, id est quinque regibus, qui patriam Loth devastaverant, respondit : Levo manum meam ad Deum excelsum possessorem coeli et terræ, quod a filo subtegminis usque ad corrigiam caligæ non accipiam ex omnibus quæ tua sunt, ne dicas : Ditavi Abraham ; dicebat enim ei rex : Da mihi animas, cætera tolle tibi *(Hæc desunt in C. et M.)*. Idem vitium damnavit B. Thomas Cantuariensis archiepiscopus, qui cum cancellariam dedisset cuidam, inhibuit ne imaginem venderet, nec etiam arcanum vel cultellum acciperet, ne in manubrio aurum vel argentum sub prætextu [*al. protextu*] quocunque misceretur. Nota autem quod reprobi fiunt, qui munera accipiunt, quod patet per Ephron, cujus nomen mutatum est in signum spiritualis mutationis ; quia pro agro suo ad sepeliendum Saram, sumpsit pecuniam ab Abraham licet coactus. Nolebat enim gratis Abraham agrum accipere : et in hoc facto Abraham excusatur, Ephron accusatur (Gen. xxiii). S d nonne si feneratorem vel Simoniacum cogerem accipere [*addendum* pecuniam], cum gratis Ecclesiam vel mutuum vellet mihi dare, magis illo, vel illo peccarem? Sic videtur Abraham magis peccasse Ephron ; Abraham tamen excusatur a sanctis; sed nomen Ephron mutatum est propter munus acceptum, et dictus est Ephrem. *Cætera habentur in aliis duobus, sed ordine præpostero. Redeo ad notas dilatas.*

Acceptionem munerum.] C. acceptionem. nummorum. *Non placet, quia determinat acceptionem, quæ de qualicunque dono, munere, et re pretio æstimabili intelligenda est.*

Rex Sodomorum.] *In margine C. et M.* Gen. xxii. C. addit in fine. Hodie, Genes. xiv.

Cætera tolle tibi.] *Margines C. et M.* Omnia spolia præter homines. *Vide Glossam hoc loco.*

Exceptis his quæ.] *Audi quod ibidem vidi :* Juri et partibus suis renuntiare potuit, non sociorum. Item Gen. xxiii.] C. *et M.* Gen. xliii.

Appendit pecuniam Abraham.] *Ad hæc addo, quod in marginibus C. et M. deprehendi. Sed nonne si Simoniacum vel feneratorem cogerem accipere pecuniam, cum gratis Ecclesiam vel mutuum vellet mihi dare, magis illo vel illo peccarem? Sic videtur Abram magis peccasse quam Ephron; Abram tamen excusatur a sanctis; sed nomen Ephron mutatum est propter manus acceptum et dictum est Effrem : melius Ephrem.*

Item Gen. xxxiii.] C. *et M. in marg.* Gen. lviii. Quasi viderem vultum Dei.] *Margines prædicti .egunt hic :* Quia valde eum timuit.

Mente devota.]*Iidem margines habent :* Ita et pro templo construendo.

Item Num. c. xvi.] *M.* et C. xli.

387 Dare tibi.] *Textus Biblicus*, dabo tibi.

Balac præbens.] C. *et M.* Balac præsens et offerens. *Restitui ex textu Biblico.*

Verumtamen pergens.] *E regione ad marginem deprehendi in C. et M. quod et subdo hic :* Similes sunt Balac, qui, datis aliquibus muneribus, ut benedicant vel maledicant : quorum benedictio convertitur in maledictionem, et vice versa. *Sequitur alius margo ad proxime sequentia :* Beneficium spirituale conferendo. *Item ad illud idem :* Dabo tibi consilium, lego quod habet Glossa hoc loco. Etiam per mulieres pulchras eis (*scilicet filiis Israel*), dando eas. *Unde sequitur immediate Apocalypsis sententia.*

In Apocalypsi.] *M. et C.* notant, cap. ix ; hodie ii.

I Reg. xii.] *C. atque M.* c. lxxiii.

Loquimini de me.] *Margines præfati inquiunt :* Me excusando, si in aliquo deliqui vel commisi.

Scilicet Saule.] *Hoc, solum M. legit.*

Et contemnam illud.] *Inter lineas M.* Id est reddam.

Item exemplo David, II Reg.] *Hæc absunt in C. usque :* Item exemplo David, III Reg. xiii.

Holocausta gratuita.] *Post hæc, M. proponit in margine dubium, illudque solvit. Sic ergo :* Quæritur, quare Ephron accusatur de pretio (Gen. xxiii), vendens locum sepulturæ, et non Ornan (Jebusæus) vendens locum ubi ædificetur domus Domino? (I Paral. xxi.) Solutio : Quia Ephron vendidit sepulturam, locum scilicet deputatum sepulcris, ubi Adam, et Eva sepulti erant.

Item exemplo Addo prophetæ.] *Restitui* Addo *pro* David *ex* M.

Neque bibam aquam.] *Genuina sacræ Scripturæ lectio; quare, summe miror, cur C. omiserit* aquam, *et cur M. virgula expunxerit et obelo trucidarit.*

II Esdræ v.] *M. et C.* II Esdræ xxi. *M. in margine addit* Nehemias. *Recte. Nam ille concionem magnam adversum eos (ut ejus verbis utar), congregat, ibidem.*

Item Act. apost. xx.] M. c. xlvii. C. ultimo. *In ultimo abusus.*

Epist. Judæ.] Duo c. ii.

II Cor. xi.] *Duo* II Cor. xxv.

Gratis evangelizavi.] *Margines duo :* Cum stipendium possem accipere, quia dignus est operarius mercede sua (Luc. x).

Gloriatio.] *Duo* glorificatio, *sed V. melius sicque,* gloriatio, *ei addit :* Non accipiendi, quod etiam in contextum reposui, qui glossam redolet hoc loco.

Occas. prædicandi eis.] *Margines C. et M. tales exprimere videntur, hoc modo :* Propter curiosos, et alias causas.

Ezechielis c. xxii.] *M. et C.* c. liii.

Super avaritiam tuam.] *Margines supradicti sic exponunt :* Sacerdotum , quasi **388** vix credibile est mihi super tantam avaritiam vestram; sed descendam et videbo utrum opere compleverint.

Act. apost. xx.] C. *et M.* xlii.

Usque ad canipulum.] *Canipulus, quasi canicapulus, est ensis, pugio, vel culter, in capula ferens figuram capitis canini. Unde Gallice* Bracquemar, *nomen a canis specie obtinet.* C. *legebat :* Usque ad clipunum, M. clinipulum. *Talem cultellum dicimus Gallice,* Canivet. *Hoc vocabulo utitur Cant. l. i. Apum, c. 16, n. 2 et l.* ii, *cap. xxix, n. 21.*

Eccli. xx. Exenia.] *M. et C.* Eccli. lvii.

Et quasi mutus.] *Juvat hoc loco vidisse Glossam.*

Correptiones eorum.] C. correctiones. *Sed prior lectio convenit textui Scripturæ.*

Obmutescunt.] *Non penitus rejicio.* C. Obmitescunt.

Item Isaias.] C. *notat caput* xciv. M. xciii.

Nota verbum excuss.] *Deficit V. usque* Item Strabus.

Sed Minima. *Margo* M. Ut annulus et hujusmodi.

. Est ranunculus. *Eadem videre est in Ecclesiastici c.* xx, *ad illa verba :* Et quasi mutus.

Quod si prius viderint.] *Ita B. Ambrosius Hexam. l.* vi, *c.* 4. *Vulgare est illud a similitudine deductum :* Lupus in fabula, *quando inopinato supervenit tertius, adstatque duobus, de se, colloquentibus male. Unde statim illi obmutescunt, aut sermones in id, quod primo in buccam venit, convertunt, ut hoc involucro tertium deludant, nolentes se ipsos prodere detrahentes, aut male de illo sentientes.*

Item Job xv.] *M. et C.* xiv. *Nec mirum, quia olim minor capitum Jobi numerus quam hodie.*

Item IV Reg. v.] *M. et C.* c. lxvii. *Biblia nostra antiqua legunt* c. xxiv. *Et hoc caput continet tantum quatuor lineas. Incipit :* Nunc igitur accepisti, etc.

Finit inclusive : Leprosus quasi nix.

Accipias benedictionem.] *M. super* benedictionem *inter* lineas *addit*, scilicet munus. *C. in margine:* Ejus munus.

Vivit Dominus.] Quasi necessitate compulsus est jurare, ut juramento magis exsecraretur avaritiam. *Ita M. et C. in margine. V. in textu.*

Involvit caput lana.] *Duo in margine :* Simulans se ægrotare. *Hæc de Demosthene desunt in V.*

Synanchen etenim.] *Latini aliis nominibus hæc referunt vocantque,* anginam et argentauginam.

Illi autem argyranche, sive argentangina laborare dicuntur, qui pecunia muti redditi sunt, eaque supprimunt, quæ ex reipublicæ usu esse noverunt.

Exemplo Cyriaci] *Remitto lectorem ad Vitam S. Marcelli papæ, qua hoc exemplum continetur. Surius, t. l.*

Saporis regis Persarum.] *M. et C.* Saponis.

389 Nec matrona casta est.] *Hæc sententia sancti Hieronymi, abest in V. cum sequentibus usque ad*, item Hieronymus scribens. *Super hoc :* Casta, *dicunt margines :* Casta est quam nemo rogavit.

Signa sunt corrupt.] Vide u, *q.* 3. Pauper, et : Qui rector.

Item Jeremiæ c. vi.] *M. et C.* cap. xxv.

A propheta usque] *C. in marg.* A planta pedis, etc. *Isaiæ* I.

Item Exodi xxiii.] *Duo eadem,* lxxxi.

De quodam oratore.] *Simile legitur in Gellio, Noctium Attic. l.* v, c 19.

Diviti matronæ.] *C.* Diviti in commune.

Super ingratitudine.] *Duo eadem in margine :* Leges Romanæ ingratos puniebant. *Patet ex Valerio, Max. l.* v, c. 3.

Familiaritatem principum.] *C.* famam principum.

Mendicandi, familiaritatem.] *Iterum C.* famam potentum acquirendi in margine.

CAPUT XXIII.

V. Præfert alium titulum : Contra multiplicem acceptionem munerum, maxime a spiritualibus judicibus.

Causa injusta acceptorum.] *Ita C. Duo alia :* Pro nulla causa imminente acceptorum.

Periculosa tamen.] *M.* perniciosa tamen.

Citra stipendium.] *C. legebat* circa, *sed correctum contra.* Neutrum *placet.*

Cum aliquis digno prop.] V. Cum aliis digne proposuerit dare beneficium ecclesiasticum, etiam magis crudelitas est, etc.

Etsi in pias causas.] Quia bonus usus non justificat male acquisita. 14. *q.* 5. Neque enim.

Grangiæ.] *Gallicum est,* granges. *Cæsarius dicit esse prædia, villas,* etc.

Pro justitia facta.] *Nota varietatem. Ego ex V. et C. desumpsi, quod in contextum reposui M.* Pro justitia facta ac omissa, vel pro injustitia facienda.

Hi non sunt pastores. *V. et C. prosequuntur periodum,* qui non sunt pastores, etc.

Sed tonsores.] *C. quondam legit*, sed tortores. *Pudeat similes, jam non pastores, sed lupos.*

Excoriatores.] *Dicebat magnus ille Tiberius Cæsar :* Boni Pastoris tondere est, sed non deglubere.

In primo lib. Reg. xxv.] *M.* xli.

Quasi vindicaturus in eum.] *Non bene C.* judicaturus.

Vade pacifice.] *C.* Vade in pace.

Depilatores sunt.] *In marginibus M. et C.* Non tondebis, etc. *Deut.,* c. xv.

390 Venales lenocinio.] *In C. abest* venales. *Circa hæc nota margines judices ipsos contingentes.* Mediocribus esse judicibus, non dii, non homines, non a conco, sicut nec divitibus, quo moles rerum mediocriter bonos vel malos esse non sinit. Perfecti ergo sint et :

Inter Socraticos notissima fossa cynædos.

Id est avaritiæ, *inquit M. inter lineas.*

Ii scilicet qui, et quia.] *Nolui omittere conjunctionem causalem,* et quia, *etiamsi M. et V. omiserint. Nam vim habet.*

Quotidiana rapina.] Panes quotidianos (*M. in marg.*), *supple devorant.*

Ut simplices Christianos.] V. cum quotidiana rapina simplices Christianos absorbent.

Existentes.] V. *et C.* entes, ut supra adhuc notavi.

Cum Aod.] Tria, cum Aioth.

Præ avaritia.] *C.* pro avaritia.

Sed leva manus ejus.] *Hoc, usque,* qui non habent, *deest, in V.*

Cum agnis a dextris.] *C.* cum agnis dextris.

Zachariæ v.] *M. et C.* viii. Ab hinc, usque, Unde Hieronymus : Judex, etc., *desunt in V.*

Misit massam plum.] Omnis avarus impius, quasi diceret : Aurum sitisti, aurum bibe. *Ita M. et C. pro nota.*

Aurea nunc vere.] *Ex Propertio, l.* iii, *eleg.* 11. *Subdo versum præcedentem :*

Aurum omnes victa jam pietate colunt.

Venit honos.] *Ne displiceat, si subsequentes versus ad propositum conducentes etiam ex eodem adjecero :*

. . . . Auro conciliatur amor.
Auro pulsa fides, auro venalia jura :
Aurum lex sequitur, mox sine lege pudor.

Item Arator.] *Hujus auctoritate usus est venerabilis Beda in Actis apostol.,* cap. iv, 5, *et aliis. C.* pro Arator, *legit* Aratus, *sed male, quia diversi sunt.*

Quo sistat avare.] Judex avarus, *aiunt oræ C. et M. similis est magistro puerorum minis (nimis in C.)* intonanti quousque a pueris munusculum ei offeratur. Quod respiciens, demittit vocem, et suavius eis comminatur; qui licet munus prius verbotenus spernat, post tamen illud quasi invitus accipit et remittit iram, pueris impunitis.

Custodis angelus.] Ut idola Laban. *Duo marg. ex Gen.* xxxi.

Unde Hieronymus] *Hæc sententia redolet ejus expositionem in cap.* xi *Prov.; in hac autem exemplaria maxime variant. Nam C. et M.* omittunt negationem non, *in hoc :* Judex non debet esse, etc.

Minus juste.] Scilicet injuste, *ait M. inter lineas.*

Unde Salomon.] *C. ad latus* Prov. xxv, *M.* xxxv.

391 Et appendiciis.] Appendicia judicii sunt, supercilium grave, dilatio causæ, præstatio advocati, et hujusmodi. *Margines C. et M.*

Item Deut., cap. xxv.] *Duo* cap. xxxvi.

Augustinus dicit.] Gregorius autem fere similia habet *l.* ix *Mor.,* c. 17, *in medio. Vide præterea* I, *q.* 1. Sunt nulli. *V. omittit* Augustinus *in textu.*

Misertus ejus.] *V. et M.* misericors ejus.

Percutit cor.] *C.* percutit pectus.

Oderunt eum.] *Post hæc verba erat in V.* Item in Parabolis : Nec judex justus, judex nec agnoscens. *Sed cum non saperet hæc sententia eum ad notas revocavi prout in marginibus C. et M. deprehenderam. Sic est :* Judex justus nec videns, nec agnoscens, *seu ut melius V. in ora superiore :* Judex non videns munus, nec agnoscens personam, justus. *Recte, ut sit justitia cæca.*

Jeremiæ xlviii.] *M et C.* 57.

Gregorius : Pro.] *Causa brevitatis te remitto, lector, ad l.* ix *Moral.,* c. 17, *ubi fuse munera discernuntur, sicut apud B. Hier., tom. VII, in Psal.* xxv, *ad illud :* Dextera eorum repleta est muneribus.

Ne possit cernere verum.] *Ita Arist.*, 1. *Rhetor.*
Amor, odium, proprium commodum, sæpe faciunt judicem non cognoscere verum.

Item Exod. xviii.] *Duo* xxxii. *Hæc et sequentia, usque* : Item in Sallustio Cato, *absunt. in* V

Multitudinem negotiorum.] *Margines* : Utilium etiam et honestorum. Quia Juvenal. Sat. 6 :

Imponit finem sapiens et rebus honestis.

Viros nobiles.] Nam divitum terror ipse sibi exigit honorem, *inquit* B. *Benedictus Reg.* c. LIII. *In marg.* C. M. *id vidi* : Deut. II. Ibi enim hoc idem reperitur. *Notavi locum ad textum.*

Oleum additur camino] *Proverbium est quo utitur Horatius, l.* II *Serm., satyra* 3 *in fine. Significat autem malo fomentum et alimoniam suppeditare, quo magis ac magis augeatur. Utitur eodem Hieronymus in ep. ad Eustochium. Vinum, inquit, et adolescentia duplex incendium voluptatis. Quid oleum* flammæ adjicimus?

Et decanos.] Avaritia prælatorum induxit ne unus sacerdos modo paucis præsit, ut inter eos judicet. *Ita margines duo.*

Audite illos,] scilicet populum. C. *inter lineas textus.*

Distantia personarum.] Acceptio. *Margines.*

Parvum audietis.] *Iidem* : Pauperem. Sicut magnum : Divitem.

Deut., cap. xv, C. LXXIV, M. LXXII.

Immobiles.] *Glossa interl. hoc habet. Sed quærunt margines* : Quare ergo firmarii, singulis annis amovendi, populo præficiuntur propter avaritiam?

In omnibus portis.] Hoc est, singulis, *ut* M. *inter lineas. Sed denuo quæstio* : **392** Quare ergo unus duos episcopatus, et judicium duarum civitatum sibi usurpat, ut ipse cæcus, ex avaritia absorbeat mare? *Tales moveantur exemplis mirabilibus Cæsarii,* l. II, c. 28, 29, *et aliis seq.*

Justo judicio.] Divinæ legis, C. *inter lineas,* M. *autem,* ordine legis.

Alteram partem decl.] Scilicet prece vel pretio, amore privato, vel odio. C. *ad latus.* M. *inter lineas.*

Excæcant oculos.] M. *ibid.* Vertunt auctoritatem. *Hoc ex* B. Amb. *in ep.* II *ad Cor,* c. VIII *sub initium. Ibi enim* : Viam auctoritatis inclinant.

Sapientum.] Mundo, scilicet, non Deo. C. *in marg.* M. *inter lin.*

Verba justorum.] Prius, *ait* M. *ibid.*

Exsequeris.] Bibl. a S. Persequeris. C. exsequaris. *Ad illud margines* : Nec prece, nec pretio, nec durius æquo, nec remissius.

In Sallustio Cato.] *eadem videbis apud Ciceron. De oratore, et* B. *Anselmum, De simil. t. Mundi. Hic enim* : Quatuor modis, judicium pervertitur,: Timore, cupiditate, odio, amore.

Tullius in Officiis.] *Lib.* III *ante medium.*

Et non tribuere.] C. et nondum tribuere, *addit* M. vere.

Hæc amicitiæ.] *Ita Cicero.* C Vel amicitiæ.

Deponit enim personam.] *Cicero* : Ponit, etc, V. Deponit enim personam amici, et quia cum personam judicis induit.

Et ut exorandæ litis.] *Cicero* : Perorandæ liti tempus. C. *sic habet, sed ordine perverso* : Exorandæ litis quoad tempus, licet per legem accommodet.

Nescio vos.] *Hic tacet* V. *usque* : Item : Audite verbum hoc.

Item Amos.] *Margines,* c. XIX.

In absinthium.] Latera, in amaritudinem.

Et depopulantem vel.] *Tria hæc omittit* C.

Super potentem affert.] Extendit manum suam in retribuendo, et retribuet abundanter facient. sup. *Margines ex Psal.* XXX.

Perfecte abominati sunt.] *Margines* : De tali dicunt est : Cum corriperet vitiosos satyram fecit non sermonem.

Hostes justi et injusti.] *Novellus quidam scripsit*

in C. Hostes injusti et injusti.

In porta judicium.] *Subaudiunt margines* : Justum. Non est enim judicium, nisi justum. Si nobis iniqui saltem proximis simus æqui. Juste judicate, filii hominum. Hoc, Juste, *Glossa est interl. in* c. IX *Levit.*

Quæ conterunt.] *In Bibliis ad homines injustos* : Qui conterunt.

Pignoratis.] M. pigneratis.

Item idem c. III.] *Duo* XII.

Item c. IV.] *Iidem* XV.

Vaccæ pingues.] *Margines* : Effeminationem et lasciviam exprimit eorum, per femininum genus.

393 Quæ estis in monte.] C. Quæ estis effeminatæ in monte Samariæ.

Samariæ.] M. *inter lineas* : Id est superbiæ.

Officialibus vestris,] *In Bibliis* : Dominis vestris.

Et bibemus.] De præda pauperum ablata. *Margines.*

In Arnon.] C. Vernon. M. Ernon. C. *et* M. *inter lineas* : Id est in exsilium. *Ex nunc deficit* V. *usque* : Item Amos.

Item idem c. VI.] C. 25.

Capita populorum.] C. Philosophorum.

In Chalanne.] *Duo* in Calagne

Facinorosa.] C. *Facinora.*

Apud idololatras.] *Hoc noto in omnibus fere* m. ss. *corrigendum ubi idolatras.*

Item Joel cap. III.] *Duo* IX.

In prostibulo.] *In Bibliis* : In prostibulum.

Demollientes.] *Glossa interl. est* V. demulcentes.

Item Oseæ.] M. II hodie IV.

Oblita legis.] *Duo* obliti.

Oblata pro peccatis.] *Glossa est interlinealis, quæ ad sacerdotes maxime dirigitur.*

Item idem : Audite.] *Duo tum in textu cum margine,* c. 14.

Et domus Regis ausc.] Ut nullus excipiatur. *Margines.*

Et rete expansum.] Seu extensum *ut* C.

Super Thabor.] Montem, *ait* M. *inter lineas.*

Item Amos] *Duo ad latus,* c. XXVI.

In nihil.] C. Lætamini nihilo.

Qui dicitis.] C. *et* M. Quid dicitis?

In fortitudine.] *Margines* C. *et* M. In nobilitate generis et potentia.

Nobis cornua] Iterum *deficit* V. *usque ad illud Michææ* VI : Numquid justificabo.

Item Oseæ: Si fornic.] M. *et* C. *notant* c. XIII *in marg.*

Item Malachiæ.] *Duo* II. *Brevitatis causa Lectorem remitto ad Glossam super hæc loca S. Scripturæ.*

Nonne malum illud est.] C in me malum est.

Non est mihi voluntas.] M. non est nisi voluntas in his.

Sed ego exsufflavi.] *Aliter textus Biblicus Malach.* I, 13.

Item idem c. 2.] C. c. 4. M. 3.

Et armum dextrum.] *Forte, ut habet Glossa,* id est, armum animalis dextrum.

Altare Domini lacrymis.] Non pœnitentiæ, sed pecuniæ raptæ, lacrymis pauperum acquisitæ. *Ita margines duo.*

Item Michææ II.] M. VII. C. VI.

364 In luce matutina.] *Id est* : Mane impletis, quod nocte in verbis tractatis. Percurre *Glossam in erl. hoc loco.*

Contra Deum est manus.] C. comparatio contraria, *sed inconcinne, unde melius* M. contraria operatio, Deo scilicet ; *estque id ex Glossa interlineali desumptum.*

Item idem : Nonne.] C. *in textu et* M. in *margine,* c. 7.

In adversarium consurrexit.] *Margines duo* : Contra me surrexit cum adversariis meis, C. suis.

Tulistis laudem meam.] Cum jugiter per vos no-

non meum blasphematur. *Margines collaterales ex* Isaia c. LII.

Item c. 3. Audite.] *Duo c. 9. Audite, vos scilicet episcopi, sacerdotes, diaconi, inquiunt iidem.*

Tollitis pelles eorum] Id est, exteriora, *inquit margo C. estque Glossa interl., at M. inverso ordine legit Glossam in textu* (hoc est, exteriora) *et textum inter lineam videlicet,* pelles eorum. *Sequitur ibidem :* Et carnes eorum. *id est,* interiora, *C. ibidem.*

In medio ollæ.] *Margines* : Sic miserabilem plebem affligunt in Ecclesia.

Item idem : Hoc dicit Dom.] *C. et M.* c. IX, *hodie* III.

Sanctificant super eum.] Auctoritate sua, quia sancta affirmant et monent. *Oræ collaterales C. et M.*

Item idem : Audite.] *Duo notant* c. 2. hodie 3. Quia ædificatis.] *Textus Biblicus* : Qui ædificatis.

In sanguinibus.] *Margines addunt* : Peccati, et carnalis affectus.

In medio nostrum ?] Quasi diceret: Quia auctoritatem ligandi et solvendi, et sacramenta conferendi habemus. *Ita margines.*

Item c. 6. Audite.] *Duo c. 17.*

Et quis approbabit.] *C.* appellabit.

Adhuc ignis.] *Inter lineas M.* Concupiscentiæ, et superbiæ.

Mensura minor.] *Duo,* Vindicta Dei, *pro* mensura *sic.*

Item cap. 7.] *Duo,* 18.

Rectus cum hominibus non est.] Præ avaritia et libidine, *aiunt duo.*

In sanguine insidiantur.] Ut fraudulenter, et cum peccato subditos sibi dare cogant. *Ita margines duo.*

Judex in reddendo est.] Iidem : Mutuo se favore, et obsequiis et remissione defendent : quia sicut ab aliis judicari volunt, sic alios judicant.

Amos cap. VIII] *Tria,* XXXII.

Malachias cap. II.] *Tria,* IV.

Ad Laodic. c. I.] *V.* 3. *C.* 4. *Hæc epistola, ait Bellarminus, inter apocrypha rejicitur. De Script. Ecclesiasticis. Eam videre est* I II *Bibliothecæ sanctæ Sixti Senensis in dictione* Paulus apostolus*, et ubi.*

395 CAPUT XXIV.

Fascinulas, ostia.] *Tria hostia, vitiose.*

Piscatores pecuniarum.] Cæsores, imo novacula bursarum pauperum. *C. ad latus.*

I Reg. C. II.] *C. cap.* VI. *Duo omittunt numerum.*

Officialium tria sunt gen.] *Tria in oris sic* : Officialis, confessor, quæstor, vel (*V. omittit* vel) tortor, præpositus. *Hoc verbum tortor vix scribere audebam, eo quod male et dissone audiat apud episcopi subditos, unde hodie* promotor (*quod dulcius sonat*) *dicitur. De officialibus tam ecclesiasticis quam sæcularibus videatur quid dicat B. Aug., to.* II, *ep. 54 ad* Maced. *sub finem.*

Confessor.] Hic est Pœnitentiarius.

Per fas et nefas.] *Hodie non sic, saltem in Belgio nostro.*

Præpositus ruralis.] *Is est decanus Christianitatis.*

Rara consultatio.] *C.* Raro consultatio. *Cum tamen (sic enim margines duo) necessaria est morborum manifestatio, ut curentur. Sic Hippocrates* : Non curatur morbus nisi cognitus.

Bursas pauperum.] *Solum V. addit* pauperum.

Pecunia, rapinæ.] *Ly* pecuniæ *abest in V. ei M.*

Propriæ pecuniæ.] *V.* propriæ substantiæ.

Undecimam proferre.] *C. in latere videbat legi* unicuique pro undecumque.

Cœpit se devotare.] *Maledicere* scilicet per furo*rem, et sanctis devotionem auferre. Unde Prov.* XX : Ruina est homini devotare sanctos. *C. male denotare.*

Super omnem peccatorem.] *Tremulus hoc exemplum in textu scribebam; veritus ne quidam nebulones in episcoporum officiales nostri temporis retorqueant, cum hæc omnia de malis ministris dicantur. M.* contra omnem peccatorem.

Occidit rex Cyrus.] *Restitui ex fine cap.* XII. *Danielis. V. enim :* Rex Darius. *C. et M.* Rex Nabuchodonosor.

Augustinus : Crimen.] *Considera locum et proderit, tom.* X, *in appendice, serm.* 3. *in fine, de diversis sermonibus.*

Item Hieronymus] *Nec ausus sum hic auctorem abusus incusare. Dicam interim me nondum legisse hanc sententiam apud B.* Hier., *sed apud S. Aug. loco in nota immediate præcedenti citato, et apud Venerab.* Bedam *in c.* III Lucæ.

Prædo grassetur.] *Hic tacet V. usque :* Item, et quod exsecrabilius est.

Mercede sua.] *M.* cibo suo, *ut Matth.* X.

Per vicarium.] *Quid hoc in M,* Privicarinum?

Anathema Jerichontinum.] *M.* Anathemata Jerichontium.

In Josue VI capite.] *Duo* XIII capite.

396 Propter Achan.] *Non propter Achor, ut M. et C. Nam Achor nomen vallis est, Josue* VII.

Est spirituale.] *M.* est speciale. *Non sapit. Itaque, absolutionem vendere, cum sit quid spirituale, Simonia est. Sic et de administratione sacramentorum dicendum ut patet ex* 1, *q.* 1. Nullus episcopus. *Et :* Quidquid invisibilis.

In pœnam pecuniariam.] *Seu* mulctam. *M.* in pœnam peccati.

Quoad pœnæ illationem.] *Est enim Simonia exigere aliquid pro absolutione ab excommunicatione, quasi pretium absolutionis, non tamen quasi pœnam aut mulctam pro culpa. Ita censet B. Thomas* 2-2, *quæst.* 110 a. 2, 3

Communiæ alicui.] *Hoc est* communitati.

Quæ hodie venalis propo.] *Usque adeo hoc inolevit malum, ait B. Aug. ut jam quasi ex consuetudine vendantur leges, corrumpantur jura, sententia ipsa venalis sit, et nulla jam causa possit esse sine causa ? t.* X. *Append. de diver* II, *serm.* 3 *post medium. Hæc multis exemplis confirmat Cæsarius (ere auctoris nostri contemporaneus. Porro Petrus Blesensis talia detestans inclamat :* Officium officialium est hodie jura confundere, transactiones rescindere, supprimere veritatem, quæstum sequi, æquitatem vendere, etc. *Plura petis? Vide B. Bernardum, serm.* 6 *in Psalm.* Qui habitat, *ubi sic ait :* Ipsa quoque ecclesiasticæ dignitatis officia in turpem quæstum et tenebrarum negotium transiere; nec in his salus animarum, sed luxus quæritur divitiarum. Propter hoc tondentur, propter hoc frequentant ecclesias, missas celebrant, psalmos decantant. Pro episcopatibus, et archidiaconatibus, et abbatiis impudenter hodie decertatur, ut ecclesiarum redditus in superfluitatis et vanitatis usus dissipentur. *Hæc ille de venalitate administrationis officiorum ecclesiasticorum sui temporis.*

Metus archidiaconi.] *Profecto nisi præviderem vitia prædecessorum hic relata, posteris fore ad cautelam, silentio præterirem, quæ in oris marginalibus C. et M. deprehendi ad illud archidiaconi nomen. Quæ? Audias :* Portantis (archidiaconi) discordiam in Ecclesia, non pacem.

Judicium aquæ.] *Hodie nulli pro causa pecuniaria ad judicium aquæ condemnantur, eo quod suboriantur multi alii modi pecuniæ exigendi et extorquendi. Videtur autem ex sequentibus intelligi de judicio projectionis in aquam, quod pertinet ad purgationem vulgarem, quæ jure canonico damnata est et prohibita, quia ibi tentatur Deus,* 2, *quæst.* 5, *cap.*

Mennam. *Cap.* Consuluisti, *et cap.* Monomachiam. Et in decretalibus titulo De purgat. vulgari cap. Dilecti filii, quod est Honorii III.

Judicium experiar.] *Quædam hic omittit M. Ait ergo :* Sed judicium experiar, et inventus justus, dabo pauperibus quinquaginta solidos (qui pro benedictione aquæ exigerentur) in pastum. Irrisus est ab omnibus, simulque quæstor palatii.

397 A sacerdote quinque solidi] Quasi sub obtentu religionis puniendorum criminum, *aiunt margines duo,* cum hoc fiat causa loculorum emungendorum.

A cupiditate.] *Hoc omittit M.*
Sacerdotum Baal.] *Non* Balac, *ut C.*
Nullam subticebunt.] *Hæc non legit M.*
Supersederint citationi.] *M.* Supersi irritationi. *Abusus parous est.*
Cum hoc Ecclesia.] *M. et C.* cum hoc pro Ecclesia majori parte, etc. *Pro præpostere positum est.*
Estne tale juramentum.] Ego, *ait C. ad lotus,* nec jurarem, nec juramentum hujusmodi, si fecero, servarem; sed irritarem, utpote indiscretum, et pacis inimicum, et contra Deum.

Ad hæc ostiola.] *M. his omissis ait :* Item : Quidam canones, etc.

In secundo vel in tertio.] *Habetur hoc, extra de consang. et affin. c.* Non debet irreprehensibile. *Conc. Trid. sess. 24, cap. 4 De reform. Matrim. limitavit impedimentum affinitatis ex illicita copula ad primum et 2 gradum tantum, statuens in aliis gradibus post eam contractum non dirimi.*

Pro libito nostro.] *Mediantibus tamen illis pecuniis. Ergone sic dispensationes pecuniæ obediunt?*
Decretum biceps.] *Vide* 30, *q.* 4. Qui spiritualem.

Item : hæc ostiola] *Hic tacet V. usque :* Illi sunt muscæ.

Sunt merguli.] *Glossa in c.* xi Levit inquit : Mergulus avis est longi colli, cibum, aut prædam, ex profunditate terræ vel aquæ trahens : nec imitanda est, etc.

Prohibetur in lege.] Levit xi, *De accipitre audi margines* 11 :
Nisus et accipiter, quarum prædatio vita,
In reliquum volucrum degere vulgus habet.
Nisus alio nomine dicitur Halicetus ut Levit. xi. *Videatur fabula Nisi regis* viii *Metam.*

In retia aliorum.] *Nempe in bursas dominorum, quorum sunt officiales.*

Si seminaverimus.] *M: variat sic :* Si seminavimus nos, scilicet est seminatio causa nostræ messis, quasi hæc seminatio, illam messem exigit sibi debitam.

In ratione dati.] *Ita M. et C. At V.* In ratione dati et accepti, cum pax Ecclesiæ det spiritualia et accipiat temporalia ?

Des spiritualia.] *M.* Si dederis spiritualia debite accipis temporalia. *Recte. Ergo perperam improbant quidam, imo etiam impie reprehendunt R. P. religiosos ordinum mendicantium, seu, ut magis placet, fructificantium, eo quod a pagonis, hoc est rusticis, victum et alia vitæ necessaria percipiant, cum illa, testor, jure promeriti sint; quia in sudore vultus sui, in nuditate, et frigore, et simili aeris intemperie verbum Dei disseminant, animarum salutem avide sitientes.*

Ab incorreptis.] *M.* incorrectis.

393 A malis accipitur.] *V.* Hic addebat signum interrogationis, at ego postposui ad illud calumniam?

Administrationis sibi.] *V.* administrationis suæ debitæ.

Sequelæ garcionum.] *Garciones pueri sunt aut famuli, aut, aliquando in malam partem, nebulunculi. Hoc vocabulo utitur B. Bernardus in Apol. ad* Guillelmum, *similiter Cæsarius et Cantipratanus in l. Apum multis locis.*

A manibus vestris.] *V.* a muneribus vestris, *C.* animabus vestris.

Quia tali debetur.] *V.* Quia tale debetur pabulum. *C.* quasi tali debetur pabulum.
Sed utinam Deus.] *C. et M.* Sed utinam aliquis.
Et devorarent.] *Non est denomina*.ent, *ut quædam legit C.*
Item : Prædicatur.] *Hic usque :* Item : Officiales, *M. et V. deficiunt.*
Ut detumescant.] *Hoc omittit C. Nonne quadrat illud Horatii De arte poetæ.*
Non missura cutem nisi plena cruoris hirudo?
Sibique sordes peccati.] *C.* Sicque sordes, etc.
Job, cap. xxxi.] *C. et M.* Job. xxv in fine. *Olim, ut supra dixi, erat minor numerus capitum Jobi.*

CAPUT XXV.

In summario C. omittitur ecclesiasticorum. In V. variat titulus, sic : Quod sine quæstu et vana gloria conferenda sint et tractanda spiritualia, et contra horarios nummos, *sed de his in capite seq.*

Verum etiam.] *Sana est lectio et liquida. Quare. M. vitiose omittit hæc verba, eorumque loco legit :* ut, in celebratione.

Quæstui rempub.] *C.* quæsturam publicam. *Ad hæc suggero verba Sapientis Prov.* xxix : Rex justus erigit terram ; vir avarus destruet eam. *Peremptorium enim est in principe, ait Pet. Blesensis, vel auram adorare munerum, vel favorem quærere personarum. In quorum manibus, ait Propheta (Psal.* xxv), iniquitates sunt, et dextera eorum repleta est muneribus. Transibunt iniquitates in pœnam, et munera in dolorem. *Hæc ille.*

Apollo Pythius.] Tria Pithius. *Est autem Pythius Apollinis cognomen a Pythone serpente, ut quidam volunt, inditum.*

Sed etiam omnibus.] *Super his verbis Ciceronis, margo C. cum V. adnotat hæc :* Sed et Ecclesiæ (prædixisse nempe) quæ hodie decidit a religione et sanctitate per opulentiam et avaritiam, maxime prælatorum (*addit C.*) non tantum ciborum, sed et munerum.

Nati sunt] *C.* natæ sunt.
Quasi, læva.] *M.* omittit quasi.
Læva pro dextera.] *V. et C.* Læva pro læva fiat, nunquam dextera pro læva. **399** Melius in textu, *ut ex Glossa in hunc locum colligitur.*
Quia, hoc, æterna.] Hoc, *nempe Novum Testam.* illud, *scilicet Vetus temporalia promisit.*
Sandalia Apost.] *M.* Apostolicorum. *Quod sandalia sint calceamenta, patet ex c.* xx *Isa. secundum* LXX.
Sub terra in vase.] *V. et M.* In terra sub vase.
Et thuribulum.] *Novellus, stylo plumbeo, addit in V.* perforatur, *ut sic legatur :* Inveriuntur sandalia et thuribulum perforatur.
Causa propter quam.] *Nota varietatem. M.* Causa propter quam (hic deest quæ) debet esse solus Deus, etc., *ut in textu. C.* causa propter quam, quæ debet esse solus Deus, et causa sine qua non possent fieri (alia desunt). Si spirituale sit ob temporale tantum, etc. *C. ad latus addit :* Alias facturus, ad illud : Sine qua non possent fieri.
Sine qua non fierent.] *V. et M.* Sine qua non fieret cum possit.
Pallium meum breve est.] *Subaudi quod in textu Isaiæ habetur :* Utrumque operire non potest. *Similiter in sequenti :* Stratum meum angustum est : Utrumque recipere non potest.
August. Pro quæstu.] *Ad Glossam in II Cor.* 11 *lectorem remitto.*
Sed ex simplicitate.] *Textus et Glossa interlinealis :* ex sinceritate.

Duo fines sunt.] *M.* omittit duo. *Hos autem fines duplices discerne ex B. Aug. tom. VIII, in Ps. cxviii, concione* 12, *ante medium.*

Timor pœnæ.] *C. Timor pecuniæ et æris? V. Timor pœnæ ens, hoc est, existens, seu continuo præsens. Et timor hic a peccato excusat, ut infra habetur. Unde Horatius*
    Oderunt peccare mali formidine pœnæ.

Et amor Dei.] *Iterumque ex eodem:*
    Oderunt peccare boni virtutis amore.

Scilicet oculus dexter.] *C. hic mancum est. Sic autem: Et amor Dei, scilicet oculus dexteræ ad diligendum Deum. Ubi est ergo, etc. Reliqua desunt.*

Hi sunt fines.] *C.* funes.

Loco pignoris.] *M. tenuissimis characteribus ait,* pigneris, *sed hic synonyma sunt; etsi quidam velit:*
    Pignora natorum dicuntur, pignera rerum.

Alterutram molam.] *Quoniam longum foret hic multorum expositiones recensere, lectori suggero Glossam in hunc locum, et B. Gregor. tom.* I, *Moral.* xxiii, *cap.* 11, *initio.*

Sed maxime.] *V. caret* Sed.

Cum ergo prima non sit.] Prima, *scilicet mola timoris. C. Cum ergo prima sit meritoria. Male contradicit.*

Sine secunda.] *Amoris Dei nempe. Ergo una timendus est ut Dominus; et amandus, seu honorandus, ut pater.*

400 Mola concupiscentiæ.] *Vel,* cupiditatis, *ut habet V.*

Vel quarta vanæ gloriæ.] Vanæ *omittunt M. et C. vitiose. Nam omnis gloria, maxime popularis auræ, vana est, imo vanitas ipsa. Secus autem de gloria, testimonio conscientiæ serenatæ, de qua* II *Cor.* 1.

Ut nec tertia.] *M.* Ut hæc tertia. *Insipide.*

Mens divisa non.] *Attende tibi ipsi, ait B. Ephrem De virgin. sub finem, nequando in oratione huc illucque mens tua evagetur. Et infra: Cogitationes ac sollicitudines quascunque rerum terrenarum, circumquaque ex corde tuo abscinde, etc.*

Amram vir de domo.] *Seu Ammiramis, ut Josephus, ex uxore sua Jochabed, idem Jochobel, genuit Aaron et Moysen, l.* II *Antiq., c.* 9.

Ora bene operando.] *C. ad latus hæc habet:* Osanna in excelsis, non pro infimis.

Cum duplex legatur.] *M.* Cum duplex legatur invitatorium, *ponitur et classicum tertium in Ecclesia, efficacius cæteris invenimus denarium. V.* quoque: Denarium. *Per classicum intellige pulsum, quo ad horas clerici convocantur. Id colligo ex cap. sequenti. Per Psalmum autem* xciv : Venite, exsultemus Domino.

Tertium in Eccles. efficacius.] *Quod nempe magis invitat clericos mercenarios.*

August. non propter.] Solum *C.* Augustinus.

Sine omni corruptione.] *Glossa est tum interl. cum ordinaria.*

Crux et martyrium.] Crux et maxime illud, etc. *C.*

Ideo noluit Dominus.] *C.* perperam, Voluit. *Nam infra contradicit his verbis:* Instinctu amotionis pœnæ.

Amoveri pœnam.] *V.* id est mortalitatem nostram.

CAPUT XXVI.

Titulus hic præfixus, ex M. desumptus est. Nam V. et C. caput præcedens non dividunt, in ora tamen collaterali C. lego: Contra denarios horarios.

Allectoria in spir.] *Scilicet, ait V.* denarios horarios pro horologio, ut fiant, *etc. Ad hæc in margine dicit:* Missa constituta, quæ alias non consti-

tuitur, nisi ut per oblationes ad illam factas sustentetur pauperes, Simoniam parit.

Melius quam loquentem.] *M. et V.* meliusque loquentem.

Sanguinem Christi.] *V.* Sanguine Christi. *Male.*

Quoniam in sæculum.] *Psalmus hic est* cxxxv, *etsi in eo non in* sæculum, *sed in* æternum *legamus. Ait enim B. August. Græcam litteram posse interpretari tam in æternum quam in sæculum. Sic autem legitur* εἰς τὸν αἰῶνα. *Vide tom.* VIII, *expositionem Psal.* cxxxv *initio.*

Mercenarius enim.] *Ita B. Aug. t.* IX, *tr.* 46 *in Evang. Joannis.*

401 In alea ludentium.] *Audite, clerici, B. Basilium alearum [ludum -describentem:* Si vos, inquit, dimisero, sunt qui protinus ad tesseras aleasque sese conferent. Juramenta sunt illic, contentionesque pergraves, ac avaritiæ partus. Spiritus malignus assistit, furorem punctis accessibus illis ludentium insaniamque accendens: *etc. Hexam. homil.* 8 *sub finem. Clericis suis ludum insignem olim exstruxit Wiboldus Cameracensis et Atrebatensis episcopus, quem Baldericus in Chronico Cameruc. et Atrebat. lib.* 1, *c.* 88, *fuse describit. Exstat apud nos ille spiritualis ludus, seu tabella laboriose distincta et delineata, qua nostri, ut apparet, inter se colluserunt.*

Nummos vespertinos.] *V. nummos horarios vesperis decantandis, etc.*

Et prius in Ecclesia.] *V.* Et post eas (*scilicet* resperas) eos in Ecclesia distribuendos. *Placet utique.*

Distribuendos esse.] *Margo C. cum V. Sæpe tamen prius residentium (V.* sedentium) *quousque pulsaretur extremum classicum, hoc est, ultimus pulsus.*

Item: exemplum prælati.] *Supple,* valet ad detestandum, *ut supra. C.* exemplum prælati præbentis, petentis in Ecclesia, etc.

In sericis.] *Variato, scilicet, antipendio altaris, festo, colore, convenienti.*

Ploratorum et ploratricum.] *Uti legitur de Præfica muliere ad planctum mortuorum conducta. Sic Horatius de Arte poet.*
    Ut qui conducti plorant in funere, dicunt
    Et faciunt prope plura dolentibus ex animo sic:
    Derisor vero plus laudatore movetur.

Solent enim gentiles nænias et cantica lugubria canere in morte defunctorum et alia ad plorandum inducere. Idem etiam apud Judæos, ut patet ex Evangeliis, moris erat facere, Matth ix. *Ibi leguntur adfuisse tibicines cum Jairi principis puella obiisset.*

O nummi, nummi.] *Hunc Juven. versum, sat.* 5, *omittit M.*

Quid idololatræ sunt.] *Id probat B. Hieron. in cap.* v *Ephes. his verbis:* Quia sculpturam ipsius nummi colit, et idola in eis cælata veneratur. Ut voracior Deus venter est, ita cupidorum quoque justissime pecunia dici potest, maxime cum in alio loco Apostolus cupiditatem idolatriam vocet. *Pro* idololatræ *antiquitus scribebant* idolatræ.

I. Thess., c. v.] *V. et C.* II. Thess. *Addit quoque C. c.* IX.

Ab omni specie.] *C. in latere, ex Ovidio Heroidum, ep.* 16 :
    Est virtus placitis abstinuisse bonis.

Quia scandalizat.] *V. et C.* Quia scandalizant proximum per sinistram, alliciens (*allicere C.)* quempiam per dexteram. *B. Augustinus libro De ovibus:* Curemus, inquit, nil facere, quod veniat in malam suspicionem infirmo fratri.

Turpis autem species.] Nunquid excussio loculorum, sicut repletio illorum, parit Simoniam? *Ita C. in margine.*

402 Horæ nummariæ] *V.* Horæ nonæ S. Mariæ.

Repaguloque.] *Repagulum est vectis ostio adversum oppositus. Gallice :* Barrière, *ou* Barre.

Et tanquam vetulæ.] *M. hoc omisso ait:* Cucurrerunt clerici tanquam ad solemnitatem. Quidam se etc. *C. autem :* Tanquam ad solemnitatem vetulæ ad votum. *V. vero, mea sententia, melius :* Et tanquam vetulæ ad unctum. *Proverbium enim est Gallicum :* Courir à l'oinct, ou, au gras boudin; *quo caxantur clerici, qui lucri causa tantum currunt ad templum, et morati in choro per modicum tempus (sufficiens tamen, ut loquuntur, percipiendis distributionibus) statim recedunt. Unde poeta :*

Pinguis amore lucri lambunt candelabra cati.

Sic de advocatis aliisque similibus dicitur : Engraisser les mains.

Tangi notaretur.] *C.* videretur.
Quidam præbendarius.] *C. et M.* præbendatus.
Oliverio currente.] *V.* Olivero. *C. male* obliviorio.
Murmuravit et doluit.] *Quod non luderent alea et hujusmodi, aiunt duo margines.*

Eo quod assidui.] *C.* Eo quod assi interessent, *forte voluit* assidui.

Nobilis Ecclesiæ.] *Alludit auctor ad illud Ovidii de Ponto, l.* II, *elegia* 3 :
Illud amicitiæ sanctum et venerabile nomen, etc.

CAPUT XXVII.

V. Titulum capitis sequentis hic anticipat De venalitate, *etc.*

Et damnabilis.] Simoniæ hæresis contagium, *inquit Hugo, l.* II *De sacramentis, parte* X, jam olim in Balaam pullulavit, qui divinationis pretio proposito, ad maledicendum populum Dei perrexit; dehinc hujus duo leguntur auctores emersisse; alter sub prophetica, alter sub apostolica doctrina: Primus Giezi magister esse vendentium, deinde Simon videtur emptor. Horum autem sectatores, sicut non sunt in errore diversi, ita nec in damnatione divisi.

Totus enim Christus.] *V. omissa interrogatione, sic legit :* Præcipue in eucharistia, ubi totus Christus, etc.

Gratiæ distribuantur.] *V.* pro gratiæ *habet* Ecclesiæ.

Quam tamen exuere.] *Hæc parenthesi inclusa, V. et M. intermittunt.*

Altaria Dei sic vocat.] *Plura hac de re videri possunt in Comm. B. Hieron. in c.* XXI *Matthæi.*

Non dantes, nihilque.] *C.* Non dantes, ubique, nihilque offerentes.

Augustinus: Domus.] *In C. et V, abest* Augustinus.
Nemo in oratorio.] *Eadem habemus in Regula S. Patris nostri Benedicti, c.* 52.

403 In hoc dans omnibus.] Cujuslibet sexus et conditionis. *C. in ora.*

Bis legitur ejecisse.] Solus Joannes, *inquit idem ibidem,* loquitur de prima, *ejectione scilicet, alii de* ultima, *Matth.* XXI.

Venalitatis columbæ.] *Per* columbam, *scias Spiritum sanctum figurari, ut docet B. Aug. t.* IX, *tr.* 10, *in Evang. Joan. ante medium.*

Proximorum alia.] *C. inter* lineas, *pro* alia, *suggerebat corrigendum,* similia.

Non accusemus, non propalemus.] *C.* Non accusemus ut propalemus.

Sic paratiores.] *Hæc apud B. Hier. in c.* XXI *Matth.*

Facilitatem.] *C.* Facultatem accipiendi.
Quam quasi cæci.] *M.* Quam quod cæci ipsum Dominum patiuntur.

Quidam missam.] *Refero quæ in oris inferioribus legunt V. et C,* Contra venalitatem et pluralitatem missarum, contra pluralitatem facierum unius missæ, et contra novitatem earum. *De his infra suo loco.* Aliud prætera visitur in eadem ora *V.* Impunitas contumaciæ mater, negligentiæ filia, radix peccati, nutrix adulterii et incestus, mortis æternæ præambula, præparatrix inferni.

In die integre duplifaciant.] *Hoc est duas missas integras uno die celebrare, seu, ut vulgo,* binare. *C.*

sic legit : In die integro duplifacientem, non *addi: et duplicent M.* In die integre duplifacient
Et timore.] *C.* Pro pudore et terrore.

Unam duplifaciant.] Non audentes, *ait C.* duas integrare, ut duplicitatem trifacientes et multifacientes, id est multarum facierum celebrarent. *Non sapit Melius M.* Non audentes, etc. unam duplifacient, triplifacient et multiplifacient, id est, etc. *ut in textu.*

Et primum introitum.] *Triplicem textum quidam sua nota, in margine C. addita, voluit corrigere, hoc modo :* Ad primum officium non offeratur, etc.

Cantantibus fabulas.] *Addebat C.* Cantatoribus vel cantantibus, etc.

De Landrico.] *M.* Landerico.
Narciso.] *Forte* Narcisso.
Oblatio quæ ad hoc.] *Nempe, sit causa, ut præfertur. M. et C.* Constat quod oblatio ad hoc offertur, *omittit, quæ.*

Radici, id est cupid.] *M.* Rabici (*Deus bone, quid* Simoni?) et cupiditati Simoniacæ.

Sed Domini.] *Hæc verba adsunt in C.* Quod Domini et non mundi gloriam quærat sacerdos, *probant margines. C. M.* Augustinus : Hoc significatur pluribus extensionibus brachiorum sacerdotum in missa. *Consule B. August. tom.* VIII *in Psal.* LXII.

Levabo ad altum.] *V.* Ad aliud. *C. videtur hic peccare disjunctione incongrua. Nam interrogationem ibi ponit,* Quam ad te? *et prosequitur :* Pretium mundi quomodo, etc.

Quasi coadunatis.] *C.* coadunantibus. *V.* coadjuvantibus.

404 Imo cum meo.] *V. et C.* cum ministro altaris et meo, *scilicet, Simoninaco, qui pro nummo tantum ministrabit, sicut et ego pro eodem tantum celebro.*

Cupiditas dominatur.] *C. non interrumpit periodum disjunctione, sed eam continuat sic :* Pro pretio conficiam cupiditate prædominans *V. similiter paucis demptis :* Pro pretio conficiam, quod tamen impretiabile est.

Minus sed magis.] *M. et C.* non ideo minus Simoniaca, etc.

Filia mea.] *M.* Filia mei. *Hic continuat auctor verba Simonis Magi in scenam producti.*

Irrumpet.) *M.* irrepet. *V.* irrepit. *Eligito, placent.*

Proponens venalia.] *V.* componens venalia.
Ex oblatis illis.] Cupide acquisitis, sicque turpiter, *aiunt margines duo.*

Eriguntur altaria.] *Quod nec Deo placet, quia bonus usus non justificat male et turpiter acquisita.* 14, *q.* 5. Neque enim.

Cum familia etiam.] *V.* Cum famuli, etc. *Omissa sunt hæc in M. usque vendidit inclusive. Sic enim :* Quem purum hominem credebat, vendidit.

Ille pœnitens.] Pœnitentia (*non vera*) ductus : *Matth.* XXVII.

Licet non vere.] Licet non recte. *M.*
In Ecclesia autem.] *C.* in Ecclesia. *Sicque aliam inchoat periodum.* Inter nos autem, etc. *Male.*
Turpiter acquisita.] *V. et M.* Turpiter acquisitas, nempe argenteos. *Sed prior aliis placuit C. quia ad omnia acquisita pretio æstimabilia.*

Ex turpius oblatis.] *V.* ex turpiter oblatis.
Construuntur Ecclesiæ.] Ut ædificetur Sion ex sanguine, *aiunt margines duo, ex Mich.* III.

CAPUT XXVIII.

V. Præcedens caput prosequitur.
Sufficiens fuit hostia.] *Ex B. Joanne Chrysostom., hom.* 17 *in Ep. ad Hebræos. Idem habetur cap.* 1, *hom.* 4, *lib* II. Viduæ Sareptanæ a nobis in lucem primum emissæ superioribus annis.

Semel in die.] *His caret M. Ita :* Passum semel repræsentare immol.

Rursum sunt crucif.] *Abunde dictum est eodem Viduæ Sarept. l. ii, hom.* 5, c. 1.

Item Augustinus.] *Verba ejus hic nonnihil immutata sunt. Vide locum tom.* III, *De Eccles. dogm.* c. 53. *Præterea B. Chrysostomum loco supra citato hoc capite.*

Si ergo Augustinus.] *M.* Si juxta Augustinum unam suspicionem in die vix, etc. *Fallitur.*

Nimis in die.] *C. et M.* Minus in die iterare.

Tum propter mysterium.] *Non*, ministerium ut *C. Mysterium tale est, ut refert margo. C.* Missa prima prophetas, secunda Patres viciniores gratiæ, tertia **405** apostolicam doctrinam *significat. Thelesphorus IX papa tres missas has instituit, de quibus, si plura desideras, videto Guill. Durandum Ravin. offic. l.* vi *De officio Nat. Domini.*

Rurali sacerdoti] *Pastori rusticorum, et Christianitatis decano.*

Major autem prælatus] *Episcopus, aut decanus.*

Sed vilescit.] *Nam, aiunt margines. C. et M.*, Assiduitas vilitatem et securitatem parit, devotionem et reverentiam tollit.

Quia rarus.] *Quod enim rarum carum, seu, ut ait B. Hier*, Ardentius appetitur quidquid rarius est. *Epist. adversus Vigilantium post medium.*

Quia rara.] *Non*, quia chara, *ut M.*

Cum incenso in sancta.] *Solum V.* addebat : Propter s.meta legalia veneranda.

Lactucis agrestibus.] *Audiam hic B. Gregorium in medio hom.* 22 *in Evang.* loquentem : Carnes agni cum lactucis agrestibus sunt e lendæ, ut cum corpus Redemptoris accipimus, nos pro peccatis nostris in flelibus affligamus; quatenus ipsa amaritudo pœnitentiæ, abstergat a mentis stomacho perversæ humorem vitæ.

Ordo Carthusiensium. *Duo ordo Cisterciensium. Viros probatos super hac re consului, nec eorum quispiam de suo ordine tale quid inaudivit.*

Hic etiam oblatorum.] *M.* In holocaustum hoc, etiam oblatorium Deo. *Sapit utique suo sensu. Sed quid f.t ut sacerdos* (heu me primum) ita confidenter audet accedere non modo ad bis celebrandum, sed semel duntaxat quotidie : *cum B. Hieronymus, pœnitentiæ exemplar*, nonnisi cum maxima et timorata reverentia ecclesias martyrum intrarit, *non missæ celebrandæ, sed devotæ venerationis gratia ?* Ego, *inquit ille*, confiteor timorem meum ne forsitan de superstitione descendat. Quando iratus fuero, et aliquid mali in meo animo cogitavero, et me nocturnum phantasma deluserit, basilicas martyrum intrare non audeo; ita totus, et corpore, et animo pertremisco. *Epist. adversus Vigilantium, quæ incipit :* Multa in orbe monstra.

Peccator sacerdos.] *C.* addit, sacerdos, *et recte : nam ad eum sermo est.*

In sexta feria.] *Hic docentur clerici non numerare hebdomadæ dies ex nomine planetarum aut deorum gentilium, ut sæculares solent, nempe :* Lunæ, Martis, etc., *sed juxta S. matris Ecclesiæ ritum per vocabulum feriæ secundæ*, iii, iv, *et sic de cæteris.*

Uno die quasi.] *V.* quasi requie. *M.* uno scilicet die interposito.

Si tunc unica esca.] *C. et M.* Sed tunc unica esca spiritualis non spiritualiter, etc. *Male.*

Condimenta introitus.] *Sæpius iterando secundum solventis et offerentis voluntatem. Hæc*, Introitus, etc., *usque :* Item : Quidam, *leguntur in margine C., at V. et M. in textu habent.*

Quidam male interp.] *C.* Item : Tales male, etc.

406 Marcus peculiarem.] *Etsi tria exemplaria sic legunt*, dicam tamen quod censeo. Itaque loco Marcus, legi debet Symmachus. *Is enim*, *B. Hieronymo teste, vertit*, Panem peculiarem. *Præterea in Evangelio Marci non habetur oratio Dominica*, Paternoster. *Pluribus dicendis supersedeo, n.tas, et suum auctoris* (in *fine capitis* 9) *abbreviaturus, interea po-*

terit lector recurrere ad comment. B. Hieron. in cap. vi Matthæi.

Quem non supersubstantialem.] *V. et C.* Quem non substantialem.

Quantum in se est.] *M.* quantum in ipsis est. Perinde est.

CAPUT XXIX.

Falsitas angulos quærit.] Veritas angulos non amat, nec quærit susurrones, *inquit B. Hieronymus epist. ad Rusticum, quæ incipit :* Nihil Chris.iano felicius.

Dum vitant stulti.] *Horatii versus Serm. l.* 1, sat. 2. *M.* sic : et dum vitant studia vitiorum in contraria currunt.

Cupiditati suæ.] *C.* cupiditatis.

In monstrum incidunt.] *C.* in monstrum monstruose inciderunt missas bifacientes, etc. *Verborum transpositio est.*

Janum bicipitem.] *De quo Ovidius*, ii *Fastorum :*
Sane biceps, anni tacite labentis origo.
Hydram septicipitem.] *Seu, ut V. et C.*, septem capitum.
Mantuanus :
Bellaque in atroces iras septemplicis hydræ.

Briareum centimanum.] VIRGIL. vi, *Æneidos :*
Et centum geminus Briareus, et bellua Lernæ.
HORAT. ii *Carm., o.*le 17 :
Nec si resurgat centimanus gigas.

Geryonem.] vi *Æneidos :*
Gorgones, Harpyæque et forma tricorporis umbræ.
Ibidem viii :
Tergemini nece Geryonis, spoliisque superbus.
De his et similibus B. Hier. epist. adversus Vigilantium, quæ incipit : Multa in orbe monstra.

Missam bicipitem.] Bifariam, vel bifaciatam, multifariam, *addit C. Hoc est, multiplicis faciei et forma.*

Obviant mysterio.] *Non* ministerio, *ut C.*

Quia exprimi.] *C.* exprimunt. *M.* Quia officium exprimit, etc. *Margo ad hæc :* Ordinem (*exprimit*) et gemitus prophetarum desiderantium adventum Christi. *C. et V.*

407 Septies vel pluries.] *Hoc verbo* septies caret C.

Mysteriumque.] *Iterum C.* Ministerium.

Utri introituum.] *Non* utrique *ut M.*

Ab u.ro illorum.] Utroque *M. et V. Hic restitui interrogationis signum*.

Si a secando.] *Introitu scilicet.*

Vel tricenali.] Seu tricenario, *ut V.* Tricenale missarum, quod a die mortis, fidelium, usque ad triginta dies continuos durat, videtur originem accepisse a B. Gregorio papa prout ex ejus Vita colligere est. Surius t. II.

Missam catechumenorum.] *Quidam missam quadrifariam patiuntur. Primo* (Dominicus Soto in 17 sent. dist. 13, q. 2, a. 4) : ab initio usque ad Offertorium, et Catechumenorum missa dicitur ; 2° ab Offertorio ad consecrationem usque, a Græcis ἀνάφορά, a Latinis canon minor vocatur ; 3° a consecratione usque ad communionem, diciturque canon major ; 4° a communione ad finem. Plura si cupis, *consule* Controv. Bellarm. tom. V, De missa, cap. 10. Ideo autem Catechumenorum missa olim nuncupabatur, quia talibus usque ad Offertorium licebat interesse.

Videtur quia.] *V.* omittit videtur.

Nondum hostia esse.] *Hoc est, nondum consecrationem factam.*

Obviant instititioni.] Excepto die Nat. Dominicæ (nisi causa necessitatis suadeat) sufficit sacerdoti semel in die unam missam solummodo celebrare. *Extra De celebrat. miss. c.* Consuluisti. Item De consec., dist. 1. Sufficit. Alexander II.

Bifacia rentur missæ.] *Hoc est, fierent duplicis faciei introitus etc.*

Unus et alius.] *Nempe*, introitus. C. Unus et alius A unum coalescunt. *Nota tamen antiquitus illa fuisse celebrata sub honorario 4 aut 5 solidorum tantum, quod hodie nequit fieri nisi sub honestiori, quia victus carior est, nec sic minus ri Ecclesiae de altari vivere possent.*
casus pro libito, *etc.*
Utiliter approbato.] V. universaliter approbato.
Dextrum et sibi.] Dextrum *abest in M.*
Ad gentes.] C. Gentiles, *ibique margo* : Quia indignos vos fecistis et repulistis verbum Dei, ecce convertimur ad gentes. *Verba B. Pauli et Barnabae ad Judaeos. Act.* XIII. *Nam Judaeis, qui domus Israel oves erant perditae, potius erat praedicandum. Unde Salvator* : In viam gentium ne abieritis, sed potius ite ad oves quae perierunt domus Israel. (*Matth.* xx.) *Cum autem viderent Judaeos verbum Dei parvipendere, ad gentes, ne otiosi essent, convertebantur.*

Quam anticipat.] C. Quam anticipat et maturat, imo (*nota hic varietatem lectionis*) finem Ecclesiae figural, sic rediens (*deest frequenter*) a cornu ad cornu, *etc.*

Nondum significat.] M. Tamen nondum repraesentavit hostiam esse, *etc* ; V. Cum nondum repraesentaverit hostiam, *etc.*

Cum a cornu ad.] Quare redeunt a cornu ad cornu, aiunt *margines* C. et M. cum non jam hora eorum venerit? *Allusio est ad praedicta de Christo Domino* : Qui cum ejus hora veniret. *Ex Joan.* xv.

Vel insertiones missarum.] Visitationes vel omittunt V. *etc.* Pro insertiones, **408** V. *habet*, instiones. *Potest admitti, quia haec eadem sunt.*

Favorabiliores.] V. Favorabiles. M. Laudabiliores. *Dicuntur favorabiliores, eo quod a frequenti recitatione memoriter tenentur, vel quia cutiae sunt, et ita citius expediuntur. Unde* C. *in latere et* M. *in textu*: Ut Salve sancta Parens : Spiritus Domini : Requiem, qui introitus communes sunt. M. ex toto omittit : Ut missa de B. Lino, etc. usque* : Item. Cum caetera, *quorum loco praedicta habet.*

Item, exemplo de.] Hoc exemplum, *usque ad sequens de matrona, abest in M.*

Debita quibusdam monachis.] *Eleganter* V. *At* C. *obscurius et languidius. Sic en.m :* De obventione primae missae debitae monachis. *Non missa monachis est debita, sed obventio, seu oblatio. Hinc unum suggero, in ruralibus ecclesiis maxime, emendandum, quod nec parochianos, neve parochos aedificat. Videre est in quibusdam templis parochialibus, Offertorio solemnis missae finito, statim vill. cum aut firmarium patroni loci accedere ad altare, et de manu ministri, videntibus omnibus, oblationes, devote datas a populo, accipere, quas patrono suo et domino reconsignet. Jure quidem, scio, patronus oblationes percipit, sed id occultius et multo decentius fieret, si patronus cum plebano et pastore pacisceretur, ut pro oblationibus in missa datis, quotannis honestam pecuniae summam, aut aliud aequivalens sibi referat.*

Cum habeat auctoritas.] *B. Gregorius id exemplis probat lib.* IV *Dial. Post aetatem nostri auctoris S. Thomas Supplementi q.* 71, *ar.* 12 *et* 13. *Quorum priore docet suffragia quae fiunt pro uno defuncto magis proficere ei, pro quo fiunt, quam aliis, videlicet ratione intentionis et applicationis particularis. Posteriore, suffragia facta pro multis non tantundem valere singulis, ac si pro unoquoque specialiter fierent. Ex hoc patet, ut ait in corpore art. cur institutum sit, ut suffragia specialia in Ecclesia fiant. Denique in conc. Constant, sess.* 8, *abhinc ducenannis damnatus est, hic Joannis Wiclefi articulus* 19, *quo dicebat orationes specialiter uni applicatas non plus ei prodesse, quam generales.*

Saepius et specialius.] *Ita* V. Non autem saepius et spiritualius, *ut duo volunt.*

Si tricenale unius.] C. Si tricennale. Sic etiam infra : Tricennali.

Annumeretur.] Annumeretur male M. *Id hodie practicatur. Cum enim Ecclesiae quaedam anniversariis multis graventur, et eorum proven.us insufficientes sint ad presbyterum et clericos sustentandos, de consensu dioecesanorum, duo vel tria anniversaria in* unum coalescunt. *Nota tamen antiquitus illa fuisse celebrata sub honorario* 4 *aut* 5 *solidorum tantum, quod hodie nequit fieri nisi sub honestiori, quia victus carior est, nec sic minus ri Ecclesiae de altari vivere possent.*

Noluit tamen eas.] Minime, Voluit, *ut* C.
Faciam tricenale] C tricennalia, *nisi specialia.*
Hujusmodi insertio.] *Seu*, insitio, *ut* C. *et* V.
Cum petitum.] Abhinc, *usque*, Item : Praeter duplicitatem, *tacet* M.

409 Per hujusmodi insitionem.] V. pro hujusmodi insitione.

Missa sicca.] *Videatur Guillelmus Estius, vir doctissimus juxta ac piissimus in oratione Duaci habita in publico theologorum suggestu, de missis siccis quae inter orat. ejus* 19 *excusas, est* 13.

Confectionis.] *Hoc verbum omittit* V.
Aeque juvabit post.] V. Aeque juvabilis post.

B Et praemissa hostiae.] *Ita* C. *et* V. Sicut et praemissae hostiae. *Optimus est sensus et intellectu facilis, si ly praemissa ad missam siccam referatur.*

Quare igitur.] C. Qua igitur praemittitur hostiae immissa (*forte* in missa) inserta, propter cupiditatem et in fraudem animarum, *sine interrogationis nota in fine.*

Praeter duplicitatem.] V. *et* M. Propter, *etc.*, *sed non sapit.*

Item, missam.] *Supple hic, ut ante* : Invenit cupiditas.

Sortita decenter.] *Amanuensis* M. *pro* S. *et* D. *conjecit suo die. Est quidem aliqualis sensus, sed a versu aut carmine alienus.*

Et identitatis.] C. Et identitas tollat fastidium.

Quod flens dico.] *O pietas! o auctoris amor! O devotio circa venerabile altaris sacramentum!*

Hoc tantum sacramentum.] *Belle.* C. hoc autem sacramentum, *non ita.*

Imagines cereas.] *Sana et genuina lectio.* M, *notarii abusu, videtur quondam pro* cereas *legisse* caesareas. *Sed subductis duobus punctis expungentibus* sa, *relinquit* cereas. V. *similiter* aereas, *verum addito* c, cereas *perfecit.*

Pro strage.] M. pro significatione interfectorum.

Praepositorum minorum.] *Nullo commate inter haec duo verba interposito, quod tamen admittunt* C. *et* M. *Hic enim praepositi nomine censetur talis, qui curam gerat minorum sacerdotum, tanquam eorum praeceptor et superintendens.*

Etiam sub dive.] Vel sub dio.
A Gregorio octavo.] *Is electus est anno* 1187, *sedit tantummodo* 57 *diebus. Exstant tres illius ep. apud Rogerum de Hoveden Annal. parte* II.

Praeterquam ter.] V. praeter quantum. *Non sapit.*

D pit.

Osee ait cap. VIII.] C. xxv.
Multiplicavit populus.] *Textus Bibliorum* : Multip. Ephraim.
Altaria ad peccandum. Nequaquam ad praedicandum, *ut* V.
Ita tamen quod.] *Haec, usque*, pluralitas, *non admittit* C.
Peperit ministeria.] V. peperit mercimonia. C. peperit munera.

CAPUT XXX.

Tria in summario variant. C. enim : Contra indigne communicantes eucharistiae, M. Eucharistiam, *at in margine habet* : De indigne conficientibus. **410** *Fragm. Camberon. do supra ad c.* 14 *dixit, sic legit* : De indigne sumentibus corpus Christi.

In epist. I ad Cor. II.] C. *notat c.* LVIII.

Probet autem se ipsum.] Multipliciter inquit C. ad latus, examinet si sine mortali est.

Judicium sibi mand.] Unde judicetur. *Margo C.*

Non dijudicans.] *Idem*, ex consuetudine conficiendi, vel sumendi. *Hi margines ex Glossa in I Cor. xi desumpti sunt.*

Hoc est, debita.] *Et hæc redolent doctrinam B. Aug. to. II, epist. 118 ad Januarium, cap. 3 et 2. Nec absimilia quondam legi apud B. Gregorium tom. II, in I Reg. c. 1, ante medium.*

Violare præsumit.] Quia pro lucro celebrat. *Ora collateralis C.*

Non secundum ritum.] *Restitui ex V.* Nam *M. ex toto, C. ex parte omittit, hoc modo : Violare præsumit. Secundum ritum, vendit qui, etc.*

Infidelitatis.] *Glossa est in c. xv, v. 22 Joannis, quam solum V. habet.*

Hi vero per ignor.] Quidam, non omnes, addit *C.* in margine. Ita est. *Nam aliqui scientes Deum vel qui scire debebant, pertinaciter crucifixerunt.*

Si a pueritia.] *B. Augustini verba, quæ etiam citat Cæsarius exemplorum lib. ix, cap. 53.*

Si Mariæ in tanto] Magdalenæ nempe, *quæ ob ardorem et sedulitatem fidei turritæ nomen sibi vindicavit, ait B. Hieron. in epitaphio Marcellæ ad vraicipium in medio.*

Quomodo tibi peccatori.] Tacet V. usque, Quomodo huc scilicet, etc.

II Reg. c. vi.] *C. c.* LXXII.

Erat et sacerdos.] *Certo constat Ozam fuisse ex tribu Levi, quia filius Abinadab erat cum Abia, ipsum autem sacerdotem fuisse negat Josephus his verbis : Volens eam (arcam) retinere, cum sacerdos non esset. Antiq. Judaic. l. vii, c. 4.*

Dicebatur catechumenis.] *Dixi supra ad c. 28.*

Habentibus scilicet charitatem.] *Tria hæc verba ex solo C. desumpsi, ubi charitas sumitur pro dilectione, quæ habitum charitatis præcedit.*

Circa hoc.] *C. citra hoc.*

In suburbio.] *Per suburbium, navim, seu partem anteriorem ecclesiæ interpretor.*

Non diffinio.] *Revocat auctor in dubium. His autem facile est lectori colligere, quam exacte auctor ponderet et quantum æstimet irreverentiam circa hoc sacrosanctum Eucharistiæ sacramentum commissam; neque profecto censendus est aliud practicasse quam docuerit et censuerit.*

Sanctificatis.] *M. et C.* Etiam sanctis.

Item constituit.] *Absunt hæc in V. usque :* Item Exod. xii.

411 Et solemnem.] *M.* In solemnem (*saltat hic ad 2 lineas*) in condensis omnium articulorum fidei.

Lacrymarum.] *Iterumque saltitat M. usque,* usque ad cornu.

Exodi xii.] *C.* xviii.

Succinctis renes.] *Expositio hujus historiæ habetur apud B. Greg. hom. 22 in Evangelia.*

Decoctus etiam.] *C.* Doctus etiam in clibano. *Tolerabile est, si doctus pro probatus tanquam aurum in fornace, hoc est in omni tribulatione, etc. Sap. iii.*

Totus virtutibus.] *C.* totis viribus.

Unde, calceati.] *Hic tacet V. usque,* Item, ad terrorem.

Effusionem oculorum.] Cunctis scilicet condensis *suprædictis, ait C. in collaterali ora.*

Ad calicem pietatis.] *Versus Hildeberti episcopi Cenomanensis de ipsa Maria Ægyptiaca nondum typis excusi sunt, ut notavit Molanus in not. ad Usuardum, 2 Aprilis.*

Mactat.] *M.* Macerat.

Acredine pravitatis.] *M.* Impietatis. *Utique valet.*

Sed non numine.] *Fragm. Camberon.* Sed non munere. *At M.* Et non numero.

Carni, mundo.] *V. sic,* Abrenuntiando mundo et concupiscentiis ejus.

Marcus abscidit.] *Si ratione in textu allata S. Marcus sibi pollicem abscidit, non peccavit quin hoc creditur fecisse ex instinctu Dei, ut habet S. Tho. 2-2 q. 183, a. 2, 3. Id verisimiliter acceptum ex prologo Hieronymi, titulo in Evangelium Marci, in quo sic legitur, non tamen asseritur : Denique amputasse sibi potest fidem (sic) pollicem dicitur, ut sacerdotio reprobus haberetur. Hic prologus habetur in Bibliis Anglicanis deauratis, quæ tempore Gregorii papæ I vel Caroli Magni scripta sunt. Item in Bibliis regiis, hoc titulo :* Prologus S. Hieronymi secundum Marcum : at *Biblia Lovaniensia a doctoribus Lovan. correcta, et edita anno 1547 omittunt, nec creditur esse B. Hieronymi, sed Græci cujusdam, inquit Molanus, libro de Picturis, ca. lic tricesimo octavo (vel in editione secunda libri secundi, capite quadragesimo septimo) et addit : Idem præfatur in Joannem : Hic est Joannes Evang. quem de nuptiis volentem nubere vocavit Deus. Suspicor autem hæc eum habere ex apocryphis scriptis hæreticorum, qui nuptias damnaverunt, et eorum, qui sui ipsius mutilationem licitam esse defenderunt. Apud alios enim historicos, aut veteres scriptores, neutrum facile reperies. Dicit autem si Nicolaus Zegerus in præfatione Novi Testamenti, quod ipse castigavit, se has præfationes offendisse in vetustiis. Bibliis ante annos mille ascriptis, etiamsi incerti sint auctoris. Hactenus Molanus dicto c. 38 quem sequitur Petrus Galesi in suis notis ad Rom. Martyrol. die 25 Aprilis, quo festum S. Marci celebratur.*

Rursum quod in dicto Prologo de Marco dicitur, fabellam vocat, et rejicit Baronius 412 tom. I Annal. anno Christi 45. *Jacobus de Vitriaco, qui Petro Cantore, auctore Verbi Abbreviati, non est multo posterior, idem recenset tanquam rem veram in historia Occident. c. 30, uti et S. Thomas, loco supra citato, citans dictum B. Hieronymi prologum.*

Lucas Pinellus in Dialogo de Communione id refert de Marco anachorita, uti et Joannes de la Haye Soc. Jesu in Appar. Evang. c. liv, ubi de auctore prædicti prologi, sic ait : Verum constat illum prologum incerti esse auctoris, non S. Hieronymi nec magnæ auctoritatis esse, quæ in eodem auctore, nisi alterius probati auctoris testimonio fulciantur. Eamdem historiam describit Petrus de Natalibus in Catal. sanctorum l. iv, cap. 86, et Claudius de Rota, sed parum habet probabilitatis. Sic ille. Quem vocat Claudium de Rota, est Jacobus de Voragine, cujus legendam auream vulgo dictam (Melchior Canus in libro de locis Theologicis vocat plumbeam) edidit ille Claudius de Rota, ut patet ex præfatione.

Eximius dom. mag. noster Franciscus Sylvius ad locum S. Tho. citatum docte eamdem fabellam refutat his verbis : Quod in argumento 3 objicitur de Sancto Marco Evang. quasi pollicem sibi amputaverit, ut Inidoneus esset ad sacerdotium, fabulosum est. Constat enim ex historiis eum fundasse et gubernasse Ecclesiam Alexandrinam, id quod sine sacerdotio facere non potuit. Fecisse hoc ipsum legitur quidam Marcus Anachoreta, et ex nominis consortio ascriptum fuit S. Marco Evangelistæ quod iste alius fecit. Sic ille.

Jam ante, idem dicto anno scripserat Baronius : Sed et illa, inquit, ore vulgi potius decantata, quam majorum auctoritate asserta [abella rejicitur, Marcum adeo repugnasse ne episcopus fieret, quamlibet sese rogatus a Petro, nt ea de causa pollicem sibi ipsi præsciderit. Hoc etenim, quod a quodam Anachoreta factum esse constat, Marco Evangelistæ imprudenter nimis ascribitur.

Certe illicitum esse membro aliquo se mutilare docet lex naturæ, et S. Tho. 2-2 q. 65, a. 1, et diserte prohibitum in Conc. Nicæno I, can. 1. Et iste Ana-

choreta non est laudandus in eo facto, nisi id egerit divinitus inspiratus. Quis autem fuerit Marcus ille Anachoreta in Vitis Patrum non inveni.

Tamen, sacramentaliter.] *Hallucinatur M. Tamen aliter sumpserat.*

Illicita afferunt.] V. *offerunt.*

In Vitas Patrum.] *Hoc omisso sic V. et M.* Item : Quidam, etc. *Hic liber dictus Vitas-Patrum apud aliquos parvæ est auctoritatis, imo tanquam apocryphus rejicitur. Ita Matthias Felisius Minorita in elucidatione institutionis Christianæ dist.* 11, *cap.* 1.

Non conficiam.] *Ob reverentiam, inquit Margo* C.

Ab episc. Ægypti.] *Ly Ægypti, omittit Y.*

Id est lætam juventiam.] *Variat V. sic :* Ad Deum qui lætificat juventutem meam. *Jam juventutem, scilicet gratiæ, mihi tribuit in re, juventutem etiam gloriæ in spe. Juventus, etc.*

413 Assistentium contra te.] C. coram te.

Vindicare paratorum.] *C. inverso ordine :* Parare vindicatorum.

Tempore quo supplex.] *Versus Hildeberti episcopi Cenomanensis de mysterio missæ. Plane similem sententiam legi apud B. Gregorium,* IV *dialog., c. 58, in fine.*

In Exodo.] *C. in margine c.* 5.

Locus enim in quo.] *Aliter supra, aliter hic accipitur, ait C. in margine.* Explico. *Supra, ex Josue* V, *Hic ex Exod.* III.

Maculatus.] *M. Immaculatus de immaculato, sed vitiose.*

Ad osculum capitis.] *Tria in margine :* Est osculum pedum, manuum, et capitis.

Gradusque suos.] *Non est ascensus, sed intrusio, vel ingestio, ait margo* C.

Sedisti ad mensam.] *His verbis citat hunc locum B. Aug. juxta vers.* 70 *Prov.* XXIII. *Vide t.* IX, *tr.* 47 *et* 84 *in Joan., et t.* X, *Serm.* 45 De sanctis, *qui in noris est* 122.

Innumera apposuit.] *C. in mensa apposuit, forte* immensa.

Fercula et dona.] *Quia dedit dona hominibus, accepit dona in hominibus. Ita C. in latere. Dona hic, talenta sunt differenter donata, de quibus Matthæi* XXV, *et ad Ephes.* IV, *v.* 8 *et* 11.

Pro nobis pretium.] *B. Thomas theologorum fax, inquit :*

Se nascens dedit socium,
Convescens in edulium,
Se moriens in pretium,
Se regnans dat in præmium.

Si stigmata Domini.] *Non diaboli, non splendorem vestium. Margo* C.

Item Ps. CXVII.] *Usque ad finem capitis, V. et Fragm. Camberonense tacent.*

CAPUT XXXI.

V. *pro summario habet :* Contra belluas multorum capitum : *M. præter illud textus, in margine legit :* De pluralitate personantium, *forte personatuum. De Gregonibus dictum est ad cap.* 29.

Non absimilis.] *C. Non absurda, non absona.*

Personatuum.] *M. Personalitatum. C. personaruin. De personatuum pluralitate agitur, extra de præbendis et dignit. Ad hæc licet.*

Personatus vero in quibusdam ecclesiis vere est beneficium, ut Aldenardæ in Flandria, ubi quatuor sunt Pastores in eadem Ecclesia, et singuli per suas hebdomadas faciunt officium. Horum dignior persona vocatur. Aliquando non est beneficium, quia personatus etiam a laicis possideri potest ; sicut esse custodem Ecclesiæ non est beneficium, sed officium. Sic rex Franciæ est custos Ecclesiæ S. Quintini ; episcopus Leodiensis est custos in Halem, quod et in titulis ejus exprimitur.

In personatibus.] *M. in personalitatibus, ut supra.*

414 Locus Ecclesia] *Non ut M.* Locus in Ecclesia, *quia de Ecclesia non de loco sermo est.*

Adversus quam.] V. *adversus quem, scilicet locum. Transeat.*

Primipilus.] *Qui pilum defert ante regem aut belli ducem. Pilum est telum quod exploditur priusquam ensis defensivus evaginetur.*

Armiger.] *Qui præfert arma ducis bellici.*

Constabularius.] *Seu conestabularius. Gallice, conestable ; hoc est comes stabuli, comte de l'estable, qui equorum regis curam habet, alias escuyer, seu esquier. Videatur libellus Gallicus Parisiis excusus anno* 1600 *hoc titulo :* Origines des dignitez et magistrats de France, recueillis par Claude Franchet ; *locus est l.* II, *c.* 7. *Hoc conestabuli vocabulo utitur Greg. Turon. historiæ suæ l.* III, *c.* 32, *ubi de Justiniano imper, loquens :* Cumque imperator vidisset, quod Belissarius crebrius vinceretur, amoto eo, Narcetem in ejus locum statuit. Belissarium vero comitem stabuli, quasi pro humilitate, quod prius fuerat, posuit. *Eadem voce usus est Aimoinus in hist. De gestis Francorum l.* III, *c.* 42 *et c.* 70 ; *sic loquitur :* Laudegisilus regalium præpositus equorum, quem vulgo comistabilem vocant, etc. *Sed aliam quoque hujus nominis etymologiam refert Jacobus du Breul, monachus S. Germani a Pratis (cujus etiam meminit prædictus Franchet. c.* 7) *in Indice Aimoini, ubi sic legitur :* Comes stabuli, qui et comes custodum equorum regiorum dictus est. *Item :* Regalium præpositum equorum vulgo comistabilem vocant, quasi comitem stabilem. *(Eo quod nunquam mutaretur, ut interpretatur Franchet.) Eo respexit Momorentius cum hac præcelsa dignitate insignitus pro symbolo assumpsit* Aplanos, *quæ dictio Græca, firmum, stabilem, non vagum, significat.*

Priorem derivationem sequitur Franciscus Ragueau in libro : Indices des droits royaux ; *dicens :* Le connestable estoit le grand escuyer πρωτοστράτωρ, et avoit la superintendance sur l'estable ou escuerie du prince. Et les mareschaux estoient les escuyers. *Et infra :* Apres que l'office du Maire (*hic est major domus regiæ*) du palais fut aboli, furent creés officiers pour le faict de la guerre, l'un nommé connestable, et autres moindres nommés mareschaux, prenant chevaux, pour gens de cheval par figure. *Et infra :* Le connestable de France est chef principal apres le Roy.

Senescalcus.] *Hoc vocabulum omiserunt M. et V. Idem Franchet qui supra l.* I, *c.* 10, Senescalcum *dicit significare præpositum mensæ regis, citans aliquot versus ex romantio Radulpho Cameracensi :*

Son seneschal à Raoul appellé
Qui d'el manger le servoit mieux à gré.

Item :

Et ly baron sont ès tables assis,

415 Ly seneschal s'en sont bien entremis.
De bien servir chacun fut bien appris, etc.

De eodem vocabulo dictus Franc. Ragueau in suo indice : Hæc vox, ait, videtur Anglica vel Germanica, comme si c'estoit vn officier qui ait charge de la famille, et semble estre d'une langue mesme que mareschal. Scal et scabin, signifie juge, inquisiteur, et réformateur ; *unde* Eschevin, Scabinus. Dapifer *dictus est seneschallus, et præpositus mensæ siniscalchus, etc. Hodie est comes provinciæ. Hæc ille.*

Dextri cornu Bellici.] *Per hos auctor intelligit marchiones. Quibus in bello committitur marcha, seu limes aut meta custodienda marchiones seu comites limitanei vocantur. Videatur Georgius Colvenerius in notis ad Baldericum lib.* II, *cap.* 26, *in fine.*

Tanto fit plenior.] *C. et M.* Tanto sit plenior, *sed falluntur, ut ex glossa B. Aug. in hunc locum, liquet.*

Pluribus intentus.] *Intermittunt M. et V*

Millenarios.] *Hæc desumpta sunt ex paraphrasi Græca, quæ cum præcedentibus eadem sunt, unde tanquam supervacanea fere intermisi.*

Quare ergo.] C. Quia ergo.
Idem decani et archid.] *Hoc est, unus usurpat officium decani et archidiaconi simul.*
Idem duo archidiaconi.] *Id est, unus et idem duos habet archidiaconatus.*
Vel alium officium.] C. *pervertit sensum: ait enim sic: Vel alium qui haberet de his ex officio suo judicare officialem.*
Et plura officia.] C. *prior: Et popularia officia.*
Sacerdotem concubinarium.] *O scandala!*
Virum de tribu sua.] *Hoc est, de congregatione et confraternitate sua, non aliena. Perperam* C. *legit, de tribu Juda.*
Ne minister unius.] M. *in margine: Sed ne in eadem unus diversa habeat officia, hoc est, sub eodem tecto.*
Et qui utilis erat.] *Qui enim multa complectitur, difficilius constringit; vel: In multa divisus, ineptior est ad singula.*
Speciosam domum.] *Ecclesiam nempe. Ita placet Cassiodoro.*
Spoliorum speciei domus.] C. *Hanc divisionem spoliorum domus.* M. *Hanc etiam divisionem speciosæ domus. Utrumque mancum est.*
In Evang. c. xi.] C. xxix.
Item Isaias.] C. *notat c.* xxviii.
Mane colligens.] *Textus Biblicus:* Mane comedens prædam.
Varietas cantuum.] Commendabilem facit (*cætera omittit* M.) *causa lectionum, responsoriorum, etc.*
Antiphonarum, ornatuum.] *Inter hæc verba:* Antiphonarum *et* ornatuum, 416 C. *intermiscet hæc, Quæ non commiscentur ut capitulum sit antiphona: Sed revocari ad notas, monitus subductione punctorum ipsa expungentium a textu* V. *tanquam supervacanea.*
Consonantium.] *Hoc verbo carent* M. et V.
Jacobi cap. III.] C. vi.
Dicit interlinealis.] *Glossa nempe. Hoc solum* C.
Si prohibitum est.] *Id habetur in appendice Conc. Lateran.* III, *sub Alexandro* III, *in multis canonibus, sub titulo:* Uni plura ecclesiastica beneficia non committenda, nec unum inter plures dividendum, etc.
Non plures uni.] *Glossa est interl. in c.* III *Jacobi, ver.* 1
Qui altaribus servit.] *Absunt hæc in* C. *et* M.
Pro rata temporis.] *Vel absentiæ.* C. *pro rato temporis, utique valet. Æstimatur enim tempus quo clerici absunt aut intersunt choro, ut æquivalenter eis fiat distributio.*
Et servitium hujus.] M. *Ad honorem Dei et Sancti hujus Ecclesiæ.*
Figmentum adolescentis.] *Papyrii prætextati. Ex eo enim nomen accepit, quod in prætexta et adolescentia magnopere visus est sapere. Totam historiam (Macrobii verbis in Saturn.) referebat in margine* V. *sed prætermisi, Lectorem eo remittens. Simile huic exemplum refert de Tito Veturio filio Veturii Val. Maxim. lib. vi, cap.* 1.
Ad ostium Capitolii.] C. *male:* Ad hospitium Capitolii.
Sæcularibus jurisdictionibus.] *Hæ contra ecclesiasticas distinguuntur.*
In Ecclesia S. Mederici.] C. *hoc habet in margine; at* V. *in textu. Parum abfuit quin a textu expunxerim. Non enim induci possum, ut credam auctorem nostrum, virum sanctum, capitulum aut ecclesiam S. Mederici Parisiis exstructam nominatim reprehendisse, quia in toto hoc opere simile quid non adverti. Unde reor amanuensem* V. *hic notam marginalem in textum reposuisse, sicut multis aliis locis fecit, prout ipse quoque in c.* 97 *subnotatum retulit. Festum ejus notatur in Romano Martyrologio die* 29 Augusti.
Duas legiones facere.] *Tria legationes.*
Super marrantiis.] *Forte morantiis a mora, vel*

A *tarditate. Nam tardi moras dicuntur nectere. Non enim absentes tantum, sed et sero venientes ad officium divinum taxantur.*
1 ad Cor. c. xii] C. cap. lvii, V. lix.
Humanæ necessitatis.] V. *et* M. *hæc non admittunt.*

417 CAPUT XXXII.

V. *et* M. *præcedens hic non dividunt caput.*
Omnia Cæsar erat.] Lucanus *Belli Phars. lib.* iii, *haud procul ab initio.* M. *Omnia Cæsar habet. Hoc hemistichium legitur quoque in Alano poeta l.* x.
Sola Gallia caret monstris.] *Si corporeis careat, non tamen spiritualibus, iis scilicet, qui plura beneficia ecclesiastica, vel dignitates, tanquam capita diversa sibi usurpant et astruunt, sicut de Vigilantio, in epist. ad eumdem, beatus Hieronymus conqueritur. Epist. incipit:* Multa in orbe monstra, quæ ut appareret, auctor usus est hoc loco. *Monstra ecclesiastica ortum habuerunt maxime tempore Caroli Martelli circa annum* 720. *Unde ille merito æternas pœnas luit ut constat ex Vita S. S. Rigoberti archiep. Remensis et Eucherii Aurelian. ac etiam ex adnot. corporis canonici* 16, q. 1. Quia.
An cum dignitatis.] C. An dignitatis nomen: *in idem vergit.*
Forsan offenderetur.] *Pro ambitione et superbia. Non omnino eliminandum ostenderetur, ut habet* M. *pro* haberetur risui, *vel, ut loquuntur,* digito monstrare'ur.
Appropriari ei.] *Recte. Non autem* approbari, *ut* M.
Quo teneam nodo.] N. S. *nostra cum impressis* Horat. l. i, ep. 1:
  Quo teneam vultus mutantem Protea nodo?
Rusticus de Sancerio.] V. De Sancero: *addit quoque:* proprium nomen oppidi, quod Latine dicitur Sanctum Cæsaris, quia Cæsar illud firmissime construxit ad tuendas Gallias.
Hanc etiam personam.] V. *videbatur velle hic inchoari novum caput, sed sese infra tacite correxit, appositis in ora punctis quatuor rubeis.*
Multos breviarios.] *Sana est lectio. Quid hoc* M. multos binarios?
Moveat cornicula.] *Horatii hemistichia duo ex* l. 1, ep. 3.
Furtum etenim est.] *Ita* 1, q. 2. Clericos: *Post B. Hieronymum ad Damasum papam, cujus verba sunt:* Qui bonis parentum et opibus suis sustentari possunt; si quod pauperum est accipiunt, sacrilegium profecto committunt, et per abusionem talium judicium sibi manducant et bibunt. Clericos autem illos convenit ecclesiæ stipendiis sustentari, quibus parentum et propinquorum nulla suffragantur bona. Sed quid? etiam divites: *Ita secure (ait* C. *in margine)* habent triginta ecclesias, vel præbendas, vel dignitates, ut viginti arpenas vineæ vel terræ.
Quid sit arpena, vel arpenna terræ paucis edicam. Arpina, *Gallice* Arpent, *etiam* aripennis *Latine dicitur. Hac voce utitur Gregorius Turon. Hist. Franc. lib.* v, cap. 28, *ubi scribens Chilpericum regem suos tributis gravasse, ait:* Statuens, ut possessor de propria terra unam amphoram vini per 418 aripennem redderet. *Hæc dictio etiam in Chronicis Reginonis legitur l.* x *codicis Visigothorum tit.* x, c. 14; *est autem idem quod jugerum (ut scribit Ragueau, de quo in notis ad caput præcedens) dictum quasi arvipendium, vel arvipennium. Sic veteres funem vocabant, quo agros metabantur, vel perticas. Continet autem arvipennis, ut libet scribi, centum virgas, virga vero* 26 *pedes, aliquando minus habet secundum diversitatem locorum. Unde in quibusdam pagis mensura aut longitudo virgæ appensa est, vel inserta muro ecclesiæ, vel campanilis loci.*

CAPUT XXXIII.

Et sancta unicitas.] *Unicitas ab unico deducta est, unitas ab uno.*

M. *pro* unicitas, *ubique habet* unitas. *Unus ex multis dicitur, sed unicus solus est.*

Unicus et pauper.] Unitate fidei, actuum, redditum. C. *in latere.*

Fidei sacramentorum.] V. est fidei et sacramentum et morum *Notarii abusus.*

Partire onus.] *Hoc abest in C.*

CAPUT XXXIV.

M. *Caput præcedens continuat.*

Qua quis singularitatem.] Ut Judæi et Pharisæi, C. *ad latus.*

Duplici matrimonio.] *Non,* de duplici numero uxorum, *ut M. et C.*

Induci possunt.] M. *includi possunt.*

Ad procreandum sobolem. *Nil melius. Ergo exclude* procurandum, *ut vult M.*

Si hæc susceperint.] C. omissis iis quæ sequuntur immediate, ait : Si hæc susceperint ad multiplicandum filios.

Eo quod Rachel.] C. *variat:* eo quod Rachel, Ecclesia aliqua scilicet, fecundior in obventionibus temporalibus, fructibus, præponatur Liæ, fecundior, tamen in fructu spirituali ; *sed in margine videtur correctum pro nota :* In obventionibus temporalibus præponitur Liæ fecundiori. M. *in textu eadem habet quæ C., demptis his :* Et temporalibus fructibus.

Duabus ecclesiis.] *Quod tamen inhibetur* 21, q. 1. Clericus.

Sed nec uni medico.] M. vacat, *usque* Item : In tales.

Ubi vertitur.] C. Ibi vertitur.

Deut., c. xxviii.] C. LXIII, V. LXVII. M. XLIII.

Ministret. C. ministret in ea.

Sed contrarium est.] M. Sed in contrarium. *Etiam bene.* C. *non sapit :* Sed continuum est eis.

419 Non pastinant.] *Non fodiunt ligone. Quid* plastinant C. ?

Non paxillant.] *Paxillis non circumdant aut sepiunt. A paxillis, pali dicuntur per abbreviationem, sicut ab axilla ala. Ita Cicero in Oratore.*

Pro Marrantia.] *Exposuimus in notis ad* c. 34.

Cum in eis una die.] M. *omittit hæc, usque :* Sed in quadam.

Primus bigamiam.] M. Prius bigamiam. *Æquivalet.*

Et deinceps.] *Tacet hic* M. *usque :* Item : Isaias.

Relinquit hæredem.] V. Relinquunt omnium hæredem congregatorum, etc. *Peccat in numero, quia prius legit :* Talis, etc.

Isaias, c. v.] V. et C. e. XIX.

Væ qui conjungitis.] *Et si ipse monachus, propalabo margines* C. *et* M. *dicentes :* Contra monachos incircumcisos magistris. Plura vide in Glossa morali in hunc locum Isaiæ.

Agrum agro.] *Vix revelo* C. argumentum argumento.

Loci majoris.] *Nec male* M. Loci maris.

CAPUT XXXV.

In Evang. Joan., c. x. V. *et* C. c. LXXXIX. *Expositio hujus loci Scripturæ sumpta est in Glossa cum interl. tum ordin.*

Per ostium, Christum.] V. Per ostium id est per Christum humilem, scilicet no erectus, etc. *Duo magis placent, etsi* V. *suo sensu valeat.* C. *in margine :* De falso ostio intrandi in ecclesiam. Hæc etiam in *margine textus reposui.*

Quoquo modo.] C. *notat in margine :* Triplici munere quocunque, vel carnali affectu. Per triplex munus intellige, munus a lingua, a manu et ab obsequio. 1, q. 1. Sunt nonnulli.

Pseudo et mercenarius.] M. *omittit* et, *commate tamen distinguit.*

Si non : quod non suum.] C. Si regimen anima-

A rum ei commissum est ; si quod non suum est, ut patrimonium, etc.

Sicut raptor absconditus.] Hic est pejor raptor absconditus violento, *ait* C. *in latere.*

Abscondita Scripturarum.] *Subaudi* aperit. *Hic plurimum variat* M. *Sic autem :* Aperit ampliorem viam ad beatitudinem, abscondita Scripturarum quærendo., non confessionum et consiliorum. *Forte amanuensis scripsit* quærendo non, *pro* quæstionum.

Ignorantiæ vel peccati.] *Glossa interl.* est.

De cujusmodi nominibus.] V. De cujus quatuor nominibus dicitur.

Ut generis.] *Abest in* M. *et* V.

De Ægypto.] *Omittit* C. *usque :* et oves illum seq.

Vitæ merito et exemplo.] *Unicum* V. addit, et exemplo, *ex Glossa in* x *Joan.*

420 Veritas in promisso.] *Glossa in hunc locum.*

Incendium æmulorum.] *Glossa interlinealis in hunc locum :* Incendium invidorum.

Fructificatio virgæ.] V. fructificio virgæ.

In Numeris, c. XVII et XVIII.] *Tria* c. XLIII *et* XLIV.

Ad Hebræos v.] C. *et* M. Ad Heb. VII.

Nec quisquam.] *Margines duo :* Quocunque modo, nisi (M. per Christum potentem) secundum Christum potest.

Duos tantum elegerunt.] Barsabam et Matthiam Act. I.

Per peregrina et cæca.] Per *ex solo* V.

CAPUT XXXVI.

V. *Prosequitur præcedens caput absque ulla intercapedine.*

Coritarum.] V. Coreitarum. C. *vix dico :* Corintharum. *Quinam sint Coritæ et quam grave malum sit eorum intrusio ad ecclesiastica beneficia, dicetur infra* c. 41.

Et majorum.] *Per majores, intellige potentes viros sua auctoritate clericos intrudentes in beneficia. ecclesiastica.* C. pro majorum, *legit* aliorum.

Hier. in epistola sua.] *Horum loco dicerem :* Hieronymus in commentario in c. 1 Epistolæ ad Titum, *sicut citatur* 8, q. 1. Moyses.

Ut non quærant.] *Restitui ex originali et ex Gratiano* 8, q. 1. Moyses. *Tria* 8, q. 1. Ut nequeant.

Amant privato amore.] *Id ad sanguinitas pertinet. Dicuntur sanguinitæ, quia ratione sanguinis a parentibus et cognatis sunt introducti. Coritæ, qui per potentiam et auctoritatem majoris intrusi sunt.* Simoniaci, qui pecunia aut alia re vel obsequio, pretio æstimabili, intromissi sunt. Ad hæc accedit margo : C. Cato nullos dilexit vel odivit privato amore vel odio, sed vitæ merito :

.... Privati nil habet ista domus.

Verba tamen illa : privato amore, *non sunt in* Hieronymo nec Gratiano.

Quasi ad horam.] Nam, ut idem margo : Captus et crucifixus inermis fuit. *Eadem* c. 27 habentur.

Sed gladiis, contis.] *A Boetio monitus, ita censui restituendum. De cons. phil. Is enim :* Tu cui nunc contum, gladiumque pertimescis sollicitus, etc. *Contus pertica est gracilis, acuta ferro, defensioni apta. Alias, præter acutum, etiam aduncum habet ferrum. Tali utuntur nautæ, ut loca navi nociva detegant. Hinc* PERCONTOR, *ut placet Donato, quod est* INQUIRO. *Hodie* PERCUNCTOR. V. *legit :* Sed gladiis contis. C. Sed gladiis cruentis. M. Sed gladiis cinctis. *Quanta adversitas !*

Trium modorum eligendi.] M. Prædictorum trium virum eligendi.

Præsit morum honestate.] *Hæc vide* 1, q. 1. Hi quoscunque : *et :* Vilissimus.

Simonia fuit.] *Quia erat venditio rei sacræ*

421 Si sacerdotium idolorum.] V*ere non erat* Simonia, quia idolum non est res sacra ; sed quia ab *idololatris talis habebatur erat Simonia, sicut Antiochus volens spoliare templum in Persepoli erat sacrilegus. II Machab., c.* IX.

Sacerdotes excelsorum.] *C. et M.* Quod sacerdotes excelsorum, honestatem morum et ritum virendi, habebant de officio prædicare.

In Luca, c. II.] *M. c.* LXII, *C.* LVII.

Ut de illis.] *V.* addit escam : Ut det illis escam. *Bonum quidem ex Psalm.* CXLIV, *sed non ad rem.*

Amuream.] *Olei fæcem.*

Sacerdotibus Belis.] *C.* Beli.

In Sancta sanctorum.] *V. et M.* In cœtum sanctorum.

Deut. c. XX.] *Tria,* LXXXVIII.

Alius dedicet eam.] *M. inter lineas super dedicet, legit,* intret.

Fungatur officio ejus.] *C. horum loco habet :* Et alius accipiat eam. *Fallitur.*

Pædagogis indigent.] *Memini illius comici :* Cui opus est patrono, mihi parant defensorem. Et cui opus est pædagogo, mihi instituunt doctorem. An non pertimescit dux religiosorum fieri, *inquit B. Gregorius,* qui miles nunquam exstitit? *Registri l.* IV, c. 25.

Prælati viriles ætate.] *Extra de elect. episcopi ætas statuitur* XXX *annorum, curati* 25, *beneficiati simp.* 24. Cum in cunetis. Alioquin infra constitutam ætatem electi, beneficio privandi sunt. *Ibid. paragrapho,* Inferiora : Clerici, *conc. Trid., sess.* 23, c. 6.

Qui in virtute.] Operum, exemplorum, doctrinæ virtutum. *Margines duo.*

De inter bona, meliora.] *M. in latere, a simili probat, ut :* De pisis eligendis ad esum ab ancilla.

Notificari.] *M. ad latus :* Et deprehendi.

Quotiescunque ab homine.] *C.* Quotiescunque unquam ab homine. *M.* Quoties unquam ab homine.

Caro et sanguis.] *Ratio scilicet consanguinitatis, non scientiæ, non morum, aut alterius prærogativæ in beneficiato, aut beneficiando requisitæ.*

Peccatum alterius generis.] *Nempe, acceptionis personæ. Graviter enim peccat, qui, etiamsi digno (digniorem tamen prætermittens) confert beneficium eccl. Id docet S. Tho.* 2-2, q. 73, c. 2. *Quanto magis peccat, qui indigno confert?* Indigno autem, quantum ad scientiam necessariam, vel morum compositionem, vel aptitudinem ad exercendum officium. Qui enim in uno tantum horum trium peccat, convincitur de injustitia in acceptione personæ commissa. Non est autem Simonia, nisi conferens intendat aliquod bonum proprium. *Idem ibidem q.* 63, *art.* 1, c. *et* 2 *ad* 3. *Item, q.* 110, *art.* 5 *ad* 2.

Et Mortale.] *Ne Verbum prolongatum potius quam abbreviatum reddam in examine hujus capitis, consulto supersedeo, lectorem remittens ad S. Thomam* 2-2, **422** *q.* 63, *art.* 2. *Alensem p.* II, *q.* 136, *m.* 2. *Franciscum Sylvium Duacenæ academiæ S. T. doctorem in hunc locum S. Thomæ, ubi casus recitantur, in quibus consanguineo licet conferre beneficium ecclesiasticum. Hodie adolescentes beneficiantur nec scientia, nec sufficientia, ad officium peragendum capaces. Excusantur in eo quod probabiliter futuri sint digni, cum ætate maturuerint. Sed attendant collatores, quod beneficium datur propter officium.*

Non diffinio.] *Definient hodie infiniti beneficiati, et quidem absque ullo scrupulo.*

Obsequium sordidum.] Adulatorium et hujusmodi. *Ita margines duo. Per obsequium sordidum, intellige servitium indebite impensum, uti ait B. Hier. tom.* VII, *in Psal.* XXV, *ad illud :* Dextera eorum repleta est muneribus, *ubi triplex munus distinguit.*

Ad sumptus episcopi.] *M. in textu legebat :* Assumptus, *at in ora sic correxit :* Assumptus pro-

A prios cum aliquo mi.... pro beneficio ecclesiastico suum est.

Mallem esse fur.] *Ex duobus malis, minus eligendum est.* Fur fustigari præcipitur, latro occidi, prout c. 41 ostendetur. *Fur domos invadit ut rapiat : latro in via homines spoliat et non raro spoliatos perimit. Unde Horatius :* Ut jugulent homines surgunt de nocte latrones.

Quam Corita.] *Datur ratio infra c.* 41.

CAPUT XXXVII.

Ut ecclesiast. sacramenta præter matrim.] *Cum definitum sit in conciliis Tridentino et Florentino omnia sacramenta gratiam conferre, non est id negandum de matrimonio. Sed auctor videtur secutus magistrum Sent. in* 4, *dist.* 2, *ubi inter sacramenta sic distinguit, quod alia sint in remedium contra peccatum, et gratiam adjutricem conferunt, ut baptismus ; alia in remedium tantum sunt, ut conjugium,* B *ubi merito in margine notatum est :* Hic non recte sentit Magister. *Attamen S. Thomas in eamdem dist. scribens. Magistrum ab errore vendicat, dicendo, dum ait matrimonium esse tantum in remedium, loqui de fine vel effectu ad quem principaliter et directe est institutum. Et si enim omnia sacramenta a valeant contra peccatum et auxilium præstent ad bene vivendum, recte tamen sic distinguuntur, quod quædam sint principaliter instituta ad juvandum hominem in bono, ut confirmatio, eucharistia et ordo ; quædam ad remedium contra peccatum, vel delendum ut pænitentia et extrema unctio, vel vitandum ut matrimonium. Unde B. Thomas :* Matrimonium directe ordinatur ad reprimendum concupiscentiam, quæ concurrit ad actum matrimonii, et ideo, *inquit,* Magister dicit, quod matrimonium est tantum in remedium, sed hoc est per gratiam, quæ in eo confertur. *Sic ille :* Baptismus vero est ad utrumque effectum. *Per eum enim vetus homo moritur, et* C *novus nascitur.*

423 Ecclesiæ consecrata.] *V.* vasa et vestes, ecclesia consecrata.

Prima impretiabilia sunt.] *Nimirum, virtutes et miracula, ut supra habetur.*

Conflata omnibus vendi.] *Vasa et vestes ecclesiæ ratione materiæ vendi possunt (dummodo ut pro consecratione accipiatur) et ad usus profanos converti, ablata tamen prius forma, et similiter vasis confractis. Nam post consumptionem censetur purum metallum. Videatur S. Tho.* 2-2, *q.* 100, a 4 *ad* 2.

Deo semel dicata.] *De consec., dist.* 5. Nemo. *Archid. Item causa* 1, *q.* 3 : Si quis objecerit. *Extra de religiosis domibus c.* Ad hæc, et in VI, *Regula* 51. Semel Deo dicatum, non est ad usus humanos ulterius transferendum.

In Num., cap. XXXI.] *M. et V. c.* LXVI in fine.

Ergo pro tricenariis.] *Id solvit S. Tho.* 2-2, *q.* 100, a: 3, *ad* 2.

Sic qui dignitatem.] *M. Sed qui dignit.*

Non submissurus collum.] *M. et C.* submissurum.

Notam et indicam.] Indicam, *signum vocat. C.* indicia.

Pactio vocalis.] *M. pactio voluntaria. Non sapit.*

Indicata est.] *Tria sic habent.*

Effectiva Simoniæ.] *Non affectiva, ut M.*

Dare autem est.] *C.* dare autem est, quandocunque dare illud vel accipere. *M.* dare autem est quandocunque ita et accipere.

Per conjecturas.] *Ut si dixerit :* Ingratus est mihi ille cui benefeci. *Ita margines duo.*

Ingressus ejus in illud.] *C.* ingressus ejus ad tale, etc.

Vel frustulum.] *Parvum frustum. Hoc exprimit M. in margine :* Truuzun. *Gallice :* une tranche.

Collatum a sacerdote.] *Non,* illatum a sacerdote, *ut M. et C.*

Non idcirco alligatur.] *V. legebat in textu quod*

duo in ora laterali : Non idcirco attitulatur, alligatur, etc.

CAPUT XXXVIII.

Fractura ostii.] *V. Fractiva, at infra fractura.*
Quod est Christus.] *M.* Qui est Christus.
Ab obsequio.] *Seu ut V.* ab officio. *Hæc vide:* 1 *q.* 1.
Sunt nonnulli.
Ex Moral. B. Greg.] *Libro* IX, *cap.* 17. *Sed an non B. Hieronymi verba sint t. VII, in Psal.* XXV, *ad illud :* Dextera eorum repleta est muneribus, *judicet æquus lector.*
Pro rei corporalis.] *Hæc sunt B. Gregorii verba loco supra citato.*
Sordidæ obsecutionis.] *De qua B. Thom.* 2-2, *q.* 100, *a.* 5, *ad* 1.
Al videtur loqui.] *V.* aut videtur loqui.
424 Cum prava spe.] *C.* cum parva specie dantis et accipientis.
Exspectationis et concept.] *Hæc in textu reposui, ut V. monebat, etsi M. et C. in ora tantum legant.*
Usuram ergo et nummus.] Parit subaudi. *Hæc ex V. descripsi. Nam M.* Usuram ergo et nummus obsecutionis citra pactionem. Ita quidem, nec impensa obsequii sordida fuerit, si honesta. Puta, etc. *C.* Usuram ergo nummus obsecutionis exsecratione circa pactionem, ita quidem nec impensa obsequii sordida fuerit, si honesta, puta si dans, etc.
Impugnaverit.] *M.* impugnavit. *Male.*
Quia non statim.] *M.* Quod non statim.
Triennalibus.] *V. et M.* Tricenalibus.
Subtrahent.] *M.* Subtrahuntur Ecclesiæ.
Assignaret.] *V. addebat in textu quod solum M. in margine habet :* Ut papa Alexander.
Eleemosyna.] *C.* Episcopus.
Ex parte utriusque.| *Dantis scilicet et accipientis.* V *et M.* Ex spe utriusque. *Si bene sic :* ex spe, *supple, accipiendi aliquid.*
Per se vel alium.] *Non duco omittenda quæ in ora inferiori C. deprehendi. Hæc sunt :* Mos est ecclesiarum quarumdam, cum quis instituitur in ecclesiasticum beneficium, jurabit quod non dedit, nec promisit, commodavit, nec alius pro eo, se sciente pecuniam vel obsequium cum pactione, quo magis hoc beneficium conferatur. *M. (hoc est forte magister auctor hujus operis.) Sed mihi videtur addendum esse, nec sine pactione, nec cum pactione. Recte : quia in hunc finem posset dari pecunia nullo interveniente pacto.*
Occulte, resignandum.] *Nequaquam*, occulte, reservandum, *ut M.*
Hoc esse Simoniam.] *V.* Hunc esse Simoniacum nisi reus, etc.
Si sine distinctione.] *C.* Si minime distinctione. *Obscure dictum.*
Plura quam oblata.] *C.* Plura quam allata. *Utique placet, quia hic modus loquendi hodie frequens est et usitatus. Puellæ enim intrantes monasteria dicuntur, non offerre, sed secum ferre annuos redditus, seu pecuniæ summam.*
Vel si distinguatur.] *C.* Vel si dijudicatus inter sua, *seu discre.us.*
Temporales redditus.] *M.* Corporales redditus.
Quod si perpetuos.] *Qualiter excusabuntur abbatissæ aut monialium rectrices, quæ cum parentibus puellæ monasterium intraturæ, non dicam conveniunt, sed, ad instar muliercularum fori venalis, mercantur pro duobus millibus florenorum et amplius? Proh pudor! ergone pauperibus puellis, honestissimis tamen, et moribus et pietate laudabilibus, ostium monasterii clausum erit? Hodie videtur, juxta illud poetæ :*

Si nihil attuleris, ibis, Homere, foras.

Utinam tales monita B. Hieronymi attente audierint, qui cap. 5 *Reg. ex operibus collectæ, sic ait :* Detestabilem hæresim Simoniæ, quam communi pravitate diaboli **425** moniales assuetæ committunt, etiam in auditu horreat vestra societas. *Et infra :* Ad vos venientes sorores, ad sanctas Christi suscipite nuptias gratis; præponatur sanctitas, pecuniæ; exquiratur bonitas vitæ, non generositas carnis, non utilitas mundi. Nulla omnino pactio, nulla opinio, quæ mentis puritatem perturbat, præveniat. *Præterea* 1, *quæst.* 2, *in fine :* Multorum auctoritatibus luce clarius constat, quod ab ingressuris monasterium non licet pecuniam exigere, ne et ille qui exigit, et ille qui solvit, Simoniæ crimen incurrat.
Ista augmentum.] *M.* Cum enim ita augmentum.
Mihi non benevolis.] *M.* Mihi non benevoli.
Quid si non sint famil.] *Hæc usque :* sed nunquid, *absunt in M.*
Ubi ordiner.] *C. et V.* Ut ordiner.
Etiam si non præcesserit.] *M. hæc omittit, usque :* Extendit autem ; *V. vero discrepat :* Etiamsi ante susceptionem et examinationem ei dedero, qui tamen sum dignus examinari, non erit vitiosus ingressus, cum penes eum non sit cura ordinationis. *V. hic observat ritum et morem hodiernum. Ostiarius enim ad portam cameræ in qua fit examen ordinandorum stat, et illam diligenter custodit, ne ordinandi confuse simul intrent. Huic potest dari nummulus ratione famulatus, non vero ordinis suscipiendi. Nec decet ostiarium quidquam exigere vel extorquere ab intrantibus, eo quod stipendia ab episcopo domino suo percipiat.*
Capellanus ordinatoris.] *M. et V.* cap. ordinatis. *Dicit,* ordinatoris, *non episcopi, quia etiam abbates sunt qui ordines conferunt, infra tamen presbyteratus ordinem.*
Manutergium.] *Sudarium quo manus terguntur : de quo dist.* 25, *c.* 1, *parag.* Ad subdiaconum.
Accepit vidua.] *Mater ejus qui ordinatur.*
Archigallus.] *Forte archidiaconus est.*
Causa præsentandi.] *M. verbum præsentandi omittit.*
Canipulum.] *M.* quinipulum. *V.* Kenipulum. *Hoc vocabulum supra in notis ad c.* 22 *exposuimus.*
Unde Gregorius.] *Ipse est Hom.* 39 *in Evang. Tria legebant* Augustinus.
Acceptione.] *Cur non* acceptatione *cum B. Gregorio? Dato patronis præmio.] Recte secundum doctrinam beati Gregorii, sed quidam sciolus voluit corrigere textum M. addito in margine portionis pro patronis.*
Emit peccatum.] *V.* Emunt peccatum.
Non diffinimus.] *Permodica Simonia est, si Simonia est. Margines C. et M.*
426 Tibi paradisum.] *C.* tibi pacem.
Magistrum Arnulphum.] *C.* Hervulphum.
Canipulum.] *De hoc dixi paulo supra.*

CAPUT XXXIX.

M. Nec titulo novo, nec ulla intercapedine caput dividit.
Ecclesiæ redimenda.] *Ly* redimenda *abest in M.*
Unde Cyriacus.] *Hæc habentur T. I Surii, in Vita S. Marcelli.*
Saporis regis.] *Non* Saponis, *ut M. et C.*
Dona ab offerentibus.] *Hæc, usque,* gratiam, *aberant in M. et C.*
A Deo graviter.] *Iterumque hæc tria verba omittebant. De pœna Simoniacorum legitur* 1, *q.* 1. Quidquid invisibilis.

CAPUT XL.

Hac ratione.] *M. et V. conjungunt cum præcedentibus hoc modo :* Et quod facit Simoniam hac ratione commutatio. Pactio, etc. *V. vero quadam linea recenti manu subducta, sic corrigit, ut commutatio et pactio puncto non separentur. C.* Et quod facit Simoniam. Hac ratione, commercio, pactio, etc.
Hujus commutationis.] *C.* hujusmodi conditionis.
Simoniace illud acquiret.] *M. incorrecte repetit quod prius :* Ille tamen Simoniace dabit nepoti suo.
Et redditum ex loculis.] *M. ad illud* redditum *legit in ora laterali :* Trunsum. *De hoc vocabulo dixi in notis ad c.* 37.

Ecclesiæ alicujus.] *M.* omnes præbendæ alicujus personæ, omittit Ecclesiæ.

Nævum habere.] *C.* Venenum habere. Nævus *est macula corporis. B. Bernardus, ser.* 71, *in Cantica :* Quod si in conscientia nævus fuerit, nec quod ex ea prodierit, carebit nævo.

Nisi gratis detur.] *Videatur* 1, *q.* 1. Gratia.

Non enim a Deo.] *V. et M.* Nisi enim a Deo vocatus, nisi per eum ascendas (*M.* accedas) nisi gratis accipias, scilicet ut nihil tuum interponas, tibi sumis honorem.

Aliunde intrans.] *M. et V.* Aliunde intras quam per ostium, aliunde ascendis (*M.* descendis) ab alio, etc.

Licet cum voluntate.] *M.* Licet in voluntate mala.

Super augenda.] *M.* Super agenda pensione.

Maxime habita.] *M.* habita, maxime inter claustrales.

427 Si inter clericum.] *C.* Sed inter clericum. Et vicarium temporalem.] *C.* Et vicarium perpetuum. *Male.*

CAPUT XLI.

In Ecclesiam.] *Hoc,* solum *V. legebat.*

Sic autem intrusi.] *C.* nunc autem intrusi.

Sicut enim latro.] *M.* Si enim latro, etc.

Chorita vero.] Seu ille vero, *ut M. et C*

Exceptiones.] *Hoc verbum omittit M.*

Sanctitatem vel sinceritatem.] *Ly* sanctitatem vel, *non habent V. et M.*

Ex quibus conflabitur.] *Hic deficit V. usque ad finem capitis.*

CAPUT XLII.

Ozias etiam.] *M.* omisso exemplo *Oziæ, Ozæ meminit hoc modo:* Oza etiam, quia indebite tetigit arcam Domini.]*Facile fuit amanuensi falli in scribendo. Nam nominis utriusque, sicut et historiæ, magna est affinitas. C. pro* Ozias *legit* Oza.

Tanquam si sacerdos.] *Hæc, usque* lepra percussus, *ex solo V. desumpsi. Vide an non bene ex* II *Paral.* XXVI.

Ita et Oza.] *V. deficit usque ad finem capitis.*

CAPUT XLIII.

V. pro titulo : Contra sanguinitas. *Summarium hujus capitis sumptum est ex Michææ* III.

Impedimento esse.] *C.* impedimentum esse, *ut ante.*

Fraudaturum et spol.] *C. et V.* Fraudamus, et spoliamus.

Et bonis suis.] *C.* et donis suis.

De intrantibus per carnem.] *Hinc, usque,* in ordinum et benef. *deficiunt C. et M.*

Ait Michæas.] *Restitui pro* Isaias. *Videatur Michæas, c.* III *et comment. B. Hieronymi in hunc locum. Ibi enim diserte de præsenti materia edisserit.*

Item Hieronymus.] *Supra, initio cap.* XXXVI *citatus est hic locus ex* 8, *quæst.* 1 Moyses.

Ananias et Sapphira.] Non Abdias et Sapphira, *ut C.*

Tamen ecclesiasticum.] *V.* Sed ecclesiasticum, etc. *M.* Ut ecclesiast.

Probitas ejus exigat.] *V.* probitas ejus exstinguat et excludat. *M.* proprietas ejus exstinguat, *at in margine* excludat.

428 Quasi præscriptione.] *Non potest esse præscriptio.* Non enim firmatur tractu temporis quod de jure a principio non subsistit. *Ita Regula* XVIII, *in* 6.

CAPUT XLIV.

In I ad Cor., c. XII.] Duo c. IX. *M.* XL. Ad hæc *videatur B.* Gregorius XXX *Moral., c.* VI *in medio.*

Exemptio et subtractio.] *C.* exceptio vel subtractio, *utique valet.*

Et in utilitate.] *V. et M.* auctoritate majoris, *alia absunt.*

De consideratione.] *Hoc opus B. Bernardi in libros quinque divisus est. Quæ ergo hic citantur, visuntur l.* III *paulo ante finem ex quo multa quoque*

ad materiam præsentem pertinentia'colligi possunt.

In deliciis paradisi.] *Ezech. verba c.* XXVIII : Consulat præterea commentarium *B. Hier. in hunc locum, vel in illud Psal.* LXXXI : Et sicut unus de principibus cadetis ; *ibi enim non signaculum similitudinis, sed resignaculum legit.*

Quinquagenarios.] *Tria addunt ex Græco :* πεντηκοντάρχους. *Sed cur idem bis repetebant ?*

Millenarios.] *Ex interpretatione* LXX : *nam Heb. non habent.*

Si turbasset.] *C.* turpasset. *Male. Nam sequitur infra :* Ne turbatio et scissio, etc.

Nisi cum aliquid.] *M. deficit hic, usque :* Vel ad Hur.

Ad Rom. XIII.] *Tria* XLII.

Ad Heb. XIII.] *Tria* XXII.

Minoribus vel major.] *C. et M. loco* vel *habent* et. Nec ecclesiasticæ.] *Duo eadem :* Nec ecclesiasticus.

Feudo vel hominio.] *Nonnulli* homagium pro hominium *usurpant, ut Cæsarius et alii. Est vero homagium astrictio servitutis facta domino per pactionem, promittente homine libero fidelitatem, seque constituente hominem vel vassallum illius. C. in textu legebat* domino pro homiuio, *sed perperam.*

Nec Ecclesia persona.] *Hoc est, congregatio vel communitas non est persona, ut ad modum personæ puniatur. Nam quod a multitudine peccatur, vel ab eo qui multitudinem habet sociam, non punitur ab Ecclesia, sed defletur. Ita* 25, *q.* 4. Non potest. *V. sic variat hoc loco :* Sed nec Ecclesia personam, ut personaliter puniatur.

Personaliter.] *Sicut filii, ait M. in margine.*

Obligetur homiuio.] *Non* dominio, *ut iterum C.*

Et minori a quo.] *C. non placet idem bis repetens.* Audi : Et successori a quo potest absolvi et minori a quo non potest absolvi per majorem.

Et iste obligatur.] *M.* ut ille obligatur. *Ad hæc excipe, margines C. et M. describentes* **429** *consuetudinem quarumdam Ecclesiarum, dum clerici in illis instituuntur beneficiati :* Juro tibi et successoribus tuis, et huic Ecclesiæ reverentiam et obedientiam (*C.* obedientiam reverenter, *sed vitiose*) præstiturum.

Sacram. collatione.] *Fallitur M.* Sacramentorum conclusione.

Ergo nec jurisdictione.] *Subaudi, ut ante,* privare. *C. sic variat :* Ergo nec jurisdictionem collationis ordinis.

Excommunicatus juste.] *V. pro* juste, *habet* jure, *æquivalet. M. vitiose iste pro* juste.

Qui cum ligavit.] *M. tacet hic, usque :* Auctoritate majoris.

Diligite justitiam.] *Duo margines etiam hanc auctoritatem suggerunt ex Psal.* II : Et nunc, reges, intelligite, erudimini qui judicatis terram. *Cui hæc posset addi ex Psal.* XCVIII : Honor regis judicium diligit.

In qua præpositi estis.] *Restitui ex V. Nam duo alia admodum obscure legebant:* In quo præpositi estis judices et majores, delinquentes (quis sensus ?) subditi et inferiores.

Sed nec etiam tunc.] *Regula juris* 76, *in* 6.

II Cor. XIII.] *Tria* XXVIII.

Fuisse vel esse.] *Ly* vel esse *omittebant V. et M.* Judicum VIII.] *duo, præter V.* Judic. x, *in fine.*

Contra altare Domini.] *C.* contra Dominum.

Immolaticium.] *C.* immolantium.

Et de Episcopatu.] *Hoc omisso, sic C.* In episcopatu illius, et non sub episcopo.

Et in episcopatu.] *C.* de episcopatu (*alia reticet*) ipsius. *Ad hæc accidit exemplum abbatis* Sugerii *in marginibus C. et M. relatum. Tale est :* Sugerius abbas laborans in extremis, vocavit dominum episcopum Parisiensem, eique ut filius patri, confessus est, asserens se non procurasse emancipationem monasterii sui a potestate (*C.* ut a potestate) Ecclesiæ Parisiensis, sed diaconum quemdam.

Si enim cornua mitræ.] *Per mitræ cornua Novum*

et Vetus Testamentum significatur, ut patet ex Glossa A
in illud Matthæi v : Vos estis sal terræ. *Unde B.
Benedictus Regulæ suæ c.* 64 : Debet prælatus esse
doctus lege divina, ut sciat, ut sit, unde proferat
nova et vetera ; sciatque magis oportere sibi prodesse *spirituali doctrina et exemplo,* quam præesse,
corporali præsentia vel cura temporalium.

Ex scedula.] *Hoc est ex parva scheda vel chartula
implicata ad figuram seu speciem mitræ. In scholis
abedariis solent similia effingere pueruli otiosuli. V.
et M.* ex cedula. *C.* ex sedula. *Nil sapiunt.*

Si annulus ejus.] *Dicti pueri nempe.*

Et si repeti potest.] *Seu reiterari potest.*

Gilbertus episc.] *Cognomento de la Porée, seu Porretanus. Fuit* 61 *epis. Pictav.* **430** *ut ex catalogo
patet in Gallia Christ. Claudii Roberti. Multa scripsit, et errores suos coram Eugenio* III, *papa, anno*
1148, *præsente S. Bernardo, abjuravit. Baronius anno
præfato.*

Cum impositione manus.] *Hoc est, non imprimit* B
characterem.

Quæ jam facta est ex parte.| *Post hæc, sequitur
in* V. *de qua Apostolus,* etc. *Al.a omittit.*

A Romano regno.] *Duo margines* : A quo jam
Græcia recessit. *Huc revoco duplex exemplum quod
ex illis marginibus collegi.* Absolutus a papa Alexandro. (*M. inter lineas addit* : Favore personæ)
quem excommunicaverat S. Lucas de Hungaria
quia non satisfecit sancto Lucæ; iterum et iterum est ab eo excommunicatus, et ideo idem Lucas
ab Alexandro est suspensus, deinde excommunicatus, sicque mortuus est : pro quo miracula multa
Deus post mortem ejus operatus est.

Quidam etiam comes excommunicatus ab episcopo
ordinario, post absolutus auctoritate papæ, a duobus aliis adhuc credidit se ligatum esse. Unde ad
proprium episcopum confugit, et ei confessus est,
et satisfecit. Sicque absolutus recessit sine scrupulo.

Opponendo induco.] *C.* oppon. judico.

Legeque privata ducta.] *C. nec male ductus, si ad* C
papam fiat relatio.

Consules et procons.] *M. in laterali ora* : Episcopi
et archiepiscopi.

Omnia Cæsar sit.] *Ex Lucano l.* II, *vel Alano l.* I,
in fine.

CAPUT XLV.

Vel exsecutionis.] *Ita C. Duo autem obsecutionis
sordidæ tantum.*

Munus enim gratis.| *M. et C.* Minus enim gratis.
Non audiunt.

Oleum in ossibus.] *C.* in os ejus.

Augustinus : Oleum.] *Idem in Psal.* CXL: Homines,
cum falsa laude aliquem irriserint, hoc etiam de
illo dicunt : Unxi illi caput.

Venditores olei.] *Verba B. Hier. in c.* XXV *Matth.*

Ranæ sunt adulatores.] *De quibus B. Aug., t.* X,
serm. 87 *De tempore; B. Hier. in Psal.* CIV.

Turba salutantium.] *Versus Claudiani in Ruffinum
lib.* 1. *Sic margo C. exponit hæc verba* Turba salu- D
tantum : Adulatorum, *inquit,* applaudentium, vel
potius occulti detractores. *Memini illius distichi Petri de Riga in Aurora sua noudum in lucem edita;
sed brevi, Deo vires donante, edenda. Sic in c.* VIII
Exodi :

Musca canina cibos maculans, pungensque, gulosos
Mordentesque fere dente notare potest.

Ciniphes.] *M. in margine* : Muscæ minutæ. *De his
idem Petrus de Riga ibidem* :

431 Rana loquax, hæresim signat, strepit hæc,
[strepit illa;
Turget clamosis illa vel illa sonis.

Discurrunt culices, hominum turbando quietem,
Designantque vagos qui sine pace manent.
ynomyia.] Musca canina. *Margines duo.*
.uge, euge.] *Primum irrisorium secundum adulatorium. Iidem.*

Exit integer.] *V.* erit integer.

Qui adulatorie.} *Hoc redolet Glossam interl. in
hunc locum.*

Et capita Ecclesiæ.] *M.* et capita ejus.

Cui caput est ægrum.] *C.* cui caput infirmum.
Etiam placet.

Error enim principis.] *Hic, usque :* Item, tacet *C.*
Adeo severus.] *C.* adeo secutus. *Fragm. Camberon.* Nullus ita rigidus est, et severus vel secutus.

Quo cades cum ascendere.] *Ita | V. sed duo cum
frag. Camberon.* Qua cades, supple lingua, *et tolerabilis est lectio.*

Et tua servatum.] *Ex Juvenalis sat.* 4, *m. s. et
exemplaribus excusis restitui sic cum Fragm. Camb.
alioquin tria exemplaria ordinaria* :

In tua servatur consumere sæcula rhombum.

Accipit endromidem.] *Restitui ex nostro Juven.
m. s. Tria* endromadem. Endromis *vestis est spissa
(seu ut margo C.* pellicea vulpina*) ad arcendum injurias brumales accommodatissima.*

Ob hoc timendæ sunt.] *Seneca l.* VI *De beneficiis,
c.* 30. *Non absimilia videto apud B. Hier. in c.* XXXIV
Ezech. ad illud : Quod crassum erat occidebatis.

Comitem sibi.] *C. non placet* : committere sibi.

Solus Demaratus.] *Non* Demoratus *ut M. Consule
Senecam* VI *De beneficiis, cap.* 31.

Hi sunt sirenes.] *Boetii verba De cons. philos.
prosa* 1, *l.* 1.

Cum Ulysse.] *Hoc Senecam redolet ultima periodo
ep.* 56, *et ex eo loco restitui* Ulysse *pro* Ulixe.

Unde Hieronymus.] *Lib.* I *adversus Pelag , c.* 9.
Item, to. IX, *ad Demetriadem De Virg., post medium.*

Mentum Amasæ.] *Nequaquam Amasiæ, ut C.*

In inguine.] *Tria exemplaria sic habent. Verum
si historiam* II *Reg.* XX, *attendas, comperies Amasam non in inguine percussum, sed in latere. Abner
autem, qui in dolo quoque ab eodem Joab interfectus
est, in inguine ictum accepit. Hujus dolosi Joab proditionem exponit B. Greg. Moral.* XV, *c.* 5 *in fine.*

Gladius est oculus.] *V.* gladius est acutus.

Jeremiæ XXXVIII.] *C. et V.* CXXXV.

Prophetæ pacifici.] *Et si M. solum legat* prophetæ,
recte tamen illius meminit. Nam Glossa *in hunc locum* : Viri pacifici, etc. *ait* : Prophetæ falsi denun-
tiantes pacem tibi.

432 Et nutrix superbiæ.] *Margines C. et M.* Quia,
. . . . At illi
Surgebant cristæ.
[JUVEN., sat. 4.

Cum Deo loquamur singul.] *Ut ibi :.* Da mihi,
Domine, sedium tuarum, etc. *Sap.* IX. *Item David* :
Da mihi intellectum ut discam mandata tua. *Psal.*
CXVIII.

Homini loquimur pluraliter.] *Hunc modum loquendi
sæpissime usurpat Cæsarius in libris exemplorum memorab*: Sic enim, Domine, dedistis mihi, etc. *Invaluit quoque ille mos loquendi inter Gallos, ut nunquam, vel saltem rarissime pronomine* tu *utantur in
singulari, sed in plurali, etiamsi uni tantum personæ
loquantur.* Vos dedistis, pro tu dedisti, et sic de cæteris.

Velis eam nominare.] *M.* Vel ea nominare,
Carthag. IV, *dist.* 56.] *Duo dist. (seu capite)* 46.
M. 14.

Hieronymus in epist.] *Ad Eustochium De custodia
virg. Fere eadem invenies in epist. ad Celantiam, quæ
incipit* : Vetus Scripturæ celebrata. *Præter hæc,
quæso, Senecam vide ep.* 125 *in medio.*

Eccli., *c.* XIII.] *Tria* XL.

Deut., XIV.] *V.* XCIII. *M.* LXV. *C.* XLV.

Cantic. amoris I] *M et C.* II.

In mendacio.] *Hic varietas est. C.* quia ignorans
(duo. ignoras) te in meditatione et adulatione delectata.

Isaia c. III.] *V. et C.* VIII. *M.* VII.

CAPUT XLVI.

Summarium hujus capitis tale est in V. Contra eos

qui illicite, vel etiam licite ab aliis acquisita, quasi licite accipiunt etiam scientes, et sine inquisitione. Et etiam licitorum.] *Hoc, usque* Restat *abest in* V.

Vendi videtur.] C. Mundi utitur, *loco* vendi, etc.

In quibus enim.| *Varietas hic est.* In quibus enim (*ait* C.) ita non habemus jus dominii, in alios transferre nequimus. M. in quibus enim jus non habemus, jus dominii in alios transferre nequivimus.

Non dimittitur peccatum.] *Regula 4 juris in sexto.*

In pias causas.] *Margines* C. *et* M. De inventis, usucaptis, et prescriptis forte potest fieri eleemosyna, ignorato (C. ignorante) Domino, et si conscientia non remordeat. *Videatur* 14, *q.* 5 *per totum.*

Potior est pars possidentis.] *Regula* 65 *in sexto.*

Acceperit quis decem.] *[Nempe* solidos.

Per illam regulam.] *De qua supra, quæ est* 65 *in sexto.*

433 A secundariis acceptor.] V. acceptionibus pro acceptoribus.

Stephani abbatis 2.] *Quidam hunc Stephanum statuunt* 3 *abbatem Cisterciensem. Inter eos Joannes d'Assignies meritissimus abbas Nizellensis in libro suo Gallico, cui titulus : Le cabinet des choses les plus signalées du sacré ordre de Cisteaux. Item Chrysostomus Henriquez in Menologio ordinis Cistert. die* 28 *Martii et* 17 *Aprilis, ubi late de eo agit. Petrus tamen Cantor etiam infra c.* 105 *secundum vocat.*

Divisim mendicantibus.] M. divisis mendic. C. divisum mendic.

Cadum vini dabant.] *Per cadum non intelligamus fideliam, seu ut vulgo filiolam, sed vasculum portatile quinque aut sex lota Belgica continens. Gallice,* Cacque ou barrile. *Sic enim Budæus l.* v *De asse, ante medium :* Cadi formam turbinatam, id est coni et strobyli, hoc est nucis pineæ similem fuisse ex Plinio intelligimus; qui l. XVII De aloe loquens, turbines cadorum dixit. Utebantur autem antiqui ad salsamenta etiam condenda. *Hæc ille.*

Ea omnia distribuit.] M. Ea omnibus distribuit. *Illa puto sola quæ ab illo pastore Simoniaco acceperat.*

Pulmentarium.] *Isidorus l.* XX *Etym. c.* 2. Pulmentum, inquit, a pulte derivatur. Sive enim|puls, sive quid aliud alicujus [permistione sumatur, pulmentum proprie dicitur.

Pulmentum dicerem omne opsonium quod cum pane comeditur, sive ex herbis, piscibus, aut alia materia vesca conditum aut paratum sit. Hoc videtur innuere beatus Pater Benedictus in Regula : Sufficere credimus, inquit, ad refectionem quotidianam tam sextæ quam nonæ omnibus mensis cocta duo pulmentaria propter diversorum infirmitates, ut forte qui ex uno non potuerit edere, ex alio reficiatur.

Religiosi passim.] *Huc revocandum puto exemplum unum quod in ima ora* C. *et* M. vidi *subscriptum. Tale est :* Exemplo etiam militis obviantis (M. obvii) cadaveri feneratoris sui, turba monachorum ad sepulcrum illud deferentium. Quibus ait : Muscas et telas araneæ meæ mihi dimittitis; vos autem cadaver araneæ habetis, infernus vero animam. Cur hoc eum restituere non præcepistis? *Hoc exemplum videtur debuisse includi textu, ut ex c.* 50 *colligere est.*

Ait c. 3. Publicanis.] M. *et* C. cap.[9.

Ambrosius et Beda.[V. *vitiose omittit :* et Beda. Beda *enim* Vener. *et* B. Ambrosius *in* Lucam *hoc loco legunt :* Ne ultra præscriptum exigant.

Vel per angariam.] *Hæc absunt in* V.

Vel constitutum.] C. *omisso* Vel *ait :* Præscriptum constitutum.

Judicium conscriptum.] *Margines* C. *et* M. Secundum enim leges Domini præscriptas judicandum (M. *male* vindicandum) est, non secundum **434** Justinianas, C. justitias, *etiam vitiose.*

Qui hoc potestis.] *Hæc parenthesi in lusa* V. *legit in textu,* M. *autem in margine laterali. In hæc verba* Joannis : Neminem concutias, *videntur* B. Aug. *serm.* 3 *in Appendice de diversis, t.* X.

Regula discernendi.] V. Regula discendi.

Supra præscriptum.]Non supra scriptum, *ut* M. *et* C.

B. Furser.] *De quo* Vener. Beda *l.* III *hist., c.* 19 *ubi tacite refert quod hic dicitur, et aperte habetur in Vita ipsius apud Surium t.* 1, *die* 16 Januar. *et infra in notis ex margine* V. *descripsimus ad c.* 50.

B. Launomari.] *Ejus gesta habentur in Surio t.* I, *die* 19 Januar.

Immensum vitiosum.] C. Immensum datorem, *excluso* vitiosum. M. Vitiosum datorem, *omittit* immensum. V. utrumque *recipit.*

In modica oblatione.] C. *in ora laterali addit :* Non unius denarii. M. *ibidem :* Nummus denarii : *male.*

Privata communione.] *Solum* C. hoc *admittit.*

Si vero nec pecuniam.] C. Si nec pecuniam. *Ad* illud pecuniam magnam *subdit in margine :* Ut unius denarii.

Sicut et infamis.] M. Licet et infamis et notabilis. *In margine autem :* Præscripturo ab Ecclesia.

Scandalum oriretur.] M. scandalum miretur. Abusus est.

Petri Abailardi.] C. *et* M. Abaelis. *Hunc* S. Bernardus convicit erroris; *esque auctor* 1. *classis in indice librorum prohibitorum, sed de erroribus pœnitentiam egit eosque revocavit.*

Comite Theobaldo.] *Forte comite* Campaniæ, *de quo Cæsarius l.* VIII *c.* 31, *seu Theobaldo comite Carnotensium ac Blesensium, de quo Cantipratanus l.* II *boni universalis De apibus c.* 25, *n.* 14 *et* 15

Noluit accipere.[] V. *et* C. Voluit accipere. *Insipide.*

Item Eccli. c. XXXIV.] M. *et* C. XXII.

In oblationes.] *Id restitui ex c.* XXXIV Eccli. Duo *enim in* oblationibus, M. *in* orationibus.

Glossa : Quam.] *Glossa interlinealis est.* M. *omisso verbo* Glossa, *legebat* quorum *pro* quam.

Munera accipiunt.] *Non :* munera decipiunt, *ut* M.

Achan et sociis.] *Restitui nomen.* Tria *enim.* Achor, *quod vallis nomen est.*

Hieronymus.] M. *omittit nomen.*

Propter illud multi perdantur.] Vix enim invenitur (*ait auctor infra,* De proprietate *cap.* 153) quod pro peccatis aliquibus punita fuerit multitudo, nisi pro peccato sacrilego hujusmodi.

Ephod et Teraphin.] M. *In margine :* Imagines. C. Seraphin, *male* Judic. XVII *et* XVIII. *Item* Oseæ III.

435 Gedeoni et omni domui ejus.] Quia prius, secutus est (C. sortitus) deos alienos. Ita *margines* C. *et* M.

Agag regem.] Tria exemplaria pro Agag legebant Eglon, *sed perperam. Itaque restitui nomen. Legitur quidem* Judicum *in quod* Eglon obesus et crassus nimis fuerit, *non tamen reservatus, ut* Agag, *verum occisus ab Aod.*

Est ergo regula, quia nunquam illicite acquisitum, etc.] *Id est universaliter verum, quia illicite acquisitum est furtum.*

Causa prædicationis.] *Margines :* Ut si prædicator cum eo hoc de causa comederit.

Sed nec licite acquisitum.) Nequaquam audiendum M. Sed videtur licite acquisitum.

Salvum et residuum.] V. *his omissis sic habet :* Nisi sit ei unde, etc.

Credo, ab eo.] M. Contra hanc etiam regulam accepta, cum do, pro credo. *Reliqua ut in textu.*

De idolothytis.] V. vitiose sic : Quia non idolothytis intelligenda. *Nam Glossa interlin. ad illud :* Nihil interrogantes, *ait :* An idolothytum sit vel non. *Idolothytum dicitur, quod idolo immolatum est.* C. *in textu, pro* idolothytis habebat, idolathycis.

Sedentibus et manducantibus in idolio.] *Sic pro*

idolo restitui ex c. VIII ad I Cor. ubi legitur: Recumbentem in idolio.

Incorreptis.] C. incorrecti, forte incorrectis. Ibidem in margine video subnotatum : Divitibus esset ponendum in sacco, non erogandum, dum ablata non restituerint.

Item ad Ephes. IV. M. deficit hic usque ad finem capitis.

CAPUT XLVII.

V. *Pro summario hæc habet :* Contra hos qui dant non indigentibus. Quod non indigens, si accipit munera peccat, sic et ille qui tali dat.

Non gnathonibus.] Γναθων, *gnatho, opsonator. Unde Terentius :* Gnato parasitus. *Hoc est qui totus a cibo pendet. M. et C. legebant :* Non nathonibus.

Non permenonibus.] Μενοινή sumitur pro cupiditate, a verbo μενοινάω *et* μενοινέω *quod est* opto, cupio. C. volebat legi permetionibus V. permenunibus, sed male.

Et B. Virgo.] V. tacet usque ad : Item exemplo Elisei.

Repleta implemus.] Seu, ut M. et C., impleta implemus, dum mensura superfluens est.

In Luca, c. XIV.] C. et M. c. LXXX.

Aut cœnam. Margines duo : Modicum apparatum cibi. Sed cur hoc ? Quia parcius in cœna comedendum quam in prandio. Unde schola Salerni :

436 Ex magna cœna stomacho fit maxima pœna: Ut sis nocte levis, sit tibi cœna brevis.

Quidam medici probant ex Hippocrate (l. II De ratione victus) et Galeno (l. VII Methodo, c. 6 et I De ratione victus in acutis, c. 18) tribuendum esse corpori valentius alimentum in cœna quam in meridie, sed experientia in contrarium est. Solent enim omnes promptiores esse ad opus exercendum ex parcitate cœnæ quam abundantia. Et belle quidam ait : Quod subtrahis cœnæ, addis vitæ.

Et beatus eris.] M. et liberatus eris contra textum Evangelii.

In eodem c. XIV.] Duo, in eodem (Luca) c. LXXXI.

In canonica epist. 3.] Duo addunt numerum capitis, sic : c. II. Sed hodie in capita non dividitur.

Ditissimi cœnobii.] Exemplo monachi divitis, ait C. in cœnobium consulentis cuidam volenti claustrum intrare suum, etc. obscure. Hic C. notat in margine quod in aliis deprehendi in fine præcedentis capitis. Nempe : Divitibus esset reponendum in sacco non erogandum, dum ablata non restituerint.

Ibi degentes.] Ut haberent pauperes Christi indigentes quibus pasceretur. Ita M.

A Deo.] M. ex his duabus syllabis unum format adverbium, secernitque a præcedente sententia, hoc modo : veniam accepit: Adeo nemo est, etc.

Isaias, c. I.] M. cap. II.

Eripiendo.] C. excipiendo, M. omittit hæc verba : Ab oppress. sua eripiendo, et eorum loco habet : Sua erogando.

Pupillo et egeno.] Maledictus qui pervertit judicium advenæ, pupilli et viduæ. Deut. XXVII.

Juvent patrocinio.] M. Juvent patrono. V. Juvent tantum.

Si alicui utilis est.] Margines C. et M. Si scilicet laborare possit ut victum quærat. Est l.ber, cui titulus : Vidua Sareptana, a nobis nuper e tenebris erutus, in quo hæc, et quæ sequuntur de Viduis fus us declarantur.

Sexaginta annorum.] Solum C. hoc habet. Consule causam 1, qu. 2. Viduas honora. Et esse expressa scriptura I ad Timotheum v. Vidua eligatur non minus sexaginta annorum.

Interlinealis.] Ordinaria est Glossa, quæ et beati Augustini in hunc versum Psal. CII.

Ecclesiastici, c. XII.] M. et C. c. XXXVIII.

Et consanguineis dabis.] M. Et cum sanguinibus dabis, iterum repetendum esset dabis, de proprio, etc. C. et consanguinibus.

Credita est.] C. utique bene, tradita est, hoc est commissa. Ait B. Hieronymus in epist. ad Paulinum, quæ incipit : Bonus homo. Jam non sunt tua quæ possides, sed dispensatio tibi credita est, sub finem epistolæ.

Columnam in Ecclesia.] C. columnam Ecclesiæ.

De patrimonio crucifixi.] Audi margines M. et C. Quidam, ex hoc, patrimonio **437** nempe, maritant neptes suas male.

Et potius gratiæ.] Iidem margines : Gratiæ datur, cum datur egenti justo, sapienti, prælato etiam qui tibi præfectus est, propter aliquam ejus gratiam.

Vitas Patrum.] Liber est continens exempla sanctorum Patrum, eremitarum, sed non ab omnibus receptus.

Parenti, filio.] C. pereunti filio, etc. Non sapit.

In quo intelligas.] V. post illud : Obventionibus eorum, ait : In quo quid intendas et quantum attendendum, etc. C. omittit. Quia dandum est; reliqua ut in textu.

Quidam accedens ad alium.] Is vocabatur Thrasyllus cynicus; alter, ad quem accedebat, erat Antigonus rex de quo Plutarchus in Apophthegmatis, et post eum Seneca loco in margine citato. V. pro margine ait : Vide quam corrupte inducantur (al. indinantur) hic duo hæc exempla. Nam in libro II Senecæ De beneficiis sic legitur : Allegat verba Senecæ, quæ brevitatis causa omitto. Vide l. II, cap. 16 et 17.

Videto cui des.] Vel : Fide, sed cui, vide.

Non magis turpe est.] Colligitur ex B. Augustino in Psal. CII, vers. 6. Qui donat histrionibus, inquit, qui donat auguribus, qui donat meretriciibus, quare donat ? Nunquid non et ipsi hominibus donant ? Non tamen ibi attendunt naturam operis Dei, sed nequitiam operis humani. Et infra : Nam si homo tantum esset, et venator, vel augur, vel meretrix non esset, non dares. Honoras in eo vitium non naturam. Subinde remitto te, lector, ad causam 23, q. 4. Duo ista.

Cum non possint.] C. et M. cum non possit amoveri, Qui non quantum.] M. qui non tantum.

Des ergo quia Propheta.] Non absimilia vidi apud B. Aug. tom. VIII in Psal. CII, vers. 6.

Peccator et histrio.] Immane peccatum est res suas dare histrionibus. Videatur distinctio 86 : Donare.

Qualiter sine murm.] C. Quantum sine murm. Male.

Auctum ne augeas.] Dictum est proverbiale. M. Actum ne augeas. Incorrecte.

Divitem ne dites.] M. divitem ne imiteris. Cicero : Quam inique comparatum est, ut ditioribus semper addatur aliquid.

Hieronymus in illa epist.] Citatur, 8, q. 1. Moyses amicus Dei.

Sicut nec septem.] C. hoc modo : Sicut nec septem diaconi, a B. Petro ordinati; ad hoc consanguineos suos aliis præposuissent. Secundum Rabanum hic ordo servandus est, ut scilicet populus eligat, episcopus ordinet. Vide eum in hunc locum. Non exprimitur Act. VI a quo Apostolo fuerint ordinati, sed dicitur quod ordinati sint ab apostolis, et omnino est verisimile alios apostolos S. Petro illum honorare detulisse tanquam capi i suo, uti dignior episcopus solet alium ordinare, et consecratur existere.

438 Conditionem eorum mutant.] Hoc est, parentes ita ditare, ut ex pauperibus et servis, divites et dominos faciant : quod tamen de bonis Ecclesiæ fieri non licet, sed bene ex patrimonio, vel (ut aiunt margines C. et M.) nisi de fundo, et de iis quæ jure hæreditario te contingunt. Potest tamen episcopus, aut alius prælatus parentem, aut promovere ad quæsturam, aut ad aliud officium posita ejus capacitate; nec censebitur talis ex bonis spiritualibus profecisse, si dices, vel eques fiat ex officii lucro. In similibus autem vitanda est invidiæ et alterius speciei malæ materia in proximo, et superbiæ in promoto. Est hoc de re exemplum in Cantiprataho l. 1 Boni universalis de opibus, c. 18.

Humilitatem reliquisse.] *Margines imo oræ inferiores C. et M. prosequuntur hoc exemplum (quod V. in textu habet) hoc modo :* Ad cujus pedes cecidit magister Anselmus tecto et involuto capite, petens, ut eum in petitione unica et digna exauditu, exaudiret (illa enim tempestate pro occisione (V. occasione) Laudunensis (C. Langdunensis) episcopi justos cum impiis sententia prædicti senescalchi involverat, nepotesque magistri Anselmi cum aliis incarceraverat). Quem exauditum videns, agnoscensque quod esset magister Anselmus capite ejus venerabili detecto, ait : Miser ego et infelix homo, nihil, inquit, sum, quod vir tantus magister Anselmus, speculum Ecclesiæ, lux sacræ Scripturæ, hodie cecidit ad pedes meos, cum in omni injuria a potente quocunque illata me hucusque vindicare possem, ab hac contumelia (*M.* ab hac injuria) mihi illata a tanto viro non potero me vindicare. Non potest enim non fieri, quin cec'derit ad pedes meos : qui etiam, cum de promotione ejus aliquando haberetur sermo, dixit se filium diaconi esse, qui tamen ante subdiaconatum de legitimo matrimonio fuit. Maculam etiam pollicis ostendit, dicens : Quod si crucifixus esset (*M. et V.* cum crucifixus esset) in altari, illo scandalizaretur populus, et ob hoc non posse se eligi, ostendit : qui tamen post electus est (*C. sic finit :* Qui tamen post electionem est incarceratus) in Cantuariensem in archiepiscopum. *Redi ad textum :* Item : Quædam sunt, etc.

Ut consanguineis.] *B. Hier. in ep. ad Demetriadem, quæ incipit :* Inter omnes materias, ait : Da pauperibus, non divitibus, non propinquis, non ad luxuriam, sed ad necessitatem. Sive ille sacerdos sit, sive cognatus et affinis, nil in illo aliud consideres quam paupertatem. *Præter hæc videto causam* 8, quæst. 1. Moyses.

Isaiæ c. III.] *M. in margine, C. in textu*, c. VIII.
Nec defendere.] *M. inter lineas :* Quin dare deberet decimas exactas.
Pejora peccantibus.] *M. inter lineas etiam pejus admittit, sed B. Hieronymus in illud Isaiæ habet* pejora peccantibus. *Similia videbis in ejusdem epistola adversus Vigilantium, ante finem, quæ incipit :* Multa in orbe.
Item Hieronymus.] *Præter finem epistolæ ad Nepotianum, quæ incipit :* Petis **439** a me, *videto causam* 12, q. 2. Gloria episcopi, *et Commentarium in c.* XLVI *Ezech. ad versum* 18 : Et non accipiet princeps, etc.

CAPUT XLVIII.

V. Pro summario : Contra male accipientes munera cum non indigeant.
Clerici qui ex bonis.] *In regula titulo De paupertate. Præterea citatur* 1, q. 2. Clericos autem *et* 16, q. 1, c. *fin.*
Opibus parentum.] *Non operibus, ut M.*
O monache.] *Videto prædictam regulam ejusdem B. Hier. titulo De paupertate, to.* IX. *Subinde percurre commentarium ejus in illud Psal.* CXLV : Dat escam esurientibus, *t.* VII.
Potius das quam.] *C.* Potius quam das non accipis. *Non sapit.*
Mentientes faciunt.] *Mendaces faciunt, ut nec verum dicentibus credatur : aut, ut Cicero* II *De divin. :* Mendaci homini ne verum quidem dicenti credere solemus.
Veris pauper. creditur.] *M.* Quod non veris convenit pauperibus.
Sed notandum quod.] *Hæc, usque :* Quidam enim, sunt, *aberant in C.*
Tempore famis.] *C.* torpore famis. *Fallitur.*
Hæc diligentia.] *M.* Hæc indulgentia non adhibentur. *Non capio.*

Trivialiter.] *Recte. Non ergo* tribualiter *ut, M. et C.*
Sicut Protea.] *Ex Horatio l.* 1. *ep.* 1 :
Quo teneam vultus mutantem Protea nodo?
Quid pauper ? etc.
Trutanniam.] Trutannus, *teste Joanne de Janua (in suo dictionario, quod* Catholicon, *id est universale, inscripsit) a* trudo *descendit, quia suis verbis trudat ad hoc ut decipiat, facit enim credi quod verum non est.* Trutannia, *talis deceptio.*
Et hoc duplex.] *C.* Et hic duplex.
Defraudant enim.] *V. et M.* defraudaverunt.
Deo semel dicata.] *Sic definit regula* 51, *in sexto.*
Ex hac regula.] 66, *ibidem.*
A simili.] *Huc revocari potest notula marginalis C. et M. Talis autem est :* Ita est de errore personæ in matrimonio introductæ, *M.* in numero ductæ, *sed insipide.*
Nemini debet dolus.] *Regula* 59, *in sexto.* Dolo facit, qui petit quod restituere oportet eumdem.
Sic accepta.] *V.* sic acceptum.
Erogentur.] *V. consequenter* erogetur

440 CAPUT XLIX.

Aleatoribus.] *C. hoc omittit.*
Ad Thessal., c. v.] *M. c.* IX. *Duo alia non notant caput.*
Id est curiosos.] *Glossa est interlinealis, quæ et addit,* gyrovagos.
A quo, qui cessat.] A quo, *hoc est a correptione,* qui cessat. *M.* A quo quando cessat. *V.* Quos qui ideo cessat corripere ne perdat, etc. *Hoc quidem clarius videtur, sed non duximus reponendum in textu. Cur hoc? Quia verba Glossæ interlinealis in hunc locum, quæ beati Augustini est, præferenda sunt.*
II ad Thessal. III.] *M. c.* IV. *Vide Glossas in hæc loca Apostoli.*
Quod si quis noluerit.) *V.* Quorum qui noluerint.
Eadem Epist. c. III.] *Tria,* cap. v.
Per Jesum Christum.] *V. id omittit, usque :* Cui honor. *Glossa est interlinealis cum sequentibus.*
Ut subtrahatis vos.] *V. Etiam hoc omittit in textu, sed recuperavit in superiore ora.*
Subtrahatis scilicet.] *C.* Subtrahatis ita ab omni, etc.
Augustinus : Vult.] *Primo in Glossa ordinaria hæc habes, deinde si fontem desideraveris, videto B. Aug. to.* III, *libro De opere monachorum c.* II. *C. pro* vult, *legit* velut.
Evangelizaret.] *C. habet* (quod ægre dico) scandalizaret.
Non rumorosi.] *Glossa est interlinealis. V.* Rumorosi. *C. et M.* Ruminosi. Rumorosus *est qui gerit rumores, unde rumigerulus.*
Erubescat affectus.] *Margo C.* Ex data sententia.
Pseudo repellendos.] *Vide Glossam in hunc locum. C.* Propter pseudorepellentium.
Prædicationem.] *Hoc unicum verbum solum V. admittit.*
I Thessal. IV.] *C. et V. c.* VI. *M. c.* VII.
Dimissis alienis.] *Margines M. et C. addunt versum Horatii :*
    . . . Tales aliena negotia curant.
Ecclesiastici cap. XII.] *V.* c. XXXVIII. *M. c.* XXXIV. *C. c.* XXXIII.
Illi dari.] *C.* Illi dare.
Et histrionibus.] *V. hoc omittit.*
Pro eo quod peccatores.] *Hæc redolent doctrinam S. August. to.* VIII *in Psal.* CII, v. 6. *Idem de histrionibus alibi.* Dare histrionibus, vitium est immane. *to.* IX, *tra.* 100 *in Evang. Joannis.*
Cum quibus edas.] *Verba sunt Senecæ, epist.* 19. *post Epicurum. Ad hæc potest referri margo C. et M.*

quæ talis est : Ut si cum histrione comedas.

Nisi secesseris.] *Iterum margo eadem :* Ut pauper recedas a consortio talium.

441 Nomenclator.] *C. et M.* Nominum dator. *V.* Nomenculator, *additque :* Id est nominum dator. *Restitui ex Seneca. Cujus majorem explicationem, si cupis, consule Lipsium, Belgarum decus, in eumdem. Ultro quæris etymologiam* Nomenclator? *Ecce V. effert in margine :* Nomenculator, *inquit,* nomen est vilis officii, illius scilicet, qui nomine convivas vocat, dictum a nomine et *kalo* (καλέω, aut καλῶ) Græco, quod est *voco :* unde et Kalendæ dictæ sunt.

Efficacia judicat.] *M.* indicat, pro judicat.

Conciliandos amicos.] *C.* animos *pro* amicos.

Grave inimicum.] *C. fallitur :* Gravem inimicum, *ut patet ex orig.*

Si collata.] *Sic V. et C. in textu. At C. in margine :* Collocata. *M. in textu* collocata, *inter lineas* collata. *Justus Lipsius ad illud :* Si collata, *ait :* Judicio donata *:* etsi quidam libri, collocata *:* bene etiam pro hoc sensu.

Quis, quam.] *V.* Quisquam.

Item Hieronymus : Paria.] *Audi B.* Augustinum *:* Donare, *inquit,* res suas histrionibus, vitium est immane, non virtus. Et scitis de talibus quam sit frequens fama cum laude; quia, sicut scriptum est : « Laudatur peccator in desideriis animæ suæ, et, qui iniqua gerit, benedicitur (*Psal.* IX).» Hi laudatores non falluntur in hominibus, sed in rebus. Malum est enim quod bonum esse credunt. *T.* IX *tract.* 100 *in Evang. Joannis. Idem in Ps.* CII, *vers.* 6, *ait :* Qui histrioni dat, hoc in illo amat, in quo nequissimus est. *Distinct.* 86, Donare, *et :* Qui venatoribus.

Nulla virtute.] *V. præfert* a vitiis, *quod duo alia postponunt. Sic ergo :* A vitiis nulla virtute redemptum *necessitatis,* etc.

Si dicas quod aptum est.] *C.* quod acceptum est.

Indixit bellum.] *Non* induxit, *ut C.*

Item Hieronymus : Non solum.] *Vide ep. ad Oceanum, quæ incipit :* Nunquam, fili Oceane, *ante finem t.* II.

Imo hodie.] *Hoc, usque :* Item hi narratione, *omittit C.*

Eo quod pessimis.] *C.* eo quod de pessimis.

Favissent.] *M. et C.* Suggessissent *pro* favissent.

Et non corripiendo eum.] *Sed a pœnitentia arcendo. C. vero :* et non corripiendo eum, a pueritia recedendo vel arcendo. *M. ad* pœnitentiam arcendo.

Scilicet de alieno.] *Scilicet* habet solum *V.*

Ganeo et leccator (15).] *Sicut popinones dicuntur a popinis, ita ganeones a ganeis. Est autem ganea locus abditus, velut subterraneus, quem gulosi et venereis dediti frequentant. Leccatores a lingo dicuntur, quia quidquid eis apponitur, exedunt et quasi devorant, patinasque adeo belle lambunt et lingunt, ut eas quondam opsonio vel pulmento maculatas diceres. De ganea videto plura in Comment. Liberti Fromondi in Senecam Natur. Quæst. libr.* VII, *cap.* XXXII *ad ultimo.*

442 Imitati essent.] *Nequaquam* invitati, *ut C.*

Sexaginta solidos.] *C.* quadraginta.

Unde Virgilius.] *Georg.* IV.

CAPUT L

Talentum naturæ.] *Fragmentum Camberon. post illa verba :* Animas eorum, *ait :* Sed est notandum, quod est talentum naturæ, gratiæ, fortunæ vel pecuniæ, pœnæ, culpæ. Talentum autem naturæ et gratiæ præcipit, *etc. Placent plurimum, quæ, si unum ex tribus exemplaribus legisset, in contextum reposuissem. In M. talis habetur margo :* Deus dando

(15) Leccator gulosus dicitur, Gallice *un lichard.*

A naturam et gratiam, ut cum ap.. vel lucro re... Homo nt talento multiplici accipiat auream et a...

Augustinus : Usura.] *Etsi solum C, recte tamen* Augustinus *citatur, quia ille est t.* VIII *in Ps.* LIV, *vers.* 12. *In marginibus M. et C. adnotatur versus* 14.

Quæ cum multiplici fenore reddet ager.

Ovidius aliter Fast. I :

Hordeaque ingenti fenore reddat ager.

Culpæ illatæ.] *Non* ablatæ, *ut M.*

Dando ad usuram.] *C.* Dando usuram, *vitiose omittit ad.*

Auctor omnis mal.] *V.* Actor omnis malitiæ.

Alieni comedent.] *Locus Isaiæ habetur cap.* V, v. 17, *quod autem alieni hic dicitur, id redolet Glossam ord. in hunc locum.*

Quæ serpenti et cancro.] *C.* Qui serpenti et cancro. *Posset tolerari relatione facta ad illud,* alienus.

B Hinc usura vorax.] *Non* huic, *ut C. M. super* usura *inter lineas legit :* Quia serpit.

In tempore fenus.] *Non* in tempora, *ut idem. Vide Lucanum l.* 1.

Igni sacro.] *Græcis* Ἐρυσιπέλας.

Cancrosus et pestifer.] *C.* non cancrosus, sed tam confusus et pestifer.

In tota civitate.] *Parisiensi nempe, in qua auctor habitabat, eratque tum Cantor ad ædem sacram B. Mariæ, ut ex Cæsario colligitur prima parte lib.* II, *de Contritione c.* 34. *Vide Elogia a nobis operi præposita. M. hic omittit aliqua. Collige : Sic enim legit :* In tota civitate vix unus fenerator inveniebatur nisi pauperibus nec tunc, etc.

De quo si forte oriebatur.] *M. non admittit* forte.

Prava suspicio.] *C.* rejicit prava.

Vinea puteus.] *In C. abest* vinea.

Et alteruter.] *Recte. Non* alterutrum, *ut V.*

Quorum filios.] *M.* Filios quo vel pecunia. *Forte*

C *pro quo voluit* quorum, **443** *ut C.* Filios quorum pecunia, etc.

Evomunt in fiscum.] *Audi B. Augustinum quid de Fisco censeat :* Majores nostri ideo pecuniis omnibus abundabant, quia Deo decimas dabant, et Cæsari censum reddebant ; modo quia discessit devotio Dei, accessit indictio fisci. *Et infra :* Hoc tollit fiscus, quod non accipit Christus, *t.* X *operum, lib. Quinquaginta Homiliarum, hom.* 48.

Macra cavum.] *Restitui ex Horatio, l.* I, *ep.* 7. *C. enim pro* arctum *legebat* arcum. *M. et V. id omittebant sic :*

Macra cavum repetes quem quondam macra subisti.

V. quam quondam.

Imo pejores.] *Hoc, usque,* Quia Judæus, *deerat in C.*

Ex prescripto legis.] *C.* ex præcepto. *Deut.* XXIII, 19.

Ut in eis nullam.] *M.* Ut cum eis nullam. *Tales etiam possunt percuti, nec excommunicatio incurri-*

D *tur, quia privilegiis privantur clericorum.*

Vel ipsi etiamsi.] *M.* vel etiam ipsi, si testari noluerint. *Duo alia ;* voluerint.

Patet supra in titulo.] *Hinc colliditur auctorem multa in suo autographo conscripsisse, quæ, per amanuenses, in apographis ad margines revocata sunt. Hic enim remittit Lectorem ad cap.* 46 *quod est :* De acceptoribus munerum illicite acquisitorum, cum tamen hoc exemplum non legatur in textu manuscriptorum, sed in ora, aut margine. *Vide notas ad c.* 46.

In Lateran. concilio.] *Sub Alexandro* III *anno* 1189 *in quo sunt multa de usuris. Est enim in appendice illius concilii titulus de usuris decem habens capita, et ipso concilio titulo* I, *c.* 25, *excommunicantur usurarii manifesti.*

Aliquo signo noto.] *Videatur c.* 68 *Conc. Later.* 1.

Vesceris pane tuo.] *C. panem tuum. Etiam valet.*
Vesceris pane alieno.] *Margines C. et M. Diripient alieni labores ejus. Ps. CVIII. Alii laboraverunt, et vos in labores eorum introistis.*
Jerem. c. XVII.] *Tria, c. XVIII.*
Quocunque modo rem.] *Ex Horatii versu, l. 1, ep. 1.*

Rem
Si possis, recte; si non quocunque modo rem.
Non habet eventus.] *Versus Ovidii elegia 1.*
Vix poterunt ablata restituere.] *Restituit quidam usurarius Parisiensis Theobaldus nomine tempore Philippi regis, qui consilio magistri Petri Cantoris auctoris hujus operis Verbi Abbrev. jussit clamari sub voce præconis per civitatem, quod paratus esset restituere omnibus, a quibus aliquid supra sortem acceperat. Facta solemni restitutione eleemosynas fecit. Vide hoc exemplum apud Cæsarium De contritione, l. 1, c. 34, prima parte.*

444 Ex auctoritate B. Hier.] *Plura videto t. IV, in c. 58 Isaiæ. In c. XVIII Jerem. In c.* v *Amos.*
Exemplo etiam B. Fursei.] *Subdo hic, quæ deprehendi in margine V. Et hic iterum vide qu m corrupte hoc exemplum de B. Fursei inducatur. Nam in Legenda ejus sic legitur: Cum enim diabolus ei rapto a corpore objiceret crimina sua et delicta, inter cætera et hoc objecit: «Servus qui scit voluntatem domini sui, et non facit eam, plagis vapulabit multis (Luc. XII).» Cui cum Angelus sanctus pro anima Beati Fursei responderet: «Quid de voluntate Domini sui non implevit?» respo..dit diabolus: «Dona iniquorum recepit.» Ad quem Angelus: «Credidit quod egisset pœnitentiam.» Et diabolus: «Ante debuit probare pœnitentiam et perseverantiam, et sic suscipere.» Et infra: Vir unus de igne, in quo ardebat prosiliens, dæmonibus illum projicientibus super humerum B. Fursei, maxillam suam maxillæ ejus imprimens incendit. Hic erat vir, qui moriens vestimentum suum illi donaverat. Tunc ait Angelus ei: Quod incendisti, hoc arsit in te. Surius t. 1, in Vita ejusdem, die 16 Januarii.*

Vel morpheæ.] *Id omittit V. Dicitur autem morphea, immutatio vultus, aut coloris præ infirmitate. Unde Ovid.* II *Me am.*
Excitat artificem simulatoremque figuræ
Morpheæ.

CAPUT LI.

In udo situm.] *Hoc est in humida. Virgilius Ecloga 10:*

Nigra subest udo tantum cui lingua palato.
Testatur Augustinus.] *Consule t. II ad Macedonium epist. 54 post medium: deinde causam 14 qu. 5.*
Non sane. Item 11 q. 3. Non licet. *Quibus locis verba B. Augustini allegantur.*
Non licet tibi vendere.] *M. sic ait: vel si non eges, si licet tibi vendere patroc., etc. Non sapit.*
Pro vilitate officii.] *Sana est hæc lectio, ut patet ex proxime et remote sequentibus: Nequaquam ergo pro utilitate officii, dixeris, ut vult C.*
Et lucrum mendicenti.] *V. Vindicenti.*
I ad Cor. cap. VI.] *Tria cap. XXVI.*
Et viles.] *Glossa interlinealis est, quæ ait: Indiscretos, viles, etc.*
Prudentiores vero.] *C. prudentes.*
Et subtilis venæ.] *V. omittit hoc modo: Prudentiores vero præ\dicationi, etc.*
Desperabatur.] *C. et V. desperabat.*
Idoneus fuit.] *Margo M. prosperi ingenii.*
Item Sidonius.] *In epist. de judicibus.*

445 Qui solidi sunt.] *M. qui solliciti sunt.*
Auferre substantias.] *M. sententias.*
Fastidiunt admonita.] *M. inter lineas: Sine pretio.*
Judicanda dictant.] *M. ditant.*
Dictata convellunt.] *Margo M. ubi acceperint.*
Retrahunt transigentes.] *M. transientes. Male.*

Reverentiam clericis.] *Cassiodorus loquitur. Vide cum in Ps. LXXIII.*
Concessum prioribus.] *Non consensum, ut M.*
Honorarium.] *C. orarium.*
In collationibus statuæ.] *V. in collocutionibus statuæ.*
Sphingum ungues.] *De quibus Ausonius Poeta:*
Sphinx volucris pennis, pedibus fera, fronte puella.
Ulyssis argutias.] *C. astutias. Etiam bene juxta illud poetæ Fausti Andrelini:*
Non fuit astuti constantia major Ulyssis.
Polymnestoris.] *V. Palinestoris. M. Pallinestoris.*
Propertius l. III :
Et scelus accepto Thracis Polynestoris auro.
Ubi metri causa littera m *eliditur.*
Achitophel.] *M. et C. Architofel.*

CAPUT LII.

Solum C. hoc caput distinguit, addito ad marginem summario, seu titulo. rubris characteribus.
Parabol. c. XXIII.] *Tria c. XLV.*
Sicut superba fides.] *Ut brevior sim, remitto Lectorem ad B. Augustinum fusius hac de re tractantem t.* II *ad Valentinum De libero arbitrio ep. 46. Item eodem t. contra Pelagianos ep. 105. Postremo t. VIII, præfatione in Ps. XXXI.*
Linguam esse venalem.] *Duo margines subnotant versum Lucani de Curione, Cæsari, cui ante adversabatur, reconciliato.*
Lib. 1. Audax venali comitatur Curio lingua.
Qui cerebellos.] *Viros parvi cerebri, et exiguæ aciei mentis. V. et M. pro cerebellos habent coterellos.*
A coterellis advocatis.] *Coterelli nomen a cote videtur derivari. Tales enim ad instar cultelli supra cotem causas acuunt, et veritatis speciem addunt, cum tamen ex se falsæ et injustæ sint.*
Crocodili.] *Tria cocodrili. Crocodilus sola bestiarum omnium caret lingua, sola quoque in mandendo partem movet superiorem. B. August. tom. 1, lib.* II *Solil. cap. 8.*
Cum non sitis mihi.] *Male C. cum vos sitis, etc.*
Diligenter investigabam.] *Quidni diligentissime, cum Biblico textu: Job* XXIX.

446 Sed divites quæstionem.] *Plane ita est. In causam et quæstionem veniunt divites, et ob minimam rem, vel verbulum acetosum, levissimumque in se jaci. tum conci. ium, cum illa patienter, et absque famæ damno tolerare et sopire possint. Non mirum, si hodie consilia, curiæ vel cameræ provinciales, innumeris causis decidendis prægravatæ consistant. Q quam laudabile Thomæ Mori martyris et judicis, æquissimi factum. Ille cancellariam Anglicanam litibus maxime onustam, sua dexteritate, solertia et æquitate, ab omni causa suo tempore liberam fecit. Ita Stapletonus de B. Thoma Moro martyre, Angliæ cancellario in Vita ipsius.*
Præcipit tueri.] *M. intueri.*
Moneam ad pacem.] *M. Moveam ad pacem.*
Ergo mones eum.] *M. Ergo monens eum.*
Si conductitius.] *V. omittit Si. M. Si conductus.*
Quidam justus et prudens.] *M. justus et providens. Huc revocandus est margo V. Talis est: Hic ipse R. cum esset episcopus Ambianensis (et cogeret advocatos et judices ad restitutionem damni, quod per eos reis et clientibus illatum fuerat injustis advocationibus et judiciis) quæsitum est ab eo, cur in talibus tantam adhiberet operam. Respondit: Quia nisi hoc facerem, tenerer de meo restituere injuriam passis.*
Parab. c. XXIII.] *Tria* XLV.

CAPUT LIII.

M. Demum legit hic titulum capitis præcedentis immediate, qui est: Legibus divinis, etc.
In summario habetur: Quod soliditatis nihil habet, hoc est, quod ad voluntatem hominis immutari possit justitia positiva.

Deut. c. XVI.] *V.* c. LXXIV. *C.* LXXXIII. *M.* LXXXIV.
Justinianæ.] *M. in margine :* Justitiæ humanæ.
Dicuntur leges Justinianæ, *quia a Justiniano imperat.
constitutæ et declaratæ.* Tales, *ait Margo C.* potius
puniunt in arena quam in ecclesia
Numeri c. XXVII.] *Tria* LIX.
Horum, quæ ad litteram.] *Verba sunt ejusdem
Orig. hom.* 11. *C. hic addit in laterali ora :* Contra,
Levit. LXIII. Orig. quod supradictum est, etc. Ubi
dicitur : Apud Christianos non est præceptum, ut
corporaliter puniatur; sed Evangelium pietatem legis observat, rigorem juris abjicit.
Non proprias.] *Ita textus Origenis. C.* non propria.
Non sufficit partem.] *Subdo ex Glossa in c.* XVIII,
Levit ver. 5 : Lex enim non vivificat, nisi Evangelium superveniat.
Quod autem nihil solidum.] *Hic demum caput inchoat M. præfixo summario :* Quod nihil solidum, etc.
447 Patet decreta.] Sicut ait Lugdun. episcopus. *M. in margine.*
Alia et alia ratio reformat.] *Hinc appellationes
a judice ad judicem superiorem. Unde B. Aug. t.* I.
De libero arbitrio l. I, *c.* 6, *circa medium :* Lex temporalis quamvis justa sit, commutari tamen per
tempora juste potest.
Quod in ea.] *M.* quod in eo.
Agellius.] *C.* Au;ellius. *A quibusdam vocatur Aulus Gellius, cujus exstant Noctium Atticarum l.* 20.
Leges urbium.] *C. et M.* Leges vestræ sunt.
Et similitudinibus.] Ut cæcus qui pascens alium
(*aiunt margines M. et C.*) pro ore eruit ei oculum
(*M. addit*) lippum.
Et exemplis sanctorum.] *Hæc omittit V.*
Statuentes.] *C.* statuens.
Et cæteros hujusmodi.] *Dictum de talibus supra
c.* 47.
Quod videtur.] Quod si non sufficit, ait *C.* videtur
quod clericus, etc.
Transgressores constit.] Ergo et te habentem
plures ecclesias siue scientia et licentia papæ. *Ita
margines C. et M.*

CAPUT LIV.

Maximo et præcipuo.] *C.* maxime et præcipue.
Eccli. c. VII.] *M. et C.* 19. *V.* 29.
Extimescas.] Cyprianus : Clericus vel laicus si
timet, vicinus est veniæ; cum vero episcopus timet,
actum est de eo. *Margines C. et M.*
Et colligas.] *Hæc omittit V.*
Hircus emissarius.] *Non* emissorius, *ut C. Vide
Levit.* XVI *et hom.* 9 *Origenis in hunc locum.*
Postea ordinatus.] *Apparet Nicolaum de Lira quondam hunc nostrum auctorem vidisse; nam ejus Glossa
redolet ea quæ hic in textu habentur. Ita enim ad
illud* I Tim. V : Neque communicaveris, etc. Aliqui
exponunt hoc de ordinatione nimis festina alicujus
insufficientis, et sic episcopus communicat peccatis
ipsius indigne ministrantis.
In cathedra derisorum.] *Hæc Hebraica translatio
B. Hieronymi est.* Chaldaica versio pro in cathedra,
legit, in societate derisorum.
Et temporalem.] *V.* omittit, et.
Episcopus Cenomanensis.] *Nomine Hildebertus,
qui varios versus edidit. Hos vidi inter chirographa
nostra : De mysterio missæ sic incipit :*
Tollimur e medio satis urgentibus omnes,
Et trahimur quo nos vita peracta vocat.
Alios præterea sub hoc titulo : Sacramenta Cenomanensis episcopi. *Incipiunt :*
448 Scribere proposui quid mystica sacra priorum
Missa repræsentet, quidve minister agat. *Deinde
alios rere ingeniosos, quibus in capite pro summario hæc præfiguntur :* De æquipollentia virginitatis sanctæ Mariæ : Quomodo ignis habetur de sole.
Initium tale est :

Sol, crystallus, aqua, dant qualemcunque figuram
Virginei partus, erudiuntque fidem.
Infelix quem res.] *M. et C. præponunt hæc :* Item
poeta.
I Joan. II.] *Tria, cap.* IV.
II Cor. XIII.] *Tria* LXI.
Et ita aliquando.] *M. super et ita habet* M., *quod
est* Magister.
Et delectionem.] *Non* delectationem, *ut V. nec*
dilectionem, *ut M.*
Ad remum.] *Nequaquam remedium, ut corrigebat margo M. Ait enim idem alibi :* Ad episcopalem
dignitatem eligi non debuit, qui minora officia gubernare non didicit ; quia cura navis illi committi
non debuit, qui remum tenere non novit.
Ad amplustre] *Seu* aplustre, *ut supra dixi ad
cap.* I.
Casus gravior est.] *C.* casus difficilior est. *Juven.
sat.* 8:
Omne animi vitium tanto conspectius in se
Crimen habet, quanto qui peccat major habetur.
Diu vacavit papatus.] *Per* 55 *dies, ut habet Baronius* in *Annal. Eccles. estque sermo de Sixto* II. *Diutius vacavit post Fabianum.*
Pompam sæcularem.] *M. hoc subnotat in ora laterali :* Aurifrigium in mitra et hujusmodi. *Aurifrigium ornamentum est industriosum primo in Frigia
inventum, ut de Dalmatica ait Isidorus, quia primo in
Dalmatia Græciæ texta est.*
Qui major est.] In virtutibus, *ait C. in margine.*
Fiat sicut minor.] *Idem :* In humilitate.
Sed an pollens.] *V.* Sed an pollens m. forte minus.
Contra conscientiam.] *M.* contra scientiam.
Pro conscientia.] *Idem* pro scientia.
Unde nec velit esse.] *Similia habet B. Greg. hom.
17, in Evang.*
Vita, scientia.] *Glossa est in* II Tim. II.
Gallridus Peronensis.] *V.* Gaufridus Paronensis.
*Dictus est Peronensis, quia a Perona civitate Galliæ
oriundus. Hujus meminit, suppresso nomine, Cæsarius exemp. memorab. l.* II, *c.* 29 *et Menologinm Cisterciense die* 15 Januarii. *Ubi vide adnot. Vocatur
autem ibidem Godefridus de Perona. Nec absimilia
narrat Cantipratanus* I *Apum c.* 20. *Ubi ait de Hugone decano Cameracensi, quod maluerit in habitu
monachali sub regula in Vacellis latere, quam infula
pontificali decorari. Et aliud ibidem prorsus simile
de Canonico Regulari S. Victoris apud Parisios.*
449 Factus custos.] *M. et C.* Sanctus custos.
In oraculo :] *Hoc est oratorio secreto.*

CAPUT LV.

Levit. cap. XXI.] *Tria* LXI.
In ministerio evangelico.] *C.* in minist. ecclesiastico?
Abrotanum ægro.] *Sic tra exemplaria et originale. Græci* Ἁβρότονον. *Herba est, Gallice* Aurosne.
Hujus autem indignæ.] *M. super* Hujus, *legit M.
forte* Magister.
Stemma generis.] *Seu, ut margines duo :* Nobilitas sanguinis.
Quantam ergo matur.] *V. hæc omittit, usque* Si
ergo. *C. habet in marg.*
Et prudentiam.] Et quamcunque prudentiam. *C.
ibidem.*
Quod pretiosum.] *Hæc parenthesi inclusa V. habet in textu, C. in margine.*
Regere et revelare.] *M.* velare et revelare.
Caveant sibi.] *M.* Unde cavendum est promoventibus tales, ne simili pœna, ut Philistæi, percutiantur, etc.
Item timendum est.] *Absunt hæc in M. usque :*
Sic enim.
Sed et sibilus.] *Sibilo enim aurigæ, boves reguntur.*
Utpote scholares.] *M. et C.* ut poetæ scholares.

Magistri scholarum.] *Hæc omittit M.*

Sed quorsum hæc objicio.] *M. perstringit et saltat sic :* Sed tales non eliguntur in fabros, nec habent locum in ecclesia. Ubi non est videns, privamur videntibus, ut videri proxima captivitate prophetis. Balthasar abusus est vasis Domini figuralibus, unde eadem nocte occisus est. Quanto magis punientur qui viva vasa, id est animas et ecclesiastica sacramenta committunt indignis ? etc.

Item Ecclesiastes.] *Solum V. in textu usque :* Item: Quomodo. *C. vero in ora inferiori, notatque c.* 21, *sed hodie* 10 *est.*

Matth. c. xxiv.] *M. c.* 68. *V. et C.* 247. Olim diviserunt Matthæi Evangelium in c. 355, ut est Suidas, Ammonius, et Eusebius.

Et honorum.] *M. ex ambitione tantum. C.* Ex ambitione dignitatum. *V. addit* et honorum.

In illa fæce temporum.] *C. in margine :* Dictum Sapientis :|*V. etiam in margine hæc legit :* Id est tempore medio, inter defectum legis et initium Evangelii ; tempore scilicet prædicationis Dominicæ, quando jam lex deficiebat, et in Evangelium nondum plene coruscabat. Quod tempus dicitur perversa medietas a perversitate Judæorum, qui tunc erant, legem Moysi jam incipientium perdere, et Evangelium Christi nolentium recipere.

Sederunt passim.] *C. et V.* Sederunt quilibet passim super cathedram, etc. *Male quilibet affirmative, quia sequitur,* sed tantum Scribæ, etc. *Videatur Glossa in hunc locum.*

450 Signum religionis.] *C.* divisi ab aliis per signum religionis.

Maturi ætate.] *Verba Glossæ ordinariæ, in illud Matth.* xxiii, *vers.* 2.

Si convertatur et pœnit.] *M.* Si convertatur et relinquat post se benedictionem. *Omittit et pœnitcat, male, prout et proxime sequentibus liquet :* Sicut de peccatore pœnitentem, etc.

Et inscio promoto.] *Hæc absunt in M. Sic enim :* Sed fatuo nulla spes est ; sicut *(etiam hic omittit quædam)* de peccatore pœnitentem, etc.

Hinc, inquit Aug. *Consule Glossam in c.* iv *Levitici, deinde recurre ad tom.* IV *operum ejusdem parte* ii, *Quæstionum ex utroque Testamento, q.* 4.

Quis medebitur ei ?] *Sacra Biblia :* Quis miserebitur ei ?

Colligite fragmenta.] *V.* Colligite fragmenta, et pro fragmentorum, fraumentorum.

Manus prandentium.] *C.* prudentium.

Sicut cophini.] *Hoc usque :* Ut pro tempore V. *omittit. C. habet in margine. M. in textu.*

Substantialem differentiam.] *C.* Substantialem drachmam.

Hieronymus de Helvidio.] *Habetur epistola B. Hieronymi adversus eumdem* t. II. *Incipitque :* Nuper rogatus a fratribus. *Gennadius in Catalogo virorum illustrium, Helvidii meminit. C. Hieronymus de Edulio, pro Helvidio. M. post illud* de fide et spe, *om. tit,* et bonis moribus Ecclesiæ, *subditque sic :* Helvidius unicum et horrendum monstrum in Gallia sacerdos laicus (cum sola Gallia monstris careat) qui tamen litteratus fuit, sed impie de B. Virgine scripsit. Si ex præcepto Domini, etc. *Aliquid simile de Vigilantio scribit idem B. Hier. in ep. quæ incipit :* Multa in orbe monstra.

CAPUT LVI.

Ad indignam.] *M. abbreviat hoc modo :* Ad indignam indignorum intrusionem repellendam, intueri libet officium prælatorum et sacerdotum. Provideat Dominus, etc.

Numeri c. xxvii.] *V. et C.* 59. *Consule Glossam Origenis in hunc locum.*

Dominus Deus spirituum.] *Non* spirituum, *ut C. Quod acute reprehendit margo V.* Nota, *inquit,* Glossatorem litteram istam non intellexisse, qui spiri-

A tum pro spirituum glossavit. Falsi enim codices sunt, qui spiritum pro spirituum habent, quod hic primo inveni. Nihil autem adeo falsum est, quod aliquam expositionem non recipiat. Omnis enim littera meretrix est, et corruptorem patitur.

Item ibidem.] *Addidi ibidem eo quod idem sit caput. Tria interim legebant :* Item 60 *(caput scilice)* Tolle, etc.

Genesis, c. xlvi.] *Tria,* c. lxxv

451 Actum est de eo.] *B. Cypriani sententia.*

Officium et onus.] *M. omittit* officium, *sed vitiose. Ait enim Glossa ord. in c.* 1, *Jerem.* Detestatur, Jeremias, officium, quod pro ætate non potest sustinere. *B. Hieron. in comment.*

Elementarius vita.] *Supra c.* 7, *vocat* abcdarium. *Juvat hic subnotare quæ Alanus habet initio sui libri Pœnitentialis, nondum, ut reor, impressi. Orditur sic :* A, a, a Domine Deus, quoniam puer ego sum et nescio loqui. Si Jeremias ab utero sanctificatus, a Domino propheta electus, a criminali macula alienus, divina inspiratione edoctus : timens officium prædicationis assumere, timens verba Dei resonare, se confessus est puerum, se confessus est blæsum : quomodo nostri temporis homines ab utero immundi, a Domino reprobati, criminalibus impliciti, divina visitatione deserti, audent sacerdotii culmen ascendere, arcana cœlestia balbutire ; cum non sint infantes pueritia, sed puri [*forte* pueri] sapientia, cum non sint pueri sapiendo, sed senes desipiendo ; cum non sint tantum blæsi ad prædicandum, sed muti ad loquendum ? Si Jeremias, qui eloquens erat ad prædicandum Deum, se mutum confitetur : quomodo sacerdos mutus, ad loquendum de Deo se eloquentem fatetur ? etc., *lectu dignissima.*

Ineloquens autem.] *M. variat. Sic enim inquit :* Innocens (*forte* ineloquens) et absque sermone conversatio, quantum exemplo prodest, tantum silentio nocet.

Nam latratu canis.] *Hoc, usque et dixit, solum M. admittit.*

De facili enim.] *M. omittit non pauca. Post,* audibilia faciatis, *ait :* Faciendo quæ prædicatis, alioquin facitis ne verbis credatur. Tu ergo accinge, etc.

Jeremiæ c. i.] *Tria* c. iii.

Sicut Ezech. c. iii] *Tria* c. v.

Quod Job, Elias.] *De Job vide ejusdem c.* xxxviii, 3. *De Elia* iii, *Reg.* xviii, 46. *De Jeremia libri ejusdem cap.* i, 17. *De Joanne Matth.* iii, 4. *Hos recenset auctor secundum ordinem ætatis. Job enim Eliam imo et Moysen præcedit tempore.*

Incessorem. *V.* Cessorem.

Item accedens.] *M. restringit hanc sententiam hoc modo :* Attendat judex futurus, quod nullus judicum, etc.

Spiritum Othonielis.] *M. paucis complectitur* · Spiritum Othonielis, Debboræ, Gedeonis antequam, etc.

Delboræ.] *Tria sic pro* Delboræ. *Antiquitus* Delbora *pro* Debora, *ut ex variis codicibus deprehendi, dicebatur.*

Item Exodi iii.] *Tria non* iii, *sed* v.

Mutationem virgæ.] *M. et C. in margine :* Virga ferrea necessaria est prælato : *Ita censet B. Greg. l.* xx, *Moral. c.* 8.

Sonoræ vocis.] *Verba sunt Origenis hom.* 3, *in Exodum, initio.*

II. Tim. ii.] *Tria.* II Tim. iv.

452 In Act. apost. c. xx.] *V. et C. c.* xlviii. *M.* lx.

Episcopos regere.] Quo sacerdotes intelligas, sed contractum est nomen, inquit C. in ora laterali. *In primitiva Ecclesia nomine episcopi etiam presbyteri intelliguntur et e converso. Vide S. Tho.* 2. 2. *q.* 184. *art.* 6 *ad* 1.

Usque ad ascellas.] *Post hæc sequitur in Frag-*

mento Camberonensi : De hoc mysterio Apostolus ad II Timotheum iv : « Tu vero vigila. » Glossa : « In omnibus labora, » tam perversos quam bonos docendo. Opus fac Evangelistæ : imple opere quod prædicas ore. Sobrius esto : discretus in omni opere tuo, carens omni superfluitate. Et postmodum addit : « Contestor vos hodierna die, quoniam mundus sum a sanguine omnium vestrum. Non enim subterfugi, quo minus annuntiarem vobis omne consilium Dei (Act. xx). » Ergo si quo minus annuntiassem, reus essem animarum ipsorum. Si enim frater fratris, proximus proximi tenetur esse custos (alioquin vox sanguinis clamabit ad Deum de terra [Gen. iv]), multo magis prælatus tenetur esse custos pro quibus spopondit ; quod oves infirmas etiam super humeros portans introducet in ovile cœleste, omnia postponens et proprium corpus exponens morti propter illas ? Item, tunc Jacob defleat Joseph, etc. *Hæc ibi*. Ea autem quæ habet textus hoc loco, omittit idem *Fragmentum*.

Quia prædicatio.] *Hæc parenthesi inclusa, C. legit in margine, V. nullibi*.

Vel singulorum.] *Solum C. addit*.

Augustinus : Quid sibi.] *T. IV libro Expositionis epistolæ ad Romanos inchoatæ, ante medium*.

Et fortitudinem.] *Hoc omittit M*.

Traditur indigno.] *M. etiam bene*, creditur indigno.

Piscis tristitiæ.] *Id male omittit V. Est enim interpretatio nominis Dagon*.

Eunuchis mollibus.] Eunuchis *abest in M. non*, mollibus.

Diaboli fugantis eos.] *Hæc verba non habet*.

Custodibus animarum.] *C. custodiis*.

Ad Rom 1.] *V. et C. ad Rom. 11*.

Vestram atque meam.] *C. Vestram atque misericordiam*.

In eadem c. 1.] *Tria, c. 111*.

Aliquem fructum habeam.] *M. in margine : Vel ut vos fructificetis, vel ut ego præmium acquiram pro vobis. Glossa est interlinealis cap. 1, ad Roman., vers. 13*.

Vobis in subditis.] *M.* Vobis et subditis. *Sequiturque in M.* Mercedem æternam et permanentem, etc.

Apostolus promptus fuit evangelizare.] *Hæc, verba omittit C*.

Applicandi sunt doct.] *C.* applificandi. *Fallitur*.

Item IV Reg. xi.] *M. non citat locum. V. et C. c. 78. Idem legitur Jeremiæ xxix, et II Paral. xxiii*.

453 Ut esset populus Domini.] *C.* Ut esset populus post Deum, obediens Deo et regi.

Sed quis sit mediator.] *M.* Sed quis sit mediator, non homo sed Deus, si conversus fuerit in lupum vel mercenarium, sed sine custode. *Omittit :* Non legitur, *ut patet ex textu*.

Germinatio dictionis.] *Hæc absunt in M. usque :* Debet enim. *Non absimili sensu in parabola decem virginum B. Hier. ad illa verba :* Domine, Domine, aperi nobis : Egregia, inquit, in Domini appellatione confessio, idque repetitum, fidei indicium est.

Verbo prædicationis.] *M. et C. in margine :* Tu cum Judæus sis, cogis gentes judaizare. *Gal. 11. Addit que Glossam, quæ ord. est :* Non docentis imperio, sed conversationis exemplo.

Spiritum suum.] *V.* Spiritum sanctum.

Nunc autem.] *Hæc omittit V. usque :* Unde quidam.

Pastor oves cura.] *V. et M.* omisso primo versu, incipiunt a secundo : Attrahe, *etc. Habentur hi versus, in Glossa Capit.* Cum venisset, *Extra de sacra unctione. Ubi primus versus hic est :*

In baculi forma præsul datur hæc tibi norma.

Attrahe, etc.

Tertium versiculum habet etiam S. Thomas in Supp. q. 40, art. 7, sed pro attrahe *legit* collige, *sicut et* *Durandus l. III, Rationalis c. 15 et eadem indicantur in Pontificali, dum episcopo traditur pedum Pastorale*.

Ezechiel c. 111.] *C. pro* Ezechiel, *male legebat* Ezechias.

Et c. xiii.] *V. c. xxvii*.

Et cap. xxii.] *Tria* liv *in fine*.

Et cap. xliv.] *Duo c. cviii. V. non notat caput*.

Et cap. xliv. Fili.] *Tria c. cv*.

CAPUT LVII.

I Tim. iv.] *Tria*, 1 Tim. vii. *M. sic inscipit :* Attende lectioni et post exhortationi, *G. (hoc est Glossa)* Volentium, *T. (textus) et* doctrinæ, *G.* nescientiam.

Canonicam electionem.] *M. non legit*, canonicam.

In eadem epist.] *Tria c. 11, cum 1, sit*.

Id est, secundum.] *Glossæ sunt interlineales*.

Quæ dicuntur prophetiæ.] *Ab hinc usque :* Gratiam exponendi, *V. tacet*.

I Machab. c. v.] *V. c. xvi. M. xv*.

IV Reg. xxii.] *C. et M. IV Reg.* lxxxvii: *V. IV Reg.* xxxiii.

454 Quanto sollicitius.] *M. Breviter :* Sollicitius prælatus Ecclesiæ evigilare debet ad tonitrua verborum Domini. Grex perditus. *Cætera intermedia omittit*.

Pastores eorum sedux.] *M. et C. in margine :* Exemplo. Error enim principum trahitur in exemplum.

. . . . . Non sic evertere mentes
Humanas, edicta valent ut vita regentis.

Versus sunt Claudiani libro de iv *Consulatu Honorii imperat., sed nonnihil discrepantes ab impressis, qui sic :*

. . . . Non sic inflectere sensus
Humanos, edicta valent, ut vita regentis.

Cubilis sui.] *C.* cubiculi.

Et litigiosa.] *Abest in V. et loco hujus :* Et mala.

Isaias cap. lii.] *V. et M. c.* 157, *C.* 167.

Quia populus hodie.] *Nota diligenter. V.* Quia populus hodie, non sicut sacerdos, et sacerdos minus, non sicut populus. *C.* Quia populus hodie plus quam sacerdos et sacerdos minus non sint plus.

I Tim. c. iv.] *C. et M. V, V.* vii.

Nihil enim est.] *B. Hier. t. VI. Commentario in finem c. 11 epistolæ ad Titum ita censet*.

Item Isaias c. xxvii.] *V. c.* lxxiv, *C.* lxxv.

Venient super eos vel nos.] *V. et M.* Venient super nos. *C. in margine addit :* Qui templum Domini populus peculiaris sumus.

Stercoribus temporalium.] *M. in margine collaterali ita correxit. Prius enim in textu :* Fetoribus temporalium.

Qui iniistis consilium.] *C. Fallitur hic: Ait enim :* Qui non iniistis consilium. *Textus Isaiæ cap.* xxx. (C. in margine cap. lxx, M. lxxix.) *sic :* Ut faceretis consilium.

Amos. cap. vi.] *Tria, c. xxv*.

Propter quod emittam.] *M.* Propter quos emittam. *Utique bene*.

Qui non ardet non acc.] *Sicut enim non accenditur candela nisi ab ardente flamma, ita non accenditur auditor, nisi prius ardeat prædicator. Is ergo prius exemplo doceat quam verbo*.

Basilio etiam.] *Exempla hæc tum B. Basilii cum S. Sebastiani etiam habentur supra c.* vii. *Quare ibi notas videto*.

Lingua ignea.] *M.* Flamma.

Act. apost. c. 20.] *Tria c.* xlviii. *M. omittit hic non pauca ab illo loco :* Item Lucas, *usque :* Apostolus festinavit, ut Pentecosten (verba sunt *M.*) faceret in Jerusalem.

Majoribus solemnit.] *M.* Solemnitatibus *simpliciter, omisso* majoribus.

455 Majores natu senes.] *M. addit* non juvenes. *C. in marg* Non pueros, non juvenes.

Incognita salutis.] *Omittit M.*
Et per domos.] *C. in margine :* Ubi nunc hujusmodi prædicatio? Prælatus enim suus non est.
Vado in Jerusalem. *M. in margine :* Non ad exigendum munera, non ad deliciandum (*C. amplius :* Non ad convivandum et declamandum) sed ad tribulationem (*M.* patiendum) *C.* pavendam.
Tribulationes me manent.] *C. ibidem :* In mundo pressuræ, etc. *Joan.* XVI.
Vel vitam meam.] *Solum C. M. autem in margine ad illud :* Animam meam, *ait :* Id est vitam meam. *Dicam illud,* vel vitam *male abfuisse a textu eo quod Syriaca interpretatio videatur admittere.*
Dummodo consummem.] *Tria :* Dum ego consummem. *Ex Bibliis sacris restitimi. Etsi interim etiam legerim :* Dummodo ego consummem. *Videto textum Glossæ impressæ sub charactere S. Petri, ut vulgo dicitur.*
II Ad Tim. cap. IV.] *C. et M.* c. VI.
Aliquem sermonem,] *Sic legendum est, ut ex Glossa interlineali collegi.* Non ergo aliquando, *ut M. et C. Hic subjicio notam marginalem C.* Patres successuri a filiis utiliora tunc dant monita. Naturale enim hoc est.
Pro quibus spopondit.] *C.* Pro quibus respondendum spopondit. *M. autem abbreviat sic :* Multo magis prælatus custos animarum (*hic*) *desunt*) qui tenetur oves infirmas super humeros portare, etc.
De eodem Jeremiæ cap. XLVIII. *Hæc usque :* Attendite, *M. C. et V. cap.* LVII.
Item III Reg. c. XX.] *V.* c. LIV. *Duo alia non determinant.*
Discessionem meam.] *M.* Discessum.
Lupi rapaces.] *M.* Lupi graves, *pro* rapaces.
Memoriter retinentes.] *M.* Non est parva custodia, divini præcepti memoria. *Textus Biblicus :* Memoria retinentes, *non* memoriter. *Quod hic adnotavi ex M. Glossa est ordin. quæ et Rabani.*
Nullus concupivi.] *C. et V.* Non concupivi.
Et dignoscuntur.] *M. et V.* et discernuntur.
Quod non veri prælati,] *M.* Quod non sunt prælati.
Manus istæ.] *M.* meæ *pro* istæ. *Male.*
A lupis.] *M. in textu, C. in margine :* Ne infirmi scandalizentur vel graventur.
Commendans illos Deo.] *Hoc abest in M. et V.*
Bonus princeps.] *C. et V.* solus princeps *incorrecte.*
Et flent maxime.] *Hoc, usque ad finem, omittit M.*

456 CAPUT LVIII.

Notandum M. divisisse hoc caput a priori, intercapedine, ut assolet ; tamen in margine indicat inchoandum novum hoc summario : De patientia et impatientia prælatorum.
Præcipua virtus.] *Id omittit M. Sic ergo :* Patientia est præcipuum ornamentum prælati, etc.
Est patientia.] *C. ad marginem explicat :* Et abundans præter generalem. *Cur hoc? Quia prælatus candela est super candelabrum aliis subditis prælucens exemplo, charitate, patientia,* etc.
Ad I Cor. c. XII.] *Tria* cap. XXVII.
Et ablato equo.] *M.* unde cum cuidam tolleretur jumentum, ait : Quin et tolle scuticam. Quantus enim quisque existat illata contumelia probat. Item IV Reg., etc.
IV Reg. II.] *C.* IV Reg. IX.
Et in Hom. 21, l. II.] *Tria :* in hom. 9, secundæ partis. *Utique bene. Nam per secundam partem, liber* II *intelligendus est. In hoc autem lib.* II, *antiquitus* 10 *numerabantur homiliæ, et illa, de qua est sermo, nona est, hodie vero* 21, *quia numerum duodecim homiliarum l.* I *moderni conjungunt cum homiliis l.* II.
Sacri eloquii verbis.] *Ita C. cum textu B. Greg. hom.* 21 *in Ezech. V. vero :* Sacri eloquii verba docet.

CAPUT LIX.

V. *tale legit summarium hujus capitis :* Quod ad sollicitudinem pastoralem pertinet, esse exoneratum a sæcularibus. *M. autem, quia continuo variat in lectione, consulto post notas ex integro subjiciemus. Sunt autem hoc capite quædam vehementius dicta contra episcopos qui non religiosi sunt, ut erant apostoli. Neque est peccatum habere divitias, sed eis cor apponere.*
Hoc determinantem.] *C.* denuntiantem.
Etiam voluntatem habendi.] *Videto commentarium B. Hieronymi in cap.* IX *Matth.*
Joannes relicta sindone profugit ab eis.] *Non est verisimile adolescentem illum fuisse Joannem apostolum ; quia Joannes introivit in atrium pontificis. Joan.* XVIII, v. 15 *et* 16.
Successorem apostolorum.] *Hæc duo verba omittit V.*
Equos et phaleras] *C. in margine, ad illa verba :* Secuti sumus te, *ait :* Quomodo? Nonquid in phaleris et pompis sæculi ; in equis et quadrigis, non tantum ferentibus, sed post se trahentibus aurum et argentum? etc.
457 Lucæ c. XXII.] *C.* c. CLXX. *M.* CCLXX. *Nec mireris, lector, si tot numerent capita. Nam antiquitus Œcumenius et Euthymius Evangelium Lucæ in* LXXXIII *capita distribuunt ; Ammonius et Eusebius in* CCCXLIII ; *Ambrosius in titulos* CLXIV ; *recentiores Latini in* XXIV *capita dissecant.*
Quam Eccles. prælati.] *C. ad marginem :* Qui etiam in cathedris super colla ducum feruntur cum turba tumultuante et tibicinis.
Divites sæculi.] *Nec male V.* Duces sæculi.
Nonne militant.] Horum solutionem ignoro, *ait C. in margine. Uti promisi, prædictum caput* 59 *ex M. verbotenus (ut loquuntur) descrbo. Sic incipit :* Quo Idam addidit : Quod adjectum poterat prodesse et neglectum obesse. Dictum est apostolis, et per consequentiam successoribus apostolicis viris : « Nolite possidere aurum et arg. nec pecuniam in zonis vestris, non peram in via, non duas tunicas, nec calceamenta, nec virgam : dignus est operarius cibo suo (*Matth.* X). » Lucas : « Edentes et bibentes, quæ apud illos sunt. Manducate quæ apponuntur vobis, curantes infirmos qui in domo sunt (*Luc.* X). » Moderni prædicatores partem auctoritatis detruncant, procurari volunt, non curare vel prædicare. Præoperari operarius deberet. Dominus dicit : Operarius, et cibo, non cibis, non ferculis ; et suo, sibi debito post impenso, pro spirituali præimpenso. Quæ apud illos sunt : Non terra marique quæsita delicatiora extra domum ; sed nec deliciosa domus et lautiora quærat sibi apponi prælatus, sed sibi appositis sit contentus. Unde : Manducate quæ apponuntur vobis, scilicet sine delectu vel murmure. Sed nunc non erat his locus, ut dicunt, sed in primitiva Ecclesia. Dictum est rusticis et piscatoribus, hodie licere sibi habere oppida, servos, phaleras, divitias, equos, mutatoria vestium et hujusmodi. Hodie enim lactatur Ecclesia mammilla regum, habet regalia episcopus, comes movet castra, habet milites, satellites, multiplicat sibi thesauros et equos. Cum hoc prohibitum sit regibus, multo fortius regibus spiritualibus : quod observavit David, qui solam mulam habuit, et super eam Salomon consecratus est (*Deut.* XVII), et ita secundum eos delendum ut cæremoniale, novum Evangelium, Verbum abbreviatum quod misit Deus super terram (*Rom.* IX) : cum tamen de moralibus dicant sancti esse hujusmodi præcepta Evangelii, non pro loco, tempore, persona exsufflanda, nec pro consuetudine et usu utentium in contrarium. Nam Dominus dicit : « Quod vobis dico, omnibus dico (*Marc.* XIII). » E « Initio cognovi de testimoniis (*Psal.* CXVIII), » etc. Et : « Principium verborum tuorum veritas (*ibid.*), » etc. Ecce nos reliquimus omnia ; etiam voluntatem ha-

bendi. In numero divitum computatur, qui divitias concupiscit, et si non habeat. Et : « Facilius est camelum per foramen acus transire, » etc. « Et secuti sumus te (*Matth.* xix). » Non in pompis et phaleris, etc. In regeneratione, etc. Relictio omnium, confert hanc judiciariam potestatem, scilicet ut nudi nudam sequantur Dominum et ejus discipulos. Ad hoc tenetur quilibet praedicator ex officio. Unde Joannes, relicta sindone, nudus profugit; **458** Joseph, relicto pallio; Matthaeus telonio (*Matth.* ix); Samaritana hydria. Et volens sepelire patrem, audit a Domino : « Dimitte mortuos sepelire, » etc. « Et sequere me (*Matth.* viii). » Cum pium sit exsequiale etiam erga patrem officium; multo magis etiam caetera onera interdicenda signavit, et praelatis strepitus belli, etc. Haec enim et gentes inquirunt. Regibus Israel prohibitum est ne redirent in Ægyptum. Si dixerint quia omnia reliquerunt eo quod patrimonium et propria non habeant, sed tantum dispensationem rerum pauperum sibi creditam, sic reliquerunt omnia imperatores, qui ex electione succedunt. *Quod sequitur, alia duo complectuntur.*

CAPUT LX.

V *Hunc praejert. titulum :* De gradu et dignitate diaconorum.

Et si sapiens.] *Glossa interlinealis cum sequent.*

Subdiaconatum.] *Id expressit Urbanus II uti legitur de aetate et qualitate ordinis, a multis multoties.*

Alterius dioecesis.] *V. Alterius multoties episcopi.*

Substituantur.] Instituantur *M.*

Ad evangelizandum.] *C. ad latus :* Hoc videtur tantum archidiaconis convenire.

Cui commisisti Dominici corporis et sanguinis consecrationem, etc.] *Tam in Vita S. Laurentii, quae est apud Surium, quam in ipso Ambrosio l. 1 Offic., cap. 41.* (omissa dictione corporis) *legitur* Dominici sanguinis consecrationem (*sicut et in Paris. editione facta ex Romana*) hoc est Dominicum sanguinem consecratum, populo scilicet distribuendum, ut ibi in missa : *Haec commissio et consecratio. Sed quia non bene intellectum offendere videbatur, in Breviario Romano mutatum est*, in dispensationem, *quomodo legit sanctus Thomas par.e tertia, quaestione octuagesima secunda, articulo tertio ; et Baronius tomo secundo Annalium ecclesiasticorum anno ducentesimo sexagesimo primo.*

Non quia sumat.] *M.* Non quia conficiat, vel semper sumat.

Conficitur corpus.] Conficit. *M.* Et cum majori reverentia conficitur praesentia, ministerio et testimonio ejus, diaconi nempe.

In majoribus.] *Id abest in M.*

Et ruralibus.] *Et hoc omittit.*

Praedicare ex auctoritate.] *M.* Ex officio. *Quondam legi apud B. Hieronymum, quae hic subnoto :* Tunc denique ut aures habeamus ad Dominum, diaconus acclamat, ipse praedicat, ipse hortatur, etc. *quae brevitatis studio omittimus. Consule t.* VIII, *De septem ordinibus Ecclesiae de quinto gradu. Praeterea de officio diaconi habetur dist.* 25, *c.* 1 *parag.* Ad diaconum.

Exemplo B. Vincentii.] *Surius post Metaphrasten refert Vitam S. Vincentii t.* I, *die* 22, *Januarii.*

459 Vita, scientia.] *Glossa interlinealis est, qua in praecedentibus saepius utitur auctor, ut idoneitatem et sufficientiam clericorum comprobet.*

CAPUT LXI.

V. *pro summario sic habet :* De reverentia sacerdotalis officii. *M. id omittit :* Vel novitios.

Unde Cenomanensis episc.] *C.* Unde Viocenomanensis *male cuidam scribit. M. in textu :* Electo cuidam.

In summis enim sacerd.] *Ait B. Gregor., l.* II *Expositionis in* 1 *reg., cap.* 3, *post medium :* Ætas virilis, tempus est administrandi sacerdotii. *Sed omnia sequentia, sunt verba Hildeberti, usque :* Sed objicitur.

Ætas prophetae.] *Haec et sequentia redolent doctrinam B. Gregorii homilia* 2 *in Ezech. initio.*

Detulit igitur aetati. *Margo C.* Quid majus ostenditur, quam puerum erigi supra senes?

Certusque limes.] *Olim episcopatus, sicut et sacerorum ordinum, susceptio, in juniori aetate permittebatur facilius quam hodie. Limitat conc. Trid. aetatem episcopi.*

Sed objicitur de Salom.] *M. variat sic :* Si Salomon duodennis innuctus est in regem, ob hoc forte bonos non habuit exitus. Jeremias, Daniel, Timotheus citra aetatem facti sunt prophetae et doctores; sed privilegia paucorum non faciunt consequentiam. Unde trahi non debent in consequentiam; si trahatur, eligantur similes praedictis. Item Isai, etc. *Has objectiones solve cum B. Hier. t.* IV *in c.* III *Isaiae, v.* 4.

Privilegia paucorum.] *Regula Juris* 74 *in sexto.* Quod alicui gratiose conceditur, trahi non debet ab aliis in exemplum. Aliquando aetate juvenes ordinantur sive sacerdotes, sive episcopi, urgente necessitate, neque hoc in argumentum trahi debet, ut liquet ex regula 78. *Si praeterea privilegium visum sit personale, illam personam sequitur tantum, exstinguiturque cum ea, ut indicat regula septima, ibidem.*

Item Isai. c. II.] *M. c.* IV. *C. et V. c.* VII. *Initio notavi numerum capitum ab antiquis observatum.*

Puer contra senem.] *Margo M.* Vita.

Ignobilis contra nob.] *Idem :* Genere. Abhinc, *usque :* Ideo Apostolus, tacent *C. et V.*

Et dicet.] *Margo idem, scilicet M.* Carnali affectione suos intrudentes. *Videatur in hunc locum Isaiae commentarius B. Hier. t.* IV.

Ecclesiastes, c. 1.] *M. c.* XXVIII.

Et voluptas.] *C.* Voluntas. *Idem noto in psal.* XXVI : Ut videam voluntatem, *pro* **460** voluptatem. *Psal.* IV : Ad Deum fontem vivum, *pro* fortem, vivum.

Sterilibus.] *Id abest in C. et V.*

Mane comedit.] *M. omittit haec, usque :* Item Hieronymus. *C. vero tantum legit in ora laterali, unde reor haec a scholasticis subnotata fuisse.*

Quid tu hic ?] *Ita textus Biblicus. V.* Quia tu hic.

Æstimabat enim.] *Glossa est in hunc locum, ut innuit C. sed illam nondum legi.*

Vestimentum tibi est.] *M. in margine :* Omnia necessaria. *Glossa interlinealis est.*

Non statim judicio multitudinis.] *Margo M. et C. huc refertur et est talis :* modo non multitudinis, sed unius in conclavi.

Simile legitur. *V.* Simile Hier. causa 1. *Vide eum in c.* III *Michae.*

Praesumptuose innuit.] *M.* Praesumptuose jactantur habere senectutem morum, etc.

Quasi diceret.] *M. omittit aitque :* Ut quasi alter Daniel propter vitam et merita jus spirituale meruerit, et generale jus infringatur canonum.

Quia remissus.] *M.* remissius, *notatque in margine :* I Reg. x.

I ad Tim., c. v.] *Tria c.* VI.

Annorum 25] *C.* Annorum 20. *Fallitur.*

Ne quibus opus.] *M. Abbreviat :* Ne quibus opus defensor, fiant administratores rerum alienarum.

Illud comicum.] *C. illud canonicum. Vitium est.*

Et cui opus paea.] *Abest in M. usque :* Apostolus nonnisi.

Sexagenariam.] *Supple* Viduam. *V. autem addit.* Ubi scilicet dicit ad Timotheum : Vidua enim eligatur non minus annorum 60. *Adnotavi locum ad latus.*

Aliis panem franget?] *Alludit ad illud Threnorum* iv : Parvuli petierunt panem, et non erat qui frangeret eis.

Esse discipuli] *M. addit* : Qui nec tiro fuit, etc.
Lubricum enim.] *Id omittit M. usque* : Item : Moyses.
Movente hominum aff.] *M.* Movente affectus *(et addit)* in comœdiis, tragœdiis, magis in seriis et veris Ecclesiæ pastoribus eligendis.
Limina.] *Statim subdit M.* Pastor qui hoc non frequentaverit, cum Paulo non ab homine, etc.
Si apud Hebræos.] *B. Hieronymus prooemio in primum commentariorum in Ezechielem ad Eustochium, t.* IV *diximus hac de re, c.* 4.
Milites ogeri ligneos.] *Ill abest in V.*
Ad theatrum et spectaculum.] *M.* Ad theatri spectaculum.
1 Reg., c. 1.] *Tria, c.* III.
Non vult Anna.] *M. hoc omittit, usque* : Quia Ecclesia.
Job, cap. xxxii.] *Tria c.* xxv.

461 CAPUT LXII.

Titulus V. præ aliis placuit addens, maxfine.
Non opponentes.] *Genuina lectio, ut patet ex c.* xiii *Ezech. V. et C. suo sensu utique bene* : Non valentes latrare, sed opponentes se, etc.
Isaias, c. LXII.] *C. et M. c.* CLXXXIV.
Non quiescam.] *Post hæc sequitur in M.* Speculatores Ecclesiæ cæci omnes, nescierunt universi. Super muros, etc.
Ei Domino.] *Solum C.* Domino.
Depingi video.] *Sequitur in M.* Nondum enim stabilita videtur Ecclesia, etc., *quæ parenthesi consulto conclusi. V. et C. legunt simpliciter* : In sacra Scriptura depingi video non sentio in opere.
Video non sentio.] *M.* Depingi video, qualem sentio in opere.
Et iterum, c. XL.] *V. c.* CVIII. *M. et C. c.* CX.
Item idem, c. VI.] *Tria c.* XVII.
Pollutus non mendaciis.] *M. præmittit G.* verbo pollutus, quod est Glossa. *Illam ego non legi, nec in interlineali, nec in ordinaria. Apparet tamen Nicolaum de Lira illam vidisse, quia, hoc sensu, ait* : Sicut enim polluuntur labia loquendo quod non decet ita etiam tacendo quod decet. *In Is. c.* VI.
Ignitus calculus.] *Credo ignitum fuisse, alioquin forcipibus non fuisset opus. C. omittit,* ignitus.
Combussit mihi labium.] *Nota marginem C. Sic visum est ei imaginarie. Non enim intelligendum quod adusta sint ei labia actualiter.*
Iod : Heu, heu.] *Manu scripta tria legunt* : Ioth.
Parvulus lactens.] *Tria* : Lactans. *Male. Nam lacteo, lac sugo, quod parvulorum est ; lacto autem, lac præbeo, quod nutricum.*
Act., cap. 1.] *V. et C.* cap. XLVIII.
Et multiplicati sunt.] *V.* Etiamsi multiplicati sunt supra numerum. *Ad illud* multiplicati, *ait C. ad latus* : Adversarii mei contra me.
Prov., c. 1.] *Tria, c.* IV.
Id est in prælatis.] *V. allucinatur* : Id est in plateis.
Jerem., c. XXVI.] *V. et M. c.* XLIV.
Et c. III.] *Tria* : Et c. XI.
Act. XX.] *Tria* : Act. XCVIII.
Detestarentur.] *C. et M.* detestaretur. *Apud B. Hieron. visuntur ea, quæ de B. Joanne Bapt. infra habentur, t.* VI *in c.* 1, *Matthæi.*
In eccles. Historia.] *V.* In Vitas Patrum. *Ruffinus eccles. Hist., l.* X. *Nicephorus, t.* VIII.
Exsulante Athanasio.] *C.* Anastasio : *Vitiose.*

462 Papa.] *Non* Romanus. *Omnes enim episcopi multis sæculis papæ vocati sunt, ut multis locis videre est apud B. Hieronymum scribentem ad B. Augustinum contemporaneum suum, V. pro* papa, *legit* episcopo Alexandrino. *Etiam bene.*

Panem otiosus comedo.] *V. et C.* Panem otiosum comedo.
Cum Athanasio.] *C. iterum* : Anastasio. *Male.*
Cur non magis.] *Hoc, usque* : et egrediens, *omittit M.*
Injungens sibi hoc.] *Hæc, usque* : Justus, *absunt in V.*
Et sanctus est.] *C.* Verus est, *forte,* Verax est.
Athanasius.] *C. ut supra, et infra* : Anastasius.
In Socratico decreto.] *Sic loquitur Boetius De conf. philosi. lib.* 1, *prosa* 4.
Similis est Catharo.] *V. ad latus exponit, quis iste sit* Catharus. *Ait ergo* : Id est hæretico Montano, vel Cataphryge : qui dicuntur Cataphryge a loco Phrygiæ, unde primum orti sunt a Montano auctore. Cathari autem a munditia, quia se solos inter homines mundos putant. Tales hæretici, nempe Montanus, Prisca, Maximilla, adventum Spiritus sancti, non in apostolis, in se traditum asserebant.
S. Hieronymus epistola ad Marcellam adversus Montanum, quæ incipit : Testimonia : *in fine. Item epistola adversus Vigilantium quæ incipit* : Multa in orbe, *t.* II. *Et multis aliis locis Montani ejus sequacium Cataphrygum hæresim insequitur et damnat. Vide t.* VII, *in Psal.* CVII, *ad illud* : Et usque ad nubes veritas tua. *B. Greg. t.* II. *Reg., l.* IX, *indict.* 4, *c.* 61.
Pandere noli.] *V.* Prodere noli.
Jerem., c. LI.] *V. c.* CLIX; *M. et C. c.* CLXIX.
Et Anna et Mo.] *Reor illud et* Mo. *indicare* Moysen, *qui similiter clamasse dicitur orando, ut Exodi, c.* VIII. Et clamavit Moyses, etc. *V. et C. Hoc solum habent* : Et Susanna tacens clamavit, *quod superest, adjeci ex M.*
Ad confitendum peccata.] *Recte id significat B. Hieron. tom.* VI, *c.* IX. *Matth., v.* 33.
Augustinus.] *Tom.* II, *ep.* XIX, *ad B. Hier., c.* 4 *in fine.*
Ad disputandum.] *M. discrepat* : Ad disputandum, ad litigandum bene tacetur. *Sequitur ibi* : Nisi disputatio fit collatio, qualis decet sanctos.
Decet sane os.] *C.* Decet sacerdotem.
Pessimæ taciturnitatis.] *C. sunt autem causæ pessimæ, taciturnitas, timor mundanus vel humanus.*
Nisi qui concupiscit.] *Ita Seneca* : Nil timet nisi qui sperat.
In os Demosthenis.] *Supra subnotavi historiæ locum.*
Cum Atheniensibus.] *M. et C.* Contra Athenienses. *Unde et quidam, etc. Reliqua desunt.*
Non squinancem.] *Melius* synancem. *Nam aliud Gallicum est* : Esquinancie.

463 Et vim auctoritatis.] *Sententia est B. Ambrosii in* II *e. ist.* Cor., *cap.* VIII *sub initium.*
Paulus abstinuit.] *M. variat sic* : Paulus manibus victum quæritans, non accepit a subditis necessaria.
A, a, a.] *M.* Ah, ah, ah.
Sed nullus prælatorum.] *M.* Sed modo in prælatis prudentia excusat ætatem, quod falsum, etc.
Hoc autem vitium.] *Usque* : Quintilianus, *abest in M.*
Unde Hieronymus.] *Vide epist. contra Helvidium. t.* II, *quæ incipit* : Nuper rogatus.
Quod comparabile.] *Subaudi est, vel* videtur, *ut clarior sensus evadat. M. idem aliis verbis exprimit* : Cum sola Gallia monstris careat, Helvidius solus in ea sacerdos et laicus, non quia litteras nescierit, sed tropos ignorans loquendi et diversas acceptiones hujus nominis, primogenitus, B. Virgini obloquens erravit. Et vox pœnitentiæ.
Et lacrymæ.] *Hemistichium Ovidii l.* III, *de Ponto, elegia* x.
Est et vox confessionis.] *Vide supra c.* 6 *cum notis.*

In voce exsultationis.] *C.* In voce exsultationis et salutis in tabernaculis justorum. In his omnibus periculose tacetur.

Secunda.] Voce *nempe. V. addit* : Scilicet confessionis.

Tertia.] *IterumV. subdit* : Orationis.

Quarta.] *V.* Scilicet laudis, id est prædicationis.

Eruditionis.] *Supra in notis ad c.* 6, *collegi ly*, eruditionis *omitti, et subrogari inter has quinque species ly*, sustentationis, *seu* consustentationis.

CAPUT LXIII.

Sugillato vitio.] *initium, usque* : Aperiat, *abest in M. Incipit ergo hoc modo* :
Aperiat os prælatus, *quæ duo alia m. s. omittunt*, *usque* : *Est enim tempus.*

Scio enim te.] *Hæc absunt in M. aitque* : Sanctum Dei non est dandum canibus, etc.

Malus detractionis.] *His carent V. et C. usque* : Unde Ezechielis.

Circa prædicatorem.] *V. prædicationem.*

Et incapacitate.] *M. et* incapacitas.

Quæ fit ad privatam.] *C. et M.* Quæ de vitio linguæ fit ad privatam personam.

Ubi quandoque.] *M. omittit* ubi.

Frustra quidem niti.] *Post Terentium B. Hier. epist. ad Domnionem et Rogatianum, quæ incipit* : Utrum difficilius.

464 Jeremias, c. xxv.] *V. c.* III.

Si malum exemplum.] *C.* Si malis exemplum timetur.

CAPUT LXIV.

Non Dominus.]. *V.* Sicut advena et peregrinus, et nunquam : *desunt alia* : *C.* Sicut advena et multum tace, et nunquam, etc. *Ly* : et multum tace, *omisi*, *quia paulo post repetitur.*

Si vis amari.] *C. in margine* : Charitatem ponit. *M. autem ad latus habet* : Raritatem notat. *Quod ad illud refer* : Multum tace, hoc est raro loquere.

Semper tacuit. *M.* Diu tacuit. *De Lantfranco dixi supra c.* 10. *post medium.* Mirabile *exemplum* refert *Cantipratanus de monacho Affligemiensi in Brabantia, qui ob silentii assiduam custodiam* Radulphus tacens *dictus est. Hic cum in præfato suo monasterio grande incendium videret, confisus de bonitate Dei, talia protulit verba* : Stet ignis hac hora; flamma penitus conquiescas ; qui prius per sexdecim annos ne vel syllabam protulerat. *l.* II, *A,um, c.* 13, *n.* 4.

Quasi frenum.] *Omittit M.*

Sicut tutius.] *M.* Sicut minus.

Misericordiæ.] *Abest in M.*

Tutius auditur.] *Hanc sententiam solum M. legit.*

Ut voces ejus habeant.] *M. Immediate post hæc* : Maria conservabat omnia verba hæc conferens in corde suo. *Lucæ* II.

Non de summitate.] *C. et V.* Non de summis labiis.

Ut autem distinguantur.] *M. tacet, usque* : Duplices.

Utentes malo.] *C.* Veteres malo. *Non sapit.*

Ut autem vitium.] *Iterum M.* omittit, *ibique incipit novam periodum* : Nota quod tripliciter.

Fili, ne te laudent.] *Hoc proverbium omittit V.*

De omni otioso.] *Usque* : In Ecclesiastico, c. xxvIII. *Solum M. habet.*

Ecclesiastico, c. xxvIII.] *V. c.* LXXV. *C.* LXXXIII.

Jacobi, c. III.] *C. et V. c.* VI *Ad marginem C. hæc adverti* : Quomodo quidam sanctorum (*haud dubium quin B. Laurentius*) tortores suos in iram concitaverunt dicentes : Versa et manduca. Plus possum, qui torqueor quam potest ipse qui torquet, forte ex interna revelatione, et familiari consilio Spiritus sancti.

CAPUT LXV.

Ut officium prælati.] *M. Bis legit* : Ut officium prælati plenius prosequamur, et etiam ejus incau-

tam loquacitatem plenius exsequamur. **465** etc. *C. pro* exsequamur *rursus legit* prosequamur. *V. melius* persequamur.

Et modestia.] *V.* et moderantia.

Carnalibus vero.] *M. ex parte tacet* : Carnalibus historica debet prædicator annuntiare.

Apostolici viri.] *C. et V. Id omittunt, et alia reponunt. Quæ? Audi* : ascendunt montes et descendunt campi, qui idem sunt montibus, in locum quem fundasti eis. *Ps.* CIII.

Ad Cor. c. II.] *Tria c.* VII.

Sublimitatem.] *Recte V. quia textui respondet biblico.* Non in sublimitate sermonis, *vel per* sublimitatem sermonis, *ut habent Græca, et duo m. SS. Loraniensium. M. et C.* Subtilitatem.

Idem cap. III.] *Tria c.* XIV.

Idem cap. IX.] *Tria* XLI.

Ad Rom. cap. I.] *Tria c.* III.

I. Cor. cap. IX.] *Eadem cap.* XLI.

II. ad Cor. v.] *Item eadem c.* XV.

Urget nos.] Hæc monet nos *C.*

Ob hoc etiam.] *M. Id omittit, sicque habet* : Hinc est quod salivæ et salivaria et infantilia verba, etc.

Et virilia verba maio.] *C.* Prælatus enim, et virilia, et infantilia verba minoribus habere debet : *M. autem* : Ita prælatus minora minoribus. Jacob vidit angelos, etc. *Ad hæc refero marginem C.* Ne nimis subtilia et profunda dicant.

Hortensius]. *M. hujus non meminit in textu. De Hortensio agit Cicero in Bruto.*

Capitolio.] *C.* capitulo, *etiam admitto. Nam prælatorum est capitulariter hortari et monere sibi subditos.*

Divinis eloquiis admisceat.] *Margo C.* Ex imperitia et ostensione litterarum. *M. ibidem* : Experientia vel ostentatione.

Quærentes potius.] *Hoc, usque* : in templo, *omittit M.*

Super quod Samarit.] *Hæc usque*; cophinus, *omittit V.*

Quatuor verba ponit.] *M. variat hoc modo* : Tria dicit ad vitia exstirpanda (*et omittit ly* disperdas) duo ad virtutes inserendas. Evellas : per contritionem quam infundit mentibus auditorum. Destruas, per confessionem; dissipes, per satisfactionem; ædifices, prædicando; et plantes, consolando.

Quod fit per vitiorum.] *C.* quod fit per judicium, increpationem, confessionis auditionem, etc.

Sunt ergo prælati cophini.] *M. sic habet.* Et notandum quod confessor debet esse cophinus, in quo portentur et mundentur sordes civitatis Dei, sicut dicitur de Joseph : Manus ejus in cophino servierunt. Et debet apponere subdito suo confitenti; primo vinum compunctionis, et postea oleum dulcedinis et consolationis, **466** exemplo Samaritani, qui vinum et oleum infudit vulneribus sauciati. Debet etiam condolere suo confitenti, et promittere comportare onus injunctæ pœnitentiæ. (Ex B. Greg. *Pasto.* 2, p. c. 6). Et maxime ad tria debet confessor hortari confitentem suum, scilicet, ut occasionem peccati fugiat, etc. (Item *Mor.* 20, c. 8.)

Et ut negligentiam.] *C. et V.* Et ut habeat diligentiam pro peccatis satisfaciendi. *Sequitur autem* : Item super Esther c. I, *quod M. omittit. Reliqua hujus capitis, et M.* solo collegi.

Statim currendum est ad confessorem.] *Et hoc ad bene esse; non autem de novo peccat, qui differt confiteri usque ad primam occasionem. Interim securum est et laudabile post peccatum conteri cum proposito emendationis, et confessionis faciendæ prima data opportunitate.*

Satisfactionis incurritur.] *Correxi M. legebat enim* : Non incurritur.

Bien jujar.] *Forte secundum Hispanos,* Juzgar.

Totum officium prælati.] Ita finiunt *C. et V. ut M.*

addit : Scilicet bene judicare, prædicare, pœnitentiam injungere. Et Sciendum, etc., *quæ ad caput
sequens pertinent.*

CAPUT LXVI.

In summariis vel titulis trium exemplarium, varietas est. C. enim. De officio prælati tripartito. *V. autem* : Contra acceptionem personarum. *M. caput præsens a præcedenti non dividit, in margine tamen laterali hoc subnotat* : De acceptione personarum.
Priusquam aliquid hic subnotem, velim te monitum, Lector, me verbotenus, ut loquuntur, descripsisse exemplar *M. ab hoc capite* 66, *usque ad illa verba cap.* 80. Interjectionem, indignationem mentis exprimentem, etc., *et hoc causa evitandi laboris continui. Cum enim Marchianense m. S. ab aliis duobus maxime recedat, tum multimoda lectionis varietate, cum ordinis sententiarum dispositione præpostera; ita ægre admodum ad singulas periodos, vel sententias, cum duobus aliis exemplaribus conferri potuit, eoque minus ad notas communes revocari. Quæ vero ex M. descripsi immediate post notas nostras in caput operis ultimum reposui.*
Nunc prosequor subnotare ex C. et V.

Augustinus.] Loco Augustini *quidam possent dicere* Ambrosii *in c.* II, *ad Rom. sed verisimilius est falso tribui Ambrosio, etsi non constet Augustini esse sententiam.*
Puto propter religionem.] *C.* puta religionem et honestate vitæ. *In margine vero, ad illud,* honestate vitæ, *hæc subnotat* : Quam solam attendit Deus, scilicet meritum vitæ.
Est abjectio personæ.] *Margo C.* Abjectio honorificentiæ crimen est sicut et abusus ejus, qui dicitur abjectio personæ.
Sunt autem quædam mediæ.] *Idem C. ad marginem* : Propter quam istarum 467 acceptio personæ veniale peccatum est, vel criminale, et quando matis criminale, dubium est.
Aballiardo.] *V.* Abalardo.
Lenonis.] *C.* Leonis.
Jacobus c. II.] *Duo,* c. IV.
Intus ita judicat.] *C. in margine* : Quod videtur velle littera hæc : Nonne judicatis apud vosmetipsos, etc. *Etiam hæc ex Glossa in hunc locum Jacobi, verbis tamen diversis, colliguntur.*
Sed per conscientiam.] *Margo C.* Novit enim eum justum. *V.* Sed per scientiam.
Deut. c. 1.] *C. c.* II. *V. c.* 70 et 29. *Non erat, quia etiam c.* XVI, *versibus* 19 *et* 20 *item repetitur.*
Item Job XXXII] *C.* Job XXIII. *V.* 13.
In Ecclesiastico dicitur.] *Notatur in m. S. S. c.* XXII.
Judæ canonica.] *Duo, hoc est C. et V. c.* 3. *Olim in plura capita dissecabatur epistola B. Judæ apostoli.*
Mirantes personas.] *C. ad latus exponit* : Accipientes. *M. autem* laudantes.
Phinees zelo Dei.] *V.* Phinees telo Dei *male.*
Boamundus.] *Recte V. sicut ex Baronio patet t.* XII, *ad annum* 1100, *fol.* 12. *V.* Boimundus.
Mahometica.] *V.* Machometica. *C.* Macometica. *Ita antiquitus, uti etiam hodie Teutonici pronuntiant* nichil *pro* nihil.
1. Reg. cap. XIV.] *Duo* cap. XXV.
Jonathas contra decretum.] *Audi marginem C.* Hinc autem argumentatur, quod talis est convenientia et potestas populi, non dico contra, sed erga regem, et cleri contra prælatum et episcopum suum *M. in textu sic ait post hoc exemplum de Jonatha.* Et habes hic argumentum, quod princeps non debet aliquid facere sine consensu populi, nec etiam prælatus sine consilio cleri.
Item Exodi XXXII.] *V.* 125. *C.* 122.
Tanta æquitate.] *Textus B. Gregorii* : Tanta æqualitate.

Intra Ecclesiam vivere.] *Hoc unicum verbum,* vivere, *omittit C.*
Esse Dei negat.] *Ad hanc B. Gregorii expositionem ait margo C.* Terreat his verbis maxime prælatum.
Vitam carnalium.] *Idem margo* : Quasi nec propter carnalem affectum, nec propter aliam causam.
Item, Aman.] *V. notat* c. VII. Esther. *Hodie* v *est.*
Nec motus est de loco.] Sed quomodo non, *inquit margo C.* cum Apostolus potestates præcipiat honorari, iste autem secundus fuit a rege? *Ad Rom. cap.* XIII.
Joannis c. IV.] *Duo* c. XXXVIII.

468 CAPUT LXVII.

Procrustes.] *Latro insignis in Attica regione, de quo Plutarchus in Theseo.*
Summum jus summa.] *V.* Summum jus summa injuria est. *Ex Cicerone primo Offic.*
In remissione peccare.] *Hoc est, remissius agendo, aut cum mitigatione pœnæ debitæ.*
In omni opere.] *C.* in omni tempore.
Reputavit prudentiss.] *Ait Cato* :
Stultitiam simulare loco prudentia summa.
Parabolarum c. XV.] *Duo* c. XXXII.
De S. Malachia.] *Cujus vitam conscripsit mellifluus doctor S. Bernardus.*
De abbate Igniacensi.] *Nomine Humberto, de quo idem Sanctus Bernardus in ep.* 141, *et in sermone.* Vitam B. Humberti Igniac. *Gallice conscriptam vidi inter aliquot alias Ord. Cisterc. Sanctorum abbatum, editas a R. D. Joanne d'Assignies Camberonensi monacho hodie abbate Nizellensi meritissimo. De eodem Humberto Menologium Cisterc. die* 7 *Septemb. et alii, quos citat Chrysost. Henriquez in notis ad eumdem diem.*
Ter flevisse legitur.] *Nimirum* : *In suscitatione Lazari, Joan.* XI. *Super civitatem Luc.* XIX. *Et in oratione, uti colligitur ex c.* v, *ad Hebræos.*
Maxime cum omnes defectus.] *C. ad latus elucidationis gratia legit versus Juvenalis sat.* 9.
Deprendas animi tormenta latentis in ægro
Corpore, deprendas et gaudia, sumat utrumque
Inde habitum facies.
Sed nunquid potuit Deus bene risisse?.] *De hac quæstione videatur Joannes in Nider Formicario lib.* 1, *c.* 11.
Suspectus tibi habeatur.] Post rixam risus, simulationis est indicium. *Ita C. in ora laterali.*

CAPUT LXVIII.

Vivendique modis.] *C.* videndique modi.
Parit notam.] *Ita sane* : *Nam nimia familiaritas parit contemptum, raritas admirationem conciliat.*
Conveniunt Christiano.] *Ita legit textus S. Hier. ep. ad Eustochium de Custodia virginitatis quæ incipit* : Audi filia : *in fine c.* 12, *t. 1. C. sic habet .* Vel in veste laudem pariunt. Item Aug.
Item Aug.] *Aliquid simile habet t.* III, *l.* 1. *De doct. Christ. c.* 4.
Aut aliquid significet.] *Ait margo C.* Tali præcipitur, ut de omnibus aliquid degustet, ne suspectus sit.
Item idem.] *August. t.* VI, *l. De bono conjugali c.* 31.

469 Dummodo his.] *C. in margine* : Ne mos geratur, ne sæculo conformemur.
Mercearisque dicier. \ *Respicit ad versum Persii sat.* 1.
At pulchrum digito monstrari, et dicier: Hic est.
Sed conspici cupiunt.] *Addit margo C.* Ut clericus, vel laicus, et hujusmodi.
Sensum communem.] *C. dividit* : Sensum, communionem, humanitatem. *Senecam sumus secuti.*
Ita usitatas.] *M.* inusitatas *legit, sed contra originale et alia exemplaria.*

Non incompta.] *C.* non incomposita.
Non pœnam.] *Addit margo C.* Et sobrietatem ineptam.
Sed non agnoscant.] *Textus Senecæ :* Sed et agnoscant.
Quemadmodum argento.] *Sic originale,* 'nostra: *Quemadmodum fictilibus argento. Sed illud quemadmodum fictilibus adjecimus in fine sententiæ ex eodem originali.*

CAPUT LXIX.

Quæ familiarius.] *C.* Quæ familiaribus. *M.* Quæ magis proprie dicitur solitudo.
Aut commendat.] Exemplo, *ait Lypsius ad hæc.*
Aut imprimit.] Verbo.
Allinit.] Conversatione.
Inter homines fui.] *Margo C.* In turba. *Turba enim semper turbata est a nominis etymologia.*
Subducendus itaque.] *Idem Seneca infra in eadem epist. Variat sæpius M. in hac epistola Senecæ. Vide post notas nostras ad caput ultimum hujus operis.*
Tam magno comitatu.] *V.* cum magno comitatu. *At C.* cum magno conatu. *Observavi textum Senecæ.*
Unum exemplum.] *Ita M. cum Seneca. Duo :* Unde exemplum. *Sequitur :* Simplici animo, *Ly* animo *omittit Seneca.*
Si te eis conformes.] *Hæc absunt a textu Senecæ.*
Item Hieronymus.] *C. in latere :* In Vita S. Pauli, *scilicet eremit. Sed ibi non habetur.*
Jerem. c. xv.] *V. et C. c.* 62.
Amaritudine replesti.] *Ita interpretatio B. Hieronymi in ipsius commentario, et LXX Interpretes ; hodie tamen legitur :* Comminatione replesti me.

CAPUT LXX.

C. Pro titulo : De mala societate fugienda.
A convictu mores.] *Seneca :* Sumuntur a conversantibus mores. *l.* iii. *De ira c,* 8.
470 Colloquia mala.] *Versus Menandri poetæ. C.* corda prava.
Ecclesiasticus c. ix.] *C.* 31. *V.* 32.
Et philosophus.] *Seneca epist.* 19. *post Epicurum.*
Et Augustinus.] *Forte Greg. l.* ix, *epist.* 49. *vel synodi generalis, cui præsedit, c.* 2. *Item* 2. q. 7. Cum Pastoris.
Natura est cum bonis.] Id est voluntas, *inquit V. inter lineas.*
Qualis enim judex.] Rex velit honesta nemo non eadem velit. *Vel :*
Regis ad exemplum totus componitur orbis.
Eccles. c. xiii.] *V. et C. c.* 40.
Diligit simile.] *C. ad latus :* Cum sancto sanctus eris (*Psal.* xvii).
Maxime cavenda est.] *Quia perniciosa, teste Seneca ep.* 7.
Parabol. c. xiii.] *C. et V. c* 29
Describitur Scylla.] *Hæc habes apud B. Hier. t. I V. Proœmio in tertium Commentariorum in Jeremiam, et ep. ad Heliodorum De laude vitæ solitariæ t. I.*
Harpyiis similes.] *De Harpyia ave, Virg.* 3. *Æneidos et Cantiprat. l.* 1 *De apibus cap.* 25.
Res divitum.] *Margo C.* Status divitum.
Ranæ in penetralibus.] *Diserte in hunc locum B. Hieronymus :* In ranis, inquit, poetarum carmina designantur, qui a Catholica regula discrepantes regum terrenorum corda deceptionum fabulis replent.
Status potentum meticulosus.] *Margo C.* Res pauperum in luto est.
I. Reg. xiv.] *Duo* xxv.
I. Reg. xix.] *Alias* xxxii.

CAPUT LXXI.

V. Pro titulo legit : Contra carnales affectus.
Opera ex carnali.] *C. ad marginem :* Titulo de consanguinitate, et titulo de indignorum promotione.
Non præposuerit.] *Margo C.* Tempore et loco semper utiliora præponenda sunt minus utilibus.
Moderari debere.] *V.* Temperari debere.
Sed mugientibus.] *Perperam C.* Sed nec mugientibus. *Nam ex B. Gregorio convincitur loco in mar-*

A *gine citato. Ait enim :* Dant ab intimis mugitus, et tamen ab itinere non deflectunt gressus. *V. legit :* Sed mugientes : *male, quia peccat in casu.*
Præsertim in spiritualibus.] *C.* Præsertim non in spiritualibus.
Ob quam.] *Nempe uxorem. V.* Ob hoc.
Levit. xxi,] *C. Levit.* lxx. *V.* 71.
Ad vocem Salvatoris.] *C. ad latus :* Lazare veni foras. *Joan.* xi.
471 Reddamus parentibus] *Margo C.* Scilicet necessaria vitæ.
Hoc quo ad necessi.] *C.* Hoc quod ad necessitatem. *Similiter subsequitur.* Hoc quod ad cautelam, etc.
Ob hoc Benedictus.] *Vitam et miracula S. Patris nostri Benedicti conscripsit B. Greg., papa t.* I, *Dial. l.* ii.
Ægydius.] *Videto vitam apud Surium t. V. die* † *Septembr.*

B Ingressi sunt.] *V.* Ingressa sunt.
Judicum 9.] *V.* Judicum xv, *C.* Judic. xi.
Joathæ] *Duo* Jonathæ, *sed vitiose.*
Promoverant.] *Margo C.* Et parte factis Gedeonis.
Ubi ait Augustinus.] *T.* X, *serm.* 6 *De verbis Apostoli.*
A latere descendentes.] *C. in margine.* Scilicet nepotes nostros.
Tirocinii] *C. in margine :* Militiæ novæ. Sacramentum est genus militiæ. *Vide notas Erasmi in hunc locum.*
Non est nobis ferreum.] *C.* ibidem : Sicut nec tibi.
Non ex silico natos.] *C. et V.* non ex silice natus. *Juxta textum Hieronymianum restitui.*
Mammæ lallare.] *Duo eadem pro* lallare, *legunt :* Lac dare. *Similiter restitui. Ait autem Persius sat.* 3.

C Et similis regum pueris, pappare minutum
Poscis, et iratus mammæ lallare recusas?
Pappare idem est quod edere; unde puerorum cibum pappam *dicimus.*
Retundendus est mucrone.] *Sic legi in duobus, etsi textus B. Hieronymi pro* mucrone *legat* muro.
Alicui parentoso. *V.* Alicui parentum ipsius.
Item, exemplo templa.] *V. post ly* committi, *ait :* Sed nec templario licet habere famulum cognatum. Ad hoc etiam valet exemplum episcopi, etc. *Fusius de Templariis in textu C.*
Quando me in apicem.] *C.* Quoniam me in apicem.
Item IV Reg. iv Mitte] *C. post* promovistis *subjungit ;* item Reg. iii in fine ; et 10 et 16 in medio, Et III Reg. ix et 23 in medio. Item IV Regum LXIII. Mitte, Hic conveniunt *V. et C. Restitui caput secundum hodiernam biblicam lectionem :* IV Reg. iv, *alias* 63.

D Væ qui ædificant Sion in.] *Citatur Habacuc, qui tamen pro* Sion, habet civitatem *in textu. Michææ* iii. Sion in sanguinibus legitur.

CAPUT LXXII.

Solitudinem operis.] *Duo pro* operis *legebant temporis sed restitui ex antedictis. Nam in fine c.* 69, *ubi* solitudo *trifariam dividitur, sic legitur :* Solitudo loci, pectoris et operis.
472 Duo quippe sunt genera.] *Videto genera monachorum apud B. Hieronymum t. I. ep. ad Eustochium de custodia virg. c.* 15, *et post eum B. Patrem nostrum Benedictum Regulæ suæ c.* 1.
Secunda excelsior.] *Ly* excelsior *omittit V.*
Bonosus tuus.] *Male M.* Onesimus tuus.
Cedant huic veritati.] *Restitui ex textu Hieronymiano usque ad illa verba* contempta matre. *Nam hæc omittebant C. et V.*
Onesimus.] *C. fallitur.* Honestissimus *vro* Onesimus.

Censu factus.] *V.* censum dedit nomen suum. *Reliqua reticet.*

Membra deformi.] *Duo: membra deformia. Restitui ex Hier*

Nullo Euriporum austro.] *Impressa quædam Hieronymiana, non tamen Erasmi opera, legunt:* Nulla riparum amœnitate. *Vide Erasmi notas in hunc locum.*

Aut Dominum rogat.] *Impressa:* Cum Dominum rogat.

Ibi cibarios panes.] *Memini M. legere* cribrarios.
Secretum arboris.] *C. et V.* secretum aeris.
Ostendit.] *Tolerabile est. Impressa* ostendunt.
Querulas *sive garrulas, ut M.*
Ligna non emam.] *Impressa S. Hier.* Non coemam.

Calidus vigilabo. *Impressa* calidius.
Utilius non algebo.] *Impressa* vilius non, etc.
Item, Maximinus.] *Episcopus Trevirensis, de quo Usuardus in martyr.* 29 *Maii.* C. Item, Maximianus. *Margo C. Addit :* In Legenda omnium sanctorum. *Vitam habet Surius t.* III.

Unde Stilpon.] *Consule ep.* 10 *Senecæ, initio; primo tamen finem* 9 *percurras. V. et C.* Stilbon.
Ut vide quo judicium.] *C. variat hic;* et vide quod judicium tui habeo scilicet, audeo, etc. *Senecam observavi ep.* 10.
Abeat.] *V.incorrecte,* habeat. *Vide Senecam ep.* 10.
Iratum et furibundum.] *Hæc duo non habet textus Senecæ.*

Exponit.] *Senecæ textus,* expromit.
Te malim esse.] *Ex Seneca restitui ly* te, *quod omisisse oberat multum.*

Qui non aspectus tantum.] *Restitui ex eodem Seneca. Nam duo pro aspectus sic habent :* Qui non præsens tantum, quomodo quidam monent, *teste Lipsio, in suis libris legi; et ipse testatur omnes libros Senecæ habere :* Qui non actus tantum.
Semper tibi ostende.] *Ita Seneca C. pro* ostende, habet efficc.

Ægyptiaca.] *Hujus Mariæ Ægyptiacæ vitam conscripsit Sophronius Hierosolymitanus epis. teste Nicephoro l.* VII, *c.* 5, *et eam habet Surius t.* II, *die* 9 *Aprilis. Alteram vitam m. S. metro per Hildebertum Cenoman. episcopum conscriptam vidi in celeberrimo monast. Bonæ Spei Ord. Præmonstrat.*

Item c. XLIX.] *C. c.* 73, *V.* 63.

473 Asor. *Ait margo C.* Asor, sagitta *interpretatur. Mundus autem plenus est sagittis et laqueis, et ob hoc fugiendus.*

Martinus adhuc duodenis.] *Vide vitam ejusdem apud Surium t.* VI *per Severum Sulpicium editam.*
B. Germanus.] *Hujus vitam habes apud Surium t.* IV *(die* 31 *Julii).*

Remigius Remensis.] *Exstat vita per Hincmarum conscripta. Sur. t.* I *et* V. *M. addit post* Remigius, filius comitis Laudunensis.

Secundum temperantius.] *V.* Secundum temperatius, extremum et appetibilius.
Periculum primi.] *C.* Periculum populi *quod est in civitate. Primus, quod est in singularitate;* Væ soli, *etc. Clarius est quod in textu reposui ex* V.
Circumcisi paucitate.] *Ait C. ad latus :* Paucitas enim quasi media via eligenda est in perfectis.
Offendit et offenditur.] *C.* Ostendit et ostenditur.
Redundat in singulos.] *Dum fratribus suis, ea quæ foris. (In Reg. c.* LXVII) *viderit, refert; quia, ut ait S. Benedictus,* plurima destructio est.

CAPUT LXXIII.

Achan peccante.] *Duo* Achor.
Consentit.] *Forte distinguendum est inter majorem et minorem consensum, ait C. in margine.*
Deperit inde nihil.] *Hemistichium Ovidii De amoribus.*
Signum tantum.] In cantando. *Margo C.*
Per multitudinem.] *V.* pro multitudine.

Super II librum Regum.] *C. et V. vitiose legebant :* Super III librum Regum. *His similia vidi apud B. Aug. t.* III, *l.* 11. *De mirabilibus S. Scripturæ c.* 15. *Præterea citantur hæ sententiæ de pœnitent. dist.* 3. *Illud vero : Item* 1, *quæst.* 4. Ecclesia quæ.

Septuaginta millia.] *Non ,* Octoginta millia, *ut C.*
Heli pro iniquitate.] *Nihil immutavi, etsi hæc verba non sint Josephi, sed potius B. Hieronymi t.* II *adversus Jovinianum l.* I, *cap.* 20, *quæ etiam in Glossa ad* I *Reg. c.* II *recensentur.*
Severa animadversione.] *V.* Sæva animadversione.

Primo Reg. c. XXVIII.]*V.* c. XLV. *G.* c. XLVI. *Circa hæc attendendus est margo C.* Spiritum sanctum exstinguit, qui non libere *(puta metu pressus, vel alia causa indebita)* loquitur veritatem, vel celat.

474 CAPUT LXXIV.

V. Variat in summario : Quod pro facili occasione Sancti se reos dicunt alicujus peccati etiam gravissimi.

Se reum peccati consti.] *C. Hanc sententiam repetit in margine paucis immutatis :* Vir sanctus pro modica occasione se reum peccati constituit, quod manu, vel verbo expresso non impletur.

II Reg. XXIII.] *V.* II Reg. XLIX. *C.* II Reg. XXVI.
Super periculo.] *Quia exposuerunt vitam, ut aquam haurirent, et asportarent Davidi.*
Act. apost. c. XX.] *V.* c. XLVIII. *C.* c. LXIX.
Deut. c. XIX.] *V.* c. LXXXV. *C.* LXXXIV.
Ecclesiæ servaveris.] *V.* pro Ecclesiæ, *legit* persona.

Ruticulas et apodiationes.] *V. hæc omittit. Sic enim :* Facies murum tecti, etsi planum sit per circuitum. *M. pro* ruticulas, *habet* luticulas. *Forte* reticula *vel* retinacula. Apodiationes *seu fulcra sive* retinacula, *quibus inniti possunt, qui, post ambulationes in podio, conquiescere volunt, Gallice* des apuys.

Murum tecti, etsi planum.] *C.* Murum declivum, etsi planum sit. *Ad hæc ait margo C. Cur igitur ædificantur Ecclesiæ turritæ, et tam altæ?*
Sic et advocatus.] *Vide infra M. quia variat hic.*
Per apenninum.] *V.* per Apenninum. *C. per alpenninum. De Apenninis montibus scribit Plinius* lib. 12. *De Apennicolis vero Virg.* 11, *Æneidos :*

..... Apennicolæ bellator filius anni.

Item Job cap. IX.] *C.* c. XI, *V.* c. XL.
In Num. c. XXXII.] *C. et V.* c. LXVIII.
Item Exodi XXI.] *V.* Exod. LIII, *C.* LIV.
Robertus Ambianensis episcopus.] *Is videtur esse qui in Gallia Christiana Claudii Roberti recensetur quadragesimus anno* 1166.

Sanctus etiam Mauritius Andegavensis.] *C.* Maurilius Cenomanensis, sed male. *In catalogo Claudii Roberti est trigesimus, et vocatur* Mauriolus. *Usuardus in Martyrol. die* 15. *Septembris vocat* Maurilionem. *Exstat vita apud Vincentium Bellovac. l.* XXI *Speculi historialis c.* CXXVI *per Fortunatum episc. Pictaviensem conscripta.*

Ad baptizandum puerum.] *Ex vita ejusdem B. Maurilii colligitur loquendum, non de puero baptizando, sed confirmando. Vide t.* V. *Surii die* 13. *Septembris. Exemplum simile huic habetur in exemplari M. de quodam Cameracensi episcopo. Vide illud infra, post notas ad caput ultimum hujus operis.*

475 CAPUT LXXV.

C. Pro summario aut titulo habet : Contra superstitiosos, *male.*

Quod in se agitur.] *B. Augustinus in Ps.* CXVIII. *Conc.* 12. Quod in se ipso agitur, *Fallitur C.* Quod in se agitatur. *V.* posset tolerari : Quod in se agit.

Superficialia.] *Quasi ad apparentiam duntaxat. C.* supercilia, *abusus Amanuensis.*

Vel propter laudes.] *Glossa est interlinealis et or-*

dinaria inde. vi *Matthæi*, sed reor auctorem hæc
immediate hausisse ex Beato Augustino. tom. VIII. *In
psalm*. cxviii , *conc*. 12.

Judicium autem rerum.] *Solum* V. *addit* : Manifestatum. *Videatur hac de re doctrina B. Thomæ* 2, 2 *q*. 60, *a*. 4.

Dubia in meliorem partem.] *Solvit hæc clare idem, loco eodem*.

Ad Rom. xiv.] *Duo* 45.

Ad Gal. cap. vi.] V. c. xii. C. ad Ephes. c xii.

Proterve exagitando.] *Hæc desumpsit ex B. August. tom*. IV, *libro exposit. in hunc locum*.

Præscindendæ communionis.] *Textus B. Augustini , legit præcidendæ, sed varietas est nominis non rei, ideoque retinui eam, quæ in* m. S. S. *erat lectio. C. non* communionis, *sed* commonitionis, *vitiose*.

I ad Cor. c. iv.] V. c. xvi.

Item ad Rom. xiv.] *Duo* xlv.

Augustinus De civitate.] *C. ad latus, corrigit quod in textu habet , hoc modo* : Lege , Trinitate. *Sed nec in libris De Trinitate , nec De civitate hunc locum vidi, sed t*. IV, *l*. ii. *De serm. Domini in monte c*. 18, *per totum*.

Alienæ vel malitiæ.] *Glossa in illud II Cor*. i , v. 12. Et sinceritate Dei , *ait :* Alienæ malitiæ, *etc., omittit* Vel. *Considera Glossam hic*.

Lectum de cin.] *Hæc de re habes exemplum in exemplari M. infra post notas omnes*.

Sardanapali.] *Sardanapalus fuit postremus rex Assyriorum , vir muliere corruptior, inquit Justinus l*. 1. *Unde emanavit proverbium :* Sardanapalo mollior. *Hoc proverbio utitur Tertullianus t*. 1 , *libro De pallio c*. iv, *n*. 79.

Unctum Domini.] Sacerdotem scilicet. *Ita censet M. vel certe episcopum*.

Jacobi c. iv.] V. *et* C. c. 9.

Ecclesiasticus c. xi.] *Eadem cap*. xxxvi.

476 CAPUT LXXVI.

V. *Pro titulo legit :* De rumorosis et rumusculosis. II ad Thess. iii.] V. *et* C. II ad Thess. v.

Et obsecramus.] C. Et objurgamus.

Et rumusculis.] *Hoc redolet Glossam interl. in hunc locum. Sic enim :* Non rumorosi.

Et Quintus Curtius.] *Exemplaria sic habent in textu. At C. ad marginem corrigit sic :* Lege, Mutius. *De hoc Cicero in Verrem*.

Fama malum.] *Versus Virg*. 4 *Æneidos per modum parenthesis sublegendi*.

Et proferens illoto.] C. illico.

Tales bibulas.] *Ex B. Bernardo De consideratione ad Eugenium papam*.

Debeat esse certa.] Non tamen in judicio, *ait margo C*.

Recula ipsius.] Recula *diminutivum a re. C. legit* Regula.

Socrates præcepit.] *Hoc Socratis præceptum observavit Aristoteles , prout supra ostenditur c*. 5 *in fine, et in notis*.

Et Eccli. c. xxxii.] C. e. 85 V. 86.

Manifestat.] Id est solvere volaerit, *inquit C. in margine. Plura invenies hac de re capite* 5 *hujus operis*.

Item Eccli. xxix] C. 65.

In Parab. c. iv.] C. c. 14.

Dissimile erit.] Id est difficile. *Ita C ad latus*.

Verba inenarrabilia.] *Margo C. vitiose corrigit :* enarrabilia. *Nam textus biblicus contradicit*.

Summa ergo summarum.] Isne *Seneca ep*. 40 *in fine*.

Et philosophus.] Quis ille philosophus ? Isne Seneca ? *Nondum in eo hanc sententiam legi. Interea primarium hujus sententiæ auctorem dicam esse Plautum in Mostellaria actu* 1, *scena* 1 *initio*.

Nec liberare metus.] *Duo posteriora hemistichia , quæ sunt Statii Thebaidos lib*. xi *omittit C. V. pro* liberare *habet* librare. *Hic impressa sequor*.

Imperator Augustus.] *Præter hoc exemplum , adhuc aliud habet exemplar M. Vide illud infra post notas*.

CAPUT LXXVII.

V. *Caret titulo , neque intercapedine hoc caput dividit a præcedente*.

Comitatur inconstantia.] C. communicatur.

Eccli. c. xxxiii.] C. lxxxvi V. 87.

Mulierum est inconst.] *Glossa interlin. in hunc loc*.

477 Tremulum caput.] *De signo in Cain posito diximus supra in c*. ii.

Et Isa. iii.] V. *et* C. Isa. viii.

Et Parab. c. iv.] V. c. 13, C. 14.

CAPUT LXXVIII.

C. *Paucis titulum perficit :* Contra peregrina judicia.

Ariolos sciscitetur.] C. *ad latus ait* : Lege suscitet vel suscitetur. *Quid hoc est ? Ergone fallitur sacræ Scripturæ textus ?*

Per gladium vel prælium.] *Utique placebat*. V. Vel pelvim.

Vel incarminatoris.] C. *hic* Carminatoris, *infra autem* Incarminationes. *Gallice* charmes.

Sed quomodo intelligam.] *Hæc restitui ex Bibliis sacris. Alioquin duo :* Sed quomodo intelligam per illum esse locutum Dominum ? Hoc habebis signum : sic quod prophetia ille prædixerit, non evenerit, et hoc Dominus locutus est. (V. *et hoc* Dominus est non locutus) *sed per tumorem animi prophetia* confinxerit, etc.

Sed peregrina judicia.] *Margo C*. Sicut Ecclesiastica sacramenta faciunt.

Istis enim.] V. Illic enim.

Si autem evenerit.] *Idem margo :* Procuratione diaboli, permissione Dei.

Item c. xvii.] V. c. 86. C. 76.

Glossa : Non nisi.] C. Qui interficietur gladio. Non nisi, etc. *Amanuensis, gladio pro* Glossa *scripsit. Sic enim Glossa ordin. Attestationes scilicet legis* prophetarum, et Evangelii, *secundum illud* Joan. xi. Sermo quem locutus sum, ille judicabit eum in novissimo die.

Ad Hebræos vi.] *Duo* 9.

Scriptura memoret.] *Num. c*: v. Hoc quoque caput *citatur Causa* 2. q 4. Consuluisti.

Propter numiam ταπείνωσιν Propter hanc eamdem causam, *inquit margo* V. prohibitum est in capitulo generali apud Cistercium, non haberi Decreta Gratiani in claustris nostris; quia quidam simpliciores abbates abutebantur eorum auctoritate ad furta monasterii investiganda. *Percurre textum M. hoc loco, quia multa exempla recenset*.

Igitur nec in eo quodminus.] Similiter propter incertitudinem peregrini judicii, *ait C. ad latus*.

Privilegia paucorum.]. *Regula Juris* 74 *in Sexto s'c habet* : Quod alicui gratiose conceditur, trahi non debet ab aliis in exemplum. Sive : In argumentum trahi nequeunt, quæ propter necessitatem aliquando sunt concessa. *Regula* 78. *in Sexto. et* 2. q. 2. *Non statim*.

478 In his judicatur circa.] *Ait C. in margine :* Ut clam reum respuant, vel innocentem admittant.

Effectum suum consequantur.] *Idem ibidem inquit :* Quod tamen quia plures eo salvi fiebant , quidam malitiosi in judicium ignis transtulerunt, quo magis perierunt.

Quam miraculis.] *Cur hoc ? Quia* miracula quotidiana, ex assiduitate vilescunt, *inquit B. Gregorius hom*. 26 *in Evang. sub finem. Præterea*, ait idem, corporalia illa miracula ostendunt aliquando sanctitatem, non faciunt. Hæc vero spiritalia, quæ aguntur in mente, virtutem vitæ non ostendunt, sed faciunt. Illa habere et mali possunt; istis autem perfrui, nisi boni non possunt. *Hom*. 29. *in medio*.

Quæ sunt ad salutem.] Non dico appendicia, *ait C. ad latus*, ut gratia prædicandi , et hujusmodi.

Inventi a Salomone.] *Liber est in decreto Gelasii papæ damnatus dist*. 15. *Capit*. Sancta Romana Ecclesia , de quo *Sixtus Senensis lib*. ii *Bibliothecæ sanctæ verbo* Salomon, *sic habet* · Recensetur etiam in Decreto Gelasii Pont. inter damnata scripta liber quidam falsissime Salomoni ascriptus, qui Clavicula Salomonis praenotatur. *Latius de his exorcismis Michael Glycas parte.* II *Annal., pag.* 255.

Sed auctor ignoratur.] Nisi forsan diabolus sit, *inquit margo C. Accipe ea quae in oris V. hoc loco deprehendi.* S. Gengulfus (16) de Burgundia oriundus, regi Pipino percharus erat. A quo, dum aliquando rediens transiret per Campaniam, devenit ad quemdam fontem. Super quem dum sumeret jentaculum, supervenit dominus illius praedioli; quem invitans ad prandium, rogavit eum ut fontem illi venderet. Qui cogitans intra se, coepit cum irridere, reputans posse sibi cedere utrumque, scilicet et pretium et fontem : et vendidit eum centum solidis. Igitur Gengulfus, dato pretio et ascensis equis, rediit, et uxori ejus, quae illo absente adulteraverat, narravit quae egerat. Illa, ut erat superba et petulans, irrisit eum quod sua tam leviter perderet emendo inutilia. Post haec sanctus Gengulfus loca domui suae contigua circuiens, baculum infixit solo, quem tenebat, eoque relicto rediit. Crastina die, cum mane surrexisset, et aquam ad abluendas manus et faciem posceret, defuit; et jussit uni ex ministris, ut iret ad locum baculo signatum, et baculum abstraheret, et aquam quae sequeretur, afferret. Mox baculo abstracto, fons ille, quem in Campania emerat, ibi exortus est, et ita avarus venditor privatus est fonte suo. Est autem coloris subalbidi, et usque hodie dicitur sanare languentes per merita B. Gengulfi. Uxor autem sancti amabat quemdam clericum. Cujus flagitii rumor cum pervenisset ad sanctum, duxit ad praedictum fontem uxorem tanquam gratia spatiandi, cui et ait : Multa, inquit, turpia audio de te, sed levem purgationem tibi offero. Ecce hic est fons frigidissimus : immitte manum tuam, et affer capillum de fundo. Si nihil patieris mali, inculpabilis es. Mox illa, ut capillum tangens, manum ad se retraxit, quidquid unda tetigerat cute nudatum est, tanquam si in ignem manum misisset, ita ut in summitate digitorum penderet caro cum cute abstracta. Tunc sanctus : Digna quidem morte fueras, sed meis manibus non morieris, judicio Dei te reservo; si tamen poenitentiam egeris, indulgentiam consequeris. Hoc autem scias, quod in meo ulterius consortio non eris. Dimitto autem tibi quidquid in dotem dederam, ut habeas unde vivas. Tunc abiit sanctus Gengulfus in praedia sua longe posita in Avallensi territorio. Illa autem timens ne se et amicum suum interficeret, locuta est clerico. Qui veniens in domum in qua sanctus dormiebat, gladium extraxit, qui erat ad caput ejus. Interim excitatus sanctus, surgit, et dum ictum capitis declinaret, incidit in cuspidem gladii, et lethaliter vulneratus est in femore. Clericus autem fugit ad amicam suam. Et postquam simul plauserant de hoc quod acciderat, quia videlicet sanctus post paucos dies obierat, clericus ventrem purgaturus, viscera sua omnia effudit in latrinam, et ita periit. Interea sanctus portatur ad sepulcrum, et inter eundum multa miracula facit. Quod cum una ex ancillis narraret uxori ejus, illa insaniens respondit : Sic operatur virtutes Gengulfus quomodo anus meus. Quo dicto, statim a parte abstrusa corporis obscenus sonus prodiit. Erat autem sexta feria. Talique postea subjacuit opprobrio, ut per omne tempus vitae suae quot eo die protulit verba, tot ab illa parte corporis prodirent probra. Hujus rei fama adeo divulgata est, ut rex Pipinus ipsa illa loca transiens mitteret nuntios ad inquirendam rei veritatem, et invenit ita esse. *Haec ibi, at in margine C. longe succinctius recitantur hoc modo :* Notandum, quia Gangulfus dux, ut probaret an uxor sua moechata esset, ait ei : Si sine exustione extraxeris lapidem de fundo hujus fontis, innocens es. Quae mittens manum in fontem aquae frigidae, extrahit lapidem, et combusta est manus ejus lapide. *Videantur plura in Vita ejusdem B. Gangulphi t.* III *Surii die* 11 *Maii.*

Causam constituit.] *C. ad latus corrigit textum sic, pro constituit, lege innotuit.*

Est et alia aperta.] Publica et manifesta, *inquit B. Aug. t.* VIII *in exposit. hujus Ps.* LXVIII.

Mammotrecti.] *Sic duo exemplaria, tertium* mammotrepti, *Graece* Μαμμόθρεπτοι, *id est diu sugentes, vel a nutrice educati : qua voce utitur B. Aug. concione* 2. *in Ps.* XXX. *Est Dictionarium biblicum voces obscuriores explicans Metis excusum quod vocatur Mammotrectus, eo quod rudibus in Latina lingua veluti mammam sugendam quidam ordinis Minorum exhibuit (anno* 1509). *Nomen videtur esse Teutonicae originis, qua lingua* trecken *significat* trahere, *quasi dicas, qui mammam trahit vel sugit.*

480 Justis sub Novo Testam. C. Juratis sub Novo, etc.

Quomodo igitur forma exsecrabilis incarminationis ferri etc.] *Non in exemplaria, exsecrationis ferri, ut C. In Capitularibus Caroli Magni et Ludovici Pii exstat edictum de usu aquae ferventis l.* IV *c.* 15. *Sed in additione quarta cap.* 81. *interdicitur usus aquae frigidae his verbis :* Ut examen aquae frigidae, quod hactenus faciebant, a missis omnibus (id est legatis) interdicatur ne ulterius fiat. *Edidit hoc Capitula Petrus Pythaeus, et Glossarium adjecit in quo ponitur exorcismus aquae ad judicium Dei demonstrandum. Deinde Missa integra de eademre, quae vocatur, Missa judicii. Tertio tres adjurationes aquae, quarto totidem adjurationes ferri. Quae omnia desumpsit ex ordine Dunstani Dorobernensis archiepiscopi. Atque haec sunt quae toto hoc capite consulat Petrus Cantor.*

In ferventis olei.] *Prochorus in vita S. Joannis Evang. Item Tertullianus lib. de Praescriptionibus adversus haereticos, n.* 215.

B. Marcello Parisiensi.] *Episcopo, ordine, nono. Ejus vita exstat per Fortunatum tom.* VI. *Surii die* 1 *Novembris. Nota haec gesta B. Marcelli contigisse antequam episcopus esset, ut liquet ex M. Quod vide post notas, et invenies exempla alia, quae V. et C. tacent.*

De calore ignis.] *Ly* ignis, *ex M. addidi.*

Et novem pondera.] *M. Sed* novem, *etc.*

Tui peccatoris.] *V. inter lineas :* id est, o tu peccator.

Papa Eugenio.] *Addit M.* Praesentibus cardinalibus, archiepiscopis, episcopis, etc. *Eugenius est tertius ad quem beatus Bernardus misit libros De consideratione.*

Quidam Manichaeus.] *Addit M. de* Steila Britto, *forte ex Britannia. Vide post omnes notas inter aliquot capita variantia M.*

Ejusdem civitatis.] *Remensis nempe, n.* 49, *alius* 50.

Benedictionem aquae.] *V.* maledictionem aquae *Vitiose ut ex proxime sequentibus liquet.*

A convicto.] *V etiam male :* a conjuncto.

Catharis deliberandi.] *Cathari haeretici sunt Novatum sectantes, unde et Novatiani dicti sunt. Ait B. Hieronymus t.* V, *in c.* XIV *Oseae :* De haereticis facilis intelligentia est, quod vocentur Samaria, eo quod Dei praecepta servare se jactent; non quod custodes sint legis ejus, sed quod hoc esse se dicant, in similitudinem schismatis Novatianorum, qui et ipsi καθαρούς, id est mundos se vocant, cum sint omnium immundissimi, negantes poenitentiam, etc. *Ipse quoque B. Augustinus eos describens his fere verbis utitur :* Cathari, inquit, qui seipsos isto nomine, quasi propter munditiam, superbissime atque odiosissime nominant, secundas nuptias non admittunt, poenitentiam denegant, Novatum sectantis haereticum, unde et Novatiani appellantur. *Haec ille tom.* VI *de haeresibus ad Quodvultdeum. haeresi* 38. *Plura de Catharis haereticis in Gabriele Prateolo,* Cathari, *alia*

---

(16) Surius tom. III Gangulphum vocat.

481 *nomine Patarei, et Patareni damnati sunt in concil.*|*Lateranens. sub Alex.* III, *cap.* 27.

Sacerdotum de semine Chanaan.] Susannam interficere volentium. *Margo C. ex Dan.* XIII.

Ad Hebræ., c. XI.] *V. et C.* c. XVIII.

Quandoque occulta victoria.] Occultâ victoriâ ad animam, manifesta ad corpus pertinet. *B. Augustinus in Psal.* LXVIII. Intende animæ meæ et libera eam.

Alius confessus est.] *Itaque editaus ille Compendiensis,* de Compiennç perperam adustus est, *veritate rei comperta per confessionem ipsius furis et rei. Clarius hæc exempla recitat M. infra post notas.*

Familiari Catharis.]*V. hic legit* Cantharis, *sed non bene, ut patet ex sequentibus, ubi de Catharorum hæresi mentio fit.*

In dubiis ergo tenenda.] *Senecæ sententia, de quatuor virt., c.* 1.

Cujus auctoritate fit.] *Quia qui facit per alium, est perinde ac sic faciat, per se ipsum. Regula juris* 72, in 6.

Ait Isidorus.] *Forte B. Gregorius, ut ex l.* III. *Moral. et ex Glossa in II Reg. c.* XX, *conjicio.*

Il Cor. IV.] *V. et C.* XI.

Vita autem operatur.] *Illa scilicet, qua delectamini in terrenis, operatur in nobis mortem æternam.* I Cor. c. XII.] *C. et V.* c. 60.

Similitudo exposcat.] *Sana lectio, ut habetur causa* 2, *q.* 8. Quisquis. *Non ergo* : Similitudo exspectet, *ut C.*

Isaias, XLIV.] *C. et V.* CXXIX.

Occasionem effundendi sang.] O quanto magis peccant qui arma talibus locant! *Ut sanguinem injuste scilicet effundant. Margo C. Legitur causa* 14, *q.* 1. Qui in malo patrocinium dat malis, socius est criminis. *Tum vero quis consentit aut patrocinium dat, quando factis malorum consortium approbationis adjungit.*

Juxta illud : Multitudo.] *Hoc omittit C. usque ergo. Hoc proverbium sic efferri solet.* Multitudo errantium, non facit errori patrocinium.

Per violentiam in cuppam.] *C. Vel si coactus per violentiam in curam,* eritve, *etc. Recte legit V. Est autem hic* cuppa *sive* cupa, dolium, *quo utuntur nauiæ ad naves, quæ reficiendæ sunt, sustinendas. Unde Lucanus l.* IV, *De bello Pharsalico :*

Namque ratem vacuæ sustentant undique cuppæ.

Quo retenio.]·*C. quo retinente.*

Committetur.] *C. Vel committetur. Ly* Vel *expunxi, qui visum est supervacaneum.*

Callosa est manus.] *Hoc est indurata exercitio continuo, Unde in officinis ferrariis* **482** *visuntur fabri callosis pedum plantis, pene cadens ferrum percurrere, sine pedum offensa aut ustione.*

Hæc peregrina judicia ferri candentis et aquæ inhibita esse in Ecclesia, patet ex causa 2, *q.* 5. Consulvisti. *Et ex epistola Ivonis ad Hildebertum, quæ incipit :* Ivo Dei gratia Carnotensis Ecclesiæ minister, Hildeberto Cenomannensi episcopo, in tribulatione patientiam, in patientia tolerantiam. Ibi enim monet Hildebertum, ne probatione per ignem, quam rex ab eo exigebat, vellet ullo pacto suam probare innocentiam ; quod hoc esset in Ecclesia Dei per plures vetitum canones, et pontificum decreta. Vidi epistolam, quæ in m. ss. nostris notatur 14, in impressis 91. *Præterea S. Greg. papa* 1, *severe hæc prohibet in ad Brunechildem Francorum reginam l.* XI, *ep.* 8, *et citatur* 2, *q.* 5, *c.* Mennam. *Eadem prohibentur l.* V. *De purgatione vulgari, tribus capitibus, Cœlestini* III, *Innocentii* III *et Honorii* III.

CAPUT LXXIX.

In titulo et multitudinem *omittit C.*

Parientes.] *C. perhibentes. Non sapit.*

Et inobedientes.] *Hic multum variat C.* Constituentes inobedientes illis transgressores (*abest* nisi) in parcitate et in paucitate.

Divinis præceptis. Hæ.] *V.* divinis præceptis hæ, et evacuare, etc.

Scilicet silentium.] *V. solum admittit ly* scilicet. In atrocioribus.] *Lege* arctioribus, *ait margo C. sed Melius quod in textu observavi, uti ex M. patet. Ait enim. De atrocioribus et enormibus peccatis.*

Si dextera tua.] *Per dextram vitam intellige contemplativam ; per sinistram, activam.*

Redi ad activam.] *Quomodo hoc ? An licet Mariam deserere, ut Marthæ adhæreamus ? Audi. Duplex est contemplativa. Una superior, quæ simplex est et sincera, qua rapitur quis in Deum eique colloquitur, aut choris cœlitum interest mente. Altera priori inferior est, quæ contemplativorum activa dici potest, qua quis honestis exercitiis incumbit, ne mentis aciem continuo intentam contemplationi, offendat. Exercitia hæc varia sunt. Lectioni sacræ intendere, libros conscribere, aut verbotenus describere, ad utilitatem proximi. Ait enim B. Hieronymus, ep. ad Rusticum. Nihil* Christiano : Scribantur libri, ut et manus operetur cibum et animus lectione saturetur.

Et ibidem vitandi otii ergo. Texantur et lina capiendis piscibus. *Item.* Ama scientiam Scripturarum, et carnis vitia non amabis. *Plura hac de re habentur in Glossa ad illud Matth.* v. Si dextera tua, etc. *Et in exemplari M. illud vide post omnes notas.*

Conjugatis est in remedium.] *V.* conjugati, *M. clarius. Prior est ad amplum præmium, secunda est ad compensandum remedium. Similiter duplex* **483** *est activa :* Prælatorum dignior ad meritum, conjugatorum indignior infirmitatis remedium, etc. *lectu dignissima, et quæ ad horum pleniorem intellectum maxime conducunt.*

Abbati evangelico.] Id est Christo, *inquit V.*

Mellifliui facti.] *Ex officio Nativit. Domini.*

Quid faceret.] *C. quid faciat.*

Christiana sepultura.] Monachi forte darent tali sepulturam. *Ita C. in laterali ora.*

Velando capite.] *C. Velando corpore. Quantus hodie puellarum tum nobilium , cum divitum luxus. Non modo non velant sincipu, sed quod detestabilius est, tumentes mammas denudant, adolescentibus et procis suis hamum æternæ damnationis expandentes. Jamque liceret inclamare cum Boetio et quidem gemebunde :*

Heu quam præcipiti mersa profundo
Mens habet, et propria luce relicta
Tendit in æternas ire tenebras.

Contra hanc pectoris puellarum nuditatem, non ita pridem in Belgium nostrum introductam et receptam, acriter et docte, et, ut spero non infructuose, invehit quidam castissimus juxta ac doctissimus metropol. Camerac. Ecclesiæ canonicus. Videantur ejus libelli Gallice impressi: Le couvre-chef féminin : *Item :* Le chancre, ou couvre-sein féminin.

Cum dicat auctoritas.] *Auctoritas intelligitur ut supra indeterminate pro veteribus auctoribus. Id autem, quod hic citatur, petendum est ex actis conc. Lateran. sub Alex.* III, *quæ hactenus non exstant.*

Ut Evangelium observ.] *C. male :* Ne Evangelium, *etc.*

Decretum Gregorii.] *Gregorii VII cujus libri* XI *Epistolarum habentur in tomo* III *concil. Talia jejunia non esse generaliter constituenda ut fecerant Galliæ episcopi egregie docet Gerardus I. Camerac. episc., ut videre est ex chronico Camerac. Balderici Noviomensis et Tornac. episcopi l,* III, *c.* 52.

De revocandis decimis.] *Hac de re est specialis titulus in Append. ad conc. Lateran. sub Alex.* III, *parte* V *et de observandis decimis iisdem part.* XIII.

Innitentium.] *C.* munientium.

Laicis.] Dicentibus, *ait margo C.* Ducam hanc et ditabor, quia relinquam eam cum voluero, quia est mihi in tertio genere affinitatis.

Protrahentes advocati.] *De advocatis abunde dictum est supra c.* 51.

Dum moliuntur.] *Non molliuntur, ut V. Verba sunt Terentii :* Et nosti mores mulierum, dum moliuntur, dum comuntur, annus est. *In Heautontim.*

Actu II, scena II, *in fine ubi etiam antiqua exemplaria legunt molliuntur.*

Comes Theobaldus.] *Forte ille Campaniae comes, de quo Caesarius exempl. memorab. lib.* VIII, *c.* 31 *et Cantipratanus l.* II. *Boni universalis de apibus, c.* 25, *num.* 14 *et* 15.

484 Ut autem planior] V. ut autem amplior.

Grandi Montensium.] *Ordo Grandi-Montensis in Lemovicensi dioecesi apud Gallos, institutus est circa annum Domini* 1080 *militatque sub regula S. Patris nostri Benedicti. Agit de eo Jacobus a Vitriaco in Historia occidentali, c.* 19.

De non confitendo.] *Haec, usque peccante aberant in C. Merito autem tales traditiones et constitutiones reprehendit auctor, quia sunt causa, quod peccata omnia in confessione non aperiantur.*

A barbato misso.] V. *A barbaro,* etc. *Fu jus haec vide in M. post notas.*

Et Hieronymus.] *Consule commentarium in Psal.* CXLVI, *tom.* VII. *Item in Ep. ad Ephesios*, c. v, om. VI.

† Et psalmo cantici.] *Psalmorum et canticorum inter se comparatio fit in homilia* 1 *in Cantica cantic. tom.* VIII. *B. Hieronymi post Origenem. Hoc autem interest inter psalmum et canticum, quod psalmus refertur ad manus, hoc est ad opera; canticum vero ad theoriam. Ait idem B. Hieronymus in Psal.* XCI *super illud :* In decachordo psalterio : Simpliciter dico : Quotiescunque levamus manus sine cogitationibus et disceptationibus, in decachordo psallimus Domino. In decachordo psalterio cum cithara. In cithara nostra, et corpus, et anima, et spiritus omnibus chordis composita sunt. *Plura hac de re videre est apud eumdem, tom.* VI *in Epistol. ad Ephesios, cap.* v *ad illud :* Loquentes vobismetipsis in psalmis, et hymnis et canticis spiritualibus.

Cum Nicolao.] *Habetur vita apud Surium tom.* VI, *die* 6 *Decemb.*

De centum libris.] *Librarum distinctiones, similiter et originem refert Budaeus, libris De asse et ejus partibus.*

Quare, etc., si.] *Ex M.* hunc locum restitui I Cor vi. Quare non magis fraudem patimini, etc. V. Quare etiam etsi licitum juretur. *Locum Apostoli non distinguebat, ideoque vitiose.*

Item : In alia.] *Subaudi* Ecclesia, *ut ante*.

Et hoc sacramentum.] *Nomen* Sacramenti *hic sumitur analogice pro juramento, sicut* 22, *q.* 5. *Parvuli qui. Attente considera textum M: hac de materia, infra post notas.*

Bursa emungi.] *Hoc idem patiuntur archidiaconi ab episcopis ; jam puniuntur sic instrumento suae offensionis. Ita C. in margine.*

Notitiam majorum praelatorum.] *C. fallitur :* Malorum praelatorum.

Secundum leges.] *Accusatio pastorum talis, non procedit ex charitate ideoque non debet admitti* 4, *q.* 4. *Nullus introducatur. Praeterea debet praecedere admonitio charitativa.* 2; *q.* 1. Si peccaverit, *et* 2, *q.* 7. Accusatio quoque.

Exemplum puerorum.] *M. suo loco hoc exemplum refert fusius.*

Praeter necessarias.]*Duo :* Praeter necessarissimas. II Cor. VIII.] *C. et V.* II Cor. XXII.

485 A vobis.] *C. a* nobis.

De recipiendis legatis.] *Id colligitur ex causa* 10, *q.* 3 *sub finem.*

In domo.] Scilicet *(inquit margo V)*. quae etiam longe quaerenda sunt contra illud poeticum :

Quodque domi non est, et habet vicinus, ematur.

Non dixit transmarinus, *non alterius regionis vel* villae, *sed* vicinus. *Quod tamen non de sumptuosis intelligendum est , sed de facilibus inventu. Unde apparet Carnotensem in nugis suis male reprehendere Cistercienses, eo quod carnes hospitibus non apponant, utentem adversus eos hoc versu poetico, cum isti in nemoribus et in desertis maneant ma-* ximeque luxuriae sit , ab eremicolis, sicut ab Aegyptiis, ollas carnium exigere. *Exodi* XVI.

Nota quod spoliatorem.] *Haec usque ad finem capitis solum V. legebat.*

CAPUT LXXX.

Absurde sonare.] V. Aspere sonare.

Mahometus.] *Id restitui , nam tria exemp.* Machometus ; *quis ille sit, omnes norunt.*

Non interponens super.] *Sicut ii, de quibus B. Hieronymus. Quidquid dixerint, inquit, hoc legem Dei putant, nec scire dignantur, quid prophetae, quid apostoli, senserint ; sed ad sensum suum incongrua aptant testimonia, quasi grande sit, et non vitiosissimum docendi genus, depravare sententias, et ad voluntatem suam Scripturam trahere repugnantem. Haec ille in ep. ad Paulinum, quae incipit :* Frater Ambrosius.

Viam mandatorum.] *C.* Viam mundi, *sed vitiose.*

Secretum Scripturae.] *Haec redolent expositionem S. Augustini in hunc locum.*

Caupones tui.]*Ex interpretatione LXX sive Graeca.*

Et sincera veritas.] *Restitui ex B. Hieronymo V. et* C. Et sincera voluntas.

Contenta.] *C.* contempta, *in margine. Interea dicam quod sentio. Si quod supra est, et sincera* voluntas, *attendatur, aliquo sensu posset tolerari* ly contempta, *scilicet* voluntas contempta *in S. Scriptura, quia in illa docemur propriam voluntatem relinquere. Non veni voluntatem meam facere, ait Dominus, sed ejus qui misit me. Joan.* VI.

Martinus videns.] *Illius vita per Severum Sulpitium conscripta habetur apud Surium tom.* VI *die* 11 *Novembr.*

Non sane et sincere.] *Ait M.* Ideoque perierunt filii Israel, quia os Domini, id est sacram Scripturam non interrogaverunt.

Nolunt implere opere.] *C.* Volunt implere. *Quanta varietas. Ait B. Gregorius :* Deus verbum veritatis facientibus tribuit, et non facientibus tollit. *Moral. l.* XI, *c.* 9.

486 Sanctis quippe.] *Imo et infidelibus in humana scientia peritis. Ex quibus unum refero Senecam. Ait ille ep.* 115 : Nimis anxium esse te circa verba et compositionem, mi Lucili, nolo : habeo majora quae cures. Plura petis? percurre ejusdem ep. 45.

Econtra philosopho.] V. Insolenter *hic variat. Ait :* Econtra philosophus, majori curae est integritas et compositio verborum, quam veritas sensuum. *Ubi, quaeso, hoc habet Seneca?*

Hujuscemodi hominibus] Recedentibus scilicet a superficie litterae evangelicae, *ait C. in margine.*

Apud Matth. c. v.] V. et C. cap. XXXII.

In me capite.] *Glossa est interlinealis in hunc locum. S. Hieronymus etiam videri potest tom.* VI *in Mat. haeum, quia ex eo non nonnulla desumpsit auctor noster.*

Maximus, non solvit.] *Hoc :* Non solvit, *abest in* V.

Etiam addita in Evangelio.] *C. in margine :* C. de non videnda muliere ad concupiscendam eam, de non irascendo fratri, et hujusmodi. *Matth.* v.

Interjectionem.] *M.* legebat *in texiu :* Interiorem indignationem, *sed correxit in margine, et recte. Nam glossa interlinealis sic habet :* Interjectio indignationem exprimens. *Hic denuo concordat M. cum duobus aliis exemplaribus usque ad finem operis, ergo in sequentibus trium inter se fiet collatio, uti supra ante cap.* 66. *De officio praelati tripartito, et contra acceptionem personarum.*

Specialia.] Spiritualia *C. et M.*

Et alia determinata.] *M.* et enervata processerit.

Usque ad furorem.] *Ita V. in textu :* C. in margine, *et revocat ad illud :* Fatue.

In Joanne, c. V.] Tria c. XLIII.

Unde Augustinus.] *Tom.* VI *contra Faustum l.* XVI, *cap.* 22 *et* 26. *Item tom.* X *De verbis Domini serm.* 46.

Cum etiam fides.] *M.* Tamen etiam fides ex quibusdam celiulis parvis locis, scilicet sacra Scriptura, et subobscuris fit elicita. In quarum, etc.

Ego et pater.] *Ad illud ego additur in marg. C.* Ecclesia vel cellula.

Augustinus : Vide.] *Solum M. legit* Augustinus, *qui tom.* IX, *tract.* 36, *in Evang. Joannis sic fatur.*

Non recedas.] *M. omisit* non. *Culpanda amanuensis negligentia.*

Quæ fides exigit.] Articulos fidei, *inquit margo. C.* Deberet exspectare.] *C.* Sapere. *V. omittit.*

Gastrimargiam.] *Tria* Castrimargiam.

Occasionem rapiendi.] *Ait C. in ora superiori.* Novem modis curritur cum fure, non restituendo, præcipiendo ut Dominus qui præcipit servis ut rapiant ; tacendo, consulendo, consentiendo, adulando, non indicando, recaptando ut abbas, communicando.

487 Ne alii faciant majora.] *C. et V.* Ne alii non faciant majora. *Quispiam, duobus punctis suppositis indicavit particulam negativam auferendam in V.*

II Cor. x.] *Tria* II. Cor. xxiii. *Videatur Glossa interlinealis in hunc locum.*

Et aspere vos.] *M.* Et aspergo vos.

Isaias, c. III.] *Tria* VII.

Auferam a vobis.] *Sive, ut habet textus :* Auferam a Jerusalem.

Afferunt stateras.] *Insipide C. auferunt.*

Parab., c. xx.] *C. et M.* c. XLI.

Romulidæ saturi.] *C. Satyri Versus Persii sat.* x :
Ecce inter pocula quærunt
Romulidæ saturi quid dia poemata narrent.
Omnibus dignitatibus. *M.* Omnibus ditionibus.

Se malle centies.] *C.* centesies.

Quod vispillo facit, fecerat et medicus ;] *Sic. V. et M. At C.* vispilio. *De qua voce Joan. Januensis in Dictionario quod inscripsit Catholicon :* Vispilio, vel vespilio, *raptor, latro, prædo, quasi vi spolians. Qua significatione hic uti videtur Petrus Cantor, quomodo tum forte usurpabatur. Alioquin legendum videtur vespillo; quam dictionem Nicolaus Perrottus a vespera deducit scribens in 3 epigramma Martialis his verbis : Vespillo vilis cadaverum funerator, qui vespertino tempore eos efferre solebat, qui funebri pompa duci, propter inopiam non poterant. Martialis :*
Qui fuerit medicus, nunc est vespillo Diaulus.
Ita Perrottus qui ejusdem dictonis meminit in Epigramma 59.
Chirurgus fuerat, nunc est vespillo Diaulus,
Cœpit quod poterat Clinicus esse modo.
Quam scriptionem et significationem sequitur Ambrosius Calepinus, et Adrianus Junius in suo nomenclatore.

Isaias, c. v.] *Tria* cap. xv.

Sequamur mendacium.] *M.* Sequamur falsitatem. Vel minus bonum, majus bonum.] *Hoc, majus bonum, abest in M.*

Et digniori.] *V. et C. id omittunt.*

Deut., c. xxxi.] *Tria* cap. cxliii. et c. XII.

Et Act. apost., c. III.] *M. et C.* cap. 6. *V.* c. 12.

Ezechielis c. xxxiii.] *Tria* cap. CLIV. *Prophetia Ezechielis, ut in m. ss. notatum est, habet versus* 3340.

Parab., c. xxx.] *Tria* LVI.

Ad Galatas.] *Notavi c.* I. *ad illa verba :* Sed licet nos, ut angelus de cœlo evangelizet vobis, etc.

Ecclesiastes, c. XII.] *Tria* xxxi, in fine.

488 CAPUT LXXXI.

In Proverbiis c. VI.] *Tria* cap. 16.

Idem, c. XII] *V. et C.* ca. xxvii. *M.* c. xxviii.

Idem, c. XII. Manus] *Tria* c. xxviii. *Ergo ante error in numero.*

Idem, c. XIII.] *Tria* xxix.

Idem, c. xv. Iter pigrorum.] *Miror unde subrepserit error in quibusdam Bibliis impressis, ut pro pigrorum legatur* impiorum, *quia versio S. Hieronymi, et* LXX, *cum Chaldaica paraphrasi concordier*

contradicunt. *Exemplaria tria habent* cap. xxxiii.

Idem, c. xviii.] *Tria* xxxvii.

A bono opere.] *Recte juxta Glossam interlinealem : C. autem :* ab omni opere.

Similis est.] *Glossa interlinealis. Textus biblicus :* Frater est, etc.

Pigredo immittit.] *Non* Pinguedo, *ut M. et C*

Esuriet voluptates.] *V. omittit* voluptates, *sed male. Glossa enim est interlinealis. Sed cur* voluptates esurire *dicitur ? Quia, ut ait Seneca :* Otiosus non sibi vivit, sed quod turpissimum est, ventri et somno, epist. 55

Item, cap. xx.] *Tria* c. xxxix.

Id est, Deo servire.] *Id solum M. habet.*

Item. c. xxi.] *V.* c. lxiii *C. et M.* cap. 42.

Desideria occidunt. *C. et M.* Desidia occidit pigrum.

Parab., c. xxiv.] *C. et M.* c. xlviii. *V.* xlvii.

Vel temulenti.] *Id abest in V.*

Idem, c. xxvi.] *V.* c. li. *C. et M.* l.

In Ecclesiaste, c. iv.] *Tria* cap. vii.

Fomentum.] *C.* fomitem.

Eccli., c. xxiii.] *V.* lxi. *C. et M.* xli.

Abundantia panis.] *Septuaginta sic habent :* Deliciarum luxuriæque opulentia, fuit origo peccati Sodomorum, *Vide B. Hier. in Ezech. c.* xvi.

Putandum.] *Deest in C.*

Nisi scilicet quantum.] *V.* Ubi scilicet quantum.

Et quoties dederis.] Manducare *subaudi, prout C. indicat in ore laterali.*

In non erogando.] *Ly* in *omittit C.*

Non tantum facientem.] *Placet hæc lectio. M.* Non enim facientem. *Obscure.*

Servorum itaque.] *Ait margo C.* Ut birriarum et et clavorum.

Dominus etiam promisit.] *Invitatorium est ad nocturnas horas Dominica prima Qudragesimæ.*

489 An galli cantu.] *C. ad latus :* Nocto soporo.

Conticinium.] *Has diei divisiones clare tradit Macrobius lib.* 1. *c.* 3, *similiter Honorius Augustodu. to.* XII (*Bibliot. Patrum folio mihi* 948).

In necessariis.] *Ad salutem, inquit margo, C.* Electa fortiter.] *M.* electiva.

Alienus.] *Id C. legit.* Optime.

Secundo dormitant.] *V.* dormiunt

Comminanti in Genesi.] *C.* comminanti interitum, *addit quoque in margine :* Eumque mendacem efficere conantur.

Cum is displicet.) *V. et C.* Cum his displicet.

Comes Palatinus.] *Non* Palatinus Rheni, *sed palatii comes,*

Aliquandiu tacui.] *M.* a malo diu tacui.

Isaias. c. LVI.] *Tria* LXVIII.

Genere humano.] *C. et V.* genere hominum. *M.* addebat post humano : hominum pigritia, sed quasi supervacaneum resecavi.

Per panem omne necessarium.] *Quia panis cum omni opsonio sapit.* Panis primus (ait Vidua Sareptana nuper a nobis primum publicata, lib. III. hom. 8, cap. I) panis medius, panis extremus cibus. Panis cum ferculis editur omnibus.

Sed in vestiendo.] *Unde margines M . et C.* Impiger extremos currit mercator ad Indos. *C. addit :* Per mare pauperiem fugiens.

Nota quod pro Impiger, *C. habet* institor. *Versus Horatii lib.* I; *epist.* I *ante medium.*

Scilicet et spiritualis.] *C.* Scilicet et naturalis. *Vitiose.*

Spiritualis in cogitatione.] *Unicum V. repetit,* Spiritualis : *et hoc sapide sententia mea, ut ita posterius a priori, ob planiorem intellectum, separetur.*

Corporalis multiplex.] *Non damno C.* Corporis multiplex.

Secundum sollicitudinem.] *Sic ait Glossa interlinealis :* Non labor et providentia damnatur, sed sollicitudo mentem suffocans. *Itaque recte restitui* secundum pro scilicet, quod *C. et V.* admittebant.

Labor gratiæ.| Gratiæ, *male.* omittit *M.*

Stratum meum rigabo.] *Post hæc addit V.* Item : Vide humilitatem meam et laborem meum, *Psal.* xxiv.

Consistit circa.] *C.* Consistit. *Seneca sic ait ep.* cxx, *initio* : Sed in una consistit.

Provisionem proximi.] *C.* promissionem proximi.

Canalii quam concha.] *Restitui locum. Tria enim carnalia, quod ex sequentibus in Y. colligere est vitium esse. Ait enim post illud* quam concha, id est alii refluens, quam sibi retinens.

Quoddam etiam laborare.] *V. et M.* Quodam etiam labore, ut invidere, etc.

490 Ipsum culpa est.] *C. etiam bene sic* : ipsa culpa est.

Verumtamen laborem naturæ.] *M.* Verumtamen bonum naturæ boni, ut sæpe, etc.

CAPUT LXXXII.

M. Non dividit hic caput, sed demum ad illa verba, quæ caput 83, inchoant : *Verum quantum recesserit.*

Et quomodo?] *Hæc interrogatio, non obstante capitis divisione, ad postrema verba præcedentis capitis referenda sunt. Quod nec absonum videri debet, quia et in sacris Bibliis, non semel idem reperitur.*

Citius et lautius.] *V.* Vanius et lautius.

Vastissimorum.] *Ita Seneca loco citato. C. et M.* Vastrorum.

CAPUT LXXXIII.

Usque ad plumas avium.] *Unde Horatius in epist.*

Moveat cornicula risum
Furtivis nudata coloribus.

Sub colore vestium.] *M. et C. citant in margine versum Juven. satyra* 6.

Quarum delicias pannus bombycinus urit.

Oculos nos intuentium.] *C.* Lumina nos intuentium, *De simili vestium superfluitate videatur Seneca epist.* 5 *B. Hieronymus ad Demetriadem De Virginitate c.* 10, *to.* 1, *quæ incipit* : Inter omnes materias. *Item ad Fabiolam t.* III *incipit* : Usque hodie. *Item idem* : Si vir vel mulier se ornaverit, et vultus hominum ad se provocaverit, etsi nullum inde sequatur damnum, judicium tamen patietur æternum ; quia venenum attulit si fuisset qui biberet.

Ergo dicite pontifices.] *Verba B. Bernardi in apologia ad Guillelmum abbatem, ante finem* : *Quæ videntur redolere Persium poetam, sat.* 2.

Ad usuram.] *C.* ad vendendum, quam pauperes. *M.* ad usuram quam pati ad imbrem. *Quanta dissonantia.*

Judaizando.] *Insipide C.* Judicando.

Cruorem immolatitium.] *Ita restitui. M.* Cruorem immolantium. *Non immolantium cruor dicitur, sed potius crudelitas. C.* Immolaticensium. *V.* Immolatitium.

Alii mattulis.] *Sic reor debere legi, eo quod videatur diminutivum a matta. Unde B. Benedictus in Regula c.* 55. Stramenta autem lectorum sufficiant, matta, sagum, lena et capitale. *C.* alii natulis. *Gallice* nattes : *hoc est, florea ex straminibus contexta. M.* alii maculis. *Forte hic maculæ pro quadris foraminibus retis, ut apud Varronem, l.* II.

491 Nuda in nemore.] *V.* Nuda in deserto.

Nimis grammatici.] *Ironice dictum. Aloquin C.* Minus grammatici.

Ut si transitio.] *C.* Transactio.

Redarguitur Tubalcain.] *Forte legendum Jubal, qui, ut dicitur Genesis* IV *fuit pater canentium cithara. Sed pro Tubalcain facit quod meminit malleorum. Ait quoque Glossa interl. in hunc locum* : Ipse fuit inventor, scilicet musicæ, quæ pertinet ad voluptatem aurium. Tubalcain vero fuit malleator : *unde ibidem Glossa* : Qui per opera, scilicet æris, incitavit concupiscentiam oculorum.

Peccatur enim in compositione. *Pudor est, inter Catholicos tot tamque varias vestium compositiones quotidie adinveniri. Ornatus iste non Domini est, ve-*

- **A lamen istud est Antichristi**, *inquit B. Hieronymus ad Furiam viduam. Cur hoc? Ideo quod puellæ in vestitu et ornatu corporis venena pudicitiæ propinent, adolescentes fomenta-libidinum incendant. Ilos abhorret poeta ep. ad Hippol.*

Sint procul a nobis juvenes ut femina compti :
illas detestantur viri sancti. Fuge lasciviam puellarum (*ait B. Hier. ad Demetriadem De virginitate servanda, c.* x) quæ ornant capita, crines a fronte dimittunt, cutem poliunt, utuntur pigmentis, astrictas habent manicas, vestimenta sine ruga, soccosque crispantes, ut sub nomine virginali vendibilius pereant. *B. Cyprianus libro De habitu virginum sic inquit* : Feminæ manus Deo inferunt, quando illud, quod ille formavit, reformare contendunt.

Habent syrmata.] Σύρμα *genus est vestis tragicorum, vel cauda, seu tractus vestis feminarum Marcell. apud Diosc. notat* σύρμα *accipi pro purgamento, et quasi eo quod scopis verritur.* Σύρματα, *juxta Arist.* stramina sunt.

Dariis et Byrrhiis.] *Videntur hæc esse nomina populorum.*

Milo Terwanensis.] *Seu Morinensis. Fuerunt autem duo ejusdem nominis. Primus consecratus est* xv *Kal. Martii* 1151, *mortuus* 1159. *Milo* II *successit patruo ex monacho S. Mariæ de Bostho [alias* Russiauville] *mortuus* 1169 xvIII *Kal. Octob. Ita in* m: ss. *catalogo episcoporum Morinensium. Consentit Claudius Robertus in catalogo episcoporum Bononiensium. Et fuit eo tempore usitatum proverbium : In Bernardo charitas ; in Norberto fides* [Vide Vitam *S. Norbert. paulo post initium apud Sur t.* III); *in Milone humilitas. Sed et religione et scientia insignis fuit teste Baron. anno* 1148. *Hæc de Milone* I *qui fuit ordinis Præmonstrat. ex abbate S. Jodoci creatus episcopus. De ejus scriptis nusquam legi. De eo Miræus in Chron. Præmonstrat. et in Fast. Belg. die* XII *Novembris. Item Raissius in Auctario SS. Belgii die* xvi *Julii* : *et latissime Joannes le Paige in Bibliotheca Præmonstrat. ordin. libro* II.

Pes tibi.] *C. et M.* Pes modo. *Ex Ovidio de arte.*

492 CAPUT LXXXIV.

Solum V. caput novum inchoat.

Pelliparii.] *Qui animalium pelles hominum usui parant. Gallice* : Pelletiers.

Non Dædalini.] *A Dædalo Atheniensi artificum suæ ætatis ingeniosissimo.*

Non sumptuosi.] *Id omittit M.*

Qui sellas et calcar.] *Ut quid hæc auri perditio? Non faciunt equum meliorem aurea frena, ait Senec.*

Detiorum.] *Gallicum est, quod Latine* alea.

Non dico schacorum.] *Polydorus horum meminit* : Est vel aliud ludi genus, quo calculis in tabula lusoria, id est fritillis et alveolis luditur, inventum olim circiter annum orbis conditi 3635 a quodam viro, nomine Xerxe. Et infra : Vocant hodie hosce calculos schacos a scandendo forsitan dictos, quod calculi, cum moventur, in alteram adversamque partem scandere videantur. *Hæc ille, De juvent. rerum l.* II, *c.* 13.

Et cum judici.] *Sæculari judici gladius necessarius est, ut malos plectat in exemplum aliorum. Non placet lectio V. et M.* Et cum judicii necessarius, etc.

Et pila.] *Pilum genus est teli apud Romanos. Unde Lucanus, lib.* I.

Signa pares aquilæ, et pila minantia pilis.

M. ita legit : Et pila duplicata loricam perforantia.
Si ætate nostri auctoris usus bombardorum fuisset, posset tolerari hæc lectio M. Ubi enim hoc instrumentum, præter morem, duplici oneratur pulveris quantitate aut copia, loricas facilius penetrat et perfodit.

Toxici.] *Toxicum, venenum est arbore, taxos dicta, proveniens.*

Ad Cor. c. IX.] *Tria ca.* XLII.

Ne quid minis.] *Terentius.*

Tibi, si habeas.] *Subaudi* Tibi reddit quod suum

est, si habeas etc. *M. tamen omittit tibi.*

Transitores Dothain.] *Ita C. At duo* Transitores Idithun. *Dothain locus est Gen.* XXXVII. *Ubi dicitur :* Eamus in Dothain. *Hebræus, id est transiens, sive transfluvialis.* Idithun *nomen est cantoris in titulis Psal.* XXXVIII, LXI, *et* LXXVI, *et interpretatur* lex ejus, *vel* legalis, *sive* laudem et confessionem dans.

CAPUT LXXXV.

Neque hic *C. et M. caput dividunt. Placet divisio, quia lectori gratior.*

Sicut. ait Gregorius.] *Et quid inquit ? edicam :* Nemo existimet in fluxu atque studio pretiosarum vestium peccatum deesse, quia si hoc culpa non esset, nullo.modo Joannem Dominus de vestimenti sui asperitate laudasset. Si **493** hoc culpa non esset, nequaquam Paulus apostolus per epistolam feminas a pretiosarum vestium appetitu compesceret, dicens : Non in veste pretiosa. Pensate ergo quæ culpa sit hoc etiam viros appetere, a quo curavit pastor Ecclesiæ et feminas prohibere. *Sic ille t.* II, *hom.* 6, *in Evangelia. Et ex apologia B. Bernardi hæc didici :* Mollia indumenta animi mollitiem indicant. Non tantum curaretur cultus corporis, nisi prius neglecta fuisset mens inculta virtutibus.

Vitio inconstantiæ.] *Quod per arundinem vento agitatam exprimitur. Ait iterum B. Gregorius ibidem :* Discamus, fratres charissimi, arundo vento agitata non esse : solidemus animum inter auras linguarum positum, stet inflexibilis status mentis. Nulla nos detractio, etc.

Religiosis uti splendidis.] Tu vero si monachus esse vis, *inquit B. Hier.* non video curam. Sordidæ vestes candidæ mentis indicia sint : vilis tunica contemptum sæculi probet ; ita duntaxat, ne animus tumeat, ne habitus sermoque dissentiant.

Sed ne quibusdam videatur hæc B. Hieronymi exhortatio dura observatu, alteram Senecæ mitiorem et favorabiliorem suggero 1. *Sic ille ep.* 5 *ad Lucilium :* Illud te admoneo, ne eorum more, qui non proficere, sed conspici cupiunt facias aliqua, quæ in habitu tuo aut genere vitæ notabilia sint. Asperum cultum, et intonsum caput, et negligentiorem barbam , et quidquid aliud ambitionem perversa via sequitur, devita. *Et ut brevior sim : infra ait :* Non splendeat toga, ne sordeat quidem. Videamus ne ista, per quæ admirationem parare volumus, ridicula et odiosa sint, etc.

Unde Bernardius.] *C.* Bernardus.

Chisimus ascendit.] *M.* Cisimus erupit.

Martrix et spolio non leviore bever.] *M.* Martrix et pretio non levitate bever.

His pellibus.] *C.* Sabelinis pellibus, et aliis.

Ut larvati.] *V. similes* capris per artificium : *ait C. et M. in laterali ora.*

Propter mollitiem effeminationem.] *M.* Propter mollem effeminationem. *Natura, ad necessitatem varias artes edocuit, de quibus Seneca edisserit, ep.* 90, *non autem ad abusum, aut mollitiem.*

Hanc ambitiosam.] *M. adjectivum convertit in substantivum hoc modo :* Hanc ambitionem, supellectilem, etc.

Odio persequeris.] *C.* Odio prosequaris.

CAPUT LXXXVI.

Et cibariorum.] *Non tamen damno M. et ciborum.*

Res in vitium.] *Ait Gallus eleg.* 1. Non res in vitium sed malefacta cadunt.

494 A simplicitate antiquorum.] *Sancti Anachoretæ neve cellulas audebant construere, ita argumentantes, quod quidquid victus necessitatem superabundat, ad carnis curam pertinet. Unde quidam dicebat se vidisse dæmonem cum collega suo malleum levantem, dum in superfluis reparandis malleo uteretur. Hoc exem.tum citatur in libro.* Vidua Streptana *dicto, nuper a nobis in lucem emisso, lib.* 1, *hom.* 1, *cap.* 10.

In casulis.] *Hoc est* parvis casis.

Tecta culmo.] *M.* Tecta in culmo.

Quidam etiam antiquorum.] *B. Hieronymus asserit B. Hilarionem cellulam habuisse latitudine quatuor pedum, altitudine quinque, hoc est statura sua humiliorem. Hanc cellulam, inquit, potius sepulcrum quam domum credidisses. De anachoretarum cavernis et corticibus sæpius mentio fit in libro Vitas Patrum.*

In illo mensulam.] Mensa tripes *ait Margo C. Item ibi :* Puri salis.

Ita esse sollicitos.] *B. Joannes Chrysost.. in fine homiliæ* 23 *in Matth. sic inquit :* Quid a pueris distamus ludentibus et domos fabricantibus, nos qui domos præclaras ædificamus : nisi quod nos cum pœna hoc agimus, illi cum gaudio?

Unde quidam.] *Solum V. addit :* Remensis clericus *in textu. C. in margine..*

Murorum.] *Solum M. id habet.*

Isaiæ, *c.* LXVI.] *Solum V. notat :* c. XCVIII.

Scilicet Megarenses.] *Non* Megalenses *ut C. videatur B. Hier. to.* I, *ep.* II *ad Ageruchiam viduam de monogamia, c.* 5 *sub finem.*

Paulus primus eremita.] *Colliguntur hæc ex vita ejusdem per B. Hieronymum conscripta.*

In hypogeo.] *Loco* subterraneo. Ὑπόγαιος, *et* ὑπογάδιος, *aut* ὑπόγαιος, subterraneus, *subditus.*

E regione.] *V. et C. sic inquiunt :* e regione de eo comederunt, *reliqua absunt.*

Dæmonibus in carcerem.] *M.* dæmonibus incarceremur.

Tunc habitare.] *C.* etiam habitare incipientium; *omittit* tunc.

Ne amittant.] *V.* admittant.

Omittunt.] *V.* justitiam Dei committunt. Si committunt *ergo contra* justitiam.

Pro divitiis grangiarum.] *Cæsarius per grangiam intelligit prædium sive villam. Grangiarius qui præest villæ.*

Huic epulæ.] *Ita Lucanus l.* II *ante medium : at C. et M.* Huic cibus est, etc.

Erigendum.] *C.* eligendum.

Reliquo.] *C. et M.* relinquo.

Sepelit natura relictos.] *Mæcenatis aliud hemistichium, cui libenter adderem ex Seneca sententiam, et ex Lucano versus. Ait prior, ep. ad Lucilium* 92. Neminem de supremo officio rogo, nulli reliquias meas commendo. Ne quis insepultus **495** esset, rerum natura prospexit. Quem sævitia projecerit, dies condet. *Posterior dicto l.* VII *inquit :*

Nil agis hac ira, tabesne cadavere solvat,
An rogus, haud refert: placido natura receptat
Cuncta sinu.

Hæc hemistichia, quæ in textu habentur, redegi in ordinem, alioquin C. et M. prosam ordinabant hoc modo : Facilis jactura sepulcri, quia sepelit natura relictos.

Gregorius.] *Moralium* xv, *c.* 37. *Præterea videatur liber B. Aug. ad Paulinum De cura pro mortuis gerenda.*

Arte Dædalo.] *Recte, quia ille Atheniensis artifex ingeniosissimus, ut supra dixi : non ergo legendum* arcæ *pro* arte, *ut volunt C. et M.*

Item, *Psal.* LXXIII.] Tria male legebant Psal. LXXII.

In his lapidibus.] *Non, cum* his lapidibus, *ut vult C. ut patet ex B. Hieronymi epistola ad Eustochium de obitu Paulæ, quæ incipit :* Si cuncta corporis, *post medium.*

Item Jerem., *c.* XXII.] *C. et M. c.* LXXX. *V.* XXV.

Ad avaritiam.] *M.* ad audaciam.

Ad consummationem.] *Tria hic conveniunt, etsi in sacris Bibliis :* Ad cursum mali operis.

Æquæ spatiose.] *C.* æque spatiosa luxuria.

In orbe locus.] *Impressa exemplaria Horatii legunt :* Nullus in orbe sinus. *Horat. l.* 1, *ep.* 1.

Item Juvenalis.] *Satyra* 14.

Ædificator erat.] *Auctor noster vel potius ama-*

nuenses ex duobus hemistichiis constat unum sexametrum ex eadem satyra 14, ait enim Juvenalis :
Ædificator erat Centronius, et modo curvo·
Littore Cajetæ, etc.
Et infra :
Dum sic ergo habitat Centronius, imminuit rem,]
Fregit opes, etc.
Contronius.] *M: et C.* Centonius.
Item, Hieronymus.] *Videto epist. ad Heliodorum de laude vitæ solitariæ, quæ incipit :* Quanto amore.
In ciliciis.] *M.* in consiliis.
Sive parietinis.] *Parietinæ sunt ruinæ, in quibus soli parietes exstant sine tecto.*
Memor uteri.] *C.* Major uteri.
Sive in parietinis.] *Glossa in hunc locum, quæ et B. Augustini est.*
Isaias, c. v.] *C. et V.* ca. XIII. *M.* XIV.
Levit., c. xxvi.] *V. et M.* c. LXXVIII. *C.* LXXIX.
Habacuc, II.] *Tria* v.
496 Item, Isa. c. XXVI.] *Tria* LIX.
Et Daniel, ca. VIII.] *Tria* c. XIV.

CAPUT LXXXVII.

Titulum ex *V.* collegi : nam *M. et C.* simpliciter legebant : Contra prodigalitatem.
Consumere frusta.] *Non solum V. et C. hic, sed et alibi in mss. sæpius vidi* frustra *pro* frusta. *Sed amanuensium abusus.*
Et pro nihilo.] *C.* Et de nihilo litigato objurgat.
Inæstimabile.] *C.* Inæstimabiliter.
Scilicet Christi.] *Hæc omit. it. V.*
Et alias superfluitates.] *V. sic :* Quidam ob libidinem ædificandi, de qua supra. Alii ob libidinem, etc.
Feruntur ad Cyanem.] *M. et C.* Feruntur ad carnem. *Cyanos aliquando pro gemma, aliquando pro flore cœruleo accipitur, aliquando pro colore nigro aut cœruleo. Vide Ovidium* v *et* IX *Metam.*
Cibos delicatos.] *M.* cibos delibatos.
Hesterno jure figuriat.] *M.* Hesterno vix liguriat.
Dignosceret hoste.] *M.* Prænosceret hoste.
Ut dicatur de eis.] *C. in margine :* Ut de quodam prælato dictum est, et inde syllogizatum.
Ut essent solvenda.] *Ne quidem male C.* Ut essent solvendo.
Unde poeta.] *Claudianus De bello Gildonico.*

CAPUT LXXXVIII.

Prodigum Paulum.] Illi de proconsule, nos de Paulo exponimus : *aiunt duo margines.*
Metiri se quemque.] *Versus Horatii.*
Verum est.] *C.* Justum est.
Buccæ.] *Hæc hemistichii pars cum versibus sequentibus est Juvenalis satyra* 11. *V. pro* Buccæ *legit* Bursæ. *Textus poetæ :* Buccæ.

CAPUT LXXXIX.

In summario capitis, pro immergentes *M.* ingerentes. *Utrumque sapit.*
Ut sint leves.] *C.* Ut sicut leves, etc.
Scut arundo.] *M.* Sicut arundo ad omnem ventum doctrinæ.
Œstro temporalium] οἶστρος *musca est, boves et equos æstate pungens, quam asylum aut tabanum quidam nominant. Virgilius* III *Georg.*

497 ... Cui nomen asylo
Romanum est : œstrum Graii vertere vocantes.
Quintus Serenus ait :
Nonne velut rapido mentem correptus ab œstro.
Epileptici.] *Qui laborant epilepsia, sive morbo comitiali, de quo Serenus :*
Est subiti species morbi, cui nomen ab illo,
Quod fieri nobis suffragia justa recusat.
Sæpe etenim membris acri languore caducis
Consilium populi labes horrenda diremit ;
Ipse Deus memorat dubiæ per tempora lunæ
Conceptum, talis quem sæpe ruina profudit.

Proverb., c. XX.] *M. et V.* XLI *C* XL.
Ventilatoriorum.] *Lectio Biblica moderna sic habet :* Dissipat impios, etc. *At Hieronymo attributus qui est Bedæ commentarius in hunc locum ait :* Hunc versum antiqua translatio sic habet : Ventilator impiorum rex sapiens, et immittet illis rotam malorum, id est pœnam nullo fine consummandam. Cui, videlicet rotæ, contraria est corona vitæ æternæ, quam repromisit Deus diligentibus se *(Jac.* I.)
Nunquam ad perfect.] *V. paucis hæc habet :* et nunquam scientes : Semper, etc.
Non ambulant.] *Ad hæc verba addit margo C.* Pro necessariis.
Investigabiles.] *V.* Instabiles.
Isaias, c. XIX.] *V. et C.* ca. LII.
Id est permisit.] *Hæc solum M. legit.*
Caudam.] *C. inter lineas ait :* finem.
Idem, c. LVII.] *M. et C* ca. CLXXI. *V.* CLXXII.
Illud tantum umbratiliter.] *M. et C.* Illud tamen *M.* Umbraliter.
Velut stercora.] *C. ad latus :* Sic Apostolus, sic beata Agnes, et alii sancti, omnia ista reputarunt ut stercora.
Per mundanam cupiditatem.] *M. et V.* Per mundanam concupiscentiam.
Sicut nec Judæi.] *Hæc, usque :* Sed petr erunt, solum *M. admittit.*
Aranea vermis est.] *Cassianus in Psal.* XXXVIII.
Illi garcionum.] *Garciones aliquando pueruli, aliquando etiam nebulones dicuntur : Hoc nomine utitur B. Bernardus in a ol. ad Guillelmum abbatem.*
Pes a undi.] *M.* Pedes mundi.
Vel hostium.] *M.* Id est hostium.
Lex non æquior.] *Ex Ovidio* I *De arte, ubi de Perillo novi cruciatus inventore agit. Et nota est historia de bove Phalaridis de quo idem l.* III *De tristibus elegia* 11.
Hoc est lingentibus.] *Sive lambentibus terram. Nam B. Hieronymus nomen* Amalec *interpretatur* Lambens terram.

498 CAPUT XC.

Unde Augustinus.] *In Psal.* VII, to. VIII *ubi addit :* Cognoscetur Dominus judicia faciens, in operibus manuum suarum comprehensus est peccator. *Ex Psal.* IX.
Augustinus : Qui vult.] *Tria exemplaria sic legunt. Interea dicam hanc expositionem magis redolere doctrinam B. Ambrosii in hunc Psal.* XXXVI *quam B. Aug.*
Parab., c. XXVI.] *Tria* cap. LI.
Eccli., c. XXVII.] *Tria* c. LXXII.
Fraus in se conversa.] *Sententia S. Severiani in sermone De SS. Innocentibus. Huic non absimilem habet B. Aug. in Psal.* LXXII *ad illa verba :* Propter dolositatem posuisti eis. Fraudulenti, *inquit,* fraudem patiuntur.
Item per exempla.] *Præter exempla sacræ Scripturæ, etiam illud notum est Euthymii, qui in eodem carro et carpento, quod B. Ambrosio paraverat, impositus est, et in exsilium missus, et sic iniqua tas ipsius, in verticem ejus descendit (Psal.* IX). *Ex Vita B. Ambrosii apud Surium* 4 *April.*
Quidam etiam aulicus.] *Perillus nomine, in aula reg s Phalaridis, de quo Orosius l.* I, *cap.* 22, *simile exemplum refert margo V. his verbis :* In Chronicis *(Diodorus l.* V; *Strabo, l.* VII) *et apud* Orosium *(lib.* I, *c.* 11) *legitur Busiris apud Ægyptum tyrannidem exercuisse, quod facere non posset nisi rex esset. Hic hospites quasi pro religione immolabat : quem Hercules postea interfecit. Unde Boetius :* Busiris hospites immolans, ab hospite Hercule interfectus est. *Quis autem Busiridem talem religionem docuerit, incertum est. Claudianus autem dicit ipsum, qui eum docuit, primum ad aram ipsius Busiridis, id est quam Busiris instituerat, immolatum. Sic enim ait :*

Hospite qui cæso docuit placare tonantem,
Primus et inventas Busiridis imbuit aras.
Præterea Virgil. III *Georg.*
        Quis aut Eurysthea durum,
    Aut illaudati nescit Busiridis aras?
Statius XII *Thebaidos :*
    Non trucibus monstris Busirim infandumque
                                dedisti.]
Boetius post Busiridis exemplum, aliud subdit de regulo. Regulus, inquit, plures Pœnorum bello captos in vincula conjecerat : sed mox ipse victorum catenis manus præbuit. *De consolat., l.* II, *prosa* 6.

Ebrietas.] *Ebrietatis insaniam eleganter describit idem Seneca ep.* 83 *a medio ad finem usque.*
Consilia etiam perfectionis.] *M. in textu, et C. in margine, legat :* Consilia etiam prædicationis.
Remunerationis. *M. et V.* Retributionis.

499 CAPUT XCI

In *titulo solum V. legit* Hominis.
Maxime beneficiorum.] *C.* Maxime benefactorum.
Ad dilectionem Dei.] *Non,* ad delectationem Dei, *ut C.*
In faciem quadrupedum.] Tristes vero esse voluptatis exitus, *inquit Boetius,* quisquis volet reminisci libidinum suarum intelliget : quæ si beatos explicare possunt, nil causæ est, quin pecudes quoque beatæ esse dicantur. *De consol. l.* III, *prosa* 7.
Socialitate.] *C. et M.* Societate.
In radice charitatis.] *Ex B. Greg. hom.* 27 *in Evang.* Præcepta Dominica, *inquit,* multa sunt et unum ; multa per diversitatem operis, unum in radice dilectionis.
Clerici habitu milites.] Clerici ideo sic vocantur, quia de sorte Domini sunt, κλῆρος enim Græce sors Latine dicitur. *B. Hier. ep. ad Nepotianum De vita clericorum quæ incipit :* Petis a me. *De habitu clerici tractatur in Clem. l.* III, *tit.* 1, *c.* 2, *ubi sic legitur.* Quicumque clericus (*per clericum hic intellige eum, qui habet primam tonsuram, ut habetur in Glossa in hunc locum*) virgata vel partita veste (*hoc est diversi coloris vel partis, vel sericis texturis ornata*), publice utetur (nisi exstet rationabilis causa) si beneficiatus exstiterit, per sex menses a perceptione fructuum beneficiorum, quæ obtinet, eo ipso sit suspensus. Si vero beneficiatus non fuerit, in sacris tamen ordinibus con sacerdotium constitutus, per idem tempus reddatur eo ipso inhabilis ad ecclesiasticum beneficium obtinendum. Idem quoque censemus de clericis aliis (*qui scilicet nec beneficiati sunt, nec in sacris*) vestem talem (*virgatam et partitam*) simul et tonsuram publice deferentibus clericalem.

Sermone histrionis.] *Moventes risum audientibus, et sic seipsos omni æstimatione, apud eos, nudantes. Unde eleganter Horatius l.* 1. *Serm., sat.* 4.
        Absentem qui rodit amicum ;
Qui non defendit, alio culpante : solutos
Qui captat risus hominum, famamque dicacis :
Fingere qui non visa potest, commissa tacere
Qui nequit : hic niger est, hunc tu, Romane, caveto.
Gestu meretrices.] *Pudet hic eloqui.*
Occupatione curarum.] Obsecro te, *inquit beatus Hieronymus ad Nepotianum,* et repetens iterumque iterumque monebo, ne officium clericatus, genus antiquæ militiæ putes, id est ne lucra sæculi, in Christi quæras militia ; ne plus habeas, quam quando clericus esse cœpisti, et dicatur tibi : Cleri eorum **500** non proderunt eis. *Et infra :* Negotiatorem clericum, et ex inope divitem, ex ignobili gloriosum, quasi quamdam pestem fuge.
Sed ob gloriam.] *Cum tamen tonsura et corona ex se significet divitiarum omnium abnegationem, et regni in Deo possessionem. Sic enim* 12, *qu.* 1. Duo : Hi, *clerici,* sunt reges, id est se, et alios regentes in virtutibus, et ita in Deo regnum habent ; et hoc designat corona in capite. Hanc coronam habent ab institutione Romanæ Ecclesiæ in signum regni quod

A in Christo exspectatur. Ratio vero capitis est temporalium omnium depositio.

CAPUT XCII.

Primatum et ducatum.] *C.* Principatum et ducatum.
Matris tamen.] Non charitas fidem, sed fides charitatem præcedit. *B. Greg. to.* II, *l.* II, *hom.* 16, *in Ezech.*
Sed nutrituræ.] *Gratia scilicet.*
Citra alias virtutes.] *M.* extra alias, virtutum miracula operatur, etiam rudis operatur.
Sed bene signatum] *Videlicet, signo crucis.*
I. ad Cor. c. XIII.] *C et V.* c. LXI, *M.* LIX.
Sæpe mali operantur.] Ut dæmones qui credunt et contremiscunt. *C.* in margine : *M.* in textu, sed non loco debito.
Prima ad Cor., c. III.] Tria c. XII.
Ad Rom, c. III] *Tria* c. IX.
Et cap. III | *Tria.* c. x.
B Item ad Ephes. VI.] *Tria* ad Ephes. xxx.
In fide fundati, firmi.] Firmi *solum, M. legit, quod Apostolus hoc loco omittit.*
Habacuc, II.] Tria Habacuc IV. *Hunc locum citarem ego ex Apostolo ad Hebr.* x, *ver.* XXXVIII, *ratione ly* meus *quod deest in Habacuc.*
Petrus I. Ep. c. v.] *V.* c. XII. *C.* IX. *M. non citat.*
Joannis I, c. v.] *C. et V.* cap. XIII.
Adeo ut salutem.] *M. et V.* A Deo ut.
Elizabeth B. Virgini.] *Non* Angelus B. Virgini, *uti Tria legebant.*
Fides enim peperit.] *M.* Fides enim comparando peperit.
Perdidit promptæ.] *Ex hymno Ecclesiæ solito cantari die Nativitatis B. Baptistæ Joannis.*
Ad Hebr., c. I.] *Tria* c. XVIII.
Exemplum eremitæ.] *Hæc usque ad finem omittit C.*
Ne aliud faceres.] *M.* Non aliud diceres et aliud
C faceres.

501 CAPUT XCIII.

V. Pro titulo sic : Contra defectum fidei.
Isaias, c. XXI. | *M. et V.* LV. *C.* LII.
Viri misericordes multi.] *V. et C.* Viri mendaces multi.
Et Ecclesiasticus, c. II.] *Tria* c. VI.
Item Jacobus, II.] *Tria* Jacob v.
Similes enim Antichristo.] Verbum enim Antichristi maledictum : *inquiunt margines C. et M.*
In Isaia, c. XXII.] *V.* ca. LII. *C.* ca. LIX. *M. tacet.*
Item, c. XXIX.] *C.* ca. LXXXIX. *V. et M.* LXXIX.
Item, XXIV. Secretum.] *V. et M.* Item c. LXV. *C.* Item XLV.
De gloria æterna.] *Recte ex commentario B. Hieronymi in c.* XXIV *Isaiæ,* t. IV.
Incommodo vitando.] *Post hæc M. solum addit :* Sed non faciens hoc propter infirmitatem, vel ignorantiam, vel obreptionem sint prudentiores, etc.
Ergo qui pro minori commodo. | *M.* Ergo qui pro
D minori causa.
Temporali commodo consequendo | *M.* Temporali commodo sequendo.
Vel incommodo temporali.] *C.* Vel incommodo, ut pro temporali vitando. *Hoc,* Ut pro, *omittunt M. et V.*
Ei factum est.] *Quædam hic desunt in V. Sic enim habet :* Vel incommodo temporali vitando est prudentior et vigilantior, ei aliquid est certius fide (*Hic desunt aliqua*) cum pro certiori et majori secundum opinionem, etc.
Et si fides, mortua.] *Ita expone :* Et si fides est, mortua est, *de qua Jac.* II. Fides sine operibus mortua est. *M. aliter censet :* Et si fides, mortuam habentes in comprehensione, etc.
Quam qui corde vel ore.] *C.* Quam qui cogitatione vel locutione, *omissis his :* Sicut magis peccatur, etc.
Quanto magis autem.] *M. et C. multis demptis*

sic legunt : Quanto magis et Deum nosse? Sed : Dixit insipiens, etc.

Qui gloriam ab invicem.] *M.* Ad invicem.

Humilitas hæc sola.] *Audi varietatem :* Humilitas, inquiunt *M. et C.* solius Dei quærit gloriam, quæ ei soli placere appetit. *Ad illud :* Humilitas, *subnotat C. in margine :* Non sola credit.

Ad Rem, c. iv.] *Tria* c. x.

CAPUT XCIV.

Quod enim credimus.] *C. et M.* Quia enim credimus speramus.

Ad Romanos, cap. v. | *Tria* c. xi.

502 Pacem habeamus.] *in textu et C. in margine :* Pie, et sobrie et juste vivendo *habeamus. Tit.* II.

Nec sunt filii spei.] *Recte. V. M. Ergo male repetit C.* Nec sunt filii desperationis, *quia hoc prius dictum est*

Entes in proposito.] *Hoc est, dum sunt in proposito. Ter aut quater ly* entes *in hoc opere reperitur, pro* existentes.

Vel idem sunt cum spe.] *C. in margine sic inquit :* Utrum sperare, exspectare, confidere sint idem, vel motus cujusdam virtutis, scilicet spei. *Videtur B. Augustinus illa non distinguere, quia idem objectum habent, nempe Deum totius boni auctorem, De confidentia tract., t.* X, *serm.* 66. *De tempore. De exspectatione vero eodem to ; De verbis Domini, sermone* 39, *Psal.* xxxix. Exspecta Dominum, *hoc est*, spera in Domino, *et Psal.* II. Beati qui confidunt in Domino. *Eodem sensu.*

Tristis es anima mea.] Pedissequa, *inquit C. ad latus.*

Ad Rom., c. viii.] *M. et C.* c. xx

Exspectatio creaturæ.] Homo exspectans, *ait margo C. sive creatura* exspectans, *ut habet Glossa interl.*

Adversarii scilicet.] *M.* adversariorum.

Job, c. xix.] *M. et C. cap.* xvii.

CAPUT XCV.

Ad Cor., c. xiii.] *Tria* c. lxi.

In via donis.] *Hoc est in præsenti vita. V. et M. omittunt,* in via.

Charitas patiens est.] *Glossas, quæ de charitate sequuntur, ex toto omittit V. C. legit ad latus. M. vero, quod hac in parte sumus imitati,* in textu.

Unde Augustinus.] *Tractatu de laude charitatis t.IX ex sermone* 59. *De tempore t.* X*; sed nec ille tractatus nec sermo sunt B. Augustini, præfata tamen Glossa, quæ interlinealis est, videtur ex his desumpta.*

In commune bona.] *M.* communiter bona.

Ut Oceanus, quæ sine.] *Continuatur citatio ex B. Aug. serm.* 30 *De temp. to.* X, *quo sermone plurimum usus est Venerab. Beda in expositione* 1. *Cor.* c. xiii.

Ignis flammigerens.] *V. et C.* Flammigerans. *Sacra Biblia :* Ignis exæstuans. *Jerem.* xx.

Ad penitima cordis.] Intus et in cute, *ut ait Persius. Quando quidem ly penitima substantive sumatur non opus pro* penetrasti *scribere* penetralia, *ut M.*

Item octonario 13, sub.] *Sive,* in octonario 13, *vel ut M. et C.* octava 13. *Quod sic interpretor ex Psal.* cxviii. *Cum enim ille per Abecedarii Hebraici litteras, quarum singulæ octo versiculos continent, dividatur; computo a prima littera* Aleph *dicta, sive a primo octonario, quod incipit :* Beati immaculati, *usque ad* 5 *octonarium, ita inchoans :* Quomodo dilexit legem tuam, *ibique litteram Mem quæsitam invenio.* **503** *Hæc vero, secundum interpretationem B. Hieronymi, idem sonat quod* viscera mea, *vel ex ipsis intimis. Nos Benedictini, secundum regulæ nostræ statuta, omnia præfati Psalmi octonaria, in horis diurnis, tum canonicis cum Marianis, recitatione versiculi* Gloria Patri, *dividimus.*

Non habuit meritoriam.] *M.* omittit meritoriam.

Quem totus non capit.] *Ex cantico Ecclesiæ in laudem B. virginis Mariæ.*

Tropice dictum est.] Humana est similitudo, *ait C. ad latus.*

Etsi realiter.] *Hæc inclusi parenthesi. Varietas autem lectionis talis est. M.* Et realiter toti Trinitati, communicat circa, etc. *C. etiam legit :* communicat circa Spiritum S , etc. *Ego ex V. restitui conveniat, omisso* communicat, *sicque sensus clarus est.*

Spiratur enim.] *M.* Spiritus enim ab utroque.

Hinc emersit quorumdam opinio non approbanda.] *Taxat errorem magistri Sententiarum, lib.* I, *Sent., dist.* 17; *docentis charitatem esse Spiritum sanctum, non qualitatem aliquam creatam.*

Igitur mundandum.] *C. et M.* mundandum.

CAPUT XCVI.

M. Pro titulo : De fletu bono et malo. *Duo :* De luctu, etc.

Et octava, quæ redit.] *Verba sunt B. Aug. to.* IV, *l.* I *De sermone Domini in monte, cap.* III.

Multiplices lacrymæ.] *De lacrymis dicam. Sunt lacrymæ malorum, scilicet lacrymæ infirmitatis : unde, puer cum primo nascitur, vagit, ut sit propheta suæ miseriæ. Sunt lacrymæ adversitatis ; unde, bona cum amore possidentur, quæ cum luctu et dolore perduntur. Lacrymæ simulationis ; unde :* Nihil citius arescit lacryma (Ad Heren., lib. II). *Lacrymæ æternæ damnationis :* Unde *:* Extrema gaudii luctus occupat. *Prov.* xiv. *Lacrymæ bonorum quas facit compunctio peccati. Unde.* Posuisti lacrymas meas, etc. *Psal.* lv. *Lacrymæ quas facit miseria proximi : Unde :* Gaudere cum gaudentibus, flere cum flentibus. *Rom.* xii. *Lacrymæ quas facit dilatio regni : unde :* Beati qui lugent, etc. *Matth.* v. *Hæc ex codice ms. decerpsi.*

Nihil citius arescit.] *Lib.* II *ad Herennium, Cicero.*

Non possumus enim.] *His non absimilia edicit Seneca, ep.* 63 *et* 99.

Lacrymæ corporis.] *Hæc verba :* Corporis et cordis, *V.* omittit.

Peccata proximorum frix.] Frixorium, etc. *Vide Glossam in 11 Cor.* xi.

Diogenes etiam.] *Tria sic legunt, at ego Heraclitum puto, qui quoties in publicum procedebat, flebat, econtra Democritus ridebat. Huic omnia miseriæ, illi ineptiæ videbantur. Seneca,* l. *De tranquillitate animi, c.* 15. *Item, l.* II, *De Ira, c.* 10.

Axa, inquit.] *Hæc, usque ad finem capitis, V. omittit.*

504 CAPUT XCVII.

Isaias, cap. lv.] *C.* cap. clxiii. *V. et M.* c. clxiv.

Ad Deum fortem.] Fortis, *est unum Dei nominibus, quibus apud Hebræos nominatur. Non pro fortem legendum est* fontem, *ut V. et alia quædam impressa Biblia. Id corrigant novissimæ impressiones Bibliorum Sixti V. Pont. Max. ad exemplaria mss collatæ. Item et illud :* Ut videam voluntatem Dei, *pro* voluptatem, *cælestem nempe.*

Ministerio corporis.] *M.* Mysterio ostendit.

Oculata fide.] *Non* occulta, *ut V.*

Nec gratia, sed vanitas.] *Recte quærit margo V. Quomodo desiderium rerum temporalium ita sit vanitatis quod non culpæ, non video sane intelligi posse, nisi hoc dictum sit de culpa mortali, et de rebus necessariis. Nam desiderare non necessaria, non potest non esse, et vanitas, et culpa, cum etiam necessaria nimie desiderare peccatum sit , juxta illud Gregorii :* Temporalia ab Jesu petere non est peccatum, si tamen non nimie petantur. Ergo illa nimie petere peccatum est. Nimium autem est quidquid supra necessitatem est. Quidquid ergo non necessarium desideratur, culpabiliter desideratur, et tale desiderium frivolum est et stultum. Si autem stultum, quomodo non culpabile, cum ipsa stultitia nunquam sit sine culpa? Ergo sicut dixi frivola est hæc distinctio, quæ dicit desiderium esse, quod nec est naturæ, nec gratiæ, nec culpæ, sed vanitatis, nisi intelligatur de culpa mortali. Desiderare autem temporalia ad necessitatem, nec frivolum, nec stultum est, nec vanitatis, nec culpæ. Totum ergo membrum hoc distinctionis obelandum est (*hoc est abolendum*). Nec credendum est cantorem Parisiensem (*qui hujus operis est auctor*) vitium hoc et cætera, quæ inveniuntur in hoc libro, posuisse; sed scholastici illum transcribentes, et notulas suas ad libitum addentes totum corruperunt. *Recte.* Sed *damnum, quod in V. notæ illæ multoties in contextum repositæ sunt, ut ex M. et C. collegi.*

CAPUT XCVIII.

Tum in capite Christo.] *Non* : Tum in corpore Christo, *ut M.*

Super omnia opera ejus.] *Hæc opera recenset C. ad latus hoc modo* : Opera creationis, recreationis, conservationis, remunerationis, etiam punitionis.

Superexaltat judicium.] *M. et C., cum quibusdam Bibliis impressis superexaltat judicio. Interpretatio Syriaca hoc c.* ii *Jacobi, sic habet* : Exaltati estis per misericordiam super judicium.

Nostra est lectio.] *Sive instructio.*

Primo, a teipso.] Miserere animæ tuæ placens Deo, *ait margo C. Ex Ecclesiastico, c.* xxx.

505 Præ operibus cæterarum.] *Inquit idem margo* : Misericordia tamen vera non est sine aliis virtutibus, nec remuneratur.

In Luca, c. iii.] *Tria c.* viii.

Beda : Joannes.] *Recte* Beda, *in c.* iii *Lucæ, et hæc habentur in Glossa ordinaria eodem citato auctore.*

Prædo grassetur.] *M. M.*les grassetur. *Textus B. Augustini, quem videtur ven. Beda secutus, hanc legit sententiam; sed pro prædo admittit* præda grassetur. *To. V. in Appendice sermonum, serm.* 3. *initio. B. Ambrosius in c.* iii. *Lucæ hac etiam utens sententia ait* : Prædo grassetur.

Item Ambrosius.] *In c.* iii *Lucæ sub hoc titulo* : Redarguito malitiæ Judæorum, *sub finem. Non absimilia quoque habet B. Aug. loco citato supra.*

Respondit gravatus.] *Ex M. solum hæc collegi, usque* : Qui ingressi *unde opinor hoc exemplum a textu melius abfuisse.*

Bene habeas.] *Hoc est* : bene sit tibi; *annuens scilicet petitioni ejus.*

Cum peteret inducias.] *M.* cum peterent.

Denegavit eas creditor.] *M. consequenter* : Denegavit eis eas creditor.

Quod et filium ejus.] *Nempe militis veterani.*

Ipsumque a debito.] *Hæc verba, usque* : Qui rediens, *omittit M.*

Joannes Alexandrinus.] *Hic ob maximam in pauperes liberalitatem eleemosynarius dictus est. De quo Nicæna synodus* ii, *actione* 4. *Leontius episcopus ejus vitam conscripsit. Surius, t.* 1, 23 *Januar.*

Quasi litem.] *Sic V. et C. At M.* cum litem.

Dicens : Ita Domine.] *His, usque* : Item : Episcopus Tarent. *carent M. et C.*

Episcopus Tarentinus.] *V.* Archiep. Tarentasiensis. *Tarentum civitas est Calabriæ clarissima.*

Scilicet pro sine.] *M. omittit* scilicet

CAPUT XCIX.

Major enim est qui vincit iram, etc.] *Respicit ad locum Prov.* xvi : Melior est patiens viro forti, et qui dominatur animo, expugnatore urbium.

Si non sunt solvendo.] *V.* si non habeat unde solvat. *M.* Rem etiam, si necessitas sit solvendo.

I. Cor. c. vi.] *Tria c.* xxvii.

In Matth. c. xviii.] *Tria c.* clxxxviii.

Rom. c. xii.] *V. et C.* xli *M.* lxi.

Noli vinci a malo.] *C. in margine citat duo S. Scripturæ loca hoc modo* : In Ecclesiastico xxiii (*hodie* xxviii) : Qui vindicari vult, etc. Levitici xliii (*ho-*

die xix) : Non quæras ultionem, etc. *Sed ipsa verba habentur ad Rom.* xii.

Pro crucifixoribus.] *M.* Pro malefactoribus.

506 Jacobus, ca. i.] *V. et C.* cap. iii.

Ad Ephesios c. iv.] *C. et M.* c. xix.

Quia mitigatum.] *Quispiam in margine M. voluit legi* mitigativum. *Ego, quia id recenti manu videtur scriptum, et non melius correctum, quam est in textu, parvifeci.*

In serenitate conscientiæ.] *C.* In sinceritate.

Quo ungitur totus.] *M.* Quo mergitur totus. *Forte amanuensis volebat* injungitur.

Primum et secundum.] *Ungentum scilicet, vel ut nunc usitatius dicimus* unguentum, *ab* unguo.

Ludificatio.] *M.* Luctificatio.

Exaggeratio.] *C.* exaggregatio.

CAPUT C.

Ex V. summarium collegi. C. volebat : De spirituali clementia. *M.* De speciali misericordia.

Communem speciem.] *V.* præter hanc omnem spem misericordiæ. *Error notarii.*

Specialis judicis et potentis.] *Placet hæc lectio. Ut quid enim* spiritualis judicis, *ut volunt V. et C. potius quam sæcularis?* Specialis *hoc est quæ peculiariter ad judices et potentes pertinet.*

Est apud potentes.] *M.* apud principes, *Sed in originali est* potentes.

Vel electionis beneficio.] *V. omittit* vel, *reliqua ut in textu.*

Alteram feris.] *Ita censet Seneca, l.* 1, *De clementia, c.* 24. *enim audito* : Non minus principi turpia sunt supplicia, quam medico multa funera. Remissius imperanti, melius paretur. Natura contumax est humanus animus, et in contrarium atque arduum nitens, sequiturque facilius quam ducitur. Et ut generosi atque nobiles equi melius facili freno reguntur, ita clementiam voluntaria innocentia impetu suo sequitur, et dignam putat civitas, quam servet sibi : plus itaque hac via proficitur. Crudelitas minime humanum malum est, indignum tam miti animo. Ferina ista rabies est, sanguine gaudere ac vulneribus, et, abjecto homine, in silvestre animal transire, etc.

Ea sanxit.] *M.* Ea facit aperte homines, etc. *At textus congruit cum originali.*

Gloriosius in principe.] *Seneca, l.* 1, *De clementia, c.* 3, *ait* : Nullum clementia ex omnibus magis quam regem et principem decet.

Mitiores animos advocet. *V.*] Avocet. *C.* Minores animos advocet. *M.* Mitiores animos evocet, *originale adjuvet.*

Gloriosa autem.] *C.* Gloriosior. *Orig.* Gloriosa.

Inimici est.] Scilicet sanguis, *ait V. inter lineas, M. autem variat toto cœlo* : **507** Inimicus est, sed ejus qui amicus fieri non potest. *Quod in textu posui in Orig.*

Nocentis est.] *C.* Innocentis est, sed hominis cujuscunque sit, quia non potuit, etc. *M.* Nocentis cujusque sit, quia non potuit dare, crimen putat auferre. *Sic et Orig.*

Crimen putat auferre.] Bonus princeps, *inquit V. inter lineas.*

Ideo quoties funditur.] Scilicet sanguis, *ait idem ibidem. M. pro* ideo *male legit* item.

Confunditur.] *Nempe* princeps, *ibidem inter lineas. C. hic adnotat hunc marginem* : Similiter (*scilicet* confunditur) de ordine, dignitate, vel quolibet abjudicato.

De hac etiam Seneca ad Neronem.] *Solum M. hæc admittit in textu, C. vero in margine. Ad Neronem imperatorem, cui libros De clementia conscripsit. Locus autem, ubi potissimum de crudelitate tractat, exstat l.* ii, *c.* 3 *et* 4.

Augustinus.] *Unicum C. citat nomen.*

CAPUT CI.

In omni crimine.] *Duo subnotant et maxime*

quando spes est de correptione corripiendi. *Forte* de correctione corripiendi.

Ad Romanos c. I in fine.] *Tria* c. IV. *Hinc notet lector primum caput ad Romanos in capita quatuor antiquitus fuisse divisum.*

Et secunda ad Cor., c. II.] *Tria* c. V.
Et in eadem, c. VI.] *C. et M.* c. XVIII.
Item ad Gal., c. VI.] *C. et M.* XII
Ad Ephes., c, IV.] *C. c.* XVII.
Job, c. XXIX.] *Tria* c. XXV.
Conterebam.] *M.* Contundebam.
Leonum.] *Psal.* LVII. *Legitur* : Molas leonum, *at Job hoc loco habet* : Molas iniqui.
Parabol. c. XXIV.] *Tria* XLVI.
Et Genesis, c. IV.] *Tria* c. XIV.
Sicut dilectionis.] *Habetur hæc sententia apud B. Gregorium hom. 30 in Evang. initio.*
Item : Veri imitator.] *C. et V.* Ut imitator sim Samaritani. *Vide ad hæc B. Greg. Moral.* xx, c. 8.
Fame verbi Dei.] *Solum M. legit* : Verbi Dei.
Debet eum corripere.] *M.* corrigere.
Quarto Regum, c. XV.] V. c. XXXIII, *C.* cap. LXXXVI, *M.* LXXXV.
Ozia.] *Tria* Josia.

508 CAPUT CII.
Ex M. addidi in titulo pro inimicis.
A Dan usque Bethsabee.] *Habentur hæc verba I Reg.* III. *Sed neque tunc Samuel intercessit pro Saule, neque eum Saul voluit occidere, quia nondum erat rex electus. Intercessit autem pro eo ejusdem l. c. 15 in fine, et in principio cap. 16. Sed nec habetur expresse in Scriptura, quod Saul voluerit Samuelem occidere at bene id colligi potest ex c. 19, quando Davidem persecutus est, qui erat cum Samuele in Ramatha. Unde Samuel initio c. 16 ait* : Audiet Saul et interficiet me.
Exasperante.] *Non* exaspernante, *ut C.*
Comparatur matri.] *M.* Comparatur Martino. *Quædam invitata ad solemnes, etc.*

CAPUT CIII.
Summarium hujus capitis ex V. desumpsi ; nam M. simpliciter : De manuali misericordia. *C. vero* : De visibili et manuali misericordia subveniente.
Non parcat.] *M. Non* peccat. *Ecquis sensus?*
Eccli., cap. XXIX.] *Tria* c. LXXVI.
Item Eccli., eodem capite. *C. et M.* cap. LXXV.

CAPUT CIV.
Ejus effectus.] *C.* affectus *male.*
Et quomodo.] *Hoc, et si solum M. habeat, nolui expungere, quia ad majorem explicationem facit, ut sensus sit, et quo modo, quo ordine, hoc est, quis cui sit præponendus.*
Quot et qualibus.] *C. male.* Quot et qualiter, *quia prius dixit qualiter V. Quot et qualibet, etiam vitiose, ut patet ex sequentibus, ubi ait.* Sequitur : Quibus, quot et qualibus, et qualiter dandum. *Hæc docet Seneca, l. I, De beneficiis.*
In Eccl., c. XXIX.] *C. c.* LXXVII, *V. et M.* LXXVIII.
In Luca, c. XI.] *Tria* c. XXXV.
Quid autem sit dandum.] Quispiam recenti manu addidit in M. ad latus, Cui, pro quid. Non penitus rejicio, eo quod videatur ita legendum, ex eo quod sequitur : Omni petenti te tribue.
Da ei correptionem.] *Ita legendum est, ut ex Glossa interlineali colligitur. C. et M.* Da increpationem. *fere idem.*
In Luca, c. III.] *V.* c. IX.
Signanter.] *C.* generaliter.

509 Alioquin raptor eris.] *Ita censet B. Hieronymus in fine epistolæ ad Nepotianum De vita clericorum quæ incipit* : Petis a me. *Ait ille* : Ecclesiam fraudare sacrilegium est : accepisse quod pauperibus erogandum sit, aut, quod apertissimi sceleris est, aliquid inde subtrahere, omnium prædonum crudelitatem superat.
Sed magis abundantibus.] *M.* Ea distribuant abundantius se pauperibus in spiritu. *Apparet ex* A *quadam lacuna, aut intercapedine majori, aliquando fuisse abundantibus pro abundantius, quodre reor a sciolo minus intelligente correctum.*
Quam in ovicula.] *Hæc sententia, usque* pauperi dedit, *abest in V.*
Pietas eximia.] *M.* pietas continua.
Æqualitatem Apostoli.] *De qua supra dictum est ex cap.* VIII, *ad II Cor. C. et. M.* Æqualitatem Domini.
Hilaritas.] *C.* Hilariter.
II Cor. IX.] *C. et M.* II Cor. XXII.
Exodi, cap. XXXV.] *C. et M.* c. CXXXIV. V. CXXXVI.
Hoc exactoribus.] *Hæc, usque ad illud* : Sequitur, *de quo sit danda eleemosyna, solum M. habet hic. V. infra in margine ad finem c. 106.*
Nulla Ecclesia.] *Restitui ex Apostolo, alioquin M.* Nulla eleemosyna.
Recipere justum.] *Restitui hoc modo. M.* Enim repete justum.
Pavit fructu.] *Ego, quia prius,* dato, *hic conse-*
B *quenter adjeci* fructu. *M. vero legebat* fructum.

CAPUT CV.
Duo præter V. præfixerunt titulum.
Deut., c. XIII.] *Tria* c. LXI.
Item, c. VII.] *Tria* XXV.
Cardinalis pauperis.] *C. omittit* pauperis
Cancellarius.] *Forte Parisiensis.*
Stephani abbatis Cisterc.] *Fusius hoc exemplum recensetur supra c.* XLVI. *C. et M.* Abbatis Clarevallensis. *In notis ad c. 46 dixi hunc Stephanum, non secundo sed tertio loco poni in ordine et serie abbatum Cisterciensium.*
Panes et caseos.] *Anne* calceos, *ut C.?*
Qui in dextera et pro.] *M.* Qui dextera vel in iis quæ sunt dexteræ.
Entes pejores.] *Auctori nostro familiare est ty* entes *pro* existentes.
Laicis.] Id est feneratoribus, *inquit margo* C

CAPUT CVI.
C *M. in titulo* : De modo dandi eleemosynam. *Alia duo* : De ordine, etc.
In creatione.] *M.* cum creatione.
510 Et recreatione.] *Abest in C.*
Adhuc inimicis suis.] *M. etiam placet* : Pro nobis amicis suis , *eo quod immediate subsequatur locus Joan.* XV. Majorem charitatem, etc. ponat quis pro amicis suis. *Sed dicam. Quæ in textu reposui magis placent, quia et si* pro adhuc inimicis, *tamen prout sciebat, futuris amicis, hostiam offerebat vivam. Quæ in diviso sensu recte intelligi possunt. Si vero in sensu composito exprimantur* : Nonne plus est pati pro inimicis, quam pro amicis ?
In correptione fratris.] *M. et V.* correctione fratris.
Verbis corripimus, flagellis corrigimus.
In consilii sancti.] *C.* In consilii sani datione.
Non alieni.] *Id abest in V.*
Ad Ephesios, c. IV.] V. *et C.* c. XIX. *M* XVIII.
Quasi testamentarii.] *M.* Cujus dispensatores
D quidem testarii sumus.
Aporiati sunt.] *Ideo pauperes facti, quia pauperum bona sibi collata prodigaliter profundunt. Unde Seneca* : Veto liberalitatem nepotari, *hoc est, nepotes imitari, dilapidare, inquit Lipsius l. 1, De benef. c.15. Illud aporiati Latinum est a verbo* aporior, *ex Græco* ἀπορέω *tractum, quo utitur Apost.* II Cor. IV, *quod inter alia significat* ad summam angustiam redigi, et indigere. *Unde Tertull. in Scorpiaco, cap. 13, locum Apostoli Latine reddit* : Indigemus, sed non perindigemus. *V. habet hic marginem, quo continentur ea, quæ sunt in fine c. 104 ab his verbis* : Apostolus ad Philippenses : Nulla Ecclesia, etc. *usque ad s. 105.*

CAPUT CVII.
V. Præcedens caput continuat, nec titulo novo dividit.
Comitis Theobaldi.] *De quo Cæsarius l.* VIII, *c. 31.*
Qui subtelares.] *Non damno C. et V.* Sotulares, *sed* Subtelares *melius, sicut refert Joannes de Janua in*

ro Catholicon dicto. verbo Subtelaris. *Subtelaris est calceus sive solea sub talo. M. legit.* Subtulares.

Et humilitas.] *M.* Et hilaritas.

Mortuus rarum invenit.] *Hæ sunt amicitiæ, quas temporarias populus appellat. Qui causa utilitatis assumptus est, tandiu placebit, quandiu utilis fuerit. Seneca, epist. 9.*

Pietatem præcipiens.] *M.* Pietatem consulens.

If ad Cor. cap. VIII.] *Tria cap. XXI.*

Secundum veritatem.] *Impressa Biblia secundum virtutem. Non immutavi lectionem trium exemplarium, quia videtur clara et consona.*

Primo voluntarii.] *Solum M. legit* Primo. *Et abest a textu Scripturæ.*

511 CAPUT CVIII.

Neque hic dividit caput exemplar V. sed solummodo M. C. vero majuscula littera tanquam paragrapho, in scripto etiam in margine titulo, videtur caput partiri.

I Tim., c. IV.] *Tria sic legunt.*

Habitus incultus.] *Seneca, ep. 5 recenset ea quæ philosophum decent, nec multum dissimilia iis, quæ hic referuntur.*

Vitæ quæ nunc est.] *Id est quæ nunc est secundum naturam, ait V. in ora superiori charactere tenuissimo. C.* Promissionem vitæ naturæ.

Multiplicationem.] *Ita exponit B. Hieronymus in Matthæum.*

Vitæ gratiæ.] *V. inter lineas, id est quæ nunc est secundum gratiam.*

Serenitas conscientiæ.] *M.* Sanctitas. *Illius vero conscientia serena est, qui est,*

Integer vitæ scelerisque purus.

Vitæ gloriæ, id est.] *C. et M. omissis aliis sic habent:* Vitæ gloriæ sicut et præsentis, quia, etc.

Qui mihi ministrat.] *M. præter hunc sacræ Scripturæ locum, alium quoque citat ex Joan. XIV.* Qui sermones meos servat, ad eum veniam, et manifestabo ei meipsum.

CAPUT CIX.

Ceu virtus generalis.] *C.* Ceu virtus generaliter.

Et quis gloriatur.] *V. Sed quis est qui dicat se mundum habere corpus? In hoc non audio V. quia male corpus pro cor admittit.*

Etiam in angelis.] *Alium præterea ex Job, cap. XV locum suggero :* Ecce inter sanctos nemo immutabilis, et cœli non sunt mundi in conspectu ejus; quanto magis abominabilis et inutilis homo, qui bibit quasi aquam iniquitatem?

Custodiendum est cor.] *V.* corpus. *Vitiose.*

Unde Petrus : Fide.] *Restitui* Petrus, *quia ejus verba sunt, ut liquet ex Act. cap. XV. M. et C. legebat:* Unde Jacobus. *V. Unde in Actibus apost. transeat.*

Eam consummant.] *Quidam addidit in margine C.* consumunt, *sed perperam. Ait enim B. Augustinus :* Beati mundi corde, hoc est, qui mundi corde sunt, quoniam ipsi Deum videbunt. Hic est finis amoris nostri; finis quo perficiamur, non quo consumamur, etc. Tom. X, *serm. in festo Omnium Sanctorum.*

In eo creatum per vulnerat.] *Hæc redolent doctrinam B. Aug., to. III. In Enchiridio ad Laurent., c. 31.*

512 Quasi desierat esse.] *Ita C. At V.* Quasi desiderat esse. *M. vero :* Quod desiderat esse.

Unde Moyses : Mundamini.] *Hæc verbotenus in Isaia sunt, sed Levit. XXI, secundum sensum habentur.*

Infestant muscæ.] *Margo C.* Etiam, ut tunc hæreticæ pravitates de corpore Christi et phantasticæ cogitationes, et turpes sæpius occurrunt. Ergo flabello abigenda sunt hæc, ne sacerdos distrahatur sacra peragens.

CAPUT CX.

Sed filii in universum.] *M.* Sed filius universis bonis patris succedit jure hæreditario. *B. Augusti-*nus in Psal. CXXIV *sub finem, sic inquit :* Pax possessio piorum est, possessio hæredum. Et qui sunt hæredes? Filii.

Virtus est et meritum.] *C. ad latus ait :* Lege, Meritorum.

Unde nec addit.] *Hoc est in primo cum ait :* Pacem relinquo vobis, non addidit meam relinquo vobis. *Ut patet ex Joan. XIV, v. 27. M. et C. male omittunt nec, in hoc :* Unde nec addit.

Postquam.] *Pacem scilicet pectoris. M.* Plusquam.

Nisi super pacem.] *His verbis utitur Glossa ordinaria in c. XIV Joan., v. 27, citatque ex Isaia c. XXVII:* Faciet pacem mihi, pacem faciet mihi. *B. vero Gregorius in explanatione septimi Psal. pœnit. ad illa verba :* Spiritus tuus bonus deducet me, etc., *etiam ex Isaia refert hæc verba, sed, ut apparet ex cap. XXVI Isaiæ :* Servabis pacem, pacem quia, etc. *Hunc locum B. Gregorii videtur auctor noster perlegisse, quia doctrinam ejus, hoc capite* De pace, *imitatus est.*

Fremit enim.] *His verbis utitur B. Bernardus 9 Sermone in Psal.* Qui habitat.

Pacem habebitis.] *M.* Tranquillitatem *pro* pacem.

In missa.] *M.* Ut missam eam illi annuntiat, Ima summis.] *Hildebertus Cenomanensis episcopus in Canonem missæ, ait :*

Tempore quo supplex assistit presbyter aris,
Mactaturque Patri Filius ipse manens:
Æthra patent, cœlestis adest chorus, ima supernis
Junguntur, fiunt actor et actus idem.

Sed nonne horum omnium præcipuus auctor est S. Gregorius? Certo crede. Nam ejus verba sunt in fine c. 58, l. IV Dialog., to. I.

Eramus inimici Dei.] *Eramus natura filii iræ: Deus autem, propter nimiam charitatem, qua dilexit nos, cum essemus mortui peccatis, convivificavit nos Christo. Ephes. II.*

Ad Romanos, cap. V.] *Tria c. XI.*

Et tractabiles.]. *C.* Et contractabiles.

Os osculans est verbum.] *Glossa est interlinealis in hunc locum.*

513 Electrum effectivum.] *Recte electro comparatur pax. Sicut enim, teste Tertulliano, electrum ex auro et argento fœderatum est, ita et pax homine et Deo unitis charitatis vinculo.*

Unde pro hac quasi.] *M.* Unde propheta quasi non sufficienti ad salutem. Idem propheta, *etc. Error amanuensis, ut apparet.*

Da pacem sustin.] *Tria sic habent :* Biblia sacra vero, *Eccli. XXVI. Da* mercedem sustinentibus, *etc.*

Ad Philipp., c. IV.] *Tria* c. VII. *Nota tamen C. et M. in hoc peccare, quod ad Coloss. legant pro ad Philipp.*

Et pax Dei.] *Qua pacatus est, ait margo C.*

CAPUT CXI.

Nimis dediti simus.] *C.* Multis dediti, *etc.*

Stulto, inquit, labore.] *Impressa Basileæ Biblia anno 1594 pro* Stulto, legunt, multo, *sed vitiose, ut patet ex regiis Bibliis in versione S. Hieronymi.*

Manifestum est animum.] *Idem probat B. Cyprianus de 12 Abusion.* Mundi amor et Dei, inquit, pariter in uno corde habitare non possunt; quemadmodum oculi pariter cœlum et terram nequaquam aspiciunt.

Domino vacuari.] *M.* Deo non vacare, *quo possit plenior, quanta ad superna et ad æterna extenditur. Tenebræ sunt.*

Sine nubilo allegoriæ.] *Brevitatis causa omitto, quid hac de re dicant sancti Patres : interea vide apud B. Hieronymum tom. IX, sermone in vigilia Paschæ* De esu agni, *et B. Aug., tr. 18 in Joannem; Tertull. De præscript. hæret., c. 37.*

CAPUT CXII.

Si igitur a prædictis.] *Contra hæc arguit V. hoc modo :* Hoc est contrarium Apostolo qui ait : « Non est vobis colluctatio adversus carnem et sanguinem,» subaudi tantum; « sed etiam adversus principes et potestates (*Ephes.* vi), » etc. Non possumus habere pacem a diabolo, quia inimicitias posuit Deus inter hominem et illum serpentem (*Gen.* iii). Nec a carne; quia naturaliter ex prima sua maledictione spinas et tribulos germinat nobis (*ibid.*), etiam cum illam operamur per culturam disciplinæ. Sed nec a mundo pacem habere possumus, quia Dominus ait discipulis suis : « In mundo pressuram habebitis (*Joan.* xvi). » Propter hæc tria dicit Apostolus : « Omnes qui pie volunt vivere in Christo persecutionem patiuntur (*II Tim.* iii). » Male ergo dicit hic nos debere pacem habere ab illis, cum hoc sit impossibile in hac vita, ubi semper caro concupiscit adversus spiritum, et spiritus adversus carnem (*Gal.* v). Nam qui ab illis pacem habet, et cum illis pacem habet, contra consilium Sapientis agit, qui ait : « Non credas inimico tuo in æternum (*Eccli.* xii). » Et iterum : **514** « Diliges amicum tuum, et odio habebis inimicum tuum (*Matth.* v). » Quando autem in pace in idipsum dormierimus, et requiescere cœperimus singulariter in spe constituti (*Psal.*iv), tunc primo ab iis tribus pacem habebimus. Nunc autem interim Christus non venit mittere pacem in terra, sed gladium (*Matth.* x); et passurus ipse jubet habentem tunicam vendere eam et emere gladium (*Luc.* xxi). Tempus enim belli modo est. Tempus autem pacis a morte incipit. « Militia est enim vita hominis super terram (*Job* vii). » Unde nobis omnibus dicitur : « Estote fortes in bello, et pugnate cum antiquo serpente, cujus semper coadjutores sunt mundus, et caro. « Non coronabitur nisi qui legitime certaverit (*II Tim.* ii). » In certamine autem, quæ pax esse potest? *Ita V. in margine.* Verum ad ea breviter respondetur eos qui juste bella gerunt, ut est bellum, contra diabolum, carnem et mundum, intendere pacem, atque ita tale bellum non contrariatur pa.i, nisi malæ, de qua Dominus Maith. x : Non veni pacem mittere, sed gladium. Bellum (inquit Aug., ep. 205 *ad Bonifacium*) geritur ut pax acquiratur. Finis autem præstantior est mediis. Quapropter recte pacem præ omnibus commendat auctor noster.

Dominus diluvium.] *C. ad latus* : Percussionis et pressurarum.

Contra hoc diluvium.] *Expositio B. Aug. in Psal.* hunc, to. VIII.

Populo suo in pace.] Id est, in æternum, ait margo C. post Glossam.

In hoc opere pacis.] *M. allucinatur dicens* : In tempore pacis, etc.

CAPUT CXIII.

Solum M. caput dividit, fixo etiam titulo : De duplici pace.

Et pax æternitatis.] Sic videtur legendum ex c. 110, ubi hanc pacis distinctionem facit. V. Pax æterna.

Jeremias, c. xxxviii.] *Tria* c. cxxxv.

A falsis fratribus.] *C.* A fictis fratribus.

In pace, ecce amaritudo.] *Verba sunt Isaiæ. V. pro* ecce, *legit* Ecclesiæ.

Unde nec pax est.] *Illa nempe pro qua habenda libertas perit. Nam* (teste Cicerone in Philippicis [lib. ii]) Nomen pacis dulce est, et ipsa res salutaris. Pax est tranquilla libertas.

Per quam nec alia virtus.] *M.* Per quam nec ita virtus. *Glossa in hunc locum ordinaria sic effert* : Primum quidem pudica est. Nisi primum pudicitia sedeat in mente, nulla perfectio sequetur in opere.

Deinde pacifica.] *Margo C.* Ut nec libertas pereat.

Non judicans, sine simul.] *Restitui locum hunc. Tria legebant*, omisso non judicans sine simulatione. *Idem etiam deprehendi in textu cum Glossa Lyrani charactere antiquo, sive* (ut vulgo) *S. Petri, impresso;· sed error est, ut patet ex paraphrasi Syriaca, quæ sic habet* : Absone dijudicatione, ac facies

non accipit, *hoc est* personas. *Præterea ex dicta paraphrasi liquido constat hæc verba* : Non judicans, **515** sine simulatione, *commate aut duplici puncto distingui debere propter interpositam conjunctionem* ac.

Omnia Cæsar erat.] *Hemistichium Lucani l.* iii *Pharsalici belli, quo etiam utitur Alanus c.* 1, *in fine.*

Libertatem Romanorum.] *Valerius Max. in Catonis libere, nec minus laudabiliter dictum, hoc epiphonemate utitur :* Quid ergo libertas sine Catone? Nec magis quam Cato sine libertate. *Lib.* vi, *c.* 2.

Ezechias mollissimum verbum.] *Sic legendum reor, non autem* Ezechias mallissimus, *ut M. quasi fuerit superlative malus. Nam ille, ut legitur IV Reg.* xxi, dissipavit excelsa, quæ postmodum Manasses filius ejus reædificavit. *Deinde, cum illud vocabulum* mallissimus, *sit extra Latinorum coloniam, ac proinde ad Augiæ stabulum relegandum, potius quam sequendum, dicam amanuensem vice* mollissimum, *ut duo exemplaria legunt, per abusum scripsisse* mallissimus.

Verbum pessimum.] *Ly* verbum, pessimum *omittit V.*

Non præcavens libertati.] Non sic B. Thomas Cantuariensis, *inquiunt margines C. et M.*

In diebus meis.] *Post hæc verba, addit C.* Item Parabolarum xxviii [forte xiii] *secundum modernorum computationem.*

CAPUT CXIV.

Ad Romanos, c. ii.] *Tria* ca. vi.

Isaiæ, c. xliii.] *V.* ca. cxxxiv. *C.* cxxv et cxxvii.

Laborem de iniquitatibus.] *M. pro* iniquitatibus. *Textus Biblicus habet* : In iniquitatibus.

Isaias, c. l.] *V. c.* cxlix. *M. et C.* cl.

Et cap. liii.] *C. et M. c.* cxl. *V.* clix. *Videtur hic fuisse error notarii in supputatione capitum. M. et C. eo quod minus computent quam supra, et numerus necessario debeat hic augeri.*

II Cor. c. xii.] *Tria* c. xxvii.

Sic signum expressius.] *V. et C.* Sed signum expressius.

Necessarium præposuit.] *C. et V.* proposuit *sed male, ut ex sequentibus colligitur. Audi interim quæ hic, deprehendi in ora inferiori C.* Non est patientia, nisi ubi æquanimitas animi servatur. Ex patientia enim quidam cachinnat et si tacet quidam mente, subridet, quod pejus est; quia continuant dolos. *De his plenius Seneca, l. De providentia, et Cicero in Officiis.*

Ait, c. 8 : Quod autem.] *Tria* c. lxxviii.

Dulcius est quoties.] *C.* Dulcius, vel lætius est. *In margine sic* : Ut carcer et flagellum justo. *Audi præterea ex Isidoro Sololiq. l.* ii. Magna est virtus, inquit, si non lædas a quo læsus es. Magna est fortitudo, si, etiam læsus, remittas. **516** Magna est gloria, si cui potuisti nocere, parcas.

Sufferentiam Job.] *Cum tria inter se multum variarent, ego consulto restitui locum juxta novam et receptam editionem Bibliorum, Sixti V. papæ V. et M. Sustinentiam* Job, *C in textu* : Sustentationem Job, *at in margine corrigit sic* : Lego sufficientiam.

Sine patientia coronatus.] *Hæc et præcedentia, sumpta sunt ex ep. B. Hier. ad Eustochium De custodia virginitatis, in fine. Ubi sic* : Sine certamine coronatus est?

Iniquitas premens.] *Verba sunt B. Aug. in Psal.* lvi, *ver.* 2.

Ad Romanos, c. iii.] *Tria* c. xi.

Et capite viii.] *Tria* xxi.

Adversorum.] *M.* adversariorum *illud idem exspectamus.*

Pro torcularibus.] *Hæc in psalmis non inveniuntur, ergo alibi quærenda sunt. Ubi? In titulis a David propheta psalmis præfixis, quorum unus in Psal.* viii, *talis est* : In finem pro torcularibus, psalmus David. *Vide to.* IV (tom. VIII). *B. Hier. in c. x. Isaiæ in fine.*

Id est Ecclesiis.] *Sana lectio. Hujus si ampliorem intellectum petis, consule B. Augustinum in titulum Psal.* VIII. *Nam ibi dilucide rem exponit. M.* Id est illis, qui in præsenti sunt, etc.

Occultatum os meum.] *Quædam impressa, sicut etiam C. hic, pro* os meum *legunt* cor meum. *Unde hic error irrepserit nescio, scio tamen B. Hieron. cum* LXX *interp. vertisse* os meum, *sive* ossa mea.

Arreptitio triumphavit.] *Solum M. addit hæc duo verba,* est autem arreptitius, *qui a dæmone raptus est.*

A quo dæmon exiens.] *M.* a qua, maxilla nempe, dæmon exiens, *etc.*

Intumescit et crepat] *M.* intumescit et certat.

Arcuatoque vulnere.] *M.* quasi vulnere pungit, *omisso* arcuato.

Job, c. II.] *Tria* c. v.

In faciem.] *M.* In fine benedicat tibi.

Nunquam et ipse.] *Hæc, usque* injuriam corporis, *omittit M.*

Datur et crescit.] *M.* Datur et non succumbit.

Primus est pœnitentium.] *M.* pœnitentiæ.

Compassionem proximi.] *Nequaquam* compassionem Christi, *ut volunt M. et C. Nam veritas elucet ex B. Gregorii hom.* 32 *in Evang.*

Hic ure, hic seca.] *Verba B. Aug. in Confessionibus.*

Acervus testimonii.] *Allusio ad illa verba Gen.* XXXI *de Jacob :* Acervus testimonii, *in quæ videto B. Hier. to.* IV *in c.* XXII *Jeremiæ.*

In testimonium patientiæ.] *V. et C.* In patientiam, *tantum.*

Pro verecundia.] *C. ex Amos* II *in margine hæc notat :* Rota plaustri semper vertitur (*melius M.* semper murmurat, *quia affinius est verbo* stridet, *ut in Amos ibidem legitur) et* fenum portat. *Hic locus prophetæ exponitur a B. Gregorio Moral.* XXXII, *cap.* 6.

517 Triplicem persecutionem.] *V.* Triplicem injuriam.

Verba convitii.] *V.* Verba contumeliæ. *Contumeliam ab injuria sic distinguit Seneca, lib. De constantia sapientis, c.* 4. Dividamus, si tibi videtur, Serene, injuriam a contumelia : prior illa, natura gravior est ; hæc levior et tantum delicatis gravis, qua non læduntur, sed offenduntur. *Cæetera brevitatis causa omitto. C. ad latus ait pro* contumeliæ : Lege conjugis, forte ut *M.* convicii.

Ubi contemptus juvat.] *Hemistichium Claudiani in Eutropium, l.* I.

An garciones isti.] *Hoc nomen pro* adolescente, *quandoque etiam pro nebulone usurpatur. Gallis notum est. Hoc utitur verbo B. Bernardus in Apologia ad Guillelmum. Sed dicam legendum in textu* gnatones *potius quam* garciones. *Videntur enim hic esse verba Senecæ, qui vocabulo* garciones *nunquam usus est. Id innuit M. quia legit in textu* natones, *quod vult esse* gnatones, *id est parasiti.*

Contemnenda per patientiam.] Pueros et adolescentes excusat Seneca a contumelia et injuria, ideoque eorum objecta et probra patienter esse sustinenda. Ait enim. lib. II. *De tranquillitate vitæ sive libro De constantia, cap.* 11. Pueros quidem in hoc mercantur procaces, et eorum impudentiam acuunt, et sub magistro habent, qui probra meditate effundant ; nec has contumelias vocamus, sed argutias. Quanta autem dementia est, iisdem modo delectari, modo offendi, et rem ab amico dictam, maledicum vocare ; a servulo, joculare convicium ? Quem animum nos adversus pueros habemus, hunc sapiens adversus omnes, quibus etiam post juventam canosque puerilitas est. *Et infra :* Non immerito itaque horum (*puerorum*) contumelias, sapiens, et jocos accipit, et aliquando illos, tanquam pueros malos pœnaque admonet et afficit : non quia acceptit injuriam, sed quia fecerunt et ut desinant facere. *Idem* III. *De ira, cap.* 24 : Quis sum cujus au-

res lædi nefas sit? Ignoverunt multi hostibus, ego non ignoscam pigris, negligentibus, garrulis ? Puerum ætas excuset, feminam sexus, extraneum libertas, domesticum familiaritas.

Consuetudo etiam maxime.] Ex hoc puta genere sapientem eorum, *inquit Seneca De constantia, cap.* 9, qui exercitatione longa ac fideli, robur perpetiendi lassandique omnem inimicam vim consecuti sunt. Multi sunt mites et valde mites, sed cum omnia ex animi sententia succedunt. Si minimum nec dico convicii aut contumeliæ, sed contradictionis verbulum in se profusum audiunt, continuo indignabundi insultant, et largiter decem verba pro uno rependunt. Cur ita? dicam. Tales foti sub aliis matrum, lacte tantum et melle enutriti, nunquam felle potati, nec injuriis lacessiti neque flagris, imo nec verbis, offensi sunt. Repetam quod dudum in scholis exaudivi.

Felix esse nequis fel nihil præbiberis.

Unde quod male fers.] *Ex Seneca De constantia.*

Tullius in Officiis.] *Nonne* IV *Rhetor. novorum, aut* 2 *Q. Tuscul.* ?

Consuetudo faciet dulciorem.] *Ab assuetis non sit passio.*

518 Sullæ negavit.] *Tria Sillæ. Male, ut ex Seneca liquet de Providentia cap.* 3. *At editio per Erasmum facta habet* Syllæ.

Mortis et carceris.] *C. in margine :* Ut Socratem et ideo patientem.

Quod non occiderit.] *Addit V. post hæc verba :* Ipsum Porsenam dicens : Ardeat manus quæ erravit : *sed cum hæc absint a textu Senecæ, et duo ex nostris non habeant, duxi convenientius ea ad notas revocare.*

In legenda B. Vincentii.] *Videto sermonem B. Augustini de eodem.*

Ait, cap. XX.] *V. et M. c.* LXXV. *c.* LXXXV

In corde meo.] *Restitui, alioquin* tria. In ore meo.

Parati revincere.] *Hoc est* ulcisci, *ut colligitur ex* II *Cor., c.* X, *vers.* 6. *C.* Rejicere.

Et in Ecclesiastico, c. II.] *Hæc, usque ad finem capitis desumpsi ex V. M. vero loca Scripturæ notat, sed verba non habet.*

CAPUT CXV.

August. ad Macedonium.] *To.* II, *ep.* 52 *in medio. Præterea fuse de quatuor virtutibus cardinalibus ed sserit to.* I. *l.* I *De libero-arbitrio, c.* 13. *Item, to.* IV, *l.* LXXXIII. *Quæstionum, c.* 31.

Quod eligendum est.] *Solum M. hæc addit. Nam* duo alia : Id autem eligere prudentia est, *quomodo habet Augustinus.*

His paucis ostensa est.] *Margo C. vult* offensa est, *pro* ostensa est. *Sed cur hoc ?*

Beatus quidem currus.] Spiritualis scilicet currus, ait margo *C.* quem ille figurabat. *Sed dicam :* Nonne etiam figuralis erat harum quatuor virtutum, currus quatuor animalium Ezechielis? Primam rotam hominis effigiem referentem prudentiæ tribuam. Ea enim a ratione pendet : atqui homo rationalis est. Dabo secundam rotam, vitulinam nempe, ipsi temperantiæ, Mactatur in sacrificio vitulus. An non quoque inordinati sensualitatis appetitus temperantia mactantur, dum compescuntur ? Fortitudo a natura ipsa leoni concessa est. Postremo, justitiam aquila figurabo. Hac enim irreverberatis oculis in solem tendit : Justitia non frangitur donis, non inflectitur muneribus, quibus a jure unicuique tribuendo recedat : continuo jus æquum et stabile sibi proponit, a quo nequaquam declinat. Unde de B. evangelista Joanne ait B. Gregorius in Ezechielem hom. 4. Dum in ipsam divinitatis substantiam intendit, quasi, more aquilæ, oculos in solem justitiæ fixit.

De hac Ezechielis quadriga evangelistas figurante, vidi in bibliotheca nostra m. s. versus elegantes Petri de Riga clerici Remensis. Hujus opera in sacram Scripturam sub allegorico sensu versificata, nondum visa sunt, sed Deo propitio brevi videnda, et publi-

cauda. Ex versibus subscriptis, auctoris præstantiam doctrinamve, tanquam ex ungue leonem conjice (*De quo Trithem. De script. eccles.*) :

519. *Ex prologo in Evangelia.*
Sors divisa rotas trahit : it rota prima, secunda Festinat, currit tertia, quarta volat.
Matthæum signat vir, bos Lucam, leo Marcum, Ales discipulum, qui sine labe fuit.
Et infra :
Pagina Matthæi lac. Lucæ littera sanguis.
Marci scripta merum, mella Joannis opus.
Consule Scripturas : hic ferreus, æreus ille,
Hic argenteus est, aureus ille stylus.
Figuralem.] *Solum M. addit hoc verbum. C. sic legit hic :* Ignem quoque illum nisi prius, etc.
Nisi prius hunc.] Hunc *nempe* currum *quatuor virtutum cardinalium.*
Hunc ascenderet.] C. Hunc accenderet.

CAPUT CXVI.

Et pes.] *M.* Et species.
Inter septem dona.] *C. et M.* Unde septem donorum. *Nullus sensus. Accurate autem omnium horum discrimen docet S. Thomas in 1-2, et 2-2 suæ Summæ theologicæ.*
Levit. c. II.] Tria c. I.
Petrus I Epist., c. IV.] Tria c. X.
In concilio etiam sanctorum Pallidorum.] *De quibus in libro Vitas Patrum. Pallidi dicti a mortificatione corporis in facie pallorem præ se ferentis. De hoc concilio, seu collatione, vide Cassianum in collationibus Patrum, Collat.* 2, c. 2.

CAPUT CXVII.

Per prudentiam eligendum.] *Sive, ut clarius sit, per prudentiam elegerant eligendum. M. pro* eligendum *habet* eligendos.
Adversitatum defecisse.] *V.* adversitatem. *Ad hæc magnus et prolixus est margo in V qui non parum hoc* de fortitudine *caput illustrat ; illum autem infra, post notas in hoc caput, describemus.*
Plerosque claustrales.] *Ly* claustrales *omittit V. Male, ut ex sequentibus patebit.*
Quanta pro relictis.] *M.* Quæ pro relictis.
In carceribus.] *M.* In contradictionibus.
Quem genuit de Bethsabee.] *Recte hæc addunt, M. et C. Nam infantulus, quem ex Bethsabee genuerat David, primogenitus erat, et ille quoque mortuus est, ut* **520** *liquet ex II Reg. cap.* XI *in fine, et cap.* XII.
I Petri, c. V.] *V. et M.* c. XII. *C. non notat caput.*
Parab., c. X.] *V.* c. XXV. *C. et M.* XXXVII. *Male.*
Et c. XII.] *C. et M.* c. XXVIII. *Error est, ut ex præcedenti nota colligitur.*
Et c. X.] Tria c. XXV, *adverte M. et C. male computasse in superiori nota* 37, *quia hic caput idem est scilicet* x, *conveniuntque tria simul, ibi vero dissentiunt.*
Ecclesiastici, c. XXX.] *M. et C.* LXXX. *V.* LXXXI.
Marginem C. *talem vidi :* De his plenius Seneca De quatuor virtutibus cardinal. et Cicero in officiis. *Hæc recitat margo V. de quo supra dixi. Sic autem incipit :* Tullius in libro De officiis : Prudentia est rerum bonarum et malarum cognitio, et utrarumque discretio. Hæc namque virtus discernit bona a malis, et bona ab invicem, et mala ab invicem. Hujus officia sunt ex præsentibus futura perpendere, adversus venientem calamitatem consilio præmunire. Illud quidem ingenii est, ante considerare quid accidere possit in utramque partem, et quid agendum sit, cum quid evenerit; nec committere aliquid, ut aliquando dicendum sit : Non putaram. Prudentiæ partes sunt : Providentia est circumspectio, cautio, docilitas. Providentia est præsens notio, futurorum pertractans eventum. Circumspectio est contrariorum vitiorum cautela, id est sic fugere unum vitium, ut non incurras contrarium.

Cautio est discernere a virtutibus vitia, virtutum speciem præferentia. Docilitas est scientia erudiendi imperitos. *Cic. l.* II *De inventione;* I *De offi ; Boet. l.* IV, *prosa* 6; *Sen. De quatuor virt. et ep.* 5; *B. Aug., to.* III, *l. De spi. et anima; Cic.,* IV *in A. cad.; idem,* IV *Tusc.; B. Aug., in. v. De civit. l.* XIV, c. 8). Ad prudentiam pertinet quidquid B. Bernardus (*in l. De consid. ad Eugenium papam*) ad considerationem pertinere dicit. Seneca de quatuor virtutibus in capitulo De prudentia, istas sententias perutiliter ponit : Dignitatem rebus non ex opinione multorum, sed ex natura earum constitues [*al.* constitutos]. Item : Non magnum æstimes quod caducum est. Ubique idem eris : et prout rerum varietas exigit, ita te accommodes tempori, nec te in aliquibus mutes, sed potius aptes, sicut manus quæ eadem est, et cum in palmam [*al.* palmum] extenditur, et cum in pugnum constringitur [*Sen.* astringitur; *al.* moveat]. Item : Scito te in quibusdam debere perseverare, quia cœpisti ; quædam vero nec incipe in quibus perseverare sit noxium. Item cogitationes vagas, et velut somnio similes, non recipias. Item, sermo tuus non sit inanis, sed aut suadeat, aut moneat, aut consoletur, aut præcipiat. Lauda parce, vitupera parcius. Laudatio enim nimia reprehensibilis est, ut immoderata vituperatio. Illa siquidem adulatione, ista malignitate suspecta est, etc.

Fortitudo est virtus retundens impetum adversitatis. Hujus hæ sunt partes : Magnanimitas, fiducia, securitas, magnificentia, constantia, patientia.

Magnanimitas est difficilium spontanea et rationalis aggressio. Hæc enim virtus, ut ait Tullius (lib. I *Offic. post Plat.*), cum in adeunda aspera pronum faciat, potius communem utilitatem, quam sua commoda attendit. Sicut enim scientia remota a justitia calliditas potius quam sapientia appellanda est, sic animus ad pericula paratus, si sua cupiditate non communi (*al omni*) utilitate impellitur, **521** temeritatis [*Cicero audaciæ habet*] potius nomen habet quam fortitudinis. Magnanimi sunt habendi, non qui faciunt, sed qui propulsant injuriam. Prima igitur est in hac virtute cautela avaritiæ. Non est enim rationi consentaneum, qui metu non frangitur, eum frangi cupiditate ; nec qui se invictum a labore præstiterit, eum vinci voluptate. Secunda est cautela ambitionis. Per difficultates enim quæritur claritudo. Quod enim difficilius est, præclarius esse putatur. Tertia est cautela temeritatis. Temere namque in acie versari, et manu cum hoste confligere, immane quiddam est et belluarum simile. Si tamen necessitas postulat decertandum est, et mors turpitudini anteponenda : præcipue autem fugiendum est, ne offeramus nos periculis sine causa. In quibus adeundis imitari debemus medicorum consuetudinem, qui leviter ægrotantes leviter curant ; gravioribus autem morbis ancipites curationes adhibere coguntur. Subvenire autem tempestati quavis ratione, sapientis est ; eaque magis adipiscitur re explicata boni, quam formidata (*Cicero* I *offic.*, addubitata) mali. Fiducia est certa spes animi perducendi, ad finem rem inchoatam. Securitas est incommoditates imminentes et rei inchoatæ affines non formidare.

Magnificentia est difficilium et præclarorum consummatio. Hujus officia sunt, partim pacata, partim bellica (I *Offic.*). In pacatis duo præcepta prælationis tenenda sunt prælatis. Unum, ut utilitatem civium sic tueantur, ut quæcunque agunt, ad eam referant, obliti commodorum suorum. Alterum, ut totum corpus civitatis curent, ne, dum partes aliquas tuentur, reliquas deserant.

In bellicis officiis illud primum est, ea scilicet intentione bella suscipere, ut in pace sine injuria vivatur. Secundum, priusquam aggrediare, adhibere diligentem præparationem. Apparatus autem belli

In quatuor constitit : In clientelis, municipiis, sumptu et armis.

Tertium officium est, ne, aut temere desperes propter ignaviam, aut nimis confidas propter cupiditatem.

Quartum est, plus turpitudinem quam mortem horrere, plus ad honestatem quam ad salutem, vel alia commoda spectare; non tamen rumores saluti præponere.

Quintum est, copias suas crebris laboribus exercere.

Sextum est, postquam ad bellum ventum est, hortando bonam indolem erigere; modo laudibus animos attollere, modo admonitionibus desidiam discutere.

Septimum est, in congressu ad primos impetus occurrere.

Octavum est, inclinatis opem ferre, labantes fulsire.

Nonum est parta victoria conservare eos, qui non crudeles, non immanes fuerunt.

Decimum est, foedera et promissa hostibus servare. Cum autem plerique arbitrentur res bellicas majores esse quam urbanas, minuenda est hæc opinio. Multi enim bella quæsierunt propter gloriæ, aut **522** pecuniæ cupiditatem. Unde si recte volumus judicare, parva sunt arma foris, si non est consilium domi. Rectius autem videtur ingenii quam virium opibus gloriam quærere. Omne enim illud honestum, quod excelso animo quærimus, animi efficitur non corporis viribus. Exercendum tamen est corpus, ut obedire consilio et rationi possit.

Constantia est stabilitas animi firma et in proposito perseverans. Hæc in malis dicitur pertinacia, hæc obstinatio. Huic contraria est inconstantia, quæ est motus animi circa varias occupationes. Constantiæ officium est, ut ait Tullius, in utraque fortuna gravitatem tenere. Sunt enim, ut idem ait, qui in rebus contrariis parum sibi constent voluptatem severissime contemnant, in dolore sint molliores, gratiam negligant, frangantur infamia. Patientia est virtus contumeliarum, et omnis adversitatis impetus æquanimiter et portans. Seneca [for:e Tullius] in libro De officiis (*si Seneca forte libro De moribus, qui incipit* : Omne peccatum actio est) quatuor virtutibus, in capitulo De magnanimitate, quo nomine appellat fortitudinem. Si magnanimus, inquit, fueris, nunquam tibi judicabis contumeliam fieri. Item : Scito honestum, et majus genus vindictæ esse, ignoscere.

Item (SEN., *De quatuor virt.*) : Non geres conflictum nisi indixeris. Item : Pericula nec appetas, ut temerarius; nec formides, ut timidus. Item : Timidum non facit animum, nisi reprehensibilis vitæ conscientia. Item : Mensura magnanimitatis est, nec timidum esse, nec audacem.

CAPUT CXVIII.

Virtutem servatura.] *M.* Virtute servitura.

Illecebris adversatur.] *C. et V.* Illecebras adversatur.

In præfato curru.] *De quo c.* 115.

Dum tibi apud alios.] *C.* Dum apud alios sibi, vel ab aliis apud te.

Vulnerat animorum.] *C.* animarum. *M. Ly* animorum, *revocat ad sequentem periodum, sic :* Integritatem vulnerat. Animorum usus ægre, etc.

Revelli.] *M.* Reverti. Ad hæc dicam cum B. Hieronymo : Difficulter eraditur, quod rudes animi perbiberunt.

Frequentatas a cunis.] *M.* Frequentatas acrius delicias.

Cum incipit homo.] *M.* Concipit homo.

Quam superbiam.] *M. et C.* quam refrenat. Deest superbiam.

A quodam sapiente modus.] *A Salomone Prov.* XXIII. Prudentiæ tuæ pone modum. *Præterea Cicero,*

Offic. His enim rebus quæ tractantur in vita modum quemdam adhibentes et ordinem, honestatem et decus conservabimus. *Horatius*.

Est modus in rebus, sunt certi denique fines.

523 A philosopho.] *Sic enim Senecæ ascriptus libellus De quatuor virtutibus, titulo De magnanimitate.* Magnanimitas vero, quæ et fortitudo dicitur. V. *in hoc caput De temperantia talem legit marginem :* Tullius in libro De officiis : Temperantia est dominium rationis in libidinem et alios motus importunos. Hæc quidem virtus totius vitæ ornatus est, omniumque perturbationum sedatio. Hujus virtutis partes sunt quæcunque infidis motibus dominantur. Hæc sunt octo : Modestia, verecundia, abstinentia, honestas, moderantia, parcitas, sobrietas, pudicitia.

Modestia est, cultum nostrum, et motum, et omnem nostram occupationem ultra defectum, et citra excessum sistere. In cultu observandum est ut a viro removeatur omnis viro non dignus ornatus. Adhibenda est, ut ait Tullius, munditia non odiosa, neque exquisita nimis, tantumque fugiat agrestem et inurbanam negligentiam. Idem : Motus, alius corporis, alius animi. In corporeo cavendum est ne in tardationibus adeo molli gressu utamur, ut pomparum ferculis similes esse videamur, aut ne in festinationibus suscipiamus nimias celeritates. Quæ cum fiunt anhelitus moventur, vultus mutantur, ora torquentur, ex quibus magna significatio fit non adesse constantiam.

Motus autem animorum duplices sunt : Cogitatio rationis, et appetitus voluntatis. Cogitatio in exquirendo vero exercetur, appetitus impellit ad agendum. Curandum est igitur ut ratio præsit, appetitus obtemperet. Si enim non pareant appetitus rationi, cui subjecti sunt, leges naturæ, non modo animi perturbantur, sed etiam corpora. Licet ora ipsa cernere iratorum, vel eorum, qui aut metu commoti sunt, aut nimia gestiunt voluptate. Quorum omnium, vultus, voces, motus, status mutantur. Ex quibus intelligitur appetitus omnes contrahendos ac sedandos. Occupationes autem pro diversitate temporum, morum, negotiorumque variæ sunt. Quemadmodum vero in corporibus magnæ sunt dissimilitudines, cum alios videas velocitate ad cursum, alios viribus ad luctandum valere, sic in animis majores sunt varietates. Quibusdam enim inest lepos fandi, id est urbanitas, his hilaritas, illis severitas. Alios vides callidos ad celandum dissimulandumque. Sunt alii simplices et aperti, qui nihil ex occulto, nihil ex insidiis agendum putant veritatis cultores, fraudis inimici. Ad quas igitur res erimus apti [*videtur deesse* si], in his occupati simus. Si vero necessitas nos detruserit ad ea, quæ nostri ingenii non erunt; omnis cura adhibenda est, ut ea, si non decore, saltem parum indecore faciamus, nec tam enitendum est ut bona, quæ nobis non sunt data, sequamur, quam ut vitia fugiamus.

His ita se habentibus, adolescentis sit officium majores natu vereri, atque ex his eligere probatissimos, quorum consilio innitatur. Ineuntis enim ætatis justitia, senum regenda est prudentia. Ineunte enim adolescentia maxima est **524** imbecillitas consilii, tamen illud sibi quisque genus vitæ degendum constituit, quod maxime adamavit. Itaque, ante implicatur aliquo certo cursu vivendi, quam potuit, quod optimum est judicare. Ideo juvenis sit officium, ut ait Terentius, tanquam in speculo vitas hominum inspicere atque ex aliis exemplum sibi sumere. Maxime autem hæc ætas a libidinibus arcenda est. Sic tamen relaxare animos, et dare voluptati volent; caveant intemperantiam, et meminerint verecundiæ. Quid enim erit facilius, si ludo suo majores natu velint interesse? Ludo enim et joco uti licet; sed sicut somno et quietudinibus cæteris : tunc scilicet, cum rebus seriis satisfecerimus. Duplex est enim animo jocandi genus Unum illiberale, petulans, flagitiosum, obscenum; alterum elegans, urbanum, ingeniosum, facetum. Senibus autem labores corporis minuendi, exercitationes animi augendæ. Danda est etiam opera, ut amicos et juventutem consilio juvemus. Nihil autem magis cavendum est senectuti, quam ne desidiæ se credat. Luxuria vero, cum in omni ætate turpis sit, in senectute fœdissima est. Si enim senectuti accessit intemperantia, duplex malum est. Ipsa enim senectus concip't dedecus, et intemperantiam juvenum reddit impudentiorem.

Negotiorumque quoque diversa sunt officia. Prælati quidem officium est, æstimare se gerere personam, civitatis, retinere decus, servare leges, meminisse eas esse commissas suæ fidei. Privati vero officium est, pari jure vivere cum civibus, nec nimis submissum, nec nimis efferentem se velle in republica tranquilla et honesta. Peregrini [al. peregrinum] officium est, nihil præter negotium suum agere, nihil de alio inquirere.

Sordidum est officium eorum, qui emunt a mercatoribus quod statim vendunt. Nihil enim proficiunt nisi ut admodum mentiantur. Nec vero quidquam est turpius vanitate. Idcirco res familiaris quæri debet quæstibus, a quibus abest turpitudo, conservari autem parcimonia. Nullus enim tantus quæstus est, quam quod habeas arcere. Medicina, architectura, honestæ sunt his quorum ordini conveniunt. Mercatura si tenuis est, sordida putanda est; sin magna, copiosa et multa, undique apportans, multis sine vanitate impertiens, non est admodum vituperanda. Agricultura nil melius, nil uberius, nil homine libero dignius. Hactenus de modestia, nunc de verecundia dicendum est, quæ nil aliud est quam in gestu et verbo honestatem servare.

Tullius (1 Offic.): In compositione namque nostri corporis magnam rationem videtur habuisse natura. Figuram enim nostram, in qua est honesta species, in aperto posuit; partes autem ad necessitatem naturæ datas ideo abdidit, quia deformem aspectum habituræ erant. Hanc diligentem fabricam naturæ imitata est verecundia. Quod enim natura occultavit, ea removent ab oculis omnes sanam habentes mentem: dant etiam operam, ut quam occultissime pareant necessitati. In verbis etiam servanda est verecundia. Quarum enim partium usus sunt necessarii, neque eas **525** partes, neque earum usus suis nominibus appellant. Vitiosum est etiam in re severa delicatum inferre sermonem. Cum collegæ in prætura Pericles et Sophocles de communi officio tractare convenissent, dixit Sophocles de quodam puero transeunte: O Pericle, pulchrum puerum!

Respondit Pericles [Sophocles], prætorem decet habere, non solum manus, sed et oculos continentes. Si Sophocles idem in convivio dixisset, justa forsitan caruisset reprehensione. Ad verecundiam quoque pertinet loquacitatem fugere, et arcanum alterius non scrutari, et contentionem vitare. Nam contra parem contendere anceps est, cum superiore furiosum, cum inferiore sordidum. Namque absentem lædit, cum ebrio qui litigat.

Ad abstinentiam pertinet statutum prandendi terminum non prævenire, et hoc ipsum honestatis est; moderantiæ vero nimium ciborum appetitum rationis imperio revocare. Parcitas est, mensuram refectionis non excedere. Sobrietas est excessum impetu cohibere. Hujus officium est arcere malum ebrietatis. Pudicitia est moderamine rationis petulantiam domare. Ideo, ut ait Tullius, semper in promptu habeat vir fortis quantum natura hominis bestiis antecellat. Illæ enim nihil sentiunt nisi voluptates. Ad eam namque feruntur omni impetu; homines autem mens, alitur discendo, meditando, agendo. Si quis autem est ad voluptates paulo propensior, modo non sit in pecudum genere: ex hoc quidem intelligitur voluptatem non esse dignam hominis præstantia, quia latebras quærit. Si quis enim paulo erectius, quavis voluptate capiatur, occultat appetitum voluptatis propter verecundiam. Fugiamus ergo blandissimum voluptatum dominium. Nam voluptates blandissimæ, dominæ, maximas partes a virtute detorquent. Nunquam amore aliarum virtutum contra temperantiam agendum est. Sunt enim quædam adeo fœda, ut nec causa conservandæ patriæ facturus sit ea sapiens quæ etiam dictu obscena videntur.

Seneca de quatuor virtutibus temperantiam appellat continentiam, de qua inter cætera dicit: Continentiam si diligis, circumcide superflua. Item: Si continens fueris, eousque pervenies, ut teipso contentus sis: Item: Omnia quæ sunt blandimento, rejice. Item: Nec præsentibus inhærebis deliciis, nec desiderabis absentes. Palatum tuum fames excitet, non sapores. Desideria tua parvo redime; quia hoc tantum curare debes, ut desinant. Item: A corpore ad spiritum, quantum potes abducere [Sen. te festina reducere]. Item: Nec paupertas tibi immunda sit, nec parcimonia sordida, nec simplicitas neglecta, nec levitas ludenda. Item: Nec tua defleas, nec aliena mireris. Item: Turpia fugito antequam accidant. Non quemquam vereberis plusquam te. Omnia tolerabilia præter turpitudinem crede; a verbis quoque turpibus abstineto. Nam licentia eorum impudentiam nutrit. Sermones utiles magis quam facetos et amabiles ama, rectos potius quam obsecundantes. Miscebis interdum seriis jocos, sed temperatos, et sine detrimento dignitatis et verecundiæ. Nam reprehensibilis risus est, **526** si pueriliter effusus, si muliebriter fractus. Odibilem quoque facit hominem risus, aut superbus et clarus, aut malignus et furtivus, aut alienis malis evocatus. Item: Non erit tibi scurrilis, sed grata urbanitas.

Sales tui sine dente sint; joci sine vilitate; risus sine cachinno; vox sine clamore; incessus sine tumultu; quies sine desidia. Sit tibi tam triste laudari a turpibus, quam ob turpia, si lauderis. Item (Sen. De quatuor virt.): Non eris audax, nec arrogans; submittes te, non projicies gravitate servata. Admoneberis libenter, reprehenderis patienter. Si merito objurgavit aliquis, scito quia profuit; si immerito, scito quia prodesse voluit. Item: Nec extollas quemquam, nec dejicias. Esto vitiorum fugax ipse, aliorum vero non curiosus scrutator, nec acerbus reprehensor; sed sine exprobratione corrector, ita ut admonitionem hilaritate prævenias, et errori facile veniam dato. Requirenti facile responde; contendenti facile cede. Mobilis esto, non levis; constans, non pertinax. Cunctis esto benignus, nemini blandus, paucis familiaris, omnibus æquus; famæ bonæ, neque tuæ, seminator, nec alienæ invidus; rumoribus, criminibus, suspicionibus minime credulus. In adversis firmus, in prosperis cautus et humilis: occultator virtutum, sicut alii vitiorum, vanæ gloriæ contemptor. Alicujus te rei scientiam habere, nec ignotum sit, nec molestum. Nullius imprudentiam despicias; rari sermonis ipse, sed loquacium patiens severus, non sævus [al. ac serius], sed hilaris non aspernans. Sapientiæ cupidus et docilis; qua nosti, sine arrogantia postulanti imperties. Quæ nescis, sine occultatione ignorantiæ tibi postula impartiri. Omnes tibi pares facies, si inferiores superbiendo non contemnas, superiores recte vivendo non metuas. *Hæc margo V. in hoc caput* 118.

CAPUT CXIX.

Jactas victoriam.] *M.* Credis victoriam.
Somnias valetudinem.] *Absit*, Seminas valet *ut habet M.*

Superbiæ tumores.] *Non* timores, *ut C*
Homines infecit.] *C.* interfecit.

Prima hæc et ultima] *M.* Primalis et ultima.
Vitia superavit.] *Ait C. ad latus* :
Cum bene pugnaris, cum cuncta peracta putaris,
Quæ plus infestat, vincenda superbia restat.
In confusionem.] *V.* In confusione.
527 Jactans victoria.] *C.* Jactans vel jacens victoria.
Bonæ voluntatis, fulta.] *C.* Bonæ voluntatis, vel ædificium cujusque, fulta, etc.
Flagellum memineris.] *C.* Flagellum, vel flabellum memineris, etc.
Hic subscribam ea quæ in margine V. deprehendi tanquam notas in cap. 119 De justitia.

Tullius, in libro I De officiis, hæc de justitia divisim ponit, quæ nos inde collecta conjunctim ponimus. Fundamentum, inquit, justitiæ est fides, id est dictorum, conventorumque constantia et veritas. Item : Justitiæ partes sunt, non violare homines; verecundiæ, non offendere. Item : Omnis actio vacare debet temeritate et negligentia. In omni actione suscipienda, tria sunt tenenda. Primum, ut appetitus pareat rationi ; deinde ut animadvertatur quanta res illa sit, quam efficere volumus, ut neve major, neve minor cura suscipiatur quam causa postulat. Tertium, ut caveamus ut ea quæ pertinent ad liberalem speciem moderanda sint. Horum trium præstantissimum est appetitum obtemperare rationi. Item : Quæ parva videntur esse delicta, nec a nullis intelligi possunt, ab his est diligentius declinandum. Ut in fidibus aut in tibiis quamvis parum discrepent, tamen idem a sciente animadverti solet ; sic videndum est in vita ne forte quid discrepet, vel multo etiam magis, quo major et melior actionum, quam sonorum concentus est. Itaque, ut in fidibus musicorum aures, vel minima sentiunt; sic nos , si acres et diligentes esse volumus animadversores vitiorum , sæpe magna ex parvis intelligimus, ex oculorum obtutu, ex superciliorum aut remissione aut contractione, ex mœstitia, ex hilaritate, ex risu, ex locutione, ex reticentia, ex contentione vocis, ex submissione, et cæteris similibus.

Item : Prima officia debentur Deo, secunda patriæ, tertia parentibus; deinde gradatim reliqua reliquis. Item (*horum explicationem vide in Comm. Petri Marsi in* II *Offic.*) : Tanta est vis justitiæ, ut ne illi quidem, qui malefico scelereque pascuntur, possint sine ulla justitiæ particula vivere. Archipirata, nisi æqualiter prædam dispertiat, aut interficietur a sociis, aut relinquetur ; leges etiam dicuntur latronum, quibus pareant, et quas observent. Hujus propter æquabilem prædæ partitionem, et Bargulus Illyricus latro, de quo est apud Theopompum, magnas opes habuit, et multo majores Variathus Lusitanus. Etiam solitario homini, atque in agro vitam degenti opinio justitiæ necessaria est, eoque etiam magis, quod eam, si non habebunt, injusti habebuntur, nullisque præsidiis septi multis afficientur injuriis. Item : Servandæ [*al.* fervendæ] justitiæ causa videntur olim bene morati reges constituti, eademque constituendarum legum fuit causa, quæ regum. Jus enim semper est quæsitum **528** æquabile ; id si ab uno viro justo et bono consequebantur, erant eo contenti. Cum minus contingeret, leges sunt inventæ, quæ omnibus semper una atque eadem voce loqueretur.

Igitur justitia est virtus conservatrix humanæ societatis, et vitæ communitatis. Hæc virtus omnia aspera transcendit. Nemo enim justus esse potest, qui mortem, qui exsilium, qui dolorem, qui egestatem timet, aut qui ea, quæ his contraria sunt æquitati anteponit. Dividitur autem justitia in severitatem et liberalitatem. Severitas est virtus debito supplicio coercens injuriam. Hujus primum officium est, ne quis, cui noceat nisi lacessitus injuria. Secundum, ut communibus utatur pro communibus,

A privatis pro privatis. Privata sunt, quæ habentur nulla natura, sed aut vetere occupatione (ut qui quondam in vacua venerunt) aut victoria aut qui bello potiti sunt, aut lege, ut qui testamento patrum hæredes facti sunt. Et quia ea quæ natura erant communia proprium ei ejusque fit id quisque teneat. Qui autem plus appetet, violabit jus humanæ societatis.

Tertium est, exterminare ex hominum communitate pestiferum genus hominum. Ut enim quædam membra amputantur, si sanguine et spiritu carere cœperint, et nocere cæteris; sic ista in figura hominis feritas et immanitas belluæ a communi vita segreganda est. Nam quid interest, an ex homine se convertat quis in belluam, an sub hominis figura immanitatem belluæ gerat?

Liberalitas est virtus beneficiorum erogatrix : quam pro affectu benignitatem vel benevolentiam, pro effectu beneficentiam dicimus. Hæc in tribuendo et retribuendo consistit. Cum igitur homines hominibus plurimum et obsint, et prosint, proprium hoc esse virtutis statuo, conciliare animos hominum statuo et ad suos usus adjungere. Melius est principem diligi quam. timeri, benevolentiæ vis magna est, metus imbecilla. Nulla vis imperii tanta est, quæ premente mente metu possit esse diuturna. Circa liberalitatem septem cavenda sunt. Primo, ne sis durus ; secundo, ne dilator ; tertio, ne raptor ; quarto, ne prodigus; quinto, ne exprobrator; sexto, ne maleficiose neges; septimo, ne querelam facias deingrato ; et, quia [*al.* quem] , ut ait Ennius, beneficia male locata, malefacta arbitror. In dando beneficio habendus est delectus dignitatis in quo spectandi sunt mores ejus cui datur, et animus erga nos et cohabitatio, et vitæ societas, et ad nostras utilitates. Beneficia ante collata, etiamsi non vivitur cum perfectis, sed simulacra virtutis habentibus. Neminem puto negligendum , in quo aliqua significatio virtutis appareat. Colendus est quisque maxime, in quantum lenioribus virtutibus, modestia scilicet et temperantia, **529** ornatior erit. Plurimum est illud in officio, a quo plurimum diligimur, ei plurimum tribuamus. Alia autem causa est ejus (*Seneca*), qui calamitate premitur, alia ejus qui res meliores quærit, nullis rebus suis adversis. Propensior enim benignitas debetur in calamitosos, nisi forte digni fuerint calamitate. Melius apud bonos, quam apud divites puto collocari beneficium. Nam qui locupletes sunt, cum acceperint beneficium, se dedisse arbitrantur, aut aliquid a se exspectari suspicantur. Item : Si malo opulento benefacias, in illo uno, aut forte in ejus familia manet gratia. Si autem inopi et bono benefacias; omnes inopes et boni præsidium sibi paratum vident.

Item : Beneficentia , alia opis, alia pecuniæ. Facilior est ea quæ pecuniæ , præsertim locupleti, Prima splendidior et viro bono dignior. Ea enim quæ est pecuniæ materiam suam exhaurit. Itaque benignitate tollitur benignitas. Hac, quo in plures usus sis, eo minus in plures uti possis ; altera vero consuetudine benefaciendo paratiores et exercitatiores facit. Non tamen illud genus benignitatis omnino refutandum est. Nam sæpe idoneis hominibus indigentibus de re familiari impartiendum est, sed diligenter et moderate. Multi enim patrimonia effuderunt inconsulte largiendo. Nihil autem stultius quam curare, ut diutius facere non possis, quod libenter facias.

Item : Duo sunt genera largorum : alteri dissipatores, alteri liberales dicuntur. Dissipatores sunt, qui epulis et muneribus histrionum et lenonum pecunias profundunt. Isti memoriam, aut brevem, aut nullam omnino sunt relicturi. Liberales sunt, qui suis facultatibus, aut captos a prædonibus redimunt, aut amicos filiorum collatione juvant, vel in alia re necessaria quærenda vel augenda. Beneficentia opere exercetur juvando consilio, defendendo in causis eloquio. Nam cum ex accusatione et defensione constet causa, laudabilior est defensio. Est tamen accusatio persæpe probata, quam tamen semel, non sæpe, suscipere debemus. Duri enim hominis, vel potius vix hominis videtur esse periculum capitis inferre multis. Sordidum est etiam ad famam committere, ut accusator nomineris; diligenter quoque tenendum ne innocentem judicio capitis accersias, quod absque scelere nequit fieri. Nam quid tam inhumanum, quam eloquentiam ad salutem hominum datam, ad bonorum perniciem convertere? Initium justitiæ est a natura profectum. Deinde quædam in consuetudinem utilitatis ratione venerunt, postea mores a natura profectos, et consuetudine jam probatos legum metus, et religio sanxit.

Naturæ jus est, quod non opinio genuit, sed quædam vis innata inservit **530** religionem, pietatem, gratiam, vindicationem, observantiam, veritatem, Item : Justitiæ partes sunt, quæcunque virtutes boni debitum reddant. Reddit autem Deo jus suum religio, pietas parentibus, innocentia minoribus, amicitia æqualibus, concordia civibus, misericordia egenis

Religio est virtus divinitatis curam cæremoniamque afferens; cujus officium triplex (l. 11 De Invent.). Perpetrati sceleris pœnitere, temporalium mutabilitatem parvipendere, vitam suam, ex toto Deo committere. Quartum quoque ejus officium est veritatem servare.

Pietas est per quam sanguine junctis, et patriæ benevolis officium et diligens attribuitur cultus. Nam, ut ait Tullius (III Tuscul.) : Omnium est communis inimicus, qui hostis est suorum. Innocentia est puritas animi omnem injuriæ illationem abhorrens. Ut enim ait Seneca : Multis minatur, qui uni facit injuriam. Amicitia est, ut ait Tullius, voluntas bona erga aliquem causa illius qui diligitur. Hæc est autem, inquit, lex in amicitia, ut neque rogemus res turpes, nec rogati faciamus.

Reverentia est virtus personis gravibus, vel aliqua prælatione sublimatis, debitæ honorificationis cultum exhibens. Concordia est virtus cives et compatriotes in eodem jure et cohabitatione spontanee vinciens. Misericordia est virtus per quam animus super afflictorum calamitate movetur. Hæc virtus, ut ait Terentius, nihil humanum a se alienum putat.

Duobus præfatis justitiæ generibus opponuntur duo injustitiæ genera, truculentia et negligentia. Truculentia est pronitas ad injuriam inferendam. Hujus tres sunt causæ : Metus, avaritia, ambitio. Truculentia autem dividitur in vim et fraudem. Fraus quasi vulpeculæ vis leonis videtur. Utrumque ab homine alienissimum, sed fraus odio digna majore. Totius vitæ justitiæ nulla pars capitalior quam eorum, qui tum maxime cum fallunt, id agunt, ut viri boni videantur. Negligentia est non propulsare injuriam, cum possis et debeas. Hujus hæ sunt causæ : Aut inimicitias, aut laborem, aut sumptus suscipere volunt, aut suis occupationibus detinentur, aut odio ita exonerantur, quod eos, quos tueri debent, desertos esse patiuntur. In omni autem injustitia permultum interest, utrum perturbatione animi, an consulto fiat injuria. Perturbatio enim plerumque brevis est, et ad tempus : Ideo leviora sunt, quæ repentino motu accidunt, quam ea quæ præmeditata inferuntur.

Seneca in libro De quatuor virtutibus : Justitia est naturæ tacita conventio in adjutorio multorum inventa. Hanc quisquis sectari desideras, time prius ut ama Deum, ut ameris a Deo, Amabis autem Deum, si illum imitaberis, **531** ut velis omnibus prodesse, nulli nocere. Justus autem ut sis, non solum non nocebis, sed etiam nocentes prohibebis. Nam nihil nocere non est justitia, sed abstinentia alieni. Si justus fueris, nihil intererit si simpliciter affirmes, an jures. *Hucusque margo V. de justitia*

CAPUT CXX.

Diximus supra.] *Nempe c.* 91.
Via in exemplo.] *Glossa est in hunc locum.*
Auctoris mendacii.] *Quia a seipso fuit mendax, et ipsemet mendacium genuit. B. Aug. to.* IX, *tr.* 42 *in c.* VIII *Joan.*
Hieronymus.] *In Psal.* v, *v.* 7. *Ergo male C. et M.* Jeremias.
Novam rem audio.] *Textus B. Hieronymi pro audio habet video. Hunc locum pro veritate semper proferenda, vidisse juvat.*
Quam septem circumspect.] *M. et C. hæc omittebant, usque* In omnibus. *Sunt tamen in textu Scripturæ.*
Item Eccli. c. xxv.] *M. et C.* LXVIII, *V.* LXIX.
In eodem, c. XLI.] *V. c.* CXII. *C. et M.* CX.
In eodem, c. XIII.] *V.* XL *et* XLII, *M.* XL *et* LII *Ho die* XV.
Veritas autem angulos.] *Memini me quamdam hoc legisse apud B. Hieronymum in illa eleganti et salutari epistola ad Rusticum monachum, de vivendi forma, quæ incipit* : Nihil Christiano.
Simplicia decent bonit.] *Ita Prov.* XXVIII. *Simplices possidebunt bona ejus. Blosius vir doctissimus ac piissimus in epist. dedicat. ad Franciscum Quignonium cardinalem, ait* : Pietati admodum amica est simplicitas. *Præterea, ut habet margo M.* Moyses sæpe vicit, et tenuit Deum furentem.
Qualis rector civitatis.] *Tritum est illud* :
Regis ad exemplum totus componitur orbis.
Seu :
Rex velit honesta, nemo non eadem velit
Talis et minister.] *V.* tales et habitatores in ea. *Quod magis accedit ad verba sacræ Scripturæ, Eccli.* x. Qualis est rector civitatis, tales et inhabitantes in ea.
II Cor., c. I.] *Tria c.* IV.
Nunquid levitate.] *C. ad latus* : Impetu animi et inconstantia.
Signavit nos veritate.] *Quia* verax est. *Ait enim Joannes cap.* III *sui Evangelii* : Signavit, quia Deus verax est.
532 In Deo verax.] *Plura vide serm.* 67, *qui falso Augustino ascribitur, ad fratres in eremo initio, to.* X.
Circa rem incomplexam.] *M.* complexam. *C.* implexam.
Transmutatio.] *V. et C.* Commutatio.
Ita quod non gratiæ.] *Sic B. Aug. to.* LXXX *in Joan. to.* IX.
Sacrilegum ab effectu.] *Hoc, ab effectu, omittit V. et C.*
Etiam Socratico decreto.] *Et Boetio hæc desumpta sunt. Is enim l.* 1 *De consol., prosa* 4 : Nec mihi Socraticum decretum fas esse arbitror, vel occuluisse veritatem, vel concessisse mendacium. *M. Et sciatis pro certo non minus, etc.*
Nudam veritatem pronuntiare.] *Audiant illi B. Joannem Chrysost. in Matth.* Non solum proditor est veritatis, qui mendacium pro veritate loquitur, sed qui non libere pronuntiat veritatem, quam pronuntiare oportet; aut non libere defendit veritatem, quam defendere oportet.
III Epist. Joannis.] *V. et C. addunt capitis numerum. V. cap.* 1 *et* III. *C. cap.* 1 *et* II.
Prima, c. III.] *C. et V. ca.* VII.
Eccles., XXIV.] *Duo eadem c.* LVI.

CAPUT CXXI.

Lupus rapax.] *Dilucide Isidorus id exponit* : Rapax, inquit, quia ex multa fame et aviditate ad verbum Dei cucurrit, et violenter diripuit regnum Dei, etc. *Vide eum in comment. in Genesim.*
Diversos ministros.] *Alios nempe pastores et doctores, de quibus ad Ephes.* IV. *Plura invenies in*

commentariis B. B. Aug. et Hier. in Psal. LXVII.
Num., c. XXIII.] *Duo* c. LVI. V. LV.
Macta in mandatis.] *V. solum,* in mandatis. C.
Macta immunda.
Mandata trajiciendo.] *V. et C. ita legunt* M. Mundata trajiciendo. *Nicolaus de Lira in hunc locum :* Mandata *legit. Vide præterea Glossam Moral. ibid.*
Occide et vivifica.] *C.* occidit et vivificat.
Verbera patris.] *C. et M.* Verba patris.
Comminutionum.] V. comminutionum. *Quid id est ?* Isaias, c. IX.] *V. et C.* c. XXVIII.
Haberet subjungi.] *V.* Deberet adjungi.
Filia Babylonis.] *C. ad latus subnotat et moraliter exponit sic :* Id est carnalitas : *ad illud* misera, ait : propter illecebras carnis. *Cassiodori expositionem redolent.*
Is enim in hunc psalmum : Filia Babylonis, *ait,* caro est, quæ confusionem peccatorum ingerit, etc.
533 Vicissitudinem tuam.] *C.* Vicissit. suam.
Parvulos suos prima.] *C. pro* Parvulos suos, *habet :* per quatuor suos primarios motus. *Apparet amanuensem hoc loco non excepisse arrectis auribus dictantis vocem.* Tres primarios motus scio quidem, eosque animales, non vero quatuor. *B. Thomam consule in opusc.,* c. 5.
Ad petram, Christum.] *Glossa interl.*
Ne vulpes parvæ.] *Hic V. Novam inchoat periodum, et a præcedenti distinguit hoc modo :* Ne vulpes parvæ demoliantur vineam Dom. Sab. confringas capita, *etc.* Et conteras caput, *etc. M. puncto præmisso, sic ait :* Et confringens capita, *etc.* Et conteres, *etc.*
Quæ de Deo mente compre.] *Recte margo* C. Ut cum mente excedimus, mittendo fidem ad comprehendendum cœlestia, quasi aliatenus *(forte aliquatenus)* vincimus in luctamine, sed utinam non nimis luctemur sic cum Deo.
Gustato enim spiritu.] *M.* Gustando enim spiritum.
Quia parum a terra.] *V.* Quia partim a terra tangitur, partim suspenditur et diutius.
Est autem triplex claudicatio.] *Ex auctore nostro Cantore hæc citat venerab. religiosus Greg. Tilmannus Cartusiæ Paris. monachus in lib. Allegor. Novi Testam. in* Ep. ad Hebr. c. x, *titulo* De triplici claudicatione.
Ut Ebionitæ.] *De quibus B. Hier. t.* IX *in apologia Pamphili de Origene ; t.* II *in catal. de Joanne apostolo ; B. Augustinus, t.* VI, *libro* De hæresibus, *hæresi* 10.
A reliquiis se suspendunt.] *V.* A reliquiis se suspendunt.

CAPUT CXXII.

Honeste, justæ.] *V.* honesta, justæ, *etc.*
I ad Cor. c. XV.] *V.* c. LX *C.* LXV, *M* LXXV.
Ad Philip., c. II.] *Tria* c. III.
Dici videretur : Id sentite.] *M.* Id sentire in nobis.
Melior est obedientia.] *B. Greg. Moral. l.* XXXV, *c.* 10 : Obedientia victimis jure præponitur, quia per victimas aliena caro, per obedientiam vero propria voluptas mactatur.
Nec affirmo, nec nego.] *Marge. C.* Quia putamus nos ligari.
Cum obedimus.] *C. ibidem :* Ex officio vel causa honesta.
Hugo abbas Cluniacensis.] *Recte sic V. Non* Clarevallensis *ut C. M. neutrum exprimit. Exstat vita ejus in biblioth. Cluniacensi edita a Martino Marcier et Andrea Quercetano. Vide Surium, t.* II, *die* 29 Aprilis.
A constructione.] *V.* a constitutione. *M.* ad constructionem.
Omnibus præferens.] *C.* Hominibus præferens.
534 Abbas Clarevallensis.] *Petrus est monoculus septimus abbas Claravall. de quo scribit egregia S. Antoninus parte* II *Historiæ, tit.* 17, 55, 13, C.

A *et M. legunt* Cisterciensis, *sed perperam. Nam de eo agit Claudius Robertus in Gallia Christiana in catalogo abbatum Claravallensium, in quo eum octavum loco ponit his verbis :* B. Petrus 1181. Ex abbate Igniaci, qui in Chronico Antissiodorensi dicitur obiisse 1186. Hic autem oculorum altero per ingentem morbum amisso gaudere se dixit, quod ex duobus inimicis, unius molestia liberatus esset. *Habet eum Arnoldus Wion in Martyrologio monastico die* 14 Martii, *ubi de eo multos citat auctores, sicut et prædictus Claudius.*
In manifeste malis.] *M.* In manifestis malis, addit quoque : et in his quæ vicinantur, et obviantibus præceptis divinis ; vel in his quæ vicinantur peccato, perniciosa consistit ; vel in his quæ non sunt mala, ex illis tamen de facili sequitur ruina.
Licet non sint veritas.] *C.* licet non sint vera. *M.* licet non sit veritas.
Paulatim decidet.] *M.* Cito decidet.
Non. Nec ipse.] *M. loco* non, *legit* necne. *Potest ipse præcipere alicui, etc. Vitiose conjunxit notarius ad modum interrogationis ; necne.*
Domino papæ præcipienti.] *Huic quæstioni infra respondet B. Gregorius.*
Quam non obedientiæ prælat.] *Hinc collige, lector, auctorem nostrum nondum monachum Cisterciensem factum, dum hoc opus conscripsit.*
Deut. c. XIII.] *Tria* c. XXVIII *in fine.*
Item Eccle., c. IV.] *Tria* c. IX.
Super Eccli., c. IX.] *Tria* c. XX. *Eadem dixit S. Bened. c.* V *Regulæ.*

CAPUT CXXIII.

Hieronymus super Ezechielem.] *Mallem super Osee c.* XII, *aut Nahum. III, t.* V.
Magnus est Daniel.] *Ita C. et V. quam lectionem præferimus, quia videtur respicere ad locum Danielis* XIII, *ubi dicitur :* Daniel factus est magnus in conspectu populi. *M. vero legit :* Magnanimus. *Idem contra probatur ex eo quod hic sequitur de Ezechiele.*
Magnus quoque Ezechiel.] *M. hæc omittit usque :* Hanc etiam grammat.
In beato Thoma.] (Cantuariensi. *Similiter in V. absunt hæc usque :* Hanc autem virtutem.
Perimunt pusillanimitas.] *Consule B. Thomam* 2-2 q. 130, a. 2.
Hac eremita egrediens.] *Nonne Paphnutius de quo Ruffinus l.* X, *c.* 17?
Athanasium sanctum.] *C. hic ex supra, pro* Athanasio *legit* Anastasium. *Excusemus amanuensem propter utriusque nominis affinitatem.*
Hac Urbanus.] *Pontificalis c.* 18. *Metaphrastes secundum Onuphrii citationem, initio Chronici ecclés.*
Bis factus est confessor.] *V. omittit* bis. *Dicitur :* Bis confessor, quia ad experimentum **535** gladii pro Christi nomine ductus est, sed ei parcitum est. *Infra c.* 143.
Loculum parat.] *Ita V. et C. Estque vera lectio, ut patet ex historia. M. male,* laqueum parat.
Tuo apostata Juliano.] *Vera prædixit. Nam non longo post tempore interiit. Erat autem Libanius sophista, intimus Juliani amicus, qui ista a pio Jud. magistro quærebat, cui, ut hic dicitur, respondit, ut habet Theodoretus l.* III *Hist. Eccles., c.* 18. *De eodem Juliano ait B. Hieronymus t.* V *in c.* III. Habacuc : Dum adhuc essem puer, et in grammaticæ ludo exercerer, omnesque urbes victimarum sanguine polluerentur, ac subito in ipso persecutionis ardore Juliani nuntiatus est interitus.
Hæc Nicolaus.] *Vita ejus exstat apud Surium, t.* VI.
Tres pueros.] *V.* Tres milites : Etenim disputatur, *quinam per illos tres qui in ipsius imagine in cupa ei appinguntur. Qua de re videatur Molanus de Picturis l.* III, *c.* 53. *Noster autem etiam infra c.* 131 *legit* pueros.
Ambrosius Theodosium.] *Hæc colliguntur ex Vita*

ejusdem per Paulinum presbyterum conscripta. Sur. t. II.

Thessalonicæ.] *B.Ambrosio promiserat imperator se veniam daturum civibus civitatis Thessal., sed agentibus comitibus occulte cum imperatore, ignorante sacerdote usque in horam tertiam gladio civitas est donata, atque plurimi interempti innocentes. Quo audito, Ambrosius imperatorem excommunicat.* M. et C. cum impio Thessalonite.'*Latius historiam habent Theodoretus l.* v, *c.* 17, *et Sozomenus l.* vii, *c.* 23 *et* 24.

Hanc exercitium.] *Sane ita est. Cum quis per fas et nefas tentatus est diu et afflictus, alacrior exsurgit in præferendis, non modo contumeliis et injuriis animi, verum etiam flagris et verberibus corporis. Cur hoc? Ab assuetis non fit passio : per diversos actus nascitur habitus et facilitas incommodorum tolerandorum.*

Philosophus.] *Epistola ad Lucil.* 13 *initio.*

Instrueres te.] *Seneca impressus :* Instruerem te.

Obrussa est.] *Obrussa est purgatio auri per ignem, sicut ex sequentibus indicatur :* Quasi instrumentum probatorium. *Quidam sciolus voluit corrigere in margine* C. Obtunsa *pro* obrussa, *textus.* V. Obstrusa est.

Sugillatus est.] *Id est, iterato percussus ad vibices usque.*

Virtus probata.] *Nam, ut poeta Fur. in poematis :*
Hinc crescunt animi, virescit vulnere virtus.
V. simpliciter : *Multum enim adjicit sibi virtus lacessita. Ita Seneca, ep.* 13.

CAPUT CXXIV.

Vagæ vero mentis.] M. Vagæ ergo mentis.
Religiose viventis.] M. Excellentissimæ mentis.

536 Orare, et legere.] *Ait enim ille t.* III *libro De opere monachorum, cap.* 29: Dominum Jesum, in cujus nomine hæc dico, testem invoco super animam meam, quoniam quantum attinet ad meum commodum; multo mallem per singulos dies certis horis, quantum in bene moderatis monasteriis constitutum est, aliquid manibus operari, et cæteras horas habere ad legendum et orandum, aut aliquid de divinis litteris agendum liberas, quam tumultuosissimas perplexitates causarum alienarum pati de negotiis sæcularibus, vel judicando dirimendis, vel interveniendo præcipiendis. *Ad hæc accedit illud* B. Hier. *in epistola ad Rusticum monachum, quæ incipit :* Nihil Christiano : Scribantur libri, *inquit,* ut et manus operetur cibum, et animus lectione saturetur. *Et paulo ante :* Ama scientiam Scripturarum, et carnis vitia non amabis. *Ad illud :* Legere, *ait* C. *ad latus :* Sæpe multus pulvis est in lectione, et in publica maxime.

Nutritura est.] C. et M. Nutritiva est.
Armatus Martinus.] *Videatur vita ejus per Severum Sulpitium conscripta; exstat apud Sur. t.* VI.

Appodiatum.] *A podio Græco nomine, quod locus est in quo fulcra sunt, quibus ad spectandum innitimur. Gallice,* appuis.

CAPUT CXXV.

In titulo damnatur V. *a textu sequente, quia pro* De effectu orationis, *habet.* De affectu, *etc.*

Ecclesiasticus, *c.* xxxv.] V. *c.* xxxiv M. xciii.
Idem, *c.* xviii.] *Tria c.* L.

Non impediaris.] C. *in margine :* Alio opere. *Item ibidem :* De vocali oratione etiam intelligitur.

Lucæ, *c.* iii.] *Tria* xiv.

Hilario disputanti.] *Consulto vitam quæ apud Surium est t.* I.

Item Lucæ, *c.* ix.] V. *et* C. *c.* xcviii. *Nec mirum videatur si tantum numerum capitum referam. Nam Ammonius et Eusebius Evangelium Lucæ in* 343 *capita secarunt; Beda in capita* 93; *Œcumenius et Euthymius in* 83; *B. Ambrosius in titulos* 64; *recentiores vero Latini* 24 *capita faciunt.*

Idem, *c.* xi.] *Tria c.* cxxv.

Ambrosius.] *Lib.* vii *in c.* xi *Lucæ* 1 *titulo :* De exemplo discipulos ad instantiam et perseverantiam orationis inducente.

Orare vigilantem.] *Textus* B. Ambrosii : Vibrare vigilantem. *Mirum, unde illa varietas eruperit. Non solum hic, sed et alibi in mss. legi* orare *pro* vibrare, *pro ut recentior impressio operum* B. Amb. *subnotat ad latus, quæ facta est, et excusa Parisiis apud Guillelmum Merlin anno* 1569.

537 Et Beda ait : Si amicus.] *Libro* iv *in Lucam c.* 27; *sed post* B. Aug. to. X *De verbis Domini, serm.* 36.

In Luca, c. xviii.) V. *et* M. c. ccxiv.
Per hunc judicem.] *Glossa in hunc locum :* F. B. Aug.

Potest conjici.] V. Potes cognoscere.

Precibus quærunt] V. Precibus tundunt. C. tendunt.

Oratione minorum.] Ly minorum *abest in* M. *Hic subnoto marginem* C. *Talis est :* Quasi, ex Ovidio : Quæ non prosunt singula multa juvant.
Additque : Et ita multorum oratio. *Quibus inducor credere melius legi in textu* multorum *quam* minorum. *Sic Prov.* xviii : Frater qui adjuvatur a fratre, quasi civitas firma. *Et Jacobi* v : Orate pro invicem, ut salvemini. *Et poetarum Græcorum princeps* Homerus, *ait :*
Conjuncti pollent etiam vehementer inertes.

Hieronymus Paulæ.] *Hæc in epistolis ad Paulam nondum vidi nec legi, at bene ad Eustochium. De custodia virginitatis c.* 16, *to.* 1. *Dicam tamen hoc unum. In epitaphio Paulæ matris ad Eustochium aliquid simile reperi in hæc verba :* Et cum os stomachumque signaret, et matris dolorem crucis niteretur impressione lenire, etc. *Eadem, quæ ad* Eustochium, *habentur to.* IX, *in regula tit.* De contemplatione.

Act. Apost., *c.* xi.] *Tria c.* xxiv.

In qua hora.] *Verba sunt Glossæ interl. in hunc locum.*

Ergo nec alium orantem.] *Solum* V. *hæc legit in textu.* C. *sublegit in margine.*

Item, c. xii. Petrus.] *Tria c.* xxvii.
Item, *c.* ix.] *Tria c.* xx.

Videte per spem.] M. *interlineas :* Super Videte *addit :* per fidem : *super* Vigilate, *per* spem. *Præpostere.* Vigilate, state in fide, ait Apostol. I. Corinth. xvi.

Item, *c.* v.] C. *et* M. *c.* xii.
Petrus I. Ep., *c.* iii.] *Tria* viii.
Item, *c.* iv.] C. *c.* x.

Jesum Filium Nave.] *Sive* Nun *filium Eccli. c.* xlvi : Fortis in bello Jesus Nave, successor Moysi in prophetis.

Et B. Martino.] *Supple* revelatum est. *Videatur vita per Severum Sulpitium conscripta. Sur., to.* VI.

538 CAPUT CXXVI.

Unde Hieronymus.] *To.* VI, *in c.* v *Ep. ad Ephesios, et in Reg. titulo* De contemplatione. *Citatur præterea* De confec., *dist.* 5 : Non mediocriter; *et ab Humberto ord. prædic. in l. erud. religiosorum.*

Per caputium.] *Item* B. Greg. *dicit, non per* caputium, *sed per* vestimenti fimbriam tractum.

Multitudine horarum.] M. orationum. *Ait idem* Humbertus *qui supra in notis ad hoc caput :* Frequenter in oratione prolixa puritas cordis amittitur. Est enim ut frequentius simiatica, quia ex consuetudine sine cordis attentione labia moventur. *Ita est. Nam sæpius contingit, tales, post longam labiorum motionem, aut palvitationem, vix posse efferre quænam orando dixerint.*

Jeremias, *c.* xlviii.] *Tria* clvii.

Desidiose.] M. Negligenter. *Sacra Biblia :* Fraudulenter

Sibi postulat.] *C. et V. Sibi orat.*

Phantasticæ cogitat.] *Variæ distractiones, quas contrahunt qui orationes prolongant et diu continuant. Ergo, ut ait B. Augustinus,* brevis et crebra sit oratio. Aliud enim est sermo multus, aliud diuturnus affectus. Dicuntur fratres in Ægypto crebras quidem habere orationes, sed eas tamen brevissimas, et raptim quodammodo jaculatas, ne illa vigilanter erecta intentio, quæ oranti necessaria est, per productiores moras evanescat atque hebetetur. *Et infra :* Nam plerumque hoc negotium plus gemitibus, quam sermonibus agitur, plus fletu quam affatu. *To.* II, *ep.* 121 *ad Probam De orando Deo c.* 10. Ideo, *ait margo C.* comedite festinanter (*Exod.* xii).

Evagrius Eremita.] *Is comes fuit B. Hieronymi in eremo, ut liquet ex epist. ad Florentium* 5 *et* 6 *I Tomi, et ad Ruffinum* 41, *ejusdem Tomi.*

Cum flagello.] *M.* Cum flabello.

Tunde mulctrale.] Tundere pectus, inquit *B. Augustinus,* est arguere, quod latet in pectore, et evidente pulsu occultum castigare peccatum. *Super c.* XI *Matthæi. M.* Mulcrare. *C. in margine :* Mitrale Est mulctrale, vas quo excipitur lac quod ex animalium uberibus emulgetur.

Et clauso ostio.] *Spirituali nempe. Nam beat. Augustin. tom.* VIII, *in Psal.* xxxv, *inquit :* Cubile est cor nostrum, ibi tumultum patimur malæ conscientiæ; et ibi requiescimus, quando bona conscientia est. Qui amat cubile cordis sui, ibi aliquid boni agat. Ibi est cubile, ubi nos jubet Jesus Christus orare. Item in Psal. cxL. Claude ostium ne tentator ingrediatur. Is enim pulsare non cessat ut irrumpat; si clausum invenerit, transit. Hujus ostii duæ sunt valvæ, alia cupiditatis, alia timoris, etc.

539 Non debemus intueri.] *C.* Non debet, etc.

Et contumeliis] *Solum M.*

Habuit genua callosa.] *Hæc confirmat Joachimus Perionius libello de gestis apost. post Hegesippum et Eusebium. De Bartholomæo apost. ibid B. Greg. Hom.* 58 *in Evang. eadem refert de sua sorore Tarzylla.*

Certum numerum genuf.] *Vidi in quodam ms. Florentissimi monasterii Camberon, hæc ex auctore nostro citata in fine operis Stephani Cantuar. De virtutibus et vitiis.*

Sæpe id quod petitur.] Aliquando Deus, cum exoratur, non dat au voluntatem, ut exaudiat ad salutem. *B. Aug. in Psal.* LXXXV, *to.*, VIII. *Consule Bedam in Joan. cap.* xvi.

Beda super illum locum.] *II Cor.* xii, *vers.* 8, 9. *Sed ea quæ habet Beda, videntur ex B. Aug. desumpta to.* VIII *in Psal.* LXXXV.

CAPUT CXXVII.

In multijurio perjurium.] *Quia dum usus juramenti habetur, de facili perjurium incurritur.* 22, *q.* 1. Non est contra.

Et ita frequentiam jurandi.] *Juramentum homini non prohibetur tanquam malum, sed ejus assuefactio.* 22, *q.* 1. Non est contra.

Eo quod habeat auctoritas.] *Nam* 22, *qu.* 1. Si peccatum. Alia causa juramenti institutionis est infirmitas dubitantis, cum non vult credere. *Item, ib., c.* Ita ergo.

De utilitate rei cujusmodi?] *His versibus edicitur ex parte :*

Pax ac fama, fides, reverentia, cautio damni,
Defectus verbi sibi poscunt sacra tueri.

Alias causas in quibus licite juratur, vide 22, *quæst.* 1. Omne, *Item ibidem, can.* 2 *et sequentibus.*

Exemplo Apostoli.] *I Cor.* xv. Quotidie morior per vestram gloriam, etc. *Citantur hæc* 22, *q.* 1, *c.* 2. Non est contra.

Pro re temporali.] *Sine, ut citato per me loco, cupiditate, aut delectatione jurandi.*

Quod amplius est.] *Ad horum intellectum faciliorem videatur* 22, *q.* 1. Si peccatum esset juratio.

Quia et testimonium.] *C. in margine:* Cogeris ad antecedens, ergo cogi potes ad consequens, *M. in textu :* quia et nec cogeris ad antecedens, etc.

Ergo a malo cujuscunque.] *M. omittit* ergo, *aitque :* Nec a malo cujuscunque, etc.

Hoc consilium perfect] *Responsio et solutio colliguntur ex* 22, *qu.* 1 : Et jurabunt. *Item cap.* In novo.

540 Cur hoc observantes statim proclam. Catharum.] *Cathari erant hæretici de quibus vide notas ad cap.* 78, *qui inter cæteros errores, docebant non licere unquam jurare.*

Tres habent comites.] *Ita* 22, *q.* 1 : Et jurabunt. *Et q.* 2 animadvertendum.

Tanquam a blasphemo.] *Talis, juxta canones, censetur blasphemus, qui per capillum aut caput Dei jurat : Et si clericus est ab ordine ecclesiastico est deponendus, si laicus anathematizandus.* 22, *quæst.* 1 : Si quis per capillum.

Ait c. xxiii.] *Tria.* LXV.

In eodem, c. xxvii.] *C. c.* LXX in fine. *V.* LXXII in fine.

Sap., c. xiv.] *Tria c.* xxxiv.

CAPUT CXXVIII.

De 1 ait Dominus.] *De eadem B. Hieronymus ad Rusticum.* Habe simplicitatem columbæ, ne cuiquam machineris dolos; et astutiam serpentis, ne aliorum supplanteris insidiis; quia non multum distat in vitio, aut decipere, aut decipi posse.

Hanc simplicitatem.] *Absunt hæc in* C *usque :* Sed de hac quæritur. *M. similiter omittit, sed recuperat infra, post illa verba :* Simplicia decent bonitatem, *usque :* Estote parvuli.

Pravæ dilectionis.[*M. et V.* Pravæ delectationis.

In omnibus agendis etc.] *C.* In omnibus viis Domini.

Et fatuitati vicinior.] *Beat. Hieronym. super Osee* vii : Prudentia absque simplicitate malitia est; et simplicitas absque ratione stultitia nominatur.

Simplex et rectus.] Simplex per innocentiam mansuetudinis, rectus per cautelam discretionis. *Beda, De templo Salom. l.* 1.

Minorque in rebus.] *M.* Mitiorque in rebus.

Simplicitas pro prud.] *C.* Simplicitas, prudentia et omnimoda discretio in omnibus.

Bono tamen notitia.] *V.* bona.

Amica simplicitati.] *V.* Simplicitatis. Nolo offendaris in Scripturis sanctis simplicitate, et quasi utilitate verborum. Quæ vel vitio interpretum, vel de industria sic prolata sunt, ut rusticam concionem facilius instruerent, etc. *Beat. Hieron. ad Paulinum tom.* III, *epist.* 104 *in fine. Incipit :* Frater Ambrosius.

Estote parvuli.] *M. hic præmittebat titulum talem:* De bona simplicitate, **541** *sed non observavimus, tum quia duo omittebant, tum etiam, quia initio capitis sanctam simplicitatem vocitant, et titulum præferunt, præsertim C.* De bona simplicitate.

Qui ambulat simpliciter.] Non duabus viis, *inquit C. ad latus. Ex Ecclesiastici* 11.

Parab., c. 11.] *Tria, c.* VII.

Nimia simplicitas.] *Satis hoc colligitur ex B. Hier. in ca.* VII *Oseæ, cujus verba supra citavi : similiter ex Beda Venerab. De templo Salom.* Simplicitas sine rectitudine dissoluta est et stulta.

Demissos animo.] Seneca in proverbiis : Malus ubi se bonum simulat, tunc est pessimus.

II. Cor. ca. 9.] *C. et V. c.* xii. *M.* xxii.

CAPUT CXXIX.

Hebr., c. xiii.] *Tria c.* xxi.

Genesis, c. xviii.] *Tria* xxxv.

Item, c. xix.] *Tria* xxxvi.

Ad Romanos, c. xii.] *Tria* xli.
Petr. I Ep., c. iv.] *Tria* x.
Longe ab episcopis et cle.] *Ego experientia didici aliquos episcopos fuisse hospitales.*
Tenebantur aorasia.] *Genesis* xix. *Ex* LXX *Interpretibus pro cæcitate, habetur* ἀορασία.
Beda.] *In c.* xxxiv *Lucæ.*
In homilia super hunc.] *Non super hunc locum, sed super illum Lucæ* xix. Videns Jesus civitatem flevit super illam, *et est hom. B. Greg.* 39 *in Evang. in fine. De martyrio (Simile exemplum vide apud Cantipratanum, l. Apum, c.* 25, *n.* 13 *et* 15).
Josue, c. vi.] *Tria c.* xi.
III Reg., xvii.] *V.* xliii. *C.* xlii.
IV Reg., iv.] *V.* vii.
Judicum, c. iv.] *M. et C.* 8. fere in medio capituli.

CAPUT CXXX.

Pro titulo V. *legit* : De quarto opere misericordiæ.
Proximi tegendæ.] *C. et V.* tegente. *Si recte sic* : *ergo præponendum* nuditatem? *Martinus supererogando pallium cum paupere, etc., videretur respicere ad distichon pium et doctum inscriptum frontispicio cœmeterii ecclesiæ B. Martini in civitate Audomaropolitana,*

542 Martinus chlamydem cum paupere dimi- [diavit.
Ut faciamus idem nobis exempla paravit.

Unicam tunicam.] *M. Imo, quod plus est, tunicam etiam totam pauperi dedit. Videatur Vita scripta per Severum Sulpitium. Sur. to.* VI.
Act apost., c. ix.] *C. et M. c.* xxii. *V.* xii.

CAPUT CXXXI.

V. *Præfert hunc titulum* : De 5 et 6 opere misericordiæ.
Hæc digniori specie.] *C. in margine* : Petrus (*sed melius Jacobus, c.* 1) : Religio sancta et immaculata hæc est visitare infirmos.
Nicolaus.] *Apud Surium in ejus Vita. Habetur, to.* VI.

CAPUT CXXXII.

Summarium V. *tale est* : De 4 et 5 et 6 et 7 opere misericordiæ. *M.* De sepultura.
Hic gratia Antonius.] *C. pro* Antonius *habet* Hieronymus, *inde, ut reor, abusus subrepit, quod B. Hieronymus hæc conscripserit in Vita B. Pauli eremitæ.*
Appodiatum.] *Hoc est innixum, ut supra dixi ad c.* 124.
Mariæ sc. Ægyptiacæ.] *Vitam vide per Sophronium episcop. Jerosolymitanum conscriptam, ut testatur Nicephorus lib.* xvii, *cap.* 5. *Exstat apud Surium, to.* II.
Versificator ille.] *Quis ille, quæris? Hildebertus est episc. Cenoman. Postea Turon. archiep. Hæc metra nondum puto impressa.*
Multi Deo placuerunt.] *Inter quos nominatissimus est Tobias.*
Potius nos juvamus.] *Quia meremur pro opere misericordiæ.*
Non sit sumptuosa.] Curatio funeris, *inquit. B. Aug.* conditio sepulturæ pompæ exsequiarum, magis sunt vivorum solatia, quam subsidia mortuorum. *Lib.* i *De civit., cap.* 12. *Prodest interim aliquod memoriale in sepulturæ loco appendere, quo mortales et præcipue amici moneantur orare pro defuncti anima. Ideo monumenta sunt, ut mentem moneant. Græci enim vocant* μνημεῖον, *quod nos memoriam et monumentum* : *et eorum lingua memoria qua meminimus* μνήμη *dicitur.*
Quam in remedia.] *Quid enim prodest homini in exsilium misso, si parietes domus ejus sumptuose ornentur? Ita, quid spiritui profuerit cadavera decorasse?*
Audiamus Horatium (II *Carm.*, ode 20).

Absint inani funere næniæ,
Luctusque turpes et querimoniæ,
Compesce clamorem, ac sepulcri
Mitte supervacuos honores.

543 Cœlo tegitur.] *Si Lucanus, l.* vii *Pharsal. ad Cæsarem inhibentem occisorum corpora cremari, aut humari* :
Nil agis hac ira, tabesne cadavera solvat
An rogus, hand refert : placito natura receptat
Cuncta sinu. Et post : Capit omnia tellus.
Quæ genuit : cœlo tegitur, qui non habet urnam.
Et apud Senecam : Omnibus natura sepulturam dedit.
Sepelit natura.] *Versus Mæcenatis* :
Non tumulum curo, sepelit natura relictos.

CAPUT CXXXIII.

In Matthæo, c. vi.] *Tria* xlv.
Jejunium avari.] *Versus in margine C.*
Jejunat justus, medicus, simulator, avarus.
Spiritui *nempe justus,* carni *medicus,* fami *simulator, studio retinendi* avarus.
Describens Hieronymus.] *In epist. ad Eustochium De custodia virgin. Præterea citantur hæc De consecrat. dist.* 5. Sint tibi. *Item ep. ad Furiam De viduitate, quæ incipit* : Obsecras.
Ait, c. ii.] *Tria* vi.
Isaias, c. lviii.] *C. et M. c.* clxxii. *V.* clxxxiii.
Inveniri voluntas.] *M.* voluptas. *Male.*
Affligere hominem.] *C.* Afflig. hostem.
Item Eccli., cap. xxxiv.] *V.* xcii. Abhinc usque : Item Jonæ, *tacet M.*
Sanctorum pallidorum.] *Sic vocati a pallore vultus, et maceratione corporis, ut dixi ad c.* 116.
Sancta Ægyptiaca.] *In ejusdem Vita, vide notas ad caput præcedens.*
Pane cribrario.] *Ad Jovinianum lib.* ii, *tom.* II. *et ad Paulinum* : Bonus homo. *Item in regula De abstinentia. epist. ad Marcellam, quæ incipit* : Ambrosius, *habetur* : Pane cibario, *etc. Sicut etiam in Beda l.* v *Hist. gentis Anglorum, cap.* 13.
Superat sobrietatem Christi.] *Etenim* Surius *in commentario rerum in orbe gestarum ab anno* 1500 *usque ad* 1566, *Turcarum in cibis parcimoniam admirans, sic in Christianos invehit* : Ubi Ferdinandus rex suorum stragem, et Turcarum victoriam certis nuntiis cognovit, nova eaque insignia Solymanno munera mittit, quibus animum ejus sibi conciliaret. Legati ejus a Turcis honorifice excepti sunt, et postera die cum Bassis pransi, orizam, et carnes vervecinas, nihilque præterea sibi esculentum apponi cernunt. Ea Barbarorum temperantia, nostræ gentis luxuriam **544** procul dubio severe castigat, cum illi non tam gulæ desiderio, quam naturæ necessitati satisfaciant. Nostrates vero tum se præclare sua putent instituisse convivia, si nullus sit irrigandæ gulæ, ventrisque farciendi modus; ita ut de nostris verissime dici possit, plures crapula quam gladio perire. Atque sane detestabilis ille apud plerosque mos est, convivia in multas horas protrahendi, cum non animæ duntaxat, sed etiam corpori admodum sit perniciosus. Sed scilicet faciendum est, quod dici solet :
Ede, bibe, lude, post mortem nulla voluptas.
Hæc ille. Plura hac de re Wiringus canon. *Atrebat. In libro De jejunio et abstinentia.*

CAPUT CXXXIV.

Ad Rom., c. xii.] *Tria c.* xxxix.
In novitate sensus.] *C. et M.* In novitate Spiritus sancti.
A qua incipiendum.[*Solum M*
Domandum est jumentum.] *Non absimilia legi apud beatum Gregorium, hom.* x *in Evang.*
Dalilam.] *Uxorem Samsonis. C. et M.* Dalidam.
Joannes et Jeremias.] *De Joanne Matth.* iii. *De Jeremia prophetiæ suæ c.* i.
Id est virilis.] *C.* Id est audax. *Apud Hier. legitur* virilis.

Facit vim perditioni.] *C.* Facit vim, domando, perditioni, etc.

Otiositatem.] *M.* Sumptuositatem.

Superstitionem.] *M.* Superfluitatem.

Vivunt ut comedant.] *Nonne Epicureorum est ?*

CAPUT CXXXV.

Ex M. caput partitus sum : nam duo præcedens continuabant.

Quem non vicit Sodoma.] *Glossa interl. in c.* XIX *Genesis.*

Condimento cibi.] *V.* edulii pro cibi.

Vel etiam utilitate.] *V. et C.* et etiam utilitate.

Nec cupias mullum.] *Solum M. admittit hunc versum Juvenalis, sat.* XI. *Quidam pro* mulum *legunt* rhombum. *Juvenalis* mullum, *ut correxi.*

Nisi ex fastidio.] *Obsoleta ea gula est, quæ jam edisse non libet. Lipsius in Senecam.*

Comparatis manus.] *C.* Comparata manus : *at Seneca* comparatis.

Cum Venus in vinis. *Ovid.* I, *De arte M. legit :*
'Tunc Venus in venis, ignis in igne venit.

545 *His addam illud Claudiani.*
Cum vino calefacta Venus, tunc sævior ardet.

Deut., c. XXXII.] *C.* L, *V. et M.* LV.

Item in eodem.] *Tria* XIX.

Jeremias, c. V.] *C. et M.* c. XX.

Et mœchati sunt.] *M.* et mentiti sunt.

Oseæ, c. XIII.] *M. et C.* XLI. *V.* LXI.

Fremit mundus.] *Utitur his verbis B. Bernardus serm.* 9 *de 9 vers Psalmi :* Qui habitat.

Primo autem tentat hominem.] *Videatur beatus Augustinus tom.* VIII, *in finem Psalmi* VIII.

De facili labitur.] *V. et M.* Cito despumat in libidinem. *Verba sunt B. Hieronymi.*

Cum filiabus Job.] *C.* cum filiis.

Nabuchodonosor abutens epulis.] *C. ad latus :* In lautitia. *Id autem dicitur de Balthasar filio Nabuchodonosoris.*

Quæ sit distantia.] *V.* Quæ sint discrimina. *Sic Juvenal. sat.* 6.

Gastrimargi. *Hæc omittit C.*

CAPUT CXXXVI.

Incestus et ignomin.] *V.* Incestus, et vitii Sodomorum ignominiosa turpitudo.

Joel ait.] *Tria David* ait.

Appetitus fornicat.] *Beda de templo Salom. :* Brevis est voluptas fornicationis, sed perpetua pœna. *Unde Boetius in libro* III, *De consol. metro* 7.

    Habet omnis hoc voluptas
    Stimuli agit fruentes
    Apiumque par volantum,
    Ubi grata mella fudit,
    Fugit, at nimis tenaci
    Ferit icta corda morsu.

Eadem habet prosa 7, *ibidem. V. Abhinc fere usque ad finem capitis, maxime discrepat et variat in lectione ; illa in contextum non reposui justis ex causis. Hæc autem sunt :* Boetius in libro Consolationum sic ait : Appetitus voluptatis plenus est anxietatis, satietas pœnitentiæ. Et nisi fallor Macrobius in libro Saturnalium, Flavienus quoque de vestigiis philosophorum, de voluptate loquentes, dicunt : Finis voluptatis et pœnitentiæ. Unde Demosthenes cum a Laide nobilissima meretrice, supposita manu **546** ventri ejus, quæreret, dicens : Hæc quantum ? Et illa diceret : Mille denariis : Respondit : Ego pœnitere tanti non emo. Hieronymus vero in Vita Pauli primi eremitæ exemplum ponit de martyre linguam sibi mordicus abscidente, et jactante in os meretricis super illum ligatum jacentis, et virilia attrectantis, ut dolor voluptatem vinceret, quam invitus sentiebat. Hanc, sicut in opere, ita in voluntate Dominus prohibet : Qui videris mulierem ad concupiscendam eam, etc. (*Matth.* V.) Et est similiter ipsa voluntas et consensus sine opere, peccatum mortale. Et non tantummodo sola voluntas, sed etiam morosa delectatio peccatum mortale. Unde David : Beatus qui tenebat, et allidet parvulos suos (id est primarios motus libidinis reprimet, ne veniant ad consensum, vel ad morosam delectationem, quia mora secum trahit periculum) ad petram (*Psal.* CXXXVI), id est Christum. *Unde Salomon in Cant.* (can'. cap. II). Capite nobis vulpes parvulas, dum parvæ sunt, id est reprimite parvulos motus dum primarii, et sine consensu, et morosa delectatione sunt, ne silvescant et grandescant, et ita demoliantur vineam Domini Sabaoth, id est occidant animam. Unde Daniel propheta, etc.

Quia viscosa est.] *Audiamus hic B. Greg. in Moral.* (lib. XXI, cap. 2). Ex quo, inquit, luxuria semel mentem alicujus occupaverit, vix eum bona cogitare permittit. Sunt enim desideria viscosa, quia ex suggestione cogitatio, ex cogitatione affectio, ex affectione delectatio, ex delectatione consensus, ex consensu operatio, ex operatione consuetudo, ex consuetudine desperatio, ex desperatione peccati defensio, ex defensione gloriatio, ex gloriatione damnatio. *V. pro* viscosa, *legit,* vitiosa.

CAPUT CXXXVII.

Quantitatem peccatorum.] *V.* Flagitiorum. *S. Benedictus in regula (post illud e Deut. c.* XXV) *ait :* Juxta modum culpæ, extendi debet disciplinæ mensura. c. 24. *Et Apoc.* XVIII : Quantum in deliciis fuit, tantum date illi tormentum et luctum.

Item Augustinus.] *Quam belle hac de re to* X, *serm.* 247, *et* 243, *et* 244 *De tempore ; ubi adulteros increpat imaginem Dei in se deturpantes. Quare C. ad hæc in margine ait. Ovidius initio Metam.*

Pronaque cum spectent animalia cætera terram,
Os homini sublime dedit.

In quarto genere affin.] *Conc. Trident. sess.* 24, *cap.* 4, *dimicavit impedimentum affinitatis ex illicita copula natum ad primum et secundum gradum tantum, statuens in ulterioribus gradibus matrimonium post eam contractum non dirimi. Pius V ad majorem matrimonii libertatem declaravit in extrav.* Ad Romanum *anno* 1566 *dicta, affin.* 3 *et* 4 *graduum nec dirimere nec impedire. Nav. c.* 22, *n.* 42, *ex quibus colligere* **547** *est ; ut censet auctor noster, adulterium majus esse crimen, quam incestum* 4 *gradus. De adulterorum prolibus legitur dist.* 56, *c.* Si gens Anglorum, *quod nec sint in fide stabiles, nec in bello sæculari constantes, nec honorabiles hominibus, nec Deo amabiles.*

Parab., c. VII.] *Tria* XIX.

In legenda S. Marcelli.] *Parisiacæ urbis episcopus fuit, ut ex Gregorio Turon., apparet. De gloria confessorum c.* 89. *Vitam conscripsit Fortunatus episc. habet eam Sur. to.* VI, *die* 1 Novembris.

Abstulisset.] *Hic subjicienda censeo ea quæ in folio e membrana super addito in V. adinveni. Sic ergo :* Incestus est coitus valde illicitus et maxime detestabilis alicujus cum consanguinea sua, ut consanguinitas large accipiatur, scilicet ut comprehendat matrem, materteram, sororem, cognatam, filiam, neptem, amitam et omnem usque ad quartum gradum, est linea sanguinis, propinquam vel affinem, ut novercam, consororem, nurum, et sic de cæteris. Incestus etiam est coitus summe detestabilis cum sponsa Christi, scilicet cum sanctimoniali, vel cum sacrato oleo inuncta, scilicet cum regina, quando ab alio cognoscitur quam a viro proprio, et e converso. Ad exstirpandum hujusmodi crimen præcepit Apostolus illum Corinthium fornicatorem et incestuosum, qui uxorem patris sui, novercam suam cognoverat, excommunicari, et a consortio fidelium amoveri, et angelis Satanæ tradi, ut spiritus ejus in die Domini salvus fieret (*I Cor.* V). Merito hujus flagitii Deus vindictam in præsenti, ad judicium pœnæ æternæ, infligit frequenter. Unde legitur in II Reg. (cap. XIII) quod Ammon, qui sororem suam oppresserat, interfectus est a fratre suo Absalom.

Herodes etiam Tetrarcha hoc crimine polutus (videlicet quia illegitime abutebatur uxore fratris sui) meruit fieri homicida, scilicet ut decollaret Joannem; et postea relegatus a Romano imperatore in exsilium, ubi cum uxore fame periit. In illos etiam, qui sponsas Christi sanctimoniales reclusas, et alias Deo dicatas violant, sæpe Deus in præsenti vindictam exercet. Quidam enim hujus criminis rei sæpe fatuantur; et muti fiunt; quidam etiam paralysi percutiuntur, alii vero morte subitanea præveniuntur, quorum animæ miserabiliter in inferno cruciantur.

CAPUT CXXXVIII.

Et superbia vitæ.] Et superfluitas vini, V. omittit. M. autem in margine. post vini, voluit addi, vel rei cujuslibet. C. ad latus sic inquit : Gastrimargi (in ms. castrimargi) similes sunt Esau, qui vendidit primogenita sua propter lenticulam rufam, et amisit benedictionem paternam (Gen. xxv). Supra in fine cap. 135 omiserat.

De tantum duobus ergo peccatis, etc., clamor ascendisse.] Recenseri solent **548** quatuor peccata clamantia in cœlum : homicidium voluntarium, peccatum Sodomiticum, de quibus hic loquitur, tertium oppressio pauperum, quartum merces operariorum defraudata. De tertio agitur Exodi xxii, vers. 22 et 23; de quarto, Jac. v, 4. Sed de duobus posterioribus non tam clare dicitur, clamorem eorum ascendisse ad Dominum de terra.

Legitur Dominus conqueri.] Hac de re dilucide agit B. Aug., to. X, serm. 247 De tempore. Et 32, q. 7 : Adulterii et Flagitia.

In agro Damasceno.] Idem legi in genealogia Christi per leviticam et regalem tribum, nondum visa, ut puto, quam Trithemius Breviarium Bibliæ appellat, auctore Petro Berthorio, cujus prologus incipit : Considerans Historiæ sacræ prolixitatem. Post prologum sic orditur auctor historiam, Adam in agro Damasceno formatus, etc., quæ brevitatis causa omitto. Elegans opus est, in quo Patrum series perbelle delineatur, digestis et circino laboriose expressis circulis nomina singulorum ex ordine et successione continentibus. Abulensis in Gen. i, q. 22 refert quoque Adamum in agro Damasceno formatum fuisse.

Eos fore Androgynos.] Sic legendum est, ut colligo ex B. Aug. to. III, l. III De Genesi ad litteram, c. xxii, et inde excerpta hæc existimo. Tria Androgeos. Androgeus est filius Minois Cretæ regis, de quo Virg., l. vi.

In foribus lethum Androgeo tum pendere pœnas Cecropidæ jussi, etc.

Androgyni sive hermaphroditæ dicuntur, qui utriusque sexus instrumentum habent. Tales inter infames ponuntur nec possunt esse advocati. 3, q. 7. Infamis : Parag. In digestis : Infames, etc.

Homini androgyno.] Iterum tria androgeo.
Permittit uti.] V. et C. permittitur uti.
Ut vir permittunt.] Dicerem ego hic, sicut et in sequenti permittit, habito respectu ad Ecclesiam, de qua supra. M. ut virum permittunt. Sed quid si Ecclesia, inquit margo M. decepta fuerit in vicinia sexus, et non potest continere?

Quod a Deo detestatur.] Toleranda est hæc lectio : Nam detestor aliquando passive usurpatur, ut Horat. l. I, Carm. Bellaque matribus detestata. M. Quod adeo detestatur.

Ad Rom., c. i.] Tria C. IV et v.
Epist. Judæ.] Tria c. II et M. legebat exfornicante pro exfornicate, ut est in texto Biblico. Qua voce composita significare voluit fornicationem quæ fiat extra et præter modum naturæ.

Post carnem alteram.] Margo M. Extra et supra omnem fornicationem peccaverunt. Hoc vitium detestatur Aug., tom. X, serm. 47 ad fratres in eremo.
549 Scilicet morte Hæc omittit V.
Levit., c. xx.] M. et C. XLII.
Onan.] C. pro Onam habet homini. Vitiose.
Coloss. III.] Tria VIII.

Josue, c. VI.] Tria XII.
Jericho.] M. ad latus : Concupisc. mundi et carnis.

Hujusmodi homines, spastici.] Spastici dicti a spasmate quod est nervorum contractio. C. et M. Hujusmodi homines pauci et enervati sunt, V. Omnes spatici hujusmodi enervati sunt. Hæc exponit B. Hier to. IV. in c. xix et xxvi Isaiæ. Item, to. V, in III Naum.

Sardanapali.] De eodem proverbium : Sardanapalo mollior Tertullian., tom. 1, lib. Pall., cap. 4, num. 79; Justin., lib. i, ait eum muliere corruptiorem.

Percussi aorasia.] Interp. LXX , sic legunt pro cæcitate, Gen. xix.
Isaias, c. LXVI.] M. et C. CCI. V. CXXII.
Post januam.] V. et M. post unam. C. post unum.
Item Joel, III.] V. et M. IX, in fine. C. x. Posuerunt puerum in prostibulo, etc.
Ubi vir nubit in feminam.] Solum M. Ex Justiniani decreto.

CAPUT CXXXIX.

In Matth. c. XVIII.] M. et C. LXXXVIII. V. LXXVIII.
Hier. Aug. et Ambrosius] Ambros. lib. I De Jacob et vita beata ca. 3; S. Augustin. tom. X, in appendice de diversis, serm. 5, et in Enchiridio ad Laurent., cap. 74. tom. III ; B. Hieronymus, t. V, in cap. VIII Matthæi. V. pro Hier. legit. Rabanus.

Secundum leges.] Conc. Tolet. IV, c. 67 et 70, et 12, q. 2 : Episcopus qui mancipium, et : Libertus Ecclesiæ. Manumissus dicitur, qui libertate donatus est. Olim domini volentes servos a potestate aut servitute liberos reddere, manu caput aut aliud membrum servi tenebant, sicque a se mittebant.

Calicem salutaris.] Per calicem in sacra Scriptura mors aut passio intelligitur.

De condigno.] Imo, si fas esset, plusquam mortem pro Deo oppetendam dico, quia non sunt condignæ passiones hujus temporis, etc. Rom. VIII.

Et algenti.] C. et M. agenti.
Arcentique.] Hoc ad David referendum. Alioquin arcentibus, ut C. legit, ad commulitones.

Ens in tonsura.] Auctori familiare est verbum ens pro existens. Tum tondebat Nabal gregem suum. I Reg. xxv.
550 Lucæ, c. XVII.] M. et V. c. CCI.
Ait c. XXIII.] C. et M. c. IX. V. xl.
II. Reg. c. IX.] V. xxi.

Jonatham patrem tuum.] Post hæc verba addit C. in textu quod M. in margine : Transfundit et in prolem, transcurrit gratia patrum.

Alter Cicero non.] M. et C. Alter Cato , sed male prout ex Val. Maximo liquet.
Popilius neminem odit.] M. et C. Pompilius.
Multa beneficia.] Omnia ista ab ingrato animo sunt : inquit Seneca De benef. l. 1 , c. 10. Eodem sensu Publius : Dixeris maledicta cuncta, cum ingratum hominem dixeris. Ausonius : Ingrato homine terra pejus, nil creat. Plautus : Pol quidem, meo animo, ingrato homine nihil impensius.
Leve æs amicum.] Aliter Seneca : Leve æs alienum debitorem facit.

CAPUT CXL.

V. Pro summario sic legit : Quod homo induit faciem super omnium brutorum animalium. Epilogus faciei culpæ.

Nobis superinducimus.] Hæc est ep. 18 I tomi B. Hier. ad Marcellam, quæ incipit : Ambrosius
In Isaia, c. L.] M. et C. CXLX. V. CLXXXIX.
Propter dolositatem.] Ex glossa ordin. in hunc locum Lucæ XIII. M. ad latus legit ex Cant. cantic. (cap. 1). Capite mihi vulpes parvulas, etc. Animos sub vulpe latentes.

Serpente, porco.] De Serpente, Gen. III. De porco, Matth. VIII. De homine, Matth. IV.

Et in spiritu, spiritu.] *C. et M.* Et in spiritu hominis *M.* rationali, *C.* rationabilis quasi, etc.

In ep. 18.] *Ad Marcellam. Incipit :* Ambrosius, tom. I. *M. et C.* In 30, ep. c. 2.

Mœrore deprimitur.] *Tria* deprimimus. *Restitui ex B. Hier.*

Amisso obolo.] *Tria omittebant* amisso.

Personarum simil. [*Restitui ex B. Hier.* Personarum. *Tria enim :* peccatorum similitudines quot peccata.

CAPUT CXLI.

In seminarium.] *C.* In sanctuarium.

De auctoritatibus.] *V.* De auctoritatibus ejusdem. *M.* De actoribus. *Quomodo auctoribus et actoribus, cum solus Deus sit auctor ?*

Ad prædicta, industriæ.] *V.* Ad prædictam industriam lectoris. *M.* Ad prædictam 551 industriæ lectoris. *Neque hæc placebant. Nulla enim de industria lectoris fuit facta prius mentio. Ergo non prædictam.*

Relinquentes.] *Abest hoc verbum in V. similiter Vel quod sequitur.*

Quæ destructiva est.] *V.* Quod destructiva est. Matth., c. III.] *Tria* VII.

Apud Matth., c. IV.] *Tria* xx.

Ad pœnitentiæ suffici.] *M.* hic præferebat titulum : Item de pœnitentia. *C. ad latus :* De confessione triplici.

Labore pœnæ.] *C. et M.* etiam bene : Labore pœnitentiæ.

Sine infusione gratiæ.] *V. et M.* Sine visitatione gratiæ.

Conteraris.] *V.* Convertaris.

Vestigium peccati.] *M. ad latus :* Et memoria.

Revertere quater repetito.] *Loca B. Bernardi hæc apprime exponentia. Vide primo serm. 5 De annuntiatione B. Mariæ, in fine; secundo serm. 5; parcorum serm. 5, sermonem 58, ibidem.*

Quod adverbium.] Sapienter nempe.

Sicut et verbum.] Psallite.

Quotiescunque iteratæ.] *M.* iterare.

Gregorius.] *Tom.* II, *hom.* 20 *in Evang. ante medium. M. et C. pro Grego.* habent Augustinus. *Scio quidem ipsum hanc sententiam fuse et dilucide exponere, tom. V De civitate, l. XXI, c. 27. Et tom. X, l. I. Hom.* homilia ult.; *sed eadem verba non habentur.*

CAPUT CXLII.

Ostendit Aug.] *B. Gregorius non absimilia habet præcipua Moral. l.* IX, *c.* 24. (*Hæc enim verba postrema :* Dum autem hic judicamur, temporalibus pœnis, etc., *ibidem visuntur*) *Similiter B. Hieron. tom.* IX, ep. 1 *ad Demetriadem post initium.*

Quasi diceret pœnites.s. *at* argo *M.* Quasi semper : Unde nec ait recogito.

Matth., c. III.] *C. et M. cap.* XI.

Parturientis, id est.] *Expositio est B. B. Augustini atque Ambrosii in hunc psalmum. C. et M. ad latus hæc legunt :* Hoc etiam de prædicatore exponitur, qui nonnisi post partum pœnitentiæ procedere debet ad pariam prædicationis, scilicet de partu in partum. *Alioquin, si impœnitens accedat, despiciatur, ejusque prædicatio contemnetur, ut ait beatus Gregorius.*

Non ait parientis.] *Hæc restitui juxta doctrinam citatorum Patrum immediate* 552 *supra. Tria,* ait non parientis. *C. ad latus volebat correctum parturientis pro parientis, sed male.*

Item : quanta debeat.] *Hæc ad novam lineam revocavi, eo quod C. majuscula littera cœperit, M. autem titulum præfixerit talem :* Item de contritione, *sed a me intermissus est, quia in indicibus capitum omit ebatur.*

Animadverte in quatuor | *Glossa ordin. in tunc locum Joannis cap.* XI. *Eadem recenset, quam puto esse beati Ambrosii De pœnitentia libr.* II, *capit.* 7, tom. I.

Idem, c. VI.] *Tria c.* XXVII.

Diabolus.] *Solum V. Estque Glossæ interl.*

Idem, c. VII.] *Tria* XXXII.

In directum.] *C. ad latus :* Mediocriter.

Pro spiritualibus.] *M.* pro temporalibus, æternis.

Idem, c. VIII.] *Tria* XXVIII.

Filiæ populi mei.] *C. in margine :* Filiæ animæ meæ.

Job, c. VI.] *C. et M.* 6. *V.* IX.

Eremita prolapsus.] *Ex libro Vitæ Patrum dicto.* Deut., c. IV.] *Tria* XIV.

CAPUT CXLIII.

Confessio, cordis.] *Inter ly cordis et oris, hac parenthesi utitur V.* Ut ait David : Dixi confitebor, et tu remisisti.

Unde Urbanus.] *De hoc diximus in c.* 123.

Habet sequi antidotum.] *Confessionis scilicet et satisfactionis.*

Est pars satisfactionis.] *Ita de pœnit. distinct.* 1 : Quem pœnitet.

Sicut auctoritas habet.] *Dictio* auctoritas *accipitur pro pluribus auctoribus, uti c.* 79, *et alibi.*

Lepræ cognitionem.] *C. ad latus* corrigebat, contagionem.

Peracta enim pœnit.] *V* Peracta enim pœna

Item Judicum I.] *Perperam M. et C.* legunt : Item Moyses : Quis, etc., *cum illa verba non sint Moysi, sed Filiorum Israel, dicentium :* Quis ascendet ante nos contra Chananæum, et erit dux belli ? dixitque Dominus : Judas ascendet, etc.

Præcedet nos.] *M. et C. consequenter legebant,* vos pro nos.

553 CAPUT CXLIV.

Qui curet vulnera sauciati.] *Vino, inquit B. Gregorius, morsum districtionis adhibeat, oleo mollitiem pietatis, etc., a præpositis et prælatis lectu dignissima. Tom. I Moral, l.* XX, *c* 8.

Fili, non mihi.] *Verba hæc confessoris seu confessarii, adhuc forte induratum pœnitentis cor, nonnihil emolliunt, et inducunt ad confessionem sinceram, fidelem et flebilem persolvendam.*

Ut ille, qui nolenti restituere ablata.] *Simile, si non idem exemplum refert Cæsarius, qui post ætatem auctoris vixit, l.* III, *c.* 35.

Cophini Ecclesiæ.] *Ab horum majorem intellectum percurre hom. B. Greg.* 31, *in Evang.*

Nimiam multitudinem.] *Quid glorientur nonnulli in multitudine ? Pluribus intentus minor est ad singula sensus.*

Ad pœnitentiam maxime.] *V.* Ad pœnam maxime.

Abbatis de Longo Ponte.] *Hoc exemplum vel simile habet Cæsarius libro tertio.*

De dæmoniaco.] *Idem aut simile Cæsarius refert l.* III, *c.* 2.

Job, VII.] *Tria* IX.

Impudentissime jactant.] *Margines M. et C.* Sic disputavi, talem matronam (*C.* vicinam) tam nobilem et pulchram amavi. *Addit C. Ex quibus superbiunt. Hæc videntur sumpta ex B. Bernardo.*

CAPUT CXLV.

In conterendo.] *Non :* In convertendo, *ut V. in textu et C. in margine.*

Dictionis virtus.] Pœnitentiæ scilicet dictionis, ait *M. in margine.*

In se ulciscendo.] *V.* Ulciscenda, *sed male et contra textum originalem.*

Ut corpus redimas.] *Ex Ovidio De remedio amor., l.* 1. *Ejusdem ex ep. Œnones ad Paridem subjicio versus :*

Leniter ex merito quidquid patiare ferendum est :
Quæ venit indigne pœna, dolenda venit.

Solve funiculum.] *V.* Solve vinculum. *Quatuor pravæ consuetudinis vincula deprehendo, quæ cum increverit ægre dissolvuntur. Nam difficulter eradi-*

tur, ait B. Hieron., quod rudes animi perhibuerunt. Vincula hæc sunt : Primum, titillatio delectationis; secundum, consensus; tertium, factum; quartum, profundum malorum, seu consuetudinis abyssus. Hujus viscosi mali testimonium pete ex *B. Aug. tom.* X, serm. 44, *De verbis Domini, c. 6.*

Hinc ille martyr.] *Cujus meminit beatus Hieronymus in Vita S. Pauli, similiter* **554** *(sed paulo fusius) Nicephorus Hist. eccles., l.* VII, *cap.* 13. *M. et* C. Hinc ille pater familias, omittunt, martyr.

Se stultum simulavit] *O stultum prudentem! Nam, teste Catone,* Stultitiam simulare loco prudentia summa est. *Id legitur de S. Simeone, Salo, id est stulto, in Martyrol. Romano die Julii* 1.

Vel scoepbam.] *Hoc est mundabam. Ita Januensis.*

Scobes et sordes.] *Scobes, sunt partes illæ minutissimæ limæ aut serra, vel alio instrumento tritæ et excissæ,* a nominativo scobs.

Vel fodiebam.] *B. Hier., in hunc psal.* Fodiebam, inquit, tanquam agrum, ut mitterem semen doctrinarum Domini.

Quia ingenuum.] *C.* ↓*V.* ingenium. *M.* Ingeminum.

Vel ventilabam.] *Videatur Glossa in hunc locum. Romanos, c.* 6.] *Tria* XVI.

Vias duras.] Labores pœnitentiæ, *Aiunt margines C. et M.*

Cilicium.] *Non tantum S. Joannis Baptistæ sed, ut aiunt duo præfati margines :* Similiter Judith, et Ceciliæ et Nazareorum.

Panis cribrarius.] *Impressa S. Hieronymi :* Panis cibarius, *ep. ad Marcellam, quæ incipit :* Ambrosius : *Vide notas ad c.* 133.

Vepres Benedicti.] *B. Gregorius l.* II *Dial., c.* 2.

Lacrymæ Arsenii.] *Ex ejusdem Vita quæ apud Sur.um exstat.*

Quinque caricæ Eulalii.] Quibus sustentabatur. *Duo margines.*

Ægyptiacæ.] *Vita apud Sur. est tom. II.*

Simeonis Trevirensis.] *Cujus festum agitur* 1 Junii.

Per Nathan] *Habentur hæc De pœnitentia, distinct.* 3. Totam pœnam.

CAPUT CXLVI.

Solum V. non dividit caput.

Idola Laban.] *De his dixi ad c.* 21.

Infelix Achan.] *Tria* Achor, *sed male.* Achor *enim nomen vallis est, ut legitur Josue* VII.

Circumstantiæ peccatorum.] *M. ad latus :* Omnis memoria.

Clausis ostiis mentis.] *Idem ibidem :* Omnis domus tua.

Genesis, c. IX.] *Tria* XXXVI.

Æquipollere debet purgatorio] Contra eos, *aiunt margines C. et M.,* qui dicunt Faciamus mundam pœnitentiam, sed sine sordibus et cruciatibus.

555 CAPUT CXLVII.

Habeam in corde.] *Margines duo :* Ad agendam pœnitentiam.

Substantia mea.] Vita præsens, et omnia præsentia, *ait margo duplex.*

Nonne Dominus.] Soliditas æterna, *aiunt iidem margines.*

Item philosophus.] *Illius liber elegans est de vitæ brevitate et Christiano dignissimus, quanquam ab infideli conscriptus.*

Honores geram.] *Utinam virtutes, aut similia proximorum ædificationi convenientia, de quibus poeta profanus :*
Stat sua cuique dies; breve et irreparabile tempus,
Omnibus est vitæ; sed famam extendere factis
Hoc virtutis opus.
(VIRGIL., Æneidos x.)

Tanquam ad extremum.] *Ita Horatius :*
Omnem crede diem tibi diluxisse supremum.

Item Hieronymus.] *Vide ejusdem l.* III. *Comment. in Amos paulo post initium et longe plura hac de re invenies.*

Brevis et non vera voluptas.] Disputare, comedere et hujusmodi, *ait M. in margine.* Ex hoc tempore tam angusto et rapido et nos auferente, quid juvat majorem partem mittere in vanum? Non tam benignum ac liberale tempus natura nobis dedit, ut aliquid ex illo vacet perdere : et vide quam multa etiam diligentissimis pereant. *Hæc ille magnus Seneca, epist.* 117.

Viri divitiarum.] Viri etiam litium, *ait margo C.* causarum, disputationum, potationum.

In manibus suis.] Nisi sarpam, *ait idem. Sarpa est falx putatoria, sive culter aduncus, quo vineas, aut arbores putamus.*

Cras minus aptus erit.] *Nempe,* ad agendam pœnitentiam. *Ita duo margines.*

Tota cœna præsentis.] *Hoc est* felicitas, delectatio, et jucunditas. *Margines duo.*

Per quæ amittitur] Nam qui in agone contendit, ab omnibus se abstinet (*I Cor.* IX), *ait M. ad latus, addit quoque illud :* Ne animam ponas ad unicum hazardum et jactum aleæ.

Et sicut fumus.] Qui cito evanescit, *inquit C. in marg.*

Isaias c. XXIX.] *Tria* LXXVII.

Dignitatem primogeniituræ.] Fidem et virtutes, *inquiunt margines.*

Benedictionemque paternam.]*Iidem in Evangelio :* Venite, benedicti Patris mei. *Matth.* XXV.

Perpetua est pœna.] *Seneca ep.* 23. Improbarum voluptatum, etiam post ipsas pœnitentia est. *Et infra :* Sola virtus præstat gaudium perpetuum, securum.

556 Mortis meditatio.] *Post Platonem in Phæd. B. Hier. ad Principium epitaphium Marcellæ, incipit :* Sæpe, et multum.

Item Hieronymus.] *Non absimilia vidi in ejusdem regula titulo* De paupertate : *similiter in c.* XXV *Matthæi.*

Cur modicum exspectas.] *V.* Contra modicum exspectas. *Exaudiamus etiam infidelem, fideliter tamen loquentem :* Tu mortem, ut nunquam timeas, semper cogita. *Et idem supra :* Vivere noluit, qui mori non vult, *Seneca ep.* 30.

Vadam ad portas.] *Margines C. et M.* Hoc timeo, semper in mente habeo.

Ablata est.] *Idem margines :* Translata est.

Quidam dimidiant Deo.] *V.* Qui dant Deo dimidiant. Abusus notarii.

Quidam perficiunt.] *Aiunt margines C. et M.* Ut Nicolaus, Joannes.

Job, c. VII.] *Tria* IX.

Item, c. XIV.] *Tria* XIII.

Item, c. XX.] *Tria* XVII.

CAPUT CXLVIII.

Ne fiat fuga vestra.] A vitio et peccato. *Margines duo.*

Pœnitemini.] *Hæc lego in margine M.* Item : Vide qualem et quantam egerint pœnitentiam Theophilus de quo in legenda Nativitatis B. Mariæ : et corpus (*al.* corpus) de quo in legenda S. Dionysii fit mentio. *In Legenda aurea Jacobi de Voragine die Nativ. B. Virg. loco Theophili, citatur Ivo Carnotensis.*

Vitales carpitis auras.] VIRG. X *Æneidos.*

Toto tempore vitæ.] *Tempus pœnitentiæ est usque ad ultimum articulum vitæ De pœnit., Dist.* 7. Tempus vero.

Bitumine.] Et pœnitentialis satisfactionis et longis labor.bus. *Margines duo.*

Sicut enim. exhibuistis.] *Hic tacet V. usque ad finem capitis.*

CAPUT CXLIX.

V. Omittit titulum, nec caput dividit intercapedine.

Difficile avelli.] SENECA, *Tragœdia* 6 :
Dediscit animus sero, quod didicit diu.
Aristoteles vii. *Et hic* : Difficile est resistere consuetudini, quia assimilatur naturæ. *Idem* i. *Rhetor*.
Quod consuetum est, veluti innatum est. VIRGIL. *Georg*. ii :
... Adeo in teneris assuescere multum est.
Quasi altera natura.] *Ex Aristot*. vii *Ethic*.
Ut canis a corio.] *Horat*. ii *Serm*. V. Vix exterrebitur, etc. *Aliqua exemplaria, impressa sic* :
Utque canis corio nunquam absterrebitur uncto.

557 Hieronymus.] *Loquitur hic de filiis Israel, unde addidi in tex.u* : Populus Israel.
Jeremias, c. xiii.] *V. et M.* c. lx, C. lxi.
Idem, M. viii.] *Tria* xxxiv.
Idem, c. ix.] *Duo* xxxix. V. xxxviii.
Ars fit.] *Arist*. ii *Ethic*. Ex actu multoties iterato fit habitus.
Longam restem.] *Sive, longam dicam notis plenam*.
Noli ergo mutuare.] *Cur hoc ? Ait Sapiens Prov*. xxii. *Quia* : qui accipit mu uum, servus est feneraniis.
Qua, ne preoccupatus.] *C. ad latus legit ea quæ habentur Sap*. iv : Justus si morte præoccupatus fuerit, e c.
Cœlestis mannæ.] *M.* Cœlestis gratiæ.
Actio judicis contra.] *C. et M.* Erga nos.
Fuerit solvendo.] *V.* Solvenda.
Unde Ambrosi. s.] *Locum citavi in margine ad c.* 145, *in fine. C. et M. legebant Gregorius*.
Amaras potiones.] *M.* potationes.
Et erubescentia.] *C. ad latus*: Quæ causa induxit confessionem in Ecclesia.
Vel in substantia.] *V.* Id omittit.

CAPUT CL.

Vel vitæ.] *Hæc duo verba absunt in M. et C.*
Qui dormitis.] *V.* Qui jacetis.
De manifesta visione.] *C. et M.* Manifesta visitatione.
Satietatem visionis.] *Tria omittunt visionis, sed est in textu Biblico. C. et M. in margine legunt* : Voluntatem Dei implendam. *Videri hic potest commentarius B. Hieronymi in hoc ultimum caput Isaiæ*.
De cornu altaris.] Vos, o clerici, *ait margo C*.
Habacuc, c. iii.] *Tria* c. xi.
Sophon., c. i.] *Tria* iii.
A collibus.] *M. et C.* a collisionibus *At textus Scripturæ, ut posuimus*.
Quia enim non habuerunt.] *Videatur comment. B. Hier. in c.* 1 *Sophoniæ*.
Ignis gehennæ.] Ignis etiam avaritiæ, *inquit margo C*. hic accenditur et inchoatur, in futuro consummatur.
Parab., c. xix.] *Tria* xxxix,
Hebr., c. x.] *C. et M.* xvii. V. xvi.
Ignis æmulatio.] *Audimus margines C. et M*. Fames et insatiabilitas devorandi malos. Tria sunt insatiabilia, scilicet, infernus (avidior et insatiabilior) mare et vulva meretricis *(Prov*. xxx).

558 Job, c. x.] *V. et M.* c. xi, C. ix.
Beda de quodam.] *Hæc historia sumpta est ex V. Beda, Hist. gentis Anglorum, l.* v, *c.* xiii. *De hac etiam in speculo exemplorum dist.* 3, *exemp.* 7. *In margine C. nomen patrisfamilias exprimitur Drigelinus, at locis citatis Drithelmus*.
In interiora duceret.] *V.* In anteriora produceret.
De quibusdam puteis.] Ubi puteus superborum, *inquiunt margines C. et M.* puteus curiosorum, puteus invidorum, et sic de cæteris peccatis.
Tunc cœpi cogitare.] *Hæc, usque,* Dux meus *absunt in M. et C*.
Wilfrido.] *Tria sic legunt, sed Ven. Beda loco supra citato vocat* Alfridum.
Intrans flumen.] *Monasterio, seu ejus domui adjacens, ut initio historiæ dictum est*.

A Hieron. ad Heliodorum.] *Restitui locum. Tria enim, ad Rusticum. Hæc epist. ad Heliodorum incipit* : Quanto amore. *Vide finem illius*.
Judicaturo Domino.] *M.* Tu gaudebis judicaturo Domino. *V.* Tu gaudebis judicaturus cum Domino.
Exhibebitur cum prole sua vere.] *Hier. pro vere habet* Venus. *Melius*.
Operarii et quæstuariæ.] *V. et M.* operariæ et quæstuariæ. *B. Hier. habet* operarii, hoc est, Josephi.

CAPUT CLI.

Ad Eustochium.] *De virginitate servanda, quæ incipit* : Audi, filia.
De carcere.] Et papilione corporis, *inquiunt margines M. et C.* ut in ostio stans videas gloriam Dei pertransire.
Et recessit sibi.] *Tria tibi pro* sibi.
Et concubinæ.] *C. ad latus* : Animæ minoris merti.

B Erunt in diversis.] *Hæc quoque restitui. Tria sic legebant* : Erunt in diversis gregibus carnis tuæ, et spiritus matris (*V*. matres) tuæ.
Nemo poterit dicere.] *Tria* : Nemo poterat scire. *Biblia Basileæ impressa anno* 1591 *habent* : Nemo poterat discere. *Magna varietas*.
Aliquid gloriosum.] *V.* pretiosum.
Ad Demetriadem. *De virginitate*. Habetur *t*. IX *incipitque* : Si summo ingenio.
Putabis durum.] *V.* Dignum.
Tu ergo, cui.] *Hæc in eadem. epist. ad Demetriadem, sed infra, sub finem*.
Comitata virginibus] *V.* Communicata.
Nec ullius temporis.] *Tria* : Nec illius temporis, etc.

559 CAPUT CLII.

V. *Caput non dividit, neque novum titulum præfert. M. vero videtur veile divisum, rubea eaque majuscula addita littera, omisso tamen titulo, quem C*.

C solum non omittit.
Effudi in me spiritum.] *C. in margine* : dilatando præ gaudio patriæ.
Mammotrecti.] *De hoc vocabulo diximus in notis ad c.* 78.
Secretum meum de vita.] *Hæc, usque,* Et quemadmodum, *absunt in C*.

CAPUT CLIII.

Hoc caput De proprietate *ex C. et M. collegimus. Sed in M. alio charactere exaratum est a cæteris, et in fine capitis præcedentis hæc habebat* : Explicit summa magistri Petri Cantoris Parisiacensis. *Forte auctor omiserat in summa agere* De proprietate, *quod in fine recuperat*.
Dicere mea.] *Prout vetat S. Benedictus in Regula, c.* 33.
Cum Achan.] *Duo* Achor.
Mundiali aliquo.] *Ut legitur* 16, *q*. 1. Adjicimus,

D *in fine. Et B. Ambrosius* iii *Offic., c.* 9, *B. Gregorius Registri, l*. x, *c*. 22.
Monedulæ.] *Avis est ex Graculorum genere anrum et nummos subripere solita. De hac Ovid.* vii Metam :
Nigra pedes, nigris velata monedula pennis.
De monacho Gregorii.] *Hæc historia habetur in vita ejusdem. Vide Surium t*. ii, *præterea apud B*. August. *serm.* 62, *ad fratres in eremo, sive* 12, *q*. 1 : Nolo.
Sacrilegus sit etiam laicus.] 17, *q*. 4 : Quisquis, *et* 12, *q*. 2 : Prædia.
Habet aureos.] *Quam belle tales describit B. Hier. in epist. ad Heliodorum, quæ incipit* : Grandes materias. Sint ditiores monachi, *inquit*, quam fuerant sæculares : possideant opes sub Christo paupere, quas sub locuplete diabolo habuerant; suspiret eos Ecclesia divites, quos ante mundus habuit mendicos.
Pictantias.] *Seu* pitantias. *Hoc vocabulo sæpe uti-*

tur Cæsarius, pro portione vini aut ferculi lautiore.

Tobias exsul.] C. Si Tobias esuriens, et qui propria habere poterat. *Cætera desunt.*

Quidam religiosi.] *Præter illud B. Pauli II Tim.* II: Nemo militans Deo, implicat se negotiis sæcularibus, *aliud insinuabo ex decretis Bonifacii*, quo decernit monachos posse confessiones audire : Neque enim, inquit, B. Benedictus monachorum præceptor almificus, hujus rei aliquo modo fuit interdictor; sed eos sæcularium negotiorum edixit expertes fore tantummodo. *Et* 16, *q.* 1 : monachi, **560** *sic legitur* : Nullus monachorum forensis negotii susceptor, vel exsecutor existat, nisi quod monasterii exposcit utilitas, abbate sibi nihilominus imperante.

Depositarii.] C. Depositorii. *Horum est recipere pecunias, pro cautione, quod monachum maxime dedecet. B. Hieronymus ad Paulinum De instit. monachi*, ait : Quem senseris tibi, aut semper, aut crebro de nummis loquentem, institorem potius habeto quam monachum, 16, *q.* 1 : Si cupis. Item videto B. Hieron. in reg. titulo De paupertate.

Iste enim pluribus.] *Hæc parenthesi inclusa*, omittit *M*.

Ablatum.] *Post hæc immediate legit C.* Item Levit. LXXXI, *hoc est*, c. XXIV, *ubi agitur de restitutione*.

Prior quidam cuidam.] C. Prior de M. D. volenti facere.

Item eremitam.] *Ex libro Vitas Patrum dicto.*

Item Hieronymus.] *In regula, de paupertate. Et in reg. monachorum, De Simonia in recipiendo sorores, similia invenies.*

Tanta in Martino.] *Ex vita per Severium Sulpicium conscripta.*

Ut ait S. Benedictus.] *Cap.* 49 *Regulæ suæ.*

Item Hieronymus.] *Epist. ad Heliodorum monachum, ut supra dixi ad c.* 21.

VERBUM ABBREVIATUM,

TEXTUS ALTER

A capitulo sexagesimo sexto usque ad octogesimum (17).

Cap. LXVI. *De acceptione personarum.*

Et sciendum quod nihil magis offendit hoc triplex prælati officium, quam acceptio personarum, « quæ non est apud Deum, » sicut dicit Apostolus in Epistola ad Romanos (cap. II). Super quem locum dicit Augustinus [f. Ambros.] : Acceptio personarum esset apud Dominum, si propter dignitatem patrum recepisset Judæos, et propter indignitatem patrum sprevisset gentiles (Vide notas ad cap. 66). Idem dicit Petrus in Actibus apostolorum (cap. X), quando præceptum est ei ire ad Cornelium : « Nunc in veritate comperi, quod non est personarum acceptor Deus, sed in omni gente, qui timet Deum, acceptus est illi. » Sciendum autem quod aliud est acceptio personarum, aliud honorificentia.

Honorificentia est reverentia alicui exhibita considerato gradu dignitatis illius, cui reverentia exhibetur, et illius, qui exhibet. Abusus autem hujus reverentiæ, est acceptio personarum. Ista non est apud Deum. Et nota quod quando reverentia non exhibetur cui debetur, tunc est personæ abjectio; quando vero exhibetur cui non debetur, tunc proprie est personæ acceptio, ita ut aliud sit acceptio personæ, aliud abjectio personarum, et aliud honorificentia personarum. Notandum itaque, quod circa hujusmodi honorificentiam, quædam causæ sunt omnino licitæ et honestæ : quædam subhonestæ : quædam mediæ nec omnino licitæ, nec omnino illicitæ ; quædam sunt omnino illicitæ. Cæteræ omnino licitæ, et honestæ sunt, quando alicui reverentia pro sanctitate suæ religionis exhibetur : et hæc sola est apud Deum. Subhonestæ, quando prælato, vel principi, vel filio nobilis, vel scripturæ perito reverentia exhibetur. Mediæ non omnino licitæ, vel illicitæ, quando alicui ex quadam societate, vel ex indiscreta benevolentia reverentia exhibetur, ut quando pauperes indigentes relinquuntur, non indigentes in hospitio recipiuntur. Omnino illicitæ, quando alicui pro turpitudine aliqua, vel pro sola pecunia reverentia exhibetur, ut possit dici :

O nummi, nummi, vobis hic præstat honorem,
Vos estis fratres.

(Juven. sat. 5.)

Hanc omnino respuit Dominus. Et de hac dicit Jacobus in Epist. canonica (cap. II) : « Fratres, nolite habere fidem Domini nostri Jesu Christi gloriæ, in acceptione personarum. Si enim venerit in conspectu tuo vir aureum annulum habens in manu, et dixeris ei : Hic bene, si autem venerit pauper in sordido habitu, et dixeris ei : Sta ibi, nonne acceptor personarum factus es? nonne iniquarum cogitationum judex es? » Et dicit ibi Augustinus (*altero ord. ex Beda qui sua desumpsit ex Aug.*), si hoc referatur ad ecclesiasticas dignitates, non esse leve peccatum. Quis enim ferat, spreto honestiori et scientiori paupere, divitem ad ecclesias icam dignitatis sublimari. Item, si de quotidianis consensibus (concessibus *ut habent alia exemp.*) hoc dicatur, quis hic non peccat? tamen non peccat, nisi apud se judicet, quod si ditior est, ergo melior. Contra acceptionem personarum Dominus in Deuteronomio per Moysem dicit (cap. 1) : « Audite, omnes, et quod justum fuerit, judicate. Non accipietis personam hominis, Domini enim judicium est. » Ergo homo imitator Dei non debet personam hominis accipere. Et Job dicit (cap. XXXII) : « Non accipiam personam viri, neque Dominum homini adæquabo. » Nequuntur, descripsimus, et descriptum hic consulto reposuimus.

---

(17) Cum exemplar Marchianense fere continua varietate lectionis, ab aliis duobus recederet, scilicet a cap. 66, usque ad cap. 80, illud verbotenus, ut lo-

scio enim quamdiu subsistam, et quando. Salvator meus veniat tollere spiritum meum. » Quasi diceret : Si acciperem personam viri, hoc esset Dominum homini adæquare. Et in Ecclesiastico dicitur (cap. xxxv) : « Non accipies personam in pauperem (id est contra pauperem), et deprecationem læsi exaudies. » Et in Epistola canonica Judæ dicitur (℣. 16) : « Quidam sunt garruli et murmuratores, personas propter quæstus admirantes, » id est laudantes. Post auctoritates contra acceptionem introductas personarum, exempla introducamus. Legitur enim quod Phinees pugione suo transfixit in genitalibus Judæum coeuntem cum Madianitide, quamvis illum sciret esse ducem in tribu Simeonis, et illam filiam nobibilissimi principis Madianitarum (Num. xxv). Et in hoc facto placuit Domino, « et cessavit quassatio (Psal. cv). » Et Dominus dixit ad Moysem : « Suspende principes in patibulo, ut avertatur furor meus ab eis (Num. xxv). » Ecce, quod nec principibus parcendum est in scelere. Et ipse Moyses audiens populum peccasse in vitulo conflatili, dixit : « Qui Domini est accingatur gladio mecum. Et transiens per medium castrorum, » nulli illius sceleris participi, parcebat, « et dixit Moyses: Hodie consecrastis manus vestras Domino, non enim pepercistis frater fratri, vel patri, vel matri in crimine (Exod. xxxi). » Et dicit ibi glossa : Ille eligatur sacerdos et levita, « qui dicit patri et matri: Nescio vos (Deut. xxxiii). » Et de Domino legitur quod noluit ad domum reguli divertere (Joan. iv), ne videretur divitias honorare Item : In libro Regum legitur quod Jonathas esuriens, dum iret, invenit mel et comedit, et exhilarati sunt oculi ejus, et fortius insecutus est hostes (I Reg. xiv). Quod audiens pater ejus Saul, quia contra præceptum ejus fecerat, voluit eum occidere. Quod fecisset, nisi populus eum de manibus ejus excussisset. Ecce quod paternus amor noluit parcere filio in transgressione præcepti. Et habes hic argumentum, quod princeps non debet aliquid facere sine consensu populi, nec etiam prælatus sine consilio cleri : Item super illud verbum prædictum « transivit Moyses per medium castrorum (Exod. xxxii),» dicit Gregorius (part. iii Pastoral. admonit. 26) : Per medium castrorum est transire, in Ecclesia Domini æqualitate vivere, arguere, prædicare et judicare, ut in nullius resideat favore, ut nec alicui propter sanguinem, vel privatum amorem a gladio sententiæ parcat. Et si vir Dei est, qui divino amore cingitur ad vindicandum peccata ; illum virum Dei non esse constat, qui vindicare aliorum peccata recusat. Tamen cum moderamine contra acceptionem personarum est agendum. Quidam enim, dum acceptionem personarum vitant, in cujusdam ingratitudinis vitium et sobriæ inurbanitatis currunt ut vere possit dici :

Dum vitant stulti vitia, in contraria currunt ;
.... Sed medium tenuere beati.
(Horat., lib. I Sat.)

Summum enim jus injuria summa est (Cicero I Off.). Unde et alibi dicitur : « Est justus qui perit in justitia sua (Eccle. vii). » Et alibi : « Qui nimis emungit, elicit sanguinem (Prov. xxx). » Et alibi : « Non declinetis, neque ad dexteram, neque ad sinistram (Deut. xvii). » Ad dexteram, per nimiam justitiæ remissionem ; ad sinistram, per nimium ejusdem rigorem. Unde poeta :

Est modus in rebus, sunt certi denique fines
Citra quos, ultraque, nequit consistere rectum.
(Horat. l. I, sat. 1.)

Culpa enim est totam persequi culpam.

Cap. LXVII. De modestia circa risum.

Ad prædicta autem, quæ contra incompositionem diximus, addendum est de modestia, et maxime circa risum, circa quem facile cognoscitur sapiens. Unde Ecclesiasticus ait (cap. xxv) : « Fatuus in risu exaltat vocem suam, sapiens autem vir tacite ridebit. » Et sanctus Bernardus dicit de quodam abbate religiosissimo (S. Malachia), qui in quatuordecim annis non risit ita ut videretur dens ejus, sed obstantium gratia faciem serenabat ; sed, si bene recolimus, risum integrum non admisit. Sectemur ergo hilaritatem lascivia carentem, et, ut uno verbo explicem, secundum faciem sanctorum jucundemur,(Judith xvi). Et Dominus in Evangelio: « Væ vobis qui ridetis, quia plorabitis (Luc. vi), » Unde et ipse legitur ter flevisse, scilicet in suscitatione Lazari (Joan. xi), super civitatem (Luc. xix), et in oratione, sicut legitur in Epistola ad Hebræos (cap. v) ; sed nunquam legitur risisse. Et hoc quæstionem habet. Ipse enim defectus nostros assumpsit : quos decuit eum assumere, et revera risum interiorem habuit, scilicet lætitiam mentis, et ita videtur quod habuerit exteriorem, quod potuit esse, quamvis non legatur. Et notandum, quod ad modestiam prædictam et temperantiam habendam, est maxime fugienda singularitas. Est autem duplex singularitas, scilicet mala, et bona. De mala prædicemus, ut expulso vitio magis virtus elucescat.

Cap. LXVIII. De mala singularitate.

De mala itaque singularitate dicit philosophus : Omnis singularitas parit notam. Qui hanc non fugit, suspectus est, aut suspiciosus. Ita notat, aut aliquid significat. (V. Not. in cap. 68.)] Propter hoc forte dictum est : Hoc modicum degustet. Hanc singularitatem fugiens Apostolus, dixit : « Omnia omnibus factus sum (I Cor. ix).» Unde et totondit se in Cenchris (Act. xviii). » Unde et Timotheum circumcidit, ut conformaret eum Judæis (Act. xvi). Unde Augustinus dicit (epist. 86, et 110) : Secundum morem patriæ, et consuetudinem Ecclesiæ , in qua tibi vivendum est, debes vivere. Turpis enim est pars, quæ suo corpori non convenit. Unde forte dictum est : « Væ soli, quia, si ceciderit, non habet sublevantem (Eccle. iv). » Soli, id est quadam præsumptione novum vivendi modum invenientis. Talis enim « singularis ferus est qui depascit vineam (Psal. lxxix), » id est destruit et occidit animam suam. Et Seneca in epistola quinta ad Lucilium ait : Illud te admoneo, ne eorum more (qui non proficere sed conspici cupiunt) facias aliqua , quæ in habitu tuo aut genere notabilia sint. Asperum cultum, et intonsum caput, et negligentiorem barbam et indictum argento odium, et cubile humi positum, et quidquid aliud ambitiose perversa via sequitur, evita. Satis ipsum nomen philosophiæ (etsi modeste tractetur) invidiosum est. Intus omnia dissimilia sint. Frons nostra populo conveniat, non resplendeat toga, non sordeat tamen. Non putemus frugalitatis indicium auro argentoque caruisse. Id agamus, ut meliorem vitam sequamur quam vulgus, non tamen contrariam. Alioquin quos emendari volumus, fugamus a nobis et avertimus. Illud quoque efficimus, ut nihil imitanda sint omnia. Hoc primum philosophia immittit, sensum communiorem, humanitatem et congregationem, a qua professione dissimilitudo nos separabit. Videamus ne ista per quæ admirationem parare volumus, ridiculosa et odiosa sint. Propositum nostrum est secundum naturam vivere. Hoc contra naturam est torquere corpus suum, et faciles odisse munditias, et squalorem appetere, et cibis non tantum vilibus uti, sed crudis et horridis. Quemadmodum enim desiderare delicatas res luxuriæ est, inusitatas fugere in magno parabiles fugere, dementiæ est. Frugalitatem exigit philosophia, non pœnam. Hic enim modus placet. Temperetur vita nostra inter bonos mores et publicos, suspiciant omnes vitam nostram, sed non agnoscant ; eadem faciamus quæ cæteri. Nihil inter nos et illos intererit. Plurimum dissimiles nos vulgo, esse sciat, qui inspexerit propius. Qui domum intraverit, nos potius miretur quam supellectilem nostram. Magnus est ille, qui sic utitur fictilibus sicut argento. Nec minor est ille, qui sic utitur argento, sicut fictilibus. Infirmi enim hominis est, non posse pati divitias.

Cap. LXIX-LXXII.
De bona singularitate.

Nunc de bona singularitate est dicendum, quæ magis proprie dicitur solitudo. De hac dicit Anna [*leg.* Sara], filia Raguelis, sicut legitur in Tobia (cap. III): *Nunquam ludentibus me miscui, nunquam illis, qui in vanitate ambulant, participem me feci.* De hac dicit Sapiens : Rarus in publico, honestus in domo. De hac dicit Jeremias (cap. III) : *Solitarius sedebam et tacebam.* De hac et Seneca in epistola ad Lucilium ait : Quid vitandum præcipue quæris? Turbam. Nondum tute committeris illi.

Ego certe confiteor imbecillitatem meam, nunquam mores quos extuli refero. Inimica est multorum conversatio. Quid me existimas dicere? Avarior redeo, ambitiosior, luxuriosior, imo crudelior, et inhumanior, quoties inter homines fui. Subducendus est populo tener animus, et parum tenax recti, facile transit ad plures. Socrati, et Catoni, et Lælio excutere honestatem suam dissimilis multitudo potuisset. Unum exemplum avaritiæ et luxuriæ multum mali facit. Cum victor [*Forte* convictor, *ut habet Seneca, et alia exemplaria*] delicatus paulatim enervat et emollit, vicinus dives cupiditatem irrita', malignus comes, quamvis candido et simplici animo rubiginem suam affricuit; quid tu accedere his moribus credis? In quos publice factus est impetus, necesse est ut imiteris, aut oderis. Utrumque autem devitandum est, ne vel similis malis fias, quia multi sunt; neve inimicus multis, quia dissimiles sunt. Recede in teipsum quantum potes. Cum his versare, qui te meliorem facere possint. Illos admitte, quos tu potes facere meliores. Mutuo ista fiunt, et homines, dum docent, discunt. Ista autem solitudo maxime pendet ex bona societate. Unde Cato ait (*lib.* I) : *Ambula cum bonis.* Et alibi dicitur : Ex convictu mores formantur. Et Apostolus dicit : *Corrumpunt bonos mores colloquia mala* (I *Cor.* xv). Et philosophus dicit (Seneca, ep. I) : Potius videndum est tibi cum quibus edas, quam quid edas. Et poeta d cit (Martialis, lib. VIII, epig. 15) :
Principis est virtus maxima, nosse suos.

Hunc versum multum præ cæteris versibus approbat sanctus Thomas Cantuariensis. Et hoc maxime pertinet ad prælatos Ecclesiæ, tales habere cubicularios et commensales, ne eorum videantur approbare vitam quorum habent conversationes. Unde Abraham, quando præceptum est ei circumcidere familiam suam, statim circumcidit omnes vernaculos suos, et se, et totam familiam suam (*Gen.* XVII). Omnis itaque Christianus, familiam suam debet spiritualiter circumcidere, ut nullus sit in domo sua inordinatus. Item Salomon : *Qui graditur cum sapientibus, sapiens est; amicus stultorum similis eis efficitur* (*Prov.* XIII). Unde a quodam sapiente dicitur : Morum similitudo parit societatem, et cognata studia facile connectuntur. In Psalmis etiam de mala societate fugienda, et bona acquirenda sæpe dicitur. Unde in primo psalmo : *Beatus vir, qui non abiit in consilio impiorum, et in via peccatorum non stetit* (*Psal.* XVII). Et alibi : *Cum sancto sanctus eris; et cum viro innocente innocens eris, et cum electo electus eris; et cum perverso perverteris* (*ibid.*). Difficile *enim est tangere picem et non inquinari ab ea* (*Eccli.* XIII). Unde quidam sapiens dicit : Bonos principes habentes prava latera, Scyllæ et Harpiis comparat Scriptura. Scylla enim humanam habet faciem, sed caninis cap tibus succinctis describitur. Harpiæ autem virgineam habent faciem, sed rapacissimos ungues. Similiter principes exterius sunt boni, sed mali eorum ministri. Odoratu prædæ, Scyllæ ad rapinam parantur.

Item notandum, quod bonam societatem maxime impedit nimius carnalis affectus. Contra quem, maxime habemus exempla ab ipso Domino omnium bonorum magistro : Cum enim ipse prædicaret, quidam de turba dixit ei : *Magister, ecce fratres tui, et sorores exspectant te foris* (*Matth.* XII). Et respiciens in discipulos suos, ait : *Hi sunt fratres mei.* Et, ut generaliter concluderet, addidit : *Omnis qui facit voluntatem Patris mei, qui in cœlis est, hic est frater meus, et mater, et soror mea* (*Luc.* II). Quasi diceret : Spirituales viri semper præponendi sunt carnalibus. Item de eodem legitur : Qui cum esset duodennis remansit in Jerusalem, quo non invento inter cognatos, et amicos, et notos, post triduum rediit mater ejus in Jerusalem, et invenit eum in medio doctorum interrogantem eos et respondentem. Et dixit ei mater : *Fili, quid fecisti nobis sic? Ecce ego et pater tuus dolentes quærebamus te. Ipse autem dixit : Quid est quod me quærebatis? nesciebatis quia in his, quæ Patris mei sunt, oportet me esse* (ibid.). Hoc est, spiritualia semper præfero carnalibus. Idem dicit in nuptiis, architriclinii vino deficiente, ad matrem ejus invitantem eum ad miraculum : *Quid mihi et tibi, mulier? nondum venit hora mea* (*Joan.* II). Certe multum erat ei cum ipso, quia affectuosissime diligebat eam. Unde de cruce ad discipulum dixit : *Ecce mater tua* (*Joan.* XIX). Sed in hoc verbo (*quid mihi et tibi*) majus exemplum nobis præferendi spiritualia carnalibus præbuit : ut quilibet prælatus, et etiam minor sacerdos, in omni beneficio spirituali, dicat patri et matri : Quid mihi et tibi, mater? quid mihi et tibi, pater ? Nos sumus *sacerdotes secundum ordinem Melchisedech* (*Psal.* CIX), qui legitur non habuisse patrem vel matrem. Et in figura Christi et nostri, qui non debemus habere patrem vel matrem in spiritualibus, sed dicere eis : Ego sum sacerdos per ordinem Melchisedech, non novi vos. Unde dicitur (Glossa in c. 25) : Ille eligatur sacerdos et levita, *qui dicat patri et matri : Non novi vos* (*Deut.* XXXIII). Unde et in lege prohibitum erat ne sacerdos interesset funeribus mortuorum etiam parentum, ne aliquid immunditiæ contraheret (*Levit.* XXI), sed etiam sacerdoti non licet recedere a sanctis. Unde Dominus illi volenti sepelire patrem suum ait : *Dimitte mortuos sepelire mortuos suos : tu autem vade prædicare regnum Dei* (*Matth.* VIII). Unde super hoc verbo dicit Hieronymus. Propter amorem Christi, debet dimittere insepultum, et propter ejus amorem, nullum debet relinquere inhumatum, loco scilicet et tempore. Verumtamen caninum est odio habere parentes. Unde notandum est illud de Philisthæis. Illi namque arcam Domini ceperunt, propter quam puniti sunt in posterioribus. Quod videntes, posuerunt arcam super plaustrum novum, et adjunxerunt plaustro duas vaccas fetas (I *Reg.* VI), id est a partu liberatas. Fetus enim vel feta nomen polysenum est [polysenium, id est, variæ significationis], scilicet ad habentem fetum, et ad liberatam a fetu. Unde et ipsæ duæ vaccæ habebant vitulos domi reclusos. Et adduxerunt arcam Domini in Bethsames, mugientes post vitulos, sed cornua a recto tramite non flectentes. Bethsames interpretatur *domus solis*. Qui itaque vult arcam Domini in Bethsames ducere, id est ad vitam æternam per sumptionem corporis Christi venire, oportet eum esse fetum interius per bonum propositum, et exterius per opus bonum.

Dicit siquidem Gregorius (hom. 37 *in Evang.*) : Vaccæ, inquit, post vitulos mugiebant, sed cornua a recta via non flectebant. Sic quoque sancti post parentes per compassionem mugiunt; sed non declinant cornua a recta via per boni operis negligentiam. Ita ergo compatiamur parentibus, ut non propter illos bona opera prætermittamus. Ne sinus similes uxori Loth, quæ, respiciens ad Sodomam, versa est in salis statuam (*Gen.* xix). Item Hieronymus super Leviticum dicit (cap. xxi). Summus pontifex non debet interesse funeribus mortuorum etiam principum, ne tactu vel visu mortui pollueretur. Sed summus pontifex noster, id est Christus, Lazarum suscitavit (*Joan.* xi), et multi monachorum et clericorum vident hodie corpora, et cum eo prandent et conviviantur cum corpore, id est videndo. Item super illum locum Matthæi (cap. xvii), ubi legitur de statere in vento inore piscis, quem solvit Dominus pro se, et pro Petro in tributum, dicit Glossa : Admiranda est paupertas Domini, quæ non habuit unde tributum solveret. Et opponit hic Augustinus sic : Nonne habebat Dominus pecuniam quam Judas portabat ? habebat utique. Sed nefas duxit quod erat pauperum in usus suos convertere. Et hoc est contra prælatos, qui patrimonium Crucifixi (quod proprium est pauperum) in suos usus expendunt. Item : Contra nimiam carnis affectionem facit, quod legitur in libro Judicum (cap. ix) : Ibi enim legitur, quod Abimelech, filius Gedeonis ex concubina, post mortem Gedeonis ivit in Sichem ad cognatos suos ex parte matris, qui constituerunt eum regem : et auxilio eorum occidit septuaginta filios Gedeonis, qui fratres ejus erant ; Sichimitas quoque cognatos suos, qui eum regem fecerant, occidit. Ecce quod carnales affectus debemus occidere. Exemplo etiam brutorum animantium deberemus terreri, ne nimis diligeremus amicos. Ipsa enim fetus suos diligunt quandiu parvi sunt, nec sibi sufficiunt ; cum grandiusculi facti sunt, statim eos abjiciunt, nec de eis curam gerunt. Similiter quandiu parentes nostri sibi non sufficiunt debemus eos sustentare, non ad superfluitatem, sed ad exigentiam. Sed, si sibi sufficiunt, non est nobis curandum de eis. Item : dictum est Abrahæ : *Exi de terra tua et de cognatione tua* (*Gen.* xii). Et in Psalmo dicitur : *Audi, filia, et vide, et inclina aurem ; et obliviscere populum tuum et domum patris tui* (*Psal.* xliv). Quasi diceret : Non posses audire, nisi domum patris tui obliviscereris. Item, exemplo Templariorum, deberent prælati instrui, ne haberent amicos suos sibi collaterales. Ipsi enim Templarii nunquam habent consanguineum sibi servientem, ne communia bona fratrum ei distribuerent. Et illud maxime, quod Hieronymus dixit in epistola ad Heliodorum (*De laude vitæ solit.*), facit contra carnis affectum. Dicit enim : Audi edictum regis : *Qui non est mecum contra me est, et qui non colligit mecum, dispergit* (*Luc.* xi). Recordare tirocinii tui diem, quo Christo in baptismate consepultus, in sacramenti verba jurasti, pro nomine ejus non te parci parciturum, nec etiam matri. Ecce adversarius tuus, in pectore tuo Christum conatur occidere. Ecce donativum, quod militaturus acceperas, hostilia castra suspirant. Licet parvulus ex collo pendeat nepos, licet sparso crine, et scissis vestibus ubera (quibus nutriverat) mater ostendat, licet in limine pater jaceat ; per calcatum perge patrem, siccis oculis ad vexillum crucis evola. Solum pietatis genus est, in hac re esse crudelem. Veniet dies postea, quo victor revertaris in patriam, quo Hierosolymam cœlestem foris coronatus incedas. Non est nobis ferreum pectus, non dira præcordia, non ex silice natum Hyrcanæ nutriere tigrides ; et nos per ista transivimus. Nunc tibi blandis vidua soror hæret lacertis, nunc illi (cum quibus adolevisti) vernulæ aiunt : Cui nos servituros relinquis ? nunc gerula quondam, jam anus et nutritius secundus, post naturali pietate pater clamitat : Exspecta paulisper, et moriturum sepeli. Forsitan et mater laxis membrorum pellibus, arata rugis fronte, antiquum referens lac mamma dare (Vide notas ad c. 71). Dicant et grammatici si volunt (Virg., *Æneid.* xii, 59.) :

In te omnis domus inclinata recumbit.

A Facile rumpunt hæc vincula amor Christi, et timor gehennæ. At Scriptura præcipit parentibus obsequendum (*Exod.* lxx). Sed quicunque eos super Christum amat, perdit animam suam (*Matth.* xvi). Gladium tenet hostis ut me perimat, et ego de matris lacrymis cogitabo ? Propter patrem, militiam Christi deseram, cui sepulturam causa Christi non debeo, quam et omnibus ejus causa debeo ? Domino passuro timide consulens Petrus, scandalum fuit. Paulus retinentibus se fratribus ne Hierosolymam pergeret, respondit : *Quid facitis plorantes et conturbantes cor meum ? Ego non solum ligari, sed et mori in Hierusalem paratus sum pro nomine Domini Jesu Christi* (*Act.* xxi). Aries ista pietatis, quo fides quatitur, Evangelii retundendus est mucrone. Mater mea et fratres mei sunt (*Matth.* xii), quicunque favent mihi pro nomine ejus pugnaturo. Si non credunt, *mortui sepeliant mortuos suos* (*Matth.* viii). Erras, frater, erras, si putas nunquam Christianum

B persecutionem pati. Et tunc maxime oppugnaris, si te oppugnari nescis.

Et hæc contra carnis affectum sufficiant (Vide notas in cap. 72). De bona singularitate superius diximus, cui adjicienda est bona solitudo. Sed solitudo est duplex : Monachorum et anachoretarum. Illa est in claustro, ista in eremo. Illa est securior, ista perfectior. Unde sanctus Benedictus in Regula monachorum (cap. 1), dicit monachum in claustro bene probatum, licere transire ad eremum. Vita ista multum commendabilis est ; in qua Hieronymus per quadriennium domavit carnem suam. Ad quam vitam invitans quemdam socium suum conscholarem dicit (epist. ad Heliod. *De vita solit.*) : O desertum Christi floribus vernans ! O solitudo in qua nascuntur illi lapides, de quibus in Apocalypsi (cap. xxi) civitas magni Regis construitur ! O eremus familiarius Deo gaudens ! Quid agis, frater, in sæculo, qui major es mundo ? Quandiu te tectorum

C umbræ premunt ? Quandiu fumosarum urbium nitor [*f.* nidor] includit ? Crede mihi, nescio quid plus lucis in eremo aspicio.

Libet sarcina carnis abjecta, ad purum ætheris volare fulgorem. Paupertatem times ? sed beatos pauperes Christus appellat (*Matth.* v). Labore terreris ? nemo athleta sine sudoribus coronabitur. De cibo cogitas ? sed fides famem non timet. Super nudam metuis humum membra fessa jejuniis collidere ? Sed Dominus tecum jacet. Squalidi capitis dolet inculta cæsaries ? sed caput tuum Christus est. Infinita te eremi vastitas terret ? sed tu paradisum mente deambula. Quotiescunque illuc conscenderis, toties in eremo non eris. Scabra sine balneis attrahitur cutis ? sed qui in Christo semel locutus est, non habet necesse iterum lavari. Et ut breviter audias Apostolum ad cuncta respondentem : *Non sunt*, inquit, *condignæ passiones hujus mundi ad futuram gloriam, quæ revelabitur in nobis* (*Rom*

D viii). Delicatus miles, charissime, si vis gaudere cum sæculo et postea regnare cum Christo. Indicabimus tibi, ut si nescis discas ; si autem cognovisti, pariter gaudeas. Bonosus tuus (epist. *De laude Bonosi*, incipit *Plus eorum timere*), imo meus, et ut verius dicam, noster, scalam præsagam Jacob somniantis jam scandit (*Gen.* xxviii), portat crucem (*Matth.* xvi), nec post tergum respicit (*Luc.* ix), seminat in lacrymis, in gaudio metet (*Psal.* cxxv). Et sacramento Moysi serpentem in eremo suspendit (*Num.* xxi). Ecce puer meus honestis nobiscum sæculi artibus institutus, cui opes affatim, dignitas apprime inter coæquales erat, contempta matre, et sororibus, et charissimo sibi germano insulam pelago circumsonante naufragam, cui asperæ cautes, et nuda saxa, et solitudo terrori est, quasi quidam novus Paradisi colonus incedit. Nullus ibi agricolarum, nullus monachorum, nec parvulus quidem Onesimus (quo velut fratre in sæculo fruebatur) in tanta vastitate adhæret lateri comes. Solus tibi, imo Christo comitante non solus. Videt gloriam Dei, quam apostoli nisi in deserto non viderent. Non quidem conspicit turritas urbes; sed in novæ civitatis censum dedit nomen suum. Horrent membra sacco deformia? sed sic melius obviam Christo rapietur in aera (*I Thess.* IV). Nullo Euriporum austro perfruitur? sed de latere Domini aquam vitæ bibit.

Frater in eremo cribrarios panes, et olus nostris manibus irrigatum, lac deliciæ rusticanæ, viles quidem, sed innocentes cibos præbent (epist. *ad Marcellam*, incipit *Ambrosius*). Ita viventes non ab oratione somnus, non saturitas a lectione revocabit. Si æstus est, secretum arboris umbra præbebit. Si autumnus, ipsa aeris temperies, et strata super terram folia, locum quietis ostendunt. Vere, ager floribus depingitur et inter garrulas aves psalmi dulcius cantabuntur. Si frigus fuerit et brumales nives; ligna non emam, calidus vigilabo et dormiam. Habeat sibi Roma suos tumultus, arena sæviat, circus insaniat, theatra luxurient; no is vero adhærere Deo bonum est, et ponere in Domino spem nostram (*Psal.* VII), ut cum paupertatem istam in regna cœlorum mutaverimus, erumpamus in vocem; quasi diceret: *Quid enim mihi est in cœlo, et a te quid volui super terram?* (*ibid.*) Quod est, cum tanta reperimus in patria, parva et caduca quæsisse nos doleamus in terra. Et legenda et sanctorum omnium vita anachoretarum sic commendatur. Ab hujus diei solemnitate anachoretarum singulare propositum non separatum esse confidimus; qui per singula eremi loca, in speluncis et exiguis cellarum tuguriis, modico contenti pabulo morabantur. Alii bestiis sociati, alii avibus subministrati, ciborum sperantes divitias vel delicias, luxus sæculi calcantes, laudem temporalem non amantes, visus hominum fugientes, angelorum assueti loquelis, pluribus effulsere virtutibus; et cætera, quæ ibi leguntur. Hanc vitam videtur Dominus dedicasse, quando ejecto tentatore, solus remansit in deserto. Et erat cum bestiis, *et angeli ministrabant ei* (*Matth.* IV). Quidam dicunt hanc vitam incepisse a Joanne Baptista, qui teneris ab annis antra deserti petiit. Unde Carthusiensis ordo festivitatem ejus, sicut patroni, solemniter celebrat. Alii dicunt eam incepisse ab Elia; alii dicunt a Rechabitis. Hanc vitam concupivit Martinus cum esset duodennis (Vide notas ad cap. 72). Cui voto satisfecisset, nisi corporis et ætatis infirmitas obstitisset. Hanc vitam commendavit sanctus Remigius Remensis, qui de puero ingressus est reclusum, et de recluso electus est in episcopum. Hæc enim vita solitaria desideranda est maxime propter duo, scilicet propter invidiam vitandam, et propter peccati participationem fugiendam. Ubi enim multi sunt in cœnobio, unus invidet alii propter prioratum, vel hujusmodi. Et quando multi assentiunt in capitulo in aliqua re minus licita, omnes alii videntur in hoc peccasse. Quia consentire est non contradicere cum possis. Et peccatum universalitatis spargitur in singulos, et peccatum unius redundat in plures. Unde Apostolus: *Modicum fermentum totam massam corrumpit* (*I Cor.* V). Et sic male assignatur illud vulgare proverbium (LUCANUS): Quod a multis peccatur, inultum est. Inultum quidem est apud mundum, sed non apud Deum, quia non minus peccabunt, quia cum pluribus peccabunt; non minus ardebunt, quia cum pluribus ardebunt. Vita ista anachoretarum perfectior est quam vita cœnobitarum. Sed inter has duas vitas securior est vita Carthusiensium [*al.* Catuicensium]; qui omnia possident in numero, pondere et mensura; quia in numero pecudum, agrorum et personarum. Hanc enim Dominus dedicavit, quando tentatus a diabolo mansit in deserto, et angeli ministrabant ei (*Matth.* IV). Hanc vitam similiter elegit Baptista, qui in secreto permanens locustis et melle silvestri sustentabatur. De quo quidam ait: Quem non audent tangere cerastes et viperæ, meretrix et saltatrix tangunt ad invicem reverendum verticem sine reverentia. Hunc habent patronum et advocatum Cartusienses, qui singuli in singulis cellulis eremiticam ducunt vitam. Medii tamen sunt inter anachoretas, qui modicam vel nullam sibi retinent possessionem, et cœnobitas qui, in persona pauperum, multa possident et vitam habent communem. Cartusienses vero omnia habent communia, in numero, et pondere, et mensura. Personas tredecim, et conversos similiter, pecudes, agros, libros, et hujusmodi, imitari cupientes Dominum, qui omnia fecit in numero, pondere, mensura.

Quidam dicunt vitam istam initium habuisse a præcursore Domini, alii ab Elia, alii a Jonadab vel Rechabitis, qui vinum et siceram non bibebant (*Jer.* XXXV). Hanc vitam multum cupivit Martinus dum erat duodennis, sed imbecillitas ætatis et complexionis propositum præpedivit. Adeptus tamen præsulatum, elegit sibi locum eremi in qua vacaret orationi, et ibi modo est Majoris monasterii abbatia. Plura tamen miracula operatus est antequam esset pontifex, quam post. Ille magnificus trium mortuorum suscitator duos mortuos ante suscitavit, unum vero post. Beatus Germanus similiter locum elegerat eremiticum existens pontifex, in quo secretus Deo et angelis ejus loquebatur. Item beatus Remigius Remensis, filius comitis Laudunensis reclusum intravit, sed inde raptus est in archiepiscopum. Ad hanc eremi solitudinem invitat nos Jeremias propheta: *Fugite, salvate animas, et eritis quasi myricæ in deserto, et consurgite, ascendite a Cedar. Fugite de medio habitationis* (*Jer.* XLVIII), id est abite vehementer, in voraginibus sedete, qui habitatis Asor, quod interpretatur *sagitta*, et per quod intelligitur mundus, qui quodlibet sagittat et vulnerat vitiis. Recedite, de medio Babylonis, et de terra Chaldæorum egredimini, et estote quasi hædi ante greges. Et alibi: *Sedebam et silebam* (*Thren.* III). Et alibi: *Præstolare cum silentio salutare Dei tui* (*ibid.*). Perfectior est hæc vita communione cœnobitarum: quia istis non sunt ostia, nec vectes quo habitant. Illi ergo continuant agrum agro, possessiones habent quamlibet parce, quo ad se utantur, irritamenta tamen sunt raptorum obloquentium. Nec omnino est ordo communis et laudabilis, in quo non possint aliqui salvari, aut non de facili, ut conversi.

CAP. LXXIII. *De levi contactu peccati.*

Mercatores, quorum peccatum spargitur in totum gregem, ut habetur de Achan [*al.* Achor], et Corinthio fornicatore, et peccatum plurium, vel totius multitudinis derivatur in singulos, ut crucifixio Judæorum in plebem Jerosolymitanam. Unde: *Eripite pauperem et egenum de manu peccatoris liberate* (*Psal.* LXXXI). Item: Mirum est quod non sentitur peccatum vel delictum in pluralitate: quod est valde sensibile in singularitate. Peccatum plurium contaminat singulos, etiam peccata vel delicta singulorum contingunt universos, quia: *Mille licet sumant, deperit inde nihil* (Vide not. ad c. 73): totum habent omnes. Unusquisque, qui potest, debet resistere et contradicere, vel impedire. Ille quoque qui se excusat et excipit a peccato, vel delicto multitudinis, similis est Pilato (qui immundam habens conscientiam, manus suas lavit, dicens: *Innocens et immunis sum a sanguine justi hujus* (*Matth.* XXVII).) Vel primo parenti, qui in Dominum peccatum suum retorsit, dicens: *Domine, mulier, quam dedisti mihi, dedit mihi pomum et comedi.* Et Eva ait: *Serpens decepit me* (*Gen.* III). Similiter

Modicum fermentum totam massam corrumpit (I Cor. v). Nec minus ardebunt, quia cum pluribus ardebunt, sed magis. Et ut in hoc, aliquo exemplo instruamur, quidam habens scrupulosam conscientiam, quia in multis præerat, quibus in nullo proderat, habens multas ecclesias, et multas præbendas; metens ubi non seminabat; manducans et bibens ubi non laborabat, dolet se in communione invenisse. Quid ergo est e faciendum, cui non est liber exitus, vel contradicendi libertas, ut in sæcularibus capitulis? Solvat qui potest. Quod autem dicitur a Lucano : *Quod a multis peccatur inultum est*, non est verum; quia, licet ab homine relinquatur inultum, non tamen a Deo, quia aut Deus, aut homo punit peccatum. Ad solitudinem vero redeuntes dicimus, quod perfecti quidam, scilicet contemplativi, sequi debent solitudinem loci, et temporis [*al*. *pectoris*]. Quorumdam vero perfectorum scilicet, activorum et prædicatorum est nunc sequi turbam, quia tener animus non est vino et formæ committendus. Nec est tutum vacare solitudini propter illicitas cogitationes et pessimas, quæ tunc maxime subrepunt. Sed tu infirmus et imperfectus *medio tutissimus ibis* (OVID. *Met.* II, 136); nec in turba nec in solitudine sis, sed inter paucos bonos, scilicet quos tu elegeris, a quibus possis instrui, et quos versa vice instruas. De perfecto autem qui tute sibi ipsi potest committi, dicit Seneca (ep. 10), muto sententiam; fuge multitudinem, fuge paucitatem, fuge etiam unum. Non habeo cum quo te communicatum velim, sed audeo te tibi committere. Socrates [Crates] cum vidisset adolescentulum secreto ambulantem, interrogavit quid illic solus faceret? Mecum, inquit, loquor. Socrates [Idem Crates] : Cave, inquit, rogo, et diligenter attende, ne cum homine malo loquaris. Lugentem timentemque custodire solemus, ne solitudine male utantur. Nemo enim est ex imprudentibus qui relinqui sibi debeat. Tunc consilia mala agitant, tunc aut aliis aut sibi ipsis futura struunt pericula, tunc cupiditates improbas ordinant, tunc quidquid metu aut pudore celabat [*forte animo, ut habet Seneca*] cum minus exponit, tunc audaciam acuit, libidinem irritat, iracundiam instigat, denique (quod unum habeat audacia [*Sen*. *solitudo*] commodum) nil ulli committere, non habere indicem vel judicem, stulto parcit [*Seneca*, ponit], ipse se prodit. Non invenio cum quo te malim esse, quam tecum. Sic vive cum hominibus tanquam Deus videat; sic loquere cum Deo tanquam homines audiant.

Notandum quod beatus Thomas Cantuariensis hac de causa familiares suos instruebat, dicens : Quis jaceret in lecto suo, nisi vellet dormire, vel nisi esset impeditus infirmitate? Item Seneca (epist. 11) : Aliquis vir bonus nobis eligendus est ac semper ante oculos habendus, ut sic tanquam illo spectante vivamus et omnia tanquam illo vidente faciamus. Custodem nobis demus et pædagogum. Magna enim pars peccatorum tollitur, si peccatori testis assistat. Aliquem habeat animus quem revereatur, cujus auctoritate et secretum suum sanctius faciat. O felicem illum quem non præsens tantum factum, sed et cogitatus emendat. O felicem qui sic aliquem vereri potest, ut ad memoriam quoque ejus se componat, atque ordinet! Qui sic aliquem vereri potest, cito erit verendus. Elige tibi Catonem, si hic tibi videtur nimis rigidus, elige tibi remissioris animi virum, Lælium scilicet : tibi elige eum cujus tibi placuit vita et oratio, et ipsius animum anteferens vultus [*sed ante te feceris et vultus*], illum tibi semper ostende secundum exemplum [*vel custodem, vel exemplum*]. Opus est, inquam, aliquo, ad quem mores nostri seipsi erigant, nisi ad regulam prava non corriges; nisi ad regulam, torta non diriges. Semper elige tu, prælate, tibi Paulum. Si vero tibi videtur nimis rigidus, elige remissiorem Nicolaum, vel Augustinum.

CAP. LXXIV. *Quod levi occasione peccatum contrahitur.*

Item redeundum ad hoc quod supra dictum est, quod peccatum unius redundat in multitudinem, et peccatum multitudinis redundat in singulos. Non est verum quod dicitur vulgariter. Omnia peccata super abbatem vertantur, ut ita sit quasi hircus emissorius qui omnia peccata, vel delicta hominum secum extra castra asportet, vel afferat [*forte auferat*]. Quod autem de facili, aut levi occasiuncula quis contrahat peccatum vel delictum, ostendit David, capitulo LXXVI quando Saul jussit in Nobe Doeg Idumæo (cum emissarii vel apparitores nollent excedere in sacerdotes Domini) ut irrueret in 85 vestitos Ephod, quos omnes trucidavit, quia dederant panes propositionis et gladium Goliæ David, quem persequebatur. Abiathar solus ab hac strage aufugit ad David. Qui audita strage causa ejus facta, ait : *Ego sum reus omnium animarum patris tui* (*I Reg.* XXII), et aliorum. Ideo David dicit se liberatum ab homicidio Nabal viri stulti, qui noluit ei in castris mittere debitam regi benedictionem per uxorem ejus Abigail, quæ persuasit ei ne virum stultum occideret, ne si sanguinem innoxium effunderet, hoc ipsum in singultum et scrupulum cordis sui veniret semper (*I Reg.* XXV). Inde in exercitu sitiens, inquit : *O si quis daret mihi potum aquæ de cisterna, quæ est in Bethleem! Irruerunt ergo tres viri fortes per medium hostium exercitum, et haustam aquam in cisterna David propinaverunt : qui noluit bibere, et libans eam Domino dixit : Propitius sit Dominus mihi, num bibam sanguinem hominum illorum qui profecti sunt et animarum non bibam periculum?* (*II Reg.* XXIII.) In Deuteronomio capitulo XIX (*al*. c. XX), item : Præceptum est a Domino sex civitates refugii in medio terræ promissionis separari, et æquali spatio inter se differri, et stratam ad eas directam diligenter fieri, ut ab omni parte terræ promissionis, possit sine impedimento, ab illo, qui nescienter sanguinem proximi fuderit, intrari; alioquin, nisi diligentiam in hoc habueritis, eritis sanguinis rei.

Item in Deuteronomio capitulo XXII (*al*. XXI) : *Cum ædificaveris domum novam, facies murum tecti per circuitum, ne effundatur sanguis in domo tua, et sis reus alio labante, et in præcipitem* [*forte præceps*] *ruente*. Item : Præceptum est in lege : Ut qui ædificat domum, vel templum faciat luticulas circumquaque et apodationes, vel deambulatoria, ne possit faber lignarius vel cæmentarius ruere. Et tamen planum est tectum in qualibet domo palæstinæ regionis. Hic ergo tanguntur illi qui non credunt se effundere sanguinem, nisi propria manu, ut prælati, qui pro injusta causa mittunt legatos Romam, vel cogunt ire adversarios quos vexant. Percutiunt etiam, qui mittunt ad navigandum, vel ad negotiandum aliquos, et interim moriuntur, et submerguntur. Tanguntur etiam advocati, medici, principes injuste bella moventes, et multi alii in hunc modum. Item Job (cap. IX) : *Verebar omnia opera mea*. Quilibet enim debet vereri ne opus suum sit de genere malorum. Et etiamsi sit bonum, ne in aliqua peccet circumstantia, ne adhæreat pulvis, vel palea, vel lutum. Ut enim ait idem Job : *Opera nostra vel bona sunt in conspectu Domini, quasi pannus menstruatæ* (*Isa.* LXIV), quo scilicet nihil abominabilius. Et, ut ait Gregorius : Bona nostra non sunt pura bona, mala vero nostra sunt pura mala. Et alibi : Ordinis permutatio mutat meritorum formam. Dic ergo cum Job : *Verebar omnia opera mea*; quia bonarum mentium est, ib culpam agnoscere, ubi culpa non est. Proverbiorum xviii, *Justus prior est accusator sui*. Item Numeri xxxii [*al.* xlvi] filii Ruben et Gad et dimidiæ tribus Manasse Moysi inquiunt : *Precamur, da nobis terram hanc citra Jordanem pascuosam, ad alenda pecora nostra, et ut ibi collocemus uxores et parvulos. Quibus Moyses : Si nolueritis sequi Israel, in solitudine, Dominus populum derelinquet, et vos eritis causa necis omnium. Et illi : Non revertemur in domos nostras, usque dum possideant filii Israel hæreditatem suam, sed præcedemus eos ad prælium. Quibus Moyses : Si facitis quod promittitis, tunc eritis inculpabiles et apud Dominum, et apud sæculum, et apud Israel. Sin autem quod dicitis non feceritis, nulli dubium est qu'in in Dominum peccetis. Et scitote quia peccatum vestrum comprehendet vos.* Item in Exodo, capitulo xxi [*al.* xxxiii] : *Si bos cornupeta fuit ab heri aut nudiustertius, et contestati sunt dominum ejus, nec reclusit eum, occideritque virum vel mulierem, bos lapidabitur, et dominus occidetur.* Item legitur in Actibus apostolorum, capitulo vii [*al.* xv] : *Quod testes deposuerunt vestimenta secus pedes Pauli consentientis* in necem Stephani, et eum in manibus omnium, servando vestes, lapidantis. Quid ergo dicendum de episcopo, qui cervum cornibus ramosum nutriebat, qui quamdam mulierem cornibus petiit, pressit, et peremit? Nonne occasionem mortis dedit? Quid de alio prælato, cui datus est leo, et incavatus pedem unguibus armatum famelicus emisit, et mulierem læsit in capite, ejus sanguinem sugens interfecit? Cur viri ecclesiastici bestias indomitas pascunt de patrimonio crucifixi, maxime cum in eis nulla attendatur utilitas ? Potius impinguentur domestica, quæ ad nutriendum et usibus humanis apta sunt. Amoveantur quæ spectacula faciunt, illudibria quæ tibi non licet aspicere vel nutrire sicut mimos et histriones. Similes ergo sunt illi (qui non reputant se reos sanguinis, etiam levi occasione, quoad eos diffusi) Pilato manus lavanti, Judæ proditori, dicenti : *Tradidi sanguinem justum ;* Judæis dicentibus : *Quid ad nos ? Tu videris* (*Matth.* xxvii); et Pharisæis quibus dicitur in Actibus apostolorum capitulo iii [*al.* vi] : *Sanctum et justum negastis, auctorem vitæ interfecistis quem Dominus suscitavit a mortuis.* Repete exemplum illius, qui peccata languida manu, et per satrapas et satellites suos fecit, præstito juramento eos ad publice confitendum cogebat, et sibi omnia ascribebat, et ea quæ in propria persona perpetraverat postea confitebatur. Collige exempla magistri Roberti de Camerąco. Qui cum Remis legeret, famulum cujusdam amici sui innocentem in causa fovit. Qui contra falsarium, qui illi tradiderat falsam monetam, monomach am suscepit, et sic eum devicit. Magister vero Robertus, quia foverat eum innoxium in causa sanguinis, semper in singultum peccatum illi habuit, et causæ hujusmodi deinceps interesse noluit. Item, sanctus [Robertus] (Vide not. ad cap. 74) episcopus Ambianensis consilio officialium suorum fossata fieri jusserat ad recipiendum pisces ; in quibus cum puer quidam caderet, conclamatum est in urbe : Puer iste submersus est, occurrite ; tandem extractus est. Quem casum audiens episcopus inconsolabiliter primo doluit, dicens se esse reum sanguinis pueri, quia occasionem dederat submergendi. Postea mirabiliter gavisus est de liberatione illius, qui vivus evasit. Recollige tertium exemplum, quomodo ex permissione sua ejus officialis suspendit hominem. Quæ quidem suspensio ejus semper animum et vultum contristavit , et mortis horam maturavit. Quod levi occasione vel causa quis in se contrahat peccatum vel delictum, quod non propria manu perpetravit, vel se contraxisse reputare debet, diximus, et ad hoc auctoritates induximus.

Cap. LXXV.-LXXVIII.

Quod autem ex levi suspicatione alium infamare, vel in temerarium prorumpere judicium non debeat, consequens est ostendere. Bona enim nostra modica, vel nulla debemus reputare, aliena vero mala nostra facere, et propria reputare. Quod Propheta amputandum a se petiit in octonario quinto : « Amputa opprobrium meum (*Psal.* cxviii),» et cætera. Gregorius : « Aufer a me opprobrium, » id est peccatum, « quod suspicatus sum (*ibid.*). » Suum dicit opprobrium quod de aliis suspicatur, quia facilius in alio putat quod in se sentit ; quia cujus oculus videt vanitatem, hoc et de aliis suspicatur ut propter quod bonum agit credat alterum facere. Quia enim occulta hominum non videntur, datus est locus suspicionibus. Ideo cum Dominus de fine operum præcepisset, « ne justitiam suam propter laudem hominum facerent (*Matth.* vi), » vel pecuniam, vel etiam victum et vestitum ; quia poteramus alios propter hæc bona operatos suspicari, addidit : « Nolite judicare et non judicabimini (*Luc.* vi). » Invidorum est libenter suspicari opprobrium alterius, cum nequeunt rodere quod eminet. Maximum est vitium humanitatis suspicio, quæ aliter putat quam sit veritas, ut de malis bona, vel de bonis mala dicamus. Item ad Romanos capitulo ii [*al.* iii] : « Inexcusabilis es, o homo, omnis qui judicas. In quo enim judicas alium, teipsum condemnas, eadem enim agis, quæ judicas, » etc. Et in eadem, cap. xiv [*al.* xxii] : « Tu quis es qui judicas alienum servum ? gratia Domini stat, aut cadit stabitque. Potens est enim Deus statuere illum. » Gregorius [*Forte.* Aug. tom. IV, l. ii *De serm. Domini in monte* c. 18] : Ambigua debemus in meliorem partem vertere, et plus salutem quam mortem eorum optare, et in futuro spem boni habere, etsi alter sit in præsenti.

Qui hodie est malus cras erit optimus. Matthæus capitulo vii [*al.* x] : « Nolite judicare, » de occultis scilicet et suspectis, « ut non judicemini. In quo enim judicio judicaveritis judicabimini. Et in qua mensura mensi fueritis, remetietur vobis, » et cætera. Item : Maxima præsumptio est attribuere sibi spiritum propheticum, ut Eliseus, qui prævidit per spiritum quod puer suus Giezi acceperat ea quæ Naaman Syrus, quem a lepra curaverat, argentum, vestes, pecuniam, et cætera, quæ Eliseo oblata fuerant (*IV Reg.* v). Vel etiam auferre Domino potestatem et judicium vel officium, et usurpare scientiam, qui « solus videt in absconditis (*Matth.* vi), qui solus scrutatur corda et renes (*Psal.* lxiii), qui solus novit cogitationes hominum, quoniam vanæ sunt (*Psal.* vii). » Qui etiam ait : « Qui sine peccato est, primus in eam lapidem mittat (*Joan.* viii). » Similiter qui sine peccato, alium de occultis judicet. Item super locum illum secundæ Epistolæ ad Corinthios : « Gloriatio mea hæc est testimonium conscientiæ meæ (*II Cor.* i), » Gregorius (Glossa in hunc locum) : Nullus præsumat contra conscientiam, vel proferre, vel etiam cogitare sententiam, dicens : Quis servat castitatem vel quodlibet aliud mandatum? Si enim putat quod nemo ipse sit nemo. Item : quidam curiosi grammatici nugi, geruli, intrabant loculum cremitæ, videbant stratum suum inter duas trabeculas plenum cinere et cilicio, ut cubile beati Germani. Libere et aperte tunc inter se dicebant : Ostentator est iste, non debet hujusmodi ostendere. Quod audiens homo Dei, iterum clausit ostiolum et nulli postea patuit secretum religionis suæ. Unde plures quam prius factæ sunt de strato suspiciones. Aiebant enim : Modo carnes comedit, modo jacet in plumis Sardanapali, et ita scandalizabantur. Utrum facceret consilium in talibus salva triplici veritate, vel non relinquere triplicem veritatem, vitæ, doctrinæ et justitiæ. Potius pereat quæ infit, quam illa amittatur quæ ædificat (*I Cor.* viii). Noli tibi assumere officium summi judicis, qui, ut ait Isaias capitulo xi [*al.* xvii], habens plenitudinem charismatum, « non secundum visionem oculorum judicabit, nec secundum auditum aurium arguet, sed judicabit in justitia pauperes, et arguet in æquitate pro mansuetis terræ. » Item : Solus Dominus, qui est summus aurifex vel artifex, novit quis est hypocrita, id est subauratus vel deauratus, et quis aureus : Nam hypocrita dicitur ab hypo, quod est sub, et crisis[χρύσος], quod est aurum. Ipsius Dei est dare aurum sapientiæ, vel argentum eloquii. Item in *Proverbiis* : In dubiis cito ne diffinias, sed suspensam tene sententiam (SENECA, *De prudentia*). Item Hieronymus : Si videris Christum Domini, angelum scilicet, sacerdotem scilicet demulcentem caput mulieris, noli mala suspicari, quia mala sunt in bonis interpretanda (Vide ad not. cap. 75). Item: Attende, si resideas judex, quanta maturitate, instituto ordine judiciario, quanta solemnitate sententiares, qui modo tam leviter sententias in proximum, cum non sis judex (*Contr. Rumorosos*. cap. 76). Ut ergo contra hanc pestem prorumpendi in judicium temerarium habeas antidotum, scilicet :

Rumores fuge, ne incipias novus auctor haberi
(CATO *in distich's lib.* 1.)
Percunctatorem fugito; nam garrulus hic est.
(HORAT. lib. 1, ep. 18.)

Hic enim est, qui « dimissis propriis aliena negotia curat. » De quo in libro De consideratione : Frater bone, noli habere aures bibulas; linguam prurientem. Et Quintus Curtius : Intereat rumor otiosi militis et vitium. Hujusmodi autem otiosos, et rumorosos, curiosos, inquietos, præcipit Apostolus excommunicari in Epistola prima ad Thessalonicenses, ultima et secunda ad eosdem (*II Thes.* III). Quia relatores sunt mendaciorum, et auditores peccare faciunt. Nam VIRGIL. IV *Æneid.* :

Fama malum, quo non aliud velocius ullum.
Mobilitate viget, viresque acquirit eundo.

Tres tamen rumores boni sunt, cæteri non curandi, scilicet : « Transtulit Dominus a te peccatum tuum (*II Reg.* XII), » vel : « Dimissa sunt tibi peccata tua (*Matth.* IX). » Secundus est : « Resurrexit Dominus (*Marc.* XVI). » Tertius : « Venite, benedicti Patris mei, » et cætera (*Matth.* XV). Contra nugigerulos, et cito in temeritatem judicii prorumpentes, qui quod nesciunt, proferunt, qui sententias suas non divitius exquirunt, qui labuntur cum lubrica lingua, quæ in udo [*al.* nudo] est, quorum verba prius ad linguam, quam ad limam festinant. Loquuntur errantes, quia nesciunt quod sententia est certa et indubitata mentis responsio : Primo quidem in mente concepta et nutrita, deinde in luceum edita. Unde Ecclesiasticus (c. XXXIII) : « Qui interrogationem manifestat, parabit verbum, et sic deprecatus exaudietur, et conservabit disciplinam, et tunc respondebit. » Et idem infra (c. XXXVII) : « Ante omnia opera verbum verax præcedat te, et ante omnem actum consilium stabili. Verbum enim nequam immutabit cor. » Idem (*Eccli.* XXXII): « Fili, sine consilio nihil facias, et post factum non pœnitebis; » post dictum, si præmeditatus loqueris. Idem (*Eccli.* XXI) : « Labia imprudentium stulta narrabunt ; verba prudentium statera ponderabuntur. In ore fatuorum cor eorum, in corde sapientis, os illius. » Idem (*Eccli.* XIX) : « Qui credit cito, levis corde est et immorabili [*Tex.* minorabitur] : Et qui odit loquacitatem, extinuescit [extinguit] malitiam. Audisti verbum adversus proximum? commoveatur [commoretur] in te, fidens sis, quoniam non te deseret Deus. » Apostolus (*I Tim.* V) : « Nihil sine præjudicio facias, » id est sine deliberatione præmissa. Require contra de Aristotele, qui propositæ quæstioni inducias dari ad solvendum docebat, de duobus discipulis suis, quorum alter freno, alter calcaribus egebat (Vide c. V). De Augusto prudentissimo imperatore, qui in omnibus facis, vel sententiis dandis morosus erat. De facto Theodosii imperatoris exsilii tempore in Thessalo. Unde post statutum est ne sententia ferretur in aliquem

infra trigesimum diem. Unde quidam sapiens : Iratus sum, non percutiam modo te. Nam ira furor hic est :

Impedit ira animum, ne possit cernere verum.
(CATO, l. II *Distic.*)
Da spatium tenuemque moram, malo cuncta ministrat
Im, etus.
(STATIUS, *Theb.* lib. XI.)

Donec dereliquerit ira, non sententies. Seneca (epist. 40) : Tardiloquum te esse jubeo. Unde cum tales rumorosi (cap. LXXVI), instabiles, leves et inconstantes [*Deficit hic aliquid ex Seneca*, ep. 2]. Primum indicium mentis compositæ existimo posse consistere et sententiam morari. Seneca 2, et Ecclesiasticus (*Eccli.* XXXIII) : « Præcordia fatui quasi rota currus, et quasi axis versatilis cogitatus illius. » Et alibi (*Prov.* XV) : « Cor stultorum dissimile est. »

Conveniet nulli qui secum dissidet ipse.

Ad Corinthios Epistola prima, et ultimo capite : « Vigilate, state in fide, » et cætera. Et alibi (*II Par.* XX) : « Constantes estote, videbitis auxilium Domini super vos. » Quasi diceret: Si inconstantes, non videbitis. Super vos non infra, pro terrenis; sed supra, « Hosanna in excelsis (*Marc.* XI). »

Constans et lenis, ut res expostulat, esto,
Constantes animos tam bona causa dabit.
(CATO, *Dist.*)

Item : Inconstantes hujusmodi, participes sunt maledictionis Judæ, de quo David Psalmista (*Psal.* CVIII) : « Cum judicatur exeat condemnatus, etc. Nutantes transferantur filii ejus, et mendicent, ejiciantur de habitationibus suis, etc. (*ibid.*). »

« Contra peregrina judicia (cap. 18). » De illis qui ex levi suspicione prave judicant diximus : Nunc aliqua dicemus contra illos, qui diabolicas adinventiones, peregrina scilicet procurant judicia, ut in ferro candenti, vel in aqua frigida, vel bullienti. Primo : Facit contra eos illud præceptum legis : « Non tentabis Dominum Deum tuum, sed illi soli servies (*Deut.* VI). » Item : Dominus tentatus a diabolo dicente (*Matth.* IV) : « Dic ut lapides panes fiant, mitte te deorsum, » etc., noluit facere miracula ad dilatationem. Nunc autem dilatata fide vult suos hic tribulari; nec semper miracula facit. Unde Psalmista (*Psal.* XLIII) : « Nunc autem repulisti et confudisti nos, et non egredieris, Deus, in virtutibus nostris. » Item contra perversa judicia (dist. 12, 13) : « Hoc tantum facito Domino : non addas quidquam aut minuas. Si surrexerit in medio tui propheta, aut somniator, et prædixerit signum atque portentum, et evenerit quod locutus est, et dixerit tibi : Eamus et sequamur deos alienos; non audies, quia vos tentat Dominus Deus vester, ut sciat si diligatis eum, an non. Propheta ille aut somniator fictor interficietur (*Deut.* XII, XIII). » Item in Deuteronomio (c. XVIII) : « Cum ingressus fueris terram, quam Dominus Deus tuus dabit tibi, cave ne imitari velis abominationes illarum gentium, non inveniatur qui lustret filium, aut filiam per ignem, aut qui riolos sciscitetur, et observet somnia, et auguria, nec sit maleficus et incantator, nec pythones consulat nec divinos, et quærat a mortuis veritatem. Propheta autem qui arrogantia depravatus voluerit loqui in nomine meo, quæ ego non præcepi illi ut diceret, aut ex nomine alienorum deorum, interficietur. Quod si tacita cogitatione responderis : Quomodo possum intelligere verba, quæ non est locutus Dominus? hoc habebis signum : Quod in nomine Domini propheta ille prædixerit, et non evenerit, hoc Dominus non est locutus. » Item : « In ore duorum vel trium testium peribit qui interficietur (*Deut.* XVII). » Item ad Hebr. VI : « Omnis controversiæ finis erit juramentum. » Item alibi : Dole quoties effuderis sanguinem, quem lex præcipit effundere. Fortius ergo dolendum est quoties effuderis sanguinem, quem lex non præcipit effundere. Item Magister (Petrus Cantor, *ut patet ex textu cap.* 78) : Si universalis Ecclesia præciperet mihi sacerdoti sub pœna anathematis, ut ferrum illud carminarem, vel aquam benedicerem, citius pœnam perpetuo subirem quam illi parerem. Item (Hinc collige hunc textum Marchian. non esse autographi) : Si in decretis excommunicati sunt augures, areoli, sortilegi, quanto magis qui Dominum per miracula tentant, et Dominum ad facienda miracula tentant, vel cogere per sacra verba videntur?

Verum est quidem quod formæ sacramentales suum semper habent effectum, si a sacerdote, si serio, si eo modo quo debent proferuntur. Carminationes vero minime, nisi quando Dominus permittit, et diabolus procurat. Item (Vide not. ad cap 78) : Si recipiendæ essent exsecrationes, potius recipiendæ essent probationes quam exsecrationes, quæ in lege tenebant, ut legitur in libro Numeri de adultera probanda per aquam maledictionis (cap. v). Item (c. 26, 5. *Si quis clericis*, et c. *Auguriis*, et cap. *Aliquanto*) : Si convincatur quidem per hujusmodi diabolicas probationes, non essent interficiendi, sed sustinendi, et prædicandi. Et orandum esset pro eis, ut Deus eos potius illustraret, et gratiam infunderet. Fides enim tantum non necessitatis est, sed voluntatis. Si enim diceret : Dominus nondum mihi fidem dedit, non vult me visitare, facite ut habeam, non possum per me credere quid tunc faciendum? Item (Vid. 2, q. 2, c. Sors et sequentibus) : Repudianda videntur peregrina judicia cum non descendant de medio duorum montium, nec habeant a veteri vel novo originem. Item : Etiam quæ approbatæ sunt a Domino, vel permissa, vel indulta, hodie de medio Ecclesiæ sunt sublata propter mali viciniam, ut jactus sortium in multitudinem vel paucitatem, diu tenuit. Sed ut in decretis legitur propter hoc quod sortes sortilegiis vicinabantur (26, q. 5), prohibitæ sunt hodie ab Ecclesia :

Nam mala sunt vicina bonis.
(OVID.)

Multo fortius sunt exsufflanda hujusmodi judicia ex quibus sequitur sanguinis effusio. Item (Vid. not. ad c. 78) : In eligendo pontifice non auderes sortem jacere in multitudinem (sed in duos forsitan permitteretur, ut apud Lugdunum contigit de duobus breviculis) quia propter peccata populi caderet forte super indignissimum. Et tamen de electione illa penderet salus, vel pernicies totius diœceseos.

Quanto magis cessare hic debent carminationes, vel tentamenta, quæ sanguinem effundunt, et nullum inde provenit animæ commodum? Item : « Privilegia paucorum non faciunt legem communem. » Si enim legitur de tribus pueris, qui educti sunt de fornace ignis inexusti, et etiam sarabella eorum non sunt immutata (*Dan.* III); si etiam ponas quod Jonas illæsus exivit de ventre ceti (*Jonæ* II); si Daniel de lacu leonum (*Dan.* VI); si Joannes de olei ferventis dolio, et multi in hunc modum : tu tamen non potes facere miracula per benedictionem tuam, quam facis super aquam vel ferrum, quia non est hic Daniel, non sunt pueri tres innoxii, et hujusmodi. Noli ergo tu, sacerdos peccator, inniti hodie miraculis, sed operibus bonis, quia non invenitur dignus pro cujus merito operatur Dominus miracula. Item : Hodieque fallunt promissiones Dei in Evangelio, peccatis nostris impedientibus, vel Dominus solus causam novit, scilicet hæ : « In nomine meo dæmonia ejicient, linguis loquentur novis, serpentes tollent, et si mortiferum quid biberint, non eis nocebit, super ægros manus imponent, et bene habebunt, » etc. (*Marc.* XVI).

Tu autem, miser sacerdos, exsecratio es tuas vis semper exsequi in effectum. Item : In hac promissione Domini : « Quidquid petieritis Patrem in nomine meo dabit vobis (*Joan.* XVI), » intelligendum est de his quæ pertinent ad salutem, id est sine quibus non est salus; digne, perseveranter; vobis, non pro illis, scilicet pro quibus petitis, vel contra quos petitis : nisi hujusmodi determinationes apponas vel intelligas non erit efficax hæc Domini promissio. Tu autem, miser, carminationes tuas vis nunquam esse falsas, vel fallaces, cum petis indigne, non perseveranter; nec etiam pro te, sed pro aliis damnandis, vel salvandis; non de his quæ sunt ad salutem æternam, vel de his sine quibus non potest esse salus, cum miracula fiant quandoque merito illius cui fiunt, vel illius pro quo fiunt, vel merito illius, qui orat ut fiant, vel meritis sanctorum qui orantur. Quandoque communiter et cooperantur merita istorum omnium, quandoque voluntas Dei sola, quandoque plurium merita, et non omnium. Tu ergo quare vis semper operari miracula? Item dissona sunt et repugnantia hujusmodi. Nam reus censetur quem natura ignis lædit, innocens quem aquæ natura recipit, et ut natura in duobus ad idem institutis videtur neutrum debere observari. Si vero natura ignis et aquæ reum abjiceret, quod ignis in eo naturam suam exercere dedignaretur ut ureret carnem teneram, aquæ natura recipere non vellet ponderosum corpus, tunc evidentius esset miraculum, et convenientius institutum; vel si ferrum frigidum ureret, vel aqua frigida, tunc apertius esset. Item (Vide not. ad cap. 78) : Quæritur quis adinvenit hujusmodi verba, quæ ibi ponuntur et ordinavit, et unde habent auctoritatem. Salomon non instituit sicut exorcismos. Item : Quando datur potestas ista? Daturne quando sit exorcista, vel quando diaconus, vel quando sacerdos? A quo habet officium istud? vel quid ei detur, vel peccat, si mutet, vel si decurtet, vel si protelet? Item : Exorcismi nostri hodie non habent efficaciam, nisi quando Dominus vult. Non enim exorcista hodie potest ejicere dæmonia, sicut in primitiva Ecclesia; nec etiam sacerdotes omnes unius regiti, omnibus exorcismis Salomonis, vel etiam nostris, possent virtute illorum liberare unum dæmoniacum.

Tu autem, quis es, miser sacerdos, qui præsumis facere incantationibus tuis quod ignis manum ustibilem non urat? Nullus est ibi Brixius, qui in birro prunas ardentes inusto tulit, vidente populo, necdum suspicio de fornicatione male concepta cessavit. Potest ergo ille dicere, cui imponitur necessitas ferendi candens ferrum in manu : Non sum alter Joannes integer mente et carne, qui illæsus de ferventis olei dolio meruit egredi. Non sum puer Marcellus, post Parisiensis episcopus, cujus in manum teneram miser faber ardentem ferri massam (cum quæreret prunas ad incendendum altaris incensum) imposuit. Sed tener puer Marcellus de candenti ferro legitur dixisse : De ignis calore calet, sed novem pondera habet. Dicat miser imperitus ille : Non ero statera ferri : « Non tentabo Dominum (*Matth.* IV). » Item psalmo LXVIII :. « Intende animæ meæ et libera eam, propter inimicos meos eripe me. » Hoc Christus ad Patrem pro se, et pro membris, « propter inimicos meos, » Gregorius : conversos. Sed quædam liberatio occulta, quæ fit propter sanctos episcopos, ut septem fratres Machabæi, qui consumpti sunt igne cum matre ne contra legem Dei hominibus consentirent (*II Mach.* VII). Est et alia liberatio manifesta, propter inimicos, vel puniendos, vel liberandos, ut tres pueri de igne liberati sunt etiam corpore. Unde ipse Nabuchodonosor conversus, Dominum prædicat (*Dan.* VII). Occulta est Christianis liberatio, quæ fit in anima. Aperta non est modo necessaria, quia omnes sunt fideles. Paucorum est, et raro Dominus operatur illam. « Non egredietur hodie Dominus in virtutibus nostris (*Psal.* LIX), » scilicet per nos factis; sed in suis quando vult, et videt expedire, ct hoc raro, sed occulte liberat, ut beatum Laurentium liberavit occulta liberatione. Qui cum esset combustus, non est in anima æstuatus.

Item : Forma sacramentalis etiam baptismi, quæ instituta est a Domino, propter unam criminis notam, suum non habet in isto effectum. Ista autem adinventio humana, vel magis diabolica, nunquam fallet ?

Item : Nota quod Eugenio papa residente in Remensi consilio, præsentibus cardinalibus, archiepiscopis, episcopis, et viris litteratis, et authenticis (Vide not. c. 78). Evus de Stella, Britto, quædam fatua hæresi corruptus est. Et confessus dicebat se illum eum, qui vivit et regnat in sæcula, et quædam alia bruta, ut brutus, dicebat et asserebat. Non tamen est ibi morti adjudicatus, sed Samson archiepiscopus tenuit eum in vinculis, et pane et aqua vitam finivit, et sic neminem postea corrupit. Idem : Samson, archiepiscopus Remensis, nulli permittebat sacerdoti hujusmodi facere consecrationes, vel potius exsecrationes super aquam illam, nisi prius præstitissent principes et prætores cautionem de non effundendo sanguine, si reus in illo peregrino judicio probaretur. Judicium candentis ferri non permittebat unquam fieri. Item : In legendis sanctorum , legitur de gentilibus : Qui licet essent zelatores errorum suorum, et legis qualiscunque, in conjunctos et confessos legem Christi non statim sententiabant, sed inducias triginta dierum eis dabant, et incarcerabant, eisque minabantur pœnam corporalem et tormenta. Interdum ad errorem suum invitabant promissis, persuasionibus, blanditiis ; nec requirebatur ab eis, ut corde in deos suos crederent, sed ne blasphemarent, et superficietenus thurificarent. Nostri autem principes et prælati non credunt oris confessioni, sed præcipitantes sententiam, fatenti ore etiam fidem catholicam, judicium igniti ferri illi asserunt, et renuentem tentare sic Dominum, et subire judicium diabolicum, in rogum projiciunt. Qui similiter urerel beatum Petrum, et etiam omnes Clarevallenses. Cujusmodi sententia præceps data est in Flandria quondam, quando episcopi et sacerdotes, et officiales principum et prælatorum quoscunque volebant de hæresi vocabant, et in libro mortis scribebant. Et sic multas matronas, quæ eis, ut in Daniele legitur, non consentiebant, nota hæretica necabant, et multos [*id est* cives] burgenses redimebant, et multos innocentes cum nocentibus involvebant.

Item : Quidam miser et macilentus inter alios adductus est Parisius in præsentia regum, prælatorum et principum Franciæ ; et quæsierunt si crederet. Qui respondit ita : « Credo in Dominum et articulos fidei ; » non suffecit eis. Sed, cum quæsitum esset, si ferrum ignitum ferret, respondit ille : « Non, nisi prius litterati, et primates isti episcopi, et hujusmodi judicent, an peccatum sit hoc facere, an non, et Dominum tentare. » At omnes obmutuerunt. Solus Bituricus [*forte* Gerardus] Cister. monachus ausus est os aperire, dicens : « Non debemus de cætero interesse ; quia, facta examinatione, vestrum est punire ad sanguinis effusionem, aut parcere. » Et ipse judicandus notabatur, quia ausus est mutire. Ipse vero miser clamabat : « Vos primum ferrum ignitum ferte ; certe ego nunc ferrem. » Et tandem dum dubitaret, a quodam principe projectus est in ignem et combustus. Item : Quædam matrona Dei gratia evasit, et quæsivit a magistro quid ageret de cætero præ pudore ; quia notam illam contraxerat, tamen falso absorberi vellet a terra, magister miro modo consolatus est eam dicens, quod sancta esse de cætero tenebatur, et inter reliquias, si decederet, collocanda ; quia naturam suam ignis in illam non exercuerat, et Dominus in ea, et per

eam miraculum operatus fuerat. Item : Optima probatio judicia ista damnabit. Non auderet hodie universalis Ecclesia ponere et exponere, quasi uni hazardo caput suum, id est fidem catholicam, facto tali conducto Catholicos, gentiles et Judæos , utrum ferrum ignitum naturam suam in manu Catholici, totus Judaismus et tota gentilitas ad fidem Christianam converteretur ; si manus comburetur, fides Christi in periculo esset, et ad Judaismum, vel paganismum, quilibet se verteret. Si ergo pro tanto lucro non audes manum ad candens ferrum exercere , qua ratione tu, sacerdos, benedicis ferrum vel aquam, et auctoritatem præstas huic facto detestabili, in quo non est non solum lucrum, sed animarum periculum et sanguinis effusio, vel mutilatio membrorum ?

Item. Nota aliud exemplum. Accidit enim Remis ariditas, et acris, et noxia intemperies, et reliquiis et capsulis extractis fecerunt per triduum fideles cujuscunque sexus vel officii, arvabanlia et anburbalia, nec apparuit modica nubecula. Videns tantam afflictionem Judæus quidam archisynagogus, ait : « Concedo quod omnes simus Christiani, si infra triduum non dederoʻpluvias, ut rotulum et thoral permiseritis circumferre. » Dixerunt plerique fideles : « Bonum est, bonum est. » Tandem [ait magister Albericus : « Absit quod fides Christi mittatur in periculum, si Judæus aquas de cœlo eliceret arte magica, Domino permittente propter peccata nostra, vel diabolo procurante. Quia mali etiam sæpe leguntur fecisse miracula, fides Christi ita omnino posset exsuffari, et omnes ad Judaismum converti vellent. » Nec ausi sunt fidem nostram pro lucro tot Judæorum periculo exponere. Item ad Hebr. (cap. XI) : « Sancti per fidem vicerunt regna, operati sunt justitiam, adepti sunt repromissiones , obturaverunt ora leonum , exstinxerunt impetum ignis, » etc., ut tres pueri (*Dan.* v). Tempus talium non est in Novo Testamento. Ante dedit talia, ut patet cum non intelligatur alius largitor, etiam terrenæ felicitatis, quæ ad veterem. hominem pertinet, etiam Christo novo homine nova promittit, id est æterna. Unde irrisus moritur. Unde Jacobus (cap. V) : « Sustinentiam Job audistis, et finem Christi vidistis ; patimini ut Job, qued non spèretis finem ejus, id est temporalia bona, quæ ei aucta redierunt, sed æterna, quæ in Christo præcesserunt. » Quasi diceret : Noli hodie inniti miraculis, sed fidei operanti per dilectionem. Quibus si innitaris, videris præsumere sanctitatem trium puerorum, et aliorum sanctorum, qui sanctitate sua naturam ignis mutaverunt. Item , ut per exempla gradiamur, accidit Aurelianis in ecclesia beati Samsonis, quod fur quidam reliquias ecclesiæ subriperet. Suspectus est habitus quidam ædituus ejusdem ecclesiæ. Obtulit se , ut innocens , per judicium purgaturum. Et vinctus [*forte* victus] est reus superficialiter, et in instanti suspensus est. Post mensem deprehensus est in alio furto, qui reliquias furatus erat. Et imminente illi suspendio, confessus est se prius furtum fecisse. Et docuit locum ubi erant reliquiæ, et restitutæ sunt. Et dixit ædituus non reum fuisse, et ita usque ad mortem doluerunt, qui judicium illud procuraverant. Item, apud Compendium contigit , quod quidam reclusus infamatus inter multos de reliquiis furto sublatis, confisus de innocentia sua, primus se obtulit ad judicium. Qui quidem juxta ecclesiam habebat habitaculum ; et combusta est manus. Item quædam reclusa habebat cellulam suam extra urbem, et impositum est ei quod ad ipsam Cathari quidam frequenter divertissent. Illa vero sentiens se infamatam, et ab hominibus vilipensam, quemdam consuluit decanum magistrum, et discretum , dicens : « Domine, apud omnes cives istos adeo vilui, quod non est qui panem porrigat, propter hanc suspicionem, quia me credunt esse Catharam. Quid mihi agendum ut appaream innocens, sicut revera sum ?

volo me purgare p rjudicium. » Et ille : «Optime potes ex quo tantum confidis de innocentia tua. » Quæ ad consilium illius subiit judicium ferri candentis et combusta est manus a ferro, deinde combusta tota a rogo.

Item : Duo Anglici peregre profecti sunt, et in reditu alter divertit ad Sanctum Jacobum, alter repatriavit. Et imponebatur ei quod socium necaverat, et sua sibi retinuerat. Obtulit se ad judicium istud diabolicum ; et cecidit, et suspensus est. Post modicum vero temporis, socius ille, et sanus rediit, et incolumis. Et sic confusi facti judiciarii, et illi, qui hoc procuraverant suspendium. Et socius maxime pro quo mors illata fuerat socio, semper doluit usque ad mortem Item : Non invenitur etiam in legibus humanis quod si in judicio tali convictus quis apparuerit, quod statim ad effundendum sanguinem tradatur, quia non est ibi convictus coram sæculari judice, imo, sacerdotes et clerici adsunt, et sine illis nihil fieri posset. Quique statim tradunt ad mortem in judicium reum, quod valde est horrendum. Item : B. Thom. Cantuariensis hac de causa incurrit odium regis, quod non permittebat tradi curiæ clericum, qui convictus erat coram Ecclesia. Sed primo degradabat, deinde non statim permittebat eum tortoribus, dicens : Quia puniverat peccatum ubi degradaverat eum. « Dominus enim non punit bis in idipsum (*Nahum.* I, ex *Inter.* LXX). » Sed, si, postquam factus erat non clericus peccaret, dignum erat puniri manu laica. Justitiam fori sæcularis senticbat non ecclesiastici. Item : « Hæreticum post trinam admonitionem vel correctionem devita, » ait Apostolus ad Titum ultimo. Non at interfice , vel ad puniendum trade. Item : « Ego Pauli, ego Apollo, ego Cephæ (*I Cor.* I) », ita divisus est Christus, dicit Apostolus ad Corinthios in primo capite. Hæc est quasi idololatria. Non tamen legitur quod Paulus eos punierit, vel puniri fecerit, sed eis bengne scribit, et erroneos in Epistola sua corrigit. Item : Legitur quod Absalon, fugato David, accessum habuit ad concubinas patris sui in Jerusalem, et eas commaculavit (*II Reg.* XVI). Et in eodem legitur, quod regressus Jerusalem David, « decem concubinas, quas maculaverat Absalon, non punivit, sed tradidit in custodiam, alimenta eis præbens; et non est ingressus ad eas, sed erant clausæ usque ad diem mortis suæ cum viduitate viventes (*II Reg.* XX). » Per quas intelliguntur pseudo, qui adhærentes Absalon, id est diabolo, et in hoc deprehensi a David, traduntur curiæ et carceri ne alios corrumpant. Non trucidantur, vel pœnam sanguinis subeunt. Tolerandi enim sunt, et admonendi quousque Deus eis fidem infundat, quia solvit quandoque Dominus crystallum licet induratum, et solvit compeditos, et glaciem, quantumvis induratam, in aquam liquefacit. « Sinantur ergo utraque crescere usque ad messem, ne si zizania colligatur, eradicatur simul et triticum(*Matth.* XIII). » Item, ad Corinth. I (Cap XII) : « Alii datur gratia sanitatum, in eodem spiritu, » alii operatio virtutum, Glossa; id est miraculorum contra naturam. Ergo, cum omni sacerdoti liceat benedicere ferrum vel aquam, videtur omnis sacerdos esse sanctus, vel usurpare gratiam faciendi miracula, vel dicere quod ipse est persona multarum facierum. Similiter de illo videtur, qui audet subire judicium.

Quod autem miraculum, probatur per hoc, quod inferior natura nihil ibi agere videtur, sed superior. Quod enim ignis manum non urit, secundum superiores causas contingit, vel quod aqua ponderosum non recipit. Furor est igitur hujusmodi sibi usurpare, et Dominum sic tentare. Contra quos Isaias capite XLIV (al. LXXV) : «Ego sum Dominus irrita faciens signa divinorum, et ariolos in furorem vertens.» Et alibi : Quandiu habet homo quod rationabiliter facere possit, non tentat Dominum. Ut quidem stultum esset, si quis nollet exire de domo ardente et accensa cum posset, sed per miraculum exspectaret liberationem. Si autem exire non posset, Domino tunc se committeret. Ut si non corpus vellet salvari, animam susciperet, dicens : « In manus tuas commendo spiritum meum, » etc. (*Psal.* XXX). Sed iste qui consecrat ferrum vel aquam, vel qui ferre vult judicium, non videtur in tanto positus articulo, quod cogatur tentare per miraculum. Item : Quæratur an solum sit miraculum; quare dolose agunt sacerdotes, qui quasi fortes temperant uni, alii exasperant? Contigit enim quod tres fuerunt qui debebant subire judicium : Primo quem non adeo diligebant, fervens ferrum tradiderunt; secundo, quem magis diligebant, jam infrigidatum dederunt; tertio tandem, quem maxime diligebant. Et ita videtur quod non confidunt de miraculis, sed potius de fraude sua. Similiter in aqua, quem volunt interdum salvant, quem volunt reum faciunt, quia decipiunt, vel in mergendo, vel in extrahendo, et ita hominem pro quo Christus mortuus est occidunt, et sanguinem ejus leviter effundunt. Item, si de miraculo confiderent, quare ligarentur? sed erectum potius et nudum immittere deberent. Item : Instruuntur illi, ut non contineant spiritum oris, et narium, vel ut non cum impetu descendant; et dicunt physici quod etiam complexio cooperatur. Item : Contendunt de immenso corpore. Quidam enim dicunt quod non est salvus nisi fundum cupæ percutiat. Alii, nisi totum corpus immergat, etiam de cap IIs; quidam dicunt quod non sunt de veritate humanæ naturæ, et ideo non est curandum, si supernatent ; nec ideo minus salvus. Et alii econtra : et ita ludibriosa sunt hujusmodi judicia et ad cachinnum moventia. Item : In monomachia, quare ponit championem pro se, si fuerit quis non valetudinarius, vel sexagenarius, quandoquidem Dominus est ibi miracula ostensurus? Item : Quidam veteranus amissurus erat hæreditatem suam, nisi filium vel proximum haberet, qui pro illo judicium aquæ frigidæ subiret, habens filios multos prætenuavit, quis filiorum levius et citius in cupæ fundum descenderet. Et inventi sunt duo primi missi in aqua supernatantes, tertium demissum tertio, et fundum cupæ percussit et exclamavit præ gaudio: Benedicta sit hora qua te genui, fili mi, quia « tu es qui restitues hæreditatem meam mihi (*Psal.* XV). » Ecce iste nunc [*forte non*] confidebat multum de miraculis, sed potius de naturali complexione. Item : Magister (Petr. Cant.) sic probavit : hæc judicia esse criminalia peccata, et etiam plus criminalia quatuor cardinalibus (*Ex hoc loco et aliis conjicere est non esse hunc rerum textum auctoris*); ita si exhibueris locum, vel tempus, vel causam, vel servientem tuum ad quærendum fornicationem volenti fornicari peccas criminaliter, etiamsi consensum quemcunque præbueris, etiam si impedire possis, et non impedias, graviter peccas. Multo fortius tu, sacerdos, qui totam causam, non solum occasionem præbes, totum procuras homicidium, benedicendo, ligando, tenendo, mittendo, et emittendo in aquam, vel ferrum tradendo, te, illis, absente, nihil fieri posset.

Cap. LXXIX - LXXX.

Similiter gravissime peccat Ecclesia (vide c. 78), quæ pugnaturis in monomachia tradit sane a, locat armaturas, pugillatorias, et multa in hunc modum, sine quibus non fierent. Hæc de illa detestabili et reprobanda traditione, quæ consistit in peregrinis judiciis et adinventionibus diabolicis. Sunt autem tria genera traditionum (cap. 79). Quædam sunt illicitæ et a diabolo potius inventæ, quam ab homine, ut jam dictum est, penitus legi Dei contrariæ. Quædam sunt licitæ et utiles, sed obicem facere videntur divinis præceptis, ut traditiones [contra traditiones] quædam claustralium, et istæ sunt dubiæ. Quædam sunt revera, quæ faciunt legi Dei obicem et aggravant pro sua multitudine, et ideo magis cavendæ. Et primo de claustralibus præceptum est in Evangelio : « Si peccaverit, » etc. (*Matth.* xviii). Tu ergo claustralis, vel hoc mandatum implere non potes (cum sit generale secundum quosdam) non enim habes licentiam colloquendi cum socio. Non potes ordinem illum evangelicum in claustro observare; ergo obicem facit præcepto Domini claustralis traditio. Dicunt quidam quod mandatum Evangelii datum est de atrocioribus et enormibus peccatis; sed in minoribus socius socium accusat in claustro : si vero viderit eum fornicari, dubium est nobis an coram omnibus turpitudinem ejus revelet, an abbati tantum. Sed constat quod nec in mediocribus, nec in maximis vitiis, nec in minimis mortalibus potest observare ordinem præcepti illius; ergo inobediens Deo. Item : Videtur traditio claustralis contraire huic præcepto : « Si oculus tuus vel si dextera tua, scandalizat te, projice eum vel eam abs te (*Matth.* v).» Per oculum vel dexteram intelligitur vita contemplativa, per sinistram activa. Sed, si gravet claustralem contemplativa, non permittetur exire vel redire ad activam. Ex quo semel ascendit ad Mariam, non descendit ad Martham (*Luc.* x). Dicimus hic opus esse distinctione. Est enim duplex contemplativa, simplex et sincera; quando quis animæ suæ eligens suspendium, raptus in apotheosim colloquitur Domino, interest choris angelorum et sanctorum collegiis, et sic :

Ad citharæ sonitum grex obliviscitur esum.

Et hoc est paucorum. Ab hac etiam abbas Bernardus Claravallensis quemdam claustralem suum (quia se totum jam immerserat illis theologicis personis, et qui jam incurrebat stupores capitis) ad activam aliquantulum revocavit.

Est et alia contemplativa inferior illa summa, quæ dici potest contemplativorum activa, et consistit in lectione historiarum, actuum apostolorum, et in cochlearibus faciendis, et in hujusmodi opusculis faciendis. Et ad talem activam contemplativam jussit sanctus Bernardus venire claustralem. Et de hac intelligi potest in Evangelio, quod ad istam, ab illa, quilibet claustralis gravatus descendat. Prior est ad amplum præmium; secunda est ad compensandum remedium. Similiter duplex est activa. Prælatorum dignior ad meritum, conjugatorum indignior, infirmitatis remedium. Item Augustinus : Quandiu habet homo, quid rationabiliter agat, Dominum non tentat. Contra hoc etiam mandatum : « Non occides (*Exod.* xx),» intelligitur, nec te, nec alium. Quod videntur facere traditiones, quæ datæ sunt claustralibus, ut sine cuculla non jaceant, ut paratiores sint semper; quia sanctus Benedictus in Regula jubet (Cap. xxii), « ut vestiti et cincti jaceant, ut sint magis prompti. » Sed eadem ratione tenentur jacere calceati , quia plus moræ impenditur in calceis informandis et figandis, quam in cucullis induendis. Dicunt quidam, quod sic imitantur crucifixum. Et qui cucullam exuit, monachatum exuit. Unde quidam, cum alii exirent nudi de navi naufragante, noluit cucullam exuere, cum tamen sciret natare, et cuculla impediente submersus est, aliis liberatis. Similiter multi coguntur mori ab æstate vexati morbo aliquo, ut acuta febri, et hujusmodi; in hieme vero multi frigore moriuntur, quia non audent caputium capiti imponere propter traditiones istas. Et ita frustra habent in vestibus caputia. Malunt ergo esse Deo inobedientes, quam traditionibus suis. Sed quæritur quid censendum de illo, qui se submersit? Nonne sibi manus, imo mentem et corpus injecit? Ergo communi sepultura carere debuit. Quod nullum recipit ad confessionem reum scilicet fornicationis, vel proprietatis; quem non remittat ad Dominum, et magistrum domus, laicum scilicet. Quid ergo faciendum sacerdoti huic? Dicit ille, qui sacerdoti confitetur, quod non ibit ad magistrum illum laicum; prius decederet sine confessione. Tu autem, sacerdos, perieras, ni miseris. Mittens autem quodammodo revelas confessionem istius, nec audita confessione audes nolenti ire injungere sine licentia majoris laici satisfactionem. Et sic multi coguntur mori sine confessione subticentes enormia. Idem constitutum est in ordine Grandismontani (Vide ad cap. 70). Presbyter enim minoris loci audita fornicatione, vel furto fratris laici vel clerici, laico magistro, secundum traditionem suam, dicet : Domine, necesse habent fratres isti ut mittamur ad Grandem-Montem. Præpositus vero statim maledicit eum, et imponitur jumento, de cella in cellam mittitur, confusus ubique verecundia gravi, usque dum venit ad magnum priorem. Et ita ubicunque venit, quasi publicatum est ejus crimen. Dicunt enim omnes : Operatus est iste male. Et sic propter istas traditiones impediuntur in via Dei, et sunt inconfessi. Aliæ traditiones pariunt suspicionem vel scrupulositatem, ut accidit in claustralibus.

Quærunt enim a quibusdam magistris, si singulis annis fiunt in claustro Cisterciensi novæ traditiones, tenemur ipsi, inquiunt, ad omnes? Peccone quoties transgredior scienter unam illarum, mortaliter? Ut cum loquor aliquod verbum hora ad hoc non determinata, vel hujusmodi ? Item : Aliæ pariunt fastidium et acediam, quia multæ sunt, ut de multis psalmis cantandis, de multiplicibus Matutinis Nigrorum monachorum (*Ord. S. Bened.*). Dicit enim Jeremias (cap. xlviii) : « Maledictus homo qui facit opus Dei negligenter.» Et in Apostolo : « Psallam spiritu, psallam et mente (*I Cor.* xiv);» Et Hieronymus : Melior est unus psalmus decantatus cum jucunditate cordis quam psalterium cum acedia et torpore. Aliæ traditiones (Vide not. in c. 79), quæ schisma pariunt et divisionem, ut si optimus cantor, vel psalmista in Ecclesia Remensi fueris, si monachus factus fueris, parum aut nihil inter eos scies (*Propter diversitatem officiorum et cantus*). Etiam ecclesiæ sæculares diversificaverunt officium divinum, contra decretum eumdem modum psallendi, et cum talem debeant habere usum Ecclesiæ suffraganeæ, quem habet Ecclesia metropolitana. Aliæ sunt traditiones, quæ periculosam faciunt securitatem; ut nobis clericis, qui Canticum cantici, vel econtra, continuamus securi, expletis horis vocalibus, licet non attente vel devote, non attendentes horas reales, quæ sunt : « Nudus fui, hospes fui, in carcere, infirmus fui,» etc. (*Matth.* xxv.) Septima est in Tobia de sepeliendis mortuis (*Tob.* ii). « Ista ergo oportuit facere, et illa non omittere» (*Matth.* xxiii).» Vel si ventum esset ad omittendum, potius vocales omittendæ essent. Ergo sunt istæ horæ, ut in die reales, in nocte vocales. Unde : « In die mandavit Dominus misericordiam suam,» id est opera misericordiæ, « et nocte canticum ejus (*Psal.* xli), » scilicet vocale ad cor et laudare Dominum ; et alibi : « In psalterio decachordo psallite Domino (*Psal.* xxxii),» id est in operibus legis. Quidam sapiens aiebat, decem canonicos ecclesiæ debere institui, ut pauperes visitarent; alii decem essent addicti operi misericordiæ; alii decem ad purganda vitia civitatis et perscrutanda ; alii essent in ecclesia ad vocales horas cantandas deputati, et sic Ecclesia esset, « ut castrorum acies ordinata (*Cant.* vi), circumamicta varietatibus (*Psal.* xliv).» Redeundum est adhuc ad illas traditiones quæ impediunt ad legem Dei, ut sunt traditiones, quæ datæ sunt de juramentis in Ecclesia, quæ hodie multa oportet fieri ad canonicandum. Primo exigitur in Ecclesia quadam a canonicando ut juret, pro posse suo, se consuetudines Ecclesiæ servaturum; nec licet ei determinare bonas vel illas, quæ concordant Evangelio, vel canonibus sanctis saltem non obvian. Item : Institutum est in Ecclesia quadam, ut juret intronizandus se, pro posse suo, jura Ecclesiæ manutenere, injurias illi illatas, vel illis, qui ad illam pertinent, vindicare. Super quo consultus dominus papa (Alexander III), si rationabile esset hoc juramentum, inquit : Sit ergo semper unus eorum ocrearius [*forte* ocreatus], parati equi et insellati, ut perquirant eis ablata, et nunquam cesset equitare. Nihil enim fieri potest pro posse si juramentum præstetur. Non enim posses pro posse tuo Deo servire, si jurasses. Invenitur tamen quod frustra extendit quis orando manus suas ad Dominum, qui eas pro posse suo non extendit ad egenum.

Difficile ergo est illud verbum, ad interpretandum, scilicet, « pro posse, » et præpræceps est tale juramentum; nec est in discreto faciendum, quia est indiscretum. Item : In eadem Ecclesia juratur, quod de ablatis æquivalentibus centum libras, non condonabitur plus centum solidis; de centum solidis non plus quam quinque solidi. Quod videtur esse contra Evangelium : « Dimittite et dimittetur vobis (*Luc.* VI). » Contra etiam consilium Apostoli, qui ait : «Quare non magis fraudem patimini, quare non magis injuriam accipitis? » (*I Cor.* VI.) Coguntur etiam, qui sic juraverunt contendere, nec possunt juri suo renuntiare, vel litibus; sed tamen minus malum, si pro damnis suorum hominum restaurandis jurassent, non propriis. Item : In alia Ecclesia juratur, quod non recipientur pignora de damnis, vel de rebus sibi debitis, nisi aurea vel argentea. Unde annulum a quodam nobili et credibili viro pro magna summa receperant, et delusi sunt, et forsitan perjuri. Item : In quibusdam Ecclesiis juratur, quod nullus canonicabitur, nisi fuerit ingenuus. Quod quidem primo introductum fuit propter servos principis, qui propter parentes suos non auderent ita libera fronte contradicere. Hodie vero introducuntur in Ecclesiis filii servorum, vix aut nunquam alii; nec permittuntur remoti intrare quantumcunque digni.

Item : Institutum est in Ecclesia et juramentum, quod non permittetur in terra sua, sed ex toto exsul fiet, quicunque hominum Ecclesiæ suspectus de homicidio villæ vel domus, noluerit se purgare judicio ferri igniti, vel aquæ frigidæ. Super quo consultus dominus papa, mirum habuit quod decretistæ et litterati hoc unquam constituerunt, et mittendus esset a latere domini papæ legatus, qui hujusmodi juramenta et traditiones noxias purgaret. Sicut enim « in multiloquio non deerit peccatum (*Prov.* x), » ita in multijurio non deerit perjurium. Ut iidem faciamus, non traditionibus, sed traditionum increpationibus, notandum et cavendum aliud, quod exigi solet sacramentum (22, q. 1, *Non est contra*). Jurat enim quilibet sacerdos prælatis suis se servaturum mandata sua, et non celaturum subditorum commissa. De quo supra ut de tonsoribus et expilatoribus. Sic ergo sacerdos non est pax, non est turris abundans pace, non est factus in tempore iracundiæ reconciliatio (*Eccli.* XLIV) : ex quo non potest discordes reconciliare sibi invicem, ut pertinet hoc facere. Amittunt libertatem præcepti evangelici : « Si peccaverit in te, » etc. usque « dic Ecclesiæ (*Matth.* XVIII), » inclusive; quia quam cito commiserunt, oportet ut hoc referant Ecclesiæ, id est prælato, non ut moneat ad pacem. Hoc autem juramentum non exigebat Moyses a decanis (*Exod.* XVIII), a pentacontarchis, et hujusmodi, quos sub se constituit, ut omnes causas ad eum referrent, sed difficillimas, ad quas solvendum non sufficerent.

Item : Accidit quod duo pueri ludebant sagittulas trahendo in coemeterio, et incaute læsit unus alium; occasione vulneris læsus obiit. Inimicati sunt inter se parentes puerorum. Præsbyter vero non audebat eos reconciliare, quia plagantis pater ditior erat; et si audiretur pax et foedus inter eos venisse post discordiam, retractaretur causa ante prælatum, vel magnum Pilatum. Et rogavit magistrum presbyter ut discordiæ finem imponeret. Quod ipse non audebat propter illud exsecrabile juramentum, dicens, quod perplexus, si retulero ad prælatum, suscitabo rixas inter me et inter eos, qui a prælatis mulctabuntur. Si subticuero, væ mihi a prælatis. Item : Videtur quod eis non sit parcendum, quia cura revocat, quam ei dederat prælatus ad hoc : et ita non peccat si revelat ei subditorum commissa. Item : Sicut archidiaconi exigunt hoc sacramentum, sic et ab eis exigunt prælati, ut scilicet duas partes sibi retineant de commissis, tertiam archidiacono. Sed tamen clamant archidiaconi in hoc secum actum injuste, quia episcopi non jurant eis quod tertiam partem de omnibus commissis sint reservaturi illis, si recipiant vacat. Item : Aliud perniciosum juramentum juratur in Ecclesia, quod si per septem vel octo menses (*Deficit hic* cap. 80). Sicut quædam traditionum adinventiones quamdam pariunt præsumptionem, et stultam contra præcepta Dei securitatem, ita præsumptione et temeraria securitate arguendi sunt, qui sacræ Scripturæ rigorem, arcum scilicet remittunt tensum et stulta interpretatione emolliunt quædam præcepta Evangelii esse cæremonialia, apostolis data, non modernis, quædam consilia, quædam perfectis proposita, pro loco, pro tempore, pro persona, et hujusmodi. Quædam ad terrorem. Unde contra eos David ait : « Nisi conversi fueritis, gladium suum, etc. (*Psal.* VII.) » Arcum itaque istum flectere et remittere faciunt pro voluntate sua pravi interpretes, volentes legem Dei sequi pravas voluntates eorum, non se dirigere et modificare secundum terminum et regulam sacræ Scripturæ, nec eam interrogant secundum quod scriptum est. Ideo perierunt filii Israel, quia « os Domini, » id est sacram Scripturam « non interrogaverunt (*Josue* IX). » Et Paulus : « Commendo vos Deo et verbo ejus (*Act.* xx), » id est sacræ Scripturæ, sed potius consuetudines et exempla aliorum sectantur et consulunt. Contra quos philosophus (Seneca) : Summa malorum est, quod ad exempla malorum vivimus. Nec tamen negandum est (*Non Petrus Cant. hic se commendat, sed alius scholiastes*) quin consuetudo et interpretatio humana imitanda sit ubi casus difficiles emergunt, quando consulenda est ratio, ubi leges et canones, ut lex Dei nihil in illis manifestat expressum. Consulo ergo Verbum abbreviatum et planum ad fidem et morum scientiam habendam. Unde Augustinus super illum versum (Tom. VIII, in *Psal.* CXVIII) : « Pax multa diligentibus legem tuam, et non est illis scandalum, » facientis, vel patientis. G. scandalum ipsa lex : Qui diligit legem, si quid in ea non intelligit adorat, et quod absurdum videtur sonare, judicat magnum, et se nescire. Ideo « lex non est illi scandalum, » quia fides ejus ex ea pendet, non ex moribus hominum, nec aliquibus cadentibus ipsi scandalo præbet.

Legem ergo securus diligat, et est ei pax, et nullum scandalum. In quam si multi peccant, ipse non peccat : « Lex Domini immaculata convertens animas, testimonium Domini, » etc. usque « illuminans oculos. » etc. « Fidelia omnia mandata ejus confirmata in sæculum sæculi, » etc. (*Psal.* CXV), et alibi : « Testimonia tua credibilia facta sunt nimis (*Psal.* XCII). » Super quem locum Augustinus : Dicunt quidam hæretici Dominum terribilius locutum fuisse, quam verius, imo verius quam terribilius. Et alibi : « Mandasti mandata tua custodiri nimis. Adhæsi testimoniis tuis, Domine, noli me confundere, » quia, « non confundar cum perspexero in omnibus mandatis tuis (*Psal.* CXVIII). » His adhæsit bene beatus Martinus qui obvius oviculæ tonsæ, ait : Diu est quod non vidi qui Evangelium impleret sicut ovicula, quæ tunicam suam dedit, lanam scilicet, pellem vero pro tunica una reservavit. Idem etiam chlamydem suam dimidiavit pauperi. Noli ergo nucem opponere folio, per pravam expositionem. Noli nucleum de testa elicitum, Christo nato superinduere altera testa. Adhære prius simplicitati Evangelii. Noli succum opponere contra te, ait Propheta in persona Domini : « Factum est cor meum, » id est, secreta cordis mei, sacra Scriptura scilicet « tanquam cera liquescens in medio ventris mei (*Psal.* xxi), » id est simplicitatem et soliditatem Scripturæ meæ liquefecerunt et annihilaverunt fragiles isti præ nimia eorum mollitie. Item contra tales ait Isaias (I., 70): « Argentum tuum versum est in scoriam, vinum tuum mistum est aqua, caupones tui miscent aquam vino, mutatus est color optimus. » Et ita pravi sunt illi argentarii, vel aurifices, vel pictores, qui merum corrumpunt, varietate expositionum, meracissimum, vividum colorem, fuco vel minio artificiali, id est, fermentata vel superflua interpretatione dehonestant. Item Matthæi v : « Esto consentiens adversario tuo cito dum es in via, » id est, consenti sacræ Scripturæ, quæ tibi carnaliter viventi adversatur, « dum es in via mandatorum. Caro » nempe « concupiscit adversus spiritum et spiritus adversus carnem (*Galat.* v). » Item (*Hieronym.* Vid. not. ad c. 80): Qui verum dicit non laborat. Veritas enim non habet angulos. Ideo autem in exponenda sacram Scripturam laboramus, quia operari nolumus, et idcirco dicimus : hoc est pro loco, pro persona vel consilium est, et hujusmodi. Philosophis et ranis magis curæ fuit integritas verborum, et elegans ornatus quam integritas rerum et sensuum; sanctis autem econtrario. Item : Pudeat vos, quod magis dissonat et dissidet expositio vestra, quam facitis ad libitum, a littera Evangelii vivificante, quam illa allegorica antiquorum a littera occidente (*II Cor.* iii). Hoc est quod Judæus litteratus magistro Remis opposuit : Vos Christiani dicitis quod omnia intelligenda erant in lege veteri allegorice, quia « omnia contingebant antiquis in figura (*I Cor* x); sed vos simplicitatem Evangelii allegorica et multiplici expositione oneratis; ita legem vestram ore divino datam in honoratis. Quilibet enim suam facit expositionem, dicens :

Sic volo, sic jubeo, etc.

(Juv. vi, 223.)

Et quia nullus vestrum legem suam observat, nolo esse Christianus, sed insisto, neque eam sum corrumpens. Item : Similes facti sumus Mahometo. Qui videns legem Evangelii, inquit quibusdam dyscolis : Hæc est Christi lex, sed quia nimis est onerosa et gravis, sequimini me et ego eam vobis temperabo. Et sic indulgens eis plures concubinas, laxando frena in cibo et potu, et cura corporis, induxit eos in errorem, qui adhuc dicitur error Mahometinorum. In quem videntur cecidisse, soliditatem Evangelii pro moribus suis mollientes.

Nota quid dixit juvenis bonæ indolis et magnæ spei moriens Remis : Nondum omnia reddidi, habui administratorem quemdam, et dedit ille mihi duos caupones, ille alius duos caseos; ex æquo reddite omnia. Dicebant socii et sacerdotes : Non sunt talia reddenda. Vos multum laborabatis pro justitiis illis. Ad hoc ipsum tenebar. Justitiam ipsis facere debebam. Nunquam volo super his disputare cum Domino. Ipse enim timeo valde, ne mihi concludat, qui omnia novit. Item : Contra hos pravos caupones est Augustinus (lib. vi, c. 3). Origenes, qui ut legitur in ecclesiastica Historia ad litteram Evangelium implebat contentus tunica, « percutienti paratus præbere alteram maxillam (*Luc.* vi). » De quo dictum est : Hic est, qui sicut loquitur vivit, et sicut vivit loquitur. Idem cum Respublica decrevisset, ut quidam discipulus, scilicet Bassilides, in quadam causa jurasset, respondit se nunquam juraturum. Et quia putabant cum hoc dixisse serio, iterum asseruit, dicens : Christianus sum, nunquam jurabo. Et ideo protinus suscepit martyrium. Item : Nos Dominum facimus mendacem, qui ait : « Angusta est via quæ ducit ad vitam et arcta (*Matth.* vii). » Nos autem levigamus eam viam mandatorum Domini, pro voluntate eam exponendo, cum non possit alleviari sine amore. Solus enim Dei amor est, qui angusta et difficilia Dei mandata levia facit, et prope nulla. Item : Valde terrere potest hujusmodi pravos interpretes, quod Dominus ait in Evangelio Matthæi v : « Nolite putare quod veni solvere legem aut prophetas. Non veni legem solvere sed adimplere; » quasi perfecte vel ad plenum, scilicet secundum significationem figurarum, secundum formam prædictorum, secundum moralem intellectum. Item : Illud quippe quod sequitur terribilius est : « Amen dico vobis, donec transeat cœlum et terra iota unum, » id est minimum mandatum, quia iota est minima littera, « aut unus apex » (id est minimulum mandatum, vel pars minimi mandati, quia apex titulus est vel pars litteræ superior, ad decorem litteræ supereminens, vel in chartis et litteris apostolicis) « non præteribit a lege donec omnia fiant (*ibid.*) » Unde alibi : « Maledictus qui non impleverit quæcunque scripta sunt in libro hoc (*Galat.* iii), » maledictione pœnæ, scilicet et culpæ. Et in fine Matthæi : « Euntes, docete omnes gentes, baptizantes in nomine Patris, et Filii, et Spiritus sancti, docentes eos servare omnia quæcunque mandabo vobis (cap. xxviii). » Item audi terribilius : « Qui ergo solverit unum de mandatis istis minimis, et docuerit homines, » scilicet, solvendum esse aliquod etiam minimum mandatum, « minimus, » id est pessimus, « vocabitur in regno cœlorum, (*Matth.* v), » id est ab his qui erunt in regno cœlorum, id est cum Ecclesia militantibus vel triumphantibus. « Qui autem fecerit et docuerit, » scilicet sic esse faciendum, « hic magnus » vel etiam maximus, « vocabitur in regno cœlorum, » merito et præmio.

Ex his duobus colligo reliqua duo membra qui solverit et non docuerit; vel econtrario, et qui fecerit, et non docuerit; vel econtrario, vel qualis, vel quantus debeat vocari in regno cœlorum. Item : Audi quod sequitur : « Dico autem vobis : Nisi abundaverit justitia vestra plusquam Scribarum et Pharisæorum non intrabitis in regnum cœlorum (*ibid.*). » Non dicit de illorum justitia simulata, vel etiam figurata, sed morali et spirituali eos justificante, ut etiam addita in Evangelio ad perfectionem, impleatis, « non intrabitis in regnum cœlorum. » Verbi causa : Audistis, quia « dictum est antiquis, » et hujusmodi, « Qui autem occiderit, reus erit judicio » secundum legem ; « Ego autem dico vobis » plus G. ponendo scilicet, « non irasci ; quia omnis qui irascitur fratri suo, reus erit judicio (*ibid.*). Si ergo irasceris peccato ejus, vel ipsi, per pravos motus, caveas ne judicium amplius irascendo, quam decet, incurras.

Addit etiam quod « qui dixerit fratri suo raca : » G. Interjectionem [*al* interiorem], indignationem mentis exprimentem, etc. Nunc redeat lector ad genuinum textum auctoris (Ad c. 80). Tria enim exemplaria hic conveniunt, et deinceps,

EPISTOLA WILLELMI
REMENSIS ARCHIEPISCOPI
AD PETRUM CANTOREM

De ejus electione in decanum Remensis capituli (1).

(Anno 1196.)

(Actes ae .a province ecclésiastique de Reims, II, 326.)

Vuillelmus Dei gratia Remensis archiepiscopus, sanctæ Romanæ Ecclesiæ cardinalis, apostolicæ sedis legatus : dilecto filio M. P. Parisiensi cantori, imo decano Remensi, salutem et dilectionem. Deo et Remensi nostræ ecclesiæ in gratiarum debitas assurgimus actiones, eo quod, inspirante Altissimo, eadem ecclesia vos elegerit in decanum, vobis quoque congratulandum duximus, quod onus a Deo vobis oblatum tam humiliter suscepistis, nec ad uberiores ecclesiæ reditus oculus degener, vel avaritiæ spiritus vos retorsit. Eamdem vero electionem ratam habemus, et gratam, utpote qui jam alias quando super eodem decanatu capitulum in nos compromiserat universum, eum vobis prius obtulimus, si velletis : sed vos saniore tunc usi consilio, tendentes ad finem, quem nunc estis Deo gratias assecuti, creditum vobis a Deo talentum in frequentiorum studiorum, et scholarum loco prius erogare pluribus salubriter volebatis. Verum jam hora est, ut de seminibus quæ messuistis, in alios exsultationis manipulos ad propria referatis ; unde nostris esurientibus parvulis frangatur panis alimoniæ doctrinalis, et pia vicissitudine lacte doctrinæ per vos laxa matris ubera repleantur, quæ vos aliquando parvuli suxistis. Dignum erat, et justum, ut nostra primitiva mater Ecclesia, quæ vos aliquandiu indigentiæ commodaverat aliorum, suis in necessitatibus revocaret filium, suis retineret usibus revocatum. Unde qua possumus obedientiæ districtione vobis injungimus, secura in Domino conscientia consulentes, ne cuipiam credatis vobis aliter suggerenti, quominus in hoc proposito perseveretis stabiles et immoti; in Domino quippe confidimus, quod et in nobis, et nobiscum in aliis fructum Deo placitum facere debeatis; utpote quem non soli Remensi ecclesiæ, sed et toti provinciæ, regnoque potius universo provisum esse credimus, etiam iis temporibus reservatum, vestræ namque circumspectionis consilio in propriis, et communibus negotiis specialiter uti decrevimus..... Et ut in eodem stetis proposito firmiores, quandocunque vobis placuerit et ecclesiæ nostræ titulum, et suscipere dignitatis officium per nos, vel per venerabilem fratrem et consanguineum nostrum reverendum Parisiensem episcopum, ad sacerdotium promoveri, gratum nobis erit, etc.

(1) Il est douteux que Pierre le Chantre ait accepté cette dignité, car l'année suivante il se fit moine à l'abbaye de Long-Pont.

ANNO DOMINI MCXCVIII

GARNERIUS
LINGONENSIS EPISCOPUS

NOTITIA,

(Gall. Christ. nov. edit., tom. IV, col. 591.

Garnerius et Garnerus de Rochefort, Simonis de Rupeforti frater, alterius Simonis nepos, ex monacho Longivadi, primum Albæ-ripæ, tum Claravallis nonus abbas, Manassi successit : verum qua anno? 1195, inquiunt annales Cistercienses. Sic enim in catalogo abbatum Claræ-vallis : « Garnerius abbas Albæ-ripæ abbatisavit hic, id est in Claravalle, annis novem. Postea factus est episcopus Lingonensis. » Electus vero est an. 1187, ut notat idem catalogus; atque adeo, ut minimum, in sui monasterii administratione pervenit ad ann. 1195. Id quidem grave, sed catalogo chronicon opponimus, in quo et Manassis obitus et electio Garnerii ad 1193 referuntur; opponimus et instrumenta jamjam referenda, ex quibus pedum ante 1195 gessisse palam est. Anno 1193, « Dilectis filiis suis, capitulo Lingonensi concedit ut decimæ, quas habent apud Perigne villam suam numerentur eis ad carrum, vel ad quodcunque aliud vehiculum tempore messionis. » An. 1194, 1195 et 1196 dona Grossæ-silvæ facta approbat. Sic porro incipiunt litteræ anni 1194 : « Ego Garnerius divina miseratione Lingonensis ecclesiæ minister, notifico, » etc. Ipse et Rainaudus Lugdunensis archiepiscopus, ac G. Eduensis præsul subscribunt quibusdam privilegiis ab Odone Burgundiæ duce Divioni urbi concessis. Anno sequenti 1195 iidem confirmarunt institutionem capellæ Divitum Divione, quam et Garnerius benedixit 26 Novemb. et data charta testatūr canonicos ejusdem capellæ coram se super sancta Evangelia jurasse, quod nullum omnino de parochianis S. Stephani reciperent. Hoc eodem anno Cœlestinus papa dato diplomate confirmat capituli statutum, vetans ne quis canonicorum præbendæ fructum præsumat accipere, nisi annuatim per sedecim septimanas in ecclesia moram fecerit continue vel *interpolatim*, ita ut uni principalium horarum matutini, vel majoris missæ, sive vesperarum intersit officio. Ex charta Rainaudi Lugdunensis antistitis patet : « Dominum Garnerium » nostrum « Miloni abbati et ecclesiæ sancti Stephani donasse ecclesiam de Tile-castro libere et integre, » quam hoc ipso anno confirmat. Circa idem tempus multa largitur prioratui Vallis-caulium, ut fidem facit charta illius cœnobii, in qua vocatur episcopus et dux. Ratam quoque habet institutionem canonicorum sæcularium B. Mariæ Salionis (de *Sauz*) a nobili viro Guidone ejusdem castri domino factam anno 1197. Habemus et aliud, quod significat transactionem inter ipsum et capitulum factam « de quibusdam rebus ad sanctorum Geminorum ecclesiam pertinentibus. . . . . nullum præjudicium vel impedimentum in appellando. vel alio modo allaturam capitulo, si non steterit illa transactio, omnia super quibus inita fuerat compositio, ad pristinum statum reversura. Actum Lingonis XVIII Kal. Septemb. an. Verbi incarnati 1197, sedente papa Cœlestino. » Scripta charta declarat se donationem ecclesiarum S. Joannis et Sancti Philiberti Divionensis, quam bonæ memoriæ Robertus decessor fecerat sancto Benigno, laudare, approbare, et sigilli sui appensione confirmare, juberaque ut San-Benignianus abbas ea libertate eas possideat, qua à supradicto Roberto concessæ sunt. « Anno ab Incarnat. Domini 1198, mense Maio, regnante Philippo rege Francorum. »

Infaustus fuit ejus exitus, illum exhibent tres Innocentii tertii papæ epistolæ. Prima, quæ est editionis Baluzii numero 182 libri primi, data XVII Kalendas Junii, Incarnationis Dominicæ anno 1198, pontificatus primo, significat tantam ipsum inter ac decanum et capitulum Lingonense subortam esse discordiam, ut canonicis ipsum coram Lugdunensi archiepiscopo *dilapidationis et insufficientiæ* accusantibus, apostolicæ sedis audientiam appellaverit : unde ipsi indicit ut hinc ad festum beati Michaelis archangeli proxime futurum apostolico se conspectui repræsentet, responsurus objectis, et quæ voluerit adversus ipsos objecturus, ei interim gravissime inhibens, ne occasione hujus discordiæ bona ecclesiæ suæ dilapidare præsumat. Secunda epistola, quæ est ejusdem libri 504, subiratus significat primo, se ipsi sine dolore et pudore scribere non posse, cum sedes apostolica, quod olim in ipso dignoscitur approbasse, nunc peccatis exigentibus cogatur improbare. Secundo, ab ipso illius promotionis principio inter ipsum et canonicos Lingonenses multas pullulasse quæstiones, nec unquam, postquam ipsius commissa fuit regimini, pacem habuisse ecclesiam Lingonensem : « Sicut, inquit, fama refert publica, et quamplurium prælatorum et religiosorum ipsarum partium litteris nostro est apostolatui suggestum. » Tertio, non solum mobilia, sed etiam immobilia ipsius ecclesiæ ab ipso adeo distracta, ut quæ olim inter Gallicanas ecclesias nobilis fuerat et famosa, nunc habeatur ab his, qui in circuitu ejus sunt in opprobrium et contemptum. Quarto, ægre admodum se ferre, quod cum canonici Lingonenses, et illi præsertim, quos ad petitionem ipsius litteris apostolicis fecisset evocari, sese Romæ stetissent, ipse non comparuisset, sed post longam dilationem duos nuntios misisset, ac per litteras significasset, se in Cisterciensi capitulo in multorum religiosorum et aliorum præsentia, crucem, quæ prædicabatur accepisse, vovisseque pro amore Jesu Christi ad partes accedere Transmarinas. Unde sic concludit, quantumcunque nobis molestum sit te in aliquo molestari, quia tamen nobis incumbit corrigenda corrigere, et reformare in melius quæ circa ecclesiarum statum noscuntur minus licite attentata, habito cum fratribus nostris super hoc negotio consilio, te pro contumacia manifesta, et dilapidatione vulgata, ab administratione totius Lingonensis episcopatus, tam in spiritualibus quam in temporalibus, omnino suspendimus, auctoritate tibi præsentium injungentes districtius, ut suspensionem procures inviolabiliter observare. Denique velle se declarat (*nisi forte*, inquit, *cedere potius malueris, quod saluti tuæ magis credimus expedire*) causam, quæ inter ipsum et decanum Lingon. pro ecclesia vertitur, super dilapidatione et insufficientia, et aliis multis injuriis et gravaminibus per eum ipsi ecclesiæ irrogatis, examinari celerius et canonico fine decidi, ne si fuerit diutius prorogata, cadat irreparabiliter ecclesia Lingonensis, quæ jam videtur ex parte maxima cecidisse : committereque Parisiensi episcopo ut utriusque partis allegata reciperet, et vel inter utrosque causam componeret, vel lato judicio canonice definiret ; vel alioquin gesta utriusque partis redacta in scriptis et sigilli sui munimine roborata ad se transmitteret, partes Romam intra præfixum terminum mitteret judicium papale recepturas. Jubet interim per prædictum Parisiensem episcopum de procuratore idoneo Lingonensis ecclesiæ provideri. Ex tertia vero epistola, quæ est 555 numero ejusdem libri, patet inter tot adversarios habuisse, qui causam ejus ageret. Cum enim, inquit papa, decanus et socii ejus cum commissionis Parisiensi episcopo datæ litteris Roma recessissent, E. archidiaconus Lingonensis advenit, et institit, ut Petrum de Corbolio, tunc Parisiensem canonicum, mox Senonensem archiepiscopum futurum, virum percelebrem collegam episcopo Parisiensi daret, et impetravit facile. Illum ergo hac epistola nominat, et utrique mandat ut si Garnerium invenerint innocentem, ipsum non solum ab interdicti sententia, verum etiam ab impetitione decani et capituli super objectis, appellatione postposita, penitus absolvant :

personales autem quæstiones, si quas lidem episcopus, et major archidiaconus adversus decanum, vel aliquos canonicorum habuerint, audiant, et sublato appellationis obstaculo curent terminare, etc. Summi pontificis consilium secutus Garnerius cessisse videtur, et, forte post confectum iter Transmarinum, Claramvallem petiisse, ubi et obiit, et jacet, cum hoc brevi titulo : « Hic jacet dominus Garnerius primo Albæ-ripæ, deinde hujus monasterii nonus abbas, postea Lingonensis episcopus. » Is porro esse videtur de quo Innocentius anno tertio pontificatus, II Idus Maii, in epistola ad Lingonense capitulum ait : « Cum episcopus vester ipsum episcopatum in manibus nostris resignavit, nos ei pro sustentatione sua de quibusdam ipsius ecclesiæ possessionibus fecimus provideri. Verum ei auctoritate præsentium inhibemus ne quidquam de assignatis infeodare, seu alienare, vel quoquo pacto distrahere, etc., præsumat, alias factum irritum decernimus. » Refert chronicon Lingonense post ejus suspensionem, rem interim totam, seu sacram, seu profanam ad episcopos pertinentem administrasse Hugonem de Nuceriis seu Noeriis (*de Noyers*) Antissiodorensem antistitem, cujus impulsu in locum suspensi nominatus fuerit Hilduinus, qui postmodum fuerit rejectus, iterumque admissus.

D. GARNERII
CLARÆVALLIS QUONDAM ABBATIS
POSTMODUM
LINGONENSIS EPISCOPI
SERMONES
IN FESTA DOMINI ET SANCTORUM.

(Dom Tissier, *Bibliotheca Patrum Cisterc.*, Bonofonte, 1660, tom. III, pag. 75.)

SERMO PRIMUS.
IN ADVENTU DOMINI.

Dominus creavit me in initio viarum suarum (*Prov.* VIII). Carissimi, filii Dei sumus, sed nondum apparuit quid erimus (*I Joan.* III). Nam quando evacuabitur quod ex parte est, et advenerit quod perfectum est (*I Cor.* XIII), eruetur oculus scandalizans ; et similes ei facti cognoscemus sicut et cogniti sumus (*ibid.*), quia uno cum amoris oculo intuebimur claritate solis septempliciter clariore (*Isa.* XXX), qui cecutire non poterit, quia non offuscabit eum vel peccati macula, vel sordidæ voluptatis albugo. Nunc interim quandiu nubes carnis et supervenientium fletus amaritudinum non solum exteriores, sed interiores obnubilant oculos rationis, necesse est per speculum in ænigmate contemplari (*I Cor.* XIII), facientes ei murenulas aureas vermiculatas argento (*Cant.* I) ; id est sapientiæ similitudines distinctas eloquio. Ad hoc enim Deus Pater sapientiam suam, id est unigenitum Filium suum creavit initium viarum suarum, et in opera sua a sæculo, ut errantibus via esset et dux euntium, festinantium cursus, ignorantium securitas et quædam nescitarum et desideratarum rerum magistra. Ergo *in viarum initio* a sæculo creata dicitur; cum Dei Filius creatus in sæculo, sed ante sæcula natus ex Deo per conspicabilem speciem subditus creaturæ habitum creationis assumpsit. Nam hujus dispensationis mysterium et creationis sacramentum ab initio sæculi et viarum Dei habitu variæ creationis apparuit, ad cognitionem scilicet Dei et nostræ æternitatis profectum. In omnibus siquidem vel ab æternitate prolatis, vel ad æternitatem relatis, quæcunque gesta sunt, vel hujus creationis dispensationem prætendunt, vel ipsa sunt ipsa creatio. Factum quippe creaturam eum, per quem facta est omnis creatura, justum est habere testem omnem suæ creationis creaturam. Initio igitur viarum Dei, id est initio viarum quibus ad Deum reditur, manifestavit Deus creationis, vel, ut expressius dicam, incarnationis mysterium : et hoc a sæculo, id est ab initio sæculi, quia redeundi ad Deum nulla aptior via inventa est, quam Creatoris creatio, id est incarnatio Salvatoris. Unde de hac creatione dicit Apostolus : *Cum venit plenitudo temporis, misit Deus Filium suum in terris, factum ex muliere, factum sub lege (Galat.* IV). Et expressius alibi : *Induite novum hominem,* id est Christum, *qui secundum Deum creatus est in justitia et sanctitate veritatis (Ephes.* IV). Hoc igitur pro salute massæ perditæ ab initio sæculi cœpit Deus mysterium aperire, sicut in voce deambulantis in paradiso, in angelo qui locutus est ad Agar, in viro qui venit ad Abraham in igne qui Moysi in rubo apparuit : non quod vox illa vel angelus, vel homo, vel ignis Deus esset, sed ad hoc in creaturis apparebat, ut cum eum in assumpta creatura humana apparuisse audires, non alium eum esse crederes quam eum qui, ante assumptum hominem, etiam in aliis creaturis hominibus apparuisset : et quanto vicinius accedebat plenitudo temporis, tanto perfectior, et, ut ita dicam, rotundior eminebat corona anni hujus benignitatis. Et quoniam qui est, ipse idem idipsum est, nec demutatur per tempora, quia æternus est; nec falli potest, quia sapientia est; sed de futuris certus ut de præteritis, præteritum dixit pro futuro, quia futurum habet pro præterito. Unde illud : *Foderunt manus meas et pedes meos (Psal.* XXI). Et alibi : Hic est *Agnus, qui occisus est ab origine mundi (Apoc.* XIII). Idem ergo creatus, qui occisus. Sicut ergo occisus, id est occidendus Agnus prænuntiatus est ab origine mundi; sic creata, id est creanda prædicata est sapientia in initio viarum Dei. Et sicut mysterium occisionis Agni præfiguratum fuit in morte Abel justi, ita sacramentum creationis non solum in ipso Abel, sed et in aliis patriarchis et prophetis, in quibus Deo are bene complacuit, signatum est. Ab

A initio igitur viarum Dei, id est a sæculo et origine mundi curramus per tempora et quæ tunc ad nostræ salutis profectum et augmentum fidei fuerunt præsignata, tandem promissa in fine reddita mysteria requiramus.

Descendit Adam de Eden in agrum Damascenum; egressus est Abel in agrum, ubi occidit eum frater suus; ingressus est Noe in arcam; descendit Abraham in Ægyptum, Isaac in agrum ad meditandum; Jacob in Mesopotamiam ad filias Laban; Moyses ingressus est fiscellam scirpeam; Samson descendit in Thamnatha propter Dalilam; David mutat faciem suam coram Achis, Elias in Sarephta descendit ad viduam; Eliseus intrat cœnaculum Sunamitis; Tobias descendit in Rages civitatem B Medorum; Ezechiel in agrum plenum ossibus mortuorum; induitur Joseph talari tunica; Salomonem induit diademate mater sua; Jonas absconditur sub hedera; venit Amos sycomoros vellicare; missus est Jeremias ædificare et plantare; armatur miles ad singulare certamen; aperit cœlestis magister librum signatum signaculis septem; reportare venit pastor bonus ovem perditam super humeros ad gregem; abscondere venit cœlestis agricola frumenti granum in terra; securim ad radicem arboris apponit sapiens architectus; ferrum obstinationis humanæ in camino miræ dilectionis venit emollire fabri filius; angulari lapide quem reprobaverunt ædificantes utrumque conjunxit parietem ædificator novus; vestem nuptialem nobis texuit textor mirabilis, quam inter duo ligna complevit; tunicam pelliceam cœlestis et novus Adam novam consuit et cœlestem; calceamentum, cujus corrigiam solvere indignus fuit Joannes, venit calceata majestas in Idumæam extendere; suscipiunt ostiarii clavem, quæ aperit et nemo claudit; claudit, et nemo aperit; venit domum Dei novus exorcista scopis mundare, et super energumenos imperare; recipiunt lectores Ecclesiæ librum vitæ; cereum novum acolyti; vos mundum et ad nostrum sacrificium præparatum subdiaconi; tabernaculum ad portandum et ad prædicationis officium verbum Dei diaconi; sacerdotes de manu summi Pontificis holocaustum. D Gaudeant igitur homines, quia Deus homo factus est; gaudeant virgines, quia virgo Deum peperit; gaudeant viduæ, quia Anna vidua cognovit; gaudeant senes, quia Simeon suscepit; gaudeant pueri, quia puer natus est nobis, et Verbum infans factum habitavit in nobis (*Joan.* I); gaudeant nobiles Ecclesiæ, quia nobilis in portis vir ejus, sedens cum senatoribus terræ (*Prov.* XXXI); gaudeant servi, quia Dei Filius cum in forma Dei esset, servi formam suscipiens semetipsum exinanivit (*Philipp.* II); gaudeant peccatores, quia ille qui peccatum non noverat, nec inventus est dolus in ore ejus (*I Petr.* II), pro peccatoribus factus est hostia pro peccato (*II Cor.* VI), ut omnium peccata deleret, gaudeant justi, quia justus Dominus, et justitias diligens (*Psal.* x), in virtute mortis suæ judicium bonum judicans juste judicando redemit; gaudeant vivi, quia vita cœlesti vivent, et non morientur; gaudeant mortui, quia mori pro mortuis venit vita immortalis; gaudeat omnis creatura, quia Creator omnium, ut omnia esset in omnibus, creatura factus est. Videtis, quomodo sapientia Dei ludit in rerum dignitatibus, in ætatibus, in officiis, in exercitiis, in omni conditione et professione. Sic totum mundum sibi obligat debitorem; sic omnes provocat ad laudem, ad gratiarum actionem, ad devotionem. Et quamvis ad fidei robur, quæ in rationabilibus sacramenta sunt, sufficere debuissent, tamen ut fidei forma et religio, in libertatis suæ possessione [*al.* professione] subsistat, inter irrationabilia quæramus hujus pietatis arcana; incipientes a quatuor elementis, et investigantes creationem sapientiæ Dei, id est incarnationem Filii ab initio viarum Dei.

Primo enim fecit Deus quatuor elementa, terram, aquam, aera, ignem; ut cum in istis invenerimus sacramentum, etiam circa eorum ornatum hæc eadem contemplemur. Dicit ergo Psalmista: *Etenim Dominus dabit benignitatem, et terra nostra dabit fructum suum* (*Psal.* LXXXIV). Hæc est corona anni benignitatis (*Psal.* LXIV); quod terra nostra, id est nostri generis, et humanæ terra naturæ, dedit et protulit granum frumenti, de quo legitur in Evangelio : *Nisi granum frumenti cadens in terram mortuum fuerit, ipsum solum manet* (*Joan.* XII). Super quo Augustinus (1) : « Se autem dicebat. Ipse erat granum. » Hoc ergo granum absconditum in terra, id est in terreno Virginis utero, terra dedit, id est protulit ipsa Virgo. Hinc est quod, cum Judæi mulierem in adulterio deprehensam adduxissent, legis ei duritiam proponentes, dicebant quod Moyses hujusmodi lapidari præcepit. Jesus autem digito scribebat in terra (*Joan.* VIII).

Quid est scribere, nisi verbum intrinsecum et invisibile visibile fieri per scripturam? Invisibile erat Verbum vitæ; sed visibile factum est per characterem formæ servilis. Scripsit autem digito, id est Spiritu sancto, demonstrans quia, cooperante Spiritu sancto, impletum est hujusmodi sacramentum. Spiritus enim sanctus terram, id est Virginem obumbravit (*Luc.* I), et per assumptionem servilis characteris verbum vitæ visibile fecit. O quam digna peccatricis liberatio! quam indigna inimicorum confusio! Aliter enim mulier liberari non posset. Quid tamen scripsit? *Terra, terra, terra, Judica hos viros abdicatos* (*Jer.* XXII). In forma Dei æqualis erat Patri; sed formam servi accipiens, factus est ei obediens. Unde: *Exaltavit eum*, id est hominem assumptum : *ut in nomine ejus omne genu flectatur, cœlestium, terrestrium, et infernorum* (*Philipp.* II). Cœlestium, inquit, id est eorum qui sunt in terra viventium; terrestrium, id est eorum qui sunt in terra lugentium, infernorum, id est eorum qui sunt in terra morientium. Ergo, *terra, terra, terra, judica hos viros abdicatos*, quia cum terra viventium, lugentium, morientium, id est cœlestium, terrestrium et infernorum, genu flectat, et adoret scabellum pedum ejus, id est incarnationem ejus, ipsi soli, qui magis tenebantur credere, scandalizati sunt. Huic etiam alludit sacramento, quod Dominus luto linivit oculos cæci nati (*Joan.* IX). Nam sicut sputum et pulvis unum lutum; sic Deus et homo unus Christus. Ex hac igitur commistione illuminatus cæcus natus; quia saliva capitis, id est sapientia Patris nostri mista pulveri, id est nostræ unita humanitati, genus humanum originali peccato cæcatum fide illuminavit, baptismo lavit, confessione mundavit. Sequitur de secundo elemento, id est de aqua.

Dicit ergo Psalmista : *Descendet sicut pluvia in vellus* (*Psal.* LXXI). Quæ sit autem hæc pluvia, aperit liber sapientiæ, ubi ait : *Aqua sapientiæ salutaris potabit eum* (*Eccli.* XV). Ergo aqua sapientiæ Patris est Filius, quia et ipse est sapientia Patris. Unde orat Isaias : *Rorate, cœli, desuper, et nubes pluant justum* (*Isa.* XLV). Descendit ergo hæc pluvia in vellus ovis. Cujus ovis? Matris agni, et illius, inquam, agni, de quo ait Isaias : *Emitte Agnum, Domine, dominatorem terræ* (*Isa.* XVI). Et Joannes : *Ecce Agnus Dei* (*Joan.* I). Ad hoc etiam sacramentum accedit quod, cum steriles essent aquæ Jericho, sal apposuit Eliseus (*IV Reg.* II). Sed quoniam scriptum est, *Aquæ multæ, populi multi* (*Apoc.* XVII), per aquas Jericho designantur defectus humani; sed cum humanis defectibus sal sapientiæ salutaris miscuit Eliseus, id est Christus, ex voluntate Dei Patris Dei Filius tanquam sapientia salutaris suscepit, quos debuit, humanos defectus : sanata est aquarum sterilitas, id est inutilitas populorum. Huic etiam sacramento accedit illud, quod cum antiqui Patres tutassent ignem in puteo, nepotes eorum eruderantes puteum, et ignem quærentes, invenerunt aquam crassam. Qui fuerunt Patres isti? patriarchæ et prophetæ antiqui. Isti absconderunt ignem, id est lumen fidei, in puteo, id est in obscura Scripturarum profunditate. Quem ignem, id est, quod fidei lumen, nepotes eorum, id est apostoli, quærentes, invenerunt aquam crassam, id est, in puteo Scripturarum Christum in figuris absconditum invenerunt. Qui aqua propter susceptos defectus, et crassa propter charitatis pinguedinem, qua sola defectus illos suscepit, vocatur. Ex qua aqua tantus ignis accensus est, ut illa solemnitas festum luminum vocaretur. Adventus siquidem Christi ita totum mundum fide illuminavit, quod ejus festivitas festum luminum jure debeat nuncupari. Unde ipse ait : *Ego sum lux mundi* (*Joan.* VIII). Item : *Populus qui ambulabat in tenebris, vidit lucem magnam* (*Isa.* IX). Sequitur de tertio elemento, id est de aere.

---

(1) Tract. 51 in Joan.

Legitur ergo, quod post peccatum Adæ deambulabat Dominus *ad auram post meridiem* (*Genes.* III), id est frigescente charitate et luce declinante appropinquantibus tenebris, Dei deambulantis vocem audierunt Adam et Eva : quod non nisi per creaturam factum est, quia substantia invisibilis et ubique tota, quæ est Patris et Filii et Spiritus sancti, corporalibus sensibus locali et temporali motu apparuisse credenda non est. Sed in illa. quæ tunc audita est creatura, mysterium futuræ dispensationis ostendebat. Deambulabat enim non solum prævidentia vel præscientia, sed prædestinatione et pia voluntate, cui nihil resistere potest, quia sicut ait Gregorius, aliquid velle, mente ire est. *Ad Auram* : Quærvero sit hæc aura, ad quam pia voluntate ambulabat, ostendit Elias : qui cum de ostio tabernaculi sui vidisset spiritum subvertentem montes, et conterentem petras, et post spiritum commotionem, et post commotionem ignem, nec in his Dominus apparuisset ; tandem sibilus auræ tenuis apparuit, et ibi Dominum agnovit (*III Reg.* XIX). Et bene, quia nihil expressius de Deo dici potuit. Sibilus enim dicitur, ut mitis, ut suavis, et multæ misericordiæ comprobetur. Et quoniam misericordia ejus super omnia opera ejus, ut mulcebris ejus suavitas annotetur, primo ponitur sibilus, quo misericorditer inspirat ad bene agendum. Unde in Isaia. *Sibilabit Dominus muscæ* (*Isa.* VII), quia immundo inspirat peccatori, ut veniat ad eum. Unde et sibili divinæ sunt admonitiones, sicut in libro Judicum, *ut audiat sibilos gregum* (*Judic.* V), id est ut mente suscipiat admonitiones justorum. Aura vero dicitur, propter naturam ejus invisibilem, et nullo pondere corruptionis gravatam ; tenuis vero, quia subtilis et incomprehensibilis, et insensibilis est natura. Primo siquidem viderat Spiritum subvertentem montes, et conterentem petras ; sed hujus spiritus duritiam et rigorem tollit sibilus. Secundo vidit commotionem ; sed hanc commotionem gravem et visibilem removet aura. Tertio vidit ignem ; sed hunc consumptivum et sensibilem ignem tollit tenuitas. Deambulabat vero Deus ad auram, id est ad sibilum auræ tenuis, ut misericordiæ suæ voluntatem ostenderet in subjecta creatura, quia qui jam damnandum vocabat, damnatum, per humanam creaturam assumptam, et subjectam in initio viarum suarum, revocari disponebat : vel ad hoc deambulabat ad auram, ut quia serpentis sibilus cupiditatis ardore utriusque parentis cor inflammaverat, sibilo auræ tenuis post meridiem refrigesceret, ut eadem hora restitueretur homo, qua de paradiso ejectus est, id est post meridiem, videlicet hora nona, qua spiritum tradidit, et ait : *Consummatum est* (*Joan.* XIX), Et hoc est, *deambulabat ad auram,* id est disponebat, et quasi mente tractabat, evocare, et in refrigerium educere mentes sibilo serpentis accensas. Sequitur nunc de quarto elemento, id est de igne.

Legitur : *Deus noster ignis consumens est* (*Deut.* IV.)

Sive consumens, sive consummans dicatur, utrumque verum est. Ignis enim consumens est, et decoquens ad purum scoriam nostram, et exsiccans fæces. Ignis etiam est consummans et consolidans virtutes. Hic igitur ignis Moysi in rubo apparuit : vidit enim quod rubus et ardebat, et non comburebatur (*Exod.* III). Quid in hoc, nisi hujus nostræ salutis sacramentum accipitur ? Ignis in rubo, Deus in carne figuratur ; et hoc fuit primum liberationis Israeliticæ signum, quia initium viarum Dei, ut dictum est, fuit incarnationis mysterium. Nunc inter ornatus elementorum hujus dispensationis arcana requiramus. Ornatur igitur terra, vel eis quæ sunt et vivunt et sentiunt ; sicut sunt animalia, vermes, serpentes ; vel illis, quæ sunt et vivunt, et non sentiunt, ut vites, arbores, et flores ; vel illis, quæ quidem sunt, sed nec vivunt, nec sentiunt, ut lapides. Quid igitur in agno, nisi Christus ? Ecce, inquit Joannes, *Agnus Dei* (*Joan.* I). Quid in vitulo saginato, qui pro filio prodigo occisus est, nisi Christus ? Quid in leone, nisi Christus accipitur ? Sed alia causa agnus, alia vitulus, alia leo nominatur. Agnus nativitate, vitulus passione, leo resurrectione prædicatur. Unde in Apocalypsi : *Vicit Leo de tribu Juda* (*Apoc.* V). Sic etiam tenerrimus ligni vermiculus dicitur. Unde : *Ego autem sum vermis, et non homo* (*Psal.* XXI). Nam sicut vermis sine semine de terra vel ligno nascitur, ita Dei Filius sine semine de terra virgine nasci dignatus est. Propter hoc etiam serpenti comparatur, quia mortali carne indutus est. Unde in Evangelio : *Sicut Moyses exaltavit serpentem in deserto, ita exaltari oportet Filium hominis* (*Joan.* III). Nam serpens in vecte, Christus in cruce. Mordebantur homines a serpentibus in deserto, intuebantur serpentem in vecte, ita morsibus sanabantur. Nunc in rebus quæ sunt, vivunt, et non sentiunt, sacramenta quæramus. Dicit ergo Psalmista : *Et erit tanquam lignum, quod plantatum est secus decursus aquarum* (*Psal.* I). Quod de Christo dictum esse, ipse Christus in alio psalmo testatur, ubi ait : *In capite libri scriptum est de me* (*Psal.* XXXIX). Lignum ergo fuit plantatum in terra, hoc est in utero Virginis absconditum : secus decursus aquarum, id est juxta mortalitatem populorum. Qui etiam viti se comparat, ubi ait : *Ego sum vitis vera* (*Joan.* XV). Sed et flori. Unde : *Ego flos campi, et lilium convallium* (*Cant.* III). Et iterum Isaias : *Egredietur virga de radice Jesse, et flos de radice ejus ascendet* (*Isa.* II). Virga enim, id est Virgo nata de Jesse, Christum protulit tanquam florem. Unde et in typum hujus mysterii virga Aaron repente floruit : nam de utroque genere, sacerdotali et regali, dignatus est nasci. Propter hoc et in utroque genere mysterium declaratur. Ipse flos est, cujus odore mortui reviviscunt. Unde Apostolus : *Christi bonus odor sumus Deo in omni loco* (*II Cor.* II). Propter quod et Nazarænus, id est *floridus* vocatus est. Hinc est, quod ait sponsa : *Dilectus meus candidus et rubicundus* (*Cant.* V), quia floribus ejus nec rosa passionis, nec lilium defuit virginitatis. Sequitur de iis quæ sunt, sed nec vivunt, nec sentiunt.

Dicit ergo Apostolus : *Petra autem erat Christus* (*I Cor.* x) : Et bene ipse est petra, quæ percussa eduxit aquam. Nam percussus in latere, lavacrum regenerationis, quod fit per aquæ mysterium, nobis emisit. Lapis est circumcisionis, quia nisi sit in Christo vitiorum circumcisio, præputium facta est. Lapis est ad percutiendum et conjungendum : ad percutiendum statuam, ad conjungendum utrumque parietem. Lapis est præcisus de monte sine manibus, quia sine operibus hominum de altitudine uteri virginalis, et de substantia carnis suæ natus est. Hic est lapis, de quo legitur in Zacharia : *Et in lapide uno septem oculi sunt* (*Zachar.* III), quia in solo Christo plenitudo fuit gratiarum, ut scriptum est. *Apprehendent septem mulieres virum unum* (*Isa.* IV). Et crevit in montem magnum, de quo Isaias : *Venite, ascendamus in montem Domini* (*Isa.* III). De quo et Psalmista : *Mons coagulatus, mons pinguis; ut quid suspicamini montes incaseatos?* (*Psal.* LXVII) Ipse enim est mons incaseatus, id est incarnatus. Unde in Job : *Et sicut caseum me coagulasti* (*Job* x). Nunc de secundi elementi ornatu quæ consideranda sint, videamus.

Legitur ergo quod, *cum Tobias pedes suos lavaret in Tigride, piscis magnus egrediebatur, ut devoraret eum, et timens clamavit dicens : Domine invadit me. Et ait Angelus : Apprehende branchiam ejus, et exentera eum ; et cor ejus et fel et jecur repone tibi. Valent enim ad medicinam. Et ait Tobias : Azaria frater, quod remedium habent, quæ de pisce jussisti reservari? Qui respondit. Particula cordis super prunas posita, fumo suo extricat omne genus dæmoniorum* (*Tob.* VI). Super hunc locum dicit Beda quod, cum Christus in cruce [*f.* carne] lavaret pedes suos, qui ambulabant super terram, advenit diabolus quærens, si quid peccati esset in eo, per piscem diabolum signans. Sed quomodo cunctis partibus hæc significata conveniant, non video. Nam si cor ejus extricat omne genus dæmoniorum, cujus etiam fumus ejicit Asmodæum, videtur infirma sententia Salvatoris ; si Satanas Satanam ejicit, divisum est regnum ejus. Ideo sine præjudicio sententiæ melioris, mihi aliter exponendum videtur. Tobias, qui *bonus Domini* interpretatur, virum bonum in Domino repræsentat. Qui lavat pedes, id est mundat affectus, quia viro bono non sufficit actus mundare, nisi etiam interiores mundet affectus. Qualiter autem mundandi sint, ostendit, cum ait : *In Tigride.* Sicut enim aqua exteriores sordes lavat, ita confessio interiores. Ergo confessio aquæ comparatur : nec cuilibet, sed Tigridi, qui pro velocitate sua Tigris vocatur : velox enim debet esse confessio post peccatum. Tunc invadit eum piscis magnus, ut devoret. Piscis, qui inter procellas hujus maris magni et spatiosi natavit pacificus, ut scriptum est : *Cum his qui oderunt pacem, eram pacificus* (*Psal.* CXIX) : quippe qui et squamis patientiæ tumentes fluctus confringebat in passione, et quasi pennulis spe resurrectionis se sublevabat. Hinc est quod partem piscis assi post resurrectionem discipuli comederunt. Duæ siquidem sunt in Christo naturæ, divinitas et humanitas : una impassibilis, altera passibilis. Natura igitur passibilis dicitur assa, quia passa : et ponitur pars pro natura, quia nullius rei debet Deus pars dici, nisi forte causative dicatur, ut ibi : *Portio mea, Domine* (*Psal.* CXVIII). Et Jeremias : *Pars mea, Domine, dixit anima mea* (*Thren.* III). Totus enim Deus, totus homo : sed non totum, quia non totum Deus, nec totum homo ; nec in parte Deus, vel in parte homo ; quia alia natura Deus, alia homo. Hanc partem, id est carnem passam, comestibilem dedit discipulis dicens : *Accipite et manducate ex hoc omnes; hoc est corpus meum* (*Matth.* XXVI). Sed ubi bonus, nullum ad hæc sciens idoneum, timet timore filiali, id est veretur dicens : *Domine, invadit me* (*Tob.* VI). Quis ego sum, ut invadat me, id est vadat in me, id est devoret, id est cum aviditate me sibi incorporet? Tale quid habes in esu agni paschalis *Caput*, ait Scriptura, *cum intestinis, vorabitis* (*Exod.* XII), Id est cum aviditate vobis incorporabitis. Ostendit autem angelus, quod partim meritum, partim gratia facit idoneum : meritum, cum ait : *Apprehende branchiam ejus* (*Tob.* VI). Apprehende manibus, id est operibus, branchiam ejus, id est verba ejus, id est operibus comple mandata : ecce meritum. Et ne diffidas, quasi gravia sint et importabilia, scias quod in solo charitatis affectu consistunt Exentera piscem, et considera viscera misericordiæ, in quibus visitavit nos ; et repone tibi, id est ad utilitatem tuam reposita habe in mente tua, cor, id est affectum dilectionis, quia tradidit semetipsum pro nobis, et fel, id est amaritudinem passionis, scilicet quomodo colaphis cæsus, verbis derisus, sputis oblitus, crucifixus, lanceatus ; et jecur, id est effusionem sanguinis (nam in jecore fons sanguinis est), id est quomodo vel in circumcisione, vel in sudore, vel in flagellatione, vel in crucifixione, vel in lanceatione, pro sanguinem fudit, quia si hæc omnia super prunas ardentes posueris, id est super affectus cordis devotione ferventes posueris ; fumus, id est fama et odor memoriæ, omne genus dæmoniorum expellit. Sequitur de ornatu tertii elementi, hoc est de acre.

Ornatus est aer avibus. Dicit autem Job : *Semitam ignoravit avis, nec intuitus est eam oculus vulturis* (*Job* XXVIII). In quo verbo populum Judaicum redarguit, qui Dominum ad cœlos ascendisse credere noluit, nec ejus præcepta per obedientiam approbavit. Et bene Christus vulturi comparatur, quia sicut Ambrosius ait (2-3), sine maris coitu ma-

---

(2-3) *Hexam.* lib. v, c. 26.

ter vulturis imprægnatur, et sine seminis infusione concipitur vultur et nascitur. O gens incredula, frons attrita! dare Deus potuit avibus quod sibi non potuit? Nam qui naturam fecit, et ipsis vulturibus ipsam dedit, quid mirum, si sibi eam reservavit? Nasci potest vultur de femina sine mare, et Christus nasci non potuit de Virgine sine patre? Et quoniam circa naturam avium multa et evidens est comparatio sacramentorum, dare volumus occasionem sapientibus breviter transeundo, ut in libris colligant avium naturas, et ex naturis eliciant absondita sacramenta. Ut ergo dictum est, Christus fuit vultur nascendo, compatiendo pellicanus, obedientia pophinellus, alcio, quando mirabiles elationes maris (*Psal.* xcii), et tumentes fluctus ejus confregit; scilicet cum imperaret ventis et mari. Pasciscendo turtur, pascendo columba, gallina precando, dilectione pelargus, id est ciconia, ardea prædicatione, passione nycticorax, passer solitarius, cum in passione relictus, torcular calcavit solus (*Isa.* LXIII), resurrectione phœnix, aquila in ascensione. Sequitur de ornatu ignis :

Quia natura ignis semper ad superiora tendit, necesse est ignea esse lumine vel calore, quibus ornata sunt superiora, id est ea quæ sunt in firmamento, scilicet sol, et luna et stellæ. In istis ergo Christus multipliciter figuratur : In sole, quia scriptum est : *Vobis autem timentibus Deum orietur sol justitiæ* (*Malac.* IV). De quo etiam dicitur ad Mariam : *Felix namque es, sacra virgo Maria, et omni laude dignissima, quia ex te ortus est Sol justitiæ Christus Deus noster* (*Offic. Eccles.*). Et bene sol vocatur, qui illuminat, exsiccat, consolidat. Fide illuminat, sordes exsiccat, virtutes consolidat. Vel quoniam luxit in tenebris, sicut scriptum est : *Populus qui ambulabat in tenebris, vidit lucem magnam* (*Isa.* IX). Bene luna, id est luminum una, id est prima, hæc Dei sapientia nominatur. Unde scriptum est : *Quoniam peccatores intenderunt arcum, paraverunt sagittas suas in pharetra, ut sagittent in obscura luna rectos corde* (*Psal.* x). Nam quod nostro translatio habet, *in obscuro*, altera dicit, *in obscura luna*. Sagittant ergo peccatores rectos corde, causam nocendi habentes ex obscura luna, id est ex sapientia et luce divina sub nube carnis abscondita. De pharetra quippe cordis sui hujusmodi sagittas emittunt, ut sagittent rectos corde. Quomodo potest fieri impassibilis passibilis, immortalis mortalis, creator creatura? Hoc enim dicunt in obscura luna, ignorantes quod *Dominus in templo Sancto suo, Dominus in cœlo sedes ejus* (*ibid.*) : oculi ejus hoc modo in pauperem respiciunt (*ibid.*); sed ipsi citra humanæ naturæ mensuram divinæ potestatis infinitatem coarctantes, non intelligunt, quod infinitæ æternitatis operatio infinitam exigat metiendi opinionem, ut cum Deus homo, et immortalis mortuus, et æternus sepultus est, non sit intelligentiæ ratio, sed pietatis exceptio. Ita rursum econtrario, non sensus, sed virtutis sit

modus, ut Deus ex homine, ut immortalis ex mortuo, ut æternus sit ex sepulto. Vel stellæ comparatur Christus, ut ait Balaam : *Orietur stella ex Jacob, et consurget homo ex Israel* (*Num.* XXIV) : ille, inquam homo, de quo alibi : *Nunquid Sion dicet : Homo, et homo natus est in ea, et ipse fundavit eam Altissimus* (*Psal.* LXXXVI). Et alibi : *Homo est, et quis cognovit eum?* Hinc Dominus per Joannem ait : *Qui vicerit, dabo ei stellam matutinam* (*Apoc.* II), id est Christum. Confiteantur ergo tibi, Domine, omnia opera tua (*Psal.* CXLIV), qui solus hæc mirabilia fecisti in cœlo et in terra, in mari et in omnibus abyssis (*Psal.* CXXXIV); ita ut inexcusabilis sit omnis infidelis, fidelis autem digna certus retributione, quando venies judicare vivos et mortuos, et sæculum per ignem. Amen.

SERMO II.
IN ADVENTU DOMINI.

Colligite quæ superaverunt fragmenta, ne pereant (*Joan.* VI). Multæ siquidem micæ cadunt de mensa dominorum nostrorum; quas nos utinam tanquam catuli colligere mereamur. Hoc autem dixerim, fratres, quoniam si de corporali cibo collecta sunt fragmenta, multo melius de spirituali colligenda videntur. Meminisse quippe debet charitas vestra qualiter in præcedenti sermone per qualescunque similitudines quantulamcunque prædicaverim notitiam Salvatoris. Sed unde hoc mihi? vel quis ego; aut quid ego? Quomodo natura inferior causam naturæ superioris intelliget, aut subjacebit humanæ conditioni ratio cœlestis? Excedit enim humanam mentem Dei potestas; ad quam si se infirmitas protendet, magis infirma reddetur, quoniam intra conscientiam infirmitatis est quidquid infirmi conscientiæ subdi potest. Moyses siquidem, qui merito sanctitatis loquebatur Deo, *sicut solet loqui amicus ad amicum suum* (*Exod.* XXXIII), videre faciem Dei non meruit, sed cum multum rogaret, audivit a Domino : *Non poteris faciem meam videre, et vivere. Non enim videbit homo faciem meam, et vivet. Sed est locus penes me, et stabis supra petram, statim ut transiet mea majestas : et ponam te in specula et tegam manu mea super te, donec transeam; et tunc videbis posteriora mea; nam facies mea non apparebit tibi* (*ibid.*). Per faciem, illa Dei forma, in qua non rapinam arbitratus est, esse se æqualem Deo Patri (*Philipp.* II), quam nemo videre potest et vivere, figuratur. Per posteriora vero humanitas ejus accipitur : quæ vel propter extremitatem mortalitatis postera dicta est, vel quod eam prope in fine sæculi assumpsit. Illam ergo faciem, quæ rapit animam desiderio sui, tanto ardentiorem, quanto mundiorem; et tanto mundiorem, quanto ad spiritualia resurgentem : tanto vero ad spiritualia resurgentem, quanto a carnalibus morientem; quandiu peregrinamur a Domino, et per fidem ambulamus, non per speciem, nemo videre potest. Sed posteriora ejus, id est incarnationem, quoquomodo videre, id est intelligere possunt, qui in solido fidei fun-

fundamento sunt : quod petra significat. Et quoniam nostræ fidei meritum in resurrectione corporis ejus est, sicut Apostolus ait : *Si credideris,* inquit, *quia Deus illum suscitavit a mortuis, salvus eris.* (*Rom.* x). Nam mortuam ejus carnem in cruce, ipsi etiam inimici credunt; sed eum resurrexisse non credunt. Nos firmissime credentes, tanquam de petræ soliditate certificemur. Unde non vult, nisi cum transierit, videri posteriora ejus, ut in ejus resurrectione credatur. Unde Joannes : *Ante diem festum Paschæ, sciens Jesus quia venit ejus hora, ut transeat ex hoc mundo ad Patrem,* etc. (*Joan.* xiii.) Sed quid est, quod ait : *Est locus penes me, et stabis super petram?* (*Exod.* xxxiii.) Nam quis locus est penes Deum, *qui attingit a fine usque ad finem fortiter?* (*Sap.* viii.) Sed intelligitur locus penes eum ipsa Catholica Ecclesia; ubi salubriter videt Pascha Domini, id est transitum Domini; et posteriora ejus, id est corpus ejus, qui credit in resurrectione ejus.

Faciem ergo Dei, id est majestatem divinitatis, videre, id est intelligere in hac vita, ubi corpus mortuum propter peccatum corrumpitur, et aggravat animam, nemo potest. Sed posteriora videri inter torcularia pressurarum quomodo possunt? Quia incarnationem ejus illi maxime, qui intra Ecclesiam Dei stant, in solido fidei intelligunt. Hinc etiam est quod vir ille secundum cor Dei, rex et propheta David, cum supernæ beatitudinis gaudium cogitationibus explorare vellet, nec posset, ad illud filiis Core, id est Ecclesiæ, psalmum *Pro torcularibus* posuit, ut pressuras suas vel per patientiam tolerare, vel per fortitudinem contemnere, vel per dilectionem evitare scirent, ita dicens : *Quam dilecta tabernacula tua, Domine virtutum! concupiscit et deficit anima mea in atria Domini* (*Psal.* xxxiii). Videtis quam cito explorator iste redit in Jericho : Jericho quippe quæ *luna* interpretatur, defectum significat. Dicit autem : *Concupiscit et deficit anima mea in atria Domini.* Non potest ad thalamum, non ad palatium pervenire, qui se confitetur in atria defecisse. Et quid mirum? Quis enim, non dico divini secreti thalamum, sed supernæ beatitudinis commune promissum apprehendere potest? *Oculus,* ait Scriptura, *Deus, non vidit absque te, quæ præparasti diligentibus te* (*Isa.* lxiv). Et iterum : *Nec oculus vidit, nec auris audivit, et in cor hominis non ascendit quæ præparavit Deus his qui diligunt eum* (*I Cor.* ii). Quidquid ergo jucunditatis, quidquid beatitudinis mentibus humanis potest subjacere, totum pertinet ad atria Domini : sed ultra est, quod est palatii. Incomparabiliter autem ultra, quod dicitur secretum thalami, de quo scriptum est : *Et ipse tanquam sponsus procedens de thalamo suo* (*Psal.* xviii), id est de divinitatis suæ secreto. Non ergo pervenit ad thalamum, qui defecit in atrium : tamen ita deficiendo proficit, quia sic deficere proficere est. Nam quanto circa cogitationes hujusmodi quisquam se proficere credit, tanto deficit; et quanto deficere, tanto proficit. Elias qui raptus est (*IV Reg.* xiii), *ne malitia mutaret intellectum illius* (*Sap.* iv), aut ne fictio deciperet animam illius, quando vel in spiritu vehementi, vel in commotione, vel in igne Dominum intelligere posse crederet, imperfectum suum statim cognovit; dicens, quod nec in spiritu, nec in commotione, nec in igne Dominus apparuit (*III Reg.* xix). Sed quando cogitatio sua quasi sibilus auræ tenuis evanuit et defecit, tunc in ea Dominum esse recognovit (*ibid.*). Proficit igitur, cum deficeret, qui defectum suum intellexit, cum proficere se crederet.

Sic igitur tantos terræ promissionis exploratores Raab meretrix abscondit sub stipula lini, nec liberationis exitus patet eis, nisi per funem coccineum in fenestra (*Josue* ii). Quis ergo, cujus naves euntes in Tharsis, nihil aliud revehunt, nisi simias et pavos? (*III Reg.* x.) Ebur quippe raro, rarius argentum, aurum rarissime. Ideo rarissime dico, quoniam si ad considerandum, utrum aquæ diluvii sint imminutæ, de arca cordis columbam emitto (*Gen.* viii), multum est, si posteriora ejus sint in pallore auri (*Psal.* lxviii). Et quid est Raab meretrix nisi caro peccati; et quid est stipula lini, nisi terrenæ inhabitationis corruptio? Quid est ergo, quod Raab meretrix abscondit exploratores sub stipula lini, nisi quod alibi scriptum est : *Corpus quod corrumpitur aggravat animam, et deprimit terrena inhabitatio sensum multa cogitantem?* (*Sap.* ix.) Plerumque enim, cum ipsi sancti viri coeleste gaudium volunt cogitationibus explorare, propter carnalium molestias pressurarum, non possunt perficere quantum volunt : sufficit tandem in signum liberationis et libertatis coccinum in fenestra, id est intelligentia passionis in memoria. Christi enim passio nostræ libertatis et liberationis est occasio. Scriptum est enim : *Si vos Filius liberaverit, vere liberi eritis* (*Joan.* viii). Libertatem ergo contemplari per coccinum in fenestra, id est de Dei Filio cogitare passibilia et humana, deficere est in atria. Hoc autem aurum, argentum, et ebur, quæ sanctorum naves revehunt, euntes in Tharsis ; naves enim sunt cogitationes, quæ tunc mittuntur in Tharsis, cum circa gaudii explorationem intendunt : Tharsis quippe *exploratio gaudii* interpretatur. Et cum nihil revehunt cogitationes, nisi coelestem fulgorem tanquam aurum, vel quod capit sermo divinus tanquam argentum, vel quod habet fidei robur tanquam ebur, aurum argentum, ebur, revehunt de Tharsis naves, sed vix contingere solet, ut absque simiis et pavis ista deferantur. Nam sæpius simiæ vel pavi sine illis, quam illa sine simiis et pavis solent deferri. Quæ est Tharsensis simia? Gaudium fallax et falsum, sicut eorum, de quibus scriptum est : *Qui lætantur, cum male fecerint, et exsultant in rebus pessimis* (*Prov.* ii). Quia vero pavorum pulchritudo vel utilitas tota est in plumis, pavo de Tharsis non immerito vanum gaudium figuratur, sicut eorum gaudium, de quibus scriptum est : *Sedit populus manducare et bibere, et surrexerunt ludere (Exod.* xxxii). Ista tamen ipsi plerumque sancti cogitant, ut fortius ea contemnant, ut devotius præceptis divinis inhæreant, ut magis ac magis quæ cœlestia sunt appetant, quia quanto vel vanitates vel deceptiones temporalium cogitant gaudiorum, tanto et devotius ea diligunt, et fortius ista contemnunt. Nunquam enim sine auro, argento, vel ebore, simias et pavos naves Salomonis legimus detulisse. Sed væ mihi, cujus naves nihil aliud quam pavos aut simias portare noverunt ! Nam si columbam, id est spiritualem cogitationem de arca cordis emitto, in signum diminutionis aquarum, quæ sæpius intrant ad animam meam, multum arbitror, si posteriora dorsi ejus sint in pallore auri (*Psal.* lxvii). Quæ sunt posteriora columbarum ? Spiritualium reliquiæ cogitationum.

Cum igitur reliquiæ cogitationum diem festum agere volunt Deo, constituunt diem illi solemnem in condensis (*Psal.* lxxv) ; quia posteriora dorsi columbæ sunt in pallore auri. Vix enim de Deo aliqua anagogice cogitantur ; sed pene penitus cum ænigmaticis phantasiarum condensis. Fateor, navis mea nihil de Tharsis, præter vanas et deceptorias phantasias, quas cum multa revehi densitate, novit reportare. Propterea videns Rachel Liam fecundam fuisse, et Zelpham super genua dominæ suæ peperisse, multam indignationis materiam visa est concepisse. Primo quia pro mandragoris Ruben destituta est ab amplexibus viri ; secundo quia detecta sunt idola, quæ absconderat sub stramento cameli ; tertio quod saltem Balam famulam suam nondum Jacob receperat amplexu virili (*Gen.* xxx). Lia quippe quæ lippa erat, et laboriosa dicitur, activam vitam ; Rachel vero, quæ venusto erat aspectu, et *ovis* interpretatur, contemplativæ vitæ simplicitatem repræsentat : quas vitas in scientiam et sapientiam dividit Augustinus. Unde Job : *Ecce pietas sapientia : Abstinere a malo scientia est (Job* xxviii). In hac differentia, ait Augustinus, intelligendum est, ad contemplationem sapientiam, ad actionem scientiam pertinere. Est autem sapientia duplex, quia vel ea quæ dicitur a sapore (1) sapient.a nominatur. Primæ meditatio, secundæ parti deservit contemplatio. Nam activæ vitæ, id est Liæ, solet cogitatio deservire.

Sunt igitur tria, cogitatio, meditatio, contemplatio : quæ licet indifferenter aliquando ponantur, multis tamen differre noscuntur. Est quippe cogitantis animus similis viatori, qui ad locum ire festinat destinatum, sed inter erroris devia quærit quam ignorat rectitudinem semitarum. Meditationis autem officium est, ut viator post multa devia et erroris pericula, viam illam ingrediatur, quæ

ducit Bethsames, quam tectam candore notabili intelligit esse galaxiam. Unde currens in directum, non declinat ad dexteram vel sinistram, donec inveniat et veniat ad locum destinatum. Contemplatus vero jam loco proximus, affectato stupet animo, totus extra se factus ; supra se positus aures erigit, ut audiat symphoniam et chorum ; oculos aperit, ut miretur locum utilem et amœnum. Stupet ad sapientiam Regis, ad doctrinam legis, ad habitationis situm et habitantium ritum. Clamat ore, clamat corde : *Usquequo, Domine, obliviscēris me in finem ? (Psal.* xii.) *Trahe me post te, in odorem unguentorum tuorum curremus (Cant.* 1). Quia igitur cogitatio errantium more laborat, et lippa quasi per noctes quærit quem desiderat, activæ vitæ dicitur deservire. Sed quid dicit sponsa ? *Per noctes quæsivi, quem diligit anima mea ; quæsivi, et non inveni (Cant.* iii). Et bene cogitatione non invenitur, ad quem nec contemplatione pervenitur. Per noctes inveniri non potest, qui nulla similitudine comprehendi potest. Guttæ quippe sunt noctium phantasiæ similitudinum. Hæ sunt mandragoræ Ruben (*Gen.* xxx) : mandragoræ quippe similitudinem quidem habent humani corporis, sed non veritatem. Quæ bene dicuntur esse Ruben, id est *videntis in medio.* Quia enim cœlum superius, infernus inferius, in medio mundus, sicut ad inferiora oculos inclinat timor servilis, ad superiora elevat filialis, sic erigit ad media timor initialis. Est enim initialis timor mista cum pavore dilectio. Cum igitur quis per quasdam mundi similitudines nititur apprehendere Creatorem, Lia quidem fecunda redditur ; sed Rachel ab amplexu viri defraudatur. Hinc est quod cum philosophi *invisibilia Dei a creatura mundi per ea quæ facta sunt, intellecta* conspicerent (*Rom.* 1), Liam quidem fecundam reddebant, sed Rachelem sterilem relinquentes, *evanuerunt in cogitationibus suis, et obscuratum est insipiens cor eorum,* mutando *gloriam incorruptibilis Dei in similitudinem imaginis corruptibilis hominis, et volucrum, et quadrupedum, et serpentium* (ibid.). Unde non immerito sermo divinus comparat eos camelis, qui quidem ruminare sciunt, sed ungulam non dividunt, quia et ipsi cogitationibus ruminabant, sed quid, aut propter quid dici debuit, non attendebant. Propter hoc lapsi sunt in hæc figmenta, quæ stramentis comparat Scriptura. Abscondit quippe Rachel idola sub stramentum cameli (*Gen.* xxxi), quia cœlestis sapientia mundi similitudines divinis comparatas exemplis non attribuit veritati, sed supponit philosophorum figmentis.

Tergat igitur lippitudinem oculorum, et pituitæ suæ molestiam Lia, ut fruatur Jacob concupitis suæ Rachelis amplexibus, donec pariat in sapore sapientiæ Joseph, vel Benjamin in sapientia sapiente. Nato siquidem Benjamin imposuit ei mater nomen

---

(1) Addendum videtur, *vel quæ a sopore.*

Benoni ; sed pater mutavit nomen, in Benjamin (*Gen.* xxxv). Benoni *filius doloris* dicitur, Benjamin verò *filius dexteræ* interpretatur. Hæc est ergo sapientiæ doctrina, de qua dicit Apostolus ad Hebræos : *Disciplina quidem in præsenti non est gaudii, sed mæroris : sed postea pacatissimum exercitatis reddet justitiæ fructum (Hebr.* xii). Parit ergo sapientia doctrinam, quæ in præsenti non est gaudii sed mœroris, id est Rachel Benoni : sed postea pacatissimum exercitatis justitiæ fructum reddit, sicut postea nomen ejus mutatum est in Benjamin. Peperit etiam Joseph filium accrescentem et decorum aspectu (*Gen.* xxxv) : contra quem frater sui jurgati sunt, et inviderunt ei habentibus jacula. Hæc est illa sane doctrina, de qua Dominus ait : *Discite a me, quia mitis sum, et humilis corde. Jugum enim meum suave est, et onus meum leve.(Matth.* ii). Quid hoc verbo sapidius, quid dilectius ? Et tamen inviderunt ei fratres sui, et jurgati sunt : quia Judæis quidem scandalum, et Gentibus stultitia est : nobis vero virtus et sapientia Dei est, hæc doctrina.. (*I Cor.* i) Ad utramque doctrinam nos mittit sermo divinus a principio vobis propositus. *Ecce,* ait Scriptura, *Adam quasi unus ex nobis* (*Gen.* iii). Potest enim esse vox Dei Patris loquentis. in Moyse ; vel vox angeli loquentis ad Moysen, vel etiam ipsius Moysis. Quod si Dei Patris esse intelligatur, potest esse ironicum, vel anagogicum. Ironicum, si de primo Adam intelligatur, de quo dictum est : *Primus Adam de terra terrenus* (*I Cor.* xv) ; anagogicum, si de secundo, de quo subditur : *Secundus de cœlo cœlestis* (*ibid.).* Quod si de primo Adam accipitur, illud *quasi* erit similitudinis ; si de secundo, erit expressio veritatis, sicut et ibi : *Et vidimus gloriam ejus, gloriam quasi unigeniti a Patre (Joan.*i). Si de primo intelligatur littera, sic distinguetur : *Ecce Adam quasi unus ex nobis factus, sciens bonum et malum* (*Gen.* iii).

Et nota quod quando peccavit Adam, in tres personas blasphemavit. Tria enim promisit ei serpens dicens : *Nequaquam moriemini* (*ibid.*), cui verbo consentiens blasphemavit in Spiritum sanctum. Nam cum factus esset in animam viventem, credidit se fieri posse in spiritum vivificantem. Et iterum : *Eritis sicut dii* | (*ibid.*). In hujus verbi consensu blasphemavit in Patrem. Deus enim potentiæ nomen est. Potentia vero attribui solet Patri nomine, et non re. Item subjunxit : *Scientes bonum et malum.* In hoc blasphemavit in Filium ; quia sapientia Filio solet attribui, nomine dico, non re. Ideo qui habitat in cœlis irridet eum, et subsannat dicens : *Ecce Adam quasi unus ex nobis.* Voluit esse immortalis, et mortuus est propter peccatum. Voluit esse omnipotens ; et sui ipsius potentiam amisit. Voluit esse sapiens ; sed, apertis oculis, nihil quam se nudum virtutibus, et gratuitis spoliatum cognovit. O vere sapientia mœroris, non gaudii, quia qua ratione filiis parcet, qui patri omnium non pepercit ! Si sic propter inobedientiam de paradiso ejectus est accola paradisi, quid nobis inobedientibus erit, quorum incolatus prolongatus est pro peccatis, nec nisi cum habitantibus Cedar habitare meremur ? (*Psal.* cxix.) Pacatissimum tamen exercitatis reddet per hoc fructum (*Hebr.* xii), cum hoc exemplo timidiores et cautiores redduntur, et ad obedientiam promptiores. Timeo domum proximi jam accensam

Nam tua res agitur, paries cum proximus. ardet.
(HORAT. *Ep.* 1, ep. 18, vers 84.)

Quod si de secundo Adam sermo dicatur, nihil sapidius est, quam audire, *Ecce Adam quasi unus ex nobis.* Hoc enim est, quod Apostolus ait · *Qui prædestinatus est filius Dei in virtute* (*Rom.*, I) : id est, prædestinatum est, ut ens homo esset filius Dei in virtute. Magnum pietatis sacramentum, ut unus atque idem esset et filius Dei, et filius hominis. Unde Adam *homo* interpretatur. Unum dico, sed non unum : idem dico, sed non idem. Idem dico in persona, sed non idem in natura. Non enim est una natura Dei et hominis, quia non convertibilis ad invicem natura in naturam ; sed una persona est Deus et homo. *Ecce,* ait, *Adam,* id est, homo, *quasi unus ex nobis.*

In assumpta natura non desiit esse unus ex nobis : non desiit esse quod erat, sed esse incœpit quod non erat, unus ex nobis. Quod in typo veritatis hic dicitur, hoc in veritate typi alicubi dicit Dominus : *Ego et Pater unum sumus* (*Joan.* x). Sicut *sumus,* sic *ex nobis* solitudinem tollit, sicut *unum* sic et *unus* diversitatem. Neque enim solitario convenit et. sumus et *ex nobis :* neque rursus a se diverso unum et unus. Per hoc ergo quod dicit *unus,* tollit diversitatem a natura ; per hoc quod addit *ex nobis,* removet solitudinem a personis. Simile est quod alibi dicitur : *Faciamus hominem ad imaginem et similitudinem nostram* (*Gen.* i). Per hoc, quod pluraliter ait, *faciamus,* tollit solitudinem ; per hoc quod singulariter ait, *ad imaginem,* tollit diversi · tatem.

In hoc igitur tota theologicæ veritatis pendet assertio, ut in confessione unius solius Dei solitudinem removeat a personis, et cum tres. personas confitetur, diversitatem removeat a natura. Nam propter hoc desperata in se, et sæva in omnes impiæ temeritatis ingenia hæreticorum imposuerunt dictis intelligentiam, potius quam exspectarunt ex dictis ; sensum attulerunt verbis, potius quam retulerunt ex verbis. Unde potentem Dei naturam ex naturæ suæ infirmitate coarctantes, et intra fines sensus sui indefinita concludentes, ex his duabus venenosis radicibus diversæ virus hæreseos effuderunt. Unde Sabellius sic solitudinem prædicare volebat, ut nullam in personis pluralitatem prædicaret. Unde sicut illud dicebat esse Filium, quod et Patrem : ita ipsum eumdem Filium, quem et Patrem. Arius vero e converso sic diversitatem prædicabat ; ut sicut alium Patrem, et alium Filium affirmabat, sic· aliud. Manichæus vero id quod in Virgine fuit, portionem divinæ substantiæ prædica-

SERMONES. — SERMO II. IN ADVENTU DOMINI.

vit, et Dei Filium esse voluit, quod ex Dei substantia parte aliqua deductum in carne apparuit : et sic in Filio divinæ substantiæ portionem quasi divisam et desectam commentatus est. Valentinus quoque ridicula quædam et fœda commentans, ut naturam Filii separaret a natura Patris, cum præter Deum principem familiam deorum, et numerosas vanitatum potestates introduxisset, Verbum Dei, id est Filium Dei, non aliud esse natum, quam prolatum divinæ voluntatis mysterio asseruit. Hierarchas etiam nesciens unigeniti nativitatem, Patrem et Filium quasi unius lucernæ duo luminaria prædicavit, dicens quod sicut lampas eodem papyro utroque capite lucet, et oleum quasi media materies lumen ex se utrumque protendit, ita Patris et Filii eadem substantia continet utriusque luminis naturam. Photinus autem Filium Dei creaturam a Deo perfectam, sed non sicut cæteras factum creaturas, sed ex nihilo, et ex non existentibus, ad hoc ante sæcula creatum, ut per eum Deus omnia faceret, commentatus est. Quem ea causa Filium Dei affirmabat, sicut et nos per gratiam filii Dei vocamur, et ea causa dictum, sicut dictum est : *Ego dixi : Dii estis* (Psal. LXXXI). Sic Cocyti glareis dulcis capitum multorum Cerberus latrat, et virus effundit.

Nos autem Filium ita a Patre natum confitemur, ut divinitatis unitatem non dividamus ; sed sic Filius a Patre est, ut alius sit in persona, idem natura : et sic unum natura, quod non idem est in persona : nec sicut mentitus est Manichæus aliqua est in Filio divinæ substantiæ portio, sed totus Deus ex toto Deo, unus ex uno, verus ex vero, non desectus, sed natus est. Nec sicut Valentinus manere prolationem temerarii actoris furore quæsitam confitemur ; sed a Patre Filius natus per nativitatem suam non adimit esse, quod Deus est ; neque ipse in nativitate non Deus est : et quod Deus non cœpit esse, et sic a Patre prolatum, ut ipsa prolatio nativitas esse credatur. Nec sicut mentitus est Hierarchas ex eadem substantia Pater et Filius, quasi ex eodem oleo duo lumina accensa sunt ; sed sicut Deus ex Deo natus, et lumen ex lumine, quod sine detrimento sui naturam suam præstet, ut quod habet, tribuat, et quod dederat, habeat ; nascaturque quod sit, cum non aliud quam quod est, natum sit, sitque utrumque unum ; dum ex eo quod est, nascitur ; et quod nascitur, neque aliunde, neque aliud est. Est enim lumen ex lumine. Neque enim, sicut dicit Photinus, creatura seu factura est ; quia *in principio erat Verbum* (Joan. I). Non enim dicitur, in principio fecit Deus Verbum, sicut dictum est : *In principio fecit Deus cœlum et terram* (Gen. I). Fit in principio quod creatur ; et non erat, cum crearetur. Non ergo erat in principio, quod fiebat in principio. Ergo quod erat in principio, in principio non fiebat. Pone ergo quodvis tua opinione principium, non tenes ex principio. *In principio erat Verbum*. Ergo quod in principio erat Verbum, exigit omne faciendi principium. Non ergo factura est, qui totius facturæ præcedit omne principium. Propter hoc ad amputandas illas, quas supra diximus erroris radices, id est diversitatem et solitudinem, quatuor modis occurrit sermo divinus ; nominum distinctione, nativitatis generatione, virtutis potestate, honoris æqualitate. Sunt enim quædam de Deo nomina, quæ dicuntur ad invicem, id est relative, et hæc solitudinem tollunt, ut Pater, Filius, gignens, genitus ; mittens, missus ; et hujusmodi : Alius est Pater, alius Filius ; alius gignens, alius genitus ; alius mittens, alius missus : et hoc ex sermone divino multis modis cognitum est, dum de Filio protestatur, dicens : *Hic est Filius meus dilectus, in quo mihi complacui* (Matth. III). Dum de Patre profitetur Filius dicens : *Omnis plantatio, quam non plantavit Pater meus cœlestis, eradicabitur* (Matth. XV). Dum ipsum Altissimi Filium nasciturum prædicat angelus dicens : *Ne timeas, Maria, invenisti gratiam apud Dominum. Ecce concipies et paries, et vocabitur Altissimi Filius* (Luc. I). Sed et hoc idem Osee testatur, dicente Domino in Osee : *Ex Ægypto vocavi filium meum* (Osee. XI). Hoc idem etiam Apostolus ait dicens : *Propter nimiam charitatem suam, qua dilexit nos Deus Pater, Filium suum misit in similitudinem carnis peccati* (Ephes. II). Testatur hoc et Caiphas : *Tu es*, ait, *Filius Dei benedicti ?* (Marc. XIV). Non negat his verbis Filium Dei, sed de persona quærit, utrum homo ille sit Filius Dei. Testatur etiam et gentilis. Unde centurio : *Vere Filius Dei erat iste* (Matth. XXVII). Testatur insuper ipse diabolus : *Quid mihi et tibi*, ait, *Jesu, Fili Dei ? Venisti ante tempus perdere nos* (Luc. IV).

His igitur nominibus tollitur solitudo ; sed diversitas, nominibus quæ dicuntur ad se. Nomina autem quæ dicuntur ad se, sunt hæc, *Natura, essentia*, et secundum latinos *Substantia*. Nam secundum Græcos nihil aliud est substantia, quam persona. Ideo autem ad se dicuntur, quia relativa non sunt. Unde his nominibus in Deo hæc unitas prædicatur, ut sicut de singulis personis singulariter, ita de omnibus simul personis non pluraliter, sed singulariter, dicantur. Pater enim Deus est, natura, essentia, substantia : similiter et Filius ; et similiter Pater et Filius unus Deus, una natura, una essentia, una substantia. Nam de Filii divinitate nos certos reddit Deus Pater per Isaiam, ita dicens : *Labor Ægypti et mercatus Æthiopum, et Saba viri excelsi ad te transibunt, et tui erunt servi, et adorabunt te, teque deprecabuntur, quia in te est Deus, et præter te non est Deus : vere tu es Deus absconditus* (Isa. XLV). Quis enim est Deus, in quo est Deus, nisi ille, qui de seipso ait : *Ego in Patre, et Pater in me est ?* (Joan. XIV.) Hoc et Jeremias testatur dicens : *Hic est Deus, extra quem non æstimabitur alius : qui adinvenit omnem viam disciplinæ, et tradidit eam Jacob puero suo, et Israel electo suo. Post hæc in terris visus est, et cùm hominibus conversatus est* (Baruch. III). Quis est Deus in terris visus, nisi ille, qui in forma Dei erat invisibilis, factus in forma servi? Hinc etiam Psalmista : *Sedes tua, Deus, in sæculum sæculi, virga directionis virga regni tui. Dilexisti justitiam, et odisti iniquitatem : propterea unxit te Deus, Deus tuus oleo lætitiæ* (*Psal.* XLIV). Et Moyses : *Pluit Dominus super Sodomam et Gomorrham ignem et sulphur a Domino* (*Gen.* XIX). Dominus, ait *a Domino ignem pluit.* Et quis nisi Pater a Filio, id est per Filium, pluit? Hinc etiam Apostolus : *Quorum patres, et ex quibus Christus, qui est super omnia Deus* (*Rom.* IX). Cum ergo dicat Moyses : *Dominus Deus tuus, Deus unus est* (*Deut.* VI); et Apostolus : *Unus Deus, et unus mediator Dei et hominum* (*I Tim.* II) : cum ex præmissis auctoritatibus Pater Deus, et Filius Deus sit necesse est, ut Pater et Filius sint unus Deus. Nam aliter oporteret, ut vel illæ, quæ superius sunt dictæ, vel quæ sunt inferius, auctoritates subjectæ, falsæ comprobarentur. Removentur etiam simul diversitas et solitudo, nativitatis generatione, quia cum alius sit natus, alius ex quo natus est, quia nulla res seipsam gignit; non potest tamen nativitas non eam, ex qua profecta est, tenere naturam. Neque enim aliud quam Deus existit, quod non aliunde quam ex Deo subsistit. Eamdem dico naturam, ita ut non natus sit ipse, qui genuit. Nativitatis ergo proprietas et nomen et naturam et potestatem et professionem sola complectitur. Virtutis etiam potestate non alterum, non utrumque illorum duorum supradictorum removetur, cum dicitur, *Quæcunque Filius facit, hæc et Pater similiter facit* (*Joan.* V). Omnia enim et eadem ejusdem naturæ veritatem ostendunt. Similiter cum nativitatis significationem. Sic est illud : *Sicut Pater suscitat mortuos et vivificat : sic et Filius quos vult vivificat* (*ibid*). Exæquata virtus ostenditur per naturæ indissimilis unitatem : alterum autem, id est solitudo, tollitur, ubi dicitur : *Non potest a se facere quidquam, nisi quod viderit Patrem facientem* (*ibid.*) : qua ne illa exæquatio fidem nativitatis auferret, ait : *Non potest Filius a se facere quidquam.* Ab illo enim potest, ex quo est, quia nihil aliud est ab ipso esse. Et ut hoc se posse per virtutis et naturæ potestatem ostenderet, subjunxit, *nisi quod viderit Patrem facientem.* Non enim corporalibus modis videt, sed visus ejus omnis in virtute naturæ est. Quod ergo ait : *Non potest Filius a se facere quidquam, nisi quod viderit Patrem facientem,* id est nihil potest Filius facere, nisi quod habet ex natura nativitatis, ut faciat. « Nihil enim, nisi natum, ait Hilarius, habet Filius. » Honoris etiam æqualitate diversitas removetur, tu ibi : *Pater non judicat quemquam : sed judicium omne dedit Filio, ut omnes honorificent Filium, sicut honorificant Patrem* (*ibid.*).

Ecce quid relictum est ad occasionem impietatis? quomodo potest intelligi nativitatis differre natura, aut aliqua cogitari inæqualitas? Sequitur enim : *Qui non honorificat Filium, non honorificat Patrem* (*ibid.*) : et ut tolleretur solitudo, subjunxit, *Qui mi-* *sit illum.* Alius enim mittens, alius qui missus est, quia alius est Pater, qui misit eum, alius Filius, qui missus est ab eo. Per hanc ergo fidei firmitatem absoluta est illa veritatis confessio; in cujus typum videbatur dici : *Ecce Adam quasi unus ex nobis* (*Gen.* III). Sicut tamen supra dictum est, potest esse vox ista angeli loquentis ad Moysen, et de utroque Adam nihilominus intelligi. Et ad hoc ut intelligatur de primo, sciendum est quod duas a principio fecit Deus rationales creaturas : unam spiritualem, id est angelicam; alteram corporalem, id est humanam. Inter angelos tamen unum singularem fecit, cui dictum est : *Tu signaculum similitudinis Dei,* etc. (*Ezech.* XXVIII.) Ipse ergo est, qui dixit : *Ascendam in cœlum,* id est ad æqualitatem Patris, *et similis ero Altissimo* (*Isa.* XIV). Propterea jure cecidit; quia voluit exaltari, et adæquari divinæ majestati. Inter corporales creaturas primum hominem præcipuum et singularem esse voluit, de quo dictum est : *Faciamus hominem ad imaginem et similitudinem nostram* (*Gen.* I). Sed et iste nihilominus majestati voluit adæquari, quando serpenti consensum præbuit dicenti : *Eritis sicut dii, scientes bonum et malum* (*ibid.*). Propter hoc et ipse cecidit. Bene ergo Angelus ait *Factus est Adam quasi unus ex nobis* (*ibid.*) ; quia sicut in culpa, sic unus cum angelo fuit in pœna. Notanda tamen est in hac similitudine dissimilitudo, quia, quamvis per superbiam uterque ceciderit, dissimiliter tamen. Nam aliunde, et alibi, et aliter homo quam angelus. Aliunde, quia angelus de cœlo empyreo; homo de horto Eden : alibi, quia angelus cadens cecidit in hunc caliginosum aerem, homo vero inferius, quia in terra ; aliter, quia homo cadens damnificatus est in pluribus quam Angelus. Damnificatus est enim homo corpore et spiritu, angelus vero solo spiritu. Plus tamen cadendo læsus est angelus quam homo ; quia homo surgere potest a lapsu, angelus vero cecidit, nec adjiciet, ut resurgat. Plus igitur damnificatus est angelus quam homo : sed in pluribus homo. Quod si de secundo Adam angelus hoc dici voluerit, vox exsultationis audita est. Quid enim jucundius quam quod Dominus angelorum factus est angelus, id est nuntius servorum ? Est enim magni consilii Angelus (*Isa.* IX juxt. LXX), de quo Malachias : *Et statim veniet ad templum suum Dominator, quem vos quæritis : et Angelus testamenti, quem vos vultis* (*Mal.* III). Ipse Angelus est, qui ait ad Abraham : *Non potero celare Abraham puero meo, quæ facturus sum* (*Gen.* XVIII). Nam quod ille Angelus esset Filius Dei, ostendit Abraham, cum de justis una cum injustis sollicitus, ait : *Non est hoc tuum, qui judicas omnem terram* (*ibid.*). Unde convenienter probatur, ipsum esse Filium Dei, qui loquebatur ad Abraham.

Bene ergo ait Angelus : *Ecce Adam quasi unus ex nobis, missus de sinu Patris in mundum, ad eos, et propter eos, qui hæreditatem capiunt salutis* (*Hebr.* I). Vel potest esse, ut dictum est, vox ipsius Moysi, et de utroque Adam rursus intelligi. *Ecce Adam quasi unus ex nobis.* Ecce ille, qui a Deo factus erat bonus, justus, perfectus, mortalis et immortalis, id est potens mori et non mori : qui etsi beatus non erat, miser tamen non erat; factus est quasi unus ex nobis, malus, injustus, sibi nocens et suis ; post peccatum mortuus, nec potens non mori ; miser a peccato, a necessitate, et a miseria. Bonus siquidem factus fuit Adam, quia a Deo, qui *vidit omnia quæ fecerat, et erant valde bona* (Gen. I). Sed per peccatum depressum fuit in eo liberum arbitrium, ita ut impotens ad bonum, et liberum remaneat ad malum. Non enim sicut mentita est hæresis Pelagiana, solo arbitrio sine gratia potest homo facere bonum, vel resurgere si cadat ; sed solo libero arbitrio malum facere potest, et ad hoc liberato. Justus etiam factus fuit, id est innocens et sine culpa ; sed meritoriam justitiam non habebat. Perfectus etiam, secundum quod tempori congruebat, id est secundum perfectionem naturæ conditæ, non naturæ glorificatæ. Sufficiebat enim ei ad majora promerenda, quod acceperat. Mortalis erat, quia mori poterat ; et immortalis, id est non mortalis, quia poterat non mori : non immortalis, quasi non posset mori. Beatus autem non fuit, quia quod casum suum nescivit ; vel si scivit, et sibi non cavit, extra beatitudinem fuit. Miser tamen non fuit, quia nondum peccatum commiserat, nec humanis necessitatibus subjacebat ; nec adhuc corporis vel mentis molestias sustinebat. Sed ecce prompta est ad malum natura hominis per peccatum Adæ, injusta, corrupta, mortua, quia non potest non mori : et humanis miseriis addicta. Hoc omne sentimus per Adam, qui fuit primus, singularis, et ex nobis unus. Quod si de secundo Adam intelligitur, bene dicit Moyses : *Ecce Adam, quasi unus ex nobis,* homo passibilis, mortalis; qui defectus nostros quos voluit, quos debuit, quantum voluit et debuit, suscepit. Hinc est quod *Jesus fatigatus ex itinere sedebat, sic super fontem* (Joan. IV). *Et cum jejunasset quadraginta diebus, et quadraginta noctibus, postea esuriit* (Matth. IV). *In morte cœpit pavere et tædere* (Marc. XIV). Nec decipiat hæresis Marcionis, per hoc quod apponitur, *quasi,* qui commentatus est Christum carnem phantasticam assumpsisse, ita ut nec vere natum, nec vere mortuum fateretur, quia sicut Isaias ait : *Vere languores nostros ipse tulit, et dolores nostros ipse portavit* (Isa. LIII). Quantum tamen voluit, eosdem affectus suscepit. Nam qui super morte Lazari flevisse legitur, apostolis ait: *Lazarus mortuus est et gaudeo propter vos, quia non eram ibi* (Joan. XI). Timuisse dicitur, qui armatis ad corripiendum se prodiit obvius (Joan. XVIII). Tristis fuit usque ad mortem, qui in mortis articulo dixit : *Nunc clarificatus est Filius hominis* (Joan. XIII). Et qui dixit : *Abba, Pater, omnia tibi sunt possibilia, transfer calicem hunc a me* (Marc. XIV). Ipse Petro ait : *Pone gladium in vaginam. Calicem quem dedit mihi Pater, non bibam illum ?* (Joan.

XVIII.) Et qui dixit : *Deus, Deus meus, ut quid me dereliquisti?* (Matth. XXVII); ipse etiam tunc dixit *Amen dico vobis, amodo videbitis Filium hominis sedentem a dextris virtutis Dei* (Matth. XXVI). Et qui ad inferna descendit, latroni in cruce dixit : *Hodie mecum eris in Paradiso* (Luc. XXIII). Manus quoque quam clavus in cruce affixit, solo tactu auriculam Malchi sanavit (Luc. XXII). Et cum tandem moriens in ligno penderet, solem obscurabat, terram movebat, petras scindebat, monumenta aperiebat (Matth. XXVII); et sic assumptos defectus secundum dispensationis debitum temperavit in omnibus ; ut qui eum cogitaret hominem ex infirmitate, Deum etiam intelligeret ex potestate : et sciret quia factus est unus ex nobis voluntate, non necessitate.

Idcirco quoties divinus sermo de Filio Dei nos erudit, aut de divinitate ejus, qua æqualis est Patri, vel de humanitate assumpta, qua minor est Patre, nos certos reddit. Cum sermo de divinitate nos instruit, aut ad hoc intendit, ut ostendat quod eadem est natura Patris et Filii et Spiritus sancti : aut quod Filius alia est a Patre et Spiritu sancto persona. Unde nunc de Patre nunc de Filio, nunc de Spiritu sancto loquitur sermo divinus : nunc vero de duabus tantum personis, ita ut non fiat sermo de tertia ; quod fit, ut ostendatur personarum distinctio. Plerumque vero indiscrete sine personarum distinctione ; ut ostendatur una eademque natura. Nam in illa voce, cum Jesus in monte coram Petro, Jacobo et Joanne apparuit ; et in ea quando super baptizatum columba descendit, et quando de sua clarificatione clamans ad Patrem, audivit : *Et clarificavi, et iterum clarificabo* (Joan. XII), non nisi persona Patris potest intelligi. Quod autem dicit Filius : *Dominus dixit ad me : Filius meus es tu* (Psal. II); vel quod : *Exivi a Patre, et veni in mundum* (Joan. XVI); vel quod ait : *Pater, clarifica Filium tuum* (Joan. XVII), et hujusmodi : non nisi Filii vox potest intelligi. Quod autem Spiritus sanctus in specie columbæ in baptismo (Matth. III), vel igneis linguis discipulis apparuit in cœnaculo (Act. II), non nisi Spiritus sancti persona debet attendi. Quod autem vidit Daniel vetustum dierum, cui sedenti in throno oblatus est filius hominis (Dan. VII), tam Pater quam Filius, sed non Spiritus sanctus in hac visione sunt intelligendi. Cum vero nunc Filius, nunc Spiritus sanctus missus legatur, et Pater nunquam, quoties de missione fit sermo, nunquam de Patre, sed de Filio vel de Spiritu sancto intelligendum est. Cum vero legitur : *Verbo Domini cœli firmati sunt* (Psal. XXXI) ; *Spiritu oris ejus omnis virtus eorum* (ibid.); vel illud : *Ite, baptizantes eos in nomine Patris et Filii et Spiritus sancti* (Matth. XXVIII), tota Trinitas intelligitur. Cum vero dicitur : *Audi, Israel, Deus tuus, Deus unus est* (Deut. VI), et in similibus indiscrete fit ita sermo de Trinitate, quasi de nulla personarum. Quod ad hoc fieri solet, ut una Patris et Filii et Spiritus sancti natura noscatur. Cum vero de humanitate fit sermo, aut fit sermo de Filio, secundum quod est de forma Dei. Unde est quod ait : *Ego principium, qui et loquor vobis* (*Joan.* VIII), et : *Ego in Patre, et Pater in me est* (*Joan.* x), et hujusmodi, aut secundum quod formam servi accepit. Unde : *Non dabis sanctum tuum videre corruptionem* (*Psal.* xv), et : *Caro mea requiescet in spe* (*ibid.*) ; et hujusmodi. Quandoque ut ostendatur unio utriusque naturæ, quod Dei est attribuitur homini, et quod hominis Deo. Homini enim attribuitur quod Dei est, cum dicitur : puer ille creavit stellas ; Deo vero quod est hominis, ut cum dicitur : Filius Dei mortuus est. Quando vero ut unita demonstretur persona, de eo loquitur indiscrete sermo divinus, ut cum dicitur : *Nemo ascendit in cœlum, nisi qui descendit de cœlo, Filius hominis qui est in cœlo. Qui descendit, ipse est et qui ascendit super omnes cœlos* (*Joan.* III). Et cum unitæ sint tres substantiæ in unam personam, id est Deus, anima et caro, gratia unionis, quod unius substantiæ est, toti solet attribui personæ. Unde et in illo mortis suæ triduo et ad infernum legitur descendisse, sed propter animam, et in sepulcro jacuisse, sed propter carnem, et in cœlo regnare, sed propter deitatem. Quid ergo, propter quid dicatur, attendat fides, quia nisi hoc quisque fideliter firmiterque intellexerit, et intellecta crediderit, salvus esse non poterit. Justus autem ex fide vivit (*Hebr.* x), quia hæc est vita æterna, ut cognoscamus Deum Patrem, et quem misit ad nos, et pro nobis, Dominum nostrum Jesum Christum Filium suum (*Joan.* XVII); qui cum eo, et cum Spiritu sancto vivit et regnat Deus per omnia sæcula sæculorum.

SERMO III.

IN ADVENTU DOMINI.

Vidi, et ecce vir vestitus lineis, etc. (*Dan.* x). Verba proposita verba sunt Danielis, ut ex ipso Danielis vocabulo detur intelligi, quam credibilia facta sint hæc testimonia nobis (*Psal.* XCII), quæ de tertio cœlo Propheta nos edocet evocatus. Tria siquidem visionum genera teste sacro eloquia didicimus : corporale, spirituale, intellectuale. Corporale est quod per corpus percipitur, et corporis sensibus exhibetur; spirituale autem multis modis dicitur : nam ipsum corpus quod in resurrectione habituri sumus, spirituale vocat Apostolus : *Seminatur*, ait, *corpus animale, surget corpus spirituale* (*I Cor.* xv) : et dicitur spirituale, eo quod miris modis ad omnem facilitatem et incorruptionem spiritui subdatur ; et sine ulla indigentia corporalium alimentorum solo vivificetur spiritu, non quod in incorpoream substantiam sit abiturum, sicut nec hoc corpus, quale nunc habemus, animæ habet substantiam, quamvis animale dicatur. Dicitur etiam spiritus aer iste. Unde dictum est : *Ignis, grando, nix, glacies, spiritus procellarum* (*Psal.* CXLVIII). Dicitur et spiritus anima, sive hominis, sive pecoris, ut ibi. *Quis scit, si spiritus hominis ascendat sursum, et spiritus pecoris si descendat ipse deorsum* (*Eccli.* XII) ? Dicitur et spiritus ipsa mens rationalis : quæ est tanquam quidam oculus animæ; ad quem pertinet imago et agnitio Dei. Unde dicit Apostolus : *Renovamini spiritu mentis vestræ* (*Ephes.* IV). Et alibi : *Caro concupiscit adversus spiritum* (*Gal.* v). Quam mentem dicit, hanc etiam spiritum appellavit. Dicitur etiam spiritus Deus, ut in Evangelio : *Spiritus est Deus* (*Joan.* IV). Ex his omnibus modis non vocamus spirituale hoc genus visionis; sed illo uno modo, de quo loquitur Apostolus ad Corinthios, quo spiritus a mente distinguitur, ubi ait : *Si oravero lingua, spiritus meus orat, mens autem mea infructuosa est* (*I Cor.* XIV). Per linguam accipiens obscuras et mysticas significationes, a quibus si mentis intellectum removeas, nemo ædificatur. Cum ergo non intelliguntur in spiritu, dicit eas non mente. Unde apertius alibi : *Si benedixeris spiritu, quis supplet locum idiotæ* (*ibid.*) ? Linguam ergo vel spiritum translato vocabulo quamlibet signorum prolationem appellat, prius quam intelligantur : quo cum intellectus accesserit, qui mentis est, fit revelatio, vel agnitio, vel prophetia, vel doctrina. Et tunc ascendit ad tertium visionis genus, quod est intellectuale. Proinde ait Apostolus : *Si venero ad vos linguis loquens, quid vobis proderit, nisi loquar vobis in revelatione, aut in agnitione, aut in prophetia ?* (*Ibid.*) Id est, si signis verborum, hoc est, linguæ loquar, et non accesserit intellectus, ut spiritu tantum, et non mente agatur quod agitur, quid prodest ?

Est igitur visio corporalis, qua pertinent corporis sensus ad visa corporalia, et hanc vocat Apostolus primum cœlum, quoniam in excelsum cerebri locum, tanquam in cœlum corporis a sede jecoris ignis emicat, de cujus cerebri medio velut centro non solum ad oculos, sed etiam ad sensus cæteros tenues fistulæ deducuntur, ad aures videlicet et ad nares et palatum, propter audiendum, olfaciendum, et gustandum : ipsumque tangendi sensum, qui per totum corpus est, ab eodem cerebro dirigi per medullam cervicis, et eam quæ continetur ossibus, quibus dorsi spina conseritur, ut inde quidam tenuissimi rivuli, qui tangendi sensum faciunt, per cuncta membra diffundantur; ita ut represso calore lux ignis sola primum splendeat a cerebro, in radiis oculorum ad visibilia contuenda ; deinde ad aures tanquam post oculos cerebro viciniores descendit mistura quadam, primo cum aere puro, secundo ad nares cum aere caliginoso movens humidas exhalationes, tertio cum corpulentiore humore usque ad gustum, ultimo usque ad terrenam crassitudinem descendit, ut faciat tangendi sensum, quia corporalis visio non solum ad oculos, sed ad omnes corporis sensus pertinere dignoscitur : quæ ideo corporalis non dicitur, quia a corpore est, sed quia per eam visa corporalia sentiuntur.

Spiritualis autem visio, per quam non corpora,

sed corporum similitudines præsente vel absente corpore conspicimus, sive ita sit res quæ occurrit, sive ita non sit, ut occurrit in animo. Variæ siquidem corporalium similitudinum formæ variantur in mente, cum in cogitatione aliquid faciendum vel.emittendum disponimus ; sive cum dormientibus videntur somnia, nihil vel aliquid significantia ; sive cum valetudine corporali turbatis intrinsecus itineribus sentiendi, imagines corporum veris corporibus ita miscet, ut internosci vel vix possint, vel omnino non possint ; et aut significent aliquid, aut non significent ; sive ingravescente aliquo morbo vel dolore corporis, et intercludente intus vias, quibus animæ, ut per carnem sentiret, intentio altius quam somno absentato spiritu monstrantur imagines rerum vel significantes aliquid, vel non significantes ; seu nulla ex corpore causa existente, sed assumente atque rapiente aliquo spiritu, tollitur anima in hujusmodi videndas similitudines corporum, miscens etiam eis visa corporalia ; sive ita spiritu assumente alienatur ab omni corporis sensu, ut solis similitudinibus corporum spirituali visione teneatur. Et hanc visionem propter hujusmodi varias illuminationes secundum cœlum vocat Apostolus.

Tertium vero est quod mente concipitur, ita secreta et remota, et omnino arrepta a sensibus carnis atque mundata, ut ea quæ in illo cœlo sunt, et ipsam Dei substantiam, Verbumque Deum per quod facta sunt omnia, in charitate Spiritus sancti ineffabiliter valeat videre et audire. Ad illud Apostolum (*II Cor.* xii), ad illud raptos prophetas, non incongruenter arbitramur. Quoniam signa quæ per aliquas rerum similitudines demonstrantur in spiritu, nisi accedat mentis officium, quo visa intelligantur, non est prophetia. Nam magis propheta fuit, qui intellexit quod alius vidit, quam ille qui vidit. Magis enim dici debuit propheta Joseph, qui intellexit quid significarent septem spicæ et septem boves, quam Pharao qui eas vidit (*Gen.* xli). Quamvis igitur intellectualis visio, sicut spiritualis, multis modis fieri soleat, quia nunc per ipsum Creatorem non corporali visione vel vocali sono, sed sola inspiratione, vel in signum ante mentem adducta rei similitudine, vel per aliquam creaturam rationalem superiorem, ut per angelos, sive inferiorem, sicut per homines; vel irrationalem superiorem, ut per nubem; vel inferiorem, sicut factum est in rubo ; sive dormiendo, sive vigilando turbatis intrinsecus itineribus sentiendi, vel aliquo alio, quem supra diximus, modo, tamen inter spiritualem et intellectualem visionem hoc interest, quia quæ per spiritualem videntur, non dijudicantur : intelliguntur autem, quæ per intellectualem. Item, quod in visione corporali videtur, fallere potest videntem, cum in ipsis corporibus fieri putat, quod fit in corporis sensibus, sicut navigantibus videntur ea quæ sunt in terra moveri, et in cœlo stare sidera quæ moventur ; et in aqua baculus fractus. Similiter visio spiritualis fallere potest videntem, cum corporum similitudines aliter quam sint occurrunt in animo cogitantis. Sed in intellectuali visione mens non fallitur, quia aut intelligit, et verum est; aut si verum non est, non intelligit.

Est igitur spiritualis dignior corporali ; sed intellectualis longe excellentior spirituali. Et est quasi quoddam medium inter utramque spiritualis, quia non incongrue medium dicitur, quod corpus quidem non est, sed simile est co poris inter illud quod vere corpus est, et illud quod nec corpus, nec simile corporis est. Quia igitur propheta ex visione proposita, quam intellectualiter vidit (alioqui nec propheta dici debuit) judicium Dei intellexit, quo foras ejiciendus erat princeps hujus mundi, ut scriptum est : *Nunc judicium est mundi; nunc princeps hujus mundi ejicietur foras (Joan.* xii) : nec dubium quod ab illo quem vidit vestitum lineis, merito nomine Danielis censetur, ubi ait : *Ego Daniel lugebam multum,* etc. (*Dan.* x). Daniel quippe *judicium Dei* interpretatur. Sed notandum quod præmittit pœnitentiæ luctum et dignum abstinentiæ fructum, quia sicut exteriores oculi pinguedine carnis infecti, clare nequeunt intueri quod volunt, sic interiores, nisi mens a superfluitate macrescat, verum solem videre non possunt. Dicit ergo : *Ego Daniel lugebam multum.* Ex hoc patet quod *melius est ire ad domum luctus, quam ad domum convivii (Eccle.* vii).

Nam et ipsi filii Job cum essent in convivio, flante vento a regione deserti, qui concussit quatuor angulos domus, oppressi sunt (*Job* i). Vix enim potest esse ut absque effrenata lætitia possit esse convivium comessorum. Scriptum quippe est : *Sedit populus manducare et bibere, et surrexerunt ludere* (*Exod.* xxxii). Est tamen convivium conviventium, et est convivium convivantium. Convivium conviventium est unius moris habitare in domo, si simul bene vivunt, quia si male vivunt, nec vivunt. Forte semivivi sunt, sed non vivi, quia si corpore vivunt, anima tamen mortui sunt. Convivium vero convivantium est sedere in concilio comessorum, ac propter hoc ludentium. Unde Jeremias ait : *Non sedi in concilio ludentium* (*Jerem.* xv), sed potius lugentium, quia per luctum caput turbatur, facies attenuatur, dolor mitigatur. Caput turbatur præ amaritudine, facies attenuatur a pinguedine, dolor mitigatur spei consolatione. Videte quantæ sint efficaciæ ad impetrandam Dei misericordiam lacrymæ lugentium ; quæ meritorios et causæ inferioris annos Ezechiæ induciare potuerunt (*Isa.* xxxviii); et prædestinatos et causæ superioris ad finem optatum ordinare meruerunt. Extrema quippe luctus gaudium occupat sicut extrema gaudii luctus solet occupare (*Prov.* xiv). Infelix Zoroastres et inventor artis magicæ perhibetur, qui in suæ nativitatis initio solus fertur risisse. Quis enim incarcerandus vel incarceratus ridet ? Et quid, nisi carcerem, carnem vel mundum dixerim : in quibus detrusi sunt Evæ filii ? Quid enim aliud quam carcer est mundus ?

Quid homo, nisi incarceratus? Quis tortor carceris, nisi qui torquere non cessat hostis antiquus?

Hæ sunt luctus causæ generales, præter eas quas unusquisque nostrum speciales habet, aut particulares. Movebat enim non tantum totius orbis generalis, sed plebis Judaicæ specialis, et insuper propriæ servitutis individualis, prophetam miseria, cum dicebat : *Ego Daniel lugebam multum, trium hebdomadarum diebus (Dan.* x). Congruum lugendi tempus ponit, cum dicit, *trium hebdomadarum diebus.* Nam et ipsa Christiana religio hujus auctoritate sententiæ trium hebdomadarum, ante diem Natalis ejus quem propheta vidit vestitum lineis, luctus et pœnitentiæ tempus consecravit, ut trium hebdomadarum transacto luctu, illum videre, id est intelligere cordis oculis mereamur, qui pro nobis vestitus lineis venit. Hinc etiam tres septenarios pœnitentiales annuatim Ecclesia solemnizat, de quibus alias disseruisse me memini; unde nec arbitror repetendum. Quia enim septem sunt principalia vitia, quæ vel corde, vel ore, vel opere committuntur, bene sub tribus septenariis pœnitentiæ perfectio consummatur, quia ad hoc etiam septem psalmi pœnitentiales ordinati sunt. Bene igitur per hunc pœnitentiæ fructum propheta non solum principis regni Persarum brachium enervavit, sed virum vestitum lineis videre promeruit. *Ecce vir desideriorum,* ait angelus loquens ei, *veni ad adjutorium tibi, sed restitit mihi viginti et uno diebus princeps regni Persarum* (ibid.). Quia igitur peccatis exigentibus gens Judæa subdi meruerat regno Persarum, merito angelo Danielis, qui unus erat de filiis transmigrationis, restitisse dictus est princeps regni Persarum, quia alter alteri angelus non resistit, nisi quantum meritis humanis adjuvatur. Sed post pœnitentiæ luctum vidit Salvatorem et procuratorem populi Israel. Unde subdit : *Vicesima et quarta die apparuit vir vestitus lineis.* Nota hunc numerum impariter parem esse et superabundantem. Omnis enim pariter par, uno se minus diminutus est. Similiter pariter impar vel perfectus est, vel diminutus, nisi ad secundum et compositum descendit, et tunc superabundans est. Superabundat autem numerus iste duodenario, per partes aliquotas divisus, ita ut summa crescat in primum cyclicum ex radice senarii procuratum.

Cum igitur in se duos contineat duodenarios, et tertium lucretur in fructu partium, tres istos duodenarios commendabiles ex sacri testimonio eloquii videamus. Primus enim commendabilis fuit in patriarchis, qui nobis sub lege naturali fidei radicem plantaverunt. Secundus commendabilis fuit in prophetis, per quos fides plantata floruit, et odorem confortantis nos per legem scriptam contulit in spe et exspectatione Redemptoris. Tertius commendabilis fuit in apostolis, per quos fides germinata et florida per legem gratiæ fructum fecit, quia senarius boni operis qui a patriarchis incœpit, per doctrinam prophetarum perductus est ad finem consummatum apostolicæ veritatis, qui, fide per dilectionem operante, opus consummavere perfectum. Bene ergo vicesima et quarta die apparuit vir vestitus lineis, qui, consummato tempore patriarcharum quo primum fides illuminavit mundum, consummato quoque numero prophetarum, quorum oraculis confortatus est mundus, venit vir vestitus lineis, cujus gratiæ subsidiis apostolica doctrina boni operis fructum fecit. Sed quid est quod ait : *Ego sedebam s. per fluvium magnum Tigris ?* (*Ibid.*) Magnus fluxus est nostræ mortalitatis, magnus et quasi torrens velocius defluens quam a texente tela succiditur. *Et quis liberabit nos de corpore mortis hujus ? Gratia Dei per Dominum nostrum Jesum Christum (Rom.* vii), qui solus liberator est nostræ mortalitatis. Sedenti igitur, id est attente consideranti fluxum suæ mortalitatis, apparuit, qui solus potuit liberare, vir unus vestitus lineis, qui pelliceum Adæ, transacta jam hieme, deponens, solis lineis vestiri voluit, tanquam sponsus ad sponsam veniens, veste nuptiali vestitus. Jam enim hiems abiit et recessit, et totus mundus apparet floridus : et vere totus, quia ibi apparet flos florum, ubi solent esse stercora jumentorum. Vel vir unus vestitus lineis, quia ipse, tanquam sacerdos secundum ordinem Melchisedech ad nos veniens, non per sanguinem hircorum aut taurorum, sed per proprium sanguinem intrans in sancta sanctorum (*Hebr.* ix), vestiri voluit Ephod lineo in operibus bonis, et linea stricta in mortificatione carnis. Sequitur :

Et accincti renes ejus auro obrizo. Evigilate, justi, ecce hora est, in qua Dominus vester venit. Beati sunt servi illi quos invenerit vigilantes (*Luc.* xii). Amen dico vobis, præcinxit se tanquam gigas, ad currendam viam (*Psal.* xviii); tanquam vir pugnator omnipotens (*Exod.* iii), ad faciendam vindictam. Unde, *auro,* inquit, *obrizo.* Joannes et Elias lumbos zona pellicea accinctos habebant (*Marc.* i, IV Reg. 1) : quia nimirum quamvis justi et sancti essent, etsi pelliceum Adæ deposuerunt, ad minus de pelliceo sibi zonam retinuerunt, id est titillationem carnis de prævaricatione descendentem senserunt. Iste vero auro obrizo accinctus fuit, qui de carnis titillatione nihil sensit. Nam etsi tentatus legitur *pro similitudine, absque peccato fuit illa tentatio* (*Hebr.* iv). Vel quia per renes infirmitas fragilitatis, et per aurum potentia designatur; bene auro renes accinctos habuit, qui in infirmitate nostræ carnis, potentiam non amisit. Hoc enim auro astringebatur Paulus, cum ait : *Quando infirmor, tunc fortior sum et potens* (II *Cor.* xii). Auro tamen obrizo non erat accinctus qui non a se, sed a Deo potens in infirmitate fuit. Iste vero bene accinctus auro obrizo perhibetur, qui potentiam a seipso habuit. Vel quia per aurum angelica designatur natura, ut ibi : *Non dabitur aurum obrizum pro ea* (*Job* xxviii). Ac si aperte dicat : Angelica non potest ei comparari natura. Circa renes aurum obrizum habuit, cui angelica natura in tentatione servivit. Unde dicitur : *Et accesserunt angeli et ministrabant ei* (*Matth* iv). Per renes enim, quæ pars corporis est fragilior et pronior voluptati, tentatio designatur. Vel certe, quia per aurum nitor sanctitatis accipitur. Unde ait Jeremias : *Quomodo obscuratum est aurum?* (*Thren* iv.) Bene non tantum aurum, sed aurum obrizum circa renes habuit, quia in ipsa humanitate tam per signorum exhibitionem, quam per virtutum coruscationem, non solum sanctus, sed Sanctus sanctorum inter sanctos apparuit. Nota quod Ezechiel ad renes hujus viri, non aurum sed atramentarium scriptoris vidit (*Ezech.* ix), Joannes accinctum ad mamillas zona aurea (*Apoc.* i), Daniel vero aurum obrizum ad renes vidit, et non ad mamillas (*Dan.* x). Sic enim Spiritus sanctus, prout voluit, singulis divisit. Atramentarium in dorso chirographum mortis significat, quod ipse Christus in passione affixit cruci. Ad mamillas aurum vidit, qui in verbo prædicationis Dei sapientiam et Dei virtutem agnovit. Aurum vero ad renes vidit, qui eum per nostræ carnis fragilitatem in sepulcro jacentem, et per potentiam divinitatis in resurrectione fulgere cognovit. Aurum ad mamillas habuit in prædicatione, atramentarium scriptoris ad renes in passione, aurum obrizum in lumbis in resurrectione. Sequitur :

Et corpus ejus quasi chrysolithus. Corpus Christi dupliciter accipitur, quia per corpus designatur quandoque Ecclesia, quandoque caro de Virgine assumpta : quæ nimirum caro merito comparatur chrysolitho. Est enim chrysolithus lapis pretiosus, qui nascitur in Æthiopia, contra serpentes valens, et contra nocturnos timores, colore viridis, mari similis et auro micanti, scintillans ut ignis. Bene igitur Christi corpus comparatur chrysolitho, quia sicut in Æthiopia chrysolithus, et in tenebris lux, sic in mundo Christus. Ipse est lapis angularis ad conjungendam utramque maceriam, et ad percutiendum erectam statuam : qui utique contra serpentes valuit, quando diabolum et cogitationes ejus comprehendit. Hinc Moyses in vecte serpentem, in signum Christi pendentis in cruce, in deserto erexit (*Num.* xxi), ut per ipsum populus Dei serpentium morsus evitaret. Bene ergo viridi chrysolitho comparatus est Christus in prædicatione, qui fuit quasi præcisum lignum quod viruit, et cujus folium non defluxit. Mari vero similis fuit in passione, quando sanguinem sudans, tristis erat anima ejus usque ad mortem. Scintillavit etiam ut ignis, per miracula quæ foris apparuerunt populis. Auro similis fuit, quando per potentiam divinitatis in resurrectione refulsit. Viridis ergo fuit in prædicatione, scintillans ut ignis in miraculorum exhibitione, mari similis in passione, auro micans in resurrectione. Si vero per corpus hujus viri Ecclesiam accipias, viridi chrysolitho comparatur in virginibus, mari si-

milis in martyribus, scintillans ut ignis in prædicatoribus, auro micans in supernis civibus. Sequitur :

Et facies ejus ut species fulguris. In facie cognitio est, ut ibi : *Et videbis faciem ejus in jubilo* (*Job* xxxiii). Quod nimirum tunc erit, quando adimplebitur hoc quod per Apostolum prædicatur : *Tunc cognoscam, sicut et cognitus sum* (*I Cor.* xiii). Natura autem fulguris et ignis illuminat, exsiccat, vegetat, accendit, consolidat. Hinc bene facies ejus, ut species fulguris dicitur, quia cognitio Dei per fidem illuminat, et per exclusionem malorum exsiccat, per spem vegetat, accendit per fervorem, consolidat per charitatem. Sequitur : *Et oculi ejus ut lampas ardens*. Per oculos Christi vel ipsa sapientia, qua scrutatur renes et corda, vel eorum ordo qui in Ecclesia veritatis lumine coruscant, figuratur. Unde ipsa ait Sapientia : *Caligavit ad indignationem oculus meus* (*Job* xvii). Bene igitur oculi Christi lampadi ardenti comparantur; quia sicut vitrum foris apparens in lampade intus ignis ardentis claritati non potest resistere; ita vitrum fragilitatis nostræ sapientiæ Dei omnia præscienti obviare non potest.

Scrutatur enim renes et corda, qui omnia scit antequam fiant. Si vero per oculos Christi prædicatores sancti designantur, bene lampadi ardenti comparantur ; qui licet per vitrum fragilitatis foris appareant corruptibiles, pinguescunt tamen intus charitatis oleo, et igne sancti Spiritus inardescunt. Sequitur : *Et brachia ejus, et quæ deorsum sunt usque ad pedes, quasi species æris candentis*. Nota crucis mysterium secundum simplicem litteræ sensum. Brachia Christi, et quæ deorsum usque ad pedes, speciem æris candentis habuerunt, quando affixus cruci mori potius voluit quam flecti : æs enim candens potius frangi potest quam flecti. Sic qui cruci est affixus, cum caput moveat, brachia et quæ deorsum sunt movere non valet. Vel certe quilibet activi vel subjecti fideles in Ecclesia per brachia designantur : qui bene speciem æris candentis tenent, quia non tam ore quam corde fidem servant. Fides enim valet, quæ per dilectionem operatur. Æs vero in eo quod sonorum est, confessionem significat oris, in eo quod candens fervorem demonstrat cordis. *Corde enim creditur ad justitiam, ore autem confessio fit ad salutem* (*Rom.* x). Sequitur :

Et vox ejus ut vox multitudinis. Vox Christi prædicationem significat (5). Ipse enim est, qui virgæ oris sui interficiens impium, quinquies vel certe sexies ad destruendam Syriam terram percussit. Quinquies percussit, quando legem dedit : sexies autem, quando legem in sex distinctionibus divisit. In lege enim alia vox Dei continetur in justificationibus, ut illa qua leprosus vel menstruata emundantur; alia in judiciis, qua oculum pro oculo,

---

(5) Alludit ad *I V Reg.* xiii.

dentem pro dente jubemur evelli, alia vero simplicitate litteræ contenta tanquam quædam intercapedo ponitur, ut per eam sacramentorum tegumenta celentur; alia in consiliis, unde Dominus Jesus quærenti juveni de salute respondit : *Si vis perfectus esse, vade, vende omnia quæ habes et da pauperibus* (*Matth.* xix) : consilium quidem fuit, non præceptum : alia autem in prohibitionibus, ut ibi : *Non occides : Non mœchaberis* (*Exod.* xx) ; alia vero in præceptis. Unde habes : *Diliges Dominum Deum tuum* (*Deut.* vi).

Vel certe sexies oris sui jaculo terram percussit, quando vox ejus intonuit super aquas ; quando vox ejus in virtute, in magnificentia, in confractione cedrorum, in intercisione flammæ ignis, in concussione deserti, in revelatione condensi fuit (*Psal.* xxviii). Ipse enim est, super quem requievit Spiritus septiformis. Per spiritum siquidem timoris fluxus nostræ fragilitatis tanquam aquas domuit; per spiritum pietatis vox ejus in virtute fuit ; per spiritum scientiæ vox ejus fuit in magnificentia, quia per doctrinam inter gentes magnificus enituit; per spiritum fortitudinis vox ejus cedros fregit, dum per potentiam divinitatis gloriosos terræ humiliavit ; per spiritum consilii flammam ignis intercidit, quando consilio suæ consolationis fervorem tentationis interrupit ; per spiritum intellectus desertum concussit, dum gentiles devotionis compunctione ad fidem convertit ; per spiritum sapientiæ revelavit condensa, quando per sapientiam nobis aperuit sacramentorum mysteria. Igitur vox ejus ut vox multitudinis erat, dum fluxum carnis domuit, et misericordiæ suæ viscera nobis aperuit; quando per doctrinam magnificus apparuit, superbos humiliavit, gentiles vocavit, tentationes superavit, Ecclesiæ sacramenta revelavit. Hæ sunt alæ cherubim ; quas unam ad alteram collidere vir sanctus audivit (*Ezech.* 1).

SERMO IV.
IN ADVENTU DOMINI.

Elevare, consurge, sede, Jerusalem ; solve vincula colli tui, captiva filia Sion (*Isai.* lii). Hora enim est jam nos de somno surgere (*Rom.* xiii). De illo inquam somno, in quo qui dormit, nec aliquid videt, nec sentit ; vel si videt, quod videt non intelligit ; vel certe si intelligit, obliviscitur et negligit. Cum enim diceret Dominus : *Lazarus amicus noster dormit* (*Joan.* xi), de dormitione illa dictum est, in qua nihil videtur aut sentitur. De hoc somno surgere nos hortatur Apostolus, cum ait : *Exsurge, qui dormis, et exsurge a mortuis, et illuminabit te Christus* (*Ephes.* v). Secundum vero somni genus in somno Nabuchodonosor figuratur ; qui cum statuam viderit, nec recordatus est, nec intellexit (*Dan.* ii). Tertium autem figuratur in somno, quo aggravati erant discipuli, cum Dominus appropinquans passioni diceret eis : *Non potuistis una hora vigilare mecum?* (*Matth.* xxvi). Videbant quod prædixerat eis Jesus dicens : *Ecce ascendimus Jerosolymam, et Filius hominis tradetur* (*Matth.* xvi), et intellexerant : Unde et Petrus respondit : *Absit a te, Domine, non fiat istud* (*ibid.*). Sed imminente passione non sunt recordati verbi ejus, somno ignaviæ depressi. Unde cum in ipsa passione Dominus Petro dixisset : *Priusquam gallus cantet, ter me negabis* (*Matth.* xxvi), et Petrus verbum intelligens respondisset ; *Et si oportuerit me commori tibi, non te negabo* (*ibid.*), requiritur, negat, et gallus cantat. Tunc Dominus *Petrum respexit ; et recordatus est Petrus verbi quod dixerat ei Jesus* (*Luc.* xxii). Si non intellexisset, non respondisset ; et si oblitus non esset, recordatus non fuisset. Primo ergo somno torpet paganus, secundo Judæus, tertio falsus Christianus. Paganus enim nec legendo videt, nec intelligit, nec reminiscitur verbi Dei virtutem; Judæus vero legendo videt, sed non intelligit, nec reminiscitur ; falsus vero Christianus, videt, intelligit ; sed obliviscitur et negligit. Primo somno torpet, qui nec Deo, nec Deum, nec in Deum credit ; secundo, qui Deum credit, sed nec Deo, nec in Deum credit ; tertio autem, qui et Deo et Deum credit, sed in Deum non credit. Primus igitur somnus ignorantiæ est, secundus perfidiæ, tertius torporis et ignaviæ. Si ergo in visione pacis habitare vis, quoniam Jerusalem *visio pacis* interpretatur, et dies videre bonos (*Psal.* xxxiii), elevare a somno ignorantiæ, tu pagane, elevare a somno perfidiæ, tu Judæe ; consurge a somno torporis et ignaviæ, tu false Christiane. Qui enim jacet, et in imo prostratus est, non potest intueri ea quæ de longe sunt, sed ea tantummodo quæ de prope sunt intuetur. Unde et illi qui in medio Jerusalem faciebant abominationes, quando statuebant ad ostium tabernaculi idolum zeli ad provocandum æmulationem, quando adorabant picturas, plangebant Adonidem, et dorsum contra templum habentes adorabant ad ortum solis, jacere dicuntur unusquisque in abscondito cubilis sui (*Ezech.* viii). Unde Dominus ad prophetam : *Certe vidisti, fili hominis, quid isti faciunt in tenebris, unusquisque in abscondito cubiculi sui* (*ibid.*).

Quia ergo jacebant, ad ea quæ de prope erant oculos aperiebant. Quid enim magis de præsenti, et, ut ita dicam, de prope potest esse, quam favor populi, amor mundi, dilectio carnalis desiderii, contemptus Dei, initium infidelitatis? Ad ostium siquidem tabernaculi statuit idolum zeli, qui foris in conspectu hominum fervoris similitudinem demonstrat, quæ utique similitudo Deum ad iracundiam provocat. In ostio enim tabernaculi conspectus populi, in idolo zeli fervoris similitudo figuratur. Picturas adorat, qui ea quæ in mundo sunt desiderat : ea enim quæ in mundo sunt, quasi picturæ sunt, quia videntur aliquid esse, cum nihil sint. Sunt enim quædam quæ videntur esse, et non sunt, ut præsentia. Unde Paulus quasi a majori probans, ait : *Si quis se putat aliquid esse, cum nihil sit, ipse se seducit* (*Gal.* vi). Ubi enim hominem nihil esse dixit, de aliis rebus quæ pro homine factæ sunt,

SERMONES. — SERMO IV. IN ADVENTU DOMINI.

quod nihil sint, aperte demonstravit. Unde et Isaias: *Omnia*, ait, *quasi non sint, sic sunt coram eo* (*Isai.* XL). Quædam autem sunt, et non videntur esse, ut æterna. Adonidem vero plangunt, qui ideo dolent, quia desideria carnis perficere non possunt. Sunt enim quidam, qui cum crucifixi sint mundo, mundum tamen sibi crucifigi nolunt. Isti delectationes mundi quærunt, sed cum eas habere nequeunt, dolent et gemunt; et tunc quasi Adonidem plangunt. Per Adonidem enim qui fuit amasius Veneris, et fomes delectationis, et delectatio figuratur. Dorsum autem contra templum habent, qui contempto Creatore honorem indebitum exhibent creaturæ. Quia igitur hæc sunt quæ illi faciebant, qui in abscondito cubilis sui jacebant, tu qui in imo jaces, *elevare*. Quandiu enim animalia submittunt alas, oportet submitti et rotas: quia quandiu motus animi flectuntur ad terrena, oportet ut submittatur cogitatio, et in imo circumspectio revolvatur. Motus quidem animi animalibus, cogitationem rotis non incongrue comparamus.

Sicut enim quatuor animalia, quorum primum simile erat homini, secundum bovi, tertium leoni, quartum aquilæ (*Ezech.* I), ita et in animo quatuor motus invenies, quæ quatuor animalium speciem præfigurant. Primus est rationis motus, qui homini jure attribuitur; quia soli homini ratio solet competere. Secundus motus est sensualitatis, quem bene bovi comparamus. Nam sicut inter illa quatuor animalia bos pigrior, sic inter motus animi sensualitas ad considerandum tardior invenitur. Per alios siquidem motus, tam ea quæ non sunt præsentia, quam quæ præsentia sunt, videntur. Sensualitas autem ea tantum considerat, quæ oculis subjacent carnalibus. Tertius animi motus aviditas est, quem bene leoni comparamus, quia leo animal avidum est; quartus vero animi motus cordis est devotio, quem bene assignamus aquilæ, quia sicut aquila cæteris animalibus velocior invenitur, et altius potest incedere, ita cæteris motibus animi devotio potest altius volare: et sicut aquila cæteris animalibus limpidiores habet oculos, ita per devotionem ea quæ volumus limpidius invenimus.

Et revera ubicunque intenditur ratio, infigitur sensualitas, rapit aviditas mentem, volat devotio, ibi oportet, ut intendat circumspectio, cogitatio revolvatur. Quia enim cogitatio sive circumspectio nunquam stabilis est, sed semper volvitur, bene rotæ volubili comparatur. Unde et illæ rotæ volubiles vocatæ sunt, dicente propheta: *Et vocavit illas volubiles, audiente me* (*Ezech.* X). Si ergo ratio vel sensualitas, sive aviditas, sive etiam devotio elevetur in altum, oportet ut in altum elevetur et cogitatio, quia cum elevantur animalia de terra, elevantur pariter et rotæ; et quando submittunt alas, submittuntur et rotæ sequentes ea. Tunc enim submittunt, quando in terrenis intendunt. Tu igitur qui jaces, et in imo positus es, elevare. Elevare circumspectione, elevare cogitatione; elevare per exercitium activæ vitæ; elevare etiam per altitudinem contemplativæ. Vere enim in imo est, qui infra seipsum positus est. Alii enim jacent infra seipsos, alii juxta seipsos, alii etiam elevati sunt supra seipsos. Infra seipsos sunt qui in omnibus carni et mundo et cogitationi cuilibet obediunt; juxta seipsos sunt qui quidem voluptates et quæque superflua rescindunt, sed de his quæ necessaria sunt, rescindere nulla volunt. Supra seipsos sunt qui non tantum voluptates, sed et ipsas plerumque necessitates pro Deo dimittunt. Elevare igitur juxta te, qui positus es infra te, dimittendo saltem voluptates, etsi nondum vis dimittere necessitates. Elevare et supra te, ut ipsis necessitatibus omissis, ad illum qui de longe venit ad te, et est supra te, respicias cogitatione et aviditate. Qui enim a longe respexit, Dei potentiam vidit, sicut ait: *Aspiciens a longe, ecce video Dei potentiam venientem*. Nomen enim Domini venit de longinquo, et merito. Sic Abraham de terra et de cognatione sua egressus est, ut inter Chananæos dives efficiatur. Sic Elias egressus est, ut a vidua utcunque sustentetur. Sic Jacob de domo patris sui egressus est, ut patrimonio filiarum Laban perfruatur. Sic Tobias filium peregrinari misit, ut filiæ Raguelis copuletur. Sic et ipse Jesus egressus est, quia a summo cœlo egressio ejus (*Psal.* XVIII), ut captiva filia Sion in libertatem gloriæ filiorum Dei revocetur. *Solve ergo vincula colli tui, captiva filia Sion*. Si enim vinculum colli non solvatur; nec manus in sinum mitti, nec foris verba possunt extrahi. Sed cum tempus redemptionis filiorum Israel appropinquasset, ut de captivitate Ægypti, de servitute Pharaonis in libertatem et ubertatem terræ fluentis lacte et melle vocarentur, locutus est Dominus ad Moysen, dicens: *Loquere Pharaoni, ut dimittat populum meum* (*Exod.* AI). In hoc autem signo loqueris: *Mitte manum tuam in sinum tuum* (*ibid.*). Signum est nostræ redemptionis. Nisi enim manum in sinum mittamus, de sub jugo principis tenebrarum collum excutere non valemus. Nam manum in sinum mittit, qui in operibus suis ad conscientiam recurrit. Per manum siquidem opera, per sinum vero figuratur conscientia. Liberari autem non potest de servitute diaboli, qui in omnibus operibus suis conscientiam suam non scrutatur. Ubera etiam foris extrahi necesse est, si in promissis hæc filia Sion fidelis inveniatur. Quid enim est filia Sion? Ecclesia. Quid autem loquitur et promittit Ecclesia sponso suo? *Egrediamur*, ait, *in agrum, commoremur in villis; et ibi dabo tibi ubera mea* (*Cant.* VII).

Ecce sponsus in agrum egressus est. Sed ad quid? Ad meditandum et vivificandum. Ad meditandum cum Isaac; ad meditandum, inquam, cogitationes pacis et non afflictionis (*Jer.* XXIX): ut ibi de camelo suo coram eo descendat Rebecca; vel de captivitate peccatorum eruatur captiva filia Sion. Per Isaac enim Christus, per agrum mundus figuratur. In hunc enim agrum egressus est Dominus, ad cogitandum nobis bona, et ad vivificandum ossa mortua. Ossa, inquam, illa de quibus Dominus in descriptione Leviathan dicit beato Job: *Ossa ejus ut fistulæ æris (Job* XL). Ossa ut fistulæ sunt sapientes hujus sæculi; qui cum sensum bene dicendi habeant, sensum tamen bene vivendi non habent. Vel certe ossa mortua sunt illa de quibus Dominus ait, cum divitem describit: *Ossa, inquit, ejus plena sunt adipe (Job* XXI). Divites enim quasi ossa adipe plena sunt, quando divitiis impinguati fortitudine sua pauperes opprimunt. Hæc erant ossa mortua, quando non erat in eis illa vita, de qua dictum est: *Ego sum via, veritas et vita (Joan.* XIV). Et ad hæc ossa vivificanda venit Dominus in mundum, cum divites et sapientes per exemplum operum et doctrinam verborum ad vitam vocavit æternam, infundendo eis in tentatione patientiam, in moribus concordiam, veram in doctrina scientiam, in religione restrictionem, in corde devotionem. Nam tentatio in commotione, concordia in juncturarum connexione, scientia in pellis extensione, restrictionis sententia in nervorum conjunctione, devotio cordis figuratur in carne. Sic enim in Ezechiele scriptum est, quod Dominus duxit eum in campum plenum ossibus mortuorum; et dictum est ei: *Putas, fili hominis, reviviscent ossa ista?* (*Ezech.* XXXVII). Et ecce commotio. Postea autem redire cœpit unumquodque ad juncturam suam. Deinde vero nervos et carnem et pellem habere cœperunt; et tunc spiritu a quatuor ventis vocato vixerunt (*ibid.*). Bene enim per nervos sententia restrictionis accipitur. Nam in tali nervo Job pedem posuerat, cum diceret: *Posuisti in nervo pedem meum (Job* III). Pedem Job Dominus in nervo posuit, cum eum districtionis suæ sententia ligavit. Per carnem autem cordis devotio figuratur, ut ibi: *Auferam a vobis cor lapideum, et dabo vobis cor carneum* (*Ezech.* XI). Cor enim carneum pro lapideo dat Deus, quando pro obstinatione infert cordis devotionem. Pellis vero nomine sacræ lectionis intentio designatur, ut ibi: *Extendens cœlum sicut pellem (Psal.* CIII).

Ad vivificandum ergo ossa mortua egressus est in agrum Dominus, cum in mundum venit, ut sapientes hujus mundi vel divites ad paupertatem spiritus provocaret. Commorari similiter in villis venit, cum in latitudinem hujus mundi descendit. Mundus enim et ager et villa erat, quando Dominus venit: ager propter laborem; villa, in eo quod nullam in eo poterat homo contra hostem suum defensionis invenire munitionem. Sed venit Dominus, et se murum posuit in domo Israel, et tunc facta est urbs fortitudinis nostræ Sion, quia Salvator noster positus est in ea murus (*Isa.* XXVI). Solve ergo *vincula* colli *tui,* captiva filia *Sion*, ut juxta promissum ubera tua des ei. Sic enim dixeras: *Egrediamur in agrum, commoremur in villis, et ibi dabo tibi ubera mea* (*Cant.* VII). Quæ sunt ubera? Judæa simul et gentilitas ad fidem vocata. Hæc enim sunt ubera, de quibus dicit sponsus: *Duo ubera tua quasi duo hinnuli capreæ gemelli, qui pascuntur in liliis* (*Cant.* IV). Judæi siquidem et gentiles, quando sacræ doctrinæ lac et propinant aliis, et sibi sugunt, ubera sponsæ dici possunt. Qui bene hinnuli sunt per humilitatem, capreæ per devotionis altitudinem, gemelli per charitatem. Pascuntur autem in liliis per vitæ candorem. Ut igitur hæc ubera foris possint extrahi, id est ut Judæa et gentilitas ad veræ fidei confessionem possit converti, *Solve vincula colli tui, captiva filia Sion.* Si enim per filiam Sion Ecclesiam figurari dicimus, recte per collum Ecclesiæ prælatos figuramus. Collum enim pars illa corporis est, per quam cibus a capite derivatur in corpus. Cibus autem animæ verbum est vitæ, caput Christus, Ecclesia corpus. Quia vero per prælatos verbum prædicationis, prout divinitus sunt inspirati, in corpus Ecclesiæ diffunditur, bene per collum filiæ Sion prælati Ecclesiæ figurantur. Vincula autem colli impedimenta illa possumus appellare, quibus impediti prælati, nec sibi, nec aliis proficiunt, quantum volunt, scilicet amaritudo tentationis, fragilitas carnis, persecutio temporalis, occupatio sæcularis. Amaritudo tentationis in vinculis illis aperte figuratur, quibus Joseph fratres suos ligandos esse comminatus est, cum ait: *Per salutem Pharaonis non egrediemini; sed mittite unum ex vobis: vos autem remanete in vinculis, donec veniat Benjamin frater vester minimus; et probemus si vera sint, quæ dicitis* (*Gen.* XLII). Joseph enim fratres suos tentare volebat, non persequi. Bene autem Joseph in exspectatione Benjamin vinculis tentationis ligare dicitur fratres suos. Nam fideles, qui per filios Jacob figurantur, doloris amaritudine per augmentum virtutum ligantur in exspectatione veræ spei, et adventus gloriæ magni Dei (*Tit.* II). Quanto magis enim fideles proficiunt, tanto magis dolent, quod cum Christo nondum esse possunt. Per Joseph autem virtutum profectus; per Benjamin figuratur Christus, quia ipse filius dexteræ est, eo quod filius sit substantivus; nos autem quasi sinistræ, quia filii adoptivi sumus. Ipse est filius dexteræ, quia sedet ad dexteram Patris, cui Pater dixit: *Sede a dextris meis* (*Psal.* CIX). Qui cum noster sit Pater per humanæ naturæ donum, frater tamen factus est per ejus naturæ consortium. Et bene minimus, eo quod per carnis assumptionem paulo minus ab Angelis sit minoratus (*Psal.* II). Bene minimus, in typo cujus minimum filiorum Isai, id est David, de cujus genere ipse Dominus nasci voluit, Deus in regem sublimavit. Bene minimus, qui cum magnus esset, pro nobis factus est parvulus, ut scriptum est; *Parvulus natus est nobis* (*Isa.* IX). Et cum Verbum Patris esset, factus est infans, ut scriptum est: *Invenietis infantem* (*Luc.* II), etc. Et cum primus esset omnium, factus est omnium novissimus. Unde Isaias: *Et nos putavimus eum novissimum viro-*

rum, virum dolorum (Isa. LIII). Et Psalmista similiter in persona ejus : *Ego autem sum vermis et non homo (Psal.* XXI).

Fragilitas vero carnis satis aperte figuratur in nervicis illis funibus, quibus Dalila voluit ligare Samsonem *(Jud.* XVI). Nervus enim ex carne est, et ideo impedimenta carnis significat, quibus quasi vinculis ligatur, ut non proficiat quantum possit, velit, vel debeat. Persecutio vero temporalis in vinculis illis figuratur, quibus Ezechielem ligari jubet Dominus, cum ait : *Et tu, fili hominis, ecce ego posui vincula super te, et ligabunt te in eis (Ezech.* III). Prophetarum siquidem verba, similiter et opera, plerumque proponebantur in exemplum populo Israel. Nam in signum persecutionis, qua in Babylone ligari debebant et captivari, ligatus est propheta coram eis, sicut dictum est : *Signum est domui Israel.* Occupatio autem in litio illo designatur, quod et illa Dalila capillis Samsonis innexuit, ut infigeret terræ *(Jud.* XVI). Per capillos enim capitis cogitationes mentis, per litium quod capillis innexuit, occupationes cogitationum : quæ tunc litio terræ infiguntur, cum per aliquam occupationem in terrenis cogitationibus involvuntur. Vel certe occupatio, ut ait beatus Gregorius in *Moralibus* figurari potest in mola asinaria, quæ alligari debet collo ejus, qui unum de pusillis Dei scandalizat. Dicatur ergo Ecclesiæ de prælatis : *Solve vincula colli tui.* Nam ut sequi Christum valeat Ecclesia, oportet ut prælati ejus et amaritudinem tentationis, et fragilitatem carnis, et persecutionem insuper parvipendant, et occupationem temporalem interdum dimittant, ut orationi vacent, sicut scriptum est : *Vacate et videte (Psal.* XXXIII). Vel certe per collum sacrum designatur eloquium, ut ibi : *Collum tuum sicut turris David (Cant.* IV). Sacrum enim eloquium sicut turris David est, cum in eo propugnacula munitionum contra ignita tentationum tela reperiuntur. Hujus ergo colli vincula impedimenta illa possumus appellare, quæ prædicatorem sacri eloquii in verbis impediunt, quod plerumque facit obscuritas verborum, infidelitas auditorum, timor et prohibitio potentium. Obscuritas enim verborum in vinculis illis designatur, de quibus Baltassar loquitur Danieli, dicens : *Scio quia potestatem habes obscura interpretari, et ligata dissolvere (Dan.* V). Repetitio enim est, quia quod prius dixerat *obscura*, repetit cum dixit *ligata* : et quod prius dixerat *interpretari*, repetiit cum dixit *dissolvere*. Infidelitas auditorum designatur in vinculo, quo ligabatur os Zachariæ, qui cum verbum angeli de nativitate Joannis credere nollet, audivit : *Eris tacens, et non poteris loqui (Luc.* I). Postea vero nato Joanne credidit ; et statim solutum est vinculum oris ejus, et prophetavit dicens : *Benedictus Dominus Deus Israel* (*ibid.*), etc. Prohibitio vero designatur in vinculo, de quo scriptum est : *Non alligabis os bovi trituranti (I Cor.* IX), id est non prohibebis verbum hominis bene operantis. Dicatur

A ergo prædicatoribus Ecclesiæ : *Solve vincula colli tui.* Ac si aperte dicatur : Quia jam nuda et aperta sunt, quæ dicta sunt de Filio hominis, tollatur offuscatio, removeatur infidelitas a corde, non terreat potentium prohibitio ; sed *quasi tuba exalta vocem tuam (Isa.* LVIII), et dic civitatibus Judæ : *Ecce Deus vester.* Vel quia per collum elationis altitudo designatur, unde filiæ Sion reprobatæ sunt a Deo, pro eo quod ambulaverunt extento collo, non immerito colli vincula possumus appellare, ea quæ cordi elationem innectunt, ne possint dissolvi.

Tria ergo sunt, quæ elationem cordi astringunt, ignorantia scilicet veritatis, affectus peccandi, et obstinatio mentis. Tunc enim homo superbus efficitur, cum nec Deum, nec seipsum cognoscit, cum peccare diligit, et cum vocem monentis negligit. Ignorantia siquidem veritatis designatur in vinculo, quo ligata erat asina in templo; de qua Dominus B discipulis præcepit dicens : *Ite in castellum, quod contra vos est, et statim invenietis asinam et pullum cum ea. Solvite, et adducite mihi (Matth.* XXI). Quid enim per asinam, nisi gentilitatem intelligimus, de qua per Isaiam dicitur : *Cognovit bos possessorem suum, et asinus præsepe Domini sui? (Isa.* I). In bove Judæos, in asino gentiles significamus. Hæc igitur ignorantiæ vinculis astricta jugo Dei supponi nolebat, donec per prædicationem apostolorum ab ignorantiæ vinculo soluta, jugo est mancipata divino. Affectu vero peccandi satis aperte illis in vinculis figuratur, quibus in monumento ligatus Lazarus tenebatur. De quo et Dominus ait : *Solvite* C *eum, et sinite abire (Joan.* XI). Si enim per Lazarum peccator designatur, non immerito vinculum peccatoris affectum peccandi designat. Per affectum siquidem peccandi peccator peccato ligatur. Obstinationem vero mentis figurari dicimus in vinculis illis, quibus ligati leguntur quatuor angeli in flumine magno Euphrate, prout audivit Joannes unam vocem de cornibus altaris. Ait enim : *Et audivi unam vocem de cornibus altaris clamantem : Solve quatuor Angelos, qui alligati sunt in flumine magno Euphrate (Apoc.* IX). Quid enim per quatuor angelos, nisi quatuor tentationum genera intelligimus? Et bene per angelos tentationes designari dicimus, quia sicut sunt administratorii spiritus D missi in orbem, ad annuntiandam Domini voluntatem : ita a diabolo mittitur tentatio, ut per eam diaboli voluntas insinuetur. Quatuor ergo sunt genera tentationum. Alia enim levis est et occulta, ut timor nocturnus, alia levis et aperta, ut sagitta volans in die, alia gravis et occulta, ut negotium perambulans in tenebris, alia gravis et aperta, ut *dæmonium meridianum (Psal.* XC). Sicut ergo illi dicuntur angeli, qui bona nuntiant, ita et tentationes angeli dici possunt, quia mala nobis nuntiant. Angelus enim *nuntius* interpretatur. Sed illi qui bona nuntiant, *calodæmones* ; qui autem mala, *cacodæmones* nuncupantur. Isti ergo angeli ligati sunt in flumine magno Euphrate, quando in fluxa mento per obstinationem et mentis duritiam astringantur. Dicatur ergo : *Solve vincula colli tui, captiva filia Sion*, quia si contemplationis culmen velis attingere (nam Sion *speculatio* dicitur), oportet, ut primo Deum cognoscas, et postea te ipsum; ut peccandi voluntatem dimittas, et ad cœleste desiderium cor tuum emollias. Sic enim absque omni impedimento occurrere poteris illi cum illa quæ clamat : *Curremus in odore unguentorum tuorum* (*Cant.* I) : ascendendo videlicet de virtute in virtutem, donec videamus Deum deorum in Sion (*Psal.* LXXXIII), id est in altitudine contemplationis, adjuti gratia Salvatoris nostri Jesu Christi, qui cum Patre et Spiritu sancto vivit et regnat Deus per omnia sæcula sæculorum. Amen.

SERMO V.
DE NATIVITATE DOMINI.

Verbum *caro factum est* (*Joan.* I). Verbum abbreviatum de Verbo abbreviato audivimus. Sed
Dum brevis esse laboro,
Obscurus fio.
(HORAT. *De art. poet.* vers. 25, 26.)

Quippe quia verbum abbreviatum et obscurum de Verbo abbreviato et obscuro loquimur. Sed verbum meum, quia abbreviatum, obscurum; Verbum vero illud, quia obscurum, abbreviatum. Obscurum enim erat, antequam esset abbreviatum, et abbreviatum est, ut esset manifestum. Antequam esset abbreviatum videri non poterat oculis mentis: abbreviatum vero videri potuit oculis carnis. Verbum erat non breviatum, nec dici poterat; verbum abbreviatum fuit, et dici potuit. Dici forte potuit, non quid erat, sed quod erat : sed dici non potuit, quid erat, sed quid non erat. Deus enim Verbum erat. Nemo autem dicere potest, id quod est; sed dicere potest, quid non est. Negativæ enim de Deo compactæ sunt; affirmativæ incompactæ. In hoc ergo quod Verbum erat, ipsum homo fari non poterat, sed *Verbum caro factum est*, et tunc infans factus est. Verbum ergo fuit, et ipsum homo fari non potuit; infans fuit, et ipsum homo fari potuit. Verbum erat, quod fari non potuit. Isaiæ sunt verba : *Generationem ejus quis enarrabit?* (*Isa.* LIII.) Infans fuit, quem fari potuit Matthæus, cum ait : *Liber generationis Jesu Christi* (*Matth.* I). O Verbum ineffabile, et infans fabilis! O Verbum ineffabile apud Patrem, et infans fabilis apud matrem! Ut quid istud? Quia jubilus cœlestis Verbum Patris, nec omnino dici potest, nec omnino debet taceri. Sed dici non potuit, quia Verbum est; taceri non debet, quia infans est. Videsne? verbis propriis improprie, improprie proprie designatur. Et quia verba propria non habemus, verbis improprie ad ejus notitiam, prout dederit, ascendamus. Verbum Patris est; et ut usu humano loquamur, Verbum Patris substantivum est, Verbum cum Patre æternum, Verbum indeclinabile, figuræ simplicis, præsentis temporis, numeri singularis, infinitivi modi. Legitis hæc et intelligitis? Forte dicitis, legimus; nec unum iota de tota lectione præterimus, et intelligimus, sed ex regulis Prisciani ita edocti non sumus. Bene. Una est lectio vestra et mea : sed vestra docta, mea indocta.

Et quamvis una eademque sit lectio, sensum tamen humanum ex verbis humanis colligitis, ego vero spiritualem. Animadvertite igitur spiritualem intellectum, ut unus et idem nobis intellectus sit, meus spiritualis, et vester humanus. Dixi a principio, Verbum Patris substantivum esse, quia consubstantiale est Patri Verbum suum. Si enim accidentale esset, et adesse et abesse posset. Sed forte dicitis: A verbo Pater abesse potuit, quia Verbum dixit : *Deus Deus meus, quare me dereliquisti?* (*Psal.* XXI.) Hæc in persona Filii dicta negare non possumus. Nam in Evangelio dicit : *Eli, Eli, lamma sabactani?* (*Matth.* XXVII.) Unde et Psalmista ad majorem argumenti rationem adjungit : *Deus meus, clamabo per diem et non exaudies* (*Psal.* XXI). Clamat se Filius derelictum a Deo, et non est exauditus : ergo est derelictus. Pensatis quid, sed non propter quid dictum sit. Verba enim sunt filii hominis entis Filii Dei, qui prædestinatus est Filius Dei in virtute, ut esset filius hominis et Filius Dei. Clamat igitur filius hominis se in passione derelictum quoad protectionem divinitatis, non quoad divisionem unionis, quoniam tunc non solum Pater, sed ipse Filius se ipsum dereliquit. Nam se seipsum defendere vellet, prout posset, quis salutem nostram operatus esset? Posset forte mala voluntas esse a diabolo, vel Judæo, sed potestas non potuit esse, nisi a Deo (*Rom.* XIII). Hinc est quod Filius ait : *Non haberes in me potestatem, nisi tibi datum esset desuper* (*Joan.* XIX). Et alibi : *Nemo tollit a me animam meam : sed ego pono eam, et iterum sumo eam* (*Joan.* X). Rursus quod substantiale Patri sit Verbum, potest probari.

Ex omnibus enim quæ facta sunt, dixit Dominus, et facta sunt (*Joan.* I). Ergo per Verbum omnia fecit. Vel ergo duo omnipotentes fuerunt, vel idem est Pater et Verbum. Sed duo omnipotentes esse non possunt, quia ad hoc ut alter omnipotens esset, alterius potentiam posse comprimere necesse esset : alioquin aliquid potentiæ ejus deesset, et sic omnipotens non esset. Quia igitur unus est omnipotens, et Pater est omnipotens, et Verbum est omnipotens, unum atque idem esse Patrem et Verbum, necesse est. Et quia prorsus unum, procul dubio unum Deum, unam substantiam. Est igitur activum verbum, non solum ex iis quæ facta sunt, sed ex iis quæ facienda erant, antequam quidquam fieret. Nam sicut voluntas artificis habens præ oculis omnem materiam domus faciendæ, fertur super illam, et quodammodo jam mente facit, dum quid de quo facturus sit proponit; ita in summo artifice omnia quæ facta sunt, præsentialiter fuerunt, ut sicut domus facienda primo fit in scientia artificis; fit et materialiter, cum lævigantur lapides et ligna; fit etiam essentialiter, cum in structura disponuntur lævigata, ita et summus artifex per Verbum omnipotens fecit omnia, ut in præscientia incubaret faciendis, in materia factis, in essentia ordinatis. Unde dictum est, *fiat* et *fecit*, et *facta sunt* (*Genes.* 1). Quid est enim dicere : *Fiat lux*, nisi quod Verbum genuit, in quo erat, ut fieret lux; et erat, antequam quidquam fieret? Quod igitur dictum est, *fiat*, refertur ad opus in præscientia; quod *fecit*, ad opus in materia : quod *factum est*, ad opus in essentia. Quod ergo primo fecit, quod facta ordinavit, quod ordinata humanæ utilitati exposuit, totum in præscientia fuit; et illa præscientia ab æterno fuit. Ab æterno ergo præscivit ut faceret, ordinaret, exponeret. Ergo facere, ordinare, exponere, in Deo æternaliter fuit. Et sicut videmus quia primo facta sunt quæ facta sunt, et postea ordinata, tandem exposita, ut quasi principium sit humanæ utilitatis benigna rerum expositio, expositionis autem et utilitatis sapiens dispositio, dispositionis autem, expositionis et utilitatis rerum compositio, totum ex præscientia artificis emanavit, cum sic componere, disponere, exponere proponebat. Erat igitur benignitas exponens ad omnia facta principium, sapientia ordinans benigne exposita, potentia agens sapientia et benignitate, ut sic sapientia totum haberet a potentia, benignitas vero simul a sapientia et potentia. Et quamvis diversitas videatur in actibus, nulla tamen diversitas erat in agente. Quia nec à seipso aliquis artifex differt, quando quid cogitat disponere, ordinare, exponere, quamvis sit aliud disponere, ordinare, exponere. Ita Deus unus erat ante sæcula, qui potenter omnia disposuit, sapienter ordinavit, benigne exposuit. Nec aliquid erat potentia componens, sapientia ordinans, benignitas exponens, nisi unus Deus, qui per partes dividi non potest, quia simplex est, et corpus non est; nec aliquid in eo imperfectum, eo quod omnino bonus est.

Vides igitur ex prædictis, quod idem est sapientia, potentia, benignitas, in Deo. Et tamen sapientia est a potentia, et benignitas ab utraque. Et cum nihil aliud dicamus potentiam quam Patrem, sapientiam quam Filium, benignitatem quam Spiritum sanctum, ex rebus factis potest argumentari quod unum atque idem est Pater et Filius et Spiritus sanctus : Filius tamen a Patre, Spiritus sanctus ab utroque. Et quamvis unum sint, quibusdam tamen proprietatibus distinguuntur, sicut proprium fuit potentiæ ut ageret, sapientiæ ut ordinaret, benignitatis ut exponeret. Quod tamen potenter fecit, sapientiæ et benignitatis fuit ; quod benigne exposuit, potentiæ et sapientiæ fuit. Hinc est etiam, quod cum idem sit Pater et Filius et Spiritus sanctus, proprium Patris fuit ut in voce audiretur, proprium Filii ut baptizaretur, proprium Spiritus sancti ut in columba videretur (*Matth.* III). Tamen ut Pater audiretur, operatus est Filius et Spiritus sanctus ; ut Filius baptizaretur, operatus est Pater et Spiritus sanctus ; ut Spiritus sanctus videretur in columba, operatus est Pater et Filius, quia profecto inseparabilia sunt opera Trinitatis. Quia igitur unum est cum Patre et Spiritu sancto Verbum, bene indeclinabile dicitur, quia idipsum est. *Tu autem*, ait Psalmista, *idem ipse es* (*Psal.* CI). Unde Jacobus : *Apud quem non est transmutatio, nec vicissitudinis obumbratio* (*Jac.* 1). Et alibi :

. . . . . *Stabilisque manens das cuncta moveri.*
(BOET. *De consol. philos.* lib. III metr. 9).

Non enim declinatur de loco ad locum, qui ubique est; non declinatur per vicissitudines temporum, qui semper est; non per varietates ætatum, qui ab æterno est, non per divisiones partium, qui corpus non est; non per mutationes dignitatum, quia Deus est; non per diversitates affectuum, quia semper idem est. Nam si iratus fuisse (*Exod.* IV), vel pœnituisse (*Gen.* VI) legitur, figurative dicitur, quia nullus in Deum cadit affectus. Sic iratus dicitur, quia punit; pœnituisse, si quod fecit, delet, quod facere pœnitens solet. Quia autem ens a Patre unum est cum Patre, bene simplicis prædicatur figuræ, *cum sit splendor gloriæ, et figura substantiæ* Patris (*Hebr.* 1). Non figura Patris, quasi a Patre figurata, nec figura quasi ad Patris figuram, sicut homo imago Dei est; sed ad Dei imaginem. Nec figura Patris, quod ad Patris similitudinem : non enim participat cum Patre aliquam similitudinem, quia non est participatio, ubi totalitas est; non est similitudo, ubi est identitas. Nulla in eo diversitas, qui de se dicit : *Qui videt me, videt et Patrem* (*Joan.* XIV). Una igitur substantia est Pater et Filius, una prorsus figurans omnia, neutra ab altera figurata. Attende super hoc evidens argumentum. Splendor solis a sole est, non sol a splendore : unum tamen splendorem emittunt sol et splendor solis. Nunquid sibi diversus est splendor emissus? Nonne si quis a te quæreret, quid lucet in domo, nonne bene responderes, sol? Vel si hoc iterum quæreret, nunquid bene dicere posses, splendor solis? Nunquid de duobus splendoribus locutus es, cum dixisti, sol et splendor solis? Non utique, sed ad utrumque respondisti, quia unus splendor est sol et splendor solis ; et tamen, ut dictum est, splendor solis a sole est. Et quamvis ab ipso sit, coævi tamen sunt, quia nunquam splendor sine sole, nec sol sine splendore.

Sic igitur quamvis a Patre sit Filius, coæterni tamen sunt. Propter hoc præsentis etiam temporis est, quia apud ipsum illud æternum *hodie* est, quod nec præteritum novit, nec futurum. Unde Pater ad Filium : *Ego hodie genui te* (*Psal.* II). Quod in alio Psalmo exponitur, cum dicitur : *In splendoribus sanctorum ex utero*, id est ex divinitatis secreto, *ante luciferum genui te* (*Psal.* CIX). Apud ipsum enim *erit* non est, quia ab æterno est. Apud ipsum *fuit* non est, quia finem habere non potest. Apud ipsum ergo *est* semper est. Quod fuit enim vel quod erit, apud ipsum non est, quia quidquid fuit vel erit, in ipso est. Et quamvis unitas vel singularitas sit in substantia, tamen in personis est pluralitas, ita ut nec singularitas confundat pluralitatem, neque pluralitas separabilem reddat singularitatem. Plures sunt, et non unus : unum sunt, et non plura. Unum dico ab unitate, non unum ab unione. Tres personæ sunt unum. Adoratur Trinitas, et tamen quia diversa non sunt, non est ibi triplicitas. Nulla prorsus diversitas, quia prorsus unitas : et tamen pluralitas, quia distincta Trinitas. Non est ergo differentiæ adhibenda divisio, sed distinctionis discretio. Unum est enim Pater et Filius et Spiritus sanctus. Distinguitur tamen Pater a Filio, quia Pater est genitor, vel ingenitus, Filius genitus. Una eademque sapientia Pater et Filius, et tamen sapientia genita Filius, sapientia ingenita Pater. Nec sapientia genita est sapientia ingenita : una tamen sunt sapientia. Similiter Spiritus sanctus, cum sit eadem sapientia cum Patre et Filio, tamen nec sapientia ingenita, nec genita, sed procedens. Nec dicere eam debemus ingenitam, ne Pater videatur; neque genitam, ne Filius credatur, sed securius procedentem, ut ab utroque distinguatur. Attendite, fratres, quare dixerit Isaias : *Generationem ejus quis enarrabit?* (*Isa.* LIII.) Quis enim generationis hujus modum poterit diffinire? Absque modo est, quia infinitus est. Intelligite tamen in humanis, quod latet in divinis. Intelligite per aliquid simile, quod latet in rei veritate. Dixit Jesus discipulis suis : *Nisi manducaveritis carnem Filii hominis, non habebitis vitam manentem in vobis* (*Joan.* VI). Magna et utilis sapientia : et quis eam Christum docuit? *Quis enim consiliarius ejus fuit, et quis eum docuit scientiam?* (*Isai.* XL.) Prorsus indocta est. Huic autem doctrinæ testimonium perhibet Joannes et scripsit hæc, prout a Christo edoctus fuit. Una ergo fuit sapientia Christi et Joannis : sed fuit in Christo indocta, in Joanne docta. Quod autem Joannes scripsit hæc, videmus scriptum, legimus et intelligimus. Quis illam sapientiam me docuit? Non Joannes, quia Joannem nunquam vidi, nec alius a Joanne. Ergo sapientia mea docta non est. Tamen si Christus hanc sapientiam non docuisset Joannem, nec ego hanc sapientiam habuissem. Ergo etsi mihi sapientia mea docta non est, non tamen indocta est : Joanni enim docta est. Una eademque sapientia Christi, Joannis, et mea : sed in Christo indocta, Joanni docta, mihi quodammodo neutrum, sed procedens, quia a Christo qui Joannem docuit, et a Joanne qui scripsit, sapientiam hanc accepi. Principium habuit sapientia mea a Christo et Joanne : principium habuit sapientia Joannis a Christo, sapientia Christi a nullo. Et tamen una eademque est ista sapientia. Est igitur sermo Joannis quasi genitus a sermone Christi ; sermo Christi quasi genitor sermonis Joannis ; sermo meus quasi procedens a sermone Christi et Joannis. Unus tamen sermo Christi, Joannis, et meus. Vides igitur, quod aliquod verbum unum et idem est; et tamen secundum aliquid indoctum, quod neque doctum dici possit neque procedens : secundum aliquid ita doctum, quod nec indoctum dici debeat : quia quod doctum est, indoctum non est, nec ea processione procedens, qua procedit in legente. A Christo enim in Joannem processit per doctrinam eruditionis ; a Joanne in me per studium lectionis. Ita unum atque idem prorsus Pater et Filius et Spiritus sanctus: et tamen genitor est Pater, ita ut neque genitus, neque procedens possit esse : ita genitus Filius, quod neque genitor, neque procedens a Patre, processione, qua Spiritus sanctus. Nam et secundum quid procedere dici potest a Patre. Unde ait : *Processi a Patre, et veni in mundum* (*Joan.* XVI). Procedit enim Filius generatione, Spiritus sanctus missione. Et est principium Filii et Spiritus sancti Pater, principium vero Spiritus sancti Filius ; principium ad omnes creaturas Spiritus sanctus. Sicut si ego vobis sermonem prædictum primo notum facerem, quem scripsit Joannes, et audivit a Christo, sermo meus vestræ doctrinæ esset principium, sermo Joannis ad meum, sermo Christi ad Joannis et meum, unus per omnia sermo.

Et Verbum caro factum est. Non Pater, non Spiritus sanctus caro factus est, quamvis unum sint Pater et Filius et Spiritus sanctus, solus tamen Filius carnem assumpsit. Cum enim diceret Christus, *Nisi manducaveritis carnem filii hominis,* etc. intellexerunt quidam carnaliter, unde scandalizati voluerunt abire retrorsum (*Joan.* VI). Credebant enim, quod in illa forma in qua crucifixus est, deberent eum manducare, non in sacramento panis et vini. Dixit ergo eis Jesus : *Hoc vos scandalizat? Verba quæ ego loquor, spiritus et vita sunt* (*ibid.*) : et aperuit illis sensum. In Christo sensus erat, non carnalis, sed spiritualis : in discipulis illis intellectus carnalis et spiritualis. Nam quia carnalis, scandalizati sunt, et quia tandem spiritualis, ait Petrus : *Domine, ad quem ibimus? Verba vitæ æternæ habes* (*Joan.* VI). Verbum in Christo caro non erat, quia caro et sanguis non revelabat ei. Verbum in discipulis quasi caro erat. Idem erat discipuli et magistri : sed in magistro divinum tantum, in discipulo vero humanum pariter et divinum. Sed quod humanum erat in discipulo ex infirmitate : et quod divinum erat in ipso, non ab ipso erat, sed ex virtute divina. Quid miraris in Dei Filio, quid miraris in Dei Verbo, et non miraris in isto? Unum est enim Pater et Verbum, unus Deus, unus omnipotens; et Verbum caro factum est, et Pater caro factus non est. Verbum carnem assumpsit, et Deus esse non desiit, quia id quod fuit permansit, et quod non erat assumpsit. Sed quod carnem assumpsit, ex infirmitate contraxit Virginis : quod Deus permansit, ex eadem Patris divinitate, quæ ipse erat, habuit : et ipse sua erat divinitas, et ipse erat Patris divinitas.

Quod igitur erat Verbum substantivum, carnem assumendo factum est adjectivum, quia sic sibi carnem univit, ut nec commistionem pateretur unio, neque divisionem. Non enim divinitas versa est in carnem, nec caro in divinitatem, nec potuerunt separari post unionem. Sed filius hominis fuit in sinu matris, et Filius Dei in sinu Patris. Nam quamvis in morte anima separata fuerit a carne, tamen nec caro nec anima separari potuit a divinitate, quia totus fuit in inferno propter animam, totus in sepulcro propter carnem, totus in cælo propter divinitatem. Nonne cum librum legis, et pellem et scripturam conspicis? Una sola pellis, et una sola scriptura est, et unus ex scriptura et pelle intellectus. Potest scriptura separari a pelle, sed intellectus deleri non potest. Tale est Verbum caro factum. Pellis caro, scriptura anima, intellectus tanquam verbum intrinsecum, Verbum Patris. Anima potuit separari a carne, intellectu Verbi non recedente. Et hoc *Verbum caro factum est*, id est Deus homo factus est. Nam per carnem figuratur homo, ut ibi: *Et videbit omnis caro salutare Dei* (*Isa.* LII). In hoc autem quod caro factum est, abbreviatum est. Verbum enim abbreviatum fecit Dominus super terram. Dispendiosum siquidem sermonem et auditoribus plenum fastidio fecerat in verbo legis et prophetis, et agiographis, *multifarie multisque modis olim Deus loquens Patribus in Prophetis* (*Hebr.* 1). Dixerant enim qui tunc temporis erant: Non deest qui impleat; sed deest qui jubeat. Propter hoc non defuit qui jussit: sed defuit qui implevit. Nam ut talis eorum retunderetur superbia, impositum est eis, teste Petro, tale jugum, quod nec ipsi nec eorum Patres portare potuerunt (*Act.* xv). Propter hoc ad verbum jubentis nec benevoli, nec dociles, nec attenti fuerunt: quippe duræ cervicis homines, et frontis indomabilis, et lapidei cordis, ut ait Propheta: *Obturaverunt aures suas tanquam aspides surdæ* (*Psal.* LVII); sed contra Moysen murmurantes suspirabant ad ollas carnium, quas reliquerant in Ægypto (*Exod.* XVI). Ut igitur auditores suos dociles et benevolos redderet et attentos, Verbum abbreviatum fecit Dominus super terram. Abbreviatum quippe in mundo, abbreviatum in utero, abbreviatum in patibulo: et quod mirabilius est, eo plus abbreviatum, quo in patibulo magis extensum. Extendebatur et abbreviabatur, et quo magis videbatur, eo plus abscondebatur.

Ex multis igitur verbis, quorum scientia prolixa et incomprehensibilis erat, excepit sapientia Patris Verbum abbreviatum, cujus doctrina salubris est et compendiosa. Nam cum verborum aliud sit substantivum, aliud adjectivum; aliud activum, aliud passivum, aliud deponens, aliud neutrum; omnia in uno Verbo instaurata sunt deponenti et abbreviato. Nam Verbum substantivum Deus in Patre, Verbum adjectivum Deus in carne, Verbum activum in rerum creatione; Verbum passivum in passione: Verbum deponens in depositione animæ, quando separata est a corpore. Unde ait: *Nemo tollit animam meam a me; sed ego pono eam, et iterum sumo eam* (*Joan.* x). Quod igitur indeclinabile, ut supra diximus, erat et immobile, ut scriptum est: *Tu autem idem ipse es, et anni tui non deficient* (*Psal.* CI), et iterum:

..... *Stabilisque manens das cuncta moveri.*

(BOET.)

Nam qui moveri non poterat, aut secundum tempus, aut secundum locum; omnia tamen movebat, aut secundum tempus et locum, ut corporalia; aut secundum tempus et non locum, ut spiritualia; in abbreviatione sua factum est mobile secundum distinctionem temporum, aut modorum, aut personarum. Præsens quippe tempus suæ abbreviationis fuit illa temporis plenitudo, in qua se præsentem hominibus indicavit. Sub legis quidem tempore, sub quo sui adventus tempus prænuntiavit, non fuit temporis plenitudo, sed tempus imperfectum, maxime quia nihil ad perfectum adduxit lex. Sacramenta quippe legis non illud efficiebant, quod figurabant; sed erant signa rei, non res signi; non significata, sed significantia. Sub gratia vero sacramenta efficiunt quod figurant; et completa est omnis prophetia; et perfecta sunt, quæ dicta sunt Mariæ a Domino. Unde et ista perfectio sub tempore sextæ ætatis completa est, ut sexta ætate repararet hominem, qui fecerat eum sexto die: et qui sub senarii perfectione totum primæ conditionis opus compleverat, sub senarii perfectione reparationis humanæ perfectum advenisse tempus ostenderet. Completa autem perfecti plenitudine temporis, quæ tunc consummata est, quando dixit in cruce: *Consummatum est* (*Joan.* XIX): sicut in prima conditione post sextum diem die Sabbati *requievit ab omni opere quod patrarat* (*Gen.* II): ita quando post istam perfectionem suæ abbreviationis et nostræ redemptionis, in die ascensionis portas elevans æternales (*Psal.* XXIII), plusquam perfectæ, quia nec factæ, æternitatis suis aditum reservavit. Cujus reserationis gloria statutis ad dexteram tunc patebit, cum futurum Judicis tempus advenerit; ex tunc erit tempus sine fine, tempus infinitum, quia sine fine mansurum.

In diebus igitur suæ abbreviationis indicativo modo uti voluit, quando discipulos suos erudivit; et quod utile, quod salubre, quod necessarium erat, verbis et operibus indicavit; imperativo modo in præceptis et miraculis; optativo autem in devotione orationis et desiderio nostræ salutis. Conjunctivo vero in unione animæ et corporis, in confœderatione utriusque parietis, in copula qua copulat ima summis; infinitivo etiam modo in distributione gloriæ, quæ nullo terminatur fine. Cum autem omnibus hanc præparat gloriam, qui eum sequuntur ad vitam, utitur impersonali modo, quia cujuscunque sit generis vel ætatis, sive conditionis, omnes vocat ad se, quia *non est personarum acceptor Deus* (*Act.* X). Gerundivo autem modo usus est tanquam pius medicus, quando *dolores nostros ipse tulit, et languores nostros ipse portavit* (*Isa.* LIII); et cum casus secundat asperos, et dat gerendi gratiam. Supino modo usus est, cum se supposuit Mariæ et Joseph. Unde habes : *Et subditus erat illis* (*Luc.* II). De persona vero Verbi hoc intelligendum est, quod sicut in doctrina philosophiali verbi tres esse personas docemur, et unum verbum, ita in doctrina fidei tres personas confitemur et unum Deum. Verbum vero Incarnatum et abbreviatum non desiit esse quod erat, sed incœpit esse quod non erat. Non desiit esse Deus, et una substantia cum Patre ; nec desiit esse alia persona a Patre, sed in sua abbreviatione idem Deus, eadem substantia illa, quæ tunc erat persona non alterata, sed a Patre altera. Hinc est quod Apostolus ait : *Qui prædestinatus est Filius Dei in virtute* (*Rom.* I). In virtute quidem Dei prædestinatus fuit, ut filius hominis esset ens Filius Dei. Cumque in sua majestate, ut dictum est, esset simplicis figuræ, nam etsi aliquis figura Dei dicitur, quia ad Dei figuram factus est, iste singulariter figura Patris est, ut Apostolus ait : *Qui cum sit splendor gloriæ, et figura substantiæ ejus* (*Hebr.* I); tamen non sic figura, quod ad figuram, quia totam implet Patris figuram : sed in nullo dissimilis aut inæqualis; nec similis participatione similitudinis aut æqualitatis; sed illud idem quod Pater est, ratione identitatis, In abbreviato tamen Verbo figura hominis foris patebat; sed figura Dei, nec alia a Deo, intus latebat ; et erat una persona homo patens et Deus latens.

Quid igitur? Dicemus hoc Verbum abbreviatum esse figuræ compositæ? Sed super hoc illis definitivam sententiam reservamus, qui Joannis Chrysostomi auctoritate innitentes, dicunt, hominem illum, non ex anima rationali et carne tantum, sed ex humana et divina natura, id est ex tribus substantiis, divinitate, carne, et anima constare : et hunc Christum fatentur, et unam personam tantum esse, ante incarnationem quidem solum modo simplicem, sed incarnatione factam compositam ex divinitate et humanitate : nec est ideo alia persona, quam prius. Unde Joannes : « In Domino nostro Jesu Christo duas quidem naturas cognoscimus, unam autem hypostasin ex utrisque compositam. » Ideo autem istis hanc sententiam reservamus, quia sunt alii, qui eis contradicunt, et in incarnatione Verbi non solum personam ex naturis compositam negant ; verum etiam hominem aliquem, vel aliquam substantiam ibi ex anima et carne compositam vel factam diffitentur; sed sic illa duo, scilicet animam et carnem, Verbi personæ vel naturæ una esse aiunt, ut non ex illis duobus vel ex illis tribus anima, substantia, vel persona fieret sive componeretur; sed ex illis duobus velut indumento Verbum Dei vestiretur, ut mortalium oculis congruenter appareret, non quod illa duo vel aliqua res ex illis composita, sint una persona cum Verbo. Unde Apostolus : *Et habitu inventus ut homo* (*Philip.* II). Unde Augustinus istud verbum Apostoli tractans, manifeste ostendit Deum dici factum esse hominem, vel esse

hominem secundum habitum. Propter hujusmodi, viam tam arduam non consulit intrare nostra cæcitas absque duce. Hoc autem dicere possumus, quod quando non erat ei species neque decor, sed videbatur quasi leprosus et percussus a Deo et humiliatus (*Isa.* LIII); et exinanita videbatur figura Dei, et deformis et decomposita videbatur figura hominis, utpote cruentata, et sputis oblita, pallescens colaphis, morte denigrata. Sed quoniam pro nobis hæc omnia sustinere dignatus est, qui sic se abbreviavit, qui sic se declinavit, et ut ita dicam, defiguravit, imo et exinanivit (*Philipp.* II), nos, dilectissimi fratres, ad ejus exemplum abbreviemus superbiæ nostræ fastum, declinemus a concilio ludentium, defiguremus pallore jejunii decorem lascivum, exinaniamus lasciviam carnis et morum, ut in omnibus configurati Verbo abbreviato, et formam hominis foris deformem, et formam Dei intus formosam conservemus : ejus tamen auxilio, sine quo nihil facere possumus, nec debemus, imo per quem omnia sunt, nec cessant fieri. Quoniam etsi abbreviatus fuit in mundo, tamen sine mensura immensus, et sine magnitudine magnus semper regnavit in cœlo, quia nec diminuta erat potestas ejus cum pateretur, nec magnitudo cum abbreviaretur; sed subditus in forma servi, regnabat Deus in forma Dei, cum Patre et Spiritu sancto : cujus regnum et imperium sine fine permanet in sæcula sæculorum. Amen.

SERMO VI.
DE NATIVITATE DOMINI.

Liber generationis Jesu Christi filii David, filii Abraham (*Math.* I). Quia mirabilia vidimus hodie, fratres, quod sine mensura immensus, parvus jacet in præsepio ; qui Verbum, infans factus est, et admirabilis consiliarius, absque verbo : incircumscriptibilis, loco parvo conclusus in utero, non incongruum duximus, loqui parva de magno, humana de Deo, vacare et videre, quam mirabilis sit Deus in opere suo. Antiquorum siquidem mirabilium non immemor Deus, aut minus potens in veritate signi et re significata, aperuit quod in signo veritatis et re significante figuravit. Virga floruit absque radice (*Num.* XVII), vellus maduit, et tellus aruit siccitate (*Jud.* VI) ; rubus igne canduit absque consumptione (*Exod.* III) ; sic virgo peperit absque semine. Cœli roraverunt in carnis vellere, mortalitatis nubes resplenduit Dei immortalitate. Vacate ergo et videte quam mirabilis sit Deus ; vacate ab opere servili, et videte *libertatem gloriæ filiorum Dei* (*Rom.* VIII). Si enim non tollatis lippitudinem ab oculis, intueri verum solem non potestis ; si non claudatis oculos carnis, non potestis aperire oculos mentis. Exteriores siquidem Pauli oculos clausit Deus, qui erant aperti ; ut interiores aperiret, qui erant clausi (*Act.* IV). Sic enim Job, ut apertos haberet oculos cordis, pepigit fœdus cum oculis suis, ut nec cogitaret quidem de virgine (*Job* XXXI). Vacate ergo a transitoriis, et videte æterna ; vacate ab imis, et videte superna; vacate a mundo,et vacate Deo; vacate per otium lectionis, et videte oculis intentionis; vacate legendo, et videte intelligendo. Propositus est enim nobis ad intelligendum aperte *Liber generationis Jesu Christi filii David, filii Abraham*. Et merito, quia resarciti sunt muri Jerusalem, cessat inimicorum fortitudo, ædificatæ sunt portæ, seræ portarum confortatæ (*Psal.* cxlvii); et in semine Abraham benedicti sunt filii ejus in ea. Et utique bene sunt muri ejus, resarciti, quia Salvator in ea positus est murus (*Isa.* xxvi). Bene cessare debet fortitudo inimicorum, quia ingressus est David ad singulare certamen contra Philisthæum (*I Reg.* xvii).

Sicut ergo illi, qui sub Nehemia et Esdra, fecerunt, et nos, fratres mei, qui filii sumus cœlestis Jerusalem, faciamus. *Hæc enim omnia ad nostram doctrinam scripta sunt*, et facta pro nobis, *in quos fines sæculorum devenerunt* (*I Cor.* x). Legimus enim quod postquam reædificata fuit Jerusalem, et inimicorum ruina cessavit, accepit Esdras librum legis, et legit in eo coram filiis Israel ad intelligendum aperte (*II Esdr.* viii). Sic et Deus Pater in reædificatione Jerusalem, *quæ sursum est, quæ est mater nostra* (*Gal.* iv), librum illum nobis aperuit, quem signatum Isaias vidit (*Isai.* xxix) : sed et Joannes in hoc eodem libro septem signacula vidit, quæ nemo poterat solvere, donec Agnus qui occisus est, aperire eum dignus inventus est (*Apoc.* v). Quia igitur Agnus ille, qui coram tondente se obmutuit, et non aperuit os suum (*Isai.* liii), septem signacula a libro removere venit; quando scilicet nasci voluit, elegit submitti, passiones nostras absque peccato pati, tentari, jejunare, mori, et infernum mordere, non immerito lectioni vacare debemus, qui hæc omnia nuda et aperta videmus. Olim eum Isaias vidit sed nondum poterant vacare antiqui. Nam et scienti litteras et nescienti porrigebatur, et legere non poterant (*Isai.* xxix); signatus enim erat sigillis septem (*Apoc.* v). Hodie autem ita librum apertum videmus; ut et ille qui scit litteras, et qui nescit, quod utile, quod honestum, quodque necessarium est, invenire possit et intelligere. *Beatus qui legit et audit verba libri hujus; et servat ea, quæ in eo scripta sunt* (*Apoc.* i). Nihil enim in eo superfluum scriptum est, quod possit recidi; nihil minus dictum, quod debeat addi; nihil male dictum, quod debeat emendari : sed totum utile est, ut benevoli sint auditores; totum breve, ut fiant attentiores. *Verbum siquidem abbreviatum, fecit nobis Dominus super terram* (*Isai.* x). Olim librum scripsit nobis Deus, in quo sub multis verbis unum comprehendit : hodie librum nobis aperuit, in quo multa sub uno verbo conclusit. Quidquid enim per integumenta verborum in libris antiquis de Filio Dei scriptum erat, totum in hujus libri verbo explanatum est. *Multifarie enim multisque modis olim Deus locutus est patribus in prophetis, novissime diebus istis locutus est nobis in Filio* (*Hebr.* i), hoc est, in Verbo suo.

Hoc igitur volumen, volumen illud est, quod factum est in ore prophetæ sicut mel dulce : ait enim: *Et cibavit me volumine illo; et factum est in ore meo sicut mel dulce* (*Ezech.* iii). Sed quis est liber iste? Est enim liber magnus quidam in superficie, sed parvus in sensu, quia *nihil ad perfectum adduxit lex* (*Hebr.* vii). Et est liber nihil habens oneris in superficie, sed grandis in sensu. Et est liber maximus in superficie, et incomprehensibilis intellectu. *Quis enim cognovit sensum Domini; aut quis consiliarius ejus fuit?* (*Rom.* xi.) Ipse enim liber est, qui pro pelle carnem habuit, et pro scriptura Verbum Patris. Liber ergo magnus in superficie, et parvus in sensu, lex est, sive mundus iste, qui foris scriptus est per rerum formas, intus autem per rerum naturas. Quasi enim liber est revolutus per revolutionem temporum et dierum. Liber qui nihil habet oneris in superficie, et magnus est in sensu, conscientia hominis est, grandis, inquam, liber, scriptus stylo hominis. Stylus hominis, defectio est humanitatis. Hic scriptus est foris, considerando visibilia; intus, considerando æterna. Major primo libro est liber iste. Nam et ea quæ in mundo sunt, et ea quæ sunt extra mundum, potest comprehendere. Sed super omnes est liber ille, qui et ea quæ in mundo sunt, et quæ in conscientia esse possunt, comprehendit. Unde est : *Imperfectum meum viderunt oculi tui, et in libro tuo omnes scribentur* (*Psal.* cxxxviii). Verbum tamen et alia etiam comprehendit, quæ in cor hominis non ascendunt. Oculus enim non vidit, et in cor hominis non ascendit, quæ cognoscent ii, qui student in eo (*I Cor.* ii).

Ut igitur breviter exponamus, liber maximus est Filius incarnatus, quia sicut per scripturam Verbum unitur pelli, ita per assumptionem hominis Verbum Patris unitum est carni. Quia ergo ipse est, qui omnem a Patre accepit potestatem judicii, *Pater enim non judicat quemquam, sed judicium omne dedit Filio* (*Joan.* v); non immerito in illo volumine figuratur, in quo scriptæ sunt *lamentationes, et carmen, et væ* (*Ezech.* ii). Unde et propter illa duo, quæ audivit propheta David, potestatem scilicet et misericordiam (*Psal.* lxi), in qua reddit unicuique secundum opera sua (*Rom.* ii), factum est in ore hujus prophetæ, sicut mel dulce. (*Apoc.* x). Scriptæ sunt enim in hoc volumine lamentationes propter eos qui in mundo sunt positi; carmina iis qui in cœlo sunt elevati; væ vero iis qui in inferno sunt damnati. Vel lamentationes iis qui proficiunt in activa vita; carmen iis qui proficiunt in contemplativa; væ iis qui proficiunt in neutra. Sicut in manu ejus dicitur calix esse plenus misto mero et fæce, quia fæx non est exinanita (*Psal.* lxxiv) : ita et in sinu ejus volumen esse dicimus, ubi scriptæ sunt lamentationes, et carmen, et væ; hoc in lamentatione figurantes, quod in misto; in carmine quod in mero; in væ, quod in fæcis detrimento. Et bene hunc librum in sinu Patris esse dicimus, quia in uterum Virginis Filium descendisse cognoscimus. Studeamus igitur in lamentationibus, per observantiam mandatorum, per patientiam tentationum, per exercitium laborum; in carminibus, per gratiam devotionis, et gaudium promissionis; in væ, per timorem humani defectus et dolorem divinæ comminationis. Si enim timemus de comminatione, ita quod gaudeamus de promissione, non deficiemus in labore vel tentatione. Studeamus igitur in libro, ubi scriptæ sunt lamentationes, et carmina, et væ : imprimis considerantes, quæ sit hujus libri materia, quæ intentio, quæ causa intentionis, quæ utilitas, quis agendi modus et quis titulus.

Materia est materia materians omnia, vel materia materiata, vel illa quæ una est ex materiata et materiante materia. Materia materiata est caro de Virgine assumpta; materia materians divinitas assumens; materia ex materiata et materiante, una ex carne et Deo persona. Unde et in libro legis vel prophetarum, Filius loquitur quandoque secundum quod homo, quandoque secundum quod Deus. multoties loquitur totus Christus. Intentio vero est, pauperes ditare, relegatos ad patriam reducere; servos ad libertatem, peccatores ad veniam, damnatos ad gloriam sempiternam. Quasi enim sapiens mulier accendit lucernam, ut tenebrosos illuminet, ut drachmam perditam recuperet (*Luc.* xv). Quasi angelus Tobiæ peregrinanti se comitem præbere venit (*Job* v), et cum tribus pueris in fornace mundi descendit (*Dan.* iii). Quasi Samaritanus semivivo in præsepi cœleste unguentum effudit, quem Levita et sacerdos contempserant (*Luc.* x) : et quasi Eliseus super filium Sunamitis incurvavit se, cui baculus missus per Giezi proficere nequibat (*IV Reg.* iv). O pia intentio, non crudelis; voluntaria, non necessitatis. Non fraudatus est a spe sua, cui sic intendit, qui exspectans exspectavit. *Exspectans*, ait, *exspectavi Dominum, et intendit mihi* (*Psal.* xxxix). Speremus in eum, fratres, et exspectemus, quia qui nobis intendit, quando venit ad nos, intendet et nobis, quando salvabit nos. In his enim omnibus non est aversus amor ejus, sed adhuc manus ejus extenta (*Isai.* ix). Intendit nobis, veniendo ad nos in gratia et humilitate, intendet et nobis, veniendo ad nos in gloria et majestate. Intendit nobis gloriam promittendo, intendet et nobis reddendo.

Causa vero tantæ et talis intentionis fuit hinc lapsus miseri, hinc miseria lapsi; hinc amor singularis impensus miseris corde, hinc miseria multiplex in amante; hinc omnipotentia largientis, hinc vero largitas omnipotentis. Iis enim sex gradibus ad thronum eburneum ascendit Salomon, quia istis sex de causis incarnari voluit de Virgine Christus, cujus uterus propter virginitatem factus est eburneus thronus. Hoc siquidem noster verus Salomon sedere venit in throno, quando *coronavit eum mater sua in die desponsationis suæ* (*Cant.* iii). Sicut enim corona regi convenit, sic et thronus. Corona enim in capite, connexio affectuum ordinata in mente; thronus virginalis uterus. In throno sedere in die desponsationis suæ venit, quando carni divinitatem univit. De hoc throno legitur, quod *thronum fecit sibi rex Salomon de ebore grandem, et sex gradibus ascendebatur ad eum* (*III Reg.* x). In throno, ut dixi, Virginis uterus, in Salomone Christus, et sex incarnationis causæ figurantur in sex gradibus. Et bene per Salomonem Christum figurari dicimus, quia ipse est, qui fecit pacem his qui longe, et his qui prope (*Ephes.* ii) : pacem Judæis, et pacem gentibus, pacem angelis et hominibus, quia ipse est, qui utrumque conjunxit parietem, divisit maceriam (*ibid.*), in cujus morte dissipatum est velum, ut unum esset sanctum et Sanctum sanctorum. Unde Salomoni comparatur, quia Salomon *pacificus* interpretatur. Sequitur de utilitate.

Mira et admirabilis utilitas, per quam nobis æterna reddetur jucunditas, et jucunda æternitas, ubi gaudium sine mœrore, quies sine labore, ubi nullus timor in minore, nulla exactio in majore, nullus invidiæ rancor in pace. Ubi omnes induent in sapientia Salomonem, in mansuetudine Moysen, in velocitate Azaelem, in fortitudine Samsonem, in potentia Cæsarem, Absalonem in pulchritudine, in justitia Noe. Ibi *saliet sicut cervus claudus* (*Isai.* xxxv), ibi videbit ut panthera cæcus. Ibi nihil extra liberum habebit servus, nec aliquid cum servo hæres parvulus (*Gal.* iv), sed erunt ibi liber et servus, parvus et magnus, leo et agnus (*Isai.* ii), et pascet eos pastor bonus puer iste parvulus, qui hodie natus est (*Isai.* ix). Multa dixi et nihil dixi : quasi balbutiendo locutus sum, quasi puer qui loqui nititur, et non potest. Quæ enim comparatio temporalis gloriæ, et perennis gloriæ? Non participant eadem ratione propositi. Hæc enim caduca sunt, illa æterna; hæc terrena, illa cœlestia; hæc adesse possunt et abesse: illa vero cum omnibus omnia sint, nunquam poterunt deesse. Sicut enim nulla potest esse conventio Christi ad Belial, lucis ad tenebras (*II Cor.* vi), ita nulla est comparatio præsentis justitiæ, sapientiæ, mansuetudinis, velocitatis, fortitudinis, potentiæ, et pulchritudinis, respectu futuræ. In respectu enim illius omnes justitiæ nostræ quasi non sint, et quasi pannus menstruatæ (*Isai.* lxiv), sic sunt coram Deo. Similiter et sapientia illi sapientiæ comparata insania est; mansuetudo Herodis crudelitas, velocitas quod aquila testudini, et lunæ celeritas pigritiæ Saturni comparata. Fortitudo vero summa pusillanimitas, potentia paupertas; pulchritudo quasi simiæ turpitudo. Multa dixi, et nihil dixi. Et quomodo potui dicere, quod nescivi? Et quomodo scire, quod in cor hominis nequit ascendere? *Non enim oculus vidit, nec auris audivit, et in cor hominis non ascendit, quod præparavit Deus diligentibus se* (*I Cor.* ii). Sed hæc ideo dixi, ut cogitandi occasionem darem vobis, ut per hæc multo meliora crederetis. Modus autem agendi tantum et tale mysterium, talis fuit :

In primis omnium *missus est Gabriel angelus a Deo*

SERMONES. — SERMO VI. DE NATIV. DOMINI.

in *civitatem Galilææ, cui nomen Nazareth, ad Virginem desponsatam viro, cui nomen erat Joseph, de domo David; et nomen virginis Maria (Luc.* I, 2). Sed Virgo salutata turbatur, turbata concipit, impraegnatur, et parturit. Sic cœlestis medicus morbum quem nobis inflixerat hostis antiquus, curavit partim ex similibus partim ex dissimilibus. In principio siquidem nostræ damnationis, missus est serpens a diabolo in locum, cui nomen erat paradisus, ad mulierem desponsatam viro, cui nomen erat Adam, de domo Dei, et nomen mulieris Eva. Sed mulier decepta lætatur, gaudens consentit, consentiens operatur *(Gen.* III). Illa ergo nostræ salvationis exordium fuit, cum ab angelo salutatur, ista damnationis, cum a serpente decipitur; illa turbata gaudium commune concepit, ista gaudens, non dico suæ, sed potius nostræ perturbationi consensit; illa parturivit auctorem vitæ, ista fomitem mortis æternæ. Voluit ergo Deus filius hominis fieri, ut homines essent filii Dei; voluit laborare et pati, ut homines vacarent requiei; voluit esse mortalis, ut mortales non possent mori. Dedit ergo nobis sua, ut nos ei daremus nostra. Ut essent cum Deo homines, venit Emmanuel. Quid enim est Emmanuel? *Nobiscum Deus.* Cum hominibus venit Deus, ut homines essent cum Deo, Jeremia attestante, qui ait : *Hic est Deus noster, extra quem non existimabimus alium ; qui ostendit viam suam Jacob, et Israel puero suo. Post hæc in terris visus est, et cum hominibus conversatus est (Baruch.* III). Quia igitur ad homines venit, ut Judæos et gentes, et eos qui sunt ex Judæis et gentibus salvaret, ut inquinatos mundaret, oves ab hædis separaret, hædos abjiciens, fideles regens, non immerito Græca, Hebræa, et Latina lingua titulus causæ libri scriptus est : *Jesus Nazarenus rex Judæorum (Joan.* XIX), Jesus *Salvator* interpretatur, Nazarenus *mundans* vel *separans,* Judæus *confessio* sive *confitens.* Et bene Salvator dictus est, quia cum multos legamus Salvatores, sicut in libro de Judicibus legitur, quod misit eis Dominus Salvatorem *(Jud.* III); et Ægyptii ad Joseph: *Salus nostra in manu tua est (Gen.* XLVII): hic autonomastice Salvator dici potuit, qui non tam jumentorum quam hominum, non tam gratiosam quam gloriosam salutem ministravit. Illi siquidem jumenta salvare potuerunt, non homines : et ob hoc temporalem, non æternam salutem ministraverunt. Iste vero non tam corporibus quæ quasi jumenta sunt, quam animabus, quas hominibus comparamus; non tam hujus temporis gratiam, quam æternæ salutis gloriam infudit. Non enim tantum animas, sed et corpus humilitatis nostræ conformabit corpori claritatis suæ.

Studeamus ergo, fratres, in libro hoc, hanc eamdem, quæ in libro est, habentes materiam, nullam aliam intentionem, vel intentionis causam; sed eamdem quærentes utilitatem; modum quem tenuit in studio teneamus, ut de eo qui pro nobis scriptus est, gaudeamus. Omnis siquidem studii labor, cogitando, loquendo, vel operando exercetur. Si igitur aliquid cogitas, loqueris, vel operaris, quod discrepet a lege Domini, a materia libri hujus excessisti. Similiter si in opere, vel cogitatione, vel locutione tua, aliud intendas, quam pauperes recreare, nudum vestire, peregrinantibus compati, pro fratribus pati, ab intentione libri declinasti. Si vero in ipsa intentione bona aliam intentionis causam habueris quam pietatem, et amorem Omnipotentis, a causa remotus es intentionis. Plerumque enim contingit ut intentio boni sit, et causa intentionis bona non sit. Si enim justam viduæ causam tractare sollicite intendat aliquis, non quidem affectu pietatis vel compassionis, sed causa cujusquam lucri temporalis, hujus intentio bona est, et causa intentionis bona non est. Similiter eamdem utilitatis causam, quæ in hoc est, debes imitari. Cum enim aliquid bene intendis facere ex affectu pietatis, nullam aliam utilitatem quæras, quam gloriam inde perpetuam adipisci. Multoties enim contingere solet ut pro bono opere vel favor hominum, vel retributio quæratur temporalium. Modum etiam agendi debes in opere imitari, ut de bono opere non superbias, sed potius humilieris. Omnis enim qui recte fragilitatem suam considerat, mirari debet quomodo vel ad momentum bene operari queat. Turbari similiter debet, ne forte propter hoc bene operandi facultas detur, ut cum minus cautus fuerit, ab hoste fortius impugnetur. Plerumque enim a vexatione sua diabolus cessat, ut eum quem subvertere nititur, incautiorem reddat. Ita ergo turbari debes, ut bene operari non desinas. Nunquam enim timor malus est, nisi quando nimius est. Virgo turbata concepit, impraegnata est, et parturivit. Exemplum dedit tibi, ut tu turberis timore, concipias tamen cogitatione, impraegneris dilectione, delectatione parturias in salutis operatione. Sed cujus salutis? Non corporis, sed animæ. Hanc enim salutem operari non debet, quia *qui odit animam suam,* id est, vitam suam, *in hoc mundo, in vitam æternam custodit eam (Joan.* XII). Ecce, fratres, doctrina cœlestis, ecce schola Salvatoris, studium filiorum Dei. Hæc scripta sunt in libro generationis Jesu Christi; et scribenda nobis in libro grandi. Scriptum quippe est : *Scribantur hæc in generatione altera (Psal.* CI). Quæ altera? Quæ est prima, cujus ista sit altera? Generatio prima est generatio primi Adam, qui de terra terrenus est, id est generatio Cain, generatio Esau, semen Chanaam, et non Juda, *viperarum genimina (Matth.* III), *generatio prava et exasperans, generatio quæ non direxit cor suum, et non est creditus cum Deo spiritus ejus (Psal.* LXXVII): quæ studet et intendit semper, non in libro, in quo studet generatio Christi, qui est liber generationis Jesu. Habet enim et hæc generatio librum suum, qui malitiam habet pro materia sua, blasphemiam pro verbo, malam pro intentione voluntatem, pro causa intentionis mundi vanitatem, pro utilitate momentaneam carnis voluptatem. De cujus voluptatis modo, et utile nobis duximus, et dignum vobis, silentio præterire. Ait enim Apostolus, ut *hujusmodi nec nominetur in nobis* (*Ephes.* v) : et ad eloquium tale non permittit os discipuli beatus Benedictus aperiri (*Reg. c.* 6). Sed altera generatio est, generatio secundi Adam, qui de cœlo cœlestis est (*I Cor.* xv), generatio quærentium Dominum ; quæ innocens et mundo corde (*Psal.* xvii), in lege Domini meditatur die ac nocte (*Psal.* i), studet et intendit in exercitio justitiæ, in salute animæ, in compositione animi, in contemptu mundi, et in laude Dei ; cujus laus et honor imperii sine fine permanet in sæculum sæculi. Amen.

SERMO VII.
IN EADEM SOLEMNITATE.

Anno quo mortuus est rex Ozias, vidi Dominum sedentem super solium excelsum et elevatum ; et plena erat omnis terra majestate ejus, etc. Beati oculi qui vident, quæ vos videtis (*Isai.* vi). Multi enim prophetæ gavisi sunt ad umbram rei, cujus veritatis exsecutionem videtis. Hinc est quod Dominus loquens Judæis ait : *Abraham pater vester exsultavit, ut videret diem meum ; et vidit, et gavisus est* (*Luc.* x). Quando vidit? Quando in figura Trinitatis tres angelos vidit (*Gen.* xviii). Ergo non rem, sed rei figuram vidit, et gavisus est. Similiter Isaias incarnationis Dominicæ diem in figura vidit, et gavisus est, dum ait : *Vidi Dominum sedentem super solium excelsum et elevatum* (*Joan.* viii). Et ne de visione dubitaret, ostensa est ei similiter in figura temporis plenitudo, qua visio debuit adimpleri. Unde dicit : *Anno quo mortuus est rex Ozias.* Ozias quippe rex plebis Judaicæ fuit. Figuram igitur illius temporis vidit, quo regnum Judaicum finem accepit, quoniam omnia hæc in figura monstrabantur ei. Nam cum regnum Judææ ultimum valefecit, secundum prophetiam patriarchæ Jacob, qui mittendus erat Messias advenit : *Non auferetur sceptrum de Juda et dux de femore ejus, donec veniat, qui mittendus est* (*Gen.* xl), quod et factum est. Nam a reditu de captivitate Babylonis fluxis circiter quadringentis septuaginta quinque annis et tribus mensibus, quibus interruptum fuerat regnum Judæorum, imposuit sibi diadema Aristobulus Joannis cognomento, Hircani filius, qui filios quidem non habuit sed fratres : quorum unum, id est Antigonum occidit, alios autem carceri mancipavit. Post quem promotus est ab uxore Aristobuli major frater ejus nequissimus Alexander, quoniam in sex annis quinquaginta millia seniorum interfecit, eo quod facinora sua detestarentur. Sed eo febre correpto et mortuo, successit ei in rem regni sed non in nomen filius ejus Hyrcanus, qui a Pompeio fuit pontifex declaratus : quem postea Pachorus rex Parthorum Antigono tradidit, qui cum auribus mutilavit, et per Pachorum in regnum sublimatus est. Cum vero Hyrcanum cum Phasele fratre Herodis comprehendisset Pachorus, Herodes ad Idumæos contribules suos fugit ; ille, inquam, Herodes Idumæus, qui dictus est Ascalonita, qui Antigono successit in regnum, quia post Antigonum, qui vivente Herode sublimatus fuit a Pachoro in regno, nullus Judæorum regnavit. Unde Josephus (*Antiquit.*, l. xviii, c. e) illius temporis fidelis historiographus tale dat de Christo testimonium : « Fuit eisdem temporibus Jesus, sapiens vir, si tamen eum virum nominare fas est : erat enim mirabilium effector operum, et doctor eorum qui libenter quæ vera sunt audiunt : et multos Judæorum, et multos ex gentibus sibi adjunxit : Christus hic erat. Hunc accusatione primorum nostræ gentis cum Pilatus in crucem agendum esse decrevisset, non deseruerunt hi qui ab initio eum dilexerunt. Apparuit enim eis iterum vivus, secundum quod prophetæ hæc et alia de eo futura prædixerant. Sed et in hodiernum diem Christianorum, qui ab ipso dicti sunt, et nomen perseverat et genus. »

Quia ergo cessavit unctio, dicant nobiscum advenisse Messiam, et ipsum tunc advenisse, quando finito regno Antigoni, qui fuit gentis Judææ, translatum est regnum ad Herodem alienigenam. Qui in dolore ortus Dominici omnes qui erant in Bethlehem Judææ pueros, a bimatu et infra occidit (*Matth.* ii). Quamvis aliter intelligi possit, quod dictum est, *Anno quo mortuus est rex Ozias.* Iste siquidem Ozias in principio regni sui fecit quidem quod placitum erat coram Domino, quia et hostes debellavit et Ammonitas sibi tributarios fecit ; et reædificavit muros Jerusalem, quos destruxerat Joas rex Israel. Sed cum ditatus esset substantia mortali, contra Deum immortalem superbivit. Nam in festo propitiationis indutus stola pontificali intravit in templum, ut incensum poneret, Azaria Pontifice cum octoginta sacerdotibus eum prohibente. Unde factus est terræmotus, et claritas solis affulgens plus solito incidit in faciem regis, et percussus est lepra in facie (*II Paral.* xxvi). Vivente ergo Rege superbo et impio, Isaias Israeliticæ libertatis visionem videre non meruit, quia quandoque et propter malos prælatos boni subditi, et per malos subditos boni prælati a gratia Dei subtrahuntur. Hinc enim Dominus Ezechieli dicit : *Ecce ego adhærescere faciam linguam tuam palato tuo, et eris mutus, nec quasi objurgans, quia domus exasperans est* (*Ezech.* iii). Quia igitur rex impius tantæ visionis dignus non fuit, propheta per quem manifestari debuerat, ipso vivente eam videre non debuit. Ipso tamen mortuo visionem vidit, ut per hoc daretur intelligi, quod Dominus Isaiæ, non suo, sed excessu regis, spiritum prophetiæ subtraxit. Pensate, dilectissimi, quam periculosum sit ab humilitate recedere, quando nos sentimus bonis gratuitis eminere. Quia enim facies eminentior pars est corporis, merito percussus est Ozias lepra in facie, qui cæteris eminentior voluit apparere. Bene siquidem lepræ præmium pro merito virtutum recepit, qui lepra superbiæ dona virtutum gratuita sordidavit. Nisi enim a cordis oculis labem superbiæ quis deterserit, et vitiis moriatur, ad visiones Dei discernendas etiam piæ voluntati nulla ratio suffragatur. Dicit ergo : *Anno, quo mortuus est rex Ozias, vidi Dominum*, etc. Qui modo propheta dicitur, olim videns dicebatur; sed non ideo videns, quod apertos habeat oculos carnis, quoniam indifferenter ad utrumlibet, bonum scilicet et malum, solent aperiri. Aperti sunt oculi Adam post lapsum (*Gen.* III), aperti oculi discipulorum euntium in Emmaus in fractione panis (*Luc.* XXIV). Sed illius ad malum, istorum ad bonum. Illius ad concupiscentiam; istorum ad resurrectionis fidem.

Neque enim credendum est cordis prædonibus, qui cum suæ voluntati cor subjugaverint, faciunt ipsum speluncam latronum (*Matth.* XXI), maxime quia falli possunt, ut non sit illud quod videtur, sicut videri videtur. Firmamentum videtur stare, quod semper movetur; naviganti videtur moveri solum, quod solidum perseverat. Baculus videtur in aqua fractus, et cum sit integer, fallitur visus. Nec ideo propheta dicitur, quod spirituales cordis oculos aperit ad videndum. Non enim est credendum omni spiritui; sed *probate*, ait Apostolus, *spiritus, si ex Deo sunt* (I *Joan.* IV). Nam per rerum imagines falluntur cordis oculi, cum aliter cogitantur, quam sint. Sed propter hoc propheta videns dicebatur, quod intellectuali videbat oculo, quod aliter evenire non posse per infusionem sancti Spiritus intelligebat : sive ænigmatica, sive anagogica visione daretur intelligi, quod videbatur. Talis fuit visio Isaiæ filii Amos, qui ait : *Vidi Dominum sedentem* (*Isa.* VI). Vidit Adam Dominum deambulantem (*Gen.* III), Stephanus stantem (*Act.* VII), Isaias sedentem. Sic stabilis manens moveri videtur, cum nec affectu, nec loco, nec tempore moveatur. Sed deambulantem vidit eum Adam, quia in hoc quod peccavit, non tam Dominum ab eo, quam ipsum a Domino recessisse cognovit; Stephanus vero stantem vidit, quia cum eum stare videret, cum ipso in tribulatione viriliter standi in agone signum dedit. Isaias autem sedentem *super solium excelsum et elevatum* vidit, qui vel quiescentem, vel humiliatum inter mortales agnovit. Sedere enim humilitatis signum est, aut quietis. Sedilium tamen multas nobis varietates sacer sermo proponit, in quibus Dominum sedere protestatur. Dicit enim Psalmista : *Dixit Dominus Domino meo : Sede a dextris meis* (*Psal.* CIX). Unde et in hymno angelico canimus : *Qui sedes ad dexteram Patris, miserere nobis*. Alibi tamen idem Psalmista dicit : *Qui sedes super cherubim, manifestare coram Ephraim, Benjamin et Manasse* (*Psal.* LXXIX). Et rursus : *In excelso throno vidi sedere virum*. Alibi vero dicit ipse Dominus *cœlum mihi sedes est* (*Isa.* LXVI). Et rursus : « *Anima justi sedes est sapientiæ* (Greg. hom. 33). » Et ibi, sive significetur idem, sive aliud : *Vidi Dominum sedentem super solium excelsum et elevatum*. In his omnibus nobis ille prædicatur, in cujus nativitate canit Isaias, cum ait : *Et vocabitur nomen ejus Admirabilis, Consiliarius, Deus fortis, Pater futuri sæculi, Princeps pacis* (*Isa.* IX). Deus est enim, qui sedet ad dexteram Patris; consiliarius, qui sedet super Cherubim : unde cherubim interpretatur *plenitudo scientiæ*; admirabilis, sedens in throno; thronus enim regis est; et ipse in regimine firmamenti et totius mundanæ machinæ apparet mirabilis, quam mirabiliter regit. In hoc autem quod *cœlum* sibi *sedes* est, Pater futuri sæculi comprobatur. In hoc vero quod sedet *super solium excelsum*, id est in hoc quod naturam transcendit angelicam, fortis et potens intelligitur.

Unde angelis, quibus dictum est : *Tollite portas*, etc., respondentibus, *quis est iste rex gloriæ*, respondetur : *Dominus fortis et potens, Dominus potens in prælio* (*Psal.* XXIII). In hoc autem quod sedere dicitur in anima justi, vel super solium elevatum, quod idem est, probatur princeps pacis; quoniam nunquam pax potest esse in anima sine ipso, nec nisi pax cum ipso. Vel aliter sedium diversitates ex propriis nominibus possumus assignare. Est enim alia sedes, quæ dicitur thronus, alia ferculum, alia cathedra [add. alia synhedra], alia tribunal, alia exhedra. Thronus regum est, ferculum seu sella pauperum, cathedra doctorum; synhedra auditorum, tribunal judicum, exhedra judicis assessorum.

Habet igitur ab æterno Dei Filius thronum ad dexteram Patris, sed ferculum fecit sibi in utero matris : cathedram vero facere non cessat in cordibus fidelium magistrorum, synhedras in devotis auditoribus, tribunal in justis judicibus, exhedras in fidelibus consiliariis, judicans cum judicibus : Nam hujusmodi homines vocat Psalmista sedes, ubi ait : *Illic sederunt sedes in judicio, sedes super domum David* (*Psal.* CXXI). Illic, id est in cœlesti Jerusalem sedebunt illi, in quibus Dominus modo sedet vel per doctrinam, vel per obedientiam, vel per justitiam, vel per fidem. Et quamvis tot modis dicatur sedere, tamen excellenter et proprie dicit eum Isaias sedere super solium excelsum et elevatum. Duas enim fecit rationales creaturas, angelum scilicet et hominem. In illis Dominus requiescit, quia si deliciæ sunt ei esse cum filiis hominum (*Prov.* VIII), multo magis cum angelis, qui a statu bonæ conditionis non recesserunt. Hanc naturam angelicam vocat Isaias solium excelsum, quia a celsitudine in qua primo conditi sunt, non ceciderunt. Humanam vero naturam solium dicit elevatum, quia a statu in quo condita fuit cecidit, sed per effusionem sanguinis Jesu Christi postmodum elevata fuit. Unde idem Dominus ait : *Cum exaltatus fuero, omnia traham ad meipsum* (*Joan.* XII). Vel excelsum solium vocat animam, quia in hoc excelsa, quod ad imaginem et similitudinem Dei facta. Solium vero elevatum caro humana, quæ de vili schemate facta, videlicet de limo terræ, modo super choros angelorum est elevata. Super solium igitur excelsum et elevatum sedit, qui ad suscipiendam animam et carnem se humiliavit. Et ne tantæ visionis miraculo propheta diffideret, evidens super hoc in rebus conditis supponit exemplum. Sequitur enim :

Et plena erat omnis terra majestate ejus. Omnis, inquam, quia illa, de qua dictum est : *In principio creavit Deus coelum et terram* (*Gen.* 1); vel illa, de qua dicitur : *Etenim Dominus dabit benignitatem, et terra nostra dabit fructum suum* (*Psal.* LXXXIV) ; vel etiam illa, de qua scriptum est : *Anima mea sicut terra sine aqua tibi* (*Psal.* CXLII). Nam cum de ornatu terræ Deus disponeret, ait : *Congregentur aquæ in locum unum, et appareat arida. Factumque est ita. Et dixit Deus : Germinet terra herbam virentem,* etc. (*Gen.* 1.) Consideremus quam vivus sit sermo Dei et efficax (*Hebr.* IV); quam utilis et velox vox ista : *Germinet terra herbam virentem,* et statim sine beneficio humoris, sine calore solis, sive exercitio humani laboris germinavit. Solent enim plerique dicere, nisi clementia aeris herbas humectaverit, vel solis calor moderatior tepefecerit, vel exercitio humani laboris cultæ fuerint, germinare non possunt. Nam propterea quidam Maiæ, tanquam Deæ humoris in capite Maii, cui etiam mensem illum dedicantes a Maia Maium dixerunt; qui error quibusdam, qui etiam Christianæ religionis habent characterem (quod dolentes dicimus), usque hodie dissuaderi non potest, divinum impenderunt et impendunt cultum. Alii vero soli, eo quod virtute sua terrarum sinus penetret, et sparsa foveat semina, et rigentes gelu venas relaxet arborum ; alii vero pro diversis beneficiis, hominibus tanquam diis diversos deputabant honores. Sed facessat vana opinio, quia sine humore non jam humus, sed arida germinavit, antequam solis fotus susciperet, imo priusquam sol ipse fieret; nullo labore hominum, sed divino munere, sine satione fruges, fructus sine semine tam necessarii, tam grati, tamque utiles, ad illam Dei vocem pullularunt, ut repletis non solum usui sint, sed delectationi. Nam sive in radicibus, sive in corticibus, seu etiam in medullis aut foliis aut fructibus sive seminibus, quidquid factum est, totum fecit Deus, ut ex eis sustentaretur hominis infirma natura, vel relevaretur infirmata, vel custodiretur sana, vel sanaretur minus debita custodita. Non igitur impendant homines honorem creaturæ, quem debent Creatori : nec glorietur de se creatura, nec glorietur in creatura, sed potius in Creatore. Quia neque qui plantat est aliquid, neque qui rigat, sed qui terram germinare facit, et dat germinibus incrementum (*I Cor.* III). Omnia quæ fecit, aut esui, aut usui humano nata sunt; nam quod ad escam non adjuvat, valet ad medicinam; et si qua tibi noxia videantur, innoxium tamen aut feris aut avibus ministrant pabulum, ut sic redeant ad humanum proventum. Nam sturni cicutis, et homines sturnis utuntur; cervi colubris, et homines cervis ; et si qua forte sunt, quæ nulli prosint, imo noceant, tamen ad hoc facta sunt, ut homo in ipsis aut puniatur, aut exerceatur, aut erudiatur, aut humilietur : et sic ad humanam utilitatem cuncta reciprocat, cujus plena est terra majestate ejus. Sed si in rerum conditione fuit ita potens et efficax sermo divinus, qua præsumptione intra limites infirmitatis potentiam sive clementiam Verbi coarctare volunt hæretici, ut pro salute animæ non faciat, quæ multo dignior est corpore, quod fecit pro corporis necessitate? Terra nec humore, nec calore, nec labore germinavit, cum adhuc virgo erat, id est incorrupta, nec infecta, nec interfecta in sanguinibus. Quid ergo mirum, si terra nostræ naturæ incorrupta et virgo, sine humore seminis, sine calore libidinis, sine opere hominis concepit et peperit semen, quod *nisi Dominus reliquisset nobis, quasi Sodoma fuissemus* (*Isa.* 1), quia ipsum est vita nostra, cujus etiam odore mortui reviviscunt? Nunquid potest facere Verbum Dei, quod habet natura vulturis? Vultur sine coitu concipit et parit : et verbo Dei per quod illud fit femina concipere non potuit ?

Sed dicis : Unum dicitis Patrem et Filium : Ergo si Filius carnem assumpsit, et Pater. Non est ita, quia cum ignis sit calor et splendor, splendor in rubo fuit, sed non calor ; et cum ignis sedes sit in jecore, ascendit ad cerebrum, et per venas represso calore accedit splendor ad oculos, et unitur illi carnali membro, cui tamen non adhæret calor, cum calor ignis sit in cerebro, et unus tamen ignis qui afficit cerebrum et oculum; sed calidus in cerebro, splendidus in oculo. Ita unus Deus Pater et Filius, et Pater carnem non assumpsit, sicut non est calor in oculo : et Filius carnem assumpsit, sicut oculum splendor afficit. Terram igitur majestate Dei plenam in hoc fateantur hæretici, quod humanæ naturæ tota Filii majestas uniri voluit, et unita fuit. Et si nobis vel nostris credere nolunt, quia omnes prophetæ ei testimonium perhibent, tamen inimici nostri sint judices, quia ad hoc ut verum dicant nobis, *mentita est iniquitas sibi* (*Psal.* XXVI). Ille namque Christianæ religionis sævissimus impugnator Porphirius tale testimonium reddit Christo : « Christum, ait, Dii piissimum pronuntiaverunt, et immortalem factum, et cum bona prædicatione ejus meminerunt. » Sed et quædam Sibylla tale fertur ab Augustino (6) testimonium dixisse de Christo : « In manibus infidelium veniet, dabunt autem Deo alapas manibus incestis, et impuro ore expuent venenatos sputos. Dabit autem ad verbera simpliciter sanctum dorsum, et colaphos accipiens tacebit ; ne quis agnoscat quod Verbum, vel unde venit, ut inferis loquatur, et corona spinea coronetur. Ad cibum fel, et ad sitim

---
(6) *De Civit. Dei,* lib. XVIII, c. 23.

acetum dederunt, inhospitalitatis hanc ministraverunt mensam. Ipsa enim gens insipiens, Deum tuum non intellexisti ludentem mortalium mentibus; sed spinis coronasti, et horridum fel miscuisti. Templi vero velum scindetur, et medio die nox erit tenebrosa nimis in tribus horis, et morte morietur; et tunc inferis ingressus ad lucem veniet primus, resurrectionis principio revocatis ostenso.» Ecce quid expressius de Christo dici potest? Et quid eo sublimius esse? In cujus ortu Romæ templum pacis corruit, et fons olei erupit usque in Tiberim. Et bene, quia fons misericordiæ erumpebat de terra naturæ nostræ, per quem non solum omnis idololatriæ cultus finem accepit, sed omnis cultus religionis incœpit, quia veræ pacis templum misericorditer congregavit, ut scriptum est: *Congregentur aquæ in locum unum* (Gen. I). *Aquæ multæ populi multi* (Apoc. xvII). Istæ aquæ diffusæ erant secundum varias hominum voluntates, et varios infidelitatis errores; sed congregatæ sunt in locum unum; in locum illum, de quo dicit Dominus ad Moysen : *Est*, inquit, *locus apud me, et stabis supra petram* (Exod. xxxIII). Quis autem locus penes eum est, qui *attingit a fine usque ad finem fortiter ? (Sap.* vIII.) Ecclesia est, ubi ipsi habitat, *ubi pascit, ubi cubat in meridie (Cant.* I). Iste quippe locus uter est, in quo congregat aquas maris (*Psal.* xxxII). Iste locus hydria est Rebeccæ, ex cujus plenitudine adaquati sunt Eliezer et cameli (Gen. xxIV). Ipse est enim hydria Samaritanæ (*Joan.* IV), quam Dominus de puteo aquæ salientis in vitam æternam fecundavit (*ibid.*). Per ipsum etiam figuratæ sunt sex hydriæ, quæ inventæ sunt in convivio nuptiali, *secundum purificationem Judæorum* (*Joan.* II), id est secundum mundificationem continentium. Per unum locum siquidem et una hydria et sex hydriæ bene figurantur; quia cum una sit universalis Ecclesia, multæ tamen particulares sunt Ecclesiæ, quæ propter senarium, qui perfectus est, per sex hydrias figurantur. *Capiebant autem*, ait Evangelista, *metretas binas vel ternas* (*ibid.*) Unde et arca Noe, quæ eodem modo Ecclesiam præfigurabat, fuisse legitur bicamerata et tricamerata (*Gen.* vI). Congregata est enim Ecclesia de patriarchis et prophetis, de apostolis, de martyribus, de confessoribus et virginibus, et propter hoc forte sex hydriis comparatur. Sunt autem tria bonorum genera; temporalia, naturalia, gratuita. In patriarchis igitur et prophetis ceperunt hydriæ tres metretas; ipsi enim et temporalibus et naturalibus et gratuitis bonis abundaverunt : in apostolis autem et martyribus, et confessoribus et virginibus, duas tantum, quia temporalia abdicantes, naturalibus et gratuitis abundaverunt. Ideo autem congregatæ sunt aquæ in locum unum, ut piscationibus sint aptæ :

Simile est enim regnum cælorum sagenæ missæ in mare, et ex omni genere piscium congreganti (Matth. xIII). Unde et in sagena Petri conclusa est tam bonorum quam malorum maxima piscium multitudo. Quorum boni mittendi sunt in vasa, mali vero ejiciendi foras, cum ventum fuerit ad littus. Nunquid videtis, dilectissimi, Petrum trahentem rete suum plenum cancris, id est insidiatoribus; polypodibus, id est adulatoribus; hericits, id est peccatoribus; qui cursum navis impediunt, et ne proficiat, stare cogunt? Nonne quasi cancri sunt in Ecclesia, qui simplicitati aliorum invidentes, ut per insidias decipiunt, quos vel aperte, vel fortitudine' non possunt, fallentium lapides occasionum in innocentem jaciunt? Polypodes autem juste dixerim adulatores, qui mutantur ad vultus hominum; qui sicut bona de bonis, vel mala de malis, sic vel bona de malis, vel mala de bonis, ut hominibus placeant, non verentur loqui, sicut polypodes, qui ad quodcunque saxum venerint, saxi colorem assumunt. Isti tales in sagena Petri conclusi sunt cum delphinis et phocis, qui in signum dilectionis eximiæ, cum timent incursus hostium, ore fetus teneros in visceribus iterato suscipiunt. Exemplum quippe præbent prælatis, ut verbo compassionis filios suos in visceribus charitatis suscipiant, maxime cum viderint periculum mentis vel corporis imminere. Congregatæ sunt aquæ, et apparuit arida. Prima virtus est, Gnothi seauton [Γνῶθι σεαυτόν], id est *Nosce teipsum.* Ad hoc enim congregatæ sunt fluxæ mentes hominum, et in utre disciplinæ coarctatæ, ut unusquisque quanta sit ariditas infirmitatis humanæ, cognosceret. Quod et ille cognovit, qui dixit : *Anima mea sicut terra sine aqua Deo (Psal.* cxLII), ut cognita defectus sui siccitate, illius præstoletur imperium, qui dixit : *Germinet terra herbam virentem* (*Gen.* I); quod miraculose fieri solet primo, quia nullo labore, nullo præcedente devotionis humore, nullo charitatis calore, sola sancti Spiritus infusione germinat anima, nunc radices cogitationum, nunc affectuum semina, nunc fructus operum, et sic plena est terra sancti Spiritus majestate. Benedicamus igitur Patrem, cujus majestate plena est terra in rerum conditione ; benedicamus et Filium, cujus majestate plena est terra in nostra reparatione : benedicamus et Spiritum sanctum, cujus majestate terra plena est in hominis sanctificatione. Benedicamus ergo Patrem et Filium cum sancto Spiritu, cui laus est et gloria per infinita sæcula. Amen.

SERMO VIII.
IN APPARITIONE DOMINI.

Cum natus esset Jesus, etc. (*Matth.* II). Taceant ad te insulæ Deus, et gentes mutent fortitudinem. Quis suscitavit ab Oriente justum, vocavit eum, ut sequeretur se ? (*Isa.* xLI.) Quis, inquam, nisi qui de lapidibus suscitavit filios Abrahæ? (*Luc.* III.) Cum enim gentes lapides et ligna adorarent, similes erant lapidibus, juxta illud : *Similes illis fiant, qui faciunt ea, et omnes qui confidunt in eis* (*Psal.* cxIII). Quasi enim lapides nec oculos ad intelligendum, nec aures ab obediendum, nec nares ad discernendum, nec os ad confitendum, nec manus ad bene operandum habebant. Secundum ergo illud lapides erant, et quasi simulacra lapidibus comparanda, quia cum oculos haberent, non videbant. Excæcaverat enim eos malitia eorum. Et cum aures haberent, tanquam aspides surdæ obturabant aures suas (*Psal.* LVII). Similiter et de aliis sensibus intelligere poteritis, si stultitiam, si perfidiam, si in obscenis operibus abominationem perpendatis. Quia ergo nec videbant, nec audiebant, nec sentiebant, nec loquebantur, nec operabantur prout debebant; secundum aliquid mortui erant. Quis suscitavit eos? Aperti sunt oculi eorum, et viderunt stellam, intellexerunt signum magni Regis esse, aggressi sunt iter, et veniunt ad confitendum Jerosolymis dicentes : *Ubi est, qui natus est rex Judæorum? (Matth.* II.) Quis ergo suscitavit eos ab Oriente? Quis, nisi ille, qui parvus erat in præsepio, et magnus in Oriente? qui factus est in Occidente miserabilis, et mirabilia faciebat in Oriente? qui latebat prope positis, et longe positis apparebat; qui prope posita fecit Isaac ignorare, et longe futura cognoscere; qui admirabilis consiliarius apparebat Orientalibus et Occidentalibus, qui (7) Verbum erat in sinu Patris, et infans in gremio matris : qui regebatur ab hominibus in mundo, et elementa regebat in cœlo : qui tacebat apud Judæos, et vocabat Chaldæos? Notus erat jam in Chaldæa Deus ; et in Israel parvum nomen ejus. *In propria venit; et sui eum non cognoverunt (Joan.* I). Ad alienos non venit, et statim ut natus est *in Bethlehem Judæ in diebus Herodis regis, ecce Magi ab Oriente venerunt (Matth.,* II).

Quia igitur idem Deus et homo, Verbum et infans, regebatur et regebat, loquebatur et tacebat, non immerito per irrationalis rei cognitam rationem nativitatis suæ ratio cognita est. Venientibus siquidem Magis dux itineris stella fuit; quæ quasi tacens locuta est. Tacebat, quia res irrationabilis erat; loquebatur, quia Regem natum Magis ostendebat. Nam etsi verbum, quod foris patet corporis auribus, non dicebat, verbo tamen intrinseco, quo solemus intus in animo erudiri, dicebat. Et bene; indicabat enim Verbum, quod intus latebat in carne, non quod foris patebat in ore. Ideo ergo, ut ita dicam, verbo intrinseco Magos erudiebat, quia Verbum intrinsecum et in carne latens indicabat. Nec per aliud rationale aliquid Verbum incarnatum oportuit manifestari, quia sicut stella in nocte, sic Deus in carne : sicut lux lucens in tenebris, sic Filius Dei in caligine nostræ mortalitatis. Sic ergo suscitati Magi, sic vocati, Christum secuti sunt. Quomodo secuti? Hic attendite, fratres mei, vos quibus dictum est. *Qui non bajulat crucem suam et sequitur me, non potest meus esse discipulus (Luc.* XIV). Scitis quia Christus dives in cœlo, pauper factus est in mundo; cum esset super homines, factus est sub hominibus ; cum esset omnium Dominus, factus est omnium servus : cum sederet ad dexteram Patris in regno suo, peregre profectus est, accipere sibi regnum et reverti (*Luc.* XIX). Sic et Magi secuti sunt. Relictis siquidem operibus, derelicta majestate regali et patria, illi supponi voluerunt, qui se aliis supposuerat; servi illi facti sunt, qui se sponte aliis servum præbere venerat; peregrinari cum illo voluerunt, qui propter ovem centesimam in longinquam regionem descenderat (*Luc.* XV). *Erubesce, Sidon, ait mare* (*Isa.* XXIII), ad unius parvi signi ostensionem, isti qui nec verbum vitæ audierant, nec viderant Christi miracula, venerunt. Nos vero, quibus quotidie clamant apostoli, clamant evangelistæ, clamant prophetæ, clamant sanctorum exempla, Christi opera, signa et verba, tanquam aspides surdæ aures obturamus (*Psal.* LVII). Tabernaculum Dei tot et talibus operimentis videmus opertum ; et adhuc sub dio sumus, adhuc ventis et imbribus nos exponimus. Incarnationis siquidem veritatem hinc sanctorum charitas, quasi coccus bis tinctus, hinc sacri eloquii doctrina, quasi hyacinthus ; hinc afflictio pœnitentium, quasi sagum cilicinum; hinc passio Salvatoris, quasi purpura ; hinc munditia castitatis quasi byssus reto[r]ta ; hinc carnis abstinentia, quasi pellis arietum rubricata, munit. Cur igitur in Christo non requiescimus, cur adhuc vento vanitatis et imbribus occupationum dati sumus? Quare non audimus vocem monentis et dicentis : *Venite ad me, omnes qui laboratis, et onerati estis, et ego vos reficiam? (Matth.* XI.) Illi propter Christum divitias suas et patriam contempserunt : nos qui nihil habemus, nostrum nihil amittere formidamus? Si igitur multa possumus cum rege divite, nostrum saltem rete dimittamus cum Petro paupere. « *Omnia enim dimisit*, qui propriam *voluntatem*, ut ait Hieronymus (8), *derelinquit*. » Regnum siquidem Dei non ære, sed mente comparatur. Non enim dantis est, sed amantis. Comparavit illud vidua duobus minutis (*Marc.* XII), Zachæus dimidia parte bonorum suorum (*Luc.* XIX). Regnum denique Dei calice aquæ frigidæ comparari potest; quod comparare non potuit Simon magus, vel Ananias, pro omnibus bonis suis. Sequamur ergo cum Magis, quia jam suscitati sunt et vocati. Suscitati sumus a morte perniciosa, morte Salvatoris gloriosa : suscitati in baptismo, sed adhuc suscitandi in judicio.

Ideo impii non resurgunt in judicio (*Psal.* I); qui non sunt a morte perniciosa suscitati in baptismo. Surgent ergo, non resurgent ; surgent, ut moriantur morte pessima, quia suscitati non sunt morte gloriosa. Nos vero resurgemus a morte pretiosa, ut vivamus gloriose, quia suscitati sumus a morte perniciosa, ut moriamur pretiose. Sicut enim *peccatorum mors pessima* est (*Psal.* XXXIII);

(7) Deest vox *despectus*, vel *mutus*, aut similis.

(8) Comment. in c. XIX Matth.

sic *pretiosa est in conspectu Domini mors sanctorum ejus* (*Psal.* cxv). Nec mori potest morte pretiosa, qui primo non suscitatur a perniciosa. Ideo ergo resurgemus in judicio, qui a triplici morte suscitati sumus in hoc mundo, a perniciosa, a propitiosa, a pretiosa. De perniciosa suscitamur ad propitiosam, de propitiosa in pretiosam, de pretiosa in gloriosam. Mors enim perniciosa peccatorum, mors propitiosa pœnitentium, mors pretiosa sanctorum, mors gloriosa Salvatoris omnium. Ut enim suscitaretur beatus Job a morte perniciosa, morte pretiosa mori desiderabat, cum opera, quibus iram Dei meruisse se credebat, perpendens, dicebat : *Quare non in vulva mortuus sum, egressus ab utero, statim non perii? Cur exceptus genibus? cur lactatus uberibus?* (*Job* iii.) In vulva moreretur, si peccatum, quod in cogitatione est, dimitteret; egressus ex utero periret, si cogitationem in opere non demonstraret; genibus exceptus non fuisset, si in ipso opere culpa displiceret. Multos enim excusat necessitas, quos nequit excusare voluntas. Lactatus vero uberibus non esset, si post culpæ delectationem, ad vocem monentis causas excusationis in peccato non quæreret. Cum enim diceret : *Quare non in vulva mortuus sum*, etc., sensus est. Quare non sum mortuus morte propitiosa, qui morior perniciosa? Quare non sum suscitatus in pretiosam, qui lapsus sum in perniciosam? Ab hoc enim quadruplici mortis genere suscitat hominem, qui suscitavit unicum matris suæ filium in porta (*Luc.* vii), archisynagogi filiam in domo (*Marc.* v), filium Sunamitis per Eliseum in cubiculo (*IV Reg.* iv), Lazarum per semetipsum a monumento (*Joan.* xi). Ipse ergo est, qui alios suscitat ab oriente, alios ab aquilone, alios ab austro, alios ab occidente. Quia enim omne peccatum, aut cogitatione, aut deliberatione, aut delectatione fieri solet, aut opere; cum peccatum quasi pro foribus est, cogitationem percipit, et in cogitatione resipit. Suscitatur peccator a morte perniciosa, quasi ab oriente, vel in porta, et peccatum morte pretiosa moritur, quasi in vulva. Cum vero post cogitationem incipit deliberare peccatum, et in ipsa deliberatione resipit, suscitatur peccator a perniciosa morte, quasi ab aquilone vel in domo; et peccatum morte moritur pretiosa, postquam ex utero egressum est; si vero post deliberationem incipiat delectari, et tunc corrigitur, peccator a perniciosa morte suscitatur, quasi ab austro, vel in cubiculo; et peccatum postquam genibus exceptum est, moritur morte pretiosa; si vero post delectationem peccatum ad opus perducitur, et tunc emendatur, peccator a morte perniciosa suscitatur quasi in monumento, vel ab occidente, et peccatum moritur morte pretiosa, postquam uberibus lactatum est.

Igitur ab ipsa intentione malitiæ revocati et ad fidem vocati venerunt Magi ab Oriente : *Cum natus esset Jesus in Bethlehem Judæ in diebus Herodis regis*. Herodes, quia *gloria pellis* dicitur, bene illum nobis insinuat, qui in carne nostra gloriatur. Habet enim Deus in homine gloriam, habet et ipse homo, habet diabolus. Quandoque gloriatur Deus in nobis, quando nos in subjectione humiles, in pœnitentia fortes invenit, in labore strenuos, in obedientia promptos, in oratione devotos. Hominis autem gloria est testimonium conscientiæ suæ (*II Cor.* 1). Diaboli vero, carnem deliciis pervertere, corpus fovere. Quia igitur pervertere solet hominem, cum primo peccatum per suggestionem manifestat ei, deinde cum animum facit in diversa mutari per cogitationem; postea quando facit animum acquiescere per desiderium in cogitatione; deinde vero quando post desiderium accedit velocitas in consensu; postea cum post consensum accedit in opere consummatio, delectatio etiam in operis consummatione; ad ultimum autem audacia defensionis in delectatione non incongrue dies Herodis possumus appellare motus illos animi, quibus diabolus nos pervertit, ut glorietur in carne. Ut enim diem primum in nobis Herodes faciat, quem solis diem gentes appellare consueverant, quasi sol hemisphærium cordis intrat, cum primo peccatum per suggestionem manifestat. Solis enim nomine manifestatio plerumque figuratur, ut ibi : *In sole posuit tabernaculum suum* (*Psal.* xviii), id est in manifesto. Ut vero secundum diem faciamus in nobis quem diem lunæ vocant hemisphærium cordis intrat luna, cum animus mutatur in multa. Ut autem tertium diem faciat in nobis quem antiqui vocabant diem Martis, intrat Mars hemisphærium cordis, cum per cogitationem animus ignescit. Mars enim Pyron [Πυρὸν], id est *igneus* vocabatur. Similiter ut in quartum diem procedat, quem vocare solebant Mercurii diem, quasi hemisphærium cordis Mercurius accendit, cum post desiderium in consensu velocitas accedit. Antiqui enim Mercurium Stilbonta [Στιλβοντα], id est *velocem* appellabant. Diem vero quintum in nobis facit, quem vocant homines diem Jovis, cum in consummatione operis ardoris flamma comburit animam, quia tunc Jupiter intrat mentem, quem Phaetonta [Φαέθοντα] philosophi vocant, id est *ardentem.* Cum vero post consummationem gaudere mens incipit in operis delectatione, sextum diem facit in nobis Herodes, quem vocare solemus diem Veneris, quia Venus tunc in animo lucescit, quando placet opus prævaricationis, et animum lucidum reddit. Unde apud antiquos Venus Phosphoron [Φωσφόρον], id est *lucida* vocabatur. Ut autem diem septimum in nobis agat, quem nos diem Sabbati, antiqui Saturni vocabant, hemisphærium cordis Saturnus intrat, quando quod male perpetratum est parvipendit, et ad vocem monentis irascitur; et inflatus superbia etiam castigantem minatur. Unde et Saturnum antiqui Pheuma [φευμα], id est *minantem* nominabant.

In his ergo diebus natus est Jesus; non tantum

illa nativitate, qua plasmavit nos, secundum quam æternaliter natus est de Patre sine matre; sed illa qua reformavit nos, secundum quam temporaliter natus de matre sine patre : vel illa qua formari solet in nobis per devotionem, inspirando; vel illa qua sanctificavit nos in baptismo, vel illa qua redemit nos in patibulo. De prima enim dictum est : *Ego hodie genui te* (*Psal.* II); de secunda : *Puer natus est nobis* (*Isa.* IX); de tertia dicit Apostolus : *Filioli mei, quos iterum parturio, donec formetur Christus in vobis* (*Gal.* IV); de quarta autem ipse Dominus ait : *Nisi quis renatus fuerit ex aqua et Spiritu sancto, non potest intrare in regnum Dei* (*Joan.* III); de quinta vero natalitia sanctorum nos celebrare dicimus, cum mortem eorum celebramus. Unde et merito, quando mortem Christi recolimus, qui Sanctus sanctorum fuit, natale ipsius celebrari credamus. Sic enim natus est Dominus nobis, ut nos ei totidem modis nasceremur. Sed prima ejus nativitas nostræ quintæ causa fuit, secunda primæ, tertia secundæ, quarta tertiæ, quinta quartæ. Per potentiam siquidem, qua natus est de Patre æternaliter, nati sumus temporaliter. Nativitate vero, qua de matre temporaliter natus est, et nos filii Dei facti sumus. Filius enim Dei filios hominum fecit homines, sed filius hominis eosdem homines fecit filios Dei. Qui filius Dei erat ut homines essemus, filius hominis factus est, ut filii Dei vocaremur. *Quotquot autem*, ait Evangelista *crediderunt in eum, dedit eis potestatem filios Dei fieri* (*Joan.* I). Similiter tertia ejus nativitas nostræ secundæ causa fuit. Nam ideo baptizatus est, ut sanctificaret nobis aquas, et nos ei per aquas denuo nasceremur. Similiter quidquid in mundo operatus est, ad exemplum nostrum totum factum est, ut ipsius factura essemus, creati in ipso in operibus bonis. *Exemplum enim*, ait, *dedi vobis, ut et vos ita faciatis* (*Joan.* XIII). Mortuus est etiam pro nobis, ut et nos ei morte pretiosa moreremur. *Consepulti enim sumus Christo per mortem ejus* (*Rom.* VI), ut scriptum est. *Mortui enim estis, et vita vestra abscondita est cum Christo in Deo* (*Coloss.* III).

Primo ergo natus est de patre sine matre, secundo de matre sine patre, tertio formatur in nobis quotidie per devotionem operis, quarto natus ex aquis Jordanis, quinto quando mortale suum induit immortalitatem per patibulum crucis. Unde bene natus dicitur in Bethlehem Judæ. Bethlehem quippe *domus panis* interpretatur. Quid est ergo Bethlehem Judæ, nisi Synagoga Judæorum, vel Ecclesia, vel unaquæque fidelis anima, vel certe virgo gloriosa, vel cœlestis et æterna patria ? Cum enim Synagogæ primo credita fuerunt eloquia Dei, domus panis fuit, quia Verbum vitæ quasi panis est animæ. Sed posteaquam hæc eadem verba ad filios Ecclesiæ translata sunt, per fidem et prædicationem doctorum, incœpit esse domus panis Ecclesia. Cum vero unusquisque fidelis panem hunc vel sibi ruminat, vel aliis frangit, non incongrue domus panis potest appellari. Virgo etiam gloriosa domus panis facta est, quando eum in utero portavit, qui de seipso dicit : *Ego sum panis vivus, qui de cœlo descendit* (*Joan.* VI). Sed et illa cœlestis patria domus panis potest appellari, quia ibi est panis angelorum, de quo solo satiari se posse testatur Psalmista dicens : *Satiabor, cum apparuerit gloria tua* (*Psal.* XVI). Sed prima domus, domus fuit, ut ita dicam, panis hordeacei, secunda similaginei, tertia lagani oleo liti, quarta subcinericii, quinta panis reversati. Cum per integumenta verborum Synagogæ locutus est Deus, et in eis dura et aspera præcepit; ut : Qui fecerit hoc vel illud, morte moriatur, quasi medullam inter paleas ministravit. Sed quando per doctores Ecclesiæ sublato cortice litteræ medulla intelligentiæ subjectis manifestata est, similagineum panem filiis Ecclesiæ fregit. Cum vero ab aliquo verbum hoc vitæ cum charitate ruminatur, et devotione tanquam laganum per pinguedinem charitatis, et oleo devotionis litum transglutitur. Cum autem in utero Virginis Filius Dei carnem assumens latuit, venter ejus quasi domus panis subcinericii fuit, quia in ea sub cinere nostræ mortalitatis panem vitæ nobis abscondit. Sed in ascensione, quando ad dexteram Patris sedit, et omni corruptione mortalitatis ab eo sublata potentiæ plenitudinem a Patre recepit, panis subcinericius reversatus fuit. Quia ergo natus est de Virgine, factusque per baptismum sponsus Ecclesiæ, et per devotionem quotidie formatur in fideli corde; et per Synagogam passus in cruce, et per potentiam divinitatis elevatus est in cœlesti majestate, bene natus perhibetur in Bethlehem Judæ. Quia ergo fratres, panis subcinericius carnem assumendo, reversatus ascendendo, laganum oleo litum charitatem et misericordiam ostendendo, panis ut ita dicam, sorbitius in baptismo, panis vero coctus in clibano factus est pro nobis moriendo, accipiamus panem hunc, et gratias agentes Deo Patri, comedamus cibum qui non perit, sed qui permanet in vitam æternam (*Joan.* VI). Amen.

SERMO IX.

IN DIE EPIPHANIÆ.

Fiat lux (*Gen.* I). Illa eademque erat. Erat lux vera, sed facta non erat. Antequam fieret, erat. Erat enim ab æterno, quia de luce æterna erat. Lux enim de luce, Filius de Patre. *Et facta est lux*(*ibid.*), quia factus est ex muliere, factus ex semine David secundum carnem (*Gal.* IV). *Et vidit Deus*, id est videri fecit Pater, *lucem quod esset bona* (*Gen.* I). Non aliunde bona, sed a seipsa, nec participatione boni bona, sed omni plenitudine, et propter hoc sola, quia nulla sic bona. *Et divisit lucem a tenebris* (*ibid.*), eo quod nulla erat conventio lucis ad tenebras, id est Christi ad Belial (*II Cor.* VI). *Et factum est vespere et mane dies unus* (*Gen.* I), quia factus est homo et Deus unus Christus. Ideo unus, quia unicus, quia singularis. Dies Dominicus dies hic, quem fecit Dominus, exsultemus et lætemur in eo (*Psal.* CXVII) ; quia populus qui ambulabat in tenebris, vi-

SERMONES. — SERMO IX. IN DIE EPIPHANIÆ.

dit lucem istam *(Isa.* IX). Ascendit enim super nubem levem et candidam, et ingressa est Ægyptum *(Isa.* XIX); et illuminavit abscondita tenebrarum *(I Cor.* IV) : ut abjectis operibus tenebrarum, induerentur homines armis lucis *(Rom.* XIII). Cessante quippe lumine succedunt tenebræ, succedunt et in tenebris opera tenebrarum : *Qui enim dormiunt, nocte dormiunt ; et qui ebrii sunt, nocte ebrii sunt* (*I Thess.* V). Dormiunt quidem, vel per ignorantiam, vel per negligentiam, vel per ignaviam. Ebrii vero sunt, qui sunt absque rationis moderamine absque justitiæ libra, sine juris mensura. Ebrii sunt, qui neque frenum, neque modum habentes, dare nesciunt locum iræ *(Rom.* XII), sed crudeles, cupidi, contentiosi, malum pro malo, vel maledictum indebita talione reddunt pro maledicto (*I Petr.* III). Hæc sunt opera tenebrarum, quæ secedente luce succedunt. Cessante luce fiunt tenebræ, in quibus pertranseunt bestiæ silvæ *(Psal.* CIII), volant noctuæ, egrediuntur nycticoraces de domiciliis, ut fiant opera tenebrarum. Hinc mystice satis legitur : *Nachor genuit Tabee et Gaham, et Thahas et Maacha.* Hi sunt filii Nachor de concubina sua Roma *(Gen.* XXII). Nachor interpretatur *quiescens lumen*, Roma vero *excelsa* vel *sublimis.* A quiescente lumine, id est cessante luminis claritate, mens excelsa, id est sublimis et superba, adulterinos, non legitimos filios parit, id est opera tenebrarum, scilicet opus crudelitatis, cupiditatis, indebitæ talionis et contentionis. *Genuit*, ait Scriptura, *Tabee*, qui interpretatur *interficiens*, in quo crudelitas figuratur. *Genuit et Gaham*, qui dicitur *vallis æstus*, per quem mundi cupiditas accipitur. *Genuit* etiam *Thahas*, qui *talio* interpretatur, qua malum pro malo, dens pro dente, oculus pro oculo, maledictum redditur pro maledicto *(Exod.* XXI). Habent enim hi tales semper præ oculis judicium punitivum, remissivum nunquam, quo tenetur Catholicus dimittere tunicam pallium auferenti *(Matth.* V), alteram præbere maxillam maxillam lædenti *(ibid.), Genuit et Maacha*, qui dicitur *consensus*, quia sine dubio lumine veritatis cessante, succedunt contentiones, iræ, rixæ, discordiæ, quæ sunt opera tenebrarum.

Ne igitur sint hæredes filii ancillæ cum filiis liberæ *(Gal.* IV), id est opera tenebrarum cum operibus lucis, ut potenter abjiciantur, induimini armis lucis *(Rom.* XIII). Arma lucis intelligimus ex vi et natura lucis. Est enim lux ab igne. Et lux ista ab illo igne, de quo scriptum est : *Deus noster ignis consumens (Deut.* IV). Propter hoc naturaliter est ascensiva, discreta, restrictiva, consolidativa, accensiva, illuminativa. Non enim recedit ab ignis natura, de quo nata est. Ex vi igitur ascensiva disponit ascensiones homo in corde suo *(Psal.* LXXXIII), incipiens a timore servili ; et per initialem usque ad filialem proficiens currit viam mandatorum Dei *(Psal.* CXVIII), per vias rectas deductus; donec inductus in omnem veritatem, ad excellentiorem charitatis viam perveniat *(I Cor.* XII), sic ut mente purgata et defæcata, cogitatione et aviditate contempletur ænigmatice vel anagogice supercœlestem et superessentialem Theophaniam, id est *Dei manifestationem.* Vis vero discretiva rationem promovet ad Epiphaniam ; et dicitur Epiphania ab *epi*, quod est *supra*, et *phanes*, quod est *manifestatio.* Ardenter siquidem affectat ratio vi lucis discretivæ diligenter intueri, et discernere judicii libra, non solum vitiorum contrariorum cautelam ; ne si avaritiam fugias, cadas in prodigalitatem ; sed caute discernere vitia a virtutibus præferentia speciem virtutum, ne sub prætextu justitiæ crudelitas, sub mansuetudine segnities pallietur. Cavet igitur, ne diligat quæ diligenda non sunt; et providet diligere quæ diligenda sunt : vel ne æque diligat, quod minus vel magis diligendum est, vel minus aut magis diligat quod æque diligendum est. Vis autem restrictiva mentem promovet ad hyperphaniam, et dicitur hyperphania ab *hyper*, quod est *medium*, et *phanes.* Restringit enim animum religionis et obedientiæ vinculis, docens obedientiæ gradus, et usum operis ; et ob ejus observantiam sustinet et arcet adversa. Vis etiam consolidativa mentem provehit ad hypophaniam. Et dicitur hypophania ab *hypo*, quod est *infra*, et *phanes.* Consolidat enim et confirmat animum potentia virtutis suæ, et arcanis verborum, quibus unumquemque visitat pro sua capacitate. Vis autem attractiva nos provehit ad bethphaniam. Et dicitur bethphania a *beth*, quod est *domus*, et *phanes.* Ipsa est enim, quæ longe positos traxit funiculis charitatis. Vis vero accensiva promovet animum ad phagiphaniam; et dicitur phagiphania a *phagin*, quod est *comedere*, et *phanes.* Accendit enim ex xerophagiæ et sariphagiæ ferculis quinque millia hominum ad misericordiam et compassionem *(Matth.* XVI). Unde Dominus ait: *Misereor super turbam (Marc.* VII). Dicitur autem xerophagia, a *xero*, quod est *siccum*, et *phagein*, quod est *comedere.* Sariphagia vero a *sario*, quod est *piscis*. Distribuens enim quinque millibus hominum quinque panes hordeaceos et duos pisces *(ibid.)*, accendit in cordibus eorum flammam charitatis. Vis quoque illuminativa illuminat mentes ad sepherphaniam, et dicitur sepherphania a *sepher*, quod est *littera*, et *phanes.* Hæc est physicæ, logicæ, ethicæ, theoricæ clavis et pessulum apothecæ. Per scripturas enim illuminatur animus, manifestatur Deus, et clavis est omnium aliarum phanaum. Reserat enim omnes manifestationes, et ad naturalem, rationalem, moralem divinam, illuminat rationem nostram.

Hæ sunt manifestationes Dei, quarum tamen quatuor specialiter hodie cum honore memoriæ commendamus, id est Epiphaniam, Theophaniam, Bethphaniam, Phagiphaniam. Secundum quod illuminat fidelium mentes, omnium manifestationum clavigera sepherphania. Prima facta est per stellam a nativitate Domini tertio decimo die. Unde dicitur Bethphania, eo quod stella Magos duxit ad diversorium ubi erat puer (*Matth.* ii). Secunda anno tricesimo facta est per vocem Patris in baptismo, unde dicitur Theophania (*Matth.* iii). Tertia facta est eodem die anno revoluto in convivio, per conversionem aquæ in vinum (*Joan.* ii). Unde Epiphania dicitur, ab epi quod est *supra*, quia ibi se primo manifestavit Deum. Quartam dicunt (9) in commento super Lucam, eodem die factam anno item revoluto, scilicet de refectione quinque panum. Sic Deus omnipotens, qui se primo angelis, secundo ab angelis se manifestari voluit hominibus, ita etiam manifestari se voluit hominibus. Ad hoc enim duas fecit rationales creaturas, angelos scilicet et homines, ut is qui in sua natura incomprehensibilis erat, ex operibus suis ipsis et ab ipsis quoquomodo manifestaretur, et in ipsis, et per ipsos cognitus laudaretur : et sic auctor et creator cœli et terræ crederetur, qui in cœlis angelis, et in terris hominibus venerabilis appareret. Nam sicut in cœlis describit Joannes, cognomento Scotus, quatuor manifestationes, id est Theophaniam, Epiphaniam, Hyperphaniam, Hypophaniam de quibus alibi disseruisse me memini, quibus se angelis inanifestat : ita quatuor se manifestationibus æqua lance supradictis respondentibus mirabilis in terris hominibus voluit apparere ; et his quidem post nativitatem, et ante passionem. Nam et post resurrectionem, quatuor aliis manifestationibus non multum a supradictis dissimilibus apparere dignatus est. Una, cum duobus discipulis euntibus in Emmaus cognitus est in fractione panis (*Luc.* xxiv) ; altera, quando Jesu stante in littore maris Tiberiadis descenderunt in terram discipuli, et viderunt prunas positas, et piscem superpositum, et panem; et tunc venit Jesus, et accepit panem, et dabat eis, et piscem similiter. Cum vero prandissent, dixit Dominus Simoni Petro : *Simon Joannis, diligis me plus his ?* Quo tertio respondente : *Tu scis, Domine, quia amo te*, dixit Jesus : *Pasce agnos meos* (*Joan.* xxi). Tertia, quando recumbentibus undecim discipulis apparuit et ait : *Euntes, prædicate Evangelium omni creaturæ; baptizantes eos*, etc. (*Marc.* xvi). Quarta, quando paulo post convescens elevatus est, et videntibus illis suscepit eum nubes ab oculis eorum. Et ex his utique potest cognosci, quod multis argumentis manifestus apparuit. Cum enim argumentum rei dubiæ faciat fidem, illæ quæ factæ sunt apparitiones in terris, earum quæ occultæ erant hominibus in cœlis probabile factæ sunt argumentum, ut unus atque idem Dominus demonstretur, qui angelis in cœlis, et hominibus in terris apparuit : qui in passione homo mortalis, et in resurrectione Deus apparuit immortalis. Nihil quippe aliud est Theophania, quam Dei manifestatio. Sed cum baptizaretur Dominus, filius quidem baptizatus est in Jordane, Pater cognitus est in voce, Spiritus sanctus apparuit in columba. Sed

(9) Beda in Lucam.

mens Joannis ab imaginibus defæcata; et Filium Dei confessus est in carne, dicens : *Ecce Agnus Dei* (*Joan.* i), et Spiritum sanctum in columba, dicens : *Et qui misit me baptizare, ille mihi dixit. Super quem videris Spiritum descendentem, et manentem super eum, hic est qui baptizat in Spiritu* (ibid.).

Ergo Theophania est manifestatio Dei; cujus character fuit baptismus Christi, ubi tota Trinitas unus Deus manifestata est, cujus characteris confirmatio fuit, quod post resurrectionem discipulis ait : *Euntes, prædicate Evangelium omni creaturæ, baptizantes eos*, etc. (*Marc.* xvi.) Epiphaniæ vero characterem illam dicimus manifestationem, de qua Beda in Commento super Lucam loquitur, quæ facta fuit in deserto, hac eadem Calenda anno revoluto post illud miraculum, quo convertit aquam in vinum, quo videlicet quinque panes et duos pisces quinque millibus hominum distribuit (*Luc.* ix) : quod aperte demonstratur, si definitionem Epiphaniæ superius factam repetamus, Est enim Epiphania, ut ait Joannes Scotus, calefacientis affectionis et altioris intuitus judiciique libra resultatio distributa. Dixit ergo Jesus : *Misereor super turbam* (*Marc.* viii). Ecce calescens affectio. Sed et ipsa quinque panum fractio ad altiorem nos mittit intuitum, quia nihil aliud insinuant illi quinque panes, quam quinque libros Moysi, quos velut integros portabat puer, id est Judaicus populus sensu puerilis. Sed Jesus panes illos fregit, quia sensum mysticum latentem in Scripturis aperuit, judiciique libra fragmenta præcepit colligi, ne perirent, quia adhuc in lege latentia sacramenta voluit memoriter retineri, ut per apostolos satiarentur famelici. Hujus autem characteris confirmatio est, quod post resurrectionem suam duobus discipulis euntibus in Emmaus cognitus est in fractione panis. Unde et calefacientem affectum, et altiorem intuitum demonstrabant, cum dicerent : *Nonne cor nostrum ardens erat in nobis in via, cum loqueretur, et aperiret nobis Scripturas* (*Luc.* xxiv) ? judiciique libra reversi in Jerusalem dicentes, *quia surrexit Dominus* (ibid). Hyperphaniæ autem character est illa manifestatio qua, stella duce, veniunt tres Magi, quia tunc cœlestis hyperphania suos participes, id est Magos insignivit scalari reverentia, usumque ejus docuit, et arcuit contrarium, cum Herodi contradicenti nolentes obedire, *reversi sunt per aliam viam in regionem suam* (*Matth.* ii). Hac etiam scalari reverentia post resurrectionem suam discipulos suos Dominus insignivit, quando eduxit eos foras in Bethaniam (*Luc.* xxiv). Unde et Bethania domus obedientiæ interpretatur. Nam ejus usu edocti adorantes reversi sunt Jerusalem cum gaudio magno ; et arcentes contrarium magis ac magis invalescebant, et contradicentes confundebant Judæos, prædicando quod ex ore veritatis didicerant, quia sic oportebat Christum pati, et resurgere a mortuis die tertia (ibid.) Hypophaniæ vero characterem exprimit mutatio aquæ in vinum (*Joan.*, ii). Nam per hoc occurritur naturæ legibus, et arcana mysteria reserantur. Nihil enim aliud in nuptiis illis figuratur, quam unio Christi et Ecclesiæ. Nihil aliud aquæ in vinum mutatio, nisi quod illius antiquæ legis traditio quantum ad litteram satis insipida, in conjunctione Christi et Ecclesiæ spirituali sapore charitatis inebriat convivantes. Sed etiam in hoc hypophaniæ nobis character exprimitur, quod vinum aqua mistum in sanguinem Christi substantialiter transmutatur, arcana reserantur, quia efficiunt sacramenta quæ figurant. Unde et Petro apostolorum principi pisce assato, et pane satiato, pascendas oves suas Dominus dereliquit (*Joan.* xxi) : quia postquam fidei devotione tanquam panem verum qui de cœlo descendit (*Joan.* vi), et in passione piscem assum sibi incorporavit Petrus, merito cura generalis Ecclesiæ suscepit. Vides igitur quantæ dignitatis esse debent apparitiones istæ, quibus cœlestes apparitiones manifestantur, et iterum talium testimoniis confirmantur, ut non solum homo de Virgine natus, sed etiam unigenitus Dei Filius credatur, et primogenitus mortuorum (*Apoc.* i), et Princeps regum terræ sine dubio ab infidelibus adoretur.

SERMO X.

IN PURIFICATIONE B. MARIÆ.

Eruderaverunt puteum, et invenerunt stipites, et prunas, et aquam crassam; quibus super struem lignorum positis erupit ignis (*II Macob.* i). Ille, inquam, sacer ignis, quem precibus suis Moyses impetraverat de sublimi ; qui jugiter jussus est ardere in altari, quia non poterat hostia sine eo adoleri ; qui per mille annos et eo amplius partim in tabernaculo, partim in templo usque ad transmigrationem Judæ hostias legales inflammaverat. Imminente siquidem transmigratione stipites hujus ignis in puteo vallis Josaphat tutavit Jeremias, qui ibi per septuaginta annos captivitatis fuerunt absconditi, donec Artaxerxes, cognomento Longimanus, licentiam redeundi et reædificandi Jerusalem Esdræ primo, postea Nehemiæ concessit. Resarcitis igitur muris istorum duorum opere et opera, obtulerunt Domino hostias salutares, sed conquesti sunt, quod ignem de sublimi non haberent. Adfuerunt igitur, qui dicerent factum Jeremiæ. Ut ergo stipites et prunas invenirent, eruderaverunt puteum supradictum : unde et nomen diei Nephar, id est purificationem nuncupaverunt, quia ex inventis stipitibus *erupit ignis*; qui postea per annos septuaginta hostias templi inflammavit, donec tandem Jasoni pontificatum vendidit Antiochus Epiphanes : propter quod sacer ignis penitus exstinctus est, nec habuit sanctum ignem templum Dei, donec Judas Machabæus purificato templo iterum celebravit Nephar; in cujus solemnitate de calculis templi veteris erupit ignis, unde festum luminum vocatum est, et solum pro sui dignitate in omni veteri testamento sub Ogdoade celebratum est. Et quoniam hodie, fratres charissimi, nos diem Nephar, et festum luminum celebramus, intelligentiam dictorum ex causis assumamus dicendi, signa rerum rebus comparantes signorum. Hodie enim illud singulare templum, in cujus Sancto sanctorum super misericordiæ propitiatorium Filius Dei vivi humiliando se formam servi accipiens sedere venit, purificatum est. Hodie puteus ille, in cujus laude canitis : *Fons hortorum, puteus aquarum viventium* (*Cant.* iv), eruderatus est. Hodie inventi sunt stipites illi antiqui sacro igne inflammati, Joseph videlicet et Maria, Jesus, Anna, et Simeon, quorum exemplo omne genus hominum inflammatur. Dat exemplum devotionis Maria virginibus, Simeon fractis. Joseph conjugatis, Anna viduis, Jesus pueris. Nullus gradus prætermissus est, cui devotionis exemplum isti quinque non dederint. Inventæ sunt etiam prunæ charitatis cum stipitibus, et in stipitibus, obsequium videlicet Joseph, humilitas Mariæ, benignitas humanitatis Jesu, Annæ religio, devotio Simeonis. Inventa est cum his omnibus aqua, videlicet lacrymarum, sordes lavans in devotione (10). Quis enim illam devotionem Simeonis recolens, qua cum lacrymis aiebat : « Putas videbo, putas durabo, etc. » ignem sibi non accendat, de quo dictum est : *Deus noster ignis consumens est* (*Deut.* iv) ? Et iterum ipse ait : *Ego sum lux mundi* (*Joan.* viii). Propter quod Simeon ait : *Lumen ad revelationem gentium*, etc. (*Luc.* ii). In signum igitur purificationis nostræ facta est purgatio Mariæ, de qua scriptum est : *Postquam completi sunt dies purgationis Mariæ* (ibid.).

Quod ergo primo legitur puteus eruderatus, et templum purificatum, hoc in Maria ostenditur factum, et in nobis faciendum. Videamus, si placet, ministros purificationum. Purificationis templi fuit Judas Machabæus minister, eruderationis putei Esdras et Nehemias, purificationis autem Mariæ Anna et Simeon. Et bene. Prima enim purgatio nostra confessio, quia omnia in confessione lavantur ; Judas autem *confessio* interpretatur. Et quoniam illa sola confessio lavat, quæ spei consolatione, tanquam gratia operante prævenitur, et disciplina pœnitentiæ tanquam gratia operante prævenitur et disciplina pœnitentiæ tanquam cooperante consummatur, bene Esdras et Nehemias, Simeon et Anna purificationibus his adjunguntur. Scitis enim quia nemo pœnitet, qui non sperat, frustra autem sperat, qui non pœnitet ; et hoc, ut dictum est, illi quatuor combinati demonstrant. Nam secundum officium et nominum interpretationem, Nehemias et Anna, Simeon et Esdras unum significant. Nehemias et Anna adfuerunt purificationibus, tanquam adjutores, Simeon et Esdras tanquam sacerdotes. Interpretatur autem Nehemias *consolator Dominus*. Consolator autem Dominus est Paracletus. Paracletus vero

(10) August. in Sermon. de Purificat.

est Spiritus sanctus ; Spiritus sanctus gratia, gratia Anna ; Anna igitur Nehemias. Videtis quomodo conjunguntur. Nec vos moveat sexus disparitas, quia Spiritus sanctus qui lingua Latina generis est masculini, lingua Hebræa feminini est generis, Græca neutri. Similiter de aliis duobus dicendum est, quia Esdras *disciplina* interpretatur, Simeon *audiens tristitiam*. Dicit autem Apostolus, de disciplina, quod non est gaudii, sed mœroris (*Hebr.* xii). Per disciplinam ergo solemus audire tristitiam, qui contristamur ad pœnitentiam, ut ait Apostolus : *Si vos contristavi ad horam, non me pœnitet, non quia contristati estis; sed quia contristati estis ad pœnitentiam* (*II Cor.* vii). Est autem tristitia contristans nos ad pœnitentiam. Necesse est ergo ut omnis confitens tanquam Judas, in omni sua purgatione adjungat sibi Esdram cum Simeone, id est disciplinam laboriosæ pœnitentiæ, ut per hoc se probet Machabæum, bellatorem et fortem in agone. Nam et ille antiquus patriarcha Judas inutiliter semen fudit, quandiu cum Sue fuit, sed tunc utilem fructum fecit, quando Thamar sibi copulavit. Sue quippe *cantilena* interpretatur. Inutilis autem est copula confessio cum cantilena. Thamar autem *amaritudo* interpretatur, et fructuosa confessio efficitur, quando cum amaritudine profertur. Ita tamen per pœnitentiam debet homo contristari, quod de spe veniæ non desinat consolari. Adjungat igitur sibi Annam et Nehemiam, id est gratiam consolantem de venia. Nam Judas Iscariotes ideo medius crepuit, quia Annam et Nehemiam sibi non ascivit. Consolari noluit, quia desperans laqueo se suspendit.

His igitur adjutoriis et exemplis, studeamus non solum sordes purgare, sed ipsas virtutes studeamus defæcare, quia nullus adeo sanctus est qui non possit sanctior esse. Purgemus non solum sordes operum, sed et cogitationum. Nec malum solum purgemus, ut bonum sit, sed et bonum purgemus, ut melius sit. Purgandum est enim primo granum frumenti a stramine, secundo a palea, tertio a furfure. Post hæc extrahitur simila ; sed et ipsa in oblationibus minutatim est dividenda. Hæ sunt tres illæ purificationes, munditia corporum significata in purificatione templi facta per Judam, purificatio conscientiæ figurata in eruderatione putei facta per Esdram et Nehemiam ; defæcatio virtutum præfigurata in Purificatione Virginis immaculatæ celebrata prius per Annam et Simeonem. Quantæ autem sit difficultatis conscientias emundare Allophylorum demonstrat importuna vexatio, qui puteos Isaac replebant humo; sed et alii conscientias suas abscondunt, tanquam puteum Helchiæ luto plenum, quorum fæx plerumque ebullit usque ad guttur Jeremiæ. Alii vero sordes amovent, et quasi puteos fodientes scrutantur conscientias : sed nec frigidi, nec calidi sunt, sed potius tepidi, tanquam puteus in solitudine, ab omni humore spirituali siccatus, ipsum Joseph plerumque captivum includit. Alii conscientias suas fodientes, tanquam cisternas adulterinis aquis plenas eas inveniunt, ubi et repertis duabus caudis titionum, Rasin videlicet rege Syriæ, et Phacee filio Romeliæ, scientia scilicet sæculari, et ore loquente sublimia, ignem qui de cœlo descendens tactas oves Job puerosque consumpsit ; vel eum, qui nunquam dicit, sufficit, eliciunt. Alii vero, ut dictum est, fodientes puteos, aquas vivas possent invenire, si viriliter Allophylis vellent repugnare. Alii vero puteum effodiunt, et vivas aquas abundantiæ vel latitudinis cum Isaac felices inveniunt. Aliter igitur illi, aliter illi puteos effodiunt, et de puteis eruderatis ignem accendunt. Nam illi pravitatis exempla vitiosos homines pro stipitibus habentes, et pro prunis exempla vitiorum, alienum ignem accendunt vel subjiciunt in altari, videlicet ardorem illicitum, quo a Deo alieni fiunt : nec Nephar celebrant, sed in nefas ruunt. Isti vero sanctorum vitam præ oculis habentes, pro stipitibus et prunis inter rotas cherubim sumptis labia mundantes, arundineti sui scintillas accendunt, prout inflammat eas pater luminum, lux de luce, lumen de lumine Jesus Christus, qui cum Patre et cum Spiritu sancto vivit per omnia sæcula sæculorum. Amen.

SERMO XI.

IN EADEM SOLEMNITATE.

Attendite ad petram ex qua excisi estis ; et ad cavernam laci de qua præcisi estis (*Isa.* li). Si verum est, imo quia verum est, quia non est opus, non est ratio, non est consilium contra Dominum, a destructione consequentis consequenter potest inferri, quia cum Domino non nisi opus, non nisi ratio, non nisi consilium esse potest. In ipso siquidem et per ipsum, exemplum operis inveniunt pigri, intelligentiæ rationem perfidi, consilium simplices et seducti. Per ipsum oleaster et oliva, ut fructum operis faciant, simul inserti sunt, simplices et astuti sapientes fiunt, Judæi et Græci salutis consilium acceperunt. Apud eum enim non est personarum acceptio ; quia cujuscunque conditionis sit, cujuscunque generis, cujuscunque dignitatis vel ætatis, omnes in Christo unum sunt, qui non vincuntur in malo, sed vincunt in bono malum. Unde, fratres, compendiosum Isaiæ consilium attendentes, ad illum omnes attendamus, et ab ipso salutem exspectemus, qui salvat omnes sperantes in se. *Attendite*, ait Isaias, *ad petram* (*Isa.* xxxi). Petra autem erat Christus. Omnibus enim propheta loquitur, quia in ea omnes refugium inveniunt. Ipsam rerum naturam perpendite. Nonne ad petram refugit, ut sit securus, sicut columba, sic herinacius? Nidificat siquidem columba in foraminibus petræ; sed etiam ipsa refugium herinacii facta est. Attendat igitur columba ad petram, in qua labores congregat, in qua vacat, in qua nidificat, in qua pullos educat ; sive frumentum, sive spina sit, quod laborat, totum sibi et suis utilescit, si in petra sit. Omnia vero in petra collocat, spinam scilicet, ut necessitatis non voluptatis lectum habeat, frumentum, ut se simul et suos reficiat. Si vero a labore vacare proponit, ad petram refugit, ut secura sit. Sed et si vacando a foramine petræ, ut foris respiciat, caput emittit; a petra tamen corpore non recedit; sed cum foras respicit, dolet et gemit. Si vero pullus antequam in altum volando se elevare possit, extra petram minus caute exsilit, increpans eum strepitu vocis ad petram reducit. In petra igitur pullos pascit, sed parcius, et a tempore in tempus, et in mensura : ne forte jecur rumpatur, et ipsa tritici medulla præ nimietate cibi et corruptione carnis cum furfure quasi stercus emittatur. Omnia ergo mensurate facit, ut avidius cibus appetatur, appetitus retineatur, decoquatur, incorporetur, vel emittatur. Furfur siquidem emitti, medulla vero debet incorporari. Talis est columba, de qua scriptum est : *Columba mea in foraminibus petræ, in cavernis maceriæ* (*Cant.* II). Porro quæ est hæc columba? Experimento novit, qui fel amaritudinis non habet, unde irascatur, nec rostrum, unde mordeat detrahendo, nec pedes veloces ad effundendum sanguinem operando. Sed qui devotus est in cogitatione, verax in sermone, simplex opere, columba est.

Hæc igitur columba in foraminibus petræ nidificat. Una est petra, sed multa sunt ejus foramina. Una est Ecclesiæ domus, sed in domo multæ fenestræ sunt, et ostia multa. Petra Christus, Ecclesia domus; foramina vero sive ostia, diversus per diversæ religionis exercitium patens salutis introitus. Sicut enim per foramen in petra, vel per ostium in domo intratur, sic per religionis sanctitatem multiplicem, accessum ad Ecclesiam habemus, vel ad Christum. Ostium siquidem Ecclesiæ, vel foramen petræ ordo conjugatorum est, continentium, seu etiam virginum. Foramina petræ sunt religio Cisterciensis, Præmonstratensis, Cluniacensis. In foraminibus istis nidificantes columbæ, quandoque frumentum, quandoque spinam congregant. Audiant exemplum propositum prælati, audiant et subjecti. Attendant exemplum columbæ in petra nidificantis; ut fiant quasi columbæ in fenestris suis. Utrumque enim laborare debent, frumentum et spinam. Spinam ad necessitatem supplendam, frumentum ad refocillandam animam esurientem. In spina siquidem sæcularis cura, in frumento ille figuratur, qui frumenti grano se comparat (*Joan.* XII). Quia ergo et ea quæ ad Deum, et ea quæ ad sæculum pertinent, necessaria filiis Ecclesiæ sunt; prout possibile est, laborare debemus; sed necessitatis causa, non voluptatis, illa quæ ad activam vitam : illa vero quæ ad contemplativam, sola devotionis causa. Sed et Jacob patriarcha utramque, scilicet Liam et Rachelem, sibi copulavit; utrumque Judas Phares et Zaram genuit, utramque etiam Christus Martham et Mariam amavit. Quidquid igitur agit et laborat, in petra totum reponat, sive illa quæ ad sæculum vel ad Deum pertinent. Alii enim alterum, alii utrumque pro amore Dei, alii vero pro amore sæculi operantur. Sed si quandoque contemplationis causa vacat a labore, ut sit securus, ad petram refugiat, quia valde est periculosum, aliquid præter Deum cogitare, transitoria cogitando considerare. *Vanitas* siquidem *vanitatum, et omnia vanitas, dixit Ecclesiastes* (*Eccle.* I). Si autem ut foris respiciat, extra petram emittit caput, corpore tamen a petra non recedat. Si forte per subitam tentationem, in intimis et caducis mentem ponit, a proposito bonæ actionis non exorbitet; spem inter tentationes in Christum ponens, qui facit in tentatione proventum. Cogitando namque transitoria, more columbæ doleat et gemat, quia nihil est in mundo penitus, nisi dolor et gemitus. Cuncta enim caduca sunt et transitoria. In foramine petræ pullos nutrit, cum in aliqua religionis districtione verbi Dei frumento subjectos reficit. Sed quia sunt quidam, qui in religionis fervore novitio inter amaritudines tentationum absque devotionis, sive contemplationis alis, plusquam oportet sapere, et in magnis et mirabilibus super se ambulare volunt, alta cogitatione petere, cum nihil præter ima cognoscere sciant, miseriam suam a conspectu cordis eliminant, et fieri volunt majestatis scrutatores, et ea quæ supra ipsos sunt cognoscere volentes, et nondum seipsos cognoscunt; lac nondum sugere sciunt, et jam panem rodunt. Ideo ergo oppressi a gloria, in ipsam plerumque infidelitatem cadunt, quia qui scrutator est majestatis, opprimetur a gloria et merito. Quia quanto in altum se erigit, tanto gravius ab alto cadit. Ubi enim blasphemiæ vermis fidei radicem corrodit, omnes virtutum ramos necesse est exsiccari : ubi blasphemiæ spiritus ædificii nondum bene solidati lædit fundamentum, oportet ut et ipsum labefiat ædificium. Est enim contra legem arare in primogenito bovis, servare frugum primitias, primogenita retinere, et arborum præputia non circumcidere (*Deut.* XV). A prælatis tales increpandi sunt, quod nimirum comedunt fructum arboris incircumcisi, cum intendunt operibus mentis immundæ. In primogenito bovis arat, cum mens adhuc ex novitate lasciva profunda rimatur; primitias frugum et primogenitorum retinent, cum in initio conversionis approbant cogitationes suas vel opera; sed hæc potius Deo committenda sunt, et secundum legis decretum offerenda Deo. Teneant ergo et allidant parvulos suos ad petram, et sicut pullos columbæ in nidulo suo reprimant, ne forte dum sine alis volare volunt, a petra cadant, et unguibus milvi pateant. Ibi quippe alendi sunt, sed a tempore in tempus, et in mensura, ne forte jecur rumpatur, et ipsa tritici medulla quasi stercus vomitu egeratur. Hinc est, quod in porta Samariæ quarta pars cabi stercoris columbini tempore famis multo vendebatur pretio (*IV Reg.* VI). Sic nimirum quandoque sit, ut abundantia cibi ipsæ plerumque deliciæ in fastidium convertantur. Sed ut subjecti cibum verbi appetant audiendo, retineant intelligendo, decoquant retractando, medullam incorporent operando, furfur emittant superflua recidendo et male dicta corrigendo, necesse est prælatis, pro modo, pro tempore, pro persona, mensuram tritici erogare subjectis. Unde illa columbarum columba, quæ rostrum non habuit, unde morderet, cum detraheretur ei; nec ungues unde læderet, cum occideretur; nec fel, cum ad amaritudinem provocaretur; cum pullos pasceret, ait: *Multa habeo vobis dicere, sed non potestis portare mundo* (Joan. XVI): ne forte ex inconsiderata ciborum distributione jecur rumperetur.

Cum igitur prælatus subjectis locuturus, considerat, quid, quibus, quantum, et quomodo verbum Dei distribuat, ut ex carnalibus carnalia, et spiritualibus spiritualia comparet, pro capacitate ingenii, et devotione, quasi columba in foramine petræ pullos pascit. Vos ipsi, filii mei, qui satis inconsiderate, fateor, de ore meo frumentum recipitis, testimonium perhibete, scrutamini conscientias vestras. Quotidie fere vobis loquimur, quotidie vos admonemus; sed ex ipsa quotidiana consuetudine verbum Dei in fastidium plerisque conversum est. Certe, si illi qui audiendi verbum Dei usum non habent, ea quæ vos quasi stercus respuitis audirent; multa devotione, multis lacrymis ea sibi compararent. Exemplum audite. Nunquid in tempore famis in porta Samariæ caput asini et quarta pars cabi stercoris columbini multo empta pretio perhibentur? (*IV Reg.* VI.) Qui sunt famelici? Qui esuriunt et sitiunt justitiam. Famelici erant parvuli petentes panem, et non erat qui frangeret eis. Hi sunt in porta Samariæ cum solliciti de se, mentem incipiunt custodire. Per portam enim initium, per Samariam figuratur custodia, nam Samaria custodia dicitur. In porta igitur Samariæ caput asini vendit, qui in custodia mentis inter laboris onera, inter hominum maledicta, inter aculeos tentationum, inter minas potentiæ, exemplum patientiæ foris ostendit; sciens, quia inde dignum pœnitentiæ fructum acquiret. Per caput siquidem asini exemplum patientiæ figuratur. Emit autem asini caput, qui pœnitentiæ causa mentem incipit in patientia possidere. Stercus etiam columbinum famelicus emit, quando ille qui frumento verbi quasi columba pasci solet, tanquam stercus pro consuetudine parvipendit. Et quoniam verbum Dei in historico, morali, allegorico, et anagogico sensu solet dividi, bene quartam partem cabi columbini stercoris emit ille, qui per alterum istorum quatuor studet et laborat emendari.

Attendentes igitur ad petram more columbæ, quidquid cogitatis, non pro vana gloria, non pro humana laude laborate; sed totum pro amore Dei facite. Si vero aliquid præter Deum, vel contra Deum cogitatis, dolete et gemite; frumentum verbi Dei retinete, et facite; nihil ultra quod inspirat Deus, quærentes vel cogitantes. Sed et si quid de sublimitate majestatis divinæ comprehendere cogitando vultis, mentis oculos ab immundis desideriis mundate, scientes quia qui mundus est, in immunda mente non habitat. Sic enim ad petram attendit columba. Sed herinacius quid? Petra siquidem refugium herinaciis. Herinacii vero peccatores sunt. Herinacius enim animal est aculeis plenum, quod cum ab hoste deprehenditur inter aculeos caput abscondit, et quasi securus inter aculeos persequentem exspectat. Sed nunquid evadit? Nunquid non comprehenditur? Nisi ad petram refugiat, non evadit. Ibi profecto securus est. Audiant hoc exemplum peccatores pleni tentationum aculeis, qui latam viam quæ ducit ad mortem incedunt. Morem quippe herinacii tenet peccator, qui caput inter aculeos abscondit, cum ipsum persecutor apprehendit, quia cum ab antiquo hoste tentatur peccator, peccatis et suggestionibus suis mente consentit; et inter aculeos in via securus exspectat, cum inter mala quæ facit ab auditione mala non formidat, qua dicturus est Judex: *Ite, maledicti, in ignem æternum* (*Matth.* xxv). Sed nunquid evadet? Non evadet, imo comprehendetur, nisi ad foramen petræ refugiat. Habet enim foramen suum herinacius in petra, sicut et columba. Herinacii foramina Dominicæ passionis sunt vulnera. Cum igitur peccatorem antiquus persequitur hostis, ad vulnera recurrat Dominicæ passionis, spem suam illi committens, dicat: Miserere mei, qui passus es pro me.

Attendant itaque ad petram herinacius et columba, justus et peccator, quia qui passione sua peccatores redemit, purgatos religionis districtione sanctificabit. Foramen siquidem columbæ districtio est regularis disciplinæ; herinacii vero, vulnus passionis Dominicæ. Ergo, charissimi, quicunque filii estis matris Ecclesiæ, ad petram attendite, ne forte cadat ædificium, quando labitur ejus fundamentum. Cum enim per aliquam diabolicæ suggestionis impulsionem a fidelium mente Christus recedit, pars Ecclesiæ cadit, quia supra petram non erat fundata. Sunt quidam in Ecclesia solo corpore, mente et opere separati. Alii vero, qui cum ore confiteantur, et corde credant, præputium tamen carnis in prævaricatione portant. Alii autem doctrinam desiderant, sed pusillanimes et timidi aggredi doctrinæ religionem formidant, eo quod inveniant aliam legem in membris suis repugnantem legi mentis suæ. Alii autem, quod appetunt, aggrediuntur; sed contra tentationem impatientes et molles, cum manum mittunt ad aratrum, retro respiciunt, et revertuntur. Alii autem cum in virtutibus et in religione proficiunt, superbiunt et inflantur, inde materiam sumentes superbiendi, unde potius debuerant humiliari. Alii vero ut magis ac magis proficiant, innocentiæ et sanctitatis religionem induunt. Primi siquidem sunt hæretici, vel schismatici, secundi peccatores et incircumcisi; tertii justitiam sitientes, sed pusillanimes et timidi; quarti molles, quinti timidi, sexti simplices et religiosi.

Attendant ergo schismatici ad petram, quæ utramque conjunxit maceriam. Attendant peccatores ad petram, qua a prævaricationis præputio circumcidi debent. Attendant qui salutis doctrinam desiderant ad petram quæ produxit aquam. Attendant tumidi ad petram quæ prostravit Goliam. Attendant molles ad petram quam Jacob capiti suo supposuit. Attendant superbi ad petram quæ statuam confregit. Attendant simplices ad petram in cujus foramine columba nidificat. *Attendite ad Petram*. Petra autem erat Christus. Attendite in divinitate potentiam, in humilitate subjectionem, in moribus disciplinam, in doctrina scientiam, in omnibus charitatem. Potentiam, qua vos sibi subjecit, subjectionem, qua vos in altum elevavit; disciplinam, qua vos mirabiliter docuit; scientiam, qua vos verbo erudivit; charitatem, qua dilexit. Attendite in adversis, attendite in prosperis. In prosperis justitiam, ne superbiatis; in adversis misericordiam, ne desperetis. *Attendite ad petram ex qua excisi estis*. Excisi, non extra cæsi, sed ex ipso, et per ipsum cæsi, quia et a peccato circumcisi, et ab infidelibus divisi. *Ex qua excisi estis*. A Christo enim derivati sunt Christiani, tanquam a fonte rivi, tanquam a trunco rami, tanquam a patre filii. Pater enim multarum gentium constitutus est. Nam per ipsum accepimus spiritum adoptionis, in quo clamamus, Abba Pater. Unde propheta quod obscure præmiserat, declaravit, cum subjunxit : *Attendite ad Abraham patrem vestrum* (*Isa*. LI). Abraham pater multarum gentium dicitur. Sequitur :

Et ad cavernam laci, de qua præcisi estis (*ibid*.). Quæ est ista caverna, nisi Eva, de cujus visceribus nati, tanquam de caverna egressi in hunc lacum miseriæ descendimus? Quia ergo cognito uno contrariorum cognoscitur et reliquum, attendite ad hanc cavernam laci, ut per miseriam quam Eva nobis contulit, misericordiam perpendatis, qua vos Christus liberavit. Ex quantitate siquidem morbi, comprobatur utilitas medici : ex sapientia discipuli doctrina laudatur magistri. Inde igitur mala quæ per Evam sustinetis, inde bona quæ per Christum consecuti estis, in libra mentis æqualiter ponderate, ut obolismus justitiæ reducatur ad centrum justitiæ. Vel certe per cavernam laci Ecclesiam peregrinantem adhuc in terris significare debemus; de qua filii Ecclesiæ tanquam de matris visceribus longe lateque sunt propagati. Verbo siquidem veritatis de visceribus ejus genuit nos sponsus Ecclesiæ Christus; et per ipsam, præveniente gratia, ab infidelibus divisi sumus. Ideo dictum est : *Ex qua præcisi estis*. Præcisi, id est præcedente gratia, per ipsam cæsi, id est divisi. Attendite igitur ad Ecclesiam, considerantes, quibus ornamentis virtutum sponsus suus eam decoravit, qua dignitate sublimavit, quo perfectionis annulo subarrhavit, quo fortitudinis baculo sustentavit, quibus armillis operum consummavit. Attendite et laudate, et illi gratias agite, per quam tantæ sponsæ filiæ meruistis esse. Vel certe per cavernam laci illam significare possumus, de qua, quasi exponendo quod præmiserat, subjunxit Propheta dicens : *Et ad Saram, quæ peperit vos*. Cum enim dixisset, *attendite ad petram, ex qua excisi estis, et ad cavernam laci, de qua præcisi estis*, subjunxit : *Attendite ad Abraham patrem vestrum; et ad Saram, quæ peperit vos*. Subsequens quidem propositio præcedentis est confirmatio.

Quia igitur Sara *princeps* interpretatur, quid per Saram significare possumus, nisi illam, quæ principatum sui, principatum mundi, principatum cœli obtinuit? Principatum quidem sui, quia voluptatibus non consensit. Principatum mundi; quia eam mundi vanitas non seduxit. Principatum cœli; quia ad Filii dextram super choros Angelorum jam ascendit. Hæc est igitur Sara, quæ nos peperit. Nam in illo nobis mater facta est, qui nos fratres vocare non confunditur, ut ibi : *Narrabo nomen tuum fratribus meis* (*Psal*. XXI). Laci ergo caverna, quæ nobis emisit Agnum, sunt illa Mariæ beata viscera, quæ portaverunt æterni Patris Filium. Quæ ideo laci dicitur, quia quamvis esset extra mundum per gratiam et devotionem, de mundo tamen erat per naturam. Quoniam ergo per altitudinem virtutum, per patientiam tribulationum, per fortitudinem mentis, per perseverantiam religionis, virgo gloriosa secundum prophetas alto monti, de quo lapis abscisus est sine manibus, vel petræ deserti, de cujus caverna nobis emissus est Agnus, comparatur. Attendant alto monti petræ deserti, cavernæ laci, ut sublimes fiant in cogitatione, fortes in tentatione, refugii latebras inveniant in aliqua mala suggestione, qui jacent in imo profundi, qui cito consentiunt mundo sive carni, qui patent diabolicæ voluntati. Altitudinem enim in monte, fortitudinem in petra, refugium invenimus in caverna. Ad utrumque ergo attentius attendamus, ad petram et cavernam, ad Christum et Mariam, ut quod uterque nobis contulit agnoscentes, ingratitudinis vitio non arguamur. Sicut enim duo sunt, quæ nobis ad damnationem obfuerunt, culpa prævaricationis, et pœna retributionis; et hæc duo operati sunt vir et mulier, Adam et Eva, ita duo nobis ad salutem profuerunt, purificatio mentis, et passio redemptionis; et hæc similiter vir et mulier Christus et Maria. Attendamus igitur ad Christum et Mariam; ad petram deserti, et petram desertam : quorum nobis altera emisit Agnum, altera nobis nutrit pullos columbarum. Hæc enim secundum legem Moysi nostræ congruunt purificationi. Scriptum quippe est : *Mulier, quæ suscepto semine pepererit filium, immunda erit septem diebus* (*Levit*. XII). Mulier a mollitie dicitur : nam ea quod mollis sit et fragilis, mulier appellatur. Quid igitur in muliere, nisi molles accipimus, illos nimirum, qui cito diabolicæ suggestioni consentiunt? Quasi semen suscipit mulier, cum anima mollis et fragilis suggestioni perversæ consentit; impraegnatur, cum deliberat; parturit, cum operatur. Et notandum quod quandoque parturit masculum, quandoque feminam. Masculum quippe parit, si in perpetratione peccati aliquid virilitatis admistum fuerit. Cum enim aliquis peccare deliberat, et sacer locus, vel sacrum tempus evitatur, vel causa præmittitur necessitatis, sive etiam modus naturalis; perit quidem quia non resistit; sed masculum, cum in ipso actu virilitatis aliquid fuerit admistum. Cum autem nec tempus, nec locus perpenditur, sed in causa voluptas sola consideratur, et modus exquiritur, qui extra naturam est, feminam parit, quia in peccati perpetratione nihil laudabile reliquit. Hinc est quod satis aperte præcipitur ut illa quæ feminam parit, duplici pœnitentia puniatur. *Mulier*, inquit, *quæ suscepto semine pepererit masculum, immunda erit septem diebus.* Immunda erit, id est immundam se judicabit. Ream enim se et immundam coram Deo debet judicare, quod gavisa sit in peccati perpetratione. Dies vero exsultationem mentis significat, quia sicut dies mundum clarescere facit, sic exsultatio cordis et jucunditas mentem lucidam reddit. Sicut ille qui delinquit prius in suggestione, in delectatione, in consensu, in deliberatione, in opere, et operis voluptate, gaudere solet: sic quando pœnitet, immundum pro his omnibus se judicare debet, dolere tamen, quod in iis gavisus sit.

Sed quia nihil valet cordis contritio, nisi subsequatur oris confessio, subjunxit protinus Moyses et ait: *Octavo die circumcidetur* (*Levit.* xii). Quid est peccati circumcisio, nisi confessio? Cum enim post contritionem et oris confessionem cum hilaritate circumquaque articulos amputamus, ut a morte animæ resurgamus, quasi octava die masculum nostrum circumcidimus. Octavus etenim dies mentis illuminationem designat, per quam resurgimus a nocte peccati, et a morte inferni. Sed sunt plerique, qui post confessionem non humiliantur, sed negligentius agunt, eo quod sciant esse scriptum: « Omnia in confessione lavantur. » Propter quod facilius in peccatis incidunt, et recidivum patiuntur. Oportet etiam ut in bonis actibus servos inutiles se pronuntient, scientes quia coram illo venturi sunt ad judicium, qui etiam capillos capitis numerabit. Timere etiam debent, si bene fecisse, si totum dixisse se crederent, quod commiserunt. Quis enim fragilitatem suam suspectam non habeat? Quis humanæ negligentiæ lethargum formidare non debeat? Quis omnes circumferentias [vel circumstantias] quæ adjacent peccato, confiteri non negligat? Vel si confiteatur, quomodo scit, si Deo fuit acceptabilis? Quis enim novit sensum Domini, aut quis consiliarius ejus fuit? Offerebat Abel, offerebat et Cain; sed illius sacrificium accepit, istius autem sprevit. Uterini fratres Jacob et Esau; sed ille electus est a Deo, iste vero reprobatus Sic etiam duo in domo, duo in agro, et in mola uno, sed unus assumetur; alter relinquetur. Non tamen hæc dico,

tanquam incertus sim, utrum confessio simplex, pura, et devota peccatum lavet: sed hoc idcirco dico, quia quando confitemur, nescimus, si in conspectu ejus, qui scrutatur renes et corda, sit tantæ simplicitatis, tantæque puritatis, et tantæ devotionis confessio; ut oportet, et necesse est. Timor enim in hujusmodi semper est necessarius. Ita tamen peccator post confessionem timeat, ut non desperet; et sic speret, ut timeat; et de compositione actuum suorum sollicitior fiat, quoniam qui sacrificium Cain sprevit, pœnitentiam Mariæ suscepit; et qui verba Pharisæi respuit, orationem publicani non despexit; et Jeremiam et Joannem in utero sanctificavit, qui in utero matris Esau odio habuit: et qui Judæ confessionem non suscepit, post adulterium et homicidium, peccatum David per confessionem lavit. Timeat quidem de justitia, gratuletur de misericordia, exsultet ut timeat, sic timeat, ut exsultet, formidet, ne superbiat; gaudeat, ne desperet. Hinc est illud, quod subinfertur: *Triginta tribus diebus maneat in sanguine purificationis* (*ibid.*). Licet enim inter impares computetur iste numerus, tamen secundus et compositus ab arithmeticis perhibetur. Sunt etiam et alii impares, qui primi et incompositi sunt.

Quis igitur in impari primo et incomposito figuratur, nisi ille, qui per incompositionem actuum suorum ab æqualitatis et justitiæ regula discedens, adhæret illi, qui de terra est terrenus, per inobedientiæ præsumptionem? *Primus Adam*, ait Apostolus, *de terra terrenus, secundus de cœlo cœlestis* (*I Cor.* xv). Inæquales primi et incompositi sunt, qui inæqualitatem et cordis injustitiam, et per incompositionem sui veterem induunt hominem cum actibus suis. Per inæqualem autem secundum et compositum illi figurantur, qui licet ab æqualitatis regula per injustitiæ vitium discesserunt, ex ipso tamen timore peccati de compositione actuum suorum solliciti sunt, ut ipsum induere mereantur, qui de cœlo cœlestis est. Est enim secundus de cœlo cœlestis. Triginta ergo et tribus diebus manet in sanguine purificationis, qui per cordis illuminationem et operis compositionem purificatur ab inæqualitate prævaricationis, induens novum hominem, qui secundum Deum creatus est in justitia et sanctitate veritatis. Sed quia mens per fidem illuminatur, et per contritionem cordis religio vera componitur, satis aperte subjunctum: *Et offeretur pro eo agnus, sive duo pulli columbarum* (*ibid.*). In agno hoc ille figuratur, qui coram tondente se obmutuit, et cum in cruce pateretur, non aperuit os suum: primus inter manus Simeonis, et secundo in crucis vertice pro mundi salute oblatus. Et notandum quod quotidie per manus sacerdotis in altaris sacramento longe differentius offertur. Sed quia ex ipso et per ipsum pendet tota nostræ salutis intentio, pro nobis et a nobis per sacramentum altaris offeratur, ipsumque nobis incorporemus, ut nos unum corpus cum ipso simus et per ipsum suo conformemur simplicitatis exemplo. Exemplum quippe nobis dedit per vitæ innocentiam, ut et non ita faciamus. Si enim simplex et innocens non fueris, non prodest tibi, sed obest, quod pro te Christus est oblatus. Cum agno siquidem offerre debes pullos columbarum, in quibus gemina significatur simplicitas, actus scilicet et cogitationum.

Igitur, charissimi, si purificari, si mundari volumus, attendamus ad Christum, et ad matrem Christi; ad petram et cavernam luci; ad petram desertam, et petram deserti. Petra siquidem deserti virgo Maria fuit, quæ orta est de tribu Noemi. Unde dictum est: *Emitte agnum, Domine, dominatorem terræ, de petra deserti ad montem filiæ Sion (Isa. xvi).* Petra vero deserta Christus dicitur, de quo scriptum est: *Lapidem, quem reprobaverunt ædificantes, hic factus est in caput anguli (Psal. cxvii).* Attendamus igitur ad Mariam, ipsam in mulieribus benedictam confitentes. Attendamus et ad Christum, ipsi gratias agentes, qui pro nobis oblatus secundum humanitatem, et secundum divinitatem obtulit nos Deo Patri, qui vivit et regnat per infinita sæcula sæculorum. Amen.

SERMO XII.
IN EADEM SOLEMNITATE.

Simile est regnum cœlorum thesauro abscondito in agro, quem qui invenit homo abscondit, et præ gaudio vadit et vendit omnia quæ habet, et emit agrum illum (Matth. xiii). Teste, dilectissimi, veritate, unum est necessarium *(Luc. x)*; sed cæca et crudelis, et omnium vitiorum hydropisis humana cupiditas, mentem hominis in multa dividit, et distrahit in diversa, quoties ab unitate recedit. Quæ unitas? *Audi, Israel, Deus tuus, Deus unus est (Deut. vi).* Ideo unus, quia per partes dividi non potest, non enim corpus est; nec etiam per affectus, quia anima non est; nec unus ab unione dicitur, quia collectio multorum sive massa non est. Sed ab hac unitate multa dividunt; et hanc unitatem tamen non dividunt. Multa ab unitate dividunt, quia multa cum unitate non conveniunt. Nam unum esse non potest res quæ in multa dividitur, sed unitatem non dividit, quia cum simplex et una sit, divisionem non habet. Ab hac igitur unitate mentem primo dividit divisionum mater cupiditas, quæ in tot mentem dilacerat, in quot affectionum diversitates variando multiplicat. Nunc enim voluptatis, nunc honoris, nunc divitiarum affectibus, ab unitatis stabilitate mentem movet. Sola quippe cupiditas duo divisionis invenit verba, *meum* scilicet et *tuum*; quæ charitas in hoc quod sua non quærit, omnino detestatur. Hæc quando mentem afficit, hydropisis more eo plus sitit, quo bibit. Incrementum pecuniæ dat incrementum malitiæ. Quanto pecunia major acquiritur, tanto major habendi voluntas habetur. Unde poeta:
Crescit amor nummi, quantum ipsa pecunia crescit.
(Juven. Sat. 14, vers 138.)

Sed in hoc cæca dicitur, quod appetit non appetenda; et non app.tit appetenda. Nam si vel appeteret appetenda, vel non appeteret evitanda, non cupiditas dici deberet, sed charitas. Eo igitur crudelius in mente sævit, et domicilium suum eo detestabilius dissipat et incendit, quanto quis ejus tyrannidem affectuosius amplexatur, aut recipit. Propter hoc, dilectissimi fratres, hoc detestabile mortis venenum Isaias merito redarguit, dicens: *Væ qui agrum agro copulatis usque ad terminum loci (Isa. v).* Quid est usque ad terminum loci? Usque ad agrum qui termino loci finitur. Usque ad terminum loci dicitur, ut agrum illum excludat, qui termino loci nec clauditur, nec circumscribitur, nec definitur. Hic enim est ager, de quo Salomon in laude sponsæ meminit, dicens: *Consideravit agrum, et emit eum (Prov. xxxi).* Hic est ille plenus ager, de quo Isaac in laude filii loquitur, ita dicens: *Ecce odor filii mei, sicut odor agri pleni, cui benedixit Dominus (Gen. xxvii).* Hic est ager, in quo sevit idem Isaac, et invenit centuplum. Hic est ager lentis, in quo Semma Ararites viriliter stetit, cum fugeret populus Israel, et ipse stans viriliter expugnavit Philisthæos *(II Reg. xxiii).* Hic est ager, quem vænalem fecit Anameel, filius Sellum, patrueli suo Jeremiæ *(Jer. xxxii).* Qui quamvis esset in periculo mortis, utpote qui erat in luto carceris usque ad guttur, nec agri posse se fieri possessorem usque ad annos septuaginta cognosceret, agrum tamen adeo affectavit, ut emeret, sciens quia non poterat ab exspectatione sua confundi. Igitur vel quod exercitio laboris emitur, regnum cœlorum, vel in qua per laborem passionis salutem generis humani Christus operatus est, caro figuratur. Ager enim dicitur ab agendo, qui ager lentis dicitur, quia passibilis fuit. In quo Semma Ararites stetit, quando factus est obediens Patri usque ad mortem. Unde Semma interpretatur *obediens*: qui bene Ararites, id est montanus dicitur, quia in assumpta carne clarificavit eum Pater claritate quam habuit, priusquam mundus fieret. Unde Apostolus. *Propter quod illum Deus exaltavit; et dedit illi nomen, quod est super omne nomen (Philipp. ii).* Cum igitur fugeret populus, eo quod non esset qui faceret bonum, iste solus torcular calcavit, et percussit Philisthæos, quia solus spirituales prostravit inimicos. Hunc agrum Anameel, id est *gratia Dei*, scilicet misericordia Jesu, venalem fecit Jeremiæ, quia gratia sive misericordia Dei præveniente, et laboris exercitio subsequente, tanti beneficii particeps efficitur, quicunque in altitudine vitæ spiritualis exercetur. Felix qui agrum suum huic agro copulat, ut unum sit in Christo, et Christus sit unum in ipso, ut sic copulet agrum agro, qui nullo clauditur loco. Nam de hoc agro Salomon ita dicit: *Præpara opus tuum, et diligenter exerce agrum tuum (Prov. xxiv).* Sed væ illi, ait Isaias, qui agrum agro copulat *usque ad terminum loci*, id est usque ad agrum, qui clauditur termino loci:

qui ager ostenditur in parabola seminatoris et seminis, quia ager est mundus. Qui enim mundum sibi, vel se mundo, per amorem jungit, væ illi, quia qui voluerit esse amicus mundi, ait auctoritas, inimicus Dei constituetur (*Jac.* iv).

Ex supradictis igitur auctoritatibus tria nobis agrorum genera proposuit sermo divinus: mundum, hominem, Christum. Et bene agris comparantur, quia nec mundum, nec Christum, sed neque seipsum, nisi laborando et agendo potest quis possidere. Sed qui mundo utitur, abutitur: qui Christo, fruitur: qui seipso, utitur quidem; sed nec fruitur, nec abutitur. Nam seipsum diligere in Deo et propter Deum, Deum vero propter seipsum, mundum vero diligere non debet, nisi forte propter Deum in aliquo diligatur; quando scilicet vel in immensitate potentia, vel in pulchritudine sapientia, in utilitate benignitas Dei commendatur. Alioqui uti debemus tanquam non utentes, tanquam nihil habentes, et omnia possidentes. Et si aliter uti mundo volueris, abuteris. Quæ enim major potest esse abusio, quam ut servias ei, qui factus est ad serviendum tibi? Factus est enim mundus, ut serviret homini, homo vero, ut serviret Creatori, ita tamen, ut quod mundus homini, vel homo impenderet Creatori, totum humanæ deserviret utilitati. Deus enim bonorum nostrorum non eget. Item duo bona dedit Deus homini ab initio: unum visibile, alterum invisibile; unum gratis, alterum meritis. Gratis mundum, meritis cœlum. Nihil enim boni aut mali egerat Adam, quando dedit ei Dominus mundum, et omnia quæ fecerat in mundo. Unde piscibus, avibus, et bestiis factis, adduxit ea ad Adam, ut videret quid vocaret ea, ut tanquam sua nominibus ea discernere sciret. Voluit etiam, ut per obedientiæ meritum bonum sibi invisibile compararet. Sed mira res, imo miserabilis. Libenter emit homo, quod gratis datur: gratis autem vult habere, quod non nisi emendo acquiritur. Sed quid emere volumus, fratres? Nunquid in eo videtis agrum hominis pigri, quem totum repleverunt urticæ? Nunquid spinosa vel petrosa, vel pedes in viis conculcantium semina? Nunquid consideratis montes Gelboe, super quos nec ros nec pluvia venit? Nonne videtis animas, sicut terram sine aqua, Deo? Nunquid terram conspicitis, quæ non satiatur aquis; imo et illam, quæ imbrem super se venientem non recipit? Sed nunc innatas agrorum possessiones inspicite, et demum illatas. Infecta est terra corruptionibus. Seminat homo bonum semen, et vitio terræ pullulant cum bono semine zizania. Habet hoc vitium quandoque intus, quandoque foris, quandoque intus et foris; et quandoque inficit semen in radice, quandoque spinas inficit sterilitate; quandoque fit non ex vitio terræ, quod germinet zizania, sed ex aliunde innata passione. Inimicus enim homo facere solet hoc, ut superseminet zizania, cum dormit dominus agri (*Matth.* xiii). Quod si forte domino suo, juxta quod semi-natum est, ager bene respondeat; dormire nesciunt, qui agrum non suum de nocte demetunt. Propterea imitantur Cain fratri suo suggerentem ire in agrum, videoque eum in filiis suis offerentem, quæ de avaritia congregant et rapina.

Propterea *residuum erucæ comedit locusta, residuum locustæ bruchus, residuum bruchi rubigo* (*Joel* i). Quam detestabilis labor, fructus modicus, utilitas brevis, ut in omnibus tam inutiliter, quam mirabiliter homo seipsum destruat ac consumat. Si carnales oculos aperis, hæc videbis, si spirituales, detestabilius inspicies. Nonne otiositas provocatrix est sanguinum? Hic est ager pigri plenus urticarum. Nonne divitiæ generant sollicitudinum spinas, duritia et obstinatio petras, instabilitas vias? Sunt etiam in mundo superbi, qui prædicationis imbrem, tanquam montes Gelboe suscipere dedignantur. Sunt avari, qui tanquam terra quæ non satiatur aquis, non saturantur divitiis. Inveniuntur etiam qui intus inficiuntur per intentionem, quorum tamen operatio foris bona. Sunt qui secundum actionem corrupti sunt, et tamen intentio bona. Sunt etiam qui foris per actionem infecti sunt. Multoties vero cum dormit per negligentiam homo, hostis antiquus post fidei, vel alterius boni susceptionem seminis, vitiorum superseminat zizania. Invidet et major frater minori, hoc est caro spiritui; vel pro vitulo saginato, vel quia laborat in agro. Quia enim caro mundum diligit, salutem animæ postponit. Ideo autem carnem et spiritum quasi fratres dixerim, quia uterini sunt, non ex uno patre, sive ex una matre trahentes originem, quia cum caro infundatur et coaguletur ex semine, spiritus a Deo formatus ex nihilo informata carne formando absque mora infunditur, et infundendo formatur. Formatis siquidem membrorum lineamentis, post quadraginta et sex dierum spatium in fundendo formatur, et formata statim infunditur anima. Non enim ex traduce est anima, sed caro. Unde Propheta: *Qui fingit sigillatim corda eorum* (*Psal.* xxxii). Et alibi: *Pulvis in pulverem revertetur: et spiritus redeat ad Deum qui fecit illum* (*Eccl.* xii). Et rursum Moyses: *Si quis percusserit mulierem prægnantem, et fecerit abortivum, si formatum non erat, mulctetur pecunia: quod si formatum, reddat animam pro anima* (*Exod.* xxi). Ex uno tamen utero ambo prodeunt in lucem, et quasi fraterna societate quasi ex uno utero simul egrediuntur. Sed in hoc carnem majorem natu dico, quia prior in liquorem infunditur, et membrorum lineamentis formatur: et sic anima a solo Creatore Deo facta ex nihilo, formatæ carni in unum hominem unitur. Invidet ergo major minori, quia cum caro mundi hujus deliciis intendit, bonum animæ parvipendit.

Sunt præterea quatuor genera tentationum, quæ erucæ, locustæ, brucho, rubigini comparantur: videlicet diu deliberata et occulta, subita et aperta, diu deliberata et aperta, subita et occulta tentatio.

Si enim subito mentem subvertere non potest, non ideo minus instat inimicus; sed paulatim mentem velut parietem inclinat, et depellit ut maceriam, et quod aperte rapere non potest, furatur occulte; ut sit nunc serpens vectis, nunc tortuosus, nunc dici possit antemos, nunc diclux, et se esse bestiam manifestet, cujus numerus est sexcenti sexaginta sex. Quia igitur, ut dictum est, terra non solum infecta sed etiam interfecta in sanguinibus, et contaminata est in operibus vetustatis, novis supervenientibus vetera projicientes novate vobis novale, et nolite serere super spinas. Novale dicunt homines agrum, qui post factam runcationem, stipularum incensionem, lætaminis respersionem, arationem, seminationem, occationem, ab omni noxia vetustate purgatus, in fœnore fructus multiplici sui respondet semini possessoris. Tale nostrum, de quo dixeram, ager lentis, ager Ananehel. Sed cum nihil aliud sit runcatio, quam tribulorum sive spinarum exstirpatio, videtur quod ibi tribuli sive spinæ fuerint, quæ exstirpatæ sint. Non enim exstirpari potuit, quod ibi non fuit. Sed si, ut dictum est, per agrum Christi carnem accipimus, et per spinam peccatum; videtur quod illa caro aliquando obligata fuerit peccato, quod postea fuerit exstirpatum. Quid est ergo quod legitur, quia *peccatum non fecit, nec inventus est dolus in ore ejus* (*I Petr.* ii), quia actuali peccato obligata non erat, sed forte originali? Sed si hoc est, quomodo in lumbis Abrahæ decimatus non fuit, sicut Levi decimatus fuit, si caro ejus ibi obnoxia peccato fuit, sicut et caro Levi? Propterea quidam putaverunt carnem illam, quæ assumpta est a Verbo, ab ipso primo parente usque ad susceptionem sui a Verbo, liberam ab omni peccato fuisse, et mundam deductam, ita ut nunquam sub peccato fuerit, sed a peccato non solum liberatam, sed liberam. Sed per quas rimas ita descenderit, non invenio, cum non descenderit, nisi per concupiscibiliter natos. Propter hoc catholicæ veritatis assertio, Filium Dei, qui pro peccatoribus natus est, de carne obnoxia peccato carnem asserit assumpsisse. Quæ quidem a peccato libera fuit; sed ideo libera, quia liberata: ideo libera, non quia sub illo nunquam fuerit, sed quia sub illo aliquando esse desiit. Sed quando? Post Virginis conceptionem. Nam et ipsa, quoniam ex consensu maris et feminæ concupiscibiliter concepta est, in peccatis concepit eam mater sua. Sed post conceptionem mundata et sanctificata est in utero matris, ut sancta nasceretur, quæ concepta fuerat in peccatis. Nam si de Jeremia, vel de Joanne Baptista hoc verum ideo credimus, quia futura erant vasa electionis, in quibus Deus abscondi debebat per inhabitantem gratiam, multo magis vas illud singulare mundari debuit, in quo Filius Dei latere voluit, non solum per inhabitantem gratiam, sed per carnis unionem: in quo Deus hominem assumpsit; hominem dico, id est hominis naturam, non hominis personam, sed hominem in personam, ita ut in Deum transiret, non naturæ versibilitate, sed Dei dignatione, quia nec Deus est mutatus in humanam substantiam, assumendo hominem, nec homo in divinam, cum glorificatus est in Deum.

Propterea ergo mundata fuit, ut mundam sibi de carne munda carnem assumeret, qui mundi sordes tergere disponebat. Propterea nec in conceptione, nec in nativitate aliqua mundatione caro assumpta indiguit, quia ex ipso matris utero, in matre Virgine munda fuit. Quia ergo hoc solum ejus ibi fuit, quod inde futurum ejus fuit; Levi decimari debuit, et hoc Christus non debuit, quia per propagationem originis Levi naturam et culpam habuit in lumbis Abraham; Christus vero solam naturam, quæ decimatione non eguit (*Hebr.* vii). Oblatio enim non pro natura, sed pro culpa offertur, quia si culpa non esset, natura oblatione opus non haberet. Hæc est agri runcatio, mundatio scilicet Virginis, et sanctificatio, quæ nascendo liberum arbitrium, sicut omnis rationalis creatura, suscepit. Et quia liberum arbitrium habuit, et nondum liberatum, ad utrumque flecti potuit. Quia vero mortalis erat per naturam, infirmitatem habebat ad malum et quia mundata per gratiam, adjutorium habuit ad bonum. Unde et peccare per infirmitatem potuit, et per gratiam non peccare. Unde et tanto gratiosior fuit, quando sanctior, quia transgredi potuit, propter infirmitatem; et non est transgressa, propter gratiam adjuvantem. Sicut igitur Virgo ab originali peccato fuit mundata in utero matris per gratiam operantem, ita quoque nata munda ab actuali per gratiam cooperantem. Actuali dico criminali, vel forte veniali, ligno, feno et stipula. Forte aliquæ fuerunt in ea vel tenues cogitationes, vel suggestiones absque consensu, cum quibus charitas habitare non dedignatur. Imo sicut stipula vel aquæ gutta addita camino, ita est charitas adjuncta hujusmodi veniali peccato. At postquam Spiritus sanctus, qui ardor est Patris et Filii, superveniens ipsam obumbravit; et Filius Dei, qui est ignis consumens, intus eam fecundavit, sic omnes stipulas venialis peccati penitus incendit, ut libero arbitrio remanente, imo potius liberato et confirmato, non peccare potuit, et non potuit peccare. Nam sicut angeli vel sancti jam confirmati, libero non carent arbitrio, et tamen peccare non possunt, quia nullus eos ad hoc cogit, sed nuda liberalitate rata et confirmata non faciunt; ita et beata Virgo propter gratiæ privilegium singulare in hac carnis fragilitate ita beatificata fuit, ut spontaneo motu animi ducente nec peccare vellet, nec peccare posset: et hæc est agri stipularum incensio.

Talem igitur et tam gloriose mundatam salutavit angelus dicens: *Ave, gratia plena*. Et paulo post: *Ecce concipies in utero* (*Luc.* i), etc. Sed virgo de verbis angeli non diffidens, sed facti modum quærens, respondit: *Quomodo fiet istud, quoniam virum non cognosco?* (*Ibid.*) Ac si aliis verbis dicat: Quomodo ager fertilis esse poterit, nisi prius aperiatur, nisi primo naturæ debitum ei impendatur? Quomodo ergo fiet, quoniam virum non cognosco? Sed quid quæris, Virgo? Quæris gratiæ modum in facto, sive miraculum, seu consuetudinem, aut naturam? Si modum gratiæ quæris : *Spiritus sanctus superveniet in te* (*ibid.*), qui omnes agri stipulas incendet, et novabit novale suum, novum faciens super terram, quia tu circumdabis virum. Si vero miraculum, descendet ros in vellere carnis, et area sicca remanebit. Producet virga nucem absque radice ; inflammabitur igne cœlesti rubus, et non comburetur. Quod si talem in rebus consuetudinem quæris. vitrum carnis sine læsione vitri sol justitiæ penetrabit, quia nec vitrum corrumpetur, nec solis claritas minuetur. Si vero similem quæris in rebus naturam, sicut ex vino bibiones, ex aqua papiliones, ex arboribus aves, apes ex favo, teredones ex ligno, sed etiam sicut vultures absque commistione maris, aut seminis infusione imprægnantur et concipiunt ; ita et tu absque maris commistione, vel infusione seminis, concipies et gravida eris. Nihil igitur, quod huic facto debeat obviare. Ridiculosum quippe valde esset, ut quod aliis dare posset, sibi conferre non posset. Solummodo ad obedientiam cor aperi, et fecunda eris, ut sit fertilis ager. Sermo enim Dei vivus et efficax, et penetrabilior omni gladio ancipiti cor aperiet, ut agri sit aratio cordis apertio, et fecundaberis illo semine, quod promissum est Abraham : *In semine tuo hæreditabunt omnes gentes* (*Gen.* xxii). Et iterum Isaias : *Nisi Dominus Sabaoth reliquisset nobis semen, quasi Sodoma fuissemus* (*Isa.* i). Ergo agri satio fuit Filii missio, sive incarnatio. Quid igitur angelo Virgo respondit? *Ecce*, ait, *ancilla Domini* (*Luc.* i) : Quam convenienter et vere dixisse potuisset. Ecce regina mundi, imo regina cœli, quæ dixit : *Ecce ancilla Domini*. Sed sic aspergit agrum suum humilitatis lætamine, de quo legitur in Evangelio. *Sine, ut hoc anno fodiam circa eam,* id est ficulneam, *et mittam stercora* (*Luc.* xiii). Idem enim est stercus, lætamen, et fimus. Dicitur enim stercus, quia sternitur ; fimus, quia fit imus ; lætamen, quia germina reddit læta. Sub hoc ergo lætamine semen occatum est. Occatio seminis est absconsio Verbi. Semen est Verbum Dei, occare autem operire est. Semen occatum Verbum est absconditum. Hoc igitur semen thesaurus est, de quo scriptum est : *Simile est regnum cœlorum thesauro abscondito in agro* (*Matth.* xiii). Scriptum est enim : *Thesaurus desiderabilis requiescit in ore sapientis* (*Prov.* xxi). Et illui : *Prope est Verbum in ore tuo* (*Rom.* x).

Nihil est ergo aliud verbum in ore sapientis, quam thesaurus desiderabilis in ore sapientis. Thesaurus ergo verbum est. Sed aliud est verbum in ore carnis, aliud in ore cordis. Illic verbum intrinsecum et absconditum ; ibi verbum extrinsecum et manifestum. Nam de ore cordis scriptum est : *Os justi meditabitur sapientiam* (*Psal.* xxxvi). De ore summi Patris, hoc est de ore cordis hoc verbum eructatum est. *Eructavit*, ait, *cor meum verbum bonum* (*Psal.* xliv). Quid est cor Patris? Quod alibi dicitur uterus Patris. In hoc utero absconditum Verbum Patris eructatum est in uterum Virginis, et rursum ibi absconditum est. Sed In utero Patris ideo absconditum, quia incomprehensibilis est sapientia Patris. Sapientia quippe Patris Verbum Patris. In utero vero matris absconditum, ne cognosceretur a perfidis Judæis. Si enim cognovissent, nunquam Dominum gloriæ crucifixissent. Sicut tamen nec omnino manifestari voluit, sic nec penitus abscondi, quia et aliquo modo manifestari voluit, ne infidelitas inveniret locum, et tamen abscondi, ut fides haberet meritum. Ergo sapientia quæ in sui natura immutabilis erat, sub nostra mutabilitate voluit abscondi, ut per assumptam mutabilitatem ad immutabilitatem mutaremur, vel ut melius dicam, immutaremur. Mutabuntur enim perfidi, sed non immutabuntur, quia in illo non mutabuntur. Unde Apostolus : *Omnes quidem resurgemus, sed non omnes immutabimur* (*I Cor.* xv). Tunc autem immutabimur, non solum quando nostrum corruptibile induet incorruptelam, vel mortale immortalitatem, sed quando absorpta erit mors in victoria. Propterea, ut dictum est, sapientia Patris immutabilis in sua divinitate, mutabilis esse voluit in nostra humanitate. Unde in suo immutabilis, in nostro mutabilis. In suo ideo immutabilis, quia nec augeri nec minui poterat, nec mutari. Augeri quidem non poterat, quia immensa est ; minui vero, quia simplex et una est. Mutari autem loco non poterat, quia ubique est ; nec tempore, quia æterna est ; nec cogitatione, quia sapientissima est ; nec affectu, quia optima est. Nam si propter nominum varietates mutari videatur in rebus humanis, ut nunc propter præsentia scientia, nunc propter futura præscientia, nunc propter facienda dispositio, nunc propter salvanda prædestinatio, nunc autem providentia propter subjecta dicatur, non ideo fit, quod ipsa mutetur in rebus, sed quia res esse suum mutant in ipsa, vel saltem sub ipsa. Mutabilis tamen facta est in nostra humanitate, vel secundum mutabilitatem cohærentiæ, aut discohærentiæ, vel adhærentiæ, vel inhærentiæ. Mutabilitas cohærentiæ, quando res rei alterius generis ita cohæret, ut eam mutet et ipsa mutetur, ut cum cibus incorporatur, cibus mutatur in carnem, et caro mutatur in fortiorem. Vel quando res rei ita cohæret, quod ipsa non mutat, et illam mutat, sicut sapientia cum accedit animæ, mutat in melius animam, quod facit eam sapientiorem, ipsa vero non mutatur. Vel certe, quando res ita rei cohæret, quod ipsa quidem mutat, et illam non mutat, sicut humanitas divinitati cohærens, divinitas humanitatem mutavit, quia digniorem et meliorem fecit ; ipsa vero non est mutata. Mutabilitas vero discohærentiæ est, quando res quæ una est, in aliam ita mutatur, ut mutetur pariter accidens et subjectum ; quod factum est, cum aqua mutata est in vinum. Ibi enim sic vinum transivit in aliud ut et color et sapor aquæ transiret in colorem et saporem vini, et ipsa aquæ substantia in substantiam vini. Unde quando res aliqua ita transit in aliam, ut, remanente subjecto, mutentur, accidentia, quod fit, quando fenum transit in vitrum, ibi sola accidentia mutantur, scilicet feneitas, ut ita dicam, in vitreitatem, sed eadem remanet feni substantia ; vel quando res aliqua ita transit in alteram, ut ipsum subjectum mutetur, sed non accidentia; ut cum panis fit corpus, vel transit in corpus Christi, substantia panis transit in substantiam corporis Christi; sed accidentia, id est rotunditas panis, sapor vini, non mutantur. Non sunt accidentia hæc in subjecto, quia alia hæc, alia accidentia subjecti. Ibi enim non est panitas, sed, ut ita dicam, carnositas. Mutabilitas inhærentiæ, quando anima diversis affectibus mutatur, ut nunc gaudeat, nunc doleat; nunc timore, nunc afficiatur amore.

Secundum hos affectus in humanitate nostra mutabilis facta est sapientia Dei. Scriptum quippe est : *Exsultavit ut gigas ad currendam viam (Psal.* xviii). Et in Evangelio : *Tristis est anima mea usque ad mortem (Matth.* xxvi). Item : *Cœpit Jesus pavere et tædere (Marc.* xiv). Et alibi : *Desiderio desideravi hoc pascha manducare vobiscum, antequam patiar (Luc.* xxii). Sic assumptus homo per mutationes inhærentiæ variatur. Mutabilitas adhærentiæ est, cum per diversas passiones exterior homo variatur. Unde et de illo assumpto homine scriptum est : *Jesus autem, cum jejunasset quadraginta diebus, et quadraginta noctibus, postea esuriit (Matth.* iv). Et iterum : *Jesus autem fatigatus ex itinere, sedebat sic supra fontem (Joan.* iv). Et Isaias : *Vere languores nostros ipse tulit, et dolores nostros ipse portavit (Isa.* liii). Ecce quomodo mutabilis. In quibus omnibus absconditus erat Filius Dei. Propter hoc Psalmista dicit : *Quam magna multitudo dulcedinis tuæ, Domine, quam abscondisti timentibus te (Psal.* xxix). Et Isaias : *Vere tu es Deus absconditus (Isa.* xlv). Ergo *simile est regnum cœlorum thesauro abscondito* in *agro (Matth.* xiii), etc. Absconditus, ut dictum est, vel quia incomprehensibilis divinitate; vel quia mutabilis humanitate inventus est fidelibus. Sed qui sunt, qui invenerunt ? Qui hodie Christo obviam venerunt. Solemnitas hæc hypapanti Domini id est obviatio Domini vocatur, quia hodie Simeonis et Annæ solemnis memoria celebratur, qui Christo obviam venerunt in templo ; quando parentes ejus tulerunt eum, ut sisterent, id est offerendo eum Domino præsentarent. Et satis digne. Nam Simeon *obediens,* Anna *gratia* interpretatur. Gratia quippe mentem movet ad fidem, obedientia motam promovet ad operationem. Gratia mentem movet, ut velit, obedientia promovet per gratiam cooperantem. Gratia dat lumen fidei, obedientia virtutis augmentum. Sic honeste procedentes in hac processione viri seorsum, Simeon et Joseph, et mulieres Anna et Maria, in medio templi misericordiam suscipere meruerunt. Nam, sicut dictum est, Anna *gratia*, Maria *illuminans*, Simeon *obediens*, Joseph *augmentum* interpretatur. Et quoniam fides alia cognitione magna, et affectu parva ; alia affectu magna, cognitione parva ; alia vero cognitione et affectu magna, illam Deus fidem approbat, quæ affectum cognitioni maritat. Nam prima quidem sapientium est, scilicet a sapere ; secunda sapientium scilicet a sapore ; tertia sapientium, in quorum cordibus sapidum reddit quod sapiunt, cognitio fidei et affectus. Prima fuit philosophorum, qui cum Deum cognovissent, non sicut Deum glorificaverunt, aut gratias egerunt, sed evanuerunt in cogitationibus suis ; et dicentes se esse sapientes, stulti facti sunt. Secunda fuit Chananææ et centurionis ; de quorum altero dictum est. *O mulier, magna est fides tua (Matth.* xv). De altero vero. *Non inveni tantam fidem in Israel (Matth.* viii). Tertia fuit Annæ et Simeonis, qui utroque modo fidem habuisse probantur, quia scriptum est : Simeon in manibus infirmitatem accepit ; sed majestatem intus agnovit. Ecce cognitionis magnitudo. Quem videns, benedixit Deum et dixit : *Nunc dimittis, Domine, servum tuum in pace (Luc.* ii). Ecce affectus. Similiter et Anna prophetissa superveniens, loquebatur de illo omnibus qui exspectabant redemptionem Israel.

Unde et in inventione thesauri notatur affectus, cum dicitur. *Et præ gaudio vadit et vendit (Matth.* xiii), etc. Amoris affectus nescit otiosus esse, sed procedit foris ad effectum. Propterea vadit, vel viam mandatorum, vel viam veritatis, vel excellentiorem viam charitatis. Necesse est enim ire per viam veritatis, qua inducitur incipiens in omnem veritatem : secundo per viam mandatorum, qua deducitur proficiens per vias rectas, ad ultimum per viam charitatis, qua perfectus ad Deum perducitur, qui est charitas. Sic enim incipiens, proficiens, et perfectus, per viam veritatis, per viam mandatorum, per viam charitatis eundo inducitur, deducitur, perducitur. Propterea vadit et vendit sua. Ideo vendit sua, ut expeditior sit ad currendum. Quis enim currere potest oneratus ? Propterea sua vendit, ut emat agrum illum.

Quid est quod vendit ? Temporalia, naturalia, gratuita. Temporalia dico, se ipsum cum rebus suis. Primo se, et postea sua. Necesse est ut seipsum abneget sibi : *Qui amat*, ait Dominus, *animam suam, perdet eam. Et qui odit animam suam in hoc mundo, in vitam æternam custodit eam (Joan.* xii). De rebus quoque scriptum est : *Qui non abrenuntiaverit omnibus quæ possidet, non est me dignus. (Luc.* xiv). Naturalia sunt memoria, voluntas, ratio, intellectus : et hæc impendere necesse est, ut ager possideatur. Quod enim memoriæ, quod voluntatis, quod rationis, quod tandem intellectus est, ad obtinendum agrum impendere debes. Gratuita sunt, fides, spes, charitas : quæ omnia in emptione agri sunt offerenda. Quidquid es, et quidquid habes, totum da. Quanti sunt hæc ? Omnia in comparatione agri, quasi stilla situlæ, et quasi momentum stateræ reputanda sunt. Propter hoc sapiens vadit et vendit omnia quæ habet, et emit agrum illum. Emit homo agrum, ut possideat thesaurum; quia nisi mediante agro non pervenit homo ad thesaurum. Non enim bene conveniret possessori possessio tanta tantillo, nisi per pretium agri nostræ congruum paupertati. Meminisse debetis, superius me dixisse per thesaurum divinitatem, per agrum humanitatem figurari. Humanitatem dico, corpus et animam assumptam a Verbo. Duo ergo sunt extrema, et contradictorie opposita, Deus et homo. Deus enim in sui natura immortalis, impassibilis est et justus; homo vero in natura sua per peccatum infecta et corrupta, passibilis, mortalis, et injustus. Ut igitur hæc duo extrema sibi valde et omnino contraria unirentur, interposita sunt duo media, caro Christi et anima, ut sicut in quatuor elementis duo extrema, terra et ignis, quæ sibi valde sunt opposita, (quia cum ignis sit subtilis, acutus, mobilis, terra palpabilis, obtusa, et immobilis,) mediantibus aliis duobus elementis, scilicet aere, quod multam habet cum igne convenientiam; quia est subtilis, mobilis, sed non acutus : multam etiam cum terra, quia obtusus : et aqua cum aere convenit, quia mobilis, et cum terra, quia obtusa et impalpabilis, quæ cum quibusdam ligantur numeris, ut scriptum est (Boet., *De consol. philos.* l. III, metr. 9, vers. 10) :

Qui numeris elementa ligat,

sic et illa duo extrema, Deus et homo, duobus mediis sunt unita, et eisdem numeris ligata; et in eisdem elementis figurata. Quid enim obest, si per ignem Deum figuramus ? *Deus enim noster ignis consumens est* (*Deut.* IV). Per terram vero de terra factum hominem, per aerem vero animam, quia mundi animam aerem philosophi vocaverunt. Per aquam vero caro Christi non immerito figuratur. Nam et ipsa per aquam crassam, quæ in puteo inventa est, designatur. Deus ergo, ut dictum est, in sui natura impassibilis, immortalis, et justus, animam assumpsit immortalem quidem et justam, sed passibilem, quam mediam esse voluit inter carnem assumptam et Deum; quia aliquid habebat Deo conveniens, scilicet immortalitatem et justitiam; et aliquid cum carne, scilicet passibilitatem. Assumpsit enim carnem passibilem, mortalem et justam; et ipsam mediam esse voluit inter hominem et animam, quia aliquid habebat conveniens cum anima, id est passibilitatem et justitiam, et aliquid conveniens cum homine, passibilitatem et mortalitatem. Homo enim, ut dictum est, passibilis, mortalis et injustus est.

Hinc est quod Ecclesia, cujus caput dicitur Christus, homo corpus, tabernaculo comparatur. Christus quidem caput est Ecclesiæ, Christum dico totum in duabus naturis, et tribus substantiis, cujus Sanctum sanctorum divinitas, sanctum anima, atrium interius caro assumpta, exterius vero pœni-tentium massa. Velum vero inter sanctum et atrium interius mortalitas; inter atrium vero interius et atrium exterius, injustitia. Nam animam immortalem et justam et passibilem dividebat passibilitas ab immortali, justa et impassibili. Corpus vero passibile, justum et mortale, dividebat ab anima justa, passibili, et immortali, mortalitas. Hominem vero peccatorem passibilem, mortalem et injustum, dividebat a carne mortali passibili et justa, injustitia. Sed passus est Christus, et scissa sunt tabernaculi vela a summo usque deorsum. Tunc enim anima illa desiit esse passibilis, caro mortalis, homo injustus. Per passionem quippe Christi, homo et impassibilitatis et immortalitatis et justitiæ meritum acquisivit; sicut per illius effusionem sanguinis uniri possit cum immortali, impassibili, et justo. In conditione ergo rerum præcessit tantæ rei sacramentum, in Ecclesia res et sacramentum, in homine et Christo res et non sacramentum. In conditione præcessit figura, in Ecclesia subsecuta est imago, veritas completa est in homine et Christo. Ut sic conjungantur extrema, necesse est operam dare, quomodo jungantur media. Quod tunc digne fiet, si sit anima nostra similis regno cœlorum, et illud regnum cœlorum simile sit thesauro abscondito et invento.

Unde sciendum quod cum anima per diversos affectus variatur, diversas in se figuras, imo in diversas se figuras transformat. Nam cum per motus bestiales bestiis se conformat, comparatur jumentis insipientibus, et similis facta est illis. Cum vero in sordibus vitiorum se deformat, moram faciens, et habitans ubi sedes est Satanæ, glareis cocyti se comparat. Cum vero a servitute peccati se excusat, et se ipsam per sapientiam regit, et fortitudine regnat, et fit Sapientiæ sedes, tunc similis est regno cœlorum. Dicit enim auctoritas : « Anima justi sedes est sapientiæ. » Et Sapientia ait : *Cœlum mihi sedes est* (*Isa.* LXVI), ex quo Gregorius probat, quod cœlum est anima justi. Dicitur enim cœlum, quasi *cœlum*, id est casa elios, id est *domus solis*, quia anima per inhabitantem gratiam solis justitiæ domus efficitur, ut scriptum est. *Si quis diligit me, sermonem meum servabit* (*Joan.* XIV) : unde non immerito cœlo comparatur. Et quoniam diversi gradus et varii sunt virtutum profectus, non regno cœli, sed regno cœlorum similis efficitur. Nam cum diversis tribulationibus sive tentationibus turbatur, similis est cœlo condensitatis, quod aereum dicunt. Unde propter supervenientem imbrium condensitatem; tenebris comparat eum Apostolus, ubi ait : *Non est nobis colluctatio adversus carnem et sanguinem, sed adversus principatus et potestates, adversus mundi rectores tenebrarum harum* (*Ephes.* VI). Sed quia Domino dicente scriptum est : *Cum ipso sum in tribulatione* (*Psal.* XC), in illa tribulationum condensitate similis fit thesauro abscondito, necdum invento. Cum vero post tentationes per devotionem incipit serenari, cœlo serenitatis, quod æthereum dicunt, comparatur. Et in hoc etiam similis est thesauro non abscondito, sed invento. Cum autem stabilitate solidatur, ut semper det operam, qualiter aquæ dividantur ab aquis, id est cura spiritus a cura carnis, tunc comparatur cœlo chrystallino, quod firmamentum appellant, et tunc etiam similis efficitur homini, qui sua vendit, ut thesaurum emat, quia inferiora contemnit, ut superiora possideat; et temporalia parvipendit, ut cœlestia acquirat. Cum autem per desiderium magis ac magis fervescit, ita ut in hac peregrinatione solo corpore constitutus, cogitatione et aviditate in illa æterna patria conversetur, similis efficitur uranico cœlo, quod dicitur empyreum; et per hoc etiam fit ei similis, qui laboribus et desideriis et suspiriis thesaurum inventum emit. Tandem vero cum post transitorios agones ad bravium supernæ vocationis, id est usque ad cœlum trium hierarcharum sublevatur, tunc empto thesauro fruitur, quia unum erit in Deo, et Deus unum in ipso; immortalis, impassibilis et justus, cum immortali, impassibili et justo, qui est benedictus in sæcula. Amen.

SERMO XIII.
IN DOMINICA SEPTUAGESIMÆ. (11)

Pœnitet me fecisse hominem (Gen. vi). Non est arbitrandum, dilectissimi, quod aliquid mutabilitatis aut injuriæ cadat in illum, apud quem non est transmutatio, nec vicissitudinis obumbratio. Omnia quidem cum tranquillitate judicat, et tamen eum iratum plerumque Scriptura prædicat. Sed hoc ipsum per causam dicitur, ut nos ira sua dignos ostendat. Hinc est quod dicitur: *Pœnitet me fecisse hominem*. In hoc tamen verbo, juxta duos intelligentiæ modos justitia et pax osculatæ sunt. Justitia quidem, si sic intilligatur: *Pœnitet me fecisse hominem*, ac si dicat: Faciam, quod homo pœnitens facere solet, quia delet, quod fecit. Pax vero, si sic accipiatur, *Pœnitet me fecisse hominem*, id est pœna me tenet de homine quem feci; quasi dicat, hominem tenet culpa pœnæ, me vero tenebit pœna culpæ. Ipse fecit, et ego feram; ipse rapuit, et ego persolvam. Ideo feram quod fecit, quia pro eo feram, quem feci. Quis enim quod suum est parvipendat? *Quæ mulier habens drachmias decem, si perdiderit unam ex eis, nonne accendit lucernam, et evertit domum, et quærit diligenter donec inveniat? Aut quis homo habens centum oves; et si perdiderit unam ex eis, nonne dimittit nonaginta novem in deserto, et vadit ad illam quæ perierat?* (Luc. xv.) *Ecce ego ipse requiram oves meas: et visitabo illas, sicut visitat pastor gregem suum* (Ezech. xxxiv). Non incumbit homini, sive angelo, quia pravitas inventa est in utroque. Propter hoc *tristis est anima mea usque ad mortem* (Matth. xxvi), quoniam si iratus est homo super hedera, pro qua non laboravit, multo justius debet esse

(11) Potius in Dominica Quinquagesimæ, vel Quadragesimæ, ut constat ex toto discursu.

tristis noster Jonas super hedera quam fecit. Et merito Jonæ Dei Filium comparamus, quia sicut Jonas in ventre ceti fuit tribus diebus et tribus noctibus, sic et Filius hominis in corde terræ. Hinc est quod, cum generatio prava et adultera signum quæreret, non est ei datum, nisi signum Jonæ. Hic igitur Jonas plantavit hederam, cum fecit hominem, quem discretionis furca et baculo rationis sustentans in hoc cum a terra sublevavit; quia os homini sublime dedit. Cui etiam intelligentiæ virorem tribuens, umbram dilectionis invenit. Unde scriptum: *Deliciæ ejus sunt, esse cum filiis hominum* (Prov. viii). Sed vermis tandem hederæ radicem corrosit, ventoque urente et calido flante, arefecit. Quis, putatis, est vermis iste? Ille est, de quo loquitur Isaias: *Et vermis eorum non morietur* (Isa. lxvi). Vermis horribilis est ille serpens antiquus, qui nimirum radicem hederæ corrosit, dum primum hominem fraude circumvenit. Ab ipso enim tanquam a radice homines universi tanquam rami sunt exorti. Sed quomodo? *In ascensu*, inquit, *diluculi* (Jonæ. iv). Diei nomine quandoque prava delectatio actionis accipitur, ut ibi. *Pereat dies in qua natus sum* (Job iii). Hujus diei crepusculum est negligentia mentis, nox effuscatio cordis, diluculum consensus suggestionis, diei claritas dilectio operis. In ascensu igitur diluculi radicem hederæ vermis corrupit, quando per consensum suggestionis protoparentem hostis antiquus infecit. Vel quoniam per radicem hominis capilli designari solent, et per capillos cogitationes mentis, hederam in ascensu diluculi percussit, quando, per consensum cogitationis homines ab auctore suo alienavit. Et tunc hederam arefecit, quia charitas humore subtracto hominem sicut terram sine aqua fecit. Merito ergo uterque Jonas, spiritualis scilicet et materialis, uno dolore tactus doluit. Nam utriusque jactura, hujus per sacramentum rei, illius per rem sacramenti, una fuit. Itaque quo dolore doleat uterque, videamus. Dic nobis, Jona, dic nobis, putas bene irasceris tu? *Irascer*, ait, *usque ad mortem* (Jonæ iv). Et tu, Domine Jesu, bene irasceris tu? *Tristis est*, inquit, *anima mea usque ad mortem* (Matth. xxvi). Certe bene irasceris, quia bona est ira, quæ tali ac tanta misericordia sublevatur. Bene, inquam, irascitur quia, cum iratus est, misericordiæ recordatur. Irascere ergo usque ad mortem, bone Jesu, et te pœniteat, qui si te contristavi ad horam, jam non me pœnitet. Non est enim nobis salus ulla, sine morte tua pretiosa; morte tua salutari mortem occidisti. (12) « O felix culpa, quæ tantum ac talem meruit habere Redemptorem. O necessarium Adæ peccatum pro merito damnationis misericordiam consecutum. » O beata ira, qua sic Dei Filius mortem pertulit, ut gratiam pro pœna redderet, et per gratiam nobis gloriam ampliaret.

(12) Verba Ecclesiæ in benedict. cerei Paschalis.

Hoc igitur dolore cordis tactus intrinsecus, pium patris, et non dirum affectum magistri nobis Deus ostendens, ait: *Pœnitet me fecisse hominem* (*Gen.* vi). Ac si dicat: Video omnem hominem viam suam corrupisse, subjectumque diabolicæ voluntati; nec eripi posse, nisi me pœniteat, id est nisi mihi pœna incumbat. Ideo me pœnitet, et merito: feci enim illum. Sed quæ pœna illi incumbat, videamus. Pœna nativitatis, pœna laboris, pœna mortis. Hæc enim tria per culpam homo meruerat; scilicet cum labore nasci, laborare, et mori: et in his tribus filius hominis diabolum vicit, quia ut sua daret, nostra suscepit. O pœnitentia pia, non crudelis; fructuosa, non sterilis; voluntaria, non necessitatis. Crudelis enim fuit in Juda Iscariote, sterilis in Esau et Saule, necessaria vero est in quolibet peccatore. Solius autem voluntatis fuit pœna Salvatoris, qui peccatum non fecit, nec inventus est dolus in ore ejus. Hæc igitur est ira Jonæ, imo columbæ. Jonas enim interpretatur *columba*: quæ cum fel in corde non habeat, nec dentes in rostro, vel ungues in pedibus unde lædat, solo vocis strepitu patefacit iram, hostem circumvenit in comminatione. Hæc est ira Jonæ, quæ subvertendam prædicat Ninive; vel ira columbæ, quæ clausis in arca ramum præsentat olivæ. Verba forte videntur dissona, sed utriusque sententia una. Quid enim est subverti Ninive? Illud, quod fuerat, desinere esse. Quid enim fuit? Civitas sanguinum, plena vitiis, divina consolatione penitus indigna. Hoc desiit esse, quia præsentavit eis Jonas, vel certe columba, ramum olivæ. Quid est ramum olivæ? id est de abundantia divinæ misericordiæ, quando declinavit a malo quod fecerat, et bonum fecit, a quo declinaverat. Sed quando? Post quadraginta dies. Sic enim scriptum est: *Adhuc quadraginta dies, et Ninive subvertetur* (*Jonæ* III). Sed quomodo post quadraginta dies? Post pœnitentiam. Post quadraginta namque dies ramum olivæ columba præsentavit, et Jonas subvertendam Niniven prædicavit. A malo enim declinare non possumus, vel divinæ misericordiæ participare, nisi prius præterita peccata per pœnitentiam lugeamus. Et bene per quadragenarium pœnitentia designatur, quia, sicut de quadraginta quinquagenarii fructus colligitur et per pœnitentiam remissio peccatorum acquiritur, per quinquaginta designatur remissio peccatorum, unde etiam jubilæus, id est remissivus dicitur. Neque enim filii Israel terram promissionis acceperunt, nisi prius per desertum annis quadraginta affligerentur. Sic Elias antequam ad montem Dei perveniret, quadraginta diebus jejunavit.

Moyses quoque ut secundo legem acciperet, quadraginta diebus abstinuit; Dominus quoque Jesus, ut neminem a pœnitentia quadragesimali excludi debere ostenderet, quadraginta diebus et totidem noctibus jejunavit (*Matth.* IV). Ideo si de malo volumus converti in bonum, sicut Ninivitæ, si divinæ participes esse misericordiæ, si cum Elia divinæ contemplationis montem ascendere, si cum Moyse secreta Dei cognoscere, tandem si cum ipso Salvatore angelorum consortium suscipere, oportet nos decimari pœnitentia quadragesimali. Nam in istis sacris temporibus, cum sit pars anni decima, quasi pro decimis dare nos ipsos Deo debemus. Jejunemus igitur a vitiis, a sæcularibus negotiis; jejunemus ab alimentis, et immundis desideriis: in his enim quatuor tota consistit afflictio pœnitentialis. Est enim jejunium communis omnium membrorum satisfactio, ut scilicet satisfaciant membra secundum peccata quæ commiserunt: et dicitur jejunium a jejuno, quod est quoddam hominis intestinum, quod eo mortuo vacuum reperitur. Similiter et nos a vitiis vacui, tam corpore quam anima debemus reperiri.

Est autem triplex jejunii auctoritas, ab antiquitate temporis, a qualitate loci, ab institutione præceptoris. Ab institutione præceptoris, quia a Deo, a qualitate loci, quia in paradiso; ab antiquitate temporis, quia a mundi exordio. Unde dictum est: *De ligno scientiæ boni et mali ne comedas* (*Gen.* II). Eva quandiu abstinuit, virgo fuit, et in paradiso permansit; violato vero jejunio carnis pruritum sensit, et in paradiso non remansit. Adam similiter violato jejunio in mundi miseriam corruit. Item a temporibus et personis ostenditur auctoritas jejunii, quia ante legem a Moyse, sub lege ab Elia, a Christo sub gratia. Moyses siquidem post jejunium locutus est cum Deo (*Exod.* xxv), Elias post jejunium in cœlo raptus est curru igneo (*IV Reg.* II). Sic Jerosolyma tempore Ezechiæ regis per jejunium liberatur, centum octoginta quinque millibus una nocte interfectis: unde fetorem mortuorum rex Sennacherib ferre non valens cum decem tantum militibus fugit in Niniven, ubi quadragesimo die a propriis filiis occisus est (*IV Reg.* x). Sed et Jona prædicante per jejunium venia præstatur Ninivitis. Sed et Josue filius Nave per jejunium solis et lunæ cursum temperavit, et Gabaonitas superavit.

Notandum quod jejunium aliud corporis, sive carnis, aliud mentis. Carnis, quando quis abstinet a cibis, ne nimis caro pinguescat, sed non est virtutis. Mentis, quando quis jejunat a vitiis, vel ne caro pinguescat luxuriis. Item aliud jejunium institutionis, aliud devotionis; aliud parcitatis, aliud dispensationis. Item, jejunium aliud rationale, aliud irrationale. Item, jejunium aliud qualitatis, aliud numeri; aliud summæ exactionis, aliud alteritatis. Aliud solius charitatis, aliud solius necessitatis, aliud vanitatis sive simulationis. Jejunium institutionis est, ut in quadragesima, et cætera jejunia a sanctis Patribus instituta. In veteri siquidem lege sancti Patres decimas et primitias de omnibus rebus suis Domino offerebant. Et nos similiter debemus decimas Deo offerre, non solum de rebus nostris, sed etiam de nobis ipsis, jejunando. Unde pro decima dierum quadragesima fuit instituta, ut de trecentis sexaginta sex diebus, qui sunt in anni circulo, non solum decimam, sed et decimam decimae persolvamus, et pro duobus diebus non decimatis; ut voluit Augustinus, in vigilia Paschae missa de nocte celebraretur. Unde in collecta dicitur : *Deus qui hanc sacratissimam noctem*.

Sunt etiam institutionis jejunia, jejunia quatuor temporum, quae Calixtus papa (13) constituit, scribens in hunc modum : « Benedicto fratri et coepiscopo jejunium, quod ter in anno apud nos fieri didicisti, convenientius nunc per quatuor tempora fieri decernimus, ut sicut annus volvitur per quatuor tempora, sic et nos quaternum solemne agamus jejunium per anni quatuor tempora, juxta prophetae Zachariae vocem dicentis. » *Jejunium quarti (Zachar. vii)*, etc. Nam Judaei quater in anno jejunant, videlicet ante Pascha, ante Pentecosten, ante Scenopegiam, ante Encaenia. Vel ideo, quia antiqui quater in anno jejunabant quadraginta dies, ut nos in loco unius quadragesimae saltem tres dies jejunemus. Vel quater in anno fiunt haec jejunia, ad significandum quatuor, quae fiunt quatuor temporibus, Conceptio Domini in vere, Nativitas in hieme ; Conceptio Joannis in autumno, Nativitas in aestate. Vel quia significantur quatuor tessaredecades, id est quatuor Domini generationes. Tessare quippe quatuor, deca decem. Sic enim quatuordecim sunt generationes ab Abraham usque ad Moysen, sic quatuordecim sunt septimanae a primo die Martii usque ad secundum Junii : et sic curre per singula.

Antiqui enim sic jejunare solebant. In Martio fiunt, ut in nobis marcescant vitia. In aestate, videlicet in septimana Pentecostes, quando Spiritus sanctus advenit, fiunt, ut super nos Spiritus sanctus adveniat. In Septembri etiam, quando fructus terrae colliguntur, fiunt, ut in gratiarum actione fructus bonorum operum persolvamus. In Decembri, quando herbae moriuntur, fiunt, ut nos mundo mortificemus, et renasci Deo mereamur. Jejunia veris prima dicuntur, quia primo mense fiunt : jejunia aestatis quarta dicuntur quia quarto mense fiunt, id est Junio ; jejunia Augusti septima, quia in septimo mense fiunt, id est in Septembri ; jejunia hiemis decima, quia decimo mense fiunt, id est Decembri. Vel certe has jejuniorum distinctiones, juxta vaticinium Zachariae, quandiu in luctu, et quasi exsules sumus, celebrare debemus. Nam quia Sarazar et Rogummelech quaesierant per legatos utrum mense quinto et septimo jejunare deberent, tandem ex persona Domini respondit propheta : *Jejunium quarti, jejunium quinti, jejunium septimi, jejunium decimi erit domui Judae in gaudium et laetitiam, et solemnitates praeclaras (ibid.)*. Quod autem propheta jejunium quarti posuit, factum est propter historiam, quia tradunt Hebraei quod quarto mense, videlicet Julio, Moyses de monte descen-

dens tabulas fregit (*Exod.* xxxii), et juxta Jeremiam tunc muri civitatis primo rupti sunt. In quinto, id est in Augusto, propter exploratores terrae sanctae in populo orta est seditio, et jussi sunt montem non ascendere ; sed per quadraginta annos erraverunt in deserto, ita ut exceptis duobus, videlicet Caleb et Josue, morerentur in eo omnes. In hoc etiam mense prius Nabuchodonosor, postea Titus, templum in Jerosolymis destruxit, et urbem Bethel cepit, ad quam multa millia Judaeorum confugerant : et ipsum templum aratum est. In septimo occisus est Godolias, et tribus Judae, et reliquiae Jerusalem dispersae (*Jer.* xli). Decimo Ezechiel in captivitate positus, et populus captivorum audiunt templum subversum. Hae sunt causae luctus et jejuniorum. Talibus ergo jejuniis Ecclesia imitatur sanctos Patres. Sed quod loco quinti ponit Ecclesia jejunium primi, fit per significationem. Primo enim necessarium est nobis, ut nostram cohibeamus sensualitatem, quae quinque sensibus subsistit : deinde carnis nostrae lasciviam, quae constat ex quatuor elementis : tertio necesse est, ut cohibeamus spirituales affectus, qui septem effluunt vitiis spiritualibus. Cohibere etiam nos debeamus a vanitatibus mundi, quibus inobedientes fuimus mandatis, quae sub denario decalogi continentur.

SERMO XIV.
IN QUADRAGESIMA.

Ductus est Jesus in desertum a Spiritu (*Matth.* iv), etc. Quandiu in agone contendimus, et inter pericula naufragamus, magna nobis sollicitudine opus est, fratres mei. Quis enim inter tot pericula hominum, pericula daemonum, pericula ex carne, pericula ex mundo, pericula ex cogitatione, fortitudinem, multitudinem, astutiam inimicorum, et eorum curam pervigilem non formidet ? Ipsi plures, et nos pauci : nos inermes, ipsi armati. Ipsi ex antiqua acie jam instructi ; nos ex religionis fervore novitio multum instruendi. Non ergo glorietur miles accinctus, aeque, ut discinctus ; quia quandiu vivimus, sine periculo esse non valemus. *Militia enim est vita hominis super terram* (*Job* vii). Nunquam excludi potuit a filiis Israel Chananaeus ; multum fuit, si fieri potuit tributarius. Hostis siquidem antiquus, etsi nobis interdum cedit, a nobis tamen nunquam recedit ; sed semper nobiscum incedit. Si enim non praecedit nos, ut ipse videatur : a latere tamen fit mendax spiritus, ut hominem cautius persequatur, vel certe a tergo sequitur, ut penitus non cognoscatur. Praecedit enim nos, cum per apertam et violentam malitiam nos pervertit. Quod bene in Sedecia praefiguratum est : cujus filios Babylonii coram oculis ejus interfecerunt (*IV Reg.* xxv). Babylonii enim sunt maligni spiritus, qui filii sunt confusionis ; quia nos ita plerumque confundunt, ut nobis videntibus et scientibus, virtutes, quae quasi filii de matre ratione debent

(13) Epist. 1 Decret.

propagari, destruant, et exstinguant. Plerumque enim scis quia peccas, quia male facis, quia Dominum offendis : et ita tamen prævaricator es, ut jam te continere non possis. Sic peccavit Adam ; quia, ut ait Apostolus, non est seductus, sed Eva seducta est (*I Tim.* II). Eva enim verum esse credidit, quod ei serpens promiserat versipellis. *Eritis sicut Dii* (*Gen.* III). Sed hoc Adam falsum esse cognovit : et tamen ne Evam offenderet, de manu illius fructum vetitum accepit et comedit. Unde cum peccatum tribus modis fieri soleat, ex infirmitate, ut peccatum Petri ; ex ignorantia, ut Pauli ; ex industria, ut hoc peccatum, Adam tanto graviori pœna puniri debuit, quanto coram Deo culpa gravior fuit. *Servus enim qui scit voluntatem Domini sui et non facit, plagis vapulabit multis. Qui vero nescit, vapulabit paucis* (*Luc.* XII). A latere vero comitatur, cum hominem ex vitio collaterali persequitur. Omnis siquidem virtus inter duo vitia coarctatur. Unum quod oppositum est virtuti, alterum vero quod est collaterale ei. Misericordia enim inter truculentiam et segnitiem posita est : ita quod truculentia opposita est, collateralis vero segnities est. Similiter fortitudo inter pusillanimitatem et obstinationem, ita quod pusillanimitas ei opponitur, collateraliter autem obstinatio comitatur : et sic de virtutibus universis cognoscere difficile non erit. Cum igitur hostis antiquus aliquem virtute præditum affligere molitur, nihilque suam per oppositum vitium prævalere, videt industriam, sed se deprehensum, et expulsum esse cognoscit ; non ideo refugit, aut minus instat; sed ad callidiora collateralis arma vitii se ipsum convertit.

Quod bene figuratur in zelo Pauli ; quem utique habebat, sed non secundum scientiam, cum acceptis litteris veniret Damascum, ut si quos viæ veritatis viros inveniret, occideret (*Act.* IX). Summam siquidem religionem æstimabat, persequi Ecclesiam Dei : unde et misericordiam consecutus est, quia in ignorantia fecit. Ecce quomodo a latere diabolus incedebat, quia crudelitatem sub justitiæ fervore celabat. Si vero nec sic se posse prævalere perspexerit ; tunc quasi a tergo insurgit, cum in ipsa virtutis operatione fraudulenter, a modo, a loco, a tempore, a persona facit eum excedere, quem persequitur. Nam ipsa virtus pro vitio debet reputari, si modus, si locus, si tempus, si persona, sollicite non consideretur. Unde et in lege præcipitur, ut artus hostiæ super struem lignorum ordinentur. Si enim recte offeras, recte autem non dividas, peccasti. *Si offers munus tuum ad altare, et recordatus fueris, quod frater tuus habet aliquid adversum te* (*Matth.* V), et non reconciliaris ei ; sic offerens, nihil tua tibi prodest oblatio : etsi bonum sit offerre Deo. Debuisti enim munus tuum dimittere, et reconciliari fratri tuo. Quia ergo tempus non observasti, peccasti.

Ecce quantæ providentiæ, quantæ circumspectionis et cautelæ, necessaria est nobis docilitas. Aperto siquidem mala per providentiæ virtutem debemus prævenire ; collateralia per circumspectionem : ipsam vero virtutum operationem per discretionis cautelam. Plerumque enim cum scrutari conscientiam mentemque discutere satagimus, ut virtutes a vitiis separemus, nisi cauti bene fuerimus, ipse discussionis labor discutientis corrumpit conscientiam. Egressa est Dina, ut videret mulieres alienigenas ; et corrupit eam Sichem, blanditiis, ut ait Scriptura, virginem deliniens (*Gen.* XXXIV) : Quid enim in Dina, nisi conscientia figuratur ? Quæ bene Jacob filia dicitur, cum ad vitia discutienda luctatur : Jacob enim *luctator* interpretatur. Hæc enim videre mulieres alienigenas egreditur, cum ad mala quæ fecit agnoscenda, extra se per cogitationem evagatur. Sed cum ex ipso discussionis labore vana gloria subripit, eo quod se cautam esse agnoscit, blanditiis Sichem virginem corrumpit. Nam quid in Sichem qui interpretatur *humerus*, nisi labor ? et quid in blanditiis, nisi vana gloria figuratur ? Et bene virginem, quia sterilem, et per vanam gloriam a mercede laboris vacuatam. Unde et beatus Gregorius (14) exponens parabolam de decem virginibus, ait : « Ex hodierna sancti Evangelii lectione compellor dicere, ut bona quæ agitis, cum magna cautela faciatis, ne per hoc, quod a vobis rectum geritur, favor, aut humana gratia requiratur. » Quinque enim earum fuerunt fatuæ, quia per appetitum laudis factæ sunt steriles a virginitatis mercede. Ideo *dico vobis,* fratres, *vigilate et orate, ne intretis in tentationem* (*Luc.* XXII). Vigilate cum sollicitudine, orate cum devotione. Quis enim potest a tentatione esse securus, cum a diabolo ad tentandum ducitur ipse Christus ? Ubi percutitur Dominus securus erit servus ? Natat elephas, quomodo pertransibit agnus ? Usque ad caput redundant aquæ : quis poterit transvadare ? Hæ forte sunt aquæ quas propheta pertransire exhorruit, cum eas quæ usque ad talos et renes, et genua pertingebant, transierit (*Ezech.* XLVII). Neque enim timendum est, si eas quæ usque ad talos, ad renes, ad genua redundant, oporteat pertransire : sed eas sine formidine et periculo non intramus, quas capiti supereminere videmus. Aquæ certe tentationes sunt ; de quibus dicitur per Prophetam : *Salvum me fac, Deus, quoniam intraverunt aquæ usque ad animam meam* (*Psal.* LXVIII). Quæ usque ad talos Ecclesiæ redundant, cum maligni spiritus, illos qui inferiores et subditi in Ecclesia sunt, tentare festinant. *Sancti enim ludibria, et verbera experti insuper et vincula et carceres, lapidati sunt, secti sunt, tentati sunt* (*Hebr.* XI). Ad genua vero perveniunt, cum illis molestias ingerunt, qui per disciplinam sciunt extendi, et per fraternæ passionis compassionem incurvari. Usque ad renes crescunt, cum doctores

(14) Hom. 12 in Evang.

Ecclesiæ, qui verbo prædicationis filios ex ea gignunt, molestiis incessanter affligunt.

Cum igitur hæc omnia futura in Ecclesia prævideret propheta : quod tentari, quod persecutionem pati deberent subditi, doctores et prælati, et omnes qui pie vivere volunt in Deo, non ideo tamen legem Domini dereliquit, vel in manus hominum incidere formidavit, sed cum filiis Israel Babylonicæ captivitatis persecutionem pertransivit. Sciebat enim filios Israel peccasse, et per dignum pœnitentiæ fructum culpam perpetratam diluere debere. Sed cum usque ad caput Ecclesiæ aquas successcere videret, transvadare non potuit : quia humana ratione causam ante tempus investigare non valuit, quare Christus tentatus est, qui Deus erat, et peccatum non fecit. Sciebat forte quia sic oportebat fieri : et hoc est quod ad aquam pervenit : sed hæc de Deo mirabiliter expavescens, nulla sibi, sed omnia voluntati Dei commisit. Ideo dictum est quod aquas non transvadavit. Illa forte tria difficilia fuerunt sibi : sed quartum penitus mente comprehendere difficillimum fuit.

Quia ergo sine tentationibus esse non possumus, cum tentatus fuerit ipse Christus (*Matth.* III), circa tentationes necesse est vigilemus, quia nihil est, quod salvare nos possit, si sollicitudo non aderit. Quis semivivum sanabit ; si Samaritanus pertransit ? Quis resistet Berothitis filiis ; si purgans triticum ostiaria dormit ? Quid enim in ostiaria designatur vel Samaritano, nisi custos animi sollicitudo ? Samaritanus enim *custos* interpretatur. Nihil enim est quod hosti antiquo resistere possit, si custodia mentis per negligentiam dormit. Hæc est enim ostiaria, quæ triticum purgat, cum virtutes a vitiis, tanquam grana a paleis, per discretionem examinat. Ne igitur moriamur cum Isboseth in stratu nostro (*II Reg.* IV), vigilet ostiaria domus in tritici purgamento. Si enim in examinatione virtutum et vitiorum negligentes fuerimus, oportet ut occidat animum per cogitationem hostis antiquus. In ipsa tamen sollicitudine nobis cavendum est, quia per inconsideratam sollicitudinem immoderatus conflictus sollicitum pusillanimem reddit et pavidum ; vel tentationis victoria per sollicitudinem impetrata præsumptuosum. Quomodo resistere Petrus potuit, ubi eum calefacientem ad prunas ostiaria Caiphæ circumvenit ? In frigore siquidem pavor ; in ostiaria Caiphæ inconsiderata sollicitudo figuratur. Cum igitur animum super fidei petra fundatum de peccatis suis inconsiderata sollicitudo facit pavidum, ita quod per cogitationem desperat, ostiaria Caiphæ profecto Petrum frigescentem circumvenit (*Joan.* XVIII). Si vero per sollicitudinem in conflictu vincis, et ex victoria præsumptuosus efficeris, tanquam Eleazar Mathathiæ filius ab elephante quem occidis, occideris (I *Mach.* VI). Occidis enim hostem, cum sollicitudine non piger pravam superas cogitationem. Sed cum de victoria super-

bis ; quasi sub cadente cadis. Dico enim, quia plerumque melius est vitio succumbere, ut inde humilieris, quam operari virtutem, ut inde superbus efficiaris. Cum enim per opus vitii diabolo succumbis, et postea humiliaris, quasi Samson cæcus, et moriens hostes occidis. Unde dictum est : *Melior est iniquitas viri, quam benefaciens mulier* (*Eccli.* XLII). O felicem illam, dico Samaritanam, quæ Dominum Jesum super puteum sedentem invenit : et de puteo aquæ salientis in vitam æternam sterilem hydriam fecundavit (*Joan.* IV). Samaritana siquidem *custodia* dicitur, *Jesus Salvator*, Jacob *luctator* interpretatur.

Fons igitur Jacob, nostri conflictus, nostræque tentationis fontem insinuat. Cum enim cupiditas circa divitias, circa dignitates, circa voluptates versetur ; et hæc tria, quasi rivi de fonte cupiditatis emanant, cum de aliquo trium istorum tentaris et pugnas ; non ad rivum, sed ad fontem Jacob pervenisti. Si vero contra totam simul cupiditatem confligis, in hydria cordis de fonte Jacob devotionis aquam deportare venis. Cum igitur mentem custodis, quasi Samaritana es. Quando pugnas et vincis ; Jesum super fontem reperis. Et cum animum fecundat gratia spiritualis, hydriam replet aqua sapientiæ salutaris. Ut igitur tali sollicitudine cautiores sitis, vigilate et orate, ne in tentationem intretis. Sicut enim superius diximus, usque ad caput pervenerunt aquæ, et transvadari non possunt ; nisi eas dividat, qui pallio Eliæ divisit Jordanis fluvium (*IV Reg.* II) : et virga Moysi, mare Rubrum : his etenim duobus tota tentationis aqua dividitur et dissipatur (*Exod.* XIV). Scitis, quia ad hoc fieri solet pallium, ut ventis et pluviis exponatur. Bene itaque per pallium patientia, per virgam Moysi, lex Domini immaculata intelligitur. Per virgam ergo et pallium aquæ dividuntur, quia cum lex Domini immaculata convertit animas, et per patientiam possidemus conversas, omnes rivuli tentationis exsiccantur. Ideo orate, ne intretis, ne inducamini in tentationem. Sic enim magister sapientiæ nos docuit orare. *Et ne nos inducas in tentationem* (*Matth.* VI). Inducas, non ducas. Periculosum enim est induci, sed non periculosum duci. *Ductus est enim Jesus in desertum a spiritu, ut tentaretur a diabolo* (*Matth.* IV). Ductus est, non inductus. Alii ducuntur, alii inducuntur, alii perducuntur. Ducuntur per suggestionem, inducuntur per consensum, et deliberationem ; perducuntur per operis perpetrationem. Qui igitur sola suggestione tentatus est, non consensu, non operatione, bene ductus est, non inductus, vel perductus. Ductus est ergo Jesus in desertum ; sed quare ? Quia mori pro nobis venit, et potentiæ suæ sacramentum illi celavit, qui per manus Judæorum de morte sua tractare disposuit. Sic Tobias pedem tinxit in Tigride, ut piscis citius accederet (*Tob.* VI). Sic mutavit David faciem suam coram Achis, ut cautius hostes contereret (*I Reg.* xxi). Sic uni de filiabus Philisthinorum copulatur Samson, ut ipsos Philisthæos tutius comprehenderet (*Judic.* xvi). Pedem enim denudavit in Tigride, cum humanitatis suæ veritatem Christus demonstravit in tentatione. Faciem coram Achis David immutavit, cum Christus divinitatis suæ potentiam coram diabolo celavit. Unam de filiabus Philisthinorum sibi Samson copulavit, cum in sole justitiæ humanitatis nostræ miseria, per tentationis signum innotuit. Sed quare ? Ut piscis, ut hostes, ut Philisthæi comprehenderentur. Ut enim versutia diaboli, qui antiquus est hostis, comprehenderetur, humanitatis veritatem in tentatione Christus demonstravit, divinitatem celavit ; humanitatis nostræ miseriam assumpsit. Ideo *ductus est Jesus in desertum a spiritu* (*Matth.* iv). Hic quærendum est, ut ait Gregorius (15), a quo spiritu Jesus ductus sit in desertum. Et bene, quatuor enim genera sunt spirituum : spiritus scilicet mundi, Spiritus Dei, spiritus hominis, et spiritus diaboli. Spiritus Dei benignitas devotionis, spiritus mundi, ventus vanitatis; spiritus hominis, intellectus rationis; spiritus diaboli, intentio malæ voluntatis. Isti igitur quatuor spiritus et in aliquo differunt, et in aliquo conveniunt. Differunt enim ventus vanitatis et intellectus rationis, quia ubi unus inspirat alter expirat ; conveniunt autem spiritus mundi et spiritus diaboli, quia ubi unus aspirat, alter suspirat. Simili modo intellectus rationis et benignitas devotionis.

Ab hoc igitur quadruplici genere spirituum, duci solemus in quatuor genera desertorum. Primum est cœlestis patria : unde et Pastor bonus nonaginta novem ovibus in deserto relictis, ad illam quæ erraverat, descendit. Secundum est vita religiosa : de qua scriptum est : *Quæ est ista quæ ascendit per desertum?* (*Can.* iii.) Tertium vero mundus est, de quo dictum est : *Quæ est ista quæ ascendit de deserto?* (*Cant.* viii.) Quartum desertum, infernus est. Unde et hircus emissarius in desertum secundum legem Moysi mitti jubetur. Quocunque ergo vadis, ab aliquo supradictorum spirituum duceris. Tendis ad cœlum , inspirat benignitas devotionis, exspirat intentio malæ voluntatis ; tendis ad infernum, inspirat intentio malæ voluntatis. Desideras locum religiosum, suspirat intellectus rationis, inspirat benignitas devotionis ; tendis ad mundum, aspirat ventus vanitatis, inspirat intentio malæ voluntatis. Quia igitur et partim conveniunt, et partim differunt, sciendum est quod ad invicem relati spiritus illi ; alter alteri contrarius est : alter subalternus, alter contradictorie oppositus. Benignitas devotionis, comparata vento vanitatis, contraria est. Quod ex signis universalibus ad se contrariis dignoscere possumus. In illa enim beatitudo vera est, in isto vero, nulla beatitudo vera est. Intellectus vero rationis, intentioni malæ voluntatis comparatus, subcontrarius est.

(15) Hom. 16 in Evang.

Cum enim per intellectum rationis ad vitam religiosam deducimur, ad veram pervenimus beatitudinem : etsi non certam , vel plenam. Quandiu enim in agone sumus, dubium est, utrum ad bravium pervenire valeamus. Et ideo si vera beatitudo in religione est, certa tamen non est. Rursus, cum in religione sumus, molestiis et tentationibus incessanter fatigamur. Unde plena beatitudine caremus, quia plena beatitudo erit, ubi omnis miseria cessabit.

Cum vero per intentionem malæ voluntatis ad infernum ducimur, per omnia nos miseros et infelices credere debemus. Ibi ergo quædam beatitudo est, et non omnis. Ibi vero non quædam beatitudo est. Benignitas vero devotionis intellectui comparata rationis, vel certe ventus vanitatis intentioni malæ voluntatis subalternus est. In benignitate enim devotionis, quæ ducit in cœlum, omnis beatitudo est. In intellectu vero rationis quæ facit religiosum, quædam beatitudo est. Similiter in vento vanitatis, nulla beatitudo est ; in intentione malæ voluntatis, non quædam beatitudo est. Benignitas vero devotionis, qua ducimur in cœlum, intentioni malæ voluntatis, qua ducimur in infernum, comparata, contradictoria est. Illic enim omnis beatitudo est ; ibi vero non quædam beatitudo est. Ex propositionum igitur istarum differentiis sive convenientiis, quædam ambiguitas fieri solet in cordibus nostris, cum ab aliquo spirituum ducimur in aliquo desertorum. Est enim ambiguitas quasi quoddam bivium, in quo sedet rex Babylonis, quærens divinationes, et et miscens sagittas (*Ezech.* xxi). Cum enim spiritus Dei in altum te elevat, ut ascendas de virtute in virtutem, Rex Babylonis sagittam tibi jacit in die volantem, cum in profectu tuo elevaris per vanam gloriam. Cum vero per intellectum rationis religiosam vitam desideras , per vitium pusillanimitatis imminet tibi periculum nocturni timoris. Si vero per ventum vanitatis hujus mundi gloriam concupiscis, sagittat te diabolus a negotio perambulante in tenebris. Cum autem per intentionem malæ voluntatis non formidas aggredi miseriam pœnæ gehennalis, a dæmonio procul dubio meridiano vexaris. Unde et quia Dominus Jesus Deus et homo erat, a spiritu duplici ducebatur in deserto duplici, a spiritu scilicet Dei, et a spiritu hominis : ab intellectu rationis, et affectu benignitatis. Unde et Eliseus dicebat Eliæ : *Oro ut spiritus tuus duplex fiat in me* (*IV Reg.* ii), id est ut tali benignitate devotionis, tantoque rationis abundem affectu, sicut et tu. Hoc igitur spiritu duplici ductus est Jesus ad religionis perfectionem, et cœli altitudinem. Unde cum jejunasset quadraginta diebus et quadraginta noctibus, diabolus a timore nocturno tentans eum, dixit : *Dic ut lapides isti panes fiant* (*Matth.* iv). Et iterum gloriam mundi demonstrans, ait. *Hæc omnia tibi dabo , si cadens adoraveris me* (*ibid.*). Si vero ex benignitatis cogitatione et aviditate cœli altitudinem peteret, a sagitta volante in die persequitur illum, ubi ait : *Si Filius Dei es, mitte te deorsum* (*ibid.*). Sed Dominus relinquens exemplum posteris, in omnibus tentationem vicit, in omnibus superavit, ut per ipsum et in ipso victores existant, qui cum seaui volunt ad gloriam.

SERMO XV.

IN RAMIS PALMARUM.

Pueri *Hebræorum tollentes ramos olivarum, obviaverunt Domino dicentes : Hosanna filio David* (*Matth.* xxi), etc. Non omnes qui sunt ex Israel, hi sunt Israelitæ, quoniam eorum qui sunt ex Israel, aliqui obviam venerunt Domino cum gladiis et fustibus, alii vero cum palmis et floribus. Alii ad ridendum, alii ad irridendum ; alii clamantes, crucifige, crucifige : alii vero, Hosanna in excelsis. De quibus dictum est. *Pueri Hebræorum*, etc. Hebræi *transcuntes* interpretantur. Ergo Hebræi sunt, qui hic civitatem manentem non habent, sed futuram inquirunt. Hebræi sunt, qui vel immolando agnum, vel offerendo hædum, phase, id est transitum faciunt. Hebræi sunt, qui Pascha, id est transitum hujus vitæ celebrant in arymis sinceritatis et veritatis. Hebræus est, qui in confessione laudis transeundo de veteri lingua Adam ad novam apostolorum linguam, fit idithum, id est *transiliens*. Hebræus est, qui in hac peregrinatione solo corpore constitutus, cogitatione et aviditate ad cœlestem patriam transitum faciens, fit Galilæus, id est *transmigrans*. Isti Hebræi filios habent, non genere, non cogitatione, sed prædicatione, de quibus Apostolus ait : *Per Evangelium enim vos genui* (*I Cor.* IV) : vel imitatione, de quibus dictum est ; *Patres nostri comederunt uvam acerbam, et dentes filiorum obstupuerunt* (*Ezech.* xviii). Istorum est tollere ramos olivarum. Oliva Græce, *misericordia* latine dicitur. Rami igitur olivarum , diversæ sunt species misericordiarum : quos tunc tollimus, cum multiplicium exempla misericordiarum mente colligimus. Magna est misericordia Dei, quod fecit nos ; major, quod regit nos ; maxima, quod redemit nos ; affluens, quod revocat indignos ; superefluens, quod salvat injustos. Tanto vero securius omnis homo clamat : *Hosanna filio David*, id est Christo clamat: *Salva, obsecro*, quanto devotius misericordiæ Dei memor erit. Ad hos igitur olivarum ramos colligendos hodiernæ festivitatis privilegia nos invitant. Primo, quia eo die introierunt filii Israel terram promissionis, et transierunt Jordanem sicco vestigio. Nam ita contigit quod eo anno tot fuerunt dies usque ad Pascha, quot sunt ab hac Dominica, et erat luna decima, sicut eo die quo Dominus passurus venit Jerusalem. De hac enim die præceperat Dominus in lege : *Decima die mensis primi tollat unusquisque agnum per familias et domos suas, et servabitis eum usque ad quartum decimum diem ejusdem mensis; immolabitque eum universa multitudo filiorum Israel ad vesperam* (*Exod.* xii).

Et notandum quod post decem plagas, quas fecerant Moyses et Aaron coram Pharaone, datum fuit præceptum, et satis digne. Affligi enim potuit decem plagis, sed victus non est, donec immolatus est agnus. Pharao quippe diabolum insinuat, Ægyptus mundum, filii Israel ad vitam præordinatos, captivitas Ægypti servitusque filiorum Israel miseriam hujus mundi ; in quo palea vanitatis, lutum voluptatis, later cupiditatis, oculos excæcant hominum. Virga Moysi legis disciplinam ; Aaron, ejusdem legis sacerdotium ; decem plagæ, decem præcepta. Unde e regione se contingunt. Primum siquidem præceptum est de colendo uno Deo (*Exod.* xx), prima plaga aqua in sanguinem versa. Aquam autem in sanguinem vertere, est doctrinam spiritualem in carnalem mutare. Aquam in sanguinem verterunt, qui commutarunt gloriam incorruptibilis Dei in similitudinem corruptibilis hominis (*Rom.* i). Secundum præceptum est. *Non accipies nomen Dei tui in vanum* (*Exod.* xx). Secunda plaga est ebullitio ranarum, in quibus vanitatis garrulitas figuratur. Accipit autem nomen Dei in vanum qui veritatem, quæ Deus est, in garrulitatis vanitatem mutat. Tertium præceptum est sanctificatio Sabbati, in quo mentis quies, quam bona conscientia facit, figuratur. Tertia plagas sciniphes facti sunt (*Exod.* viii). Sunt autem sciniphes muscæ minutissimæ inordinate volantes, et inquietissimæ. Sic sunt phantasmata tentationum, quæ mentem removent a quiete. Quartum præceptum est : *Honora patrem tuum et matrem tuam* (*Exod.* xx) ; quarta plaga est cœnomyiarum emissio. Est autem cœnomyia musca canina : canum vero est parentes non agnoscere. Unde cæci nascuntur. Quintum præceptum est : *Non mœchaberis* (*Exod.* xx) ; quinta plaga est mors in pecoribus. Dicit vero Gregorius (16). *Computruerunt jumenta in stercore suo* (*Joel.* i). Jumenta in stercore computrescere, est in fetore luxuriæ vitam finire. Est igitur mors in pecoribus luxuriæ fetor in illis hominibus, qui comparati sunt jumentis insipientibus, et similes facti sunt illis. Sextum præceptum est : *Non occides* (*Exod.* xx) : sexta plaga, vesicæ turgentes assumptæ de camino, in quibus inflata superbia figuratur, orta de incendiis invidiæ. Scriptum vero est : *Parvulum occidit iracundia, et stultum superbia* (*Job* v). Vesica igitur turgens mors animæ est. Septimum præceptum est : *Non furaberis* (*Exod.* xx) : septima plaga, grando in fructibus. Nemo vero habet inventum lucrum, sine justo damno, Dum furaris, acquiris vestem, amittis fidem ; lucrum visibile, damnum invisibile. Qui ergo malo desiderio extrinsecus furantur, justo desiderio intrinsecus grandinantur. Et cum ex furto pecunia multiplicatur, divitiæ spirituales minuuntur. Octavum præceptum est : *Non dices falsum testimonium* (*ibid.*). octava plaga emissio locustarum. Est autem locusta animal dente noxium ; falsus vero testis no-

(16) *Moral.* l. xxiv, c. 8

cet mordendo, et consumit mentiendo. Novum præceptum est ; *Non concupisces uxorem proximi tui;* nona plaga, densæ tenebræ. Et vere densæ sunt tenebræ, maxime injuriam patienti, furorem alterius appetere. Vere qui hoc patitur, cæcatur furore, quia nihil tam dolet patiens, nihil tam nollet pati, faciens. Decimum præceptum est ; *Non concupisces rem proximi tui (ibid.)* ; decima plaga est mors primitivorum. Qui res alienas appetunt ; esse morientibus hæredes volunt. Et qui vult in aliquo fieri hæres, non vult, ut ille, cujus rem concupiscit, habeat hæredes, in quibus nihil charius primogenitis est.

Jure ergo in primogenitis punitur, qui cupiendo res alienas, quasi juris umbram perquirit : et quæ meliora sunt cordis primogenita, fidem videlicet perdit. Sicut ergo dictum est, decem plagæ decem præceptis comparantur, Sed sicut Pharao decem plagis non est adeo victus, ut dimitteret populum, ita lex illa non adeo diabolum vincere potuit, ut homo rediret in paradisum : sed postquam agnus immolatus est, Pharao dimisit populum, et omne primogenitum Ægypti mortuum est, imo et Ægyptii in mari Rubro perierunt, et filii Israel transierunt (*Exod.* xii). Post effusionem quippe sanguinis Christi, deletum est originale peccatum, tanquam primogenitum ; et efficaciam accepit baptisma, ut per ipsum præordinati ad vitam, id est filii Israel evaderent Pharaonem, id est diabolum, et Ægyptii, id est actualia peccata finem acciperent in baptismo. Hoc etiam est quod decima luna venit Jerusalem, luna enim defectum figurat. Bene ergo decima luna venit, qui in defectu Decalogi venit operari salutem nostram in medio terræ. Pueri autem Hebræorum et plebecula Jerosolymorum, et turba multa, quæ venerat ad diem festum, tollentes ramos olivarum, processerunt ei obviam ; *Et qui præibant, et qui sequebantur, clamabant : Hosanna filio David;* et est *osanna,* verbum Hebræum, ex corrupto et integro. *Osy* enim *salva* sonat, *anna* est interjectio obsecrantis sicut *pape* admirantis. Quæ quia in Latino non habetur, posuit pro ea Hieronymus, *obsecro,* et est sensus, clamabant ; *Hosanna filio David,* id est clamabant, dicentes filio David : *Hosanna,* id est *salva, obsecro.* Significat autem illa processio quod nos qui filii sumus Hebræorum, id est transeuntium, scilicet eorum qui hic civitatem manentem non habent, sed inquirunt futuram, de quibus erat Apostolus, qui ait : *Per Evangelium omnes vos genui* (*I Cor.* iv). Et alibi : *Ipsius sumus factura, creati in Christo Jesu in operibus bonis* (*Ephes.* ii). Quorum alii veteris legis patres, tanquam præcuntes ; alii novi testamenti, tanquam sequentes cum operibus miserationum, tanquam cum ramis olivarum portemus in corporibus nostris stigmata Jesu, per proximorum compassionem et proprii corporis passionem. Qua autem ratione versus illi, quorum est exordium, *Gloria, laus,* etc., in illa processione cantentur, sciendum est. Quidam, Theodulphus nomine, Floriacensium abbas, et Aurelianensium epi-scopus fuit tempore Ludovici Pii ; qui cum apud imperatorem Ludovicum falso accusatus fuisset multis criminibus, Andegavis est exsilio relegatus. Et dum in custodia teneretur, contigit ut ibidem die Palmarum veniret jam dictus imperator. Et dum secus domum, qua custodiebatur idem Theodulphus, processio pertransiret ; facto silentio præsente imperatore, versus illos per fenestram decantavit : quibus verbis imperator emollitus, eum a vinculis præcepit absolvi, et priori gratiæ redonavit. Et propter hoc traxit in consuetudinem Ecclesia Gallicana, ut in illa processione clausis januis in signum carceris Theodulphi, qui eos composuit, singulis annis decantarentur. Nec vacat a mysterio : nam quod sacerdos extra villam procedit, Christum Calvariæ locum figurat ascendentem ; quod autem cum populus comitatur, illos significat, qui improperium Christi portant extra castra. Quod duo clerici hymnum cantant, Ecclesiam triumphantem, quæ de angelis completur et hominibus insinuat, quæ Deum laudat et in passione Filium clarificat ; Quod autem respondet foris populus, Ecclesiam militantem figurat, quæ in ejusdem filii laude, ratione ejusdem passionis, consentit. Quod vero januæ clauduntur, tempus illud præfigurat quod erat ante Christi sanguinis effusionem : solus enim sanguis Christi cœli nobis aperuit portas. Bene ergo tunc clauduntur, quia Christi sanguis sexta feria post illam Dominicam fuit effusus.

Processione autem de qua locuti sumus, illa scilicet qua pueri Hebræorum processerunt Christo obviam, completa, intravit Jesus in templum : et ostendit ruinam urbis, pro qua fleverat, maxime ex sacerdotum culpa processuram. Sacerdotes enim avaritiæ suæ consulentes in porticibus templi hostias vendebant, ut paratas eas invenirent, qui de longinquo venientes offerre volebant ; sed et nummularios ibidem statuebant, a quibus, si deesset, mutuo sub capite vel pecuniam acciperent. Et ne forte advenientes de paupertate se possent excusare, vel etiam, quia lex præcipiebat ne a fratribus suis usuras acciperent, cogitaverunt ut facerent collybistas. Collybia enim apud eos dicuntur vilia munuscula, ut ciceris, et uvæ passæ et pomorum diversi generis.

Sed et hoc Ezechiel prohibet dicens : *Usuram et omnem superabundantiam non accipies* (*Ezech.* xviii). Propter hoc Jesus flagello facto de funiculis, ejecit vendentes et ementes, et mensas nummulariorum et cathedras vendentium columbas evertit (*Joan.* ii; *Matth.* xxi). Hoc signum et alia vice fecerat similiter ante Pascha, scilicet illo anno quo baptizatus est, et Joannes incarceratus. Quærebant ergo ab eo pontifices, et admirantes dicebant : *Quod signum ostendis nobis, quod hæc facis ?* (*Joan.* ii.) Quasi : Significasne aliquid in opere inusitato ? Vere signum est quod facit. O si scirent pontifices hujus temporis signum quod facit Jesus, quantum formidarent, quod factum est : qui enim sunt emptores et venditores columbarum, nisi Giezitæ et Simoniaci, qui spiritualia volunt pretio comparare? Venditores enim Giezitæ sunt qui cum spiritualia tanquam columbas vendunt, lepram mentis non immerito sicut Giezi incurrunt. Emptores autem Simoniaci sunt, quorum pecunia sicut et Simonis, cum ipsis est in perditionem. Qui autem vendunt, et qui emunt, unum sunt. Omnes nummularii, omnes ejectione digni. Intelligant ergo signum pontifices, qui dicunt : *Quod signum ostendis?* Eliminat eos ab Ecclesia. Quid est ab Ecclesia eliminare? Idem quod excommunicare. Hoc ista die, hoc et altera fecit. Repetitio confirmatio est, sicut cum excommunicamus; in ultimo dicimus : Fiat, fiat. Non ergo per vicarium, sed per seipsum repellit eos a templo, id est a consortio fidelium, Pontifex ille magnus et Sacerdos secundum ordinem Melchisedech. Et quod hoc digne faciat, ostendit flagellum factum de funiculis. Nam pro funiculis peccatorum, quibus circumplexi sunt, multa sunt eorum flagella. Nec prætereundum est illud admiratione dignum, quod Dominica, quæ prima dies est in qua Pater cœpit operari creationem mundi, Filius aggreditur laborem passionis, et per totam hanc hebdomadam, salutem nostram operatus est, et die septima cessavit, et in sepulcro quievit. Unde et tota septimana ideo pœnosa vocatur, quia per totam illam laboravit Dominus recreando, sicut per primam mundi hebdomadam creando. Nam ista prima die cum tanta claritate aggreditur opus salutiferæ passionis, dignitati illius respondet, in qua dixit : *Fiat lux, et facta est lux* (*Gen.* 1). Unde tradunt quidam quod cum ejiceret vendentes et ementes, quidam fulgor radiosus egrediebatur ex oculis ipsius : quo territi sacerdotes et levitæ non poterant ei resistere. Erat enim lux lucens in tenebris, et tenebræ eam non comprehenderunt, sed potius a luce comprehensæ evanuerunt, qui sustinere nequiverant lucis splendorem, id est deitatis terrorem, quæ est in Christo Jesu Domino nostro, qui cum Patre et Spiritu sancto vivit et regnat Deus, per omnia sæcula sæculorum. Amen.

SERMO XVI.

IN CŒNA DOMINI.

Homo quidam fecit cœnam magnam, etc. (*Luc.* xiv). Ille, inquam, homo, de quo scriptum est : *Homo est, et quis cognoscet illum?* Ille igitur homo, Deus et homo, discipulis suis, hodie prandium simul et cœnam fecit. Sed quoniam dignior cœna prandio fuit, tota solemnitas, cœna Domini meruit appellari. Prandium vero dico, in quo typicum Pascha comedit dicens : *Desiderio desideravi hoc Pascha manducare vobiscum, antequam patiar : dico enim vobis, quia jam non manducabo illud, donec impleatur in regno Dei. Et accepto calice gratias egit, et dixit : Accipite et dividite inter vos. Dico enim vobis, non bibam de generatione vitis, donec regnum Dei veniat* (*Luc.* xxii). Et sic terminato typico Pascha surrexit, et lavit pedes discipulorum.

Et hoc facto iterum recubuit, et dedit eis corporis et sanguinis sui sacramentum : quod typico Pascha dignius indicavit, cum dixit : *Hoc facite in meam commemorationem* (*I Cor.* ii). Illud enim prandium fuit, istud cœna. Hæc sunt hodiernæ solemnitatis privilegia; nec ista solum, sed alia multa : de quibus aliqua, quæ necessaria sunt ad salutem, vestræ charitati credimus intimanda. Hodie siquidem recipit Ecclesia pœnitentes, quos prima die jejuniorum ejecerat. Hodie consummato veteri testamento, novum incepit. Hodie consecratur oleum, non solum ad sanandum infirmos, vel illuminandum catechumenos et neophytos; sed ad confirmandum et roborandum baptizatos. Hac igitur die dixerunt discipuli ad Jesum : *Ubi vis paremus tibi comedere Pascha?* Et respondit : *Ite in civitatem, et occurret vobis homo amphoram aquæ portans : sequimini eum, et quocunque introierit; quærite a domino domus locum ad præparandum; et ostendet vobis cœnaculum grande, et ibi parate* (*Matth.* xxvi; *Marc.* xiv; *Luc.* xxii). In superiori parte domus Palæstini faciebant cœnacula, inferius autem cubicula. Quod Marcus dicit lagenam, Lucas amphoram : unus expressit genus vasis, alius modum. Hujus ergo diei vespere discubuit cum discipulis suis; et propter hoc diem istum cœnam Domini appellamus. Cœna facta, lavit pedes discipulorum : in cujus ablutionis memoriam lavare solemus pedes pauperum. Et hoc facto iterum recubuit, et docuit quod exemplum per hoc factum eis dederit, scilicet ut mutuo sibi serviant, et mutuo sibi dimittant injurias, et mutuo peccantibus subveniant. Et nota quod ex eo quod dixit : *Qui lotus est non indiget, nisi ut pedes lavet : vos autem mundi estis sed non omnes* (*Joan.* xiii), colligitur apostolos jam baptizatos fuisse. Tunc turbatus spiritu, ait : *Unus vestrum me tradet* (*ibid.*). Turbatus est, id est misericorditer Judæ compassus. Cumque inquirerent discipuli quisnam esset, ait : *Qui intingit manum mecum in catino, hic me tradet* (*Marc.* xiv).

Alter evangelista dixit *in paropside* (*Matth.* xxvi): sed in hoc quod catinus dicitur, ostenditur vas fuisse fictile ; in hoc quod paropsis, ostenditur quod vas illud paria latera habebat. Apsis enim est extremitas : unde parapsis vas pares habens extremitates ; vel ut quidam dicunt, quadraturam laterum notat hoc nomen parapsis. Erat autem hoc vas appositum, ad hoc, ut succus agrestium lactucarum, qui necessarius erat ad esum agni, ibi poneretur. Et ideo dixit, *intingit*. Sed cum omnes duodecim, in vase illo intingerent, nec per hoc quod dixerat Jesus, certificatus est Petrus, quis esset, innuit Joanni qui supra pectus ejus recubuisse dicitur (sed aliter non dicitur recubuisse super pectus ejus, nisi quod inclinatus recumbebat ante pectus Jesu); ut secreto quæreret ab eo quis esset. Cui Dominus voce submissa ait : *Cui intinctum panem perrexero : et dedit Judæ buccellam intinctam* (*Joan.* xv). Inde est quod Eucharistia non datur intincta, et etiam pro illorum hæresi tollenda, qui dogmatisant Christum totum esse simul sub utraque et non sub una tantum specie, et tunc introivit Satanas in cor Judæ. Non tunc primo, sed ut proprium possideret. Et exivit continuo, ut quod pepigerat principibus sacerdotum, adimpleret. Et tunc illo egresso, dedit discipulis sacramentum corporis et sanguinis sui. Unde et in canone illo die ita dicitur : *Qui pridie quam pro nostra omniumque salute hoc est, hodie pateretur*, etc. Sed quod ante Eucharistiæ perceptionem Judam exiisse diximus, videmur contradicere Lucæ, qui post calicem, traditorem commemorat. Sed forte Lucas de traditione recapitulat. Hilarius namque super Matthæum probat non interfuisse Judam. Nam Jesus eos, qui secum bibebant calicem, dixit etiam secum bibituros in regno Patris (*Matth.* xxvi), ad quod Judas indignus erat. Etiam de bibentibus nullum excepit. Ubi ait, *Pro vobis effundetur*. Nam aliorum fecit exceptionem, ubi ait, *pro multis.* Quod si dicatur, quod Judas acceperit, verba Hilarii oportet determinare, quia simul fieri potuerunt, quæ simul dici non possunt. Nam ordo Evangelii non repugnat Dominum distribuisse sacramentum corporis et sanguinis sui antequam per buccellam tinctam suum exprimeret proditorem. Et nota quod post ablutionem pedum, quæ facta est inter typicum Pascha et novum, volunt quidam cœnandum esse : unde et ipsam cœnam Domini appellant. Ad cujus rei evidentiam, sciendum quod cœna Domini partim vetus erat, partim nova : nam postquam discipuli ejus paraverunt Pascha, et Dominus cum eis discubuit, ait : *Desiderio desideravi hoc Pascha manducare vobiscum antequam patiar (Luc.* xxii). Desiderat, juxta auctoritatem, typicum Pascha manducare primo, et sic passionis suæ mundo mysteria declarare, ut jam adveniente veritate, umbram cessare doceat. Unde subjungitur : *Dico enim vobis, quia ex hoc non manducabo illud, donec impleatur in regno Dei* (ibid.). Quasi dicat : Non ultra Mosaicum Pascha celebrabo, donec Ecclesia, quæ est regnum Dei, impleatur. Sequitur : *Et accepto calice, gratias egit, et dixit : Accipite et dividite inter vos.* Hic calix ad vetus etiam Pascha pertinet : de quo et subjungitur. *Dico enim vobis, non bibam de generatione vitis donec regnum Dei veniat* (ibid.), Sicut ergo typicum esum agni, panisque azymi : sic et typicum potum Paschæ se non bibiturum dixit, donec ostensa resurrectionis gloria, regnum Dei, id est fides mundi adveniat. Cœnam ergo Domini, neque in vino, neque in azymis, sicut nec in esu agni, quem Dominus hic terminavit, nemo reducat : alioquin judaizat. Extrema pars cœnæ, quæ ita novo debetur homini, quemadmodum prima veteri, qua Dominus sui sacramenta corporis et sanguinis distribuit, ipsa sæpius est iteranda, seu repetenda, auctore Domino, qui ait : *Hoc facite in meam commemorationem* (*I Cor.* xi). Et quis aliter repræsentare audebit, nisi quomodo Dominus ipse tradidit? Si ergo vetustas repetitur, cur non perfecte, ut et agnus azymis atque vino societur ? Sed et esum carnium in jejuniis sumi horres ? Ergo jejunaturus bis edere quare non horres ? Dupliciter itaque te prævaricatorem constituis, dum non præceptum jejunii tempus observas.

Cum ergo dixit Dominus : *Hoc facite in meam commemorationem*, instituit hoc sacramentum. Hinc est quod cum in hac die omnes horæ sint flebiles, sola missa solemnis est, in concentu et in ornatu. Et sicut die quinta in hebdomada mundanæ creationis, genus ex aquis ortum partim gurgiti remissum, partim in aëra levatum est, ut stirpe una perdita, diversa caperent loca : ita feria quinta hujus hebdomadæ, qua sumus recreati, sacramenta unius ejusdemque salutis partim nos deprimunt in tristitiam, partim levant in gaudium. Unde et cum tanta gaudii spiritualis missa hæc celebranda est solemnitate, ut quisque pontifex quidquid sui est officii, debeat hac die ex integro perficere : hoc est pœnitentes Ecclesiæ restituere, oleum benedicere, chrisma conficere, *Gloria in excelsis* cantare. Dicitur autem chrisma græce, *unctio* latine : unde Christus *unctus*, et chrisma *unguentum* dicitur. Fit autem de fructu et pinguedine oleæ cum misto balsamo : cujus arbor odorifera et præcipua inter aromaticas arbores. Est autem chrisma signum Spiritus sancti, cujus et virtutem continet. Spiritus enim sanctus divinæ substantiæ pinguedo est, ita ut quicunque ex eo refectus fuerit, dicat : *Impinguasti in oleo caput meum* (*Psal.* xxii). Et odor balsami in oleo suavitatem ejusdem significat Spiritus sancti, quam quicunque accepit, discretionis bono odore allicitur, dicere potest cum Apostolo : *Christi bonus odor sumus Deo in omni loco* (*II Cor.* ii). Hujus igitur olei chrismalis unctio : principalis unctio ideo dicitur, quia ad ejus unctionem principalis spiritus tribuitur, id est septiformis Paracletus. Hac vero die, id est decima quarta luna non immerito consecratur, quia hac die jussus est agnus immolari ad vesperam, et sanguine ejus uterque postis liniri, et superliminare domorum in quibus edendus erat agnus, ut eo signo exterminator Ægypti domos intactas præteriret (*Exod.* xii) : ita ex ipso chrismate ideo exprimitur signum crucis Christi ; ut exterminator diabolus, in domibus animarum corporumque nullum nocendi jus habeat, et hoc illius typici agni sanguine, quo postes signabantur, fuisse præfiguratum. Sed cum unctio ista, usque in Sabbatum sanctum in baptizatis exspectetur, quæritur quare ipsa nocte in qua comedendus erat agnus ista sacræ chrismatis unctio baptizatorum frontibus non imponitur, cum illa nocte, id est quarta decima die primi mensis, id est hodie, et agnus immolari, et postes domorum cum superliminari ex præcepto Domini debeant deliniri. Illa enim unctio, ut dictum est, fuit signum hujus chrismatis unctionis. Respondemus, quod recte quidem fieret, si paschale convivium isto die ecclesia celebraret, sed quia paschalis gaudium solemnitatis usque in diem tertium, quo Dominus resurrexit differre decrevit, ut interim luctui intendit illo die, quo passus est : ita et differendam censuit baptismalis chrismatis unctionem usque in Sabbatum, quæ nobis est vespera paschalis convivii. Et tunc signatis frontibus baptizati tendant ad Deum, Pharaonem, id est diabolum fugientes per mare Rubrum baptismi, ut sic baptismalis linitio, et paschalis agni convivium, sicut in antiqua lege præfiguratum est, secundum quod sanguine agni postes liniebantur, simul celebrentur.

Quod si quæras cur non ipsa consecratio dilata sit, dicimus quod ideo, scilicet quod ab hac quinta feria, usque ad vesperam Sabbati, qua hora utendum est chrismate, vacamus a missarum solemniis. Ipsum vero chrisma non nisi inter missarum solemnia, et loco quo pacem accipimus, fas est consecrari. Notandum vero quod oleum tribus de causis consecratur, quia vel ad salutem infirmorum, salutem dico tam corporum quam animarum, ad illuminandum catechumenos et neophytos, vel ad confirmandum, vel ad corroborandum baptizatos. Unde dicitur oleum infirmorum, oleum catechumenorum et oleum chrismatis. Et pulchre satis mysterio; quia hæc olei tria genera figurata sunt in aromatibus illis, quæ tres illæ mulieres, scilicet Maria Magdalena, et Maria Jacobi et Salome emerunt, ut venientes ungerent Jesum (*Marc.* xvi), vel in signum illius trinæ unctionis, quo corpus Christi adhuc mortale primo fuit inunctum, a Maria Magdalena, sexta die ante Pascha in domo Simonis leprosi, aperto alabastro unguenti nardi pistici (*Joan.* xii); secundo quando corpus ejus jam mortuum Joseph decurio ab Arimathæa, id est a Ramata, quæ fuit civitas Elcanæ patris Samuelis (*I Reg.* i), qui erat in occulto discipulus Jesu, et Nicodemus, qui venerat ad eum nocte, ferens secum myrrhæ et aloes quasi libras centum, inunxerunt (*Joan.* xix). Tertio in signum illius singularis unctionis et invisibilis, qua pater unxit eum oleo lætitiæ præ consortibus suis. Unde ait : *Spiritus Domini super me, eo quod unxerit me* (*Isa.* lxi). Nam cum ipse sit, de quo dictum ad David : *De fructu ventris tui ponam super sedem tuam* (*Psal.* cxxxi); bene hæc tertia ejus unctio in trina unctione David præfigurata est. Prima quippe unctio David facta est in domo patris sui Isai, a Samuele; secundo unxerunt eum viri Juda super tribum Judæ tantum in regem; tertio inunctus est super universum Israel. Primam unctionem in signum regni non in rem signi : secundam in rem signi, sed in partem sollicitudinis; tertiam accepit in plenitudinem potestatis. Prima ergo unctio incipientis, secunda proficientis, tertia plene regnantis, et in regno confirmati sunt. Secundum hæc tria, cœlestis medicus juxta cujusque statum præparat hominibus medicinam : necesse enim erat ut secundum statum quo corpus mortuum erat propter peccatum : secundum quem etiam homo poterat peccare, et non poterat non peccare : qui status fuit post peccatum et ante reparationem: propter quod Christus mortuus est pro peccatis, præpararetur oleum infirmorum, contritio scilicet pœnitentialis, tanquam myrrha et aloe : quibus corpus Christi mortuum inunctum est. Nam sicut myrrha et aloe amaritudinibus suis vermes expellunt, ita contritio et pœnitentia, quamvis amaræ sint, fugant tamen vermes vitiorum, et liberant ab operibus mortuis. Item, quia post reparationem et ante confirmationem, corpus hominis quasi mortale, nec jam mortuum, sed in parte resuscitatum, nec tamen penitus, quia in hoc morti addictum, quod peccare potest : in hoc vero resuscitatum, quod ab intus homo per gratiam potest non peccare; necesse est, ut unctio nardi pistici, quo corpus Christi adhuc mortale inunctum est, caput Christiani, id est mentem ejus perungeret, videlicet amor initialis per nardum pisticum figuratus. Amor enim initialis est, mista cum pavore dilectio, pistis enim mistum dicitur. Est igitur nardus pisticus unctio mista, id est dilectio mista pavore. Et est amor initialis, in quo quidem initium virtutis est, sed non perfectio. Qui bene catechumenis convenit, qui catechumeni et per fidem illuminati sunt, sed nondum per baptismum renati. Initium autem virtutum fides, baptismus vero submersio vitiorum, et munditia virtutum. Item, baptizatis quasi ad robur et confirmationem necessaria est unctio chrismatis, amor videlicet filialis, quo filii Dei corpus inunctum est : qui etiam quasi filiis consolator datus et custos collatam a patre conservet hæreditatem, quia parum aut nihil prodest, si quisquam parentum magnum parvulo conferat hæreditatem, nisi provideat et tutorem. Nam ipse consecrationis modus et ordo, in illa trina consecratione hujus trini profectus insinuat dignitatem.

Cum enim oleum infirmorum benedicitur, nec in capite verba salutationis, hoc est, *Dominus vobiscum*, nec *Oremus*, nec in fine concluditur sicut et cæteræ orationes in quarum fine dicitur, *per Dominum*, etc. Sed infra orationem illam in qua dicitur, *per quem hæc omnia, Domine, semper bona creas*, concluditur. Nam in ultimo antequam hoc dicatur, decenter ab acolyto oblatum submissa voce pontifex audientibus tantummodo circumstantibus, debet primo oleum exorcizare, et postea benedicere, et benedictionem suam terminare : *In nomine Domini nostri Jesu Christi*. Et tunc incipiat, *Per quem hæc omnia, Domine, semper bona creas*, etc. Olei autem catechumenorum et chrismatis consecratio habent officium per se. Primo enim exorcizatur, deinde ad *Dominus vobiscum et Sursum corda*, benedictio chrismatis inchoatur. Duo siquidem acolyti, duas accipientes ampullas quæ oleum, quo chrisma et oleum catechumenorum contineant involutas, cum sindonibus de albo serico, ita ut videri possint a medio, deferre debent decenter ante episcopum, projectis sindonibus super scapulam sinistram, ita ut redeant ad scapulam dexteram; et a dextris possint dependentia detineri: et sic fiat processio hoc ordine. Primo ambulent duo acolyti cum candelabris et ardentibus cereis; portentur duæ cruces, et inter illas chrismale oleum; dehinc portentur duo thuribula, et inter illos medium oleum catechumenorum; dehinc feratur Evangelium, ut impleatur omne bonum. Tunc subsequantur duodecim presbyteri, qui procedant bini et bini; tandem subsequantur duo pueri concinentes hymnum: *O Redemptor*. Signum est hoc totum magni mysterii. Ampulla quippe cum chrismate quodam modo figurat corpus sumptum de Virgine continens in se corporaliter Spiritus sancti plenitudinem: quod antequam transiret ad altare crucis, aliquo tempore erat coopertum, et aliquo nudum. Quando enim quasi rex non esset portabatur in Ægyptum, quando portatus est in templum, quando subditus erat Mariæ et Joseph, quasi coopertum latebat: in miraculis vero, in prædicatione, et ostensione suæ majestatis, quodammodo nudum erat.

Hæc igitur bene inter duas cruces portatur, quia Christus et per proprii corporis passionem, et per proximi compassionem mediator Dei et hominum sustinetur; sed et inter duo thuribula altera portatur ampulla, qui per devotionem et contritionem spiritus ratio quasi media saginatur. At postquam benedicta fuerit, et ab altari reddita, a pontifice et a ministris altaris visibilis et nuda salutatur. Hoc significat quod postquam ab altari crucis transivit, præsentiam suam corporalem discipulis suis, quorum typum gerunt duodecim presbyteri, qui assistunt, exhibuit; et eos suæ resurrectionis testes esse voluit. Quod autem aliis invisibilis et cooperta ad salutandum defertur, significat, quod in cœlum Christus rediens invisibilis factus est hominibus. Quod autem sindonem illam, qua tegitur ampulla, album et sericum esse diximus; ad hoc dictum est, quod serica habeamus a vermibus: figuratur quoque caro Christi, sub qua divinitas latuit, quæ in hoc naturam vermis habuit: quod sicut sine peccati contagio, ita et sine corruptione libidinis natus de Virgine fuit. Unde in psalmo ait: *Ego sum vermis et non homo* (*Psal.* xxi). Qui etiam vermis bene in illo figuratur; quem Rhamis vocant Judæi, dicentes: quod ejus sanguine facile lapides secabantur, cum poni deberent in templo Salomonis; et ideo malleo non indigebant latomi. Quod si ita verum est, nostræ fidei satis arridet mysterium: hujus siquidem vermis sanguine a corruptibili massa præcisi sunt lapides vivi in templum sanctum, quod est Ecclesia: nec postea necessarium fuit, ut audiretur legis austeritas, tanquam malleus, quia sui sanguinis effusione suscitavit de lapidibus filios Abrahæ super fundamentum apostolorum et prophetarum, ipso summo angulari lapide Christo Jesu (*Ephes.* ii). Quod autem sindon de læva transfertur ad dexteram, hoc insinuat, quod per nubem incontaminatæ carnis suæ, facta est mutatio dex-

teræ Excelsi, quæ præfigurata est per patriarcham nostrum Jacob, qui filii sui nomen Benoni mutavit in Benjamin (*Gen.* xxxv). Benoni quippe *filius doloris*, Benjamin vero *filius dexteræ* interpretatur. Hoc ergo Christi contulit humanitas, ut filius doloris, id est filius iræ, lucta suæ passionis, unde Jacob *luctator* interpretatur, esset filius dexteræ, id est filius gratiæ, ut qui ex merito nostræ pravitatis digni fuimus illa terribili voce, quæ statuendis a sinistris dicetur, scilicet. *Ite, maledicti, in ignem æternum* (*Matth.* xxv), cum filiis statuendis ad dexteram, audituri simus. *Venite, benedicti*, etc. (*ibid.*)

Unde bene hoc eodem die quo Jesus traditus est, pontifex apertis januis occurrit pro foribus ecclesiæ pœnitentibus, qui facti fuerant per peccatum filii iræ, dicens: *Venite, venite, venite, filii, audite me, timorem Domini docebo vos* (*Psal.* xxxiii). Et ut in persona Domini vox illa pontificis proferatur, ostendit psalmi titulus, qui sic inscribitur: *Psalmus David, cum mutavit vultum suum coram Abimelech, et ferebatur manibus suis et dimisit eum et abiit* (*ibid.*). David quippe, qui vel *manu fortis*, vel *vultu desiderabilis* interpretatur, Dominum Jesum significat, qui coram Abimelech, qui interpretatur *Patris mei regnum*, scilicet coram Judæis, hodie immutavit vultum suum, id est sacrificandi ritum, quando immolato jam Paschæ veteris agno sumens panem et vinum, ferebatur in manibus suis dicens: *Hoc est corpus meum, et hic est sanguis meus* (*Matth.* xxvi). Vox igitur pontificis, vox est invitantis amici, vox, inquam, Christi, qui ad convivium corporis et sanguinis sui nos invitat dicens, *venite, filii*, et ut magnus et capax suscipientis sinus aperiatur, omnes januæ patent ecclesiæ: quasi dicat pontifex aquiloni: *Da*; et austro: *Noli prohibere* (*Isa.* xliii). Quod autem surgens a cœna Jesus lavit pedes discipulorum, a mysterio non vacat, quamvis sufficere videatur humilitatis exemplum, quod in illo facto demonstratur. Surrexit a cœna, id est a convivio paternæ gloriæ; et posuit vestimenta sua, quia semetipsum exinanivit, formam servi accipiens, et terrena carne nostra quasi linteo, cujus materia nascitur e terra, præcinctus, sanguinem suum sicut aquam effusam in pelvim effudit (*Joan.* xiii); et inde lavit pedes nostros, id est actus nostros; sicut de quibusdam scriptum est: *Laverunt stolas suas in sanguine Agni* (*Apoc.* vii), exemplum nobis tribuens, ut et nos ita faciamus; quia sicut ipse pro nobis animam suam posuit, sic et debemus pro fratribus animas ponere. Quia vero in vespera traditus est Dominus, nec fuit ei in illa captione species neque decor, sed æstimatus est vir despectus, et virorum novissimus, ideo in vespera denudantur altaria, et ab apparatu suo et decore spoliantur: lavantur vino et aqua, in signum quod in passione sua sanguine redemptionis, et aqua baptismi nos lavit: flagellis tunduntur, in signum, quod ipse pro nobis flagellis fuit cæsus. Campanæ non pulsantur, quia fidei præcones, id est apostoli, non solum conticuerunt, sed relicto eo, omnes fugerunt. Unde princeps apostolorum Petrus, a cujus ore primo veritatis exivit præconium, dicens : *Tu es Christus Filius Dei vivi* (*Matth.* xvi), vocem illam repressit, conticuit, Christum reliquit, tertio negavit.

SERMO XVII.
IN DIE SANCTO PASCHÆ.

Cantate Domino canticum novum, quia mirabilia fecit (*Psal.* xcvii). Psalmus David. Psalmus iste attribuitur David, quia mirabilia fecit : vultu siquidem desiderabilis et manu fortis : sic enim interpretatur David, qui Goliam interfecit, leonem devicit, ursum prostravit, quando coram Abimelech faciem suam immutavit, quando coram servis ejus impegit in ostia portæ, manibus suis se portavit, et saliva defluxit per barbam; vel quando nudatus vestibus suis, saltavit coram arca Dei : in iis omnibus vere mirabilia fecit. Ipse est enim David, qui speciosus forma præ filiis hominum : vultu desiderabilis, in quem ipsi angeli prospicere desiderant. Bene faciem suam immutavit; quando reputatus est leprosus, et percussus a Deo et humiliatus, opprobrium hominum et abjectio plebis, eo quod non erat ei species neque decor. Tympanizavit autem, quando pellis carnis suæ in ligno crucis extensa fuit, velut in tympano : ita ut dinumerari possent omnia ossa ejus, sicut ait. *Dinumeraverunt omnia ossa mea* (*Psal.* xxi) : id est dinumerabilia fecerunt. Impegit autem in ostia portæ, quando portas contrivit æreas, et confregit vectes ferreos ; et tanquam alter Samson portas Gazæ in montis supercilio transportavit (*Judic.* xvi). Se etiam portavit in manibus suis, quando corpus suum tenens in manibus, discipulis ait: *Accipite et comedite ex hoc omnes* (*Matth.* xxvi). Defluxit etiam saliva per barbam, quando loqui quasi quædam infantula videbatur sapientia capitis jam defluxa, quando dicebat : *Nisi manducaveritis carnem filii hominis, et biberitis ejus sanguinem, non habebitis vitam in vobis* (*Joan.* vi). Nudatus quoque vestibus suis coram arca saltavit, quando consortio discipulorum spoliatus, solus torcular calcavit ; et ut vilior videretur plusquam factus fuerat, coram Deo se humiliavit.

Licet ergo Michol derideat (*II Reg.* vi), videlicet Synagoga ; licet contemnat Achis (*I Reg.* xxi), id est populus gentilis, Judæis quippe scandalum fuit Christus, gentibus autem stultitia, vos dilectissimi, qui creditis hæc omnia facta fuisse virtute Dei et sapientia, *Cantate Domino canticum novum, quia mirabilia fecit.* Quid enim mirabilius, quam quod Rex regum, et Dominus dominantium in crimen læsæ majestatis sustinere voluit pro veste purpuram, pro corona spinam, pro sceptro arundinem, pro unctione myrrham, pro throno crucem ? Sed hæc omnia in argumentum et testimonium Judaicæ damnationis facta sunt; et ad gloriam nostræ salutis. Quasi enim quædam testimonia nostræ salutis fuerunt hæc omnia, quia in hoc quod purpura vestitus est, palam fecit, quia ipse est, qui venit de Edom, tinctis vestibus de Bosra. Edom *filius populi mei* interpretatur, Bosra *tribulatio* : unde Bosra, quæ est in Edom, tribulationes filii populi sui significat, id est tribulationem, quam intulerunt ei filii populi sui, id est Judæi. Induunt eum purpura, et dicunt : *Quare rubrum est indumentum tuum?* (*Isa.* lxiii.) Et cum manifestasset eis causam, dicens : *Torcular calcavi solus* (*ibid.*), intelligere voluerunt : sed in contemptum calcationis suæ eum purpura vestierunt. Gens misera, gens attrita fonte, nonne sic oportuit ut tunica Joseph tincta sanguine patri præsentaretur? Quomodo liberari possetis ab Ægyptiis, nisi uterque postis sanguine linieretur ? Dedistis pro corona spinam. Bene dedit terra vestra, quod habuit, nondum a maledictione purgata. Spinas et tribulos habuit, spinas dedit. Miseri, nonne sic oportuit Deum in rubo apparere ? Nonne sic debuit aries inter vepres cornibus hærere ? Arundinem dedistis pro sceptro, apertissime demonstrantes quod opus illud, quod erat in manibus Jesu, regni vestri sceptrum fecit arundineum et fragile : et ad scribendam damnationem vestram, ne possit deleri, scriptori, qui atramentarium habebat in lumbis (*Ezech.* ix), arundinem præparastis. Pro unctione dedistis myrrham, non intelligentes, quod Mardochæus sic introducere debuit Edissam in domum Assueri. Mardochæus enim *myrrha munda*, Edissa *misericordia*, Assuerus *beatitudo* interpretatur.

Myrrha igitur ista, qua eum unxistis, misericordiam in domum beatitudinis introduxit, ut non jam justitia, scilicet Vasthi vastans omnia, sed misericordia dignitate regia fungeretur. Unde alibi ait : *Manus meæ distillaverunt myrrham* (*Cant.* v). Dedistis pro throno crucem, quia sic oportuit, ut lignum in panem mitteretur. Hoc est enim lignum, quod amaritudinem Mara dulcoravit (*Exod.* xv) ; per quod duritiæ vestræ ferrum natavit (*IV Reg.* vi), propter quod sublevandum angelus in piscinam descendebat : et ligno per angelum aquam movente, sanus erat qui prior descendebat, a quacunque detinebatur infirmitate (*Joan.* v). Præviderat enim regina Saba quod regnum Judæorum deberet destrui per hoc lignum : et hoc Salomoni mandavit : unde Salomon sub piscina Siloe lignum hoc abscondit ; et cum tempus passionis appropinquasset, angelus Domini cœpit paulatim lignum movere; ex cujus motione piscina movebatur, et per ligni virtutem, et ejus motionem, sanabatur qui descendebat in piscinam. Movit ergo angelus lignum istud, ita quod ipso die passionis supernatavit : unde populus, cum Jesus duceretur ad mortem, lignum quasi inutile, et haurientibus nocivum, amovit a piscina, et ad crucis patibulum præparavit. Impletum enim fuit, quod dixerat Nichaula, quod lignum illud regnum Judæorum destrueret. Ergo, dilectissimi, *Cantate Domino canticum novum, quia hæc mirabilia fecit.* Quid enim mirabilius :

quam quod impassibilis pati, immortalis mori, justus pro injustis, amicus pro inimicis, pro servis Dominus, pro tantillis tantus dignatus est crucifigi? Defectus nostræ mortalitatis sustinuit: ita tamen quod qui videret eum hominem ex infirmitate, Deum crederet ex potestate, ut intelligeremus ipsum hujusmodi defectus assumpsisse voluntarie, non necessitate. Qui enim legitur timuisse, armatis se sponte obtulit dicens: *Ego sum: si me quæritis, sinite hos abire* (*Joan.* xviii). Et qui dixit: *Tristis est anima mea usque ad mortem* (*Matth.* xxvi), ipse etiam dixit: *Nunc clarificatus est Filius hominis* (*Joan.* xiii). Et qui dixit: *Abba, Pater, si fieri potest, transeat a me calix iste* (*Marc.* xiv): ipse Petro dixit: *Mitte gladium in vaginam. Calicem quem dedit mihi Pater, non bibam illum?* (*Joan.* xviii.) Et qui ad inferna descendit, ipse Latroni dixit: *Hodie mecum eris in paradiso* (*Luc.* xxiii). Et qui dixit: *Deus meus, Deus meus, ut quid dereliquisti me?* (*Matth.* xxvi.) Ipse etiam dixit: *Amodo videbitis filium hominis sedentem a dextris virtutis Dei* (*Matth.* xxvi).

Manus quoque quæ clavo fuit affixa, solo tactu sanavit auriculam Malchi. Et cum ignominiose pendebat in cruce, terram concutiebat, solem obscurabat, frangebat lapides, aperiebat monumenta, mortuos suscitabat. Et satis digne, quia ipse est, qui respicit terram, et facit eam tremere. Maxime tunc moveri debuit, quando inclinato capite eam respexit. Ideo terram movit et conturbavit, quia terrena corda et facto mirabili terrore concutiebat. Solem obscurabat, quia is claritatem dabat, et adveniente lunæ synodo patiebatur eclipsim: luna siquidem Ecclesia est, quam fœdere sanguinis et aquæ fluentium de latere suo sibi univit: cujus causam homines terreni considerare nescientes, mirati sunt, quod obscuratus esset sol meridie, nescientes, quod sol justitiæ recto diametro erat in synodo lunæ, videlicet Ecclesiæ suæ. Frangebat lapides, quia etiam dura infidelium corda ad pœnitentiam movebat. Unde Centurio: *Vere Filius Dei erat iste* (*Matth.* xxvii). Aperuit monumenta: quia Pharisæorum spurcitiæ manifestatæ sunt, de quibus dictum est: *Væ vobis, Scribæ et Pharisæi, qui similes estis sepulcris dealbatis, quæ deforis sunt pulchra, intus vero omni spurcitia plena* (*Matth.* xxiii). Mortuos suscitavit, quia non tam corporis quam animæ, morte sua mortem occidit: corporis quidem, quantum ad omnes spe, quantum ad plures re; animæ vero quantum ad sufficientiam, etsi non ad efficientiam. Sufficiens autem hostia fuit, quæ potuit omnes liberare, etsi non omnes inde sint effectum consecuti. Accipiat igitur Maria tympanum et tympanizanti nostro David cum gaudio occurrat dicens: *Cantemus Domino, gloriose enim honorificatus est*, quia mirabilia fecit: *equum enim et ascensorem projecit in mare* (*Exod.* xv). Justum est enim, ut Maria illuminata, sic enim interpretatur Maria, cum Christo moriente mortificationis assumat tympanum, quia morte sua mortis destruxit imperium. Cum enim ipse projectus est in mare, equum et ascensorem projecit in mare. Christus siquidem tanquam alter Jonas fugere volens in Tharsis, navem intrans ob lormivit; sed mare turbatur, suscitatur tempestas, navis titubat, nautæ murmurant, et excitato Jona, dicunt ei: *Quid fecisti?* Quibus Jonas ait: *Si propter me orta est hæc tempestas mittite me in mare* (*Jon.* 1). Projectus est in mare et facta est tranquillitas magna; qui projectus in mare, equum et ascensorem dejecit in mare. Jonas quippe qui *dolens* vel *columba* interpretatur. Christum significat, qui cum dolores nostros portaret, nec rostrum habuit unde malediceret cum malediceretur, nec ungues unde læderet cum læderetur, nec vocem amaritudinis cum ad iracundiam provocaretur. Hic igitur cum multas mundi tribulationes explorasset et jam tempus advenisset quo debebat transire de hoc mundo ad Patrem, tanquam fugiens ad cœlestis gaudii explorationem properabat. Hoc est quod fugere voluit Jonas in Tharsis sed intravit navem, quia ut prædicaret venit ad Synagogam; sed cum defectus humanos ibi assumpsisset, quasi in navi dormivit: unde Judæi humanitatis ejus defectus, non divinitatis gloriam attendentes, mare turbant, mundum suscitant. Unde dicunt: *Quid facimus, quia hic homo multa signa facit, et totus mundus vadit post ipsum?* (*Joan.* vi.) Tempestas suscitatur, tum ut capiant eum in sermone, tum ejus operibus detractantes, dicentes in Beelzebub principe dæmoniorum, ejicit dæmonia. Navis titubat, Synagoga vacillat; alii dicebant, *quia bonus est, alii, non, sed seducit turbas* (*Joan.* vii). Nautæ murmurant, Scribæ scilicet et Pharisæi dicentes: *Non est hic homo a Deo qui Sabbatum non custodit* (*Joan.* ix). Dicunt enim, *quid fecisti? Esne Verbum caro factum? Quousque animas nostras tollis? si tu es Christus, dic nobis palam* (*Joan.* x). Dicit eis Jonas: Si propter me orta est hæc tempestas, id est si non potest transire calix iste, nisi bibam illum, mittite me in mare, id est mittite me in amaritudinem mortis. Projectus est in mare, quia cum quadam abjectione opprobrium hominum factus et abjectio plebis. Projectus est in mare, qui mortis amaritudines pro nobis sustinuit, mortis tamen transitoriæ, per quam diabolum et satellites ejus projecit in amaritudinem mortis, sed perpetuæ. Hæc sunt mirabilia quæ fecit in depositione animæ; qui potestatem habuit deponendi animam suam, et iterum sumendi eam. Sed quia mirabilia cognovimus, quæ fecit in depositione animæ suæ, jam ea videamus, quæ fecit in assumptione:

Potestatem, inquit, *habeo ponendi animam meam, et iterum sumendi eam* (*ibid.*). Res mirabilis atque inaudita: a sæculo enim non est auditum, quod quis se suscitaverit. Suscitavit Elias filium Sareptanæ (*III Reg.* xvii); filium Sunamitis, Eliseus (*IV Reg.* iv); alii alios; sed nulli seipsos. Sed quid utilitatis in ista suscitatione Christi sit, demonstrant apparitionum signa, quibus se discipulis præbuit manifestum. Surgens enim mane prima Sabbati apparuit primo Mariæ Magdalenæ (*Marc.* xvi), tanquam magnæ infirmæ, tanquam magis ægrotæ; et ne rediret ad vomitum, et ad antiquum Dei contemptum, ne retro respiceret, quæ manum jam miserat ad aratrum, visitavit eam in spiritu timoris, quando apparuit ei angelus, cujus species erat sicut fulgur et vestimenta ejus sicut nix. Et quoniam timor nunquam malus est, nisi quando nimius est, temperavit eum spiritu pietatis : quando iterum ei in horto apparuit, et oculo pietatis eam respiciens ait : *Maria (Joan.* xx). Spiritu vero scientiæ visitavit Cleopham et socium ejus, quando incipiens a Moyse et prophetis, cœpit eis prædicare quod sic oportuit Christum pati, et introire in gloriam suam (*Luc.* xxiv). Undecim vero discipulos congregatos in domo, in spiritu fortitudinis visitavit, quando januis clausis intravit ad ipsos, et ait eis : *Pax vobis (Joan.* xx). Confidite, quia ego vici mundum. Ad mare Tiberiadis Petrum et Joannem spiritu consilii visitavit, quando ipsis in vanum laborantibus tota nocte, dixit : *Mittite in dexteram navigii recte et invenietis (Joan.* xxi). Thomam vero qui dixerat, *nisi videro fixuram clavorum,* etc., visitavit in spiritu intellectus, quando post dies octo iterum januis clausis venit ad discipulos, et Thomæ dixit : *Infer digitum tuum in latus meum : mitte manum tuam in loca clavorum, et noli esse incredulus sed fidelis* (ibid.). In spiritu vero sapientiæ apparuit recumbentibus discipulis, quibus exprobravit incredulitatem ipsorum, et duritiam cordis, et ait : *Ite, docete omnes gentes, baptizantes eos in nomine Patris et Filii, et Spiritus sancti (Marc.* xvi).

Hæc sunt mirabilia, quæ fecit in assumptione animæ suæ. *Cantate* ergo *canticum novum, quia mirabilia fecit.* Sed quid est canticum? Canticum est exsultatio mentis in vocem prorumpentis. Quia ergo in voce exsultationis et confessionis sonus est epulantis, cantemus canticum, quibus datum est hodie epulari. Pascha enim immolatus est Christus, sicut dicit Apostolus : *Pascha nostrum immolatus est Christus. Itaque epulemur* (I *Cor.* v). Pascha nostrum Christus est, Agnus scilicet qui tollit peccata mundi, quem nobis incorporare debemus, vel laborare potius, et orare, quomodo nos incorporet sibi. *Caput,* ait Scriptura, *cum intestinis et pedibus vorabitis. (Exod.* xii). Caput divinitatem significat, pedes humanitatem, intestina vero ea quæ pertinent ad animam. Fuerunt enim hæretici qui Christum Dei Filium confessi sunt; sed ipsum hominem factum non crediderunt : isti caput agni sine pedibus et intestinis comederunt. Alii vero ipsum purum hominem fuisse dixerunt, quia mortuum eum viderunt : sed eum nec resurrexisse, nec Deum fuisse crediderunt : isti pedes et intestina vorabant : sed caput omittebant. Alii vero Deum et hominem fuisse crediderunt; sed tamen divinitatem pro anima ipsum habuisse mentiti sunt : isti caput et pedes vorabant, sed intestina dimittebant. Nos vero qui eum verum Deum et verum hominem, ex anima rationali et humana carne subsistentem confitemur, caput cum intestinis et pedibus voremus, id est cum aviditate non in ventrem, sed in mentem Pascha nostrum trajicere satagamus, vel quia Pascha *transitus* interpretatur, tanquam invitati ad cœlestes nuptias transeamus, de tenebris ad lucem, de infidelitate ad fidem, de vitiis ad virtutem, de morte ad vitam, vel de mundo ad Patrem, ut sic in voce exsultationis et confessionis in primo celebremus Pascha historicum, in secundo allegoricum, in tertio tropologicum, in quarto anagogicum. Cantemus ergo canticum, et novum, propter promissum, propter signum, propter præceptum. Propter promissum, quia vetera transierunt, et ecce nova facta sunt omnia.

Unde non jam nobis vetera vel temporalia, sed nova et spiritualia sunt promissa. Exuite igitur veterem hominem, fratres charissimi : et induite novum hominem, qui secundum Deum creatus est. Novate vobis novale, et nolite serere super spinas. Cantate et canticum novum propter novum signum. Novum enim fecit Dominus super terram; non solum quod mulier circumdedit virum, sed quod vir ille suscitavit se ipsum. Cantate etiam canticum novum, propter novum præceptum : *Mandatum,* inquit, *novum do vobis, ut diligatis invicem, sicut dilexi vos (Joan.* xiii). Quantum dilexit nos? Usque ad mortem, mortem autem crucis. Ad hanc enim dilectionem invitat nos ipsum signum crucis. Crux enim habet duo brachia extenta. Extendamus igitur ad dilectionem amicorum et inimicorum utrumque brachium, dextrum scilicet et sinistrum : longitudinem habentes in perseverantia usque ad mortem; et solo Dei intuitu nos diligentes habeamus sublimitatem, et cum iis omnibus humilitatis habentes profundum. Sic crucem Domini bajulemus et commoriamur ei, ut a morte tam animæ quam corporis resurgere mereamur, ipso adjuvante, ipso patrocinante, ipso auxilium ministrante, qui vivit et regnat per omnia sæcula sæculorum. Amen.

SERMO XVIII.

IN DIE SANCTO PASCHÆ.

Non coques hœdum in lacte matris suæ (*Exod.* xxxiv). Apostolo teste, nihil ad perfectum adduxit lex (*Hebr.* vii); sed propter transgressiones data est; donec plenitudo legis, non per verbum legis, sed per legem Verbi, daretur in plenitudinem temporis. Ecce quod in exitu Israel de Ægypto, immolari præcipitur agnus paschalis, et hoc ritu : *Non comedetis,* ait, *ex eo crudum quid, nec coctum aqua, sed assum tantum igni. Caput cum intestinis et pedibus vorabitis, et sanguine ejus superliminare domus et utrumque postem linietis. Et secundum hunc ritum accipietis et hœdum* (*Exod.* xii). Unus autem ritus est agni pariter et hœdi, unus ritus, una legis sanctio, una fides ejus qui venit in similitudinem carnis peccati; et qui peccatum non fecit, nec inventus est dolus in ore ejus. Una fides ejus, qui cum peccatoribus venit conversari, et constanter tamen dixit: *Quis accusabit me de peccato? (Joan.* VIII.) Unus ritus ejus, qui, teste Apostolo, pro nobis factus est peccatum (*II Cor.* v), ut de peccato damnaret peccatum, et ejus, qui fuit Agnus sine macula, Agnus Dei qui tollit peccata mundi. Nihil ergo crudum de agno paschali vel hœdo edere debemus, cum corpus ejus suscipimus. Sed in sacramentis rerum res sacramentorum cognoscamus : sunt enim ibi duo sacramenta, et duæ res. Sacramentum quippe est visibilis forma panis et vini : sacræ rei illius invisibilis, videlicet corporis agni immaculati, qui voluit fieri hostia pro peccatis nostris, cum in cruce pependit : et idem corpus de Virgine natum, verum in veritate signi, quod etiam est signum veritatis, sacramentum est illius corporis Christi, quod est Ecclesia. Est igitur sacramentum, et non res, visibilis forma panis et vini : sacramentum et res, corpus de Virgine natum : res, et non sacramentum, corpus ejus quod est Ecclesia. Qui igitur sacramentum sine re ibi credit esse, crudum comedit, quia nihil ibi spirituale credit; spiritus enim ignis est. Qui rem et sacramentum esse credit, ita quod remanente panis et vini substantia, credat esse verum corpus Christi sicut quidam hæretici mentiti sunt : corpus quidem accipit, sed semicrudum. Qui vero per susceptionem rei et sacramenti membrum Ecclesiæ se efficit, Christi corpus accipit et sancti Spiritus igni coctum. Sequitur :

Non coctum aqua. Assata per ignem fortius astringuntur, elixa vero per aquam facilius dissolvuntur. Aqua igitur coctum comedit, qui sumendo corpus Christi dissolvi et per partes posse dividi suspicatur, vel illam unionem Dei et hominis in passione solutam arbitratur. Et quia nihil phantasticum in illo sacramento credere debemus, sciendum est quia vere frangitur ibi, quod videtur, et non est; non quod est, et non videtur. Frangitur forma visibilis, non res invisibilis. Non frangitur substantia, sed accidens, quod nec in subjecto est, nec subjicit. Mira res, sed tamen vera, nec multum mirabilis, si cujus sit, attendamus. Cum hæc attendis et miraris, attende cujus sit corpus, et non miraberis. Ipsum est enim corpus illud, quod de Virginis utero per clausam januam exivit. Ipsum est, quod ad discipulos clausis januis intravit. Ipsum super mare siccis vestigiis ambulavit, ipsum contra naturam nubes suscepit et levavit. Hanc igitur speciem panis et vini in corpus Christi transubstantiatam miraris? Nunquid ipse est, qui coram Petro et Jacobo et Joanne transfiguratus est? Nunquid ipse est, qui cum duobus discipulis euntibus in Emmaus, peregrini formam suscepit? Illas transfigurationes non miraris : et propter hanc obstupescis? Verbum per quod omnia facta sunt, et omnia potest, istud non potest? Verbo, quo dixit, et facta sunt, hoc dixit, et factum non erit? Veritas est : verba ejus spiritus et vita sunt (*Joan.* VI). Si hæc spiritualiter et cum charitate intelligis, verba ejus spiritus et vita sunt et tibi sunt; si hæc non charitative, sed carnaliter intelligis, verba ejus nihilominus spiritus et vita sunt, sed tibi non sunt; sed fomentum damnationis et mortis tibi sunt. Para igitur mentem, non dentem; crede, et manducasti. Totus igitur sumitur Christus et totum. Totus in persona, totum in natura. *Caput,* inquit Scriptura, *cum pedibus et intestinis vorabitis.* Non dixit, pedes cum capite vel intestinis : non dixit, intestina cum pedibus, vel capite vorabitis. Qui enim dixit quod est, removit quod non est. Quia igitur caput Christi Deus, per caput sublimitas divinitatis accipitur ; per pedes vero humilitas humanitas designatur. Unde Joannes dignum se non arbitrabatur solvere corrigiam calceamentorum ejus (*Joan.* I); id est non arbitrabatur se dignum aperire sacramenta humanitatis ejus. Intestina vero sunt anima, et animæ virtutes et potentiæ; quas Christus habuit, prout decuit et oportuit. Fuerunt ergo hæretici, qui ipsum purum hominem asserebant, sed Deum esse negabant. Hi pedes et intestina vorabant, sed caput omittebant. Fuerunt alii, qui ipsum Deum esse crediderunt, sed eum veram carnem, sed quasi phantasticam ut sic videretur ab hominibus, accepisse negabant : isti caput et intestina vorabant, sed non pedes. Fuerunt alii, qui ipsum Deum esse et veram carnem accepisse confessi sunt; sed ipsum animam habuisse negaverunt, sed ipsam pro anima divinitatem : isti caput et pedes, sed non intestina vorabant. Nos autem qui ipsum Deum et hominem verum, ex anima rationali et humana carne subsistentem confitemur, caput cum pedibus et intestinis vorare tenemur : vorare, id est cum omni aviditate sumere. Quidquid enim Dei est, cum aviditate faciendum est. Propter hoc ait Psalmista : *Voluntarie sacrificabo tibi* (*Psal.* LIII).

Nota ordinem verborum : *Caput cum pedibus.* Non ait pedes cum intestinis, vel intestina cum pedibus : nam separationem carnis et animæ, cum mortuus esset in sepulcro, confitemur. Sed talis fuit unio Dei et hominis, quod nec a carne in sepulcro, nec ab anima separari potuerit in inferno. Et totus erat in sepulcro, sed propter carnem; totus in inferno, sed propter animam; totus ubique, sed propter divinitatem. Totus dico, sed non totum. Sed nunquid verum dixit, qui dixit : *Eli, Eli, lamma sabacthani; hoc est, Deus meus, Deus meus, ut quid dereliquisti me?* (*Matth.* XXVII.) Ait enim super hoc Ambrosius : « Clamabat homo separatione divinitatis moriturus. » Hinc est, quod Hesychius super Leviticum (*lib.* v), de duobus hircis loquens quorum alter immolabatur, alter vero a populis abire permittebatur in solitudinem, dixit : « Immolata est humanitas quasi hircus : sed divinitas quasi alter hircus, abiit in solitudinem, id est in cœlum, ut portaret peccata nostra, non ut haberet, sed ut consumeret. » Sed hoc intelligendum est, quantum ad defensionem, quantum ad protectionem, non quantum ad unitionis solutionem. In hoc enim eum divinitas dereliquit, quia protectionem cohibuit, ut potestatem haberet inimicus, qua consummaret passionem. Nam si defendere eum divinitas voluisset, inimicus eum occidendi potestatem non habuisset. Et si mortuus non fuisset, salutem nostram operatus non esset. Ut igitur homo salvaretur, oportuit ut Christus moreretur. Sed mori non poterat, nisi potestatem occidendi eum inimicus haberet. Potestatem habere non posset, si eum divinitas defendere voluisset. Ergo in hoc eum divinitas deseruit: quod ipsum non protexit, sed unionem non solvit. Verba quidem notanda sunt. Non enim ait, *derelinques*, sed *dereliquisti*. Vivus hoc dicebat, ergo jam vivum divinitas dereliquerat. Ergo nec tunc Deus erat: quod nefas est credere et dicere. Sed in hoc eum dereliquerat, quod Pilatus, quod Judæus occidendi hominem illum potestatem a Deo acceperat. Nam cum mala voluntas ab homine, vel a diabolo sit; omnis tamen potestas, sive bona sit, sive mala, esse non potest, nisi a Deo. Hinc est quod Dominus ait: *Non haberes in me potestatem, nisi tibi datum esset desuper* (Joan. xix). Sequitur:

Et linies sanguine agni superliminare et utrumque postem. Hinc est quod Dominus angelo, qui atramentarium scriptoris habebat in lumbis, dixit: *Signa thau, in frontibus virorum gementium super cunctis abominationibus, quæ fiunt in Jerusalem* (Ezech. ix). Quod Dominus in fronte per prophetam, hoc idem Dominus in superliminari dixit per legislatorem; sed hoc idem signum ipse Boetius (17) in inferiori margine vestis philosophiæ depictum cognovit. Quia idem est, et sanguinem positum in superliminari, et theta [θ] depictum in inferiori. Sed et ipse Gedeon, trecentos milites, qui ad bella procederent, a dextris statuit, et elegit (*Judic.* vii), significans sanguinem agni ponendum, et thau in dextro poste depingendum. Nam numerus ille, qui per figuram theta figuratur, firmissimum est conscientiæ munimen, tam ad omnia, si terreant, adversa, quam si adulentur prospera. Si scenicæ vitiorum meretriculæ te revocent ad temporalia, si te in peccatis securum reddat inordinatæ spei præsumptio falsa, signa thau, pone sanguinem passionis in conscientia, quoniam et Samson vicit in asini mandibula. Nihil est enim quod non vincat frequens ruminatio passionis, et patientiæ Christi. Sequitur:

Et comedetis panes azymos cum lactucis agrestibus. Non omne fermentum abjiciendum est; nam mulier sapiens fermentum posuit in farinæ satis tribus; sed a cibo animæ spirituali abjiciendæ sunt, vel aperta malitia, vel religio simulata. Nam de primo dicit Apostolus: *Expurgate vetus fermentum* (I Cor. v); de secundo Dominus in Evangelio:

Cavete a fermento Pharisæorum, quod est hypocrisis (Matth. xvi). Propter hoc azyma sinceritatis ponit Apostolus, contra malitiam; veritatis, contra religionem simulatam. Lactucas etiam agrestes comedere tenemur, et non domesticas. Nam sicut alia lactuca domestica est, alia agrestis, ita quædam est amaritudo agrestis, quædam domestica: per lactucam enim, quia amara est, amaritudo figuratur. Sed sicut melle silvestri Joannes utebatur in deserto (*Marc.* i), ita et nos lege præcipimur vesci lactuca agresti. Nec mel domesticum Joannes, nec legislator lactuca domestica præcipit vesci, quia utrumque abominabile est apud Deum. Nam dulcedo domestica est inter prospera gratulari; lactuca domestica est inter adversa amaricari; sed mel silvestre est gratulari si pungant adversa; lactuca agrestis est si decipere volunt prospera. Propter hoc ait Jeremias: *Pone tibi amaritudines* (Jer. xxxi). Hanc lactucam comedebat propheta, quando dicebat: *Ecce in pace amaritudo mea est amarissima* (Isa. xxxviii). Et iterum alius propheta: *Ingrediatur putredo in ossibus meis et subter me scateat, ut requiescam in die tribulationis* (Habac. iii). Sequitur:

Renes vestros accingetis. Necesse est ut pruritum carnis humanæ, vel præcingat virginitas, ut exinaniat; vel accingat continentia, sic ut cohibeat; vel ordo conjugalis ordinate succingat; nec enim peccatum est, si non causa coitus, sed causa prolis sponsus sponsam ordinate cognoscat; ut sic ex illa cognitione filius quæratur qui per undam baptismatis Deo postea regeneretur. Baculosque tenere jubemur in manibus, id est disciplinam exhibere operibus, quæ non sit nobis virga, sed baculus, ut in austeritate disciplinæ grossitudo baculi figuratur. Calceamenta etiam habere debemus in pedibus, ne terrenum lutum affectus nostros polluat; sed sic exempla doctorum muniant, ut etiam eorum suffragia a luto defendant. Ecce, dilectissimi, si omnia quæ de agno vel hœdo dicta sunt, sufficiunt ad medelam: quid necessarium fuit tantæ perfectioni addere quod audistis: *Non coques hœdum in lacte matris suæ?* Notandum est ergo quod Pater Filium tradidit, Judæus filium tradidit. Idem operatus est Judæus, quod Deus. Sed Deus bona voluntate operatus est, quod Judæus mala voluntate, Ergo mala voluntas fuit Judæi, idem operantis quod Deus: ergo eadem voluntas Judæi et Dei, sed mala in Judæo, bona in Deo, quia necessarium fuit velle Deum: quod noluit velle Judæum. Sicut econtrario potest esse bona voluntas hominis; et aliud tamen volentis quod Deus: sed si est alia voluntas a Deo, non est tamen alienata a Deo, quia vult hominem velle, quod ipse non vult; alia enim debet esse voluntas judicis, alia judicio subjacentis. Judex vult exercere justitiam, judicandus præstolatur misericordiam. Judex eum damnandum disponit,

(17) *De consolat. philos.*, l. i, pr. 1.

Sed quis unquam carnem suam odio habuit? Sunt igitur contrariæ voluntates et judicis et judicandi, imo forte gravius damnari deberet, si sibi damnum optaret, quia qui sibi nequam, cui bonus?

Ergo bona est voluntas et judicis, qui non vult quod judicandus; et judicandi, aliud volentis quam judex. Non est enim contra illam, etsi sit præter illam. Sed quid mirum, si inter duos homines sint diversæ voluntates, quæ non sint adversæ, cum etiam in unoquoque hominum sint diversæ voluntates; per quarum unam aliquid non velit, quod per alteram velit? Nam secundum inferiorem vim animæ, quæ sensualitas appellatur, aliquid vult; quod secundum superiorem vim animæ, quæ ratio dicitur, nec velle vult. Ista tamen duo sunt in anima, et anima est una. Nunquid divisa est anima? Nunquid sibi contraria res est una? Propter hoc ait Apostolus : *Invenio legem in membris meis repugnantem legi mentis meæ, et captivum me ducentem in legem peccati. Velle adjacet mihi, perficere non invenio (Rom. VII).*

Sed quoniam in hac diversitate quædam videtur adversitas, quia non bene convenire videntur lex membrorum, et lex mentis, levemus oculos, et consideremus in capite, quod in membris non videmus perspicue. Consideremus in Christo utramque voluntatem; aliam et aliam; diversam non diversam : alteram non alteram; et utramque bonam. *Pater, si fieri potest,* inquit, *transeat a me calix iste,* locutus est filius hominis (*Matth.* XXVI). Sed quid respondit Filius Dei? *Verumtamen non mea voluntas, sed tua fiat (ibid.).* Aliter locutus est ergo filius hominis, aliter Filius Dei : aliter homo, aliter Deus; totum tamen ipse Christus. Quod locutus est filius hominis homo, locutus est Filius Dei Deus : sed idem Deus, imo prorsus, idem Pater et Filius. Ergo eadem voluntas Patris et Filii, quia idem est eis velle et esse, voluntas quippe essentia est. Quod ergo filius ait : *Non quod ego volo, sed quod tu,* idem est ac si diceret, non quod volo ego, sed quod ego. Valde diversa sunt, non volo, et volo : utraque tamen voluntas in Christo, et utraque bona. Quis enim, nisi mentis insanæ, malam in Christo fuisse voluntatem audeat confiteri? Volebat igitur in quantum homo, quod noluit in quantum Deus : voluntatem tamen humanam divinæ supposuit voluntati. Sed adhuc dico, non solum vult in quantum homo, quod non vult in quantum Deus : sed et Deus, præcipit aliquando quod non vult fieri et prohibet plerumque quod vult fieri : plus est enim præcipere quam velle. Præcepit Abraham, ut immolaret filium suum Isaac (*Genes.* XXII) : sed nunquid istud volebat fieri? Si volebat, cur arietem hærentem cornibus inter vepres mittebat? Præcipiebat igitur, et tamen fieri nolebat. Sed propter hoc præcepit ut fidem et obedientiam Abraham comprobaret. Rursus, cum quemdam ægrotum sanasset, dixit : *Vide, nemini dixeris (Marc.* I). Nunquid tantum miraculum silentio præteriri volebat? Non utique, sed exemplum humilitatis ostendebat. Ecce bona voluntas Dei fuit quod voluit Filii passionem; et bonum est quod voluit, quia nec velle potest, nisi bonum. Velle enim malum non potest, etsi omnipotens. Sed mala voluntate illud idem voluit Judæus, et factum est malum ei, quod est bonum : factum est ei venenum, quod est mihi antidotum. Quoniam etsi exterior homo noster plerumque indicet interiorem, et opera denuntient bonitatem, vel voluntatem, tamen voluntas ex operibus non est judicanda; sed ex voluntate judicanda sunt opera. Scriptum quippe est : « Affectus tuus operi tuo nomen imponit; » et omne peccatum, ut ait Augustinus (18), ita voluntarium est, quod non est peccatum si non voluntarium; nec aliquid criminale, si displicet; nec aliquid veniale, si placet. Igitur quod mala voluntate operatus est Judæus, cum tamen simpliciter esset bonum, factum est tamen in scandalum et in malum, et ad injustitiam reputatum. Condemnat Dominus per prophetam et opus malæ voluntatis, et malam voluntatem operantis, et auctorem simul operis et voluntatis. Ait enim : *Non coques hædum in lacte matris suæ.* Coctio hædi passio Christi. Sed quid est quod additur, *in lacte matris suæ?* Mater ejus Maria fuit : lac matris tenerrima carnis portiuncula fuit, quæ per Spiritum sanctum concreta, et coagulata in assumptionem carnis humanæ in corpus Christi transivit. Non enim de cœlis illa caro fuit, sicut quidam crediderunt, sed de substantia materna carnis. Dicit enim Job in persona Christi : *Sicut lac mulsisti me, et sicut caseum me coagulasti?* (*Job.* X.) Unde mulsisti me? De substantia matris meæ. Ipse enim lapis est sine manibus de monte abscisus; qui crevit in montem magnum, in montem coagulatum et incaseatum, de quo cecinit Psalmista dicens : *Mons Dei mons pinguis; ut quid suspicamini montes incaseatos?* Montem in quo beneplacitum est Deo habitare in eo (*Psal.* LXVII).

Hujus igitur lactis coagulatio, hujus montis incaseati glutinum concretionis Spiritus sanctus fuit, quo præter aliorum naturam concreta sunt membra in utero matris : aliorum siquidem membra ex seminario utriusque parentis, per intervalla temporum et dierum, formam suscipiunt naturalem. Itaque post quadragesimum sextum diem animam suscipiunt; sed aliter in Christo factum est. Nam ipsa die conceptionis, in ipso lacte matris formata sunt membra simul omnia, infusa est anima : et ipsa die tantæ sapientiæ facta, cui nihil Deus addere potuit, quia eo die secundum animam omnia scivit, quæ Deus scivit, etsi non ita clare vel perspicue. Alioquin aliqua dies fuit, quod Filius Dei carnem habuit et homo non fuit. Potuerunt igitur membra formata per ætatem proficere, et majorem

---

(18) *De ver. relig.* c. 14.

suscipere quantitatem, sed sapientia majorem quantitatem vel gratia infusa suscipere non potuit, quia ipse erat sapientia genita et non creata : et sapiens sapientia ingenita, et non creata, quæ una est cum sapientia genita, cujus beneficio sapientia creata non genita, et adjuncta non potuit augmentari. Univit enim sapientia ingenita non creata sapientiam creatam non genitam sapientiæ genitæ non creatæ : et facta est inseparabilis unio, ut quod Dei erat, esset hominis : et filius hominis, idem esset ipse Filius Dei. Propositi igitur sensus verbi talis est : *Non coques hœdum in lacte matris suæ*, id est non affliges Christum passione in die conceptionis suæ. Sexto die Adam factus est, sexto die lapsus est, eodem die, ut quidam tradunt, Christus de Spiritu sancto conceptus est, eodem die passus est. Et bene, ut naturæ corruptionem, quæ per Adam facta est, per suæ conceptionis incorruptionem redderet incorruptam : et qui casu ceciderat, per occasum orientis ascenderet occidens super occasum. Tamen si per hœdum designatur Christus, quia venit in similitudinem carnis peccati : ergo per hœdum designatur caro peccati. Sed quare? Propter peccatum carnis. Ergo per hœdum non solum caro peccati, sed magis proprie peccatum carnis accipitur. Quid est igitur : *Non coques hœdum in lacte matris suæ*, nisi quod aperte dicitur, non fovebis peccatum in dulcedine cogitationis? De corde, ait Dominus, *exeunt cogitationes malæ et hæ sunt quæ coinquinant hominem* (Matth. xv). In fomentum ergo facinoris usurpat cogitatio locum matris. In vulva siquidem matris hujus est, quando suggeritur : sed de utero ejus egreditur, cum deliberatur. Cum vero falsæ spei sibi fiduciam proponit, genibus eum mater excipit. Et cum per exempla majorum ad faciendum inducit, uberum suorum lac elicit falsæ consolationis. Cumque peccatum perpetratur, sed adhuc per ignorantiam, et propter falsas consolationes mens excæcatur, filius ad infantiam educatur. Cum vero ex nimia consuetudine peccandi, sciens et prudens manum in flammam mittit, nec potest continere, ut jam non ex ignorantia, sed potius peccet ex infirmitate, de infantia in adolescentiam crescit. Naturaliter enim infantia ignorat, et adolescentia infirma est. Sed cum postea ex eadem infirmitate peccatum ita fovetur, ut non solum qui peccat, facere, sed et factum defendere velit : quasi de infantia in adolescentiam crevit. Juvenes enim sunt, qui a viginti annis et supra possunt ad bella procedere : de quibus dictum est :

Imberbis juvenis tandem custode remoto,
Gaudet equis canibusque et aprici gramine campi,
Cereus in vitium flecti, monitoribus asper.

(HORAT., *De art. poet.*, vers. 160.)

Cumque ex consuetudine defensionis, qui peccat contemnere incipit, et obstinatus esse : de juventute labitur in senium, et prope interitum est, quia peccatum est in Spiritum sanctum qui ardor est Patris et Filii, tanto longius a calore, quanto longius a charitate, et a sancti Spiritus ardore. Quia igitur senes naturaliter frigidi sunt, in senium peccati labitur, in quo nihil spiritualis dulcedinis reperitur. Quod *in lacte matris* additur, maledicti signum præponitur; quia maledictus puer centum annorum. Peccator siquidem obstinatus in dulcedine suæ cogitationis, puer est centum annorum; et hœdus coctus in lacte matris. Propter hoc Job dicebat : *Quare non in vulva mortuus sum? egressus ex utero non statim perii? Quare exceptus genibus, cur lactatus uberibus?* (Job III). Transfert enim in se vir sanctus, non quod factus est, sed quod fecit. Beatus autem est ille qui in domo meruit suscitari; sed tanto beatior ille, qui suscitari meruit extra portam, quanto funeri vicinior sepulcroque. Beatissimus autem, qui jam sepultus quatriduanus fetebat in tumulo, quo peccatum obstinationis designatur, tanto ad sanandum difficilius, quanto funibus vitiorum alligatur districtius. Vel hœdum decoquit, qui ignem et ligna supponit. Hœdus culpa, lignum causa, ignis pœna. Est igitur peccatum culpa, et est peccatum non culpa. Est causa peccati, et non peccatum, et est pœna peccati et non peccatum. Est etiam peccatum culpa, sed nec causa nec pœna. Et est peccatum culpa et pœna, sed non causa, et est peccatum et culpa, et causa, et pœna. Peccatum et culpa, actus peccati, et reatus, peccatum et non culpa; hostia pro peccato. Unde Apostolus de Christo : *Factus est pro nobis peccatum, ut de peccato damnaret peccatum* (II Cor. V). Causa peccati et non peccatum, prædicatio veritatis, unde nascitur vana gloria. Pœna peccati et non peccatum, contritio cordis, etiam post actam pœnitentiam, quia scriptum est : *De propitiato peccato noli esse securus* (Eccli. v). Peccatum culpa, nec causa, nec pœna; quod statim perpetratum per pœnitentiam diluitur, nec iteratur. Peccatum culpa et causa, sed non pœna; reatus qui suo pondere ad alium trahit : et tunc per pœnitentiam diluitur, sicut ex prodigalitate furtum, ex furto solet perjurium provenire. Peccatum culpa et pœna, sed non causa, quod statim per contumaciam ad mortem trahit. Peccatum et culpa, et causa, et pœna, reatus qui ad alium trahit, et per contumaciam perseverat. Tot modis peccatum inflammatur, tot modis hœdus decoquitur.

SERMO XIX.
IN DIE SANCTO PASCHÆ.

Die sexto princeps filiorum Gad, Eliasapn filius Duel obtulit acetabulum plenum simila in sacrificium (Num. VII). In dandis accipiendisque muneribus nostri sermonis series et virtus consistit. Accepti siquidem et dati gratia fœderantur amore mutuo etiam mater et filia. Manus autem vacua pauperum preces evacuat. Et quamvis dicat Isaias quod in excelsis habitabit qui excutit manus suas ab omni munere, eo quod munera etiam sapientes excæcant, tamen non sic est generalis auctoritas,

quod careat exceptione. Sunt enim munerum quædam beneficia, quorum alia censum minuunt, et non sensum; alia minuunt sensum, et non censum : quædam utrumque. Sunt etiam, quæ non minuunt, sed muniunt, alia quidem censum, sed non sensum, alia utrumque. Multa Deus beato Job beneficia contulit et abstulit. Imminutus est census, et non sensus. Ait enim : *Dominus dedit, Dominus abstulit; sicut Domino placuit, ita factum est. Sit nomen Domini benedictum (Job* 1). Multa dari solent fœneratori beneficia, census augetur, sensus minuitur : nam exinde majori cupiditate cæcatur, ut scriptum est :
Crescit amor nummi, quantum ipsa pecunia crescit.
(JUVEN., *sat.* 14, vers. 138.)

Sunt et alii, qui propter amissionem temporalium nimio dolore torquentur, et plerumque laqueo se suspendunt. Isti sensu minorantur et censu. Alios vero donis gratiarum Dominus locupletat; qui quanto spiritualibus abundant, tanto temporalia parvipendunt. Unde magis eligunt abjecti esse in domo Dei, quam habitare in tabernaculis peccatorum. Isti censum minuunt, sensum muniunt. Qui vero munus eleemosynæ pauperibus largiuntur; cum beneficium illud in cœlestes thesauros deportatur per manus accipientium, thesaurizat beneficii largitor, ubi nec ærugo, nec tinea, ubi fures non effodiunt, nec furantur. Istorum census reddendus in die judicii cum usura servatur. Donat siquidem temporale, sed æternum recipiet. Donat quod servare non potest; recipiet præmium, quo carere non poterit. Bene igitur talium sensus et census munitur. Propter hujusmodi Moyses legislator, imo Dominus præcipit per legislatorem : *Non apparebis,* ait, *in conspectu Dei tui vacuus (Exod.* XXIII). Nam quis in judicio vacuus appareret? Dedit enim dona hominibus, sicut ait : *Ecce venio cito, et merces mea mecum est (Apoc.* XXII). Hinc est quod de dono, quod nobis contulit, et pro nobis, satis figurative loquitur sermo divinus, ubi ait : *Sexto die,* etc.

Cum igitur ait, *Sexto die,* tempus misericordiæ congruum, et nostræ liberationis proponit proficuum. Neque enim dubium est quod sexto die crucifixus non fuerit, ut eodem die reformaret hominem, quo formavit, ut per ipsum eodem die resurgeret homo, quo cecidit. Vel *sexto die,* ait, id est sexta ætate. Nam sicut mundus septem diebus volvitur, ita septem ætatibus distinguitur. Prima ab Adam usque ad Noe, secunda a Noe usque ad Abraham, tertia ab Abraham usque ad Moysen, quarta a Moyse usque ad David, quinta a David usque ad transmigrationem Babylonis, sexta a transmigratione Babylonis usque ad Christum, septima a Christo usque ad illud tempus, quo beatis mortuis, qui in Domino morientur, dicet spiritus ut requiescant a laboribus. Hinc est, quod Ecclesia istas septem ætates per septem dies Dominicales distinguit. Et quamvis omnis Dominica ob honorem et reverentiam Dominicæ resurrectionis venerabilis esse debeat, et jucunda, istas tamen septem Dominicas ideo nigro lapide merito censuit esse numerandas, quia in ipsis miserias universæ descripit ætatis. Tanto siquidem affectuosius misericordia desideratur parcentis, quanto lucidius ad memoriam revocatur miseria patientis. Secundum magnam ægritudinem, magna medicina; secundum magnam miseriam, necessaria nobis est magna misericordia. Ut igitur devotius præstolemur Dei misericordiam, necesse est sæpius ad memoriam revocare nostram miseriam. Prima igitur ætas incipit ab Adam; unde et in prima Dominica revocatur ad memoriam beneficium collatum Adæ, et successoribus ejus. Sed quoniam nec verbis nec operibus factori suo et benefactori respondit, imo multiplicatis hominibus multiplicata sunt mala filiorum Adam, ita ut dolore cordis tactus intrinsecus, compelleretur Dominus ad dicendum : *Pœnitet me fecisse hominem (Gen.* VI), id est faciam quod homo pœnitens facere solet; delet enim quod fecit; quod et factum est. Nam omnis illa generatio, præter Noe et domum ejus, periit per aquas diluvii. Ideo Ecclesia gemit dicens : *Circumdederunt me gemitus mortis (Psal.* XVII). Hinc est etiam, quod in vigilia Paschæ lectionem primam istam nullum sequitur responsorium, quia divinis beneficiis Adam Domino non respondit.

Sæcunda ætas incipit a Noe. Ab isto disseminatum est omne genus humanum. Unde per similitudinem Dominica legitur subsequenti in Evangelio : *Exiit, qui seminat (Luc.* VIII). Qui seminat, id est a quo disseminatum est omne genus humanum, exiit de arca, ut adimpleretur quod dictum est ei a Domino : *Crescite (Gen.* VIII), etc. Exiit itaque seminare semen suum. Sed cum repleta esset terra suo semine, id est hominum multitudine, convenerunt in terram Sennaar, ut ædificarent turrem, cujus cacumen tangeret cœlos *(Gen.* XI), alii quidem ad hoc inducti, quia cor durum et lapideum habentes, nullum in Deum devotionis habuerunt humorem : hoc est semen, quod cecidit supra petram. Alii sola vanitate ducti, operi nefario consenserunt, ut de eis in posterum dici potest, quod opus fecerunt, quod ante ipsum simile non habuit, nec posset habere post ipsos : hoc est semen, quod cecidit secus viam. Alii vero cupiditate seducti, huic malæ consenserunt voluntati ; quod enim turris illa cacumine cœlestes posset thesauros attingere, crediderunt : hoc est semen, quod cecidit inter spinas. Unde Dominus linguas eorum confudit. Lingua tamen Hebræa quæ tunc omnibus communis erat, remansit in Phaleg ; quia ipse fuit semen, quod cecidit in terram bonam, et ortum fecit fructum centuplum. Ab isto siquidem Phaleg disseminatum est genus Abrahæ patris nostri. Sed cum nos esse filios Abrahæ fateamur, quare lingua, quæ remansit in filiis Abrahæ, Deum non laudamus ; sed potius ea, qua propter offensam locuti sunt filii diffidentiæ? Unde notandum est quod imter omnes linguas factæ sunt tres præcipuæ, Græca, Latina, Hebræa. Unde Pilatus tribus istis linguis, quasi præcipuis, scripsit titulum super crucem (*Joan.* xix). Græca vero lingua sonat in labiis, Hebræa in gutture, Latina in medio, scilicet in palato. Quoniam igitur Mediator Dei et hominum in unitatem fidei circumcisionem venit conjungere et præputium, Græcos videlicet et Judæos, debuit Latina lingua fieri, quæ sicut dictum est, inter Græcam et Hebræam media est.

Tertia ætas ab Abraham incepit, et terminata est in Moysen. Fuit autem ab Abraham prima credendi via, et ipse primus fide mundum illuminavit; quia unum Deum primo prædicavit. Ante Abraham quippe unusquisque Deum sibi vindicabat, et in hac mutabilitate et instabilitate eum quærebat, qui stabilis manens dat cuncta moveri. Iste igitur mundum ab hoc errore primo liberavit, qui unum Deum factorem omnium immobiliter in se manentem, sed cuncta moventem, prædicavit : quem postea Moyses scriptis, verbis, miraculis, confirmavit. Hinc est quod cæcus juxta viam mendicans (*Luc.* xviii), in officio tertiæ Dominicæ proponitur in exemplum. Quis enim cæcus ille, nisi genus humanum necdum fide illuminatum, est? Erat autem secus viam mendicans, quia in hac mutabilitate Deum sibi vindicabat. Alius quippe lapidem, alius lignum, alius talpas, et hujusmodi Deum sibi faciebat. Sed sub ista generatione per Abraham atque Moysen primo cœpit illuminari, sed tandem per eum qui finis legis est ad justitiam omni credenti, videlicet Jesum Christum, mundus adhuc fide cæcutiens, sed non cæcus, plene illuminatus est.

Quarta ætas a Moyse incepit, et terminata est in David. Considera fortes in bello hujus generationis viros ; et quod eo in tempore terra non cessavit a præliis. Vide quanta animi fortitudine populum Israel eduxit Moyses de Ægypto, et quanta passus est in deserto. Cui Josue successit, qui hostes suos viriliter expugnavit. Post quos fuerunt judices Othoniel, Aod, Sangar, Jephte, Manue, Samson. Omnes isti sine bellis nunquam fuerunt. Tandem fuit sacerdos Heli, cujus tempore arca Dei capta est. Post ipsum vero reges, Saul videlicet et David. Nec isto in tempore terra quievit a bellis. Istorum igitur omnium fortitudinem ideo nobis proponit sermo divinus, ut eorum exemplo nostris hostibus viriliter resistamus, qui nunquam esse sine bello possumus in hoc mundo. Omnes enim qui in Christo pie vivere volunt, persecutionem patiuntur. Unde ipse ait : *Non veni pacem mittere, sed gladium* (*Matth.* x). Pugnat siquidem incessanter contra nos mundus, pugnat caro, pugnat diabolus. Unde Petrus : *Adversarius vester diabolus*, etc. (*I Petr.* v.) Non enim coronabitur, nisi qui legitime certaverit. Hinc est, quod quarta Dominica de bellis istis verbo nos instruit, et exemplo : verbo, ubi ait : *Per arma justitiæ*, etc. (*II Cor.* vi), exemplo quando docet quomodo Christus tentationibus suis malignum superavit. Et quis a tentationibus est securus, quando tentatus est ipse Christus? Ubi natat elephas, quomodo pertransibit agnus? Sed quis finis? *Ecce angeli accesserunt, et ministrabant illi* (*Matth.* iv). Ita si diabolo viriliter resistamus, ministerium angelorum adipisci merebimur.

Quinta ætas incepit a David, et terminata est in captivitatem Babylonis, id est usque ad tempus, quo filii Israel captivi ducti sunt in Babylonem ; de qua, sicut legitur in Psalmo, dixerunt captivi : *Super flumina Babylonis illic sedimus et flevimus, dum recordaremur Sion. In salicibus in medio ejus suspendimus organa nostra* (*Psal.* cxxxvi). Hinc est quod quinta Dominica vacat ab organo, non a prosa. Quidquid enim prosaice legitur, sicut epistola et evangelium, habet officium missæ, sed organa non habet ; videlicet, introitum, graduale, offerendam, et postcommunionem : hæc enim omnia a præcedente quarta feria mutuo accipiuntur ; in quibus captivitatis liberationem implorat : *Reminiscere miserationum tuarum, Domine* (*Psal.* xxiv).

Sexta ætas incipiens a captivitate Babylonica, terminata est in adventu Christi. Ipse est enim Verbum Patris, qui rumpere desperationis silentium venit, de quo scriptum est : *Dum medium silentium tenerent omnia*, etc., *omnipotens sermo tuus a regalibus sedibus venit* (*Sap.* xviii). Primum siquidem silentium ignorantiæ fuit. Nam propter hoc homines a clamore cessabant ; quia ad quem clamarent, ignorabant ; secundum desperationis, quia voce prophetarum finita ducebantur homines in desperationem, eo quod eorum promissio differretur ; tertium in requie erit, ubi non erit gemitus, neque clamor, sed nec ullus dolor. Cum igitur medium silentium tenerent omnia, venit in mundum Verbum Patris aperire ora mutorum, rumpere desperationis silentium, et disertas facere linguas infantium. Unde et in sexta Dominica legitur in Evangelio : *Erat Jesus ejiciens dæmonium ; et illud erat mutum. Et cum ejecisset dæmonium, locutus est mutus* (*Luc.* xi). Et quia ipse Dominus venit alligare fortem, et distribuere vasa ejus, ideo sequitur in Evangelio : *Cum fortis armatus*, etc. (*ibid.*) Unde pro hujusmodi beneficiis in fine Evangelii extulit vocem suam quædam mulier de turba, dicens : *Beatus venter qui te portavit, et ubera quæ suxisti* (*ibid.*).

Septima ætas quæ incipiet ab adventu Christi, terminabitur in gaudio requiei, id est in Sabbatismo, qui relictus est populo Dei, quando cives suos recipiet cœlestis illa Jerusalem. Unde et in septima Dominica filii Sion tale cum omni fiducia gaudium exspectantes exsultant, et dicunt : *Lætare, Jerusalem*. Bene igitur sexta die, id est sexta ætate, in qua Christus venit, obtulit princeps filiorum Gad, etc. Sed quid nobis et principi, cum Scriptura dicat : *Nolite confidere in principibus?* (*Psal.* cxlv.) Unde Dominus in Psalmo : *Principes persecuti sunt me gratis* (*Psal.* cxviii). Et iterum : *Astiterunt reges terræ, et principes convenerunt in unum, adversus Dominum, et adversus Christum ejus* (*Psal.* II). Sed notandum quod hoc nomen *princeps*, quatuor modis accipitur. Potest enim dici princeps a principio, eo quod principium teneat dignitate et loco. Dicitur etiam a præcipio, quod tam malis quam bonis convenit; nam mali principes plerumque bonis discipulis solent præcipere. Dicitur etiam princeps, quasi præcipuus debeat inter discipulos esse. Potest etiam dici princeps a præcipitio; unde diabolus dictus est princeps hujus mundi, quia præcipitat in abyssum. Apostoli vero principes dicti sunt, quia inter alios præcipui fuerunt. Unde Propheta : *Constitues eos principes super omnem terram* (*Psal.* XLIV). Principes vero, qui dicti sunt a præcipio, illi sunt, qui sedebant pro tribunali, ut de morte martyrum præciperent. Christus vero, qui dicitur princeps a principio, Princeps regum terræ est, qui de seipso dicit : *Ego principium, qui et loquor vobis* (*Joan.* VIII). Princeps igitur est, et maxime filiorum Gad. Cum autem filius vel generatione dicatur, vel imitatione; hic pro imitatione accipitur. Ipse igitur princeps est filiorum Gad. Gad *accinctus* interpretatur. Accincti ergo sunt, qui vel præcinctos lumbos habent, vel succinctos. Præcinctos lumbos habent virgines, succinctos post voluptatem continentes. Christus in cœna linteo præcinxit se, virgo enim fuit. Petrus tunica succinxit se, quia post matrimonium continens fuit. Sive ergo præcincti, sive succincti, omnes accincti. Omnis enim qui in agone contendit, accinctus est. *Non glorietur*, ait Scriptura, *accinctus æque ut discinctus* (*III Reg.* XX). Talium princeps est Eliphas. Eliphas *Dei mei specula* interpretatur. Est autem specula contemplationis, de qua dicit Isaias ad Balthassar : *Pone tibi mensam, et contemplare in specula* (*Isai.* XXI); est et prælationis, de qua Ezechieli dicitur : *Speculatorem dedi te domui Israel* (*Ezech.* III); est et circumspectionis; unde dicit Dominus Jeremiæ : *Statue tibi speculam, pone tibi amaritudines* (*Jer.* XXXI). Ponitur etiam pro custodia : Unde Isaias : *Pone speculatorem, et quæcunque videris, annuntia* (*Isai.* XXII).

Est igitur Christus speculator; qui nisi custodierit civitatem, frustra vigilat, qui custodit eam. Unde Samaritanus dicitur, id est custos. Propter hoc etiam in Daniele vigil vocatur. Caro igitur a Verbo assumpta, quasi specula fuit; quia Deus per fenestras hujus speculæ misericorditer mundum respexit. Quia vero per ipsum plenam de Patre notitiam habuimus, bene filius Duel dicitur. Duel enim interpretatur *notitia Dei*. Quia igitur quæcunque audivit a Patre nota fecit nobis, recte dicitur filius Duel. *Princeps ergo filiorum Gad Eliphas filius Duel obtulit acetabulum* (*Num.* VII). Nulla fuit in eo necessitas, sed sola voluntas. Sola voluntate, non necessitate, nobis hoc beneficium contulit. Inde dicitur, *obtulit*, ne coactus obtulisse videatur. *Obtulit acetabulum.* Acetabulum dicitur vas, in quo ponitur acetum. Acetabulum inter vasa templi fuisse legi; sed ad quid ibi fuerit me legisse non memini.

Sed quoniam in passione Domino Jesu Christo propinatum fuit acetum, de quo scriptum est : *Et cum accepisset acetum, dixit : Consummatum est* (*Joan.* XIX); bene corpus ejus acetabulum, id est vas aceti receptaculum fuit. *Obtulit* ergo non vacuum, sed *plenum simila.* Acetabulum ergo plenum simila obtulit, quia ejus conscientia sine furfure malitiæ et nequitiæ fuit. De tali quippe simila fiunt azyma sinceritatis et veritatis. *Pascha igitur nostrum immolatus est Christus* (*I Cor.* V). In istis azymis, hoc est sine furfure malitiæ et nequitiæ, sed in azymis de simila sinceritatis et veritatis, obtulit sacrificium. Sacrificium dicitur, quasi sacrum faciens. Vere nec fides vera, nec vita sancta, nec charitatis opus sanctos nos facere potuissent, nisi plenum simila hoc acetabulum Dominus obtulisset. Sed quia ipse patiendo de vita transivit ad mortem, resurgens vero de morte ad vitam, ideo nos et si compatimur, et conregnabimus. Si mortis per patientiam imitatores fuerimus, simul et resurrectionis erimus. Sicut enim in Christo omnes moriuntur, ita et in Christo omnes vivificabuntur. Moriamur igitur, et vita nostra abscondita sit in Christo, ut cum apparuerit vita nostra, tunc et nos appareamus cum ipso in gloria ; ipso duce et prævio, qui cum Patre et Spiritu sancto vivit et gloriatur per omnia sæcula sæculorum. Amen.

SERMO XX.

IN ASCENSIONE DOMINI.

Quis est iste saliens in montibus, et transiliens colles ? Nonne iste est filius saltus, quem pridie contemnebat Achis, quando saltabat, quando tympanizabat, quando impingebat in ostia portæ? Nonne ipse filius saltus, quem deridebat Michol filia Saul, quando ludebat et denudabat se coram arca Dei? Ipse est enim Adeodatus tenerrimus ligni vermiculus Bethlehemites (*II Reg.* XXI), polymitarius, manu fortis, vultu desiderabilis, speciosus forma præ filiis hominum, et formosus in stola sua, gradiens in multitudine fortitudinis suæ. Dicitur itaque filius saltus, quia de sinu Patris in uterum Virginis, de quo in mundum, de quo in patibulum, de quo in sepulcrum, de quo etiam in infernum saltus dedit, et concurrit, ut ad bravium perveniret. Scriptum quippe est : *Omnes quidem currunt, sed unus accipit bravium* (*I Cor.* IX). Quis unus? De quo scriptum est : *Non est, qui faciat bonum; non est usque ad unum* (*Psal.* XIII). Cum enim alii cucurrissent viam mandatorum Dei, sicut Abraham obediens Deo, et reputatum est ei ad justitiam : alii per viam justificationum, sicut Noe justus; alii per viam veritatis, sicut Moyses inductus in omnem veritatem; nec tamen ad bravium pervenissent : iste compendiosiorem et excellentiorem viam charitatis incedens, attigit a fine usque ad finem fortiter, et cucurrit velociter. Scriptum quippe est : *Nemo ascendit in cœlum, nisi qui descendit de cœlo* (Joan. III). Ergo solus descendit, sed totus ascendit. Unde cum Judæi statuerent eum in supercilio montis, ubi civitas eorum erat posita, ut præcipitarent eum, dedit ei rupes latibulum, qui usque hodie dicitur saltus Domini. Sed sicut dictum est, in saltibus supradictis deridebat eum Achis, et Michol, quia scriptum est : *Prædicamus Jesum Christum crucifixum, Judæis quidem scandalum, gentibus autem stultitiam* (I Cor. I). In Achis quippe gentilitas, in Michol circumcisio figuratur. Quis enim gentilis Deum in utero Virginis crederet coarctari? Quis esurientem, sitientem, labore fessum, quasi tympanizantem non erubesceret? Quis tandem impingentem in ostia portæ crederet, cum ad Patrem clamaret : *Eli, Eli, lamma sabacthani?* Et item : *Pater, si fieri potest, transeat a me calix iste?* (Matth. xxvii.) In his omnibus fides nostra stultitia gentilitati videtur. Sed et ipsa Michol ludentem deridet, quia nisi ludo vanitatis ludere nesciebat, de qua scriptum est : *Sedit populus manducare et bibere, et surrexerunt ludere* (Exod. xxxii). Nesciebat, nisi ludum iniquitatis, quo pueri Abner cum pueris Joab ludebant, quo filius ancillæ cum filio liberæ. Neque enim cogitabat quod sapientia Dei Patris, quæ erat ludens cum eo in principio primæ creationis per humilitatem etiam venit ludere in fine nostræ recreationis. Unde scriptum est : *Ludam et vilior fiam* (II Reg. vi).

Similiter denudatus est pro nobis coram Joanne in Jordane, ut vim regenerationis aquis tribueret, per quem exuti veteri homine, novum hominem induerent, qui secundum Deum creatus est. Secundo denudatus est ab homine, qui *pellis gloria* interpretatur, ut sic gloriam carnis deponens, tunicam Adæ pelliceam, et perizomata ficus deposita demonstraret. Tertio denudatus est a militibus, quando partiti sunt vestimenta ejus, ut nimiam dilectionem qua dilexit nos, nobis plenius insinuaret. Quarto resurgens denudatus est, quando sudaria sua deposuit, ut sic ad cœlestes saltus se præpararet, Bethlehemites factus et polymitarius, qui in primis saltibus factus erat Adeodatus, et tenerrimus ligni vermiculus in omnibus et per omnia filius saltus. Descendens quippe a superioribus, Adeodatus nobis a Deo perhibetur. *Puer*, inquit, *natus est nobis, et filius datus est nobis* (Isa. ix). Qui tenerrimus ligni vermiculus dicitur, quia de se ipse ait : *Ego sum vermis, et non homo* (Psal. xxi). Qui tanquam vermiculus absconditus in ligno fortitudinem suam in ligno crucis operuit. Scriptum est enim : *Cornua in manibus ejus; ibi abscondita est fortitudo ejus* (Habac. iii). Qui propter hoc tenerrimus appellatur, qui Syrophœnissæ tactum sentiens, ait : *Quis me tetigit? Tetigit me aliquis* (Marc. v). Vere tenerrimus, qui Mariæ Magdalenæ compatiens, eo quod nondum Spiritum sanctum ad robur acceperat, ait : *Noli me tangere. Nondum enim ascendi ad Patrem meum* (Joan. xx). Ac si diceret, noli me tangere, id est noli me imitari, quia nondum ad Patrem meum, qui Spiritum ad robur missurus est, per quem crucem tuam bajulare poteris, et tangere me, id est imitari, ascendi. Vere tenerrimus, quia vulgo dulcissimus tenerrimus vocatur. Vis audire signanter quis vermiculus? Ipse est Thamir, cujus sanguine struthio vitrum fregit, ut fracto vitro fetum gaudens reciperet. Ipse est Thamir, cujus sanguine duritiam lapidum Salomon secari docuit et poliri. Quanta enim duritia est hominis, cum sanguinis hujus memoria non emollitur? Quis passionis memoriam ruminans, hostes spirituales non vincit? In mandibula quippe asini Samson noster hostes superavit. Asinus fuit, qui crucem in humeris portavit, qui onera peccatorum nostrorum sustinuit. Cujus mandibula, passionis memoria; quæ non solum hostes devincit, sed etiam omnes voluntates nostras in omnem veritatem inducit. Hinc enim Sauli Samuel ait : *Cum abieris a me hodie, invenies duos viros juxta sepulcrum Rachel, salientes magnas foveas, dicentesque : Inventæ sunt asinæ* (I Reg. x). Qui sunt isti duo viri? Primus Adam cum corpore, secundus Adam cum corpore suo. Primus qui de terra est, terrenus est ; secundus de cœlo, cœlestis. Prima autem fovea est profundum culpæ; secunda abyssus pœnæ. De prima legitur : *Non me demergat tempestas aquæ, neque absorbeat me profundum, neque urgeat super me puteus os suum* (Psal. lxviii). De secunda : *Lacum aperuit, et effodit eum : et incidit in foveam quam fecit* (Psal. vii). Primus Adam saltum fecit in foveam culpæ ; secundus in foveam pœnæ. Saliunt ergo duo viri magnas foveas juxta sepulcrum Rachel, videlicet cum charitate refrigescente, et abundante iniquitate, ejus speciem fallacia mentiretur, et innocentia sepeliretur. Isti duo viri asinas Cis invenerunt, quia cordis humani duritiam in charitatis dulcedinem mutaverunt. Cis etenim *durus* interpretatur, cujus asina quasi quædam cordis pigritia est, quia similitudinem asinæ habet cor humanum, quod nunquam, nisi coactum, benefacit ; et solutum a vinculo subjectionis ludens insanit, vix bene cogitat, nisi pungatur timoris aculeo. Quod si timorem perdiderit, quasi lasciviens per cogitationes insanit. Propter hoc scriptum est

> . . *Animum rege, qui nisi paret,*
> *Imperat; hunc frenis, hunc tu compesce catenis.*
> Horat., epist 1, vers. 62, 63.

Sunt enim aliqui, qui voluntatem suam voluntati Dei supponunt, et quasi asinæ Christum voluntati suæ superponentes, Jerusalem visere intendunt. Imitantur igitur illum, qui dixit : *Pater, si fieri potest, transeat a me calix iste. Verumtamen non quod ego volo, sed quod tu* (Matth. xxvi). Hæc asina camo regitur, non calcaribus urgetur. Sunt alii, qui asinæ suæ Balaam superponunt, quia rapaces et cupidi voluntates suas, non solum ad maledicendum populum Dei, sed etiam ad malefaciendum ei, voluntates suas supponunt. Hæc asina calcaribus urgetur, non freno seu camo regitur. Sunt alii, qui

benefaciendi voluntatem habent, sed pusillanimes bonum quod appetunt, aggredi metuunt. Unde dicere possunt : *Concupivit anima mea desiderare justificationes tuas in omni tempore* (*Psal.* CXVIII). Hi asinam suam Axæ filiæ Caleb supponunt : quæ suspirans ob terram sterilem, irriguum superius, et irriguum inferius, a patre requirebat (*Judic.* I). Quærebat eas in Salisa, si forte Axæ ibi asinam inveniret; quæsivit et in Salim, ubi forte asina Balaam potuit inveniri; quæsivit et in Suph, qui locus est aptissimus ad asinam Christi inveniendam. Suph quippe *speculatio* interpretatur. Et quid speculatio, nisi contemplatio? Per contemplationem enim voluntas hominis supponitur Christo. Quæritur ergo asina in Suph, sed non invenitur. Aliter enim intuemur per speculum, et in ænigmate ; aliter facie ad faciem. Sine idolis non recedit Rachel a Laban. Rachel contemplativam vitam designat, Laban mundum, idolum imaginationem. Vix enim animus ad contemplationem ascendit, sine mundi imaginationibus ; sed cum scrutatur animum, quid ait? *Secundum consuetudinem mulierum mihi accidit* (*Gen.* XXXI). Ac si diceret : Nihil verum, sed totum fragile et imaginarium est, quidquid de Deo animus comprehendit. Hinc est, quod Elias in ostio papilionis sui primo cum spiritum subvertentem montes et conterentem petras conspiceret, secundo commotionem, tertio ignem, in nullo horum Dominum esse cognovit, quia non veritatem imaginis, sed veritatis imaginem esse cognovit, sed tandem in sibilo auræ tenuis esse perpendit, quia nulla imaginatio sibilum illum fuit subsecuta (*III Reg.* XIX). Quanto enim mens deficit in contemplatione, fide proficit : quia de Deo omnes negationes veræ sunt affirmationes incompactæ. Nec enim de Deo scire possum quid est, sed scire possum quid non est. Quæritur enim in Suph asina, et non invenitur, id est quæritur in contemplatione mens Deo subjecta, et minime reperitur. Asina vero Balaam quærenda est in Salim, quæ *vulpes* interpretatur. Est enim vulpes animal dolosum et malitiosum. Quicunque enim voluntatem suam avaritiæ subjicit, dolo et malitia augere pecuniam quærit, sed eam non invenit, quia
Crescit amor nummi, quantum ipsa pecunia crescit.
 (JUVEN. sat. 14, vers. 138.)
Asina enim Axæ filiæ Caleb quærenda est in Salisa. Salisa quippe *tertia* vel *triennalis* interpretatur. Qui enim voluntatem Deo subjicere satagit, cum pusillanimitas vel torpor a proposito mentem elidit, necesse est, ut ad illum semper mentis oculos erigat, de quo scriptum est : *Vivificabit nos post duos dies; in die tertia suscitabit nos* (*Ose.* III). Cum enim animus ad devotionem suscitatur, suscitatur Deus in animo ; sicut scriptum est : *Accedet homo ad cor altum, et exaltabitur Deus* (*Psal.* LXIII). Vel quia triennalis interpretatur, quæritur in Salisa, quando per verbum, quod a prædicatoribus seminatur in corde, vel per cogitationem nascitur sponte, Deus in animo per cogitationem quæritur, sed tamen non invenitur, quia Deus in hac vita, sicut dictum est, cogitatione non comprehenditur. Veniendum est igitur ad salientes foveas. Sic enim Samuel ait : *Invenies juxta sepulcrum Rachel duos viros salientes magnas foveas* (*I Reg.* x).

Desunt reliqua.

SERMO XXI.

IN DIE SANCTO PENTECOSTES.

Et vidi in medio septem candelabrorum, quasi filium hominis (*Apoc.* I). Qui vult in Christo manere, debet sicut ipse ambulavit, et ipse ambulare. Ait enim : *Qui mihi ministrat me sequatur* (*Joan.* XII). Qui ergo eum non sequitur, non ei ministrat. Sed quomodo eum qui lucem habitat inaccessibilem sequi potest qui in tenebris est, et nescit quo vadat? Condensæ quippe sunt tenebræ, quæ sunt super faciem abyssi, id est mundi : de quo Sapientia ait : *Abyssus dicit, non est in me* (*Job* XXVIII). Hæc est abyssus miseriæ, quam invocat abyssus misericordiæ. Invocat, id est ad se vocat, ut unum sit in ipsa. Intus vocat, quia per infusionem gratiæ vocat in voce cataractarum suarum, id est per vocem et prædicationem apostolorum suorum, qui tanquam cataractæ cœli doctrinæ pluvias effuderunt. Necdum tamen recessit nubes caliginis, umbra mortis, cæcitas originalis culpæ vel actualis. Nam lavacrum regenerationis, etsi originalis pituitæ lavit sordes reatus, non tamen tersit albuginem actus. Remota quippe est per baptismum reatus molestia, sed non concupiscentia.

Hæc igitur cæcitas in caligine cæci nati merito figuratur, quia sermo divinus illos, qui non sunt renati per baptismum, ideo canes vocat, quia naturaliter cæci nascuntur, nec parentes agnoscunt. Actualis vero culpa perseverat quandoque reatu et non actu, quandoque reatu pariter et actu; reatu et non actu, quia, quamvis plerumque cesset actus, non tamen reatus. Plerumque vero caligat mentis oculus, actu pariter et reatu. Et hæc passio solet accidere diversis de causis, quandoque per ignorantiam, quandoque per incuriam mentis male custoditæ, quandoque per obstinatam malitiæ voluntatem, aliquando cupiditate temporalium ; nonnunquam vero voluptate carnis, multoties ex contemptu salutis. Persecutus est Paulus Ecclesiam Dei ; sed per prædicationem Ananiæ ceciderunt ab oculis ejus tanquam squamæ (*Act.* IX); et visu recepto misericordiam Dei consecutus est, quia in ignorantia fecit. Captivus et vinctus ductus est Sedechias a rege Babylonis, qui cum coram ipso filios occidisset, excæcavit eum, et hausto potu laxativo vitam finivit (*IV Reg.* XXV). Sic per incuriam mentis diabolus rex confusionis multoties peccatorum funibus ita mentem trahit, ut ea sciente et intelligente, per violentam tentationem virtutes occidat. Post hæc ita rationis oculos excæcat, ut captivus sponte captivantem sequatur; nec liber dimitti vellet, etiamsi diabolus ipse manum retraheret. Tandem laxativum potum recipit, quia in mentem trajicit omnis dissimulationis fluxum; ut quidquid in mentem, tanquam in ventrem, venerit, foras ejiciat, et ad omnem peccati fetorem laxetur.

Sed et Moyses cum coram Pharaone multa signa fecisset, nec recipere vellet Pharao disciplinam, ut juxta Dei mandatum, populum suum dimitteret, factæ sunt tenebræ super terram Ægypti, tam densæ, ut palpari possent (*Exod.* x). Signum fuit hoc obstinationis eorum. Vere siquidem excæcari meruerunt, et cæcati sunt, qui contra tot et tanta signa pertinaces fuerunt. Tobias quoque calido stercore hirundinis legitur excæcatus (*Tob.* ii). Hirundines sunt viri sancti, qui contemplationis volatu vitam acquirunt : quorum stercora temporalia sunt, quæ, ut Christum lucri faciant, arbitrantur ut stercora. Hoc hirundinis stercus calidum Tobiæ oculos excæcavit, cum ferventi temporalium cupiditate tactus, filium suum apud Rages civitatem Medorum peregrinari misit. Unde mater dicebat : *Utinam nunquam fuisset pecunia*, etc. (*Tob.* v). Samson vero, qui prius nervicis funibus teneri non potuit, postea voluptate carnis adeo fuit enervatus, ut a muliercula tentus, excæcaretur. Sanguis etiam ille, qui peccatorum stolas lavat, genas ornat, qui coccino nivis, vermiculo lanæ reddit candorem, cum in effusione sua petras scinderet, terram moveret, monumenta aperiret, cœlestia concuteret elementa ; factus est niger, quasi saccus cilicinus, quia Solis justitiæ rumpebatur saccus. Occultabat sol visibilis illuminatum splendorem, quia sol justitiæ abscondebat illuminatorem. Filii siquidem hominum diligentes vanitatem, et quærentes mendacium, a veritate alieni, mentiti sunt filio Dei, dum lacum mortis aperientes et effodientes, ceciderunt in foveam quam fecerunt. Volentes siquidem vitam perdere, vitam perdiderunt; volentes lucem exstinguere, cæci facti sunt. Propter hoc ergo tenebræ factæ sunt, quia veritatis lucem, et in luce veritatis esse, contempserunt, ut scriptum est : *Filios enutrivi et exaltavi : ipsi autem spreverunt me* (*Isai.* i). Ecce tot causis hæc abyssus miseriæ caligatur. Propter hoc præcepit legislator, imo Dominus per legislatorem, ut accenderentur in tabernaculo Dei septem lucernæ, quæ super septem calamos unius candelabri ponerentur. *Facies*, inquit Dominus, *candelabrum ductile de auro purissimo : hastile ejus, et calamos, scyphos et sphærulas. Sex calami egredientur de lateribus ; tres hinc, et tres inde* (*Exod.* xxv). Quid enim in candelabro, nisi universalis Ecclesia figuratur; cujus universitas per septenarium calamorum exprimitur ? Nam quod lex per septem calamos, Joannes per septem candelabra præfigurat. Ait enim : *Et conversus vidi septem candelabra aurea* (*Apoc.* i). Et paulo post : *Septem candelabra, septem Ecclesiæ sunt* (*ibid.*). Quas tamen nominatim sub septem Ecclesiis quæ sunt in Asia, prosequitur, scilicet Epheso, Pergamo, Thyatiræ, Smyrnæ, Philadelphiæ, Laodiciæ, Sardis. Una siquidem est universalis Ecclesia, sed multæ particulares, cujus caput est aurum optimum. Caput

siquidem Ecclesiæ Christus ; qui aurum purissimum dicitur, eo quod ipse est sapientia Patris, qui naturam nostram sine culpa suscepit. Quod ductile fuit, quia tam in capite, quam in membris suis, id est in martyribus per passionum contumelias, in confessoribus per tentationum angustias, ad immortalitatem profecit. Habebat autem candelabrum sphærulas, scyphos, et lilia. Scyphos in prædicatoribus, quoniam ipsorum est, vino vel germinante virgines, vel lætificante cor hominis, corda fidelium debriare, sphærulas in contemplativis ; lilia in mundis et incoinquinatis. Quia vero scyphi in modum nucis fuisse dicuntur, aliquid ad nucis similitudinem habere tenentur qui verbo et exemplo aliis præesse videntur. Habent enim in exteriori testa, quod frangi debet per abstinentiam ; habent extra corticis amaritudinem, quæ tolerari debet per patientiam ; habent et nuclei dulcedinem, spem salutis, quæ dulcorat animum per devotionem. Quod autem tres scyphi, vel tres sphærulæ, vel tria lilia per singulos calamos fuisse perhibentur, hoc figurat, quod prædicatores, qui verbo et exemplo alios inebriant, hujus esse debent discretionis, ut sciant discernere quæ quibus debeant prædicare.

Sunt enim aliqui, qui solo textu historiæ sunt contenti ; alii in fide per allegoriam imbuendi ; alii vero moribus per tropologiam ædificandi. Ergo spiritualibus spiritualia, carnalibus carnalia sunt comparanda. Sphærulæ quoque ad hoc tribus locis ponuntur in calamis, ut sciant contemplativi, quæ secundum rationem ; quæ præter rationem, et non contra rationem ; quæ præter rationem et contra rationem, consideranda sunt. Secundum enim rationem dicuntur, quæ simpliciter possibilia sunt ; præter rationem et non contra rationem, quæ dicuntur possibilia Deo ; præter rationem, et contra rationem impossibilia. Nam sicut possibilium, sic impossibilium tria sunt genera. Est enim possibile secundum inferiores causas, et cursum naturæ ; ut cum nascitur homo de homine, bos de bove. Et est possibile secundum consuetudinem, et causas superiores, ut animas infundi corporibus. Et est possibile secundum causas superiores, et per gratiam, non secundum naturam vel consuetudinem, ut primam gratiam infundi, et hominem sine meritis a peccato purgari : quod non dicitur simpliciter possibile, sed possibile Deo. Similiter impossibilium est aliquod præter rationem, sed non contra rationem, ut quædam, quibus fit regressus a privatione ad habitum, ut sanitas ægro, illuminatio reddita cæco. Aliud præter rationem et contra naturam, cui circa impotentiam naturæ divina gratia non supplet, ut truncum fieri vitulum. Aliud contra naturam, circa quod impossibile naturæ, divina supplevit auctoritas, ut virginem peperisse, Lazarum suscitari, et hujusmodi. Similiter et lilia tribus locis erant in calamis, quia munditiæ candor non solum attenditur circa virginalem integritatem, vel continentiam vidualem, sed etiam circa pudicitiam conjugalem. Quod in illo calamo, qui medium locum tenebat quatuor locis, hæc omnia continebantur, designatur, quod ille qui caput est Ecclesiæ, Mediator Dei et hominum, hæc omnia supra mensuram aliorum habuit : cui data est gratiæ plenitudo, ultra omnium mortalium mensuram. Hoc enim quaternarii quadratura significat.

Super istos septem calamos, ut illuminaretur Ecclesia Dei, præcepit Moyses septem lucernas accendi : quarum prima est verbum Dei; lucerna, quam tenebræ comprehendere non potuerunt; de qua dictum est : *Lucerna pedibus meis verbum tuum* (*Psal.* cxviii). Lucerna quippe dicitur, lux in testa : lux autem in testa, Deus in carne. Ipsum ergo Verbum Dei est lumen verum; lumen ad revelationem gentium, et gloriam plebis Israel. Est et sermo propheticus lucerna, quæ Ecclesiam illuminat; de qua dicit Petrus : *Habetis propheticum sermonem : cui vos intendentes, tanquam lucernæ lucenti in caliginoso loco, benefacitis* (*II Petr.* 1). Et dicitur lucerna spiritalis intellectus sub testa litteræ. Sunt etiam exempla sanctorum, quæ diversis modis Ecclesiam illuminant. Unde Dominus discipulis ait : *Vos estis lux mundi* (*Matth.* v). Et alibi : *Sic luceat lux vestra coram hominibus, ut glorificent Patrem vestrum, qui in cœlis est* (*ibid.*). Hinc est quod Joannes, qui inter natos mulierum nemo major surrexit, dictus est lucerna ardens et lucens (*Joan.* v). Prædicatio quoque veritatis Ecclesiam Dei illuminat; quia ipsa lucerna est, quam mulier sapiens accendit, ut drachmam perditam inveniret. Drachma perdita subtractio gratiæ spiritualis est; lucerna accensa, prædicatio veritatis. Per prædicationem quippe veritatis datur non habita, et invenitur perdita gratia spiritualis : illuminatur etiam oculus rationis, de quo dictum est : *Lucerna corporis tui est oculus tuus.* Unde et æthereo cœlo, in quo sunt luminaria, ratio comparatur. Sunt quoque sanctorum miracula, quæ mentes fidelium illuminant : tunc maxime, cum carnis mortificatio, et fidei sancta confessio, miracula comitantur. Hæ siquidem sunt lampades Gedeonis, quæ apparuerunt in confractione lagenarum et clangore tubarum. Clangor tubæ manifesta veritatis confessio; confractio lagenæ carnis mortificatio; manifestatio lampadarum coruscatio miraculorum. Et quis ejus exemplo non illuminetur, qui carnem mortificat, spiritum roborat, miraculis coruscat? Super omnia tamen, et ante omnia peccatorum oculos debet aperire, totiusque negligentiæ tollere cæcitatem, judicis sapientia, futurique judicii severitas; quæ nec falletur, nec falli volet, aut poterit, cum scrutabitur Jerusalem in lucernis. Has autem lucernas accendere debent et supponere candelabris angeli septem Ecclesiarum : quæ vel in candelabris, vel in calamis, ut dictum est, figurantur.

Septem autem angelos, septem Ecclesiarum prælatos intelligo, qui secundum septem ordinum gradus, Ecclesiæ gubernandæ statuti sunt. Quia enim Ephesus *voluntas* sive *consilium* interpretatur, in angelo Ephesi divinæ voluntatis, sive consilii divini nuntius figuratur, id est ordo lectorum : qui ad hoc ordinantur in Ecclesia ut legendo et legem manifestando, nobis aperiant consilium et voluntatem divinam. Unde dicitur eis, cum ordinantur : *Accipite, et estote verbi Dei relatores, habituri, si fideliter et utiliter impleveritis officium vestrum*, *partem cum iis qui verbum Dei ministraverunt.* In angelo Pergami ordo figuratur exorcistarum. Pergamus enim *dissipans cornua* interpretatur. Recipiunt enim, cum ordinantur, potestatem dissipandi cornua peccatorum; de quibus dictum est : *Et omnia cornua peccatorum confringam* (*Psal.* lxxiv). Unde cum ordinantur, traditur eis exorcismus, et dicitur : *Accipite et commendate memoriæ, et habetote potestatem imponendi manus super energumenos, sive baptizatos, sive catechumenos.* Per angelum vero Thyatiræ, acolythorum ordo figuratur : qui primo illuminati, alios illuminare tenentur. Unde et ceroferarii dicuntur : Thyatira vero *illuminata* interpretatur. Nam cum isti ordinantur, dicitur eis : *Accipite ceroferarium cum cereo, ut sciatis vos ad accendenda luminaria ecclesiæ mancipari.* Subdiaconi, qui et Nathinæi dicti sunt, ab illo Nathanaele, de quo scriptum est : *Ecce vere Israelita in quo dolus non est* (*Joan.* 1), in angelo Laodiciæ figurantur : eo quod Laodicia *tribus amabilis Domini* interpretatur. Et vere amabilis Domini Nathinæus, et sine dolo; si fideliter impleverit quod ei ab episcopo injungitur, cum dicitur : *Videte cujusmodi ministerium vobis traditur : et ideo si usque nunc tardi fuistis ad ecclesiam, a modo debetis esse assidui,* etc., et tandem in fine : *Ideo vos admoneo, ut vos ita exhibeatis, ut Deo placere possitis.* Ac si dicat episcopus : Ideo vos admoneo, ut ita vos exhibeatis, ut angeli Laodiciæ sitis. Quia vero diaconorum officium est, pronuntiare in ecclesia Evangelium Dei : bene per angelum Smyrnæ eorum ordo figuratur, quia Smyrna *canticum* interpretatur. Nam cum multa cantica legamus, illud tamen singulariter canticum debet dici, per quod sponsam suam, cœlestis sponsus osculatus est osculo oris sui. Sacerdotes vero, qui ad hoc ordinantur, ut sint animarum medici spirituales, quoniam illos qui Domino volunt adhærere, curare tenentur spiritualibus antidotis; alios per dulcem exhortationis potum, alios per amaram pœnitentiæ potionem, merito sacerdotii gradus per angelum Philadelphiæ figuratur : quæ Philadelphia *salvans hærentem Domino* interpretatur.

In istis igitur sex gradibus, officii non dignitatis ordo attenditur : in septimo officium pariter et dignitas commendatur. Hic est ordo pontificum, qui loco apostolorum constituti sunt principes super omnem terram, id est super universalem Ecclesiam. Unde et eorum ordo, bene per angelum Sardis designatur, qui Sardis *princeps* interpretatur. Isti sunt angeli, qui tubis, quas habebant in manibus, cecinisse feruntur.

Tubas autem habere in manibus, est praedicationis verbum magis operis exemplo, quam doctrinae verbo demonstrare, ne de illis sint qui dicunt et non faciunt : sed sicut scriptum est : *Verbum, quod factum est in manu Aggaei prophetae (Agg.* I). Verbum quippe Dei in manu Aggaei fuit qui mandatum Dei opere complevit. Canit autem tubis qui ea quae complet opere praedicat ore, sicut scriptum est : *Fili, bibe aquam de cisterna tua; et fontes putei tui deriventur foras (Prov.* v). Et bene per tubam praedicatio figuratur, quia sicut in bellis tubae sonus hostes cogit ad fugam, amicos hortatur ad pugnam, hostes quidem timidos, sed fideles reddit animosos, ita praedicatio verbi Dei et terrere peccatores comminationibus debet, et benevolos promissionibus exhortari. Et sicut tuba in ore solet esse larga, largior in manu, ultra manum vero largissima, ita et praedicatio clara debet esse verbo, clarior opere, affectu vero debet esse clarissima ante Deum. Quia vero praedicatio fulciri debet, vel per manifestas rationes, vel per testimonia Scripturarum, aliter enim ea facilitate deberet respui, qua proferri, debent angeli diversis tubis canere, secundum diversas rationes, vel diversas auctoritates Scripturarum. Est enim tuba corticea vox aenigmatica prophetarum, tuba decorticata patens veritas evangelistarum : tuba cornea praedicatio doctorum, tuba carnea praedicatio facta per Filium incarnatum, ut scriptum est : *Multifarie multisque modis, olim loquens Deus patribus in prophetis, novissime locutus est nobis in Filio (Hebr.* I). Tuba aurea, vox ipsius Patris, qui ait : *Hic est Filius meus,* etc. *(Matth.* III.) Et iterum : *Et clarificavi et iterum clarificabo (Joan.*XII). Tuba vero argentea vox angelorum; tuba vero aerea, quam vocat Apostolus novissimam designat : quae ideo aerea dicitur, quia inflexibilis erit, et irrevocabilis diffinitiva sententia, qua dicetur, vel bonis : *Venite, benedicti;* vel malis : *Ite, maledicti (Matth.*xxv).

Propterea multae praedicatorum voces Spiritum sanctum attrahunt per devotionem, et os aperiunt in praedicatione. Unde Psalmista : *Os meum aperui et attraxi spiritum, quia mandata tua desiderabam (Psal.* CXVIII). Attrahit quippe praedicator oratione, devotione, bonis meritis, quandoque spiritum timoris : et os suum aperit ad vocem judiciorum Dei, quae fiet super aquas, id est super illos, qui more fluentis aquae defluunt ad praecipitia voluptatis. Quandoque attrahit sibi spiritum pietatis, et os suum aperit ad vocem exercitationum : et hoc in virtute, id est per virtutem miraculorum, ne desperent, quos per timorem judiciorum increpaverat, cum non sit illius manus abbreviata, qui Lazarum suscitavit, et Petrum lacrymantem respexit. Plerumque vero attrahit sibi spiritum scientiae; et os suum aperit ad vocem mandatorum : et hoc in magnificentia, quia docet quomodo magnifice sciamus secundum Dei mandata conservari recte, in medio nationis hujus pravae et perversae. Multoties attrahit sibi spiritum fortitudinis; et os suum aperit ad vocem comminationum, quae confringit cedros, nec simpliciter cedros, sed cedros Libani. Praedicat enim audacter illius comminationes, qui destruet spiritu oris sui, vel illos, qui cum venerint in profundum malorum contemnunt; vel eos, qui de meritis suis superbiunt et gloriantur. Illi sunt simpliciter cedri, isti vero cedri Libani. Aliquoties vero sibi attrahit spiritum consilii, ut aperiat os suum ad spirituale consilium : per quod intercidilur flamma ignis, id est consensus, actus, et consuetudo peccati : quam quidem Dominus non exstinguit, sed interrumpit, id est intercidit, ne ignis, id est fomes peccati veniat usque ad consensum. Quandoque sibi attrahit spiritum intellectus, et os suum aperit ad vocem justificationum, ut concutiat desertum, et desertum Cades. Praedicat enim secundum datum spiritum intellectus, quomodo per contritionem cordis, per confessionem oris, per poenitentiae laborem, justificantur animae, quas desertas a Deo peccata fecerant : quae vel nunquam bonae fuerant, vel post observantiam mandatorum a sancto legis recesserant. Primi quidem simpliciter deserta dicuntur; secundi vero deserta Cades. Cades quippe *sanctum legis* interpretatur. Nonnunquam vero attrahit sibi spiritum sapientiae, et aperit os suum ad vocem promissionum; ut praeparet cervos ad revelationem condensorum. Cervi quippe sunt viri sancti, qui venenosas malignorum spirituum repellunt et superant immissiones. Condensa vero sunt caelestis multitudo dulcedinis, de qua dictum est : *Quam magna multitudo dulcedinis tuae, Domine, quam abscondisti timentibus te! (Psal.* xxx). Et iterum : *Oculus non vidit, Deus, absque te quae praeparasti diligentibus te (Isai.* LXIV). Ad hanc multitudinem dulcedinis praeparat cervos Dei per vocem promissionum, quando proponit eis requiem sine labore, gaudium sine moerore, sine conflictu victoriam, sine defectu gloriam sempiternam. Amen.

SERMO XXII.

DE SANCTISSIMA TRINITATE.

Cum verba philosophorum ampullosa, et ineptas eorum, qui magna loquuntur de minimis, verborum phaleras, quorumdam fidelium corda pulsare viderem, meam cum caeteris motu capitis et narium contractione volens imperitiam consolari, vivebam, fateor, Pharisaeum, dicens intra me : si isti fidei promissum non irritassent, scirent utique cujus, et qualis est scientia quae tangit eos, quia peccatoris est. Sed quid in hoc mihi displicuit, nisi Christus loquens Samaritanae mulieri? Aquam quippe mulieris non sitiebat, ut ei deficeret, sed ut bajulam suam meliore fonte reficeret, quae prius portantis humeros onerabat. Viventem igitur in se, velut in speculo mirabilium Dei debet imaginem justus proponere, ut gravidas aquis hydrias vinum faciat coenantibus parturire. Ad hoc enim cibum Sareptanae mulieris Elias suscepit, ut cujus manus vix farinæ pugillum invenerat, oleum in lecytho, et farinam in hydria indesinenter postmodum possideret (*III Reg.* xvii). Sic solis civitas lingua Chanaan loquitur (*Isai.* xix); et Abraham inter Chananæos dives efficitur (*Gen.* xiii). Sic ut videat, prout viderat juxta fluvium Chobar, Ezechiel in campum egreditur; et oleaster insertus in olivis pullulat, fructificat, et fecundatur (*Ezech.* iii). Sic aurea vasa furamur Ægyptiis, sic Hebræo servit proselytus abscissis unguibus et rasis capillis. Sic sibi copulat Moyses Æthiopissam, Osee meretricem. Unde in Deuteronomio scriptum est : *Si egressus fueris ad pugnam contra inimicos tuos et tradiderit eos Dominus Deus tuus in manus tuas, captivosque duxeris, et videris in numero captivorum mulierem pulchram, et adamaveris eam, voluerisque eam habere uxorem, introduces in domum tuam. Quæ radet cæsariem, et circumcidet ungues, et deponet vestem, in qua capta est; sedensque in domo tua flebit patrem et matrem suam uno mense, et postea intrabis ad eam, dormiesque cum ea, et erit uxor tua* (*Deut.* xxi). Egressi sunt namque ad pugnam doctores ecclesiastici contra inimicos suos, cum armati gladio spiritus, quod est verbum Dei, ad subvertenda mundanæ sapientiæ dogmata processerunt : *Arma*, inquit Apostolus, *militiæ nostræ, non carnalia, sed potentia Deo, ad destructionem munitionum, consilia destruentes, et omnem altitudinem extollentem se adversus scientiam Dei, et in captivitatem redigentes omnem intellectum in obsequium Christi* (*I Cor.* x).

Quia ergo tradidit Dominus hos inimicos nostros in manus servorum suorum, viamque fecit in mari equis suis, in luto aquarum multarum, in numero captivorum pulchra mulier adamatur cum in scriptis peregrinis aliqua utilis doctrina, quæ placeat, reperitur. Quam si quis ex nobis ducere velit uxorem, domesticamque sibi facere, non prohibetur ; si tamen puella rasa cæsarie, et circumcisis unguibus deponat vestem in qua capta est, sedensque apud nos fleat patrem et matrem suam uno mense. Raditur quippe cæsarie, et unguibus circumciditur, cum si quid apud eam superfluum est, resecatur. Vestem deponit, in qua capta est, cum tumoris nudatur superficie, qua apud progenitores tota vestiebatur : qui utique dicentes se sapientes, in doctrinis suis magni sibi videbantur, nec humiliter loqui noverant, etiam quæ veraciter sentiebant. Sub alio ergo habitu introducitur ad nos mulier ista, cum eorum dicta utilia sine supercilio legimus, et cum sobria gravitate proferimus. Sedens tamen apud nos flet patrem et matrem suam, eos videlicet, a quibus edita est, cum legentes, ut tantorum virorum perditionem doleant, ad misericordiam flectit. Sic enim dici solet læta epistola, quæ lætos facit; et fovea cæca, quæ intus deprehensis visum subtrahit. Et Spiritus sanctus postulare pro sanctis dicitur, quia quos repleverit, postulantes facit. Sic quoque et hæc mulier plangit apud nos parentes suos, cum plangere nos compellit; et ea stimulante, quorum miramur ingenium, dolemus exitium. Per mensem vero, in quo lunæ cursus completur crescendo et decrescendo, humanæ vitæ mutabilitas designatur. Mense autem integro deflentur, qui cum nihil unquam egerint, per quod iram evaderent sempiternam, tota vita sua steriles fuisse planguntur. Non præteribo, qualiter beatus Augustinus in libro *De doctrina Christiana* huic nostro sensui conveniat, docens, mulierem ex hostibus captam, et in matrimonium posse recipi, et tamen de progenitorum salvatione non posse præsumi. « Quisquis, ait, bonus verusque Christianus est, Domini sui esse intelligat, ubicunque invenerit veritatem, quam conferens et agnoscens etiam in litteris sacris superstitiosa figmenta repudiet, doleatque homines, qui cognoscentes Deum, non ut Deum glorificaverunt, aut gratias egerunt; sed evanuerunt in cogitationibus suis, et obscuratum est insipiens cor eorum. Dicentes enim se esse sapientes, stulti facti sunt. » Puto, in his verbis satis apparet, apud mulierem captivam, videlicet apud philosophorum doctrinam, cum in nostrum conjugium transit, quæ sit unguium circumcisio, rasio capillorum, dum superstitiosa repudiantur figmenta : quis sit etiam parentum luctus, dum dolemus homines, qui cum divino munere ad ipsius divinitatis notitiam sint assumpti, propter superbiam tamen ad insipientiam sunt redacti.

Quid igitur aliud agit servus Dei, cum sensus mysticos de libris philosophorum conservis elicit ; quam si aquam de petra, et oleum de saxo durissimo nobis propinet? Si sic igitur artibus uti voluerit, ut non fruatur eis, a labore suo confundi non poterit, quia tanta erat gloria cherub, ut sonitus alarum ejus audiretur etiam in atrio exteriori. Neque enim propter se debent diligi; quia congruum non est ipsis frui; sed quod bonum sit uti, probat auctoritas, docet ratio, monet opus, cogit necessitas. Æmulari siquidem, prout possumus, opera Christi, nec duntaxat bonis, sed etiam malis rebus debemus bene uti. Omnia enim nostra, nos Christi, Christus vero Dei. Et ut de necessitate aliquid disseramus; scire debemus, quia sine rerum et vocum significatione nemo perfecte theologus esse potest. Cæteras siquidem artes in hoc theologia præcellit; quod voces sine rebus, vel res sine vocibus significant. In ista vero non tantum voces, sed etiam res significativæ sunt. Proprietas autem vocum in duobus consistit, in prolatione et significatione. Prolatio ad grammaticam, significatio ad dialecticam, utraque vero spectat ad rhetoricam. Similiter et rerum significatio in duobus consistit, in forma scilicet et natura : forma, quantum in exteriori dispositione; natura, quantum in interiori qualitate. Forma ergo in quatuor agnoscitur, in numero, in mensura, in proportione et motu. Numerus ad arithmeticam, mensura ad geometriam, proportio ad musicam, motus ad astronomiam, nam natura spectat ad physicam. Cum igitur Deus, quod esset et quid esset, vel non esset, mundo palam facere dignaretur, in artibus suæ cognitionis primordia prælibavit, ut in ipsis cognoscerent eum per rationem, qui nondum meruerant per inspirationem. Nam rationem dedit Deus cunctis. Sed qualiter in istis per rationem cognitus sit, videamus :

Duobus modis Deum cognoverunt philosophi per rationem, vel in iis quæ erant in se, vel in iis quæ erant extra se. Unde Apostolus de illa cognitione, qua cognoverunt Deum in se, dicit : *Quod cognitum Dei, manifestum est in illis, Deus enim illis revelavit* (Rom. 1). Quod cognitum est, inquit, Dei. Non enim plene cognitus est Deus, sicut nec totus ignotus. Non enim plene cognosci voluit, ut fides haberet meritum; nec totus abscondi, ne infidelitas inveniret locum : et sic manifestum est in illis. Non ait, *illis*, ut de cognitione, qua cognoverunt Deum extra se, dicit : *Invisibilia mundi a creatura mundi, per ea quæ facta sunt intellecta conspiciuntur* (ibid.). Sed quia cum Deum cognovissent, non sicut Deum glorificaverunt, aut gratias egerunt; ideo evanuerunt in cogitationibus suis : et dicentes se esse sapientes, stulti facti sunt. In iis itaque quæ erant extra se, cognoverunt Deum quibusdam probabilibus et necessariis argumentis; in quibus summæ Trinitatis apparet vestigium, non probabiliter tantum, sed necessario probatum, sicut in illa geometrica propositione demonstratur aperte ; quæ sic proponitur illis, qui sibi vindicant hanc artem.

Ex data recta linea triangulum æquilaterum constituere. In quo nobis primo considerandum est quid et quomodo probare nititur, et ex quibus infert quod probatur. Ex proposita siquidem linea, quam nullius argumentationis ratio probaverat, sed forte sine medio de medio facta quasi per se subsistens, tales et tali modo sibi petit lineas ordinari ut ab æqualitate primæ non discrepent; et matrem omnium figurarum (triangulum loquor), constituat. Omnibus siquidem figuris dignior triangulus invenitur, qui quadrati vel circuli, vel figuræ cujuslibet rationem probat. Nam in propositione proposita non triangulus, sed trianguli linearum æqualitas in circulis comprobatur, ut cujuslibet trianguli rectum vel acutum, vel obtusum angulum proponentis differentia dignoscatur. Nam æquilaterus triangulus sicut lineas, sic angulos prætendit æquales. Sed nunc sacramentum trianguli videamus. In triangulo tres lineæ sic æmulantur unitatem, et ad invicem uniuntur et accedunt ad se, ut fiat illis simile esse. Unde talis est in eo singularitas, ut nec augeri, vel minui, nec subtrahi quidquam possit ab eo, alioqui vel circulos, quibus probatur, excedit, si quid augeatur ; vel ad circulorum circumferentias non perveniet, si quid minuatur ; vel totus destruetur, si quid subtrahatur.

Talis tamen in lineis pluralitas comprobatur, ut hæc non sit illa, vel tertia, vel econverso, alioqui non esset æquilaterus, cum nihil sit illud, cui est æquale, sed est unus aperte triangulus ille sine

divisione trinitatis, trinus vero sine confusione unitatis. Non est enim in eo singularitas imperfecta, nec pluralitas superflua, quia nec imperfectionem ostendit in lineis, cum nihil minus habeant singula ; nec superfluam geminationem in toto, cum nulla sint ibi imperfecta. Unde patet quod nulla est ibi partium dissimilitudo ; non est etiam ibi collectio diversorum, quia non est turba. Non enim hoc vocabulum, *Triangulus*, nomen est collectivum : alioqui grammatice diceretur : triangulus sunt. Nec est ibi membrorum corporea compositio, qua non est corpus. Si enim corpus esset, constaret ex superficiebus. Probatur autem sic linearum æqualitas. Propositæ lineæ quæ vocetur a, talis circumducatur circulus, cujus finem circumferentia tangat, et centrum in capite ponat. Addatur etiam et secundus in quo ratio conversa discernatur, et vocetur b, et a capite datæ lineæ protrahatur secunda linea ad locum ad quem circuli conveniunt, quæ vocetur c, et probatur secunda a prima hoc modo : a et b a centro ad circumferentiam procedunt. Ergo b est æqualis a. Tertia vero, id est c, a prima et secunda probatur quadam argumentatione, quam logici vocant a primo, ad ultimum, hoc modo : a est æqualis b, quia hoc jam probatum erat. Sed a est æqualis c, quia a centro veniunt ad circumf. rentiam. Ergo b est æqualis c. Hoc autem totum dixi, ut scias, quod prima linea a nulla probatur; secunda a prima ; tertia vero probatur ab utraque. Sed quando aliqua figura ab alia probatur ; quid aliud quam esse suum contrahit ab illa, per quam sic esse, sicut est, comprobatur ? Sed jam superest, ut veritatem signi signo veritatis comparemus. Sicut in triangulo pluralitatem in lineis, singularitatem in figura, sic in summa Trinitate et unitatem in substantia, et trinitatem in personis confitemur. Sicut nec addere, nec augere, nec minuere triangulo debere aliquid diximus, ita nec summæ Trinitati. Augemus enim si Patrem majorem dicimus, quam Filium, vel Spiritum sanctum. Minuimus, si Filium minorem, quam Patrem vel Spiritum sanctum, dicamus : subtrahimus autem, si unam tantum personam et non tres personas credamus. Pluralitatem vero sicut in lineis, sic in personis assignamus. Sicut enim a non est b, vel c : nec b, a vel c : nec c, a vel b : ita Pater non est Filius, vel Spiritus sanctus; nec Filius Pater vel Spiritus sanctus; nec Spiritus sanctus Pater vel Filius.

Et sicut lineæ æquales sunt ad invicem, ita et personæ. Qualis enim Pater, talis Filius, et Spiritus sanctus, et e converso. Sicut autem nec compositionem membrorum corpoream, nec dissimilitudinem partium, nec collectionem diversorum, illic esse demonstravimus; sic profecto nec ibi, quia sancta Trinitas nec est turba , nec corpus, nec imperfectionem in personis, nec superfluam geminationem habet in toto ; sed est Deus unus sine divisione Trinitatis, trinus sine confusione unitatis. Sicut vero prima linearum a nulla, secunda a prima, tertia ab utraque ; sic prima personarum, id est Pater, a nullo; secunda vero, id est Filius, a Patre; tertia autem, id est Spiritus sanctus, ab utroque. Sicut autem æqualitas trianguli ex duobus circulis sic ad invicem ordinatis, ut alter in alterius medio collocetur; sic et sanctæ Trinitatis veritas ex duobus Testamentis (quorum alterum in altero intelligitur), novo scilicet et veteri, comprobatur : quorum dispositionem Ezechiel contemplatus, ait : *Et erat rota in medio rotæ* (*Ezech.* 1). Rotam autem in medio rotæ esse, est unum testamentum intelligi in altero. Ad Trinitatem igitur comprobandam de primo Testamento, quasi de primo circulo, potest hoc argumentum adduci, Psalmista docente : *Verbo Domini cœli firmati sunt, et Spiritu oris ejus omnis virtus eorum* (*Psal.* XXXII). Per Verbum Filium, per Dominum Patrem, per Spiritum oris ejus Spiritum sanctum significare debemus. Sed quoniam per Filium et Spiritum sanctum, sicut per Patrem, cœli, et omnis virtus eorum, firmati sunt, patet in personis æqualitas. Singularitatem vero substantiæ ejus testamenti lator probat Dominus. *Audi, Israel, Deus tuus, Deus unus est* (*Deut.* VI). De secundo vero Testamento, quasi de secundo circulo, ipsa veritas eamdem pluralitatem probat, præcipiens discipulis, et dicens : *Ite, baptizantes in nomine Patris, et Filii et Spiritus sancti* (*Matth.* XXVIII). In nomine, ait, non in nominibus, ut ostendat unum nomen esse Patris, et Filii, et Spiritus sancti. Sed et apertius personarum pluralitas ostensa est, ubi baptizato Domino Spiritus sanctus in similitudinem columbæ super eum descendit; et vox Patris audita est : *Hic est Filius meus dilectus* (*Matth.* III). Substantiæ vero singularitatem ipsa etiam veritas comprobat dicens : *Ego et Pater unum sumus* (*Joan.* XX). Huic nostræ assertioni illud ineffabile nomen quod tetragrammaton vocant, eo quod ex quatuor constet figuris, videlicet, *jod, he, vau, he,* apertissime suffragari videtur. Nam litteræ istæ simul conjunctæ nomen unum efficiunt, quod essentiam divinam præfigurat, videlicet *je ve*. Distinctæ vero per tres distinctiones tria efficiunt nomina, quæ tres designant hypostases, ut sit prima distinctio *je,* secunda *eu,* tertia *ve*.

Quod autem conjunctæ litteræ essentiam divinam significent; vel distinctæ, hypostases, ex litterarum interpretationibus potest perpendi. *Jod,* enim *principium,* he*, vita,* vau *ipsa,* heth, *vivacitas* interpretatur. Dicatur ergo *je ve,* id est principium vitæ ipsa vivacitas, ut sit sensus, ipsa omnium rerum vivacitas est principium vitæ temporalis et æternæ. Omnia enim per ipsum vivunt, qui est ipsa rerum vivacitas ; et hæc est sola divina essentia. Prima vero litterarum distinctio, scilicet *je,* interpretatur *principium vitæ*. Istud Patri proprie ideo convenit, quia hoc vocabulum *principium* modis omnibus Patri congruit : Pater enim est totius Trinitatis principium. Principium Filii, quia Filius a Patre est generatione ; principium Spiritus sancti, quia ab ipso est processione vel spiratione.

Principium etiam est ad creaturas. Hoc de Filio, hoc de Spiritu sancto dici non potest. Filius enim non est principium Patris, sed Spiritus sancti, et ad creaturas. Spiritus vero sanctus nec Patris nec Filii est principium, sed principium dicitur ad creaturas. Licet ergo Pater, et Filius, et Spiritus sanctus sint unum principium, tamen antonomastice Patri convenit, quod de ipso omnimodis prædicatur, non de Filio, nec de Spiritu sancto. Secunda distinctio, il est *eu, vita ipsa* interpretatur ; et hæc Filio ideo proprie convenit, quia ipse hoc vocabulum *vita,* sibi singulariter appropriat, ubi ait : *Ego sum via, veritas, et vita* (*Joan.* XIV). Unde Apostolus : *Cum enim Christus apparuerit vita vestra, tunc et vos apparebitis cum ipso in gloria* (*Colos.* III). Nam licet una sit vita Pater et Filius et Spiritus sanctus, Filius tamen unione deitatis animæ et carnis, aliter et quodam utiliori modo factus est omnium vita. In hoc enim quod Deus erat, temporalem contulit homini vitam, quoniam ipse est ; sed per illam quam diximus unionem vitam contulit ei sempiternam, quoniam sine fine beatus est. Omnimodo igitur de Filio prædicatur hoc vocabulum *vita*. Tertia distinctio, id est *ve,* interpretatur *ipsa vivacitas,* et hæc Spiritui sancto proprie convenit, quo omnia vegetantur et foventur, ut suo calore vivant. Ipse enim est ardor Patris et Filii. Hinc scriptum est : *Spiritus Domini ferebatur super aquas* (*Gen.* 1); vel sicut habet alia translatio, *incubabat aquis,* sicut mater ovis incubat, ut ea vivificet. Hinc etiam Ezechiel ait : *Hoc dicit Dominus Deus ossibus his : Ecce ego mittam in vos spiritum, et vivetis* (*Ezech.* XXXVII). Et paulo post : *A quatuor ventis veni, spiritus, et insuffla super interfectos istos, et reviviscent* (ibid.). Ut quomodo in prima conditione hominis insufflavit Deus in faciem ejus, et factus est homo in animam viventem, sic et conditio secunda, resurrectio mortuorum, insufflante spiritu vivificetur. Bene ergo Spiritus sanctus dicitur ipsa vivacitas ; nam sicut in prima, sic in secunda conditione inspirante cuncta sancto Spiritu vivificata sunt, quia cunctorum est ipsa vivacitas.

Cum igitur decem sint nomina, quorum alia divinam significant essentiam, alia personarum pluralitatem, ut testatur Hebraea veritas, istud inter alia ideo dignius invenitur, et adeo, ut in lamina aurea in fronte sacerdotis portaretur ; quod ipsum, sicut dictum est, utrumque, scilicet unitatem essentiæ, et trinitatem significat personarum. Hæc enim sunt nomina, quæ essentiam repræsentant : *Saddai,* quem robustum, et ad omnia sufficientem accipere possumus ; secundum *El,* quod *Deus* sive *fortis* interpretatur. Deinde *Eloi* et *Elve,* quod et ipsum *Deus* dicitur : quintum *Sabaoth,* quod *virtutum,* vel *exercituum* Septuaginta transtulerunt, sextum *Je, je,* quod in Exodo dicitur : *Qui est, misit me ad vos* (*Exod.* III) : septimum *Iah,* quod in *Halleluiah,* extremam syllabam sonat, et invisibilis dicitur. Unde *Halleluiah, laudate invisibilem,* interpretatur. Octavum vero, quod est, *Elohim*, idem est, ac si dicerem, *Dii nostri*, et cujus singulare est *Eloah*. Similiter cum dico *Adonai*, idem est, ac si dicam *Dominum*, cujus singulare est *Adon*. Unde ubi nos in Psalmo dicimus : *Ego dixi, Dii estis* (*Psal.* LXXXI), Hebræus habet, *Elohim maten*, id est Dii estis. Hinc etiam Laban ad Jacob ait : *Cur furatus es elohim* (*Gen.* XXXI), id est deos meos. Et Moyses : *Non habebis elohim elim* (*Exod.* XX), id est deos alienos. Lot quoque illos duos, qui cum eo loquebantur, angelos, Adonai appellavit, id est Domini mei. Quod tamen ista nomina cum verbo singulari plerumque junguntur, ad hoc fieri credimus, ut sic unus Deus in tribus personis demonstretur, tum ut personarum pluralitas per hæc nomina monstretur. Aperte etiam cum verbo plurali ponuntur in Hebraico plerumque. Unde cum dixisset Dominus ad Jacob : *Surge et ascende in Bethel, et habita ibi ; et fac altare Deo, qui apparuit tibi* (*Gen.* XXXV), hic singulariter ponitur, *Eloe nigla*, id est Deus apparuit. Sed cum postea Scriptura dicit, quod Jacob ædificavit ibi altare, et appellavit nomen loci Bethel, quia ibi apparuit ei Dominus, cum fugeret fratrem suum, hoc in Hebraico pluraliter ponitur. Habetur quippe, *Elohim niglam*, quod pluraliter dicitur, apparuerunt. Nam si singulariter dicere vellet, *nigla* id est apparuit, posuisset. Similiter quando David Deum laudans diceret : *Quæ est, ut populus tuus, gens in terra, propter quam ivit Deus, ut redimeret eam sibi in populum* (II *Reg.* VII), hic et *Deus* et *ivit* in Hebraico pluraliter ponitur, scilicet *Elohim alchu*, quod iverunt significat, cujus singulare est *halac*, id est ivit. Manifeste ergo ostensum est quod quædam Hebraica nomina unitatem essentiæ, quædam significant pluralitatem personarum. Istud vero nomen tetragrammaton, eo quod utrumque, sicut dictum est, præfigurat, cæteris dignius invenitur : quod de triangulo diximus, in hujus significatione nominis plenissime reperitur. Sed et modo talis inter eosdem circulos triangulus proponatur, cujus linea tantum secunda *b*, minio superinducatur : quæro a geometra, utrum in triangulo eadem singularitas in figura, vel pluralitas in lineis remanserit : utrum quantitas vel ratio trianguli mutata sit, utrum augmentum vel diminutionem receperit. Si enim non sit eadem singularitas, quæ prius, plures sunt figuræ : si major sit pluralitas, non est triangulus. Si quantitatem excessit, excedit circulos ; si diminutionem, non pervenit ad eos.

Unde patet quod eadem singularitas, pluralitas, et quantitas, mutata non fuit. Non minima nostræ fidei nobis hic triangulus sacramenta ostendit, quia quamvis Pater, et Filius, et Spiritus sanctus unum sint in essentia, solus tamen filius rubore carnis sic superinduci potuit ; ut in nullo diminutionem pateretur Trinitas, nec essentiæ divideretur unitas, nec augmenti superfluitatem reciperet, nec imperfectionis detrimentum.

Sicut autem hujus sanctæ Trinitatis vestigium, et veræ fidei sacramentum, et rationem quæ erat extra se necessario confirmavit, ita per rationem quæ erat intra se, confirmare potuit, triplicem in anima considerans virtutem, et eas non a seipso, sed a Deo, se recepisse non ambigens, rationem scilicet, et sapientiam et amorem. Consideravit enim, quod ex ratione nascebatur sapientia. Ideo enim bruta animalia non sunt susceptibilia disciplinæ, quia rationabilia non sunt ; et placuit ei sapientia sua, quæ a brutis animalibus eum dividebat ; et dilexit eam, et consideravit, unde amor ille, quo ille diligebat sapientiam suam, procederet, et vidit quia ex ipsa ratione et sapientia. Rationabile enim est, et viri sapientis, ut diligat sapientiam suam.

Consideravit ergo tria in se : rationem, quæ erat quædam vis animæ, quasi a nullo subsistens ; sapientiam, quæ nascebatur a ratione ; amorem, qui procedebat ex utraque : et hæc eadem in Deo contemplatus est. Non enim erat congruum, ut impotens diceretur Deus, qui sibi rationis potentiam dederat ; nec stultus, qui sic ordinate et sapienter sapientiam ex ratione infuderat ; nec habens odio sapientiam suam, cum hoc ex humana stultitia procedebat : sed aperte cognitio in Deo potentiam, et sapientiam, et benignitatem declarat. Et quoniam nihil in Deo diversum esse est confiteri, nec verum erat : sed unum est totum quod est essentiæ, unitatem in Trinitate illa compulsus est ex ratione adorare. Et iterum, cum nihil esset imperfectum in Deo, nec superfluam geminationem in se habebat, nullam in eo partium dissimilitudinem ausus est adorare : sed sicut illam personam, quæ a nullo erat ; sic et Filium, qui est a Patre ; vel Spiritum sanctum, qui est ab utroque, Deum credidit sine dubio esse. Quia tamen unum in se erant illæ tres personæ, non ipsas tres Deos, sed unum oportuit eum credere. His igitur cognitis, non minus devotus quam fidelis, quæsivit nomina, quibus ad memoriam tres illas personas et facilius revocaret, et devotus adoraret. Et sicut inter homines videbat, quia pater dicebatur ille, a quo filius erat ; filius vero, qui erat a patre, Patrem et Filium nominavit : nec matrem vel filiam nominare voluit illum, in quo nihil femineum cognoscebat. Spiritum vero sanctum, qui erat ab utroque, et utriusque nomen assignavit, ut ex hoc ipso procedere dignosceretur ex utroque. Pater enim spiritus, et Filius ; Pater sanctus, et Filius ; unde Spiritum sanctum sic voluit appellare. Notanda tamen differentia inter hæc quæ in se cognovit, et illas tres personas, quas extra se contemplatus est. Nam illa quæ sunt in homine, adesse possunt et abesse, præter subjecti corruptionem : aliqua eorum dico, etsi non omnia, et animam etiam secundum majus aut minus afficiunt. In Deo vero quidquid est, et vere est, et essentialiter est : et unum est totum quod est. Unde patet quod in trianguli ratione familiarius Trinitatis invenies sacramentum. Sic igitur per triangulum in fide confirmamur : sed non minus, si inspicias diligenter, in moribus informamur. Quia enim nos non tantum in anima gloriari, sed etiam corpus humilitatis nostræ configurari corpori claritatis Christi credimus et confitemur : utrumque nostrum hominem, exteriorem per opera, per affectiones interiorem, Deo commendare debemus. Quod tunc digne fiet, si diversas actiones diversis ita compaginamus virtutibus, ut quibusdam perfectionis circulis nobis impressis coronam æmulari perpetuam cognoscamus. Quatuor enim affectiones animi manifestum est esse, quibus si quatuor principales virtutes conjunxeris, quemdam vitæ perfectionis circulum expriment, quem Dominus in coronam interiori tuo homini commutabit. Debent enim a Iinvicem quatuor illæ virtutes copulari, quia humanarum rerum vera perfectio illa est, quæ novit prudentiæ lumen, temperantiæ decus, fortitudinis robur, justitiæ sanctitatem. Sicut enim ait Jacobus in Epistola sua : *Qui in uno offenderit, factus est omnium reus (Jacob.* II). Prudentia siquidem sine fortitudine, est quasi gladius in manu contracti ; fortitudo vero sine prudentia, quasi gladius in manu furiosi. Rursus sine fortitudine diu stare non potest homo, cum justificari hominem, sit mortificari carnem. Nec etiam stare potest justitia sine temperantia, cum scriptum sit : *Fili, ne sis nimium justus (Eccli.* VII). Insuper et prudentia sine temperantia non permanet, quia scriptum est : *Non plus sapere, quam oportet sapere; sed sapere ad sobrietatem (Rom.* XII).

Sed quando scit homo quid debeat facere, et facit quod scit, vere justus est, si tamen per temperantiam justitia moderetur. Debet enim prudentia esse et justa, et fortis, et temperata. Similiter justitia fortis, et prudens, et temperata; fortitudo autem prudens, et justa et temperata : temperantia vero prudens, et fortis et justa. Ut igitur virtutes istæ perfectionis circulum perficiant, debent in te quatuor affectionibus, quasi quodam bitumine colligari, id est tristitia, et desiderio, lætitia et timore. Prudentiam siquidem temperantiæ ligat tristitia. Qui enim sapiens est, magis diligit domum luctus quam gaudii, sciens, quod vanitas vanitatum, et omnia vanitas, sicut scriptum est : *Qui apponit scientiam, apponit et dolorem (Eccle.* I). Et quia ipsa tristitia ad temperantiam pertineat, ipsa carnis maceration docet. Si enim gastrimargia luxuriam movet et gaudium, juxta illud : *Sedit populus manducare et bibere, et surrexerunt ludere (Exod.* XXXII); non incongrue temperantiæ, quæ gastrimargiæ opponitur, tristitia copulatur. Prudentiam vero fortitudini conjungit desiderium. Libenter enim audit et operatur homo, quæ diligit : nihil amanti difficile est. Quidquid agit homo, grave videtur, si displiceat, sicut econtrario leve, si placeat. Ad percipiendam vero disciplinam frustra aures carnis accommodat, qui cordis aurem obturat. Fortitudini justitiam ligat lætitia. Nam ex mentis fortitudine procedit illa operis hilaritas, quæ justitiam operatur, sicut scriptum

est : *Hilarem enim datorem diligit Deus (II Cor.* IX). Justitiæ vero temperantiam copulat timor, illum dico, quem filialem dicimus, non servilem. Nam servilem virtus consummata repellit, sicut scriptum est : *Perfecta charitas foras mittit timorem (I Joan.* IV). Filialem vero semper accendit et auget, sicut de eodem timore scriptum est : *Beatus homo, qui semper est pavidus (Prov.* XXVIII). Debet tamen etiam timor iste per justitiæ regulam ita moderari, ne pusillanimitatem incurramus, vel desperationem, quia scriptum est : *Nunquam timor malus est, nisi quando nimius est.* Si sic igitur temperetur justitia temperantiæ, justitiam proculdubio timor copulabit.

Ut igitur hæc sub compendio repetamus, diximus quia primum perfectionis circulum perficit temperantia prudentiæ per tristitiam, prudentia fortitudini per desiderium, fortitudo justitiæ per lætitiam, justitia temperantiæ solidata per timorem. Similiter et secundum exteriorem nostrum hominem perfectum reddentem circulum investigare poterimus, si quatuor bonorum operum genera virtutibus eisdem copulemus. Quisquis enim in actibus suis perfectus esse desiderat, totus esse debet in consiliis, in remediis, obsequiis, subsidiis. In consiliis, si nosse suum in utilitatem proximorum effundat; in obsequiis, si beneficiis eos præveniat; in subsidiis, si in negotiis eorum tractandis terrorem divitum non pertimescat; in remediis, si in necessitatibus eorum etiam manus proprias imponat. Non enim tantum verba, vel nostra, sed etiam nos ipsos proximis effundere funditus est necesse. Consilia igitur subsidiis ligat prudentia ; sapientis enim est, et scire consilia et dare, et causas aliorum tractare. Subsidia obsequiis ligat fortitudo; magnanimi enim est vultus potentium non formidare, et sua cæteris communicare. Obsequia remediis ligat justitia, quia solius viri justi est, se et sua proximis impendere. Remedia consiliis ligat temperantia ; consilia enim et remedia, quibus prævenit alios, sic debet homo per temperantiam moderari, ut nec proximos propter se, nec se propter proximos parvipendat. Ecce, ni fallor, duos habes circulos : alter quorum nec totus intra, nec totus extra alterum invenitur. In parte enim conveniunt, et in parte different. In illa igitur parte, qua conveniunt, id est in quatuor virtutibus, alter in altero comprehenditur; in illa vero parte qua different, quasi extra alterum alter invenitur. Tales enim oportuit invenire. Et ex his duobus circulis triplicem humanæ vitæ perpendere potes utilitatem, per quam utilis debet esse homo Deo, sibi, et proximo. Deo per simplicitatem vel innocentiam ; quæ utrumque hominem Deo commendans, quasi utriusque circuli circumferentias tangit; ideo maxime, quod ex quatuor virtutibus, quas in utroque circulo assignamus, habeatur. Sibi per sobrietatem, quæ exteriorem hominem debilitat, et interiorem confortat; et ex timore et desiderio proveniens, quasi proximi circuli circumferentiam tangit; proximo per pietatem, ex qua consilia, obsequia, subsidia, remedia, proveniunt. Unde quasi secundi circuli circumferentiam tangit, et est quasi data linea simplicitas, propter quam habendam duos circulos impressisti. Sed quoniam sola simplicitas perfectionem non facit; quia scriptum est : *Ephraim columba seducta, non habens cor* (*Ose.* vii), per columbam profecto designans simplicitatem, debuit perfectionis triangulus perfici per pietatem et sobrietatem.

Si igitur hæc omnia, quæ simplici sermone vix teneri poterant, per exemplum suppositum, non semel, sed sæpe, non ore, sed corde ruminando retractentur, quid aliud quam trianguli hujus perfectio in tenuissimo pulvere compingetur? Solet enim per pulverem, operum nostrorum retractatio designari; sicut in Exodo legitur, Domino dicente ad Moysen : *Sume tibi*, ait, *aromata, stacten et onycha, galbanum boni odoris, et thus lucidissimum, æqualis ponderis erunt omnia : faciesque thymiama compositum opere unguentarii, mixtum diligenter, et purum, et sanctificatione dignissimum. Cumque in tenuissimum pulverem universa contuderis, pones ex eo coram tabernaculo testimonii* (*Exod.* xxx). « Thymiama, ait Gregorius (19), ex aromatibus compositum facimus, cum in altari cordis virtutum multiplicitate redolemus. In tenuissimum vero pulverem aromata universa conterimus, cum bona nostra in pilo cordis occulta discussione retractamus. Aromata enim in pulverem redigere, est virtutes recogitando terere. » In pulverem virtutes depingit, qui se pulverem esse non ambigit. In pulvere pietatem depingebat, qui Sodomitis et Gomorrhæis compassus, humiliter Domino dicebat : *Loquar ad Dominum meum, cum sim pulvis et cinis* (*Gen.* xviii). Et propheta : *Memento, Domine, quoniam pulvis sumus* (*Psal.* cii). Frustra enim se exercet in virtutibus, qui adhuc inflatus per superbiam, se pulverem esse non recordatur. Det Deus Pater, ut ita virtutes universas in pulverem possimus redigere, ut perfectionis circulis nobis impressis coronam perpetuam mereamur habere, præstante Domino nostro Jesu Christo, qui vivit et regnat cum Deo Patre in unitate Spiritus sancti Deus, per omnia sæcula sæculorum. Amen.

SERMO XXIII.

IN NATIVITATE S. JOANNIS BAPTISTÆ.

Benedixit Dominus Isaac, et habitavit ad puteum visionis (*Gen.* xxv). Fidelis sermo, et omni acceptione dignus : Isaac quidem ad præmium, nobis ad meritum, omnibus ad exemplum. Si enim nobis a Deo daretur intelligi, quæ sit visio Isaiæ filii Amos (*Isai.* i), quis liber visionum Nahum (*Nahum* i); quæ sint illæ, quas vidit Ezechiel (*Ezech.* i), mirabiles visiones Dei; quæ tandem omnium oracula prophetarum, qui olim Videntes dicebantur; aliquando et hoc daretur intelligi, qua benedictione dignus sit, qui habitat ad puteum visionis. Visiones quippe prophetarum, pro suorum profunditate mysteriorum, puteis comparantur. Sed cum vas meum ad aquas visionis porto, videor antiquum illud renovare proverbium : *Ecce Saul inter prophetas.* Quis enim mihi det, vel saltem transire juxta puteum visionis? Supervenientes allophylos formido, qui solent terra puteos adimplere (*I Reg.* xi). Deficit in super aqua de utre, quia vas fictile et confractum sine ligatura et operculo porto, nec in quo hauriam habeo, et puteus altus est. Propter hoc facta est anima mea sicut terra sine aqua Deo; et sicut Agar fugiens et sitiens in deserto, tanto longe facta est et peregrina ab Abraham, quanto in longinquas regionem descendit pascere porcos. *Heu mihi, qui incolatus meus prolongatus est, habitavi cum habitantibus Cedar; multum incola fuit* (*Psal.* cxix), vel quod idem est, facta est *anima mea*. Sed hoc parum mihi. Nam in Cedar habitavi cum habitantibus Cedar : quippe qui moram feci in tenebris peccatorum, quem toties excæcaverunt per ignorantiam squamæ Pauli, calidum stercus hirundinum per cupiditatem, Dalila per voluptatem, cum populo qui habitat in tenebris, et habitante in regione umbræ mortis, non potuit mihi lux oriri, nec sol justitiæ, nec habitare potui ad puteum visionis; tamen fiduciam habens in illum, qui aperuit oculos sitientis Agar, ut videret puteum visionis aquæ vivæ, aperiet oculos meos, ut nobis pariter et vobis, imo et camelis nostris aquam hauriam, et potum tribuam de puteo visionis. Nam ad hoc ut oculi nostri aperiantur, posuit lucernam Dominus super candelabrum, ut cæcos illuminaret, domos everteret, drachmam perditam inveniret. Hinc scriptum est : *Erat Joannes lucerna ardens et lucens* (*Joan.* v). Ardens sibi, sed lucens proximo. Et tanto clarior, quanto per ipsum nobis omnem viam justitiæ Dominus declaravit. Nam cum alia via justitiæ propalata sit patriarchis, alia prophetis, alia apostolis, alia martyribus, alia confessoribus, alia virginibus, alia eremitis, breve fecit Dominus omnium in Joanne justitiæ compendium semitarum.

Hac igitur lucerna præeunte et prævia oculos aperiam, ut videam puteum visionis, et hauriam vobis aquam : si tamen vas meum dignetur implere, qui dixit : *Aperi os tuum, et implebo illud* (*Psal.* lxxx). Multa quidem puteorum colligimus mysteria de sacris Scripturis, quorum alia benedictione, alia vero digna sunt admiratione. Legimus enim quod Jeremias funibus submissus in puteum, aliis tandem funibus de pannis factis veteribus emissus est. Res mira, et omni admiratione digna! Si sic natat elephas, quomodo pertransibit agnus? Si justus vix salvabitur, impius et peccator ubi parebunt? Si enim usque ad excelsum Domini, (sic enim Jeremias interpretatur), pervenient aquæ, quis minor eo poterit tutus esse? Nobis enim hoc ponitur ad exemplum, quia multoties circumple-

(19) *Moral.* l. i, c. 39.

ctuntur nos funes peccatorum, et in tantam abyssum peccatorum submittunt, ut clamare merito cum Psalmista debeamus : *Non me demergat tempestas aquæ, nec absorbeat me profundum, neque urgeat super me puteus os suum* (*Psal.* LXVIII). Sed pannis veteribus emittuntur, qui antiquorum exemplo humilitatem paupertatis imitantur. Hinc est quod Moyses considerans pariter et cognoscens, quod qui ambulat in tenebris, nescit quo vadat, et per hoc cadit in puteum, dum fugeret ab Ægypto, et veniret in desertum, levavit oculos suos, et vidit puteum, juxta quem septem filiæ Raguelis sacerdotis Madian erant, ut oves adaquarent. Sed cum pastores terræ illius potum ovibus prohiberent, Moyses pastores expulit, oves adaquavit, et unam de filiabus sacerdotis Madian, nomine Sephoram, desponsavit. Hoc est quod scriptum est : *Erat Moyses eruditus omni scientia Ægyptiorum* (*Act.* VII). Nam puteus doctrinam significat. Septem vero filias, septem arbitror artes liberales, in quibus scientia Ægyptiorum designatur, quarum oves philosophi, pastores physici et doctores; sacerdos Madian adinventor earum, gentilis, et per hoc filius iniquitatis, quia Madian *iniquitas* interpretatur. Sed cum pastores illi oves impedirent, sicut hodie philosophiæ doctores subjectos impediunt, qui ad nullam perfectionem eos adducunt, Moyses primo filias adaquavit, postea oves, quando primo in artibus mysteria divinitatis agnovit, et exemplum scientiæ ipsis Ægyptiis ministravit. Ad hoc enim liberales artes inventæ sunt, ut theologiæ deserviant. Nam cum in quibusdam earum vel res sine vocibus, vel voces sine rebus significativæ sint, tanto eorum indiget theologia ministerio, quanto res et voces in ea significant. Ubi enim magis indigemus verbo, quam cum loquimur de Verbo? Ubi magis indigemus ornatu verbi, quam cum de Verbo loquimur specioso forma præ filiis hominum ; quod splendor est Patris, et figura substantiæ ejus? Unde et plerumque amborum figura (20). Ubi magis indigemus rationali verbo, quam cum loquimur sapientiam? Ergo tanquam pedissequa grammatica deserviat verbo, ornatui verborum rhetorica, logica rationi. Rerum autem significatio vel circa formam, vel circa naturam consistit. Nam pro sui rapacitate quam habet a natura, lupus diabolum, pro sui simplicitate, agnus Christum insinuat. Et in hoc quasi pedissequa dominæ physicæ deservit theologiæ. Forma vero consistit in numero, in mensura, et proportione et motu.

Igitur in numeris deservit theologiæ arithmetica, in mensuris geometria, in proportione musica, in motu vero astronomia. Nam ex ortu et motu novæ stellæ novi Regis ortum Magi cognoverunt. Illa tamen de talibus scripturis nobis servare debemus, quæ nos per contemplationem rationis pennis de-

beant in altum elevare. Et accepit, ait Scriptura, *Moyses Sephoram filiam sacerdotis Madian* (*Exod.* II). Sephora *avis* interpretatur, filia sacerdotis : Madian *iniquitas* est, sacerdos Madian *magister iniquitatis*. Nam quamvis magister iniquitatis sit ille, ejus doctrina, si mores informat, respuenda non est. Unde et obstetrices Ægypti, quarum una Sephora, altera Phua vocabatur, quamvis in contrarium Pharao præcepisset, masculos servarunt; timuerunt enim Dominum. Nam quidquid in te virile debet esse, per doctrinam duplicem poteris servare, unam quæ mores informat, et alteram quæ fidem ædificat, quamvis Ægyptiæ, quamvis a magistris tenebrarum, id est infidelitatis inventæ sint. Phua quippe, quæ *rubens*, vel *verecunda* dicitur, illam quæ mores corporum per activam vitam informat, doctrinam insinuat. Sephora vero, quæ ut dictum est, *avis* interpretatur, illam quæ mentem per contemplationem elevat, doctrinam demonstrat. Hinc est, quod consilio Chusi infatuatum legitur consilium Achitophel. Consilium quippe dederat Absaloni contra David. Et ait Chusi : *Non hac vice bonum consilium dedit Achitophel* (*II Reg.* XVII). Tunc usus Chusi consilio Nathan et Sadoch, misit Achimaan et Jonathan ad David dicens : Noli in campestribus esse, sed ascende in montem. Qui cum abirent, vidit eos puer, et nuntiavit Absaloni. Qui misit nuntios, ut apprehenderet eos. Erat autem quidam vir habens puteum in vestibulo domus, in quo illi timentes absconderunt se. Et ecce quædam mulier velamen posuit super os putei. Unde illusi nuntii Absalonis reversi sunt. Illi vero duo nuntiantes David consilium Chusi, liberaverunt eum de manu Absalonis. Absalon qui *pax patris* interpretatur, typum tenet hæretici, qui cœlestis pacem patris nuntiare se dicit, et aliis hanc promittit. Sed quamvis hoc dicat, tamen persequitur patrem suum David. Consiliarius autem ejus Achitophel, qui *fratris ruina* dicitur, hæresiarcham insinuat, quia per ipsum ruit frater ille cujus pater Christus, a quo et Christianus. Omnes enim in Christo fratres sumus. *Non accepistis*, ait Apostolus, *spiritum servitutis iterum in timore : sed accepistis spiritum adoptionis filiorum, in quo clamamus, Abba, pater* (*Rom.* VIII). Sed hujus consilium infatuat Chusi. Chusi *Æthiops* interpretatur.

Ergo consilio Chusi infatuatur consilium Achitophel, quia consilium heresiarchæ gentilium plerumque condemnat auctoritas; ita tamen si auctoritas eorum legi consentiat et prophetis. Nam et ipse Chusi usus est consilio Nathan et Sadoch. Per Nathan prophetia, per Sadoch sacerdotem lex figuratur. Eorum enim Chusi usus consilio misit ad David Achimaan et Jonatham. Quod primum dixi Phuam, hoc idem dico Achimaan. Achimaan quippe *fratris mei decor* interpretatur. Duo autem fratres

(20) Deest aliquid.

ex uno patre et una matre nascuntur, exterior videlicet et interior homo. Interior homo semper existens est decor. Ad hoc enim semper interior nititur, quomodo per munditiam decorus exterior efficiatur. Ergo per Achimaan illa quæ mores informat, activa vita figuratur. Per Jonathan autem, qui columbæ donum dicitur, illud idem quod per Sëphoram figuratur, illa videlicet doctrina, quæ rationis alis per contemplationem nos erigit : hoc tamen excepto, quod illic generaliter avis, ibi specialiter columba, avis scilicet gemebunda nominatur. Et bene, quia illa nobis doctrina necessaria est, quæ dolores docet et gemitus, ut scriptum est : *Qui apponit scientiam, apponit et dolorem* (*Eccle.* 1). Et iterum : *Recogitabo tibi omnes annos meos in amaritudine animæ meæ* (*Isai.* xxxviii). Puer autem qui eos vidit et nuntiavit Absaloni, fidelis est, qui per puritatem mentis intelligit et discernit Scripturas: Absaloni nuntiat, quia convincit hæreticum. Sed mittit post eos jacula Scripturarum, quas pervertit, et videntur ejus hæresi suffragari. Sed ecce vir oriens nomen ejus, cujus domus est Ecclesia, habebat in vestibulo puteum, id est profunda mysteria Scripturarum, ubi ea quæ vel activæ vel contemplativæ conveniunt, sub velamine litteræ occulta sunt. Expandit enim velamen mulier illa, quæ accendit lucernam, sapientia scilicet summi Patris. Unde et per velamen litteræ decepti sunt, qui persequebantur David. Illi vero duo consulunt David, ut latam vitiorum viam deserat, et ascendat montem virtutum, Achimaan manu fortem, Jonathan vultu desiderabilem, et uterque David. Vis audire consilium Achimaas, et hoc ipsum consilio Nathan et Sadoch ?

Infantem nudum cum te natura crearit,
Paupertatis onus patienter ferre memento.

Unde dictum est : *Beati pauperes spiritu, quoniam vestrum est regnum cœlorum* (*Luc.* vi). Et iterum :

Animum rege, qui nisi paret,
Imperat, hunc frenis, hunc tu compesce catenis.
(Horat., *Epist.* 1, ep. 2, vers. 60, 61.)

Unde et in sacra Scriptura : *Omni custodia serva cor tuum, quoniam ab ipso vita procedit* (*Prov.* iv). Vis audire consilium Jonathan ?

Jam nova progenies cœlo demittitur alto.
(Virg. *Eclog.* 4, vers. 7.)

Unde et Isaias : *Ecce virgo concipiet*, etc. (*Isai.* vii). Sic vasa aurea furamur Ægyptiis, sic gignimus ex concubinis. Sic Hebræo servit proselytus, abscissis unguibus et rasis capillis, quia tanta est gloria cherub, ut vox ejus audiatur in atrio exteriori. Quamvis ergo vel circa ea quæ mores ædificant, vel fidei testimonium habent, nos Scripturæ philosophorum erudiant, quia tamen non sunt putei visionum, nec ad quos Isaac habitat, non est nobis tutum longiorem ibi moram facere, vel diutius habitare, sed paululum gustata aqua pertransire. Propterea et mulier dicebat quærentibus Achimaan et Jonathan : *Paululum gustata aqua transierunt* (*II Reg* xvii). Breviter quippe velut introductionis modo debemus tales aquas gustare, ut postmodum aquam sapientiæ salutaris diutius hauriamus de puteis Salvatoris. Illam quippe philosophiæ doctrinam, quasi meretricem, quasi peregrinam, quasi concubinam cognoscere; theologiam vero quasi unicam, quasi domesticam, quasi reginam diligere. Hinc est quod Abraham locutus est ad puerum suum : *Jura*, inquit, *ut non accipias uxorem filio meo de filiabus Chananæorum, inter quos habito : sed ad terram et ad cognationem meam proficiscaris, et inde accipies uxorem filio meo* (*Gen.* xxiv). Ipsas ergo filias Chananæorum, vel sibi vel filio suo habuit quasi pedissequas et peregrinas, non autem ut dominas, aut domesticas. Abiit ergo puer, et ductis secum decem camelis, venit ad fontem aquæ, et ait intra se : Puella cui dixero, Da mihi aquam, et illa dixerit, Tibi et camelis tuis potum tribuam, ipsa est, quam præparasti, Domine, filio domini mei. Vix sermonem compleverat, et ecce Rebecca. Quæ reversa ad puteum, et puerum et camelos adaquavit. Quam secum ducens, invenerunt Isaac ad puteum aquæ vivæ.

Ecce iterum, dilectissimi fratres, oculos aperio, et duos puteos aquæ vivæ respicio. In uno quorum puer Isaac Rebeccam, in altero Rebecca Isaac reperit, cum egreditur ad meditandum. In his duobus duplex illa doctrina designatur, quarum una mores, altera fidem ædificat. Tanto tamen excellentius et evidentius, quanto cæteras artes ars artium et regimen animarum, theologia præcellit. Abraham quippe, qui *pater multarum gentium* interpretatur, humani sensus tenet imaginem, quia sicut Abraham genuit Ismael de Agar, scilicet de concubina filium adulterum et odibilem, de Sara Isaac, de sponsa scilicet filium promissionis et legitimum ; de Cethura vero uxore secunda filium iniquitatis, prout interpretatur Madian : sic sensus humanus de conscientia, cum peregrinatur a Deo suo, voluntatem pessimam parit, et odibilem Deo. Quandoque vero de conscientia, cum tenet principatum virtutum, cum deesse ei incipiunt muliebria ; cum nihil femineum, sed totum virile in se sentit, parit fructum spiritus, quod est gaudium, pax, patientia, etc. Plerumque de Cethura, quæ *incensum* vel *thymiama* dicitur, corpore fere emortuo, Madian, id est filium iniquitatis gignit. Et quamvis tentatio carnalis in ipsa sit emortua, et bonum odorem in omni loco conscientia redoleat, tamen ex hoc ipso filium iniquitatis gignit, cum inde vel vanam gloriam, vel superbiam, vel contemptum conscientia concipit. Habet tamen servum fidelem, et seniorem domus suæ, rationem scilicet, qui sibi decem camelos sternit, cum omnem sensualitatem sibi subjicit. Hic igitur primo accedit ad fontem aquæ, cum accedit ad initium sapientiæ. Initium enim sapientiæ timor Domini. Cum enim menti timorem ratio incutit, servus ad fontem aquæ venit. Talem ergo servus puellam quærit, quæ sibi et camelis potum tribuat; videlicet, quæ rationem et ipsam sensualitatem aqua sapientiæ salutaris reficiat, quæ fluit de timore filiali. Et ecce Rebecca, quæ *patientia* interpretatur. Patientia quippe occurrit rationi, et timore reficit filiali, cum hydriam conscientia replet aqua sapientiæ salutaris. Ducit igitur servus Rebeccam in camelo. Servus Rebeccam ducit, cum patientia rati nabiliter viam veritatis incedit. Sed adhuc in camelo, quia nec in Deo, nec propter Deum, sed alicujus causa sensualitatis de adversario vindictam non quærit, eo quod vel damna majora metuit, vel vindicandi tempus aut locus non accedit.

Sed cum Isaac occurrit ad puteum, ubi egressus est ad meditandum, Rebecca de camelo descendit (*Gen.* xxiv), cum nihil habet sensualitatis. Quod tunc digne fit, si de puteo in meditationibus suis hauriat aquam devotionis. Et Isaac conjungitur, cum gaudio copulatur, cum voluntaria efficitur. Unde Isaac *gaudium* interpretatur. Ut autem hanc voluntariam patientiam sensus humanus per rationem acquirat, primo omnium necesse est, ut illum ante oculos mentis ponat, qui propter nimiam charitatem suam qua dilexit nos, ignem suæ divinitatis sub cinere nostræ mortalitatis tutavit, et propter injustos ab injustis injuste teneri voluit, et per patientiam voluntariam pati, ut pro nobis offerret sacrificium Deo Patri. Et sol justitiæ, qui primo in nubilo videbatur, propter iram, postmodum non tam ardens quam lucens appareret per dilectionem.

Recurrendum est igitur ad puteum, in quo patres nostri, id est prophetæ sub mysteriorum velamine ignem divinitatis absconderunt, sed nepotes eorum, id est apostoli sub illis mysteriis aquam crassam, id est Christum humanatum cognoverunt (*II Machab.* 1). Aquam propter humanitatem, crassam propter charitatis pinguedinem. Qui sacerdos et hostia factus obtulit holocaustum pro nobis; et per hoc reconciliavit ima summis. Tunc a Moyse velamen amovit, libros signatos aperuit, lapidem ab ore putei sustulit, ut quasi Jacob oves Rachelis adaquaret, id est filios Synagogæ spirituali verbo satiaret, et ipsam Rachelem sibi desponsaret, id est Ecclesiam de Judæis congregatam sibi uniret. Sed hoc modicum suæ pietati : quia et Ecclesiam de gentibus verbo vitæ satiavit, cum Samaritanæ hydriam, quam invenit ad puteum Jacob, fonte baptismatis adimplevit (*Joan.* iv). Ut igitur in his omnibus doctus, et per hoc omni benedictione dignus, non solum habitabat, sed et fodiebat puteos visionis Isaac. Omnis enim, de qua supra dictum est, doctrina, sub quadruplici doctrina, logica, ethica, physica, theologia concluditur. Logica rationalis scientia est, ethica moralis, physica naturalis, theologia spiritualis. Primum puteum fodit Isaac, et vocavit eum inimicitias (*Gen.* xxvi), quia cum homo juxta rationem vivere incipit, vel desiderat, inimicatur ei mundus, inimicatur caro, adversatur diabolus. Si vero compositioni morum intendat, calumniantur hoc operibus suis pastores, qui cum aquam limpidissimam hanc biberint per doctrinam, operibus suis quasi pedibus eam ovibus turbant. Propter hoc puteus ille Calumnia vocabatur, pastoribus illis dicentibus : *Nostra est aqua* (*ibid.*). Cum enim pastores solent redargui, et respondent arguenti, Non est tuum arguere, quia nostrum est leges cudere, videntur dicere, *Nostra est aqua*. Tertius puteus, quem vocavit abundantiam (*ibid.*), naturalis est scientia : qui tanto fecundius abundat, quanto non solum hominibus, sed et ipsis brutis animalibus potum propinat. Neque enim est animal brutum, quod naturam non custodiat. Quartus puteus qui dicitur Juramenti vel Satietatis (*ibid.*), spiritualis est scientia. Qui per hoc satietas dicitur, quia per ipsum verbo Dei sitiens anima satiatur. Juramenti vero dicitur, quod secundum historiam, et secundum sensum spiritualem Abimelech, Ochozar, et Phicol ibi fœderantur (*Gen.* xxvi). Teste siquidem Origene, per Phicol, qui interpretatur *os omnium*, moralis scientia, per Ochozar, qui *tenens* dicitur, naturalis ; per Abimelech, qui *pater meus justus* dicitur, rationalis scientia figuratur.

Isti ergo cum Isaac ad puteum fœdus ineunt, cum tres illæ scientiæ cum spirituali scientia conveniunt. Quidquid enim naturæ, quidquid rationis, quidquid morum est, docet sapientia spiritualis. Propter hoc puteus iste vocatur puteus visionis. Hujus autem putei puer Isaac aquam vehementius erumpentem invenit, et inventam Domino nuntiavit. Aquam quippe hujus putei primo bibit, et fontem ejus putei foras derivavit. Sed *quis putas puer iste erit? Etenim manus Domini erat cum illo* (*Luc.* 1). Ipse est de quo pater suus Zacharias ait : *Tu, puer, propheta Altissimi vocaberis* (*ibid.*). Hic igitur aquam illam de puteo bibit, de qua scriptum est : *Flumina de ventre ejus fluent aquæ vivæ* (*Joan.* vii). Vultis animadvertere, quomodo aquis istis se primo reficit, et quomodo nos ? Ponamus historiæ fundamentum : *Fuit in diebus Herodis regis Sacerdos, nomine Zacharias, de vice Abia, et uxor ejus de familia Aaron, nomine Elisabeth* (*Luc.* 1). Elisabeth autem *Dei mei juramentum*, vel *Dei mei satietas* interpretatur. Jam sub nomine Elisabeth puteum Juramenti vel Satietatis tenemus. Sed quod Dei mei juramentum? *Juravi*, ait Dominus, *ut non adjiciam aquas diluvii super terram* (*Gen.* ix). Et iterum : *Juravit Dominus, et non pœnitebit eum : tu es sacerdos in æternum secundum ordinem Melchisedech* (*Psal.* cix). Et rursum ad Abraham : *Per memetipsum juravi quia non pepercisti filio tuo Isaac, faciam te in gentem magnam* (*Gen.* xxii). Et iterum Zacharias : *Jusjurandum, quod juravit ad Abraham patrem nostrum, daturum se nobis*. Hæc omnia Deus juraverat, sed nihil horum compleverat, quia nondum aqua inventa erat in puteo juramenti, sed sterilis erat Elisabeth, id est sine fructu operis erat Dei mei juramentum, quia ipse in Evangelio ait . *Cum meus est, ut faciam voluntatem Patris mei, qui misit me, ut omnis qui videt Filium, et credit in eum, habeat vitam æternam (Joan.* IV). Cum nec istud complevisset, non erat aqua in puteo satietatis inventa, sed sterilis erat Elisabeth, quia necdum pervenerat Dei mei satietas ad `effectum. Sed puer intravit puteum Juramenti, ventrem scilicet Elisabeth, et flumina de ventre fluxerunt aquæ vivæ.

Vultis audire quomodo de ventre fluxerunt aquæ vivæ? *Unde hoc mihi*, ait Elisabeth, *ut veniat mater Domini mei ad me? (Luc.* I.) Ecce enim puer ille, qui fodit puteum ventris, exsultavit in gaudio, quia aquam sapientiæ salutaris invenit. Sed et nobis hujus aquæ plenitudinem effudit, qui nobis perfectionis et gratiæ exemplum nascendo, vivendo, moriendo, ministravit. *Fuit in diebus Herodis regis sacerdos quidam, nomine Zacharias (ibid.).* Zacharias quippe *memoria Domini* interpretatur. Sed quid dicit Salomon? *In die malorum, ne immemor sis bonorum (Eccli.* XI). Dies autem malorum est, de quo ait Jeremias : *Diem hominis non desideravi, Domine tu scis (Jer.* XVII). Dies igitur malorum, et dies hominis, dies sunt Herodis. Herodes quippe *gloria pellis* interpretatur. Ergo dies eorum, dies Herodis sunt, qui non in anima, sed in pelle gloriantur. Omnis gloria filiorum Regis ab intus; sed deforis est peccatorum gloria. Maledictus enim fuit ille Judæ filius, qui Her, id est *pellis* vocabatur. Nec nisi detracta pelle hostiæ Deo sacrificium gratum accipitur. In diebus igitur Herodis Zacharias templum ingreditur, cum inter prosperitates et carnis gloriam, Domini sui justitia memoratur : et ea quæ carnis sunt parvipendens, illi soli vult adhærere per devotionem, cui offert incensum boni odoris per orationem. Ille enim, qui mundi prosperitatem aut gaudium, cum arridet, parvipendit pro Domino, ipse est qui cum Abraham ad immolandum Isaac in montem devotionis ascendit. Visitatur ab angelo, et mutus efficitur, cum supernam illam et supercœlestem et incomprehensibilem divinitatis hierarchiam animo meditatur. Mens enim tenebris suis assueta, quando internam divinitatis claritatem contemplari nititur, quasi trementibus et palpantibus luminibus vim insoliti fulgoris non sustinens, ipsis primi aspectus radiis reverberatur. Unde scriptum est : *Qui scrutator est majestatis, opprimetur a gloria (Prov.* XXV). Hinc et Salomon ait : *Dixi : Sapiens efficiar, et ipsa longius recessit a me (Eccli.* VII). Propter hoc et ipse Moyses, qui omni sapientia Ægyptiorum eruditus erat, cum mentis oculos in lucem inaccessibilem posuisset, gracilem voce, et ineloquentem se esse confessus est. Ipse etiam Elias in ostio speluncæ suæ, nec in spiritu grandi et forti, nec in commotione, nec in igne Deum vidit, quem tamen in sibilo auræ tenuis agnovit (*III Reg.* XIX) : quia profecto ibi bene cognoscitur Dominus, ubi deficit sensus humanus. Propter hoc et Psalmista ait : *Quam dilecta tabernacula tua, Domine virtutum : concupiscit et deficit anima mea in atria Domini (Psal.* LXXXIII). Ergo cum mens theorice ad alta rapitur, in quibusdam non solum muta, sed et cæca, in quibusdam vero videns et eloquens efficitur. Nam cum secundum theoriam verum in omni quod est, et quod non est, scrutari eligit, quibusdam gradibus contemplationum ad summum ascendit. Nam vel mathematice speculatur visibiles rerum visibilium formas, vel physice invisibiles rerum visibilium causas, vel symbolice colligit et coaptat formas visibiles ad invisibilium demonstrationem, vel theologice contemplatur invisibiles substantias et invisibilium substantiarum invisibiles naturas.

His tamen omnibus modis principalis et superprincipalis aliquatenus manifestari potest, in figuratis symbolis divini patris beatissima hierarchia, ut postmodum mens humana certæ contemplationis gradibus ad summa conscendens, sacra divini eloquii inspectione cœlestia secreta etiam anagogice contempletur; et sic ex duobus generibus visionum ad omnem perfectionem ascendit, quæ per gratiam divinæ revelationis theologorum et prophetarum mentibus fuit infusa : Unum, quo formis et figuris et similitudinibus rerum occultarum veritas obumbratur : quod genus visionis et græce theophanias, id est divinas apparitiones appellant; alterum, quo ascensu mentis et excessu nude et pure, et absque integumento; sicut est, illum cœlestem sacratissimum principatum nititur contemplari, quod anagogicum nuncupatur. Sed in hoc ultimo genere visionis ita tremit et palpitat mens humana, ut tenebris ignorantiæ suæ obvoluta, ad illam claritatem et veritatis lumen, nisi dirigatur, exire non potest; sed quasi cæca et manuductione utens, quo non videt, incedit; et incipit liquefieri per visionem et visitationem dilecti; ut nec illud de Deo concipiat quod debet aut velit, nec loqui possit quod concipit, cum cœlestis regni circumvelatum ultra, et divini luminis incircumscriptum adhuc investigare nititur, et deficit investigans. Hæret in contemplatione mens attonita, obstupescit trepida, loquens penitus obmutescit, et inopem reddit copia, quam fecerat inopia copiosam : miroque modo proficiendo deficit; et tunc magis proficit, cum venerit ad defectum. Cum enim illius cœlestis, tenuissimi, et acutissimi radii lumine mentis suæ radium fugit, oportet ipsum tenuissimum esse, acutissimum et clarissimum. Quia nec spissa tenuissimis, nec obtusa acutis, nec tenebrosa conveniunt claris. Et propter hoc tanto magis ad illud lumen illuminandum, intuendum, et acuendum necesse est, ut cum tenuissimo lumine quasi sibilus auræ tenuis attenuetur. Quidquid tamen de Deo potest cogitare, et ad memoriam reducere, non ex subtilitate ingenii sui, vel ex perspicacitate memoriæ subtilis esse cognoscat; sed gratiæ Dei tribuat totum; qui nec totus vult agnosci, ut fides habeat meritum; nec totus absconditi, ne infidelitas inveniat locum. Quod enim de cognitione Dei a memoria per fidem gignitur, non Zachariæ, sed Joannis, id est gratiæ Dei nomen imponitur. In his igitur omnibus Joannis nativitas, id est ortus gratiæ figuratur, sine qua nemo venit ad Patrem ; nec illam potest gloriam contemplari, quam promisit diligentibus se Jesus Christus Dominus noster, qui cum Patre et Spiritu sancto vivit et regnat Deus, per omnia sæcula sæculorum. Amen.

SERMO XXIV
DE SANCTO JOANNE BAPTISTA.

Ecce ego Joannes vidi angelum ascendentem ab ortu solis, habentem signum Dei vivi. Videntis auctoritas, visionis utilitas, utriusque veritas revelata demonstrat, quam credibilia facta sint hæc testimonia nobis. Hæc est enim aqua sapientiæ salutaris, distillans de fontibus Salvatoris. Hic est sermo fidelis, eructatus de pectore veritatis. Hic est solis radius, tanto lucidius reverberans oculos aquilæ spiritualis, quanto sublimius avolavit. Secundum igitur nomen ejus, sic et laus ejus in gratia Verbi, quod fuit ab initio ; quod vidit, quod audivit, quod manus ejus tractaverunt de Verbo vitæ, et annuntiavit, dicens . *Ecce ego Joannes,* etc. Non est arbitrandum, fratres, quod visio ista fuerit corporalis, quod imaginaria, quod animalis, sed potius spiritualis. Non fuit sensualis, non phantastica, sed potius intellectualis. Dicat ergo : *Ecce ego Joannes vidi angelum.* Nota quia jam viderat angelum descendentem, qui habebat irim in capite, signum videlicet Dei vivi. Et bene, quia qui descendit, ipse est et qui ascendit, et nullus ascendit, nisi qui descendit. Solus ergo Christus descendit, et solus ascendit. Solus descendit, sed totus ascendit ; solus descendit, quia caput ad corpus ; totus ascendit, quia caput et corpus. Unde ait : *Hostiam et oblationem noluisti ; corpus autem aptasti mei* (*Psal.* xxx ; *Hebr.* x).

Vidi, inquit, *angelum ascendentem ab ortu solis.* Quid est, quod additum est, *ab ortu solis ?* Nunquid semper ab ortu solis est ascendere ? Non. Semina quippe orto sole aruerunt. *Exortus est enim sol cum ardore, et fenum arefecit* (*Jac.* 1). Sed et Jechonias filius Saphan cum viginti quinque viris adoravit ad ortum solis, et dixit Dominus prophetæ : *Certe vidisti, fili hominis, abominationes, quas isti faciunt* (*Ezech.* viii). Nunquid ab ortu solis ascendebant, qui sic adorabant ? Igitur ab ortu solis non est semper ascendere, et tamen sine ortu solis non est ascendere.

Ante quippe solis ortum erat nox, in qua pertransibant bestiæ silvæ, catuli leonum. Sed ortus est sol, et congregati sunt, et potuit exire homo ad opus suum, et operando proficere, et proficiendo de virtute in virtutem ascendere. A solis autem ortu discite parabolam. Nam sicut sol percurrit zodiacum, circuit firmamentum, sphæram illuminat megacosmi : sic et in microcosmo Sol justitiæ ascendit mentis affectum, accendit cor ad virtutis firmamentum, illuminat sphæram cogitationum. Homo siquidem microcosmus, id est minor mundus, pro similitudine quam habet cum megacosmo, id est majori mundo, nominatur, Unde in Evangelio homo mundus dicitur, ibi : *Mundus eum non cognovit* (*Joan.* 1). Hinc est quod primus homo vocatus est Adam, ut ex ipso nomine se microcosmum esse agnosceret. Quatuor quippe sunt climata megacosmi videlicet oriens, occidens, septentrio, meridies. Et hæc quatuor ejus nomen insinuant. Nam ex quatuor litteris nomen illud constituitur, videlicet anatole, quod interpretatur *oriens ;* dysis vel delta, quod occidens ; arctos, quod *septentrio ;* mesimbrion, quod *meridies.* Hinc est, quod tota successionis ejus propago ita nominis hujus videtur posse trahere rationem, ut jam non filii Adam, sed omnes Adam merito debeant appellari. Omnes enim a die conceptionis suæ per dies quadraginta sex in uteris matrum membrorum lineamentis sunt formati, ita ut quadragesimo sexto die formatione plene consummata infundatur spiritus in animam viventem. Hujus formationis numerum nominis illius elementa repræsentant Fit enim ex α, δ, α, μ. A ι, δ ιv, item α ι, μ xl demonstrat. Quæ si simul conjunxeris, et nomen Adam, et humanæ formationis plenitudinem adimplebis. Unde et Salvator quadraginta et sex annis templum a Judæis ædificatum prædixit solvendum (*Joan.* ii), ut per hoc homo perfectus ostendatur. Quia si primus perfectus numerus senarius prædictum numerum multiplicet, numerum dierum complebit, qui a die conceptionis ejus usque ad diem nativitatis ipsius, novem scilicet menses et dies sex : sexies enim quadraginta et sex, ducenta septuaginta et sex constituunt.

Tot autem dies invenies, si ab octavo Kalendas Aprilis, quo conceptus de Spiritu sancto creditur, usque ad octavum Kalendas Januarii numerentur. Et sicut major mundus sphæram, sic et sphærulam habere dicitur minor mundus. Unde Moyses in candelabro tabernaculi cum scyphis et liliis sphærulam esse præcepit (*Exod.* xv) ; ut quicunque in Ecclesia Dei fidei lumen habet, necesse sit, cum lilio munditiæ et doctrina sapientiæ, ut cursum vitæ suæ cogitando revolvat. Ait enim Salomon : *Oritur sol et occidit, et ad locum suum revertitur, et gyrat per meridiem, et flectitur ad aquilonem* (*Eccli.* 1). Sol igitur oritur, cum Sol justitiæ mentem per fidem illuminat, sed occidit, cum post fidem, labitur in peccatum. Oritur sol, cum visitat hominem diluculo ; sed occidit cum subito probat. Item, gyrat per meridiem, cum per cognitionem reddit ad devotionem ; reflectitur ad aquilonem, cum per consensum mentis incurvatur ad tentationem ; gyrat per meridiem, cum in meditatione exardescit ignis ; flectitur ad aquilonem, cum per iniquam suggestionem charitas refrigescit. Jam duo, ni fallor, cum suis differentiis coluri sphærulæ spiritualis apparent. Colurus dicitur a colon, quod est membrum, et urus, quod est bos silvestris. Unus quidem ascensionis anabibazon, id est *sursum scandens ;* alter descensionis, catabibazon, id est *latens*. Prima differentia primi est, quod sol oritur : prima secundi quod sol occidit, secunda primi, quod gyrat per meridiem ; secunda secundi, quod flectitur ad aquilonem. Sed quid ista menti conferunt? Ad hoc oritur, ut speres ; occidit, ut doleas; gyrat per meridiem, ut diligas ; flectitur ad aquilonem, ut timeas. Jam duobus coluris quinque innexos consideras parallelos. Si igitur de orta persecutione sic timeas, ut nec devotionem adesse sentias, nec affore credas, in mundanum timorem incides. Si vero propter occasum culpæ vel pœnæ, dolore cordis tactus intrinsecus recogitas annos tuos in amaritudine animæ tuæ, ita tamen quod nec spei consolatione nec gaudio devotionis dolor relevetur ; dolebis serviliter, et servilem timorem dolor pariet; et si bene feceris ex hoc, serviliter facies. Si autem gaudeas in fervore, ita quod de præteritis non doleas, nec futuras timeas tentationes, efficiaris necesse est elatus, quia tale gaudium pariet tibi præsumptionem. Sed si per fidei lumen oriatur tibi sol justitiæ, ita quod de peccatis præteritis doleas, et tentationis timeas recidivum ; accedet statim initium sapientiæ timor Domini initialis. Quod si de charitatis fervore gaudeas, ita tamen, ut te semper doleas peccatorem ut non de propitiato peccato sis securus, sed semper timeas; accedet statim castus, qui permanet in sæculum sæculi, timor filialis.

Ex hoc igitur mansiones spiritualis sphærulæ, quasi quinque zonas majoris sphæræ discernere potes. Quarum tres sunt inhabitabiles, duæ habitabiles. Inhabitabilium vero frigidæ duæ, et una torrida. Quid enim frigidius timore mundano, quo divina charitas repellitur? Frigidus etiam timor, cum quo charitas non habetur. Torridus autem est fervor inordinatus, contra quod ait sponsa in Canticis : *Ordinavit in me charitatem* (*Cant*. II). Hæ igitur mansiones omni justo sunt inhabitabiles. Temperata vero mansio est timor initialis, cum quo charitas incipit. Temperatur etiam timor filialis, quem charitas perficit ; sed et ipsa zonarum vocabula huic nostræ videntur alludere assertioni. Mundanum quippe timorem dicimus, quando superveniente persecutionis timore bonum facere non audemus. Unde bene arcticos appellatur. Arcticos enim ab arctos, id est a *septentrione*, unde aquilo oritur, appellatur. Per hoc igitur, quod bonum facere non audemus, abundat iniquitas, et charitas refrigescit. Timor vero servilis est, quando solo timore pœnæ, non amore bonum facimus : nec in hoc charitas possidetur. Timore tamen bonum facere, vel timore bonum non facere, contraria sunt. Ergo si timor mundanus arcticos, servilis antarcticos merito nuncupatur. Rursus qui pro fervore suo elatus efficitur, aliis primo, tandem sibi onerosus habetur, cum quasi alios despicit, et ipse despicitur. Et cum sine discretione suscipit pondus laboris, seipsum reddit aliis ponderosum. Et quia pondus portatur in humeris, humerinos ab efficienti causa non immerito nuncupatur. Quia vero per initialem timorem charitas paulatim accenditur et ascendit, merito therinos tropicos appellatur. Nam philosophi circulum illum therinos illos tropicos appellant, quo sol ab inferiori signo, videlicet capricorno, magis ac magis fervet et ascendit. Unde quia quo inferius descendat non habet, tropicos appellatur, id est convertibilis. Et quia tali ascensu magis ac magis fervet æstas, theros, quod est *æstas*, appellatur. Et quia in superiore gradu virtutum timor est filialis, nihil enim differt a charitate, merito chimerinos tropicos appellatur. Nam chimerinos tropicos ille circulus appellatur, quo sol ab eminentiori signo, scilicet Cancro, per zonam hiemalem reflectitur ad Capricornum. Unde quia altius ascendere non valet, tropicos dicitur. Et quia ad hiemalem revertitur, chimerinos, id est *hiemalis* merito nominatur. Nihil ergo timore filiali sublimius, qui tunc perfectus probatur, si semper magis ac magis se homo humiliet ; et velut operarium malum et indignum se judicet, juxta illud : *Cum hæc omnia feceritis, dicite : Servi inutiles sumus* (*Luc*. XVII). Et iterum : *Quanto magnus es, humilia te in omnibus* (*Eccli*. III).

His ergo simul collectis et consideratis, considerandum est quomodo duodecim gradibus solarem sphæræ circulum sol ascendit. Hæc est enim corona stellarum duodecim, de qua Joannes ait : *Signum magnum apparuit in cœlo ; mulier amicta sole, et luna sub pedibus ejus, et in capite ejus corona stellarum duodecim* (*Apoc*. XII). Signum, id est figura magnæ rei in cœlo, id est in cœlesti mente apparuit, quando mulier, id est anima protegitur, et affectus omni defectui dominatur ; et in capite, id est in mente ejus, est corona, id est perfectio stellarum duodecim, quæ duodecim signa vocantur. Nam quæ vere stellæ sunt, signa dicuntur, quia et aliud sunt, et aliud significant. Neque enim istum realem solem, dum circulum suum peragit, Capros cornutos, Pisces, Arietes, vel aliquid tale, intrare credendum est. Sed in istis aliud dicitur, aliud designatur. Quid enim in Capricorno, qui caper cornutus dicitur, nisi fetor peccati designatur. Cujus cornua sunt, de quibus dicitur : *Et omnia cornua peccatorum confringam* (*Psal*. LXXIV)? Unde et angelo Pergami, id est *cornua dissipanti*, scribere Joannes jubetur. Sol ergo intrat Capricornum, cum mentem peccato fetidam veritatis cognitio possidere incipit ; cum mens se vitiatam esse peccato incipit cognoscere, quia prima virtus est : *Gnothi seauton* [Γνῶθι σεαυτόν] id est *nosce teipsum*. Post hæc ascendit in Aquarium, cum recogitans annos suos in amaritudine animæ suæ, lavat per singulas noctes lectum suum lacrymis, ut sint oculi ejus piscinæ in Esebon, et facies ejus quasi nubes effundens pluvias lacrymarum. Post hæc ascendit in Pisces, cum inter aquas lacrymarum pennulis spei se sublevat, et protegit patientiæ squamis, ne vel multitudo scelerum, vel magnitudo dolorum per impatientiam ipsum in profundum demergat, sive in desperationem. Hinc ascendit in Arietem, ut jam seipsum per rationem regendo, et serpentis astutiam in cornibus, et ovis simplicitatem in vellere se demonstret habere, sicut scriptum est : *Estote prudentes, sicut serpentes, et simplices sicut columbæ* (*Matth.* x). Dehinc ascendit in Taurum, cum per istam simplicem astutiam, vel astutam simplicitatem, seipsum offert sacrificium Deo in odorem suavitatis, vel foris per mortificationem carnis, vel intus per spiritum contribulatum. Taurus enim sacrificii spiritus contribulati typum gerit, ut in Evangelio : *Tauri mei, et altilia mea occisa sunt* (*Matth.* xxii), id est illi qui per martyrium corporis; vel illi qui per devotionem mentis mihi placuerunt. Post hæc ascendit in Geminos, in signum geminæ charitatis. Unde notandum quia sunt quidam, qui sicut sibi volunt per delicias indulgeri, sic et aliis. Et sunt alii, qui sicut sibi per abstinentiam austeri, sic et aliis. Alii vero sunt, qui deliciose vivendo, sibi parcunt, et austeri sunt subditis. Sunt et alii, qui per mortificationem carnis sibi duri sunt et austeri, et tamen charitatis ardore succensi, circa necessitatem proximorum benevoli.

In istis itaque geminæ charitatis, Dei videlicet et proximi, relucet insigne, qui per devotionem ardent intus, et foris lucent per compassionem. Sic quippe sol justitiæ intrare debet **Taurum** per passionem, ut in Geminos transeat per compassionem. Dehinc intrat Cancrum, ubi fit therinos tropicos, videlicet solstitium æstivale, quo sol altius ascendere non valet; per quod, ut dictum est, designatur timor filialis ; cum cedit ille, qui est initium sapientiæ, scilicet initialis qui significatur per chimerinos tropicos, id est solstitium hiemale. Quod fit, quando sol intrat Capricornum, et e regione respicit solstitium æstivale : quod fit quando sol intrat Cancrum, quod est signum humilitatis. Unde :

Curva retro cedens cum fert vestigia Cancer.

Custos enim omnium virtutum est humilitas. Quia quanto major est homo, humiliare se debet in omnibus, ut cum omnia fecerit, dicat : Servus sum inutilis. Et illud Prophetæ : *Ad nihilum redactus sum, et nescivi ; ut jumentum factus sum apud te, et ego semper tecum* (*Psal.* lxxii). Sed quia nimia humilitas sic simplices solet dejicere, ut ex nimia sui dejectione deficiant, ita decet hominem esse humilem, ut viriliter agat, et confortetur cor ejus, ut et Cancro sit similis humilitate, et Leoni magnanimitate. Humilitas ergo roboretur fortitudine, et fortitudo roboretur humilitate. Fortitudo quippe operis custodit exteriorem, humilitas ab omni vitiorum corruptione servat hominem interiorem. In signum quippe incorruptionis sol intrat Virginem : sub quo signo de semine humilitatis metit in gaudio fructum bonæ actionis. Sed quia non minor est virtus, quam quærere, parta tueri : maxime cum in mundo nihil sit stabile, sed omnia varientur sub sole, necesse est ut in recta Libra mentem ponat, et quasi quoddam spirituale mentis æquinoctium faciat ; et æquare sciat dies noctibus, et noctes diebus. Quod tunc digne fit, si nec adversitas plus debito mentem deprimat, vel in altum erigat prosperitas : quod duobus modis fieri solet, timore videlicet et amore. Quod si timor operatur, initialis videlicet, quem perfecta charitas foras mittit, fit æquinoctium, sed vernale; quod fit sub Ariete, eo quod sollicitus sit et humilis sub timore. Cornibus enim tuetur per sollicitudinem, et ovino calescit vellere per humilitatem. Quod si amor operatur, fit æquinoctium, sed autumnale, et in Libra rectitudinis constitutus, excellentiori via graditur charitatis, ne declinet ad dexteram, vel ad sinistram.

Non enim declinat ad sinistram, si novissima sua recogitans, ab auditione mala, et ultima formidat. Horrendum est enim incidere in manus Dei viventis. Horribilis erit dies tenebrarum et caliginis, quando sol erit sicut saccus cilicinus, et obtenebrescet cauda scorpionis, quando ille, qui quasi agnus coram tondente se obmutuit, in extremo examine quasi leo rugiet; et quasi serpens sibilabit muscis Ægypti, arguens in furore et dicens : *Hæc fecisti et tacui* (*Psal.* xlix). Et illud : *Ite, maledicti, in ignem æternum* (*Matth.* xxv). Propter hoc scriptum est : *Fili, memorare novissima tua, et in æternum non peccabis* (*Eccli.* vii). Tunc etiam sol justitiæ a cauda Scorpionis Sagittarium ingrediens, et sagittas potentis acutas emittens, reddet unicuique secundum merita sua ; vulnerans inimicum ad mortem æternam, et amicum ad dilectionem, quando tunc fortis erit ut mors dilectio in anima beata, quæ dicere poterit : Vulnerata charitate ego sum. Tunc sol intrabit Sagittarium, quando irim, quam nunc habet in capite, in manu portabit ; sententiam in præscientia abscondita opere demonstrabit. Hæc est enim sphæra cœlestis, quæ nobis aperit Galaxiam, viam videlicet eo lacteam, quo candidam pariter atque dulcem. Gnomone igitur rationis apposito infra circulos tales super nihili, vir sapiens et intelligens hæc, super nihili corporis sui terram appendat, cum Apostolo dicens : *Infelix ego homo, quis me liberabit de corpore mortis hujus?* (*Rom.* vii.) Quando confringetur hydria mea ad fontem, quando conteretur rota ad cisternam? (*Eccle.* xii.) Quando convertetur pulvis in pulverem, quando veniet requies post laborem, libertas post servitutem ? Hæc faciat nobis, fratres, et hæc addat gratia Dei Patris, per Dominum nostrum Jesum Christum.

SERMO XXV.
DE SANCTO JOANNE BAPTISTA.

Erat *Joannes lucerna ardens et lucens* (*Joan.* v) : ardens devotione, lucens opere, ardens verbis, lucens exemplis, ardens sibi, lucens proximis. Non erat ille lux, sed lucerna : et hoc propter lucis modicitatem. Unde scriptum est : *Illum oportet crescere, me autem minui* (*Joan.* i), propter infirmitatem, quia purus homo fuit, propter obscuritatem, quia lucis thesaurum abscondit in vase fictili. Hæc est lucerna, quam accendit evangelica mulier, et evertit domum, ut drachmam decimam inveniret. Mulier siquidem est sapientia Patris. Hanc lucernam in ipso utero matris accendit, ut drachmam decimam, quæ perdita erat, inveniret, hoc est ut lapsorum angelorum humano genere dignitatem suppleret. Nam cum novem creati sint ordines, tot de unoquoque ceciderunt ordine, unde fieri decimus posset : quorum loca ex hominibus complenda sunt. Propter hoc novem drachmis novem comparantur ordines angelorum; drachmæ decimæ comparatur genus humanum : propter quam etiam domum evertit, videlicet Synagogam, de qua dictum est · *Domus mea, domus orationis vocabitur; vos autem fecistis eam speluncam latronum* (*Matth.* XXI). Scriptum quippe est : *Lex et prophetæ usque ad Joannem* (*Luc.* XVI). Hanc enim evertit, ut plenitudo gentium intraret; et sic omnis Israel salvus fieret. Quia ergo jam exstincta erat lucerna, de qua scriptum est : *Habetis propheticum sermonem, cui vos intendentes, tanquam lucernæ ardenti in caliginoso loco, benefacitis* (*II Petr.* 1), accendit hanc lucernam Dominus; quæ accensa fuit in utero, exposita in deserto, emuncta in Jordane, exstincta in carcere. Bene ergo dicitur : *Erat Joannes lucerna ardens et lucens* (*Joan.* V). Lucerna enim ardens, et non lucens est, qui sibi prodest et non aliis. Lucerna vero lucens est, et non ardens, qui aliis prodest et non sibi. Lucerna vero nec ardens, nec lucens est, sed exstincta, qui prælati locum occupans, nec sibi prodest, nec aliis. Joannes autem lucerna fuit ardens et lucens, qui sibi profuit et aliis. Ideo commendatur ejus sublimitas multis modis. Primo Christo testimonium perhibente, quod inter natos mulierum, non surrexit major Joanne Baptista (*Matth.* XI). Secundo quod ubicunque occurrit mentio de Joanne in Evangelio, commendatur a Christo. Non ergo mendicat humanæ laudis suffragia, qui laudatur a Deo, quia dicere potest : *In Domino laudabitur anima mea* (*Psal.* XXXIII). Tertio, quod ejus nativitas per Gabrielem archangelum, et inter sancta sanctorum fuit prænuntiata. Quarto quod exsultavit in utero, matre Domini veniente, et Elisabeth prophetante : *Et unde hoc mihi ut veniat mater Domini mei ad me? Ecce enim ut facta est vox salutationis tuæ in auribus meis, exsultavit in gaudio infans in utero meo* (*Luc.* 1). In utero ergo sanctificatus prius fuit sanctus, quam natus. Quinto, quod quidquid sanctitatis aliis Deus per partes contulit, totum in Joanne conflavit. Propheta siquidem fuit, imo plusquam propheta, quia eum, de quo prophetaverat dicens : *Venit fortior me post me; cujus non sum dignus corrigiam calceamenti solvere* (*Marc.* 1), digito demonstravit et ait : *Ecce Agnus Dei, ecce qui tollit peccata mundi* (*Joan.* 1). Apostolus etiam fuit, sicut scriptum est : *Fuit homo missus a Deo, cui nomen erat Joannes.* Apostolus vero missus interpretatur. Martyr quoque, quem Herodes in carcere decollari præcepit. Confessor etiam fuit, quia *confessus est, et non negavit; et confessus est, quia non sum ego Christus* (ibid.). Nec caruit virginitatis honore, qui cum mulieribus coinquinatus non fuit; sed secutus est Agnum quocunque ivit. Eremita quoque fuit, qui viam Domino in eremo præparavit.

Lucerna ergo fuit, quæ tanquam ignis altera columna, euntibus per desertum lumen præbuit. Illuminat enim miraculum conceptionis, gaudium nativitatis, sanctitas in conversatione, humilitas in sublimitate, veritas in prædicatione, zelus in correctione, constantia in passione. Lucebat ergo vitæ merito, lucebat verbo, lucebat exemplo. Lumen præbuit nobis in ingressu, in progressu, in egressu. Ingressus ejus illuminat opera nostra prima et initialia, progressu media et progressiva, egressus ultima et consummativa. In ingressu suo commendatur gratia operans; in progressu gratia cooperans; in egressu gratia consummans. Joannes quippe *gratia* interpretatur. Joannis ergo nativitas, id est ingressus ejus in mundum, ortum gratiæ nobis repræsentat. Hunc autem ortum gratiæ, multa nobis commendant privilegia, videlicet tempus nativitatis, utriusque parentis nomina, nobilitas generis, vitæ sanctitas, dignitas officii. Nativitatis tempus Lucas commemorat, ubi ait : *Fuit in diebus Herodis regis Judæ* (*Luc.* 1). Sicut lumen cæcis, ægris medicina, libertas servis, fessis requies, sic ortus gratiæ gratus fuit in diebus Herodis. Cessaverat jam in Judæa regnare mansuetudo Davidis, sapientia Salomonis, Ezechiæ religio, simplicitas Josiæ : et regnabat Herodis crudelitas. Adveniente siquidem Sancto sanctorum, jam cessabat unctio ; et sedere inceperant filii Israel, sine rege, sine principe, sine theraphim. Non erat gloria filiæ regis ab intus, quia pellis gloria jam regnabat : sic enim interpretatur Herodes. In his quæ foris sunt, erat Judææ gloria, qui intus erat ignominia plena. Sed in diebus malis crevit inter spinas lilium, et malus inter ligna silvarum. *Sacerdos quidam nomine Zacharias* (ibid.). Zacharias autem *memoria Domini* interpretatur. *In diebus malorum*, ait sapiens, *ne immemor sis bonorum* (*Eccli.* II). In diebus Herodis noli oblivisci tui Creatoris. *Diem hominis*, ait Jeremias, *non desideravi* (*Jer.* XVII). Quid est dies hominis? Prosperitas mundi. *Dies ille*, ait Job, *vertatur in tenebras ; nec computetur in diebus anni* (*Job* III). Prosperitas vero mundi, pellis gloria est. Ergo dies hominis, dies est Herodis. Sed in diebus Herodis fuit Zacharias. Hic est primus ortus gratiæ, cum occurrit memoria Dei, inter prosperitates mundi, et delectationes peccati. Sed nec ephemera, nec transitoria debet esse talis memoria ; sed constans, sed morosa, donec in cogitationibus suis de cogitationibus bonis creationis vel recreationis dulcedine, tanquam de lautioribus cibis anima satietur. Non ergo quilibet Zacharias, sed cujus uxor fuit Elisabeth. Zacharias quidem *memoria Domini*, Elisabeth *Dei mei satietas* interpretatur. Sed quandoque sunt dona a spiritu et in spiritu; quandoque vero dona sunt, a spiritu, sed non in spiritu. Datur quippe quibusdam spiritus et personaliter, et per dona, ut claustralibus caste et religiose degentibus; scholaribus vero peccantibus mortaliter, dona sunt a spiritu, sed non in Spiritu S. personaliter inspirato: qui quidem de Deo habent memoriam, sed non in Deo, nec propter Deum, sed ut vocentur ab hominibus Rabbi.

Propter hoc necesse est, ut solo Dei intuitu sit hæc memoria, ut sint Elisabeth et Zacharias ambo justi ante Deum, et sine querela. Quidam quippe sine querela proximorum sunt; sed non sunt justi ante Deum. Alii circa opera justitiæ se exercent, et sine querela sunt, sed non ante Deum, quia ad favorem hominum circa hujusmodi se exercent. Alii vero justi sunt ante Deum, sed sine querela non sunt invidentium, quoniam alia est justitia insufficiens, ut Sadducæorum: unde Sadducæi *justi* interpretantur; alia insufficiens, ut Scribarum et Pharisæorum. Unde dicitur: *Nisi abundaverit justitia vestra plusquam Scribarum, Pharisæorum, non intrabitis in regnum cœlorum* (*Matth.* v). Alia sufficiens secundum quid, hoc est secundum tempus. Unde Adam et Eva justi facti sunt, secundum quod tempori congruebat, id est innocentes, sed nullum justitiæ signum habentes. Vel dicitur sufficiens lex Mosaica secundum tempus, in quo data est. Data siquidem incipientibus fuit et neophytis, quibus lex illa sufficiebat ad tempus, quia perfectis non sufficit. Nihil enim ad perfectum adduxit lex. Vel dicitur justitia sufficiens, respectu illius, de qua dictum est. *Erat Noe vir justus in generationibus suis* (*Gen.* vi). Vel dicitur simpliciter sufficiens justitia naturalis, scilicet: *Quod tibi non vis fieri, alii ne feceris* (*Tob.* iv), et *Quod vultis ut faciant vobis homines, et vos eadem facite eis* (*Matth.* vii), sed justitia consummativa, Evangelica justitia est, de qua dicitur: *Qui te percusserit in maxillam, præbe ei et alteram* (*Matth.* v). Tamen nec sine querela, nec sine murmure sustinetur plerumque. Justitia ergo perfecta ante Deum, et sine querela est, quæ unicuique jus suum reddit. Quod tunc digne fit, si Deo jus suum reddat religio, pietas parentibus, innocentia minoribus, amicitia æqualibus, reverentia majoribus, concordia proximis, misericordia egenis. Sic erant isti ambo justi ante Deum, et sine querela. Vel dicitur Zacharias justus, et sine querela, quando memoria Dei nihil habet infidelitatis admistum, ut sit justa; nec odii vel rancoris ad proximum, ut sit sine querela: ut ad Deum sit, sive de Deo sit sive non sit. Sunt enim quidam motus de Deo, sed non ad Deum, ut si blasphemamus. Quidam ad Deum, sed non de Deo, quando proximis compatimur. Quidam nec de Deo, nec ad Deum: quando movemur ad adulterium. Quidam de Deo et ad Deum: quando ipsum perfecte diligimus. Et hæc est justitia ante Deum, et sine querela. Igitur Zacharias *intravit in templum hora incensi* (*Luc.* i). Per incen-

sum oratio designatur. Unde David: *Fiat oratio mea sicut incensum in conspectu tuo* (*Psal.* cxl). Hora ergo incensi, hora orationis est. Sed quæ est hora orationis? Cum Tobias dicat: *Omni tempore benedic Deum* (*Tob.* iv). Et Psalmista: *Benedicam Dominum in omni tempore* (*Psal.* xxxiii).

Unde notandum quod triplici servitute Deo tenemur. Debita, pia, et instituta, debita servitus est, quæ est latriæ; pia, quæ est operum misericordiæ; constituta, quæ est ex hominum institutione. Institutum est enim, ut regularibus horis laudemus Deum, plusquam in aliis: unde servitute instituta magis tenemur servire una hora quam altera. Sed servitute debita sive pia, nullus magis tenetur servire una hora quam altera. Horæ vero institutionis octo sunt, quas Esdras primo quidem instituit: sed Dominus operibus suis, eumdem numerum postmodum confirmavit. Nam de hujusmodi horis ait Psalmista: *Septies in die laudem dixi tibi* (*Psal.* cxviii), et: *Media nocte surgebam ad confitendum tibi* (*ibid.*). Hic autem sacratus numerus tunc impletur, si [matutino], prima, tertia, sexta, nona, vespera et completorio, et nocte media surgamus ad confitendum Deo super judicia justitiæ. Prima, quia tunc a Judæis Christus traditus est Pilato, jam consputus et illusus, et cæsus alapis, ligatus et saturatus opprobriis. In hac etiam hora a mortuis resurrexit, Mariæ Magdalenæ apparuit, et visus est in littore septem discipulis, quibus ait: *Pueri, nunquid pulmentarium habetis?* (*Joan.* xxi.) Hora tertia fuit spinis coronatus, linguis Judæorum crucifixus, et Spiritus sanctus in die Pentecostes discipulis datus. Hora sexta fuit clavis in cruce affixus, et eadem hora discipulis cernentibus ascendit. Hora nona tradidit spiritum, et lanceatus duo nobis de latere sacramenta emisit, aquam baptismi et sanguinem redemptionis. In vespera depositus de cruce fuit: eadem hora discipulis suis sacramentum corporis et sanguinis sui dedit. Eadem etiam hora duobus discipulis euntibus in Emmaus in fractione panis cognitus fuit. In completorio egresso Juda traditore ad Judæos cœpit Jesus pavere et tædere; et factus in agonia prolixius oravit, et guttas sanguinis prostrato corpore sudavit. Media nocte nato Domino, pastores vigilantes vigilias noctis super gregem suum, audierunt clamantes angelos: *Gloria in excelsis Deo* (*Luc.* ii). Hac etiam hora clamor fiet: *Ecce sponsus venit* (*Matth.* xxv). Eadem hora Samson portas allophylorum cum vectibus suis fregit, in signum Christi, qui tunc nobis aperuit portas inferni. Unde canimus: *Confiteantur Domino misericordiæ ejus, et mirabilia ejus filiis hominum: quia contrivit portas æreas, et vectes ferreos confregit*. Istæ sunt horæ incensi. Zacharias ergo hora incensi intrat templum: quando memoria Dei cor intrat, ut laudemus Deum: et hæc satietas memoriæ Dei gratiam gignit sordium mundatricem, et vias Domini præparantem in eremo mundi hujus: quoniam Elisabeth magnum virum genuit, Joannem Baptistam, præcursorem Domini.

SERMO XXVI.

IN NATALI APOSTOLORUM PETRI ET PAULI.

Cum abieris a me hodie, invenies viros duos juxta sepulcrum Rachel in finibus Benjamin meridie, salientes magnas foveas, dicentque tibi : Inventæ sunt asinæ (I Reg. x). Ecce, charissimi, qua ratione suspirabat filia Caleb, quam juste conquesta est de sterilitate Dabir, quæ alio nomine Cariathsepher vocabatur, qua etiam necessitate sibi jungi voluit irriguum superius et inferius (*Judic.* i). Valde enim sterilis sermo divinus invenitur, si litteræ superficies attendatur. Hoc enim significat sterilitas Dabir quæ interpretatur *eloquentia*, quæ etiam Cariathsepher vocabatur, id est *civitas litterarum*. Nam propter hoc ait Psalmista : *Quoniam non cognovi litteraturam*, id est, quia litteræ non adhæsi, *introibo in potentias Domini* (*Psal.* LXX). Necesse est ergo ut adjungatur ei irriguum superius, et irriguum inferius, scilicet ut affectum irriget humor gratiæ spiritualis, quo ad diligendum Deum, quasi ad irriguum superius, et ad diligendum proximum ut ad inferius, animus moveatur. Quid enim nostra interest, qua negligentia asinæ Cis fuerint perditæ, qua sollicitudine quæsitæ, qua utilitate inventæ ! Sterilis plane est in hac parte Dabir, nisi ei utrumque irriguum adjungatur. Unde notandum est quod in sacro eloquio per asinas secundum allegoriam, simplices et idiotæ, secundum vero tropologiam animi motus figurantur, sicut scriptum est : *Boves arabant, et asinæ pascebantur juxta eos* (*Job* i).

« Asinæ, ait Gregorius (21), juxta boves pascuntur, quando simplices prudentium intelligentia reficiuntur. » Sed asinæ per negligentiam pastorum plerumque pereunt, dum alii labores, inimicitias, vel odia subditorum intrare volentes, sub specie libertatis ipsos tanquam onagros, per abrupta vitiorum liberos abire permittunt. Quod quam malum sit, negligentia sacerdotis Heli nobis ostendit. Cujus tabernaculum Deus repulit, quia circa subditos dissolutus et mollis fuit. Alii sub specie severitatis truculentiam induentes, disciplina, fame, laboribus, subjectos affligunt, non solum ut premant, sed opprimant : quorum Cis imaginem tenet, cujus asinæ perierunt. Cis enim *durus* interpretatur ; et ex ipso nomine eorum duritia figuratur, qui subditis suis imponunt onera gravia et importabilia, similes ministris, non Christi, sed regis Ægypti, qui filios Israel affligebant operibus, nec paleas dabant. Quid est, paleas non dabant ? Temperamentum oneribus non imponebant. Nam per paleas temperamentum accipitur, ut ibi : *Ipsi liniebant parietem luto absque palea*, id est absque temperamento (*Ezech.* XIII). Unde subditur : *Dic eis, qui liniunt parietem absque temperamento, quod casurus sit* (ibid.). Non sic, non sic Emmanuel vescebatur caseo et felle, sed butyro et melle, ut sciret reprobare malum, et eligere

(21) Comment. in Job.

A bonum. Nam ut malum a bono discerneret, et bonum a malo, utebatur melle et butyro, non felle et caseo. Et quis est Emmanuelis cibus ? Ipse nobis exponit in Evangelio, ubi ait : *Cibus meus est, ut faciam voluntatem Patris mei* (*Joan.* IV). Ergo circa judicia, quibus bonos a malis discernit, utitur melle dulcedinis, humore pietatis, pinguedine charitatis. Butyrum quippe naturaliter est pingue et humidum. His utitur sapientia Dei Patris, videlicet Emmanuel ; cui omne judicium dedit Pater, ut semper pronus esset ad judicia dispensativa et remissiva, non punitiva, charitate, pietate, dulcedine ; non felle amaritudinis, non siccitate inhumanitatis, neque duritia crudelitatis, sicut isti, qui in judiciis suis semper inveniuntur amari, inhumani et duri, quasi felle, quod amarum est, utentes ; et caseo, qui durus est et siccus : non melle, quod dulce est ; vel butyro, quod est humidum et pingue.

Cum igitur gravibus affligunt subditos oneribus, qui tanquam animalia Dei ad suscipienda onera sponte se inclinant, nonne quasi Chaldæi tres turmas faciunt, ut beati Job camelos auferant, vel fornacem pueris accendant ? Chaldæi quippe feroces interpretantur ; et cum ferocitate sua subjectos premunt, non domesticos, sed Dei se persecutores ostendunt. Sicut autem per Job Christus, ita per Chaldæos ejus persecutores figurantur. Et cum ad Christi passionem Herodiani, Sadducæi, Pharisæi pariter convenerunt ; quasi tres turmas Chaldæi fecerunt. Sic igitur isti, cum subditos oneribus premunt, et crudelitate Herodiani, et falsa justitia Sadducæi, et simulata religione Pharisæi facti sunt ; in omnibus vero Chaldæi. Vel certe cum zelo amaritudinis urunt animas subditorum, crudelitate sua, tanquam Chaldæi pueris accendunt fornacem. Pueris, inquam, illis, de quibus dictum est : *Ecce ego et pueri, quos dedit mihi Deus* (*Isai.* VIII). Isti ergo verborum Petri apostoli surdi auditores, volunt potius in clero dominari, quam fieri forma cleri (*I Petr.* v) ; non attendentes, quod unus est magister noster, nos autem omnes fratres sumus. Et ut sciant humiliari, locum attendant, cujus typum tenent, vel in arca Noe, vel in tabernaculo Moysi ; nam in utroque figurata est Ecclesia Dei. *Facta sunt*, ait Scriptura, *in arca cœnacula et tristega* (*Gen.* VI), id est distinctiones, quas alia translatio vocat bicamerata et tricamerata, scilicet cameras quinque, quarum prima dicebatur stercoraria, secunda apothecaria, tertia immitium animalium quarta mitium, quinta hominum et avium. In prima ordo eorum, qui curam habent animarum, figuratur : qui dum confessiones suscipiunt, apud ipsos peccata quasi sordium fæces confitentes emittunt ; secunda doctorum ordinem repræsentat, qui de sententiis Scripturarum condiunt salutis pigmenta ; tertia eorum qui sunt in Ecclesia Dei, nomine, non numine ; numero non merito : a quibus area purgari non potest, donec ventiletur ; quarta mitium et obedientium subditorum ; quinta rationabilium hominum et contemplativorum. Tabernaculum quoque Moysi quatuor tegebatur operimentis. Primo sagis capillatiis sive cilicinis ; secundo pellibus arietum rubricatis ; tertio cocco bis tincto ; quarto vero æque pellibus arietum hyacinthinis. In istis illi qui Ecclesiam Dei protegunt, figurantur. In primo prælati, qui ventis et imbribus exponuntur ; in secundo activi, qui laboribus afflicti, quasi pelles arietum rubricantur ; in tertio charitativi, qui etsi laborare nequeunt, ad honorem Dei et utilitatem proximi de proprio beneficia largiuntur ; in quarto contemplativi, qui cœlo similes, tanquam pelles hyacinthinæ cœlestia contemplantur. Ecce mansionibus stercorariis, et sagis, isti de quibus loquimur, comparantur cilicinis : Unde igitur eis tantæ superbiæ fastus, si tam vilis eis sit in Ecclesia locus ? Quomodo ergo in clero dominari volunt, cum sit unus magister noster Christus, nos autem omnes fratres simus ? Aut quomodo de oculis trabem non ejiciunt, qui de oculis fratrum festucam ejicere volunt ? Nam, sicut Augustinus ait, sacerdos, cui omnis offertur peccator, ante quem constituitur omnis languor, nullo eorum sit judicandus, quæ in alio judicare est promptus. Judicans enim alium, qui est judicandus, condemnat seipsum. Cognoscat igitur se : et purget in se, quod alios viderit sibi offerre. Caveat et a se projiciat, quidquid in aliis damnosum reperit. Animadvertat, quod qui sine peccato est, primus in mulierem lapidem mittat (*Joan.* VIII). Ideo enim liberavit peccatricem, quia non erat, qui juste in mulierem projiceret lapidem. Sed jam sub tali prælato quid bonus subditus mereatur, audiamus. Sequitur enim :

Erat autem filius Saul electus et bonus, qui super alios eminebat ab humeris et sursum : nec erat eo melior inter filios Israel (*I Reg.* IX). Non est laudabile Lene vivere, cum nemo male vivere suadet, sed gloriosum est, non consentire suadenti ; gloriosius etiam tentationi resistere, quam tentari non posse. Nam quis magis mereri meruit, vel Petrus, qui tunica sua cinctus ad Christum super mare venit ; vel illi qui venerunt navigio ? Quid enim fluctus maris, nisi fluctus tentationis insinuat ? Et quid est super mare ad Christum venire, nisi, ut ad Christum veniatur, fluctus tentationis calcare ? Et quid est venire navigio, nisi ad Christum accedere, absque tentationis incommodo, imo consolationis remedio ? Quia igitur prælati austeritas nihil est aliud bono subdito, quam lima ferro, fornax auro, flagellum grano, torcular vino, tanto laudabilis subditus approbatur, quanto patienter flagella sustinet, quorum tunsione virtus defæcatur. Tales insinuat filius Cis : et ideo bonus dicitur, et electus. Unde et merito perditarum ei cura committitur asinarum, vel, ut melius dixerim, animarum, quia

talis dignus est prælatione, qui per patientiam compati didicerit passionibus subditorum, et vigilare sollicitus sit, inquirendo quod perierat ; quomodo consolidet, quod confractum erat, quod debile sustineat, quod forte et pingue custodiat. Nam sollicitudo quærendi animas commendatur, cum dicitur : *Et quæsivit eas per montes Ephraim* (*I Reg.* IX). Duobus modis circa curam animarum prælatus debet esse sollicitus, exemplo scilicet et doctrina. Necesse est enim ut subditis exemplum laboris præbeat, corpus castiget, et in servitutem redigat, ne cum aliis prædicaverit, otiositas eum redarguat. Montes autem Ephraim laboris gravedinem circa bonæ fructum operationis insinuant. Unde Ephraim interpretatum *frugifer* sonat. Sed quoniam non sunt condignæ passiones hujus temporis ad futuram gloriam, quæ revelabitur in nobis, necesse est, ut quasi transeundo per montes Ephraim quærat, donec veniat ad terram Salisam, quia solum solidum est elementum, per terram non immerito soliditas figuratur. Salisa vero *triennalis* interpretatur. Est igitur terra Salisa terra triennalis, de quo triennio loquitur Isaias, ubi ait : *Comede quod hoc anno repereris, secundo quod sponte nascitur, tertio seminate et plantate vineas ; comedite et bibite* (*Isai.* XXXVII). Unde sciendum quod ex quo nascimur, nobis a Deo collata naturalia reperimus. Cum illis enim nascimur, nec esse possumus sine illis. Comedere ergo anno primo ea quæ reperimus, est uti digne naturalibus, scilicet memoria, ingenio, ratione, libero arbitrio. Sponte vero nascuntur gratuita ; ideo sponte, quia nullis præcedentibus meritis, alioqui non essent gratuita, id est gratis data. Comedere ergo anno secundo ea quæ sponte nascuntur, est uti digne gratuitis. Unde Apostolus : *Rogo vos, ne in vacuum gratiam Dei recipiatis.* (*II Cor.* VI). Tertio autem anno seminare debemus et comedere, ut liberum arbitrium gratuitis adjungentes, secundum nobis a Deo collatam gratiam voluntarie quod bonum est operemur.

Simplices ergo subditos exemplis erudit, vel fatuos motus in se compescit, qui sic uti novit naturalibus et gratuitis, ut usibus eorum digne mereatur, et exercitiis. In omnibus tamen quæ facit, nesciat sinistra sua, quid faciat dextera sua, ne pro temporalibus et caducis, sed pro cœlestibus faciat et æternis. Transeat de terra Salisa per terram Jemini. Jemini quippe *dextera* interpretatur. Ergo per terram Jemini viator iste transeat, ut nihil sinistræ, sed quod est dexteræ semper inquirat. Sed quoniam persecutionum timor multos a bono proposito retrahit, et ad illicita trahit, necesse est, ut in hac parte se muniat, nec a bono proposito propter persecutionum timorem resiliat, sed ad motus simplices inquirendos, etiam terram Salim pertranseat. Salim quippe *vulpes* interpretatur : per vulpes vero persecutores figurantur. Unde Samson cum f. cibus ardentibus vulpes discurrere fecit per

SERMO XXVI. IN NATAL. APOST. PETRI ET PAULI.

sata Philisthinorum *(Judic.* xv), quia Christus non-nunquam permittit crudeles persecutores bona destruere impiorum. Sit igitur ad omnia circumspectus et providus, ut perveniat ad terram Suph. Suph quippe *specula* interpretatur. Est autem triplex specula. Praedicationis, de qua dictum est: *Speculatorem dedi te filiis Israel (Ezech.* III). Contemplationis, de qua dictum est: *Pone tibi mensam, et contemplare in specula (Isai.* XXI). Circumspectionis, de qua dictum est: *Statue tibi speculam, pone tibi amaritudinem, et dirige cor tuum in vias rectas (Jer.* XXXI). Igitur ad speculam circumspectionis accedat, id est ad terram Suph. Scriptum est enim: *Omni custodia serva cor tuum, quoniam ex ipso vita procedit (Prov.* IV). Inopinata siquidem morte Isboseth exstinctus legitur, quem Scriptura ostiariam non ostiarium habuisse testatur. Cujus hostes, dum ostiaria purgans triticum obdormisset, assumentes spicas tritici latenter ingressi sunt, et eum in inguine percusserunt. Ostiaria siquidem triticum purgat, cum mens a vitiis virtutes separat. Quae si per negligentiam obdormierit, ad interficiendum animum malignis spiritibus iter pandit. Qui ingressi spicas auferunt, quia bonarum cogitationum germina tollunt, et in inguine feriunt, quia virtutem cordis delectatione carnis occidunt.

Unde Isboseth *vir confusionis* dicitur; quia omni confusione dignus est, qui virili custodia munitus non est. Perseverantiam autem sollicitudinis suae, et finem finalem sui operis in illum dirigat, qui est bene operantium finis, sine quo nihil facere potest, et per quem etiam impossibilia potest. Qui petentibus et quaerentibus promittit, dicens: *Petite, et accipietis; quaerite, et invenietis (Luc.* XI). Ergo finaliter sit sua petitio Deus. Sicut de hoc electo filio Cis legitur, quod tandem venit ad Samuel in Ramatha. Samuel quippe *petitio mea Deus* interpretatur. Ad Deum igitur, qui finis esse debet omnis nostrae petitionis, in Ramatha venit, qui coelesti desiderio accensus, viam mandatorum ejus currit. Rama quippe *excelsum* interpretatur. Et quid excelsior coelo? In Ramatha Samuel invenitur, quia justus ad Deum petitionibus, et in hac vita merito, et post hanc vitam praemio pervenitur. Unde Samuel ait: *Cum abieris a me hodie,* etc. Male vadit, qui a Deo non vadit, quem via justificationum non instruit; quem in veritatem non inducit. Sed a Deo vadit, qui viam mandatorum suorum currit, quem per vias rectas deducit, et tandem per viam charitatis perducit. *Cum abieris,* inquit, *a me hodie, invenies duos viros* (I *Reg.* x). Ad quid invenies? Ut ducatum tibi praebeant, si a Deo ire desideras, et in tenebris es. Si caecus es, et nescis quo vadas, et tamen ire desideras, viae ducatum Paulus praebere poterit, qui usque ad tertium coelum raptus fuit. Sed et Petrus regni coelestis aditum tibi reserabit, qui reserandi pariter et claudendi claves accepit. Et quis in agone contendens, jam non currat ad bravium supernae vocationis, cum alterum de persecutore

factum inveniat vas electionis: alterum vero, postquam ad vocem ancillae negavit, Principem apostolicae dignitatis? *Invenies,* ait Scriptura, *duos viros.* Duos, propter mysterium geminae charitatis; viros, quia doctrina viros veritatis, exemplo vero virtutis. Nam vir a veritate, vel a virtute dicitur. Et quidem eos in via fuisse tales invenies. Sed in patria quales? *Invenies eos juxta sepulcrum Rachel.* Nota, quod una est generalis et universalis Ecclesia, sed in tres speciales divisa, id est in Ecclesiam militantem, et exspectantem, et triumphantem. Prima figurata est in altari luteo, de quo dictum est: *Altare de terra facietis mihi (Exod.* XX). Altare de terra fit Domino, cum Ecclesia corruptibilis et terrena servit Deo. Unde sacerdos orat in canone: *Supplices te rogamus, omnipotens Deus, jube haec perferri per manus sanctorum angelorum tuorum in sublime altare tuum, ut quotquot ex hac altaris participatione,* etc. Orat enim sacerdos, ut per virtutem sacramenti tota simul Ecclesia militans et triumphans in unum corpus Christi uniatur, id est ut Ecclesia militans, quae in praesenti sacramento figuratur, et quasi in inferiori altari offertur, in sublime altare, quod est Ecclesia triumphans perferatur, et capiti suo, Christo scilicet cujus corpus est, uniatur. Nam sicut ait Sergius papa, triforme est corpus Christi. Unde et in forma panis tres fieri solent fractiones. Pars comesta corpus Christi insinuat ambulans adhuc super terram, id est Ecclesiam militantem, altare scilicet inferius, altare adhuc corruptibile et terrenum. Unde et de terra fieri jubetur. Pars vero in calicem missa, corpus Christi, quod jam resurrexit, insinuat Ecclesiam videlicet triumphantem, quae etiam figurata est in altari aureo, quod erat in Sanctis sanctorum. Pars autem usque ad finem missae reservata in altari, corpus jacens in sepulcro, id est Ecclesiam exspectantem corporum resurrectionem. Quod fieri jubetur de lapidibus, quos ferrum non tetigit, quia jam certa beatitudine donata, nec haeresis nec schismatis timet sectionem. Figuratur etiam in altari, sub quo Joannes audivit vocem occisorum clamantium: *Vindica, Domine, sanguinem servorum tuorum, qui effusus est (Apoc.* VI). Propterea sepulcro Rachelis haec exspectans Ecclesia comparatur, quia ibi vox in Rama, hoc est in excelso audita est, Rachel, hoc est Ecclesia, plorans filios suos, nec ibi vult consolari, donec impleatur numerus fratrum suorum. Est igitur sepulcrum Rachelis secretum Ecclesiae exspectantis, quae exspectat resurrectionem corporum latentium in sepulcris. Juxta igitur hoc sepulcrum exspectant isti duo viri, quia etsi quantum ad glorificationem animarum membra sunt Ecclesiae triumphantis, tamen quoad corporum susceptionem membra sunt Ecclesiae exspectantis. O quam gloriosum est hoc sepulcrum. *Erit,* ait Isaias, *radix Jesse, qui stat in signum populorum; ipsum gentes deprecabuntur, et erit sepulcrum ejus gloriosum (Isai.* XI). De radice siquidem Jesse flos ascendit, id est Christus, qui et Nazaraeus vocatus est. Cujus est hoc sepulcrum, quia sicut Ecclesiæ militantis et triumphantis, ita caput est Ecclesiæ exspectantis. Una enim est Ecclesia, exspectans, et triumphans. Ideo autem gloriosum; quia ibi cessant impii a tumultu, nec auditur vox exactoris. Ibi terræ reges et consules dormientes silent, et somno suo requiescunt. Ideo fodientes thesaurum vehementer gaudent, cum invenerint hoc sepulcrum. Sequitur;

In finibus Benjamin. Benjamin *filius dexteræ* interpretatur. Filii autem dexteræ sunt, quibus statutis ad dexteram Judex dicturus est : *Venite, benedicti Patris mei* (*Matth.* xxv). Habet autem fines multos iste Benjamin, perseverantiam in timore Domini, et observantiam mandatorum, in affectu charitatis, in visione Dei, quæ sola est finis finalis. Et est primus finis, finis per quem : De quo habes : *Finem loquendi pariter audiamus, Deum time, et mandata ejus observa* (*Eccle.* xii). Secundus est finis ad quem. Unde legis : *Finis legis est charitas* (*I Tim.* 1). Tertius est finis propter quem. Unde in finem diriguntur Psalmi. Et Dominus in Apocalypsi dicit : *Ego sum Alpha et Omega, principium et finis* (*Apoc.* 1). Per timorem siquidem Domini et observantiam mandatorum pertingimus ad charitatem, in qua perseverandum est propter solam Domini visionem. In his finibus inventi sunt isti duo viri, qui in vita sua fidem per dilectionem operantem habuerunt, perseverantes in ea usque ad Dei visionem. Inventi sunt ergo in finibus Benjamin et meridie. Invenerunt enim ubi pascit, ubi cubat sponsus in meridie. Non in mœrenti die, in qua palpant homines sicut in nocte ; quæ dies est hujus sæculi, et illius magnæ aurora diei, quæ calamitatis erit, et miseriæ ; sed in meridie, id est in mera die, quæ nescit occasum ; quam nulla nox interpolat, nec habet obscurum. Sequitur :

Salientes magnas foveas. Per foveam terrena cupiditas figuratur, ut in Job : *Facies eorum demerge in foveam* (*Job* xl), quia reprobi omnem suum intuitum ad cupiditatem terrenam inflectunt. Vel per foveam sententia mortis accipitur, ut in Psalmo : *Foderunt ante faciem meam foveam, et inciderunt in eam* (*Psal.* lvi), id est scipsos occiderunt, in eo quod me occidere putaverunt. Magnæ sunt istæ foveæ et patentes, sed ultra eas saltum fecerunt, qui et terrenas cupiditates spreverunt, et æternæ mortis sententiam evaserunt. Isti igitur de inventione asinarum certos reddunt, qui simplices animi motus modificare noverunt, et subjectos simplices ad stabulum Samaritani scriptis et exemplo reduxerunt.

SERMO XXVII.
IN ASSUMPTIONE BEATÆ MARIÆ.

Quæ est ista, quæ ascendit, etc. (*Cant.* viii.) In via Dei alii impelluntur, sicut coacti, de quibus scriptum est : *Cum occideret eos, quærebant eum.* (*Psal.* lxxvii) Alii trahuntur qui inter tentationes convalescunt. Unde Dominus : *In funiculo charitatis traham eos* (*Ose.* xi). Alii vadunt, qui indefesso gradu per tramitem justitiæ inter difficultates graduuntur. De quibus canitur : *Euntes ibant et flebant, mittentes semina sua* (*Psal.* cxxv). Alii currunt, qui ferventi desiderio vires conantur excedere. Unde David ait : *Viam mandatorum tuorum cucurri ; cum dilatasti cor meum* (*Psal.* cxviii). Alii ascendunt, qui meritorum gradus ascendendo in corde suo disponunt. Unde dicitur : *Beatus vir, cujus est auxilium abs te ; ascensiones in corde suo disposuit in valle lacrymarum, in loco quem posuit* (*Psal.* lxxxiii). Ascendentium autem alii sunt, qui ascendunt, ut corruant ; alii ad hoc corruunt, ut postmodum fortius ascendant ; alii vero ascendunt, ita ut non possint corruere ; alii autem ita corruunt, ut jam non possint ascendere. Ascendunt vero, ut corruant qui de virtutibus suis se reddunt elatos, qui simulate in religione vivunt, qui in tentatione sunt instabiles, qui adolescentiam animi retinent etiam senescentes. De quibus Salomon : *Tria sunt difficilia mihi : et quartum penitus ignoro. Viam aquilæ in cœlo, viam colubri super petram, viam navis in mari, viam viri in adolescentia sua* (*Prov.* xxx). Via aquilæ in cœlo, est via hominis ambulantis in magnis et in mirabilibus super se. Aquila enim est magnarum alarum : quæ tunc venit ad Libanum, quando accedit ad virtutum montem candidatum. Sed medullam cedri tollit, cum ipsis religiosis spernendo et superbiendo detrahit. Via autem colubri super petram, est vita illorum, qui simulate se Christo adhærere foris ostendunt, intus vero malitiæ venenum abscondunt. In hoc enim quod venenum malitiæ portant, colubri sunt ; in hoc autem quod religiose vivunt, super petram vadunt. Supra petram dico, non in petra, quia nec ipsi in Christo sunt, nec Christus in eis est : sicut super cathedram, et non in cathedra Moysi, sedere dicuntur Scribæ et Pharisæi. Via autem navis in mari est vita eorum, qui inter amaritudines tentationum, aliquo vanitatis vento flante, titubant et merguntur. Via vero viri in adolescentia, est vita eorum, qui cum senes sint, et ætatis provectæ, adolescentiam tamen retinent moribus, non ætate. His enim maledicit Isaias, cum dicit : *Maledictus puer centum annorum* (*Isai.* lxv). Corruunt, ut ascendant, qui ut exaltentur, se humiliant. De quibus Salomon : *Quatuor sunt minima terræ : et ipsa sapientiora sapientibus. Formica, quæ in æstate præparat escam sibi. Lepusculus plebs invalida. Regem locusta non habet, et tamen egreditur per turmas. Stellio manibus nititur, et moratur in domibus regis* (*Prov.* xxx). In quibus laboriosi, timidi, humiles et subjecti designantur. Corruunt, et ascendere non possunt, quos demersit tempestas aquæ, quos jam profundum absorbuit, super quos jam urget puteus os suum, ut cadant in profundum culpæ, sive in profundum pœnæ. De quibus Salomon : *Tria sunt insatiabilia : et quartum, quod nunquam dicit : Sufficit. Infernus, et os vulvæ : et terra quæ non satiatur aqua, et ignis, qui nunquam dicit : Sufficit* (*ibid.*). In primo profundum pœnæ demonstratur ; in reliquis tribus luxuria, cupiditas, avaritia: quæ sunt profundum culpæ. Ascendunt et corruere non possunt, qui nec tentationibus nec adversitatibus flecti possunt; sed cum Apostolo fiducialiter dicunt: *Quis nos separabit a charitate Christi? (Rom.* viii.*)* Vel certe qui opere complent, quod ore prædicant; vel qui cautelam innocentia servant, ut sint de illis, qui agnum immolant, de latere aquilonis; vel quasi columbæ ad fenestras suas. De quibus Salomon ait: *Tria sunt, quæ bene gradiuntur: Leo fortissimus bestiarum, ad nullius pavet occursum; et gallus succinctus lumbos; et aries, non est rex, qui obsistat ei* (*Prov.* xxx). In leone fortissimo designantur illi qui flecti non possunt per adversitatem mundi, per infirmitatem carnis, per tentationem cordis. Ad nullius enim pavebit occursum. In gallo autem succincto lumbos prædicatores significantur qui quod prædicant voce, demonstrant opere, seipsos percutiunt, antequam canant, quia castigant corpus suum, et zona continentiæ restringunt lumbos, ne cum aliis prædicaverint, ipsi reprobi inveniantur. In ariete vero, cui nec potest rex resistere, designati sunt simplices, qui sic tamen astutiam retinent in simplicitate, ut a nullo adversarii incursu possint timere. Quasi enim columbæ ad fenestras suas sunt, prudentes sicut serpentes, sed simplices sicut columbæ. Notandum quoque quod ascendentium alii ad hoc ascendunt, ut fugiant a deserto; alii ascendunt de deserto, alii ascendunt in deserto, alii ascendunt per desertum, alii ascendunt ad desertum. Per desertum namque figurantur plerumque, vel dæmones vel infernus. Dæmones, ut in Psalmo: *Neque a desertis montibus* (*Psal.* lxxiv), quia nec in ipsis malignis spiritibus patet fugiendi a divina majestate locus; infernus, unde hircus ἀποπομπαῖος mitti jussus est in desertum, quia Christus secundum animam, propter iniquitates populi descendit in infernum. Vel ascendunt de deserto, id est de lege Mosaica, de qua scriptum est, quod aquas Mara in deserto amaras dulceravit Moyses ligno imposito. Vel de sterili gentilitatis ritu. Unde; *Posuit desertum in stagna aquarum* (*Psal.* cvi). Et iterum Isaias: *Emitte agnum, Domine, dominatorem terræ, de petra deserti ad montem filiæ Sion* (*Isai.* xvi). Vel ascendunt de deserto, id est de mundo. Unde in Canticis: *Quæ est ista, quæ ascendit de deserto,* id est quæ est ista quæ elevatur de mundo? Mundus quippe quinquepertita ratione deserto comparatur. Propter peregrinationem; unde: *Non habemus hic manentem mansionem, sed futuram inquirimus* (*Hebr.* xiii). Propter laborem. Unde Job: *Homo natus est ad laborem (Job* v). Propter egestatem. Unde: *Ego sum pauper et dolens* (*Psal.* lxviii). Propter morsus serpentium, id est suggestiones dæmonum; unde: *illic reptilia quorum non est numerus* (*Psal.* ciii).

Et quia mundus incultus est, sicut desertum incultum est. Vel ascendunt in deserto. id est in cessatione a vitiis: quæ dicitur desertum pectoris sive sabbatum mentis, sine quo non est salus. Væ vobis, Ecclesiæ prælati, qui hoc desertum deseritis, quando Sion ædificatis in sanguinibus, qui de cornu altaris superbitis, qui de patrimonio Crucifixi lascivitis, qui in vestris parentibus et cognatis sanctam Ecclesiam deformatis. Sic enim Sion in vestris sanguinibus ædificatis, et hoc deserentes desertum, etiam Ecclesiæ jura deseritis. Vel ascendunt in deserto, id est in mente sancta. Unde in Exodo: *Cum minasset Moyses gregem ad interiora deserti, apparuit ei Dominus* (*Exod.* iii); quia tunc nobis Dominus spiritualiter apparet, quando cogitationes nostras ad veram unitatem in mente devota, quæ sanctæ solitudini insistit, redigimus. Vel ascendunt in deserto, id est in sancta conversatione. Unde in Exodo: *Sacrificabimus Domino in deserto* (*ibid.*), id est serviemus Domino in sancta conversatione. Vel ascendunt per desertum, id est per contemplationem, quæ a multis deseritur, a paucis inhabitatur. Unde in Canticis: *Quæ est ista quæ ascendit, per desertum? (Cant.* iii.*)* Vel ascendunt ad desertum, id est ad cœlum. Unde Dominus dimisit nonaginta novem oves in deserto, quia angelicam naturam dimisit in cœlo: quod ideo dicitur desertum, quia ab angelis derelictum, qui per superbiam corruerunt. Ad hoc autem desertum, tanquam ad thronum veri Salomonis, sex operibus misericordiæ, tanquam sex gradibus ascenditur, id est si esurientibus cibum, si sitientibus potum damus, si inclusos carceribus visitamus, si peregrinos suscipimus hospitio, si nudos vestimus, si infirmis consilii vel auxilii solatium impendamus. Nam propter hæc, verba solatii sunt auditura, quibus dicetur: *Venite, benedicti Patris mei, percipite regnum, quod vobis paratum est ab origine mundi* (*Matth.* xxv). Sic ascendit Virgo gloriosa de virtute in virtutem, ut fugeret desertum inferni, ut ascenderet de deserto mundi in desertum sanctæ conversationis, per desertum devotæ contemplationis, usque ad desertum supernæ vocationis.

SERMO XXVIII.

IN EADEM SOLEMNITATE (22).

Eleva virgam tuam, et extende manum tuam, et divide mare, ut transeant filii Israel per medium sicci maris (*Exod.* xiv). Quod uni dico, omnibus dico. Omnibus, inquam, illis qui tanquam boni pauperum advocati, contra frivolas excusationes eorum, qui invitati fuerant ad nuptias, didicerunt spiritualiter allegare. Invitati quippe sumus omnes ad nuptias, sed adhuc est, qui dicat: *Villam emi* (*Luc.* xiv). Villam quippe emere, est in sæculi vanitatibus desudare. Hic est qui in cophino palearum Pharaoni deservit. Est etiam et qui dicat: *Juga boum emi quinque* (*ibid.*). Hic est animalis homo ille, qui mundi cupiditatibus inhiat, et in cophino laterum Pharaoni se subdit. Terrena quippe

---

(22) Congruit magis festo Assumptionis.

cupiditas quasi lutum est igne decoctum; illo, qui nunquam dicit: Sufficit; vel certe illo, qui tactas oves puerosque consumpsit: quoniam,

Invidus alterius rebus marcescit opimis.
(HORAT. *Epist.* 1, 2, vers 57.)

Est insuper et qui dicit: *Uxorem duxi* (*ibid.*). Uxorem autem ducere, est carnis lutum per voluptatem mollescere. Hic est qui in cophino luti Pharaoni obedit. Qui igitur vanitates, voluptates et concupiscentias repellunt, et contra frivolas excusationes excipiunt, colla de sub jugo Pharaonis excutiunt. *Sed quis est hic, et laudabimus eum?* (*Eccli.* xxxi.) Ipse est urgens et leniens: sic enim interpretatur Moyses, cui dictum est: *Eleva virgam tuam,* etc. Urgens quippe fuit per disciplinam activae, liniens per disciplinam contemplativae: propter quod dicit propheta: *Excidi mihi duas virgas: unam vocavi funiculum, et alteram decorem* (*Zachar.* xi). Nam a radice terrae, virgam quasi disciplinam excidit: funiculum quantum ad activam; decorem quantum ad contemplativam. Funiculum urgentem, decorem lenientem. Nihil enim aeque mulcet et lenit animam, sicut sanctae contemplationis devotio, ut ait quidam: *In omnibus requiem quaesivi* (*Eccli.* xxiv), nec tantam uspiam inveni, quantam in sancta cogitatione. Urget autem animum, et quasi funiculo coarctat activa, dum pungit, dum sollicitat, dum turbatur erga plurima.

Hinc est quod Virgo gloriosa, quasi virga ex aromatibus myrrhae et thuris praedicatur. Virga, inquam, quia levis, quia flexibilis; funiculus vero, quia in altum se elevans odorem suavitatis emisit. Levis, quia caret pondere peccatorum; flexibilis, quia misericors. Myrrhae vero et thuris, quia in omni disciplina se semper exercuit. Myrrhae quippe virga fuit, propter disciplinam activae; thuris vero propter disciplinam contemplativae. Hinc est quod in hodiernae diei festivitate, ipsa castello comparatur, in quo habitabant Maria et Martha, quia castellum fundatum supra firmam petram, castellum inexpugnabile, castellum incorruptum, castellum, quot virtutibus, tot civibus plenum, cujus semper clausa fuit porta, nec patuit nisi soli principi. Castellum antonomastice Jesu, in quo vere habitabat Martha in sollicitudine administrationis; Maria vero in fervore dilectionis, vel desiderio amoris (*Luc.* x). Nam istis duabus sororibus, illae duae vitae significantur, sicut per Novum Testamentum, sicut in illis duabus, Lia videlicet et Rachele, in Veteri Testamento. Quod enim Lia in Veteri, hoc Martha in Novo; et quod Rachel ibi, hic Maria significat; sed alia, et alia de causa. Martha enim activam, propter officium charitatis; Lia vero propter exercitium laboris; unde et *laboriosa* interpretatur. Maria contemplativam designat, propter altitudinem contemplationis; Rachel vero propter simplicitatem mentis: unde et *ovis* interpretatur. Ergo Maria contemplativam significat, propter superiorem vim contemplativae; Rachel vero propter inferiorem:

Martha vero activam, propter superiorem vim activae; Lia vero propter inferiorem. Et cum multum inter se differant, superior vis contemplativae, et inferior activae, non multum tamen differre videntur superior activae, et inferior contemplativae. Multum quippe differt jucunditas devotionis, et afflictio laboris, sed non multum, officium charitatis et simplicitas bonae voluntatis. Hinc est quod in constructione tabernaculi, secundum officium quatuor istarum sororum, videtur construi, atrium, sanctum, et Sanctum sanctorum. In atrio quippe erat altare aereum, craticula, sartago, clibanus. Mactabantur ibi carnes in holocaustum, et pro peccato. In omnibus his officium Liae, labor videlicet et afflictio figuratur. Ecce inferior gradus activae vitae. In sanctis vero erat mensa propositionis, panes calidi desuper combinati: officium videlicet Marthae, a latere quoque candelabrum cum lucernis, in quo figurabatur officium Rachelis. In Sanctis vero sanctorum erat altare aureum; in quo offerebatur incensum, secundum officium Mariae. Nam in Ecclesia Christi, quatuor sunt rectorum genera instituta; sacerdotes videlicet qui implent officium Mariae, reges qui officium Rachelis. Unde quia ista duo genera ad contemplativam vitam pertinent, beneficium recipiunt unctionis. Pastores vero implent officium Marthae, judices Liae. Unde quia ad activam vitam pertinent, non habent beneficium unctionis, sed virgam potius in manibus, propter disciplinam conservandam in operibus.

Hinc est quod in primitiva Ecclesia, quatuor personae primitus sunt ordinatae: Aaron, qui implebat officium sacerdotis, Jacob pastoris, Moyses judicis, David regis. Istis enim quatuor Ecclesia principaliter ordinanda commissa est. Sed quid, fratres? Insurrexerunt filii Core contra Aaron pontificem; virga Aaron floruit, et fructum fecit in signum sacerdotii et contemptum filiorum Core. Jacob autem nihilominus virgas populeas et amygdalinas, et ex platanis, in canalibus posuit, ut ad earum conspectum oves conciperent diversos fetus, et sic Laban illuderet; et quod suum erat multiplicaret (*Gen.* xxx). Moyses vero contra Pharaonem virgam elevavit, et in ipsa, signa et prodigia fecit; et Aegyptum decem plagis afflixit. David autem cum multoties in Saul potestatem haberet, manum suam in christum Domini mittere noluit, et tamen erecta et directa ejus virga fuit, ut dictum est: *Virga directionis, virga regni tui* (*Psal.* xliv). Omnia haec, dilectissimi, in figura contingebant illis, et facta sunt pro nobis. Data est nobis virga, et virga de radice Jesse; de radice, inquam, Jesse, quia de radice incendii. Radix enim totius fervoris et charitatis Virgo, virga est. Exaltata est virga, elevata est virga, ut quae exaltata est in se, exaltata sit in te, exaltata sit tibi, exaltata sit a te, exaltata sit in te, quae exaltata est pro te. Quicunque ergo pastor Dei es; quicunque officium Jacob imples, si Laban occurrit, si mundus deprimit; si labores tuos et luctas derideant, quorum iniquitas prodit ex adipe, tene virgam in canalibus cordis tui, quæ habeat in se amygdalinum fecunditatis, populeum virginitatis, et platanicum justitiæ et sanctitatis, vel simplicitatis. Eleva igitur virgam fecundam prole, virginem corpore et mente, planam justitia et simplicitate. Sed attende, quid, et de qua dictum est : *Quasi plantatio rosæ in Jericho (Eccli.* xxiv). Ad omnes pertinere debet generaliter, quod ad Mariam specialiter : et utinam ad me finaliter ! Jericho quippe significat idem quod Laban, id est mundum, et justus quasi plantatio rosæ in Jericho est, id est in mundo, quia supponit sibi aculeos tentationis, cum exteriori mortificatione carnis, et interiori devotione mentis in omnibus præbens suavitatis odorem. Exemplum accipe, Jacob; exemplum accipe, vir luctator. Si mundus derideat, si insurgant aculei tentationum, maneat viror mentis, esto bonus odor Christianæ devotionis. Quod si sacerdos es, et insurgant in te filii Core, filii Calvariæ, filii crucis, id est hypocritæ, qui solent aliorum bonis actibus invidere, vel qui pro beneficiis ecclesiasticis solent temporale lucrum inquirere, noli, sacerdos æternum, nisi pro æternis requirere. Primum quære regnum Dei et justitiam ejus, et hæc omnia adjicientur tibi. Felix, cujus hæc vox esse poterit : *Quasi palma exaltata sum in Cades (ibid).* Palma, ut aiunt hi, qui rerum descripsere naturas, centenaria fructum facit ; Cades autem *mutatio*, vel *sanctum* dicitur. Centenarius etiam perfectionem significat in Scripturis. Justus ergo quasi palma exaltatur in Cades, quando de læva hujus temporalitatis, transfertur ad dexteram beatæ æternitatis, juxta illud : *Cum dederit dilectis suis somnum, ecce hæreditas Domini (Psal.* cxxvi). Et sapientia : *Cum consummaverit homo, tunc incipit (Eccli.* xviii). Tunc enim erit in utero dexteræ Excelsi, quando dicere poterit quis : *Nunc cœpi (Psal.* lxxvi). Erit enim tunc sancta mutatio, quando corruptibile hoc induerit incorruptelam ; et mortale hoc induerit immortalitatem. Quod si judex es, et insurgat in te rex Ægypti, hoc est tenebrarum harum, ut ignores boni et mali, veri et falsi, profani et sancti, mundi et polluti distantiam, considera cypressum in monte Sion exaltatam. Mons enim Sion Ecclesiam Dei significat, ubi exaltata fuit cypressus crucis, quia crucem ferunt fuisse de cypresso, in qua pendens Salvator longe ante prædixerat : *Ego si exaltatus fuero a terra omnia traham ad meipsum (Joan.* xii). Et : *Nunc judicium est mundi : nunc princeps hujus mundi ejicietur foras. (ibid.)* Aliud ergo noli quærere judicium. Illum attende qui ait : *Nolite judicare et nonjudicabimini (Luc.* vi). Ad hoc solummodo oculos aperi, quomodo nunc princeps mundi hujus ejiciatur foras, ut nec in te, nec in tuis dominetur. Sit tibi *colluctatio*, non solum *adversus carnem et sanguinem*, sed et *adversus* principem tenebrarum harum, contra *spiritualia nequitiæ in cælestibus (Ephes.* vi). Quod si regis officium exercere desideras, ad illum mentem eleva, cui servire regnare est ; illius regni particeps esse desidera, quod æternum est. Considera ergo cedrum exaltatam in Libano. Cedrus enim immensa, odorifera, imputribilis perseverat in Libano. Mons Libanus candidus est, quia Libanus *candidatio* interpretatur. Ibi quippe sunt viri virtutibus eximii, odoriferi fama, imputribiles æternitate ; et quotquot ibi sunt, regnant, quia reges sunt. Ibi exaltationis dignitatem recipiunt ; ibi nulli subjiciuntur, non homini, non angelo, sed soli Deo. Sequitur :

Extende manum et divide mare. Nota quod Moysi dictum est, *extende manum tuam (Exod.* xiv) : illi videlicet, cui dictum erat : *Diliges proximum tuum, et odio habebis inimicum tuum (Matth.* v). A te plus exigit, qui utramque manum in cruce extendit. *Nisi*, inquit, *abundaverit justitia vestra plusquam Scribarum et Pharisæorum, non intrabitis in regnum cælorum. (ibid.)* Propter hoc ergo plus exigit, quia ait : *Diligite inimicos vestros : benefacite his qui oderunt vos. Si te quis percusserit in maxillam,* etc. *(ibid.)* Qui solus manus extendit, et mare dividit, aquas forte superiores retinet et inferiores non abjicit. Sacramentum hoc magnum est. Est enim superior amaritudo, et est inferior. Mare enim amaritudinem significat, quia amarum est. Et est superior amaritudo retinenda, inferior amovenda. Si enim amaricaris in animo, quod diu teneris in hoc exsilio, quod visione Dei non frueris, pro superioribus amaricaris ; de talibus enim amaritudinibus dictum est : *Pone tibi amaritudines, et dirige cor tuum in viam rectam (Jer.* xxxi). Et alibi : *Recogitabo tibi omnes annos meos in amaritudine animæ meæ (Isai.* xxxviii).

Hic est enim ille Mardochæus, nutritius Edissæ, quæ alio nomine vocabatur Esther *(Esther.* ii). Mardochæus enim *myrrha munda* interpretatur ; myrrha autem amaritudinem significat. Et hæc est amaritudo retinenda, quia munda. Nutritius Edissæ, id est misericordiæ, quia Edissa *misericordia* interpretatur, Esther vero *abscondita*. Et hæc est misericordia abscondita, de qua dicitur : *Quam magna multitudo dulcedinis tuæ, Domine, quam abscondisti timentibus te (Psal.* xxx). Propter hoc sponsa dicit in Canticis : *Manus meæ stillaverunt myrrham, et digiti mei pleni sunt myrrha probatissima (Cant.* v) : quæ est munda, et per hoc retinenda. Inferior autem amaritudo est, quando quis amaricatur, eo quod non potest excogitatam in hostem exercere malitiam. Unde Psalmista : *Filii hominum, usquequo gravi corde ? (Psal.* iv).

Hæc est amaritudo inferior repellenda, quia immunda, quia magis iram Dei nutrit, quam misericordiam. In prima amaritudine designatur crux Christi ; in secunda crux Aman, qui interpretatur *iniquitas*. Extende igitur manus, et divide mare, ut scias inter amaritudines utrasque discernere, ne turberis, ubi debes gaudere, vel gaudeas, ubi debes turbari. Ne gaudeas, quod es in mundo ; ne turberis, quod mancipatus es Dei obsequio. Sic enim gradiuntur filii Israel per maris medium, id est per viam virtutum, vitiis per amaritudines exsiccatis. Gradiuntur autem usque ad montem Dei Horeb. Horeb quippe *siccitas* interpretatur. Hoc tamen notandum, quod siccitas alia probabilis, alia reprobabilis, quod et in Horeb figuratur. Nam in Horeb bona et laudabilis siccitas figuratur, ut ibi : *Usque ad montem Dei Horeb* (*III Reg.* xix). Mons siquidem ille coelestis Horeb ideo dicitur, quod ab omni spurcitia mundus esse probatur. A montibus enim spurca, quia et noxia, dilabuntur in valles. Unde angelus et homo, alter propter superbiam, alter propter inobedientiam, de monte coelestis gloriæ, in vallem temporalis miseriæ corruerunt. Unde scriptum est : *Non habitabit in eo aliquid coinquinatum* (*Apoc.* xxi). Et Psalmista : *Domine, quis habitabit in tabernaculo tuo : aut quis requiescet in monte sancto tuo?* (*Psal.* xiv.) Ecce hic habes, et de habitatione, et de requie. Est autem laudabilis siccitas, quæ noxios corporeæ pinguedinis humores ebibens petulcos motus lubricæ fragilitatis enervat, et corpus reddit minus aptum. Est et vituperabilis, quæ fontem cordis exsiccans, et venas, per quas ad oculos usque solet devotio procedere lacrymarum ; gratiam devotionis obcludit. Duplicem hanc siccitatem concupiscentia duplex et infert et aufert. Concupiscentia namque spiritus adversus carnem, laudabilem siccitatem infert, et vituperabilem aufert ; concupiscentia vero carnis adversus spiritum, vituperabilem infert, et laudabilem aufert. Per primam siccitatem, habet homo cor carneum ; per secundam lapideum ; carneum per affluentiam devotionis ; lapideum, per duritiam obstinationis.

SERMO XXIX.

IN FESTO SANCTI BERNARDI.

Cum accubuisset Jesus in domo Simonis leprosi, fractum est alabastrum unguenti nardi pistici pretiosi ; et tota domus impleta est ex odore unguenti (*Joan.* xii). Licet, dilectissimi, ea quæ proposuimus beati Lucæ fidelis sermo, et omni acceptione dignus, ante sex dies Paschæ, Bethaniæ in domo Simonis facta fuisse commemorat, tamen quia in hac spirituali Bethania hæc eadem videmus iterata, etsi non historice, mystice tamen, misericordiam Dei mirabilem in hoc facto votis et precibus implorare debemus, quoniam a fidelibus suis non est aversus amor ejus, sed adhuc manus ejus extenta. Quæ est enim hæc Bethania, nisi hæc obedientiæ domus : quæ tantorum filiorum matrem se læta cognoscit, quos de Spiritu sancto, obstetricante manu obedientiæ, parturivit ? Quæ quia exemplo clara, et vallis humilitate cognoscitur, non immerito Claravallis nuncupatur. In hac igitur domo Simon ille, qui factus est obediens Patri usque ad mortem, cujus spiritus in filiis obedientiæ requiescit, ut scriptum est : *Super quem requiescet Spiritus meus, nisi super humilem et quietum, et trementem verba mea?* (*Isai.* lxvi) requiem quæsivit et invenit, quia deliciæ ejus sunt esse cum filiis hominum. Vel quia per domum in sacro eloquio solet conscientia figurari, de virtutum lapidibus pretiosis dominum sibi construxit, et usque ad cubitum perfectionis consummavit, ille Simon, id est *obedientiæ filius*, cujus memoria in benedictione est, qui secutus Agnum quocunque ivit, ad obedientiæ præceptum, tanquam alter Abraham, egressus est de terra et de cognatione sua, ut fieret in gentem magnam, unde pater multarum gentium constitutus est, in quem clamamus, Abba, Pater. Ipse etiam tanquam alter Isaac in hujus solitudinis agro, quo egressus est ad meditandum, copulavit sibi Rebeccam, quia didicit et docuit pariter ex iis quæ passus est, patientiam. Ipse quoque tanquam alter Jacob, egressus de terra et de cognatione sua, conjunxit sibi Rachelem et Liam : Liam in officio ministrandi, Rachelem in otio contemplandi. Cujus semen Deus multiplicavit super terram, ut infinitam laborantium multitudinem ex activa, ex Rachele vero contemplativorum multitudinem genuerit copiosam. In iis igitur omnibus, patriarchis et prophetis merito comparatur, non solum, sed apostolis, martyribus, confessoribus, et virginibus. Quia vobis a Deo missus, etsi non aliis, vobis tamen factus est apostolus, quia signa apostolatus sui omnes estis in Domino. Ipse etiam per carnis passionem, et proximi compassionem, in certamine plus cucurrit quam martyr ictum sufferens, mucrone fundens sanguinem. Et in confessione laudis adorans Dominum, quod cordis arca credidit, etiam coram hominibus confessus est. Qui cum mulieribus nunquam coinquinatus, secutus est Agnum quocunque ivit. Spatiosam quippe viam derelinquens, et arduam aggressus, quæ ducit ad vitam, factus est vobis tanquam lucerna ardens et lucens. Ardens eloquio, lucens exemplo. Ardens in fractione panis, lucens in semitis viarum Dei, ut sic in utroque bono, et ardens et arduus, non immerito Bernardus sit vocatus. Intuemini quantus sit iste, qui ingressus est, non solum ad vestram salutem, sed ad omnium correctionem, utpote regibus Joannes, Ægyptiis Moyses, fornicantibus Phinees, Elias idololatris, Eliseus factus avaris, mentientibus Petrus, blasphemantibus Paulus, negotiantibus Christus. Justitiæ forma, sanctimoniæ speculum, pietatis exemplar, assertor veritatis, defensor fidei, amicus sponsi, sponsæ paranymphus, ordinator cleri, pastor plebium, magister insipientium, refugium oppressorum, pauperum advocatus, miserorum spes, tutor pupillorum, judex viduarum, oculus cæcorum, lingua mutorum, baculus senum, ultor scelerum, metus malorum, bonorum gloria, sal terræ, lumen orbis, sacerdos Altissimi, vicarius Christi, christus Domini, Deus Pharaonis, actu severus, vultu serenus, verbo serius, omnibus omnia factus, ita ut cum crederes non vocatum in partem sollicitudinis, sed in plenitudinem potestatis. Ideo accubuit Jesus in domo ejus, qui in

SERMONES. — SERMO XXIX. IN FESTO S. BERNARDI.

omnibus est per essentiam. Ubique enim est, qui nusquam deest. In quibusdam tamen transit, in aliis inhabitat, in aliis cubat, in aliis pascitur et reficitur. Transit quippe per interpolatas cogitationes, sicut Eliphas ait : *Cum spiritus, me præsente, transiret, inhorruerunt omnes pili carnis meæ* (*Job* IV). Nobis enim præsentibus spiritus transit, quando invisibilia cogitamus, quia hæc non solide, sed raptim videmus. Neque enim in contemplatione mens diu figitur, quia ad se ipsam, ipso lumine reverberata revocatur; sed tunc pili carnis inhorrescunt, cum sic vitæ veteris cogitationes a mente rescindimus, ut in illo dolore fatigemur. Inhabitat vero per gratiam nunc operantem, ut velit quod bonum est; nunc cooperantem, ne frustra velit, sed plerumque tentatione velatam, ut scriptum est : *Quam magna multitudo dulcedinis tuæ, Domine, quam abscondisti timentibus te* (*Psal.* XXX); quandoque devotione nudatam, sed tunc non solum inhabitat, sed cubat, quia cubare est habitare mentem cum devotione. Reficitur autem in illis, vel de illis, in quibus aut de quibus filius implet voluntatem Patris : sicut idem Filius ait : *Cibus meus est, ut faciam voluntatem Patris mei, qui in cœlis est* (*Joan.* IV).

Sic igitur cubat et pascit in domo Simonis, id est in conscientia obedientis. Additur autem leprosi, ob humilitatis custodiam, quia custos obedientiæ humilitas est. Nisi enim per humilitatem servetur, cito in contemptum erigitur. Necesse est ergo, ut per humilitatem obedientiæ ad Deum redeat, qui per superbiæ lepram extra castra recesserat, quia simplex obedientia non sufficit, si suis stipata comitibus non aderit. Nam ut plena sit obedientia et perfecta, necesse est ipsam esse puram, voluntariam, humilem, patientem, fidelem, devotam, divinæ dilectionis fortitudine roboratam. De qua dictum est : *Fortis est ut mors dilectio* (*Cant.* VIII). Et hæc in illis septem personis figurata sunt, qui uno eodemque nomine, sicut ex divinis colligimus verbis, id est nomine Simonis sunt signatæ. Legimus siquidem de Simone mago, de Simone Cyrenæo, de Simone leproso, de Simone Machabæo, de Simone Petro, de Simone Chananæo, de Simone Oniæ filio. Isti septem illa, quæ prædiximus septem figurant; non, omnes omnia, sed aliqui aliqua, quædam remotive, quædam positive. Sunt enim qui solius ambitionis causa prælatorum mandatis obediunt. Isti Simonem magum induunt, qui sola cupiditate mandatis voluit apostolicis obedire. Ideo pura debet esse obedientia, ut solus Deus sit in causa, qui est causa causalissima ; et ipse idem, qui finis finalis est, sit in perseverantia. Alii prælatorum mandatis obediunt, sed semper inviti, semper cum murmure. Isti induunt Simonem Cyrenæum, qui crucem Domini in angaria bajulavit (*Marc.* XV). Ideo voluntaria debet esse, quia coacta servitia Deo non placent, sed hilarem datorem diligit, quia illa hostia est ei acceptabilis, super cu-

jus caput offerentis manus imponitur. Alii præteritorum suorum malorum memores, et per hoc humiles, eo divinis mandatis humiliter obediunt, quo per obedientiæ bonum ad Deum se posse redire confidunt. Isti Simonem leprosum induunt, qui, quidem cum Deum invitavit, leprosus vocabatur. Sic et isti nomen sibi retinent peccatoris, qui etiam de propitiato peccato nesciunt esse securi. Alii de iis quæ sibi videntur licita, obediunt; sed si quid minus licite præcipi videatur, quod injungitur, licite contradicere se posse credunt, non attendentes obedientiam Abrahæ, nec Joannis, qui lignum aridum rigavit, et saxum immane volvit, vel illius, qui filium suum in clibanum ardentem propter obedientiam jecit. Nam si solum in licitis obedientes sumus, quis supplebit, quod ait legislator noster, re et nomine Benedictus, super illo capitulo : « Si fratri impossibilia injunguntur ? » Quid enim adeo illicitum, quam impossibile ?

Ideo induamur Simonem Machabæum, qui Tryphoni fuit obediens, cum tamen esse sciret illicitum quod petebat. Cum enim surrexisset iste Simon pro Jonatha fratre suo, quem Tryphon occiderat, quod Simonem non latebat, misit ad eum Tryphon legatos in dolo, dicens : *Pro argento, quod debebat frater tuus in ratione regis, detinuimus eum ; et nunc mitte argenti talenta centum, et filios ejus obsides, et remittemus* (*I Machab.* XIII). Cumque Simon cognovisset dolum ejus, misit tamen argentum et pueros, ne murmuraret populus dicens : *Non redemit fratrem suum, volens regnare.* Hoc exemplo plerumque obedientes esse debemus ad majus scandalum removendum; etiam si illicita forte injungantur. Et hæc est obedientia patiens. Sed quoniam illicitum est omne, quod est præter fidem, vel non ex fide (*Hebr.* XI), non in omni illicito dicimus generaliter obediendum; quia nunquam in illis, in quibus fides læditur, obedire tenemur; sed in omnibus obedientiæ factis fidem præviam habeamus, quia sic induere non debemus Simonem Machabæum, ut Simonem Petrum exuamus, quia quantumcunque magna sit obedientia, nulla tamen est, si non sit super fidei petram fundata. Nec quamcunque fidem loquor, sed eam quæ est affectuosa, et omnium virtutum æmulatoria. Quid enim est, quod nobis noceat, si boni æmulatores fuerimus ? Æmulamini igitur divina charismata, ut sit obedientia vestra sicut fidelis, sic affectuosa; sic induentes Simonem Petrum, ut etiam induatis et Chananæum. Chananæus quippe *Zelotes* vel *æmulator*, vel quod idem est, *imitator* interpretatur. Nec vos terreat fragilitatis humanæ defectus, si quandoque sarcina mandatorum vires vestras excedere videatur. Scitote quod qui confidunt in Domino, mutabunt fortitudinem. Non enim in vobis, sed in Deo debet esse fortitudo vestra, et in ejus obedientiæ fortitudine, qui facit cum tentatione proventum.

Cum igitur alicui fratri aliquid grave præcipitur, dicat utilis frater in corde suo : Fortitudo mea Deus, vis mea Dominus ; et ideo humano defectu aggrediar quod divina fortitudo perficiet. Sic fractus est Simon Oniæ filius, id est imitator ejus, qui semper in animo dicit : Non est fortitudo mea, ut sustineam : Sed tamen vis mea Dominus, ut perficere queam. Unde Onias *vis mea Dominus* interpretatur. In hujus, quia Simonis, domo Jesus accubuit ; et cum esset in accubitu suo, nardus dedit odorem suum, quia f. actum est alabastrum unguenti nardi pistici pretiosi, et tota domus impleta est ex odore unguenti. Alabastrum dicitur, vas marmoris candidi, perlucidi, quod incorrupta servat unguenta. Tale fuit alabastrum, vas istud electionis, vas psalmi, vas cantici, hydria farinæ, lecythus olei, scyphus Pharaonis, crater tornatilis, calix inebrians et præclarus. Fuit marmoris in perseverantia, candidi munditia, perlucidi fama. Quod semper unguenta servavit incorrupta, quia nec infamia denigravit, nec actus illicitus, nec cogitationis consensus collatum sibi gratiarum munus corrupit. Dicitur autem alabastrum unguenti, sicut solemus dicere scyphum vini : et dicitur unguenti, quia verba quæ de vase diffundebantur, sic medicinalia erant, ut per ea ægri sanarentur, cæci illuminarentur, fortes ad robur ungerentur. Erant enim antidotum infirmorum, collyrium cæcutientium, chrisma robustorum, ita quod illud, quod Maria Magdalene, et Maria Jacobi et Salome fecerunt, ut caput ungerent (*Marc.* XVI), hoc iste multis laboribus, multo vigiliarum et jejuniorum sibi pretio comparavit, ut membra capitis, imo caput ungeret in membris. Hoc igitur alabastrum hodie fuit fractum, qui morte pretiosa dissolutum ; sed non sicut vas figuli, sed sicut vas auri, quod carnis vinculis absolutum, talentum sibi creditum cum lucro Domino reportavit, et tota domus impleta est ex odore unguenti. Per ipsius siquidem verba tota Ecclesia bonus odor est Deo in omni loco, quia odor ejus, sicut odor agri pleni, cui benedixit Dominus. Curremus igitur in odore unguentorum suorum, hoc est in odore unguenti pistici, id est fidelis et pretiosi, et per hoc boni. Fractum est enim alabastrum unguenti boni nardi, vel per syncopam, Bernardi, cujus verba et martyribus rusam, et castis lilium redolebant. Trahat igitur post se fideles Christi exteriorum membrorum dispositio ordinata, morum disciplina, laboris exercitium, ornatus virtutum, exemplum operum, pigmentaria medicina verborum. Trahat autem de exsilio ad patriam, de labore ad requiem, de morte ad vitam, de tenebris ad lucem, quæ nescit occasum, Jesum Christum Dominum nostrum, cui est honor et gloria per infinita sæculorum sæcula. Amen.

SERMO XXX.
IN NATIVITATE B. VIRGINIS MARIÆ.

Si ambulans per viam in arbore, vel in terra nidum avis inveneris, matremque pullis, vel ovis desuper incubantem, non tenebis matrem cum filiis; sed patieris abire, pullos tenens captos ; ut bene sit tibi, et longo vivas tempore (*Deut.* XXII). Quoties dilecta sapientiæ tabernacula, sub divo positus, ventis expositus, perpendo sedulus, ædificandum necesse mihi videor in Cariathsepher. Sed cum de loci ariditate quæro, vel conqueror, Axæ suspirio præeunte, a Patre luminum, a quo omne datum optimum et omne donum perfectum de sursum descendit (*Jacob.* XVII), utrumque impetrandum esse irriguum, ut nomine Dabir digne civitas censeatur. *Quæcunque enim scripta sunt, ad nostram doctrinam scripta sunt* (*Rom.* XV). In quibus fecit nos Dominus ministros Novi Testamenti, non littera, sed spiritu ; littera enim occidit. Quia hæc est ariditas Cariathsepher. Interpretatur enim *civitas litterarum.* Et quæ est civitas litterarum, nisi illa litteratura, quæ tuetur ab hostibus, et ornat virtutibus ? Nam ad differentiam illius litteraturæ, quæ nec munit, nec ornat, civitas appellatur. Unde Psalmista ait : *Quoniam non cognovi litteraturam, introibo in potentias Domini* (*Psal.* LXX). Sed ariditas hujus civitatis superficies est litteræ, quæ nullum fructum in se videtur habere, nisi quando inferiori timoris, et amoris irriguo superiori, fides et intellectus irrigatur. Nam ut aurum in sapientia, argentum in eloquentia, lapides pretiosos superædificemus (25), argentum in logica, aurum superædificemus in theologia, necesse est, ut timor pariter et amor præcedant, ut sicut illi duo, Aaron videlicet et Hur, antiquitus graves Moysi sustentabant manus, sic et faciem ejus detegant et detergant. Alioquin timendum nobis est, ne lignum superædificemus, quod mittere solent hæretici in verbum panis, ut scriptum est : *Mittamus lignum in pane ejus* (*Jer.* XI) : vel ne supponamus fenum humanæ fragilitatis ; quod sibi supponere debent famelici, sicut hærentes litteræ facere solent in canticis, vel ne superædificemus stipulam alicujus vanitatis ; ad quam nos induceret ariditas præsentis thematis, nisi timoris irriguo fecundetur et amoris. *Si ambulans,* inquit, *per viam*, etc. Quid isto vanius, si litteræ superficies attendatur ? Quid enim, si pullis captis matrem sinit abire ? Melius habuit, vel vita longiore vixit ? Tamen si timor Dei et amor prævenerint intellectum, nihil devotius, nihil verius, nihil dignius Deo invenitur. Tunc nomine Dabir digne civitas censebitur, quia tunc sermo divinus probabitur, et eloquentia, quam interpretatur Dabir, approbabitur. Dicit enim :

Si ambulans per viam. Non conditionaliter, sed causative ponitur istud, *si.* Neque enim est homo super terram, qui non ambulet per viam, donec perveniat ad patriam ; Deus enim stabilis et incommutabilis, moveri dat omnia et mutari. Non differt a vigilante dormiens, nec a laborante quiescens. Omnes enim perendinamus ad mortem, omnes

(25) Desunt hic aliqua verba

circa spheram mundi volvimur; et cum animalibus circa rotæ gyrum ambulamus. Ibant enim animalia et non revertebantur; ibant et revertebantur (*Ezech.* 1). Imo quod mirabilius est, et non revertendo revertebantur; et revertendo non revertebantur. Quæ est ista vitæ humanæ instabilitas, ut cum revertitur ad id, unde sumpta est, dicente Domino: *Terra es, et in terram ibis* (*Gen.* III), Job etiam attestante, qui ait: *Nudus egressus sum de utero matris meæ, et nudus revertar illuc* (*Job* I), nec tamen ad juventutis, vel infantiæ revertitur initium, si pervenerit ad senectam et senium? Sicut motum vides in choro cantantium, ad locum revertuntur, unde incipiunt, nec tamen revertuntur, quia semper ante faciem suam vadunt. Quicunque igitur nondum meruisti requiescere in patria, sed adhuc peregrinus es et advena, si ad hoc ambulas per viam, ut pervenias ad patriam, necesse tibi est, nidum avis quærere pariter et invenire. Notandum quod singularis avis singularem nidum tibi Scriptura proponit, ad differentiam avium plurimarum; quarum aliæ semen quod juxta viam cecidit comederunt, aliæ cibum præparatum de canistro pistoris sustulerunt, aliæ vero ad ipsum etiam sacrificium patris nostri Abraham aspiraverunt. Aves quippe, eo quod avidæ, dæmones sunt; quæ plerumque cogitationes quasi semina, plerumque actiones tanquam cibum paratum; plerumque ipsam Deo dicatam devotionem, tanquam sacrificium aut auferunt, aut auferre nituntur.

Istarum igitur avium nidi sunt corda peccantium. Mergulionum cupidi, nocte volantium hæretici, rapacium avari, corvini generis avium, diversa genera peccantium. Propter hoc, hujusmodi aves censuit immundas legislator, nec earum nidi quærendi sunt, sed si non quæsiti inveniuntur, vel abigendi sunt, vel nec mater, nec pulli capiendi. Singularis igitur avis, et phœnix unicus, qui de aromatibus alterius phœnicis, Virginis scilicet singularis, igne sancti Spiritus mediante in lucem prodiit, et cordibus sanctorum nidificavit. Unde multis generibus avium se comparat, ut est illud: *Similis factus sum pelicano solitudinis, factus sum sicut nycticorax in domicilio* (*Psal.* CI). Et alibi Psalmista, de ejus humanitate ait: *Etenim passer invenit sibi domum, et turtur nidum* (*Psal.* LXXXIII). Sed et ipse Jonæ, qui *columba* interpretatur, se ipsum comparat, ubi ait: *Sicut fuit Jonas in ventre ceti tribus diebus* (*Matth.* XII, XXIII). Comparatur enim gallinæ, ubi ait: *Jerusalem, Jerusalem, quoties volui congregare filios tuos, quemadmodum gallina congregat pullos suos sub alas, et noluisti* (*Matth.* XXIII): id est te nolente feci. Comparatur aquilæ, ubi ait: *Sicut aquila provocans ad volandum pullos suos, et super eos volitans* (*Deut.* XXXII). Et bene pelicanus fuit compatiendo, nycticorax patiendo, turtur pasciscendo, columba pascendo, gallina pacando, aquila pacificando. Unde scriptum est: *Homo nascitur ad laborem, et avis ad volatum* (*Job* V). Quia enim homo fuit in labore passionis, quasi avis factus est in volatu resurrectionis, Hujus igitur avis nidus plerumque in arboribus reperitur, cum in cordibus eorum, qui devotionis odore suggestiones malas, tanquam serpentes abjiciunt, quasi in cedro nidificat. In spina vero, cum in cordibus pœnitentium, in myrto continentium, in oliva misericordium, in abiete contemplativorum. In buxo, cum in cordibus fidelium; in cedro nidificavit dæmoniaco, in spina in deserto; in myrto coram Caipha et Pilato; in oliva, mulieri deprehensæ in adulterio; in abiete coram Petro, Jacobo et Joanne; in ulmo, quando dolores nostros tulit in patibulo; in buxo, quando perseveravit in mortis calculo. Invenitur etiam in terra, quia non solum in contemplativis, sed etiam in activis Christus nidificat. Descendit Zachæus de arbore, ut ipsum hospitio susciperet, Petrus in mare, ut ad ipsum perveniat; sed et eum, qui de Jerusalem descendit in Jericho Samaritanus visitat; sed et usque in Babylonem peccatorem captivari permittit, ibique liberat. Unde et Eliæ præsumptionem redarguit dicentis: *Domine, prophetas tuos occiderunt; altaria tua suffoderunt: et remansi ego solus* (*III Reg.* XIX). Et dicit ei divinum responsum: *Reliqui mihi multa millia virorum, qui non curvaverunt genua ante Baal* (*ibid.*). Sequitur:

Matremque pullis desuper incubantem. Mater nidi Virgo Maria, quia de suæ carnis substantia nidus prodiit humanitatis. De quo scriptum est: *In nidulo meo moriar, et quasi palma multiplicabo dies* (*Job* XXIX). Hæc igitur toties super pullos et ova incubuit, quoties cogitationes sanctas calore charitatis ad opus perduxit: tot enim pulli quot opera, quot cogitationes tot ova. Si igitur talem matrem incubantem inveneris, non tenebis eam cum filiis, quia frustra jacitur rete ante oculos pennatorum, multo magis ante pennas ejus, quæ volavit super pennas ventorum; multo magis ante virtutem ejus, quæ transcendit beatitudinem omnium spirituum, hominum videlicet et angelorum; quia etsi similitudo repromittitur, tamen veritas denegatur. Si enim similitudo tibi æqualitatis promittitur, tamen veritas . . . . denegatur. De ista enim dicitur: *Exaltata es, sancta Dei Genitrix, super choros angelorum, ad cœlestia regna.* Cæteris autem hominibus multum, si usque ad choros angelorum. Non igitur eam tenebis, quia nec poteris, quia nec si te ruperis, ad gratiam vel gloriam, ad meritum seu præmium, ad agonem seu bravium ejus poteris pervenire. Perfectam quippe Dei Genitricis sanctitatem imitantur quidem qui sunt ex parte ejus, et unusquisque tanto perfectius, quanto et ipse perfectior fuerit. Sed etsi omnes ei assimilare contendant, nullus tamen æquari. Unde scriptum est in libro Josue, quia cum essent filii Israel transituri Jordanem, præcones per castrorum medium transeuntes, clamare cœperunt : *Quando videritis arcam fœderis Domini Dei vestri, et sacerdotis stirpis Leviticæ portantes eam, vos quoque consurgite, et sequimini præcedentes : sitque inter vos et arcam, spatium cubitorum duorum millium, ut procul videre possitis et nosse, per quam viam ingrediamini (Josue* III). Arca igitur testamenti est illa, de qua scribitur :

Beata mater munere,
Cujus supernus artifex
Mundum pugillo continens,
Ventris sub arca clausus est.
(*Offic. Eccles.*)

Arca ista populum præcessit, quia sicut donis virtutum, sic excellentia præmiorum excelsior fuit. Inter arcam et populum spatium relinquitur quia sanctitati ejus nullus adjungitur; in intervallo vero illo, duo computantur millia passuum, quia intus et exterius perfecta ejus sanctificatio aliorum gratiam antecellit. Unde et omnibus præcipitur : *Cavete ne appropinquetis ad arcam (Josue* III). Pullos tamen captos tenebis, quia virtutes imitaberis. Considera quod se fatetur ancillam, quæ novit reginam ; ascendit in montana cum festinatione in civitatem Juda, ut ministraret Elisabeth, quæ sibi debuit ministrare. Disce exemplo patientiam, quando gladius passionis animam suam transivit, quia nec murmurasse legitur, nec maledixit. Disce exemplo devotionem, quando conservabat omnia verba, quæ de Christo dicebantur, conferens in corde suo. Hi enim sunt pulli, quos captos tenere teneris, ut bene sit tibi. Tunc enim captos tenebis, cum opere complebis, quia scriptum est : *Dicite justo quoniam bene, quia fructum adinventionum suarum comedet (Isai.* III). Fructum enim adinventionum suarum comedet, qui sic quærit et invenit, et opere complet quod sufficit. *Et longo vivas tempore :* nil enim longius æternitate. Sic bene erit tibi, cum centuplum in hac vita receperis, et longo vives tempore, cum vitam æternam possidebis.

SERMO XXXI.

IN NATIVITATE B. VIRGINIS MARIÆ.

Portam fontis ædificavit Sellum filius Cholhoza, princeps pagi Maspha (II Esdr. III). Qui non intrat per ostium in ovile ovium, sed ascendit aliunde, ille fur est et latro. Qui autem pulsat ad ostium, huic ostiarius aperit, et ingredietur et egredietur, et pascua inveniet (*Joan.* x). Ovile ovium, dilectissimi fratres, illud est in quo pastor bonus reliquit nonaginta novem oves, et venit centesimam quærere quæ perierat. Hujus ovilis ille est ostium, qui de se ipso dicit : *Ego sum ostium (Joan.* x). Pulsemus igitur ad hoc ostium, dilectissimi, pulsemus precibus, pulsemus operibus, et ingrediamur ad bene meditandum ; egrediamur ad bene operandum, et pascua cœlestis doctrinæ inveniemus ad bene vivendum. Pulsate, et aperietur vobis ; et introite portas ejus in confessione, qui vos exaltat de portis mortis, ut annuntietis omnes laudes ejus in portis filiæ Sion. Ante tamen quam pulsetis portas ejus, ponite custodiam portis vestris, ne forte fortis armatus, vel filii Berothitæ, inveniant conscientiæ domum vacuam, et expositam transeunti, et ingressi habitent ibi. Portæ vero nostræ sunt, de quibus Esdras præcepit filiis Israel, ne inferrent onera sua per portas suas in die Sabbati (*II Esdr.* XIII). Et bene, quia qui contemplationis et internæ claritatis quietem habere desiderat, admittere non debet, vel per visum vanitatem, vel per auditum curiositatem, vel per olfactum delectationem, vel per gustum edacitatem, vel per tactum impuritatem. Unde si diligenter custoditæ non fuerint, statim pro foribus peccatum aderit. Non ergo ostiariæ negligenti, sed ostiario diligenti committamus eas, illud timentes et habentes præ oculis, quod ostiaria purgans triticum obdormivit (*II Reg.* IV); vel certe, quod ostiaria Caipham Petrum calefacientem ad prunas compulit ad negandum (*Joan.* XVIII). Ostiarius enim strenuus et fidelis est timor Domini, cujus maturitas non sinat evagari. Stabilitas enim ejus commendatur, cum dicitur : Timor Domini permanet in sæculum sæculi. Sollicitudo vero commendatur, ubi dicit : *Qui timet Deum, nihil negligit (Eccle.* VII). Et bene, quia ab initio tentationis usque in finem mentem sibi commissam non deserit, sed super ipsam semper invigilat. Ab initio, quia scriptum est : *Initium sapientiæ timor Domini (Psal.* CX). Usque in finem, quia scriptum est : *Finem loquendi pariter audiamus. Deum time, mandata ejus observa ; hoc est omnis homo (Eccle.* XII). Hujus ergo fidelis ostiarii proprium est, ut portas nostras claudat, vel si aperiantur, attollat clausas, quia clausis januis intravit Dominus ad discipulos. Commendabilis apud Ezechielem dicitur porta clausa (*Ezech.* XLIV), per quam non intravit vir, sed princeps ipse sedit, ut in ea comederet panem suum. Si obturas aures tuas, ne audias sanguinem, et claudis oculos tuos, ne videant malum, bene portas tuas claudit timor Domini. Bene claudebat Job portas suas, qui dicebat : *Pepigi fœdus cum oculis meis, ut non cogitarem quidem de virgine (Job* XXXI). Et Psalmista : *Obmutui, et non aperui os meum (Psal.* XXXVIII). Phinees enim qui dicitur *os mutum,* placavit, et cessavit quassatio. Cultus enim justitiæ silentium ; et in silentio et spe erit fortitudo nostra. Quod si aperiantur, attollantur, sicut scriptum est : *Attollite portas, principes, vestras (Psal.* VIII). Qui levat oculos suos in montes, unde veniat auxilium ejus, qui extollit manus suas in sancta, ut scriptum est : *Levabo ad cœlum manum meam (Deut.* XXXII), ille est, qui extollit portas suas. Sequitur :

Et introite portas ejus in confessione (Psal. XCIX). In confessione cordis, de qua scriptum est : *Confitebor tibi, Domine, in toto corde meo (Psal.* CX). In confessione oris, de qua dicitur : *Confitebor Domino nimis in ore meo (Psal.* CVIII). In confessione operis, ne simus illi, de quibus dictum est : *Confitentur se nosse Deum, factis autem negant (Tit.* I): *Introite portas ejus in confessione.* Quæ sint portæ ejus alibi aperit, cum dicit: *Aperite mihi portas justitiæ, et ingressus in eas, confitebor Domino* (*Psal.* cxvii). Portæ enim justitiæ, portæ sunt ejus. Quidquid morum, quidquid virtutum, quidquid bonorum operum est, portæ sunt ejus. Quarum quædam porta fuit patientia, per quam intravit Job ad Deum; fides, per quam Abraham; mansuetudo, per quam Moyses; humilitas, per quam David. Talibus ergo portis intrandi ad Deum sancti aditum meruerunt. Sed portarum justitiæ aliæ sunt temporales, aliæ æternales. Temporales, quæ evacuabuntur et destruentur, sicut fides et spes. Æternales, sicut charitas et usus ejus. Diligere quippe Deum ex toto corde, et ex tota anima, et ex tota virtute, in hac vita incipitur, sed in æterna perficietur. In hac quippe vita potest incipi, sed nec perfici potest, neque consummari. De talibus ergo portis dictum est: *Attollite portas, principes, vestras, et elevamini, portæ æternales, et introibit Rex gloriæ* (*Psal.* xxiii), qui vos exaltat de portis mortis. Sicut virtutes portæ justitiæ dicuntur, sic et vitia portæ. Tamen quinque principales ex sacro colliguntur eloquio: cupiditatis, voluptatis, obstinationis, exprobrationis, reprobationis. De prima legitur in libro *Judicum*, quod portas Gazæ transtulit Samson in supercilium montis (*Judic.* xvi). De secunda in Daniele, ubi hircus caprarum efferabatur in porta Ulai contra arietem (*Dan.* viii). Ulai quippe palus, non a palo, sed a palude vocatur. Ulai ergo porta paludis est, per quod lutum voluptatis accipitur. De tertia dicitur in Psalmo: *Quia confregit portas æreas, et vectes ferreos* (*Psal.* cvi). Æs enim inflexibile est, et propter hoc obstinationis duritiam præfigurat.

De duabus ultimis legitur in Sophonia: *A prima*, inquit, *porta erit clamor, et ululatus a secunda* (*Sophon.* i). Veniens siquidem Dominus ad judicium dicturus est malis: *Esurivi, et non dedistis mihi manducare*, etc. (*Matth.* xxv). Tunc ipsi clamabunt et dicent: Væ nobis! *Nos insensati vitam eorum putabamus insaniam: ecce quomodo computati sunt inter filios Dei* (*Sap.* v). Et cum Dominus subjunget: *Ite, maledicti, in ignem æternum*, tunc erit ululatus. Bestialem quidem vocem emittent, quia bestialiter vixerunt. In prima erit exprobratio, in secunda reprobatio. Exprobratio, ubi dicet Dominus: *Esurivi, et non dedistis mihi manducare*; reprobatio, ubi dicet: *Ite, maledicti, in ignem æternum*. Tunc erit ululatus. De talibus portis Dominus vos exaltat, ut annuntietis *laudationes ejus in portis filiæ Sion* (*Psal.* ix). Sion interpretatur *speculatio*. Est autem speculatio alia ænigmatica, alia anagogica. Unde a speculo vel a specula nominatur. Quando enim per speculum in ænigmate, id est per similitudines et imagines rerum, Deum quis contemplatur, a speculo speculatio dicitur, et ænigmatica vocatur. Fit autem tribus modis. Per similes similitudines, vel per similes dissimilitudines, vel per dissimiles similitudines. Per similes similitudines, quando quis comprehendere Deum nititur per aliquam rem sibi valde similem, sicut per angelum. Nam sicut Deus subtilis, agilis, invisibilis, incorporeus; ita et angelus. Hinc est, quod angelus qui apparuit Agar, Deus appellatur, sicut ipsa ait: *Tu Deus, qui vidisti me* (*Gen.* xxi). Per similem vero dissimilitudinem, quando fit comparatio per antithesin, hoc est per contrarium, ut scriptum est, quia cognito uno contrariorum, cognoscitur et reliquum, ut si de bonitate Dei locuturus, primo malitiam diaboli describo, ut dulcius mihi in ore sapiat bonitas Dei, et clarius innotescat. Hinc est quod in Evangelio dicitur. *Recordare, fili, quia recepisti bona in vita tua, et Lazarus similiter mala* (*Luc.* xvi). Per dissimiles vero similitudines, quando per aliquam rem vilem et despectam, magnitudinem Dei tam sublimem, tam arduam, apprehendere conamur. Unde se vermi et serpenti comparat. Et quid verme vilius aut serpente? In Psalmo tamen dicit: *Ego sum vermis, et non homo* (*Psal.* xxi). Et in Evangelio: *Sicut Moyses exaltavit serpentem in deserto, sic exaltari oportet Filium hominis* (*Joan.* xii). A specula vero speculatio dicitur, quando mens ita sursum ducitur, ut nullis signis præcedentibus, nullis causis subsistentibus, mens ab omni imagine defæcata, ad superessentialem et infinitivam originem simpliciter et reciproce refertur; quod in multis locis in *Soliloquio*,... quæ quidem admodum paucorum est, et anagogica dicitur; ab ana, quod est *sursum*, et agoge, quod est *ductio*. Vix contingere potest ut Rachel de domo patris sui veniens, et ad terram promissionis properans, proficisci possit sine imaginibus Laban. Est igitur filia Sion anima speculativa, quam oportet ad contemplationis gradus per multas portas introire. Et si per portas illas ad pacis visionem non venerit, frustra laudationes Dei cantabit: quia non est speciosa laus in ore peccatoris.

Hinc est quod in Jerusalem, quæ interpretatur *visio pacis*, erat portarum multitudo, scilicet porta vetus, porta nebulosa, porta equorum, porta scutariorum, piscium, sterquilinii, vallis Josaphat, et porta fontis. Quicunque Deum vult contemplari, necesse est ut per aliquam istarum portarum ingrediatur ad Deum. *Gloriosa dicta sunt de te, civitas Dei, quia diligit Dominus portas Sion, super omnia tabernacula Jacob* (*Psal.* lxxxv). Gloriosa dicta sunt de te, anima speculativa, quæ virtutibus tanquam civibus plena, muro fortitudinis circumdata, et talibus portis es ornata. Prima porta dicebatur vetus. Sed quomodo vetus? *Quod enim antiquatur et senescit, prope interitum est* (*Hebr.* viii). Veterem quoque hominem renovans Salvator venit ad baptismum. Pessima est talis vetustas, videlicet originale peccatum, quod a primo homine usque ad ultimum perseverat, nec in aliquo homine deletur, etiam post baptismum. In baptismo siquidem non potest deleri, ut non sit, sed debilitatur, ut non obsit. Inest post baptismum ad pœnam, non ad culpam; inest actu, non reatu. Actualia quidem peccata, si sunt actu, necesse est, ut sint reatu : sed reatu esse possunt, etiamsi non sunt actu. Illud vero inesse potest actu, et non reatu ; sed si reatu est, necesse est ut sit actu. Propter hoc in oratione (24) rogamus, ut *nova incarnati Verbi nativitas liberet, quos sub peccati jugo vetusta servitus tenet.* Laudabilis autem vetustas est, de qua legitur in Canticis : *Omnia poma nova et vetera servavi tibi, dilecte mi (Cant.* viii). Et in Evangelio : *Simile est regnum cœlorum homini patrifamilias, qui profert de thesauro suo nova et vetera (Matth.* xiii) Porta ergo vetus Ecclesia Dei est, quæ a primo justo usque ad ultimum perseverat, militans, exspectans, triumphans. Militans in mundo, exspectans in purgatorio, triumphans in cœlo. Ipsa enim domus est fundata supra firmam petram. Venerunt flumina, flaverunt venti, sed non cecidit, quia vir sapiens supra petram eam fundavit. In hac veteri porta sedet Antiquus dierum cum senioribus suis ; id est Deus Pater requiescit in ea cum angelis suis, qui post lapsum apostatæ permanserunt. Ibi comeduntur vetustissima veterum; quia oblatio panis et vini, quam sacerdos Melchisedech ante legem obtulit patri nostro Abrahæ, in corpus et sanguinem Domini nostri Jesu Christi in Ecclesia quotidie transsubstantiatur. Unde et idem Dominus, qui hæc præcepit fieri, dictus est : *Sacerdos in æternum secundum ordinem Melchisedech (Psal.* cix). Necesse est ergo per portam istam nos intrare ad pacis visionem , videlicet Ecclesiæ fidem, quia cœlestis gloriæ divitias habere non meretur, qui per eas non ingreditur. Habet enim ibi argentum venarum suarum principia, et auro locus est, ubi conflatur. Secunda porta dicebatur nebulosa, illa scilicet de qua dicitur : *Longe fiant filii ejus a salute, et conterantur a porta (Job* v). Portam vocat Christum, sine quo non est ingressus ad visionis pacem, vel ad pacis visionem. Unde orationes omnes terminamus *per Dominum nostrum Jesum Christum;* eo quod per ipsum solum patet introitus ad cœleste regnum. Vocata est autem nebulosa multis de causis, quia a nube dicitur nebulosa. Nebulosa dicebatur, vel propter profundum divini consilii secretum ; vel propter obscuritatem prophetarum, qui de eo quæ ventura erant prædixerant; vel propter occultam et inopinatam Virginis fecunditatem, vel propter ascensum, qui naturaliter est in nubibus; vel propter emissionem pluviæ, vel propter nubium celeritatem. Propter profundum divini consilii secretum, ut scriptum est : *Rorate, cœli, desuper, et nubes pluant justum (Isa* xlv); id est profundo divini consilii secreto pluat : a superioribus quasi pluvia descendat ille, de quo scriptum est : *Tenebrosa aqua in nubibus aeris (Psal.* xvii); id est obscura scientia in prophetis, propter occultam Virginis fecunditatem. Unde scriptum est : *Ascendet Dominus super nubem levem (Isa.* xix). Propter ascensum vero, quia scriptum est : *Qui ponit nubem ascensum suum, qui ambulat super pennas ventorum (Psal.* ciii). Propter emissionem pluviæ, quia descendit sicut pluvia in vellus. Propter celeritatem, quia scriptum est : *Voca nomen ejus ; Accelera, spolia detrahere, cito prædare (Isa.* viii). Unde in Evangelio : *Sicut fulgur ab oriente paret in occidentem : ita erit adventus Filii hominis (Matth.* xxiv).

Tertia porta dicebatur equorum. Equi sunt, qui sustinendo, confitendo, prædicando, per universum mundum Dominum portaverunt, per viam mandatorum Dei cucurrerunt : et in omnem terram exivit sonus eorum , et in fines orbis terræ verba eorum ; quia velociter cucurrit sermo eorum. Talium virtutes equorum per similitudinem fortis equi describit Job, ita dicens : *Gloria narium ejus terror, terram ungula fodit, exsultat audacter. In occursum pergit armatis. Super eum sonabit pharetra, vibrabit hasta et clypeus. Non reputat tubæ sonare clangorem ; sed cum audierit buccinam , dicit : Vah! (Job* xxxix).

Ideo gloria narium ejus terror, quia in terrore adversitatis, quem sibi venturum prænoscit, gloriatur ; terram ungula fodit, quia exemplo operum suorum terrenas cogitationes excutit; exsultat audacter, quia dignus est pro nomine Jesu contumeliam pati ; in occursum currit armatis, quia spiritualium machinamentis hostium viriliter resistit; super eum sonat pharetra, qua nobis prædicat divina secreta ; vibrat hasta, quando diabolum repellit a terminis suis ; vibrat et clypeus, quando se protegit ab ejus insidiis ; non reputat tubæ sonare clangorem, quia potentium comminationes parvipendit; sed cum audierit buccinam, dicit, *vah,* quia cum paratam sibi tribulationem audit, exsultat : *Vah,* siquidem vox exsultationis est. Tales equos in spiritu vidit Zacharias, videlicet albos et varios, pallidos et rufos *(Zachar.* vi) : per albos virgines intelligens, per rufos martyres, per pallidos abstinentes, per varios, eos qui secundum varias virtutes Deo placuerunt ; sicut Abraham per fidem, Job per patientiam. Beati qui portam istam intrare meruerunt, qui talem introitum ad visionem pacis habuerunt. Quarta scutariorum erat : scutarius a scuto vocatur. Scutarii sunt, qui prædestinati sunt a Deo æternaliter, vel a Deo proteguntur, vel alios protegunt temporaliter ; aut qui Dei adjutorio contra antiquum hostem pugnant viriliter. De prædestinatis æternaliter dicit Psalmista : *Domine, ut scuto bonæ voluntatis tuæ coronasti nos (Psal.* v). De protegendis temporaliter idem alibi : *Scuto circumdabit te veritas ejus (Psal.* xc). De viri pugna alibi : *Apprehende arma et scutum, et exsurge in adjutorium mihi (Psal.* xxxiv). Unde in Canticis : *Mille clypei pendent in ea (Cant.* iv), id est in Ecclesia, *omnis armatura fortium.* Ergo scutarii sunt, qui a Deo prædestinati sunt, vel merentur protegi, vel a bello spirituali non desistunt,

(24) In missa Nativit. Domini.

adjutorio Dei præmuniti. O vere felices, qui per portam scutariorum intrant in Jerusalem, id est ad pacis visionem! Caveat tamen scutarius, dum pugnat adhuc accinctus, ne consilio Naas dextrum sibi eruat oculum et abscondat sub scutum sinistrum (*I Reg.* 11). Nihil enim differt in prælio talis monoculus a cæco. Consilio siquidem Naas dextrum sibi eruit oculum, qui monitis serpentis antiqui, non propter cœleste præmium pugnat, sed propter temporale lucrum. Nam per dextrum oculum intellectus cœlestium; per sinistrum vero terrestrium figuratur. Sequitur de porta piscium : Piscis est, qui inter fluctus hujus maris magni et spatiosi se sublevat a profundo spei pennulis, et defendit a fluctibus patientiæ squamis : quorum primus et maximus ille fuit, cujus cor et fel et jecur omne genus dæmoniorum extricat. Quis enim dilectionem et affectum cogitans cordis, quem Christus erga nos habuit, de quo scriptum est : *Obtulerunt ei partem piscis assi* (*Luc.* xxiv) : vel effusionem sanguinis sui tanquam hepar, vel passionis amaritudinem tanquam fel; quæ omnia super charitatis prunas assata sunt, omne dæmonium non repellat? Vere fumus ejus, id est fama dilectionis ejus, omnia sophismata sive phantasmata nequitiæ spiritualis exterminat. Sequitur de porta sterquilinii.

Porta sterquilinii erat, per quam foras stercora civitatis efferebantur. Scitis, fratres, quod quidquid est in mundo, quasi stercora sancti reputant. Unde Apostolus : *Omnia reputavi ut stercora, ut Christum lucrifacerem* (*Philipp.* 111). Quid igitur aliud est congregatio divitiarum, vel honorum, vel dignitatum, nisi quasi quædam congregatio stercorum, quasi sterquilinium? Hinc est quod Tobias calido stercore hirundinis legitur excæcatus. Calido stercore, id est nimio cupiditatis affectu. Unde conqueritur uxor sua dicens : *Utinam nunquam fuisset pecunia ipsa, pro qua misisti filium nostrum peregrinari; lumen oculorum nostrorum, baculum senectutis nostræ!* (*Tob.* v.) Et bene dicitur hirundinis stercus fuisse, quia hirundo volando acquirit unde vivit. Bene igitur per hirundinem significantur, qui solo corpore in hac peregrinatione constituti, cogitatione et aviditate animæ cibum sibi acquirunt. Unde et Joannes Baptista qui, licet mole levatus corporea, totus pergebat ad Deum, per hirundinem figuratur, sicut legitur in Jeremia : *Turtur et hirundo, et milvus et ciconia cognoverunt tempus adventus sui; Israel autem me non cognovit* (*Jer.* viii). (25) Per turturem autem scilicet gemebundum, Simeon ille significatur, qui dicebat : *Putas videbo, putas durabo?* Ille cognovit tempus adventus gratiæ, quando dixit : *Nunc dimittis servum tuum, Domine, secundum verbum tuum in pace* (*Luc.* ii). Milvo vero, qui rapiendo vivit, ille rapax et cupidus Balaam figuratur, qui sola cupiditate ductus consilium dedit Balaac contra Israel. Cognovit tamen tempus adventus gratiæ qui dixit : *Orietur stella ex Jacob, et consurget homo de Israel* (*Num.* xxiv). Ciconia vero, quæ pascitur venenosis, Sibyllam significat venenosam et magnam, quæ tamen adventum Domini prædixit, dicens :

De cœlo Rex adveniet per sæcla futurus,
Scilicet in carne præsens, ut judicet orbem.

Sic enim oportuit inimicos nostros esse judices fidei; unde in fideles justo judicio damnari meruerunt, qui nec suis credere voluerunt. Per hirundinem vero Joannes figuratur, quia collum rubeum habuit in decollatione, ventrem candidum virginitate, dorsum vero nigrum laboris onere. Ipse igitur cognovit tempus ad ventus gratiæ, cum dixit : *Ecce Agnus Dei, ecce qui tollit peccata mundi* (*Joan.* 1). Sic amicis et inimicis Dominus largitus est charismata charitatis, ut nullus a fide et dilectione sua valeat excusari. Igitur porta sterquilinii est ingressus vel egressus ad sterquilinium gratiæ temporalis. In ea plerumque sedent avari, quando cogitant, quomodo deceptorii sunt honores mundi, fallaces divitiæ, momentaneæ voluptates, ut sic radant eas a conscientiis suis, et removeant a cordibus suis. Sic sedebat Job in sterquilinio, saniem, id est putredinem sterquilinii radens, id est removens, testa, id est forti pœnitentiæ disciplina. Vel per sterquilinium vitia figurantur, sicut de peccatore legitur in Job : *Et quasi sterquilinium in fine perdetur* (*Job* xx). Porta ergo sterquilinii sunt prælati, quibus peccatores vitia confitentur. Per ipsos enim tanquam per portam peccatorum stercora foris efferuntur.

Videte, dilectissimi, videte quem locum teneant in Ecclesia Dei, qui superbiunt hodie de patrimonio Crucifixi. In tabernaculo sunt saga cilicina, in arca Noe mansio stercoraria, in Jerusalem sterquilinii porta. Quid superbis, scopa furni? Quid superbis, sacerdos veteris testamenti? Sacerdotum quidem erat extra castra sacrificium offerre; ipsi tamen immundi remanebant usque ad vesperam. Sic scopa furni furnum mundat, eo tamen immundior atque sordidior. Tales sunt, qui peccata populi comedunt, et confessiones aliorum recipiunt : non tamen omnes, quia sicut, nec hiems laurum, nec comburit rogus aurum, sic infusio vitiorum non tangit corda sanctorum, nec patiendo sentiunt, cum eis dicitur, sed magis compatiendo. Difficile tamen est, tangere picem, et non inquinari ab ea. Sequitur de porta vallis Josaphat : De hac sic legitur in Joele, dicente Domino : *Congregabo omnes, et educam eos in valle Josaphat, quia ibi sedebo, ut judicem omnes gentes in circuitu* (*Joel.* 111). Hanc sententiam quidam pueriliter intelligentes, judicium Domini venturum in terra debere fieri mentiuntur, id est in valle Josaphat, quæ est a latere montis Oliveti, cum Apostolus ad Thessalonicenses dicat quod in spatio hujus aeris futurum

---

(25) August. *Sermo de Purificat.*

sit. Ait enim: *Nos qui vivimus, qui residui sumus in adventum Domini, non præveniemus eos qui dormierunt; quoniam ipse Dominus in jussu, et in voce archangeli, et in tuba Dei descendet de cœlo, et mortui, qui in Christo sunt, resurgent primi. Deinde nos qui vivimus, qui relinquimur, simul rapiemur cum illis in nubibus obviam Christo in aera (I Thess.* IV). Ecce aperte dicitur, quod in aere fiet judicium; sed ideo se dicit Dominus disceptare cum gentibus in valle Josaphat, quia Josaphat *judicium* interpretatur, et vallis dicitur. Et bene vallis dicitur, quia occultum est nobis, quando vel quomodo fiet. Unde scriptum est: *Dies Domini sicut fur in nocte ita veniet (Luc.* XII). Disceptabit ergo cum gentibus in valle Josaphat, quia judicabit eos occulto judicio. Unde scriptum est: *Judicia tua abyssus multa (Psal.* XXXV). Eo ergo magis timendum judicium, quo occultum. Leo rugiet, quis non timebit? Quis stabit ad videndum eum, ante cujus conspectum astra non sunt munda, et in angelis suis invenit pravitatem? Quanto magis immundi et pravi sunt, qui domos inhabitant luteas, et terrenum habent fundamentum; quorum justitiæ quasi stilla situlæ, et quasi pannus menstruatæ apparebunt, quando loquetur inimicis in porta, quando veniet ad judicium cum senioribus suis, ut scriptum est: *Nobilis in portis vir ejus, cum sederit cum senatoribus suis (Prov.* XXXI).

Et vere in portis, quia de portis egredientur omnes homines, filii videlicet hominum conjudices Filii hominis, sicut scriptum est: *Vos qui reliquistis omnia, sedebitis super sedes, judicantes duodecim tribus Israel (Matth.* XIX). Egredientur enim de porta veteri angeli, qui peccatores accusabunt, eo quod monitis eorum credere noluerunt. De porta nebulosa prophetæ, accusantes eos, quia prophetiis eorum acquiescere noluerunt. De porta equorum apostoli, accusantes eos, quod prædicationibus eorum non acquieverunt. De porta scutariorum martyres, accusantes eos quod exemplis eorum pati pro Domino noluerunt. De porta piscium confessores, accusantes eos quod eorum exemplis inter fluctus hujus maris magni et spatiosi per patientiam animas suas non possederunt. De porta vallis Josaphat virgines egredientur, accusantes eos quod non solum corporali fornicatione, sed etiam spirituali animas suas corruperunt. Cur ergo miseri cum fatuis virginibus verbum illud non timetis, quo dicetur: *Amen dico vobis, nescio vos (Matth.* XXV), et clausa erit janua? Clausa quidem erit vobis janua cœli; qui iniquitate, hypocrisi et infidelitate aperitis vobis portas inferni. Iniquitas siquidem vestra porta est inferni patens et evidens, ut scriptum est: *Adversum me loquebantur, qui sedebant in porta (Psal.* LXVIII). Quod autem hæc porta sit, aperitur alibi, cum dicitur: *Erubescant impii, et deducantur in infernum (Psal.* XXX), id est erubescent et deducentur in infernum. Non enim optative, sed prophetice intelligendum est [sicut illud]:

Muta fiant labia dolosa, quæ loquuntur adversus justum iniquitatem in superbia et in abusione (ibid.). Hypocrisis etiam porta inferni est, sicut figuratum est in porta, in qua simulator ore Absalon per hypocrisim decipiebat ad judicium venientes. Infidelitas quoque porta est, et introitus ad infernum, in qua periit dux Samariæ, qui Eliseo promittenti temporis ubertatem credere noluit, sed ait: *Etsi aperuerit Dominus cataractas cœli, non fiet quod promittis (IV Reg.* VII). Quid igitur agendum est, fratres? Fugiamus de corruptione ad correptionem, de directione ad directionem, per desiderium vitæ cœlestis, ad refugium nostri humani sceleris [generis], ad refugium nostri succursus sceleris, videlicet ad portam fontis, portum salutis, portum sanitatis. Quæ est ista porta fontis? Hæc est illa, quam ædificavit Sellum, Virgo scilicet gloriosa, cujus hodie nativitas, memoria in benedictione est. De qua alibi dicitur;

Tu Regis alti janua,
Et porta lucis fulgida.

De hac sic in Ezechiele legitur: *Porta hæc clausa erit, et non aperietur. Non introibit vir per eam: princeps sedebit in ea, ut comedat panem suum (Ezech.* XLIV). Et bene clausa, quia nec ante partum, nec in partu, nec post partum, corrupta fuit. Non est aperta, quia virginitatem non amisit. Non est ingressus vir per eam, quia sine virili semine concepit. Princeps sedit in ea, quia Princeps regum in ejus utero se humiliavit. Panem suum ibi comedit, quia Patris sui voluntatem complevit, ut scriptum est: *Cibus meus est ut faciam voluntatem Patris mei qui in cœlis est (Joan.* IV). Et bene dicitur porta fontis, quia ipsa porta fuit sacræ eruditionis, porta charitatis, porta vitæ. Eruditionis, de qua scriptum: *Et fontes putei tui deriventur foras (Prov.* V). Charitatis de qua legitur: « Fons proprius, cui non communicat alienus. » Vitæ, sicut in Psalmo legitur: *Quoniam apud te est fons vitæ (Psal.* XXXV). Unde et ipsa Virgo gloriosa fons hortorum vocatur, et bene; quia ipsa non cessat irrigare hortum nucum, hortum pomorum, hortum aromatum: nucum, quia suam animam pertransivit gladius passionis; pomorum, quando ascendit in montana cum festinatione, et ministravit Elisabeth; aromatum, quando conservabat omnia verba, quæ de Christo dicebantur, conferens in corde suo.

Hanc igitur portam fontis ædificavit Sellum; ædificavit, id est ædem fecit, mansionem scilicet et thalamum, quia cum dilectione Dei mandata servavit, ut scriptum est: *Si quis diligit me, sermonem meum servabit; et Pater meus diliget eum, et ad eum veniemus, et mansionem apud eum faciemus (Joan.* XIV). Christus enim prodiit de Virginis utero, tanquam sponsus procedens de thalamo suo. Ædificavit eam Sellum. Sellum *pacificus* interpretatur. Et quis est iste pacificus, nisi ille, in cujus typum Psalmista canit: *Cum his qui oderunt pacem, eram pacificus?* (*Psal.* cxix.) Ipse enim non solum pacificus est, sed ipsa pax, sicut Apostolus ait: *Ipse est pax nostra; qui fecit utraque unum* (*Ephes.* ii). Reliquit enim nobis pacem pectoris, quæ facit patientem, de qua scriptum est: *Sectamini sanctimoniam et pacem, sine qua nemo videbit Deum* (*Hebr.* xii). Hæc pax relicta est laborantibus in mundo. Unde in missa pro *Defunctis*, pax non datur; quia defunctis non est necessaria pax pectoris, sed pax æternitatis.

Unde scriptum est: *Corpora sanctorum in pace sepulta sunt* (*Eccli.* xxxix), id est in spe certissimæ pacis æternæ. Illam reliquit, istam dedit, ut scriptum est: *Pacem relinquo vobis, pacem meam do vobis* (*Joan.* xiv). Pacem vero temporis nec reliquit, nec dedit, ut scriptum est. *Non veni pacem mittere, sed gladium.* Neque eam dare voluit, quia ipsa pax semper imperfecta est, aut simulata, aut inquinata, aut scelerata, aut inordinata. Imperfecta, quia caro semper concupiscit adversus spiritum, et spiritus adversus carnem; simulata, sicut eorum, qui propter carnis lenocinium se diligunt; scelerata vero, qui propter furtum, vel rapinam, vel aliud scelus sibi sunt pacati. Inordinata vero, quando non diligimus diligentes, vel diligenda non diligimus, vel minus diligenda magis, vel magis diligenda minus diligimus. Quis sit autem iste Sellum, ostenditur, cum dicitur: *Filius Cholhozai:* Cholhozai interpretatur *videns omnia*, vel *propinans omnia*. Quid igitur iste significat, nisi Deum Patrem ? Unde Job loquitur: *Sapiens est corde, et fortis robore* (*Job* ix). Videt enim omnia, qui novit omnia antequam fiant. Videt enim omnia per sapientiam, propugnat omnia per potentiam. Scientia siquidem et potentia, quasi duabus clavibus cœlestis regni thesaurum claudit vel aperit: Claudit, et nemo aperit; aperit, et nemo claudit. Unde Petro et successoribus ejus claves istas dedit, ipso dicente: *Et tibi dabo claves regni cœlorum. Et quodcunque ligaveris super terram, erit ligatum et in cœlis. Et quodcunque solveris super terram, erit solutum et in cœlis* (*Matth.* xvi). Hinc est quod Jael uxor Aber Cinæi in typum Ecclesiæ clavo et malleo Sisaram interfecit. Clavo scientiæ, et malleo potentiæ. Clavo, inquam, scientiæ, quia scriptum est: *Verba sapientis, ut stimuli, et quasi clavi in altum defixi* (*Eccle.* xii). Utraque clavis necessaria est Petri successoribus, quia qui scientiam habet sine potentia, clave caret, sed non clavo; qui vero potentiam sine scientia, clave caret, sed non clava. Scientia enim sine potentia clavus est in oculo cæci; potentia sine scientia, clava est in manu furiosi. Bene ergo filius Cholhozai fuit Sellum, id est omnia intelligentis et omnipotentis fuit filius, non imitationis, non adoptionis, non doctrinæ, non gratiæ, sed naturæ, quamvis gratiæ fuerit, quod eus homo fuerit Filius Dei, tamen non fuit Filius Dei per gratiam, sed per naturam. Dicit tamen Apostolus: *Qui prædestinatus est Filius Dei in virtute* (*Rom.* i), quod tamen sic intelligendum est, quod prædestinatum fuit in virtute Dei, ut ens homo esset Filius Dei. Sequitur de dignitate:

Princeps pagi Maspha. Nota quia princeps multis modis accipitur: Potest enim dici a principio. Unde Christus dicitur princeps regum terræ, qui alibi ait: *Ego principium, qui et loquor vobis* (*Joan.* viii). Et in Apocalypsi: *Ego sum alpha et omega, principium et finis* (*Apoc.* i). Potest etiam dici a præcipio. Unde Apostoli principes vocantur, quia præcepta Dei prædicaverunt. Potest etiam dici a præcipitio. Unde diabolus dicitur princeps mundi, quia præcipitat amatores suos. Unde scriptum est: *Princeps hujus mundi ejicietur foras* (*Joan.* xii). Videtur tamen dici princeps a principio; quia scriptum est: *Ille erat homicida ab initio* (*Joan.* viii). Sed ab initio dicit, id est post initium, sicut ibi (26) « A prima substantia nulla est prædicatio, » id est post primam substantiam. Et ibi:

O Jane, a tergo quem nulla ciconia pinsit,
PERS. (*Sat.* 1, vers 58).

id est post tergum. Princeps ergo pagi Maspha fuit Sellum. Pagus dicitur a pege, quod est *fons*. Unde dicuntur pagani, quasi pegeni, quia ipsi villas facere solebant super fontes. Unde Isaac legitur puteos fodisse. Erat ergo Sellum princeps pagi Maspha, id est fontis Maspha. Maspha interpretatur *speculatio*. Unde de Christo dicitur in Psalmo: *Et factus est in pace locus ejus; et habitatio ejus in Sion* (*Psal.* lxxv). Sion et Maspha idem interpretatur. Habitatio Sion, pagus Maspha, princeps pagi Maspha, princeps habitationis Sion. Quoties ergo Christum in corde tuo præfers omnibus, et cum devotione contemplaris, et facta ipsius fideliter ac devote circumspicis, in habitatione Sion, vel in pago Maspha habitas, et pacifice requiescis. Nam de prælationis specula scriptum est in Ezechiele: *Speculatorem dedi te domui Israel* (*Ezech.* iii); de contemplationis vero in Isaia: *Pone tibi mensam, et contemplare in specula* (*Isai.* xxi). De circumspectione in Jeremia: *Statue tibi speculam, pone tibi amaritudines, et dirige cor tuum in viam rectam* (*Jer.* xxxi). Ergo, dilectissimi, præferamus omnibus Christum, contemplemur eum, circumspiciamus virtutem ejus, sapientiam ejus, bonitatem ejus. Dirigamus viam nostram in viam rectam, ut habitemus in Sion, et in pago Maspha; ipso principe pagi præeunte et prævio, Jesu Christo Domino nostro, qui vivit et regnat per omnia sæcula sæculorum. Amen.

SERMO XXXII.
IN NATIVITATE B. VIRGINIS MARIÆ.

Stella in medio nebulæ (*Eccli.* l). *Ex regali progenie Maria exorta refulget* (*Offic. Eccles.*). Quoties, dilectissimi fratres, ad audiendum verbum solatii, solatium verbi Dei eligitis, non debetis attendere quis dicat, sed quid dicatur: Viri enim leprosi fue-

---

(26) Aristot. in *Categor.*

runt, qui verbum solatii prædicaverunt in porta Samariæ; sed dux ille, super cujus manum rex incumbebat, quia credere noluit, mortem incurrit. Amalecites quoque fessus in itinere, dux factus est exercitus David (*IV Reg.* vii). Civitas etiam illa, quæ lingua Chananæa loqui solebat, facta est civitas solis, videlicet gentilitas, quando lingua exsiccativa, illuminativa, accensiva, nobis locuta est. Exsiccativa, dico, nostræ iniquitatis, illuminativa veritatis, accensiva charitatis. Et bene, quia tanta est gloria cherubin, ut plerumque audiri possit vox ejus in atrio exteriori, secundum quod Dominus mittit crystallum suum sicut buccellas, panem educit de terra, vel de petra, oleumque de saxo durissimo. Multoties ergo asina angelum videt, quem homo non videt, quia sicut hirundo et turtur cognoverunt tempus adventus Christi, ita et milvus et ciconia. Hirundinem dico Joannem Baptistam, turturem Simeonem, milvum Balaam, ciconiam vero Sibyllam: isti mirabiliter de Deo prædicaverunt. Joannes: *Ecce Agnus Dei* (*Joan.* i); Simeon: *Nunc dimittis* (*Luc.* ii); Balaam: *Orietur stella ex Jacob;* Sibylla:

« De cœlo Rex adveniet per sæcla futurus. »

Vulgo enim dicitur; porcus iners multoties radicem bonam invenit. Et hos porcos dixerim, qui non ruminando, sed quasi in terra fodiendo, id est terrena scrutando, Jesse nobis radicem effoderunt, et ostenderunt nobis quomodo de radice Jesse Maria exorta refulget. Hermes siquidem et Asterius philosophi regis Persarum hujus gloriosæ Virginis solemnitatis multis et dignis præconiis, nescio ex magnitudine litteraturæ, sive a spiritu prophetiæ, quem habere potuerunt a spiritu; et si non forte in spiritu, prædicaverunt multis modis; a nativitate scilicet Virginis, a plenitudine temporis, ab impositione nominis, a nobilitate generis, a studio doctrinæ spiritualis, ab exercitio vitæ temporalis, a loco, ubi conflatum est aurum sapientiæ suæ, tandem a consummatione beatitudinis veræ et certæ et plenæ. Dicit enim Asterius: « Orietur sub decano virginis, puella quædam, quæ lingua Persica dicitur Sedeozordama, Arab. ce vero Adrevedesa, sedens super solium auleatum, binas manu tenens spicas; et pascens filium suum jure, in loco ubi dicitur: Ave, et nomen pueri vocabunt Jesum. » Hermes vero paucis verbis mutatis, de eadem virgine sic locutus est: « Nascetur sub Virgine puella quædam, quæ vocatur Corcisclastalis, sedens super stratam publicam; gemina manu gerens aristas: dans filio suo jus ad pascendum in terra Hebræa: nomen autem filii vocabunt Jesum: » quibus consentit tertius poeta, cujus nomen est Albumazar, ita dicens: « Orietur sub decano Virginis mater virgo; lactatque patrem, et eidem solio assidet, vir eam non attingens. »

Audite, dilectissimi fratres, viros leprosos proferentes præconium laudis Christianæ, Amalecitas duces itineris fidei catholicæ, asinas videntes angelos Dei, ciconias mirabiliter crocitantes. Sugite mel de petra, ungimini oleo de saxo durissimo, frangite buccellas crystallinas, et comedite panem de terra. Tanta est enim fidei catholicæ veritas gloriosa, quod inimici nostri sunt judices, et in ore trium testium stat verbum gloriæ, et testimonium Virginis gloriosæ. Ubi enim dicitur, « orietur, » commendatur nativitas, plenitudo temporis, ubi additur, « sub decano virginis, » impositio nominis, ubi additur, « Sedeozardama, etc., » nobilitas generis, cum subinfertur, « sedens super solium auleatum; » doctrinæ spiritualis studium ubi subjungitur, « binas manu tenens spicas: » exercitium temporale, ubi dicitur, « et pascens filium suum jure; » locus sapientiæ suæ, ubi ponitur, « Ave, » consummatio vero beatitudinis, ubi dicit, « nomen pueri vocabunt Jesum. »

Audiamus igitur et miremur extensionem colli ciconiarii, extendentis ad cœlum, et hoc mirabile crocitantis præconium. Certum est, quod sol ascendit in Virgine, scilicet in Septembri, sub quo mense nata est Virgo gloriosa. Quod autem dicit, « Decanum virginis, » arbitror, decanum, portionem esse decanam alicujus gradus eorum, per quos sol ascendit in Virgine; omne siquidem signum habet gradus triginta, et illi gradus habent portiones. Tamen sive de gradibus, sive de portionibus graduum, intellexerit poeta, hoc certum est quod Maria orta est sub Virgine. Aliquid simile in libro Regum reperies, ubi dicitur: *In mense Ethanim posita est arca fœderis in domo Domini* (*III Reg.* viii). Arca, inquam, de qua dictum est:

Beata mater munere,
Cujus supernus artifex,
Mundum pugillo continens,
Ventris sub arca clausus est.

Et dicitur fœderis, quia in secreto uteri virginalis initum est fœdus per Deum hominem, et inter Deum et hominem. Ista enim arca in templo Domini, id est in honore Ecclesiæ Dei posita est nascendo, et exposita mundo. Ipsa enim fuit Musae regis, et Corban sacerdotum, Gazophylacium pauperum, arca cœlestium thesaurorum: In mense bethanim, id est in mense septimo. Ergo in mense bethanim, id est sub Virgine, nata est Virgo gloriosa. Orietur ergo sub Virgine puella, vel adolescentula, de qua Salomon in *Parabolis* ita loquitur: *Tria sunt difficilia mihi, et quartum penitus ignoro. Via aquilæ in cœlo, via colubri supra petram, via navis in medio maris* (*Prov.* xxx), quæ sine difficultate discerni non possunt, vel inveniri. Quartum vero Salomon penitus ignoravit, *viam scilicet viri in adolescentula,* in *adolescentia* solemus dicere, sed Hebræus melius nos corrigit, *in adolescentula*: non enim per naturam, vel per scripturam, vel per rationem, intelligere potuit, quia novum fecit Dominus super terram, id est quod adolescentula circumdedit virum: virum inquam, de quo scriptum est: *Ecce vir, Oriens nomen ejus*

(*Zachar.* vi). Unde Josephus : « In diebus illis fuit Jesus vir sapiens : si tamen fas est eum nominare virum, et doctor eorum qui libenter quæ vera sunt audiunt ; et mirabilium erat effector operum : » et sic concludit. « Christus hic erat. »

Hæc igitur puella vocata est Sedeozardima Adrevedefa, vel Corcisclastalis, tria hæc enim vocabula univoca sunt, unam interpretationem habentia. Interpretantur enim virgo munda et honesta, de qua Jeremias dedit signum Ægyptiis, quod eorum oporteret evelli idola, cum virgo pareret, unde sacerdotes Ægyptiorum in secretis templi imaginem Virginis et filii statuentes adoraverunt. Cumque eis diceret Ptolomæus, cur hoc facerent, responderunt, paternæ traditionis est mysterium, quod accepimus a sancto propheta, et credimus in rebus ita esse venturum. Unde Isaias : *Ecce virgo concipiet, et pariet filium* (*Isai.* vii): vel ut melius Hebræi nos corrigunt : *Ecce alma concipiet :* virgo enim apud Hebræos dicebatur juvencula, quæ nuptui tradi poterat. Bethula vero vetula dicebatur, quæ virum non cognovit; alma vero, id est *abscondita*, dicebatur, quæ sic a conspectu hominum fuerat occultata, ut de illa nulla esset suspicio, ipsam fuisse corruptam. Unde et alma sancta vocatur ; sancta vero firma dicitur, quia firmum erat et ratum, ipsam esse incorruptam. Erat ergo virgo munda et honesta. Quando Dominus discipulos suos erudivit, dixit : *Sint lumbi vestri præcincti et lucernæ ardentes* (*Luc.* xii) : quia in lumbis est luxuria virorum, in umbilico mulierum. Sed ista fuit munda et honesta, cujus umbilicus præcisus fuit ; et lucernæ ardentes, quia ipsa de prudentibus virginibus una et specialis fuit, quia sine macula fuit, sine ruga, sine cerusa. Sine macula peccati, sine ruga duplicitatis, sine cerusa deceptionis. Vel ideo munda, et honesta, quia tota pulchra est. *Tota pulchra es, amica mea, tota pulchra* (*Cant.* iv). Sicut enim mulier infamis et procax tota turpis est, a planta pedis usque ad verticem, ita sancta mulier tota pulchra est, a planta pedis usque ad verticem. Quid enim turpius illo monstro, nulla virtute redempto, quod serpentem effigiat in crinibus tortuosis, habens oculos basilisci, genas phareæ, nares suis, dentes caninos, labia sirenæ, mammas lamiæ, manus lupi, ventrem capri, tibias luteas, et pedes pavonis? Econtrario vero tota pulchra est, quæ in uno crine colli sui vulneravit cor sponsi sui, habens oculos columbarum, genas turturis, nasum sicut turrim David, dentes sicut gregem tonsarum, quæ ascenderunt de lavacro, labia coccinea, mammas sicut duo hinnuli capræ gemelli, manus tornatiles, ventrem eburneum, tibias marmoreas, pedes rectos ! Vel certe tota pulchra est, quia corpore et anima glorificata est, sicut gratia plena, ita beatitudine plena. Nec enim gratia esset plena, si non esset beatitudine plena. Si enim putridum corpus in tumulo remansisset, nec gratia esset plena, nec beatitudo plena. Esset forte beatitudo ejus vera et certa, sed non plena, quia tunc erit beatitudo plena, quando pro merito reddetur homini duplex stola, et glorificabitur corpore simul et anima. Sequitur :

Super solium auleatum, id est solium regium. Hæc est nobilitas generis, quia fuit virga de radice Jesse : Jesse autem genuit David regem, de cujus solio ita loquitur Isaias : *Super solium David, et super regnum ejus sedebit* Dominus (*Isai.* ix). Unde : *Regali ex progenie Maria exorta refulget.* Propter hoc dicit Albommazar : « et eidem solio assidet vir eam non attingens, » id est Joseph ; qui eadem regali progenie genitus est. Quod Hermes dicit, eam sedisse supra stratam publicam, de loco pariendi nos certificavit, quia quando filium suum peperit, non fuit ei locus in diversorio ; sed super stratam publicam paritura sedit. Sequitur : *Duas manu tenens spicas.* Duæ spicæ, duo sunt testamenta ; quia sicut in spica vel in arista granum est cum palea ita sunt sacramenta latentia sub littera. Istas aristas fricabant apostoli ; unde Judæi murmurabant, qui plus litteræ quam mysterii solent adhærere. Vel certe per spicas sententiæ Scripturarum figurantur, et opera : sententiæ Scripturarum, sicut de hæreticis ait Job : *Esurientibus auferunt spicas* (*Job* xxiv), quia esurientibus bonum, sententias Scripturarum, quibus pugnare vel expugnare debent eos, hæretici tollunt; opera vero, unde legitur : quod principes latronum Rechab et Baana intraverunt domum Isboseth, et tollentes spicas percusserunt eum in inguine (II *Reg.* iv), quia maligni spiritus negligenti cuilibet bona opera quæ habet, auferunt, et eum carnis delectatione occidunt. Hinc est, quod filii Benjamin persecuti sunt Ephratæos nescientes pronuntiare *Scibboleth*, quia dicebant *sibboleth*, non valentes explicare spicas (*Judic.* xii). Filii Benjamin, id est, filii dexteræ, Ephrathæos, id est hæreticos, videntes, sententiis Scripturarum percusserunt : istas enim spicas alii portant in ore prædicando, alii in manu operando. Unde scriptum est : *Verbum, quod factum est in manu Aggæi prophetæ* (*Agg.* i). Ista igitur Virgo binas manus tenuit spicas, quæ vita claruit et doctrina. Sequitur :

« Et filium suum pavit jure. » Audi : Sedeozardima virgo munda et honesta filium suum pascit, virgo filium pascit, virgo mater lactat patrem, pascit jure, id est crassitudine. Unde legimus quod Jerobaal carnes hædi ponens in canistro, et jus carnium in olla, quod utramque totum posuit supra petram ; et tetigit angelus virga et consumpsit ignis carnes, et ipsum jus (*Judic.* vi). Et sciendum, quia crassitudo triplex est, exterior, quæ proprie dicitur pinguedo, et interior adeps ; quæ vero est in ossibus, medulla. Est enim pinguedo exterior, motus charitatis in actu ; interior vero, motus charitatis in effectu ; medulla vero, affectus diligendi in utroque motu. Sicut enim pejus est statuere, declinare animum in terra : ita melius est affectus diligendi ;

quam diligere. Sicut enim tuba larga in ore, largior in manu, ultra manum largissima : ita Dei dilectio lata debet esse in ore per praedicationem, latior per operationem, latissima per affectum et bonam voluntatem. Quod si jus a justitia nominetur, quia Seneca dicit : « Justitia est virtus, quae unicuique reddit jus suum; » filium suum pascit jure, qui unicuique reddit jus suum, id est qui reddit latriam Creatori, duliam creaturae, reverentiam majoribus, concordiam paribus, pacem cunctis. Sequitur : « In loco, ubi dictum est, Ave. » Ecce locus ubi conflatum est aurum sapientiae Virginis, scilicet in terra Hebraea, ubi dicit ad eam angelus : *Ave, gratia plena, Dominus tecum.* Illa vero obstupescit dicens : *Quomodo fiet istud?* etc. Et angelus : *Spiritus sanctus* inquit, *superveniet in te, et virtus Altissimi obumbrabit tibi*, etc. Et Virgo : *Ecce ancilla Domini.* Et quasi aurora rutilans diem venturum annuntiavit dicens : *Magnificat anima mea Dominum* (*Luc.* 1). Et haec est consummatio beatitudinis ejus, quia nomen filii sui vocatum est Jesus; et vocatum est ab angelo, priusquam in utero conciperetur. His igitur omnibus modis *Ex regali progenie Maria exorta refulget.* Maria id est *illuminans* vel *illuminata,* vel *stella maris.* Stella vero maris dicitur transmontana, qua nautae statum maris vel cursum navis considerant. Et vere stella a stando dicitur, quia quasi in centro Zodiaci stare dicitur : quae non retrograde, sed regulariter et uniformiter firmatur, et dicitur matutina, quia nocte praecedente, per ipsam, solis justitiae aurora refulsit. In medio autem nebulae luxit, scilicet inter ignorantiam et desperationem, quia primo nesciebant adventum Christi gentes, antequam venirent prophetae. Post praedicationem vero prophetarum, dum moram faceret, desperaverunt, et tunc subito stella matutina refulsit, quasi rutilans de radice Jesse. Et vere de radice Jesse, id est de radice incendii. Jesse enim *incendium* interpretatur. Mirabiliter enim incendimur hujus novalis incendio, quae vel ligni, vel feni, vel stipulae expers fuit : et omnes accendit, qui in ea confidunt, et meritis ejus adjuvari posse se credunt, per Dominum nostrum Jesum Christum. Amen.

SERMO XXXIII.

IN CAPITULO GENERALI.

Si videritis filias Silo ad deducendos choros ex more procedere, exite repente de vineis, et rapite eas singuli uxores singulas; et pergite in terram Benjamin (*Judic.* xxi). Teste Gregorio (27), vera justitia habet compassionem, falsa indignationem; unde et truculentia, quandoque palliatur sub rigore, et inertia sub mansuetudine; ut et vigor sit rigidus, et mansuetudo dissoluta, cum vigor regere debeat mansuetudinem, et mansuetudo ornare vigorem. Haec igitur minus attendentes speculatores nostri, parietes nostros effodiunt, ubi patet foramen, vel ut erectos inclinent, vel ut inclinatos deplant vel

(27) Homil. 34, in Evang.

certe liniant absque temperamento, luto videlicet absque palea. In utroque redarguendi, quod vel fodere non valent cum iniquo villico; vel quod ligna secando ferrum effugit manubrium eorum cum propheta stulto. Sic enim debet constringi suaviter calamus quassatus, ut non conteratur : sic linum fumigans accendi fortiter, ut non exstinguatur. Hinc est enim quod filii Israel filios Benjamin contumaces viriliter affligunt : poenitentes pie suscipiunt et non improperant : unde post vindictam peccantium poenitentibus dictum est : *Si videritis filias Silo.* Et quoniam nos omnes peccavimus, et indigemus poenitentia, poenitentiae consilium audiamus diligenter. Et quoniam viva ratio vita bonorum est, necesse est ut sicut per prava opera deformati sumus a forma formantis, et comparati jumentis insipientibus et similes facti illis : sic per exempla bonorum in eamdem imaginem reformemur, comparati coelestibus angelis, et similis facturae cum illis. Dicit ergo : *Si videritis,* non corporeis oculis, sed intellectu mentis; non effectu, sed magis affectu cognoscatis, et intelligatis, *filias Silo,* id est animas, quas Filius Dei per naturam formavit, at per sanguinis sui effusionem reformavit, quae tanquam patrissantes, et informaverunt se moribus ex Patris monitis, et conformaverunt operibus ejusdem exemplis. Propter hoc dictae sunt filiae Silo. Silo quippe interpretatur *missus* vel *dimissus,* vel *petitus,* vel *semen.* Semen autem est verbum Dei; verbum vero Dei Filius Dei. Semen ergo est Filius Dei. Hinc est quod ait Isaias (cap. 1) : *Nisi Dominus reliquisset nobis semen, quasi Sodomae fuissemus.* Quia igitur hic Dei Filius et petitus fuit a patriarchis et prophetis, dimissus a Judaeis, missus vero fidelibus Christianis; bene animae et per Evangelium genitae, et per baptismum regeneratae, filiae Silo nominantur. Dicit ergo : *Si videritis filias Silo ad deducendos choros ex more procedere,* etc. (*Judic.* xxi). Quid in choro, nisi hujus mundi vita volubilis designatur? Haec est Ezechielis rota, circa quam animalia sancta volvebantur, quam designanter describit, ubi ait : *In visione Dei vidi, et ecce ventus turbinis veniebat ab aquilone, et nubes magna, et ignis involvens, et splendor in circuitu ejus* (*Ezech.* 1). Quatuor in visione Dei se vidisse proposuit, duo contra duo; ventum frigidum contra calorem ignis, contra splendorem densitatem nubis. Ventum et nubem, ne prospera nimis elevent; ignem et splendorem, ne adversa premant. Ventus enim ab aquilone veniens, est turbo tentationis ex mentis frigiditate procedens : nubes autem, caecitas mentis ex tentatione proveniens. Sed ignis fervor utrumque involvit, quia et cor frigidum accendit, et caecitatem illuminat. Sed omnia splendor circuit, quia bonae voluntatis hilaritas, et in prosperis et in adversis mentem ad devotionem perducit. Splendorem tibi proponit Deus, ut speres : fervorem, ut gaudeas;

tentationis ventum, ut timeas; peccati nubem, ut deleas. Hunc igitur chorum deducis per vias rectas, si sic times de præteritis, ut gaudeas de misericordia Dei, et speres de promissis; si sic etiam de præsentibus doleas, ut speres simul et gaudeas; si sic etiam de Dei misericordia gaudeas, ut de facto tuo turberis, et timeas comminationes futuras; sic etiam speres, ut timor pariter et dolor non recedant. Multoties enim post ventum aquilonis redimus ad ignem; de nube tendimus ad splendorem, quia ubi abundavit peccatum, abundare solet et gratia. Multoties et ignis a vento dissipatur, et splendor a nube, quia obscuratur aurum, et mutatur color optimus in vasa testea, et opus manuum figuli. Deducendi sunt ergo chori ex more filiarum Silo, ut in hujus mundi volubilitate et vita instabili, nec timor in tentationibus reddat pusillanimem: nec peccati dolor ducat ad desperationem. Sic etiam de bonis gaudeas, ne eleveris in superbiam; sic etiam de Dei promissis speres, ne cadas in peccandi præsumptionem. Ecce sic procedunt ad deducendos choros filiæ Silo. Quod si, ut dictum est, videris, exi de vineis. Sunt vineæ Sodomorum, quarum vinum fel draconum, et venenum aspidum insanabile (*Deut.* XXXII). Sunt et vineæ, quæ pro uvis fecerunt labruscas: ex quibus exire bonum esse, nulli dubium est. Sed et vinea Domini Sabaoth, cujus botrus Cypri, cujus vitis vera, cujus palmites sunt fideles, inter quos plerumque latitant infideles, eo timendi et odibiles; quo sagittant in obscuro rectos corde: de quibus sub specie vulpium sponsus ait: *Capite nobis vulpes parvulas, quæ demoliuntur vineas* (*Cant.* II). Istorum igitur est exire de vineis, si viderint filias Silo ad deducendos choros ex more procedere: vel quia in Ecclesia sunt peccatores, qui peccata sua per confessionem propalare erubescunt; sed sicut Adam in paradiso, post peccatum inter ligna abscondit se, sic inter hujus vineæ palmites latitare volunt, et aliter videri, quam esse: necesse est ut tales de vineis exeant, ut seipsos detegant; et quamvis nudi sine virtutibus, ei a cujus calore non est abscondere se, videri non erubescant. Sequitur:

Et capite eas singuli, uxores singulas (*Judic.* XXI). Ecce repente exeundum est; nec solum capiendæ, sed rapiendæ sunt filiæ Silo. Neque enim sine violentia fieri potest, ut tali matrimonio conjungaris, ut sanctorum societatibus copuleris; quia regnum cœlorum vim patitur, et violenti rapiunt illud. Sed sine mora et repente; non procrastinationes quærens, vel inducias, sed occupationum tuarum disrumpe vincula; dicens cum Propheta: *Dirupisti vincula mea, tibi sacrificabo hostiam laudis* (*Psal.* CXV). Et ideo non violentam voluntatem, sed voluntariam infer tibi violentiam; rapiens tibi idoneam filiam Silo. Quæ autem singulis sint idoneæ, paucis advertite. Sunt enim aliqui in sæculo, tam simplices quam pauperes, qui tamen fortes sunt corpore, et de labore manuum vivere didicerunt.

Alii autem non multum laboribus assueti, nec in sapientia multum eruditi, divites tamen. Alii autem corpore debiles, censu pauperes, sensu tamen locupletes. Alii autem pauperes, debiles, simplices; sed tamen exemplo aliorum vivunt innocentes. Unusquisque igitur offerat in tabernaculo, prout Deus disposuit in corde suo, quia sicut purpuram vel hyacinthum, sic pelles rubricatas, offerri sibi Deus voluit, et pilos caprarum. Alii quidem per activam, alii vero Deo placent per vitam contemplativam. Imo alii Deo placent per inferiorem activæ, alii per inferiorem vim contemplantem; alii per superiorem activæ, alii per superiorem contemplativæ. Inferior vis activæ labor est corporis; superior, officium charitatis; inferior vis contemplativæ simplicitas cordis; superior vero, devotio contemplationis. Ecce quatuor modi vivendi, quorum primus in Lia, secundus in Martha, tertius in Rachele, quartus in Maria. Et hæ sunt filiæ Silo deducentes choros, quando procedunt ex more. Ex more enim procedunt, si chorum non confundunt. Sunt enim aliqui, qui ad hoc laborant, ut avaritiæ suæ consulant, non ut egenis subveniant. In his Lia chorum confundit, quia Martham non tenuit. Sunt alii, qui pauperibus subveniunt, non de laboribus suis, sed de rebus quas rapiunt: Martha chorum confundit, quia Liam non tenuit. Sunt et alii, qui de operibus manuum suarum eleemosynas largiuntur; sed ad hoc forsitan, ut occulta scelera minime cognoscantur, vel ut aliquod temporale lucrum inde consequantur. Lia quidem in his Martham tenuit, sed utraque tamen chorum confundit, quia Rachelem dimisit. Sunt et alii, qui ab infantia sine magnis excessibus vivere didicerunt: ideoque laboribus desudare nolunt, quia se pœnitentia indigere non credunt. Cumque alios peccatores viderint, indignantur; et in aliis compati nesciunt, quia ipsi pati nescierunt.

In istis igitur Rachel chorum confundit, quia Martham et Liam tenere contempsit. Sunt forte alii, simplices, qui et laboribus intendunt, et compati sciunt, sanctis tamen cogitationibus, orationibus, psalmodiis, vacare negligunt: et tunc Rachel chorum confundit, quia Mariam non tenuit. Sunt etiam alii sapientes, sacris eloquiis intendentes, non ut opere compleant, non ut simpliciter vivant, sed ut habeant primas cathedras in foro, et ut vocentur ab hominibus Rabbi. In istis Maria chorum confundit, quæ Rachelem dimisit. Sunt et alii, qui ad hoc contemplationi vacant, ut simpliciter vivant; sed dum per studium intus mens quiescit, caro foris nullo confracta labore pinguescit. Pinguis igitur elevatur, et mentem a speculo contemplationis dejicit, ita ut seipsam non videat, quæ usque ad Deum oculos elevabat; et infra se depressa torpeat, quæ seipsam supra se in cœlestibus erigebat. Propterea Maria chorum confundit, si Liam tenere negligit. Sunt et alii, qui sic se temporalibus subsidiis immergunt, et curis sæcularibus implicantur, ut vix aut nunquam orationibus aut meditationibus ad Deum intendant. In illis Lia chorum confundit, quia Mariam dimisit. Videsne quomodo deducant chorum filiæ Silo? Non omnia possumus omnes. Laborare potes, placet tibi Lia : eam, dum tenet Martham, accipe. Tua vis pauperibus erogare, Martham diligis, accipe eam, sed inter Liam et Rachelem. Simplicitas cordis tibi placet, vivere vis simpliciter ; fiat. Accipe Rachelem ; sed inter Martham et Mariam. Psalmodiis et orationibus vacare desideras, rapere vis de choro Mariam, sed tunc egredere de vineis, cum hinc Martham, et inde tenet Liam. Deducant ergo chorum filiæ Silo : ad Canticum Citharistæ nostri. Dicit enim : *Labores manuum tuarum, quia manducabis, beatus es, et bene tibi erit* (*Psal.* cxxvii). Quid agis Lia? Frange contumaciam in labore corporis ; frange corpus in deductione chori. Dicit etiam : *Beatus qui intelligit super egenum et pauperem* (*Psal.* xl). Quid agis, Martha? Denuda teipsam, ut levius ad deducendum chorum possis procedere. Dicit iterum : *Domine, quis habitabit in tabernaculo tuo, aut quis requiescet in monte sancto tuo? Innocens manibus et mundo corde* (*Psal.* xiv). Quid agis Rachel? Deduc chorum ex more, restringens manibus latera, cum tranquillitate. Dicit etiam : *Jacta cogitatum tuum in Domino, et ipse te enutriet* (*Psal.* liv). Mentem quippe patientis bene pensare novit. Quid agis, Maria, da saltus leves, et a terra suspende te, in tuæ deductionis processione. Sequitur : *Et pergite in terram Benjamin*. Quid enim hæc omnia prodest operari, nisi regni cœlestis intuitu? Aliter labor esset magnus, et fructus nullus. Ut igitur labor parvus sit, et fructus magnus, sicut scriptum est : *Et videbantur ei dies pauci præ amoris magnitudine* (*Gen.* xxix) : pergite in terram Benjamin, quia terra Benjamin dicitur, terra filiorum dexteræ. Filii autem dexteræ sunt, quos Dominus ad dexteram statuet, quorum terra est, terra viventium, et regnum quod eis ab origine mundi præparavit, et reddet, cum venerit judicare vivos et mortuos, et sæculum per ignem. Amen.

SERMO XXXIV.

IN CAPITULO GENERALI.

Diligite justitiam, qui judicatis terram (*Sap.* 1). Timentes et venerantes eum, cui omne judicium dedit Pater, juste judicate, filii hominum. Timete, inquam, judicem vestrum, viri conjudices, quia judicia ejus abyssus multa. Quis enim cognovit sensum Domini, aut quis consiliarius ejus fuit? Quis, inquam, occultum et immobile, vel manifestum et mobile, vel occultum et mobile, aut manifestum et immobile, comprehendit? Occultum et immobile est judicium, quo judicat prædestinatos. Nam secundum hujus prædestinationis judicium, et Petrum quando negabat, dignum dilectione judicabat ; Judam vero proditorem et miracula facientem, dignum odio judicabat. Manifestum vero et mobile est, quando judicat per operationem ; et tunc judi-

cat per inferiores causas, id est secundum præsentem statum operantis. Unde dicitur : *Adhuc quadraginta dies, et Ninive subvertetur* (*Jon.* iii). Et item Ezechiæ : *Dispone domui tuæ, quia morieris tu, et non vives* (*Isa.* xxxviii). Et nota quod quoties hujusmodi judicia fiunt a Deo, conditionaliter intelligas esse prolata, ut cum dicitur : *Adhuc quadraginta dies,* etc., supple conditionem, si non convertatur. Et item : *Dispone domui tuæ,* etc., supple, si te non correxeris. Unde Dominus per Ezechielem : *Etiamsi dixero peccatori : Morte morieris ; et ille conversus egerit pœnitentiam, omnium peccatorum suorum non recordabor* (*Ezech.* xxxiii) ; intellige conditionem, cum ait : *Si dixero*. Occultum et mutabile est, quando secundum causam judicat : quod ideo occultum est, quia nunc secundum inferiores, nunc secundum superiores causas judicat. Secundum inferiores, ut simpliciter impossibilia ; secundum superiores ut possibilia Deo. Vel impossibilia, quæ præter naturam, etsi contra naturam non sint, ut primam gratiam infundere, hominem a peccatis liberare. Vel illa impossibilia, quæ quidem sunt et præter naturam, et contra naturam ; sed tamen impotentiam naturæ juvat divina potentia, scilicet quod Virgo peperit, quod uxor Lot mutata est in statuam salis. Nam illa impossibilia, quorum naturæ impotentiam non supplet divina potentia, ut de trunco fieri vitulum, non judicat, vel secundum inferiores, vel secundum superiores causas. Simpliciter vero possibilia dicimus, quæ secundum cursum naturæ, et consuetudinem, fiunt, ut quod homo de homine, bos nascitur de bove. Possibilia autem Deo sunt, quæ quidem non secundum naturam, sed secundum consuetudinem, fiunt, ut quod anima corpori infunditur ; hoc enim fieri judicat secundum superiores causas. Manifestum vero et immutabile erit judicium, secundum retributionem, quando reddet unicuique secundum opera sua ; aliis dicens : *Venite, benedicti* (*Matth.* xxv), aliis : *Ite maledicti*. Propter tot diversa et occulta judicia dictum est : *Judicia tua abyssus multa* (*Psal.* xxxvi). Inter tot tamen diversitates, una omnium vobis data est sententia. *In quo judicio judicabitis, judicabimini* (*Matth.* vii). Unde necesse est ut justitia vestra plus abundet quam Scribarum, vel Pharisæorum. Nam illorum justitia erat informata rigore ; vestra vero debet informari dilectione. Illa judicium habebat punitivum ; vestra vero vel raro dispensativum, vel semper remissivum, ut : *Si percusserit te quis in maxilla, præbe ei et alteram* (*Luc.* vi). Unde dictum est : *Diligite justitiam* (*Sap.* i). Et quam, nisi diligendam, id est dilectione informatam, non timendam, et rigore informatam?

Tamen ita justitiam comitari debet rigor pariter et dilectio, ut nec rigor sine dilectione, nec dilectio sit absque rigore. Nam si rigorem habeatis sine dilectione, similes eritis illi, qui cum ligna cæderet cum prophetis in silva, ferrum elapsum de manubrio fratrem occidit *(Deut. xix)*. Ligna enim cædimus, cum aliorum facta discutimus. Sed ferrum manubrium fugit, cum opus rationem excedit. Fratrem vero occidit, quando eum inde deteriorem facit, unde debuit emendari. Si vero dilectionem absque rigore habueritis, similes eritis ei, qui cum ligna cæderet, ferrum elapsum de manubrio in aquam cecidit. Cum enim aliorum facta sic discutimus, et sic opus rationem excedit, ut dilectio absque rigore judicando servetur; necesse est, ut dissolutio sequatur, et sic ferrum rationis in aqua perdatur. Est igitur rigor absque dilectione flagellum in manu furiosi, dilectio vero sine rigore in manu contracti. Ergo rigor cum dilectione justitia est diligenda, quia dilectione informata. Est autem justitia charitate informata. Est autem justitia charitate informata pactum illud, super quo nos reddit Deus sollicitos, ubi ait : *Cum obduxero nubibus cœlum, apparebit arcus meus in nubibus; et recordabor pacti mei, quod pepigi tecum (Gen. ix)*. Impassibilem siquidem et immutabilem Deum confitemur. Nec augeri potest, quia summus est; nec minui, quia unus est; nec loco mutari, quia ubique est; nec tempore, quia æternus est; nec cogitatione, qua sapientissimus est; nec affectu, quia optimus est. Unde Jacobus : *Apud quem non est transmutatio, nec vicissitudinis obumbratio (Jac. i)*. Non igitur arbitremur, quod post recordationis vigilantiam, ægrotare debeat oblivionis lethargo; vel post oblivionis morbum, iterum convalescat recordationis antidoto. Tamen recordari dicitur pacti sui, ut naturam humanam pigritantem evigilet : quæ semper infirma est ad bonum, libera ad malum : cujus ingenium hebes, memoria madida in gratiarum actione, quam nulla ciconia pinsit in antipelargosi, id est in beneficiorum retributione. Nam si se sollicitum dicat circa pactum quo nobis tenetur sola liberalitate et nuda voluntate, quanto magis nos sollicitos reddere debet id pactum, quo ei tenemur ex necessitate? Quod enim pacto nobis tenetur, inducit eum voluntas. Quod autem nos ei pacto tenemur, compellit nos ipsa necessitas. Quo pacto nobis tenetur, justitia patiens est ; quod autem nos ei tenemur, justitia cogens est. Justitiam patientem dicunt, qua fit aliquid juste, quod tamen si aliter fieret, injustum non esset. Justitiam vero cogentem dicunt, qua fit aliquid juste; quod si aliter fieret, justum non esset. Salvat igitur hominem Deus, et juste, quia justitia potestatis, quem si damnare vellet, juste damnaret, quia debito patientis. Quem igitur salvat, juste salvat, quia debito facientis; quem damnat, juste damnat, quia merito æquitatis.

Justitia igitur patiente, vel salvat vel damnat, quia vel debito facientis, vel merito patientis. Unde pactum quo salvamur, cum in fœderatione fuerit, primo justitia patiens per ratihabitionem factum est justitia cogens, ut non dico violari, sed nec licitum sit induciari. Nam quomodo violari potes pactum, quod talibus arrhis et tanto pignore subarrhatur, quod naturali pariter et civili ratione nititur ; quod stipulatione, juramento, ultima voluntate firmatur; quod præscriptione, bona fide, justis titulis consummatur; quod etiam causa, verbis, scriptis, forma, continentia, confirmatione, prout omne pactum ornari debet, vestitur : quod tandem mundiburdo, et prætoris defensione inviolabiliter observatur? Curramus per singula, et pactum hoc inviolabile perscrutemur. De arrhis et pignore nos erudit pactum Judæ patriarchæ, qui tali pacto cum Thamar convenit, ut ei hædum mittendum promitteret, promissum mitteret; et ne pactum solveret, annulum, armillam, et baculum arrhabonem dedit *(Gen. xxxviii)*. Sic et ille universalis Pater, cui in Oratione dicimus, *Pater noster*, ille, inquam, patriarcha, in quo clamamus, *Abba, Pater*, tali pacto Synagogam, quam quidem plantaverat vineam electam, sed postea versa est in amaritudinem vitis alienæ, unde et Thamar *amaritudo* dicitur, sibi fœderavit, ut Messiam in similitudinem carnis peccati specialiter ei mitteret, tanquam hædum ad faciendum Phase. Unde ipse ait : *Non sum missus, nisi ad oves, quæ perierunt domus Israel (Matth. xv)*. De quo Apostolus : *Pascha nostrum immolatus est Christus (I Cor. v)*. Interim autem, donec promissum executioni mandaret, annulum fidei dedit, operis armillam, baculum legis. Pro pignore quidem legem, pro arrha vero fidem et operationem. Inter pignus siquidem et arrham hæc assignari differentia solet, quod pignus non recedit a jurisdictione dantis ; arrha vero transit in jus accipientis. Ergo qui legem dedit, ejus fuit legem adimplere, quia non fuit obnoxia legi Synagoga post adventum Messiæ. Pignori quidem debuit abrenuntiare, soluta promissione : fidem vero et actionem pro arrha dedit, quia etiam post adventum absoluta non fuit a fide et operatione. Sed misera baculum reportavit, pignus contra legem retinuit, quia semper obnoxia legi esse voluit. Ipsa nos docet ratio de talibus. Quid enim baculus mulieri competit? Mulierem portare baculum, insania videtur; sed armilla et annulo ipsam decebat ornari. Naturali vero et civili utitur ratione : naturali quidem, quia, sicut lex ait, Nihil convenientius quam pactum servare. Clamat enim jus naturale : « Quod tibi non vis fieri, alii ne feceris, » vel, « Quod tibi vis fieri hoc fac alteri. » Ista duo, nisi pactum violetur, semper inter paciscentes conveniunt : alioqui pactum, id est pacis actum, servare non possunt. Timor igitur et amor ad hujus observantiam pacti nos compellit. Nam quia ratione civili nititur, merito natura prævaricantis eliditur, et in naturalibus vulneratur, qui privilegio indultæ bonitatis abutitur. Scriptum quippe est : « Privilegium meretur amittere, qui concessa sibi abutitur potestate. » Sed et amor ideo nos compellit, quia perpetua pace debet gaudere, qui contra pacis actum noscitur non venisse. Sed in hoc civili nititur ratione, quia prætor clamat ;

Pactum servato. Quis igitur præsumptor temerarius audeat violare, si prætor ipse pactum se promittit servare? Firmatur autem stipulatione, quia cum in baptismo diceretur nobis a sacerdote : *Credis in Deum?* et responsum fuisset : *Credo.* — *Abrenuntias Satanæ? abrenuntio.* — *Vis baptizari? volo:* his omnibus stipulationibus a jurisdictione diaboli nos exfestucavimus; et divino pacto nos subdidimus. Firmatum est etiam juramento. Juravit enim Dominus, et non pœnitebit eum (*Psal.* CIX), jusjurandum, quod juravit ad Abraham, daturum se nobis (*Luc.* I), quod et factum est. Puer enim natus est nobis, et filius datus est nobis. Nos enim juravimus et statuimus, custodire judicia justitiæ suæ, quoties nos obligavimus ei per verbum Psalmistæ dicentis : *Juravi et statui, custodire judicia justitiæ tuæ* (*Psal.* CXVIII).

Videat ergo temerarius violator, ne perjurio convincatur. Sancitum est etiam ultima voluntate, quia dicit lex : « Nihil est quod melius debeatur hominibus quam ut supremæ voluntatis, postquam aliud nihil velle possunt, liber sit stylus; et licitum, quod jam non redit ad arbitrium. » Dicit autem Apostolus : *Testamentum Christi in morte confirmatum est* (*Hebr.* IX). Sic et nos, quotquot baptizati sumus, in morte ejus baptizati sumus. Figura quidem est mortis triduanæ trina mersio aquæ. Est igitur quædam mors pretiosa baptismus, qua mortui sumus, sicut ait Apostolus : *Mortui enim estis, et vita vestra abscondita est cum Christo in Deo* (*Coloss.* III). Nec solum mortui, sed et consepulti sumus ei per baptismum in mortem. Cum igitur baptizaremur, id est cum sic mereremur; quæ fuit nostra ultima voluntas, nisi ea qua confessi sumus, quando quæsitum est : *Abrenuntias Satanæ?* et dictum est : *Abrenuntio?* Hæc est nostra ultima voluntas, quam confessi sumus; et statim baptizati sumus; imo statim mortui sumus. Si igitur in morte testamentum confirmatur, nulla ratione licet hoc pactum transgredi, nullo pacto licet hanc ultimam voluntatem violari. Consummatur etiam præscriptione, quia dicit Petrus Ravennas, sicut scriptum est in *Decretis* : « Triginta annis humanæ leges omnes sopiunt quæstiones. » Generatio vero Christi ineffabilis, post tot annorum curricula, quæstione adhuc temeraria ventilatur? A simili. Pactum quod quadragesies triginta sex annis amplius confirmatum est, et observatum, licet iterum violari? Absit! Bona etiam fide confirmantur. Nam quando cum aliquo homine pactum contrahimus, contractum pacti propter hoc timemus, quod utilitati suæ plusquam nostræ dare operam conspicimus. Sed quis hoc pactum violare præsumat, cujus utilitas non ad illum, cum quo contrahimus, transfertur, sed in nos reciprocatur? Nam si tibi Deus aliquid impendit officii, nonne tua erit utilitas? Et si tu ei aliquod impendis officium, quid utilitatis ei impendis? Nonne ad te tota refertur utilitas?

Hic est bonæ fidei contractus, ubi tuus in omnibus habetur profectus. Justis etiam titulis pactum hoc confirmatur. Quod enim acquiritur, vel pro hærede, vel pro emptore, vel donato, vel pro legato, vel pro in dotem dato, vel titulo, qui dicitur, pro suo, possidenti confirmatur. Ecce pro hærede nos possidet, de quo dicunt vinitores : *Hic est hæres* (*Matth.* XXI). Unde ait : *Hæreditas mea Israel* (*Isai.* XIX). Idem etiam pro emptore. Unde Apostolus : *Empti enim estis pretio magno* (*I Cor.* VI). Sed et pro redemptore, qui pretioso sanguine nos redemit. Unde clamamus : *Redemisti me, Domine, Deus veritatis* (*Offic. Eccles.*). Sic etiam pro donato, quia nobis datus est, vel quia nos ei dati sumus. De primo siquidem dictum est : *Puer natus est nobis, et filius datus est nobis* (*Isai.* IX). De secundo dicit ipse Patri : *Sanctifica eos in nomine tuo, quos dedisti mihi* (*Joan.* XVII). Similiter et pro legato, de quo ait Sophonias : *Auditum audivimus a Domino; et legatum ad gentes misit* (*Abd.* I). Et etiam pro in dotem dato. Nam fidelibus suis sponsam, id est Ecclesiam suam, dotavit pariter et ditavit. Titulo tandem suo nos possidet. De quo lex ait : *Quod in nullius bonis est, naturali ratione occupanti conceditur.* Et hunc titulum pro suo dicunt, quando res, quæ nullius utilitatis est, in jus occupantis per exercitium et laborem cum utilitate transfertur. Et quid erat inutilius homine? Non solum inutilis, sed et nocivus; non solum alii, sed et sibi. Sed jam prorsus utilis factus est, cum Deo debitum impendit officium, timens Deum, et mandata ejus observans, hoc est omnis homo. Quo igitur modo violandum est pactum, quod talibus titulorum columnis videmus roboratum? Est etiam ornatum causa. Causa a casu vocatur. Et quo casu, nisi casu hominis, hæc causa vocatur? In casu quippe hominis tres veniunt in causam. Unus actor et solum actor, id est Deus; alius reus, et solum reus, id est diabolus; tertius actor et reus, id est homo, sed diversis respectibus, quia reus, quantum ad Deum; actor, quantum ad diabolum. Actor vero et non reus est Deus in causa hac, quia non est qui de Deo debeat aut possit conqueri, cum tamen ipse tam de homine, quam de diabolo materiam habeat conquerendi. In hoc quippe de diabolo poterat conqueri, quod agrum non suum ausus fuerit demetere, et messem Domini falce deceptionis secare, quando Dei creaturam non timuit suo dominio subjugare. Hominem vero tanquam servum fugitivum poterat convenire de inobedientia, et de vitio ingratitudinis arguere, convenire de crimine læsæ majestatis : et his omnibus probatur homo reus. Nam actor per hoc comprobatur, quia diabolum de fraude, de mendacio, de calumnia, convenire posset, si judex aut patronus posset inveniri, qui cogeret eum juri parere. Sed hoc facere nullus poterat, nisi Deus, Deus autem nolebat, quia homini iratus erat. Oportebat ergo ad hoc ut Deus vellet, quod homo et debitum solveret, et satisfaceret pro contemptu. Sed hoc implere non poterat homo; si vel irrationalem, vel rationalem daret homo pro debito creaturam. Irrationalis enim multo est rationali indignior; rationalis etiam injustus indignior rationali justo. Ergo nec inter rationales, nec inter irrationales creaturas dignum tali recompensatione poterat quid inveniri.

Propter hoc miseratus Deus hominem, multo perdito digniorem dedit homini, ut daretur pro homine; et per hoc misericordia et veritas obviaverunt sibi : et misericordia quidem, quod dedit homini ; justitia et veritas, quod datum est pro homine. Sic igitur satis datum est pro debito, sed satisfaciendum est pro contemptu : sed nec illud facere poterat, nisi qui nihil pœnæ debebat. Ergo pœnam sustinuit, qui pœnam sustinere non meruit, ut sic et debitum solveret, et satisfaceret pro contemptu. Hæc est actio nostræ pacis ; et ideo pactum hoc pacis actum vocamus, quod nulla ratione licet violari, sicut nullus alius potest salvari.

Verbis etiam ornatum est pactum multifarie multisque modis, nunc patriarcharum, nunc prophetarum, nunc apostolorum, nunc evangelistarum : sed præcipue per Verbum, in quo locutus est nobis Deus Pater; scimus, quia verbum illud veritas est, quod pactum confirmat, et ob hoc violari non potest. Ornatur etiam scriptis. Nam quæ theologia vel liberalis disciplina Novi et Veteris Testamenti, imo et ipsorum philosophorum hoc non resonat, ut finem bonum rerum initia sortiantur ? Sed in hoc decepti fuerunt philosophi, quod eorum alii voluptatem, alii virtutem, rerum finem esse dixerunt. Nec a veritate isti longe fuissent, si virtutem finem. finalem dixissent. Nam finis finalis omnium virtutum Deus. Unde Salomon : *Finem loquendi pariter audiamus, Deum time, et mandata ejus observa ; hoc est omnis homo* (Eccli. xii). Ergo timoris et observantiæ mandatorum non virtutes, sed Deus virtutum causa finalis esse debet. Philosophi vero virtutem Deum esse, non donum Dei, credebant, et propter hoc evanuerunt in cogitationibus suis. Hinc est quod Moyses, qui omni sapientia Ægyptiorum sapientissimus perhibetur, greges septem filiarum sacerdotis Madian ad puteum legitur adaquasse, ut per hoc daretur intelligi quod iste qui præcipuus theologiæ fuit prædicator, profundis sanctarum Scripturarum mysteriis septem liberalium artium amatores imbueret; et ex ipsis philosophiæ artibus theologicam sapientiam comprobaret. Nam cum illarum septem liberalium artium aliæ de vocibus, aliæ de rebus nos ædificent; quæ autem de vocibus, alia de pronuntiatione instruit, ut grammatica : alia de significatione, ut dialectica; alia de utraque ut rhetorica ; quæ vero de rebus, alia circa naturam, ut physica ; alia circa formam : et quæ circa formam, alia circa mensuram, ut geometria; alia circa numerum, ut arithmetica ; alia circa pondus, ut musica; alia versatur circa motus, ut astrologia ; theologia in hoc omnes præcellit, quod in his

omnibus ei omnes famulantur. Nam sub eo sensu, qui est in significatione vocum ad res, historia continetur, cui tres scientiæ famulantur, grammatica, dialectica, rhetorica. Sub eo vero sensu, qui est rerum ad facta mystica, continetur allegoria. Et sub eo sensu, qui est in rerum significatione ad facienda mystica, continetur tropologia. Et his duobus deserviunt arithmetica, geometria, musica, astronomia et physica. Quidquid vero vel sub historia, vel allegoria, sive sub tropologia docetur, causa hujus pacti, id est nostræ restaurationis edocetur. Nam quamvis in initio suæ narrationis Moyses tractet de operibus conditionis; principalis tamen ejus intentio fuit, informare lapsos de operibus restaurationis. Non enim convenienter ostendere posset qualiter homo fuerit reparatus, nisi prius ostenderet qualiter fuerit lapsus. Lapsum vero ejus convenienter non ostenderet, nisi prius qualiter fuit conditus, explicaret. Ut autem ostenderet hominis institutionem, necesse fuit ostendere totius mundi conditionem, quia factus est propter hominem. Nam spiritus propter Deum, caro propter spiritum, mundus propter corpus humanum. Hoc igitur ordine de rebus tractat :

Primo qualiter mundus factus propter hominem; secundo qualiter homo factus naturalibus et gratuitis bonis fuerit præditus; tertio, qualiter lapsus, ad ultimum quomodo reparatus. Omni igitur doctrina pactum nostræ restaurationis ornatur. Ornatur etiam et forma, qua pacta antiquitus formari solebant. Olim quippe cum antiqui pactis aliquibus conveniebant, in loco quo pactum firmabant, effundebant sanguinem fœdæ porcæ : unde pactum alio nomine a fœda porca fœdus appellatur. Sed quoniam in lege porcus est immundum animal, Moyses cum pacto populum alligaret Domino, non sanguine porcæ, sed sanguine duodecim taurorum, quos a duodecim principibus accepit, cujus medietate aspersit tabernaculum, et vasa, et populum; in signum, quod si Domino servirent, Dominus eis ex pacto tenebatur. Medietatem vero fudit ad crepidinem altaris, in signum, quod ex pacto se Domino populus alligabat. Josue vero per aquæ effusionem, eumdem populum Domino, et populo Dominum obligavit. Salvator vero noster, non per taurorum, sed per proprii sanguinis effusionem et aquæ, tanto fortius nos sibi obligavit, quanto et Moysen imitatus est in effusione sanguinis, et Josue in effusione aquæ. Nam quando de ejus latere sanguis exivit et aqua, nobis duo sacramenta, alterum nostræ redemptionis, alterum regenerationis, ministravit. Si igitur pacto tenebantur homines sanguinis fœdæ porcæ, ut statuerunt antiqui ; vel per effusionem sanguinis taurorum, ut voluit Moyses ; vel per effusionem aquæ, ut statuit Josue ; quanto magis ei debemus obligari, qui per proprium sanguinem, et aquam de proprio latere effusam, sibi nos fœderavit ? Ornatur quoque continentia. Continue enim pactum nos præcedit, cum ei per cibum corporis, et potum sanguinis sui fœderamur. Sicut enim Ecclesia nunquam cessat a sacramento; sic etiam nunquam cessat a pacto. Continuatur enim pactum, dum continuatur sacramentum. Nam nihil aliud hoc pactum dicimus, quam communionem et unionem factam per corporis et sanguinis sui sacramentum. Ornatur tandem confirmatione, quoniam lex pactum confirmat, quæ dicit : *Nisi manducaveritis carnem Filii hominis, et biberitis ejus sanguinem, non habebitis vitam in vobis* (Joan. vi). Et iterum : *Qui manducat carnem meam, et bibit sanguinem meum, in me manet, et ego in eo* (ibid.). Ecce obligatio pacti fœdere sacramenti. Ecce quare certo certius debet esse, pactum hoc violari non posse. Dicis tamen : Quod non potest violari potest induciari. Ut autem inducietur, movet ætas, cogit necessitas. Ætas quidem, quæ mihi promittit spem pœnitentiæ, spem veniæ, spem longioris vitæ. Necessitas vero, quia non solum mihi, sed amicis meis, parentibus, et cognatis, natus sum : quibus teneor prodesse et subvenire, quia ut ait Seneca, Ortus nostri partem vindicat patria, partem amici. Unde Joannes : *Qui habuerit substantiam hujus mundi, et viderit fratrem suum necesse habere, et clauserit viscera misericordiæ; quomodo charitas Dei manet in eo?* (I Joan. iii.) Ergo ut amicis subveniamus, inducias habeamus. Bene. Actorem omnium foro civili coarctandum existimas. Forte quia dicis, actor debet sequi forum rei. Esto.

Quæro quas dari tibi vis inducias. Nam quinque sunt induciarum genera; scilicet induciæ vocationis, deliberationis, appellationis, præparationis, restitutionis. Dicis ergo : Restitutionis inducias peto, quia spoliatus sum.

Hoc vere dixisti, quia similis factus es homini descendenti a Jerusalem in Jericho; et incidit in latrones, et exspoliaverunt eum, etc. (*Luc.* x). Spoliatus es ergo gratuitis, et vulneratus in naturalibus. Liberum siquidem arbitrium habes, sed depressum; ingenium, sed hebes; memoriam, sed madidam; rationem, sed quasi lippam; præterea gratuitis tuis spoliatus. Ergo quia spoliatus es, petis restitui, quia lex dicit, quod quantumvis criminosus, fur, hæreticus, latro, schismaticus; dummodo neget se talem, nec adversus fuerit probatum crimen impositum, debet rebus quibus est destitutus, restitui. Verum quidem est, sed excipitur vitium dilapidationis. Nam si aliquis vitio dilapidationis infamatur, et propter hoc fuerit exspoliatus, non debet restitui, sed in sequestrum debent ablata custodiri, donec sibi commendatæ fidelem se patronum probaverit. Tu autem de vitio dilapidationis judicaris. Nunquid similes sumus illi filio juniori, qui accepta portione, quæ eum contingebat, abiit in longinquam regionem, et vivendo luxuriose cum meretricibus omnia dissipavit, ita ut ad patrem reversus dicere cogeretur : *Infixus sum in limo profundi, et non est substantia* (Psalm. lxviii). Nam quasi accidentalia sunt temporalia, quæ adesse possunt et abesse, præter subjecti corruptionem. Substantialia vero sunt naturalia vel gratuita; quæ abesse non possunt sine detrimento subjecti. Hæc bona dissipamus voluptuose vivendo : unde nec restitutione gaudere debemus, donec in contrarium probetur. Tamen ut nulla vobis remaneat materia conquerendi, facta est nobis restitutio non solum juris, sed etiam juris et facti; et hoc ex abundanti, et præter meritum. Restitutio juris est, cum sententia restitutionis profertur; juris et facti est, cum et profertur sententia, et exsecutioni mandatur quod et factum est. Restituti quippe sumus, non solum ad possessionem, sed ad causam, sed ad famam. Ad appellationem enim ideo restitui nequivimus, quia major non est, ad quem appellare debemus. Ergo ad possessionem restituti sumus. Possessio nostra paradisus est, ab hac possessione fuit expulsus, et ea fuit Adam exspoliatus. Sed flammeum gladium atque versatilem amovit, et januas cœli patefecit (quas protoplastus clauserat), sanguis Christi. Unde et in typum hujus restitutionis et pacis redditæ, Domino patiente scissum est velum templi (*Matth.* xxvii). Restituti etiam sumus ad famam, quia cum propter infamiam antiqui peccati amisissemus jus accusandi, testificandi, judicandi : solo siquidem jure civili excipere posset diabolus oppositum criminale, quia nobis imponentibus ei mendacii crimen et malitiæ, posset et repellere nos a causa dicens : Non potestis contra me crimen intendere, quia servi mei estis : nunc per gratiam Dei ad utramque famam, ecclesiasticam scilicet et civilem sumus ita restituti, ut non solum accusandi, imo et judicandi data sit nobis in eum potestas, sicut ait Apostolus dicens : *Nonne angelos judicabimus?* (*I Cor.* vi.) Et sic etiam, ut nulla suspicio, nullum opprobrium fæcis antiquæ removeat. Ad ecclesiasticam igitur famam restituti sumus, quia nobis data est accusandi seu judicandi facultas : ad civilem vero, quia omnis antiquæ infamiæ suspicio et opprobrii confusio deleta est : et hoc eodem modo ad causam sumus restituti : quia cum ante pactum istud nulla nobis expetendi contra diabolum esset facultas, non tantum allegandi contra eum, sed etiam, ut dictum est, data sit nobis in eum sententiandi potestas.

Cum igitur frivola sit omnis restitutionis excusatio, forte præparationis inducias petis. Nam præparationis induciæ dicuntur, quando quis negat se habere præ manibus instrumentum, vel testes, quibus causam suam debet roborare contra actorem, petit in hoc casu instrumenta vel testes. Sed cum fere semper incumbat actori probare affirmativam quam intendit, non reo negativam : nam si actor defecerit, reus etsi nihil præstiterit, obtinebit (fere tamen dixi, quia sicut quidam volunt, exceptionem habet in causa divortii); mirum videtur, si contra tot actoris et rei instrumenta, et contra tot testes, privilegiis infirmari voluerit reus contra leges et in luitæ privilegia libertatis. Tot enim instrumenta nostræ salutis sunt, quot theologicæ doctrinæ documenta ; tot vero testes, quot martyres ; quoniam et martyres Græce, Latine *testes* appellantur. Propterea petis appellationis inducias : sed frustra, quia petendæ sunt ante litis contestationem, nisi ab iniqua sententia. Sed postquam lis contestata, et adhuc ventilatur, nec promulgata est sententia diffinitiva, sed adhuc ille dies criticus exspectatur, in quo dicturus est Judex vel bonis : *Venite*, vel malis : *Ite*, etc. (*Matth.* xxv), appellandum non est. Ab illa autem sententia tanquam iniqua, quis erit ausus appellare ; vel quem, quæso, appellaret ? Nam fieri solet appellatio a minori ad majorem. Quia igitur illo Judice non est major, tenebit absque dubio sententia, appellatione remota. Deliberationis ergo dilationes expostulas, sed sero. Nam quando dictum est tibi : *Abrenuntias Satanæ?* Tu vero respondisti : *Abrenuntio*, quod postea ratum factum est confirmationis sacramentum : qua fronte quasi de novo vis deliberare, quod sub morosa deliberatione licuit excusare ? Quia tamen lex ait, quod actor debet sequi forum rei, Deus autem in hoc discrimine litis actor, tu vero reus, videtur quod lege fori, non lege poli te debeat convenire. Esto. Non ergo tibi licet deliberationis inducias obtinere. Lege quippe fori non dantur dilationes deliberationis, imo impetitus statim respondebit, vel capite plectetur ; maxime si criminalis fuerit causa. Lege vero poli tam in criminali quam in civili, habebit reus deliberationis inducias. Ergo quia lege fori vis convenire actorem tuum, denegandæ tibi sunt deliberationis induciæ ; sed impetitus nisi sufficienter statim respondeas, dignus eris capite plecti. Sufficienter enim dixi, ne calumniando, prævaricando, tergiversando, respondeas. Calumniari autem est falsum intendere, prævaricari autem veritatem truncare ; tergiversari vero est a proposito lacessere ; capite vero plecti, est Christo, qui nostrum caput est, privari. Restant ergo tibi vocationis induciæ, dilationes nimirum vocationis ter triginta dierum ternis edictis expressarum, vel uno edicto peremptorio pro omnibus ad arbitrium judicis prorogato vel arctato. Sed cum Judex per apparitores suos apostolos jam citatorium nobis editum dederit, et monitorium ; non restat, nisi peremptorium. Et quis illud expostulet, aut desideret : *Væ*, inquit propheta, *desiderantibus diem Domini. Dies enim illa dies iræ, dies nubis et caliginis, dies tubæ et clangoris* (*Amos* v ; *Soph.* 1). Non ergo necessariæ sunt dilationes vocationis.

SERMO XXXV.

IN CAPITULO GENERALI.

Labia sacerdotis custodiunt scientiam et legem requirent ex ore ejus : Angelus enim Domini exercituum est (*Malach.* ii). O quanta est misericordia Conditoris. Servi digni non fuimus, et angeli nominamur. Magnum est, quod de nobis dicitur, et tamen verum dicitur. Testimonium siquidem perhibet is, cujus testimonia credibilia facta sunt nimis, Malachias videlicet propheta, officio angelus et nomine. Hic est, de quo dictum est, quod prophetanti, verbis suis testimonium perhibens Angelus apparebat. Ergo juxta prophetæ testimonium statuit in terris dignitates hominum Dominus, secundum ordines angelorum, ut sicut in cœlis character est cœlestis theophaniæ uniformis beatorum spirituum multitudo ; ita in terris ejusdem theophaniæ character esset multiformis spiritualium virorum unio. Non ergo solum angelos suos facit spiritus, et ministros suos flammam ignis, sed qui spiritu Dei aguntur, hi sunt angeli ejus : et qui fulgens splendore charitatis, facti sunt ejus ministri. Nam sicut flamma ignis discernitur tribus modis, splendore, calore, scintillatione ;... et per hoc, ut dictum est, fiunt characteres cœlestis theophaniæ, quam Joannes, cognomento Scotus, ita diffinivit : « Theophania est, subsequentibus signis, non substantificis geniis, mentibus ab imaginibus defæcatis, superessentialis et diffinitivæ originis simpla et reciproca manifestatio. » Unde et theophania *Dei manifestatio* interpretatur, a *Theos*, quod est *Deus*, et *phanes*, quod est *manifestatio*. Et quoniam sicut angelorum, sic vestrum est, Dei gloriam simplicibus manifestare, de Dei manifestatione breviter, velut introductionis modo pro modulo nostro vobis aliqua disseramus. Sciendum igitur quod quinque modis Deus manifestatur, videlicet voce, re, imaginatione, ratione, et anagogica contemplatione. Voce tribus modis, quia vel secundum vocis impositionem, vel secundum interpretationem, vel significationem. Secundum vocis impositionem, cum dicitur : *Ecce vir, Oriens nomen ejus* (*Zachar.* vi). Per impositionem hujus nominis *vir*, intelligo, quod ille vere vir est, cujus folium non marcescit ; et per hoc Christum intelligo, quia vir dicitur vigens robore vel rigore ; secundum interpretationem, sicut David Christum significat, quia *manu fortis*, vel *vultu desiderabilis*, interpretatur ; secundum significationem, sicut per manum Christus significatur, quia ipse manus est, per quam Pater operatur. Re duobus modis manifestatur, scilicet secundum naturam et formam. Secundum naturam, ut cum lego : *Vicit Leo de tribu Juda* (*Apocal.* v), Christum intelligo. Similiter cum lego : *Ecce Agnus Dei*, etc. (*Joan.* 1), per naturam agni Christum intelligo. Leo dicitur Christus propter fortitudinem ; agnus propter simplicitatem vel mansuetudinem. Secundum formam etiam quatuor modis manifestatur Deus. Forma enim constat numero, pondere, mensura, et motu. Per numerum Deus designatur, sicut per unitatem. Nam sicut unitas neque commissionem patitur neque divisionem, ita in unione Dei et hominis nec commistionem passus est Christus, nec divisionem. Per mensuram etiam figuratur, ut in Ezechiele per calamum mensuræ, quo templum spirituale metitur (*Ezech.* xl). Manifestatur etiam per pondus. Unde per stateram, quam Pater habet in manu, id est in Filio, æquitas divini judicii figuratur. Sicut per Joannem dicitur : *Hæc dicit, qui habet stateram in manu* (*Apocal.* vi). Secundum motum figuratur, unde per stellam matutinam significatur. Ecce quomodo re manifestatur Deus. Nunc de imaginatione videndum est.

Fit autem Dei manifestatio secundum imaginationem tribus modis, videlicet per similem similitudinem, per dissimilem similitudinem, per similem dissimilitudinem. Per similem similitudinem, ut si comparatione angeli Deum manifesto, quia angelus qui spiritus est, et invisibilis, valde similis est spiritui et invisibili Deo ; per similem dissimilitudinem, ut si quæ Dei sunt, per sui contrarium comprehendo, ut considerata miseria diaboli, quæ sit beatitudo Dei, cognoscitur : cognito quippe uno contrariorum cognoscitur et reliquum, et hujusmodi similis dissimilitudo in Evangelio invenitur, ubi legitur : *Recordare, fili, quia recepisti bona in vita tua, et Lazarus similiter mala* (*Luc.* xvi) ; per dissimilem similitudinem manifestatur Deus, quando per aliquam rem vilem et abjectam figuratur. Unde in Psalmo : *Ego autem sum vermis, et non homo* (*Psal.* xxi). Quid enim verme vilius, quid Christo dignius ? Et tamen per vermem Christus figuratur. Ratione manifestatur Deus. Sed hic notandum quod res ratione manifestatur tribus modis, scilicet præcedentibus, comitantibus et subsequentibus signis. Præcedentibus, sicut medicus ex pulsu vel urina vicinum morti cognoscit ægrotum. Comitantibus, sicut per circulum vinum vænale ostenditur ; subsequentibus, sicut per cinerem ignis in camino fuisse probatur. Sciendum ergo, quod Deus semper subsequentibus signis cognoscitur, quia Deum nihil præcedit. Propter hoc dicit Joannes : « *Theophania est, subsequentibus signis,* etc. » Sequitur :

« *Non substantificis geniis.* » Substantifica genia sunt subsistentes causæ : et nulla causa subsistit, quare Deus sit. Quia si hoc esset, oporteret, quod causatum causam suam præcederet : quod fieri non potest, maxime cum ipse Deus sit omnium causa, et causa causalissima. Quod autem sequitur, *Mentibus ab imaginibus defæcatis*, dictum est, propter anagogicam contemplationem, qua Deus proprie contemplatur, quia minus proprie per imagines manifestatur. Unde Rachel cum portaret secum idola patris sui Laban, comprehensa supposuit ea sibi. Requisita vero dixit : *Non possum assurgere tibi, quia secundum morem mulierum accidit mihi* (*Gen.* xxxi). Rachel siquidem contemplativam designat animam, quæ tunc portat idola Laban, cum secundum imagines contemplatur. Sed ea postea sibi supponit, cum imaginata credit imaginibus esse majora ; non æqualia, sed valde dissimilia. Et secundum morem mulierum accidisse sibi confitetur, quia totum humanæ infirmitati deputat, quod ad illam simplicem et divinam naturam per aliquas similitudines attingere se credebat. Hinc est etiam, quod Elias in ostio speluncæ suæ post spiritum

A conterentem petras, et subvertentem montes, post commotionem et ignem, in sibilo auræ tenuis Deum esse non negavit, quia vero tunc proficit anima, cum in contemplatione deficit ; quia nihil imaginarium de Deo sentit. Unde Psalmista : *Concupiscit et deficit anima mea in atria Domini.* (*Psal.* lxxxiii).

Tunc enim vere probatur diligere, cum in contemplatione probatur deficere. Propter hoc mentes Deum contemplantes ab omni imagine debent esse defæcatæ, id est purgatæ. Talium est enim theophania, id est manifestatio Dei : quam superessentialem et diffinitivam originem vocat Joannes. Superessentialem quidem, quia omnem superat essentiam, diffinitivam vero, non peremptoriam, sed constitutivam, sed diffinitivam originem, quia per eam omnis res habet suæ definitionis originem. Omnis enim res habet propriam diffinitionem per quam specifice differt a cæteris. Debet igitur esse simpla manifestatio Dei, quia nec divisiones membrorum, vel mutationes locorum, vel varietates temporum, aut etiam spiritualium affectuum varietates, cogitare debemus.

Hujus autem supercœlestis theophaniæ tres in cœlis describit characteres idem Joannes ; ad quorum similitudinem etiam in terris fecit sacerdotes angelos. Primam vocat epiphaniam, secundam hyperphaniam, tertiam hypophaniam. Et unamquamque trinis distinguit ordinibus angelorum. Dicitur autem epi *supra*, hyper *medium*, hypo *infra*. Est enim superior, media, et inferior phania. Epiphaniam diffinit hoc modo : Epiphania est ministeriis incalescentis affectionis altioris intuitus judiciique libra resultatio distributa. Distributa dicit, id est distincta. Distincte enim resultat Epiphania ministeriis incalescentis affectionis in seraphim. Affectuose siquidem amore divino seraphim incalescunt : unde *ardentes* vel *incalescentes* interpretantur. Resultat etiam ministeriis altioris intuitus in cherubim quia altius et subtilius cunctis inferioribus divinam majestatem intuentur : unde cherubim *plenitudo scientiæ* interpretatur. Resultat etiam Epiphania judicii libra in thronis quia in ipsis Deus, quasi rex in throno sedet ad judicandum, ut per ipsos judicet orbem terræ in æquitate. Hyperphaniam ita diffinit : « Hyperphania est sui participem insigniens scalari reverentia, usumque ejus edocens, arcensque contrarium. » Insignit enim hyperphania sui participem ministerio dominationum scalari reverentia. Officium enim dominationum est, docere subditos reverentiam prælatorum secundum diversos gradus dignitatum : unde et scalaris vocatur. Aliter enim priori, aliter abbati, aliter episcopo, aliter tandem domino papæ obediendum est. Et quoniam quidam sunt, qui scientiam habent obediendi, sed non usum : quod enim habent scientia vel habitu, non habent actu ; ideo principatuum est officium, usum et actum hujus reverentiæ nos docere. Et dilectione, carnis infirmitate, diaboli suggestione ideo officium potestatum est omne contrarium arcere. Hypophaniam vero sic diffinit : « Hypophania est naturæ legibus occurrens et arcana reserans pro sui capacitate. » Naturæ siquidem legibus occurrunt virtutes quia præter usitatum cursum naturæ, secundum superiores causas, per eos Deus frequenter miracula operatur. Arcana etiam reserant, sed pro sua capacitate, quia aliter angeli, aliter archangeli cœlestia nobis secreta revelant. Archangelorum enim est, summa et maxima, angelorum vero minima nuntiare. Talium estis, dilectissimi patres, in terra characteres, quos angelos vocat Malachias. Cum enim ardore divini amoris incalescitis, cum altiori intuitu in libro vitæ per contemplationem legitis et studetis, cum judicii libra justum judicium subditis judicatis, epiphaniæ characterem induitis. Cum in ipsa vero vestra prælatione subditorum vestrorum conservos vos esse cognoscitis, cum usum obedientiæ prælatis vestris impenditis, sicut vobis impendi vultis; cumque his omnibus contraria viriliter arcetis; hypophaniæ participio estis insigniti. Cum autem in carne præter carnem vivitis, et in terris vitam cœlestem ducitis, illud quod de quodam sancto legitur (28), imitantes, « Primum miraculum, quod fecit, ipse erat;» quando etiam arcana cœlestia reseratis unicuique p.o sua capacitate, spiritualibus spiritualia comparantes; mel et lac habentes sub lingua, cibum et po um cœlestium conviviis nuptiarum præparantes, in terris hypophaniæ officium exhibetis.

Necesse est ergo ut labia vestra scientiam custodiant. Labia quidem, quibus credita sunt eloquia Dei labia quibus datum est, illud eulogium proferre, quod panem et vinum transubstantiare potest in corpus et sanguinem Christi : labia, quibus commissa est sollicitudo orandi pro vestra et populi ignorantia; labia, quibus data est potestas ligandi et solvendi, utpote quæ facta sunt claves regni cœlorum. Nam quoniam quorumdam labia non custodierunt scientiam, perierunt propter suam insipientiam. Et qui stantium esse debuerunt, cadentium facti sunt characteres angelorum. Non enim ignorat prudentia vestra, fratres charissimi, quod de quolibet ordine angelorum aliqui ceciderunt; et in hoc caliginoso aere retrusi pervertunt homines, et quasi quosdam sui characteres in operibus suis eos efficiunt. Cum enim video quosdam igne cupiditatis ardere, quosdam abuti dono scientiæ, quosdam subditos sine discretione judicare : illos sine dubio intueor, qui de cœlesti Epiphania ceciderunt. Cumque alios video, qui nec scientiam habent reverentiæ, nec usum ejus prælatis exhibent, quæ sibi volunt a subditis exhiberi, nec arcere volunt contraria virtutibus, sed sordescunt in fæcibus suis : illorum, qui de cœlesti hyperphania lapsi sunt, characteres in-

tueor angelorum. Cum vero quidam naturæ legibus occurrunt, contra naturam carnis legibus servientes, dolis intendentes et fraudibus, ludis et vaniloquiis, magis quam spiritualibus, illorum efficiuntur characteres, qui de cœlesti hypophania ceciderunt. Necesse est ergo, ut labia vestra custodiant scientiam, quia non sufficit una clavis ad ligandum vel solvendum, sed cum potentia solvendi seu ligandi necessaria est scientia discernendi. Ergo quia ad judicandum congregati estis, trium legum judicium ante mentis oculos habere debetis, legis videlicet naturalis, cujus judicium est : « Quod tibi non vis fieri, alii ne feceris; et quod tibi vis fieri, alii feceris. » Interdum tamen uti debetis judicio scriptæ legis : raro tamen, et quando occurrit causa inevitabilis, cujus judicium est, *Dentem pro dente, oculum pro oculo* (*Deut.* XIX). Sed raro, ut dictum est, sicut ait legislator noster beatus Benedictus, quando scilicet nihil proficiunt unguenta adhortationum, vindicta verberum sua et fratrum suorum oratio, si prius hæc fuerint adhibita, nihilque proficiant tunc utatur ferro abscissionis, sicut scriptum est : *Infidelis si discedit, discedat* (*I Cor.* VII) ; ne una ovis morbida totum gregem contaminet. Sæpius tamen, et fere semper nisi forte patientia vestra vir impudens et incorrigibilis abutatur, judicio legis spiritualis uti debetis; illo videlicet, quo dicitur : *Si te percussit quis in maxillam, præbe ei et alteram* (*Matth.* V), ut sic tanquam viri sapientes et discreti, sciatis, in quibus remissivum, in quibus vero punitivum debeatis judicium exercere, scientes, quia in quo judicio judicaveritis, judicabimini, ab illo judice, qui reddet unicuique secundum opera sua, cum venerit judicare sæculum per ignem.

SERMO XXXVI.

IN FESTO OMNIUM SANCTORUM

Congregate illi sanctos ejus, qui ordinant testamentum ejus super sacrificia (*Psal.* XLIX). Nemini novum videatur, quod beatus Bonifacius antiquum illud templum a Phoca Cæsare impetratum, in honore sanctorum Omnium haberi voluit consecratum. Præceptum enim in Israel est, et judicium Deo Jacob. Præco siquidem ille antiquus, præfectus in cantoribus, Barachielis filius, piscatores illos, quorum retia rupta sunt a conclusione piscium suorum redarguens ; piscatores alios, quorum retia rupta non fuerunt a conclusione piscium centum quinquaginta trium, exhortatur, cum ait : *Congregate illi sanctos ejus.* Intitulatur enim *Psalmus Asaph.* Quis sit autem Asaph, ex genere, ex dignitate officii, ex nominis interpretatione, dignoscere non erit inutile. Asaph, sicut in Paralipomenon legitur, fuit filius Barachielis qui factus est inter cantores unus quatuor magistrorum. Interpretatur autem *synagoga*, sive quod

---

(28) S. Bernard. hoc de S. Victore dicit serm. de eod. Victor.

Idem est, *congregatio*. Sed cum omnis congregatio sive hominum sit, sive pecudum, synagoga posset appellari, proprie tamen synagoga dicitur, congregatio populi Israel. Sed cujus Israel? Est enim Israel secundum carnem, et est Israel secundum spiritum. *Non omnes*, ait Apostolus, *qui sunt ex Israel, hi sunt Israelitæ sed in Isaac*, id est filio promissionis, *vocabitur tibi semen* (*Rom.* ix); semen inquam, de quo dictum est ad Abraham : *In semine tuo benedicentur omnes gentes* (*Gen.* xxii). Quod exponens Apostolus : *Non ait in seminibus*, inquit, *quasi in multis; sed in semine tuo, qui est Christus* (*Gal.* iii). Illi ergo Israelitæ sunt, qui in Christo benedicti sunt. Sed qui sunt hi benedicti? *Omnes qui viderint istos cognoscent eos, quia isti sunt semen cui benedixit Dominus* (*Isai.* lxi). Quis enim videns obedientiam vestram, abstinentiam vestram, laborem vestrum et devotionem, in vigiliis, in jejuniis, in psalmodia, non cognoscat, quod vos estis semen Domini Sabaoth, semen de semine, quod Dominus reliquit nobis? Nisi enim, ait Scriptura, *Dominus Sabaoth reliquisset nobis semen, quasi Sodoma fuissemus, et quasi Gomorrhæ similes essemus* (*Isai.* i). Verumtamen, charissimi, vestra congregatio Asaph Barachielis est : et vere Asaph dici potest : Asaph, quia multæ filiæ congregant divitias, vos supergredimini universas. Vos enim estis acervus ille testimonii, congregatus in confœderatione Jacob et Laban. Nam quod ipse Dominus pacem habeat cum populo terræ, quasi cum Laban, in patientia vestra et perseverantia vestra testimonium perhibetis. Quoties enim in labore fortitudinem, in tentatione patientiam, in opere bono perseverantiam, demonstratis, lapides in acervo testimonii congregatis. Ex his siquidem tumultus testis efficitur, in quo primum lapidem Jacob posuit; et post ipsum fratres ejus. Cum enim Dominus in lucta passionis tanquam luctator insuperabilis, (Nam Jacob *luctator* interpretatur,) patientiam demonstraret, lapidem posuit in acervo. Deinde quando filii ejus, sive fratres, ad imitationem ejus diversas virtutes accumulant, lapides in tumulo coacervant. Filii enim sumus, in hoc quod est Deus; fratres, in eo quod est homo. Filii sumus, in hoc quod fecit nos; fratres, in hoc quod humanæ naturæ defectui absque peccato nobiscum communicavit. Filii ergo sumus, per gratiæ donum; fratres, per naturæ consortium. Unde nec confunditur fratres nos appellare, dicens quodam loco sic : *Narrabo nomen tuum fratribus meis* (*Psal.* xxi). Vos igitur quos ad glorificandum seipsum amor Christi ab aquilone et mari congregavit in unum, vos, qui cum vero Jacob in confœderatione Dei et hominis, non dispergitis, sed colligitis cum eo, sicut ait : *Qui non colligit mecum dispergit* (*Luc.* xi) : vos, inquam, qui virtutes congregando, in hac valle lacrymarum ascensiones disponitis ut ascendatis in montem Domini, misericordiam et benedictionem a Deo acco-

pluri, dici potestis Asaph et filii Barachielis. Asaph, propter congregationem virtutum; Barachielis, propter benedictionis donum. Barachiel enim *benedictio Domini* interpretatur. Asaph igitur estis, per meritum; Barachielis, per præmium : Asaph per gratiam, filii Barachielis per retributionem. Asaph estis, qui magisterium tenet in cantoribus. Nam cum in citharis et tympanis et choris, et diverso genere musicorum dulcis sonus suavisque fieri possit harmonia, super omnes coram Deo dulcis est ille meliodorus : in quo tangitur corda cordis, et vita respondet verbis : ubi tangitur acuta per devotionem; gravis vero corda per patientiam et tribulationem. Quomodo in cantoribus primatum tenere non debeat qui canere novit per prædicationem tuba, in psalterio vero, qui a superiori sonat per contemplationem; in cithara quæ ab imo sonum reddit, per miseriæ suæ discussionem; in tympano per carnis mortificationem; in choro per fraternam dilectionem; in chordis per cordis intentionem; in organo per devotionem; in cymbalis jubilationis et bene sonantibus, per hilaritatem et exsultationem? *Hilarem enim datorem diligit Deus* (*II Cor.* ix). Tales cantores estis vos, fratres charissimi; et talibus instrumentis aures Dei mulcere didicistis. Clamet igitur Asaph : clametis et vos, clamet piscatoribus nostris, quorum retia rumpi non possunt. Clamet illis, insultando; clamet istis, exsultando. clamet illis, ad increpandum; clamet istis, ad exhortandum; clamet illis, ut foras mittant pisces, qui rumpunt retia; clamet istis, ut congregent et gaudeant in captura. Vultis audire charissimi quæ sunt antiqua retia, quæ rupta sunt, qui piscatores, et qui pisces fuerunt? Antiqua retia, antiquam illam arbitror Synagogam quam modo dilaceratam videtis et dispersam. Et in compositione retium istorum, nodos possumus appellare signa illa quibus antiqui Deo adhærebant; vel eorum operationes, qui inter eos sancti erant. Nam sicut ex duobus funiculis nodus efficitur, sic ex Dei miraculis, et patriarcharum operibus, fiebat in retibus nexus amoris. Ut enim antiquos Deus diligeret, quasi quidam nodus erat innocentia Abel, justitia Noe, Abrahæ fides, devotio Isaac, afflictio Jacob, mansuetudo Moysi, fortitudo Davidis. Ex alia vero parte, ut ipsi Deum diligerent, suscepit sacrificium Abel; salvavit ab aquis diluvii Noe; ditavit Abraham in Chanaan; desiderium Isaac implevit; Jacob de manibus Esau liberavit; Moysen et fratres suos filios Israel, de sub jugo Pharaonis eduxit; David de post fetantes assumens, in rege sublimavit.

In istis ergo et talibus antiqua retia contexuit. Sed pisces in retibus paulatim palpitare cœperunt, et ruperunt retia. Quid enim pusillanimitas ipsa, qua contra Deum murmurabant, inter Ægyptios et mare Rubrum? Quid illa superfluitas in Mara pro amaritudine aquarum? quid illa murmuratio in fastidio levis cibi? quid illa voluptas in desiderio carnium Ægypti (*Exod.* xvii), nisi interruptionis foramina, quæ fecerunt pisces in retibus congregati ? Hinc enim vinculum dilectionis incœpit dissolvi, quo cum Deo innodati erant, cum ipsi beneficiis ejus ingrati, Ægyptum cupiebant; fecerunt vitulum conflatilem; murmurabant contra Moysen ; ipsum quoque Deum blasphemabant (*Exod.* xxxii). Sed tamen si inter eos aliqui tales inventi sunt, qui Deum in hujusmodi blasphemiis offenderent, propter aliquos tamen, qui inter eos sancti erant, parcebat toti multitudini ; nec retia funditus permittebat dissolvi. Ipse enim est, sicut locutus est ad Abraham, qui propter decem justos, Sodomitis omnibus pepercisset : si in Sodomis eos invenisset (*Gen.* xviii). Sed quoniam paulatim charitate filiorum Israel refrigescente, tanta inter eos excrevit malitia, tanta superbia, tanta cupiditas, et infidelitas tanta, ut non tantum mali in seipsos, vel in sanctos Dei essent, sed in ipsum Dei Filium exardere, tenere, occidere non timuerunt : nullus utique inter eos bonus inventus est, sed sicut Sodomitis pares inventi sunt in prævaricatione ; sic etiam eis pares facti sunt in reprobatione. Hinc igitur est quod Asaph Synagogam illam redarguens, ibi dicit : *Peccatori autem dixit Deus: Quare tu enarras justitias meas ?* (*Psal.* xlix.) Sicut jam diximus, piscatores, quorum retia rupta non sunt, ad copiosam capturam invitat, ubi ait : *Congregate illi sanctos ejus* (*ibid.*). Retia enim quæ rumpi non possunt, præsens est Ecclesia, quæ est congregatio sanctorum : quorum nodi sunt hinc religio, vita vel mores, inde vero naturæ, gratiæ, et gloriæ donum. Istorum igitur retium sunt pisces, subditi ; piscatores, prælati. Ipsis ergo dicitur : *Congregate illi,* pisces bonos, non illos qui confundunt legem Dei; in sterilibus observantiis, et sacrificiis carnalibus, sed *congregate sanctos illos, qui ordinant testamentum ejus super sacrificia.* Vos igitur, fratres, congregate, vel prædicando, vel opere sectando, vel honore prosequendo. Prædicando sanctificandos ; opere sectando, quos videtis imitandos; honore prosequendo remuneratos, vel remunerandos. Secundum enim metonymiam, quæ figura est, per quam continens designatur in contento, sanctos congregat, qui sanctorum sanctitatem coacervat. Si enim imitamini in contemplatione Dei angelos, patriarchas in fide, prophetas in spe, evangelistas in prædicatione, apostolos in religione, in continentia virgines, in patientia martyres, in abstinentia confessores; bene congregatis sanctos omnes. *Congregate illi.* Cui illi? Illi qui locutus est : *Deus Deorum locutus est, et vocavit terram, a solis ortu usque ad occasum* (*Psal.* xlix). Eorum autem, qui congregant, alii sunt, qui Deo deorum congregant; alii vero diis, id est hominibus, sive dæmoniis. De hominibus dictum est : *Ego dixi : Dii estis, et filii excelsi omnes* (*Psal.* xxxi). De dæmoniis autem : *Omnes dii gentium dæmonia* (*Psal.* xcv).

Hominibus ergo congregant qui propter gratiam potentium, sive propter honorem terrenum, vitæ sanctimoniam custodiunt. Hinc est, quod potentibus clamat subditus : Ecce tot annis servio vobis, nec unum de mandatis vestris præterivi; vos nec unam obedientiam mihi dedistis. Et tanquam filii illius evangelici ore loquens Patrem suum sollicitat dicens : Ecce iste, qui modo de sæculo venit, qui huc usque portionem suam, vivendo luxuriose, dissipavit; postquam intus venit, statim ad obedientiam vocatus est. Ego autem tot annis, strenue conversatus sum; et abbas nec unam obedientiam dat mihi. Alii vero non hominibus, sed dæmonibus congregant, sicut ii, de quibus dictum est : *Immolaverunt dæmoniis, et non Deo, diis, quos ignorabant* (*Deut.* xxxii). Gentes enim in honore deorum suorum, plerumque in abdicatione rei temporalis, plerumque in abstinentiis, multoties vero in carnalibus sacrificiis, sollicite intendebant. Veteris vero Testamenti Patres, non hominibus, non dæmoniis, sed Deo, devoti erant; cultum religionis illius persolventes ei, quam illi dæmoniis exhibebant. Et hoc multo melius; illi enim nec fidem, nec veræ religionis cultum habebant. Isti vero etsi nondum veram religionem cognoscerent, fidem tamen jam habebant. Sed tandem crescente fide, crevit religio. Nam ordinare testamentum Dei incœperunt novi testamenti Patres, super præcepto sacrificiorum : quod illi carnaliter intendentes, intentionem datoris confundebant. Non enim de re sacramenti, sed de sacramento rei; non de veritatis signo, sed de veritate signi; non de significante, sed significato, locutus est Deus, cum de legalibus cæremoniis eis loqueretur. Unde in hoc eodem Psalmo ait : *Non in sacrificiis tuis arguam te* (*Psal.* xlix). Et : *Nunquid manducabo carnes taurorum : aut sanguinem hircorum potabo?* (*Psal.* cv.) Hinc etiam per Isaiam ait : *Quo mihi multitudinem victimarum vestrarum ? Plenus sum* (*Isai.* 1). Et per Jeremiam : *Comedite,* ait, *carnes, quia non sum locutus de holocaustomatis istis, die qua eduxi vos de terra Ægypti* (*Jer.* vii) : significans, quod de spiritualibus sacrificiis, et non carnalibus intendebat. Unde ad illorum differentiam, qui sic in zelo Dei, quem utique habebant, sed non secundum scientiam, super sacrificium, Dei mandatum confundebant, dictum est : *Congregate illi sanctos ejus : qui ordinant testamentum ejus super sacrificia.* Non qui confundunt, sed illos congregate, qui secundum mandatum in sacrificiis suis sal apponunt, pellem detrahunt, et ut fetus varios pariant, in canalibus suis virgas, partim cum cortice, partim decorticatas mittunt. Quid est sal apponere ? Mandatum sacrificii secundum spiritualem sapientiæ sensum intelligere. Quid est pellem detrahere ? Retinere sensum, et litteræ velamen removere; hoc etiam est virgas decorticare. Cum enim prælati in libris, quasi in canalibus sensum spiritualem in littera ruminant, ut inde subditi virtutes varias acquirant, virgas decorticant, ut varios fetus oves parturiant. Isti ergo sunt, qui ordinant testamentum Dei super sacrificia. In illis siquidem sacrificiis nihil aliud legislator intendere voluit, nisi quod in ipsis intendebat ostendere, quomodo, vel in bonis quæ sponte fieri solent, vel in bonis quæ fieri solent per necessitatem, se deberet habere. Bonum enim, quod sponte fit, quia coram Deo dignius est, primi ordinis esse demonstrat, cum ipsum per species suas primo subdividit. Bonorum enim quæ sponte fiunt, quædam cum majori, quædam cum minori devotione perpetrantur. Igitur quæ cum majori devotione fiunt, sub holocaustis; illa vero quæ cum minori, sub hostiis pacificis memorantur.

Item, bona illa, quæ cum majori devotione fiunt, quædam ad activam, quædam vero ad contemplativam vitam pertinent, eo quod activa vita prior sit, non dignitate, sed exercitio. Activam vitam dividit in holocausta bovis, ovis et capræ. Sunt enim quidam, qui se totos Deo committunt, fortes robore, strenui labore, qui secundum Dei mandatum, relinquunt omnia; et se et fratres suos de labore manuum suarum pascunt. Isti bovem in holocaustum ponunt. Qui quando nihil terreni præmii in labore quærunt, sed in respectu summi pontificis, id est Dei, totum faciunt, quasi ad Aaron bovem adducunt. Et eum hilariter operantur, quia hilarem datorem diligit Deus, manus super caput hostiæ ponunt. Cum autem inter labores, quidquid voluptatis est, quidquid carnalis affectus esse potuit, removent, pinguedinem de sacrificio tollunt. Qui autem in ipso labore tempus et locum, quia quandoque vacare debet propter orationem, discernere scit, artus hostiæ disponit. Cum vero propter laboris pondus, ut plerumque fieri solet, non amittit devotionem, sed cogitat in labore retributionem mercedis : lignis cogitationum suppositis, ignem sancti Spiritus in altari cordis accendit. Alii autem robore debiles, ætate senes, simplices sensu, censu divites, quando sibi amicos faciunt de mammona iniquitatis, se et sua Deo in monasterio conferentes, quasi oves de lacte et velleribus pascentes possessores suos; Deo servientes de patrimonio et divitiis suis sustentant. Sicut ergo illi laboriosi, ita isti simplices, solum pro Dei amore, cum hilaritate et devotione sancti Spiritus innocenter vivere debent. Alii vero nec corpore fortes, nec rebus locupletes, pro peccatis suis tamen, eo quod de factis suis cauteriatam habent conscientiam, omni modis intendunt in pœnitentia, in mortificatione carnis, in jejuniis, et in omni genere subjectionis. Isti igitur evangelicum publicanum viventes, nec oculos audent ad cœlum levare (*Luc.* xvIII), sed omni hora de peccatis suis se reos existimantes, ad omnia quæ eis injunguntur, velut operarios malos se judicant, et indignos. Isti capram Deo offerunt in holocaustum, qui ritum bovis et ovis in sacrificio tenent, quando cum hilaritate et devotione et spe salutis æternæ, inceptam pœnitentiam perseverentia felici consummant. Contemplativam autem vitam, sub holocaustorum specie distinguens, species ejus lex subdividit, in typo turturis, vel columbæ, vel in sacrificio similæ. Qui enim contemplativus esse desiderat, oportet, ut in castimonia vitæ intendat, ut illam quæ gemitum docet, doctrinam quærat: gemitu et contemplatione alta petat. Hic offert turturem in holocaustum, cujus ascellas frangit, quando propter studium vacat a labore; vesiculam tollit, quando superbiam rejicit; plumas vero abjicit, cum pristinam vanitatem relinquit; sanguinem in basi altaris fundit, qui pro Deo totius carnalitatis affectum contemnit. Secundum eumdem ritum etiam columbam immolat, qui simpliciter in cogitatione cogitat, ut scriptum est : *Meditabor ut columba* (*Isai.* xxxvIII). Similam autem, qui in observantia puræ conscientiæ, et per contemptum sæcularis vitæ offert de clibano, et per mortificationem carnis de craticula; et de sartagine per frixuram mentis : quæ quando cum devotione patitur, oleo similam linit; et cum inter ista devotionem orationis non amittit, etiam in sacrificio thus admittit. In isto tamen sacrificio nec fermentum, nec mel debet admisceri, quia nec malitia, nec carnalis delectationis dulcedo debet diligi. Mellis tamen primitias Deo offerat, quia necesse est ut religionis initium cum devotione suscipiat.

De illis autem sacrificiis, quæ cum minori fiunt devotione, sub hostiis pacificorum intendit, cum ea vel sub specie bovis, vel ovis, sive capræ, sicut supradictum est, legislator subdividit. Sicut enim inter illos, qui se et sua committunt, alii laboriosi sunt, et omnia quæ laborant Deo conferunt, alii corpore debiles, ea quæ possident, ut vivere simpliciter possint, dimittunt; alii autem, qui pauperes sunt, et laborare non possunt : et tamen pro pœnitentia, ad arbitrium prælati sui se Deo in monasterio committunt : ita et in sæculo degentium quidam laborare possunt, et de labore suo multa suis reservant posteris; et multa pro Deo largiuntur egenis; et isti de bove hostiam pacificorum offerunt. Alii vero viribus corporis destituti simpliciter in sæculo vivunt, nihil mali proximis suis inferunt, nec inferre moliuntur, et de iis quæ acquisierunt a juventute, pro facultatis quantitate largiuntur. Isti de ove pacificorum hostiam offerunt. Alii autem et debiles et egeni, de conscientia sua solliciti; et peccata commissa confitentes, et pœnitentiam injunctam devote suscipiunt et exercent. Isti quando pœnitent, capram immolant in sacrificio pacificorum. In omnibus tamen caudam et adipem offerre Deo debent: caudam in perseverantia, adipem in affectu. Omnis siquidem affectus, sive ille qui ad gulæ illecebras pertinet, tanquam adeps, qui ventrem operit; sive sæcularis amor, tanquam adeps qui operit vitalia, sive alicujus malæ voluntatis affectus, tanquam adeps jecoris; sive voluptatis amor, tanquam adeps, qui operit renunculos, cum ipsis renunculis, prorsus dimittere debent etiam illi, qui in sæculo Deo vivere satagunt, ut sic utantur hoc mundo, tanquam non utentes; tanquam nihil habeant, et omnia possidentes; et non tantum renunculi in voluptatis opere relinquendi sunt, sed etiam adipem renunculorum, id est ipsius voluptatis affectum, Deo debent consecrare. Bonum autem quod fit ex necessitate, sub specie sacrificiorum, quæ pro peccatis fieri solent, per species etiam suas subdividit legislator. Qui enim peccat, necesse est ut per pœnitentiæ bonum se corrigat. Unde Dominus geniminibus viperarum, tanquam peccatoribus, clamat : *Facite fructus dignos pœnitentiæ* (*Matth.* III). Digni enim sunt pœnitentiæ fructus, si personam agentis, et actum peccati consideres : si secundum utrumque, pœnitentiæ bonum vel aliis dones, vel tibi assumas. Unde etiam sacrificium pro peccatis bifariam dividitur, scilicet secundum personam, et actum. Est enim peccatum aliud singulare, aliud universale; aliud fit ex ignorantia, aliud ex temeritate; aliud ex contemptu, aliud ex deliberatione.

Peccatum igitur, quod fieri solet per ignorantiam, primo tractat sub ignorantia sacerdotis, sub ignorantia principis, et animæ. Omne enim peccatum, secundum diversas personas, majus aut minus judicari debet. Si enim sapiens est, qui peccat; si potens, ut cavere possit, vel sciat, multo gravius puniri debet quam ille qui peccatum cavere nescit, nec potest. Sacerdos, de cujus ignorantiæ peccato primo tractat, sapientem significat; princeps vero, de quo secundo agit, potentem demonstrat ; anima vero, stultum vel imbecillem. Quia igitur majus est peccatum sapientis, vel potentis quam simplicis, ideo majori indiget ultione peccati. Cum igitur de peccato sacerdotis per ignorantiam facto tractat, pœnitentiam ejus sub oblatione vituli disponit. Pœnitentiam vero principis, quia peccatum potentis majus est, quam peccatum pauperis, minus autem, quam peccatum sapientis, pœnitentiam ejus dividit sub specie hirci, qui capra dignior, indignior vitulo cognoscitur. Peccatum autem pauperis et idiotæ per capram expiari demonstrat. Quia igitur sapiens quando peccat, oportet ut delectationem peccati per laboris rigorem emendet, bene per vitulum, qui est animal labori dedicatum, monstratur expiari. Qui cum hilaritatem mentis in pœnitentia ostendit, manus super caput hostiæ ponit. Cum autem discordiam illam quam inter se et Deum peccatum fecit, per plenam peccati confessionem interrumpit ; digito in sanguine intincto velum inter sanctum et sanctum sanctorum, septies aspergit. In velo enim peccati discordia demonstratur. Nam sicut velum illud sanctum dividebat, et Sanctum sanctorum, ita peccati discordia hominem a Deo separat, et ab homine Deum. Intingimus igitur indicem in sanguine, cum peccatum indicamus in confessione. Septies vero contra velum sanguinem projicimus, cum per septenariam confessionem peccati, discordiam illam dividi, demonstramus.

Omne enim peccatum ex septem circumstantiis cognoscitur : ex actu et agente, ex peccati complicibus, ex loco, ex tempore, ex causa et modo. Reliquum autem sanguinem ad basim altaris fundimus, quando totam peccati crudelitatem coram Deo, qui est basis altaris, effundimus. Quatuor autem cornua altaris intingimus, quando ita dolemus de peccato, ut spem non amittamus ; quando ita dolemus de dolore pœnæ, ut non desinamus gaudere de fructu pœnitentiæ. In altari enim cor designatur ; in quatuor cornibus, cordis affectiones. Totum vero adipem Deo consecramus, cum totius delectationis pinguedinem propter Deum dimittimus ; pellem autem portamus, cum actum pœnitentiæ exterius sustinemus ; carnem vero mortuam, cum patimur carnis mortificationem ; caput portamus, cum principium pœnitentiæ Deo consecramus ; pedes, quando pœnitentiam ad perseverantiam perducimus ; intestina vero, cum in patientia possidentes animam, contritionem cordis patimur, et amaritudinem ; fimum autem, quando humanitatis sustinemus ignominiam. Sed quoniam quidam sunt, qui hæc omnia patiuntur, non propter Deum, sed ut videantur ab hominibus, ideo dictum est ut deferant hæc extra castra in locum mundum. Extra castra defert hostiam, qui extra hominum cognitionem coram Deo vitam sustinet religiosam. Ipse enim est locus mundus, ubi cineres effundi solent, quia omnis qui mundari appetit, oportet ut perseverantiam pœnitentiæ in ipso consummet. Hoc idem de oblatione principis, quæ fieri solet pro peccato, sub specie hirci, vel ut spiritualius dicam, chymarri demonstrat. Chymarrus enim, hircus est hiemalis : in hiemali hirco pœnitentiæ amaritudo designatur. Minor tamen pœnitentia priore, quia major est vitulus, quam hircus ; et princeps indignior quam sacerdos. Similiter et de capra dicimus, quia pœnitentiam simplicis demonstrat, eo quod capra minor sit hirco, similiter et vitulo. Multa his similia habeo vobis dicere, fratres mei ; copiosam enim materiam vobis prælibavi, sed ne fastidium generent, sufficiant vobis ista. Nam ut occasionem darem vobis, ostendi quomodo sancti ordinant testamentum Dei super sacrificia. Illos ergo congregate in unum, ut cum eis una regnare possitis, cum Christo, qui unus est, cum Patre et Spiritu sancto. Amen.

SERMO XXXVII.

IN DEDICATIONE ECCLESIÆ.

Super muros tuos Jerusalem constitui custodes, etc. (*Isai.* LXII). Non minor est virtus, quam quærere, parta tueri. Nam sicut circa divitias temporales concurrere solent tria, quorum primum præcedit, hoc est labor in acquirendo ; secundum comitatur, custodiæ sollicitudo ; tertium vero sequitur, dolor videlicet in perdendo ; ita circa spirituales divitias tanto labor acquirendi gravior esse debet, sollicitudo custodiendi diuturnior, quanto vel non habendi vel perdendi dolor est perniciosior ; vel quanto acquisitio earum pretiosior est negotiatione argenti et auri. Propterea memores filiorum Berothitæ, qui Isboseth occiderunt in stratu suo, eo quod ostiaria purgans triticum obdormivit ; non ostiariæ, sed ostiario forti nos et nostra pariter committamus, quia non solum non lætificat, sed mentem affligit res, quæ acquisita diligitur, et per negligentiam perit. Et quoniam dicit Apostolus, quia templum Dei sumus (*I Cor.* III), a templo testimonii parabolam assumamus. Videte quanto labore templi lapides præcisi fuerint a materia inutili et confusa ; quanto postea labore politi, post hæc in membra formati, ad ultimum in unum corpus Ecclesiæ compacti. Videndum etiam quanta industria, quibus aspersionibus, illuminationibus, unctionibus, thurificationibus, dedicatum fuerit templum Dei. Hæc enim omnia in figura nobis contingunt, qui lapides vivi sumus in ædificio Dei. Cum igitur vel dæmonum vel hominum inutilium importuna suggestio nos premebat, et eorum colloquia seu consortia optimos mores corrumpebant, in modum lapidis fuimus obdurati, quia ad exercitium boni operis facti sumus immobiles quasi lapis. Sed jam ab illa confusa materia per Dei gratiam separati, et multis tentationum tunsionibus expoliti sumus in Ecclesiæ membra formati, et uno glutino charitatis in unum Ecclesiæ corpus uniti. Sed et ad meritum sanctitatis, lacrymarum aspersione, lectionis vel prædicationis illuminatione, devotionis vel exhortationis unctione, devotæ etiam orationis frequenti thurificatione, soli Deo sumus dedicati, ita ut ad exterioris ædificium et ad hominis sanctuarium nihil desit. Et hæc sunt instituta religionis ; sed si custodita non fuerint, quid prodesse possunt ? Propter hoc Salomon præcepit fieri circa templum triginta domos parvulas, ut essent cubilia et cœnacula hebdomadariorum, et eorum qui templum Domini custodirent, aut eidem templo deservirent. Sed et super muros Jerusalem constituti sunt custodes, de quibus in Canticis ait sponsa : *Invenerunt me custodes murorum* (*Cant.* I). Hinc est, quod in oratione clamamus : *Tu, Domine universorum, qui nullam habes indigentiam, voluisti templum tuum fieri in nobis, conserva domum istam immaculatam in æternum* (Antiph. ex II *Mach.* xiv). Hinc enim Moyses circa tabernaculum excubias ordinavit, non solum exterius, sed interius, id est non solum circa atrium, sed circa sanctuarium. Hæc autem dixerim, quia sicut unumquodque istorum vocabulorum æquivocum est ad multa, ita et ipsa simul univoca sunt ad unum. Nam sicut per tabernaculum et templum, sic et per domum et Jerusalem, Ecclesia figuratur, diversis tamen respectibus. Est enim Ecclesia tabernaculum, in hoc quod requies est militantium et pugnatorum ; domus vero in hoc, quod requies est laborantium et activorum ; templum, quia requies est contemplativorum ; visio pacis, sic enim interpretatur Jerusalem, quia requies beatorum. Omnium est enim generalis Ecclesia, tamen per partes divisa.

Est etiam, ut dixi, unumquodque eorum æquivocum ad multa. Dicitur enim quandoque emphatice, quandoque antonomastice, quandoque specifice, quandoque allegorice, quandoque anagogice, quandoque tropologice. Emphatice, id est expressive, dicitur Christus Deus et homo. Nam sicut in illo tabernaculo erat atrium, et sanctum, et Sanctum sanctorum, ita et in illo Deo et homine Christo, quasi atrium fuit corpus, quod foris patuit, sanctum anima, sanctum sanctorum divinitas. Specifice Virgo Maria, quæ intra cortinas candidæ carnis suæ Deum et hominem in tribus substantiis operuit. Allegorice generalem significat Ecclesiam, cujus quasi atrium est Ecclesia, quæ laborat in propatulo ; sanctum, Ecclesia quæ exspectat in purgatorio ; sanctum sanctorum, Ecclesia quæ regnat in cœlo. Anagogice quoque illa cœlestis Ecclesia figuratur, de qua scriptum est : *Domine, quis habitabit in tabernaculo tuo ?* (*Psal.* xiv.) Cujus atrium administratorii spiritus sunt angelorum, missi in orbem propter eos qui capiunt hæreditatem salutis. Sanctum vero, media hierarchia, quæ a superiori suscipit, quæ inferiori hierarchiæ injungit. Sanctum sanctorum, superior hierarchia, quæ Deo assistit, ut scriptum est : *Millia millium ministrabant ei ; et decies centena millia assistebant ei* (*Dan.* vii). Vel assignare possumus atrium hypophaniæ, sanctum hyperphaniæ, sanctum sanctorum theophaniæ. Arca intra sanctuarium, cujus virga est potentia Patris, tabulæ sapientia Filii, man vero benignitas Spiritus sancti. Tropologice, id est moraliter, totus homo. Totus dixi, id est interior et exterior; exterior homo, patens atrium, sanctum vero, vel sanctum sanctorum, cor humanum. Et huic appellationi univoca sunt quatuor supradicta vocabula. Nam de tabernaculo humani corporis scriptum est : *Habemus altare, de quo non habent edere, qui tabernaculo deserviunt* (*Hebr.* xiii). Hoc idem domus significat, sicut ait Apostolus : *Scimus quod si domus ista terrestris corrumpitur, domum habemus non manufactam æternam in cœlis* (*II Cor.* v). Et iterum Job : *Ecce qui in conspectu ejus sunt, non sunt stabiles ; et in angelis suis reperit pravitatem : quanto magis qui domos habitant luteas, et terrenum habent fundamentum, consumentur velut a tinea* (*Job* iv). De templo quoque dicit Apostolus : *Templum Dei sanctum est, quod estis vos* (*I Cor.* III). Et in libro Machabæorum : *Tu, Domine universorum, qui nullam habes indigentiam, voluisti templum tuum fieri in nobis* (*II Mach.* xiv). De Jerusalem vero in psalmo : *Jerusalem, quæ ædificatur ut civitas* (*Psal.* cxxi). In Evangelio : *Intravit Jesus in quoddam castellum* (*Luc.* xi). Tota enim illa Evangelii lectio allegorice de gloriosa intelligitur Virgine, et exponitur. Ipsa enim castellum fuit, omni virtutum munitione vallatum.

In typum igitur hujus tropologici tabernaculi illi emphatico Moyses excubias ordinavit ; et alios qui atrium, alios qui sanctuarium custodirent ; et sicut exterius, sic et interius ; alios ab oriente, alios a meridie, alios a septentrione, alios disposuit ab occidente custodes. Hoc autem factum in figura utriusque hominis, exterioris scilicet, cujus actiones scrutandæ sunt et examinandæ ; et interioris, cujus cogitationibus omnis est adhibenda sollicitudo. Est enim homo exterior quasi in atrio, interior quasi in sanctuario. Quia ergo inter homines alii bonas actiones incipiunt, alii charitatis fervore proficiunt, alii post initium boni operis languescunt, alii autem penitus deficiunt ; necessarium est custodiæ diligentiam incipientibus, qui adhuc ab oriente cubant, adhibere. Hoc idem dico de illis qui quasi a meridie proficiunt charitatis fervore. Similiter et de illis quorum, abundante iniquitate, charitas refrigescit, et sic per defectum declinant ad aquilonem ; et de illis, quibus jam non lucet sol justitiæ, quia qui male agit, odit lucem ; et sic per casum pravi operis labitur ad occidentem. Dicit ergo Moyses : *Ab oriente custodient tabernaculum, Judas, Zabulon et Issachar*. Et bene, quia ut homo bonum opus custodiat, quod incipit, necesse est, bonum agricolam imitari, qui in spe fructuosæ messis laborat : primo ab agro tribulos et spinas evellens, et incepto labori fortiter incumbens, seminare festinat, quod sibi viderit expedire. Hæc tria debet attendere, qui boni vult operis initium custodire. Debet enim mercedis æternæ fructum attendere ; quæ merces figuratur per Issachar, qui *merces* interpretatur. Debet etiam spinas peccatorum et tribulos vitiorum confessione sarire. Propter hoc Judas, qui *confitens* interpretatur, adjungitur. Debet quoque labori suo fortiter incumbere, ne deficiat : et sic Zabulon habitaculum fortitudinis labores inceptos custodiat. Qui vero sunt in ascensu fervoris, reprimendi sunt, ne forte superbiant, eo quod sibi cæteris meliores appareant. Dicendum est quia laudanda est navigantis felicitas ; sed cum venerit ad portum. Laudanda est pugnantis audacia, sed cum pervenerit ad triumphum. Non ergo glorietur accinctus æque ut discinctus : nec lætetur dum navigat, donec ad littus perveniat. Ideo obedire non desinat, nec suum superiorem contemnat.

Sed sic de se mediocriter sentiat, ut nec per superbiam elevetur in summis ; nec per desperationem deprimatur in imis. Propter hoc Moyses præcepit, ut meridianam plagam custodirent Ruben, Simeon, et Gad. Ruben *videns in medio*, Simeon *obediens*, Gad *accinctus* interpretatur, ad hoc scilicet ut videat et sciat se esse in mundo, ubi nihil est stabile ; ut sciat, se nondum deposuisse cingulum militiæ Christianæ, nec adhuc emancipatum esse obedientiæ servituté. Quod si a bono opere quod incepit, et a fervore suo cogitaverit declinare ; statim incipiat attendere, quam horrendum sit incidere in manus Dei viventis, Judicis sapientis, regis potentis. Timenda est illa extremi judicii diffinitiva sententia, qua dicet ministris : *Ligatis manibus et pedibus, mittite hujusmodi in tenebras exteriores* (*Matth*. xxii). Ibi gemet a fletu et stridore dentium, incarceratus et revinctus. Revinctus, quia ligatus pedes et manus, eo quod affectu et opere fuit in vita dissolutus. Propter hoc Moyses ait : *Ab aquilone erunt Dan, Nephtali et Aser* (*Num.* ii). Dan *judicium*, Nephtali *revinctus*, Aser interpretatur *incarceratus*, ut ex ipsis nominibus attendat, quid mandatorum Dei contemptores exspectent. Si autem per lapsum peccati ceciderit, reprimenda est in eo desperatio. Nam sicut timendum est, ne illi qui sunt in fervore superbiant, ita timendum est, ne isti post lapsum desperent. Cogitet peccator, quantæ sit misericordiæ, qui de publicano fecit apostolum ; de blasphemo principem apostolorum, de persecutore vas electionis.

His igitur confortatus exemplis, circa suos actus ita se modificet, ut in illis quæ fecit, sit, ut ita dicam, Manasses, id est *obliviosus*, sicut ait Apostolus : *Ea quæ retro sunt oblitus, ad anteriora me extendo* (*Philipp.* iii). Sit etiam circa ea quæ agit Ephraim, id est *frugifer*, videlicet utilis, ut dimissa vanitate det rebus operam, quæ utilitati conveniant, et per istos labores de filio iræ convertatur in Benjamin, hoc est, in *filium dexteræ*, ut sic ab eo qui ovibus statutis a dextris dicturus est : *Venite, benedicti Patris mei* (*Matth.* xxv), a dextris statui mereatur. Propter hoc satis congrue Moyses ait . *Ab occidente castra metabuntur Manasses, Ephraim, et Benjamin*. Et hæc quidem secundum custodiam actionum, et exterioris hominis disciplinam dicta sunt (*Num*. ii). Nam ad custodiam scientiarum, id est cogitationum interioris hominis, alios custodes Moyses ordinavit, scilicet filios Levi, Caathitas videlicet, Gersonitas et Meraritas. Et bene, quia tales ad custodiam sanctuarii debent ordinari, qui in patientia sua sciant animas suas possidere ; qui hic manentem civitatem non habent ; sed se scientes advenas, futuram inquirunt. Qui etiam sibi ponunt amaritudines in valle lacrymarum, eo quod differuntur a regno, et adhuc laborant in exilio. Et hac significatione isti custodes sanctuarii. Caath quippe *patientia*, Gerson *advena*, Merari *amarus*, vel *amaritudines* interpretatur. Disposuit autem eos circa sanctuarium hoc modo. Caathitas divisit, quia sibi et Aaron fratri suo ab oriente curam sanctuarii commisit. Cæteros vero Caathitas statuit a meridie sub manu Eleazar filii Aaron ; Gersonitas a septentrione ; Meraritas ab occidente, et utrisque præfecit Ithamar, filium Aaron. Unde sciendum est quod quatuor modis est in corde prava cogitatio, suggestione quasi conceptione, et quasi ab oriente ; delectatione quasi jam a meridiano fervore ; deliberatione, quasi ab aquilone, quia refrigescente charitate jam incipit iniquitas abundare : tandem contemptu, quasi ab occidente, quia cum venerit in profundum malorum, contemnit. Propterea timenda est cogitatio in ipso suggestionis ortu, quia

arborum præputia circumcidenda sunt, id est primordia operum amputanda, quia scriptum est :
Principiis obsta.....
(Ovid. *De Remed. amor.* l. 1, v. 91.)

Et quoniam malarum primordia cogitationum prona parit otiositas, quæ inimica est animæ, ager quippe quem non colit agricola, spinas et tribulos parit, teste Salomone, qui ait : *Transivi per agrum hominis pigri, et per vineam hominis stulti ; et totum repleverant urticæ* (Prov. xxiv). Ergo custodiant Moyses et Aaron sanctuarium ab oriente. Moyses divinæ legis lator fuit, unde per Moysen lex divina figuratur, teste Apostolo qui ait : *Quandiu legitur Moyses,* id est lex Moysi, *velamen est positum in cordibus eorum* (*II Cor.* iii), id est Judæorum. Igitur sollicitudo Moysi studium divinæ lectionis insinuat. Aaron vero, cui incumbebat offerre pro sua et populi ignorantia, exsecutionem mandatorum Dei insinuat. In his duobus, id est in assiduitate lectionis et exsecutione mandatorum pravæ primordia cogitationis amputantur. Unde scriptum est in Psalmo : *Misericordia Domini ab æterno, et usque in æternum super timentes eum ; et justitia illius in filios filiorum his qui servant testamentum ejus : et memores sunt mandatorum ipsius ad faciendum ea* (*Psal.* cii). Si usque ad delectationem ascenderit cogitatio, in patientiæ fortitudine etsi non possideat animum, cohibeat saltem manum ; quia melior est patiens viro forti ; nec potest, nisi per patientiæ fortitudinem delectatio cogitationis evelli. Nam postquam ostium circumstantiæ malæ voluntati aperuit, sola fortitudine, nec alia quam patientiæ potest evelli, quia soli Caathitæ sanctuarium custodiunt a meridie. Igitur sibi ipsi vim inferat, et inundanti mari dicat : *Huc usque venies, et hic confringes tumentes fluctus tuos, nec ultra procedes* (*Job* xxxviii). Illam tamen qua innititur, fortitudinem patientiæ, non ad suum, sed illius totum referat adjutorium, qui ait : *Sine me nihil potestis facere* (*Joan.* xv). Non enim humano, sed solum divino potest humana patientia adjutorio, quidquid potest. Nam Caathitæ sunt sub manu Eleazari, id est sub potentia divini adjutorii. Eleazar quippe *Dei mei adjutorium* interpretatur. Quod si usque ad deliberationem declinaverit, hoc etiam deliberare non omittat, quem finem perpetrata culpa sortiatur. Transit actus, sed manet reatus. Præterit voluptas operis, sed æterna est calamitas afflictionis. Cogitet ergo suæ peregrinationis incolatum, quoniam omnes Gersonitæ, id est advenæ sumus, nec diu prolongabitur noster incolatus. Sed nos miseri, quid faciemus, aut quid dicemus, cum nil boni ante summum Judicem perferemus ? Propterea custodiant ab aquilone sanctuarium Gersonitæ. Et si cogitationes licet parvas contemnit, in profundum malorum occidit, quia nullum peccatum adeo veniale, quod per contemptum fieri non possit mortale : sicut econtrario nullum adeo mortale, quod per contritionem non possit

fieri veniale. Contemptus quidem pœnam, sed contritio meretur veniam. Quia ergo nec bene conveniunt, nec in uno corde morantur, contemptus et contritio : debent contraria curari contrariis, contritione contemptus. Hoc est quod ab occidente sanctuarium servant, id est illi, qui de omni contemptu, non solum operis, sed cogitationis licet modicæ, mente conteruntur.

Prætereundum vero non arbitror quod, cum tabernaculum movebatur, quæ, quibus, et qualiter, ad portandum fuerint onera distributa. Intrabant Moyses et Aaron sancta sanctorum, arcam Domini nudam tangebant ; et eam involutam operimento hyacinthino et purpureo ad portandum cæteris Caathitis reddebant. Cætera vero, quæ mollia erant, custodiendi curam habebant Gersonitæ ; cortinas videlicet, et operimenta et funiculos. Omnia vero dura servabant Meraritæ, videlicet fuscinulas, lebetes, mortariola, tabulas, et paxillos. Unde sciendum est quod animus humanus per diversos affectus solet moveri. Unde motio tabernaculi motionem cordis significat. Movetur autem nunc ad licitos, nunc ad affectus illicitos, sed ad hoc quod movetur ad effectus illicitos, locum non habet in tabernaculo Dei. Cum vero movetur ad licitos, vel ad amorem Dei, vel ad amorem proximi, et per hoc etiam ad amorem sui. Quia sicut qui diligit iniquitatem, odit animam suam, ita qui movetur ad charitatem, diligit animam suam. Movetur autem ad dilectionem Dei per studium contemplativæ, ad amorem proximi per exercitium activæ. Sed qui per studium contemplativæ moventur ad amorem Dei, duobus modis moventur : affectu et cognitione, affectu et non cognitione. Nam qui cognitione moventur, et non affectu, locum non habent in sanctuario Dei. Quibus dicturus est Judex in futuro : *Quare tu enarras justitias meas, et assumis testamentum meum per os tuum ? Tu vero odisti disciplinam* (*Psal.* xlix). Et iterum per alium prophetam : *Cum aquam limpidissimam biberetis, cæteram turbabatis pedibus vestris* (*Ezech.* xlii). Multo minus autem illi ad sanctuarium Dei pertinere noscuntur, qui nec cognitione moventur, nec affectione. Cognitione autem moventur et affectione, qui habent sapientiæ donum, et meritum sanctitatis. Unde de Aaron dictum est : *Et Aaron sanctum Domini* (*Psal.* cv). Isti merentur habere fidem anagogicam, fidem comprehensivam, et enucleatam.

Unde talibus dictum est in Evangelio : *Vobis datum est, nosse mysterium regni Dei, cæteris autem in parabolis* (*Luc.* viii). Hinc est quod legitur quod Moyses et Aaron nudam tangebant arcam fœderis, quia opere complebant sacramenta, quæ nude et aperte intelligebant. Alii autem habent affectione fidem magnam, sed cognitione parvam : quorum fidem tamen approbabat ipse Filius Dei, qui de centurione dixit : *Non inveni tantam fidem in Israel* (*Matth.* viii). Et mulieri Chananææ ; quæ cupiebat saturari de micis, quæ cadebant de mensa dominorum suorum : *O mulier, magna est fides tua (Matth.* xv). Isti ergo sunt simplices in Ecclesia Dei, qui non habent quidem intelligentiæ donum ; sed habent sanctitatis et vitæ meritum. Isti portant involutam arcam Domini ; quia fide ænigmatica et velata, quod eis injungitur operantur, etsi forte mysteria non intelligunt. Portant autem involutam hyacinthino et purpureo operimento. Hyacinthino, cum ea quæ divinitatis sunt, etsi non intelligunt, devote tamen amplectuntur. Purpureo vero, cum ad humanitatis mysterium, etsi scrutari nequeunt, devote tamen afficiuntur. Sic enim boves arant, et asinæ pascuntur juxta eos. Et isti figurantur in illis Caathitis, qui arcam Domini involutam portabant in humeris. Qui vero moventur ad exercitium activæ, duobus modis moventur ; vel ad officium charitatis, vel ad exercitium laboris. Isti sunt duo gradus activæ, in illis duabus mulieribus figurati, quarum altera Martha, altera Lia vocabatur. Nam in utraque activa vita figuratur, secundum utrumque gradum: In Martha quidem illi, qui sunt in officio charitatis ; in Lia vero illi, qui sunt in exercitio laboris. Illi ergo qui sunt in officio charitatis, mollia tabernaculi portant, quia quidquid charitate impenditur, dulce et quasi molle operanti videtur. Hoc enim opus illorum est, qui nihil Deo charius existimant, qui jugum Domini suave et molle portant : ibi thesaurizare festinant, ubi nec ærugo nec tinea demolitur, nec fures effodiunt, nec furantur *(Matth.* vi). Ideo omnia quæ mundi sunt parvipendentes, distribuunt et dispergunt et dant pauperibus. Propterea Gersonitarum debet esse istud officium, id est eorum qui se peregrinos et advenas in mundo cognoscunt; et ob hoc omne transitorium propter æterna despiciunt. Dura vero portant Meraritæ, quia dura sunt, quæ pertinent ad laboris exercitium, quia per laborem corpus affligitur, et propter hoc animus aggravatur. Propterea Meraritarum sunt ista opera, quia sunt omni amaritudine plena. Tamen et ipsi tales in sanctuario Dei locum habent. Levitæ quippe sunt, quia et beatitudine et assumptione digni. Unde in atriis Domini merentur habitare, ut videant Sanctum sanctorum, Dominum Dominorum, Regem regum ; Jesum Christum Dominum nostrum.

SERMO XXXVIII.

IN DEDICATIONE ECCLESIÆ.

Fluminis impetus lætificat civitatem Dei ; sanctificavit tabernaculum suum Altissimus (Psal. xlv). Non immerito gaudet, cujus gaudium plenum est ; et gaudium suum nemo tollet ab eo. Et ideo gaudere debes, quia *gloriosa dicta sunt de te, civitas Dei (Psal.* lxxxvi), quæ nemo tollet a te ; quia in te *sanctificavit tabernaculum suum Altissimus (Psal.* xlv). Sanctificavit, non illæ, quæ adhuc indiget, sanctitate, juxta illud : *Qui sanctus est, sanctificetur adhuc (Apoc.* xxii) : hac enim sanctificatione, viri sancti per meritum sancti sunt, qui quamvis renovati sunt in justitia et sanctitate veritatis, sentiunt tamen adhuc pulsum d'a-

bolicæ suggestionis, infirmitatem carnis ; et indigent præmio divinæ promissionis, juxta illud : *Miserere mei. quoniam sanctus sum (Psal.* lxxxv). In te vero sanctificatum est tabernaculum Altissimi, sanctitate plena, et perfecta, cœlesti et perenni. Plenum est ergo hujus sanctæ gaudium civitatis, ab impetu fluminum, juxta quod dictum est : *Fluminis impetus lætificat civitatem Dei,* a fortitudine murorum, a generibus armorum, a vigilantia custodum, a securitate habitantium, a communi lege, a civili jure, a potenti Rege. Ibi siquidem per aquam sudoris, quæ ægrotantium morbos sanat ; per aquam lacrymarum, quæ lugentium faciem lavat ; per sanguinis effusionem, qui effusus est, tanquam aqua in circuitu ejus, et martyrum stolas decandidat, flumen Dei repletum est aquis. Ibi puteus humilitatis altus : per quem hydria Samaritanæ sterilis imprægnatur *(Joan.* iv).

Ibi per rivulos Elim cum impetu defluentes amaritudo Mara dulcoratur *(Exod.* xv); ibi aqua sapientiæ salutaris potantibus propinatur; ibi de puteo latitudinis, fons eminentior charitatis emanat. Similiter a murorum fortitudine debet nihilominus exsultare ; quia fundamenta ejus in montibus sanctis : et in fundamentis positus est lapis pretiosus angularis ; lapis, inquam, qui cum bitumine charitatis sustentat lapides superædificatos. Lapides enim superædificari debent : non ligna, non fænum, non stipula ; ne forte corruant a vento vanitatis, a turbine perturbationis, ab ariete hypocrisis, ab aliquo trementi genere pœnæ gehennalis. Unde de lapidibus vivis muniri debet fortitudo murorum ; ex sardio per humilitatem, ex smaragdo per fidei virorem; ex topazio per sapientiæ claritatem. Clarus enim lapis est, et auro similis : in quo sapientiæ claritas annotatur.

His igitur ædificata est civitas Dei : quia de irrefragabili lapide patientiæ, seu perseverantiæ ; prout sapientia dictat, operatur fortitudo, mensurat temperantia, justitia consummat. Doctores Ecclesiæ in ædificio illo latitudinem cordium in charitate ædificant, altitudinem in spe, profundum in humilitate; tanquam sapientes architecti. Sequitur de generibus armorum. Ibi enim scutum bonæ voluntatis, lorica fidei, salutis galea, gladius spiritus, quod est verbum Dei. Ibi sagittæ potentis acutæ, in verbo prædicationis ; carbones in exemplis, lapis in funda Pastoris ; mandibula asini contra hostes Samsonis, confractio lagenarum, juxta victoriam Gedeonis. In his siquidem armis sancti pugnant et superant; per carnis scilicet mortificationem, quæ designatur in confractione lagenæ ; per memoriam Dominicæ passionis, quæ figuratur in mandibula asini; per cogitationem fortitudinis divinæ, quæ figurata est in funda et lapide. Sequitur de vigilantia custodum. Testimonium perhibet eis sponsa, quod nemini nocte gradienti parcunt Nam cum ipsa dilectum suum nocte quæreret, et non invenit ; invenerunt eam custodes murorum, percusserunt, vulneraverunt, tuleruntque pallium ejus. Custodes quidem sunt prælati ; qui verbo prædicationis, mam adhuc in via morum errantem, et per devia hæreticæ pravitatis Deum tanquam in nocte quærentem, percutiunt compunctione, vulnerant charitate denudant erroris velamine. Unde habitatores considerantes aquarum abundantiam, murorum fortitudinem, armorum genera, prælatorum sollicitudinem, securitate sua Ecclesiæ gaudium amplificant, et dicunt : *Quis nos separabit a charitate Christi?* (*Rom.* viii). Similiter a lege communi gaudere debet Ecclesia Dei ; quia quidquid in ea constitutum est dignum et justum est, sive justificatio sit, sive judicium, sive prohibitio, sive præceptum, sive admonitio sit, sive consilium. Non est ibi pondus et pondus ; sed totum æquum est et perfectum totum. Communem enim legem vocamus, quæ communiter omnibus imposita est ; sicut illa qua dicitur : *Non mœchaberis : Non occides : Non furtum facies* (*Exod.* xx). Nam præter ista, secundum diversas ordinum professiones diversæ, quasi jura civilia, sunt observationes. Nam aliæ sunt observationes Cisterciensis ordinis, aliæ Præmonstrantensis, aliæ Cluniacensis : totum tamen justum est, et quasi jus civile civitatis Dei. Sed cum in his omnibus lætetur Ecclesia Dei ; super omnia tamen, et ante omnia, a potenti rege gaudendum est. *Magnus enim Dominus et laudabilis nimis, in civitate ejus* (*Psal.* xlvii). Magnus per dignitatem, laudabilis per sapientiam : magnus per altitudinem potentiæ, laudabilis in dispositione domus suæ. Quis enim non miretur pretiositatem vestium, varietatem supellectilium, copiam epularum ? In domo siquidem rationali vestiuntur contemplativi ; superhumerali activi, hyacinthino doctores, lino virgines, purpura martyres, bysso retorta confessores. Varietas quoque supellectilium, craticula in mortificatione carnis ; lebetes ad cineres suscipiendos, in memoria perpetratæ iniquitatis ; forcipes in virtute discretionis, crater tornatilis in amore lectionis, fuscinulæ ad ignium receptacula, in illuminatione et ardore mentis.

Quanta autem sit copia epularum, testimonium perhibet homo, qui nuptias faciens filio suo, ad tauros, ad altilia, et omnia parata convocat invitatos (*Matth.* xxii). Quæ sunt omnia ? Illa sine quibus dici cœna non potuit ; et in quibus omnia cibi spiritualis fercula concluduntur, medulla scilicet tritici, et sanguis uvæ meracissimus. In spirituali siquidem cibo Dominus taurum paravit in passione ; altilia resurgendo, vel in ascensione ; medullam tritici, cum discipulis panem fregit dicens : *Accipite, hoc est corpus meum* (*Matth.* xxvi). Simili modo sanguinem uvæ, quando præclarum calicem accipiens, benedixit, deditque discipulis suis dicens : *Accipite et bibite, hic est calix sanguinis mei* (*Luc.* xxii). Invitatus ergo taurum comedit, cum ad imitationem Christi carnem affligit ; altilia quando in peregrinatione solo corpore constitutus, cogitatione et aviditate in illa æterna patria conversatur ; medullam tritici et uvæ sanguinem, cum se sacrosancto viatico munit. Tauros ergo comedit per exerci-

tium laboris ; altilia vero per altitudinem devotionis ; medullam tritici et uvæ sanguinem, per sacramentum altaris. Ecce, fratres, in quantis, et in quibus, Ecclesiæ gaudium perseverat. Ecce, quæ sunt ea quæ civitatem Dei lætificant. Sequitur :

Sanctificavit tabernaculum suum Altissimus (*Psal.* xlv). Si per tabernaculum, uterum virginis, vel corpus Christi, vel finaliter animam cujuslibet viri, velis intelligere, satis aperte videbitur, quomodo gaudium illud, quod plenum plane monstratum est, nemo tollet a civitate Dei. Quis enim tollere potest ab ea gaudium sanctificationis ejus ; quod cum tali præparatione, operatione, confirmatione, factum est ? Quia arcanum est, quod dicitur : *Sanctificavit tabernaculum suum Altissimus.* Nam pro arcanis filiis Core, id est vobis, fratres, qui filii estis Calvariæ, id est illius qui crucifixus est in Golgotha, quod est Calvariæ locus, Psalmus inscribitur in re sacramenti, hoc est in tabernaculo manu facto, et hujus creationis sanctificatione. Videamus quantum gaudium in illorum sit tabernaculorum sanctitate, hoc est in sacramento rei. Sanctificatio quippe in dedicationis sacramento figuratur, et cum sanctificatio ejus in quinque terminetur in aspersione, unctione, illuminatione, benedictione, inscriptione, scire debemus quod primum, id est aspersio, ad præparationem sanctitatis apponitur, tria, id est unctio, illuminatio, benedictio ad operationem : quintum autem, id est inscriptio ad confirmationem. In quibus satis datur intelligi, quia nemo fieri potest templum Domini sanctum, et sanctificatum tabernaculum Altissimi, nisi prius aspergatur aqua, vino, sale, cinere et hyssopo.

In dedicatione namque ecclesiæ, primo pontifex aquam benedicit, sal admiscens, deinde ecclesiam ter gyrando extrinsecus aspergit, intrinsecus vero duodecim luminaria interim accenduntur. Circuiens autem episcopus ecclesiam, portas, quas propter sacramenti figuram, clausas oportet, virga pastorali percutit in superliminari dicens : *Tollite portas,* etc. Cui ab intus respondet diaconus dicens : *Quis est iste Rex gloriæ ?* Et pontifex : *Dominus virtutum ipse est Rex gloriæ* (*Psal.* xxiii). Tertio autem, ostio reserato, intrat episcopus dicens : *Pax huic domui,* et prosternitur ad orationem, a qua consurgens, hortatur cunctos ad orandum, sine *Dominus vobiscum*. Postea vero Græcum alphabetum scribit in pavimento, a sinistra parte Ecclesiæ incipiens ab oriente, et procedens ad dexteram, quæ est in occidente ; postea Latinum alphabetum, incipiens a dextera parte Ecclesiæ, quæ est ab oriente, et procedens usque ad sinistram quæ est ab occidente. Post hæc in medio Ecclesiæ veniens incipit, *Deus in adjutorium,* etc. Et hoc tertio, complens versum cum *Gloria* sine *Alleluia.* Tunc aquam typicam benedicit, admiscens sal et cinerem. Quæ postquam mista fuerint, additur cum eis vinum. Post hæc digitum tingit aqua, crucem faciens per altaris medium, et per quatuor cornua. Post hæc altare ipsum circuit septies, aquam spargens aspersorio facto de hyssopo, et postea ter ecclesiam, clericis cantantibus antiphonas ordinatas. Tunc pontifex, oratione præmissa, altare linteo abstergit, post hæc thurificat cum incenso, postea crucem facit in medio altaris : et per quatuor cornua de oleo sanctificato, et istud facit bis. Nam tertio facit hoc idem de chrismate. Deinde duodecim cruces chrismantur in parietibus, et tandem, igne accenso de thure, medium altaris, et quatuor cornua accenduntur : et sic altare albis velaminibus operitur. Et quoniam hæc omnia multa indigent expositione, aliqua tamen breviter de iis omnibus exponamus.

Domus dedicanda est anima sanctificanda; aqua, pœnitentia purgans a sorde peccatorum ; sal, ratio mentem condiens insipidam ; duodecim luminaria, doctrina apostolorum, mundum illuminans ; pontifex, Christus; virga, potestas ; trina superliminaris percussio, cœli, terræ et inferni dominatio, interrogatio inclusi, ignorantia populi; apertio ostii, sublatio peccati, domum ingressus pontifex pacem precatur ; et Christus salutem animæ ad nos veniens est operatus. Descriptio alphabeti, simplex doctrina fidei. Quod utrumque alphabetum in modum crucis inscribitur, illud est, quod uterque populus per Christi passionem munitur. Tunc ecclesia aspergitur. Aqua confessionem, sal mordacem pœnitentiam, cinis mortalitatis memoriam, vinum devotionem, hyssopus, humilitatem significat. His omnibus aspergitur ecclesia et altrea, quia bis mundatur corpus et anima. Dehinc altare linteo extergitur. Altare Christus est, super quem munera devotionis offerimus ; linteum caro ejus, quæ tunsionibus passionum ad candorem incorruptionis est perducta. Incensum orationem, oleum gratiam Spiritus sancti significat. Altare bis hoc oleo inungitur, quia plenus Spiritu sancto Deus et homo creditur. Vel si altare designat animam, altare bis inungitur, quia ad remissionem tam peccati quam delicti, gratia Spiritus sancti infunditur. Tandem chrisma supponitur, quia post mundificationem, ad robur et perfectionem spiritus datur. Duodecim fiunt cruces de chrismate, quia per doctrinam Apostolicam gaudet Ecclesia hac perfectione. Velamen candidum, quo post consecrationem altare cooperitur, incorruptionis gloriam designat ; qua, mortalitate consumpta, humanitas post passionem est induta. Unde scriptum est : *Concidisti saccum meum, et circumdedisti me lætitia* (*Psal*. xxix). Non ergo potestis sanctificatum Dei tabernaculum fieri ; nisi prius sapientiæ sale vos condiatis, aqua munditiæ lavetis, vinum compunctionis potetis ; pœnitentiæ cinere caput aspergatis. Nisi etiam veritatis cognitio mentem illuminet, ungat oleum charitatis, perseverantia constans inscribat, ut tandem divina renumeratio benedicat : per Dominum nostrum Jesum Christum.

SERMO XXXIX.

IN FESTO S. BENEDICTI.

Terra super quam induxero gladium, si populus ejus unum de novissimis elegerit; et ille viderit gladium venientem, et insonuerit buccina, et annuntiaverit; et aliquis audiens non se observaverit, sanguis ejus super caput ejus erit. Sonum buccinæ audivit, et non se observavit (*Ezech*. xxxiii). Judicia Domini vera, justificata in semetipsa ; et testimonia ejus credibilia facta nimis eo jure concutiunt aures audientium, quo nec falluntur, nec fallunt. Si enim cogitamus, terra es, et in terram ibis ; si formidamus, in viro secundum cor Dei, *anima mea sicut terra sine aqua tibi* (*Psal*. cxlii); nobis et de nobis designanter intelligimus dictum, Terra, super quam induxero gladium. Inductus est contra nos gladius, quia terra sumus. Unde interfecta est terra in sanguinibus, quibus usque hodie manet infecta. Propter quod Psalmista clamat. *Libera me de sanguinibus, Deus* (*Psal*. l). Ergo non quia humus, non quia tellus, non quia solum ; sed quia terra sumus, gladium inductum sustinemus. Quatuor dixi vocabula idem significantia : sed non eadem de causa, vel simili ratione. Nam humus ab humore dicitur ; et tunc vere humus fuit, quando in primordiali materia permista pariter et confusa circumvolvebatur humentibus aquis. Terra vero tunc vere fuit, quando aquis divisis ab aquis, arida apparuit, et teri potuit, et cæteris fuit deformior elementis. Unde propter ejus deformitatem terra terribilis vocata est. Tellus autem fuit, cum labores hominum tolerare potuit, vel incepit, sicut scriptum est : *Cum operatus fueris terram, non dabit fructus suos, sed spinas et tribulos germinabit tibi* (*Gen*. iii). Solum autem dicitur, quia solidum stat. Cæteris enim tribus elementis mobilibus, istud solidum perseverat et palpabile. Unde scriptum est : *Qui fundasti terram super stabilitatem suam, non inclinabitur in sæculum sæculi* (*Psal*. ciii).

Homo igitur qui de limo terræ formatus est, quasi materiatum de materia, ex diversis istis vocabulis diversas significationes, secundum diversos vitæ status sortitus est. Humus enim tunc vere fuit, unde et homo dici meruit, quando spirituali humore concretus, tanquam cœlestis sapientiæ lutum in prima sui conditione ad imaginem et similitudinem Dei factus est, et in animam viventem.

Nam sicut in prima rerum conditione humor sine calore dominabatur in humo, ut non tam vivificata quam vegetata, cum omnia a calore pariter et humore vivificentur, ut aliquem defectum sustineret a defectu caloris, et aliquam perfectionem haberet ex abundantia humoris, ita in prima sui conditione homo et aliquem defectum habuit, quo poterat mori ; et aliquam perfectionem, qua poterat non mori. Aliquam perfectionem habebat, qua stare poterat ; sed et aliquem defectum, quia gratiam qua proficere posset, non habebat, sustinebat. Factus est enim mortalis et immortalis, sed mortalis, quia potuit mori ; immortalis autem, quia potuit non mori. Potuit mori, quia potuit peccare ; stimulus enim mortis peccatum est ; potuit non mori, quia potuit non peccare : quod ei datum erat ex libero arbitrio quod est ad malum et ad bonum libera voluntas. Et quia potuit non peccare, et tamen peccavit, cœlestis humoris infusione privatus, terra quasi teri digna dici potuit. Et arida apparuit, quia anima sicut terra sine aqua Deo fuit. Et quia a forma deformante deformata fuit, deformis et tetribilis valde apparuit, quia *cum in honore esset, non intellexit, comparata est jumentis insipientibus, et similis facta est illis* (*Psal.* XLVIII). Unde non solum mortalis, sed et mortua dici meruit, juxta quod Apostolus ait : *Corpus quidem mortuum est propter peccatum* (*Rom.* VIII). Et Psalmista : *Interfecta est terra in sanguinibus* (*Psal.* CV). Habet enim necessitatem moriendi, quia habuit voluntatem peccandi. Quia etiam modo etsi non habet necessitatem peccandi, habet tamen necessitatem peccati. Peccato siquidem Adæ tam necessario quam voluntario pollutus, sed ipsi voluntario, nobis autem necessario ; nec ita necessario, quasi sit homini necessarium, id est utile peccare ; sed necessarium, id est inevitabile. Unde mori potest, et non mori non potest ; quia post casum per gratiam adjuvantem in plenitudine temporis ad hoc reparata fuit, ut per passionum tolerantiam et laborum, posset ad humores radices ponere ; et sub ligno vita fieret lignum vitæ ; quia sublato gladio versatili pœna videlicet temporali, comedere mereretur lignum vitæ. Sic igitur immortalitatis damnum resarciret per laborem, non solum ut posset non mori, sed ut non posset mori. Interim autem mediante laboris tempore mori posset, quia peccare posset per infirmitatem et vitæ desidiam ; et item non mori, quia posset non peccare, propter originalem concupiscentiam debilitatam in baptismo, et gratiam adjuvantem ; qua ille solus Pontifex cum sanguine suo semel intrans in Sancta sanctorum, in se solo solum hominem salvum fecit. Solum dico, a soliditate, quia solidum, ut mortale indueret immortalitatem, et corruptibile nostrum indueret incorruptelam ; ita ut datum sit nobis posse non mori, et non posse mori : non amoto tamen libero arbitrio, sed liberiore facto ; quia de voluntate et adjuvante gratia fiet, ut possimus non peccare, et non possimus peccare. Non igitur secundum primum statum hominis, vel secundum tertium, vel secundum quartum, sed juxta secundum, quo terra designatur, dici potuit, quod dictum est. *Terra super quam induxero gladium,* etc. Nam sicut dictum est, primus hominis status fuit ante lapsum, post conditionem ; secundus autem post lapsum, ante reparationem ; tertius post reparationem, sed ante confirmationem ; quartus post confirmationem ; quando terra nostra nec infecta erit, nec interfecta ; sed solida potius et perfecta. Dixit ergo : *Terra super quam induxero gladium* (*Ezech.* XXXIII). Induxero, dixit, non eduxero. Nunc enim tempus est vibrandi, tempus inducendi, sed nondum tempus educendi. Vibrat enim ut tereat, sicut scriptum est : *Gladium suum vibravit* (*Psal.* VII). Inducit, ut intus cor pungat ; educit, ut aperte percutiat. Quod tunc fiet, quando framea ejus suscitabitur adversus eos qui oderunt eum. Inducit ergo, ut pungat cordis affectus, et afficiat ad ea quæ recta sunt. Pungendo enim, afficit, et afficiendo pungit.

Habet igitur gladium pungitivum spei, de quo scriptum est : *Et gladium spiritus, quod est verbum Dei* (*Ephes.* VI). Et alibi : *Vivus est sermo Dei, et penetrabilior omni gladio ancipiti* (*Hebr.* IV). Quod autem sit spei pungitivus, ostenditur cum dicitur : *Quæcunque scripta sunt, ad nostram doctrinam scripta sunt; ut per patientiam et consolationem Scripturarum spem habeamus* (*Rom.* XV). Habet et gladium rationis humani gaudii pungitivum ; qui gladius dicitur Salomonis, quo puer, qui dividendus dicebatur, vivus redditur matri suæ. Habet et gladium pungitivum doloris, quo pœna temporalis et tolerantia passionum designantur ; sine cujus punctione non possumus redire ad lignum vitæ. Habet et gladium pungitivum timoris, quo Dominus interficiet omnes peccatores terræ, sicut scriptum est : *Et gladium meus devorabit carnes* (*Deut.* XXXII), hoc est carnales. Si igitur, vel timore, vel amore, spe, vel desiderio, vel dolore compunctus homo gladio verbi Dei, gladio rationis, gladio pœnæ temporalis, vel extremæ ultionis, elegerit virum unum de novissimis suis spectatorem, sicut factum est ; quia virum unum hodie elegistis, qui vere vir unus fuit, sed non vir unum. Ille enim vere vir unus est, et vir unum, qui solus fuit et est id quod est. Ille autem solus est, id quod est, qui idipsum est, qui non ex patribus constat, quia corpus non est ; neque ex compositis, quia simplex est ; neque ex obscuris, quia lux est ; neque ex disparibus, quia spiritus est. Homo tamen unus est, cujus vultus in diversa non mutatur ; sed ad aliud unum necessario properans, unam fidem, unum baptisma confitetur. Nam sicut multi homines unius faciei dicuntur secundum exteriorem hominem, ita et secundum interiorem affectum, de quibus scriptum est : *Erat eis cor unum et anima una in Domino* (*Act.* IV) ; ita etiam unus homo multarum facierum dici potest, cujus vultus in diversa mutatur. Ille igitur vir unus erat, qui unus in Christo, et Christus in eo unus erat. Sed quod dictum est : *de novissimis*, non vilescat in animo, eo quod nomen opprobrii esse soleat, sicut scriptum est : *Putavimus eum novissimum virorum* (*Isa.* XLIII). Sed ideo novissimum quia ad agni nuptias invitatus, locum decrevit tenere novissimum, ut audire mereretur : *Amice, ascende superius* (*Luc.* XIV), timens et intelligens, quia erant novissimi primi, et primi novissimi, quia super humilem et quietum requiescit spiritus Domini. Hunc ergo novissimum elegistis. Nam etsi aliquam necessitatem, vobis imposuistis, tamen voluntate, non necessitate, regulæ necessitatibus estis addicti. Sponte siquidem in rete Petri, et in compede Benedicti pedem injecistis. Et bene, quia ubi est necessitas non est libertas, et ubi non est libertas, non est voluntas. Ubi autem non est voluntas, non est meritum. Sola enim voluntas meretur, sicut dicit auctoritas : sed pœnam, si mala; præmium, si bona. Ut igitur gaudeat homo necessaria libertate, necesse est ut utatur in facto libera necessitate, ut per ipsam liberetur a peccato, habendo necessitatem patiendi, ut sit voluntas libera justitiæ, et a peccato liberata. Hac igitur de causa elegistis speculatorem. Speculatorem dico a speculo, non a specula. Quid enim sanctus Benedictus, nisi quoddam speculum fuit? Quia ex ejus obedientia convincitur noster contemptus; ex ejus humilitate nostra superbia, ex ejus mundissima religione nostræ religionis defectus. De talibus enim hujus sanctæ siccatæ animæ speculis factus est nobis luter munditiæ. De speculis enim debet luter fieri, ut exemplis sanctorum primo peccata cognoscantur, post vero, cognita per contritionem cordis et oris confessionem, per condignam satisfactionem et emundationem laventur. Et quid aliud dat intelligere, nisi hoc vitæ speculum et exemplar, quod nobis in monte religionis monstratum est ad exemplum? Vel speculator a specula dici potest, qui pro nobis speculam contemplationis ascendit, de qua scriptum est : *Statue tibi mensam, et contemplare in specula* (*Isa*. xxi); vel circumspectionis, de qua Jeremias : *Statue tibi speculam, pone tibi amaritudines* (*Jerem*. xxxi); vel certe prælationis, de qua Ezechiel : *Speculatorem dedi te domui Israel* (*Ezech*. iii). Hic est cujus memoria in benedictione est, speculator nobis factus, ascendens speculam contemplationis in iis quæ ad sapientiam pertinent; circumspectionis, in iis quæ ad scientiam ; prælationis, quoad domesticam ejus Ecclesiam. Vidit igitur, id est, intellexit per viam veritatis, venientem gladium verbi Dei ; per viam justificationum gladium rationis; per viam arduam gladium doloris ; per viam justitiæ et rigoris gladium timoris; et insonuit buccina. Et utinam insonuerit, id est intus sonuerit, ut sic sonus corporis aures foris percutiat, ut interiores tangat. Insonuit enim buccina, et non tuba, quia sonum dedit existentibus in Gabaa, non in Rama. Buccina enim cecinit Benedictus (sed tuba Basilius), qui quasi buccinam Regulam vocat, ubi ait : « Regulam hanc descripsimus (*Regul*. c. ultim.). » In qua non omnem justitiam scriptam esse asserit ; sed ut aliquod initium conversationis se habere demonstrent. Cæterum, sicut idem ipse ait : « Quicunque ad culmen perfectionis vult attingere, sunt doctrinæ sanctorum Patrum, necnon et Regula sancti Patris nostri Basilii (*Ibid*.). » Ecce buccina nobis adhuc existentibus in Gabaa quia Gabaa *collis* interpretatur. Quod a malitia mundi declinare nolumus, virtutum tunc celsitudinem non attingimus. Basilius autem existentibus in Rama majoris tuba perfectionis insonuit. Rama quippe *excelsa* interpretatur. Et quoniam perfectionis vitæ celsitudo descripta est in illa Regula ; tuba sua insonuit in Rama. Quicunque ergo vocem buccinæ audivit, Regulæ jugo collum subdidit, sed si secundum formam institutionis non se observaverit, sanguis prævaricationis super ipsum erit, ut sit ei Regula causa perditionis, quæ debuit causa esse salutis. Nam sicut obedientibus facta est Regula norma justitiæ, ita inobedientibus fit laqueus et muscipula pœnæ. Audiamus igitur sonum buccinæ, nec tanquam aspides surdæ obturemus aures nostras, sed omni custodia servemus nosmetipsos; ne nobis sit ad mortem, quod datum est ad vitam ; ne nobis sit venenum, quod datum est antidotum ; ne nobis sit ad laborem, quod datum est ad requiem. Sed secundum Regulæ formam mutemus nos in viros alteros, fugientes de culpa ad cordis contritionem, de cordis contritione ad confessionem, de confessione ad pœnitentiam, de pœnitentia ad veniam, de venia ad gratiam. Hæc est via per quam sanctus Benedictus et ascendit, et ascensionis exempla præbuit; ipso Domino nostro Jesu Christo ducente, qui vivit et regnat cum Patre in unitate Spiritus sancti Deus, per omnia sæcula sæculorum.

SERMO XL.
DE ARCA SPIRITUALI (29).

Facite plaustrum novum et jungite duas vaccas fetas, quibus non est impositum jugum, et superponite arcam Dei (*I Reg*. vi). Fidelis sermo propositus, et omni esset acceptione dignus, si merita loquentis verbis utilibus responderent. Sed enervare solet non modicum vim verborum vita loquentis. Gregorius (30) enim dicit : « Cujus vita despicitur, restat, ut et prædicatio contemnatur. » Hinc Apostolus ait : *Castigo* (*I Cor*. ix), etc. Unde Dominus tales in Evangelio redarguit dicens : *Hypocrita, ejice primo trabem de oculo tuo* (*Luc*. vi), etc. Sed si ita est, quid est, quod alibi idem Apostolus ait . *Sive per occasionem, sive per veritatem Christus annuntietur, et gaudeo et gaudebo*? (*Philipp*. i.) Cum enim in Ecclesia Dei alius sit pastor, alius mercenarius, alius fur, alius raptor, nunquid sicut ad prædicationem pastoris gaudet Apostolus, ita etiam ad prædicationem mercenarii, furis, raptorisque gaudebit? Pastor quippe est, qui veritatem loquitur propter veritatem. Mercenarius est qui propter lucrum temporale, non propter ipsam. Fur autem propter occasionem falsitatis aquas furtivas proponit, et panes absconditos. Non enim venit fur, nisi ut furetur, et mactet et perdat. Labiis quippe dolosis seducere solent audientes. Raptor vero labiis iniquis manifeste sævit in oves. *Domine*, ait Propheta, *libera animam meam a labiis iniquis et a lingua dolosa* (*Psal*. cxix). Quid igitur ad talium prædicationem gaudebit Apostolus? Notandum, quod reproborum alii sunt contemptibiles vita et non fama; alii fama et non vita ; pessimi autem qui fama prædicant, vel præsunt, et male vivunt, disserit.

---

(29) Quia verba thematis hujus, sunt Philistæorum, hac occasione auctor mox ab initio de iis, qui præ-

(30) Greg. homil. 12 in Evang.

riter et vita; sicut optimi, qui nec fama, nec vita. Qui vero sunt infames fama, vel propter privatum peccatum, vel propter publicum. Publicum tribus modis accipimus. Dicitur enim publicum, quasi populicum, quod a quovis de populo potest accusari, ut crimen læsæ majestatis, vel hæreseos, vel Simoniæ. Vel dicitur publicum manifestum et notorium; non enim idem est manifestum et notorium. Omne quippe notorium manifestum; sed non convertitur, quia potes esse manifestum judici, et non aliis: vel alii et non judici. Notorium est enim illud, quod judici patet, et aliis. Difficile tamen est invenire, quid sit notorium.

Nam Sodomorum peccata Sodomitis erant manifesta: tamen descendit Dominus, ut fierent notiora (*Gen.* xviii). Propter peccatum vero publicum sive notorium, potest esse contemptibilis, non propter manifestum, quia peccatum etsi sit manifestum judici, et non aliis, vel certe judici et non judici, non ideo meretur peccator damnari, donec verum esse quod dicitur, per legitimos testes comprobetur. Privatum vero peccatum est, quod privatæ personæ testificari possunt, vel accusare. Vel dicitur privatum, id est occultum, quod a nullo scitur, vel ab uno, quia quamvis ab uno sciatur, non ideo tamen minus occultum est, quia vox unius, vox nullius. Privatum igitur peccatum neminem damnat; donec per hoc quo convincitur, vel sponte confitetur, quasi ethnicus et publicanus efficiatur, sicut Dominus in Evangelio ait: *Si peccaverit in te frater tuus,* id est si peccaverit, te sciente, *corripe eum inter te, et ipsum solum* (*Matth.* xviii). Quod si fuerit inficiatus, etiamsi tibi manifestum fuerit, desiste ab accusatione ejus, quia liberasti animam tuam, videns sagittam, quæ percussit eum, nec se observavit, cum annuntiasses ei. Quod si confessus fuerit, non tamen se observaverit, tunc adhibe duos testes, et si coram illis inficiatus fuerit, quod secreto coram te confessus fuerat, iterum desiste, quia liberasti animam tuam.

In hoc tamen tibi cavere debes, ne tota deprehendi possit in nutu, vel in verbis tuis; quod secreto tibi confessus fuerit, sed quasi penitus ignorans, ita dices: Frater, hæc et hæc de te dicuntur; vide ne feceris. Quod si coram duobus testibus confessus fuerit, nec tamen se correxerit, ora Dominum, ut infundat ei cor pœnitens, quo collum excutiat a jugo diabolicæ servitutis. Quod si nec sic se correxerit, devita illum, tanquam ethnicum et publicanum; quia jam te de veritate arguere non poterit, quem per testes idoneos devincere potuisses. Qui autem vita sunt contemptibiles, fide vel moribus sunt infames. Qui autem moribus; vel propter subitam tentationem et occultam, vel propter subitam et manifestam, vel propter diu deliberatam et occultam; vel propter diu deliberatam et manifestam, sicut corrupti moribus et diffamati.

Unde Psalmista: *Non timebis a timore nocturno,* ecce subita et occulta tentatio; *a sagitta volante per diem,* ecce subita et manifesta; *a negotio perambulante in tenebris,* ecce diu deliberata et occulta; *a dæmonio meridiano* (*Psal.* xc); ecce diu deliberata et manifesta. Propter, diu deliberatam et manifestam tentationem, qui corrupti sunt moribus, contemptibiles sunt apud Deum. Qui vero laborant in fide; aut in Ecclesia sunt, aut extra Ecclesiam, quia quamvis membra putrida, non tamen a corpore Ecclesiæ sunt separata. Qui igitur in Ecclesia fide corrupti sunt, tribus de causis adulterant verbum Dei: simplicitate, infirmitate, malitia. Simplicitas tamen alia nascitur ex ignorantia vincibili, alia ex invincibili. Ignorantia vincibilis est, quando aliquis potest scire, et non vult, de qua dicitur: *Ignorans ignorabitur* (*I Cor.* xiv). De secunda dicit Apostolus: *Misericordiam consecutus sum, quia ignorans feci* (*I Tim.* 1). Prima pœnam, secunda veniam promeretur. Infirmitas vero quandoque nascitur ex cupiditate, quandoque ex timore. Nam quia homines vultum timent potentium, vel ambiunt divitias aut honores, parcere solent potentibus, et lingere eorum vulnera, quæ ferro deberent correctionis resecare. Inde fiunt calumniatores prævaricatores, tergiversatores. Calumniator est, qui falsum intendit; prævaricator, qui verum abscondit; tergiversator, qui a veritate incepta lassescit et desistit. Qui igitur ex simplicitate, quæ nascitur ex ignorantia invincibili, vel ex infirmitate, peccant; admonendi sunt et corripiendi, quia non debemus eos timere qui occidunt corpus, et postea nihil habent quod faciant; sed potius illum, qui cum corpus occiderit, potest animam perdere in gehennam. Qui vero ex simplicitate, quæ nascitur ex ignorantia vincibili, vel ex malitia, peccant, merito sunt apud Deum et homines contemnendi. Qui vero extra Ecclesiam sunt infideles, aut in Ecclesia nunquam fuerunt, aut ab Ecclesia præcisi sunt. Præcisi autem, vel seipsos præciderunt, vel per diffinitivam sententiam a judice sunt præcisi. Qui autem a judice præcisi sunt, vel per excommunicationem, vel per depositionem, vel per degradationem, sunt præcisi. Qui ergo seipsos præciderunt, vel per depositionem, vel per degradationem, contemptibiles, et condemnandi sunt. Qui vero per excommunicationem, sustinendi et exspectandi sunt. Qui vero in Ecclesia nunquam fuerunt, si quid in Scripturis suis veritatis miscuerunt, non omnino contemnendi sunt, quia per ignorantiam peccaverunt.

Canales enim sunt horti Dominici, scopa furni, mansio stercoraria arcæ, corvi Eliæ, sacerdos alios veritate mundans, et ipse in sordibus remanens usque ad vesperam. Plerumque siquidem, sicut turtur et hirundo, sic milvus et ciconia, cognoverunt adventum, non dico sui, sed Christi. Turturem dico Simeonem, illum scilicet gemebundum, qui dicebat (51) : « Putas durabo? Putas videbo? » etc. Hic enim est, qui dixit: *Nunc dimittis, Domine, servum tuum in pace, quia viderunt oculi mei salutare tuum (Luc.* II). Hirundini vero Joannem Baptistam non immerito comparamus, quia collum ejus martyrium rubricavit, ventrem candidavit virginitas, dorsum autem onus pœnitentiæ denigravit, qui solo corpore in hac peregrinatione constitutus, de cœlesti patria spirituali cibo pascebatur. Hic igitur ad baptisma Christum venientem videns, dixit: *Ecce agnus Dei, qui tollit peccata mundi (Joan.* I). Milvus vero quia rapax est, rapacis Balaam non immerito typum tenet, qui promissionibus Balaac provocatus, mutabat altaria, ut inde prospiceret qua parte malediceret populo Dei. Hujus tamen Dominus os aperuit, quando dixit: *Orietur stella ex Jacob*, etc. (*Num.* XXIII.) Ciconiam vero, quæ de venenosis animalibus vivit, Sybillam veneficam et incantatricem dicimus Erithræam; cujus tamen tale testimonium de Christo ponit Augustinus (32) dicens: *In manus infidelium veniet; dabunt Deo alapas manibus incæstis, et colaphos accipiens tacebit. Dabit ad verbera dorsum suum; fel ad cibum, et acetum in sitim dederunt; hanc inhospitalitatis mensam ministraverunt,* etc. Quia igitur Spiritus ubi vult spirat, non est attendendum, quis loquatur, sed quid, quia Amalecites in itinere fessus, sumpto cibo factus est dux exercitus David, quia multoties terram lingentes, id est terram amantes, et temporalibus satiati, quasi in itinere fessi, sumpto spirituali cibo fiunt ductores et doctores exercitus veri David. Tales sunt isti, de quibus sermonem proposuimus a principio, qui typum eorum gerunt in Ecclesia, qui bene prædicant, male vivunt. Unde bene Philisthæi, id est potione *cadentes*, dicuntur. Et quid est verbum Dei, nisi quædam potio contra venenum diaboli? Hac tamen potione cadunt, qui bene prædicant, male vivunt. Audituri quippe sunt illud Psalmistæ: *Quare tu enarras justitias meas? Tu vero odisti disciplinam, et projecisti sermones meos post te (Psal.* XLIX). Et tandem in fine: *Arguam te, et statuam contra faciem tuam.* Quia ergo bonum quod fit, non est ei bonum, a quo fit, sed ei cui fit; audiamus diligenter, quod dictum est: *Facite plaustrum novum,* etc. (*I Reg.* VI.) Novum dicitur ad differentiam plaustri veteris, id est antiqui, quod inter quatuor rotas ab initio mundi cœpit volvi: quarum prima est volubilitas temporis, secunda mutabilitas ætatis, tertia vicissitudo affectuum, quarta instabilitas eventuum. Nihil enim in mundo stabile, quia Deus,

Manens stabilis, dat cuncta moveri.
(BOET. *De consol. philos.*)

Oritur enim, *sol et occidit, et gyrat per meridiem et flectitur ad aquilonem; et iterum ad locum suum revertitur.* Ecce rota temporis. Rota vero ætatis, quod homo a terra incipit, et ad terram redit: ab infantia incipit, et ad infantiam redit; a fletu inchoatur vita ejus, et in fletu terminatur. Eventus autem mundi ita sunt instabiles, ut semper adversa prosperis, et prospera succedant adversis. Affectus quoque ita sunt instabiles, ut amor semper odio, et odium succedat amori. Inter istas quatuor rotas vita humana tanquam plaustrum oneratur, nunc feno, nunc cœno. Omnis enim caro fenum, cujus onus inter quatuor rotas volvi non cessat, dum vivitur. Peccatum vero cœno comparamus, quia sicut cœnum putredine sua parit vermes, et ex sua desiccatione fumeum calorem emittit, ita et peccatum. Isaias enim dicit: *Vermis eorum non morietur, et ignis non exstinguetur (Isa.* LXVI). Unde de talibus in Evangelio: *Ibi erit fletus, et stridor dentium (Matth.* XIII). Ex fumo fletus, dentium stridor ex morsu vermium. O miseri, qui de tali cœno vitæ suæ plaustrum statuunt onerare!

Ad differentiam igitur hujus plaustri, dicitur novum, illud videlicet, quod inter quatuor rotas Ezechielis volvitur: prima circa humanitatem Christi, secunda circa passionem, tertia circa resurrectionem, quarta circa ascensionem. Has rotas quatuor animalia volvere non cessaverunt. Unde scriptum est. *Quocunque ibant animalia, ibant pariter et rotæ juxta ea (Ezech.* I). Unde ex officio nomina sortita sunt. Primum enim in signum humanitatis habebat faciem hominis; secundum in signum passionis habebat faciem vituli; tertium in signum resurrectionis faciem leonis; quartum in signum ascensionis faciem aquilæ volantis. Sequitur.

Et jungite duas vaccas. Sacramentum tantæ rei nobis aperiunt natura et utilitas. Natura, quia vacca ruminat, et findit ungulas. Utilitas, quæ quadruplex invenitur. Pelle siquidem sua munit pedes hominum, carne pascit dominum, lacte nutrit puerum, fumo impinguat agrum. *Audite hæc, vaccæ pingues, quæ habitatis in monte Samariæ (Amos* IV), quæ abjicitis suave jugum, quæ didicistis diligere trituram, non agriculturam: vaccæ lascivientes, non mugientes; quæ nec affectu ruminatis, nec effectu utiles estis. Attendite, qualiter ornatur affectus, qualiter proficit effectus. Ruminate, cogitando verbum Dei; discernite quod ruminatum est, ne quid admisceatur falsitatis. Ornate animas vestras affectibus; sed et effectibus corpora vestra. Si enim pauperes Christi, quasi pedes, munitis exterioribus vestris, quasi pellibus; si per carnis macerationem voluntatem Dei facitis, quod est pascere Christum; si lacte doctrinæ vestræ reficitis subditum: si tandem fimo impinguatis agrum Dominicum; duas vaccas, id est animam et corpus, jungitis ad plaustrum novum. Sic enim caro spiritui, et spiritus jungitur carni. *Jungite duas vaccas, quibus non est impositum jugum (I Reg.* VI). Non dicit; *omne jugum*, indefinite enim loquitur, sed *aliquod jugum*

---

(51) S. Aug. in serm. De purificat.

(52) S. Aug., *De civit. Dei,* c. 23.

dicit, et bene. Est enim jugum naturæ, de quo legitur : *Grave jugum super filios Adam* (*Eccli.* xl). Et est jugum disciplinæ : unde : *Jugum meum suave est* (*Matth.* xi). Et præmisit dicens : *Discite a me*. Et est jugum culpæ; unde : *Computrescet jugum a facie olei* (*Eccli.* xl), id est deficiet peccatum a facie præsentiæ Spiritus sancti. Et est jugum pœnæ. Unde Isaias : *Jugum enim oneris ejus,* (*Isa.* x), etc. Jugum oneris, id est captivitatem æternæ pœnæ, devicisti. Quia ergo jugum naturæ devitare non possumus, nec disciplinæ debemus, si cavere volumus jugum pœnæ, caveamus, ne sit nobis impositum jugum culpæ. Sequitur :

Et superponite arcam Dei. Nota, quod dicitur arca Dei quadrupliciter. Est enim arca conservationis, arca conversationis, arca significationis, arca sanctificationis. De prima legitur : *Fecit Joiada magnus sacerdos gazophylacium in templo, et posuit in eo arcam, faciens in ea foramen desuper, ut in ea reservaretur pecunia ad sarta tecta templi resarcienda* (*IV Reg.* xii). De secunda ad Noe : *Fac tibi arcam* (*Gen.* vi), etc. De tertia dictum est ad Moysem : *Fac tibi arcam de lignis setim* (*Exod.* xxv). In his omnibus mens sancta figuratur, in qua reservamus thesaurum, quem habemus in Christo, in quo sunt omnes thesauri sapientiæ et scientiæ absconditi, sapientiæ per divinitatem, scientiæ per humanitatem. Ipsa ergo fieri debet de lignis lævigatis per peccati immunitatem, politis per virtutum splendorem, bituminatis per gratiæ plenitudinem, compaginatis per concordiæ unionem. In arca tali recondi debent aurea urna, per fidem humanitatis, manna, per fidem divinitatis. In ipsa recondi debent tabulæ utriusque Testamenti, et Deuteronomium evangelicæ veritatis. Hæc est arca sanctificationis, requies Dei, habitaculum Spiritus sancti. Est tamen alia specialis et singularis arca, quæ multo dignius, et aliis sublimius, est plaustro novo superponenda. Hæc est enim illa, in cujus laudem canimus :

> *Beata mater munere,*
> *Cujus supernus artifex,*
> *Mundum pugillo continens,*
> *Ventris sub arca clausus est.*
>
> (*Offic. Eccles.*)

Hæc est illa conservationis arca, in qua singulariter reconditus fuit cœlestis thesaurus, videlicet sapientia Dei Patris; quæ de lignis, non tam levigatis, quam levibus, fuit, quia in utero matris sanctificata, ab omni peccato nata fuit immunis : quæ singularis gratiæ plenitudine, quasi de lignis politis resplenduit. Hæc est, quæ a diluvio aquarum illarum liberavit, de quibus dicitur : *Salvum me fac, Deus, quoniam intraverunt aquæ usque ad animam meam* (*Psal.* lxviii). Hæc est, in qua singularis urna humanitatis Christi recondita fuit; divinitatis manna, verba disciplinæ, abbreviati verbi Deuteronomium tabulæ Testamenti. Quippe quæ conferebat omnia verba, quæ de Christo dicebantur, in corde suo. Superponite ergo eam amando, venerando, laudando, orando, ut intercedat pro nobis ad Dominum.

CIRCA FINEM SÆCULI XII.

GAUFRIDI

APUD SANCTAM BARBARAM IN NEUSTRIA

CANONICORUM REGULARIUM SUBPRIORIS

EPISTOLÆ

ET VARIORUM AD IPSUM.

(Dom Marten., *Thesaurus Anecdoct.*, tom. I, col. 494, ex ms. Lyrensis monasterii.)

EPISTOLA PRIMA.

JOANNIS ABBATIS BAUGEZEI AD GAUFRIDUM ABBATEM.
Deflet onus pastorale sibi impositum.

Domino reverendo et totius exhibitione venerationis excolendo G. quondam priori nunc autem coabbati de Baugezeio (1) frater J. servorum Christi qui in eodem degunt cœnobio servus immeritus quidquid tanto potest exorari tantillus.

Maximum his qui in dolore positi sunt solet esse remedium, si cum aliquo de cujus dilectione præsumunt, mutuum possint habere colloquium. Quia vero tanta terrarum spatia nos arcent et impediunt

---

(1) Baugezeium, vulgo *Baugercy*, monasterium ordinis Cisterciensis in diœcesi Turonensi a Villalupensi tribus distans leucis.

a locutione mutua, grandis mihi visa est esse consolatio, si saltem per litteras anxietatem cordis mei vobis patefecero. Ego enim qui vix me ipsum regere, vix hædos meos pascere, vix carnis motus, vix mentis irrationabiles impetus poteram refrenare, nunc aliorum innocentiam judicare, alienis moribus deservire, meliorum vitam disponere, doctiores me compellor instruere. Et hoc contra sententiam Apostoli dicentis : *Si quis domui suæ præesse nescit, quomodo Ecclesiæ Dei diligentiam habebit?* (*I Tim.* iii.) Mihi ergo potest illa sententia coaptari. *Posuerunt me custodem in vineis, vineam meam non custodivi* (*Cant.* i). Qui ergo quondam nutriebar in croceis, nunc amplexor stercora, et quæ prius tangere nolebat anima mea, nunc cibi mei sunt præ angustia. Qui enim prius spiritualibus studiis intentus fueram, nunc temporalibus commodis inhiare et terrenis curis cogor insistere. Hæc sunt, Pater charissime, quæ mentem meam stimulant, quæ assiduis doloribus cruciant, quæ me quiescere non sinunt, quæ non dormientia me comedunt. Expandite ergo mihi viscera vestræ charitatis et socius estote tribulationis, ut particeps sitis consolationis. Valete et pro me qui vester sum, Deum exorate. Esse vero nostrum quod in facie est vobis patefacere poterit præsentium bajulus, ne vos detineam prolixis sermonibus. Salutant vos vestri, ad quos videndos quam citius poteritis fatigari non dedignemini.

Consolator abi, quia luctu vincor et ira,
Iram qui didici vincere sæpe lyra.

Timotheo :
Verbera patris habes, ubera matris habe.

Tito :
Ubera matris habes, verbera patris habe.

EPISTOLA II.
GAUFRIDI AD JOANNEM.
Superiori epistolæ respondet.

Venerabili Patri et domino J. abbati suo suus omnino GAUFRIDUS, Spiritum consilii et consolationis.

Suscepimus et legimus litteras vestras, quæ pro verbis lacrymas fluebant. Vidimus namque in eis nubem more suo in altum volantem, sed quamdam caliginem tristitiæ ferentem. Unde et duo quædam diversa pariter et adversa in mente nostra subito pepererunt, compassionem videlicet et gaudium ; compassionem de afflictione vestra, gaudium de promotione vestra. Sed facile dolorem compassionis magnitudo lætitiæ temperando delenivit. Gaudeo igitur et congratulor vineæ nostræ, cui vos auctore Deo et præesse contigit et prodesse. Nam ibidem paternitate vestra in eminenti specula, constituta dabitur ei a Domino sub vestro regimine et ramos suos expandere, et florere et fructus facere. Ab ipso namque adolescentiæ vestræ tempore consuevistis stare super vias vestras et interrogare de semitis antiquis. A primævo, inquam, juventutis flore meruistis habitare in hortis, nutriri in croceis, conversare in vineis, ubi et audistis et vidistis et experientiæ magisterio didicistis quomodo vos oporteat operari. Nostis ergo sarmenta inutilia præcidere, ut ea quæ prævalent uberius fructus ferant. Nostis maceriam circumdare, in vineis torcular fodere, et in medio turrim ædificare, nec deerit larga patrisfamilias manus, quæ sumptus tribuat ad perficiendum. Merito ergo posuerunt vos custodem in vineis qui optime nostis quid expediat vineis. Confortamini ergo in Domino et in potentia virtutis ejus. Sed ecce de labore conquerimini tanquam jam extædiatus ; tanquam jam fatigatus in tribulatione malorum et dolore sub onere regiminis anhelando ingemiscitis, difficultatis causas allegatis, de quibus dicitis : Hæc sunt, charissime, quæ mentem meam stimulant, quæ assiduis doloribus me cruciant, quæ me quiescere non sinunt, et quæ non dormientia me comedunt. Sed patienter ferre vos convenit curas quas de vobis exigunt membra Christi, quibus vos et timor ejus et charitas servire compellet. Rogamus ergo vos in his aliquanto consolatius agere, vigilantius attendere ; *quoniam*, ut Apostolus ait, *in his positi sumus* (*I Thess.* iii). Magnum ipse æstimat gratiæ donativum Christi passionibus communicare, unde et Philippenses instruens : *Vobis,* inquit, *donatum est pro Christo non solum ut in eum credatis, sed etiam ut pro illo patiamini* (*Phil.* i). Hæc sunt et his similia quæ vos volumus de thesauro Scripturarum ante mentis oculos reducere, quoties tribulationis mœror advenerit. Non vobis excidat apostolica consolatio, *quoniam non sunt condignæ passiones hujus temporis ad futuram gloriam quæ revelabitur in vobis* (*Rom.* viii). In qua præsumptiva jucunditate Propheta fideliter exsultans ait : *Lætati sumus pro diebus quibus nos humiliasti, annis quibus vidimus mala* (*Psal.* lxxxix). Hoc itaque terrorem apostolicum ingerit, sed ignaros præmunit, sed desidiam tollit, sed materiam victoriæ proponit, cum dicit : *Omnes qui pie volunt vivere in Christo, persecutionem patientur* (*II Tim.* iii). Animæquior igitur estote, faciatisque de necessitate virtutem, de tribulationibus coronam, quas æquanimiter tolerando levigare poteritis, fugiendo effugere non poteritis. Ergo viriliter agite, et confortetur cor vestrum, et sustinete Dominum. Quod si solatium quæritis in expediendis forinsecis quibus occupamini et gravamini exercitiis, habet usus et auctoritas, ut nostis in personas subordinatas priorem et subpriorem et alios officiales curam et onera regiminis dispertiri, ut et exteriora communis vitæ subsidiis ex ordine serviant, et interiora spirituales fructus juxta regulam observent. Ita plane frequentius poteritis secretum speculativæ reperire libertatis, in qua supernæ vobis claritas arrideat visionis ; ad illa revolare quietis culmina, quibus secreta cœlestia cordis manu tangatis, quibus superna gaudia incorporaliter videatis. Ego vero ex quo litteras vestras accepi, ex quo huic vos honori, imo oneri deputatum cognovi, cum accedo ad sacra missarum solemnia celebranda, memoriam vestri facio semper in orationibus meis, obsecrans ut clareatis studiis Deo placitæ actionis. Parvitati meæ paternitas vestra vicem dignabitur rependere, si et vos simili modo oretis pro me, et diligatis me diligentem vos sicut me. Valete

His famulatur honor qui non famulantur honori,
Jure tenet virgam, cui non est virga timori
Diligit ille Rachel; nec Liam ferre recusat
Uxoremque novus ducit utramque Jacob

EPISTOLA III.

GAUFREDI AD MONACHOS BAUGEZIENSES.

Congratulatur eis quod ad monasterium recenter fundatum tandem advenerint, laudatque eorum solitudinem.

Dilectis in Christo fratribus Baugeziensis cœnobii G. vestræ sanctitatis servus cor unum et animam unam in Domino.

Impletum est gaudio os nostrum et lingua nostra exsultatione, audito adventu vestri sancti conventus in locum quem præparavit Deus vobis ad serviendum sibi. Benedictus ipse qui vos in regione satis pacata habitare fecit. Decet enim filios pacis, pacis regionem inhabitare. Ecce a tumultu sæculi segregati elongastis fugientes, et manetis in solitudine; fugistis enim, sicut in Isaia legitur, a facie gladii imminentis, a facie arcus extenti, a facie gravis prælii. Laudabilis fuga hæc, sic fugit Elias a facie Jezabel. De fuga ita dicitur : *Fugite de medio Babylonis, popule meus* (*Jer.* LI). Manetis itaque cum eis qui secundum Job ædificant sibi solitudines. Desertum enim est cor vestrum, quia longe est a strepitu et tumultu vitiorum, et non conculcatur frequentia cogitationum, sed virens permanet et floridum, et producet germina virtutum, atque in eo canit turtur Spiritus sanctus. Ibi a vobis diligentibus legem Dei pax multa possidetur, multa in tranquillitate scilicet mentis et gaudio contemplationis; illam Deus in plebem suam, istam autem super sanctos suos loquitur. Illa enim in homine, ista supra hominem est. Electa igitur et dilecta est a vobis solitudo, ut soli Deo vacans anima purgatis affectibus ad cœlestia evolet, et dulcedinis supernæ suavitatem præguster. Ibi ferveat iter sanctarum formicarum, fragret opera sanctarum apum, feratur fructus in patientia, cum virtute perseverantiæ. Ibi illud manna cœleste mentes vestras reficiat, quod in cruce factum est pretium, in peregrinatione viaticum, in patria futurum est præmium. Ibi Deus verba legis in tabulis cordis vestri misericordiæ suæ digito conscribat. Ibi tabernaculum fœderis, arca Testamenti construatur, ut quidquid illa velamina tabernaculi materialis in splendore auri, in nitore gemmarum et multimodi operis varietate signabant, in vestris moribus actibusque clarescat. Ibi jugulletur luxuria, omnisque ferietur libido. *Offeratur pro turturibus sacrificium castitatis, pro pullis columbarum innocentiæ puritas. Ibi odoramenta orationum in libatorio vasis aurei, angelico comitante juvamine, ad Patris thronum conferatis. Ibi et pro nobis oretis digni exaudiri. Cum magno namque sacrificio acceditis ad Deum sinceræ dilectionis, et laudes ejus in operibus sanctis offertis. Obsecro autem, fratres, ut sufferatis verbum solatii, ut enim verbis B. Augustini utar, de nulla re sermo fructuosior vel impenditur, vel rependitur, vel accipitur, vel recipitur, quam unde boni beatique sumus. Ipse autem Deus sit vobis honor, sit gaudium, sit voluptas, sit in mœrore solatium, in ambiguitate consilium, in injuria defensio, in tribulatione patientia, in infirmitate medicina. In ipso habeatis omnia quem diligere appetitis supra omnia. Et quia in illo loco ad serviendum ei devotionis animis convenistis, spiritualium gaudiorum et æternorum præmiorum vobiscum munera reportetis. Valete.

Felices in sorte sua quos terminus arcet
Et quibus est contra maxima grata quies
*Pudore : Mens tua sit turtur, pro simplicitate
[columba.

Sic accepta Deo, sic fies hostia sancta.

EPISTOLA IV.

AD JOANNEM ABBATEM.

Hortatur ut vitia in monasterio viriliter resecet, et delicta puniat.

Venerabili abbati JOANNI, suus omnino G. nominis sui gratiæ consonare.

Legimus sanctum Moysem a viro apostata, a sacerdote scilicet idolorum consilium accepisse de potestatibus ordinandis; et inde, sicut ait Scriptura, *loquebatur Deus Moysi facie ad faciem, sicut solet homo loqui ad amicum* (*Exod.* XXXIII). Sed vir sapiens, vir discretus et providus, non sprevit verbum bonum, consilium bonum viri licet gentilis, sed fecit omnia quæ suggesserat ei : vir, inquam, infidelis fidelis fidele consilium fideliter accepit, sicque factum est ut infecundus fecundaret insterilem, et injustus plus justificaret justum. Hæc idcirco præfatus sum, ne sanctitas vestra ea quæ dicenda sunt propter personæ proferentis indignitatem, seu minus laudabilem conversationem respuenda censuerit. Non quis dicat, sed quid dicatur attendite. Super speculam Domini statis. Posuerunt enim vos custodem in vineis, ut contemplemini diligenter et multo intuitu ne quid noceat, quid prodesse valeat, et ut capiatis vulpes parvulas quæ demoliuntur eas. Scienti loquor. Officii vestri est sarmenta inutilia præcidere, ut ea quæ prævalent, uberius fructus ferant. Denique tempus putationis advenit, observare debetis ne singularis ferus depascatur vineam Domini Sabaoth, cui præestis, ne vindemient eam qui prætergrediuntur viam. Sub te cultore sterilis ficus refloreat, et in gratiam cum suo redeat Domino, cujus minas et securim formidat. Vestrum est circa illam fodere, stercus ponere, et ne resilvescat sollicite providere. Non gero personam docentis, sed monentis. *Stultum est enim*, ut Hieronymus ad Eustochium ait, *docere quod noveri ille quem doceas*. Novit prudentia vestra, quod Heli, propter filiorum iniquitatem damnatur. Noverat enim indigne agere filios suos, et non corripuit illos. Quod ne forte vobis (quod absit!) contingat, mentem vestram salubriter zelus domus Domini comedat, quæ cum Moyse comminetur, et dicat: *Inebriabo sagittas meas sanguine, et gladius meus devorabit carnes (Deut.* xxxii). De hoc gladio Propheta: *Maledictus*, inquit, *qui prohibet gladium suum a sanguine*, id est verbum a peccati correctione. Sed, dicit aliquis: Si subditum delinquentem prælatus arguat, plerumque timet ne de correctione pejor fiat, et ne illius odium incurrat. Hunc timorem Deus consolatur, ipse enim ait: *Animam tuam liberasti, et bonum tuum ad te reverteretur* (*Ezech.* iii). Inde quidam sapiens: *Offendere*, inquit, *hominem, propter Deum, lucrari est gratiam Dei.* Apostolus ad Titum: *Hæc loquere*, inquit, *et exhortare, et argue cum omni imperio* (*Tit.* ii). Taliter a prælatis agendum est erga delinquentes subditos, ne dicatur de eis: *Canes muti, non valentes latrare* (*Isa.* lvi). Quam multi faciunt fetere odorem suum, quibus a magistris exteriora negotia injuncta sunt, et eis male agendi occasionem subtrahere nolunt, fiuntque participes malorum, quia ponunt eos cæteris in lapidem offensionis et petram scandali. *Providemus*, ait Apostolus, *bona, non tantum coram Deo, sed etiam coram hominibus (Rom.* xii); qui autem negligit famam suam, crudelis est. Sed o quam rarus hodie Phinees, qui perfodiat impudicos; rarus Moyses, qui occidat sacrilegos; rarus Samuel, qui inobedientes lugeat; rarus Job, qui pro filiorum negligentia sacrificium offerat; rarus Aaron, qui coram Pharaone divinas comminationes edicat; rarus Noe, qui his quibus submersio imminet arcam bitumine litam provideat. Det Deus ut congregatio fratrum vobis commissorum divini spiret suavitatem odoris, et fiant fructus ejus fructus honoris et honestatis. Quotidie flat aquilo, non tantum floribus, sed et fructui suspectus et foliis. Igitur auster veniat, qui perflet hortum vestrum, ut efficiatur odor ejus sicut odor agri pleni, cui benedixit Deus. Amen. Non vos offendat arida paginæ facies, et litterarum color exsanguis. Sensum, non verba perpendite; nam sicut ait ille:

Fructu, non foliis pomorum quisque cibatur,
Et sensus verbis anteferendus erit.

Sæpius in vili virtus latet obruta panno.
Sæpius in vili sunt bona multa domo.
Est pietas punire scelus, scelus est sceleratis
Parcere, nil pietas hæc pietatis habet.

EPISTOLA V.
AD EUMDEM.
Petit ut saltem per litteras eum visitet.

Venerabili abbati suo J. frater G. oculos semper habere ad Dominum.

Illustri ac probatæ religionis viro abbate (2) S. Andreæ referente cognovimus quia cum ex capitulo Cisterciensi rediretis, ad nos venire proposuistis; quæ plane relatio auditui meo dedit gaudium et lætitiam; desiderio enim desideravi videre faciem vestram, et ore ad os loqui; sed iter vestrum, ut arbitror, impedivit nebulosi temporis tam molesta turbatio. Effusa est enim contentio super principes, et errare facit multos in invio, et non in via. Obsecro autem ut si quem forte de partibus vestris ad nostras venire cognoveritis, saltem per litteras vestram nobis exhibeatis præsentiam. Verba sunt Hieronymi, viri, ut nostis, probabilis, * vitæ merito, et singularis sapientiæ titulo celeberrimi. Turpilius comicus tractans de vicissitudine litterarum: *Sola*, inquit, *res est quæ homines absentes præsentes faciat.* Nec falsam dedit quam in se noverat sententiam. Quid enim, ut ita dicam, tam præsens, quam per epistolas alloqui, et audire quem diligas: unde et illi rudes Italiæ homines, quos Cassos Ennius appellat, et qui sibi, ut in Rhetoricis Cicero ait, victum ferro requirebant, ante chartæ et membranarum usum in dedolatis ex ligno codicellis, aut in corticibus arborum, mutua epistolarum alloquia musitabant [*f.* missitabant]; unde et portitores earum tabellarios et scriptores a libris arborum librarios vocavere. Quanto ergo expolito jam artibus mundo, id non debemus omittere, quod sibi præstabant apud quos erat cruda rusticitas, et qui ipsam quodammodo humanitatem nesciebant. Innocentius papa in Epistola decretali ad Aurelium Carthaginensem: *In familiaribus*, inquit, *scriptis, dilectio vestra consistit, etenim ait, jus firmius charitatis officia melius seorsum mereantur.* Item Hieronymus in Epistola ad Tranquillinum: *Vere*, ait, *et simpliciter * candidissimo pectori tuo loquor, ipsa schedula, et multi apices litterarum inspirant in nos tuæ mentis affectum.* Unde et ipsius beati Hieronymi verba ad quemdam specialem amicum directa assumo, et ea apud vos mea facio: *Quomodo*, inquit, *valeo pro me vobis litteras repræsento, et si corpore absens, amore et spiritu venio. Impendio exposcens ne nascentes amicitias, quæ Christi glutino cohæserunt, aut temporis aut locorum magnitudo divellat, quin potius fœderemus eas reciprocis epistolis. Illæ inter nos currant, illæ sibi obvient, illæ nobiscum loquantur; non multum perditura erit charitas, si tali secum sermone fabuletur.* Noverat siquidem sæpedictus doctor, et frequenter expertus fuerat quod soleat quiddam movere jucunditatis pia inter amicos collocutio, dum intercurrens littera mirabile quoddam genus præsentiæ facit. Ea enim dum scribentis animum induit, non modo ab amico transmissa, imo totum fetens amicum transcurrit. Hæc idcirco, Pater charissime, loquor, quia super incolumitate vestra et super statu domus vestræ, quam specialiter diligo, et licet corpore absens, anima et spiritu nocte dieque conversor, erudiri vellem vestrarum recursu litterarum, nisi vobis ita

---

(2) In Goferno, gallice *en Goufer*, ordinis Cisterciensis, in diœcesi Sagiensi, quod monasterium ubest Savigniensi.

exosa est Normannia, ut litteras quoque vestras huc venire formidetis. Ego quidem litterario sæpe vos provocavi officio, et vix unam a vobis promerui schedulam. Expergiscimini, evigilate de somno, præstate vestras schedulas charitati. Magnum hic desiderii mihi erit solatium, si litteras vestras vel semel in anno accipiam. Aperiens Deus thesaurum suum optimum, abundare vos omnibus faciat bonis, fratres qui nos cognoscere et amare dignantur, juncto salutamus obsequio. Valete.

Felix qui donis tantæ virtutis abundat,
Ejus enim mentem vix ulla molestia turbat.
* Vive precor, sed vive Deo; nam vivere mundo
Mortis opus, viva est vivere vita Deo.
* Tam felix utinam quam pectore candidus essem,
Exstat adhuc nemo saucius ore meo.

EPISTOLA VI.
JOANNIS AD GAUFRIDUM.
Superiori epistolæ respondet.

JOANNES Dei permissu abbas S. Mariæ de Bangezeo dilectissimo atque inter omnes quos maxime diligit præcipuo G. videlicet subpriori S. Barbaræ, quidquid est, et plus, si posset in Domino.

Quoties litterarum vestrarum pia exauditio nostri corporis percutit aures, toties dulcis vestri memoria cordis nostri internum pulsat amorem: in tantum ut, si fieri posset, non solum interna vestra charitas nobis per litteras loqueretur, sed etiam optamus ut ipsa vestra corporalis præsentia continua exhiberetur. Sed quia abundante discordia regum, et malitia hominum, nobis ad præsens liber accessus non conceditur, quod præsentia corporum non possumus, vinculis charitatis conceptum amorem mente integra servare studeamus. De obitu vero domni N. quem a nobis notum fieri vobis postulastis, per præsentes litteras mandamus ut IV Idus Septembris ejus anniversarium cum debito officio charitatis annuatim facere studeatis. Bene valeatis in Domino semper. Amen.

Si culpa est in eo quam sit purgare necesse,
Purget, et æternum purgato det Deus esse.

EPISTOLA VII.
GAUFRIDI AD JOANNEM ABBATEM.
Conqueritur de brevitate epistolæ; indicat bibliothecam Cadomi, si velit, emendam, et significat obitum sui cellerarii.

Venerabili abbati suo J. G. vestræ sanctitatis servus, salutem eam quæ vera est.

Dilectionis vestræ scripta suscepi, quæ cordi meo amoris melle condita sapuerunt. Legi avide, libenter relego, et placent sæpius repetita. De hoc solum conqueror, quod ei qui vos multum diligit, quemque multum diligitis, tam pauca, tamque brevia direxistis. Raro ad nos loquimini, prolixiorem vellemus sermonem. Desideraremus a vobis audire quod mores nostros instrueret, quod tædium nostræ peregrinationis relevaret, quod nos ad amorem patriæ cœlestis accenderet. Notum autem vobis facio quod bibliothecam optimam, de qua jampridem scripsi vobis, adhuc, si volueritis, apud Cadomum invenire poteritis: quam fortassis inarrassemus, sed in litteris vestris nihil inde nobis mandastis. Major cellerarius noster, qui erexit muros nostros, et ædificavit domos nostras: vir insigni nominis et multæ probitatis, hominem exuit. Eapropter supplicamus paternitati vestræ, ut pro eo una cum fratribus, maxime intra sacrarum solemnia preces fundatis ad Dominum. Singulariter namque, ut beatus Gregorius ait, ad absolutionem nostram ablata cum lacrymis et benignitate mentis sacri altaris * hostia suffragatur. Commendate me orationibus sanctis conventus Bagezinsis. Salutate eum prius ex me servo omnium, si dignum judicatis. Propitius sit mihi Deus, ut non amoveat orationem vestram et misericordiam suam a me; sed actus meos clementer corrigat, vitam emendet, mores componat, et me una vobiscum ad cœlestis paradisi hæreditatem perducat. Amen. Gaudete in Domino semper.

Huic sine nocte diem, vitam sine morte, quietem
Det sine fine, quies, vita, diesque Deus.
* Hostia pro justis, laus est pro justificandis,
Cautio pro reliquis, causam agit alterius.

EPISTOLA VIII.
AD RIC. PRESBYTERUM.
Varia dat ei monita.

Venerabili amico suo et compresbytero Ric. frater G. salutem quam sibi.

Relatum est nobis quod contubernium, ut credimus, habens Dei, ab episcopi contubernio recessistis. Graves vobis erant superbientium mores ministrorum, quo gravi reprehensionis cauterio inurere solebatis. Legeratis enim: *Qui arguunt, laudabuntur, et super ipsos veniet benedictio* (Prov. XXIV). Et illud: *Offendere hominem propter Deum, lucrari est gratiam Dei.* Legimus beatum Hieronymum ex Romana urbe a quibusdam clericis et monachis, quorum vitia reprehenderat, fuisse depulsum. Hujusmodi causa, ut nostis, sacer Baptista capite plexus est, multique sancti multa gravia perpessi sunt. Verba quippe sapientium quasi stimuli et quasi clavi in altum defixi. Nesciunt enim vitia palpare, sed pungere. Quibusdam autem verba justorum pungitiva tantum sunt, non sanativa; aliis vero pungitiva sunt simul et sanativa; et sicut boni meliores, ita et mali ex correctione pejores fiunt. Verum hæc hactenus. Cæterum quod mandastis nobis, ut vobis scriberemus quid agere deberetis. Laudamus ut si vobis cordi est, ut iterum cum episcopo sitis. Per decanum Lexoviensem, sive per alias personas quas ad hoc nostis idoneas, illum conveniatis, et gratiora et devotiora illi vos exhibiturus obsequia spondeatis. Quod si non de hoc, sed de salute animæ vestræ consilium quæritis, Dominicis verbis vobis breviter respondebo: Præcepta nostis, habetis doctrinam sanctorum Patrum, habetis Moysem et prophetas, audite illos. Nostis etiam consilium dicentis: *Si vis perfectus esse, vade, vende omnia quæ habes, et da pauperibus, et habetis thesaurum in cœlo (Matth. xix).* Sed si hæc adhuc percipere non potestis, vestris licite utimini. Potestis in sæculo esse, et non sæculariter vivere; habete libertatem, sed videte utrum habere possitis felicitatis æternitatem. In hoc mari magno et spatioso Spiritus sancti aura vos provehat, et ad portum optati littoris prosequatur. Gaudete in Domino semper.

Sit levis ventus, placidum mare, lucidus aer,
Solers nauta, tenax anchora, firma ratis.

EPISTOLA IX.
AD G. EPISCOPI WIGORNIENSIS CAPELLANUM.
Hortatur ad mundi contemptum.

Venerabili amico suo G. domini Wigorniensis capellano, G. S. Barbaræ dictus subprior valere in Domino semper.

Gratias ago benignitati vestræ, quia, sicut scribitis, arctiori vinculo charitatis ad diligendum me plus solito mens vestra excitata est. Recaluit et meus animus erga vos, fotus vestræ visceribus charitatis, et nunc quod placuit scribere obviis manibus suscepi, legi avide, libenter relego, et placet sæpius repetitum. Granter etiam vestrum amplector promissum; posuistis enim in fine litterarum vestrarum, cum aliquis vestrorum ad nos iterum venerit, si nobis tempus vacuum fuerit, benignitati vestræ nobis in Domino dilectæ prolixius scribere, in fine schedulæ religiosi cujusdam verbis utens. Hortari vos in charitate præsumo, ne casuri gloria mundi, quasi stantem aspiciatis, et vere stantem amittatis; ne vestra plus vobis diligatis, et sic vos et vestra perdatis; ne blandiens præsens prosperitas sui vobis finem abscondat, et adversitas sine fine succedat; ne lætitia temporalis luctum vobis æternum, et operiat quem parit, et pariat quem operit; ne mors longe esse putetur, et (quod absit!) præoccupet improvidum, juxta illud: *Cum dixerint, pax et securitas, tunc repentinus superveniet interitus et non effugient (I Thess.* v). Det autem Deus vobis, ut post tempora feliciter dilatata, percipiatis gaudia sempiterna.

EPISTOLA X.
AD GAUFRIDUM AMICUM SUUM.
Significat pacem factam inter Angliæ regem et ejus filium.

Dilecto suo G. frater G. exitus delectabiles matutini et vesperæ.

Editis jam litteris quas dilectioni vestræ destinare proposueram, quia nuntium vestrum festinantius transfretare credebam, ecce subito regionibus nostris lux nova oriri visa est, divinaque clementia pectoribus mœstis clarissimum lumen infudit. Nam concordia facta inter regem et filios ejus, pax peregrinata diu hilari vultu nostris se intulit sedibus. Ad natale solum vestri redeunt, illud nobile castrum nativitatis vestræ reædificatur, et in eo passim nova tecta consurgunt. Gratias justo et misericordi Creatori, qui vulnerat et medetur; percutit, et manus ejus sanat. Huic vos summopere placere curetis, ut post grandia hujus magni et spatiosi maris pericula, mereamini tutissimum cœlorum intrare portum.

EPISTOLA XI.
AD FRATREM GENIBUS DEBILEM, ET IN QUIBUSDAM A SE DISSENTIENTEM.
Solatur eum et exhortatur ad patientiam.

Si qua consolatio in Christi, si quod solatium charitatis, si qua societas spiritus, si qua viscera miserationis, imple gaudium nostrum, ut idem sapias, eamdem charitatem habeas, unanimes idipsum sentias. Et quidem sagittæ Domini in te sunt, et manus illius aggravata est super te; sed si pacatum reddideris habitaculum tuum, et oleum in vase tuo recondideris, et omne sacrificium tuum sale condieris, qui vulneravit, ipse medebitur, qui percussit, ipse curabit te, aut certe ipsa detrimenta membrorum tibi fient augmenta virtutum. Libenter cum Paulo gloriaberis in infirmitatibus tuis, ut inhabitet in te virtus Christi. Dubitabis quid magis expediat, sanari, an infirmari. Infirmitas hæc non est ad mortem, nisi (quod absit!) curvare velis genua ante Baal. Reditum tuum speramus quam celerem. Revertere ad nos indubitanter; revertere similis factus capreæ hinnuloque cervorum super montes aromatum. Genua debilia roborentur, salias in montibus, transilias colles. Sufficiat tibi quod tandiu in illa Babylone conversatus es, et purpuratæ meretricis fuisti colonus. Nolumus civem nostrum tandiu intra ipsius Babyloniæ fines concludi, sed cum Abraham de terra Chaldæorum, cum Lot de Sodomis, cum Israel egredi de Ægypto, ut ad reædificandos novæ Jerusalem muros, quos Nabuzardan atque universus Chaldæorum exercitus crebris ictibus feriens ad solum usque destruere se posse sperabat. Esdram se nobis exhibeat, et Neemiam coadjutorem videlicet et consolatorem. Valeas in Domino et convalescas.

Est aliquando bono bene ne gravibus superetur.
Est male quo maculas lavet, adversisque pietur.
Est aliquando malo bene quo gravius feriatur.
Est male quo redeat vel ut hic utroque jam patiatur.

EPISTOLA XII.
AD BARTHOLOMÆUM.
Docet qua ratione ambulandam sit in via Domini.

Domino BARTHOLOMÆO, frater G. sanctæ Barbaræ dictus subprior, salutem et boni propositi perseverantiam.

Audivimus, et gavisi sumus de conversione et conversatione vestra, et oramus ut gaudium nostrum sit plenum de provectu et perseverantia vestra. Recalescatis igitur igne Dei, et convalescatis de infirmitate. Refloreatis in novitate sancta. Spiritus sanctus adsit cordi vestro subtiliter operans, salubriter mutans, qui sua gratia de malis bonos, de bonis efficit meliores. Fateor, bene fecistis nobis, nec ingrati sumus. Quandiu conversati sumus in terra vestra, unde et ardentius habere concivem vos desideramus in patria nostra. Cœpistis ingredi viam quæ ducit ad vitam illam, videte ne declinetis ad dextram, sive ad sinistram ; arcta quidem et angusta, sed processu temporis dilatato corde, inenarrabili dilectionis dulcedine, curritur, sicque quodam modo lata videtur : arcta in ingressu, lata in processu. Per ipsam autem non ambulant, nisi expediti. Tria vero, sicut ante nos dictum est, sunt impedimenta itineris hujus : tumor scilicet superbiæ, pondus avaritiæ, mollities luxuriæ. Quibus econtra tres, humilitatis, patientiæ et paupertatis gradus opponuntur. Nos itaque paupertas expeditos, humilitas modicos, patientia reddat robustos ; sicque cantabimus in viis Domini : *Quam magna est gloria Domini!* (*Psal.* CXXXVII.) Non appareat in nobis ultra vacua crux Christi, quemadmodum in multis filiis diffidentiæ, qui tardantes converti de die in diem, improvisa morte subtracti, in puncto descendunt ad inferos. Vilescat gloria præsens. Sapientia mundi, quæ in vobis, quantum ad sæculum plurimum viguit, stultitia judicetur. Charorum et parentum renuntietur affectibus, non acquiescatur carni et sanguini ; favores et honores, et dignitates reputentur ut stercora, ut Christus lucrifiat. Hæc est via, ambulate in ea. Quæ super terram sunt sapuistis, a modo quæ sursum sunt sapite. Olim nobis dicere solebatis : Deus det vobis meliorem sensum. Et ego vobis dico : Augeat Deus in vobis optimum sensum, videlicet ut sentiatis de Domino in bonitate, et in simplicitate cordis quæratis illum. Istis paucissimis, quæ de Patrum fontibus hausi, in charitate exhortari præsumpsi dilectionem vestram, quia pure et simpliciter vos diligo. Sed ecce inter dictandum, ad memoriam forte rediit quod intersero. Magister W. cognomento *Tuobe* (bene, ut arbitror, de illo audistis loqui, quia splendor operis, et odor opinionis in ejus gloria convenientes, illum notissimum reddiderunt), non longe a nostra domo mansit ; ad quem cum aliquis venisset, dicens se velle sæculo renuntiare, et jugum religionis subire : Bene, aiebat, docebo te brevibus verbis omnem ordinem tuum : Non audias, non videas, asini morem habeas, hez huc, hez illuc, comede præbendam tuam ; ita cantare poteris : *Ut jumentum factus sum apud te* (*Psal.* LXXII). Intelligitis quæ dicuntur ; dedit enim vobis Deus intellectum. Non refrigerescat amor vester erga locum Baugezeii, sed diligite illum, sicut semper facere solebatis. Amodo affectum a vobis quærimus, non censum. Cum illuc perrexeritis, quæso ut fratres quos ibi reliqui, et exhortari et consolari curetis. Vellem, si fieri posset, ut veniretis ad nos, et aliquantulum temporis faceretis apud nos : multa audiretis, multa videretis, quibus proficeretis. Valete, domnumque abbatem, et cæteros fratres nostros, si dignum ducitis, vice nostra salutate. Fervor * cœlestis desiderii, in vestra mente quotidie ardentius excrescat, operaque vestra sale devotionis et dulcedine spiritualis gratiæ condiantur. Amen. Iterum valete.

Gaudebas dapibus, gaudebas divite mensa ;
Nunc tenuem victum sobria cœna dabit.
Terram contemnas, qui cœlum quæris habere,
Si mansura voles, hic fugitiva fuge.
** Non dabitur segni cœlestis gloria regni,
Non dabitur lento, sed forti, sed violento.

EPISTOLA XIII.
AD PETRUM AMICUM SUUM.

Hortatur ad assiduam Scripturæ sacræ lectionem.
PETRO (3) suo G.

Opportunitate reperta meritis vestris reddens salutis obsequium, hortor ut divinæ Scripturæ non minorem quam soletis curam impendatis. Ut enim beati Augustini verbis utar, sincera et solida res est, nec fucatis eloquiis ambit ad animum, nec ullo linguæ lectorio aliquid inane et pendulum crepitat. Multum movet non verborum, sed rerum avidum, et multum factura securum. In ea et prava corriguntur, et parva nutriuntur, et magna exercentur ingenia. Si autem gratum fuerit, ut iterum vobis scribam, scribite ut rescribam. Sed fortasse dicitis : Nolo intuitum tuum defendat arida paginæ facies et litterarum color exsanguis. Nolo, inquam, inter victrices hederam tibi serpere lauros. Ad quod respondemus : « Non petimus nos aut lascivire cum Sidonio, aut venare cum Hortensio, aut involvere cum Martiano. Sunt qui eloquentiam eloquenter dissimulant, tantumque orationi venustatis accumulant, quanto se id agere negant. Nihil horum nobiscum ludere libeat, dum hoc devotioni vestræ sufficiat, ut simplici tantum littera festivitate discurrat. Valete et vestris me precibus Domino commendate. Hæ sunt enim salutares victimæ, vota placabilia, holocausta medullata, pinguia sacrificia, aromata redolentia, quæ offeratis super altare aureum quod est ante oculos Domini.

Vitis ut arboribus decor est, ut vitibus uvæ,
Ut gregibus taurus, segetes ut pinguibus arvis,
Tu decus omne tuis.

EPISTOLA XIV
AD WIGORNIENSIS EPISCOPI CAPELLANUM.

De familiari scriptione epistolarum et mundi contemptu.

Dilecto dilectori suo (4) G. domini Wigorniensis capellano frater G. cognomento de Britolio salutem eam quæ vera est.

Sicut Innocentius papa scribit, in familiaribus scriptis dilectio vera consistit. Bene igitur facitis dum familiaria nobis scripta dirigitis, dum apostolicæ confabulationis munus impenditis, dum absentiam corporum spiritu labiorum vestrorum consolari curatis. Est autem epistolare officium, ut beatus ait Hieronymus, de familiari, aut de quoti-

---

(3) Forte is est Petrus de Buxeria ad quem postea epistola decima quinta quem etiam suum appellat, aut Petrus *Mangot* ad quem infra, epistola 18.
(4) Ad quem supra epistola 10.

diana conversatione aliquid scribere, et quodammodo absentes inter se præsentes fieri, dum mutuo quid aut velint, aut gestum sit nuntiant, licet interdum confabulationis tale convivium doctrinæ quoque sale condiatur. Hoc litteras vestras sale condistis, dum temporalia omnia quam contemnenda sint descripsistis. More namque fluentis aquæ currunt mortalia quæque, nec aliquid stabile potest esse sub sole. Eapropter felices qui despiciunt felicia mundi, et quibus est voti summe placere Deo. Verba sunt beati Gregorii. Ecce mundus qui diligitur fugit; cur ergo amatur quod relinquitur, cur negligitur quo pervenitur. Fugientem sequimur, labenti inhæremus, dumque labentem retinere non possumus, cum ipso labimur cui inhæremus. Et ego vobis dico, unum e duobus fiet aut ipsum relinquamus, et cum eo non cademus; aut illum tenebimus et cum illo cademus. Valete et ut semper valeatis semperque maneatis, de valle vitiorum ad montes virtutum conscendite.

Vitæ præsentis sic comparo gaudia ventis :
Cum neutrum duret, nemo comprehendere duret.

EPISTOLA XV.
AD PETRUM DE BUXERIA.

Domino Petro cognomine de Buxeria, suus G, salutem et dilectionis plenitudinem.

Desiderio desideravi videre faciem vestram et ore ad os loqui, sed huic desiderio nostro invident distincta tot spatiis in quibus habitamus loca. Licet vero absentem, licet tam procul manentem, tamen quasi dulciter deosculor, et sinceræ dilectionis brachiis astringo. Jungitur * spiritus meus spiritui vestro; refecistis enim viscera mea in Christo refundendo in me de bono thesauro cordis vestri, verba salubria, verba viva et efficacia, quæ sensui meo amoris melle condita sapuerunt. Sicut enim fragile vasculum alieno nuper imbutum aceto, eumdem saporem infundit de se gustanti; sic nimirum vas Spiritus sancti, vas ad omne opus bonum paratum, vas verbum vitæ continens ad gloriam, de se gustantibus dulcissimum atque gratissimum saporem refundit. Sed quid amplius dicam? Festinat nuntius pro cujus causa paternitati vestræ obnixe supplico. Festinat, inquam, unde et ei quem multum diligo parum loquor. Verbis igitur finem impono, dilectioni finem minime positurus. Rogo autem ut pro mei cordis infirmitate enixius oretis, quatenus omnipotens Deus mentem meam a malis omnibus pro vestra intercessione defendat, et me citius de præsentis vitæ procellis ad æternæ quietis littora perducat. Amen. Det et vobis ipse quod et hodie cedat ad gloriam, et cras respondeat ad coronam. Valete, dimidium animæ meæ.

* Quos ligat æquus amor, quos mentis identidat
[ardor,
Non pro diversa sunt regione duo.

EPISTOLA XVI.
JOANNIS ABBATIS BUGEZEI AD GAUFRIDUM.
Causatur quod diu non scripserit Gaufridus, petitque exhortatorias ab eo epistolas.

Dilecto in Christo G. venerabili sanctæ Barbaræ subpriori, frater J. suæ familiæ quæ in Christo servit in Baugezeio inutilis servus, in omne bonum.

Miramur utrum erga vos oblivione deperivimus, an erga vos iterum vester obduruit affectus, ut ex multo jam tempore nullam nobis epistolam direxeritis, nullam vestri memoriam ad nos transmiseritis. Sæcularis quidem est sententia *, semper omnia complacent nova. Verum erga quem ad supernam sapientiam scimus evolasse, carnale etiam proverbium credimus evanuisse. Sed forte causamini quod, salva pace vestra, pro divortio accipimus, ut quia vobis scribere distulimus, vos a scribendo nobis retardaretis, ut videlicet quia cisterna nostra arescit, vos ** torrentem vestrum ab irrigatione hortulorum nostrorum retineatis, cum dictum sit a Sapiente : *Deriventur fontes tui foras et in plateis aquas divide (Prov. v).* Tunc enim eas habebitis solus, si ex eis vobiscum non communicaverit amicus. Unde et egregie de illis duobus amicis prolata est sententia, unam animam fuisse in duo corpora. Non enim dividere possunt diversæ formæ corporum, quos par unit consensus animorum. Ego vero quis sum qui vobis scribam, qui vos, ut scribitis, consoler et instruam? *Quantalibet enim doctrina,* ut ait Gregorius, *mens fulgeat, quantalibet eloquentia lingua polleat, summa tamen imperitia est velle docere meliorem.* Vos enim, ut verbis beati Pauli utar, scitis humiliari et exaltari, scitis et abundare et penuriam pati ubique et in omnibus, gratia docente, instructus estis. Verum erga me non sic agitur. Sed si mei curam non geritis, timendum mihi est a pusillanimitate spiritus et tempestate, et nisi orationum vestrarum manus imposueritis succumbendum mihi est sub onere sub quo positus in hujus malitia temporis et regionis. Valete, et vestri memoris in Domino memor estote. Salutat vos domnus abbas de Oratorio (5) et cæteri fratres. Salutat domnus Petrus Mangot, quem volumus ut per litteras confortetis in Domino, et inter cætera de bibliotheca emenda submoneatis.

* Quamvis lætari soleant novitate moderni,
Nil tamen est novitas utilitate carens.
** Ardenti studio sacra perlege dogmata, si vis
Dulcis aquæ saliente sitim restinguere rivo.

EPISTOLA XVII.
GAUFRIDI AD JOANNEM.
Superiori epistolæ respondet.

Venerabili abbati suo J., frater G., salutem et dilectionis plenitudinem.

Mature, sicut ante nos dictum est, labitur ab animo, qui diurno non subjacet oculo. At juxta

---

(5) Oratorium, monasterium ordinis Cisterciensis in diœcesi Andegavensi, Gallice Loroux, cujus filia exstitit abbatia Baugezeiensis.

illud tritum vulgi proverbium, qui bene diligit tarde obliviscitur. Ego autem qua ratione oblivisci possum quos semper interioris hominis intueri delector aspectu. Quomodo itaque erga me deperire potestis, quos unico sinceræ dilectionis amplector affectu? Quæ est enim fiducia nostra, aut quæ spes gloriæ? Nonne vos ante Deum? Meus ergo circa Baugezeii locum Christo propitio nunquam obdurescet affectus, pro cujus promotione, videlicet ut in cœnobium proveheretur sæpius adii regem Anglorum; quodque, ut minus sapiens dico, crebris ac devotis precibus a rege petii Anglorum. Et licet a quibusdam minus recte sapientibus, et in hoc negotio sua magis quam quæ Jesu Christi quærentibus, hoc factum displicuerit, et quædam inde gravia auribus meis intulerint, in hoc tamen gaudeo, sed et gaudebo. Confido enim quia id mihi proveniet ad salutem per vestram orationem et multorum ibidem commorantium gratam Deo conversationem. Cæterum causam quare vobis rarius scripserim rescriptorum vestrorum et commeantium raritas fecit. Vos plane cum hauriatis aquas de fontibus Salvatoris, cum de ventre vestro fluant aquæ vivæ, cum sit in vobis fons aquæ salientis in vitam æternam; tamen conquerimini, quod, cisterna vestra arescente, non habeatis quod nobis propinare possitis; sed non dubito quin adsit posse, si non desit velle. Utinam sic possemus sicut vos posse sentimus. Porro verecundiam nobis ingeritis dum dicitis: Quis ego sum qui vobis scribam, qui vos consoler et instruam? Et illud insuper Gregorianum inducitis, summam imperitiam esse docere velle meliorem. Sed quod non est ita ut dicitur, videlicet ut vobis sim melior, sit ita quod dicitur, ne is qui non solet mentiatur. Quanquam etsi vobis in aliquo melior essem, non ideo consolationis et admonitionis vestræ expers esse deberem. Hoc enim infert beatus Gregorius, non quod aliquando monere debeant [*leg.* non debeant] meliores, sed ut protervorum tumidam reprimat voluntatem; sed audaciam, sed temeritatem, sed elati cordis præsumptionem. Nam quod deterior quandoque monere debeat meliorem, ipse in *Moralibus* scribit: *Cum quædam facta meliorum,* ait; *deterioribus displicent, nequaquam quod mentem movet reticendum est, sed cum magna humilitate proferendum, quatenus intentio pie proferentis, eo vere servet formam rectitudinis, quo per viam gradiatur humilitatis.* Dat Jethro * consilium Moysi de potestatibus ordinandis, nec est præsumptio elati, sed obsequium non ingrati. Domnus Petrus: *Subjugale,* inquit, *mutum hominis voce loquens prohibuit prophetæ insipientiam.* Philosophus: *Non qui dicat,* inquit, *sed quid dicatur attende.* In proverbio dicitur:

Quod tu non nosti, novit fortassis asellus

Non igitur occasionem quæratis ne nobis rescribatis, sed de copioso thesauro vestro interdum nobis aliquid refundatis**. Quod si feceritis, et ego licet cisterna mea arescente, parum quid quod vobis propinem centonizare saltem et compilare conabor. Rex post aurea pocula de vase ligneo vel vel testeo bibit. Verum hæc hactenus. Deprecor autem suppliciter dignationem vestram, quatenus fratres nostros filios vestros quos ego diligo in veritate vice nostra salutetis. Novo cœnobio nostro novi martyris (6) nostri pignora misimus, hisque aliquid majus sicut videre poteritis addidimus. Vivat in æternum et floreat ante Dominum sanctitas vestra.

* Felices undæ quibus interiora lavantur,
  Et mentis facies clarior efficitur.

** In terris duo sunt quæ nil absconditta prosunt:
  Fossus humo census, clausus sub pectore sensus.

EPISTOLA XVIII.

AD PETRUM MANGOT.

Gratulatur ei de concessa sibi facultate construendi cœnobii agitque de necessitate comparandæ in eo bibliothecæ.

Charo suo et amico Petro (7) Mangot, frater G. salutem, et incepti operis perseverantiam.

Implevit Deus desiderium vestrum, habetis quod tam ardenter quæsistis, a nobis plane, a rege per nos, a capitulo Cisterciensi per litteras regis, cæterosque coadjutores, quod voluistis impetrastis. Difficillima quidem primo videbantur hæc, et propter obvios casus pene desperatione decidimus; sed ipse Deus clementi nos oculo respiciens, in manu forti ante faciem nostram omnia complanavit. Opus igitur devota prius mente conceptum, devote inceptum, devotius peragite, et quæ huic sunt necessaria sollicite providete. De vivis et electis lapidibus templum Domino fabricate, qui recipiant vos in æterna tabernacula. Gratias ago ipsi gratiæ Dei, qui operatur in vobis, qui eidem gratiæ cooperamini; gratia quippe Dei, quæ bonam voluntatem operata est in vobis sine vobis, modo operatur per vos. Gaudete igitur, quia vobis quasi instrumento utitur ad opus bonum, qui vobis non usus est ad eamdem in vobis bene operandi affectum. Proinde modis omnibus vobis agendum est, ne incuria vestra tanti opificis creatura in vobis decrescat, ne supernæ gratiæ incrementum felicis propositi damnosa pœnitudo præpediat, ne diffidentia per angelos malos immissa quæsitum tot laboribus finem consummationis eludat. Turris si propugnaculis careat, tam facile invaditur, quam difficile defenditur, propter imperfectionem suam, nec defensioni idonea, nec invasioni invia judicatur. Quod si etiam armamentarium, unde ad expugnationem hostium suo tempore arma proferuntur, non habeat, viribus pariter et armis deficit in se ipsa. Opus igitur vestrum tantopere tantaque fidei * vivacitate inceptum, quasi quædam munitio est contra diabolum. Ibi vestra devotione congregata vestro sumptu subsistit Christi militia, die noctuque contra spirituales nequitias armis justitiæ assueta.

---

(6) An Thomæ Cantuariensis archiepiscopus?
(7) Is erat monachus Baugezciensis cujus mentio supra in epist. 16.

Vos vero cum sitis procurator et minister hujus militiæ, oportet vos ministrare arma pugnantibus, gratum Deo et angelis ejus spectaculum in virtutis defensione præstantibus; ipsi quippe agunt causam vestram, quorum instruitis militiam. Claustrum sine armario (8), quasi castrum sine armamentario. Ipsum armarium nostrum est armamentarium. Inde ad impugnandos hostes proferimus divinæ legis sententias, quasi sagittas acutas. Inde assumimus loricam justitiæ, salutis galeam, scutum fidei, gladium spiritus, quod est verbum Dei. Agite ergo, ne in vestræ munitionis armamentario desit ipsius munitionis summa munitio. Munitio ista est sacræ bibliothecæ (9) eruditio, in qua est vitæ et morum laudabilis institutio. Ibi invenit omnis sexus, omnis ætas, quod suæ utilitati proficiat. Ibi spiritualis infantia invenit unde nutriatur, juventus unde roboretur, senectus unde sustentetur. Beata manus quæ omnibus ministrat unde omnibus salus proveniat. Si ergo præfatæ militiæ arma ministraveritis, nihil restat, nisi ut ei dicatis : Apprehende arma et scutum, et exsurge in adjutorium mihi. Vale; et ut ipsa, sine qua nullum decet esse cœnobium, bibliotheca ** comparetur operam date.

* Petrus vocaris, firmus esto,
In Christo petra fidei fundamine jacto,
Spe paries surgit, culmina complet amor.

Vivit agendo fides, ubi non est actus amoris,
Gignit abortivam spem moribunda fides.

** Quamvis multorum multi placeant tibi libri,
Hanc habeas, sapias, sufficit ipsa tibi.

EPISTOLA XIX.

AD MAGISTRUM R.

Gratulatur ei de suo in Ordinem ingressu, docetque qualis in eo esse debeat.

Venerabili magistro domino R., G. (10), providere Dominum in conspectu suo semper.

Veniens ad nos quidam frater de castellis, auditui meo dedit gaudium et lætitiam; interrogatus enim a nobis utrum vos cognosceret, respondit se vos optime nosse, et apud vos aliquantis diebus commoratum fuisse. Intimavit etiam nobis ordinem vos cum vestris nuper accepisse. Et quidem ante ordinem susceptum, juxta modulum vestrum ordinate vixistis, sed amodo multo ardentius, gratia Dei largiente, Regulis Patrum, et præcipue beati Augustini operam dabitis. Est autem ordo, ut ipse doctor definit, parium et disparium rerum sua cuique loca tribuens dispositio. Est plane ordo, ut

Singula quæque locum teneant sortita decenter.

Maxime autem ad clericorum regularium ordinem spectat, ut studeant nihil proprium habere, inviolati cordis et corporis integritatem sollicite servare, majorum præceptis humiliter obedire. Ad ipsum, inquam, ordinem spectat, ut sit in oculis simplicitas, in auribus obedientia, in gustu et odoratu temperantia, in manibus munditia, in corde humilitas, in incessu gravitas. Ad ipsum autem ordinis * magistrum pertinet, ut cujusdam sapientis verbis utar :

Cum quem corripiet verbis, vel verbere virgæ
Non tamen excedat lingua manusve modum.
Oportet etiam ut,
Si quis eum lædit, lædentem lædere volens,
Compatiendo magis, quam patiendo ferat.
Sobrietas in eo vigeat, morumque venustas,
Cum lacrymis pietas, cum pietate rigor.
Consilii gravitas, custodia cordis et oris,
Gratia doctrinæ, zelus, amorque gregis.
Sollicitudo domus, rerum provisio certa,
Major honestatis cura minorque rei.

Sic quippe debet ordinare domum suam, ut charitas semper appareat ante januam, circa altare munditia, in capitulo disciplina. Convenistis, ut unanimes habitetis in domo, ut idem sit victus, non impar cultus, idem locus epuli, idem somni, idem disciplinæ, idem orationis; conventus enim dicitur quasi a via; convenistis enim tanquam socii in via, ut ex jucunditate societatis minor sit labor itineris. State ergo in viis vestris, tenete sancti ordinis propositum, ut tandem mereamini ad sanctorum pervenire consortium. Donet Deus ut congregatio vestra sit malignis spiritibus terribilis, ut castrorum acies ordinata. Orate pro nobis; hæc quæ vobis scripsimus, non præsumptioni deputentur, sed charitati. Valete.

* Non odio, non sit pretio, non sit prece cæcus,
Justitiæ rigor et fidei vigor omnibus æquus.

EPISTOLA XX.

AD W. QUONDAM PRIOREM SANCTI STEPHANI CADOMENSIS.

De contemplatione.

Dilecto suo W. quondam priori S. Stephani de Cadomo (11), oculos semper habere ad Dominum.

Ut nos beatus hortatur Gregorius, non terrena dona, non falsas divitias, non fugitivos honores a Domino, sed lucem quæramus; nec lucem quæ loco clauditur, quæ tempore finitur, quæ noctium interruptione variatur, quæ a nobis communiter cum pecoribus cernitur, si lucem quæramus, quam videre cum solis angelis possimus, quam non initium inchoat, non finis angustat. Illius internæ et æternæ lucis, tam amabilis et tam admirabilis est pulchritudo, ut si quis eam serena cordis acie contempletur, eidem mox cohærendo conformetur. Si vobis deest oculus carnis, non tamen deest oculus rationis, sed nec oculus contemplationis. Oculo carnis vidistis mundum, et ea quæ in mundo sunt; oculo rationis videtis animum, et ea quæ in animo sunt; oculo contemplationis videtis Deum,

---

(8) Armarium in monasteriis locus erat in quo asservabantur libri, quorum etiam custos armarius solebat appellari.

(9) Bibliothecæ nomine hoc loco et infra in fine epistolæ videtur intelligere Bibliorum sacrorum codicem, ut indicant duo versiculi ultimi epistolæ subjecti.

(10) Forte Richardus presbyter ad quem supra epistola 8, et infra epist. 34.

(11) Sancti Stephani Cadomensis insigne monasterium ordinis Sancti Benedicti, a Willelmo conquestore Anglorum rege fundatum, cui primus abbas præfuit sanctus Lanfrancus, postea Cantuariensis archiepiscopus.

et ea quæ in Deo sunt. Est autem contemplatio perspicax et liber animi contuitus, ad res perspiciendas usquequaque diffusus; vel contemplatio est verus certusque intuitus animi de quacunque re; vel apprehensio veri non dubia; vel certa ita: Contemplatio est erga invisibilia salubriter afficiens animum mentis illuminatio. Duo autem sunt, ut nostis, bonæ contemplationis excessus; in intellectu unus, alter in affectu; unus in lumine, alter in fervore; unus in agnitione, alter in devotione. His vigebat Didymus ille videns, de quo Hieronymus sacris ab eo litteris eruditus: Dydimus, inquit, meus habens oculos sponsæ de Cantico canticorum, et illos oculos quos Jesus in albescentes segetes præcepit levari, sublimius quiddam intuetur. Hunc beatus Antonius, cum Alexandriam venisset, magnificis consolatus est verbis. Nihil, inquit, te offendat, o Didyme, quod carnalibus oculis videris orbatus; desunt enim tibi oculi quos habent mures, et ranæ, et lacertæ; sed lætare quod habes * oculos, quos angeli habent, cum quibus videtur Deus, et per quos magnum tibi scientiæ lumen accenditur. *Metuendæ sunt*, inquit Augustinus, *tenebræ, non oculorum, sed morum; et si oculorum, non exteriorum, sed internorum, quibus discernitur non album et nigrum, sed justum et injustum.* Et quidem super vos diem claritatis splendor effulsit; ad illas namque quas sol justitiæ proximus respicit terras, maturis virtutum fructibus redundantes, velut turtur castissimus advolastis. Non ergo ultra timemus de vobis ne transeatis de luce ad tenebras, de lecto quietis ad volutabrum luti, de paradiso voluptatis ad agrum Damascenum, ubi periit Abel justus. Paucis ad vos loquens, ut informis cornicula alienis me coloribus adornavi; non tamen timeo, ne cum forte suas repetitum venerit olim grex avium plumas, moveam cornicula risum furtivis nudata coloribus. Gratia et pax vobis multiplicetur. Amen.

* Implens officium, reprimensque prioris honorem,
  Sic vita sicut tempore primus eras.

* Mens, facies, oculus, pura, serena, pudicus,
  Dextera, lingua, pedes, larga, modesta graves.

EPISTOLA XXI.
JOANNIS ABBATIS BAUGEZEIENSIS AD GAUFRIDUM.
Rogat Gaufridum ut sibi retineat bibliothecam.

Dilecto in Christo G. venerabili sanctæ Barbaræ subpriori, J. minister fratrum de Baugezeio, semper in Christo vivere.

Visis optatis litteris dilectionis * vestræ, quasi de gravi somno evigilans in illa patriarchæ Jacob verba prorupi: *Sufficit mihi, veniam, et videbo eum antequam moriar (Gen.* XLV*).* Credite enim mihi, in gravem cordis et spiritus anxietatem incideram, metuens ne quia post longum tempus, nec etiam post missas litteras aliquid de vobis audieram, mors quæ nemini parcit, dilectam a carne separasset animam; festinassemque vos videre, nisi instantia temporis ad capitulum Cisterciense iter cogeret accelerare. Illuc quoque eundo, per vos transitum haberem; sed timui, ne dum progredi ulterius festino, vos videre, vos colloqui (quod ardenter desidero) sufficienter non potuissem. Nunc igitur rogamus vos, quatenus bibliothecam illam, si tam bona est, imo quia tam bona est, ut scribitis, retineatis, ne alteri vendetur, quia in reditu capituli per vos veniemus, et eam cum consilio vestro, si Deo placet, comparabimus.

*Quis sit verus amor, quid verbis picta simultas,
Verba notant, vultus judicat, acta probant.

EPISTOLA XXII.
GAUFRIDI AD JOANNEM.
Petit ut ejus precibus felicem sibi a Deo obtineat mortem.

Venerabili abbati suo J., suus omnino G., salutem, non tam in via, quam in patria.

Sicut me adhuc in carne vivere destinatis ad vos litteris nostris cognoscitis. Sic nimirum, Deo volente, velocem tabernaculi mei depositionem destinandis ad vos litteris cognoscetis. In fratrum namque charitate confido, quod post celebratas exsequias profecturus ad vos nuntius, non multas protrahet moras. Quantumcunque ergo vobis scribere differamus, hanc enim, ut nostris, dilationem commeantium raritas facit, de excessu nostro omnis tollatur suspicio. Illud præcipue, ac tota mentis devotione sanctitatis vestræ pedibus provolutus exposco, ut cum præscriptus ad vos venerit nuntius, id agere satagatis pro me, quod studio pietatis dictante fraternæ flagitabunt litteræ. Orate Salvatorem, qui non vult mortem peccatoris, ut interim mihi virtutem largiri dignetur, qua sic eum valeam sequi, ut possim assequi; sic videlicet sequar ad meritum, ut assequar ad præmium. Viam plane qua illum sequi debeamus ostendit, vivendo innocentiæ, moriendo patientiæ, præbens exemplum. Hanc si teneo, ipse mihi vivere Christus est, et mori lucrum. Quantum lucrum, quamque pretiosum, pretiosa in conspectu Domini morte defungi, in diebus paucis tempora multa complere, plenumque dierum decedere! Plenus autem dierum, ut quidam sanctus ait *, moritur, qui in tempore transeunte, id quod non tangit operatur. Felix decessus, qui est ingressus vitæ, præmiumque laboris! Laboro ** itaque, laboro venturus ad finem; scio enim quia si hic laborare noluero, veniam ad finem vitæ, et non veniam ad finem laboris. Novi quod in terra locus est meritorum, in cœlo præmiorum, nec de imis ad summa conscenditur, nisi causa salutis in medio comparetur. Novi quod divino judicio semper suus novissime rerum meritis respondet eventus. Quanta autem, ut beatus Cyprianus ait, est dignitas, quantaque sanctitas, exire hinc lætum, exire inter angustias et pressuras gloriosum! claudere in momento oculos quibus homines videbantur et mundus, et statim eosdem aperire, ut Deus videatur et Christus! Tanta facilitate emigrandi, quanta velocitate repente terris subtraheris, ut in regnis cœlestibus reponaris. *Hæc oportet*, inquit, *mente et cogitationibus complecti, hæc norte et die meditari.* Sed hæc nos dixisse sufficiat. Vos vero gratam nobis consolationem impenditis, cum ad nos litteras vestras dirigitis, nec a nobis fit quod a quibusdam fieri solet, ut schedula cum perlecta fuerit, projiciatur, imo et a nobis avide custoditur, et studiose transcribitur. Gratulor id siquidem titulis accedere vestris, ut et apud nos maneat memoria nominis vestri, ut in ore nostro, quasi mel indulcetur ipsa vestri memoria, et ut musica in convivio vini, Dominus sic cum spiritu vestro. Amen. Detque vobis quod et hodie cedat ad gloriam, et cras respondeat ad coronam.

* Vivitur obsequio mortis, mors janua vitæ est,
Sed quibus ad vitam vita paratur iter.

** Parvo perpetuam mereare labore quietem,
Et fletu pensa gaudia longa brevi.

EPISTOLA XXIII.

JOANNIS AD GAUFRIDUM.

Superiori epistolæ respondet.

Dilecto in Christo G., J. suus (12) vicarius, debitam salutem.

Vere, ut scriptum est, *fortis ut mors dilectio, dura velut infernus æmulatio* (*Cant.* VIII). Ex quo enim mutuæ dilectionis colligatione conglutinata est anima mea animæ vestræ, tantam in me ignis inde successus exercet violentiam, ut licet commotus, licet læsus, a mente mea non possim excludere vestræ memoriæ dulcedinem. Et qui ante promiseram, et pene sub juramento firmaveram, litteras vestras ulterius non suscipere, donec exhibitionem vestræ corporalis reciperem præsentiæ, statim ut litterarum vestrarum bajulum vidi, bustulam arripiens, non solum avide legi et relegi, verum etiam a scribendo manum retinere non potui. Verbis ergo vestris quæ in præsenti schedula reperio concinens, reverenter exhortor et exopto, quatenus viam * mandatorum Dei indefesso pede curratis, donec eum quem ab ineunte ætate sequi viriliter cœpistis, feliciter assequi valeatis. Per amaritudines siquidem et labores præsentis vitæ constat esse sequendum quem per easdem transiisse omnibus est manifestum. Sed ollam propheticam indulcat commixta farinula, et austeritatem præsentium laborum temperat supernæ dulcedinis memoria : Bonus es, Domine, ait propheta (*Thren.* III), animæ quærenti te, desideranti te. Si bonus quærenti et desideranti, quanto magis invenienti et perfruenti! Si tam dulcis est memoria, qualis erit præsentia! Si mel et lac est sub lingua, quid erit super linguam! Nunc ergo, charissime, fruamur nobis invicem in Domino, donec veniat tempus, in quo fruemur in nobis ipso. Tripliciter enim, ut ait quidam sanctus, in æterna beatitudine fruemur Deo; videntes eum in creaturis, habentes eum in nobis ipsis : et quod his jucundius et beatius est, ipsam in semetipsa cognoscemus Trinitatem, et ejus gloriam sine ullo ænigmate mundo cordis oculo contemplantes. Hæc enim erit vita æterna, ut cognoscamus Patrem et Filium, et in utroque Spiritum sanctum. Hæc est multitudo dulcedinis divinæ quam abscondit timentibus se; hæc est mensura bona et conferta, et coagitata, et supereffluens, quæ dabitur in sinus nostros. Hic est cumulus felicitatis nostræ, supereminens gloria, supereffluens beatitudo, ad quam nos perducet, qui, licet in diverso habitu, in uno tamen spiritu nos vocavit.

Sed via virtutis dextrum petit ardua collem, Difficilemque aditum primo spectantibus offert.

EPISTOLA XXIV.

GAUFRIDI AD JOANNEM ABBATEM.

Dolet, quod vocatus ad concilium Parisiense, non fuerit præsens, cum Joannes abbas Baugezei accessit ad Sanctam Barbaram.

Venerabili abbati suo J., G. peccator.

* Doleo, et valde dolui, quod in Normannia non fui, cum in Normanniam venistis. Diu vos exspectaveram, diu præsentiam vestram sitieram; sperabam etiam negotio propter quod venistis, ultimam me posse imponere manum, sed ne voti compos efficerer, peccata mea præpedierunt. Deceptus sum in hoc quod cum Normanniæ abbatibus de capitulo redeuntibus non venistis. Dum ad vestros divertistis, putabam vos ibi aliquam facere moram, antequam veniretis. Tali ergo æstimatione deceptum traxit me interim ad concilium (13) quod Parisius celebrabatur, cujusdam abbatis necessarii mei dura necessitas. Si futurorum præscius essem, non utique me movissem, diu potius desideratum amici præstolarer adventum. Sed, hei mihi! Ivi quo utinam pedem non tulissem; reversus autem ingemui dum audivi vos in Normannia fuisse, sed a Normannia recessisse. Tribulationem et dolorem inveni, cum vos in Normannia non inveni. Valete, sed de hoc mihi infortunio condolete. Fratres nostros salutamus, rogantes ut sint memores nostri orando, ut abundantia nostræ iniquitatis frigescente, charitate congelata, sancti Spiritus calore resolvatur.

* Nunc animi, rex, esto tui, moderare dolorem.
Nemo doloris ope damna levare potest.

EPISTOLA XXV.

AD EUMDEM.

Ejusdem, ut videtur, argumenti.

Venerabili abbati suo J., G. supplex, exiguum munus se ipsum.

Veniale est apud bonas mentes quidquid conscientiæ sinceritas habet excusabile. Misi vobis canonicorum regularium S. Barbaræ in Augia.

---

(12) Joannes abbas Baugezei, Gaufredi se vicarium dicit, quia ille Cisterciensibus cessit Baugezeiense cœnobium, quod ex prima Henrici II, Anglorum regis fundatoris, intentione, debebat esse ordinis

(13) Forte concilium Parisiense anno 1170 celebratum, in quo Petri Lombardi error de Christi humanitate damnatus est.

brevem apologiam, ipso latore a quo mihi præsentata est vestrarum facies litterarum, in quibus vos offensum, vos læsum conqueriminii. Sed si offensus fuistis, et ego; si læsus fuistis, et ego; si mea me non fallit conscientia, plus ego. Credite mihi, dolui satis, fraudatus a desiderio et exspectatione mea. Si deceptus offendi, ignoscite non malitia delinquenti. Danda est culpæ venia, quam non comitatur malitia. Mittimus quod mandastis ut mitteremus. Res itaque delegata delegantis vultum repræsentet, et ingerat animo quod negat oblivio. Ad hoc autem precamur quatenus nostri memores sitis, ut pro nobis Dominum exoretis, ut pro miseriis nostris in conspectu ejus interiores lacrymas effundatis; oratio namque flectit judicem, lacryma cogit misericordem. Modis vero omnibus nobis cedere noveritis ad incolumitatis statum quidquid vobis responderit ad successum. Nec enim inter nos venalis habetur amicitia, sed quæ non pecunia paritur, sed gratia; non licitatione pretiorum, sed concertatione benevolentiæ; præsertim cum virtus sit ipsa, non quæstus. O prædicanda virtus, quæ absentium animos vinculo dilectionis astringit, divisa unit, inæqualia sociat, imperfecta consummat! O vere laudanda virtus, qua nihil in rebus humanis est pulchrius! De incolumitatis vestræ statu pagina vestra cor meum lætificet, et de profectu domus vestræ, cujus decori et utilitati vigilanti oculo providetis, certitudinem repræsentet. Vigeat sanitas, et floreat sanctitas vestra in æternum ante Deum. Res bene si detur, quamvis data, semper habetur :
Nulla reservatæ gloria, multa datæ

EPISTOLA XXVI.

ROGERII QUONDAM PRIORIS S. ABRAHÆ AD GAUFRIDUM.

Gratulatur de his quæ scripserat de videndo Deo, hortaturque ad humilitatem.

Grata nostris auribus inseris, dum ea quæ de videndo Deo diserte disseris, Augustinaliter asseris. Læta quidem et exacta, exquisita et excussa, polita et ornata, cum grandis trutina laudis verba pronuntias. Enim vero defæcatis ab omni fece carnalis sensualitatis animis, affectibusque cordialibus purgatis ab omni affectione terrenitatis, omnem transvolare creaturam, Creatoremque attingendo mundo corde, et irreverberato lumine perspicuo Deum contemplare debere, posseque indicis. Grandiuscule nobis ista placent, tum quia vera sunt, tum quia veritatis hujus assecutorem, cognitoremque te esse gratulamur. Magna profecto sunt ista, ad quæ pertingere sola potest humilitas; quæ, licet ab humano nomen trahere sciatur, in cœlestibus tamen cum Deo conversatur; cujus epitheto inimica cohors angelica de cœlo profugatur. Recole Moysen consilio Jethronis acquievisse per humilitatem, præque omnibus caput ipsum cum suis summopere considera membris. Humilitatem quippe semper dignatio comitatur; superbiæ vero indignatio sociatur. Igitur si nostras experiri et comprire

gliscis theorias, arripe humilitatem totius bonitatis conservatricem, nec dedigneris nostris nos noscere scriptis. Nulla nobis incognita fore debent displicita. Prius sit intelligere, post laudare vel spernere. Pande mihi quæ scripseris, nec latere quæsieris, mox me lectorem videbis, spretorem argueris

Actorem laudabo Deum, quem lædit aperte
Quisquis in hoc operis invidiosus erit.

EPISTOLA XXVII.

GAUFRIDI AD ROGERIUM.

Superiori epistolæ respondet.

Excellenti laude dignum attollitis, dum simiam leænem, bubonem aquilam nuncupatis. Vereor autem ne si quis eorum quibus ineptiæ nostræ notæ sunt, legerit illam epistolam vestram, per tergum meum manum curvet in ciconiam. Expolita quoque et suo pondere librata dicitis verba, quæ nec exacuta sunt cote dialecticæ, nec rhetoricæ artis oleo levigata, licet et hoc vitium sit, si oratio nimio verborum flore luxuriet. Quamvis autem, ut Hieronymus ait, elegans sit exercitatumque ingenium, et longo usu trita currat oratio, tamen nisi auctoris manu curata fuerit et polita, redolet sordes negligentiæ, et vel hiulca vocalibus sit, aut aspera consonantibus: unde et de Virgilio, inquit, traditum est quod libros suos quasi ursorum fœtus lingua composuerit, et lambendo fecerit esse meliores, qui durarent in memoriam sempiternam, ut necessitatem metri libera oratione compleret. Sunt plane qui flumine eloquentiæ utuntur et volubilitate verborum et tumentes contorquendo gurgites, cum miraculo spectantium feruntur in pronum. In pronum siquidem feruntur, qui non cœlestis intentionis penna sublevantur, sed terrenæ laudis appetitu tremuntur (sic). Quandiu vero sumus in valle lacrymarum, in loco quem Deus posuit ad certamen ut vincentibus coronam daret, ut possim ascensiones in corde disponere et ire de virtute in virtutem, magnopere desidero in sacrarum Scripturarum lectione fervere, et vestras et aliorum doctorum et invenire et experiri theorias; nec vos dedignor vestris cognoscere scriptis, præsertim cum ea, utpote Domini verba, proposuerim venerari, prædicare, mirari. Imitari namque cupitis illum patremfamilias qui profert de thesauro suo nova et vetera; et sponsam de Cantico canticorum, quæ dicunt: *Nova et vetera, dilecte mi, servavi tibi* (Cant. vii). Itaque eruditionem vestram gratanter suscipimus, vosque in longo Scripturarum campo currere cohortamur. Victor licet si non incendia jactet, vos cœptum carpatis iter. Uniuscujusque vitii malum in suum recurrit auctorem. Porro *charitas benigna est, non æmulatur, non quærit quæ sua sunt* (I Cor. xiii), alterius bona diligit ut sua. Igitur devotis studiis expositionis vestræ Spiritui sancto vela pandatis. Ipsius sancti Spiritus aura vos provehat, et ad portum optati littoris prosequatur.

Hieronymi meritis applaudens gloria famæ
Laudibus attollit, perpetuatque virum.

EPISTOLA XXVIII.

AD FRATRES BAUGEZIENSES.

Mittit eis Vitam beati Hamonis.

Dilectis in Christo fratribus Baugeziensis cœnobii, G. vestræ sanctitatis servus, perpetuam in Domino salutem.

Habetis, charissimi, memoriale beati Hamonis, stolam videlicet quam nobis dilectionis gratia delegaverat: cujus vita quam pia, quam religiosa, quam grata Deo exstiterit, scripta subnexa declarant. Hæc vos ad ædificationem legite, et virtutes ejus in ejus muneribus retractate. In Vita beati Antonii S. Athanasius Alexandrinus sic de seipso quasi de alio scribit: *Legatarius*, inquit, *Antonii benedicti, qui tritum pallium cum melote imperio ejus meruerat accipere, Antonium in Antonii muneribus amplecti tur, et tanquam magna hæreditate ditatus, latenter per vestimentum recordatur imaginem sanctitatis ejus* Similiter agentibus scilicet imaginem sanctitatis ejus viri Dei Hamonis per ejus munera recordantibus gratia vobis et pax multiplicetur. Ipse ante decessum suum et aliud ex parte sua mihi mitti jussit orarium, quod tanto amplector et servo gaudio, ut Crœsi opes habere me credam. Hic beatus audiens fidelem nos et illustrem virum reperisse, qui in paupere loco in quo morabamur domum Cisterciensis ordinis propriis se sumptibus ædificaturum promittebat, si id a rege et a nostris impetrare possemus, ad tam pium opus suis nos consiliis animavit, et regem ipsum cui merito sanctitatis suæ charus et familiaris erat, secretissimis ad eum nobis intersignis traditis, ut hæc concederet benigne rogavit. Plurimorum etiam sanctorum pignora quæ in loco sæpedicto reposuimus ab eo accepimus. Crescat igitur erga eum vestræ devotionis affectus. Mementote mei servi vestri, orantes Dominum Jesum, ut conterat Satanam sub pedibus nostris velociter, illiusque beati viri consortio in cœlesti patria, vobis intervenientibus, merear perfrui, cujus familiaritate et gratia, largiente Domino, in hac peregrinatione merui relevari. Opto vos supernis civibus angelorumque choris per æterna commercia copulari. Iterum divini roris aspersione fæcunda, amplificetur in dies virens et florens ante Dominum sanctitas vestra.

Pauperiem modico contentus semper amavit,
Et dominus rerum nil cupiendo fuit.
Candidus insuetum miratur lumen Olympi,
Sub pedibusque videt nubes et sidera cœli.

EPISTOLA XXIX.

AD JOANNEM ABBATEM

Futuræ beatitudinis imaginem in monasterio Joannis Baugeziensis abbatis sibi repræsentat.

Venerabili abbati suo Joanni, frater G., imitari virtutem cujus sortitus est nomen.

Amicitiæ jura tenentes solideque servantes in unum colligit latitudo charitatis, licet locorum absentia separet. Ipsa mihi cujus blando connexi su mus vinculo, cum opportunum datur reperire nuntium, ut vobis scribam imperat, quamvis ad scribendum animus meus tam non sit cupidus quam nec idoneus; quippe cui ingenium tenue est et exile. Cogitaveram quidem et in votis habueram, si rerum ratio permitteret ac temporis conditio, ut ipse ad vos venirem, sed quia rebus urgentibus detenti sumus, has interim pro me ad vos vicarias litteras misi. Spero autem, si vita comes fuerit et Deus permiserit, cito me esse venturum ad vos, nec deerit gratia et misericordia Redemptoris fructus multiplex advenienti. Pulchrum namque præbebit spectaculum decor domus Dei, castrorum acies ordinata, religiosa vita fratrum, locus amplificatus, decursus aquarum, deserta in ubertatem conversa, et singula divino cultui mancipata. *Auditui meo dabit gaudium et lætitiam* (*Psal.* L) sermo vivus et efficax, sermo bonus super datum optimum, sermo fidelis et omni acceptione dignus. Verbum bonum, ignitum eloquium, gratiarum actio et vox laudis, qua quotidie resonat locus ipse. Afflabit nares Christi bonus odor, odor vitæ ad vitam, cum ingressus fuero loca vestra, loca fragrantia unguentis optimis: cum ingrediar ad areolas aromatum consitas a pigmentariis; cum ingrediar hortum florenti cespite vernantem, hortum deliciarum, hortum conclusum, hortum producentem flores rosarum et lilia convallium. Ibi pascar in liliis, cibabor pane vitæ et intellectus, et aqua sapientiæ salutaris potabor. Exsultabo et lætabor satius ab uberibus consolationis vestræ. Introducar a vobis in cellam vinariam, et mihi propinabitur exinde, ut pascar in pascuis uberrimis. Salutabimus nos invicem in osculo sancto, osculo columbino, non subdolo, non corvino, non quod pacem mentiatur cordium, sed quod veram innuat unionem animarum. Hæc itaque quæ prædiximus vobis veluti quamdam mihi futuræ beatitudinis imaginem repræsentabunt; in qua sane quidquid oculorum demulcet aspectum, sub eodem tempore simul collectum videbimus. *Tanta autem ac talis*, ut beatus ait Augustinus, *erit glorificati corporis pulchritudo, ut et oblectet intuitum et cor nullatenus flectat ad vitium. Et talis*, inquit, *erit illius pulchritudinis delectatio, ut tibi semper præsens sit, et nunquam satieris, imo et semper satieris. Si enim dixero quod non satiaberis, fames erit. Si dixero quod satiaberis, fastidium timeo: ubi nec fastidium erit nec fames. Quid dicam nescio, sed Deus habet quod exhibeat non invenientibus quomodo dicant et credentibus quod accipiant.* Ibi nimirum omnem melodiam, omnem omnino harmoniam, quidquid concinnum et suave est auribus sub eodem momento perenniter percipiemus. Ibi omne pigmentorum genus, et omnium suave redolentium rerum simul experiemur odores. Gustare poterimus omne quod dulcorem affert gustatum, tangere quidquid convenienter delectare poterit attactum. Ad sanctorum osculum complexum et conspectum ventre ineffabilis lætitia est. Quam perfectissima pulchritudo! Quam beatissima delectatio! in qua ut sæpedicti doctoris verbis utar, fulget animæ sanctæ quod non capit locus, ubi sonat quod non rapit tempus, ubi olet quod non spargit flatus, ubi sapit quod non minuit edacitas, et ubi hæret a quo non divellit satietas. Ad percipiendam sane tantæ beatitudinis gloriam nos vestris precibus ac meritis confidimus adjuvari. Valete et pro nobis Dominum frequenter supplicate. Ad relevandum animum tuum tres tibi, charissime, spirituales ludos destinare curavi, de pastoribus, de digitis, de picturis. Hos itaque intuens et mente retractans, discas delectabiliter in Scripturarum campo ludere; de exiguis eximia cogitare. Etiam ipsa coram Deo sapientia ludit, unde et ille :

Ludit in humanis divina potentia rebus,

ludit Isaac cum Rebecca, David saltat totis viribus coram Domino, cytharam tangit, Christum lyra personat, et in decachordo psalterio a mortuis excitat resurgentem. Sed non exspectes, ut hæc tibi ore edisseram, et exposito disertoque sermone profundam. Est alibi tibi quærenda styli venustas.

Ante leves ergo pascentur in æthere cervi
Quam vester nostro labatur pectore vultus.
Sermo brevis, si vivere vis, clam judice teste,
Clam pudeat quod non deceat fieri manifeste.
Corpore deposito cum libet ad æthera perges,
Evades hominem factus Deus ætheris alni.

EPISTOLA XXX.

AD R. TROARNENSIS ECCLESIÆ PRÆCENTOREM.

Ut se per litteras saltem visitet.

Dilecto in Christo fratri et præcordiali amico suo R. (14) Troarnensi ecclesiæ præcentori, G. indignus Sanctæ Barbaræ subminister, psallere sapienter.

Amicorum, ut ille ait, *orata curare bonæ frugis officium est, præcipue si non refragetur æquitas postulantis*. Dilectionem autem vestram rogaveram quatenus directis litteris parvitatem meam cantando mihi aliquid favorabile de canticis Sion, exhortari, visitare et consolari dignaretur. Raro quippe nos corporeis oculis intuemur, raro mutuis alloquiis fruimur, et vereor ne amicitiæ memoria temporali silentio consenescat. Eapropter volebam ut vos in litteris vestris tanquam in speculo possem inspicere, et magno æstu desiderii sitiebam, ut ex corde lingua lingeret quod mens auribus in chartæ saltem pagina resonaret. Nolo enim litteras de summo ore stillantes; illas peto quæ, ut quidam sapiens ait, *arescere nesciunt, quæ ex intimo pectoris fonte promuntur*. Nec dico sit in eis illita Tulliano melle festivitas, vel ut Atticis salibus sint aspersæ, vel thymo odoratæ, sive Nestorea, ut ita dicam, manu; sed ut solius sint charitatis calamo scriptæ. Hæc, ut nostis, invenitur in corde puro, et conscientia bona, et fide non ficta. In hujusmodi ergo litteris desiderabam amicum quodammodo habere præsentem, sed propter occupationes vestras habeo vos excusatum. Neque enim causam silentii voluntati aut desidiæ vestræ, sed ipsis occupationibus applico. Apud vos itaque meus sermo primam januam reseravit, dum primus in vos oris mei munera jaculor, vos cum tempus habetis præsentiam vestram nobis saltem in schedula exhibere curabitis. Turpilius comicus tractans de vicissitudine litterarum : *Sola*, inquit, *res est, quæ homines absentes præsentes faciat*. Litteras primum, ut scribit Cassiodorus, et ut frequentior tradit opinio, Mercurius multarum repertor artium volatu strimoniarum avium collegisse memoratur. Nam et hodie grues, inquit, quæ classe consociant alphabeti formas, natura imbuente describunt, quem in ordinem decorum redigens vocalibus consonantibus congruenter admistis viam sensualem repperit, per quam alta petens ad penetralia prudentiæ mens possit velocissima pervenire. Per hanc sensualem viam cooperante Dei gratia ad ipsius sapientiæ secreta, ex parte vos jam pervenistis. Hinc est quod divinas leges legitis et intelligitis, hinc est quod secundum illam pulcherrimam et saluberrimam Apostoli exhortationem : *In psalmis et hymnis et canticis spiritualibus cantatis et psallitis in corde vestro Domino* (Ephes. v). Hæc cogitatis, hæc sapitis, hæc retexitis; inde est etiam quod Patrum scripta et carmina multimoda internas aures vestras nocte dieque demulcent; sed parumper in auribus vestris liceat inter olores anserem strepere. Audite et intelligite cum præcipue perstrepat anser, ex usu venit ut opem desiderantes ad suffragia probata confugiant. Ut igitur nobis arrideat effectus optati, ferte in curam spem petitionis : hæc est autem petitio nostra, ut enixius oretis quatenus nobis detur a Domino venia peccatorum, gratia meritorum, gloria præmiorum. Attentius pro nobis orantes vos Domini Salvatoris gratia tueatur et foveat. Voti nostri est ut sancta congregatio vestra bene valeat, et perpetua meritorum dote ditescat. Spiritus sanctus adjuvans infirmitatem nostram, et intellectui rationem, et voluntati devotionem inspirans, non errori locum relinquat, non tepori. Valete et organa vestra quæ suspendistis, amicum qui interrogat vos verba cantionum cum opportunum fuerit audire facite.

Fit vox grata chori quoties cor concinit ori,
Multaque dulcedo dulci venit ex citharædo.
Illa dies mihi cum liceat tua dicere facta
En erit ut liceat mihi totum ferre per orbem.

EPISTOLA XXXI.

N . . . AD GAUFRIDUM.

Videtur esse responsio ad præcedentem.

Charissimo in Christo Patri et amico G. canonicorum Sanctæ Barbaræ, Dei gratia præeunte, ductori, ille suus quondam non ultimus inter amicos

---

(14) Troarnum, ordinis Sancti Benedicti monasterium in diœcesi Bajocensi, Cadomum inter et S. Barbaræ cœnobium.

ut credo, spero, gaudeo, prospere procedere in mandatis et justificationibus Domini sine querela.

Nudiustertius cum sibi familiarem vestri memoriam cor meum recoleret, quam fateor aliquotiens nec dormienti deesse repente cogitare cœpi, ac pro eo quod vobis non rescripseram meipsum reprehendere, maxime cum reprehensionis notam incurrisse metuerem pro ingratitudine vel contemptu. Sed absit hoc a me, absit et ab omnis vero diligentis affectu, quod sane haud aliud fuisset, quam retribuisse mala pro bonis. Verumtamen de negligentia qualicunque et segnitie mea excusare me usquequaque non possum, sed vel sero reddita mutuatio charitatis habeat me excusatum. Nec exquirendus mihi magnopere sermonis ornatus, hoc magis optanti ut respersum aliquod vestræ exactioni de pectoris mei paupertate depromens, largiente Christo, vestræ satisfaciam voluntati. Unde igitur loquendi initium sumam? Si loqui cœpero, os meum condemnabit me, et merito; quid enim in me reprehensione non dignum? Sed *et qui laudabant me, adversum me jurabant* (*Psal.* ci).... vocatur eorum mendacium, et qui beatificant seducentes, et qui beatificant præcipitati. Mendaces enim filii hominum in stateris, decipiunt de vanitate semetipsos confitentes se nosse Deum, seipsos non cognoscentes, bona sua, si qua sunt, præ oculis habentes, mala vero dissimulantes, aut quod pejus est defendentes. Et hæc est statera dolosa, et detestanda mensura, vitam suam inæquali judicio trutinare. Ob hoc itaque versiculorum vestrorum sententia me promovet, qui dum taciturnitatis meæ inertiam tacite increparent, confusionem meam pariter detexerunt, hoc ut recorder modo subscripti :

Illa dies mihi cum liceat tua dicere facta,
En erit ut liceat mihi totum ferre per orbem.

Quæ facta, dilectissime? vanam vitam, conversationem tepidam, frigidam dilectionem. Hanc operationem meam ego cognosco. Miserum me, qui feriri debeo, laudes recipiam? Hæccine sunt facta illa insignia quæ toto referantur in orbe? Absit, absit! Tolerabilius est ut suos lateant inter parietes, aut, quod optabile magis est mihi, deleantur de libro qui aperietur in die judicii, hoc est de conscientia mea, quam pravo sequaces corrumpunt exemplo. Sed causari forsan non sine causa potestis, cur pro canticis Sion quæ poposcitis de fluminibus Babylonis loquar, cum tantum distare videantur auster ab aquilone, Sion a Babylone, carmen a lamentatione. Verum quid mihi et cantico? Utinam super hæc flumina mea sedenti mihi solitario et tacenti flere magis libeat, quam aliquid dicere, si forte vel modicum levari super me tanquam a Domini spiritu merear in desiderio animæ proclamans ex recordatione Sion : *Anima desideravit te in nocte* (*Isa.* xxvi). Quæ est ista nox, nisi vita mea misera, et obscura nebulis tentationum, vitiorum tenebris, et caligine peccatorum? Sed cur vobis adhuc onerosus existo, qui factus sum mihimetipsi gravis, luctum pro cantico prosequens, nec inducens animum cantare rogatus? Attamen non omnis fletus cantum excludit, quia est quædam flere voluptas, dum suo anima luctu pascitur, lamentis gaudet, suspiriis vegetatur, ut subito in vocem exsultationis et confessionis sonus epulantis erumpens, dicat cum Propheta : *In te cantatio mea semper* (*Psal.* lxx); et : *Cantabo Domino, qui bona tribuit mihi* (*Psal.* xii); et : *Cantabiles mihi erant justificationes tuæ in loco peregrinationis meæ* (*Psal.* cxviii). Quam læto sinu taliter de prælio reverterentes, mater illa nostra excipit, et consolatur filios suos qui renuunt consolari in hoc sæculo, exsilii sui ærumnam quotidie mœrore portantes, qui bona sua non receperunt in vita sua, consolationem quæ lugentibus repromittitur a Domino præstolantes. Sed et ipse Pater misericordiarum, et Deus totius consolationis occurrens, amplexatur eos dextera sua, qui Filii ejus unigeniti amore languentes, et desiderio fatigati, lævam ejus sub capite habuerunt, pretiosæ illius margaritæ claritate radiati, et radicati charitate, fontem perennis vitæ anhelo spiritu sitientes. Ideoque benignus Jesus jam sub umbra illius quam desideraverant residentes refrigerat, et torrente voluptatis suæ potandos deducit ad vitæ fontes aquarum, abstergens omnem lacrymam ab oculis eorum, et demulcens eos in gaudio genitali, collocans in paradisi amœnitate, in solio Patrum præelectorum, in splendoribus sanctorum, in angelica patria, in civitate Dei, in regione vivorum. Ad hanc, dilectissime, felicissimam regionem mortis ac malorum ignaram; ad hoc æternæ jucunditatis regnum, quo aufugit dolor, et tristitia, atque suspirium, inspirante Deo, vita nostra suspiret, donec aspiret nobis dies illa æternitatis, et inclinentur nostræ mortalitatis umbræ, si forte inter pios suspiriorum singultus intercepti, et si non sicut adolescentulus ille de tribu Benjamin mente excedens Deo usque ad tertium cœlum, vel quasi hora dimidia anima nostra conversa in ærumna sua incipiamus flere præ amore, et respirando in gratia cantare, in cordibus nostris Domino dicentes : *Trahe me post te, curremus in odore unguentorum tuorum, quia odor tuus concupiscentias in me excitavit æternas* (*Cant.* 1). Ambulemus ergo et cantemus, sed expediti, sed exonerati, ut velocius et securius percurramus iter nostrum, quod latrunculi obsident. Beata et secura paupertas spiritus, animus autem avari non beatus, sed semper est pavidus, et væ illi; quia tacebit, David vel Moysi non habens clamorem. At contra

Cantabit vacuus coram latrone viator.

Utinam vacui simus, non veritate, sed vanitate; non oleo, sed vento; non oris, sed cordis appetentes testimonium; non verbis, sed virtutibus proficientes, imo et in virtute verborum, quia in hujusmodi cibi fortitudine usque ad montem Dei pervenitur. Et lu-

cerna pedibus meis verbum tuum, ait sanctus, *et lumen semitis meis* (*Psal.* cxviii). Dulcia sunt super mel ori eloquia divina, dulcius tamen cordi sapientia sapit. Dulcissimam vero divinis auribus virtutum consonantia reddit harmoniam, quam dilectum nostrum gaudeo assecutum, qui collatam a Deo simplicitatem summæ prudentiæ maritavit discretionem temperantiæ, humilitatem fortitudini, justitiæ misericordiam, ut per diem quadrigæ salvationem quinta illa rota quæ spirituali plaustro solet impedimento esse, contrita sub pedibus velociter currentis, in directum est per viam regiam quæ ducit Bethsamis, non declinans ad dexteram prosperitatis, vel ad sinistram adversitatis, portans arcam sanctificationis, bonam scilicet conscientiam, habentem manna, id est fidem non fictam, per quam Christus habitat in cordibus nostris, sicut ait Apostolus. Gaudeo igitur in vobis, sed volo vos memoris immemorem nequaquam existere. Factus sum enim insipiens, vos me coegistis proferre carmen in nocte, musicam in luctu, in dilecti miseria jubilum sanctitatis. Obsecro vos tanquam advenam et peregrinum, lubricantem et fatuum manu vestræ orationis tenete me et ducite caute, ut vobiscum perveniam quo tenditis, ad domum videlicet veri Solis justitiæ, domum non manufactam æternam in cœlis, mundatus a peccato, et lotus ab iniquitate mea in labro æneo facto de speculis mulierum quæ excubant ad ostium tabernaculi admirabilis usque ad domum Dei in Sancta sanctorum, in candidissimam lucem, in admirabile lumen, ubi flores rosarum et lilia convallium non marcescunt, ubi cantatur ineffabile et inimitabile virginitatis canticum, ubi deliciis affluere et exsultare Domino facit populum humilem et beatum qui solus scit eam jubilatio ... charitatis. Ibi decor et gloria Libani, Judææ notitia, visio Israel, caminus Jerusalem, Sabbati requies, remissio jubilæi. Ibi gratia pro gratia, Sabbatum ex Sabbato, mensis ex mense. Ecce iterum qui de terra est, de cœlo loquitur, et nox diei eructat verbum, et cantare nititur imperitus, cujus vitam vox remordet, verba verberant conscientiam, et dictis opera non respondent. Sed quid mirum, si de bono loquar, non bonus? sed infelix ego homo, de quo Balaam non potuit silere jumentum. Terrenis inhians cupidus et avarus, merito jumentis insipientibus comparatur, et a dignitate recedens conditionis, seu rationis humanæ, bestialem migrat in sensum, imo et a Deo recedens in terra scribitur, qui neglecto superiorum appetitu, talentum intellectus quod acceperat abiens et fodiens abscondit in terra, non abscondendus in fossa humo a facie timoris Domini, et a gloria majestatis ejus, cum surrexerit percutere terram, nisi pœnitendo resipiscens excusso pulvere pedum, abjecta luti et lateris servitute, relicto adulteræ pallio, contactus mundi contagia beata melius paupertate vestitus evadat, et elongans fugiensque in desertum quod deseruit, de terra aliena in qua inveteravit inter omnes inimicos suos in terra promissionis intrare, et in gentis sanctæ, in populi peculiaris et acquisitionis numerum, in adoptionis gratiam, et in gloriæ filiorum Dei mereatur recipi libertatem. Proinde, charissime, edomito et subjecto spiritui carnis jumento, suspicientes in cœlum, cum gemitu et suspirio pietatis per sancta desideria transeamus ex hoc mundo ad Patrem, quæ sursum sunt postulantes, non quæ super terram. Terra enim hæc quam calcamus, et quam calcare debemus, quam dedit nobis in maledictione spinarum et tribulorum, sitiens, et sicut dicitur sic est arida. Terra vero illa promissionis in qua vere vivitur, sicut in diebus vernis floret in decore, frondet in gratia, fructifera est in benedictionibus, fluminis impetu, fontibus Salvatoris, et in vitam æternam salientibus aquis irrigua. Ut jumentum igitur facti, sed non sicut Balaam, qui divinis recalcitrans stimulis dorsum mentis transeuntibus incurvavit, imo mansuetudine et humilitate cordis Dominum Deum portantes, ipso præsidente, et gressus nostros in semitis suis perficiente, tendamus in Jerusalem cœlestem, ut mereamur videre bona Domini in terra viventium, bona æterna et ineffabilia, quæ nec æstimare, nec desiderare, nec promereri digne possumus, sicut scriptum est, quod *oculus non vidit, et auris non audivit, et in cor hominis non ascendit* (*I Cor.* ii), et promissiones tuas quæ omne desiderium superant, etc. Et non sunt condignæ passiones hujus temporis ad futuram gloriam, quæ revelabitur in nobis, ad quam nos perducat Jesus Christus. Amen. De recordatione tremendi judicii, et pavore gehennæ aliquantulum forsan turbatus sum, sed non sum locutus; scio enim cui locutus sum, et de quo credidi, et certus sum quia non sicut servus, aut mercenarius, sed sicut filius in domo patris abundans panibus, et per ignem, et per aquam, id est per charitatem et sapientiam jam eductus in refrigerium, meliorem transivit in effectum cordis; unde præsumptionis vanæ argui me posse non abnego, qui talis talem, licet non solum, sed mecum, ausus sum admonere. Sed quem accusat temeritas, charitas excuset; magis tamen intellexi super me egenum et pauperem, quam super illum qui sermonum meorum non eget. Sed jam finem postulans sermo claudendus est. Desiderio autem desidero, non tam chartis, quam charitatis vestræ in colloquio et visione frui solatio, ut refrigerer vobiscum, ut vitta illa coccinea et eloquium dulce cordis mei evagationes restringant. Jungantur saltem votis qui locis separantur ab invicem, et absentia sint præsentes, qui præsentia sunt absentes. Vereor tamen ne amicitia vestra, tanta absentia, tantoque sepulta silentio, tanquam moram faciente sponso, dormitet et dormiat. Illud nobis potius contingat. Vinum novum amicus novus veterascet, et cum suavitate bibes illud. Dicere solebat sanctæ recordationis Haimo, totum se reformatum esse, cum post multum temporis ipse amicum, vel aliquis enim viseret ex omnibus charis ejus. Recessit pastor bonus, fons aquæ vivæ, domnus Willelmus vetus prior Cadomi, sed jam novus incola paradisi, cujus, obsecro, non obliviscamini; dulcis est enim et pia ejus memoria, ut et ipse non obliviscatur misereri nostri. Sancta et salubris est cogitatio pro defunctis exorare, tum ut debitum illis charitatis solvamus, et illi a peccatis salventur, tum ut reminiscantur et convertantur ad Dominum, dum bene illis fuerit, suggerentes pro nobis, ut educat nos de isto carcere, et cœlestium bonorum faciat esse consortes. Salutat vos per me domnus Simon monachus Sancti Salvatoris, et vere, ut credo, monachus Jesu. Salutat vos ad extremum omnium extremus, præsentium scriptor, cujus nomen taceo, ne proditum displiceat, non confusione vocabili, sed vilitate personæ. Hunc familiaribus vestris, quos cœlestem in terris agere vitam noveritis, commendate, ut ei sit præmium, ipsis intercedentibus, supplicium evasisse. Valete in Domino semper; iterum dico, valete, et id potius agite ut aliquando obliviscamini mei, quam ut aliquando recordemini mei. Deus pacis sit semper vobiscum. Amen.

EPISTOLA XXXII.
GAUFRIDI AD QUEMDAM JUVENEM EREMITAM.
Salutaria ei dat monita.

Petiit a me obnixe atque suppliciter pater tuus, ut tibi scriberem et in juvenilis ætatis flore constitutum maturioris consilii pondere redderem graviorem. Patris namque est timere de filio graviora pericula veris. Ferreas mentes, teste Hieronymo, libido domat, quæ transacta semper sui relinquit pœnitudinem, nunquamque satiatur, et exstincta reaccenditur. Hic est carbo sulphureus ardens et fetens. Ilic est ignis usque ad perditionem devorans et omnia eradicans virtutum germina. Hæc est inimica Deo, inimica virtutibus; hæc est mus in pera, ignis in sinu, serpens in gremio, maleque suos remunerat hospites. A facie hujus suavissimæ pestis fugias, et ab omni levitatis specie oculum, ora, manum, omnesque corporis gestus refrenare studeas. Est versiculus ille vulgatus:

Risit et arguto quiddam promisit ocello.

Impudicus oculus impudici cordis est nuntius. Dulcius cordi tuo insedeat amor pudicitiæ, induens ipsum castitatis affectum, quem induerat qui dicebat: *Pepigi fœdus cum oculis meis, ut ne cogitarem quidem de virgine* (Job xxx). Si tentatio te perculerit, ad te post tentationem reversus, et de temetipso erubescens apud temetipsum, in teipsum ultor severissimus exardescas. Attende gaudia fugitiva, vitæ miserias, celerem mortem, vitam post mortem seu in bono seu in malo perpetuam. Purum cor habeas, oculum columbinum. Accingere quasi novus tiro ad spirituale certamen, induere arma potentia Deo, sanctæ paupertatis humilitatem, rigorem disciplinæ, orandi assiduitatem; prolixitatem orationis comitetur fervor devotionis.

Recordare quanta tibi fecerit Deus, nec donis ejus ingratus sis, sed satagas mente semper ire ad meliora. Omnis hypocrisis omnisque simulatio longe sit a te, ut omne bonum quod a te agitur, per intentionem semper ad cœlestia levetur. In actu, in locutione, in cogitatione tua circumspectus sis, ut ea quæ Deo displicent perfecte deseras, et quod ostendis humanis oculis habitu, hæc ante Dei oculos moribus prætendas. Quod vis ut faciant tibi fratres tui, et tu secundum Domini præceptum facito illis, in quo brevi accinctoque præcepto multa simul monita continentur. Non sis quasi arundo vento agitata, sed inflexibilem mentis verticem inter laudes hominum et derogationes teneas. Vilis suppellex, humilisque cellula sufficiat tibi, ne illud quod de Megarensibus dicitur tibi quoque coaptari possit: *Ædificant quasi semper victuri, vivunt quasi altera die morituri*. Ne obliviscaris quia cujus vita moritur in culpa, illius mors vivit in pœna. *Etsi amara est potio*, ait Augustinus, *tamen bibenda est, quia in periculo sunt viscera: multoque melior modica amaritudo in faucibus, quam æternum tormentum in visceribus*. Infinita vero de Scripturis exempla suppeditant quæ avaritiam te doceant esse fugiendam. Hieronymus ad Eustochium: *Quid ante non plures annos*, inquit, *in Nitria gestum sit referam. Quidam e fratribus parcior magis quam avarior et nesciens Dominum xxx argenteis venditum, centum solidos quos lina texendo acquisierat, moriens dereliquit. Initum est inter monachos consilium (nam in eadem loco circiter quinque millia diversis cellulis habitant) quid huic facto opus esset: Alii pauperibus distribuendos esse dicebant, alii dandos Ecclesiæ, nonnulli parentibus remittendos; Macarius vero, et Pambo, et Isidorus, et cæteri quos Patres vocant, sancto in eis loquenta Spiritu, decreverunt infodiendos esse cum domina suo, dicendo:* « *Pecunia tua tecum sit in perditione.* » (Act. VIII.) *Ne hoc quisque crediter factum putet. Tantus per totam Ægyptum cunctos terror invasit, ut unum solidum dimisisse sit criminis*. Huic itaque vitio abrenuntians, in via Dei quotidie sancti desiderii gressus ponas. Humilitati præcipue stude, nec te per elationem subleves ut cœlestis regni purpuram in mente serves. Vadas ad utilitatem proximi, stes ad custodiam tui, eleveris ad contemplationem Dei, quod ut possis, te ad cœleste desiderium pennæ virtutum levent. De nulla tamen virtute confidas; sed sub magno timore trepides, donec mens tua igne sancti Spiritus calefacta et vehementer inflammata, timorem in amorem vertat. Non appetas illis placere quos scis Deo displicere. *Stultum valde*, ait Gregorius, *si illis placere quærimus, quos non placere Deo scimus. Deo enim se amicum denegat, qui ejus placet inimico; et inimicis veritatis adversabitur, qui eidem veritati in corde subjugatur.* Aurem sanæ doctrinæ libenter accommodes. *Verbum Dei*, ait Sanctus, *semen in corde audientis est, et auditor bonus inde profert* magnam messem scientiæ, unde parvum prius acceperat semen linguæ. Ut autem in cujusdam sancti actibus legimus, interioris hominis nostri pulchritudinem, fortitudinem, puritatem, indicare debent mores nostri et vita, ipsum exteriorem, ita uno semper modo ipsoque modestissimo et decentissimo gerere, ut nihil prorsus appareat in eo quod possit intentos offendere, verbum otiosum non solum non proferre, sed nec nutum, nec manum pedemve movere frustra. Nihil sit non ædificans in vestro incessu, aspectu, habitu, vultu. Denique vultus hilaritatem non fuscet mœror, nec leviget risus Totum in vobis disciplinatum, totum insigne virtutis, perfectionis forma. Remissi interdum, dissoluti nunquam; negligentes nihil, etsi pro tempore multa dissimulantes; quieti sæpe, sed minime aliquando otiosi. Hortor itaque ut ista observans vestigiis inhæreas beati Eligii, in cujus loco nocte dieque versaris, verbis sanctorum utens quasi in brevi tabella latissimos ostendere volui. *Videtur hic deesse aliquid.*

EPISTOLA XXXIII.
AD HUGONEM PRIOREM S. MARTINI SAGIENSIS.

Hugonis prioris Sancti Martini Sagiensis laudes prædicat, docetque quomodo ad Resurrectionis Dominicæ festum præparare se debeant.

Hugoni venerabili priori sancti Martini Sagiensis, suus G., quod sibi.

Potuit sine litteris lator præsentium, si quid de me quæreretis, exponere; sed quia, ut ille ait, *fastidiosa salutatio est, quæ nudo sermone profertur*, junxi scripta mandatis, et eo maxime, ut sermonum vices nobis esse possint solatio. Congruum est enim, ut hujusmodi remedio tædium nostræ peregrinationis relevemus, et mutuam diligentiam religiosis salutationibus excolamus. Crescere quotidie inter nos amicitiæ debitum volo. Scribo itaque vobis non in doctis humanæ sapientiæ verbis, quam Deus destruet, sed in simplicitate cordis et charitatis sinceritate, quæ nunquam excidet. Nulla erit hic rhetorici pompa sermonis, nec enim in talibus magnopere eruditus sum, sed nec docet religiosas aures fulgore sæcularis eloquentiæ delectari. Habent qui eas spiritualiter delectent, sanctos scilicet doctores divinæ lacteo eloquentiæ fonte manantes. Confido autem in Domino quod, meritis vestris adjuvantibus, steriles in me et emortuas aquas vivificet, et cœlestis sapientiæ sale condiat, et gratiæ suæ infusione fecundet. Ipse arva arentia irrigat, et torrentem spinarum ac mare mortuum condulcorat. Inde est quod divino rore irrigatus, et in charitate radicatus et fundatus, summo nitimini studio cum Elia stare in foramine petræ, per angustias acus transire, et posteriora Domini contemplari. Inde est nimirum quod pedibus vestris mundum subjicitis, quod hic contenditis ut alibi coronemini. Et vos plane ad exemplum Eliæ habetis currum igneum, qui vos in astra sustollat, quem qui ascenderit mortem non gustabit in æternum. Hæc est quaternarum quadriga virtutum, prudentiæ, temperantiæ, fortitudinis et justitiæ. Prudentiæ, ut fertur, est mundum istum et omnia quæ in mundo sunt divinorum contemplatione despicere, et omnem animæ cogitationem in sola divina dirigere; temperantiæ, nihil appetere pœnitendum, in nullo moderationis legem excedere, sub jugo rationis cupiditatem domare; fortitudinis, animum supra periculi metum agere, nihilque nisi turpia timere, tolerare fortiter vel adversa vel prospera; justitiæ servare unicuique quod suum est. His religiosi ac Deo dilecti quadam humanorum fuga solis se gaudent inserere divinis. *Hæ sunt virtutes*, ut ait Sapiens, *purgati jam defæcatique animi, et ab omni hujus mundi aspergine presse pleneque detersi.* Illis virtutum ornamentis ad digne celebrandam proximam Dominicæ resurrectionis diem, vobis orantibus, præparemur, cujus suavissimus odor mundum aspersit, ut nulla pars orbis, ut Alexander papa scribit, alienam se ab odore isto sentiat, vel expertem, sed omnes gaudeant se odore hoc suavissimo spirituales nequitias in cœlestibus jam vicisse. Porro, ut ille ait, ad ipsius Christi resurrectionem spiritualiter denotandam, sanctæ mulieres ad sepulcrum aromata detulerunt, suavitate redolentium unguentorum ipsius gloriam præfigurantes, quæ utique terrorem inferis, cœlis gaudium, terris intulit sanctitatem. Ista vobis, ut amico loquens, scribere præsumpsi: licet autem unctionem habeatis a sancto, quæ docet vos de omnibus sanctum tamen datum canibus et margaritas conculcatas a porcis auferte. Nostis enim quia per canales lapideos aquæ fluunt ad areolas, et Moyses cui Deus loquebatur facie ad faciem sicut solet homo loqui ad amicum suum, acquievit consilio Jethro viri gentilis; et Elias ignipotens et nubium clavis, escam patienter exspectavit a corvo. Faciem vestram det nobis in brevi Pater misericordiarum videre cum gaudio.

EPISTOLA XXXIV.
AD R. PRESBYTERUM.

Quid significet in Missa statio sacerdotis ad dexteram, et de quibusdam aliis ritibus.

Venerabili amico et compresbytero suo (15) R., G. omnium peripsema sacerdotum, sapere et intelligere, ac novissima providere.

In me mihi bene complacui, si quid possim agere, quod tuæ possit voluntati complacere. Postulas autem ut stylo digeram quid significet in missa statio sacerdotis ad dexteram, et cur Evangelium legitur in sinistra, et ni fallor, cætera hujusmodi tibi cupis explanari. Laudanda voluntas in sacerdote, qui timet illam Domini sententiam: *Quia tu scientiam repulisti, repellam et te, ne sa-*

---

(15) Ad quem supra epist. 8 et 19, scripsisse videtur, et infra epist. 38.

cerdotio fungaris mihi (Ose. IV). Sed non tibi propria me tradidisse putes, nec tanquam nostra suscipias, sed ex multis sermonibus Patrum, quorum digna satis laus est in Ecclesia, quæ huic aptæ videbantur negotio noveris decerpsisse sententias. Intellige itaque quæ dico. Dabit enim tibi Deus in omnibus intellectum. Igitur introitus sacerdotis ad altare notat Filii Dei in hunc ingressum mundum. Adsunt flammantes cereoli, videlicet insignia gaudii quod in ortu Salvatoris omni mundo effulsit, de quo angelus ad pastores : *Annuntio,* inquit, *vobis gaudium magnum (Luc.* II), etc. Sacris indutus ingreditur : unde egregius versificator :

Vestibus ille sacris tegitur, texit caro Verbum,
Tota carens macula, tota sacrata Deo (16).

Significatur autem, ut breviter dicam, per albam munditia, per zonam continentia, per superhumerale justitia, per manipulum discretio, quæ est omnium mater virtutum ; per stolam jugum Domini suave et onus leve ; per casulam vero, qua super omnia ornamenta induitur, sanctitas et justitia, quibus sacerdotalis gloria fulgere debet, designatur. Pergit vero ad dextrum cornu altaris, quia dextram Christus semper egit vitam : dextra enim vita acquiritur cœlestis gloria. Jam dictus versificator :

Ille, inquit, *stat a dextris quia quæsiit auctor inanes*
Exsecrata deos gens quasi dextra fuit.
Inde, ait, *sinistrorsum Domini sacra verba leguntur.*
Rejiciente fidem Judæa gratia Christi
Transiit ad gentes, Israel errat adhuc.
Transitus hic quoties Evangelium recitatur,
Mentibus occurrit, exprimiturque loco.
Ad lævam legitur, quia quo transivit aberrans,
Et velut a læva gens idolatra fuit.
[*Ad* (17) *Christi reditura fidem Judæa notatur,*
Cum Pater ad dextram sedit et explet opus.]

Sed non omnia tibi proposui scribere, quæ tu in Patrum scriptis poteris invenire. Sane de his quidam non parum mirantur, quod jam confectis sacramentis signum crucis apponitur. Ubi enim dicitur : *Hostiam puram, hostiam sanctam, hostiam immaculatam, panem sanctum vitæ æternæ, et calicem salutis perpetuæ,* quinarium crucis signaculum panis et vini imprimens substantiæ, Christo sedenti ad dextram Patris veraciter concorporate eruditum contemplatorem rerum ad illam beatam passionem mittit. Hæc ergo sunt illa viventis petræ foramina, in quibus formosa est et immaculata columba, scilicet Ecclesia, in quibus tunc certius nidificat, cum inter verba prædicta, per quinque crucis signacula quinque dilecti plagas, videlicet duas manuum, totidemque pedum, et unam lateris fida contemplatur memoria. Sicut autem recordatio passionis ipsius Ecclesiæ vulnerat charitatem, sic et memoria resurrectionis confortat fidem, et contemplatio ascensionis lætificat spem. Itaque assistentes ad offerendum recte dividamus, id est prius nosmetipsos offerentes,

arietinam spiritus protervíam et taurinam feritatem hircinamque libidinem jugulantes mortificemus, juxta illud quod in Psalmo canimus : *Holocausta medullata offeram tibi cum incenso arietum : offeram tibi boves cum hircis (Psal.* LXVI). Tunc Deus nostra accepta sacrificia habere dignabitur. Cur vero tres portiones de hostia fiant, satis eleganter ille versibus canit :

Pars, inquit, *intincta mero pro vivis orat, opusque*
Sanguinis et carnis expiat ipsa caro.
Pro bene defunctis, quorum purgatior unus
Hoc interventu non eget, alter eget,
(18) *Offerimus tibi, Christe, duas, sed propter eosdem*
Oblatæ pariter non operantur idem.
Nam pars pro justis, pars est pro justificandis
Illa refert gentes, supplicat ista Deo.

Hoc autem sacro sanctum altaris mysterium idcirco missa dicitur, quia ad placationem et solutionem inimicitiarum quæ erant inter Deum et homines sola valens et idonea missio est. Sed hæc nos de missa dixisse sufficiat. Si autem quæris quid ara, quid calix, quid patena, quidve corporalia designent, audi :

Ara crucis, tumulique calix, lapidisque patena,
Syndonis officium candida byssus habet.

Porro in thuribulo,

Sunt tria quæ signes, vas, thus, signabis et ignes.
Vas cor, thus psalmus, calor intus Spiritus almus.

Sed vide ne in thuribulo tuo offeras ignem alienum coram Domino ; hoc enim fecerunt Nadab et Abiud filii Aaron, et mortui sunt. Ignis sacer ignis domesticus est charitatis; unde Propheta : *In meditatione mea exardescet ignis (Psal.* XXXVIII). Ignis cupiditatis, ignis luxuriæ est ignis alienus ; unde Job : *Ignis est,* inquit, *usque ad perditionem devorans, et omnia eradicans genimina (Job* XXXI). Vides quod ignis iste, in multis hodie multipliciter exarsit, qui puritatis Auctori in puro corde et corpore ministrantes, non verentur stare angelum [*f.* ante angelum] Domini, qui secet medios et disperdat ; sed omnino audent Agni immaculati sacras contingere carnes, intingere in sanguine Salvatoris manus nefarias, quibus paulo ante, proh dolor ! carnes meretricias attrectarunt, sic circuire altaria, frequentare psalmos, cum et hujusmodi laus sit exsecrabilis, et oratio sit in peccatum. Vendunt sacramenta, justitiam produnt, quorum guttura necdum traxit ad laqueum, necdum præfocavit fauces verbum blasphemiæ, vox sacrílega, sermo nequam : *Quid vultis mihi dare, et ego vobis eum tradam ? (Matth.* XXVI.) Ex istorum thuribulis procedit coram Domino pro suavi odore fetor, non veniat in judicium istorum anima mea, nec sit in cœtu illorum gloria mea : quoniam *ignis succensus est in furore* Domini contra illos, *et ardebit usque ad inferni novissima (Deut.* XXXII). Sed jam veniendum est ad id quod tandem exorari tibi postulas, videlicet quid sacerdos plebi, quid plebs

(16) Hildebertus Turonensis archiepiscopus.
(17) Hæc duo carmina desiderantur in editis Hildeberti, et in ms. codice Majoris-Monasterii tempore Hildeberti exarato.

(18) Hæc paulo aliter in editis.

debeat sacerdoti. Quod ut succincte dicamus, sacerdotis est erudire, et intervenire ; erudire quidem verbo et exemplo, Deum placare prece et sacrificio. Hæc sunt ergo quæ populo debet : verbum doctrinæ et exemplum vitæ, hostias et preces pro eis offerre. Unde Petro dictum est : *Simon Joannis, amas me ? pasce oves meas (Joan.* xxi). Ideoque tertio repetitum, tertio dictum *Pasce*, nec mulge, seu tonde, vel semel additum est. Sacerdos igitur Dominicum pascere gregem magis satagat quàm tondere, et pascere tripliciter : exemplo conversationis, verbo prædicationis, oblationum fructu et orationis. Est itaque sacerdotalis professionis cœlestem sacrificiis placare indignationem. Non omnes tamen apud Deum impetrant, qui pro aliis interpellant ; neque omnes Deum placant, qui Deo immolant. Immolat facinorosus, sed per Isaiam dicit Deus : *Facinorosus qui mihi immolat, quasi qui canem occidat (Isa.* lxvi). Et Propheta : *Iniquitatem si aspexi in corde meo, non exaudiet Deus* (*Psal.* lxv). Non placatur talibus votis Deus, imo exacerbatur hostiis impiorum Deus. *Cum is*, ait Gregorius, *qui displicet ad intercedendum mittitur, judicis animus ad iracundiam provocatur*. Exacerbant itaque Deum sacrificia tua, si ei displicet vita tua; placabitur autem tibi, et aliis per te, si puro corde et corpore sacrificatur ei a te. Sed ne longius protrahamus, dicamus, quod proposuimus, videlicet quid et plebs debeat sacerdoti. Exhibere debet justitia plebis sacerdotibus, propter honorem Dei, cujus ministri sunt, subjectionem humilitatis et devotionem charitatis, ut omnis eorum obedientia et humilis sit et devota. Porro vidisti pallorem in foliis, scias esse vitium in radice ; vidisti scelus in plebe, culpam esse noveris in sacerdote. Sed jam loquendi finem faciamus, opto autem ut in tui receptaculo cordis, demptis vitiorum spinulis, supernas virtutes inseras, quorum copia et subditorum corda erudias, et erudiens in bono opere nunquam deficias.

amores
Aut metues dulces, aut experieris amaros,
Sensibus humanis, res est non parva, reponas.
Nec succus pecori, nec lac subducitur agnis,
Nec mala vicini pecoris contagia lædunt.

EPISTOLA XXXV.

AD JOANNEM ABBATEM.

Compatitur pro infortunio quod ipsi acciderat.

Venerabili abbati suo J., frater G., viriliter agere et confortari in Domino.

Desideravi litteras vestras, adventantibus aliquibus quos mihi sermonem vestrum præsumpseram tradituros ; sed ubi exspectationem meam spes ista frustrata est, ultro vos alloqui studui, ut vos exemplo beneficii ad curam similem provocarem. Quæso igitur ne amicitiæ munia frigere patiamini, quæ impatienter requiro, licet noverim diligentiam circa me vestram, et cum scripto abstinens sitis, fido animo contineri. Hæc fidenter loquor. Scimus autem, ut ille ait, fiduciam ex simplici affectione surgentem genus esse virtutis. Et ego diu me siluisse fateor, exspectans ut mihi congruentem rescribendi materiam vester sermo præstaret ; sed cum perspicerem necdum me aliquo incitamento provocari, prior in verba salutationis erupi. Natura siquidem rerum est, ut qui balbutiunt plus loquantur, affectant enim copiam pudore defectus. Hoc exemplum me expetit, cui magna scribendi impatientia est, cum desit oratio; sed ad hoc vestra me compellit dilectio, quæ et cor meum acumine compassionis penetravit, cum ex præscriptorum relatione commeantium innotuit quantum in vos fortuna sævierit, quæ vos amantissimo atque optimo patrono privavit. Hei mihi, *quia timor quem timebam evenit mihi, et quod verebar accidit (Job* iii). Est igitur quædam

. . . *flere voluptas.*
Expletur lacrymis, egeriturque dolor.

Sed lugubri stylo, et calamo tragico parcendum est, ne vestræ mentis vulnus exasperem, ne sera retractatio scindat præteriti cicatricem doloris. Verum contra hæc virtute et ratione animus armandus est. Spes quoque assumenda est melior. *Sæpe*, ut quidam sapiens ait, *titubantia in solidum conversa sunt*. Nihil hominibus æternum est, volvunt mortalia vices crebræ.

Singula de nobis anni perduntur euntes
Et vere labilis ætas repletur multis miseriis.
Tempora labuntur, tacitisque senescimus annis,
Et fugiunt freno non remorante dies.
(Ovid., *Fast.*, vi, 772.)
Sed superanda omni fortuna ferendo est.

Auro, inquit Job, *locus est in quo conflatur (Job.* xxviii); auri plane puritas in fornace, equi cursus in stadio, militis virtus in campo approbatur. Scimus tres pueros de camino puriores exiisse, quam intraverant. In hac igitur figuratæ Babylonis fornace decocti, fortes simus in bello, sicque per sextæ curramus stadium, ut instantia nostra, largiente Domino, per communem septimam octavæ bravium apprehendat. Exsurgite itaque, sicut ille senex Matathias; habetis enim in filiis et fratribus vestris virtutem Judæ, strenuitatem Jonathæ, prudentiam Simonis. Illi plane vobiscum præliantur bella Domini. Ipsos ut vice nostra salutetis rogamus. Illam etiam dominam quam omnis nocivæ dulcedinis expertem esse desideramus, sororem videlicet dulcem salutamus in Domino, ad cujus dulcia gaudia non nisi per amaras lacrymas pervenitur. Refloreat, obsecro, oratio vestra ad Deum pro me. Vigeat et semper ferveat in vobis charitas Dei.

EPISTOLA XXXVI.

AD SIMONEM AMICUM.
De laude cujusdam virginis.

Venerabili et charissimo domino et amico suo (19)

---

(19) Forte Simon monachus Sancti Salvatoris, cujus supra fit mentio, epist. 31.

Simoni, devotissimus suus G. salutem et se totum.

Grates vestræ benignitati refero, quæ sicut audivi, et certus sum, amicum longe positum non obliviscitur, et dum pia affectione mei reminiscitur, orationibus sanctis infirmitatem meam relevans salutare mihi remedium impartitur. Hujusmodi remedium sæpius mihi impartiendo miseremini mei, non quia dignus sum, sed *quia inops et pauper sum ego* (*Psal.* LXXXV). Miseremini, inquam, non quia merui, sed quia egeo. Miseremini mei, tanquam misericordiam consecutus a Domino, ut serviatis ei in sanctitate et justitia. Obsecro autem ut quæsita opportunitate, si fieri potest, nos vestræ visitationis consolatione lætificetis, quod et saluti nostræ proderit, et proposito vestræ sanctitatis non oberit.

Ego plane, si possem, ad vos libenter venissem, non solum propter vos, sed et propter virginem vestram, in qua Deus tam mirabiliter operatur, ut contra naturam, imo supra naturam pene sine cibo subsistere possit humano. Mirum dictu! in his duobus more vivit angelico, non comedendo, virginitatem servando. Datum est ei a Domino servare virginitatis titulum, apprehendere fructum. Hæc reliquit Chaldæos, qui quasi dæmones interpretantur, ut oblita sæculari pompa, et carne contempta, sponsi jungatur amplexibus, et obliviscens populum suum, et domum patris sui (*Psal.* XLIV), habitet in regione vivorum. Hæc non in Segor civitate parva, sed virtutis culmine ascenso, in monte salvam se facit, nec post Christi tunicam ad tollendum aliud vestimentum in tecta descendit. Ipsa plane pudicitiæ virtus in terra quæ spinas et tribulos germinat, et quam serpens comedit, invenitur tanquam aurum in luto, gemma in sterquilinio, lilium inter spinas. Ipsa sane virginitas supernæ civitatis est virtus, supernorum civium decus, ubi non habet quis de integritate quod perdat, de corruptione quod doleat. Hujus laus et exsultatio virtutis canticum est quod ignorant viduæ, nesciunt conjugatæ. Condelectamur itaque gloriæ virtutis ejus, quæ fallacem mundi gloriam respuisse jactatur, quæ Deo nubere maluit, carne virgo et spiritu. O quam decenti rubore, ut verbis illius utar, genas suffundit virgineas ingeniti gemma pudoris! Compositum reddit omnem puellaris corporis statum et mentis habitum disciplina, cervicem submittit, ponit supercilia, componit vultum, ligat oculos, cachinnos cohibet, moderatur linguam, gulam frenat, iram sedat, moderatur incessum. Talibus decet pudicitiæ vestem distingui margaritis. Istiusmodi circumdatur varietate virginitas. Porro de sæpedicta admirabili virgine vestra multa mihi narrastis, ad quæ non incredulus, rogo quatenus pro nobis Dominum roget. Ex parte nostra ei preces porrigatis.

Bene valeatis, et servi vestri jugem memoriam habeatis.

EPISTOLA XXXVII

AD R. PRESBYTERUM.

Ægre fert datas sibi laudes.

Dilecto et semper diligendo compresbytero suo R., frater G., parce laudare, vituperare parcius.

Non est opus multis vos alloqui sermonibus, nec rhetoricæ mella eliquare dulcedinis. Et hoc quidem postremum sicut imperitia denegat, sic illud primum nec angustia temporis nec festinatio permittit latoris. Maximo vero genas nostras rubore suffunditis: dum in laudibus nostris lascivo scribendi genere utimini. Liquet plane quod ignoto scribitis, dum tam a nobis aliena profunditis: parum quippe laudis promeretur principium, si sapori deroget finis inconditus. Ut autem B. Gregorii verbis utar, certe super simiam leonem vocas, quod eo modo vos agere conspicimus, quo scabiosos sæpe catulos pardos vel tigres vocamus. Hoc quoque mihi ad iniquitatum mearum cumulum accidit, ut cum vindicari in me iniquitas debuerit, laudes pro vindicta recipiam. Et quidem non est ita, ut dicitur, sed utinam ita esset ut dicitur, ne is qui non solet mentiretur! Ad hæc autem cujusdam bonæ mulieris verba respondeo, *Nolite me vocare Noemi, id est pulchram, sed vocate me Maram, quia valde amaritudine plena sum* (*Ruth* 1). Ipsa vero scripta vestra in hoc approbo, quod exercitia scholaria redolent, et accurati sermonis copiam administrent, læta festivo quodam schemate decurrit oratio; porro debitas super hoc vobis porrigo gratiarum actiones, quod litterarum vehiculis ad me prius currere dignata fuit vestra dilectio. Valete memor mei in Domino. Ore vestro loquor, sum tuus, esto meus.

EPISTOLA XXXVIII.

AD W. ABBATEM SANCTI ANDREÆ.

Gratulatur abbati Sancti Andreæ ordinis Cisterciensis de sua promotione.

Dilecto et venerabili patri W. abbati sancti Andreæ, frater G. humilis Sanctæ Barbaræ subminister, scuto bonæ voluntatis gregem suum defensare.

De promotione vestra exsultat spiritus meus illum prosequens gratiarum actione, qui superbos humiliat et exaltat humiles. Non enim de illorum sorte vos esse censemus, de quibus scriptum est: *Dejecisti eos dum allevarentur* (*Psal.* LXXII), qui honoribus quidem proficiunt, sed moribus cadunt; qui [magis] præesse cupiunt, quam prodesse; qui seipsos pascunt, non oves; qui quæ sua sunt quærunt, non quæ Jesu Christi; qui veniente lupo gregem non defendunt, sed fugiunt; quos Deus ponit ut rotam; qui sumentes magisterium, majus sumunt et judicium; de quibus et poeta Clau.:

...*Jam non ad culmina terræ*
Injustos crevisse queror, tolluntur in altum
Ut lapsu graviore ruant.

Verum de illo numero vos esse confidimus, qui præsunt in sollicitudine, quos zelus domus Dei comedit, sub quorum cultura arida ficus reflorescit;

et in gratiam cum suo redit Domino, cujus minas et securim formidat. De illorum, inquam, estis consortio qui cum Moyse occidunt sacrilegos, cum Phinees perfodiunt impudicos, cum Samuele lugent inobedientes, cum Job pro filiis sacrificium offerunt, cum Aaron coram Pharaone divinas criminationes edicunt, cum Noe his quibus submersio imminet arcam bitumine litam provident; quibus est virga correctionis in oves, baculus defensionis in hostes, quorum animus vermiculus humilitatis in prosperis, clypeus est constantiæ in adversis. Plantationem plane quam inter sylvestres sylvæ illius arbores plantavit Pater vester cœlestis divini roris aspersione virere facitis; quippe qui cœlestium litterarum copiosa lectione pinguescitis, et de cujus pectore manat fons aquæ salientis in vitam æternam, puteus aquarum viventium. Sæpe autem vidimus multas radices unius trunci sylvestris unius solius surculi unitione fructificare feliciter : unde et de nativæ ac dulcioris arboris ramis, quæ ad prædictam plantationem cujus fructus longe redolet, pertinere dignoscitur surculus assumptus et naturali sed humilioris arboris trunco insertus est; sed inde priori arbori unde assumptus fuerat restitutus, et ipsius arboris culmini reinsertus, ut ex eo, largiente Domino, major fructus successerit. Quia igitur de illa novella plantatione Cenomannici pagi ad quam irrigandam accessistis, ad priorem et sæpedictam plantationem redistis, et ibi data est vobis potestas dicendi *huic : Vade et vadit, et alio: Veni et venit* (Luc. vii), devotas paternitati vestræ preces porrigimus, ut fratrem Robertum sacristam vestrum ad nos usque destinetis. Peracto autem pro quo eum vobis necessarium duximus, illum ad vos post duos dies vel tres remittemus. Valeat et semper proficiat in Domino paternitas vestra.

EPISTOLA XXXIX.
AD PETRUM DE BUXERIA.
Dicit se professionis voto et præpositurae officio impediri quominus in solitudine maneat.

Amicissimo Patri et domino (20) P. de Buxeria, filius suus G., salutem et plenum sinceræ dilectionis affectum.

Mihi quidem, venerabilis Pater, optabile esset secretioris vitæ beatitudine perfrui, et talium uti consortio cum quibus possem de Scripturis sæpius celebrare colloquium. Eapropter, assumptis pennis columbæ, cuperem in purum liberumque transire volatum, requiescere et manere in solitudine. Sed in ecclesia nostra, in qua non sum expers talium, duplicis vinculo necessitatis astringor : ex voto videlicet meæ professionis, et ex officio præpositurae ordinis. Qualiter igitur id quod tam obnixe flagitatis adimplere possim non video. Scio equidem, beatissime Pater, quia ipsa, quam ardenter sitio, dulcedo præsentiæ vestræ, et vox vestra

(20) Petro, ad quem supra, epist. 15.

plena suavitatis mellifluæ, ibi me sæpius refoveret. Scio quod peregrinationis nostræ tædium de æterna patria vobiscum loquendo frequentius relevaret commorantem. Novi quod per ignitum eloquium vestrum charitatis flamma quæ ex gratia concipitur ad æterna invisibilium gaudia nostrum crebro affectum succenderet. Spiritus enim sanctus, qui, ut credimus, in pectore vestro jucundum sibi habitaculum præparavit, vestris intervenientibus meritis, ad illam supernæ lætitiæ frequentiam quandoque cor nostrum sublevaret. Conarer namque et verbis vestris adjutus et exemplis secretum speculativæ repetere libertatis, in qua supernæ vobis claritas arridet visionis ad illa revolare quietis culmina, quibus secreta cœlestia cordis manu tangere, quibus superna quæritis gaudia incorporaliter videre. Vigeat et semper ferveat in vobis charitas Dei.

EPISTOLA XL.
AD JOANNEM ABBATEM.
Causatur de litterarum raritate.

Venerabili abbati suo J, frater G., quod merita supplicum excedit et vota.

Amor quo simplicior eo tenerior ad lædendum : simplicitate sua proficiens incedit, si quid in amico ei nubilum occurrit, offenditur. Id enim ab amico exigit, quod ex se præbet. Mollis est nimirum, ut ille ait, animus diligentis, et ad omnem sensum doloris argutus. Quorsum hoc spectet alloquium breviter explicabo. Sum silentii vestri vehementer impatiens, quod genus querelæ amantibus familiare est. Diu scribendi operam distulistis, et vereor ne forte in nos vestra claudicet affectio. Facit tenerior affectio ut sit querela proclivior. Forsitan occupationes ad excusationem prætenditis ; sed ille rerum eventus nunquam eveniat, ut ingenium vestrum labor detrahat, benignitatem cura flectat, facundiam usus exhauriat. Ego licet pauperrimi mei ingenii conscius, amoris inde vestri gratia ductus non erubesco infantiæ meæ maciem publicare, cum sileatis ac si eloquii vestri vena tenuata sit. Sed dilectio vestra, obsecro, me visitare dignetur, æternumque vitæ manna suavi litterarum rore animæ meæ infundat. Adsit nobis dignatio vestra charitatis affectu, quo longe melius junguntur animæ, quam locis corpora. Et hoc quidem satis esset eis quos amor spiritus a terra sublevaverit perfectius ; nobis autem sermonum vices oportet esse solatio. Fecit religiosa cura ut prior scriberetis, non eritis tam irreverens, ut provocatus abstineatis. Consentaneum naturæ est, ut officia a vobis inchoata a me probata coalescant. Ergo de reliquo sermonis estote munificus; mea cura non deerit, quæ vos styli vicissitudine muneretur. Porro multas ob causas me vobis obnoxium esse confiteor, ut quoties convenienter possim, et debeam et desiderem vos præsentialiter visitare, sed ad præsens desideriis meis opportunitas non occurrit. Obstant impedimenta quam plurima, verba tamen salutationis et excusationis vobis mittere credidi fructuosum, sperans quod apud prudentiam vestram intellecta necessitate charitas veniam impetrabit. Scit ipse Deus qui charitas est qua vos affectione complector, et utinam cor meum lynceis, ut aiunt, oculis videretis! Sed jam habeat sermo modum, quem erga vos nunquam habebit affectio. Opto ut vobis jam dudum suscepti officii cursus arrideat, quamvis dubitare non possim ne mutare vos posse probitatem, et virtutes stimulo præmiorum felicius incitari. Valeant fratres nostri qui nos una vobiscum foveant orationibus sacris.

Diligo te sane. Si quæris quomodo? pure.
Si quantum? juxta pondus amicitiæ

EPISTOLA XLI.

AD HUGONEM PRIOREM S. MARTINI SAGIENSIS.

Ejus virtutes prædicat, hortaturque eum ad Vitam Walt. scribendam.

Dilecto et venerabili domino et amico suo (21) H., frater G., salutem in Deo salutari suo.

Teste papa Innocentio in familiaribus scriptis dilectio vera consistit, eapropter quod ad vos scribo amicitiæ tenacis indicium est. Me namque vis amoris trahit post vos, quia verus amor post Christum trahit vos. Tantoque majori affectione vos diligimus, et chariorem in nostris visceribus retinemus, quanto ad ea quæ ad honorem et incrementum religionis pertinere cognoscitis, libentius et promptius aspiratis. Constat enim vos corde et opere divinis obsequiis et piis actibus frequenter inhærere. Hinc denique est in juvene nostro vestis asperior, victus restrictior, et ad omne opus bonum spiritus promptior. Hoc ætas impedit, ubi se potentiæ cœlesti infudit. Vere, ut Scriptura refert, *Senectus venerabilis est non diuturna, neque numero annorum computata. Cani sunt autem sensus hominis et ætas senectutis vita immaculata* (Sap. IV). Ipsius autem juvenis nostri anima in numero adolescentularum quæ in odore unguentorum post sponsum currunt posita, ad perfectam, ut credimus, ætatem, et ad nubiles, ut ita dixerim, perveniens annos, annos dico meritorum, non temporum, facta nuptiis cœlestis sponsi idonea, ipsius absentiam sursum tendentibus desideriis novit quærendo gemere, gemendo quærere. Agnovit actorem suum cœlestis sapientiæ gemmis redimita illius simplicitas; agnovit, inquam, et tota virtute dilexit Dominum ejus anima, Christi columba, lacte lota, residens juxta fluenta plenissima, et æmula castitatis angelicæ, ipsius thalamo, ipsius cubiculo se devovit. Hinc est nimirum, quod ipsa mens vestra, frater charissime, amoris flamma in compunctionis

lacrymis inardescit, cœlestis patriæ præmia ante oculos proponit, supernis jam civibus interesse concupiscit. Florem ætatis vestræ datis Deo, nec a liminibus sapientiæ alienus prudenter deliberastis inter vitam et mortem, inter spiritum et carnem, inter Christum et mundum. Merito itaque talem prompto et patulo amicitiæ sinu recipimus. Merito optamus ut et nos in curam sancti et fidelissimi pectoris vestri recipiamur. Totis vero affectibus exoptamus, ut bonarum rerum fructus dulcissimos afferatis, qui copiosa virtutum laude floruistis. Non vereor ne diligentia vestra tali laude tepescat, quin potius benevolentiam vestram spero hac quasi quodam stimulo ad id quod melius est incitari; ut enim vir sapiens ait, bonis familiare est laude sua non tepescere, sed studia bona accumulare, quorum mercedem sentiunt non perire. Sed hæc hactenus. Cæterum quæ de Vita beati viri (22) Wal., Deo inspirante, scribere cœpistis, si vita comes fuerit, prosequi et perficere ne pigriteminī. Non erit in conspectu Dei inglorius, qui tantorum præco fuerit meritorum. Ut animus fuit celerior litteris, ita prius fuit vos amare, quam scribere. De his quæ circa vos sunt edoceat vestrarum recursus litterarum. Gaudete in Domino semper; Spiritus sancti aura vos provehat, et ad portum optati littoris prosequatur. Valete.

Si quis amat vere, quod amat nescit removere
A cordis thalamo.
Est ratio, quod amor rationis nesciat usum.
Est in amore modus, non habuisse modum

EPISTOLA XLII

HUGONIS PRIORIS S. MARTINI SAGIENSIS AD GAUFRIDUM.

Superiori epistolæ respondet.

Dilecto et venerabili Patri et amico suo G., H. suus, quam vellet habere salutem.

Litteras vestras habui, litteras jucunditatis, quæ pium animum mulcent et excitant ad salutem. Utinam me talem inveniret exitus mei ex hac Ægypto dies, qualem me fieri litteræ vestræ jam fatentur! Sed ponens ante oculos meos speculum Scripturarum, invenio animam meam peccatorum maculis sordidatam, miseram, et inanem, nec laude dignam. Gratia tamen Dei non me permittit sic excæcari, ut laudibus hominum animæ meæ salutem committam. Recurro enim ad conscientiam, quam si invenio debilem, imbecillitatem meam condemno; si sanam, grates refero Sanatori. Scripsistis ut de beati W. prosequerer quod incœpi; sed vos modo moneo et rogo ut scribatis quia, ut audivi, diu perendinavit apud vos, gratia Dei ei dante, infirmitatem, ut credo, propter vos. Nisi enim infirmus fuisset, non tantam moram apud vos fecisset. Nunc autem consequenter scribite quæ audistis ab eo, et

(21) Hugoni Sancti Martini Sagiensis monachi et priori s. ad quem epistolæ 33, 43, 46 et 49.
(22) Walterii de Mauritiana, cujus exstant epistolæ in *Spicil.* tom. II, et ms. tract. *De matrimonio* in biblioth. S. Martini Sag.

remittite, et rogate eum, si adhuc est apud vos, ut veniat ad festum Sancti Martini securiter, quia in illo itinere, nec in corpore, nec in anima, gravem ullam patietur infirmitatem, et multam multis conferet utilitatem. Hæc breviter litteris vestris respondi. Illis duobus mandatis, quæ mihi per domnum Ernaldum canonicum mandastis, videlicet ut vinum biberem, et feniculum comederem, quorum primum grave, secundum leve est, nolo respondere per scripta, sed ego ipse tibi respondebo dulciter. Sciatis quod multum mihi profuit id quod dedistis scriptum in rollo et verba vestra. Valete et orate pro nobis attentius quam, ne deficiamus, sed semper proficiamus in via, et quam citius poteritis, ad Vallem-Dei per nos venite (23).

Conflictu triplici me vexant tres inimici,
Serpens antiquus, caro lubrica, frater iniquus.

EPISTOLA XLIII.

GAUFRIDI AD HUGONEM PRIOREM S. MARTINI SAGIENSIS.
Hortatur ad scribendam vitam Walt. laudatque ejus a vino abstinentiam.

Dilecto dilectori suo H., frater G., talarem induere tunicam, et hostiæ caudam immolare.

Me juvat ille suavissimus, ille floridus, quem mihi per venerabilem et approbatæ religionis virum misistis, vestri sermonis afflatus. Legi eum, et frequenter relego, et placet sæpius repetitus. Quoties illum sumo, quædam mihi ante oculos præsentiæ vestræ imago versatur. Amor amori, litteris litteræ responderunt. Gratulor itaque pares nos esse, non solum affectione mentium, sed etiam vicissitudine litterarum. Curabo tamen ut obsequii mei trutina et libra præponderet. Videtur enim, ut ille ait, inertiæ quoddam esse colludium semper æqua lance censeri. Optatis ut ipsæ litteræ vestræ sonant, ut talem vos extremus inveniat ex hac Ægypto exitus vestri dies, qualem vos esse scripta nostra loquuntur. Sed opponendo vobis speculum Scripturarum, invenire vos dicitis animam vestram peccatorum maculis sordidam, miseram, inanem, nec laude dignam. Et quidem recte de vobis ista sentitis; nemo enim mundus a sorde, nec infans cujus est unius diei vita super terram. Quis gloriabitur castum se habere cor? Astra non sunt munda in conspectu ejus. In multis nimirum offendimus omnes; et si dixerimus quoniam peccatum non habemus, nos seducimus. Sed propitiatorium est super arcam, et miseratione ejus super omnia opera ejus, cui canimus in Psalmo *Misericordia tua, Domine, magna est super me. (Psal. LXXXV.) Advocatum quippe habemus apud Patrem Jesum Christum justum, et ipse est propitiatio pro peccatis nostris, qui dilexit nos et lavit nos a peccatis nostris in sanguine suo. (I Joan. II, 8.)* Hæc est spes nostra, hæc tota fiducia nostra. Cæterum ad hoc quod rogatis et monetis, scilicet ut vitam beati W. quam ex parte jam edidisti, conscriberem, respondeo quod indecens mihi videtur ut tam illustrem materiem styli diversitate confundam; sed et supra imbecillitatis meæ vires istud esse perpendo negotium. Vos potius ea quæ cœpistis explete, oretisque Deum, ut extensa sibi fidei vestræ devotionisque vela flatu Spiritus sui impleat, vosque in cursum operationis initæ propellat, tribuat vobis verborum significationem, dictorum honorem, intelligentiæ lumen, veritatis cognitionem, vosque a periculo falsitatis defendat, ut sicut Anastasius in Antonii, Sulpitius in Martini, Hieronymus in Hilarionis, Gregorius in Benedicti, sic et vos in venerandi W. gestis conscribendis tota ingenii vestri Spiritui sancto vela pandatis. Naviculam vestram ipsius Spiritus sancti aura provehat, et ad portum optati littoris prosequatur. Non ergo ulterius fragilem cymbam nostram nequaquam concitis fluctibus, sed vix stagnis et tranquillis aquis opportunam quæratis. Mandavi vobis ut modico vino aqua misto, propter stomachum vestrum, et maxime propter infirmitatem, tum vitandam, uteremini; quod et Paulus Timotheo scribit, usus non Apostoli præcepto, sed medici consilio. Hoc autem vobis grave esse dicitis: legitis enim vinum omnino monachorum non esse (24), et: *Bonum est homini non manducare carnem, neque bibere vinum*; et de Domini Baptista: *Vinum et siceram non bibet (Luc. I).* Potens est autem Deus vos ab infirmitate defendere, pro cujus amore a tali poculo abstinetis. Utinam et ego talem ab illo abstinentiæ percepissem gratiam; sed infirmus sum, et vitiorum pondere pressus, pene in via deficio. Gemens dico, cum absinthium meum respicio, cum consita melle pocula vestra deprehendo. Rogatis ut quam citius potero ad Vallem Dei per vos veniam, sed multa mihi occursant remoramina, si tamen votis meis divinus favor arriserit, faciam quod hortamini. Valete, et pro nobis frequentius Domino supplicate. Det vobis ipse Dominus sic per sextæ currere statum, ut post communem septimam octavæ bravium comprehendatis. Amen.

* Ille Deum vita accipiet, divisque videbit
Permistos heroas, et ipse videbitur illis.

* Lenta salix quantum pallenti cedit olivæ,
Puniceis humilis quantum saliunca rosetis,
Tantum cedo tibi.

EPISTOLA XLIV.

AD AUGUSTINUM AMICUM SUUM.
Laudat Augustinum, hortaturque eum ad sectanda spiritualia.

Augustino venerabili amico suo, et in Christo dulcissimo, suus omnino G., salutem, et si quid melius esse salute potest.

Vere amicus fidelis protectio fortis; qui invenit illum, invenit thesaurum. Eapropter gaudeo, et

---

(23) Monasterium ordinis Carthusiensis diœcesis Sagiensis, haud procul a Mauritania et a Trappa.
(24) In Regula sancti Benedicti, cap. 40.

congratulor vobis, utpote thesauro desiderabili reperto, qui me in gratiam amicitiæ, tam festivis principiis, tam lætabundis vultibus suscepistis. Nec cedet in contrarium principii felicitas, quin suo currat ordine, donec (donante Deo) optatos cursus contingere mereatur. Id autem grave sustineo, quod postea quam vestræ penetralia charitatis benigna mihi simplicitas reservavit, vos inter nos diutius immorari non licuit, nec meæ mentis ægritudinem relevare vestra dulci præsentia. Quod ergo præsentialiter mitius egistis, per reciprocum litterarum vestrarum munus peragite. Assurget animus meus, quoties amabilitatis vestræ sermo deferetur. Nam et sanitatis apportabit fidem, et profectum osten det ingenii; et quod majus est, charitatis elucebit officio. Hortor igitur ut me hujusmodi linguæ vestræ flosculis frequentius aspergatis. Ipsos linguæ flosculos dulces etiam musarum sonos recte dixerim, qui mulcent aurem cordis grati modulatione dictaminis. Sed cum ad nos scribitis, quasi pastorales inflatis calamos, cum sacra quæ nostis gesta componitis, quasi sacris tubis carmen incinitis. Canite itaque sicut cœpistis, canite tuba in Sion, buccinate coram servis Dei, qui libenter audient. Quanto enim recentiora, tanto et gratiora. Proferantur igitur eleganter, profundantur egregie in tubis ductilibus, et voce tubæ corneæ. Tubas ductiles, ipsa vestra studia voco sancti Spiritus munere, tanquam mallei percussione producta. Tubam vero corneam, quia cornu carnem excedit, ipsam dictantis cœlestia considerantis intentionem, ad nihil aliud respicientem, nisi ad Dei gloriam et honorem, et proximorum ædificationem. Ita plane titulum præclari testimonii albo calculo, veterum more, signatis. Non enim ex ore jejuno vobis tributa est laudatio, sed de bono thesauro cordis, et de copioso conscientiæ promptuario boni fructus arrisit. Unde confidimus quia dabit vobis Dominus calculum candidum, et in calculo nomen novum scriptum, quod nemo scit nisi qui accipit. Spes igitur remunerationis solatium sit laboris, donec quod in ipsa spe suspiramus, in specie cognoscamus. De cætero illa amatoria, illa epithalamica cantica, et ad contemplationem commonitoria, quæ vestro nomini consecravi, vobis dicitis profuisse, quæ volo ut in interiori cordis thalamo ad excitandam animam vestram, ad sacri sponsi osculum, castosque complexus, horis secretioribus nonnunquam decantetis. Opto siquidem, et ex intimo cordis affectu desidero, non meis, sed sanctorum verbis utar, ut studeatis devotione penetrare cœlos, et mente supernas circuire mansiones, salutare Patres, apostolos, et choros prophetarum, martyrum admirari triumphos, ac stupere pulcherrimos ordines angelorum, et suavem cibum cœlestis patriæ, quia adhuc perfecte non potestis, saltem suspirando gustetis. Opto, inquam, opto ut studeatis quotidie ad illam transire angelorum metropolim, quæ libera est, et nulla contaminationis sorde maculatur, omnique voluptate calcata et compressis luxuriæ fluctibus, qui adversus nos, ut ille ait, crebrius intumescunt, cœlestibus jungamur choris, ut jam nunc illuc mente translati, angustiora contemplantes loca, simus quod futuri sumus. Spiritus sanctus, sancta cordi vestro desideria inspiret, ut opera vestra fervore devotionis et dulcedine spiritualis gratiæ condiantur. Orate attentius, quatenus fervor cœlestis desiderii quotidie in nostra mente ardentius excrescat, donec sarcina corporis abjecta, ad suum anima revolvet auctorem, et antiquam possessionem diu peregrinata conscendat. Amen.

EPISTOLA XLV.
GAUFRIDUM SACERDOTEM.
Munuscula non esse spernenda quia parva sunt; sed quam magno animo fiant, consideranda.

Sacerdoti magno et excelso in verbo gloriæ G., ejusdem nominis frater, gaudio quod nominis ore sui fert consonare.

Ita præceptis salutaribus monemur, et divina institutione formamur, semper gaudete, in omnibus gratias agite. Non igitur de exiguo munere quod cum gaudio pauper misit amicus (parvum nempe munusculum si æstimetur pretio sui, sed religiosum si amore pensetur); non, inquam, de illo parvo munusculo vos contristari deceret, sed gaudere et gratias agere. Relatum est enim mihi quod inde conquerebamini. Videte autem si patres quorum inhærere debetis vestigiis, taliter egerint. Vas electionis, ut de ipso primum loquar, doctor gentium in fide et veritate ad Philippenses. *Gavisus sum*, inquit, *vehementer in Domino, quod tandem aliquando refloruistis pro me sentire sicut et sentiebatis; occupati enim eratis, non quasi propter penuriam dico. Ego enim didici in quibus sum sufficiens esse. Scio humiliari, scio et abundare. Ubique et in omnibus institutus sum et satiari et esurire, et abundare et penuriam pati. Omnia possum in eo qui me confortat* (Phil. IV, 10 et seq.) et cætera quæ mihi labor est dicere, et forsitan non vobis necessarium audire. Paulinus ad Augustinum : « Panem unum unanimitatis gratia vobis misimus. » Quem utique panem dictus doctor cum gratiarum actione suscepit. Hieronymus ad Eustachium de acceptis muneribus : « Parva specie, sed charitate magna sunt munera accepisse a virgine, armillas, epistolas et columbas. Verum ne videar dona minuisse, accepimus et canistrum cerasis refertum, talibus et tam virginali verecundia rubentibus, ut ea nunc a Lucullo delata existimarem, siquidem hoc genus pomi Ponto et Asia subjugatis de Cerasunto primus Romam pertulit, unde et a patria nomen arbor accepit. » Gregorius Anastasio Antiocheno episcopo : « Gratias Deo quia et odora sunt et sapora quæ dicitis, quæ agitis, quæ datis. » Et iterum : « Benedictiones locupletissimas omnes quæ directæ sunt suscepi, quæ mihi vir Dei pauper spiritu transmisisti. De quibus dicitis : Quid enim det pauper, nisi ea quæ paupera sunt ? Sed nisi vos per humilitatis spiritum pauperes essetis, benedictiones vestræ locupletes non fuissent. » Vir sanctus ad amicum qui sibi ægrotanti exenium miserat : « Suscepi, ait, charitatem vestram in charitate non in voluptate.» Ildebertus Mathildi Anglorum reginæ : « Benedictionem tuam gratiarum prosequor actione, nec aliter tuum munus amplector, quam vel thura superi vel pinguium libamina victimarum. Illi siquidem non hostiam sed affectum considerant, eorumque gratiam devotio non impensa promeretur : purus et integer animus eos quocunque vult inclinat, nec minus quadrante quam talento cœlestem mittigat indignationem. Sic et apud me tuum donum tuus animus commendat, sic magnificat, sic illustrat. » Vir eruditus de exenio quod sibi amicus miserat ita versibus ludit :

Abbas Fulcherius mihi mel pro melle rependit,
Spirituale dedi, materiale dedit.

Esculei fructus pira coctana melle redundant,
Gratia mittentis plus mihi melle sapit.

Dona recompensat donis, quæ dulcia per se
Plenius indulcat mellea lingua senis.

Verba repræsentans Domini faciemque serenam,
Munera commendat nuntius ipse mihi.

Noverant plane hi de quorum scriptis diversorum testimoniorum flores velut in unam coronam texuimus, quod secundum illud tritum vulgi proverbium in ratione dati et accepti matres et filiæ fiant amicæ. Sic etenim nutritur amor, concordia crescit. Indoctus temere doctum præsumo docere. Sed gaudeo quod materia mihi attributa est ludendi vobiscum. Gaudeo quoties meas aures aura flaverit, quæ vos sospitem nuntiet. Rogo autem vos, ut pro mei cordis infirmitate enixius oretis, quatenus mihi virtus detur a Domino, qua ad illum finem toto amore possim tendere, in quo sine fine valeam vobiscum gaudere. Gaudete in Domino semper.

EPISTOLA XLVI.

AD H. AMICUM SUUM.
Compatitur amici adversitatibus.

Charissimo suo H., frater G., vitam bonam et exitum beatum.

Grandis, ut ille ait, aperitur dilectioni semita, cum supernæ causa dulcedinis migrat in delicias diligentis, et ille Spiritus, ille, inquam, rector cœli, incola paradisi amicorum mentes ligat : quos in corde uno et anima una vera charitas coacervat. Sic de nobis duobus scribimus, quia sic sentimus, et in hoc maxime gaudemus, quia dilectio ista non tam temporali floret officio, quam profectu germinat spirituali. Et ego, amantissime, amicorum rem faciendo, quam per portitorem litterarum vestrarum mandastis, visito dominum et amicum, et quia adversitatem vestram ex parte cognovi, notæ condoleo, nec mirum si in profundo pii pectoris grandis inhorruit spiritus tempestatis. Magne Deus! quanta est in antiquo adversario fraudulenta versutia, qui dum terminum vitæ nostræ respicit, adversitati nostræ terminum non imponit, sed adversus nos acrius inflammatur, ut sibi arctius nostras rapiat actiones? Sed absit, domine mi ! absit, inquam, ut quem Deus usque modo in suis honestavit laboribus, in eisdem vos deturpet inimicus, sed in flore juventutis vultum frugiferum æternus agricola metiatur, efficiaturque odor vester sicut odor agri pleni, cui benedixit Deus, ita ut redoleat in vobis flos uvæ per prædicationem, ut gratia linguæ medicinalis in multis multos morbos curetis animorum, redoleat et flos lilii per castitatem, flos violæ per humilitatem, flos spicæ per bonorum operum maturitatem, flos olivæ per misericordiam, flos rosæ per patientiam. Per ipsius vero patientiæ virtutem, Domino patientiam infundente, omnia vobis penitus cedent adversa. Nam secundum Job carmen habetis in nocte et in pressuris præsentibus de futuris gaudiis consolamini. Consolamini quoque et pascimini sanctorum scriptis, verbo Dei dulcibus, et oleo lætitiæ delibutis, quo libenter ungitis caput vestrum, quia non est in vobis mendax opus olivæ, in quo habitat charitas de corde puro et conscientia bona, et fide non ficta. Nostis plane, ut beatus Gregorius scribit, quia perfecte bonus non est, nisi qui fuerit et cum malis bonus. Animus itaque vester ab his inquietantis mundi turbinibus extractus, salutaris portus statione fungatur, ad cœlum sese sustollat, ac Deo suo jam proximus, sicut martyr beatissimus et doctor suavissimus docet Cyprianus, quidquid apud cæteros in rebus humanis sublime ac magnum videtur, intra suam jacere conscientiam glorietur. Experimento autem, ut credimus, vobis datur intelligi quam affectuose memoria vestri, in nobis sit vigilantis ac devota et mutuæ allocutionis consolatio non sopita. Recordamur in hoc loco illius dulcis colloquii, quod apud sanctam Barbaram nobiscum habuistis, ut de spiritualibus sermo discurreret, sermo noster cœlesti spiritu redundabat, verba quæ loquebamur spiritus et vita fuere, nec a nostra discesserunt memoria, quæ in libro vitæ memoriter sunt scripta. Suadentibus vero quibusdam magnis viris amicis vestris, quorum consilium respuere seipsum decipere est, vos per præsentia scripta monemus, ut sic in vobis abstinentia discreta sit, ne, dum hostem comprimere intendetis, civem necetis. Quod restat, Deum precamur, ut sic præsens a sapiente disponatur actio, ut qui dissociamur in via, sociemur in patria.

EPISTOLA XLVII.

AD NICOLAUM SANCTI VICTORIS SUBPRIOREM.
Gratias agit pro amicitia.

Venerando patri et domino NICOLAO subpriori sancti Victoris Parisiensis, frater G., humilis sanctæ Barbaræ subminister.

Pro gratiarum actione hostia hæc pauperum est, quibus non est munus a manu, licet enim animus meus et nationi et loco respondeat, duri siquidem et feri feruntur Normanni, et nomen Barbaræ duritiam quamdam præferat naturalem. Non sum tamen adeo lapideus et ab omni affectionis humore alienus et siccus, ut tam multiplici gratiæ vestræ possim esse ingratus. Grandis quippe aperta est a vobis in nostris cordibus dilectionis semita, unde supernæ causa dulcedinis migrat in delicias diligentis. Hoc experti sunt clerici per quos meritis vestris debitum misimus salutationis obsequium, qui miro modo vos benignum erga se liberalemque senserunt. Pulchrum sane atque prædicandum beneficium, nullis redditum est meritis, nulla collatum justitia, nullis supplicationibus comparatum. Ad nomen amici non ad preces venit. Porro, ut ille ait, gratiora sunt beneficia quæ non alieno interventu, sed affectu spontaneo proveniunt. Facio igitur quod possum, et faciam quod potero, et quod omnes legis victimas hostiam laudis jugiter immolabo, et si fortuna votis arriserit, et Deus gratiæ benignitatem dederit, profecto terra nostra dabit fructum suum, ut sic justitia possit ante nos ambulare, et gratiæ debitum compensare. Verumtamen quidquid ego fecero, qui prior est tempore potior est in jure. Vos enim prævenistis nos in benedictionibus dulcedinis. Sicut promisistis nobis qui adhuc in populo barbaro sumus, orate ut in charitate Dei desideriorum vinculis astringamur, et primitias nostri spiritus in cœlestis patriæ amore ligemus et effici mereamur cives sanctorum et domestici Dei. Salutat vos ipsa domus Jacob quæ est in populo Barbaræ.... Bene autem nostis quia non propriam, verum patriam signare videtur nomine sancta suo Barbara barbariem. Pax vobis et gratia multiplicetur.

EPISTOLA XLVIII.

AD JOANNEM ABBATEM

Laudat Joannem abbatem de gratia sermonis illius.

Venerabili abbati J., frater G., cum virtutum decore gloriam et honorem.

Ut vobis scribam amor impellit, ambigo si consuetum morem vobis omnino relinquam. Æstimer erga vos tepuisse, vel penitus vestri oblitum fuisse. Scio quia amor stimulis motatur, vestrum igitur amorem libenter incitassem si possem, sed ingenii mei parvitas tenues admodum fruges parit. Non enim est acutum, sed exile et obtusum. Hoc utinam a vobis potius munus accepissem! Accepistis namque gratiam a Domino, ut sciatis quomodo vel quando oporteat vos proferre sermonem. Nam ut ad sanctos pro comparatione veniam, instruitis ut Hieronymus, astruitis ut Augustinus, attollimini ut Hilarius, submittimini ut Joannes, ut Basilius corripitis, ut Gregorius consolamini, ut Rufinus stringitis, sollicitatis ut Eucherius, ut Paulinus provocatis, ut Ambrosius perseveratis. Sed forsitan tacite respondetis, psalmorum et eorum quæ famulatui divino et familiaris rei providentiæ aptiora sunt curæ accuratior, sermonum phaleras et litterarum elegantias mihi in incuriam retorsit. Sed non a vobis Græcanam exigo elegantiam, non Italicam celeritatem, non Gallicam abundantiam. Nihil nobis de Quintiliani throno fulminetis, sed sanctorum more nos exhortari et consolari velitis. Simplici tantum littera festivitate decurrat, ut magni nectaris potus suavissimus delectationibus hauriatur. Ad hæc siquidem vobis est importunitas in exemplis, fides in testimoniis, pondus in sensibus, urbanitas in figuris. At si magis placet, verba vestra non sint ex vobis, sed prolata ex divinis fontibus. Gaudemus autem et lætamur in Domino, quod sub regimine vestro domus Domini amplificatur et proficit, et beatus plane de cujus culmine datur amicis lætitia, lividis pœna, posteris gloria; vegetatis et alacribus exemplum, pigris et desidibus incitamentum. Omnes fratres et filios vestros affectuosissime salutamus. Orate attentius ut det Deus suam gratiam, et misericordia nos attendere faciat finem præmiorum, et cum omni facilitate et alacritate suorum currere viam mandatorum, per quam vos deducat, et perducat ipse qui est via currentium, et bravium pervenientium. Amen.

EPISTOLA XLIX.

AD HUGONEM PRIOREM S. MARTINI SAGIENSIS.

Hortatur iterum ad scribendum Walt. vitam.

Hugoni suo G.

Par erat garrulitatem nostram silentii vestri talione frenare, sed quoniam perfecta dilectio non tam debet recolere quid officiorum solvat, quam meminisse quid debeat, nunc laxatis verecundiæ habenis, obsequium alloqui impudentis iteramus, cujus improbitas vel hinc maxime dignoscitur quod tacetis. Ego semper grandia litteras vestras præmia puto. Vellem itaque ut compunctorii salubritate sermonis avidam nostræ ignorantiæ pasceretis esuriem. Hortamur vos in Christi charitate, ut tandiu desides digitos incudibus officinæ veteris imponatis, videlicet ut jam diu intermissum opus de * vita (25) justi studeatis repetere, et ad Dei laudem id quod cœpistis explere. Copiosa est materia, plena nectaris, florum, margaritarum. Jucunda est et illustris, flamma cocco, rutilans auro, lactea byssino. Sed forsitan timetis ne id jactantiæ seu vanæ gloriæ ascribatur. A candore suo vestra charitas nævum tam miseriæ suspicionis eliminet, et hominum contemnens judicia, quod Deo gratum esse cognoverit, facere non formidet. Labor erit in studio, sed aderit qui gratiam præstet remunerator laboris, in cujus manu sumus et nos et sermones nostri. Non enim sumus idonei cogitare aliquid a nobis quasi ex nobis; sed sufficientia nostra ex ipso est. Noveritis plane quod vobiscum die noctequе conversor. Benedicta ipsius bonitas Conditoris, qui habitationem potius hominum quam charitatem finalibus claudit

---

(25) De quo supra, epist. 41 et 43.

angustiis. Opto ut in ipso valeas, dilectissime, Gaufridique tui semper memor esse digneris.

* Censeo laude styli dignum quem regia cœli
Suscipit, et rutilis inscribunt sidera gemmis.
Exsilium patria, mare portu mutat, agonem
Pace, crucem palma, cognitione fidem.

EPISTOLA L.

AD ANDREAM ARCHIDIACONUM TURONENSEM.
Varia dat ei monita.

Dilecto et semper diligendo domno ANDREÆ Turonensi archidiacono, G. humilis Sanctæ Barbaræ subminister, æternam in Domino salutem.

Nolui ulterius officiorum differre sermonem, ne vester affectus quamdam vitio meo duceret, ut gladius impolitus de curæ raritate rubiginem. Vereor enim ne semel amor vester mihi indultus, aut interjecti itineris longitudine, aut absentiæ communis diuturnitate tenuetur. Quia igitur honestate et affabilitate vestra nostrum ad vos propensius traxistis affectum, orationum vestrarum suffragia a vobis expetimus, nostrarum quoque participationem vobis in Domino gratanter concedimus. Nostis enim, ut peritissimus Christianorum philosophus, et quorumlibet primus eruditorum ait, quod justæ humilitatis pretio inæstimabilem vicem divinæ gratiæ promeremur, qui solus, inquit, modus est quo cum Deo homines colloqui posse putantur, illique inaccessæ lucis, prius quoque quam impetrent ipsa supplicandi ratione, conjungi. O quam suave, et quam odoriferum puræ orationis sacrificium ex pinguedine devotionis et igne dilectionis ex sanctorum corde ad illud sublime ascendit altare! In ipsa itaque ara cordis thymiama boni odoris igne compunctionis ac divini amoris incendite. Summa sit vobis cura de litteris, sed maxime religiosis, in quibus magis vos occupet medulla sensuum, quam spuma verborum. Nihil otiosum faciatis, nihil faciatis non quietum. Non gero personam docentis, sed admonentis. Vestrum sæpius panem ille potius qui non est redditurus accipiat, totius popularitatis alienus gratiam non captetis omnium, sed bonorum, non indiscreta familiaritate vilescens, sed examinata soliditate pretiosus existens, maxime ambiendus, utpote minime ambitiosus, non studeatis honores dignitatum suscipere, sed mereri. Amicitias probatas expetite, constanter retinete, perenniter servate; non enim vobis illorum expetendæ sunt amicitiæ, qui juxta Sidonium, de cujus dictis aliqua hic excepta ponimus : « Sunt ad intelligendum saxei, ad judicandum linguei, ad succendendum flammei, ad ignoscendum ferrei, ad amicitias pardi, ad facetias ursi, ad fallendum vulpes, ad superbiendum tauri, ad consumendum minotauri. Ad quorum consilia Faleris cruentior, Mida cupidior, Ancus jactantior, Tarquinus superbior, Tiberius callidior, Gaius periculosior, Claudius socordior, Nero impurior, Galba avarior, Vitellius sumptuosior, Otho audacior, Domitianus truculentior reddetur. » Sed hæc hactenus. Cæterum rogamus dignationem vestram, quatenus magistrum Joannem coarchipresbyterum vestrum vice nostra salutetis, quem sicut et vos nominis vestri virilitati, sic et illum nominis sui gratiæ consonare gaudemus. In ejus persona multa bona concurrunt. Est illi censura cum venustate, abundat animi sale cum consulitur, melle cum consulit : simplicitatem columbæ in ecclesia servat, in foro serpentis astutiam. Domino Adæ Majoris Monasterii armario familiari vestro me canonicum et confamiliarem exhibere curate; qui etsi de terræ nomine nomen habet, tamen quæ sursum sunt sapit, et in cœlestibus conversatur. Simili modo vestra quoque dilectio elevata de terris in cœlesti suavitate suum locet affectum.

Angulus iste placet, pauperrimusque recessus.

Est tibi delatus plus onerosus honor.

Sancti Spiritus illustratio vos visitare dignetur, erigens vos ad sublimiorem profectum, et propositum vestrum ad meliores actus, voluntatemque convertat.

EPISTOLA LI.

AD R. AMICUM SUUM.
Laudat R. amici sui ardorem pro contemplatione.

Venerabili et præcordiali amico suo R., suus G., quæ sursum sunt quærere, quæ sursum sunt sapere.

Id pro consuetudine, sicut ante nos dilectum est, semper inquirit animus unde gaudere solet. Inde est quod mens vestra cœlestium præmiorum aviditate flagrans, postulat favorabile aliquid cantari sibi de canticis Sion, postulat dari sibi carmina in nocte, postulat cantica ad contemplationem divinam commonitoria. Placet, fateor, quod petitis, si sane apud locupletiorem, et in spirituali musica eruditiorem, id facere libuisset. Accipite tamen de mea paupertate quæ habeo, ne tacendo philosophus puter, aut ne illud Horatianum velitis ingerere :

Omnibus hoc vitium cantoribus, inter amicos
Ut nunquam inducant animum cantare rogati,
Injussi nunquam desistant.

(HORAT., lib. I, sat. 3.)

Scio plane ardorem desiderii vestri; novi quod in amplexus speciosæ Rachel, cui visio sua gratissima est, intendat labor militiæ vestræ. Desiderio enim desiderat spiritus vester sabbatizare, dulces contemplationis fructus carpere, octavæ illius gaudia prælibare. Immortali sponso anima vestra cupit adhærere, totum amorem suum illi impendere, unde ad superni gaudii munera fixo fœdere amoris religatis primitias spiritus vestri. Charitas quippe per Spiritum sanctum in corde vestro diffusa intima in schola pectoris magistra docet vos terrena despicere, et amare cœlestia. Ipsa in vobis utitur amico ad gratiam, inimico ad patientiam, quibus potest ad beneficentiam, omnibus ad benevolentiam. Ipsa in centro virtutum residens, ut regina et domina omnium rerum exitus dispensat, ornat et ordinat, et sicut radix in surculum, surculus in gemmam, gemma in florem, flos in fructum coalescit. Sic ipsa suis initiis roboratur, et proficit in statum perfectum, in mensuram plenitudinis. Ipsa animum in contemplationem inducit. Est enim vita contemplativa, ut beatus scribit Gregorius, ipsam quidem charitatem, scilicet amorem Dei et proximi tota mente retinere, sed ab exteriori actione quiescere, ut jam nihil agere libeat, sed calcatis curis omnibus ad videndam Creatoris sui faciem animus inardescat. Hic autem, sicut in Patrum collationibus legimus : Præcipuus noster debet esse conatus, ut divinis rebus, ac Deo mens semper inhæreat. Quidquid ab hac diversum est, quamvis magnum, secundum tamen, aut etiam infimum, aut certe noxium deputandum est. Contemplationem ergo divinam, inquit, cum potuerit mens obtinere, gaudeat, a qua distractam se doleat atque suspiret, totiesque se sentiat a bono summo recedisse, quoties ab illo intuitu deprehenderit segregatam, fornicationem reputans vel momentaneum a Christi contemplatione discessum, a quo cum deviaverit paululum vester obtutus, rursus ad eum cordis oculos retorquentes, velut rectissima linea mentis aciem revocemus. In hoc sublimi contemplationis gradu humillimus pater Gregorius consistebat, cum illi adhuc in monasterii quiete posito labentia cuncta subtererant, cum rebus quæ volvuntur eminebat, cum nulla, nisi cœlestia cogitabat, cum adhuc detentus corpore carnis claustra contemplatione transibat, cum mortem quæ pene cunctis pœna est, ut ingressum vitæ et laboris sui præmium amabat; unde in epistola ad sororem imperatoris, a tam dulci quiete abstractus, et in cura regiminis constitutus, conquerendo ait : « Alta, inquit, quietis meæ gaudia perdidi, et intro corruens, exterius ascendisse videor, unde me a facie Conditoris mei longe expulsum deploro. Conabar namque quotidie extra mundum fieri, cuncta corporum phantasmata ab oculis cordis abigere, superna gaudia incorporaliter videre, et ad Deum Dei faciem anhelans, non solum vocibus, sed et totis cordis medullis clamabam : Tibi dixit cor meum, Quæsivi vultum tuum, vultum tuum, Domine, requiram. Nihil autem in hoc mundo appetens, nihil pertimescens, videbar mihi in quodam rerum vertice stare, ita ut in me plene fieri crederem, quod, pollicente Domino, ex propheta didicissem : Sustollam te super altitudinem terræ. Super altitudinem namque terræ attollitur, qui ipsa quæ alta et gloriosa præsentis videntur sæculi, per mentis despectum calcat. » Verum hæc hactenus. Cæterum rogamus Dominum, ut vobis concedat ipsius supernæ contemplationis dulcedinem degustare. Det vobis mores vestros, totiusque vitæ rationem, ad cœlestis ordinis exemplar formare. Amen.

EPISTOLA LI
N.... AD N....

Amantissimo patri et domino filius et suus, si quid est, quidquid est.

Jussistis, imo potius injunxistis, ut tertio vobis scribens, tertio audacis irreverentiæ animositatem exhibens de meæ pera paupertatis, de sacculo pertuso vanitatis Crœsi divitias cumularem. Sed unde tantæ exactionis emerserit instantia diu multumque meditatus sum in corde meo, attendens in hoc ridiculosam jussionem, nisi in vobis veræ charitatis et sinceræ veritatis adverterem præeminentiam; materiam quippe scribendi inopiæ proscribit copia, copiam disserendi sensus et memoriæ pervertit inopia. Quid itaque sibi vult Dominus meus? Nunquid in modico exhaurire paupertatem meam, cum non in una litteralis amicitiæ missione, non in uno quidem apice multiplicastis locupletare eam? Quid, inquam? Nunquid ut ingenii tarditas excitetur, aut ut mentis ariditas omnino exsiccetur. Primum quidem ad amicum dicere jas est, sequens vero, ut dicitur, de amico sentire nefas est. Quid itaque agam nescio; ego enim videns paupertatem meam, et vestræ jussionis instantiam, coarctor undique, cum nec sensum linguæ suppleat facultas, nec verborum maciem sententiæ redimat ubertas, nisi forte cor amantis obedientia, quasi jubentis violentia, compunctum producat sensum, promptius vobis parere, quam sibi ipsi audeat imperare. Itaque, dum jubetis, juvatis. Ago igitur quod imponitis, ago quod exigitis; sed ea ratione conditionis, ut et vicem rependatis, et auctoris præsentium diligentiam et dilectionem juxta redamantis violentiam compensetis. Non itaque requiro ut præsentes reponatis in sacculum vestrum, sed ut me ponatis ut signaculum super cor vestrum. Magna prorsus rogo, et fere immerito merito deneganda, nisi quod amor gratis largitus, largitoris gratiam profusius commendat, et pro magnitudine charitatis gratuitæ gratum non tam meretur, quam mereatur amantem. Hortor itaque et opto ut habeat me cor vestrum, quod etsi dixisse pudet, non pœnitet. In ipso enim ac si in urna legis manna continetur absconditum, manna utique non vermibus scaturiens, sed spiritum salutis pariens, sed vermium spiritualium læsionem allidens et adversitatem pervertens, quod dum a vestro corde, tanquam a thalamo gloriæ, tanquam a vase puritatis et munditiæ, omnem immunditiam eliminat, in quodam mentis altæ, sed non elatæ triclinio evectus, fidei, spei et charitatis ordinatæ repositionem commendat. Sed cur animalis homo, cur filius hominis vermis ista audeam nominare, cum nec nominatur a me sicut decet sanctum, sicut debuit decere me. Hæc quippe dicens, factus sum velut æs sonans, aut cymbalum tinniens, quod non nisi alienæ opis opera operatur aut resonat. Simili modo et ipse alienæ messis non vindicans, sed mendicans alimoniam, si mercede congregavi, isi eas in sacculum pertusum, in quo non amor virtutum nutritur, sed vanitas vanitatum admittitur. Sed forte de more vestro respondebitis ad hæc : Hæc est humilitas tua. Nostis autem quod falsa humilitas non est veritas, sed duplex vanitas. Hæc mandat filius tuus, hæc mandat et amicus, jam dudum fraudatus amico, fraudatus socio, fraudatus et solatio, fraudatus a desiderio suo, quærens, et non inveniens virum secundum cor suum, qui mentis ejus vastam solitudinem solus frequentet, cum quo cor suum participet, in quo caput suum reclinet. O me beatum, si inveniam unum! O si eumdem, si ipsum ad quem nobis sermo! Sed quia caro et sanguis regnum Dei non possidebunt, eos qui Spiritu Dei aguntur, in spiritu et veritate oportet ambulare, oportet et amare; quatenus et amantis spiritus spiritualem affectum habeat et exhibeat, et redamantis veritas juxta sui nominis idioma ex fide non ficta prodeat ut proficial, et quia scire puto hominem in corpore sive extra corpus in ea quæ ante sunt, totum cor, animam, et virtutem tota virtute extendere et his tota utriusque hominis diligentia intendere, mihi omnino difficile, imo parvitati meæ et pravitati pertimesco negatum, ne male conveniant, et ab una sede recedant, quæ non concordant caro et spiritus; en licet alter regnet sub Moyse Pharaonis ad allia gustum convertit qui non gustavit manna saporum. Et quia vindex est Deus super omnem operantem malum, fateor, gaudeo, sed et gaudebo in eo qui non tam vindicavit se, quam visitavit me, qui fecit et creavit me. Etenim manus Domini super me plaga corrigentis percussit me, et morti non tradidit me. Flagellum mundans vellem nollem excepi, inexpiatam impietatem in flagelli immanitate adverti. A facie manus suæ ego defeci; visitavit enim me in gladio suo duro, in gladio suo forti nec tam ad vindictam in hostem sæviens, quam paterne, quam misericorditer hostis utilitati deserviens. Et quia die ac nocte circumdedit super muros meos iniquitas mea, die ac nocte gravata est super me manus sua. Et vere necdum furor ejus quievit, necdum indignatio sopita, necdum vindicta retenta, sed adhuc manus ejus extenta. Finis ab his. Memor esto mei; quidquid male dixi corrigat in melius cura benigna. Vale.

ANNO DOMINI MCXCVI

MAURICIUS DE SULLIACO

PARISIENSIS EPISCOPUS

NOTITIA HISTORICA

(*Gall. Christ. nov.*, VII, 70, in episc. Paris.)

Non ex illustri familia dominorum Soliaci, sed humili apud Soliacum oppidum ad Ligerim matre Humberga ortus loco Mauricius, unde illi *de Sully* cognomen, industria bonisque artibus ad pontificatus apicem ascendit. De eo id singulare monachus Antissiodorensis, Guillelmus Nangius, Vincentius Belvacensis et alii referunt quod, cum esset junior, pauper ac mendicus, eleemosynam postulatam hac lege noluerit accipere, ut nusquam fieret episcopus. Et certe Parisios primum profectus ut litteris operam daret, tantum in eis progressum fecit, ut non solum theologiam publice edocuerit, sed etiam sacras ad populum habuerit conciones, etiamnum inter mss. Victorina asservatas, quibus in declamandis excellentis fuisse studii tradit Trithemius, qui duos illius sermonum libros scriptumque ab eo libellum de cura animarum ad presbyteros commemorat. Fuit autem primo canonicus Bituricensis, ut discimus ex monumentis istius ecclesiæ, tum Parisiensis; de modo autem quo factus est episcopus, hæc scribit Cæsarius Heisterbaccensis monachus Cisterciensis (1): « Cum nostris temporibus vacaret episcopatus, et electores inter se concordare non possent, tribus sua vota commiserunt, qui tres cum in unam non possent convenire personam, magistro Mauricio, qui e tribus unus erat, duo suam dederunt auctoritatem, ut quemcunque ipse nominaret, ipse episcopus esset: et quia idem Mauri-

(1) *Dialog.*, lib. VI, cap. 19.

cius, ut rei exitus probavit, magis cupiebat prodesse quam præesse, seipsum nominavit, dicens: « Aliorum conscientias et propositum ignoro, episcopatum hunc, gratia Dei me adjuvante, irreprehensibiliter regere propono : » quod et fecit : sanctæ enim vitæ fuit, tam verbo quam exemplo, plurimis profuit, dies suos in eodem episcopatu clausit. » Sic autem electum Mauricium jam anno 1160 probat ejus charta data tunc temporis (2) pro Herivalle, ubi canonicos regulares instituit. Confirmavit anno eodem donationes ab antecessoribus ecclesiæ S. Victoris factas. Anno 1162, mense Augusto, comitatus est Ludovicum regem cum pergeret ad colloquium cum Frederico imperatore in urbe S. Joannis de Latona ob duos de papatu contendentes habendum, missusque est a rege cum Joscio Turonensi archiepiscopo, et Guillelmo abbate Vizellacensi, qui cum Henrico comite Trecensi poscerent inducias. Cum Mauricius Alexandrum papam ad dedicationem ecclesiæ Sangermanensis comitatus fuisset xi Kal. Maii, anno 1163, monachi episcopi præsentia commoti, a summo pontifice obtinuerunt, ut ab ecclesia recederet ; unde indignatus Mauricius, querelas in concilio Turonensi coram papa detulit, jurisdictionem sibi in abbatiam S. Germani a Pratis vindicans, quæ ipsi fuit negata.

Circa id tempus prima novæ cathedralis fundamenta jecit, cujus primarium lapidem posuit Alexander III, ut habet Joannes canonicus victorinus. Opus incœptum successor Odo maxima ex parte implevit. Duos quoque pontes lapideos condidisse dicitur ab Antissiodorensi monacho in *Chronico*, alterum super Sequanam, alterum super Matronam. Controversiam habuit cum Rogero abbate Columbensi super monasterio Sancti Germani in Laia et parochia ejusdem, quæ ab arbitris terminata est an. 1163. Orta fuerat discordia inter Mauricium et Odonem S. Dionysii abbatem pro monasterio Argentolii, ubi vel abbatissam debere collocari cum virginum collegio affirmabat episcopus, vel abbatem quem ipse benediceret. Hæc autem controversia in Parisiensi palatio coram Alexandro III quadragesimali tempore utriusque partis consensu, judicum arbitrio commissa est, qui controversiam ad triennium tantummodo sopitam anno 1164, mense Aprili, non terminarunt, nisi sub pontificatu Innocentii III. Confirmavit eodem anno Mauricius donationem Hugonis Capeti factam monasterio Fossatensi. Emit duas domos ante paravisum sitas anno eodem, pro facienda via ante ecclesiam Beatæ Mariæ (3).

Lustralibus aquis tinxit filium Ludovici VII, qui fuit Philippus, cognomento Augustus, die Dominica 22 Aug., anno 1165, in ecclesia beati Michaelis de Platea, Hugone Sancti Germani, Hervisio Sancti Victoris, et Odone S. Genovefæ abbatibus susceptoribus ac sponsoribus cum Constantia regis sorore

(2) Hist. Eccles. Paris., t. II, p. 149.

A duabusque viduis Parisiensibus. Composuit eodem anno litem inter Rogerium abbatem Fossatensem et Radulfum de Buxeio. Adfuit concilio Belvacensi anno 1166, ubi excommunicati monachi Resbacenses episcopo et abbati rebelles. Vineam a Guidone montis Gaii monachis. Caroliloci concessam scripto testatur anno 1167. Lectum episcopi mortui.pauperibus domus Dei assignavit de assensu capituli anno 1168. Consecravit Senonis Guillelmum de Campania archiepiscopum Senonensem, xi Kal. Januarii anni ejusdem. Insequenti approbavit concordiam initam inter abbatissam de Edera et Albertum pro nemore de Plaissiaco anno 1169, episcopatus nono. Emit eodem a Ledemallo milite possessiones apud Sanctum Clodoaldum, et a Theobaldo Cocherel quidquid habebat apud Viriacum ep. 10. Anno 1170, episc. decimo, comparavit terram apud Victoricium a Willelmo de Mathiaco milite. Querelam habuit anno eodem cum canonicis suis pro redditibus decanatus, quos mortuo decano suos esse contendebat utraque pars. Causa ad Alexandrum delata est, qui Guillelmum Senonensem archiepiscopum delegavit. Interim vero canonicis cedentibus, controversia sopita approbante Guillelmo archiepiscopo litteris, in quibus mentio est novæ domus episcopi Parisiensis: sibi enim et successoribus novas quoque ædes exstrui curaverat. Easdem litteras Clemens papa a Mauricio sibi exhibitas aliis litteris confirmavit in regia bibliotheca asservatis. Sancti Landerici Parisiensis episcopi corpus cum Remigio Sancti Germani Antissiodorensis decano in capsa lignea recondidit Mauricius anno 1171, qui eodem domum datam monialibus de Edera approbavit. « Actum in domo nostra nova, inquit, episc. xi. » Donum eisdem factum ratum habet anno 1172, ep. xii. Garino S. Victoris abbati renuntiato benedictionis munus anno eodem impendit. Præsens astitit partitioni urbis Anicii factæ inter episcopum Aniciensem et comitem de Polignac anno 1173. Anselli de Garlanda et ejus filii excepit hominium anno 1175 pro castello de Tornan, quod confirmavit rex Philippus mense Martio 1185.

Joannem Saresberiensem Carnotensem episcopum Senonis consecravit vi Idus Augusti 1176. Ejus consiliis persuasus Ludovicus rex assensum præbuit venditioni factæ a canonicis Sanctæ Opportunæ anno eodem. Insequenti confirmavit donum decimæ de Luabium factum ecclesiæ beatæ Mariæ de Pompona a Joanne et Mauricio de Pompona anno 1177, episcopatus decimo septimo. Eodem emit medietatem molendini de Canturanæ apud Corbolium a Petro de Chantelou. Compositam inter abbatissam de Edera et Petrum de Cantulupi controversiam testatur anno 1178, episcopatus decimo nono. Insequenti ineunte, xiv scilicet Kalend. Aprilis, consecravit altare abbatiæ Barbelli. Habitus est,

(3) Sauval, tom. III, p. 8

anno 1179, in palatio Mauricii episcopi, Parisiis, a Ludovico rege conventus publicus episcoporum pro inauguratione Philippi filii. Emit anno 1180, episcopatus vicesimo primo, centum solidos redditus apud Victoricium a D. Philippo de Levis, die festo S. Agathæ. Fecit potestatem anno eodem Sanceline, quæ femina erat de corpore, cum Drogone homine libero nuptias contrahendi. Discordantes priorem de Gisortio et Romanum presbyterum S. Gervasii auctoritate apostolica conciliavit in nova aula inferiori an. 1181, episcopatus vicesimo primo. Fer. iv Pentecostes anni 1182 Henricus legatus altare Sanctæ Mariæ Parisius consecrat una cum Mauricio præsule (4), qui ratam habuit anno eodem, episcopatus vicesimo secundo, venditionem factam monasterio S. Maglorii a Roberto priore Leprosorum de Givisiaco. Memoratur hoc adhuc anno in chartulario Rigniacensi cum Stephano Sanctæ Genovefæ abbate, et in litteris Guidonis archiepiscopi Senonensis pro Sancto Dionysio, et in tabulis Villæperosæ, ubi annus 1182 dicitur episcopatus vicesimus tertius. Datam canonicis regularibus Herivallem confirmavit anno 1183. Alia eodem anno, episcopatus vicesimo tertio, confirmavit, alia decrevit statuta pro canonicis Sancti Germani (5). Eodem querelam habuit cum monachis Majoris Monasterii super ecclesia S. Nomui, cujus præsentationem iis dimisit. Capellanum ad ecclesiam S. Thomæ de Montemagni ab Hervæo et Burchardo de Montemorenciaco præsentatum confirmavit anno 1184. Bullam accepit a Lucio papa, datam Anagniæ pridie Non. Jan., adversus presbyteros qui publice concubinas detinebant (6). Insequenti, xvii Kal. Februarii, legatos a Jerosolymitano rege missos, patriarcham maxime, solemniter excepit. Hi autem generale Parisiis eodem anno concilium habuere pro fide contra inimicos crucis defendenda. Sepelivit in majori ecclesia, xiii Kal. Septemb. 1186, Godefridum Britanniæ comitem, assistente Philippo Augusto, qui in eadem ecclesia quatuor capellanias fundavit, et ad decorem urbis Parisiensis regali impensa omnes vicos quadratis lapidibus stravit ob intolerantiam luti, et coemeterium publicum muris cinctum in loco Campellorum, quod postea Sanctorum Innocentium dictum est, ædificari curavit, de cujus exordio Albericus in *Chronico*. Confirmavit anno eodem donationem factam eccles. Sancti Lupi in valle Montmorenciaca. Emit a Galeranno milite anno 1187, episcopatus vicesimo septimo, censum in burgo de S. Clodoaldo.

Habita est media Quadragesima 1188 Parisiis synodus, in qua concessæ sunt regi decimæ, dictæ Saladinæ, ob expeditionem sanctam, quod minime probavit Petrus Blesensis in epistola 112, ad episcopum Aurelianensem : « Quæ ratio est, inquit, ut qui pro Ecclesia pugnant, Ecclesiam spolient! » contendens non pecuniam a clericis, sed orationes solas esse exigendas. Confirmavit Mauricius anno eodem, episcopatus vicesimo octavo, domum a Theobaldo milite donatam hospitali S. Opportunæ, nunc S. Catharinæ (7). Bullam a Clemente III accepit, datam Laterani III Nonas Julii, pontificatus primo, qua ei facultas conceditur interdicendi canonicos regulares procurationem in ecclesiis parochialibus ipsi et archidiaconis denegantes. Confirmavit ei idem pontifex ex abundanti liberam ecclesiæ Parisiensis præbendorum collationem. Donum ab Elisabeth uxore Anselli monialibus de Edera factum approbavit anno 1188, episcopatus vicesimo nono. Insequenti, episcopatus vicesimo nono, ecclesiam de Besseaucour parochialem effecit. Anno 1190 mense Maio, pro anima Elizabeth uxoris Philippi regis in ecclesia Parisiensi a se humatæ altare erexit, institutis a rege duobus sacerdotibus pro celebratione missarum, teste Rigordo. Anno eodem obtinuit a Philippo II rege synagogam Judæorum Parisiensem ad ædificandam ibi ecclesiam. Init cum canonicis Corboliensibus super procuratione sibi debita compositionem mense Decembri, abbatibus Pontiniacensi et Pruliacensi arbitris a summo pontifice delegatis. Mauricii ad preces Philippus Augustus, regni xi, confirmavit diplomata Ludovici parentis, qui Theobaldo decessori supellectilem episcopi defuncti et talliam hominibus episcopi mortui relaxaverat. Anno eodem Philippus rex Lutetiam contra hostes firmaturus, novum murorum ambitum cum fossis atque vallis e regione Academiæ adorsus est.

Capellanum in ecclesia S. Leufredi de eleemosyna Roberti Balduini instituit Mauricius anno 1191, episcopatus tricesimo primo (8). Philippum regem ex obsidione Acræ redeuntem die festo S. Joannis evangelistæ anno eodem Parisiis cum maxima multitudine cleri et populi honorifice suscepit. Circa id tempus de mandato Octaviani sedis apostolicæ legati Herlevo abbati Sancti Martini Pontisarensis benedictionis munus impendit, inconsulto et invito Rothomagensi archiepiscopo. Ecclesiam du Plessis lès S. Leu in valle Montmorenciaca matricem ecclesiam constituit anno 1192, episcopatus tricesimo secundo (9). Canonicorum Sancti Germani Antissiodorensis eodem anno episcopatus tricesimo tertio, jura, ecclesias ecclesiarumque præsentationes confirmavit (10). Donationes factas monachis B. Mariæ de Valle approbavit an. 1193. Ecclesiam Sancti Germani monachis degentibus apud Pirosam confirmavit anno 1194, episcopatus tricesimo quarto (11). Eodem episcopatus tricesimo quinto venditionem cujusdam furni factam ecclesiæ Beatæ Ma-

---

(4) Labb, *Bibl.*, t. II, p. 330.
(5) *Hist. Paris.*, t. III, p. 72.
(6) Sauval, t. III, p. 50.
(7) *Hist. Paris.*, t. III, p. 67.

(8) *Spicileg.*, t. IX, p. 497.
(9) *Hist. Paris.*, t. III, p. 73.
(10) Ibidem, pag. 114.
(11) Ibid., p. 91.

riæ de Monte æstivo laudavit, et Hugoni abbati S. Dionysii facultatem impertivit ecclesiam parochialem erigendi in vico de Villanova. Capellam Sancti Petri de Bobus, ecclesiam S. Eligii, capellas S. Boniti, S. Petri de Assis, S. Crucis et Sancti Martialis, ecclesiam S. Pauli cum atrio (12), magna decima et minuta, cum harumce ecclesiarum præsentationibus Fossatensi monasterio confirmavit mense Septembri 1195. Tanta aquarum inundatio contigit mense Februario ineuntis anni 1196, ut Mauricius ad cœnobium S. Victoris confugere coactus fuerit. Dedit eodem anno litteras pro decima terræ apud Castanetum, quem Ansellus vendidit ecclesiæ B. Mariæ. Donum Guidonis de Levis militis factum beatæ Mariæ de Rocha episcopatus tricesimo sexto confirmavit. Hoc ipso anno ineunte habitum est Parisiis consilium a legatis sedis apostolicæ pro reformando Philippi Augusti matrimonio, qui consanguinitatis prætextu Ingelburgem uxorem, sororem Canuti Danorum regis repudiarat, ut aliam duceret; at in hoc actum nil.

Exstat inter epistolas Stephani Tornacensis quarta numero Mauricii epistola ad Pontium Claramontanum episcopum, qui eum interrogaverat utrum baptisma collatum omissis verbis: *Ego te baptizo*, valeret. Respondet Mauricius baptismum non esse, si quid in forma ab Ecclesia tradita immineretur aut immutaretur. In ejus sententiam idem paulo post definivit Alexander III, qui Mauricium delegavit ut cognosceret causam quæ vertebatur inter ecclesiam S. Evurtii Aurelianensis et Hebertum de Gervesiis super quibusdam decimis, quas ecclesiæ præfatæ adjudicavit Mauricius, præsentibus Stephano abbate Sanctæ Genovefæ, Petro decano Sancti Germani Antissiodorensis, etc. Exstant tomo II, *Ampliss. Coll.* duæ Alexandri III ad Mauricium epistolæ, quarum prima data Tarraconiæ x Kal. Januarii commisit ei accusationem adversus R. Flaviniacensem abbatem in civilibus et criminalibus; altera Januæ, v Idus Februarii controversiam inter Hugonem Senonensem et abbatem Ferrariensem. Bullam præterea ab Alexandro III accepit, qua facta inter episcopos et archidiaconos compositio confirmatur, simulque his interdicitur, ne presbyteros sibi subditos nimia hospitiorum frequentia gravent. His accinit altera bulla Clemens III. Bullas accepit ab Urbano III, Veronæ pridie Non. Januarii, et a Clemente III, Pisis Idibus Januarii, confirmantibus factam ordinationem super parochia Joannis in ecclesia S. Genovefæ per Eugenium papam. Archiepiscopus Senonensis inconcessa præsumens in diœcesi Parisiensi jure metropoleos ipsi subjecta, excitavit querelas Mauricii episcopi, quas justas judicavit Clemens III decretali: *Cum ex auctoritate canonum.* Præter concessa decessoribus privilegia a summis pontificibus, fundatas quoque ab ipso seu fundis auctas et dotatas abbatias de Herivalle, de Hermeriis,

A de Monte æstivo et de Giffo approbavit idem pontifex bulla quæ incipit: *Justis petentium desideriis.* His addit Cœlestinus III abbatias Sancti Cirici et Vallis profundæ, modo vallis gratiæ apud Parisios.

Mauricius autem paulo ante obitum, si *Chronica* ms. Joannis a S. Victore fides, ad Sanctum Victorem se recepit, ejusdemque loci canonicus effectus est, ut liberius Deo vacaret, seque ad reddendam villicationis suæ rationem præpararet. Narrat Cæsarius febri acutissima tunc temporis vexatum sacram poposcisse eucharistiam. At cum presbyter insanienti sacra porrigere vereretur, detulit illi hostiam haud consecratam, quod præsentiens Mauricius exclamavit: « Tolle, tolle, non est Dominus meus. » Attonitus presbyter, verum corpus Domini sumpsit, quod summa fide suscepit Mauricius, brevique post migravit ad Dominum. Morientis super pectus posita est schedula hæc verba Jobi continens: « Credo quod Redemptor meus vivit, et in novissimo die de terra surrecturus sum, et in carne mea videbo Salvatorem meum, quem visurus sum ego ipse et non alius, et oculi mei conspecturi sunt. Reposita est hæc spes mea in sinu meo. » Sic autem præscripserat, ut resurrectionem mortuorum a multis tunc impugnatam, quam moriens confidenter fuisset professus, alii deinceps haud dubitarent profiteri. Moriens Roberto S. Victoris abbati et Reginaldo S. Marcelli decano mandavit, ut quos alieni juris occupatione forte læserat, his satisfacerent. Qui paulo post ejus obitum Ricardo priori de Marcociis restituerunt quæ ei illegitime abstulerat Mauricius patronatum et præsentationem ecclesiæ ejusdem villæ. Defunctus sepelitur in meditullio chori ecclesiæ S. Victoris. Quatuor ejus tumulo e duodecim inscripti versus, quos ad preces canonicorum Parisiensium scripsit Stephanus episcopus Tornacensis, ut constat ex ejus epistola 260: « Paucos elegos scribimus, ut ex iis duos aut quatuor qui vobis magis placuerint excerpatis. Rogamus et obsecramus in Domino, ut auctoris tacito nomine recitentur. » Ili autem sunt quatuor selectis Romano charactere excusis:

Excisus misero lacrymarum vallis in orbe
Ponitur æterna vivus in urbe lapis.
Doctor et antistes cathedra condignus utraque,
A prima meruit continuare duas
Sana fides, doctrina frequens, elemosyna jugis,
Clamat Parisius non habuisse parem.
Magnificum structura domus, et fabrica templi,
Munificum perhibent advena, pauper, inops.
Horrea pauperibus, et scrinia semper aperta
Exposuit miseris semper aperta manus.
Pontificem tanti meriti, servumque fidelem
Serva Mauricium, Virgo Maria, tuum.

Quatuor his alii duo adjuncti diem ejus obitus annotant.

Virginei mensis quæ tertia prævenit Idus,
Splendorem sepelit nube sepulta dies.

Longo post tempore tumulo in Sancti Victoris cho-

---

(12) *Hist. Paris.*, t. III, p. 25.

ro recens confecto imposita fuit hæc nova inscriptio : *Hic jacet reverendus Pater Mauricius Parisiensis episcopus, qui primus basilicam B. Mariæ virginis inchoavit. Obiit anno Domini* MCXCVI, *tertio Idus Septembris.* Hos quoque in Mauricii obitum a coetaneo editos versus e ms. codice Nicolaus Camuzat canonicus Trecensis Sammarthanis olim suppeditaverat :

Migrat Parisii pater ad patriam paradisi
  Mauricius : Mundo Martha, Maria Deo ,
Hic obit a quinta jejunus luce viator,
  Esurit in vera carne videre Deum.
Offertur panis, quem clausis sensibus intra
  Spiritus inspirat corporis esse cibum,
Verbo, mente, manu calicem, panemque repellit,
  Et sic cœlesti corripit ore dolum.
Illusere mihi velut hospes : postulo passum,
  Passum sub vera postulo carne Deum.
Rem stupet auditor, offert venerabilis abbas
  Quod petit, occurrit mente, manuque pater.
Sentit adesse Deum, fervescit in oscula : sanctum
  Vas tenet, et verum corpus adorat ita :
Ecce salus mundi, Verbum Patris, hostia sacra,
  Viva caro, Deitas integra, verus homo.
Te, Deus, esurio, quod non sinis exteriorem,
  Te, Deus, interior sumere possit homo.
Transeat ad dextram Patris Christi caro, cum quo
  Disponit Patris regna Redemptor homo.
Sic spes hic meruit rem præsentire, fidesque
  Scire, videre Deum glorificandus homo.
Sic amor exarsit, sic spes præsensit, ut una
  Crederet, et sciret credita certa fides.

Præclara Mauricii in Necrologio Parisiensi memoria est : « III Idus Septembris obiit Mauricius bonæ memoriæ Parisiensis episcopus, qui novum vicum de suo proprio factum tempore ante portas ecclesiæ aperuit, quatuor abbatias novellas sub ecclesia Parisiensi plantavit, pontes in episcopatu constituit, domos episcopales novas ædificavit, redditus episcopatus multipliciter ampliavit. Idem etiam dedit nobis domum juxta portam claustri sitam ad stationem in festo Sancti Mauricii persolvendam , viariam quoque de Castaneto ad stationem die anniversarii sui persolvendam , feodum etiam de Ivry ad stationem die electionis suæ, die scilicet tertio post festum sancti Dionysii persolvendam. Hæc autem Joannes nepos canonicus noster quandiu vixerit possidebit, post cujus decessum ad capitulum nostrum revertentur. Si quid vero factis, sicut prædictum est, tribus stationibus residuum fuerit, ad beneficium denariorum matutinalium canonicis cedat. Dedit insuper nobis viginti marchas auri ad faciendam tabulam auream ante majus altare ; calicem quoque dedit aureum duarum marcharum et dimidiæ, thuribulum aureum quatuor marcharum, et tabulas argenteas ad ornamentum altaris, duas cappas, tres infulas, pallium unum, dalmaticam unam, tunicam unam, et albas duas paratas cum amictis et stolam unam ; trecentas quoque libras donavit ecclesiæ, centum scilicet ad denarios matutinarum canonicis, centum ad denarios matutinales pauperibus clericis, centum ad tectum novæ fabricæ faciendum plumbeum. Præterea dedit nobis centum nonaginta marchas argenti, quæ positæ fuerunt in emptione terrarum, hospitum et vinearum, quæ fuerunt Guillelmi de Bezon militis et uxoris ejus apud Vitry, quæ omnia tenebit magister Philippus in vita, et de his omnibus reddet annuatim decem libras Parisienses, et quicunque post eum dictos redditus tenebit, similiter decem libras persolvet, de quibus canonici et majori altari servientes, qui vigiliæ anniversarii intererunt, duodecim denarios habebunt, et clerici quatuor, et pueri duas, et sequenti die in missa similiter fiet distributio. Matricularii vero laici duos solidos habebunt. Statutum est autem a capitulo ut anniversarium ejus solemniter agatur, canonicis tam ad vesperas quam ad missam chorum tenentibus, et missa ad majus altare celebrabitur.

De Mauricii fato et gestis Rigordus Philippi Augusti chronographus libro De gestis ejusdem ; Guillelmus Nangius ad annum 1196 ; Vincentius Belvacensis part. III *Speculi historialis* ; Robertus in Supplemento Sigeberti, Jacobus Vitriacus, Cæsarius Cisterciensis, *magnum Chronicon* Belgicum, Antoninus, Trithemius, etc., ubertim loquuntur.

MAURICII DE SULLIACO

PARISIENSIS EPISCOPI

EPISTOLÆ ET DIPLOMATA.

I. — EPISTOLÆ.

I-III.

EPISTOLÆ AD ALEXANDRUM III PAPAM

In causa S. Thomæ Cantuariensis.

(Anno 1169-1170.)

[*Epistolæ Gilberti Foliot*, ed. GILES, II, 229. — Vide inter variorum ad Alexandrum III epistolas, *Patrologiæ* tom. CC.]

II. — DIPLOMATA.

I.

Charta pro decima de Campellis.
(Anno 1164.)
[*Cartulaire de Notre-Dame de Paris*, Paris 1840, 4°, t. I, p. 71]]

Ego MAURICIUS, Dei gratia humilis minister Parisiensis Ecclesiæ, notum fieri volumus universis tam præsentibus quam futuris, quod Joannes de Versaliis et Hermessendis uxor ejus invadiaverunt per manum nostram canonicis Sancti Martini de Campellis decimationem de Felioc usque ad IV messes pro LX libris Parisiensis monetæ, hoc tenore quod si forte prædicta moneta ceciderit vel deterior facta fuerit, pro singulis XL solidis persolvetur marcha argenti; ita tamen quod si decimatio receptis IV messibus non redimeretur, quousque præfata pecunia solvatur, canonici eam quiete possidebunt. Prænominatus vero Joannes plenivit in manu nostra quod decimationis hujus vadium ecclesiæ de Campellis garantiret, et pro eo nullum fieri detrimentum ecclesiæ sustineret, concessit hoc ipsum et laudavit Guillelmus de Mureto frater ejusdem Hermessendis, de cujus feodo prædicta erat decimatio. Plenivit etiam hoc ipsum in manu nostra eadem Hermessendis de cujus patrocinio res erat, et duo filii ejus Baldewinus et Fredericus. Huic rei testes interfuerunt quamplures tam clerici quam laici, Radulfus præpositus, Petrus canonicus, de campellis, Saanbertus sacerdos, Isenbardus, Galterus capellanus, Asselinus sacerdos, Vitalis decanus de A Moyseto, Odo canonicus, Fulco presbyter, Herbertus de Villa Nova, Josbertus de Moyseto, Herbertus de Villa-Crena, et laici quamplures, Gilbertus de Gueregnioco, Simon de Candor, Gocelinus de Santeaco, Robertus de Attiliaco, Hodius de Genuliaco, Morellus de Campellis..... Richardus Cæmentarius.

Actum publice, in præsentia nostra apud Moysetum in octavis Sancti Dionysii, anno ab Incarnatione Domini 1164, episcopatus vero nostri anno IV. Et ne hujus rei pactio vel hominum calumnia, vel fraude malignorum, valeat dissolvi, sigillo nostræ auctoritatis dignum duximus confirmare.

II.

De his quæ vendidit Ledemallus miles apud villam Sancti Clodoaldi.
(Anno 1169.)
[*Ibid.*, pag. 50.]

Ego MAURICIUS, Dei gratia Parisiensis episcopus, notum fieri volumus, universis tam præsentibus quam futuris, quod Ledemallus miles de Villescoblen nobis, quadraginta librarum pretio vendidit, quidquid frater suus Thomas canonicus apud villam Sancti Clodoaldi, aut in vineis, aut censu nummorum et vini, aut pressoragio, aut in oblatis, aut corveis, nomine ipsius Ledemalli possidebat; quæ omnia ad ipsum Ledemallum redditura erant et ad feodum nostrum pertinebant. Hanc autem venditionem concesserunt fratres ejus, scilicet Thomas canonicus et Hungerius miles, et filii ejusdem Ledemalli, Matthæus miles et Philippus nondum miles, qui se hujus venditionis fidejussores cum patre suo fidei interpositione constituerunt, et se garantiam laturos compromiserunt; quod etiam Philippus, primo anno militiæ suæ infra mensem quo submonitus fuerit, se facturum similiter fide interposita, pollicitus est. Fuerunt etiam alii fidejussores, scilicet Hugo de Plesseio et Hugo de Sancto Jonio (13). Testes qui adfuerunt: Galterius capellanus, Erchembaldus decanus, Bruno canonicus, Joannes sacerdos, Petrus miles, Matthæus Panis, Schericus, Andreas de Trembleyo, Girbertus major. Fidejussioni Hugonis de Plesseio interfuerunt, Joannes nepos noster et Joannes Rufus; fidejussioni vero Hugonis de Sancto Jonio interfuerunt, Thomas marescallus, et Guilertus et Matthæus, servientes nostri. Quod ut futuris temporibus ratum et inconcussum teneatur, scripto commendari et sigilli nostri auctoritate dignum duximus roborari.

Actum publice apud Sanctum Clodoaldum, anno Incarnationis Dominicæ 1169, episcopatus vero nostri anno nono.

III.
De his quæ vendidit Willelmus de Maciaco apud Victoricium.

(Anno 1170.)

[*Ibid.*, p. 48.]

Ego MAURICIUS, Dei gratia Parisiensis episcopus, notum fieri volumus universis tam præsentibus quam futuris quod Willelmus miles de Maciaco [*al.* de Mathiaco] viginti arpenna terræ, quæ ipse apud Victoricium possidebat et de nobis ad sensum quinque solidorum tenebat, viginti quinque librarum pretio nobis vendidit, et se garantiæ fidejussorem, posita constituit. Quam venditionem Avelina uxor ejusdem Willelmi et Stephanus Palmarius frater ipsius concesserunt. Huic autem venditioni et concessioni præfati Stephani coram nobis factæ Parisius interfuerunt quamplures: Ascelinus, decanus Sancti Marcelli, Galterus capellanus noster. . . . . . Laici: Drogo miles de Sancta Cruce. . . . Stephanus pistor, Thomas marescallus, Hugo baticularius, Matthæus panetarius, Simon carpentarius, Willelmus cocus, Ricardus camerarius. Concessioni autem uxoris ejusdem Willelmi, apud Calliacum factæ, interfuerunt quamplures Albericus, sacerdos Calliaci, Galterus capellanus ejus. . . . laici: Brunellus, major Victoricii, Hellinus decanus. . . . . Odo Censarius. . . .

Actum publice Parisius, anno incarnati Verbi 1170, episcopatus vero nostri anno decimo.

IV.
De censu quem Sancti Victoris canonici apud S. Marcellum et Ivriacum possidebant.

(Anno 1171.)

[MARTEN., *Ampl. Coll.*, VI, 215.]

Quoniam plerique perversi animi ad decipiendum maxime intendunt, nostri officii est res in præsentia nostra bene gestas pro bono pacis ad notitiam posterorum memoriæ tradere, et scripto confirmare. Ego igitur MAURICIUS Parisiensis episcopus notum facimus præsentibus pariter et futuris, quod Ferricus de Gentiliaco quemdam censum quem apud Sanctum Marcellum et apud Ivriacum ecclesia B. Victoris Parisiensis de dono fratri Ferrici ejusdem ecclesiæ canonici diu in pace tenuerat, de feodo suo et antecessorum suorum eumdem censum esse dicens, saisivit. Ecclesia vero S. Victoris erga prædictum Ferricum querimoniam movit, et coram justitia nostra placitavit. Tandem consilio prudentium virorum habito in dicta ecclesia, ad confirmationem pacis supra nominato Ferrico quatuor libras denariorum donavit, et ipse præscriptum censum sæpe memoratæ ecclesiæ: qui etiam clamavit, et quidquid proprii juris in eodem censu se habere dicebat, eidem ecclesiæ in præsentia nostra in pace perenniter possidendum concessit, et justam se inde garantiam laturum promisit. Quod etiam concessit et laudavit Anselmus de Bruneyo sæpedicti Ferrici frater, videntibus et audientibus qui nobiscum aderant, quorum supposita sunt nomina et signa.

S. domni Anselmi decani S. Marcelli.
S. Simonis de sancto Dionysio.
S. Gauterii capellani nostri.
S. Magistri Manerii.
S. Marcelli clerici nostri.
S. Theoberti de Monte Leterici.
S. Petri de Monterello.
S. Philippi de Athiis.
S. Hugonis mercatoris.
S. Drogonis carnificis.

Quod ne subrepens oblivio deleat, aut emergens calumnia contradicat, scripto mandari præcipimus, et præsentem paginam sigilli nostri auctoritate roboramus.

Actum publice Parisius anno Incarnationis Verbi 1171, episcopatus vero nostri anno xi (14).

V.
De medietate molendini de Cantu Ranæ quam vendidit Petrus miles de Chantelu Parisiensi episcopo.

(Anno 1177.)

[*Cartulaire de Notre-Dame de Paris*, I, 51.]

Ego MAURICIUS Dei gratia Parisiensis episcopus, notum fieri volumus universis tam præsentibus quam futuris, quod Petrus de Chantelou et Ermengardis uxor ejus, medietatem cujusdam molendini, qui Cantus Ranæ dicitur, qui apud Corboilum situs est, quæ medietas præfatæ Emengardis hæreditatem spectabat, nobis vendiderunt, et insuper molturam suam quam præter medietatem in eodem molendino, sine socii portione habebant. Hanc autem venditionem, filio eorum Gaufridus

---

(13) Nomina testium et notas temporis et loci adjecimus ex Magno Chartulario f° 102 v° et ex parvo f° 220.

(14) Ex hoc loco patet initium pontificatus Mauricii episcopi non ad annum 1164 repetendum esse, ut volunt Sammartani, sed ad 1160.

miles, Odo clericus, Simon, Hugo et filiæ Richeldis et Avelina concesserunt. Prædicti siquidem Petrus et Ermengardis et eorum filii et filiæ, fide interposita, promiserunt se venditionem istam conservare et garantire, et seipsos et quam plures alios, qui subscripti sunt, fidei jussores constituerunt, scilicet Hugonem Pinel, Ranulphum de Chantelou, Gaufredum de Solorra, Joscelinum de villa Genart, Robertum de la Bretesche. Hanc vero venditionem prior Sancti Joannis de Corbolio et prior Sancti Guenaili, in quorum censiva situs est, prætaxatus molendinus, approbaverunt et concesserunt. Huic venditioni interfuerunt quamplures clerici : frater Daniel capellanus noster, Marcellus canonicus Parisiensis, Geisbertus decanus Moissiaci ; Laici : Gosbertus miles de Porrigniaco, Adam piper, postellus de Moissiaco, et Joannes filius ejus, Ricardus camerarius, Enjorannus, Boson servientes nostri......

Quod ne temporum noxia vetustate deleri, vel malignantium fraude, possit aliquatenus infirmari, præsenti scripti attestatione et sigilli nostri super addita impressione dignum duximus præmuniri.

Actum publice apud Moissiacum, anno incarnati Verbi 1177, pontificatus vero nostri xvii.

VI.
De his quæ vendiderunt. Philippus de Sevies et Garannus de Galardone.

(Anno 1181, Febr. 5.)
[*Ibid.*, p. 45.]

Ego MAURICIUS Dei gratia Parisiensis episcopus, notum fieri volumus universis tam præsentibus quam futuris, quod dominus Philippus de Sevies et uxor ejus Elisabeth redditus centum solidorum, quos apud Victoricium a domino Galerando de Galardone idem Philippus in feodum tenebat, quater viginti librarum pretio nobis vendiderunt, et se rectam garantiam laturos, fide interposita spoponderunt et fidejussores garantiæ Guidonem de Palaciolo, Bartholomæum de Carlertin, Michaelem Dun Vileir, sub astrictione fidei dederunt. Quam venditionem laudaverunt prædictus Galerandus et Idonea uxor ejus, et dominus Becelinus de Sinaiis et uxor ejus de Loberengia et filius eorum Hecelinus, et se garantiæ obsides, sub fidei sacramento constituerunt : insuper jam dictus Galerandus quod residuum habebat de parte uxoris suæ, pro quater viginti libris nobis vendidit, uxore sua Idonea hoc ipsum laudante et assensum præbente, et tam ipse quam uxor ejus se rectam garantiam laturos, fidei interpretatione, promiserunt. Hoc ipsum dominus Hecelinus de Linaiis a quo idem Galerandus tenebat, et uxor ejus Lorehengia, et eorum filius Decelinus et Rencia uxor Guidonis de Palaciolo, et aliæ duæ juniores præfati Hecelini filiæ laudaverunt, et quietam clamaverunt, et fide præstita, se rectam garantiam laturos concesserunt. Fidejussores etiam garantiæ prædictus Galerandus nobis constituit, scilicet Gaufridum, Poeot, Guidonem de Vallibus, Garinum de Malpertuis, Guidonem de Valle Grinosa, qui se hoc garantire, sub fidei sacramento, compromiserunt. His autem venditionibus et laudantium concessionibus interfuerunt, etc. Ad majoris autem firmitatis munimentum, prædicti scilicet Philippus et Elisabeth uxor ejus Galerandus et Idonea uxor ejus, Hecelinus et Loherengia uxor ejus, supradictam terram et redditus super altare Beatæ Mariæ in eleemosynam Ecclesiæ Parisiensi obtulerunt.

Actum apud Victoricium publice, anno incarnati Verbi 1180, die festi Sanctæ Agathæ, episcopatus vero nostri xxi.

VII.
Mauricius episcopus Parisiensis fundationem Herivallis confirmat.

(Anno 1183.)
[*Gall. Christ. Nov.*, VII, 74.]

Quæcunque ad divini cultus ampliationem utiliter ordinata sunt, perpetua oportet stabilitate firmari. Eapropter ego MAURICIUS Dei gratia Parisiensis episcopus, notum fieri volumus universis, tam præsentibus quam futuris, quod nobilis vir Guido buticularius, assensu Margaritæ uxoris suæ, et filiorum suorum Guidonis buticularii et Guillielmi, ob remedium animæ suæ et antecessorum suorum locum proprietatis suæ, qui Herivallis dicitur, in quo ad honorem B. semper virginis Mariæ constructa est ecclesia, canonicis ibi sub abbatis imperio regulariter Deo militaturis libere et absolute, et quiete in perpetuum possidendum concessit, nihilque propriæ potestatis aut dominationis sibi vel hæredibus suis ibidem retinens, eumdem locum omni libertate, quantum ad ipsum pertinet, per manum nostram donavit LX etiam arpennos terræ quam a Terico de Fossis, et XXX quos ab Hugone majore de Lusarchiis comparaverant, bosculum etiam domui præfatæ vicinum, dimidium etiam modium annonæ in molendino de Coya de eleemosyna comitis Reginaldi ; cuncta etiam quæ in proprietate sua, aut feodo ex ipsius, vel aliena liberalitate, aut alio quocunque modo in decimis, in nemoribus, in terra arabili, in vineis, in pascuis, in vinagiis, in molendinis acquisierunt, fratribus divino intuitu jure perpetuo ac plena libertate habenda et tenenda concessit. Huic donationi testes fuerunt Petrus capellanus noster, Stephanus Silvanectensis decanus, Theobaldus, de Viri et Philippus canonici Parisiensis, et alii plures.

Actum est apud Herivallem, anno Incarnationis Domini 1183, episcopatus nostri xxii.

VIII.
De his quæ vendiderunt. Tiulfus et Herbertus de Moriana et Avelina soror ejus.

| (Anno 1187.)
[*Cartulaire* de Notre-Dame de Paris, I, 52.]

In nomine sanctæ et individuæ Trinitatis. Amen.

Ego MAURICIUS, Dei gratia Parisiensis episcopus,

notum fieri volumus universis tam præsentibus quam futuris, quod Tyulfus et Herbertus de Moriana fratres et Avelina soror eorum, sex solidos et decem denarios censuales in terra nostra sitos, et in octavis Sancti Dionysii annuatim reddendos, nobis vendiderunt pretio C et X solidorum, quidquid juris pro censu illos ipsos contingebat in nostrum, fide rectæ garantiæ in manu nostra præstita, transferentes dominium. Hanc venditionem Henricus et Joannes et Milo filii Richardi de Musterolo, concesserunt et sese venditores et garantiæ fidejussores, interposita, constituerunt. Hujus rei testes interfuerunt: frater Daniel et Nicolaus et Adam de Barris canonici Parisienses, Joannes de Castris, Herveus archipresbyter, Bernerus decanus de Mosterolo, Andreas de Exonia, Enardus de Basneolis, presbyteri, Hamelinus præpositus noster matricularius, Balduinus de Platea, Henricus de Termis, Henricus Flandrensis, Emerboldus de Vitri, Willelmus cocus, Albertus camerarius, Gervasius buticularius, Thomas marescallus, Robertus de Chavenois et alii quamplures.

Actum Parisiis anno Incarnationis Dominicæ 1187, episcopatus nostri 27.

Quod ut perpetuam obtineat firmitatem, scripto præsenti commendari et sigilli nostri auctoritate præcepimus confirmari.

IX.

De censu quem vendiderunt Galerannus de Loco Sancto et uxor ejus apud Sanctum Clodoaldum.

(Anno 1187.)

[*Ibid.*, pag. 46.]

In nomine sanctæ et individuæ Trinitatis. Amen.

Ego Mauricius Dei gratia Parisiensis episcopus, notum fieri volumus universis tam præsentibus quam futuris, quod Galerannus miles de Loco Sancto, et Havis uxor ejus, nobis vendiderunt, pretio XXV librarum Parisiensium totum censum suum in burgo nostro de Sancto Clodoaldo situm, nihil ibi potestatis aut dominii retinentes, sed quidquid in ea habebant in nostram transferentes proprietatem. Cum autem idem Galerannus censivam illam feodalem de Petro Latruge milite teneret, et Petrus ipse de feodo illo nobis hominium fecisset, Petrus in præsentia nostra constitutus venditionem istam concessit et hominium et feodum ipsum totum in manu nostra resignavit. Ipse quoque cum Joanne fratre suo et Felicia matre, fide interposita rectæ garantiæ se fidejussorem constituit. Huic venditioni a Galeranno et prænominata uxore sua nobis factæ, interfuerunt testes : Osmundus archidiaconus, Petrus decanus Sancti Germani, frater Daniel, Nicolaus et Adam, canonici Parisienses, Matthæus de Modum et Adam de Gif

(15) Hanc venditionis chartam complevimus ex tulario, folio 134, et in parvo, folio 268 *bis*.

decani, Herveus archipresbyter, Rogerus de Asinariis, Willermus de Palaciolo, Jordanus de Celenil (*al.* de Sarcuil), Clemens et Nicolaus Becceriis presbyteri, Joannes de Castris, Theobaldus Veltro, Hugo Blondellus, Theodinus de Vitry milites, Floardus, Odo de Sancta Mederico, Richardus, Capicerius, Garnerus Andreæ et Garnerus Vaalius, et Joannes de Tremblay, Rericus de Sancto Marcello, Gaufridus de Solorre et Robertus tabernarius, de Moissi. Concessioni vero et resignationi feodi quam fecit Petrus La Truie, interfuerunt.... Joannes matricularius, Simon carpentarius, Albertus camerarius, Willermus et Herbertus coqui.... et Joannes portarius.

Actum Parisiis in inferiori aula nova, anno incarnati Verbi 1187, episcopatus nostri xxvii.

Quod ut perpetuam obtineat firmitatem, præsenti scripto commendavimus et sigilli nostri auctoritate confirmamus.

X.

De molendino de Cantu Ranæ quod est apud Corboilum.

(Anno 1190.)

[*Ibid.*, p. 49.]

Ego Mauricius Dei gratia Parisiensis episcopus, notum fieri volumus universis quod, cum nos et Guido de Mossiaco, molendinum quoddam, quod de Cantu Ranæ dicitur, apud Corboilum communiter possideremus, idem Guido pro necessitate sua et Girardus filius ejus, jam miles factus, partem suam quam in præfato molendino habebant nobis, fide garantiæ in manu nostra præstita vendiderunt pretio xxv librarum monetæ Parisiensis. Hujus quoque venditionis fidejussores, garantiæ fide data, se constituerunt : Hugo de Everi, miles, Henricus de Luigni, Gillibertus de Moissi, Gaufridus de Solorre, et sic molendinum illud totum nostrum fecimus. Præsentium quoque ac futurorum notitiæ transmittere curamus, quoniam prænominatus Guido cum prædicto filio suo Girardo, similiter nobis vendiderunt, pretio xviii librarum Parisiensium, duodecim arpennos terræ arabilis, quæ dicitur terra Sancti Petri juxta culturam nostram. Utramque autem venditionem, scilicet molendini et terræ concesserunt, et se fide media garantire promiserunt, filiæ supradicti Guidonis, Hildeburgensis et Ermengardis, et generi ejus Petrus et Matthæus, et filii ipsius Odo, et Guido, et frater ejusdem Guismundus canonicus de Campellis.

Actum (15) [de venditione quidem molendini Parisius, de venditione vero terræ et concessionibus amicorum, apud Moissiacum, testibus, etc., anno Incarnationis Dominicæ 1190, episcopatus nostri xxxi. Quod ut perpetuam obtineat firmitatem, scripto commendari et sigilli nostri sub impressione præcepimus confirmari].

ejusdem apographis quæ continentur in Magno Char-

XI.

Charta Mauricii Parisiensis episcopi qua abbati et monasterio S. Dionysii Parisiensis concedit ut ecclesiam baptismalem in curia Novæ Villæ cum jure patronatus, erigat.

(Anno 1194.)

[DOUBLET, *Histoire de Saint-Denys*, 526.]

In nomine sanctæ et individuæ Trinitatis, amen. Ego MAURICIUS Dei gratia Parisiensis episcopus, notum fieri volumus universis, tam præsentibus quam futuris, quod nos in villa Beati Dionysii quæ dicitur Nova Villa, prope Novalia de Ternomio, ecclesiam baptismalem institui volumus et benigne concessimus, ut curatas et synodalia, et cætera parochialia debita, nobis et successoribus nostris episcopis, et archidiacono similiter persolvat, et fontes et cœmeterium, campanas et cætera parochialia, sicut matrix et baptismalis ecclesia obtineat, et proprii sacerdotis præsentia gaudeat. Ad abbatem vero tanquam ad patronum jus præsentationis et eligendi sacerdotem in ecclesia illa ab episcopo instituendum pertineat, salvo in omnibus jure episcopi et archidiaconi. Quod ut ratum et firmum permaneat, præsentem paginam inde conscribi, et eam sigilli nostri auctoritate præcipimus communiri.

Actum anni incarnati Verbi 1194.

XII.

De pratis Insulæ de Mera.

(Anno 1195.)

[*Ibid.*, p. 53.]

In nomine Domini, Amen. Ego MAURICIUS, Dei gratia Parisiensis episcopus, notum facimus universis quod Hugo filius Ebrardi et uxor ejus Ascelina, fide garantiæ in manu nostra præstita vendiderunt nobis, octo libris monetæ Parisiensis, duos arpennos pratorum in insula quæ Mera dicitur sitos, et pratis nostris contiguos. Hujus venditionis fidejussores se constituerunt, Garnerius filius et Galterus gener dicti Hugonis, Garnerus Andreæ, Joannes Aldegundis, Willelmus de Moncello, Matthæus filius Joslenni, et se garantiam laturos compromiserunt. Testibus..... Richardo capicerio, Erchembaldo præposito, Guimberto panetario....

Actum apud Sanctum Clodoaldum incarnationis Dominicæ anno 1195, episcopatus nostri xxxv.

Quod ut ratum permaneat, scripto commendavimus, et sigillo nostro confirmavimus.

XIII.

Charta Mauricii de Ansello de Chetenvilla et Aalesi uxore ejus.

(Anno 1196.)

[*Cartulaire de Notre-Dame de Paris*, II, 114.]

In nomine Domini, Amen. Ego MAURICIUS, Dei gratia Parisiensis episcopus, notum facimus universis præsentibus et futuris quod Ansellus de Chetenvilla et Aalix, uxor ejus, vendiderunt ecclesiæ beatæ Mariæ Parisiensi, pro viginti libris, totam decimam suam quam habebant apud Chastanctum tam de terra arabili quam de terra Martanda. Hanc venditionem Joannes de Bevre, de cujus feodo est decima illa concessit et approbavit, et se defensorem et fidejussorem garantiæ cum Radulpho de Plessiaco, et Galtero de Chaterun, fide in manu nostra præstita, constituit. Testes sunt, Hugo decanus, Petrus cantor, Galo succentor, Matthæus decanus de Meudun, Nicolaus decanus de Viceor, Guibertus, Aubertus, Hunaudus.

Actum Parisius, anno Dominicæ Incarnationis 1196, episcopatus nostri xxxvi.

XIV.

De hospitibus et censu quæ vendiderunt apud Victoricium, Hugo Malvias et Gondrea uxor ejus, Parisiensi episcopo.

(Anno 1160-1196.)

[*Cartulaire de Notre-Dame de Paris*, I, 52.]

Ego MAURICIUS, Dei gratia Parisiensis Ecclesiæ episcopus, notum fieri volumus universis, tam præsentibus quam futuris, quod Hugo Malvias et Gondrea uxor ejus vendiderunt nobis pro LX libris, VII hospites et censum annuum XXVI solidorum et dimidii, et quidquid apud Victoricium possidebant. Hoc autem ipse et uxor ejus in manu nostra refutaverunt, et uterque venditionem istam plevivit, et fide interposita se perpetuo garantire firmiter promisit. Mater etiam prædictæ Gondreæ hoc ipsum concessit, et fide interposita, plevivit. Joannes quoque de Curcellis, ad cujus feodum id pertinebat, ipse et concessit et laudavit.

XV.

De transactione facta inter Mauricium episcopum et canonicos Sancti Marcelli de Vitriaco.

(Anno 1163-1196.)

[*Ibid.*, p. 53.]

Ego MAURICIUS, Dei gratia Parisiensis episcopus, notum fieri volumus universis, tam præsentibus quam futuris, quod controversia exstitit inter canonicos Sancti Marcelli, et Giroldum de Vitriaco, eo quod ancillam nostram duxisset, cum ipse esset de familia Sancti Marcelli. Insuper conquestum quemdam terræ et vinearum quem idem Giroldus a patre et matre sua habuerat, prædicti canonici vindicare conabantur. Tandem controversia illa ante nostram translata præsentiam compositione terminata est tali, scilicet, quod nos filiorum Giroldi primum habebimus, canonici vero secundum, nos tertium, et ipsi quartum, tam de his qui nati sunt, quam qui nasciturus sunt. Si vero unus superfuerit impar, dabitur in clerum. Hæreditas vero Giroldi et uxoris suæ inter ipsos, tanquam inter fratres convenienter dividetur, etc.

VARIORUM CHARTÆ

d Ecclesiam Parisiensem spectantes, sub Mauricii regimine datæ.

I.

Charta de terra data a capitulo monachis de Karoli-loco ad firmam, apud Espiers.

(Anno 1164.)

[*Cartulaire de Notre-Dame de Paris*, II, 340.]

In nomine sanctæ et individuæ Trinitatis, amen, ego HUMBERTUS monasterii Karoliloci abbas dictus, et totus fratrum conventus, notum fieri volumus, tam præsentibus quam posteris, quod, præsente et annuente Mauritio Parisiensi episcopo, præsente etiam Silvanectensi episcopo Eumaurico, adcensivimus a canonicis Beatæ Mariæ Parisiensis LXVI arpenta terræ, in territorio d'Espiers constituta, hac scilicet conditione, ut singulis annis, in festo Sancti Martini, XVIII sextaria frumenti de meliori quod crescet in illa terra, ad mensuram Parisiensem, ad minam regis, prædictis canonicis persolvamus, et vectura nostra Parisius deportemus. Illi vero canonici qui annonam illam habebunt, sex equos nostros et quatuor homines, una tantum die illa videlicet qua venerint, hospitabunt et procurabunt convenienter. Si vero prædicta annona in communitatem totius capituli sui venerit, de communitate sua procurabuntur, equi nostri et homines, quot prædicti sunt. Quod ut nullatenus violari possit, etc.... Signum Humberti abbatis, S. Humberti prioris, sig. subprioris Enjorranni...... S. Alfredi, præcentoris et sacerdotis, S. Odonis succentoris et sacerdotis, S. Guaremboldi celerarii......

Actum publice, anno ab Incarnatione Domini 1164, regnante glorioso rege nostro Ludovico, XXVII anno, Mauricii Parisiensis episcopi pontificatus anno IV.

II.

Authenticum Milonis archipresbyteri Mediolanensis et Osmundi canonici Parisiensis super ecclesia de Argenteolo.

(Anno 1164.)

[*Ibid.*, p. 43.]

In nomine sanctæ et individuæ Trinitatis, amen. De discordia quæ vertebatur inter dominum Mauricium episcopum Parisiensem, et ex altera parte dominum Odonem sancti Dionysii abbatem, Milo sanctæ Mediolanensis Ecclesiæ dictus archipresbyter, et Osmundus Sanctæ Mariæ canonicus, atque Aymericus Sancti Dionysii frater, quibus jurejurando se utraque pars commisit, hanc, quæ infra legitur, sine præjudicio utriusque partis, temporalem fecerunt concordiam. Discordia siquidem talis erat : dicebat dominus episcopus Parisiensis ecclesiam de Argentolio debere restitui in statum pristinum, ut ibi abbatissam ponet, more solito, et virginum foret collegium ; aut si hoc non liceret ei, dicebat instanter debere ibi confirmare abbatem, et in eum benedictionem habere. Ad quorum postulationem querelam deposuit prædictus episcopus in consistorio ante dominum papam Alexandrum, contra jam dictum abbatem, quadragesimali tempore in Parisiensi palatio. E contrario vero respondebat dominus abbas quod, nec abbatissam, vel monacharum collegium, seu abbatem confirmare, vel benedicere ullo modo ei licebat, eo quod jam dictam Ecclesiam longis retro temporibus possedisset quiete, tam ipse quam prædecessores sui, Parisiensis episcopi donatione et multorum apostolicorum confirmatione, quorum scripta produxit in medium. Post igitur litis contestationem et utriusque partis interpositam disputationem, commiserunt se prædictus episcopus et dominus abbas, jurejurando, jam dictis mediatoribus, qui statuerunt, et in eo sacramento quo eis astricti erant, utrique parti præceperunt, quatenus prædicta querela cessaret a resurrectione Domini usque ad triennium continuum, sine præjudicio utriusque partis, et ut interim unus adversus alterum, circa hanc quæstionem, nullo modo machinetur, nec episcopus propter hanc concordiam, solito jure privetur, et dominus abbas possideat quiete, et transacto triennio, non teneatur dominus episcopus, quominus contra hunc abbatem vel successorem suam possit quæstionem movere. Et ut hæc majorem obtineant firmitatem, statuerunt prædicti arbitri concordiam ab eis factam scripto confirmari et subscriptionibus et sigillis utriusque partis communiri.

Actum est hoc anno Incarnationis Domini 1164, mense Aprili.

Ego Mauricius Parisiensis episcopus hanc compositionem concessi et subscripsi.

Ego Odo abbas Sancti Dionysii hanc compositionem concessi et subscripsi.

III.

De quitatione Garnerii de Domibus Parisiensi episcopo facta ab abbate et conventu Fossatensis Ecclesiæ.

(Circa annum 1165.)

[*Ibid.*, 54.]

Ego ROGERUS (16) Dei gratia Fossatensis Ecclesiæ

---

(16) Rogerus ille, abbas Fossatensis memoratur annis 1163, 1164, 1165. atque 1168. Vid. *Gall. Christ.*, t. VII, Inst., col. 293, 294.

abbas et totus noster conventus, notum fieri volumus universis, tam præsentibus quam futuris, quod nos, Garnerium de Domibus, filium Dode a jugo servitutis, qua nobis tenebatur astrictus, absolvimus et ipsum domino episcopo Parisiensi cum omni substantia et possessionibus et hæredibus suis, quos vel habet, vel habiturus est, et cum eadem conditione qua nobis erat obnoxius, perpetuo habendum concessimus, hoc tenore, quod dominus episcopus Parisiensis quemdam hominem suum, Stephanum, scilicet de Domibus, filium Bernardi, eodem modo nobis futuris temporibus habendum concessit. Quod ut irrefragabiliter teneatur in posterum, præsenti scripto et sigilli nostri auctoritate, dignum duximus præmunire.

IV.

Authenticum Radulfi comitis de Claromonte, de quitatione præbendæ quam tenuit Petrus de Monciaco in ecclesia Beatæ Mariæ Parisiensis.

(Anno 1169.)
[*Ibid.*, 39.]

Ego RADULPHUS comes de Claromonte, notum fieri volo, tam præsentibus quam futuris, quod querelam moveram adversus dominum Mauricium Parisiensem episcopum super præbenda quadam quam Petrus de Monciaco tenuerat, quam ad jus meum de feodo de Lusarchis, pertinere asserebam ; episcopus vero hoc penitus inficiabatur. Tandem rogatu et petitionibus ipsius, et affectu dilectionis quam Ecclesiæ Parisiensi volebam exhibere, si quid juris in præbenda illa habebam, præfatæ Ecclesiæ concessi, et super altare Beatæ Mariæ, per manum episcopi, præbendam illam liberam et quietam in perpetuum clamavi, et per annulum unum Ecclesiæ et episcopo jus suum recognoscens, resignavi, et hoc tenore, quod nullus successorum meorum in præbenda illa jus aliquid requirat in posterum, sed ad jus Parisiensis episcopi, sicut et aliæ præbendæ, futuris spectabit temporibus. Quod ne oblivione deleri, vel hominum malignitate aliquatenus in futurum posset infirmari, sigilli mei auctoritate roboravi et hoc ipsum in præsentia domini regis Ludovici concessi et ut ipse hoc idem sigilli sui munimine confirmaret, rogavi. Concessioni autem superallatæ Beatæ Mariæ factæ interfuerunt quamplures, scilicet dominus Mauricius Parisiensis episcopus, Albertus cantor Parisiensis, Petrus archidiaconus Suessionensis, Ascelinus sacerdos, Guido de Issiaco qui tum missam celebrabat, magister Odo diaconus, Galterus subdiaconus, magister Hilduinus diaconus. Recordationi vero et recognitioni coram domino rege factæ interfuerunt plures alii, comes Theobaldus, Fredericus Parisiensis, Bucardus Veautrus etc., et de canonicis Parisiensibus, Barbedaurus decanus, etc.,

Actum Parisius, anno ab Incarnationis Dominicæ 1169.

V.

Charta conventionis inter capitulum Ecclesiæ Parisiensis et Henricum Magnum, Arnulphum de Corberon et Petrum dictum Girbont.

(Anno 1173.)

[*Cartulaire de Notre-Dame de Paris*, II, 175.

In nomine sanctæ et individuæ Trinitatis. Ego BARBEDAURUS, Dei gratia Parisiensis Ecclesiæ decanus, totumque ejusdem Ecclesiæ capitulum, notum fieri volumus universis quod quædam controversia vertebatur inter nos et Henricum Magnum et Arnulfum de Corberon et Petrum Girbont, super quadam decima de territorio de Boneis (*alias de Bonoilo*), quod est inter Cristoilum et Susciacum. Ad ultimum hæc conventio facta est inter nos, et prædictos milites, in præsentia venerabilis patris nostri Mauricii, Parisiensis episcopi, quod haberemus decimam omnium vinearum quæ in eodem territorio erant, et ubicunque in eadem terra postea factæ essent, etiam si totum prædictum territorium vineis occupetur. Præterea in grangia prædictorum militum, quæ sita est in villa Bonoili, habebimus, singulis annis unum modium annonæ, dimidium frumenti et dimidium avenæ. Præfati vero milites et eorum successores jure hæreditario habebunt totam decimam frugum quæ in prædicto territorio colligentur, et etiam si totum territorium in agriculturam redigatur, usque ad Bosum de Barez. Quod si forte contingeret quod, prædicto bosco diruto, terra in agriculturam redigeretur, si quid juris ipsi habebant in eodem bosco, nobis quiete et absolute in perpetuum reliquerunt. Hanc autem pactionem ratam perpetuo habendam et tenendam supra nominati milites et eorum uxores, cum filiis et filiabus suis concesserunt et fide confirmaverunt. Nos vero ab ipsis de justitia requisiti, ecclesiasticam exerceri vindictam faciemus. Quod ne ab aliquo posterorum infirmari possit, chirographo muniri, personarum quoque subscriptarum testimonio et auctoritate sigilli nostri corroborari decrevimus.

Signum Barbedauri decani.
S. Alberti præcentoris.
S. Germundi archidiaconi.
S. Simonis archidiaconi.
S. Gerardi archidiaconi.
S. Magistri Galteri presbyteri.
S. Jocelini presbyteri.
S. Simonis diaconi.
S. Helduini diaconi.
S. Balduini subdiaconi.
S. Hervei subdiaconi.
S. Joannis pueri.
S. Guillelmi pueri.

Actum publice Parisius, in præsentia Mauricii, Parisiensis episcopi, anno Verbi Incarnati 1173, episcopatus vero domni Mauricii XIII.

Datum per manum magistri Petri cancellarii.

VI.

Charta de Gunsanvilla.

(Anno 1189.)

[*Ibid.*, p. 197.]

In nomine sanctæ et individuæ Trinitatis, amen. Ego Herveus Parisiensis decanus, totumque ejusdem capitulum, notum facimus tam futuris quam præsentibus, quod Robertus filius Willelmi de Gunsanvilla, quam pater suus et mater sua acquisierant, et ipsi, nomine eleemosynæ dederant ecclesiæ nostræ, pro remedio animarum patris et matris et prædecessorum suorum et sua, per manum venerabilis episcopi nostri Mauricii, perpetuo possidendam concessit. Frater vero ipsius primogenitus, nomine Willelmus et uxor ejus et hæredes sui et sorores et nepotes hanc oblationem concesserunt et ratam habuerunt. Cum autem ad hanc partem quam a Roberto habemus, omnium partium decimæ tota vicia (*sic*), totum forragium et omnes triturantes et trahentes singulariter pertinerent, medietatem nobis in perpetuum quittavit. Ipsi vero fratri suo Roberto in novalibus novem modios frumenti reddendos a colonis prima dominica post festum Sancti Dionysii, pro hæreditatis portione assignavit, ad minam de Gunsanvilla, tali quidem conditione, quod de quinque modiis primo assignatis Roberto, justitia cum integritate ad se pertinebit ; de aliis vero IV modiis, ultimo concessis Roberto, præfatus Willelmus venditiones et justitiam sibi retinuit hoc excepto quod si coloni, die assignata, Roberto redditus suos singulis annis non persolverint justitia et emendationes super hoc ad Robertum pertinebunt. Sciendum vero quod isti novem modii ad Willelmum et hæredes ejus, post decessum Roberti, revolventur. Quidquid autem jure hæreditario vel aliqua obventione ad Willelmum descenderit vel descendere poterit, Robertus ei et hæredibus ejus in perpetuum quittavit, excepto dimidio medio frumenti quod singulis annis præfatus Willelmus et mater sua Roberto infra prædictum terminum persolvent ; post decessum verum matris suæ, Willelmus vel hæredes ejus dimidium modium ex integro solvere tenebuntur. Quod ut ratum firmumque permaneat, præsentem paginam sigilli nostri auctoritate communimus, et testium subscriptione confirmamus.

Signum Hervei decani.

S. Magistri Petri præcentoris.

S. Mauricii archidiaconi.

S. Hosmundi archidiaconi.

S. Girardi archidiaconi.

S. magistri Petri, capellani episcopi.

S. Galonis presbyteri, succentoris.....

Actum publice Parisius, in capitulo nostro anno ab Incarnatione Domini 1189.

Data per manum Hilduini cancellarii.

VII.

De pratis venditis ab abbatissa Sancti Cirici in insula Mere.

(Anno 1190.)

[*Cartul. de Notre-Dame de Paris*, I, 55.]

In nomine sanctæ et individuæ Trinitatis. Ego Soucelina, Dei gratia Sancti Cyrici abbatissa, notum fieri volumus universis quod nos, communi totius nostri conventus assensu, duos arpennos pratorum in insula Mere, de eleemosyna Gitonis Pilosi, venerabili domino et patri Mauricio Parisiensi episcopo ejusque successoribus in perpetuum concessimus possidendos, acceptis de beneficio episcopi ipsius quatuor libris Parisiensis monetæ. Ad cujus rei perpetuam firmitatem præsentem chartam fieri præcepimus, eamque sigilli nostri sub impressione confirmavimus. Signum Eugeniæ priorissæ, S. Hildeardis subpriorissæ, signum Mamihæ cantricis, signum Odelinæ cellariæ, signum Agnetis la Chevrelle, signum Hemeline secretariæ. Testibus.... Hugone et Petro capellanis Sancti Cyrici.

Actum apud Sanctum Cyricum, in communi capitulo, anno Incarnationis Dominicæ 1190.

VIII.

De procuratione episcopi in ecclesia Sancti Exuperii de Corboilo.

(Anno 1191, Mart. 3.)

[*Ibid.*, 44.]

In nomine Domini, amen. Adela, Dei gratia Francorum regina, notum fieri volumus universis qui præsentes litteras viderint vel audierint quod, cum querela, quam venerabilis Parisiensis episcopus Mauricius super procuratione sibi exhibenda adversus ecclesiam Sancti Exuperii Corboilensis proponebat, de mandato domni Clementis papæ tertii, Mainardo Pontiniacensi et Guidoni Pruliacensi abbatibus commissa fuisset, in præsentia nostra, mediantibus venerabilibus viris Hugone Autissiodorensi et Joanni Nivernensi episcopis, hoc modo in amicabilem compositionem est redacta. Si Parisiensis episcopus Corboilum cum archidiacono ejusdem castri, vel etiam sine archidiacono, die festivitatis Sancti Exuperii, prima scilicet die Augusti in eadem ecclesia divina celebraturus advenerit, canonici S. Exuperii, pro procuratione, ei quinquaginta tantum solidos persolvere tenebuntur. Si vero archidiaconus, sine episcopo, die festivitatis prædictæ ad Ecclesiam illam accesserit, canonici nihil archidiacono pro procuratione persolvent. Quocunque autem alio die vel tempore episcopus vel archidiaconus ad ecclesiam S. Exuperii venerit, nullam vel episcopo vel archidiacono procurationem exhibere debebunt.

Actum apud Meledunum, in regia domo prima hebdomada XL [*i. e.* Quadragesimæ], anno Incarnationis Domini 1190, præsentibus ipso Hugone Clementis, abbate, etc. Hugone, Enjorrando et Joanne de Perracheto, Sancti Exuperii canonicis,

Matthæo, Nicolao, Joanne canonicis Parisiensibus; A fratre Daniele, magistro Alberto Lombardo, Petro de Lodevilla, et aliis quampluribus. Ad cujus rei perennem memoriam præsentem paginam scribi et sigillo nostro præcepimus confirmari.

Datum per manum Roberti capellani nostri.

IX.

Authenticum capituli Parisiensis super eadem procuratione.

(Anno 1191.)

[*Ibid.*, p. 45.]

In nomine sanctæ et individuæ Trinitatis, amen. Ego MICHAEL Parisiensis decanus, totumque ejusdem ecclesiæ capitulum, notum fieri volumus, etc., ut in n° XXXIII.......

Hanc igitur compositionem ad nos sub testimonio sigillorum abbatum prædictorum allatam approbavimus et ratam habuimus, præsentem chartam sub chirographi partitione conscribi præcipientes, et sigilli nostri sub impressione communientes.

Actum publice in capitulo nostro anno Incarnationis Dominicæ 1191, præsentibus illis quorum subscripta sunt nomina :

S. Michaelis decani.
S. Petri Præcentoris.
S. Mauricii archidiaconi.
S. Osmondi archidiaconi.
S. Girardi archidiaconi.
S. Galonis succentoris.
S. Stephani presbyteri.
S. Radulphi presbyteri.
S. Matthæi presbyteri.
S. Willelmi diaconi.
S. Petri diaconi.
S. Odonis diaconi.
S. Adam subdiaconi.
S. Suggeri subdiaconi.
S. Henrici et Wilelmi puerorum.

Datum per manum Hilduini cancellarii.

X.

De quitatione Emelinæ mulieris Parisiensis facta ab abbate et conventu Sancti Germani de Pratis (17).

(Circa an. 1194.)

[*Ibid.*, p. 54.]

Ego ROBERTUS, Dei gratia Beati Germani de Pratis humilis abbas, universis præsentes litteras inspecturis, salutem in Domino.

Noverit universitas vestra, quod venerabilis Mauricius Parisiensis episcopus donavit nobis et ecclesiæ nostræ Isabel ancillam suam in uxorem Roberti hominis nostri, ita ut nec ipsi aliquid in ea neque in descendentibus ex ea filiis vel filiabus liceat in posterum vindicare. Nos quoque domino Parisiensi episcopo in commutatione prædictæ ancillæ suæ, donavimus Emeliam ancillam nostram in uxorem Guarini hominis sui similiter, ut neque ecclesiæ nostræ, neque nobis aliquid in ea neque in descendentibus ex ea filiis vel filiabus liceat in posterum vindicare. Quod ut ratum permaneat, sigillo nostro præcepimus roborari.

(17) Hæc charta data fuit inter 2 Maii 1194 et diem obitus Fulconis abbatis Sangermanensis, et 11 Sept. 1196, qua die defunctus est epis. Mauritius.

ANNO DOMINI MCXCVIII

ODO TULLENSIS EPISCOPUS

NOTITIA

(*Gall. Christ. Nov.*, t. XIII, p. 1004.)

Hugone I Vadani-montis (*De Vaudemont*) comite et Agelina de Burgundia ejus uxore progenitus Odo, Gerardi II comitis germanus, in Ecclesia Tullensi sub Henrico a Lotharingia educatus est. Primum archidiaconi, tum thesaurarii munera obivit; episcopalem vero dignitatem est assecutus an. 1192. Sub pontificatus ejus initium de primicerii dignitate emersere difficultates. Theodoricus a Lotharingia, Mathæi I ducis filius, ad eam dignitatem, quæ licet a Riquino episcopo capitulari mensæ adunata, se promoveri curaverat. Post Theodorici obitum archidiaconus Tullensis, nomine Simon, sub falsa allegatione bullas ut ipse succederet a papa impetravit. Canonici, facta possessionis acceptioni intercessione, ad sanctam sedem appellarunt. At Simon suffultus potentis familiæ suæ auctoritate possessionem iniit. In adversandum impares canonici, ad summum pontificem confugerunt, qui hujus causæ judices instituit Catalaunensem et Lingonensem episcopos, abbates Altæsilvæ, Belliprati et Clarævallis, qui, in gratiam Simonis sententiam tulerunt. Ex quo judicio facta est ad summum pontificem appellatio, qui, re sedulo perpensa, secundum capituli vota pronuntiavit. Sexaginta canonicis centumque clericis vel vicariis capitulum tunc constabat. Alendis tot hominibus non sufficere cernens Odo proventus, ut canonicorum numerus ad quinquagenarium redigeretur obtinuit a Cœlestino III, posita hac conditione ut suppressarum decem præbendarum reditus tam in canonicos quam in vicarios refunderentur. Statuit etiam Odo ut unusquisque e tribus scolarum institutoribus unius canonici præbendam sortiretur; qui vero humanitatis studia doce-

…ent, vicariorum præbendas essent habituri. Romam peregrinationem aggressus est : quo anno nobis incompertum ; sed certo scimus; dum ille abesset, Gerardum ejus nepotem, thesaurarium et archidiaconum, ab archiepiscopo Trevirensi vicarium generalem diœcesis institutum fuisse. Alterum in Cluniacense monasterium iter suscepit, monachorum illic degentium sanctam conversationem virtutesque suscipiendi et æmulandi gratia. Plurimas res ecclesiæ suæ tradidisse dicitur in Actis episcoporum Tullensium. In synodo celebrata VIII Idus Maii 1192, ad archidiaconorum et abbatum preces publicavit statuta de insequendis raptoribus, hæreticis et monachis apostatis. Ratas habuit eo anno item et 1196 indultas Flabonis-montis monasterio donationes. Subscripsit 1194 litteris in gratiam S. Michaelis. Ipso quidem anno pacem conciliavit inter Simonem ducem Lotharingiæ et Ecclesiam Romaricensem. Ecclesiam d'Euville ab Herberto, Radulfi de Asperomonte filio, conditam sacravit anno 1195. Eodem anno Simoni de Parois, mox Jerosolymam profecturo, crucem exhibuit, ipsiusque in peregrinatione defuncti testamentum, quod ab illo acceperat, est exsecutus. Mirevallensi cœnobio tradidit anno 1196 altare de Midrevault. Interfuit eodem anno vel insequenti profectus, uti voverat, in itinere decessit VI Kalendas Decembris, juxta Necrologium S. Mansueti. Corpus ejus in urbem relatum, in medio navis cathedralis humo mandatum est; dein in tumulum Hugonis II Vadani-montis comitis, nepotis sui, in ipsa ecclesia sepulti, translatum.

(1) Bened., *Hist. Tull.*, prob., p. 98.

ODONIS STATUTA SYNODALIA

ANNO 1192 EDITA.

(D. MARTEN., *Thesaur. Anecdot.*, IV, 1178, ex authographo Belli-Prati.)

In nomine Patris, et Filii, et Spiritus sancti.

ODO, Dei gratia Leuchorum episcopus, omnibus ecclesiasticis personis in episcopatu nostro constitutis in perpetuum.

Noverint in posterum, ac memoriter teneant universi, quod dilecti nobis in Domino fratres et amici archidiaconi et abbates de episcopatu nostro ad nos venientes, et pro lacrymabilibus injuriis, quibus ecclesiæ nostræ et ecclesiarum ministri quotidie oppressi irremediabiliter laborabant et afficiebantur, pariter ingemiscentes; unanimiter nos rogaverunt, ut contra tyrannidem raptorum et quorumlibet malefactorum in eos desævientium, illud auxilii et protectionis consilium atque tutamen eis misericorditer exhiberemus, quod ex injuncta nobis cura et officio pastorali eis paterne exhibere debebamus. Unde nos communicato cum eis consilio, sicut rationabile nobis visum fuit, et eorum discreta consideratio nobis consuluit, statuimus quod in præsenti pagina capitulatim adnotari præcepimus.

I. *Divina non celebrentur in locis per quæ transeunt injuste ablata ecclesiis.*

Statuimus itaque, et sub anathemate interdiximus, ut quando per quodcunque castrum seu villam in episcopatu nostro consistentem bona ecclesiarum nostrarum, seu cujuslibet clericorum nostrorum per injustam ablationem deducta transire, vel forte ibi pernoctare contigerit, ita quod exinde nihil prorsus ibi remaneat, interim divina ibi non celebrentur. Ubicunque autem bona illa vel ex toto, vel ex A parte receptari, vendi, aut quocunque modo expendi contigerit, divina ibi fieri omnino interdicimus, et emptores pariter cum prædatoribus eadem excommunicationis sententia innodatos esse usque ad integram restitutionem, et condignam satisfactionem decernimus : hoc adjicientes, quod interim si qui ibi manentes, et illius injuriæ non consentanei nec auctores in extremis positi fuerint, confessionis et viatici suffragio fungantur, sepulturam vero in atrio non habeant, donec ablatis ex integro restitutis, et divina ibi celebrentur, et extra atrium positi sine omni emendatione debito atrii honore donentur.

II.

Constituimus etiam, ut si aliquis de principibus aut nobilioribus hujus terræ bona quælibet ecclesiarum seu clericorum nostrorum in propria persona sua per violentiam diripuerit, et in villam suam deduxerit ; in eadem villa, et in tota alia terra sua divina non celebrentur, donec ablata ex integro restituantur. Si vero milites, vel quicunque de familia tam principum quam nobilium aliorum bona quæcunque similiter ecclesiarum seu clericorum nostrorum violenter acceperint, et in villam domini sui deduxerint ; divina ibi penitus non celebrentur, donec ablata cum satisfactione ex integro restituantur ; et cum ipsi maleficii auctores a nobis nominatim excommunicati fuerint, et hoc per episcopatum nostrum innotuerit ; ab omnibus presbyteris ubicunque divina fient, singulis dominicis diebus nominatim excommunicentur. Si vero pro rigore justitiæ capitalia ex integro reddita fuerint, ipsi tamen, non nisi satisfactione nobis prius facta, nullatenus absolvantur. Hoc vero nunc superaddimus, quod quicunque aliquem de hujusmodi malefactoribus, a nobis nominatim excommunicatis, in domo sua receperit, apud sese eum pernoctare sustinuerit, pariter cum illo excommunicatus sit, nisi per ignorantiam se hoc fecisse probare possit: quod sola manu sua ei facere licebit si voluerit; si autem se inde purgare non potest, et ad emendationem culpæ pro nocte illa decem solidos solvere voluerit, et toties decem solidos quot noctibus illum recepit, a sententiæ vinculo absolutus erit.

III. *Hæc statuta transgredientes officio et beneficio privati.*

Quia vero diligenti ac perutili consideratione hæc deliberavimus, et communi omnium subditorum nobis clericorum tam rogatu quam assensu hoc teneri decrevimus ac præcepimus, statuimus, quod quicunque subditus nobis simpliciter clericus, seu etiam monachus hoc nostrum mandatum transgressus fuerit, et beneficio, si habuerit, et officio careat in perpetuum.

IV. *Divina cessent cum sepelitur aliquis in cœmeterio tempore interdicti.*

Porro de his qui corpus alicujus defuncti violenter in cœmeterio tumulaverint eo tempore quo villa illa a christianitatis obsequio propter justitiam suspensa fuerit; constituimus, ut quandiu ibi sepultum fuerit, divina ibi penitus non celebrentur; et cum ejectum fuerit, nec in illo, nec in alio cœmeterio deinceps unquam sepeliatur. De his vero qui corpus sic tumulaverunt, si quis ante reconciliationem obierit, similiter christiana sepultura careat in perpetuum.

V. *Contra vim inferentes domibus religiosis.*

Et quoniam gravis et intolerabilis plaga domibus religiosorum imminet ex hoc, quod potentes terræ boves seu cætera animalia, vel carros ad carrucandum sibi violenter diripiunt; irrefragabili determinatione constituimus, ut illi qui talem violentiam fecerint, statim sub interdicto excommunicationis teneantur; et illi qui eis dederint vel vendiderint quod carricabunt, postquam violentiam illam cognoverint, similiter excommunicentur, et villa illa ad quam deportatum fuerit quod carricaverint, ab omni christianitatis obsequio suspendatur, quousque damna domibus illata ex integro restaurentur, et digne de cætero Deo nobisque satisfiat.

VI. *Adversus fugitivos.*

De fugitivis vero qui professiones suas irritas facientes, de quolibet ordine ad sæculum revertuntur, similiter constituimus, ut singulis Dominicis diebus per universas parochias excommunicentur; et si uxores duxerint, uxores similiter et familiæ eorum excommunicentur, et omnes qui eis aliquam christianitatis communionem scienter præstiterint, sub interdicto cum eisdem teneantur.

VII. *De celebrante præsente excommunicato.*

Si quis vero nobilium vel potentum terræ tempore quo excommunicatus fuerit a nobis presbyterum aliquem adduxerit, et contra interdictum nostrum divina sibi celebrare fecerit; ille qui taliter celebrare præsumpserit, excommunicetur, et officio et beneficio ecclesiastico in episcopatu nostro careat in perpetuum.

VIII.

Constituimus etiam, ut si aliquis presbyter a nobis excommunicatus in diœcesi nostra divina celebrare præsumpserit, beneficio et officio ecclesiastico careat in perpetuum.

IX. *Contra Waldenses hæreticos.*

De hæreticis autem qui vocantur *Wadoys* omnibus fidelibus tam clericis quam laicis in remissionem peccatorum suorum præcipimus, ut quicunque eos invenerint, vinculis astrictos teneant, et ad sedem Tullensem puniendos adducant.

X.

Illud sane memoriæ commendandum, quod si qui pro exsecutione hujus justitiæ a propriis sedibus suis, quod absit! expulsi fuerint, apud nos nostro patrocinio nostraque dispositione victus et vestitus administrationem, prout dignum fuerit, indubitanter invenient. Omnibus hujus cartæ tenorem servantibus sit pax et gaudium per omnia sæcula sæculorum.

Actum legitime, publice recitatum, canonice in sancta Tullensi synodo confirmatum, indictione x, VIII Idus Maii, anno Dominicæ Incarnationis 1192.

CIRCA ANNUM MCC

ALEXANDRI
GEMMETICENSIS ABBATIS
EPISTOLA DE FILIO HOMINIS

(D. Marten., *Anecdot.*, t. I, col. 777, ex ms. Gemmeticensi.)

R. dilecto in domino fratri, fr. Alexander, videre voluntatem Domini.

Secreta mihi meditatione aliquando quærenti qualiter illud evangelicum : *Quem dicunt homines esse Filium hominis ?* simplicioribus fratribus Gallico sermone exponerem, tanta obviavit difficultas, ut vel nimis remota interpretatione uterer, et quæ vix ad litteram videretur accedere, vel quia hominibus, non litteræ satisfaciens, aliud pro alio dicerem eorum de more qui sophistice disputantes, non ad orationem, sed ad hominem proferunt solutionem. Cum enim hoc nomine (Homo) non determinet sexum : Filium hominis, nec filium viri, nec filium feminæ recte poteram interpretari. Horum enim et alterum omnino falsum est, et neutrum de littera haberi potest. Non enim filius hominis determinate hoc exprimit quod filius feminæ, vel filius Virginis, quamvis penitus idem sit filius hominis quod filius Virginis; sed neque aliud aliquid facile occurrebat quod hoc termino (filius hominis) determinate insinuaretur. Hac igitur difficultate coactus, ad profundiora meditationis subsidia recurrebam, et veluti ruminando quod ab aliis audieram, ad memoriam revocabam quidquid id est totum tibi, frater charissime, sine fictione effundo, ut cum cedulam nostram inspexeris, legisse in pectore nostro videaris. Aiunt igitur quod unus solus sit filius terræ, unus solus filius hominis, cæteri omnes filii hominum. Adam solus filius est terræ, per carnalem concupiscentiam geniti omnes sunt filii hominum, sine qua genitus non hominum, sed hominis filius est solus Christus, quod quia illi soli convenit, imo quia ipse sic voluit, pro descriptione ei assignatum est, quæ illi et soli et semper convenit. Si vero objicitur quod et de Ezechiele scriptum hoc reperitur, improprie dictum putant, ut qui dicitur filius hominis, intelligatur et filius hominum, et hæc est omnium fere de prædicta appellatione sententia. Tu tamen qui non verborum superficie falso deliniri, sed interiore veritatis medulla refici quæris, animadverte quod prædicta verba in parte quasi verum, in parte autem prætendunt subterfugium. Quod enim hac oratione filius hominis Christus appelletur, certo certius est, quod autem ideo dictum sit quia unius, et non plurium hominum filius est, non de verbis exponunt, sed verbis imponuntur. Sciendum est autem quod filius in sacra Scriptura quatuor modis accipitur; ratione creationis, ut in Luca *Adam filius Dei*; ratione successionis et generis, ut ibi de Christo *filii David*, *filii Abraham*; ratione legis, secundum quod Joseph dicitur *filius Eli*. Nam secundum carnem filius Jacob fuit, et fortasse in hac eadem significatione secundum legem mundanam dicuntur filii adoptivi. Quarto autem modo filius dicitur secundum propriam substantiæ de substantia generationem, secundum quam Christus dicitur Filius Dei et filius hominis. Utrumque autem horum credere de substantia est fidei christianæ; et ideo nec tropo nec figura usus est aliquando Jesus Christus, cum se Filium Dei et filium hominis nominaret; sicut enim in aliis sacramentis in quibus substantia fidei vertitur, qualia sunt eucharistia et baptismus. Quid enim manifestius esse possit eo quod dicit carnem suam manducandam et sanguinem suum bibendum ? Quid apertius eo quod dicit : *Qui crediderit et baptizatus fuerit, salvus erit* (*Marc.* xvi). Ita luce clarius et sine omni involucro filium hominis se nominat, non hominum, viri scilicet et feminæ, sed singulariter hominis, ut ex necessitate intelligamus, non masculi, sed feminæ, cujus naturalis proprietas est concipere et parere. Ut igitur veritatem humanæ naturæ nobis credendam in se ostenderet, filium hominis sincera Veritas se vocabat et singulariter unius, ut singulari numero et virum excluderet, et tacite innuendo Spiritum sanctum intimaret. Unde sic intelligitur filius hominis, ac si diceret filius illius B. Virginis quæ a principio in collegio Christi inveniebatur. Aliter fortasse autem hujus quæstionis solutio ex verbis Apostoli conjici poterit, ubi dicit Christum nequaquam decimatum fuisse in lumbis Abrahæ, eo quod sine peccato Adæ natus est de Adam, ut illius peccatum posset abolere. Dicit autem beatus Hieronymus, quod ubi apud nos legitur *filius hominis* in Evangelio, in Hebræo habetur *filius Adæ*. Idem enim est Adam quod homo. Unde quia hoc nomen, *homo*, primum fuit veteris Adæ, et nos ab illo per carnis propaginem derivamus, etiam ab illo vetere homine dicimus, juxta illud : *Exuite vos veterem hominem*, etc. (*Ephes.* IV.) Adam enim merito vetus appellatus est, quia et ipse primus inveteravit, et inveterandi aliis causam dedit. Cum enim peccasset, atque a primo statu suo in deteriorem statum declinasset, jure vetus atque inveteratus dictus est; novus siquidem beatus fuerat, sed inveterando, id est amissa gratia qua floruerat, et natura per peccatum debilitata, in sese deficiendo miserrimus inventus est. Quæ miseria vetustatis nomine signata est, eo quod ab illo inveterato exordium habet. Filii autem nomine novitas signatur, quia cum filius auditur, novum aliquid indicatur : ideoque Christus filius hominis, id est novus ex veteri appellatur. Ex homine enim secundum carnem est Christus, quod est esse ex Adam, sed nulla vetustatis seu peccati contagia contrahens : licet veteris sit filius hominis totus, ideo est novus, quia sine peccato est totus. Quod autem Christus vere filius Adæ fuerit, et ita filius quod etiam hæres, aperte ipse monstravit, dum ascendendo in cœlum hæreditatem ejus apprehendit. Adæ enim et semini ejus, nisi peccasset, ex decreto Dei hæreditas in cœlo debebatur, ubi construenda erat ecclesia ex duobus parietibus, hominum scilicet et angelorum, numero ac dignitate æqualiter sibi invicem respondentium; sed primus homo hanc hæreditatem sibi et suis transgrediendo forisfecit, in quo quia omnes homines tunc fuerunt, eadem hæreditate omnes privati sunt, qui ab eo cum causa seu pœna peccati descenderunt propter eamdem causam. Omnes enim nascentes in mundo, de corrupto primo parente corruptionem trahebant, et cum corrupti concupiscentiis resistere non possent, omnes inobedientes Deo erant, sicut et pater eorum Adam. Erat autem decretum Dei, neminem intrare in cœlum, donec tanta obedientia in uno homine inveniretur, quanta inobedientia fuerat in primo parente. Nemo igitur cæterorum proprie filius hominis, id est hæres Adæ fuit, quia nemo hæreditatem ejus obtinere valuit, nisi ille solus qui sine omni peccato et causa peccati conceptus est et natus. Obediens Deo Patri per omnia, quia nulla illi concupiscentia resistebat; potens omnino, quia Deus et Dei Filius, qui, cum per oblationem sui corporis Deum nobis reconciliaret, non habuit necessitatem primum pro suis peccatis offerre, deinde pro populo, sed tantum quæ non rapuit, solvit. Inde est quod tanto præconio, nunc hæres, nunc filius nominatur. Unde est illud : *Postula a me, et dabo tibi gentes hæreditatem tuam* (*Psal.* II). Et alibi : *Tu es filius meus dilectus in quo mihi complacui* (*Matth.* III). Et iterum : *Parvulus natus est nobis, et filius datus est nobis* (*Isa.* IX). Postremo ipse est semen Abrahæ, in quo benedicuntur omnes gentes. Non igitur æstimes me dicere eum filium hominis, seu Adæ, ideo tantum quod ab eo secundum carnem descendit. Hoc enim habuerunt et alii; sed quia hæres est, quod alii qui quasi spurii in peccatis concepti sunt, nullomodo esse potuerunt. Hic est ille masculus quem peperit mulier in Apocalypsi, cui nocere non potuit draco nec matri ejus, eo quod raptus est ad Deum. Et quia non solus Adam, sed in eo totum humanum genus hæreditate privatum est : etiam toti humano generi filius datus est, juxta illud : *In eum gentes sperabunt* (*Rom.* xv). Bene ergo in ejus appellatione ponitur hoc nomen, *homo*, quod non discernit genus, quia nulli discretive, sed omnibus datus est in commune qui voluerint ei adhærere. *In Christo enim Jesu*, ut ait Apostolus, *non est masculus, neque femina; non est servus, neque liber, nec acceptio personarum; sed qui timet Deum, acceptus est illi* (*Gal.* III). Reminisci autem te oportet quod Adam et homo eamdem habent etymologiam ; utrumque enim interpretatur terrenus. Homo enim, ut dictum est, proprium Adæ nobis factum est commune, in quo, sicut et in Christo, omnes sine generum fuimus discretione. Sed ut jam parcat oculis nimis evagata oratio, filium hominis credimus esse id quod est novus ex veteri, seu filius Adæ, habito respectu ad eum statum in quo fuerat Adam ante peccatum.

CIRCA ANNUM MCC

GERALDI CADURCENSIS EPISCOPI
EPISTOLA
AD FRIDERICUM IMPERATOREM.

Orat imperatorem ut e carcere eum a militibus detentum liberari jubeat.

(D. Dachery, *Spicil.*, in-4, t. II, p. 403.)

Frederico Dei gratia triumphatori et gloriosissimo Romanorum imperatori, et semper augusto, Geraldus Cadurcensis dictus episcopus,

Parcere subjectis, et debellare superbos.

Ex quo, serenissime princeps, in festo Dominicæ Nativitatis apud Albam celebritati gaudii coronæ vestræ me sublimitas vesira interesse voluit et honorare, eamque mihi excellentiæ vestræ conferre gratiam, ut inter alias benignitatis vestræ indicia, litteras etiam securitatis per universum imperium vestrum et ad omnes fideles vestros, mihi dignati sitis concedere, tantum circa magnitudinem vestram fidelitatis concepi fervorem, ut nihil possit esse, quod honori et beneplacitis vestris consonet, ad quod parvitas mea non sit per omnia prona, et in omni puritate cordis promptissima. Cumque tunc ut per vos haberem regressum sublimitas vestra mihi imposuisset, et in Ramis palmarum apud Placentiam aspectui vestro me præsentassem imperialis magnificentia in tanta gratiæ vestræ benignitate me suscepit, et dimisit, ut sicut charissimo domino suo fidelis famulus fuerim honori vestro extunc obnoxius factus, et pro viribus obligatus.

In hoc itaque fidelitatis proposito constitutus, contigit quod ad visitandum quemdam consanguineum meum vicecomitem, Eborum nomine, qui a Jerosolymis rediens apud Sanctum Benedictum de monte Cassino infirmabatur, ad partes illas irem. Qui, cum esset jam mortuus, quia dominus rex Franciæ, consanguineus vester, mihi dixerat quod ad curiam, ad quam dominus Pavembergensis pro reformanda pace Ecclesiæ ex mandato vestro, et dominus Mendensis de beneplacito vestro ab eo missus erat, accederem, visurus quid de ipsa pace factum esset; per curiam illam transivi, volens satisfacere et domino marchioni Montisferrati, qui mihi fideli suo, quædam negotia sua imposuerat. Cumque inde redirem, a Coitrado nuntio vestro, et marchione Marchiæ Guarnerii, nullas prorsus litteras habens, captus, et sub custodia detentus, cum quibusdam clericis et monachis de regno Francorum et Anglorum, non divitibus quidem, sed de nobilibus ecclesiis, qui omnes sub spe pacis Ecclesiæ perrexerant, quam et ipsi similiter factam esse audierant. Inter quos, etsi aliqui litteras portarent, nihil tamen contra honorem vestrum, sed tantummodo ecclesiarum suarum justitias continebant. Ad pedes igitur imperialis misericordiæ provoluti majestatem vestram suppliciter exoramus, quatenus dignationis vestræ miseratio me et quemdam consanguineum meum vicecomitem de Albucione, illius terræ marchionem, atque omnes alios cum honore et integra restitutione ablatorum faciat liberari. Religiosi siquidem sunt monachi et clerici, et in via ista qua ambulabamus absque dolo et malitia euntes sub spe pacis, quam factam esse audierant, qui nihil quod vobis credant contrarium volentes, si per alium super aliis gravaminibus justitiam assequi possent, ad eum utique libentius issent. Iteratis itaque et lacrymosis precibus ad pedes serenitatis vestræ provolvimur, imperatoriam humiliter flagitantes misericordiam, ut amore Dei, intuitu domini marchionis Montis ferrati, et domini comitis Sancti ægidii fidelis vestri, in meam liberationem aperiat pietas vestra oculos suos super me, et alios concaptivos, quatenus super hoc Deus vobis retribuat, et nos, qui ab omnibus principibus Gallicani regni multiplices faciemus vobis gratias reddi, semper pro incolumitate vestra orare, et fideliores debeamus existere. Ad hoc, benignissime principum, celsitudinem vestram exoro, ut litteras illas securitatis ad omnes fideles vestros, quas mihi olim concessistis, non quidem momentaneas, sed sicut credidi perpetuas, et nunc elargiri, et mihi velitis transmittere, quatenus pro tali gratiæ vestræ argumento imperii vestri non solum fidelissimus, sed et famulus efficiar devotissimus. Liberalitas autem vestra nullam diminutionem in liberatione nostra inveniet, sed id ad augmentum nominis et gloriæ vestræ plurimum poterit provenire. Statim enim ut captus fui ad majestatem vestram appellavi, me et mea, ac socios meos sub protectione vestra constituens, fidei jubere volens, quod recto gressu antequam ad propria redirem, vestro me conspectui præsentarem mandatis vestris pariturus. Tantum enim de gratia quam mihi dedistis confidebam, ut mihi benignitas vestra indulgeret, si in aliquo nescienter peccassem.

ANNO DOMINI MCC

MATTHÆUS VINDOCINENSIS.

NOTITIA

(Fabric. *Bibliotheca mediæ et inf. Latinitatis*, t. V, p. 54.)

Matthæus oppido Galliæ Vindocinensi oriundus, laudatusque Henrico Gandavensi c. 23, qui Bartholomæo Turonensi ab A. 1177 ad 1206 (1) archiepiscopo, *Tobiadem* suam sive *Metaphrasin libri Tobiæ*, versibus elegiacis scriptam dedicavit, necessario diversus existimandus est a Matthæo, custode regni Galliæ sub Ludovico nono, sancto Galliæ rege, et ab A. 1260 abbate S. Dionysii (2) in quem epitaphium A. 1286 quod incipit :

Hic jacet abbatum speculum speciale probatum,
Qui dedit Ecclesiæ magnum virtute decorem,
Archiepiscopii renuit Turonensis honorem, etc.

Parum credibile utique quod Oudinus tom. III, pag. 483, disputat, Tobiadem Bartholomæo dicatam esse pridem defuncto, licentiaque poetica a Matthæo honoratos ejus manes tanquam vivi ac spirantis. Aliud longe tinniunt verba quibus illum alloquitur hunc in modum :

Ecclesiæ Turonensis apex, ovium speculator,
Ut speculum, præsul Bartholomæe, fave.

et cum de Engelbaldo præsule A. 1157, defuncto, avunculo ejusdem, dixisset :

Hunc rea mors rapuit, cujus dignissimus hæres
Tractas emerita sceptra paterna manu.

Porro subjungit :

Vive, vale, decus Ecclesiæ, dispone precanti
Portum, naufragium pelle, medere rati.
Suscipe Tobiæ titulos, cum fratre decano,
Ut timidum duplex stella serenet iter.
Gaudeo luce nova vos prælucescere, etc.
Vivite felices fratres, quos corpore solo
Esse duos, eadem mens probat esse duos, etc.

Certe igitur diversus a Tobiæ Metaphraste Matthæus *S. Dionysii abbas*, ad quem *Epistolæ S. Ludovici noni an.* 1270 defuncti et successoris ejus Philippi tertii, et abbatis ad Philippum hunc, Galliæ regem qui anno uno ante abbatem obiit. Exstant epistolæ illæ apud Dacherium tom. II *Spicilegii*, p. 548 seq., et tom. III, edit. novæ, pag. 663, 664, 666, 669, 670, et Petri de Condeto ad eumdem Matthæum, p. 667, de pace inita cum rege Tunicensi. Auctor vero *Tobiadis*, quam male *Thebaidem* dixere nonnulli, testatus se ex Latina Hieronymi translatione Mataphrasin istam suam condidisse libri Tobiæ :

Ut sacra Hieronymi tradit translatio, prosam
Qualicunque metro Vindocinensis arat.

Et aliquot versibus interpositis :

Transfert Hieronymus, exponit Beda, Matthæus
Metrificat, reprobat livor, amicus habet.

Atque in Epilogo :

..... Has fonte beati
Hieronymi præsens urceus haurit aquas.

Memoratur Vindocinensis ab Henrico Gandavensi, libro *De viris illustribus*, pag. 166, cap. 23. Citatur a Vincentio Bellovacensi in *Speculo morali*, et ab æquali ejus Thoma Walleis. Allegant eum ali-

quoties auctor florum poeticorum, non Alanus quidem, ut visum Barthio, sed junior quidam, item Sparanus in *Rosario*. Laudat ipse Gualterum scriptorem *Alexandreidos*, de quo upra tom. III, pag. 107 (3).

Vobis Hexametrum desit Galteridos uti,
Pentametris elegis Vindocinensis amat.

Ejusdem Matthæi *Poetica* sive *Poetria*, ut tum vocabant, quæ ignota cæteris, soluta partim, partim ligata oratione laudatur non semel ab Hieremia de Montagnone, cive Paduano, in *Epitoma sapientiæ*, uti docet Daumius in præfatione ad Hieronymi Græci Φιλοξενίαν. Hæc Poetria uti et scriptum aliud Matthæi Vindocinensis *De æquivocis* in Bibl. Regis Galliæ et Bibliothecis Angliæ Manuscr. vide Oudini tom. III, pag. 484. Non vero Poetriam a Tobia diversam Daumius manuscriptam habuit, uti legitur in *Bibliotheca curiosa* Hallervordi ; sed Tobiam Vindocinensis, et id ipsum fortasse manuscr. quod a Gevartio Barthius acceperat, ex quo centum circiter versus aliquot locis emendatis inseruit lib. xxxi, *Adversariorum*, capite ultimo : ubi integrum Vindocinensem editurum se recepit in corpore omnium poetarum, quod sæculis distinctum moliri se testatus est. Tametsi vero Corpus illud poetarum lucem non aspexit, Joannes tamen Heringius JCtus et syndicus Bremensis, Matthæi Tobiadem ex duobus manuscriptis edidit Bremæ anno 1642, 8. Neque prima ista fuit Vindocinensis editio, uti existimavit Heringius, sed exstat etiam Lugdunensis A. 1505, in forma quarta majore, cum comment. inter Auctores octo morales, et ex eadem editione Argentoratensis A. 1510, utraque Heringiana longe, præsertim circa finem, auctior. Sed et alia Lugdunensis per Joannem Rænerium A. 1558, 8°, apud Theobaldum Paganum, at sine commentario. Denique (4) Oporiniana a. Joh. Heroldo procurata A. 1563. 4° Quarum editionum notitiam cl. Daumii diligentiæ debere me libenter profiteor. Cæterum vir clarissimus atque doctissimus Joachimus Fellerus, pro singulari sua benevolentia ac humanitate, qua omnes bonarum litterarum studiosos, dum viveret, complectebatur, A. 1690, copiam mihi fecit Vindocinensis manu exarati a docto quodam viro, in cujus manuscripti margine passim variæ lectiones adnotatæ erant. Desinit ille codex in ver..u 1510, hoc est in fine capitis decimi Tobiæ. Ex manusc. Guelpherbytano varias lectiones quasdam offert Polycarpus Leyserus in Historia poeseos medii ævi, p. 766. In pericopam illam, quam a Barthio in *Adversariis* editam supra esse dixi, notas quasdam conscripseram manuscriptas, quas itidem manuscriptis oculis usurpare me memini. Aliquot etiam Matthæi Vindocinensis loca illustrata leges in Epistol.s Reinesio Daumianis, pag. 344, in quibus et passim de Bartholomæo illo agitur, cui Matthæus Tobiam suum dedicavit.

---

(1) Sammarthani tom. I, pag. 770 seq.
(2) Vide Felibienium libro v. *Historiæ abbatiæ S. Dionysii*; Sammarthanos tom. IV, pag. 336. Sandium ad Vossii pag. 508.

(3) Vide *Patr.* t. CCIX. Edit.
(4) Editionem principem ignoravit Fabricius quæ Lugduni prodiit anno 1489, ap. Jehan du Pré, infol. parvo, cum glossis. Edit.

MATTHÆI VINDOCINENSIS
IN LIBRUM TOBIÆ
PARAPHRASIS METRICA.

(Ex editione cui ti ulus : *Historia sacra de Tobia seniore ac juniore, ante aliquot sæcula tam carminis elegiaci paraphrasi quam oratoria explanatione, juxta materiam theologicam, ethicam et juridicam eleganter illustrata per Matthæum Vindocinensem et Ambrosium Mediolanensem : quorum ille poeta, nunc primum ex mss., iisque membranaceis; hic autem rhetor, initioque præses aut judex, et postea episcopus, ex editis codicibus antiquis luci restituuntur, simulque epistola, testimonia, variæ lectiones, observationes et dissertatio multivarie adjiciuntur, per editorem et auctorem Joannem Hæringium J C. Oldenburgensem et in episc. Verdensi capituli cathed. eccles. syndicum. Bremæ, typis Wesselianis et sumptibus Hoismannianis, anno Christi* 1642.)

EPISTOLA DEDICATORIA.

In archi-et episcopatibus Bremensi ac Verdensi proxime viciniis capitulorum, monasteriorumque diversorum, reverendis, perreverendis, nobilissimis, clarissimis, venerabilibus atque doctissimis dominis, summis præpositis, decanis, archidiaconis, canonicis, abbatibus, præpositis, prioribus , etc,. dominis, fautoribus et amicis quondam ac etiamnum suis devote officioseque colendis hanc historiam sacram L. M. Q. dat, dicat, dedicat Joh. HERINGIUS JC. et syndicus.

Anni quindecim ac novem sunt elapsi, postquam distincto tempore ac de singularibus argumentis et diversimode a me composita, certisque personis inscripta opuscula, publicam in lucem emisi, ac præmisi, nec interea animum deposui, quamvis inter varios temporum hodiernorum casus constitutus, et ad diversos officiorum labores vocatus et in iis adhibitus distractusque, plura conquirere et exponere; nisi quod elaborationi atque editioni remoræ quædam subinde fuerint injectæ. Pleraque tamen ea, quæ sub nomine *Observationum theoretico-practicarum* tam ex jure publico et privato, quam diversarum gentium antiquitatibus historico-politicis adnotationibus novissimis depromptarum promisi, et quædam alia, (tam discursus quam tractatus) prope adjecta habeo, atque indies ulterius colligo.

Hæc dum ad finem et limam revocantur, nec non typographos, mæcenatesque inveniunt, post propria etiam aliena sive adoptiva scripta novo- antiqua ad bonum commune typis committere placuit, et desideratus disertissimusque ille Desiderius Erasmus Roterodamus (5) hoc studium fere prætulit, idemque argumentum nostri ordinis vir ac veterum librorum diligens scrutator et cultor Joan. Alex. Brassicanus (6) pluribus illustravit. Occurrunt mihi jam duo pervetusti, iique membranacei et manu exarati codices; nempe ad minimum a nato Christo anno 1315; sicque ante trecentos et viginti sex annos jam vel descripti quorum auctor, natione Gallus, inter tam multos neque a Trithemio abbate in libro *De scriptoribus ecclesiasticis*, neque a theo et philologo Gesnero in *Bibliotheca* collocatus; nisi quod inter recentiores a polyhistore Casparo Barthio in *Adversariis locupletissimis* vocetur Matthæus Vindocinensis (cujus patriæ etiam celeberrimus historicus Jac. Aug. Thuanus aliquoties meminit), ut cum ipso existimo, et tam ipsius prologus atque epilogus indicant; licet in calce alterius a me adhibiti exemplaris exstent hæc verba : « Explicit liber magistri Conradi; » fortassis alicujus possessoris, descriptoris aut prælectoris, ante quem alter ille vixit ac floruit, cujusque particulam iste Barthius saltem edidit, nempe præfationem et caput primum vix usque ad secundum.

Paraphrasis est metrica et satis tersa, pro sæculi istius ratione ac aliorum comparatione, in Tobiæ historiolam sacram, ante natum Christum, juxta quosdam chronologos, anno 740 contigentem; cujus occasione inter Patres ecclesiasticos, alio tamen dicendi genere ac scopo thema suum theologico-juridice exposuit B. Ambrosius episcopus Mediolanensis; nec non in Anglia venerabilis presbyter Beda in Tobiæ libellum allegoricam explicationem composuit, tomo IV operum insertam; posteaque Helmboldus monosticha et Golthus jambos rythmicos posteritati reliquerunt jam simul adjunctos. Antiquiores et breviores nondum inveni, nec de proximi ac hodierni sæculi recentioribus auctoribus, a me partim visis, par.im ab aliis citatis (utriusque autem generis, qui in librum Tobiæ scripserunt, sanctos commentatores idem Barthus (7) vocat) audiv, præterquam de auctore *Glossæ ordinariæ* Nicolao Lyrano, Hugone cardinale, Dionysio Carthusiano, Petro Comestore, Sebastiano Munstero, Paulo Fagio, Friderico Nausea, Joanne Benedictino, Conrado Pellicano Rubeaquensi, Joanne Matthesio, Victorino Stringelio, N. Serario, Michaele Saxone, Andrea Schoppio et Adamo Kolbio; quod explicationes, translationes, adnotationes, commentaria, conciones et scholia divulgarint in istam sæpius laudatam Tobiæ historiam biblicam quæ varia œconomiæ bona ad subministrat ad exemplum vel incitationis sive imitationis vel emendationis; haud secus ac libellus supplementumque Estheris de Mardochæo et Hamane exhibent, quid tam in Ecclesia quam republica et speciatim aula facere soleant, valeantque bene ac male meriti vir feminæque. Hac igitur vice, et, ut nunc loqui consuevimus, respective in lucem primum revoco, pri stinoque nitori restituo duos istos auctores priscos, nempe rhetorem (8) ac poetam sacro-profanos. Nec puto, utrumque mea tam proquam confessione, nec ab ultimi ævi statu alienum esse. Quis

---

(5) Erasm. in epist. dedic. ante Ambros. opera, edit. Paris. de an. 1539.
(6) Brassican. Præfat. in Salviani episc. Massil. lib. *De provid. Dei*, edit. Rittershus.
(7) Barthius lib. XLIX, *Adversar.*, cap. 10, fol. 2299.

eum nescit quæ primus legislator et oceanus theologiæ Moses dixerit ac scripserit? Imo num pro Christiano habendus, qui sacræ Scripturæ libros canonicos et apocryphos tam docendo quam discendo non legit, et vivendo exprimit (9)?

Nec vitio hactenus versum fuit isti Ambrosio, quod ex oratore et præside vel judice factus est episcopus, idemque suæ enarrationi sacræ et jam recusæ multa sæcularia et quidem juridica immiscuit (10). Ac sane ipsemet libellus Tobiæ varia continet monita et exempla. Habet ibi theologus multa de religione persecutione et sepultura piorum, deque vero matrimonio, item custodia angelorum, malitia diabolorum, procreatione et educatione liberorum, diuturna vita, arte moriendi, providentia Dei, efficacia precum et similibus. Spatiosum quoque campum jurisperitus ibi reperit, quoad mandata principum, confiscationem et recuperationem bonorum, nec non mutus credita et usuras (quæ duo episcopus ille Mediolanensis potissimum illustravit), itemque chirographa, nuptias, pacta dotalia, res proprias et furtivas, convivia nuptialia et alia, captivitatem, itinera, hæreditates, migrationes, bonorum divisiones, legitimos acquirendi modos, etc. Quædam etiam ibidem invenit physico-medicus de aquis, piscibus oculis, cæcitate, physiognomia, fumigationibus, cura ægrotorum et acide rerum ad medicinam in primis utilium. Nec deest materia pro ethico, politico et aliis philosophis de hospitalitate, patientia, constantia, castitate, munificentia, reverentia ac obedientia inter principes ac subditos, parentes et liberos, tum de parcimonia, paupertate, divitiis, morum dissimilitudine, condolentia vel sympathia, mercede ac salario, præmioque ministrorum. Ut sic quilibet ultro meritoque concedat utriusque Testamenti libros esse regulam vitæ, studiorum summam et mundi universi compendium, taleque donum quo nihil admirabilius, majus, et salubrius datum homini, quod qui habet felix; qui legit, felicior; qui ediscit, felicissimus; qui intelligit, Deo simillimus evadit, ut ex jureconsultis dixit Tobias Hessius (11), re nomineque Tobiam nostrum in eo exprimens. Imo vel sola descriptio jurisprudentiæ quod sit rerum divinarum atque humanarum scientia, satis indicat, hujus ordinis viros talia quoque tractare solere ac debere (12). Et forte paradoxum quis diceret, quod S. Chrysostomus ausus fuit affirmare: Laicis sive sæcularibus magis quam ipsis clericis ac sacerdotibus necessariam esse sacrarum litterarum lectionem et meditationem; addita hac ratione, quia quo plures delinquendi occasiones offerantur laicis in tractatione rerum humanarum, eo pluribus etiam indigeant antidotis peccatorum, quæ ex divino codice sint petenda (13).

Hinc factum puto quod in specie et priori nostroque sæculo Novi Testamenti Syriaca versio per legatos in Europam pervenerit, et hi Theseum Ambrosium Albonesi regulum jurisconsultum litteras Syriacas docuerint, necnon Albertus Wicmanstadius jurisconsultus et provinciarum Austriæ orientalium cancellarius tempore Caroli V, et Ferdinandi I imperatorum, ea in sacri negotii promotione multa bona exhibuerit (14); tum præcipue Joannes Reuchlinus, vulgo Capnion dictus librum *De verbo mirifico* ediderit, aliaque circa linguam Hebraicam præstiterit hic jurisconsultus, in sacris apprime versatus (15) et ab Eberhardo, cognomento Probo, principe Wurtembergensi ad Cæsarem Fridericum III constitutus legatus, cujus comites splendide instructos, equos vel aureas phialas et alia donaria eum acciperent, ille tamen antiquissima quædam et bene descripta biblia Hebraica, loco immensi auri ponderis ab imperatore data secum reportare maluit (16); hincque præterea evenisse existimo, quod non modo in controversiis juris divini, naturalis, gentium, canonici et civilis, litiumque forensium ac politicarum decisionibus publicis et privatis, dicta tam Veteris quam Novi Testamenti allegare, commodeque applicare sit licitum, juxta Josephi Mascardi, Tiberii Deciani, Joannis Althusii, Henrici Velstenii, et Jonæ Fulevii (17), aliorumque opinionem et exempla laudabilia; sed etiam quod ex diversarum nationum et officiorum jureconsultis Augustinus Callia *Opus mysteriorum Jehovæ*; Franciscus Galetius, Jacobus de Graffiis, Melchior Zambranus, Ludovicus Lopezius, aliique tractatus *De casibus conscientiæ*; Nicolaus Mangeorgius codicem *De Mosaico et veteri jure* enucleando, Thomas Galletus *Jurisconsultum religiosum*; Horacius Lucius et Innocentius Gentiletus in *Concilii Tridentini traditiones*; Conradus Brunus *De cæremoniis ecclesiasticis*; Henricus Bolteus *De synodis episcopalibus*; Joannes Franciscus Pavus *De visitatione ecclesiarum*; Franciscus Duarenus *De sacris Ecclesiæ ministeriis ac beneficiis tractatus*; Joannes Corasius *Paraphrasin in tractatum sacerdotiorum*; Udalricus Zazius *De Judæorum infantibus baptizandis*, contra Stellam, et *An fides hosti servanda?* contra Eckium theologum defensionem apologeticam; Scipio Gentilis *In S. Pauli epistolam ad Philemonem*; ejusque frater Albericus Gen illis *In librum Machabæorum et De latina bibliorum versione dissertationes*; Georgius Ederus, *Œconomiam bibliorum*; Joannes Baptista Ficklerus *Theologiam juridicam*; Sylvius Tintus librum *De ordinatione clericorum*; Martinus Antonius Genuensis *Manuale pastorum et De Ecclesia*; Sebastianus Medices *Homilias Dominicales*: Marcus Antonius Natta *De passione Christi*; Isidorus Masconius *De majestate Ecclesiæ militantis opuscula*; Petrus Asylus, Joachimus Hopperus et Conradus Heresbachius *Paraphrases Davidicorum psalmorum*; Tobias Hessius *Thecam gladii spiritualis*; Joachimus a Beust *Orthodoxas enarrationes et simul versiculos latinos in Evangelia*; Joachimus Mynsingerus, Petrus Heigius et Rutgerus Rulandus (qui etiam *Postillam jurisconsultorum et politicorum* promisit) varias *Precationes et meditationes sacras*; Eberhardus a Weihe *Verisimilia*

(8) S. Ambrosii *liber de Tobia* exstat *Patr.* t. XIV, col. 759, inter sancti præsulis Opera. Edit.

(9) Deuter. c. vi; c. xvi, v. 18; c. xvii v. 9, 12, 18, 19. Act. c. v, v. 34-39, v. 8 cum seq.; c. x per tot.; c. xvii, v. 10-12; c. xviii, v. 2-4, 7, 8, 14, 15, 17; c. xix, v. 6, 7, 20, 35, 38, 39; c. xxi, v. 8, 9, 16-20.

(10) Erasmus ante Ambrosii opera et Herberg. parte II, *postil. cordial.* post fest. Annunt. Mariæ, fol., 192. in fin.

(11) Hessius in *Theca gladii spirit.*, axiom. 192 et seq.

(12) Dd. commun. ad princ. institut. de just. et jur. cum tit. c.*De summa Trinitate*, et ad tit. seq.

(13) Chrysost. hom. 3, de Lazaro, apud Hutterum in *Loc. commun. theol.*, fol. 58 et 59. Rittershus. in *Expos. Novell.* p. I, c. 1, num. 9, junctis ejusdem Chrysost. verbis apud Jacob. Heilbrun. im *Bucathol. Pabsthumb.*, art. xx, cap. 20, cap. 3, fol. 764.

(14) Joan. Balthas. Baumbach. in tract. *De ling. orient.* cap. xiii. Joan. Gerhard. in *Exeg. loc. theol.* tom. I, loc. 1, *De Script. sacr.*, sect. 3. pag. 557-559.

(15) Reuchlin, in *Cabala, De verbo mirifico, speculo oculari*, e'c.

(16) Brassican. *Præfat. in Salvian.* edit. Rittershus.

(17) Mascard. *De probat.*, concl. 191; Decian. in *Apolog pro jurispr.* cap. xxii, num. 92 et 93; Althus. passim in *Polit. et dicæolog.*; Velsten in *Quæst. polit.* quæst. i, th. 7; Fulev. in diss. *De S. Script.*, cap. x, juncto Syrac. c. xl, v. 11; c. xliv, v. 4.

theologico-jurisdico politica in caput Samuelis De jure regio; Joannes Alexander Brassicanus et Gunradus Rittershusius in Salviani episcopi Massiliensis *De gubernatione seu providentia Dei et alia opuscula,* præfationem atque commentarium; Georgius Remus *In Salomonis Proverbia et Ecclesiasten spicilegia;* Andreas Alciatus, Antonius Faber, Ernestus Cothmanus, Justus Mejerus et alii ad codicis titulos *De summa Trinitate et fide catholica, deque SS. Ecclesiis, episcopis et clericis, deque hæreticis lectiones;* Thomas Lansius *De cura religionis et anno jubilæo Lutheri* (qui magnus theologus initio juris studio fuit deditus, teste Wolffg. Crugero in *Catal. mille viror.* p. 191) *orationes;* Christophorus Besoldus *Axiomata philosopho theologica deque conversione Judæorum, et jure regio Samuelis dissertationes;* Henricus Cranius, Justus Springerus et professores Dillingenses *De pace religionis inter Catholicos et Evangelicos*]; Henricus Gebhardus alias Wesenerus *De potestate ecclesiastica, religione ac ministeriis ordinibusque sacris, tractatus;* Jonas Fulevius Churiolandus (qui spem fecit de integro systemate theologico-juridico) *De sacra Scriptura dissertationem juridicam;* Ambrosius Lobwasser *Psalterium Davidis per rythmos Theutonicus in cantiones redactum;* in o inter populares et respective collegas quondam meos Gerhardus Gisekenius *De veritate corporis-Christi in cœna;* et Joannes Tillingius *Enchiridion disceptationum theologicarum,* aliique ex numero jurisconsultorum alios ac integros olim noviterque conscripserint et publici juris fecerint libros, quibus nuperrime accesserint Christophorus Schvanmannus suis cum *Epigrammatibus Latino-Germanicis in Evangelia et Epistolas Dominicales, itemque precibus jaculatoriis, suspiriis sacris et hymnis rythmicis,* nec non Henricus Besselius cum *Tuba pœnitentiæ,* et antea ego editione discursuum meorum *De appellatione ad judicium Dei in valle Josaphat,* ac *De homicidio doloso ex dicti Mosis Genesi de Caino fratricida;* passimque in tractatu *De jure molendinorum,* ejusque mantissa *De burgis sive castris, caminis, dardanariis, fame et æruscatoribus.*

Spero igitur me nunc eo magis excusatum fore, qui non modo præeuntium istorum virorum clarissimorum vestigia longinquo secutus, et ejusmodi scripta propria confeci, et nunc aliena fideliter in lucem produxi, ante hac nondum visa, hisque varias lectiones, notas et observationes adjunxi, suo quoque tempore singularem de dubiis libello Tobiaco circa linguæ Hebraicæ fontem, Græco-Latinam versionem, historiam, seu chronologiam et fidei analogiam, indeque canonis totalem denegationem additurus dissertationem (18); sed etiam quia avum habui theologum, nec non ejusdem facultatis agnatos, affines et fratrem, qui tamen, eheu! præterito anno mortuus; tum pater itidem egit theologum, jurisconsultum, historicum et antiquarium; quorum ego, ut bonorum, sanguinum et conjunctionum, ita et studiorum, laborum ac officiorum hæres, imitator, consors et successor, apud illustrem dominum comitem patriæque patrem in cognati quoque locum substitutus, pro viribus a Deo concessis, per septennium tam in consilio et judicio, quam consistorio, simulque ecclesiarum et scholarum visitationibus ibi adhibitus, iterumque in horum archi-et episcopatuum vicinorum capitulis sive collegiis ecclesiasticis syndici munera successive sustinens (cujusmodi transmutationes aut repetitiones officiorum vir clar. Joannes Dauthius (19) satis defendit) talia sæpius argumenta tractavi; denique in præsenti militiæ ac malitiæ pleno sæculo postquam per tot annos vixi, in quo animum firmare decet constantibus exemplis, non tam profanis, ut tacitus (20) dixit, quam potius sacris; quo fine Lutherus hujus quasi redivivi Tobiæ libellum commendavit (21), et alius eos qui pluris humanum quam divinam historiam faciunt, pseudopoliticos nuper vocavit (22). Ex quibus simul et in specie eo magis elucescit, reverendissimi, perreverendi, nobilissimi, clarissimi, venerabiles ac doctissimi viri, cur vobis hasce lucubrationes sacroprofanas dicare et dedicare proposuerim? Inter vos namque similium dignitatum personæ existunt, quibus noster Vindocinensis opusculum suum inscripsit. Vos habiti pro successoribus, quorum majores et adhuc quidam ex iis, qui quæve fidei vestræ committuntur, prisco ex instituto, sacrarum litterarum prælectionem quoque inter edendum ac bibendum miscent, referentibus Alberto Trotio (23) et Jona Fulevio (24) : vos maxime decet ex canone vel regula ista divina vivere, seu spirituales aut sæculares quis vocaverit, juxta Albertum Krantzium (25); sicque vos estis, ad quos eo magis pertinet tractatio *De libris sacræ Scripturæ canonicis et ecclesiasticis;* quive appellati non jam a regione quam religione, et potius juxta canonem vitæ, quam pensitationem annuam vulgo canonem dictam, recensentibus Francisco Duareno (26) et Matthia Martinio (27) : Vos sæpe majores ac minores collegiorum, personarum, rerum et bonorum ecclesiasticorum causas examinastis; vos religionis in Romano-Germanico imperio admissæ, imo divinitus mandatæ, in his regionibus conservatores ac propagatores hactenus, pro nosse atque posse exstitistis strenui; vos bibliothecarum et antiquitatum cultores laude digni; vos inter belli sacro profani turbas hasce diuturnas tam circa publica quam privata, mecum varia estis perpessi; vos iterum me ad honesta recepistis officia et honorifico salario, speque præmiorum ulteriore excitastis; inter vos ego constantes dominos, fautores et amicos hucusque sum expertus; apud vos denique hic fœtus ingenii denuo natus ac productus alios vicissim aut reciproce patronos non admittit.

Suscipite igitur hoc, quidquid est laboris, hilari fronte et oculis perlustrate, manibusque terite hos nov-antiquos libellos; donec majora, si non meliora, dederit tempus magis opportunum et otium aderit suavius, mecumque diu salvete ac vivite in Domino.

Dabam ex musæo, quod jam est Verdæ, in die S. Michaelis archangeli, anno 1641.

VVis rev. Dominat. nobil. clar. et vener. dignit.]

Omni fide et officio addictissimus

Joan. HERINGIUS J C. et syndicus.

———

(18) Prolixiores Heringii notas, quæ ad librum Tobiæ, non autem ad Paraphrasim Matthæi Vindocinensis spectant, omittimus. Adeat Lector Patrum Ben. notas ad S. Ambrosii librum de Tobia, *Patr.* t. XIV.
(19) Dauthius in epist. dedic. ante tract. *De Testament.*
(20) Tacitus lib. XVI *Annal.* in fin,
(21) Lutherus in *Præf. super Tob.*
(22) Adam. Contzen in *Politic.,* lib. I, cap. 9.
(23) Grotius in tractatu *De perfecto clerico,* c. LVIII, n. 9.
(24) Fulevius in d.ssert. *De S. Script.,* c I, n. 25.
(25) Apud Gebhard. d. tr. *De potest. et regim. eccles.,* ad c. XXII n° 310, p. 300, 301 alibique.
(26) Duarenus d. tr. *De benefic. eccles.* l. I, c. 18.
(27) Martin. in *Lexic. philol.,* verb. Canon, fol.

MATHÆI VINDOCINENSIS
[1] IN TOBIAM
PARAPHRASIS METRICA.

PRÆFATIO

Ad Bartholomæum N. ejusque fratrem N. respective episc. et dec. Turonenses.

Ex agro veteri virtutum semina morum [2],
   Plantula [3] justitia pullulat ampla seges.
Loth decus hospitii, patientia Job, Salomonem
   Dogma, fides Abraham, spes Simeona probat.
Intitulant [4] reliquos præconia singula, solus
   Omnia Tobias prætitulatus [5] habet.
Tobiam decorat elemosyna, latria [6] firma
   Spes, illæsa fides, exsequialis honor.
Ut sacra Hieronymi tradit translatio prosam
   Qualicunque metro Vindocinensis arat [7].
Ecclesiæ Turonensis apex, ovium speculator
   Et speculatum præsul Bartholomæe, fave.
Nobilibus trabeatus [8] avis, decus orbis, honestus [9]
   Forma, sacerdotum gemma, lucerna gregis
Sol cujus radios, urbis Martinopolis orbi
   Commodat et totum, partis honorat honor.
Cleri præsidium, via pacis cujus honore,
   Cujus luce dies, ingeminata stupet
Es solis radius, in quo consistit [10] honesto
   Forma pudicitiæ rara, sed apta comes.
Es [11] solis radius cui præsul avunculus agnus
   In pastore fuit, in dominante minor.
Es solis radius, quo festinatur alumnis [12]
   Vindocinum, Turonis præsule cive polus,
Hunc rea mors rapuit cujus dignissimus hæres
   Tractas emerita sceptra paterna manu.
Te Deus elegit, ut ovilia dogmate pascas,

A   Exemplo foveas, commoditate juves :
   Te Deus elegit ut dispensare talenta
   Credita [13] multiplici sedulitate velis [14] :
Te Deus elegit, vas nobile, vas in honorem,
   Vas speciale sibi, vas generale suis.
Vive, vale decus Ecclesiæ, dispone precanti
   Portum [15] naufragium pelle, medere [16] rati,
Suscipe Tobiæ titulos cum fratre decano,
   Ut timidum duplex stella serenet iter.
Gaudeo luce nova vos [17] prælucescere, quippe
   Sol nitet in geminis cætera signa vacant.
Sol nitet in geminis, quia veri gratia Solis
   Lampade virtutum vos [18] beat, auget, alit
Vivite felices fratres quos corpore solo
   Esse duos, eadem mens probat; una fides [19].
B Vos duo, vos unum; miror duo corpora [20] mente,
   Unum, dividuum corpore, mente coit.
Vos, vos [21] vestra precor plantatio, vester Amiclas [22]
   Poscit [23] me timidum confoveatis iter [24].
Aspicite stylo nostro [25] mendica phaselus.
   Freta favore, freti scandula nulla timet,
Porcorum siliquis pudor est inhiare favillis
   Pieriis pudor est inservisse stylum [26]
Sumitur hæc veteri novitas ex lege legenda
   Ut Patrum veterum testificatum opus [27].
Transfert Hieronymus, exponit Beda, Matthæus
   Metrificat, reprobat livor, amicus habet [28].

TEXTUS CUM PARAPHRASI METRICA.

CAPUT PRIMUM.

Tobiæ natale solum Galilæa, voluntas
   Sacra, timor Domini, religionis [29] amor.

C Militat in puero gravitas matura, stupescit
   Pauca dies tenerum corpore, mente senem.
Neptalici [30] puer urbe, tribu; maturis in annis

VARIÆ LECTIONES.

[1] Hæc inscriptio est editoris, ex seq. composita. [2] in Barthii cod. *amori.* [3] Barth.: *paucula*; et quidem transposito comminate. [4] ms. cod. alter, pro *laudant.* [5] sive *præsignitus*, ibid. [6] hoc est *servitium Dei*, ibid. [7] pro *describit*, ibid. [8] pro *ornatus.* [9] Barth. *honest.* [10] ms. codex alter. *consentit.* In Barthii cod. distichon simul est transpositum. [11] Barth.: *cui.* [12] scil. *avunculum* in ms. cod. alt. [13] Barth.: *Tradita.* [14] Hæc duo disticha in alt. cod. ms. non exstant. [15] Barth. *Portum.* [16] ibid. *madere.* [17] scil. *te et fratre*, in alt. cod. ms. marg. [18] Barth. *nos.* [19] Barth. *unus amor.* [20] ibid. *corpore.* [21] ms. cod. alt. *habet.* [22] Barth. *Amiclus q.* ad blandiens et contractum fit diminutivum. [23] *Portus* ibid., vel justa ms. glossam *servus*: sicque prius hominis quondam humilis nomen Amiclas remaneret. [24] ms. cod. alt. *inops.* [25] Barth. *vestro.* [26] ms. cod. alt. *tædet.* [27] ibid. *apex.* [28] scil. *apud se*, ibid. in marg. [29] vel *religiosus*; ibid. Barthio: *et religiosus.* [30] al. *Neptalicus*; Luthero: *Nephthalici.* Barthii in cod. omissum hoc distichon.

Præ teneris redolet sobrietate virum.
Gente sua minor est annis : sed major honesto
  Proposito merita [31] simplicitate præit.
Plantula fructificat, tenera canescit in herba
  Messis adulta præsit tempora cana fides.
Alea fortunæ fortes examinat, aurum
  In fornace nitet [32] anxietate fides [33].
Tempore Salmanasar regis captivus, honesta
  Mente Deum recolit, spe comitate timet
Ridet in adversis virtus, non frangit [34] hone-
        [stum
  Propositum mersæ prosperitatis hiems,
Nomine passa Dei redolet tribulatio, pascit
  Passio, delectat læsio, pœna sapit.
Captivis partitur opes, premitur generali
  Damno, nec propria perditione dolet.
Visitat infirmos, tristes solatur, egenis
  Condolet et [35] membris gaudet amare caput,
Triplice compatitur ope, rebus, dogmate, corde :
  Corde gemit, format dogmate, rebus alit.
Et fidei cultor, quam circumcisio nostri
  Prævia baptismi concelebrare studet [36].
Jerusalem maturat [37] iter gentilia spernit
  Sacra, Deo sese sacrificare studet
Ad vitulos, quos Jeroboam rex fecerat, ire
  Horret, apostaticos increpat, arcet iter.
Fictilibus latriam [38] præfert, idololatra [39] sordet,
  Sordet, ut auctori [40] præficiatur opus.
Plures esse deos negat, unum prædicat, unum
  Laudat, ut unius omnia laude metat,
Odit, amat, reprobat, probat, exsecratur, adorat,
  Crimina, jura, nefas, fas, simulacra, Deum,
Fas, simulacra, Deum, probat, exsecratur, ado-
        [rat,
  Odit, amat, reprobat, crimina, jura, nefas.
Seminat, auget, alit, exterminat, arguit, arcet,
  Dogmata, jura, decus, seminat, auget, alit [41] (28).
Ne lateat jubar in tenebris, geminata lucerna
  Tobiæ titulo spræradiare facit.
Prima lucerna patet [42] sermone, secunda coruscat
  Exemplo, quod agit [43] lingua, fatetur opus.
Exemplo legitur [44] doctrina, quod edocet, actu
  Consolidat mentis expositiva manus.
Hoc doctore Deum recolit Judæa, deorum

Cultus abest, rectum militat, error abit [45].
Deum redit annorum ternarius, erogat omnis [46]
  Primitias, decimas compatiente manu.
Proselytos [47], alienigenas sustentat, ad horam
  Seminat et spargit, ut sine fine metat.
Condolet afflictis, miseris, blanditur [48], egenis
  Quas largitur [49] opes, multiplicare ratus.
Jamque pupillaris ætas suspirat [50] honestas
  Crescit, et in messe [51] surgit adulta seges
Primævis tunicis rosa dedignata teneri,
  Exit florigero cortice, spirat odor.
Rubigo primæva perit, maturior ætas
  Emicat et fructum dissimulare negat,
Est adolescentis ætas suspectior, ætas
  Lubrica, deliciis ebria, legis egens.
Ne plures habeat velut emissarius [52], Annam [53]
  Tobias sociam destinat esse tori,
Non incentivo Veneris, sed prolis amore
  Uxoratur [54], amat fructificare Deo.
Est adolescentis frenata licentia, sponso
  Sponsa datur, justo sobria parque pari.
Nubere virtuti virtus lætatur, honestas
  Gaudet honestatis, comparat esse comes,
Consonat et redolet; melius [55] junctura bono-
        [rum.
  Gratior est flos cum flore, nitore nitor [56].
Ergo relativo consensu cella [57] pudoris
  Concipit, emerito carcere prodit onus
Agricolam locupletat ager, fecunda maritum
  Conjux [58] progenie floridiore beat.
Solvitur in puerum partus, patris æquipara-
        [tur [59]
  Nomine progenies sedulitate Patris.
Sole novus radius prodit, lux lumine, dignus
  Sol radio, radius sole, nitore nitor.
Vernat prole pater dignus, proles patre dignum,
  Vas figulo, figulus vase, parente puer.
Edocet hunc patris tutela [60] tenere tenorem
  Legis, in excessum luxuriare vetat.
Ut timeat Dominum [61], primula dogmata, cer-
        [tius [62]
  Quod Domini timor est initiale [63] bonum.
Inde venit Niniven, genitorem prole maritum
  Conjuge, cognatum concomitante tribu.

VARIÆ LECTIONES.

[31] al. *mira*, Barthio. *merito.* Quoad sententiam similia infra sub capite vii, num. 25. [32] Barth. *fides.* [33] idem : *nitet.* [34] Barth. *mergit.* [35] idem *in.* [36] Barth. et alt. cod. *solet.* [37] ms.cod.alt. *molitur.* [38] hoc est *cultum divinum.* [39] Barth. *idololatria.* [40] ms.cod. alt. *actori.* [41] Barthii cod. *schismata, probra, dolos.* [42] Barth. *nitet.* [43] Barth. et alt. cod. *ait.* [44] hoc est *cognoscitur*, ibid in marg. [45] Barth. *obit.* [46] eidem *omnes.* [47] hoc est *peregrinos* in marg. ms. cod. [48] Barth.: *miseros solatur.* [49] ms. cod. alt. *dispargit*; Barthii *dispergat..* [50] ms. alt. et Barth. *exspirat.* [51] Barth. *messem.* [52] Barth. *admissarius,* scil. æquus qui omnes adsiliat. Confer infra cap. vi post medium. [53] Luthero : *Hannum.* [54] Barth. *uxoratus.* [55] Barth. *melius redolet.* [56] et ms. cod. alt. *colore color.* [57] B. *colla.* [58] Barth. *uxor.* [59] idem et ms. cod. alt. *æquivocatur.* [60] Barth. *cautela.* [61] Barth. *Dominum timeat.* [62] id. *dogmata prima probatus.* [63] id. *principule.*

NOTÆ.

(28) Tali genere carminis transposito et in totum vel ex parte cancrino, quandoque delectata est antiquitas, ut constat ex aliis et infra sequitur.

Sacrilegos refugit, convictus, devovet escas
 Gentiles, negat his [64] commaculare fidem.
Non conventiculis horum communicat, imo
 Horret, quos idolis thurificare videt [65];
Sed quia [66] corde Deum vir [67] justus honorat, ho
 [norem
Pensat honore patris primipotentis apex.
Salmanasar dat ei divino munere solus [68]
 Ut queat arbritrio liberiore frui.
Regis in aspectu placet huic, ostendit [69] habenas,
 Non [70] reliquis, regis gratia, regis honor [71]
Cognatis dispergit opes, præcepta salutis
 Prædicat, et geminat proximitatis opem,
Est linguæ [72] cognata manus, documenta maritat [73],
 Rebus, honestati conjugat oris onus [74].
Sic mentes recreat et corpora; dogmate mentes,
 Corpora subsidio, pascit utroque Deum.
Defunctos sepelit, vivos sustentat, et omni
 Obsequio pietas officiosa viget
Quadrata pietate juvat, vivos ope, bustis
 Defunctos, animas dogmate, membra cibis
Tobiæ titulos virtutum quatuor auget
 Gratia, plus sapiunt lilia mista rosis:
Tobias rigidus, sapiens, consultus, honestus
 Est animo forti, dogmate, jura [75] modo [76].
Justum jura, modus moderatum, dogmata doctum
 Efficiunt, fortem contribulata caro.
Quadrata pietate [77] ratus templum Salomonis
 Quadratus poterit, ædificare lapis,
Inde Rages urbem Medorum tendit cuntu
 Assistente viro, conjuge, prole, tribu.
Tobiam monet hic cognati visa Gabeli
 Pauperies, misero condolet alma fides.
Naturæ fortuna potens præponderat, horret;
 Naturam sequitur lucra, sophista, favor.
Fluctuat ad censum [78] venalis amicus egenum:
 Sed refovet verus [79], nec fabricatus amor.
Tobiæ pietas nescit fluitare, Gabelo
 Condolet et non vult [80] dissimulare fidem;
Argenti sub chirographo bis quinque talenta
 Tradit, amicitiam testificatur opus.
Regis amicitia Tobiæ regis amici
 Hæc dederant, domini vernat amore cliens
Hausto curriculo prolixi temporis instat
 Salmanasar mortis hora, tributa petens.
De medio sublatus obit rex, pessima proles
 Sennacherib regnum dilapidare studet.

A Radicis vitio sordet ramunculus, hæres
 Improbus excedit noxietate patrem.
Gaudet in afflictis [84] sævire noverca potestas
 Justitiæ sceleris via ministra riget;
Hoc regnante, jacet virtus, præscribit honesto
 Impietas, ratio desipit, alget honor:
Justos, innocuos, functos [81] premit, enecat, arcet
 Pravus, iniquus, iners, carcere, cæde, rogis
Tobias fovet afflictos, pietatis ad usum
 Dispensare studet mentis et oris opes.
Patrat amore Patris [82] superi, quæ dictat honestas
 Legis, se Domino sacrat, agenda replet.
Replet agenda, sacrat Domino se, legis honestas
 Dictat quæ, superi Patris amore patrat (29)
Judæa rex regrediens percussus acerbo
B Vulnere, membrorum sanguinis imbre manat:
Israel in populum sævit, sepelire peremptos
 Tobiæ satagit officiosa manus.
Tobiam rex Sennacherib sepelire peremptos
 Percipit, ira fremit, pessima pœna placet.
Tobiam jubet interimi, pro munere damnat.
 Pro merito cruciat, pro pietate premit.
Confiscantur opes Tobiæ, quas generales,
 Non proprias sensit advena, sentit inops.
Nescit abesse Deus justus, servatur ab hoste
 Tobias, soboles unica, sponsa, tribus.
Mortis ad antidotum fugiunt, utuntur amico
 Præsidio, tegit hos proximitatis honor [85].
Tobias latitat nudus, poscensque timoris
C Antidotum, Domino subveniente, latet.
Post lamenta redit lyra [83], juridictio [86] regis
 Exspirat, remeant gaudia, mœror obit.
Opprimitur, novies exhaustis quinque diebus,
 Rex perimit figulum vas, genitura patrem.
Tobias redit in lucem, latitare coactus
 Emergit, domino restituuntur opes.

CAPUT II.

Instat festa dies, Tobias sudat in usum
 Lætitiæ, ridet exhilarata domus.
Ad conviviolum cognatos convocat, escis
 Dispositis, natum convocat, ista monet [87]:
Vade, voca quoscunque bonos commendat origo
 Nostra, timoratos elige; jussus abit.
Dum puer accelerat, patri parere paratus [88],
D Nudus ei cæsus Israelita patet.
Condolet occiso patrem pietate monetans [89],
 Patrissare studet, degenerare negat.

VARIÆ LECTIONES.

[64] pro his. [65] ms. cod. alt. videt. [66] vel quod; Barth. et qui. [67] id. ceu. [68] ms. alt. prolis. [69] Barth. protendit. [70] id. præ. [71] ms. alt et Barth. amor. [72] ms. cod. alt. verbis. [73] pro conjungit, ibid. [74] ibid. et Barth. opes. [75] Eo usque a Barthio editi sunt versiculi; reliquos nondum vidi. [76] ms. cod. alt. jure. [77] al. virtute. [78] al. accensum. [79] al. verus refovet. [80] al. renuit. [81] al. afflictos. [82] fortassis sanctos. [83] al. Patris amore patrat. [84] al. amor. [85] pro gaudio, in marg. alt. cod. [86] pro jurisdictione. [87] ms. cod. alt. habet infert. [88] al. platea. [89] pro imitando sive moribus repræsentans, seu moneta fit imagine et quasi admonitione.

NOTÆ.

(29) In ms. cod. alt. hoc distichon non reperitur et fortassis irrepsit; quia fortuito aut studio facti versiculi in totum cancrini; ita ut ex pentametro natus hexametur: velut ex parte aliud genus supra habuimus.

Ad patrem reditum maturat, singula narrat
 Visa; madet fletu sollicitudo patris :
Surgit ab accubitu, jejunus abit, pietatem
 Invitat, corpus intumulare sitit.
Tollit et occultat corpus, quia læsus abhorre
 Insidias; quod agit, notificare timet.
Noctis ad adventum suspirat, tempus opacum
 Eligit et timidus noctis amicat opem [90] :
Gentiles timet insidias insistere, quippe
 Exscaturizantes [91] læsus abhorret aquas.
Dum corpus sepelit compassio mentis honorat
 Facta, sacrum gemitu conjuge vernat opus
Fletibus ora rigans; non ignorans [92], quia quisquis
 Seminat in lacrymis prosperitate metet.
Inde domum repetit [93], satagit memorare [94], quod
 [Amos
Ore prophetali concinit, imo Deus :
In lamenta dies festi vertuntur, in actis [95]
 Verba prophetiæ notificata patent.
Invida Tobiam reprobat vicinia, damnat
 Obsequium, meritum garrulitate premit.
Mentis inops audes sepelire cadavera, nunquid
 Sennacherib gladios commemorare potes?
Justo proposito Tobias constat [96] in actu
 Justitiæ stabilis fructificare studet.
Ante bonus melior fit et optimus, ardet honestas
 Uberior plebis asperiore sono.
Quippe timor Domini probris præponderat, horret
 Murmure plebeio depretiare fidem.
Defesso sudore viro gratissimus hospes
 Est sopor [97], invitat languida membra quies.
Vir, fracto torpore, toro sua membra reponit [98],
 Fessus hirundo domum circinat, ova fovet :
Proximus est paries, ubi sunt cunabula prolis
 Ut natura jubet, deliciosa luto ;
Fæx oculos cæcat, dum solvit hirundo tributum
 Ventris hirundineo stercore visus obit.
Sic tentat famulos ut patientia præstat [99]
 Exemplum, quasi sol collaterale jubar.
A granis paleas discriminat area summi
 Judicis, elimat [100] membra, flagellat amans.
Quod fornax auro, quod ferro lima, flagellum
 Messibus est justis asperitatis onus.
Vir grates cæcatus ait, non murmurat ira,
 Nec strepitu satagit magnificare Deum.
Aspera mellificat patientia, quidquid amarum
 Instat, Elisæi dulce farina facit,
Suadet Elisæus ut agrestes conterat herbas
 Israelitarum concio [1] jussa facit.
Conterit accretas ollis, conservat ad usum
 Victus et [2] inde tamen pacificare studet.

A Dum gustant præamara [3] stupent, clamatur : In
 [olla
 Mors, pater, est ; adhibet mella farina patris.
Aspice [4] quid lateat [5], nucleus latet in nuce, gra-
 [num,
 Si placeat [6], stipulis eliciatur, adest.
Concio claustralis tibi sit, plebs Israel, herbæ
 Disciplina, rigor olla, propheta Deus.
Verus Elisæus dulcorat amara, cicutam
 Mellificat, fragiles roborat, addit opem :
Grata farina datur humilis patientia, morum
 Nutrix egregii pectoris alma comes.
Si quid amarescit tibi, si riget ira, farinam
 Hanc adhibe; ridet rixa, cicuta sapit.
Chamo [7] vel freno rigido [8] compescere belles
B Maxillas asinæ [9] discutientis onus.
Est onus ordo gravis, sed honor, maxilla libido,
 Frena rigor, torpor chamus, asella caro.
Tobiæ tribus insultat : Tibi pessime [10] cæco,
 Pro mercede datur pœna, cicuta favo ;
Hos tibi dat fructus elemosyna plurima, crebri
 Funeris obsequium continuata fides.
Increpat hos vir, mente [11] ratus, mansuetus ab-
 [horret,
 Probris probra malis æquiparare malum :
Ad petram satagens primos elicere [12] motus,
 Iræ primitias luxuriare vetat.
In Dominicum gaudens Domino mœrore sepulto
 Laudat, cujus onus est leve, suave jugum.
Immotus patiens probris responsa propinat
C Paucula quæ pietas officiosa jubet;
In Dominum nolite loqui perversa, molestum
 Nil puto quod faciat Primipotentis apex.
Exspectare decet nos vitam gaudia cujus
 Sumit [13] quisquis amat [14] continuare fidem.
Hæc est vita brevis, tenebrosa, sophistica; vita
 Est ventura manens, lucida, vera fides [15].
Quidquid agat Dominus, regnat [16] benedictus in
 [omni
 Tempore, laus ejus semper in ore meo.
Sic non prævaluit tentatio vincere justum
 Job, stabilem casu consolidante virum.
Non quantum natura jubet perversa, sed ultra
 Femineos mores condolet Hanna viro ,
D Naturæ fragilis morum medicina, grabatum
 Visitat et nuclei testa sapore sapit.
Mentiri natura stupet, dum sponsa marito
 Exhibet irata prosperitate fidem.
Integra jura tori servare studet, licet ista
 Rara sit agricola deficiente seges.
Sponso compatitur, sociali mente maritum

VARIÆ LECTIONES.

[90] pro *amicabiliter desiderat*, seu in ms. alt. cod. suppositum est. [91] pro *ebullientes*, ibid. [92] al. *ignorat*. [93] al. *repetens*. [94] pro *ad memoriam reducere*, ibid. [95] al. *actu*. [96] al. *constat Tobias*. [97] al. *sapor*. [98] al. *supinat*. [99] al. *sapientia præstet*. [100] pro *purgat*, in ms. al. margine. [1] pro *turba*. [2] in ms. cod. alt. omissum *et*. [3] fortassis *peramara*. [4] al. *inspice*. [5] scil. *in hac historia*, in marg. ms. cod. [6] al. *placet a*. [7] al. *camo*. [8] al. *rigido freno*. [9] *carnis*, ibid. [10] al. *pessima*. [11] al. *lege*. [12] al. *allidere*. [13] al. *sumat*. [14] al. *amet*. [15] al. *dies*. [16] al. *regnet*.

LIBER DE TOBIA.

Sustinet, obsequitur, mulcet, honorat, amat :
Militat [17] ad victum, quæ dat textura propinat
Paucula multiplici sedulitate viro,
Tobiæ manibus quæsita viatica defert [18]
  Vitæ [19], mens redimit, quod minus actus [20] habet,
Dum Phæbo redit emerito [21], quem sedula defert
Hædulus audito percipiente viro;
Quod neque invitus denuntiat auris, et alter
  Sensus, ab alternis proditione [22] viget :
Reddite, Tobias clamat, furtiva videte
Ne sit præda, vivant propria, furta premunt.
Hanna dolet, natura redit, se voce fatetur
  Sexus, et objurgat asperiore sono :
Irrita deperiit tua spes, elemosyna vana
Quid valeat, visus perditione patet.

CAPUT III.

Tobias geminat gemitus, ancilla doloris
Fletus unda rigat imbre madente genas.
Plasma patrem, figulum vas, fontem rivulus æger
  Deposcit medicum voce, timore, fide.
Justus es et justa tua sunt examina, summe,
  Rex, æterne, potens, vita, lucerna, salus ;
Rex regum, Dominus dominantum, cujus amicant [23]
  Verba, dulcescit pœna, flagella juvant :
Quem memorare nequit mens [24], noscere, laudes
  Exaltare, loqui lingua, locare locus.
Sub perpendiculo disponis singula, nullum,
  Te mediante, ratum depretiatur opus.
Non tibi peccantis mors, sed conversio; vita,
  Non vindicta; cruor non placet, imo salus.
Grates exhibeo tibi, te cæcatus adoro,
  Damnatus vereor, excruciatus amo.
Ne reminiscaris servi delicta, parentum
  Sint peccata licet multa, remitte reis.
Nos nocui, nos transgressi tua jussa ; sed ægra
  Vulnera non gladii, sed medicantis egent [25]
Non intres in judicium cum paupere dives,
  Cum servo Dominus, cum fluitante potens :
Non in judicium intres [26] cum pulvere fortis
  Exsule rex, stabilis hospite, messe sator.
In vas quis figulus, fabricam faber, in genituram
  Quis pater, in stipulam quis sator arma gerat !
Ultio non placeat tibi, sed miseratio ; flecte
Judicium, misero parce, medere malis.
Peccavi, redeo, miserere, precor ; miserendi
  Tempus adest, miseros te refovere decet.
Heu patior, refoventis egens, abjectio [27] plebis,
  Fabula vicinis, ridiculosa lues !
Heu videor vermis, non homo, consumere fruges
  Natus, vita nocet, postulo morte frui !

A Heu vitæ tædet animam [28] derisio factus
  Publica, posco mori, mors mihi sola salus
Postulo suscipias animam, tua sacra voluntas
  Fiat, ut optatæ mortis amore fruar.
Est mihi vita mori, mors vivere, mors mihi vit
  Dulcior est, redolet vivere mortis amor.
Deprecor, aspira ; patior, succurre ; molestor,
  Consolare ; sequor, respice ; posco, fave.
Sic mortem dolor invitat, sententia mortis
  Fronte patet, legitur ore doloris onus.
His [29] precibus similis querimonia consonat urb
  Medorum, loca sunt dissona, tempus idem.
Increpat excessus ancillæ Sara venusta
  Virgo, cui Raguel est pater, Hanna parens.
In fragili species sexu [30] miratur honesto
B Nupta, sibi morum forma maritat opes.
Septem nupta viris fuit hæc ; quos dæmonis ira
  Pressit, et illæso vernat honore pudor.
Pressit pœna reos, dum carnis amore pudoris
  Virginei satagunt depretiare [31] rosam,
Hasmo [32] dæmonio nomen, pes ultima vocis
  Restat, ne videar [33] intitulare malum ;
Fiat honore [34] Dei decisio [35] nominis, hoste
  Nempe Dei pudor est, æquiparare Deo.
Non est ad Belial Domini conjunctio, lucis
  Ad tenebras, Themesis [36] hac ratione placet
A diverticulo repetatur mentio Saræ
  Virginis ; ancillam dum regit, ira riget,
In dominam conspirat atrox ancilla venenum
  Naturæ [37], loquax elicit ista, refert :
C Infecunda, precor [38], vivas et inutilis, expers
  Conjugii, damnis obruta, prolis inops ;
Pœna ream reprimat, pietas divina virorum
  Interfectricem, fructificare negat.
Innocuum nunquid proponis cædere, sicut
  Nocte cecidisti prodigiosa viros?
His dolet auditis pia virgo propheta doloris
  Virginei fletus pullulat, ora madent ;
Ad famæ gemit interitum, ne læsa laborat [39]
  Fama, fames mortis impetuosa placet [40].
Desolata jacet [41] conclavi, mœsta cubili
  Incubat et lacrymas continuare studet.
Dum fluit [42] in lacrymas, iterat lamenta, diæta
  Hæc triduana cibus, hic placet absque cibo.
D Mœsta die quarto Dominum rogat anxia, tales
  Eructat, gemitu præpediente, preces :
Nostrorum Deus [43] alme patrum, tibi sit benedi-
                            [ctum
  Nomen, sit tibi laus, gloria, regna, decus ;
Exsilio via, vita polo, dux orbe lucerna

VARIÆ LECTIONES.

[17] pro *laborat*, ibid. in marg. [18] al. *vitæ*. [19] al. *Defert*. [20] *Aptus*. [21] pro *sole ausonso*; ibid. in marg. [22] vel *perditione*. [23] hoc est *amicabilia sunt*, ibid. in marg. [24] ms. cod. alt. inserit *nescio*; fortassis *nescia* pro sequenti *noscere*. [25] al. *opem*. [26] al. *Intres in judicium*. [27] al. *abjectio*. [28] fortassis *postquam*. [29] pro *his*. [30] al. *sexu species*. [31] al. *premiciare*. Prius vero significat *prælibare*, in ms. cod. alt. margine. [32] pro *Asmo*. [33] simile de voce Mausim, cum alia ratione, vide apud Lutherum in præf. Germ. super Daniel. cap. 12. *und sonderlich*. [34] al. *amore*. [35] al. *derisio*. [36] fortassis T..osis. [37] al. *naturale*, fortassis *natura*, omisso *comate*. [38] al. *refert*. [39] al *laboret*. [40] al. *latet*. [41] al. *sedet*. [42] al *defluit*. [43] *sanctorum pater*.

In tenebris, pelago nauta, labore quies ;
Principium sine principio, sine fine priorem
   Tempore te series temporis esse stupet ;
Spes sine defectus offendiculo, sine nube [44]
   Sol, sine desidio [45] pax, sine nocte dies.
Te colo, te laudo, voco, rogo, diligo, posco timore,
   Affectu, precibus, spe, pietate, fide :
Quippe viæ tibi judicium, miseratio, verum
   Sunt, verus judex es, miserere precor [46].
Exsultas venia, non judicio, pietate
   Non nece; non gladius, sed medicina placet.
Absolvas, precor, innocuam de cæde virorum,
   Objectum [47] scelus hoc purificare velis ;
Nupsi non stimulo carnis, non amore virilis
   Contractus [48], remove crimina, parce, precor,
Parce precor, quia malo pati discrimina vitæ,
   Quam famæ vitio sordidiore frui [49] :
Parce precor, quia tot patior discrimina vitæ,
   Interitu cupio commodiore frui.
Scrutaris renes et corda, Deus, patet omne
   Cor tibi, mens loquitur, notificatur opus.
Scis me, summe Pater, immunem sanguine, cæde;
   Nec volo, nec volui commaculare fidem [50].
Sunt tua judicia [51], justissime rector, abyssus
   Multa, non humanæ conditionis egent.
Flores post hiemem [52], mel post absinthia, risum
   Præstas post lacrymas, post tenebrosa jubar,
Cur cecidere viri, scis, nescio : forte maritum
   Vis alium, salva virginitate, frui.
Vitæ malo statum labi, quam labe reatus
   Fama labet [53], cesset poena, reatus erit.
Largitor veniæ, Rex summe, salutis amator
   Et dator, objectum crimen abesse jube.
Et mihi sola salus, mihi sola medela ; vel aufer
   Criminis objecta probra, vel adde mori.
Affligor, miserere precor; defende, laboro ;
   Subvenias, crucior ; protege, lædor ; ades?
Nescit abesse Deus in se sperantibus, ægros
   Visitat, elisos erigit, arcet onus.
Impetrat auxilium pietas, pia virgo perorat
   Et senior, redolent cordis in ore [54] preces.
Est accepta Deo præfata querela duorum
   Fiunt vota, salus unica, plaga [55] duplex.
Cœlo missus adest Raphael, qui vulnera sanat [56]
   Amborum redimat [57] probra, propinat opem.

CAPUT IV.

Tobias Domino grates ait, ut moriatur,
   Credit apud Dominum prævaluisse [58] preces.
Displicet hæc mors grata patri, quia gaudia prolis
   Discutiet mortis perniciosa dies.
Quippe pater prolis vernat [59] pietate, dolorem

A Lætificat prolis gloria, prolis amor [60].
. . . . [61]
Patrissare studet Tobias junior, horti
   Delicias rosulæ, testificatur odor.
Messis agrum redolet, radicem virgula, fontem
   Rivus ; messis agro, messe probatur ager :
Lampas luce micat, lux lampade, patris honore
   Præradiat proles, prolis honore pater :
In fructum renovatur ager, rosa primula spinam
   Festivat [62], redimit plantula grata senem,
Dum recolit prolem Pater et [63] primordia sacra
   Indolis, emergunt gaudia [64], vita placet.
Dum sponsæ memorat opprobria, gaudia mergit [65]
   Mœror [66], amor vitæ languet, obire sitit.
Sic dubitat, sic mortis amor cum prolis amore
   Disputat et pugnet cum pietate dolor.
B Non sibi sed genito genitor, vult vivere, quamvis
   Amplius esse negat, non negat esse pater.
Mors et vita placent genitori, vita dolenti
   Mors placet, a patre mors, vita dolente fugit.
Sic vitam probat et reprobat, negat, appetit, hor-
                                              [ret,
   Flagitat, infestat, eligit, odit, amat.
Allegat pro morte dolor, natura perorat
   Proli sic fluitat inter utrumque pater.
Mors tamen hac ratione placet, quia præmia perat
   Emeritus, sperat cœlica regna Patris.
Orbe peregrinus patriam sitit, ut patris æde
   Exsilium mutet, hospitiumque domo.
Sperata mercede ratus contagia mundi
C Respuit, ad cœlum præmeditatur iter.
Ergo vocat natum, qui patris gloria, patris
   Est speculum, patris sollicitudo frequens,
Ut putat optata de morte ratus [67], vocata
   Prole suæ domui dispositurus ait :
Nate, precor, mea jussa libens intellige, patris
   Expedit in factum fructificare preces.
Nate, cavenda cave, sectare sequenda, relega [68]
   Crimina, vas mentis purificare stude ;
Spinis et tribulis purgare novalia debet [69]
   Qui serit, ut semen fructificare queat.
Purga vasa, nisi purges, liquor omnis acescit
   Infusus, pereunt semina, messis obit,
Cede malis, cole virtutes, sic floribus hortus,
D Messe redundabit area, spina rosis.
Spina potens desit ventosa superbia, morum
   Prodiga, nequitiæ fomes, origo necis.
Ne sit avaritiæ fex, cui sua deesse stupescit
   Copia nuda, sitis ebria, plena fames.
Invidiam fugias, quæ nata nocere, dolore,
   Læta, dolet lætis, commoda visa premit.

VARIÆ LECTIONES

[44] al. *labe*. [45] al. *distinctio*. [46] al. *mei*. [47] objecta, sicque præcedens coma hic inserendum esset. [48] al. *contactis*. [49] al. *premi*. [50] al. *manum*. [51] fortassis omissum est *O*. [52] al. *hyemes*. [53] in ms. cod. dicitur hoc verbum antiquum. [54] al. *honore vel odore*. [55] al. *poena*. [56] al. *sanet*. [57] cur non *redimit*. [58] al. *convaluisse*. [59] al. *vernat prolis*. [60] al. *honor*. [61] Hic non modo prolixus excursus sequitur, sed et iam in alt. cod. ms. exstabat : *Liber secundus de informatione filii*. [62] pro *ornat*. [63] al. *patris*. [64] al. *gloria*. [65] al. *mœror*. [66] al. *mergit*. [67] ms. cod. alter : *certus de morte*. [68] h. e. *expelle* ibid. [69] al. *decet*.

Respue Luxuriam, quæ prodiga sanguinis, hostis
　Est animæ, fragilis carnis amica nocens.
Parvulus ad petram furor allidatur, ut Ira
　Sopita pereant schismata, regnet amor.
Nunquam crede Gulæ, cui Crapula servit, obedit
　Gustus, adulatur suavis in ore sapor.
Effugias avidæ mentis contagia, vitæ
　Tædia, divini muneris esto memor.
Sis humilis, largus, castus, miserator, abundans
　Pace, modo vitæ munere plaude Deo.
Insere virtutes, decisis sentibus, horto
　Purgato poterunt fructificare rosæ,
Hoc precor, hoc jubeo toto conamine, tota
　Ex anima, toto dilige corde Deum
Ut legi faveas tibi, sicut ameris, ametur
　Proximus, ex primo pendet amore sequens.
Sabbatha devotus recoles [70], ut præcipit alma
　Lex, servile dies festa relegat [71] opus.
Et patris et matris potiaris honore [72], tenorem
　Vitæ multiplicat hac pietate Deus.
Non interficias [73]; nunquam mœchabere; furtum
　Non facias [74]; falsum testificare nihil [75],
Non cupidum faciat aliena pecunia; nullam
　Damnis alterius luxuriare decet.
Sponsam non capias [76] quam duxit proximus; imo
　Floreat illæsus proximitatis amor.
Hæc legis præcepta decem, nisi fallar, habere
　Ex patrum veterum traditione potes.
Hæc aliis facias, quæ scis tibi commoda, nulli
　Fac, quæ facta tibi perniciosa times [77].
Tres reor ancillas operis congressio quarum
　Quodlibet [78] in fructum [79] fructificare facit.
Tertia, si desit, aut commoditate carebit,
　Aut semiplenum destituetur opus
Quidquid agant homines, prior est ancilla voluntas
　Propositi, facti prævia, mentis iter.
Hæc inter socias prior est operique sororum
　Primum præfigit officiosa gradum.
Inde secunda subit consulta licentia, quidquid
　Expediat licito conciliare studet :
Tertia propositi consummatura facultas [80]
　Supremam satagit conciliare manum.
Hæc tria, quidquid agas, cole, concurrentibus istis
　Quodlibet humanum fructificabit opus.
Effuge tres hostes animæ, versutia quorum
　Perversis triplici perditione nocet.
Tres hostes hominis : dæmon, caro, mundus acer-
　　　　　　　　　　　　　　　　　　　[bant [81]
Insidiis fructus spiritualis obit [82],
Est caro defectus ancilla, sophisticus hostis
　Mundus, apostatica [83] dæmonis ira riget.
Mundus spondet opes, regnat connata [84] voluptas

A　Carne, superstitio dæmonis arma gerit.
Mundus avaritia tentat, caro sævit hiatu,
　Luxuriæ latram dæmonis ira premit,
Proditor est animæ dæmon, seducit ocellos
　Mundus, adulatur renibus ægra caro.
Mundi sperne rotam, caro contineat, cole toto
　Corde Deum; tria sunt tela, medela triplex :
Carnem frange, juvat; carni blandire, minatur;
　Hanc afflige, favet; huic famulare, necat.
Sunt famulæ carnis [85] tres : lubrica lingua, soluti
　Renes, ingluvies ambitiosa gulæ.
Renes vana petunt, gula devorat, ebria lingua
　Palpitat et currit liberiore rota.
Est duplex hominis motus : caro, spiritus, alter
　Alterius pretium depretiare studet.
B　Spiritus est sponsus, caro sponsa, domesticus hostis,
　Sponsum sponsa premit proximiore dolo :
Militat [86] adversus animam caro noxia, sponso
　Sponsa nocet, sponsæ nocuisse amicat [87] opem.
Hæc nocet, iste docet; hæc destruit, hic struit, iste
　Præmiat; hæc cruciat; hæc premit, ille gemit.
Si rerum [88] jubar inspicias [89], est spiritus Adam,
　Eva caro, sponsi perniciosa comes.
Eva nocens Adæ pomum præsentat, amicat
　Blanditiis, palpat munere, fraude nocet :
Alludit [90] caro spiritu, blanditur, inescat,
　Palpat, adulatur, pollicitisque ligat.
Quam caro spiritui dat, delectatio pomum
　Esse potest, pomum mordet avara caro.
In pomo tria sunt : odor [91] et sapor [92] et color [93],
C　　　　　　　　　　　　　　　　　　　[imo
His tribus allicitur ambitiosa caro.
Laudis odor, tactus sapor, et color oris
　Sunt in carne, quibus illaqueatur homo.
A morsu vetito mors dicitur, omnia mordens,
　Nominis exponens [94] significata sui.
Pone merumque [95] et talos, caro clamitat, audit
　Et dolet offendi spiritualis honor.
Spiritus exclamat : crucifige ream, crucifige
　Carnem, templa Dei destruit ægra caro.
Spiritus expugnat carnem, ne sponsa maritum
　Lædat, et infligat collaterale malum.
Est carni cognata Venus, jactantia, fastus,
　Ambitio, livor, crapula, rixa, dolus.
D　Ventre saginato Veneris suspirat ad usum
　Carnis [96] amica caro, carnea membra petens.
Victus sobrietas dat grata remedia luxus
　Et veneris : paucis utere, luxus obit [97]
Spiritus excludit vitium carnale, propinat
　Vitam spiritui mortificata caro.
Asserit ut Salomon, tria sunt, confusio quorum
　Excludit fragiles commodiore domo.

VARIÆ LECTIONES.

[70] al. *recolas*. [71] al. *releget*. [72] al. *amore*. [73] al. *interficies*. [74] al. *facies*. [75] pro *nihil*; ut alii quoque scripserunt. [76] *fortassis cupias*. [77] al. *caves*. [78] al. *Quælibet*. [79] al. *factum*. [80] al. *voluntas*. [81] h. e. *corrumpunt*; ibid. [82] al. *opes*. [83] al. *apostatici*, [84] al. *cognata*. [85] al. *carnis famulæ*. [86] pro *laborat*. Sed in alt. cod. ms. est *Mulcitat*. [87] h. e. *implorat*, ibid. seu *amice invitat*. [88] al. *verum*. [89] al. *expedias*. [90] ibi et hic subintellige *ut, sic*. [91] al. *color*. [92] al. *ac odor*. [93] al. *sapor*, sed alter ordo mox repetitum. [94] al. *exponit*. [95] al. *merum* vel *metum*. [96] al. *ventris*. [97] al. *abit*.

Hæc tria sunt : Fumus aqua stillans, noxia conjux,
  Sub palea granum spirituale latet.
Est aqua consuetum scelus, ignorantia fumus.
  Conjux esse potest [98] nata nocere caro.
Nate, precor, dissuesce malis, cole dogmata, car-
  [nem
Refrena, tria sunt tela, medere tribus [99].
Septem sterne Deo quæ sunt odiosa, supre-
  [mum [100].
Detestatur, habes ex Salomone fidem,
Scilicet hæc : Oculi sublimes, lingua dolosa ;
  Sanguinis innocui cæde cruenta manus ;
Additur his modis [1] meditatio pessima ; proni
  Ad mala discursu [2] liberiore pedes :
Testis falsidicus, quam detestabile, constat
  Esse Deo, fratrum schismata sæva ferens [3].
Non in carne tibi fiducia, carnem
  Comprime, ne reprimat te vitiosa caro.
Si quis materiam perpendit originis hujus [4]
  Unde supercilium tollitur, unde tumor ?
Est caro vas luteum, vas lamentabile, fenum
  Aridolum, fragilis glebula, saccus olens.
Carnis vita labor, carnis conceptio tabes,
  Menstrua putredo finis, origo lutum.
Sperma prius, modo [5] saccus olens, post vermibus
  [esca
In tumba [6], quamquam dote superbit homo.
Es sapiens, marcet sapientia, morte redundans
  Divitiis [7] lapsu mobiliore [8] fluunt.
Es probus, exspirat probitas ; es honestus, honestas
  Labitur ; es fortis, fortia morte jacent [9].
Regreditur [10] cinis in cinerem, resolutio carnis
  Monstrat principii [11] materiale, lutum.
Hostes ne timeas, tua circumcidere debes
  Membra Deo, quod obest, emaculare [12] stude
Ne vacuum videas, oculos averte, fenestris
  Ne patulis mortis ingrediatur hiems.
A labiis expelle dolum, meditatio cordis
  Aspectu vigilet, judicis [13] oret opem.
A lapsu diverte pedem [14], vaga lumina flecte [15]
  Ad lacrymas, animam ne moriatur, ama.
Vas figulum laudare stude, mens concolor ori
  Consonet ut laudem confiteatur opus.
Se laudi conformet [16], nisi verba [17] marites [18]
  Verbis, verba nocent frivola, fructus obit.
Turtur ad cellas [19] rostrum deflectit in actum [20],
  Sermones sapiens fructificare facit.
Est laus sacra Dei, via vitæ, cœlica vita
  Laudatoris honor, plasmatis hostis onus.

A Laus divina juvat, labiorum sit [21] labor hospes,
     In reliquis.[22] studeas magnificare Deum,
   Lubrica fortunæ, non te premat alea, vivas
     Major in adversis, prosperitate minor.
   Quanto major eris malis descendere, vivas
     In magno minimus, in dominante cliens [23].
   Ut [24] tua sis pronus, ad proxima commoda [25] sup-
     [plex
   Alterius plausu, plaude, dolore dole.
   Sperne malos, cole prudentes, compesce rebelles
     Da miseris, sontes respice [26], parce reis [27].
   Quidquid agas, vitio nunquam [28] mergatur ho-
     [nestas.
   Fama lucro, rebus perficiatur honor [29].
   Sit tibi juris amor, timor... [30], pudor almus
B Criminis innocuæ simplicitatis honor.
   Sit tibi lex requies Domini, caro victima, mun-
     [dus
   Exsilium, cœlum patria, vita Deus.
   Sic bonus et redolens famæ dulcedine, morum
     Lampade [31] vita dolet, moribus orba mori.
   Sis pius obsequio, facundus dogmate, suavis
     Alloquio, stabilis mente, favore placens.
   Pax iram reprimat, fastum patientia, luxum
     Sobrietas, odium gratia, probra decus.
   Si quæratur honor, onus [32] intricatur [33] honori
     Quæris opes, ad opus [34], fructificare petunt.
   Si quærantur opes tribuas, ut oportet, egeno,
     Dives opum, fer opem ; sic operantur opes.
C Si delectat honor onus [35] adjacet exigit esse
     Fructus honos [36] oneris [37], fructus honoris
       [onus.
   Si quæratur honor, ut onus restringat honoris
     Delicias, oneri compatiatur honor.
   Nubat honos oneri, nec onus blasphemet [38] ho-
     [noris
   Præsidium, nec honor, diffiteatur [39] onus.
   Quæris opes, inopi fer opem ; venaris honorem,
     Si quæratur honor, ne fugiatur onus.
   Te non excruciat census, sitis ebria, cujus
     Pullulat ex gustu multiplicata fames [40],
   In cupidis sitit ebrietas, præsentia desunt,
     Quærit habens, inhiat copia, plenus eget.
   Heu quid pro croceis [41] affectas stercora [42] morum ?
D Heu quid opes opibus cumulas, quid propria
     [quæris?
   Cum se nemo queat appropriare sibi :
   Nil possessor habet, quia quisquis habetur, ha-
     [bere

VARIÆ LECTIONES.

[98] al. *Esse potest conjux.* [99] al. *dampna medela triplex.* [100] pro *ultimum,* ibid. [1] al. *cordis.* [2] al. *discursu.* [3] al. *serens.* [4] al. *unde.* [5] al. *post.* [6] al. *In tumulo.* [7] al. *Dilitiis.* [8] al. *liberiare.* [9] al. *Marte cædunt.* [10] pro *redigitur.* [11] pro *principium.* [12] h. e. *scindere,* in ms. marg. [13] al. *vindicis.* [14] al. *pedes.* [15] al. *verte.* [16] al. *confirmet.* [17] al. *sancta* vel *sacra.* [18] h. e. *compleas,* ibid. [19] al. *ascellas.* Istud pro *alis.* [20] al. *actu.* [21] al. *fit.* [22] scil. *membris,* ibid. [23] hoc distichon in alt. cod. non exstat. [24] al. *ad.* [25] al. *commoda proxima.* [26] al. *argue.* [27] al. *regis.* [28] al. *nunquam vitio.* [29] al. *proficiatur opus* vel *honor.* [30] in alt. ms. cod. *exsilii.* [31] h. e. *charitate,* ibid. [32] al. *honus.* [33] j. e. *jungatur,* ibid. [34] al. *onus.* [35] pro *onus.* [36] al. *oneris.* [37] al. *oneris.* Sicque litteræ initiales quasi permutatæ, ut factum utrobique in versibus sequentibus. [38] h. e. *deponat,* ibid. [39] al. *diffideatur.* [40] Hæc disticha in alt. cod. transposita, et ibid. exstat : *Excruciet.* [41] pro *cœlestibus.* [42] h. e. *mundana,*

Nulla potest, se non possidet, ergo nihil
Servit habens habitis ⁴² ; nec habet, sed habetur ;
    [avarum
Census habet ; domino prædominantur opes.
Jure poli, non jure fori communia constant
Omnia, libertas unica parque status.
Jure poli proprium nihil ⁴⁴ est, a jure forensi
Improbus emergit proprietatis amor.
Ambitione parantur opes, communio prima
Exspirat, paritas dispariata fugit.
Cum nequeas tuus esse, tuum nihil est, suus esse
Nemo potest : ergo nihil reor esse suum.
Rebus ab humanis excludit propria, claudens
Omnia pugillo primipotentis honor.
O felix, sed felici felicior omni
Quem sibi Primipotens destinat esse suum !
O felix quem summus habet possessor, haberi
Sic poterit... ⁴⁵ proprietatis ⁴⁶ opes.
Rursus nil homini proprium permittit habere ⁴⁷,
Mortis hiems vitam terminat, æra rapit.
Mortis ad occursum cessat possessio, transit
Ad dominos, et habens, et quod habetur, abest.
Servus avaritiæ sibi non dominatur, abutens
Arbitrio proprio, proprietate caret.
Sic tua de ⁴⁸ propriant proprium, divina potestas
Claudens cuncta, jugum mortis amara lues.
Cum proprium nihil esse scias, et danda facultas
Quemque retenta nocent, particulata juvant.
Dispensa quod habes, ut consulit usus , ad usum,
Non ad avaritiæ pabula confer opem ⁴⁹.
Da nudis, da pauperibus ; te pinguibus uti
Non decet ⁵⁰, in membris esuriente Deo.
Quatuor hæc cognata datis sunt, causa, voluntas
Dantis ; cui dederis, materiesque dati.
Cui dederis, sit egens ; te cognoscente, voluntas
Gratia , materies propria, causa Deus.
Affectus parit affectum, non aspice quantum,
Sed fuit ex quanta sedulitate datum.
Non tibi quid dabitur, sed cur, intellige : so-
    [lum
Sola voluntatis forma monetat ⁵¹ opus.
Obsequio refovetur amor, quia verus amicus
Dantis in effectum ⁵², non datione patet.
Nonnunquam fuge, quod dabitur, susceptio doni
Arbitrii vendit liberioris opes.
Sæpe repulsa juvat, nocet impetrare, repulsa
Liberat arbitrium, munera sumpta ligant.
Venditur arbitrium, dum vivitur ex alieno
Sumptu ; pane tuo vescere, tutus ⁵³ eris.

A Si locus est, quando ⁵⁴ datum, non respue, quippe
Si fugis oblatum, retribuisse negas.
Donis dona dator, qui poscit, adulterat, instat,
Fœneris aut speciem venditionis habet.
Da cito, da gratum gratis ⁵⁵ ne gratia fiat
Venalis ; grato munere gratus ⁵⁶ eris.
Denigrat dantis mora meritum : sed data raptim ⁵⁷
Munera plus laudis, plusque favoris habent.
Gratius est jamjamque datum, meritique noverca
Esse solet dantis desidiosa manus.
Sic des pro modulo census, ne prodiga dandi
Virtus in vitium collaterale ⁵⁸ ruat.
Largus eris dans digna dari, dans digna teneri :
Prodigus ut capias grata, nociva cave.
Parcus eris, retinens quæ censes digna teneri
B Usus; avarus eris, distribuenda tenens.
Prodigus excedit mensuram ; largus honori
Servit ; fructificat parcus, avarus eget.
Sit tua ⁵⁹ larga manus, non prodiga ; parcus,
    [avarus
Esse cave ; spreto cortice grana metes.
Pauperiem consulta regat prudentia ⁶⁰ pauper
Succinta studeas sobrietate fovi :
Pauper delicias fuge, pauperis exigit esse
Simplicitas humilis ingeniosa comes.
Consule quid moneat rugosa ⁶¹ crumena, monetæ
Nescia, jejunis faucibus æra petens.
Hæc tria displiceant : lasciva senecta, coacta
Latria ⁶², pauperies deliciosa petens.
Paupertatis onus honor est patientibus ; imo
C Semina virtutum commodiora facit.
Non defectus opum, sed desperatio confert
Pauperiem mentis deficiente statu.
Non rerum cumulus sed sufficientia mentis
Ditàt ; sufficiant paucula, dives eris.
Da Domino grates in paupertate, grabato ⁶³
Si jaceas celebra sospite mente Deum.
Spe lucri Dominum noli rogitare, videtur
Gratia venalis emolumenta petens.
Ut nos pro nobis amat, amplexatur, amari
Se per ⁶⁴ se Dominus vult, non amore lucri.
Da Domino grates ⁶⁵ jucundo tempore, lauda
Turbine fortunæ flebiliore Deum.
Laus meritum damnat, dilata noverca favoris
D Est mora ; tolle moram, nec moriatur amor
Si bona cepisti, Domino præstante, malorum
Articulo noli insimulare ⁶⁶ Deum.
Fac ut ameris, ama quos fructus amoris amicos
Prædicat, et bravio ⁶⁷ dignus amoris amor.

VARIÆ LECTIONES.

⁴² al. *serous ambitionis homo*. ⁴⁴ pro *nihil*, ut alibi sæpius, et apud Leon. Aretin. in epist. ut monui in postfat. mei discurs. *De homicid*, num. 10, p. 101. ⁴⁵ deest vox quædam, ut sensus sit : *Sic possunt omnes*. ⁴⁶ al. *prosperitas*. ⁴⁷ *promittit amare*. ⁴⁸ *fortassis te*; aut *depropriant* pro *destituunt*. ⁴⁹ al. *opes*. ⁵⁰ pro utraque voce in alt. col. exstat : *Dedecet*. ⁵¹ h. e. *designat, indicat, ostendit*, ut supra de filio similiter locutus. ⁵² al. *affectum*, fortassis *affectu*. ⁵³ al. *liber*. ⁵⁴ f. *quandoque*. In alt. cod. exstat plerumque. ⁵⁵ al. *gratis gratum*. ⁵⁶ h. e. *acceptus*. ⁵⁷ al. *meritum dantis mora, facta repente*. ⁵⁸ i. e. *oppositum* q. e. *regione*. ⁵⁹ al. *tibi*. ⁶⁰ al. *patientia*. ⁶¹ h. e. *vacua indigent*, ibid. in alt. cod. ⁶² h. e. *Dei cultus*, ibid. ⁶³ pro *lecto*, ut supra : juncto Psal. XLI, v. 2-4. ⁶⁴ al. *pro*. ⁶⁵ al. *laudes*. ⁶⁶ al. *dissimulare*. In marg. ital. ms. pro *incusare*. ⁶⁷ h. e. *præmio* ibid. a Græco Βραβεῖον, cujus illud corruptum est. Mart. in *lexic. philol.*. verb. *Brabeum*

Fructus amicitiæ redimit dispendia vitæ
Flebilis, exsilium gratius esse facit.
Est sine melle favus, sine messe seges, sine fru-
[ctu
Arbor, amicitiæ conjuge [68] vita carens
Dulcis amicorum vernat congressus, honesti
Nulla superfluitas fœderis esse potest :
Sis placidus placidis, recolentes te cole, justo
Justa relaturo gaudet honore fides.
Sunt in amore gradus tres, triplex gratia ; fundat
Prima, secunda fovet, tertia firmat opus.
Fundat origo, fovet progressio, fœdus amico
Obsequio solidat continuata fides.
Prima serit fœdus, rigat altera, tertia messem
Siccat et horreolo continuare [69] studet.
Nutritura triplex tenero tribuatur amori
Te duce, ni [70] foveas semina, messis abit [71]
Fœdus alit morum par gratia, par studiorum
Usus, in obsequiis alterutrata fides.
Quinque, precor, famulos rege, quos natura mini-
[stros
Usibus humanis officiosa dedit :
Visus, odoratus, auditus, tactus, amicus
Gustus, ventris opus officiale [72] gerunt.
Si quis adulatur sensus, ne crede maligno
Sæpe ministerio servus acerbat herum :
Corporis excubias dum servat visus, abutens
Officio, mentem vulnerat, urget herum.
Visus obest, oculus legatus amoris, adulter
Mentis, opes animæ depretiare studet.
Interius Babylonis [73] opes, redimicula [74] mundi
Nuntiat in mortis damna fenestra [75] patens.
Carnem deliciis corrumpit, inebriat, inde
Prodit amarus amor, prodit amara lues [76],
Nonnumquam nocet auditus, dum percipit auris
Non credenda, fides impetuosa [77] nocet.
Tactus adulatur [78], fallit, dum vendit amanti
Plana superficies quæ scabiosa latent.
Gustus edax ventris venator, prædo crumenæ
Irato vacuas increpat ore manus.
Lædit odoratus minus his sine crimine sensus
Hic sibi collatis fratribus esse potest.
Hos famulos cogas tibi deservire, ministri
Imperium domino dedecus esse solet [79].
Sit tibi vita decens, discretio provida, justum
Consilium, stabilis actio, fama nitens.
Est famæ pretiosa fames ; si fama laborat
Vita labat, pretium labitur, alget honor.
Gratius est meritum famæ, quam fama, potiri
Imperio minus est, quam meruisse decus.

A Est gravius meritum pœnæ, quam pœna, necari
In cruce, credo minus quam meruisse crucem.
Famosos recoles mores [80] infamia mortis
Est species, sepelit fama sepulta decus.
Sarcina dedecoris damno præponderat, omnis
Est gravitas famæ perditione minor.
Non credit titulis fama, te consule, crede
Menti, vera canit mens, sibi fama favet.
Fama citat laudem, laus præmia, præmia mentem,
Mens studium, studium dogmata, dogma decus.
Doctrinæ præter pater est usus, doctrina scholaris
Intercisa perit, continuata viget.
Pullulat inflores [81] natura [82] labore ministro
Virtutis, requies confirmata nocet.
Est animæ cultura labor, caro nuda labore
B Est sterilis, spinis obsita, messis inops.
Ex requie serpit pestis sævissima luxus
Armiger, et famæ prodigus, hostis amor.
Est amor injustus judex, adversa maritans [82]
Rerum naturas degenerare facit.
Consonat antithesis in amore, scientia nescit
Ira jocatur, honor sordet, abundat [84] egens.
Probra probant [85], reprobat laus, desperatio sperat,
Spes metuit, prosunt noxia, lucra nocent.
Anxietas in amore sapit, dulcescit amarum,
Vernat hiems, sudant frigora, morbus alit.
Ne noceat, carnem compesce labore [86]; labora [87],
Languescit vitium; nil age, morbus adest
Nostrorum sectare patrum vestigia, patres
Quæ coluere cole, quæ docuere doce.
C Sunt assistrices doctrinæ quatuor, harum
Conjugio studium fructificare solet.
Prima perit natura, quod ingenium fovet, auget.
Vis exercitii, perficit usus opus.
Est incultus ager, sed fertilis, artis egenum
Ingenium, studii sedulitate carens.
Est sterilis, sed cultus ager, studii labor expers
Ingenii, jungas hæc duo, messis adest.
Consule doctores legis, discede malorum
A conventiculis, concomitare bonos.
Ut de melle favum, nectar de nectare, rivum
De fluvio, radium de radiante metes [88].
Ut granum de messe tibi, de fonte salubri
Pocula, de docta dogmate [89] mente leges [90].
Plaude bonis, fuge pravorum consortia, labem
D De pice tractata [91] contrahit ægra manus.
Ut Domino placeas, noli peccare, relega
Peccatum, veniam posce, beatus eris.
Da miseris, potum sitienti funde, molestum
Lætifica, parcus semine [92], pauca metes.
Est ancilla Dei simplex [93] elemosyna mortis

VARIÆ LECTIONES.

[68] h. e. *copulatione*, ibid. [69] al. *conciliare*. al. [70] *tu* vel *in*. [71] al. *obit*. [72] h. e. *naturale*, ibid. [73] h. e. *confusionis*, ibid. [74] i. e. *ornamenta*, ibid. [75] scil. *oculus*, ibid. [76] h. e. *perpetua mors*, ibid. [77] scil. *credendi*, ibid. [78] al. *adulator*, omisso commate. [79] al. *potest*. [80] al. *mores recolas*. [81] scil. *scientias*, ibid. [82] h. e. *naturale ingenium*. [83] pro *conjungens*. [84] al. *habundat*, ut alibi *honus* pro *onus*. [85] h. e. *laudant*, ibid. [86] al. *dolore*. [87] sed tunc comma adjiciendum, vel fortassis repetendum, *labore*; ut mox, *Patrum, Patres*. [88] al. *metas*. [89] al. *dogmata*. [90] pro *calliaqs*, ibid. [91] al. *contracta*; fortassis *contacta*. [92] al. *parcens semina*. [93] al. *supplex*.

Antidotum, veniæ porta, salutis iter (30).
Disputat adversus dantis peccata, perorat
Actori, redimit probra, precatur opem .
Peccatum mors est animæ, mors debita pœna
Peccati, sana vulnera, morbus abest,
Cordis amor manibus præponderat, hostia grata
Est humilis Domino spiritus, ara placens.
Da, quod amas, si quid deposcit amicus, amarum
Munus ni dederis [94], nulla petita feres.
Est, dare, lætitiæ vox, verbum nobile, verbum
Mellifluum, dantis gloria, dantis honor.
Est, rogo, vox miseri, vox importuna, pudoris
Prodiga, mœroris plena, favoris egens
Debita solve, precor, largire rogata roganti,
Si poteris, superat munera mentis honor.
Da, dabitur; dimitte, tibi dimittet optimus [95]
Judex, consimili semina lance metes.
Sparge dapes, operi nudos, caput accipe membris
Hospitibus, sepeli corpora, vive Deo.
Sperne malignantes, sapientes consule, pravos
Non [96] reprobes [97], nec te magnificare velis.
Solve laboranti lucra, mercenarius omnis
Debet promerita conditione frui.
Solam solus ama [98] sponsam, solam cole, soli
Huic sociæ solum te sociare velis.
Non caput impinguet oleum peccantis et [99] aures
Si quis adulator lactat [100], omitte fidem :
Si quis quem [1] reprobat, discernere te decet, utrum
Hostis, an invidus, an ambitiosus adest.
Ambitio, livor, odium, tria sunt mala, quorum
Fautores [2] facili credulitate nocent.
Hostis si reprobet hostem, ne crede, furorem
Exercere suum, te mediante, cupit [3].
Invidus ut noceat aliis studet; aut sibi soli,
Aut prodesse suis ambitiosus amat.
Sic famuli merces [4] perit exspectata, potentes
In famulos armat perpetuosa fides.
Solve libens mortem, ne desperatio vitæ,
Prodiga te merita proditione premat.
Mors properat, fuga nulla patet, mortale tributum
Solvere naturæ lege tenetur homo.
Suscipe judicium Domini, prece simplice, rebus
Dispersis, humili corde, timore, fide [5].
Quis fugiat patriam miser exsul? patria cœlum,
Exsilium mundus; hic mare, portus ibi.
Ex hac valle gravis cursus, via lubrica, jugis [6]
Anxietas, tempus mobile, vita brevis.

A Mors parcit reprobis, deflorat florida, quippe
Ventis erigitur spina, roseta jacet [7].
(31) Matris honore frui studeas, matrem cole, prolem
Expedit in matris fructificare decus.
Post patris exsequias, defuncta matre, paterno
Maternum tumulum continuare stude.
Expedit ut quos una fides, quos unit amoris
Integritas, tumulus dispariare negat [8].
Esto pacificus, fuge jurgia, vincula pacis
Cœlica sunt animæ pabula, corpus alunt.
Plausus alit gentes, gens gaudia, gaudia pacem;
Pax requiem, requies semina, semen... [9].
Heu ! vitam gerimus inopem, timeatur amica
Mente Deus, cumulus prosperitatis adest.
B Argenti consanguineo bis quinque Gabelo.
Fili, chirographo teste, talenta dedi.
Mansitat urbe Rages Medorum, vade, reposce
Debita; chirographum redde, petita feres.
His accede patris monitis [10] te credere patris
Consiliis, pietas intemerata jubet.
Vive, vale; valeas cum veneris ante tribunal
Judicis [11] in patria [12] gaudia patris habe.

CAPUT V.

Sic genitor, cui progenies devota favorem
Exhibet, assensum commodat, ista refert :
Pro modulo, pater, ætatis, parere paratus
Sum tibi; quod suades approbo, jussa sequor.
Si nescis, ignoro vias, ignoro Gabelum,
C Vix dabit ignoto quas tibi servat opes.
Cui genitor : Noli certis dubitare, recedat
Pessimus in dubia sorte propheta timor.
Ne timeas, solvet tibi depositarius [13] omne
Depositum, reddet debita, tutus abi.
Viso chirographo reddet quæsita, viarum
Ne seducaris schismate [14] quære ducem.
Jussus abit, juvenem videt, oblatum sibi formæ
Dotibus insignem; lætificatus ait :
Cujus es, o [15] juvenis? Raphael sic : Israelita
Sum. Puer huic : Rages notificabis iter?
Huic Raphael : Via nota mihi patet, æde Gabeli
Mansi; si placeat ire, redire, veni.
Nosco viam [16], Rages urbs est, sita monte vocato
Abathanus [17]; novi quo properare paras.
D Quem videt, ignorat puer, ignorat Raphaelem
Esse suæ comitem, quem rogat, esse viæ.
Angelus angelicas dotes occultat, obumbrat

VARIÆ LECTIONES.

[94] al. *Ni dederis merito*. [95] pro *optimus*. [96] al. *ne*. [97] h. e. *vilipendas*. [98] al. *solus ama solam*. [99] al. *ad*. [100] al. *lactet*. [1] al. *quem quis*. [2] al. *factores*. [3] al. *sitit*. [4] al. *mentes*. [5] al. *rato*. [6] pro *assidua*, ibid. [7] al. *jacent*. [8] al. *neget*. [9] Deest vox quædam. [10] al. *His monitis accede patris*. [11] scil. Dei, ibid. [12] h. e. *cœlo*. [13] imo *mutuarius* seu debitor, in rei veritate et de jure, juxtaque textum et verba seqq. [14] h. e. *divisione*. [15] *o* omissum in alt. cod. [16] al. *vias*. [17] Luthero dicitur *Ecbatana*.

NOTÆ.

(30) Sed quæ de eleemosyna tam in textu quam glossa dicuntur, sanum capere debent sensum ex libris S. Scripturæ canonicis et interpretib sincerioribus.

(31) Hic demum auctor suum excursum flectit ad patris monita in textu reperta; ceu ipse codex ms. in marg. indicat.

Effigies hominis spirituale jubar.
Quem natura levat [18] pietas inclinat, honesti
   Forma ministerii pensat honoris opes.
Sic radium nubes obnubilat, umbra lucernam,
   Sic latet angelicæ nobilitatis apex.
Sic præceptoris non immemor angelus, esse
   Vult minor obsequio, conditione prior.
Ad patrem maturat iter puer, omnia narrat
   Visa, jubet juvenem lætus adesse pater.
Procinctus Raphael venit, intrat tecta, salutat
   Patrem progrediens exiguosque lares [19],
Dicens : Sit Dominus vobiscum, verba salutis.
   Obstupet anxietas obtenebrosa senis.
Cæcatus tenebris languens, squalore grabati [20],
   Sordidulus nescit, pullulat unde salus.
Anxius et rogitans mortis compendia, vitæ
   Flebilis, horrescit dona salutis opem.
Sic queritur : Fluit [21] unde salus misero mihi,
                     [cujus
   Pœna quies, mors est vivere, vita mori.
Heu! mors pigra venit, nec pervenit, est mihi vita
   Mors melior; tenebris lugeo, posco mori.
Huic Raphael : Spera Domini suffragia, spera
   In Domino, Dominum dilige, sanus eris.
Est pietas prægrata Dei [22] prædulce flagellum
   Virga docens, vulnus utile, suave jugum.
Verbera sunt patris, velut verbera grata, medetur
   Vulnere, vulneribus [23] mulcet amore, domat,
Elimat, recolit [24], figulus sua vasa, flagellat
   Quas recipit, medico vulnere, pastor oves.
Tunc senior : juvenis bone, dic mihi, quæ sit origo
   Sanguinis, unde genus contrahis, ede, præcor.
Cui Raphael : Quæris tibi, mercenarius an sit [25],
   An satis est ejus notificare genus;
Vis audire? vocor Azarias, Ananiæ
   Filius, hæc animo sollicitudo cadat.
Exaltare suas dotes negat angelus, imo
   Providus hac sepelit calliditate genus.
Tunc supplex senior : Non irasceris [26] amice,
   Quod volui generis conditione [27] frui.
Si placeat Rages natum perducere, præsta
   Consilium [28], puero consule, confer opem.
Ne dubita [29] dabitur merces condigna, laboris
   Antidotum, re, me restituente, feres,
Ad Medos puerum ducas, exore, reducas,
   Plus peto; plus reditus quam via prima placet.
Sic Raphael : Quod poscis, adest, me præside,
                    [fretus,
Me duce, tutus erit, me comitante tutus [30].
Flet genitor prolis [31] digressu, præside tanto

A
Gaudet, spes reditus gaudia præesse facit.
Progenies, pater, alterutrant [32] suspiria, proles
   Patris amore gemit, prolis amore pater.
Præparat ergo viæ condigna viatica patris
   Cura, Deo grates multiplicare studet.
Digressus, Ave, geminat puer, oscula nato
   Ingeminat gemitu flebiliore pater [33].
In lacrymis animam [34] dispensat mœsta senectus
   Patris, quippe pater degenerare negat [35].
Clamat : Erit [36] Dominus vobiscum, vos comitetur
   Angelus, et vigili sedulitate regat.
Dant pater et mater lamenta, salutat utrumque
   Filius; hinc abeunt, aggrediatur [37] iter.
Hanna [38] parens ruit in lacrymas; lamenta, que-
                     [relas
B
Ingeminat, matrem dissimulare nequit.
Qui præsens placuit, absens exasperat, instat
   Quo præsente fuit plausus, eunte dolor.
Matrem matris amor redolet, cum conjuge tristis
   Litigat, ut pietas officiosa jubet.
Heu nunquam fuerat [39] quæsita pecunia, cujus
   Causa prole pater orbus es, orba queror [40]
Cur abiit mea tota [41] salus, mea cura, senectæ
   Præsidium, matris gaudia, matris honor.
Quod nobis aberat, redimebat gratia [42] prolis
   Pauperiem fugit hoc effugiente salus.
Præsens delicias cumulabat filius, omnis
   Anxietas, viso prolis honore sapit.
Sic genitrix; genitor lacrymas castigat, amicat
C
Blanditiis, gemitus luxuriare vetat.
Ne timeas, desiste queri, reor, angelus alti
   Consilii, pueri concomitatur iter.
Ducet et adducet Deus hunc, sospes remeabit
   Natus, et incolumis prosperiore gradu.
Cessat ad hanc vocem matris querimonia, fletus
   Castigat, lacrymas terminat, ora premit.

CAPUT VI.

Procedunt comites puer, angelus; hoc duce felix
   Hoc [43] socio, puero dux, Raphaele puer.
Se tanto ductore puer Raphaele ministro,
   Se Domino [44] nescit sedulitate regi.
Pascit uterque viam verbis, collega fidelis
   Et custos, satagit prævius ire comes [45].
D
Ambos prima dies prope Tigrin ducit, in amnem
   Tobias properat mundificare pedes.
Piscis adest, pedibus immersis et instat, hiatum
   Ampliat, ut patulo devorat [46] ore pedem
Clamitat : Me [47] piscis, heu! devorat [48]; extrahe,
                     [suadet
Angelus, extracto pisce medela patet.

VARIÆ LECTIONES.

[18] al. *jubet.* [19] h. e. *domos,* ibid. [20] pro *lecto,* ut supra. [21] al. *Fluat.* [22] fortassis *Deo.* [23] al. *verberibus.* [24] al. *et recoquit.* [25] al. *assit* pro *adsit.* [26] al. *irascaris.* [27] al. *editione.* [28] al. *Præsidium.* [29] al *dubites.* [30] al. *ratus.* [31] al. *sobolis.* [32] fortassis *alternant.* Germ. : *Eins vom ander, oder beide gegen einander seufftzen.* [33] al. *senex.* [34] al. *lacrymas animum.* [35] al. *nequit.* [36] al. *eat.* [37] al. *aggrediuntur.* [38] al. *Anna.* [39] al. *fuerit.* [40] al. *parens,* vel *mater,* scilicet *ego.* [41] al. *sola.* [42] al. *gloria.* [43] al. *Hic;* sicque fortassis legendum : *Hinc socius.* [44] al. *Domini.* [45] al. *canis.* [46] al. *devoret.* [47] al. *Heu,* fortassis. *Ne ob* seq. *verbum.* Et tunc pro *Heu* ponendum *Me.* [48] al. *devoret.*

LIBER DE TOBIA.

Extrahit angelicis monitis, exenterat, inde
    Intestina rapit sedulitate ducis.
Eligit, explorat fel, cor, jecur, hæc tria sumi
    Providus insinuat angelus, ille favet.
Quod piscis superest delibutum sale, vitæ
    Sufficit, usque Rages perficiatur iter.
Luce sequente die [49] redimunt [50] fastidia verbis
    Alternis, rogat hic [51] a Raphaele puer :
Di‍, Azaria frater, nobis [52] de pisce reponi
    Quæ suades, aliquid utilitatis [53] habent ?
Angelus huic : Non vana rogas sed seria, jussi
    Servari tria, quæ commodiora scio.
Particulam cordis adhibe carbonibus, omne
    Dæmonium, fumo subveniente, fugit.
Fel prodest oculis, fellis medicamine morbus
    Omnis abest, oculos obtenebrare potens [54].
Lumina fel sanat, virtus promiscua cordis
    Et jecoris, pulso dæmone, præstat opem.
Inde puer loquitur : Ubi vis maneamus in ista
    Nocte; tua refert dicere, jussa sequor [55].
Angelus huic : Raguel prope mansitat æquus ho-
                        [nesti
Cultor [56] et affinis proximitate tribus :
Cui patris servantur opes, huic unica vernat
    Nata decens, patris gloria, patris [57] honor.
Hæc tibi debetur; hanc posce [58], pater dabit, imo
    Hac uxore metes prædia, rura, domos.
Tota patris tibi debetur substantia, ducas
    Hanc, moneo. Puer his obstupefactus, ait :
Audivi, sic fama refert, fuit hæc data septem
    Sponsis, dæmonio mortificante jacent.
Si patiar similes casus, uterque parenti
    Unicus, hos constat, me moriente, mori.
Angelus huic : Aderunt tibi grata remedia, gratum
    Antidotum, monitis [59] percipe [60] tutus eris.
Hos dæmon perimit quos delectatio carnis,
    Non sobolis, stimulat virginitate frui.
Quisquis sicut equus [61] aut mulus gaudet abuti
    Conjugio, carnis victus amore perit.
Virgine non tacta, tribus ora noctibus, insta
    Votis vota, preces accumulare stude [62].
Prima nocte jecur piscis combure, fugabis
    Dæmonium, jecur hac commoditate juvat.
Nocte sequente Deo fundas [63] suffragia, possis
    Ut patriarcharum religione frui.
Tertia nox fructum dabit, ut benedictus honore
    Multiplicis [64] prolis fructificare queas.
Has tres excubias cole, ne prurigine carnis
    Victus, quam metuis promereare necem.
Sic age, fructus adest, divino [65] amore
    Sic tua virginitas [66] carne carere caro

A Indulget nox quarta thoro [67] spe prolis habendæ,
    Non Veneris; monitis crede, medela datur.

CAPUT VII.

Angelus hæc; puer obsequitur, Raguelis in [68] ædem
    Angelicæ monitu sedulitatis eunt.
Occurrit Raguel, jucunda fronte serenat
    Hospitium, faciem purpurat oris honor.
Hospitis arridet non hospes gratia, plausus
    Hospitis hospitium [69] gratius esse facit [70].
Hæret [71] in aspectu [72] pueri, dijudicat oris
    Effigiem, tanta gratuitate stupet.
Quod [73] prolis facie, prolem [74] prognosticat, aror
    Fronde patet, legitur [75] prolis in ore pater.
Post ait : Hanna soror consobrino Ninivitæ
    Hic quantum simili consonat ore puer.
B Post ait hospitibus : Mihi, quæso, pandite vestra
    Quæ sit origo, mihi notificate [76] genus.
Angelus huic : Nos Neptalia [77] sumus ex Ninivitis
    Captivis, voluit nos superesse Deus.
Sic Raguel : Nunquid Tobiam gratia vestra
    Noverit ? Angelus huic : Novimus ambo virum.
Urbe, tribu nobis Tobias proximus, iste
    Tobiæ puer et filius; adde fidem.
His sibi narratis, Raguel stupet, oscula lætus
    Dat puero teneris fletibus ora rigat.
Gaudia testatur verbis : Benedictio, fili,
    Sit tibi multa, precor, perpetuumque decus.
Ex sacro genitore satus, quem voce fateris
    Et facie, simili simplicitate placens.
C Hæc dicente viro, lacrymis exuberat uxor
    Anna [78] pro fletu filia sacra [79] madet.
Inde domum videre jubet [80], desudat in usum
    Obsequii celebris Anna, puella, pater.
Fercula festa parant, aries mactatur, honore
    Hospitii, cumulat prandia mentis honor.
Cursitat huc illuc Raguel, discumbere lætus
    Suadet utrumque; puer inficiatus [81] ait :
Non epulas sumam vel prandia [82], donec
    Quam peto des natam conditione tori.
Miratur Raguel, septem periisse revolvens,
    Ne cadat hic simili perditione timet.
Dum dubitat dare, quod petitur, sic angelus : Omnem
    Pone metum, dabit his tibi prospera quæque
                                  [Deus.
D Crede, reservatur puero tua filia, sola
    Soli debet ei [83] virginitatis apex [84].
Tunc Raguel : Dominus gemitum, lamenta, que-
                                  [relas,
Ut reor, admisit, convaluere preces.
Assensit precibus Domini miseratio, septem
    Stratis, hunc voluit fructificare Deus,

VARIÆ LECTIONES.

[49] al. *diem.* [50] al. *redimit.* [51] al. *hæc.* [52] al. *Azarias frater de.* [53] al. *commoditatis.* [54] al. *potes.* [55] al *dicta sequar.* [56] al. *custos.* [57] *fortassis matris;* ut infra cap. x. [58] al. pro utraque voce: *deposce.* [59] al. *monitus.* [60] f. *perfice,* ibid. [61] vide supra cap. 1. [62] al *precor.* [63] al. *fundas.* [64] al. *multiplici.* [65] an vox *debet* vel similis fuerit, difficilis lectu est. [66] al. *virginea.* [67] al. *thorum.* [68] al. *ad.* [69] al. *officium.* [70] al. *potest.* [71] h. e. *dubitat,* ibid., vel *oculis intentus.* [72] al. *affectu.* [73] In fine præcedentis, omisso commate vel puncto. Alias *ex.* [74] al. *patrem.* [75] i. e. *cognoscitur,* ibid. [76] al. *certificate.* [77] pro utraque voce *Nephtalici.* [78] al. *Hanna.* [79] al. *Sara.* [80] al. *jubent videre domum.* [81] h. e. *negatus,* ibid. in marg. [82] al. *pocula.* [83] al. *debet ei soli.* [84] al. *opes.*

Et [85] juxta legem Moysi cognata marito
 Tradita cognato prolis abundat ope.
Trado lubens dextræ puerili, deinde maritans
 Dextram virgineam; flet pater, ista refert:
Qui Deus est Abraham, Deus Isaac et Jacob, omni
 Tempore.vos foveat, vos benedicat, amen!
Vestrum conjugium confirmet, prole beatos
 Vos faciat, solidet fœdera, præstet opem.
Inde pater calamum deposcit, fœdera firmat
 Conjugii, scripti testificante nota.
Inde [86] vacant epulis, ut sufficientia dictat,
 Non gula, non ventris ambitus, imo fames.
His factis tenebris, sopito sole, jubente
 Patre, maritalem præparat Anna torum.
Inde pius natam pater introducit [87] in usum
 Conjugis, ingreditur virgo coacta torum.
Virgo timet, lacrymis teneris exuberat, usum
 Vomeris ignoti glebula prima timet.
Solatur genitor sic : Tædia multa, labores
 Multos passa, filia, funde preces.
Plausum post lacrymas, mel post absynthia, præstet
 Omnipotens, redimit prosperitate crucem,
Inde pius puerum pater introducit, uterque
 Sic cubat, ut manui collaterata manus.
Mente pares, par forma beat, par gratia morum,
 Consona vota [88], paris [89] religionis amor,
Felix conjugium, par copula dum conciliat,
 Quorum par pietas, par genus, una fides.
Ambo pares, paritas quos comparat oris et ævi,
 Mentis comparitas dispariare negat.
Nubit casta viro [90], justo devota, puella,
 Conjuge vir dignus, digna puella viro,
Quippe dolo purus puer [91], excessus pueriles
 Horret, et in puero scit redolere senem.
Prævenit ætatem ratio, præponderat agro
 Messis adulta, minor messe stupescit ager.
Exspectare negat torporem temporis, annos
 Transgrediens virtus, increpat usque moram.
In tenero sapit emeritum, stupet arbore major
 Fructus, conqueritur area messe minor.
Mira patent, ævi novitas, oblita dierum
 Obstupet in puero delituisse senem [92].
Ultra femineum sexum virguncula vernat
 Moribus, in fragili pectore rara fides.
Esse pudica decens satagit se forma pudori,
 Seque pudor formæ conciliari studet.
Alloquio suavis, verbo succincta [93], modesta
 Vultu, fraude carens, officiosa datis,
Sobria mente, vago discursu libera, fastus
 Nescia, consulta simplicitate præit [94].

A Arma supercilium gerit exclusiva favoris
 Illiciti, Veneri [95] forma favere negat.
Forma pudicitiæ pacem conjurat, et hostis
 Quæ [96] solet esse, fidem perpetuare studet.
Femina justa, potens, pia, casta [97], pudica [98], ma-
 [ritat.
Sic adversa ligat, quæ fluitare student [99].
Quantum conjugii præfati forma modernis
 Distat conjugiis, quis sine labe torus ?
Ecclesiæ nostræ quantum Synagoga [100] fidelis
 Temporis antiqui præminet? Unde pudor
Nos pudeat, quod[1] præfuerat Judæa modernæ
 Ecclesiæ; nucleo testa, figura rei.
Heu ! quantum deserta fides mendicat, et unde
 Catholicæ cecidit religionis apex.
B Quæ nubit [2], vel quis nunc uxoratur amore
 Prolis, quis Veneris armiger esse negat ?
 CAPUT VIII.
Introducta timet pia virgo, propheta [3] timoris.
 Supplicat in vultu simpliciore rubor.
Illibata timet fossorem gleba, timescit
 Ad maris accessum virginitatis honor.
Angelici monitus Tobias fit memor, inde
 Cassiduli [4] profert auxiliare jecur.
Servati jecoris partem carbone marito [5]
 Urit, odor fumi spargitur, hostis abest [6],
Partibus Ægypti summis Raphaele ministro
 Dæmonis improbitas illaqueata latet [7].
Tobias vocat uxorem, cui talia : Sara
C Surge toro, decus est nos vigilare Deo.
Expedit ut Domino jungamus nos triduanis
 Noctibus, orantes magnificare Deum.
Patrissare decet nos, sacra stirpe creati
 Debemus meritis æquiparare patres.
Post triduum nobis dabitur [8] commissa [9] facultas
 Conjugii ; virgo surgere jussa, favet.
Virgo verecundat, solvensque [10] tributa pudoris
 Virginei, roseus supplicat ore rubor.
Surgit uterque, preces satagunt effundere, vitæ
 Incolumis rogitant commodiore [11] frui.
Tobias docet exemplo, quod prædicat ore,
 Supplicat, ut pietas officiosa jubet :
Te, Deus omnipotens, benedicant omnia [12], laudes
 Exhibeant ignis, humor, inane, solum.
D De limo terræ placuit [13] formare parentem
 Primum; solus erat posteritatis [14] inops.
Huic Evam sociam tua dispensatio jungi
 Disposuit, nostrum pullulat unde genus.
Sic nos consocia, sic firma fœdera nostri
 Conjugii, sic nos fructificare velis.

VARIÆ LECTIONES.

[85] al. *Ut.* [86] al. *Deinde.* [87] al. *introduxit.* [88] al. *vita.* [89] al. *patris.* [90] al. *pio.* [91] al. *purus puer.* [92] Hæc præmissa, vide etiam quomodo exornet, sub cap. I, post princ. [93] h. e. *lepida,* ibid. [94] al. *placens.* [95] al. *Veneris.* [96] vel *Quod.* [97] al. *pulchra.* [98] al. *modesta.* [99] al. *solent.* [100] scilicet Judæorum ; hicque est digressiuncula seu applicatio, quoad lapsam disciplinam ecclesiasticam, ut quoque cap. seq. [1] al. *quia.* [2] al. *nubat.* [3] ut alibi pro *indicio* vel *signo.* [4] scil. *piscis,* ibid. et infra cap. XI ; sed vid. Martini *Lexic. philol.* verb. *Cassidilis,* fol. 403. [5] pro *conjuncta,* ibid. [6] al. *abit.* [7] al. *perit.* [8] al. *dabitur nobis.* [9] pro *concessa;* al. *promissa.* [10] al. *solvens.* [11] fortassis *commoditate,* vel *prosperitate,* ut in alt. cod. vel infra sequitur. [12] al. *singula.* [13] al. *placuit terræ.* [14] al. *prosperitatis.*

Non nos sollicitat [15] Veneris lascivia, verum
　Progenies; verum posteritatis [16] honor.
Nos sociat, nos legitime consensus amicat
　Mentis non Veneris [17] præda [18] pudoris amat [19];
Da sobolem, rogo, quæ studeat per sæcula sæcli
　Successiva tuum magnificare decus.
Sara refert : Miserere, precor, miserere duorum
　Ut liceat nobis [20] consenuisse simul [21].
Inde vocat [22] Raguel servos, cum [23] præco diei
　Gallus prævigili concinit ore diem.
Suspectus senior vigilat, timet ille maritus
　Ne cadat, ut septem procubuisse liquet.
Ergo parat foveam lugubri mente sepulcrum
　Tobiæ, generum morte jacere timet.
Post, sponsæ loquitur, eat una pedissequa, vitam
　Vel generi properet notificare necem :
Si cecidit gener ut reliqui, noctu sepeliri
　Hunc decet, in generum degenerare nego.
Ad thalamum maturat iter, discurrere jussum
　Mancipium [24] jubet, hos vivere visa refert.
Lætatur Raguel, plausus agit Anna [25] fideli
　Mente, Deo grates accumulare studet :
Te benedicamus, Deus Israel, est data nobis,
　Te tribuente, salus; te mediante, favor,
Blanditiis fletum commutas, melle cicutam [26].
　Damna datis stipulam messe, favore metum.
Nos tua respexit miseratio, quos tua nectit
　Gratia, perpetua sedulitate regas :
Ut valeant offerre preces, holocausta, fateri
　Te Dominum, laudes concelebrare tuas.
Gentibus ut cunctis fiat liquidum, quia solus
　Jura monarchiæ primipotentis habes.
Post Raguel foveam cumulari [27] præcipit, exsul
　Spes redit, emergunt gaudia, mœror abit [28].
Anna [29] deinde jubet, ut quærat prandia [30], quærat
　Congrua quæque, quibus expediatur honor.
Inde duos vitulos pingues oviumque maritos
　Quatuor occidi præcipit, Anna favet.
Lætus adesse jubet dapes [31], introducit amicos,
　Vicinos, domini ridet honore domus.
[32] Dissonat, heu ! quantum mensæ mensura modernis
　Deliciis, quantas scurra ligurit opes.
Quid servire gulæ prodest, ut præda macelli
　Venter præcipiti pondere membra premat.
Ut vivant, comedant [33] prudentes ; histrio vivit
　Ut comedat, vendit prædia, vendit agros.
Ventribus esca datur, venter escis [34], Deus escas
　Destruit et ventres ; sic [35] sacra verba canunt.
Hoc conviviolo via [36] vitæ sufficit, omnis

A. Luxus abest, omnis crapula, pauca placent.
Non petitur placitura gulæ venatio, nullum
　Altile, nec [37] sicci pectoris ira piper;
Non verubus volvuntur aves gustusque saporis
　Index [38], non studet hic intitulare merum.
Nullus [39] adulatur, sententia nulla palati
　Quæritur, hic satis est pacificare famem.
Sufficit hic quicunque liquor, cibus omnis, et [40] esca,
　Sic quæcunque fames victa, liquore sitis.
Præstant nulla gulæ, naturæ paucula [41], vitæ
　Usum pauperibus plurima, cuncta Deo ;
Præstat honor dapibus ; inter convivia lætus
　Tobiam Raguel flagitat, iste [42] petit.
Me tua sollicitat, fateor, digressio, gaudens
　Quo præsente fui, digrediente queror.

B Hoc precor; hoc moneo, me deposcente duabus
　Hebdomadis, placeat continuare, moram
Convivio, foveat precibus tua gratia, noli [43]
　Noli primitias depretiare precum [44]:
Armatæ valuere preces, quod [45] amicus amicum
　Seu dominus servum postulat [46], arma gerit.
Inde facultatem Tobiæ fronte serena
　Dimidiat, scripto testificante, socer :
Post obitum reliquam partem largitur habendam
　Confirmant; statuunt fœdera, pacta ligant.

CAPUT IX.

Tobiæ pietas Raphaelem mulcet, amicat,
　Obsequitur, placida simplicitate favet.
Æstimat hunc hominem forma deceptus, honorem
　Angelus angelicum notificare negat.

C Nescit quid lateat [47] hominis sub imagine
　Quod tegitur fragili cortice, thuris odor.
Exhibet huic grates, colit hunc, quem præco fa-
　　　　　　　　　　　　　　　　　　　　　[voris

F Dictat amor, fida sedulitate rogat :
Scis Azaria frater, fateor, quod munere nullo,
　Obsequiis valeam concolor esse tuis.
Si tibi me servum tribuam, tibi consona merces,
　Digna dari nequeunt præmia, dignus honor.
Quippe tibi sacra religio; tibi vernat honestum
　Consilium, morum gratia, firma fides.
Excedis decus humanum, virtutis in usum
　Mentem, verba, manus fructificare facit [48].
Tanta fides, tantum meritum [49] fastidit honorem
　Mentibus humanis conciliare suum

D Moribus, incessu membris [50], qui totus in astrum
　Exuis humanæ conditionis onus [51].
Hoc precor, hoc rogito, Dominus mihi præstet ho-
　　　　　　　　　　　　　　　　　　　　　[nori

VARIÆ LECTIONES.

[15] al. *sollicitet.* [16] pro *posteritatis.* [17] al. *teneri.* [18] al. *prædo.* [19] al. *amor.* [20] al. *nobilis liceat.* [21] al. *Deus;* fortassis præmisso commate. [22] al. *venit,* f. subjuncto post alteram vocem *Raguel* commate. [23] al. *dum.* [24] pro *servo* vel *ancilla.* [25] al. *Hanna.* [26] pro *amaritudine,* ibid. in marg. [27] pro *impleri,* ibid. [28] al. *obit.* [29] al. *Hannam.* [30] al. *fercula.* [31] al. *dapes jubet.* [32] Invectiva iterum contra hodiernos mores, ut supra cap. VII in fin. [33] al. *comedunt.* [34] al. *escis venter.* [35] al. *ut.* [36] h. e. *victus,* ibid. [37] al. *non.* [38] al. *Judex.* [39] scil. *sensus,* ibid. [40] al. *ut.* [41] al. *pocula.* [42] al. *ista.* [43] fortassis, omisso commate priore, *nostris.* [44] Germani dicunt : *unsere erste Bitte nicht versagen, verschweben oder abschlagen.* [45] pro *quando* in marg. ms. cod. [46] h. e. *rogat,* ibid. Germani dicunt : *de Herren bitten, ist gebieten.* [47] al. *tetigetur.* [48] al. *facias.* [49] al. *pretium.* [50] al. *verbis.* [51] al. *opus,* h. e. *excedis humanam naturam.*

Respondere tuo prosperiore manu.
Si mora nos teneat reduces, utrumque parentem
  Expressa reprimit [52] anxietate dolor.
Me meus adjurat socius, adjuratio cujas
  Me retinet, pudor est depretiare preces.
Vade Rages, servos, animalia sume, Gabelo
  Tutus chirographum trade, talenta feres.
Vade, vale [53], nobis jubeas salvere Gabelum
  Cognatum, veniat te redeunte, precor :
Angelus obsequitur Tobiæ, nescit abesse
  Justis angelicæ nobilitatis honor.
Aspirat precibus, parat ire duosque camelos,
  Bisque duos servos eligit, haurit iter.
Inde Rages properat citus, ingressusque Gabeli
  Tecta, viæ causas explicat, ista refert,
Chirographum tradit, recipit talenta [54], Gabele
  Tobiæ precibus [55] concomitante redit.
Maturant reditus [56], Raguelis tecta Gabelus,
  Intrat, dum colitur connubiale [57] sacrum,
Præcipite pede Tobias occurrit, amica
  Voce relaturum, clamat uterque, Vale :
Sumens illud Ave, teneris rigat ora Gabelus
  Fletibus, et religit [58] prolis in ore patrem.
Flens rogat hunc : Tibi sit benedictio plurima,
  [multa
Prosperitas, Dominus te benedicat, Amen.
Optimus est genitor, elemosyna cujus egenue
  Compatitur, sepelit corpora, præstat opem.
Prospera det vobis Dominus, dat [59] cernere natos
  Natorum, tribuat multiplicare genus.
Tertius et quartus, precor, a vobis videatur
  In vestræ sobolis prosperitate gradus.
Respondetur, Amen, a circumstantibus, inde
  Dat festiva dapes, lagena merum:
Dulcis amicorum redolet congressus, amicos
  Expedit affectus alterutrare [60] suos.
Casus commemorant, nec prandia festa timorem
  Excludunt Domini, nec pietatis egent.

CAPUT X.

Tobias pater exspectat, miratur, acerbat,
  Qui timor in dubiis deteriora canit.
Computat elapsi dispendia temporis, æger
  Nati conqueritur ulteriore mora.
Dum recolit prolis pretium, qui prolis egenus
  Dimidia queritur parte carere sui.
Canitie miser impexa lamenta propinat,
  Quæ mentis pietas expositura jubet :
Væ mihi, quod nocui tibi, fili, væ mihi, nunquid
  Schismata te retinent insidiosa viæ ?
Dic, soror Anna, putas quod depositarius ille
  Decessit [61], nunquid inficiantur opes ?
Anna parens ruit in lacrymas mœstissima, planctus
  Aggregat, armato destruit ungue genas.

A   Ad prolis reditum mater suspirat, amica
  Mente sapit, matrem degenerare negat,
Dant gemitus senior, veterana, remedia fletus
  Continui neuter accipit, Anna refert :
Heu! fili, mea salus, mea gloria, cesset
  Hæc mora, ne cogat [62] nos mora certa mori,
Quod peregrinari te misimus, unica nostræ
  Virga senectutis, posteritatis honor.
Te præsente, nihil aberat, tua gratia præsens
  Ampliat et redimit, quod minus esse potest.
Nos miseri merito patimur, conamine quorum
  Est data digressus copia, causa viæ.
Sic genitrix; genitor solatur : Tolle querelas,
  Nos decet in dubio prosperiora loqui.
Anna tace, noli turbari, sospite nato
B Gaudebis, lacrymæ commoditatis egent.
Ne timeas, vir qui pueri moderatur habenas
  Et reditum vernat religione, fide.
Mater non recipit fletus solatia, matris
  Excubias vigili sedulitate gerit.
Circinat, egressus [63] scrutatur compita, quærit,
  Explorat, sobolis non meminisse nequit.
Dum recolit sobolem sapiunt lamenta, querclæ
  Dulcescunt, redolet prolis amore dolor.
Tobiam Raguel precibus circumvenit, instat
  Arguit, adjurat, inficiatur iter.
Dissuadet reditum sic : Fili, postulo, crede
  Consilio, reditum præcipitare nega,
Non te sollicitet mora, mittamus paranymphum [64],
C Quo mediante, patri sit tua certa salus.
Quæso, mane noli, noli discedere, noli
  Ut redeas soceri sollicitare domum.
Fructus amicitiæ jubet hæc secreta profari,
  Uti consiliis, alterutrare [65] jocos.
Tobias negat assensum, sic littus aratur,
  Sic later abluitur, sic pia verba cadunt.
Dum genitus memorat [66] utriusque parentis, an-
  [helat [67]
Ad patriam, subitum præmeditatur iter.
Quippe timet pia progenies, ne mœsta senectus
  Amborum deleat luxuriare [68] moram.
Sæpius excusat sic : Me desiste precari,
  Chare pater, monitis parce, reflecte preces.
D Quippe dies numerant pater et matercula, nolo,
  Nec decet in mortem præcipitare senes.
Flet genitor, genitrix iterat lamenta ; moranti
  Væ mihi, ne pereant, me faciente moram.
Nolo mei causa patrem decedere, malo
  Præcipitare moram, quam patricida mori.
Copia sit nobis reditus, oratio nulla
  Impetrare potest, nos remeare jube [69].
Cum Raguel nullis precibus, nec amore teneri [70]
  Sensit [71] eos, mœsta sedulitate favet.

VARIÆ LECTIONES.

[52] al. *reprimat.* [53] fortassis *valea, a.* [54] al. *quæsita.* [55] h. e. ad illius petitionem. [56] al. *Maturet reditum.* [57] al. *conjugale.* [58] pro *cognoscit,* ibid. [59] al. *Deus et det* [60] h. e. *alternatim tradere,* ibid. [61] h. e. *mortuus,* ibid. [62] al. *hæc mora membra mori.* [63] scil. *ujarum.* [64] h. e. *nuntium,* ibid. [65] h. e. *alternatim miscere,* ut cap. præced. [66] al. *memorat gemitus.* [67] pro *festinat.* [68] pro *abundare,* ibid. [69] al. *detur.* [70] al. *reflecti.* [71] al. *sensit.*

Saram tradit ei, famulos, armenta, camelos,
   Ancillas, reliquas, quæ retinentur ⁷², opes :
Partitur genero, quæ singula possidet, ornat
   Obsequiis, honerat ⁷³ rebus, honorat opem ⁷⁴
Affligit socerum ⁷⁵ generi digressio, natam
   Dum videt.., ⁷⁶ pater, non pater esse nequit.
Sic rogitat : Domini vos dirigat angelus, adsit,
   Aspiret, faveat ⁷⁷ prosperiore gradu.
O si nostra mihi pateat generatio, summis
   Deliciis, summa prosperitate fruar.
Vos Dominus regat incolumes, vos prole beatos
   Efficiat, stabili vos pietate regat ⁷⁸.
Tristis uterque parens natam producit, amica
   Oscula dant, fletu liberiore madent.
Talibus exorant : Socerum venerare, maritum
   Dilige, mœchari respue, sperne malos.
Provideas domui, servis blandire; protervos
   Corrige, pauperibus consule, plaude bonis.
Sit discurrendi ⁷⁹ frenata licentia, sponsi
   Cognatos humili sedulitate cole,
Sis pia, sis simplex, sis blanda, modesta, fidelis,
   Justa, favens, humilis, religiosa, placens.
His dictis, iteratur ave, dant oscula, fletu
   Delibuta pio, disgrediuntur, eunt.

CAPUT XI.

Hos reduces Carran ⁸⁰ vix senes et quinque diebus
   Provehit, hic cœptum dimidiatur iter.
Tobiæ Raphael hæc suadet : Amice, parentis
   Sis memor, intuitu sospite cæcus eget.
Maturemus iter, conjux, animalia, servi
   Nos poterunt gressu properiore ⁸¹ sequi.
Tobias favet his, procedunt ambo, relicta
   Cætera succedunt languidiore gradu.
Angelus hæc : De pisce datam tibi fellis habeto
   Particulam, nobis auxiliaris erit.
Tobias fovet his, patrisque salute salutem,
   Qua fruitur natus ⁸² alterutrare cupit.
Accelerant, natalis humi dulcedine gaudent ⁸³
   Tobias, stimulos addit uterque parens.
Anna supercilio ⁸⁴ montis speculatur, amica.
   Sedulitate vices excubitoris agit.
Dum desiderio famulantur lumina, natum
   Prospicit, exspirat qui fuit ante dolor.
Gaudia visa patri denuntiat, obvia proli
   Cursitat, ætatis immemor, exit anus.
Ad geniti reditum genitoris gaudia nullum
   Obsequium vocis enucleare potest.
Angelus hæc iterat : Dominum prece pronus adora
   Supplice, dum patris ingrediare domum.
Solve Deo grates cujus remeas ope, gaudens;

A Incolumis, placida sedulitate ⁸⁵ fruens.
Cujus præsidio, cujus conamine, cujus
   Consilio nostrum fructificavit iter.
Oscula multiplica patri, medicamine fellis,
   Quod geris, unge patris lumina, morbus abest ;
Naturæ vitium redimens, pietate fidelis.
   Excubitor certat procelerare ⁸⁶ canis,
Blanditur laribus notis, dominique ⁸⁷ salutes
   Insinuat, cauda mobiliore ⁸⁸ loquens.
Tobiæ canis adventum præpostlicat ⁸⁹, exit,
   Currit uterque parens, hic anus, inde senex,
Annos evacuat cæcus pater, oscula nato
   Imprimit et palpat prædubitante manu.
Ora madent lacrymis gaudentibus, oscula, plausus ;
   Amplexus satagit ingeminare pater.
B Angelus ut suadet, Tobias intrat, adorat,
   Et Domino grates officiosus agit.
Ut pietas dictat fellis medicamina profert
   Cassiduli ⁹⁰, sanat lumina, visus adest.
Est albugo velut ovi membranula lapsa
   Ex ⁹¹ occulis, lumen redditur, umbra fugit,
Exhilarat cæcum visus, dulcedo salutis
   Gratius ex morbo præveniente sapit.
Respirat vigor intuitus, privatio pulsa
   Cedit, adest habitus, lætificatque senem.
Præcursor baculis gaudet cessare, quiescit
   Tentatura viæ, quæ solet esse manus.
Glorificant Dominum senior, veterana, laborant
   Lætitia, senior supplicat, ista refert :
C Te benedicamus, Deus Israel, es mihi gratum
   Præsidium, morbi meta, salutis iter :
Tentas, ut releves ; premis, ut medeare ; flagellis
   Sanas ; vulneribus scis redolere patrem.
Te laudo, te glorifico, te prædico, cujus
   Munere progenies aspicienda venit ⁹².
Ut dilapsa dies est septima, sacra camelis,
   Servis et reliquis concomitata venit.
Sacra refert ⁹³ Raguelis opes, censumque Gabelo
   Depositum, soceros lætificare nuru.
Cursitat Anna senex, nurus congaudet, amicis
   Sudat in obsequiis officiosa domus.
Tobiæ congressa tribus lætatur ⁹⁴, amici
   Conveniunt, celebrant gaudia, verba serunt.
D Adveniunt Nabogar et Caphat ⁹⁵, patris amici,
   Et consobrini, proximitate tribus.
Junior exsultat Tobias, prospera narrat,
   Quæque viæ monstrat commoda, monstrat opes.
Magnificat laudes Raphaelis, quo duce sanum
   Ire redire dedit Primipotentis apex.
Post consobrinos plausus genitoris, amicos

VARIÆ LECTIONES.

⁷² pro reticentur, ibid. ⁷³ pro onerat, ut supra honus pro onus. ⁷⁴ al. opes. ⁷⁵ al. et socerum. ⁷⁶ Vox quædam difficilis lectu in ms. cod. membrana; fortassis ire. ⁷⁷ al. foveat. ⁷⁸ al. regat. ⁷⁹ al. discursandi. ⁸⁰ Luthero Haran. ⁸¹ posteriore. ⁸² al. natus fruitur. ⁸³ al. gaudet. ⁸⁴ h. e. summitate, ibid. ⁸⁵ al. commoditate. ⁸⁶ al. prævius ire. ⁸⁷ al. dicensque. ⁸⁸ al. caudæ mobilitate, vel cauda mobiliore, scil. secus ac solebat. ⁸⁹ supra. prognosticat. ⁹⁰ scil. piscis, ibid. ut supra cap. VIII ; sed vide ibi Martinium citatum. ⁹¹ al. Ab. ⁹² al. datur vel rediit ; ob vers. seq. ⁹³ h. c. portat, ibid. ⁹⁴ al. congaudet. ⁹⁵ al. Nabaoth et Acar, et Luthero : Nabuth et Achior.

Convocat, et gemino vernat honore domus [96].
Gratia dum nubit fortunæ, fructus honoris [97]
 Plenior est, favor hinc militat, inde genus.
Hinc reditu prolis gaudent, hinc sospite visu [98]
 Visu [99], sic geminat gaudia causa duplex.
Læta tribus septem convivia festa diebus
 Continuant, plausu mellificare [100] dapes.

CAPUT XII.

Inde pater nato loquitur [1] : Quæ præmia digna
 Isti, quæ dabimus emolumenta viro?
Quippe tibi fidus comes exstitit, utilis, almus,
 Verax, consilio providus, arte potens.
Nil mortale sapit sua conversatio, sacræ
 Mentis honestatem prædicat oris honor
Filius huic : Comes est dignus mercede, labori
 Respondere suo præmia digna decet.
Quanta fides [2], quis honor, quæ gratia, nulla
 Lingua, labor nullus, certificare potest.
Est pretio dignus operarius, aspice quantæ,
 Quantæ contulerit commoditatis opem.
Duxit, rexit iter, fida pietate reduxit
 Incolumem, gressu prævius, æde cliens.
Morsibus eripuit me piscis, ducere Saram
 Suasit, dæmonium repulit [3], unde salus;
Progrediens Rages [4], quæsita talenta Gabelo
 Attulit; hoc, genitor, subveniente vides.
Commoda restituit tria : Te solamine mœstum
 Lætificat, cæcum lumine, prole patrem.
Blandus in obsequiis erat, in sermone modestus,
 Proposito stabilis, religione sacer.
Qui studet illius præconia promere, solem
 Famosis [5] facibus præradiare [6] parat.
Quæ dabimus condigna viro [7] stipendia, poscit
 Dos compensare dote, favore favor.
Vade, rogo [8], genitor, dignetur sumere censum
 Dimidium, dignus uberiore dato,
Cum sit digna fides finali messe, quod isti
 Detur, cum sata sint plurima, pauca seges [9].
Quæ [10] sevit, capiat, coluit vineta, fruatur
 Fructu; fregit humum vomere, grana metat.
Ilis dictis, genitor, natus, Raphaele vocato,
 Conveniunt, resident interiore domo.
Sic genitor : Tibi digna Deus stipendia præstet
 Pro meritis, meritæ messis honore vive.
Pauperies quæ nostra nequit, divina facultas
 Suppleat, eclipsim ne patiatur honor.
Accipe dimidium census, cape fronte serena,
 Quod dabitur, redolet dantis honore datum,
Ut pateat [11] jubar angelicum, parat angelus, error

Discedit, redeunt vera, lucerna patet.
Emergit jubar in tenebris, farragine granum
 Elicitur, nucleus cortice, nube nitor.
Exuit ambiguum veri emptor, exit opaca
 Nocte dies, fumo flamma sepulta nitet.
Angelus hæc : Pretium nolo [12] mortale, nec istis
 Indigeo, manus spirituale metam.
Quod præstat [13], Dominum benedicite, fabrica
 [fabro,
 Auctorique suo confiteatur opus,
Secretum regale regi deposcit, ad horam
 Mysterium latuit, exhibeatur opus [14].
Jejunante, comes prodest eleinosyna, vita
 Justa [15], reos possunt conciliare Deo.
Liberat a mortis laqueis [16] eleinosyna, sordes
 Abluit, auctori [17] dulce perorat opus.
Vitam perpetuam venturam præstat, honorem
 Corporeum, præstat spirituale decus.
Sunt ejus comites : pietas, fiducia, plausus
 Mentis, sobrietas, intemerata fides.
Quisquis iniqua gerit, animam captivat, honestum
 Prosequitur, justum damnat, honoris eget.
Proh dolor ! heu mors est retributio criminis, hæres
 Anxietas, mœror armiger, ira comes.
Occultum reserare libet, sub imagine tectum
 Humana voluit me latitare Deus.
Dum nudos vestire soles, sepelire peremptos
 Pascere mendicos, collateralis eram.
Me pro te (32) fudisse preces, perpende, precanti
 Compatiens, Domini gratia misit opem.
Te non sollicitent divina flagella, probare [18]
 Te voluit, medico vulnere, patris honor [19].
Me Deus huc misit, ut nubat Sara, fugato
 Dæmone, ne visu destituaris inops.
De numero septem sum spirituum quibus esse
 Esse datur summi præsulis [20] ante sta um.
Causa fuit duplex [21] adventus, oratio Saræ
 Et tua, cura fuit una, ruina duplex,
Sum Raphael, summi Patris angelus. Audi uter-
 [que [22]
Et stupet, attonito supplicat ore timor,
Prostrati facies inclinant, angelus ægros
 Solatur, timidos recreat, ista refert :
Pax vobis maneat [23], nolite timere, voluntas
 Me Domini misit, jussa paterna [24] sequor.
Cœlica consuluit vobis miseratio, grates
 Expedit assiduas vos iterare Deo [25].
Esse videbar homo vobis mortalibus, uti
 Deliciis, potu, veste, sopore, cibis.

VARIÆ LECTIONES.

[96] al. *locus*. [97] al. *amoris*. [98] al. *patris*. [99] sicque hæc vox manet. [100] al. *mellificante*. [1] al. *loquitur nato*. [2] in ms. cod. alt. insertum *ej s*. [3] al. *depulit*. [4] al. *Post Rages gradiens*. [5] al. *fumosis*. [6] al. *irradiare*. [7] al. *dari*. [8] al. *roga*. [9] al. *dies*. [10] vel *Quid*. [11] in ms. marg. *patet*. [12] al. *Nolo pretium*. [13] fortassis *restat*, h. e. *superest*. [14] al. *honor*. [15] ibid. in marg. *Juncta*. [16] al. *pœnis*. [17] al. *actori*. [18] al. *probari*. [19] al. *amor*. [20] al. *præsidis*. [21] al. *duplex fuit*, ut vers. sequ. [22] scil. pater et filius. [23] al. *moneo*. Ergo præmittendum est semicolon. [24] al. *superna*. [25] in marg. alt. cod. exstat : *preces*.

NOTÆ.

(32) Cave hic pontificiam intercessionem angelorum pro hominibus : ut quæ hic alibique de eleemosyna inseruntur.

Mortales non gusto cibos, me latria pascit,
 Me condimentum spirituale fovet,
Me Domini jubar irradiat, me lampade summi
 Præsidis intuitus exsatiare nequit.
Ut redeam tempus petit, ergo revertar ad illum,
 Qui me misit, eum nos celebrare decet.
Hoc moneo, Dominum benedicite, psallite, laudes
 Decantate, Dei [16] concelebrate decus [17].
His dictis, fugit ex oculis, nec luminis usus
 Ad patriam [18] raptam notificare potest.
Prosternuntur humi tribus horis, extasis ambos
 Occupat, accumulant vota, pluuntque [19] preces
In mirabilibus Domini desudat uterque,
 Laudibus [20], et gemitu flebiliore madent.
Sed quia regreditur Raphael responderit utrum
 Vera, labor meritus enucleare parat [21].
Seria, nec sterilis emergit quæstio, digna
 Solvi, ne lateat, quod patuisse decet.
Discutiatur utrum sit verus angelus ? absit.
 Absit ut angelico peccet in ore dolus,
Non potuit nisi vera loqui paranymphus [22], amœno
 Fonte madens, a quo vera fluenta fluunt.
Retulit ista : Vocor Azarias, Ananiæ
 Filius ; inciso cortice, grana patent.
Involvit cinis igniculum, laterna lucernam,
 Vox sensum, nucleum testa, favilla jubar.
Granum præniteat stipulis, essentia formæ,
 Res umbræ, cineri flamma, lucerna luto.
Inspice, quid lateat, pateant ænigmata, verum
 Sit tibi, quod recitat spiritus, alma nois [23].
Dicitur adjutor Azarias, Ananias
 Gratia, sive Dei gloria, fige [24] fidem.
Quippe ministerio Deus angelico sua præstat
 Munera, præmonstrat signa, propinat [25] opem
Dum servit natura Deo, dum cœlica replet
 Jussa, juvant figulum vascula, membra caput,
Quippe creaturis uti divina potestas
 Jure potestatis ad sua jura [26] potest.
Quos in filiolos exaltat [27] adoptio summi
 Patris, eos Domini jussa juvare decet.
Consule Scripturas, lege Pauli dogmata. Paulus
 Nos [28] adjutores asserit esse Dei.
Est Azarias Ananiæ filius omnis [29]
 Quo famulante Dei gratia δόξα [30] pate'.
Sic sopita jacet dubitatio, nubila lucent,
 Res radiat, loquitur spiritus, umbra tacet.

CAPUT XIII.

Mirantur veterana, senex [31] maturior ævo
 Et sensu, senior supplicat, ista refert :
Rex, æterne Deus, tibi laus, tibi gloria, regnum

A Immortale tibi, sit sine fine decus.
Solus ubique potens, solus regis omnia, solus
 Rex [32] es justitiæ, sol sine nube nitens.
Te solum sine fine Deum venerantur, adorant
 Aer, ignis, aqua, locale locus [33].
Quidquid erat, facit, est [34] tibi confiteatur et omnis
 Lingua tuum nomen magnificare velit.
Rex es, eris, sine principio, sine fine, creatis
 Rebus cuncta creans, non nequit esse prior.
Non habuit, nec habere potest primordia princeps,
 A quo principium primitiatur iter.
Non cepit, nec incipiat [35] Deus esse, potestas
 Cujus principium fons et origo fuit.
Incepisse nequit causarum causa, creator
 Urbis, origo boni principioque prior.
B Omnia qui fecit, prior est cunctis [36], prior esse
 Non poterit soboles patre, satore satum.
Ducis ad infernum, miserando reducis acerbis
 Nos Pater ex [37] vitiis, nos pietate juvas.
Nemo potens poterit, ut te fugiat, tua virtus
 Regnat ubique, premis fortia, sæva domas.
Nescit honor tuus eclypsim, tua gloria [38] finem,
 Lux tenebras, mortem vita, corona jugum.
Gens quæ non... [39] Deus esse, fuisse, futurus
 Esse queat stabili sedulitate sciat.
Crimina nostra patris pietas castigat, amicat
 Suppliciis [40], sanat vulnere, clade docet.
Illum confiteor, illi grates ago ; casus
 Peccatoris ei non placet, imo salus.
Magnifica Dominum, plebs Israelitica, lauda,
C Confiteare, nega non meminisse Dei.
Dispersit Domini nos indignatio [41], nostris
 Ut colat exemplis, gens inimica Deum
Vos narrare decet Domini magnalia, magnus
 Laudes magnificas promeruisse potest.
Quæ bona contulerit nobis perpendite. regem
 Exaltate, fidem confiteatur opus.
A vi iis convertimini, coram patre justi
 Es e studete, scelus cesset [42] ; abundat amor.
Electi Domini benedicite, corde
 Voce, manu laudes notificate Deo.
Sit Domini timor in vobis,castoque timori
 Nubat et in fructum promoveatur honor [43].
Jerusalem, recte Dominus [44] castigat, iniqua
D Plebs tua fusa jacet, flebilis, exsul, inops
Quæ pateris mala, promeruit tua crapula, casus
 Dignus te cruciat, talio digna premit.
Affligit reprobos Deus, ex pietate tenetur
 Castigare suos provida cura Patris [45].
Non punit gladio Domini [46] clementia, nullis [47]

VARIÆ LECTIONES

[16] al. *Deo.* [17] al. *Deum*, utrobique transposito commate. [18] al. *a patria.* [19] f. *fluuntque.* [20] al. *Laudandis*, f. *Laudantes*, omisso *et*. [21] al. *solet.* [22] pro *nuntio*, ut supra. [23] Græc. pro *mente divina*, ut supra. [24] al. *junge.* [25] al. *ministrat.* [26] al. *jussa.* [27] al. *exsultat.* [28] ibid. *Hos.* [29] scil. *homo.* [30] Græc., pro *gloria.* [31] scil. *Hanna et Tobias,* ibid. [32] al. *Sol.* [33] h. e. *contentum; continens* pro *terra.* [34] al. *hoc.* [35] al. *incipiet.* [36] al. *omnibus, et.* [37] al. *a.* [38] al. *gratia.* [39] In mss. codd. vox legi non potuit. [40] al. *supplicio.* [41] al. *dispensatio.* [42] al. *absit.* [43] Hoc et præcedens distichon in alt. cod. ms. est transpositum. [44] al. *Dominus recte.* [45] al. *Dei.* [46] al. *Reprimit reprobos gladio.* [47] al. *nulli.*

Infert supplicium materiale Deus [58].
Sic Deus affligit reprobos, non incitat [59] hosti
Exponit, retrahit dona, reflectit opem [60]
Quippe Pater noster, dum se sperni videt, hosti
Nos servire suo non refovere negat.
Es pius, es patiens, iræ turbatio nulla [61]
Pacis in auctorem bella movere potest.
Dicitur irasci, quia dum se retrahit iræ
Filius, hostis atrox instat, acerbat, obest.
Jerusalem, tibi multa dedit Dominus Deus [62], ausa
Es reprobare Deum, depretiare fidem.
Invitavit opum luxus [63], contagia, vitæ
Perniciem, meritæ perditionis onus.
Hostis eras fidei luxu corrupta, soluta
Deliciis, vitiis ebria, legis inops.
Unde Deus tibi consuluit, mandata relegas
Cœlica, compensas perditione datum.
Heu pateris gentile jugum, captiva laboras
Sub Domino, Domini carcere pressa gemis.
Non est qui miseram te consoletur, asylum
Commodum, auxilium præsidiale ferat.
Ecce Jacob premitur, Esau dominante, coercet
Joseph compedibus Ismaelita patens.
Ejulat [64] Hebræus, Ægyptus imperat, instat
Perfidiæ cumulus, spernitur ægra fides
Fructibus, heu! rapti sicut custodia cessat
Pomorum, cæsis civibus, orba jaces [65].
Invitat Deus ad veniam per scandala, quærit
Tete legitima religione frui.
Te Deus implevit opibus, dispendia morum
Tota superfluitas luxuriare facit.
Libera, dives eras, successibus obvia, vernans
Deliciis, felix principe, cive potens.
Te cruciat Deus ex propriis excessibus, instat [66]
Tanta lues, quantum præradiare soles [67].
Est innata tibi dissensio, sanguine primum [68]
Delibuta, seris schismata, bella moves.
Jerusalem, tua progenies te cogit abuti
Nomine, dum pacis visio pacis eget [69].
Te prohibet tua plebs mala, pejor, pessima, discors,
Vocis pacifici [70] significata sequi.
Nominis effectum nescit [71] exponere, crebra
Cæde, per antiphrasim nomen habere potest.
Vicinis es facta tuis illusio, dantur
Esca volatilibus viscera cæsa patrum.
Consolare, queri noli, lætare, doloris
Antidotum, Domino conciliante, patet [72].
Spem refove, Dominum confessa revertere, laudes
Multiplica, dabitur continuata salus.
Indilata tibi dabitur protectio, cives
Restituet Dominus, mœnia, rura, domos.

A Pristina reddetur tibi jurisdictio [73], fractis
Gentibus, expulso schismate, plausus erit.
Gentilis rabies modo victrix [74] victa tributum
Reddet [75] supplicium vincta [76] coacta pati.
Psalle Deo, persolve Deo pia vota, fovebit
Te Deus, et redimit prosperitate crucem.
Reliquiæ nostri generis te præesse videbunt,
Orbe tua dabitur ampla salute salus.
Depretiata [77] prius fides [78] prædaria, prædæ
Præda, suæ fiet prædo, ligatus, inops.
Qui te despiciunt [79], maledicantur; benedicens
Te benedicatur Primipotentis ope.
Filiolis lætare tuis, urbs sacra, reducet
Hos ad te Dominus commodiore via.
Clara smaragdus erit tibi sive sapphirus, ut inde,
B Multiplices muros [80] ædificare queas.
Ex lapidibus fient pretiosi schemate muri
Ambitus, ut pretium schematis ornet [81] opus
A perior quanto præcessit læsio, tanto
Successu dabitur liberiore [82] frui.
Natio proveniet [83] tibi fundet munera votis
Rebus adorabit religiosa Deum.
Plebs diversa [84] tibi remeabit nescio luxus
Sobria, justa, placens, officiosa Deo [85].
Per vicos populus canet Alleluia, plateæ
Ridebunt vario flore, favore, jocis.
Plebs concinnabit Domini præconia, mentis
Devotæ jubilum notificabit opus.
Rex benedicatur, cujus clementia planctus
C Pressæ Jerusalem respicit, addit opem.
Spiritus omnis amet Dominum, benedicat, adoret
Glorificet, celebri credulitate colat.
Et pius et [86] fortis, Pater et Dominus dominantem
In Patre te colimus, in dominante Patrem.
Sit tibi majestas, laus, fama, potentia, virtus,
Imperium, resonet spiritus omnis, Amen.

CAPUT XIV.

Sic genitor [87]; nec verba carent virtute, moderno
Tempore verborum pars manifesta patet [88].
Altera pars quæ spondet opem, sub judice pendet
Et fluitat, victo gaudeat hoste fides.
Vitæ reliquias post reddita lumina pace
Haurit et illæsa religione senex.
Dispensat radios sol vespere, plenius hora
D Vespertina solet intitulare [89] diem.
Desudat [90] virtutis ager [91] cœleste talentum
Multiplicans, Patris horrea messe replet.
Obsequitur regi, castigat turpia [92] prolem
Instruit exemplis, religione docet.
Increpat elatos, iratos mitigat, ægris
Compatitur, miseros visitat ore, manu.

VARIÆ LECTIONES.

[58] Ita ex alt. cod. ms. restitutum hoc hemistichium, alias corruptum. [59] in marg. d. cod. visitat. [60] scil. ad se. [61] al. nulla. [62] al. Deus Dominus dedit. [63] al. fluxus. [64] vel Exsulat. [65] al. jacens. [66] al. exstat. [67] al. facit [68] al. patrum. [69] al. eges. [70] al. pacificæ. [71] al. nescis. [72] al. conciliare paret. [73] al. jurisdicio. [74] al. nutrix. [75] al. solvet. [76] al. juncta. [77] al. deprædata. [78] al. fies. [79] vel destituunt, ibid. [80] al. muros multiplices. [81] al. horret. [82] al. floridiore. [83] al. quæ ven et. [84] al. dispersa. [85] vel daris, ibid. [86] al. es. præmisso commate. [87] al. senior. [88] vel nitet, ibid. [89] h. e. laudare; et sic Tobias facit in senectute, ibid. [90] al. desudet. [91] al. agro. [92] al. crimina.

Continuat meritum merito, finemque maritans [92]
  Principio, sanctus sanctior esse studet.
Jam gravis est ætate senex, a carne tributum
  Exigit asperitas irrevocata necis.
Languet vita senis, mortis cognata senectus
  Præcinit adventum flebiliore tuba.
Plurima clarescunt mortis symptomata, tanquam
  Conjurata premunt tædia multa senem.
Contrahitur natura [94] sen's, vox rauca minores
  Sunt oculi, naris uda [95], saliva frequens,
Pes tremulus titubat, manus est [96] tremebunda,
  [noverca
Pectoris, hinc tussis, inde catharrus obest ;
Fervoris stomachus, dentis maxilla, saporis
  Lumina lippa, pilis area frontis egens [97];
Gibbus terga, caput [98] scabies, premit [99] hernia
  [clunes [100],
Ruga autem, pectus struma, ruma gradus.
Tobiæ senii non sunt hæc [1] tædia, credas,
  Quæ loquor, ætatis non epitheta [2] viri.
Mortis ad adventum senior lætatur, anhelat
  Ad patriam, Patri supplicat, orat opem.
Morte patente, timet Dominum, non dico timore
  Servili, sed eo quo reveretur amor [3].
Mors patet in foribus, mors pulsat ad ostia, prolem
  Convocat in totum [4] provida cura patris [5].
Ergo parat domui disponere, quæ Ninivitis
  Et soboli sentit insidiosa, refert.
Ad patris edictum natus, septemque nepotes
  Conveniunt, monet hos ore madente pater :
Imminet interitus Ninivæ, Ninivita laborat
  Ad casum populus, proxima pœna patet.
Non cecidit verbum Domini mirabile, cujus
  Verba voluntatem concomitatur [6] opus
Jerusalem renovabit [7] iter, dispersio fratrum
  Læta, revertitur Israelita potens.
Quippe domus Domini reparabitur in meliorem,
  Quamvis fusa jacet, ædificata statum.
Israel in regem conversio provida regum
  Credet, adorabit voce, favore, datis.
Exaudite patrem vestrum, perfusio [8] cujus
  Vos amat et patria sedulitate docet.
Hoc moneo, Domino servite timore, tremore
  Exaltate [9], pia mente placere Deo.
Se verbis conformet opus, doceatis in usum
  Justitiæ nostras fructificare preces [10].
Nate, precor, moneo votis, sermonibus, actu
  Te, tua, te totum des holocausta Deo.
Credas consiliis, rogo, nec vestigia patris
  Sperne, nec in patrem degenerare velis

A Conjugium facias, oratio sponsa maritus
  Sit jejunandi deliciosus amor.
Ne steriles veniant [11] eleemosyna prodeat alma
  Proles, próle pater [12] fructificare stude.
Hic est funiculus triplex, qui turbine nullo
  Rumpitur, hic [13] hostis rete ligatus adest.
Sic dabitur requies vitæ, jucunda senectus
  Jugis [14] prosperitas, continuata [15] salus.
Mente Deum memori benedicite, laudibus ejus
  Impendatur amor, gratia, fama, decus.
Ecce patet Ninivitarum confusio, casum
  Urbs feret, emerita perditione ruens.
Vos precor, hinc migrare loco, sic matre sepulta
  Ut nos contineat [16] immediata [17] quies [18].
Vivite felices, benedictio plurima summi
B Patris vos [19] patria commoditate regat.
Regredior cinis in cinerem, mortale tributum
  Solvo libens, mihi mors patris amore placet.
Vivite devoti Domino, sine crimine [20], justi.
  Unanimes, humili [21] corde, timete Deum.
Crescat in immensum generatio vestra, valete
  In Domino stabiles pace, salute, fide.
His dictis, senior domui disponit, anhelat
  Ad patriam, spreto carcere, regna cupit [22].
Judicium Domini pater accipit, ore sereno,
  Læta mente, pia laude, timore rato [23].
Rebus dispositis, benedicta prole, quiescens
  Pace, polos [24] anima, corpora ditat humum.
Heu ! quid homo, cujus lucem premit umbra, cadaver
  Fetor, delicias busta, ruina statum [25].
C Cur hominem parit et perimit natura, noverca
  Et genitrix, ortu commoda, morte nocens.
Quid fuit, est et erit, nisi fœx vilissima [26], quamvis
  Cara sit, heu carie [27] non caritura caro.
Non natus valeo [28] mortem non solvere, natus
  Non nequeo misera conditione frui.
Lex gravis est carnis, cujus vita transitus, esse
  Est debere sibi deesse, sepulcra pati.
Heu quantis vitiis, quanta gravitate moderni
  Exsilii petimus perpetuare moram [29].
Nasceris ergo cinis, eris, incipis esse, teneris
  Post non esse datur vita, tenere mori.
Nos trahit in mortem natura, coactio moras,
  Est hæc vita brevis, lubrica pœna dolor [30].
D Tobiæ sunt plura necis solatio, lumen
  Perpetuum, jugis vita, jocosa quies.
Non moritur, sed mutantur fluitantia certis [31]
  Terra polo, gemitus pace, quiete labor [32].
Ad solem radius, ad patrem filius exsul
  Ad patriam victor, ad diadema redit.

VARIÆ LECTIONES.

[93] h. e. conjungens, ibid. [94] vel statura, ibid. [95] h. e. madida, ibid. [96] al. titubatque manus. [97] al. eget. [98] al. premit, transposito anteriore commate. [99] al. caput. [100] al. renes. [1] al. Hæc senio non Tobiæ sunt. [2] h. e. proprietates, ibid. in marg. [3] al. amat. [4] al. cœtum. [5] vel senis, ibid. [6] al. concomitantur. [7] al. revocabit. [8] al. persuasio. [9] al. Exsultate. [10] al. tribus. [11] al. vivant. [12] vel pari, ibid. [13] fortassis hac. [14] h. e. assidua, in alt. cod. [15] pro æterna, ibid. [16] al. continuet. [17] al. continuata. [18] vel salus, ibid. [19] al. nos. [20] al. benedicite. [21] al. humiles. [22] al. sitit. [23] pro firmo, ibid. [24] h. e. cœlum, ibid. [25] Illic incipit quædam digressio. [26] al. fex, fex pessima. [27] h. e. putredine, ibid. [28] al. valeo natus. [29] al. moras. [30] al. labor. [31] al. terris. [32] al. salute dolor.

Justus obiit, nec obit; obit orbe, renascitur astris
    Et jucunda novum sidera sidus habent.
Justus obit, nec obit, sed abit, sed ab hospite mi-
    [grans
    Carne, petit [32] patriam, deliciasque patris [33].
Magnus erat, modo major erit, sed maximus orbe,
    Orbe bonus, melior, optimus, astra petit [35].
Doctrina Moyses, alter David, alter Elias,
    Orbe Jacob, cœlis Israel, astra colit [36].
Exsul erat, modo cinis [37] erit; nec obit, sed obedit
    Patri, dum patriæ, dum patris optat opes.
Quippe pater patriæ, pater et patriarcha, patronus,
    Imo patronium legis obire nequit.
Non moritur, poteritne mori, cui fama perorat,
    Laus sequitur [38], redolet fructus, abundat amor?
Unde dolens tristatur homo, canit angelus unde,
    Unde serenantur sidera, pallet humus.
Dormit cum patribus [39], dormit patris [40] in lare,
    [dormit,
    Et metit in patria, cœlica lucra viæ.
Qui studuit sancire Dei magnalia, sanctum
    Sanctorum numero connumerare [41] decet
Qui Dominum coluit exemplo, dogmate votis,
    Laude relativo debet honore coli.
Tobias Ninivæ jacet, hujus [42] fama nepotes
    Irradiat, cœlum spiritus, ossa solum.
Quinque pater decies et sex prævixerat annis,
    Cum cæcavit eum Primipotentis apex [43].
Visum suscepit sexagenarius annis,
    Post vixit decies quatuor, adde [44] duos,
Adde duos annos [45] centum mensura dierum
    Tobiæ stabili cognitione patet.
Patri compatitur cognatio mœsta, querelas
    Ampliat, imbre madent [46] uberiore genas.
Conveniunt tribus, affines, mors unica damno
    .... [47] patriam, patre jacente, premit.
Tobias dolet [48], Anna gemit [49], flet Sara, nepotes
    Plangunt, plebs gemitus ingeminare studet.
Quippe tenor fidei, speculum virtutis, asylum
    Justitiæ, legis anchora, mersa jacet.
Ut legis præcepta jubent, sepelire labora
    Patrem progenies officiosa patris [50].
Temporis elapsu, defuncta matre, sepulcra
    Filius amborum continuare studet.
Ad soceros [51] maturat iter, post funera matris,
    Tobias abit, hoc disgrediente, tribus.
Sara virum sequitur, patrem genitura supellex,
    Tota domus... concomitatur iter.
Cursitat Anna, gradu juvenescit blanda senectus,

Obsequio credas non senuisse senes [52].
Cursitat, occurrit [53] Raguel, redimitque senectæ
    Torporem, sobolis advenientis amor.
Compatitur soceris generi clementia, supplet,
    Quidquid debilitas inveterata nequit.
Obsequitur, blanditur, amat, veneratur in omni
    Nititur obsequio concelebrare senes.
Defunctis soceris, processu temporis, ambos
    Tobiæ sepelit compatientis amor.
Dispensat lacrymas, fructum pietatis amore [54]
    Multiplicem [55], nec onus sentit honestus amor [56].
Hiis prælibatis [57], Tobias vindicat hæres
    Jure [58] facultatem, prædia, rura, boves [59].
Vindicat ancillas, famulos, et cætera spargit
    Pauperibus, redolet nomine, mente patrem.
Providus, innocuus, dispensat dogmata, prolem
    Patrissare pia sedulitate docet.
Prosperitas arridet ei cumulata, nepotum
    Quinta beatificat, linea visa patrem.
Annis inde [60] decem labentibus, uno
    Dempto, mortis adest irrevocata dies.
In cinerem redit, ante cinis, satur astra serenat
    Spiritus innocuo corpore vernat humus.
Tobiam mors ausa rapit, pietatis asylum
    Mergit humus, mergit flebilis umbra diem.
Lex cum legifero jacet obruta [61], remige classis [62],
    Rivus fonte, jubar lampade, sole dies.
Eclypsis radium, speculum cinis, umbra nitorem
    Mors patrem patriæ perniciosa rapit.
Commutatur ei patria via, pace tumultus,
    Nubila luce, polo terra, quiete labor.
Da gemitus [63], Judæa, dole Synagoga duobus
    Palescis radiis orba, nitoris egens.
Eclypsin pateris duplicem [64], caligine mortis
    Heu! jacet in tenebris mersa lucerna duplex.
Orba patrocinio gemina lamenta, sepultis
    Legitimis, legem legis egere [65] dole.
Ecce secundus obit Tobias nomine, morum
    Lampade patrissans, dogmate, laude, statu.
Heu! tenor [66] exspirat legales, utroque sepulto
    Tobia trabea religionis egens.
Parca per antiphrasin mors, incipe parcere, cesset [67]
    Antiphrasis, verum nomen habere studet.
Visne bonis, justis vel sanctis parcere? parce,
    Parce; bonus, justus, sanctus uterque fuit.
Alter in alterutro dum vitam duxit, in uno
    Alterius votis, alteruterque fuit.
Dum discernit idem binarius esse videtur
    Mendax, dum numero sunt duo, rebus idem [68].

VARIÆ LECTIONES.

[32] al. *Patris* scilicet *Dei*. [33] al. *petit*. [35] al. *alta colit*, scilicet Tobias. [36] vel *petit*, ibid. [37] fortassis *civis*. [38] al. *loquitur*. [39] vel *sanctis*, ibid. [40] al. *sanctis*. [41] vel *continuare*, ibid. [42] al. *ejus*. [43] al. *amor*. [44] al. *atque*. [45] al. *Annos adde duos*. [46] al. *rigat*. [47] Vox difficilis lectu; videtur esse *Plurali*. [48] al. *gemit*. [49] al. *dolet*. [50] al. *patri*. [51] al. *socerum*. [52] al. *Nititur obsequio concelebrare senes*; qui tamen versus infra sequitur. [53] al. *occurrens*. [54] al. *honore*. [55] vel *multiplicat*, ibid. [56] al. *honor*. [57] h. e. defunctis, ibid. [58] al. *jura*. Si sic comma sequatur. [59] vel *domos* ibid. [60] al. *deinde*. [61] h. e. *pater cum filio*, ibid. [62] al. *navis*. [63] al. *gemitum*. [64] al. *duplicem pateris*. [65] al. *adesse*. [66] al. *timor*. [67] Sequentia usque ad verbum *parce*, in alt. cod. non exstabant. [68] Hoc distichon in alt. cod. deest.

Mentitur dum scindit eos binarius, ausus
　Dimidium toti continuare [69] suo.
Amborum titulos, natura recolige, dando
　Pauper [70], quæ dederis retrahe, dives eris.
Ambo boni, pius hic, pietas erat ille ; fidelis
　Hic erat, ille fides ; hic sacer, ille sacrum.
De torrente tua potavit uterque, recepti
　In patria nectar spirituale bibunt.
Numine, re similes, pax cœlica, pax in idipsum
　Pascit, et occasum non habitura quies.
Sanctum sancta patrem soboles imitantur, honesta
　Innocuum, stabilem sobria, justa pium.
Horum vita decens, sacra conservatio quippe
　Insequitur truncum virgula, membra caput.
Est Domino soboles Tobiæ grata, sapore [71]
　Radicis redolent vimina, spirat odor.
Hanc refovet summus pater, ut discursibus ævi
　Eulogiis hominum, patris abundat ope.

EPILOGUS AUCTORIS.

Sisto ratem, quia portus adest, has fronte [72] beati
　Hieronymi præsens urceus haurit aquas.
Vivite Tobiæ tituli, vos nullus obumbret
　Livor, nulla lues, nulla procella premat.
Non favor appetitur, aut famæ fistula [73] ; scribo
　Cunctis, scribo Dei munere, scribo Deo.
Vobis hexametrum desit Galteridos (33) uti
　Pentametris elegis Vindocinensis amat.
Vos elegos magis elegi, quia legis amico
　Vos metricæ metrica censeo lege legi.
Succinctis opus est elegis [74], elegia [75] claudum
　Vindicat ornatus integritate pedum.
Non placet aut placeat elegis hyperbaton, uti [7]
　Succincte brevitas enucleata juvat.
Pentameter minor hexameter, velut armiger um-
　[bram
　Explicat aut [77] claudit anterioris iter.
Hexameter præit ut Dominus, vestigia claudit [78]
　Armiger obliquat [79] languidiore gradu.
Quis metrum mutilet, seu Baucis [80] oscula, metra
　Intercisa magis integritatis habent.
Vocum congeries prolixa, noverca favoris
　Displicet, excurrit [81], labitur, auris abest [82].
Digreditur citius epulum, per fraccina plena
　Lance, minutiolis carmina cœla patent [83].
Hos elegos distingue, placent [84] ; distinctio cesset,
　Fructus abest, errat clausula, sensus hebet [85].
Nullus ad auctorem [86] flat respectus honore
　Thematis hoc lector experiatur opus.

A Thema suum [87] festivat opus, non auctor honestas
　Materiæ celebris materiata juvat.
Si qua boni scintilla patet, stillat bonitatis
　Fronte [88], Deus bona dat quisque ministrat homo.
Plasma dat obsequium, Deus incrementa propinat
　Grata, ministerium lingua, charisma Deus.
Fructificat Deus in famulis, divina supellex
　Est homo, ponit homo semina, grana Deus.
Dispensat figulus artem per vascula, fractis
　Utitur ad stabilis integritatis opus.
Unde prophetiæ Caiphas habet, unde Pilatus
　Verba malis fruitur ad bona patris amor.
Quæ tibi dat Turoni metra Vindocinensis alumna [89]
　Perlege Parisius, Aurelianus habe
B Rivulus aridolus de vena paupere pingues
　Serpit ad areolos [90] pauperiore gradu.
Verborum placuit macies [91] infantia, metri
　Floris egena, carens schemate, nuda tropis.
Vera loquens [92] non pingo metrum, ne picta su-
　[pellex
　Carminis incurrat ambitionis onus.
Vernans metaphoris, epithetis fabula, nugis
　Ebria venator [93] credulitatis opem.
Vera negant pingi, quia vera relatio vocum [94]
　Nescit [95] adulari, floridiore sano
Littera non fallit [96] perimit perversa legentem
　Littera, vivificat spiritualis odor.
Ad quoscunque potest rivales, conjuge sensu
　Postposito, meretrix littera flectit [97] iter.
C Cum vetito sensu vox peccat adultera, casus
　Convertit dubios amphibolia biceps.
Amphibolia nocet [98], nocet æquivocatio, plura
　Unicus æquivocat significata sonus.
Summus [99] Aristoteles ut protestatur elenchis [100]
　Sex phantasias [1] voce latere docet.
Nunquid dicatur, sed cur perpendite : quippe
　Quodlibet intitulat mens operantis opus.
Imperium tibi sit, rex Christe, potentia, virtus,
　Gloria, majestas, laus, diadema, decus.
Existens alius, non aliud quam ut Pater [2], imo
　Cum Patre non idem [3], unus idemque Patris [4]
Et Pater et Natus et Spiritus est Deus, unus
　Et plures ; tres sunt, non tria, tres et idem
Est personarum distinctio trina, sed una [5]
D Est una [6], Deus unicus, una nois [7]
Natus es ancilla Deus, ut baptismatis almo
　Fonte renascatur et renovetur homo.
Natus es ex ramo radix, sol sidere, totum

VARIÆ LECTIONES.

[69] vel *connumerare*, ibid. [70] al. *præmia*. [71] al. *sopore*. [72] al. *fonte*. [73] h. e. *vana gloria*, ibid. [74] al. *elegis opus est*. [75] al. *elegægia*. [76] al. *imo*. [77] al. *et*, [78] al. *claudens*. [79] vel *obsequitur*, ibid. [80] scil. *illa vetula*, ibid. [81] al. *exquatitur*, f. *excuritur*. [82] scil. *auditoris*. [83] vel *placent*, ibid. [84] al. *patent*. [85] al. *census abest*. [86] al *actorem*. [87] al. *sacrum*. [88] al. *fontes*. [89] pro *alumnus*, ibid. [90] al. *ariolas*. [91] al. *macies placuit*. [92] al. *Nuda liquor*. [93] al. *renatur*. [94] al. *vocis*. [95] al. *nescit*. [96] al. *fallet* [97] al. *fingit*. [98] al. *nitet*. [99] al. *summis*. [100] al. *elenchi*. [1] h. e. *fallacias*, in eod. cod. [2] Hæc præcedentia verba, quoad versum, minus poetice posita. [3] scil. *in personis*. [4] scil. *in substantia* de alt. cod. [5] al. *unum*. [6] Græc. *essentia*. [7] h. e. *mens vel notitia*, ibid.

NOTÆ.

(33) Galterus, poeta in media barbarie satis elegans, scripsit libros *Alexandreidos*, sive *Historiam de Alex. M.* et a Barthio passim allegatus reperitur.

Particula, figulus vase, colonus agro.
Conscendit apex convalli, praepura sacco
Rex famulae, cineri lampas, oliva rubo.
Ne dispergat [8] opes lupus hostis, cardine clauso
Intrat et exit ovis pastor et agnus ove.
Prodit [9] messe sator, genitrix sit filia Patris,
Et geniti lactat filia Virgo Patrem.
Felix conjugium, dum se sacra verba maritant
Auricolae [10] Verbum [11] fit caro, patre carens :
Angelus obstetrix, pater infans, sermo maritus,
Auris sponsa, parens nata, creator homo.
Intus et exterius totus, quia Virgine totus,
Totus apud Patrem, totus ubique Deus.
Felix partus, ubi caput orbe capacior alma
Virgo Deum, soli pervia, sola Deo.
Felix partus, ubi parit aula pudoris, aperta
Quanquam clausa, velut sole micante vitrum [12].
Excludit [13] fragilis naturae crimina, poenam,
Non culpam retinens Virgine sumpta caro.

A Cur poenam retinens puniri venerat unde
Probra pati voluit, sputa flagella crucem ?
Rex pie, Rex fortis, Rex optime, te benedicant
Cuncta, Creatorem testificata suum.
Sit tibi laus, quia vivo ; loquor quia paucula scribo
Metra, tuum teneor concelebrare decus.
Quod portem teneo, tibi grates exigo, quamvis
Laus humana Deum magnificare nequit.
Te laus nulla canit, quia significatio vocum
Deficit auctorem [14] significare suum.
De virtute tua vocum penuria cogit
Nos, quasi vagitu deficiente, loqui.
Trinus et unus ades scribenti, ternus in uno,
Unicus in trino, sis benedictus. Amen.
Insontes elegi dormite, quiescite, vobis
B Compatior, fessis in paritate pedum.
Explicit, expletum [15] Tobiam qui legit, instet
Tobiam merita religione sequi.

Anno Domini 1315 [16], *Tiburtii et Valeriani* [17].

VARIAE LECTIONES.

[8] al. *disperdat*. [9] al. *perdit*. [10] B. Mariae ibid. [11] *Filius Dei*, ibid. [12] In alt. cod. transposita disticha. [13] al. *exclusit*. [14] al. *actorem*. [15] al. *explicitum*. [16] scil. die subintellectum vel incuria omissum. [17] Paulo post, in eodem latere alt. cod. subscriptum erat : *Explicit liber Tobias Mri* (fortassis *Magistri, Martini,* vel *Ministri*) *Cunradi. Quicunque is sit possessor, descriptor vel praelector, verus auctor est Matthaeus Vindocinensis; sicque hic ante illum vixit et floruit.*

MATTHÆI VINDOCINENSIS
CARMINA VARIA.

(WRIGHT et HALLIWELL, *Reliquiae antiquae. Scraps from ancient manuscripts, illustrating chiefly early english literature and the english language*, London 1845, 8°, t. II, p. 237, ex codice Cremitanensi chartaceo saec. xv, in biblioth. imperiali Vindobonensi asservato, quod communicavit Dr. Endlicher, Vindobonensis.)

COMMENDATIO PAPÆ.

Orbis ad exemplum papae procedit, honestas
Scintillat, ratio militat, ordo viget.
Religione sacer est, voce modestus, honesti
Cultor, consilio providus, orbis apex ;
Quo duce provehitur ratio, sedet ira tepescens
In pacem, pietas officiosa viget,
Non sapit humanum sua conversatio, culpam
Dedignans hominis, concipiensque Deum.
Condolet afflicto, misero misereretur, anhelat
Ad leges, reprimit crimina, jura fovet.
Papa docenda docet, prohibet prohibenda, reatus
Castigat, sceptrum spirituale tenet.
Hic animas ligat, et solvit, solvendo ligando
Coelestis partes opilionis agit.
Nos proles, nos ejus oves, nos membra, tuetur,
Membra caput, genitor pignora, pastor oves.

C Disputat in papa virtutum concio, virtus
Virtutis certat anticipare locum ;
ro parte virtutum conflictus litigat, instat,
Quodque sacri pectus primitiare viri.
Justitia prior esse studet, moderantia certat,
Blanda sibi pietas appropriare patrem.
Quinta tribus prior esse studet, sapientia certat ;
Pro patre sit dos, cum dote sorore soror.
Jura rigent, mulcet pietas, moderantia placat,
Sub perpendiculo singula sensus agit.
Quatuor his constat quadratus papa, propinat
Quadratura statum, perpetuaque fidem.
Hac quadratura fretus non nugal in usum
Criminis, et nescit nescius esse Dei.
Papa regit reges, dominos dominatur, acerbis
D Principibus stabili jure jubere jubet
Provenit humanum pretium, fragilesque rel gans

Affectus, certat evacuare virum.
Trans hominum gressus extendit ab hospite vita,
  Ad cœlum patriam præmeditatur iter.
Commutare studet fixis fluitantia, certis
  Vana, polo terras, hospitiumque domo.
Mens sacra vas ægrum fastidit, carcere carnis
  Necti conqueritur spiritualis honor.
Mens sitit æternam sedem, pastorque frequentat
  Hospitium terræ corpore, mente polum.
Non sacra sacrilego denigrant pectora morsu
  Crimina nec pretium depretiare licet
Est bonus, est melior, est optimus, et bonitatem,
  Si liceat, quarto quærit habere gradu.

COMMENDATIO MILITIS (L. CÆSARIS.)

Fulgurat in bello constantia Cæsaris, obstat
  Oppositis, frangit fortia, sæva domat.
Ejus in afflictos pietas tepet, hostibus hostem
  Se probat, et mitis mitibus esse studet.
Præradiat virtute duces, exemplar equestris
  Officii pretio vernat, honore præit
In vetitum præcedit iter, suspirat ad usum
  Militis, ad requiem torpet, ad arma volat;
Bella sitit, gladium lateri confœderat, ejus
  Virtus defectus nescia, terga fugæ.
In gladium sperare juvat, jus judice ferro
  Metitur, gladio præside carpit iter.
Cæsaris ad nutus nutat fortuna biformis ;
  Casus ceu visus prosperitatis habet.
Cæsar in adversis surgit, nec jungit honorem
  Vultus iratæ prosperitatis hiems.
Sæva premit, miseros fovet, et libamine juris
  Compensat pacis, nequitiæque vices.
Jura pio sociat moderantia, de pietatis
  Blanditiis ferrum judiciale tepet.
Militat ergo modus, pietas ne jure supinet
  Ne viri pueri diffiteatur opus.
Imperii gravitas mentem non pauperat, immo
  Ad partes virtus particulata volat.
Dotibus ingenii vernat, non exsulat artes,
  Non studium regimen imperiale fugat.
Ambitiosa sitis fidei non derogat, immo
  In regnante sapit deliciosa fides.
Cæsar ab effectu nomen tenet, omnia cedens,
  Nominis exponens significata manus.
Cui requies, requie privari, deesse labori,
  Cui labor est, cujus passio, nulla pati.
Cui timor absenti vincit, cui fama laborat,
  Ad tumulum cujus prælia nomen agit.
Cæsaris adventus pro Cæsare disputat, umbra
  Nominis armati militat, arma gerit.
Strenuus, indomitus, pugnax, premit, asserit, urget
  Hostes, bella, reos, ense, rigore, metu.
Audax, intrepidus, probus, imbuit, ampliat, implet
  Arma, decus, vultum, sanguine, marte, minis.
Concipit, instaurat, ponit, vigil, impiger, instans,
  Spe, dubiis, gladio, prælia, certa, reos.
Virtus, forma, fides, replet, adjuvat, instruit actus,
  Virtutem, mentem, robore, laude, statu.

A Hoc pretio servivit ei sub jure tribuni
  Roma, suo majus ausa videre caput.

COMMENDATIO MILITIS.

Purpurat eloquium, sensus festivat Ulixen,
  Intitulat morum gratia, fama beat.
Linguæ deliciis exuberat acer Ulixes,
  Eloquio, sensu providus, arte potens.
Ne languescat honor mentis, facundia vernans
  Ampliat, et reficit quod minus esse potest.
Ne sit lingua potens sensu viduata, maritat
  Se linguæ sensus interioris honor ;
Fœderat ingenium studio, cultusque maritus
  Seminis in messem fructificare studet.
B Concipit ingenium sensu dictante, magistra
  Discernit ratio, lingua ministra sonat.
Seminat ingenium, studium colit, asserit usus,
  Ef mat ratio, consiliumque fovet.
Sensus præcursor, ratioque præambula, linguam
  Hæredem faciunt dogmatis esse sui.
Non cellæ capitis in Ulixe vacant, epitetum
  Officiale tenent, prima, secunda, sequens.
Prima videt, media discernit, tertia servat ;
  Prima capit, media judicat, ima ligat.
Prima serit, media recolit, metit ultima, tandem
  Prima, secunda capit, tertia claudit iter.
Prima ministrat opus reliquis, sic hostia prima,
  Hospitumque media, posteriorque domus,
Prima, secunda, sequens, includit, judicat, arcet
C Obvia, visa, fugam, peste, sapore, sera.
Stat medio rationis apex, et utrinque salu at
  Hostia sincipitis, occipitisque seram.
Naturam virtute præit, fidusque magister
  Intimus est hominis interioris homo.
Moribus egreditur hominem, præponderat ægre
  Naturæ sensus, subvenientis honor.
Ponderat ancipites casus sapientia, justum
  Seu reprobum, trutina judice pendet opus.
Non nisi consulto liberamine juris in actus
  Prodit, consulto mentis amica manus.
Contrariis vicibus conferi contraria, dictis
  Respondere suis consona facta facit.
Propositum facto vicino mancipat, ori
D Concolor, est mentis expositiva manus.
Non ætas animi virtutem pauperat, immo
  Cortice de tenero spirat adultus odor.
Ætatem virtute domat, sua cana juventus.
  Consilio redolet interiore senem.
Vota juventutis virtute supervenit ævi.
  Jura supergreditur mentis honore sui.
Mentis canities ævi castigat habenas,
  Mensque stupet teneros anticipare dies.
Non animi florem fastus deflorat, honoris
  Tanti delicias non premit ulla lues.
Non fortuna premit fortem, sentitque biformis
  Unanimem, rigidum mota, caduca gravem.
Non valet Antiphates, seu Circes, sive Caribdis
  Mentis Ulixææ debilitare fidem.

Vincit, alit, cumulat, fortis, consultus, honestus,
　Aspera, jura, fidem, vi, ratione, statu
Prudens, facundus, largus, beat, ornat, honorat,
　Pectora, verba, manum, mente, decore, datis.
Tullius eloquio, conflictu Cæsar, Adrastus
　Consiliis, Nestor mente, rigore Cato.

VITUPERIUM STULTI.

Scurra vagus, parasitus edax, abjectio plebis,
　Est Davus rerum dedecus, ægra lues;
Fomentum sceleris, mundi sentina, ruina
　Justitiæ, legum læsio, fraude potens;
Semen nequitiæ, veri jejunus, abundans
　Nugis, deformis corpore, mente nocens;
Forma Tersites, ad fraudes Argus, ad æquum
　Tiresias, Verres crimine, fraude Symon.
Militat ad vitium, virtutis nescius, hostis
　Naturæ, justum dampnat, honestum premit.
Noxius ingenium nocuos dispensat in usus,
　Se totum sceleris vendicat esse domum.
Spirat ad illicitum, confusio pacis, amoris
　Scisma, nialis, pejor, pessimus esse studet
Effluit huc illuc, rimarum plenus, abundans
　Nugis, justa premit facta, tacenda refert.
Vas sceleris, puteus vitiorum, plenus aceto,
　Nequitiæ nescit nescius esse suæ.
Mens imbuta malis, nescit nescire reatuum,
　Peccandique potest esse magistra manus.
Est grave consuetis vitiis desuescere, vergit
　Noxius ad solitæ noxietatis iter
Pullulat in speciem naturæ, concolor usus
　Et quasi naturæ filius esse potest.
Non nequit esse nocens Davus, natusque nocere
　Dum nequit esse nocens degener esse putat.
Est scelus innatum Davo, fraus omnis in unum
　Confluit, in proprium vendicat omne scelus.
Qui fidei, qui juris inops, qui fraude laborat,
　Qui volat in vetitum, qui pietatis eget.
Cujus honor, quod honore caret, cujus tenor esse
　Absque tenore fides, non habuisse fidem.
Cui scelus est vitare scelus, cui crimen egere
　Crimine, cui fraudis est puduisse pudor
Quem leporem timor esse probat, quem præda leo-
　　　　　　　　　　　　　　　　　[nem,
Cauda caprum, vulpem furta, rapina lupum.
Quo duce mendicat ratio, quo præside virtus
　Migrat in exsilium, pullulat ægra fides.
Sola vocati casus inflexio, Davo
　Parcet, ibi non vox articulata tacet.
Aeris est Davus fæx unica, digna cathenis,
　Digna Jovis trifido, fulmine digna mori.
Blandimenta minis, odio compescat amorem,
　Peste bonum, raptu munera, fraude fidem.
Ecce mali cumulus mens est scelerata, profanum
　Est corpus, fallax lingua, nephanda manus.
Se negat hypocritam, nucleo nux consona, sor-
　　　　　　　　　　　　　　　　　　[dent.
Pari tabe, simili peste locale locus
Ne pro se ponatur idem, consordeat, intus

A　Et foris in Davo, metonomia perit.
Conspectum dolet ad risum, risusque dolorem
　Pensat, et eventu prosperiore gemit.
Fæcis massa, pudor naturæ, sarcina terræ,
　Mensarum baratrum, stercoris ægra domus.
Invidiæ stimulis coquitur mens fœda, colorem
　Captivat mentis, migrat in ora lues.
Cursitat ad mensas, post prandia torpet, amicus
　Ventris, consumit pinguia, spernit olus.
Non malus est, sed triste malum, consumere na-
　　　　　　　　　　　　　　　　　　[tus
Fruges, ad numerum non numerale facit.
Ejus in adventum calices siccantur, egeno
　Mendicat dapibus mensa, lagena mero;
Cui deus est venter, cui templa coquina, sacer-
B　　　　　　　　　　　　　　　　　　[dos
Est coquus, et fumus thura Sabæa sapit,
Lance sedet, mensasque dapes incarcerat, unde
　Pullulat et nimium ventris amica Venus.
In pateris patinisque studet, ructante tumultu
　Et stridente tuba ventris, utrinque tonat.
Inflictis dapibus moles præturgida, ventos
　Concipit, et Davus Æolus esse studet.
Davus hians æger ventorum turbine fracto
　Carcere, dispensat quos cohibere nequit.
Pergit ad incestum, Venus excitat ægra bilibres
　Fratres, membra tepent cætera, cauda riget.
Metri dactilici prior intrat syllaba, crebro
　Impulsu quatiunt menia fœda breves.
C　Nequitia rabiem servilem prædicat, actu
　Enucleat servæ conditionis opus
Urget blanda, furit ad libera terga rebellis,
　Ne vetito rectus limite carpat iter.
Imbuit innocuos vitiis, exuberat ægri
　Pectoris, in multos particulata lues.
Saccus nequitiæ, lucis caligo, macelli
　Tempestas, pestis sæva, vorago patens
Noxius, æger, iners, commutat, destruit, urget,
　Gaudia, jura, bonos, seismate, fraude, dolo.
Nudus, inops, vacuus, pretio, virtutis, honesto,
　Lite, furore, fide, gaudet, abundat, eget
Eligit, optat, amat, depravat, spernit, abhorret,
　Jurgia, probra, scelus, fœdera, templa, deos,
Quo nascente, suum virtus dum comperit hostem,
D　Bella mihi video, bella parantur, ait.

TEMPORUM DESCRIPTIO.

Ver roseum tenero lascivat flore, laborat
　Picturare Ream floridiore coma
Solis amica calet æstas æstuque redundans
　Nititur interpres nominis esse sui.
Vinitor autumpnus, Bachi pincerna, propinat
　Uvæ delicias, horrea messa replet.
Horret hiems triplici panno pellita, noverca
　Florum, lascivi pectoris ægra comes.
Sunt partes anni bis binæ, ver tepet, æsta
　Æstuat, autumpnus uva dat, alget hiems.
Ver florum genitor, æstas nutricula, fructu
　Ditior autumpnus, prodiga vestis hiems.
Ver turbat renes, in vere furit Diogenes;

Ver Veneri juvenes implicit et senes.
Lucifer astra fugat, solis præcursor, ad ortum
  Respirat, melior exule nocte dies.
Legat in exilium tenebras Aurora, cubile
  Titani viduans, purpurat ora Jovis.
Hirsuto comitata gelu, lux serpit et ortus,
  Tempora canicies anticipare studet,
Uberius radios Phœbus dispensat, anhelant
  Quadrupedes curru dimidiante diem
Migrat ad antipodes Phœbus, declivior axis
  Vergit ad occasum languidiore rota.

DESCRIPTIO LOCI.

Naturæ studium locus est quo veris abundant
  Deliciæ, veris gratia, veris opes.
Tellus luxuriat crinito gramine, gramen
  Vernat flore, tepet aurula, spirat odor.
Blanditur natura loco, donando favoris
  Prodiga, donatis rebus egere potest.
Donandi transgressa modum sibi nulla reservans,
  Purpurat ornatu floridiore locum.
Perpetuat Zephirus flores, hirsutaque bruma
  Non infestat humum pauperiore coma.
Pullulat in flores humus, humida gleba maritat
  Se glebæ, redolet flosculus, herba sapit.
Non rabies canis aut cancri, vernantis honorem
  Floris commutat pauperiore toga.
Natali tumulo dulcis rosa dives amictu
  Vernat, odoratus deliciosa comes.
Fœniculus crispato viret, quæ dives odore
  Castigare solet spirituale malum.
Mollia nigrescunt vaccinia, naris amica;
  Lilia procedunt candidiora coma.
Vertitur ad solem cyane, grave vulnus amoris,
  Phœbæi nutus prædicat herba sequax.
Salvia procedit, piperi quem leve maritat
  Qui facit immensas luxuriare dapes.
Artemisia viget, quæ vultu glauca, saporem
  Bachi deliciis luxuriare solet.
Quem castum redolet, pallet narcissus amoris
  Indicium facie pallidiore gerens.
Qui procul Bachi festivat, surgit hysopus
  Intitulare potens dolia plena deo.
Quod gustu commendat ovis vel dama popello
  In triviis, raris crinibus, herba viret.
Petrosilla apis certantia vultu (*sic*)
  Et simili similis denegat esse sapor.
Statura brevi trifolium sedet esca popelli,
  Et jejunanti cœnula festa viro.
Quæ renes cessare jubet lactura noverca
  Exsurgit Veneris, religionis amans.
Ad Venerem faciens genitrix eruca rigescit,
  Suscitet ut semen candida cepa potens.
Vicinatur humi residens plantago, tumorem
  Castigans carnis et residere jubens.
Prodit humo dormire studens papaver, ancti
  Vernant deliciæ, naris amicus odor.
Purgatrix stomachi, faciensque tonitrua, purgit,

A Surgit ab officii nomine nomen habens.
Lilia sectantur vestis candore, ligatur
  Ad vulnus, faciens lanceolata jacet.
Pallescit rubor in violis, mediusque videtur
  Nescio quis neuter inter utrumque color.
Oris deliciæ prodit gingember acutus,
  Vernantes certat perpetuare comas.
Florescunt tima, victus apum quæ duplice fructu
  Ditant luminibus templa, sapore gulam.
Disputat, et melius redolet, conflictus odoris,
  Et quæ non possunt singula, multa juvant.
Gustas apis florem carpendo, labore magistro
  Monstrans humanæ commoditatis iter.
Non prædatori boreæ de flore tributum
  Solvit, gratuitas inviolata loci.
B Ne pereat nutricis inops infantia floris,
  Commodat altrices fons redivivus aquas
Vestit humum decus arboreum, frigusque propi-
                                        [nans
  Solis ad exsilium nititur umbra tepens.
Quercus alumna suis cœlum vertice maritat,
  Votivoque suum respicit ore Jovem.
Laurus vatis honos, hibernas despicit iras,
  Et spolii gaudet integritate frui.
Ulmus lata viret, triviis umbratilis, umbra,
  Titire, consurgit fagus amica tibi.
Albescit palmæ coma, ramus ejus osanna
  Audit, Christicola vociferante viro.
Astra petens, patulos in ramos pullulat ilex,
C Quæ solet esse domus mellificantis apis.
Initiale mali semen vitæque noverca,
  Ficus adest primo noxia prima patri.
Vicinatur humi buxus quæ sistra propinat
  Exubiis, tegimen ministeriale cruci.
Artificis mediante manu dans vasa Lici;
  Pluribus in nodis præsolidatur acer.
Qui Bachi pateras prohibet requiescere, prodit
  Vespertina gerens prandia, curva pirus.
Pomus progreditur dans succimentia rauco,
  Hersula carboni conficienda mero.
Cerasa plena rubent, sed jacturam brevitatis
  Illorum redimit deliciosus honor.
Arborei generis surgit regina cypressus,
  Quæ regem regum tangere digna fuit.
D Testis amicitiæ Paridis, nymphæque repulsæ,
  Pullulat in molles populus alba comas.
Frondescit platanus, cornus nodosa, noverca
  Taxus apum, redolens cyamus, uda salix.
Egregio pollet effectu myrra, liquore
  Vivifico, carnem luxuriare potens.
Altior ad nubes tollit caput ardua pinus,
  Undis judicibus expositura rates.
Virga propinatrix thuris consurgit, honorem
  Votivæ mentis exhibitura Deo.
Prodit amigdaleus fructus quem febris avita
  Torquet languenti sana dieta viro.
Pullulat ex cujus spolio tractura colorem
  Artificem præstans vestibus, alnus adest
Flore rubet sapido, rubens mitescit odore

Armorum feritas, asperitasque togæ.
Ardua morus adest, cui momentanea proles
 Sanguine Pirameo premitus alba rubet.
Æsculus egreditur ævo majore reservans
 Fructum mellitum concavitate cadi.
Vitis adest, nostro major Jove tempore, plebis
 Deliciæ, plebis gloria, plebis amor.
Plurima restat adhuc arbor, sed Musa labellum
 Comprimit, et brevitas auris amica placet.
Non infestat aquas solis tepor, immo teporem
 Ramorum series orbiculata sonet ;
Humor amicitiæ solis sua jura maritans
 Destinat in florum fructificare comas.
Altera gratuitas superest, cumulantque decorem
 Egregie studio garrulitatis aves.
Vociferans « occide, » dolens philomena querelas
 Et sua jocundo dampna dolore canit.
Vox merulæ resonat, quæ facta domestica nostræ
 Vocis adulterio nobilis esse solet.
Psitacus exclamat præsentatura triumphis
 Cæsareis, lingua degenerante, « vale. »
In scelus, in litem certans armatur alauda,
 Læta prophetanti concinat ore diem
Argi luminibus stellatus pavo superbus
 Et picturatæ vestis honore nitet.
Nidificat ramis Veneri dicata columba,
 Incestum redimens simpliciore coma.
Turtur amica gemit, primo jurata marito
 Continuativi pignus amoris amans.
Hic canit, hic habitat maculis distincta coturnix,
 Et regido perdix excrucianda veru.
Qui proprias canit exsequias, mortisque propinquus
 Despicit articulum, fonte resultat olor.
Materiam logici conflictus pica propinans,
 Nescio quo medio membra colore tegit.
Birex nanus adest, qui staturæ brevitatem
 Nominis intitulat nobilitate sui.
Non piccus fabricator abest, ovi fabrica rostrum
 Dum sibi de sociis hospita tecta fodit.

A Garrula pigrescit et avara monedula sueta
 Exilio nostros concelebrare lares.
Vel patitur vel agit passer, cui nomina ponit
 Et lumbis fluitans irrequieta Venus.
Non cornix, non corvus adest, non noctua sacrum
 Blasphemat gemitus asperitate locum.
Non aquilæ primatus abest, nisi carmina plebis
 Rumpat regalis conditionis honor.
Ergo relativos volucrum queremonia cantus
 Dum movet, organicum carmen adesse putes.
Flos sapit, herba viret, parit arbor, fructus abun-
 [dat,
 Garrit avis, rivus murmurat, aura tepet.
Voce placent volucres, umbra calor, aura tepore,
 Fons potu, rivus murmure, flore solum
Gratum murmur aquæ, volucrum vox consona
 [florum
 Suavis odor, amnis frigidus, unda tepens.
Sensus quinque loci prædicti gratia pascit,
 Si collative quæque notata putes.
Unda juvat tactum, gustum sapor, et sonus aurem ;
 Est volucris visus gratia, naris odor.
Non elementa vacant, quia tellus concipit, aer
 Blanditur, fervor suscitat, humor alit.
Ciceides Musæ, paulo majora canamus,
 Vobis freta, freto vela secunda damus.
Non omnes arbusta juvant humilesque miricæ,
 Immo juvat lauri participare vicem.

LOCI BREVIS DESCRIPTIO.

Hic genius studet in melius, ver gramine pictum
 Eximio terræ gremio præsentat amictum.
Pullulat herbula, nunciat aurula veris honorem ;
 Flosculus emicat, et rosa prædicat orta teporem.
Frons vitreus, fons nectareus, nova germina flo-
 [ru n
 Vivificat, fovet, amplificat, spirans odorem.
Non spoliat nec depreciat rigor hostis iniquus
 Temperiem, retinet speciem flos veris amicus.

INDEX IN PETRI CANTORIS

VERBUM ABBREVIATUM.

Revocatur Lector aa numerales notas crassioribus typis textui insertas.

A

Abbates, Abbatissæ, Abbatialis.
Abbates subesse debent episcopis in cujus sunt diœcesi, 113. Abbatis benedictio, seu inauguratio simplex est et potest iterari. 114. Abbas Cisterciensis Stephanus eleemosynam sibi a sacerdote Simoniaco oblatam rejicit, 119. Abbatissæ non excusantur a Simonia, dum paciscuntur cum parentibus puellæ intraturæ monasterium, 424. Abbatum a suis diœcesanis exemptio improbatur, 114. Abbatialis mitræ cornua duo quid significent, 113, 429. Abbatia is mitræ lingulæ duæ quid significent, 114.

Abigail qua prudentia iram David mitigavit, 59.

Abraham in casa exigua angelos Dei excepit hospites, 225. Abraham et Lot exemplo suo hospitalitatem commendarunt, 293. Abraham quinque regum victor, eorum munera respuit, 54.

Absolutio quæ datur pacto pretio Simoniaca est, 67.

Abstinentia nutrix est continentiæ, 300.

Abundantia panis peccati Sodomorum fuit origo, 488.

Acceleranda est pœnitentia ob septem causas, 323.

Acceptio munerum multiplex, 58. Acceptio munerum reprobatur, 60, 398. Acceptionis personarum definitio. 172. Acceptio munerum quemlibet obligat ad omnem servitutem, 585.

Accipitribus assimilantur prælatorum officiales, et exactores, 69.

Accusare neminem leges obligant, 209.

Accusatio pastorum quando non est recipienda, 484.

Acedia et ignavia impediunt orationem, 289.

Achan ab anathemate Jericho non impune furatus est, 121, 133.

Acquiri et retineri juste quænam munera possunt, 118.

Actio contemplativa duplex, 205.

Activa vita duplex, 482.

Adam. Sicut Adam primum hominem sic et secundum aggressa est superbia, 28. Per Adæ superbiam vita mundi perierat, quam Christus humilitate recuperavit, 34.

Adolescentibus curam committere animarum quam damnosum, 159. In adolescente quæ sint superbiæ indicia, 26. Adolescentis Romani lepidum commentum, 90.

Adulari nescit contemptus munerum, 58. Adulatio oleum est simul et maledictio, 114. Adulatio pauperes fugit, divites sequitur, 115. Adulatione et detractione homo sicut aurum in fornace probatur, 115. Adulationis oleum mentes emollit, 115.

Adulator omnis mente cæcus est, 116. Adulatorum verba corrumpunt, 52. Adulatores aulici Xerxem in Lacedæmonios bellum parare mendaciter instigant, 41. Adulatoribus comparatur Joab Amasan osculo simulato necans, 117. Adulator omnis est proditor, 117.

Adulterium quid sit, et quam grave crimen, 501.

Advena, et peregrinus edere de agno Paschali olim prohibebatur, 86.

Adversis difficile resistitur, nisi fortitudini prudentia copuletur, 273.

Advocatis periculosius nihil est munerum acceptione, 58. Advocati maxime pecuniarum sunt cupidi, 133. Advocati linguam venalem habent, 133, 565. Advocati antiquitus viles reputabantur, 134. Advocatorum malitia suggillatur, 134. Advocati sæpius horrenda morte decedunt, 135. Advocatus dives si pro advocatione quidquam accipiat, peccat mortaliter, 136. Advocati non divinæ, sed soli humanæ innituntur justitiæ, 136. Advocati totcrolli, 415. Advocatos cogit restituere Ambianensis episcopus; quare, 446.

Ædificiorum superfluitas vitiosa est et reprobanda, 225, 494. Ædificiorum sumptuosorum expensæ pauperum derogant eleemosynis, 226 Ædificium virtutum ex quibus consummetur, 241.

Ægrotus medicum non quærit eloquentem, sed prudentem, 20.

Ægrotis valetudo corporis prius curæ est, quam animæ, 323.

Æquitati manifestæ ac rationibus vivis nullius auctoritas potest refragari, 158.

Ætas spectanda est in sacerdotis ordinatione, 85. Ætas ad sacerdotalem reverentiam maxime necessaria est, 158.

Æternitati vita præsens comparata, velut punctum est temporis, 520.

Affectus carnalis nimius erga parentes rea probatur, 181.

Agellius, seu Aulus Gellius leges urbium telis comparabat aranearum. 138, 447.

Agnus Paschalis cum lactucis agrestibus comedi jubebatur, 84. Agnus Dei cur cantetur in missa post eucharistiæ confectionem, 263.

Alani de sacerdotibus eleganter dicta, 451.

Alas duas habere debet oratio, 256.

Alearum ludus quot pariat mala, 401.

Alexander Magnus modum munera largiendi ignoravit, 124. Alexandri Magni exercitus patientissimus laborum, 272. Alexander papa in concilio Lateranensi feneratores excommunicavit, 132. Alexandri tertii papæ præclara sententia evulgatur, 171, 183, 333.

Aliena rapit qui superflua retinet, 46.

Allophyli dicuntur Philisthæi, 56.

Altare ministrare, ac prædicare, interdum de cupiditate laudis oriuntur, 59. Altari quoties adstat sacerdos Pascha immolat, 72. Altaris sacramentum impre labile esse debet, 76. Altaria multa in eodem templo improbantur, 82. Altare (ad) sacerdos cum lacrymis accedat, 84. Per altare idoli Belis signatur omnis Simonia, 66, 99, 333. Altare Rubenitarum exemptionem inferiorum a superioribus suis signabat, 113. Altaris secretarius dicitur diaconus, 157.

Altercatio non decet sanctos, 11.

Aman in proprio patibulo suspensus est, 254.

Amasa non in inguine percussus est, 431.

Amasan et Abner Joab invidia correptus interfecit, 29.

Ambianensis episcopus cogit advocatos ad restitutionem, et quare, 446.

Ambisinistri sunt munerum acceptores, 60.

Ambitio fori excæcat litigantes, 136. Ambitiosi suggillantur, 139. Ambitio Romanam destruxit rempublicam, 140. Ambitio clericorum ex Judæorum ambitione sumpsit exordium, 144. Ambitio gulam comitatur, 299.

Amicitiæ, divitias et honores ne præponas, 62

Amor carnis indignos ad dignitates promovere solet, 143. Amor Christi carnalem nescit affectum, 184. Ab amore et odio privato alienum esse decet æquum judicem, 62.

Amram Moysen filium suum occultat mensibus tribus, 72.

Anachoretarum solitudo excellentior est quam cœnobitarum, 185. Anachoretæ quidam ab abbate B. Felice prædicationem non impetrant, et quare, 14. Anachoreta quidam mira industria fugat superbiam, 25. Anachoreta quidam plenum laqueis mundum videt, 55. Anachoretarum cellulæ non superfluæ, 494.

Ananiam, Saphiram, ac Simonem Magum ob Simoniam B. Petrus graviter corripit, 555.

Anathema Novi Testamenti cum anathemate Veteris Testamenti comparatur, 67. Anathemata debent esse monachis omnia mundana, 555.

Angaria. Inangaria crux portatur tripliciter, 271.

Angelos de cœlis in aerem hunc caliginosum præcipitavit superbia, 21. Angelos in cœlis primum occidit superbia, 27. Angelorum ordinibus pro qualitate meritorum homines justi inserentur, 28. Angeli sacram altaris hostiam cum tremore circumstant, 85. Angelorum ordines a Deo dispositi, 115. Angelica perfectio est, in nullo, aliter quam se res habet, sapere, 195. Angelorum conversationi virgines associantur, 215.

Animæ fidelium defunctorum in purgatorio juvantur per missæ sacrificium, 81. Animo simplici munera impertienda sunt, 124. Animus virilis maxime necessarius est prælato, 146. Pro animabus subditorum suorum sponde re prælatus debet, 155. Animam pro Christo ponere prodigalitas sancta est.

Animalia glebæ quinam homines dicantur, 16.

Anna soror Moysis ob detractionem lepra percussa est, 109.

Annexio plurium missarum inter se exploditur, 81.

Anniversaria tenuia merito in unum rediguntur ab episcopis, 408.

Anselmus Cantuariensis episcopus nepotis sui promotionem impedit, et cur, 125, 458.

Antigonus rex, 457.

Antonius B. anachoreta fratribus vivendi formam petentibus Evangelium proposuit, 206. B. Antonius S. Paulum primum eremitam visitat, 226.

Aorasia, cæcitas, 14, 295.

Apes a grege suo burdones ejiciunt, quare, 130

Aporiari quid sit, 610.

Apostatare a Deo facit superbia, 22.

Apostolus. Super apostolos Spiritus sanctus cur in linguis igneis apparuit, 15, 152.

Apostolorum et episcoporum sandalia quid significent, 71. Apostoli duos tantum ad apostolatus officium elegerunt, 71. Apostoli quare lumbos præcincti prædicare jubentur, 146. Apostolis cæteris B Petrus ob provectiorem ætatem præfectus est, 158. Apostoli paucas reliquerunt traditiones ut melius servarentur, 206.

Aquæ judicium peregrinum prohibetur, 197. Aquæ et ferri judicia peregrina nihil in se certi habere probatur exemplis, 201.

Aranea vermis est putidus et venenosus, 233. Arancarum telis leges urbium assimilabat Agellius, 138.

Ardens prædicator accendit auditores, 14, 434.

Argus centoculus episcopos præsignat, 92.

Ariana hæresis in quo confundatur, 19.

Aristippus aulicus regius a Diogene Cynico contemnitur, 54.

Aristoteles ad nullam quæstionem sibi propositam nisi datis induciis respondebat. 12.

Arpenna seu arpina ferre quid, 417.

Arreptitius quis dicatur, 516.

Arrha quid sit, 557.

Arsenii Palatini eremitæ præclara fiducia, 219. Continuas ex oculis lacrymas fundebat, 246.

Artifices in Ecclesia quinam sint necessari, et qui non, 225.

Arundini vento agitatæ comparantur inconstantes, 196.

Asino, sicut et corpori nostro, ut dometur, tria debentur, 296, 368.

Assiduitas vilescit, et reverentiam tollit, 405.

Asteriscus quid sit, 539.

Athanasius papæ pro fide exsulantis quidam eremita causam defendit, 163, 285.

Athenienses ingratitudinis vitium graviter puniebant, 504.

Athleta quis dicatur, 569.

Avaritia, Avarus. Avaritia quid sit, 48, 49, 583. Avaritia est idolorum servitus, 51. Avaritia inferno, ac vulvæ meretricis comparatur, 52, 247. Avaritia difficilius curatur quam libidinis vitium, 52, 247. Avaritia ecclesiasticorum suggillatur, 69, 73. Nihil avaritia gravius cuiquam imprecari quis potest, 51. Avari sanguisugæ dicuntur, 70, 579. Avari jejunium Deo exsecrabile, 296. Avaro nihil et sceleslius, 50. Avaro pœnitenti quæ pœnitentia injungenda sit, 55. Avarus indiget etiam his quæ possidet, 50, 247. Avarus omnis immundus est, 51.

Auctoritatem papalem sibi per triennium optavit B. Bernardus tres ob causas, 111. Auctoritas nulla æquitati manifestæ, ac vivæ rationi potest refragari, 158.

Auditorum utilitati nihil adeo obest, quam docentium nimia subtilitas., 6. Auditorum capacitati prædicatio accommodari debet, 169. Auditor si deesset, detractor non esset, 52.

Auguribus munera non sunt conferenda, 437.

Augustinus (S.) infestissimus detractorum persecutor, 51. S. Augustinus fugiebat omnem civitatem episcopo orbatam, 140.

Augustus Cæsar in omnibus agendis morosus fuit, 196.

Aurifrigium quid sit, 448. In auro et argento beatam vitam reponere turpissimum est, 45.

Aurum bulliens pluet super feneratores in inferno, 155.

B

Balaam munerum acceptator, 56.

Balthazar rex vasis sacris abutens regno ejectus est. 144.

Baptismi effectum impedit macula peccati mortalis, 200.

Basilius (S.) lingua ignea prædicare conspiciebatur, 15, 152.

Beatitudines octo de fonte charitatis procedunt, 245.

Belis idoli sacerdotibus comparantur monachi proprie tarii, 555.

Belisarius comes stabuli, 414.

Bellorum strepitus et sæcularia negotia vitare jubentur prælati, 155.

Bellua multorum est qui pluries beneficiatus est, 92.

Benedicamus Domino cur a pueris in ecclesiis decantatur, 58.

Benedictio qua abbas inauguratur simplex est, et potest iterari, 114.

Benedictus (S.) solitudinem exemplo suo commendavit, 183. Precibus suis monachum a tentatione liberavit, 289, 558. Proprietatem in monachis suis maxime detestatus est, 555.

Benefactorum intentioni non satisfacit plurium missarum connexio. 81

Beneficia plura retinentes ficlis poetarum monstris comparantur, 87. Beneficia ecclesiastica quo ritu conferri solent, 90. Beneficia ecclesiastica ad cultum Dei propagandum ordinantur, 94. Beneficia plura retinentes detestabiliores sunt Lamech bigamiam inducente, 95. Beneficia ecclesiastica conferendi varius modus explicatur, 105, 104, 105. Beneficium ecclesiasticum qui indigno confert, pauperum res furatur, 156. Beneficium ecclesiasticum tutius est relinquere quam cum scrupulo retinere, 184.

Bernardus (S.) coram monialibus prædicationem inchoans obmutescit, et quare, 14. S. Bernardus cum Teutonicis coram populis absque fructu prædicasset, ejus sermo postea per interpretem reculcatus fructificavit, 14. S. Bernardus papalem per triennium optavit auctoritatem, tres ob causas, 111.

Bifaciatæ missæ exploduntur, 80.

Blasphemia horrenda clerici cujusdam aleatoris, 63.

Boamundus judex justus personarum fugit acceptionem. 174.

Bonarum mentium est ibi culpam agnoscere ubi culpa non est, 191. Cum bonis conversatio laudatur, 180.

Brevitas vitæ præsentis in memoria nostra semper debet versari, 52.

Britto Manichæus, 488.

Brutis animalibus variis omnia singulariter vitia comparantur.

Bullienti auro potabuntur feneratores in inferni gehenna, 155.

Burdones a grege apum repulsi histriones designant. 130.

Bursas pauperum qua arte episcoporum officiales emungant, 66.

Busiris rex, 498.

C

Cadus quid sit, 455.

Cæcus mente est omnis adulator, 116.

Cæremonias Ecclesiæ non observat, qui missam bifaciatam celebrat, 80. Cæremoniarum multitudine populus Israel meritis suis exigentibus oneratus est, 2. Cæsar Augustus in omnibus agendis suis morosus exstitit, 195.

Caio Cæsari comparatur pluries beneficiatus, 92.

Cain invidia motus fratrem occidit, 29. Cain signum erat cornu in nare, 561.

Calumnia in peregrinis judiciis manet impunita, 103.
Cameracensis cujusdam episcopi ludus spiritualis, 401.
Cameracensis quidam canonicus scripsit contra nuditatem pectoris in feminis, 483.
Cancellarium suum S. Thomas Cantuariensis sub juramento astringit ad munera rejicienda, 57, 106.
Cancro similis est usura peccati, 113.
Canipulus quid sit, 388.
Canones in 2 et 3. affinitatis gradu matrimonium contrahi prohibentes, 68. Canones pro libitu condere, interpretari et abrogare summus pontifex potest, 138. Canoni derogatur canone contrario, 138. Canonum missæ quis major et minor, 407.
Cantici et psalmi distinctio, 484.
Capellarum pluralitas peperit ministeria capellanorum illegitima, 82.
Capilli Absalonis quo crebrius tondentur, eo uberius exsurgunt, 59.
Capiti serpentis fides comparatur, 237. Caput maxime deturpat oculorum absentia, 92.
Cardinalibus quatuor virtutibus ornari debet prælatus, 149.
Carnalis affectus reprobandus est, 181. Carni et sensualitati hominum adversatur sacra Scriptura, 211. Carni nostræ sicut et asino tria debentur, ut dometur, 296, 368. Caro nostra sic dormiat, ut mens in Christo vigilet, 218. Carc cito ad præteritas illecebras aspirat, 317.
Carthusienses altaris hostiam consecrare non audent nisi diebus festis, 78. Carthusiensium solitudo a quibus traxit originem, 18. Carthusiani cujusdam religiosi charitas commendabilis, 244. Castrorum acies terribilis debet esse Ecclesia, 142.
Casus frequens est malos puniri instrumento suæ offensionis, 234.
Catechumenorum missa quæ sit, 407.
Cathari hæretici Novatiani dicti sunt, 480.
Cathedram concionatoriam ascendere seniorum tantum est, 160.
Causa et principium malorum omnium est superbia, 21. Causa adeo injusta nulla est pro qua tuenda non inveniatur Advocatus, 134. Causæ pessimæ taciturnitatis sunt quinque, 161. Causæ duæ taciturnitatis in prædicatore debent considerari, 167. Causæ garrulitatis vitiosæ sunt quatuor, 167. Ob causas septem acceleranda est pœnitentia, 323.
Causidici linguam habent venalem, 133, 363.
Cavenda summopere est singularitas in congregatione. 177.
Celebrare officia sacra pro lucro temporali vetat Scriptura sacra, 70.
Celeritas in loquendo non est amica philosophiæ, 11.
Cellæ monachorum olim obedientiæ appellari solebant, 333.
Cellulæ anachoretarum non superfluæ, 494.
Census ecclesiasticus clericorum peperit ambitionem, 14.
Cervix erecta per superbiam post peccatum maxime Deo displicet, 22.
Charitas princeps est omnium virtutum, 244. Charitas debet a teipso inchoari et in proximo perfici, 248. Charitas vult aliquando cæteris præferri propter communem utilitatem, 140. Charitatem acrius lædit detractio quam cætera vitia, 33. Absque charitate virtutes cæteræ deficiunt, 242. A charitate pendet lex et prophetæ, 243. Charitatis filiæ sunt omnes virtutes, 243. Charitatis filia specialis est misericordia, 247.
Choritæ quinam dicantur, 108, 420. Choritæ Simoniacis sunt pejores, 108.
Christus, Christianus. Christi passio superbis non prodest, 24. Christi humilitate vita mundo rediit quam Adæ abstulerat superbia, 34. Christi vita tota in humilitate fundata est, 38. Christi paupertas maxime in cruce apparuit, 53. Christi exemplo carnalis parentum affectus abjiciendus est, 181. Christi humilitas docet debere nos esse contentos humilibus habitaculis, 227 Christi omnis actio nostra est instructio, 248. Christiani vita debet esse crux et martyrium, 72. A Christiano major exigitur sanctitas quam a Judæo, 214. Christianum histrionicus habitus non decet, 225. Christianus non censetur qui necdum per patientiam probatus est, 270. Christus positus est in signum cui contradicitur, 8. Christus Judæorum invidia crucifixus est, 28. Christus verbo et exemplo paupertatem prædicavit, 41. Christus in eucharistia fons est omnis gratiæ, 75. Christus semel se offerens sufficiens fuit ad redemptionem totius generis humani, 77. Christus vigilantet et strenue prædicationi instituit, 151. Christus ante annum duodecimum non docuit, 158. Christus nusquam risisse legitur, 171.

Cibo quovis necessitate exigente religiosis uti concessum est, non autem veste superflua, 225. Ciborum damnosa est superfluitas, 220. In ciborum superfluitate, unica manu diabolus ferit, in vestium autem duabus manibus, 224.
Ciniphes et cynomia adulationem et detractionem designant, 113.
Cinis et cilicium arma sunt pœnitentiæ, 316.
Circuitus justorum bonus multiplex est, 235.
Cisterciensibus inhibitum est habere in suis claustris decreta Gratiani, 477. Cistercienses male reprehenduntur ab episcopo Carnotensi, 485.
Clamosa esse non debet disputatio, 7, 344.
Clarevallensis abbas Willelmus maluit negotio monasterii sui tractare, quam prædicare, 17.
Claustralium opera orare et legere, 286.
Claudicatio mortalis culpæ triplex est, 282, 353.
Classicus 1, 2 et 3, sunt pulsus ad horas canonicas, 401.
Clavicula Salomonis damnata est, 478.
Clementia species est misericordiæ, 252. Clementia in judice maxime elucere debet, 252. Clementia judicis sit moderata, 506.
Clerici cujusdam horrenda blasphemia, 66. Clerici euntes ad chorum tantum lucri causa reprehenduntur, 70, 402. Clerici dies septimanæ computare debent, 405. Clerici corona et tonsura quid significent, 500. Clericis laicos esse meliores maxime destruit Ecclesia, 39, 151. A clericis Lia magis quam Rachel diligitur, 94. Clerici nisi probatæ scientiæ ad honores non sunt assumendi, 143. Clericorum avaritia suggillatur, 75. Clericorum ad honores indigna promotio suggillatur, 142. Clericorum pigritia præ cæteris omnibus debet redargui, 219. Clericus dives in conscientia, pauper sit in pecunia, 80. Clericus adulator jubetur degradari, 117. Clericus dives pauperum eleemosynas usurpans sacrilegus est, 126. Clericus quidam ob adulterii crimen viscera sua in latrinas effudit, 479.
Cœlum. Cœlestis. In cœlis primum nata est superbia, 27. Cœlos aperit, et claudit oratio, 288, Cœli peccatores dicuntur superbi, 21. In cœlum melius de tugurio prosilibitur quam de palatio, 227. De cœlestibus pulverem et quisquilias colligere horrendum est, 10.
Cœnobitarum solitudo securior est quam anachoretarum, 185.
Columbas vendere est pacto pretio mysteria altaris celebrare, 75, 98.
Collatione sacramentorum non potest prælatus etiam supremus in æternum privare, 112.
Comes sola defunctorum est misericordia, 253. Comes quidam excommunicatus, cum absolveretur a summo pontifice, ab ordinario tamen etiam petit absolutionem, 430. Comes palatinus duplex, 489.
Comites tres habet juramentum, 291.
Commoda quærere, ac incommoda vitare naturale est hominibus, 240.
Communia idem quod communitas, 396. Commutatio beneficiorum et rerum spiritualium quænam Simoniaca sit, 107.
Compedes naturæ et gratiæ, 44, 373, 375.
Concilium Lateranense usurarios excommunicat, 132
Conditionis abjectæ homines antiquitus in advocatos eligebantur, 134. Conditiones eleemosynæ laudabilis, 256, 353.
Confessarius vinum et oleum Samaritani debet habere pœnitentibus, 171. Confessarius tria præcipue debet injungere pœnitenti, 171, 313. Confessarius pœnam arbitrariam pœnitentibus potest injungere, 215. Confessarius pœnitentes debet pungere et ungere, 312. Confessarii boni quæ sint qualitates, 312.
Confessio triplex, 310. Confessio oris maxima pars est satisfactionis, 311. Confessionis dilatio fugiendo, 171. Confessionis quæ sint conditiones, 313. Confessionem peccatorum sæpe impedit verecundia, 325. Per confessionem omnium peccatorum delentur maculæ, 328.
Congregatio. In congregationem totam sæpe unius redundat peccatum, 189.
Consanguinitatis favore non est eroganda eleemosyna, 125.
Conscientiæ serenatæ vocem sequitur vox prædicationis, 13. Conscientia occulta non est alieno subjecta judicio, 192.
Consentire quid sit, 381. Consentit peccanti, qui non corripit cum possit, 189.
Constabularius seu comestabularius quis, 414.
Constructio pulchrarum domorum, invitatio est superborum hospitium, 227.
Consuetudinem peccandi difficile est evellere, 325. Consuetudinis pravæ quatuor vincula, 333.

Consummatio omnis peccati superbia, 22.
Contemnitur pauper in judicio, 61.
Contemplativa vita duplex, 205, 482.
Contemptu sui repellitur superbia, 25. Contemptus munerum causas mentiendi et adulandi non habet, 58.
Contentiosa disputatio auditores subvertit, 11.
Continentia et abstinentia sorores sunt uterinæ, 71. Continentiæ nutrix est abstinentia, 300.
Contritio pro peccatis quanta esse debeat docet Christus in resuscitatione Lazari, 309.
Controversiæ finis est juramentum, 206, 290.
Contumeliosa et scandalosa prædicatio quænam censeatur, 16. Ex contumelia dupliciter oritur invidia, 27.
Conversandum non est cum malis nisi causa correctionis, 180.
Conversatio malorum maxime cavenda est, 178.
Cor hominis profundum est et inscrutabile, 194. Cor nostrum sanctissimæ Trinitatis triclinium est, 245. Cor mundum custodire difficilius est quam corpus, 262. Cordis munditiam fides inchoat, spes et charitas consummant, 262.
Cornu bellicum quid sit, 415. Cornua duo habet superbia, 22. Cornua altaris duo quid significent, 80. Cornua mitræ prælati quid significent, 115, 429.
Corpori humano tria debentur, 297. Corporis membra omnia sibi vindicat superbia, 25. Corpus Christi majori cum reverentia conficitur præsente diacono, 157. Corpus nostrum ex natura sua vestium mollitie non eget, 224.
Correctio fraterna commendatur, 254.
Corruptum est judicium judicis munera captantis, 61.
Crates Thebanus ad philosophiam accedens opes omnes suas abjecit, 54.
Criminaliter peccat prælatus peccator etiam occultus si prædicaverit, 16.
Crocodilus, 415.
Crucifigit denuo Christum qui indigne enim in altari sumit, 85. Ex crucifixis eligendi sunt Ecclesiæ prælati, 98.
Crudelem esse, est hominem diffiteri, 252. Crux quatuor modis portatur, 271. Crux in angaria portatur triplici de causa, 171.
Culpam agnoscere ubi culpa non est, bonarum mentium est, 191. Culpam peccantis totam persequi non modica culpa est, 249, 232. Culpæ somnus triplex est, 218.
Cultus. Ob cultum Dei propagandum instituta sunt beneficia ecclesiastica, 94.
Cupiditas plures peccatorum complectitur species, 48. Cupiditas radix omnium malorum, 48 Non cupiditatem solum, sed omnem ejus occasionem vitare debemus, 54. Cupiditatem pariunt ac nutriunt divitiæ, 48 Cupiditas sacerdotum peperit venalitatem missarum, 77. Cupiditas monstruosa est beneficia plura retinere, 91. Cupiditas insatiabilis est, 379.
Cuppa quid sit, 481.
Cura non minori regitur vita humana in hoc mundo quam navis in mari, 17.
Curiositas vestium superflua suggillatur, 221. Curiositatem matris suæ qua arte Romanus adolescens eluserit, 90.
Currere ad unctum quid sit, 402.
Currus Eliæ quatuor habet rotas, et quas, 149, 274. Currus spiritualis seu quatuor virtutum fuse explicatur. 518.
Cyriacus diaconus acceptionem munerum, et Simoniam detestatur, 57, 107.

D

Dædalini qui sint, 492.
Dæmones quidam præsunt taciturnitati, quidam autem garrulitati, 164. Dæmones si iidem habent, mortua est, 240. Inter dæmones ille maxime laudatur qui monachum subverterit, 55.
Damarapus philosophus solus ausus est Xerxi regi verum dicere, 44, 116.
Daniel et Jeremias in pueritia prophetaverunt, 158,
David in humilitate præsertim commendatur, 55. David munerum acceptionem refugit, 56. David erga benevolos suos maxime gratus semper exstitit, 304.
Debita illicita et si juramento confirmata de patrimonio Christi non sunt solvenda, 183.
Decanus quidam subditum suum quomodo cum confusione repulerit, 91.
Defunctorum animabus in purgatorio prode t missæ sacrificium, 81. Defunctorum sola comes est misericordia, 253.
Dejectio superbiam sequitur, 36.
Democritus continuo ridebat, 503.
Demosthenes linguam habuit venalem, 57. Demosthenes fuit viva vox juris, 164.
Desideria naturalia finem aliquem habent, 49.

Desiderare non necessaria est vanitas, 504.
Desperandum non est de ullo homine dum adhuc est in via, 212.
Detractio etiam in verum dicente quomodo deprehendi potest, 32. Detractio acrius charitatem lædit quam cætera vitia. 33. Detractio occulta perniciosior est quam manifesta, 33. Detractio non audienda, 565. Detractione pejor est adulatio, 115. Detractione et adulatione homo sicut aurum in fornace probatur, 115. Detractionis mater est invidia, 29. Detractionis dens quis sit, 362.
Detractores non erunt si desit auditor, 32. Detractores porcis et canibus comparantur, 166. Detractorum tria sunt genera, 52, 33. Detractorum pœna triplex, 33.
Detrahere præsenti levius crimen est quam absenti, 40.
Deus. Dei verbum de frigido pectore erumpens auditores non inflammat, 15. Dei intuitu advocatum agere laudabile est, 155. Dei solius intuitu danda est eleemosyna, 258.
De Deo pauci debent esse sermones nostri, 11. Deo nihil ita displicet sicut cervix erecta post peccatum, 22. Deo qui fœneratur centuplum accipit, 130 Deo coacta servitia non placent, 257. Deo consecrata in usus profanos non sunt transferenda, 423. Deo singulariter loquimur, hominibus autem pluraliter, et quare, 117,43.
Deum solum, non autem amicum proferendo sententiam judex in mente habere debet, 62. Nec Deum nec homines respicit ambitio, 140. Inter Deum et homines mediator esse debet prælatus, 149. Apud Deum non est personarum acceptio, 172. Deum nemo tentare debet, 198. Deum abnegare insipientia est consummata, 240. Deus prohibet ne lingua prædicare præsumat cui obviat conscientia prava, 15. Deus pensat quo quis animo beneficium impertitur, 124.Deus in lege Moysi duodecim tantum personas exclusit a contractu matrimonii, 158. Deus insipientem sacerdotem raro sapientem facit, 144. Deus solus hypocritam deprehendere potest, 194. Deus in extremo judicio omissa exprobrabit, non autem commissa, 217. Deus proprie dicitur charitas, 244.
Diabolus primum hominem tentavit tribus modis, 48. Diabolus mutuo ad usuram homini suggerit peccatum, 130.
Diaconi ac sacerdotes debent esse scientia et moribus perfecti, 157. Diaconi officium non est prædicare ex auctoritate, 157. Diaconi septem a B. Petro apostolo sunt ordinati, 137. Diaconis debetur prima manuum impositio, 157. Diacono præsente majori cum reverentia conficitur corpus Christi, ibid. Diaconorum qualis esse status debet, 156. Diaconus paratus esse debet sacerdotem ad martyrium, et ad evangelizandum sequi, 157. Diaconus in majoribus ecclesiis deesse non debet, ibid.
Difficile est sine impedimento orare, 289.
Dignitas. Qui dignitate præest, præsit et morum honestate, 98 Dignitates sæculi vel habitæ, vel concupitæ generant superbiam, 24. Ad dignitates ecclesiasticas perveniendi via quadruplex, 97. Dignitates ecclesiasticæ non cognationi et carni, sed moribus conferendæ sunt, ibid. Ad dignitates ecclesiasticas qui illegitime promoventur, similes sunt sacerdotibus Jeroboam regis, 98. Dignitates in primitiva Ecclesia sola virtus obtinebat, 141. Dignitates plures ecclesiasticas occupare damnosum est, 88. Dignitatum ecclesiasticarum pluralitatem arguit triplex unicitas, 95.
Dilatio confessionis magnam ruinam parit, 171.
Dilectione fervens B. Magdalena pedes Christi post resurrectionem tangere non permittitur, et quare, 14. Post dilectionis trinam confessionem B. Petrus toti Ecclesiæ præfectus est, 145.
Diogenes divitias contemnens Aristippum regium Dionysii Siculi irridet, 54, 381. Diogenes amentium hominum assidue deflebat, 246.
Disputationes nimium effusæ plus strepitus habent, et minus utilitatis, 7. Disputandi modus exigit ut sine lite et contentione fiat, 11. In disputationibus theologiæ non est clamandum de frivolis, 7, 344. In disputationibus præproperum esse respondentem turpe et periculosum est, 12.
Distinctio inter traditiones licitas et illicitas, 207.
Dives, Divitiæ. Dives qui necessariis contentus non est, lupus est, 45. Dives quo plura habuerit, eo plura desiderabit, 49. Divites superflua sua pauperibus obligantur erogare, 46. Divites multis indigent, 46. Inter divites computatur qui divitias concupiscunt 155. Divites facile in lites veniunt, 446.
Divitias superbia et cupiditas comitantur, 24 Divitiarum modus quis sit, 45. Divitias sequitur adulatio, 115. Divitiæ cum possidentur, non possunt non amari, 41. Divitiæ effeminatos et molles nutriunt, non autem fortes viros, 42. Divitiæ pariunt et nutriunt cupiditatem, 48. Divitibus nemo verum dicit, 43, 116. Divitibus dare, perdere est, 122. Divitibus ideo omnia licent, quia omnia possunt, 160.

Divina officia triplicem ob causam celebrantur, 71. Divina officia melius est mittere, quam in ligne celebrare, 74.
Doctor. In doctore doctrinam et prædicationem bona vita præcedere debet, 13. Doctorem esse prælatum decet, 146.
Doctrina viri ir. patientia consistit, 154.
Dolo adulationis Adam subversus est, 115. Dolus suus nemini debet patrocinari, 127.
Domo (ex) sua hominem tria expellunt, 151, 300. Domorum superborum ædificatores gygantibus turris Babel comparantur, 226.
Dona Spiritus sancti variis varia conferuntur, 91.
Dormire. Sic dormiat caro nostra, ut mens in Christo vigilet, 218.
Dubius testis non manet impunitus, 195.

E

Ebrietas libidinem accendit, 298. Ebrietas infinita parit monstra, 300.
Ecclesia, Ecclesiasticus. Ecclesia quando inceperit possidere divitias, 140. In Ecclesia primitiva sola virtus dignitates obtinebat, 141. Ecclesia castrorum acies dicitur, 142. Ab Ecclesia sua in majoribus solemnitatibus prælati abesse non debent, 132. Ecclesia hoc tempore magis innititur bonis operibus, quam miraculis, 199. In Ecclesia diversarum personarum sunt diversa officia, 202. In Ecclesia qui artifices sint necessarii, et qui non, 223. Ecclesia una constat ex pluribus personis multarum facierum, 282. Ecclesiam nihil ita destruit, quam clericis laicos videre meliores, 39, 151. Ecclesiam fraudare sacrilegium est, 508. Ecclesiarum quarumdam erga beneficiandos mos laudabilis, 424, 429. Ecclesiasticorum reprehenditur avaritia, 69. Ecclesiasticorum officiorum venalitas suggillatur, 546. Ecclesiasticum beneficium quando licet conferre consangnineo, 422. Ecclesiasticum beneficium conferendum non est indigno, 421. Ecclesiastica monstra quando orta, 47. Ecclesiastica ornamenta et vasa sacra quando vendi possint, 425, 100.
Ecclesiæ stipendiis non debent sustentari, qui bonis parentum possunt ali, 417. Ecclesiæ pax in ratione dati et accepti consistit, 69. Ab Ecclesiæ primitivæ instituto quantum recedunt sanguinitæ, 111. Ecclesiæ civitas, murus, et columna esse prælatus debet, 147. Ecclesiis pluribus satisfacere unicus minister non potest, 40. In Ecclesiis majoribus diaconus deesse non debet, 157.
Effectum baptismi impedit peccatum mortale, 200. Effectum orationis quid impedit, 290. Effectus invidiæ fraternum odium est, 27. Effectus pacis quis sit, 266. effectus orationis quis sit, 288.
Electio illegitima ad dignitates similis est altari idoli Belis, 66, 99. Ejectio canonica multiplex in veteri testamento, 99. Electionem jactu sortium fieri non permittit Ecclesia, 198. Electionis definitio, 99. Electionis canonicæ sinceritatem tria impediunt, 97.
Electro pax comparatur, 513.
Eleemosyna quibus, quomodo, et quo ordine facienda, 123, 156, 157, 510. Eleemosyna filia est misericordiæ, 236. Eleemosyna danda est cultoribus Dei intuitu, 258. Eleemosynam sibi a sacerdote Simoniaco factam abjicit Stephanus abbas, 119. Eleemosynarum quatuor sunt species, 259. Eleemosynæ ex illicite acquisitis non sunt faciendæ, 121. Eleemesynis pauperum derogat superfluus ædificiorum sumptus, 226.
Elephas. Inter elephantes excellentior cæteros omnes præit, 142.
Eliseus indigentis viduæ vasa implevit oleo, 122.
Ementes et vendentes ex templo Christus bis ejecisse legitur, 75, 98.
Emplastro sordidissimo sordidissimum vitium superbia curatur, 23.
Endromis vestis, 431.
Ephod Gedeonis quid præfiguraverit, 113, 121, 335.
Ephron nomen in Ephrem versum est, 386. Ephron cur potius accusatur ob venditionem terræ consecrandæ quam Ornan, 987.
Episcopi tot quot Argus oculos habere debent, 23. Episcopatibus duobus duo præficiantur, non unus tantum, 392. Episcopi vocantur presbyteri qui sunt in privata ecclesia, 332. Episcopi olim papæ dicebantur, 452. Episcoporum officiales triplices, 393. Episcoporum per officiales injusta pecuniarum a pauperibus exactio, 65. Episcopus in missa cur dicit Pax vobis, 265.
Epistolæ canonicæ quæ sint, 364. Epistolæ ad Romanos primum caput olim in 4 capita secabatur, 507.
Eremita quidam mira industria superbiam fugat, 25. Eremita quidam plenum laqueis mundum videt, 35. Eremita quidam violenter in sacerdotem ordinatus nunquam celebravit, 85. Eremita quidam Athanasii papæ pro fide exsulantis causam tuetur, 163.
Error non modicus est minus bonum præponere majori, 216.
Esau venator sublimia per superbiam appetens a Deo reprobatur, 37. Esau gastrimargos præfiguravit, 301.
Evagrius eremita comes S. Hieronymi, 538.
Evangelio pauci obediunt, 206. Evangelium Lucæ olim in quot capita divisum, 487.
Eucharistia sacra fontem omnis gratiæ Christum continet, 75. Eucharistiam sumere omnium est Christianorum, conficere autem, paucorum, 77. Eucharistiam indigne conficientes vel sumentes reprehenduntur, 82. Contra eucharistiam turpiter erravit Manichæus hæreticus, 213. In eucharistiæ conservatione etiam viget Simonia sacerdotum, 76.
Exaltatio humilitatem sequitur, 40.
Excommunicatus ab episcopo proprio ab eodem debet absolvi, 430.
Exempla humilitatis plura recensentur ex Scripturis sacris, 37. Exempla a bonis sumenda sunt, 80. Exemplis sacræ Scripturæ multis probatur quam detestanda sit munerum acceptio, 54. Exemplis multis probatur peregrini ignis et aquæ judicia incerta esse, 201. Exemplo quantum bonus prælatus prodest, tantum indoctus nocet silentio, 16, 146. Exemplo et verbo paupertatem Christus commendavit, 41. Exemplo Christi parentum carnalis affectus fugiendus est, 181.
Excommunicatus ab inferiori prælato non potest absolvi a superiore nisi cognita causa, 112.
Exemptio sui, a jurisdictione prælati ordinarii vitanda est, 112. Exemptio abbatum ab episcopis diœcesanis improbatur, 114.
Exhortatio ad accelerandam pœnitentiam, 325.
Ezechiel anno 30 incœpit prophetare, 158. Ezechielis prophetæ liber olim in quot versus dividebatur, 487.

F

Fabros ferrarios a populo Israelitico amoverant Philisthæi, 143.
Facies Dei primaria est ejus divina essentia, secundaria autem sensus Scripturæ sacræ, 9. In Dei faciem conspuit superbia, 22. Faciem naturæ in homine maxime deturpat fornicatio, 236, 301. Facies hominis multiplex, 236. Facierum plurium missæ improbantur, 79.
Facundia obmutescit ubi ægra subest conscientia, 14. Facundia, scientia, et vita in prædicatore requiruntur, 16.
Felix. A beato Felice abbate prædicatio impetrari non potest, et quare, 14.
Fallunt frequenter peregrina ferri et aquæ judicia, 197.
Falsitatem loqui, et veritatem facere, æqualis est impietas, 163.
Familia. In familia magna varia sunt officia, 91.
Familiaris inimicus perniciosa res, 116.
Fastidio sui laborat stultus et inconstans, 196.
Favore principum sæpe indigni ad dignitates promoventur, 143.
Fenerans Deo centuplum accipiet, 130. Fenerator esse pejor diabolo ostenditur, 131 Feneratores a communione sacramentorum et ab ecclesiastica sepultura arcendi sunt, 52. Feneratores diabolo assimilantur, 130. Feneratores anathemate feriuntur, 132. Feneratores et hæretici perdicibus immundis comparantur, 132. Feneratores qua duplici plectuntur pœna, 133. Feneratores malunt esse bonorum suorum donatores quam restitutores, 133. Feneratori olim osculum pacis in missa non dabuntur, 131.
Ferculum. In ferculo triplici seipsum convivis suis Christus apposuit, 86. Ferculorum in una mensa superflua est varietas, 220.
Ferri et aquæ peregrina exploduntur indicia, 200. Sicut ferrum igne et malleo, sic peccatum debet tribulatione purgari, 319.
Feuda inferioris domini, superioris domini imperio non subsunt, 108.
Fidei, quam cæterarum virtutum major hodie est defectus, 258. Fidelibus defunctis in purgatorio missæ prodest sacrificium, 81. Pro fidelibus defunctis missa sicca non solet celebrari, 81. Fides est prima mater virtutum, 237. Fides ex solo Deo est, 237. Fides a sola gratia habet originem, 237. Fides peperit Salvatorem, 238. Fides magna est in tribus, 241. Fides veritatis simplex præstantior est quibusvis philosophorum astutiis, 237.
Fiduciam omnem suam in Deum referre debet pauper prædicator, 155.
Figmenta pœtarum varia, 79.

Filia invidiæ detractio, 50 Filiæ charitatis sunt omnes virtutes, 24.
Filiorum est vigilare, servorum autem dormire, et pigrescere, 218.
Finibus duobus opus omne concluditur, 71. Finis omnis controversiæ est juramentum, 206.
Fiscus quid tollit, 445.
Flagellum pœnitentiæ ex quatuor virgis componitur, 316. Flagello vendentes et ementes ex templo Christus bis ejecisse legitur, 75, 98.
Fomes et nutrix superbiæ adulatio, 117
Forma corporis venusta sæpe prodit superbiam, 24.
Fornicandi præbere opportunitatem cum impedire possis, peccatum mortale est, 250.
Fornicatio quid sit, et quam grave est crimen, 301.
Fortitudinis est tolerare patienter adversa, 284. Inter fortitudinem et patientiam quæ sit differentia, 275. Fortitudinis mater est magnanimitas, 285. Fortitudo comes est pœnitentiæ, 318.
Fortunæ talentum prohibet Deus dare ad usuram, 130. A fortunæ donis oritur superbia, 23.
Frenum in ore ob taciturnitatem anachoreta quidam semper gestavit, 168.
Fraterna correctio species est misericordiæ, 354.
Fraus omnis in se conversa colliditur, 234.
Frequenter jurans sæpe labitur in perjurium, 168.
Frugalitatem exigit philosophia, 47.
Fugiendæ sunt occasiones peccati, 171.
Fundamentum prædicationis est sanctitas vitæ et conversatio bona, 15. Fundamentum sanctitatis humilitas, 40. Fundamentum religionis est taciturnitas bona, 166.
Fure pejor est fenerator, 131.
Furem esse minus est quam latronem, 100, 108.
Furseus (B.) a feneratore tunicam donativam accipiens lepra percutitur, 120, 133. Beatus Furseus, 434, 444.
Furto participatur multis modis, 486. Furtum est et rapina plura beneficia retinere, 93, 166

G

Galfridus Clarevallensis episcopatum respuit, 141. Galfridus Peronensis, 448.
Gallia monstris non caret, 92.
Gallinæ debet prædicator assimilari, 170.
Ganeo quis sit, 441.
Garciones qui sint, 398, 497.
Garrulitati quidam dæmones præsunt, et quidam taciturnitati, 164. Garrulitatis malæ quatuor sunt causæ, 167.
Gastrimargi, peccatores terræ dicuntur, 22. Gastrimargia sobrietatem perimit, 297. Gastrimargiæ quanta sit pernicies, 298.
Gedeon accensis luminaribus contra Madianitas pugnat, 16. Gedeon judicare populum Israel noluit nisi divinitus signo accepto, 147. Gedeoni in ruinam familiæ suæ versum est Ephod quod sibi paravit, 113, 121, 333.
Gehennæ æternæ consideratio peccatores ad pœnitentiam accelerandam excitat, 326.
Genealogia filiorum Adam, 548.
Genera detractorum tria, 32 Genera detractorum duo, 33. Genera humilitatis malæ sunt duo, 37. Genera spiritualium sunt quatuor, et quænam ex his vendi possint, 100, 425. Genera persecutorum sunt duo, 115. Genera monachorum solitariorum sunt tria, 188.
Generis (a) nobilitate nascitur superbia, 24. Generis nobilitas indignos ad dignitates promovere solet, 145.
Generositas animi prælato maxime necessaria est, 116.
Gengulphi (S.) uxor cum clerico adulterata qualem sortita est pœnam, 407.
Genus hominum venale sunt advocati, 135.
Gerardus (S.) Cameracensis episcopus, 483.
Giezi ob munerum acceptionem lepra percutitur, 57. Giezitica lepra et Simonia in quo differunt, 102. Giezi et Simonis turpis Simonia, 74. Giezi, Chore, et Simon sinceritatem canonicæ electionis impediunt, 97. Giezi ei Simonis sequacium sententia damnabilis, 407.
Gigantibus antiquis comparantur curiosi, 8.
Gilbertus Porretanus episcopus Pictaviensis errores abjuravit, 429.
Gladius occultus est adulatio, 117. Gladium a sanguine prohibere quid sit, 133.
Gloria vana quid sit, 49. Gloria æterna in duobus consistit, 352.
Gloriosius in principe nihil est clementia, 232.
Gnato quis sit, 453.
Gomor Unum gomor mannæ in populo Israelitico cuivis sufficiebat per diem, 78.
Gradus acquirendæ et conservandæ humilitatis sunt tres, 33.

Grammaticæ leges confundit adulatio, 117.
Grandimontensis ordo sub Regula saucti Benedicti in Lemovicensi dicecesi, 484.
Gratia eximia est hospitalitatis inter cæteras virtutes, 293. A gratiæ divinæ dono frequenter oritur superbia, 24. Gratiæ tantum, et non sanguini exhibenda est misericordia, 123. Gratiæ et naturæ talentum jubet Deus multiplicari, 130.
Gratiani Decreta probibita haberi in claustris Cisterciensium, 477.
Gratuitum non est quidquid ob lucrum vel operam locatam datur, 114.
Gravius nihil cuiquam imprecari potest quam avaritia, 51.
Gregi suo pastor bonus verbo et exemplo præsens adesse debet, 96.
Gregorius (S.) tricenarium fieri pro defunctis instituit, 407.
Gubernatori navis nauseabundo similis est curiosus prædicator, 17.
Gula quid sit, 49. Gula libidinem fovet, 298. Gula quatuor habet satellites, 298.

H

Habitus. Ab habitu interiori et exteriori quandoque oritur superbia, 23. Sub habitu vili quandoque delitescit superbia, 24. Habitus exterior signum est compositionis interioris, 96. Habitus monachi non splendeat, 493.
Hædus. Cum hædis munerum acceptores in judicio extremo collocabuntur, 60. Hædum furtivum domi suæ retineri Tobias senior prohibuit, 119.
Hæreditas feneratorum vix ad tertium hæredem transit, 133.
Hæreticorum mallei S. Augustinus et S. Hilarius, 3. Hæretici et feneratores perdicibus immundis comparantur, 132.
Harpyæ quid sint, 180.
Hebdomadæ dies a clericis per ferias debent numerari, 405.
Heli Silonites pro peccatis filiorum morte punitus est 190.
Helvidius impie de B. Virgine Deipara scripsit, 143, 165.
Heraclitus philosophus semper flebat, 503.
Hierarchia angelorum a Deo instituta, 111.
Hieronymus (S.) histrionum fautores ad clericatum promoveri prohibebat, 129. Monachis affectum carnalem in parentes vetat, 183. Eremi solitudinem commendavit, 185. Quam reverenter martyrum templa visitavit, 405. S. Hieronymi de Helvidio sententia, 450, 465.
Hilarionis (S.) cellula cujus formæ, 494.
Hilariter psallentem et orantem Deus diligit, 207.
Hildebertus Cenomanensis episcopus, 502, 411, 448, 482.
Histrio nullis hominum usibus aptus est, 129. Histrionibus munera non sunt eroganda, 128, 437, 441. Histrionibus munera dare, dæmonibus immolare est, 129. Histrionicus habitus Christianum non decet, 225.
Homagium quid sit, 428.
Homicidii et proditionis mater invidia, 29. Homicidio par crimen est adulterium, 301.
Hominem de paradiso fugavit superbia, 21. Hominem ex domo sua tria ejiciunt, 150, 300. Homines a lupis prævisi obmutescunt, 57. Nec homines, nec Deum respicit ambitio, 140. Homines dum docent, discunt, 178. Homines arcuati qui dicantur, 369. Homini diabolus mutuo ad usuram suggerit peccatum, 130. Homini a peccato quadruplex est lavacrum, 308. Homini in infirmitate difficile est de peccatis pœnitere, 325. Hominis sepulcra sunt quatuor, 228. Hominum genus triplex paupertatem simulat, 126. Hominum venale genus sunt advocati, 135. Hominum positiva justitia nihil soliditatis habet, 136. Hominum mores tria maxime corrumpunt, 140. Hominum sensualitati sacra adversatur Scriptura, 211. Hominum et porcorum viscera magnam habent inter se similitudinem, 306. Homo saccus est stercorum, 39. Homo quomodo dicatur risibilis, 176. Homo multiplicem habet faciem, 236.
Honestate morum præsit quisquis præest dignitate, 98.
Honores ac divitiæ non sunt amicitiis anteponendæ, 62. Ad honores ecclesiasticos dum Ecclesia censu caruit, nemo aspirabat, 140. Honores ecclesiastici cum magno animæ periculo acquiruntur, 141.
Honorificentia quid sit, 172.
Horam mortis debemus assidue meditari, 321. Hora mortis nobis incerta est, 324.
Hospitalitatem exemplo suo commendarunt Abraham et Lot, 293. Hospitalitas filia est misericordiæ, 292

Hugo abbas Cluniacensis, 555
Humanitati nihil est affinius clementia, 232.
Humanus. In humanis negotiis sequenda sunt exempla prudentium, 210.
Humilitas, 367, 569. Humilitas omnia vitia enervat et omnes virtutes colligit, 23. Humilitas superbiæ adversatur, 34. Humilitas via vitæ nuncupatur, 35. Humilitas quadruplex, 37. Humilitas non animo solum sed cunctis corporis membris est exhibenda, 38. Humilitas sanctitatis fundamentum, 40. Humilitas Christi docet contentos esse debere humilibus habitaculis, 227. Humilitas obedientiæ mater est, 283.
De humilitate laudem appetere, humilitatis subversio est, 514. Humilitate sua scholam cœlestem Christus in terris erexit, 34. Humilitatem sequitur exaltatio, 38. Humilitatis acquirendæ et conservandæ gradus sunt tres, 35. Humilitatis malæ duo sunt genera, 37. Humilitatis exempla ex Scriptura sacra, 51. Humilitatis collactanea est mansuetudo, 40. Humilitatis nutrix est paupertas, 154.
Hypocrita est qui aliud loquitur et aliud facit, 15. Hypocrita est quisquis humilitate caret, 38. Hypocrita sterquilinio comparatur, 39. Hypocritæ jejunium Deo detestabile est, 296. Hypocritam solus Deus agnoscere potest, 294.
Hypostasis omnium virtutum fides est, 238.

I

Idololatra est omnis avarus, 51.
Ignavia et acedia impediunt orationem, 289.
Igni purgatorii æquipollere debet præsens pœnitentia, 518. Igni sacro comparatur usura, 131. Ignis sacer quale malum. 442. Ignis æterni consideratio peccatores ad accelerandam pœnitentiam instigat, 326.
Ignorantia falsa æquipollet errori, 213. Per ignorantiam non censetur peccare sacerdos, 144. Ignorantiæ fomes est adulatio, 117.
Illicite acquisita non sunt offerenda in sacrificium, 121.
Impatientia viris potentibus solet esse familiaris, 154.
Impedimenta canonicæ electionis sunt tria, 97. Sine impedimento orare diu et psallere difficile est, 289.
Impietas tanta est veritatem tacere quam falsum loqui, 163.
Impœnitens prædicans, etiam ex officio mortaliter peccat, 16. Impœnitentibus neganda sepultura, 382.
Imprecatio omnium gravissima est ut quis incidat in manus diaboli, 151.
Improbus cum solus est mala agitat consilia, 287.
Impunitatis mala, 403.
Incantationum effectus in parvulis, 368.
Incessus. In incessu superbia dignoscitur, 26.
Incestus quarti gradus minus crimen est quam adulterium, 547.
Incompositio exterior incompositionem interiorem designat, 26.
Inconstantes comparantur arundini vento agitatæ, 196. Inconstantia rumorosos comitatur, ibid. Inconstantia mulierum est, ibid. Inconstantia mentis membra corporis præbet inquieta, 197.
Indicia superbiæ in adolescente, 26.
Indignæ promotionis quatuor causæ, 143.
Infamiæ notam incurrit qui in diversis regionibus curam suscipit animarum, 91.
Inferno, ac vulvæ meretriciis comparatur avaritia, 32. In inferno feneratores auro bullienti potabuntur, 133.
Infideles quibus comparentur, 239.
Infirmitatis dolores vix admittunt memoriam de pœnitentia, 323.
Ingratitudinis vitium Deo et hominibus est odiosum, 304. Inimicus familiaris perniciosissimus, 116.
Iniquitatem totius populi portabunt prælati, 139.
Iniquitas sua unicuique pœna est et patibulum, 234.
Injuria. Ex injuria dupliciter nascitur invidia, 27.
Innocentia vitæ est fundamentum omnis scientiæ, 13.
Inopiæ remedium, 43.
Ab institutis primitivæ Ecclesiæ quantum recedant sanguinitæ, 109.
Instrumenta musicalia a lascivis periculose audiuntur, 223.
Interpretes sacræ Scripturæ debent de cœlestibus negotiis prudenter tractare, 12.
Interpretatio Scripturarum non debet pendere a voluntate nostra, 210.
Introitus missæ, condimenta varia, 403.
Inventa quando possunt dari pauperibus, 432.
Invidia etiam Spirium sanctum persequitur, 27. Invidia, sicut et superbia, indiciis quibusdam manifestatur, 28.

Invidia homicidii ac proditionis mater, 29. Invidia raro sis exstinguitur, quin rursum pulluiet, 29. Invidia quam detestabilis, 29. Invidia et superbia quædam sancta est, 30. Invidia, 360, 361.
Iram vincere majus est quam civitatem sibi subjicere, 250.
Irasci hominis est, 34.
Isaias et Jeremias renes succincti prædicare jubentur, 16, 297. Isaiæ prophetiæ quot olim erant capita, 339.
Invidus est omnis avarus, 51. Invidiæ mater superbia, 27. Ivo Carnotensis librum Decretorum ad pedes projecit quasi inutilem, 138, 382.

J

Jacob patriarcha ob humilitatem a Deo diligitur, 57. Jacob pœnitenti peccatori comparatur, 53 Jacob ob prolis multiplicationem plures ducens uxores excusatur, 94.
Jejunii diebus semel tantum acceditur ad mensam, 78. Jejunium multiplex est, 295. Jejunium exemplo suo quinam sanctorum commendarunt, 296.
Jeremias, et Daniel pueri prophetarunt, 158. Jeremias, Elias et alii multi solitariæ vitæ dederunt exempla, 188.
Jericho defectus interpretatur, 17.
Joab invidiæ et superbiæ typum gessit, 29, 116, 117. Joannes (S.) Baptista Christum baptizandum tangere veretur, 85. S. Joannes Baptista prædicationem suam inchoavit a pœnitentia, 307. S. Joannes apostolus an fugerit relicta sindone, 456. S. Joannes eleemosynarius, 505. S. Joannes Chrysostomus advocati respuit officium, 134.
Job advocatus pauperum, 135.
Joseph non nisi probata ejus sapientia Dominus Ægypti vocatus est, 143. Joseph et Moysem prælati imitari debent, 132.
Josias rex auditis verbis legis flevit, 150.
Josue terram sanctam discalceatus calcare jubetur, 85.
Jubal musices inventor, 491.
Jucunditas æterna in duobus consistit, 332.
Juda proditore deteriores sunt sacerdotes respectu lucri missas celebrantes, 77. Juda proditore gravius peccant qui Eucharistiam indigne sumunt, 83. Judæ proditori similes sunt sanguinitæ, 109.
Judæorum pontificum ambitionem imitantur sacerdotes hujus temporis, 144.
Judex. Judicium. Judex non sit similis stateræ quæ modico pondere inclinatur, 61. Judex solum Deum, non autem amicum habeat in mente, 62. Judex ab amore, odio, et cupiditate debet esse alienus, 62. Judex Simoniacum occultum damnare non potest, 103. Judex humiliter de se sentiat, 147. Judex sit cæcus, 391. In judice maxime elucere debet clementia, 232. A judice sæculari tutelas duas petera suspectum est, 93. Judicia nostra de occultis temeraria sunt, 192. Judicia peregrina aquæ et igni prohibentur, 197, 396, 482. Judicia peregrina sæpe fallunt, 197, Judicia peregrina nihil certi in se habere multis probatur exemplis, 201. Judicii appendicia, 391. In judicio sanguinis non est conjecturaliter procedendum, 202.
In judicio peregrino calumnia manet impunita, 203. In judicio extremo Deus omissa exprobrabit, non autem commissa, 217.
Judicis ingenium hebetant munera, 61. Judicium temerarium oritur ex superbia vel invidia, 193. Judicium justum judex si vendat, Simoniacus est, 133. Judicium pervertitur quadrupliciter, 392. Ex juramento frequenti sæpe labimur in perjurium, 168, 290.
Juramentum tres habet comites, 291 Juramentum non prohibetur ut malum, 339. Jurare quando liceat, 290.
Jurare Christianum non decet, 211, 290.
Juste acquiri, ac retineri quæ bona possint, 118.
Justis sæpe pro vitæ sanctitate subrepit superbia, 21.
Justitia humana nihil habet soliditatis, 156. Justitia quid sit, 277. Justitiæ officium est cohibere superbiam, 277.
Juventus attendenda est in sacerdote ordinando, 85, 161. Juventus duplex, 412.

L

Laban impostor prælatos Ecclesiæ munerum captatores præfiguravit, 59.
Labium æneum in introitu tabernaculi quare positum 16.
Labor multiplex, 219. Laborem pœnitentiæ præcedere humilitas debet, 35. Laborem naturæ convertunt boni in laborem gratiæ, mali autem in laborem culpæ, 220.
Lacedæmones (in) bellum parans Xerxes ab aulicis edulatoribus decipitur, 44.

Lacrymæ pœnitentiæ calicem altaris faciunt dulciorem, 84. Lacrymæ quædam laudabiles, quædam autem sunt vitiosæ, 243. Lacrymæ multiplices, 583.
Lacti coagulato comparatur superbia, 23.
Laicos Teutonicos sermo B. Bernardi ab alio recitatus adjlletuun commovit, 14. Laicos clericis esse meliores maxime destruit Ecclesiam, 39, 151.
Lamech bigamo detestabiliores sunt qui plures in Eclesiis dignitates usurpant, 93.
Lamentatio, carmen, et væ, quid sint, 15.
Lanfrancus, 359.
Laqueos mundi evadet sola humilitas, 33.
Lascivus. A lascivis instrumenta musicalia periculose audiuntur, 223.
Lateranense concilium, 443.
Latratu prælatorum lupi a grege debent arceri,·162.
Latro est qui in administratione spiritualium lucrum temporale sectatur, 75. Latronem esse pejus est quam furem, 100, 108.
Lavacrum hominis a peccato quadruplex, 308.
Laudabile est Dei intuitu advocatum agere, 135.
Laudari a turpibus ita turpe est sicut laudari ob turpia, 129.
Laude et vituperio homo sicut aurum igne probatur, 113
Lazarus. In Lazari resuscitatione docuit Christus quanta debeat esse peccatorum contritio, 308. Lazarum pauperem Christus nomine proprio vocavit, divitis nomen tacuit, 44.
Lecator quis sit, 441.
Legale sacerdotium olim vendere erat Simonia, 98. In lege Mosaica Deus duodecim tantum personas exclusit a contrahendo matrimonio, 138. Legem ignorare non debent sacerdotes, 144. Legem communem non faciunt privilegia paucorum, 159, 198. Leges neminem accusare obligant, 209. Leges omnes veteris testamenti umbra sunt futurorum, 137. Leges urbium telis aranearum assimilabat Agellius, 138. Leges juxta quantitatem peccatorum statuunt quantitatem pœnarum, 501. Legis divinæ implenda sunt opera antequam accedas ad doctrinam, 14.
Lepra Giezitica et Simonia quomodo inter se differant, 102.
Levius crimen est præsenti detrahere quam absenti, 58.
Lex naturæ quos terminos cuique imponat, 45. Lex, præceptum, testimonium, justificatio, judicium quomodo differant, 137. Lex positiva maxime mobilis est, 58. Lex Dei potius attendenda est quam hominum exempla, 210. Lex temporalis potest mutari, 447.
Lia Racheli ab ecclesiasticis præfertur ob avaritiam, 94.
Libanius sophista amicus Juliani Apostatæ, 333.
Libidinis nutrix est gula, 300. Libidinosi peccatores terræ dicuntur, 22. Libidinosus porco comparatur, 236. Libido eo plus crescit quo plus exercetur, 247. Libido facilius curatur quam avaritia, 52, 247.
Librorum superflua multitudo lectoris animum distrahit, 1, 338. Libros scribentes Dei honorem et proximi utilitatem spectent, 369. Libri Job quot olim fuerunt capita, 344.
Lingua illius sine labore prædicat cujus vitam moribus prædicat, 17. Lingua vitia succensentur, 167. Lingua venalem habent advocati, 133. In linguis igneis super apostolos cur Spiritus sanctus apparuit, 15, 152.
Lites multæ solent esse divitibus, 446.
Litigantes et advocatos excæcat ambitio fori, 136.
Littera quomodo meretrix, 405.
Lixivium pœnitentiæ quale sit, 316.
Locus Hypogeus subterraneus, 494.
Loquacitas mala bonæ taciturnitati adversatur, 167. Loquacitatis malæ quatuor causæ, 167.
Loqui adversus Deum iniquitatem quomodo intelligatur, 10.
Lucas (S.) de Hungaria moritur excommunicatus, 450.
Lucæ (S.) Evangelium in quot capita olim fuerit divisum, 457, 336.
Ludi alearum quot mala, 401. Ludus spiritualis Wiboldi episcopi Cameracensis, 501.
Lumbis præcinctis prophetæ quatuor prædicare jubentur, 16, 297, 146.
Lupi quos prius aspexerint faciunt obmutescere, 57. Lupo comparatur dives qui necessariis non est contentus, 45. Luporum rabies a grege duobus modis arcetur, 146. Lupus in fabula quid sit, 388.
Luxuria consumit quod congregavit avaritia, 384. Luxuriam fovet ebrietas, 299.

Luxus vestium reprehenditur, 336, 491, 224.

M

Macula omnis peccati deletur per confessionem, 328.
Maculas corporis in introitu tabernaculi Judæorum sacerdotes eluebant, 16.
Madianitas quomodo Gedeon vicit, 13.
Magnanimitas mater fortitudinis, 285. Magnanimitatis virtus maxime ad Ecclesiæ prælatos pertinet, 284. Magnanimitatis exempla plura, 285.
Magnus est qui vasis fictilibus utitur quemadmodum argenteis, 48, 177.
Malitia advocatorum declaratur, 134.
Mali principii malus exitus, 158. Cum malis conversandum non est nisi causa et spe correctionis, 180. Malorum conversatio fugienda, 178, 179. Malorum omnium summa est quod vivimus exempla malorum, 210.
Malum ignotum vitari non potest, 21.
Mamillarum nuditatem reprehendit quidam canonicus Cameracensis, 483, 490.
Mammona Deus divitiarum, 41.
Mammotrecti qui sint, 479.
Mandatum. Per mandatorum Dei observantiam ad Scripturarum pervenitur intelligentiam, 9.
Manichæus in sacram eucharistiam blasphemus, 213.
Manichæus Brito, 480.
Manna ad mensuram gomor cuivis ex populo Israel sufficiebat per diem, 78.
Mansuetudinis etymologia, 40. Mansuetudo humilitatis collectanea dicitur, 40.
Manumissus quis sit, 549.
Marcellus (S.) Parisiensis episcopus, 480
Manus cito nemini prælatus imponat, 157.
Marcus (S.) sibi pollicem abscidit ne sacerdos ordinaretur, 85, 161. Marcus (S.) Evangelista non pollicem sibi abscidit, sed quidam anachoreta, 411.
Maria (S.) Deipara cæteris virtutibus humilitatem præposuit, 33. Quæstuaria dicitur, 377, 54.
Maria (S.) Magdalena pedes Domini resurgentis tangere vetatur, et quare, 14,86.
Maria (S.) Magdalena turrita dicitur, 410, 336.
Maria (S.) Ægyptiaca semel solum in deserto eucharistiam sumpsit, 84. Solitariæ vitæ præbuit exemplum, 188, 196. S. Mariæ Ægyptiacæ Vita a quo sit conscripta, 472.
Marrantia quid sit, 416.
Martini (S.) episcopi erga sacerdotem reverentia, 174. S. Martini episcopi de ove pium elogium, 210. Oculis ac manibus in cœlos semper intendebat 255, 287. Eleemosynarum largitor maximus, 258. Adhuc catechumenus potius monachus, quam miles apparebat, 333.
Martyrum omnium cruciatibus atrocior est purgatorii pœna levissima. 318.
Mater homicidii et proditionis invidia, 29. Mater detractionis invidia, 29.
Materiam peccandi sæpe dat occasio, 171.
Matrimonium in tertio affinitatis gradu prohibetur, 68.
Matrimonium tantum esse in remedium quomodo intelligatur, 422.
Matrona munuscula ab amatore recipiens corruptionis suspecta est, 61.
Maurilius (S.) episcopus ob levem culpam gravem egit pœnitentiam, 192, 471.
Maximillæ hæresis, 462.
Mediator inter Deum et hominem est prælatus, 149.
Medicum corporalem infirmus pluris facit quam spiritualem, 325.
Mediocritas in omnibus tenenda, 174. Vera mediocritas in quo consistat, 9.
Megarenses molles convivæ, et superbi ædificatores dicuntur, 226.
Melle adulationis pauci non delectantur, 115.
Membra corporis omnia sibi vindicat superbia, 25. Membris omnibus corporis humilitas præferenda est, 38. Membrorum corporum et spiritualium inter se comparatio, 52, 111.
Mendacium vitium viscosum est, 279.
Mentes hominum emollit adulationis oleum, 115.
Mentium bonarum est illuc culpam agnoscere ubi culpa non est, 191.
Mentiendi causas non habet contemptus munerum, 58.
Mentiri servorum est, non filiorum, 274.
Mercenarius est qui Deum propter aliud quam ipsum amat, 75.
Meretrix omnia membra habet venalia, 133.
Meritorium est Dei intuitu advocatum agere, 136
Meritum audientis et vita loquentis prædicationi respondere debent, 14.

Meta. Ad metam salutis pervenire cupientes debent lumbis succincti currere, 224.
Miles unus duabus legionibus præesse non potest, 90.
Milones episcopi duo, 491.
Ministri ecclesiastici Liam Racheli præferunt, 94.
Miracula patrare etiam injustis interdum conceditur, 199, 237.
Misericordiæ avaritia opponitur, 53. Misericordia omnibus impendenda est, 123. Misericordia specialis est charitatis filia, 247. Misericordia maxime commendabilis est in Deo et hominibus, 247. Misericordia plenitudo virtutum, 248. Misericordiæ duæ sunt species, 250.
Misericors non legitur ullus nisi bono fine obiisse, 249.
Missa sicca, 403. Missa sicca pro fidelibus defunctis non solet celebrari, 81. In Missa cur post hostiæ consecrationem cantetur *Agnus Dei*, 263. Missa catechumenorum quæ, 407. In missa quid brachiorum extensiones significent, 403. Missæ diversarum facierum refelluntur, 79. Missæ bifaciatæ similes sunt idolo Nabuchodonosor, 80. Missæ bicipites, quæ sint, 406. Missæ favorabiliores quæ sint, 408, Missæ introitus condimenta varia, 405. Missæ celebrandæ reverentia, *ibid.* Missæ oblationes a laicali persona non sunt palam recipiendæ, 408. Missæ canon major et minor quis, 407. Missam ter celebrare in festo Natalis Domini concessum est, 76. Missam celebrare semel tantum in die sacerdoti concessum est, 78. Missarum plurium annexio non satisfecit benefactorum intentioni, 81. Missarum multiplicatio procedit ex cupiditate sacerdotum, 82. Missas qui pretio celebrant Juda proditore sunt deteriores, 77.
Mites multi sunt dum illis non contradicitur, 517. Mitis non est qui humilis non est, 40.
Mitræ cornua duo quid significent, 113, 429. Mitræ abbatialis lingulæ duæ subjectionem significent, 114.
Modestia et modus in omni opere bono servandus est, 175.
Modus intrandi in Ecclesiam catholicam quadruplex, 97. Modus varius conferendi beneficia ecclesiastica, 103, 104, 105.
Mollitiem vestium sequitur superbiæ, et inconstantiæ vitium, 224.
Monachis portantibus cadaver feneratoris objicit miles dicens, 433. Monachi superioribus suis majorem debent obedientiam quam canonici, 204. Monachi vocabulum quid significet, 333. Monachis carnalem parentum affectum S. Hieronymus dissuadet, 183. Monachorum vitam solitariam Christus instituit, Joannes Baptista commendavit, 188. Monachorum solitariorum tria genera, *ibid.* Monachorum vestis non splendeat, 499. Monachorum proprietas quantum vitium, 333. Monachorum multi dum parentibus miserentur animas perdunt, 182. Monachum mente vagum S. Benedictus precibus suis a tentatione liberavit, 289.
Monasterium. In monasteriis divisiones et schismata multæ pariunt traditiones, 207. In monasterium juniores viduæ non sunt admittendæ, 123.
Monasticæ quædam traditiones improbantur, 205.
Monedulis monachi proprietarii comparantur, 333.
Monialibus prædicans S. Bernardus obmutescit, quare, 14.
Monoculus abbas Clarevallensis, 554.
Monstris poetarum fictitiis comparantur plurium beneficiorum retentores, 87. Monstra infinita parit ebrietas, 300.
Montanus hæreticus Catharus, 462.
Morbus ignotus non potest curari, 117.
Mores hominum tria maxime corrumpunt, 140. A moribus communioribus philosophia non abhorret, 47.
Mortaliter peccant qui hostiam sacram indigne sumunt, 84. Mortaliter peccat advocatus dives si pro patrocinio aliquid exigat, 156.
Morte calamitosa sæpius decedunt advocati, 155. Mortis horam debemus semper meminisse, 321. Mortis hora incerta est, 324. Mortui raros inveniunt amicos, 260.
Moyses a munerum acceptione innocuus, 55. Moyses in monte Oreb jubetur calceos deponere, 86. Moyses nonnisi signis pluribus acceptis ad Pharaonem accessit, 147. Moysen et Joseph prælati imitentur, 152. Moyses et Phinees acceptionem personarum fugerunt, 173 Moyses carnalem affectum vitavit, 184.
Mulctrale quid sit, 538.
Mulier non nisi sexagenaria admittatur ad custodiam virginum, 158.
Multitudo hominum quo copiosior fuerit, eo difficilius regitur, 44, 116. Multitudo non parit peccandi patrocinium, 203. Multitudo constitutionum gravat constituentes, 204. Multitudo traditionum multos transgressores constituit, 206. Multitudo vix punitur nisi pro furto de anathemate, 121, 434.
Mundana omnia monachis esse debent sub anathemate, 333.
Mundi pompæ difficulter possunt caveri, 23. In mundi ruinam superbia et invidia simul conspiraverunt, 29. Mundi laqueos evadet sola humilitas, 35. Mundum cum Christo judicabunt qui omnia pro Christo reliquerunt, 42
Munditia cordis quæ, 511. Munditiam cordis fides inchoat, spes et charitas consummant, 262.
Munera quænam possint juste acquiri ac retineri, 118 Munera a feneratore accipere periculosum est, 153. Munera excæcant oculos judicum, 57. Munera sunt triplicia, 419. In muneribus dandis quæ consideranda sint, 121. Munerum acceptionem repulit Abraham etiam victor, 54. Munerum acceptio signum est divinæ reprobationis, 55. Munerum acceptio multiplex, 58, 120. Muros Jerusalem primus Nabuzardam destruxit, 297.
Muscæ nocentes quæ dicantur, 512.
Mysteria Domini tegenda sunt, opera autem prædicanda, 9. Mysteria missæ varia explicantur, 80.

N

Nabal prælatos Ecclesiæ munera captantes præfiguravit, 59. Nabal ob ingratitudinem a Deo percussus est, 304.
Nabuzardan magister coquorum, 375. Nabuzardan primus destruxit muros Jerusalem, 297.
Nævus quid sit, 426.
Nativitates nostræ plures sunt, 110.
Natura in usu temporalium cunctis modum præfixit, 23. Natura sepelit homines, 494, 495. A naturæ dono oritur superbia, 24. Naturæ et fortunæ compedes, 44. Naturæ lex quos terminos cuique imponit, 45. Ex naturæ eodem utero natæ sunt continentia et abstinentia, 71. Naturæ et gratiæ talentum jubet Deus multiplicari, 130.
Naturale est homini vitare incommoda, 240. Naturalia desideria finem aliquem habent, 49.
Navi similis est vita humana, 17.
Necessitati pauperum eroganda est eleemosyna, non autem sanguini, 123.
Negotiis sæcularibus renuntiare jubentur prælati, 133. In negotiis, humanis exempla prudentum, in via salutis legem Dei attende, 210.
Nemini debet fraus sua patrocinari, 127.
Nepotes suos promoveri ad honores Anselmus doctor noluit, ne superbirent, 125.
Nero imperator visus est in inferis cum suis advocatis in balneo auri bullientis, 155.
Nicolaus (S.) in eleemosynis excelluit, 258.
Nobiles aliis humiliores, 357. Nobiles falsi qu. sint, *ibid.*
Nobilitas vera quæ sit, 336. Nobilitas generis indignos ad dignitates promovere solet, 143.
Noe et Lot non in domibus superbis, sed in humilibus tentoriis habitarunt, 223.
Nomen omne Dei ineffabile est, 10. Nomen Lazari pauperis Christus exprimit, divitis epulonis nomen tacet, 44. Nomen pastoris non meretur qui sibi commisso gregi non adest, 91. Nomine olei, et maledictionis adulatio intelligitur, 114.
Nomenclator quid sit, 441.
Notam infamiæ incurrit qui in regionibus diversis curam suscipit animarum, 91.
Novæ traditiones sæpe dant materiam delinquendi, 206.
Novitas missarum procedit ex cupiditate sacerdotum, 82.
Noviliani qui sint, 480.
Nudi nudum Christum sequentes mundum cum Christo judicabunt, 43. Nudos vestire opus misericordiæ est, 294.
Numero (in) virtutum computatur qui divitias concupiscit, 155.
Nummus est generis quadruplicis, 102.
Nutrix virtutum paupertas, 41. Nutrix majoris charitatis paupertas est voluntaria, 44. Nutrix superbiæ adulatio, 117.

O

Obelus, quid sit, 539.
Obedientia, quid sit, 283.
Obedientiæ mater est humilitas, 283. Obedientiæ triplex, *ibid.* Obedientia in peccatis perniciosa, 284.
Oblatio unica Christi in cruce fuit sufficiens ad redem-

ptionem, 77. Oblationes a populo in missa factæ, indecenter a laicali persona publice recipiuntur, 408.
Obrussa quid sit, 535.
Obsequium sordidum quodnam, 422.
Obsoniorum diversitas corpus inquinant, non alunt, 1.
Octonaria psalmi CXVIII qualiter intelligenda, 502. Octonaria psalmi CXVIII per versum *Gloria Patri*. Benedictini dividunt in horis, 503.
Occasionem omnem cupiditatis effugere debemus, 54.
Occasiones peccati fugiendæ, 171.
Occultus peccator, si non sit prælatus, potest prædicare. Prælatus autem in mortali peccato existens non potest, 16. Occulta detractio crudelior quam manifesta, 33.
Oculos ante et retro clericus habere debet, 50, 92.
Oculorum privatio maxime corpus deturpat, 92. Ob oculos mortis hora habenda semper, 321.
Odium fraternum effectus invidiæ, 27, quam grave peccatum, *ibid*. Ab odio et amore privato debet removeri æquus judex, 62.
Officialium ecclesiasticorum avaritia sugillatur, 65. Officialium episcopi tria genera, 393.
Officium prælatorum quodnam, 145. Officium advocatorum olim vile et abjectum reputabatur, 134. Officia Ecclesiæ non sunt vendenda, 396. Officium papale triplex, 171. Contra officium facit qui existens in proposito peccandi et impœnitens prædicat, 16. Officia divina triplici ex causa celebrantur, 71. In officiis ecclesiasticis Deus non populi frequentiam, sed devotionem spectat, 74. Officia magnæ familiæ diversa, 91. Officium boni pastoris quodnam, 96. Officia ecclesiastica turbantur cum quis se a jurisdictione ordinarii subtrahit, 112.
Oleum duplex, maledictionis et adulationis est, 114. Oleo vasa vacua pauperis viduæ replet Eliseus, 22.
Omittere melius est divina officia, quam indigne tractare, 74.
Opes omnes suas Crates Thebanus ad philosophiam accedens abegit, 54.
Opera summi pontificis vituperare, sacrilegium est, 114. Operam suam advocatus licite potest vendere, 133. In opere bono servandus modus, 175.
Opportunitatem fornicandi præbere cum possis impedire, mortale est, 215.
Opus quodvis duobus terminis concluditur, 71.
Oratio sapientis debet vitæ concordare, 19. In oratione Dominica *Panis quotidianus* quis dicatur, 78. Oratio Dominica cur communioni altaris a sacerdote præmittitur, 87. Oratio duas a se debet habere, 256. Oratio quid sit, 286. Orationis effectus, 288. Orationis effectum quidnam impediat, 291.
Orare est opus maximum omnium virtutum, 286.
Ordinis in opere bono permutatio meritorum mutat formam, 191, 216. Inter ordines sacros subdiaconatus de novo insertus est, 157. Ordines sacros non leviter conferant prælati, *ibid*. In ordinando sacerdote spectanda ætas, 85.
Origo superbiæ quæ sit, 25.
Origenes, sicut docuit ita vixit, 211.
Oris confessio maxima pars est satisfactionis, 311.
Ornatus verborum non requiritur dum veritas patet, 17.
Ornatus vestium reprehenditur, 336.
Ornamentum prælati est patientia, 154.
Ornan cur non reprehenditur ut Ephron ob venditionem terræ consecrandæ, 587.
Oscula triplicia, 413. Osculum pacis olim feneratori non dabatur in missa, 131.
Ostiarius cameræ ordinandorum, nil ab ordinandis potest exigere, 425.
Ostium et via ovium Christus est, 96.
Otiosi malum, 488. Otiosi verbi definitio, 169.
Otium et quies pusillos reddunt animos, 286.
Oves quomodo pastorem sequi debeant, 96.
Oza rex de tribu Levitica, 410. Oza Levita arcam Domini tangens indigne, morte percutitur, 83, 109.
Ozias rex contra officium thus Deo offerens lepra percutitur, *ibid*.

P

Pactio pecuniæ pro absolutione spirituali parit Simoniam, 67. Pactio omnis in spiritualium administratione abigenda, 101.
Palemon, 545.
Panis abundantia origo peccati Sodomorum, 488. Panis nomine omne necessarium intelligitur, 489. Panis quotidianus in oratione Dominica quis intelligatur, 79. Panis nomine deliciæ intelliguntur, 372.
Pallidi Sancti quinam sunt, 519. Eorum simplicitas in vestitu, 222. Jejunia, 296.

Papa potest canones condere, interpretari et abrogare, 138. Papæ opera redarguere est sacrilegium, 114. Papæ idoneitas in quo consistat, 353.
Papale officium triplex, 171. Papatum donec Ecclesia pauper fuit nemo ambiebat papatus vacat per, 33. dies, 448.
Papirii prætextati exemplum, 436. Participatio non habenda cum detractionibus, 33. Pascha toties sacerdos celebrat, quoties ad altare accedit, 72.
Parentum affectus carnalis fugiendus, 181
Passio Christi superbis non prodest, 24.
Pastorum accusatio quando recipienda, 48. Pastor, Zacharias et Serapion eremitæ silentium commendant, 168.
Pastor ignorans præco mutus est, 155 Pastoris officium est gregi semper adesse, 91. Pastor bonus intrat per ostium quomodo intelligitur, 96.
Patientia virtutes omnes probat, 266. Patientia nutrix obedientiæ, 283. Patientia habenda, 517. Patientiæ circumstantia, 515. Patientia ornamentum prælati, 154. Patientiæ et fortitudinis differentia, 273. Impatientia quædam sancta est, 273. Patientia triplex objicienda triplici persecutioni, 271.
Patrimonium crucifixi, 123 et 436.
Patrocinium justum licite potest vendere advocatus, Paulus apostolus (S.) in prædicatione sua ab omni munerum acceptione abstinuit. Quinque ob causas a subditis suis munera accipere renuit, 69, 128. Nonnisi sexagenariam mulierem admittit in custodiam virginum, 161.
Paulus (S.) primus eremita mortuus oravit 287. A sancto Antonio visitatur, 226, et 296.
Pauper sincerius ridet quam dives, 42. Pauper sit clericus in pecunia, dives in conscientia, 50. Pauperum res divitibus dare sacrilegium est, 122.
Paupertatis laus, 373, 374. Paupertatem simulant triplicis generis homines, 126. Paupertas voluntaria custodia virtutum, 41. Charitatis signum, 44. Humilitatis nutrix, 154. Paupertatem Christus docuit verbo et exemplo, 44. Paupertas eos ostendit a quibus quisque ametur, 115. Paupertas Christi maxime apparuit in cruce, 53. Paupertas contempta obest, observata prodest, 154. Paupertatis prædicatori necessaria est paupertas, 155. Paupertas adulationem non invenit, 115. Paupertas viduarum sublevanda, 125. Paupertatem similant triplicis generis homines, 126.
Pax triplex, 163. Consummatio virtutum, *ibid*. Electro comparatur, 513. Pacis effectus, 113, 114, et 266. Pax in missa datur post consecrationem et cur, 263. Feneratori non dabatur olim, 131. Pax Ecclesiæ consistit in ratione dati et accepti, 69.
Peccatum gravissimum eucharistiam indigne sumere, 83. Peccatum quod non diluitur suo pondere ad aliud trahit, 324. Peccatorum causa superbia, 21. Peccata monialium reddunt S. Bernardum mutum ad prædicandum, 14. Peccare per ignorantiam non censetur sacerdos, 144. Peccatores provocat ad pœnitentiam accelerandam recordatio pœnæ æternæ, 526. Peccatores cœli et terræ qui sunt, 216. Peccatum grave odium fraternum, 27. Peccator per humilitatem primo habet accessum ad Deum, 54. Peccatoribus bene facere et dæmonibus immolare par crimen est, 124 Peccat gravius fenerator quam fur, 131. Peccata audientium debet prædicator ejicere quatuor modis, 171. Peccati occasio fugienda, *ibid*. Peccati consentit qui non corripit cum possit, 189. Peccatori si testis adsit peccatum impeditur, 187. Peccatum unius sæpe in totam congregationem retorquetur, 189. Peccantibus superbia est primum peccatum, et pœnitentibus est ultimum, 21. Peccati mortalis macula impedit effectum baptismi, 200. Peccata a confessariis non sunt levigenda, 215. In peccatis perniciosa obedientia, 284. Peccatis singulis pœnitentia opponit contraria remedia, 318. Peccatum inolitum debet pœnitentia sicut ferrum igne et malleo purgari, 319. Peccati consuetudo difficulter eraditur, 325.
Pecuniarum maxime cupidi sunt advocati, 133. Pecuniæ, pœnæ et culpæ talentum prohibet Dominus dari ad usuram, 130.
Pelliparii qui sunt, 492.
Perdicibus immundis comparantur hæretici et usurarii. 132.
Peregrina aquæ et ferri judicia prohibentur, 452. In peregrino judicio calumnia manet impunita, 203, et 198.
Perfectio angelica est non aliter sapere quam se res habet, 182.
Periculosa sunt verba quæ delectabilia, 20. Periculosum est a feneratore donaria accipere, 133.
Perillus aulicus Phalaridis, 498. Proprio mortis commento cruciatus, 254.
Permutatio beneficiorum ob solum lucrum est Simoniaca, 193.

Permenones qui sint, 433.
Personam amici exuit judex cum personam judicis induit, 62. Personarum acceptionis definitio, 172.
Personatus est beneficium, 413.
Persecutorum duo sunt genera, 115. Persecutioni triplici triplex patientia objicienda, 271
Petri Cantoris reverentia, circa venerabile sacramentum altaris, 409. Quando hoc opus composuit nondum erat monachus, 534.
Petri Abælardi errorem convicit S. Bernardus, 434. Illicite acquisita pauperibus erogare renuit, 120.
Petri Blesensis contra acceptores munerum sententia, 398.
Petri de Riga Remensis clerici versus in S. Scripturam nondum impressi, 518 et 430.
Petrus Monoculus abbas Clarevallensis quando obiit, 534.
Petrus Berthorius conscripsit epitomen genealogiæ filiorum Adam, quod opus vocatur a Trithemio, *Breviarium Bibliæ*, 548.
Petrus (B.) non nisi post trinam dilectionis confessionem Ecclesiæ est præfectus, 145. Ob ætatem provectiorem cæteris apostolis est prælatus, 158. Ananiam, Saphiram et Simonem Magnum ob Simoniæ crimen graviter corripit, 75.
Pharisaicum jejunium Deo odiosum, 296.
Philisthæi procuraverunt ne esset faber ferrarius in populo Israel, 145.
Philosophiæ nomen odiosum 47,177. Philosophia cœlestis hoc promittit ut te Deo aliquid parere faciat, 6. Philosophia cœlestis ab humana differt, 18.
Philosophos nil adeo infestat quam cum verba non opera tractare dicuntur, 16. Philosophi propositum secundum naturam vivere, 47, 177.
Phinees et Moyses personarum acceptionem quomodo fugerint, 173.
Pietas dantis, non autem quantitas rei datæ commendat eleemosynam, 230.
Pignus quid, 337.
Pigritia magnum peccatum. 216. Pigritia in omnibus hominibus redarguitur, maxime autem in clerico, 219.
Pilum quid, 492.
Ploratores qui sunt, 401.
Pœna levissima purgatorii gravior est omnibus crucialibus martyrum, 318. Pœna detractorum triplex, 33. Pœnæ Simoniacorum variæ, 106. Pœnæ quibus Choritæ varie afficiuntur, 109. Pœna usurariorum quadruplex, 133. Pœna arbitraria peccatis injungunt confessarii, 215.
Pœnitens non est, nisi qui se sentit patientem, 270. Pœnitentibus periculosa est præteritorum voluptatum recordatio, 517. Pœnitenti tria præcipue debet injungere confessarius, 171. Pœnitenti avaro injungenda est pecuniæ in pauperes erogatio, 53. Erga pœnitentem quomodo se debet gerere confessarius, 171.
Pœnitentiæ laborem debet præcedere humilitas, 33. Pœnitentia duas habet manus, 219. Pœnitentiæ flagellum componitur ex quatuor virgis, 316. Pœnitentia est antidotum contra omnia peccata, 307. Ad pœnitentiæ perfectionem quatuor sunt necessaria. 306. Pœnitentiam differens usque ad diem mortis raro vere pœnitet, 317. Pœnitentiæ comes est fortitudo, 518. Pœnitentia debet æquipollere igni purgatorio, 318. Pœnitentia ob septem causas est accelerauda, 325. Pœnitentia sequitur præcipitem sermonem et actionem, 195.
Poetarum varia figmenta, 79.
Pompæ diaboli, 356.
Popilius maxime ingratus Ciceronem trucidavit, 305.
Porcorum et hominum viscera magnam habent inter se convenientiam, 306. Porco libidinosus comparatur, 236.
Positiva hominum justitia nihil habet soliditatis, 136.
Potentum status periculosus, quare, 181. Potentibus amica solet esse impatientia, 154.
Prædicare non est diaconi officium ex auctoritate, 157. Prædicare ac altari ministrare, interdum de laudis cupiditate oriuntur, 59.
Prædicatio multiplex 13, et 16. Prædicatio est tectum exercitii, S. Scripturæ, *ibid*. Prædicationi vox necessario subservit, *ibid*. Prædicationis vox, vocem fletus, vocem confessionis, ac tandem vocem exsultationis serenatæ conscientiæ subsequitur, *ibid*. In prædicatione mores prædicantis potius quam verba loquuntur, 14. Prædicatio non debet haberi nisi de præmio patriæ, de pœnitentia, et de pœna gehennæ, prædicatio contumeliosa et scandalis plena est, quæ sit per eum cujus vita despicitur, 16. Prædicatio debet esse talis qualis S. Scriptura, ut curet infirmos potius quam delectet curiosos, 18. Prædicationis humilis variæ similitudines, 20. Prædicatio assidua non fructificat sed vilescit, 78, 99, 147 et 166. Prædicationis vox quintuplex, 166. Prædicatio temperanda secundum capacitatem auditorum, 169. Prædicationem suam S. Joannes Baptista inchoavit a pœnitentia, 307. In prædicationibus utilia et sufficientia tantum sunt apponenda, 21.
Prædicator qui non ardet non accendit, 14. In prædicatore requiruntur vita, scientia et facundia, 16. Prædicator elegantiæ nimium curiosus, non magis juvare potest, quam navis gubernator nauseabundus, 17. Prædicator jubetur non esse anxius circa compositionem et curam sermonis, 18. Prædicator sapiens debet dirigere sermonem juxta capacitatem auditorum, 18. Prædicator gratanter auditur, qui vivitut loquitur, 146. Prædicatorem decet vita austera, 146. Circa prædicatorem duæ causæ taciturnitatis debent attendi, 167, prædicator quomodo et quæ loqui debet, 167. Prædicator gallinæ similis esse debet, 170.
Prælatus peccator etiam occultus criminaliter peccabit si prædicaverit, 16. Prælatorum taciturnitas mala reprehenditur, 162. Prælati Ecclesiarum pro justitia munera accipientes, Nabal tundenti oves assimilantur, 59. Prælatorum injustæ extorsiones reprehenduntur, 65. Prælatorum officiales exactores accipitribus comparantur, 69. Prælati minoris res omnes in potestate sunt prælati majoris tum demum cum deliquit, 109. A prælatorum obedientia sese subducentes reprobantur, 111, et 112. Prælatus superior non potest absolvere excommunicatum a prælato inferiori, nisi cognita causa, 112.
Prælati iniquitatem totius populi portabunt, 139 et 190. Prælatorum officium quodnam, 145 et 171. Prælato generositas virilis necessaria est, 146. Prælati indocti prædicatio contemnitur, 146. Prælatum esse doctorem decet, *ibid*. Prælatis magis interest dare subditis quam ab eis accipere, 148. Prælatus est mediator inter Deum et populum, 149. Prælatus debet vehi quatuor rotis, 149 et 518. Prælatorum negligentia suggillatur, 150. Prælati quam vigilans debet esse super gregem, *ibid*. Prælati debent imitari Joseph et Moysen, 152. Prælati in majoribus solemnitatibus non absint ab Ecclesia sua, *ibid*. Prælati spondet pro subditis, 153. Prælati veri quomodo a falsis discernuntur, *ibid*. Prælati præcipua virtus est patientia, 154. Debent bellorum strepitus vitare, 155. Conferens beneficium indigno, bona pauperum furatur, 156. Prælati electio per sortem reprobatur, 198. Prælati vita activa dignior est quam contemplativa, quantum ad meritum, 204. Prælatos magnanimitas decet, 284. Prælati faventes delatoribus peccant, 263. Prælatus quomodo prodest et præest, 429. Prælatus quæ bona potest dare parentibus, 438. Prælati quomodo sunt cophini, 465. Prælatus ad quæ aperire eos debet, 166. Prælati novitii et pueri suggillantur, 188. Prælatus debet ornari quatuor virtutibus cardinalibus, 149.
Præpositus ruralis est decanus Christianitatis, 393. Præpositus minorum quis, 109.
Primipilus quis, 414.
Princeps superior eximere quemquam non potest a principis minoris potestate, nisi cognita causa,112. Principum favor indignos ad dignitates sæpe promovet, 143. Principi gloriosum est citra meritum punire, 275. Principes boni perversorum utentes ministerio Scyllæ et Harpiis comparantur, 180. In principe nil gloriosius clementia. 252.
Principatus in Ecclesia non cognationi et carni, sed moribus deferendus est, 97. Principatus mitis regnum servat incolume, 232.
Principio malo (a) procedentia bonum non habent exitum, 96.
Privilegia paucorum non faciunt legem communem, 189 et 198.
Probatio dilectionis exhibitio est operis, 136, 246 et 310.
Prodigalitas sancta est animam pro Christo ponere, 230. Prodigalitatem comitantur cupiditas, avaritia et rapina, 53 et 231, prodigalitatis vitium et quibus causis oriatur. 230.
Profanis auctoribus licet uti, 338.
Profundum est cor hominis et inscrutabile, 194.
Prolixitas nimia nocet, 359.
Proprietarii monachi qualis debeat esse sepultura 534.
Proprietas monachorum suggillatur, 333.
Pro torcularibus, psal. viii, 516.
Psallentem hilariter et orantem diligit Deus, 207
Psalmi et cantici distinctio, 484.
Prudentia quid sit, 274. Prudentia virtutes omnes perficit, 274. Prudentia simplicitatem virtutis comitatur, 292.
Pudor sæpe impedit peccatorum confessionem, 325.
Pulmentum quid, 435.
Pygmæi describuntur, 543.

Q

Quæstiones in disputationibus præcipitanter solvere turpe est et periculosum, 12.
Quæstores episcoporum qua fraude pauperum bursas emungant, 66. Quæstoris cujusdam episcopi ridicula pecuniarum exactio. 68.
Quæstui habere rempub. sceleratum est, 70.
Quæstuaria dicitur S. Maria Deipara, 38, 367.
Qualis esse debeat confessarius, 312.
Quies et otium remissos reddunt homines, 286.

R

Rachel in ultionem paternæ avaritiæ idola furata est, 59.
Radix omnis peccati superbia, 22. Radix omnium malorum cupiditas, 48.
Radulphus Afflighemiensis monachus, dictus Tacens, 464.
Ramos suos quam late extendat Simonia, 105.
Ranis assimilantur adulatores, 115.
Rapina est plura beneficia retinere, 93.
Raptores pauperum graviter peccant, 509. Raptores sumus dum superflua retinemus, 46.
Rapina est plura beneficia retinere, 93.
Rarum charum est, 455.
Rationi nullum est cum crudelitate consortium, 252. Rationi vivæ nullus auctoritas refragari potest, 138.
Realis et mentalis Simonia exprimitur, 102.
Regimen animarum (ad) clericus non nisi probatæ scientiæ eligendus, 145.
Religionis fundamentum est bona taciturnitas, 166.
Religionis Christianæ potissimum signum est veritas, 280.
Religiosis, necessitate exigente, quovis cibo vesci concessum est, veste autem superflua uti nunquam, 225.
Religiosi mendicantes merito victum a rusticis petunt, 397. Religiosorum dux fieri non debet quis in prius fuerit miles, 421. Remedia varia quibus eradicati possunt plures abusus sacerdotum circa missas, 82. Remedia contraria singulis peccatis per pœnitentiam debent opponi, 318.
Remedium inopiæ quodnam sit, 45.
Renes et lumbos succincti jubentur a Domino Isaias et Jeremias prædicare, 16.
Reprobationis divinæ judicium est munerum acceptio, 95.
Res omnes minoris prælati sunt in potestate majoris prælati tunc demum quando deliquit, 109. Res pauperum divitibus dare sacrilegium est, 122.
Respublica Romana ambitione destructa est, 141.
Restituere cogit advocatos episcopus Ambianensis, 446.
Retia prælatorum ecclesiasticorum quænam 66.
Reum se vir justus pro modico etiam peccato confitetur, 190.
Reverentia. Ad reverentiam sacerdotalem necessaria est ætas, 138.
Rex appellari a pueris Hebræorum voluit Christus, non a Scribis et Pharisæis, 78.
Risisse nusquam Christus legitur, 176. In risu servandus modus, 175.
Robertus Ambianensis episc. ob levem culpam maxime pœnituit, 292. Quotus fuit in ordine episcopus, 474.
Rotæ quatuor currus Eliæ quænam sint, 149, 274 et 318.
Ruinam parit dilatio confessionis post peccatum, 171. Ruina superbiam sequitur, 58. In ruinam totius mundi superbia et invidia simul conspiraverunt, 29.
Rumorum seminatores et auditores perstringuntur, 195.
Rumorosos comitatur inconstantia, 196.
Ruralis præpositus est decanus Christianitatis, 395.

S

Sabelliana hæresis in quo consistat, 213.
Saburra quid, 340.
Sacer ignis quid sit, 442.
Sacerdotalem dignitatem regali fastigio prætulit S. artinus, 174. Ad sacerdotalem reverentiam maxime necessaria est ætas, 138.
Sacerdotes qui fieri cupiunt, quænam habent attente considerare, 251. Sacerdotes quomodo muti, 451. Sacerdos toties Pascha immolat quoties missam celebrat, 72. Sacerdotes qui pacto pretio missam celebrant, sunt deteriores Juda proditore, 77. In sacerdotis ordinatione ætas spectanda est, 85. Sacerdos quare in missa ante communionem præmittat orationem Dominicam, 87. Sacerdotibus Jeroboam comparantur, qui ad dignitates Simoniacæ eliguntur, 98. Sacerdotes nunquam censentur peccare per ignorantiam, 144. Sacerdos qualis esse debeat, 145. Sacerdotes et diaconi debent esse scientia et moribus perfecti, 157. Sacerdotem diaconus paratus esse debet sequi ad evangelizandum et ad martyrium, 157. Sacerdotis verba aut vera sunt aut sacrilega, 279. Sacerdotibus munditia cordis maxime necessaria est, 162. Sacerdotibus vitandus est carnalis præsertim parentum affectus, 181.
Sacramenti nomine juramentum aliquando intelligitur 484. Sacramentorum collatione prælatus etiam major non potest quemquam in æternum privare, 112. A sacramentorum communione feneratores ascendi sunt, 52.
Sacrilegium est res pauperum divitibus erogare, 122.
Sacrilegus est qui rem sacram tollit de loco sacro, 334.
Salomonis liber qui *Clavicula* dicitur est damnatus, 478.
Salomon duodenis in regem unctus, 158.
Saluti duo sunt necessaria, 215. Ad salutis metam pervenire cupientes mundi hujus stadium procinctos percurrere necesse est, 224.
Samson archiepisc. Remensis prohibuit peregrinum judicium ignis in sua diœcesi exerceri, 201.
Samuel a munerum acceptione immunis, 56.
Sanceeium oppidum ubi, 417.
Sancti primitivæ Ecclesiæ nullam quæstionem solvebant, nisi deliberatione prævia, 12.
Sanctimonialis quædam ob munerum acceptionem prophetiæ gratiam amittit, 107.
Sanctitas vitæ et conversatio bona sunt fundamentum prædicationis, 13.
Sandalia apostolorum et episcoporum quid significant, 71. Sandalia et lingulæ mitræ abbatialis subjectionem quid significant, 114.
Sanguinis Dominici consecratio in Vita sancti Laurentii quomodo intelligatur, 458. A sanguine gladium prohibere quid sit, 153. Sanguinis effundendi occasionem præbere cum possis impedire, mortale est, 203.
Sanguinitæ qui dicantur, 109, 420. Judæ proditori comparantur, *ibid.*
Sanguisugis assimilantur prælati et officiales exactores ecclesiastici, 70.
Sapientis oratio talis debet esse qualis ejus vita, 19.
Sardanapalus quis et qualis, 475.
Sarpa quid, 555.
Sat cito si sat bene, 196.
Satellites quatuor habet gula, 298.
Satietas divitibus conceditur, 46.
Saulem e regni solio dejecit superbia, 36, 121. Ob inobedientiam e regno dejectus est, 121, 353.
Scandalis plena est ejus prædicatio cujus vita despicitur, 16.
Scelestius avaro nil est, 50.
Scbacci sunt calculi, 492.
Scholam cœlestem per humilitatem in terris Christus erexit, 34.
Scholaribus S. Scripturæ necessaria est cordis munditia, 262.
Scientia rerum vitam disponit, 1. Scientia vera est quæ tantum consistit in doctrina fidei et morum, 5. Scientia parit superbiam, 24.
Scripturæ sacræ exercitium in tribus consistit, 2. S. Scripturam qua arte exponat S. Hieronymus, 3. Sacra Scriptura quadruplici sensu unius anni spatio exposuit sanctus Hieronymus, *ibid.* S. Scriptura navis est non oneranda superfluis, expositionibus, *ibid.* S. Scripturæ variæ comparationes quibus glossarum superfluitas vitanda innuitur, 4. Ad S. Scripturæ brevem expositionem moneri debumus propter sumptus nimios librorum, tædium lectionis, jacturam temporis, etc., 4. S. Scripturæ esca a prudente dispensatore dispensanda est, 9. S. Scriptura qua simplicitate explicanda, 10. Sacra et divina Scriptura viva voce simplicia et utilia loquitur, 18. S. Scripturæ in iniquos judices citantur, 63. S. Scriptura amica est simplicitati, 292. Ejus interpretatio non debet pendere a voluntate nostra, sed econtra, 210. S. Scriptura vetat officia divina pacto pretio celebrari, 70. S. Scripturæ, id est Geneseos et quorumdam librorum lectio junioribus prohibita sunt olim, 161. S. Scripturæ veritas vino comparatur, 211. Sacrificium missæ quidam in artem magicam verterunt, 81. Sacrificia ex illicite acquisitis non sunt offerenda, 121.
Scylla quid sit, 180.
Sebastiano (B.) prædicante, Zoe uxor Nicostrati vidit angelum coram illo apertum librum præmonstrantem, 15 et 152.
Secretarius altaris est diaconus, 157.

Seneschalcus quis sit, 414.
Seniorum tantum est suggestum concionatorium conscendere, 160.
Sententia viri debet esse certa animi responsio, 195.
Sepeliri quo ritu debeat monachus proprietarius, 334.
Sepulcra sumptuosa mortuis sunt potius in augmentum supplicii quam in remedium, 228. Sepulcra hominis sunt quatuor, 228.
Serapion, Zacharias et Pastor eremitæ taciturnitatem commendant, 168.
Serenitas conscientiæ quæ sit, 511.
Sermo non est nisi ei respondeant vita loquentis et merito audientis, 14. In sermone unico prædicator versatus quibus comparetur, 18 et 19. Sermonem et actionem præcipitem sequitur pœnitentia, 195.
Serpentis capiti fides comparatur, 257.
Servitia coacta Deo non placent, 257.
Servorum est pigrescere, filiorum autem vigilare, 216.
Signum est et nutrix majoris charitatis paupertas voluntaria, 44. Signis quibusdam dignoscitur invidia sicut et superbia, 28.
Silentii exemplum de Radulpho Afflighemiensi, 464. Silentio prælatus, tantum nocet quantum prodest exemplo, 146.
Silvestri S. temporibus incœpit Ecclesia possidere divitias, 140.
Simon Magus ob Simoniam æternum damnatur, 106.
Simonia quid sit, 100. Simonia realis et mentalis exprimitur, 102. Simonia et lepra Giezitica in quo differant, 102. Simonia consistit in exspectatione et conceptione muneris pro beneficio accipiendi, 102. Simonia Giezi et Simonis detestanda est, 74. Simoniam ab Ecclesia eradicandam docuit Christus, 76. Simonia committitur tripliciter, 101. Simoniæ crimen gravius est in dante beneficium quam in accipiente, 104. De Simonia interiori judicare non debet Ecclesia, 105. Simonia quam late expandat ramos suos, 105. A Simonia non excusantur abbatissæ quæ cum parentibus puellæ intraturæ monasterium paciscuntur, 424.
Simoniaci quinam dicantur, 420. Simoniacus est judex, si justum judicium vendat, 133. Simoniaci diversimode a Deo puniuntur, 106. Simoniaca est anathematis absolutio, quæ pacto pretio confertur, 67. Simoniaca rabies, 403. Simoniacorum sententia damnabilis, 402. Simoniaco Chorita gravius peccat, 108.
Simplicitas multiplex est, 291. Simplicitas in vestitu commendatur, 222. Simplicitas nimia stultitiæ, et superba superbiæ cognata est, 357, 359, 345. Simplicitatem virtutis comitatur æquitas, 292.
Simulacrorum servitus est avaritia, 51.
Singularitas mala reprobatur, 176. Singularitas in congregatione summopere est cavenda, 177. Singularitatis vitium suggillatur, 94.
Sirenes dicuntur adulatores, 116.
Sitis quædam laudabilis quædam vitiosa, 246.
Sobrietatem perimit gastrimargia, 247.
Societas cum quibus habenda, 179.
Socratis exemplo avaritia vitanda, 384. Socrates præcepit discipulis, dari inducias ad solvendas quascunque quæstiones, 195.
Sodomitis ostium Lot quærentibus comparantur qui verbum Dei tractant sine fundamento sanctitatis, 14.
Sodomiticum vitium quam sit exsecrandum, 303.
Solemnitas. In solemnitatibus majoribus ab ecclesia sua prælatus non debet abesse, 152.
Solitudo triplex et, 178. Solitudo commendatur, ibid et sequent.
Solitariam monachorum vitam Christus instituit, 188. Solitariorum monachorum tria sunt genera, ibid.
Somnium est vita præsens si æternitati comparetur, 320.
Somnus quadruplex est, 218. Somnus culpæ triplex, ibid.
Sorores sunt uterinæ continentia et abstinentia, 71.
Spes in malis non est virtus, 242. Spei defectus similis est defectui fidei, 242. Spes incerti boni nomen est, 187.
Spiritualium genera sunt quatuor, 100. Quæ spiritualia vendi possunt, 100. Spiritualium rerum commutatio Simoniaca reprobatur, 107. Spiritualium rerum seu beneficiorum permutatio quænam permissa sit, 108.
Spiritus sanctus super apostolos ideo in linguis igneis apparuit, ut igniti dilectione ignita præferrent eloquia, 15 et 152. S. Spiritus variis varia dona distribuit, 91. Spiritum etiam persequitur invidia, 28
Statera modico pondere addito inclinatur, sic et judex munere corruptus, 61.

Status potentum maxime meticulosus, ac periculosus, et quare, 181.
Stephanus abbas Cisterciensis eleemosynam sibi a sacerdote Simoniaco datam retinere renuit, 119. De eodem, 259, 509, 453.
Sterquilinio comparatur hypocrita, 59.
Stultus et inconstans laborat fastidio sui, 196. Stultum se simulare, est prudentia summa, 554.
Subdiaconatum esse sacrum ordinem de novo institutum est, 157.
Subditis dare potius debet prælatos quam ab eis accipere, 148.
Suffragia plus uni præsunt quam multis simul, 402.
Sugerius abbas non procuravit emancipationem monasterii sui ab episcopi Parisiensis potestate, 22.
Sumptus nimius ædificiorum, eleemosynis pauperum derogat, 226.
Superbia unde oriatur, 25. Ejus ortus multiplex, 377, 359.
Superbia est causa omnium malorum et peccatorum, 21, 277. Superbia ultimum est peccatum pœnitentibus, et primum peccantibus, 21, 277. Superbiæ vitium super omnia vitia detestatur Deus, 22. Superbia cornuta depingitur, ibid. Superbia in incessu exhibetur, 26. Superbia vitium sordidissimum, sordidissimo curatu, emplastro, 23. Superbis passio Christi non prodest, 24. Superbia primum in cœlis nata est, 27. Superbia Lucifer ex angelo factus est Satan, 27. Superbia et invidia in ruinam totius mundi pariter conspiravere, 29. Superbia et invidia quædam sancta est, 30.
Superbia ædificia struentes comparantur gigantibus turris Babel, 216.
Superfluitas vestium reprobatur, 25, 356.
Suspiciosi perstringuntur, 192.
Syrma quid sit, 491.
Syrmatica vestis Christianum non decet, 222
Symmachus (non S. Marcus) in oratione Dominica vertit *panem peculiarem* pro *quotidianum*, 406.

Γ

Tabernaculum. In tabernaculi introitu labium æneum positum erat, et quare, 16.
Taciturnitas commendatur, 166. Taciturnitas bona est fundamentum religionis, ibid. Taciturnitatis duæ causæ in prædicatore debent attendi, 167. Taciturnitatis pessimæ quinque sunt causæ, 164. Taciturnitatis malæ quinque sunt modi, ibid. Taciturnitati præsunt quidam dæmones, quidam autem garrulitati, 164. Taciturnitatis mala prælatorum reprehenditur, 162. Taciturnitatis encomium, 168.
Talentum multiplex, 442. Talentum naturæ et talentum gratiæ jubet Dominus multiplicare, 130
Tardiloquium præcipitur, 196.
Taurus generosior armentum solet præcedere, 142.
Telis aranearum leges urbium comparabat Agellius, 138.
Temerarium judicium oritur ex superbia vel invidia, 193. Contra temeraria judicia, 192.
Temperandi sunt mores nostri inter bonos et publicos, 47.
Temperantia ultra licitum non progreditur, 276. Sine temperantia cæteræ virtutes sæpe deficiunt, 276.
Templariis illicitum fuit parentum suorum ministerio frui, 184.
Templum, unicum habuit universus populus Israel, 82.
Temporalium curis jubentur renuntiare prælati, 155. Temporalia pro spiritualibus tribus modis possunt dari, 101. Temporalia a Deo licet petere, 504.
Tempus vendit fenerator, 131. Tempus, quo vivimus, etiam puncto minus est, 2.
Tentare Deum nemo debet, 198.
Terræ peccatores dicuntur, qui libidini et gastrimargiæ serviunt, 22.
Terribilis ut castrorum acies esse debet Ecclesia, 142.
Testamenti veteris et novi distinctio, 71. Ex Testamento veteri electio canonica multiplex affertur, 99. In Testamento veteri lex, præceptum, testimonium, justificatio, judicium distinguitur, 137.
Testimonia S. Scripturæ iniquos judices delestantia proferuntur, 63, 64. Testimonium verum tendere testis non debet, 133.
Testis si peccatori adsit, peccatum committendum impeditur, 187. Testis dubius non remanet impunitus, 193
Theobaldus comes, 260, 434, 483, 510.
Theologum maxime pia decet simplicitas, 292.

Thomas S. Cantuariensis Simoniam et munerum acceptionem a domo sua procul abegit, 57, 106, 386.
Thomæ Mori B. cancellarii Angliæ solertia, 446.
Thrasyllus Cynicus, 473.
Thuribuli forma et ministerium, 716.
Tobias furtivum hœdum retineri vetat, 119.
Toxicum venenum unde, 492.
Tractantes verbum Dei sine fundamento sanctitatis, similes sunt Sodomitis aorasia, seu cæcitate percussis.

Traditiones licitæ et utiles quænam sint, 204. Traditionum multitudo gravat subditos, 204. Traditiones quorumdam monasteriorum improbantur, 205. Traditiones novæ sæpe dant materiam delinquendi, 206. Traditionum multitudo multos transgressores constituit, *ibid*. Traditiones licitæ et illicitæ quomodo dignoscantur, 207. Traditiones multæ pariunt in monasteriis divisiones et schismata, 207.

Tricenarium pro defunctis quis instituit, 407.
Trutannia quid sit, 439.
Tubalcain inventor malleorum, 491.
Tuberonis Romani mediocritas laudatur, 46.
Tugurium. De tugurio melius prosilitur in cœlum quam de palatio, 226.
Turcarum parcimonia in cibis, 543.
Turpe est beatam vitam in auro et argento reponere, 45.
Turpis et cupida pactio in spiritualium administration debet excludi, 101. Ita turpe est turpibus et perversis dare quam ob turpia, 124.
Tutelas plures a judice sæculari petere suspectum est, 931.
Tutius auditur verum quam dicitur, 168. Tutius est in remissione peccare quam in nimio rigore, 175.

U

Ungere alicui caput, quid sit, 430. Ad unctum currere, quid sit, 402.
Unicitas ab unico, unitas ab uno, 418. Unicitas triplex redarguit pluralitatem dignitatem ecclesiasticarum, 93. Unicitas mala est vitium singularitatis, 94.
Unicuique iniquitas sua pœna est et patibulum, 234.
Upupis, quæ ædificant in stercoribus suis comparantur Sanguinitæ, 110, 233.
Usura igni sacro (quem Græci ἐρυσίπελας vocant) comparatur, 131. Usura peccati, cancro comparatur, 131. Usura sanguisuga est, 152. Usurarii anathemate feriuntur, 150. Usurarii in inferno auro bullienti potabuntur, 133. Usurariorum pœna quadruplex, 133. Usurarii restitutio admirabilis et salutifera, 443. Usurarii sepultura ignominiosa, 582.
Usus bonus non justificat male acquisita, 404 et 121. Ab usu difficillimum est revelli, 276. In usu rerum temporalium, ipsa natura superfluitatem vetat, 23.
Uxori Lot comparantur qui carnali parentum affectu ducuntur, 182. Uxores plures Jacob ducens ad procreandam prolem excusatur, 94.

V

Vade reconciliari fratri tuo dupliciter exponitur, 363.
Vana gloria quid sit, 49.
Varietas duplex in Ecclesia commendabilis declaratur, 80.
Vasa fictilia mensæ Tuberonis Romani aureis ac argenteis nobilium civium vasis præponuntur, 47. Vasis sacris templi abutens Baltassar rex regno privatus est, 144.
Venalem linguam advocatus habet, 133, 365.
Venenum occultum est adulatio, 117. Venenum invidiæ vix unquam ita exstinguitur, ut postea iterum non pullulet, 29.
Ventris tumor vituperatur, 359, 360.
Verbum S. Scripturæ, sicut et Verbum Dei incarnatum voluit Deus abbreviari, 1. Verecundia amica est virtutis, 165.
Verbum abbreviatum secundum mentem auctoris, quid hic? 557. Verbo et exemplo Patres et apostoli nos instruunt, 8. Verbi Dei prædicatio magnificentior est in tenui panno et facie pallida, quam in tumentibus et rubentibus buccis, 14. Verbum Dei quod de frigido pectore erumpit, auditores non inflammat, 15. Verbum Deo suavissime prædicat, qui suavissime diligit, 15. Verbo non autem exemplo prædicantes vocantur animalia glebæ, 16. Verba composita, etsi delectabilia, periculosa sunt, 20. Verbis, incessu, quovis corporis motu exhibenda est humilitas, 58. Verbo malo tripliciter quis utitur, 168. Verbum otiosum quodnam dicitur, 169. Verba sacerdotis aut vera sunt aut sacrilega, 279.
Veritas S. Scripturæ vino comparatur, 211. Veritas, dum paret, non requiritur ornatus verborum, 17, 280. Veritatem tacere, et falsitatem loqui, æqualis impietas, 165, 280. Veritas omnis in se dulcis, etsi non malis, 215. Veritas duplex est, 279. Veritas potissimum signum est Christianæ religionis, 280.
Verum tutius auditur quam dicitur, 168.
Vesperi parce edendum, 435, 436.
Vestis syrmatica Christianum non decet, 222. Vestium semper in dies crescit superflua curiositas, 221. Vestium mollities vitium duplex inducit, inconstantiam et superbiam, 224. Vestium luxus reprehenditur, 356.
Veteris Testamenti leges omnes, umbra sunt futurorum, 157.
Via intrandi Ecclesiam, quadruplex, 97. Via vitæ dicitur proprie humilitas, 55. In via fidei et morum, sequenda est potius lex Dei quam hominum exempla, 210.
Vide ne cantes bene, et male vivas, 15.
Viduæ inopiam oleo sublevavit Eliseus, 112. Viduæ veræ quænam dicuntur, 123.
Vigilias tres Christus commendat, 218.
Vinum. Sicut vinum bibentis, sic munerum acceptio judicis hebetat ingenium, 61. Vinum et oleum Samaritani confessarius habere debet, 171.
Vir justus pro modico etiam peccato, omne se confitetur, 190. Viri sententia debet esse certa et indubitata animi responsio, 195. Viros fortes divitiæ non nutriunt, sed molles et effeminatos, 42. Virilitas prælatorum dignitatem præcedere debet, 146, 165. Virorum quorumdam sanctorum charitas maxime laudabilis, 249.
Virgo. De Virgine Deipara inopia Helvidii hæresis, 145.
Virgines angelicæ conversationi vicinantur, 215.
Virga. Ex virgis quatuor componitur flagellum pœnitentiæ, 516.
Virtus præcipua prælatorum est patientia, 154. Virtutes omnes dissipat superbia, 23. In virtutum exercitio perfectus sæpe subrepit superbia, 21, 277. Virtutibus cæteris Maria Virgo humilitatem prætulit, 55. Virtutibus quatuor cardinalibus oriuri debet prælatus, 249. Virtutes omnes unum sunt in radice charitatis, 236. Virtutis nullius tantus est defectus hodie quam fidei, 258. Virtutum ædificium ex quibus consummetur, 241. Virtutes omnes absque charitate deficiunt, 24. Virtutum omnium princeps est charitas, 244. Virtutes omnes sunt filiæ charitatis, 245. Virtutum plenitudo est misericordia, 246. Virtutum consummatio, pax est, 262. Virtutes omnes probat patientia, 266 Virtutes omnes perficit prudentia, 274. Virtuti nil æque noxium est, quam voluptatis admistio in concessis, 276. Virtutum omnium maximum opus est orare, 286. Virtutum cardinalium commendatio, 520. Virtutum cardinalium currus, seu quadriga, 518.
Vita præsens somnus, umbra et spuma dicitur, 549. Vitæ Patrum liber qualis, 412. Vita bona scientiam rerum præcedere debet, 15. Vita loquentis et meritum audientis debent prædicationi respondere, 14. Cujus vita moribus prædicat, illius lingua sine labore prædicat, 17. Vita Christi tota in humilitate fuit, 38. Vita, scientia et facundia in prædicatore requiruntur. 16. Vita Christiani debet esse crux et martyrium, 72. Cujus vita contemnitur, prædicatio contemnitur, 146. Vita austera prædicatorem decet, *ibid*. Vitæ contemplativæ alia excellens, alia indignior, 205.
Vitari non potest malum ignotum, 21.
Vitium superbiæ, super omnia mala detestatur Deus, 22. Vitium nullum tetrius est avaritia principum, 70. Vitium Simoniæ gravius est in conferente beneficium quam in accipiente, 104. Vitio eleemosyna non est eroganda, 124. Vitium par est peccatoribus dare et dæmonibus immolare, 124. Vitium Sodomiticum quam enorme sit, 505. Vitia singula quæque, variis brutis animalibus comparantur, 306. Vitium muliebre est inconstantia, 196.
Voluntas et propositum distinguit maleficium, 32.
Voluptates singulæ, in singula hominum tormenta convertuntur, 255.
Vox prædicationis quatriplex, 166. Vox subservit prædicationi, eaque multiplex, 13. Vocem fletus, et confessionis ac exsultationis serenatæ conscientiæ sequitur vox prædicationis, 13.

W

Waudræi anagrammata. In Petrum, 561. In avarum, 580.
Wiboldi episcopi Cameracensis ludus spiritualis in gratiam clericorum exscriptus, 401.

Wicleﬁ error damnatus, 408.
Willelmus abbas Clarevallensis sæpe rogatus sermonem noluit contexere, 17

X

Xenocratis philosophi industria Polemon, de vanitatum mundialium assecla philosophus evasit præclatus, 6.
Xerxem adulatores aulici decipiunt, 44, 116.

Z

Zacharias Pater S. Joannis Bapt. incredulus, fit mutus, 238.
Zelo accensus Christus vendentes e templo ejicit, 75.
Zoe uxor Nicostrati, prædicante S. Sebastiano, vidit angelum librum apertum præferentem, 15.
Zozimus abbas S. Mariæ Ægyptiacæ S. eucharistiam in deserto præbet, 84.

ORDO RERUM
QUÆ IN HOC TOMO CONTINENTUR.

PETRUS CANTOR.

Notitia. 9
Notitia historico-litteraria. 9
Elegia de Petro Cantore. 5
Nomina auctorum quorum operibus usus est Petrus Cantor. 19

VERBUM ABBREVIATUM.

Lectori Christiano. 2
Cap. I. — Contra superfluitatem et prolixitatem glossarum et inutilium quæstionum. 23
Cap. II. — De brevitate lectionis. 25
Cap. III. — De brevitate et commoditate quæstionum. 28
Cap. IV. — De temeritate quæstionum, et temerariis disputationibus. 31
Cap. V. — De modo disputandi, qui est ut sine contentione disputetur. 34
Cap. VI. — De prædicatione quam debet præcedere sanctitas vitæ. 36
Cap. VII. — De commendatione sacri eloquii. 38
Cap. VIII. — De curiosa prædicatione, et contra eam. 40
Cap. IX. — De humilitate prædicationis. 43
Cap. X. — De suggillatione superbiæ. 44
Cap. XI. — Contra invidiam. 51
Cap. XII. — Contra detractionem. 54
Cap. XIII. — De humilitate. 58
Cap. XIV. — De duobus generibus humilitatis malæ. 61
Cap. XV. — De mansuetudine. 64
Cap. XVI. — De paupertate. 65
Cap. XVII. — Contra quæritantes et detinentes superflua. 70
Cap. XVIII. — De mediocritate. 70
Cap. XIX. — Contra vermem et malum divitiarum. 72
Cap. XX. — Contra cupiditatem et avaritiam. 72
Cap. XXI. — De avaritia. 73
Cap. XXII. — Contra acceptores munerum. 78
Cap. XXIII. — Contra acceptores munerum pro justitia facta, vel facienda, acceleranda, vel omittenda. 82
Cap. XXIV. — Contra clericos superfluis utentes et se excusantes per hoc, quod psallant in ecclesia. 90
Cap. XXV. — Contra Simoniam existentem circa exercitium ecclesiasticorum officiorum, seu quorumlibet spiritualium, quæ ne pro temporalibus fiant, prohibetur. 95
Cap. XXVI. — Contra quæritantes temporale commodum in spiritualibus. 97
Cap. XXVII. — Contra Simoniam existentem in substantiis sacramentorum, præcipue eucharistiæ. 99
Cap. XXVIII. — Contra venalitatem et pluralitatem missarum. 102
Cap. XXIX. — Contra missas multarum facierum. 104
Cap. XXX. — Contra conficientes, vel sumentes corpus Christi indigne. 107
Cap. XXXI. — Contra Gergones belluas bicorpores, bicipites in pluribus ecclesiis. 112

Cap. XXXII. — Contra bigamos et Lamechitar in pluribus ecclesiis. 117
Cap. XXXIII. — De sancta unicitate. 118
Cap. XXXIV. — De unicitate mala. 119
Cap. XXXV. — Contra exteriorem Simoniam, scilicet in officiis, et dignitatibus, et redditibus Ecclesiæ. 120
Cap. XXXVI. — De impedientibus sinceritatem canonicæ electionis. 122
Cap. XXXVII. — De quatuor generibus spiritualium. 126
Cap. XXXVIII. — Quot modis committitur Simonia. 128
Cap. XXXIX. — De pœna Simoniacorum. 132
Cap. XL. — De commutatione spiritualium. 132
Cap. XLI. — De Coritis. 134
Cap. XLII. — De pœna Coritarum. 134
Cap. XLIII. — De sanguinitis, qui ædificant Sion in sanguinibus. 134
Cap. XLIV. — Contra eos qui exuunt se a jurisdictione suorum prælatorum. 136
Cap. XLV. — Contra adulatores. 140
Cap. XLVI. — De acceptoribus munerum illicite acquisitorum. 144
Cap. XLVII. — Contra eos qui dant non indigentibus. 147
Cap. XLVIII. — De accipientibus munera, cum non indigeant. 152
Cap. XLIX. — Contra dantes histrionibus 155
Cap. L. — Contra feneratores 156
Cap. LI. — Contra advocatos. 159
Cap. LII. — Legibus divinis, in casibus suis, potius esse judicandum quam humanis. 161
Cap. LIII. — Quod soliditatis nihil habet positiva justitia. 162
Cap. LIV. — Contra ambitiosos. 165
Cap. LV. — Contra promotionem indignorum. 168
Cap. LVI. — De officio prælatorum. 171
Cap. LVII. — Contra negligentiam prælatorum. 176
Cap. LVIII. — De spirituali patientia prælatorum. 180
Cap. LIX. — De sollicitudine et humilitate prælatorum. 181
Cap. LX. — De statu clericorum et inferiorum ordinum. 183
Cap. LXI. — Contra prælatos pueros, vel novitios. 185
Cap. LXII. — Contra malam taciturnitatem maxime prælatorum. 189
Cap. LXIII. — De bona taciturnitate. 194
Cap. LXIV. — De vitio linguæ. 195
Cap. LXV. — Qualis esse debeat prædicatio pro modo auditorum, et contra malam loquacitatem prædicantium. 197
Cap. LXVI. — De officio prælati tripartito, et contra acceptionem personarum. 199
Cap. LXVII. — De mediocritate in omnibus tenenda. 202
Cap. LXVIII. — De mala singularitate. 204
Cap. LXIX. — De bona singularitate. 205
Cap. LXX. — De bona societate habenda et mala fugienda. 206

CAP. LXXI. — De suggestione carnalis affectus. 209
CAP. LXXII. — Commendatio solitudinis loci. 213
CAP. LXXIII. — Peccatum unius sæpe redundat in universitatem. 217
CAP. LXXIV. — De constituendo se reo exemplo sancti viri pro modica occasione peccati. 218
CAP. LXXV. — Contra suspiciosos, et ex conjecturis in temeraria judicia prorumpentes 220
CAP. LXXVI. — Contra rumorosos. 223
CAP. LXXVII. — Contra inconstantes. 225
CAP. LXXVIII. — Contra peregrina judicia ferri candentis, et aquæ frigidæ, vel bullientis. 226
CAP. LXXIX. — Contra traditionum onerositatem et multitudinem. 233
CAP. LXXX. — Contra mollientes arcum sacræ Scripturæ. 239
CAP. LXXXI. — Contra pigros. 246
CAP. LXXXII. — Contra superfluitatem et curiositatem vestium, ciborum et ædificiorum. 250
CAP. LXXXIII. — De superfluitate vestium et pretiositate. 251
CAP. LXXXIV. — Contra varios artifices istarum vanitatum. 253
CAP. LXXXV. — Contra mollitiem vestium. 254
CAP. LXXXVI. — Contra superfluitatem ædificiorum. 255
CAP. LXXXVII. — Contra prodigos qui male acquirunt, et pejus expendunt. 259
CAP. LXXXVIII. — De sancta prodigalitate. 261
CAP. LXXXIX. — Contra se immergentes in temporalibus avide. 262
CAP. XC. — De his qui puniuntur instrumento suæ offensionis. 263
CAP. XCI. — De multiplici facie hominis. 265
CAP. XCII. — De commendatione fidei. 266
CAP. XCIII. — De defectu fidei. 268
CAP. XCIV. — De spe. 271
CAP. XCV. — De charitate. 273
CAP. XCVI. — De luctu bono et malo. 275
CAP. XCVII. — De bona esurie et siti. 276
CAP. XCVIII. — De misericordia generali. 278
CAP. XCIX. — De misericordia ignoscente. 280
CAP. C. — De clementia judicis, vel de misericordia relaxante. 282
CAP. CI. — De misericordia corripiente. 284
CAP. CII. — De misericordia intercedente pro inimicis. 285
CAP. CIII. — De visibili et corporali et manuali misericordia, sive subveniente. 285
CAP. CIV. — De eleemosyna. 286
CAP. CV. — De quo sit danda eleemosyna. 289
CAP. CVI. — De ordine dandæ eleemosynæ. 289
CAP. CVII. — De cautela dandæ eleemosynæ. 290
CAP. CVIII. — De commendatione eleemosynæ. 291
CAP. CIX. — De munditia cordis. 292
CAP. CX. — De pace. 293
CAP. CXI. — A quibus pacem habere debeamus. 295
CAP. CXII. — De effectu pacis. 296
CAP. CXIII. — De duplici pace. 297
CAP. CXIV. — De patientia. 298
CAP. CXV. — De quatuor virtutibus cardinalibus. 303
CAP. CXVI. — De prudentia. 303
CAP. CXVII. — De fortitudine 306
CAP. CXVIII. — De temperantia. 307
CAP. CXIX. — De justitia. 308
CAP. CXX. — De veritate. 309
CAP. CXXI. — De sancta et bona violentia. 311
CAP. CXXII. — De obedientia. 314
CAP. CXXIII. — De magnanimitate. 316
CAP. CXXIV. — De oratione. 318
CAP. CXXV. — De effectu orationis. 318
CAP. CXXVI. — De impedientibus orationem. 320
CAP. CXXVII. — De vitando juramento. 322
CAP. CXXVIII. — De bona simplicitate. 323
CAP. CXXIX. — De hospitalitate sectanda. 324
CAP. CXXX. — De vestiendis nudis. 325
CAP. CXXXI. — De visitatione infirmorum et incarceratorum. 326
CAP. CXXXII. — De sepeliendis mortuis. 326
CAP. CXXXIII. — De jejunio. 327
CAP. CXXXIV. — De suggillatione gastrimargiæ 328
CAP. CXXXV. — Contra gulam et ebrietatem 330
CAP. CXXXVI. — De simplici fornicatione. 332
CAP. CXXXVII. — De adulterio. 333
CAP. CXXXVIII. — De vitio Sodomitico. 335
CAP. CXXXIX. — De ingratitudine. 335
CAP. CXL. — Epilogus facierum culpæ. 337
CAP. CXLI. — De pœnitentia. 338
CAP. CXLII. — Quanta debeat esse contritio 340

CAP. CXLIII. — De confessione oris. 342
CAP. CXLIV. — De confessore. 344
CAP. CXLV. — De satisfactione pro peccato, et perseverantia, et qualitate ejus. 346
CAP. CXLVI. — De cautela pænitentiæ. 349
CAP. CXLVII. — De brevitate temporis vitæ humanæ semper habenda in corde. 351
CAP. CXLVIII. — De acceleranda pœnitentia. 353
CAP. CXLIX. — De septem causis accelerandæ pœnitentiæ. 353
CAP. CL. — De pœna æterna. 358
CAP. CLI. — De gaudio et præmio beatitudinis æternæ. 363
CAP. CLII. — De jucunditate æterna. 365
CAP. CLIII. — De proprietate monachorum. 366
Notæ in Verbum abbreviatum auctore R. P. D. Georgio Galopino. 369
Verbum abbreviatum textus alter a capitulo LXVI usque ad LXXX.
CAP. LXVI. — De acceptione personarum. 527
CAP. LXVII. — De modestia circa risum. 529
CAP. LXVIII. — De mala singularitate. 530
CAP. LXIX-LXXIII. — De bona singularitate. 531
CAP. LXXIII. — De levi contactu peccati. 536
CAP. LXXIV. — Quod levi occasione peccatum contrahitur. 538
CAP. LXXV-LXXVIII. 539
CAP. LXXIX-LXXX. 548
EPISTOLA WILLELMI Remensis archiepiscopi ad Petrum Cantorem. 555

GARNERIUS LINGONENSIS EPISCOPUS.

Notitic 555

SERMONES GARNERII.

SERMO I. — In Adventu Domini. 559
SERMO II. — In Adventu Domini. 570
SERMO III. — In Adventu Domini. 583
SERMO IV. — In Adventu Domini. 591
SERMO V. — De Nativitate Domini. 599
SERMO VI. — De Nativitate Domini. 608
SERMO VII. — In eadem solemnitate. 615
SERMO VIII. — In Apparitione Domini. 622
SERMO IX. — In die Epiphaniæ. 628
SERMO X. — In Purificatione B. Mariæ. 633
SERMO XI. — In eadem solemnitate. 636
SERMO XII. — In eadem solemnitate. 645
SERMO XIII. — In Dominica Septuagesimæ. 657
SERMO XIV. — In Quadragesima. 662
SERMO XV. — In ramis Palmarum. 669
SERMO XVI. — In Cœna Domini. 673
SERMO XVII. — In die sancto Paschæ. 681
SERMO XVIII. — In die sancto Paschæ. 686
SERMO XIX. — In die sancto Paschæ. 694
SERMO XX. — In Ascensione Domini. 709
SERMO XXI. — In die sancto Pentecostes. 704
SERMO XXII. — De sanctissima Trinitate. 710
SERMO XXIII. — In nativitate S. Joannis Baptistæ. 721
SERMO XXIV. — De sancto Joanne Baptista. 731
SERMO XXV. — De sancto Joanne Baptista. 736
SERMO XXVI. — In Natali apostolorum Petri et Pauli. 741
SERMO XXVII. — In Assumptione B. Mariæ. 747
SERMO XXVIII. — In eadem solemnitate. 750
SERMO XXIX. — In festo sancti Bernardi. 755
SERMO XXX. — In Nativitate B. Mariæ Virginis. 759
SERMO XXXI. — In Nativitate B. Mariæ Virginis. 763
SERMO XXXII. — In Nativitate B. Mariæ Virginis. 774
SERMO XXXIII. — In capitulo generali. 779
SERMO XXXIV. — In capitulo generalis 783
SERMO XXXV. — In capitulo generali. 793
SERMO XXXVI. — In festo Omnium Sanctorum. 798
SERMO XXXVII. — In dedicatione ecclesiæ. 806
SERMO XXXVIII. — In dedicatione ecclesiæ. 813
SERMO XXXIX. — In festo S. Benedicti. 817
SERMO XL. — De arca spirituali. 822

GAUFRIDUS SUBPRIOR CANONICORUM REGULARIUM.

EPISTOLÆ.

EPIST. I. — Joannis abbatis Baugeze ad Gaufridum abbatem. — Deflet onus pastorale sibi impositum. 827
EPIST. II. — Gaufridi ad Joannem. — Superiori epistolæ respondet. 829
EPIST. III. — Gaufridi ad monachos Baugezienses. — Congratulatur eis quod ad monasterium recenter

fundatum tandem advenerint, laudatque eorum solitudinem. 831

EPIST. IV. — Ad Joannem abbatem. — Hortatur ut vitia in monasterio viriliter recenset, et delicta puniat. 832

EPIST. V. — Ad eumdem. — Petit ut saltem per litteras eum visitet. 833

EPIST. VI. — Joannis ad Gaufridum. — Superiori epistolæ respondet. 833

EPIST. VII. — Gaufridi ad Joannem abbatem. — Conqueritur de brevitate epistolæ; indicat bibliothecam Cadomi, si velit, emendam, et significat obitum sui cellararii. 835

EPIST. VIII. — Ad Ric. presbyterum. — Varia dat ei monita. 836

EPIST. IX. — Ad G. episcopi Wigorniensis capellanum. — Hortatur ad mundi contemptum. 837

EPIST. X. — Ad Gaufridum amicum suum. — Significat pacem factam inter Angliæ regem et ejus filium. 837

EPIST. XI. — Ad fratrem genibus debilem, et in quibusdam a se dissentientem. 838

EPIST. XII. — Ad Bartholomæum. — Docet qua ratione ambulandum sit in via Domini. 838

EPIST. XIII. — Ad Petrum amicum suum. — Hortatur ad assiduam Scripturæ sacræ lectionem. 840

EPIST. XIV. — Ad Wigorniensis episcopi capellanum. — De familiari scriptione epistolarum et mundi contemptu 840

EPIST. XV. — Ad Petrum de Buxeria. 841

EPIST. XVI. — Joannis abbatis Bugezei ad Gaufridum. — Causatur quod diu non scripserit Gaufridus, petitque exhortatorias ab eo epistolas. 842

EPIST. XVII. — Gaufridi ad Joannem. — Superiori epistolæ respondet. 842

EPIST. XVIII. — Ad Petrum Mangot. — Gratulatur ei de concessa sibi facultate construendi cœnobii, agitque de necessitate comparandæ in eo bibliothecæ. 844

EPIST. XIX. — Ad magistrum R. — Gratulatur ei de suo in ordinem ingressu, docetque qualis in eo esse debeat. 845

EPIST. XX. — Ad W. quondam priorem S. Stephani Cadomensis. — De contemplatione. 846

EPIST. XXI. — Joannis abbatis Baugezeiensis ad Gaufridum.— Rogat Gaufridum ut sibi retineat bibliothecam. 847

EPIST. XXII. — Gaufridi ad Joannem. — Petit ut ejus precibus felicem sibi a Deo obtineat mortem. 848

EPIST. XXIII. — Joannis ad Gaufridum. — Superiori epistolæ respondet. 849

EPIST. XXIV. — Gaufridi ad Joannem abbatem. — Dolet quod vocatus ad concilium Parisiense, non fuerit præsens, cum Joannes abbas Baugezei accessit ad Sanctam Barbaram 850. 849

EPIST. XXV. — Ad eumdem. — Ejusdem, ut videtur, argumenti. 850

EPIST. XXVI. — Rogerii quondam prioris S. Abrahæ ad Gaufridum. — Gratulatur de his quæ scripserat de videndo Deo, hortaturque ad humilitatem. 851

EPIST. XXVII. — Gaufridi ad Rogerium. — Superiori epistolæ respondet. 852

EPIST. XXVIII. — Ad fratres Baugezienses. — Mittit eis vitam B. Hamonis. 853

EPIST. XXIX. — Ad Joannem abbatem. — Futuræ beatitudinis imaginem in monasterio Joannis Baugeziensis abbatis sibi repræsentat. 853

EPIST. XXX. — Ad R. Troarnensis ecclesiæ præcentorem. — Ut se per litteras saltem visitet. 855

EPIST. XXXI. — N... ad Gaufridum. — Videtur esse responsio ad præcedentem. 856

EPIST. XXXII. — Gaufridi ad quemdam juvenem eremitam. — Salutaria ei dat monita. 856

EPIST. XXXIII. — Ad Hugonem priorem S. Martini Sagiensis. — Hugonis prioris S. Martini Sagiensis laudes prædicat, docetque quomodo ad Resurrectionis Dominicæ festum præparare se debeant. 863

EPIST. XXXIV. — Ad R. presbyterum.— Quid significet in missa statio sacerdotis ad dexteram, et de quibusdam aliis ritibus. 864

EPIST. XXXV. — Ad Joannem abbatem. — Compatitur pro infortunio quod ipsi acciderat. 867

EPIST. XXXVI. — Ad Simonem amicum. — De laude cujusdam virginis. 868

EPIST. XXXVII. — Ad R. presbyterum. — Ægre fert datas sibi laudes. 869

EPIST. XXXVIII. — Ad W. abbatem S. Andreæ. — Gratulatur abbati S. Andreæ ordinis Cisterciensis de sua promotione. 870

EPIST. XXXIX. — Ad Petrum De Buxeria. — Dicit se professionis voto et præposituræ officio impediri quominus in solitudine maneat. 871

EPIST. XL. — Ad Joannem abbatem. — Causatur de litterarum raritate. 872

EPIST. XLI. — Ad Hugonem priorem S. Martini Sagiensis. — Ejus virtutes prædicat, hortaturque eum ad vitam Walt. scribendam. 875

EPIST. XLII. — Hugonis prioris S. Martini Sagiensis ad Gaufridum. — Superiori epistolæ respondet. 874

EPIST. XLIII. — Gaufridi ad Hugonem priorem S. Martini Sagiensis. — Hortatur ad scribendam vitam Walt. laudatque ejus a vino abstinentiam. 875

EPIST. XLIV. — Ad Augustinum amicum suum. — Laudat Augustinum, hortaturque eum ad sectanda spiritualia. 876

EPIST. XLV. — Ad Gaufridum sacerdotem. — Munuscula non esse spernenda quia parva sunt; sed quam magno animo fiant, consideranda. 878

EPIST. XLVI. — Ad H. amicum suum. — Compatitur amici adversitatibus. 879

EPIST. XLVII. — Ad Nicolaum S. Victoris subpriorem. — Gratias agit pro amicitia. 880

EPIST. XLVIII. — Ad Joannem abbatem. — Laudat Joannem abbatem de gratia sermonis illius. 881

EPIST. XLIX. — Ad Hugonem priorem S. Martini Sagiensis. — Hortatur iterum ad scribendam Walt. vitam. 882

EPIST. L. — Ad Andream archidiaconum Turonensem. — Varia dat ei monita. 883

EPIST. LI. — Ad R. amicum suum. — Laudat R. amici sui ardorem pro contemplatione. 884

EPIST. LII. — N. ad N. 885

MAURICIUS DE SULLIACO PARISIENSIS EPISCOPUS

Notitia historica. 887

EPISTOLÆ.

Epistolæ ad Alexandrum III papam. — In causa S. Thomæ Cantuariensis. 897

DIPLOMATA.

I. — Charta pro decima de Campellis. 897
II. — De his quæ vendidit Ledemallus miles apud villam S. Clodoaldi. 898
III. — De his quæ vendidit Willelmus de Maciaco apud Victoricium. 899
IV. — De censu quem S. Victoris canonici apud S. Marcellum et Ivriacum possidebant. 899
V. — De mediate molendini de Cantu Ranæ quam vendidit Petrus miles de Chantela Parisiensi episcopo. 900
VI. — De his quæ vendiderunt Philippus de Sevies et Galerannus de Galardone. 901
VII. — Mauricius episcopus Parisiensis fundationem Herivallis confirmat. 902
VIII. — De his quæ vendiderunt Tiulfus et Herbertus de Moriana et Avelina soror ejus. 902
IX. — De censu quem vendiderunt Galerannus de Loco Sancto et uxor ejus apud Sanctum Clodoaldum. 903
X. — De molendino de Cantu Ranæ quod est apud Corboilum. 904
XI. — Charta Mauricii Parisiensis episcopi qua abbati et monasterio S. Dionysii Parisiensis concedit ut ecclesiam baptismalem in curia Novæ Villæ cum jure patronatus erigat. 905
XII. — De pratis insulæ de Mera. 905
XIII. — Charta Mauricii de Ancello de Chetenvilla et Aalesi uxore ejus. 905
XIV. — De hospitibus et censu quæ vendiderunt apud Victoricium, Hugo Malvias et Gondrea uxor ejus, Parisiensi episcopo. 906
XV. — De transactione facta inter Mauricium episcopum et canonicos Sancti Marcelli de Vitriaco. 906

VARIORUM CHARTÆ ad ecclesiam Parisiensem spectantes.

I. — Charta de terra data a capitulo monachis de Karoliloco ad firmam, apud Espiers. 907
II. — Authenticum Milonis archipresbyteri Mediolanensis et Osmundi canonici Parisiensis super ecclesia de Argenteolo. 907
III. — De quitatione Garnerii de Domibus Parisiensi episcopo facta ab abbate et conventu Fossatensis ecclesiæ. 908
IV. — Authenticum Radulphi comitis de Claromonte, de quitatione præbendæ quam tenuit Petrus de Monclaco in ecclesia B. Mariæ Parisiensis. 909

V. — Charta conventionis inter capitulum ecclesiæ Parisiensis et Henricum Magnum, Arnulphum de Corberon et Petrum dictum Girbont. 910
VI. — Charta de Gunsanvilla. 911
VII. — De pratis venditis ab abbatissa S. Cirici in Insula Mere. 912
VIII. — De procuratione episcopi in ecclesia S. Exuperii de Corboilo. 912
IX. — Authenticum capituli Parisiensis super eadem procuratione. 913
X. — De quitatione Emelinæ mulieris Parisiensis facta ab abbate et conventu Sancti Germani de Pratis. 914

ODO TULLENSIS EPISCOPUS

Notitia. 914
STATUTA ODONIS SYNODALIA

ALEXANDER GEMMETICENSIS ABBAS
EPISTOLA DE FILIO HOMINIS.

GERALDUS CADURCENSIS EPISCOPUS.

Epistola ad Fridericum imperatorem. 923

MATTHÆUS VINDOCINENSIS.

Notitia. 925
PARAPHRASIS METRICA IN LIBRUM TOBIÆ.
Epistola dedicatoria. 927
Præfatio. 933
Textus cum paraphasi metrica. 933
CARMINA VARIA. 980
Index in Petrum Cantorem. 989

FINIS TOMI DUCENTESIMI QUINTI.

Ex typis MIGNE, au Petit-Montrouge.

www.ingramcontent.com/pod-product-compliance
Lightning Source LLC
Chambersburg PA
CBHW071710230426
43670CB00008B/970